Word 2013

Der umfassende Ratgeber

von
Christine Peyton

Vierfarben

Liebe Leserin, lieber Leser,

vielleicht kennen Sie Word 2013 oder haben bereits mit einer älteren Version dieses Textverarbeitungsprogramms gearbeitet. Word kann Ihnen den Büroalltag ungemein erleichtern, und auch privat können Sie von seiner Vielfalt profitieren. Doch kaum ein Anwender schöpft das volle Potenzial dieser Software aus – entweder weil gar nicht klar ist, was das Programm alles kann, oder weil nicht alle benötigten Funktionen auf Anhieb gefunden bzw. sinnvoll eingesetzt werden.

Wenn Sie Word in seiner Gänze nutzen möchten, halten Sie das richtige Buch in der Hand. Dieser umfassende Ratgeber macht seinem Namen alle Ehre, denn Christine Peyton stellt Ihnen Word 2013 von A bis Z vor: von der einfachen Textverarbeitung über Serienbriefe und den Einsatz von Grafiken oder Tabellen bis hin zur Formulargestaltung und Automatisierung mit VBA. Anschauliche Beispiele, ausführliche Schritt-für-Schritt-Anleitungen, eine Menge Screenshots und natürlich Tipps und Empfehlungen unserer Expertin machen dieses Buch zu einem Lern- und Nachschlagewerk, das auf keinem Schreibtisch fehlen sollte.

Dieses Buch wurde mit größter Sorgfalt geschrieben und hergestellt. Sollten Sie dennoch einmal Fehler finden oder inhaltliche Anregungen haben, freue ich mich, wenn Sie mit mir in Kontakt treten. Für konstruktive Kritik bin ich dabei ebenso offen wie für lobende Worte. Doch zunächst einmal wünsche ich Ihnen viel Freude beim Lesen!

Ihre Maike Lübbers
Lektorat Vierfarben

maike.luebbers@vierfarben.de

Auf einen Blick

Sie haben Fragen, Wünsche oder Anregungen zum Buch?
Gerne sind wir für Sie da:

Anmerkungen zum Inhalt des Buches: lars.wolf@vierfarben.de
Bestellungen und Reklamationen: service@vierfarben.de
Rezensions- und Schulungsexemplare: sophie.herzberg@vierfarben.de

An diesem Buch haben viele mitgewirkt, insbesondere:

Lektorat Lars Wolf, Maike Lübbers
Korrektorat Marita Böhm, München
Herstellung Norbert Englert
Einbandgestaltung Daniel Kratzke
Coverentwurf Daniel Kratzke
Coverfotos Shutterstock: 73816369 © Creative Travel Projects;
iStockphoto: 4819641 © Lise Gagne, 142438471 © Image_Source
Typografie und Layout Vera Brauner
Satz Reemers Publishing Services GmbH, Krefeld
Druck Offizin Andersen Nexö Leipzig

Gesetzt wurde dieses Buch aus der TheSansOsF SemiLight (9,5 pt/13,25 pt) in Adobe InDesign CS6.
Und gedruckt wurde es auf mattgestrichenem Bilderdruckpapier (115 g/m²).
Hergestellt in Deutschland.

Bibliografische Information der Deutschen Nationalbibliothek
Die Deutsche Nationalbibliothek verzeichnet diese Publikation in der Deutschen Nationalbibliografie; detaillierte bibliografische Daten sind im Internet über http://dnb.d-nb.de abrufbar.

ISBN 978-3-8421-0120-3

1. Auflage 2014

Vierfarben ist ein Verlag der Galileo Press GmbH
Rheinwerkallee 4, 53227 Bonn
www.vierfarben.de

Der Verlagsname Vierfarben spielt an auf den Vierfarbdruck, eine Technik zur Erstellung farbiger Bücher. Der Name steht für die Kunst, die Dinge einfach zu machen, um aus dem Einfachen das Ganze lebendig zur Anschauung zu bringen.

Inhalt

Teil I Überblick und Umstieg

Word 2013
Outlook 2013
PowerPoint 2013
Publisher 2013

Musterfirma¶
Rendsburger·Landstr.·5¶
20123·Hamburg¶
Tel.:·040-123456¶

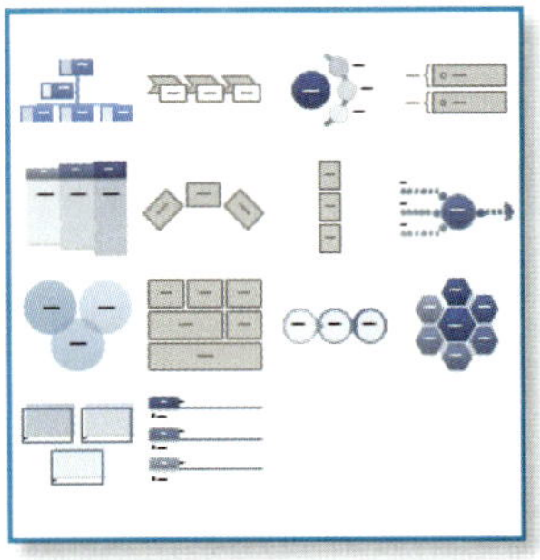

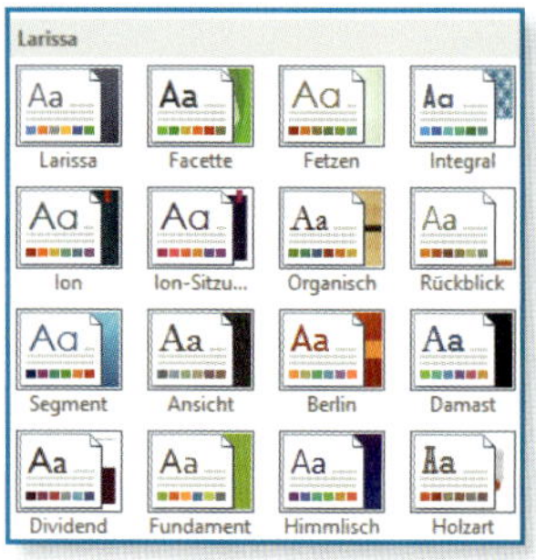
Larissa
Larissa
Facette
Fetzen
Integral
Ion
Ion-Sitzu...
Organisch
Rückblick
Segment
Ansicht
Berlin
Damast
Dividend
Fundament
Himmlisch
Holzart

[Text]
[Text]
[Text]
[Text]
[Text]
[Text]

SkyDrive
Microsoft-Konto Was ist das?
cpeyton@live.de
Angemeldet bleiben
Anmelden
Können Sie nicht auf Ihr Konto zugreifen?

Lebenslauf
Inhaltsverzeichnis
Kopfzeile
Wasserzeichen
Wörter zählen
Ränder
Etiketten
Serien-E-Mail
Erste Schritte
mehr
Neuerungen
Umsteigen auf Word 2013
Neuerungen entdecken
Tastenkombinationen
Schulungen
Grundlagen und mehr
mehr
Word-Grundlagen
Verwenden der Word Web App
Tipps für Tablets

Tour anzeigen
SOMMERFEST IM „ROSENHAIN“
Titel
Titel

Teil III Texte formatieren

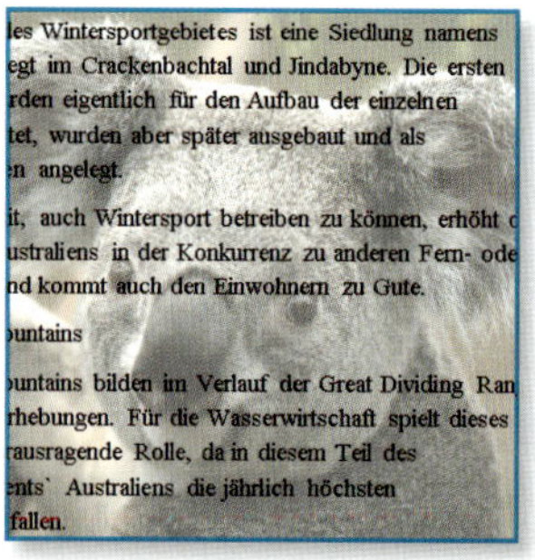

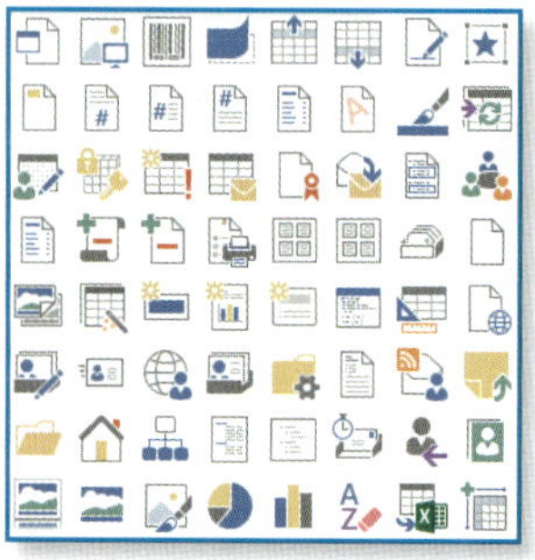

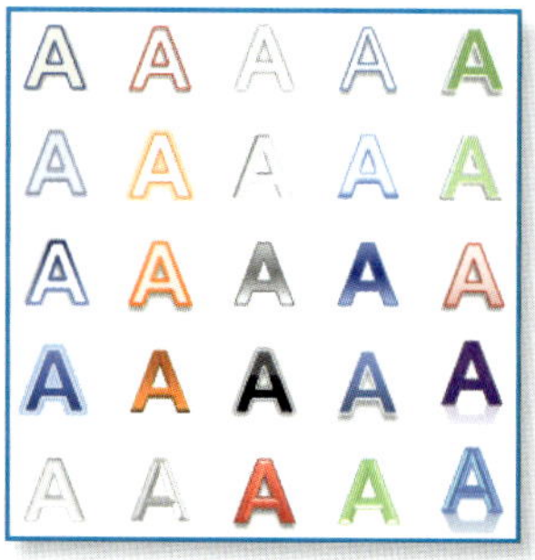

Graustufe
Warmes Blau
Blau
Blau II
Blaugrün
Grün
Grüngelb
Gelb
Gelborange
Orange
Orangerot

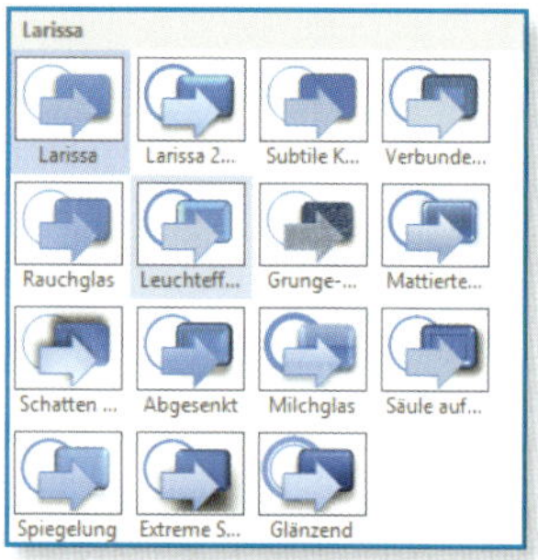

Larissa
Larissa
Larissa 2...
Subtile K...
Verbunde...
Rauchglas
Leuchteff...
Grunge-...
Mattierte...
Schatten ...
Abgesenkt
Milchglas
Säule auf...
Spiegelung
Extreme S...
Glänzend

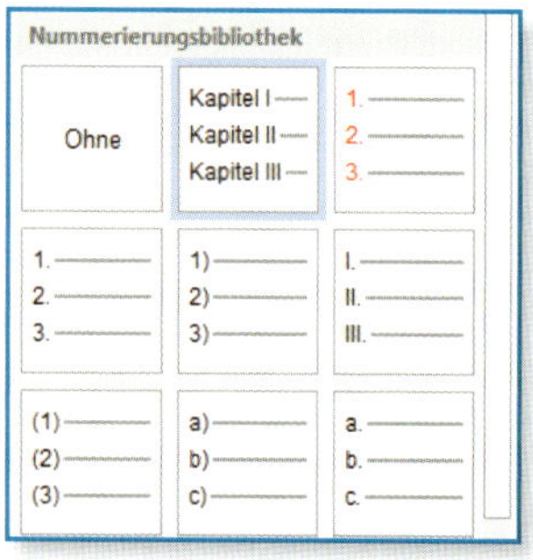

Nummerierungsbibliothek
Ohne
Kapitel I —
Kapitel II —
Kapitel III —
1.
2.
3.
1.
2.
3.
1)
2)
3)
I.
II.
III.
(1)
(2)
(3)
a)
b)
c)
a.
b.
c.

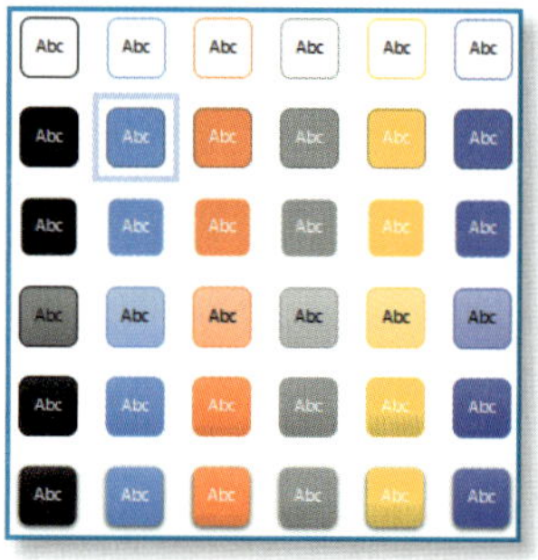

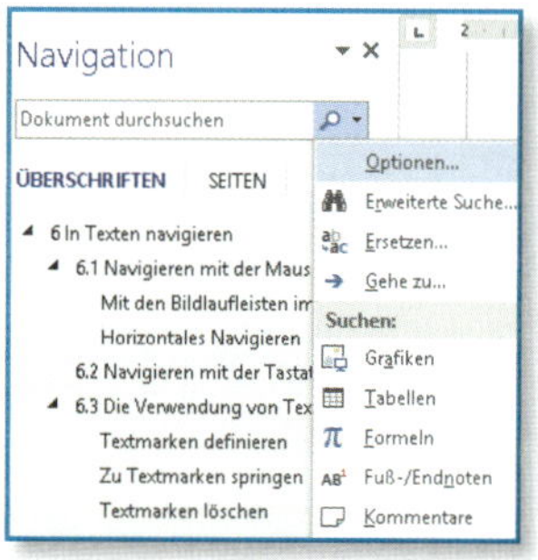
Navigation
Dokument durchsuchen
ÜBERSCHRIFTEN
SEITEN
6 In Texten navigieren
6.1 Navigieren mit der Maus
Mit den Bildlaufleisten im
Horizontales Navigieren
6.2 Navigieren mit der Tastat
6.3 Die Verwendung von Tex
Textmarken definieren
Zu Textmarken springen
Textmarken löschen
Optionen...
Erweiterte Suche...
Ersetzen...
Gehe zu...
Suchen:
Grafiken
Tabellen
Formeln
Fuß-/Endnoten
Kommentare

Formen
SmartArt
Diagramm
Screenshot
Zuletzt verwendete Formen
Linien
Rechtecke

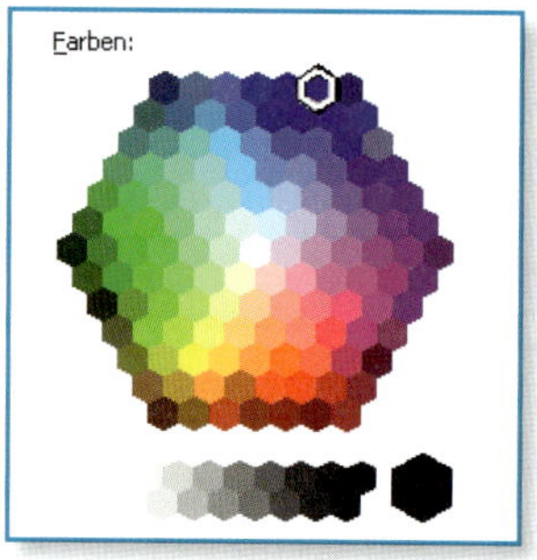
Farben:

Screenshot
Apps für Office
Online-video
Link
Textmarke
Querverweis
Verfügbare Fenster
Bildschirmausschnitt

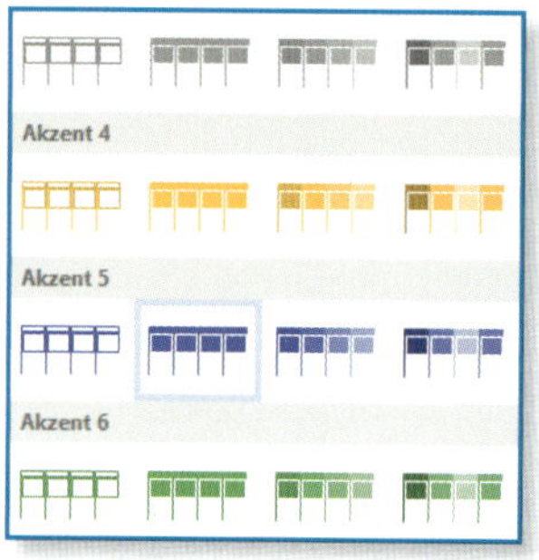
Akzent 4
Akzent 5
Akzent 6

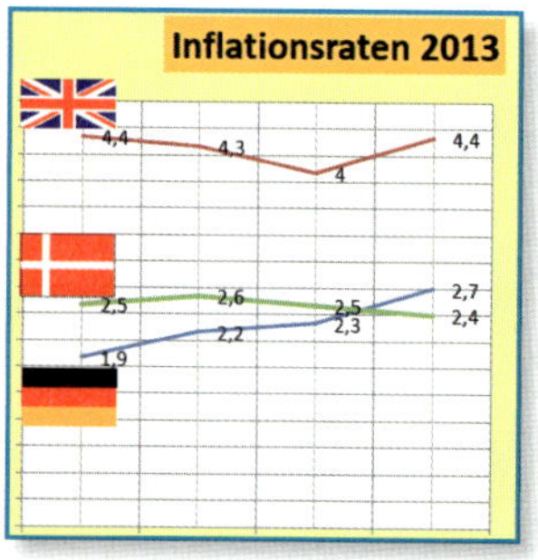
Inflationsraten 2013
4,4
4,3
4
4,4
2,5
2,6
2,5
2,7
2,4
1,9
2,2
2,3

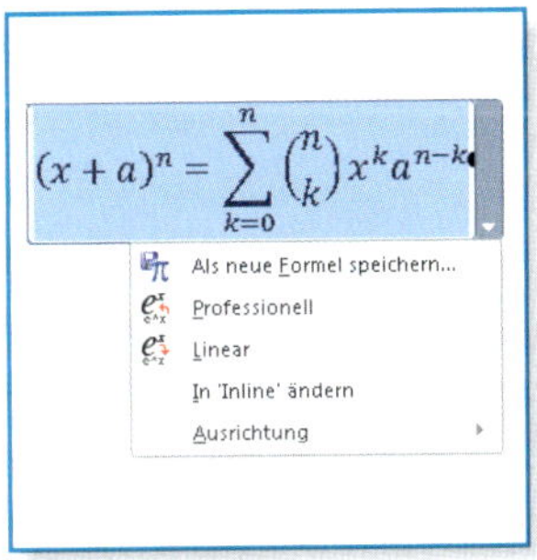

Als neue Formel speichern...
Professionell
Linear
In 'Inline' ändern
Ausrichtung

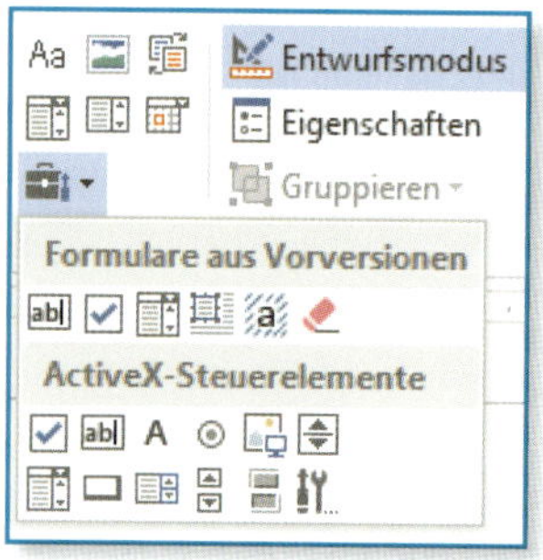
Aa
Entwurfsmodus
Eigenschaften
Gruppieren
Formulare aus Vorversionen
ActiveX-Steuerelemente

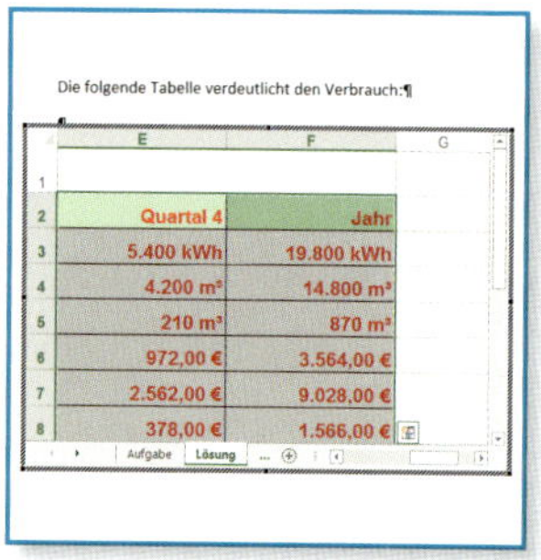
Die folgende Tabelle verdeutlicht den Verbrauch:¶
Quartal 4
Jahr
5.400 kWh
19.800 kWh
4.200 m³
14.800 m³
210 m³
870 m³
972,00 €
3.564,00 €
2.562,00 €
9.028,00 €
378,00 €
1.566,00 €
Aufgabe
Lösung

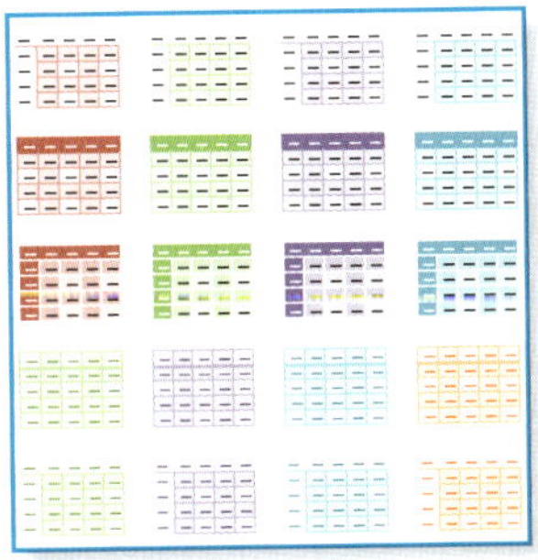

Teil VI Business-Dokumente

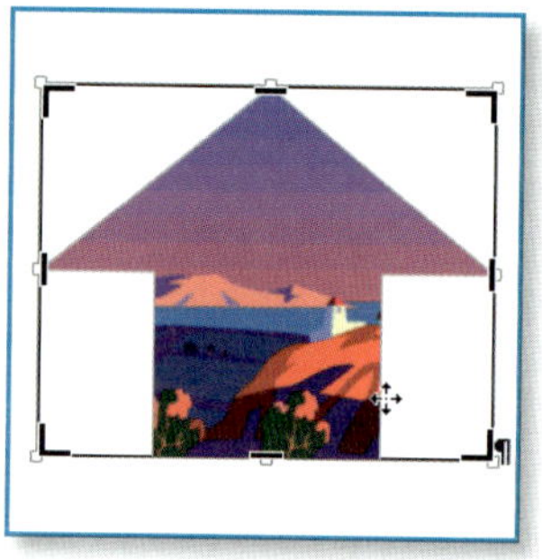

Automatisch
Designfarben

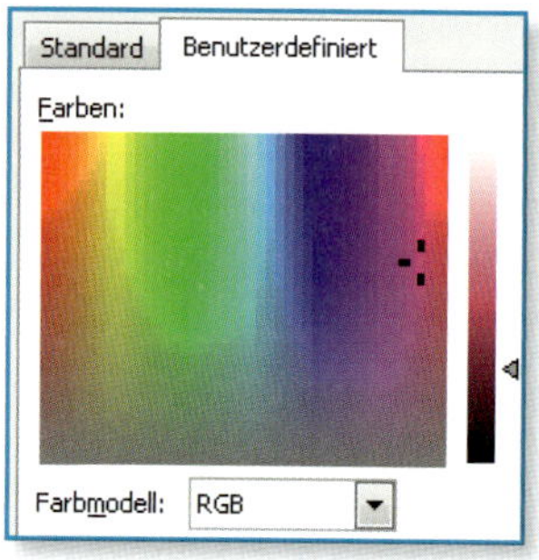
Standard
Benutzerdefiniert
Farben:
Farbmodell:
RGB

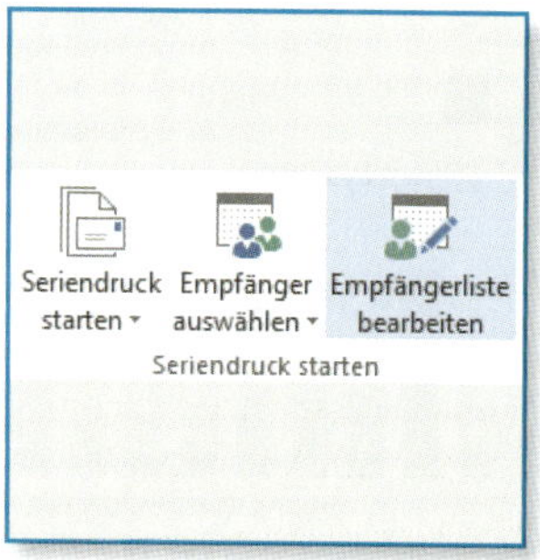
Seriendruck starten
Empfänger auswählen
Empfängerliste bearbeiten
Seriendruck starten

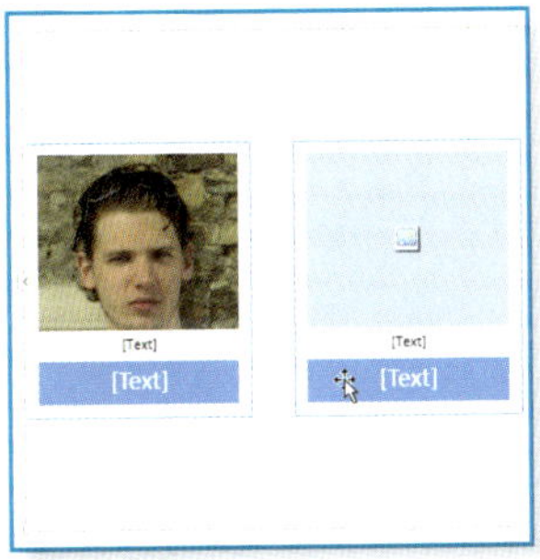

[Text]
[Text]

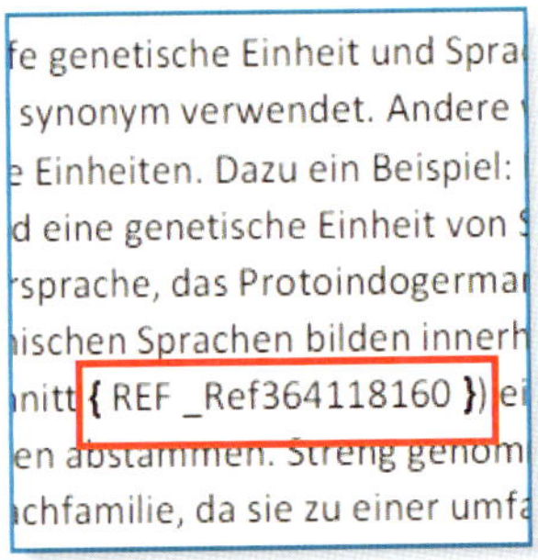

fe genetische Einheit und Spra
synonym verwendet. Andere
e Einheiten. Dazu ein Beispiel:
d eine genetische Einheit von
rsprache, das Protoindogerma
ischen Sprachen bilden innerh
nitt { REF _Ref364118160 } ei
chfamilie, da sie zu einer umf

[Jahr]¶
[Geben·Sie·den·Titel·des·Dokuments·ein]¶

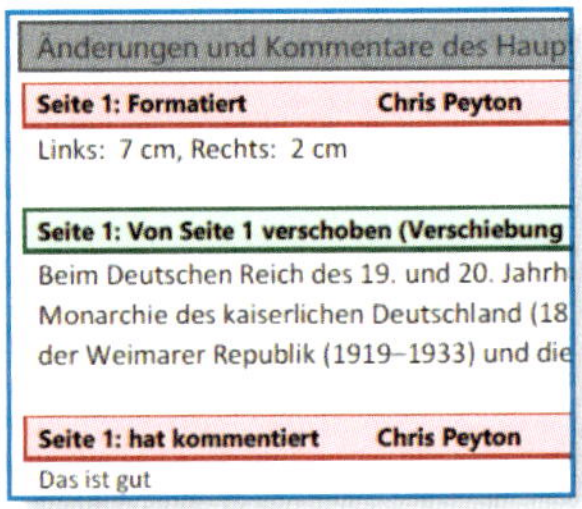

Teil IX Probleme beheben

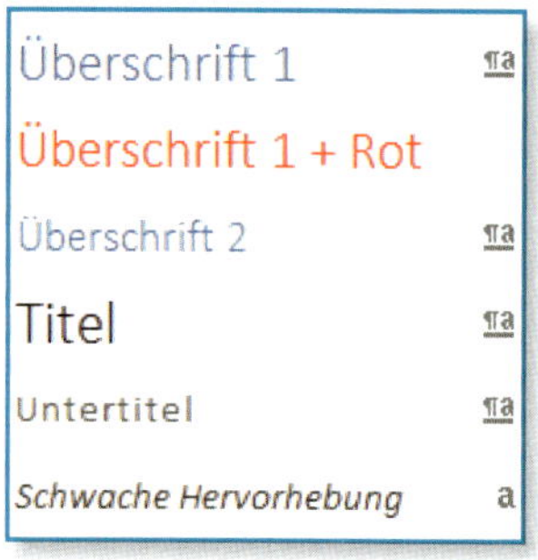

Überschrift 1
Überschrift 1 + Rot
Überschrift 2
Titel
Untertitel
Schwache Hervorhebung

Der austr
Flora und Fauna

Teil I
Überblick und Umstieg

Kapitel 1
Word 2013 für Umsteiger

Word 2013 stellt keine Zäsur mehr dar wie seinerzeit Word 2007, als Microsoft die Anwender mit einer kompletten Umgestaltung der Benutzeroberfläche überraschte. Es sind auch im Vergleich zu Word 2010 lediglich einige Neuerungen und Veränderungen hinzugekommen, auf die wir im Verlauf dieses Kapitels genauer eingehen werden.

Irgendwo hieß es einmal, Word 2010 biete »das Beste aus allen Softwarewelten«. Das mag übertrieben sein, aber in vieler Hinsicht kann man dieser Aussage zustimmen und sie gilt auch für Word 2013. In der Tat wartet Word 2013 mit vielen Features auf, die weit über die Möglichkeiten eines guten Textverarbeitungsprogramms hinausgehen. Word 2013 beinhaltet nicht nur alle klassischen Funktionen, die von einer Textbearbeitung zu erwarten sind, sondern hat Funktionalitäten an Bord, die eigentlich aus anderen Softwarekategorien stammen. So ist die Bildbearbeitung von Word 2013 so leistungsstark, dass man sich bei der Verwendung der entsprechenden Funktionen nahezu in ein Bildbearbeitungsprogramm versetzt fühlt, und die Erstellung und Bearbeitung von Diagrammen und SmartArts steht den Excel-Funktionen in nichts nach. Doch wir greifen vor; zunächst möchten wir Ihnen kurz einen Überblick über die wichtigsten Funktionen von Word 2013 geben und Ihnen damit einen ersten Eindruck von seiner Leistungsstärke vermitteln. Als Textverarbeitungsprogramm bietet es natürlich vor allem textbezogene Funktionen, aber im Verlauf dieses Buches werden Sie sehen, wie viel mehr dieses Programm kann. In Abschnitt 1.3, »Neues in Word 2013«, werden wir auf die besonderen und neuen Features von Word 2013 eingehen.

1.1 Ein Microsoft-Konto einrichten

Mit einem Microsoft-Konto können Sie sich bei allen Microsoft-Diensten anmelden. Sie müssen sich lediglich einmal registrieren. Falls Sie bereits eine E-Mail-Adresse haben, können Sie diese für das neue Microsoft-Konto nutzen.

Es gibt mehrere Möglichkeiten, ein Microsoft-Konto anzumelden, z. B. direkt vom Startbildschirm aus. Hier blenden Sie die Charms-Leiste ein, klicken auf **Einstellungen** und dann auf **PC-Einstellungen ändern**.

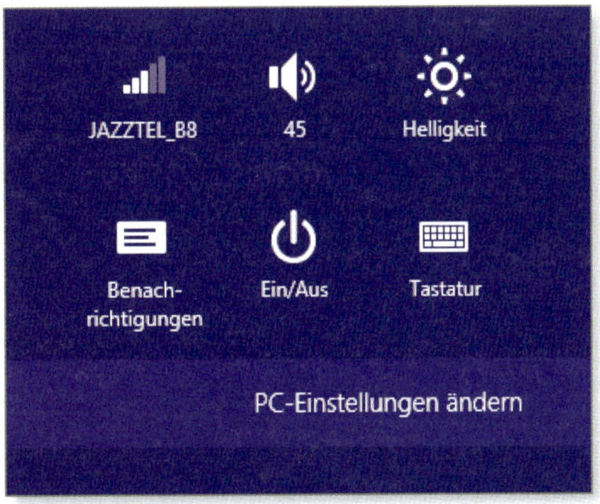

Abbildung 1.1
Ein Microsoft-Konto vom Startbildschirm aus einrichten

Nun folgt ein Fenster mit mehreren Kategorien, die links aufgelistet werden. Markieren Sie hier **Benutzer**. Im rechten Bereich klicken Sie auf **Zu einem Microsoft-Konto wechseln**.

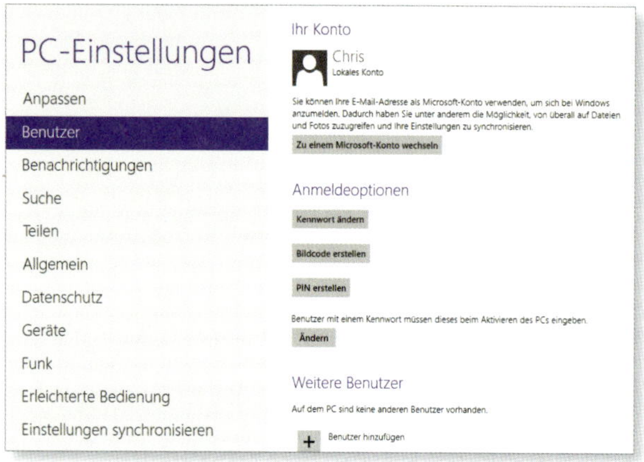

Abbildung 1.2
Hier wechseln Sie zu einem Microsoft-Konto.

Im folgenden Fenster geben Sie Ihr aktuelles Kennwort ein, das Sie bisher für die Anmeldung an Ihrem PC verwendet haben. Dann klicken Sie auf **Weiter** am unteren Bildschirmrand.

Abbildung 1.3
Tragen Sie hier Ihr Kennwort ein, mit dem Sie sich an Ihrem PC anmelden.

Im nächsten Fenster müssen Sie eine E-Mail-Adresse in das Feld eintragen. Diese E-Mail-Adresse verwenden Sie zukünftig immer dann, wenn Sie sich mit Ihrem Microsoft-Konto anmelden. Klicken Sie erneut auf **Weiter**.

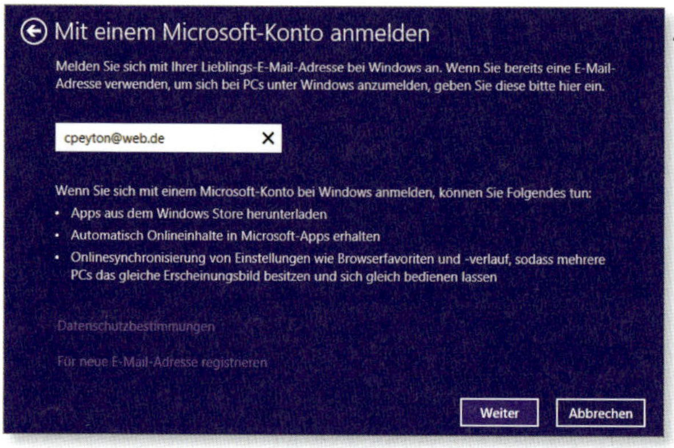

Abbildung 1.4
Nutzen Sie Ihre E-Mail-Adresse.

Daraufhin wird ein Fenster angezeigt, in das Sie mehrere Grundinformationen eintragen: ein frei zu wählendes Kennwort, Ihren Namen etc. Achten Sie bei der Wahl des Kennworts auf die Beschreibung rechts neben den Feldern. Klicken Sie nach der Eingabe auf **Weiter** (im nächsten Fenster werden weitere Informationen abgefragt; hier müssen Sie jedoch nicht jedes Feld ausfüllen und Sie sollten sich bei der Eingabe in diese Felder bewusst machen, welche und wie viele persönliche Informationen Sie übermitteln möchten).

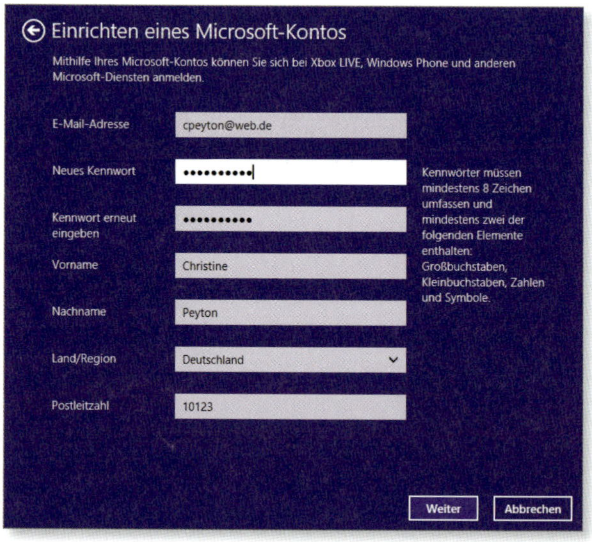

Abbildung 1.5
Tragen Sie die notwendigen Informationen ein.

Nach einem erneuten Klick auf **Weiter** erscheint das Fenster **Fertigstellung**. Die anzuhakenden Optionen können Sie ignorieren und einfach auf **Weiter** klicken oder Sie wählen die gewünschte Option aus.

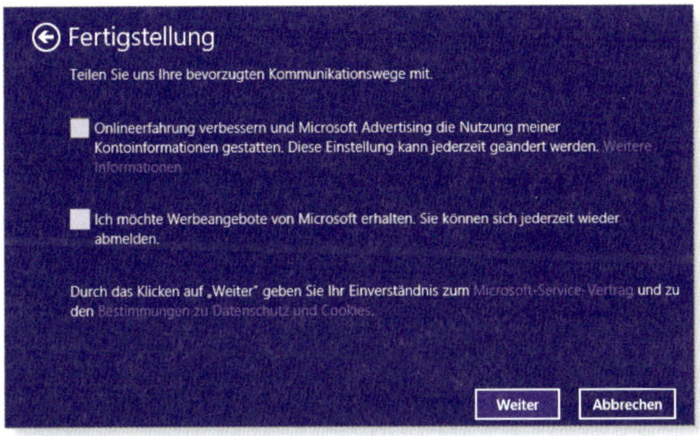

Abbildung 1.6
Nun haben Sie es fast geschafft.

Nach der bei Anmeldungen üblichen Abfrage (Sie wiederholen die angezeigten Buchstaben und Zahlen) klicken Sie im nächsten Fenster unten rechts auf die Schaltfläche **Fertig stellen**.

Abbildung 1.7
Im letzten Schritt klicken Sie auf »Fertig stellen«.

Word 2013 kaufen oder Office 365 leasen?

Um sich für die weitere Arbeit zu rüsten, können Sie ein Office-Paket, das in verschiedenen Versionen vorliegt, kaufen oder aber auch nur Word 2013 (sofern Sie tatsächlich nur eine Textverarbeitung benötigen). Alle Angebote finden Sie auf der Seite *office.microsoft.com*. Wenn Sie sich für ein Produkt entschieden haben, klicken Sie einfach auf den entsprechenden Link **Jetzt kaufen**.

Abbildung 1.8
Hier können Sie das Office-Paket oder Word 2013 erwerben.

Sie werden allerdings feststellen, dass Sie den Kauf nur fortsetzen/abschließen können, wenn Sie bereits über ein Microsoft-Konto verfügen. Spätestens nachdem Sie auf **Zur Kasse gehen** geklickt haben, erscheint das Fenster zum Anmelden.

Abbildung 1.9
Sie müssen sich mit Ihrem Microsoft-Konto anmelden.

Statt Office 2013 käuflich zu erwerben, bietet Microsoft auch die Möglichkeit, das Softwarepaket Office 365 (in dem alle Office-Anwendungen enthalten sind) zu leasen. Dies funktioniert wie eine Art Abonnement. Sie abonnieren das Office-Paket und zahlen entweder einen monatlichen Betrag oder einen Jahresbetrag, der etwas günstiger ist.

Abbildung 1.10
Sie können das Office-Paket auch abonnieren.

Auch für diese Variante brauchen Sie natürlich ein Microsoft-Konto. Der Vorteil ist, dass Ihre Office-Anwendungen mit einem solchen Abo immer auf dem neuesten Stand sind, da Sie berechtigt sind, die Anwendungen ständig zu aktualisieren. Außerdem dürfen Sie bis zu fünf Computer mit dem Office-Paket bestücken, was für ein etwas größeres Heimnetz eine feine Sache ist. Obendrauf gibt es noch ein paar Boni wie etwa einen 20-GB-SkyDrive-Speicher und Office-Sprachpakete (für Korrekturhilfen in verschiedenen Sprachen), die Sie sonst zusätzlich kaufen müssten. Eine Internetverbindung ist für die Installation und Aktivierung – und natürlich auch für die Aktualisierungen – zwingend erforderlich.

Auf der Webseite *office.microsoft.com* finden Sie weitere Informationen. Am besten, Sie stöbern und vergleichen hier, falls Sie sich noch nicht entschieden haben, was Sie kaufen möchten und was am besten auf Ihre Bedürfnisse zugeschnitten ist. Kostengünstiger scheint das Abonnement im Vergleich zum regelrechten Kauf auf jeden Fall dann zu sein, wenn Sie auch zukünftig mit der jeweils neuesten Version arbeiten möchten. Der Erwerb des kompletten Pakets belastet den Geldbeutel doch erheblich, und die nächste Version wird nicht allzu lange auf sich warten lassen!

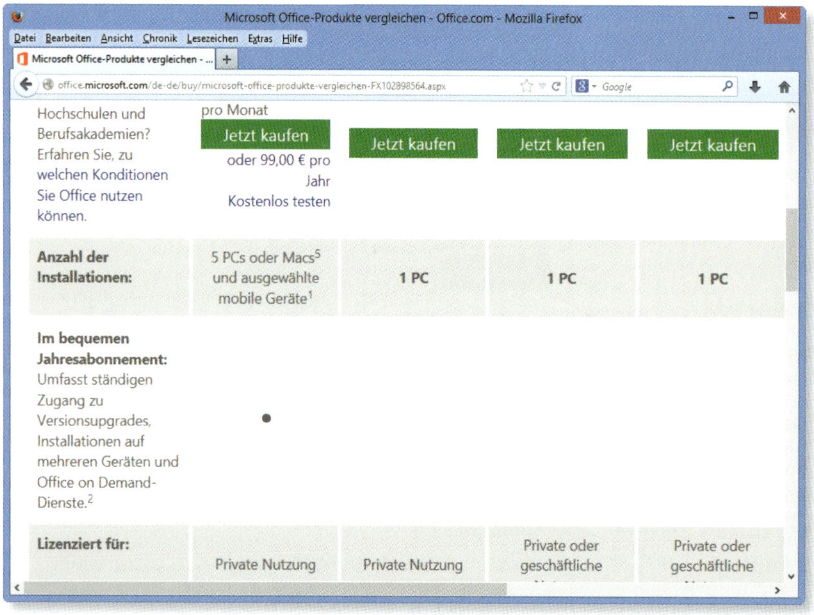

Abbildung 1.11
Informieren Sie sich auf der Seite office.microsoft.com über die Details des Abonnements.

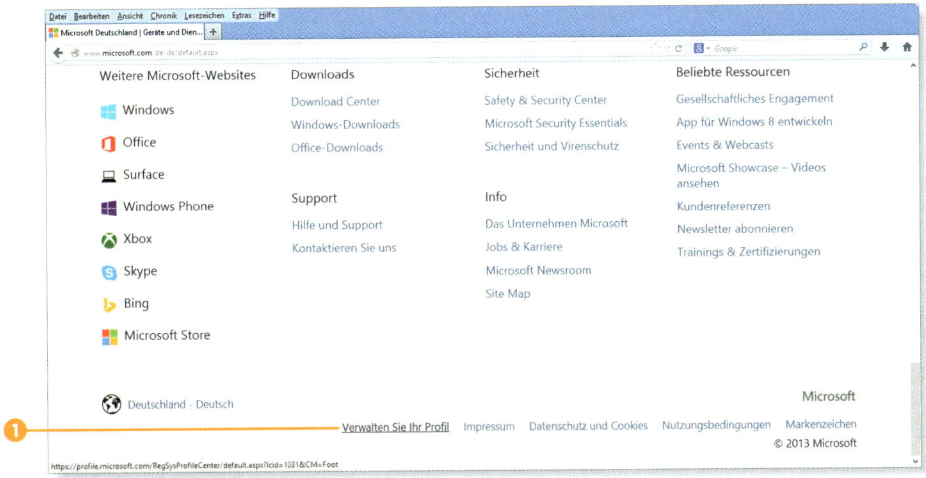

Abbildung 1.12
Rufen Sie Ihr Microsoft-Konto auf.

Word 2013 installieren und aktivieren

Nachdem Sie das Office-Paket oder auch nur Word 2013 gekauft haben, finden Sie das Produkt in Ihrem Microsoft-Konto. (Zum Anmelden öffnen Sie die Microsoft-Webseite und suchen hier nach dem Link zum Anmelden, z. B. über **Verwalten Sie Ihr Profil** (1) am unteren Bildschirmrand.) Hier steht es zum Download bereit.

In der Regel ist der Vorgang dann folgendermaßen: Sie klicken auf den Namen des Produkts, sodass der Download startet. Nach Abschluss des Downloads starten Sie mit einem Doppelklick die Setup-Datei, die Sie im Datei-Explorer in Ihrem Ordner für Downloads finden.

Die Registrierungsnummer der Software sollte Ihnen auch in Ihrem Microsoft-Konto angezeigt werden. Notieren Sie sich die Nummer am besten. Diese Nummer geben Sie ein, sobald Sie während der Installation danach gefragt werden.

Wenn Sie nach der Installation Ihr Office-Programm zum ersten Mal öffnen, werden Sie aufgefordert, das Produkt zu aktivieren, um es benutzen zu können. Bestätigen Sie hier diese Anfrage; auch dies funktioniert nur, wenn Ihr Computer mit dem Internet verbunden ist.

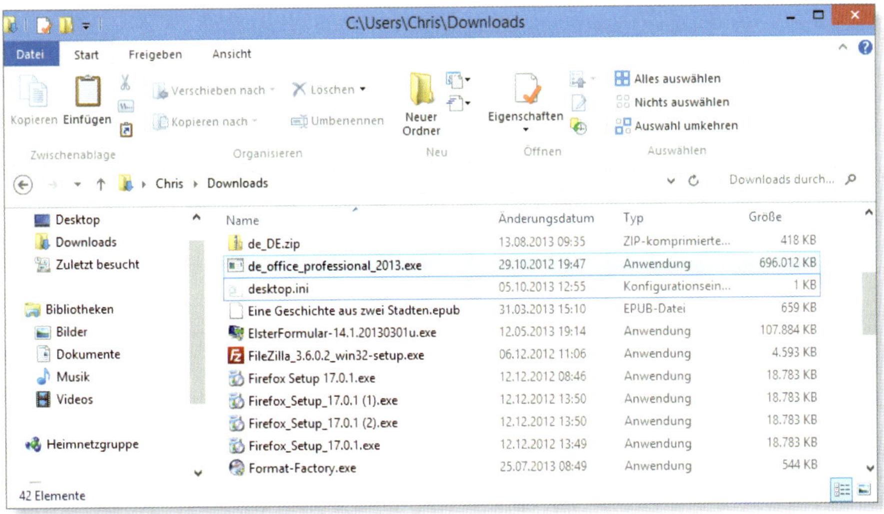

Abbildung 1.13
Klicken Sie doppelt auf die Setup-Datei.

Word Web App – Word in der Cloud nutzen

Statt lokal auf dem Computer können Sie Ihre Word-Dokumente auch auf dem Microsoft-eigenen Onlinespeicher SkyDrive, der sogenannten Cloud, speichern. Der Vorteil ist, dass Sie überall und von jedem PC oder anderen mobilen Geräten aus auf Ihre dort gespeicherten Dokumente zugreifen können. Sie benötigen dazu lediglich eine Internetverbindung.

Mit der Word Web App können Sie online, also in Ihrem Browser, die in der Cloud gespeicherten Word-Dokumente öffnen und sie wie in Word bearbeiten. Allerdings dürfen Sie nicht mit dem vollen Funktionsumfang rechnen. Die Word Web App stellt nur eine deutlich abgespeckte Bearbeitungsansicht zur Verfügung, aber grundlegende Funktionen wie etwa Formatierungen, Formatvorlagen, das Einfügen von Tabellen etc. sind vorhanden. In Kapitel 12, »Dokumente mit der Word Web App bearbeiten«, stellen wir die Arbeit mit der Word Web App genauer vor.

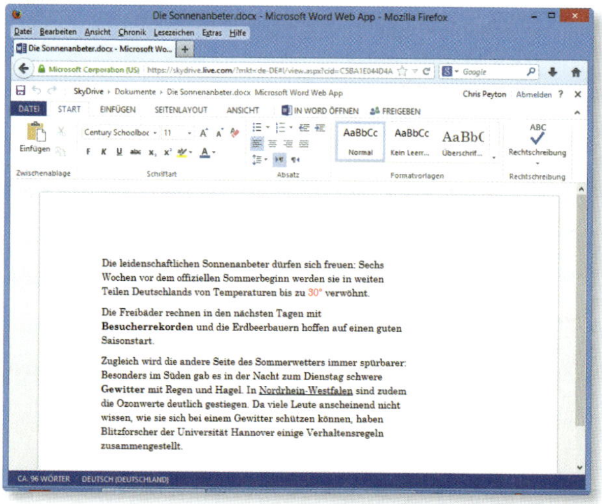

Abbildung 1.15
Word-Dokumente mit der Word Web App bearbeiten

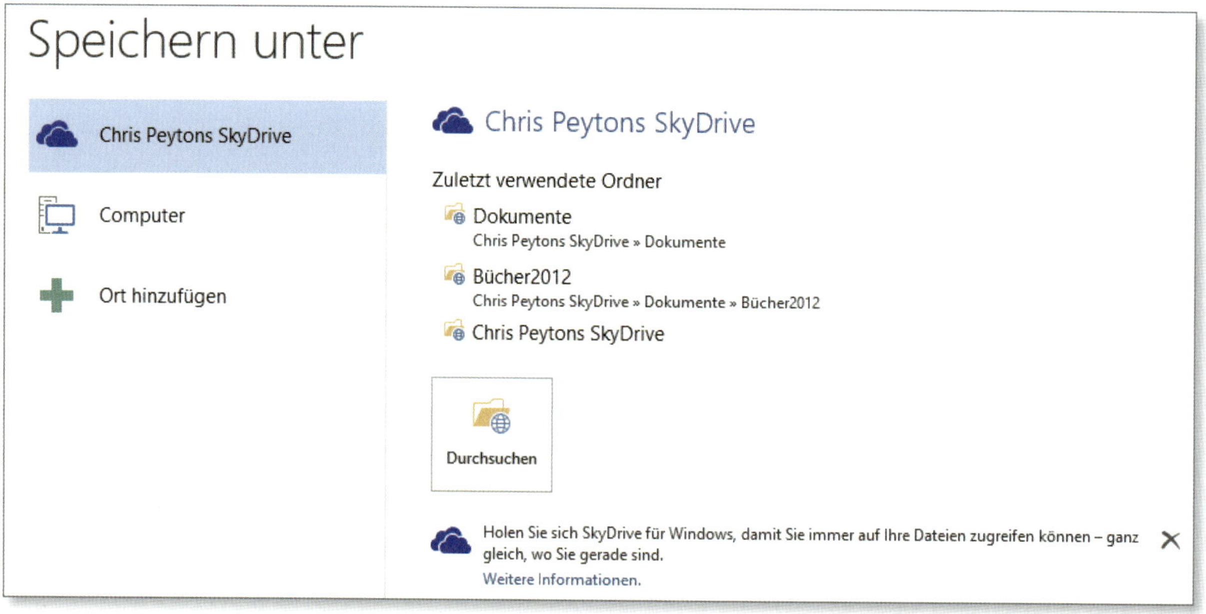

Abbildung 1.14
Dokumente auf SkyDrive speichern

1.2 Die wichtigsten Funktionen im Überblick

Die Grundlage der Arbeit mit Word ist das Erstellen von Textdokumenten. Diese Dokumente bleiben in aller Regel nicht so, wie sie im ersten Anlauf geschrieben werden, sondern sollen in vieler Hinsicht bearbeitet werden.

Texte manuell korrigieren

Fehler in Word-Dokumenten sind kein Problem, egal ob es sich um Tippfehler handelt oder Sie einen Buchstaben oder gar mehrere Wörter ausgelassen haben. Alles lässt sich korrigieren. Einen falschen Buchstaben löschen Sie je nach Cursorposition mit der [Entf]-oder der [←]-Taste, wenn ein Wort fehlt, schreiben Sie es einfach hinein. Der restliche Text rutscht nach rechts und schafft Platz für die Ergänzungen.

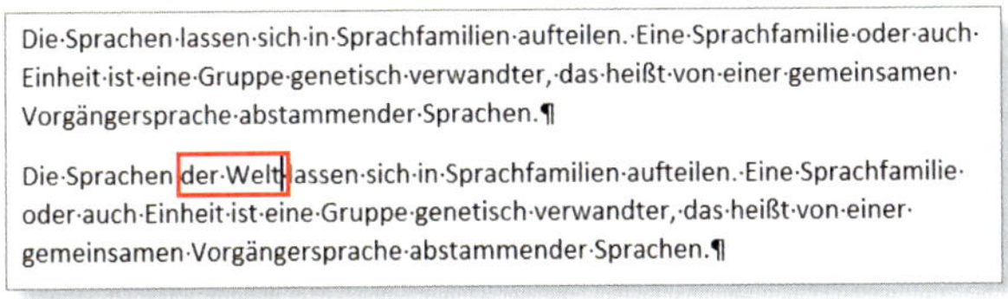

Abbildung 1.16
Text lässt sich ganz leicht korrigieren oder ergänzen.

Die Rechtschreibprüfung verwenden

Praktisch ist die Rechtschreibprüfung. Word besitzt ein internes Wörterbuch und vergleicht jedes Wort mit den Einträgen im Wörterbuch. Ist es in der gefundenen Schreibweise nicht im Wörterbuch, wird es rot unterkringelt. Das Kontextmenü des Wortes bietet Vorschläge für die Korrektur. Alternativ können Sie auch den Aufgabenbereich **Rechtschreibung** aufrufen und hier die Fehler nacheinander korrigieren.

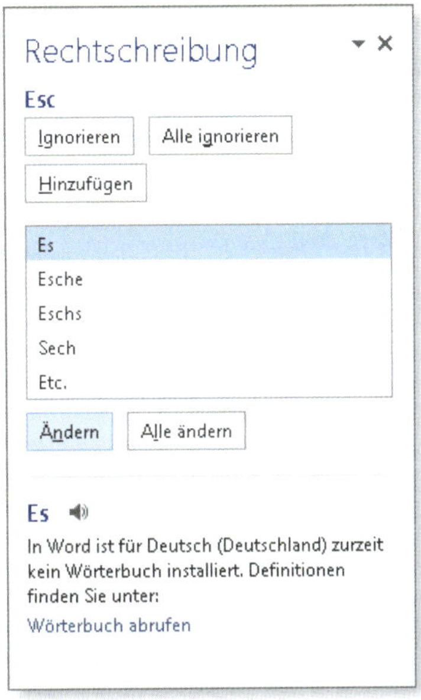

Abbildung 1.17
Der Aufgabenbereich »Rechtschreibung«

Texte, Absätze und Seiten formatieren

Als Textverarbeitungsprogramm lag und liegt die Stärke von Word vor allem in der Gestaltung von Texten. Dabei reichen die Möglichkeiten von einfachen klassischen Formatierungen wie Änderung der Schriftart, der Schriftfarbe oder der Zuweisung von Attributen wie fett und kursiv über schicke Initialen und originelle Aufzählungszeichen bis hin zur Verwendung von Rahmen, Linien und Schattierungen für Absätze oder Textpassagen und individuellen Seitenrändern oder Wasserzeichen für die ganze Seite.

Darüber hinaus beschreiben wir in diesem Kapitel auch den Umgang mit der Word-Hilfe. Sie lässt sich jederzeit aufrufen, damit Sie schnell Antworten auf Ihre Fragen bzw. die Lösung für Ihr Problem finden.

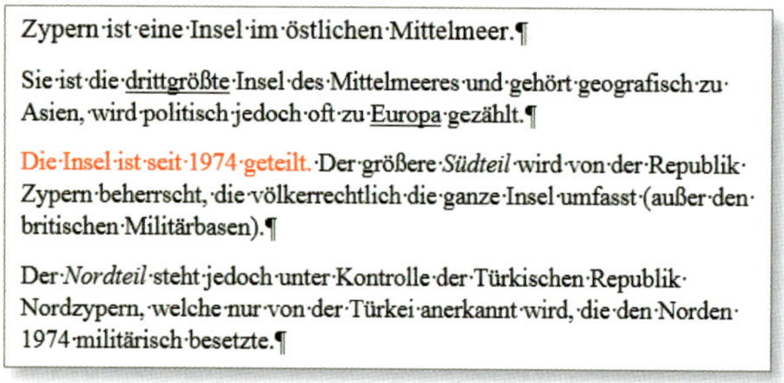
Zypern·ist·eine·Insel·im·östlichen·Mittelmeer.¶

Sie·ist·die·drittgrößte·Insel·des·Mittelmeeres·und·gehört·geografisch·zu·Asien,·wird·politisch·jedoch·oft·zu·Europa·gezählt.¶

Die·Insel·ist·seit·1974·geteilt.·Der·größere·*Südteil*·wird·von·der·Republik·Zypern·beherrscht,·die·völkerrechtlich·die·ganze·Insel·umfasst·(außer·den·britischen·Militärbasen).¶

Der·*Nordteil*·steht·jedoch·unter·Kontrolle·der·Türkischen·Republik·Nordzypern,·welche·nur·von·der·Türkei·anerkannt·wird,·die·den·Norden·1974·militärisch·besetzte.¶

Abbildung 1.18
Dokument mit diversen Formatierungen

Mit Formatvorlagen, die viele Gestaltungsmerkmale in sich vereinen, lassen sich Textdokumente besonders flott »durchformatieren«.

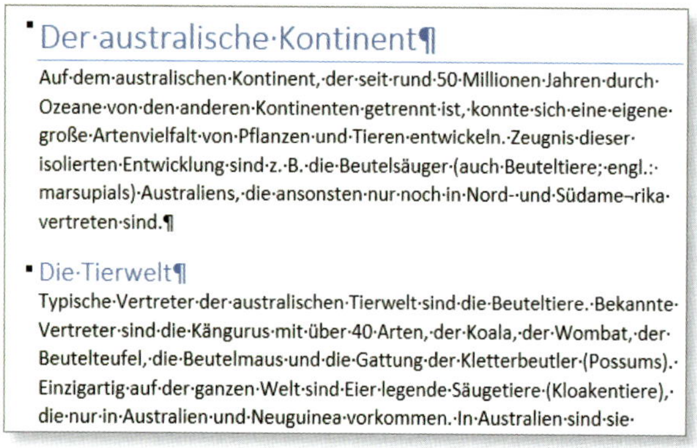
Der·australische·Kontinent¶

Auf·dem·australischen·Kontinent,·der·seit·rund·50·Millionen·Jahren·durch·Ozeane·von·den·anderen·Kontinenten·getrennt·ist,·konnte·sich·eine·eigene·große·Artenvielfalt·von·Pflanzen·und·Tieren·entwickeln.·Zeugnis·dieser·isolierten·Entwicklung·sind·z.·B.·die·Beutelsäuger·(auch·Beuteltiere;·engl.:·marsupials)·Australiens,·die·ansonsten·nur·noch·in·Nord-·und·Südame-rika·vertreten·sind.¶

Die·Tierwelt¶

Typische·Vertreter·der·australischen·Tierwelt·sind·die·Beuteltiere.·Bekannte·Vertreter·sind·die·Kängurus·mit·über·40·Arten,·der·Koala,·der·Wombat,·der·Beutelteufel,·die·Beutelmaus·und·die·Gattung·der·Kletterbeutler·(Possums).·Einzigartig·auf·der·ganzen·Welt·sind·Eier·legende·Säugetiere·(Kloakentiere),·die·nur·in·Australien·und·Neuguinea·vorkommen.·In·Australien·sind·sie·

Abbildung 1.19
Mit einer Formatvorlage lassen sich Absätze schnell formatieren.

Praktisch und unverzichtbar sind Dokumentvorlagen, die die Basis für zukünftige Dokumente bilden und bereits alle Einstellungen, Formatierungen und Elemente enthalten, die die auf der Vorlage basierenden Dokumente haben sollen.

Kopf- und Fußzeilen

Kopf- und Fußzeilen, die die Seitenzahlen sowie Text und andere Elemente aufnehmen, die auf jeder Seite des Dokuments automatisch erscheinen sollen, werden oft direkt in eine Dokumentvorlage integriert, können aber auch in jedes normale Dokument eingefügt werden. Word bietet neben den einfachen Kopf- und Fußzeilen, die Sie selbst formatieren können, zahlreiche Kopf- und Fußzeilen, die zu den integrierten Designs passen. Dabei spielt es außerdem keine Rolle, ob Sie von Anfang an Kopf- und Fußzeilen einfügen oder erst im Verlauf Ihrer Arbeit.

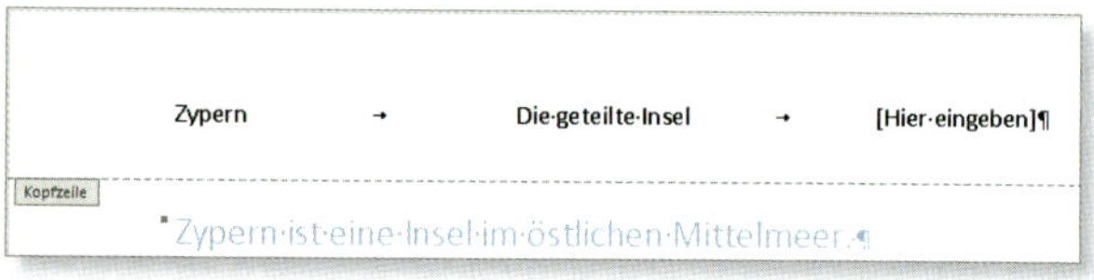

Abbildung 1.20
Eine Kopfzeile einfügen

Formatieren mit Designs

Zur Formatierung gehört auch die Möglichkeit, ein Dokument mithilfe der Designs zu gestalten, die jeweils aus einem Satz von Designfarben, Designschriftarten und Designeffekten bestehen. Mit diesen Designs können Sie Ihren Dokumenten sehr einfach ein professionelles, einheitliches Erscheinungsbild verpassen, und dies zudem übergreifend für alle Office-Dokumente. Auch die Deckblätter, die Sie in ein Dokument einfügen können, sind an die integrierten Designs angepasst.

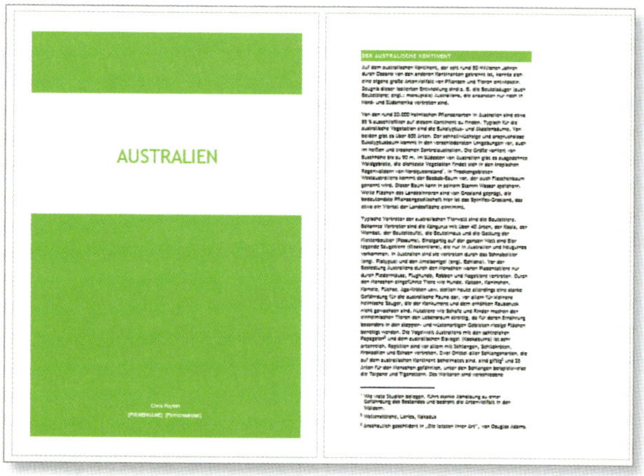

Abbildung 1.21
Ein passendes Deckblatt einfügen

Dokumente mit Grafiken und Videos

Textdokumente werden durch Bilder und Grafiken lebendig. Wenn man auf die früheren Word-Versionen zurückblickt, ist leicht zu erkennen, dass das Programm im Laufe der verschiedenen Versionen die Einbindung grafischer Elemente immer komfortabler machte. Word 2013 hat allerdings keine ClipArt-Galerie mehr an Bord, sondern bietet die Grafiken nur online über *Office.com* an. Die Bearbeitung von Grafiken stellte im Laufe der Jahre (und neuer Versionen) mehr und mehr Möglichkeiten und Funktionen bereit. Der Umgang mit Grafiken, egal, ob es dabei um Bilder, ClipArts, Zeichnungen oder Diagramme geht, führt daher im Textverarbeitungsprogramm Word längst kein Schattendasein mehr. Heutzutage integriert die eigentliche Bildbearbeitung viele Features, auf die man früher nur mithilfe spezieller Programme zugreifen konnte. Mit Word 2013 kann aus einem reinen Textdokument mit wenigen Handgriffen ein kleines Kunstwerk werden.

Abbildung 1.22
Eingefügte Bilder – hier mit unterschiedlichen Bildeffekten

Auch Onlinevideos lassen sich problemlos in ein Dokument einfügen und direkt von hier aus starten. Über die Bing-Videosuche landet der entsprechende Link mit Vorschaubild im Dokument. Wenn Sie hier auf den **Play**-Button klicken, wird das Video in einem Wiedergabeprogramm abgespielt.

Abbildung 1.23
Ein Video in einem Word-Dokument

Mit den vorgefertigten Formen lassen sich Zeichnungen erstellen, die Sie mit den diversen Mitteln der Registerkarte **Zeichentools/Format** bearbeiten können; dazu zählen Fülleffekte, Formeffekte oder die fertigen Formenarten, mit deren Hilfe sich das Aussehen der Formen mit dem berühmten Mausklick verändern lässt.

Abbildung 1.24
Mit Word gezeichnete Formen

Für die Gestaltung von Schriftzügen bietet Word schon seit Langem die WordArt-Grafiken an. Mit WordArt zaubern Sie im Nu dekorativen Text auf Ihr Blatt, der sich dann wiederum mit WordArt-Formaten und anderen Effekten bearbeiten lässt.

Abbildung 1.25
Ein mit WordArt erstellter Text

Diagramme und SmartArts

Zu den grafischen Elementen zählen auch Diagramme, die Zahlenmaterial visualisieren. Solche Diagramme können Sie aus Excel übernehmen oder direkt in Word starten, wobei Sie die Basisdaten in eine Excel-Tabelle eintragen und daraufhin das entsprechende Diagramm automatisch im Word-Dokument angezeigt wird.

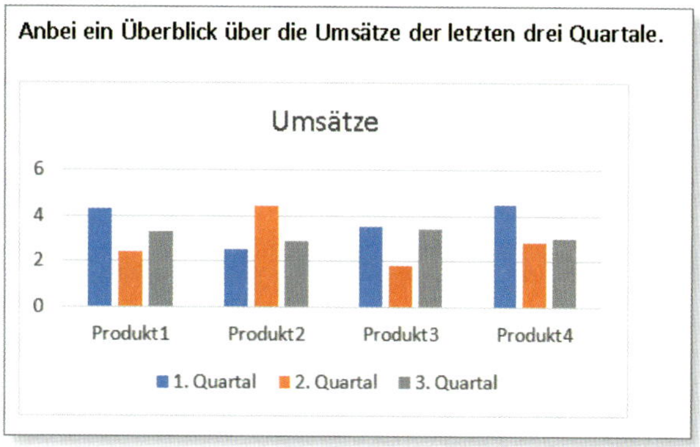

Abbildung 1.26
Ein Diagramm in Word

Mit den Befehlen der Registerkarte **Diagrammtools** lässt sich ein Diagramm dann in vieler Hinsicht bearbeiten. Sie können es optisch verschönern, Diagrammformatvorlagen zuweisen, die Diagrammelemente einzeln formatieren, Bilder einfügen und/oder die ursprünglichen Daten verändern.

SmartArts stellen Strukturen, Prozesse, Hierarchien und Ähnliches grafisch dar. Sie wählen eine SmartArt-Grafik aus und füllen sie dann mit Ihren Informationen. Auch optisch lassen sie sich in vieler Hinsicht Ihren Bedürfnissen anpassen.

Tabellen verwenden

Wenn es darum geht, Text und/oder Zahlen sauber und ordentlich neben- und untereinander zu schreiben, sind Tabstopps und Tabellen die richtige Wahl. Während Tabstopps schon seit Langem zu Word gehören – sie sind ja letztlich der guten alten Schreibmaschine abgeguckt, die auch bereits über einen Tabulator verfügte –, kam die Tabellenfunktion erst später hinzu. Es handelt sich um eine außerordentlich leistungsstarke Funktion, die

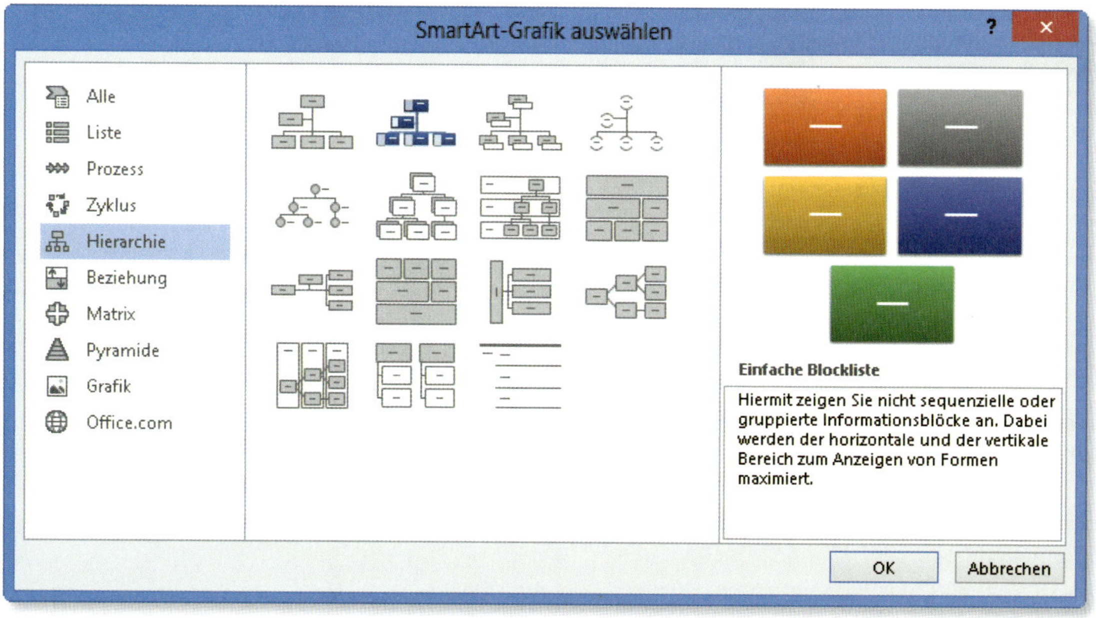

Abbildung 1.27
SmartArts einfügen

sehr flexibel einsetzbar und in vielen Situationen zu gebrauchen ist. Neben der individuellen Bearbeitung lässt sich ihr Aussehen blitzschnell mit den Tabellenformatvorlagen steuern. Und was viele Anwender nicht wissen: Sogar rechnen kann man in Word-Tabellen.

Grenoble	Frankreich	Bellevue	Michel Sommer
Kufstein	Österreich	Sonnenhof	Anita Mandel
Meran	Italien	Panorama	Peter Hofer
Mittenwald	Deutschland	Berghotel	Martin Welser
Vaduz	Liechtenstein	Montagne	Claire Chiradeaux
Wengen	Schweiz	Kaiserhof	Franz Leitmeier

Abbildung 1.28
Eine mit einer Vorlage gestaltete Tabelle

Schnellbausteine nutzen

Schnellbausteine (manchen sind sie vielleicht unter dem Begriff »AutoTexte« bekannt) sind ausgesprochen hilfreich, wenn Sie häufig Texte schreiben müssen, die sich inhaltlich wiederholen. Schnellbausteine bestehen aus bestimmten Textpassagen, die Sie mit einem Namen einmalig anlegen und dann immer wieder verwenden können, ohne dass Sie den Text erneut tippen müssen. Schnellbausteine bleiben erhalten, solange Sie sie nicht explizit löschen.

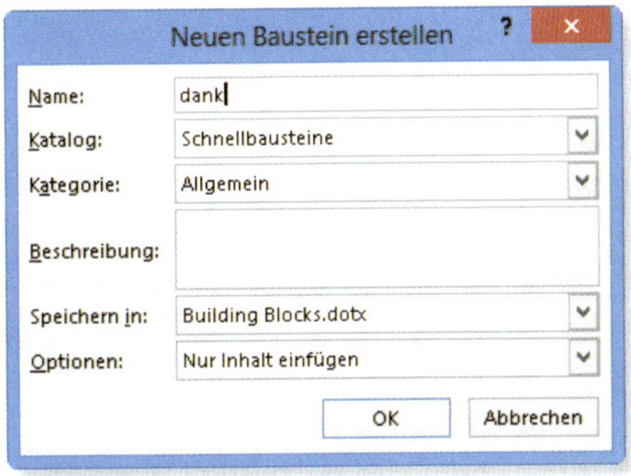

Abbildung 1.29
Einen Baustein zur Wiederverwendung anlegen

Integrierte Formeln

Wenn es nicht um Berechnungen geht, sondern um die Eingabe bzw. Darstellung von mathematischen Formeln, hilft Word mit einer Reihe fertiger Formeln, die Sie als Basis für Ihre Ausdrücke verwenden können. Dies funktioniert über eine XML-basierte Technologie mit der Bezeichnung *MathML* (und nicht mehr über den Formeleditor, der in vielen Word-Versionen zur Verfügung stand). Sie können auch eigene Formeln erstellen und sie im Formelkatalog speichern, damit sie zukünftig als Schablone für neue Formeleingaben zur Verfügung stehen.

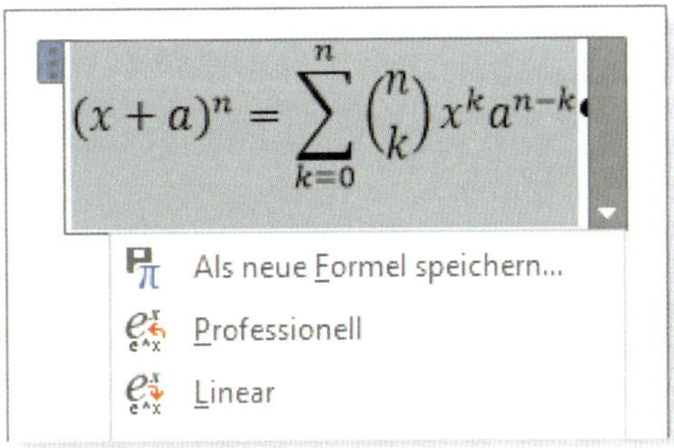

Abbildung 1.30
Eine eingefügte Formel

Inhaltsverzeichnisse, Fußnoten, Indizes und Co.

Für zahlreiche Dokumenttypen ist es mit einem schicken Aussehen und Layout nicht getan. Umfangreiche wissenschaftliche Arbeiten müssen bestimmte Elemente enthalten, damit sie den universitären Ansprüchen genügen. Erforderlich sind in der Regel ein Inhaltsverzeichnis, Fußnoten, Indizes, Literaturverzeichnisse, gegebenenfalls Querverweise etc.

Word 2013 ist ein starker Partner bei solchen Aufgaben. Nicht nur, dass Sie all solche Elemente problemlos in ein Dokument einfügen bzw. von Word generieren lassen können (z. B. das Inhaltsverzeichnis), auch für den komfortablen Umgang mit langen Dokumenten werden diverse Funktionen bereitgestellt. So können Sie mithilfe von Textmarken, der Dokumentstruktur oder auch durch den Einsatz von Hyperlinks geschickt navigieren oder die Suchfunktion nutzen, um gezielt bestimmte Stellen aufzufinden.

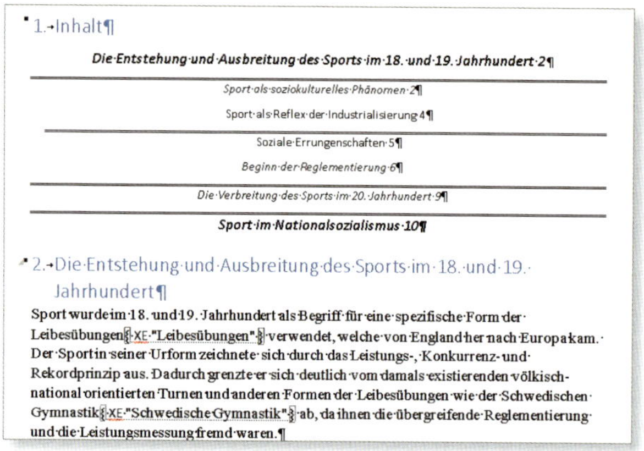

Abbildung 1.31
Inhaltsverzeichnis und Indizes im Text

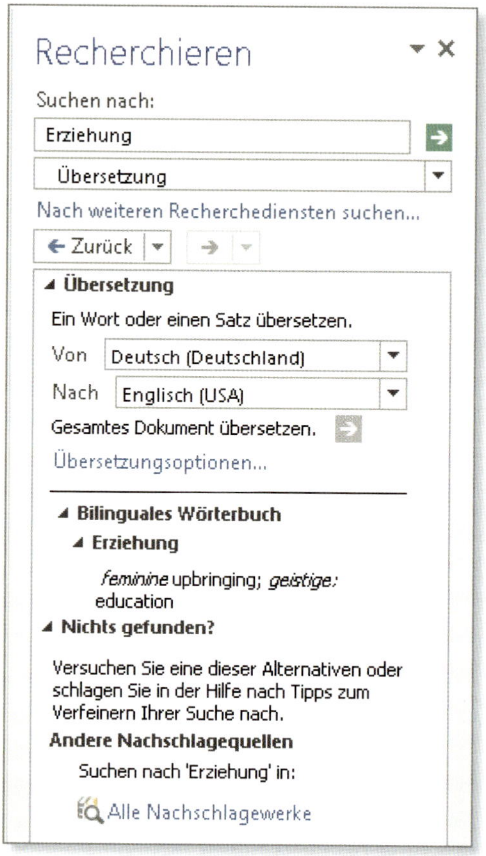

Abbildung 1.32
Text übersetzen lassen

Hilfreich bei umfassenden Arbeiten ist oft auch der Thesaurus, der Ihnen Synonyme bzw. alternative Begriffe vorschlägt. Wenn Sie in Ihrem Dokument das achte Mal in Folge einen bestimmten Begriff verwendet haben, ist es höchste Zeit, ein wenig Abwechslung ins Spiel zu bringen. Fehlt es Ihnen hier an Ideen, bietet der Thesaurus mit etwas Glück genau das Passende.

Text in anderen Sprachen

Im Zeitalter der Globalisierung kommt es häufig vor, dass Briefe, Berichte oder andere Texte nicht in Deutsch, sondern in einer Fremdsprache verfasst werden sollen. Wenn man mit Fremdsprachen allerdings ein wenig auf Kriegsfuß steht, ist Unterstützung beim Übersetzen meistens sehr willkommen. Word bietet Ihnen eine solche Unterstützung an. Sie können einzelne Begriffe in diverse Sprachen übersetzen lassen (zumindest aber ins Englische), wobei entweder auf ein bilinguales Wörterbuch zurückgegriffen oder ein Onlinedienst in Anspruch genommen wird. Die Übersetzungshilfe funktioniert nicht nur für Begriffe, sondern auch für längere Texte; hier gilt es jedoch, vorsichtig zu sein und keine Wunder zu erwarten. Während das Ergebnis bei einfachen Sätzen oft recht gut ist, stimmt die Übersetzung verschachtelter Sätze mit einer komplizierten grammatischen Struktur meistens nur sehr bedingt oder schlimmstenfalls überhaupt nicht.

Rationelles Arbeiten

Hilfreich sind gerade bei langen Texten auch die Funktionen, die sich unter dem Begriff »Rationalisierung der Arbeit« zusammenfassen lassen. Hierzu zählen z. B. die *AutoKorrektur*, mit der Sie dafür sorgen können, dass immer wiederkehrende Tippfehler automatisch korrigiert werden (siehe Abbildung 1.33), zudem die Möglichkeit, Begriffe oder Zeichen durch Alternativen ersetzen zu lassen, sowie die Schnellbausteine bzw. AutoTexte, die die Eingabe sich wiederholender Texte vereinfachen und Sie von ermüdenden Wiederholungen befreien. Mithilfe dieser Funktionen in Word 2013 können Sie sehr viel Bearbeitungszeit einsparen, wenn Sie sie effektiv einsetzen.

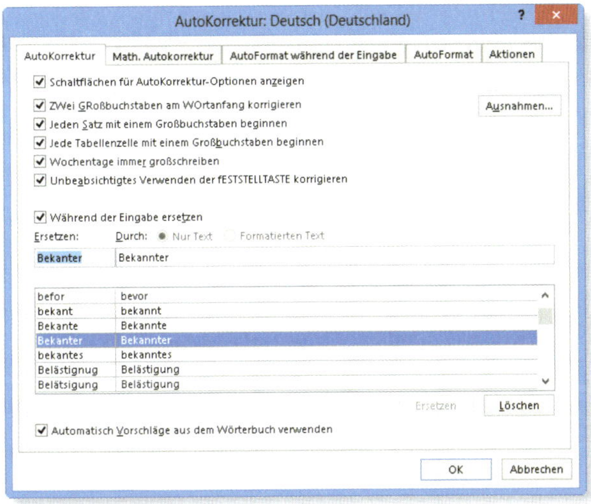

Abbildung 1.33
Falsch geschriebene Wörter automatisch ersetzen lassen

Dokumente überarbeiten und kommentieren

Eine schicke Sache sind die diversen Möglichkeiten, Dokumente im Team zu bearbeiten und sich dabei alle Überarbeitungen und Kommentare anzeigen zu lassen, sodass Sie genau wissen, an welchen Stellen Ihr Dokument von welchem Bearbeiter korrigiert und/oder kommentiert wurde. Sie können daraufhin entscheiden, welche Änderungen Sie akzeptieren und welche Sie ablehnen möchten. Über Vergleichsdokumente können Sie alle Veränderungen diverser Bearbeiter bzw. Korrektoren in einem einzigen Dokument zusammenfassen und Ihre Arbeit dann Stück für Stück unter Berücksichtigung aller Veränderungsvorschläge perfektionieren.

Seriendruck

Serienbriefe, also Briefe gleichen Inhalts, die an unzählige Empfänger verschickt werden, lassen sich schon lange mit Word erstellen. Die jetzige Version fasst alle notwendigen Befehle und Funktionen auf einer Registerkarte zusammen, was ihre Erstellung und Verwaltung sehr komfortabel macht.

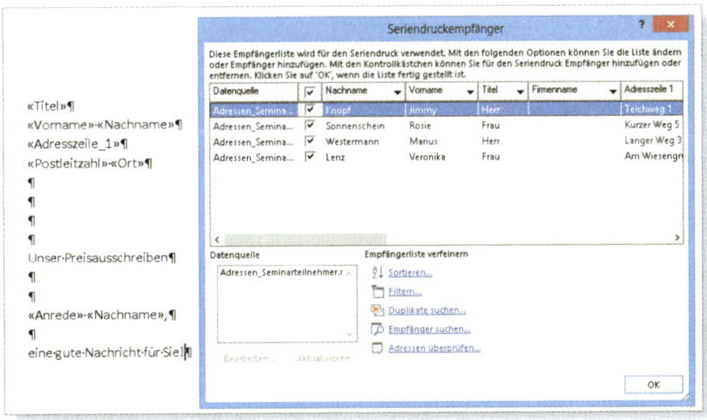

Abbildung 1.35
Für einen Serienbrief brauchen Sie ein Hauptdokument und eine Datenquelle, über die Sie die Seriendruckfelder füllen.

Sie starten hier den Serienbrief, erstellen die Datenquelle (oder verbinden das Hauptdokument mit einer vorhandenen Datenquelle) und führen beide Dokumente zusammen, sodass am Ende die fertigen Serienbriefe herauskommen. Mit der Seriendruckfunktion können Sie auch Etiketten in Serie erstellen und Umschläge beschriften. Galt diese Funktion lange Zeit als unübersichtlich und kompliziert, können Sie nun ganz bequem und schnell Ihre Serienbriefe erstellen. Senden Sie häufig Briefe an viele Empfänger, werden Sie diese Funktion zu schätzen wissen.

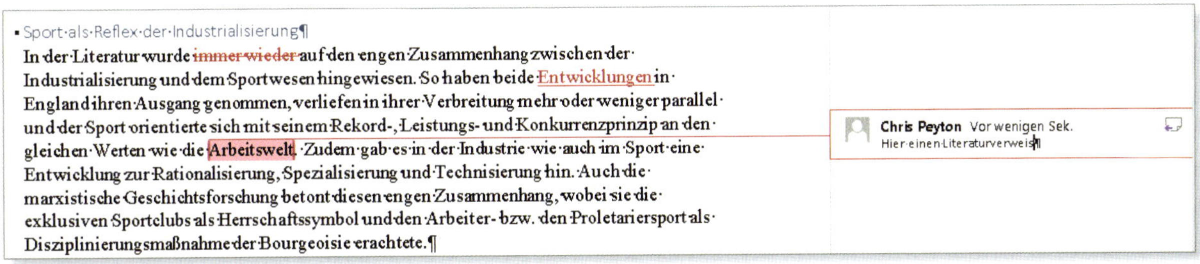

Abbildung 1.34
Sichtbare Überarbeitungen und Kommentare im Dokument

Formulare

Wie auch die klassischen Papierformulare, die wir alle kennen und meistens ungern und mit Verzögerung ausfüllen, dienen auch die Formulare in Word dazu, Informationen zu sammeln, nur dass Sie hier in eine andere Rolle schlüpfen: Nicht Sie sollen Auskunft geben, sondern die Empfänger des Formulars, das Sie entworfen haben, werden um bestimmte Angaben gebeten. In solche Formulare können Sie unterschiedliche Felder einbauen, z. B. Textfelder, Dropdown-Listen oder auch Kontrollkästchen.

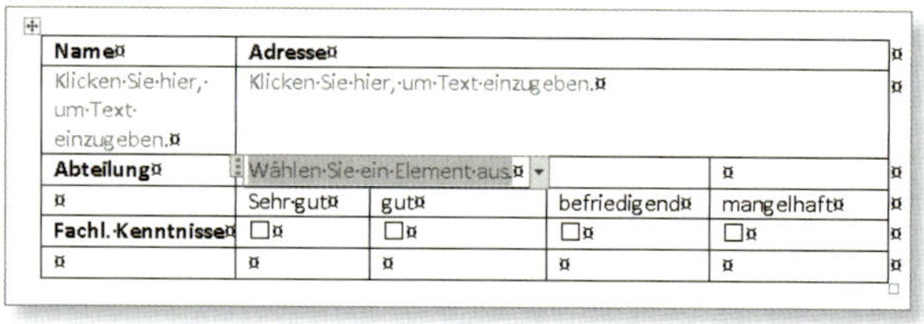

Abbildung 1.36
Ein Word-Formular

Makros

Wenn Sie bestimmte Befehlsabfolgen automatisieren möchten, sind Makros das Mittel der Wahl. Auch diese Möglichkeit steht bereit, und da man Makros einfach aufzeichnen kann und sie nicht programmieren muss, sind sie leichter erstellt, als der Ruf, der ihnen vorauseilt, ahnen lässt. (Es heißt von ihnen nämlich immer, dass sie eine recht komplizierte Angelegenheit sind, für die sehr gute Word-Kenntnisse erforderlich sind.)

Um den Code eines Makros zu überprüfen und/oder zu bearbeiten, rufen Sie den VBA-Editor auf (siehe Abbildung 1.37).

Der Backstage-Bereich für grundlegende Funktionen

Zum Verwalten der Dokumente steht der sogenannte *Backstage-Bereich* zur Verfügung. Sie erreichen ihn, indem Sie ganz links oben im Menüband auf die Registerkarte **Datei** klicken. In dem sich öffnenden Backstage-Bereich finden Sie nicht nur grundlegende Funktionen wie **Speichern unter**, **Öffnen** und **Drucken** mit der Druckvorschau, sondern z. B. auch die Möglichkeit, Freigaben und Berechtigungen festzulegen, Ihr Dokument mit einem Passwort zu schützen und Dokumentversionen zu verwalten. Sehr bequem lässt sich hier auch der Dateityp eines Dokuments ändern, nicht nur in ein Dateiformat einer älteren Word-Version, sondern über die Export-Funktion auch in ein PDF- oder XPS-Format.

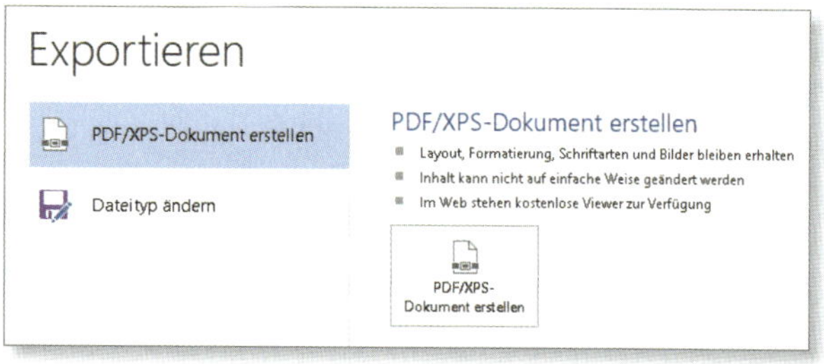

Abbildung 1.38
Dokumente im PDF/XPS-Format speichern

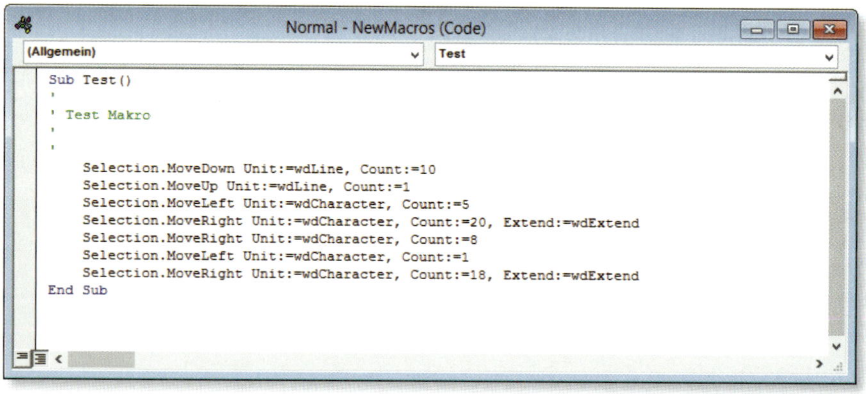

Abbildung 1.37
Der VBA-Editor zur Bearbeitung von Makros

1.3 Neues in Word 2013

Das Menüband (*Ribbon*) und die Registerkarten sind nur für die Anwender neu, die Word 2007/2010 übersprungen haben und den Umstieg direkt von Word 2003 aus wagen (in Kapitel 2, »Die Elemente des Bildschirms«, gehen wir ausführlich auf die Registerkarten ein, damit auch Neueinsteiger nicht zu kurz kommen und sich auf der für sie neuen Oberfläche orientieren können). Daher zählen wir diese grundlegende Umgestaltung der Benutzeroberfläche hier nicht mehr zu den Neuerungen, sondern nur die Features, die im Vergleich zu Office/Word 2010 hinzugekommen sind.

Arbeiten im Touchmodus – die Fingereingabe

Für alle Besitzer eines Laptops mit einem Touchscreen besteht die Möglichkeit, auch Word 2013 per Fingereingabe zu steuern. Dazu bietet Word einen speziellen Modus, der bewirkt, dass zwischen Befehlen größere Abstände sind, sodass es leichter ist, die Befehle zu »treffen«. Dieser spezielle Fingereingabe-Modus gilt allerdings nur für das Menüband und einige andere Elemente, z. B. für die Minisymbolleiste. Das Layout der »klassischen« Dialoge bleibt unverändert, sodass recht geschickte Finger erforderlich sind, um die jeweils gewünschte Einstellung/Funktion anzutippen.

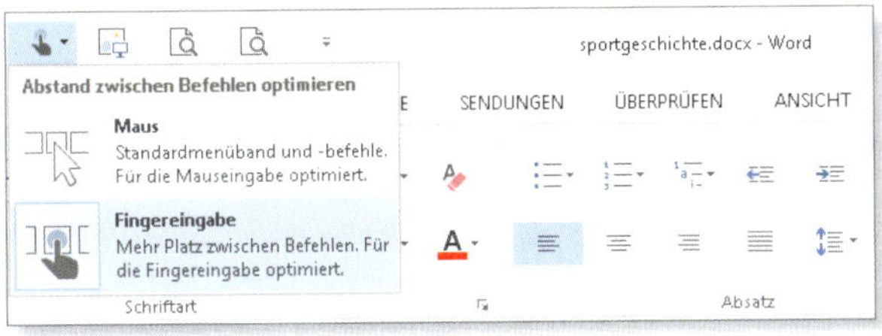

Abbildung 1.39
In den Fingereingabe-Modus wechseln

Die Registerkarte »Datei«: der Backstage-Bereich

Viele Anwender haben den bunten runden Office-Button, den es in Word 2007 gab, übersehen und erst nach einer Weile des »Herumirrens« erkannt, dass sich dahinter der Backstage-Bereich mit sehr wichtigen Funktionen verbirgt. Microsoft hat sich bereits mit der Version 2010 die allgemeine Kritik zu Herzen genommen, diesen Button wieder abgeschafft und stattdessen in Erinnerung an das alte Menü **Datei** die Registerkarte **Datei** eingeführt.

Diese Registerkarte öffnet den Backstage-Bereich, der generelle Befehle zum Umgang mit Dokumenten (**Speichern unter**, **Öffnen**, **Schließen**, **Neu** etc.) bereitstellt. Während der Arbeit im Backstage-Bereich sind die anderen Registerkarten nicht aktiv (was anfänglich oft zu der irrigen Annahme führt, man habe das Dokument geschlossen!).

Dokumente auf SkyDrive ablegen

Die Möglichkeit, ein Word-Dokument nicht nur auf Ihrem PC oder im Firmen- bzw. Heimnetzwerk, sondern auch auf dem Onlinespeicher *SkyDrive* zu speichern, ist zwar nicht brandneu, besitzt aber in Word 2013 einen neuen Stellenwert. Die Funktion ist nun direkt unter der Funktion **Speichern unter** zu finden und sogar als Standard eingestellt. Für die Nutzung brauchen Sie ein *Microsoft-Konto*. Dokumente, die auf SkyDrive gespeichert sind, können mit *Office Web Apps* online bearbeitet werden. Diese stehen dann auch zeitgleich mehreren Benutzern zur Verfügung, unabhängig vom Ort und der Plattform, die verwendet wird.

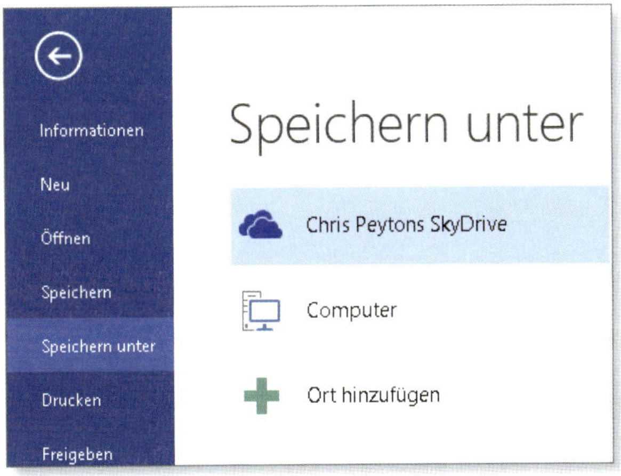

Abbildung 1.40
Dokumente im Web speichern

Der neue Lesemodus

Um längere Dokumente einfach nur zu lesen, bietet sich der Lesemodus an. In dieser Ansicht können Sie sich ganz auf den Text konzentrieren und mit den Pfeiltasten umblättern. Es gibt lediglich drei Menüpunkte links oben auf der Seite; für bestimmte Lichtverhältnisse lässt sich der Text auch invertiert darstellen.

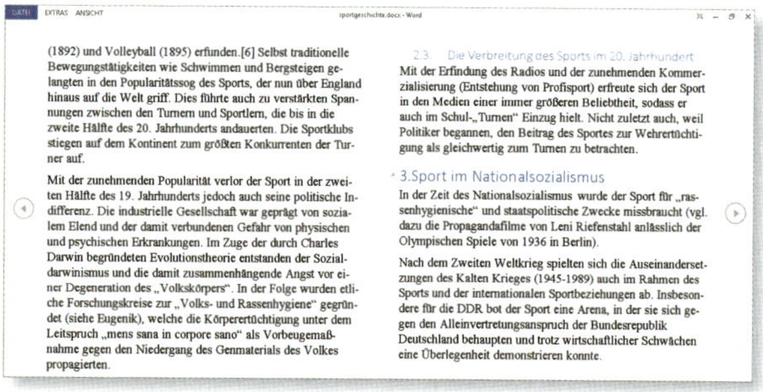

Abbildung 1.41
Ein Dokument im Lesemodus

Onlinevorlagen

Unter dem Menüpunkt **Neu** gibt es eine Vielzahl von Vorlagen für alle Einsatzgebiete, von Abrechnungen über Faxvorlagen und Lebensläufen bis hin zu Karten, Kalendern und Visitenkarten. Im Gegensatz zu den früheren Word-Versionen stehen diese Vorlagen nur online zur Verfügung, d. h., sie müssen heruntergeladen werden. Sie brauchen also eine Internetverbindung, um sie verwenden zu können.

Abbildung 1.42
Für viele Gelegenheiten gibt es Onlinevorlagen.

Überschriften erweitern oder reduzieren

Wenn Sie Überschriften mit Formatvorlagen formatieren, gibt es nun eine schöne Möglichkeit, Abschnitte ein- oder auszublenden. Links neben den Überschriften werden kleine Pfeile eingeblendet, sobald man mit dem Mauszeiger auf die Überschriftenzeile zeigt. Per Klick auf den Pfeil wird der zur Überschrift gehörende Text ausgeblendet bzw. auch wieder eingeblendet. Auf diese Weise lässt sich eine gute Übersichtlichkeit in Dokumenten erreichen.

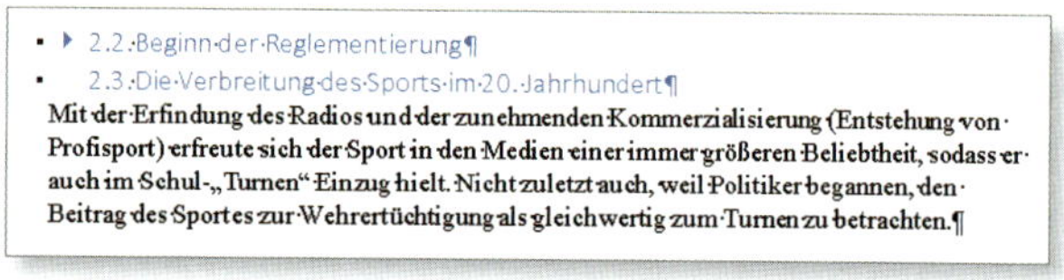

Abbildung 1.43
Über die Pfeile lassen sich Abschnitte ein- und ausblenden.

Texteffekte: Ligaturen und Zahlenformatvorlagen

Die Optionen zum Formatieren von Text sind schon in Word 2010 durch die Texteffekte ausgeweitet worden. Sie können Ihrem Text Effekte wie Leuchten und Spiegelung hinzufügen und diese Effekte selbst noch in jede Himmelsrichtung variieren.

Abbildung 1.44
Texteffekte: Schatten, Spiegelung und Leuchten

Für eine ausgesprochen professionelle Gestaltung des Schriftbildes bietet Word 2013 eine Reihe von Einstellungen für *Ligaturen* (Zeichen, die aus mehreren verbundenen Buchstaben bestehen) sowie Zahlenformatvorlagen (Zahlen mit proportionalem Abstand) an. Wenn Sie diese Optionen nutzen, erzielen Sie einen typografischen Feinschliff, der mit normaler Formatierung nicht zu erreichen ist.

Das Wasser war 10 Meter tief.

Mit Ligatur und proportionaler Lineatur für die Zahl:

Das Wasser war 10 Meter tief.

Abbildung 1.45
Text mit und ohne Ligatur

Freihandeingabe

Auf der Registerkarte **Überprüfen** finden Sie das Symbol **Freihandeingabe**, wenn Sie Word 2013 auf einem Touchdisplay verwenden. Haben Sie diese Funktion aktiviert, können Sie Freihandeingaben, also handschriftlich wirkende Anmerkungen, kleine Zeichnungen oder Ähnliches, in Ihr Word-Dokument einfügen. Dazu können Sie sowohl die Maus als auch den Finger nutzen. Aber Vorsicht: Es erfordert Geschicklichkeit und Übung, um ein halbwegs akzeptables Ergebnis zu erzielen!

Abbildung 1.46
Freihandeingaben sind gar nicht so einfach!

Onlinegrafiken

Hinsichtlich der Bearbeitung von Bildern bzw. Grafiken hatte Microsoft bereits mit Word 2010 kräftig aufgerüstet. In dieser Hinsicht gibt es nichts Neues. Allerdings hat sich Microsoft nun von der ClipArt-Galerie, die seit einer kleinen Ewigkeit integrierter Teil von Word war, verabschiedet. Möchte man jetzt eine Grafik oder ClipArt in das Dokument einfügen, muss man über *Office.com* nach einer Onlinegrafik suchen. Sie benötigen dazu zwar eine bestehende Internetverbindung, je nach Suchbegriff werden Ihnen dann allerdings Hunderte von Grafiken lizenzfrei angeboten.

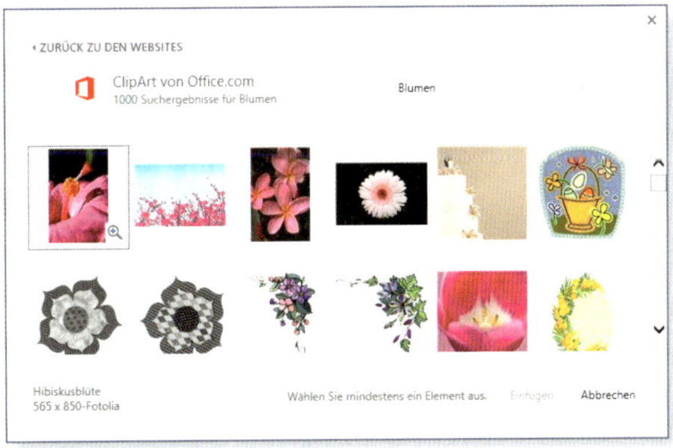

Abbildung 1.47
Das Angebot an Onlinegrafiken ist groß.

Onlinevideos einfügen

Multimedia wird allerorts großgeschrieben, und so ist auch Microsoft einen Schritt weiter in diese Richtung gegangen und bietet nun die Möglichkeit, Videoinhalte aus dem Internet in ein Dokument einzufügen. Man kann also Videos von YouTube oder auch Bing Video in Dokumente einfügen. Diese können dann direkt von Word aus abgespielt werden. Dazu benötigt man eine entsprechende Abspielsoftware, die auf den meisten Rechnern ohnehin vorinstalliert ist, z. B. den Windows Media Player.

Abbildung 1.48
Ein in ein Word-Dokument integriertes Video

SmartArts auf Office.com

Word 2013 bietet zahlreiche SmartArt-Layouts mit unterschiedlichen Anordnungen, die dazu gedacht sind, Strukturen, Hierarchien, Beziehungen und Ähnliches grafisch darzustellen. Zusätzliche Layouts finden Sie über den Punkt **Office.com**. Die hier angebotenen Layouts werden regelmäßig aktualisiert.

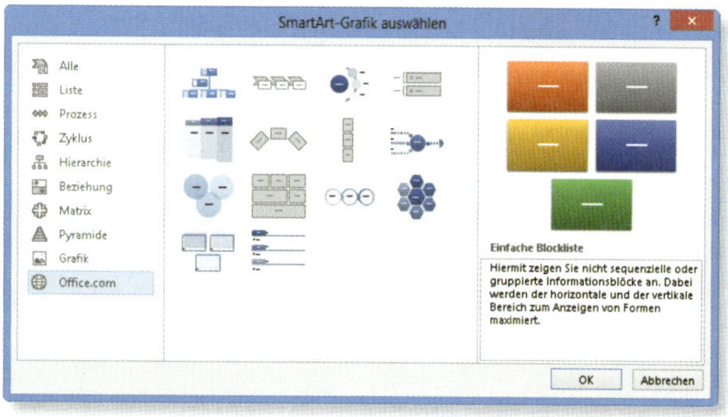

Abbildung 1.49
SmartArts einfügen

Die Option »Einfaches Markup« im Überarbeitungsmodus

Im Überarbeitungsmodus gibt es eine neue Ansicht. Sie nennt sich **Einfaches Markup**. In dieser Ansicht wird das Dokument so angezeigt, als ob die Änderungen angenommen wurden, aber die Stellen mit den Änderungen bleiben an der Seite markiert. So haben Sie eine unkomplizierte Ansicht vor sich, die gut zu lesen ist. Über **Markup: alle** können Sie dann jederzeit wieder die Änderungsvorschläge einsehen.

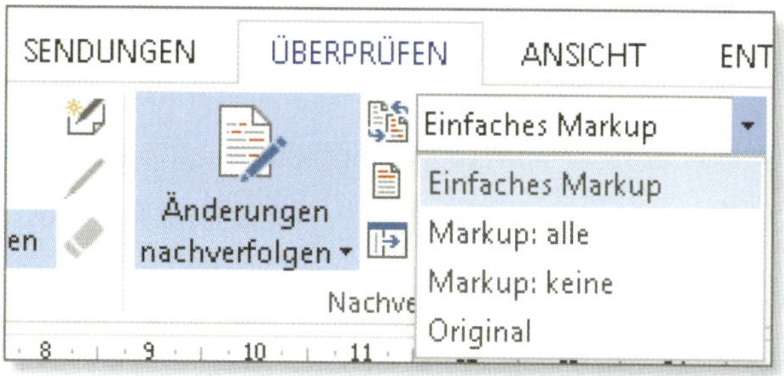

Abbildung 1.50
Die Ansicht »Einfaches Markup« einstellen

Grafiken anordnen mit Ausrichtungslinien

Zum Anordnen und Platzieren von Grafiken/Fotos sind Ausrichtungslinien ein tolles Hilfsmittel. Diese Linien tauchen an bestimmten Positionen einer Grafik auf, z. B. am linken Seitenrand oder zu Beginn eines Absatzes. So können Sie überprüfen, ob die Grafik genau dort »sitzt«, wo sie sitzen soll.

Abbildung 1.51
Grafiken mithilfe von Ausrichtungslinien anordnen

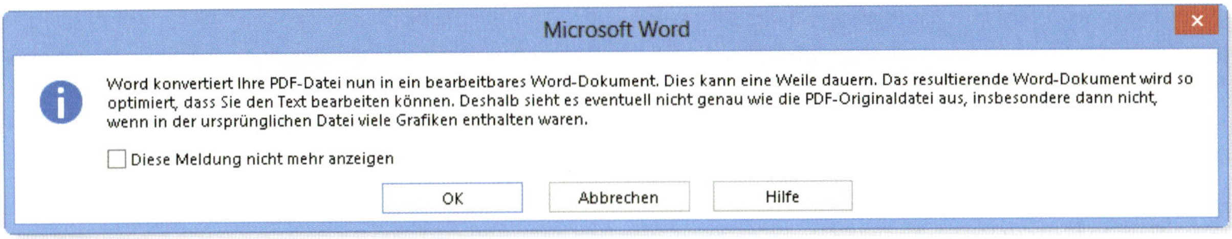

Abbildung 1.52
Diesen Hinweis erhalten Sie beim Öffnen einer PDF-Datei in Word.

PDF-Dateien öffnen und bearbeiten

Eine bislang vermisste Option steht nun zur Verfügung: PDF-Dateien lassen sich in Word öffnen und bearbeiten. Diesen Vorgang starten Sie ganz »normal« über **Datei** > **Öffnen**. Nachdem Sie die gewünschte Datei ausgewählt haben, werden Sie darauf hingewiesen, dass das Word-Dokument eventuell nicht ganz genau so aussehen wird wie die ursprüngliche PDF-Datei.

1.4 Die Word-Hilfe

Microsoft Word bietet wie seit »Urzeiten« Hilfestellungen bei Problemen an und beschreibt den Umgang mit vielen Funktionen, allerdings nicht mehr ganz so umfangreich, wie Sie es vielleicht von früheren Versionen her kennen. (Und vielleicht kann sich der eine oder andere Leser noch an die putzigen Hilfefiguren – an Einstein, das Hündchen etc. – erinnern, die einem mit Rat und Tat zur Seite standen. Diese Spielerei gehört der Vergangenheit an.) Word 2013 (bzw. Office 2013) setzt in puncto Hilfestellung ganz auf das Internet. Die meisten Themen werden nur online ausführlich abgehandelt, sodass Sie brauchbare Hilfe nur bekommen, wenn Ihr Computer mit dem Internet verbunden ist. Wenn dies der Fall ist, erhalten Sie auf den entsprechenden Seiten unter *Office.com* zu vielen Funktionen Beschreibungen und Erklärungen. Ein Vorteil der Onlinehilfe ist natürlich, dass sie regelmäßig aktualisiert wird. Sollte Ihr Computer nicht mit dem Internet verbunden sein, fallen die Erklärungen sehr mager aus. Sie erhalten in der Regel lediglich einen kurzen Hinweis, wo Sie eine Funktion finden, jedoch keine weiteren Beschreibungen.

Die Hilfe aufrufen

Der Umgang mit der Word-Hilfe ist im Prinzip sehr einfach: Unabhängig davon, ob Sie eine Internetverbindung haben oder nicht, starten Sie die Hilfe über das Fragezeichen oben rechts am Bildschirm. Alternativ drücken Sie einfach die Taste [F1].

Abbildung 1.53
Die Word-Hilfe aufrufen

Daraufhin wird das Fenster **Word-Hilfe** (für die Onlinehilfe) aufgerufen (wobei sich viele Beschreibungen nicht nur auf Word beziehen, sondern auch auf andere Office-Programme). In diesem Fenster können Sie gezielt nach einer Antwort suchen, indem Sie einen Suchbegriff eingeben und dann auf die Lupe klicken. Eventuell helfen auch die bereits aufgelisteten Suchbegriffe, die Sie im Bereich **Beliebte Suchbegriffe** sehen. Über den Bereich **Erste Schritte** erhalten Sie Informationen zu Änderungen in der aktuellen Programmversion sowie nützliche Tastenkombinationen, die Sie bei Ihrer Arbeit mit Word verwenden können. Über den Bereich **Grundlagen und mehr** können Sie sich schließlich weiterführende Informationen zu grundlegenden Funktionen in Word anzeigen lassen.

Abbildung 1.54
Das Hilfe-Fenster

Haben Sie eine Suchanfrage gestartet, werden Ihnen dann im nächsten Fenster Themen aufgelistet, die zum Suchbegriff passen. Einige Texte bietet die Word-Hilfe selbst – dies sind die Beschreibungen, die als Artikel deklariert sind –, bei anderen handelt es sich um Verweise auf Internetseiten. Sie müssen also mit dem Internet verbunden sein, um diese Texte lesen zu können.

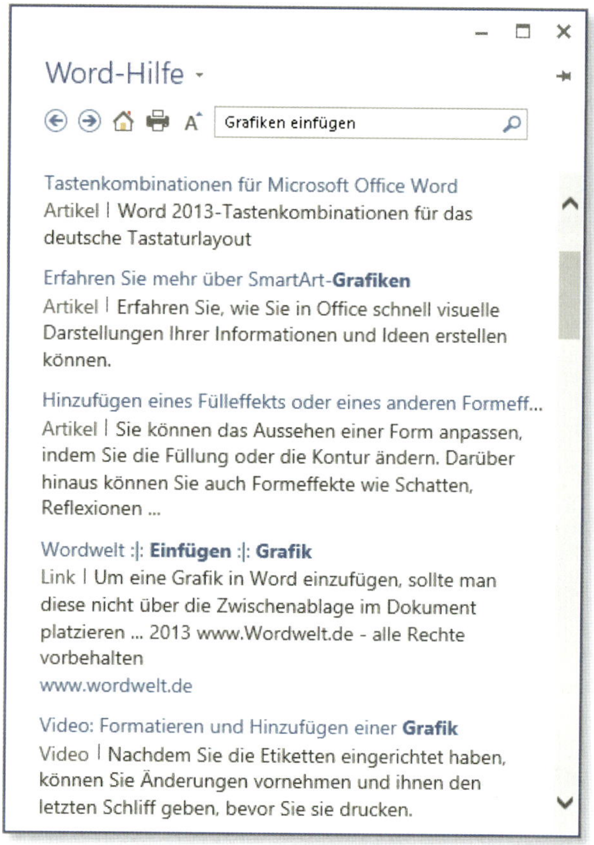

Abbildung 1.55
Die Word-Hilfe bietet Artikel und Links zu Internetseiten.

Im Hilfe-Fenster navigieren und suchen

Zum Navigieren im Hilfe-Dialog nutzen Sie die Symbole **Zurück** bzw. **Weiter** oder **Startseite** links neben dem Suchfeld.

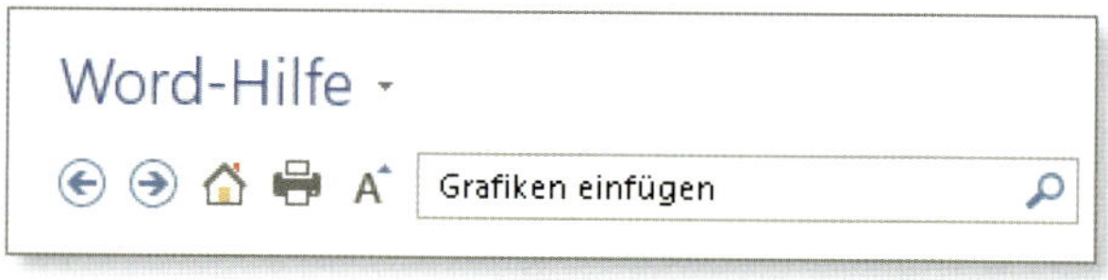

Abbildung 1.56
Die Symbole der Word-Hilfe

Oben rechts im Hilfe-Fenster sehen Sie eine Pinnnadel. Wenn diese Nadel wie in der Standardeinstellung nach links zeigt, rutscht der Hilfe-Dialog in den Hintergrund bzw. auf die Taskleiste, sobald Sie wieder in das Dokument klicken. Per Mausklick auf die Schaltfläche **Word-Hilfe** in der Taskleiste blenden Sie das Fenster wieder ein. Um das Hilfe-Fenster dauerhaft vor Augen zu haben, klicken Sie die Nadel an. Sie zeigt dann nach unten, und das Fenster ist fixiert, bleibt also im Vordergrund.

Abbildung 1.57
Wenn die Pinnnadel nach unten zeigt, bleibt das Hilfe-Fenster im Vordergrund.

Hilfethemen gezielt aufrufen

Auch in den Dialogen des Programms finden Sie kleine Schaltflächen mit Fragezeichen, mit denen Sie das Hilfe-Fenster aufrufen. Wenn Sie hier auf das Fragezeichen klicken, präsentiert die Word-Hilfe gezielt die Themen, die zu den Befehlen des Dialogs passen. Leider ist es nicht mehr möglich, das Fragezeichen direkt zu einer Einstellung des Dialogs zu ziehen, um »vor Ort« eine Informationsbox mit einer Hilfestellung oder einer Erklärung zu erhalten (was früher eine feine Sache war).

Zum Teil wurde die eben erwähnte Art direkter Hilfe (das Ziehen des Fragezeichens zu einer Einstellung) allerdings durch die Möglichkeit ersetzt, gezielt Hilfe zu einzelnen Befehlsschaltflächen der Registerkarten aufzurufen. Dazu zeigen Sie mit der Maus auf die entsprechende Schaltfläche, um die QuickInfo-Box zu erhalten. Wenn hier neben der kurzen Erklärung der Funktion der Hinweis **Weitere Infos** auftaucht, existiert ein Hilfeeintrag, den Sie in der Word-Hilfe angezeigt bekommen. Beachten Sie jedoch, dass für diese Technik die Option **Featurebeschreibungen in QuickInfos anzeigen** aktiviert sein muss (Sie finden sie über **Datei** > **Optionen** > **Allgemein** im Feld **QuickInfo-Format**).

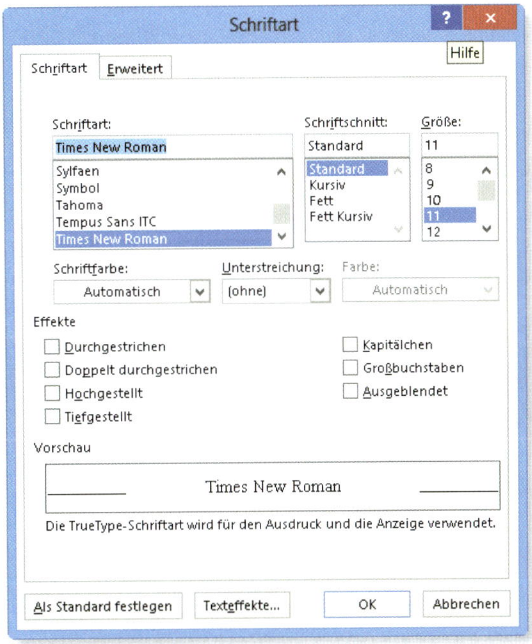

Abbildung 1.58
Mit dem Fragezeichen in einem Dialog wird die Word-Hilfe aufgerufen, die dann passende Themen/Links präsentiert.

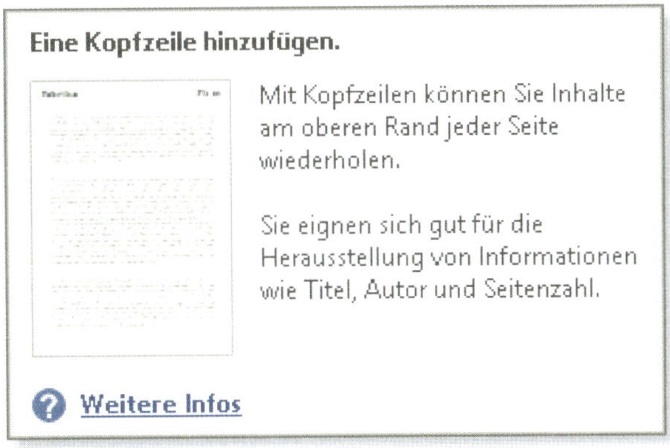

Abbildung 1.59
Es gibt einen Hilfeeintrag zum Thema »Kopfzeile«.

INFO

Hilfe ohne Internetverbindung

Wenn Sie die Word-Hilfe aufrufen, ohne eine Internetverbindung zu haben, erhalten Sie in dem Hilfe-Dialog den Hinweis, dass keine Verbindung hergestellt werden konnte. Auch in diesem Modus können Sie in das Suchfeld einen Suchbegriff eingeben, die Ergebnisse fallen aber – wie bereits erwähnt – sehr mager aus. In der Regel wird lediglich beschrieben, wie/wo Sie eine Schaltfläche bzw. Funktion finden.

Abbildung 1.60 *Die Word-Hilfe ohne Internetverbindung*

Kapitel 2
Die Elemente des Bildschirms

Office 2007 brachte eine deutliche Zäsur in der Benutzeroberfläche. Microsoft hat sich von Menü- und Symbolleisten verabschiedet und eine grundlegende Umgestaltung der Oberfläche gewagt. All dies wurde in den Folgeversionen beibehalten.

Anwender, die bereits mit Word 2007/2010 gearbeitet haben, können sich glücklich schätzen, denn die Oberfläche von Word 2013 unterscheidet sich nur wenig von diesen Vorgängerversionen. Wenn man diese Versionen ausgelassen hat, aber jetzt den Einstieg in die 2013er-Edition wagt, ist allerdings ein Umdenken angesagt. Wer hingegen Word-Anfänger ist, wird natürlich nichts Vertrautes vermissen und kann ganz unbelastet die Elemente des Word-Bildschirms kennenlernen. In den folgenden Abschnitten möchten wir Sie mit dem Aufbau und den Elementen der Benutzeroberfläche vertraut machen.

2.1 Die Multifunktionsleiste (alias das Menüband)

Zentraler Bestandteil der Programmoberfläche ist die *Multifunktionsleiste*, auch als *Menüband* bezeichnet, die dauerhaft sichtbar ist. Diese Leiste besteht aus diversen *Registerkarten*, über die die einzelnen Funktionen des Programms erreichbar sind. Im Standard sind sieben verschiedene Registerkarten sowie das Register **Datei** ganz links auf der Leiste zu sehen. Nach dem Aufruf von Word bzw. eines Dokuments ist in der Regel die Registerkarte **Start** geöffnet.

Die Multifunktionsleiste reduzieren oder ausblenden

Die Multifunktionsleiste nimmt einen recht großen Teil des Bildschirms ein, was nicht verwunderlich ist, da sie doch immerhin alle wichtigen Befehle enthält. Aber sie lässt sich ausblenden oder reduzieren. Die Befehle für den Umgang mit dem Menüband finden Sie im Menü des Symbols **Menüband-Anzeigeoptionen** oben rechts am Bildschirm (neben dem Fragezeichen).

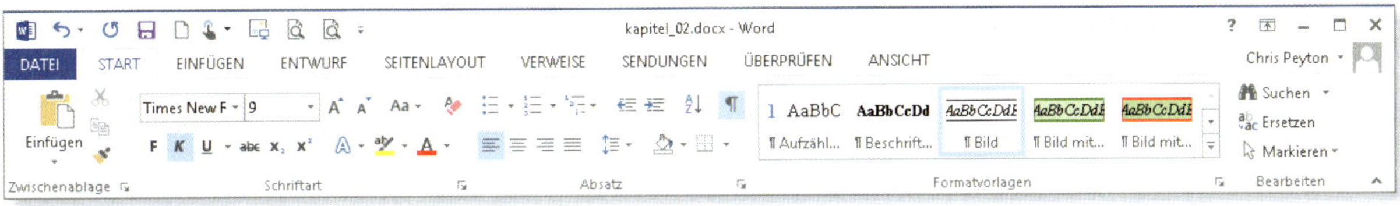

Abbildung 2.1
Das Menüband

Mit dem Befehl **Menüband automatisch ausblenden** bleiben nur dieses Symbol und das Schließkreuz sichtbar. Alle anderen Elemente des Menübands werden ausgeblendet.

Abbildung 2.2
Das Menüband ausblenden

Über die drei Punkte am oberen Bildschirmrand, die in diesem Modus erscheinen, lässt sich das Menüband kurzfristig einblenden, um einen Befehl auszuwählen, sobald Sie in das Dokument klicken, wird es aber wieder ausgeblendet.

Abbildung 2.3
Das ausgeblendete Menüband

Die nächste Option – **Registerkarten anzeigen** – bewirkt, dass nur die Namen der Registerkarten ohne Befehle/Symbole angezeigt werden.

Mit der dritten Option **Registerkarten und Befehle anzeigen** stellen Sie quasi den Standard wieder her: Alle Registerkarten mit ihren jeweiligen Befehlen werden dauerhaft angezeigt.

Die zweite Einstellung im Menü, also die Anzeige der Registernamen ohne Befehle, können Sie auch erreichen, indem Sie einfach auf den kleinen nach oben weisenden Pfeil (**Menüband lösen**) ganz rechts im Menüband klicken.

Abbildung 2.5
Das Menü per Klick auf den kleinen Pfeil lösen

Auch wenn Sie das Menüband mit der rechten Maustaste anklicken und im Kontextmenü den Befehl **Menüband reduzieren** wählen, bewirken Sie, dass nur noch die Namen der Registerkarten zu sehen sind. Um wieder die gesamte Multifunktionsleiste vor Augen zu haben, klicken Sie die Leiste mit den Registerkartennamen mit der rechten Maustaste an und deaktivieren im Menü den Befehl **Menüband reduzieren**.

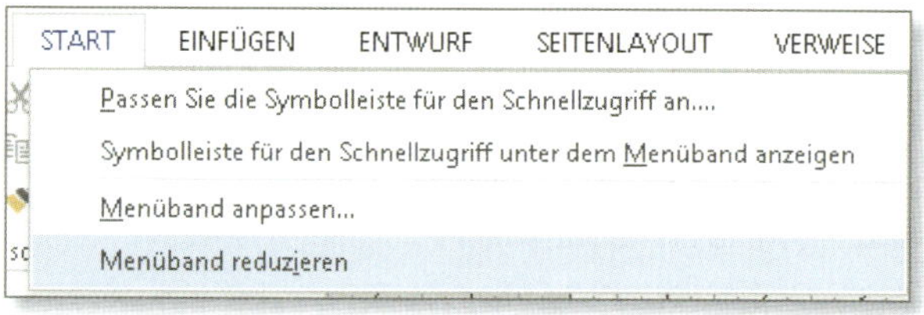

Abbildung 2.6
Das Kontextmenü des Menübandes

Die Registerkarte »Datei« (Backstage)

Die Registerkarte **Datei** spielt eine besondere Rolle. Oft wird dieses Register auch als *Backstage* bezeichnet,

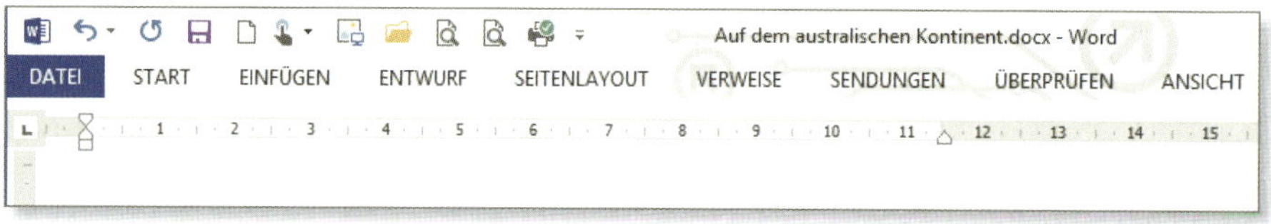

Abbildung 2.4
Nur die Namen der Registerkarten werden angezeigt.

um deutlich zu machen, dass hier besondere Funktionen zu finden sind, die nicht mit der direkten Bearbeitung des Dokuments zusammenhängen. Es ist der Bereich, in dem Sie »hinter den Kulissen« arbeiten; die Schaltflächen der übrigen Registerkarten und das Dokument werden nicht angezeigt, wenn Sie über **Datei** den Backstage-Bereich aufrufen.

2.2 Registerkarten und Gruppen

Der Weg zu den Word-Features führt über die Registerkarten. Sie öffnen eine Registerkarte und legen sie sozusagen über die anderen, indem Sie ihren Namen ❶ anklicken. Auf jeder Registerkarte finden Sie eine Reihe unterschiedlicher Befehle, die in Gruppen ❷ logisch zusammengefasst zu bestimmten Aufgaben gehört, die Sie mit Word erfüllen können.

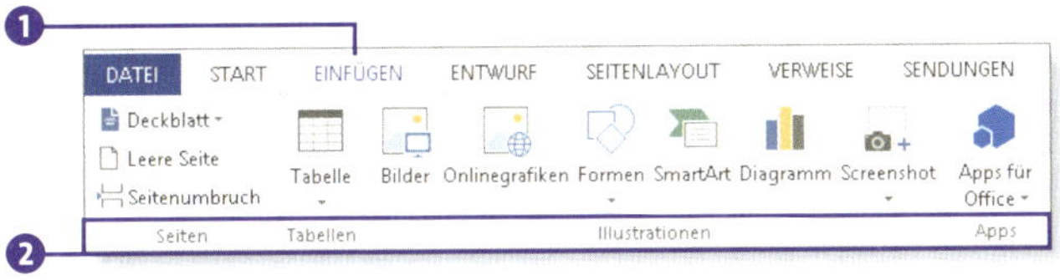

Abbildung 2.7
Die Registerkarte »Einfügen«, eingeteilt in Gruppen

Während manche Namen der Registerkarten bereits erkennen lassen, welche Befehle zu erwarten sind, sagt die Bezeichnung **Start** wenig über das Angebot dieser Registerkarte aus, obwohl man hier zentrale Funktionen findet wie z. B. Befehle zur Formatierung eines Textes. (Im Folgenden stellen wir Ihnen die Inhalte der verschiedenen Registerkarten einzeln vor.)

Gruppen

Die Registerkarten wiederum sind in Gruppen eingeteilt, durch die Aufgaben in Teilaufgaben unterteilt werden. Diese Teilaufgaben entsprechen teilweise den früheren Untermenüs, so gibt es beispielsweise auf der Registerkarte **Start** die Gruppe **Absatz** (mit ähnlichen Befehlen wie der Dialog **Absatz**, der früher über **Format** > **Absatz** aufzurufen war). Es gibt aber auch Zuordnungen, die für den Anwender vergangener Word-Versionen (vor Word 2007) ungewohnt sind, z. B. finden Sie die Möglichkeit, Text zu sortieren, nun in der Gruppe **Absatz** (in Word 2003 gab es diese Funktion im Menü **Tabelle**) und die Silbentrennung auf der Registerkarte **Seitenlayout** (früher im Menü **Extras**).

Wenn in einer Gruppe nicht alle Funktionen als Symbole zur Verfügung stehen, wird in der rechten unteren Ecke der Gruppe ein kleiner Pfeil angezeigt. Bewegt man den Mauszeiger auf diesen Pfeil, taucht in einem Fenster eine Vorschau des Dialogs auf, der nach einem Klick auf den Pfeil geöffnet wird. (Diese Dialoge entsprechen vielfach genau den Dialogen der Office-Versionen vor Office 2007, doch es wurden, wie bereits erwähnt, auch einige Ergänzungen und Streichungen vorgenommen.)

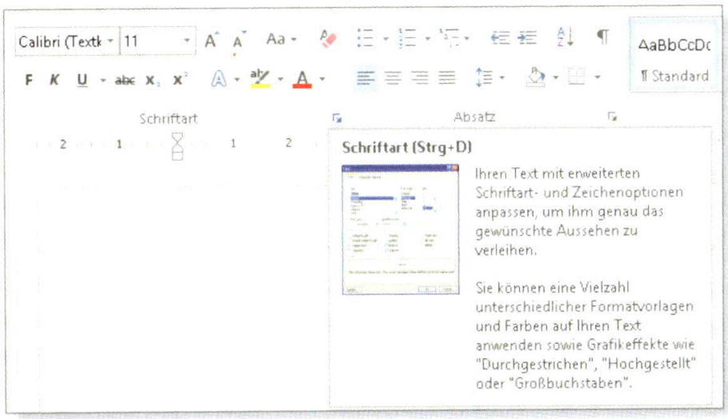

Abbildung 2.8
Vorschau auf den Dialog »Schriftart«

Die einzelnen Registerkarten

In den folgenden Abschnitten geben wir einen Überblick über die Befehle und Inhalte der einzelnen Registerkarten. In den Gruppen **Schriftart** und **Absatz** auf der Registerkarte **Start** finden Sie gängige Möglichkeiten zum Formatieren von Zeichen, Texten und Absätzen. Eine eigene Gruppe ist nur den **Formatvorlagen** gewidmet. In der Gruppe **Zwischenablage** werden die Befehle zum Ausschneiden, Kopieren und Einfügen angeboten. Dann gibt es hier noch die Gruppe **Bearbeiten**, in der Befehle zum Markieren, Suchen und Ersetzen gesammelt sind.

Abbildung 2.9
Die Registerkarte »Start« (Ausschnitt)

Auf der Registerkarte **Einfügen** sind alle Befehle zum Einfügen der verschiedenen Elemente gesammelt, z. B. Tabellen, Grafiken, Formen, Textfelder, Symbole und Schnellbausteine. Auch Kopf- und Fußzeilen sowie Seitenzahlen fügen Sie hier mithilfe der entsprechenden Schaltflächen ein.

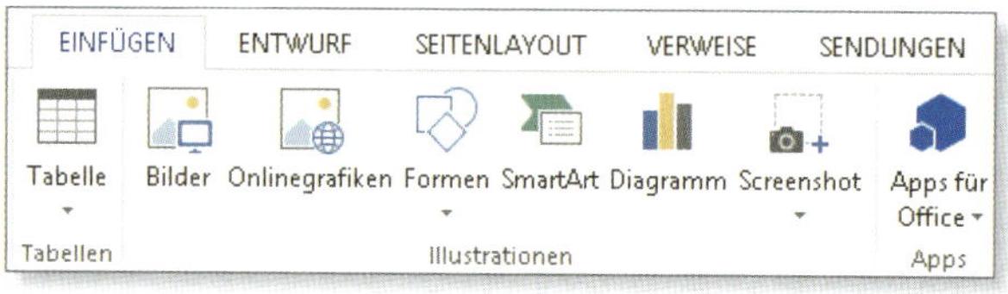

Abbildung 2.10
Die Registerkarte »Einfügen« (Ausschnitt)

Die Registerkarte **Entwurf** ist in Word 2013 neu hinzugekommen. Sie finden hier die von Word bzw. Office angebotenen Designs, Vorlagen für Dokumentformatierungen, die **Wasserzeichen**, die Sie einer Seite hinzufügen können, und das Symbol für die Seitenfarbe, mit der Sie eine ganze Seite einfärben können.

Mit den Befehlen auf der Registerkarte **Seitenlayout** richten Sie Ihr Dokument ein. Hier können Sie u. a. die Seitenränder festlegen, die Ausrichtung des Blattes bestimmen (Hoch- oder Querformat), Spalten einrichten und Zeilennummern hinzufügen. Auch die Designs sind hier zu finden. Die Gruppe **Absatz** mit den Befehlen zur Absatzformatierung, die sich auf der Registerkarte **Start** befindet, ist hier nochmals anzutreffen.

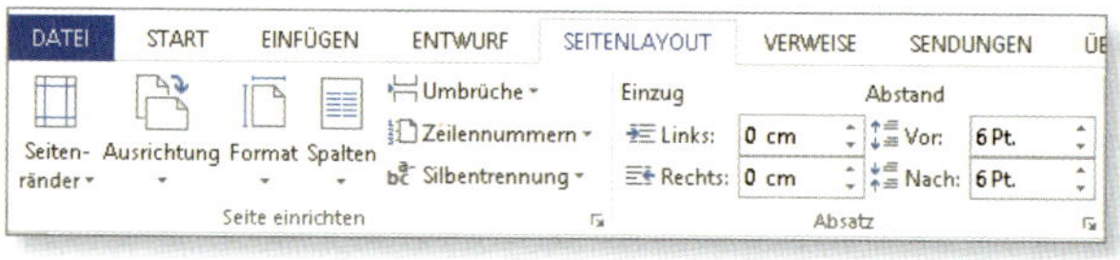

Abbildung 2.12
Die Registerkarte »Seitenlayout« (Ausschnitt)

Für wissenschaftliche Arbeiten und lange Dokumente ist die Registerkarte **Verweise** wichtig. Hier finden Sie solche praktischen Funktionen wie **Fußnote einfügen**, **Inhaltsverzeichnis**, **Literaturverzeichnis**, **Querverweis** und **Index einfügen**.

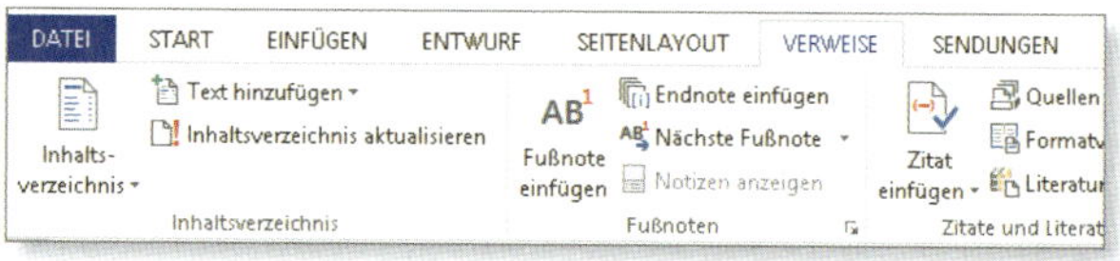

Abbildung 2.13
Die Registerkarte »Verweise« (Ausschnitt)

Auf der Registerkarte **Sendungen** sind alle Befehle rund um die Seriendruckfunktion von Word gesammelt. Sie unterstützt Sie dabei, einen gleichlautenden Brief an viele verschiedene Empfänger zu verschicken, ohne dass Sie die Adressen jedes Mal mühsam von Hand ändern müssen. In den Gruppen der Registerkarte **Sendungen** starten Sie den Seriendruck, erstellen die Empfängerliste, fügen Seriendruckfelder ein und führen beide Dateien, den eigentlichen Brief und die Empfängerliste, zu einem Serienbrief zusammen.

Abbildung 2.11
Die Registerkarte »Entwurf«

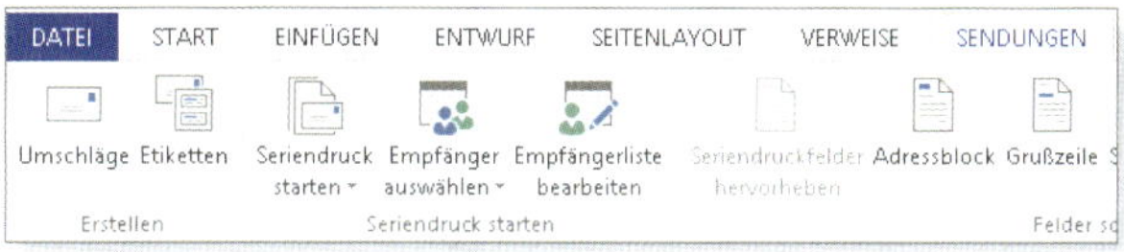

^ Abbildung 2.14
Die Registerkarte »Sendungen« (Ausschnitt)

Die Registerkarte **Überprüfen** enthält im Wesentlichen Befehle, die Sie für die Arbeit im Team benötigen. Sie können z. B. Kommentare einfügen, Änderungen anzeigen lassen und Änderungen annehmen bzw. verwerfen. Auf diese Weise macht Word es möglich, dass mehrere Personen an ein und demselben Dokument arbeiten, ohne dass der eigentliche Verfasser den Überblick verliert oder jede Änderung hinnehmen muss. Über diese Registerkarte können Sie außerdem festlegen welche Änderungen vorgenommen werden können und Ihr Dokument schützen. Auch die Rechtschreibprüfung, die Einstellung der Sprache sowie die Übersetzungsfunktionen finden Sie hier.

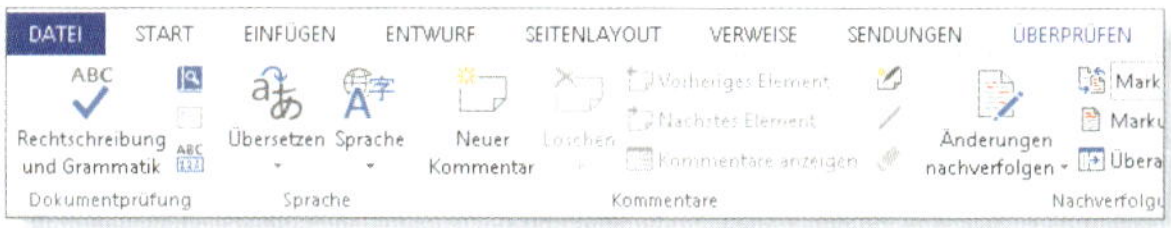

^ Abbildung 2.15
Die Registerkarte »Überprüfen« (Ausschnitt)

Auf der Registerkarte **Ansicht** wechseln Sie zwischen den verschiedenen Ansichten von Word, die jeweils für bestimmte Arbeiten besonders geeignet sind, hin und her. Auch die Zoomfunktion zur Veränderung der Größe der Dokumentdarstellung ist hier zu finden. Außerdem aktivieren Sie auf der Registerkarte **Ansicht** das **Lineal**, mit dessen Hilfe Sie z. B. Tabstopps anlegen können, und den **Navigationsbereich**, der hilfreiche Dinge wie den Befehl **Suchen und Ersetzen** bietet oder die Navigation anhand der Überschriften Ihres Textes ermöglicht.

^ Abbildung 2.16
Die Registerkarte »Ansicht« (Ausschnitt)

Der Backstage-Bereich

Das Register **Datei** – auch als Backstage-Bereich bezeichnet – bietet Funktionen für den alltäglichen Umgang mit Word: Unter anderem finden Sie hier die Befehle **Speichern unter**, **Öffnen**, **Neu** (um ein leeres Dokument zu öffnen) und **Drucken**. Über die Schaltfläche **Optionen** rufen Sie im Backstage-Bereich auch die Word-Optionen auf, die alle Funktionen zur Einstellung des Programms bieten (gebündelt in unterschiedlichen Kategorien). Außerdem finden Sie auf dieser Registerkarte Informationen zu Freigaben und Berechtigungen.

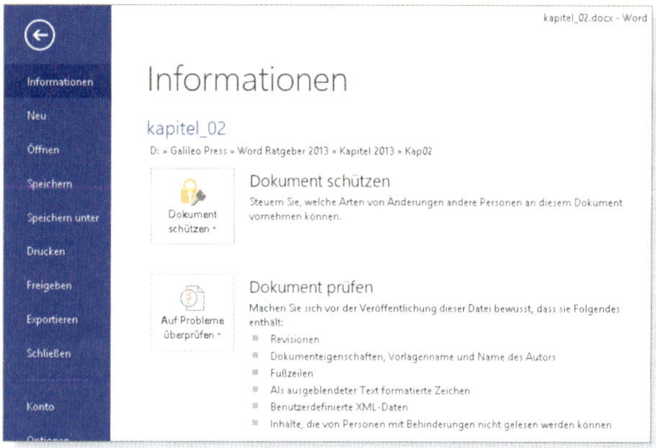

^ Abbildung 2.17
Das Register »Datei« – der Backstage-Bereich

2.3 Die Kontexttools

Es gibt noch mehr Registerkarten, allerdings sind sie nicht auf den ersten Blick sichtbar. Sie tauchen aber automatisch auf, wenn sich der Cursor in bestimmten Elementen des Dokuments befindet. Zu diesen Elementen zählen z. B. Tabellen, Abbildungen, SmartArt-Grafiken und Kopf- und Fußzeilen.

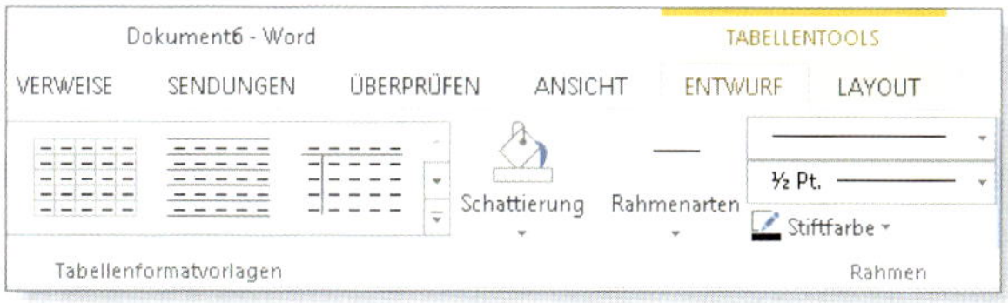

^ Abbildung 2.18
Die Registerkarte »Tabellentools/Entwurf« (Ausschnitt)

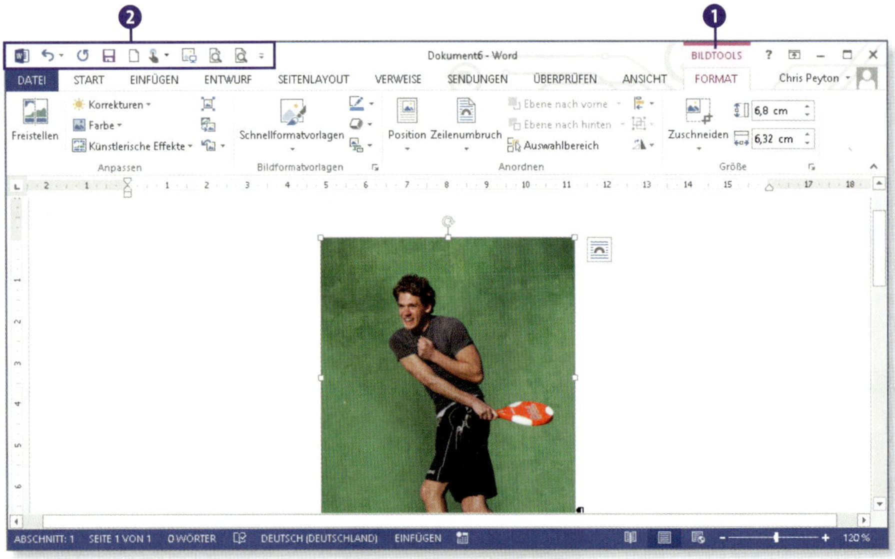

Abbildung 2.19
Die Registerkarte »Bildtools/Format«

Wenn Sie beispielsweise eine Tabelle eingefügt haben und der Cursor in dieser Tabelle steht, werden die beiden Registerkarten **Tabellentools/Entwurf** und **Tabellentools/Layout** eingeblendet. Sie enthalten die zu einer Tabelle gehörenden Befehle und Bearbeitungsmöglichkeiten. Sobald Sie den Cursor jedoch an eine Stelle außerhalb der Tabelle setzen, werden die Tabellentools wieder ausgeblendet. Ähnliches geschieht bei eingefügten Grafiken und Bildern. Wenn das Bild bzw. die Grafik markiert ist, wird die Registerkarte **Bildtools/Format** ❶ eingeblendet (siehe dazu Abbildung 2.19).

2.4 Die Symbolleiste für den Schnellzugriff

Ganz oben links am Bildschirm, noch oberhalb der Multifunktionsleiste (zu sehen in Abbildung 2.19), befindet sich ein kleiner, aber sehr praktischer Bereich: die *Symbolleiste für den Schnellzugriff* ❷. Standardmäßig werden hier die Schaltflächen zum Speichern sowie die Symbole **Rückgängig** und **Wiederholen** angezeigt. Diese Symbolleiste bleibt dauerhaft eingeblendet, egal, welche Registerkarte Sie geöffnet haben, und erinnert damit manchen Nutzer an die alten Tage, als diese Symbole ebenfalls permanent zu sehen waren (sofern man die entsprechende Symbolleiste aktiviert hatte).

Die Symbolleiste für den Schnellzugriff erweitern

Praktischerweise lässt sich diese Symbolleiste erweitern, sodass Sie sich Befehle dauerhaft anzeigen lassen können, die Sie tagtäglich benötigen, z. B. die Schaltfläche zum Anlegen eines neuen Dokuments.

1 Klicken Sie dazu auf den kleinen Pfeil ❸ rechts neben der Symbolleiste und wählen Sie den gewünschten Befehl aus dem zugehörigen Menü aus. Gleich darauf erscheint das entsprechende Symbol in der Symbolleiste. Dabei spielt es keine Rolle wieviele Befehle Sie auswählen, die Symbolleiste erweitert sich nach rechts und wird Ihren individuellen Vorgaben angepasst.

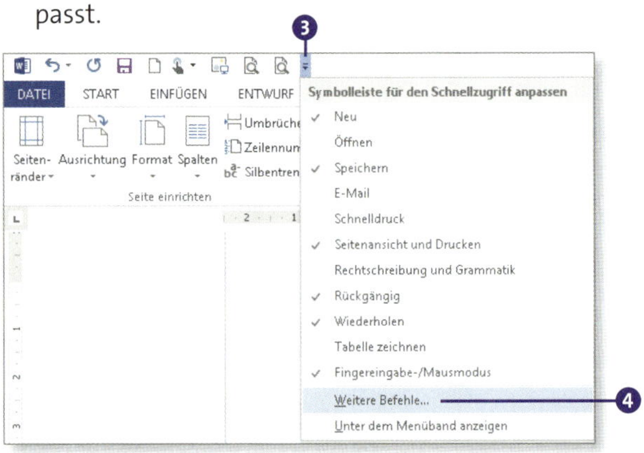

Abbildung 2.20
Das Menü der Symbolleiste für den Schnellzugriff

2 Sie können auch Schaltflächen in die Symbolleiste für den Schnellzugriff einfügen, die nicht im Menü angeboten werden. Dazu klicken Sie in diesem Menü auf die Option **Weitere Befehle** ❹. Dadurch werden die Word-Optionen mit der Kategorie **Symbolleiste für den Schnellzugriff anpassen** geöffnet (siehe Abbildung 2.21). Mithilfe dieses Fensters können Sie die Symbolleiste um jeden beliebigen Befehl ergänzen.

3 Im Feld **Befehle auswählen** ❺ ist standardmäßig die Option **Häufig verwendete Befehle** eingestellt. Im Menü darunter sind diese Befehle aufgelistet. Wenn Sie hier den Befehl entdecken, den Sie der Symbolleiste für den Schnellzugriff hinzufügen möchten, markieren Sie ihn und klicken dann auf die Schaltfläche **Hinzufügen** ❻. Dadurch wandert der Befehl in den rechten Bereich, in dem alle Befehle aufgeführt werden, die auf der Symbolleiste für den Schnellzugriff liegen und Sie sehen ihn außerdem umgehend in der Symbolleiste für den Schnellzugriff am oberen Bildschirmrand.

Falls Sie einen bestimmten Befehl nicht in der Liste der Kategorie **Häufig verwendete Befehle** finden können, stellen Sie im Feld **Befehle auswählen** am besten die Option **Alle Befehle** ein.

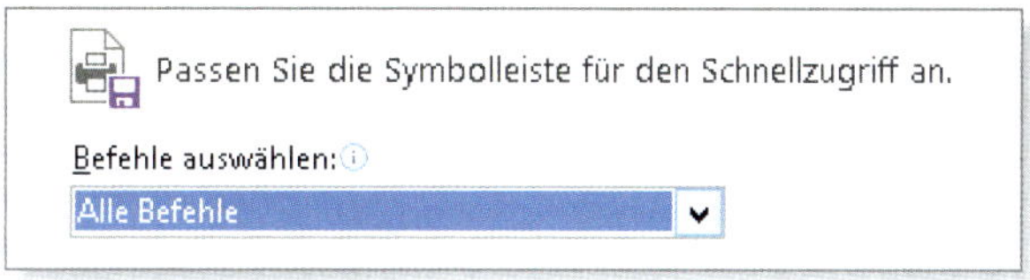

Abbildung 2.22
Die Option »Alle Befehle« einstellen

Sie können Ihre Befehle dann – wie es die Option verspricht – aus einer Liste aller Befehle wählen und sie anschließend der Symbolleiste für den Schnellzugriff hinzufügen.

Wenn Sie einen Befehl wieder aus der Symbolleiste für den Schnellzugriff entfernen möchten, markieren Sie das entsprechende Symbol im rechten Bereich des Fensters **Symbolleiste für den Schnellzugriff anpassen** und klicken Sie dann auf die Schaltfläche **Entfernen** ❼.

TIPP

Schaltflächen entfernen

Zum Entfernen einer Schaltfläche aus der Symbolleiste für den Schnellzugriff können Sie sie auch mit der rechten Maustaste anklicken und im Kontextmenü den Befehl **Aus Symbolleiste für den Schnellzugriff entfernen** wählen.

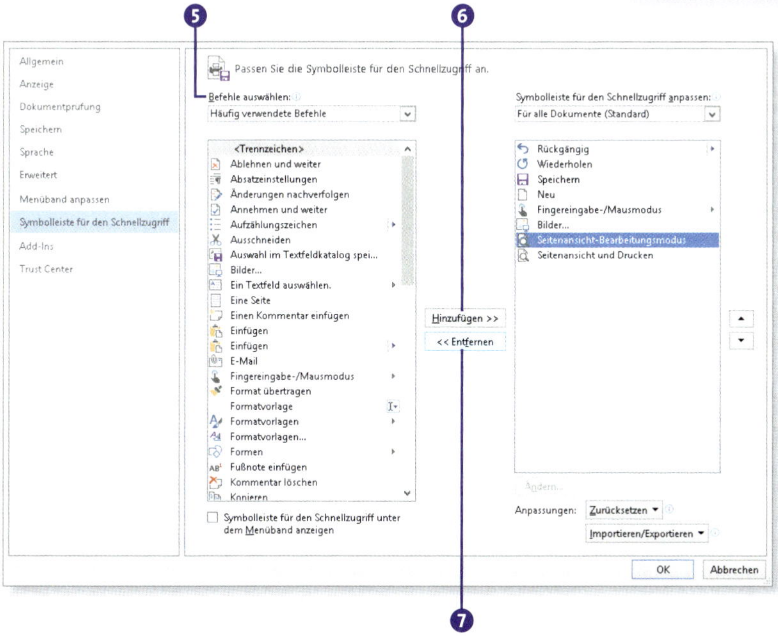

Abbildung 2.21
Befehle zur Symbolleiste für den Schnellzugriff hinzufügen und entfernen

Schaltflächen schneller hinzufügen oder entfernen

Es gibt einen weiteren – sehr einfachen – Weg, die Symbolleiste für den Schnellzugriff zu ergänzen: Wenn Sie eine Schaltfläche auf dem Menüband mit der rechten Maustaste anklicken, entdecken Sie im Kontextmenü den Befehl **Zu Symbolleiste für den Schnellzugriff hinzufügen**. Ein Klick auf diesen Eintrag befördert die entsprechende Schaltfläche auf die Symbolleiste. Benutzen Sie bestimmte Befehle regelmäßig ist diese Option sehr nützlich.

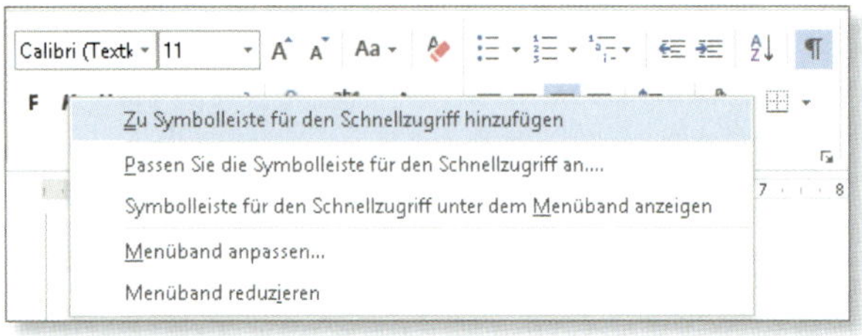

∧ Abbildung 2.23
Eine Schaltfläche auf die Symbolleiste für den Schnellzugriff legen

2.5 Die Statusleiste

Die Statusleiste am unteren Rand des Bildschirms zeigt im linken Bereich in der Standardeinstellung Informationen zum aktuellen Dokument an: die Gesamtseitenzahl des Dokuments mit der aktuellen Position des Cursors ❶, die Anzahl der Wörter im Dokument ❷ und die Schaltfläche für die Spracheinstellung ❸.

Im rechten Bereich finden Sie die Symbole zum Wechseln zwischen den verschiedenen Ansichten ❹, die Angabe des Zoomfaktors ❺ und einen Schieberegler ❻ (oder *Zoomregler*), um den Zoom stufenlos zu verändern.

Wenn Sie auf die Schaltfläche für die Seitenzahl klicken, wird am linken Bereich des Bildschirms der Bereich **Navigation** geöffnet. Ein Klick auf die Schaltfläche **Deutsch** (sofern Deutsch als Korrektursprache eingestellt ist) ruft den Dialog **Sprache** auf. Wenn Sie auf die Schaltfläche mit der Anzahl der Wörter klicken, wird der Dialog **Wörter zählen** angezeigt, der Ihnen diverse Zahlen liefert, z. B. wie viele Seiten, Absätze und Zeichen das Dokument enthält.

2.6 Die Fenstersymbole: Minimieren, Verkleinern, Schließen

Oben rechts am Bildschirm entdecken Sie einige alte Bekannte: die Symbole **Minimieren** ❼, **Verkleinern** ❽ und **Schließen** ❾. Auch wenn man meinen könnte, dass Minimieren und Verkleinern das Gleiche sind, gibt es in Word einen Unterschied zwischen diesen beiden Aktionen.

∧ Abbildung 2.25
Die Symbole zum Minimieren, Verkleinern und Schließen

Ein Mausklick auf **Minimieren** legt das Dokument auf der Taskleiste ab, sodass Sie es schnell »aus dem Weg« schaffen können. Solange Platz in der Taskleiste ist, werden die Dokumentsymbole hier angezeigt. Wenn Sie mehr als ein Dokument geöffnet haben, er-

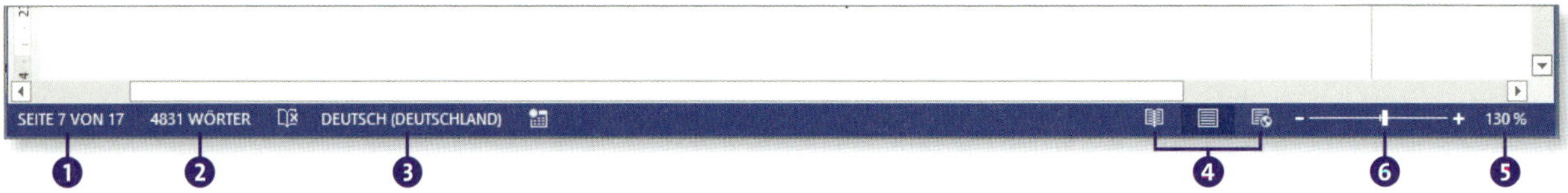

∧ Abbildung 2.24
Die Statusleiste

scheinen sie als Vorschaubildchen, sobald Sie mit der Maustaste auf das Programmsymbol in der Taskleiste zeigen.

Mit **Verkleinern** wechseln Sie vom Vollbildmodus zu einem kleineren Word-Fenster, d. h., es wird nur »zusammengeschoben«, nicht ganz ausgeblendet. Mit einem Klick auf das Symbol **Maximieren** – wie das Symbol daraufhin heißt – kehren Sie wieder zum Vollbildmodus zurück.

Mit dem Schließkreuz schließen Sie das Dokument und beenden zugleich das Programm, wenn nur dieses eine Dokument geöffnet war. Während in anderen Office-Programmen, z. B. Excel 2013, zwei Schließkreuze vorhanden sind (eines zum Schließen einzelner Dokumente und eines zum Beenden des Programms), suchen Sie sie in Word 2013 vergeblich.

Abbildung 2.26
Die Word-Dokumente als Vorschaubildchen

Links neben diesen drei Symbolen befinden sich die schon beschriebene Schaltfläche **Menüband-Anzeigeoptionen** und daneben das Fragezeichen zum Aufrufen des Hilfe-Dialogs.

2.7 Das Lineal

Wenn es eingeblendet ist, befindet sich das *Lineal* unter dem Menüband. Es ist in Zentimeter eingeteilt und wird zum Messen und Ausrichten von Objekten im Dokument verwendet. Ein solches Lineal befindet sich ebenfalls am linken Rand des Bildschirms. Die grauen Bereiche im Lineal stehen für die Seitenränder.

Abbildung 2.27
Ein horizontales und ein vertikales Lineal

2.8 Bildlaufleisten

Rechts am Bildschirm – und je nach Breite des Dokuments auch am unteren Rand – befindet sich die *Bildlaufleiste*. Mit ihrer Hilfe kann man sich vertikal (bzw. horizontal) durch ein Dokument bewegen. Entweder ziehen Sie den Schieberegler mit gedrückter Maustaste nach oben oder unten (bzw. in der horizontalen Bildlaufleiste nach links oder rechts) oder Sie klicken auf die kleinen Pfeile, die sich ober- oder unterhalb bzw. links oder rechts der Bildlaufleiste befinden. Wenn es schneller gehen soll, klicken Sie auf diese Pfeile und halten dabei die Maustaste gedrückt, bis Sie an der richtigen Stelle im Dokument angelangt sind.

Abbildung 2.28
Die Bildlaufleiste am rechten Rand des Bildschirms

2.9 Den Bildschirm einrichten

Nach dem Aufruf von Word bzw. eines neuen Dokuments haben Sie den Standardbildschirm vor Augen. Mit dieser Bildschirmanzeige müssen Sie nicht wohl oder übel leben, wenn Sie feststellen, dass Sie damit nicht komfortabel arbeiten können. Sie können sich die Darstellung so einrichten, wie es Ihren Bedürfnissen entspricht. In den nächsten Abschnitten beschreiben wir die diversen Möglichkeiten.

Das Menüband ergänzen

Auf den Registerkarten befinden sich, in Gruppen unterteilt, schon sehr viele der Befehle und Funktionen, die Word anbietet. Die Registerkarten decken aber nicht den vollen Funktionsumfang von Word ab. Vielleicht vermissen Sie aber auch den schnellen Zugriff auf bestimmte Befehle, weil diese normalerweise auf einer Registerkarte verankert sind, die Sie eher selten aktivieren.

Das alles ist kein Problem, denn Sie können die Multifunktionsleiste – das Menüband – anpassen und um die Befehle ergänzen, die Sie gut und schnell erreichen möchten.

1. Wechseln Sie auf das Register **Datei** und klicken Sie hier auf **Optionen**. (Alternativ können Sie die Multifunktionsleiste mit der rechten Maustaste anklicken und im Kontextmenü **Menüband anpassen** wählen. Damit öffnen Sie direkt das Fenster zum Anpassen des Menübandes und der Tastenkombinationen).
2. Im Fenster **Word-Optionen** wählen Sie im linken Bereich die Kategorie **Menüband anpassen**.
3. Wenn Sie sich einen Befehl anzeigen lassen möchten, der bisher auf keiner Registerkarte zu finden ist, wählen Sie im Feld **Befehle auswählen** den Eintrag **Nicht im Menüband enthaltene Befehle**.
4. Da Befehle, die Sie hinzufügen möchten, nur in neuen Gruppen angezeigt werden können, müssen Sie zunächst eine neue Gruppe anlegen. Dazu mar-

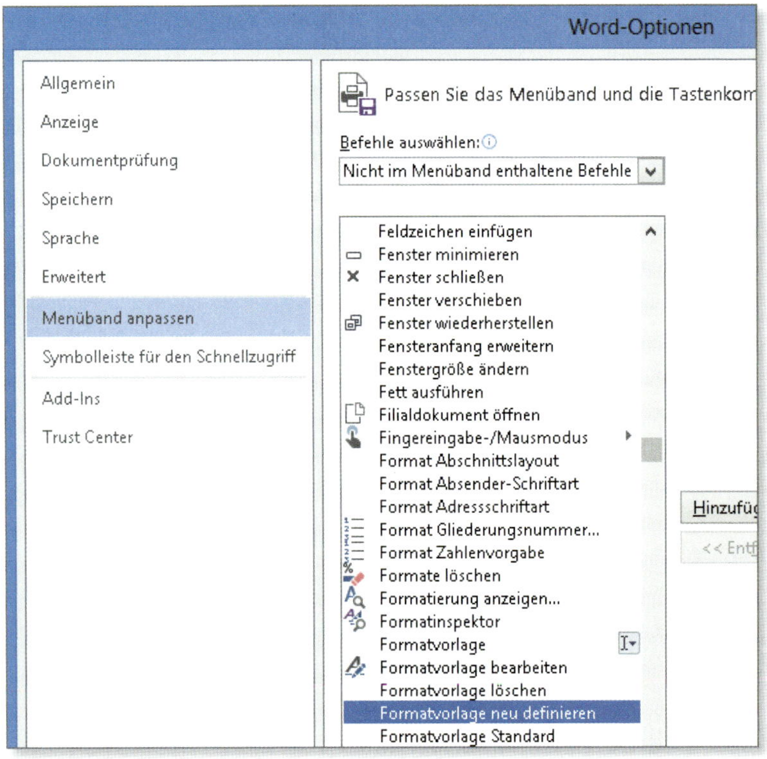

< *Abbildung 2.29*
Den Bereich »Menüband anpassen« aufrufen

kieren Sie im rechten Bereich unter der Überschrift **Hauptregisterkarten** die Registerkarte, der Sie die neue Gruppe hinzufügen möchten, und klicken dann auf die Schaltfläche **Neue Gruppe**.

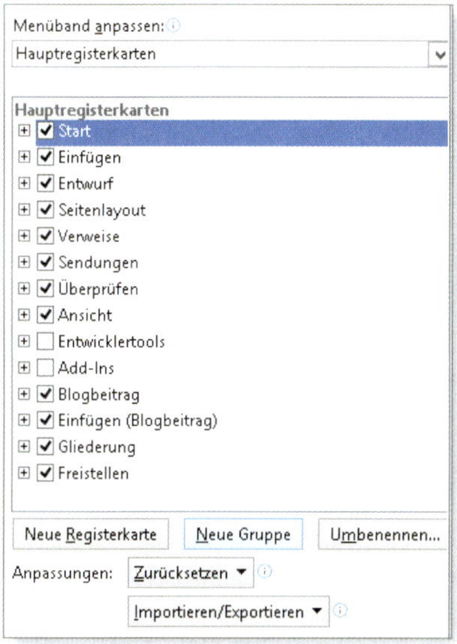

Abbildung 2.30
Eine neue Gruppe anlegen

Daraufhin wird ein neues Element mit der Bezeichnung **Neue Gruppe (Benutzerdefiniert)** angezeigt.

Abbildung 2.31
Eine neue Gruppe wurde angelegt.

1 Diese neue Gruppe sollte noch einen passenden Namen erhalten; klicken Sie daher auf die Schaltfläche **Umbenennen** und geben Sie in das Feld **Anzeigename** einen aussagekräftigen Namen für die Gruppe ein unter der Sie fehlende Befehle einfügen wollen. Schließen Sie den Dialog mit einem Klick auf **OK**.

Abbildung 2.32
Einen Namen für die neue Gruppe angeben

2 Aus der langen Liste von Befehlen im linken Bereich des Dialogfensters **Menüband und Tastenkombinationen anpassen** wählen Sie nun den Befehl aus, den Sie bisher vermisst haben, z. B. **Wort unterstrichen** (zum Unterstreichen einzelner Wörter). Achten Sie darauf, dass im oberen Feld nach wie vor die Option **Nicht im Menüband enthaltene Befehle** eingestellt ist.

3 Mit einem Klick auf die Schaltfläche **Hinzufügen** wandert der ausgewählte Befehl in die neue Gruppe. Schließen Sie die Aktion mit einem Klick auf **OK** ab.

Abbildung 2.33
Eine neue Gruppe wurde dem Menüband hinzugefügt.

Wenn Sie jetzt auf das Menüband der Registerkarte **Start** schauen, entdecken Sie die neue Gruppe rechts neben der letzten Gruppe (siehe Abbildung 2.34). Je mehr Befehle Sie der neuen Gruppe hinzufügen, desto kleiner werden die Schaltflächen dargestellt (siehe Abbildung 2.35).

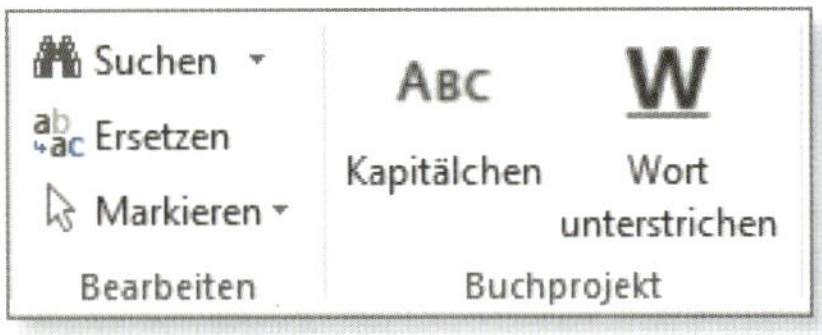

Abbildung 2.34
Weitere Schaltflächen in der neuen Gruppe

Weil die neue Gruppe mit den ausgewählten Befehlen schließlich dazu dienen soll, Befehle schnell zu finden, sollte die Gruppe vielleicht nicht zu weit rechts auf dem Menüband liegen. Um sie anders zu platzieren, öffnen Sie erneut das Fenster zum Anpassen des Menübandes über **Datei** > **Optionen** > **Menüband anpassen**. Hier markieren Sie im rechten Bereich des Fensters die Gruppe, die Sie auf dem Menüband weiter nach links schieben wollen, und klicken auf die Schaltfläche **Nach oben**.

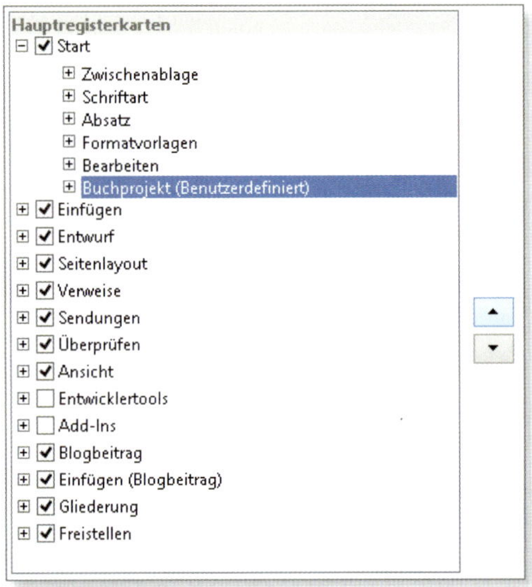

Abbildung 2.35
Die eigene Gruppe neu platzieren

Minisymbolleiste und Livevorschau ausblenden

Word 2013 (wie auch schon Word 2010) wartet mit zwei Features auf, die hilfreich sein sollen, aber mitunter eher als störend empfunden werden. Es ist daher gut, dass man sie auch abschalten kann.

Wenn Sie eine Textpassage markieren, erscheint im Hintergrund automatisch die Minisymbolleiste, ein blasses Gebilde, das einige Schaltflächen zum Formatieren enthält.

Abbildung 2.36
Die Minisymbolleiste

Wenn Sie diese Minisymbolleiste eher irritiert, als dass sie Ihnen hilft, können Sie sie in den Word-Optionen deaktivieren, sodass sie nicht mehr auftaucht.

1. Rufen Sie über **Datei** > **Optionen** die Word-Optionen auf und wählen Sie im Menü die Kategorie **Allgemein**.
2. Gleich im oberen Bereich des Fensters **Allgemeine Optionen für das Arbeiten mit Word** entdecken Sie unter der Überschrift **Benutzeroberflächenoptionen** das entsprechende Kontrollkästchen: **Minisymbolleiste für die Auswahl anzeigen**.
3. Entfernen Sie das Häkchen mit einem Mausklick, um die Minisymbolleiste zu deaktivieren.

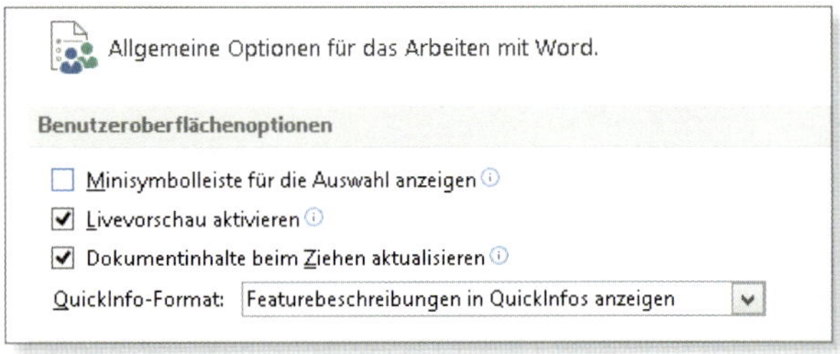

Abbildung 2.37
Die Kontrollkästchen für die Minisymbolleiste und die Livevorschau

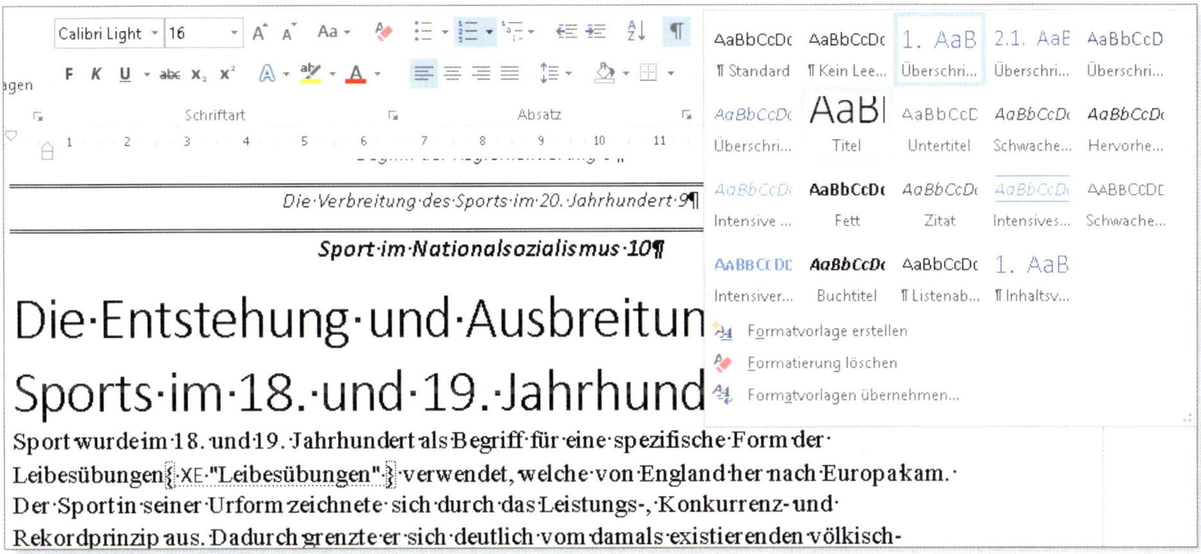

Abbildung 2.38
Aufgrund der Livevorschau wird die Überschrift mit der Formatvorlage angezeigt, über die der Mauszeiger gerade fährt.

Im gleichen Dialogfenster können Sie die sogenannte *Livevorschau* deaktivieren. Sie zeigt die Auswirkungen bestimmter Formatattribute im Text an, sobald Sie mit der Maus auf die entsprechende Schaltfläche zur Formatierung zeigen. In der Regel ist diese Funktion recht nützlich, aber sie kann auch zu Irritationen führen, weil die markierte bzw. aktive Textpassage ständig ein neues Aussehen annimmt, wenn man über die Optionen eines Menüs fährt. Um die Livevorschau auszuschalten, entfernen Sie das Häkchen vor **Livevorschau aktivieren**.

QuickInfos

Im gleichen Dialogfenster können Sie ein weiteres Feature an- oder ausschalten: die *QuickInfos*. Diese kleinen Infoboxen erscheinen, wenn Sie mit dem Mauszeiger auf eine Schaltfläche oder ein Symbol zeigen. In der Regel wird die Anzeige der QuickInfos eher als Vorteil empfunden, weil man auf diese Weise immer eine Kurzbeschreibung des Features erhält – was vor allem dann hilfreich ist, wenn man die Schaltflächen und ihre Auswirkungen noch nicht in- und auswendig kennt.

Wenn Sie die QuickInfos dennoch ausblenden möchten, können Sie differenziert vorgehen. Entweder deaktivieren Sie sie mit der Option **QuickInfos nicht anzeigen** komplett oder Sie stellen die Option **Featurebeschreibungen in QuickInfos nicht anzeigen** ein und verringern so den Darstellungsumfang. Damit taucht lediglich die Bezeichnung der Schaltfläche auf, aber nicht die zugehörige Kurzbeschreibung.

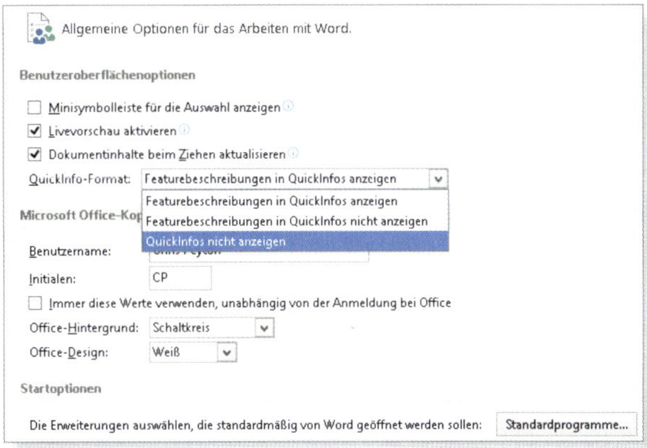

Abbildung 2.39
Einstellungen für die QuickInfos

Horizontale und vertikale Lineale anpassen

Wenn Sie auf Ihren Bildschirm schauen und weder am oberen noch am linken Rand ein Lineal entdecken, ist die Anzeige der Lineale deaktiviert. Das lässt sich leicht ändern.

Sie finden die entsprechende Einstellung auf der Registerkarte **Ansicht**. Aktivieren Sie hier in der Gruppe **Anzeigen** das Kontrollkästchen **Lineal**, indem Sie auf die entsprechende Schaltfläche klicken. Um die Lineale wieder auszublenden, klicken Sie erneut auf die Schaltfläche **Lineal**. Daraufhin wird auch der Haken im Kontrollkästchen entfernt, sodass Sie auch jederzeit im Menüband sehen können, ob diese Option aktiviert ist.

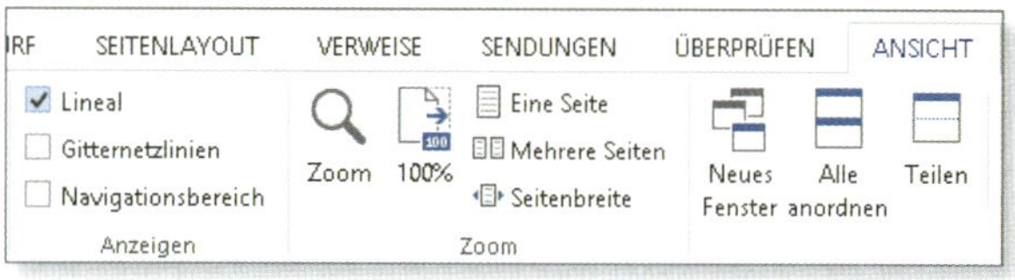

^ Abbildung 2.40
Lineale ein- und ausblenden

Sowohl über das Kontrollkästchen als auch mithilfe des Symbols werden immer beide Lineale ein- oder ausgeblendet. Sie können die Lineale aber auch getrennt behandeln und z. B. lediglich das vertikale Lineal ausblenden. Auch diese Einstellungsmöglichkeit finden Sie in den Word-Optionen.

1. Rufen Sie die Word-Optionen über **Datei** > **Optionen** auf.
2. Im Dialog **Word-Optionen** wählen Sie links im Menü die Kategorie **Erweitert**.
3. Wandern Sie mit der Bildlaufleiste in dem Fenster ein wenig nach unten bis zum Bereich **Anzeigen**.
4. Sie finden hier die Option **Vertikales Lineal im Seitenlayout anzeigen**. Klicken Sie auf das Kontrollkästchen, um das Häkchen zu entfernen und die Option zu deaktivieren.

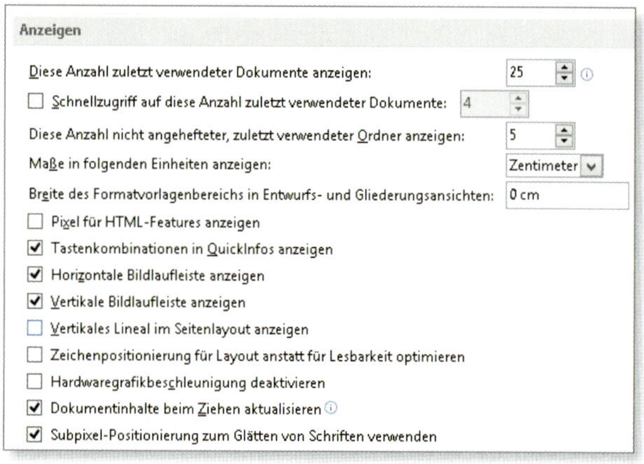

^ Abbildung 2.41
Hier wurde das vertikale Lineal deaktiviert.

Bildlaufleisten anpassen

Auch die Bildlaufleisten lassen sich nach Wunsch einstellen. Wie Sie in Abbildung 2.42 sehen, befinden sich die nötigen Befehle ebenfalls im Bereich **Anzeigen** der erweiterten Word-Optionen. Hier gibt es nämlich auch die Kontrollkästchen **Horizontale Bildlaufleiste anzeigen** und **Vertikale Bildlaufleiste anzeigen**. Wenn Sie eine der Bildlaufleisten ausblenden möchten, deaktivieren Sie einfach die entsprechende Option, indem Sie per Mausklick das Häkchen entfernen.

Die Statusleiste anpassen

Die Statusleiste am unteren Rand des Bildschirms zeigt bereits die in Abschnitt 2.5, »Die Statusleiste«, erwähnten Informationen. Sie kann aber auch noch erweitert werden.

1. Klicken Sie die Statusleiste mit der rechten Maustaste an, um ihr Kontextmenü zu öffnen (siehe Abbildung 2.43).
2. Hier wählen Sie die Information, die ebenfalls auf der Statusleiste präsentiert werden soll. Klicken Sie beispielsweise auf **Überschreiben**, um diesen Modus über die Statusleiste aktivieren zu können.

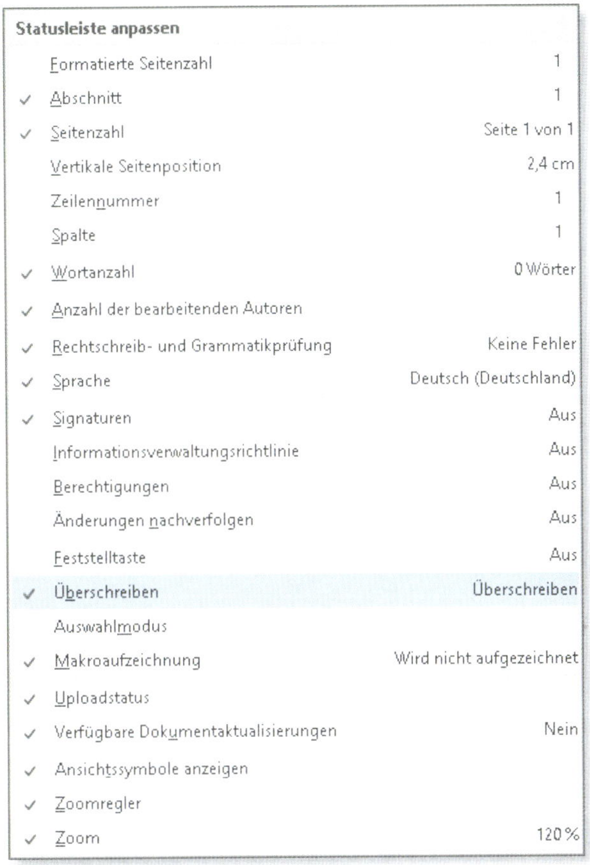

Abbildung 2.42
Das Kontextmenü der Statusleiste

3 Daraufhin taucht die Schaltfläche **Einfügen** in der Statusleiste auf. Per Mausklick auf diese Schaltfläche aktivieren Sie dann den Modus **Überschreiben**, in dem vorhandene Zeichen beim Hinzufügen von Text nicht verschoben, sondern überschrieben werden.

Die Bezeichnung der Schaltfläche ändert sich entsprechend und lautet nun **Überschreiben**. Auf diese Weise können Sie die Statusleiste Ihren Wünschen anpassen.

Abbildung 2.43
Die neue Schaltfläche »Einfügen/Überschreiben« auf der Statusleiste

Formatierungszeichen auf dem Bildschirm

Die Formatierungszeichen (oder auch *nicht druckbaren Zeichen*) sind Zeichen, die nur auf dem Bildschirm und nicht im Ausdruck zu sehen sind. Sie zeigen die Einstellungen und Befehle im Text, die man über die Tastatur vorgenommen hat, und erleichtern die Arbeit im Dokument sehr.

Wenn Sie beispielsweise die Absatzmarken einblenden, können Sie genau erkennen, wo Sie die [↵]-Taste gedrückt haben, um einen neuen Absatz zu beginnen. Sie können auch auf den ersten Blick sehen, wie viele Leerzeilen Sie zwischen zwei Absätzen geschaltet haben. Anhand der Punkte, die die Leertaste erzeugt, können Sie erkennen, ob Sie versehentlich zwei- oder dreimal die Leertaste zwischen zwei Wörtern gedrückt haben. Kleine Pfeile zeigen Ihnen, wo und wie oft Sie die [⇆]-Taste betätigt haben. Ein kleiner Anker schließlich signalisiert, dass am Absatz eine Grafik eingefügt wurde. Ein Anker mit Schloss zeigt an, dass die Grafik verankert wurde (siehe dazu Kapitel 25, »Grafiken, Fotos und Videos«).

In Tabelle 2.1 finden Sie einen Überblick über die Formatierungszeichen und die zugehörigen Symbole auf dem Bildschirm.

Bezeichnung	Symbol
Absatzmarke	¶
Leerzeichen	Das·Leerzeichen
Tabstoppzeichen	→ →
Ausgeblendeter Text	Ausgeblendeter·Text¶
Bedingter Trennstrich	Bahn¬höfe¶
Objektanker	⚓

Tabelle 2.1
Die Formatierungszeichen

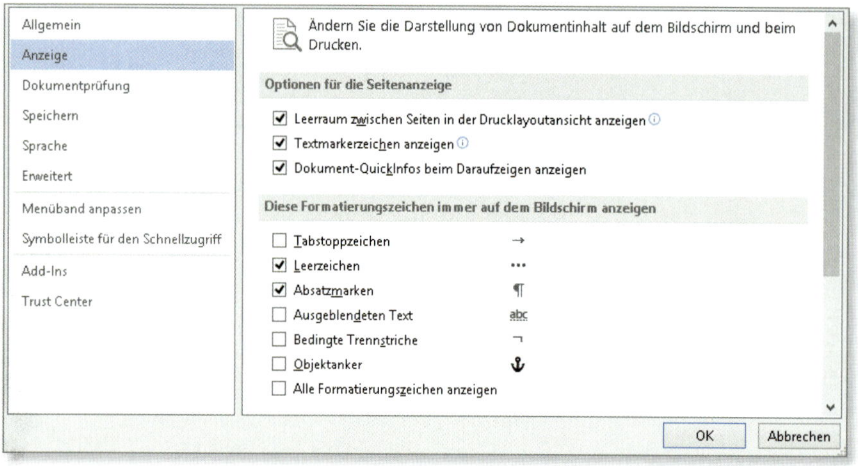

*< **Abbildung 2.44***
Einzelne Formatierungszeichen ein- und ausblenden

Absatzmarken und Co. einblenden

Sie können Ihren Bildschirm nun entweder so einrichten, dass alle Formatierungszeichen eingeblendet werden, oder Sie wählen genau aus, welche der Formatierungszeichen Sie auf dem Bildschirm sehen möchten.

1 Um alle Formatierungszeichen einzublenden, klicken Sie auf der Registerkarte **Start** auf das Symbol **Alle anzeigen** ❶ in der Gruppe **Absatz**.

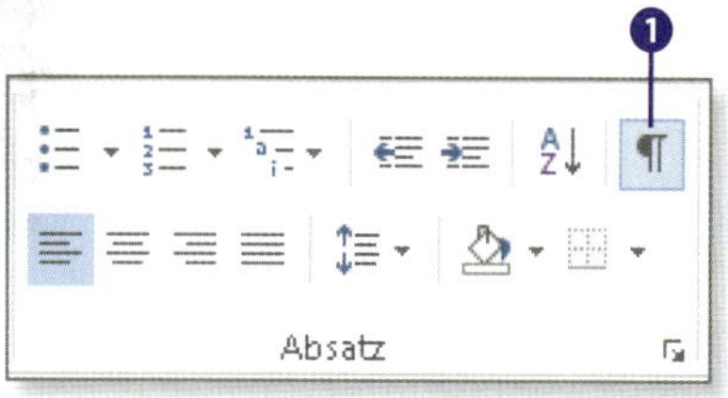

*∧ **Abbildung 2.45***
Das Symbol »Alle anzeigen«

2 Wenn Sie nur ganz bestimmte Formatierungszeichen einblenden möchten, klicken Sie im Register **Datei** auf den Eintrag **Optionen**.

3 Im Dialogfenster **Word-Optionen** wählen Sie im linken Bereich die Kategorie **Anzeige**.

4 Auf der rechten Seite des Fensters werden unter der Überschrift **Diese Formatierungszeichen immer auf dem Bildschirm anzeigen** alle Formatierungszeichen aufgelistet. Hier können Sie per Klick auf das Kontrollkästchen die gewünschten Zeichen auswählen, die angezeigt werden sollen.

Wenn Sie Ihre Auswahl jetzt noch mit **OK** bestätigen, werden nur noch ausgewählte und hoffentlich nützliche Formatierungszeichen angezeigt.

Den Zoom einstellen

Mit dem Zoom können Sie einstellen, in welcher Größe die Elemente auf dem Bildschirm angezeigt werden. Der Standard ist eine Anzeige von 100 %. Wenn Sie es als mühselig empfinden, Dokumente in dieser Ansicht zu lesen, vergrößern Sie einfach die Zoomstufe. Um einen insgesamt größeren Bereich des Dokuments auf dem Bildschirm sehen zu können, verkleinern Sie den Zoom.

Zur Veränderung des Zooms aktivieren Sie die Registerkarte **Ansicht** und klicken auf die Schaltfläche **Zoom** in der gleichnamigen Gruppe. Im Dialog **Zoom** können Sie einen Zoommodus auswählen oder die gewünschte Zoomstufe einfach in das Feld **Prozent** eingeben (bzw. den Wert mithilfe der Pfeilschaltflächen nach oben oder unten verändern).

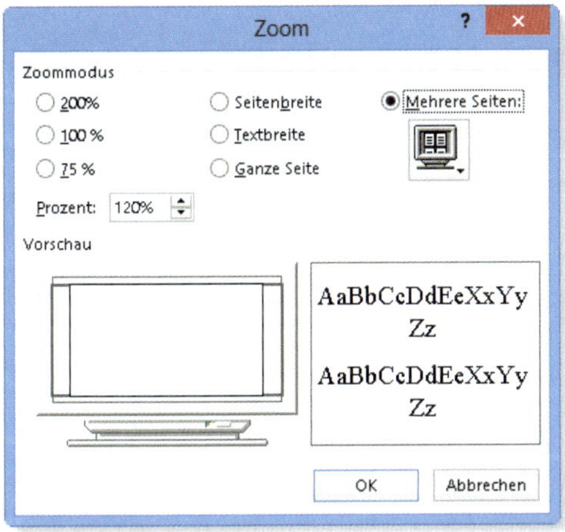

Abbildung 2.46
Der Dialog zum Einstellen des Zooms

Es gibt drei weitere Optionen, mit deren Hilfe Sie die Größe der Darstellung beeinflussen können:

1. Die Option **Seitenbreite** stellt den Zoom automatisch so ein, dass der Text und die Seitenränder komplett angezeigt werden.
2. Mit dem Zoommodus **Textbreite** werden die Seiten in der Vergrößerung angezeigt, in der sich der Text in kompletter Breite ohne Seitenränder darstellen lässt.
3. Die Option **Ganze Seite** verkleinert die Zoomstufe so, dass eine ganze Seite auf ein Blatt passt.

Sie können den Zoomfaktor auch ändern, ohne diesen Dialog aufzurufen. Wie bereits in Abschnitt 2.5, »Die Statusleiste«, beschrieben, finden Sie rechts in der Statusleiste den sogenannten *Zoomregler*. Sie können entweder mit gedrückter Maustaste am Regler ziehen oder die Zoomeinstellung mit den Symbolen **Verkleinern** (per Klick jeweils 10 % kleiner) und **Vergrößern** (per Klick jeweils 10 % größer) ändern. Ein Klick auf die Schaltfläche mit der Prozentangabe öffnet wiederum den Dialog **Zoom**.

Verschiedene Dokumentansichten

Word bietet die Möglichkeit, in verschiedenen Ansichten zu arbeiten. Diese Ansichten beeinflussen lediglich die Art und Weise, wie Ihr Dokument auf dem Bildschirm dargestellt wird, nicht aber das Resultat eines Ausdrucks. Sie finden alle Ansichten auf der Registerkarte **Ansicht** und hier in der Gruppe **Dokumentansichten**.

In der Ansicht **Seitenlayout** sehen Sie Ihr Dokument mehr oder minder so, wie es später im Ausdruck ausgegeben wird. Die Seitenränder oben, unten, links und rechts werden angezeigt. Zwischen den Seiten ist ein deutlicher Abstand. Dieser Abstand kann mit einem Doppelklick verkleinert werden. Führen Sie den Mauszeiger dazu auf den Abstand und klicken Sie, wenn die QuickInfo **Doppelklicken zum Ausblenden von Leerzeichen** eingeblendet wird. Der Seitenumbruch wird dann als einfache Linie dargestellt. (Ebenfalls per Doppelklick stellen Sie den Abstand auch wieder her.)

Sie können die Anzeige dieses Leerraums zwischen den Seiten aber auch grundsätzlich ausschalten. Dazu öffnen Sie über **Datei** > **Optionen** die Word-Optionen. In diesem Fenster aktivieren Sie links die Kategorie **Anzeige** und entfernen im Bereich **Optionen für die Seitenanzeige** per Mausklick das Häkchen im Kontrollkästchen **Leerraum zwischen Seiten in der Drucklayoutansicht anzeigen**.

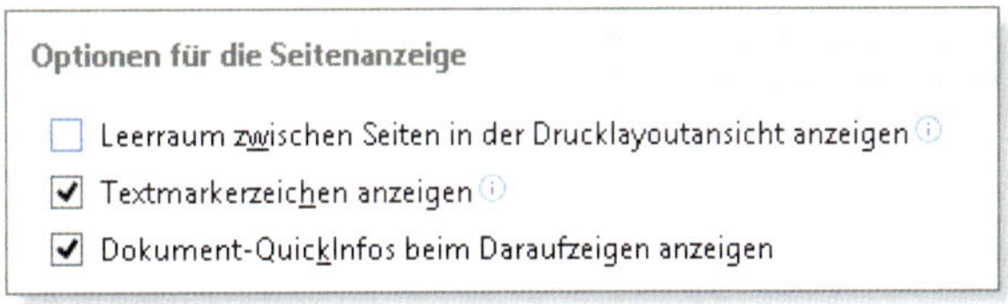

Abbildung 2.47
Den Leerraum zwischen den Seiten einstellen

Nach der Bestätigung der Einstellung mit **OK** erscheint statt des Leerraums eine graue Linie, die den Seitenumbruch anzeigt.

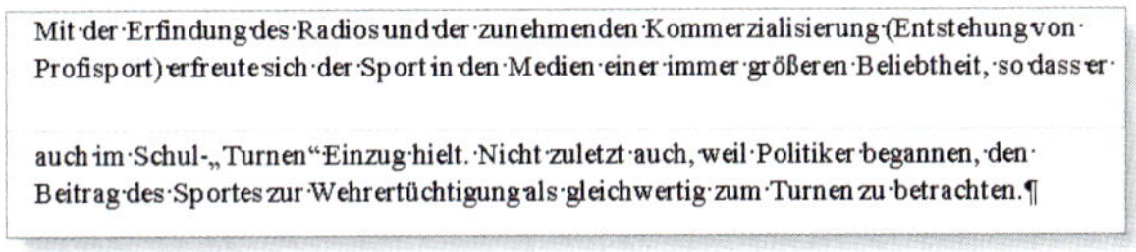

Abbildung 2.48
Eine Linie stellt nun den Seitenumbruch dar.

In der Ansicht **Entwurf** verschwindet die Anzeige der Seitenränder, und der Zoom wird auf die Standardeinstellung von 100 % gesetzt. Diese Einstellung können Sie dann wie zuvor beschrieben auch wieder ändern. Bestimmte Elemente des Dokuments (z. B. Kopf- und Fußzeilen, Seitenzahlen) werden in dieser Ansicht nicht angezeigt. Der Seitenumbruch erscheint als einfache gepunktete Linie.

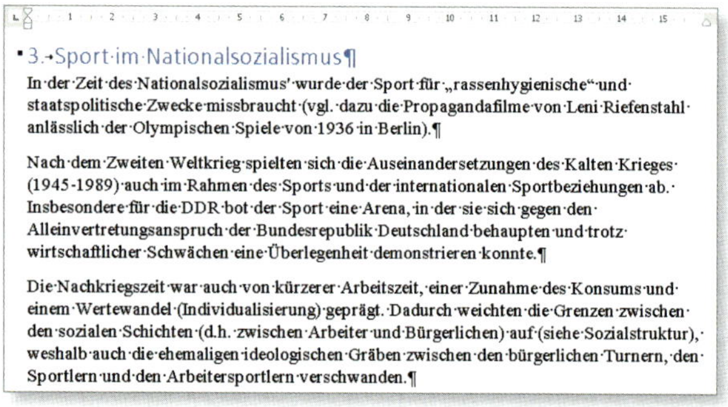

Abbildung 2.49
Ein Dokument in der Entwurfsansicht

Word-Dokumente lassen sich prinzipiell auch in einem Format speichern, das in der Lage ist, das Dokument als Webseite in einem Browser anzuzeigen. Die Ansicht **Weblayout** zeigt, wie Ihr Dokument als Webseite aussehen würde.

Die Ansicht **Gliederung** bietet sich besonders für längere Texte mit hierarchischen Überschriftenebenen an. Das Dokument wird nach Überschriften strukturiert angezeigt, Texte unter niedrigeren Ebenen sind jeweils eingerückt. Darüber hinaus erscheint die Registerkarte **Gliederung** in der Multifunktionsleiste. Mit den hier gesammelten Befehlen lässt sich die Gliederung beeinflussen. Sie finden hier Instrumente zum Höher- und Tieferstufen von Überschriften und zur Erweiterung oder Reduzierung der Gliederungsebenen.

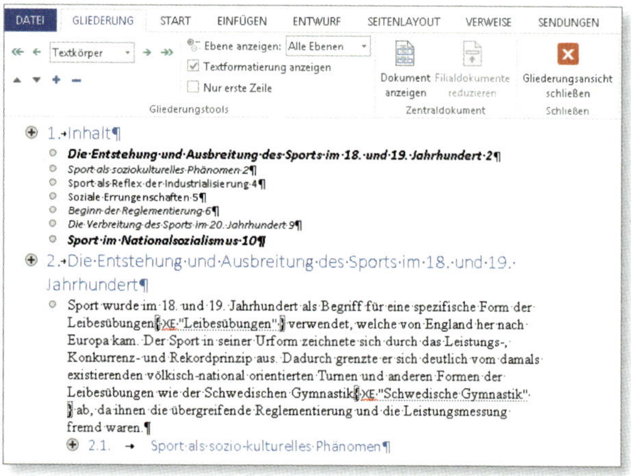

Abbildung 2.50
Die Gliederungsansicht

Die Ansicht **Lesemodus** schließlich bietet sich vor allem zum Lesen von Dokumenten am Bildschirm an. Die Multifunktionsleiste wird ausgeblendet; übrig bleibt nur eine kleine Leiste mit wenigen Symbolen zum Umgang mit diesem Modus.

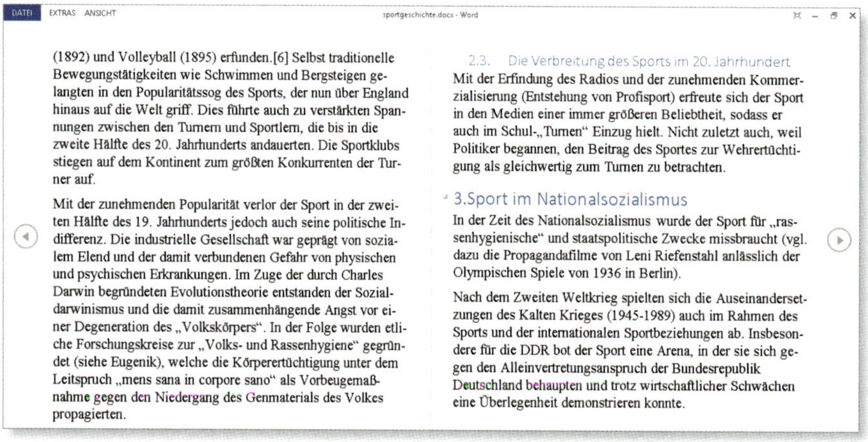

Abbildung 2.51
Ein Dokument im Lesemodus

Teil II
Dokumente erstellen und bearbeiten

Kapitel 3
Word aufrufen und beenden

Wir wollen das Pferd nicht von hinten aufzäumen, daher beginnen wir hier mit den ersten grundlegenden Schritten. Wir zeigen Ihnen die verschiedenen Wege, über die Sie Word aufrufen können, wie Sie mit Fenstern arbeiten und wie Sie das Programm nach getaner Arbeit wieder beenden.

Eine banale Tatsache: Um mit Word arbeiten zu können, müssen Sie das Programm zunächst einmal aufrufen. Sobald Sie das getan haben, gibt es verschiedene Möglichkeiten, wie das Programm am Bildschirm dargestellt werden kann. Und auch zum Beenden des Programms stehen Ihnen verschiedene Wege offen.

Abbildung 3.1
Word über den Startbildschirm aufrufen

3.1 Das Programm starten

Es gibt diverse Wege, über die man Word öffnen kann: direkt über den Startbildschirm, mithilfe einer Desktopverknüpfung oder im Explorer. Im Folgenden werfen wir einen Blick auf die verschiedenen Möglichkeiten.

Word über den Startbildschirm aufrufen

Der einfachste Weg, Word (oder andere Programme) aufzurufen, führt über den Startbildschirm. Sie sehen hier u. a. die Kacheln für die Office-Programme. Klicken Sie zum Öffnen einfach das Kachelsymbol für Word an. Wenn Sie an einem Touchscreen arbeiten, können Sie die Kachel natürlich auch einfach antippen.

Word auf die Taskleiste legen

Wenn Sie sich nicht auf dem Startbildschirm befinden, sondern z. B. in einem anderen Office-Programm, haben Sie besonders schnellen Zugriff auf Word, wenn Sie das Programmsymbol einfach (als Verknüpfung) an die Taskleiste anheften. Das ist schnell gemacht.

1. Klicken Sie auf dem Startbildschirm die Kachel für das Programm mit der rechten Maustaste an. In der unteren Bedienleiste klicken Sie dann auf das Symbol **An Taskleiste anheften**.
2. Gleich darauf entdecken Sie das Word-Symbol in der Taskleiste. Jetzt reicht ein Klick auf das Symbol, um das Programm zu starten.

Abbildung 3.2
Word auf die Taskleiste legen

Eine Desktopverknüpfung anlegen

Auch der Desktop (den Sie vom Startbildschirm aus einfach per Klick oder Touch auf das entsprechende Symbol öffnen) ist ein beliebter Ort für Programmsymbole bzw. Verknüpfungen zu Programmen. Über einen Doppelklick auf das entsprechende Symbol lässt sich das Programm dann von hier aus öffnen. (Vorsicht: Klicken Sie die nächsten Schritte nicht gleich nach, denn Sie »verlieren« hierdurch die Kachel auf dem Startbildschirm, den besseren Weg beschreiben wir nach den Schritten!)

1. Um das Word-Symbol auf den Desktop zu zaubern, klicken Sie die Kachel für das Programm mit der rechten Maustaste an. In der Bedienleiste am unteren Rand klicken Sie auf **Speicherort öffnen**.

Abbildung 3.3
Öffnen Sie über das Symbol den Speicherort.

2. Drücken Sie die Maustaste, halten Sie sie gedrückt und ziehen Sie das Symbol irgendwo auf den Desktop. In der Infobox erscheint der Hinweis **Nach Desktop verschieben**.
3. Sobald Sie die Maustaste loslassen, wird das Programmsymbol auf dem Desktop abgelegt.

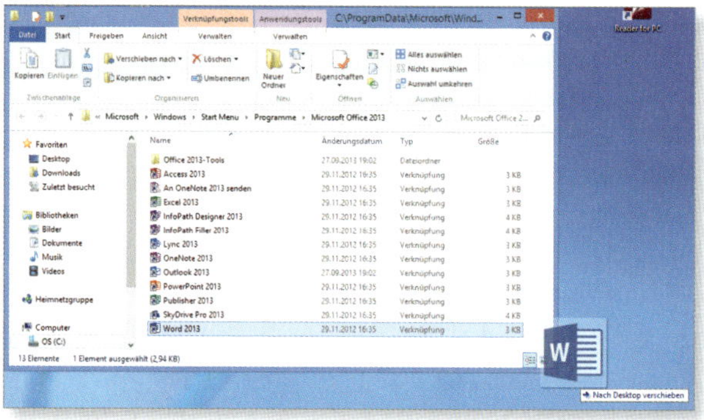

Abbildung 3.4
Word auf den Desktop legen

An dem Pfeil im Programmsymbol können Sie übrigens erkennen, dass es sich um eine Verknüpfung handelt. Dies bedeutet, dass Sie im Prinzip lediglich einen Wegweiser zum Programm auf den Desktop gelegt, aber nicht das Programm selbst verschoben haben.

Abbildung 3.5
Das Word-Symbol auf dem Desktop

Sie werden allerdings feststellen, dass die Kachel für Word 2013 nach dieser Aktion nicht mehr auf dem Startbildschirm vorhanden ist, da Sie die Verknüpfung verschoben haben. Um das zu verhindern, variieren Sie die Methode etwas und nutzen zum Ziehen des Programmsymbols nicht die linke, sondern die rechte Maustaste. Beim Loslassen der Maustaste wird dann ein kleines Menü eingeblendet, das mehrere Optionen anbietet. Wenn Sie die Option **Verknüpfungen hier erstellen** wählen, wird das Symbol wie zuvor als Verknüpfung auf den Desktop gelegt, der Programmeintrag jedoch bleibt ebenfalls im Startmenü erhalten.

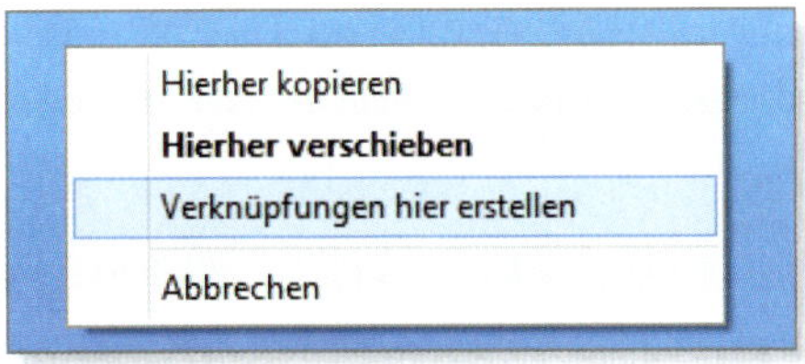

Abbildung 3.6
Die Optionen beim Ziehen mit der rechten Maustaste

Falls es Ihnen im Eifer des Gefechts doch passiert ist, dass Sie die Kachel für das Programm vom Startbildschirm verschoben haben, lässt sie sich auch problemlos wiederherstellen. Suchen Sie im Explorer im Verzeichnis *Microsoft Office* nach der Word-Startdatei (*Winword.exe*), z. B. über den Pfad *C:\Programme\Microsoft Office\Office15*. Klicken Sie die Datei mit der rechten Maustaste an und wählen Sie im Kontextmenü **An „Start" anheften**.

Sie können das Programmsymbol auch wieder vom Desktop entfernen. Dazu markieren Sie es und drücken die Entf-Taste. Die Nachfrage bestätigen Sie dann mit **Ja**.

Aufruf über den Explorer

Word-Dokumente lassen sich auch über den Explorer aufrufen: Wenn Sie im Explorer doppelt auf ein Word-Dokument klicken, wird dieses Dokument direkt zusammen mit Word geöffnet. So gesehen, kann man diesen Weg auch zu den verschiedenen Möglichkeiten zählen, das Programm Word zu öffnen – es geht eben immer nur in Zusammenhang mit einem Dokument.

INFO

Der Datei-Explorer

Der Explorer ist ein Programm von Windows. Er zeigt die Elemente (Laufwerke, Ordner, Dateien), die auf Ihrem Computer vorhanden sind, und dient gleichzeitig der Verwaltung dieser Elemente. Im Explorer legen Sie neue Ordner an und verschieben Dateien von einem Ordner in einen anderen; Sie können Dateien kopieren, umbenennen, löschen, den Papierkorb leeren etc. Für den Explorer legen Sie sich am besten ein Symbol auf die Taskleiste. Sie finden dazu das Symbol für den Explorer, wenn Sie sich auf dem Startbildschirm **Alle Apps** anzeigen lassen, klicken Sie dann mit einem Rechtsklick auf den Startbildschirm und wählen Sie den entsprechenden Punkt aus. Unter der Überschrift **Windows-System** finden Sie die Kachel **Explorer**. Diese Kachel klicken Sie – wie bereits beschrieben – mit der rechten Maustaste an und klicken dann in der Bedienleiste auf **An Taskleiste anheften**.

3.2 Die Darstellung von Word

Nachdem Sie Word aufgerufen haben, erscheint das Programm standardmäßig als Vollbild, füllt also den ganzen Bildschirm. Wenn Sie gleichzeitig mit mehreren Dokumenten arbeiten (mit Word-Dokumenten oder auch Dokumenten aus anderen Programmen), ist es mitunter praktisch, auch den anderen Dokumenten Platz auf dem Bildschirm zu gönnen. In solchen Situationen lassen Sie sich Word am besten in einem Fenster und nicht in der Vollbildansicht anzeigen. Dazu klicken Sie auf das Symbol **Verkleinern** ganz oben rechts am Bildschirm. Es ist das zweite Symbol von rechts der dort angeordneten fünf Symbole.

Abbildung 3.7
Das Symbol »Verkleinern«

Daraufhin wird Word in einem Fenster dargestellt, das nicht den ganzen Bildschirm einnimmt. Dieses Fenster kann nun an unterschiedliche Positionen verschoben oder manuell verkleinert und vergrößert werden.

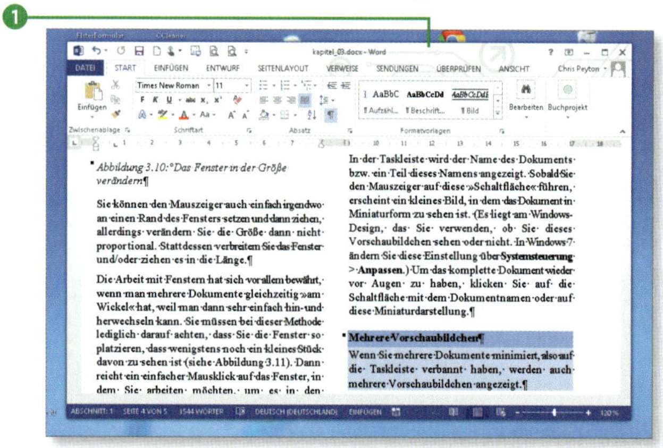

Abbildung 3.8
Word in einem Fenster darstellen

Zum Verschieben führen Sie die Maus an die Titelleiste ❶ am oberen Rand und ziehen das Fenster mit gedrückter Maustaste an die gewünschte Position. Sie können so mit dem Fenster quer über den ganzen Bildschirm wandern. Bei einem Touchdisplay können Sie das Fenster auch einfach mit dem Finger verschieben.

Um das Fenster zu vergrößern oder zu verkleinern, führen Sie den Mauszeiger an eine der Ecken des Fensters. Wie Sie sehen, verändert der Mauszeiger daraufhin sein Aussehen, und es erscheinen zwei Pfeile ❷. Ziehen Sie die Ecke nun mit gedrückter Maustaste nach außen (zum Vergrößern des Fensters) oder nach innen (zum Verkleinern).

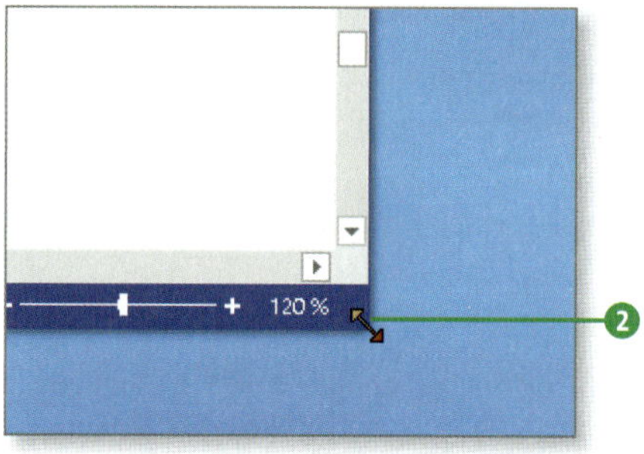

Abbildung 3.9
Das Fenster in der Größe verändern

Sie können den Mauszeiger auch einfach irgendwo an einen Rand des Fensters setzen und dann ziehen, allerdings verändern Sie die Größe dann nicht proportional. Stattdessen verbreitern Sie das Fenster und/oder ziehen es in die Länge.

Die Arbeit mit Fenstern hat sich vor allem bewährt, wenn man mehrere Dokumente gleichzeitig »am Wickel« hat, weil man dann sehr einfach hin- und herwechseln kann. Sie müssen bei dieser Methode lediglich darauf achten, dass Sie die Fenster so platzieren, dass wenigstens noch ein kleines Stück davon zu sehen ist (siehe Abbildung 3.10). Dann reicht ein einfacher Mausklick auf das Fenster, in dem Sie arbeiten möchten, um es in den Vordergrund zu holen.

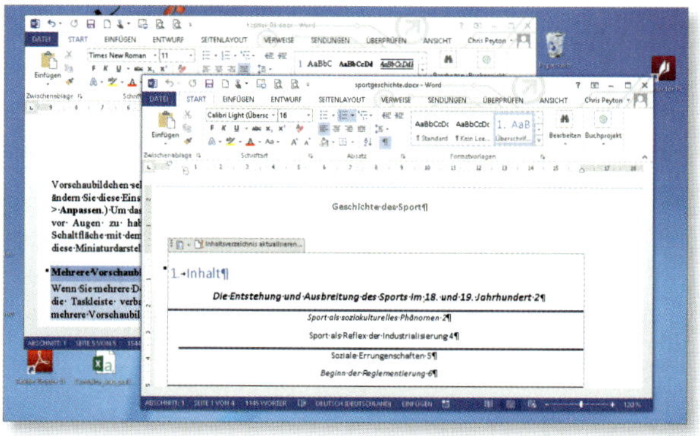

Abbildung 3.10
Dokumente im Vorder- oder Hintergrund platzieren

Word im Vollbild oder als Fenster darstellen

Um wieder in die Vollbildansicht zu wechseln, klicken Sie auf das Symbol **Maximieren** (wieder das mittlere Symbol, nur dass es nun **Maximieren** heißt und nur aus einem kleinen Rechteck besteht). In der Vollbildansicht können Sie die Word-Darstellung naturgemäß weder verschieben noch per Mauszeiger verkleinern oder vergrößern.

Word minimieren

Links neben dem Symbol **Verkleinern** bzw. **Maximieren** befindet sich das Symbol **Minimieren**. Ein Klick auf dieses Symbol legt das aktuell geöffnete Dokument als Symbol unten auf die Taskleiste, sodass es »aus dem Weg« ist, schließt es aber nicht.

Abbildung 3.11
Das Symbol »Minimieren«

In der Taskleiste wird der Name des Dokuments bzw. ein Teil dieses Namens angezeigt. Sobald Sie den Mauszeiger auf diese »Schaltfläche« führen, erscheint ein kleines Bild, in dem das Dokument in Miniaturform zu sehen ist. (Es liegt am Windows-Design, das Sie verwenden, ob Sie dieses Vorschaubildchen sehen oder nicht. In Windows 8 ändern Sie diese Einstellung über **Systemsteuerung** > **Anpassen**.) Um das komplette Dokument wieder vor Augen zu haben, klicken Sie auf die Schaltfläche mit dem Dokumentnamen oder auf diese Miniaturdarstellung.

INFO

Mehrere Vorschaubildchen

Wenn Sie mehrere Dokumente minimiert, also auf die Taskleiste verbannt haben, werden auch mehrere Vorschaubildchen angezeigt.

Wenn kein Dokument geöffnet ist, wird das Programmsymbol auf der Taskleiste abgelegt. Per Mausklick auf das Symbol erscheint Word wieder im Vollbild (wie zuvor erwähnt, hängt die Darstellung der Dokument- und Programmsymbole auf der Taskleiste vom verwendeten Windows-Design ab; Ihr Bildschirm kann also von unseren Beschreibungen abweichen).

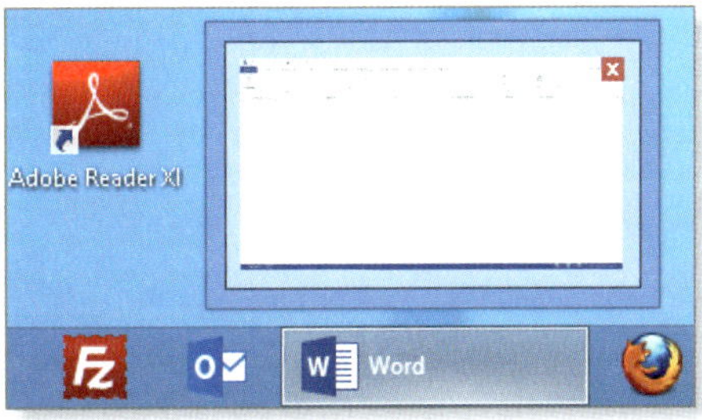

Abbildung 3.12
Word liegt minimiert in der Taskleiste.

Wenn Sie den Mauszeiger auf das Word-Symbol in der Taskleiste führen, klappt ein kleines Fenster mit dem Schließkreuz auf. Ein Mausklick auf dieses Kreuz beendet das Programm.

3.3 Feierabend: Änderungen speichern und das Programm beenden

Wenn Sie mit der Arbeit fertig sind, schließen Sie das Dokument oder das ganze Programm wieder. Oben rechts im Programmfenster gibt es ein Schließkreuz, das unterschiedliche Dinge bewirkt.

Wenn Sie nur ein Dokument geöffnet und darin keine Änderungen vorgenommen bzw. diese schon gespeichert haben, wird sowohl das Dokument als auch das Programm Word geschlossen. Wenn Sie Ihre Änderungen noch nicht gesichert haben, werden Sie vor dem Beenden in einem kleinen Dialogfenster gefragt, ob Sie sie speichern wollen (siehe dazu auch Abschnitt 4.1, »Dokumente und Ordner neu anlegen«). Wenn Sie mehrere Dokumente geöffnet haben, wird nur das aktuelle Dokument geschlossen.

Alternativ öffnen Sie das Register **Datei**. Hier finden Sie den Befehl **Schließen**. Dieser Befehl bewirkt dasselbe wie das Schließkreuz: Er schließt alle geöffneten Dokumente und beendet daraufhin Word.

Falls noch ein Dokument geöffnet ist, in dem Sie Änderungen vorgenommen, aber diese noch nicht gespeichert haben, wird das Programm nicht einfach geschlossen. Bei einem Mausklick auf die Schaltfläche **Schließen** oder auf das Schließkreuz erscheint zunächst ein Dialog, in dem Sie gefragt werden, ob Sie die Änderungen speichern möchten.

In diesem Dialog haben Sie die Wahl zwischen **Speichern**, **Nicht speichern** oder **Abbrechen**. Mit der Option **Speichern** werden Änderungen gespeichert, und daraufhin wird Word beendet; wenn Sie auf **Nicht speichern** klicken, beenden Sie Word und verwerfen die Änderungen; bei **Abbrechen** passiert im Prinzip nichts.

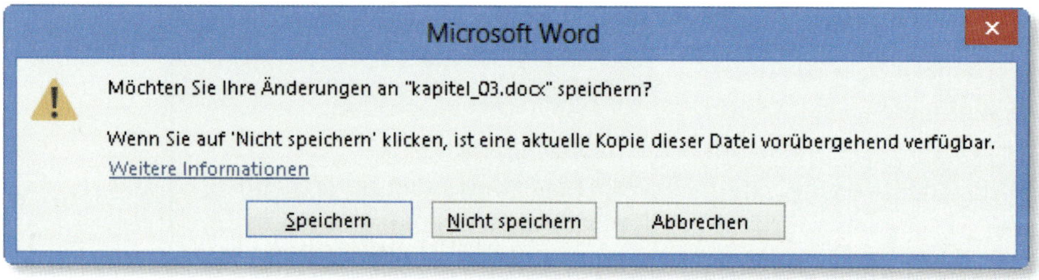

Abbildung 3.13
Änderungen speichern oder nicht

Kapitel 4

Dokumente und Ordner

In diesem Kapitel beschreiben wir, wie Sie in Word 2013 Dokumente speichern, Ordner anlegen und für eine sinnvolle »Ablage« sorgen, sodass Sie Ihre Texte auch leicht wiederfinden. Außerdem erfahren Sie, mit welchen Dateiformaten die neueste Word-Version umgehen kann.

Sie wissen, dass Dokumente gespeichert werden müssen, falls Sie sie bewahren möchten. Ansonsten gehen sie verloren. Dies gilt auch für alle Änderungen an einem Dokument. Wenn Sie Änderungen, Ergänzungen etc. nicht speichern, verpufft die Arbeit unzähliger Stunden einfach im digitalen Nirwana. Haben Sie jedoch alles gewissenhaft gespeichert, können Sie jederzeit wieder auf die Dokumente zugreifen. Wir möchten Ihnen also dringend ans Herz legen, diesen Schritt nicht zu vergessen, zumal – wenn Sie ein Dokument einmal abgespeichert haben –, tatsächlich nur ein Mausklick erforderlich ist, um regelmäßig nachzuspeichern.

TIPP

Automatische Speicherung

Durch die automatische Speicherung erstellt Word temporär gespeicherte Versionen des aktuellen Dokuments, auf die Sie ebenfalls Zugriff haben. Sie können diese Dateien über **Datei** > **Informationen** im Bereich **Versionen** einsehen und öffnen. Da diese aber nach einer Weile wieder gelöscht werden, ist es viel vorteilhafter, regelmäßig ordnungsgemäß zu speichern. So ersparen Sie sich Zeit, Mühe und viel unnötigen Frust!

4.1 Dokumente und Ordner neu anlegen

Solange ein Dokument nicht gespeichert wurde, erscheint oben in der Titelleiste die Bezeichnung **Dokument** und eine Zahl, die anzeigt, wie oft Sie in der aktuellen Sitzung eine neue leere Seite geöffnet haben. Falls Sie im Eifer des Gefechts nicht sicher sind, ob Sie ein Dokument bereits gespeichert haben, können Sie dies also am Eintrag in der Titelleiste erkennen.

Wenn Sie hier beispielsweise **Dokument1** lesen und bereits ein Weilchen am Text gearbeitet und einiges eingegeben haben, wird es höchste Zeit, das Dokument zu speichern. Geben Sie nicht der verbreiteten Neigung nach, erst alles fertig zu machen und dann erst zu speichern! Sie tun sich selbst einen Gefallen, wenn Sie ein Dokument frühzeitig abspeichern, also in einem Ordner ablegen, und danach regelmäßig jeweils die Änderungen und Ergänzungen nachspeichern. So können Sie sicher sein, dass nichts verloren geht.

Abbildung 4.1
Ein noch nicht gespeichertes Dokument – erkennbar am Namen in der Titelleiste

Einen Text zum ersten Mal speichern

Um einen neuen Text, der noch nicht gespeichert wurde, in einen Ordner zu speichern, aktivieren Sie zuerst das Register **Datei**.

1 Klicken Sie hier auf den Eintrag **Speichern unter**. Damit öffnen Sie das gleichnamige Fenster. Wenn Sie das Dokument lokal auf Ihrem Computer speichern möchten – also nicht auf dem Onlinespeicher SkyDrive –, markieren Sie hier zunächst in der linken Spalte **Computer**.

2 Wenn in der rechten Spalte bereits ein Ordner aufgelistet wird, in den Sie das Dokument speichern möchten, klicken Sie einfach auf den entsprechenden Eintrag. Ansonsten klicken Sie auf die Schaltfläche **Durchsuchen**, um einen anderen Ordner auszuwählen.

3 In beiden Fällen wird der Dialog **Speichern unter** angezeigt, entweder direkt mit dem ausgewählten Ordner oder – sofern Sie auf **Durchsuchen** geklickt hatten – mit dem Ordner **Dokumente**. Dieser Ordner wird automatisch für jeden Benutzer bereitgestellt. Wählen Sie nun gegebenenfalls den Ordner aus, in dem Sie Ihr Dokument speichern möchten.

4 Wenn Sie mit diesem Speicherort zufrieden sind, klicken Sie in das Feld **Dateiname**. Sie werden entdecken, dass dieses Feld nicht leer ist. Word schlägt als Dateiname die erste Zeile des Dokuments vor. Wenn dies ein passender Dateiname ist, können Sie den Vorschlag übernehmen und auf **Speichern** klicken.

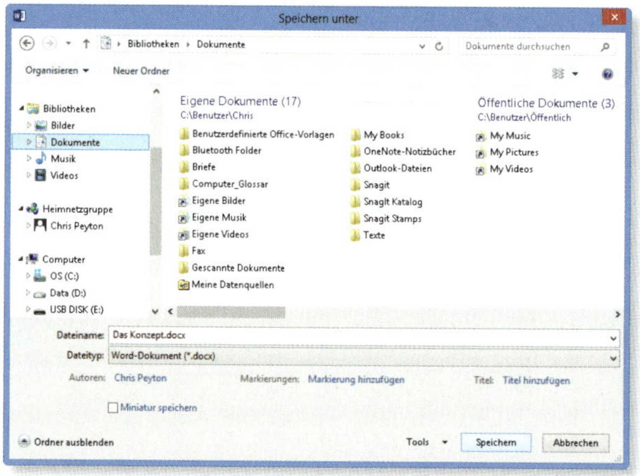

*▲ **Abbildung 4.3***
Ein Dokument speichern

5 Ansonsten geben Sie hier einen neuen Dateinamen ein; solange der im Feld **Dateiname** stehende Text markiert ist, können Sie einfach drauflosschreiben,

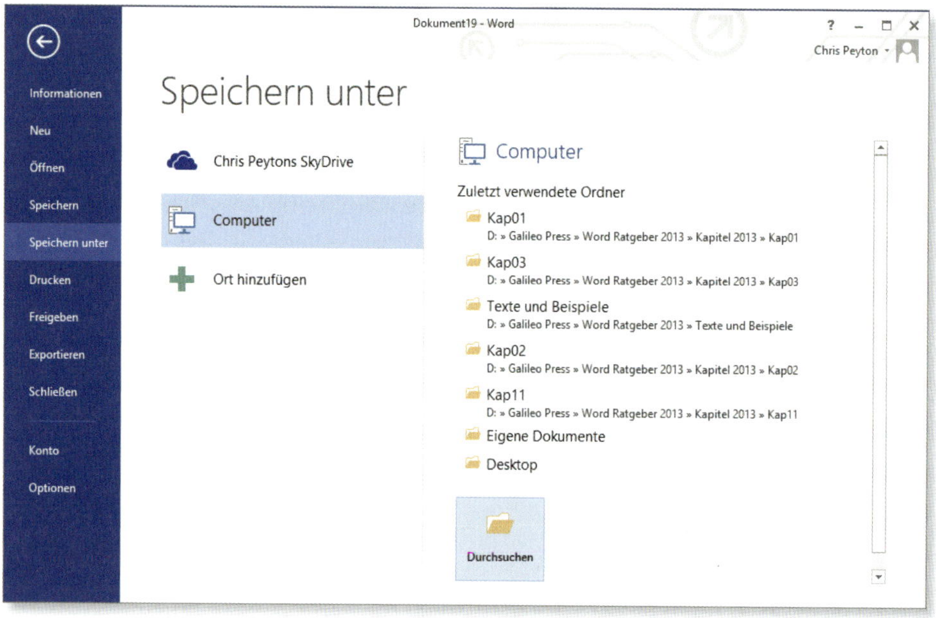

*◄ **Abbildung 4.2***
Dokumente auf Ihrem Computer speichern

und die Markierung wird überschrieben. Andernfalls löschen Sie den Eintrag mit der [Entf]-Taste oder der [←]-Taste (je nachdem, ob Sie den Cursor vor oder hinter den Vorschlag setzen) und geben dann den gewünschten Dateinamen ein.

6 Klicken Sie nach der Eingabe des Dateinamens auf **Speichern**.

> **INFO**
>
> **Das Symbol »Speichern« in der Symbolleiste für den Schnellzugriff und der Befehl »Speichern«**
>
> Wenn das Dokument bisher noch nicht gespeichert wurde, öffnet auch ein Mausklick auf die Schaltfläche **Speichern** in der Symbolleiste für den Schnellzugriff oder ein Klick auf **Datei** > **Speichern** das Fenster **Speichern unter**. Bei einem bereits gespeicherten Dokument dient diese Schaltfläche bzw. dieser Befehl lediglich dem sogenannten *Nachspeichern*. Es werden also nur die letzten Änderungen gesichert, ohne dass ein Dialog erscheint. Auf die Schaltfläche **Speichern** oder auf den Befehl **Speichern** im Register **Datei** können Sie so oft klicken, wie Sie lustig sind – und besser einmal zu viel als zu wenig.

Einen neuen Ordner anlegen

Im Dialog **Speichern unter** entscheiden Sie u. a., in welchem Ordner Sie das Dokument ablegen möchten. Wenn Sie das Dokument nicht einfach im Standardordner **Dokumente** speichern möchten, können Sie in diesem Dialog auch einen neuen Ordner für das Dokument anlegen.

1 Klicken Sie auf die Schaltfläche **Neuer Ordner** gleich unterhalb der Navigationsleiste des Dialogfensters.

2 Daraufhin erscheint ein neues Ordnersymbol, und daneben im Namenfeld lesen Sie **Neuer Ordner**. Geben Sie hier einfach einen passenden Namen für Ihren Ordner ein und drücken Sie dann die [↵]-Taste. Der Ordner ist damit angelegt.

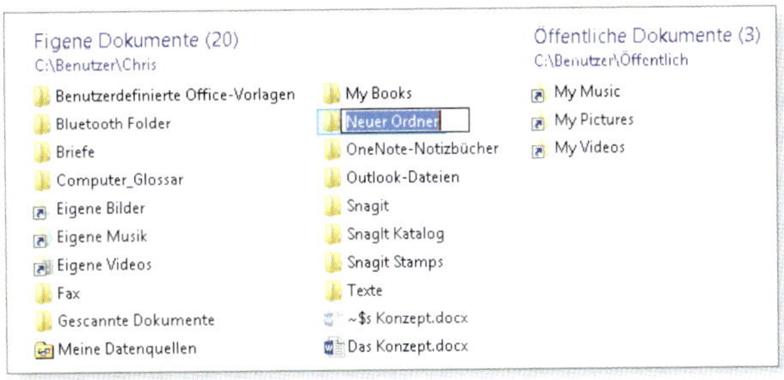

Abbildung 4.4
Einen neuen Ordner anlegen

3 Um den neu angelegten Ordner nun als Speicherort zu verwenden, klicken Sie ihn doppelt an, oder Sie markieren den Ordner und klicken dann auf die Schaltfläche **Öffnen**.

> **INFO**
>
> **Ordnernamen**
>
> Einen Ordnernamen können Sie an sich relativ frei von Zeichenkonventionen vergeben. Auch Leerstellen sind durchaus möglich. Bestimmte Zeichen sind jedoch genau wie für Dateinamen nicht erwünscht und sollten daher nicht verwendet werden. Lesen Sie dazu den Abschnitt »Hinweise zu Dateinamen« auf Seite 92 in diesem Kapitel. Grundsätzlich sollten Sie Ihren Ordnern »sprechende« Namen geben, also Bezeichnungen, die auf den ersten Blick erkennen lassen, was der jeweilige Ordner enthält.

Wenn Sie in einen bereits vorhandenen übergeordneten Ordner wechseln möchten, können Sie die Symbole mit den Ordnernamen in der oberen Navigationsleiste oder die Pfeile neben diesen Namen nutzen. Ein Klick auf den Namen ❶ öffnet den entsprechenden Ordner (siehe Abbildung 4.5 auf Seite 90), ein Klick auf den Pfeil ❷ zeigt die Unterordner dieses Ordners an, die Sie wiederum per Mausklick öffnen. Um den übergeordneten Ordner aufzurufen, funktioniert auch das Symbol **Zurück** ❸ oben links in der Titelleiste des Dialogs.

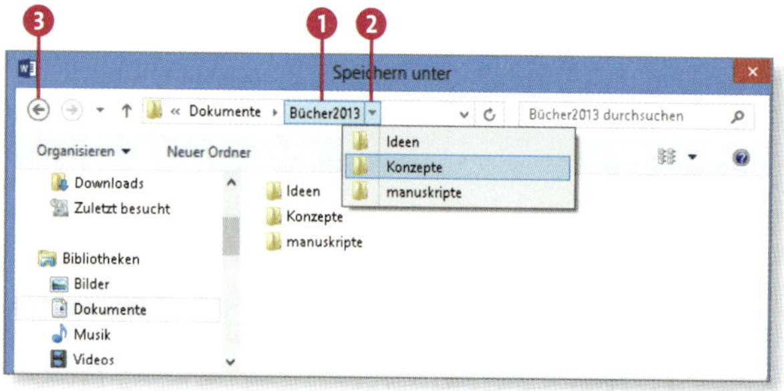

Abbildung 4.5
Einen Ordner auswählen

INFO

Dokumente in einem Ordner des Netzwerks speichern

Innerhalb eines Heimnetzwerks vernetzen Sie z. B. Ihren PC und Ihren Laptop und können so u. a. leichter auf Datenspeicher oder auf einen gemeinsamen Drucker zugreifen. Wenn Sie vorhaben, ein Dokument in einem (freigegebenen) Ordner innerhalb Ihres Heimnetzwerks abzulegen, klicken Sie im Dialog **Speichern unter** auf den Link **Netzwerk**.

Soll die Datei an einem ganz anderen Ort abgespeichert werden, klicken Sie im linken Bereich des Dialogs auf **Dokumente** (4), der wiederum ein Unterordner des Ordners **Bibliotheken** ist (bei beiden handelt es sich um Ordner, die automatisch bereitgestellt werden). Daraufhin erscheinen rechts im Dialogfenster Ordner, die Sie bis dato angelegt haben. Per Doppelklick klappen Sie den gewünschten Ordner auf.

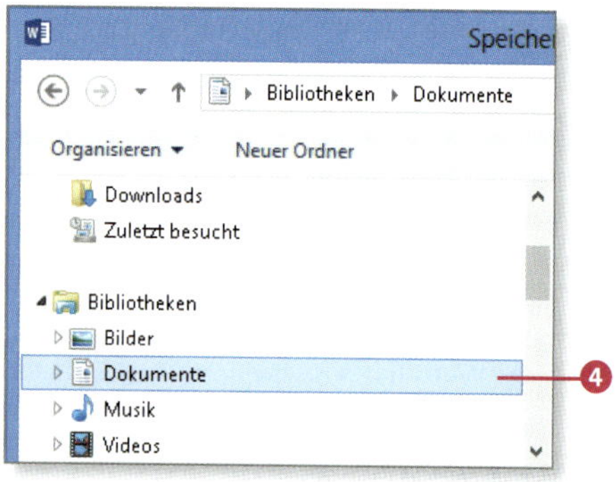

Abbildung 4.6
Den Ordner »Dokumente« auswählen

TIPP

Den Dialog »Speichern unter« verkleinern

Der Dialog **Speichern unter** lässt sich auch verkleinern. Dazu klicken Sie auf die Option **Ordner ausblenden** unten links im Dialog. Übrig bleiben dann lediglich die Felder für den Dateinamen und den Dateityp sowie das Feld mit dem aktuellen Ordnerpfad.

Dokumente online auf SkyDrive speichern

Statt lokal auf Ihrem PC (oder z. B. in Ihrem Heimnetzwerk) können Sie Dokumente auch in einem Onlinespeicher im Internet, in der sogenannten Cloud, speichern. Microsoft bietet Ihnen den eigenen Speicherdienst SkyDrive an. Dazu müssen Sie mit Ihrem Microsoft-Konto angemeldet und natürlich mit dem Internet verbunden sein. Sofern Sie nicht angemeldet sind, sehen Sie hier nur die Schaltfläche **SkyDrive**, aber nicht Ihren Benutzernamen. Sie können in diesem Fall die Anmeldung auch von hier aus starten, indem Sie auf **SkyDrive** klicken.

Um Dokumente in der Cloud zu speichern, klicken Sie auf **Datei** > **Speichern unter** und markieren im zugeordneten Fenster **[Benutzername](s)SkyDrive**.

Abbildung 4.7
Dokumente auf SkyDrive speichern

Im rechten Bereich des Fensters werden die vorhandenen SkyDrive-Ordner angezeigt; sofern Sie schon in der Cloud einen eigenen Ordner angelegt haben, taucht auch dieser in der Auflistung auf (siehe dazu Abbildung 4.8).

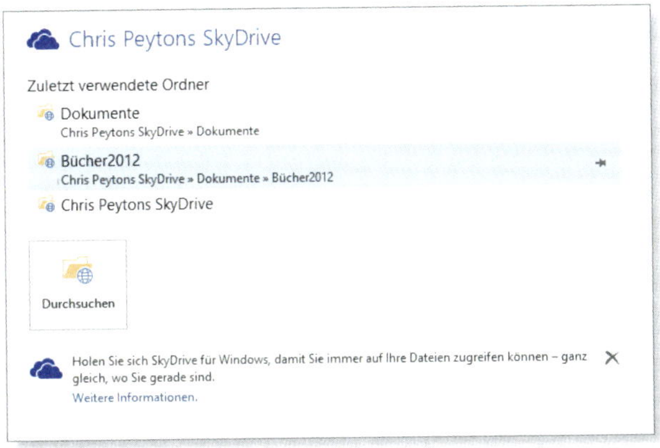

Abbildung 4.8
Die Auflistung der SkyDrive-Ordner

Wenn Sie direkt in das Stammverzeichnis vom Sky-Drive gelangen möchten, um z. B. einen neuen Ordner anzulegen, klicken Sie hier auf **[Benutzername](s) Sky-Drive** oder auf **Durchsuchen**, ansonsten öffnen Sie per Doppelklick den gewünschten Ordner. Daraufhin wird sofort eine Onlineverbindung zu Ihrem SkyDrive hergestellt. Der Dialog ist im Prinzip identisch mit dem Dialog **Speichern unter**, nur dass Sie in der Adressleiste den Onlinepfad zum Speicherort auf SkyDrive sehen.

In diesem Dialog verfahren Sie wie sonst auch beim Speichern. Sie öffnen den gewünschten Ordner (oder legen einen neuen an), vergeben einen Dateinamen und klicken auf **Speichern**. Über **Dateityp** können Sie natürlich auch hier das Dateiformat auswählen.

Auf die auf SkyDrive gespeicherten Dokumente haben Sie über Ihr SkyDrive-Konto nun von (fast) überall auf der Welt Zugriff – sofern Sie mit dem Internet verbunden sind.

Die Favoriten

Im linken Navigationsbereich des Dialogs **Speichern unter** gibt es die Überschrift **Favoriten**. Mit den **Favoriten** können Sie schnell zwischen verschiedenen Speicherorten hin- und herwechseln. Standardmäßig werden die folgenden Favoriten angeboten:

- **Desktop:** Klicken Sie einfach auf **Desktop**, wenn Sie ein Dokument auf dem Windows-Desktop speichern möchten.
- **Downloads:** Ein Klick auf diesen Link öffnet den Ordner *Downloads*. Wenn Sie Dateien aus dem Internet herunterladen, landen sie automatisch in diesem Ordner (sofern Sie keinen anderen Ordner als Ziel festlegen). Erfahrungsgemäß funktioniert

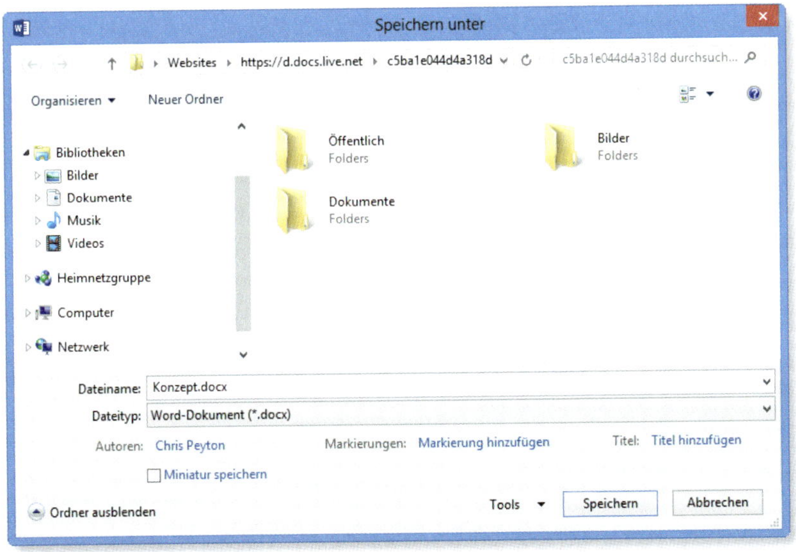

Abbildung 4.9
So speichern Sie Dokumente auf SkyDrive.

das verlässlich nur bei Verwendung des Internet Explorers, andere Browser folgen dieser Speicherzuordnung (häufig) nicht.

- **Zuletzt besucht:** Mit einem Klick auf diesen Link lassen Sie sich die Namen der zuletzt benutzten Ordner anzeigen.

Um Ihren Favoriten weitere Ordner hinzuzufügen, markieren Sie einen betreffenden Ordner und ziehen ihn mit gedrückter Maustaste in den Bereich **Favoriten**. Beim Ziehen erscheint der Hinweis **Verknüpfung erstellen in Favoriten**, woran Sie erkennen, dass Sie den Ordner lediglich als Verknüpfung zu den Favoriten legen; er bleibt also »im Original« weiterhin am Ursprungsort bestehen.

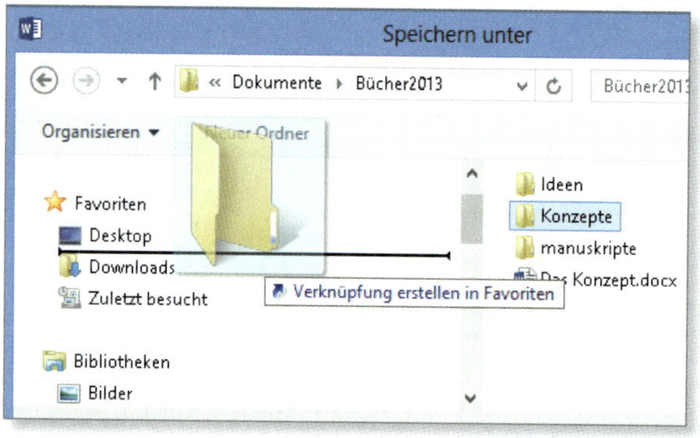

Abbildung 4.10
Einen Ordner zu den Favoriten legen

Hinweise zu Dateinamen

Unter Windows besteht ein Dateiname aus dem Namen, einem Punkt und einer Erweiterung, die den Dateityp angibt und festlegt. Den Punkt und das Dateiformat müssen Sie in der Regel nicht eingeben, da Word diese beiden Elemente automatisch anhängt. Wenn Sie also beispielsweise in das Feld **Dateiname** »Projektentwurf« eingeben, lautet der komplette Dateiname *Projektentwurf.docx*.

Im Prinzip können Sie Dateinamen ganz nach Wunsch vergeben. Ein Dateiname kann auch mehrere Punkte enthalten; es ist dann einfach der letzte Punkt, der der Trennung von Name und Dateierweiterung dient. Die Namen können außerdem sehr lang sein: Theoretisch ist ein Name mit etwa 250 Zeichen möglich, dann allerdings inklusive des Dateipfades, also des Verzeichnisnamens samt trennender Schrägstriche. Ein Dokument könnte also problemlos heißen: *03_04_neue-Version-des-Manuskripts_Daniel_Schneider_Word-2013.docx*.

Sonderzeichen dürfen verwendet werden, allerdings sind einige nicht erlaubt. Windows verweigert die Kooperation bei den Zeichen < > ? „ : | \ / und *. Sie sollten diese daher nicht verwenden, da Ihre Datei in diesem Fall nicht gespeichert werden kann.

> **TIPP**
>
> **Unterstriche als Trennzeichen**
>
> Punkte gehören zwar nicht zu den »verbotenen« Zeichen, aber wir würden Ihnen dennoch empfehlen, auf Punkte zu verzichten. Was soll jemand, der eine Datei von Ihnen erhalten hat, mit einem Namen wie »8.11.2013.neu« anfangen? Ist ».neu« hier eine Erweiterung? Wenn die Erweiterungen ausgeblendet sind, kann man das nicht mehr zuverlässig erkennen. Nutzen Sie als Trennzeichen am besten Unterstriche, dann sind Sie auf der sicheren Seite.

4.2 Die Dateitypen von Word

Jede Datei liegt in einem bestimmten Dateiformat vor. Dieses Dateiformat wird im Dateinamen durch die meist dreistellige Erweiterung nach dem letzten Punkt angezeigt und automatisch beim Speichern vergeben.

Seit der Windows-Version 7 werden Dokumente im Format *Office Open XML* abgespeichert. Dokumente mit diesem Format tragen die Dateiendung *.docx* oder *.docm* (Dokumente mit Makros). Da dieses Format auf XML basiert, lassen sie sich auch mit anderen Programmen einfacher lesen, verarbeiten und erstellen. (XML steht für *Extensible Markup Language*; verkürzt gesagt handelt es sich dabei um eine Beschreibungssprache zur Darstellung von Textdaten, die plattformunabhängig dem Datenaustausch dient.)

INFO

Dokumentvorlagen

Dokumentvorlagen bekommen die Endung *.dotx*. Dieses Format basiert ebenfalls auf der XML-Architektur in Zusammenhang mit einer ZIP-Komprimierung, sodass sich die Dateien durch relativ kleine Dateigrößen auszeichnen.

Werfen Sie doch einmal einen Blick auf die Titelleiste eines gespeicherten Dokuments. (Die Titelleiste ist der Bereich über dem Menüband bzw. den Registerkarten.) Dort sehen Sie den vollständigen Dateinamen des Dokuments (sofern Sie es bereits unter einem bestimmten Namen gespeichert haben) mit dem Dateiformat als Erweiterung des Namens nach dem Punkt.

Abbildung 4.11
Der Dateiname einschließlich der Erweiterung in der Titelleiste

Dateinamenerweiterungen anzeigen lassen

Ob der komplette Dateiname mit Erweiterung auch im Dialog **Speichern unter** bzw. **Öffnen** angezeigt wird, hängt von Ihren Einstellungen im Explorer ab. In der Standardeinstellung von Windows sind diese Erweiterungen ausgeblendet, vermutlich damit sie nicht aus Versehen verändert werden können. Das Programm erkennt die Datei dann nicht mehr und kann sie folglich nicht mehr öffnen. Sie können aber auch dafür sorgen, dass sie angezeigt werden, was in vielen Fällen vorteilhaft ist.

1. Dazu öffnen Sie den Explorer und klicken hier auf die Registerkarte **Ansicht**. Aktivieren Sie nun die Option **Dateinamenerweiterungen** (mit Windows 8).
2. In Windows 7 klicken Sie auf **Organisieren** > **Ordner- und Suchoptionen**.
3. Im Dialog **Ordneroptionen** wechseln Sie auf die Registerkarte **Ansicht**.
4. Im Bereich **Erweiterte Einstellungen** entdecken Sie die Option **Erweiterungen bei bekannten Dateitypen ausblenden**. Wenn Sie dieses Kontrollkästchen deaktivieren und **OK** klicken, werden Dateinamen vollständig angezeigt.

Dokumente für ältere Word-Versionen erstellen

Bekanntermaßen ist die Umstellung auf Word 2013 (bzw. Office 2013) noch längst nicht von allen Nutzern vollzogen worden. Häufig werden die Vorgängerversionen erfahrungsgemäß noch über mehrere Jahre weiter verwendet. Leider lassen sich allerdings nicht alle Word-Dateien mit allen Word-Versionen bearbeiten; eine *.docx*-Datei bereitet Nutzern von Word 2003 beispielsweise erhebliche Schwierigkeiten, will sagen: Die Datei kann erst gar nicht geöffnet werden. Bei anderen Versionen lassen sich zwar vielleicht die Dateien öffnen, häufig geht jedoch die ursprüngliche Formatierung verloren. Bei der Arbeit mit Word 2013 kann es aber durchaus vorkommen, dass man ein Dokument

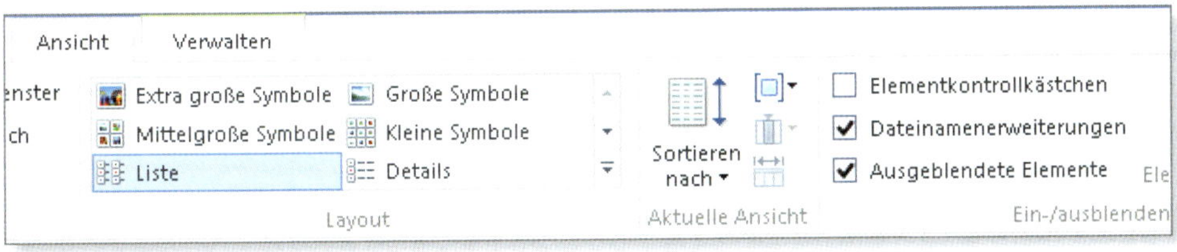

Abbildung 4.12
Die Erweiterungen anzeigen lassen (Windows 8)

für eine ältere Word-Version benötigt, z. B. weil man das Dokument an jemanden weiterleiten möchte, der mit diesem älteren Word-Programm arbeitet. In einem solchen Fall speichern Sie das Dokument am besten in dem entsprechenden Dateityp.

1 Dazu öffnen Sie über **Datei** > **Speichern unter** > **Computer** > **Durchsuchen** (oder einen Klick auf einen der Ordner) den Dialog **Speichern unter**.

2 Geben Sie wie üblich einen Dateinamen ein.

3 Klicken Sie im Dialog **Speichern unter** auf den Auswahlpfeil am Feld **Dateityp**. Wählen Sie in der Liste (z. B.) **Word 97-2003-Dokument (*.doc)**.

4 Klicken Sie auf die Schaltfläche **Speichern**.

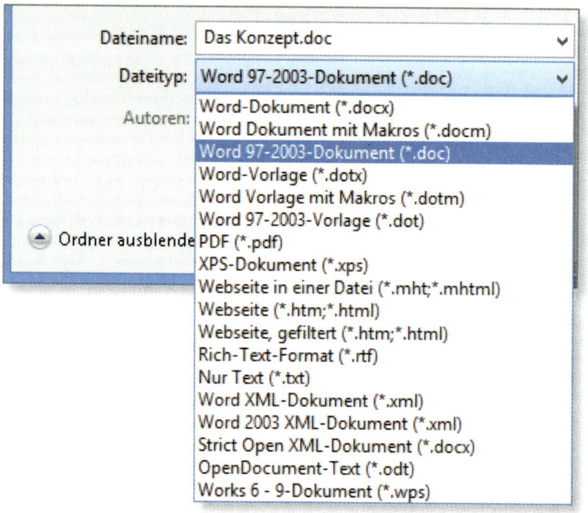

Abbildung 4.13
Ein Dokument im Dateiformat .doc speichern

Dass diese Aktion geglückt ist, können Sie an dem Dateinamen in der Titelleiste erkennen. Hier steht nun der Dateiname inklusive der Erweiterung **.doc** sowie der Zusatz **Kompatibilitätsmodus** in eckigen Klammern (siehe Abschnitt 4.5, »Kompatibilitätsmodus für Dokumente aus alten Word-Versionen«). Nun lässt sich die Datei auch in Word 2003 problemlos öffnen und bearbeiten.

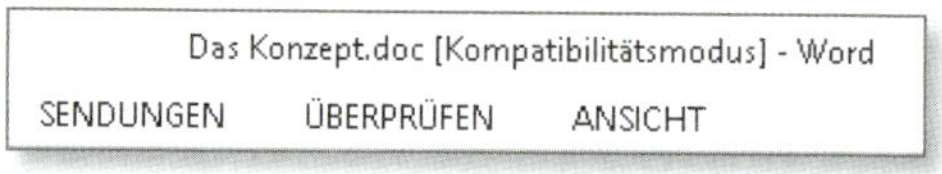

Abbildung 4.14
Der Dateiname mit der geänderten Erweiterung in der Titelleiste

Alternativ können Sie im Register **Datei** auch auf **Exportieren** und im zugehörigen Fenster auf **Dateityp ändern** klicken. Daraufhin werden im rechten Bereich des Fensters diverse Dateitypen angeboten, in die Sie das aktuelle Dokument speichern können. Markieren Sie hier per Mausklick das gewünschte Format, z. B. **Word 97-2003-Dokument (*.doc)**. Dann klicken Sie auf die Schaltfläche **Speichern unter**. Dies öffnet den entsprechenden Dialog, in dem dann der gewählte Dateityp eingestellt ist.

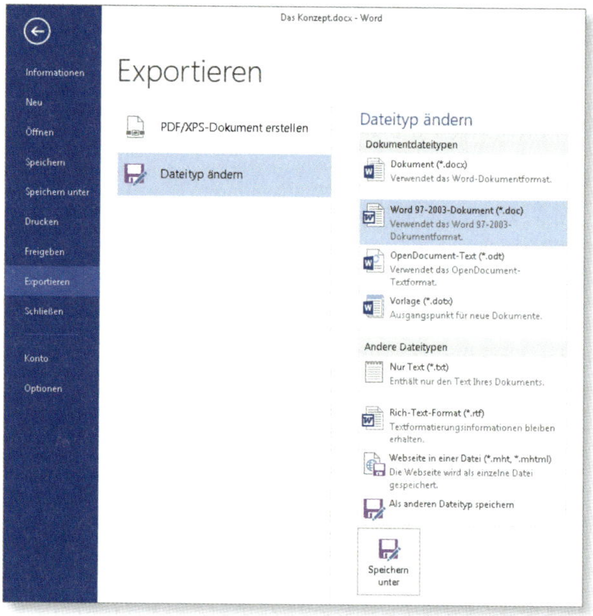

Abbildung 4.15
Über »Exportieren« im Dateiformat .doc speichern

Dieser Weg ist im Prinzip aufwendiger als der zuerst beschriebene, aber der Vollständigkeit halber wollen wir Sie auch über diese Option informieren.

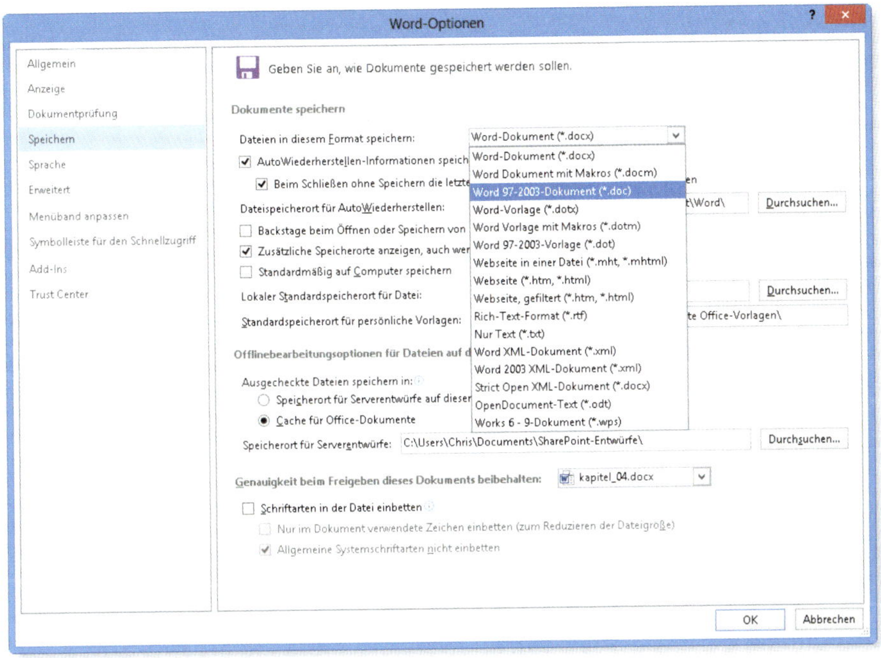

Abbildung 4.16
Dokumente immer im Dateiformat .doc speichern

Dokumente im Dateiformat .doc speichern

Es gibt auch die Möglichkeit, Ihre Dokumente grundsätzlich im alten Dateiformat *.doc* zu speichern, falls es z. B. häufig vorkommt, dass Sie Dokumente mit anderen austauschen und nicht wissen, welche Word-Version diese Anwender benutzen. Sie stellen dies im Bereich **Speichermethode für Dokumente anpassen** ein, den Sie über **Datei** > **Optionen** > **Speichern** aufrufen (siehe Abbildung 4.16). Klicken Sie hier auf den Pfeil am Feld **Dateien in diesem Format speichern** und wählen Sie in der Auswahlliste das gewünschte Format.

4.3 Ein vorhandenes Dokument öffnen

Ein gespeichertes Dokument kann später natürlich auch wieder aufgerufen, also erneut am Bildschirm angezeigt und dann weiterbearbeitet werden. Den Befehl zum Öffnen eines Dokuments finden Sie im Register **Datei**. Klicken Sie hier auf den Befehl **Öffnen**, wählen Sie in der rechten Spalte **Computer** aus und klicken Sie dann auf die Schaltfläche **Durchsuchen**. Gegebenenfalls klicken Sie einfach auf einen der Ordner in der Auflistung der zuletzt verwendeten Ordner, falls sich die Datei in einem dieser Verzeichnisse befindet.

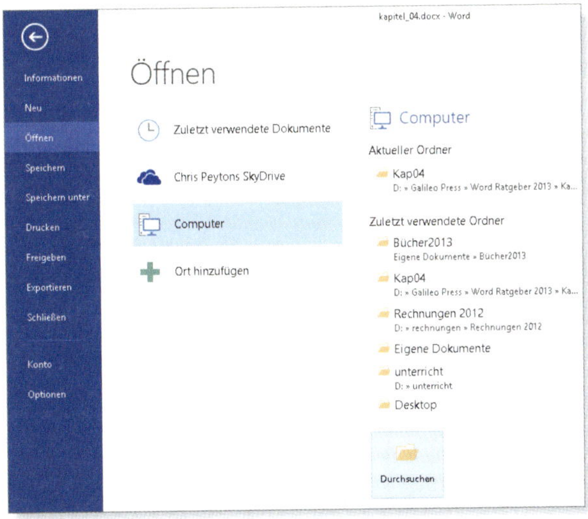

Abbildung 4.17
Den Dialog »Öffnen« aufrufen

Der Dialog **Öffnen** (siehe Abbildung 4.21), den Sie dadurch aufrufen, ähnelt stark dem Dialog **Speichern unter**. Suchen Sie eine Datei und wandern Sie durch die Ordner, wie bereits in Abschnitt 4.1, »Dokumente und Ordner neu anlegen«, beschrieben. Sie können den Ordner wechseln, indem Sie direkt auf die Ordnernamen oben in der Navigationsleiste klicken oder sich per Klick auf den Pfeil die Unterordner anzeigen lassen.

Um alle Ordner zu sehen, klicken Sie auf **Dokumente** bzw. auf **Bibliotheken** > **Dokumente**. Einen Ordner im Fenster öffnen Sie per Doppelklick. Daraufhin tauchen die Dateien auf, die in diesem Ordner abgelegt wurden.

Es gibt nun zwei Wege, eine Datei zu öffnen: Entweder Sie klicken sie doppelt an oder Sie markieren sie, indem Sie sie einmal anklicken, und betätigen dann die Schaltfläche **Öffnen**.

Ein Dokument auf SkyDrive öffnen

Um Dokumente zu öffnen, die auf SkyDrive gespeichert sind, klicken Sie wie gehabt auf **Datei** > **Öffnen**. Im folgenden Fenster klicken Sie auf **[Benutzername](s) SkyDrive**.

Rechts daneben werden Ihnen nun die zuletzt verwendeten Ordner angezeigt. Doppelklicken Sie zum Öffnen auf einen der Ordner oder klicken Sie auf **Durchsuchen**, um einen anderen Ordner auszuwählen.

Abbildung 4.19
Dokumente auf SkyDrive öffnen

Daraufhin wird der Dialog **Öffnen** mit der Adresse Ihres SkyDrive eingeblendet, die Sie oben in der Adressleiste sehen. Hier gehen Sie wie üblich vor: Sie doppelklicken auf die gewünschte Datei, um sie zu öffnen (oder Sie markieren sie und klicken auf **Öffnen**). Sollte sich das gesuchte Dokument in einem Ordner befinden, öffnen Sie diesen per Doppelklick und wählen dann die entsprechende Datei aus.

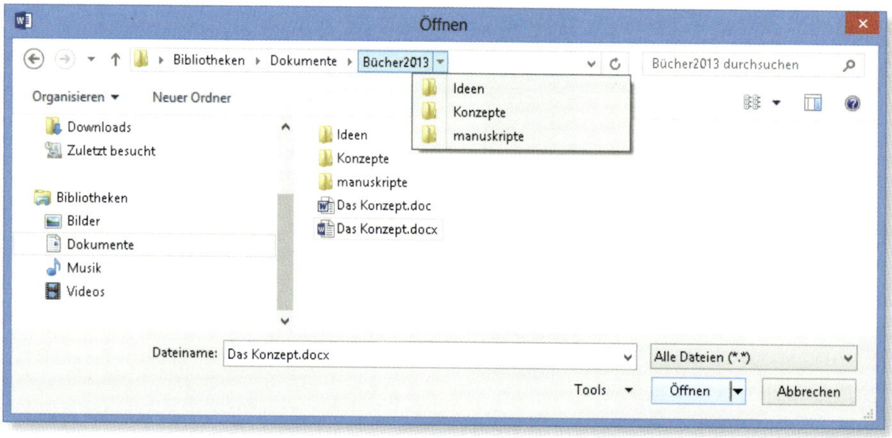

Abbildung 4.18
Der Dialog »Öffnen«

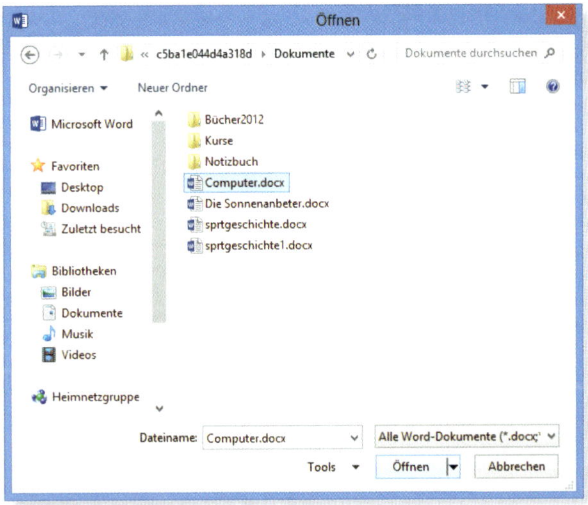

Abbildung 4.20
Ein Dokument auf SkyDrive öffnen

Optionen beim Öffnen

Hinter dem Pfeil an der Schaltfläche **Öffnen** verbergen sich weitere Optionen. Sie können hier beispielsweise festlegen, ob Sie eine Kopie des Dokuments erstellen oder das Dokument schreibgeschützt öffnen möchten.

Abbildung 4.21
Optionen beim Öffnen

Folgende Optionen werden Ihnen im Menü der Schaltfläche angeboten:

- Im Modus **Schreibgeschützt** können Sie zwar Änderungen am Dokument vornehmen, aber Sie können diese Änderungen nicht einfach nachspeichern. Wenn Sie auf das Symbol **Speichern** klicken, wird automatisch der Dialog **Speichern unter** geöffnet, in dem Sie dem Dokument zum Speichern einen neuen Namen geben müssen (damit legen Sie also faktisch ein neues Dokument an).
- Wenn Sie **Als Kopie öffnen** wählen, wird ein Duplikat des Dokuments erzeugt und angezeigt. Änderungen an dem auf diese Weise geöffneten Dokument werden lediglich in der Kopie gespeichert (also eigentlich auch in einem neuen Dokument).
- Bei der Option **In geschützter Ansicht öffnen** lässt sich mit dem Dokument so gut wie gar nichts anfangen. Sie können nur den Text lesen, aber keine Änderungen vornehmen. Allerdings gibt es unterhalb der Registerkarten in einer gelben Leiste die Schaltfläche **Bearbeitung aktivieren**. Wenn Sie hier klicken, ist alles wieder »normal«.
- Mit der Option **Öffnen und Reparieren** öffnen Sie das Dokument zur weiteren Bearbeitung, allerdings sind Makros, die das Dokument eventuell enthält, deaktiviert. Diese Funktion kann helfen, wenn es Probleme mit Dateien gibt – oder Probleme zu erwarten sind –, die in anderen Word-Versionen erstellt wurden.

Laut der Support-Seite von Microsoft werden Dokumente automatisch im letztgenannten Modus geöffnet, wenn Probleme erkannt werden.

Nach Dateien suchen

Im oberen Bereich des Dialogs **Öffnen** gibt es das Suchfeld, zu erkennen an der kleinen Lupe rechts im Feld. Mithilfe dieses Feldes können Sie nach Dateien suchen, was eine recht hilfreiche Funktion ist, wenn man bedenkt, wie oft man trotz aller Bemühungen, Dateien sorgfältig abzulegen, suchend in Ordnern herumirrt.

Um alle Unterordner durchsuchen zu lassen, ist es sinnvoll, den Ordner **Dokumente** zu aktivieren. Dann geben Sie den Namen der Datei, nach der Sie suchen, in das Feld ein. Sobald eine Entsprechung gefunden

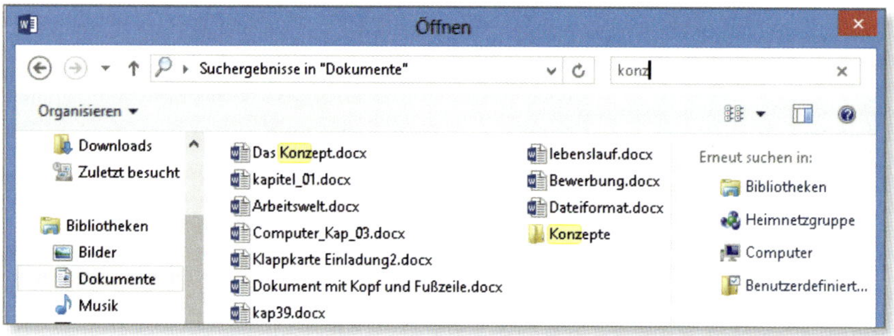

Abbildung 4.22
Nach Dateien suchen

wird – in der Regel reagiert Word nach zwei oder drei Zeichen –, taucht der Dateiname (bzw. alle Dateinamen, die mit den eingegebenen Zeichen beginnen) mit einer gelben Markierung im Dialog auf. Per Doppelklick können Sie die Datei dann öffnen.

Eine PDF-Datei in Word öffnen

Für viele Benutzer war es eine tolle Nachricht zu erfahren, dass man mit Word 2013 ohne weitere Umstände auch PDF-Dokumente in Word öffnen und bearbeiten kann.

Dieser Vorgang unterscheidet sich nicht vom Öffnen einer Word-Datei. Sie rufen über **Datei > Öffnen > Durchsuchen** zunächst den Dialog **Öffnen** auf, suchen hier die gewünschte PDF-Datei, markieren sie und klicken auf **Öffnen**.

Daraufhin erhalten Sie einen Hinweis, dass das Dokument in eine Word-Datei verwandelt wird und dass es eventuell nicht genau so aussieht wie das ursprüngliche PDF-Dokument. Klicken Sie auf **OK**. Danach wird das Dokument als »normale« Word-Datei präsentiert.

Allerdings werden Sie feststellen, dass das Dokument in der Titelleiste des Fensters nach wie vor als ein Dokument im PDF-Format angezeigt wird.

Abbildung 4.24
Ein PDF-Dokument in Word geöffnet

Lassen Sie sich davon nicht irritieren. Sie können das Dokument bearbeiten und es dann im Word-Format (*.docx*) auf dem üblichen Weg speichern. Im Dialog **Speichern unter** ist dieses Format automatisch eingestellt.

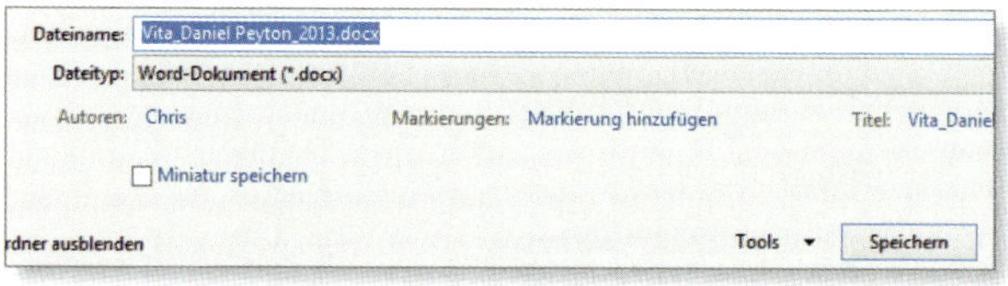

Abbildung 4.25
Das Dokument wird im .docx-Format gespeichert.

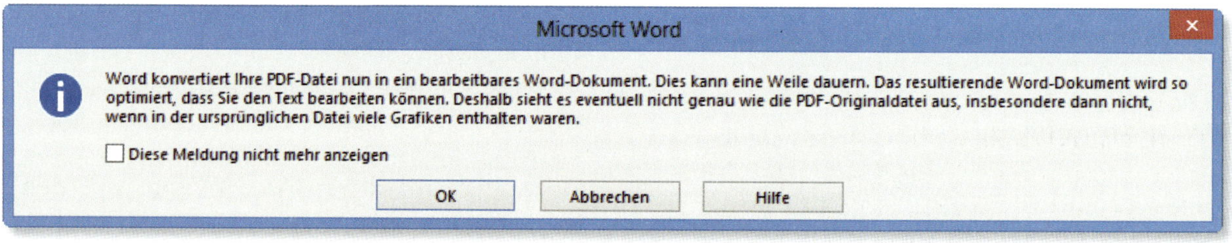

Abbildung 4.23
Der Hinweis, den Sie beim Öffnen eines PDF-Dokuments erhalten

4.4 Die verschiedenen Wege, ein Dokument zu öffnen

Neben dem klassischen Weg des Öffnens gibt es weitere Methoden, ein Dokument aufzurufen. Wir wollen sie Ihnen in den folgenden Abschnitten vorstellen.

Dokumente über den Explorer öffnen

Dokumente lassen sich z. B. auch über den Explorer öffnen. Sofern Sie den Explorer noch nicht an die Taskleiste geheftet haben, rufen Sie ihn über den Startbildschirm > **Alle Apps** auf oder – deutlich schneller –, indem Sie über die Tastenkombination [Win] + [X] ein Menü aufrufen, in dem u. a. der Eintrag **Explorer** angeboten wird.

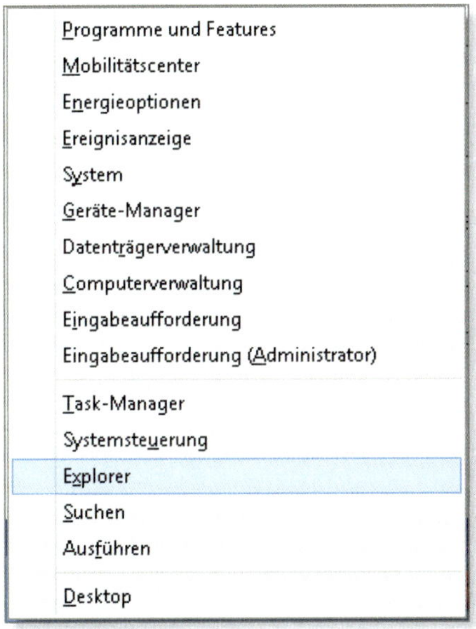

Abbildung 4.26
Über dieses Menü können Sie den Explorer schnell aufrufen.

Sobald Sie im Explorer den richtigen Ordner gefunden haben, klicken Sie einfach doppelt auf die Datei, die Sie öffnen wollen. Dadurch wird diese Datei mit dem zugeordneten Dateityp geöffnet – in der Regel also in dem Programm, mit dem sie erstellt wurde: Ein *.docx*-Dokument öffnet sich also automatisch in Word 2013.

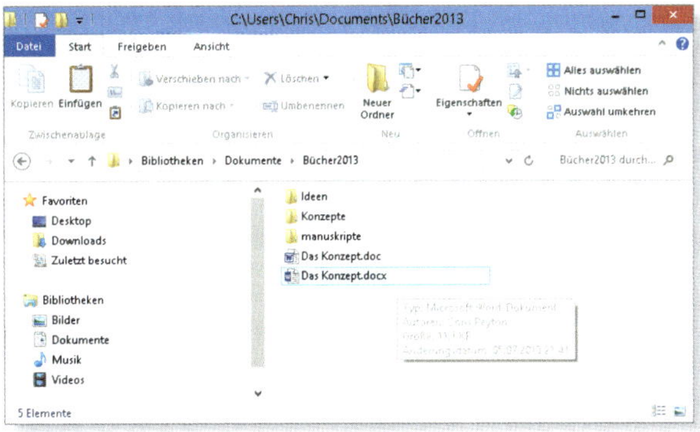

Abbildung 4.27
Eine Datei über den Explorer öffnen

Sie können das Symbol für den Explorer in der Taskleiste auch mit der rechten Maustaste anklicken, um das Kontextmenü aufzurufen. Hier werden Ihnen die zuletzt verwendeten Ordner angezeigt. Per Mausklick rufen Sie dann gegebenenfalls gleich den richtigen Ordner auf.

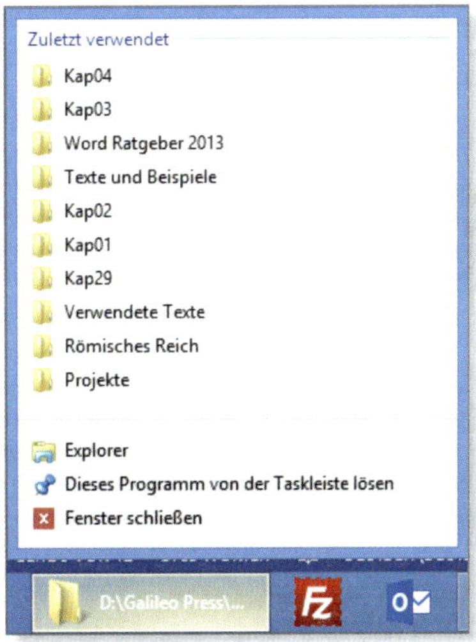

Abbildung 4.28
Ordner über das Kontextmenü des Explorers öffnen

Dokumente aus älteren Word-Versionen öffnen und konvertieren

Auch Dateien, die in einer älteren Word-Version erstellt wurden (z. B. Word 97 bis 2003), können Sie problemlos in Word 2013 aufrufen. Damit diese Dateien im Dialog **Öffnen** angezeigt werden, müssen Sie als Dateityp entweder **Alle Dateien (*.*)** oder **Word 97-2003-Dokumente (*.doc)** einstellen.

Abbildung 4.29
Alle Dateien im Dialog »Öffnen« anzeigen lassen

Wenn Sie ein Dokument im *.doc*-Format geöffnet haben, können Sie entweder mit dieser Datei im alten Dateiformat arbeiten (allerdings ohne die speziellen Features, die nur Word 2010 bzw. Word 2013 an Bord haben) oder ihr ein modernes Gesicht verpassen und sie im Format *.docx* speichern.

Um das Dokument in ein *.docx*-Dokument zu verwandeln, gibt es zwei Methoden: Sie speichern es ganz neu und wählen das Dateiformat *.docx* oder Sie konvertieren das Dokument. Wir zeigen Ihnen nun, wie Sie die zweite Alternative ausführen.

1 Im Menü des Registers **Datei** finden Sie unter dem Link **Informationen** die Schaltfläche **Konvertieren**. Klicken Sie darauf.

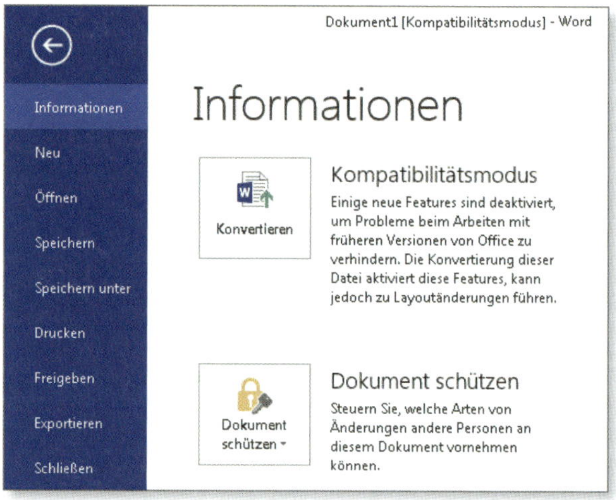

Abbildung 4.30
Dokumente konvertieren

2 Daraufhin wird ein Fenster mit einem Warnhinweis eingeblendet. Hier werden Sie darauf hingewiesen, dass das Layout des Dokuments möglicherweise geändert wird (siehe Abbildung 4.31).

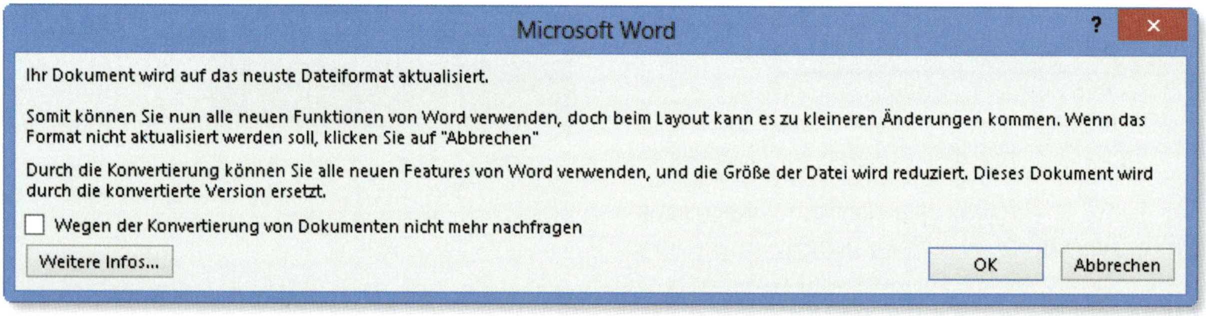

Abbildung 4.31
Hinweis beim Konvertieren

3 Wenn es sich um ein Dokument ohne allzu aufwendige Formatierung handelt, funktioniert die Konvertierung in der Regel recht gut, und Sie müssen sich keine Sorgen machen. Klicken Sie also ruhig auf **OK**.

Sie werden – vermutlich entgegen Ihrer Erwartung – feststellen, dass das Dokument auch nach dieser Aktion in der Titelleiste das Dateiformat *.doc* anzeigt, allerdings ohne den Zusatz **[Kompatibilitätsmodus]** ❶ (siehe Abschnitt 4.5, »Kompatibilitätsmodus für Dokumente aus alten Word-Versionen«). Lassen Sie sich davon nicht irritieren! Die spezifischen Features von Word 2010/2013 stehen Ihnen dennoch bereit, Sie können das Dokument also mit allen aktuellen Möglichkeiten bearbeiten.

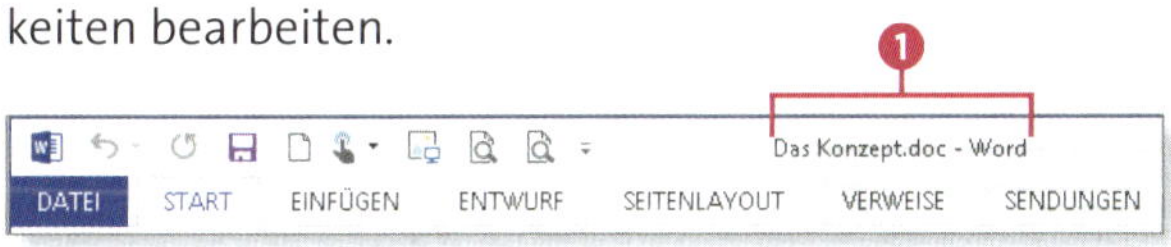

Abbildung 4.32
Konvertiertes Dokument

Auf den ersten Blick können Sie dies beispielsweise daran erkennen, dass die **Texteffekte** – die Schaltfläche mit dem leuchtenden A – angeboten werden (bei Dateien im *.doc*-Format ist diese Schaltfläche blass, weil die älteren Word-Versionen diese Effekte schlicht nicht anbieten).

Damit die Konvertierung wirksam wird, muss das Dokument gespeichert werden. Sobald Sie auf die Schaltfläche **Speichern** klicken, erscheint oben in der Titelleiste der Dateiname mit der Erweiterung *.docx*.

Wenn Sie das Dokument schließen (also auf **Datei > Schließen** oder auf das Schließkreuz klicken), ohne vorher gespeichert zu haben, werden Sie in einem kleinen Dialog gefragt, ob Sie die Änderungen speichern möchten. So können Sie immer sicher sein, dass Ihre Änderungen auch Bestand haben. Um die Konvertierung sowie alle Änderungen zu bestätigen, klicken Sie hier auf **Speichern**.

4.5 Kompatibilitätsmodus für Dokumente aus alten Word-Versionen

Hinter dem kompliziert klingenden Begriff *Kompatibilitätsmodus* verbirgt sich eine recht einfache Tatsache. Wenn Sie in Word 2013 eine Datei öffnen, die in einer älteren Word-Version (z. B. im Format *Word 97-2003-Dokument (*.doc)*) erstellt wurde, wird diese Datei automatisch in diesem Modus aufgerufen. Dies ist dann auch in der Titelleiste des Fensters zu sehen, dort lesen Sie neben dem Dateinamen den Zusatz **[Kompatibilitätsmodus]**.

Abbildung 4.34
Ein .doc-Dokument im Kompatibilitätsmodus

Der Kompatibilitätsmodus bewirkt, dass die Datei nach Änderungen und Ergänzungen weiterhin von Word-Anwendern genutzt werden kann, die den Sprung zu neueren Word-Versionen noch nicht mitgemacht haben und mit älteren Versionen arbeiten (und das *Compatibility Pack* nicht installiert haben, mit dem es möglich ist, Dateien mit den Dateiformaten neuerer Versionen von Word – sowie Excel und PowerPoint – zu öffnen und zu bearbeiten; auf der Internetseite von Microsoft finden Sie hierzu weitere Informationen sowie eine Download-Möglichkeit).

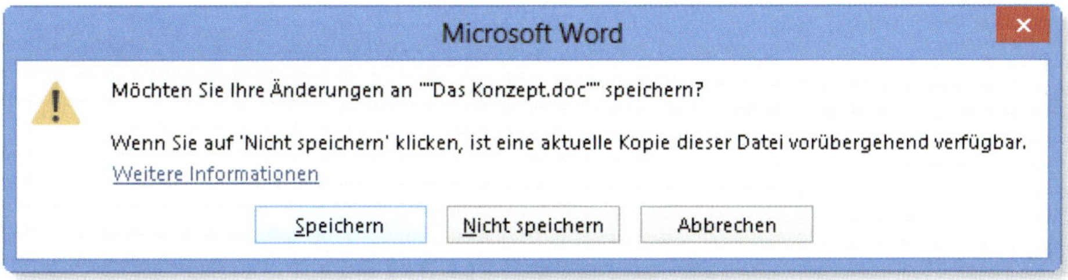

Abbildung 4.33
Die Konvertierung speichern

4.6 Zuletzt verwendete Dokumente

Auf Word-Dokumente, die Sie erst vor Kurzem bearbeitet haben, haben Sie einen besonders schnellen Zugriff, wenn Sie die Funktion **Zuletzt verwendete Dokumente** nutzen. Dazu öffnen Sie das Register **Datei** und klicken auf den Eintrag **Öffnen**. Im Fenster **Öffnen** markieren Sie den Eintrag **Zuletzt verwendete Dokumente**. Über die Liste, die dann zu sehen ist, können Sie per Mausklick die gewünschte Datei öffnen.

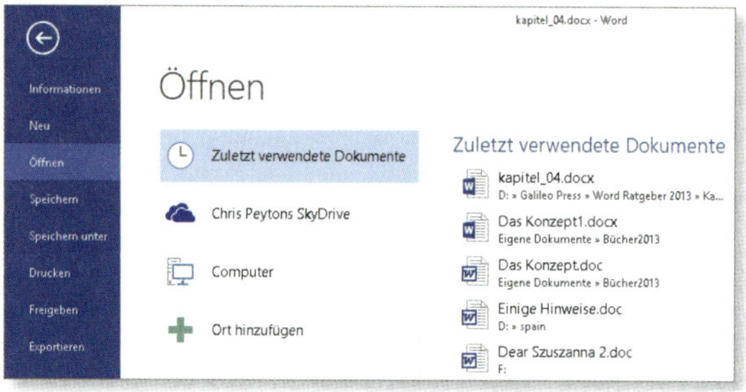

*^ **Abbildung 4.35***
Zuletzt verwendete Dokumente

Diese Liste umfasst standardmäßig maximal 25 Dateien. Um die Anzahl zu ändern, öffnen Sie über **Datei** > **Optionen** das Dialogfenster **Word-Optionen** (siehe Abbildung 4.36) und aktivieren Sie die Kategorie **Erweitert** ❶. Wenn Sie ein wenig nach unten scrollen, entdecken Sie im Bereich **Anzeigen** das Feld **Diese Anzahl zuletzt verwendeter Dokumente anzeigen** ❷. Ändern Sie die hier angegebene Zahl einfach mithilfe der kleinen Pfeilschaltflächen nach Ihren Vorstellungen.

Auf die zuletzt verwendeten Dokumente haben Sie beispielsweise auch dann Zugriff, wenn Sie ein Dokument, das als Symbol auf der Taskleiste liegt, mit der rechten Maustaste anklicken. Im Kontextmenü erscheint daraufhin auch die Liste der zuletzt mit diesem Programm geöffneten Dateien (siehe Abbildung 4.37).

*^ **Abbildung 4.37***
Zuletzt verwendete Dokumente im Kontextmenü einer Datei auf der Taskleiste

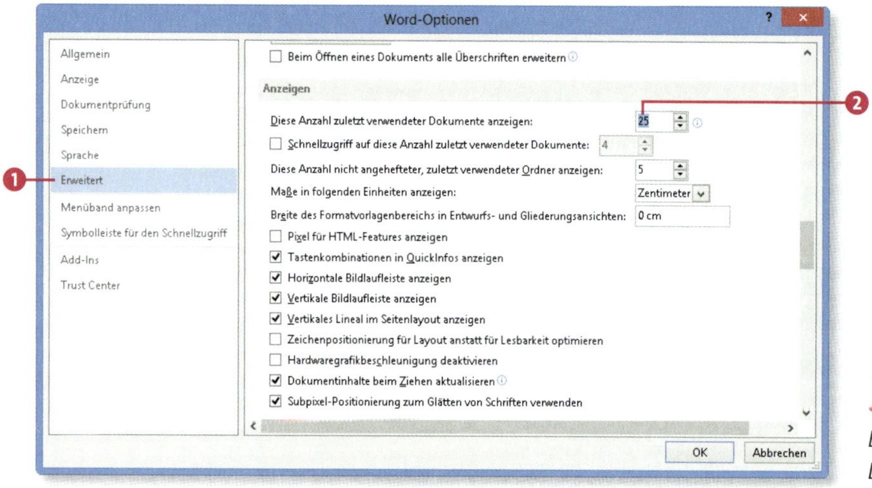

*< **Abbildung 4.36***
Einstellung für zuletzt verwendete Dateien

Kapitel 5
Einfache Texteingabe

Word ist ein Textverarbeitungsprogramm, daher stehen die Eingabe und Gestaltung von Texten im Mittelpunkt der Arbeit mit Word. In diesem Kapitel geben wir grundsätzliche Hinweise zum Schreiben in Word, und Sie erfahren u. a., wie Sie leidige Tippfehler korrigieren oder praktische Zeichen wie ® und © auf den Bildschirm zaubern.

Wenn Sie Word aufrufen, erscheint zunächst das Fenster, in dem Sie ein leeres Dokument oder eine Dokumentvorlage aufrufen können. Um eine leere Seite zu erhalten, klicken Sie einfach auf das Symbol **Leeres Dokument**.

Danach wird ein neues Dokument, also eine leere Seite, angezeigt und Sie können direkt drauflosschreiben. Alles steht parat. Der Cursor blinkt oben links, und das Dokument ist auch ohne weitere Einstellung so eingerichtet, dass Sie ohne Umschweife mit Ihrer Arbeit beginnen können.

5.1 Ein leeres Dokument anlegen

Wenn Word bereits gestartet ist und Sie einen neuen Text schreiben möchten, verfahren Sie ganz ähnlich. Legen Sie zunächst ein leeres Dokument an. Das ist schnell getan.

1. Klicken Sie auf die Registerkarte **Datei** (Abbildung 5.2), um den Backstage-Bereich mit allen Optionen zu öffnen.
2. Im Menü klicken Sie auf **Neu**, um das gleichnamige Fenster aufzurufen.

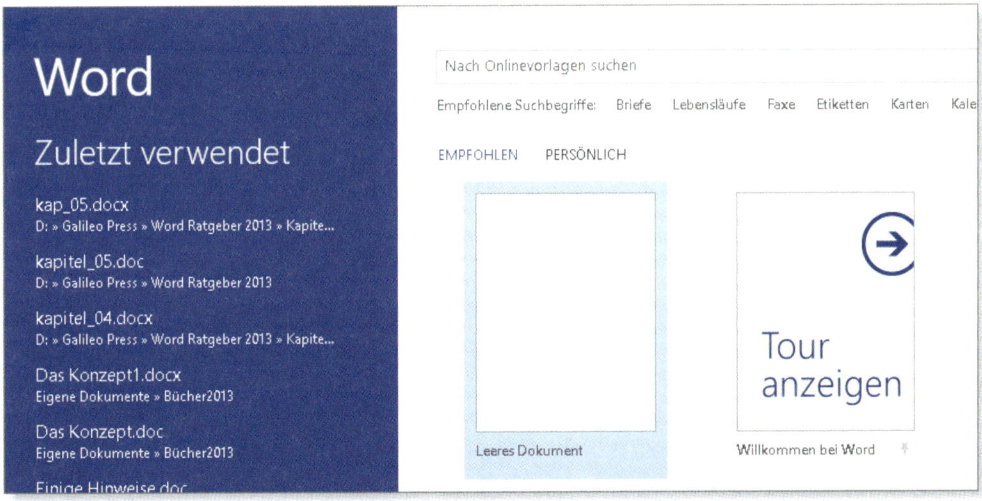

Abbildung 5.1
Eine leere Seite aufrufen

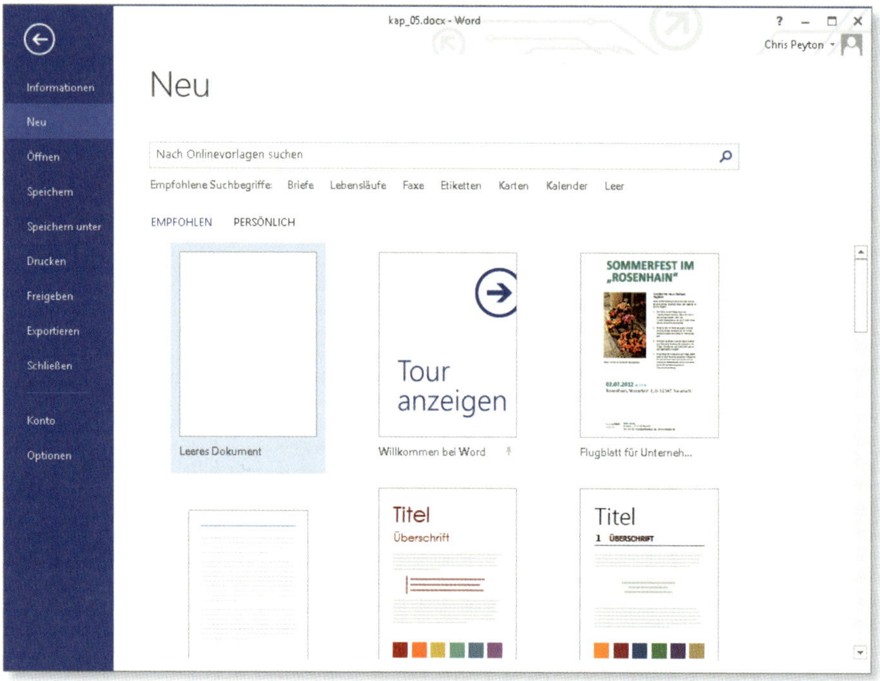

Abbildung 5.2
Ein neues Dokument öffnen

3 Hier wird Ihnen die Vorlage **Leeres Dokument** angeboten (sie ist standardmäßig markiert). Klicken Sie einfach darauf, um ein neues Dokument zu öffnen.

TIPP

Neues Dokument per Schnellzugriff

Wenn Ihnen der soeben beschriebene Weg etwas umständlich vorkommt, ergänzen Sie einfach die Symbolleiste für den Schnellzugriff um das Symbol zum Öffnen einer neuen Seite. Dazu klicken Sie auf den Pfeil rechts an dieser Symbolleiste und aktivieren in der aufgeklappten Liste den Eintrag **Neu**. Nach dieser Aktion liegt das Symbol (ein leeres Blatt) direkt auf der Symbolleiste, und Sie können schnell per Mausklick ein neues leeres Dokument anlegen.

Schreiben ohne Textumbruch

Beginnen Sie, Ihren Text zu schreiben. Wichtig ist, dass Sie fortlaufend schreiben, ohne auf das Ende der Zeile zu achten, das durch den rechten Seitenrand definiert ist. Wenn das Ende der Zeile erreicht ist, unterdrücken Sie also den Impuls, die Taste für die Zeilenschaltung (die [↵]-Taste) zu drücken; der Cursor springt automatisch in die nächste Zeile. Mit anderen Worten: Word kümmert sich selbsttätig um den Zeilenumbruch – was eine tolle Sache ist, denn Sie können sich hundertprozentig auf Ihre Formulierung konzentrieren.

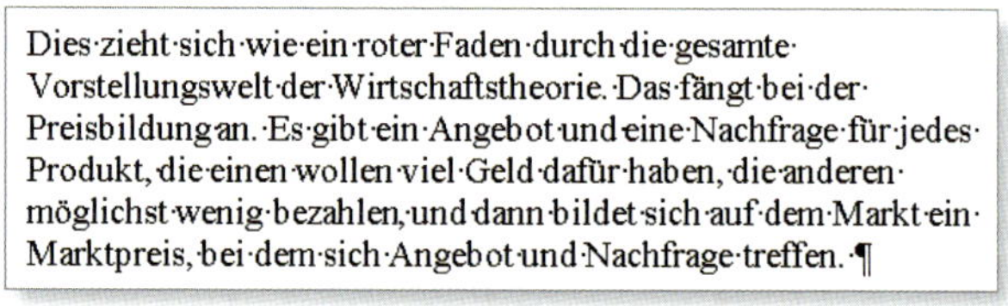
Dies·zieht·sich·wie·ein·roter·Faden·durch·die·gesamte· Vorstellungswelt·der·Wirtschaftstheorie.·Das·fängt·bei·der· Preisbildung·an.·Es·gibt·ein·Angebot·und·eine·Nachfrage·für·jedes· Produkt,·die·einen·wollen·viel·Geld·dafür·haben,·die·anderen· möglichst·wenig·bezahlen,·und·dann·bildet·sich·auf·dem·Markt·ein· Marktpreis,·bei·dem·sich·Angebot·und·Nachfrage·treffen.·¶

Abbildung 5.3
Fließtext mit automatischem Zeilenumbruch

Automatischer Zeilenumbruch

Der entscheidende Vorteil des automatischen Zeilenumbruchs ist die Flexibilität des Textes: Falls Sie ihn später noch einmal überarbeiten, Textpassagen löschen oder neue hinzufügen, wird der Zeilenumbruch automatisch angepasst. Würden Sie jeweils am Ende einer Zeile die [↵]-Taste drücken, müssten Sie den Zeilenumbruch immer wieder manuell korrigieren, wenn der Text aufgrund der Änderungen länger oder kürzer wird. Sie müssten dann die Absatzmarke, die nun vielleicht mitten in der Zeile steht, entfernen, mit der ↵-Taste einen neuen Zeilenumbruch am Ende der Zeile einfügen etc. Solch überflüssige Arbeit ist nicht im Sinne des Erfinders! Geben Sie Ihren Text daher als Fließtext ein und überlassen Sie Word den Umbruch (solange Sie nicht bewusst einen Zeilenumbruch herbeiführen möchten, weil der Absatz zu Ende ist). Dadurch ersparen Sie sich letztlich viel Arbeit.

Dies·zieht·sich·wie·ein·roter·Faden·durch·die·gesamte¶
Vorstellungswelt·der·Wirtschaftstheorie.·Das·fängt·bei·der¶
Preisbildung·an.·Es·gibt·ein·Angebot·und·eine·Nachfrage·für·jedes¶
Produkt,·die·einen·wollen·viel·Geld·dafür·haben,·die·anderen¶
möglichst·wenig·bezahlen,·und·dann·bildet·sich·auf·dem·Markt·ein¶
Marktpreis,·bei·dem·sich·Angebot·und·Nachfrage·treffen.·¶

Abbildung 5.4
So bitte nicht!

Automatischer Seitenumbruch

Auch am Ende einer Seite schreiben Sie entspannt weiter; Word springt selbsttätig weiter auf die nächste Seite. Sie sehen also, auch der Seitenumbruch geschieht automatisch und wird optisch durch einen Zwischenraum zwischen den einzelnen Blättern angezeigt. An der Statusleiste unten am Bildschirm können Sie erkennen, dass sich der Cursor nach dem Seitenumbruch auf der nächsten Seite befindet. In der Statusleiste steht nun beispielsweise **Seite: 2 von 2**.

und·anhand·dieser·so·gestalteten·Zusammenhänge,·die·es·für·
ambitioniertere·Leser·oder·für·Studenten,·die·dazu·geprüft·werden,·
auch·als·mathematisches·Gleichungssystem·gibt,·darf·erkannt·
werden,·dass·die·Welt·so·schon·recht·in·Ordnung·ist.·Jedenfalls·

solange·die·Notenbank·brav·und·unabhängig·die·Geldmenge·steuert·
und·die·Arbeitnehmer·nicht·gar·zu·dreiste·Lohnerhöhungen·
durchsetzen.·Dabei·lässt·dieses·Modell·noch·einen·weiten·

Abbildung 5.5
Der Seitenumbruch

5.2 Manueller Zeilenwechsel

Nur wenn Sie den Text bewusst unterbrechen und in einer neuen Zeile weiterschreiben möchten, drücken Sie die ↵-Taste. So »erzwingen« Sie einen Zeilenumbruch, und der Cursor springt in eine neue Zeile. Wenn Sie sich die Formatierungszeichen anzeigen lassen (oder zumindest die *Absatzmarken*), erscheint durch das Drücken der ↵-Taste eine Absatzmarke. Im Sinne von Word bedeutet dies, dass der Absatz beendet ist und mit der nächsten Zeile ein neuer Absatz beginnt.

Wer·das·Gegenteil·behauptete,·lag·schon·vorher·falsch,·und·wer·das·
immer·noch·behauptet,·weigert·sich,·die·Realitäten·anzuerkennen.·
Das·Zusammenwirken·der·großen·Teilmärkte,·von·Gütermarkt,·
Finanzmarkt·und·Arbeitsmarkt,·funktioniert·im·Grundsatz·
störungsfrei.·¶
Hier·beginnt·ein·neuer·Absatz¶

Abbildung 5.6
Einen Absatz erzeugen

Solche Absätze sind natürlich wichtig für die Strukturierung eines Textes, aber auch bedeutsam für bestimmte Formatierungsbefehle (Näheres dazu finden Sie in Kapitel 13, »Allgemeines zur Formatierung«, und in Kapitel 15, »Absatzformatierung«).

INFO

Absätze im Sinne von Word

Durch Zeilenumbrüche erzeugte Absätze sind in Word nicht nur für die Strukturierung eines Textes bedeutsam. Absätze funktionieren als in sich geschlossene Einheiten, wenn es um die Gestaltung des Textes geht. Es gibt Formatierungseinstellungen, die sich auf den ganzen Absatz auswirken (z. B. links-/rechtsbündige Ausrichtung oder Blocksatz); man spricht hier von Absatzformatierung (im Gegensatz zur *Zeichenformatierung*, die sich nur auf markierte Wörter oder Zeichen bezieht).

Zeilenumbrüche wieder entfernen

Sie können einen Zeilenumbruch natürlich auch wieder entfernen. Dazu setzen Sie den Cursor direkt vor die Absatzmarke und drücken die [Entf]-Taste. Damit löschen Sie die Absatzmarke und den Zeilenumbruch, und der Text rutscht – sofern Platz ist – wieder nach oben.

Der weiche Zeilenumbruch

Wenn Sie einen Zeilenumbruch einfügen möchten, ohne einen Absatz im Sinne der Word-Definition zu erzeugen (der sich auf die Formatierung auswirkt), können Sie eine sogenannte weiche *Absatzmarke* setzen. Dazu halten Sie die [⇧]-Taste gedrückt, während Sie die [↵]-Taste drücken. Der Cursor springt zwar in die nächste Zeile, aber im Word-Sinne beginnt kein neuer Absatz, d. h., alle Absatzformatierungen werden beibehalten. Diese Art von Zeilenumbruch wird durch einen nach links weisenden Pfeil angezeigt (wenn Sie sich die Formatierungszeichen anzeigen lassen).

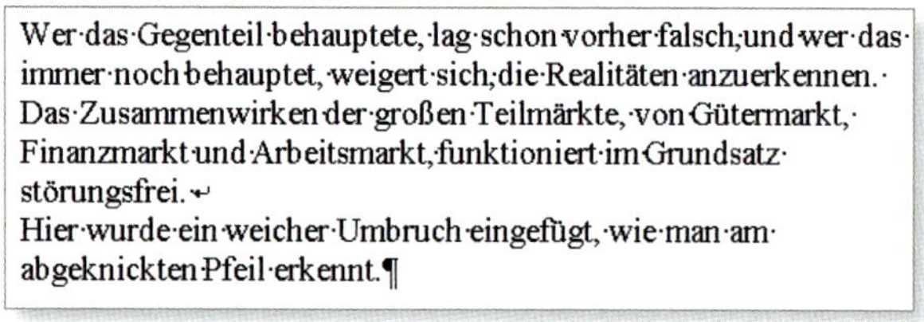
Wer·das·Gegenteil·behauptete,·lag·schon·vorher·falsch,·und·wer·das· immer·noch·behauptet,·weigert·sich,·die·Realitäten·anzuerkennen.· Das·Zusammenwirken·der·großen·Teilmärkte,·von·Gütermarkt,· Finanzmarkt·und·Arbeitsmarkt,·funktioniert·im·Grundsatz· störungsfrei.↵
Hier·wurde·ein·weicher·Umbruch·eingefügt,·wie·man·am· abgeknickten·Pfeil·erkennt.¶

Abbildung 5.7
Weicher Zeilenumbruch

HINWEIS

Formatierungszeichen

Wir werden im Zusammenhang mit vielen Themen noch häufiger auf die Formatierungszeichen verweisen und gehen bei unseren Beschreibungen zukünftig davon aus, dass Sie die Formatierungszeichen eingeblendet haben.

5.3 Geschützte Leerzeichen

Da Word selbst den Zeilenumbruch vornimmt, kann es mitunter vorkommen, dass Begriffe und/oder Zahlen auseinandergerissen werden, die als Einheit zusammengehalten werden sollten. Typische Beispiele sind Mengeneinheiten wie »100 km«, Beträge wie »100 €« oder auch Abkürzungen wie »z. B.« und »u. a.«. Es sollte nicht passieren, dass die Zahl noch in der oberen Zeile steht und km oder € in der nächsten Zeile. In Word können Sie einem solchen Fall mit einem sogenannten geschützten *Leerzeichen* begegnen.

Sie schreiben also »100«, drücken dann aber nicht wie üblich einfach nur die Leertaste, sondern halten dabei die [⇧]-Taste und die [Strg]-Taste gedrückt. Damit erzeugen Sie ein geschütztes Leerzeichen, das durch einen kleinen Kreis angezeigt wird. Danach schreiben Sie die Einheit, z. B. »km«. Auf diese Weise werden die Begriffe und/oder Zahlen, zwischen denen dieses geschützte Leerzeichen steht, im Fall eines Zeilenumbruchs nicht getrennt. Ihre Eingabe sieht dann so aus, wie es in Abbildung 5.8 zu sehen ist. Der kleine Kreis wird natürlich nicht mit ausgedruckt.

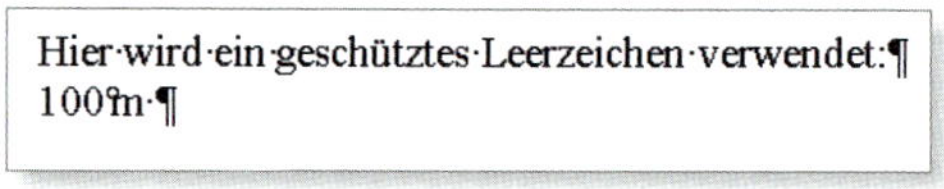
Hier·wird·ein·geschütztes·Leerzeichen·verwendet:¶
100°m·¶

Abbildung 5.8
Ein geschütztes Leerzeichen

Diese Technik empfiehlt sich prophylaktisch grundsätzlich in jedem Fall, nicht nur wenn sich die Eingabe am Ende einer Zeile befindet. Denken Sie daran, dass sich die Texte im Laufe der Zeit verändern können (beispielsweise durch das Löschen oder Hinzufügen von Zeichen, Wörtern oder Textpassagen): Im Nu steht die Angabe nicht mehr mittig, sondern genau vor dem Zeilenumbruch. Mit dem geschützten Leerzeichen sind Sie auf der sicheren Seite und sorgen dafür, dass diese Angaben nicht auseinandergerissen werden!

5.4 Manueller Seitenumbruch

Wie schon erwähnt, springt der Cursor beim Schreiben automatisch auf die nächste Seite, wenn der untere Seitenrand erreicht ist. Der Seitenumbruch wird also von Word selbsttätig geregelt. Oft möchte man aber selbst bestimmen, ab welcher Zeile es auf der nächsten Seite weitergeht, z. B. wenn aufgrund des automatischen Seitenumbruchs die Überschrift eines Absatzes auf der einen Seite steht und der Rest des Textes auf der nächsten. In solchen Fällen ist es sinnvoll, einen Seitenumbruch oberhalb der Überschrift zu »erzwingen«.

Wir sehen es in Dokumenten, die uns vorgelegt bzw. übermittelt werden, häufig, dass auf manchen Seiten einfach so oft die [↵]-Taste gedrückt wurde, bis der Cursor am Ende der Seite anlangte und somit automatisch auf die nächste Seite sprang (die Absatzmarken verraten diese Methode). Das funktioniert natürlich auch, aber es ist keine besonders elegante Lösung: Sobald sich der Text ändert, stehen diese ganzen Leerzeilen plötzlich mitten im Text und nicht mehr am Ende einer Seite. Daher ist es besser, in solchen Fällen einen manuellen Seitenumbruch zu erzeugen.

Abbildung 5.9
Einen Seitenumbruch mithilfe von Absatzschaltungen erzeugen – nicht gerade die feine Art!

Einen Seitenumbruch einfügen

Ein selbst gewählter Seitenumbruch lässt sich mit einer simplen Tastenkombination erreichen.

1 Setzen Sie den Cursor in die Zeile, in der Sie einen Seitenumbruch einfügen möchten.

2 Halten Sie die [Strg]-Taste gedrückt und betätigen Sie die [↵]-Taste.

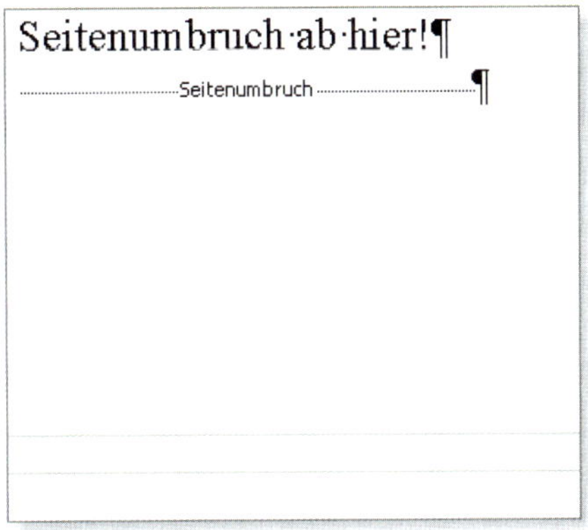

Abbildung 5.10
Einen Seitenumbruch einfügen

TIPP

Der Befehl »Seitenumbruch«

Es gibt auch einen Befehl für den manuellen Seitenumbruch. Diesen Befehl finden Sie auf der Registerkarte **Seitenlayout**. Klicken Sie hier auf **Umbrüche** und dann unter **Seitenumbrüche** auf die Option **Seite**.

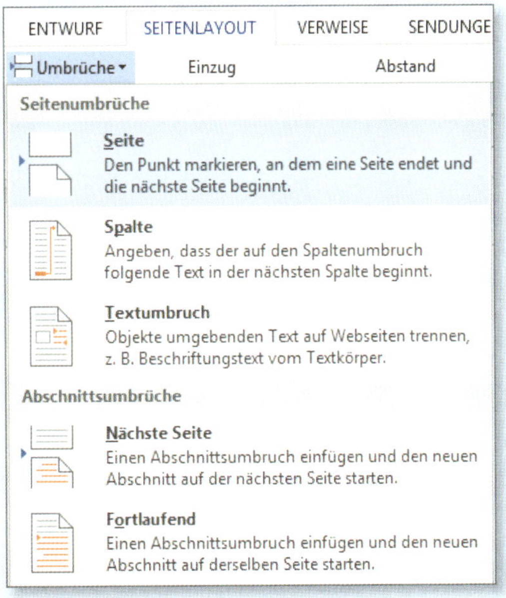

Abbildung 5.11
Einen Seitenumbruch per Befehl einfügen

In der Ansicht **Seitenlayout** wird der Seitenumbruch durch eine kleine gepunktete Linie mit der Beschriftung **Seitenumbruch** und einen deutlichen Abstand zwischen den Absätzen angezeigt. In der Ansicht **Entwurf** taucht lediglich die gepunktete Linie auf.

¶
Seitenumbruch·ab·hier!¶
..........Seitenumbruch..........¶
¶
Hier·beginnt·die·neue·Seite¶

Abbildung 5.12
Ein Seitenumbruch in der Ansicht »Entwurf«

Sollten Sie feststellen, dass der Seitenumbruch doch nicht passt, können Sie ihn auch wieder entfernen. Dazu setzen Sie den Cursor auf die gepunktete Linie und drücken die [Entf]-Taste.

Den Seitenumbruch ausblenden

Mitunter stört beim Blättern in etwas längeren Dokumenten der kleine Leerraum zwischen den einzelnen Seiten. Kein Problem, man kann ihn nämlich ausblenden. Wenn Sie den Cursor genau auf diese Leerzeile führen, erscheinen ein Symbol mit zwei Pfeilen sowie die Information **Doppelklicken zum Ausblenden von Leerzeichen** (auch wenn es hier wohl eher »Leerzeile« oder »Leerraum« heißen sollte). Wenn Sie dort also doppelklicken, werden die Seiten »zusammengeschoben«, und der Seitenumbruch wird nur noch als durchgehende Linie angezeigt. Ein erneuter Doppelklick auf die Linie stellt den Abstand zwischen den Seiten wieder her.

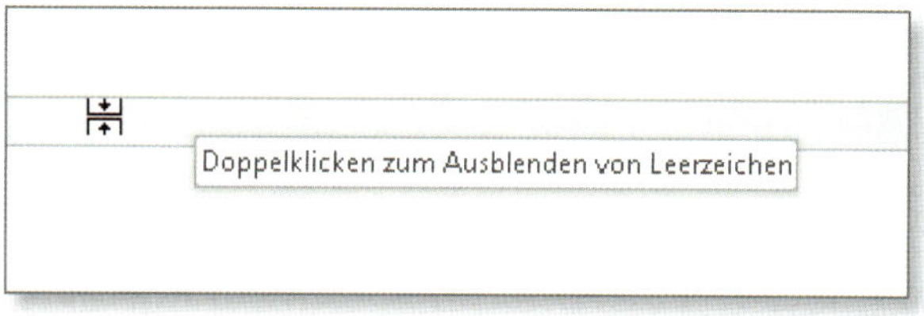

Abbildung 5.13
Leerraum ausblenden

5.5 Tippfehler beseitigen

Sie wissen vermutlich schon einiges über Word oder haben zumindest eine Ahnung davon, was das Programm alles kann. An dieser Stelle müssen wir gestehen, dass wir noch zu der Generation gehören, die sich an überquellende Papierkörbe erinnert, randvoll mit Seiten, die man der Schreibmaschine entrissen hat, und an Tränen der Verzweiflung, weil die vielen Tippfehler nicht mehr zu korrigieren waren und unzählige Seiten erneut getippt werden mussten. Vor diesem Hintergrund können Sie sicher verstehen, dass wir an Word jenseits aller komplexen Funktionen am meisten die einfache Tatsache schätzen, dass sich Tippfehler ohne Weiteres wieder beseitigen lassen – eine tolle Sache! Wir möchten Ihnen nun die diversen Möglichkeiten der einfachen Korrektur in Word zeigen.

Fehler manuell korrigieren

Egal, ob Sie ein überflüssiges Zeichen löschen oder ein vergessenes Zeichen einfügen müssen: Beides geht problemlos. Die entscheidenden Tasten zum Löschen sind die [Entf]-Taste und [←], auch als Backspace-Taste bezeichnet.

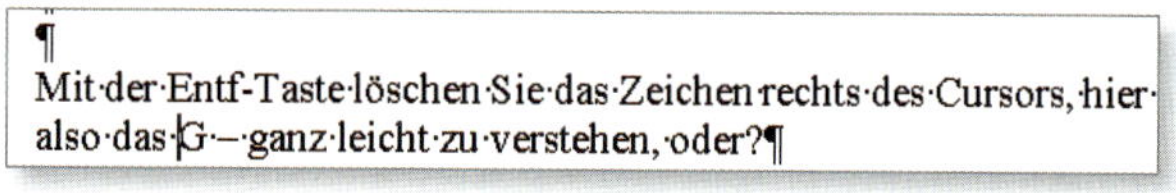
¶
Mit·der·Entf-Taste·löschen·Sie·das·Zeichen·rechts·des·Cursors,·hier·also·das·G·–·ganz·leicht·zu·verstehen,·oder?¶

Abbildung 5.14
Zeichen mit der [Entf]-Taste löschen

Welche Taste jeweils sinnvoll ist, hängt von der Position des Cursors ab: Die [Entf]-Taste löscht Zeichen rechts des Cursors, [←] die Zeichen links des Cursors (dazu mehr im Abschnitt »Der Überschreib- und Einfügemodus« auf Seite 109).

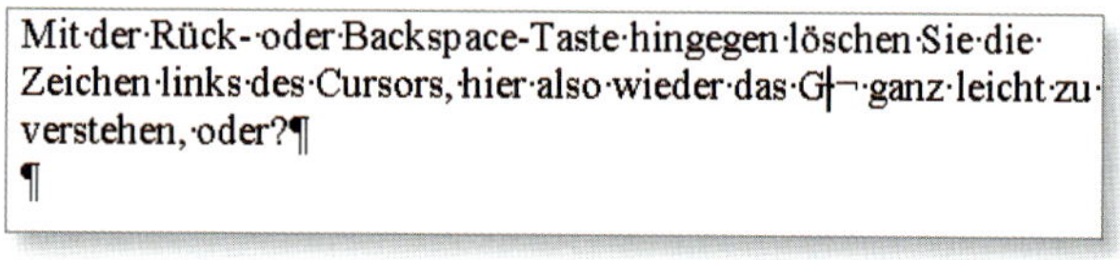
Mit·der·Rück-·oder·Backspace-Taste·hingegen·löschen·Sie·die·Zeichen·links·des·Cursors,·hier·also·wieder·das·G·–·ganz·leicht·zu·verstehen,·oder?¶
¶

Abbildung 5.15
Zeichen mit der [←]-Taste löschen

Zeichen einfügen

Falls Sie beim schnellen Schreiben ein Zeichen vergessen haben, setzen Sie den Cursor einfach an die Stelle vor dem fehlenden Zeichen und tippen es ein. Das Zeichen wird eingefügt, und der Text daneben rutscht automatisch weiter nach rechts. Dies funktioniert natürlich nicht nur für ein Zeichen, sondern ebenso für viele Zeichen hintereinander. Wann immer Sie Zeichen oder Wörter ausgelassen haben, schreiben Sie sie einfach an der entsprechenden Stelle hinzu. Der vorhandene Text wird stets nach rechts verschoben, zumindest wenn Sie nicht gerade im Überschreibmodus arbeiten (siehe den Abschnitt »Der Überschreib- und Einfügemodus«). Sie können in der Statusleiste sehen, ob dieser Modus aktiviert ist.

Einzelne Zeichen und Wörter löschen

Wenn Sie aus »Projektentwurf« versehentlich »Projektentwuhrf« gemacht haben, ist natürlich eine kleine Korrektur nötig. Um das überflüssige »h« zu löschen, gehen Sie folgendermaßen vor: Wenn der Cursor hinter dem »h« steht, drücken Sie [←], wenn der Cursor vor dem »h« steht, drücken Sie die [Entf]-Taste.

Wenn Sie die [Entf]-Taste oder [←] gedrückt halten – und nicht nur einmal kurz antippen –, löschen Sie mehrere Zeichen in einem Rutsch, und zwar so lange, bis Sie die Taste wieder loslassen. Aber Vorsicht, denn im Nu haben Sie mehr Zeichen gelöscht, als Sie eigentlich wollten.

Stattdessen können Sie Wörter und ganze Textpassagen auch ganz einfach löschen, indem Sie die betreffenden Textteile markieren und dann die [Entf]-Taste drücken. Wie Sie Textteile markieren können, erfahren Sie in Kapitel 7, »Textabschnitte markieren und neu ordnen«.

Der Überschreib- und Einfügemodus

Wie eben beschrieben, können Sie einzelne Zeichen und Wörter einfach irgendwo im Text durch Tippen einfügen; dadurch geht der bereits geschriebene Text nicht verloren, sondern er wandert nach rechts weiter.

Das Gegenteil dieses normalen Einfügemodus ist der *Überschreibmodus*. Wenn er aktiviert ist, werden die Zeichen rechts vom Cursor nicht verschoben, sondern – wie der Name schon sagt – überschrieben. Mitunter ist dieses Verhalten ganz praktisch, z. B. wenn Sie einen Mustertext haben, den Sie bewusst überschreiben möchten.

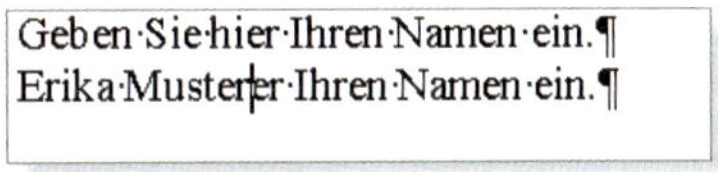

Abbildung 5.16
Einen vorhandenen Text überschreiben

Den Überschreibmodus in der Statusleiste aktivieren

In früheren Word-Versionen gab es in der Statusleiste ein Symbol zum Aktivieren des Überschreibmodus. In Word 2013 suchen Sie es vergeblich, aber Sie können es wieder auf die Statusleiste zaubern. Dazu klicken Sie die Statusleiste mit der rechten Maustaste an und aktivieren den Eintrag **Überschreiben** in der Liste.

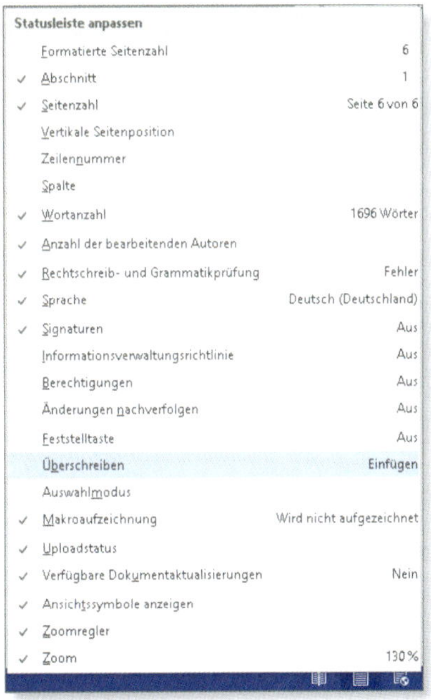

Abbildung 5.17
Die Schaltfläche »Einfügen/Überschreiben« auf die Statusleiste legen

Daraufhin erscheint die Schaltfläche **Einfügen** auf der Leiste. Im Moment ist also der Einfügemodus eingeschaltet. Mit einem Klick auf diese Schaltfläche wechseln Sie in den Überschreibmodus. Die Beschriftung der Schaltfläche ändert sich ebenfalls; Sie lesen hier nun **Überschreiben**.

*^ **Abbildung 5.18***
Die Schaltfläche »Überschreiben« auf der Statusleiste

INFO

Überschreibmodus für ein Dokument einstellen

Im Bereich **Erweitert** des Dialogfensters **Word-Optionen** können Sie den Überschreibmodus auch nur für das jeweilige Dokument einschalten. Dazu aktivieren Sie hier lediglich die Option **Überschreibmodus verwenden**, setzen aber kein Häkchen vor **EINFG-Taste zum Steuern des Überschreibmodus verwenden**. Zugegeben, der zuvor beschriebene Weg, die Statusleiste um die Funktion zu ergänzen, ist deutlich bequemer.

Die Option **Überschreibmodus verwenden** ist übrigens deaktiviert, wenn Sie ein Dokument über **Überprüfen > Änderungen nachverfolgen** im Änderungsmodus geöffnet haben (Genaueres dazu finden Sie in Kapitel 36, »Überarbeitungen und Kommentare«).

Den Überschreibmodus mit der Einfg-Taste aktivieren

Alternativ können Sie den Überschreibmodus auch mit der `Einfg`-Taste ein- und ausschalten. Während die `Einfg`-Taste in früheren Word-Versionen standardmäßig den Überschreibmodus aktiviert hat, wurde dieses Verhalten jedoch schon in der Version 2010 ausgeschaltet, weil zu vielen Anwendern diese Funktion der Taste nicht klar war, sie den Überschreibmodus versehentlich einschalteten und dann irritiert den verschwundenen Text suchten.

Wenn man jedoch weiß, dass man mit der `Einfg`-Taste zwischen dem Einfüge- und dem Überschreibmodus hin- und herschalten kann, ist diese Belegung der Taste recht praktisch. Man muss die Option aber bewusst einstellen.

1 Öffnen Sie das Register **Datei**.

*^ **Abbildung 5.19***
Die Word-Optionen aufrufen

2 Klicken Sie auf **Optionen**, um das Dialogfenster **Word-Optionen** aufzurufen.

3 Klicken Sie links im Navigationsbereich des Dialogfensters auf **Erweitert** (siehe Abbildung 5.20).

4 In der Liste unter **Bearbeitungsoptionen** finden Sie den Punkt **EINFG-Taste zum Steuern des Überschreibmodus verwenden** ❶.

5 Aktivieren Sie diese Option, indem Sie dort mit einem Klick ein Häkchen setzen.

Nach dieser Einstellung drücken Sie einfach die `Einfg`-Taste, wenn Sie im Überschreibmodus arbei-

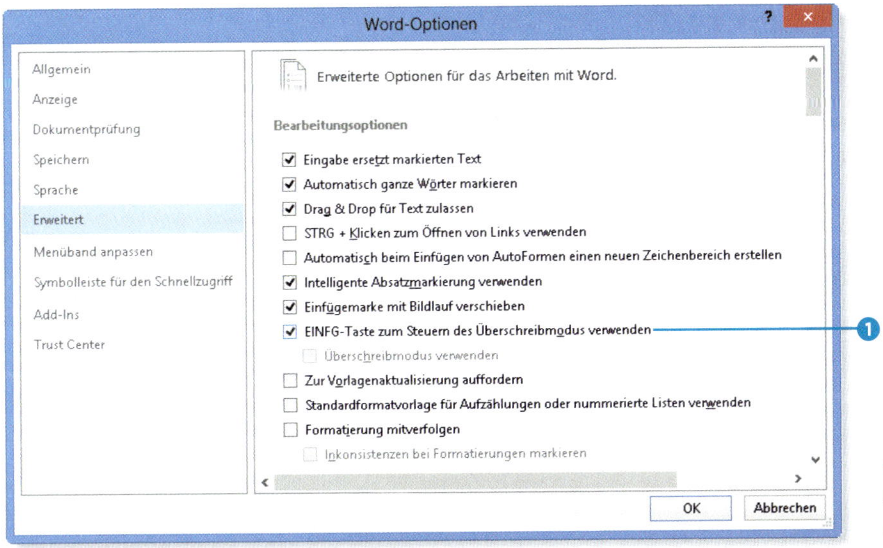

Abbildung 5.20
Die Einfg-Taste zum Überschreiben aktivieren

ten möchten. Durch erneutes Drücken der Taste beenden Sie den Überschreibmodus und kehren zum Einfügemodus zurück. Wenn Sie feststellen, dass Sie ungewollt Text überschreiben, können Sie nun ganz gelassen reagieren, weil Sie wissen, dass Sie lediglich die Einfg-Taste drücken müssen, um den Überschreibmodus zu deaktivieren.

Vorsicht vor der Feststelltaste

Die Feststelltaste (oder auch »Dauerumschalttaste«) kann zum Großschreiben eines Textstücks außerordentlich praktisch sein. Man drückt die Taste, und alle Buchstaben werden so lange großgeschrieben, bis man die Taste erneut drückt, um die Dauerumschaltung wieder zu lösen.

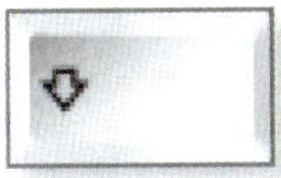

Abbildung 5.21
Die Feststelltaste

Auf PC-Tastaturen wird die Dauerumschaltung durch ein Signallämpchen rechts oben über dem Nummernblock angezeigt. Bei Notebook-Tastaturen gibt es in der Regel auch eine Leuchtanzeige, doch ist sie je nach Tastatur an unterschiedlichen Stellen angebracht (oft am vorderen Rand). Drücken Sie die Feststelltaste und schauen Sie einfach, wo direkt im Anschluss daran ein Signal leuchtet.

Natürlich kann es passieren, dass man die Feststelltaste versehentlich drückt. Schließlich liegt sie direkt über der ⇧-Taste. Das kann mitunter zu einer gewissen Panik führen: Sie wollten eigentlich »4«, »5«, »6« schreiben, aber auf der Seite prangt »$«, »%«, »&«, obwohl Sie die richtigen Tasten gedrückt haben. Unterdrücken Sie den Impuls, Ihre Tastatur zu beschimpfen. Sie haben versehentlich die Feststelltaste betätigt, sodass die Tastaturbelegung der Umschaltung verwendet wird. Statt einer »4« erscheint also das Dollarzeichen etc. Drücken Sie in solchen Fällen erneut die Feststelltaste, um die Umschaltung zu lösen (mehr zur Tastaturbelegung erfahren Sie in Abschnitt 5.7, »Euro-Zeichen und Co.: doppelt und dreifach belegte Tasten«).

Aufgepasst bei Passwörtern!

Das versehentliche Umschalten ist besonders problematisch bei der Eingabe von Passwörtern, die nur durch Sternchen angezeigt werden. Obwohl Sie sicher sind, sich nicht vertippt zu haben, klappt die Anmeldung an einen bestimmten Dienst (z. B. im Internet) auch beim dritten Versuch nicht. Meistens ist das Problem, dass Sie eben nicht die gewünschten Zahlen oder Zeichen getippt, sondern die Zweitbelegung der Tastatur verwendet haben.

HINWEIS

Andere Wege der Großschreibung

In Kapitel 13, »Zeichenformatierung«, erfahren Sie mehr über die Möglichkeiten der Großschreibung bzw. die entsprechende Formatierung.

5.6 Das Layout der Seite ändern

Lange Texte sollten Sie durch Absätze gliedern; sie bündeln inhaltlich zusammengehörende Aussagen optisch und machen einen Text leichter lesbar.

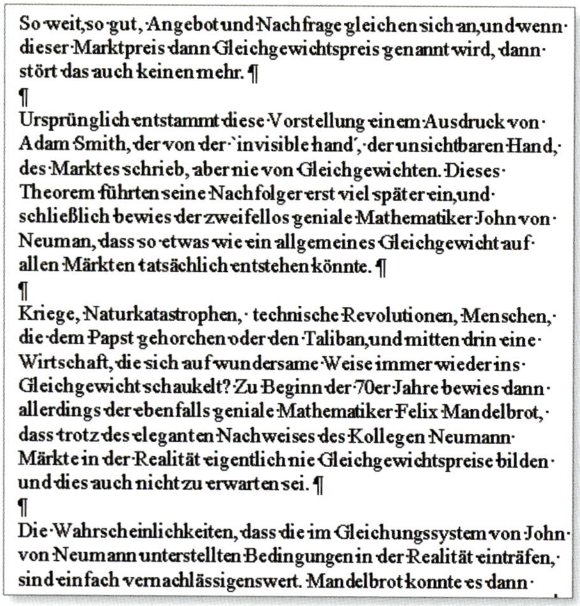

So weit, so gut, Angebot und Nachfrage gleichen sich an, und wenn dieser Marktpreis dann Gleichgewichtspreis genannt wird, dann stört das auch keinen mehr. ¶

¶

Ursprünglich entstammt diese Vorstellung einem Ausdruck von Adam Smith, der von der 'invisible hand', der unsichtbaren Hand, des Marktes schrieb, aber nie von Gleichgewichten. Dieses Theorem führten seine Nachfolger erst viel später ein, und schließlich bewies der zweifellos geniale Mathematiker John von Neuman, dass so etwas wie ein allgemeines Gleichgewicht auf allen Märkten tatsächlich entstehen könnte. ¶

¶

Kriege, Naturkatastrophen, technische Revolutionen, Menschen, die dem Papst gehorchen oder den Taliban, und mitten drin eine Wirtschaft, die sich auf wundersame Weise immer wieder ins Gleichgewicht schaukelt? Zu Beginn der 70er Jahre bewies dann allerdings der ebenfalls geniale Mathematiker Felix Mandelbrot, dass trotz des eleganten Nachweises des Kollegen Neumann Märkte in der Realität eigentlich nie Gleichgewichtspreise bilden und dies auch nicht zu erwarten sei. ¶

¶

Die Wahrscheinlichkeiten, dass die im Gleichungssystem von John von Neumann unterstellten Bedingungen in der Realität einträfen, sind einfach vernachlässigenswert. Mandelbrot konnte es dann

Abbildung 5.22
Ein durch Absätze gegliederter Text

Mit Word ist das kein Problem, und Sie können hier zwei Wege gehen: Entweder erzeugen Sie gleich beim Schreiben Absätze, indem Sie die [↵]-Taste drücken, oder Sie schreiben erst einmal einfach Ihren Fließtext ohne jeden Absatz und strukturieren den Text nachträglich durch das Einfügen von Absätzen bzw. Leerzeilen.

Absätze einfügen

Um in einem Text einen Absatz zu erzeugen, setzen Sie den Cursor vor das Wort, mit dem der nächste Absatz beginnen soll, und drücken dann die [↵]-Taste. Damit weisen Sie Word an, an dieser Stelle die Zeile zu umbrechen und einen Absatz einzufügen, folglich (oder auch fügsam) rutscht der Text in die nächste Zeile. Im Sinne von Word beginnt dadurch ein neuer Absatz, der dort endet, wo Sie erneut die [↵]-Taste drücken.

Für mehr Übersichtlichkeit können Sie sorgen, wenn Sie eine Leerzeile (genau genommen einen Leerabsatz) zwischen zwei Absätzen einfügen. Drücken Sie dazu zweimal die [↵]-Taste.

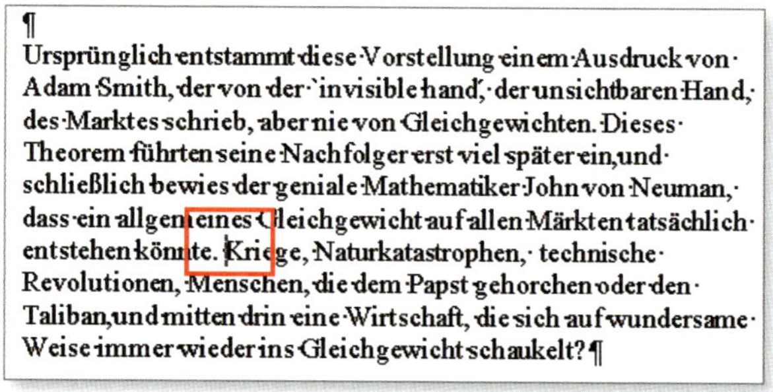

¶

Ursprünglich entstammt diese Vorstellung einem Ausdruck von Adam Smith, der von der 'invisible hand', der unsichtbaren Hand, des Marktes schrieb, aber nie von Gleichgewichten. Dieses Theorem führten seine Nachfolger erst viel später ein, und schließlich bewies der geniale Mathematiker John von Neuman, dass ein allgemeines Gleichgewicht auf allen Märkten tatsächlich entstehen könnte. Kriege, Naturkatastrophen, technische Revolutionen, Menschen, die dem Papst gehorchen oder den Taliban, und mitten drin eine Wirtschaft, die sich auf wundersame Weise immer wieder ins Gleichgewicht schaukelt? ¶

Abbildung 5.23
Einen Absatz einfügen

Abstände zwischen Absätzen lassen sich auch sehr schön über die Funktion **Absatzabstand** definieren, die wir in Kapitel 15, »Absatzformatierung«, genauer beschreiben.

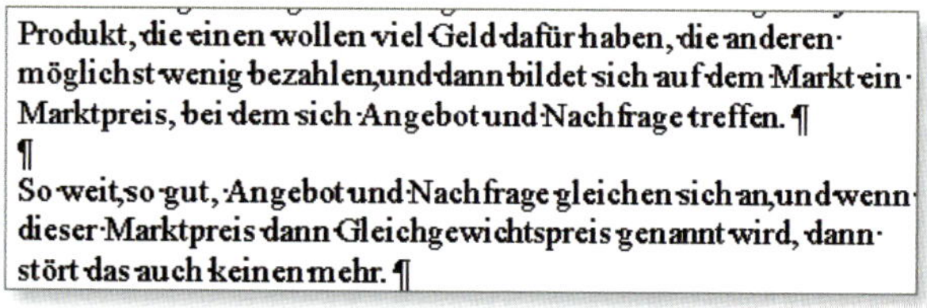

Produkt, die einen wollen viel Geld dafür haben, die anderen möglichst wenig bezahlen, und dann bildet sich auf dem Markt ein Marktpreis, bei dem sich Angebot und Nachfrage treffen. ¶

¶

So weit, so gut, Angebot und Nachfrage gleichen sich an, und wenn dieser Marktpreis dann Gleichgewichtspreis genannt wird, dann stört das auch keinen mehr. ¶

Abbildung 5.24
Ein »richtiger« Absatz

Wenn Sie mithilfe der ↵-Taste einen neuen Absatz einfügen, achten Sie darauf, dass Sie den Cursor genau vor das Zeichen setzen und nicht vor die Leerstelle. Ansonsten rutscht die Leerstelle mit in die nächste Zeile, und der neue Absatz beginnt mit einer Leerstelle. Natürlich kann man sie nachträglich wieder löschen, aber das ist ein überflüssiger, zusätzlicher Arbeitsschritt. Sie können sich so also unnötige Arbeit sparen.

Leerzeilen zwischen Absätzen löschen

Leerzeilen zwischen Absätzen lassen sich natürlich auch wieder entfernen. Dazu setzen Sie den Cursor genau vor die Absatzmarke. Dann drücken Sie die Entf-Taste. Auf diese Weise wird die Absatzmarke gelöscht und damit auch die Leerzeile. Der Cursor rutscht eine Zeile höher, das Gleiche gilt für den Text.

An dieser Stelle sei nochmals gesagt, dass Ihnen die Arbeit am Text leichterfallen wird, wenn Sie die Formatierungszeichen eingeblendet haben – wenn auch nicht alle, dann zumindest die Absatzmarken. Auf diese Weise können Sie sehr viel besser erkennen, wo Sie den Cursor zu platzieren haben, um beispielsweise die Leerzeile zu löschen.

TIPP

Formatierungszeichen einblenden

Sollten Sie immer noch ohne diese Zeichen arbeiten, ist es nun »höchste Eisenbahn«, sie einzuschalten (klicken Sie dazu auf der Registerkarte **Start** auf das Symbol **Alle anzeigen** oder öffnen Sie die Kategorie **Anzeige** der Word-Optionen über **Datei** > **Optionen**). Nehmen Sie es uns nicht übel, dass wir auf diesem Thema geradezu herumreiten. Als Tutoren wissen wir, wie hartnäckig sich viele Anwender weigern, sich die Formatierungszeichen anzeigen zu lassen – mit Argumenten wie »Die stören mich« oder »Ohne sieht die Seite schöner aus«. Lassen Sie sich von den Vorteilen der Formatierungszeichen überzeugen, Sie tun sich selbst einen Gefallen!

Den Seitenumbruch selbst bestimmen

Wie Sie wissen, kümmert sich Word selbsttätig um den Seitenumbruch. Wenn das Ende der Seite erreicht ist – bestimmt durch den unteren Seitenrand –, wird ohne weiteres Zutun automatisch auf der nächsten Seite weitergeschrieben.

Der automatische Seitenumbruch ist möglich, weil Word aufgrund des vorgegebenen Papiermaßes und der eingestellten Seitenränder den Umfang des Textes berechnet, der auf eine Seite passt. An der Anzeige in der Statusleiste können Sie dann immer erkennen, auf welcher Seite sich der Cursor aktuell befindet.

Abbildung 5.25
Anzeige der Seitenzahlen in der Statusleiste

TIPP

Seitenumbrüche in der Druckvorschau

Unter Umständen entspricht die Anzeige des Seitenumbruchs auf Ihrem Bildschirm nicht dem tatsächlichen Umbruch. Werfen Sie daher sicherheitshalber einen Blick in die Druckvorschau (**Datei** > **Drucken**). Hier sehen Sie konkret, wo die Seiten umbrochen werden. An dieser Stelle geben wir Ihnen auch gerne noch einmal den Tipp, der Symbolleiste für den Schnellzugriff die Schaltfläche für die Druckvorschau (**Seitenansicht und Drucken**) hinzuzufügen. Auf diese Weise können Sie sich rasch die Vorschau auf den Ausdruck anzeigen lassen.

Seitenumbruch per Tastenkombination

Sie können aber auch das Zepter selbst in die Hand nehmen und bestimmen, an welcher Stelle der Seitenumbruch erfolgen soll. Dafür nutzen Sie eine Tastenkombination: Halten Sie die Strg-Taste gedrückt und drücken Sie dann zusätzlich die ↵-Taste. Daraufhin springt der Cursor auf die nächste Seite. Der Seitenumbruch wird – sofern Sie in der Ansicht **Seitenlayout** arbeiten – durch eine gepunktete Linie mit der Bezeichnung **Seitenumbruch** signalisiert.

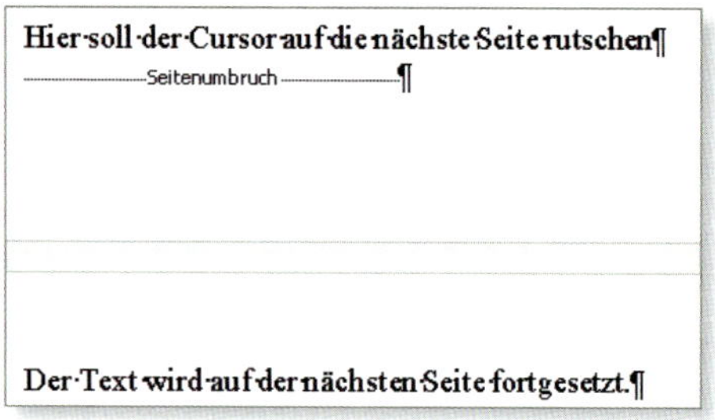

Abbildung 5.26
Manuell eingefügter Seitenumbruch

Statt der Tastenkombination Strg + ↵ können Sie auch den entsprechenden Befehl verwenden, den Sie auf der Registerkarte **Seitenlayout** finden. Klicken Sie hier auf den Pfeil am Symbol **Umbrüche** und wählen Sie im Menü die Option **Seite**.

Einen Seitenumbruch löschen

Sie können einen solchen Seitenumbruch natürlich auch wieder zurücknehmen. Setzen Sie den Cursor dazu genau auf die gepunktete Linie und drücken Sie dann die Entf-Taste.

5.7 Euro-Zeichen und Co.: doppelt und dreifach belegte Tasten

Die PC-Tastatur bietet mehr, als auf den ersten Blick erkennbar ist. Neben der normalen Tastatur gibt es die sogenannte Zweit- und sogar eine Drittbelegung. Mit Zweitbelegung sind die Zeichen gemeint, die eingefügt werden, wenn Sie die ⇧-Taste gedrückt halten und eine Taste drücken, auf der ein weiteres Zeichen abgebildet ist (u. a. alle Zahlentasten). Mit der Tastenkombination ⇧ + 4 geben Sie also beispielsweise ein Dollarzeichen und mit ⇧ + + ein Sternchen ein.

Für die Zeichen, die zur Drittbelegung gehören, brauchen Sie die AltGr-Taste (sie ist rechts neben der Leertaste zu finden). Beispiele für solche Drittbelegungen sind:

- die hochgestellte 2 (für Quadrat) mit AltGr + 2
- die hochgestellte 3 (für Kubik) mit AltGr + 3
- die geschweiften Klammern mit AltGr + 7 bzw. AltGr + 0
- die eckigen Klammern mit AltGr + 8 bzw. AltGr + 9
- der Backslash (ein nach links geneigter Schrägstrich) mit AltGr + ß
- das Euro-Zeichen mit AltGr + E
- die Tilde mit AltGr + +
- das @-Zeichen mit AltGr + Q

Genau wie bei der Zweitbelegung halten Sie also die AltGr-Taste gedrückt und drücken dann die jeweilige andere Taste.

5.8 Symbole und Sonderzeichen

Haben Sie schon einmal die Kollegin in der Exportabteilung wegen der von ihr geschriebenen Dokumente beneidet, in der es so formvollendet geschriebene Wörter gibt wie »gåde« oder »Ordbøker« oder »fædreland«? Demnächst können Sie ähnlich glänzen, denn wir verraten Ihnen, wie Sie solche Sonderzeichen erzeugen.

INFO

Sonderzeichen formatieren

Die Sonderzeichen lassen sich wie jedes andere Zeichen formatieren. Sie können also ein Zeichen markieren und dann über die Registerkarte **Start** in den entsprechenden Gruppen z. B. eine andere Schriftgröße oder eine andere Schriftfarbe einstellen.

Um Zeichen wie die oben genannten skandinavischen Buchstaben auf den Bildschirm zu zaubern, nach denen man auf der Tastatur vergeblich sucht, nutzen Sie den Dialog **Symbol** auf der Registerkarte **Einfügen**, in dem Sie Hunderte von Sonderzeichen finden. In diesem Dialog können Sie außerdem unterschiedliche Schriftarten einstellen, die jeweils andere Sonderzeichen enthalten (die Schriftarten müssen dafür natürlich auf Ihrem Computer installiert sein). Der Umgang mit Schriftarten wird in Kapitel 14, »Zeichenformatierung«, noch genauer erklärt.

INFO

Wingdings und Webdings

Unter anderem werden auch die zu Windows gehörenden Schriftarten Wingdings und *Webdings* mit ihren besonderen Zeichensätzen angeboten. Mit diesen Schriftarten stehen Ihnen breite Paletten an außergewöhnlichen nützlichen und manchmal auch weniger nützlichen Zeichen zur Verfügung.

Symbole einfügen

Die Sonderzeichen aus dem Dialog **Symbol** lassen sich ganz leicht einfügen. Lassen Sie uns beispielsweise das Zeichen einfügen, das es Ihnen ermöglicht, das dänische Wort »fædreland« perfekt zu schreiben.

1. Setzen Sie den Cursor an die Stelle, an der das Symbol eingefügt werden soll. Aktivieren Sie dann die Registerkarte **Einfügen** und klicken Sie auf die Schaltfläche **Symbol**, die ganz rechts auf der Registerkarte zu finden ist.
2. Im zugehörigen Menü werden zunächst nur die Zeichen und Symbole angeboten, die zuletzt verwendet wurden. Wenn das gewünschte Symbol dabei ist, reicht ein Mausklick, um es in den Text einzufügen.
3. Für eine größere Auswahl klicken Sie einfach auf **Weitere Symbole**.
4. Im Dialogfenster **Symbol**, das sich daraufhin öffnet, werden – abhängig von der eingestellten Schriftart – unterschiedliche Zeichenpaletten angeboten. In der Standardeinstellung wird der Dialog mit der Einstellung **(normaler Text)** im Feld **Schriftart** geöffnet. Hier finden Sie den Buchstaben æ, wenn Sie einfach ein wenig nach unten scrollen.

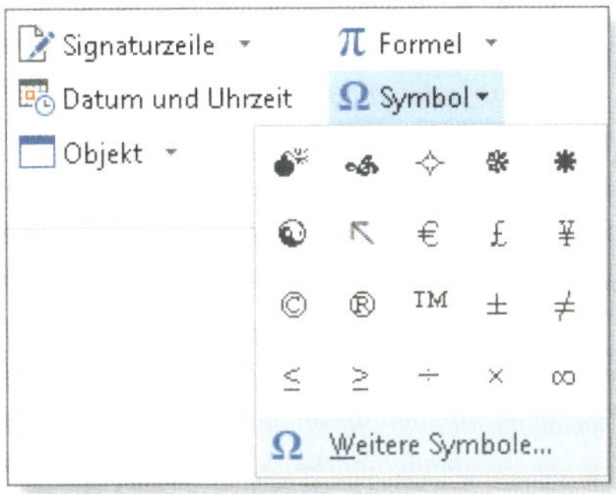

Abbildung 5.27
Weitere Symbole aufrufen

5. Markieren Sie das Zeichen per Mausklick ❶ und klicken Sie auf **Einfügen** ❷. Alternativ klicken Sie einfach doppelt auf das Zeichen. Der Effekt ist der derselbe: Das Zeichen wird in den Text eingefügt.
6. Der Dialog bleibt weiter geöffnet. Klicken Sie also auf **Schließen** ❸, wenn Sie kein weiteres Sonderzeichen einfügen möchten.

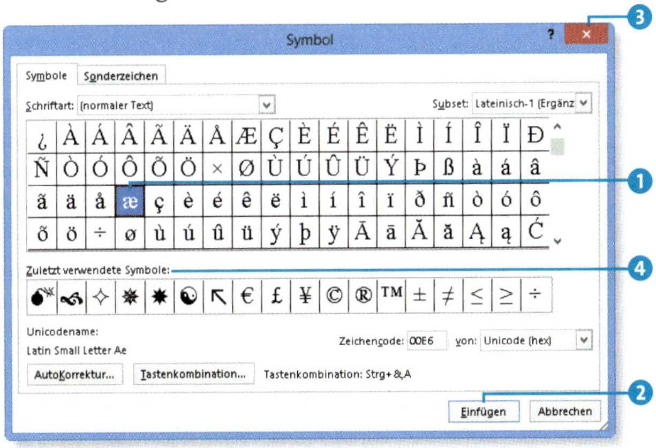

Abbildung 5.28
So fügen Sie ein Sonderzeichen ein.

Die Registerkarte **Sonderzeichen** bietet weitere Zeichen zum Einfügen, z. B. finden Sie hier auch die Absatzmarke als Symbol.

TIPP

Zuletzt verwendete Symbole

Wie Sie sehen, gibt es auch im Dialogfenster **Symbol** eine Reihe **Zuletzt verwendete Symbole** ④, über die Sie schnellen Zugriff auf die zuletzt eingefügten Symbole haben.

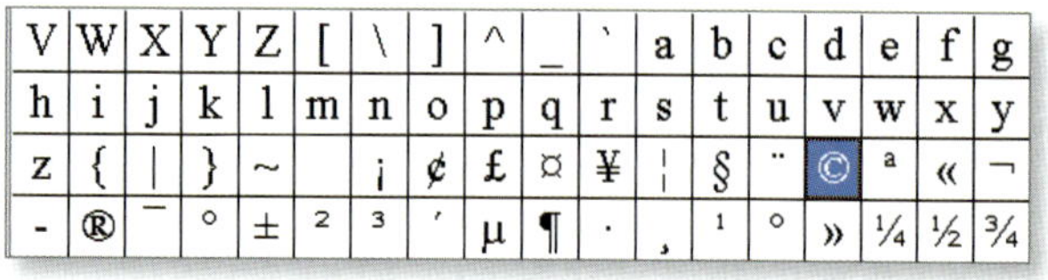

Abbildung 5.29
Das Copyright-Zeichen im Dialog »Symbol«

Das Zeichen »Copyright« und andere Zeichen

Auch das Zeichen für Copyright, ©, das Sie vielleicht ab und an benötigen, findet sich in der Zeichenpalette der Schriftart **(normaler Text)**. Sie müssen lediglich mit der Bildlaufleiste ein bisschen nach unten wandern.

Um andere Zeichenpaletten (oder die gleichen Zeichen in einer anderen Schriftart) zu nutzen, klicken Sie auf den Pfeil am Feld **Schriftart** und wählen im Menü eine andere Schriftart.

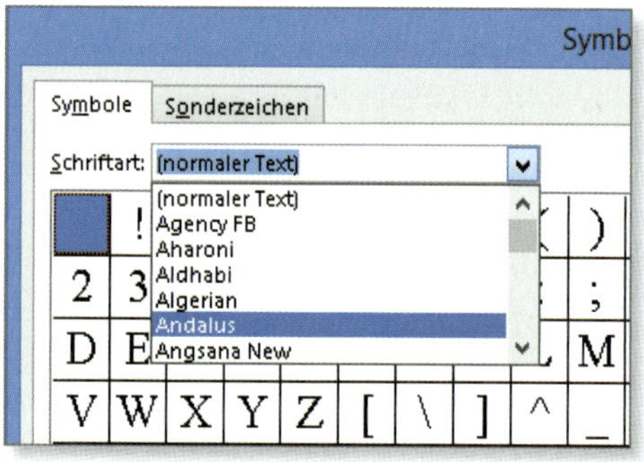

Abbildung 5.30
Die Schriftart im Dialog »Symbol« ändern

INFO

Tastenkombinationen für Sonderzeichen

Sonderzeichen können auch über die Tastatur eingefügt werden. Hinter jedem Zeichen steckt ein Code. Codes dienen dazu, Schriftzeichen aller Schriftkulturen digital darzustellen. Im unteren Bereich des Dialogs **Symbol** werden diese Codes im Feld **Zeichencode** angezeigt. Im Feld **von** rechts daneben ist standardmäßig **Unicode (hex)** eingestellt. Dabei handelt es sich um einen internationalen (und den derzeit gültigen) Standard zur Codierung aller in Gebrauch befindlichen Schriftsysteme und Zeichen. Weitere Codes sind **ASCII (dezimal)** und **ASCII (hex)**. Die ASCII-Codes sind herkömmliche Zeichencodes mit einem begrenzten Zeichenvorrat. Zusätzlich zum Code brauchen Sie die Alt-Taste.

Wenn Sie also das Zeichen æ eingeben wollen, gehen Sie so vor: Markieren Sie das Zeichen im Dialog **Symbol** und stellen Sie in der Auswahlliste des Feldes **von** den Code **ASCII (dezimal)** ein. Merken Sie sich die Nummer, die nun im Feld **Zeichencode** angezeigt wird (in diesem Fall **230**). Schließen Sie den Dialog. Halten Sie die Alt-Taste gedrückt und geben Sie die Zahl »230« auf dem Nummernblock (rechts auf Ihrer PC-Tastatur) ein. Voilà: Das Zeichen æ erscheint auf dem Bildschirm.

Damit Sie den Nummernblock nutzen können, muss er eingeschaltet sein (das ist zu erkennen an der kleinen Leuchtanzeige direkt über dem Block). Drücken Sie die Taste Num, um die Navigationsfunktion des Nummernblocks (auf allen Tasten außer 5) zu deaktivieren und dafür die Ziffern zu aktivieren. Viele Laptop-Tastaturen haben gar keine Extratasten für den Nummernblock; in diesem Fall müssen Sie die dritte, zumeist blau gekennzeichnete Belegung der Tasten aktivieren. Schauen Sie am besten in der Bedienungsanleitung nach, wie Sie den Nummernblock auf Ihrer Laptop-Tastatur einschalten.

Versäumen Sie es nicht, einmal die Schriftarten Webdings und Wingdings einzustellen. In diesen Zeichenpaletten werden Symbole angeboten, deren Gebrauchswert zwar (teils) fragwürdig ist, die ein Dokument aber mit lustigen Elementen beleben können. Sie entdecken hier z. B. Scheren- und Brillensymbole, kleine Totenköpfe und selbst eine kleine Bombe mit einer Zündschnur ist dabei. Es versteht sich aber hoffentlich von selbst, dass solche Symbole in offiziellen Dokumenten bzw. Geschäftsbriefen nichts zu suchen haben.

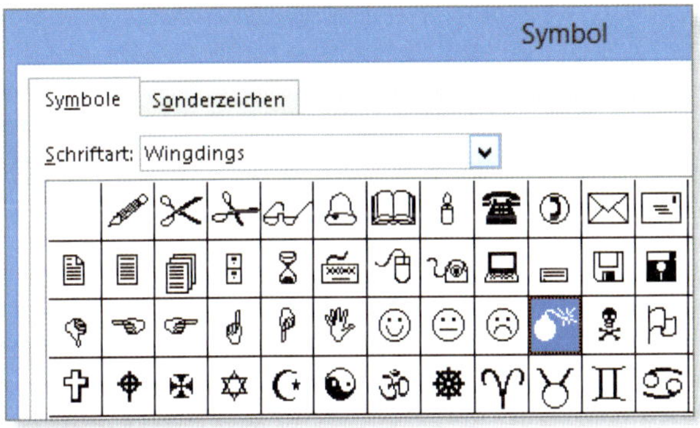

Abbildung 5.31
Sonderzeichen der Schriftart Wingdings

Symbole per AutoKorrektur einfügen

Word bietet noch einen weiteren Weg, besondere Symbole in einen Text einzufügen. Wir wollen diese Methode bereits an dieser Stelle kurz ansprechen, obwohl wir die Möglichkeiten der AutoKorrektur erst in Kapitel 9, »Rechtschreibprüfung, Silbentrennung und Thesaurus«, ausführlich behandeln werden.

1. Klicken Sie im Register **Datei** auf **Optionen**.
2. Aktivieren Sie die Kategorie **Dokumentprüfung** und klicken Sie in diesem Fenster im Bereich **AutoKorrektur-Optionen** auf die Schaltfläche **AutoKorrektur-Optionen**.
3. Im Dialog **AutoKorrektur** sehen Sie unten auf der Registerkarte **AutoKorrektur** eine Art Tabelle. In der linken Spalte dieser Tabelle steht in der ersten Zelle **(c)** und in der Zelle daneben ©. Dies bedeutet im Klartext, dass die Eingabe »(c)« automatisch das Zeichen © erzeugt.

(c)	©
(e)	€
(r)	®
(tm)	™
...	…
:(	☹
:-(	☹

Abbildung 5.32
Symbole per AutoKorrektur eingeben

Genauso funktioniert der Umgang mit den anderen Zeichen in dieser Liste.

Und was machen Sie, wenn Sie tatsächlich einmal ein »c« in Klammern schreiben möchten? Für einen solchen Fall müssen Sie den Eintrag nicht aus der Liste entfernen; stattdessen geben Sie »(c)« ein und drücken dann einmal die [←]-Taste. Dadurch löschen Sie die Umwandlung der Zeichen in das jeweilige Symbol für diesen Vorgang. Bei der nächsten Eingabe erhalten Sie wie gehabt das Symbol.

Mathematische Formeln eingeben

Word ist zwar kein Rechenkünstler, kann Ihnen aber mit der korrekten Darstellung von Formeln auf die Sprünge helfen (eine tolle Sache, wenn Sie mit Mathematik und Formeleingaben auf Kriegsfuß stehen). Zum Lieferumfang von Word 2013 gehören einige Formeln, die Sie ganz einfach in Ihr Dokument einfügen können.

1. Positionieren Sie den Cursor an der Stelle, an der Sie die Formel einfügen möchten, und klicken Sie auf der Registerkarte **Einfügen** auf das Symbol **Formel** in der Gruppe **Symbole**.
2. Im aufgeklappten Menü sind diverse Formeln mit ihrer jeweiligen Bezeichnung aufgeführt. Klicken Sie die gewünschte Formel an.

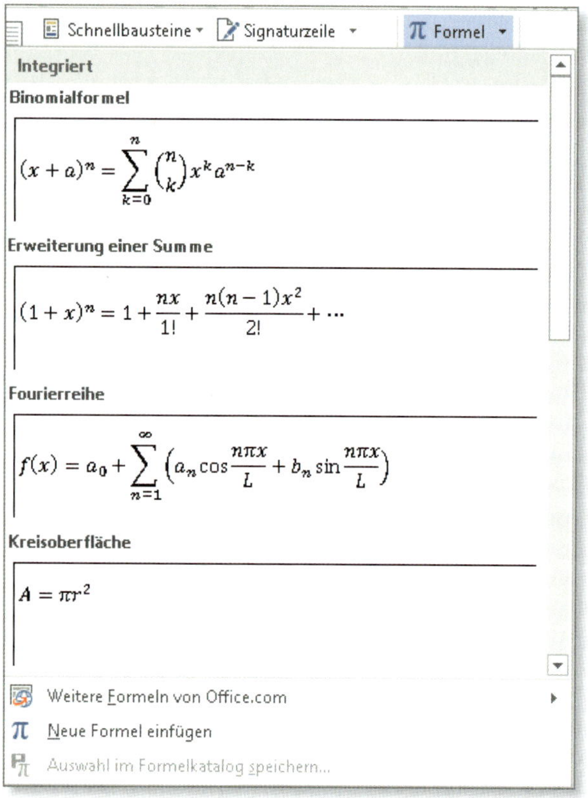

Abbildung 5.33
Das Menü der Schaltfläche »Formel«

Sie sehen nun die Formel in Ihrem Dokument. Sobald Sie sie anklicken, wird sie mit einem schwachen blauen Rahmen versehen. Mit dem kleinen Anfasser an dessen linken oberen Ecke können Sie die Formel verschieben.

HINWEIS

Keine Formeln im Kompatibilitätsmodus

Wenn Sie ein Dokument im Kompatibilitätsmodus (z. B. ein *.doc*-Dokument) geöffnet haben, ist die Schaltfläche **Formel** zwar auch sichtbar, aber blass, also nicht aktiv. Möchten Sie die Schaltfläche für Ihr Dokument aktivieren und Formeln einfügen, müssen Sie zunächst die Datei als *.docx*-Dokument speichern. Nach dem Speichern ist die Schaltfläche **Formel** aktiviert.

Die Formeloptionen

An der rechten unteren Ecke des Rahmens befindet sich ein Pfeil, mit dem Sie die Formeloptionen aufklappen können. Der Bereich, der von dem Rahmen eingeschlossen wird, wird auch als mathematischer *Bereich* bezeichnet.

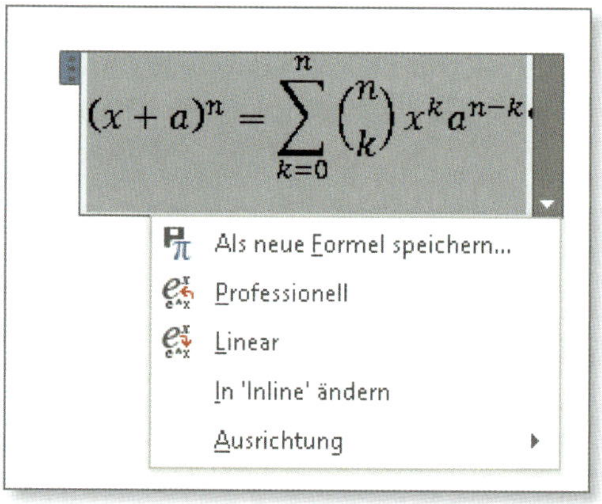

Abbildung 5.34
Eine Formel mit geöffneten Formeloptionen

Zu den Formeloptionen gehören folgende Befehle:

- **Als neue Formel speichern**: Wie der Name schon sagt, nehmen Sie mit dieser Option eine neue oder geänderte Formel in den Formelkatalog auf.
- **Professionell**: Diese Option stellt die Formel »normal« dar, einfach so, wie man sie mit dem Kugelschreiber auf ein Blatt Papier bringen würde.
- **Linear**: Mit diesem Befehl werden alle Elemente der Formel in einer Zeile angezeigt (und zwar so, wie man Formeln ohne Formeleditor eingeben würde).
- **In »Inline« ändern**: Mit dieser Einstellung verhält sich eine Formel wie ein normales Textzeichen – der Befehl im Menü ändert sich dann in den Befehl **In »Anzeige« ändern**. Wenn Sie wiederum diesen Befehl anklicken, fügt Word an der Position der Formel zwei Zeilenschaltungen ein, sodass die Formel allein in einer Zeile steht.

Wir empfehlen Ihnen, in der Regel die Option **Professionell** zu verwenden, da die Formel dann am ehesten eine solche Gestalt annimmt, wie Sie sie aus Schule und Studium kennen.

Die Formeltools/Entwurf

Wenn eine Formel markiert ist, wird die Registerkarte **Formeltools/Entwurf** eingeblendet, die wiederum in die Gruppen **Symbole** und **Strukturen** unterteilt ist. Mit den Sonderzeichen dieser beiden Bereiche lassen sich Formeln bearbeiten und sogar selbst erstellen.

Um alle Zeichen im Bereich **Symbole** zu sehen, klicken Sie auf den nach unten weisenden Pfeil ①.

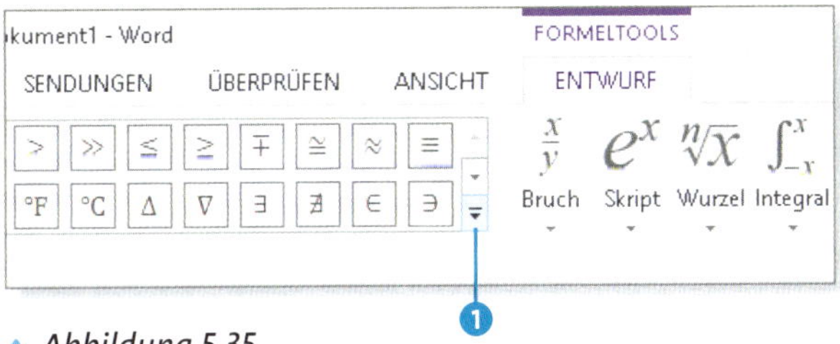

Abbildung 5.35
Die Registerkarte »Formeltools/Entwurf« (Ausschnitt)

Damit klappen Sie das Menü auf und sehen darin die gesamte vorhandene Auswahl. Weitere Paletten mit Zeichen und Symbolen (z. B. **Operatoren** und **Geometrie**) öffnen Sie, indem Sie auf den kleinen Pfeil ② oben in der Titelleiste klicken.

Besonders pfiffig sind die Schaltflächen im Bereich **Strukturen**. Hier können Sie ganze Grundgerüste einfügen, in denen die Position der einzelnen Formelelemente in Form von Platzhaltern vorgegeben ist. Mit den Pfeilen an den Schaltflächen öffnen Sie jeweils Varianten des Gerüstes.

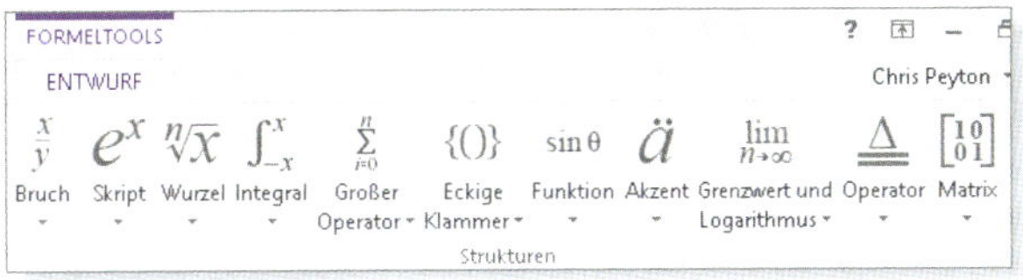

Abbildung 5.37
Die Gruppe »Strukturen« auf der Registerkarte »Formeltools/Entwurf«

Eigene Formeln erstellen

Wenn Sie nicht das Glück haben, im Katalog die Formel zu entdecken, die Sie in Ihrem Dokument benötigen, müssen Sie Ihre Formel wohl oder übel selbst zusammenstellen (oder eine vorhandene Formel bearbeiten, was ähnlich vonstattengeht). Die Vorgehensweise ist leider nicht ganz einfach und erklärt sich daher am besten an einem konkreten Beispiel. Deshalb beschreiben wir hier Schritt für Schritt die Zusammenstellung der Formel zur Berechnung des Zinseszinses, sodass Sie die Vorgehensweise nachvollziehen können.

Die Formel für den Zinseszins aufbauen

Jetzt wollen wir Ihnen ein Beispiel zeigen. In Abbildung 5.38 sehen Sie die Formel für den Zinseszins, die aus den folgenden Bestandteilen zusammengesetzt ist:

- K_n = Kapital nach n Zinsperioden/Jahren
- K_0 = Anfangskapital
- p = Zinssatz
- n = Anzahl der Zinsperioden/Jahre

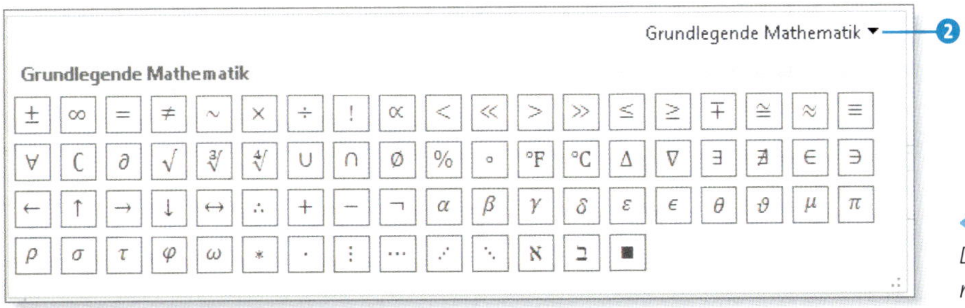

Abbildung 5.36
Die Auswahl der mathematischen Symbole

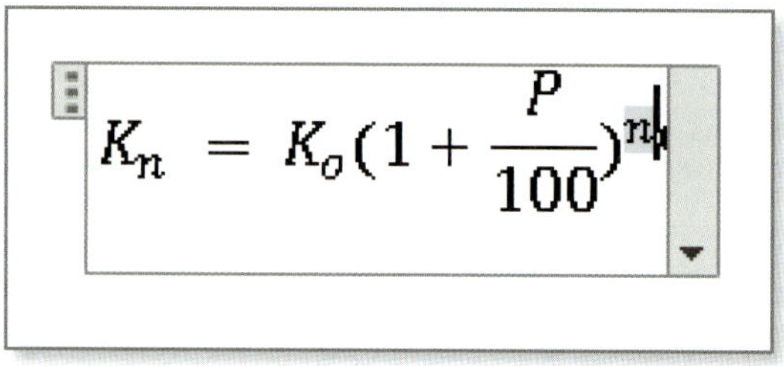

Abbildung 5.38
Formel für den Zinseszins

1 Um die Formel aufzubauen, müssen Sie zunächst einen leeren mathematischen Bereich einfügen. Dazu klicken Sie auf der Registerkarte **Einfügen** direkt auf die Schaltfläche **Formel**. Es wird eine Art Platzhalter für die Formel eingefügt, in dem zu lesen ist: »Geben Sie hier eine Formel ein.«

2 Klicken Sie dann im Bereich **Strukturen** auf die Schaltfläche **Skript** und im Auswahlmenü auf **Tiefgestellt** (das zweite Symbol). In Ihrem Formelbereich erscheinen daraufhin zwei kleine gepunktete Quadrate.

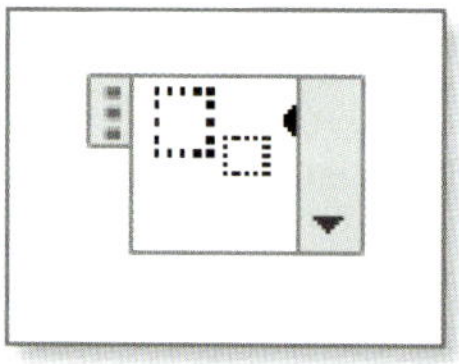

Abbildung 5.39
Tiefgestellte Quadrate

3 In das linke Quadrat geben Sie ein »K« ein, in das tiefergestellte Quadrat ein kleines »n«.

HINWEIS

Keine Leerstellen setzen

Der Editor kümmert sich selbst um die notwendigen Leerstellen. Geben Sie also im Platzhalter des Formelbereiches nach dem ersten Zeichen gleich das nächste ein.

Abbildung 5.40
Das Zeichen für »Kapital nach n Zinsperioden«

TIPP

Argumentgrößen verändern

Wenn Sie mit der rechten Maustaste direkt auf das tiefergestellte »n« klicken, können Sie im Kontextmenü mit den Einträgen **Argumentgröße erhöhen** bzw. **Argumentgröße reduzieren** die Schriftgröße des Index verändern. Hier könnten Sie auch die Tieferstellung entfernen.

4 Nachdem Sie »n« eingetippt haben, blinkt der Cursor immer noch in der tiefergestellten Position. Um wieder in die normale Höhe zu gelangen, setzen Sie den Cursor per Mausklick eine Position weiter nach rechts.

5 Nun brauchen Sie das Gleichheitszeichen. Es spielt dabei keine Rolle, ob Sie es mithilfe der Tastatur eintippen oder auf das Symbol **Gleich** im Bereich **Symbole** klicken.

6 Anschließend wiederholen Sie die Schritte, um (genau wie eben für K_n beschrieben) nun »K_0« einzugeben.

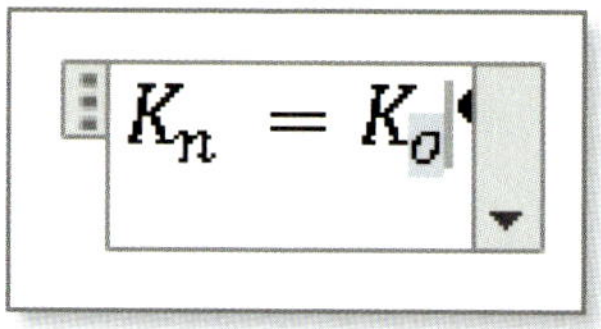

Abbildung 5.41
Das Zeichen für das Anfangskapital

7 Setzen Sie die Formeleingabe mit einer geöffneten Klammer, der Zahl 1 und dem Pluszeichen fort: »(1+«.

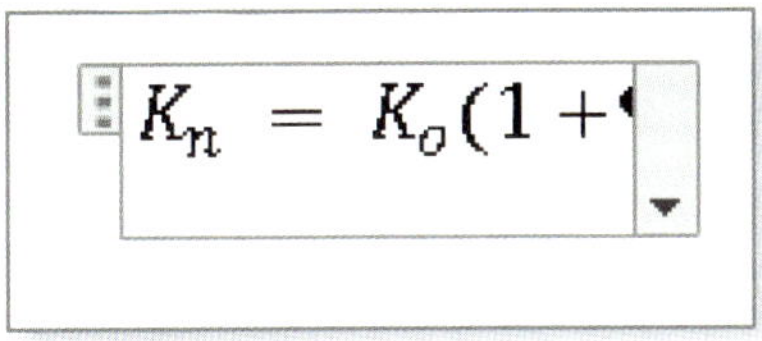

∧ *Abbildung 5.42*
Die Formeleingabe fortsetzen

8 Um jetzt den Bruch einzufügen, klicken Sie im Bereich **Strukturen** im Menü des Symbols **Bruch** auf **Bruch mit waagerechtem Bruchstrich** (das erste Symbol).

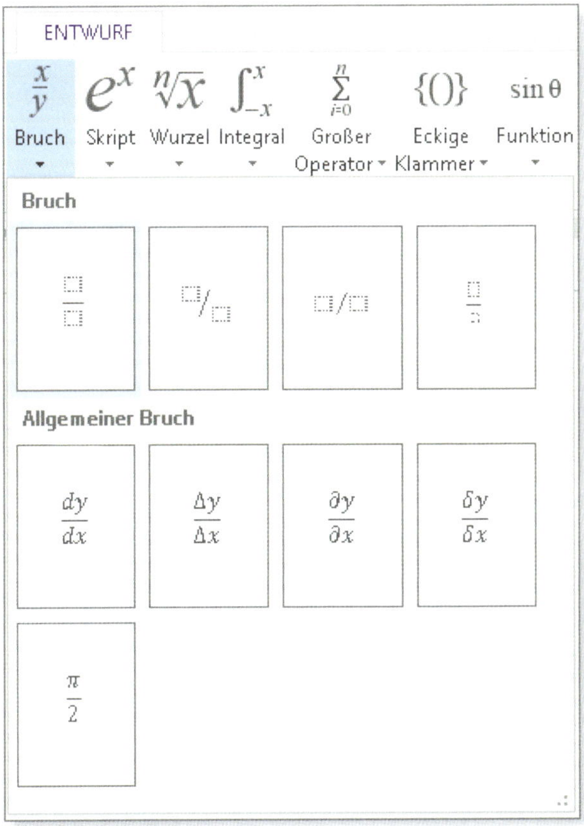

∧ *Abbildung 5.43*
Den Bruch auswählen

9 Geben Sie oberhalb des Bruchstrichs »P« ein und schreiben Sie »100« unterhalb des Bruchstrichs. Dann schließen Sie die Klammer. Denken Sie daran, mit dem Cursor per Mausklick eine Position nach rechts zu wandern, um die Eingabe wieder auf die normale Höhe zu setzen.

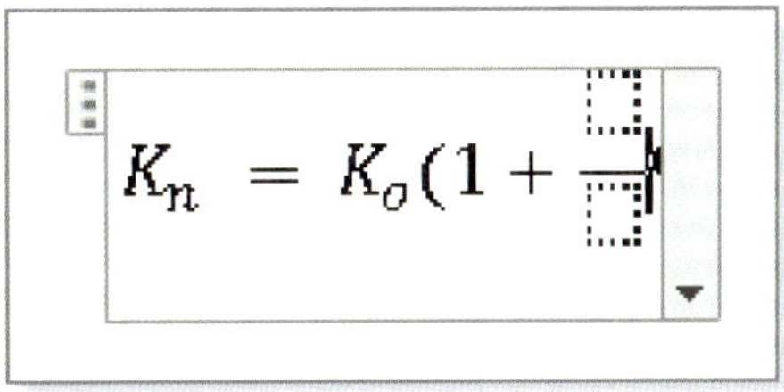

∧ *Abbildung 5.44*
Einen Platzhalter mit Bruchstrich einfügen

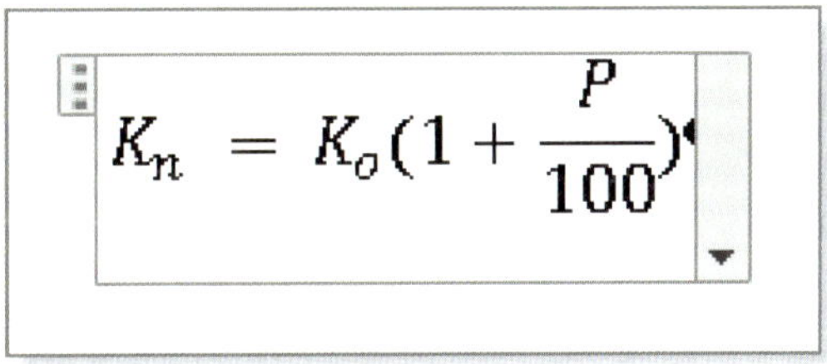

∧ *Abbildung 5.45*
Die ausgefüllten Platzhalter

10 Um jetzt noch die Klammer mit einem hochgestellten »n« abzuschließen, markieren Sie die komplette Klammer.

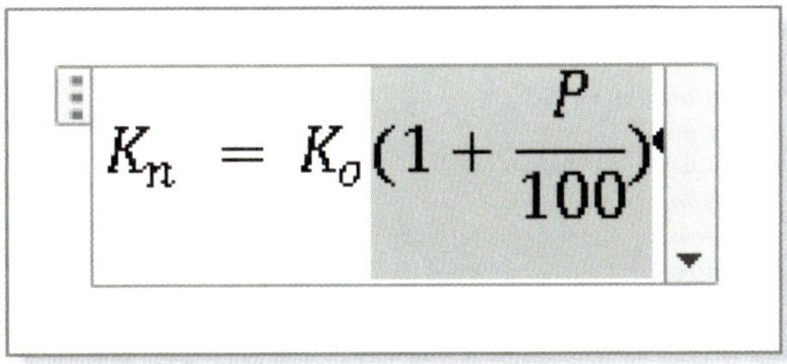

∧ *Abbildung 5.46*
Die Klammer markieren

11 Dann klicken Sie im Menü des Symbols **Skript** auf das Symbol **Hochgestellt**. Aufgrund der Markierung der Klammer fügt Word nicht, wie erwartet, zwei Quadrate als Platzhalter ein, sondern füllt mit der Markierung den ersten Platzhalter und fügt nur den hochgestellten Platzhalter ein.

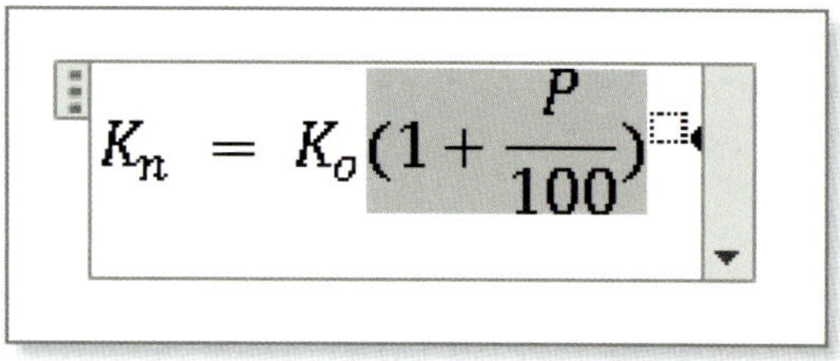

^ ***Abbildung 5.47***
Die fast fertige Formel

12 Geben Sie in diesen neuen Platzhalter das letzte kleine »n« ein.

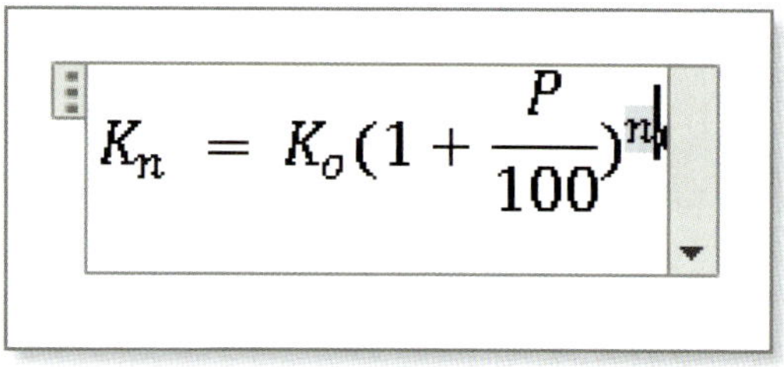

^ ***Abbildung 5.48***
Damit ist die Formel fertiggestellt.

Damit haben Sie es geschafft und Sie dürfen sich selbst auf die Schulter klopfen: Die Formel ist fertiggestellt! Im nächsten Abschnitt erfahren Sie, wie Sie die gerade erstellte Formel zur Wiederverwendung im Formelkatalog speichern können.

TIPP

Formeln gekonnt aufbauen

Die Anordnung der Bestandteile einer Formel gestaltet sich meistens einfacher, wenn Sie die Formel professionell von außen nach innen aufbauen und nicht wie im Beispiel von links nach rechts. Nach diesem Muster würden Sie die Beispielformel also mit **Skript/Hochgestellt** beginnen (für das kleine »n«). Sollte beim Zusammenstellen Ihrer Formel ein Ausdruck partout nicht an die richtige Stelle rutschen, müssen Sie nicht verzweifeln und von vorn anfangen, sondern Sie können auch hier Bestandteile ausschneiden und an der passenden Stelle wieder einfügen.

Eine Formel im Formelkatalog speichern

Wenn Sie eine Formel häufiger benötigen, können Sie sie als vorgefertigte Formel im Formelkatalog speichern, sodass Sie jederzeit darauf zugreifen können.

1 Klicken Sie dazu die Formel mit der rechten Maustaste an und wählen Sie im Kontextmenü **Als neue Formel speichern**.

2 Im Dialog **Neuen Baustein erstellen** vergeben Sie einen Namen und eine aussagekräftige Beschreibung.

3 Belassen Sie es im Feld **Katalog** bei dem Eintrag **Formeln**, damit Sie die Formel auch über das Auswahlmenü des Symbols **Formel** wiederfinden.

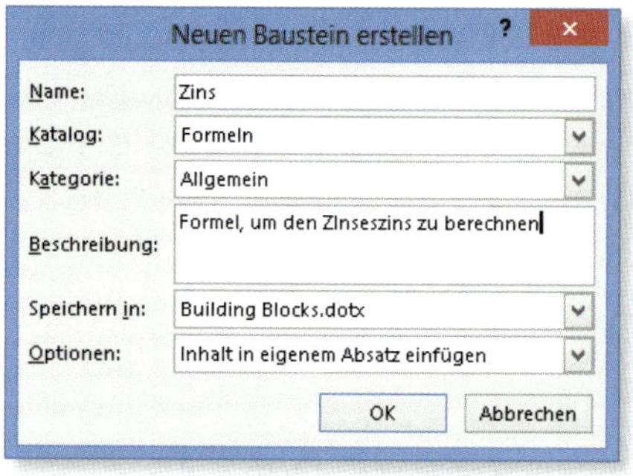

^ ***Abbildung 5.49***
Die Formel im Formelkatalog speichern

Mathematische AutoKorrektur

Eine praktische Sache ist es, dass gängige mathematische Symbole in der AutoKorrektur vorhanden sind. AutoKorrektur bedeutet hier, dass durch die Eingabe bestimmter Zeichen automatisch mathematische Symbole erscheinen. So erhalten Sie z. B. mit der Eingabe »\pi« das Zeichen p. Dies ist mitunter schneller und einfacher, als die entsprechenden Symbole auf der Registerkarte **Formeltools/Entwurf** zu suchen, wo p natürlich auch vorhanden ist.

Diese mathematischen Symbole finden Sie im Dialog **AutoKorrektur** auf der Registerkarte **Math. AutoKorrektur**. Sie rufen sie über **Datei > Optionen > Dokumentprüfung** auf. Klicken Sie auf die Schaltfläche

AutoKorrektur-Optionen und wechseln Sie dann auf die Registerkarte **Math. Autokorrektur**.

HINWEIS

Die AutoKorrektur

Wir gehen hier nur kurz auf die AutoKorrektur ein, da wir uns in Abschnitt 9.6, »Die AutoKorrektur verwenden«, noch ausführlich mit diesem Thema befassen werden.

In der Standardeinstellung funktioniert die Option **AutoKorrektur von Mathematik** nur in Formelbereichen. Wenn Sie erreichen wollen, dass diese mathematischen Ersetzungen auch in normalen Texten vorgenommen werden, müssen Sie die Optionen **AutoKorrekturregeln von Mathematik in anderen als mathematischen Bereichen verwenden** sowie **Während der Eingabe ersetzen** auf der Registerkarte **Math. AutoKorrektur** aktivieren.

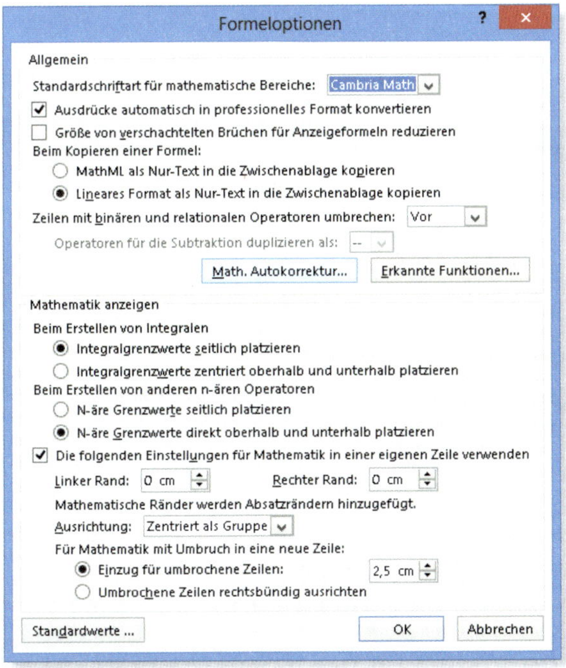

Abbildung 5.50
Die Formeloptionen im gleichnamigen Dialog

Auf der Registerkarte **Entwurf** der **Formeltools** gibt es auch den Bereich **Tools**. Wenn Sie hier auf den Pfeil klicken, wird der Dialog **Formeloptionen** geöffnet.

Wie Sie in Abbildung 5.50 erkennen können, lassen sich in diesem Dialog diverse Einstellungen vornehmen, die die Darstellung von Formeln beeinflussen. Außerdem können Sie auch von hier aus die Registerkarte **Math. AutoKorrektur** aufrufen.

5.9 Die Funktion »Suchen und Ersetzen«

Die Funktion **Ersetzen** ist vor allem in längeren Dokumenten sehr nützlich, z. B. wenn Sie feststellen, dass Sie einen Begriff x-mal falsch geschrieben haben, oder wenn Sie sich entscheiden, die Hauptfigur Ihres Romans doch lieber Harry statt Heinrich zu nennen. Statt diese Wörter nun mühsam bei jedem Vorkommen manuell zu ändern, können Sie zum Befehl **Ersetzen** greifen. Damit tauschen Sie den ursprünglichen Begriff im Nu gegen den neuen aus.

Wörter ersetzen

Sie finden die Funktion **Ersetzen** in der Gruppe **Bearbeiten** ganz rechts auf der Registerkarte **Start**.

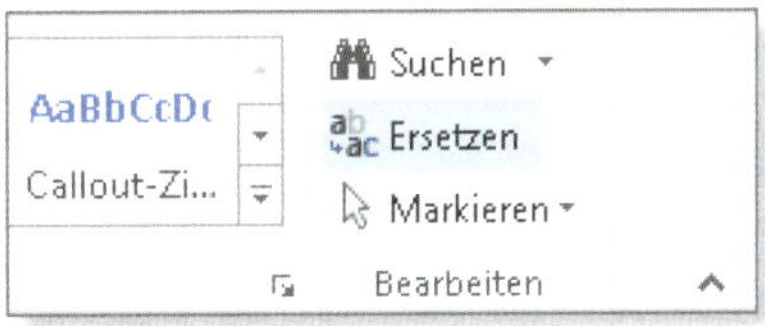

Abbildung 5.51
Die Schaltfläche »Ersetzen« auf der Registerkarte »Start«

Um den Befehl anzuwenden, gehen Sie wie im Folgenden beschrieben vor.

1. Klicken Sie auf die Schaltfläche **Ersetzen**, um den Dialog **Suchen und Ersetzen** zu öffnen. Dort aktivieren Sie die Registerkarte **Ersetzen**.

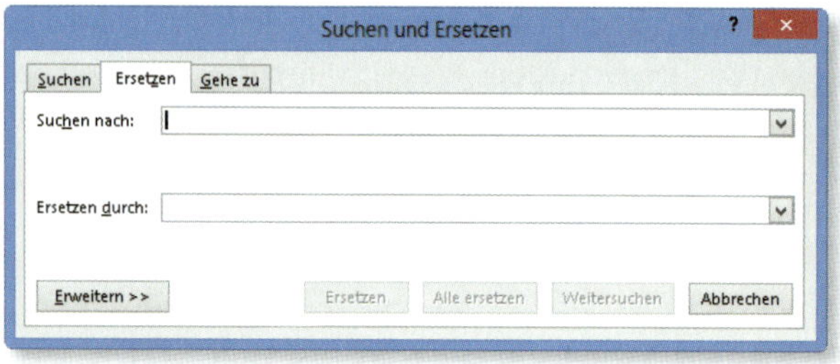

Abbildung 5.52
Die Registerkarte »Ersetzen«

2 In diesem Dialog gibt es die Felder **Suchen nach** und **Ersetzen durch**. In das Feld **Suchen nach** schreiben Sie das Wort, das durch ein anderes ersetzt werden soll.

3 In das Feld **Ersetzen durch** geben Sie das Wort ein, das anstelle des gefundenen Textes in das Dokument aufgenommen werden soll.

4 Wenn Sie dann auf **Alle ersetzen** klicken, wird an allen Stellen des Dokuments, an denen dieses Wort vorkommt, automatisch das alte Wort gelöscht und das neue eingefügt.

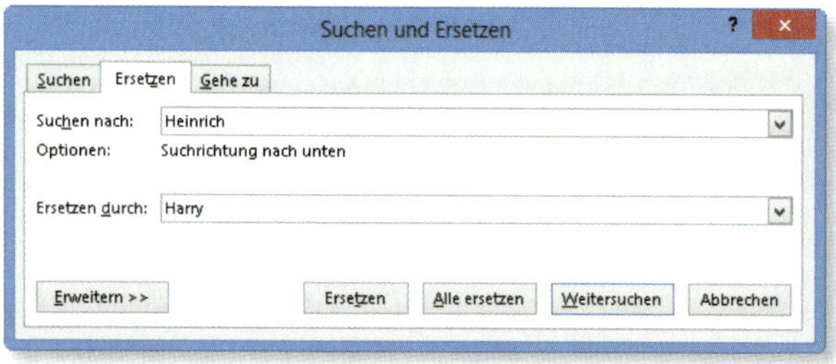

Abbildung 5.53
Ersetzen Sie »Heinrich« durch »Harry«.

Ersetzungsoptionen

Bevor Sie den Befehl zum Ersetzen geben, können Sie noch einige Optionen einstellen. Dazu vergrößern Sie den Dialog, indem Sie auf die Schaltfläche **Erweitern** klicken. Im Bereich **Suchoptionen** legen Sie fest, was bei der Suche nach dem zu ersetzenden Wort beachtet bzw. nicht beachtet werden soll. Hier ein kurzer Überblick über die wichtigsten Optionen:

- **Suchen:** Legen Sie hier die Suchrichtung fest. Word kann das Dokument entweder komplett oder ab der Cursorposition nach oben oder unten durchsuchen.
- **Groß-/Kleinschreibung beachten:** Wenn Sie diese Option aktivieren, wird das gesuchte Wort nur gefunden, wenn die Groß- und Kleinschreibung genau der Eingabe im Feld **Suchen nach** entspricht.
- **Nur ganzes Wort suchen:** Mit dieser Option werden nur eigenständige Wörter gefunden, also solche, die zwischen zwei Leerstellen stehen oder durch eine Leerstelle und ein Satzzeichen vom übrigen Text getrennt sind. Bleibt diese Option deaktiviert, gehören auch Wörter zu den Fundstellen, die die gesuchte Zeichenkette als Teil enthalten. Soll also das Wort »echt« durch »real« ersetzt werden, würde Word auch »Knecht« markieren bzw. den Teil »echt« im Wort ersetzen. Das Ergebnis wäre keineswegs das gewünschte – vor allem dann nicht, wenn Sie direkt auf **Alle ersetzen** klicken!
- **Platzhalter verwenden:** Mit dieser Option lassen sich Wörter finden, deren Schreibweise unterschiedlich ist. Statt bestimmter Zeichen verwenden Sie einen Platzhalter, z. B. ein Sternchen. Wenn Sie also die Namen »Meier«, »Maier« und »Meyer« finden möchten, geben Sie in das Feld **Suchen nach** beispielsweise »M*er« ein (das Sternchen funktioniert hier eben als Platzhalter oder Joker). Mit dieser Eingabe und der aktivierten Option **Platzhalter verwenden** werden nun alle Wörter gefunden, die mit »M« beginnen und auf »er« enden.
- **Präfix/Suffix beachten:** Mit dieser Option werden alle Textstellen beachtet, die den Suchbegriff am Wortanfang oder am Wortende enthalten.
- **Leerzeichen ignorieren:** Wenn eine Wortkette wie etwa »zum Beispiel« gefunden werden soll, spürt Word mit dieser Option die zusammengehörigen Wörter auch dann auf, wenn sie versehentlich durch zwei oder mehrere Leerstellen getrennt wurden. Die Option **Interpunktionszeichen ignorieren** funktioniert in gleicher Weise: hierbei werden alle Satzzeichen ignoriert.

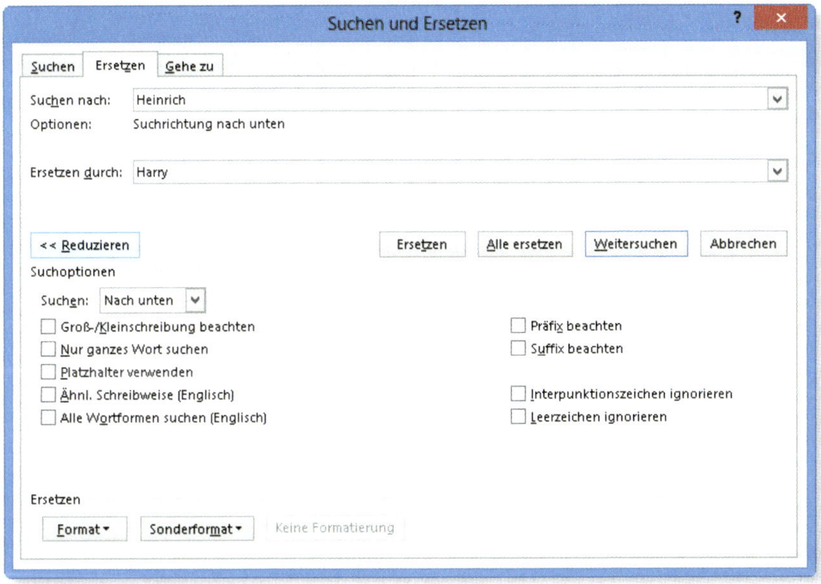

Abbildung 5.54
Einstellungsoptionen zum Suchen und Ersetzen von Wörtern

Ersetzung starten

Um die Ersetzung zu starten, stehen Ihnen unterschiedliche Schaltflächen zur Verfügung.

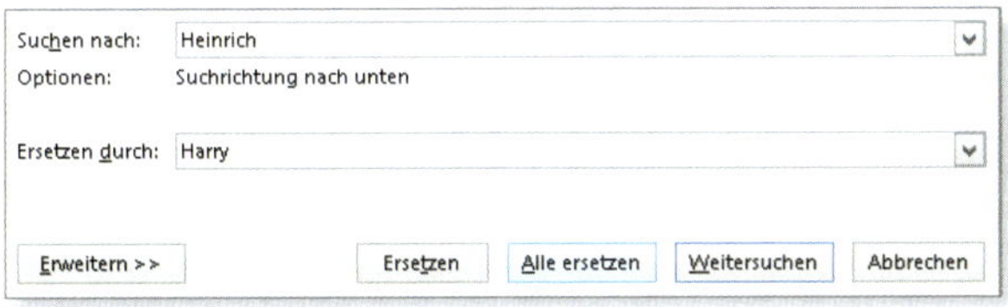

Abbildung 5.55
Die Schaltflächen zum Ersetzen

- Mit der Schaltfläche **Alle ersetzen** machen Sie es sich am leichtesten. Mit diesem Befehl werden alle Fundstellen automatisch durch den Begriff ersetzt, der im Feld **Ersetzen durch** steht. Sie verzichten mit dieser Option auf die individuelle Überprüfung der einzelnen Ersetzungen.
- Wenn Sie auf **Ersetzen** klicken, wird die erste Fundstelle markiert. Erst wenn Sie dann erneut auf **Ersetzen** klicken, wird der Begriff an dieser Stelle ersetzt und daraufhin die nächste Fundstelle markiert. Auf diese Weise können Sie durch das Dokument wandern und jede einzelne Ersetzung kontrollieren.

INFO

Wie Sie sich Tipparbeit ersparen können

Wenn Sie ein ähnlich bequemer Mensch sein sollten, wie wir es sind, können Sie die Funktion **Ersetzen** übrigens auch bewusst nutzen, um sich das Tippen extrem langer Wörter wie »Acetylsalicylsäuregehalt« zu ersparen.

Geben Sie einfach an jeder Stelle, an der das Wort auftaucht, eine Tastenkombination ein, die ansonsten nicht im Text vorkommt, etwa »xxx«. Wenn Ihr Text fertig ist, ersetzen Sie *xxx* mithilfe des Dialogs **Suchen und Ersetzen** durch »Acetylsalicylsäuregehalt« und müssen dieses Wortungetüm auf diese Weise also nur einmal eintippen.

Die Funktion **Ersetzen** können Sie auch dazu benutzen, um bestimmte Wörter auf bequeme Art und Weise aus einem Text zu löschen. Dazu geben Sie im Dialog **Suchen und Ersetzen** in das Feld **Suchen nach** den Text ein, der gefunden werden soll. Das Feld **Ersetzen durch** lassen Sie leer. Wenn Sie nun auf **Alle ersetzen** klicken, wird der gefundene Text überall aus dem Dokument entfernt. Trickreich, oder?

- Mit **Weitersuchen** wird das erste bzw. nächste Vorkommen des gesuchten Wortes markiert. Sie entscheiden dann jeweils, ob Sie das Wort an dieser Stelle ersetzen möchten oder nicht. Haben Sie die Suche in der Mitte des Dokuments begonnen, ist diese auch der Endpunkt Ihrer Suche. Es wird also am Ende des Dokuments die Suche automatisch am Anfang fortgeführt.

Formate ersetzen

Auf keinem anderen Weg lassen sich Formatierungen so schnell und bequem ändern wie mit der Funktion **Ersetzen**. Mit wenigen Mausklicks können Sie beispielsweise alle fett formatierten Textstellen in kursiv gesetzte Textstellen verwandeln.

1. Klicken Sie auf der Registerkarte **Start** auf die Schaltfläche **Ersetzen**.
2. Setzen Sie den Cursor in das Feld **Suchen nach** und klicken Sie auf **Erweitern**.
3. Ganz unten im Dialog entdecken Sie die Schaltfläche **Format**. Klicken Sie darauf. In der Auswahlliste klicken Sie auf **Zeichen**, um den Dialog **Zeichen suchen** zu öffnen (dies ist der Dialog für die Zeichenformatierung, der sonst die Bezeichnung **Schriftart** trägt).

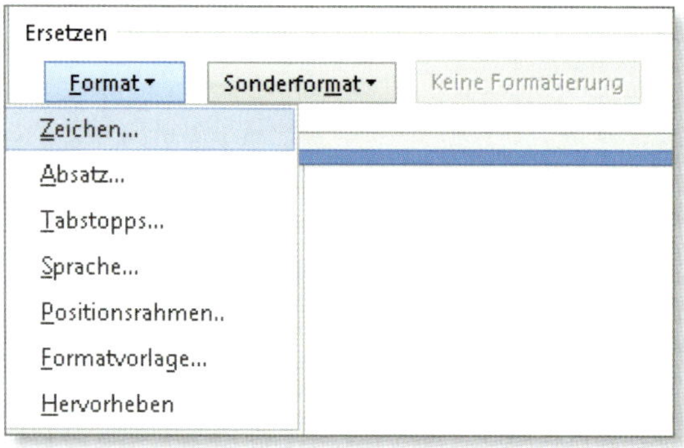

Abbildung 5.56
Öffnen Sie das Dialogfenster »Zeichen suchen«.

4. Markieren Sie im Dialogfenster **Zeichen suchen** die Option **Fett** im Bereich **Schriftschnitt** und bestätigen Sie Ihre Einstellung mit **OK**.

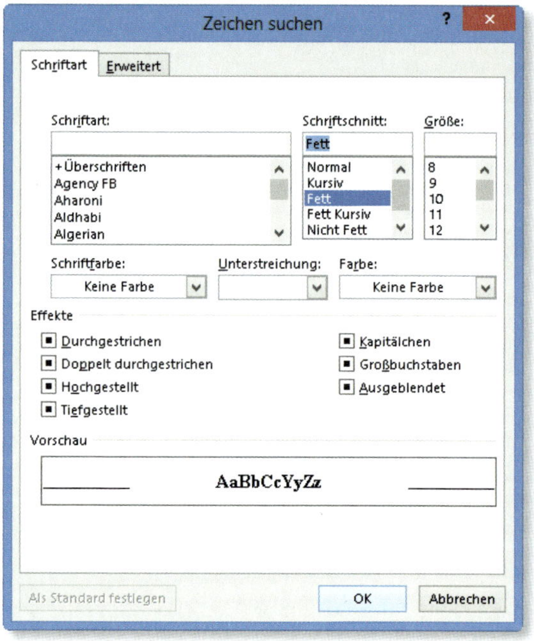

Abbildung 5.57
Das Format im Dialog »Zeichen suchen« einstellen

Die Formatierungseinstellung wird daraufhin unterhalb des Feldes **Suchen nach** angezeigt.

Abbildung 5.58
Die Formateinstellung im Feld »Suchen nach«

5. Setzen Sie den Cursor nun in das Feld **Ersetzen durch** und klicken Sie erneut auf **Format** > **Zeichen** am unteren Rand des Dialogfensters.
6. Im Bereich **Schriftschnitt** stellen Sie in diesem Fall die Formatierung ein, die die ursprüngliche ersetzen soll, beispielsweise **Kursiv**.
7. Schließen Sie den Dialog mit **OK**.

Im Dialog **Suchen und Ersetzen** müssen Sie dann nur noch auf eine der bereits beschriebenen Optionen zum Ersetzen klicken, und schon werden alle fett formatierten Textstellen im Dokument in einem Vorgang automatisch kursiv gesetzt.

Formatierungen entfernen

Falls Sie nach dieser Aktion erneut eine Formatierung austauschen möchten, ist es sinnvoll, zunächst die alten Einstellungen zu entfernen. Setzen Sie den Cursor dazu in das Feld **Suchen nach** bzw. in das Feld **Ersetzen durch** (bzw. nacheinander in beide Felder) und klicken Sie auf die Schaltfläche **Keine Formatierung**, sodass Ihre bisherigen Formatierungseinstellungen gelöscht werden. Jetzt können Sie wieder neue Formatierungswünsche angeben.

Sonderzeichen ersetzen

Auch Sonderzeichen lassen sich problemlos austauschen oder entfernen. So ist es beispielsweise möglich, mithilfe dieser Funktion alle Absätze aus einem Text zu entfernen (lassen wir einmal dahingestellt, in welcher Situation dies erforderlich wäre).

1 Dazu setzen Sie den Cursor in das Feld **Suchen nach** und klicken im Dialog **Suchen und Ersetzen** auf der Registerkarte **Ersetzen** auf die Schaltfläche **Sonderformate**.

2 Im Menü wählen Sie den Eintrag **Absatzmarke**. Das Feld **Ersetzen durch** lassen Sie leer.

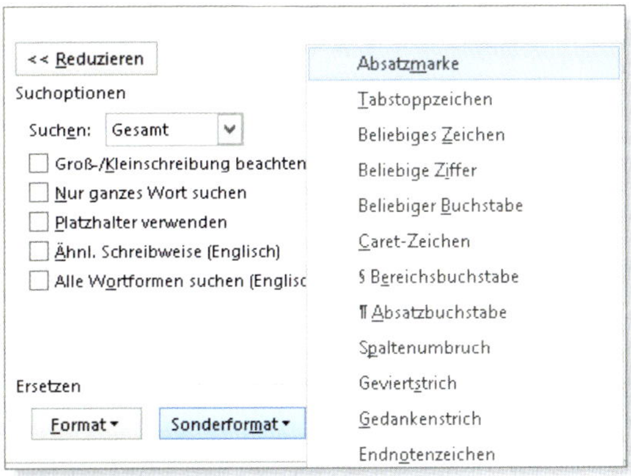

Abbildung 5.59
Sonderzeichen ersetzen

Wenn Sie nun auf die Schaltfläche **Alle ersetzen** klicken, werden Sie im Nu einen Fließtext ohne Absätze auf dem Bildschirm sehen.

5.10 Aktionen rückgängig machen

Anders als im wahren Leben lassen sich Fehler in Word (und in anderen Office-Programmen) ohne Weiteres wieder rückgängig machen. Viele Befehle lassen sich einfach per Mausklick korrigieren, als ob nichts gewesen wäre.

Den Befehl **Rückgängig** finden Sie auf der Symbolleiste für den Schnellzugriff. Klicken Sie einfach auf den nach links gerichteten Pfeil, um den letzten Schritt rückgängig zu machen, also z. B. eine Formatierung wieder zu entfernen. Sie können auch mehrmals hintereinander auf das Symbol klicken, um mehrere Einstellungen zurückzunehmen.

Abbildung 5.60
Das Symbol »Rückgängig«

Wenn Sie auf den kleinen schwarzen Pfeil rechts neben dem Symbol klicken, werden die letzten Befehle in einem Menü aufgelistet. Wenn Sie mit dem Mauszeiger darüberfahren, können Sie die Befehle und Einstellungen markieren, die Sie rückgängig machen möchten. Auf diese Weise löschen Sie viele Schritte in einem Rutsch.

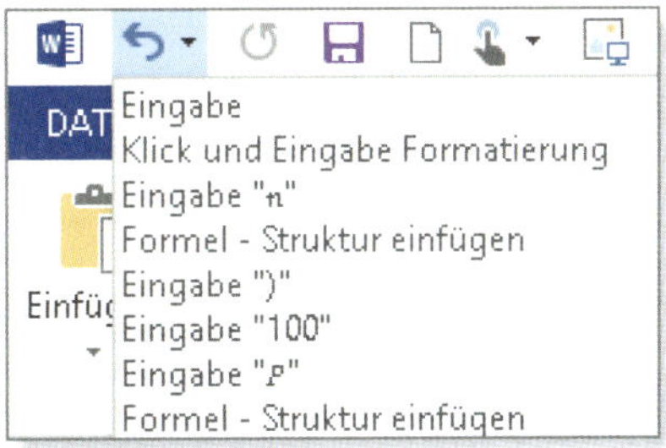

Abbildung 5.61
Mehrere Aktionen rückgängig machen

Sie haben im Eifer des Gefechts zu viele oder die falschen Einstellungen rückgängig gemacht? Auch das ist kein Problem, denn Sie können auch ein Rückgängigmachen wieder rückgängig machen. Dazu klicken Sie auf das Symbol **Wiederherstellen**, das Sie direkt rechts neben dem Symbol **Rückgängig** finden. Das funktioniert nach dem gleichen Prinzip: Mit einem Klick stellen Sie die zuletzt rückgängig gemachte Einstellung wieder her; mit weiteren Klicks tauchen auch davor entfernte Einstellungen wieder auf.

Abbildung 5.62
Rückgängig gemachte Einstellungen wiederherstellen

Kapitel 6
In Texten navigieren

Wenn Sie nur ein kurzes Dokument vor sich auf dem Bildschirm haben, ist es kein Problem, im Text zu navigieren. In längeren Dokumenten führen andere Wege schneller zum Ziel. Für welche Möglichkeit Sie sich auch entscheiden, hier lernen Sie erst einmal alle Varianten kennen.

Um eine bestimmte Textstelle anzusteuern, können Sie einfach den Cursor mit der Maus an diese Stelle setzen oder innerhalb eines Textes auf verschiedenen Wegen mit der Tastatur ein kleines Stückchen nach oben oder unten wandern (siehe Abschnitt 6.2, »Navigieren mit der Tastatur«). Für längere Dokumente, in denen die Arbeit mit der Maus zu mühselig wäre, gibt es z. B. die Möglichkeit, Textmarken zu setzen (Abschnitt 6.3, »Die Verwendung von Textmarken«) oder nach bestimmten Elementen zu suchen, damit der Cursor an die richtige Stelle springt (Abschnitte 6.4, »Nach Elementen suchen«, und 6.5, »Die Funktion ›Gehe zu‹«).

6.1 Navigieren mit der Maus

Die Maus ist in vielerlei Hinsicht ein praktisches Instrument. Mit ihr können Sie Befehle auslösen, den Cursor platzieren und durch Dokumente scrollen.

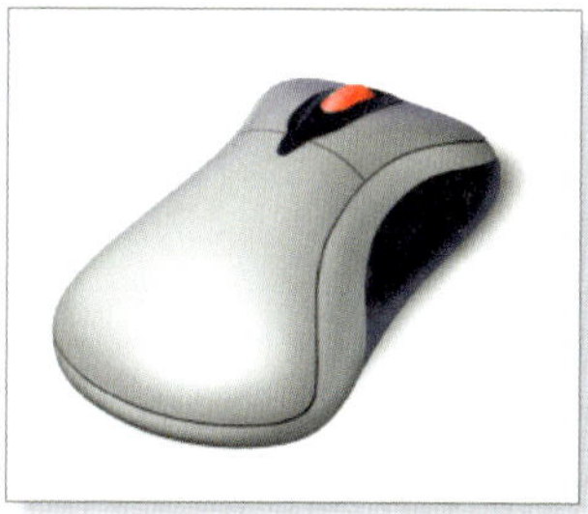

Abbildung 6.1
Die Maus mit dem Scrollrad (rot)

Zum einfachen Scrollen nutzen Sie das Mausrad, indem Sie es mit dem Zeigefinger nach oben oder nach unten drehen. Wenn Sie die gewünschte Stelle im Dokument erreicht haben, klicken Sie einmal mit der Maus in den Text, um den Cursor dort zu platzieren.

Mit den Bildlaufleisten im Text navigieren

Sie können die Maus auch einsetzen, um sich mithilfe der Bildlaufleiste im Text zu bewegen. Die Bildlaufleiste befindet sich rechts am Bildschirm. Um im Dokument nach oben zu wandern, zeigen Sie mit der Maus auf den Pfeil ❶ oben an der Bildlaufleiste und klicken mehrfach darauf oder klicken einmal darauf und halten dann die Maustaste einfach gedrückt.

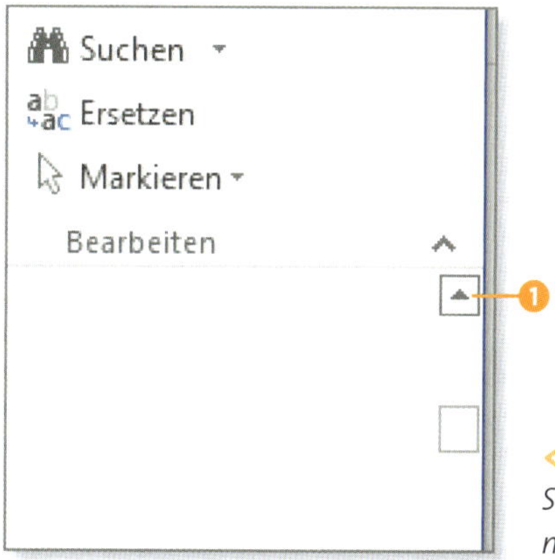

Abbildung 6.2
So scrollen Sie nach oben.

Abbildung 6.5
Die horizontale Bildlaufleiste

Genauso verfahren Sie, um im Dokument nach unten zu wandern, nur dass Sie dafür natürlich den Pfeil ❶ unten an der Bildlaufleiste verwenden.

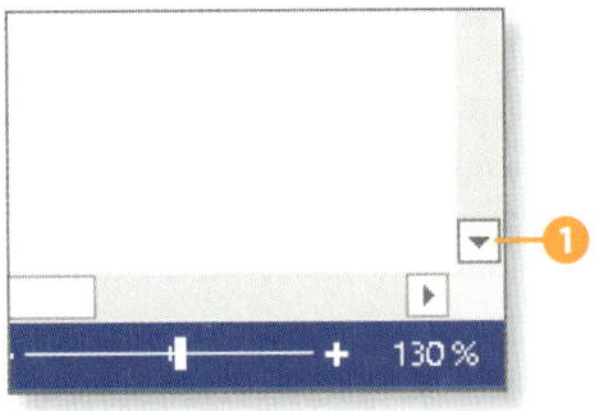

Abbildung 6.3
So scrollen Sie nach unten.

Auf der Bildlaufleiste gibt es auch einen Schieberegler ❷, mit dem es schneller (als mit den Pfeilen) möglich ist, durch lange Texte zu navigieren. Dazu setzen Sie den Cursor auf den Schiebebalken, halten die Maustaste gedrückt und ziehen den Balken so in die gewünschte Richtung. Während Sie auf diese Weise durch das Dokument wandern, wird die jeweilige Seitenzahl in einer QuickInfo-Box angezeigt.

Wenn Sie an einem Notebook mit Touchscreen arbeiten, können Sie den Text auch mit dem Finger bewegen. Berühren Sie einfach den Bildschirm und »wischen« Sie mit dem Finger nach oben oder unten, um durch den Text zu navigieren.

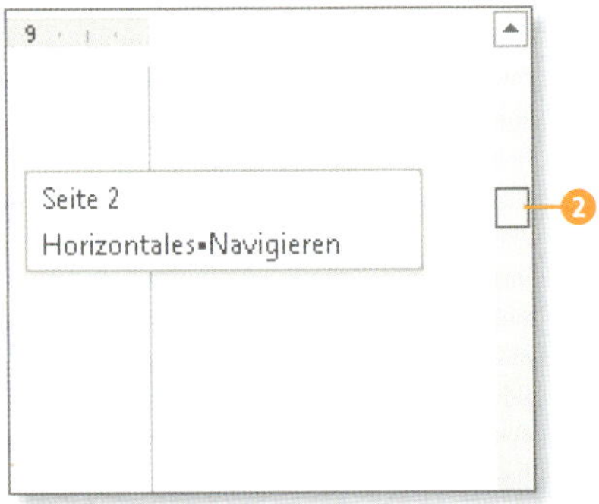

Abbildung 6.4
Mit dem Schieberegler in der Bildlaufleiste geht's schneller.

Horizontales Navigieren

Bei stark gezoomten Dokumenten oder Dokumenten im Querformat gibt es auch eine Bildlaufleiste unten am Bildschirm (siehe Abbildung 6.5), die allerdings nur dann zu sehen ist, wenn nicht das gesamte Dokument auf dem Bildschirm angezeigt werden kann. Die Pfeile zum Navigieren befinden sich links und rechts dieser Leiste. Mit ihrer Hilfe können Sie das Dokument auf dem Bildschirm verschieben.

6.2 Navigieren mit der Tastatur

Die Tastatur bietet Ihnen mehrere Möglichkeiten, sich in einem längeren Text zu bewegen. Beachten Sie dabei, dass Sie beim Navigieren mit der Tastatur, im Unterschied zum Navigieren mit der Bildlaufleiste, immer auch die Cursorposition ändern. Mit [↑] und [↓] wandern Sie zeilenweise nach oben oder unten. Wenn Sie eine dieser Tasten gedrückt halten, rutscht der Cursor in Windeseile höher oder tiefer.

Abbildung 6.6
Die Tasten zum Navigieren

Auch die Tasten Bild ↑ und Bild ↓ können Sie zum Navigieren nutzen. Mit ihrer Hilfe springen Sie mit dem Cursor Fenster für Fenster nach oben bzw. nach unten.

Ferner bietet die Tastatur die Tasten Pos1 und Ende. Mit Pos1 setzen Sie den Cursor an den Anfang der aktiven Zeile, mit Ende geschieht das Gegenteil: Der Cursor springt an das Ende der Zeile. Tabelle 6.1 zeigt noch einmal alle Tasten mit der entsprechden Navigationsrichtung im Überblick.

Taste	Richtung
←	ein Zeichen nach links
→	ein Zeichen nach rechts
↑	eine Zeile nach oben
↓	eine Zeile nach unten
Bild ↑	ein Fenster nach oben
Bild ↓	ein Fenster nach unten
Pos1	Setzt den Cursor an den Anfang der Zeile.
Ende	Setzt den Cursor an das Ende der Zeile.

Tabelle 6.1
Überblick über die Tasten zum Navigieren

Auch mit bestimmten *Tastenkombinationen* kann man sehr bequem in längeren Dokumenten navigieren. Tastenkombination bedeutet, dass Sie die erste Taste gedrückt halten und dann zusätzlich eine andere Taste drücken. In Tabelle 6.2 finden Sie einen Überblick über praktische Tastenkombinationen zum Bewegen innerhalb eines Textes.

Tastenkombination	Richtung
Pos1 + Strg	Setzt den Cursor an den Anfang des Dokuments.
Ende + Strg	Setzt den Cursor an das Ende des Dokuments.
Strg + →	Der Cursor springt ein Wort weiter.
Strg + ←	Der Cursor springt ein Wort zurück.
Strg + ↑	Der Cursor springt einen Absatz zurück.
Strg + ↓	Der Cursor springt einen Absatz weiter.
⇧ + F5	Der Cursor springt zur letzten Stelle im Dokument, die bearbeitet wurde.
Strg + Bild ↓	Der Cursor wird an den Anfang der nächsten Seite gesetzt.
Strg + Bild ↑	Der Cursor wird an den Anfang der vorherigen Seite gesetzt.

Tabelle 6.2
Tastenkombinationen zum Navigieren in Dokumenten

6.3 Die Verwendung von Textmarken

In sehr langen Dokumenten ist es oft hilfreich, direkt zu einer bestimmten Stelle hüpfen zu können, ohne sich mit der Maus oder mithilfe von Tasten (oder Tastenkombinationen) durch den Text bewegen zu müssen.

Für eine solche direkte Navigation können Sie Textmarken verwenden. Die Textmarke fungiert dann als eine Art Sprungziel, das man direkt ansteuern kann. Lassen Sie uns zunächst den Begriff klären: Bei Textmarken handelt es sich um Markierungen im Text (jedoch kann auch eine Grafik zur Textmarke erklärt werden), nach denen man über die Funktion **Gehe zu** suchen lassen kann.

Textmarken definieren

Um mit Textmarken zu arbeiten, müssen Sie zunächst eine oder mehrere Textmarken definieren.

1 Um eine Textmarke als Sprungziel zu nutzen, müssen Sie den Text nicht unbedingt markieren. Es reicht, wenn Sie zu der Stelle im Text gehen, an der Sie eine Textmarke setzen möchten. Wenn Sie möchten, können Sie aber auch ein Wort oder ein Textstückchen markieren.

2 Aktivieren Sie die Registerkarte **Einfügen** und klicken Sie in der Gruppe **Link** auf die Schaltfläche **Textmarke**.

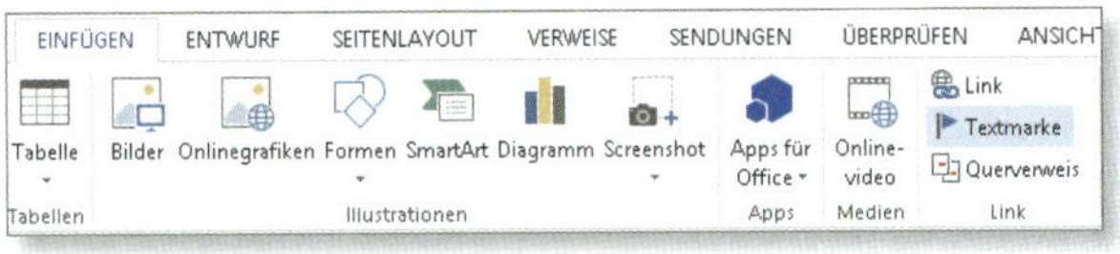

Abbildung 6.7
Die Schaltfläche »Textmarke«

3 Im Dialog **Textmarke** geben Sie in das Feld **Textmarkenname** eine Bezeichnung für die Textmarke ein. Wählen Sie am besten einen Namen, der auf die Textstelle hinweist, sodass Sie gezielt zur richtigen Stelle im Text springen können.

4 Wenn Sie einen passenden Namen gefunden haben, klicken Sie auf **Hinzufügen**. Dadurch erstellen Sie die Textmarke, und der Dialog wird automatisch geschlossen.

INFO

Wichtig: geschickt navigieren!

Für Anwender, die bisher keine langen Dokumente erstellt haben, ist der Wunsch nach schneller Navigation oft nicht unmittelbar einsichtig, weil man ja auch so schnell durch einen Text scrollen kann. Aber glauben Sie uns: Autoren (und andere Leute, die mit Dokumenten mit 80 oder mehr Seiten hantieren), wissen die Möglichkeit zu schätzen, bestimmte Stellen im Text im Direktflug zu erreichen! Spätestens wenn Sie einmal eine Diplom- oder Doktorarbeit oder auch den seit Langem geplanten Roman schreiben, werden Sie uns zustimmen.

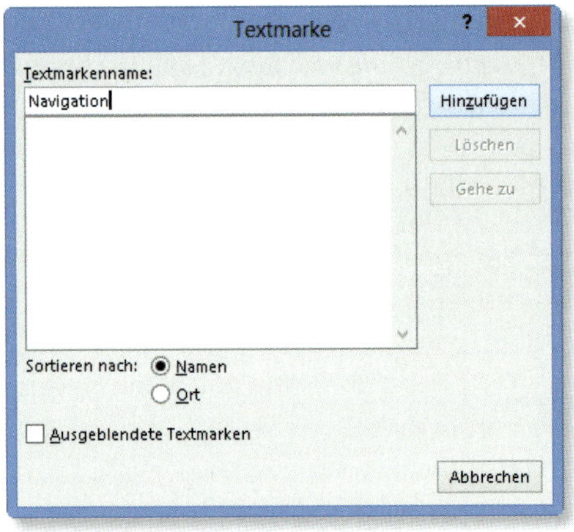

Abbildung 6.8
Eine Textmarke erstellen

Nun haben Sie die Textmarke erstellt, im Text selbst ist davon allerdings nichts zu sehen.

Zu Textmarken springen

Um die Textmarke als Navigationshilfe zu verwenden, brauchen Sie den Dialog **Suchen und Ersetzen** mit der Registerkarte **Gehe zu**.

1 Aktivieren Sie die Registerkarte **Start** und klicken Sie auf den Pfeil am Symbol **Suchen**.

2 Im zugehörigen Menü klicken Sie auf den Eintrag **Gehe zu**.

Abbildung 6.9
Klicken Sie auf »Gehe zu«.

Dadurch öffnet sich das Dialogfenster **Suchen und Ersetzen** mit der Registerkarte **Gehe zu** (siehe Abbildung 6.10).

3 Im Feld **Gehe zu Element** markieren Sie das gesuchte Element, also **Textmarke**.

4 Im Feld **Textmarkennamen eingeben** können Sie mit einem Mausklick auf den Auswahlpfeil den Namen der gewünschten Textmarke auswählen, hier also **Navigation**. Dann klicken Sie unten rechts auf die Schaltfläche **Gehe zu**.

Abbildung 6.10
Zu einer Textmarke wandern

5 Nun wird der Cursor genau an der Stelle positioniert, an der Sie die gesuchte Textmarke gesetzt haben. Der Dialog **Suchen und Ersetzen** bleibt geöffnet; klicken Sie also auf **Schließen**, um ihn zu schließen (oder suchen Sie eine weitere Textmarke).

INFO

Namen für Textmarken

Wie beschrieben, können Sie Namen für Textmarken vergeben. Sie dürfen zwischen einem und 40 Zeichen lang sein und aus Buchstaben und Zahlen bestehen, wobei das erste Zeichen immer ein Buchstabe sein muss. Um mehrere Wörter eines Namens zu trennen, können Sie den Unterstrich verwenden (aber keinen Bindestrich oder Punkt!). Dass Sie einen unerlaubten Namen eingeben, erkennen Sie daran, dass die Schaltfläche **Hinzufügen** deaktiviert ist, also blass erscheint und nicht angeklickt werden kann.

Auch über den Navigationsbereich (zu aktivieren über **Ansicht > Navigationsbereich**) lässt sich die Registerkarte **Gehe zu** aufrufen. Klicken Sie dazu auf den Pfeil am Suchfeld und wählen Sie im Menü den Eintrag **Gehe zu**.

Genauso gut können Sie auch direkt über den Dialog **Textmarke** zu Ihren Textmarken gelangen. Rufen Sie über die Registerkarte **Einfügen** in der Gruppe **Hyperlinks** den Dialog **Textmarke** auf, markieren Sie die gewünschte Textmarke und klicken Sie dann auf die Schaltfläche **Gehe zu**.

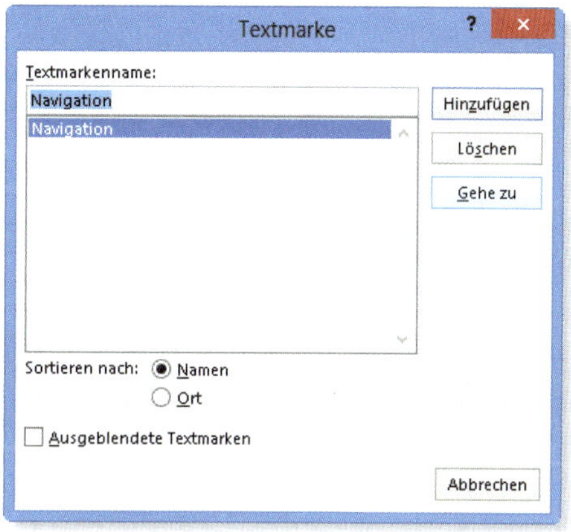

Abbildung 6.11
Über den Dialog »Textmarke« gelangen Sie zu einer Textmarke.

Textmarken löschen

Um eine Textmarke wieder zu löschen, öffnen Sie den Dialog **Textmarke** erneut. Hier markieren Sie die Textmarke, die Sie löschen möchten, und klicken dann auf die Schaltfläche **Löschen**. Die Textmarke wird ohne weitere Nachfrage entfernt.

Da die Stellen, denen eine Textmarke zugewiesen wurde, im Text nicht angezeigt werden, kann es leider vorkommen, dass man sie versehentlich löscht – einfach dadurch, dass man den entsprechenden Textabschnitt im Dokument löscht.

Textmarken hervorheben

Gegen dieses Missgeschick des versehentlichen Löschens gibt es ein Mittel: Heben Sie die Textmarke auf dem Bildschirm besonders hervor.

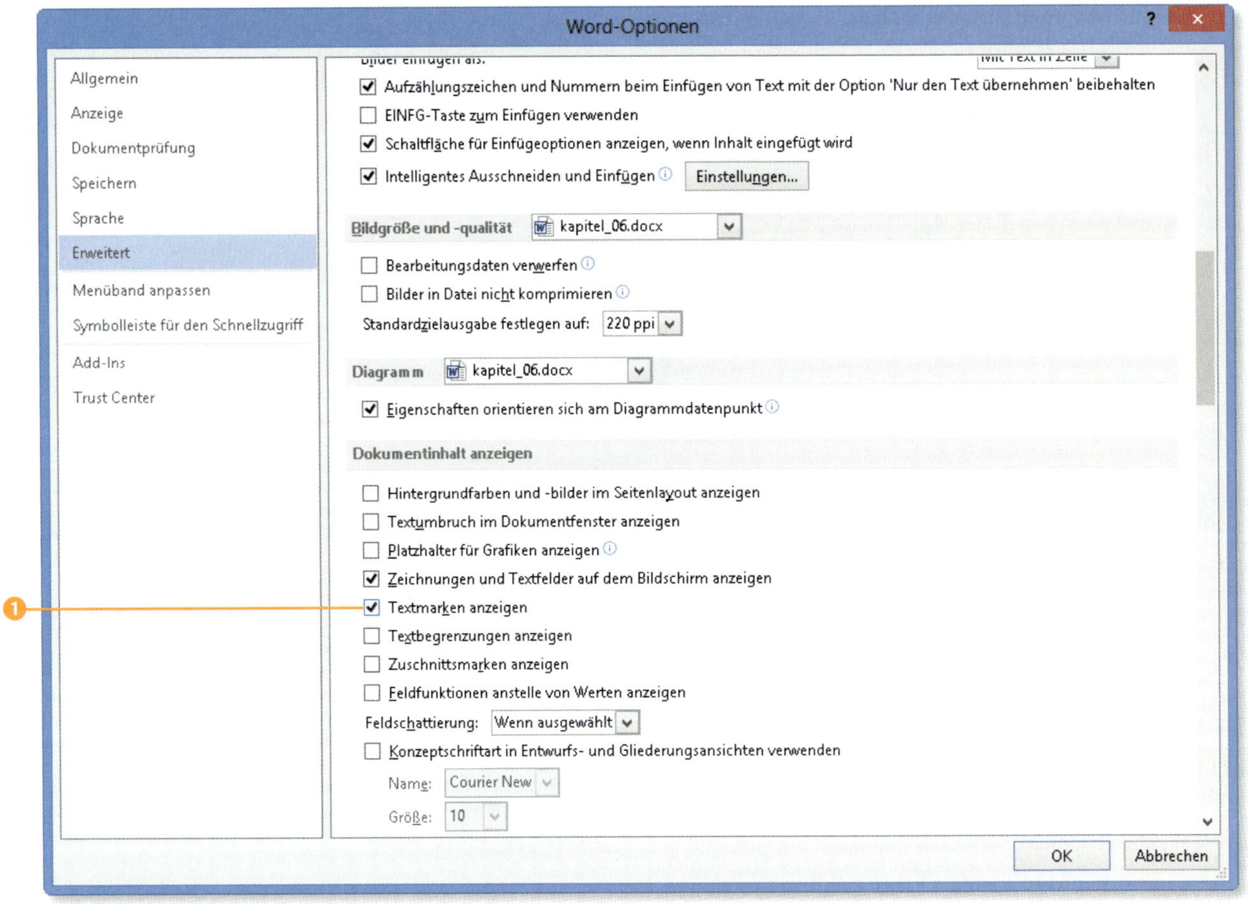

Abbildung 6.12
Textmarken anzeigen lassen

1. Klicken Sie im Register **Datei** auf **Optionen**.
2. Lassen Sie sich die Kategorie **Erweitert** anzeigen, indem Sie links darauf klicken (siehe Abbildung 6.12).
3. Wandern Sie dann im Fenster nach unten bis zum Bereich **Dokumentinhalt anzeigen**. Hier setzen Sie ein Häkchen vor die Option **Textmarken anzeigen** 1.

Daraufhin erscheint an der Position der Textmarke ein graues **I**. Falls Sie die Textmarke einem markierten Text zugeordnet hatten, wird dieser Text in eckige Klammern eingefasst. Das Ganze erscheint aber nur auf dem Bildschirm; in einem Ausdruck ist selbstverständlich nichts von der Hervorhebung zu sehen.

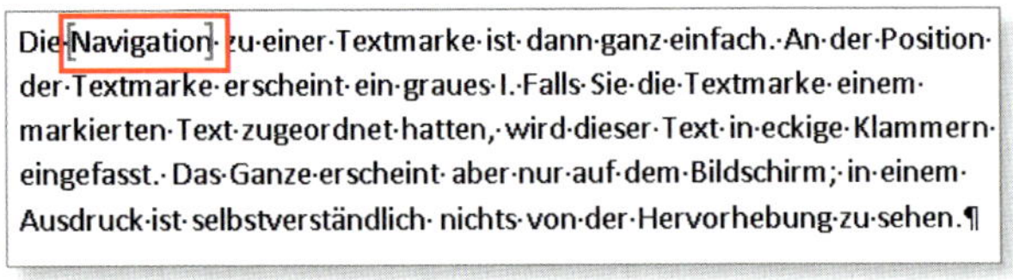

Abbildung 6.13
Die Anzeige einer Textmarke im Text

Die Einstellung **Textmarken anzeigen** gilt auch für Textmarken, die Sie erst noch setzen werden. Es werden also alle bereits gesetzten sowie alle zukünftigen Textmarken in Ihrem Text hervorgehoben. Wenn Sie eine Textmarke löschen, verschwinden natürlich auch die Hervorhebungen.

INFO

Die Registerkarte »Gehe zu« aufrufen

Klicken Sie auf die Seitenzahl unten links in der Statusleiste und öffnen Sie so den Navigationsbereich. Über den kleinen Pfeil neben dem Suchfeld und den Menüpunkt **Gehe zu** öffnen Sie den Dialog **Suchen und Ersetzen**.

6.4 Nach Elementen suchen

Textmarken sind sehr nützlich, setzen aber ein planvolles Arbeiten voraus, weil Sie bewusst festlegen müssen, welche Stellen im Dokument als Navigationsziele dienen sollen. Falls ein planvolles Vorgehen nicht Ihrem Naturell entspricht, bietet Ihnen Word andere Möglichkeiten, auf elegante Weise zu einer bestimmten Textstelle zu finden.

Es gibt z. B. die Suchfunktion, die Ihnen hilft, schnell und bequem zu einem bestimmten Textabschnitt bzw. einem bestimmten Wort zu springen. Sie können nach Texten suchen, die im Dokument auftauchen, nach Grafiken, bestimmten Formatierungen oder auch nach besonderen Zeichen.

INFO

Suchen und Formatieren

Die Suchfunktion von Word ist nicht nur eine Spürnase. Sie taugt auch dazu, alle Fundstellen in einem Rutsch zu markieren und zu formatieren. Wir beschreiben diese Möglichkeit im Zusammenhang mit der Suche über den Dialog **Suchen und Ersetzen** (im Abschnitt »Der Dialog ›Suchen und Ersetzen‹« auf Seite 137).

Suchen im Navigationsbereich

Für solche Suchaktionen können Sie den Navigationsbereich oder auch den Dialog **Suchen und Ersetzen** einsetzen. Wir beschreiben hier zunächst den Umgang mit dem Navigationsbereich.

1 Klicken Sie auf der Registerkarte **Start** auf die Schaltfläche **Suchen** in der Gruppe **Bearbeiten** ganz rechts auf der Menüleiste.

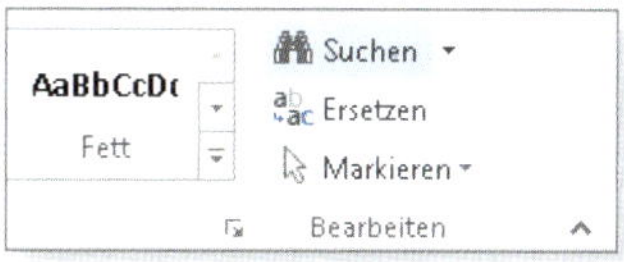

Abbildung 6.14
Die Schaltfläche »Suchen«

2 Daraufhin wird links am Bildschirm der Bereich **Navigation** mit der Kategorie **Ergebnisse** eingeblendet. In das Feld, in dem **Dokument durchsuchen** zu lesen ist, geben Sie ein Wort, also die gesuchte Textstelle, ein. Die Ergebnisse werden Ihnen unter dem Suchfeld angezeigt.

Abbildung 6.15
Der Navigationsbereich

3 In der Regel wird bereits eine Textstelle hervorgehoben, nachdem Sie einige Zeichen eingegeben haben. Ignorieren Sie diese Hervorhebung, wenn der Text nicht der gesuchten Stelle entspricht, und geben Sie den Text, den Sie suchen, vollständig in das Suchfeld ein.

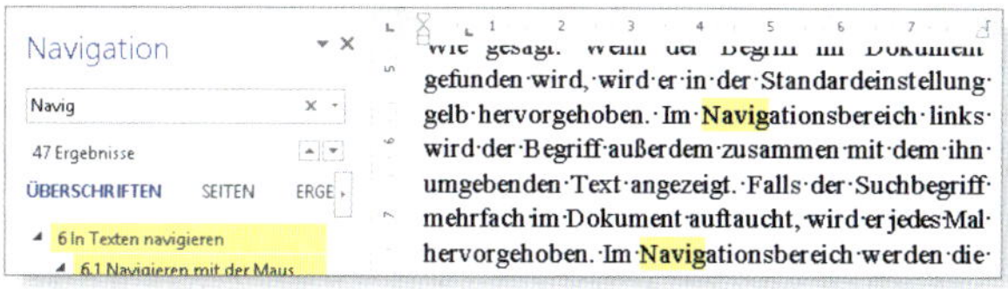

Abbildung 6.16
Der Begriff wird in der Regel schon nach der Eingabe weniger Zeichen gefunden.

Wie gesagt: Wenn der Begriff im Dokument gefunden wird, wird er in der Standardeinstellung gelb hervorgehoben. Im Navigationsbereich links wird der Begriff außerdem zusammen mit dem ihn umgebenden Text angezeigt. Falls der Suchbegriff mehrfach im Dokument auftaucht, wird er jedes Mal hervorgehoben. Im Navigationsbereich werden die entsprechenden Textstellen dann untereinander aufgelistet. Wenn Sie auf einen dieser Einträge klicken, können Sie zu der jeweiligen Stelle im Dokument springen.

Sie können die Größe des Navigationsbereiches verändern, indem Sie den Mauszeiger auf seinen rechten Rand setzen und ihn mit gedrückter Maustaste nach links ziehen. Per Klick auf das kleine Schließkreuz oben rechts werden Sie den Navigationsbereich wieder los.

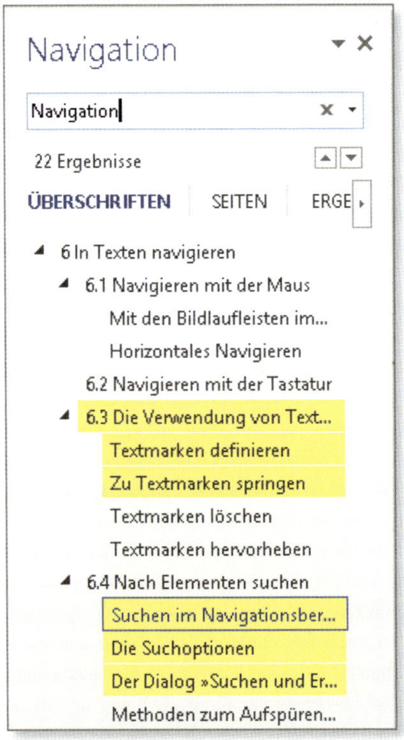

Abbildung 6.17
Die Fundorte werden im Navigationsbereich angezeigt.

Sobald Sie an dem Dokument weiterarbeiten, also beispielsweise die [↵]-Taste drücken oder Text eingeben, wird die Hervorhebung der gesuchten Begriffe entfernt. Wenn Sie einen bereits eingegebenen Suchbegriff erneut suchen lassen möchten, setzen Sie den Cursor einfach wieder in das Suchfeld im Navigationsbereich und drücken dann die [↵]-Taste. So werden wieder alle Fundorte hervorgehoben.

Die Suchoptionen

Die Arbeit mit dem Navigationsbereich bietet Ihnen auch die Möglichkeit, die Bedingungen für die Suche genauer zu definieren (siehe Abbildung 6.18). Klicken Sie also auf den Pfeil (1) am Suchfeld und im Menü auf **Optionen**, um Ihre Suche mithilfe der Suchoptionen zu verfeinern.

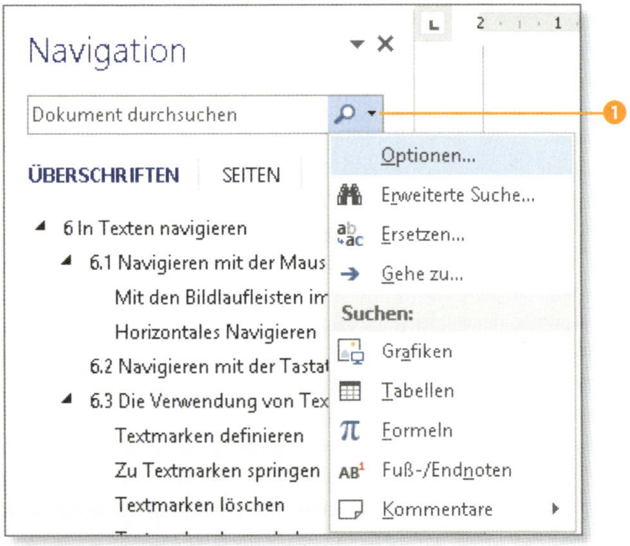

Abbildung 6.18
Die Suchoptionen aufrufen

Im Dialogfenster **Suchoptionen** (siehe Abbildung 6.19), das sich daraufhin öffnet, werden Ihnen folgende Einstellungen angeboten:

- **Groß-/Kleinschreibung beachten:** Bei der Suche werden nur Begriffe gefunden, die der Groß- und Kleinschreibung der Eingabe im Feld **Suchen nach** entsprechen.

- **Nur ganzes Wort suchen:** Mit dieser Option werden nur eigenständige Wörter gefunden, also solche, die zwischen zwei Leerstellen stehen oder durch eine Leerstelle und ein Satzzeichen vom übrigen Text getrennt sind.
- **Platzhalter verwenden:** Mit dieser Option lassen sich Wörter finden, deren Schreibweise in großen Teilen ähnlich ist. Die Eingabe »Schmi*« findet z. B. alle Schmidts, Schmids und Schmitts. Statt bestimmter Zeichen verwenden Sie also einen Platzhalter (auch *Joker* oder *Wildcard* genannt) wie das Sternchen.
- **Alles hervorheben:** Diese Option sorgt dafür, dass alle Fundstellen des Suchbegriffs hervorgehoben werden.
- **Inkrementelle Suche:** Die Option ist standardmäßig aktiviert und bewirkt, dass additiv gesucht wird, also Zeichen für Zeichen. Sobald Sie ein Zeichen eingegeben haben, werden entsprechende Fundstellen markiert, beim nächsten Zeichen gibt es andere passende Fundstellen etc.
- **Präfix/Suffix beachten:** Mit dieser Option werden alle Textstellen markiert, die den Suchbegriff am Wortanfang oder am Wortende enthalten.
- **Interpunktionszeichen ignorieren:** Wenn mehrere Wörter gefunden werden sollen, spürt Word mit dieser Option die gesuchten Wörter auch dann auf, wenn sie durch Interpunktionszeichen (z. B. ein Komma) getrennt wurden.
- **Leerzeichen ignorieren:** Wenn mehrere Wörter gefunden werden sollen, spürt Word mit dieser Option die betreffenden Wörter auch dann auf, wenn sie versehentlich durch zwei oder mehrere Leerzeichen getrennt wurden.

Der untere Bereich des Menüs des Suchfeldes ist recht eindeutig. Sie können hier nach den aufgelisteten Elementen suchen, also z. B. nach Grafiken, Tabellen, Formeln oder Fußnoten. Wenn Sie die Option **Fuß-/Endnote** wählen, wird das erste Fuß-/Endnotenzeichen im Text markiert, nicht die Fußnote selbst. Die letzte Option des Menüs ist insbesondere bei der Überarbeitung eines Dokuments sehr hilfreich. Mit ihr können Sie nach Kommentaren im Text suchen.

Der Dialog »Suchen und Ersetzen«

Wenn Sie bereits mit älteren Word-Versionen gearbeitet haben, ist Ihnen die Suche über den Dialog **Suchen und Ersetzen** vielleicht vertraut. Sie können oder dürfen Ihre Suche auch immer noch hier starten, und darüber hinaus bietet der Dialog noch ein paar pfiffige Einstellungs- bzw. Auswahlmöglichkeiten. Diesen Dialog können Sie auf verschiedenen Wegen aufrufen:

- Entweder klicken Sie auf den Pfeil am Symbol **Suchen** und wählen dann die Option **Erweiterte Suche**.
- Oder Sie öffnen das Menü über den Pfeil am Suchfeld im Navigationsbereich und klicken hier auf **Erweiterte Suche**.

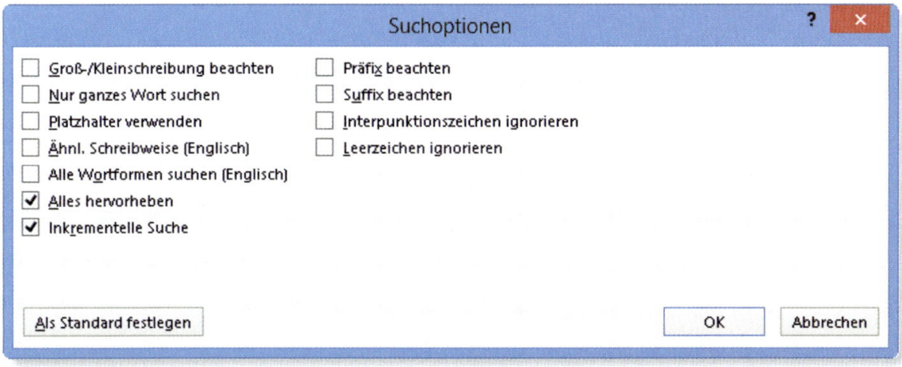

Abbildung 6.19
Die Suchoptionen

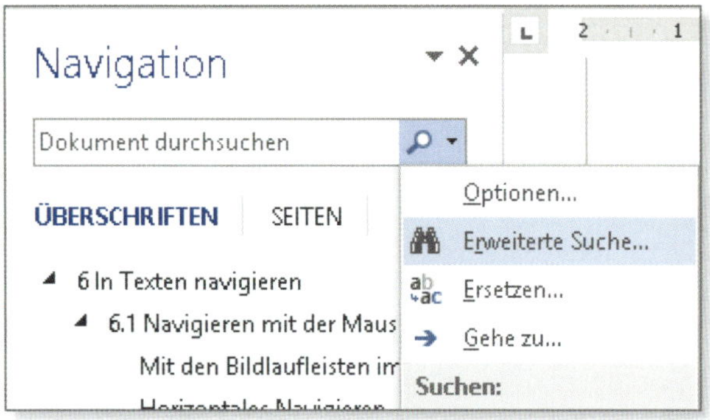

Abbildung 6.20
Den Dialog über den Navigationsbereich aufrufen

Im erweiterten Bereich des Dialogs **Suchen und Ersetzen** finden Sie verschiedene **Suchoptionen** sowie das Feld **Suchen**, in dem Sie die Suchrichtung festlegen können. Beides haben wir in Abschnitt 5.8, »Die Funktion ›Suchen und Ersetzen‹«, bereits genauer beschrieben.

Nachdem Sie sich für einzelne Suchoptionen entschieden haben, geben Sie in das Feld **Suchen nach** den Begriff ein, nach dem gesucht werden soll (siehe Abbildung 6.21).

Der Dialog **Suchen und Ersetzen** bleibt übrigens so lange geöffnet – selbst wenn Sie in ein anderes Dokument wechseln –, bis Sie ihn explizit schließen. Im Gegensatz zu vielen anderen Dialogen verhindert dieser Dialog die Weiterarbeit am Dokument also nicht.

Methoden zum Aufspüren der Fundstellen

Für die Anzeige der potenziellen Fundstellen gibt es ebenfalls verschiedene Möglichkeiten: Klicken Sie auf die Schaltfläche **Weitersuchen**. Damit springt der Cursor zur nächsten Textstelle, die der gesuchten entspricht. Sie wird automatisch markiert. Wenn der Suchbegriff häufiger vorkommt und Sie zur nächsten Stelle springen möchten, klicken Sie erneut auf **Weitersuchen**, sodass wieder das nächste Vorkommen des Suchbegriffs markiert wird.

Mit der daneben befindlichen Schaltfläche **Suchen in** können Sie festlegen, in welchem Teil des Dokuments nach dem angegebenen Begriff gesucht werden soll. Je nachdem, welche Elemente das Dokument enthält, haben Sie im Menü unterschiedliche Textelemente zur Auswahl: **Hauptdokument**, **Kopf- und Fußzeilen**, **Fuß-**

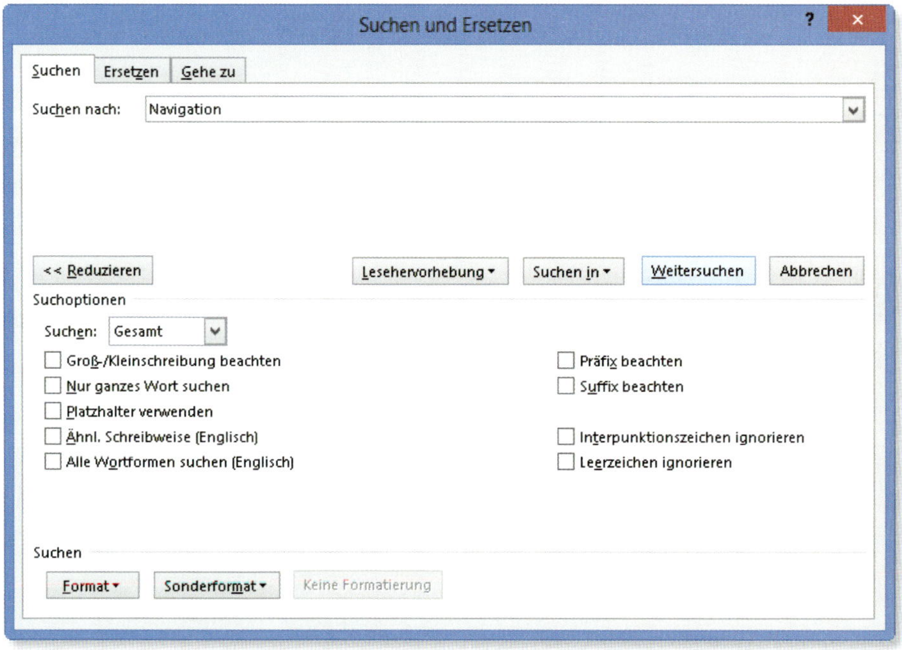

Abbildung 6.21
Den Suchbegriff eingeben

noten, **Kommentare** oder **Aktuelle Auswahl** (die letzte Option wird angeboten, wenn Sie zuvor einen Bereich markiert haben).

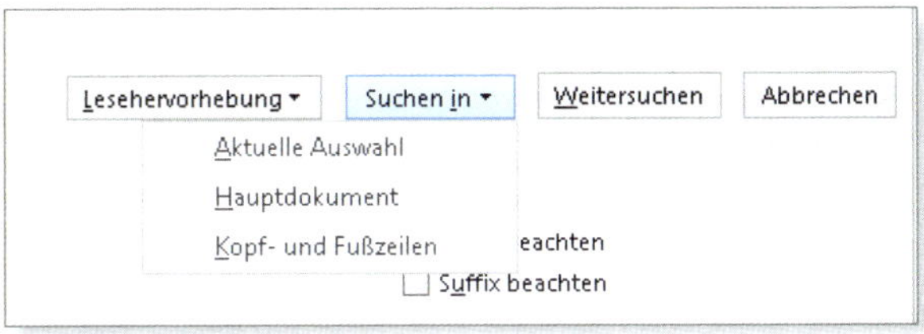

Abbildung 6.22
Wo soll gesucht werden?

TIPP

Fundstellen bequem formatieren

Wenn Sie in diesem Auswahlmenü auf **Hauptdokument** klicken, werden alle Fundstellen markiert – nicht der Reihe nach wie mit der Schaltfläche **Weitersuchen**, sondern alle gleichzeitig. Diesen markierten Fundstellen könn(t)en Sie jetzt diverse Zeichenformatierungen zuweisen. Wenn Sie beispielsweise auf das Symbol **Fett** klicken, werden alle Fundstellen fett formatiert. Dass der Dialog **Suchen und Ersetzen** noch geöffnet ist, stört bei dieser Aktion nicht.

Ganz nett ist auch die Möglichkeit, alle Fundstellen mit einem Schlag hervorheben zu lassen. Dazu klicken Sie auf die Schaltfläche **Lesehervorhebung** und im Menü auf **Alles hervorheben**. Im Nu werden alle Fundstellen gelb hinterlegt.

Am schnellsten werden Sie diese Hervorhebungen wieder los, wenn Sie im Menü auf **Hervorhebung löschen** klicken. Ansonsten können Sie sich die Stellen auch einzeln vornehmen, sie markieren und im Menü der Schaltfläche **Texthervorhebungsfarbe** (auf der Registerkarte **Start**) die Option **Keine Farbe** wählen. So prüfen Sie jede einzelne Fundstelle für sich, was allerdings mehr Zeit in Anspruch nimmt. Entscheiden Sie von Fall zu Fall, welche Option am geeignetsten ist.

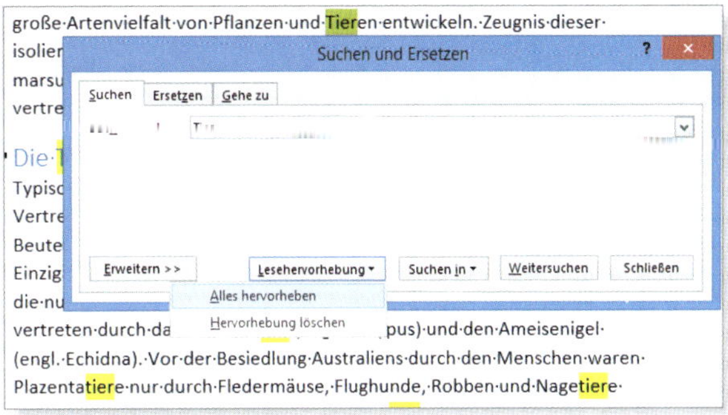

Abbildung 6.23
Fundstellen hervorheben lassen

Nach Formaten suchen

Mithilfe der Suchfunktion können Sie auch nach Textabschnitten mit bestimmten Formatierungen suchen.

1 Klicken Sie im erweiterten Dialog auf die Schaltfläche **Format** und im Menü auf die Option, die den erforderlichen Dialog aufruft. Ein Beispiel: Sie suchen nach kursiv formatierten Textstellen, also klicken Sie auf **Zeichen**.

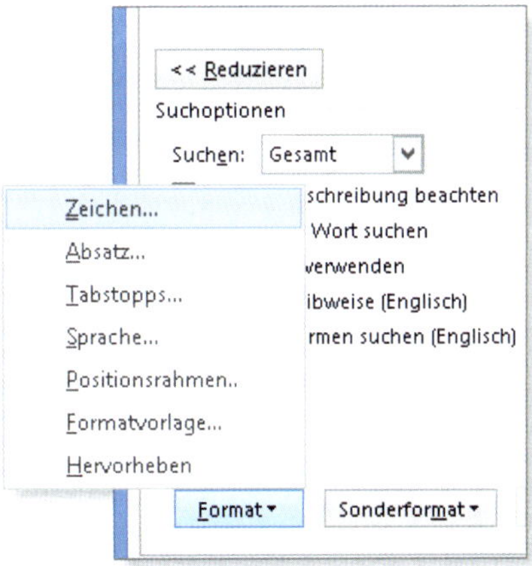

Abbildung 6.24
So suchen Sie formatierte Textstellen.

2 Auf diese Weise rufen Sie den Dialog **Zeichen suchen** auf. Dort markieren Sie im Bereich **Schriftschnitt** die Option **Kursiv**.

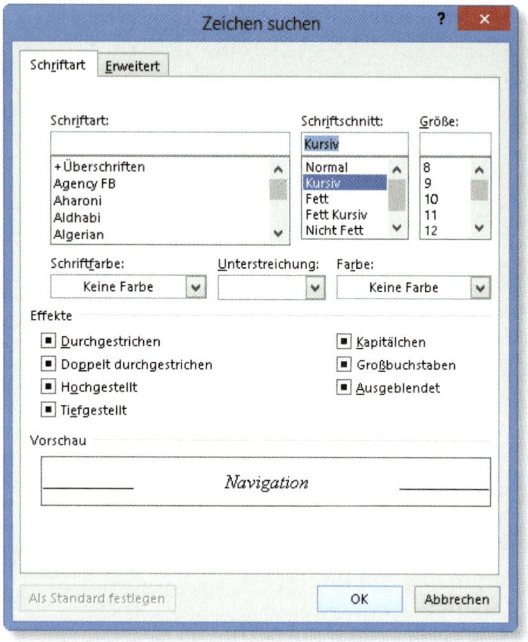

Abbildung 6.25
Der Dialog »Zeichen suchen«

3 Dann schließen Sie den Dialog mit einem Klick auf **OK**.

4 Zurück im Dialog **Suchen und Ersetzen** klicken Sie auf **Weitersuchen**. Sie werden sehen, dass jetzt die erste kursiv formatierte Textstelle markiert ist.

HINWEIS

Dialoge vs. Schaltflächen

Wie Sie im Zusammenhang mit der erweiterten Suche gesehen haben, ist es ganz hilfreich, sich auch ein wenig näher mit der Bedeutung der Dialoge zu befassen, die sich hinter den Schaltflächen verbergen. Viele Anwender begnügen sich mit den Schaltflächen, über die zugegebenermaßen vieles zu erledigen ist – aber eben nicht alles!

Textpassagen in anderen Sprachen finden

Sie sehen im Menü der Schaltfläche **Format**, dass Sie nicht nur nach bestimmten Formaten, sondern auch nach anderen Elementen oder beispielsweise nach Textstellen in anderen Sprachen suchen können. Letzteres wollen wir Ihnen nun zeigen.

1 Klicken Sie im Menü **Format** auf den Eintrag **Sprache**.

Abbildung 6.26
Nach Textstellen in anderen Sprachen suchen

2 Daraufhin öffnet sich der Dialog **Sprache suchen**. Hier markieren Sie die Sprache, nach der Sie suchen wollen, z. B. **Englisch (Großbritannien)**, indem Sie mit der Maus darauf klicken.

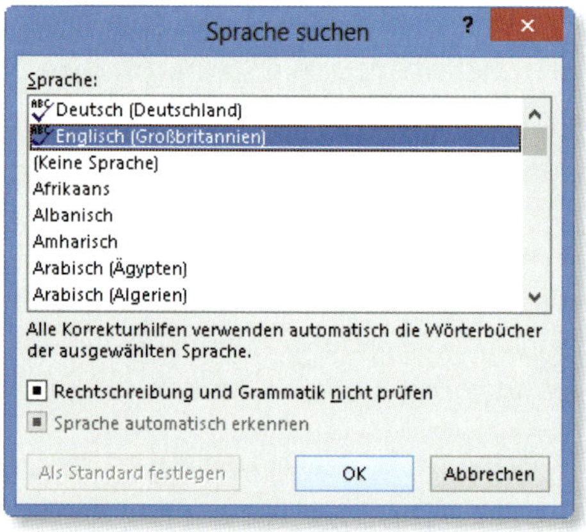

Abbildung 6.27
Die Sprache festlegen, nach der gesucht werden soll

3 Schließen Sie den Dialog, indem Sie auf **OK** klicken, und klicken Sie dann auf der Registerkarte **Suchen** des Dialogfensters **Suchen und Ersetzen** auf die Schaltfläche **Weitersuchen**. Die erste Textstelle, für die die Sprache **Englisch (Großbritannien)** eingestellt ist, wird markiert.

HINWEIS

Eine Sprache einstellen

Beachten Sie, dass die Suche nach Sprachen nur funktioniert, wenn die gesuchte Sprache auch irgendwo im Dokument eingestellt ist. Ist dies nicht der Fall, findet Word nichts. Den Umgang mit fremdsprachigen Texten erklären wir Ihnen in Kapitel 9, »Rechtschreibprüfung, Silbentrennung und Thesaurus«.

Nach Sonderformaten suchen

Über das Menü der Schaltfläche **Sonderformat** im erweiterten Bereich des Dialogs **Suchen und Ersetzen** können Sie nach allen möglichen Zeichen suchen lassen, z. B. nach Tabstopps, Gedankenstrichen oder Fußnotenzeichen. Klicken Sie einfach auf ein beliebiges Zeichen im Menü der Schaltfläche **Sonderformat**, um dieses Zeichen in das Feld **Suchen nach** des Dialogs zu übernehmen. Anschließend verfahren Sie wie bereits beschrieben.

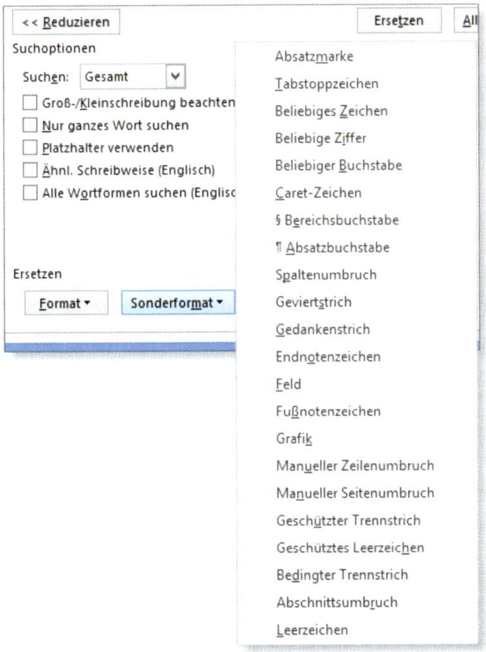

Abbildung 6.28
Nach Sonderformaten suchen

Übrigens bietet das Menü der Sonderformate teils andere Zeichen, wenn als Suchoption **Platzhalter verwenden** aktiviert ist. Sie finden hier dann Zeichen, die Sie dabei unterstützen, die Suche mithilfe von Platzhaltern festzulegen.

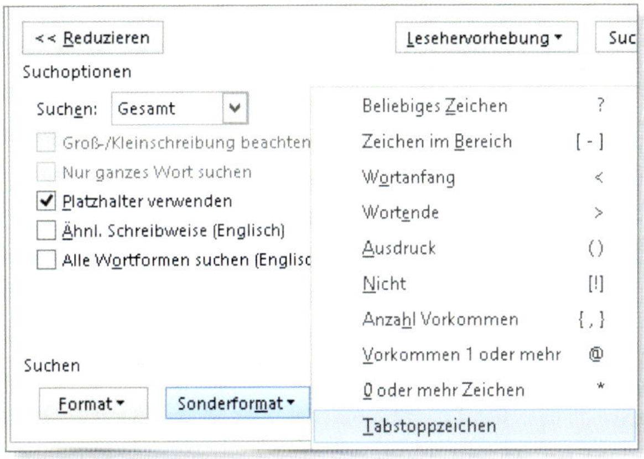

Abbildung 6.29
Sonderformatzeichen für die Arbeit mit Platzhaltern

6.5 Die Funktion »Gehe zu«

Besonders praktisch zum Navigieren in umfangreichen Dokumenten ist die Funktion **Gehe zu**. Mithilfe dieser Funktion können Sie direkt zu diversen Elementen im Text springen, z. B. zu Kommentaren, Fußnoten, Tabellen oder Überschriften. Auf diese Weise müssen Sie nicht umständlich durchs Dokument scrollen, sondern können gezielt navigieren und sich schnell einen Überblick über Ihr Dokument verschaffen.

Sie finden die Funktion **Gehe zu** ebenfalls im Dialog **Suchen und Ersetzen**. Um direkt die passende Registerkarte zu öffnen, klicken Sie auf der Registerkarte **Start** in der Gruppe **Bearbeiten** auf den Pfeil am Symbol **Suchen** und im zugehörigen Menü auf den Eintrag **Gehe zu**. Genauso gut können Sie auch im Navigationsbereich auf den Pfeil am Suchfeld klicken und im Menü dann **Gehe zu** wählen, beide Wege führen zu demselben Dialog.

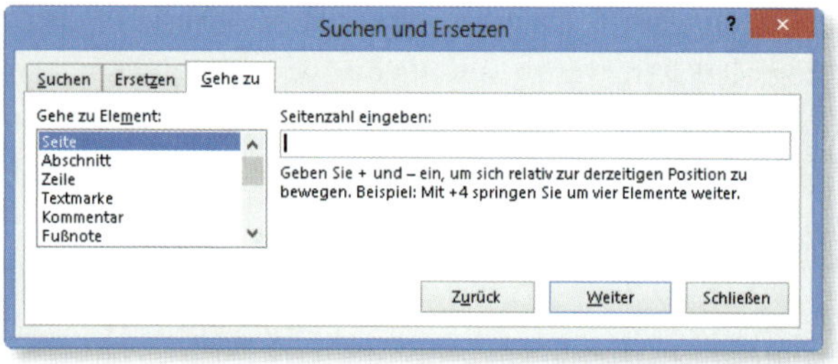

Abbildung 6.30
Die Registerkarte »Gehe zu« im Dialog »Suchen und Ersetzen« öffnen

Daraufhin wird der Dialog angezeigt, und die Registerkarte **Gehe zu** ist bereits aktiviert.

TIPP

Die Registerkarte »Gehe zu« schneller öffnen

Noch leichter lässt sich der Dialog **Suchen und Ersetzen** mit der Registerkarte **Gehe zu** aufrufen, wenn Sie unten links in der Statusleiste auf den Bereich **Seitenzahl im Dokument** klicken.

Auf der Registerkarte **Gehe zu** werden in der Auswahlliste des Feldes **Gehe zu Element** unterschiedliche Elemente im Dokument aufgelistet, die Sie als Ziel verwenden können.

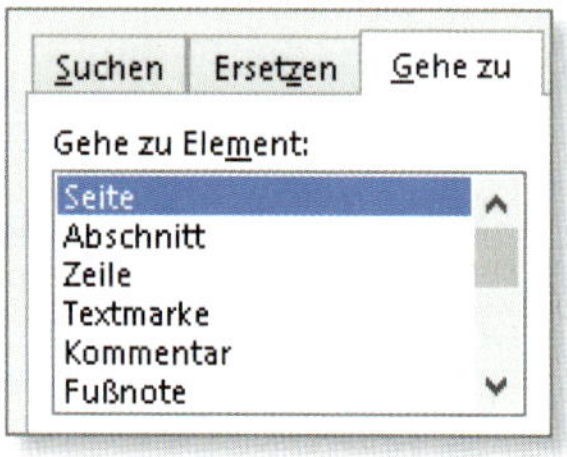

Abbildung 6.31
Welches Element suchen Sie?

Markieren Sie das gewünschte Element und geben Sie in das Feld daneben das entsprechende Ziel ein, z. B. eine genaue Seitenzahl. Folgende Elemente können ausgewählt werden:

- **Seite:** Geben Sie einfach die Seitenzahl der Seite ein, die Sie sich anzeigen lassen wollen.
- **Abschnitt:** Geben Sie die Nummer des Abschnitts ein, zu dem der Cursor springen soll.
- **Zeile:** Um zu einer bestimmten Zeile zu springen, helfen die Zeilennummern. Diese können Sie sich anzeigen lassen, indem Sie auf der Registerkarte **Seitenlayout** in der Gruppe **Seite einrichten** auf den Pfeil am Symbol **Zeilennummern** klicken. Im Menü wählen Sie die Option **Fortlaufend**. Sie können theoretisch auch ohne diese Einstellung zu einer bestimmten Zeile hüpfen, nur wissen Sie dann eben die Zeilennummer nicht und können den Cursor schlecht dirigieren.

TIPP

Zeilennummern in der Taskleiste

Sie können sich die Zeilennummer der aktuellen Cursorposition auch in der Taskleiste anzeigen lassen. Dazu klicken Sie die Taskleiste mit der rechten Maustaste an und aktivieren im Kontextmenü die Option **Zeilennummer**. Mit dieser Einstellung werden die Zeilen allerdings nicht fortlaufend gezählt, sondern beginnen auf jeder neuen Seite wieder bei 1.

- **Textmarke:** Geben Sie einfach den Namen der Textmarke ein, zu der Sie springen möchten, oder klicken Sie auf den Auswahlpfeil und markieren Sie die gesuchte Textmarke. (Die Verwendung von Textmarken wurde in Abschnitt 6.3, »Die Verwendung von Textmarken«, bereits ausführlich beschrieben.)
- **Kommentar:** Sie können zu einem bestimmten Kommentar springen, indem Sie den Bearbeiter und die Nummer des Kommentars eingeben (auch die Kommentare zu einem Dokument werden nämlich durchgezählt).

HINWEIS

Kommentare

Mehr zum Thema Kommentare finden Sie weiter hinten in diesem Buch in Kapitel 36, »Überarbeitungen und Kommentare«.

- **Fußnote:** Auch die Fußnoten, die Sie in einem Text gesetzt haben, werden in der Regel durchgezählt. Geben Sie also einfach die Nummer der Fußnote in das Suchfeld ein. Der Cursor wird dann vor das gesuchte Fußnotenzeichen im Text gesetzt.
- **Endnote:** Endnoten erscheinen in der Regel als fortlaufende Nummern an den entsprechenden Stellen im Text. Geben Sie die Nummer der gesuchten Endnote in das Suchfeld ein. Der Cursor wird im Erfolgsfall vor das Endnotenzeichen im Text gesetzt.
- **Feld:** Mit dieser Option springt der Cursor zu den Elementen, die Sie als Feld eingefügt haben, z. B. zu einem Datum oder einem Querverweis. Über den Auswahlpfeil am Feld **Feldname eingeben** legen Sie die Feldvariante fest.
- **Tabelle:** Mit dieser Option können Sie zu Tabellen springen. Die Tabellen werden dokumentintern durchgezählt. Wenn Sie beispielsweise zu der dritten Tabelle im Dokument navigieren möchten, geben Sie »Tabelle 3« in das Suchfeld ein (es reicht auch, wie es in Abbildung 6.32 zu sehen ist, nur die Nummer einzugeben). Der Cursor springt in die erste Zelle der Tabelle. Auch aus Excel kopierte und in Word eingefügte Tabellen werden gefunden.
- **Grafik:** Auch eingefügte Grafiken werden dokumentintern durchgezählt. Geben Sie »Grafik 2« ein, um zur zweiten Grafik im Dokument zu springen (auch hier reicht es, nur die Nummer einzugeben).
- **Formel:** Formeln werden ebenfalls im Dokument durchgezählt. Geben Sie eine »2« ein, um zur zweiten Formel im Dokument zu springen.
- **Objekt:** Mit *Objekt* sind beispielsweise Excel-Arbeitsblätter oder PowerPoint-Folien gemeint, die Sie als eingebettete Objekte in Ihr Word-Dokument eingefügt haben. (Man fügt solche Objekte auf der Registerkarte **Einfügen** über die Schaltfläche **Objekt** in der Gruppe **Text** ein. So erhalten Sie im Dokument ein Arbeitsblatt, das dem Programm entspricht, aus dem das Objekt stammt, beispielsweise Excel oder PowerPoint. In Kapitel 35, »Das Zusammenspiel mit anderen Programmen«, erfahren Sie mehr zu diesem Thema.) Nach Excel-Arbeitsblatt-Objekten suchen Sie mit »Tabelle 1« etc., nach Folien-Objekten mit »Folie 1«. Die Objekte werden intern durchgezählt. Sie können aber auch auf den Pfeil rechts am Feld **Objektnamen eingeben** klicken und in der zugehörigen Liste genau das Objekt auswählen, das angezeigt werden soll. Wenn Sie hier beispielsweise den Eintrag **Microsoft Excel-Arbeitsblatt** markieren, springt der Cursor zum ersten Excel-Objekt, mit der Schaltfläche **Weiter** zum nächsten etc.
- **Überschrift:** Auch die per Formatvorlage formatierten Überschriften werden intern durchgezählt. Wenn Sie »2« eingeben, springt der Cursor zur zweiten Überschrift im Dokument.

Nachdem Sie auf diese Weise ein genaues Ziel eingegeben haben, klicken Sie auf die Schaltfläche **Gehe zu** unten rechts im Dialogfenster. Daraufhin springt der Cursor zum angegebenen Ziel. Der Dialog bleibt dennoch geöffnet, sodass Sie ein weiteres Ziel eingeben und über **Gehe zu** danach suchen können. Wenn Sie **Objekt** als Ziel angegeben haben, wandern Sie mit der Schaltfläche **Weiter** von Suchergebnis zu Suchergebnis.

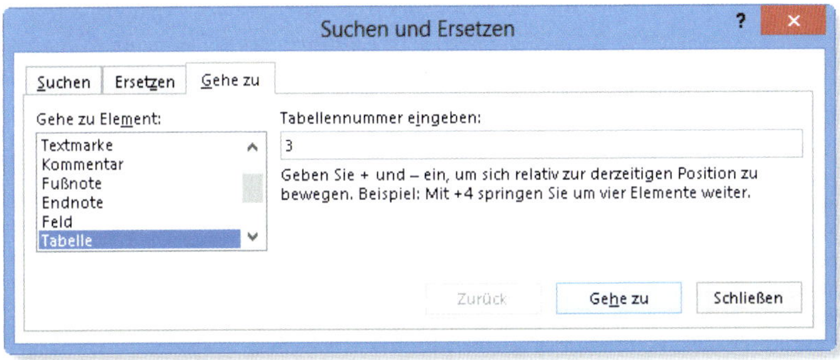

Abbildung 6.32
So suchen Sie die dritte Tabelle im Dokument.

Kapitel 7
Textabschnitte markieren und neu ordnen

Das Markieren von Textpassagen ist die Grundlage für die meisten Aktionen, egal, ob es darum geht, bestimmte (Zeichen-)Formatierungen festzulegen, Text zu kopieren oder Absätze hin- und herzuschieben. Ohne den Text vorher zu markieren, würde all dies nicht funktionieren.

Selten gelingen Texte auf Anhieb so, dass sie direkt »druckreif« sind. Früher musste man den Text in einem solchen Fall oft zu großen Teilen oder sogar komplett neu schreiben, heute kann man Textpassagen so lange hin- und herschieben, bis man mit dem Ergebnis zufrieden ist. Auch dies macht ein bisschen Mühe, aber der Aufwand ist nicht zu vergleichen mit den Mühsalen vergangener Zeiten.

Da diese Arbeitsschritte nicht erledigt werden können, ohne die betreffenden Textabschnitte vorher zu markieren, gehen wir in diesem Kapitel zunächst auf die vielen unterschiedlichen Markierungsmethoden ein, die Ihnen in Word zur Verfügung stehen.

7.1 Den Text markieren

Viele Anwender greifen, wenn es ums Markieren geht, ganz selbstverständlich zur Maus. Diese Methode kennt jeder, der nicht zum allerersten Mal am PC sitzt. Es gibt jedoch auch noch andere Möglichkeiten, Text zu markieren. Sie können auch mit der Tastatur markieren, bei der Arbeit an einem Touchscreen mit dem Finger, mithilfe von Tastenkombinationen und auch mit bestimmten Befehlen. Wie alles im Leben haben die verschiedenen Techniken jeweils ihre Vor- und Nachteile.

Grundsätzlich spricht natürlich wenig gegen die »Mausmethode«, wenn Sie sie geschickt nutzen. Zum einen müssen Sie dabei aber die Finger von der Tastatur nehmen, um die Maus zu bedienen, was immer ein klein wenig Zeit kostet. Seitenlange Texte kann man besser (und vor allem schneller!) auf andere Art markieren, und gerade Anfänger verschieben Textpassagen beim Markieren mit der Maus häufig ungewollt (das liegt an der Drag-&-Drop-Funktion, die Sie hier auch noch kennenlernen werden).

Markieren mit der Maus

Mit der Maus zu markieren ist vermutlich die bekannteste und am meisten verbreitete Art und Weise, kurze oder längere Texte zu markieren. Man setzt den Cursor an den Anfang des zu markierenden Textes, hält die Maustaste gedrückt und zieht den Cursor über die Zeichen. Sobald die Markierung mehr als ein Wort umfasst, wird sie standardmäßig jeweils um ein Wort erweitert (nicht mehr nur um einzelne Zeichen).

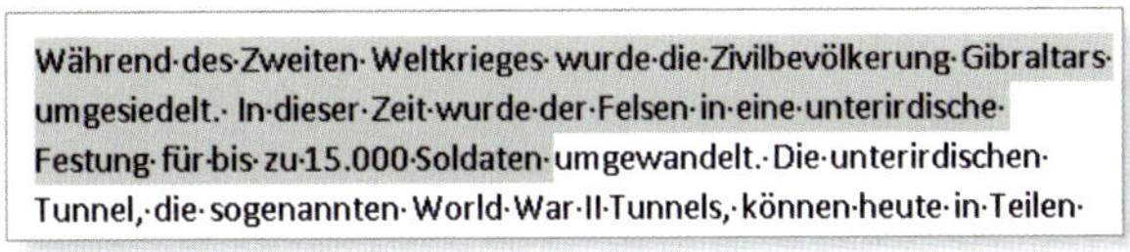
Während·des·Zweiten·Weltkrieges·wurde·die·Zivilbevölkerung·Gibraltars·umgesiedelt.· In·dieser·Zeit·wurde·der·Felsen·in·eine·unterirdische·Festung·für·bis·zu·15.000·Soldaten·umgewandelt.·Die·unterirdischen·Tunnel,·die·sogenannten·World·War·II·Tunnels,·können·heute·in·Teilen·

Abbildung 7.1
Einen Textbereich markieren

Diese Art der Markierung funktioniert auch, wenn Sie den Mauszeiger ans Ende des zu markierenden Textes setzen und ihn dann mit gedrückter Maustaste nach links über den Text ziehen. Um gleich mehrere Zeilen zu markieren, ziehen Sie den Mauszeiger mit gedrückter Maustaste nach unten (oder aber entsprechend vom Ende des zu markierenden Bereiches nach oben). Wichtig ist bei dieser Methode, dass Sie den Cursor genau vor oder hinter den Bereich setzen, den Sie markieren wollen – irgendwo in der Mitte anzufangen funktioniert nicht!

TIPP

Markierungsoptionen

Wenn Sie verhindern möchten, dass stets komplette Wörter markiert werden, können Sie die entsprechende Option auch deaktivieren. Öffnen Sie über die Registerkarte **Datei** die Word-Optionen und aktivieren Sie hier die Kategorie **Erweitert**. Im Bereich **Bearbeitungsoptionen** deaktivieren Sie die Option **Automatisch ganze Wörter markieren**. Klicken Sie auf **OK**, um Ihre Änderungen zu bestätigen.

Tipps zum Markieren

Unabhängig von dieser »klassischen« Art des Markierens gibt es weitere Methoden, um einzelne Textabschnitte besonders einfach zu markieren. Ein einzelnes Wort markieren Sie beispielsweise ganz einfach, indem Sie einen Doppelklick darauf setzen.

Um längere Textauszüge zu markieren, nutzen Sie den Bereich links neben dem Text (der deshalb aus gutem Grund auch *Markierungsleiste* genannt wird). Dass Sie sich im richtigen Bereich befinden, erkennen Sie daran, dass der Mauszeiger als Pfeil angezeigt wird. Klicken Sie einfach neben den Text, um eine Zeile zu markieren, doppelt, um den ganzen Absatz zu markieren, und dreifach, wenn Sie den gesamten Text im Dokument markieren wollen.

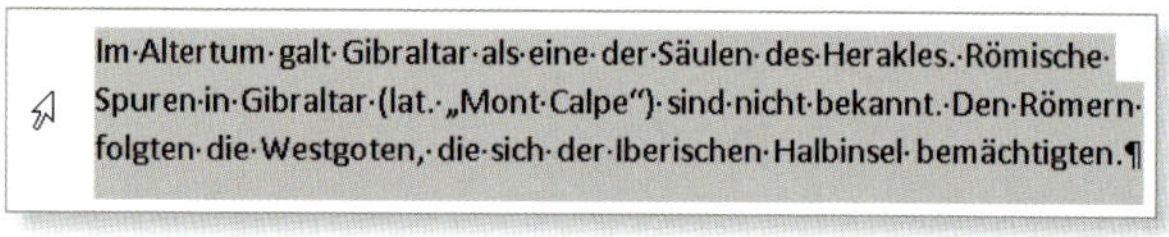

^ *Abbildung 7.2*
Mit einem Doppelklick links neben dem Text wird ein Absatz markiert.

Tabelle 7.1 gibt noch einmal einen Überblick über die verschiedenen »Klickmethoden«.

Zu markierender Bereich	Methode
ein Wort	Doppelklick auf das Wort
eine Zeile	einfacher Mausklick links neben der Zeile
ein Absatz	Doppelklick links neben dem Absatz (auch ein Dreifachklick direkt auf den Absatz funktioniert)
gesamter Text	dreifacher Mausklick links neben dem Text

^ *Tabelle 7.1*
Mit der Maus markieren

Markieren über Befehle

Wie gesagt: Viele Wege führen nach Rom. Es gibt weitere Handgriffe und Tricks für schnelles und bequemes Markieren. Besonders praktisch sind hierbei z. B. die Befehle, die Sie auf der Registerkarte **Start** in der Gruppe **Bearbeiten** finden:

- Um das gesamte Dokument zu markieren, klicken Sie auf den Pfeil an der Schaltfläche **Markieren** und wählen **Alles markieren** aus dem zugehörigen Menü.
- Mit dem Befehl **Alle Textbestandteile mit ähnlicher Formatierung auswählen** können Sie genau das erreichen: Alle Textstellen, die genauso formatiert sind wie der Textbereich, in dem der Cursor steht, werden in einem Rutsch markiert.

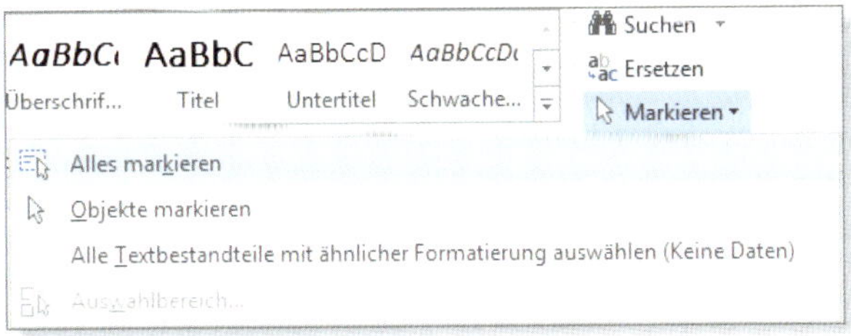

Abbildung 7.3
Den gesamten Text markieren

Wenn Sie beispielsweise mehrere Wörter fett oder kursiv formatiert haben und diese Wörter alle im Dokument markieren wollen (um ihnen z. B. auch noch eine Farbe zuzuweisen), wählen Sie diesen Befehl. Setzen Sie den Cursor in eines der Wörter mit dieser Formatierung und klicken Sie dann auf **Alle Textbestandteile mit ähnlicher Formatierung auswählen**.

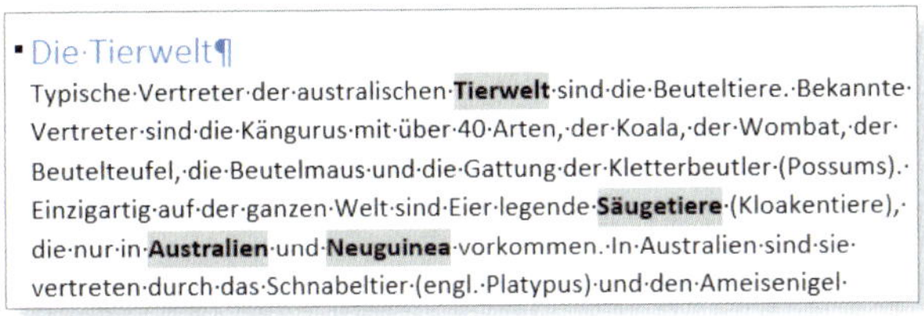

Abbildung 7.4
Alle gleich formatierten Textstellen werden markiert.

Auf Touchdisplays per Fingereingabe markieren

Wenn Sie an einem Touchdisplay arbeiten, brauchen Sie zum Markieren weder die Maus noch die Tastatur bzw. Tastenkombinationen. Sie können Textstellen ganz einfach per Fingereingabe markieren.

Tippen Sie den Text – wie bei einem Mausklick – an der Stelle an, an der die Markierung beginnen soll. Daraufhin erscheint ein kleiner Kringel – der sogenannte *Auswahlziehpunkt*. Gleichzeitig taucht in der Regel am unteren Rand des Bildschirms die virtuelle Tastatur auf. Das ist lästig, aber Sie werden sie schnell wieder los, indem Sie einfach auf das Schließkreuz tippen.

Mithilfe dieses Kringels können Sie die Markierung über den Text ziehen. Ähnlich wie mit der Maus »greifen« Sie den Kringel mit dem Finger und ziehen über den zu markierenden Text.

Haben Sie eine Textstelle markiert, erscheint am Anfang (bzw. unterhalb der Stelle, an der Sie den Bildschirm angetippt haben) und am Ende der Markierung jeweils ein Auswahlziehpunkt. Mit diesen Kringeln können Sie das Ende und den Anfang der Markierung verschieben.

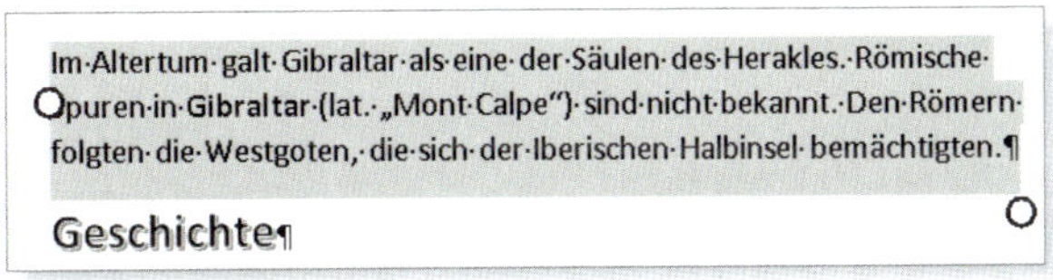

Abbildung 7.5
Text mit dem Finger markieren – die Auswahlziehpunkte sind am Anfang und Ende des markierten Textes.

Sie werden feststellen, dass diese Methode der Markierung nicht immer auf Anhieb klappt, der Finger ist nun mal nicht so ein präzises Zeigergerät wie die Maus. Mit der Zeit und ein wenig Übung bekommt man den Dreh aber einigermaßen raus. Ein Wort markieren Sie übrigens mit einem »Doppeltouch«, also indem Sie das Wort zweimal hintereinander kurz antippen.

Markieren mit der Tastatur

Das Markieren mit der Maus klappt nicht immer, insbesondere wenn die Übung fehlt. Benutzen Sie doch einfach mal die Tastatur! Einzelne Zeichen, Wörter und kurze Textpassagen lassen sich so prima – und im Prinzip sogar schneller als mit der Maus – markieren, denn die Finger liegen ja ohnehin auf der Tastatur. Wir möchten diese Methode besonders ungeübten Anwendern ans Herz legen, denn wir erleben es oft, dass der mit der Maus markierte Textbereich unabsichtlich an eine andere Stelle gezogen wird. Dies liegt an der Drag-&-Drop-Funktion, die eigentlich eine schöne Methode zum Verschieben ist, aber nur, wenn man sie bewusst einsetzt! (Wir stellen Ihnen diese Methode im Abschnitt »Verschieben per Drag-&-Drop« ab Seite 152 noch genauer vor.)

Um mit der Tastatur zu markieren, gehen Sie wie im Folgenden beschrieben vor.

1 Setzen Sie den Cursor an die Stelle im Text, an der die Markierung beginnen soll. Dann drücken Sie die [⇧]-Taste und halten sie gedrückt.

2 Nun erweitern Sie die Markierung mithilfe der Pfeiltasten. Zur Erweiterung nach rechts drücken Sie also [→].

3 Wenn Sie versehentlich zu weit markiert haben, drücken Sie einfach [←], um die Markierung wieder zurückzunehmen.

4 Um mehrere Zeilen auf einmal zu markieren, nutzen Sie [↓]; dadurch wird die Markierung Zeile für Zeile erweitert. Mit [↑] lässt sich die Markierung wieder zurücknehmen, falls Sie zu viel markiert haben.

Sie können sich vermutlich denken, dass die Markierung mit der [⇧]-Taste auch funktioniert, wenn Sie [←] oder [↑] drücken. Sie müssen dann lediglich darauf achten, dass der Cursor jeweils richtig platziert ist, nämlich hinter dem Text, den Sie markieren wollen.

Markieren mit der Taste F8

Nicht nur die [⇧]-Taste hilft beim Markieren. Sie können auch die Taste [F8] drücken (nur ein Mal, nicht gedrückt halten!) und damit den sogenannten *Erweiterungsmodus* einschalten. Auf diese Weise können Sie die Markierung mit der Tastatur erweitern oder verkleinern, ohne dass Sie dabei die [⇧]-Taste gedrückt halten müssen. Zum eigentlichen Markieren nutzen Sie dann die Pfeiltasten wie zuvor beschrieben. Sie beenden den Erweiterungsmodus mit der [Esc]-Taste.

Praktische Tastenkombinationen

Zusätzlich zu den bisher erwähnten Methoden gibt es einige Tastenkombinationen, auf die Sie zurückgreifen können, um Textabschnitte zu markieren. Besonders praktisch sind hierfür folgende Tastenkombinationen:

- Um das gesamte Dokument zu markieren, drücken Sie die Tasten [Strg] + [A].
- Bei längeren Dokumenten kann es vorkommen, dass Sie den Text ab einer bestimmten Stelle bis zum Ende markieren möchten. In diesem Fall nutzen Sie die Tastenkombination [Strg] + [⇧] + [Ende]. Achten Sie darauf, dass der Cursor an der richtigen Stelle (nämlich vor dem zu markierenden Textstück) steht, bevor Sie diese Tastenkombination einsetzen.
- Umgekehrt funktioniert das auch: Um einen Text von einer bestimmten Stelle bis zum Anfang des Dokuments zu markieren, drücken Sie die Tasten [Strg] + [⇧] + [Pos1].

Die Arbeit mit Tastenkombinationen erspart Ihnen den Griff zur Maus und die Suche nach dem Befehl im Menü, wodurch Sie besonders bei der Arbeit mit langen Texten Zeit gewinnen.

Mehrfachmarkierung: nicht zusammenhängende Texte markieren

Bei allen bisher vorgestellten Methoden ging es um die Markierung zusammenhängender Texte. Sie können mit der Maus jedoch auch Textstellen markieren, die nicht direkt nebeneinanderstehen. Man nennt dies *Mehrfachmarkierung*. Der Trick dabei ist folgender: Sie halten beim Markieren die [Strg]-Taste gedrückt.

1 Markieren Sie die erste Textstelle.

2 Drücken Sie die [Strg]-Taste und halten Sie sie gedrückt.

3 Per Ziehen mit der Maus (oder z. B. per Doppelklick, wenn es um einzelne Wörter geht) markieren Sie die nächsten Textstellen.

4 Wenn Sie alle Textstellen auf diese Weise markiert haben, lassen Sie die [Strg]-Taste wieder los.

Nun fragen Sie sich sicher, wie Sie sich all das merken sollen – zu Recht! Wir gestehen gern, dass es nicht einfach ist – zumal es ja auch noch viele andere Tastenkombinationen für ganz andere Funktionen gibt, die ebenso nützlich sind. Nach unserer Erfahrung versuchen Sie am besten, sich zunächst nur die wichtigsten Kombinationen zu merken und diese so häufig wie möglich zu benutzen, damit sie Ihnen geläufig werden. Besonders wichtig (im Sinne von wirklich nützlich) sind unseres Erachtens diese:

- Strg + Ende und Strg + Pos1 zum Navigieren
- Strg + A, um das gesamte Dokument zu markieren
- Strg + ⇧ + Ende, um das Dokument ab einer bestimmten Stelle zu markieren

Aber das ist letztlich Geschmacksache – vielleicht entdecken Sie andere Kombinationen, die Sie oft und gerne einsetzen. Allen Tastenkombinationen ist jedoch gemein, dass Sie bei Ihrer Arbeit mit Word mit ihnen zum Teil lange Klickwege einsparen können. Wir legen sie Ihnen daher ans Herz. Im Anhang am Ende dieses Buches finden Sie dazu eine Sammlung an Tastenkombinationen, sortiert nach Themen- bzw. Einsatzgebieten. Suchen Sie sich dort einfach die Shortcuts heraus, die Sie gut gebrauchen können.

7.2 Textteile und Absätze verschieben

Ein großer Vorteil bei der Arbeit mit Word (und jedem anderen Textverarbeitungsprogramm) ist, dass Texte nach dem ersten Schreiben nicht gleich perfekt sein müssen, sondern so lange umgestaltet und neu strukturiert werden können, bis Sie damit zufrieden sind. Diese Umgestaltung ist möglich, ohne dass Sie eine einzige Textzeile neu schreiben müssen, denn Textabschnitte lassen sich beliebig ausschneiden bzw. kopieren und an anderer Stelle wieder einfügen. Mit anderen Worten: Sie können ein bestimmtes Textstück an einer Stelle »wegnehmen« und dann an einer besser geeigneten Stelle im Dokument platzieren. Genauso gut lassen sich Passagen kopieren und erneut an anderer Stelle im Text verwenden (und das beliebig häufig).

Text verschieben mithilfe der Befehle »Ausschneiden« und »Kopieren«

Wie beim Markieren gibt es auch beim Ausschneiden und Kopieren von Textstellen diverse Methoden. Der klassische Weg zum Ausschneiden bzw. Kopieren und Einfügen ist der im Folgenden beschriebene.

1 Markieren Sie die Textpassage, die ausgeschnitten oder kopiert werden soll.

2 Aktivieren Sie die Registerkarte **Start** und klicken Sie hier in der Gruppe **Zwischenablage** auf **Ausschneiden** (die Schaltfläche mit dem kleinen Scheren-Symbol) oder auf **Kopieren** (die Schaltfläche mit dem doppelten Blatt Papier).

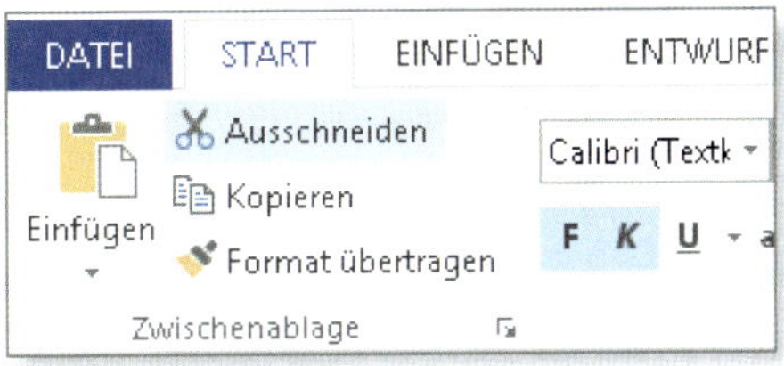

Abbildung 7.6
Die Schaltflächen »Ausschneiden« und »Kopieren« finden Sie auf der Registerkarte »Start«.

3 Setzen Sie nun den Cursor an die Stelle im Dokument, an der der ausgeschnittene Text eingefügt werden soll.

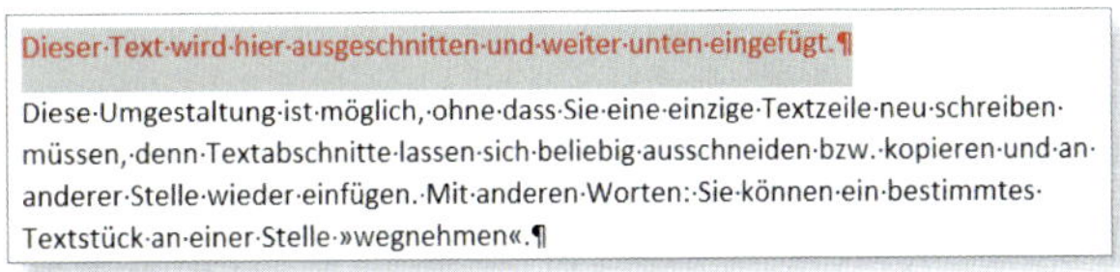
Dieser·Text·wird·hier·ausgeschnitten·und·weiter·unten·eingefügt.¶
Diese·Umgestaltung·ist·möglich,·ohne·dass·Sie·eine·einzige·Textzeile·neu·schreiben·müssen,·denn·Textabschnitte·lassen·sich·beliebig·ausschneiden·bzw.·kopieren·und·an·anderer·Stelle·wieder·einfügen.·Mit·anderen·Worten:·Sie·können·ein·bestimmtes·Textstück·an·einer·Stelle·»wegnehmen«.¶

Abbildung 7.7
Der markierte Textbereich wird ausgeschnitten.

4 Klicken Sie schließlich auf die Schaltfläche **Einfügen** ❶ (Abbildung 7.8) in der Gruppe **Zwischenablage**. Daraufhin wird der Text mit den gleichen Formatierungseinstellungen, die der ursprüngliche Text hatte, wieder eingefügt.

INFO

Kopieren oder ausschneiden?

Wenn Sie **Kopieren** wählen, bleibt der markierte Text an der ursprünglichen Stelle stehen, beim **Ausschneiden** wird er von der ursprünglichen Stelle entfernt. Beim **Einfügen** wiederum macht es keinen Unterschied, ob Sie den Text vorher kopiert oder ausgeschnitten haben.

Wenn der eingefügte Text ein anderes Format haben soll, können Sie eine entsprechende Einfügeoption wählen (siehe folgenden Abschnitt »Die Einfügeoptionen«).

INFO

Einfügen

Der ausgeschnittene bzw. kopierte Textabschnitt kann natürlich nicht nur in dem Dokument wieder eingefügt werden, aus dem er stammt. Sie können ihn in jede andere Datei oder auch in ein neues Dokument einfügen.

Die Einfügeoptionen

Mit den Einfügeoptionen legen Sie fest, wie der ausgeschnittene bzw. kopierte Textabschnitt dort formatiert werden soll, wo er neu eingefügt wird. Klicken Sie auf den Pfeil an der Schaltfläche **Einfügen**, um die Auswahl an Optionen zu sehen.

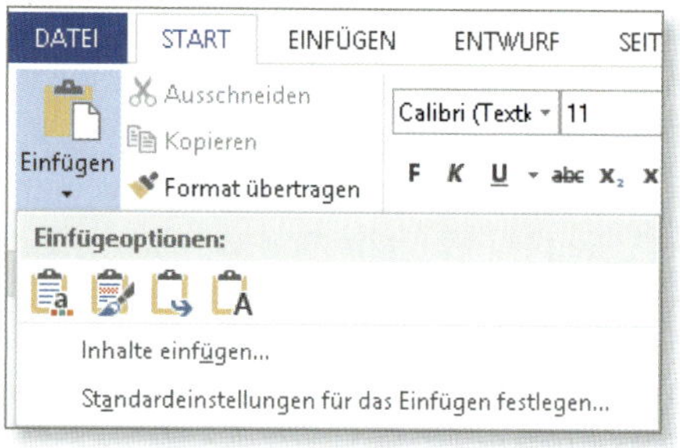

Abbildung 7.9
Die Einfügeoptionen

Die jeweiligen Schaltflächen haben folgende Auswirkungen:

- Mit der Option **Zieldesign verwenden** übernehmen Sie die Formatierung des Dokuments, in das Sie den Text einfügen, für den einzufügenden Text. Diese Option ist allerdings nur vorhanden, wenn Sie den ausgeschnittenen Text in ein Dokument einfügen möchten, das eine andere Dokumentvorlage oder ein anderes Design hat als Ihr Ursprungstext. Andernfalls ist diese Option inaktiv.
- Die Option **Ursprüngliche Formatierung beibehalten** fügt den Text so ein, wie er ursprünglich formatiert war.
- **Formatierung zusammenführen** bedeutet, dass die ursprüngliche Formatierung und die Formatierung des Zieldokuments zusammengeführt werden. (Unter Umständen kann diese Mischung jedoch sehr wild aussehen.)

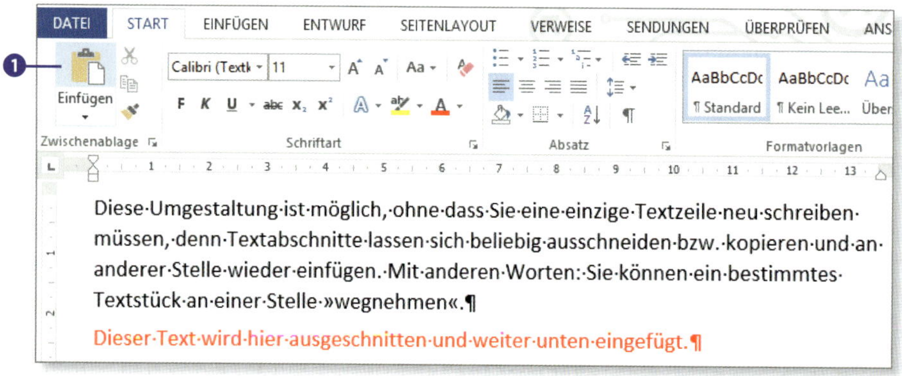

Abbildung 7.8
Der Text wurde genau so eingefügt, wie er vorher war.

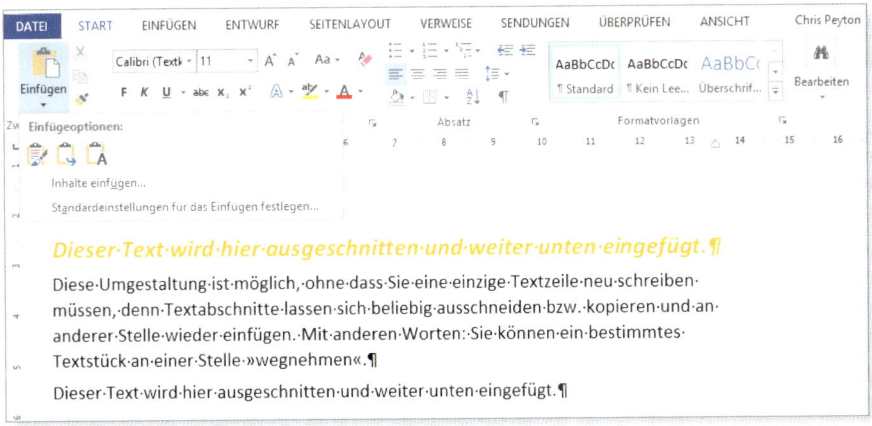

Abbildung 7.10
So fügen Sie Text in der Standardformatierung ein.

- **Nur den Text übernehmen** verwirft jegliche spezielle Formatierung und fügt den Text im Word-Standardformat ein (siehe Abbildung 7.10).

Wenn Sie Text ausgeschnitten oder kopiert haben und mit dem Mauszeiger auf eine der Einfügeoptionen zeigen, erhalten Sie direkt im Text eine Vorschau auf das Ergebnis. Per Mausklick auf eine der genannten Schaltflächen fügen Sie den ausgewählten Text dann in Ihr neues Dokument bzw. an anderer Stelle im Dokument ein.

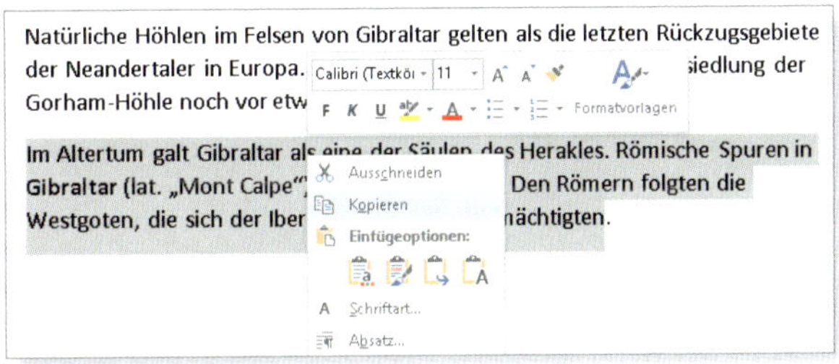

Abbildung 7.11
Ausschneiden bzw. Kopieren und Einfügen über das Kontextmenü

Ausschneiden bzw. Kopieren und Einfügen über das Kontextmenü

Zum Ausschneiden bzw. Kopieren und Einfügen können Sie auch das Kontextmenü benutzen. Sobald Sie ein Textstück markiert haben, klicken Sie es mit der rechten Maustaste an und öffnen so das Kontextmenü. Hier finden Sie dann die Befehle **Ausschneiden** und **Kopieren** (die Einträge gibt es zwar auch, wenn Sie nichts markiert haben, aber sie sind dann nicht aktiv). Zum Einfügen gibt es wiederum die bereits beschriebenen Möglichkeiten im Bereich **Einfügeoptionen**. Wenn Sie mit dem Mauszeiger auf eine Einfügeoption zeigen, verschwindet der Rest des Kontextmenüs fast vollständig. Ein merkwürdiger Effekt, den sich die Programmierer hier ausgedacht haben. Vielleicht waren sie der Meinung, dass wir sonst mit dem Kontextmenü überfordert sein könnten?

Ausschneiden und Kopieren mithilfe der Tastatur

Wie bei vielen Aktionen können Sie auch beim Kopieren, Ausschneiden und Einfügen mit der Tastatur arbeiten – eine Methode, die oft praktischer und schneller ist, als extra zur Maus zu greifen und die passende Schaltfläche im Menüband zu suchen. Folgende Tastenkombinationen (auch *Shortcuts* genannt) können Sie nutzen:

- Strg + X zum Ausschneiden eines Textstücks
- Strg + C zum Kopieren eines Textstücks
- Strg + V zum Einfügen eines Textstücks

Bei dieser Methode haben Sie allerdings keine Auswahl, mit welcher Formatierung der ausgeschnittene bzw. kopierte Text eingefügt wird. Standardmäßig wird er hierbei mit der Option **Ursprüngliche Forma-**

tierung beibehalten eingefügt. Zur Not müssen Sie ihn dann eben noch einmal formatieren (diese »Abkürzung« eignet sich also nicht für alle Fälle gleich gut).

> **TIPP**
>
> **Wie wird der Text standardmäßig eingefügt?**
>
> Wie Text standardmäßig eingefügt wird, können Sie selbst bestimmen. Wenn Sie nichts ändern, wird die Option **Ursprüngliche Formatierung beibehalten** genutzt. Um den Standard zu ändern, öffnen Sie über **Datei** > **Optionen** das Dialogfenster **Word-Optionen** und aktivieren dort den Bereich **Erweitert**. Unter **Ausschneiden, Kopieren und Einfügen** können Sie die Standards ändern, indem Sie die entsprechenden Angaben in den Auswahlmenüs der Felder machen.

Verschieben per Drag-&-Drop

Profis nutzen zum Verschieben von Textpassagen auch gern die Methode *Drag-&-Drop*, auf gut Deutsch »Ziehen und fallen lassen«. Dies geht schnell, und hier werden ebenfalls die verschiedenen Optionen zum Einfügen angeboten. Der Unterschied zum Einfügen über das Kontextmenü ist, dass der Text zunächst mit der ursprünglichen Formatierung an der neuen Stelle eingefügt wird und man diese erst nachträglich ändert.

1. Um einen Text auszuschneiden und dann zu verschieben, müssen Sie ihn natürlich zuerst markieren.
2. Zeigen Sie mit der Maus auf den markierten Bereich, sodass der Mauszeiger zu einem weißen Pfeil wird.

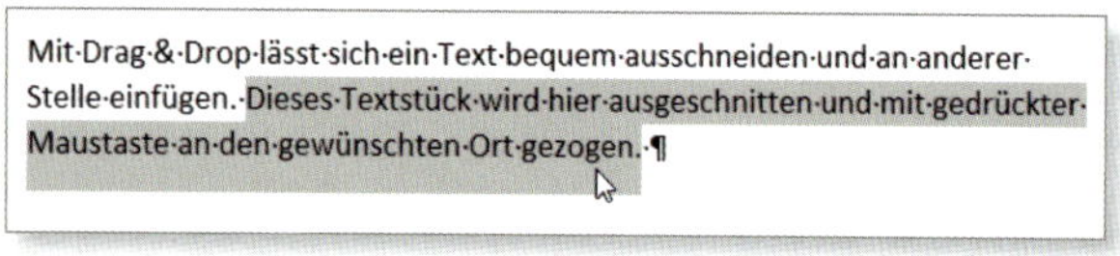

^ Abbildung 7.12
Der Mauszeiger verwandelt sich in einen weißen Pfeil (wenn für den Mauszeiger der Standard eingestellt ist).

3. Ziehen Sie das Textstück nun mit gedrückter Maustaste an den gewünschten Ort. Bei dieser Aktion erscheint neben dem Mauszeiger ein kleines Rechteck (wie eine Art Päckchen, das den ausgeschnittenen Text enthält).

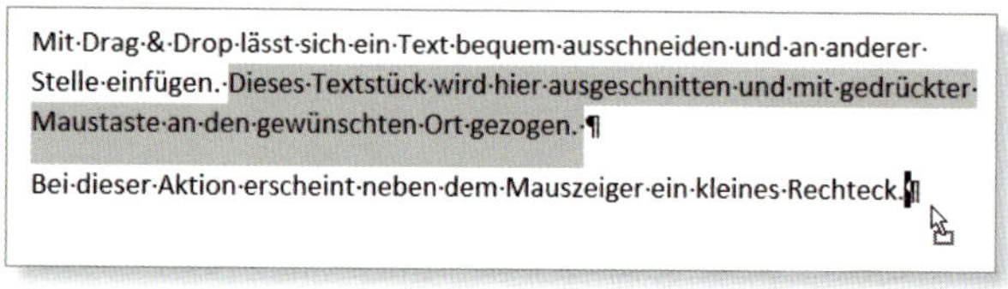

^ Abbildung 7.13
Der Text wird hier »fallen gelassen«.

4. Lassen Sie die Maustaste los, sobald Sie an der Stelle, an der Sie den Text einfügen möchten, einen kleinen vertikalen Strich sehen. Schauen Sie genau hin, damit Ihr Text an der richtigen Stelle eingefügt wird!

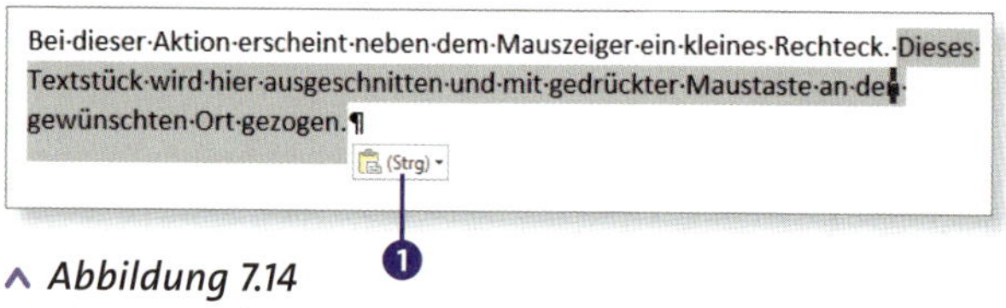

^ Abbildung 7.14
Der Text wurde eingefügt, und eine kleine Schaltfläche erscheint.

Nach dem Einfügen erscheint eine kleine Schaltfläche ❶ neben dem eingefügten Text. Mit dem kleinen Pfeil rechts an dieser Schaltfläche (oder mit der `Strg`-Taste) klappen Sie nun die Einfügeoptionen auf. Per Mausklick auf das entsprechende Symbol können Sie nachträglich die Formatierung des eingefügten Textes ändern.

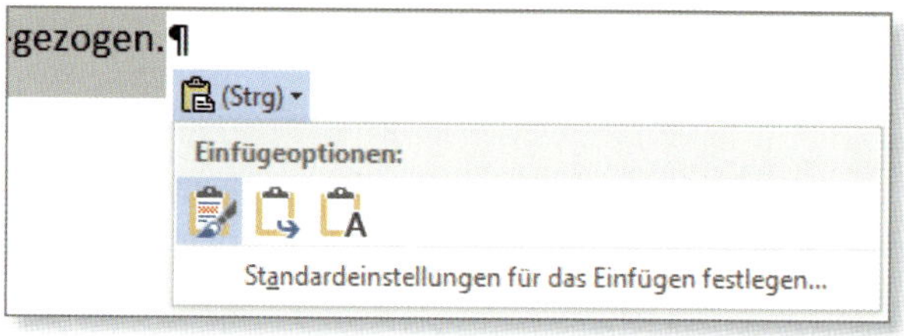

^ Abbildung 7.15
Die Einfügeoptionen

Drag-&-Drop zum Kopieren nutzen

Vielleicht kannten Sie die Drag-&-Drop-Methode bereits im Zusammenhang mit dem Ausschneiden und Wiedereinfügen von Texten, und wir haben Ihnen bisher nichts Neues verraten. Weniger bekannt ist allerdings, dass Drag-&-Drop sich auch dazu verwenden lässt, Textstücke zu kopieren (anstatt sie auszuschneiden).

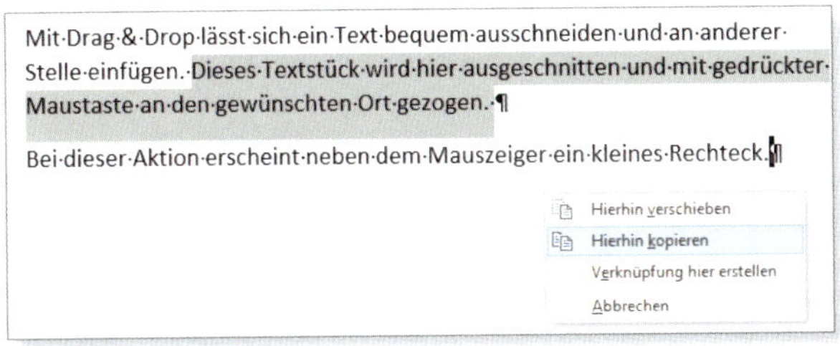

Abbildung 7.16
Die Funktion Drag-&-Drop mit der rechten Maustaste nutzen

Der Trick dabei ist, den markierten Text nicht mit der linken, sondern mit der rechten Maustaste zu ziehen. Halten Sie also wie gehabt beim Ziehen die Maustaste gedrückt – diesmal jedoch die rechte – und lassen Sie sie los, wenn sich der vertikale Strich an der Stelle befindet, an der Sie den Text einfügen möchten. Daraufhin wird ein Menü mit den Optionen **Hierhin verschieben** (zum Ausschneiden) und **Hierhin kopieren** eingeblendet. Die gewünschte Option wählen Sie dann per Klick aus (die Auswahl treffen Sie nun aber wieder mit der linken Maustaste).

HINWEIS

Eine Verknüpfung erstellen

Im beschriebenen Drag-&-Drop-Menü gibt es auch die Option **Verknüpfung hier erstellen**. Damit kopieren Sie den markierten Text und verknüpfen ihn gleichzeitig mit dem Ursprungstext. Jede Änderung am Ursprungstext wird dann auch für den eingefügten Text übernommen. Näheres dazu erfahren Sie im folgenden Abschnitt »Textpassagen als Verknüpfung einfügen«.

Textpassagen als Verknüpfung einfügen

Verknüpfungen in Word-Dokumenten sind eine tolle Sache und in vielen Fällen deutlich praktischer als das »normale« Einfügen von kopiertem oder ausgeschnittenem Text. Der Grund dafür ist dieser: Wenn Sie eine Textpassage, die Sie vorher kopiert haben, als Verknüpfung einfügen, können Veränderungen am Ursprungstext automatisch an den eingefügten Text weitergegeben werden. Gehen Sie dazu wie folgt vor.

1. Markieren und kopieren Sie die betreffende Textpassage.
2. Setzen Sie den Cursor an die Stelle, an der Sie den kopierten Text einfügen möchten.
3. Klicken Sie auf den Pfeil an der Schaltfläche **Einfügen** und wählen Sie den Eintrag **Inhalte einfügen** aus dem Menü.

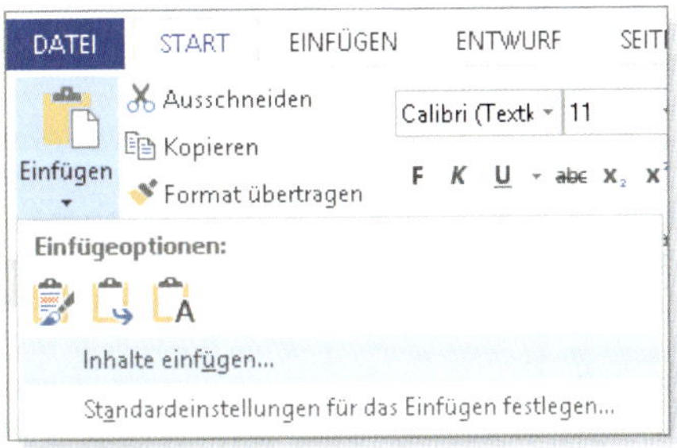

Abbildung 7.17
Um eine Verknüpfung zu erstellen, öffnen Sie den Dialog »Inhalte einfügen«.

4. Daraufhin wird das Dialogfenster **Inhalte einfügen** geöffnet. Aktivieren Sie hier mit einem Mausklick die Option **Verknüpfung einfügen** und belassen Sie es im Feld **Als** bei der Angabe **HTML-Format**.
5. Bestätigen Sie Ihre Einstellungen mit einem Klick auf **OK**.

Alternativ können Sie, wie zuvor beschrieben, die Drag-&-Drop-Methode mit der rechten Maustaste nutzen (also den markierten Text mit gedrückter rechter Maustaste ziehen) und die Option **Verknüpfung hier erstellen** im zugehörigen Menü wählen.

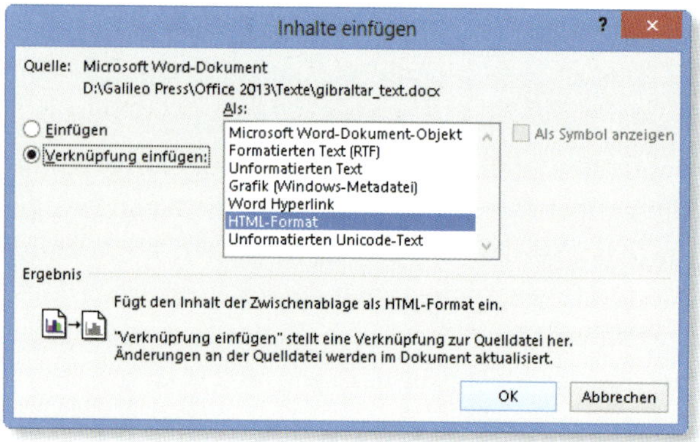

Abbildung 7.18
Den kopierten Text als Verknüpfung einfügen

Die Verknüpfung aktualisieren

Testen Sie jetzt einmal, ob die Verknüpfung funktioniert hat, und weisen Sie dem Ursprungstext eine neue Formatierung zu. Markieren Sie ihn also und klicken Sie dann z. B. auf die Schaltflächen **Fett** und **Kursiv** in der Gruppe **Schriftart** (auf der Registerkarte **Start**). Wenn Sie nun einen Blick auf den eingefügten Text werfen, werden Sie enttäuscht feststellen, dass die neuen Formatierungseinstellungen noch nicht wie versprochen auf diesen Text übertragen worden sind.

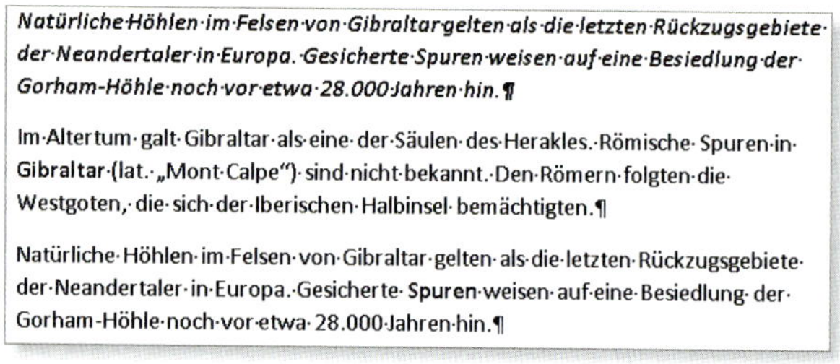
Natürliche·Höhlen·im·Felsen·von·Gibraltar·gelten·als·die·letzten·Rückzugsgebiete·der·Neandertaler·in·Europa.·Gesicherte·Spuren·weisen·auf·eine·Besiedlung·der·Gorham-Höhle·noch·vor·etwa·28.000·Jahren·hin.¶

Im·Altertum·galt·Gibraltar·als·eine·der·Säulen·des·Herakles.·Römische·Spuren·in·**Gibraltar**·(lat.·„Mont·Calpe“)·sind·nicht·bekannt.·Den·Römern·folgten·die·Westgoten,·die·sich·der·Iberischen·Halbinsel·bemächtigten.¶

Natürliche·Höhlen·im·Felsen·von·Gibraltar·gelten·als·die·letzten·Rückzugsgebiete·der·Neandertaler·in·Europa.·Gesicherte·**Spuren**·weisen·auf·eine·Besiedlung·der·Gorham-Höhle·noch·vor·etwa·28.000·Jahren·hin.¶

Abbildung 7.19
Die neue Formatierung wurde noch nicht übertragen.

Der Grund dafür ist nicht, dass Sie etwas falsch gemacht haben, sondern diese Übertragung muss extra angestoßen werden. Für diese *Aktualisierung* nutzen Sie die Taste F9. Platzieren Sie den Cursor im eingefügten Text (die Verknüpfung wird grau unterlegt). Sobald Sie F9 gedrückt haben, nimmt der eingefügte Text die neue Formatierung des Ursprungstextes an.

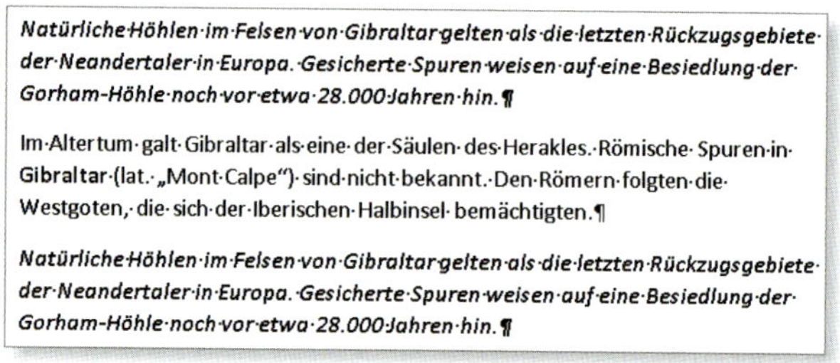
Natürliche·Höhlen·im·Felsen·von·Gibraltar·gelten·als·die·letzten·Rückzugsgebiete·der·Neandertaler·in·Europa.·Gesicherte·Spuren·weisen·auf·eine·Besiedlung·der·Gorham-Höhle·noch·vor·etwa·28.000·Jahren·hin.¶

Im·Altertum·galt·Gibraltar·als·eine·der·Säulen·des·Herakles.·Römische·Spuren·in·**Gibraltar**·(lat.·„Mont·Calpe“)·sind·nicht·bekannt.·Den·Römern·folgten·die·Westgoten,·die·sich·der·Iberischen·Halbinsel·bemächtigten.¶

Natürliche·Höhlen·im·Felsen·von·Gibraltar·gelten·als·die·letzten·Rückzugsgebiete·der·Neandertaler·in·Europa.·Gesicherte·Spuren·weisen·auf·eine·Besiedlung·der·Gorham-Höhle·noch·vor·etwa·28.000·Jahren·hin.¶

Abbildung 7.20
Die Formatierung wurde aktualisiert.

Arbeiten mit der Zwischenablage

Wenn Sie einmal bei der Arbeit an Ihrem Text mehrere Textpassagen ausgeschnitten bzw. kopiert haben, werden Sie sich vielleicht die Frage gestellt haben, welche davon eigentlich wieder eingefügt wird. Nun, die Antwort ist einfach: Es wird immer der Text eingefügt, den Sie zuletzt ausgeschnitten oder kopiert haben.

Sie können aber auch mit der *Zwischenablage* arbeiten. Hier werden die zuletzt kopierten oder ausgeschnittenen Textstücke gesammelt (24 insgesamt). Mit Hilfe der Zwischenablage können Sie außerdem ganz einfach diese Textstücke zwischen Dokumenten verschieben, bzw. austauschen. Die Zwischenablage in Word funktioniert also dokumentübergreifend.

INFO

Elemente in der Zwischenablage

In der Zwischenablage werden nicht nur Textpassagen aus Word gesammelt. Auch kopierte und ausgeschnittene Bilder oder Elemente aus den anderen Office-Programmen, z. B. Zellinhalte aus Excel, tauchen hier auf.

Wenn Sie mit der Zwischenablage arbeiten, können Sie auch ganz einfach weiter zurückliegende Textstellen einfügen.

1 Klicken Sie zum Öffnen der Zwischenablage auf den Pfeil ❶ an der Gruppe **Zwischenablage** auf der Registerkarte **Start**.

Abbildung 7.21
Die Zwischenablage aufrufen

2 Daraufhin wird die Zwischenablage auf der linken Seite des Bildschirms eingeblendet. Die ausgeschnittenen oder kopierten Textstücke werden untereinander aufgelistet. Um ein Element aus der Zwischenablage in das Dokument einzufügen, reicht ein Mausklick auf dieses Element. Denken Sie daran, vorher den Cursor an die Stelle zu setzen, an der der Text eingefügt werden soll.

3 Um den gesamten Inhalt der Zwischenablage einzufügen, klicken Sie auf die Schaltfläche **Alle einfügen** im oberen Bereich des Anzeigefensters. Hier finden Sie auch die Schaltfläche **Alle löschen**, mit deren Hilfe Sie die Zwischenablage komplett leeren können.

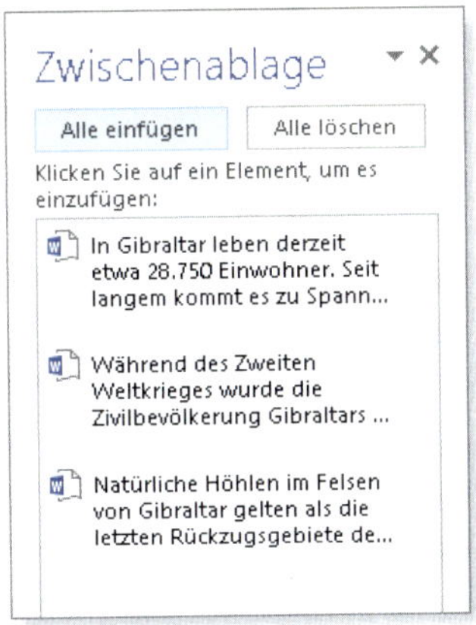

Abbildung 7.22
In der Zwischenablage werden die letzten 24 kopierten oder ausgeschnittenen Elemente gesammelt.

4 Um ein einzelnes Element aus der Zwischenablage zu entfernen, zeigen Sie mit der Maus darauf. Es erhält daraufhin einen blauen Rahmen, und rechts daneben wird ein kleiner Pfeil eingeblendet. Klicken Sie auf diesen Pfeil und wählen Sie **Löschen** aus dem Menü.

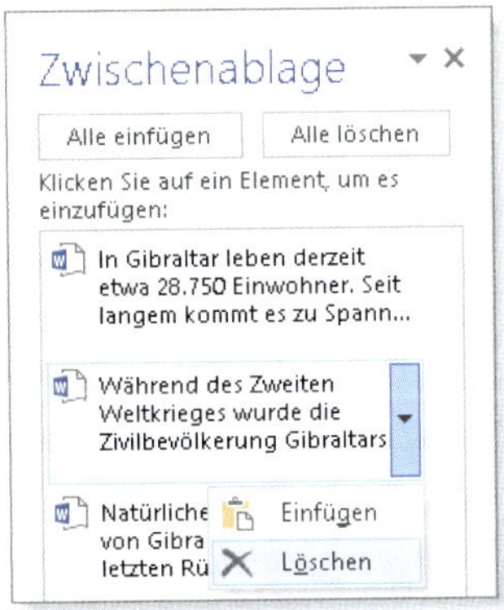

Abbildung 7.23
Einzelne Elemente aus der Zwischenablage löschen

Wie üblich können Sie die Größe des Anzeigebereiches verändern, indem Sie den Mauszeiger an seinen rechten Rand setzen und diesen mit gedrückter Maustaste nach links ziehen. Um die Zwischenablage wieder zu schließen, klicken Sie auf das Schließkreuz oben rechts am Anzeigebereich. Dadurch wird jedoch nicht der Inhalt der Zwischenablage gelöscht.

INFO

Optionen der Zwischenablage

Wenn Sie unten im Anzeigebereich **Zwischenablage** auf **Optionen** klicken, finden Sie weitere Einstellungen. Mit **Office-Zwischenablage automatisch anzeigen** wird die Zwischenablage automatisch eingeblendet, sobald Sie Text markieren und ausschneiden bzw. kopieren. (Das klappt allerdings nur, wenn Sie das über das Kontextmenü oder die entsprechenden Tastenkombinationen tun.) Damit die Einstellung wirksam wird, müssen Sie das Dokument speichern und schließen und dann wieder öffnen.

Kapitel 8
Bausteine zur Wiederverwendung

Wenn Sie in bestimmten Dokumenten immer wieder die gleichen Textteile verwenden, haben Sie sich vermutlich schon oft gewünscht, dass sie sich einfach wie von Zauberhand einfügen ließen. Nun, das geht: Nutzen Sie Textbausteine!

Die Bausteine sind ein recht altes Feature von Word, ihre Bezeichnung hat sich jedoch häufig geändert. Die älteren Semester unter Ihnen mögen sich noch an *Textbausteine* erinnern, andere kennen vielleicht die *AutoTexte* aus den Word-Versionen bis 2007. Die aktuellen Bausteine sind durchaus mit diesen Vorläufern vergleichbar, es gibt aber diverse Unterschiede, die vor allem die Art und Weise betreffen, wie die Bausteine jetzt abgespeichert und organisiert werden.

8.1 Was sind Bausteine?

Zunächst einmal lassen Sie uns klären, was Bausteine überhaupt sind. Es handelt sich um Textstücke (und andere Elemente), die Sie einmal anlegen und dann beliebig oft in ein Dokument einfügen können. Diese Versatzstücke können im einfachsten Fall aus einem Wort bestehen, aber auch längeren Text umfassen, im Prinzip sogar ganze Seiten mit allen Formatierungseinstellungen und eingefügten Elementen wie beispielsweise Grafiken. Zu den Bausteinen zählen – wie Sie gleich sehen werden – auch viele andere Elemente, die Word sozusagen schlüsselfertig mitliefert.

Auf jeden Fall sind diese Bausteine eine äußerst praktische Sache und vereinfachen die Arbeit an und mit längeren Dokumenten enorm – vor allem weil sie sich schnell anlegen und blitzschnell in ein Dokument einfügen lassen. Sie bieten sich für alle Textpassagen an, die Sie wiederholt verwenden, etwa Floskeln für bestimmte Briefe (ohne solchen Floskeln hier generell das Wort reden zu wollen!), Texte, die Sie regelmäßig benötigen, beispielsweise die eigene Adresse, oder auch einzelne Wörter, die Sie sehr häufig schreiben müssen, die aber lästig zu tippen sind, z. B. lange medizinische Fachwörter. Diese Textstücke lassen sich mit einmal angelegten Textbausteinen problemlos und schnell in verschiedenen Dokumenten einfügen.

INFO

AutoTexte

An dieser Stelle können wir es gestehen: Auch der Text dieses Buches wurde nicht ohne Textbausteine erstellt. Als bequeme Autoren nutzen auch wir gerne Bausteine für wiederkehrende Satzteile wie »Klicken Sie auf« oder »Aktivieren Sie die Registerkarte«.

8.2 Fertige Bausteine aus dem Katalog

In Word enthaltene Bausteine als vorbereitete Dokumentelemente sind Ihnen eventuell bereits begegnet, ohne dass Ihnen dies bewusst wurde. So nutzen Sie beispielsweise Bausteine, wenn Sie ein Deckblatt, eine gestaltete Kopfzeile, formatierte Seitenzahlen oder ein formatiertes Textfeld einfügen. Einige dieser Themen werden in anderen Kapiteln noch behandelt (um Seitenzahlen geht es beispielsweise in Kapitel 22, »Kopf- und Fußzeilen«, den Umgang mit Textfeldern beschreiben wir in Kapitel 26, »Formen, Textfelder und WordArt«). Lassen Sie uns an dieser Stelle daher beispielhaft auf die Arbeit mit Deckblättern eingehen.

Abbildung 8.1
Beispiel für ein Deckblatt

INFO

Formeln als Bausteine

Auch in Zusammenhang mit der Erstellung eigener Formeln (siehe den Abschnitt »Eigene Formeln erstellen« auf Seite 119 in Kapitel 5, »Einfache Texteingabe«) war bereits von Bausteinen die Rede. Wir haben dort darauf hingewiesen, dass selbst erstellte oder geänderte Formeln als Bausteine im Formelkatalog abgespeichert werden können.

Deckblätter nutzen

Bausteine für Deckblätter in Word werden auf der Registerkarte **Einfügen** angeboten. Sie sind genau das, was man sich normalerweise unter einem Deckblatt vorstellt: eine gestaltete Seite mit Informationen zum Inhalt des Dokuments, zum Verfasser, vielleicht zum Erstellungsdatum etc. Sie können schlicht sein oder auch ein relativ aufwendiges Layout haben.

Word bietet eine Auswahl an 16 vorgefertigten Deckblättern, die Sie mit wenigen Mausklicks einfügen können.

Ein Deckblatt auswählen

Um ein Deckblatt anzulegen, klicken Sie auf der Registerkarte **Einfügen** in der Gruppe **Seiten** auf die Schaltfläche **Deckblatt**.

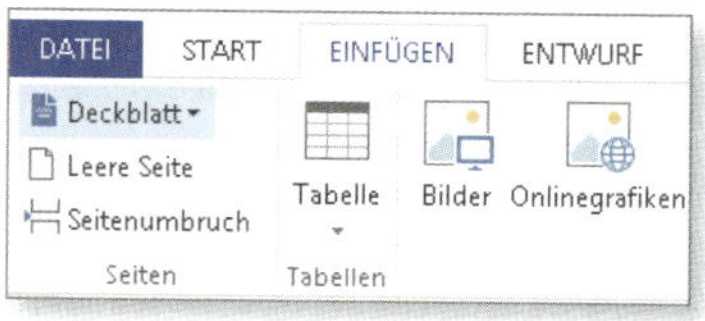

Abbildung 8.2
Die Schaltfläche »Deckblatt« auf der Registerkarte »Einfügen«

Im zugehörigen Menü werden die Deckblätter als Minibildchen angezeigt, anhand derer man das Design schon recht gut erkennen kann. Wenn Sie mit der Maus auf eines dieser Vorschaubilder zeigen, öffnet sich eine Infobox mit einer Kurzbeschreibung des Designs. Scrollen Sie ein wenig nach unten, um die ganze Auswahl zu sehen. (Wenn Sie ein Dokument im Kompatibilitätsmodus gespeichert haben, stehen Ihnen nicht alle Vorlagen zur Verfügung.)

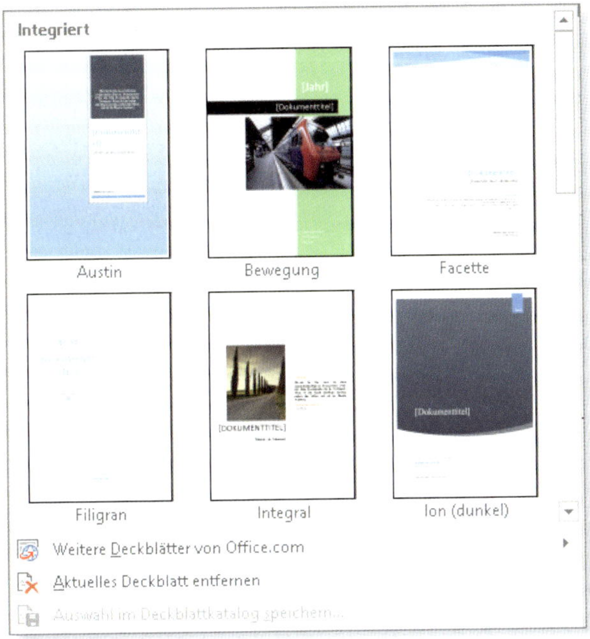

Abbildung 8.3
Die Auswahl an Deckblättern im Menü

Klicken Sie auf das gewünschte Deckblatt, um es als erste Seite in Ihr Dokument einzufügen (dabei ist es egal, wo der Cursor vor dem Einfügen steht, das Deckblatt wird immer an den Dokumentanfang gesetzt).

Ein Deckblatt mit Angaben füllen

Jedes Deckblatt enthält Platzhalter, die in eckige Klammern eingefasst sind. Darin stehen normalerweise Beispieltexte wie »Dokumenttitel« oder »Untertitel des Dokuments«.

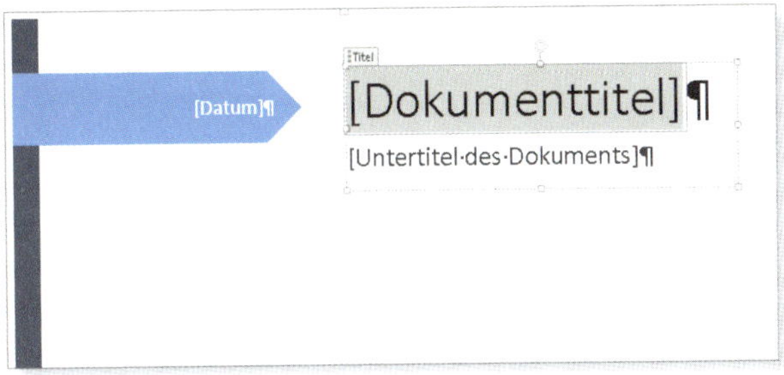

Abbildung 8.4
Ein Deckblatt mit Platzhaltern (Ausschnitt)

TIPP

Mehr Deckblätter

Wenn Sie im Menü der Schaltfläche **Deckblatt** auf den Eintrag **Weitere Deckblätter von Office.com** zeigen, werden Ihnen noch einige zusätzliche Deckblätter angeboten. Wenn Sie auf **Datei** > **Neu** klicken, den Suchbegriff »Deckblatt« ins Feld **Nach Onlinevorlagen suchen** eingeben und dann die ↵-Taste drücken, werden Ihnen noch mehr Vorlagen gezeigt, die Sie mit einem Klick auf die Schaltfläche **Download** herunterladen und dann sofort benutzen können.

In diese Platzhalter können Sie Ihre eigenen Texte eingeben. Dazu klicken Sie hinein und tippen drauflos. Der vorhandene Text in den eckigen Klammern wird mit Ihrem Text überschrieben.

Abbildung 8.5
In die Platzhalter schreiben Sie Ihren eigenen Text.

Aber eigentlich handelt es sich bei den Platzhaltern um Steuerelemente, die mit den Dokumenteigenschaften verbunden sind. Wenn Sie bei den Dokumenteigenschaften (**Datei** > **Informationen**) einen Titel eingetragen haben, wird der Platzhalter »Dokumenttitel« automatisch mit diesem Titel gefüllt, der Platzhalter »Untertitel des Dokuments« greift auf den **Betreff** der Dokumenteigenschaften zu und fügt diesen automatisch ein.

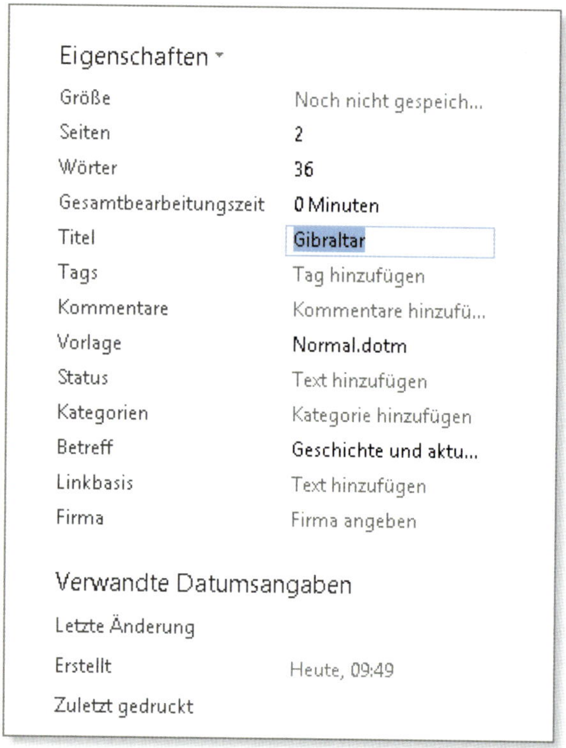

Abbildung 8.6
Der Titel, eingetragen bei den Dokumenteigenschaften

Datumsangaben einfügen

Einige Deckblätter enthalten auch Platzhalter für die Datumsangabe, die mit »Jahr« oder »Datum« beschriftet sind. Wenn Sie auf einen solchen Platzhalter klicken, erscheint rechts daneben ein Pfeil, über den sich wiederum ein kleiner Kalender öffnen lässt, aus dem Sie das Datum der Einfachheit halber wählen können. Wenn der Text im Platzhalter »Datum« lautet, wird daraufhin das vollständige Datum eingefügt.

Abbildung 8.7
Hier wird das komplette Datum eingefügt.

Falls der Platzhalter jedoch »Jahr« heißt, erscheint nach dem Klick auf ein Datum lediglich die Jahreszahl auf dem Deckblatt. Wenn das vollständige Datum im Platzhalter »Jahr« stehen soll, müssen Sie es also manuell eintippen. Sie sollten dennoch ein Datum aus dem Kalender wählen, denn falls Sie sich später doch noch für ein Layout entscheiden, das eine vollständige Datumsangabe vorsieht, kann das Datum dann leicht vervollständigt werden (siehe den Abschnitt »Das Deckblatt austauschen oder entfernen« ab Seite 162).

Abbildung 8.8
Bei diesem Platzhalter wird nur das Jahr eingefügt.

Textfelder anlegen

Wenn Sie mehr Text eingeben möchten, als durch die vorhandenen Platzhalter vorgesehen ist, können Sie nicht einfach irgendwo auf dem Blatt drauflosschreiben; Sie brauchen Textfelder, in die Sie Ihren Text eingeben können. Solche Textfelder legen Sie an, indem Sie auf der Registerkarte **Einfügen** in der Gruppe **Text** auf die Schaltfläche **Textfeld** klicken.

Abbildung 8.9
Die Schaltfläche »Textfeld« auf der Registerkarte »Einfügen«

Daraufhin öffnet sich ein Menü mit einer großen Auswahl an Textfeldern (siehe Abbildung 8.10). Scrollen Sie mithilfe der Bildlaufleiste ❶ nach unten, um die ganze Auswahl zu bewundern. Ein einfaches Textfeld ziehen Sie über den Befehl **Textfeld erstellen** ❷ auf.

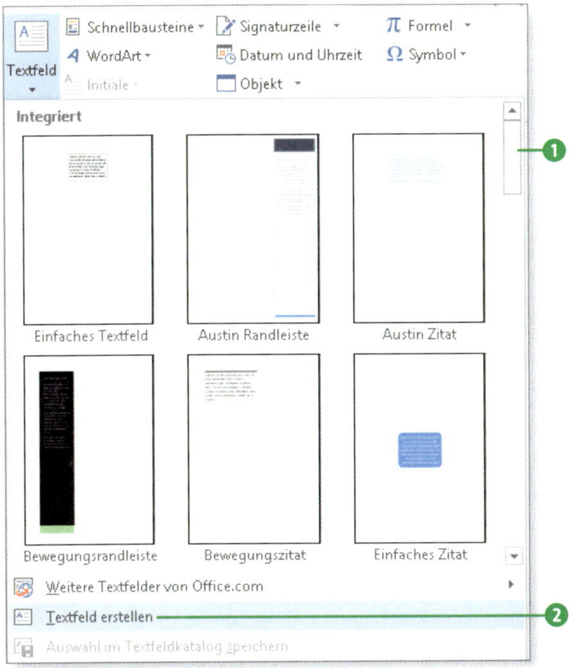

Abbildung 8.10
Textfelder in Hülle und Fülle

Ganz im Sinne der Vereinheitlichung der Office-Dokumente passen die hier angebotenen Textfelder optisch zum Designkatalog der Deckblätter. Wenn Sie die Zugehörigkeit nicht auf den ersten Blick erkennen, helfen Ihnen die Bezeichnungen weiter. Fügen Sie nun also ein Textfeld ein:

1. Wählen Sie entweder eine der Vorlagen aus, indem Sie sie anklicken, oder scrollen Sie im Menü nach unten und klicken Sie auf den Eintrag **Textfeld erstellen**. Mit dieser Option erzeugen Sie ein ganz einfaches »klassisches« Textfeld.
2. Das Textfeld wird auf dem Deckblatt platziert, aber vermutlich nicht an der richtigen Stelle. Sie können es verschieben, indem Sie es zunächst markieren. Klicken Sie es also an. Dass das Textfeld markiert ist, erkennen Sie an den acht Ziehpunkten, die das Feld nun umgeben.
3. Dann positionieren Sie den Mauszeiger auf einem dieser Ziehpunkte am Rand des markierten Textfeldes, sodass er zu einem Vierfachkreuz wird.

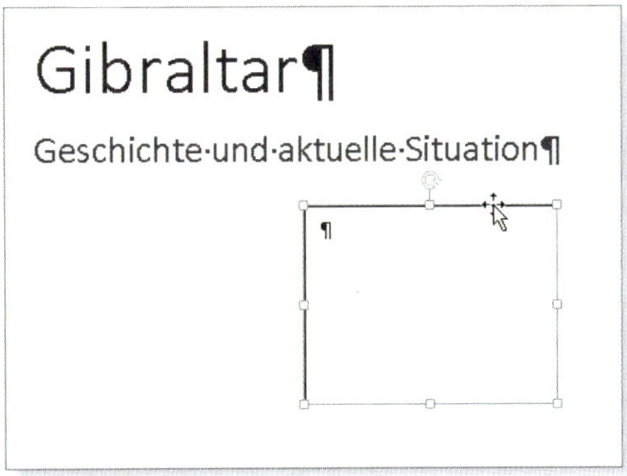

Abbildung 8.11
Das Textfeld verschieben

4. Ziehen Sie das Textfeld mit gedrückter Maustaste an die passende Stelle.
5. Um Text einzugeben, klicken Sie einmal in das Textfeld. Schreiben Sie nun einfach drauflos. Textfeld-Vorlagen enthalten einen Mustertext, der überschrieben wird. Die Größe des Textfeldes wird automatisch an Ihren Text angepasst.

Abbildung 8.12
Das Deckblatt wurde um ein zusätzliches Textfeld ergänzt.

Sie werden ein Textfeld ganz leicht wieder los, indem Sie es markieren und dann die `Entf`-Taste drücken. Das Einfügen und Bearbeiten von Textfeldern beschreiben wir noch ausführlicher in Kapitel 26, »Formen, Textfelder und WordArt«.

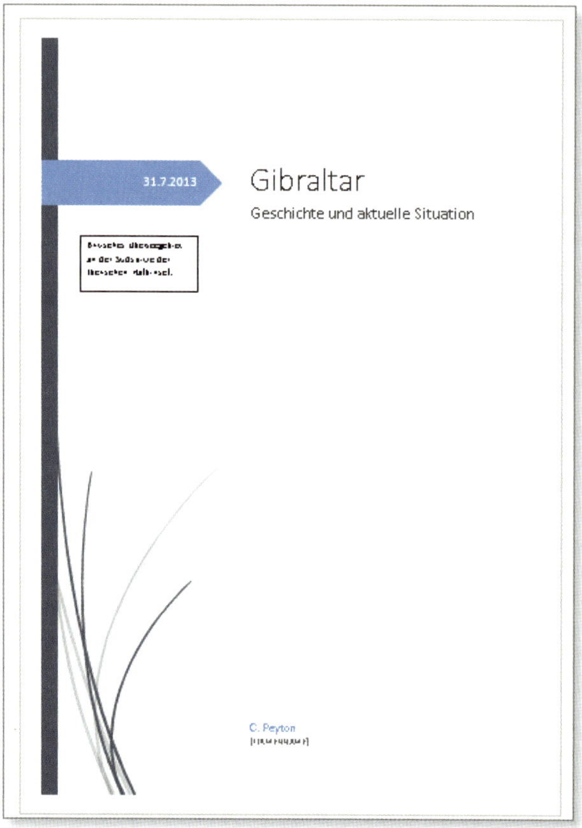

Abbildung 8.13
Das fertige Deckblatt in der Druckvorschau

TIPP

Das Deckblatt in der Vorschau

In der Druckvorschau können Sie besser erkennen, wie das Deckblatt tatsächlich aussehen wird. Rufen Sie daher die Druckvorschau über **Datei > Drucken** auf.

Das Deckblatt austauschen oder entfernen

Falls Sie mit dem eingefügten Deckblatt doch nicht ganz zufrieden sind, können Sie sich auch nachträglich noch ganz einfach für ein anderes Layout entscheiden. Sobald Sie im Menü ein anderes Deckblatt anklicken, wird es gegen das zunächst gewählte ausgetauscht. Wenn die Platzhalter identisch sind, wird der Text übernommen, den Sie bereits eingegeben bzw. aus den Dokumenteigenschaften übernommen haben.

Falls das zuerst angelegte Deckblatt nur eine Jahresangabe enthalten hat, aber das neu gewählte Deckblatt (von denen nur wenige angeboten werden) ein komplettes Datum vorsieht, wird das Datum automatisch vervollständigt, wenn Sie es ursprünglich aus dem kleinen Kalender gewählt hatten.

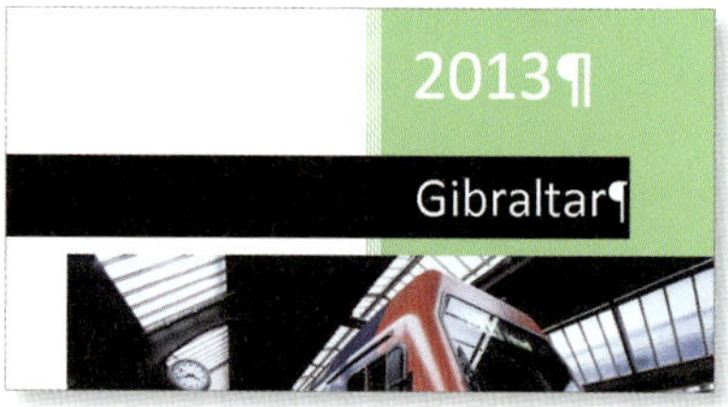

Abbildung 8.14
Layout mit Jahresangabe

Natürlich können Sie sich ohne Probleme auch nachträglich immer wieder umentscheiden. Um ein Deckblatt aus einem Dokument zu löschen, klicken Sie im Menü der Schaltfläche **Deckblatt** auf die Option **Aktuelles Deckblatt entfernen**. Besonders praktisch: Wenn Sie danach wieder ein neues Deckblatt einfügen, ist bereits eingegebener Text sogar auch nach diesem Schritt noch vorhanden!

Abbildung 8.15
Layout mit vollständigem Datum

Wenn Sie ein Deckblatt ersetzen möchten, das in einer älteren Word-Version erstellt wurde, müssen Sie es zuerst löschen und dann ein neues einfügen.

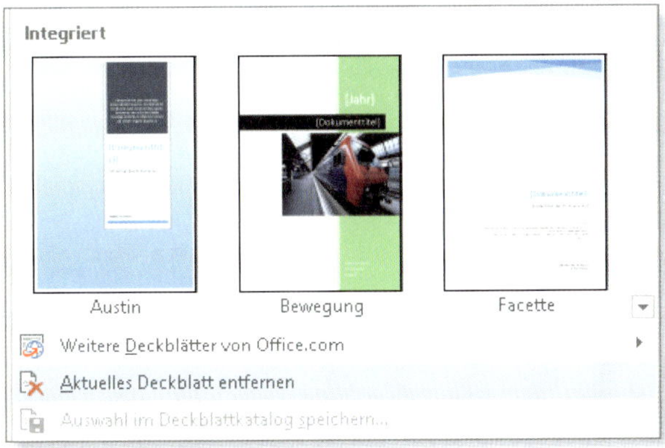

Abbildung 8.16
Das aktuelle Deckblatt entfernen

Deckblätter speichern

Sie können Ihr Deckblatt mitsamt den eingegebenen Texten und eventuellen Veränderungen am Layout ganz »normal« als Dokument mit dem Dateiformat *.docx* speichern, damit Sie es entsprechend wiederfinden und öffnen können.

Auf diese Weise lässt es sich jederzeit für einen anderen Text wiederverwenden, indem Sie es vor diesem neuen Text einfügen oder es als neues Dokument öffnen und darin dann eben den neuen Text anhängen. Das ist vor allen Dingen dann sinnvoll, wenn das Deckblatt nicht nur gleich gestaltet sein soll, sondern auch immer den gleichen Text enthält.

Da es in diesem Kapitel jedoch ausdrücklich um wiederverwendbare Bausteine geht, möchten wir hier zudem auf die Möglichkeit hinweisen, das Deckblatt als neuen Baustein zu speichern. Wenn Sie das tun, landet Ihr Deckblatt im Bausteinkatalog bzw. in einem speziellen Katalog für Deckblätter, und Sie können es über das Menü der Schaltfläche **Deckblatt** auswählen. Allerdings werden als Baustein nur Veränderungen am Layout gespeichert, die wir an dieser Stelle gar nicht vorgenommen haben. Daher bezieht sich die folgende Beschreibung nur auf den Fall, dass Sie das Layout eines Deckblattes bearbeitet haben und dies als neues Deckblatt abspeichern möchten. Manuell eingegebene Texte in Textfeldern bleiben beim Speichern als Baustein übrigens ebenfalls erhalten. Gehen Sie dazu wie im Folgenden beschrieben vor.

1 Um ein bearbeitetes Deckblatt als Baustein zu speichern, markieren Sie das gesamte Deckblatt, am einfachsten über **Start > Markieren > Alles markieren**.

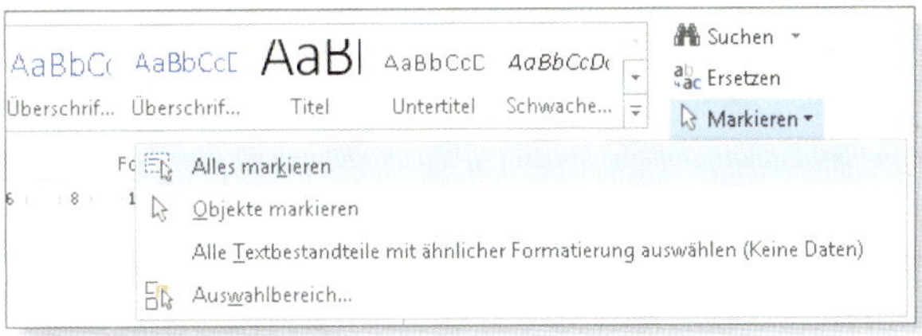

Abbildung 8.17
Markieren Sie das Deckblatt.

2 Klicken Sie auf der Registerkarte **Einfügen** in der Gruppe **Seiten** auf **Deckblatt**.

3 Im zugehörigen Menü wählen Sie dann die Option **Auswahl im Deckblattkatalog speichern**.

Abbildung 8.18
Das Deckblatt in den Deckblattkatalog aufnehmen

4 Daraufhin öffnet sich der Dialog **Neuen Baustein erstellen**. Geben Sie dem Deckblatt hier im Feld **Name** eine passende Bezeichnung und klicken Sie auf **OK**. (Wir betrachten diesen Dialog in Abschnitt 8.3, »Eigene Bausteine erstellen«, noch näher, daher belassen wir es hier bei diesem kurzen Hinweis.)

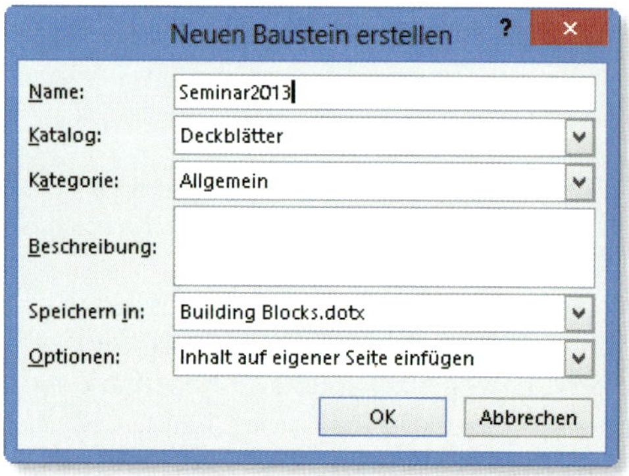

Abbildung 8.19
Deckblätter als Bausteine im Katalog speichern

Damit ist diese Aktion im Prinzip abgeschlossen. Um ihren Erfolg zu prüfen, öffnen Sie ein leeres Dokument und klicken dann auf der Registerkarte **Einfügen** auf die Schaltfläche **Deckblatt**.

Ihr als Baustein gespeichertes Deckblatt taucht nun in der Auswahlliste der Deckblätter in der Kategorie **Allgemein** auf, und zwar unter dem Namen, den Sie ihm gegeben haben. Mit einem Mausklick landet es im neuen Dokument.

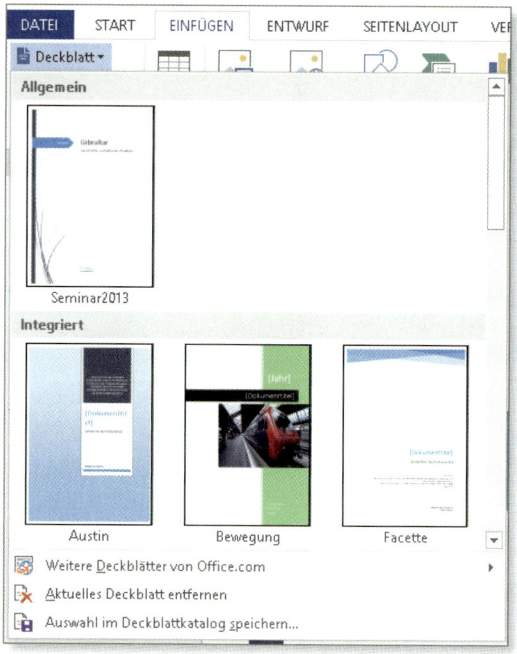

Abbildung 8.20
Das neue Deckblatt in der Auswahl

Lassen Sie sich nicht davon irritieren, dass in den Platzhaltern keine Beispieltexte stehen. Wenn Sie auf den entsprechenden Bereich klicken, tauchen die kleinen Hilfstexte wieder auf.

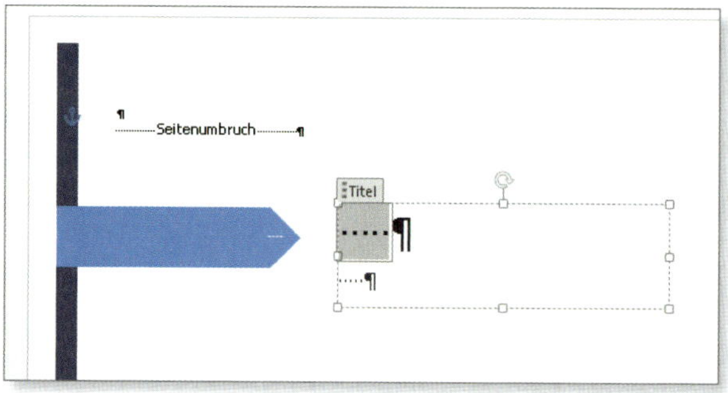

Abbildung 8.21
Der Platzhalter ist noch da.

INFO

Textfelder mit Text

Wenn Sie das komplette Deckblatt markieren, um es als Baustein zu speichern, werden auch Textfelder in den Baustein übernommen, die Sie zusätzlich eingefügt haben (inklusive Text). Für unser Beispiel haben wir jedoch das Textfeld, das wir zuvor zu Demonstrationszwecken eingefügt hatten, wieder entfernt. Aus diesem Grund ist in unserem Deckblatt, das wir als Baustein abgelegt haben, kein Textfeld zu sehen.

Deckblätter bearbeiten

Deckblätter bestehen aus vielen verschiedenen Elementen, z. B. Textfeldern, Grafiken und Formen. Dass es sich dabei jeweils um ein eigenständiges Element handelt, erkennen Sie daran, dass sich Zieh- bzw. Markierungspunkte darum herumlegen, wenn Sie es anklicken.

Natürlich lassen sich diese Formen auch bearbeiten, verändern und ergänzen, z. B. mit den Mitteln der Zeichentools. Da wir den vielen Möglichkeiten der grafischen Bearbeitung jedoch zwei ganze Kapitel in diesem Buch gewidmet haben (siehe Kapitel 25, »Grafiken, Fotos und Videos«, und Kapitel 26, »Formen, Textfelder und WordArt«), verzichten wir an dieser Stelle darauf, die Instrumente der Deckblattbearbeitung ausführlich zu beschreiben.

8.3 Eigene Bausteine erstellen

Es ist ganz einfach, einen Baustein zu erstellen. Sie müssen dazu lediglich den Text einmal schreiben, danach sind nur wenige Schritte erforderlich, um daraus einen Baustein zu machen, den Sie immer wieder verwenden können.

Einen Adressbaustein anlegen

Wir beschreiben den Vorgang anhand eines Beispiels, und zwar legen wir die eigene Adresse als Baustein an (siehe Abbildung 8.22).

1 Schreiben Sie Ihre Adresse so auf, wie Sie sie zukünftig in einem Brief oder Anschreiben verwenden möchten, also Name, Straße, PLZ und Ort etc. untereinander.

HINWEIS

Wo werden Bausteine gespeichert?

Solange Sie diese Vorgabe nicht verändern, werden Bausteine in der Dokumentvorlage *Building Blocks.dotx* gespeichert. Sie wird beim Aufrufen von Word geladen, sodass die darin gespeicherten Bausteine in den Bausteinkatalogen verfügbar sind. Die mitgelieferten Bausteine finden Sie hingegen in der Datei *Built-In Building Blocks.dotx*. Folgen Sie (unter Windows 7 und 8) diesem Pfad: *C:\Benutzer\[Benutzername]\AppData\Roaming\Microsoft\Document Building Blocks\1031* (1031 ist die Local ID für Deutschland). Wenn Sie eigene Bausteine erstellen, werden Sie sehen, dass zum Speichern außerdem die globale Dokumentvorlage für alle Dokumente zur Verfügung steht: *Normal.dotm*.

Falls Sie mit einer besonderen Dokumentvorlage arbeiten möchten, wird auch diese Dokumentvorlage beim Speichern von Bausteinen angeboten. Ein Baustein, den Sie in einer solchen individuellen Dokumentvorlage speichern, steht aber auch nur in dieser Vorlage zur Verfügung.

Das Thema Dokumentvorlagen wird noch ausführlich in Kapitel 20, »Dokumentdesigns und Dokumentvorlagen«, behandelt, daher gehen wir hier nicht näher darauf ein.

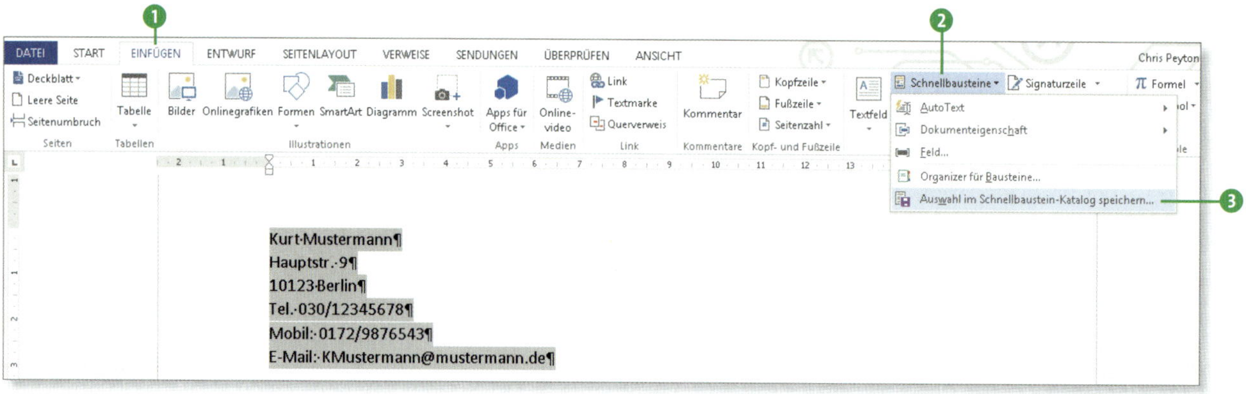

Abbildung 8.22
Die Adresse wird als Schnellbaustein angelegt.

2. Markieren Sie den Text.
3. Aktivieren Sie die Registerkarte **Einfügen** ❶ und klicken Sie in der Gruppe **Text** auf die Schaltfläche **Schnellbausteine** ❷.
4. Im zugehörigen Menü klicken Sie auf die Option **Auswahl im Schnellbaustein-Katalog speichern** ❸.
5. Daraufhin öffnet sich der im Abschnitt »Deckblätter speichern« ab Seite 163 bereits angesprochene Dialog **Neuen Baustein erstellen**.

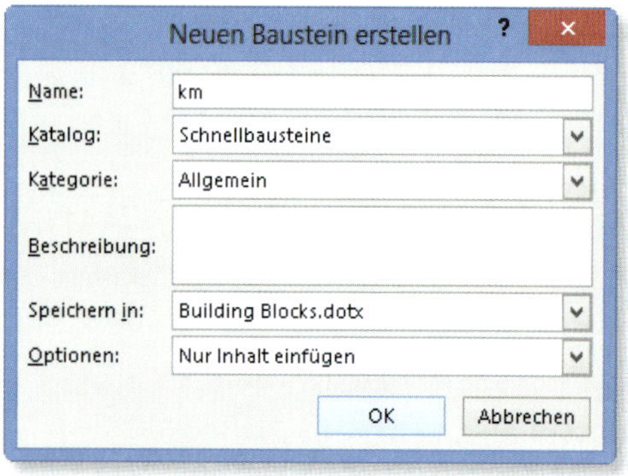

Abbildung 8.23
Den Baustein definieren

Im Feld **Name** macht Word einen Vorschlag (nämlich die ersten Wörter des markierten Textes). Überschreiben Sie diesen Vorschlag mit einem möglichst kurzen Namen, z. B. könnten Sie für den Adressbaustein »ad« eingeben oder Ihr Kürzel (jeweils den ersten Buchstaben Ihres Vornamens und Ihres Nachnamens, z. B. »km«). Natürlich müssen Sie sich den Namen, den Sie hier verwenden, leicht merken können, damit Sie Ihren selbst angelegten Adressbaustein später ohne großes Suchen wiederfinden und in Ihrem Dokument verwenden können.

6. Im Feld **Katalog** belassen Sie es bei der Einstellung **Schnellbausteine**, um den Baustein später problemlos über das Menü der Schaltfläche **Schnellbausteine** einfügen zu können.
7. Im Feld **Kategorie** ist die Standardkategorie **Allgemein** eingestellt. Wenn Sie Ihre zukünftigen Bausteine unterschiedlichen Kategorien zuordnen möchten, klicken Sie auf den Pfeil rechts am Feld und wählen Sie **Neue Kategorie erstellen** aus der Liste. In dem kleinen (gleichnamigen) Dialog, der sich daraufhin öffnet, geben Sie der neuen Kategorie einen passenden Namen.

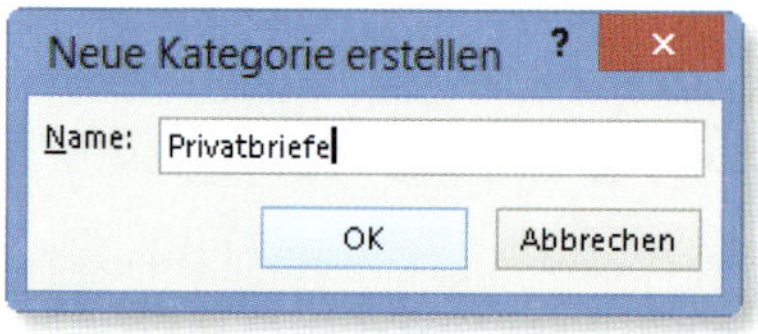

Abbildung 8.24
Eine neue Kategorie erstellen

8 Im Feld **Speichern in** bestimmen Sie nun noch, in welcher Dokumentvorlage der Baustein zur Verfügung stehen soll. Belassen Sie es auch hier bei der Voreinstellung **Building Blocks.dotx**, damit der Baustein in jedem Word-Dokument zur Verfügung steht.

9 Klicken Sie zum Schluss auf **OK**, um den Baustein zu erstellen.

Mit diesen Schritten haben Sie den Baustein unter dem angegebenen Namen angelegt. Sie können ihn beliebig oft in Ihre Dokumente einfügen, und er existiert so lange, bis Sie ihn explizit löschen.

TIPP

Namen für Ihre Bausteine

Wie Sie im Abschnitt »Bausteine auf die Schnelle einfügen« auf Seite 168 sehen werden, kann man Bausteine sehr schnell über ihren Namen einfügen, daher ist es sinnvoll, kurze und schlichte Namen zu vergeben. Zwei oder drei Zeichen genügen; Punkte, Leerzeichen etc. sind nicht erforderlich.

Bausteine im AutoText-Katalog speichern

Statt die Bausteine im Schnellbaustein-Katalog abzulegen, können Sie sie auch im *AutoText-Katalog* speichern. Im Grunde spielt es keine große Rolle, den Unterschied macht nur der Speicherort der Bausteine: AutoText-Bausteine werden standardmäßig in der Dokumentvorlage *Normal.dotm* abgelegt. Der Vollständigkeit halber zeigen wir Ihnen aber auch den Weg, sie im AutoText-Katalog abzulegen.

1 Sie beginnen die Aktion wie gehabt (siehe Abbildung 8.25): Sie schreiben einen Text, markieren ihn und klicken auf die Schaltfläche **Schnellbausteine** ① auf der Registerkarte **Einfügen**.

2 Im Menü zeigen Sie dann mit der Maus auf den Eintrag **AutoText** ②, damit sich das entsprechende Untermenü öffnet. Klicken Sie dort auf die Option **Auswahl im AutoText-Katalog speichern**.

3 Auch dieser Schritt öffnet den Dialog **Neuen Baustein erstellen**, allerdings umfasst er nun einige andere Einstellungen. Ganz wichtig: Im Feld **Speichern in** ist **Normal.dotm** ausgewählt.

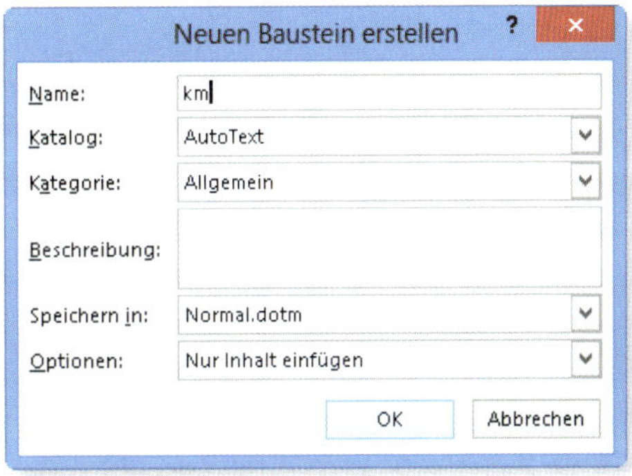

Abbildung 8.26
Einen neuen Baustein erstellen

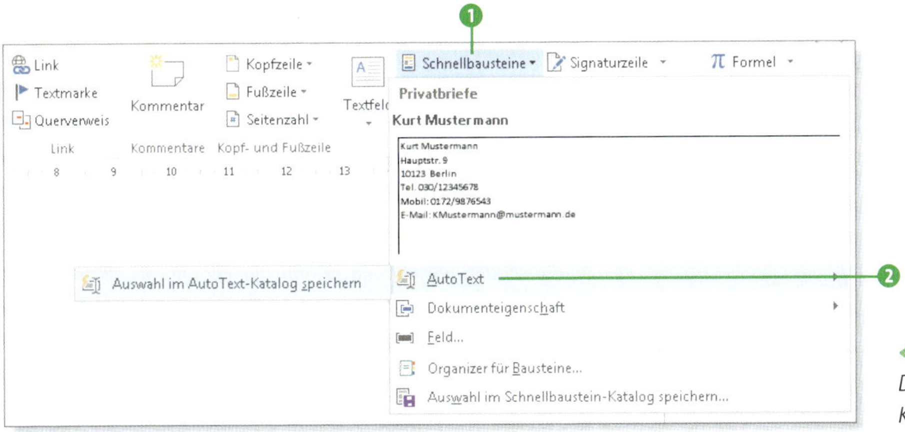

Abbildung 8.25
Den Baustein im AutoText-Katalog speichern

4 Nun können Sie im Prinzip alle Einstellungen vornehmen: Sie bestimmen den Katalog, die Kategorie und den Speicherort.

Wenn Sie die vorgegebenen Einstellungen übernehmen und es im Feld **Katalog** bei **AutoText** belassen, tauchen die auf diese Weise abgelegten Bausteine nicht im Menü **Schnellbausteine** auf. Im Prinzip ist das kein großer Nachteil, weil man sie natürlich trotzdem benutzen kann, doch es dauert ein wenig länger, sie einzufügen (wie Sie noch sehen werden).

Bausteine auf die Schnelle einfügen

Es gibt einen Trick, mit dem Sie Bausteine erstaunlich schnell in ein Dokument einfügen können. Diese Methode setzt lediglich voraus, dass Sie sich an den Namen dieses Bausteins erinnern (was bei der begrenzten Speicherkapazität des menschlichen Gedächtnisses natürlich nicht immer ein leichtes Unterfangen ist ...). Gehen Sie dabei wie im Folgenden beschrieben vor.

1 Setzen Sie den Cursor an die Stelle, an der Sie den Baustein einfügen möchten.

2 Geben Sie dort den Namen des Bausteins ein und drücken Sie unmittelbar danach die Taste F3.

Daraufhin wird der Text des Bausteins an Ort und Stelle eingefügt. Das klappt allerdings nur, wenn Sie den Namen des Bausteins exakt eingeben. Es spielt zwar keine Rolle, ob Sie die Groß- und Kleinschreibung beachten, doch andere Abweichungen nimmt Word Ihnen übel. Wenn der Bausteinname »KM« lautet, können Sie zum Einfügen mit der Taste F3 auch »km« an die entsprechende Stelle schreiben. Die Eingabe »K.M.« beispielsweise würde allerdings nicht erkannt werden.

Bausteine aus dem Schnellbaustein-Katalog einfügen

Es liegt auf der Hand, dass Sie die Namen der Bausteine parat haben müssen, wenn Sie sie über F3 einfügen wollen. Dies kann jedoch schwierig werden, falls Sie viele Bausteine angelegt haben. In diesem Fall können Sie einen anderen Weg gehen. Wenn Sie den oder die Bausteine im Schnellbaustein-Katalog abgelegt haben, wie in Abschnitt 8.3, »Eigene Bausteine erstellen«, beschrieben, können Sie sie logischerweise auch direkt über das Menü der Schaltfläche **Schnellbausteine** in Ihr Dokument einfügen.

1 Setzen Sie den Cursor an die Stelle, an der der Baustein eingefügt werden soll.

2 Aktivieren Sie die Registerkarte **Einfügen**.

3 Klicken Sie dann einfach auf die Schaltfläche **Schnellbausteine** in der Gruppe **Text**.

4 Im Menü sind die vorhandenen Bausteine in Kategorien sortiert und alphabetisch aufgeführt. Suchen Sie hier den gewünschten Baustein (gegebenenfalls müssen Sie mithilfe der Bildlaufleiste durch das Menü scrollen) und fügen Sie ihn per Mausklick in Ihr Dokument ein.

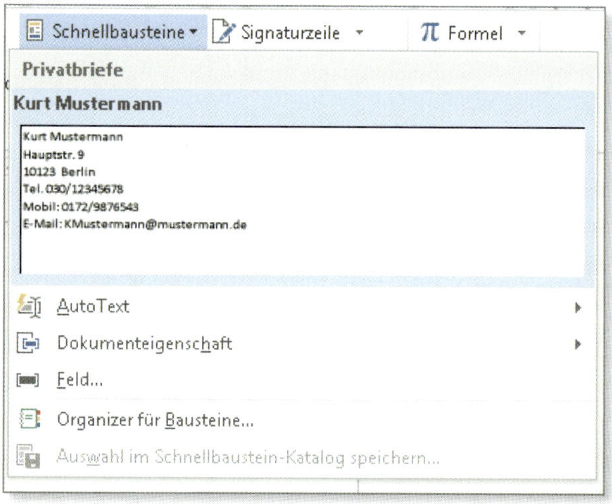

Abbildung 8.27
Einen Baustein aus dem Menü einfügen

In der Regel wird der Baustein dort eingefügt, wo der Cursor steht. Word hält aber auch hierzu noch ein paar Optionen parat. Um sie zu nutzen, klicken Sie einen Bausteineintrag im Menü mit der rechten Maustaste an. Daraufhin öffnet sich ein neues Menü, das diverse Möglichkeiten bietet, um den Baustein unabhängig von der aktuellen Cursorposition an einer bestimmten Stelle einzufügen. Wenn Sie hier beispielsweise auf **Am Beginn des Dokuments einfügen** klicken, wird der Baustein genau dort platziert – am Anfang des Dokuments.

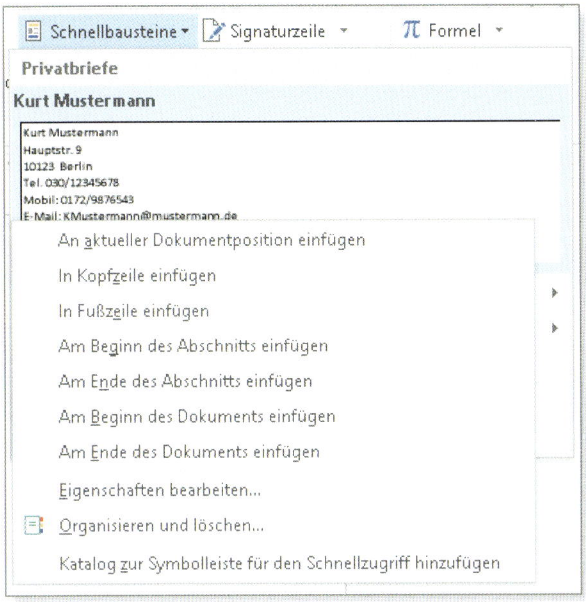

Abbildung 8.28
Sie bestimmen, wo der Baustein eingefügt wird.

Bausteine aus dem AutoText-Katalog einfügen

Wenn Sie den Baustein nach dem Anlegen in den AutoText-Katalog gespeichert haben, können Sie ihn auch über die Taste F3 einfügen, allerdings nicht direkt über den Schnellbaustein-Katalog. Sie müssen in diesem Fall die Maus im Menü des Symbols **Schnellbausteine** auf die Option **AutoText** führen. Aus dem Untermenü wählen Sie nun den Baustein, den Sie verwenden möchten aus und fügen ihn per Mausklick in Ihr Dokument ein.

> **INFO**
>
> **Sortierung der Bausteine**
>
> Im Schnellbaustein-Katalog werden alle Kategorien alphabetisch sortiert, und innerhalb dieser Kategorien werden die Bausteine dann ebenfalls in alphabetischer Reihenfolge aufgelistet. Wenn Sie keine eigenen Kategorien angelegt haben, stehen alle Bausteine in der Kategorie **Allgemein**.

AutoTexte drucken

AutoTexte mit der Taste F3 einzufügen ist eine tolle Sache, aber das Gedächtnis spielt oft nicht mit, und man erinnert sich nicht an die genauen Namen der Bausteine. Daher kann es hilfreich sein, eine Liste der selbst erstellten AutoTexte auszudrucken. Sie müssen sie nicht einmal mühselig selbst zusammenstellen: Die Druckeinstellungen bieten die Möglichkeit, nur die verfügbaren AutoText-Einträge auszudrucken. Gehen Sie dazu folgendermaßen vor:

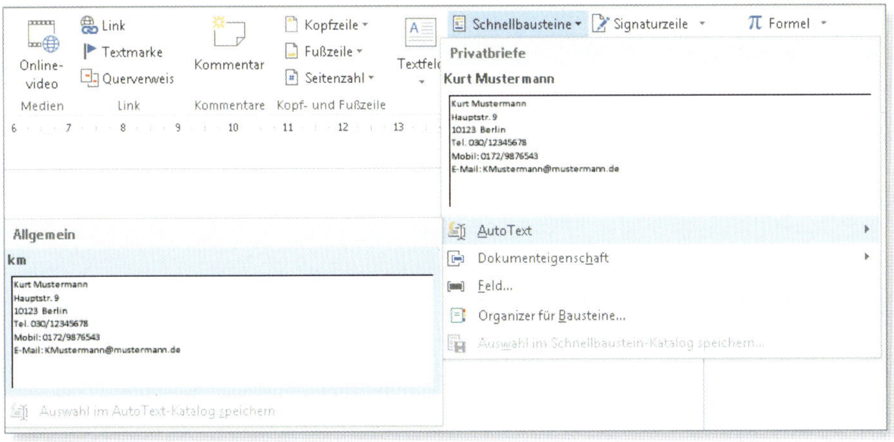

Abbildung 8.29
Einen Baustein aus dem AutoText-Katalog einfügen

1 Rufen Sie über **Datei** > **Drucken** das Druckfenster auf.

2 In diesem Fenster wählen Sie im Bereich **Einstellungen** in der Auswahlliste des ersten Feldes (in dem Sie normalerweise **Alle Seiten drucken** lesen) den Eintrag **AutoText-Einträge** aus.

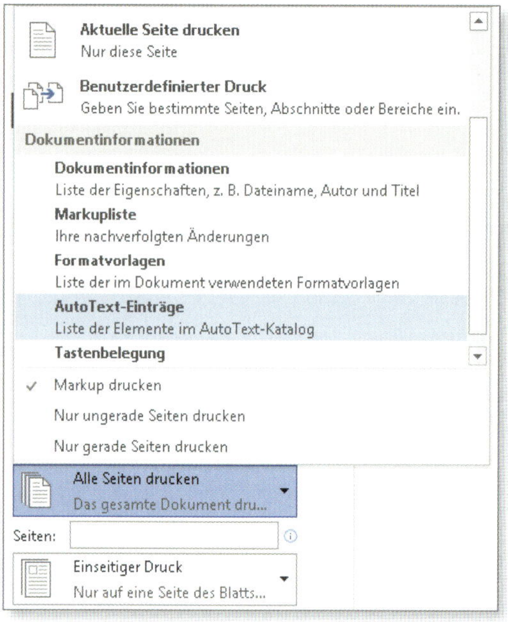

Abbildung 8.30
AutoText-Einträge ausdrucken

3 Nachdem Sie den Druckauftrag über die Schaltfläche **Drucken** abgeschickt haben, erhalten Sie eine Liste der Namen aller AutoText-Einträge mit den dazugehörigen Texten sowie der Angabe, in welcher Dokumentvorlage die AutoTexte gespeichert sind. Sehr praktisch!

AutoText-Einträge in NORMAL.DOT (Global)

km
Kurt Mustermann
Hauptstr. 9
10123 Berlin
Tel. 030/12345678
Mobil: 0172/9876543
E-Mail: KMustermann@mustermann.de

vd
Vielen Dank für Ihr Schreiben

üb
Bitte überweisen Sie den Betrag auf das folgende Konto:

Abbildung 8.31
AutoText-Einträge im Ausdruck

Alle Bausteine im Überblick

Einen Überblick über alle verwendbaren Bausteine bzw. AutoTexte erhalten Sie, wenn Sie im Menü des Symbols **Schnellbausteine** auf den Eintrag **Organizer für Bausteine** klicken.

INFO

Schnellbausteine und AutoTexte

Aufgrund der neuen Vorgehensweise beim Anlegen, Speichern und Verwalten von Bausteinen und AutoTexten ist das Thema zwar umfangreicher geworden, teils aber leider auch unübersichtlicher. Sie haben nun zwar deutlich mehr Möglichkeiten, solche Bausteine zu nutzen, doch die Unterscheidung zwischen Schnellbausteinen und AutoTexten stiftet nicht selten einige Verwirrung. Einige Dinge werden jedoch klarer, wenn Sie ein wenig mehr von Dokumentvorlagen verstehen, die Thema in Kapitel 20, »Dokumentdesigns und Dokumentvorlagen«, sind.

Für unseren Geschmack unglücklich gestaltet sind auch die großen Menüfelder der Schaltflächen **Schnellbausteine** und **AutoText**. Selbst bei kurzen Bausteintexten sieht man große leere Bereiche, die das Menü unnötig aufblähen. Falls Sie sich die Namen Ihrer Bausteine merken können, ist die Methode über die Taste F3 tatsächlich am praktischsten. Hierbei spielt es nämlich keine Rolle, ob der Baustein als Schnellbaustein oder AutoText abgelegt wurde, und Sie müssen nicht umständlich im Menü danach suchen. Sie geben einfach den Namen des Bausteins ein und drücken F3.

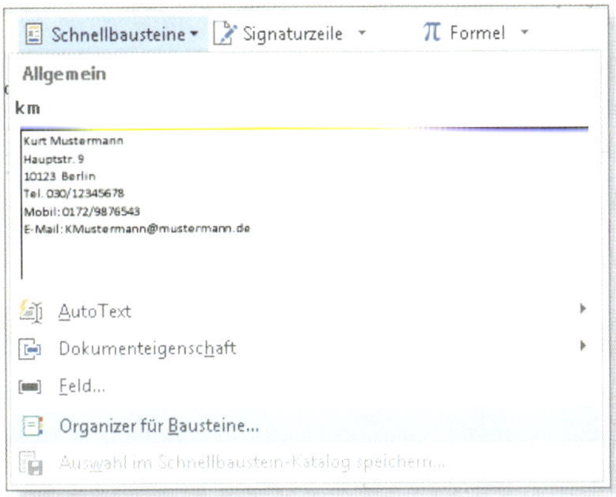

Abbildung 8.32
Den Organizer für Bausteine aufrufen

Dies öffnet den gleichnamigen Dialog, in dem alle Bausteine organisiert und verwaltet werden. Alle Bausteine – sowohl die von Word angebotenen als auch die selbst erstellten – sind hier aufgeführt, und Sie können sehen, in welchem Katalog und in welcher Vorlage sie gespeichert sind und zu welcher Kategorie sie gehören. Hier tauchen also z. B. auch alle Deckblätter auf, auch solche, die Sie wie eingangs beschrieben als Baustein abgelegt haben.

Wenn Sie sich die Liste einmal genauer ansehen, erkennen Sie, dass viele fertige Elemente, die man in ein Dokument einfügen kann, als Bausteine vorhanden sind. All diese Bausteine (*Built-In Building Blocks*) sind in der Dokumentvorlage *Built-In Building Blocks.dotx* abgelegt.

Bausteine organisieren im Organizer

Der Organizer für Bausteine (siehe Abbildung 8.33) dient aber nicht nur dem Überblick. Sie können die Bausteine von hier aus auch einfügen, anderen Katalogen zuordnen oder löschen. Um einen Baustein in Ihr Dokument einzufügen, markieren Sie einfach den entsprechenden Eintrag und klicken auf die Schaltfläche **Einfügen**. Der Vorschaubereich rechts zeigt, wie der Baustein aussieht.

Um einen Baustein im Organizer zu bearbeiten, markieren Sie den entsprechenden Eintrag und klicken auf die Schaltfläche **Eigenschaften bearbeiten**. Dies öffnet den Dialog **Baustein ändern**. In diesem Dialog, der im Grunde mit dem Dialog **Neuen Baustein erstellen** identisch ist, können Sie dem Baustein u. a. einen neuen Namen geben.

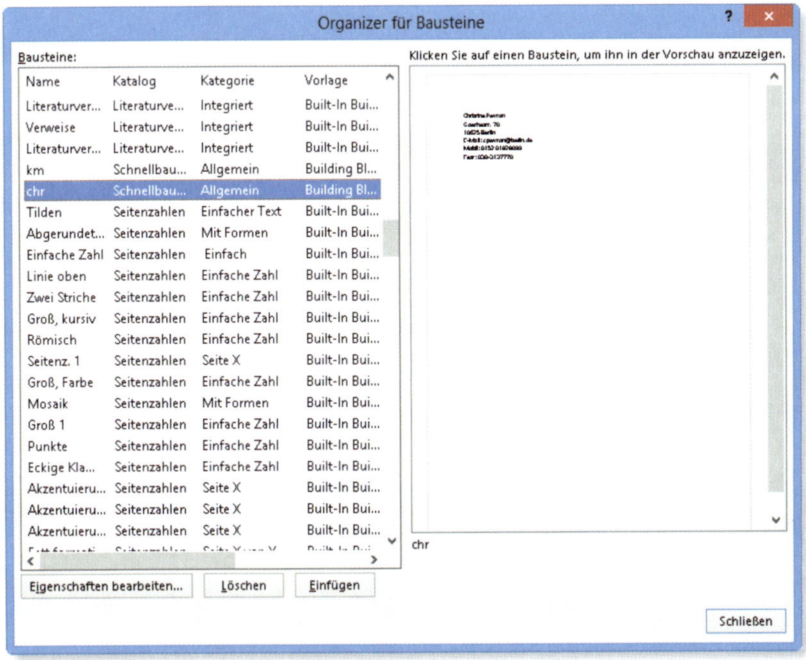

Abbildung 8.33
Der Organizer für Bausteine

Schreiben Sie den neuen Namen dazu einfach in das Feld **Name** und klicken Sie dann auf **OK**. Dies ruft einen kleinen Dialog auf, in dem Sie gefragt werden, ob Sie den Eintrag neu definieren möchten. Klicken Sie hier auf **Ja**.

Um den Katalog zu ändern, klicken Sie auf den Pfeil am Feld **Katalog** und wählen Sie in der Auswahlliste den gewünschten Eintrag aus. Auf diese Weise können Sie einen AutoText beispielsweise (auch nachträglich) dem Katalog **Schnellbausteine** zuordnen, sodass er im Menü der Schaltfläche **Schnellbausteine** auftaucht.

Im Feld **Speichern in** können Sie den Speicherort des Bausteins ändern. (Im Infokasten »Wo werden Bausteine gespeichert?« auf Seite 165 haben wir bereits einige Hinweise dazu gegeben, wo Bausteine abgelegt werden.)

Bausteine löschen

Bausteine sind langlebig und bleiben so lange vorhanden, wie Sie sie nicht eigenhändig löschen. Wenn Sie sich von einem Ihrer Bausteine trennen möchten, müssen Sie ihn wie im Folgenden beschrieben entfernen.

1 Rufen Sie den Dialog **Organizer für Bausteine** auf, indem Sie auf **Schnellbausteine** > **Organizer für Bausteine** klicken.

2 In diesem Dialog markieren Sie den entsprechenden Bausteineintrag und klicken dann auf die Schaltfläche **Löschen**.

Abbildung 8.34
Einen Baustein löschen

TIPP

Den Dialog »Baustein ändern« aufrufen

Den Dialog **Baustein ändern** können Sie übrigens auch aufrufen, indem Sie mit der rechten Maustaste auf einen Eintrag im Menü **Schnellbausteine** klicken. Im Kontextmenü wählen Sie dann die Option **Eigenschaften bearbeiten** ❶.

Im Menü **Schnellbausteine** können Sie außerdem ganz fix einen Baustein löschen, indem Sie einen Bausteineintrag im Menü **Schnellbausteine** mit der rechten Maustaste anklicken und im Kontextmenü dann auf **Organisieren und löschen** ❷ klicken.

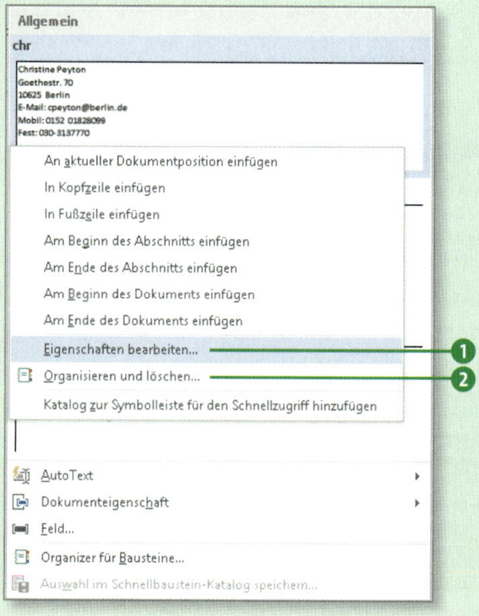

Abbildung 8.35
Den Dialog »Baustein ändern« über das Kontextmenü aufrufen

Kapitel 9
Rechtschreibprüfung, Silbentrennung und Thesaurus

Lange Texte zu erstellen und zu korrigieren ist längst nicht mehr so mühselig wie früher. Neben den Korrekturmöglichkeiten, den Bausteinen und anderen Dingen, die wir bisher beschrieben haben, erleichtern weitere Funktionen von Word die Arbeit an und mit Dokumenten erheblich.

Man hört immer wieder von Sekretärinnen, die in Windeseile und vor allem fehlerlos Seite für Seite schreiben und dem Vernehmen nach dabei sogar parallel noch ein Buch lesen können. Wie vielen anderen Menschen ist auch uns diese Gabe leider nicht gegeben. Seien Sie also gnädig mit sich selbst, wenn Ihnen beim Schreiben im Eifer des Gefechts immer wieder Fehler unterlaufen. Glauben Sie uns: Seit der Erfindung der Schreibmaschine sind »Vertipper« eine Begleiterscheinung des Maschinenschreibens, ganz zu schweigen von der Rechtschreibung, mit der es manchmal ja auch beim Schreiben mit der Hand hapert.

In beiden Fällen hilft die *Rechtschreibprüfung* in Word, die Ihnen anzeigt, wo der Text einen Fehler aufweist. Diese Rechtschreibprüfung basiert auf einem Word-internen Wörterbuch (gespeichert in einer Datei namens *Benutzer.dic*). Jedes Wort eines Dokuments wird automatisch mit dem Inhalt des Wörterbuches abgeglichen – taucht es so, wie es geschrieben wurde, nicht im Wörterbuch auf, wird es als Fehler markiert.

Darüber hinaus bietet Word eine *Silbentrennung* an, mit der ein Wort nur dann getrennt wird, wenn es am Ende der Zeile steht. Um die Zeilen maximal zu nutzen, ist es sinnvoll, längere Wörter am Ende der Zeile zu trennen, sodass ein Teil des Wortes noch auf die Zeile passt. Dies sollte man jedoch auf keinen Fall manuell machen – etwa mithilfe eines Bindestrichs –, denn dadurch kann es passieren, dass Wörter plötzlich mitten in der Zeile durch einen Bindestrich getrennt werden, wenn sich der Text nachträglich verschiebt. Die Durchführung der Silbentrennung in Word ist also die sicherere Variante des Trennens.

HINWEIS

Die Rechtschreibkontrolle ist nicht unfehlbar!

Die Rechtschreibprüfung von Word ist enorm hilfreich, aber leider auch nicht frei von Fehlern. Vertrauen Sie den Vorschlägen daher nicht blind! Erfahrungsgemäß hat die Rechtschreibkontrolle Schwächen insbesondere bei der Getrennt- und Zusammenschreibung. Wenn Sie unsicher sind, sollten Sie einen Blick in den Duden riskieren.

In längeren Texten zu bestimmten Themen hat man ab und an Mühe, ein abwechslungsreiches Vokabular zu benutzen, um den Leser nicht zu langweilen. Man hat einen Begriff schon x-mal verwendet und braucht irgendwann eine Alternative. In solchen Situationen hilft der *Thesaurus*. Mit seiner Hilfe lassen sich Synonyme finden, also Begriffe, die sinnverwandt oder sinngleich mit dem Wort sind, das Sie schon einmal zu oft verwendet haben. Word bringt einen Thesaurus mit einem recht großen Bestand mit, der Ihnen alternative Begriffe auflistet. Wenn Sie ihn nutzen, erhalten Sie also Unterstützung bei Ihrem Vorhaben, Wiederholungen zu vermeiden und Texte interessant zu gestalten.

9.1 Die Rechtschreibprüfung

Die Rechtschreibprüfung ist standardmäßig aktiviert und überprüft die Texte üblicherweise anhand der Regeln der deutschen Rechtschreibung. Dies merken Sie, sobald sich Rechtschreibfehler in Ihren Text einschleichen – falls Sie ein Rechtschreibgenie sind und fehlerlos schreiben, bauen Sie einfach bewusst einen Fehler ein, um zu erkennen, ob die Rechtschreibprüfung arbeitet.

Wenn keine rote Wellenlinie erscheint, obwohl Sie »nämlich« fälschlicherweise mit »h«, also »nähmlich«, geschrieben haben, ist die Rechtschreibprüfung nicht aktiv.

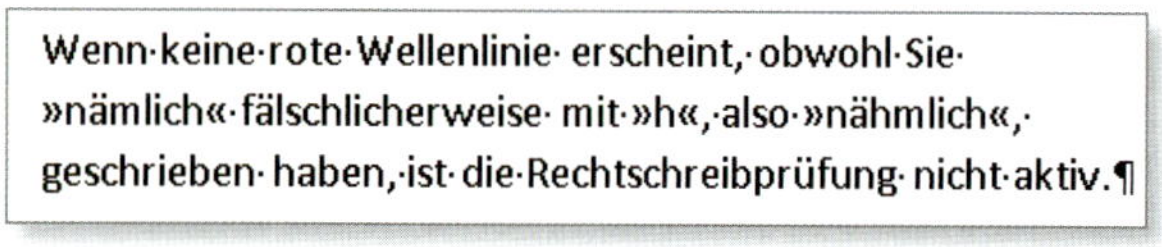

Abbildung 9.1
Ist die Rechtschreibprüfung aktiv?

Die Rechtschreibprüfung aktivieren

Falls also die Rechtschreibprüfung ausgeschaltet ist, aktivieren Sie sie wie im Folgenden beschrieben.

1. Rufen Sie über **Datei** > **Optionen** die Word-Optionen auf.
2. Im Fenster **Word-Optionen** (siehe Abbildung 9.2) aktivieren Sie die Kategorie **Dokumentprüfung** ❶.
3. Rechts im Dialog unter **Beim Korrigieren der Rechtschreibung und Grammatik in Word** finden Sie die Option **Rechtschreibung während der Eingabe überprüfen** ❷. Zum Aktivieren der Rechtschreibprüfung setzen Sie hier per Mausklick ein Häkchen.

Um die Rechtschreibprüfung zu deaktivieren, verfahren Sie genauso, mit dem Unterschied, dass Sie dann per Mausklick das Häkchen entfernen.

Die neue Rechtschreibung deaktivieren

Im Fenster **Dokumentprüfung** der Word-Optionen befindet sich im Bereich **Bei der Rechtschreibkorrektur in Microsoft Office-Programmen** auch das Kontrollkästchen **Deutsch: Neue Rechtschreibung verwenden** ❸.

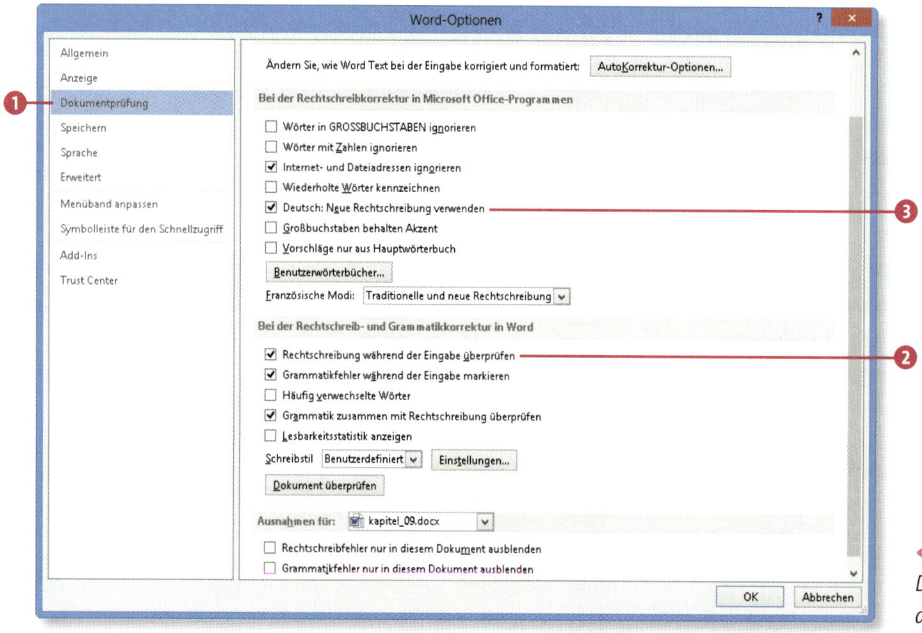

Abbildung 9.2
Die Rechtschreibprüfung aktivieren

Diese Option ist standardmäßig aktiviert – sie kann aber auch deaktiviert werden. Die neue Rechtschreibung ist allerdings mittlerweile bindend, von daher sollte man es vor allem in offiziellen Dokumenten bei dieser Standardeinstellung belassen.

Machen Sie ruhig einmal die Probe aufs Exempel: In einem Text mit der Überprüfung nach der neuen Rechtschreibung wird ein »daß« natürlich angekreidet, ebenso wie die Schreibweise »bißchen«. Wenn Sie die Option **Deutsch: Neue Rechtschreibung verwenden** deaktivieren, entdeckt Word hier keine Fehler, und Sie müssen sich nicht an neue Regeln gewöhnen (obwohl es langsam mal an der Zeit wäre).

Wenn sich ein Tipp- bzw. Rechtschreibfehler in ein Wort eingeschlichen hat, wird Word zum Deutschlehrer und unterstreicht dieses Wort wie zuvor beschrieben mit einer roten Wellenlinie. Eine solche Wellenlinie kann zweierlei anzeigen:

1. Das Wort ist tatsächlich falsch geschrieben.
2. Word findet es nicht im internen Wörterbuch und unterstreicht es deshalb.

Es kann also vorkommen, dass Wörter angekreidet werden, obwohl sie korrekt geschrieben sind. Das liegt dann einfach daran, dass sie im Wörterbuch nicht vorkommen. Besonders häufig passiert das bei Eigennamen, Fremdwörtern etc.

HINWEIS

Fremdsprachige Eigennamen

Welche Eigennamen erkannt werden, hängt letztlich vom installierten Office Language Pack ab. Aber gerade bei Vornamen sind die sprachlichen Grenzen heutzutage ziemlich fließend, sodass auch Namen aus nicht installierten Sprachen für Word nicht unbekannt sind.

Sie werden jedoch feststellen, dass das Wörterbuch von Word sogar in puncto Eigennamen mittlerweile sehr pfiffig ist. Gängige deutsche Vor- und Nachnamen werden erkannt, also nicht unterstrichen, z. B. Namen wie Müller, Schneider oder Lehmann. Aber auch Namen aus dem angelsächsischen oder aus anderen Sprachräumen kennt Word mittlerweile, etwa Smith, Miller oder Ricardo.

TIPP

Das Wörterbuch

Im Dialog **Dokumentprüfung** gibt es auch die Schaltfläche **Benutzerwörterbücher**. Wenn Sie auf diese Schaltfläche klicken, öffnet sich der gleichnamige Dialog. Hier können Sie nachschauen, in welcher Datei die Wörterbücher gespeichert sind. Markieren Sie die Datei *CUSTOM.DIC*. Der Speicherort der Datei wird im Feld **Dateipfad** angezeigt: *C:\Benutzer\[Benutzername]\AppData\Roaming\Microsoft\UProof*. Diese Information ist vor allem dann sinnvoll, wenn Sie Ihr gut gepflegtes Wörterbuch von einem Rechner auf einen anderen kopieren möchten.

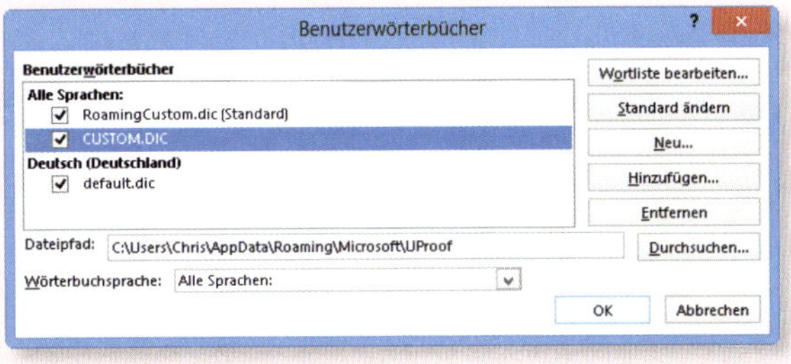

Abbildung 9.3
Die Datei »CUSTOM.DIC«

HINWEIS

Das Hauptwörterbuch

Achten Sie darauf, dass das Kontrollkästchen **Vorschläge nur aus Hauptwörterbuch** im Fenster **Dokumentprüfung** der Word-Optionen deaktiviert ist bzw. bleibt. Das Hauptwörterbuch enthält die am häufigsten verwendeten Wörter. Die meisten Eigennamen, technischen Begriffe oder Akronyme (Abkürzungen) sind im Hauptwörterbuch nicht enthalten.

Fehler korrigieren

Wenn ein Wort unterstrichen wurde und Sie es korrigieren möchten, gibt es – abgesehen von der manuellen Korrektur – dafür verschiedene Wege. Besonders praktisch ist die Korrektur über das Kontextmenü, weil hier sogar passende Vorschläge gemacht werden.

1. Setzen Sie den Cursor in das Wort, das durch eine Wellenlinie gekennzeichnet ist.
2. Drücken Sie die rechte Maustaste, um das Kontextmenü aufzurufen.
3. Im Kontextmenü werden Optionen für die Korrektur angeboten. Im oberen Bereich des Kontextmenüs entdecken Sie einen oder mehrere Vorschläge für die Korrektur des Wortes. Wenn etwas Passendes dabei ist, klicken Sie es mit der linken Maustaste an. Daraufhin wird das falsch geschriebene Wort automatisch ersetzt.

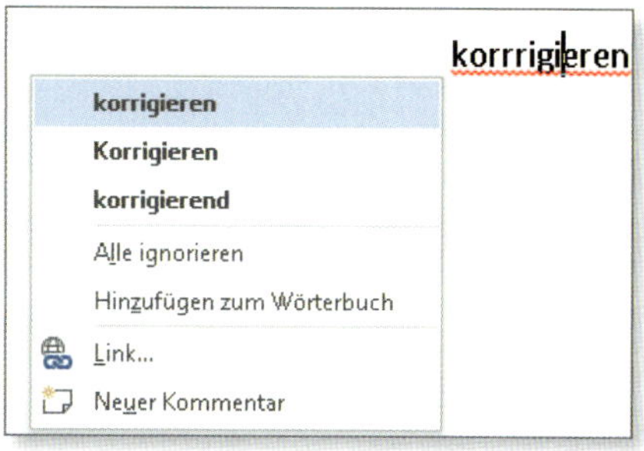

Abbildung 9.4
Korrigieren im Kontextmenü

Es kann auch vorkommen, dass ein Wort mit einer roten Wellenlinie unterstrichen ist, aber im Kontextmenü kein alternativer Vorschlag angeboten wird. In einem solchen Fall wurde keine Entsprechung im Wörterbuch gefunden, aber eben auch kein passender Ersatz.

TIPP

Die Rechtschreibprüfung anstoßen

Es kommt vor, dass die Rechtschreibprüfung nicht funktioniert, obwohl sie aktiviert ist. Probieren Sie in diesem Fall Folgendes: Öffnen Sie die Word-Optionen (**Datei** > **Optionen** > **Dokumentprüfung**) und klicken Sie hier auf die Schaltfläche **Dokument überprüfen**.

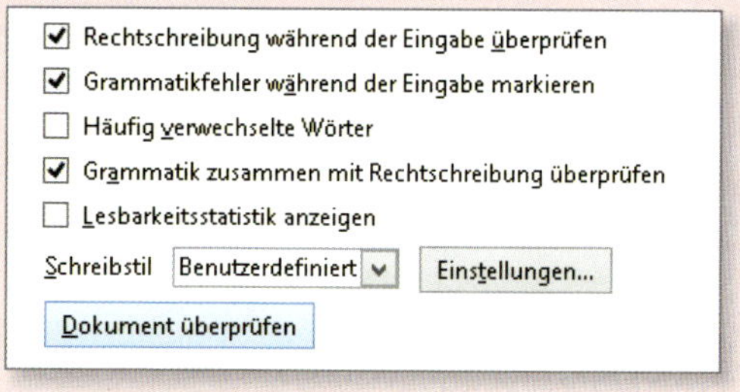

Abbildung 9.5
Die Rechtschreibprüfung erneut anstoßen

Wenn Sie ein Wort nicht korrigieren möchten (weil es richtig geschrieben ist und nur von Word nicht erkannt wurde), aber die rote Wellenlinie als störend empfinden, können Sie sie ganz leicht loswerden. Klicken Sie im Kontextmenü einfach auf **Alle Ignorieren** ❶. Die Wellenlinie verschwindet, und das Wort wird auch in Zukunft nicht unterstrichen werden.

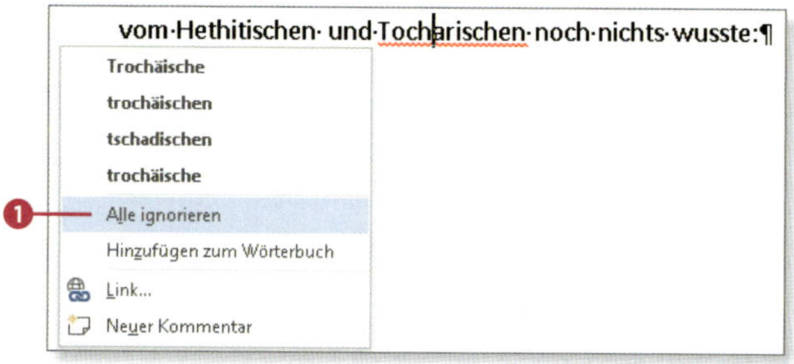

Abbildung 9.6
Vorschläge der Rechtschreibprüfung ignorieren

Es gibt auch die Möglichkeit, die Rechtschreibkontrolle für ein ganzes Dokument auszuschalten (ohne jedoch die Rechtschreibprüfung grundsätzlich zu deaktivieren). Dazu rufen Sie das Fenster **Dokumentprüfung** der Word-Optionen auf und setzen hier ein Häkchen in das Kontrollkästchen **Rechtschreibfehler nur in diesem Dokument ausblenden** ganz unten im Fenster. Über den Pfeil ❷ können Sie das Dokument wählen, für das die Ausnahme gelten soll.

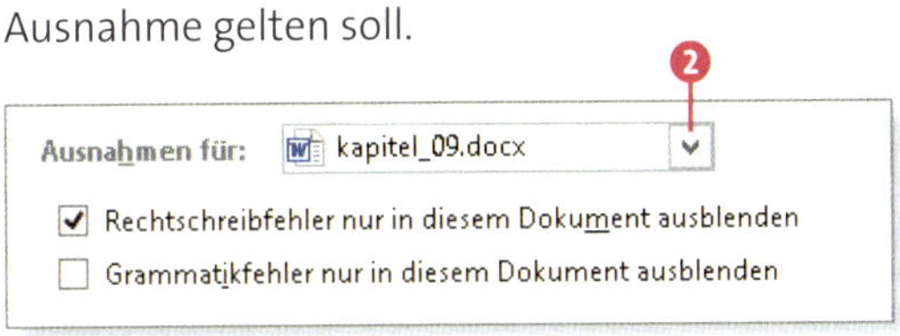

Abbildung 9.7
Die Rechtschreibprüfung für ein Dokument ausschalten

9.2 Das Wörterbuch erweitern

Das interne Wörterbuch, mit dem Ihr Text verglichen wird, lässt sich kontinuierlich erweitern. Sie können Begriffe hinzufügen, die Sie häufig verwenden, die aber nicht zum Bestand des Wörterbuches gehören, sodass nach und nach Ihr ganz persönliches, ausführliches Wörterbuch entsteht.

Neue Einträge aufnehmen

Neue Einträge aufzunehmen ist ganz einfach und geht ziemlich schnell. Gehen Sie dazu wie im Folgenden beschrieben vor.

1 Klicken Sie ein rot unterstrichenes Wort mit der rechten Maustaste an, um das Kontextmenü aufzurufen.

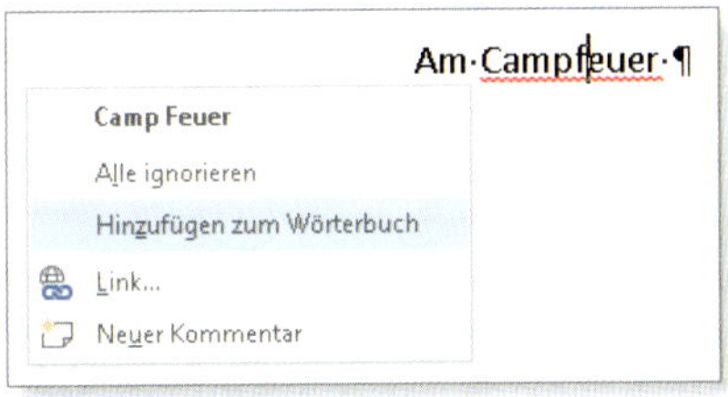

Abbildung 9.8
Das Wörterbuch erweitern

2 Im Kontextmenü klicken Sie auf die Option **Hinzufügen zum Wörterbuch**.

Wie Sie sehen, wurde die rote Wellenlinie unter dem betreffenden Wort entfernt. Es gehört nun zum Wörterbuch und wird von Word nicht mehr bemängelt werden – es sei denn, Sie schreiben es wirklich falsch.

Abbildung 9.9
Das Wort wurde ins Wörterbuch aufgenommen.

Wörter über die Wortliste hinzufügen

Es gibt noch einen anderen Weg, das Wörterbuch zu erweitern, und zwar direkt, nicht wie eben beschrieben aus einem Text heraus. Diese Methode eignet sich besonders dann, wenn Sie dem Wörterbuch eine Liste von bestimmten Fachausdrücken für einen zukünftigen Text hinzufügen möchten.

1 Rufen Sie über **Datei** > **Optionen** das Fenster **Word-Optionen** mit dem Bereich **Dokumentprüfung** auf.

2 In diesem Fenster klicken Sie unter **Bei der Rechtschreibkorrektur in Microsoft Office-Programmen** auf die Schaltfläche **Benutzerwörterbücher**.

3 Im Dialog **Benutzerwörterbücher** markieren Sie zunächst *CUSTOM.DIC* und klicken dann auf **Wortliste bearbeiten**.

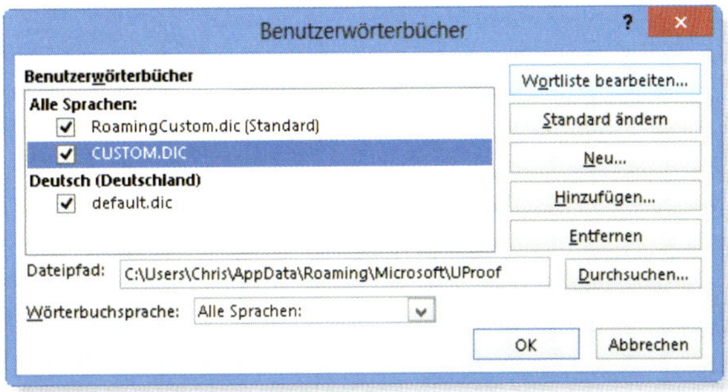

Abbildung 9.10
Die Wortliste des Wörterbuches bearbeiten

4 Dadurch wird ein weiterer Dialog aufgerufen, der den gleichen Namen trägt wie Ihre Wörterbuchdatei. Hier geben Sie in das Feld **Wort/Wörter** den Begriff ein, den Sie in Ihr Wörterbuch aufnehmen möchten, z. B. »Bronchoforton«.

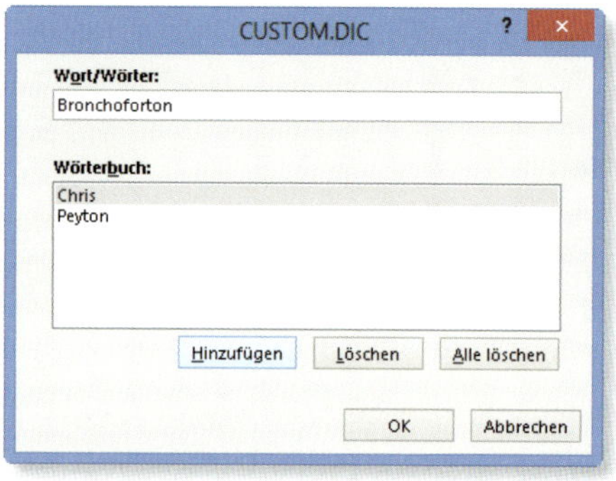

Abbildung 9.11
Ein neues Wort ins Wörterbuch aufnehmen

5 Durch einen Mausklick auf die Schaltfläche **Hinzufügen** schließen Sie den Vorgang ab.

INFO

Begriffe in der Wortliste

Die Wortliste listet alle Wörter auf, die Sie hinzugefügt haben. Das Wörterbuch *Roamingcustom.dic* enthält z. B. alle Namen aus Ihrer E-Mail-Korrespondenz (sofern Sie Outlook nutzen), da die Wörterbücher gemeinschaftlich von allen Office-Programmen genutzt werden.

Wörterbücher einbinden

Im Dialog **Benutzerwörterbücher** können Sie auch weitere Wörterbücher in Word einbinden, z. B. ein spezifisches Wörterbuch, das Sie als Datei für eine spezielle Arbeit erhalten haben.

1 Kopieren Sie die Wörterbuchdatei, die Sie hinzufügen möchten, auf Ihren Computer.

2 Dann klicken Sie im Dialog **Benutzerwörterbücher** auf die Schaltfläche **Hinzufügen**. Dies öffnet das Dialogfenster **Benutzerwörterbuch hinzufügen**, in dem bereits der Ordner *UProof* geöffnet ist, also der Ordner, in dem die Wörterbücher standardmäßig gespeichert werden.

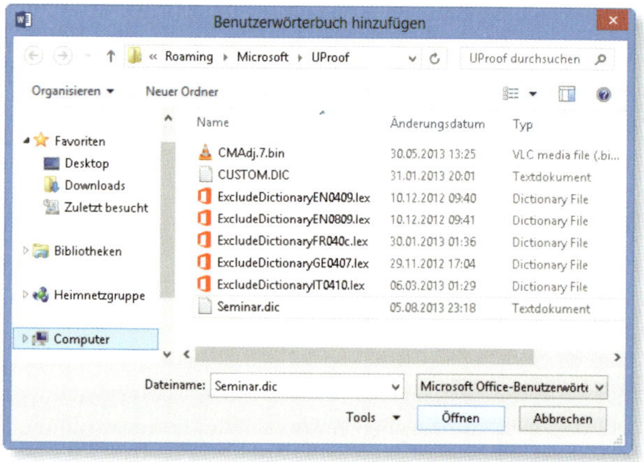

Abbildung 9.12
Ein spezielles Wörterbuch einbinden

3 In diesem Dialogfenster, das in seinem Aufbau den Dialogen **Speichern unter** oder **Öffnen** entspricht, können Sie nun zu dem Ordner wandern, in dem das Wörterbuch liegt, das Sie einbinden möchten.

4 Markieren Sie dort die entsprechende Datei und klicken Sie auf **Öffnen**. (Word akzeptiert für Wörterbücher leider nur das Dateiformat *.dic*.) Daraufhin wird wieder der Dialog **Benutzerwörterbücher** angezeigt.

Ein neues Wörterbuch anlegen

Sie können auch selbst ein Wörterbuch erstellen, was z. B. dann sehr sinnvoll ist, wenn es um eine Sammlung von spezifischen Begriffen geht, die im Standardwörterbuch nicht vorhanden sind (und die Sie an jemanden weitergeben möchten). Dies ist praktisch die Umkehrung des im vorherigen Abschnitt »Wörterbücher einbinden« beschriebenen Falls.

1 Um ein neues Wörterbuch anzulegen, klicken Sie im Dialog **Benutzerwörterbücher** auf die Schaltfläche **Neu**.

TIPP

Einbindung von Wörterbüchern aus älteren Word-Versionen

Etwas knifflig ist es, alte Benutzerwörterbücher (aus den Zeiten vor Office 2007) zu retten, was an dem alten ANSI-Format liegt, in dem die früheren Benutzerwörterbücher gespeichert waren. Seit Word 2007 werden die Benutzerwörterbücher im *Unicode-Format* (Zwei-Byte-Codierung) gespeichert. Die alten Dateien können nur genutzt werden, wenn Sie das alte ANSI-Format in das Unicode-Format umwandeln. Dies lässt sich einfach bewerkstelligen: Sie öffnen die alte Wörterbuchdatei in einem normalen Editor (per Doppelklick im Explorer) und wählen **Datei** > **Speichern unter**. Hier klicken Sie auf die Schaltfläche **Codierung** und wählen in der Liste **Unicode**. Nach dem Speichern müssen Sie nur noch die Dateiendung von *.txt* in *.dic* ändern, damit Sie sie in Word verwenden können.

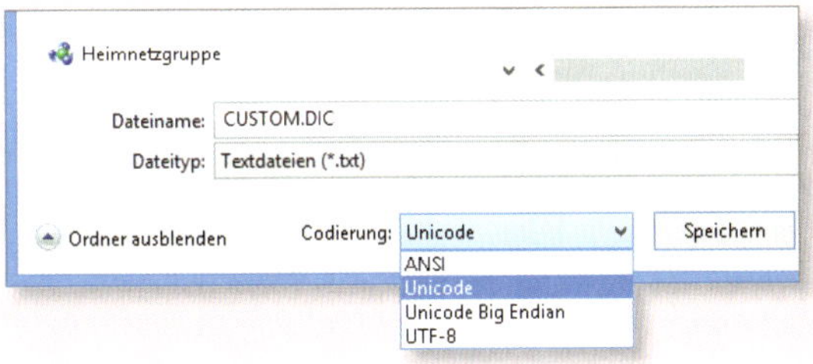

Abbildung 9.13
Ein altes Wörterbuch in das Unicode-Format umwandeln

2 Daraufhin wird der Dialog **Benutzerwörterbuch erstellen** mit dem Ordner *UProof* geöffnet. In diesem Dialog geben Sie dem Wörterbuch im Feld **Dateiname** erst einmal einen passenden Namen und klicken dann auf **Speichern**.

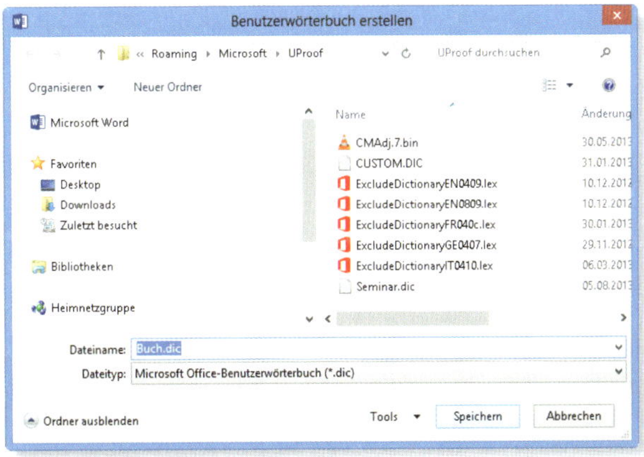

Abbildung 9.14
Ein eigenes Wörterbuch erstellen

3 Daraufhin wird wieder der Dialog **Benutzerwörterbücher** angezeigt, in dem das neu angelegte Wörterbuch nun aufgelistet wird.

4 Dieses Wörterbuch ist natürlich noch leer. So wie es im Abschnitt »Wörter über die Wortliste hinzufügen« (Seite 177) ab Schritt 3 beschrieben wurde, füllen Sie dieses Wörterbuch nun mit Begriffen. Achten Sie darauf, dass Sie das richtige Wörterbuch markieren, bevor Sie auf **Wortliste bearbeiten** ❶ klicken, andernfalls bleibt Ihr angelegtes Wörterbuch leer.

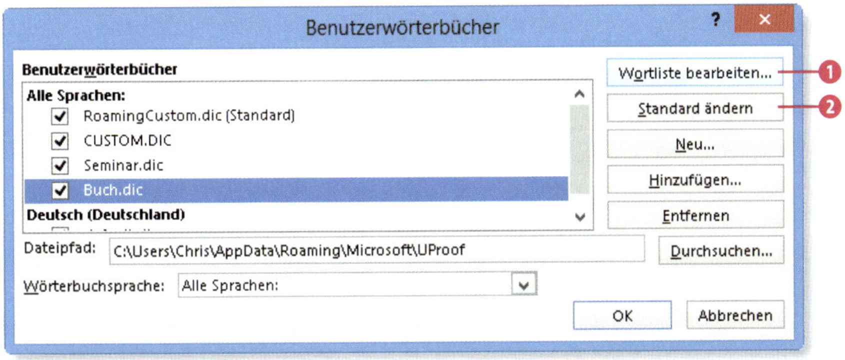

Abbildung 9.15
Das neue Wörterbuch mit Begriffen füllen

Fehlerhafte Einträge entfernen

Den eben beschriebenen Dialog können Sie außerdem dazu nutzen, Einträge aus dem Wörterbuch zu entfernen. Das kann nötig sein, wenn Sie beispielsweise aus Versehen ein falsch geschriebenes Wort hinzugefügt haben und nun möchten, dass es wieder mit einer roten Wellenlinie in Ihren Dokumenten gekennzeichnet wird.

1 Setzen Sie den Cursor in das betreffende Wort und rufen Sie über das Kontextmenü den Dialog **Benutzerwörterbücher** auf.

2 Klicken Sie dort wie gehabt auf **Wortliste bearbeiten**.

3 In der Liste des Feldes **Wort/Wörter** markieren Sie das zu löschende Wort. Dann klicken Sie auf die Schaltfläche **Löschen**.

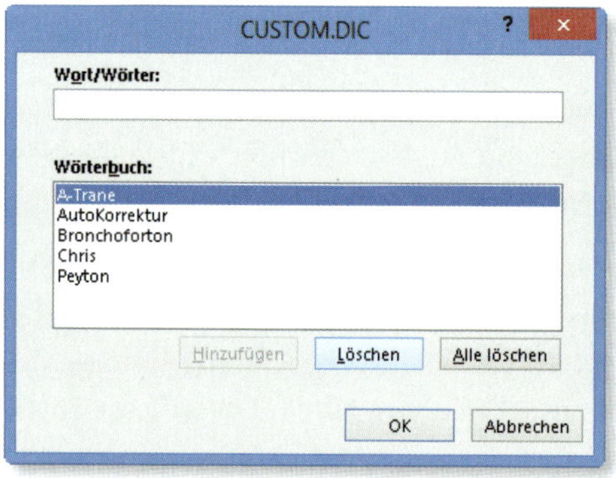

Abbildung 9.16
Wörter aus der Wortliste löschen

Das Standardwörterbuch ändern

Wenn Sie einem Wörterbuch wie zuvor beschrieben über das Kontextmenü Begriffe hinzufügen, landen diese Begriffe in dem als Standard festgelegten Wörterbuch, in der Regel also in *Benutzer.dic*. Wenn Sie dafür sorgen möchten, dass neue Begriffe in ein anderes Wörterbuch eingefügt werden, müssen Sie dieses andere Wörterbuch zum Standard erklären.

Dazu öffnen Sie über **Datei** > **Optionen** > **Dokumentprüfung** > **Benutzerwörterbücher** den gleichnamigen Dialog und markieren hier das Wörterbuch, das Sie zum Standard erklären möchten. Klicken Sie dann auf die Schaltfläche **Standard ändern** ❷ (Abbildung 9.15).

Eine andere Sprache für ein Wörterbuch festlegen

Standardmäßig ist im Feld **Wörterbuchsprache** die Einstellung **Alle Sprachen** festgelegt. Sie können ein Wörterbuch aber auch mit einer bestimmten Sprache verknüpfen, sodass das Programm dieses Wörterbuch nur verwendet, wenn Sie die Rechtschreibung eines Textes in dieser Sprache überprüfen. Dazu gehen Sie wie im Folgenden beschrieben vor.

1 Öffnen Sie den Dialog **Benutzerwörterbücher** (siehe Abbildung 9.18).

2 Markieren Sie im Feld **Benutzerwörterbücher** das Wörterbuch, für das Sie die Sprache ändern möchten ❶.

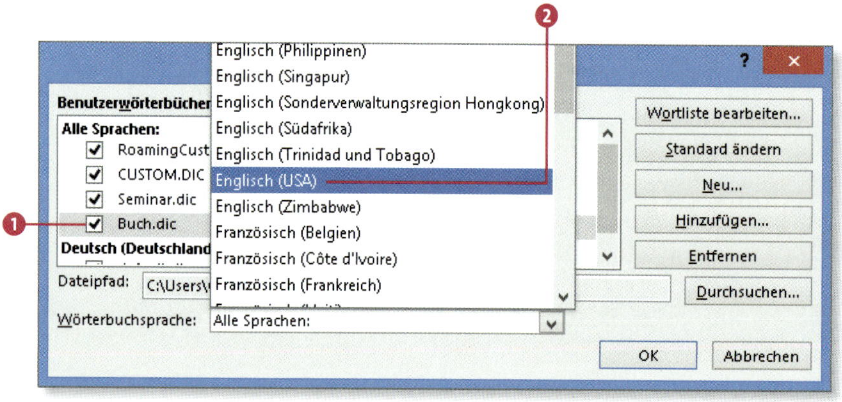

Abbildung 9.17
Die Sprache für ein Wörterbuch ändern

3 Klicken Sie im Menü des Feldes **Wörterbuchsprache** ❷ auf die Sprache, für die das Wörterbuch verwendet werden soll. Schließen Sie die Einstellung mit **OK** ab.

HINWEIS

Wörterbuchsprachen

Die Auswahl der Sprachen in der Liste des Feldes **Wörterbuchsprache** hängt vom installierten Office Language Pack ab. Mehr Informationen dazu finden Sie in Abschnitt 9.4, »Welche Sprache wird überprüft?«, ab Seite 182.

Wenn Sie die eben gewählte Sprache – hier also **Englisch (USA)** – nun für einen Text einstellen, werden Begriffe aus diesem Text, die Sie dem Wörterbuch hinzufügen, automatisch dem Wörterbuch *Buch.dic* zugeordnet. (Wie Sie einem Text eine Sprache zuweisen, erfahren Sie im Abschnitt »Die Korrektursprache festlegen« ab Seite 185.)

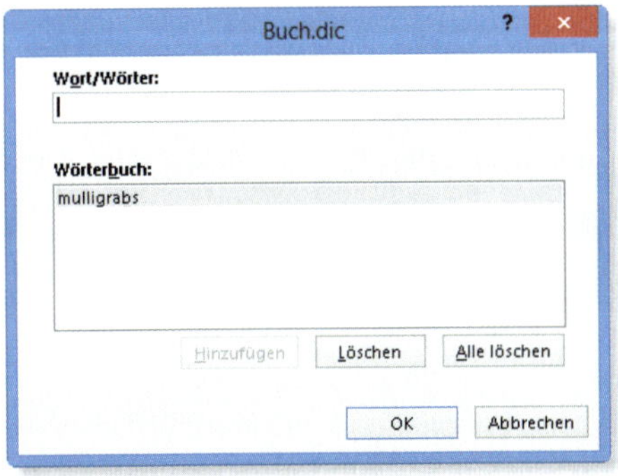

Abbildung 9.18
Der Begriff »mulligrabs« wurde dem Wörterbuch aus einem Text mit der Sprache »Englisch (USA)« hinzugefügt.

9.3 Fehler mit der Rechtschreibprüfung korrigieren

Wenn es Ihnen zu lästig ist, jeden Rechtschreibfehler einzeln über das Kontextmenü zu korrigieren, können Sie ein Dokument über den Aufgabenbereich **Rechtschreibung** auch »am Stück« durchsehen und gezielt einen Fehler nach dem anderen korrigieren.

Korrigieren im Aufgabenbereich »Rechtschreibung«

Um den Aufgabenbereich aufzurufen, über den Sie ein Dokument durchkorrigieren können, aktivieren Sie die Registerkarte **Überprüfen** und klicken Sie auf das Symbol **Rechtschreibung und Grammatik** ganz links auf der Registerkarte. Setzen Sie dann als Nächstes den Cursor an den Anfang des Dokuments.

1 Im Aufgabenbereich **Rechtschreibung** wird oben das fehlerhafte Wort angezeigt.

2 Unterhalb der Schaltflächen werden die Empfehlungen zur Korrektur des markierten Wortes aufgelistet.

3 Falls Word einen vernünftigen Vorschlag zu bieten hat, markieren Sie diesen.

4 Klicken Sie dann auf die Schaltfläche **Ändern** ❶ (Abbildung 9.20).

5 Nach der ersten Korrektur erscheint automatisch das nächste Wort, das bemängelt wurde. Wenn Sie einen Vorschlag übernehmen möchten, gehen Sie vor wie eben beschrieben. Auf diese Weise können Sie den gesamten Text »durchkorrigieren«.

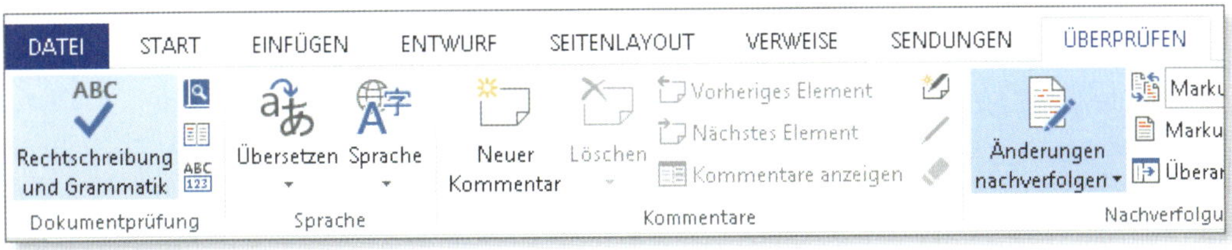

Abbildung 9.19
Die Schaltfläche »Rechtschreibung und Grammatik«

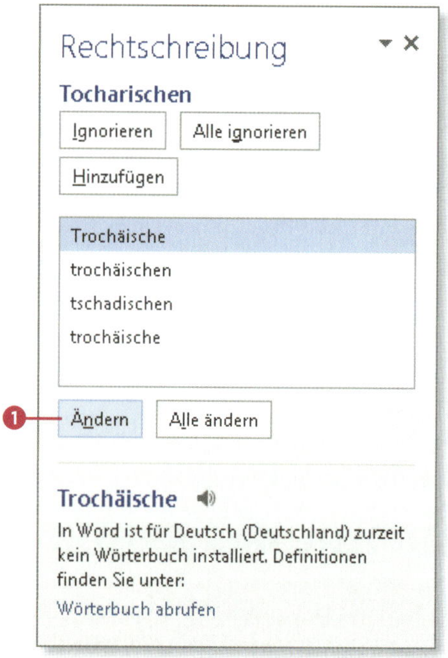

Abbildung 9.20
Im Aufgabenbereich korrigieren

Wie im Kontextmenü finden Sie auch in diesem Aufgabenbereich die Optionen **Alle ignorieren**, mit der das Wort zukünftig nicht mehr angemerkt wird, und **Hinzufügen**, mit der Sie das Wort Ihrem verwendeten Wortschatz hinzufügen können. Zusätzlich gibt es die Schaltfläche **Ignorieren**, mit der das Wort einmalig ignoriert wird, beim nächsten Vorkommen allerdings wieder unterstrichen werden wird. Es kann auch vorkommen, dass ein fehlerhaftes Wort ohne Korrekturvorschlag aufgelistet wird. Sie können dann nur auf **Ignorieren** oder **Hinzufügen** klicken.

9.4 Welche Sprache wird überprüft?

Jede Sprachversion von Microsoft Office umfasst Korrekturhilfen wie Wörterbücher und Grammatikregeln für mehrere Sprachen. In der Regel »spricht« Ihre (deutsche) Word-Version (bzw. Office-Version) von Haus aus drei weitere Sprachen (und damit weit mehr als der Durchschnittsbürger!): Englisch, Französisch und Italienisch. Dies liegt an dem spezifischen Office-Sprachpaket (*Office Language Pack 2013 – German*), das bei einer Office-Standardinstallation zur Verfügung steht. Zu diesem speziellen Paket (*Deutsch – lokalisierte Version*) gehören neben Deutsch eben diese anderen drei Sprachen.

Während Englisch (und auch Französisch) in der Regel standardmäßig als Bearbeitungssprachen angeboten werden, müssen Sie die italienische Dokumentprüfung normalerweise extra hinzufügen – falls Sie den Wunsch hegen, Ihre italienischen Weine in fehlerlosem Italienisch direkt beim Winzer zu bestellen.

INFO

Microsoft Office Language Packs

Natürlich lassen sich weitere Sprachpakete bzw. Office Language Packs mit ihren lokalisierten Versionen als Add-in-Produkte erwerben, allerdings werden diese Pakete nicht kostenlos angeboten. Je nach Vertriebspartner macht Sie der Kauf eines Sprachpakets um etwa 25 Euro ärmer. Sprachpakete beinhalten die Rechtschreibkorrektur, Grammatikprüfung, Thesaurus, AutoKorrektur-Listen, Wörterbücher und einiges mehr für die dazugehörigen Sprachen. Über die Seite *http://office.microsoft.com/de-at/language/* erhalten Sie weitere Informationen und dort können Sie die Sprachpakete auch bestellen.

Die Office-Spracheinstellungen anpassen

Um zu überprüfen, auf welche Sprachen Word die Rechtschreibkorrektur anwenden kann, werfen Sie einen Blick auf die Office-Spracheinstellungen. Das entsprechende Fenster (**Office-Spracheinstellungen festlegen**) öffnen Sie über **Datei** > **Optionen** > **Sprache** (siehe Abbildung 9.22) oder indem Sie auf der Registerkarte **Überprüfen** auf die Schaltfläche **Sprachen** und im Menü auf **Spracheinstellungen** klicken.

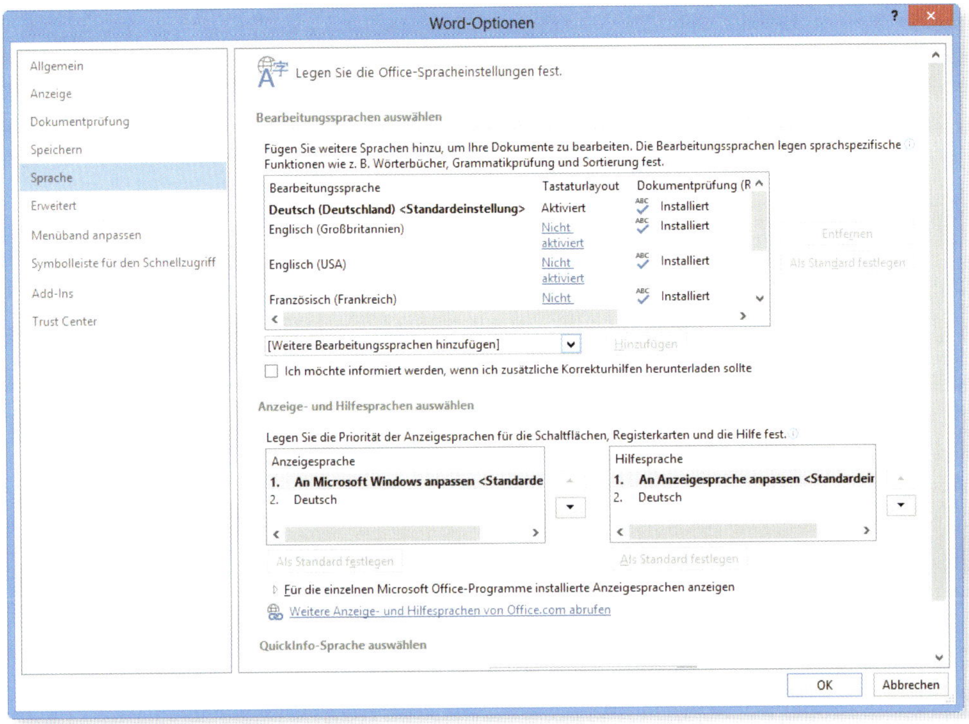

Abbildung 9.21
Die Office-Spracheinstellungen

Sie erkennen hier im Bereich **Bearbeitungssprachen auswählen**, dass die Dokumentprüfung für Englisch und Französisch installiert ist ❶. Falls Sie eine weitere Sprache benötigen und sie nicht aufgeführt wird, fügen Sie sie hinzu. Dazu gehen Sie wie im Folgenden beschrieben vor.

1. Klicken Sie auf den Pfeil am Feld **Weitere Bearbeitungssprachen hinzufügen** ❷.
2. In der Auswahlliste klicken Sie z. B. auf **Italienisch** (**Italien**) und dann auf die Schaltfläche **Hinzufügen** ❸.

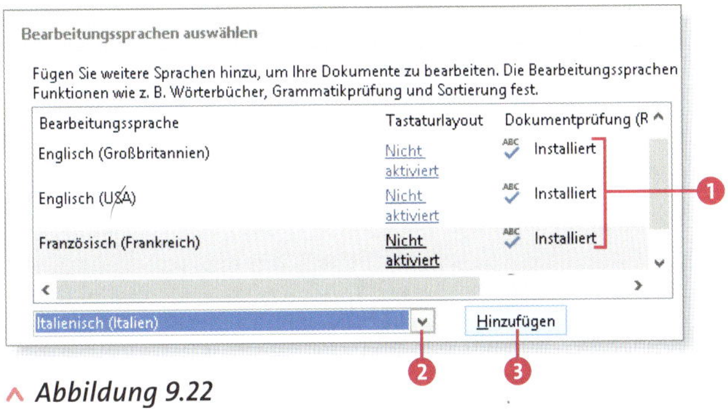

Abbildung 9.22
Italienisch als Bearbeitungssprache hinzufügen

Daraufhin wird die Dokumentprüfung für Italienisch als **Installiert** angezeigt ❹.

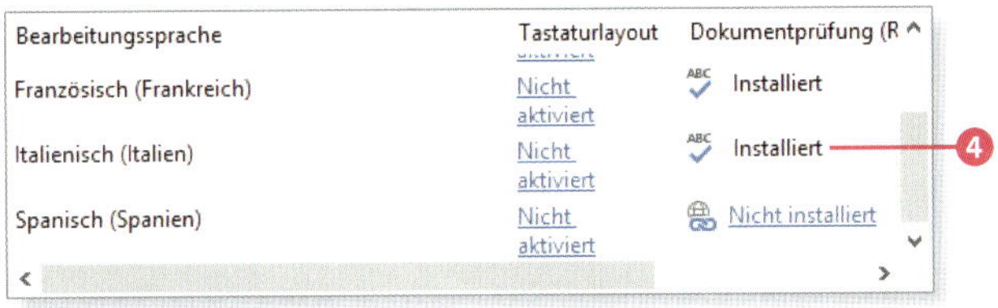

Abbildung 9.23
Die italienische Dokumentprüfung wurde hinzugefügt.

Automatische Spracherkennung

Die Rechtschreibprüfung umfasst eine automatische Spracherkennung (die standardmäßig aktiviert ist, sich aber auch ausschalten lässt). Dies heißt, genauer gesagt, dass Word die Sprache des eingegebenen Textes erkennt und die entsprechende Korrekturhilfe für diese Sprache von sich aus aktiviert. Die deutschen Texte werden also standardmäßig mit den Einträgen des deutschen Wörterbuchs verglichen.

Welche Sprache aktuell überprüft wird, erkennen Sie, wenn Sie einen Blick auf die Statusleiste am unteren Bildschirmrand werfen. Dort wird das Symbol für die Spracheinstellung angezeigt; in der Regel steht hier also **Deutsch** (**Deutschland**).

Abbildung 9.24
Die deutsche Korrekturhilfe ist aktiv – zu sehen ist das in der Statusleiste.

Üblicherweise funktioniert die Rechtschreibkorrektur/Korrekturhilfe aufgrund der automatischen Spracherkennung auch für englische Texte, ohne dass Sie die Sprache umstellen müssen. Dies gilt auch für die französische Sprache und – sofern Sie Italienisch wie zuvor beschrieben als Bearbeitungssprache hinzugefügt haben – ebenso für die *lingua italiana*. Inwieweit die Korrekturhilfe auch für weitere Sprachen funktioniert, hängt davon ab, ob die entsprechende Dokumentprüfung auch für andere Sprachen installiert ist.

Sie können diesen Automatismus testen, wenn Sie einen kurzen Text in Englisch schreiben. Sie sollten allerdings ein wenig Geduld mitbringen; die Umstellung geschieht normalerweise nicht direkt nach dem ersten englischen Begriff. Word braucht erst ein paar Wörter, um die Sprache zu erkennen – die ersten englischen Wörter werden also meistens noch mit einer roten Wellenlinie versehen. Wenn Sie in einem neuen Dokument gleich von Beginn an in einer anderen Sprache schreiben, kann es auch sein, dass Word die Sprache sofort erkennt und die Korrektur entsprechend umstellt.

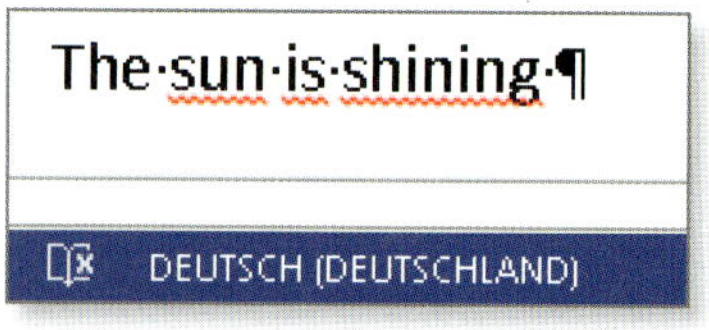

Abbildung 9.25
Die englische Sprache wurde noch nicht erkannt.

Abbildung 9.26
Nun hat Word Englisch als Textsprache erkannt.

Ähnlich funktioniert es für französische Texte; Word erkennt die Sprache und stellt die Dokumentprüfung um. Ein italienischer Text wird unter Umständen noch nicht erkannt, wenn Sie die Sprache erst wie beschrieben nachträglich hinzugefügt haben. Naturgemäß wird der Text dann rot unterstrichen.

Abbildung 9.27
Italienisch wird noch nicht als Dokumentsprache erkannt.

Starten Sie Ihren Rechner in dem Fall neu; dann sollte die Dokumentprüfung auch für Italienisch wirksam werden.

Korrektur fremdsprachiger Texte

Die Unterstreichung verschwindet automatisch, nachdem Sie die Sprache umgestellt haben – sofern der Text keine Fehler enthält. Wenn Sie ein Wort falsch geschrieben haben, werden im Kontextmenü wie sonst auch Korrekturvorschläge angeboten. Sehen Sie selbst: Schreiben Sie z. B. einen englischen Satz, in dem das Wort »daughter« (Tochter) vorkommt, etwa »My daughter buys a new car«. Die Schreibweise von »daughter« ist für unseren Geschmack etwas tückisch; vielleicht schreiben Sie versehentlich »dauhter«. Diese Schreibweise wird zu Recht von Word bemängelt, also rot unterstrichen. Wenn Sie mit der rechten Maustaste das Kontextmenü des Wortes aufrufen, finden Sie dort als ersten Korrekturvorschlag **daughter**, den Sie ruhigen Gewissens übernehmen können.

TIPP

Bilinguales Wörterbuch als Minisymbolleiste

Wenn Sie oft mit fremdsprachigen Texten zu tun haben oder einfach neugierig auf die Übersetzung von Begriffen in Ihrem Dokument sind, können Sie das *Bilinguale Wörterbuch* als Minisymbolleiste einblenden lassen. Dazu aktivieren Sie auf der Registerkarte **Überprüfen** im Menü der Schaltfläche **Übersetzen** die Option **Übersetzungshilfe**. Im zugehörigen Dialogfenster geben Sie die Sprache an, in die übersetzt werden soll. (Auch über die Option **Sprache für die Übersetzung auswählen** im Menü der Schaltfläche **Übersetzen** können Sie eine andere Sprache einstellen.)

Die Symbolleiste taucht dann blass im Hintergrund auf, wenn Sie mit dem Mauszeiger auf ein Wort zeigen. Sobald Sie den Mauszeiger auf eine der Schaltflächen führen, sehen Sie diese Symbolleiste deutlicher. Standardmäßig werden hier die Übersetzung des Begriffs und einige grammatische Informationen angezeigt. Die Informationen, die auf der Symbolleiste angeboten werden, sind je nach eingestellter Übersetzungssprache mehr oder minder ausführlich.

Abbildung 9.28
Englischer Korrekturvorschlag

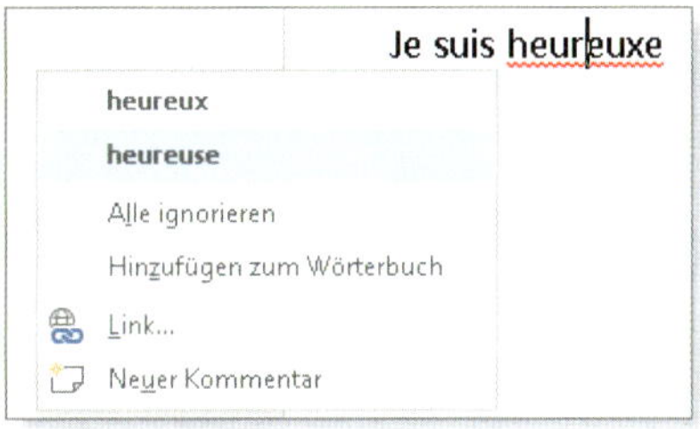

Abbildung 9.29
Französische Korrekturhilfe

Wie Sie zu Recht annehmen, unterstützt Word Sie auch bei der Korrektur französischer oder italienischer Texte. Gott sei Dank, möchte man sagen – wer ist sich schon wirklich immer sicher in Bezug auf die Schreibweise fremdsprachiger Begriffe? Wie Sie es allerdings vermutlich schon von den Vorschlägen für deutsche Texte kennen, sollten Sie Word auch hier nicht blind vertrauen, sonst ergibt Ihr Text am Ende weniger Sinn als Ihr eigener Versuch.

INFO

Fremdwörter werden erkannt

Die Umstellung auf die jeweilige Sprache ist nicht erforderlich, wenn im Text gängige englische oder französische Wörter vorkommen. Wenn Sie z. B. »Portemonnaie« falsch schreiben, hilft hier auch die Dokumentprüfung für die deutsche Sprache.

Die Korrektursprache festlegen

Falls die Umstellung auf Englisch (oder eine der anderen Sprachen des Office Language Pack nicht automatisch klappt, können Sie nachhelfen und die Sprache für die Korrekturhilfe eigenhändig einstellen.

1. Dazu öffnen Sie über **Datei** > **Optionen** > **Sprache** den entsprechenden Dialog.
2. Markieren Sie den Text, für den Sie die Sprache einstellen wollen. Wenn Sie den Text vor der Festlegung der Sprache nicht markieren, gilt die Korrektur ab der aktuellen Cursorposition.
3. Aktivieren Sie die Registerkarte **Überprüfen**.
4. Klicken Sie hier auf die Schaltfläche **Sprache** in der gleichnamigen Gruppe und wählen Sie die Op-

tion **Sprache für Korrekturhilfen festlegen** aus der Menüliste.

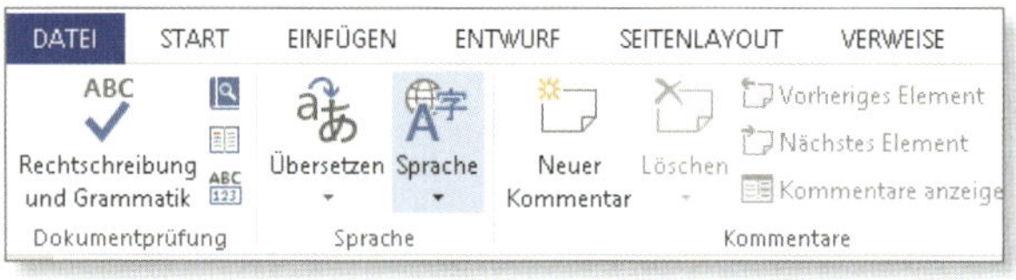

^ ***Abbildung 9.30***
Die Schaltfläche »Sprache« auf der Registerkarte »Überprüfen«

5 Markieren Sie im Dialog **Sprache** die Sprache, die Sie für die Korrekturhilfe festlegen möchten, und klicken Sie zum Abschluss auf **OK**.

Für welche Sprachen die Dokumentprüfung installiert ist, erkennen Sie auch in diesem Dialog am Symbol für die Rechtschreibprüfung vor der jeweiligen Sprache.

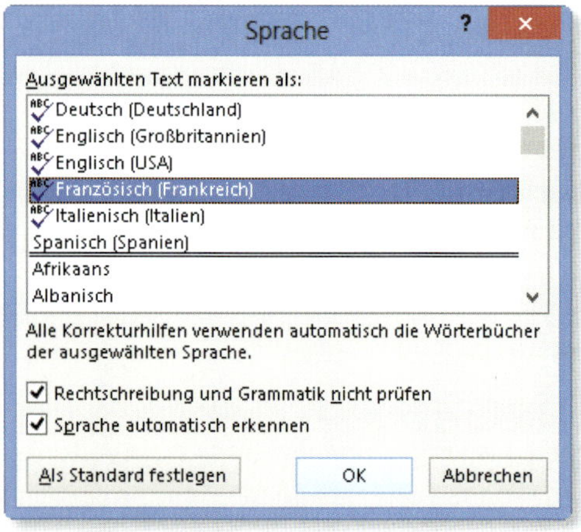

^ ***Abbildung 9.31***
Die Sprache festlegen

Die Standardsprache für die Korrekturhilfe ändern

Als Standardsprache für die Korrekturhilfe ist logischerweise Deutsch eingestellt. Falls Sie regelmäßig Texte in einer anderen Sprache schreiben, bietet es sich an, diese Standardeinstellung zu ändern. Auch dies können Sie im Dialog **Sprache** tun.

1 Markieren Sie hier eine passende Sprache und klicken Sie dann auf die Schaltfläche **Als Standard festlegen**.

2 Daraufhin wird ein kleiner Dialog angezeigt, in dem Sie gefragt werden, ob Sie den Standard ändern möchten. Wenn Sie an Ihrem Vorhaben festhalten, klicken Sie hier auf **Ja**.

Sie werden außerdem darauf hingewiesen, dass sich die Umstellung auf alle Dokumente auswirken wird, die auf der Vorlage *Normal.dot* basieren.

TIPP

Aktivierung der automatischen Spracherkennung

Falls die automatische Spracherkennung nicht aktiviert ist, können Sie sie mit wenigen Schritten einschalten. Öffnen Sie dazu den Dialog **Überprüfen > Sprache > Sprache für Korrekturhilfe festlegen**. Hier aktivieren Sie das Kontrollkästchen **Sprache automatisch erkennen** mit einem Mausklick. Wenn Sie die automatische Spracherkennung in Ihrem Dokument ausschalten möchten, deaktivieren Sie einfach dieses Kontrollkästchen.

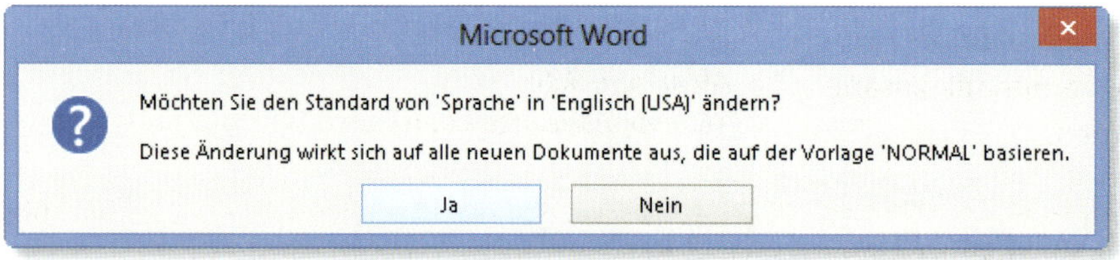

< ***Abbildung 9.32***
Eine andere Sprache als Standardsprache festlegen

9.5 Grammatikprüfung verwenden

Vermutlich ist Ihnen schon aufgefallen, dass Ihr Text neben den roten auch manchmal blaue Wellenlinien erhält. Blaue Wellenlinien signalisieren, dass ein Grammatikfehler vorliegt – zumindest wenn es nach der Grammatikprüfung von Word geht. (Es kann natürlich auch sein, dass Ihnen noch nie eine blaue Wellenlinie im Text begegnet ist; dann haben Sie immer einwandfreie Sätze geschrieben, an denen Word nie etwas auszusetzen hatte.) Word erkennt also z. B., ob ein Fall oder ein Artikel nicht richtig gewählt ist oder ob das Verb im Plural statt im Singular stehen müsste.

Aber lassen Sie sich nicht in die Irre führen: Relativ häufig erscheint auch eine blaue Wellenlinie, obwohl der Satz in Ordnung ist, insbesondere bei langen, verschachtelten Satzkonstruktionen. Umgekehrt werden Fehler oft nicht moniert; beispielsweise hat die Grammatikprüfung nichts gegen Sätze wie »Ich habe ihm gesehen« oder »Ich ließ ihn Zeit«! So gesehen ist die Grammatikprüfung mit Vorsicht zu genießen, aber als Hinweis auf Flüchtigkeitsfehler taugt sie allemal. Wie Sie jedoch an diesen Beispielen erkennen, dürfen Sie sich nicht nur auf die Word-Hinweise verlassen. In einem Text, der fehlerlos sein soll, müssen Sie die Korrektur mit Ihrem eigenen Sachverstand vornehmen.

Die Grammatikprüfung aktivieren

Die Grammatikprüfung ist standardmäßig ebenso aktiviert wie die Rechtschreibprüfung. Sollte sie ausgeschaltet sein, aktivieren Sie sie im Fenster **Dokumentprüfung** der Word-Optionen. Hier finden Sie im Bereich **Beim Korrigieren der Rechtschreibung und Grammatik in Word** die Kontrollkästchen **Grammatikfehler während der Eingabe markieren** und **Grammatik zusammen mit Rechtschreibung überprüfen**.

Die Deaktivierung der zweiten Option schaltet die Grammatiküberprüfung nicht aus, sondern bewirkt lediglich, dass im Aufgabenbereich **Rechtschreibung** einzig die Rechtschreibfehler angezeigt werden.

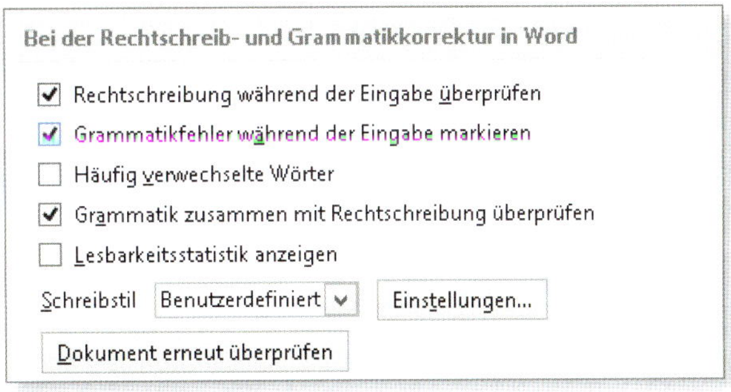

Abbildung 9.33
Die Grammatikprüfung aktivieren bzw. deaktivieren

Optionen der Grammatikprüfung

Welche Fehler die Grammatikprüfung moniert, legen Sie ebenfalls im Fenster **Dokumentprüfung** der Word-Optionen fest. Klicken Sie hier im Bereich **Beim Korrigieren der Rechtschreibung und Grammatik in Word** auf die Schaltfläche **Einstellungen**. Dies öffnet ein neues Dialogfenster namens **Grammatikeinstellungen**.

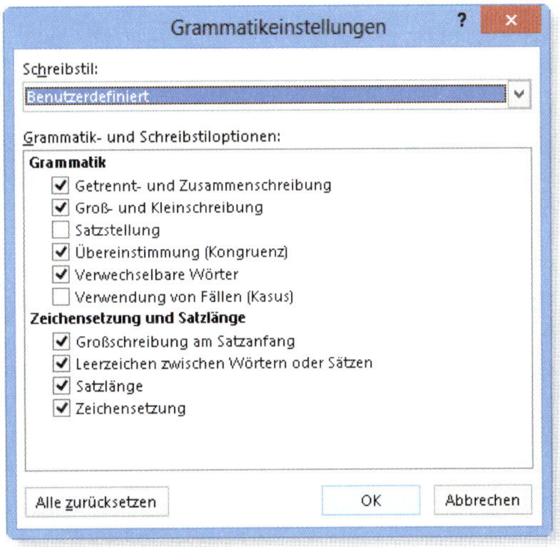

Abbildung 9.34
Die Grammatikeinstellungen

Es ist sinnvoll, alle Einstellungen im Bereich **Grammatik** aktiviert zu lassen, denn umso gründlicher wird Word die Sätze überprüfen. Es empfiehlt sich außerdem, die Option **Leerzeichen zwischen Wörtern oder**

Sätzen im unteren Bereich anzuklicken. Damit weist Word Sie auf überflüssige Leerstellen hin, also z. B. auf doppelte Leerzeichen zwischen zwei Wörtern. Sie können auch zusätzlich die Einstellung **Großschreibung am Satzanfang** anhaken. Mit dieser Option werden Kleinbuchstaben nach einem Punkt als Grammatikfehler markiert.

Grammatikfehler korrigieren

Auch zu blau unterstrichenen Wörtern und Satzteilen bietet das Kontextmenü Verbesserungsvorschläge an. Sie können also auch diese Fehler sehr schnell korrigieren.

1. Klicken Sie das bemängelte Wort oder den bemängelten Satzteil mit der rechten Maustaste an.
2. Im Kontextmenü wird ein Vorschlag angeboten. Klicken Sie mit der linken Maustaste auf den entsprechenden Eintrag (wenn Sie der Meinung sind, dass der Vorschlag richtig ist). Der Satz wird korrigiert.

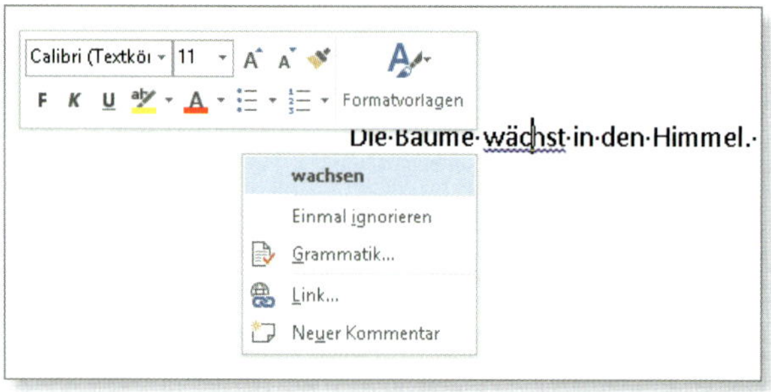

Abbildung 9.35
Vorschlag zur Verbesserung eines Grammatikfehlers

9.6 Die AutoKorrektur verwenden

Der Begriff *AutoKorrektur* steht für »automatisches Korrigieren«. Diese Funktion bewirkt ziemlich genau, was der Name verspricht: Fehler in der Rechtschreibung werden ohne Ihr Zutun automatisch während der Eingabe korrigiert. Das ist vor allem bei üblichen »Vertippern« eine tolle Hilfe.

Diese AutoKorrektur-Funktion kümmert sich von Haus aus (also im Auslieferungszustand von Word bzw. Office) hauptsächlich um Tippfehler, die vielen Menschen beim Schreiben unterlaufen, z. B. um klassische Buchstabendreher wie etwa »Beispeil« statt »Beispiel«. Wenn Ihnen dieser Fehler passiert, brauchen Sie sich um die Korrektur keine Sorgen zu machen – dank der AutoKorrektur wird aus »Beispeil« automatisch »Beispiel«.

Die Liste der AutoKorrektur-Einträge, die Word an Bord hat, ist relativ umfangreich. Dennoch sind Ihre ganz persönlichen »Vertipper« in der Regel natürlich nicht dabei. Das ist nicht weiter tragisch, denn Sie können die AutoKorrektur in wenigen Schritten um eigene Einträge ergänzen. Wie das geht, beschreiben wir im Abschnitt »Neue AutoKorrektur-Einträge erstellen« ab Seite 190. Zuvor möchten wir Ihnen aber noch ein paar Hinweise auf weitere Hilfestellungen der AutoKorrektur geben.

Die Korrekturhilfen der AutoKorrektur nutzen

Zunächst wollen wir einen genaueren Blick auf den Dialog **AutoKorrektur** werfen und Ihnen die verschiedenen Einstellungsmöglichkeiten erläutern.

1. Öffnen Sie diesen Dialog, indem Sie auf **Datei** > **Optionen** > **Dokumentprüfung** klicken.
2. Im Fenster **Dokumentprüfung** klicken Sie auf die Schaltfläche **AutoKorrektur-Optionen** ❶.

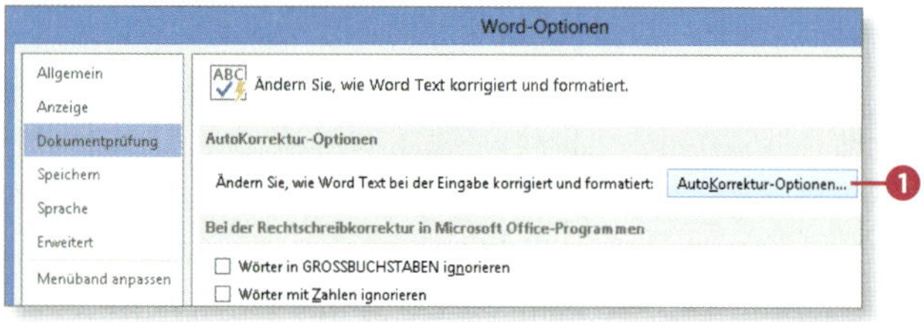

Abbildung 9.36
Die AutoKorrektur aufrufen

3. Der Dialog **AutoKorrektur: Deutsch (Deutschland)** öffnet sich (siehe Abbildung 9.38). Im oberen Bereich

dieses Dialogs sehen Sie diverse AutoKorrektur-Einstellungen, die standardmäßig aktiviert sind, z. B.:

- **ZWei GRoßbuchstaben am WOrtanfang korrigieren**
- **Jeden Satz mit einem Großbuchstaben beginnen**
- **Ersten Buchstaben in Tabellenzellen groß**

Mit diesen Optionen geschieht genau das, was sie jeweils versprechen.

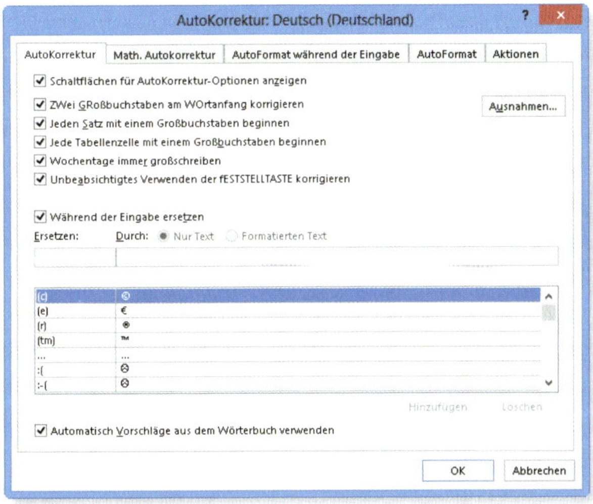

Abbildung 9.37
AutoKorrektur-Optionen

Ausnahmen machen bei der AutoKorrektur

Mitunter sind die eben erwähnten Einstellungen der AutoKorrektur aber auch störend. Beispielsweise ist nicht nach jedem Punkt ein Großbuchstabe nötig, etwa wenn Sie folgenden Text schreiben wollen: »Wir wohnen in der Goethestr. Im Bezirk Charlottenburg.« Das Wort »Im« muss hier korrekt kleingeschrieben werden, also »im« lauten.

Vielleicht haben Sie in ähnlichen Fällen den Fehler bisher einfach manuell korrigiert. Es geht aber auch anders, denn Word bietet die Möglichkeit, Ausnahmen zu definieren. Wir demonstrieren dies am genannten Beispielsatz.

1. Setzen Sie den Cursor in das Wort »Im«. Unter dem »I« taucht ein kleiner hellblauer Strich auf.

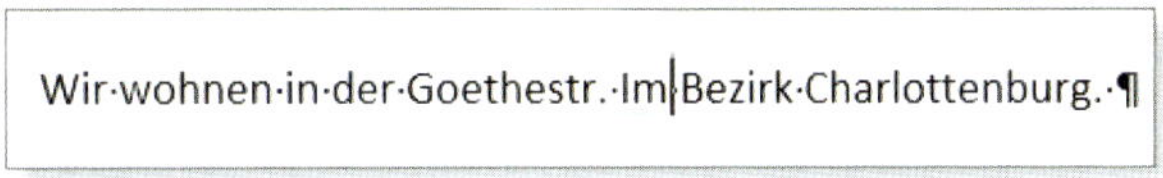

Abbildung 9.38
Hellblaue Markierung eines automatisch korrigierten Wortes

2. Führen Sie den Mauszeiger auf diesen Strich; jetzt taucht das Symbol für die AutoKorrektur-Optionen auf.
3. Klicken Sie auf dieses Symbol, daraufhin sehen Sie die Optionen des Menüs.
4. Im Menü klicken Sie auf den Eintrag **Automatische Großschreibung nach "goethestr." beenden**. Durch diese Aktion wird nicht nur der aktuelle Fehler korrigiert, sondern die Korrektur als Ausnahme angelegt.

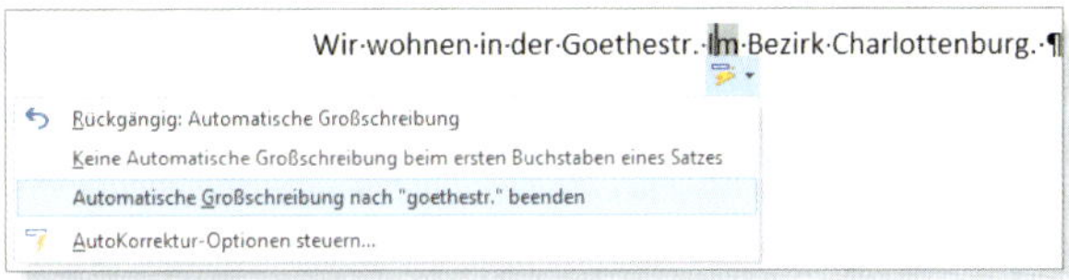

Abbildung 9.39
Eine Ausnahme für die automatische Großschreibung festlegen

5. Sie können das überprüfen, indem Sie erneut, wie eben beschrieben, das Menü des Symbols der AutoKorrektur-Optionen öffnen. Nun klicken Sie aber auf den Eintrag **AutoKorrektur-Optionen steuern**.
6. Dadurch wird der Dialog **AutoKorrektur** geöffnet. Klicken Sie hier auf die Schaltfläche **Ausnahmen**.

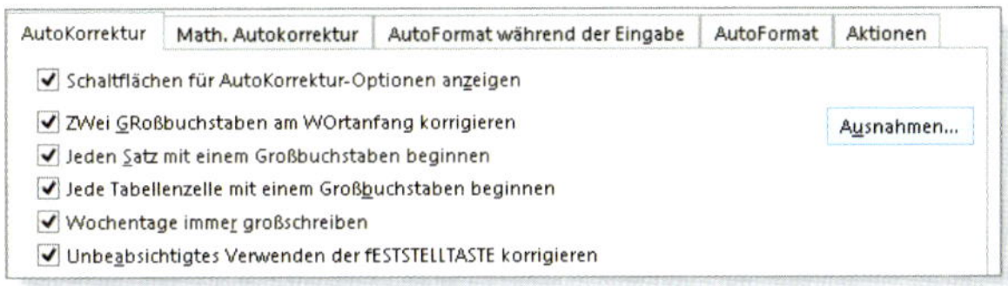

Abbildung 9.40
Den Dialog »AutoKorrektur-Ausnahmen« aufrufen

7 Dies öffnet den dazugehörigen Dialog **AutoKorrektur-Ausnahmen** mit der Registerkarte **Erster Buchstabe**, die eine Liste von Abkürzungen anzeigt, nach denen trotz des Punktes weiterhin kleingeschrieben werden soll.

8 Wenn Sie durch diese Liste wandern, werden Sie sehen, dass das Wort *Goethestr.* nun zu dieser Liste gehört.

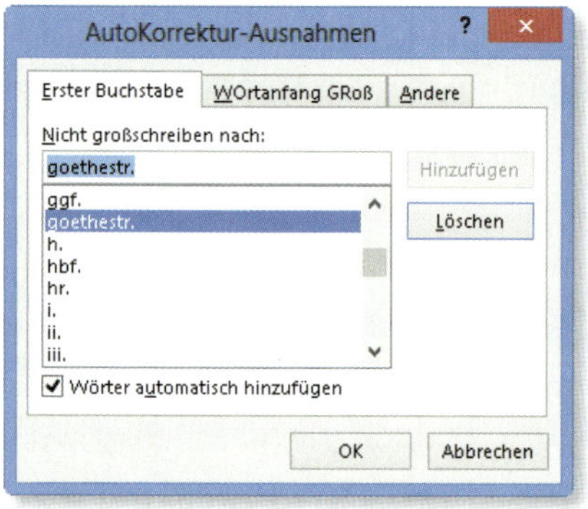

^ ***Abbildung 9.41***
Nach »goethestr.« wird trotz des Punktes nun nicht mehr automatisch großgeschrieben.

Die Liste der Ausnahmen ergänzen

Sie können die Liste der Ausnahmen auch noch auf andere Weise ergänzen. Rufen Sie über **Datei** > **Optionen** > **Dokumentprüfung** das Fenster **Dokumentprüfung** auf, klicken Sie hier auf die Schaltfläche **AutoKorrektur** und dann wieder auf **Ausnahmen**. Auf der Registerkarte **Erster Buchstabe** tragen Sie in das Feld **Nicht großschreiben nach** den gewünschten Begriff ein und klicken abschließend auf die Schaltfläche **Hinzufügen**.

Ebenso verfahren Sie auf der Registerkarte **WOrtanfang GRoß**: Hier können Sie im Feld **Nicht korrigieren** Begriffe eingeben und per Klick auf **Hinzufügen** dafür sorgen, dass diese Begriffe zukünftig von dem Befehl **ZWei GRoßbuchstaben am WOrtanfang korrigieren** ausgenommen werden.

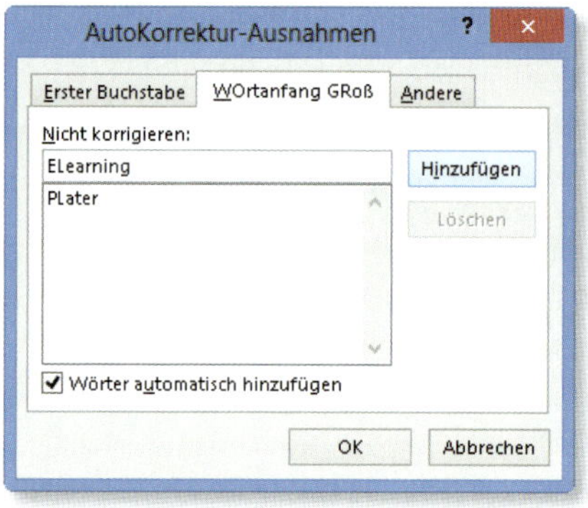

^ ***Abbildung 9.42***
Ausnahmen für zwei Großbuchstaben am Anfang eines Wortes

Neue AutoKorrektur-Einträge erstellen

Wie Sie wissen, werden im unteren Bereich des Dialogs **AutoKorrektur** die Begriffe aufgelistet, die automatisch durch die jeweilige Schreibweise in der rechten Spalte der Liste ersetzt werden.

Die Felder **Ersetzen** und **Durch** bieten Ihnen hier die Möglichkeit, die Liste der AutoKorrektur-Einträge zu erweitern. Sie kennen selbst vermutlich am besten Ihre Schwächen beim Tippen. Gibt es bestimmte Fehler, die sich immer wieder einschleichen? Wird z. B. aus dem Namen unseres Dichterfürsten »Goethe« immer wieder »Goehte«, sosehr Sie sich auch bemühen? Schonen Sie also künftig Ihre Nerven mithilfe der AutoKorrektur.

INFO

Aus (c) wird ©

Ganz oben in dieser Korrekturliste stehen Zeichenkombinationen, die bei der Eingabe durch bestimmte Zeichen oder Symbole ersetzt werden. So viel kurz zur Erklärung, falls Sie sich schon einmal gewundert haben, dass aus der Eingabe »(c)« automatisch © wird oder aus der Eingabe »:)« das Emoticon ☺. Es liegt an der AutoKorrektur!

1 Im Dialog **AutoKorrektur** tragen Sie in das Feld **Ersetzen** den Begriff so ein, wie Sie ihn versehentlich oft schreiben.

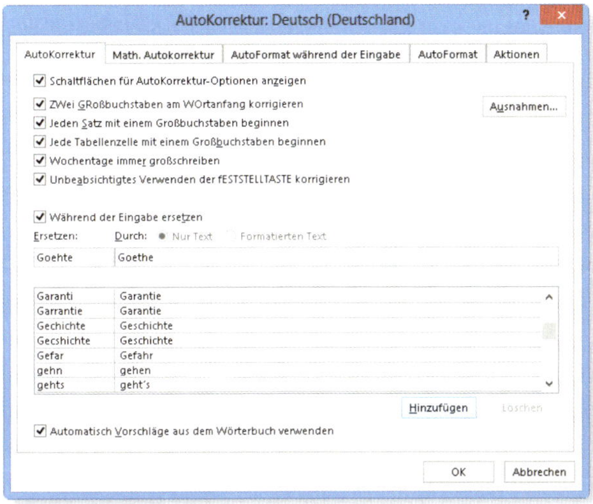

Abbildung 9.43
Ein neuer Eintrag für die AutoKorrektur

1 Im Feld **Durch** tragen Sie das Wort dann korrekt geschrieben ein, also – um im Beispiel zu bleiben – »Goethe«.

2 Klicken Sie dann auf **Hinzufügen** und bestätigen Sie mit **OK**.

TIPP

AutoKorrekturen rückgängig machen

Sie können die AutoKorrektur aber auch überlisten, wenn sie Ihren Auftrag ausnahmsweise einmal nicht erfüllen soll. Wenn Sie – um weiterhin bei unserem Beispiel zu bleiben – doch einmal den Namen »Goehte« schreiben möchten, ändern Sie das Wort von Hand, nachdem es von der AutoKorrektur in »Goethe« korrigiert wurde. Löschen Sie einfach »th« und schreiben Sie erneut »ht«. Dieses Mal bleibt die Schreibweise »Goehte« stehen.

Wenn Sie neugierig sind und wissen wollen, ob Ihre Aktion geklappt hat, schreiben Sie das Wort einfach nochmals bewusst falsch in Ihr Dokument. Die Korrektur sollte nun ohne Ihr Zutun erfolgen. In der Regel geschieht das nach dem Drücken der Leertaste, nicht gleich nach der Eingabe des nächsten Zeichens. Haben Sie also ein bisschen Geduld mit der AutoKorrektur!

AutoKorrektur-Einträge löschen

Sie können AutoKorrektur-Einträge selbstverständlich auch wieder aus der Liste entfernen. Markieren Sie einfach den entsprechenden Eintrag im Dialogfenster **AutoKorrektur** und klicken Sie dann auf die Schaltfläche **Löschen**.

9.7 Die Silbentrennung an Word delegieren

Aufgrund des automatischen Zeilenumbruchs, den Word vornimmt, wird ein Wort in die nächste Zeile geschoben, wenn es nicht mehr in die aktuelle Zeile passt. Dadurch kann unter Umständen ein ziemlich ausgefranster rechter Rand entstehen, wenn Sie linksbündig schreiben. Beim Schreiben im Blocksatz, wenn also die Zeichen am rechten Rand sauber untereinanderstehen, kann es wiederum zu großen Lücken im Text kommen. Beides ist, optisch betrachtet, keine gelungene Lösung. Wir erleben es oft, dass Nutzer dann manuell einen Trennstrich einfügen, um dieses Dilemma zu lösen. Das Problem dabei ist, dass dieser Trennstrich auch dann im Wort stehen bleibt, wenn der Text verrutscht, und es daraufhin mitten in einer Zeile steht. Das ist natürlich auch nicht gewollt. Aber Word wäre nicht ein solch allgemein beliebtes Textverarbeitungsprogramm, wenn es nicht auch hierfür eine Lösung gäbe.

Mit der Funktion **Silbentrennung** können Sie dafür sorgen, dass Word das letzte Wort einer Zeile automatisch trennt, sodass die Zeile zwischen den Wortsilben umbrochen wird. Der Trick dabei ist, dass diese Trennung nur dann wirksam wird, wenn das mehrsilbige Wort am Ende der Zeile steht. Sollte sich der Text ändern und das Wort dadurch in die Mitte der Zeile rutschen, wird es eben nicht getrennt.

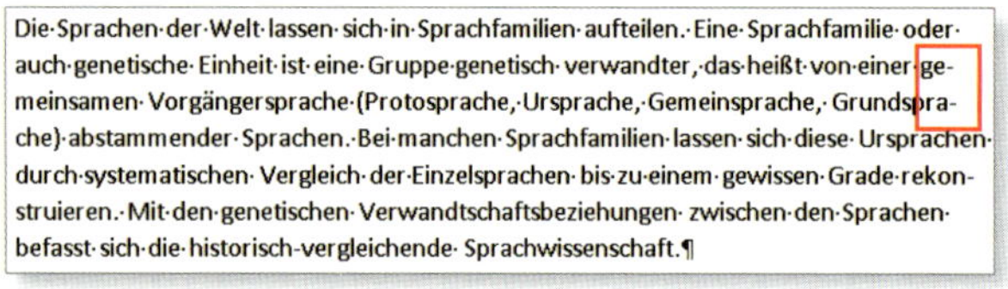

Abbildung 9.44
Silbentrennungen im Text

Um aus optischen Gründen Silbentrennungen vorzunehmen, ist es wie beschrieben empfehlenswert, die Trennhilfe von Word einzusetzen. Widerstehen Sie dem Impuls, am Ende der Zeile von Hand einen Trennstrich (Bindestrich) zwischen zwei Silben zu setzen. Das wirkt zwar einfach, aber auf lange Sicht machen Sie sich damit das Leben nur schwerer.

Die automatische Silbentrennung verwenden

Die Optionen zur Silbentrennung finden Sie auf der Registerkarte **Seitenlayout**. Um für das gesamte Dokument die Silbentrennung einzustellen, setzen Sie den Cursor zunächst an den Anfang des Dokuments; es ist nicht notwendig, den Text zu markieren. Nur wenn Sie die Silbentrennung lediglich auf bestimmte Textpassagen anwenden möchten, muss der entsprechende Text vorher markiert werden.

1 Klicken Sie auf der Registerkarte **Seitenlayout** in der Gruppe **Seite einrichten** auf die Schaltfläche **Silbentrennung**.

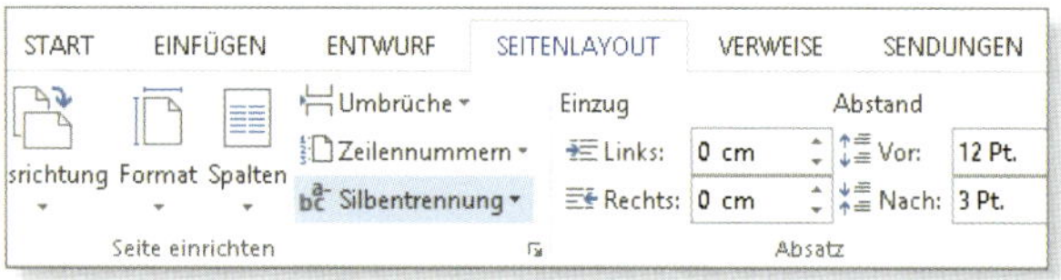

Abbildung 9.45
Die Schaltfläche »Silbentrennung«

2 Im zugehörigen Menü werden drei Optionen angeboten: **Keine**, **Automatisch** und **Manuell**.

3 Wenn Sie es sich ganz leicht machen möchten, wählen Sie die Option **Automatisch**. Word durchsucht das Dokument und setzt überall dort, wo es am Ende der Zeile nötig ist, einen Trennstrich zwischen die Silben.

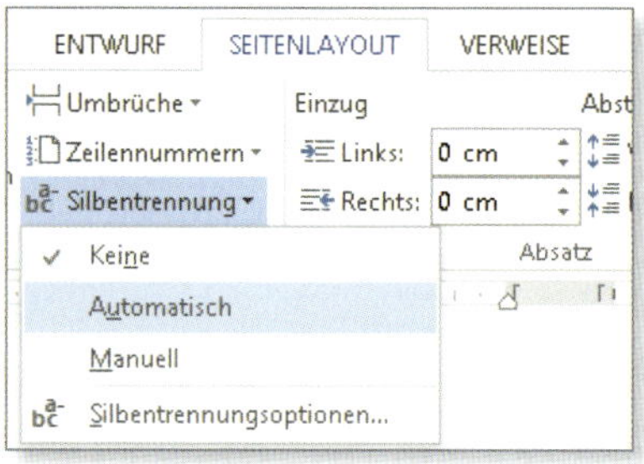

Abbildung 9.46
Die automatische Silbentrennung aktivieren

Nun können Sie sich zurücklehnen: Word erledigt die Aufgabe der Silbentrennung komplett selbstständig. Allerdings können Sie nun auch nicht mehr eingreifen und kontrollieren, welche Trennungen Word im Einzelnen vornimmt. Zwar folgt die Silbentrennung im Allgemeinen den deutschen Regeln, aber es kann auch vorkommen, dass Wörter getrennt werden, die man eigentlich nicht trennen würde, z. B. Eigennamen oder sehr kurze zweisilbige Wörter.

Manuelle Silbentrennung verwenden

Wenn Sie die Silbentrennung nicht automatisch durchlaufen lassen, sondern die Stellen kontrollieren möchten, an denen Word eine Trennung vorschlägt, sollten Sie sich für die manuelle Silbentrennung entscheiden.

1 Klicken Sie im Menü der Schaltfläche **Silbentrennung** auf die Option **Manuell**.

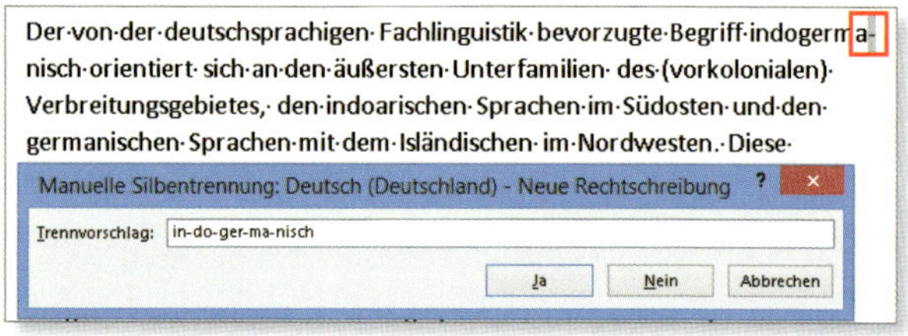

Abbildung 9.47
Die manuelle Silbentrennung

2 Daraufhin wird ein kleiner Dialog eingeblendet, der den ersten Trennungsvorschlag anzeigt. Der Cursor blinkt an einem Trennstrich. Auch im Text taucht dieser Trennstrich bereits auf (siehe Abbildung 9.47).

3 Um den Vorschlag zu übernehmen, klicken Sie auf **Ja**. Bei Wörtern mit mehr als zwei Silben werden weitere Trennstriche angezeigt. Sie können den Cursor auch an einen dieser Trennstriche versetzen, um zwischen anderen Wortsilben zu trennen. Allerdings können Sie damit nicht erzwingen, dass mehr Silben auf die Zeile passen. Wenn Sie den Cursor also auf einen Trennstrich rechts des Vorschlags setzen, kann es passieren, dass nicht getrennt wird. Als Option bleibt der Trennstrich dann aber erhalten.

4 Wenn Sie der Meinung sind, dass man das Wort nicht trennen sollte, klicken Sie auf **Nein**. Dann werden die Silben, zwischen denen der Cursor steht, nicht getrennt.

5 Unabhängig davon, ob Sie auf **Ja** oder **Nein** klicken, springt der Cursor zum nächsten zu trennenden Wort und zeigt erneut diesen kleinen Dialog an.

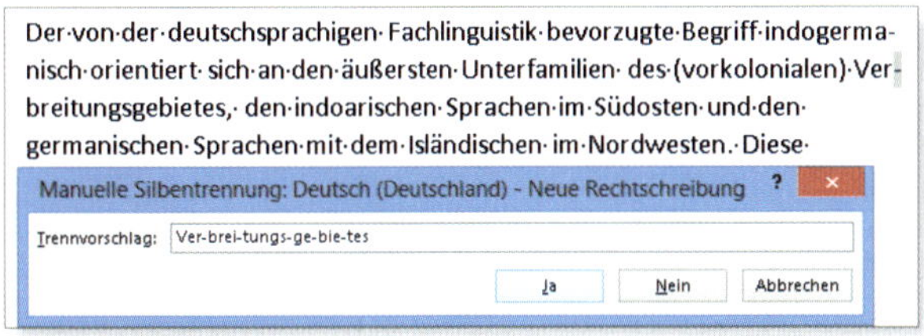

Abbildung 9.48
Die nächste Trennmöglichkeit

Auf diese Weise wandern Sie durch das gesamte Dokument. Am Ende wird ein Dialog angezeigt, der Ihnen mitteilt, dass die Silbentrennung abgeschlossen ist.

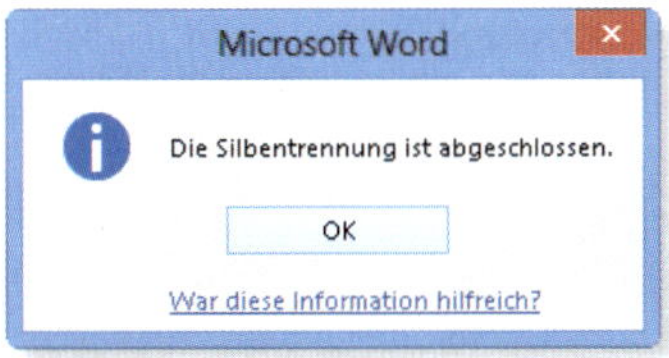

Abbildung 9.49
Die Silbentrennung ist abgeschlossen.

Trennstriche entfernen

Wenn Sie die manuelle Silbentrennung gewählt haben, können Sie einmal gesetzte Trennstriche auch manuell aus dem Text löschen. Drücken Sie einfach die Entf-Taste (bzw. die ←-Taste). Wenn Sie die automatische Silbentrennung eingestellt haben, können Sie sie natürlich auch wieder deaktivieren und so die Trennstriche entfernen. Klicken Sie dazu im Menü der Schaltfläche **Silbentrennung** auf **Keine**.

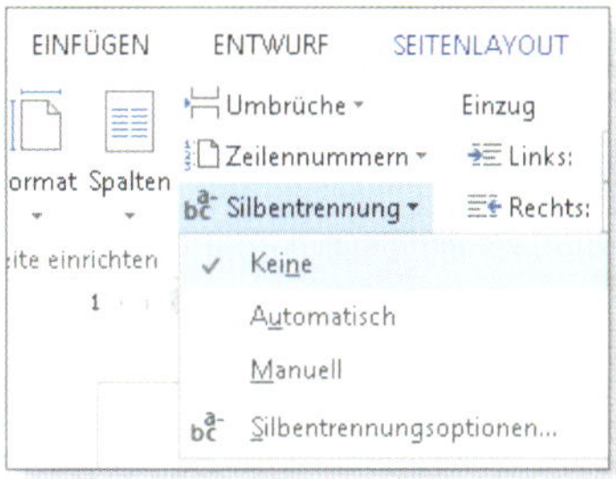

Abbildung 9.50
Die Silbentrennung deaktivieren

Einzelne Absätze von der Silbentrennung ausschließen

Wenn Sie den Cursor an den Anfang des Dokuments setzen, durchsucht Word das gesamte Dokument nach Trennungsmöglichkeiten. Sollen nur bestimmte Absätze geprüft werden, markieren Sie diese Absätze und starten dann wie beschrieben die Silbentrennung.

Sobald die Silbentrennung für den markierten Absatz abgeschlossen ist, erscheint automatisch ein Dialog, in dem Sie gefragt werden, ob die Silbentrennung für den Rest des Textes (also den nicht markierten Teil) fortgesetzt werden soll. Sie können mit **Ja** oder **Nein** antworten (siehe Abbildung 9.52).

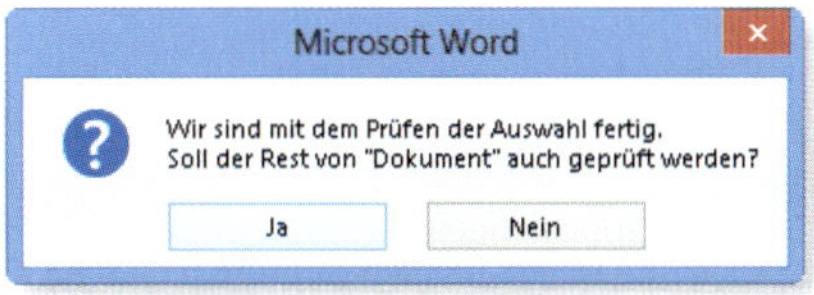

Abbildung 9.51
Silbentrennung für markierte Textteile

Bedingte Trennstriche setzen

Abgesehen von der Silbentrennung, wie wir sie bisher erläutert haben, also eine automatische Variante oder die manuelle Trennung, gibt es noch eine dritte Möglichkeit. Sie können mithilfe einer einfachen Tastenkombination sogenannte *bedingte Trennstriche* zwischen Wortsilben setzen. »Bedingt« heißt hier: Die Trennung der Wortsilben wird nur dann durchgeführt, wenn das Wort am Ende der Zeile steht. Um einen bedingten Trennstrich einzufügen, gehen Sie wie im Folgenden beschrieben vor.

1. Wandern Sie in Ihrem Dokument zu dem ersten mehrsilbigen Wort, das Sie trennen würden, wenn es am Ende der Zeile auftauchen sollte – auch wenn es aktuell mittig in der Zeile steht.
2. Setzen Sie den Cursor an die Stelle, an der im Falle eines Falles der Trennstrich erscheinen soll, und drücken Sie die Tastenkombination [Strg] + [-].

Das Wort wird mit einem bedingten Trennstrich versehen (er sieht wie ein Bindestrich aus, hat rechts aber noch ein kleines »Schwänzchen«). Der Clou ist, dass Sie diese Art Bindestriche zur Trennung nur als Option setzen. Sie tauchen zwar in Wörtern mitten in der Zeile auf, sind im Ausdruck aber nicht sichtbar. Nur wenn das Wort durch eine Textänderung ans Ende der Zeile rutscht, wird es tatsächlich an dieser Stelle getrennt.

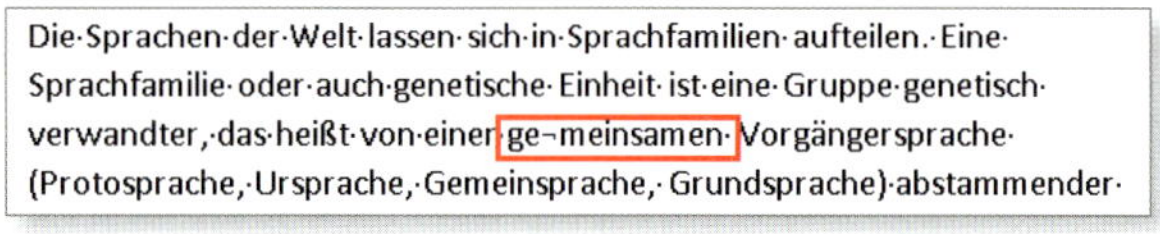

Die·Sprachen·der·Welt·lassen·sich·in·Sprachfamilien·aufteilen.·Eine·
Sprachfamilie·oder·auch·genetische·Einheit·ist·eine·Gruppe·genetisch·
verwandter,·das·heißt·von·einer·ge¬meinsamen·Vorgängersprache·
(Protosprache,·Ursprache,·Gemeinsprache,·Grundsprache)·abstammender·

Abbildung 9.52
Ein bedingter Trennstrich im Text

Falls Sie diese Trenn- bzw. Bindestriche mitten in der Zeile irritieren sollten, schauen Sie am besten einmal in die Seitenansicht bzw. Druckvorschau. Klicken Sie dazu auf **Datei** > **Drucken** oder auf das Symbol **Seitenansicht und Drucken** in der Symbolleiste für den Schnellzugriff (sofern Sie dieser Symbolleiste das entsprechende Symbol hinzugefügt haben, wie in Abschnitt 2.4, »Die Symbolleiste für den Schnellzugriff erweitern«, erklärt).

In der Druckvorschau des Dokuments sind die bedingten Trennstriche nicht zu sehen; faktische Trennstriche gibt es lediglich zwischen Wortsilben am Ende einer Zeile. Sie können also beruhigt sein: Egal, wo Sie bedingte Trennstriche setzen, Word trennt nur dort, wo es sein muss.

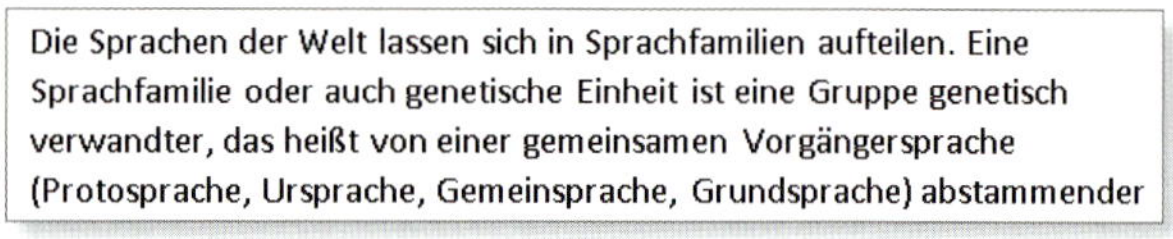

Die Sprachen der Welt lassen sich in Sprachfamilien aufteilen. Eine
Sprachfamilie oder auch genetische Einheit ist eine Gruppe genetisch
verwandter, das heißt von einer gemeinsamen Vorgängersprache
(Protosprache, Ursprache, Gemeinsprache, Grundsprache) abstammender

Abbildung 9.53
Kein Trennstrich in Sicht!

Geschützte Trennstriche einfügen

Neben den bedingten Trennstrichen kennt Word noch eine weitere Trennungsoption, nämlich den *geschützten Bindestrich* (oder den nicht umbrechenden Bindestrich). Um diese Funktion zu verstehen, müssen Sie ein bisschen um die Ecke denken: Normalerweise nutzt Word die Gelegenheit und trennt Wörter, die sowieso mit einem Bindestrich geschrieben werden, an eben diesem Bindestrich. Der geschützte Bindestrich ist nun dazu da, die automatische Trennung solcher Wörter zu unterbinden. Das hilft in solchen Fällen, in denen der abgetrennte Wortteil sehr kurz wäre (wie bei Einzelbuchstaben oder Abkürzungen): Wörter wie T-Shirt, C-Dur, E-Mail oder Make-up sollten nicht getrennt werden.

Um einen geschützten Bindestrich einzufügen, drücken Sie an der entsprechenden Stelle im Wort (z. B. hinter dem »T« im Wort »T-Shirt«) die Tastenkombination [⇧] + [Strg] + [-]. Dies setzt einen Bindestrich, der vor einer Trennung geschützt ist.

9.8 Thesaurus und Übersetzungshilfe

Statt beim Schreiben eines längeren Textes nägelkauend über einen passenden alternativen Begriff zu sinnieren, können Sie sich – wie eingangs bereits erwähnt – von Word Synonyme zu einem Begriff vorschlagen lassen oder den weiterführenden Thesaurus um Rat fragen.

Den Thesaurus aufrufen

Wenn Sie ein Wort markieren und mit der rechten Maustaste das Kontextmenü aufrufen, finden Sie im Menü den Eintrag **Synonyme**. Im zugehörigen Untermenü werden sinnverwandte Alternativen zu dem markierten Wort angeboten. Klicken Sie mit der linken Maustaste den gewünschten Vorschlag an, um den zuvor markierten Begriff zu ersetzen.

Dieses manchmal bescheidene Angebot ist nicht alles, was Word zu bieten hat. Schauen Sie sich daher weiter um.

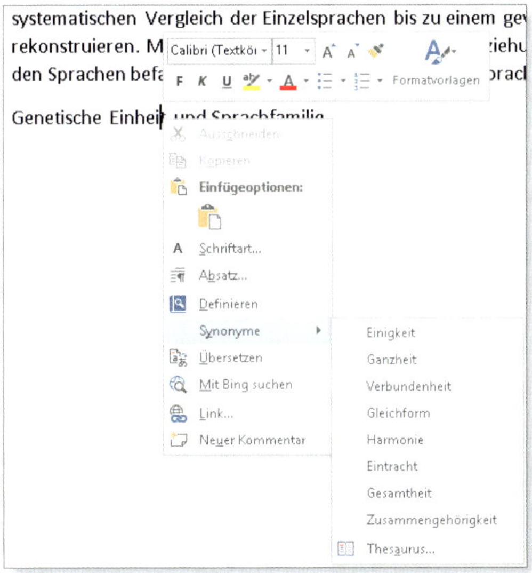

Abbildung 9.54
Synonyme anzeigen lassen

1. Um den gesamten Fundus der Vorschläge einzusehen, klicken Sie im Kontextmenü auf **Synonyme** > **Thesaurus**.

2. Daraufhin wird der Aufgabenbereich **Thesaurus** eingeblendet, der in der Regel weitere gleichbedeutende Begriffe auflistet.

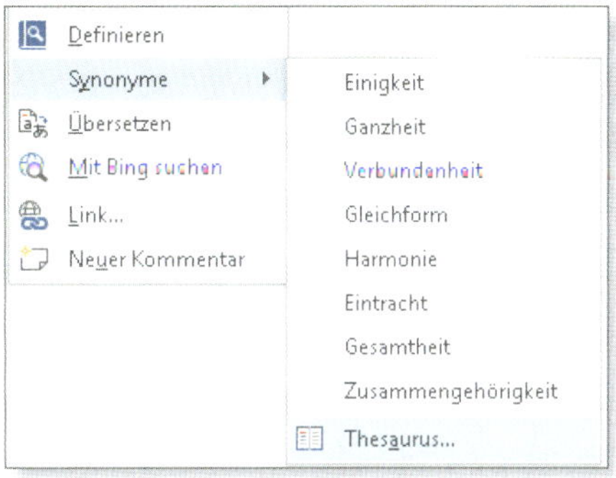

Abbildung 9.55
Den Thesaurus aufrufen

3. Sobald Sie mit dem Mauszeiger auf einen dieser Begriffe zeigen, erscheint rechts daneben ein Pfeil, über den Sie ein kleines Menü aufrufen.

4. In diesem Menü klicken Sie auf **Einfügen**, um den Begriff in den Text zu übernehmen.

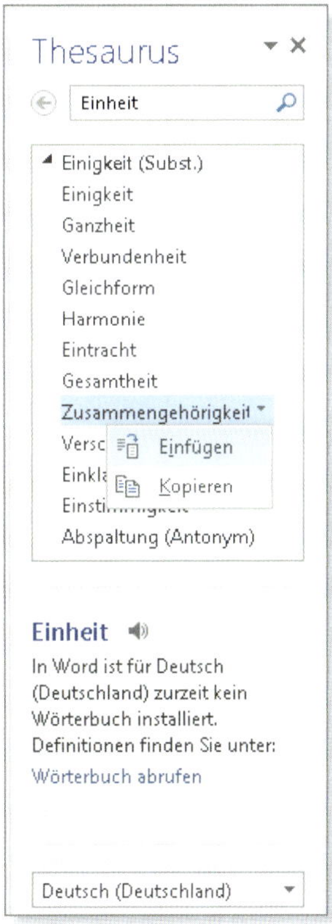

Abbildung 9.56
Der Thesaurus im Aufgabenbereich

5 Wenn Sie einen der Vorschläge anklicken, wird der markierte Begriff automatisch in das Feld **Suchen nach** ❶ übertragen, und der Thesaurus macht neue Vorschläge zu diesem Begriff.

TIPP

Nach Synonymen suchen

Im Aufgabenbereich **Thesaurus** können Sie einen Begriff auch direkt in das Suchfeld eingeben, um nach einem entsprechenden Synonym zu suchen. Nach einem Klick auf das Symbol **Suche starten** ❷ werden die Ergebnisse angezeigt.

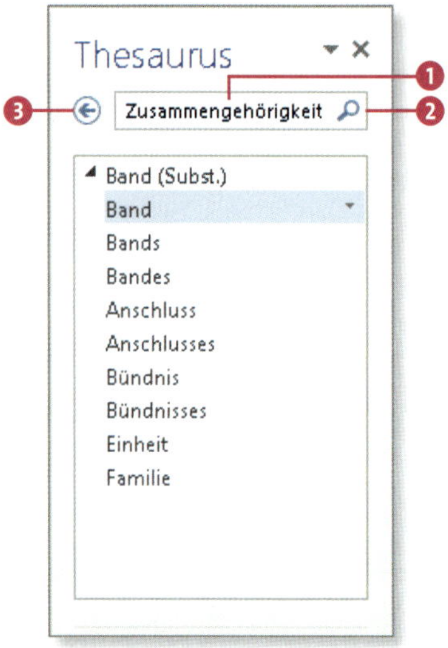

Abbildung 9.57
Synonyme zum ausgewählten Wort »Zusammengehörigkeit«

Mit dem Pfeil ❸ links neben dem Suchfeld können Sie im Thesaurus zurückwandern.

Um Sie von den Vorzügen des Thesaurus zu überzeugen, möchten wir Ihnen ein paar Beispiele präsentieren. Sie haben das Wort »Methode« in den letzten drei Abschnitten Ihres Dokuments diverse Male benutzt und möchten nun endlich etwas Abwechslung hineinbringen. Zeigen Sie also zunächst im Kontextmenü auf **Synonyme**; hier erhalten Sie einige Vorschläge. Wie wär's z. B. mit »Vorgehen«?

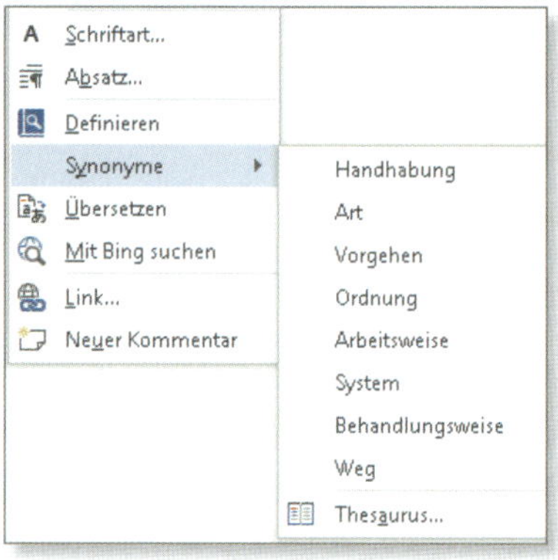

Abbildung 9.58
Synonyme für den Begriff »Methode«

An einer anderen Stelle suchen Sie eine Alternative zu dem Wort »Vorteil«. Weil Ihnen die Angebote im Untermenü der Option **Synonyme** nicht so recht zusagen, klicken Sie auf **Thesaurus**. Im Aufgabenbereich **Thesaurus** finden Sie weitere Vorschläge. Sie entscheiden sich für »Vorsprung« und übernehmen dieses Wort per Klick auf **Einfügen** im zugehörigen Aufklappmenü.

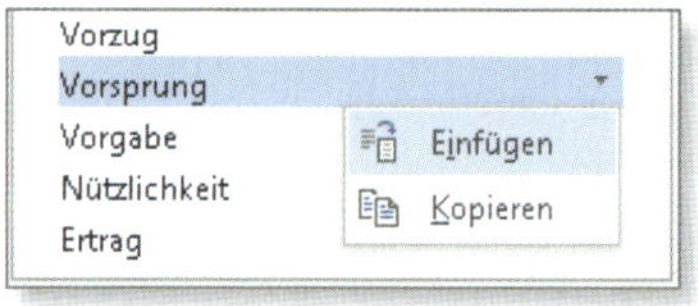

Abbildung 9.59
Synonyme für den Begriff »Vorteil«

Den Übersetzungsdienst nutzen

Wir leben, wie Sie wissen, in einer globalisierten Welt. Produkte werden aus den entferntesten Winkeln der Welt überallhin gebracht, Lebensstile und Alltagskulturen gleichen sich immer mehr an. Diese Prozesse haben natürlich auch Einfluss auf unsere Sprachsysteme, die nie starr sind, sondern sich beständig der veränderten Umwelt anpassen.

Englisch ist zur internationalen Sprache Nummer eins geworden, was natürlich prima für all diejenigen ist, deren Muttersprache es ist, aber alle anderen damit konfrontiert, eine Fremdsprache lernen zu müssen.

Abbildung 9.60
Die Schaltfläche »Übersetzen«

Zumindest die englische Sprache braucht man also in vielen Lebenslagen, vor allem im Geschäftsleben, doch auch andere Sprachen sind mitunter gefragt. Daher ist es eine feine Sache, dass Word auf die Schnelle helfen kann, wenn Ihnen eine Vokabel fehlt. Aber überschätzen Sie die Fremdsprachenkenntnisse des Programms nicht, denn auch seine Fähigkeiten sind begrenzt!

Am besten funktioniert der Übersetzungsdienst für einzelne Begriffe, wobei standardmäßig vom Deutschen ins Englische übersetzt wird. Probieren Sie es einfach einmal aus, beispielsweise mit dem Begriff »entdecken«.

1 Markieren Sie den Begriff und aktivieren Sie die Registerkarte **Überprüfen**.

2 Klicken Sie hier auf die Schaltfläche **Übersetzen**.

3 Daraufhin wird ein kleines Menü mit drei Optionen aufgeklappt. Um den lokalen Dienst von Word bzw. einen Onlinedienst zu nutzen, klicken Sie auf die mittlere Option **Ausgewählten Text übersetzen**.

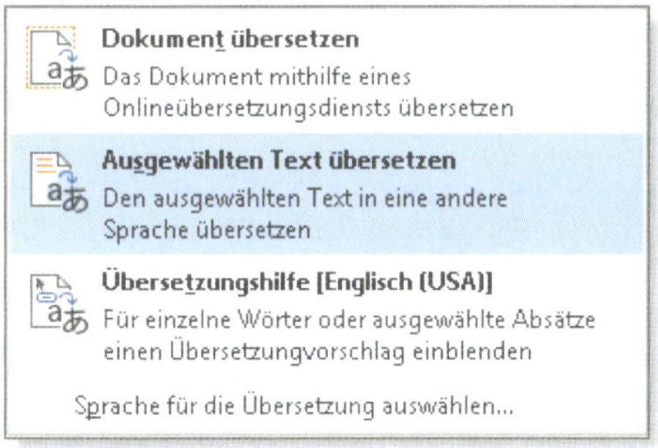

Abbildung 9.61
Den lokalen Übersetzungsdienst sowie Onlinedienste von Word aufrufen

4 Daraufhin wird der Aufgabenbereich **Recherchieren** geöffnet. Im mittleren Bereich unter der Überschrift **Bilinguales Wörterbuch** wird Ihnen die englische Übersetzung ❹ zusammen mit einer grammatischen Einordnung (»transitive verb«) präsentiert: Das englische Wort, das Sie suchen, lautet »discover« (und natürlich nicken Sie jetzt, denn eigentlich kannten Sie die Vokabel ja!).

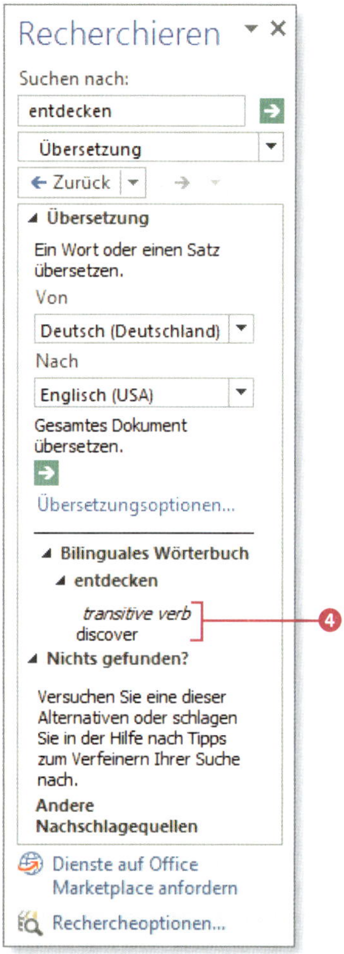

Abbildung 9.62
Das Ergebnis wird präsentiert.

TIPP

Den Aufgabenbereich »Recherchieren« aufrufen

Im Kontextmenü eines Wortes gibt es den Punkt **Übersetzen**. Dieser Eintrag ruft ebenfalls den Aufgabenbereich **Recherchieren** auf.
Auch wenn Sie `Alt` gedrückt halten und dann in ein Wort klicken, erscheint dieser Aufgabenbereich.

Es gibt im bilingualen Wörterbuch leider keine direkte Einfügemöglichkeit, daher können Sie das Wort also nur abschreiben (bzw. kopieren und in Ihren Text einfügen).

TIPP

Begriffe übersetzen lassen

Sie können im Aufgabenbereich **Recherchieren** auch direkt nach der Übersetzung einer Vokabel suchen. Geben Sie den zu übersetzenden Begriff einfach in das Feld **Suchen nach** ein und klicken Sie dann auf die grüne Pfeilschaltfläche (**Suche starten**).

In welche Sprachen wird übersetzt?

Im Aufgabenbereich **Recherchieren** sehen Sie unter der Überschrift **Übersetzung** die Felder **Von** und **Nach**. Wenn Sie es im Feld **Von** bei der Angabe **Deutsch (Deutschland)** belassen, werden im Feld **Nach** neben dem Englischen zahlreiche andere Sprachen angeboten. Auch in diese Sprachen können Sie das Wort übersetzen lassen, wobei Word hier meistens auf den Onlinedienst *Microsoft Translator* zurückgreift (Sie müssen also mit dem Internet verbunden sein, damit der Dienst funktioniert).

Wenn Sie den Microsoft Translator nutzen, taucht bei den meisten Sprachen eine Schaltfläche mit den Optionen zum **Einfügen** oder **Kopieren** auf. Wenn Sie **Kopieren** wählen, können Sie den übersetzten Begriff danach mithilfe des Befehls **Einfügen** an jeder beliebigen Cursorposition einsetzen.

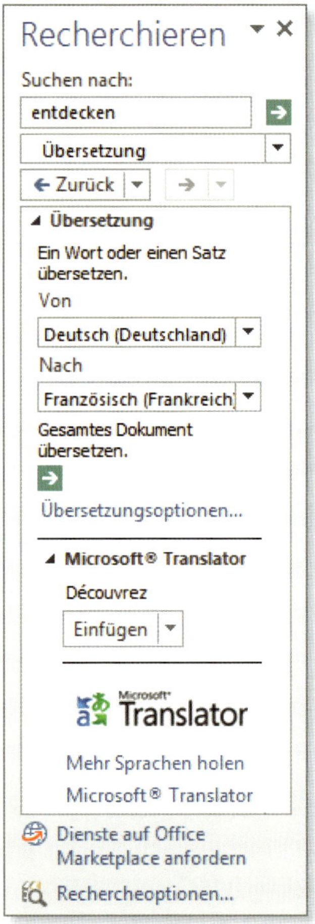

Abbildung 9.63
Der Microsoft Translator hat die Übersetzung gefunden.

INFO

Nach Onlineübersetzungsdiensten suchen

Über den Link **Dienste auf Office Marketplace anfordern** im Aufgabenbereich **Recherchieren** gelangen Sie zu einer Webseite von Microsoft, von der aus Sie weitere Rechercheseiten auswählen können, u. a. den (kostenlosen) Onlineübersetzungsdienst Worldlingo.

Aus dem Englischen in andere Sprachen übersetzen

Wenn die Ausgangssprache der Übersetzung Englisch ist, bietet Word Ihnen auch viele Zielsprachen an, aus denen Sie auswählen können. Machen Sie doch einfach einmal die Probe aufs Exempel und testen Sie die Leistungsfähigkeit des Microsoft Translator.

1. Geben Sie in das Feld **Suchen nach** einen englischen Begriff ein, z. B. »car«.
2. Klicken Sie auf den Pfeil am Feld **Von** und wählen Sie **Englisch (USA)**.
3. Klappen Sie das Auswahlmenü des Feldes **Nach** auf und wählen Sie hier beispielsweise **Französisch (Frankreich)**.
4. Klicken Sie dann auf die grüne Pfeilschaltfläche am Feld **Suchen nach**, um die Übersetzung zu starten.

Als Ergebnis erscheinen unten im Bereich **Bilinguales Wörterbuch** die Übersetzung des Suchbegriffs sowie – je nach Begriff – einige Details.

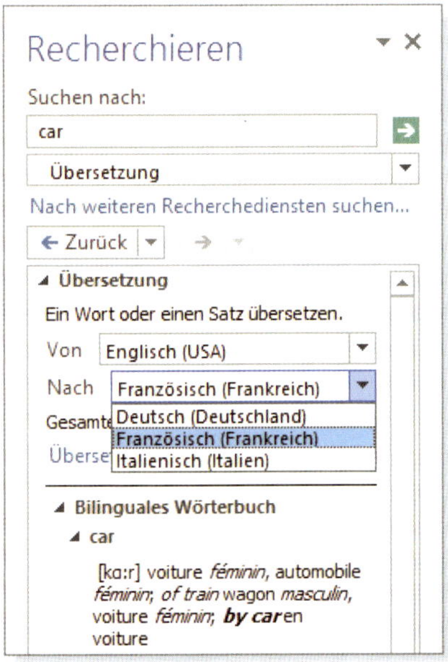

Abbildung 9.64
»Car« wird ins Französische übersetzt.

Den Thesaurus für andere Sprachen nutzen

Es gibt den Thesaurus auch für Fremdsprachen (dabei stehen Ihnen die Sprachen, die Sie auch für die Korrekturhilfe festlegen können, zur Verfügung), was natürlich eine tolle Sache ist, denn gerade hier mangelt es ja oft an einem umfangreichen Wortschatz – meistens ist man froh, überhaupt eine passende Vokabel zu kennen!

Als Beispiel nehmen wir den englischen Begriff »option« (auf Deutsch u. a. »Auswahl«). Wie Sie bereits wissen, rufen Sie den Thesaurus über das Kontextmenü auf.

1. Klicken Sie also mit der rechten Maustaste auf das Wort, für das Sie ein Synonym suchen. (Der englische Begriff muss vorher als solcher erkannt worden sein, wählen Sie also gegebenenfalls zunächst die Sprache aus.)
2. Dann klicken Sie im Untermenü der Schaltfläche **Synonyme** auf die Option **Thesaurus**. Der Aufgabenbereich **Thesaurus** wird geöffnet. Im Suchfeld ist der betreffende Begriff bereits eingetragen. Der Thesaurus für die englische Sprache wird angezeigt, und die Synonyme tauchen im mittleren Bereich auf.

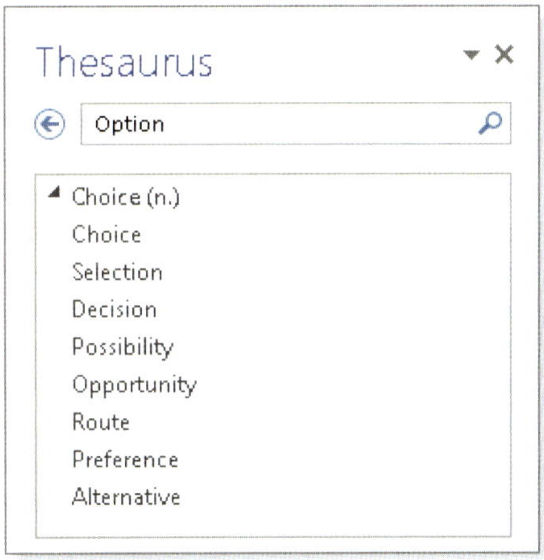

Abbildung 9.65
Alternativen zum Begriff »option«

3. Wenn Ihnen die vorgeschlagene Alternative »choice« zusagt, zeigen Sie mit dem Mauszeiger auf diesen Be-

griff und klicken dann auf die Pfeilschaltfläche (die zu sehen ist, sobald Sie eine Auswahl getroffen haben), um ihn über die Option **Einfügen** in den Text zu übertragen.

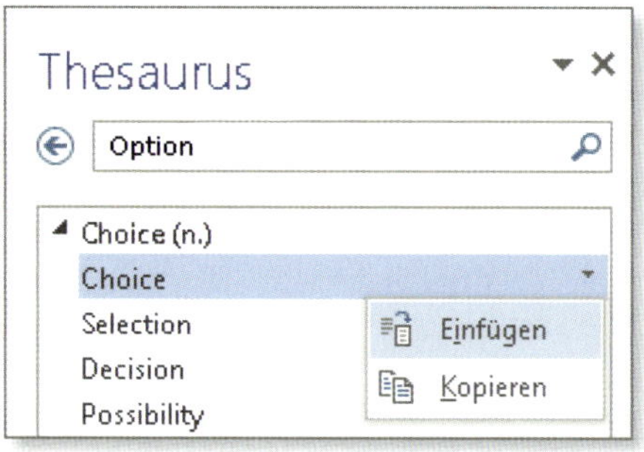

Abbildung 9.66
Ein alternatives Wort einfügen

INFO

Den Thesaurus aufrufen

Um den Thesaurus aufzurufen, ist es nicht erforderlich, einen Begriff zu markieren. Sie können z. B. auch eine Leerzeile mit der rechten Maustaste anklicken und dann **Synonyme** > **Thesaurus** wählen. Im Untermenü gibt es dann jedoch logischerweise keine Vorschläge, aber der Aufgabenbereich **Thesaurus** wird eingeblendet, und Sie können in das Suchfeld den Begriff eingeben, zu dem Sie eine Alternative suchen. Um die Suche zu starten, klicken Sie auf das Lupensymbol (das Symbol für **Suche starten**).

Kapitel 10
Feldfunktionen

Felder sind interessante Bestandteile von Word. Sie sind immer dann die richtige Wahl, wenn es um veränderliche Daten geht – egal, ob es ein einfaches Datum ist, das aktualisiert werden soll, eine mathematische Berechnung oder ein Verweis.

In diesem Kapitel möchten wir Ihnen die Word-Feldfunktionen vorstellen. Mit den Feldfunktionen, die kurz oft einfach als *Felder* bezeichnet werden, stellt Word ein außerordentlich leistungsfähiges Feature bereit, das viele Anwender jedoch nicht in vollem Umfang und oft eher unbewusst nutzen. Was also genau sind Felder? Genau genommen handelt es sich um Befehle, die Word dazu bringen, bestimmte Informationen zu ermitteln und das Ergebnis wie »normalen« Text anzuzeigen. Der Trick dabei ist, dass diese Anzeige eigentlich ein Platzhalter ist, der veränderliche Daten ausgibt. Felder lassen sich also je nach der dahinterstehenden Information aktualisieren (oder werden automatisch aktualisiert). Mit der Aktualisierung eines Feldes wird Word aufgefordert, das angezeigte Feldergebnis auf den aktuellen Stand zu bringen.

Sie werden in dem einen oder anderen Dokument vermutlich bereits Felder genutzt haben. Denken Sie beispielsweise an eine aktualisierbare Datumsanzeige oder an Seitennummerierungen; auch in Serienbriefen finden Felder Verwendung. Weitere gängige Felder sind außerdem Fußnoten, Querverweise und mit Formeln erstellte Berechnungen. Darüber hinaus gibt es allerdings noch wesentlich mehr Felder.

In den folgenden Abschnitten dieses Kapitels werden wir Ihnen genau zeigen, was Felder sind und wozu Sie sie einsetzen können. Sie erfahren, wie sich Felder zusammensetzen, wie Sie sie einfügen und wie Sie mit ihnen umgehen. Letzteres wird umso leichter, wenn Sie Abschnitt 10.4, »Übersicht über Feldfunktionen und Schalter«, gelesen haben.

10.1 Felder einfügen

Es gibt verschiedene Wege, ein Feld einzufügen. Manchmal bemerken Sie nicht einmal unmittelbar, dass Sie Felder verwenden: Sie aktivieren einen »normalen« Befehl auf einer der Registerkarten, fügen damit aber ein Feld ein. Für manche Zwecke wählen Sie explizit ein Feld aus und fügen es in Ihr Dokument ein. Schließlich lassen sich Felder auch manuell eintippen, das funktioniert aber nur wie gewünscht, wenn man mit der Syntax der Feldfunktion vertraut ist. Lassen Sie uns nun einige Beispiele dafür anführen.

Das Datum als Feld

Klicken Sie auf der Registerkarte **Einfügen** auf die Schaltfläche **Datum und Uhrzeit**. Im Dialogfenster **Datum und Uhrzeit** wählen Sie ein Datumsformat ❶ aus und aktivieren die Option **Automatisch aktualisieren** ❷ unten rechts, um das Datum als Feld einzufügen.

Nach der Bestätigung mit **OK** ❸ wird das Datum im Dokument angezeigt.

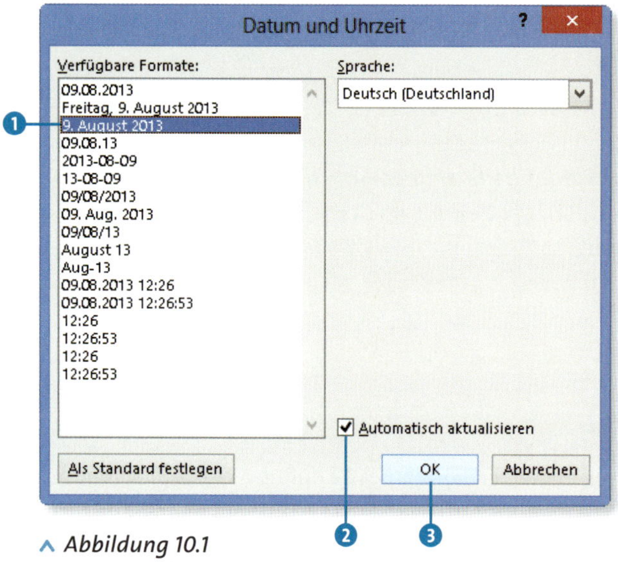

Abbildung 10.1
Ein Datum als Feld einfügen

Man kann auf den ersten Blick nicht erkennen, dass es sich um ein Feld handelt; dennoch hat Word hier eine Feldfunktion eingefügt, die in der Lage ist, das jeweils aktuelle Datum zu ermitteln und anzuzeigen. Wenn Sie den Cursor in das Datum setzen, sehen Sie, dass es grau hinterlegt wird. Dies liegt daran, dass für Felder in der Standardeinstellung die sogenannte *Feldschattierung* aktiviert ist (die sich auch ausschalten lässt, wie Sie im Abschnitt »Die Feldschattierung abstellen« auf Seite 204 lesen können). Die Feldschattierung signalisiert also, dass an dieser Stelle ein Feld eingefügt wurde.

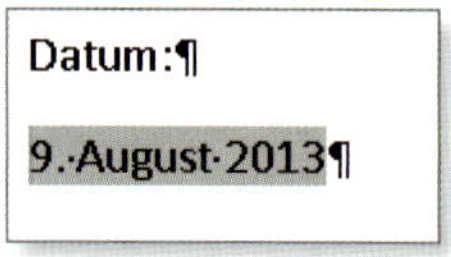

Abbildung 10.2
Die Datumsanzeige im Text, hier mit Feldschattierung

Seitenzahlen

Wenn Sie über die Schaltfläche **Seitenzahlen** (auf der Registerkarte **Einfügen**) Seitenzahlen in Ihr Dokument einfügen, handelt es sich dabei ebenfalls um Felder, sodass die Seitenzahlen automatisch chronologisch gezählt bzw. angepasst werden. Auch die Felder für Seitenzahlen werden durch die Schattierung kenntlich gemacht, wenn Sie den Cursor in eine Zahl setzen.

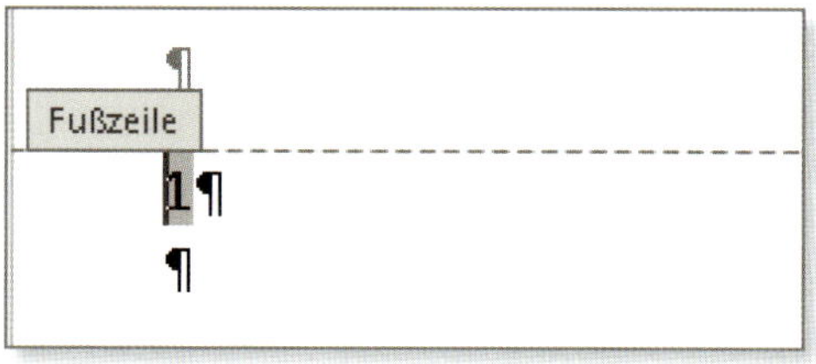

Abbildung 10.3
Seitenzahl mit Feldschattierung

TIPP

Felder formatieren/bearbeiten

Sie können den Text von Feldern ganz normal markieren und formatieren. Sie dürfen sich nur nicht von der Feldschattierung in die Irre führen lassen und meinen, dass das Feld bereits markiert sei. Die Markierung legt sich quasi über die Schattierung.

Überblick über Felder als Befehlsschaltflächen

Generell gesagt, fügen Sie insbesondere mit den Schaltflächen auf den Registerkarten **Einfügen** und **Verweise** Feldfunktionen ein. Tabelle 10.1 listet Befehle auf, die auch auf den Registerkarten des Menübands zu finden sind und hinter denen sich Felder verbergen. (In den meisten Fällen werden Sie mit diesen Befehlen Ihr Ziel erreichen, sodass es gar nicht erforderlich ist, ein Feld manuell einzufügen, wie es im Anschluss im Abschnitt »Felder über den Dialog ›Feld‹ einfügen« gezeigt wird.)

Befehl/Schaltfläche	Feldfunktion
Beschriftung einfügen	SEQ
Bilder	INCLUDEPICTURE
Datum und Uhrzeit	DATE
Datum und Uhrzeit	TIME

Befehl/Schaltfläche	Feldfunktion
Formel	= (Formel)
Index einfügen	INDEX
Inhaltsverzeichnis	TOC
Link	HYPERLINK
Literaturverzeichnis	BIBLIOGRAPHY
Nummerierung	AUTONUM
Objekt	EMBED
Querverweise	REF
Seitenzahl	PAGE
Symbol	SYMBOL
Zitat einfügen	CITATION

Tabelle 10.1
Schaltflächen auf den Registerkarten, mit denen Feldfunktionen eingefügt werden

Felder über den Dialog »Feld« einfügen

Auf direktem Weg fügen Sie Felder über den Dialog **Feld** ein, der eine Übersicht über die verfügbaren Feldarten und die entsprechenden Optionen bietet. Sie gelangen zu diesem Dialog wie im Folgenden beschrieben.

1 Wechseln Sie auf die Registerkarte **Einfügen**. Hier klicken Sie auf die Schaltfläche **Schnellbausteine**, um das Menü aufzuklappen. Im Menü wählen Sie den Eintrag **Feld**.

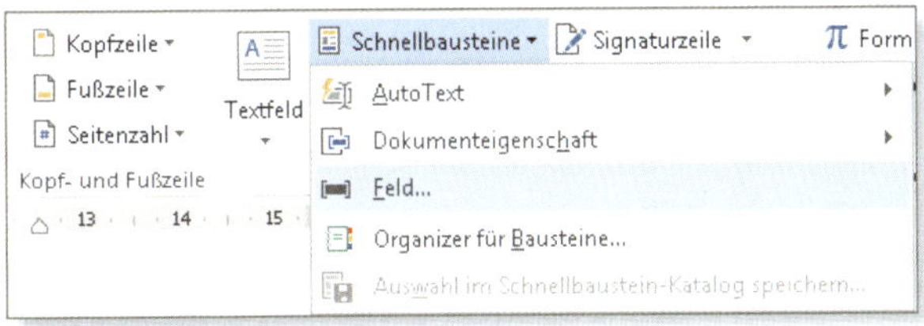

Abbildung 10.4
Über die Schaltfläche »Schnellbausteine« rufen Sie den Dialog »Feld« auf.

2 Daraufhin wird der Dialog **Feld** angezeigt (siehe Abbildung 10.5). Stellen Sie im Bereich **Kategorien** die Option **(Alle)** ein (bzw. belassen Sie es bei dieser Einstellung), um darunter im Bereich **Feldnamen** eine Auflistung sämtlicher Namen der Word-Felder zu erhalten.

3 Sobald Sie hier ein Feld markieren, z. B. **IncludePicture**, taucht in der Mitte des Fensters der Bereich **Feldeigenschaften** auf und rechts im Fenster gegebenenfalls der Bereich **Feldoptionen**.

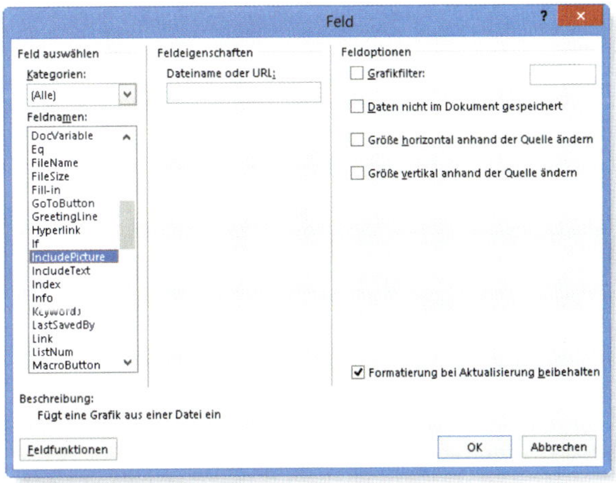

Abbildung 10.5
Ein ausgewähltes Feld mit Feldeigenschaften und -optionen

INFO

Feldeigenschaften und Feldoptionen

Was es mit den Feldeigenschaften und Feldoptionen auf sich hat, wird im Folgenden in Abschnitt 10.3, »Der Aufbau von Feldfunktionen«, genauer erläutert, darum gehen wir in diesem Abschnitt nicht ausführlicher darauf ein.

Beispiel: Das Feld »PrintDate« einfügen

Um zunächst ein schnelles Beispiel zu geben, was passiert, wenn Sie ein Feld auf diesem Weg einfügen, möchten wir das Feld **PrintDate** verwenden. Dieses Feld gibt aus, wann das Dokument zuletzt ausgedruckt wurde.

1 Markieren Sie im Dialog **Feld** in der Liste der Feldnamen das Feld **PrintDate**. Achten Sie auch auf den darunter sichtbaren Text mit der Überschrift **Beschreibung**. Hier wird die ausgewählte Option kurz erklärt.

2 Klicken Sie in der Liste der **Datumsformate**, die daraufhin angezeigt werden, auf das gewünschte Format.

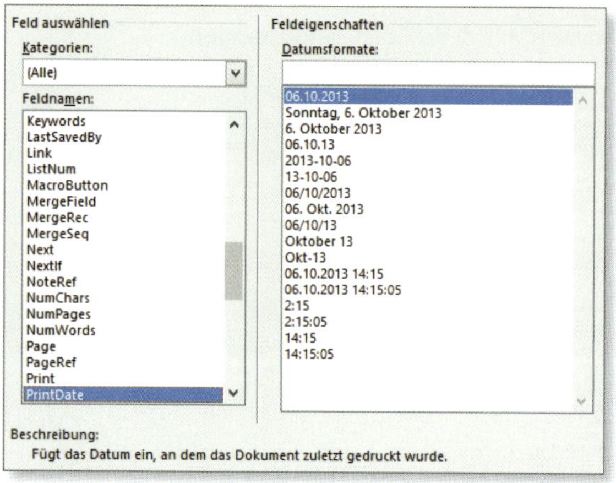

Abbildung 10.6
Das letzte Druckdatum ausgeben

3 Bestätigen Sie Ihre Einstellung mit **OK**.

Daraufhin taucht das Datum als Feldresultat im Text auf. Wenn Sie den Cursor irgendwo in das Datum setzen, wird es wie bei Feldern üblich grau hinterlegt.

Abbildung 10.7
Die Ausgabe des Druckdatums

10.2 Der Umgang mit Feldern

Bevor wir Ihnen in Tabelle 10.3 in Abschnitt 10.4, »Übersicht über Feldfunktionen und Schalter«, weitere Felder sowie diverse Schalter und Anweisungen vorstellen, gehen wir in den nächsten Abschnitten auf die besonderen Merkmale von Feldern und die wichtigsten Handgriffe zum Umgang mit ihnen ein.

Die Feldschattierung abstellen

Im Prinzip spricht nichts dagegen, dass Felder schattiert werden, meistens ist es sogar ein Vorteil, weil sich ein Feld ansonsten optisch gar nicht vom normalen Text unterscheiden würde (und Sie möglicherweise überhaupt nicht auf die Idee kämen, ein bestimmtes Feld zu aktualisieren, was ja der Sinn dieser ganzen Geschichte ist). Dennoch möchten wir Ihnen auch zeigen, wie Sie die Feldschattierung loswerden können, falls Sie sie einmal als gar zu störend empfinden.

1 Rufen Sie über **Datei** > **Optionen** das Dialogfenster **Word-Optionen** auf (siehe Abbildung 10.8).

2 Aktivieren Sie hier die Kategorie **Erweitert**.

3 Scrollen Sie nach unten bis zum Abschnitt **Dokumentinhalt anzeigen**.

4 Klicken Sie auf den Pfeil ❶ am Feld **Feldschattierung** und stellen Sie hier die Option **Nie** ein. Mit dieser Option schalten Sie die Feldschattierung komplett aus.

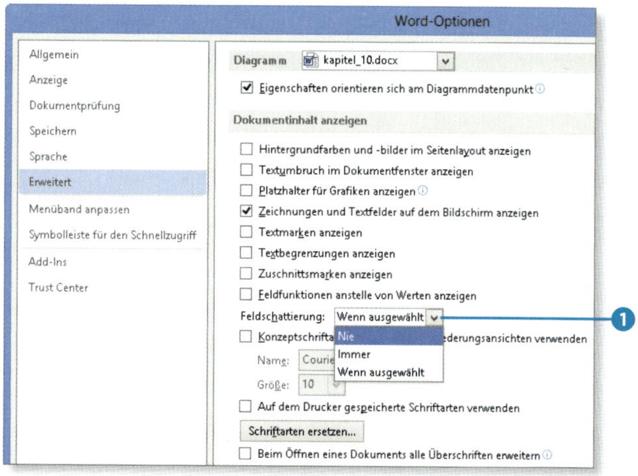

Abbildung 10.8
Die Optionen der Feldschattierung

Mit der Option **Immer** würde ein Feld dauerhaft eine graue Schattierung aufweisen – eine Einstellung, die sinnvoll sein kann, wenn Sie ein Dokument überprüfen und auf den ersten Blick erkennen möchten, bei welchen Texten es sich um Felder handelt. Ausgedruckt werden die Feldschattierungen sowieso nie.

HINWEIS

Ausdruck ohne Feldschattierungen

Unabhängig von der gewählten Einstellung für die Feldschattierung (**Nie**, **Immer** oder **Wenn ausgewählt**) erscheint sie natürlich nicht im Ausdruck.

Die Feldfunktionen einblenden

Normalerweise wird, wie Sie gesehen haben, beim Einfügen eines Feldes das Resultat der Feldfunktion angezeigt, also das, was zunächst aussieht wie normaler Text. Wenn Sie in den Anzeigemodus **Feldfunktionen** wechseln, wird der Code des Feldes angezeigt.

Um zwischen den beiden Ansichten hin- und herzuschalten, gibt es mehrere Methoden. Am schnellsten lassen Sie sich die Feldfunktion eines einzelnen Wertes folgendermaßen anzeigen: Setzen Sie den Cursor in das Feld und drücken Sie dann die Tastenkombination [⇧] + [F9]. Um sich alle Feldfunktionen im gesamten Dokument anzeigen zu lassen, benutzen Sie die Tastenkombination [Alt] + [F9]. Dabei ist es nicht erforderlich, den Text vorher zu markieren; mit [Alt] + [F9] wird generell in den Anzeigemodus **Feldfunktionen** gewechselt. Beide hier genannten Tastenkombinationen funktionieren wie Schalter; wenn Sie erneut [⇧] + [F9] bzw. [Alt] + [F9] drücken, kommen wieder die Feldresultate zum Vorschein.

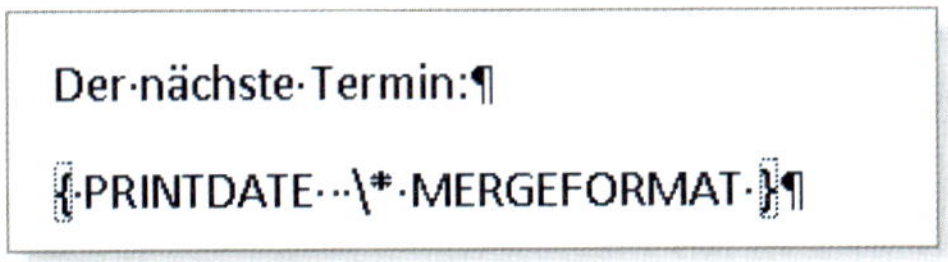

Abbildung 10.9
Die Textausgabe und die Feldfunktion PRINTDATE

Sie können auch das Kontextmenü verwenden, um das Feld, in dem der Cursor steht, als Feldfunktion darzustellen. Klicken Sie dazu das Feld mit der rechten Maustaste an und wählen Sie im Menü den Eintrag **Feldfunktionen ein/aus**.

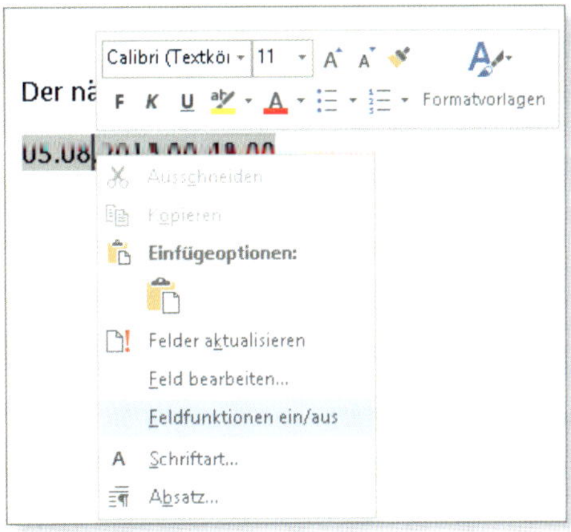

Abbildung 10.10
Die Feldfunktionen über das Kontextmenü ein- oder ausschalten

Zu guter Letzt bieten auch die Word-Optionen die Möglichkeit, sich die Feldfunktionen anzeigen zu lassen (oder umgekehrt). Dieser Weg ist natürlich umständlicher, als einfach eine Tastenkombination zu drücken, und er lohnt sich demzufolge eigentlich nur dann, wenn Sie grundsätzlich beim Einfügen von Feldern die Feldfunktionen sehen möchten.

1. Rufen Sie über **Datei** > **Optionen** das Dialogfenster **Word-Optionen** auf.
2. Klicken Sie hier auf die Kategorie **Erweitert**.
3. Scrollen Sie nach unten bis zum Abschnitt **Dokumentinhalt anzeigen** und aktivieren Sie hier das Kontrollkästchen **Feldfunktionen anstelle von Werten anzeigen**.

Sie können sich übrigens nicht nur die Feldfunktionen bereits eingefügter Felder anzeigen lassen, sondern auch leere Felder in ein Dokument eingeben. Drücken Sie dazu die Tastenkombination [Strg] + [F9]. Daraufhin taucht ein leeres Feld auf. In dieses Feld tragen Sie die Feldfunktion ein, was natürlich voraussetzt, dass Ihnen die gewünschte Funktion geläufig ist (Groß- oder Kleinschreibung spielt keine Rolle). Anschließend drücken Sie die Taste [F9] zum Aktualisieren.

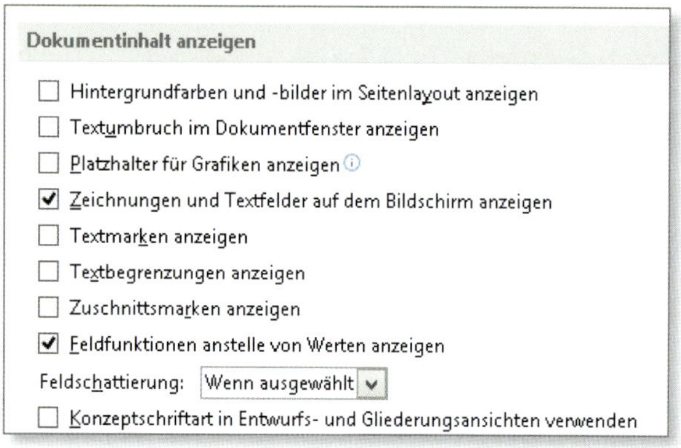

Abbildung 10.11
Die Feldfunktionen in den Word-Optionen einblenden

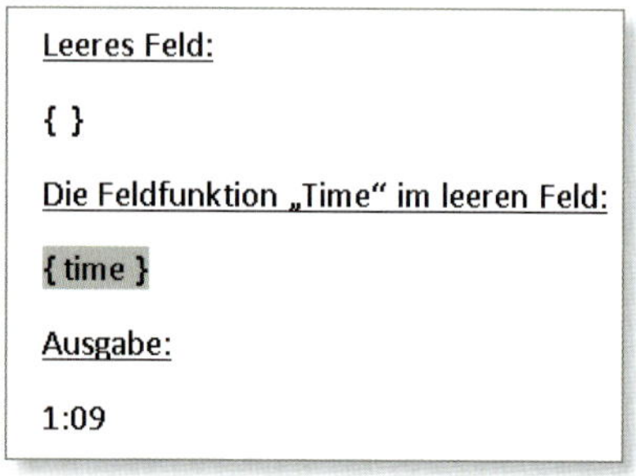

Abbildung 10.12
Ein leeres Feld einfügen und nutzen

TIPP

Von Feld zu Feld springen

Wenn es im Dokument viele Felder gibt, die Sie überprüfen möchten, ist es praktisch, direkt von Feld zu Feld zu springen. Dazu drücken Sie F11, wobei hierüber nur die Felder mit »sichtbarer« Ausgabe erreicht werden; Indexfelder (**XE**), die normalerweise nicht im Text erscheinen, z. B. werden in der Sprungreihenfolge nicht berücksichtigt.

Die Feldfunktionen mit ausdrucken

Unabhängig davon, ob Sie sich Feldresultate oder die eigentlichen Feldfunktionen im Dokument anzeigen lassen, können Sie dafür sorgen, dass die Feldfunktionen grundsätzlich mit ausgedruckt werden. Um diese Einstellung vorzunehmen, rufen Sie über **Datei** > **Optionen** das Dialogfenster **Word-Optionen** auf. Hier aktivieren Sie die Kategorie **Erweitert** und scrollen dann nach unten bis zum Abschnitt **Drucken**. Wenn Sie in dieser Liste das Kontrollkästchen **Feldfunktionen anstelle von Werten drucken** 1 aktivieren, geschieht genau das: Alle Felder werden als Feldfunktionen ausgedruckt.

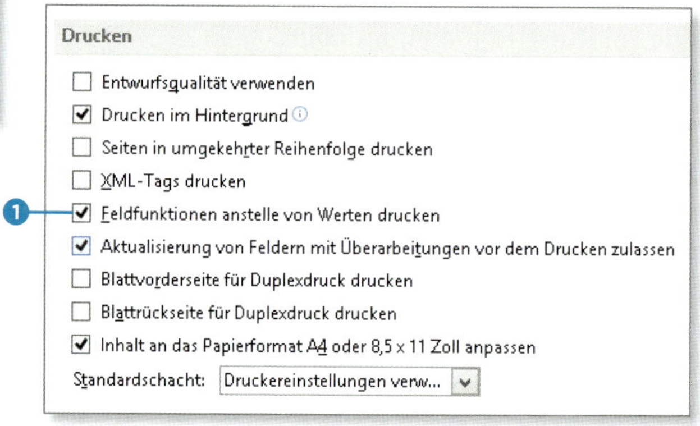

Abbildung 10.13
Feldfunktionen ausdrucken

Felder aktualisieren

Das Besondere und der eigentliche Clou an Feldfunktionen ist, dass Sie Word anweisen können, die entsprechenden Felder bzw. ihren Inhalt zu aktualisieren. Grundsätzlich aktualisiert Word alle Felder automatisch beim Öffnen des Dokuments. Bei manchen Feldern geschieht die Aktualisierung auch häufiger und ganz ohne Ihr Zutun. Dies ist z. B. bei den Seitenzahlen oder bei Nummerierungen der Fall (beide Elemente werden permanent angepasst). Bei anderen Feldern müssen Sie die Aktualisierung manuell anstoßen, beispielsweise um einen Querverweis oder ein Inhaltsverzeichnis an Veränderungen anzupassen oder um eine Formel neu berechnen zu lassen. Es gibt dafür vier Möglichkeiten, wie im Folgenden gezeigt wird.

1. Zum Aktualisieren eines Feldes setzen Sie den Cursor in das Feld und drücken dann die Taste F9.
2. Um alle Felder in einem Dokument zu aktualisieren, markieren Sie das gesamte Dokument und drücken

dann F9. Bedenken Sie, dass Sie gegebenenfalls die Kopf- und Fußzeilen gesondert markieren und aktualisieren müssen.

3. Auch über das Kontextmenü eines Feldes können Sie Felder aktualisieren. Wenn Sie ein Feld mit der rechten Maustaste anklicken, wird der Befehl **Felder aktualisieren** angeboten. Wenn Sie einen markierten Bereich mit der rechten Maustaste anklicken, befindet sich dieser Befehl im Kontextmenü, sofern die Auswahl ein Feld enthält.

4. Unabhängig von diesen Schritten gibt es auch die Möglichkeit, dafür zu sorgen, dass alle Felder vor dem Ausdruck aktualisiert werden. Diese Einstellung nehmen Sie in der Kategorie **Anzeige** der Word-Optionen vor. Hier aktivieren Sie im Bereich **Druckoptionen** das Kontrollkästchen **Felder vor dem Drucken aktualisieren** 2.

Die Uhrzeit aktualisieren

Besonders gut können Sie die Wirksamkeit der Aktualisierung beobachten, wenn Sie die Feldfunktion **TIME** für die aktuelle Uhrzeit in Ihr Dokument einfügen. Dazu können Sie den zuvor beschriebenen Dialog **Feld** verwenden und hier die Funktion **TIME** auswählen. Vertrauter ist aber vermutlich der folgende Weg: Aktivieren Sie die Registerkarte **Einfügen** und öffnen Sie über die Schaltfläche **Datum und Uhrzeit** den gleichnamigen Dialog. Hier markieren Sie ein Format für die Uhrzeit, am besten eines mit Sekundenanzeige. Achten Sie darauf, dass die Option **Automatisch aktualisieren** aktiviert ist.

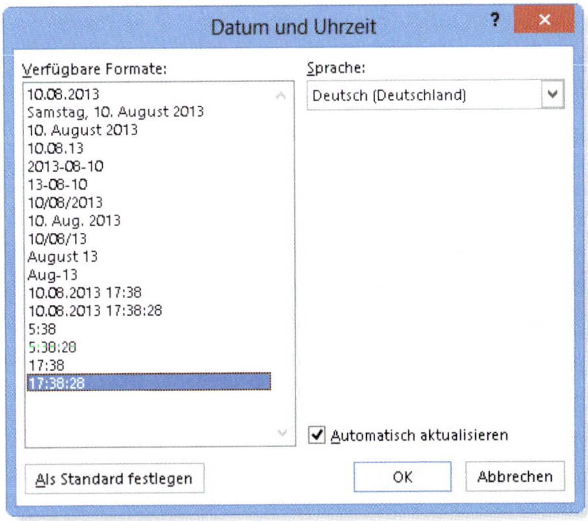

Abbildung 10.15
Eine Uhrzeit einfügen

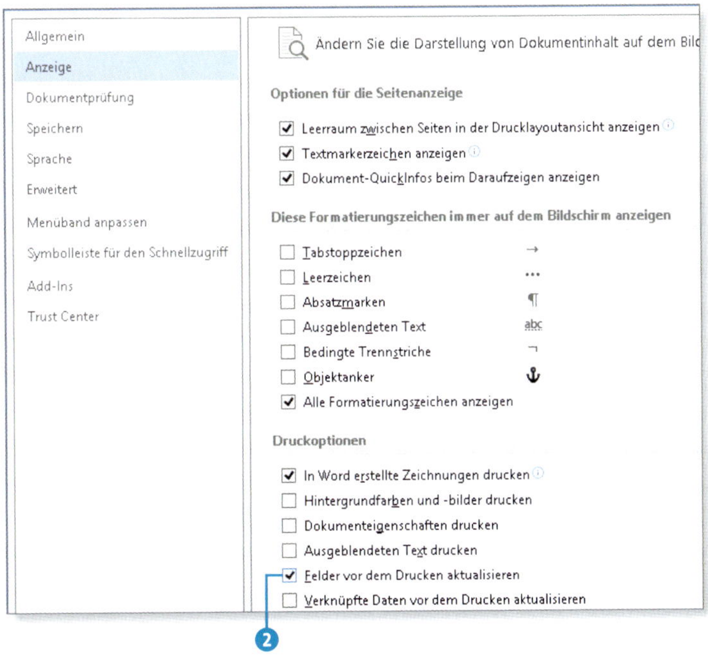

Abbildung 10.14
Felder vor dem Ausdrucken aktualisieren lassen

Daraufhin wird die aktuelle Uhrzeit im Dokument angezeigt.

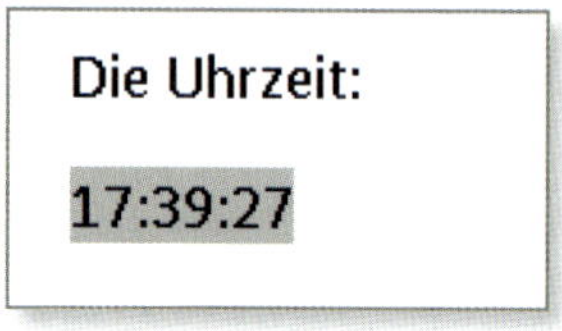

Abbildung 10.16
Die Ausgabe der Uhrzeit im Dokument

Wenn Sie nun den Cursor in das Feld setzen und die Anzeige permanent mit der Taste F9 aktualisieren, können Sie regelrecht verfolgen, wie sich die Anzeige Sekunde für Sekunde ändert (noch einfacher ist es, wenn Sie den Absatz mit dem Uhrzeitfeld markieren, da Sie dann den Cursor nicht ständig neu positionieren müssen).

INFO

Felder vor der Aktualisierung schützen

Obwohl es bei der Verwendung von Feldern hauptsächlich um die Aktualisierung geht, sind auch Situationen denkbar, in denen ein Feld nicht (mehr) aktualisiert werden soll, z. B. um es vor versehentlichen Anpassungen oder vor der automatischen Aktualisierung beim Öffnen des Dokuments zu schützen. Um eine solche Sperre anzuwenden, setzen Sie den Cursor in das betreffende Feld und drücken die Tastenkombination Strg + F11. Mit der Tastenkombination ⇧ + Strg + F11 heben Sie die Sperrung wieder auf. Leider können Sie auch bei eingeblendeter Feldfunktion nicht erkennen, ob ein Feld gesperrt ist oder nicht.

10.3 Der Aufbau von Feldfunktionen

Feldfunktionen bestehen aus verschiedenen Elementen. Wie Sie schon gesehen haben, beginnen und enden alle Feldfunktionen mit Zeichen, die aussehen wie geschweifte Klammern (man spricht auch von *öffnenden* und *schließenden Klammern*); es handelt sich aber um Feldzeichen, die man nicht über die Tastatur eingeben kann (abgesehen von der Tastenkombination Strg + F9 zum Einfügen eines leeren Feldes). Nach der öffnenden Klammer steht im Feld der *Feldname*. Über den Feldnamen wird die Aktion festgelegt, die mit dem Feld verbunden ist.

Nach dem Feldnamen folgen die *Eigenschaften/Argumente*, die die Feldfunktion beinhaltet. Nicht alle Feldfunktionen benötigen Argumente (die zuvor verwendete Funktion **TIME** braucht sie z. B. nicht), wohingegen andere Feldfunktionen unbedingt ein oder mehrere Argumente nötig haben, damit sie ihre Aufgabe ausführen können. Zu diesen Funktionen zählen die Verweise. Die Feldfunktion **REF** wüsste ohne Argument nicht, auf welches Textstück bzw. welche Textmarke sie verweisen soll. Hier ist z. B. der Name einer Textmarke als Argument zwingend erforderlich.

Der vierte Bestandteil sind die *Schalter*, die die Aktion beeinflussen, die ausgeführt werden soll, und Auswirkungen auf die Anzeige/Formatierung des Feldergebnisses haben. Dieses Element wird mit einem linksgerichteten Schrägstrich, oft als *Backslash* bezeichnet, von dem Feldnamen abgetrennt.

TIPP

Schalter/Feldeigenschaften

Diese Schalter und Anweisungen werden im Dialogfenster **Feld** in den Bereichen **Feldeigenschaften** und **Feldoptionen** zur jeweils ausgewählten Funktion angeboten.

Die Formatierungsschalter

Die meisten Felder sollen ein spezifisches Aussehen haben. Um dieses Aussehen zu bestimmen, reicht es nicht, einfach ein Feld einzugeben; hier kommen die Formatierungsschalter ins Spiel, mit deren Hilfe bestimmte Formate festgelegt werden. Man kann diese Schalter in unterschiedliche Kategorien einteilen, und die drei wichtigsten sind:

1. **Formatierungsschalter:** Sie werden mit den Zeichen * eingeleitet und legen Zeichenformatierungen, Groß- bzw. Kleinbuchstaben und gegebenenfalls die Umwandlung von Zahlen fest.
2. **Datum/Uhrzeitschalter:** Diese Schalter beginnen mit den Zeichen **\@** und bestimmen das Format von Datums- und Uhrzeitausgaben.
3. **Numerische Formatierungsschalter:** Diese Schalter beginnen mit den Zeichen **\#** und dienen dazu, das Aussehen von Zahlen (numerischen Feldergebnissen) festzulegen. Wenn das Feldergebnis keine Zahl ist, haben diese Schalter dementsprechend natürlich keine Auswirkung.

Sie müssen diese Einteilung nicht auswendig lernen! Ausschlaggebend ist im Prinzip nur, dass Sie das richtige Zeichen hinter dem Backslash (\) eingeben.

Die Feldfunktion REF: ein Beispiel

Um die einzelnen Bestandteile einer Feldfunktion an einem Beispiel zu demonstrieren, wählen wir die Feldfunktion **REF** (für Verweise). Abbildung 10.17 zeigt dieses Feld mit Argument und Schaltern, die wir der Übersicht halber in Tabelle 10.2 benennen und Ihnen mit ihrer Bedeutung näher erläutern. Weitere Formatierungsschalter stellen wir Ihnen in Tabelle 10.4 vor.

```
{·REF·Textmarke2·\p·\·CHARFORMAT·}¶
```

Abbildung 10.17
Die Feldfunktion REF

Zeichen	Bedeutung
{	öffnende Klammer des Feldes
REF	Feldname (das »R« ist hier rot, weil damit die Formatierung festgelegt wird)
Textmarke2	das Argument des Feldes REF (hier der Name der Textmarke, auf die verwiesen wird)
\p	der Schalter \p, der ansagt, dass nur ein Verweistext (oben/unten) auf die Stelle, an der die Textmarke relativ zum Feld steht, ausgegeben werden soll
* CHARFORMAT	ein Formatierungsschalter, der festlegt, dass der angezeigte Text so formatiert wird wie der erste Buchstabe des Feldnamens (im Beispiel also in Rot)
}	schließende Klammer des Feldes

Tabelle 10.2
Die Bestandteile der Feldfunktion REF entsprechend dem Beispiel aus Abbildung 10.17

Die Feldfunktion REF per Befehl einfügen

Um eine Textmarke als Verweis einzufügen, wäre es sehr umständlich und viel verlangt, wenn wir diese Feldfunktion mit den beschriebenen Bestandteilen manuell eingeben müssten. Und in der Tat gibt es dafür eine viel bequemere Lösung: Wie eingangs schon gesagt und kurz vorgeführt, können Sie viele Felder auch einfach über die Schaltflächen der Registerkarten einfügen – so auch einen Verweis auf eine Textmarke.

Sie müssen sich also die Syntax, d. h. die etwas kryptisch anmutenden Argumente und Schalter dieser Feldfunktion, nicht merken (und ebenso wenig die Schreibweise der meisten anderen Feldfunktionen), wenngleich es mitunter hilfreich ist, die Elemente zu verstehen, damit man sie unter Umständen auch per Hand editieren kann, z. B. für bestimmte Feinheiten und Optionen, die nicht über den normalen Befehl einzustellen sind.

1 Doch wie kommt nun das in Abbildung 10.17 gezeigte Feld zustande, wenn Sie den entsprechenden

Befehl nutzen? Sobald Sie auf der Registerkarte **Einfügen** auf das Symbol **Querverweis** klicken, haben Sie bereits den Feldnamen **REF** festgelegt.

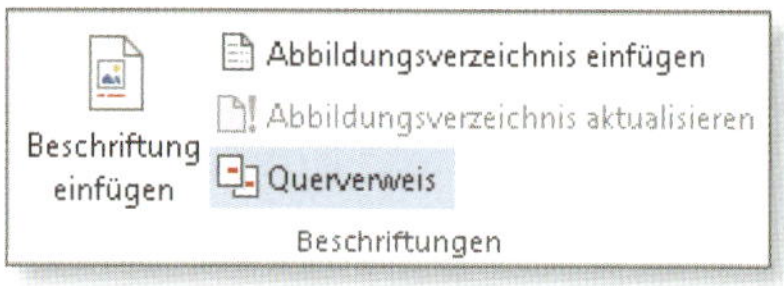

Abbildung 10.18
Die Schaltfläche »Querverweis«

2 Im Dialogfenster **Querverweis** wählen Sie im Feld **Verweistyp** den Eintrag **Textmarke** ❶. Daraufhin werden alle Textmarken des Dokuments aufgelistet.

3 Markieren Sie hier die gewünschte Textmarke ❷. Dadurch wird im Feld das Argument definiert (im Beispiel **Textmarke2**).

4 Abschließend wählen Sie im Feld **Verweisen auf** ❸ die Option **Oben/unten**. Hiermit haben Sie den Schalter **\p** eingesetzt.

5 Deaktivieren Sie die Option **Als Hyperlink einfügen** ❹, um keinen weiteren Schalter (**\h**) hinzuzufügen.

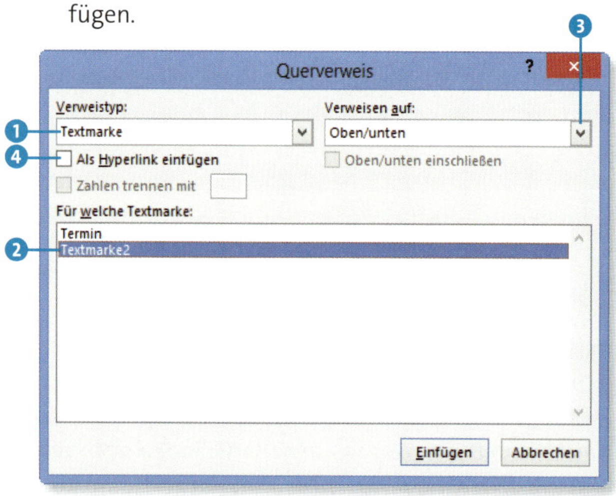

Abbildung 10.19
Einstellungen für den Verweis auf die Textmarke

6 Sobald Sie den Dialog per Mausklick auf die Schaltfläche **Einfügen** verlassen, wird das Feld an der Cursorposition in das Dokument eingefügt.

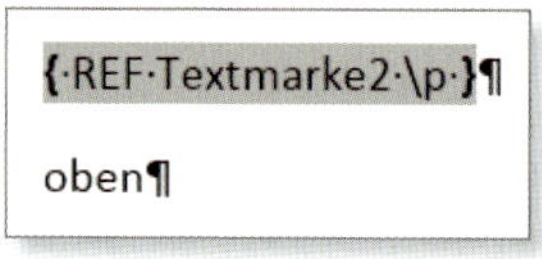

Abbildung 10.20
Die Feldfunktion und die Ausgabe

Abbildung 10.20 zeigt sowohl das eingefügte Feld als auch den ausgegebenen Text »oben«. Sie sehen, dass das Feld schon fast das in Abbildung 10.17 gezeigte Aussehen angenommen hat, nur die Formatierungsanweisung *** CHARFORMAT** fehlt noch. Diese Anweisung müssten Sie nun per Hand in das Feld eintippen (die Bedeutung von »Charformat« wird in Tabelle 10.4 auf Seite 213 erklärt).

Das Feld REF über den Dialog »Feld« einfügen

Um das gleiche Feld mithilfe des Dialogs **Feld** einzufügen, gehen Sie wie im Folgenden beschrieben vor.

1 Öffnen Sie über **Einfügen** > **Schnellbausteine** > **Feld** den gleichnamigen Dialog.

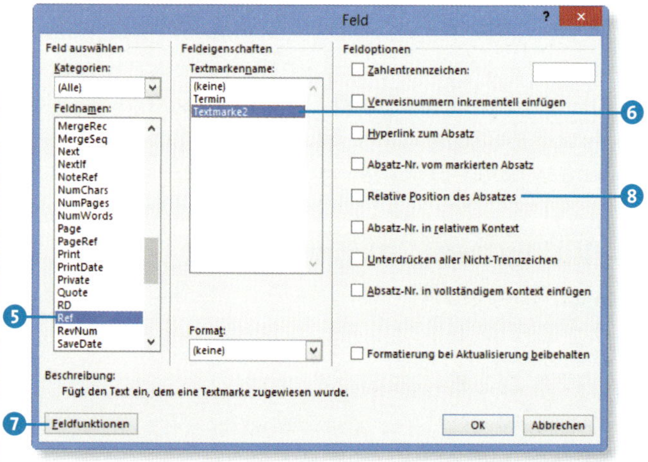

Abbildung 10.21
Die Einstellung im Dialog »Feld«

2 Wählen Sie im Bereich **Feldnamen** den Eintrag **Ref** ❺ aus. Anschließend werden im Dialog die passenden **Feldeigenschaften** und **Feldoptionen** eingeblendet. Markieren Sie im Feld **Textmarkenname** die gewünschte Textmarke (hier: **Textmarke2**) ❻.

3 Wenn Sie jetzt die Schaltfläche **Feldfunktionen** ❼ unten im Dialog anklicken, werden die Eigenschaften und Optionen ausgeblendet, und die Feldfunktion wird eingeblendet.

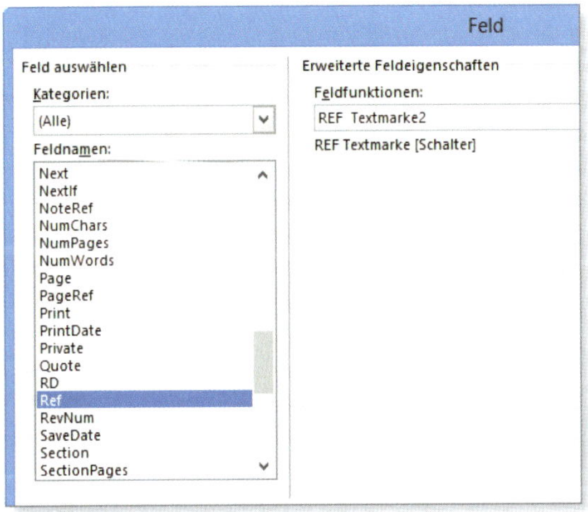

Abbildung 10.22
Die Feldfunktion wird angezeigt.

4 Sie können erkennen, dass die Feldfunktion schon fast dem gewünschten Ergebnis entspricht, nur der Schalter **\p** fehlt noch. Um ihn hinzuzufügen, klicken Sie auf die Schaltfläche **Feldfunktionen ausblenden**, um wieder die Feldoptionen zu erhalten.

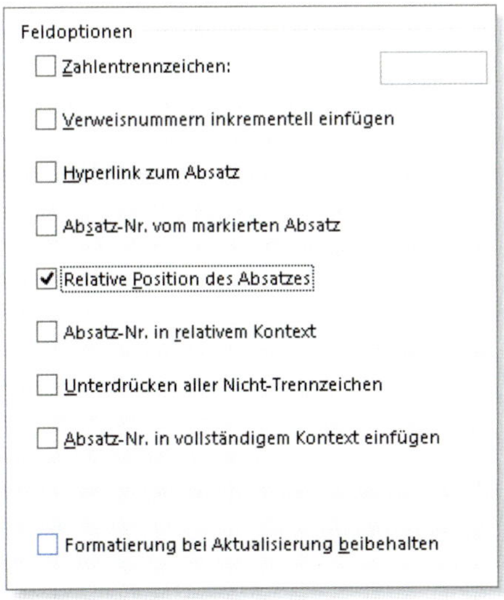

Abbildung 10.23
Einstellung der Feldoptionen

5 Aktivieren Sie im Bereich **Feldoptionen** die Option **Relative Position des Absatzes** ❽; damit wird der Schalter **\p** eingefügt.

6 Deaktivieren Sie die Option **Formatierung bei Aktualisierung beibehalten**. Diese Option ist in Word in diesem Dialog standardmäßig aktiviert und fügt den Schalter *** MERGEFORMAT** hinzu (die Beschreibungen der Schalterformatierungen »Charformat« und »Mergeformat« finden Sie in Tabelle 10.4 auf Seite 213).

7 Mit einem Klick auf **OK** wird das Feld in das Dokument befördert.

Wenn Sie sich nun die Feldfunktion anzeigen lassen (klicken Sie dazu mit der rechten Maustaste auf das entsprechende Feld und wählen Sie im Kontextmenü die Option **Feldfunktionen ein/aus**. Das Feld wird daraufhin mit Argument und Schalter angezeigt), sehen Sie hier ebenfalls, dass das Ergebnis dem Beispiel ziemlich nahekommt. Aber auch hier fehlt wieder der Formatierungsschalter *** CHARFORMAT**.

Im Vergleich dieser beiden Wege miteinander (der Verwendung der Schaltfläche **Querverweis** und der des Dialogfensters **Feld**) wird Ihnen als aufmerksamer Leser aufgefallen sein, dass der erste Weg einen beachtlichen Vorteil bietet: Sie können im Dialogfenster **Querverweis** nicht nur problemlos auf die Textmarken zugreifen, sondern ebenso auf Überschriften und Nummerierungen etc.

10.4 Übersicht über Feldfunktionen und Schalter

Tabelle 10.3 listet einige Feldfunktionen auf, die man tatsächlich recht einfach per Hand eingeben kann und die nützliche Informationen liefern. Die hier aufgeführten Funktionen können alle ohne Argument/Schalter verwendet werden (einige tauchen auch in Tabelle 10.1 auf, die die Befehle auflistet, mit denen Feldfunktionen eingefügt werden; um Wiederholungen zu vermeiden, haben wir die meisten dieser Feldfunktionen hier nicht noch einmal aufgeführt).

Feldname	Ausgabe
DATE	Liefert das aktuelle Datum.
CREATEDATE	Liefert das Erstellungsdatum des aktuellen Dokuments.
TIME	Liefert die aktuelle Uhrzeit.
PRINTDATE	Liefert das Datum, an dem das Dokument zuletzt gedruckt wurde.
SAVEDATE	Liefert das Datum, an dem das Dokument zuletzt gespeichert wurde.
FILENAME	Liefert den Dateinamen des Dokuments.
FILESIZE	Liefert die Dateigröße in Bytes.
NUMCHARS	Liefert die Anzahl der Zeichen des Dokuments.
NUMPAGES	Liefert die Seitenanzahl des Dokuments.
NUMWORDS	Liefert die Anzahl der Worte im Dokument.
TEMPLATE	Fügt den Namen der verwendeten Dokumentvorlage ein.

Tabelle 10.3
Eine Auswahl an Feldfunktionen

Formatierungsschalter

Damit Sie nun auch einige der Formatierungsschalter für die Formatierungsanweisungen kennenlernen, haben wir Tabelle 10.4 dementsprechend mit ausgewählten Anweisungen für Sie zusammengestellt.

Formatierungsschalter	Ausgabe
***Arabic**	Verwandelt das Ergebnis des Feldes in arabische Ziffern.
***CardText**	Verwandelt das Ergebnis des Feldes in Text: *{ =10*10*CardText }* Ausgabe: *Hundert*
***Caps**	Der erste Buchstabe jedes Wortes wird in Großbuchstaben gewandelt.
***Charformat**	Die Formatierung des ersten Zeichens des Feldnamens wird auf sämtliche Zeichen übertragen. Im zuvor zitierten Beispiel *{ Ref Textmarke2\ p*charformat }* ist die Ausgabe *oben*.
***FirstCap**	Nur der erste Buchstabe wird in Großbuchstaben ausgegeben.
***Hex**	Zahlen werden in Hexadezimalzahlen umgewandelt: *{ 1024*Hex }* Ausgabe: *400*
***Lower**	Alle Zeichen werden in Kleinbuchstaben umgewandelt.
***Mergeformat**	Die Formatierung des letzten Feldergebnisses wird angewendet und bleibt bei Aktualisierung bestehen. Bei einem neuen Feld wird die Formatierung des ersten Zeichens des Feldnamens übernommen. **Mergeformat** wird Feldfunktionen automatisch hinzugefügt, sofern im Dialog **Feld** die Option **Formatierung bei Aktualisierung beibehalten** eingeschaltet ist.
***Roman** ***roman**	Verwandelt das Feldergebnis in römische Ziffern. Mit **Roman** werden große Ziffern geliefert, mit **roman** kleine:

Formatierungs-schalter	Ausgabe
*Roman	*{ =2011*Roman }*
*roman	Ausgabe: *MMXI*
*Upper	Alle Zeichen des Feldergebnisses werden in Großbuchstaben umgewandelt.

Tabelle 10.4
Ausgewählte Formatierungsschalter

Schalter für Datums- und Zeitangaben

Für die Ausgabe von Datums- und Zeitangaben stehen spezielle Schalter zur Verfügung, die mit **\@** beginnen. Grundsätzlich werden die Zeichen **d** für *day*, **M** für *month* und **y** für *year* verwendet. Für Zeitangaben verwenden Sie **h** (0–12) oder **H** (0–24) für die Stunden, **m** für die Minuten und **s** für die Sekunden.

Durch die Kombination dieser Zeichen wird die gewünschte Ausgabe zusammengestellt. Achten Sie unbedingt darauf, dass sich vor dem Backslash bzw. nach dem Feldnamen eine Leerstelle befindet und dass die Formatierungsangaben in doppelten Anführungszeichen stehen, denn anderenfalls funktioniert die Ausgabe nicht.

HINWEIS

Groß- und Kleinschreibung beachten!

Die Groß- und Kleinschreibung ist hier relevant: Ein kleines **m** liefert die Minuten und ein großes **M** den Monat; eine kleines **h** zählt die Stunden von 0 bis 12, ein großes **H** von 0 bis 24.

Über die Anzahl der verwendeten Zeichen bestimmen Sie, wie die Zeitangabe ausgegeben wird. Dieses Schema verdeutlicht Tabelle 10.5.

Innerhalb der doppelten Anführungszeichen können Sie zur Strukturierung Satzzeichen (Punkt, Komma, Semikolon, Bindestrich, Unterstrich) und Leerstellen verwenden. Wenn Sie zusätzlichen Text ausgeben möchten, muss dieser Text in einfachen Anführungszeichen stehen (‚*Text*'). Tabelle 10.6 zeigt einige Beispiele für gängige Datums- und Zeitformate.

Schalter für numerische Feldergebnisse

Zu guter Letzt möchten wir Ihnen auch einige Schalter für die Darstellung numerischer Feldergebnisse zeigen (siehe hierzu auch Abschnitt 24.4, »Rechnen in Tabellen«). Die Trennung zwischen Feldname und Schalter erfolgt über das Zeichen **\#**.

Zeichen	Ausgabe	Erklärung
M	*6* oder *11*	Einstellige Angaben werden nicht mit führenden Nullen aufgefüllt.
MM	*06* oder *11*	Einstellige Angaben werden mit führenden Nullen aufgefüllt.
MMM	*Jun* oder *Nov*	Kürzel je nach Spracheinstellung (nur bei Tagen und Monaten)
MMMM	*Juni* oder *November*	ausgeschrieben je nach Spracheinstellung (nur bei Tagen und Monaten)
yy	*11*	zweistellige Jahresangabe
yyyy	*2011*	vierstellige Jahresangabe

Tabelle 10.5
Anzahl der Formatierungszeichen und ihre Auswirkung

Datums- und Zeitschalter	Ausgabe (Beispiele)
\@ "dd.MM.yy"	*01.06.07*
\@ "d. MMMM. yyyy"	*1. Juni 2011*
\@ "MM-dd-yy"	*06-01-11*
\@ "hh:mm"	*07:05*
\@ "h.m"	*7.5*
\@ "hh:mm AM/PM"	*07:12 AM* (oder *PM*); damit dies funktioniert, muss als Sprache Englisch eingestellt sein, nicht unbedingt für das ganze Dokument, aber zumindest für die Feldfunktion. Gegebenenfalls markieren Sie die Feldfunktion und stellen auf der Registerkarte **Überprüfen** über **Sprache** > **Sprache für Korrekturhilfen festlegen** Englisch ein.
\@ "'Es ist' h 'Uhr und' m 'Minuten'"	*Es ist 4 Uhr und 11 Minuten.*

Tabelle 10.6
Schalter für Datums- und Zeitformate

Wichtig ist bei diesen Schaltern die Null, über die die Anzahl der angezeigten Ziffern festgelegt wird. Links und rechts vom Komma werden Nullen hinzugefügt, wenn das Feldergebnis nicht der durch die Anzahl der Nullen festgelegten Formatierung entspricht (**\#"00.00"** ergibt z. B. bei einem Feldwert von »1,1« die Anzeige *01,10*). Außerdem kann das Zeichen # genutzt werden, das ebenfalls die Anzahl der Ziffern bestimmt, aber Leerstellen einfügt, wenn das Ergebnis weniger Ziffern hat als durch die Zeichen des Schalters vorgegeben.

Die Anzeige von Vorzeichen wie Plus oder Minus zur Darstellung von positiven oder negativen Werten können Sie durch die Angabe der Zeichen – oder + im Schalter beeinflussen. Geben Sie ein Pluszeichen mit an, verhält sich die Ausgabe des Feldes folgendermaßen:

- Negative Zahlen erhalten ein Minuszeichen.
- Positive Zahlen erhalten ein Pluszeichen.
- Nullwerte erhalten eine Leerstelle.

Wenn Sie ein Minuszeichen angeben, sieht das Ergebnis so aus:

- Negative Zahlen erhalten ein Minuszeichen.
- Positive Zahlen erhalten eine Leerstelle.
- Nullwerte erhalten eine Leerstelle.

Und wenn Sie weder ein Plus- noch ein Minuszeichen angeben, ergibt sich Folgendes:

- Negative Zahlen erhalten ein Minuszeichen.
- Positive Zahlen erhalten keine Leerstelle.
- Nullwerte erhalten keine Leerstelle.

Um große Zahlen zu strukturieren, verwenden Sie den Tausendertrennpunkt (bzw. das entsprechende Zeichen in der Ländereinstellung Ihres Computers). Gängige Währungszeichen und das Prozentzeichen können Sie direkt angeben, während Sie – wie bei den Datumsangaben – anderen Text in einfache Anführungszeichen setzen müssen.

Wenn Sie möchten, können Sie für positive und negative Zahlen und für Nullwerte getrennte Formatierungen festlegen. Diese Formateinstellungen werden per Semikolon getrennt. In diesem Fall müssen Sie für negative Zahlen das Minuszeichen explizit festlegen.

Tabelle 10.7 zeigt Beispiele für Rechenfunktionen, mögliche Schalter und die entsprechende Ausgabe.

INFO

Seriendruckfelder

Eine große Rolle spielen Felder auch in Zusammenhang mit Serienbriefen. Da wir diesem Thema eigens das Kapitel 32, »Serienbriefe«, gewidmet haben, werden diese speziellen Seriendruckfelder in diesem Kapitel nicht weiter beschrieben.

HINWEIS

Text ohne Anführungszeichen

Meistens können Sie bei zusätzlichen Texteingaben sogar auf die einfachen Anführungszeichen verzichten. Probleme gibt es nur, wenn in Ihrem Text ein Zeichen vorkommt, das für die Darstellung von numerischen Ergebnissen eine festgelegte Bedeutung hat, wie z. B. der Punkt, das Komma oder das x (als Multiplikationszeichen).

Rechenfunktionen und Schalter	Ausgabe
=10+10\# "0,00"	*20,00*
=10–10\# "0,00"	*0,00*
=10–9,555\# "0,00"	*0,45* (wird gerundet)
=10–20\# "0,00"	*–10,00*
=100*100\# "0,00"	*10.000,00*
=10+10\# "#,##"	*20,* (zwei Leerstellen hinter dem Komma)
=10–10\# "#,00"	*,00* (eine Leerstelle vor dem Komma)
=100*100\# "#,00"	*10.000,00*
=10+10\# "Euro ####,00"	*Euro 20,00* (zwei zusätzliche Leerstellen zwischen *Euro* und *20*)
=10–11\#"–0,00"	*–1,00*
=11–10\#"–0,00"	*1,00* (eine zusätzliche Leerstelle vor der *1*)
=11–11\#"–0,00"	*0,00* (eine zusätzliche Leerstelle vor der *0*)
=11+11\# "+0"	*+22*
=11+12\# "+0"	*–1*
=15+12\# "0%"	*27%*
=15+12\# "0,00 €"	*27,00 €*
=15+12\# "Guthaben: 0,00 €;–0,00 €;0"	*Guthaben: 27,00 €* (Die Formatierungsanweisung vor dem ersten Semikolon wird verwendet, weil es sich um ein positives Ergebnis handelt.)
=1–12\# "Guthaben: 0,00 €;–0,00 €;0"	*–11,00 €* (Die Formatierungsanweisung nach dem ersten Semikolon wird verwendet, weil es sich um ein negatives Ergebnis handelt.)
=1–1\# "Guthaben: 0,00 €;–0,00 €;0"	*0* (Die Formatierungsanweisung nach dem zweiten Semikolon wird verwendet, weil es sich um einen Nullwert handelt.)

Tabelle 10.7
Beispiele für Rechenfunktionen und Schalter für numerische Feldergebnisse

Kapitel 11
Dokumente drucken und veröffentlichen

Seit dem Siegeszug der modernen Datenverarbeitung ist mitunter vom »papierlosen Büro« die Rede. Dies trifft zum Teil sicherlich zu, denn viele Dokumente speichert man lediglich digital, aber von »papierlos« kann natürlich (noch) nicht die Rede sein.

Wenn Sie – was vermutlich der Fall ist – in der Ansicht **Seitenlayout** arbeiten, werden die Dokumente auf dem Bildschirm in etwa so angezeigt, wie sie später auch im Ausdruck aussehen. Sichtbar sind z. B. die Seitenränder, der Seitenumbruch und die Seitenzahlen. Trotzdem lässt sich auch im Seitenlayout nicht hundertprozentig erkennen, wie sich der Text einer Seite auf dem Blatt verteilt – es sei denn, Sie reduzieren den Zoomfaktor auf 70 oder 80 %.

11.1 Der Kontrollblick vor dem Ausdruck: die Seitenansicht

Eine echte Vorschau auf den Ausdruck erhalten Sie über die *Seitenansicht* oder auch *Druckvorschau*. So, wie das Dokument in der Druckvorschau aussieht, wird es auch auf dem Ausdruck aussehen. Dies betrifft die Seitenränder, aber auch bestimmte Elemente im Dokument.

In der Druckvorschau können Sie beispielsweise erkennen, dass die Formatierungszeichen (Absatzmarken, Punkte für Leerstellen etc.) im Ausdruck nicht auftauchen und dass Optionen der Silbentrennung (siehe dazu Abschnitt 9.7, »Die Silbentrennung an Word delegieren«) nicht zu sehen sind.

Die Druckvorschau aufrufen

In früheren Word-Versionen konnten Sie die Druckvorschau ganz einfach mit einem Klick auf das kleine Lupensymbol in der Symbolleiste *Standard* aufrufen, was natürlich sehr praktisch war. Aber wir müssen hier gar nicht alten Zeiten nachtrauern – auch Word 2013 bietet diese Möglichkeit.

Wenn Sie den Klick auf die Lupe vermissen, um die Seitenansicht bzw. die Druckvorschau aufzurufen, legen Sie sich einfach das Symbol **Seitenansicht und Drucken** auf die Symbolleiste für den Schnellzugriff.

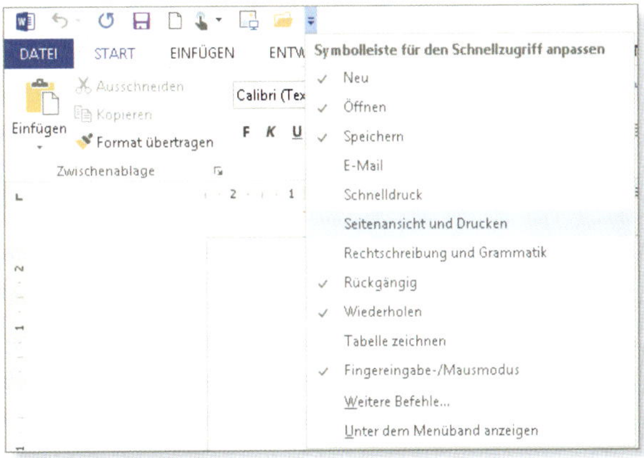

Abbildung 11.1
Fügen Sie der Symbolleiste für den Schnellzugriff das Symbol für den Aufruf der Seitenansicht hinzu.

Klicken Sie dazu auf den nach unten weisenden Pfeil rechts neben dieser Leiste und wählen Sie **Seitenansicht und Drucken** aus dem zugehörigen Menü.

Daraufhin erscheint das entsprechende Symbol in der Symbolleiste. Per Klick auf dieses Symbol wird die Druckvorschau im Fenster **Drucken** geöffnet.

Abbildung 11.2
Das Symbol »Seitenansicht und Drucken« in der Symbolleiste für den Schnellzugriff

Wenn Sie die Symbolleiste für den Schnellzugriff nicht um dieses Symbol ergänzen wollen, können Sie die Druckvorschau auch einfach über **Datei** > **Drucken** aufrufen.

Der Umgang mit der Druckvorschau

Die Druckvorschau in Word 2013 (siehe Abbildung 11.3) ist nicht identisch mit der »alten« Seitenansicht, in der man noch Korrekturen vornehmen konnte. Die Druckvorschau, die nun im Bereich rechts neben den Einstellungen für den Ausdruck angezeigt wird, lässt diese Möglichkeit nicht mehr zu.

Dafür können Sie aber die Ansicht vergrößern und verkleinern und ganz bequem durch die Seiten des Dokuments wandern. Eine Möglichkeit ist der *Zoomregler* ❶. Sie finden ihn unten rechts am Bildschirm. Wie auch sonst bei Dokumenten in der normalen Ansicht vergrößern (oder verkleinern) Sie die Ansicht, indem Sie diesen Regler mit gedrückter Maustaste verschieben. Wenn Sie den Schieberegler also ganz nach links führen (auf 10 %), werden so viele Seiten wie möglich in Miniaturform angezeigt (siehe Abbildung 11.4).

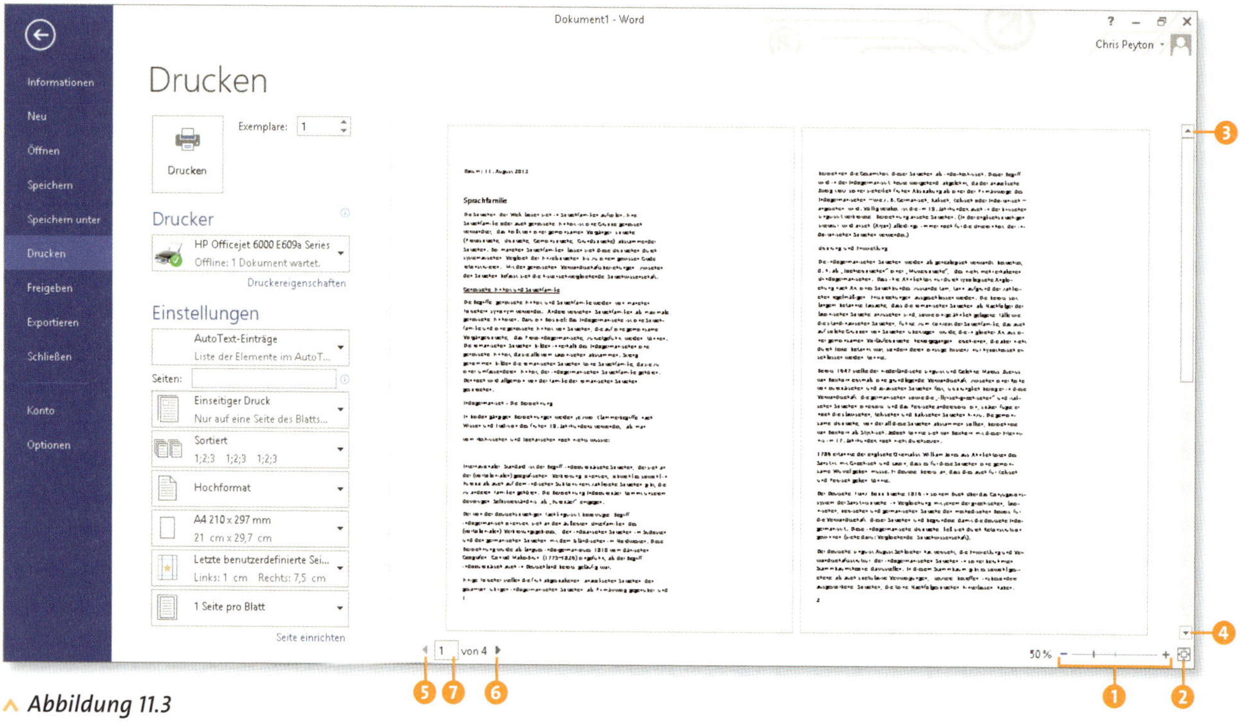

Abbildung 11.3
Die Druckvorschau

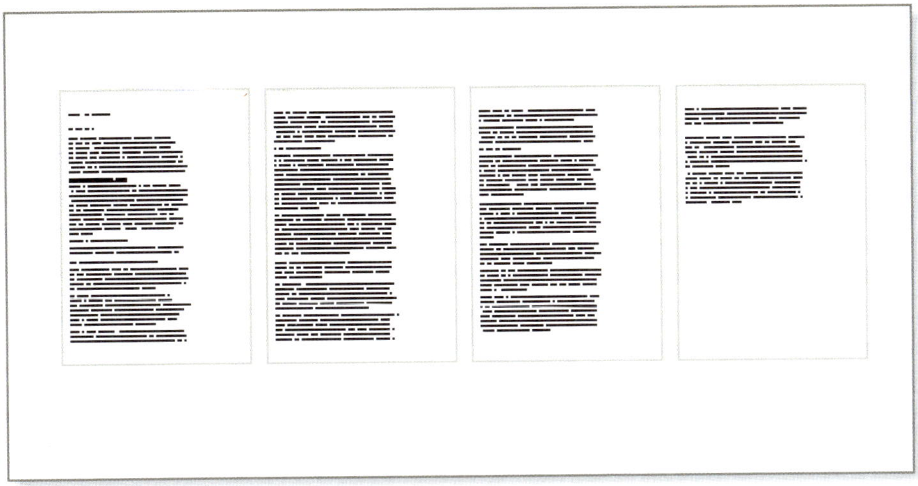

Abbildung 11.4
Viele Seiten anzeigen lassen

Möchten Sie eine Seite auch in der Vorschau komplett auf einer Seite sehen, klicken Sie auf das Symbol **Auf Seite zoomen** ❷ (siehe dazu erneut Abbildung 11.3).

Mit den Pfeilen der Bildlaufleiste (nach oben ❸ und nach unten ❹) können Sie durch das Dokument wandern. Außerdem können Sie dazu auch die kleinen Pfeilschaltflächen **Vorherige Seite** ❺ bzw. **Nächste Seite** ❻ unten am Bildschirm nutzen. Klicken Sie einfach so lange darauf, bis Sie bei der richtigen Seite angelangt sind.

Es gibt auch die Möglichkeit, direkt zu einer bestimmten Seite zu springen. Dazu geben Sie einfach die Seitenzahl in das Feld **Aktuelle Seite** ❼ ein und drücken dann die [↵]-Taste.

Den Seitenansicht-Bearbeitungsmodus einstellen

Um die Seitenansicht aufzurufen, wie Sie sie vielleicht aus den Vorgängerversionen von Word kennen, brauchen Sie den sogenannten *Seitenansicht-Bearbeitungsmodus*. Das Symbol, mit dem Sie diesen Modus aufrufen können, müssen Sie erst einblenden, denn es gehört nicht zu den Befehlen, die standardmäßig auf den Registerkarten oder der Symbolleiste für den Schnellzugriff zu finden sind.

1 Um das entsprechende Symbol zur Symbolleiste für den Schnellzugriff hinzuzufügen, klicken Sie auf den Pfeil rechts neben der Symbolleiste und wählen Sie **Weitere Befehle** aus der Liste.

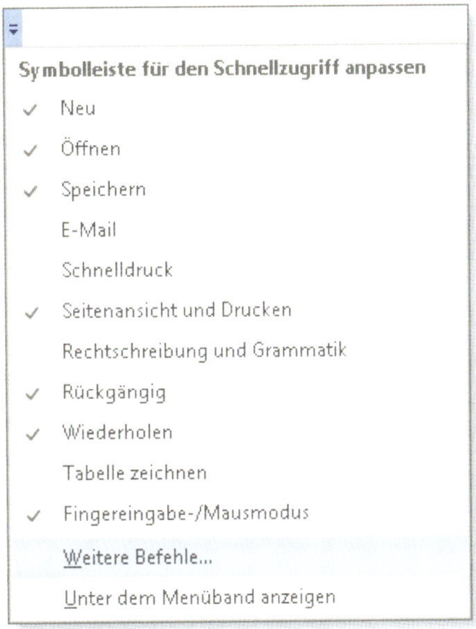

Abbildung 11.5
Den Befehl »Weitere Befehle« aufrufen

2 Stellen Sie im Dialog **Symbolleiste für den Schnellzugriff anpassen** im Feld **Befehle auswählen** die Option **Alle Befehle** ein.

3 In der Auswahlliste wandern Sie nach unten bis zum Eintrag **Seitenansicht-Bearbeitungsmodus**.

4 Markieren Sie diesen Eintrag und klicken Sie auf die Schaltfläche **Hinzufügen**.

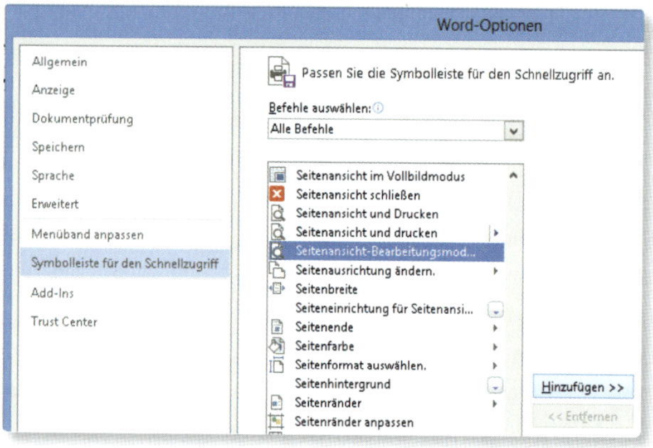

Abbildung 11.6
Der Symbolleiste für den Schnellzugriff den Befehl »Seitenansicht-Bearbeitungsmodus« hinzufügen

5 Schließen Sie den Dialog mit **OK**.

Nach dieser Aktion befindet sich das Symbol auf der Symbolleiste für den Schnellzugriff. Unglücklicherweise sieht es genau so aus wie das Symbol **Seitenansicht und Drucken**, es zeigt also ein Blatt Papier mit einer Lupe.

Abbildung 11.7
Das Symbol »Seitenansicht-Bearbeitungsmodus« in der Symbolleiste für den Schnellzugriff

Arbeiten in der »klassischen« Seitenansicht

Um das Dokument in der »klassischen« Seitenansicht zu sehen, in der dann eine Reihe von Bearbeitungsmöglichkeiten für das Dokument zur Verfügung steht, klicken Sie auf das eben hinzugefügte Symbol **Seitenansicht-Bearbeitungsmodus**. Im oberen Bereich des Programmfensters (siehe Abbildung 11.8) finden Sie nun auf der Registerkarte **Seitenansicht** die Befehle zum Umgang mit der Seitenansicht. Einige dieser Befehle sind identisch mit Befehlen, die auch sonst auf den Registerkarten angeboten werden, z. B. **Seitenränder**, **Ausrichtung**, **Größe** und **Zoom**.

Zum Navigieren nutzen Sie die Schaltflächen **Nächste Seite** und **Vorherige Seite** ❶ in der Gruppe **Vorschau**. Um die Seitenansicht zu beenden, klicken Sie auf **Seitenansicht schließen** ❷. Das Drücken der [Esc]-Taste hat übrigens den gleichen Effekt.

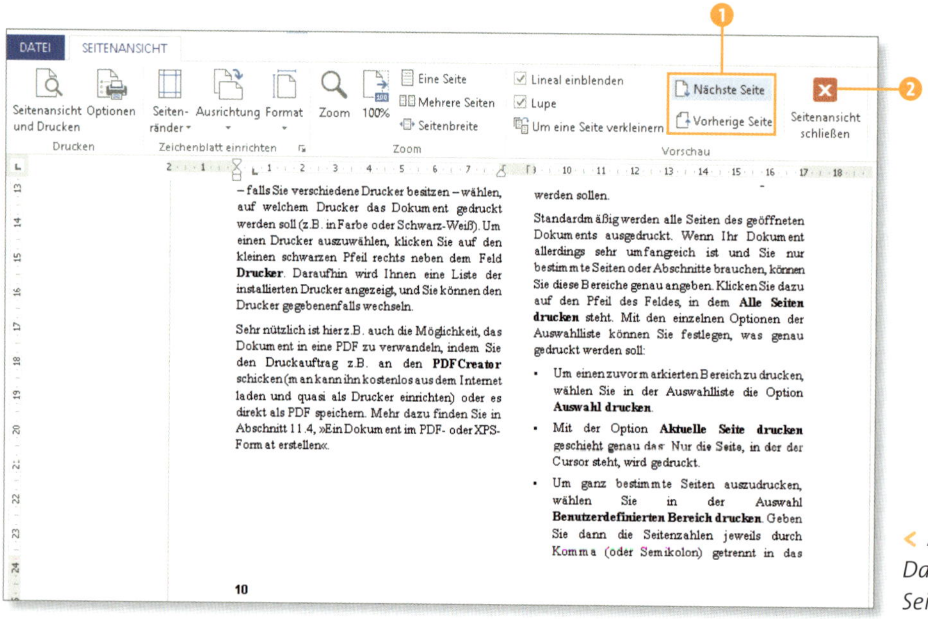

Abbildung 11.8
Das Dokument in der Seitenansicht

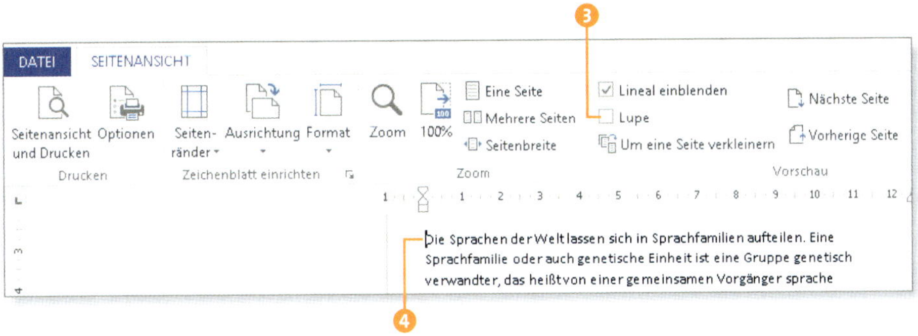

Abbildung 11.9
Mit deaktivierter Lupe können Sie den Text bearbeiten.

Der Clou am neuen Seitenansicht-Bearbeitungsmodus ist die Möglichkeit, die Lupe zu deaktivieren. Klicken Sie in der Gruppe **Vorschau** einfach in das Kontrollkästchen neben **Lupe** 3 und entfernen Sie so das Häkchen. Dadurch springt der Cursor 4 in den Text, und Sie können das Dokument ganz normal bearbeiten, also Korrekturen vornehmen, Zeichen löschen etc.

11.2 Dokumenteigenschaften und versteckte Informationen

Zu jedem Dokument gehören die *Dokumenteigenschaften*, die man nicht auf den ersten Blick sieht. Einige Eigenschaften werden von Word selbst erstellt und aktualisiert, etwa die Dateigröße, das Erstellungs- und das Änderungsdatum und die Anzahl der im Dokument enthaltenen Zeichen.

Darüber hinaus gibt es *vordefinierte Dokumenteigenschaften*, z. B. Titel, Autor, Kategorie und Stichwörter, zu denen Sie entsprechende Angaben machen können, und zu guter Letzt noch *benutzerdefinierte Dokumenteigenschaften*, deren Bezeichnungen Sie selbst festlegen können (und die entsprechenden Werte logischerweise ebenso von Hand eingeben).

Abgesehen davon, dass diese Dokumenteigenschaften Details zu einem Dokument liefern, unterstützen diese Informationen Sie bei der Dateiverwaltung und z. B. beim Öffnen von bzw. bei der Suche nach bestimmten Dokumenten. Dazu geben wir Ihnen im Abschnitt »Dokumente anhand ihrer Eigenschaften filtern« auf Seite 224 ein Beispiel.

Die Dokumenteigenschaften einsehen

Um die Dokumenteigenschaften einzusehen, klicken Sie im Register **Datei** auf **Informationen**. Im Fenster **Informationen zu [Dokumentname]** werden ganz rechts die Eigenschaften des geöffneten Dokuments angezeigt. Um alle Eigenschaften einzublenden, klicken Sie auf den Link **Alle Eigenschaften anzeigen**.

Abbildung 11.10
Die Eigenschaften eines Dokuments

Für alle Eingabefelder (auch oft *tags* genannt, dies ist der englische Begriff für *Kennzeichen*), die nicht selbst von Word aktualisiert werden, können Sie hier Eingaben vornehmen. Zeigen Sie mit der Maus beispielsweise auf das Feld mit der Bezeichnung **Titel**. Daraufhin wird das Eingabefeld aktiviert, und Sie können hier etwas eintippen.

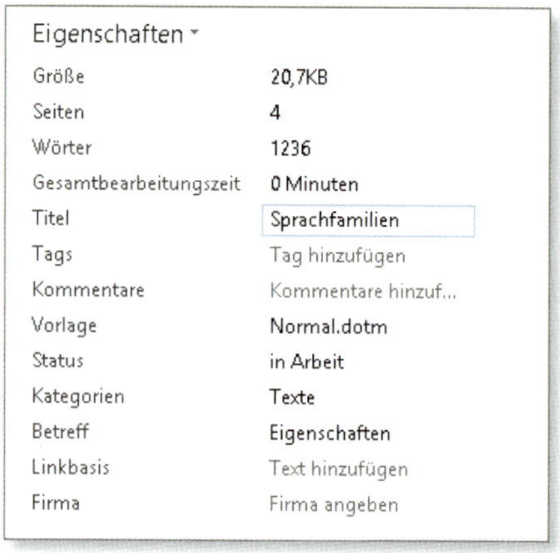

Abbildung 11.11
So geben Sie Dokumenteigenschaften ein.

Mit dem Link **Dateispeicherort öffnen**, den Sie ganz unten in diesem Bereich finden, wird im Explorer der Ordner geöffnet, in dem die Datei abgespeichert wurde.

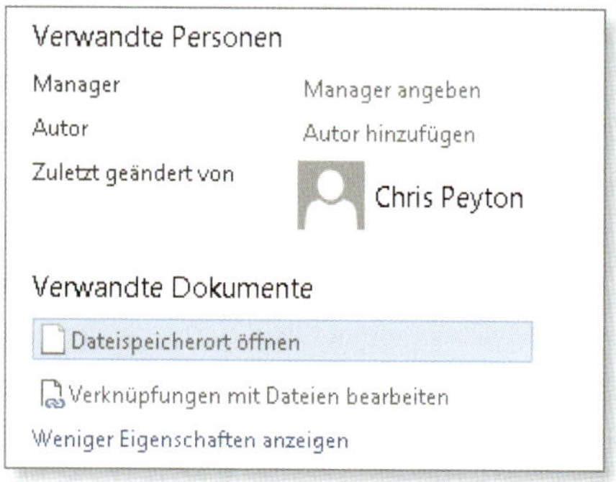

Abbildung 11.12
Den Speicherort aufrufen

Dokumenteigenschaften im Dokument anzeigen

Um sich die Dokumenteigenschaften direkt im Dokument anzeigen zu lassen, klicken Sie auf den Pfeil an der Schaltfläche **Eigenschaften** und im Menü auf die Option **Dokumentbereich anzeigen**.

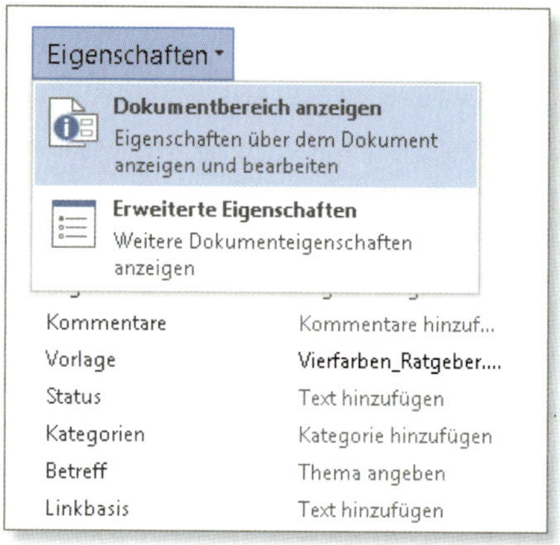

Abbildung 11.13
Die Eigenschaften im Dokument anzeigen lassen

Daraufhin werden die Dokumenteigenschaften zwischen dem Menüband und dem Textbereich eingeblendet.

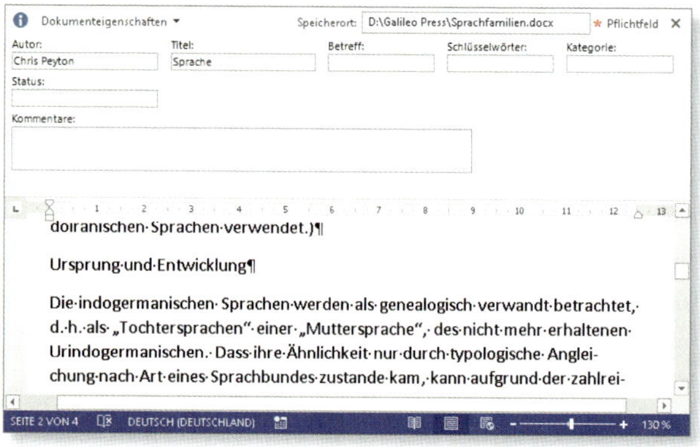

Abbildung 11.14
Die eingeblendeten Dokumenteigenschaften

Sie können die Angaben zu den Dokumenteigenschaften in diesen Feldern nun auch bearbeiten bzw. ergänzen. Klicken Sie dazu einfach in die entsprechenden Felder und geben Sie Ihren Text ein. Beim Speichern des Dokuments werden alle Eigenschaften mitgespeichert. Sie schließen diesen Bereich per Klick auf das Schließkreuz oben rechts.

Benutzerdefinierte Dokumenteigenschaften festlegen

Neben den vordefinierten und automatisch aktualisierten Eigenschaften können Sie einem Dokument auch benutzerdefinierte Dateieigenschaften hinzufügen. Dies sind Eigenschaften, denen Sie Werte vom Typ **Text**, **Datum**, **Zahl** oder auch die Werte **Ja** oder **Nein** zuordnen können.

1 Klicken Sie im Dokumentbereich auf den Pfeil neben **Dokumenteigenschaften** und dann auf **Erweiterte Eigenschaften**.

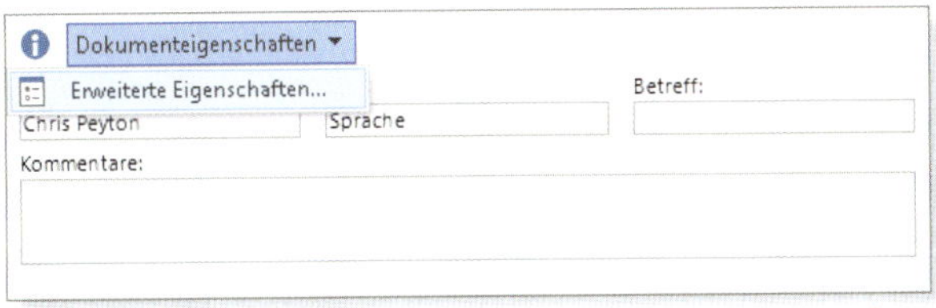

Abbildung 11.15
Erweiterte Eigenschaften

2 Dadurch wird der Dialog **Eigenschaften** mit der Registerkarte **Anpassen** geöffnet (siehe Abbildung 11.16). Diesen Dialog können Sie übrigens auch ganz rechts im Fenster **Datei** > **Informationen** öffnen. Hier klicken Sie auf den Pfeil neben **Eigenschaften** und im Menü auf **Erweiterte Eigenschaften**.

3 Um neue Eigenschaften hinzuzufügen, wählen Sie auf der Registerkarte **Anpassen** über die Namensliste das Feld ① aus, das Sie hinzufügen möchten, und in das Feld **Wert** ② tragen Sie den zugehörigen Text/Wert ein.

4 Sie sind dabei nicht auf die Auswahlliste mit den vordefinierten Namen beschränkt. Genauso gut können Sie auch eigene Felder erstellen, indem Sie oben in das Feld **Name** die gewünschte Bezeichnung von Hand eintippen und in das Feld **Wert** dann den entsprechenden Text bzw. Wert eingeben.

Beachten Sie, dass die Schaltfläche **Hinzufügen** ③ erst aktiv ist (also nicht mehr blass dargestellt wird), wenn in beiden Feldern Einträge vorhanden sind. Nur eine Bezeichnung für eine neue Eigenschaft einzugeben funktioniert nicht, wie Sie vielleicht schon irritiert festgestellt haben.

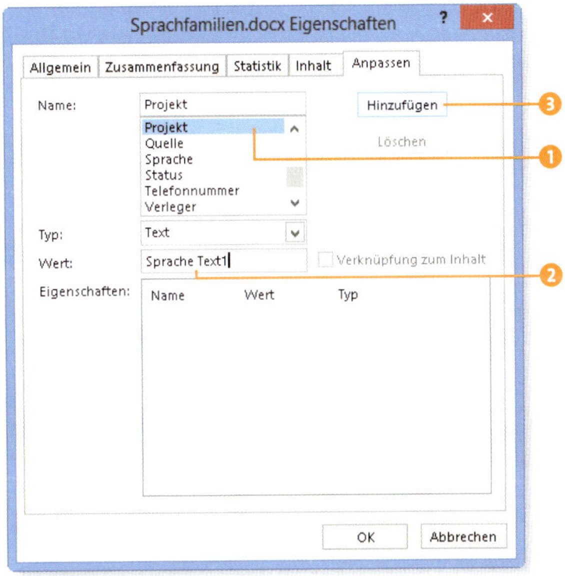

Abbildung 11.16
Benutzerdefinierte Eigenschaften und Werte hinzufügen

Werte als Verknüpfungen hinzufügen

Sie können benutzerdefinierte Dateieigenschaften auch mit bestimmten Elementen Ihrer Datei verknüpfen, beispielsweise mit Textmarken (zum Thema Textmarken siehe Abschnitt 6.3, »Die Verwendung von Textmarken«). Aufgrund der Verknüpfung wird dann der Wert der Eigenschaft bei allen Änderungen im Text angepasst. Das ist beispielsweise dann besonders praktisch, wenn Sie Textmarken auf Überschriften oder z. B. auf Rechnungsnummern gelegt haben. Änderungen werden dann, wie gesagt, automatisch an die Dateieigenschaft weitergegeben.

1 Geben Sie der Dokumenteigenschaft einen Namen (oder wählen Sie einen Namen aus der Liste).

2 Aktivieren Sie das Feld **Verknüpfung zum Inhalt**.

3 Daraufhin wird ein neues Feld **Quelle** eingeblendet, das ein Dropdown-Menü anbietet, aus dem Sie die

gewünschte Textmarke wählen können. (Voraussetzung ist natürlich, dass es in dem aktuellen Dokument Textmarken gibt).

4 Klicken Sie dann auf **Hinzufügen**.

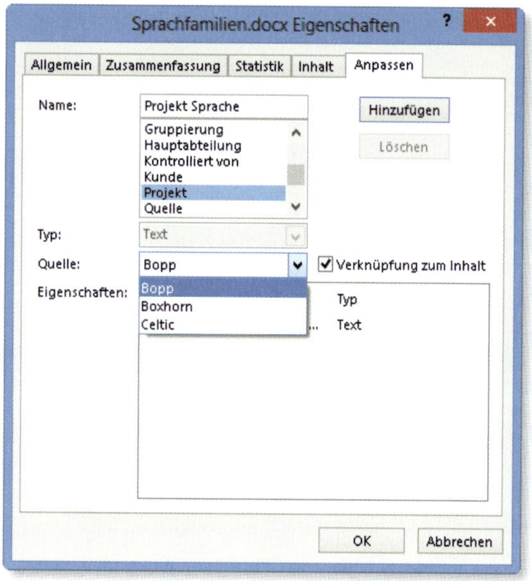

Abbildung 11.17
Eine Textmarke im Dokument als verknüpften Wert hinzufügen

Wenn nun der Text mit der Textmarke verändert wird, taucht er auch als veränderter Wert der entsprechenden Dokumenteigenschaft auf.

Weitere Informationen zum Dokument

Der Dialog **Eigenschaften** bietet – wie Sie anhand der Registerkarten schon erahnen – eine Reihe interessanter Informationen zum aktuellen Dokument. Auf der Registerkarte **Allgemein** werden allgemeine Informationen angezeigt, z. B. der Speicherort und die Größe des Dokuments.

Auf der Registerkarte **Zusammenfassung** tauchen bestimmte Eigenschaftsfelder mit den zugehörigen Werten auf. Die Einträge lassen sich hier schön übersichtlich editieren.

Die Registerkarte **Statistik** verrät Ihnen u. a., wie viele Absätze, Zeilen, Wörter und Zeichen im aktuellen Dokument enthalten sind. Diese Angaben gehören zu den automatisch aktualisierten Dokumenteigenschaften und sind z. B. interessant, wenn Sie einen Text von einer bestimmten Länge schreiben müssen.

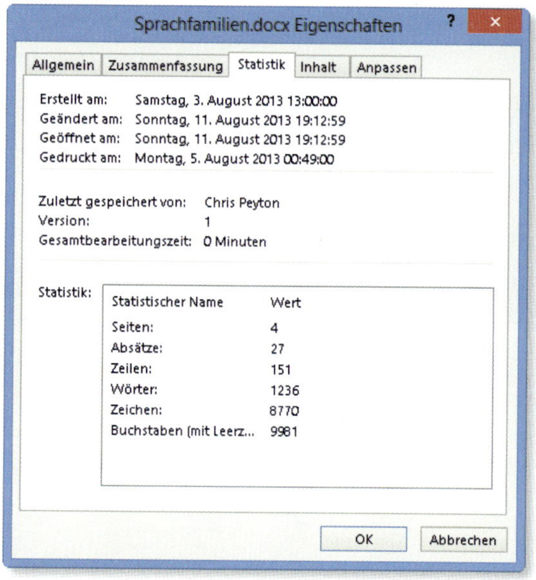

Abbildung 11.18
Die Registerkarte »Statistik« des Dialogfensters »Eigenschaften«

Auf der Registerkarte **Inhalt** sehen Sie den Titel eines Dokuments. **Titel** gehört zu den vordefinierten Eigenschaften, der entsprechende Wert muss allerdings unter **Datei** > **Informationen** rechts im Bereich **Eigenschaften** eingetragen werden.

Dokumente anhand ihrer Eigenschaften filtern

Um gezielt ein Dokument mit bestimmten Eigenschaften zu öffnen, rufen Sie über **Datei** > **Öffnen** > **Computer** > **Durchsuchen** das Dialogfenster **Öffnen** auf. Klicken Sie hier auf den Pfeil neben der Schaltfläche **Ansicht ändern** 1 rechts oben im Dialog und wählen Sie die Ansicht **Details**, um auch die Eigenschaften der Dokumente einzublenden.

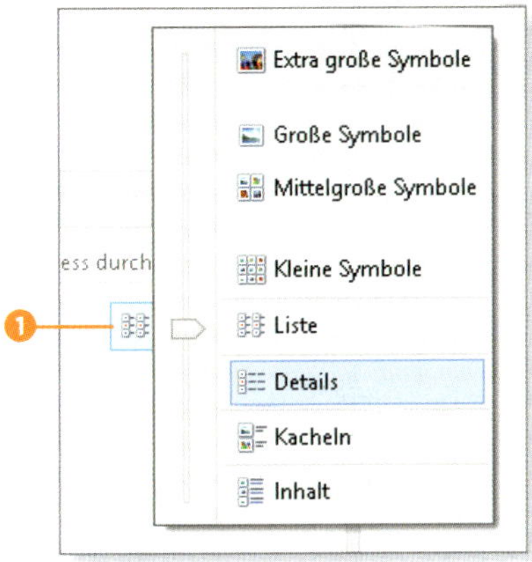

Abbildung 11.19
Die Ansicht »Details« im Dialog »Öffnen« einstellen

Daraufhin zeigt der Dialog **Öffnen** eine Liste von Ordnern und Dokumenten mit einer Reihe von Eigenschaften unter den entsprechenden Spaltenüberschriften (z. B. **Typ**, **Größe** und **Titel**).

Sie können auch weitere Eigenschaften einblenden (oder bestimmte andere ausblenden). Dazu klicken Sie eine Spaltenüberschrift im Dialog **Öffnen** mit der rechten Maustaste an. In der angebotenen Liste wählen Sie dann per Klick die Information aus, die angezeigt werden soll (oder aber Sie deaktivieren einen bestimmten Eintrag, der nicht mehr angezeigt werden soll).

Die Reihenfolge bzw. Anordnung der Spalten können Sie verändern, indem Sie mit dem Mauszeiger auf eine Spaltenüberschrift zeigen und die Spalte mit gedrückter Maustaste an die gewünschte Stelle ziehen.

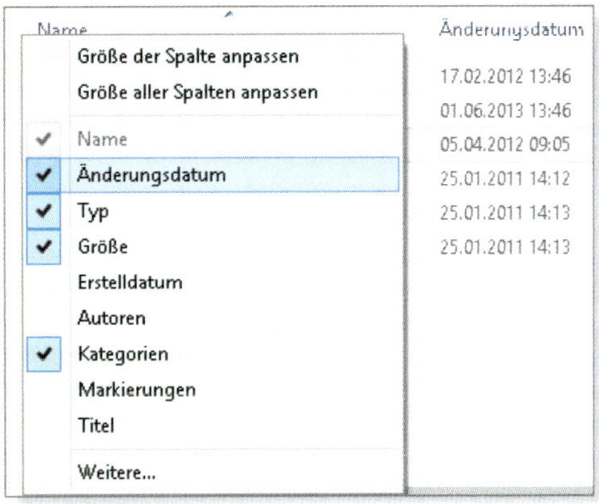

Abbildung 11.21
Weitere Eigenschaften anzeigen lassen

TIPP

Die Spaltenbreite verändern

Denken Sie daran, dass Sie auch die Breite der Spalten verändern können. Dazu setzen Sie den Cursor auf die (zugegebenermaßen schlecht sichtbare) vertikale Linie zwischen den Spaltenüberschriften, sodass der Mauszeiger die Form eines Kreuzes annimmt. Nun ziehen Sie den Spaltenrand mit gedrückter Maustaste nach links oder rechts.

Dateien nach Eigenschaftswerten filtern

Sich die Dateieigenschaften einblenden zu lassen hat den Vorteil, dass Sie anhand dieser Eigenschaften nach Dateien suchen bzw. sich nur Dateien mit bestimmten

Abbildung 11.20
Die Details werden eingeblendet.

Eigenschaftswerten im Dialog **Öffnen** anzeigen lassen können. Beachten Sie dabei aber, dass diese Möglichkeit keine vollwertige Suche darstellt, sondern lediglich eine genauere Darstellungsweise. Um ein Dokument mit bestimmten Eigenschaften zu finden, muss der richtige Ordner bereits geöffnet sein.

Um nach einer Eigenschaft zu filtern, klicken Sie auf den Pfeil neben der betreffenden Eigenschaft und wählen Sie dann einen Wert aus. Im Beispiel klicken wir auf den Pfeil neben **Änderungsdatum**. Hier werden neben dem Kalender Optionen angeboten, einen Datumsbereich auszuwählen, z. B. **Anfang des Jahres** (die Optionen variieren je nach den vorliegenden Änderungsdaten; so kann es statt **Vor langer Zeit** z. B. das Kriterium **Letzte Woche** geben).

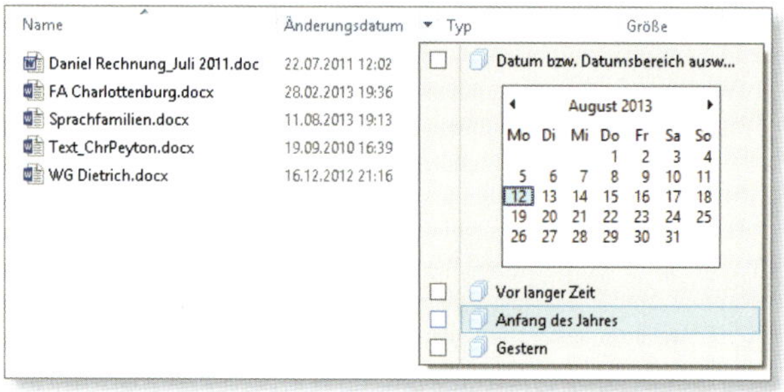

Abbildung 11.22
Dokumente nach ihrem Änderungsdatum filtern

Als Ergebnis werden im Dialog nur die Dateien angezeigt, die dem gewählten Datum bzw. Zeitraum entsprechen.

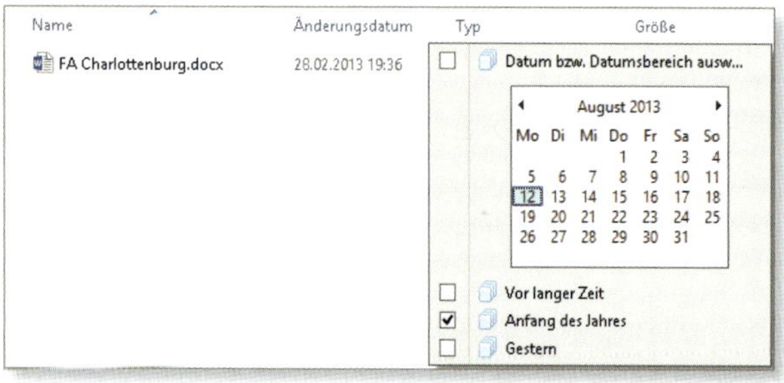

Abbildung 11.23
Nur Dateien mit einem bestimmten Eigenschaftswert werden angezeigt.

Wenn Sie sich dann wieder alle Dateien des Ordners ungefiltert anzeigen lassen wollen, klicken Sie auf das Häkchen neben der Eigenschaft in der Auswahlliste und deaktivieren auf diese Weise den Filter.

HINWEIS

Kategorie oder Markierungen?

Da Microsoft bzw. die Lokalisierungsfunktion von Office offensichtlich mit den Bezeichnungen der Eigenschaftsfelder durcheinandergeraten ist, finden Sie Einträge, die Sie unter **Kategorie** vorgenommen haben, mitunter auch im Feld **Markierungen** wieder.

Vorsicht vor versteckten Informationen

Obwohl die Dokumenteigenschaften mitunter so bezeichnet werden, gehören sie im Prinzip nicht zu den versteckten Informationen, weil sie ja einsehbar und teils editierbar sind (sofern sie nicht automatisch gespeichert und aktualisiert werden). Es gibt aber auch Informationen, die wirklich versteckt sind.

Das Problem solcher Informationen hängt mit der Weitergabe bzw. Freigabe von Dokumenten zusammen. Wenn Sie anderen Menschen Ihr Dokument zur Verfügung stellen, sollen diese normalerweise nur den reinen Text einsehen können, andere Informationen aber sollen verborgen bleiben.

Neben den Dokumenteigenschaften, die wir bislang besprochen haben, gehören noch andere Dokumentinformationen zu den Dingen, die unter Umständen von Dritten einsehbar sind:

- Änderungen, die über Kommentare und die Änderungsverfolgung mit dem Dokument verbunden sind
- ausgeblendeter Text (der wieder sichtbar gemacht werden kann)
- Informationen, die zu eingefügten Objekten gehören, aber nicht auf den ersten Blick erkennbar sind

Zu den Objekten, die versteckte Informationen enthalten, könnten beispielsweise Bilder gehören, die man aus dem Internet gezogen und auf dem eigenen Rechner gespeichert hat. In den Eigenschaften des Bildes (aufzurufen über das Kontextmenü) steht unter Umständen auch die Urheberschaft des Fotos (was unangenehme Folgen haben kann, wenn man das Foto als eigenes Werk ausgegeben haben sollte!).

Dateiversionen

Unter Umständen können auch ältere Dateiversionen verräterisch sein, die durch die automatische Speicherung entstanden sind und Änderungen enthalten, die Sie nicht bewusst – oder bewusst nicht – gespeichert haben. Über solche Versionen kann ein Dritter dann gegebenenfalls zurückverfolgen, wie Sie sich mit einem Text »gequält« oder welche Ideen Sie wieder verworfen haben (was in der Regel ja nicht weiter dramatisch ist – wir wollen hier nur auf die Möglichkeit hinweisen). Diese Versionen sind jedoch nur auf Ihrem Rechner vorhanden und auch nur temporär. Man könnte also nur über Ihren Rechner auf eine solche Dateiversion zugreifen und eventuell vorgenommene Änderungen einsehen.

Diese Historie älterer Dateiversionen wird angelegt, wenn die Option **AutoWiederherstellen-Informationen speichern** eingeschaltet ist. Mit dieser Funktion werden Dokumente standardmäßig alle zehn Minuten automatisch gespeichert, wodurch immer dann eine neue Version erstellt wird, wenn es Änderungen am Dokument gegeben hat. Diese Version ist dann eine Zeit lang auf Ihrem Computer vorhanden – es sei denn, Sie löschen sie direkt. Sobald Sie ein Dokument bewusst gespeichert und dann geschlossen haben, werden die angelegten Vorversionen gelöscht.

HINWEIS

Ältere Dateiversionen – ein Risiko?

Wir wollen hier allerdings auch nicht unnötig übertreiben! Automatische Versionen werden nur temporär gespeichert (sobald Sie ein Dokument absichtlich speichern und es schließen, werden diese Versionen gelöscht). Ein neugieriger Kollege muss also unmittelbar auf Ihren Rechner zugreifen und schnell eine Version anschauen können, wenn er erfahren will, in welchen Schritten Sie an einem Dokument gearbeitet haben.

Im Fenster **Datei** > **Informationen** werden alle gespeicherten Versionen des aktuellen Dokuments angezeigt.

Abbildung 11.24
Automatisch erstellte Versionen

Per Doppelklick können Sie eine solche Version öffnen. Sie wird dann in einem neuen Fenster mit dem Dateiformat *.asd* (die Abkürzung für *autosaved*) aufgerufen. Sie haben hier sogar die Möglichkeit, die zuletzt gespeicherte, also neuere Version durch die ältere zu ersetzen. Dazu klicken Sie auf **Wiederherstellen** ❶.

Vorsichtshalber werden Sie im nächsten Dialog dann noch einmal gefragt, ob Sie die aktuelle Version mit der ausgewählten Version überschreiben möchten.

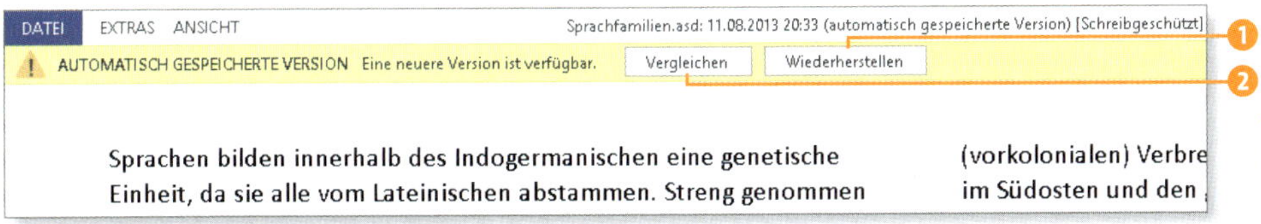

Abbildung 11.25
Die ältere Version der Datei wiederherstellen

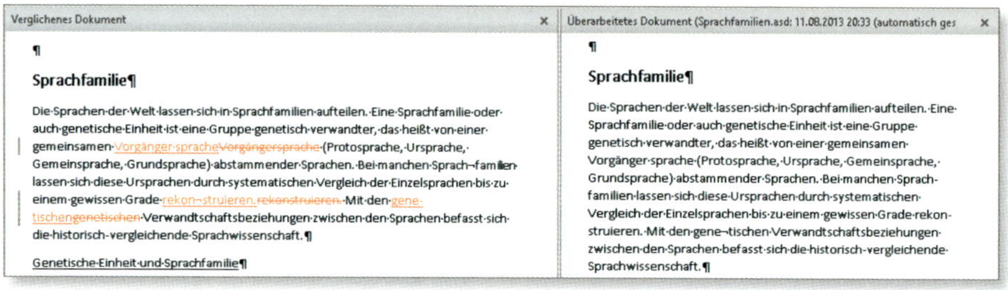

Abbildung 11.26
Die Versionen werden gegenübergestellt.

Wenn Sie in diesem Fenster auf **Vergleichen** ❷ (Abbildung 11.25) klicken, werden die beiden Dokumente in zwei Fenstern gegenübergestellt, wobei die neuen Veränderungen als sichtbare Korrekturen zur älteren Version angezeigt werden. (Lesen Sie zum Überarbeiten von Dokumenten Kapitel 36, »Überarbeitungen und Kommentare«, ab Seite 739, über Versionsvergleiche erfahren Sie mehr in Kapitel 40 im Abschnitt »Versionen vergleichen« ab Seite 821)

Die automatische Speicherung deaktivieren

Die Deaktivierung der automatischen Speicherung bzw. der Funktion **AutoWiederherstellen-Informationen speichern** (siehe Abbildung 11.27) bietet sich eigentlich nur dann an, wenn Sie mit Bestimmtheit verhindern möchten, dass andere Menschen, die Zugriff auf Ihren Rechner haben, bestimmte Versionen eines Dokuments einsehen können. Sie schalten die Option wie im Folgenden beschrieben aus.

1. Klicken Sie auf **Datei** > **Optionen** > **Speichern**.
2. Deaktivieren Sie rechts im Dialogfenster **Word-Optionen** im Bereich **Dokumente speichern** die Option **AutoWiederherstellen-Informationen speichern** ❶.

Im Feld **Dateispeicherort für AutoWiederherstellen** ❷ können Sie erkennen, wo die automatisch gespeicherten Versionen abgelegt werden.

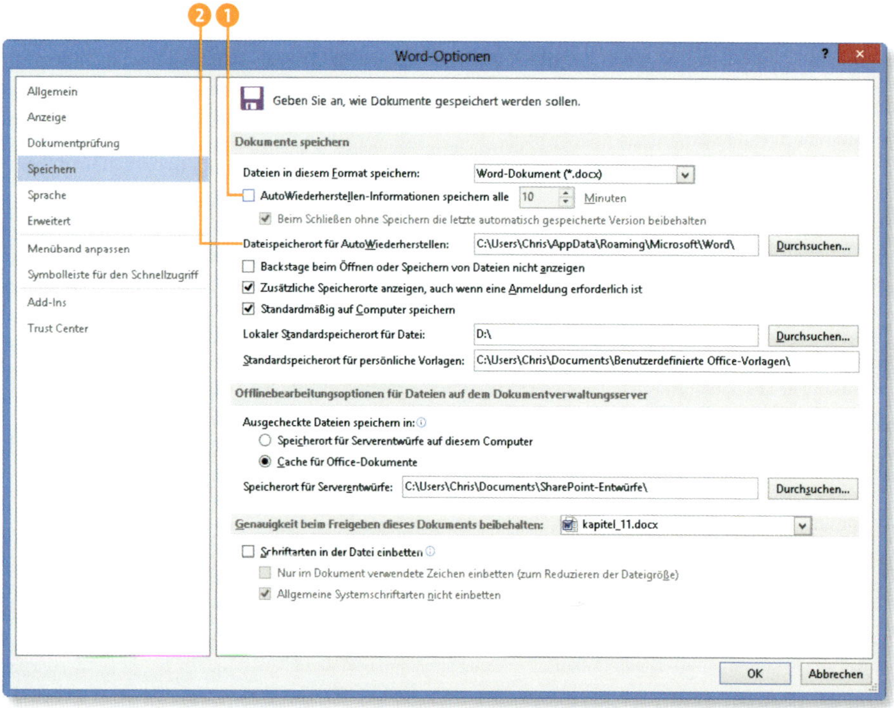

Abbildung 11.27
Die Option »AutoWiederherstellen-Informationen speichern« deaktivieren

TIPP

Die letzte Version speichern

Dass die Funktion der automatischen Speicherung ansonsten vorteilhaft ist, liegt auf der Hand: Sollte es passieren, dass Sie das Dokument, an dem Sie gerade arbeiten, unbeabsichtigt schließen, ohne es zu speichern, können Sie auf die letzte vorhandene Version zurückgreifen – allerdings nur dann, wenn Sie neben der Option **AutoWiederherstellen-Informationen speichern** auch die Option **Beim Schließen ohne Speichern die letzte automatisch gespeicherte Version beibehalten** aktiviert lassen.

Versionen löschen

Wie bereits erwähnt, werden die Vorversionen automatisch gelöscht, sobald Sie ein Dokument bewusst gespeichert und dann geschlossen haben. Abgesehen davon lassen sich Versionen auch direkt in Word löschen, sodass Sie das Risiko klein halten können, dass sich andere Menschen Einblick in Ihre Dokumentversionen verschaffen. Dazu klicken Sie im Fenster **Informationen** die Versionsbezeichnung mit der rechten Maustaste an und wählen **Diese Version löschen** aus dem Kontextmenü.

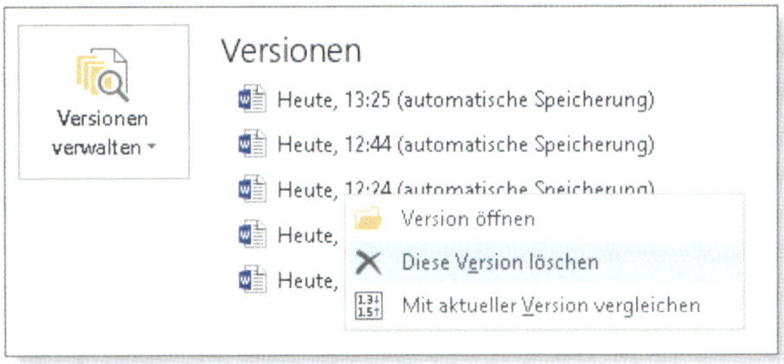

Abbildung 11.28
Eine Dateiversion löschen

Dokumenteigenschaften entfernen

Sie können verschiedene Maßnahmen ergreifen, um »bereinigte« Dokumente zu erzeugen, die Sie anderen Menschen ohne Bauchschmerzen zukommen lassen können. Word 2013 bietet die Möglichkeit, Dokumente von kritischen bzw. persönlichen Informationen zu befreien; dies bezieht sich sowohl auf einen Großteil der Dokumenteigenschaften als auch auf die zuvor erwähnten versteckten Informationen (siehe dazu den Abschnitt »Vorsicht vor versteckten Informationen« in diesem Kapitel). Diese Funktion ist sehr praktisch, weil Sie das Ganze in einem Rutsch erledigen und recht differenziert einstellen können, welche Informationen aus dem Dokument entfernt werden sollen und welche nicht.

HINWEIS

Versionen verwalten

Wenn Sie unter **Datei** > **Informationen** auf die Schaltfläche **Versionen verwalten** klicken und im zugehörigen Menü **Nicht gespeicherte Dokumente wiederherstellen** wählen, wird ein neues Dialogfenster geöffnet, in dem (im Ordner *UnsavedFiles*) Dokumente angezeigt werden, die Sie erstellt und ohne zu speichern geschlossen haben. Diese Dateien existieren allerdings nur dann, wenn die beiden Optionen **AutoWiederherstellen-Informationen speichern** und **Beim Schließen ohne Speichern die letzte automatisch gespeicherte Version beibehalten** in den Speicheroptionen aktiviert sind.

Will jemand herausfinden, welche Dokumente Sie begonnen, aber nicht gespeichert haben, wird er also über diese Funktion fündig. Der genaue Pfad zu diesen Dokumenten lautet: *C:\\[Benutzer]\AppData\Local\Microsoft\Office\UnsavedFiles*. Aber auch hier gibt es wieder einen deutlichen Vorteil: Notfalls können Sie selbst über diesen Weg ein aus Versehen nicht gespeichertes Dokument wiederfinden.

Bevor Sie jedoch diese Schritte unternehmen, sollten Sie Ihr Dokument auf jeden Fall erneut speichern, um sicherzugehen, dass durch die Löschaktion nur die gewünschten Daten entfernt werden.

1 Klicken Sie auf **Datei**, um den Backstage-Bereich zu öffnen. Im Fenster **Informationen** klicken Sie auf die Schaltfläche **Auf Probleme überprüfen**.

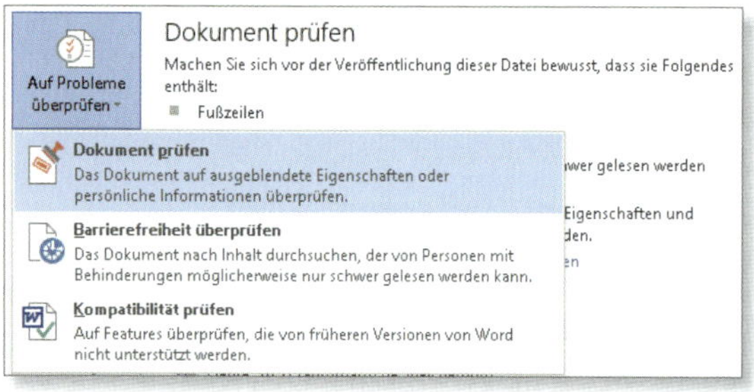

Abbildung 11.29
Die Dokumentprüfung aufrufen

2 Im Dropdown-Menü wählen Sie **Dokument prüfen**, wodurch der zugehörige Dialog **Dokumentprüfung** aufgerufen wird.

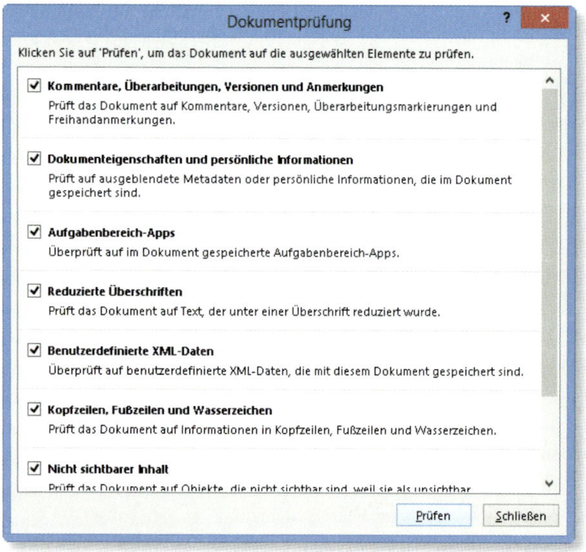

Abbildung 11.30
Der Dialog »Dokumentprüfung«

3 Hier klicken Sie nun auf die Schaltfläche **Prüfen**. Daraufhin wird angezeigt, unter welcher Kategorie Informationen vorhanden sind, die Sie eventuell entfernen möchten. Sie erkennen die entsprechenden Kategorien leicht anhand des eingeblendeten Ausrufungszeichen.

4 Klicken Sie an der entsprechenden Kategorie auf die Schaltfläche **Alle entfernen**. Daraufhin werden die Informationen gelöscht, was Ihnen im Dialog mitgeteilt wird.

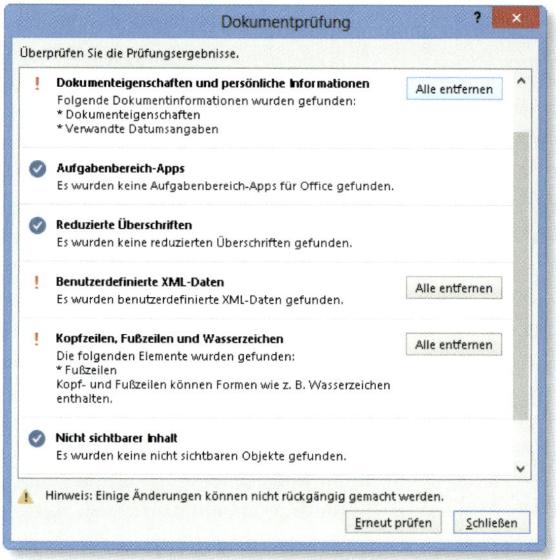

Abbildung 11.31
Hier können Sie Dokumenteigenschaften und persönliche Informationen entfernen.

Wenn Sie an dem Punkt **Dokumenteigenschaften und persönliche Informationen** auf **Alle entfernen** klicken, werden alle Informationen entfernt – bis auf die, die zur Statistik gehören. Auch der Autorenname des Dokuments, der automatisch aus dem Benutzernamen generiert wird, taucht dann unter den Eigenschaften nicht mehr auf.

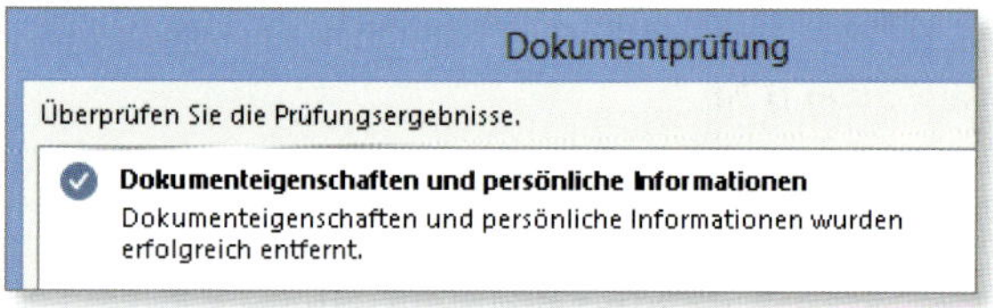

Abbildung 11.32
Die Dokumenteigenschaften wurden erfolgreich entfernt.

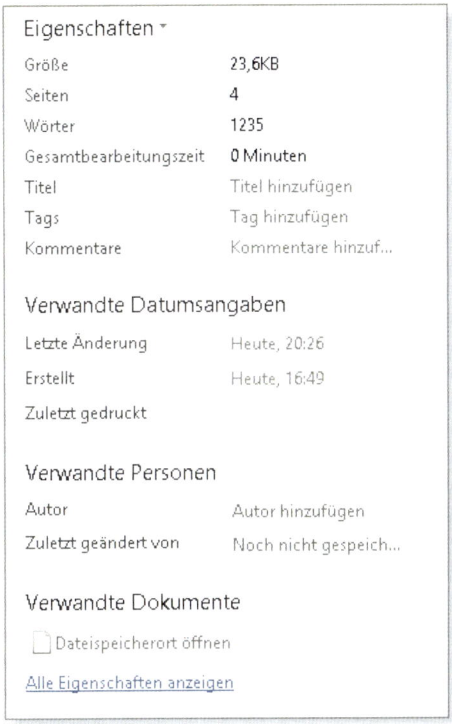

Abbildung 11.33
Spezielle Dokumenteigenschaften wurden entfernt.

11.3 Dokumente ausdrucken

Für einen einfachen, schnellen Ausdruck legen Sie am besten das Symbol **Schnelldruck** 1 auf die Symbolleiste für den Schnellzugriff. Dazu klicken Sie auf den Pfeil rechts an der Symbolleiste und klicken in der Liste den Eintrag **Schnelldruck** an. Daraufhin erscheint das Druckersymbol in der Symbolleiste.

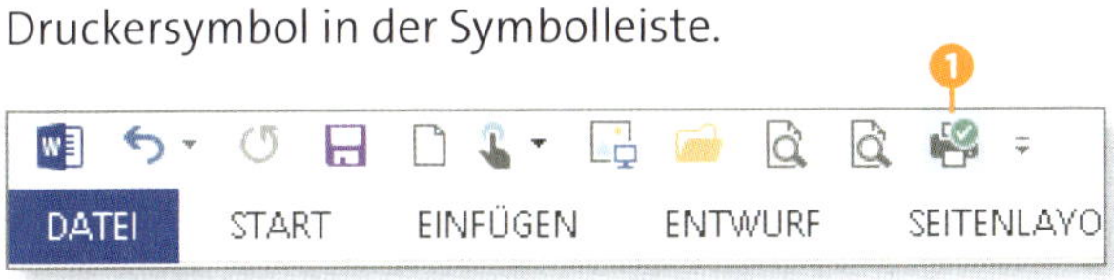

Abbildung 11.34
Das Symbol »Schnelldruck« in der Symbolleiste für den Schnellzugriff

Ein Klick auf dieses Symbol schickt den Druckauftrag für das geöffnete Dokument ab.

Möglicherweise gibt es jedoch einige Einstellungen, die Sie noch vor dem Druck vornehmen bzw. überprüfen möchten. Dann brauchen Sie den gesamten Dialog **Drucken**, den Sie über **Datei** > **Drucken** aufrufen können. Im Dialogfenster sehen Sie rechts die Druckvorschau, die wir bereits besprochen haben (siehe Abschnitt 11.1, »Der Kontrollblick vor dem Ausdruck: die Seitenansicht«), und links die Druckeinstellungen. Über den Einstellungen prangt die Schaltfläche **Drucken** zum Absenden des Druckauftrags.

Abbildung 11.35
Die Druckeinstellungen im Dialog »Drucken«

Den Drucker wählen

Es gibt verschiedene Möglichkeiten, ein Dokument auf Papier zu bringen. Zunächst einmal können Sie – falls Sie verschiedene Drucker besitzen – wählen, auf welchem Drucker das Dokument gedruckt werden soll (z. B. in Farbe oder nur Schwarz). Um einen Drucker auszuwählen, klicken Sie auf den kleinen schwarzen Pfeil rechts neben dem Feld **Drucker**. Daraufhin wird Ihnen eine Liste der installierten Drucker angezeigt, und Sie können den Drucker gegebenenfalls wechseln.

Sehr nützlich ist hier z. B. auch die Möglichkeit, das Dokument in eine PDF zu verwandeln, indem Sie den Druckauftrag z. B. an den **PDFCreator** schicken (man kann ihn kostenlos aus dem Internet laden und quasi als Drucker einrichten) oder es direkt als PDF speichern. Mehr dazu finden Sie in Abschnitt 11.4, »Ein Dokument im PDF- oder XPS-Format erstellen«.

Über die Option **Drucker hinzufügen** unter dieser Liste kann auch von hier aus ein neuer Drucker installiert werden.

Mit der letzten Option **Ausgabe in Datei umleiten** wird das Dokument in eine Druckdatei umgeleitet, die man dann z. B. an eine Druckerei weitergeben kann. Wenn Sie diese Option markieren und danach auf die Schaltfläche **Drucken** klicken, wird automatisch der gleichnamige Dialog geöffnet, der im Prinzip identisch mit dem Dialog zum Speichern von Dokumenten ist. Das Dateiformat für Druckdateien ist *.prn* (eine Abkürzung von *print*, dem englischen Wort für »drucken«).

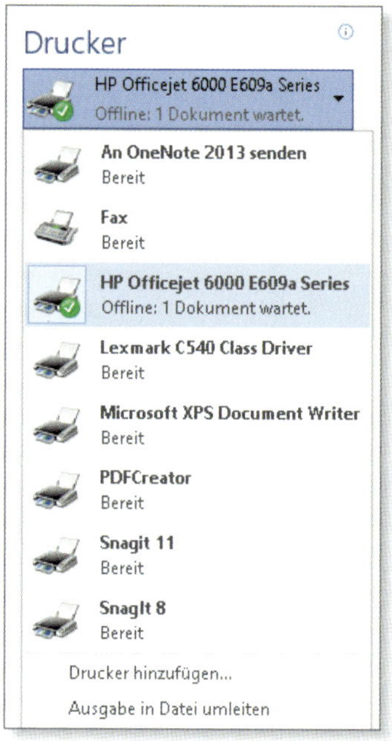

Abbildung 11.36
Den Drucker auswählen/wechseln

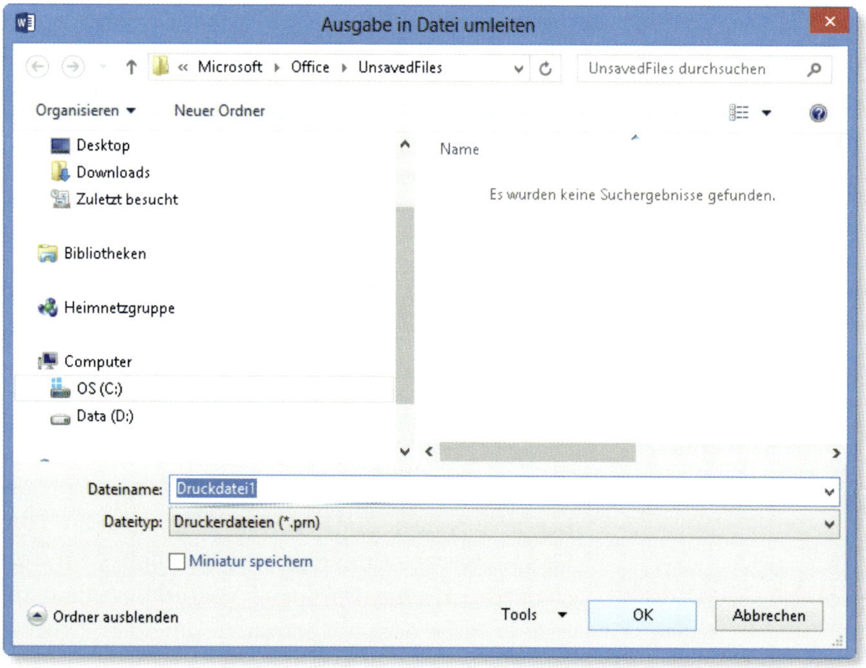

Abbildung 11.37
Eine Druckdatei erstellen

Die Druckeinstellungen

Lassen Sie uns nun einmal alle Druckeinstellungen von oben nach unten betrachten. Wir beginnen mit der Einstellung der Seitenbereiche/Dokumentinhalte, die gedruckt werden sollen.

Standardmäßig werden alle Seiten des geöffneten Dokuments ausgedruckt. Wenn Ihr Dokument allerdings sehr umfangreich ist und Sie nur bestimmte Seiten oder Abschnitte brauchen, können Sie diese Bereiche genau angeben. Klicken Sie dazu auf den Pfeil des Feldes, in dem **Alle Seiten drucken** steht. Mit den einzelnen Optionen der Auswahlliste können Sie festlegen, was genau gedruckt werden soll:

- Um einen zuvor markierten Bereich zu drucken, wählen Sie in der Auswahlliste die Option **Auswahl drucken**.
- Mit der Option **Aktuelle Seite drucken** geschieht genau das: Nur die Seite, in der der Cursor steht, wird gedruckt.
- Um ganz bestimmte Seiten auszudrucken, wählen Sie in der Auswahl **Benutzerdefinierten Bereich drucken**. Geben Sie dann die Seitenzahlen jeweils durch Komma (oder Semikolon) getrennt in das untere Feld ein, z. B. »2, 3, 5«. Auch die Eingabe »3-5« (für den Ausdruck der Seiten 3 bis 5) funktioniert.

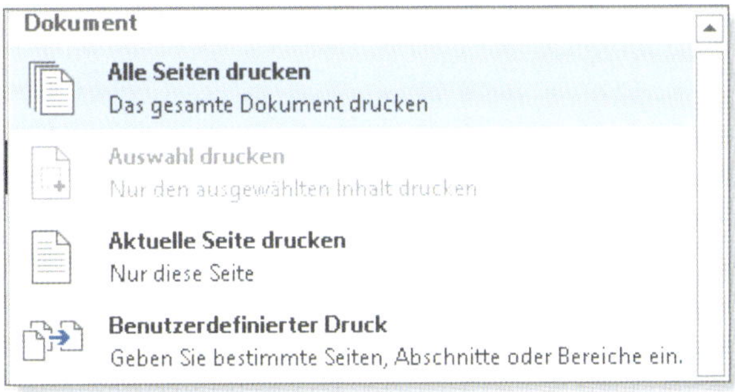

Abbildung 11.38
Festlegen, welcher Teil des Dokuments gedruckt werden soll

Im unteren Bereich derselben Auswahlliste sehen Sie den Bereich **Dokumentinformationen**. Hier können Sie festlegen, ob (anstelle des Dokuments) bestimmte Dokumentinhalte ausgedruckt werden sollen, wie z. B. die Änderungen, die am Dokument vorgenommen wurden.

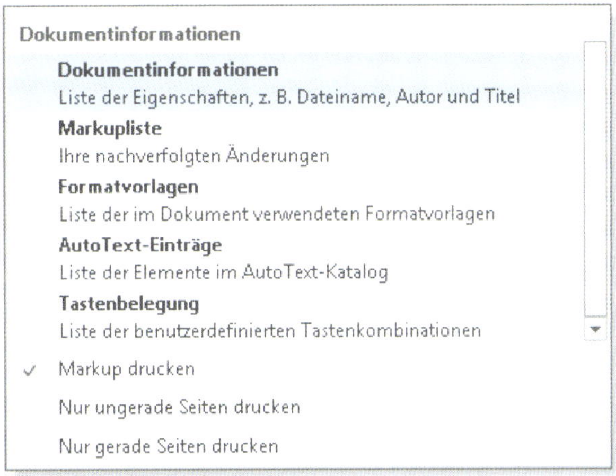

Abbildung 11.39
Dokumentinhalte ausdrucken

Wenn Sie in dieser Liste den Eintrag **Dokumentinformationen** markieren, wird lediglich eine Übersicht der in Abschnitt 11.2, »Dokumenteigenschaften und versteckte Informationen«, besprochenen Dokumenteigenschaften ausgedruckt.

Abbildung 11.40
Ausdruck der Dokumenteigenschaften

Mit der Option **Markupliste** werden nur Kommentare und Änderungen (also *Markups*) ausgedruckt, die im Änderungsmodus vorgenommen wurden.

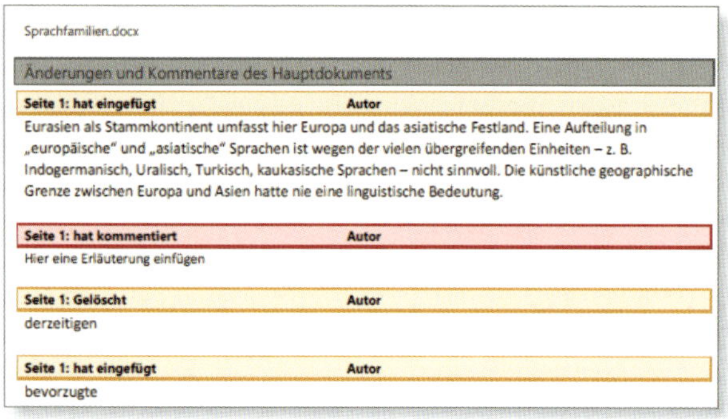
Sprachfamilien.docx

Änderungen und Kommentare des Hauptdokuments

Seite 1: hat eingefügt **Autor**

Eurasien als Stammkontinent umfasst hier Europa und das asiatische Festland. Eine Aufteilung in „europäische" und „asiatische" Sprachen ist wegen der vielen übergreifenden Einheiten – z. B. Indogermanisch, Uralisch, Turkisch, kaukasische Sprachen – nicht sinnvoll. Die künstliche geographische Grenze zwischen Europa und Asien hatte nie eine linguistische Bedeutung.

Seite 1: hat kommentiert **Autor**

Hier eine Erläuterung einfügen

Seite 1: Gelöscht **Autor**

derzeitigen

Seite 1: hat eingefügt **Autor**

bevorzugte

Abbildung 11.41
Eine ausgedruckte Markupliste

Eine Liste der im Dokument verwendeten Formatvorlagen mit ihren jeweiligen Eigenschaften drucken Sie aus, indem Sie den Menüeintrag **Formatvorlagen** markieren.

Mit der Auswahl **AutoText-Einträge** wird eine Liste der vorhandenen AutoText-Einträge ausgedruckt. Der Ausdruck enthält die Namen der AutoTexte und die zugehörigen Texte, sortiert nach den Dokumentvorlagen, in denen die AutoTexte gespeichert sind.

Die Option **Tastenbelegung** bewirkt, dass eine Liste der Tastenbelegungen ausgedruckt wird, die im aktuellen Dokument und in der verwendeten Dokumentvorlage definiert wurden.

Ganz unten in dieser Liste gibt es noch drei Optionen, die Sie zusätzlich zu den zuvor beschriebenen Einstellungen aktivieren können. Die Einstellung **Markup drucken** beispielsweise ist standardmäßig aktiviert und bedeutet, dass Kommentare und Änderungen mit ausgedruckt werden, sofern sie auch im Dokument angezeigt werden. Sie können dies bereits in der Druckvorschau erkennen. Die beiden Optionen **Nur ungerade Seiten drucken** und **Nur gerade Seiten drucken** bewirken das, was sie ankündigen: Es werden entweder nur die geraden oder die ungeraden Seiten des Dokuments gedruckt.

Im nächsten Auswahlfeld des Druckdialogs, **Einseitiger Druck**, legen Sie dann fest, ob Sie Ihre Blätter einseitig oder beidseitig bedrucken möchten. Standardmäßig wird einseitig gedruckt.

TIPP

Beidseitig drucken

Es gibt einen kleinen Trick, wenn Ihr Drucker nicht beidseitig drucken kann, Sie aber nicht jedes Blatt einzeln drehen wollen. Belassen Sie es bei der Druckeinstellung **Alle Seiten drucken**, stellen Sie aber die Option **Nur ungerade Seiten drucken** ein. Klicken Sie dann auf die Schaltfläche **Drucken**. Nach dem Ausdruck der ungeraden Seiten drehen Sie den ganzen Stapel Papier um. Wählen Sie dann die Option **Nur gerade Seiten drucken** und klicken Sie erneut auf **Drucken**. Auf diese Weise bedruckt der Drucker nun die leeren Rückseiten, und Sie erhalten ein beidseitig bedrucktes Dokument. Testen Sie vorher aber in jedem Fall aus, wie Ihr Drucker die Blätter einzieht und wie Sie demnach das Papier drehen müssen, damit er es nicht falsch herum bedruckt.

Wenn Ihr Drucker zu beidseitigem Druck (*Duplexdruck*) in der Lage bzw. dafür eingerichtet ist, finden Sie die Option **Beidseitiger Druck** in der Auswahlliste (ziehen Sie aber zur Sicherheit auch Ihr Drucker-Handbuch oder eine entsprechende Internetseite zurate). Wenn Ihr Drucker nicht mit beidseitigem Druck umgehen kann, müssen Sie aber dennoch nicht ausschließlich einseitig drucken: Wählen Sie hier die Option **Beidseitiger manueller Druck** und drehen Sie das Papier einfach von Hand um.

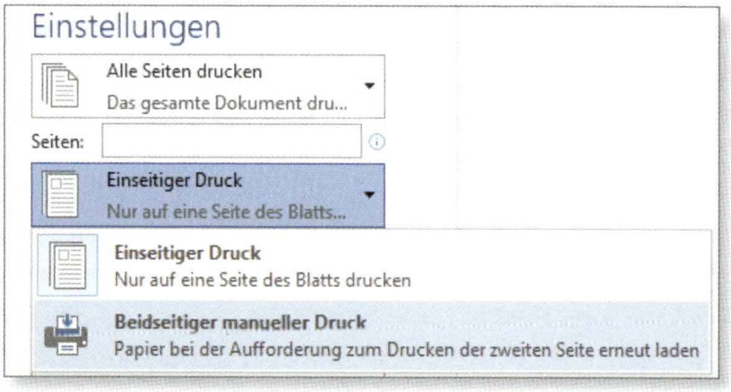

Abbildung 11.42
Manueller beidseitiger Druck

Das Auswahlfeld **Sortiert** ist relevant, wenn Sie mehrere Kopien eines Dokuments drucken möchten. Sie legen hier fest, wie diese Kopien beim Ausdrucken sortiert werden. Entweder können die Dokumente nacheinander komplett herauskommen (also nach dem Muster **1; 2; 3 1; 2; 3 1; 2; 3**), sodass Sie sie nur noch heften müssen, oder Sie drucken zunächst alle Kopien der Seite 1, dann alle Kopien der Seite 2 etc. (also nach dem Muster **1; 1; 1 2; 2; 2 3; 3; 3**) etc.

Im nächsten Feld können Sie das Format vom standardmäßigen **Hochformat** auf **Querformat** umstellen (diese Möglichkeit finden Sie auch auf der Registerkarte **Seitenlayout** über die Auswahl des Symbols **Ausrichtung** in der Gruppe **Seite einrichten**).

Die Maße des Blattes (in der Regel Normmaße in der Größe einer DIN-A4-Seite, also 297 x 210 mm) werden Sie selten ändern müssen. Wenn Sie ein DIN-A5-Blatt ausdrucken wollen, können Sie dies im Auswahlfeld zu den Blattmaßen tun und hier z. B. die Option **A5** markieren (alternativ nehmen Sie diese Änderung auf der Registerkarte **Seitenlayout** > **Seite einrichten** > **Größe** vor). Die Druckvorschau zeigt den Effekt sofort.

Auch die Seitenränder können Sie hier im Dialog der Druckeinstellungen noch verändern. Ein Klick auf den Pfeil an dem Feld, in dem standardmäßig **Normale Seitenränder** zu lesen ist, öffnet dasselbe Menü, das Sie auch über **Seitenlayout** > **Seitenränder** erreichen.

Es lassen sich auch mehrere Seiten auf einem Blatt ausdrucken, wenn Sie Papier sparen oder vielleicht einen Flyer drucken wollen, der nicht so groß ist, dass er ein ganzes Blatt einnehmen würde. Klicken Sie dazu auf den Pfeil am letzten Auswahlfeld, **1 Seite pro Blatt**. In der Liste klicken Sie auf die Option mit der gewünschten Anzahl an Seiten, die auf einem Blatt gedruckt werden sollen. Abbildung 11.43 zeigt den Ausdruck von vier Seiten eines Dokuments auf einem DIN-A4-Blatt.

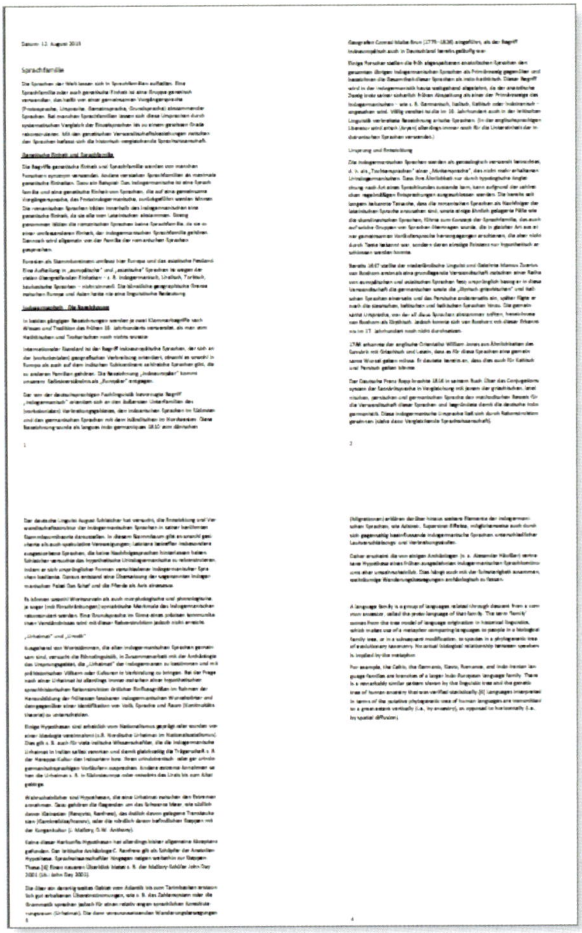

Abbildung 11.43
Vier Seiten auf einem DIN-A4-Blatt

Die Druckereigenschaften

Unter der Auswahlliste für den Drucker sehen Sie den Link **Druckereigenschaften**. Ein Klick hierauf öffnet den Dialog **Eigenschaften von [Druckerbezeichnung]**. Dieser Dialog sieht bei jedem Hersteller anders aus. Auch die genauen Einstellungsmöglichkeiten unterscheiden sich. Bestimmte Grundfunktionen finden Sie jedoch bei so gut wie jedem Drucker.

In diesem Abschnitt möchten wir Sie auf einige Einstellungsmöglichkeiten hinweisen, mit denen Sie das

Druckergebnis beeinflussen können. Da sich die Dialoge jedoch, wie bereits gesagt, unterscheiden, können wir Ihnen hier keine genauen Menüpfade nennen. Schauen Sie sich Ihren speziellen Dialog daher genau an und probieren Sie einfach selbst ein paar Möglichkeiten aus, denn es gibt hier einiges zu entdecken, was für Ihren Ausdruck interessant sein könnte.

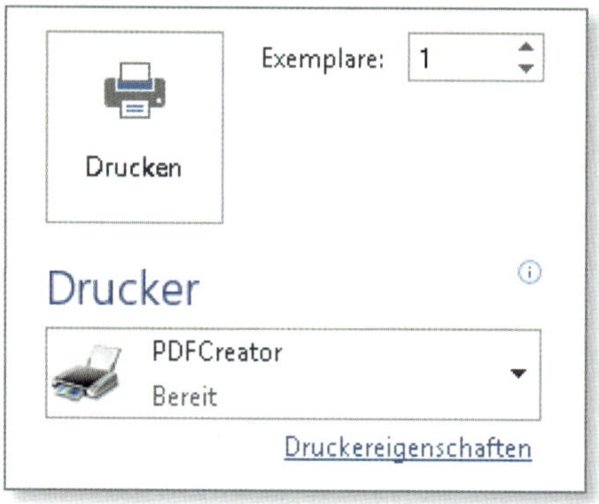

Abbildung 11.44
Die Druckereigenschaften öffnen

Die meisten Drucker unterstützen unterschiedliche Betriebsmodi, die für spezielle Ausdrucke und Papiersorten optimiert sind. Achten Sie darauf, den entsprechenden Modus zu wählen und so z. B. zwischen einem reinen Textausdruck und einem Ausdruck mit Text und Bildern zu unterscheiden. Sie können auch einfach die Einstellung **Entwurf** wählen, die den Ausdruck beschleunigt, schwarz-weiß druckt und nicht so viel Tinte verbraucht.

In vielen Situationen können Sie beim Ausdruck auf die Farbe verzichten, da ein Schwarz-Weiß-Ausdruck ausreicht. Diese Möglichkeit bieten so gut wie alle Drucker an, etwa über die Option **Nur schwarze Tinte**.

Achten Sie auch darauf, den richtigen Papiertyp einzustellen. Insbesondere bei Tintenstrahldruckern ist dies wichtig. Was nutzt das teure Papier für ein schönes Druckergebnis, wenn Sie Ihrem Drucker nicht mitteilen, dass er es benutzen soll?

Wenn der Ausdruck nicht optimal aussieht, hilft es bei Tintenstrahldruckern in der Regel, die Druckerpatrone zu reinigen bzw. neu zu justieren. Entsprechende Optionen finden Sie meistens in der Utility-Verwaltung Ihres Druckers, die in der Regel auf einer eigenen Registerkarte des Dialogs **Eigenschaften von [Druckerbezeichnung]** angeboten wird.

Wenn Ihr Drucker einmal gar nicht mehr mitspielt und z. B. nur noch merkwürdige Steuerzeichen druckt, kann es helfen, ihn vom Stromnetz zu nehmen, damit intern gespeicherte Druckaufträge und Seiten gelöscht werden. Löschen Sie dann außerdem alle Aufträge in der Druckerwarteschleife. Dazu rufen Sie die Systemsteuerung auf (drücken Sie die ⊞-Taste + X und wählen Sie im Menü den Eintrag **Systemsteuerung**) und klicken dort auf **Geräte und Drucker**. Dies öffnet das Druckerfenster. Wenn mehrere Drucker angeschlossen sind, aktivieren Sie per Doppelklick den Drucker, den Sie gerade verwenden. In dem kleinen Fenster öffnen Sie das Menü **Drucker** und wählen hier **Alle Druckaufträge abbrechen**. (Je nach Ihren Einstellungen finden Sie auch in der Taskleiste unten rechts ein Symbol für den Drucker, über dessen Kontextmenü Sie das kleine Fenster ebenfalls aufrufen können).

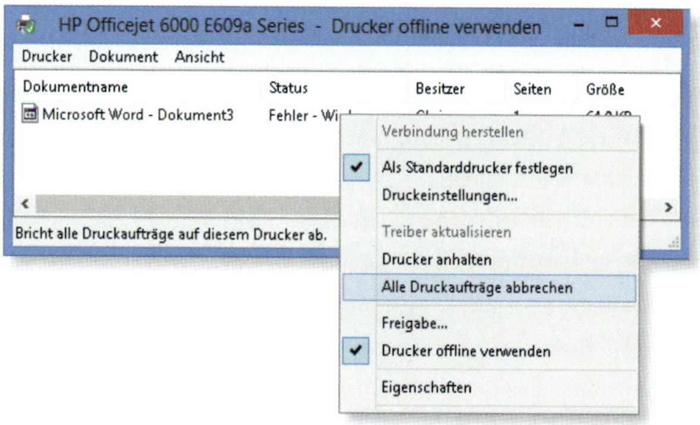

Abbildung 11.45
Druckaufträge löschen

INFO

Die Systemsteuerung unter Windows 7 aufrufen

Unter Windows 7 öffnen Sie zum Aufrufen des Druckerfensters das Startmenü und klicken dort auf **Systemsteuerung** > **Geräte und Drucker** oder direkt auf den Eintrag **Geräte und Drucker**.

TIPP

Tinte sparen mit der richtigen Schriftart

Ärgern Sie sich darüber, wie teuer Tintenpatronen sind? Dann versuchen Sie, bereits beim Schreiben Tinte zu sparen. Dabei hilft die Auswahl einer Schriftart, die aufgrund ihres Designs weniger Tinte bzw. Tonerpulver verbraucht. Nehmen Sie z. B. Century Gothic statt Arial. Auch Times New Roman ist eine sparsame Schriftart.

Die Druckeinstellungen der Word-Optionen

Um bestimmte Grundeinstellungen zu prüfen oder zu ändern, sollten Sie auch einmal einen Blick auf die Druckeinstellungen in den Word-Optionen werfen. Dazu klicken Sie auf **Datei** > **Optionen** > **Erweitert** und navigieren mithilfe der Bildlaufleiste im Dialogfenster ein wenig nach unten bis zum Bereich **Drucken** (siehe Abbildung 11.46).

Im Folgenden stellen wir Ihnen die einzelnen Optionen kurz vor: Mit der Einstellung **Entwurfsqualität verwenden**, die leider nicht von allen Druckern unterstützt wird, kann man den Ausdruck um den Preis einer geringeren Qualität und einer reduzierten Formatierung beschleunigen. Eingefügte Bilder werden z. B. in der Regel nicht mit ausgedruckt. Nach unseren Erfahrungen ist der Unterschied zum »normalen« Ausdruck de facto jedoch gering. Deutlich mehr bringt es, wenn Sie – wie zuvor beschrieben – in den Druckereigenschaften als Betriebsmodus **Entwurf** einstellen.

Drucken im Hintergrund bedeutet, dass Sie an anderen Dokumenten weiterarbeiten können, während gedruckt wird.

Bei der Option **Seiten in umgekehrter Reihenfolge drucken** beginnt – wie es der Name schon sagt – der Ausdruck mit der letzten Seite.

Wenn Sie die Einstellung **XML-Tags drucken** wählen, werden bei Dokumenten im XML-Format die *Tags* mitgedruckt. Tags sind kleine, in spitze Klammern eingeschlossene Kürzel, die in XML dazu dienen, Daten zu klassifizieren. In HTML, der Beschreibungssprache für Internetseiten, stehen die jeweiligen Auszeichnungen der Seitenelemente in Tags.

Bei **Feldfunktionen anstelle von Werten drucken** werden die Feldfunktionen ausgedruckt, wenn Sie Felder bzw. Verknüpfungen in einem Dokument verwenden. Mit der Option **Aktualisierung von Feldern mit Überarbeitungen vor dem Drucken zulassen** werden zu-

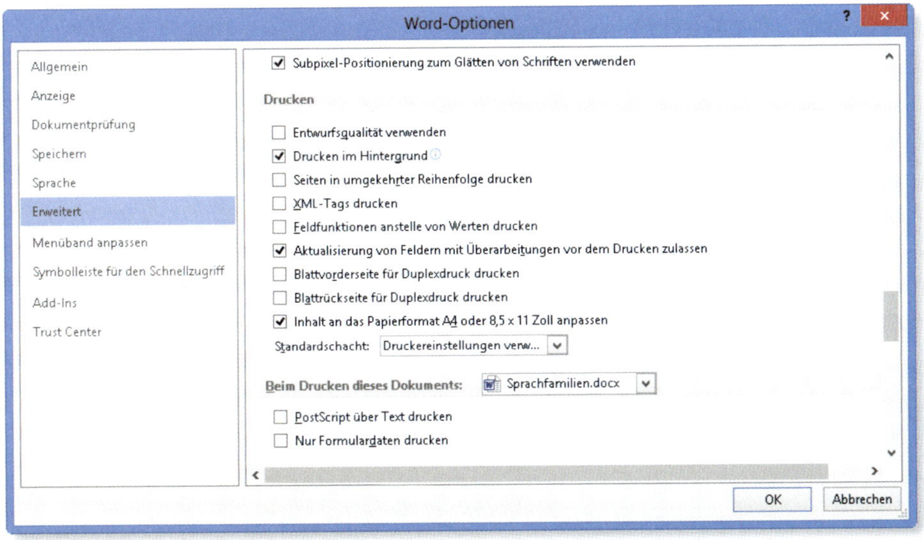

Abbildung 11.46
Die Word-Druckoptionen

dem Felder vor dem Ausdruck aktualisiert, falls es z. B. Änderungen an den verknüpften Elementen gegeben hat.

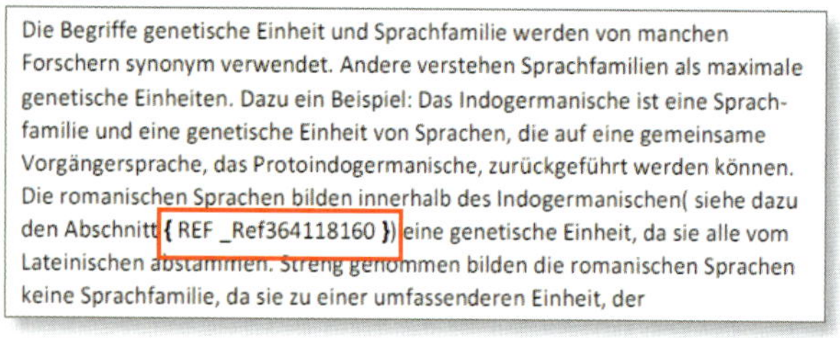

Die Begriffe genetische Einheit und Sprachfamilie werden von manchen Forschern synonym verwendet. Andere verstehen Sprachfamilien als maximale genetische Einheiten. Dazu ein Beispiel: Das Indogermanische ist eine Sprachfamilie und eine genetische Einheit von Sprachen, die auf eine gemeinsame Vorgängersprache, das Protoindogermanische, zurückgeführt werden können. Die romanischen Sprachen bilden innerhalb des Indogermanischen(siehe dazu den Abschnitt { REF _Ref364118160 }) eine genetische Einheit, da sie alle vom Lateinischen abstammen. Streng genommen bilden die romanischen Sprachen keine Sprachfamilie, da sie zu einer umfassenderen Einheit, der

Abbildung 11.47
Die Feldfunktionen ausdrucken

Mit den Einstellungen **Blattvorderseite für Duplexdruck drucken** und **Blattrückseite für Duplexdruck drucken** können Sie einen zweiseitigen Druck auch auf Druckern durchführen, die eigentlich nicht beidseitig drucken. Der Trick: Am Stück werden jeweils die Blattvorderseite oder die Blattrückseite bedruckt – gedruckt werden also zunächst nur die ungeraden oder die geraden Seiten eines Dokuments. Damit am Ende die Reihenfolge stimmt, nachdem der Stapel für den Ausdruck auf den Blattrückseiten umgedreht wurde, werden die Seiten dann in umgekehrter Reihenfolge gedruckt.

Der Eintrag **Inhalt an das Papierformat A4 oder 8,5 x 11 Zoll anpassen** kann nützlich sein, wenn die Blattgröße, die Sie unter Umständen auf der Registerkarte **Seitenlayout** > **Größe** festgelegt haben, nicht dem (DIN-A4-) Papier entspricht, das im Drucker liegt. So wird der Inhalt Ihres Dokuments auf das Papierformat vergrößert oder verkleinert.

11.4 Ein Dokument im PDF- oder XPS-Format erstellen

Das PDF-Format ist in den letzten Jahren zum Standard für den plattformunabhängigen Austausch von Dateien avanciert, weil man damit das Layout eines Textes so »betonieren« kann, dass es auf jedem Computer gleich aussieht (was z. B. bei Word-Dateien oft nicht der Fall ist, wenn ein anderer User beispielsweise eine andere Programmversion benutzt). Um eine PDF-Datei öffnen und lesen zu können, ist mittlerweile kein zusätzliches Programm mehr nötig, Sie können Ihr PDF-Dokument direkt in Word öffnen. Auch das von Microsoft entwickelte XPS-Format dient dem universellen Austausch von Dateien. Im Grunde handelt es sich um ein Konkurrenzprodukt zum PDF-Format von Adobe.

Das passende Format wählen

Es ist heutzutage sehr einfach, Dokumente im PDF-Format oder auch im XPS-Format zu erstellen. Wenn Sie bereits das richtige Dokument geöffnet haben, können Sie direkt loslegen.

1. Klicken Sie auf **Datei** > **Exportieren**.
2. Hier klicken Sie auf **PDF/XPS-Dokument erstellen** und anschließend auf die Schaltfläche **PDF/XPS-Dokument erstellen** rechts unten, wie es in Abbildung 11.48 zu sehen ist.

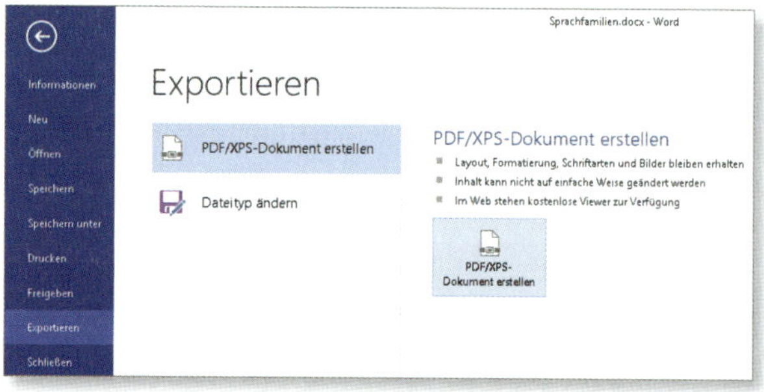

Abbildung 11.48
Das Dokument im PDF- oder XPS-Format erstellen

3. Im Dialog **Als PDF oder XPS veröffentlichen** bestimmen Sie den Ordner **1**, in dem Sie das Dokument speichern möchten. Im Feld **Dateiname** **2** geben Sie dem Dokument einen Namen. Als Format ist im Feld **Dateityp** **3** automatisch **PDF (*.pdf)** eingestellt.
4. Soll die Datei im XPS-Format gespeichert werden, klicken Sie auf den Pfeil am Feld **Dateityp** und wählen im Dropdown-Menü den Eintrag **XPS-Dokument (*.xps)**.

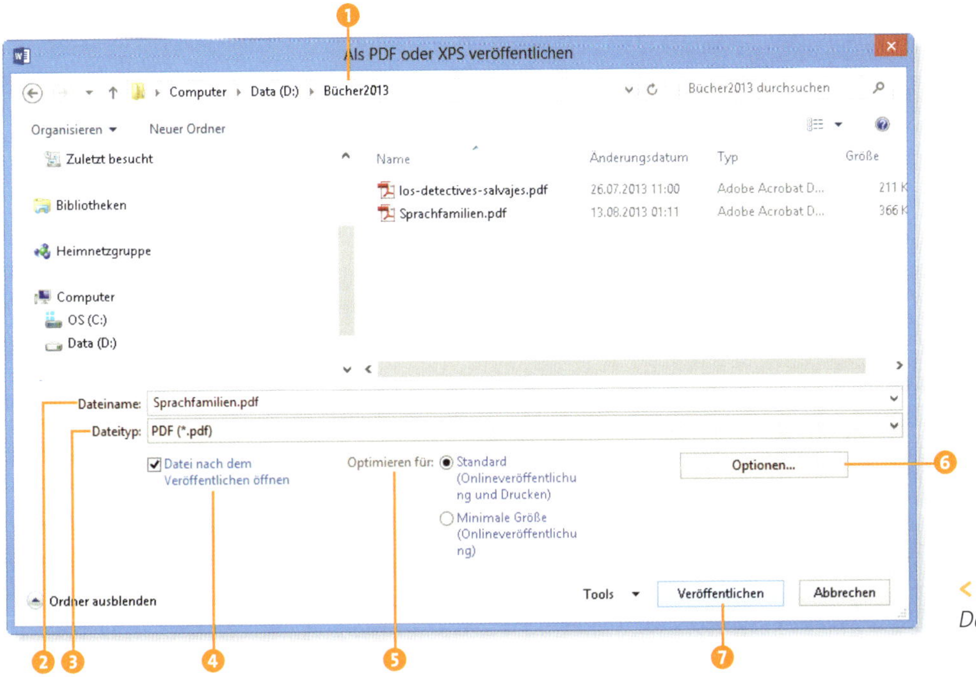

Abbildung 11.49
Das Format wählen

5 Standardmäßig ist in diesem Dialog auch die Option **Datei nach dem Veröffentlichen öffnen** ④ aktiviert. Dies bedeutet, dass die Datei nach dem Erstellen automatisch im entsprechenden Reader bzw. Viewer angezeigt wird, also in dem Programm, mit dem man PDF- bzw. XPS-Dateien öffnet.

TIPP

Der Foxit Reader

Als Alternative zum klassischen Adobe Reader, der inzwischen recht groß und aufgebläht ist, kann man auch den Foxit Reader nutzen, den es kostenlos auf diversen Download-Seiten im Internet gibt. Er ist klein, komfortabel zu bedienen und öffnet große PDF-Dateien sogar etwas schneller als der Adobe Reader. Geben Sie als Suchbegriff in Ihrem Browser einfach »Foxit« oder auch »PDF Reader« ein.

6 Achten Sie auch auf den Bereich **Optimieren für** ⑤. Hier aktivieren Sie die Einstellung **Standard**, wenn die Dateigröße keine große Rolle spielt, aber die Qualität der Datei wichtig ist. Mit der Option **Minimale Größe** sorgen Sie für eine kleine Dateigröße: Das schränkt die Qualität ein wenig ein, aber die Datei lässt sich z. B. besser verschicken.

Im folgenden Abschnitt zeigen wir Ihnen, wie Sie den Speichervorgang noch weiter »verfeinern« können.

Die Speicheroptionen

Per Mausklick auf die Schaltfläche **Optionen** ⑥ (siehe Abbildung 11.49) öffnen Sie den gleichnamigen Dialog (siehe Abbildung 11.50). Hier können Sie weitere Einstellungen für das PDF- bzw. XPS-Dokument vornehmen.

- Unter **Seitenbereich** bestimmen Sie, welche Seiten des Word-Dokuments ins PDF- oder XPS-Dokument aufgenommen werden sollen (ähnlich wie Sie das auch schon vom Papierausdruck her kennen).
- Im Bereich **Was veröffentlichen** sind nur dann beide Optionen aktiv, wenn Ihr Dokument Kommentare und Anmerkungen (Markups) enthält. In einem solchen Fall können Sie auswählen, ob das Dokument mit oder ohne Markups erstellt werden soll.

- Wenn Sie das Kontrollkästchen **Dokumenteigenschaften** im Bereich **Nicht druckbare Informationen einschließen** aktiviert lassen, werden bestimmte Dokumenteigenschaften in die PDF- oder XPS-Datei übernommen, z. B. Titel, Verfasser und die zugeordnete Kategorie.

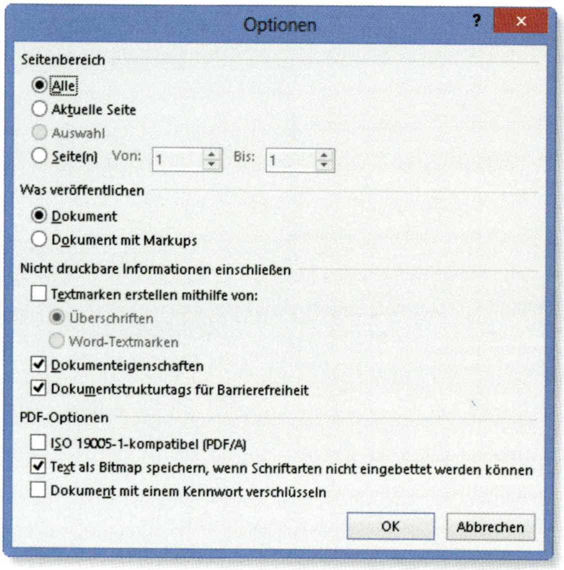

Abbildung 11.50
Weitere Einstellungsmöglichkeiten

Nach Bestätigung der Einstellungen sehen Sie wieder den Dialog **Als PDF oder XPS veröffentlichen** (siehe Abbildung 11.49). Klicken Sie auf **Veröffentlichen** 7. Aufgrund der (aktivierten) Option **Datei nach dem Veröffentlichen öffnen** wird das Dokument – sofern Sie das Dateiformat **PDF (*.pdf)** und nicht **XPS (*.xps)** gewählt hatten – anschließend direkt in Ihrem PDF-Reader (Adobe Reader) angezeigt (siehe Abbildung 11.51).

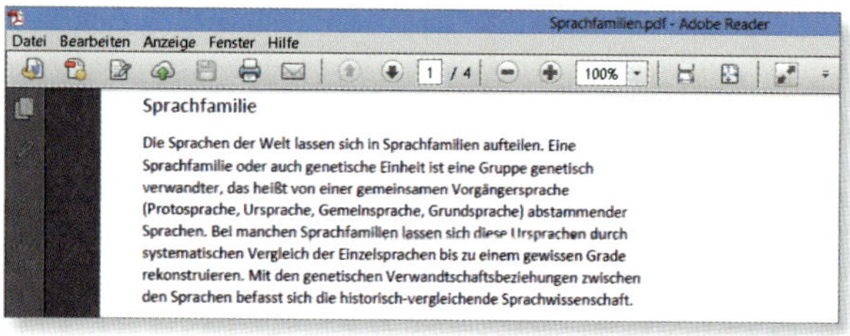

Abbildung 11.51
Das Dokument im Adobe Reader

Anderenfalls können Sie das Dokument auch per Doppelklick auf den Dateinamen oder direkt aus dem Adobe Reader heraus öffnen. In letzterem Fall öffnen Sie zunächst den Reader und klicken dann auf **Datei** > **Öffnen**.

Die Dokumenteigenschaften, von denen zuvor die Rede war (als eine der Optionen beim Speichern), sind hier übrigens über **Datei** > **Eigenschaften** einsehbar. Die Bezeichnungen weichen jedoch etwas voneinander ab. Die Kategorie taucht im Bereich **Stichwörter** auf und der Betreff hier als **Thema**.

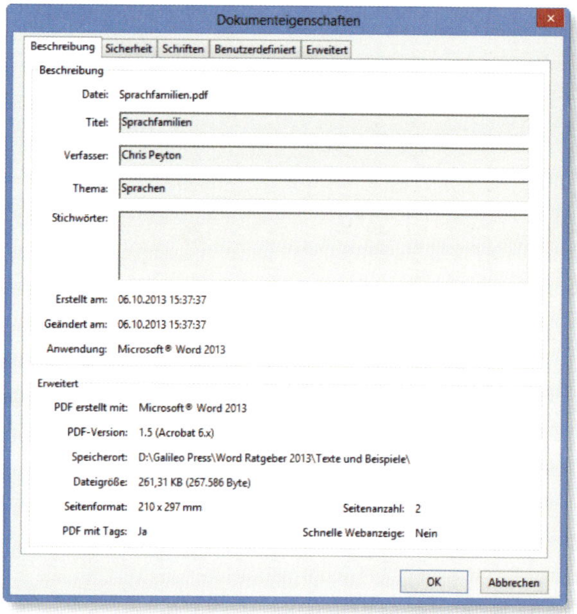

Abbildung 11.52
Die Dokumenteigenschaften im Adobe Reader

Das XPS-Format

Falls Sie auf die gleiche Weise (bis auf die Auswahl des Formats) ein XPS-Dokument erstellt haben, wird das Dokument im XPS-Viewer angezeigt. Ein solcher Viewer ist für die Darstellung von XPS-Dokumenten erforderlich. Die Chancen, dass dieser Viewer bereits auf Ihrem Rechner zu finden ist, stehen nicht schlecht, denn er wird zusammen mit Microsoft .NET Framework 3.0 installiert (das viele Programme benötigen). Ansonsten kann man ihn kostenlos downloaden.

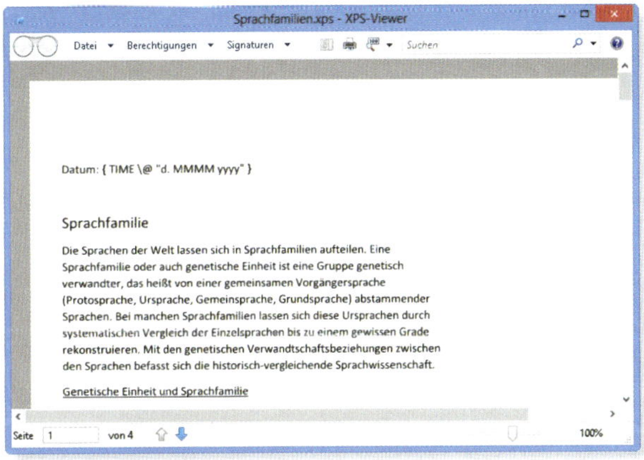

Abbildung 11.53
Ein Dokument im XPS-Viewer

HINWEIS

PDF vs. XPS

Das PDF-Format ist quasi universell einsetzbar, denn der entsprechende Reader von Adobe ist weit verbreitet. Daher empfiehlt sich dieses Format nach wie vor für den globalen Austausch von Dokumenten.

11.5 Blogbeiträge mit Word

Ein eigenes Blog (oder auch *Weblog*) zu haben gehört heutzutage bereits fast zum guten Ton. Für diejenigen, die es noch nicht kennen: Es handelt sich dabei um eine Art öffentliches Tagebuch, das auf einer Website geführt wird und das von seinen Lesern häufig auch kommentiert werden kann.

Wenn Sie zu den Bloggern gehören oder demnächst dazugehören möchten, ist es vermutlich eine gute Nachricht, dass Sie Ihre Blogbeiträge komfortabel in Word verfassen und bearbeiten können. Voraussetzung ist allerdings, dass Sie bereits ein Blog Ihr Eigen nennen und dass dieses Blog eine von Word unterstützte Schnittstelle anbietet.

Gängige Blogsoftware, z. B. das weitverbreitete *WordPress*, hat normalerweise keine Probleme bei der Kooperation mit Word. Falls Sie noch kein Blog haben und die Mühe scheuen, ein eigenes Blog mit eigener Software einzurichten, gibt es viele Gratisanbieter, bei denen eine einfache Registrierung reicht, um mit dem Bloggen zu beginnen. Nachfolgend zeigen wir Ihnen, wie Sie mit Word Blogbeiträge für WordPress verfassen.

Die Nutzung von WordPress vorbereiten

Damit Sie Ihre Blogbeiträge mit Word bearbeiten können, müssen Sie zunächst die entsprechende Option bei WordPress aktivieren. Im Folgenden erläutern wir Ihnen die dafür erforderlichen Schritte.

1 Rufen Sie Ihr Blog in Ihrem Browser auf und loggen Sie sich als Benutzer mit Administratorrechten ein.

2 Rufen Sie Ihr *Dashboard* (quasi das Hauptmenü) auf und klicken Sie in der Navigationsleiste im Bereich **Einstellungen** auf **Schreiben**.

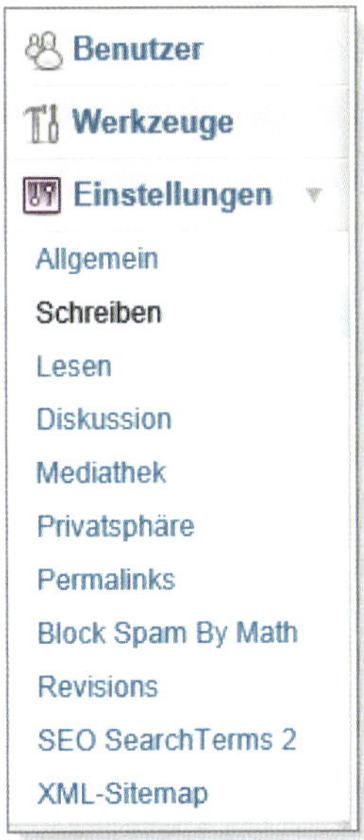

Abbildung 11.54
Klicken Sie in Ihrem Blog auf den Link »Schreiben«.

3 Im unteren Teil des Bereiches **Fernpublizieren** müssen Sie die Option **XML-RPC** aktivieren.

So vorbereitet, können Sie ganz einfach mit Word auf Ihr Blog zugreifen.

Ein Konto für Ihr Blog in Word einrichten

Damit Word auf Ihr Blog zugreifen kann, müssen Sie den Benutzernamen, das Kennwort und die URL des Blogs in den Kontoeinstellungen von Word eingeben.

HINWEIS

Mehrere Blogs

Sie sind in Word nicht darauf beschränkt, nur ein Blog zu führen, sondern Sie können auch für mehrere Blogs jeweils eine Kontoeinstellung anlegen.

Um das Konto in Word einzurichten, rufen Sie mithilfe der speziellen Dokumentvorlage **Blogbeitrag** ein neues Word-Dokument auf (siehe Abbildung 11.55). Klicken Sie dazu auf **Datei** > **Neu** und dann doppelt auf **Blogbeitrag**. Wenn Sie noch kein Konto eingerichtet haben, werden Sie jetzt in einem Dialog aufgefordert, sich zu registrieren.

Klicken Sie hier auf **Später registrieren**, denn wir werden diesen Vorgang erst in der Kontoverwaltung durchführen.

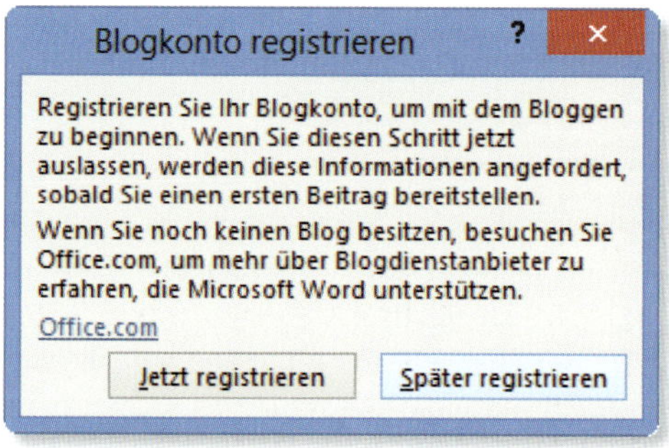

Abbildung 11.56
Klicken Sie hier auf »Später registrieren«.

Sie sehen, dass unmittelbar danach eine eingeschränkte Word-Oberfläche angezeigt wird – mit einer Registerkarte speziell für die Aktionen, die für das Bloggen bzw. das Verfassen von Blogbeiträgen notwendig sind (siehe Abbildung 11.57).

Abbildung 11.55
Die Vorlage für einen Blogbeitrag öffnen

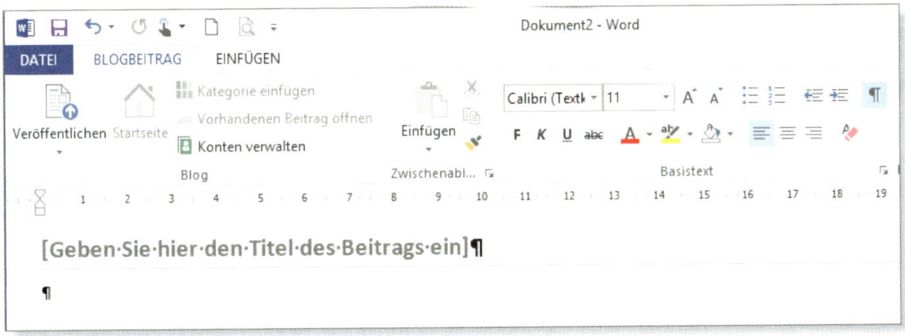

Abbildung 11.57
Die Registerkarte für das Verfassen und Verwalten von Blogbeiträgen

Vermutlich vermissen Sie einige Formatierungsmöglichkeiten, die Ihnen sonst zur Verfügung stehen. Word bietet hier nur die Formatierungsfunktionen an, die problemlos in HTML konvertiert werden können (was für das Veröffentlichen eines Blogbeitrags im Internet notwendig ist).

1 Um das benötigte Konto einzurichten, klicken Sie auf die Schaltfläche **Konten verwalten** auf der Registerkarte **Blogbeitrag**.

2 Im Dialog **Blogkonten** werden die bereits eingerichteten Konten aufgelistet; der Dialog dürfte also noch leer sein, wenn Sie ihn zum ersten Mal aufrufen.

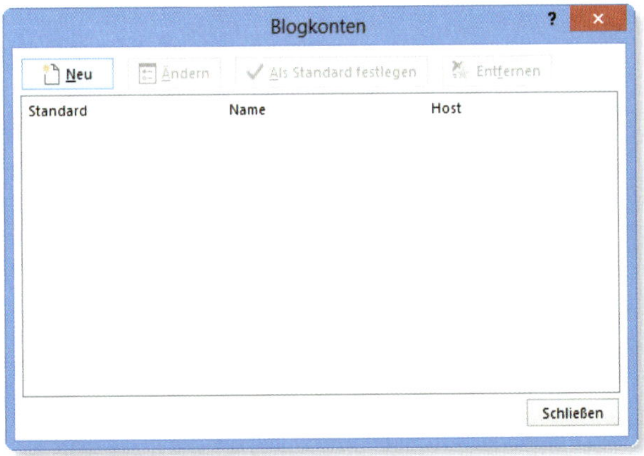

Abbildung 11.58
Der Dialog »Blogkonten«

3 Klicken Sie hier auf die Schaltfläche **Neu**.

4 Im Dialog **Neues Blogkonto** wählen Sie in der Liste des Feldes **Blog** die Software Ihres Blogs aus, in unserem Beispiel wäre das also **WordPress**. Klicken Sie dann auf **Weiter**.

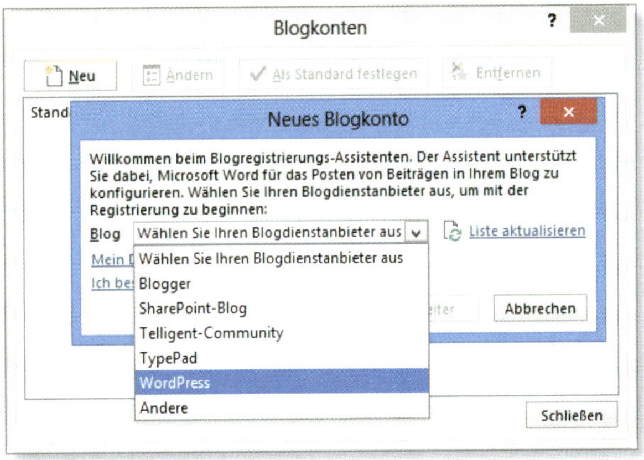

Abbildung 11.59
Die Software für das Blog auswählen

5 Im nächsten Dialog müssen Sie Ihren Benutzernamen und Ihr Kennwort eintragen. Aktivieren Sie gegebenenfalls die Option **Kennwort speichern**, wenn Sie das Kennwort nicht jedes Mal eingeben wollen (das sollten Sie allerdings nur dann tun, wenn niemand sonst auf Ihren Computer zugreifen kann).

6 Im Feld **URL für Blogbeitrag** geben Sie die URL Ihres Blogs ein. Achten Sie darauf, dass Sie dabei nur den Text **<Geben Sie hier Ihre Blog-URL ein>** ersetzen und nicht versehentlich die Endung **/xmlrpc.php** überschreiben.

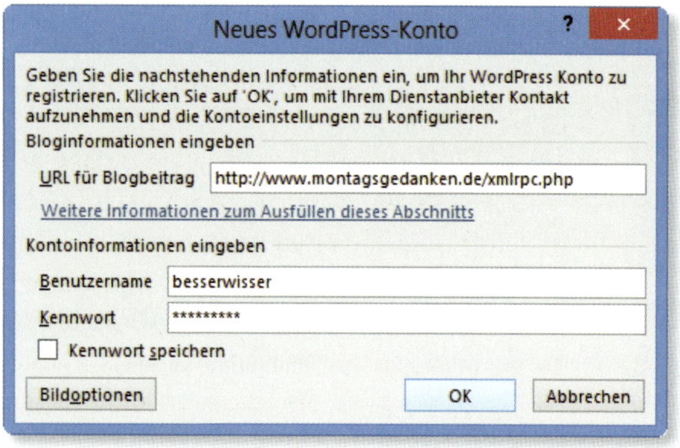

Abbildung 11.60
Blog-URL, Benutzernamen und Kennwort eingeben

7 Wenn Sie auf die Schaltfläche **Bildoptionen** klicken, können Sie im gleichnamigen Dialog verschiedene Optionen auswählen, wie eingefügte Bilder zum Server übertragen werden sollen. In den meisten Fällen sollten Sie die Option **Mein Blogdienstanbieter** auswählen. Mit der Option **Mein Server** können Sie explizit den Pfad angeben, über den die Bilder hochgeladen werden sollen.

8 Klicken Sie abschließend auf **OK**. Sie erhalten dann noch zwei Meldungen, die Sie jeweils bestätigen. Schon haben Sie Ihr erstes Blogkonto eingerichtet.

INFO

Einstellungen am Blogkonto ändern

Im Dialog **Blogkonten** können Sie vorhandene Einstellungen auch ändern. Markieren Sie dazu die Bezeichnung des Kontos und klicken Sie dann auf die Schaltfläche **Ändern**.

Einen Blogbeitrag schreiben und veröffentlichen

Damit sind die Vorbereitungen abgeschlossen, Sie können nun loslegen und Ihren ersten Blogbeitrag in Word schreiben.

1 Geben Sie zunächst den Titel ein; überschreiben Sie also einfach den Text **[Geben Sie hier den Titel des Beitrags ein]**.

2 Anschließend schreiben Sie Ihren Text wie sonst auch und formatieren ihn mit den zur Verfügung stehenden Mitteln, möglichst mit Formatvorlagen, die Sie auf der Registerkarte **Start** finden.

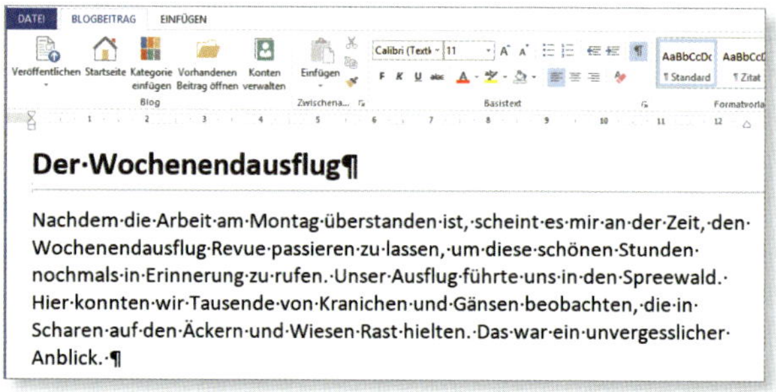

Abbildung 11.61
Der Blogbeitrag in Word

3 Um den Beitrag im Internet wiederzufinden, müssen Sie ihn veröffentlichen. Klicken Sie dazu auf der Registerkarte **Blogbeitrag** in der Auswahlliste der Schaltfläche **Veröffentlichen** auf die Option **Veröffentlichen**. Dadurch wird der Beitrag unmittelbar hochgeladen und für alle Besucher Ihres Blogs sichtbar.

Abbildung 11.62
Den Beitrag veröffentlichen

INFO

Lokal speichern

Um vorhandene Beiträge zu editieren, neue Beiträge zu schreiben und sie anschließend zu veröffentlichen oder Beiträge als Entwurf zu speichern, müssen Sie online sein, also eine Verbindung zum Internet haben. Sie können Ihre Beiträge allerdings auch wie gewohnt als normale Word-Datei speichern und erst später ins Internet übertragen.

4 Mit der Option **Als Entwurf veröffentlichen** wird der Beitrag auch zum Server übertragen, ist jedoch noch nicht für die breite Internetöffentlichkeit sichtbar. Sie können den Beitrag noch mithilfe Ihrer Blogsoftware weiter editieren, bevor Sie ihn endgültig veröffentlichen.

Durch die Verknüpfung Ihres Blogkontos mit Word 2013 wird die Veröffentlichung von Beiträgen wesentlich komfortabler. Darüber hinaus können Sie auch ganz einfach bestehende Beiträge bearbeiten. Lesen Sie dazu den folgenden Abschnitt.

Einen vorhandenen Beitrag bearbeiten

Um einen vorhandenen Blogbeitrag zu bearbeiten, klicken Sie auf der Registerkarte **Blogbeitrag** auf die Schaltfläche **Vorhandenen Beitrag öffnen**. Eine Liste all Ihrer Artikel wird vom Server abgefragt, und es erscheint eine entsprechende Meldung. Anschließend können Sie den gewünschten Artikel im Dialog **Vorhandenen Beitrag öffnen** auswählen und per Klick auf **OK** in einem neuen Dokument öffnen.

Abbildung 11.63
Vorhandene Blogbeiträge öffnen

Damit Änderungen wirksam werden, müssen Sie den Beitrag danach erneut veröffentlichen.

Kategorien bilden

In der Regel unterstützt jede Blogsoftware das Einteilen der Artikel in Kategorien. Auch diese Zuordnung können Sie in Word vornehmen. Klicken Sie dazu auf der Registerkarte **Blogbeitrag** auf die Schaltfläche **Kategorie einfügen**. Anschließend wird unter dem Titel des Blogbeitrags eine weitere Zeile mit dem Namen **Kategorie** eingeblendet. In der zugehörigen Auswahlliste werden zunächst die Kategorien angeboten, die Sie bereits für Ihr Blog angelegt haben. Wählen Sie hier eine Kategorie aus oder geben Sie einfach eine neue Kategoriebezeichnung in das Feld ein.

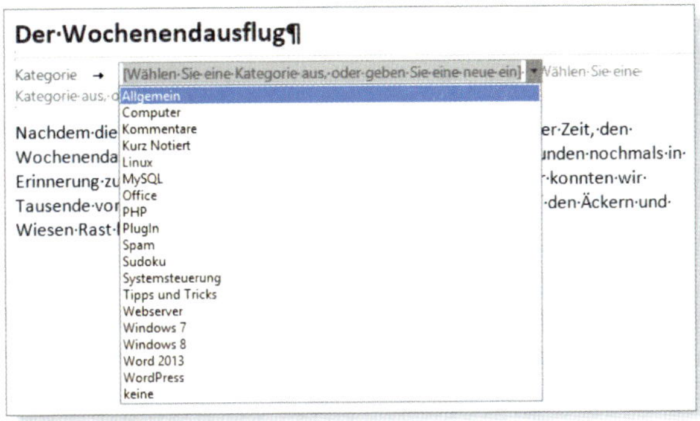

Abbildung 11.64
Kategorien für die Artikel festlegen

INFO

Kategorien konnten nicht erstellt werden

Das Erstellen neuer Kategorien funktioniert in Zusammenarbeit mit WordPress leider nicht zuverlässig.

Kapitel 12
Dokumente mit der Word Web App bearbeiten

Bevor wir Ihnen in den folgenden Kapiteln die vielen Möglichkeiten und Funktionen demonstrieren, die das »echte« Word 2013 an Bord hat, werfen wir einen Blick auf die Word Web App, mit der Sie im Internet Word-Dokumente bearbeiten können. Wir gehen in der folgenden Beschreibung davon aus, dass einige Word-Dokumente auf SkyDrive gespeichert wurden.

Um Dokumente über das Internet zu bearbeiten, öffnen Sie Ihren Browser und melden sich zunächst mit Ihren Microsoft-Kontodaten auf der SkyDrive-Webseite an (*http://skydrive.live.com/*).

Abbildung 12.1
Hier melden Sie sich an.

Danach wird Ihr SkyDrive, also Ihr Onlinespeicher, geöffnet. Sie erhalten einen Bildschirm, der links einen Navigationsbereich hat, in der oberen blauen Leiste gibt es zwei Schaltflächen (**Erstellen** und **Hochladen**) und die Möglichkeit, Einstellungen an Ihrem Profil vorzunehmen. Klicken Sie dazu auf Ihren Benutzernamen ❶ und dann auf **Profil bearbeiten**. Im mittleren Bildschirmbereich werden Standardordner angezeigt, in denen Sie Ihre Dokumente speichern können.

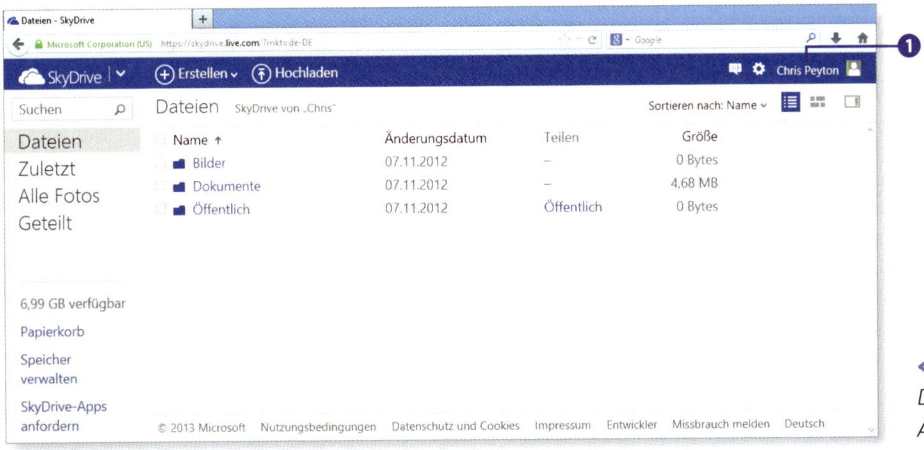

Abbildung 12.2
Der Bildschirm nach dem Anmelden bei SkyDrive

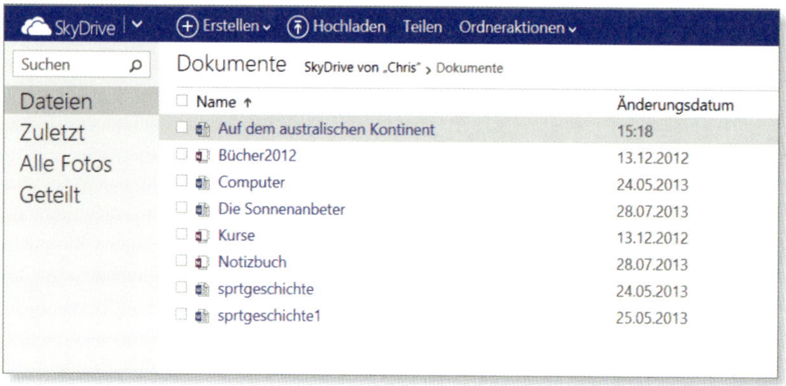

Abbildung 12.3
Die Dokumente des Ordners werden angezeigt.

Einen Ordner öffnen Sie einfach per Mausklick (oder Touch, sofern Sie an einem Touchdisplay arbeiten). Klicken Sie also beispielsweise auf **Dokumente** oder wählen Sie im linken Bereich z. B. **Zuletzt**. Daraufhin wird der Inhalt des Ordners angezeigt (oder die zuletzt verwendeten Dokumente werden aufgelistet). Ein einfacher Klick reicht, um das Dokument in der Word Web App zu öffnen.

12.1 Dokumente in der Word Web App bearbeiten

Ein in der Word Web App geöffnetes Dokument können Sie zunächst nur lesen. Um es bearbeiten zu können, klicken Sie auf den Pfeil ❶ an der Schaltfläche **Dokument bearbeiten**. Wenn Sie es direkt online bearbeiten möchten, wählen Sie hier **In Word Web App bearbeiten**. Wählen Sie **In Word bearbeiten** wird Ihr Dokument heruntergeladen und Sie können es in Word auf Ihrem Computer bearbeiten.

Daraufhin sehen Sie in Ihrem Browser eine Oberfläche, die mehr oder weniger der Oberfläche von Word 2013 entspricht. Es fehlen allerdings einige Registerkarten und eine ganze Menge Befehle. Aber die meisten Formatierungsbefehle ebenso wie die Formatvorlagen stehen auf der Registerkarte **Start** zur Verfügung, außerdem können Sie z. B. Bilder einfügen und das Seitenlayout verändern.

Abbildung 12.4
Das Dokument in der Word Web App

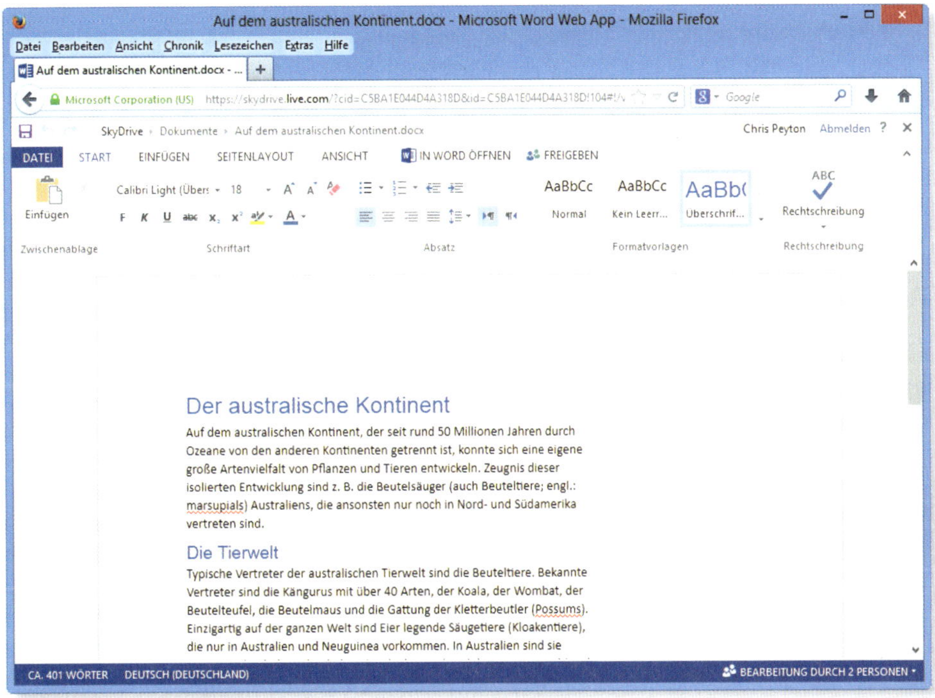

< *Abbildung 12.5*
Das Dokument in einem Word-ähnlichen Fenster

Auf der Registerkarte **Ansicht** werden zwei unterschiedliche Ansichten angeboten: **Bearbeitungsansicht** und **Leseansicht**. Wenn Sie auf **Leseansicht** klicken, erhalten Sie wieder die Ansicht, in der Ihr Dokument zunächst geöffnet wurde.

Auch in der Word Web App gibt es das Register bzw. den Backstage-Bereich **Datei**, wo Sie die Befehle zum Speichern, Drucken etc. finden.

^ *Abbildung 12.6*
Der Backstage-Bereich der Word Web App

Um Änderungen an dem Dokument zu sichern, können Sie einfach auf die Schaltfläche **Speichern** links in der Titelleiste klicken oder – wie eben erwähnt – auf Datei > **Speichern**.

^ *Abbildung 12.7*
Die Schaltfläche »Speichern« in der Titelleiste der Word Web App

Sie schließen ein Dokument in der Word Web App über **Datei** > **Beenden** oder einfach über das Schließkreuz rechts oben. Daraufhin wird wieder Ihr SkyDrive-Bereich angezeigt, in dem Sie gegebenenfalls zu einem anderen Ordner navigieren und ein anderes Dokument öffnen können.

Wenn Sie auf die in der Word App bearbeitete Fassung lokal Zugriff haben möchten, können Sie das Dokument als Kopie auf Ihren Computer herunterladen. Dazu wählen Sie **Datei** > **Speichern unter** > **Herunterladen**.

Abbildung 12.8
Hier starten Sie den Download eines Dokuments.

Sie werden dann im folgenden Dialogfenster gefragt, wie Sie mit der Datei verfahren möchten. Mit der Option **Datei speichern** wird die Datei heruntergeladen und in Ihren Download-Ordner gespeichert. Das Dokument bleibt dann weiterhin in der Word App geöffnet.

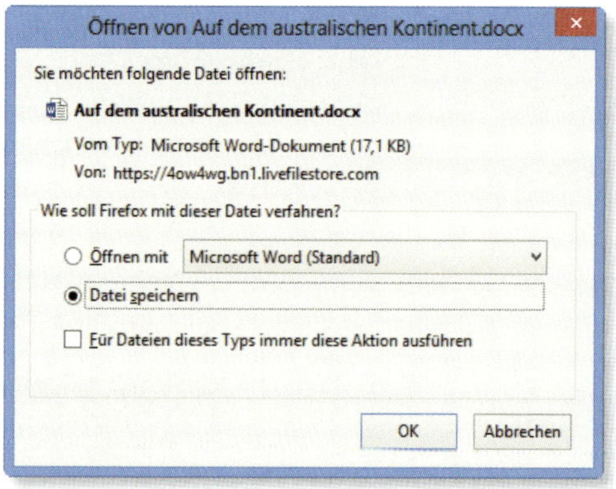

Abbildung 12.9
Das Dokument herunterladen und auf Ihrem Computer speichern

Im Gegensatz dazu können Sie das Dokument auch direkt aus der Word Web App in Word aufrufen, in der App wird es dann allerdings geschlossen (da nicht wie beim Herunterladen eine Kopie erzeugt wird). Dazu klicken Sie auf den Link **In Word öffnen**, den Sie neben den Registerkarten finden.

HINWEIS

Office 365

Unterhalb des Links **Abmelden** sehen Sie auch, dass Sie aktuell mit *Office 365* arbeiten. Dies ist die offizielle Bezeichnung für das Office in der Cloud.

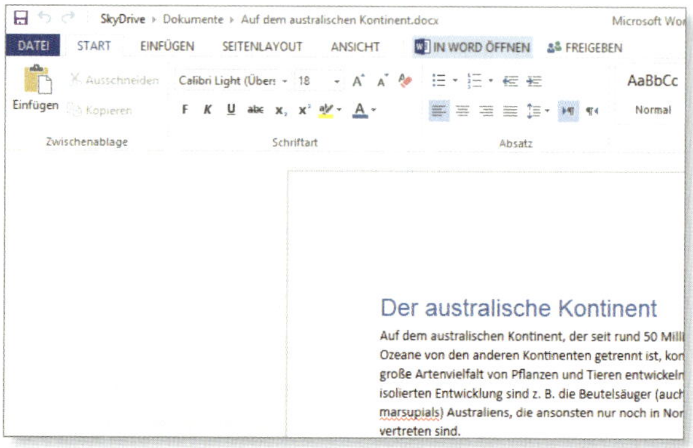

Abbildung 12.10
Das Dokument in Word öffnen

Sie erhalten dann den Dialog **Anwendung starten**, in dem als Anwendung **Microsoft Office 2013** markiert ist. Klicken Sie hier auf **OK**.

Abbildung 12.11
Die Anwendung bestimmen

Daraufhin wird Ihr Dokument in Word auf Ihrem Computer geöffnet, und Sie können es weiter bearbeiten.

Übrigens: Wenn Sie – wie zuvor beschrieben – gleich nach dem Aufrufen des Dokuments im Menü der Schaltfläche **Dokument bearbeiten** auf **In Word bearbeiten** geklickt hätten (statt auf **In Word Web App bearbeiten**), hätte dies denselben Effekt gehabt.

Um die Arbeit an einem Dokument zu beenden, schließen Sie zuerst am besten das Dokument (**Datei** > **Be-**

enden). Auf SkyDrive klicken Sie dann rechts oben am Bildschirm auf Ihren Benutzernamen und wählen im Menü **Abmelden**.

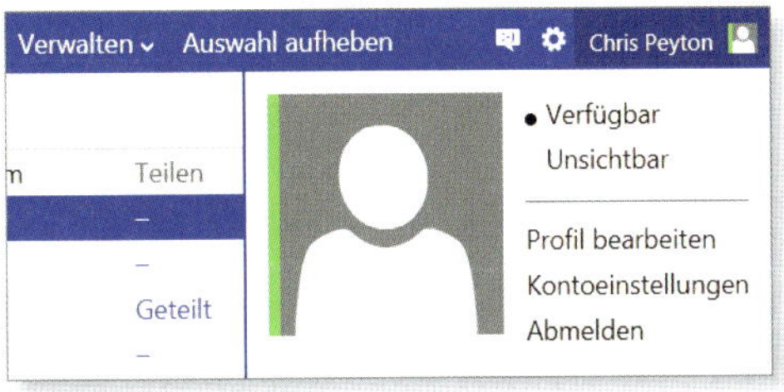

Abbildung 12.12
So melden Sie sich ab.

Auch in der Word Web App gibt es oben rechts den Link **Abmelden**. Wenn Sie darauf klicken, schließen Sie mit einem Rutsch die Word Web App und verlassen SkyDrive.

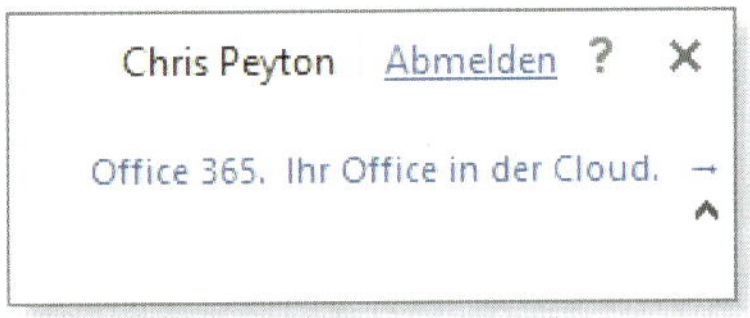

Abbildung 12.13
Der Link »Abmelden« in der Word Web App

Allerdings wird dann, da Sie das Dokument in der Word Web App nicht geschlossen hatten, das entsprechende Dokument bei der nächsten Anmeldung auf SkyDrive gleich wieder geöffnet. Das ist natürlich auch kein »Beinbruch«. Klicken Sie einfach auf **Datei** > **Beenden**, um den Inhalt Ihres SkyDrive angezeigt zu bekommen.

Schauen Sie sich hier ein wenig um. Auch von Ihrem SkyDrive aus können Sie z. B. Dokumente über die entsprechende Schaltfläche ❶ teilen (wie Sie in der Word Web App geöffnete Dokumente freigeben, beschreiben wir im nächsten Abschnitt).

12.2 Dokumente freigeben

Sehr praktisch ist, dass Sie Dokumente aus der Word Web App für andere freigeben können (oder auch direkt von Ihrem SkyDrive aus, zu sehen in Abbildung 12.14). Dies erspart mitunter viel Hin und Her und ist insbesondere bei großen Dateien sehr viel einfacher, als diese beispielsweise per E-Mail zu verschicken.

Abbildung 12.14
Teilen Sie Dokumente von SkyDrive aus

Um ein Dokument für andere freizugeben, klicken Sie in der Word Web App auf die Schaltfläche **Freigeben** ❷.

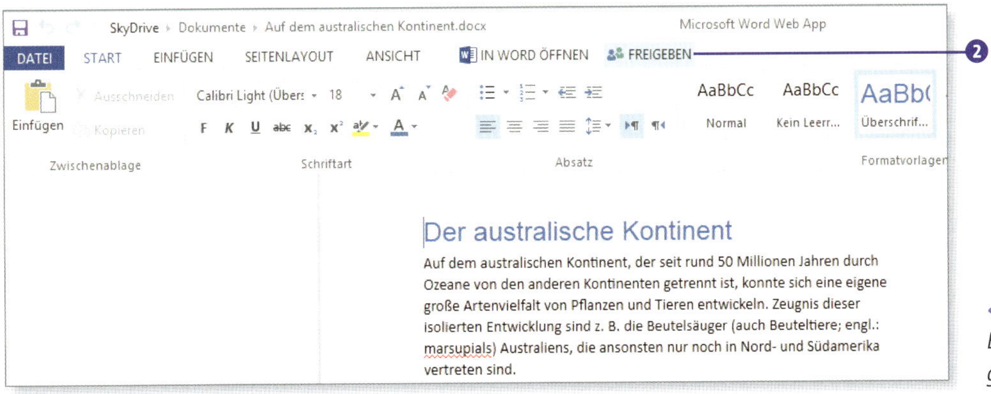

Abbildung 12.15
Ein Dokument freigeben

Im nächsten Fenster tragen Sie die E-Mail-Adresse ein. Achten Sie hier auf die Option **Empfänger können Elemente bearbeiten**, die standardmäßig aktiviert ist. Deaktivieren Sie sie gegebenenfalls, wenn Sie die Möglichkeit der Bearbeitung dem Empfänger nicht erlauben möchten. Klicken Sie dann auf **Teilen**. Sie erhalten als Nächstes ein Bestätigungsfenster, das Sie mit **Schließen** schließen.

Der Empfänger erhält von Ihnen nach der Bestätigung automatisch eine E-Mail-Einladung zu dem geteilten Word-Dokument. In der entsprechenden Mail wird ein Link mitgeschickt, der per Mausklick zu dem Dokument in der Word Web App führt. Auf diese Weise ist es möglich, dass mehrere Benutzer gleichzeitig das Dokument bearbeiten können (sofern Sie die Bearbeitung – wie beschrieben – zulassen).

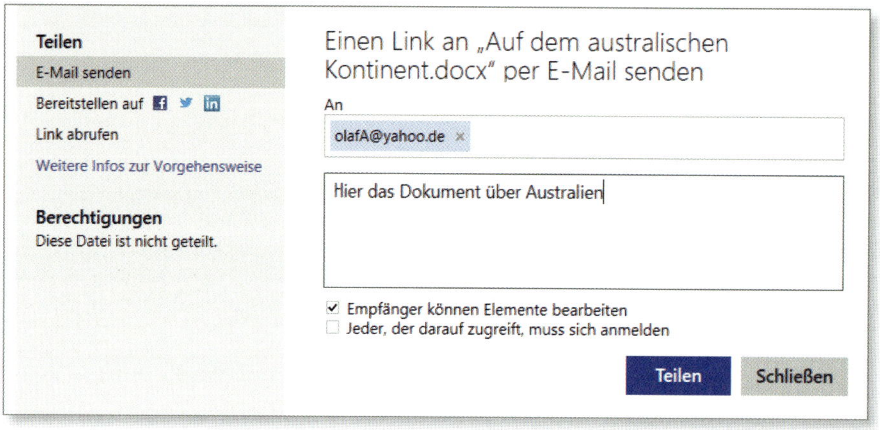

Abbildung 12.16
Legen Sie den Empfänger fest.

Teil III
Texte formatieren

Kapitel 13
Allgemeines zur Formatierung

Texte einzugeben ist die eine Sache; die andere Sache ist es, diese Texte weiter zu bearbeiten und zu formatieren, sie also optisch zu gestalten. Die Möglichkeiten, die Word Ihnen hierzu bietet, sind schier unendlich.

Nicht nur wegen der Übersichtlichkeit oder des Bedürfnisses nach einer verständlichen Kategorisierung ist es sinnvoll, die verschiedenen Formatierungen systematisch zu unterscheiden: in Zeichen-, Absatz-, Seiten- und sonstige Formatierungen. Diese Unterscheidung wirkt sich auch auf die Methoden aus: Beispielsweise muss der zu formatierende Bereich zum Teil markiert werden, zum Teil nicht. Dies ist leichter zu verstehen, wenn man ein wenig hinter die Logik der Formatierung schaut. Wir stellen Ihnen daher die einzelnen Formatkategorien in den folgenden Abschnitten etwas genauer vor.

HINWEIS

Überblick über die Formatierungsmöglichkeiten

Damit wir uns nicht missverstehen: In diesem Kapitel behandeln wir das Thema Formatierung generell, ohne dabei auf Einzelheiten der Formate und auf Vorgehensweisen zur Formatierung einzugehen. Wenn Sie wissen möchten, was konkret zu tun ist, wenn Sie Ihren Text formatieren möchten, verweisen wir Sie auf die Kapitel 14, »Zeichenformatierung«, bis 19, »Formatvorlagen«, in denen wir Ihnen die verschiedenen Möglichkeiten ausführlich vorstellen werden.

13.1 Die Formatierung einzelner Zeichen

Lassen Sie uns zunächst über die *Zeichenformatierung* sprechen. Davon ist immer dann die Rede, wenn durch die Formatierung Zeichen verändert werden, egal, ob es sich dabei um ein einzelnes Zeichen handelt, um sehr viele Zeichen oder auch um alle Zeichen eines Dokuments. Zu den Klassikern der Zeichenformatierung gehören Veränderungen der Schriftart oder der Schriftgröße sowie die Verwendung der bekannten Schriftschnitte **Fett**, **Kursiv** und **Unterstrichen**.

Aber Word hat hier noch eine ganze Menge mehr zu bieten. Die meisten Befehle zur Zeichenformatierung finden Sie auf der Registerkarte **Start** in der Gruppe **Schriftart**; weitere Möglichkeiten bietet das Dialogfenster **Schriftart**, das Sie über den kleinen Pfeil unten rechts in der Gruppe öffnen.

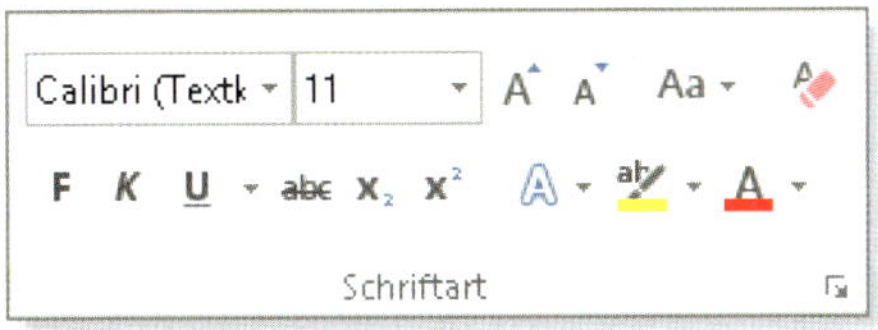

Abbildung 13.1
Befehle für die Zeichenformatierung in der Gruppe »Schriftart«

Zeichenformatierungen zuweisen

Um Zeichenformatierungen zuzuweisen, muss der entsprechende Bereich markiert werden, es sei denn, Sie stellen die Formatierung jeweils schon vor der Eingabe des Textes ein (was nicht unbedingt zu empfehlen ist, wie Sie im Infokasten »Nachträglich formatieren« lesen können). Um ein ganzes Wort zu formatieren, reicht es, den Cursor in das entsprechende Wort zu setzen. Dies setzt allerdings voraus, dass die Option **Automatisch ganze Wörter markieren** aktiviert ist, die Sie in den Word-Optionen über **Datei** > **Optionen** und hier in der Kategorie **Erweitert** finden.

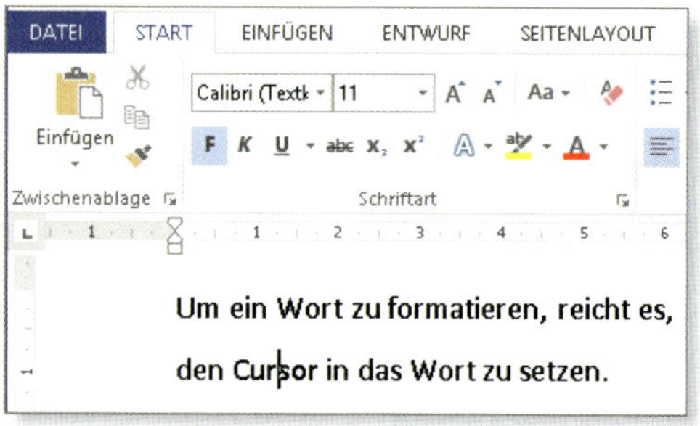

Abbildung 13.2
Das Wort »Cursor« wird fett formatiert.

Die Zeichenformatierung in älteren Word-Versionen

Word 2013 bietet wie auch schon Word 2010 einige Möglichkeiten der Zeichenformatierung, die ältere Word-Versionen nicht unterstützen, z. B. über die Schaltfläche **Texteffekte**, die Sie ebenfalls in der Gruppe **Schriftart** finden.

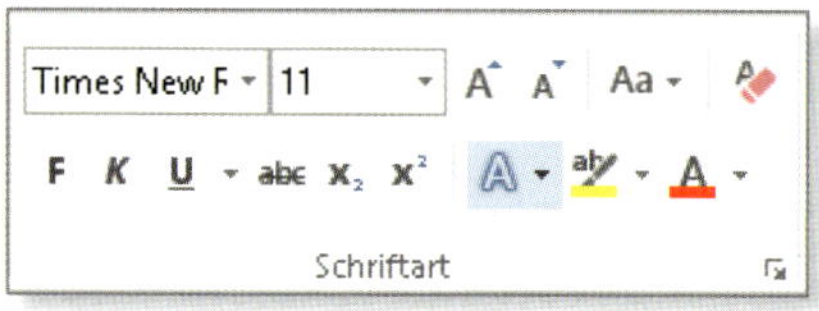

Abbildung 13.3
Die Schaltfläche »Texteffekte«

Wenn Sie eine der hier angebotenen Formatierungen angewendet haben und das Dokument dann im Dateiformat *.doc* (*Word 97-2003-Dokument*) speichern (z. B. um es jemandem zur Verfügung zu stellen, der mit einer älteren Word-Version arbeitet), können diese Formatierungen leider nicht mitgespeichert werden und werden daher entfernt. Word teilt Ihnen dies freundlicherweise in einem Dialog zur Kompatibilitätsprüfung mit.

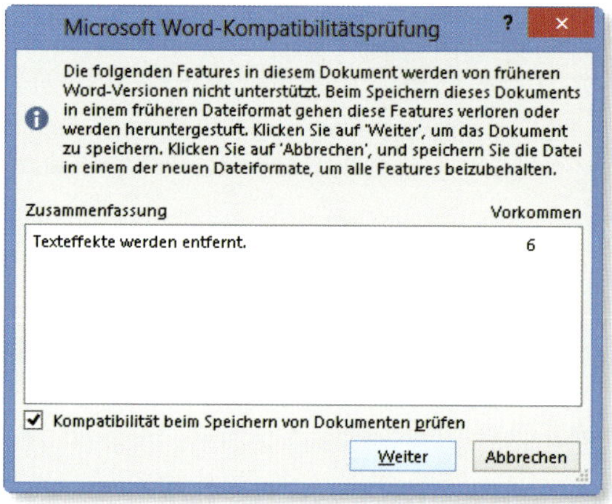

Abbildung 13.4
Texteffekte können nicht in einem Dokument mit dem Dateiformat .doc gespeichert werden.

Wenn Sie in diesem Dialog mit **Weiter** fortfahren, sind die Formatierungen mit Texteffekten (Kontur, Schatten etc.) verschwunden. Auch Effekte, die zu den Features der älteren Word-Version gehörten, wie beispielsweise Schattierungen, werden nicht übernommen. Die Inhalte Ihres Dokuments bleiben aber die gleichen, keine Sorge. (Zur Speicherung des Dokuments als *.doc*-Datei siehe Kapitel 4, »Dokumente und Ordner«.)

INFO

Reste der Formatierung

Wie gesagt, eigentlich werden diese Formatierungen nicht in eine *.doc*-Datei übernommen. Mitunter bleiben aber trotzdem Reste vorhanden: Bei einem Texteffekt, der u. a. bewirkt, dass der markierte Text neben einigen anderen Effekten farblich gestaltet wird (z. B. **Füllung Blau, Akzent 1, Kontur – Hintergrund 1, Harter Schatten – Akzent 1**), verschwinden zwar die Effekte, doch die Farbe bleibt auch nach der Konvertierung bestehen.

TIPP

Nachträglich formatieren

Auf die Zeichenformatierung gehen wir im Detail in Kapitel 14, »Zeichenformatierung«, ein, aber wir möchten Ihnen schon an dieser Stelle einen Hinweis zum grundsätzlichen Vorgehen geben. Prinzipiell ist es deutlich bequemer, einen Text zunächst einfach zu schreiben und erst nachträglich die Formatierung durchzuführen. Wenn Sie nämlich einzelne Textpassagen bereits während der Texteingabe formatieren und dann weiterschreiben, nehmen Sie die eingestellte Formatierung sozusagen mit, Sie schreiben also z. B. fett oder unterstrichen weiter. Falls dies also gar nicht beabsichtigt war, müssen Sie die Formatierung wieder rückgängig machen. Diese ganze Prozedur ersparen Sie sich, wenn Sie Texte nicht während der Eingabe formatieren, sondern erst im zweiten Schritt – nach Fertigstellen des Textes.

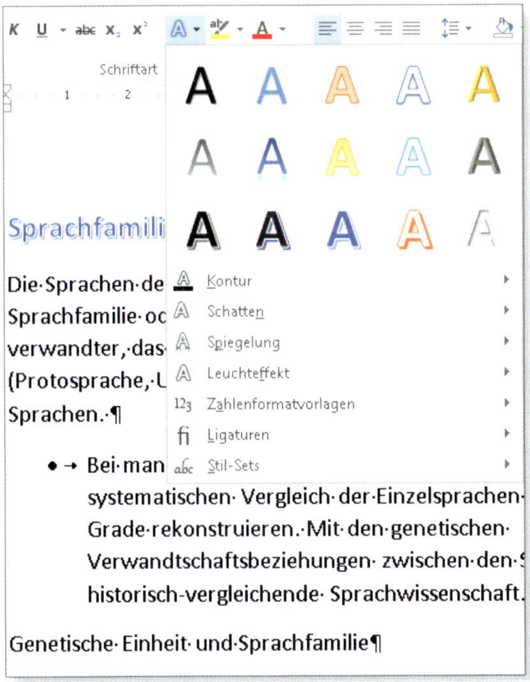

Abbildung 13.5
Der Text im Format .docx mit Texteffekt

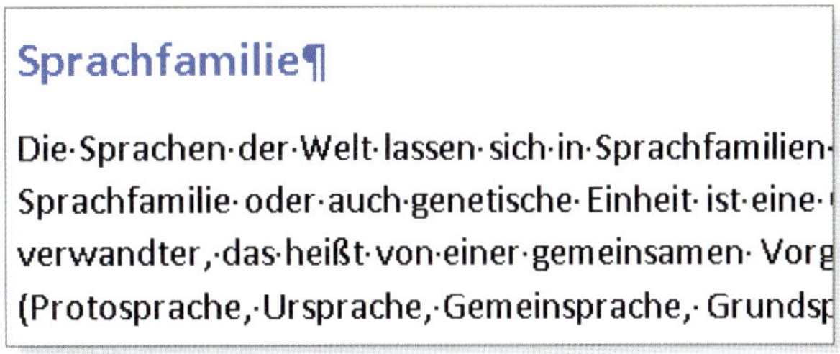

Abbildung 13.6
Der Text im Format .doc – das Wort »Sprachfamilie« hat die blaue Farbe behalten, aber von dem Effekt ist nichts mehr zu sehen.

13.2 Die Formatierung ganzer Absätze

Im Gegensatz zur Zeichenformatierung umfasst die *Absatzformatierung* Schritte zur Bearbeitung von ganzen Absätzen. Dies betrifft beispielsweise die Anordnung von Absätzen auf der Seite, also ihre Ausrichtung (linksbündig, zentriert, rechtsbündig, Blocksatz), die Zeilenabstände und Einzüge. Alle Befehle zur Absatzformatierung wirken sich immer auf den Absatz aus, in dem der Cursor steht, ohne dass dieser komplett markiert sein muss (jedenfalls solange Sie lediglich einen einzelnen Absatz bearbeiten möchten). Wenn Sie im Nachhinein mehrere Absätze eines Dokuments bearbeiten möchten, also nach und nicht während der Eingabe, müssen Sie die betreffenden Absätze allerdings markieren und dann den gewünschten Befehl wählen.

TIPP

Absatzformatierung ohne Markierung

Der Erkenntnis, dass für eine Absatzformatierung keine Markierung erforderlich ist, widersetzen sich viele Anwender hartnäckig! Immer wieder kann man beobachten, dass ein Absatz zuerst markiert wird, um ihn z. B. zu zentrieren. Lassen Sie sich überzeugen und probieren Sie es selbst aus: Es ist (wirklich, wirklich) nicht erforderlich! Word zentriert den Absatz, auch ohne dass er markiert ist.

Wenn Sie einem Absatz eine Formatierung zugewiesen haben und dann durch Drücken der ↵-Taste einen neuen Absatz erzeugen, wird die Formatierung auf den nächsten Absatz übertragen (die Formatierungseinstellungen stecken quasi in der Absatzmarke). Wenn Sie also eine Absatzmarke löschen und damit zwei Absätze zu einem machen, gilt für den gesamten Abschnitt die Formatierung des zweiten Absatzes (der übrig gebliebenen Absatzmarke).

Die Befehle, die man der Absatzformatierung zuordnet, sind auf der Registerkarte **Start** in der Gruppe **Absatz** gesammelt. Weitere Befehle sind im Dialogfenster **Absatz** zu finden, das Sie über den kleinen Pfeil unten rechts an der Gruppe öffnen.

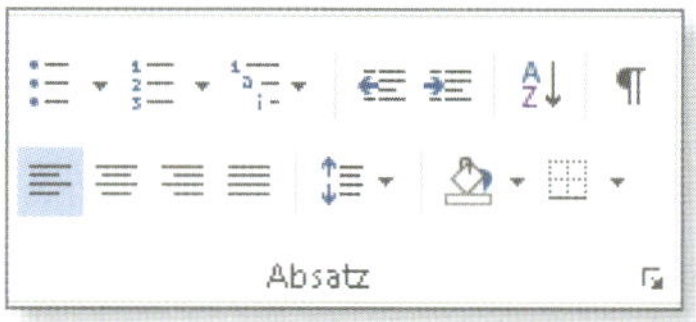

Abbildung 13.7
Schaltflächen für Absatzformatierungen

Einen Absatz mit einem Rahmen versehen

Auch die Einfügung eines Rahmens gehört zur Absatzformatierung. Die Schaltfläche zum Einfügen eines Rahmens finden Sie naturgemäß ebenfalls in der Gruppe **Absatz**. Die Rahmenfunktion bietet verschiedene Varianten: Beispielsweise können Sie einen kompletten Rahmen um den Absatz ziehen, eine Linie unterhalb oder eine Linie oberhalb des Absatzes einfügen etc. Unabhängig davon, welche Option Sie anwenden, bezieht sich der gewählte Befehl immer auf den Absatz, in dem der Cursor aktuell steht. Probieren Sie es einfach einmal aus!

1. Setzen Sie den Cursor in einen Absatz.
2. Klicken Sie auf der Registerkarte **Start** in der Gruppe **Absatz** auf den Pfeil am Symbol **Rahmen**.
3. Aus dem zugehörigen Menü wählen Sie den Befehl **Rahmenlinie außen**. Prompt wird der ganze Absatz eingerahmt.

Aufzählungszeichen und Nummerierungen zuweisen

Auch Aufzählungen und Nummerierungen werden absatzweise zugewiesen. Dies erkennen Sie daran, dass die Aufzählung (bzw. Nummerierung) mit einem Aufzählungszeichen (bzw. dem nächsten Nummerierungswert) fortgesetzt wird, wenn Sie die ↵-Taste drücken. Ausführlichere Informationen dazu finden Sie in Kapitel 18, »Nummerierungen, Aufzählungszeichen und Listen«.

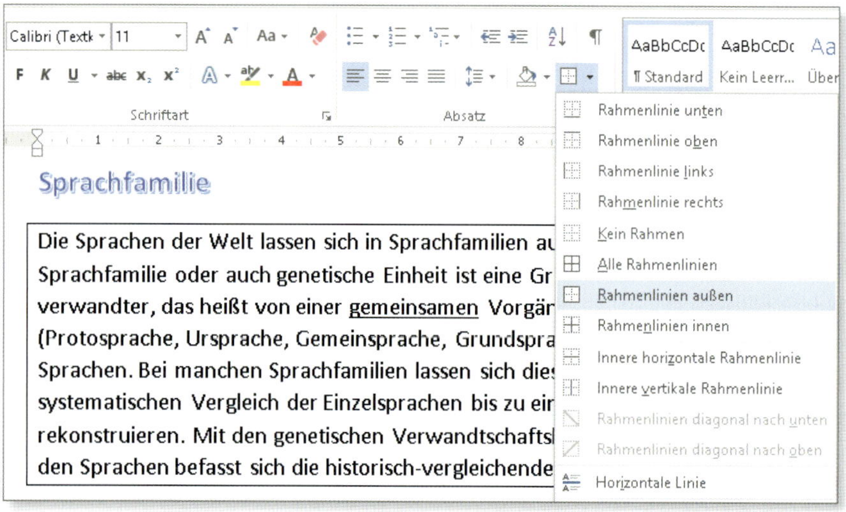

Abbildung 13.8
Der Absatz wird mit einem Rahmen versehen.

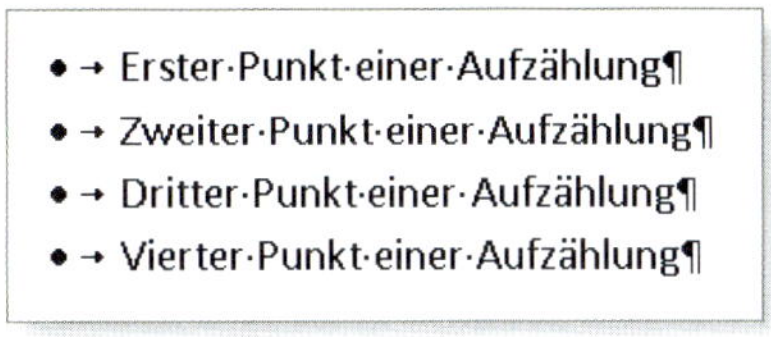

Abbildung 13.9
Aufzählungszeichen für Absätze

Falls Sie noch skeptisch sind, probieren Sie einfach folgende Aktion aus.

1 Setzen Sie den Cursor in einen Absatz.

2 Klicken Sie dann auf die Schaltfläche **Aufzählungszeichen** in der Gruppe **Absatz** auf der Registerkarte **Start**. Zunächst wird das Aufzählungszeichen nur dem aktuellen Absatz vorangestellt, also dem, in dem der Cursor steht.

3 Wenn Sie dann aber am Ende dieses Absatzes die [↵]-Taste drücken, erhält auch der neue Absatz ein passendes Aufzählungszeichen.

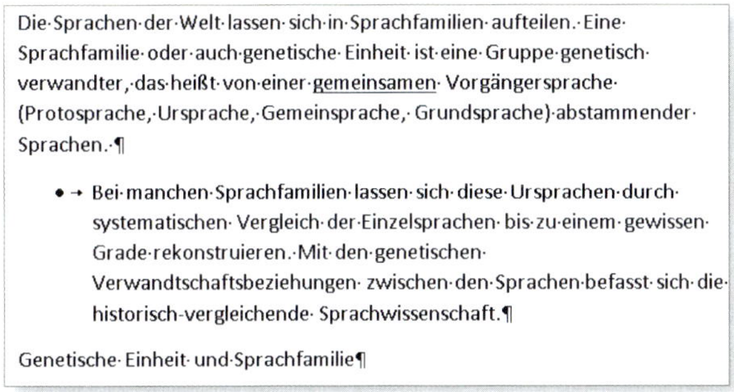

Abbildung 13.10
Aufzählungszeichen werden absatzweise zugewiesen.

Tabstopps

Die Tabstopps, die Sie per Mausklick im Lineal setzen können und zu denen der Cursor dann springt, wenn Sie die [⇆]-Taste drücken, gehören ebenfalls zum aktuellen Absatz. Nur durch die Betätigung der [↵]-Taste werden die Tabstopps, die Sie für einen Absatz definiert haben, in den nächsten Absatz übertragen. Wenn Sie den Cursor einfach mit einem Mausklick woanders hinsetzen, ohne die [↵]-Taste nach dem Absatz mit den Tabstopps zu drücken, können diese Tabstoppeinstellungen nicht übertragen werden.

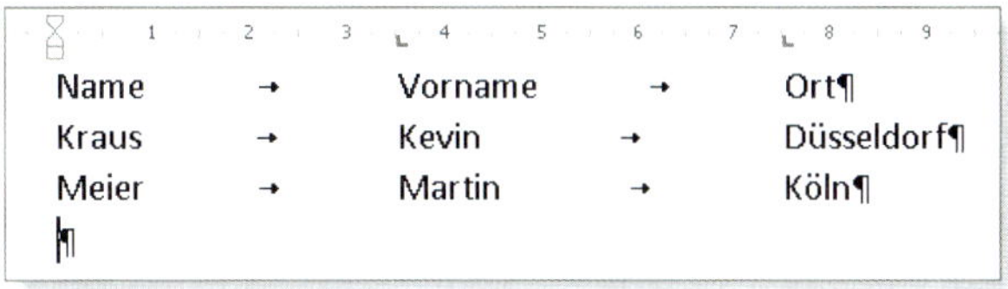

Abbildung 13.11
Tabstopps in Absätzen werden im Lineal angezeigt.

13.3 Die Seitenformatierung mit Abschnitten

Wir wandern in unserer Beschreibung von den kleinen Elementen eines Dokuments zu den größeren. Neben der Zeichen- und Absatzformatierung gibt es die *Seitenformatierung*, mit der die Einstellungen für die Seiten festgelegt werden, auf denen sich der Text verteilt. Diese Befehle wirken sich, wenn sie nicht explizit eingeschränkt werden, auf das gesamte Dokument aus. Dabei ist es völlig egal, wo der Cursor steht.

Zu den Befehlen und Funktionen der Seitenformatierung gehören vor allem die Seitenränder, die Ausrichtung und die Einteilung der Seite in Spalten. Sie finden diese Einstellungen auf der Registerkarte **Seitenlayout** in der Gruppe **Seite einrichten**. Im Dialogfenster **Seite einrichten**, das Sie wie gehabt über den kleinen Pfeil an der Gruppe öffnen, finden Sie all diese Befehle gebündelt.

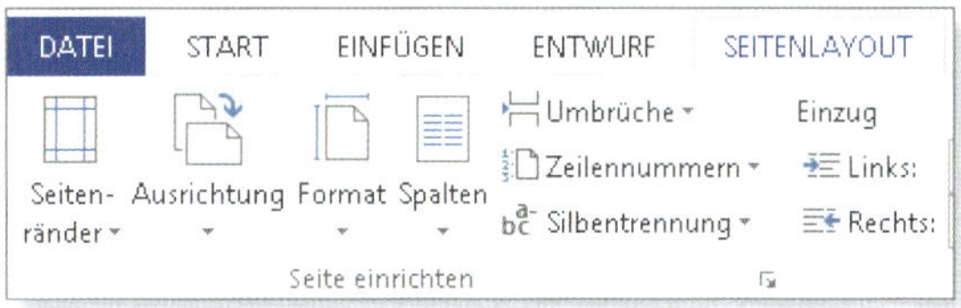

Abbildung 13.12
Die Optionen zur Seitenformatierung

Ganz unten in diesem Dialog gibt es zudem die Möglichkeit, die Einstellungen einzuschränken: Mit der Option **Dokument ab hier** im Feld **Übernehmen für** gilt die Seitenformatierung nicht mehr für das gesamte Dokument, sondern nur noch für den Teil des Dokuments ab der Stelle, an der der Cursor aktuell steht.

Die Möglichkeit, mit Abschnitten zu arbeiten, wird erfahrungsgemäß recht oft übersehen. Dabei ist die Einteilung in Abschnitte besonders in längeren Dokumenten eine praktische Sache, denn sie ermöglicht z. B. die Anwendung der Seitenformatierungsfunktionen auf Teilbereiche des Dokuments. Mit *Abschnitt* ist hier nicht ein Textstück im herkömmlichen Sinne gemeint, sondern ein festgelegter Bereich in einem Word-Dokument, der durchaus auch aus mehreren Absätzen oder Kapiteln bestehen kann.

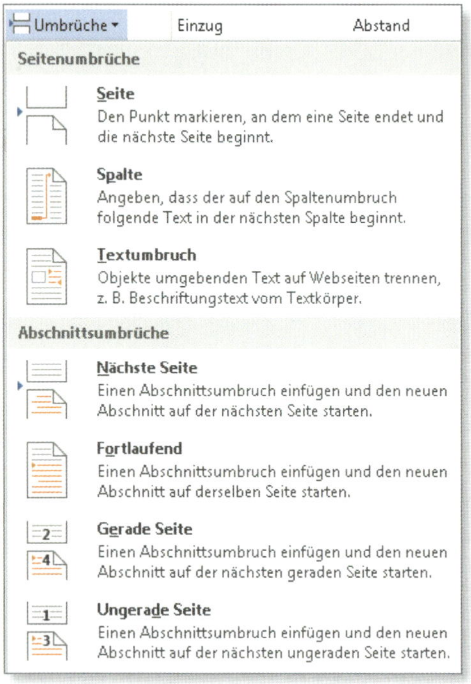

Abbildung 13.13
Abschnitte einfügen

Abschnitte werden mithilfe von *Abschnittsumbrüchen* gekennzeichnet. Wenn Sie einen solchen Abschnittsumbruch in Ihr Dokument einfügen, können Sie für den neuen Abschnitt auch neue Einstellungen vornehmen, also z. B. andere Seitenränder, eine andere Ausrichtung oder eine andere Spaltenanzahl bestimmen als für den vorhergehenden Abschnitt. Im Prinzip setzt ein Abschnitt also die Seitenformatierung, die Sie bisher für das Dokument festgelegt hatten, außer Kraft (bzw. *kann* sie außer Kraft setzen).

Den Befehl, mit dem Sie in einem Dokument einen neuen Abschnitt beginnen, finden Sie auf der Registerkarte **Seitenlayout** im Auswahlmenü des Symbols **Umbrüche** in der Gruppe **Seite einrichten**. Es werden hierzu diverse Varianten angeboten (siehe dazu Kapitel 15, »Absatzformatierung«).

Auch die Registerkarte **Layout**, die zum Dialogfenster **Seite einrichten** gehört, bietet verschiedene Möglichkeiten, um Abschnitte einzufügen. Schauen Sie sich dort einfach um und probieren Sie die Optionen an Ihrem Dokument aus.

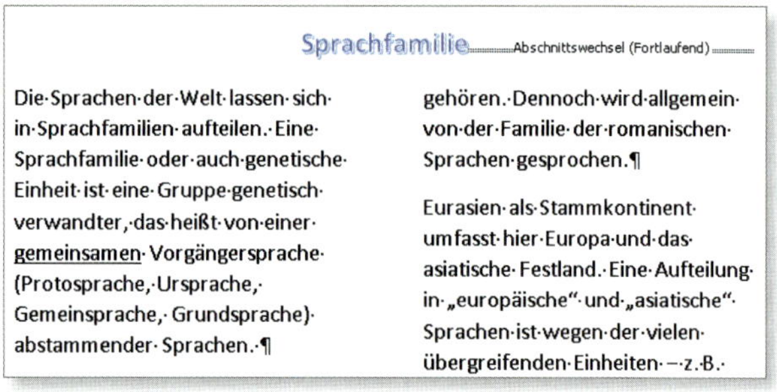

Abbildung 13.14
Ein neuer Abschnitt wurde eingefügt, um von Ein- zu Zweispaltigkeit wechseln und das Layout so variieren zu können.

13.4 Sonstige Formatierungen

Neben den klassischen Formatierungen, von denen bisher die Rede war – sofern man bei der kurzen Geschichte der Datenverarbeitung überhaupt schon von »klassisch« sprechen kann –, gibt es noch einige andere Formatierungsmöglichkeiten, die sich nicht so eindeutig einordnen lassen.

Formatvorlagen

Eine Formatvorlage kann man sich als eine Art »Formatierungspaket« vorstellen, das bestimmte Formatierungseigenschaften bündelt. Viele Formatvorlagen enthalten lediglich Zeichenformatierungen, es gibt aber auch Vorlagen mit Einstellungen für Absätze, Nummerierungen (Listen) etc.

Wenn Sie eine Formatvorlage auf einen Teil Ihres Textes anwenden, werden dem Text alle in der Vorlage vereinten Einstellungen en bloc zugewiesen. Sie klicken also unter Umständen nur einmal, haben aber auf einen Schlag mehrere Formatierungseinstellungen vorgenommen.

HINWEIS

Formatvorlagen – nützliche Helfer

Die Sache mit den Formatvorlagen klingt praktisch, und sie ist es auch! Dennoch wissen wir aus der Praxis, dass Formatvorlagen gern links liegen gelassen werden, weil sie auf den ersten Blick vielleicht komplizierter wirken, als sie tatsächlich sind. Lieber »klickt man sich so durch«, um den Text zu gestalten. Sie sollten sich aber von den Vorteilen der Formatvorlagen überzeugen lassen – und es gibt jenseits der schnellen Zuweisung noch einige mehr. In Kapitel 19, »Formatvorlagen«, beschreiben wir den Umgang mit diesen Vorlagen im Detail.

Word hat einige fertige Formatvorlagen an Bord, zu finden sind sie auf der Registerkarte **Start** in der Gruppe **Formatvorlagen**. Aber Sie können natürlich auch eigene Vorlagen erstellen mit allen Formatierungsmerkmalen, die Sie brauchen, und diese dann beliebig oft verwenden.

Designs

Was heutzutage alles per Knopfdruck funktioniert, ist schier unglaublich. Und so haben sich wohl auch die Microsoft-Entwickler gedacht, dass es etwas geben sollte, das aus Texten quasi auf Knopfdruck (sprich: per Mausklick) professionell gestaltete und einheitlich wirkende Dokumente macht. Diese Designentwicklung erspart Ihnen die Suche nach Formatierungen und zueinander passenden Schriften, Farben etc.

Das Konzept der *Designs* für Word bzw. Office wurde mit der Version 2007 geboren. Dokumentdesigns bündeln mehrere Formatierungsoptionen. Genau genommen enthalten sie einen Satz Designfarben, einen Satz Designschriftarten und einen Satz Designeffekte (einschließlich Linien- und Fülleffekte für Objekte). Mit diesen Schemata wird der Stil eines Dokuments insgesamt festgelegt (ohne dass Sie sich über einzelne Schriftarten, Schriftfarben, ihr Zusammenwirken und das Aussehen anderer Effekte Gedanken machen müssen). Das bedeutet, dass selbst ein neu angelegtes Dokument von vornherein niemals ungestaltet ist.

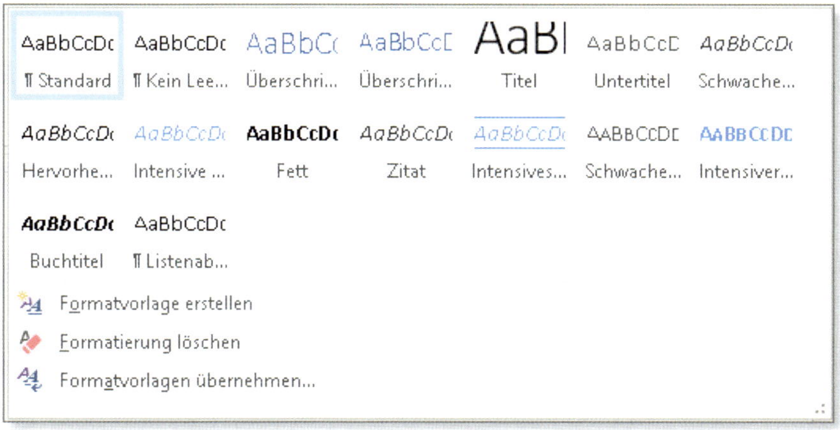

Abbildung 13.15
Das Menü mit der Auswahl an Formatvorlagen

Ein Design für Ihr Dokument verwenden

Man merkt es nicht sofort, aber Tatsache ist, dass jedem neuen Dokument bereits ein Design zugrunde liegt, das die Schriftarten (für Überschriften und Fließtext), Farben sowie Linien- und Fülleffekte festlegt. Sie können ganz einfach überprüfen, mit welchem Design Sie arbeiten, indem Sie folgende Schritte ausführen.

1. Öffnen Sie ein neues Word-Dokument.
2. Wechseln Sie auf die Registerkarte **Entwurf** und klicken Sie hier ganz links in der Gruppe **Designs** auf die gleichnamige Schaltfläche.
3. Im zugehörigen Menü ist ein Eintrag markiert: Das ist das Design, das Sie standardmäßig verwenden. Per Mausklick auf einen anderen Eintrag weisen Sie dem aktuellen Dokument ein neues Design zu.

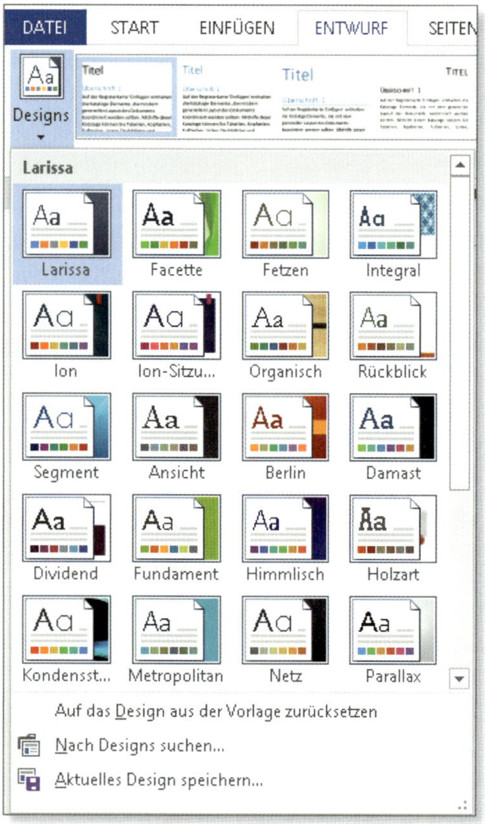

Abbildung 13.16
Das Menü mit der Auswahl an Designs

> **INFO**
>
> **Foliendesigns in PowerPoint**
>
> Für das Office-Programm PowerPoint wurde der Gedanke der einheitlichen Gestaltung schon früher realisiert. Mithilfe der Foliendesigns konnte man auf die Schnelle einen Satz an Farben für die Elemente der Präsentation festlegen und so ein durchgängiges Layout für die gesamte Präsentation schaffen.

Außerdem lassen sich fertige Designs natürlich auch bearbeiten; dies und mehr beschreiben wir in Kapitel 20, »Dokumentdesigns und Dokumentvorlagen«.

> **TIPP**
>
> **Integrierte Dokumentdesigns**
>
> Die hier beschriebenen Dokumentdesigns gibt es in Word, PowerPoint und sogar in Excel. Wenn Sie sie konsequent verwenden, können Sie all Ihre Office-Dokumente wie aus einem Guss wirken lassen.

Die Minisymbolleiste

Wenn Sie ein einzelnes Wort oder ein Stückchen Text markieren und mit der Maus auf der Markierung verharren, erscheint im Nu ein – zunächst – blasses Gebilde schräg hinter dem Text. Sobald Sie mit dem Mauszeiger auf dieses Gebilde zeigen, nimmt es Kontur an, und Sie erkennen, worum es sich handelt: Es ist ein kleines Menü, die sogenannte *Minisymbolleiste*, die einige Schaltflächen zur Zeichenformatierung, das Symbol **Format übertragen** und die Befehle für Einzüge enthält.

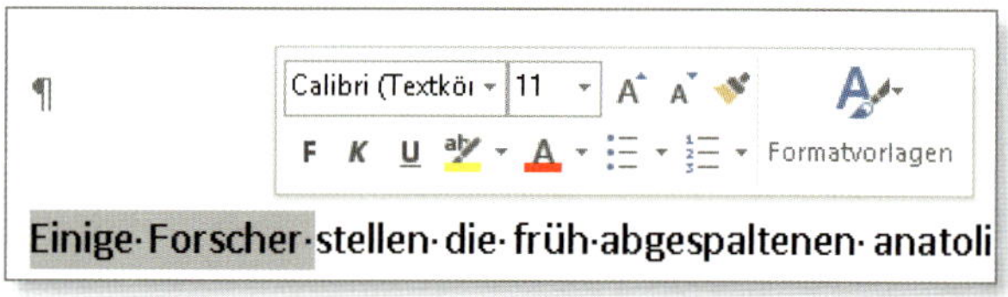

Abbildung 13.17
Die Minisymbolleiste

Die Minisymbolleiste erscheint übrigens auch, wenn Sie einen Textbereich mit der rechten Maustaste anklicken (sie wird auch angezeigt, wenn Sie mit der rechten Maustaste an einer beliebigen Stelle ins Dokument klicken): Damit rufen Sie das Kontextmenü auf, wie Sie wissen, aber eben auch die Minisymbolleiste.

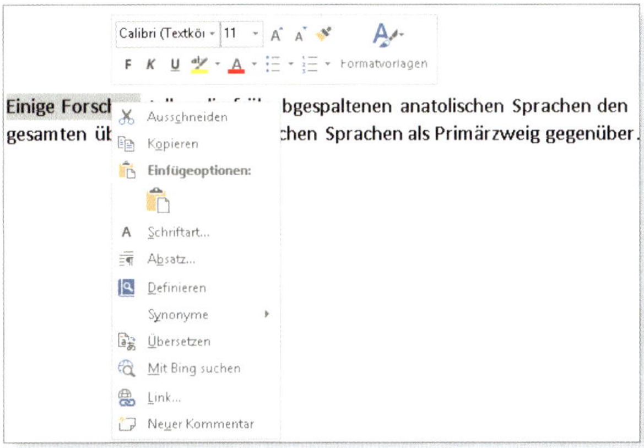

Abbildung 13.18
Minisymbolleiste und Kontextmenü

Auch wenn Sie an einem Touchdisplay arbeiten und einen Textbereich (mit dem Finger oder der Maus) markiert haben, taucht die Minisymbolleiste auf, allerdings erst, wenn Sie den markierten Bereich nochmals antippen. Die Symbolleiste ist dann allerdings nicht mehr so »mini«, sondern aufgrund der für die Fingereingabe optimierten Abstände recht groß!

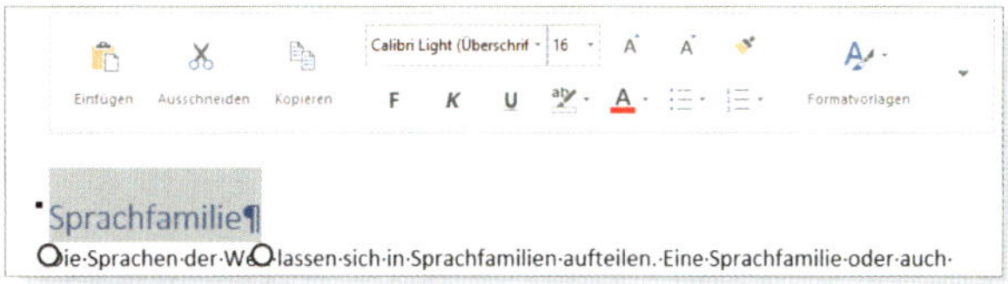

Abbildung 13.19
Die »Minisymbolleiste« nach dem Antippen eines mit dem Finger markierten Textes

Die Minisymbolleiste ausblenden

Wenn Ihnen das alles zu viel des Guten ist und die Minisymbolleiste Sie eher irritiert, als dass sie Ihnen hilfreich erscheint, können Sie auch ganz einfach dafür sorgen, dass sie nicht eingeblendet wird.

1 Öffnen Sie über **Datei** > **Optionen** die Word-Optionen (siehe Abbildung 13.20).

2 Hier aktivieren Sie den Bereich **Allgemein** (falls er nicht ohnehin angezeigt wird).

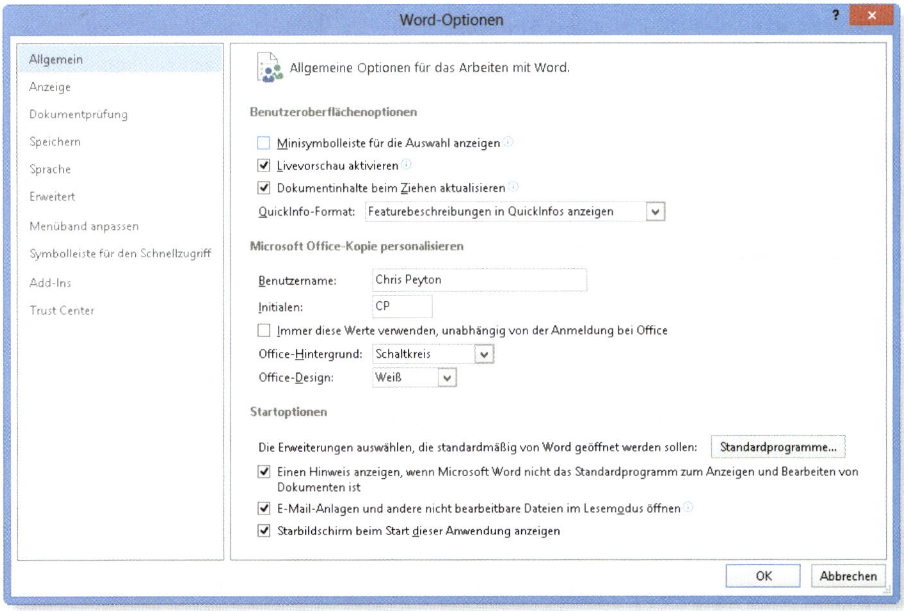

Abbildung 13.20
Die Minisymbolleiste lässt sich auch deaktivieren.

3 Deaktivieren Sie per Mausklick die Einstellung **Minisymbolleiste für die Auswahl anzeigen**, indem Sie in das Optionskästchen klicken.

Die Minisymbolleiste erscheint übrigens trotz der Deaktivierung, wenn Sie, bei der Verwendung von Word an einem Touchdisplay, einen markierten Textbereich mit dem Finger antippen.

Automatische Formatierung durch Word

Als Kind hat man fest daran geglaubt, dass es tatsächlich die Heinzelmännchen waren, die kaputtes Spielzeug über Nacht wieder heil gemacht haben. Es war eine sehr beruhigende Vorstellung. Heutzutage irritiert es einen allerdings eher, wenn Dinge passieren, die man nicht veranlasst hat oder deren Auslöser man nicht kennt. Die automatische Formatierung in Word – wenn auch vergleichsweise harmlos – ist so eine Sache, die man nicht »bestellt« hat, die aber automatisch im Hintergrund arbeitet.

Wenn Sie bereits eine Weile mit Word arbeiten, haben Sie sich vielleicht auch schon einmal gefragt, warum beim Schreiben bestimmte Eingaben verändert werden, ohne dass Sie den Befehl dafür gegeben hätten. Woher »wissen« eigentlich die Anführungszeichen, die Sie mit ⇧ + 2 einfügen, ob sie unten oder oben stehen müssen? Und warum wird eine E-Mail-Adresse automatisch als Link formatiert (*info@web.de*), obwohl Sie nur »info@web.de« eingegeben haben? Vermutlich ahnen Sie es: Es ist keine Magie am Werk. Die Antwort bieten die Einstellungen des sogenannten *AutoFormats* von Word.

Die automatische Formatierung einstellen

Sie können die Einstellungen der automatischen Formatierung im Dialog **AutoKorrektur** überprüfen.

1 Öffnen Sie den Dialog über **Datei** > **Optionen** > **Dokumentprüfung**.

2 Hier öffnen Sie über einen Klick auf die Schaltfläche **AutoKorrektur-Optionen** einen weiteren Dialog namens **AutoKorrektur** (siehe Abbildung 13.21).

3 Auf den Registerkarten **AutoFormat** und **AutoFormat während der Eingabe** finden Sie die entsprechenden Optionen. Per Mausklick in das jeweilige Kästchen deaktivieren bzw. aktivieren Sie sie.

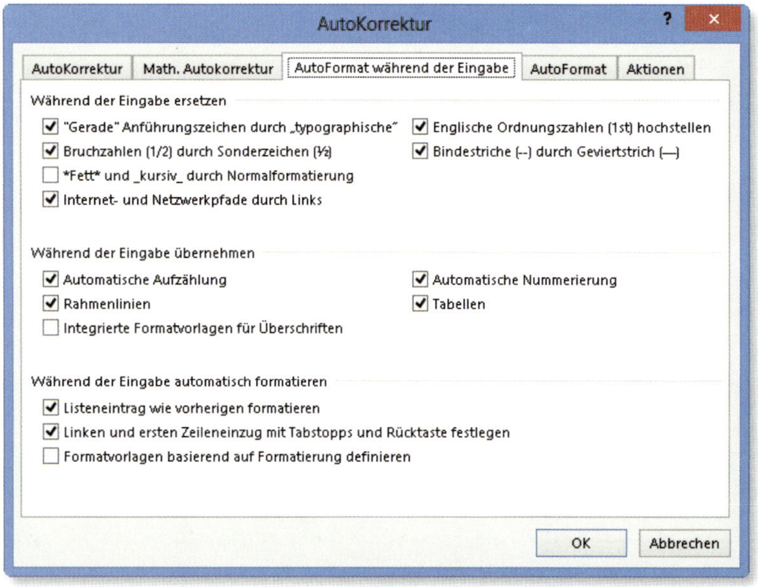

< ***Abbildung 13.21***
Die Optionen der AutoFormate

Für unseren Fall sind in erster Linie die Einstellungen auf der Registerkarte **AutoFormat während der Eingabe** wichtig. Auf der Registerkarte **AutoFormat** finden sich jedoch teils identische Einstellungsmöglichkeiten. Manche Optionen, z. B. **Bruchzahlen (1/2) durch Sonderzeichen (½)**, müssen auf beiden Registerkarten aktiviert sein, damit sie sich tatsächlich auswirken.

Option	Ergebnis der Ersetzung (Beispiel)
"Gerade Anführungszeichen" durch „typographische"	Die Bezeichnung leitet sich ab aus "Monasterium". = Die Bezeichnung leitet sich ab aus „Monasterium".
Englische Ordnungszahlen (1st) hochstellen	The 1st prize, the 2nd commandment
Bruchzahlen (1/2) durch Sonderzeichen (½)	¼ der Summe, ½ Kilo
Bindestriche (--) durch Geviertstrich (–)	Seitenansicht -- Bearbeitungsmodus = Seitenansicht – Bearbeitungsmodus
Fett und _kursiv_ durch Normalformatierung	*fett* = **fett** kursiv_ = *kursiv*
Internet- und Netzwerkpfade durch Hyperlinks	info@mustermann.de = *info@mustermann.de*

Tabelle 13.1
Die AutoFormate zum Ersetzen während der Eingabe

TIPP

Bruchzahlen wie 1/2 schreiben!

Wenn Sie tatsächlich 1/2 schreiben möchten und nicht ½, drücken Sie nach der Eingabe der 2 und der Betätigung der Leertaste einmal die [←]-Taste. Damit löschen Sie quasi die Umwandlung durch das AutoFormat.

Tabelle 13.1 listet die Optionen des Bereiches **Während der Eingabe ersetzen** auf und zeigt das jeweilige Ergebnis an einem Beispiel.

Folgende Erklärungen sind diesbezüglich noch nötig:

- Englische Ordnungszahlen werden natürlich nur dann hochgestellt, wenn der Text auch als englischer Text erkannt wird, also wenn Englisch als Korrektursprache eingestellt ist.
- Der Geviertstrich wird erzeugt, wenn Sie zwei normale Bindestriche hintereinander tippen. So ersparen Sie sich die Suche nach dem passenden Symbol im gleichnamigen Dialogfenster bzw. die Eingabe über den Nummernblock (siehe dazu den Infokasten »Tastenkombinationen für Sonderzeichen« auf Seite 116 in Kapitel 5, »Einfache Texteingabe«).
- Die Option ***Fett* und _kursiv_ durch Normalformatierung** ist so zu verstehen: Sie geben ein Sternchen ein, dann Text und dann wieder ein Sternchen, daraufhin wird der Text automatisch fett formatiert, und die Sternchen verschwinden. Genauso funktioniert es mit der Eingabe »_kursiv_«: Ist die entsprechende Option aktiviert, wird eine Eingabe zwischen zwei Unterstrichen automatisch kursiv formatiert, und die Unterstriche werden entfernt. Auch auf diese Weise sparen Sie sich den Griff zur Maus und den Klick auf die jeweilige Schaltfläche im Menüband.

Zum (De-)Aktivieren einzelner Optionen klicken Sie das jeweilige Optionskästchen an.

Automatisch ersetzte Eingaben

Mit den Optionen **Automatische Aufzählung** und **Automatische Nummerierung** (im Bereich **Während der Eingabe übernehmen**) werden Aufzählungen und Nummerierungen automatisch fortgesetzt.

Die Option **Rahmenlinien** bewirkt, dass die Eingabe von drei (oder mehr) Bindestrichen (Minuszeichen) oder Unterstrichen nach dem Drücken der [↵]-Taste

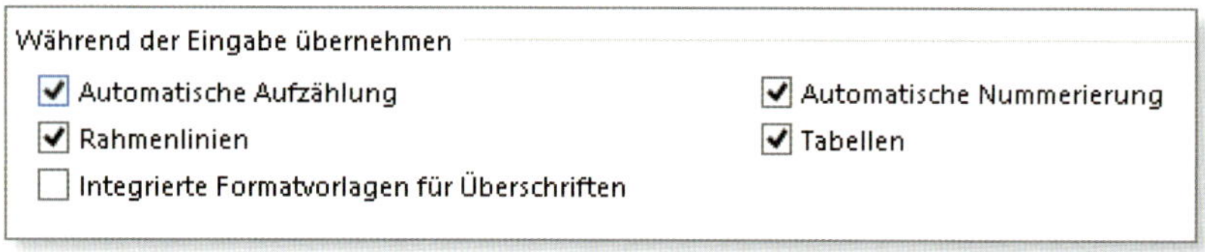

< ***Abbildung 13.22***
Optionen für automatische Eingaben

eine durchgehende Linie erzeugt (bei Unterstrichen erscheint dann eine etwas stärkere Linie).

^ ***Abbildung 13.23***
Automatisches Erzeugen einer Linie

Die Eingabe dreier Sternchen hat einen ähnlichen Effekt: Eine gepunktete Linie (wie kleine Würfel) wird erzeugt. Ist die Option deaktiviert, geschieht all dies eben nicht.

^ ***Abbildung 13.24***
Durch drei Sternchen wird eine Linie aus kleinen Würfeln erzeugt.

Die Option **Integrierte Formatvorlagen für Überschriften** ist standardmäßig nicht aktiviert, und in der Regel soll sie vermutlich auch nicht aktiviert sein. Sie bewirkt Folgendes: Wenn Sie einen Absatz geschrieben haben und dann zwei Leerabsätze einfügen (also zweimal die ↵-Taste drücken), eine neue Überschrift schreiben und erneut zweimal die ↵-Taste drücken, wird die neue Überschrift automatisch mit der Formatvorlage **Überschrift 1** formatiert. Das kann mitunter ganz praktisch sein, aber meistens will man die Formatvorlagen doch lieber in Eigenregie zuweisen!

Last, but not least: die Option **Tabellen**. Hinter dieser Option verbirgt sich ein besonderer Trick, und zwar können Sie nur durch die Eingabe von Plus- und Minuszeichen eine Tabelle erzeugen, wenn Sie diese Option aktiviert haben. Probieren Sie es einfach mal aus: Geben Sie ein Pluszeichen ein, dann zwei Minuszeichen. Wiederholen Sie das Ganze und geben Sie zum Schluss noch einmal ein Pluszeichen ein.

Wenn Sie dann die ↵-Taste drücken, ist auf dem Bildschirm eine kleine zweispaltige Tabelle zu sehen.

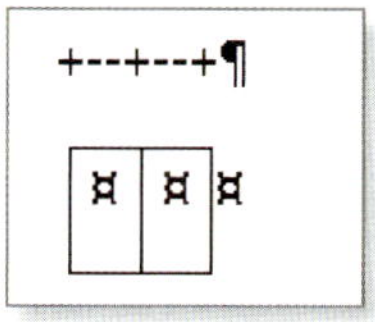

^ ***Abbildung 13.25***
Automatische Erzeugung einer Tabelle

Die Pluszeichen bestimmen die Zellbegrenzungen und die Minuszeichen die Breite, daher funktioniert dieser Trick nur, wenn die Eingabe mit einem Pluszeichen beginnt und auch wieder damit endet. Die Zellbreite passt sich in der Standardeinstellung an den Inhalt an, sodass Sie ohne Probleme auch einen längeren Text in die Zellen eingeben können.

Im Umkehrschluss heißt dies natürlich, dass Sie die Option **Tabelle** deaktivieren müssen, wenn Sie tatsächlich häufiger eine beliebige Reihenfolge von Plus- und Minuszeichen tippen müssen, ansonsten produzieren Sie ständig kleine Tabellen.

Kapitel 14
Zeichenformatierung

Neben der Korrektur ist die Zeichenformatierung vermutlich die am meisten genutzte Funktion von Word. Es gibt kaum ein Dokument, das nicht in irgendeiner Weise mithilfe der Befehle der Zeichenformatierung bearbeitet wird.

Eigentlich sagt der Name schon alles: Bei dieser Art der Formatierung werden einzelne Zeichen formatiert. Man weist den Zeichen (also Buchstaben, Zahlen und Sonderzeichen) bestimmte Gestaltungsmerkmale zu, z. B. eine andere Schriftart, eine bestimmte Schriftgröße oder eine Schriftfarbe. Dieser Vorgang kann sich auf ein einzelnes Zeichen beschränken, aber auch die Formatierung von Wörtern, Absätzen, langen Textpassagen oder ganzen Dokumenten fällt unter den Begriff *Zeichenformatierung*. Der Unterschied zur Absatzformatierung, die Sie in Kapitel 15, »Absatzformatierung«, genauer kennenlernen werden, ist dieser: Die Formatierung bezieht sich auf einen Bereich, der vorher markiert werden muss, und nicht automatisch auf den ganzen Absatz.

14.1 Zeichenformatierungen vergeben

Wenn Sie ein neues Dokument öffnen, sind entsprechend den Formatvorlagen in der globalen Dokumentvorlage *Normal.dotm* bestimmte Zeichenformate als Standard voreingestellt, z. B. die Schriftart und die Schriftgröße. Aber auch dieser Standard lässt sich ändern, sodass neue Dokumente dann automatisch die geänderten Eigenschaften aufweisen (diese Aktion beschreiben wir im Abschnitt »Eine Schrift als Standard festlegen« ab Seite 280).

Eine Zeichenformatierung zuweisen

Grundsätzlich gibt es zwei Wege, Ihrem Text Zeichenattribute zuzuweisen:

1. Sie stellen die Zeichenformatierung ein, *bevor* Sie Ihren Text schreiben. Klicken Sie beispielsweise zuerst auf die Schaltfläche **Fett** in der Gruppe **Schriftart** auf der Registerkarte **Start** und tippen Sie dann den Text.
2. Sie schreiben zunächst Ihren Text und formatieren ihn *nachträglich*. Dabei dürfen Sie allerdings nicht vergessen, dass die goldene Regel bei der (nachträglichen) Zuweisung von Zeichenformatierungen das vorherige Markieren der Textpassage ist. Das passende Sprüchlein dazu lautet: Erst markieren, dann agieren! Wenig bekannt ist jedoch die Tatsache, dass Sie ein einzelnes Wort auch ohne Markierung formatieren können; es reicht, den Cursor in das Wort zu setzen und dann den entsprechenden Befehl auszuwählen. Damit dies funktioniert, muss die Option **Automatisch ganze Wörter markieren** (zu finden in der Kategorie **Erweitert** der Word-Optionen, die Sie über **Datei** > **Optionen** aufrufen) aktiviert sein.

INFO

Nachträgliches Formatieren

Wir geben unumwunden zu, dass wir Anhänger des nachträglichen Formatierens sind und diese Methode jedem Word-Anwender wärmstens empfehlen möchten, obwohl wir als Trainer wissen, dass sich alte Gewohnheiten hartnäckig halten. Es gibt aber einen guten Grund für die nachträgliche Variante: Wenn Sie vorab ein Zeichenformat eingestellt haben und damit schreiben, bekommt der gesamte Text dieses Format, auch wenn Sie die [↵]-Taste drücken. Wenn Sie ein Format nicht mehr gebrauchen können, müssen Sie es erst wieder deaktivieren. Mitunter ist die Formatierung sehr hartnäckig, und man wird sie erst durch mehrfaches Klicken an der richtigen Cursorposition wieder los. Wenn Sie nachträglich nur die Stellen formatieren, die Sie wirklich formatieren wollen, ersparen Sie sich diesen ganzen Ärger!

Sie können Attribute der Zeichenformatierung auf verschiedenen Wegen zuweisen. Die meisten (allerdings nicht alle) Befehle finden Sie auf der Registerkarte **Start** in der Gruppe **Schriftart**. Darüber hinaus gibt es den Dialog **Schriftart**, der einige der Zeichenformatierungen enthält, die auch in der Gruppe **Start** gebündelt sind, und außerdem einige andere Einstellungen. Sie rufen ihn auf, indem Sie auf den Pfeil rechts unten an der Gruppe **Schriftart** klicken.

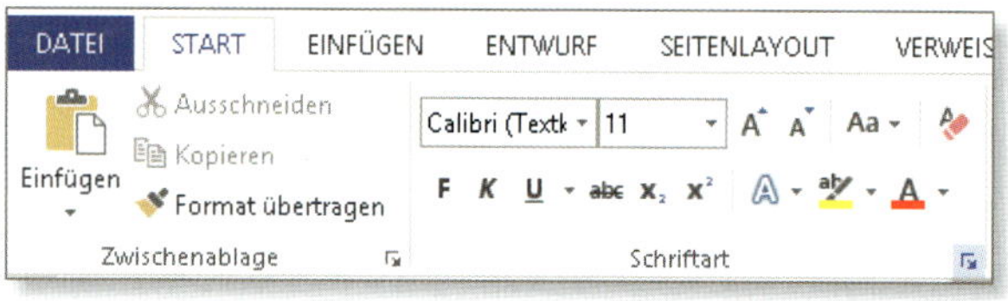

Abbildung 14.1
Die Gruppe »Schriftart« auf der Registerkarte »Start«

Auch im Kontextmenü eines Wortes oder eines markierten Bereiches wird der Befehl **Schriftart** zum Öffnen des gleichnamigen Dialogs angeboten. Das Kontextmenü rufen Sie mit der rechten Maustaste auf. Wenn Sie gerne noch schneller arbeiten und Tastenkombinationen benutzen, können Sie den Dialog **Schriftart** auch mit den Tasten [⇧] + [Strg] + [A] öffnen.

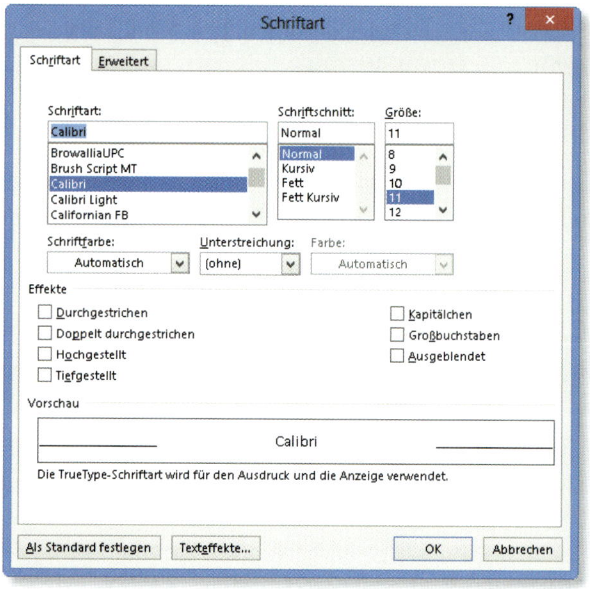

Abbildung 14.2
Der Dialog »Schriftart«

Die Minisymbolleiste ein- und ausblenden

Auch die Minisymbolleiste bietet (ausgewählte) Schaltflächen zum Formatieren. Diese Minisymbolleiste wird automatisch als blasses Fenster eingeblendet, wenn Sie Text markieren und mit dem Mauszeiger auf der Markierung verharren.

Abbildung 14.3
Eine blasse Minisymbolleiste

Sobald Sie mit dem Zeiger über die kleine Leiste fahren bzw. auf eines der Symbole zeigen, werden die Farben deutlich. Wenn Sie den Mauszeiger aus dem markierten Bereich nehmen, verschwindet die kleine Leiste in der Regel. Um sie wieder einzufangen, zeigen Sie wieder mit dem Mauszeiger auf die markierte Textpassage (anscheinend müssen Sie die Stelle, die das Einblenden auslöst, ziemlich exakt treffen; das »Wiedereinfangen« gelingt nicht immer). Wie Ihnen vielleicht schon aufgefallen ist, wird diese Minisymbolleiste auch zusammen mit dem Kontextmenü angezeigt.

HINWEIS

Zeichenformatierung zuweisen

Sie werden sicher verstehen, dass wir bei unseren weiteren Beschreibungen nicht jeweils alle Wege zur Zeichenformatierung erwähnen können, sondern in der Regel nur die herkömmliche Methode über die Registerkarte **Start**.

Die Minisymbolleiste wird nicht von allen Usern als hilfreich und praktisch empfunden. Sie können sie deshalb auch vom Bildschirm verbannen. Dazu rufen Sie über **Datei** > **Optionen** das Fenster **Allgemein** auf (siehe Abbildung 14.4) und deaktivieren die Option **Minisymbolleiste für die Auswahl anzeigen**.

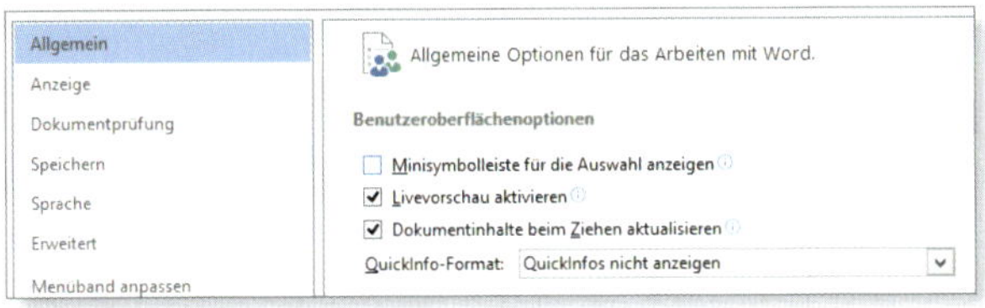

Abbildung 14.4
Die Minisymbolleiste deaktivieren

Zu guter Letzt lassen sich Zeichenformatierungen auch mit verschiedenen *Tastenkombinationen* (*Shortcuts*) sehr schnell zuweisen; allerdings brauchen Sie für diese Vorgehensweise ein ziemlich gutes Gedächtnis. Zwar werden die entsprechenden Tastenkombinationen auch in den kleinen QuickInfos neben der jeweiligen Schaltfläche auf der Registerkarte **Start** angezeigt, aber wenn Sie zum Nachschauen erst mit der Maus auf ein Symbol zeigen müssen, löst sich der Vorteil dieser Methode im Grunde in Luft auf. Der Clou der Tastenkombinationen ist ja gerade, dass man die Maus nicht bedienen muss.

Die klassischen Zeichenformate nutzen: Fett, Kursiv, Unterstreichen

Kaum ein Dokument wird ausgedruckt, ohne dass nicht wenigstens einigen Zeichen oder Textpassagen vorher eines dieser Formate gegönnt wurde. Eine Überschrift wird fett formatiert, ein wichtiges Wort unterstrichen, ein Name z. B. kursiv gesetzt.

Ihre Popularität verdanken diese Formatierungsattribute vermutlich ihrer einfachen und komfortablen Zuweisung. Die Schaltflächen **Fett**, **Kursiv** und **Unterstreichen** sind seit einer kleinen Ewigkeit ganz einfach zu finden, früher als Bestandteil der Symbolleiste **Format**, in der Word-Version 2013 auf der Registerkarte **Start** in der Gruppe **Schriftart**.

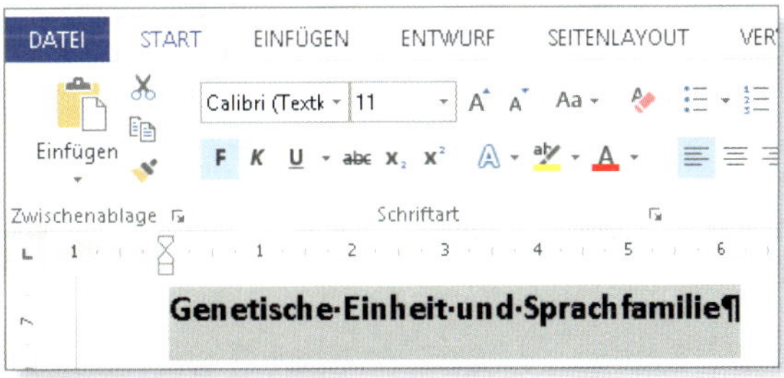

Abbildung 14.5
Eine Auswahl fett formatieren

Es braucht keine tiefe Einsicht in die Welt der Word-Funktionen, um die Symbole **Fett**, **Kursiv** und **Unterstreichen** richtig anzuwenden.

1. Öffnen Sie die Registerkarte **Start**.
2. Markieren Sie den Textbereich, den Sie formatieren möchten (geht es nur um ein Wort, reicht es, den Cursor in dieses Wort zu setzen).
3. Klicken Sie auf das Symbol **Fett** bzw. auf **Kursiv** oder **Unterstreichen**. Daraufhin wird der Text entsprechend formatiert.

Abgesehen davon, dass Sie die Formatierung am Text erkennen, wird auch das entsprechende Symbol, also beispielsweise **Fett**, im Menüband aktiviert (das Symbol hat deutlichere Konturen und ist blau-grau unterlegt). Das aktivierte Symbol sehen Sie jedoch nur, wenn der Cursor im formatierten Textbereich steht. Sobald Sie den Cursor in ein nicht formatiertes Textstück setzen, nimmt die Schaltfläche wieder ihr ursprüngliches Aussehen an.

Die Symbole funktionieren ein wenig wie Schalter, daher ist es auch ganz leicht, die Formatierung wieder rückgängig zu machen. Sie markieren den Text erneut und klicken wieder das Symbol an, dadurch wird die Formatierung zurückgenommen. (Natürlich können Sie auch die Schaltfläche **Rückgängig** benutzen, wenn Sie gleich nach Ihrer Formatierungsaktion feststellen, dass Ihnen das Ganze doch nicht gefällt.)

Die Schriftschnitte Fett und Kursiv

Zwar liegen die drei Schaltflächen **Fett**, **Kursiv** und **Unterstreichen** in der Standardeinstellung direkt nebeneinander und werden auf ähnliche Art und Weise verwendet, doch theoretisch betrachtet sind sie nicht das Gleiche.

Fett und **Kursiv** sind sogenannte *Schriftschnitte*. Dies sind Variationsmöglichkeiten des Schriftbildes (neben der »normalen« Schriftvariante), d. h., sie gehören quasi zur Schriftart (*Font*), sollten aber – wenn es um Computerschriften geht – als gesonderte Schriftendateien vorliegen. Das Ganze bildet dann eine *Schriftfamilie*. Welche Schriftschnitte für eine bestimmte Schriftart zur Verfügung stehen, können Sie im Dialog **Schriftart** überprüfen.

Wenn Sie den Dialog **Schriftart** öffnen und in der Auswahl des Feldes **Schriftart** eine Schrift markieren, erkennen Sie im Feld **Schriftschnitt** die Auswahl. Die meisten Schriftarten haben die Schriftschnitte **Kursiv**, **Fett** und **Fett Kursiv** an Bord, es gibt aber auch Schriften mit weniger Schnitten, z. B. die Schriftarten Aharoni und Brush Script (Letztere ist ohnehin eine kursive Schrift).

Einige spezielle Formatierungen, z. B. **Fett Kursiv**, finden Sie standardmäßig gar nicht in der Gruppe **Schriftart**, sondern nur im Feld **Schriftschnitt** im Dialog **Schriftart** (aber auch nur, wenn diese Formatierung bei der ausgewählten Schrift überhaupt vorgesehen ist).

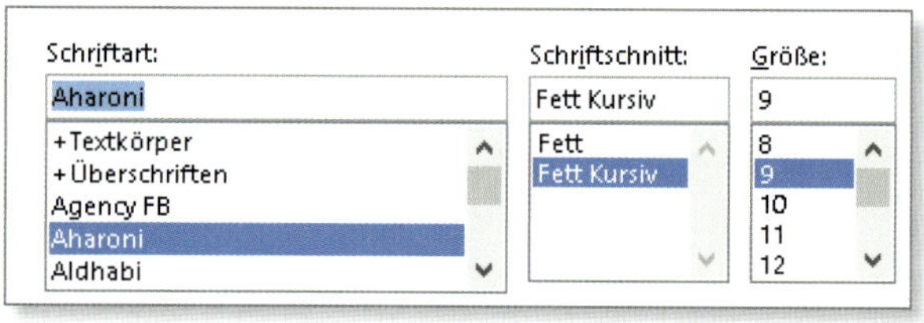

Abbildung 14.6
Nicht jede Schriftart bietet die gleichen Schriftschnitte an.

Unterstreichungsvarianten einsetzen

Per Mausklick auf das Symbol **Unterstreichen** wird der markierte Text unterstrichen (und die Art der Linie entspricht dem jeweils zuletzt eingestellten Unterstreichungstyp). Diese Formatierung hat nichts mit der Schriftart zu tun, sondern funktioniert quasi unabhängig.

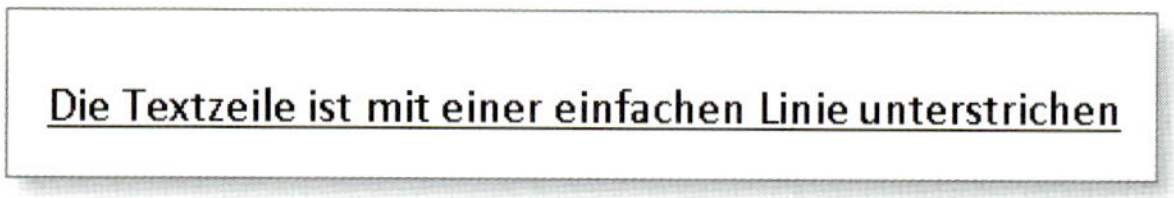

Abbildung 14.7
Eine einfache Unterstreichung

Neben der einfachen Unterstreichung, wie sie in Abbildung 14.7 zu sehen ist, gibt es viele weitere Unterstreichungstypen, z. B. doppelte Linien, Wellenlinien oder gepunktete Linien.

1. Um einem Text eine andere Unterstreichungsart zuzuweisen, z. B. einen Doppelstrich oder eine Wellenlinie, klicken Sie auf den Pfeil am Symbol **Unterstreichen**.
2. Im zugehörigen Menü wählen Sie die gewünschte Linienart. Dank der Livevorschau sehen Sie die Auswirkung unmittelbar im Text, aber erst durch Mausklick weisen Sie die Formatierung zu.
3. Wenn Sie in der Auswahlliste des Symbols **Unterstreichung** auf **Weitere Unterstreichungen** klicken, erhalten Sie eine noch größere Auswahl.

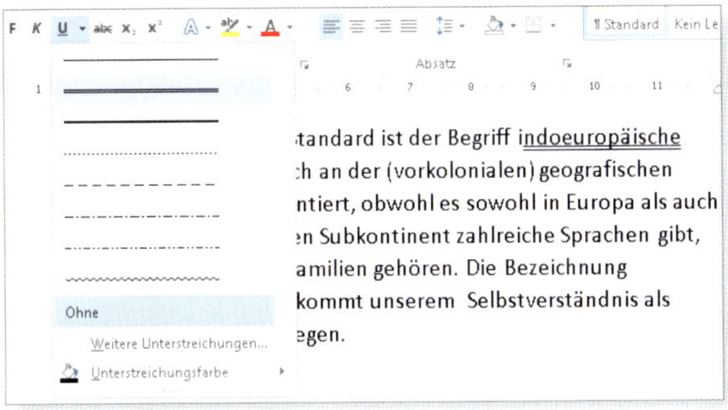

Abbildung 14.8
Unterstreichungsvarianten in der Auswahlliste

4 Im Dialog **Schriftart**, der sich nach einem Klick auf den Eintrag **Weitere Unterstreichungen** öffnet, klicken Sie auf den Pfeil am Feld **Unterstreichung** und wählen einen Unterstreichungstyp aus der erweiterten Auswahlliste.

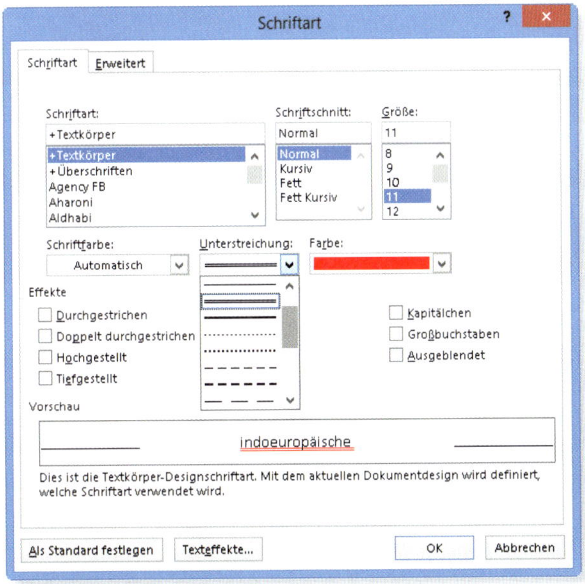

Abbildung 14.9
Weitere Unterstreichungen im Dialog

5 Sie können einen Text auch farbig unterstreichen. Dazu klicken Sie im Dialog **Schriftart** auf den Pfeil am Feld **Farbe** und wählen eine Farbe aus der Palette. (Dieses Feld ist nur aktiv, wenn Sie auch eine Unterstreichung eingestellt haben.)

Abbildung 14.10
Eine einfache farbige Unterstreichung

6 Auch über die Registerkarte **Start** können Sie ganz bequem eine einfache farbige Unterstreichung einfügen, indem Sie auf den Pfeil am Symbol **Unterstreichung** klicken und im Menü mit dem Mauszeiger auf die Option **Unterstreichungsfarbe** zeigen.

7 Wählen Sie dann mit einem Klick eine Farbe aus der Farbpalette aus.

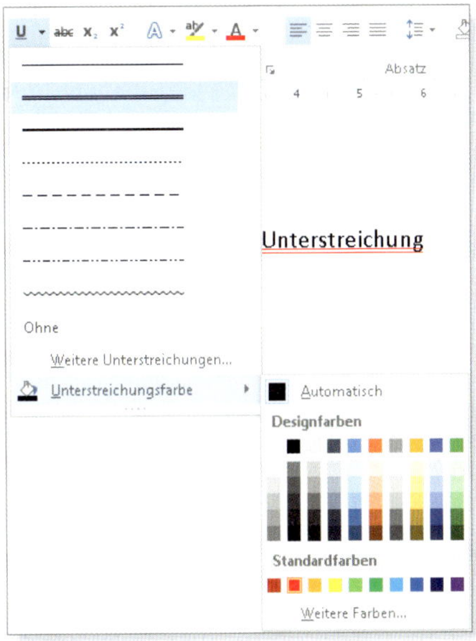

Abbildung 14.11
Farbige Unterstreichung

14.2 Die Schriftart bestimmen

Die Schriftart zu ändern ist ein probates und beliebtes Mittel, um bestimmte Textpassagen besonders zu gestalten oder hervorzuheben. Dies ist nicht verwunderlich, wenn man bedenkt, wie einfach sich eine andere Schrift zuweisen lässt und wie effektvoll diese Veränderung dennoch sein kann.

Windows stellt eine Fülle unterschiedlichster Schriftarten zur Verfügung, mit deren Hilfe ein Dokument gestaltet werden kann. Insgesamt werden fast 300 verschiedene Schriften ausgeliefert, da sollte doch für jeden Zweck und jeden Geschmack etwas dabei sein. Nach unserer Erfahrung wird sehr gern mit den Schriftarten »gespielt«, denn im Nu verpasst man einer Zeile ein komplett anderes Aussehen – das ist verlockend, aber wirkt sich bei übertriebener Nutzung optisch nicht unbedingt vorteilhaft für das Dokument aus. Je nach gewählter Schriftart kann der Text beispielsweise schwerer lesbar sein.

TIPP

Schriftarten sparsam verwenden

Trotz der Unmenge an Schriftarten, aus der Sie wählen können, empfiehlt es sich, in einem Dokument nicht zig verschiedene Schriftarten zu verwenden. Das würde zu viel Unruhe in ein Dokument bringen, es stört die Harmonie und trägt nicht zur Lesefreundlichkeit bei.

Die Standardschriftart (für Textkörper und Überschriften) ist abhängig vom gewählten Design. Wenn Sie ein neues Dokument öffnen, ist in der Regel die Schriftart **Calibri** eingestellt.

Eine andere Schriftart zuweisen

Eine neue Schriftart weisen Sie ähnlich – oder eigentlich genauso – zu wie andere Attribute der Zeichenformatierung.

1 Markieren Sie den Text, dem Sie eine andere Schriftart zuweisen wollen.

2 Klicken Sie auf der Registerkarte **Start** in der Gruppe **Schriftart** auf den Pfeil am Feld **Schriftart**, um die zugehörige Liste mit den Schriften zu öffnen.

3 Sobald Sie den Mauszeiger auf eine der Schriftarten in der Liste führen, sehen Sie die Auswirkung im Text. Schon die Bezeichnung der Schrift in der Auswahlliste wird in eben dieser Schriftart angezeigt.

4 Klicken Sie nun eine Schriftart an, um sie dem markierten Textbereich zuzuweisen.

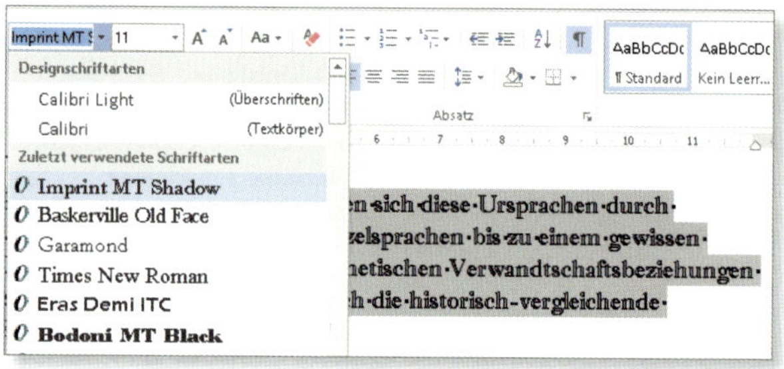

Abbildung 14.12
Eine Schriftart auswählen

Schriftarten im Dialog zuweisen

Wie andere Zeichenformatierungen können Sie natürlich auch Schriften über den Dialog **Schriftart** zuweisen, den Sie über den Pfeil an der gleichnamigen Gruppe auf der Registerkarte **Start** aufrufen. In der Auswahl des Feldes **Schriftart** werden die Schriften in alphabetischer Reihenfolge aufgelistet. Markieren Sie die gewünschte Schriftart und klicken Sie auf die Schaltfläche **OK**. Achten Sie auf den Bereich **Vorschau** im unteren Teil des Dialogfensters. Hier wird der Text in der ausgewählten Schriftart angezeigt.

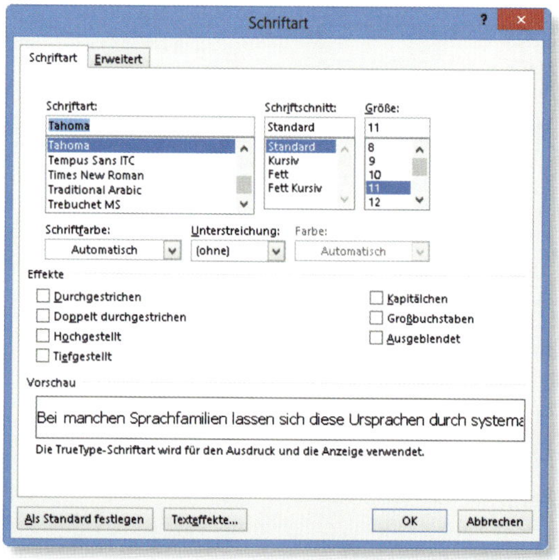

Abbildung 14.13
Eine andere Schrift im Dialog »Schriftart« einstellen

INFO

Die Kategorien im Menü »Schriftart«

Wie Sie sehen, werden die Schriften in der Liste der Schriftarten in drei Kategorien unterteilt. In der Gruppe **Designschriftarten** tauchen **Calibri Light** (für Überschriften) und **Calibri** (für den Textkörper) auf. Wenn Sie diese Schriftarten wählen bzw. es bei diesen Schriftarten belassen und später ein anderes Design einstellen, werden diese Schriften dem Design entsprechend automatisch angepasst (siehe Abbildung 14.14). Wie Sie einem Dokument ein Design zuweisen, erfahren Sie in Kapitel 20, »Dokumentdesigns und Dokumentvorlagen«.

Unter der Kategorie **Zuletzt verwendete Schriftarten** werden die Schriftarten aufgelistet, die Sie zuletzt zur Formatierung genutzt haben. Die vollständige Auflistung aller auf Ihrem PC installierten Schriftarten wird in der Kategorie **Alle Schriftarten** angezeigt.

Abbildung 14.14
Die Designschriftarten Calibri Light und Calibri werden automatisch durch die passende Schrift ersetzt, wenn ein neues Design zugewiesen wird.

14.3 Allgemeines zu Schriften

Auch wenn Sie nicht ins professionelle Druckgeschäft einsteigen möchten, ist es mitunter ganz hilfreich, ein wenig mehr von den Schriftarten zu verstehen. Lassen Sie uns dieses Thema daher nun ein wenig näher beleuchten.

TrueType-Schriften

Die meisten Schriftarten, die Windows und Office bzw. Word zur Verfügung stellen, sind sogenannte *TrueType-Schriften*. TrueType ist ein digitales Schriftformat, das zum Darstellungsstandard von Schriftarten (*Fonts*) auf Bildschirmen und Druckern avanciert ist.

TrueType-Schriften sind Vektorschriften, die – im Gegensatz zu *Bitmap-Schriften* – nicht aus Punkten, sondern aus Verbindungslinien (Geraden und Kurven) zwischen End- und Mittelpunkten bestehen. Sie werden daher auch als *Outline-Schriften* bezeichnet. Erst bei der Ausgabe auf unterschiedlichen Geräten werden die Konturen mit Pixeln gefüllt.

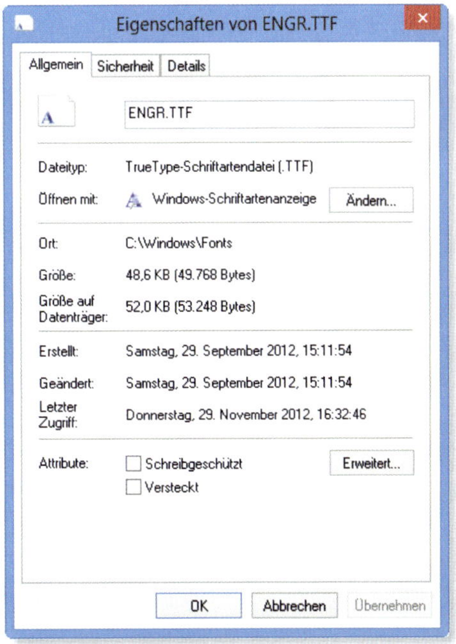

Abbildung 14.15
Die Dateiendung ist in den Dateieigenschaften zu sehen.

INFO

Ausgeblendete Schriftarten

Die Liste der Schriftarten im Feld **Schriftart** ist zwar recht lang, aber die versprochenen knapp 300 Schriftarten werden Sie hier nicht finden. Einige Schriftarten sind aus Platzgründen ausgeblendet, lassen sich bei Bedarf aber einblenden. Im Abschnitt »Eine Schriftart ein- und ausblenden oder löschen« ab Seite 276 erfahren Sie, wie das geht.

Als Vektorschriften sind sie verlustfrei skalierbar. Das bedeutet, dass die Größe der Schriftarten beliebig veränderbar ist, wobei optisch kein Verlust entsteht; die Schriften können in jeder Größe einwandfrei dargestellt werden. Die Dateiendungen für TrueType-Fonts unter Microsoft Windows lauten *.ttf* oder *.ttc* (für *truetype font* bzw. *truetype collection*).

Proportionale und nicht proportionale Schriften

Schriftarten werden im Allgemeinen in zwei übergreifende Kategorien eingeteilt:

1. nicht proportionale Schriftarten
2. proportionale Schriftarten

Innerhalb dieser beiden Kategorien gibt es dann weitere Unterscheidungen. Bei *nicht proportionalen Schriftarten* nimmt jedes Zeichen den gleichen Raum ein, hat also die gleiche Breite, egal, ob es sich z. B. um das kleine i oder das W handelt, das ziemlich »raumgreifend« ist. Auch die Leerzeichen brauchen genauso viel Platz wie ein Zeichen. Der Vorteil einer solchen Schrift ist, dass die Zeichen zweier Zeilen exakt untereinanderstehen (was für recht gute Lesbarkeit sorgt und z. B. auch die maschinelle Zeichenerkennung erleichtert), andererseits ergeben kleine Zeichen überflüssige Leerräume, die das Schriftbild insgesamt stören. Die bekannteste nicht proportionale Schriftart ist vermutlich **Courier**.

Bei *proportionalen Schriftarten* sind die Abstände zwischen den Zeichen unterschiedlich breit, weil jedes Zeichen nur den jeweils erforderlichen Raum in Anspruch nimmt und das folgende Zeichen daher näher am zuvor gesetzten Zeichen stehen kann als bei nicht proportionalen Schriften. Dieses »Aneinanderschmiegen« der Zeichen führt insgesamt zu sehr ansprechenden Schriftbildern; nicht umsonst werden bei Druckerzeugnissen in der Regel Proportionalschriften verwendet.

```
Damit·man·sehe,·was·man·höre,¶
erfand·Herr·Braun·die·Braun'sche·Röhre.¶
Doch·wär'n·wir·ihm·noch·mehr·verbunden,¶
hätt'·er·was·anderes·erfunden.·(Heinz·Erhard)¶
¶
Damit·man·sehe,·was·man·höre,¶
erfand·Herr·Braun·die·Braun'sche·Röhre.¶
Doch·wär'n·wir·ihm·noch·mehr·verbunden,¶
hätt'·er·was·anderes·erfunden.·(Heinz·Erhard)¶
```

Abbildung 14.16
Nicht proportionale und proportionale Schrift

In Abbildung 14.16 sehen Sie das Sprüchlein des genialen Heinz Erhardt einmal in der nicht proportionalen Schriftart **Courier** (oben) und einmal in der proportionalen Schriftart **Times New Roman** (unten).

INFO

TrueType-Schriften vs. PostScript-Fonts

TrueType-Schriften eignen sich nicht für professionelle Schriftsatzarbeiten. Dazu sind PostScript-Fonts notwendig (eine Technologie, die Bézierkurven verwendet). TrueType-Schriften sind nur für die Darstellung von Druckschriften auf Bildschirmen und normalen Druckern geeignet.

Serifenschriften und serifenlose Schriften

Als eine weitere Unterscheidung werden Schriften in *Serifenschriften* und *serifenlose Schriften* eingeteilt. Die Bezeichnung *Serifen* bezieht sich auf die kleinen Querstriche an den Enden der Buchstaben.

Schriftarten ohne Serifen (*sans serif*) sind schlichter und wirken etwas kantiger. Weit verbreitet unter den serifenlosen Schriften ist die **Arial**. Serifenschriften hingegen gelten als lesbarer und erwecken einen weicheren, flüssigeren und letztlich auch professionelleren Eindruck. Die »Füßchen« führen bei sehr kleinen Schriftgrößen jedoch zu einem etwas verwaschenen Schriftbild, sodass in solchen Fällen eher serifenlose Schriften verwendet werden sollten. Auch für Textzeilen mit einem großen Schriftgrad wird von Experten eine Schriftart ohne Serifen empfohlen, weil solche Zeilen durch Klarheit an Ästhetik gewinnen.

Damit·man·sehe,·was·man·höre·(Arial)¶

Damit·man·sehe,·was·man·höre·(Times·New·Roman)¶

Abbildung 14.17
Einmal ohne Serifen, einmal mit

INFO

Schriftarten kombinieren

In der Praxis trifft man oft auf eine Kombination beider Schriftarten. Für Überschriften beispielsweise macht sich eine Schriftart wie Arial gut, ebenso für Anmerkungen o. Ä. in kleiner Schriftgröße, während der Text selbst in Times New Roman sehr lesbar wirkt. Die Word-Standardschriften Cambria für Überschriften und Calibri für den Textkörper folgen dieser Einteilung leider nicht; beide Schriftarten gehören zu den Serifenschriften.

Skriptschriften

Eine weitere Kategorie von Schriftarten bilden die *Skriptschriften*. Als solche werden Schreibschriften bezeichnet, also Schriften, die an handgeschriebene Schriften erinnern, weil sie ein wenig nach rechts geneigt sind.

Brush Script ist eine dieser Schriftarten, ebenso Freestyle Script. Man kann sie für persönliche Briefe, Einladungen oder dergleichen einsetzen; in Geschäftsbriefen haben sie in der Regel nichts zu suchen (auch dann nicht, wenn Sie Ihren Geschäftspartner aufgrund einer unbezahlten Rechnung versöhnlich stimmen möchten!).

Die Breite der Zeichen

Neben den bisher vorgestellten Unterscheidungen verschiedener Schriften spielt auch die *Breite* bzw. *Dickte* der einzelnen Zeichen eine Rolle. Je nachdem, wie dick jeweils ein Zeichen in einer Schriftart entworfen wurde, braucht es mehr oder weniger Platz. Da die Zeichen in den einzelnen Schriftarten immer anders aussehen und eine unterschiedliche Dickte besitzen, passen naturgemäß auch unterschiedlich viele Zeichen in eine Zeile. Daher kommt es, dass Texte je nach Schriftart unterschiedlich lang ausfallen (wenn Sie einen Text aus bestimmten Gründen strecken müssen, sollten Sie also z. B. eher Cambria als Times New Roman verwenden). Probieren Sie einfach verschiedene Schriftarten aus.

Cambria:

Damit man sehe, was man höre

Times New Roman:

Damit man sehe, was man höre

Abbildung 14.18
Unterschiedliche Breite und Dickte der Zeichen

14.4 Der Umgang mit Schriftarten

Da es bei Word letztlich immer um Texte geht, die in bestimmten Schriften dargestellt werden, lohnt sich ein weiterer Blick hinter die Kulissen. Zwar bietet Windows bereits ein breites Spektrum unterschiedlichster Schriftarten, doch können Sie dieses auch noch erweitern.

HINWEIS

Schriftarten

Die Schriftarten sind ein weites Feld, und dieser Abschnitt gibt lediglich einen kurzen Überblick, der weit davon entfernt ist, das Thema erschöpfend abzuhandeln – zumal dazu Fachkenntnisse auf dem Gebiet der Typografie und Kalligrafie erforderlich wären, mit denen wir nicht dienen können. Hoffentlich helfen Ihnen aber auch diese wenigen Hinweise dabei, aus dem verlockend großen Angebot an Schriftarten die jeweils passende Schrift zu wählen. Eines ist sicher: Wenn Sie zu viele unterschiedliche Schriftarten in Ihrem Dokument einsetzen, trägt das nicht zu einem harmonischen Gesamteindruck bei. Weniger ist einfach oft mehr!

Schriften installieren

Wenn Ihnen das Windows-Angebot nicht genügt, können Sie weitere Schriften auf Ihrem Rechner installieren. Vielleicht planen Sie eine besondere Gestaltung für ein Dokument, z. B. einen Flyer oder eine Einladung, und finden in dem Standardangebot nicht das, was Sie sich vorstellen.

Es gibt unzählige Internetseiten, die den kostenpflichtigen, aber auch den freien Download von Schriftarten anbieten. Geben Sie als Stichwort einfach »Schriftarten« in eine der Suchmaschinen ein und durchforsten Sie das Angebot. Sie müssen die Schrift dann nur noch installieren, was ein recht einfacher Vorgang ist.

In der Regel wird auf der entsprechenden Seite eine Schaltfläche zum Download angeboten. Oft wird die Schriftart dann direkt heruntergeladen, und Sie können sie auf Ihrem Rechner speichern; manchmal wird Ihnen auch eine E-Mail mit einem Link zugeschickt, den Sie per Mausklick freischalten müssen.

Das sich automatisch öffnende Fenster **Downloads** zeigt Ihnen den Erfolg des Ladevorgangs an. Mit einem Doppelklick auf die Schriftendatei in diesem Fenster starten Sie die Installation am einfachsten.

Abbildung 14.19
Download von Schriftarten

Daraufhin öffnet sich in den meisten Fällen ein neues Fenster mit einer Zeichenübersicht und dem Dialog zum Speichern der Schriftart. Klicken Sie hier auf **Datei speichern**.

Abbildung 14.20
Die Zeichenübersicht und der Dialog zum Speichern der Schriftart

Um die neue Schriftart zu installieren, öffnen Sie den Explorer, klicken sich zu dem Ordner durch, in dem Sie Ihre Downloads abspeichern, und klicken dann doppelt auf die Schriftendatei. Die Installation wird daraufhin automatisch gestartet.

Eine Schriftart ein- und ausblenden oder löschen

Ob die Installation erfolgreich war, können Sie in der Regel direkt überprüfen, indem Sie in Word die Auswahlliste des Feldes **Schriftart** auf der Registerkarte **Start** aufklappen. Hier müsste die neu installierte Schriftart bereits auftauchen. Falls Sie sie nicht entdecken, ist die Schriftart ausgeblendet. Blenden Sie sie also wie im Folgenden beschrieben ein.

1. Rufen Sie den Explorer auf.
2. Öffnen Sie hier den Ordner, in dem Schriftarten gespeichert werden. Unter Windows 7 und 8 ist dies im Regelfall der Ordner *Fonts*, der direkt im Windows-Verzeichnis liegt.
3. Klicken Sie doppelt auf den Ordner *Fonts*, um ihn zu öffnen. Sie gelangen auch über die **Systemsteuerung** > **Schriftarten** zu diesem Ordner.
4. Um Einzelheiten zu den Schriftarten zu sehen, stellen Sie die Ansicht um. Wählen Sie im Feld des Symbols **Ansicht ändern** ❶ die Option **Details**.

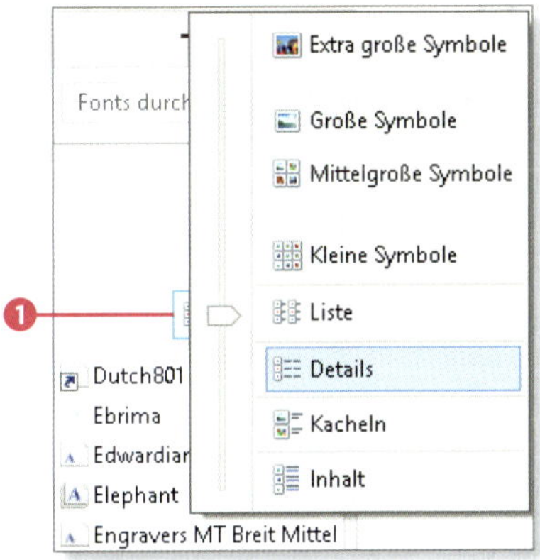

Abbildung 14.21
Details im Ordner »Fonts« anzeigen lassen

Daraufhin werden diverse Informationen zur Schriftart angezeigt, u. a. sehen Sie die Spalte **Ein-/ausblenden**.

Abbildung 14.22
Der Ordner »Fonts« mit der Detailanzeige

Um eine Schrift einzublenden, markieren Sie sie und öffnen mit der rechten Maustaste das Kontextmenü. Klicken Sie dann auf den Eintrag **Einblenden**. Um eine Schriftart zu deinstallieren, klicken Sie auf den Eintrag **Löschen**.

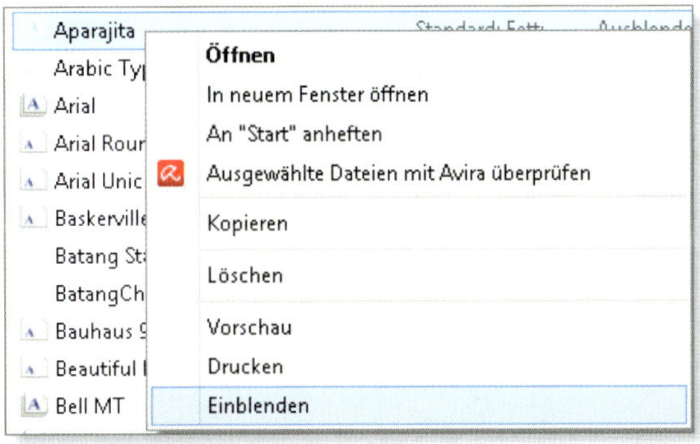

Abbildung 14.23
Eine Schriftart einblenden oder löschen

Wenn eine Schriftart markiert ist, bietet der Ordner *Fonts* auch in der oberen Leiste die Schaltflächen **Löschen** ❷ und **Ausblenden** (bzw. **Einblenden** ❸ – je nachdem, ob die Schriftart, die Sie markiert haben, ein- oder ausgeblendet ist).

Abbildung 14.24
Die Schaltflächen zum Löschen und Ein- bzw. Ausblenden im Ordner »Fonts«

Schriftarten einbetten und ersetzen

Natürlich können Sie problemlos schöne und interessante Schriftarten verwenden, die Sie zusätzlich auf Ihrem Rechner installiert haben. Es ist aber manchmal ein Problem, Dokumente mit solchen speziellen Schriften an andere weiterzureichen.

Wenn das Dokument Schriftarten enthält, die auf dem Rechner des Empfängers nicht installiert sind, werden sie dort nicht angezeigt, und es kann passieren, dass Ihr schönes Dokument beim Empfänger ziemlich chaotisch aussieht.

Word versucht in einem solchen Fall nämlich, eine Ersatzschriftart zu finden – was meistens ganz gut, mitunter aber auch weniger gut funktioniert, z. B. wenn es in der Ersatzschrift keine adäquate Entsprechung für die in der Originalschrift verwendeten Zeichen gibt. Dies kann zu unerfreulichen Ergebnissen führen, weil z. B. die Breite und Größe der Zeichen der Ersatzschrift einen anderen Zeilenumbruch bewirken und die ursprüngliche Formatierung aus den Fugen gerät.

Die Lösung dieses Problems liegt darin, die verwendeten Schriftarten in das Dokument einzubetten. Auf diese Weise werden sie quasi in das Dokument integriert, und der Empfänger kann es sich in dem beabsichtigten Layout anzeigen lassen – auch wenn die spezifische Schrift nicht auf seinem Rechner installiert ist. Logischerweise erhöht sich die Dateigröße durch die Einbettung der Schriftart.

1. Öffnen Sie über **Datei > Optionen** die Word-Optionen und aktivieren Sie die Kategorie **Speichern** (siehe Abbildung 14.25).
2. Im rechten Bereich des Dialogfensters aktivieren Sie die Option **Schriftarten in der Datei einbetten**, die Sie unter der Überschrift **Genauigkeit beim Freigeben dieses Dokuments beibehalten** finden.

Einschränkend muss hinzugefügt werden, dass nur TrueType-Schriftarten eingebettet werden können und dass es durch eine entsprechende Lizenz erlaubt sein muss, die Schriftart einzubetten.

Um herauszufinden, welche Lizenz für welche Schriftart existiert, schauen Sie am besten in den *Fonts*-Ordner (den Sie, wie bereits beschrieben, im Windows-Verzeichnis finden oder über **Systemsteuerung >**

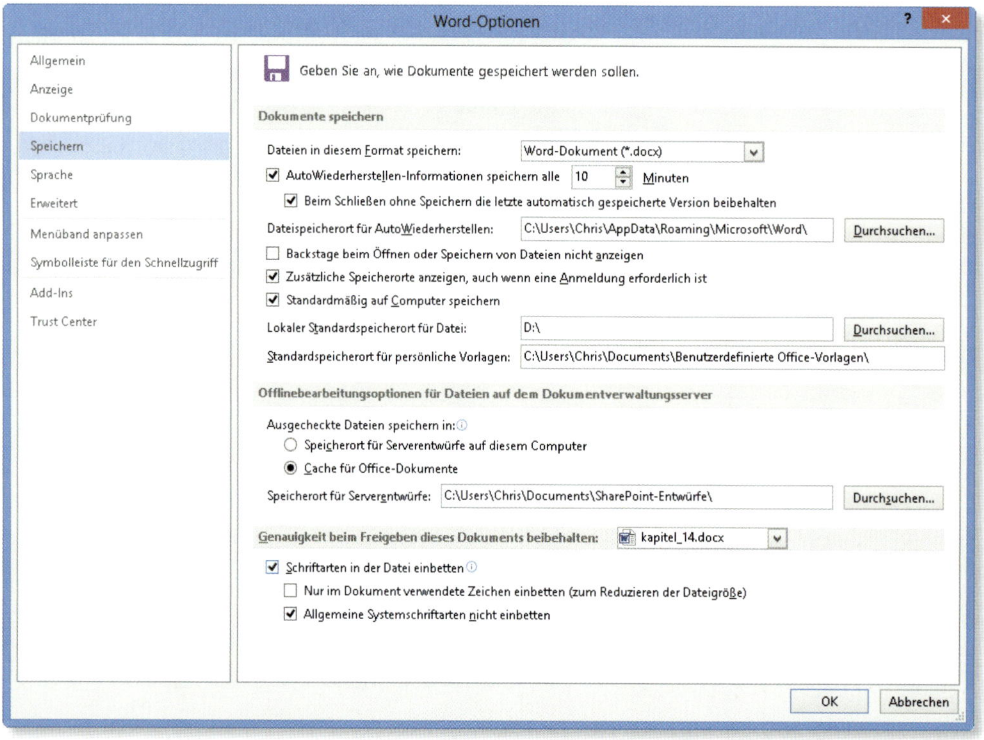

< Abbildung 14.25
Eine Schriftart einbetten

Schriftarten öffnen). Im Ordner wählen Sie die Ansicht **Details**. Klicken Sie dazu auf den Pfeil an der Schaltfläche **Ansicht ändern** oben rechts im Fenster.

In der Detailansicht finden Sie (sofern Sie die Reihenfolge der Spalten nicht verändert haben) ganz rechts die Spaltenüberschrift **Einbindbarkeit von Schriftarten**. Klicken Sie auf den Pfeil an dieser Spaltenüberschrift, um das zugehörige Menü aufzuklappen.

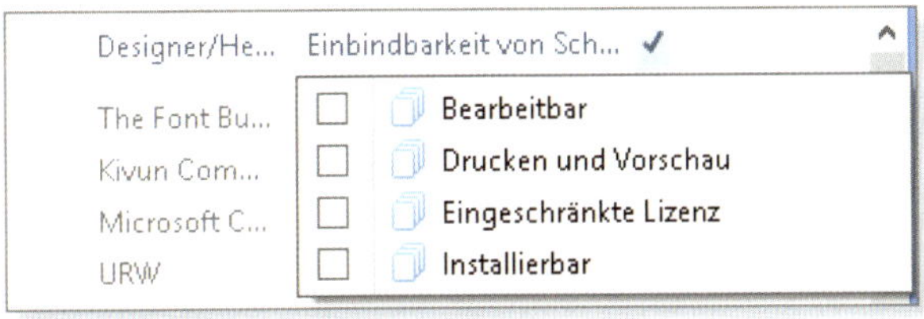

Abbildung 14.26
Schriftarten nach Lizenzen filtern

Die Kontrollkästchen funktionieren hier wie Filter; wenn Sie z. B. das Kästchen **Installierbar** aktivieren, werden nur noch Schriftarten angezeigt, die Sie problemlos installieren können. Diese installierbaren Schriftarten und die Schriftarten mit der Kategorie **Nicht angegeben** eignen sich im Allgemeinen zum Einbetten und Weitergeben.

Die meisten von Windows bzw. Office (und Word) mitgelieferten Schriftarten unterliegen Beschränkungen, die sich unterschiedlich auswirken. Entweder kann die eingebundene Schriftart gar nicht erst angezeigt werden – obwohl sie irritierenderweise als eingestellte Schriftart angegeben wird –, oder der Text wird am Bildschirm zwar in dieser Schrift angezeigt, aber das Dokument kann nicht bearbeitet werden, solange Sie die betreffende Schrift nicht ersetzen (so verhält es sich z. B. mit den Schriftarten, die Sie mit dem Eintrag **Drucken und Vorschau** herausfiltern). Wenn dies der Fall ist, werden Sie von Word nach dem Öffnen des Dokuments darauf hingewiesen (siehe Abbildung 14.27) und können die Schriftart dann per Mausklick auf die Schaltfläche **Eingeschränkte Schriftarten entfernen** ganz einfach löschen und stattdessen eine Ersatzschrift verwenden. Daraufhin kann der Text wieder ganz normal bearbeitet werden.

Wenn Sie nicht auf die Lizenzen der Schriftarten achten, sieht das Ergebnis für den Empfänger Ihrer Word-Datei mit eingebundenen Schriftarten oft enttäuschend aus. So gesehen ist das Einbinden von Schriftarten nur sinnvoll, wenn diese keinerlei Einschränkungen unterliegen. Solche Schriftarten finden Sie als freie Schriften im Internet. Auch Schriften, die speziell für Ihre Firma

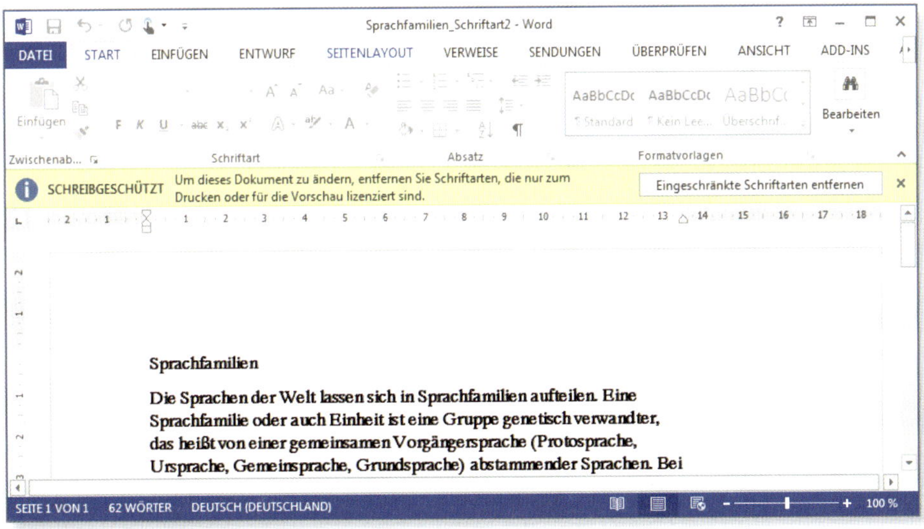

Abbildung 14.27
Dieses Dokument kann nicht bearbeitet werden, und Word weist Sie darauf hin.

oder Ihr Unternehmen erstellt wurden, sind naturgemäß frei von Beschränkungen, weil sie häufig weitergegeben werden müssen.

Wie erwähnt, ersetzt Word Schriften in einem weitergegebenen Dokument automatisch, wenn eine darin verwendete Schrift nicht auf dem »Zielrechner« installiert ist. Als Empfänger eines solchen Dokuments müssen Sie Word aber bei der Ersetzung nicht blindlings vertrauen, sondern können notfalls auch eine andere Schrift als Ersatz wählen.

1. Rufen Sie über **Datei** > **Optionen** die Word-Optionen auf und klicken Sie auf die Kategorie **Erweitert**.
2. Im mittleren Bereich des Fensters finden Sie die Schaltfläche **Schriftarten ersetzen**. Klicken Sie darauf.
3. Falls Word eine Schriftart ersetzt hat, wird nun der gleichnamige Dialog geöffnet, ansonsten erhalten Sie lediglich eine Meldung, dass keine Schriftartenersetzung erforderlich war.
4. Im Dialog **Schriftarten ersetzen** klappen Sie die Auswahlliste des Feldes **Ersatzschriftart** auf, um eine andere Schriftart zu wählen.

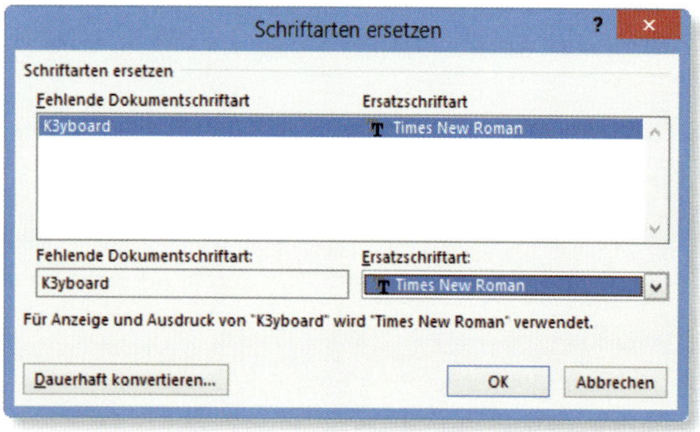

^ *Abbildung 14.28*
Anzeige der Ersatzschrift im Dialog »Schriftarten ersetzen«

Eine Schrift als Standard festlegen

Wenn Sie ein neues leeres Dokument öffnen, ist dieses nicht so jungfräulich, wie man vielleicht meinen könnte. Bereits standardmäßig werden bestimmte Einstellungen verwendet, beispielsweise auch eine Schriftart. In Word 2013 ist als Standardschriftart **Calibri** eingestellt, was Sie auf der Registerkarte **Start** im Feld **Schriftart** erkennen können. Diese Schriftart ist in der Formatvorlage **Standard** festgelegt, die zur Dokumentvorlage *Normal.dotm* gehört, mit der Sie arbeiten, solange Sie keine andere Vorlage verwenden. (Um die Standardschriftart zu ändern, können Sie die eben erwähnte Formatvorlage modifizieren. Mehr dazu erfahren Sie in den Kapiteln 19, »Formatvorlagen«, und 20, »Dokumentdesigns und Dokumentvorlagen«.) Lassen Sie uns hier zunächst einen einfachen Weg gehen.

1. Öffnen Sie den Dialog **Schriftart**, indem Sie auf den Pfeil an der gleichnamigen Gruppe klicken.
2. Legen Sie in der Auswahlliste des Feldes **Schriftart** ❶ fest, mit welcher Schriftart Sie zukünftig Dokumente öffnen möchten.
3. Klicken Sie dann auf die Schaltfläche **Als Standard festlegen** ❷.

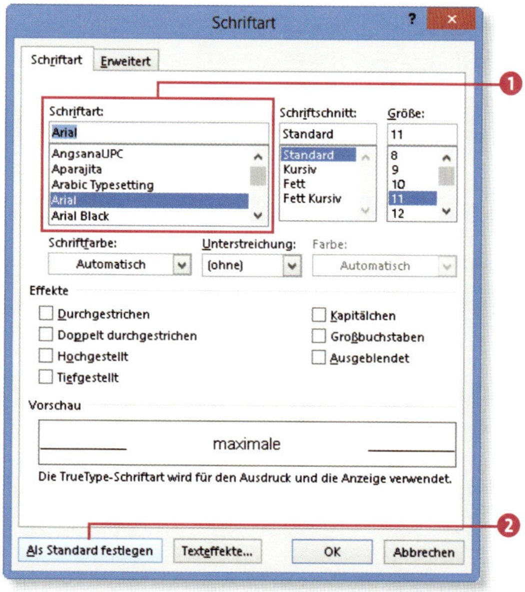

^ *Abbildung 14.29*
Eine Schriftart als Standard festlegen

Daraufhin wird ein kleiner Dialog geöffnet, in dem Sie gefragt werden, ob die Einstellung **Nur dieses Doku-**

ment festgelegt werden soll oder **Alle Dokumente basierend auf der Vorlage Normal.dotm**. Wenn Sie die Schriftart grundsätzlich ändern möchten, aktivieren Sie die zweite Option und klicken dann auf **OK**.

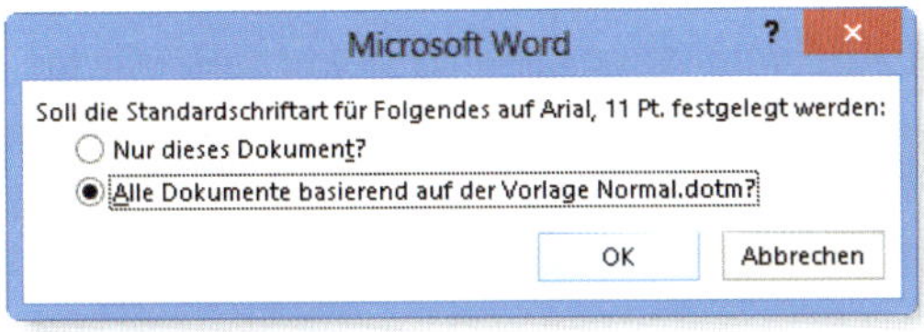

Abbildung 14.30
Die Standardschrift für die Vorlage »Normal.dotm« ändern

Sie können nun die Probe aufs Exempel machen. Öffnen Sie ein neues Dokument und schauen Sie auf der Registerkarte **Start** auf den Eintrag im Feld **Schriftart**. Hier müsste nun die zuvor gewählte Schrift voreingestellt sein.

14.5 Allgemeines zum Schriftgrad

Obwohl die meisten Menschen »Schriftgröße« sagen und damit sicher auch verstanden werden: Der Fachbegriff lautet *Schriftgrad*. Neben der Schriftart ist für neue Dokumente auch ein bestimmter Schriftgrad voreingestellt (ebenfalls in der Formatvorlage **Standard**). Wenn Sie auf der Registerkarte **Start** auf das Feld **Schriftgrad** schauen, sehen Sie in der Standardeinstellung den Wert **11**. Die Zahl steht für die Angabe »11 Punkt«. *Punkt* (Pt.) ist eine typografische Maßeinheit.

Damit Sie sich eine bessere Vorstellung von dieser Angabe machen können, hilft eine Übertragung in vertrautere Maßeinheiten. Hier ein kurzer Überblick:

- 1 Zoll = 2,54 cm = 72 Pt.
- 1 cm = 0,394 Zoll = 28,35 Pt.
- 1 Pt. = 0,014 Zoll = 0,0351 cm

Eine andere Schriftgröße zuweisen

Unterschiedliche Schriftgrößen für ausgewählte Textteile zu verwenden gehört zu den gängigsten Gestaltungsmitteln bei der Bearbeitung von Word-Dokumenten. Um eine andere Schriftgröße zuzuweisen, gehen Sie wie im Folgenden beschrieben vor.

1. Markieren Sie den betreffenden Text. Denken Sie daran: Sie können auch nicht zusammenhängende Textpassagen markieren, indem Sie beim Anklicken die `Strg`-Taste gedrückt halten.
2. Klicken Sie auf der Registerkarte **Start** auf den Pfeil am Feld **Schriftgrad**.
3. Daraufhin wird eine Liste mit Schriftgrößen aufgeklappt (angegeben in Punkt). Diese Liste ist aber lediglich eine Auswahl der möglichen Schriftgrößen.
4. Sobald Sie mit dem Mauszeiger auf eine Zahl zeigen, sehen Sie die Veränderung der Schriftgröße im markierten Textbereich. Per Mausklick weisen Sie Ihrem Text eine passende Schriftgröße aus der Liste zu.

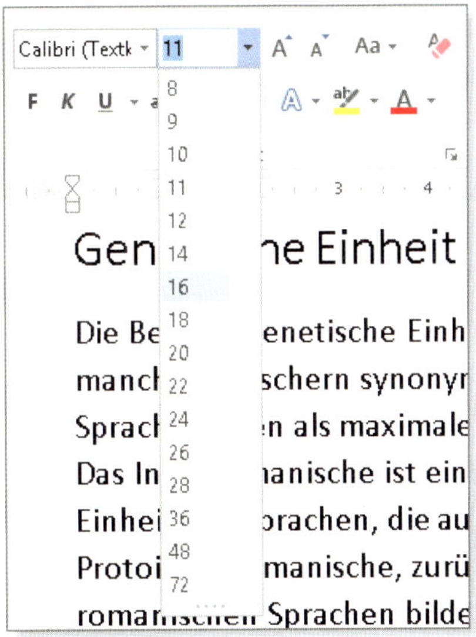

Abbildung 14.31
Die Schriftgröße einstellen

Für die meisten Schriftarten werden in der Liste Schriftgrade von 8 bis 72 Pt. angeboten. Diese Auswahl kommt üblichen Gestaltungswünschen entgegen, aber Sie haben damit nur ein Stückchen des Vorhangs gehoben. Tatsächlich können Sie alle möglichen Schriftgrade mit Werten zwischen 1 und 1.638 einstellen! Um einen Schriftgrad zuzuweisen, der sich nicht in der Liste befindet, geben Sie die Zahl direkt in das Feld **Schriftgrad** ein und drücken dann die ↵-Taste.

Probieren Sie es ruhig auch einmal mit dem kleinsten und dem größten Wert. Wenn Sie »1« in das Feld eintragen, können Sie die Schrift naturgemäß nicht lesen; Sie sehen nur winzige Pünktchen (erst mit einem sehr großen Zoom nehmen die Buchstaben allmählich Konturen an). Wenn Sie hingegen »1638« eingeben, passt nur der Bruchteil eines Zeichens auf eine Seite.

Die Schaltflächen »Schriftart vergrößern« und »Schriftart verkleinern«

Auch mit den Symbolen **Schriftart vergrößern** ❶ und **Schriftart verkleinern** ❷, die sich neben dem Feld **Schriftgrad** befinden, lässt sich die Schriftgröße verändern. Mit jedem Klick auf eine der Schaltflächen wird der Schriftgrad stufenweise vergrößert bzw. verkleinert, wobei die Stufen den in der Liste angebotenen Größen entsprechen (wenn beispielsweise ein Schriftgrad von 14 eingestellt ist, würde ein Klick auf das Symbol **Schriftart vergrößern** die nächsthöhere Stufe einstellen, also Schriftgröße 16).

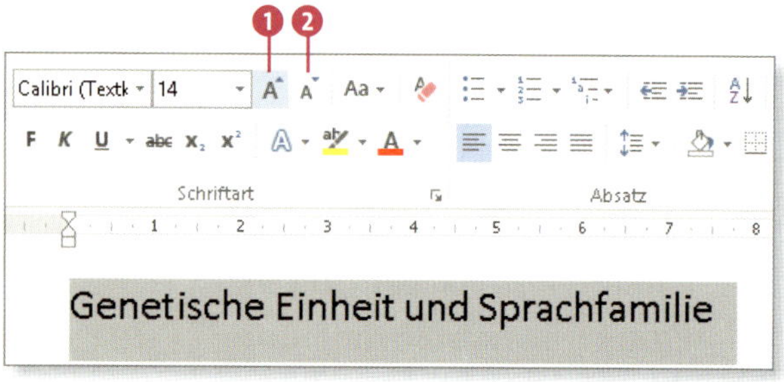

Abbildung 14.32
Die Schaltflächen »Schriftart vergrößern« und »Schriftart verkleinern«

Die Schriftgröße im Dialog einstellen

Eine Formatierung über einen Mausklick auf eine Schaltfläche auf der Registerkarte einzustellen ist einfach und geht vor allen Dingen schnell. Aber auch der Dialog **Schriftart** bietet einige Vorteile. Sie können darin z. B. gleichzeitig Formatierungen wie Schriftart, Schriftgröße und Schriftschnitt (sowie andere Effekte) auswählen und müssen sie somit nicht aus unterschiedlichen Menüs oder Dialogen »zusammensuchen«. Die Auswirkung wird im Vorschaubereich angezeigt, sodass Sie nicht »ins kalte Wasser springen«, wenn Sie die Einstellungen mit **OK** bestätigen. Sie sollten den Dialog **Schriftart** also nicht links liegen lassen, zumal Sie ihn für bestimmte Einstellungen tatsächlich brauchen.

1 Um die Schriftgröße im Dialog zu ändern, klicken Sie auf den Pfeil an der Gruppe **Schriftart** auf der Registerkarte **Start**.

2 Dies ruft den Dialog **Schriftart** auf. In diesem Dialog gibt es das Feld **Größe** ❸ mit der Auswahlliste der Schriftgrade. Markieren Sie die gewünschte Schriftgröße und klicken Sie auf **OK**.

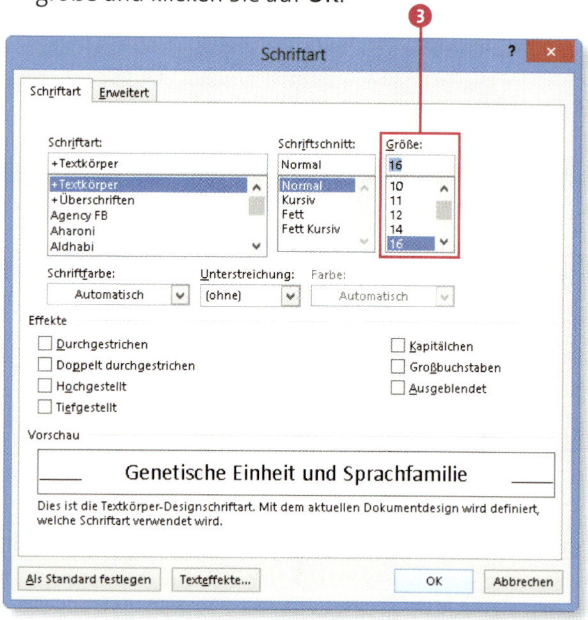

Abbildung 14.33
Die Schriftgröße im Dialog »Schriftart« einstellen

14.6 Schriftfarben und »Textmarker«

Neben der Schriftart und der Schriftgröße beeinflusst natürlich auch die *Schriftfarbe* die optische Wirkung eines Textes. Erfahrungsgemäß wird mit den unterschiedlichen Schriftfarben sehr gern gespielt und experimentiert, aber wie Sie selbst wissen, sind bunte Textpassagen oder Schriftzüge nur in besonderen Fällen wirklich angebracht.

Wenn Sie ein neues Dokument öffnen und Text eingeben, wird scheinbar die Farbe Schwarz verwendet. Dies ist insofern ein Trugschluss, als für die Schriftfarbe eigentlich die Option **Automatisch** voreingestellt ist. Diese Option sorgt dafür, dass der eingegebene Text je nach Hintergrund schwarz oder weiß dargestellt wird, wobei Word als Kriterium den optimalen Kontrast zugrunde legt.

Andere Schriftfarben zuweisen

Wenn Sie in einem Dokument bestimmte Textpassagen andersfarbig gestalten möchten, sind nur wenige Schritte nötig.

1 Markieren Sie den Text, dem Sie eine andere Schriftfarbe zuweisen möchten.

2 Klicken Sie auf der Registerkarte **Start** auf den Pfeil neben der Schaltfläche **Schriftfarbe**; daraufhin wird eine Farbpalette geöffnet.

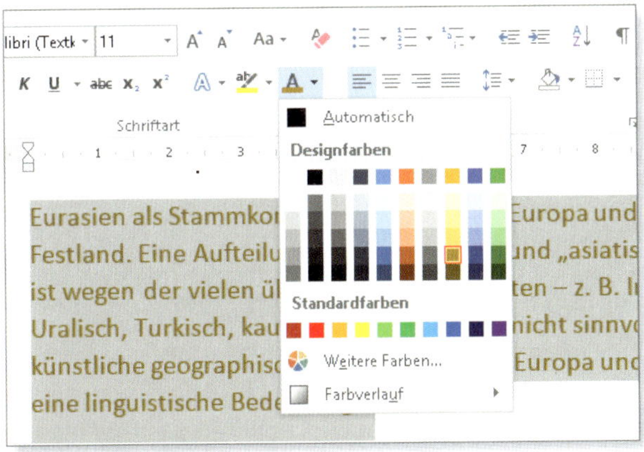

Abbildung 14.34
Die Schriftfarbe ändern

Zu den verschiedenen Farbkategorien lesen Sie bitte auch den Infokasten »Designfarben« auf Seite 284.

3 In dieser Farbpalette erkennen Sie anhand der markierten Option, dass die Einstellung **Automatisch** standardmäßig aktiviert ist. Um eine andere Farbe zuzuweisen, klicken Sie auf das entsprechende Farbkästchen. Daraufhin wird der Text mit der gewählten Farbe eingefärbt.

4 Falls in dieser Palette keine Farbe dabei sein sollte, die Ihnen gefällt, klicken Sie auf **Weitere Farben**.

5 Im Dialog **Farben** werden auf der Registerkarte **Standard** weitere Farben angeboten. Mit einem Mausklick auf ein Farbfeld übertragen Sie die Farbe auf den Text.

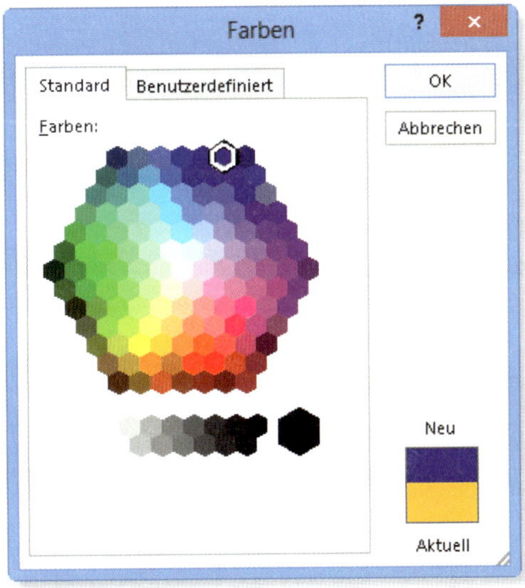

Abbildung 14.35
Der Dialog »Farben«

6 Um die gewünschte Farbe genauer zu definieren, wechseln Sie in diesem Dialog auf die Registerkarte **Benutzerdefiniert**.

7 Hier können Sie genaue Farbwerte eingeben, nachdem Sie im Feld **Farbmodell** entweder »RGB« (für die drei Grundfarben Rot, Gelb, Blau) oder »HSL« (das steht für *Hue, Saturation, Luminance*, also Farbton, Farbsättigung und Helligkeit) gewählt haben. Alternativ bietet Ihnen die Registerkarte die Möglichkeit, im Bereich **Farben** einen Farbton anzuklicken und die genau passenden Farbwerte dann mit

dem Schieberegler einzustellen. Achten Sie auf das Farbsymbol unten rechts im Dialog. Hier wird die neu ausgewählte Einstellung (**Neu**) der vorherigen gegenübergestellt (**Aktuell**).

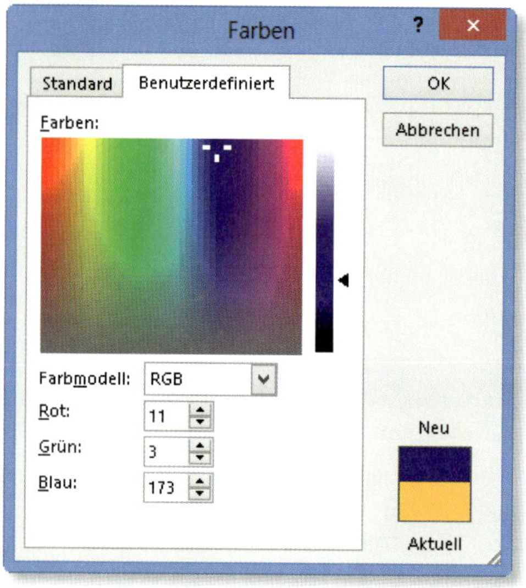

Abbildung 14.36
Spezielle Farbwerte für Ihre Schrift auswählen

TIPP

Designfarben

Wie Sie sehen, können Sie sich für eine Farbe aus der Kategorie **Designfarben** oder für eine aus der Kategorie **Standardfarben** entscheiden. Mit den Farbkästchen im Bereich **Designfarben** wählen Sie eine Farbe, die in den angebotenen Designs verwendet wird. Der Trick dabei ist, dass der Text mit einem Verweis auf den Farbplatzhalter im Design »formatiert« wird, sodass sich die Farbe automatisch ändert, wenn Sie ein anderes Design für das Dokument wählen.

Farbverläufe

Im Menü der Schaltfläche **Schriftfarbe** gibt es außerdem die Option **Farbverlauf**. Wenn Sie mit dem Mauszeiger auf diesen Eintrag zeigen, wird ein Untermenü mit vordefinierten Farbverläufen geöffnet.

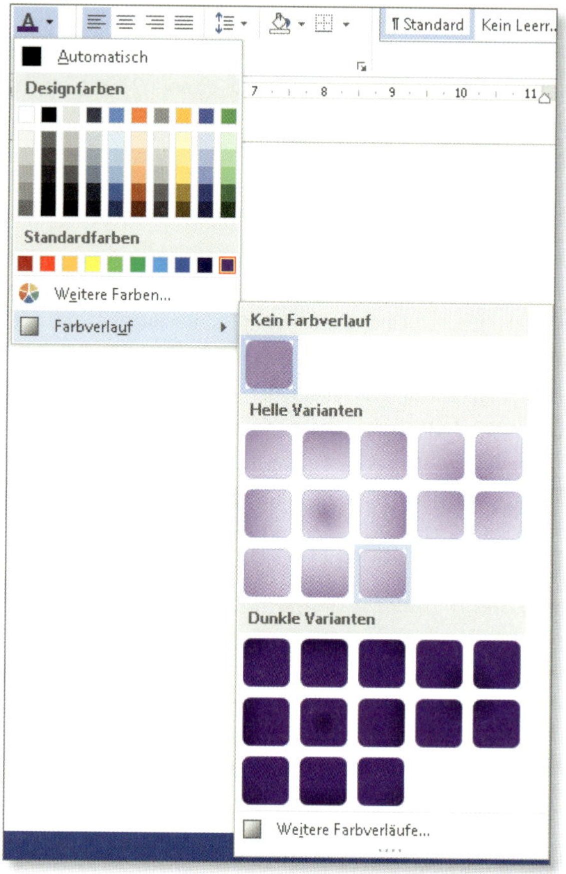

Abbildung 14.37
Einen Verlauf auswählen

Diese Farbverläufe »jonglieren« mit der Helligkeit der zuvor eingestellten Farbe und lassen die Farbe in unterschiedlichen Varianten ineinanderlaufen. Wie Sie sehen, können Sie über dieses Menü ganz einfach die Richtung vorgeben, in der die Farbe verlaufen soll. Der Effekt lässt sich bei einer normalen Schriftgröße kaum erkennen, sodass sich seine Anwendung eigentlich nur lohnt, wenn Sie einen großen Schriftgrad eingestellt haben, z. B. für die Überschrift in einem Dokument. Auch mit diesem Effekt sollten Sie aber gerade bei Text sparsam umgehen, um die Lesbarkeit nicht zu beeinträchtigen. (Im Zusammenhang mit den grafischen Elementen werden wir uns in Kapitel 26, »Formen, Textfelder und WordArt«, noch ausführlich mit Farbverläufen befassen.)

Abbildung 14.38
Ein Schriftzug mit einem Farbverlauf

> **INFO**
>
> **Schriftfarbe im Dialog einstellen**
>
> Natürlich können Sie zur Vergabe einer Schriftfarbe auch den Dialog **Schriftart** nutzen. Sie finden in diesem Dialog das Feld **Schriftfarbe**. Ein Klick auf den Auswahlpfeil an diesem Feld öffnet ebenfalls die Farbpalette, allerdings ohne die Option **Farbverlauf**. (Achten Sie darauf, dass Sie nicht das Feld **Farbe** erwischen, das nur für farbige Unterstreichungen gilt.)

Mit einem »Textmarker« hervorheben

In der Gruppe **Schriftart** wird außerdem die Schaltfläche **Texthervorhebungsfarbe** angeboten. Dahinter verbirgt sich eine Art »Textmarker«, der die Schriftfarbe selbst nicht ändert, mit dem Sie aber ganze Passagen mit einer Farbe hinterlegen können, um sie vom Rest des Dokuments abzuheben. Die Zuweisung einer Hervorhebungsfarbe ist denkbar einfach, wie Sie folgender Erläuterung entnehmen können.

1. Markieren Sie den Textbereich.
2. Klicken Sie auf der Registerkarte **Start** in der Gruppe **Schriftart** auf den Pfeil neben der Schaltfläche **Texthervorhebungsfarbe** ❶.
3. In der Farbpalette klicken Sie die gewünschte Hervorhebungsfarbe an. Daraufhin wird der Hintergrund des markierten Textbereiches in dieser Farbe eingefärbt.
4. Um die Hervorhebungsfarbe wieder zu entfernen, markieren Sie den Textbereich erneut und wählen im Menü der Schaltfläche **Texthervorhebungsfarbe** die Option **Keine Farbe** ❷.

Abbildung 14.39
Eine Hervorhebungsfarbe auswählen

Wenn Sie die Hervorhebungsfarbe während der Texteingabe eingestellt haben und dann ohne Hervorhebung weiterschreiben möchten, klicken Sie im Menü der Schaltfläche auf **Hervorheben beenden** ❸.

Nach hervorgehobenen Textpassagen suchen

Wenn Sie Textteile einfärben, tun Sie das in der Regel, weil sie besonders wichtig sind und Sie sie schnell wiederfinden möchten. Die Texthervorhebungsfarbe erfüllt eine ähnliche Funktion, daher kann man in längeren Dokumenten auch nach markierten Passagen suchen.

1. Klicken Sie auf der Registerkarte **Start** in der Gruppe **Bearbeiten** auf **Suchen** > **Erweiterte Suche**.
2. Um den kompletten Dialog zu sehen, müssen Sie auf die Schaltfläche **Erweitern** unten links im Dialogfenster klicken. Danach heißt sie **Reduzieren** ❶ (siehe Abbildung 14.40).
3. Klicken Sie dann im Bereich **Suchen** auf die Schaltfläche **Format** ❷, um das dazugehörige Menü aufzuklappen.
4. Im Menü wählen Sie **Hervorheben**.
5. Nun sehen Sie, dass unterhalb des Feldes **Suchen nach** das Wort **Hervorheben** ❸ steht. Um zur ersten Textstelle mit einer Texthervorhebungsfarbe zu springen, klicken Sie auf die Schaltfläche **Weitersuchen** ❹.

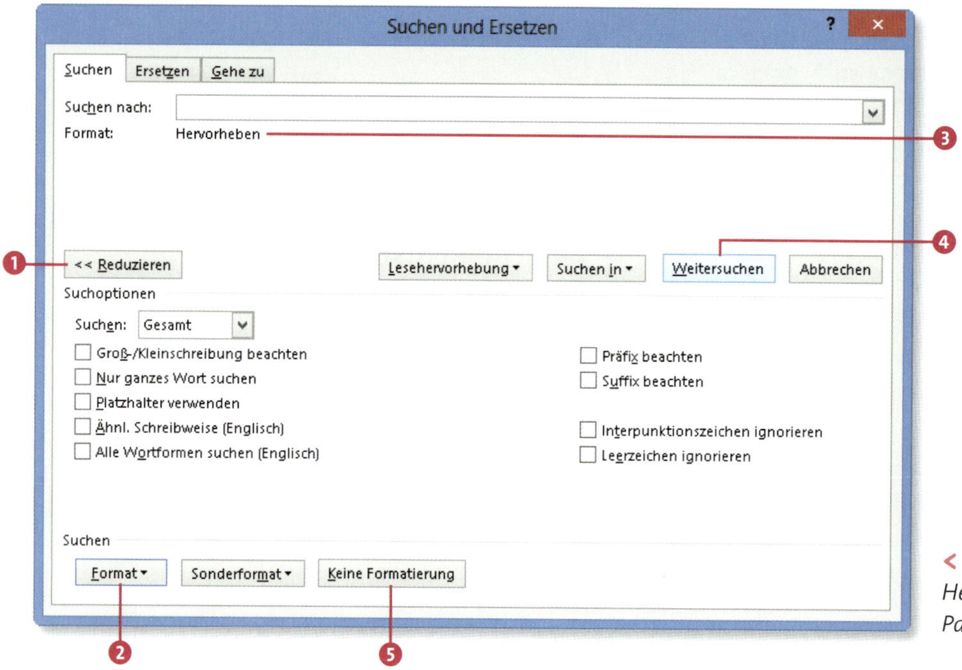

Abbildung 14.40
Hervorgehobene Passagen suchen

TIPP

Die Suche wieder aufheben

Denken Sie daran, die Suche nach hervorgehobenen Textstellen wieder aufzuheben, wenn Sie mithilfe des Dialogs **Suchen** erneut nach einem Textelement suchen möchten. Klicken Sie im Dialog auf die Schaltfläche **Keine Formatierung** 5, damit andere Fundstellen gefunden werden können.

14.7 Texteffekte

Die bisher beschriebenen Zeichenformatierungen gehören eher zum alten Arsenal der Gestaltungsmöglichkeiten in Word, sodass wir Ihnen – wenn Sie schon ein paar Jährchen mit Word arbeiten – noch nicht allzu viel Neues verraten haben. Bevor Sie also gelangweilt weiterblättern, um ein ganz neues Kapitel aufzuschlagen, von dem Sie sich mehr versprechen, kommen nun die Texteffekte an die Reihe, die ein ganz neues Word-Feature sind.

Mit Texteffekten wendet man grafische Effekte auf Textpassagen an, z. B. Farbverläufe, Füllungen, Spiegelungen, Leuchten und einiges mehr. Damit erzielt man eine tolle Wirkung, aber es versteht sich hoffentlich von selbst, dass diese Effekte sparsam und nur für ganz bestimmte Schriftzüge eingesetzt werden sollten. In offiziellen Dokumenten haben sie im Prinzip gar nichts zu suchen.

HINWEIS

Keine Textanimationseffekte

Als erfahrenerer Word-User erinnern Sie sich sicher noch an den blinkenden Text oder an die Ameisenkolonne, die um ein Textstück lief. Diese Textanimationen, die in früheren Word-Versionen zur Verfügung standen, suchen Sie in Word 2013 vergeblich – was unseres Erachtens auch kein allzu großer Verlust ist, es sei denn, man mag solche Spielereien.

Texteffekte zuweisen

Um zunächst einen Eindruck von der Vielfalt der Texteffekte zu erhalten, klicken Sie einmal auf den Pfeil neben der Schaltfläche **Texteffekte** (auf der Registerkarte **Start** in der Gruppe **Schriftart**). Im oberen Bereich sehen Sie Füllungen und Farbverläufe. Die vier unteren Optionen (**Kontur**, **Schatten**, **Spiegelung** und **Leuchten**) rufen Untermenüs auf, in denen weitere Varianten des jeweiligen Effekts angeboten werden. Teils verweisen diese Untermenüs erneut auf weitere Untermenüs, sodass es also unzählige Möglichkeiten gibt.

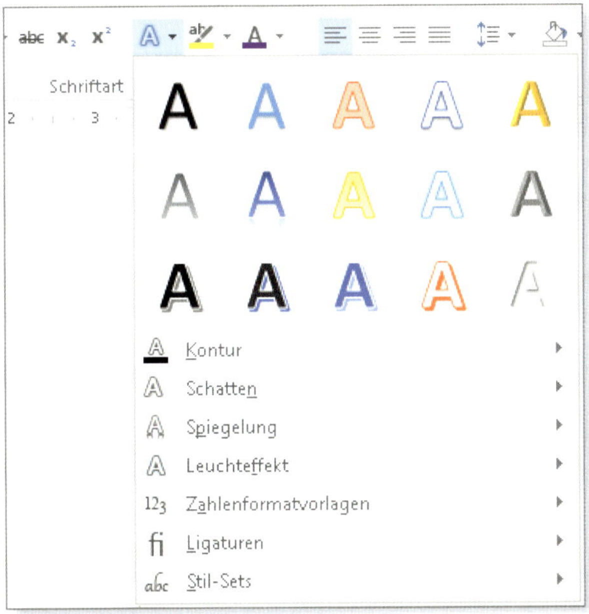

Abbildung 14.41
Texteffekte in Hülle und Fülle

1 Um einen Effekt zuzuweisen, markieren Sie die betreffende Textpassage.

2 Klicken Sie auf den Pfeil neben der Schaltfläche **Texteffekte**, um das Menü aufzuklappen.

3 Zeigen Sie auf einen der Effekte im oberen Bereich. Die Auswirkung ist dank der Livevorschau direkt im Text zu sehen. Erst durch einen Mausklick jedoch wird der Effekt zugewiesen und erscheint dauerhaft in Ihrem Dokument.

Abbildung 14.42
Einen Texteffekt zuweisen

Buchstaben mit einer Kontur versehen

Einem markierten Text eine Kontur zuzuweisen bedeutet, dass die Buchstaben sozusagen eingerahmt werden und damit plastischer wirken. Auch wenn das eine hübsche Wirkung haben kann, noch mal unser Ratschlag: Setzen Sie derlei Effekte gezielt ein und übertreiben Sie es nicht damit, da ein Dokument mit zu vielen Effekten schnell überladen und unübersichtlich wird.

1 Um diesen Effekt anzuwenden, zeigen Sie zunächst im Menü des Symbols **Texteffekte** auf den Eintrag **Kontur**.

2 Im Untermenü können Sie darüberhinaus eine Farbe für die Kontur auswählen.

3 Um zusätzlich die Dicke/Stärke der Kontur zu verändern, müssen Sie das Untermenü der Option **Kontur** erneut aufrufen, auf den Eintrag **Stärke** zeigen und im Untermenü die gewünschte Stärke (in Punkt angegeben) wählen.

Genauso verfahren Sie, wenn Sie (mit der Option **Striche**) auch die Strichart der Kontur verändern möchten, wenn Sie also z. B. eine gestrichelte Kontur um Ihre Buchstaben ziehen wollen.

Abbildung 14.43
Eine orangefarbene Textzeile mit einer blauen Kontur

Sie können natürlich auch eine Kontur ohne Farbe zuweisen (bzw. in der gleichen Farbe wie die Schrift selbst); in dem Fall zeigen Sie direkt auf **Kontur** > **Stärke** und klicken dann im Untermenü auf einen Wert. Dass mehr als 1½ Pt. für eine normale Schriftgröße nicht geeignet sind, weil die Buchstaben dann »verlaufen« und deutlich schlechter lesbar sind, sehen Sie in Abbildung 14.44.

Abbildung 14.44
Eine Textzeile mit gleichfarbiger Kontur

Schatten

Um einer markierten Textpassage einen Schatteneffekt zuzuweisen, zeigen Sie im Menü auf **Schatten** und wählen eine der angebotenen Varianten.

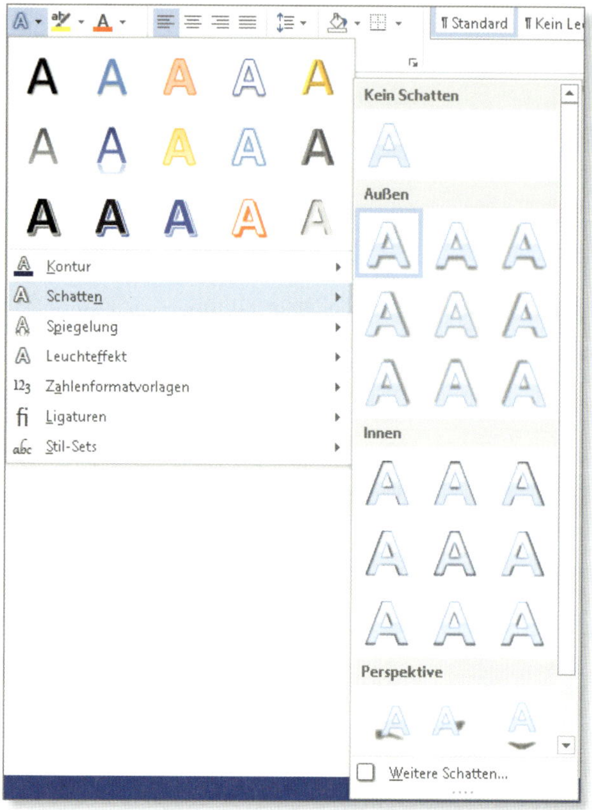

Abbildung 14.45
Einen Schatteneffekt zuweisen

Die Option **Weitere Schatten** ganz unten im Menü ruft den Aufgabenbereich **Texteffekte formatieren** mit dem Bereich **Schatten** auf. Hier können Sie den Schatteneffekt weiter manipulieren.

Abbildung 14.46
Textzeile mit Schatten

Interessant sind vor allem die Einstellungen **Winkel** und **Abstand**. Mit dem Winkel ändern Sie die Position des Schattens zum Text, der Abstand legt – wie der Name schon sagt – den Abstand des Schatteneffekts zu den Zeichen fest. Sie sehen die Veränderung in der Livevorschau, wenn Sie mithilfe der Pfeile den Wert verändern.

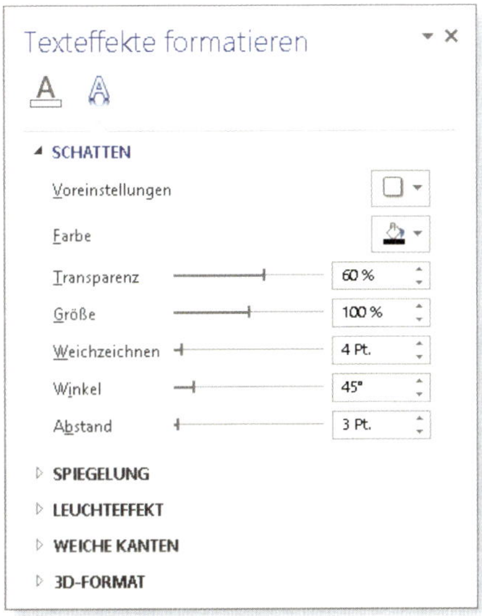

Abbildung 14.47
Den Schatteneffekt bearbeiten

Spiegelung

Die Spiegelung ist ein interessanter Effekt, der aber auch nur sparsam angewendet werden sollte. Der markierte Text wird als Spiegelung unterhalb des Textes wiederholt. Die verschiedenen Varianten sehen Sie im Untermenü des Eintrags **Spiegelung**.

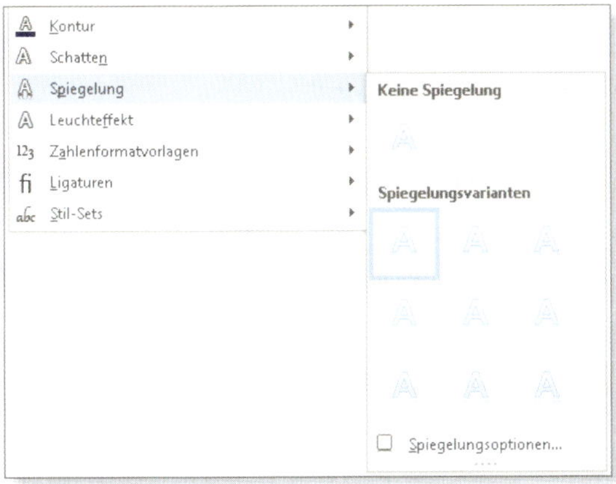

Abbildung 14.48
Eine Spiegelung einstellen

Abbildung 14.49
Eine Textzeile mit Spiegelung

Über die Option **Spiegelungsoptionen** rufen Sie ebenfalls den Aufgabenbereich **Texteffekte formatieren** auf, wobei der Bereich **Spiegelung** dann automatisch aufgeklappt ist. Auch hier können Sie weitere Einstellungen für den Effekt vornehmen. Wenn Sie den Wert im Feld **Abstand** erhöhen, vergrößert sich die Entfernung der Spiegelung vom unteren Textrand. Ein höherer Wert im Feld **Weichzeichnen** führt dazu, dass die Spiegelung verwaschener wirkt.

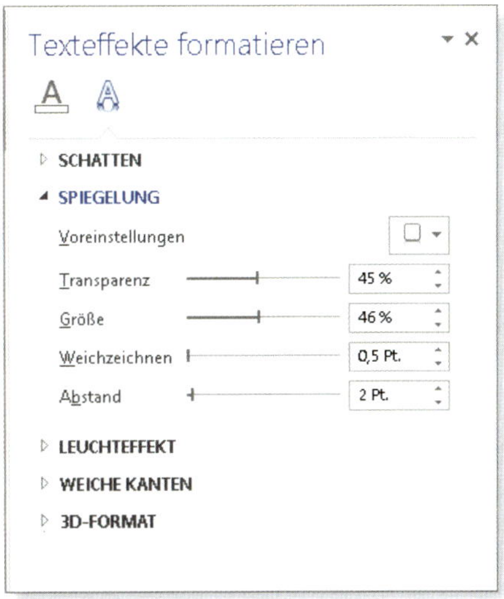

Abbildung 14.50
Einen Spiegelungseffekt einstellen und verfeinern

Leuchteffekt

Mit dem **Leuchteffekt** legt sich eine Farbe wie ein verwaschener Umriss um die Zeichen, ähnlich einem Kerzenschein. Zeigen Sie im Menü auf **Leuchteffekt**, um im Untermenü die Varianten zu sehen, die Sie zuweisen können. Auch hier werden Ihnen die Änderungen per Livevorschau direkt im Dokument angezeigt.

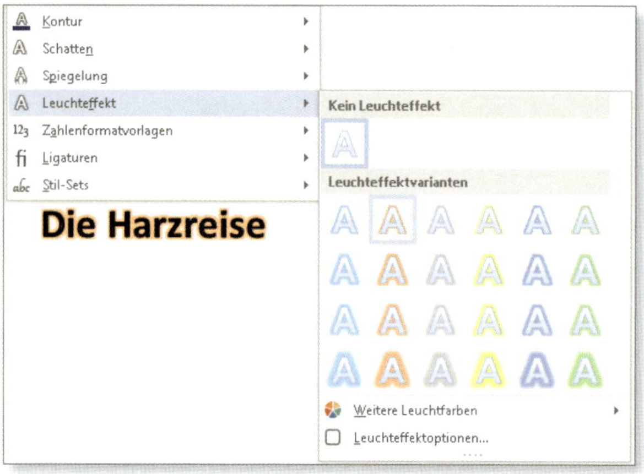

Abbildung 14.51
Den Texteffekt »Leuchteffekt« zuweisen

Mit der untersten Option **Leuchteffektoptionen** öffnen Sie den Aufgabenbereich **Texteffekte formatieren** mit der Kategorie **Leuchteffekt**. Über das Feld **Farbe** können Sie hier eine andere Farbe für den Leuchteffekt bestimmen. Mit dem Wert im Feld **Größe** verändert sich die Ausdehnung des Scheins, der die Zeichen umgibt. Das Feld **Transparenz** bestimmt die Intensität der Farbe. Je höher der hier eingestellte Prozentwert, desto schwächer und durchsichtiger (eben *transparenter*) wirkt die Farbe.

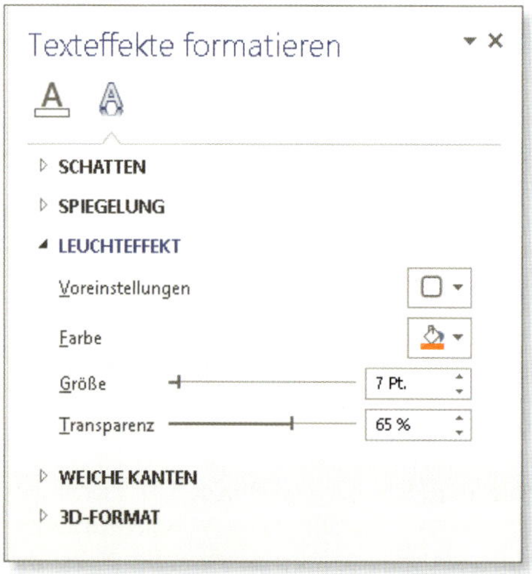

Abbildung 14.52
Den Leuchteffekt bearbeiten – die Kategorien »Schatten« und »Spiegelung« sind eingeklappt.

Zahlenformatvorlagen

Im Menü der **Effekte** finden Sie auch einige Vorlagen, die speziell für die Formatierung von Zahlen gedacht sind. Klicken Sie auf den Pfeil an der Schaltfläche **Texteffekte** und wählen Sie die Option **Zahlenformatvorlagen** aus. In dem sich öffnenden Untermenü sehen Sie die verschiedenen Vorlagen. Die einzelnen Einstellungen wirken sich unterschiedlich auf die Darstellung von Zahlen aus. Allerdings muss die verwendete Schriftart diese Zahlenformatvorlagen unterstützen, ansonsten ist der Eintrag nicht aktiviert (und wird nur blass angezeigt).

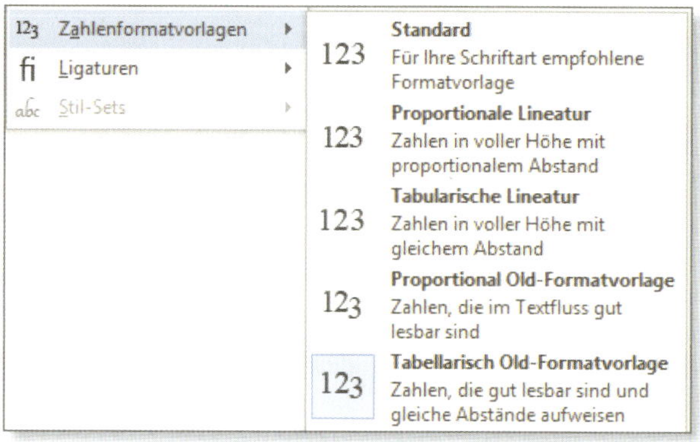

Abbildung 14.53
Die verschiedenen Zahlenformatvorlagen

Mit der Einstellung **Proportionale Lineatur** werden Zahlen so formatiert, dass die Anzahl der Pixel proportional ist. Eine »1« kann beispielsweise schmaler sein und verwendet weniger Pixel als die »0«, weil sie weniger Raum in Anspruch nimmt.

Die Formatierung **Tabularische Lineatur** bewirkt, dass bei jeder Zahl die gleiche Anzahl von Pixeln verwendet wird. Sie sehen diesen Unterschied in der Abbildung: Die Zahlenreihe mit dieser Formatierung ist etwas länger, da der Abstand unabhängig von den Zahlen gleich ist. Bei dieser Formatierung nimmt jede Zahl genau den gleichen Raum ein.

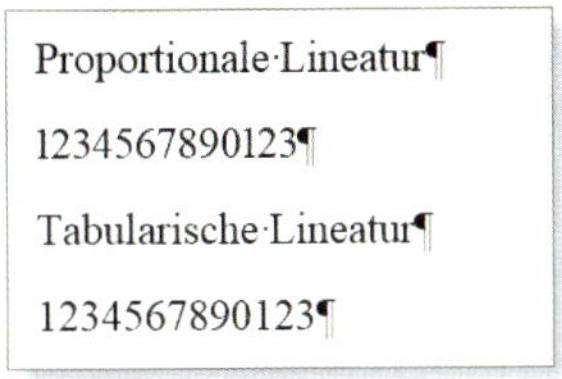

Abbildung 14.54
Proportionale und Tabularische Lineatur

Sodann gibt es noch die Einstellung **Proportional Old-Formatvorlage**. Hinter dieser etwas unglücklichen Bezeichnung verbirgt sich eine Formatierung mit Ober- und Unterlängen. Die Zahlen werden nicht auf der Grundlinie platziert, sondern auf unterschiedlichen Positionen.

Die Einstellung **Tabellarisch Old-Formatvorlage** verwendet die gleichen Abstände und richtet die Zahlen alle an derselben Position aus.

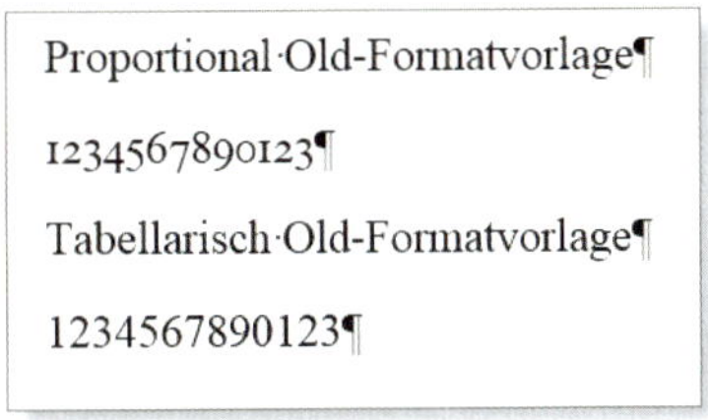

Abbildung 14.55
Old-Formatvorlagen

Effekte in .doc-Dokumenten

Aufgrund des Austauschs von Dateien kann es nach wie vor vorkommen, dass Sie noch mit Dokumenten arbeiten müssen, die mit älteren Word-Versionen (z. B. Word 97-2003) erstellt wurden. Daher stellt sich immer wieder die Frage nach der Kompatibilität, auf die wir nun im Zusammenhang mit älteren Effekten und den neuen Texteffekten einen genaueren Blick werfen wollen.

Wenn Sie in Word 2013 ein Dokument mit dem Dateiformat *.doc* öffnen, werden alle Effekte, die in dieser älteren Word-Version angelegt wurden, auch hier angezeigt. Sie werden wie gehabt im Dialog **Schriftart** aufgeführt und lassen sich in diesem Dokument auch nahezu problemlos verwenden.

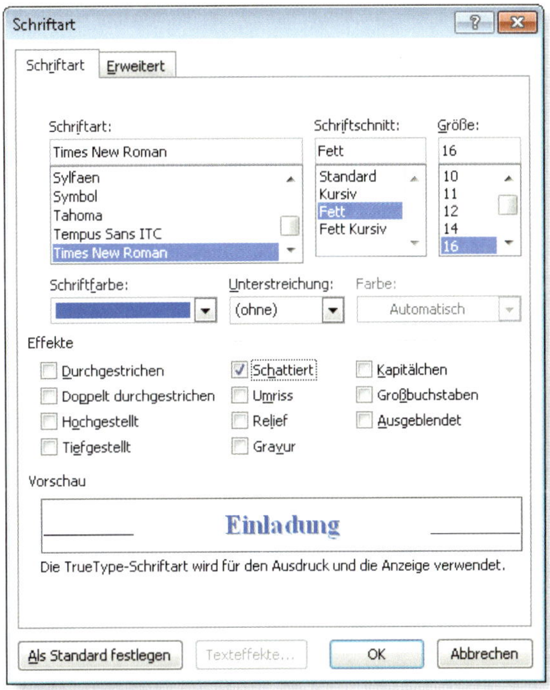

Abbildung 14.56
Der Dialog »Schriftart« eines Dokuments im Dateiformat von Word 97-2003

Ein Text mit »alten« Effekten sieht auf dem Word 2013-Bildschirm ganz gut aus, aber nicht perfekt!

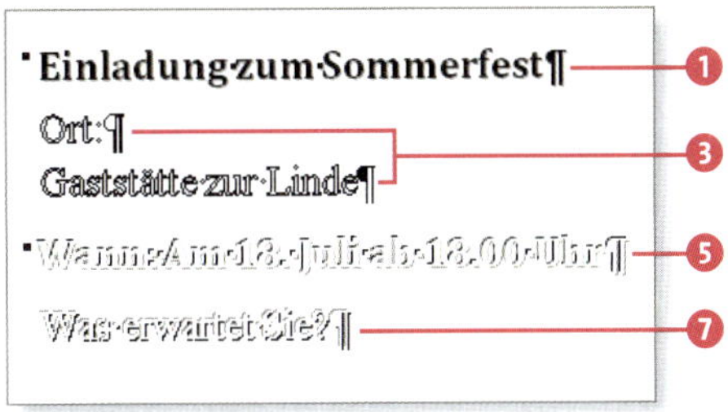

Abbildung 14.57
Die alten Effekte, dargestellt in einem .doc-Dokument in Word 2013

Aber was passiert, wenn Sie eine *.doc*-Datei, die diese alten Formatierungen enthält, neu speichern und das *.docx*-Format für Word 2013 wählen?

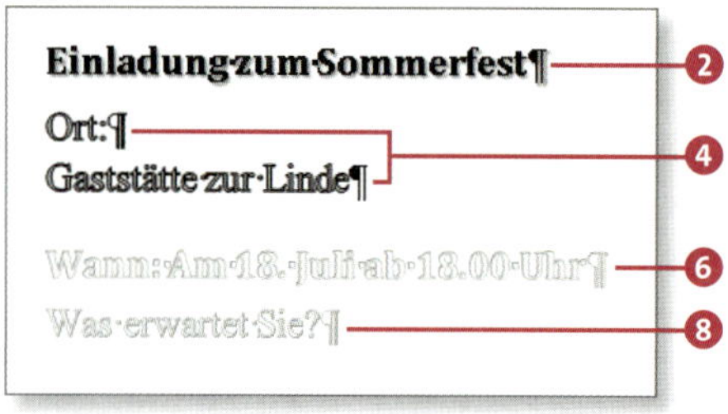

Abbildung 14.58
Die alten Effekte, dargestellt in einem .docx-Dokument in Word 2013

- Der »alte« Schatteneffekt ❶ wird auch im *.docx*-Dokument ❷ angezeigt, was nicht nur auf dem Bildschirm zu erkennen ist, sondern auch über **Texteffekte** > **Schatten**.
- Der Effekt **Umriss** ❸ wird als Formatierung übernommen ❹, ist aber im Menü **Texteffekte** > **Kontur** (was einem Umriss nahekommen würde) nicht zu erkennen.
- Hingegen erscheint die Einstellung **Relief** ❺ im *.docx*-Dokument als graue **Kontur** ❻.
- Die Formatierung mit der Option **Gravur** ❼ sieht bereits im *.doc*-Dokument aus wie das neue **Relief**, und genauso verhält es sich auch im neuen *.docx*-Text ❽: Der Text hat einen grauen Rand.

Sie sehen also, dass ein *.doc*-Dokument auch mit besonderen Effekten in Word 2013 ganz passabel dargestellt wird. Abbildung 14.58 zeigt, dass Effekte teils übernommen werden, wenn man das *.doc*-Dokument im neuen Format speichert. Über das Menü **Texteffekte** kann die Einstellung der Effekte dann leicht verändert werden. Ansonsten bleibt ja immer noch die Möglichkeit, die ganze Formatierung über die Funktion **Formatierung löschen** zu entfernen und noch einmal von vorn anzufangen.

14.8 Weitere Schriftformate

In der Gruppe **Schriftart** gibt es vier weitere Schaltflächen: **Durchgestrichen** ❾, **Tiefgestellt** ❿, **Hochgestellt** ⓫ und **Groß-/Kleinschreibung** ⓬. Diese Merkmale weisen Sie wie alle anderen Zeichenformate zu: Sie markieren den Text und klicken auf die entsprechende Schaltfläche.

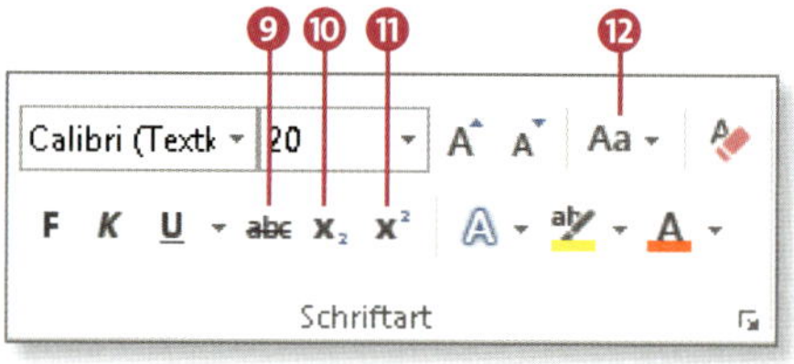

Abbildung 14.59
Weitere Schriftformate

Die Attribute haben folgende Auswirkungen:

- **Durchgestrichen:** Die markierten Zeichen werden mit einer Linie durchgestrichen. Man fragt sich unwillkürlich, wozu diese Formatierung gut sein soll. Aber denken Sie beispielsweise an ein Werbeplakat, auf dem neue Schnäppchenpreise angeboten werden. Die alten Preise sind durchgestrichen, damit die neuen Preise umso größere Begeisterung auslösen!
- **Tiefgestellt:** Die Zeichen werden verkleinert (um ca. 3 Pt. bei einer Schriftgröße zwischen 10 und 12) und unter die Grundlinie gesetzt.

Abbildung 14.60
Tiefgestellte Zeichen

- **Hochgestellt:** Die Zeichen werden in einem kleineren Schriftgrad hochgestellt.

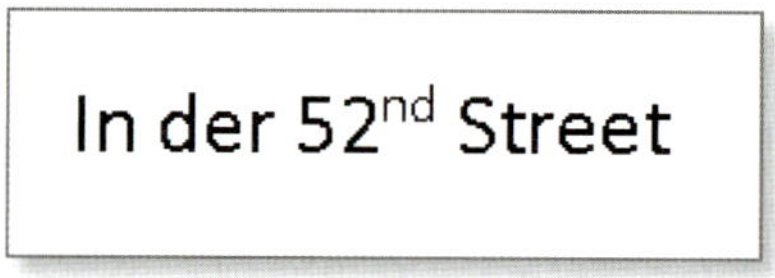

Abbildung 14.61
Hochgestellte Zeichen

- **Groß-/Kleinschreibung:** Diese Schaltfläche bietet diverse Optionen zur Verwandlung von kleingeschriebenem Text in Großbuchstaben. Klicken Sie auf den Pfeil neben der Schaltfläche, um sich diese Optionen anzeigen zu lassen (deren Auswirkung den entsprechenden Bezeichnungen entspricht). Um alle Buchstaben des markierten Textes als Großbuchstaben auszugeben, wählen Sie in diesem Menü die Option **GROSSBUCHSTABEN**.

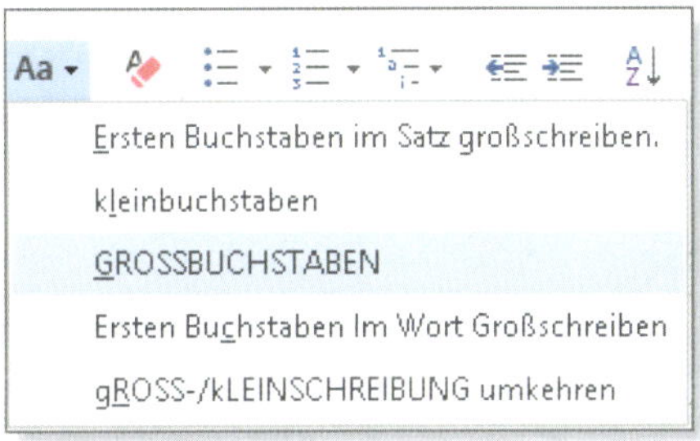

Abbildung 14.62
Text in Großbuchstaben ausgeben

Abgesehen von der soeben erwähnten Schaltfläche **Groß-/Kleinschreibung** in der Gruppe **Schriftart** stehen zwei weitere Methoden zur Verfügung, um einen Text in Großschrift darzustellen:

1. Sie können die entsprechende Option (**Großbuchstaben**) im Dialog **Schriftart** einstellen.
2. Auch mit der Tastenkombination ⇧ + F3 können Sie kleingeschriebenen in großgeschriebenen Text verwandeln – und umgekehrt.

Aber Großschreibung ist nicht gleich Großschreibung! Tatsächlich haben die Methoden unterschiedliche Auswirkungen: Sowohl mit der Option **GROSSBUCHSTABEN** im Menü der Schaltfläche **Groß-/Kleinschreibung** als auch mit der Tastenkombination ⇧ + F3 werden Kleinbuchstaben regelrecht in Großbuchstaben verwandelt, doch das gilt nur für den markierten Text oder das Wort, in dem der Cursor aktuell steht. Sie schreiben danach nicht in Großbuchstaben weiter. Um diese Darstellung für den markierten Text rückgängig zu machen, wählen Sie entweder die Option **kleinbuchstaben** aus dem Menü oder Sie drücken noch einmal die Tastenkombination ⇧ + F3. Wenn Sie möchten, dass das Wort wieder korrekt geschrieben ist, also z. B. mit einem Großbuchstaben beginnt, wählen Sie **Ersten Buchstaben Im Wort Großschreiben** oder drücken einfach ein drittes Mal die Tastenkombination ⇧ + F3.

Mit dem Kontrollkästchen im Dialog **Schriftart** läuft das alles etwas anders: Es weist den markierten Zeichen die Großschrift als Formatierungsattribut zu. Sie schreiben also so lange in Großbuchstaben weiter, bis Sie diese Option wieder deaktivieren. Das Kontrollkästchen funktioniert quasi wie ein Schalter.

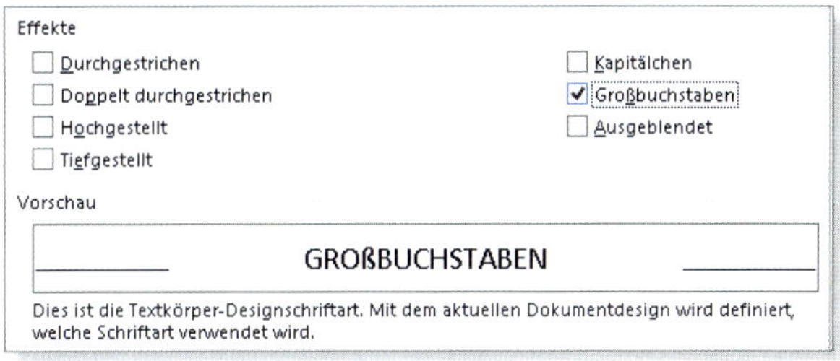

Abbildung 14.63
Großschreibung im Dialog »Schriftart«

TIPP

Formatierungen entfernen

Wenn Sie einer Textpassage diese oder jene Formatierung zugewiesen haben und dann feststellen, dass Ihnen das Ganze doch nicht gefällt, können Sie alle Formatierungen in einem Rutsch wieder rückgängig machen. Klicken Sie dazu auf die Schaltfläche **Formatierung löschen**, die ebenfalls in der Gruppe **Schriftart** zu finden ist.

14.9 Formatierungen im Dialog »Schriftart«

Der Dialog **Schriftart** bietet Optionen, die nicht auf der Registerkarte **Start** zu finden sind. Sie rufen ihn auf, indem Sie auf den kleinen Pfeil rechts an der Gruppe **Schriftart** klicken.

Auf der Registerkarte **Schriftart** des Dialogfensters werden die bereits besprochenen Formatierungsmöglichkeiten und zusätzlich die Optionen **Doppelt durchgestrichen** ❶, **Kapitälchen** ❷ und **Ausgeblendet** ❸ angeboten.

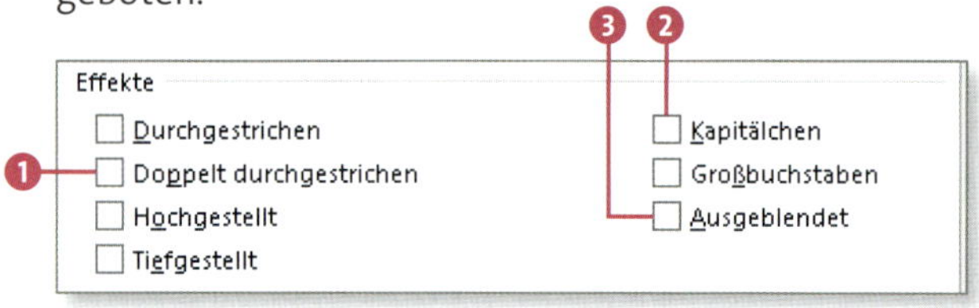

Abbildung 14.64
Weitere Optionen im Dialog »Schriftart«

Die Wirkung der Option **Doppelt durchgestrichen** ist keine große Überraschung: Der markierte Text wird mit einer Doppellinie durchgestrichen. Wenn Sie einen Text in **Kapitälchen** formatieren, wird dieser Text in Großbuchstaben dargestellt, deren Höhe aber der Normalhöhe der üblichen Kleinbuchstaben entspricht. Man kann dieses Format zur Hervorhebung (z. B. von Namen) nutzen, weil sie im Fließtext nicht ganz so wuchtig wirken wie Großbuchstaben.

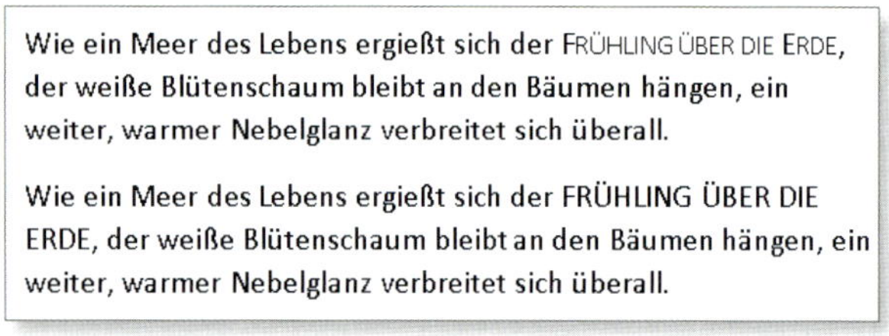
Wie ein Meer des Lebens ergießt sich der FRÜHLING ÜBER DIE ERDE, der weiße Blütenschaum bleibt an den Bäumen hängen, ein weiter, warmer Nebelglanz verbreitet sich überall.

Wie ein Meer des Lebens ergießt sich der FRÜHLING ÜBER DIE ERDE, der weiße Blütenschaum bleibt an den Bäumen hängen, ein weiter, warmer Nebelglanz verbreitet sich überall.

Abbildung 14.65
Kapitälchen und Großbuchstaben im Vergleich

Text ausblenden

Während die Bedeutung der Attribute **Doppelt durchgestrichen** und **Kapitälchen** ziemlich eindeutig sind, muss die Einstellung **Ausgeblendet** etwas näher erklärt werden. Wenn Sie diese Formatierung für einen markierten Text einstellen, wird dieser Text nicht mit ausgedruckt.

1 Markieren Sie zunächst den Text, den Sie ausblenden möchten.

2 Rufen Sie auf der Registerkarte **Start** über den Pfeil an der Gruppe **Schriftart** den gleichnamigen Dialog auf.

3 Aktivieren Sie das Optionskästchen **Ausgeblendet**.

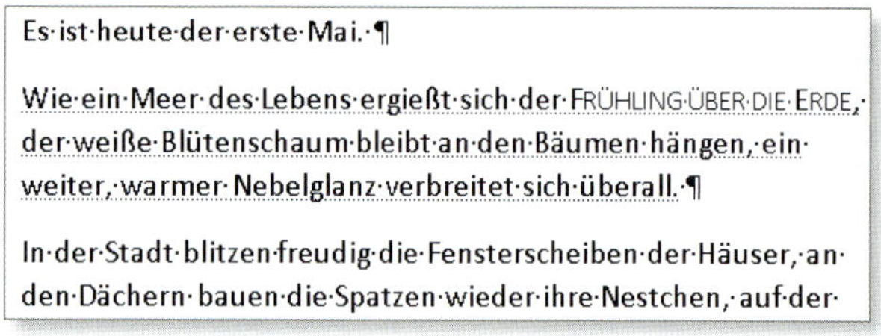
Es·ist·heute·der·erste·Mai.·¶

Wie·ein·Meer·des·Lebens·ergießt·sich·der·FRÜHLING·ÜBER·DIE·ERDE,·der·weiße·Blütenschaum·bleibt·an·den·Bäumen·hängen,·ein·weiter,·warmer·Nebelglanz·verbreitet·sich·überall.·¶

In·der·Stadt·blitzen·freudig·die·Fensterscheiben·der·Häuser,·an·den·Dächern·bauen·die·Spatzen·wieder·ihre·Nestchen,·auf·der·

Abbildung 14.66
Sie erkennen den ausgeblendeten Text an einer gepunkteten Unterstreichung.

Auf dem Bildschirm wird dieser Text dann mit einer gepunkteten Linie markiert – allerdings nur, wenn Sie sich alle (oder nur bestimmte) Formatierungszeichen anzeigen lassen. Ansonsten ist der ausgeblendete Text auch auf dem Bildschirm nicht sichtbar.

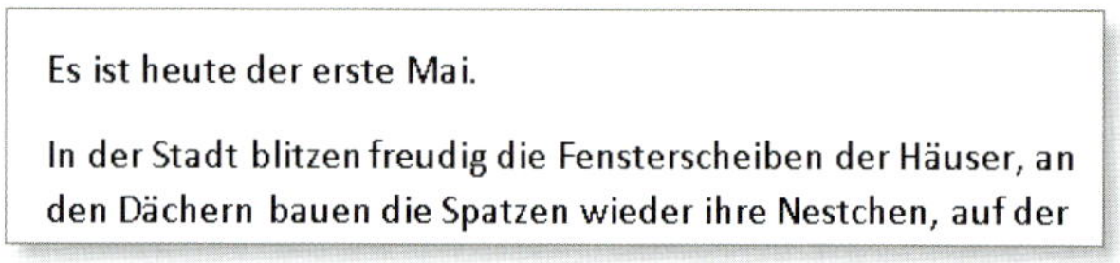
Es ist heute der erste Mai.

In der Stadt blitzen freudig die Fensterscheiben der Häuser, an den Dächern bauen die Spatzen wieder ihre Nestchen, auf der

Abbildung 14.67
Im Ausdruck und auf dem Bildschirm ohne Anzeige der Formatierungszeichen ist dieser Text nicht zu sehen.

Wenn Sie nicht wollen, dass der ausgeblendete Text auf dem Bildschirm zu sehen ist, müssen Sie das Formatierungszeichen **Ausgeblendet** verschwinden lassen.

1 Überprüfen Sie die Einstellung für die Formatierungszeichen. Dazu klicken Sie auf **Datei** > **Optionen** und wechseln zur Kategorie **Anzeige** ❹.

2 Deaktivieren Sie zunächst – sofern angehakt – im Bereich **Diese Formatierungszeichen immer auf dem Bildschirm anzeigen** die Option **Alle Formatierungszeichen anzeigen** und haken Sie die gewünschten Formatierungszeichen, z. B. **Absatzmarken**, einzeln an. Achten Sie darauf, dass Sie vor der Option **Ausgeblendeten Text** ❺ kein Häkchen setzen.

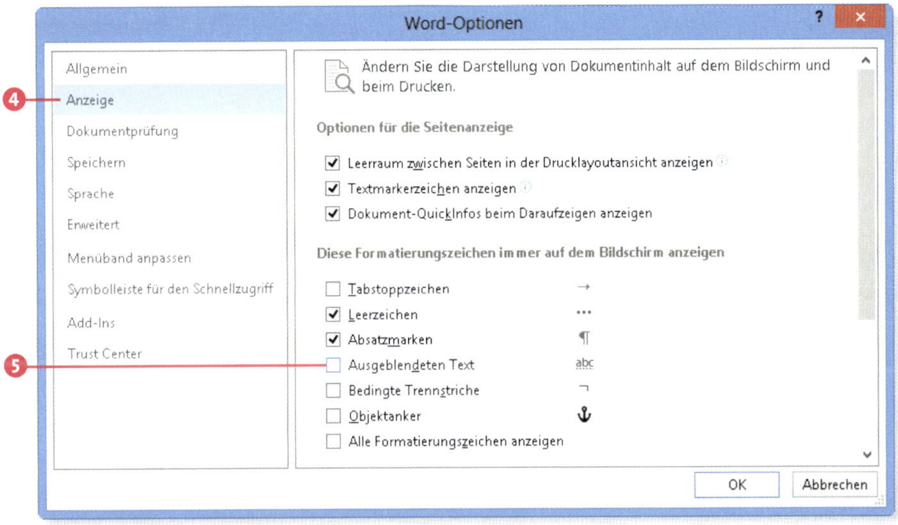

Abbildung 14.68
Die Option »Ausgeblendeten Text« deaktivieren

Der ausgeblendete Text ist aber auch nach dieser Aktion wieder sichtbar, sobald Sie auf das Symbol **Alle anzeigen** (die Absatzmarke auf der Registerkarte **Start**) klicken.

TIPP

Ausgeblendeten Text nutzen

Ausgeblendeten Text kann man z. B. für Kommentare und Anmerkungen nutzen, die am Bildschirm zwar nützlich sind, aber im Ausdruck des Dokuments nichts zu suchen haben.

Die Laufweite verändern

Im Zusammenhang mit Schriftarten sprachen wir bereits von dem Abstand zwischen den einzelnen Zeichen (im Abschnitt »Proportionale und nicht proportionale Schriften« auf Seite 274). Word bietet eine einfache Möglichkeit, diesen Abstand zu verändern, der auch als *Laufweite* bezeichnet wird (und genauso heißt dieses Feld auch in älteren Word-Versionen).

1 Wählen Sie die Registerkarte **Start**.

2 Öffnen Sie dann über den kleinen Pfeil rechts unten in der Gruppe **Schriftart** das gleichnamige Dialogfenster.

3 Aktivieren Sie in diesem Fenster die Registerkarte **Erweitert** 6.

4 Um den Abstand zwischen den Zeichen eines markierten Textbereiches zu vergrößern, klicken Sie auf den Pfeil am Feld **Abstand** und wählen den Eintrag **Erweitert** 7 aus der kleinen Auswahlliste. Durch diese Einstellung wird nach jedem Zeichen ein Leerraum eingefügt. Im Feld **Von** 8 steht nun zunächst **1 Pt**.

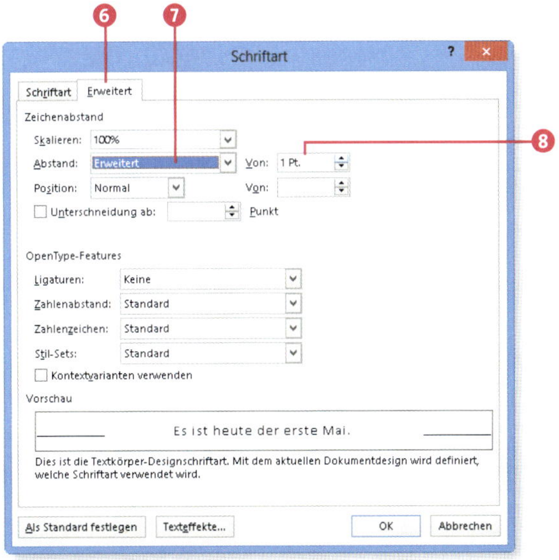

Abbildung 14.69
Den Zeichenabstand vergrößern

5 Sie können den Abstand weiter vergrößern, indem Sie den Wert im Feld **Von** hochsetzen. Per Mausklick auf einen der Pfeile rechts neben dem Feld verändert sich der Abstand um jeweils 0,1 Pt.

6 Statt auf den Pfeil zu klicken, können Sie natürlich auch direkt einen Wert eingeben (bis zu 1.584 Pt.).

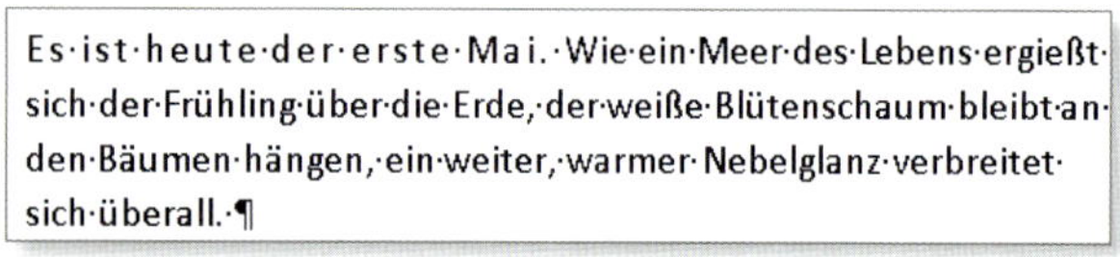
Es·ist·heute·der·erste·Mai.·Wie·ein·Meer·des·Lebens·ergießt·sich·der·Frühling·über·die·Erde,·der·weiße·Blütenschaum·bleibt·an·den·Bäumen·hängen,·ein·weiter,·warmer·Nebelglanz·verbreitet·sich·überall.·¶

^ ***Abbildung 14.70***
Vergrößerter Zeichenabstand

Um die Laufweite zu verringern, wählen Sie in der Auswahl des Feldes **Abstand** die Option **Schmal**. Diese Einstellung funktioniert wie **Erweitert**, nur eben umgekehrt. Auch hier ist das Limit bei einem Wert von 1.584 Pt. erreicht.

INFO

Abstand »Normal«

Mit der Standardeinstellung **Normal** im Feld **Abstand** stellen Sie wieder den Abstand ein, der für diese Schriftart definiert wurde.

Unterschneidung einstellen

Beim Thema *Unterschneidung* ist man wieder mittendrin in den drucktechnischen Feinheiten. Der Begriff geht zurück auf die klassische Setztechnik mit Bleibuchstaben; mit *Kerning* ist das Gleiche gemeint. Bei der Unterschneidung wird der Abstand zwischen Buchstaben flexibel gehandhabt und damit die Ästhetik im Textfluss gewährleistet. Das hängt mit dem Aussehen der einzelnen Buchstaben zusammen: Die Unterschneidung sorgt dafür, dass ein Buchstabe näher an den zuvor gesetzten Buchstaben heranrückt, wenn es seine Form zulässt.

Zwar ist in regulären Texten eine Unterschneidung kaum erforderlich, weil der feine Unterschied im Abstand bei einer normalen Schriftgröße von 11 oder 12 Pt. kaum erkennbar ist. Wenn Sie aber z. B. eine Überschrift mit einem ziemlich großen Schriftgrad formatieren, kann eine Unterschneidung das Schriftbild gefälliger machen. Wenn z. B. ein A und ein V aufeinanderfolgen, wäre der Abstand zwischen den Buchstaben ohne Unterschneidung sehr groß, und es käme zu unschönen, unregelmäßigen Lücken im Text. Die Unterschneidung wirkt sich bei den Buchstabenpaaren Av, AV, Aw, AW, Ta, Ti, To, Va, Vi, Vo und Wi besonders vorteilhaft aus. Machen Sie doch einfach einmal selbst die Probe aufs Exempel.

1 Schreiben Sie beispielsweise »AVATAR« (oder einen anderen Text, der die erwähnten Buchstabenpaare enthält).

2 Markieren Sie diesen Text und weisen Sie ihm einen großen Schriftgrad zu, z. B. »28 Pt.«.

3 Öffnen Sie den Dialog **Schriftart** über die gleichnamige Gruppe auf der Registerkarte **Start**. Klicken Sie dazu in der Gruppe rechts unten auf den Pfeil.

4 Aktivieren Sie im Dialogfenster die Registerkarte **Erweitert** und haken Sie hier das Kontrollkästchen **Unterschneidung ab** an.

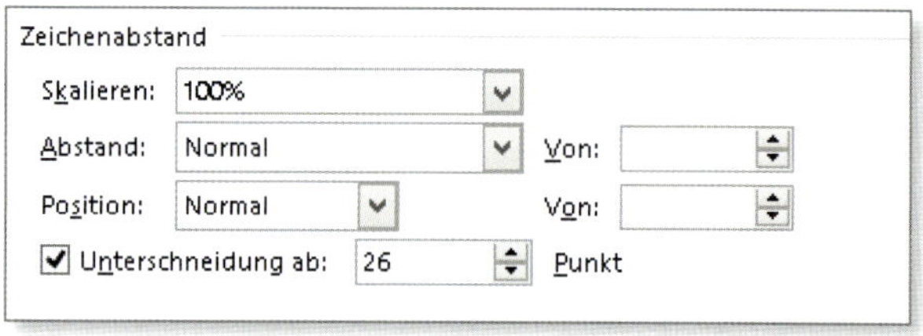

^ ***Abbildung 14.71***
Eine Unterschneidung einstellen

5 Im Feld daneben geben Sie den Schriftgrad ein, ab dem die Unterschneidung durchgeführt werden soll. Wie gesagt, es sollte ein relativ großer Schriftgrad sein, weil Buchstaben mit Unterschneidung bei normalen bis kleinen Schriftgrößen gequetscht wirken. Geben Sie beispielsweise »26« ein.

6 Bestätigen Sie die Einstellung mit **OK**.

Sehen Sie den Unterschied? Einige Buchstaben sind näher an die zuvor gesetzten Buchstaben herangerückt. Bei anderen Buchstaben ist nichts passiert, denn es hängt von der jeweiligen Buchstabenfolge ab, ob die Unterschneidung einen Effekt hat oder nicht.

Abbildung 14.72
Zeilen mit und ohne Unterschneidung (Schriftart Times New Roman)

TIPP

Unterschneidung aktiviert lassen

Weil Sie ja einen bestimmten (möglichst großen) Schriftgrad angegeben haben, ab dem die Unterschneidung zum Einsatz kommt, können Sie das Kontrollkästchen **Unterschneidung ab** generell eingeschaltet lassen.

Die Position von Zeichen verändern

Im Dialogfenster **Schriftart** können Sie, wie schon mehrfach erwähnt, alle möglichen Einstellungen vornehmen. Auf der Registerkarte **Erweitert** können Sie über das Feld **Position** beispielsweise Zeichen hoch- oder tiefstellen.

Markieren Sie das entsprechende Zeichen und öffnen Sie das Dialogfenster **Schriftart** mit der Registerkarte **Erweitert**. Klicken Sie in der Auswahlliste des Feldes **Position** auf die entsprechende Option (**Höherstellen** oder **Tieferstellen**).

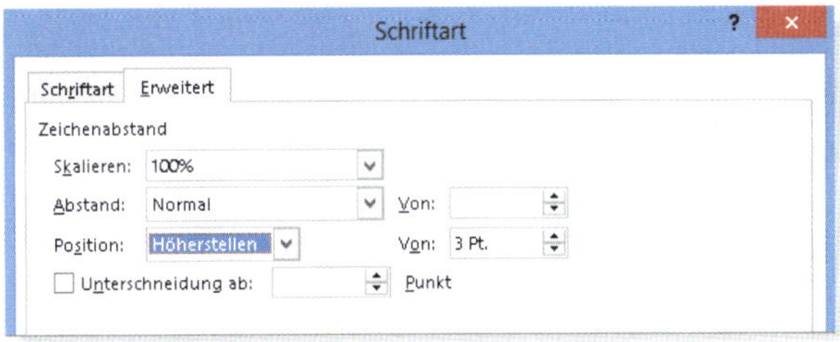

Abbildung 14.73
Zeichen höherstellen

Im Gegensatz zu den Schaltflächen auf der Registerkarte **Start** (oder zum Kontrollkästchen auf der Registerkarte **Schriftart** des Dialogfensters **Schriftart**) können Sie die Position der hoch- oder tiefgestellten Zeichen auf der Registerkarte **Erweitert** noch genauer bestimmen. Geben Sie einfach einen Wert in das Feld **Von** ein. Je höher der Wert, desto größer wird die Distanz des markierten Zeichens zum normalen Text. Beachten Sie dabei aber, dass die auf der Registerkarte **Erweitert** eingestellte Position die hoch- oder tiefgestellten Zeichen nicht automatisch verkleinert, wie das mit der entsprechenden Schaltfläche und dem Kontrollkästchen der Fall wäre.

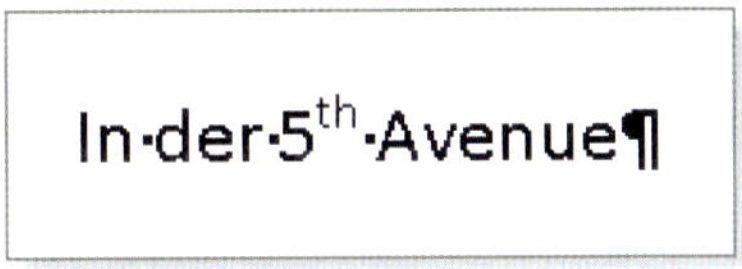

Abbildung 14.74
Hier wurde die Schaltfläche »Hochgestellt« in der Gruppe »Schriftart« verwendet, und die hochgestellten Buchstaben wurden proportional verkleinert.

Die Zeichen werden lediglich in ihrer Position verändert (wie der Name des Feldes ja auch andeutet), der Schriftgrad verändert sich jedoch nicht.

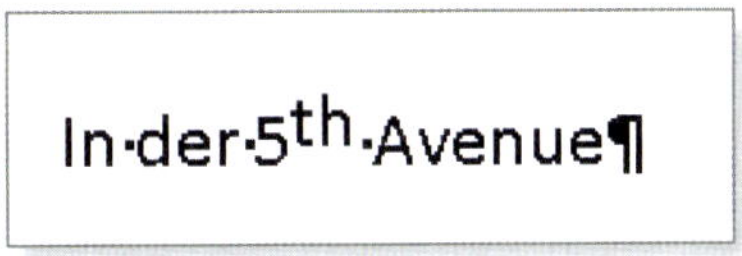

Abbildung 14.75
Höhergestellte Buchstaben ohne Anpassung der Schriftgröße

Um die Einstellung **Höherstellen** wieder zurückzunehmen, wählen Sie im Menü des Feldes **Position** die Option **Normal**. Denken Sie daran, die Zeichen, die es betrifft, vorher zu markieren.

14.10 Die OpenType-Features

Im unteren Bereich der Registerkarte **Erweitert** des Dialogfensters **Schriftart** werden sogenannte *OpenType-Features* angeboten. Mit ihrer Anwendung können Sie dafür sorgen, dass der Ausdruck eines Dokuments sehr professionell wirkt. Allerdings möchten wir Ihnen nicht verschweigen, dass Sie mit diesen Optionen in einen Bereich der schrift- und drucktechnischen Gestaltung vordringen, den Sie bei »normalen« Ansprüchen ohne Gewissensbisse ignorieren können. Falls Sie sich jedoch für eine schöne Schriftgestaltung mit Ligaturen und Co. interessieren, ohne gleich ein Studium der Typografie absolvieren zu müssen, wollen wir Ihnen die Möglichkeiten der OpenType-Features hier einmal kurz vorstellen. Zu den **OpenType-Features** gehören:

- Ligaturen
- Zahlenabstand
- Zahlenzeichen
- Stil-Sets

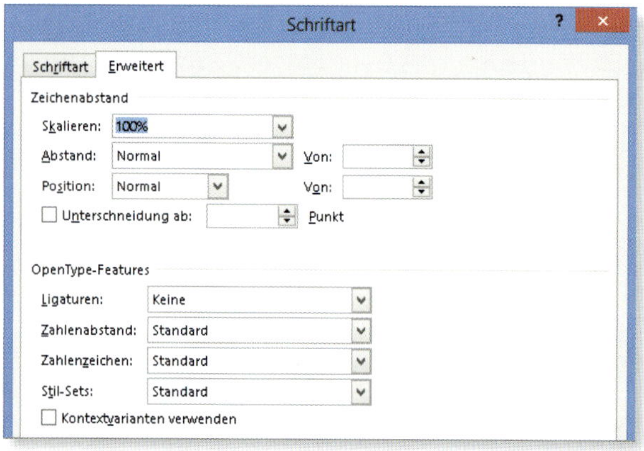

Abbildung 14.76
Die OpenType-Features in Word 2013

Ligaturen bewusst einsetzen

Unter einer *Ligatur* ist ein Buchstabenverbund zu verstehen, der aus mehreren (zumeist zwei) Buchstaben besteht, aber wie ein einzelnes Zeichen geschrieben wird. Klassische Ligaturen in deutschsprachigen Texten sind beispielsweise die Verbindungen fi, ft und fl. Ligaturen werden in der professionellen Typografie eingesetzt, um störende Lücken im Schriftfluss zu vermeiden, wenn bei zwei aufeinanderfolgenden Buchstaben aufgrund ihrer spezifischen Form eine Lücke oder auch eine »Berührung« nicht zu vermeiden wäre.

Im Gegensatz zur Unterschneidung (siehe dazu den Abschnitt »Unterschneidung einstellen« auf Seite 296) handelt es sich bei Ligaturen um gestaltete Zeichen, die im Zeichensatz einer Schriftart enthalten sind.

Eine Besonderheit der deutschen Sprache ist es, dass keine Ligatur eingesetzt wird, wenn das Buchstabenpaar nicht im eigentlichen Sinne zusammengehört, wenn es sich also um ein zusammengesetztes Wort handelt und die beiden Buchstaben des Buchstabenpaares zu unterschiedlichen Bestandteilen des Wortes gehören, wie z. B. in »Stofftier« (das f gehört zu »Stoff« und das t zu »tier«).

Um Ligaturen nutzen zu können, muss eine Schriftart eingestellt sein, die diese Option unterstützt (z. B. **Calibri**, **Cambria**, **Candara**, **Consolas**, **Constantia** oder **Corbel**).

1. Um die Auswirkung einer Ligatur auszuprobieren, formatieren Sie zunächst eine Textpassage in einer der genannten Schriftarten.
2. Aktivieren Sie die Registerkarte **Erweitert** im Dialogfenster **Schriftart** und klappen Sie per Mausklick das Menü am Feld **Ligaturen** auf.
3. In diesem Menü werden vier Kategorien von Ligaturen angeboten, die aber nicht unbedingt für die gewählte Schriftart vorgesehen sind. Entscheiden Sie sich hier für **Nur Standard**. Damit wählen Sie den Standardsatz von Ligaturen, die für die jeweils eingestellte Schriftart geeignet und passend sind.

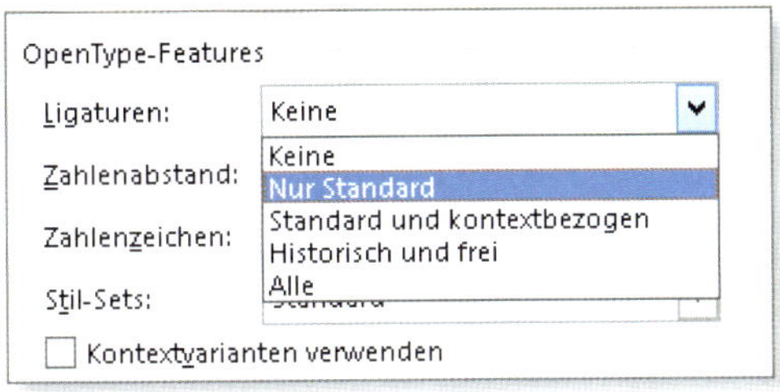

Abbildung 14.77
Ligaturen verwenden

Wenn Sie genau hinschauen, erkennen Sie den Effekt in Abbildung 14.78. Sie sehen dort im unteren Teil Ligaturen bei ff, fi und fl.

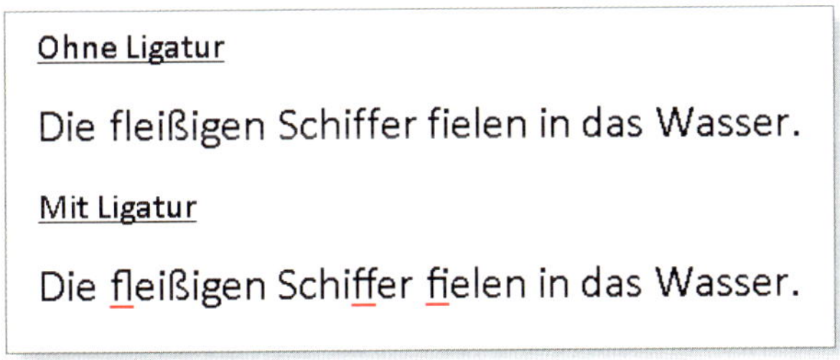

Abbildung 14.78
Textzeilen ohne und mit Ligaturen

Zahlenabstand

Im Menü des Feldes **Zahlenabstand** werden die Optionen **Standard**, **Proportional** und **Tabellarisch** angeboten.

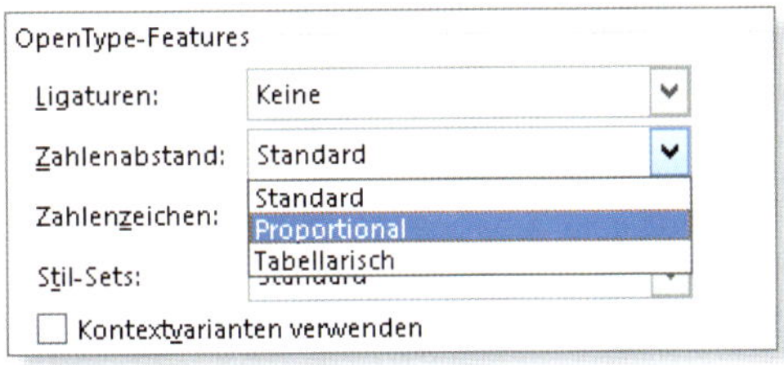

Abbildung 14.79
Die Optionen des Zahlenabstands

Mit der Einstellung **Standard** belassen Sie es bei dem vom Schriftdesigner vorgesehenen Abstand zwischen den Zahlen.

Wenn Sie **Proportional** wählen, werden unterschiedlich große Abstände zwischen die verschiedenen Zahlen gesetzt, wodurch vermieden werden kann, dass der Abstand bei schmalen Zahlen größer ist als bei breiten Ziffern wie der 8. Sie können die Auswirkung recht gut erkennen, wenn Sie eine Zahlenreihe schreiben und **Proportional** zuweisen. Nach der Bestätigung mit **OK** werden Sie bemerken, dass sich der Abstand zwischen manchen Zahlen verringert hat.

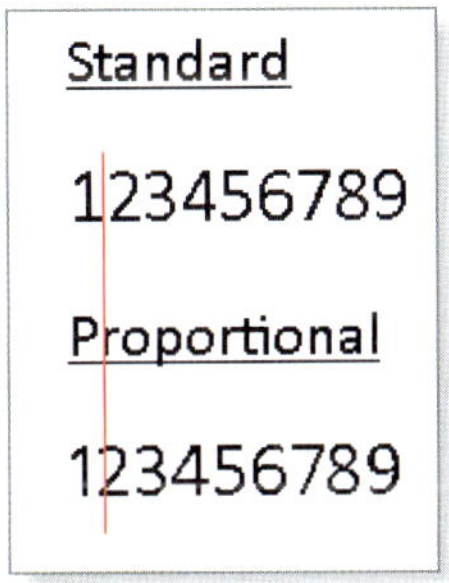

Abbildung 14.80
Die proportionale Einstellung bei Zahlenreihen

Mit der Option **Tabellarisch** erhält jede Zahl die gleiche Breite. Diese Einstellung kann z. B. bei mathematischen Eingaben günstig sein.

Zahlenzeichen

Auch im Feld **Zahlenzeichen** werden neben der Option **Standard** zwei weitere Attribute angeboten. Die Einstellung **Ohne Ober-/Unterlängen** bewirkt, dass Zahlen immer die gleiche Höhe haben und nicht über die Textgrundlinie hinausgehen.

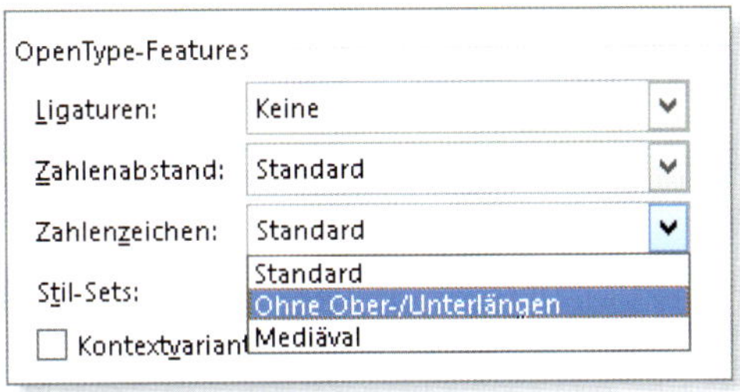

Abbildung 14.81
Verschiedene Optionen für Zahlenreihen einstellen

Im Gegensatz dazu ragen einzelne Ziffern über die Grundlinie hinaus, wenn Sie den Zahlen die Eigenschaft **Mediäval** zuweisen. Dies kann man in Abbildung 14.79 deutlich erkennen.

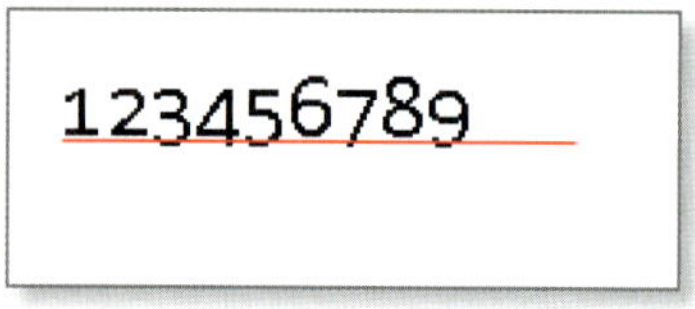

*^ **Abbildung 14.82***
Eine »mediävale« Zahlenreihe, die über die Grundlinie hinausreicht

Für die Schriftarten Candara, Corbel und Constantia ist die Option **Mediäval** standardmäßig eingestellt. Wenn Sie also eine Zahlenreihe schreiben und beispielsweise die Schriftart **Candara** festlegen, erscheint diese Zahlenreihe automatisch in der Mediäval-Variante. Im Feld **Zahlenzeichen** lesen Sie hier dann dennoch **Standard**.

Stil-Sets benutzen

Zu guter Letzt gehören zu den OpenType-Features noch die **Stil-Sets**, die eine Art zusätzliches Angebot des Schriftartdesigners sind. Eine Schriftart kann bis zu 20 Stil-Sets umfassen. Unsere Tests mit diversen Schriftarten führten allerdings zu einem eher mageren Ergebnis. An der Schriftart Gabriola jedoch kann man die Auswirkung eines Stil-Sets erkennen.

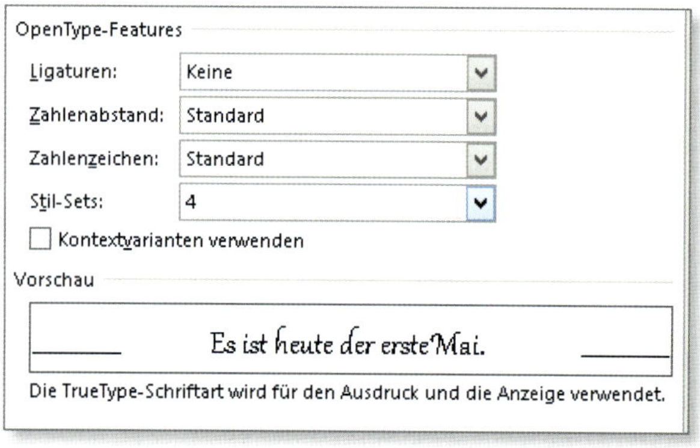

*^ **Abbildung 14.83***
Ein Stil-Set verwenden

1. Formatieren Sie eine Textpassage in der Schrift **Gabriola**.
2. Wählen Sie in der Auswahlliste des Feldes **Stil-Sets** den Eintrag 4.

Erkennen Sie den feinen Unterschied? Die Schrift wirkt mit dem Stil-Set (unten) etwas verschnörkelter als im Standard (oben).

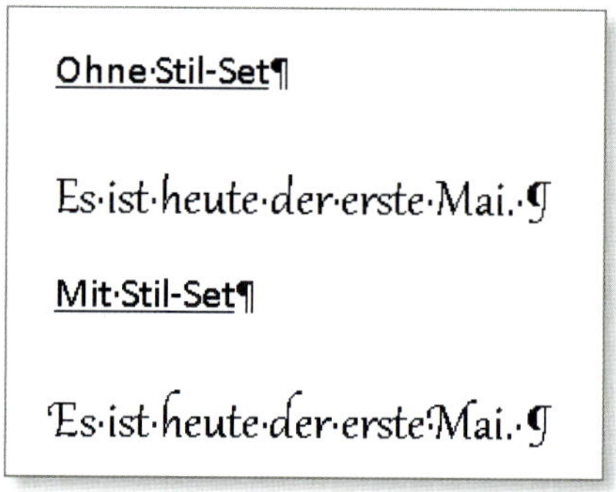

*^ **Abbildung 14.84***
In der unteren Zeile sehen Sie ein Stil-Set.

INFO

Kontextvarianten

Einige Schriftarten beinhalten optimierte Alternativen des Schriftbildes für ganze Wörter. Mit der Option **Kontextvarianten verwenden** stellen Sie ein, dass solche Alternativen eingesetzt werden, sofern sie als Teil der Schriftart zur Verfügung stehen.

14.11 Schnell und praktisch: mit Formaten arbeiten

Ohne Frage vereinfacht und rationalisiert die Arbeit mit Word die Bearbeitung an Dokumenten. Ein tolles Instrument ist dabei die Funktion **Format übertragen**, mit der man ein Dokument auf einfache Weise »durchformatieren« kann. Dabei ist der Clou dieser Funktion nicht nur, dass die Formatierung schnell geht, sondern vor allem auch, dass man sein Dokument durchweg konsistent gestalten kann.

Ein Beispiel: Es gibt eine Reihe von Zwischenüberschriften in Ihrem Dokument, und all diese Überschriften sollen identische Gestaltungsmerkmale bekommen. Anstatt dies nun für jede Überschrift einzeln zu bewerkstelligen und dabei vielleicht irgendein Merkmal zu vergessen, formatieren Sie einfach die erste Überschrift nach Wunsch und übertragen diese Formatierung dann ganz einfach auf die übrigen Zwischenüberschriften.

HINWEIS

Formatvorlagen

Eine konsistente Formatierung können Sie logischerweise auch mithilfe von Formatvorlagen erreichen; mehr dazu finden Sie in Kapitel 19, »Formatvorlagen«.

Formate übertragen

Um ein Format von einer Textstelle auf eine andere zu übertragen, gehen Sie wie im Folgenden beschrieben vor.

1. Formatieren Sie den Textteil, dessen Merkmale Sie auf andere Textbereiche übertragen möchten. Sie können alle Zeichenformatierungen verwenden und auch Formatierungen wie z. B. **Ausrichtung, Zeilenabstand** oder **Aufzählungszeichen**.
2. Setzen Sie den Cursor in den formatierten Text.
3. Klicken Sie auf der Registerkarte **Start** im Bereich **Zwischenablage** doppelt auf die Schaltfläche **Format übertragen** (die als Symbol einen kleinen Pinsel trägt). Wenn Sie die Formatierung ohnehin nur einmal (auf eine Textstelle) übertragen möchten, reicht ein einfacher Mausklick auf diese Schaltfläche.

Abbildung 14.85
Die Schaltfläche »Format übertragen«

4. Führen Sie den Mauszeiger dann zu der Textstelle, auf die die Formatierung übertragen werden soll. Sie sehen, dass der Cursor den Pinsel »im Gepäck« hat.

Abbildung 14.86
Das Format im Gepäck – nun können Sie es auf die neue Zeile übertragen.

5. Wenn es sich lediglich um ein Wort handelt, das formatiert werden soll, klicken Sie einfach einmal in dieses Wort. Bei mehreren Wörtern ziehen oder besser »pinseln« Sie mit gedrückter Maustaste über den gesamten Bereich.

Falls Sie nur einmal auf die Schaltfläche geklickt haben, funktioniert dementsprechend die Übertragung auch nur einmal.

TIPP

Formatierungen wiederholen

Es gibt noch einen weiteren Trick, um Formatierungen schnell zuzuweisen: Sie können dazu die Funktion **Wiederholen** nutzen, die man oft nur in Zusammenhang mit der Funktion **Rückgängig** kennt (wenn man beispielsweise versehentlich zu viele Aktionen rückgängig gemacht hat). Und das geht so: Formatieren Sie einen Textabschnitt einfach über das Dialogfenster **Schriftart** (bei der Formatierung mithilfe der einzelnen Schaltflächen auf der Registerkarte **Start** würde mit **Wiederholen** nur die zuletzt ausgeführte Formatierung wiederholt werden).

Dann markieren Sie das Textstück, das in gleicher Weise formatiert werden soll, und klicken auf die Schaltfläche **Wiederholen** in der Symbolleiste für den Schnellzugriff.

Wenn Sie hingegen zu Beginn doppelt auf die Schaltfläche **Format übertragen** geklickt haben, ist die Funktion auch nach der ersten Übertragung weiterhin aktiv. Wandern Sie dann einfach zur nächsten Textstelle und wiederholen Sie den Vorgang. Um die Funktion irgendwann zu beenden, drücken Sie die Esc-Taste. Vergessen Sie diesen Schritt nicht, ansonsten übertragen Sie das Format beim nächsten Mausklick erneut, ohne es zu wollen. Selbst wenn Sie in ein anderes geöffnetes Dokument wechseln, nehmen Sie dann den kleinen »Pinsel« mit.

Formatierungen anzeigen und löschen

Es kommt sicher häufiger vor, dass Sie einen Text geschrieben haben und nachträglich noch einmal überprüfen möchten, welche Formatierungen Sie für bestimmte Textstellen verwendet haben.

Da Schaltflächen ein bisschen wie Schalter funktionieren, kann man recht gut erkennen, welche Formatierung jeweils eingestellt ist. Es reicht, den Cursor in das formatierte Textstück zu setzen. Dass der Text fett und kursiv ❶ gesetzt sowie grün eingefärbt ❷ ist, erkennen Sie dann auf der Registerkarte **Start** in der Gruppe **Schriftart** an den aktivierten Schaltflächen. Auch die Ausrichtung des Textes ❸ können Sie an der Schaltfläche ablesen.

Abbildung 14.87
Sie erkennen die Formatierung an den aktivierten Schaltflächen.

Wenn Sie ein Textstück markiert haben, das mindestens zwei verschiedene Schriftarten enthält, bleibt das Feld **Schriftart** leer. Lassen Sie sich dadurch nicht irritieren: Wenn Sie dem Textstück jetzt z. B. durchweg die gleiche Schriftart zuweisen wollen, können Sie das wie gehabt über die Menüliste dieses Feldes tun.

Formatierungen, die sich nur über den Dialog **Schriftart** einstellen lassen, können Sie auch nur in diesem Dialog sehen.

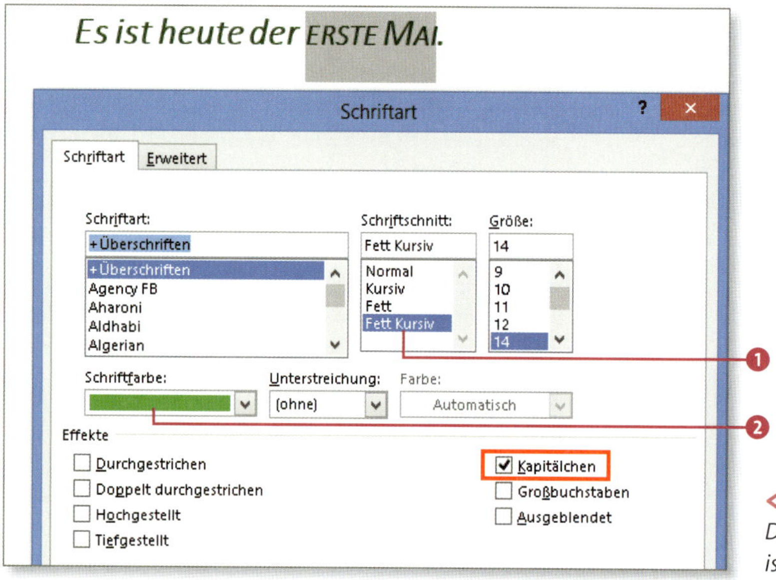

Abbildung 14.88
Die Formatierung »Kapitälchen« ist im Dialog zu erkennen.

Um alle Formatierungsmerkmale zu prüfen, bietet es sich an, den Aufgabenbereich **Formatierung anzeigen** einzublenden. Drücken Sie die Tastenkombination ⇧ + F1, daraufhin wird der Aufgabenbereich am rechten Rand des Bildschirms angezeigt. Hier wird für das jeweils markierte Textstück jede Gestaltung genau angezeigt, egal, ob es dabei um Zeichen- oder Absatzformate geht.

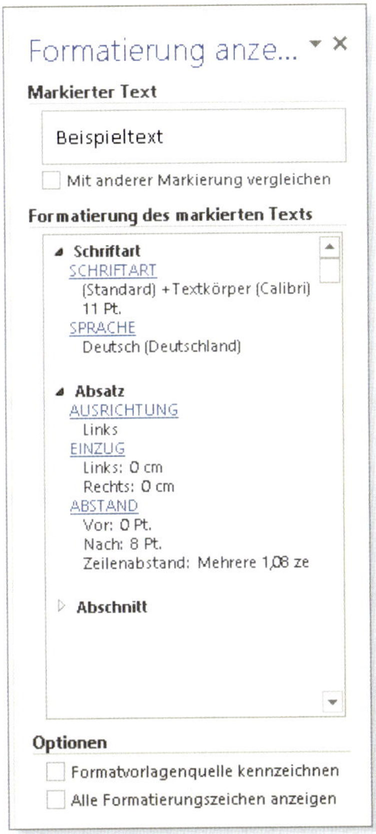

Abbildung 14.88
Der Aufgabenbereich »Formatierung anzeigen«

Wenn Sie einen Text aufwendig formatiert haben und dann doch lieber wieder zum Ursprungszustand zurückkehren möchten, können Sie alle Formatierungen in einem Rutsch entfernen. Markieren Sie den entsprechenden Text und klicken Sie auf der Registerkarte **Start** in der Gruppe **Schriftart** auf das Symbol **Formatierung löschen** ❹. Den gleichen Effekt hat die Tastenkombination Strg + Leertaste.

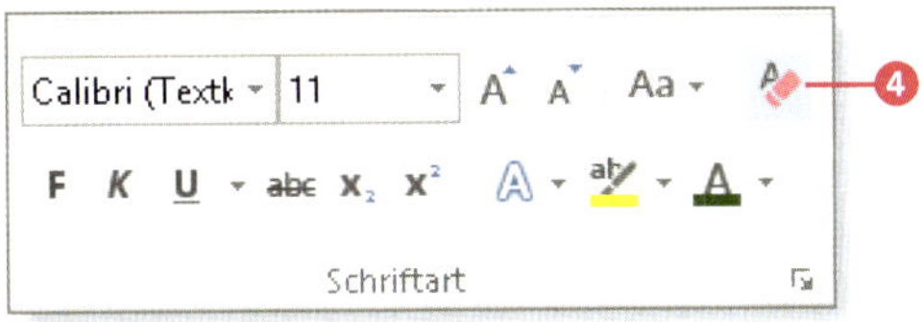

Abbildung 14.90
Alle Formatierungen löschen

Einzelne Formatierungen können Sie, wie Sie wissen, einfach dadurch zurücknehmen, dass Sie das betreffende Textstück markieren und dann auf die aktivierte Schaltfläche klicken. Dadurch wird der Schalter umgelegt und das Merkmal quasi »ausgeschaltet«.

Kapitel 15
Absatzformatierung

Mit der Absatzformatierung verändern Sie nicht das Aussehen von Zeichen, sondern das Layout eines oder mehrerer Absätze. Neben den einzelnen Schaltflächen gibt es den Dialog »Absatz«, der viele weitere Einstellungsmöglichkeiten bündelt.

Ganz allgemein über Absätze haben wir bereits in Abschnitt 13.2, »Die Formatierung ganzer Absätze«, gesprochen. In diesem Kapitel zeigen wir Ihnen nun konkrete Möglichkeiten der Bearbeitung von Absätzen und die dazugehörigen Schritte. Wie nicht anders von Word zu erwarten, gibt es sehr viele Formatierungsmerkmale, die Sie Absätzen zuweisen können.

Wie Sie im Einzelnen damit umgehen, erfahren Sie in den folgenden Abschnitten. Vor allem passende Zeilen- und Absatzabstände verhelfen Ihrem Dokument zu einem sehr professionellen Aussehen.

15.1 Absätze in Word

Bei allen längeren Texten haben Sie es in der Regel mit Absätzen zu tun, weil Texte im Sinne der besseren Lesbarkeit unterteilt werden. Solche Absätze kann man in den Texten ganz leicht erkennen, da sie normalerweise durch Leerzeilen oder einen größeren Absatzabstand voneinander getrennt sind.

Word fasst den Begriff *Absatz* etwas enger: Jede Zeile, die nach dem Drücken der ↵-Taste mit einer Absatzmarke endet, gilt in Word als Absatz. Nach jedem Drücken der ↵-Taste beginnt demnach ein neuer Absatz, d. h., selbst eine Leerzeile mit einer Absatzmarke ist in diesem Sinn ein Absatz.

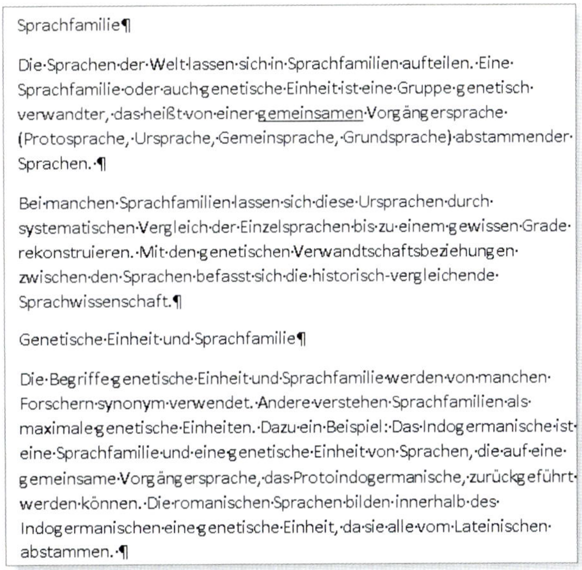
Sprachfamilie¶

Die·Sprachen·der·Welt·lassen·sich·in·Sprachfamilien·aufteilen.·Eine·Sprachfamilie·oder·auch·genetische·Einheit·ist·eine·Gruppe·genetisch·verwandter,·das·heißt·von·einer·gemeinsamen·Vorgängersprache·(Protosprache,·Ursprache,·Gemeinsprache,·Grundsprache)·abstammender·Sprachen.·¶

Bei·manchen·Sprachfamilien·lassen·sich·diese·Ursprachen·durch·systematischen·Vergleich·der·Einzelsprachen·bis·zu·einem·gewissen·Grade·rekonstruieren.·Mit·den·genetischen·Verwandtschaftsbeziehungen·zwischen·den·Sprachen·befasst·sich·die·historisch-vergleichende·Sprachwissenschaft.¶

Genetische·Einheit·und·Sprachfamilie¶

Die·Begriffe·genetische·Einheit·und·Sprachfamilie·werden·von·manchen·Forschern·synonym·verwendet.·Andere·verstehen·Sprachfamilien·als·maximale·genetische·Einheiten.·Dazu·ein·Beispiel:·Das·Indogermanische·ist·eine·Sprachfamilie·und·eine·genetische·Einheit·von·Sprachen,·die·auf·eine·gemeinsame·Vorgängersprache,·das·Protoindogermanische,·zurückgeführt·werden·können.·Die·romanischen·Sprachen·bilden·innerhalb·des·Indogermanischen·eine·genetische·Einheit,·da·sie·alle·vom·Lateinischen·abstammen.·¶

Abbildung 15.1
Ein Text mit Absätzen

Wir möchten an dieser Stelle erneut darauf hinweisen, dass es enorm hilfreich ist, die (nicht druckbaren) Formatierungszeichen einzublenden, insbesondere im Zusammenhang mit der Absatzformatierung.

Die sichtbare Absatzmarke informiert Sie darüber, dass an dieser Stelle ein Absatz endet, was – wie Sie noch sehen werden – Auswirkungen auf die Absatzformatierung hat. Wenn Sie die Anzeige der Absatzmarken nicht eingeschaltet haben, können Sie beim Bearbeiten eines Dokuments unter Umständen nicht erkennen, wann ein neuer Absatz beginnt, und nur verblüfft feststellen, dass eine Absatzformatierung nicht wie erwartet funktioniert.

INFO

Absatzmarken einblenden

Zur Erinnerung: Klicken Sie (falls die Formatierungszeichen ausgeblendet sind) auf der Registerkarte **Start** in der Gruppe **Absatz** auf das Symbol **Alle anzeigen**. Dadurch werden alle nicht druckbaren Zeichen angezeigt. Um auszuwählen, welche Formatierungszeichen angezeigt werden sollen, öffnen Sie über **Datei** > **Optionen** die Word-Optionen und aktivieren dort die Kategorie **Anzeige**. Im Bereich **Diese Formatierungszeichen immer auf dem Bildschirm anzeigen** haken Sie das passende Kontrollkästchen an.

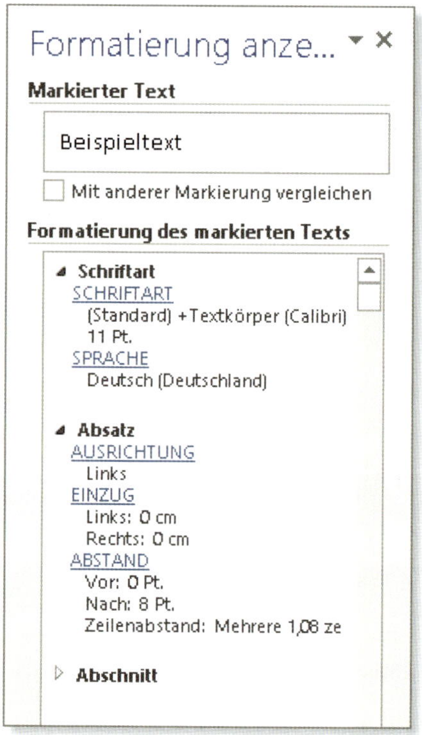

Abbildung 15.2
Der Aufgabenbereich »Formatierung anzeigen«

Das Standardabsatzformat

Wenn Sie sich die Absatzmarken anzeigen lassen, können Sie sehr schön erkennen, dass jedes neue Word-Dokument bereits einen ersten Absatz enthält.

Dieser Absatz umfasst gewisse Standardformatierungen, die von Haus aus in Word eingestellt sind oder die Sie selbst als Standard festgelegt haben. Dazu gehören eine linksbündige Ausrichtung, ein bestimmter Zeilenabstand und der Verzicht auf Einzüge jeglicher Art. Sie können diese Standardeinstellung überprüfen, indem Sie den Aufgabenbereich **Formatierung anzeigen** rechts am Bildschirm einblenden. Drücken Sie dazu die Tastenkombination ⇧ + F1.

Wie wirkt sich die Absatzformatierung aus?

Da ein Absatz eine Art geschlossene Einheit bildet, werden Absatzformatierungen auch jeweils dem aktiven Absatz zugewiesen, also dem Absatz, in dem der Cursor steht. Wenn Sie die ↵-Taste drücken, werden die Formatierungen quasi »mitgenommen« und auf den nächsten Absatz übertragen, da die Formatierungsmerkmale des Absatzes in der Absatzmarke stecken.

Wenn Sie eine Absatzmarke zwischen zwei Absätzen löschen, löschen Sie damit auch die Formatierungen; die beiden Absätze werden quasi zusammengefasst, und der erste Absatz erhält die Formatierungsmerkmale des nachfolgenden Absatzes.

Auch wenn Ihnen die Regel, dass Sie den Text vor der Zuweisung einer Formatierung markieren müssen, sicher schon in Fleisch und Blut übergegangen ist: Nun dürfen Sie sich diesbezüglich entspannen. Alle Befehle der Absatzformatierung können Sie zuweisen, ohne den entsprechenden Text vorher zu markieren. Es reicht, den Cursor in den Absatz zu setzen und dann einen Formatierungsbefehl auszuwählen. Nur wenn Sie mehrere Absätze auf einen Schlag formatieren möchten, müssen Sie diese Absätze vorher markieren.

Weiche Absatzmarken

Eine Ausnahme bildet ein Absatz mit einer sogenannten *weichen Zeilenschaltung*. Einen solchen Absatz erzeugen Sie mithilfe der Tastenkombination [⇧] + [↵]. Dadurch passiert Folgendes: Optisch und im textlichen Sinne beginnt ein neuer Absatz, weil die Zeile umbrochen wird und der Cursor in die nächste Zeile springt, in der Sie dann weiterschreiben. Im Sinne von Word handelt es sich jedoch nicht um einen neuen Absatz, sondern lediglich um einen Zeilenumbruch, der keinerlei Auswirkungen auf die Absatzformatierungen hat. Eine weiche Absatzmarke wird durch einen nach links abknickenden Pfeil angezeigt.

Die·Sprachen·der·Welt·lassen·sich·in·Sprachfamilien·aufteilen.·Eine·Sprachfamilie·oder·auch·genetische·Einheit·ist·eine·Gruppe·genetisch·verwandter,·das·heißt·von·einer·gemeinsamen·Vorgängersprache·(Protosprache,·Ursprache,·Gemeinsprache,·Grundsprache)·abstammender·Sprachen.·↵
↵
Bei·manchen·Sprachfamilien·lassen·sich·diese·Ursprachen·durch·systematischen·Vergleich·der·Einzelsprachen·bis·zu·einem·gewissen·Grade·rekonstruieren.·Mit·den·genetischen·Verwandtschaftsbeziehungen·zwischen·den·Sprachen·befasst·sich·die·historisch-vergleichende·Sprachwissenschaft.¶

Abbildung 15.3
Weiche Absatzmarken im Text

Genau für diese Fälle bieten sich weiche Absätze an: Sie möchten den Text aus optischen Gründen vom vorherigen Absatz abheben, doch die Formatierung wollen Sie nicht neu einstellen, sondern ganz bequem fortsetzen.

15.2 Die Textausrichtung bestimmen

Zur klassischen Absatzformatierung gehört die Textausrichtung. Sie können zwischen vier verschiedenen Ausrichtungen wählen: linksbündig, zentriert, rechtsbündig und Blocksatz.

Im Folgenden demonstrieren wir Ihnen die einzelnen Ausrichtungen anhand von Abbildungen. Wenn alle Zeichen am linken Rand exakt untereinanderstehen, spricht man von einer *linksbündigen Ausrichtung*.

Streng·genommen·bilden·die·romanischen·Sprachen·keine·Sprachfamilie,·da·sie·zu·einer·umfassenderen·Einheit,·der·indogermanischen·Sprachfamilie·gehören.·Dennoch·wird·allgemein·von·der·Familie·der·romanischen·Sprachen·gesprochen.¶

Eurasien·als·Stammkontinent·umfasst·hier·Europa·und·das·asiatische·Festland.·Eine·Aufteilung·in·„europäische"·und·„asiatische"·Sprachen·ist·wegen·der·vielen·übergreifenden·Einheiten·–·z.·B.·Indogermanisch,·Uralisch,·Turkisch,·kaukasische·Sprachen·–·nicht·sinnvoll.·Die·künstliche·geographische·Grenze·zwischen·Europa·und·Asien·hatte·nie·eine·linguistische·Bedeutung.¶

Abbildung 15.4
Text mit linksbündiger Ausrichtung

Die Ausrichtung ist *zentriert*, wenn der Text (jede Zeile des Absatzes) in die Mitte der Seite gerückt wird. Die Seitenränder bilden die Begrenzung. Da die Zeilen meistens unterschiedlich viele Zeichen umfassen und deshalb unterschiedlich lang sind, sehen die Ränder auf beiden Seiten ausgefranst aus.

Es·ist·heute·der·erste·Mai.·Wie·ein·Meer·des·Lebens·ergießt·sich·der·Frühling·über·die·Erde,·der·weiße·Blütenschaum·bleibt·an·den·Bäumen·hängen,·ein·weiter,·warmer·Nebelglanz·verbreitet·sich·überall.¶

In·der·Stadt·blitzen·freudig·die·Fensterscheiben·der·Häuser,·an·den·Dächern·bauen·die·Spatzen·wieder·ihre·Nestchen,·auf·der·Straße·wandeln·die·Leute·und·wundern·sich,·dass·die·Luft·so·angreifend·und·ihnen·selbst·so·wunderlich·zumute·ist;¶

Abbildung 15.5
Zwei zentrierte Absätze

Das Gegenteil einer linksbündigen ist die *rechtsbündige Ausrichtung*. Hier stehen alle Zeichen am rechten Rand exakt untereinander.

Es·ist·heute·der·erste·Mai.·Wie·ein·Meer·des·Lebens·ergießt·sich·der·Frühling·über·die·Erde,·der·weiße·Blütenschaum·bleibt·an·den·Bäumen·hängen,·ein·weiter,·warmer·Nebelglanz·verbreitet·sich·überall.¶

In·der·Stadt·blitzen·freudig·die·Fensterscheiben·der·Häuser,·an·den·Dächern·bauen·die·Spatzen·wieder·ihre·Nestchen,·auf·der·Straße·wandeln·die·Leute·und·wundern·sich,·dass·die·Luft·so·angreifend·und·ihnen·selbst·so·wunderlich·zumute·ist;¶

Abbildung 15.6
Rechtsbündig ausgerichteter Text

Last, but not least: der *Blocksatz*. Mit dieser Ausrichtung stehen die Zeichen sowohl am linken als auch am rechten Rand exakt untereinander und bilden auf diese Weise einen »ordentlichen« geraden Rand. Wenn Sie die automatische Silbentrennung nicht aktiviert haben, entstehen bei dieser Ausrichtung allerdings sehr oft unschöne Lücken im Text. Sie aktivieren die automatische Silbentrennung in der Gruppe **Seite einrichten** auf der Registerkarte **Seitenlayout**.

Es·ist·heute·der·erste·Mai.·Wie·ein·Meer·des·Lebens·ergießt·sich·der·Frühling·über·die·Erde,·der·weiße·Blütenschaum·bleibt·an·den·Bäumen·hängen,·ein·weiter,·warmer·Nebelglanz·verbreitet·sich·überall.¶

In·der·Stadt·blitzen·freudig·die·Fensterscheiben·der·Häuser,·an·den·Dächern·bauen·die·Spatzen·wieder·ihre·Nestchen,·auf·der·Straße·wandeln·die·Leute·und·wundern·sich,·dass·die·Luft·so·angreifend·und·ihnen·selbst·so·wunderlich·zumute·ist;¶

Abbildung 15.7
Blocksatz

Die Ausrichtung des Textes verändern

In der Standardeinstellung ist für Absätze eine linksbündige Textausrichtung eingestellt. Diese Ausrichtung ist für viele Dokumente völlig in Ordnung, sodass Sie sie nicht ändern müssen.

Es gibt aber auch Textzeilen, die manchmal in der Mitte der Seite stehen sollen, z. B. Überschriften, ein Gedicht, der Text einer Einladung o. Ä.

1 Setzen Sie den Cursor in den Absatz, der zentriert werden soll.

2 Aktivieren Sie die Registerkarte **Start** und klicken Sie in der Gruppe **Absatz** auf die Schaltfläche **Zentriert** ①.

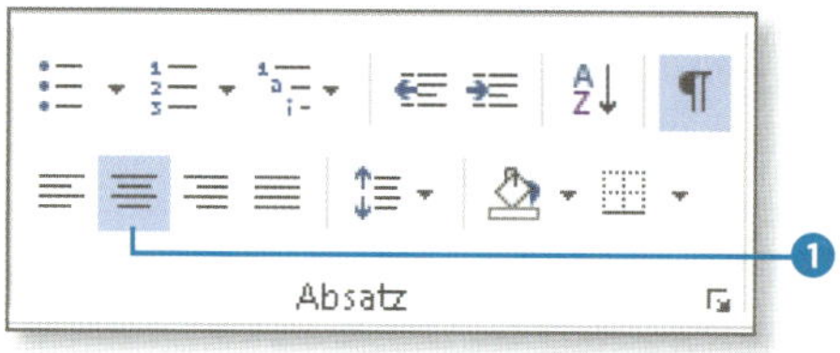

Abbildung 15.8
Die Schaltfläche »Zentriert«

Wenn Sie danach die [↵]-Taste drücken, bleibt die zentrierte Ausrichtung auch für den neuen Absatz bestehen.

Um wieder linksbündig zu schreiben, setzen Sie den Cursor einfach in den entsprechenden Absatz und klicken auf die Schaltfläche **Text linksbündig ausrichten**. Beachten Sie jedoch, dass daraufhin der gesamte Absatz linksbündig ausgerichtet wird.

Harzreise¶

Es·ist·heute·der·erste·Mai.·Wie·ein·Meer·des·Lebens·ergießt·sich·der·Frühling·über·die·Erde,·der·weiße·Blütenschaum·bleibt·an·den·Bäumen·hängen,·ein·weiter,·warmer·Nebelglanz·verbreitet·sich·überall.¶

Abbildung 15.9
Eine zentrierte Überschrift

Um einen Text rechtsbündig zu setzen, verfahren Sie im Prinzip genauso: Sie setzen den Cursor in den Absatz und klicken auf die Schaltfläche **Text rechtsbündig ausrichten** ②. Wenn mehrere Absätze rechtsbündig ausgerichtet werden sollen, markieren Sie vorab die betreffenden Absätze.

Abbildung 15.10
Die Schaltfläche »Text rechtsbündig ausrichten«

Textpassagen werden eher selten rechtsbündig gesetzt; eine Einsatzmöglichkeit sind beispielsweise die Adressen in Briefköpfen.

Abbildung 15.11
Ein rechtsbündiger Briefkopf

Texte in Blocksatz begegnen Ihnen vor allem in Büchern, Zeitschriften und ähnlichen Publikationen; in Geschäftsbriefen und vielen anderen Dokumenten ist der Blocksatz eher unüblich, auch wenn sich diese Ausrichtung genauso einfach zuweisen lässt wie die links- bzw. rechtsbündige oder zentrierte: Sie setzen den Cursor in den entsprechenden Absatz oder markieren mehrere Absätze des Dokuments und klicken dann auf die Schaltfläche **Blocksatz** ❸.

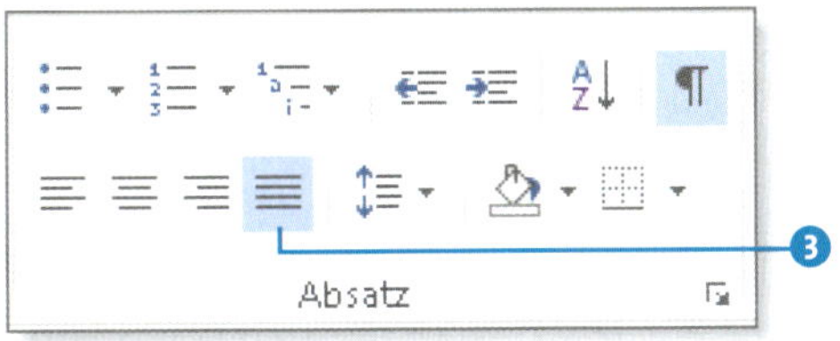

Abbildung 15.12
Die Schaltfläche »Blocksatz«

Die Textausrichtung im Dialog anpassen

Die Textausrichtung lässt sich auch im Dialog **Absatz** einstellen. Diesen Dialog rufen Sie auf, indem Sie auf den kleinen Pfeil ❹ an der Gruppe **Absatz** klicken.

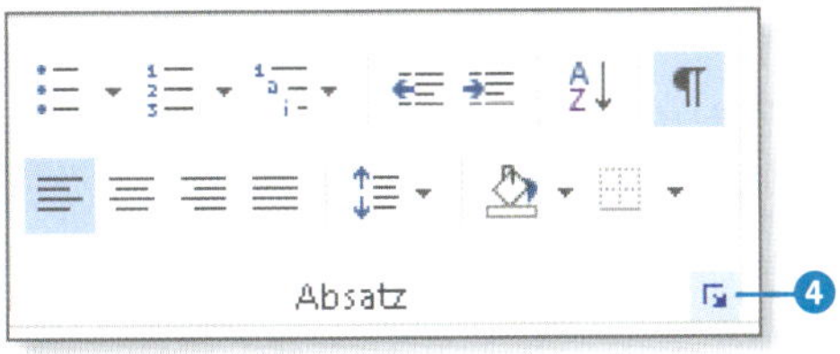

Abbildung 15.13
Den Dialog »Absatz« aufrufen

In diesem Dialog klicken Sie auf den Pfeil am Feld **Ausrichtung** und wählen in der Liste eine der Optionen.

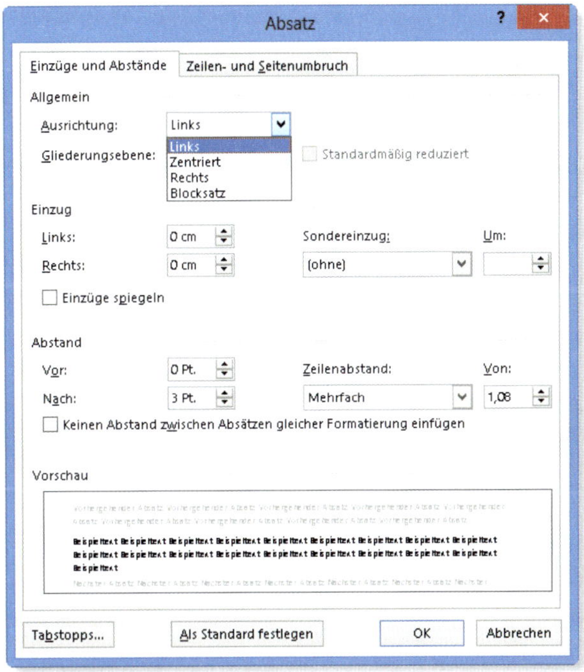

Abbildung 15.14
Der Dialog »Absatz«

> **HINWEIS**
>
> **Die Gruppe »Absatz«**
>
> Die Gruppe **Absatz** finden Sie übrigens auch auf der Registerkarte **Seitenlayout**, allerdings ist sie hier etwas anders sortiert. Trotzdem gibt es auch hier den kleinen Pfeil zum Aufrufen des Dialogfensters **Absatz**.

15.3 Zeilen- und Absatzabstände

Zu den gängigen Methoden der Absatzbearbeitung gehört die Veränderung des Zeilenabstands. Die älteren Semester unter Ihnen erinnern sich vielleicht noch, dass man sogar an der guten alten Schreibmaschine den Zeilenabstand einstellen konnte – Word bietet hierzu allerdings ein paar wesentlich ausgefeiltere Möglichkeiten. Um Missverständnissen direkt vorzubeugen: Der Zeilenabstand bezeichnet den Abstand zweier Zeilen von Grundlinie zu Grundlinie (also die Linie, auf der man schreibt).

Auch den Abstand zwischen den Absätzen können Sie regulieren (siehe den folgenden Abschnitt »Einen Zeilenabstand einstellen«). Mithilfe der entsprechenden Einstellungen ist es dann nicht mehr erforderlich, die ↵-Taste zu drücken, um einen größeren Abstand in Form einer Leerzeile zu erzeugen. Das ist sehr praktisch und bietet sich vor allem in längeren Dokumenten an, die ein möglichst professionelles Layout haben sollen.

Einen Zeilenabstand einstellen

In älteren Word-Dokumenten im Format *Word 93-2003* war standardmäßig ein einzeiliger Zeilenabstand eingestellt. Diese Einstellung wurde schon in der Version Word 2010 geändert (zu **Mehrfach** mit dem Wert **1,15**), vermutlich um die Lesefreundlichkeit von Texten zu erhöhen und einen ästhetischen Gesamteindruck zu erreichen. In Word 2013 finden Sie nun als Standardeinstellung **Mehrfach** mit dem Wert **1,08** vor.

Die Schaltfläche für die Veränderung des Zeilenabstands gibt es direkt in der Gruppe **Absatz**, sodass Sie den gewünschten Abstand blitzschnell einstellen können.

1 Setzen Sie den Cursor in den Absatz, den Sie formatieren möchten. Wenn es um mehrere Absätze geht, müssen Sie diese Absätze vorab markieren.

2 Klicken Sie auf der Registerkarte **Start** in der Gruppe **Absatz** auf die Schaltfläche **Zeilen- und Absatzabstand**.

3 Wenn Sie in dem Menü mit dem Mauszeiger über die unterschiedlichen Optionen fahren, sehen Sie die Auswirkungen direkt im Text.

4 Klicken Sie auf den gewünschten Zeilenabstand.

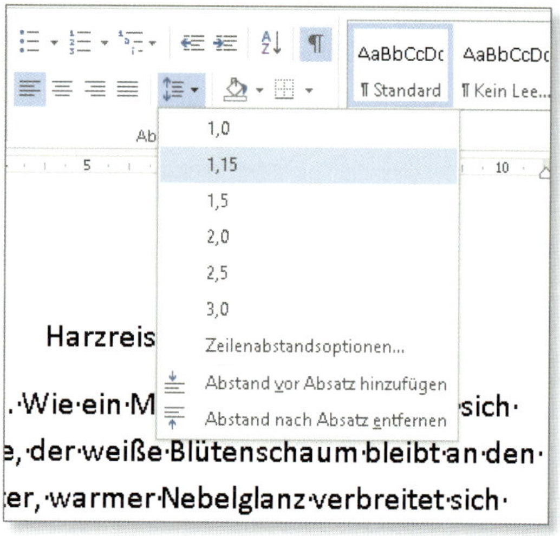

∧ ***Abbildung 15.15***
Das Menü der Schaltfläche »Zeilen- und Absatzabstand«

Es lassen sich auch flexible Zeilenabstände zuweisen, allerdings nur im Dialog **Absatz**. Er bündelt viele Funktionen der Absatzformatierung. Sie finden hier – wie Sie schon gesehen haben – die Textausrichtung, Einstellungen zum Zeilenabstand, Einzüge, den Abstand zwischen Absätzen und einiges mehr. Klicken Sie auf den Pfeil an der Gruppe **Absatz**, um den gleichnamigen Dialog zu öffnen. Wenn Sie im Menü der Schaltfläche **Zeilen- und Absatzabstand** (ebenfalls in der Gruppe **Absatz**) auf den Eintrag **Zeilenabstandsoptionen** klicken, wird dieser Dialog ebenfalls aufgerufen. Rechts unten im Dialog **Absatz** befindet sich das Feld **Zeilenabstand** ❶.

Im Menü des Feldes werden sechs Optionen angeboten:

- **Einfach:** Diese Einstellung legt einen relativ kleinen Zwischenraum fest, der sich an dem größten Zeichen in der Zeile orientiert.
- **1,5 Zeilen:** Der Zeilenabstand beträgt das Anderthalbfache des Abstands der Option **Einfach**.
- **Doppelt:** Mit dieser Option beträgt der Zeilenabstand das Doppelte des Abstands der Option **Einfach**.

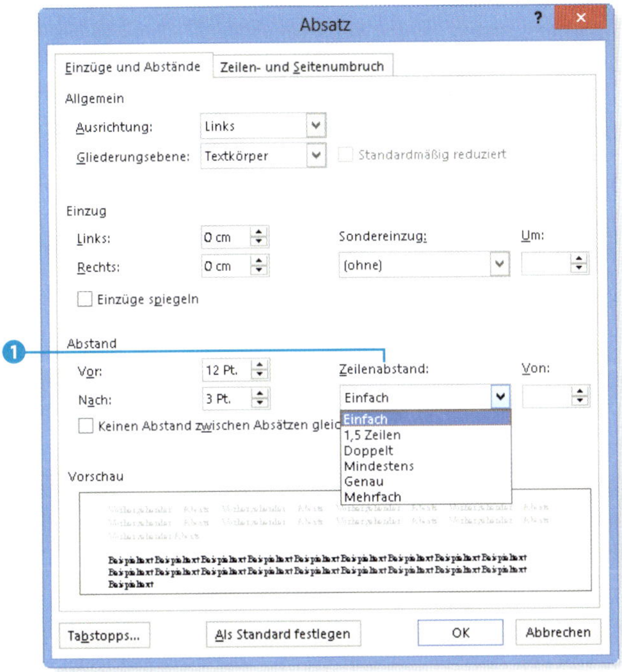

Abbildung 15.16
Die verschiedenen Zeilenabstände

- **Mindestens:** Mit dieser Option wird – wie die Bezeichnung vermuten lässt – der Abstand eingestellt, der für das größte Zeichen in der Zeile mindestens erforderlich ist.
- **Genau:** Wenn Sie diese Option einstellen, können Sie in das Feld **Von** einen genauen Wert eingeben, der in **Pt.** (Punkt) angegeben wird. Theoretisch ist hier fast jeder Wert möglich. Wenn Sie jedoch einen geringeren Wert als die Schriftgröße eingeben (die ja auch in Punkt gemessen wird), wird der Abstand zwischen den Zeilen so klein, dass sich die Zeilen überschneiden. Abbildung 15.17 zeigt einen Zeilenabstand von 10 Pt. für einen Text mit der Schriftgröße 12 Pt.
- **Mehrfach:** Diese Option ist etwas verzwickt. Es handelt sich um einen Zeilenabstand, der ausgehend vom einfachen Zeilenabstand um einen angegebenen Prozentsatz vergrößert oder verkleinert wird. Das Festlegen des Zeilenabstands auf einen Wert von »1,08« (wie in der Standardeinstellung) vergrößert den Abstand z. B. um 8 %; die Angabe »1,5« bewirkt, dass der Abstand um 50 % vergrößert wird. Die Eingabe eines Wertes von »4« vergrößert den Abstand um 400 % (vierfacher Zeilenabstand). Sie können den Zeilenabstand hier sehr präzise einstellen, nur nach unten hin sind natürlich – abhängig von der Schriftgröße – Grenzen gesetzt. Die Angabe »0,8« im Feld **Von** würde bestenfalls für einen Text mit einer sehr kleinen Schriftgröße funktionieren.

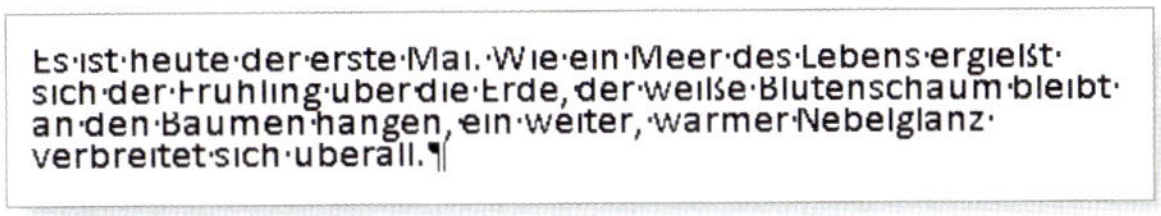
Es·ist·heute·der·erste·Mai.·Wie·ein·Meer·des·Lebens·ergießt·sich·der·Frühling·über·die·Erde,·der·weiße·Blütenschaum·bleibt·an·den·Bäumen·hängen,·ein·weiter,·warmer·Nebelglanz·verbreitet·sich·überall.¶

Abbildung 15.17
Der Zeilenabstand ist zu klein.

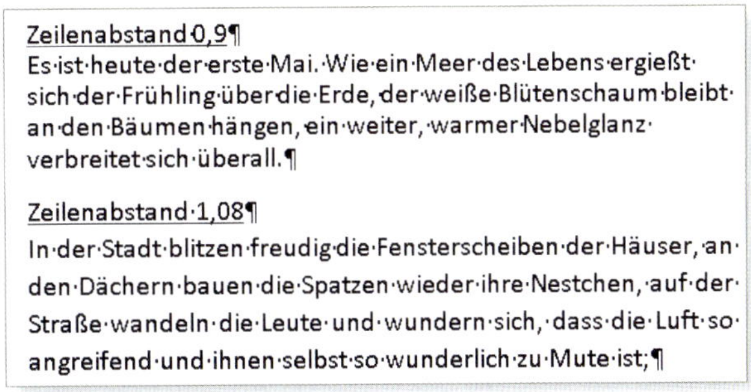
Zeilenabstand·0,9¶
Es·ist·heute·der·erste·Mai.·Wie·ein·Meer·des·Lebens·ergießt·sich·der·Frühling·über·die·Erde,·der·weiße·Blütenschaum·bleibt·an·den·Bäumen·hängen,·ein·weiter,·warmer·Nebelglanz·verbreitet·sich·überall.¶

Zeilenabstand·1,08¶
In·der·Stadt·blitzen·freudig·die·Fensterscheiben·der·Häuser,·an·den·Dächern·bauen·die·Spatzen·wieder·ihre·Nestchen,·auf·der·Straße·wandeln·die·Leute·und·wundern·sich,·dass·die·Luft·so·angreifend·und·ihnen·selbst·so·wunderlich·zu·Mute·ist;¶

Abbildung 15.18
Ein Zeilenabstand von 0,9 im oberen Text (unten der Standardabstand 1,08)

HINWEIS

Die Maßeinheit »Punkt«

Die Maßeinheit *Punkt* wird bei Druckerzeugnissen nicht nur für den Schriftgrad, sondern auch für Zeilen- und Absatzabstände verwendet. Ein Punkt misst 1/72 Zoll oder 0,3527 mm.

Den Abstand zwischen Absätzen anpassen

Wenn Sie bisher stets die [↵]-Taste gedrückt haben, um einen Abstand zwischen Absätzen zu erzeugen, lassen Sie sich jetzt von einem anderen Weg begeistern, bei dem die [↵]-Taste nicht erforderlich ist. Diese Einstellung bietet gegenüber der soeben genannten herkömmlichen Methode viele Vorteile; vor allem sorgen Sie damit automatisch für konsistente, d. h. immer gleich große Abstände. Wenn Sie die [↵]-Taste drücken, übertragen Sie die aktuelle Schriftgröße auf den nächsten Absatz, wodurch es leicht passieren kann, dass ein Abstand einmal so und einmal so breit ist!

Die Optionen zum Einstellen bestimmter Abstände zwischen Absätzen finden Sie im Dialog **Absatz**. Wichtig sind die Felder **Vor** und **Nach** ❶ im Bereich **Abstand**.

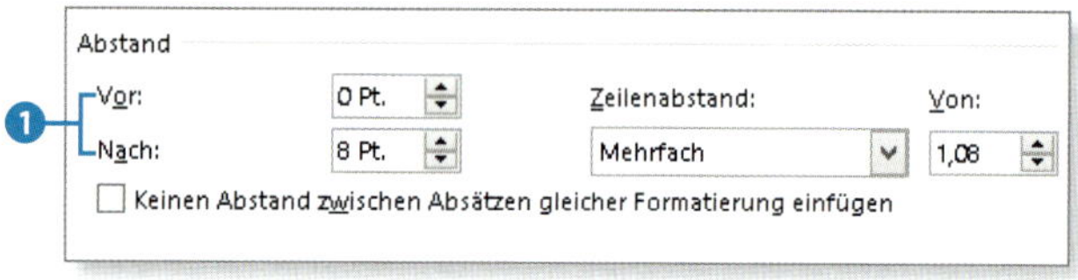

Abbildung 15.19
Die Felder für den Absatzabstand

Mit den Einstellungen in diesen Feldern regeln Sie, welche Abstände vor bzw. nach den Absätzen Ihres Dokuments eingefügt werden.

1. Markieren Sie als Erstes den Text, für den Sie einen Absatzabstand einstellen möchten; in den meisten Fällen werden Sie vermutlich das gesamte Dokument markieren, da es wohl kaum einen Grund geben wird, nur für einzelne Absätze einen bestimmten Abstand einzustellen.
2. Öffnen Sie mit einem Mausklick auf den Pfeil an der Gruppe **Absatz** den gleichnamigen Dialog.
3. Klicken Sie auf den nach oben weisenden Pfeil am Feld **Nach** und wählen Sie den gewünschten Abstand im Menü. Als erster Wert wird **6 Pt.** angeboten, dann **12 Pt.** etc.

Nach der Bestätigung mit **OK** sehen Sie die Auswirkung im Dokument.

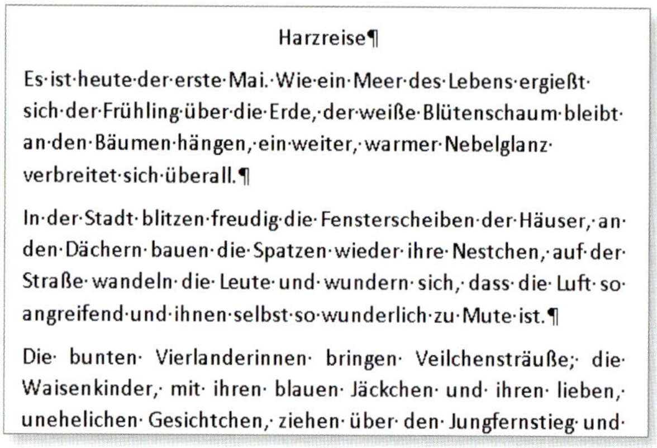

Harzreise¶

Es ist heute der erste Mai. Wie ein Meer des Lebens ergießt sich der Frühling über die Erde, der weiße Blütenschaum bleibt an den Bäumen hängen, ein weiter, warmer Nebelglanz verbreitet sich überall.¶

In der Stadt blitzen freudig die Fensterscheiben der Häuser, an den Dächern bauen die Spatzen wieder ihre Nestchen, auf der Straße wandeln die Leute und wundern sich, dass die Luft so angreifend und ihnen selbst so wunderlich zu Mute ist.¶

Die bunten Vierlanderinnen bringen Veilchensträuße; die Waisenkinder, mit ihren blauen Jäckchen und ihren lieben, unehelichen Gesichtchen, ziehen über den Jungfernstieg und

Abbildung 15.20
Gleichmäßige Abstände zwischen den Absätzen – hier mit der Einstellung 6 Pt. nach jedem Absatz

Wie Sie sich vermutlich denken können, sind Sie auch hier nicht auf die angebotenen Werte bzw. Stufen beschränkt. Sie können auch selbst ein individuelles Maß eingeben. Setzen Sie den Cursor einfach in das Feld **Nach** und tragen Sie z. B. »3 Pt.« ein.

TIPP

Absatzabstand im Menü

Auch in der Auswahlliste der Schaltfläche **Zeilen- und Absatzabstand** finden Sie die Einträge **Abstand vor Absatz hinzufügen** und **Abstand nach Absatz hinzufügen**. Wenn Sie auf eine dieser Optionen klicken, fügen Sie einen Abstand von 10 Pt. ein. Wenn bereits Absatzabstände eingegeben wurden, werden die Optionen **Abstand vor Absatz entfernen** und **Abstand nach Absatz entfernen** angeboten.

Statt einem Dokument nachträglich Absatzabstände zuzuweisen, können Sie den Abstand auf diesem Weg auch gleich zu Beginn eines neuen Dokuments festlegen. Sobald Sie dann für einen neuen Absatz die [↵]-Taste drücken, wird der gewählte Abstand eingefügt.

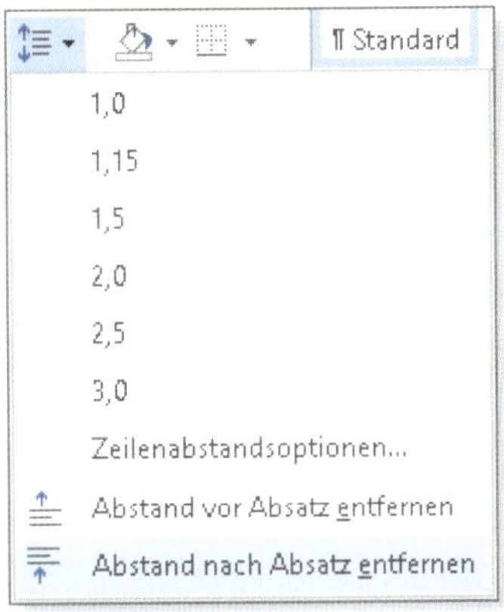

Abbildung 15.21
Die Optionen nach der Festlegung von Absatzabständen

Den Abstand vor Absätzen passend einstellen

Normalerweise ist es nicht erforderlich, auch im Feld **Vor** einen Abstand einzustellen, denn mit dem Abstand im Feld **Nach** ist ja automatisch auch ein gewisser Abstand vor dem Absatz gewährleistet. Eine Ausnahme bilden die Überschriften im Text. Neben ihrer speziellen Formatierung werden sie oft auch durch einen größeren Abstand vom Fließtext abgesetzt. Wenn zwischen einem Absatz und einer Überschrift ein größerer Abstand eingefügt werden soll, ist es sinnvoll, diesen Abstand über das Feld **Vor** einzustellen. Gehen Sie dazu wie im Folgenden beschrieben vor.

1 Setzen Sie den Cursor in eine Überschrift und rufen Sie den Dialog **Absatz** auf.

2 Geben Sie in das Feld **Vor** das gewünschte Maß für den Abstand ein. Wenn Sie (im Feld **Nach**) beispielsweise »3 Pt.« als Absatzabstand festgelegt haben, wählen Sie jetzt z. B. »12 Pt.« aus der Liste.

Bei einer Kollision der Werte in den Feldern **Vor** und **Nach** stellt Word jeweils den größeren Wert ein. Daher werden nach den eben beschriebenen Schritten dann tatsächlich 12 Pt. als Abstand vor der Überschrift verwendet (und nicht die 3 Pt. als Absatzabstand nach einem Absatz). Das klingt ein wenig um die Ecke gedacht, folgt aber durchaus einer Logik – wir hoffen, Sie können ihr folgen!

HINWEIS

Abstände durch Formatvorlagen

Da wir an dieser Stelle individuelle Absatzabstände beschreiben, lassen wir Formatvorlagen für Überschriften außer Acht, in denen automatisch bestimmte Abstände eingestellt sind. Solche Vorlagen erleichtern Ihnen die Formatierung Ihres Textes natürlich enorm. Wenn Sie sich für den Aufbau von und den Umgang mit Formatvorlagen interessieren, sollten Sie unbedingt Kapitel 19, »Formatvorlagen«, lesen.

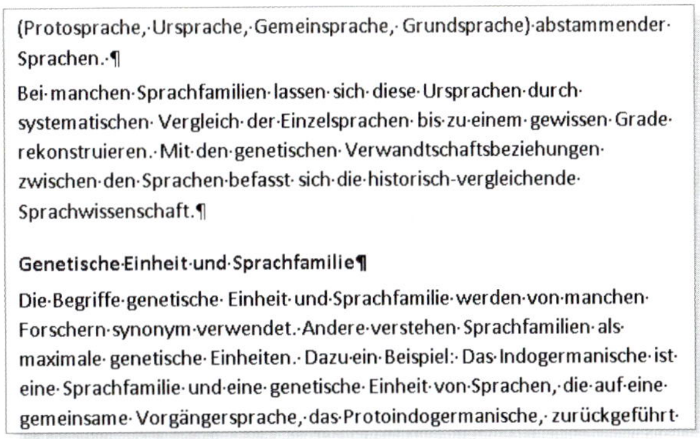
(Protosprache,·Ursprache,·Gemeinsprache,·Grundsprache)·abstammender·Sprachen.·¶
Bei·manchen·Sprachfamilien·lassen·sich·diese·Ursprachen·durch·systematischen·Vergleich·der·Einzelsprachen·bis·zu·einem·gewissen·Grade·rekonstruieren.·Mit·den·genetischen·Verwandtschaftsbeziehungen·zwischen·den·Sprachen·befasst·sich·die·historisch-vergleichende·Sprachwissenschaft.¶

Genetische·Einheit·und·Sprachfamilie¶

Die·Begriffe·genetische·Einheit·und·Sprachfamilie·werden·von·manchen·Forschern·synonym·verwendet.·Andere·verstehen·Sprachfamilien·als·maximale·genetische·Einheiten.·Dazu·ein·Beispiel:·Das·Indogermanische·ist·eine·Sprachfamilie·und·eine·genetische·Einheit·von·Sprachen,·die·auf·eine·gemeinsame·Vorgängersprache,·das·Protoindogermanische,·zurückgeführt·

Abbildung 15.22
Der Abstand zwischen den Zeilen ist gleichmäßig, aber vor der Überschrift ist mehr Platz.

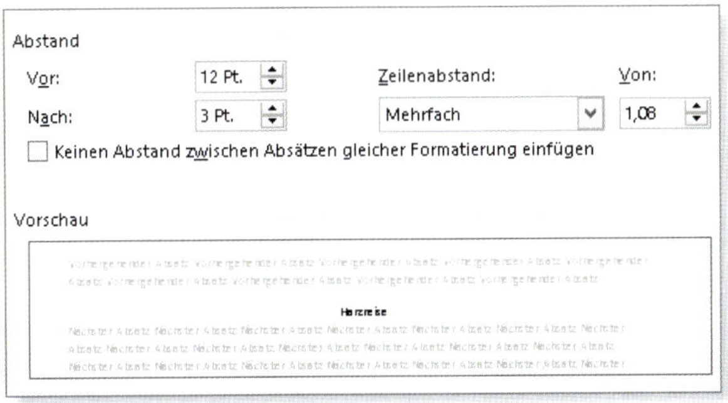

Abbildung 15.23
Einen größeren Abstand vor Überschriften einstellen

INFO

Kein Abstand bei gleicher Formatierung

Unter dem Bereich **Abstand** gibt es die Option **Keinen Abstand zwischen Absätzen gleicher Formatierung einfügen**. Sie bewirkt, was sie ankündigt: Auch wenn Sie generell einen Abstand festgelegt haben, wird diese Einstellung für Absätze mit gleicher Formatierung ignoriert. In der Regel brauchen Sie diese Option allerdings nicht. Sinnvoll könnte sie höchstens sein, wenn ein angegebener Abstand nur zwischen Absätzen und Überschriften (die naturgemäß anders formatiert sind als der Rest des Textes) wirksam werden soll.

Einzüge im Dialog einstellen

Einzüge sind ein weiteres probates Mittel, um Textpassagen in einem Dokument besonders hervorzuheben. Mit einem Einzug von links wird ein Absatz vom linken Seitenrand ein wenig nach rechts eingerückt, mit einem Einzug von rechts rückt der Text vom rechten Seitenrand gesehen etwas nach links. Den Einzug von links werden Sie deutlich häufiger einsetzen als den Einzug von rechts. Letzterer kann beispielsweise bei der Gestaltung eines Briefkopfes zum Einsatz kommen oder auch, wenn Sie rechts neben einem Absatz eine Grafik einfügen und dafür Platz schaffen möchten.

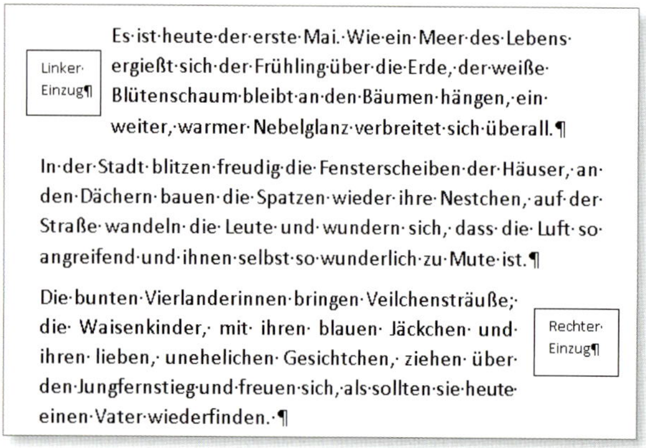

*^ **Abbildung 15.24***
Einzug von links und von rechts

Lassen Sie uns nun aber zur Tat schreiten. Zuerst setzen Sie den Cursor in den Absatz, den Sie einrücken möchten. Denken Sie dabei daran, dass Sie alle Absätze markieren müssen, sofern mehrere eingerückt werden sollen.

1 Rufen Sie über den Pfeil an der Gruppe **Absatz** den gleichnamigen Dialog auf.

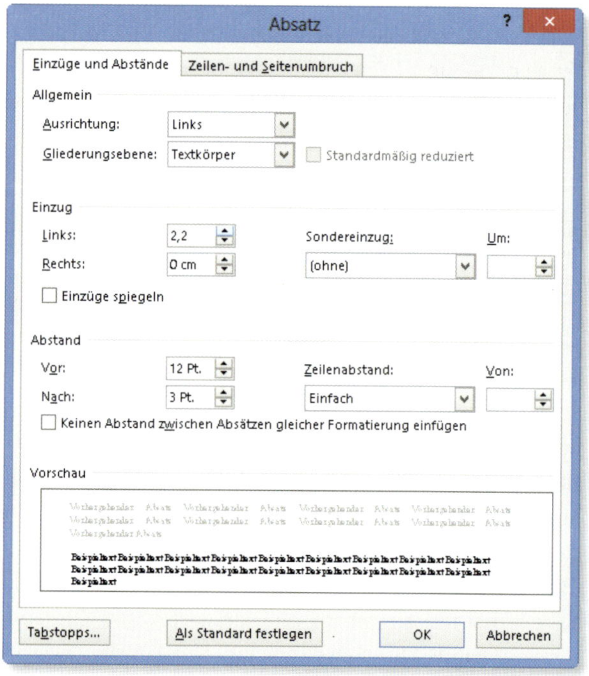

*^ **Abbildung 15.25***
Einen Wert für den Einzug einstellen

2 Im Feld **Links** klicken Sie entweder auf den Pfeil nach oben oder Sie tragen einfach das gewünschte Maß von Hand ein (was häufig schneller geht!). Dabei reicht die Eingabe »2,2« – achten Sie darauf, das Komma mit einzugeben, die Maßeinheit cm muss aber nicht zwingend mitgeschrieben werden, da sie hier als Standard verwendet wird.

Wenn Sie ein Maß eingeben, das für das Dokument und die eingestellten Seitenränder zu breit ist, erhalten Sie von Word eine entsprechende Meldung. Sie können also einfach ausprobieren, welche Breite Word maximal akzeptiert.

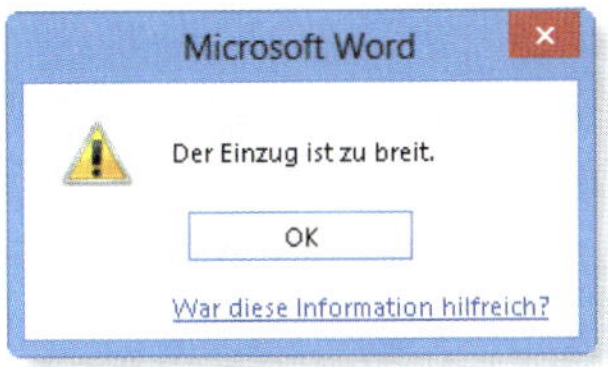

Abbildung 15.26
Word weist darauf hin, dass der Einzug zu breit ist.

Nach der Bestätigung Ihrer Eingabe mit **OK** sehen Sie den Einzug in Ihrem Text. Wenn Sie innerhalb eines Einzugs die ↵-Taste drücken, bleibt das Layout erhalten, da die Einstellung logischerweise auf den nächsten Absatz übertragen wird.

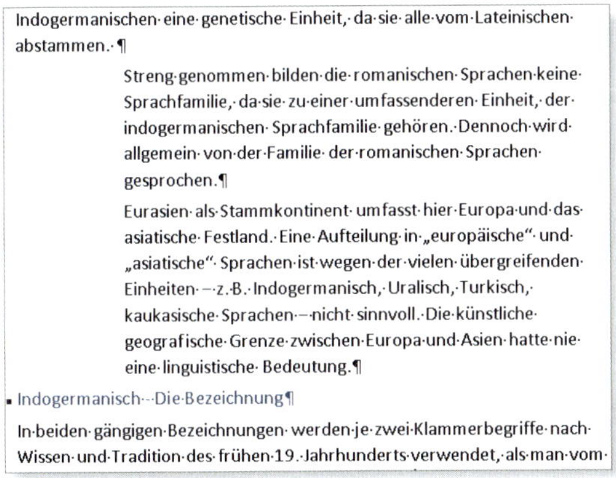
Indogermanischen eine genetische Einheit, da sie alle vom Lateinischen abstammen. ¶

Streng genommen bilden die romanischen Sprachen keine Sprachfamilie, da sie zu einer umfassenderen Einheit, der indogermanischen Sprachfamilie gehören. Dennoch wird allgemein von der Familie der romanischen Sprachen gesprochen.¶

Eurasien als Stammkontinent umfasst hier Europa und das asiatische Festland. Eine Aufteilung in „europäische" und „asiatische" Sprachen ist wegen der vielen übergreifenden Einheiten – z.B. Indogermanisch, Uralisch, Turkisch, kaukasische Sprachen – nicht sinnvoll. Die künstliche geografische Grenze zwischen Europa und Asien hatte nie eine linguistische Bedeutung.¶

Indogermanisch – Die Bezeichnung¶

In beiden gängigen Bezeichnungen werden je zwei Klammerbegriffe nach Wissen und Tradition des frühen 19. Jahrhunderts verwendet, als man vom

Abbildung 15.27
Ein Einzug von links für zwei Absätze

HINWEIS

Die richtigen Pfeile nutzen

Wenn Sie lieber die Pfeile verwenden, um im Bereich **Einzug** einen Wert anzugeben, müssen Sie darauf achten, dass Sie den richtigen erwischen, also den nach oben weisenden Pfeil. Mit dem nach unten weisenden Pfeil geraten Sie in die negativen Werte und rücken (bei einem Einzug von links) den Absatz statt nach innen nach außen über den Seitenrand hinaus. Mit Minuswerten im Feld **Rechts** dehnen Sie den Absatz nach rechts über den Rand aus. Beides ist meistens nicht gewollt und könnte auch zu Schwierigkeiten beim Ausdrucken führen.

Einen Einzug von rechts stellen Sie genauso ein wie den von links, nur dass Sie das Maß in das Feld **Rechts** eingeben bzw. über den Pfeil nach oben einstellen. Wie ein Einzug von rechts aussieht, haben Sie bereits in Abbildung 15.24 gesehen.

Um einen Einzug wieder aufzuheben und mit dem normalen Seitenrand weiterzuschreiben, öffnen Sie den Dialog **Absatz** erneut und geben in das Feld **Links** den Wert »0« ein. Achten Sie auch hier darauf, dass der Cursor vor dieser Aktion richtig platziert ist!

TIPP

Einzüge nicht mit der Leertaste erstellen

Widerstehen Sie unbedingt dem Impuls, Textpassagen mit der Leertaste einzurücken, weil Sie meinen, dass ginge doch auch ganz einfach. Sie tun sich damit leider keinen Gefallen! Sobald Sie den Text bearbeiten, z. B. Passagen löschen oder hinzufügen, einen Absatz einfügen o. Ä., ist der schöne Einzug dahin, und Sie müssen alles mühsam wieder bereinigen. Mit ordentlich eingestellten Einzügen bleibt das Layout auch bei den wildesten Veränderungen am Text erhalten.

Einzüge im Lineal einstellen

Getreu dem Motto »Warum einfach, wenn's auch kompliziert geht?« haben wir zunächst einen längeren Weg beschrieben, um einen Einzug einzustellen. Aber wir wollen Ihnen die wesentlich schnellere Methode natürlich auch nicht vorenthalten.

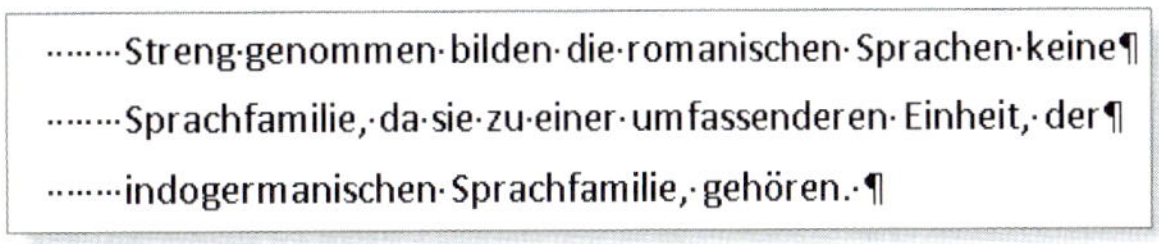
Streng genommen bilden die romanischen Sprachen keine¶
Sprachfamilie, da sie zu einer umfassenderen Einheit, der¶
indogermanischen Sprachfamilie, gehören.¶

Abbildung 15.28
Einzüge sollten nicht mit Leerzeichen erstellt werden.

Werfen Sie einen Blick auf das Lineal auf Ihrem Bildschirm, wenn der Cursor in einem Absatz mit Einzug steht.

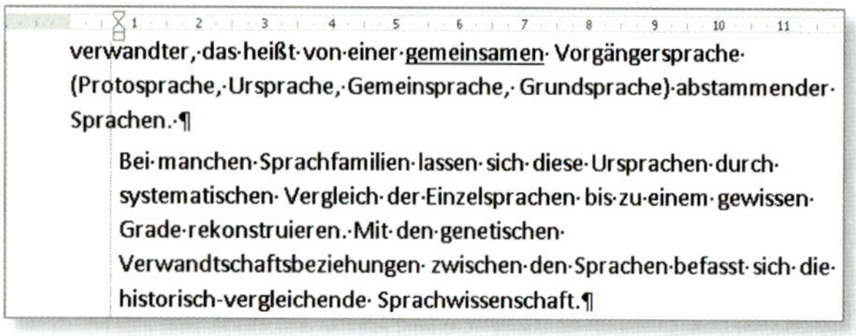

Abbildung 15.29
Ein Einzug von links im Lineal

TIPP

Kein Lineal?

Vermissen Sie das Lineal? Dann wechseln Sie auf die Registerkarte **Ansicht** und aktivieren Sie hier das Kontrollkästchen vor **Lineal** in der Gruppe **Anzeigen**.

Sie sehen, dass sich das Symbol für Einzüge ❶ (dieses Gebilde, das ein wenig an eine Eieruhr erinnert) auf einer Linie mit dem Einzug befindet. Dieses Symbol dient nicht nur der Anzeige von Einzügen, sondern Sie können hiermit auch Einzüge einstellen.

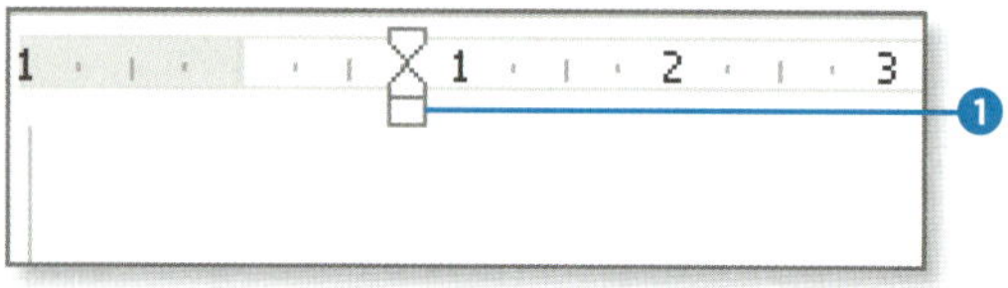

Abbildung 15.30
Das Symbol für Einzüge im Lineal

1. Setzen Sie den Cursor in den Absatz, den Sie einrücken möchten.
2. Um diesem Absatz einen Einzug von links zuzuweisen, ziehen Sie das untere Rechteck des Symbols, das Sie auf der linken Seite des Lineals sehen, mit gedrückter Maustaste an die gewünschte Stelle.
3. An der vertikalen gestrichelten Linie, die mitwandert, können Sie gut erkennen, wie weit Sie den Absatz einziehen. Sie können das Rechteck auch nach links bewegen, um einen Einzug wieder zu verkleinern oder komplett aufzuheben.
4. Für einen Einzug von rechts ziehen Sie an dem kleinen Rechteck unter der »Eieruhr«, die Sie auf der rechten Seite des Lineals sehen.

Das Symbol für die Einzüge besteht aus zwei weiteren kleinen Elementen, einem nach oben und einem nach unten weisenden Dreieck. Mit diesen Dreiecken stellen Sie besondere Einzüge ein, die Sie in den nächsten Abschnitten kennenlernen. Wir nehmen uns diese besonderen Einstellungen zunächst im Dialog **Absatz** vor.

INFO

Lineal vs. Absatz

Bedenken Sie bei der Arbeit mit dem Lineal – so schnell und einfach sie auch ist –, dass Sie die Einzüge mit dieser Methode nicht ganz so präzise einstellen können wie im Dialog **Absatz**. Ein Einzug von beispielsweise »2,21« wäre im Lineal schwer zu »treffen«.

Einen Erstzeileneinzug anlegen

Vielleicht ist Ihnen bereits aufgefallen, dass es im Dialog **Absatz** auch ein Feld mit der Überschrift **Sondereinzug** gibt. Lassen Sie uns einen Blick auf diese Sondereinzüge werfen. Wenn Sie auf den Pfeil an dem Feld klicken, werden Ihnen zwei Einstellungen angeboten. Mit der Option **Erste Zeile** wird – wie es die Bezeichnung verspricht – nur die erste Zeile eines Absatzes eingerückt, die restlichen Zeilen des Absatzes bleiben von der Einstellung unberührt. Vermutlich ist Ihnen diese Art der Formatierung aus Zeitschriftenartikeln und anderen Veröffentlichungen vertraut: Oft beginnt hier jeder Absatz mit einer eingerückten Zeile.

1. Um einen Erstzeileneinzug zu verwenden, setzen Sie den Cursor in den Absatz, dessen erste Zeile Sie einrücken wollen, oder Sie markieren alle relevanten Absätze.
2. Im Dialog **Absatz** klappen Sie die Auswahlliste des Feldes **Sondereinzug** auf und wählen **Erste Zeile**.

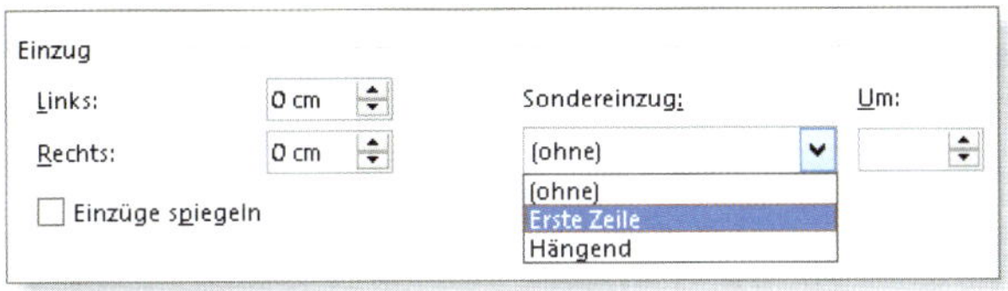

Abbildung 15.31
Erstzeileneinzug

3 In das Feld **Um** geben Sie das Maß für den Einzug ein, z. B. »0,5«. Achten Sie auf den Vorschaubereich, hier können Sie nachvollziehen, wie sich der Einzug verändert.

Falls Ihnen das Ergebnis nicht gefällt und Sie den Erstzeileneinzug wieder loswerden möchten, markieren Sie den Text erneut und wählen im Menü des Feldes **Sondereinzug** die Option **(ohne)**.

Einen hängenden Einzug anlegen

Die Bezeichnung der anderen Option, **Hängend**, verblüfft ein wenig, denn man fragt sich unwillkürlich, was bei einem Einzug genau »hängen« soll. Nun, wenn man so will, »hängt« der Einzug an der ersten (nicht eingerückten) Zeile.

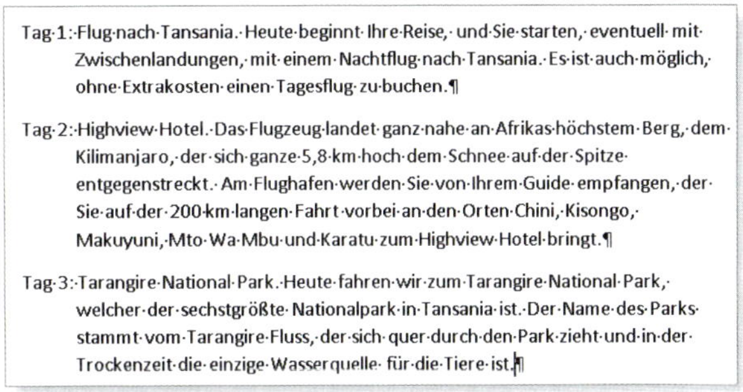

Abbildung 15.33
Ein hängender Einzug für einen Ausflugszeitplan

Ein hängender Einzug bewirkt also das Gegenteil eines Erstzeileneinzugs: Der Einzug wirkt sich auf den gesamten Absatz aus, nur die erste Zeile bleibt unverändert, also so, wie es der Seitenrand vorsieht. Es gibt verschiedene Einsatzmöglichkeiten für hängende Einzüge. Wenn Sie z. B. einen Ausflugszeitplan schreiben, wirkt es übersichtlicher, wenn die Zeitangaben in einer nicht eingerückten Zeile stehen. Aber auch für die Definition von Begriffen oder für ähnliche Beschreibungen passt ein hängender Einzug gut. Um einen hängenden Einzug zuzuweisen, gehen Sie im Prinzip genauso vor wie bei einem Erstzeileneinzug.

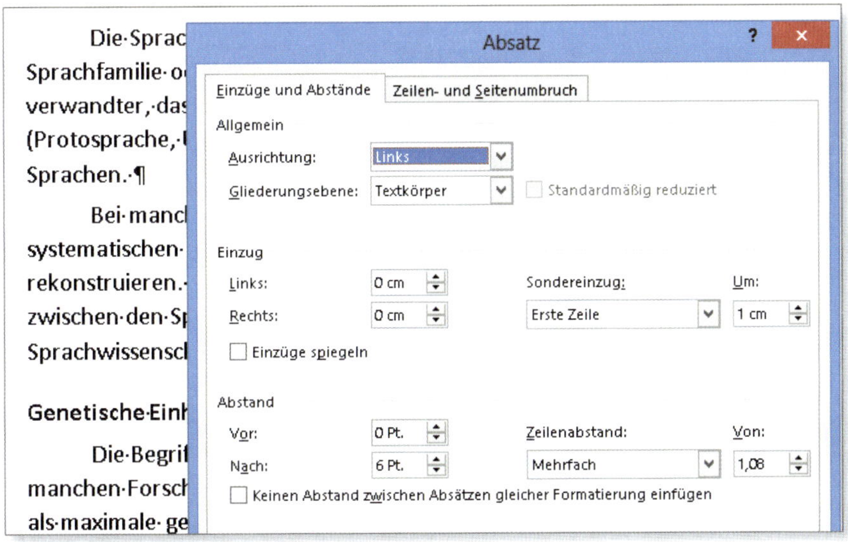

Abbildung 15.32
Einen Erstzeileneinzug einstellen

1 Setzen Sie den Cursor in den betreffenden Absatz oder markieren Sie entsprechend mehrere Absätze, wenn sich die Formatierung auf mehrere Absätze auswirken soll.

2 Wählen Sie im Dialogfenster **Absatz** im Feld **Sondereinzug Hängend** aus, indem Sie diesen über den Pfeil rechts anwählen.

3 Geben Sie in das Feld **Um** das Maß für den Einzug ein. Sie sehen die Auswirkung bereits in der Vorschau, sodass Sie hier einen Anhaltspunkt haben, wie groß der Wert sein muss (dennoch passt der Einzug meistens nicht auf Anhieb, Sie müssen dann einfach einen neuen Wert eingeben und ein wenig probieren).

Abbildung 15.34
Das Maß für den Einzug eingeben

Wie bei allen Einstellungen der Absatzformatierung wird auch der hängende Einzug durch Drücken der ↵-Taste auf den nächsten Absatz übertragen (siehe dazu auch den Abschnitt »Wie wirkt sich die Absatzformatierung aus?« auf Seite 306). Wenn Sie Ihren Ausflugszeitplan (um bei unserem Beispiel zu bleiben) also von Anfang an in dem gewünschten Layout erstellen möchten, stellen Sie den hängenden Einzug vorab ein und schreiben dann Ihren Text.

TIPP

Sondereinzüge im Einzug

Sie können den hängenden und den Erstzeileneinzug auch noch mit einem normalen Einzug von links kombinieren, also beispielsweise alle ersten Zeilen in eingezogenen Absätzen nochmals zusätzlich einrücken.

TIPP

»Hängender« Einzug vs. Leertaste

Und auch hier noch einmal der Hinweis: Wenn Sie sich für einen Text eine Formatierung vorstellen, in der die erste Zeile normal formatiert und der Rest des Absatzes eingerückt ist, nutzen Sie einen hängenden Einzug. Und lassen Sie – im wahrsten Sinne des Wortes – die Finger von der Leertaste!

Sondereinzüge im Lineal einstellen

Sie können die Sondereinzüge auch im Lineal einstellen, was fix gemacht ist, aber, wie erwähnt, den Nachteil hat, dass es weniger präzise ist, wenn es um sehr genaue Maße geht.

Um die erste Zeile einzurücken, nutzen Sie das nach unten weisende Dreieck der »Eieruhr« für die Einzüge. Klicken Sie darauf und verschieben Sie es mit gedrückter Maustaste. In der kleinen Infobox lesen Sie **Erstzeileneinzug**.

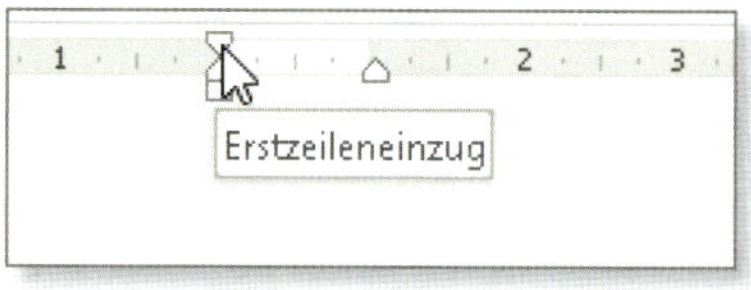

Abbildung 15.35
Erstzeileneinzug im Lineal

Das nach oben weisende Dreieck im Symbol ist für einen hängenden Einzug zuständig.

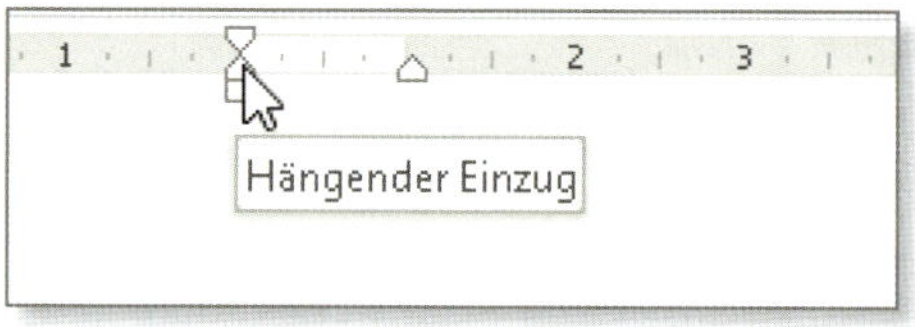

Abbildung 15.36
Der hängende Einzug im Lineal

Denken Sie bei beiden Einstellungen daran, den Cursor richtig zu platzieren, bevor Sie das entsprechende Element des Symbols verschieben.

Alles im Griff: die Absatzkontrolle

Wenn Sie bisher gedacht haben, Sie müssten nur die Taten Ihres pubertierenden Sohnes kontrollieren, liegen Sie falsch! Auch Absätze verhalten sich mitunter anders, als Sie es sich wünschen, z. B. kann sich die letzte Zeile auf die nächste Seite schieben, sodass diese Seite dann mit einer einzelnen Zeile beginnt, was natürlich nicht gewollt ist. Aber immerhin gibt es hier wirklich wirksame Gegenmittel. Das Dialogfenster **Absatz** hat neben **Einzüge und Abstände** noch eine zweite Registerkarte: **Zeilen- und Seitenumbruch**. Auf dieser Registerkarte können Sie diverse Einstellungen vornehmen, die die Absatzkontrolle betreffen.

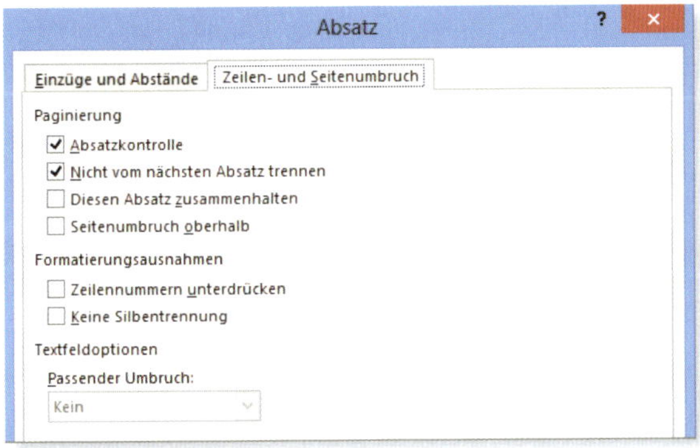

Abbildung 15.37
Die Registerkarte »Zeilen- und Seitenumbruch« im Dialogfenster »Absatz«

Um die Einstellungen der Absatzkontrolle zu überprüfen und gegebenenfalls zu ändern, aktivieren Sie also im Dialogfenster **Absatz** die Registerkarte **Zeilen- und Seitenumbruch**.

Im obersten Bereich **Paginierung** ist die Option **Absatzkontrolle** standardmäßig aktiviert, und dabei sollten Sie es auch belassen. Diese Einstellung vermeidet einen unschönen Absatzumbruch, also allein stehende bzw. verwaiste Zeilen: Mit dieser Option endet eine Seite weder mit der ersten Zeile eines neuen Absatzes, noch beginnt eine neue Seite mit der letzten Zeile eines Absatzes der vorherigen Seite. In beiden Fällen wird mindestens eine weitere Zeile mit verschoben, der untere Seitenrand wird also etwas »gedehnt«.

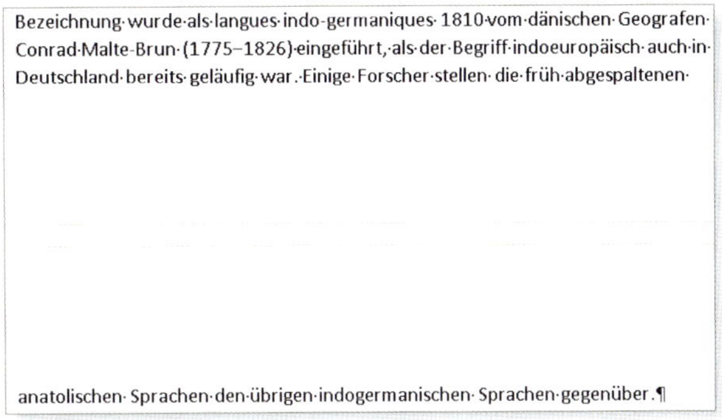
Bezeichnung·wurde·als·langues·indo-germaniques·1810·vom·dänischen·Geografen·Conrad·Malte-Brun·(1775–1826)·eingeführt,·als·der·Begriff·indoeuropäisch·auch·in·Deutschland·bereits·geläufig·war.·Einige·Forscher·stellen·die·früh·abgespaltenen·

anatolischen·Sprachen·den·übrigen·indogermanischen·Sprachen·gegenüber.¶

Abbildung 15.38
Ohne Absatzkontrolle: Die letzte Zeile des Absatzes ist auf die nächste Seite gerutscht.

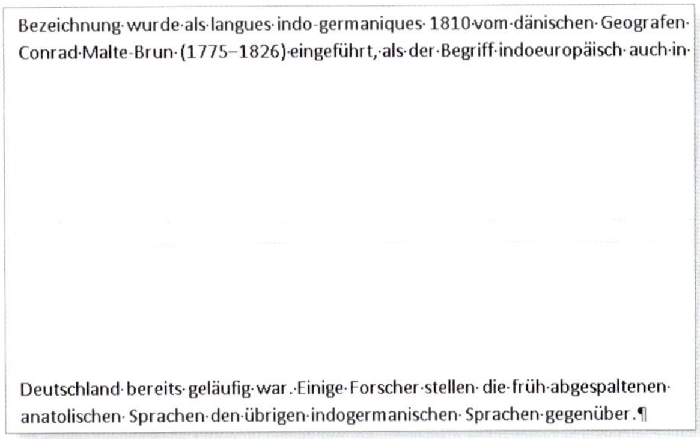
Bezeichnung·wurde·als·langues·indo-germaniques·1810·vom·dänischen·Geografen·Conrad·Malte-Brun·(1775–1826)·eingeführt,·als·der·Begriff·indoeuropäisch·auch·in·

Deutschland·bereits·geläufig·war.·Einige·Forscher·stellen·die·früh·abgespaltenen·anatolischen·Sprachen·den·übrigen·indogermanischen·Sprachen·gegenüber.¶

Abbildung 15.39
Die Absatzkontrolle setzt zwei Zeilen auf die Folgeseite.

Die Option **Nicht vom nächsten Absatz trennen** schafft eine gewisse »Anhänglichkeit« unter den Absätzen. Sie bewirkt, dass der Absatz, für den Sie diese Option einstellen, nicht durch einen Seitenumbruch von seinem Folgeabsatz getrennt wird, sondern treu mitwandert, wenn dieser Folgeabsatz nicht mehr auf die Seite passt.

Die Einstellung **Diesen Absatz zusammenhalten** verhindert, dass mitten im Absatz ein Seitenumbruch erfolgt. Dies ist eine sinnvolle Option für besonders kurze Absätze und/oder für Absätze und Überschriften, die nicht auseinandergerissen werden sollen. Ähnlich wie mit der zuvor genannten Option können Sie auf diese Weise schon beim Schreiben gewährleisten, dass Ihre Absätze auch in der Gesamtschau noch sinnvoll angeordnet und »wohlgeformt« sein werden.

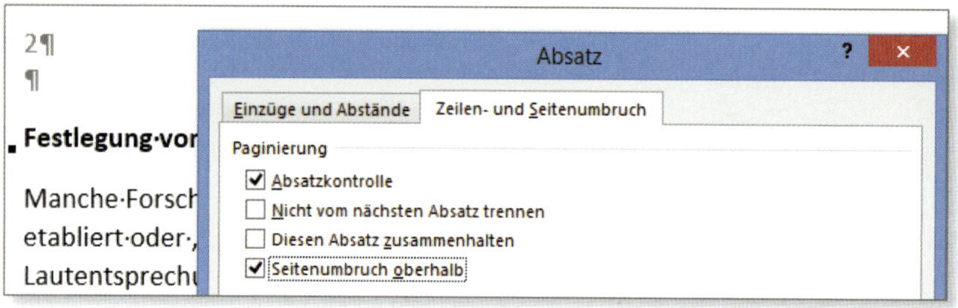

Abbildung 15.40
Seitenumbruch oberhalb eines Absatzes einstellen

Wenn ein Absatz in jedem Fall auf eine neue Seite rutschen soll, aktivieren Sie die Option **Seitenumbruch oberhalb**. Diese Einstellung eignet sich am ehesten für Überschriften, denn mit ihnen beginnt meist eine neue Seite.

Die beiden Optionen unter der Überschrift **Formatierungsausnahmen** bewirken jeweils das, was sie versprechen: Wenn im Dokument Zeilennummern angezeigt werden, wird ihre Anzeige in Absätzen mit der Einstellung **Zeilennummern unterdrücken** unterdrückt; wenn die Silbentrennung im Dokument aktiviert ist, wird sie mit der Option **Keine Silbentrennung** in dem entsprechenden Absatz nicht durchgeführt.

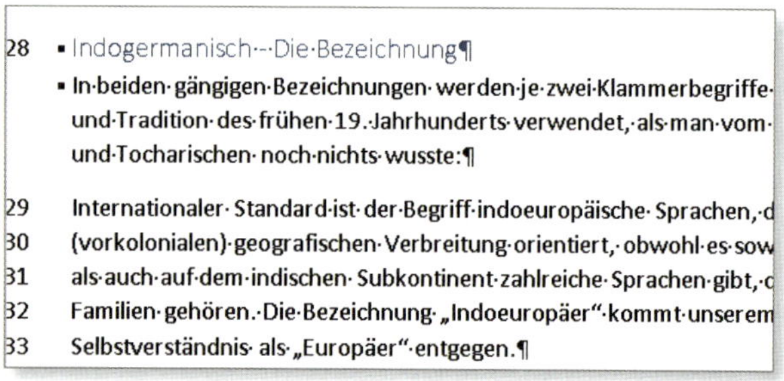

Abbildung 15.41
Die Zeilennummern werden in den Absätzen mit der Option »Zeilennummern unterdrücken« nicht angezeigt.

Initialen verwenden

Initialen sind eine besondere Form der Absatzformatierung, mit der Sie Ihr Dokument gestalten können. Sie haben ein solches Element vermutlich schon häufiger gesehen, vielleicht nur ohne den Begriff zu kennen. Es handelt sich um den ersten Buchstaben eines ganzen Textes oder eines Absatzes, der sich optisch vom Rest des Absatzes abhebt, und zwar in der Regel durch eine andere Schriftart und/oder eine andere Schriftgröße, und dadurch eine schmückende Wirkung hat. Initialen sollten allerdings nur in besonderen Texten eingesetzt werden.

1. Um eine Initiale einzufügen, setzen Sie den Cursor zunächst irgendwo in den Absatz (er muss nicht vor dem ersten Zeichen stehen).
2. Aktivieren Sie die Registerkarte **Einfügen** und klicken Sie hier auf die Schaltfläche **Initiale**.

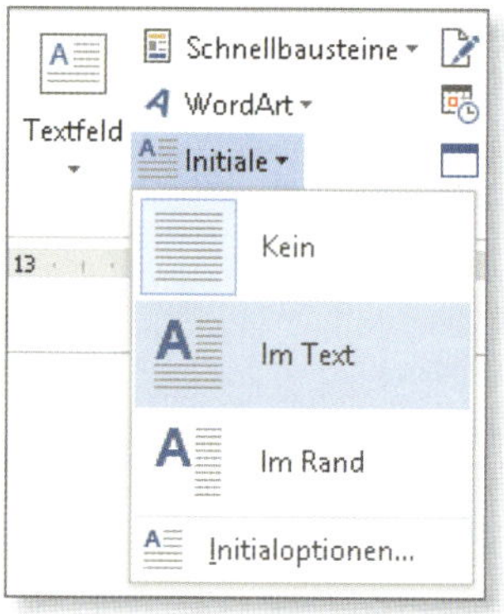

Abbildung 15.42
Das Menü der Schaltfläche »Initiale«

3. Wählen Sie im Menü einen der beiden Einträge **Im Text** oder **Im Rand**. Die Schaltflächen zeigen den Unterschied bereits an: Mit **Im Text** fügt sich das Zeichen in den Text ein, es wird von ihm umflossen (was unseres Erachtens etwas gefälliger wirkt). Mit **Im Rand** wird die Initiale einfach neben den Text gesetzt und wirkt dadurch nicht ganz so integriert.

Die Initiale wird als kleine Grafik eingefügt. Sie erkennen dies daran, dass sich ein Rahmen mit Ziehpunkten um die Initiale legt, wenn Sie sie anklicken. Mit diesen Ziehpunkten können Sie die Größe des Buchstabens verändern (was aber – wie Sie gleich sehen werden – auch im Dialog **Initial** erledigt werden kann).

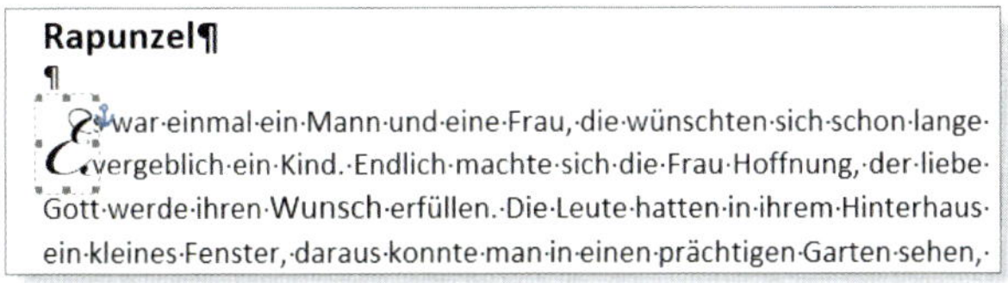

Abbildung 15.43
Eine Initiale im Absatz (in einer verschnörkelten Schriftart)

INFO

Es war einmal!

Kennen Sie noch alte Märchenbücher? Das »E« in der berühmten Zeile »Es war einmal« ist meistens eine besonders verschnörkelte, farbige und vielleicht sogar handgemalte Initiale.

Besondere Einstellungen

Um die Initiale noch ein wenig zu bearbeiten, öffnen Sie den Dialog **Initial**. Klicken Sie dazu im Menü der Schaltfläche **Initiale** auf **Initialoptionen**. Wie Sie sehen, könnten Sie die Initiale auch sofort über dieses Dialogfenster einfügen (im Bereich **Position**) und die entsprechenden Einstellungen vornehmen. Sie müssen also nicht in zwei Schritten arbeiten.

Im Dialog **Initial** können Sie eine andere Schriftart für die Initiale einstellen, ihre Höhe verändern und den Abstand zum Text vergrößern. Für kurze Absätze ist es meistens besser, die Initialhöhe herabzusetzen, z. B. auf »2«. Leider gibt es hier für die Schriftarten keine Vorschau, sodass man sich am besten schon vorher in der Liste der Schriftarten auf der Registerkarte **Start** eine passende Schrift aussucht, um sie nun hier gezielt zuweisen zu können.

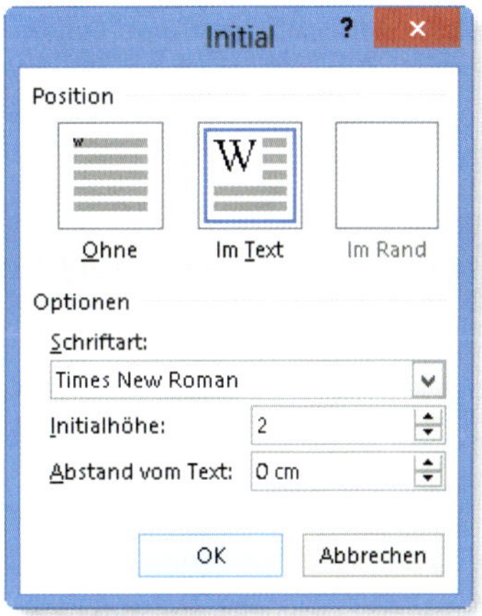

Abbildung 15.44
Der Dialog »Initial« – hier lässt sich eine Initiale einstellen und bearbeiten.

HINWEIS

Keine Initiale

Wenn der Cursor in einem leeren Absatz (einer Leerzeile) steht, ist die Schaltfläche **Initiale** blass, kann also nicht betätigt werden.

Kapitel 16
Die Seite einrichten

Wenn Sie ein neues leeres Dokument öffnen, hat dieses bereits ein vordefiniertes Seitenlayout, sodass Sie ohne weitere Einstellungen sofort mit der Texteingabe beginnen können. Aber natürlich lässt sich eine Seite auch ganz nach Ihren Wünschen einrichten.

Die wichtigsten Befehle zur Einrichtung der Seite finden Sie in den Gruppen **Seite einrichten** und **Seitenhintergrund** auf der Registerkarte **Seitenlayout**. Über die entsprechenden Befehle können Sie hier u. a. die Seitenränder einstellen, die Ausrichtung des Blattes bestimmen und eine Seite in mehrere Spalten aufteilen.

Etwas unerwartet wurde auch die Silbentrennung dem Seitenlayout zugeordnet, obwohl sie nach unserem Verständnis nicht unbedingt eine Layoutoption ist (vielleicht war diese Zuordnung eine Notlösung, weil man keinen geeigneteren Ort für diese Option gefunden hat).

Allerdings lassen sich mithilfe der Silbentrennung auch unschöne Lücken im Text schließen (z. B. bei einem Spaltenlayout oder Blocksatz), sodass es im weitesten Sinne auch um optische Belange geht.

16.1 Seitenränder im Dokument

Mithilfe der Seitenränder wird der Bereich der Seite festgelegt, der für Text bzw. andere Objekte zur Verfügung steht. Theoretisch könnte Word die gesamte Seite bedrucken, was zum einen im Normalfall allerdings nicht so schön aussieht, zum anderen aber sowieso an den meisten Druckern scheitert, die mindestens einen schmalen Streifen an den Rändern der Seite nicht bedrucken können.

Die Seitenränder verändern

Ein neues Dokument hat, wie gesagt, standardmäßig festgelegte Seitenränder mit folgenden Maßen:

- oben: 2,5 cm
- links: 2,5 cm
- unten: 2,0 cm
- rechts: 2,5 cm

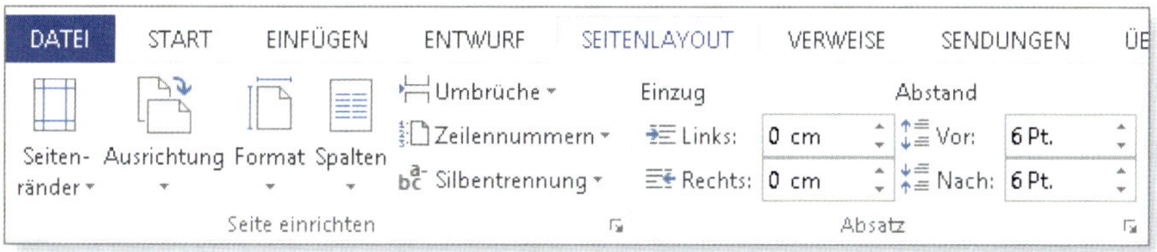

Abbildung 16.1
Die Registerkarte »Seitenlayout« (Ausschnitt)

In den meisten Fällen können Sie diese Seitenränder einfach übernehmen, aber wenn Sie sie einmal verändern wollen (weil Sie beispielsweise rechts einen breiten Korrekturrand brauchen), ist auch das gar kein Problem.

1 Aktivieren Sie die Registerkarte **Seitenlayout**. Es spielt keine Rolle, wo sich der Cursor befindet, die Einstellungen wirken sich ohnehin auf das gesamte Dokument aus (es sei denn, Sie arbeiten mit Abschnittswechseln, eine Möglichkeit, die wir in Abschnitt 16.3, »Verschiedene Seitenformatierungen innerhalb eines Dokuments«, noch genauer besprechen).

2 Klicken Sie in der Gruppe **Seite einrichten** auf die Schaltfläche **Seitenränder**.

3 Im zugehörigen Menü lässt sich erkennen, dass das Dokument die Einstellung **Normal** hat. Sie können nun direkt hier im Menü vordefinierte Seitenränder wählen, wenn etwas Passendes dabei ist. Klicken Sie einfach auf die Vorlage mit den gewünschten Maßen.

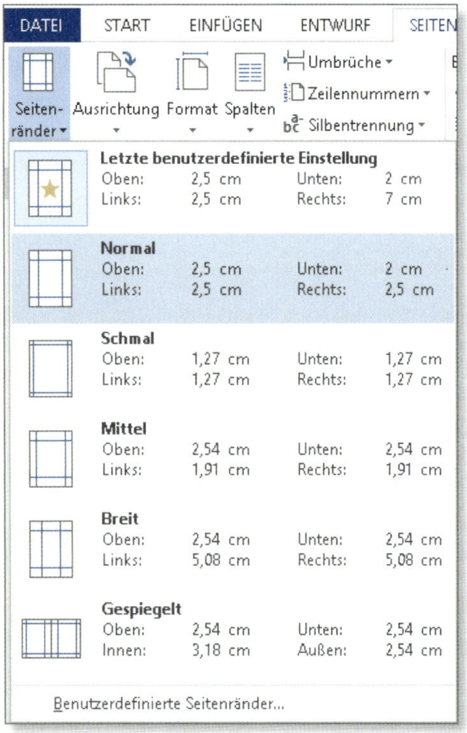

Abbildung 16.2
Das Menü der Schaltfläche »Seitenränder«

4 Wenn Sie die Option **Gespiegelt** wählen, erhalten Sie ein Layout mit gespiegelten Seiten, das häufig für Bücher oder Druckschriften verwendet wird. Man spricht bei diesem Layout von **Innen** und **Außen** statt von **Links** und **Rechts**. Die Ränder innen und die Ränder außen sind also jeweils gleich breit.

5 Um individuelle Ränder einzustellen, klicken Sie auf die Option **Benutzerdefinierte Seitenränder**. Damit öffnen Sie den Dialog **Seite einrichten**.

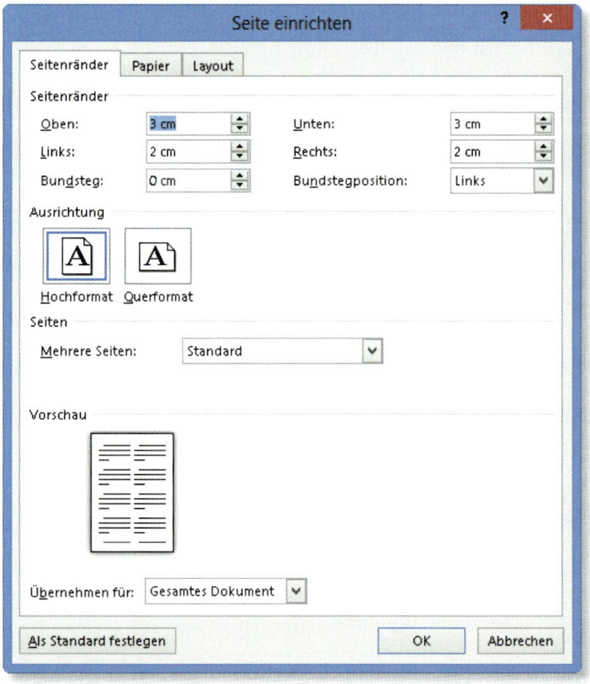

Abbildung 16.3
Der Dialog »Seite einrichten«

6 Geben Sie ganz oben im Bereich **Seitenränder** einfach die gewünschten Maße in die passenden Felder ein (oder benutzen Sie die Pfeile rechts neben den Feldern, um den Wert zu verändern).

7 Bestätigen Sie Ihre Einstellungen mit **OK**.

Sie können die veränderten Einstellungen nun im Dokument erkennen. Sehr schön sichtbar wird das vor allem im Lineal: Der graue Bereich steht für die Seitenränder, sodass Sie schon auf den ersten Blick und ohne die genauen Werte sehen, wie breit der Rand ist.

Abbildung 16.4
Die Markierung für die Seitenränder

Den Seitenrand im Lineal anpassen

Wenn Sie mit der Maus genau auf die Linie zwischen dem dunkel- und dem hellgrauen Bereich im Lineal zeigen, verwandelt sich der Mauszeiger in einen Doppelpfeil 1.

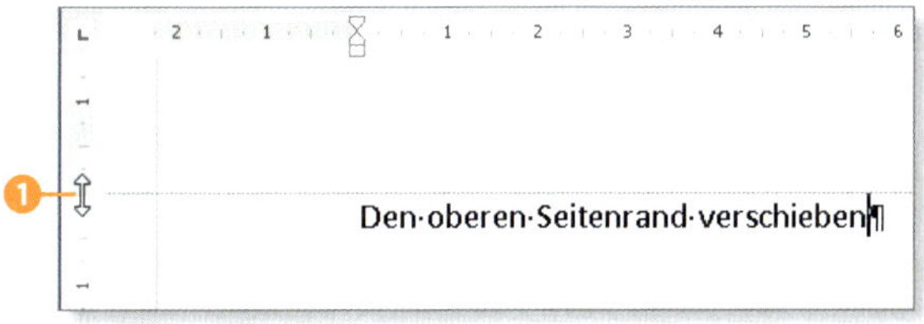

Abbildung 16.5
Den oberen Seitenrand im Lineal verändern

Mit gedrückter Maustaste können Sie dann die Seitenränder verändern – allerdings nicht so exakt wie durch die Eingabe der Maße im Dialog. Es ist auch nicht ganz leicht, die richtige Stelle genau zu treffen, weil einem dabei oft die Symbole für die Einzüge in die Quere kommen. Auch die rechten, oberen und unteren Seitenränder können Sie durch Ziehen mit gedrückter Maustaste verändern.

Vorsicht vor sehr schmalen Seitenrändern

Wie eingangs erwähnt, könnte Word auch die komplette Seite bedrucken, nur die Drucker spielen bei solchen Einstellungen meist nicht mit. Word kann die Grenzwerte des verwendeten Druckers vom Druckertreiber erfahren und reagiert mit einem entsprechenden Hinweis, sollten Sie einmal den entsprechenden Grenzwert unterschritten haben.

Wenn Sie in den Feldern **Oben** und **Links** beispielsweise jeweils »0,1« eingeben, wird ein Fenster angezeigt, in dem Ihnen mitgeteilt wird, dass die Maße außerhalb des bedruckbaren Seitenbereiches liegen.

Sie können in diesem Fenster entweder auf **Korrigieren** oder auf **Ignorieren** klicken. Wenn Sie auf die Schaltfläche **Korrigieren** klicken, werden die Maße automatisch auf die Werte gesetzt, die der Drucker mindestens für den Seitenrand benötigt – in unserem Fall auf **0,3 cm**.

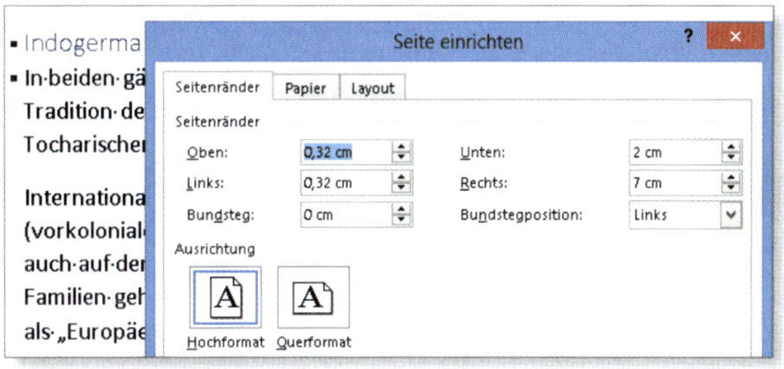

Abbildung 16.7
Die Seitenränder wurden automatisch korrigiert.

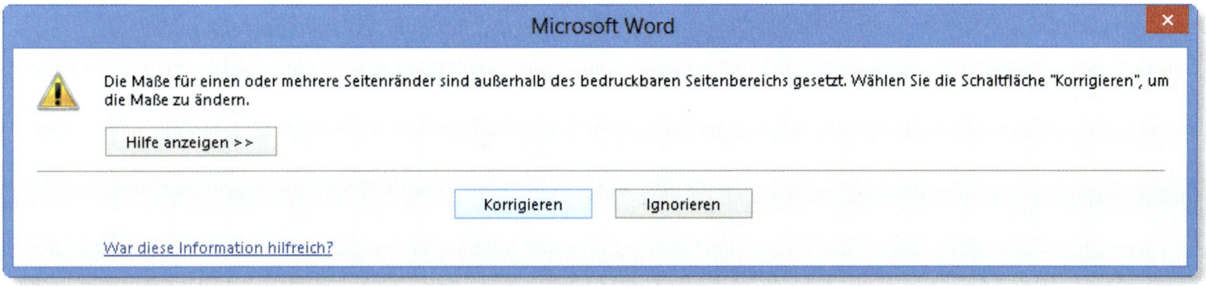

Abbildung 16.6
Die Seitenränder liegen außerhalb des bedruckbaren Bereiches.

Wenn Sie sich für die Option **Ignorieren** entscheiden, wird der Minirand von 0,1 cm im Word-Dokument zwar angezeigt, doch im Ausdruck wird der Text eventuell abgeschnitten, da der Drucker diesen Bereich nicht bedrucken kann.

Der Bundsteg

Unterhalb der Felder für die Ränder entdecken Sie im Dialogfenster **Seite einrichten** die Felder **Bundsteg** und **Bundstegposition**. Weil vielen gar nicht klar ist, was damit gemeint ist, hier erst einmal eine kurze Erklärung: Ein Bundsteg ist ein zusätzlicher Weißraum auf der Seite (also ein Bereich, der nicht bedruckt wird), und er ist vor allen Dingen für Seiten gedacht, die doppelseitig gedruckt und abgeheftet werden sollen. Dieser Bereich wird dann zum Seitenrand hinzugerechnet, und der Trick besteht darin, dass der Bundsteg automatisch angepasst wird, wenn Sie beidseitig drucken. Er »wandert« also Seite um Seite ohne Ihr Zutun vom linken an den rechten Rand. Geben Sie in das Feld **Bundsteg** beispielsweise »1 cm« ein und wählen Sie im Feld **Seiten** die Option **Gegenüberliegende Seiten**.

Abbildung 16.8
Einen Bundsteg einstellen

Abbildung 16.9 zeigt den Effekt eines Bundstegs anhand von zwei Seiten. Wenn Sie genau hinschauen, können Sie erkennen, dass auf der ersten Seite der breite Rand links ist und auf der zweiten Seite rechts. Auf diese Weise können Sie Blätter beidseitig bedrucken und abheften, ohne dass Sie irgendwo in den Text lochen müssen.

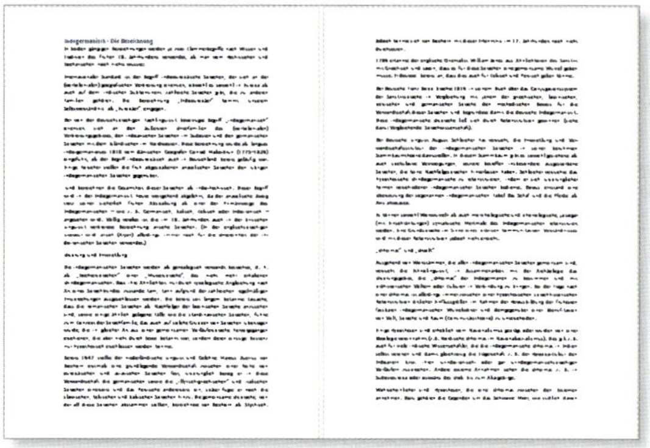

Abbildung 16.9
Zwei Seiten mit Bundsteg

16.2 Das Seitenlayout

Abgesehen von den Seitenrändern bestimmen die Ausrichtung, das Papierformat, die Spalteneinteilung, die Seitenfarbe und einige andere Einstellungen das Layout. Wir stellen Ihnen all diese Möglichkeiten im Folgenden vor.

Ausrichtung

Standardmäßig werden neue Dokumente im Hochformat angezeigt. Der Begriff *Hochformat* beschreibt Seiten, die weniger breit sind, als sie lang sind: Sie stehen sozusagen hochkant. Die Alternative ist das *Querformat*, das dadurch charakterisiert ist, dass die Seite breiter ist als hoch.

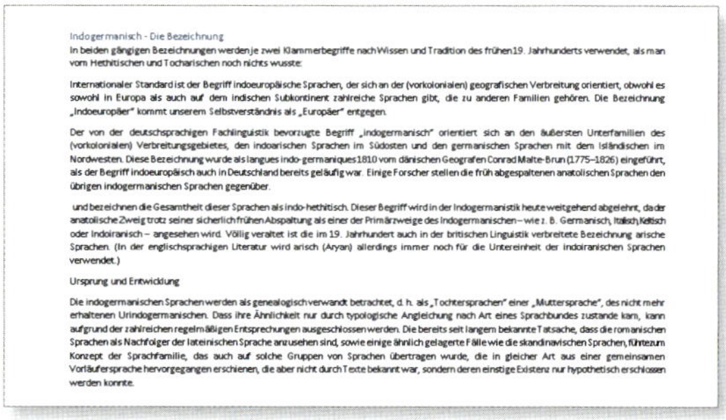

Indogermanisch - Die Bezeichnung

In beiden gängigen Bezeichnungen werden je zwei Klammerbegriffe nach Wissen und Tradition des frühen 19. Jahrhunderts verwendet, als man vom Hethitischen und Tocharischen noch nichts wusste:

Internationaler Standard ist der Begriff indoeuropäische Sprachen, der sich an der (vorkolonialen) geografischen Verbreitung orientiert, obwohl es sowohl in Europa als auch auf dem indischen Subkontinent zahlreiche Sprachen gibt, die zu anderen Familien gehören. Die Bezeichnung „Indoeuropäer" kommt unserem Selbstverständnis als „Europäer" entgegen.

Der von der deutschsprachigen Fachlinguistik bevorzugte Begriff „indogermanisch" orientiert sich an den äußersten Unterfamilien des (vorkolonialen) Verbreitungsgebietes, den indoarischen Sprachen im Südosten und den germanischen Sprachen mit dem Isländischen im Nordwesten. Diese Bezeichnung wurde als langues indo-germaniques 1810 vom dänischen Geografen Conrad Malte-Brun (1775–1826) eingeführt, als der Begriff indoeuropäisch auch in Deutschland bereits geläufig war. Einige Forscher stellen die früh abgespaltenen anatolischen Sprachen den übrigen indogermanischen Sprachen gegenüber.

und bezeichnen die Gesamtheit dieser Sprachen als indo-hethitisch. Dieser Begriff wird in der Indogermanistik heute weitgehend abgelehnt, da der anatolische Zweig trotz seiner sicherlich frühen Abspaltung als einer der Primärzweige des Indogermanischen – wie z. B. Germanisch, Italisch, Keltisch oder Indoiranisch – angesehen wird. Völlig veraltet ist die im 19. Jahrhundert auch in der britischen Linguistik verbreitete Bezeichnung arische Sprachen. (In der englischsprachigen Literatur wird arisch (Aryan) allerdings immer noch für die Untereinheit der indoiranischen Sprachen verwendet.)

Ursprung und Entwicklung

Die indogermanischen Sprachen werden als genealogisch verwandt betrachtet, d. h. als „Tochtersprachen" einer „Muttersprache", des nicht mehr erhaltenen Urindogermanischen. Dass ihre Ähnlichkeit nur durch typologische Angleichung nach Art eines Sprachbundes zustande kam, kann aufgrund der zahlreichen regelmäßigen Entsprechungen ausgeschlossen werden. Die bereits seit langem bekannte Tatsache, dass die romanischen Sprachen als Nachfolger der lateinischen Sprache anzusehen sind, sowie einige ähnlich gelagerte Fälle wie die skandinavischen Sprachen, führte zum Konzept der Sprachfamilie, das auch auf solche Gruppen von Sprachen übertragen wurde, die in gleicher Art aus einer gemeinsamen Vorläufersprache hervorgegangen erschienen, die aber nicht durch Texte bekannt war, sondern deren einstige Existenz nur hypothetisch erschlossen werden konnte.

Abbildung 16.10
Eine Seite im Querformat

Um ein Dokument ins Querformat zu setzen, klicken Sie auf der Registerkarte **Seitenlayout** auf die Schaltfläche **Ausrichtung**. Im Menü wählen Sie **Querformat**.

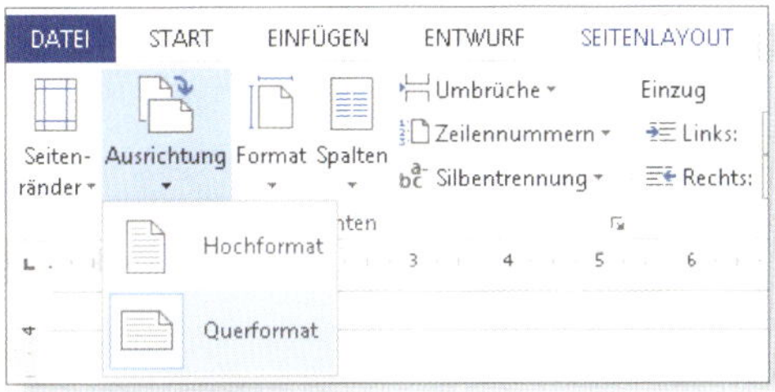

Abbildung 16.11
Das Querformat einstellen

Die Auswirkung ist zwar auch auf dem Bildschirm erkennbar, wird aber am deutlichsten in der Druckvorschau. Wie Sie vermutlich gesehen haben, gibt es auch im Dialogfenster **Seite einrichten** einen Bereich **Ausrichtung** und dort die Schaltflächen **Hochformat** und **Querformat**.

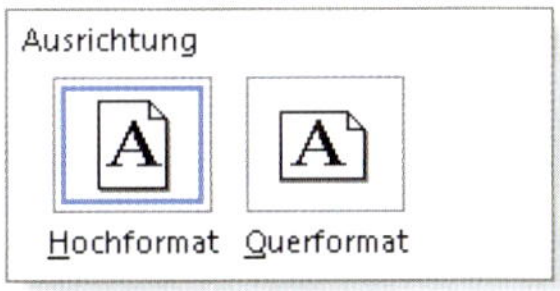

Abbildung 16.12
Ausrichtung im Dialog

Das Papierformat auswählen

In den meisten Situationen können Sie einfach mit dem Standardpapierformat DIN A4 arbeiten, sodass Sie sich um die Einstellung des Formats nicht kümmern müssen. Aber es gibt möglicherweise Dokumente, die Sie in einem anderen Format ausdrucken möchten, z. B. einen Text für eine Broschüre oder ein Faltblatt. Um ein anderes Papierformat einzustellen, gehen Sie wie im Folgenden beschrieben vor.

1. Aktivieren Sie die Registerkarte **Seitenlayout**.
2. Rufen Sie per Mausklick auf die Schaltfläche **Format** in der Gruppe **Seite einrichten** die Auswahlliste der Papierformate auf.
3. Klicken Sie im Menü auf das gewünschte Papiermaß.

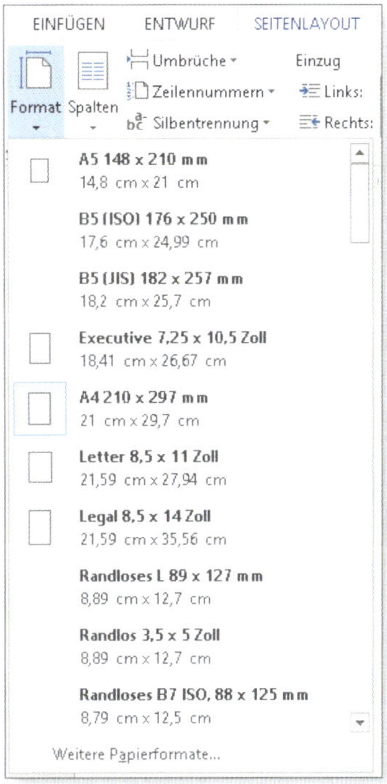

Abbildung 16.13
Die Papiermaße

Das Ergebnis zeigt sich unmittelbar auf dem Bildschirm; Abbildung 16.14 zeigt beispielhaft zwei Seiten im Format 8,89 × 12,7 cm (3.5 × 5 Zoll). Aber was heißt das nun für den Ausdruck? Wenn Sie auf normalem DIN-A4-Papier drucken, würde das Dokument logischerweise aussehen wie in der Abbildung (also einfach mittig platzierter Text mit sehr breiten weißen Rändern). Wenn Sie die Blätter nicht nachträglich mit der Schere bearbeiten wollen, müssen Sie entsprechend kleinformatigeres Papier in den Drucker legen.

Überprüfen Sie die Einstellung des Papierformats vor dem Ausdruck am besten unter **Datei** > **Drucken**. Im Bereich **Einstellungen** in diesem Menü gibt es auch ein Feld, in dem das aktuell eingestellte Papiermaß angezeigt wird. Hier können Sie es auch noch einmal verändern und die Auswirkung in der Druckvorschau überprüfen.

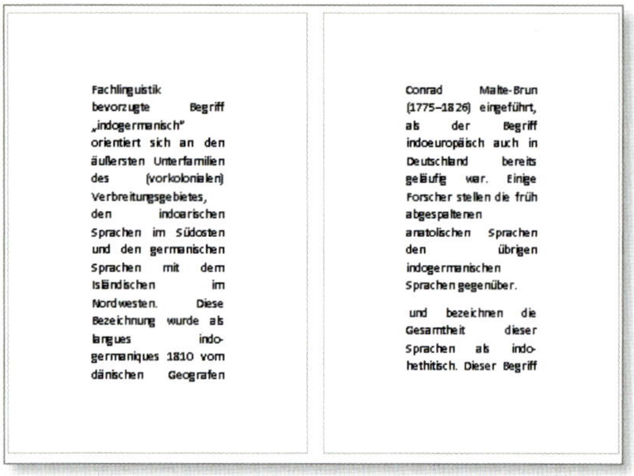

^ ***Abbildung 16.14***
Seiten im Format 8,89 × 12,7 cm

Eigene Papiermaße festlegen

Neben den vordefinierten Papiergrößen können Sie auch individuelle Maße eingeben, wenn Sie Ihren Text auf einem ganz speziellen Papier ausdrucken möchten. Klicken Sie im Menü der Schaltfläche **Größe** auf den Eintrag **Weitere Papierformate**. Damit rufen Sie den Dialog **Seite einrichten** mit der Registerkarte **Papier** auf.

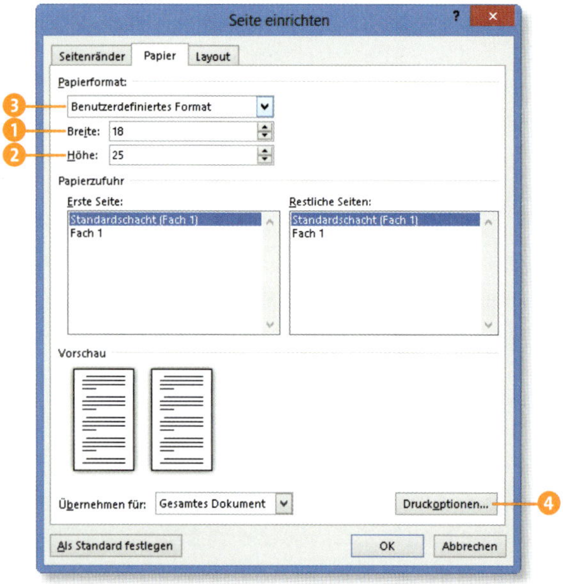

^ ***Abbildung 16.15***
Die Registerkarte »Papier« zum Eingeben eigener Papiermaße

Durch die manuelle Eingabe bestimmter Werte in die Felder **Breite** 1 und **Höhe** 2 wird im Feld darüber 3 automatisch auch **Benutzerdefiniertes Format** ausgewählt.

TIPP

Die Druckoptionen aufrufen

Ein Klick auf die Schaltfläche **Druckoptionen** 4 auf der Registerkarte **Papier** ruft die Word-Optionen mit der Kategorie **Anzeige** auf. Im unteren Bereich befinden sich die **Druckoptionen**. Sie können hier bestimmen, ob bestimmte Elemente der Dokumente gedruckt werden sollen, z. B. Hintergrundfarbe und -bilder, die Dokumenteigenschaften oder Zeichnungen.

Das Dokument mit einem Wasserzeichen versehen

Sie haben sicher schon einmal ein Dokument mit einem Wasserzeichen in Händen gehalten. Früher wurde das Papier mit einem Abdruck versehen, der erkennen ließ, aus welcher Papiermühle das Blatt stammte. Hält man das Papier gegen das Licht, erkennt man hinter dem Text einen Schriftzug, ein Bild o. Ä., das blass oder etwas verwaschen durch den Text hindurchscheint. Vielleicht erinnern Sie sich, dass man mit den Möglichkeiten der Bildbearbeitung auch in älteren Word-Versionen eine Art Wasserzeicheneffekt erzeugen konnte. Der Trick bestand darin, Bilder oder Grafiken »auszubleichen« und dann in den Hintergrund zu legen. In Word 2013 ist die Arbeit mit Wasserzeichen ein bisschen komfortabler geworden: Nun gibt es das Feature **Wasserzeichen**, mit dessen Hilfe man ein Dokument in wenigen Schritten mit einem Wasserzeichen versehen kann. Probieren Sie es einfach einmal aus!

1 Aktivieren Sie die Registerkarte **Entwurf** und rufen Sie per Klick auf die Schaltfläche **Wasserzeichen** in der Gruppe **Seitenhintergrund** das zugehörige Menü auf.

2 Das Angebot an Textwasserzeichen im Menü fällt eher bescheiden aus, Sie können es also nutzen, wenn Sie zufällig **EILT**, **VERTRAULICH** oder einen anderen im Geschäftsleben üblichen Schriftzug verblasst hinter Ihren Text setzen möchten. Klicken Sie in diesem Fall einfach eines der Symbole an, z. B. **VERTRAULICH**.

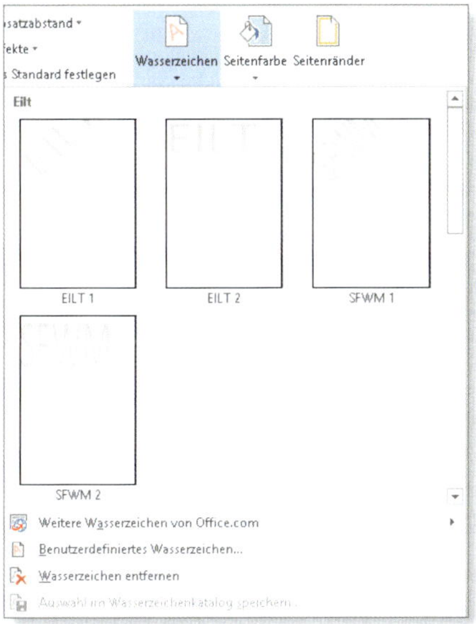

Abbildung 16.16
Das Menü »Wasserzeichen«

3 Daraufhin wird ein großes **VERTRAULICH** als schräger Schriftzug mittig hinter den Text gesetzt.

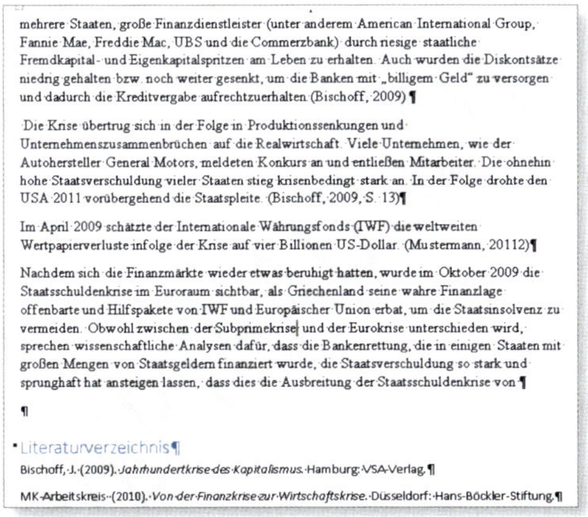
mehrere Staaten, große Finanzdienstleister (unter anderem American International Group, Fannie Mae, Freddie Mac, UBS und die Commerzbank) durch riesige staatliche Fremdkapital- und Eigenkapitalspritzen am Leben zu erhalten. Auch wurden die Diskontsätze niedrig gehalten bzw. noch weiter gesenkt, um die Banken mit „billigem Geld" zu versorgen und dadurch die Kreditvergabe aufrechtzuerhalten (Bischoff, 2009)¶

Die Krise übertrug sich in der Folge in Produktionssenkungen und Unternehmenszusammenbrüchen auf die Realwirtschaft. Viele Unternehmen, wie der Autohersteller General Motors, meldeten Konkurs an und entließen Mitarbeiter. Die ohnehin hohe Staatsverschuldung vieler Staaten stieg krisenbedingt stark an. In der Folge drohte den USA 2011 vorübergehend die Staatspleite. (Bischoff, 2009, S. 13)¶

Im April 2009 schätzte der Internationale Währungsfonds (IWF) die weltweiten Wertpapierverluste infolge der Krise auf vier Billionen US-Dollar. (Mustermann, 20112)¶

Nachdem sich die Finanzmärkte wieder etwas beruhigt hatten, wurde im Oktober 2009 die Staatsschuldenkrise im Euroraum sichtbar, als Griechenland seine wahre Finanzlage offenbarte und Hilfspakete von IWF und Europäischer Union erbat, um die Staatsinsolvenz zu vermeiden. Obwohl zwischen der Subprimekrise und der Eurokrise unterschieden wird, sprechen wissenschaftliche Analysen dafür, dass die Bankenrettung, die in einigen Staaten mit großen Mengen von Staatsgeldern finanziert wurde, die Staatsverschuldung so stark und sprunghaft hat ansteigen lassen, dass dies die Ausbreitung der Staatsschuldenkrise von ¶

¶

Literaturverzeichnis¶

Bischoff, J. (2009). *Jahrhundertkrise des Kapitalismus.* Hamburg: VSA-Verlag.¶

MK-Arbeitskreis (2010). *Von der Finanzkrise zur Wirtschaftskrise.* Düsseldorf: Hans-Böckler-Stiftung.¶

Abbildung 16.17
Ein Wasserzeichen hinter dem Text

4 Um Dokumente mit anderen bzw. selbst ausgedachten Textzeilen zu unterlegen, klicken Sie ganz unten im Menü der Schaltfläche **Wasserzeichen** auf die Option **Benutzerdefiniertes Wasserzeichen**.

Abbildung 16.18
Den Dialog »Benutzerdefiniertes Wasserzeichen« aufrufen

5 Sie öffnen damit den Dialog **Gedrucktes Wasserzeichen**. Hier klicken Sie auf die Option **Textwasserzeichen** 5.

Abbildung 16.19
Der Dialog »Gedrucktes Wasserzeichen« zum Einfügen von Text- oder Bildwasserzeichen

Im Feld **Text** 6 können Sie diverse Textwasserzeichen auswählen, die für den geschäftlichen Gebrauch eingesetzt werden können. Klicken Sie einfach auf den Auswahlpfeil, um das Angebot aufzuklappen. Hier können Sie übrigens auch einen eigenen Text eingeben, wenn Sie wollen.

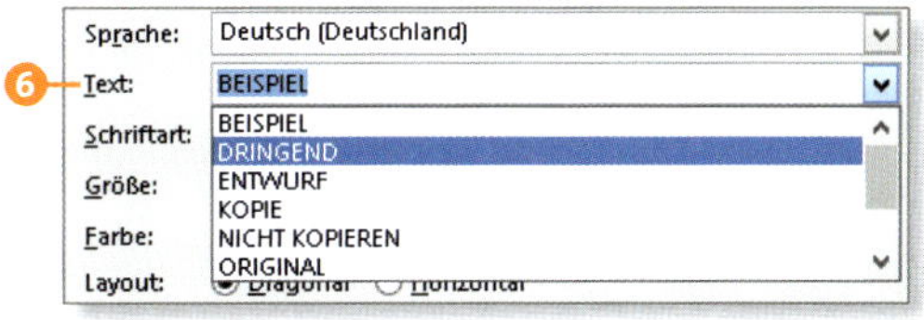

Abbildung 16.20
Vorlagen für Textwasserzeichen

Wie Sie in Abbildung 16.19 sehen, lassen sich noch einige weitere Einstellungen vornehmen. Sie können die **Schriftart** verändern, eine andere **Farbe** für Ihr Wasserzeichen wählen, und unter **Layout** können Sie einstellen, ob der Text quer oder schräg über die Seite verlaufen soll. Im Feld **Größe** können Sie die Schrift des Wasserzeichens vergrößern oder verkleinern, entweder durch Eingabe eines Schriftgrads oder mithilfe der Auswahlliste. Als kleine Orientierungshilfe sei hier erwähnt, dass die Einstellung **Auto** einem sehr großen Schriftgrad von mindestens 144 Pt. gleichkommt (für ein DIN-A4-Format).

INFO

WordArt

Bei Textwasserzeichen handelt es sich übrigens um *WordArt-Objekte*, die Sie mit den Mitteln und Möglichkeiten der Registerkarte **WordArt-Tools** verändern können (auch hierzu mehr in Abschnitt 26.4, »Dekorativer Text mit WordArt«).

Ein Bildwasserzeichen einfügen

Im Dialog **Gedrucktes Wasserzeichen** lässt sich auch ein Bild auswählen, das dann als Wasserzeichen hinter dem Text erscheint. Dies ist ein schicker Effekt, der Ihren Dokumenten einen besonderen Pfiff verleiht.

1 Um ein Bild als Wasserzeichen auszuwählen, aktivieren Sie oben im Dialog **Gedrucktes Wasserzeichen** die Option **Bildwasserzeichen**.

2 Sobald Sie diese Option per Mausklick ausgewählt haben, wird die Schaltfläche **Bild auswählen** darunter aktiviert. Klicken Sie auf diese Schaltfläche.

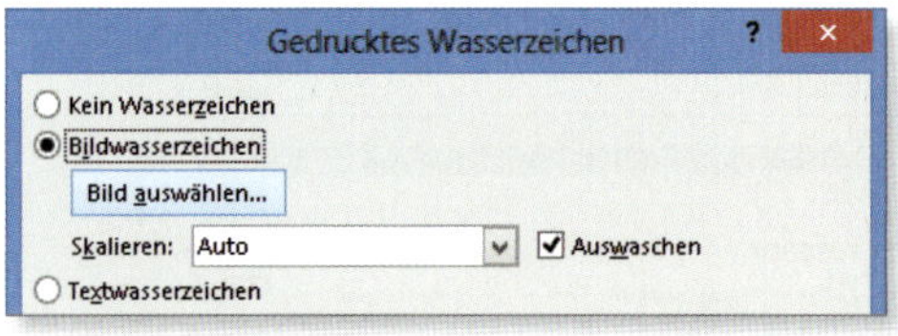

Abbildung 16.21
Benutzerdefiniertes Bildwasserzeichen zuweisen

3 Im Dialog können Sie eine Bilddatei auswählen, die lokal auf Ihrem Computer gespeichert ist, oder z. B. nach einer Grafik/ClipArt auf *Office.com* suchen. Um ein lokal gespeichertes Bild einzufügen, klicken Sie auf **Durchsuchen**.

4 Im Dialog **Grafik einfügen**, den Sie durch diesen Klick aufrufen, markieren Sie ein Bild und übernehmen es per Doppelklick oder über die Schaltfläche **Einfügen**. Danach steht im Dialogfenster **Gedrucktes Wasserzeichen** neben der Schaltfläche **Bild auswählen** der Pfad, der zu dem entsprechenden Bild führt.

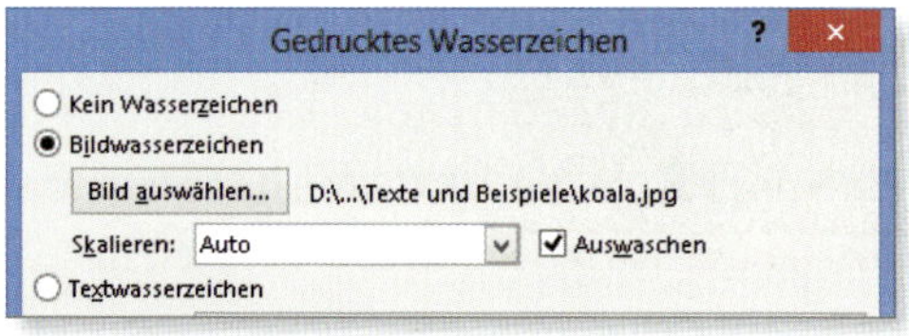

Abbildung 16.22
Ein Bild als Wasserzeichen auswählen

5 Belassen Sie es im Feld **Skalieren** bei der Einstellung **Auto**. Wenn Sie die Option **Auswaschen** aktiviert lassen, taucht das Bild sehr blass im Hintergrund auf; ohne diese Option ist es sehr viel deutlicher zu sehen.

Nach der Bestätigung sehen Sie das Resultat. Auf jeder Seite des Dokuments erscheint das Wasserzeichen, es füllt aber nicht die ganze Seite, sondern liegt lediglich unter einem Teil des Textes. Als ausgewaschenes Wasserzeichen scheint das Bild tatsächlich nur sehr dezent hindurch.

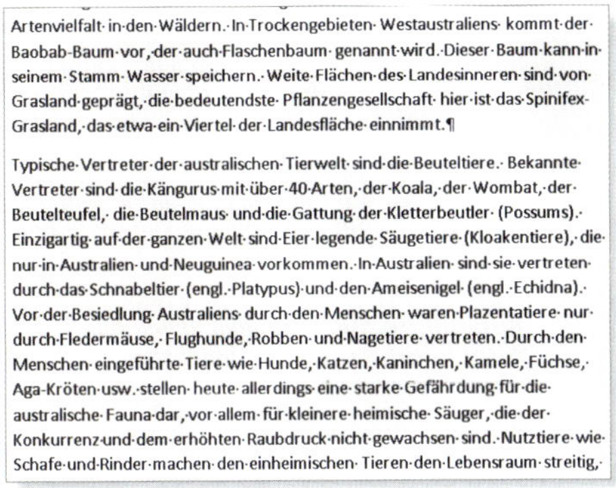
Artenvielfalt·in·den·Wäldern.·In·Trockengebieten·Westaustraliens·kommt·der·Baobab-Baum·vor,·der·auch·Flaschenbaum·genannt·wird.·Dieser·Baum·kann·in·seinem·Stamm·Wasser·speichern.·Weite·Flächen·des·Landesinneren·sind·von·Grasland·geprägt,·die·bedeutendste·Pflanzengesellschaft·hier·ist·das·Spinifex-Grasland,·das·etwa·ein·Viertel·der·Landesfläche·einnimmt.¶

Typische·Vertreter·der·australischen·Tierwelt·sind·die·Beuteltiere.·Bekannte·Vertreter·sind·die·Kängurus·mit·über·40·Arten,·der·Koala,·der·Wombat,·der·Beutelteufel,·die·Beutelmaus·und·die·Gattung·der·Kletterbeutler·(Possums).·Einzigartig·auf·der·ganzen·Welt·sind·Eier·legende·Säugetiere·(Kloakentiere),·die·nur·in·Australien·und·Neuguinea·vorkommen.·In·Australien·sind·sie·vertreten·durch·das·Schnabeltier·(engl.·Platypus)·und·den·Ameisenigel·(engl.·Echidna).·Vor·der·Besiedlung·Australiens·durch·den·Menschen·waren·Plazentatiere·nur·durch·Fledermäuse,·Flughunde,·Robben·und·Nagetiere·vertreten.·Durch·den·Menschen·eingeführte·Tiere·wie·Hunde,·Katzen,·Kaninchen,·Kamele,·Füchse,·Aga-Kröten·usw.·stellen·heute·allerdings·eine·starke·Gefährdung·für·die·australische·Fauna·dar,·vor·allem·für·kleinere·heimische·Säuger,·die·der·Konkurrenz·und·dem·erhöhten·Raubdruck·nicht·gewachsen·sind.·Nutztiere·wie·Schafe·und·Rinder·machen·den·einheimischen·Tieren·den·Lebensraum·streitig,·

Abbildung 16.23
Das »ausgewaschene« Bild hinter dem Text

In Abbildung 16.24 sehen Sie das Bildwasserzeichen in nicht »ausgewaschener« Version. Der Koalabär schaut Sie hier mit seinen schwarzen Knopfaugen direkt und deutlich zu erkennen an.

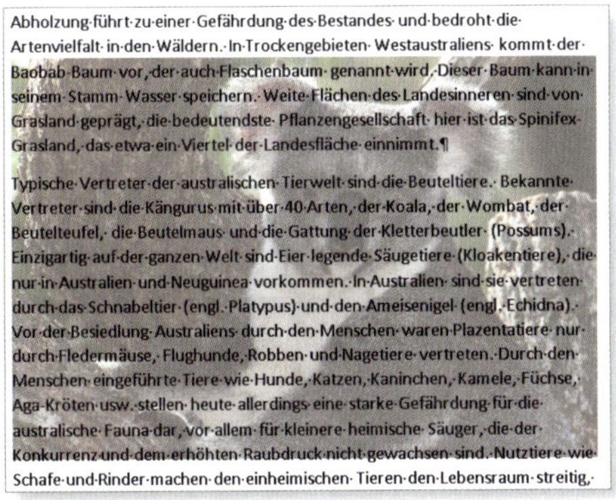
Abholzung·führt·zu·einer·Gefährdung·des·Bestandes·und·bedroht·die·Artenvielfalt·in·den·Wäldern.·In·Trockengebieten·Westaustraliens·kommt·der·Baobab-Baum·vor,·der·auch·Flaschenbaum·genannt·wird.·Dieser·Baum·kann·in·seinem·Stamm·Wasser·speichern.·Weite·Flächen·des·Landesinneren·sind·von·Grasland·geprägt,·die·bedeutendste·Pflanzengesellschaft·hier·ist·das·Spinifex-Grasland,·das·etwa·ein·Viertel·der·Landesfläche·einnimmt.¶

Typische·Vertreter·der·australischen·Tierwelt·sind·die·Beuteltiere.·Bekannte·Vertreter·sind·die·Kängurus·mit·über·40·Arten,·der·Koala,·der·Wombat,·der·Beutelteufel,·die·Beutelmaus·und·die·Gattung·der·Kletterbeutler·(Possums).·Einzigartig·auf·der·ganzen·Welt·sind·Eier·legende·Säugetiere·(Kloakentiere),·die·nur·in·Australien·und·Neuguinea·vorkommen.·In·Australien·sind·sie·vertreten·durch·das·Schnabeltier·(engl.·Platypus)·und·den·Ameisenigel·(engl.·Echidna).·Vor·der·Besiedlung·Australiens·durch·den·Menschen·waren·Plazentatiere·nur·durch·Fledermäuse,·Flughunde,·Robben·und·Nagetiere·vertreten.·Durch·den·Menschen·eingeführte·Tiere·wie·Hunde,·Katzen,·Kaninchen,·Kamele,·Füchse,·Aga-Kröten·usw.·stellen·heute·allerdings·eine·starke·Gefährdung·für·die·australische·Fauna·dar,·vor·allem·für·kleinere·heimische·Säuger,·die·der·Konkurrenz·und·dem·erhöhten·Raubdruck·nicht·gewachsen·sind.·Nutztiere·wie·Schafe·und·Rinder·machen·den·einheimischen·Tieren·den·Lebensraum·streitig,·

Abbildung 16.24
Das Bild ohne die Option »Auswaschen«

Seitenränder und Bildwasserzeichen

Das Verhältnis zwischen dem Bildwasserzeichen und den Seitenrändern ist nicht ganz eindeutig. Wenn Sie die Seitenränder verbreitern, nachdem Sie das Bildwasserzeichen (mit der Einstellung **Auto** im Feld **Skalieren**) eingefügt haben, verschiebt sich das Bild entsprechend nach links oder rechts, aber die Bildgröße wächst nicht mit. Wenn Sie beispielsweise den rechten Rand deutlich schmaler machen, ragt der Text plötzlich über das Bild hinaus.

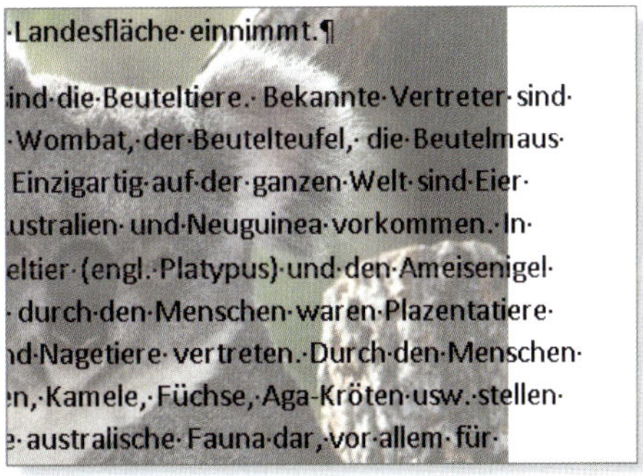
·Landesfläche·einnimmt.¶
ind·die·Beuteltiere.·Bekannte·Vertreter·sind·
·Wombat,·der·Beutelteufel,·die·Beutelmaus·
Einzigartig·auf·der·ganzen·Welt·sind·Eier·
ustralien·und·Neuguinea·vorkommen.·In·
eltier·(engl.·Platypus)·und·den·Ameisenigel·
·durch·den·Menschen·waren·Plazentatiere·
nd·Nagetiere·vertreten.·Durch·den·Menschen·
n,·Kamele,·Füchse,·Aga-Kröten·usw.·stellen·
·australische·Fauna·dar,·vor·allem·für·

Abbildung 16.25
Das Bildwasserzeichen mit einem schmalen Rand

Sie können diese Proportionen am besten beeinflussen, wenn Sie die Seitenränder vorab einstellen und erst danach das Bildwasserzeichen einfügen. Es liegt dann auch bei einem sehr schmalen Rand komplett unter dem Text.

Wie Sie gesehen haben, lässt sich im Feld **Skalierung** auch ein Prozentsatz einstellen. Damit können Sie das

HINWEIS

Digitale Wasserzeichen

Bei den Wasserzeichen, die Word anbietet und deren Verwendung wir im Folgenden beschreiben, handelt es sich nicht um digitale Wasserzeichen im engeren Sinne. Echte digitale Wasserzeichen sind in den Trägermedien wie Bildern, Videos oder auch Texten nicht wahrnehmbar und werden aus Gründen des Urheberrechts (bzw. der Verfolgung seiner Verletzung) und der Datenauthentizität eingesetzt. Solche Wasserzeichen lassen sich nur mit bestimmten computergestützten Methoden auslesen. Ein Kennzeichen eines echten sogenannten *robusten Wasserzeichens* ist, dass es so mit dem Trägermedium verflochten ist, dass seine Entfernung die Datei quasi unbrauchbar macht oder die Qualität zumindest erheblich reduziert.

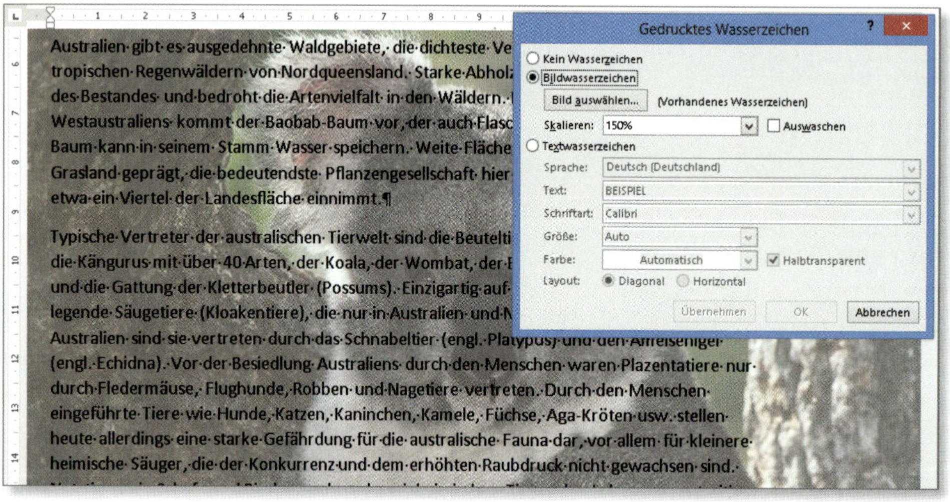

Abbildung 16.26
Ein Bildwasserzeichen mit einer Skalierung von 150 %

Blatt komplett mit dem ausgewählten Bild ausfüllen. Es hängt jedoch von den ursprünglichen Maßen des Bildes ab, ob es in voller Pracht auf der Seite (bzw. den Seiten) auftaucht oder ob mit der Skalierung ein Stück des Bildes abgeschnitten wird bzw. ein nicht ausgefüllter Rand übrig bleibt. Stellen Sie im Feld **Skalierung** beispielsweise »150%« ein.

Wasserzeichen weiter bearbeiten

Bildwasserzeichen sind Grafiken, die hinter dem Text liegen. So weit, so gut – aber warum kann man diese Grafiken dann nicht einfach mit den üblichen Mitteln der Bildbearbeitung formatieren, sie also z. B. verschieben, vergrößern oder verkleinern? Nun, das können Sie ja, Sie müssen nur wissen, dass Wasserzeichen eigentlich zur Kopfzeile gehören. Nur wenn der Kopfzeilenbereich aktiviert ist, haben Sie Zugriff auf diese Grafik, die sich dann in vieler Hinsicht bearbeiten lässt (und damit die etwas unbefriedigenden Experimente in Bezug auf Größe und Skalierung überflüssig macht).

1. Aktivieren Sie die Registerkarte **Einfügen** und klicken Sie hier auf **Kopfzeile** > **Kopfzeile bearbeiten**.
2. Da Sie sich nach dieser Aktion im Kopfzeilenbereich befinden, können Sie die Grafik jetzt durch Anklicken markieren.

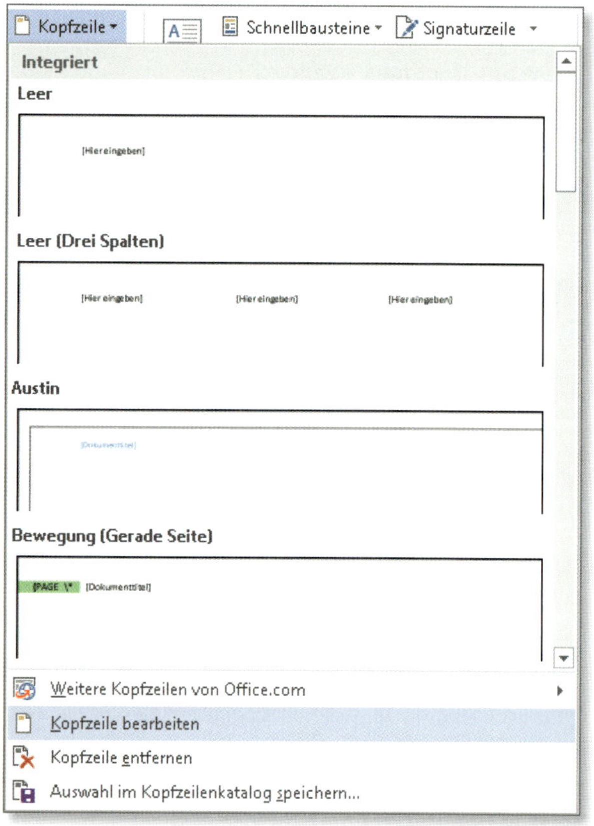

Abbildung 16.27
Den Kopfzeilenbereich aufrufen, um das Bildwasserzeichen bearbeiten zu können

3 Sobald Sie dies getan haben, werden die Ziehpunkte eingeblendet, mit deren Hilfe Sie die Größe der Grafik verändern können.

4 Wenn der Mauszeiger als Vierfachkreuz angezeigt wird, lässt sich die Grafik überdies frei positionieren.

Außerdem wird eine neue Registerkarte, **Bildtools/Format**, eingeblendet, über die Sie die Grafik ebenfalls bearbeiten können. Auf diese Möglichkeiten gehen wir an dieser Stelle allerdings nicht ausführlicher ein, da Kapitel 25, »Grafiken, Fotos und Videos«, eigens den Grafiken und der Bildbearbeitung gewidmet ist.

INFO

Das Layout der Bildwasserzeichen

Bildwasserzeichen haben standardmäßig das Layout **Hinter den Text** (einzustellen über **Bildtools/Format > Anordnen > Zeilenumbruch**), sodass sie problemlos durch Ziehen mit der Maus verschoben werden können. Bei der Einstellung **Mit Text in Zeile**, die normalerweise für Grafiken gilt, wäre dies nicht möglich.

Wenn Sie ein Wasserzeichen wieder aus Ihrem Dokument entfernen möchten, wählen Sie einfach den Eintrag **Wasserzeichen entfernen** im Menü der Schaltfläche **Wasserzeichen** auf der Registerkarte **Entwurf**.

Die Seite mit einer Hintergrundfarbe versehen

Wenn Sie sich keine Gedanken darüber machen, wie lange Ihre Farbpatrone hält, können Sie Ihrem Dokument auch eine Hintergrundfarbe gönnen. Dazu klicken Sie auf der Registerkarte **Entwurf** auf die Schaltfläche **Seitenfarbe** in der Gruppe **Seitenhintergrund**. Im Menü wählen Sie eine der Designfarben (die bei einer Änderung des Designs jeweils mit angepasst wird) oder eine Standardfarbe. Die Livevorschau ist auch wieder am Werk, sodass Sie die Auswirkung Ihrer Einstellung bereits auf der Seite sehen, wenn Sie mit dem Mauszeiger auf eines der Farbkästchen zeigen.

Abbildung 16.28
Eine Seitenfarbe auswählen

Eine größere Auswahl an Farben erhalten Sie, wenn Sie die Option **Weitere Farben** anklicken und im Dialog **Farben** eine Farbe wählen. Sobald Sie sich für eine Farbe entschieden haben, leuchtet die Seite auf Ihrem Bildschirm in der entsprechenden Farbe. (Den Umgang mit Fülleffekten, die ebenfalls in diesem Menü angeboten werden, erklären wir Ihnen in Kapitel 26, »Formen, Textfelder und WordArt«).

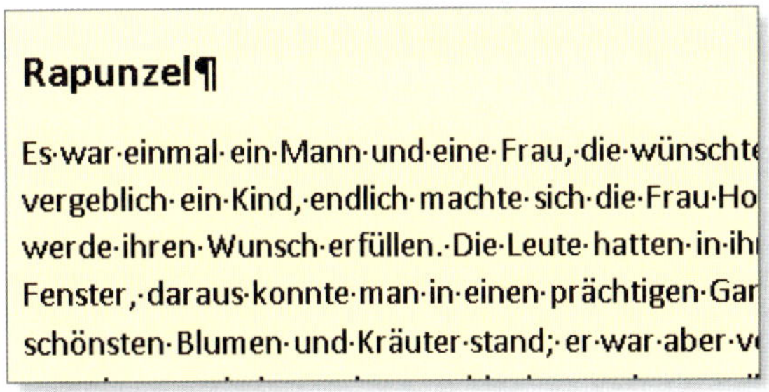
Rapunzel¶

Es·war·einmal·ein·Mann·und·eine·Frau,·die·wünscht
vergeblich·ein·Kind,·endlich·machte·sich·die·Frau·Ho
werde·ihren·Wunsch·erfüllen.·Die·Leute·hatten·in·ih
Fenster,·daraus·konnte·man·in·einen·prächtigen·Gar
schönsten·Blumen·und·Kräuter·stand;·er·war·aber·v

Abbildung 16.29
Ein farbiger Seitenhintergrund

Die Enttäuschung folgt hier aber leider auf dem Fuße: Wenn Sie das Dokument in der Druckvorschau betrachten, ist von dem farbigen Hintergrund nichts mehr zu sehen. Aber auch für dieses Problem gibt es eine Lösung. Sie müssen lediglich eine Einstellung ändern.

1 Rufen Sie über **Datei** > **Optionen** das Dialogfenster **Word-Optionen** auf.

2 Aktivieren Sie die Kategorie **Anzeige**. Im Bereich **Druckoptionen** finden Sie die Einstellung **Hintergrundfarben und -bilder drucken**. Setzen Sie ein Häkchen in das Kontrollkästchen, um diese Option zu aktivieren.

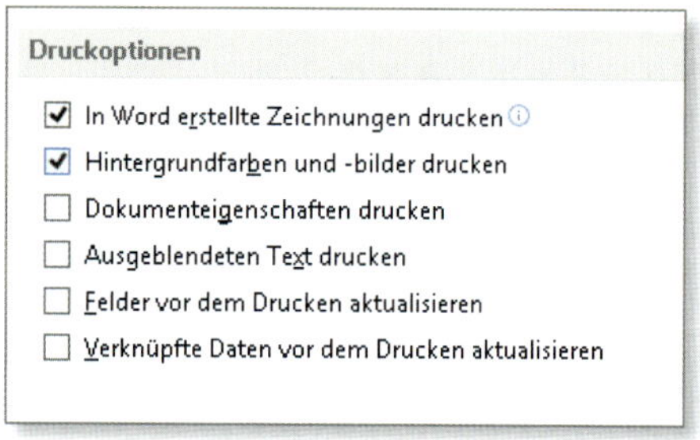

Abbildung 16.30
Mit der Option »Hintergrundfarben und -bilder drucken« werden Seitenfarben ausgedruckt.

Um die Seitenfarbe wieder loszuwerden, wählen Sie im Menü **Seitenfarbe** die Option **Keine Farbe**.

16.3 Verschiedene Seitenformatierungen innerhalb eines Dokuments

Wenn Sie bestimmte Maße für die Seitenränder festlegen oder das Querformat als Ausrichtung wählen, wirkt sich dies im Normalfall auf das gesamte Dokument aus. Oft stehen Sie aber vor dem Problem, dass nur manche Seiten einen sehr breiten Seitenrand haben oder nur bestimmte Seiten im Querformat erscheinen sollen (z. B. Seiten, die Tabellen mit vielen Spalten enthalten). Kurzum: Sie brauchen unterschiedliche Seitenformatierungen innerhalb eines Dokuments.

Unterschiedliche Seitenränder in einem Dokument einstellen

Die Lösung liegt in der Arbeit mit Abschnitten. Wir wollen dies nun einmal am Beispiel unterschiedlich breiter Seitenränder demonstrieren.

1 Setzen Sie den Cursor vor den Absatz, ab dem die Einstellung für andere Seitenränder wirksam werden soll, und klicken Sie auf der Registerkarte **Seitenlayout** in der Gruppe **Seite einrichten** auf **Seitenränder** > **Benutzerdefinierte Seitenränder** (oder auf den kleinen Pfeil unten rechts an der Gruppe).

2 Im Dialogfenster geben Sie die gewünschten Werte für die neuen Seitenränder ein.

3 Klicken Sie dann im unteren Bereich des Dialogfensters auf den Pfeil am Feld **Übernehmen für** und wählen Sie in dem kleinen Menü **Dokument ab hier**.

4 Bestätigen Sie Ihre Einstellung mit **OK**.

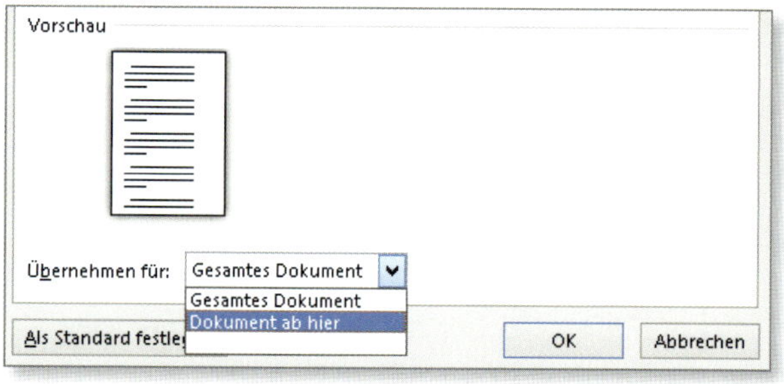

Abbildung 16.31
Die Option »Dokument ab hier«

Im Dokument können Sie erkennen, dass automatisch ein Abschnittswechsel eingefügt wurde. Der neue Abschnitt hat nun die neuen, beispielsweise breiteren, Seitenränder, doch die Abschnitte vorher zeigen noch die alte Einstellung. Wenn Sie erneut andere Seitenränder einstellen möchten, wiederholen Sie diesen Vorgang einfach.

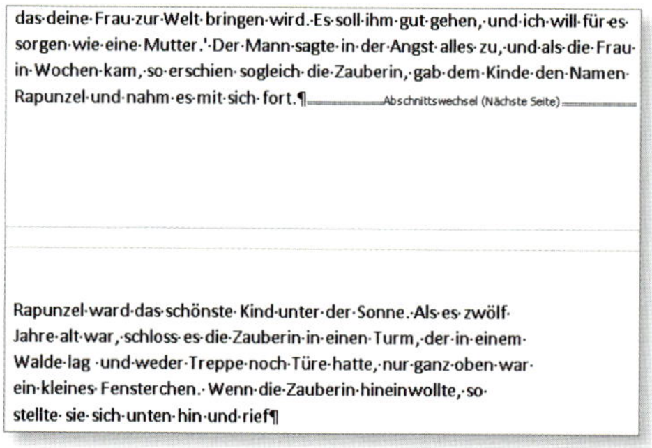

Abbildung 16.32
Geänderte Seitenränder für den neuen Abschnitt

Eine einzelne Seite im Querformat ausrichten

Wenn Sie eine bestimmte Seite Ihres Dokuments quer ausrichten wollen, weil sie vielleicht eine breite Tabelle enthält, gehen Sie ganz ähnlich vor.

1. Setzen Sie den Cursor an den Anfang der Seite, die das Querformat bekommen soll.
2. Öffnen Sie den Dialog **Seite einrichten**.
3. Hier klicken Sie auf **Querformat** und wählen wie gehabt die Option **Dokument ab hier**.
4. Bestätigen Sie die Einstellung mit **OK**.

Wenn es nur um eine einzelne Seite geht, müssen Sie nun für die folgenden Seiten wieder das Hochformat einstellen.

1. Dazu setzen Sie den Cursor einfach an den Anfang der Seite, ab der das Dokument wieder im Hochformat stehen soll.
2. Öffnen Sie den Dialog **Seite einrichten**.
3. Hier klicken Sie auf **Hochformat** und wählen wie gehabt die Option **Dokument ab hier**.
4. Mit **OK** bestätigen Sie Ihre Angaben.

Nun enthält das Dokument zwischen den Seiten im Hochformat genau eine Seite im Querformat, was durch je einen Abschnittswechsel davor und danach bestimmt wird (siehe Abbildung 16.33).

Einen Abschnittswechsel können Sie ganz leicht wieder löschen, indem Sie den Cursor auf die Zeile mit dem Hinweis **Abschnittswechsel** setzen und die `Entf`-Taste drücken. Beachten Sie dabei aber, dass das Auswirkungen auf die Formatierung des Dokuments hat! Mit dem Seitenformat, das von diesem Abschnittswechsel abhängig ist, passiert dann nämlich Folgendes: Der erste Abschnitt übernimmt die Einstellungen des folgenden Abschnitts. Wenn Sie z. B. den Abschnittswechsel löschen, der in Abbildung 16.32 zu sehen ist, wird auch dem oberen Teil des Textes der breitere Seitenrand zugewiesen.

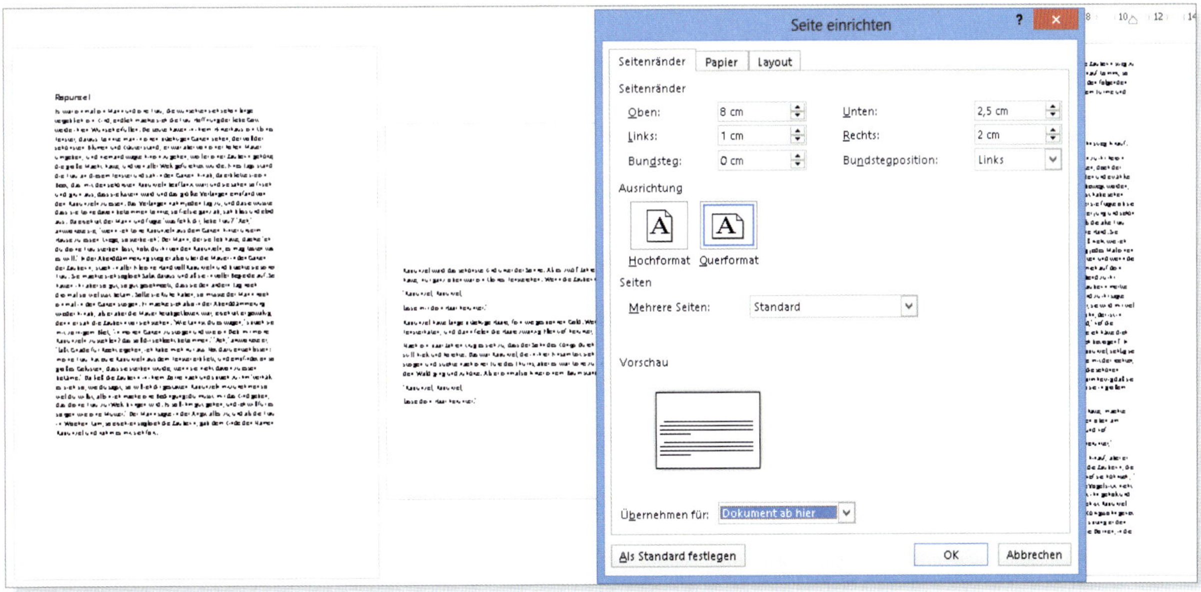

Abbildung 16.33
Einzelne Seiten ins Querformat setzen

16.4 Zeitungslayout: Text in mehreren Spalten

Wenn Sie eine leere Seite aufrufen, haben Sie normalerweise ein einspaltiges Dokument vor sich (nur eben mit einer sehr breiten Spalte). Es ist aber auch möglich, zwei oder mehr Spalten einzurichten, sodass Sie eine Art Zeitungslayout oder ein Layout ähnlich dem dieses Buches erhalten. Das ist im Prinzip schnell gemacht, aber dennoch gibt es bei der Arbeit mit Spalten einige Stolpersteine, die wir in diesem Abschnitt aus dem Weg zu räumen versuchen.

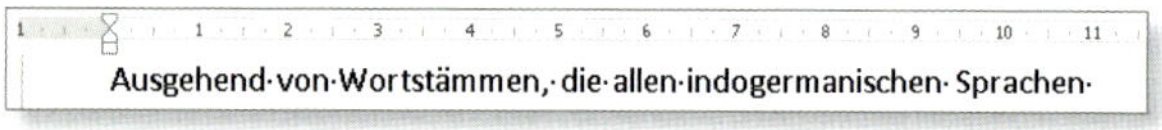

Abbildung 16.34
Ein Dokument mit einer Spalte

Die Seite in Spalten aufteilen

Das Menü zum Einrichten mehrerer Spalten finden Sie wie die anderen Layoutbefehle auf der Registerkarte **Seitenlayout**.

1 Klicken Sie auf die Schaltfläche **Spalten** in der Gruppe **Seite einrichten**.

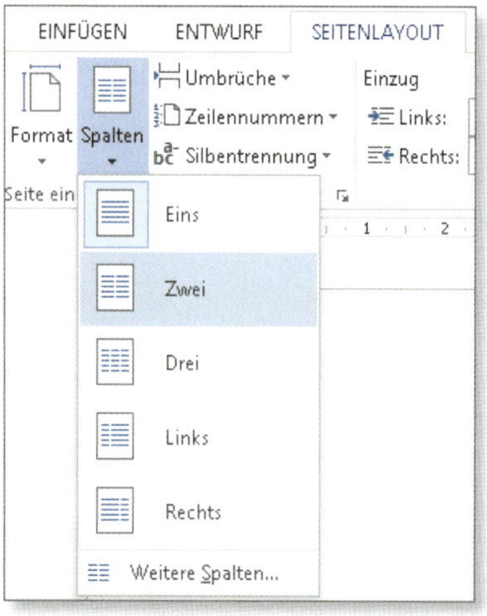

Abbildung 16.35
Ein Dokument in Spalten unterteilen

2 Im Menü entdecken Sie verschiedene Optionen, um die Seite bzw. das Dokument in mehrere Spalten aufzuteilen, sowie zwei Varianten für ein zweispaltiges Layout (**Links** und **Rechts**), bei denen eine der beiden Spalten jeweils schmaler ausfällt als die andere. Ein solches Layout könnte z. B. sinnvoll sein, wenn Sie Bilder einfügen möchten, für die Sie eine breitere Spalte benötigen. Wenn Sie keine weiteren Einstellungen vornehmen möchten, wählen Sie einfach eine der möglichen Optionen.

Falls Sie bereits Text geschrieben und die Spalten demzufolge nachträglich eingerichtet haben, sehen Sie die Auswirkung dieser Einstellung unmittelbar in Ihrem Dokument. Ihr Text wird jetzt in zwei oder drei Spalten dargestellt, je nachdem, was Sie ausgewählt haben.

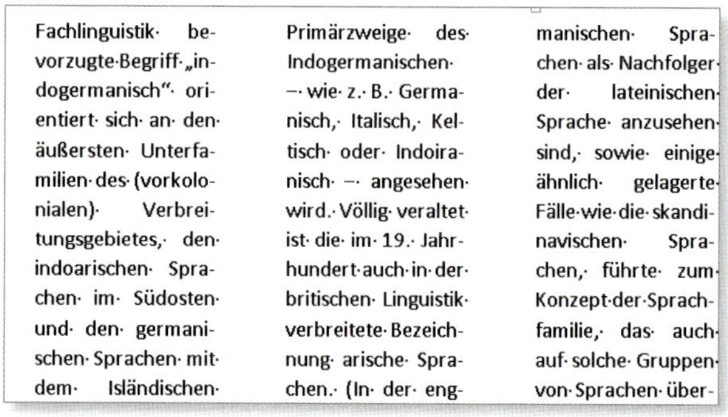
Fachlinguistik· bevorzugte·Begriff·„indogermanisch"· orientiert· sich· an· den· äußersten· Unterfamilien·des·(vorkolonialen)· Verbreitungsgebietes,· den· indoarischen· Sprachen· im· Südosten· und· den· germanischen·Sprachen·mit· dem· Isländischen·

Primärzweige· des· Indogermanischen· –·wie·z.·B.·Germanisch,· Italisch,· Keltisch· oder· Indoiranisch· –· angesehen· wird.·Völlig·veraltet· ist·die·im·19.·Jahrhundert·auch·in·der· britischen·Linguistik· verbreitete·Bezeichnung· arische· Sprachen.·(In·der·eng-

manischen· Sprachen·als·Nachfolger· der· lateinischen· Sprache· anzusehen· sind,· sowie· einige· ähnlich· gelagerte· Fälle·wie·die·skandinavischen· Sprachen,· führte· zum· Konzept·der·Sprachfamilie,· das· auch· auf·solche·Gruppen· von·Sprachen·über-

Abbildung 16.36
Text in drei Spalten

Anders ist es, wenn Sie gleich beim Erstellen eines neuen Dokuments Spalten einrichten, also bevor Sie beginnen, Ihren Text zu schreiben. Dass der Text in die folgende Spalte springt, erkennen Sie erst, wenn das Ende der ersten Spalte erreicht ist. Natürlich erfolgt der Zeilenumbruch entsprechend der Spaltenbreite, und auch im Lineal werden die Spaltenzwischenräume als graue Flächen angezeigt.

Abbildung 16.37
Spalten und Seitenrandmarkierungen im Lineal

Spalten im Dialog einrichten

Um die Seite in mehr als drei Spalten aufzuteilen oder um die Abstände zwischen den Spalten genauer bestimmen zu können, rufen Sie den Dialog **Spalten** über den Eintrag **Weitere Spalten** im Menü der Schaltfläche **Spalten** auf. In das Feld **Spaltenanzahl** 1 geben Sie ein, wie viele Spalten Ihr Dokument haben soll. Im Bereich **Breite und Abstand** 2 können Sie die Ausmaße der Spalten individuell bestimmen.

Die Einstellungen in den Feldern **Breite** und **Abstand** sind aneinandergekoppelt, was bei einem begrenzten Platz auf der Seite logisch ist: Wenn Sie die Breite einer Spalte vergrößern, verringert sich automatisch der Abstand zwischen den Spalten, und wenn Sie den Abstand verändern, passt sich die Spaltenbreite ebenfalls entsprechend an.

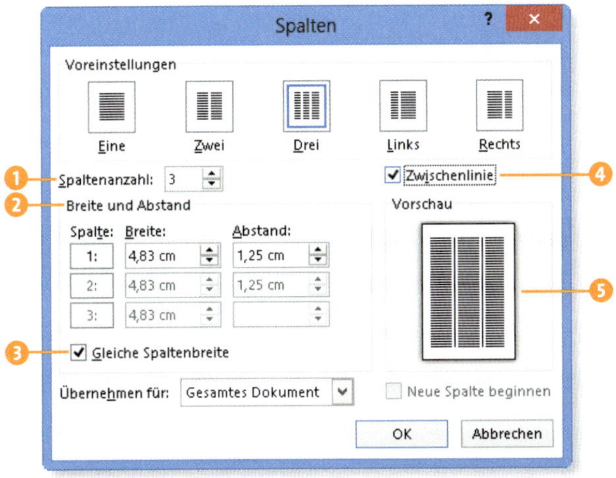

Abbildung 16.38
Der Dialog »Spalten«

TIPP

Unterschiedlich breite Spalten

Sie müssen das Kontrollkästchen **Gleiche Spaltenbreite** 3 deaktivieren, wenn Sie Ihre Spalten unterschiedlich breit gestalten wollen.

Neben den genannten Optionen können Sie im Dialogfenster **Spalten** außerdem das Kästchen **Zwischenlinie** 4 aktivieren, wodurch – wie in der Vorschau 5 zu sehen – zwischen den Spalten eine vertikale Linie als Trenner erscheint.

Die Spaltenanzahl innerhalb des Dokuments ändern

Ähnlich wie bei den Seitenrändern und der Ausrichtung können Sie innerhalb eines Dokuments auch die Spaltenanzahl variieren.

1. Wenn Sie beispielsweise in drei Spalten schreiben, ab einer bestimmten Position aber vier Spalten brauchen, geben Sie in das Feld **Spaltenanzahl** dementsprechend »4« ein.
2. Klappen Sie dann das Menü des Feldes **Übernehmen für** auf und markieren Sie darin die Option **Dokument ab hier**.
3. Bestätigen Sie Ihre Angaben mit einem Klick auf **OK**.

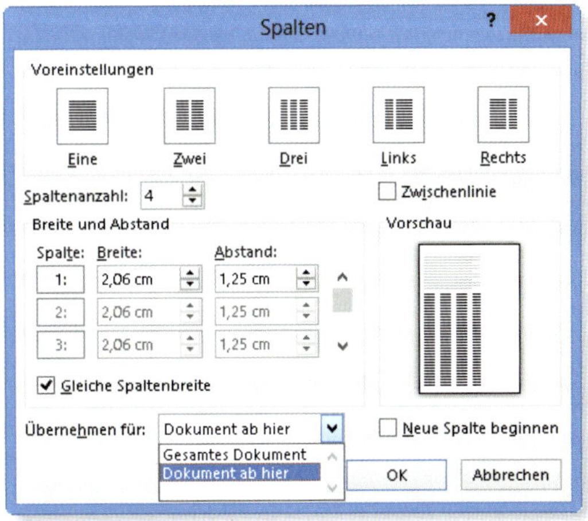

Abbildung 16.39
Eine (andere) Spaltenanzahl ab einer bestimmten Position einrichten

Im Gegensatz zu den bisher besprochenen Seitenformaten wirkt sich die neue Einstellung nicht erst auf eine neue, sondern direkt auf die aktuelle Seite aus: Es wird ein *fortlaufender Abschnittswechsel* ab der zuvor gewählten Position eingefügt, und der neue Abschnitt beinhaltet vier Spalten.

TIPP

Neue Spaltenanzahl auf einer neuen Seite

Wenn die geänderte Spaltenanzahl erst ab einer neuen Seite im Dokument gelten soll, müssen Sie die Option **Neue Spalte beginnen** im Dialogfenster **Spalten** aktivieren. Nach dem Abschnittswechsel wird dann nicht auf der gleichen Seite mit der neuen Spaltenanzahl begonnen, sondern erst auf einer neuen Seite.

Überschriften über mehrere Spalten setzen

Wie in Abbildung 16.40 zu sehen ist, funktioniert das Ganze natürlich auch, wenn das Dokument bisher einspaltig war und Sie erst ab einer bestimmten Stelle im Text die Einteilung in mehrere Spalten wünschen.

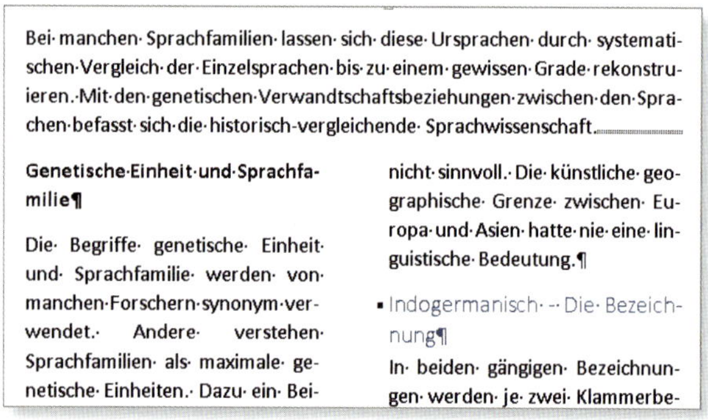

Abbildung 16.40
Unterschiedlich viele Spalten in einem Dokument

Wie Sie sich sicher schon denken, bietet sich diese Einstellungsmöglichkeit besonders für Überschriften an, die über dem gesamten Text stehen sollen und nicht nur über einer Spalte.

1. Setzen Sie also den Cursor unter die Überschrift.
2. Öffnen Sie den Dialog **Spalten** und wählen Sie hier im gleichnamigen Feld die gewünschte Spaltenanzahl für den Rest Ihres Textes.
3. Vergessen Sie nicht, die Option **Dokument ab hier** einzustellen, und klicken Sie zum Abschluss auf **OK**.

Voilà – die Überschrift bleibt, wie sie ist, doch der darauf folgende Text ist in mehrere Spalten aufgeteilt.

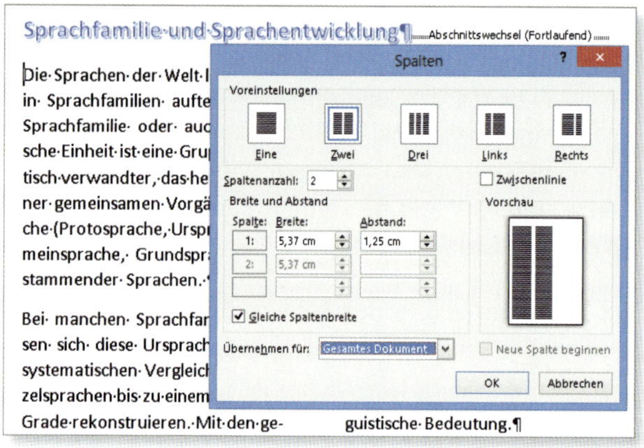

Abbildung 16.41
Eine einspaltige Überschrift über einem Text mit mehreren Spalten

Arbeiten im Spaltenlayout

Wenn Sie einen Text in mehreren Spalten gestaltet haben, sind Sie mit dem optischen Eindruck vielleicht nicht besonders glücklich. Oft befinden sich nur ein oder zwei Wörter in einer Zeile, und es entstehen große Lücken bis zum Spaltenrand, weil das nächste Wort nicht mehr in die Zeile passt.

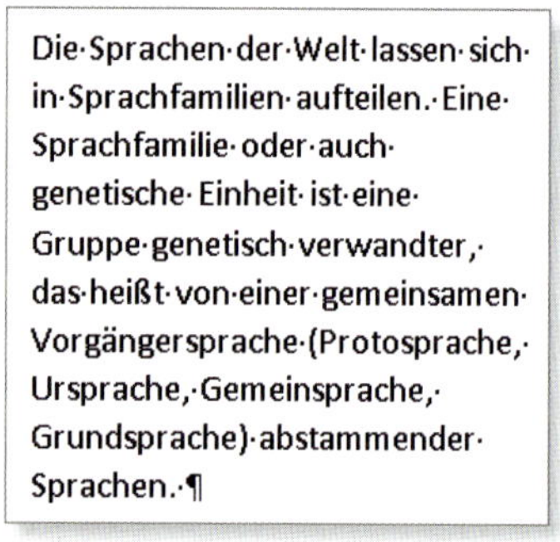

Abbildung 16.42
In dieser Spalte wurde keine Silbentrennung verwendet.

Solche Schönheitsfehler können Sie – zumindest teilweise – beheben, wenn Sie die Silbentrennung einschalten.

1 Klicken Sie auf der Registerkarte **Seitenlayout** auf die Schaltfläche **Silbentrennung** in der Gruppe **Seite einrichten**.

2 Aus dem Menü wählen Sie den Eintrag **Automatisch**.

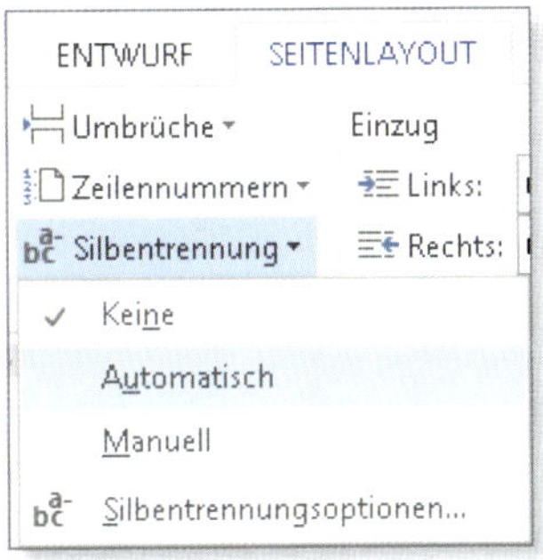

Abbildung 16.43
Die automatische Silbentrennung aktivieren

Der Text wirkt nun etwas gefälliger, weil die großen Leerräume aufgrund der Silbentrennung verschwunden sind. Wie in der Einleitung zu diesem Kapitel bereits vermutet, könnte diese Wirkung der Grund dafür sein, dass die Silbentrennung auf der Registerkarte **Seitenlayout** untergebracht ist.

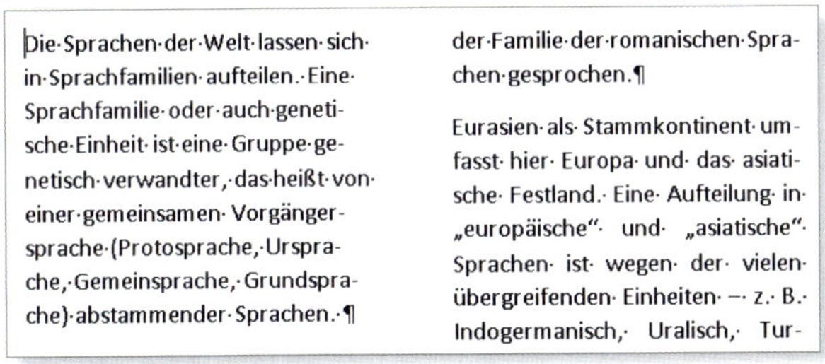
Die·Sprachen·der·Welt·lassen·sich·in·Sprachfamilien·aufteilen.·Eine·Sprachfamilie·oder·auch·geneti-sche·Einheit·ist·eine·Gruppe·ge-netisch·verwandter,·das·heißt·von·einer·gemeinsamen·Vorgänger-sprache·(Protosprache,·Urspra-che,·Gemeinsprache,·Grundspra-che)·abstammender·Sprachen.·¶

der·Familie·der·romanischen·Spra-chen·gesprochen.¶

Eurasien·als·Stammkontinent·um-fasst·hier·Europa·und·das·asiati-sche·Festland.·Eine·Aufteilung·in·„europäische"·und·„asiatische"·Sprachen·ist·wegen·der·vielen·übergreifenden·Einheiten·–·z.·B.·Indogermanisch,·Uralisch,·Tur-

Abbildung 16.44
Text mit Silbentrennung

Einen Spaltenumbruch einfügen

Wenn Sie erreichen möchten, dass der Text einer Spalte ab einer bestimmten Stelle in die nächste Spalte rutscht, müssen Sie einen Spaltenumbruch einfügen.

1 Setzen Sie als Erstes den Cursor an die Stelle, an der der Umbruch erfolgen soll.

2 Klicken Sie auf der Registerkarte **Seitenlayout** in der Gruppe **Seite einrichten** auf die Schaltfläche **Umbrüche**.

3 Im Menü wählen Sie die Option **Spalte**.

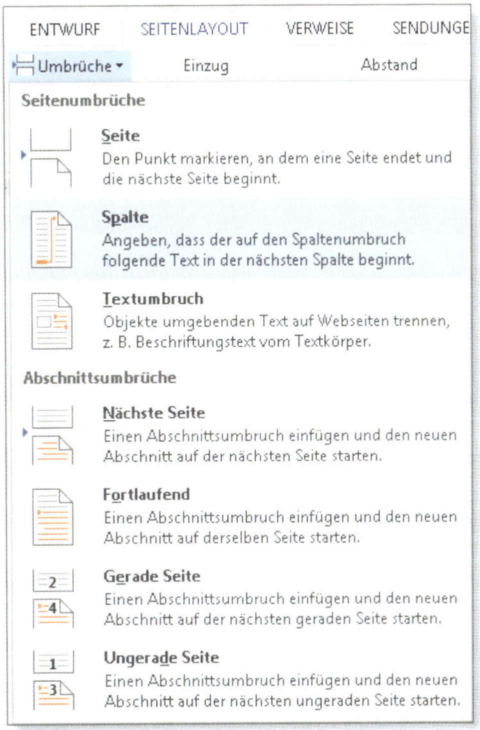

Abbildung 16.45
Einen Spaltenumbruch einfügen

TIPP

Manuelle Silbentrennung

Die automatische Silbentrennung trennt zwar meistens richtig, aber nicht unbedingt »schön«. Wenn Sie selbst bestimmen möchten, zwischen welchen Silben ein Wort getrennt werden soll, wählen Sie im Menü der Schaltfläche **Silbentrennung** die Option **Manuell**. Nacheinander werden dann Vorschläge angezeigt, wo jeweils getrennt werden könnte. Diese Vorschläge können Sie mit **Ja** oder **Nein** entsprechend annehmen oder aber verwerfen.

Ihr Text wird nun beginnend mit der Stelle, an der der Cursor stand, in der nächsten Spalte fortgesetzt. Der Spaltenumbruch wird durch eine gepunktete Linie und den Hinweis **Spaltenumbruch** angezeigt (vorausgesetzt Sie lassen sich die Absatzmarken in Ihrem Dokument anzeigen).

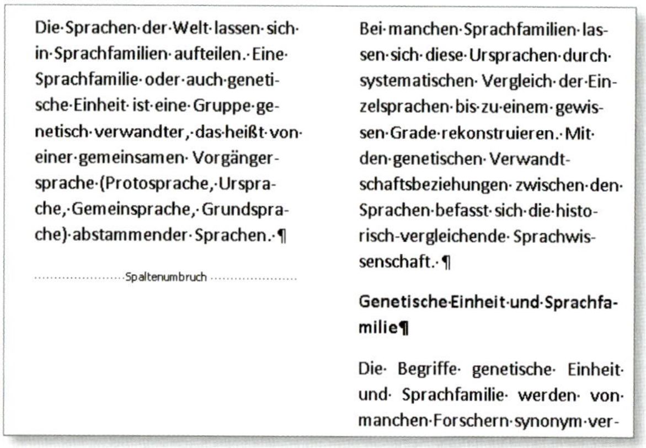

Abbildung 16.46
Der Spaltenumbruch im Text

Um den Spaltenumbruch wieder zu entfernen, setzen Sie den Cursor auf die gepunktete Linie und drücken die Entf-Taste.

Spalten auf der letzten Seite füllen

Wenn Sie mit einem mehrspaltigen Dokument arbeiten, kann es passieren, dass am Ende nicht mehr genug Text für alle Spalten vorhanden ist, sodass die letzten Spalten nicht gefüllt werden können. Ein solches Ergebnis ist meistens nicht gewünscht, weil die Seite dadurch irgendwie unfertig und unausgewogen aussieht.

Auch hier schaffen Sie Abhilfe, indem Sie einfach wieder mit Abschnittswechseln arbeiten.

1. Setzen Sie den Cursor an das Ende des Textes im Dokument.
2. Wechseln Sie auf die Registerkarte **Seitenlayout** und klicken Sie dort in der Gruppe **Seite einrichten** auf die Schaltfläche **Umbrüche**.

Abbildung 16.47
Der Text reicht nicht mehr für die letzten drei Spalten.

3. Wählen Sie hier im Bereich **Abschnittsumbrüche** die Option **Fortlaufend**.

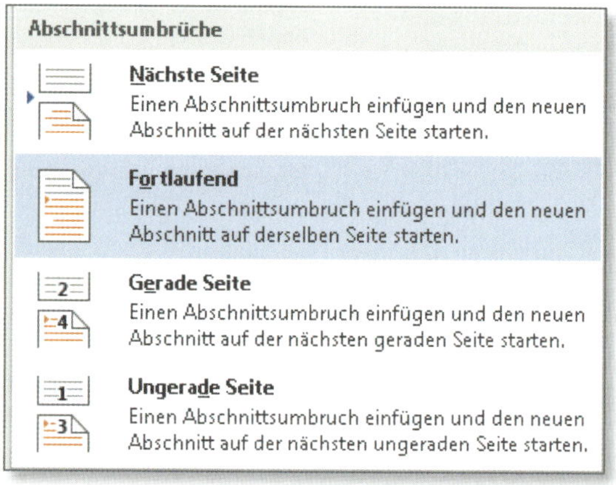

Abbildung 16.48
Einen fortlaufenden Abschnittswechsel einfügen

Daraufhin wird der verbleibende Text auf der letzten Seite einfach auf drei Spalten aufgeteilt.

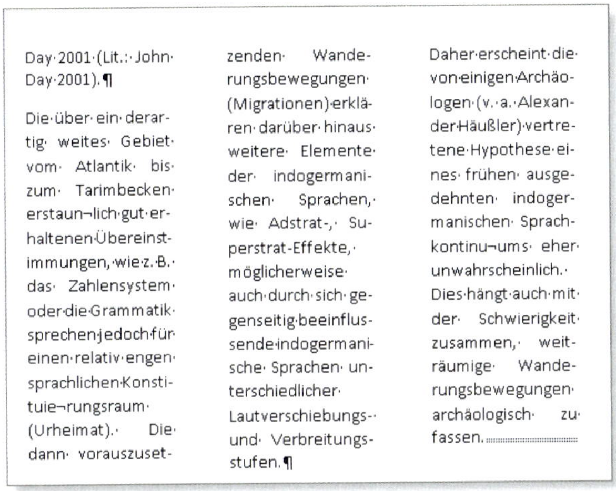
Day 2001 (Lit.: John Day 2001).¶

Die über ein derartig weites Gebiet vom Atlantik bis zum Tarimbecken erstaun¬lich gut erhaltenen Übereinstimmungen, wie z. B. das Zahlensystem oder die Grammatik sprechen jedoch für einen relativ engen sprachlichen Konsti¬tuie¬rungsraum (Urheimat). Die dann vorauszusetzenden Wanderungsbewegungen (Migrationen) erklären darüber hinaus weitere Elemente der indogermanischen Sprachen, wie Adstrat-, Superstrat-Effekte, möglicherweise auch durch sich gegenseitig beeinflussende indogermanische Sprachen unterschiedlicher Lautverschiebungs- und Verbreitungsstufen.¶

Daher erscheint die von einigen Archäologen (v. a. Alexander Häußler) vertretene Hypothese eines frühen ausgedehnten indogermanischen Sprach-kontinu¬ums eher unwahrscheinlich. Dies hängt auch mit der Schwierigkeit zusammen, weiträumige Wanderungsbewegungen archäologisch zu fassen.

^ ***Abbildung 16.49***
Auf der letzten Seite des Dokuments wird der Text gleichmäßig auf die drei Spalten verteilt.

16.5 Einen Flyer in drei Spalten anlegen

Texte mit mehreren Spalten können sehr professionell wirken, vor allem wenn es sich um Dokumente handelt, die für Broschüren, Druckschriften o. Ä. gedacht sind. Eine tolle Sache sind Spalten darüber hinaus auch für Handzettel – oder *Flyer*, wie man die kleinen Werbezettel heute nennt. Wenn Sie beispielsweise einen Flyer erstellen, der in seinen Ausmaßen dreimal auf eine DIN-A4-Seite im Querformat passt, können Sie diesen ganz einfach vervielfältigen und im Nu etliche Hundert Werbezettel produzieren, ohne dass Sie nachträglich DIN-A4-Blätter mit der Schere bearbeiten müssen und auf diese Weise auch noch Unmengen an Papier verschwenden.

Die Seite vorbereiten

In diesem Abschnitt erstellen wir beispielhaft und Schritt für Schritt einen solchen Flyer. Wenn Sie Lust haben, folgen Sie einfach unserem Beispiel!

1 Zuerst stellen Sie für ein leeres Dokument das Querformat ein. Klicken Sie dazu auf der Registerkarte **Seitenlayout** auf die Schaltfläche **Ausrichtung** und wählen Sie hier den Menüeintrag **Querformat**.

2 Stellen Sie anschließend die Seitenränder ein, indem Sie auf den Pfeil an der Gruppe **Seite einrichten** klicken.

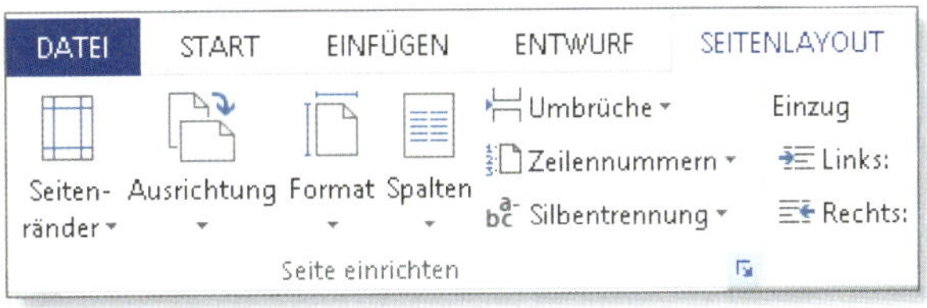

^ ***Abbildung 16.50***
Den Dialog »Seite einrichten« öffnen

3 Im gleichnamigen Dialog, der sich daraufhin öffnet, geben Sie (auf der Registerkarte **Seitenränder**) die Maße für die Ränder ein. Um keinen Platz zu verschenken, schlagen wir schmale Ränder vor, z. B. »1,5 cm« an allen vier Seiten.

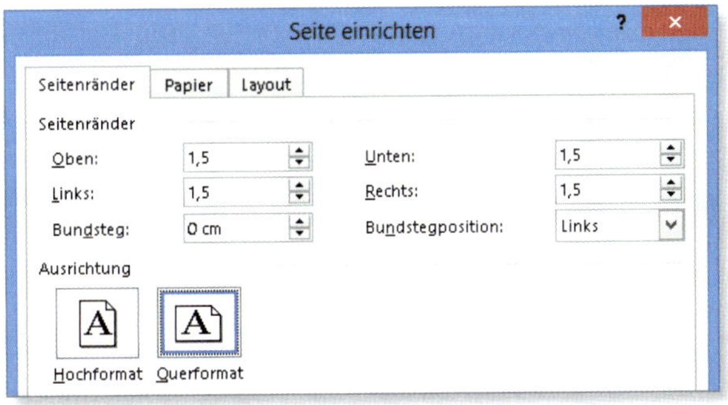

^ ***Abbildung 16.51***
Die Seitenränder für den Flyer

4 Dann teilen Sie das Blatt in drei Spalten auf. Klicken Sie dazu auf die Schaltfläche **Spalten** in der Gruppe **Seite einrichten** und wählen Sie in der Auswahlliste den Eintrag **Weitere Spalten**.

5 Im Dialog **Spalten** markieren Sie ganz oben die Option **Drei** ①, verringern den Abstand zwischen den Spalten auf »1 cm« ② und aktivieren die Option **Zwischenlinie** ③.

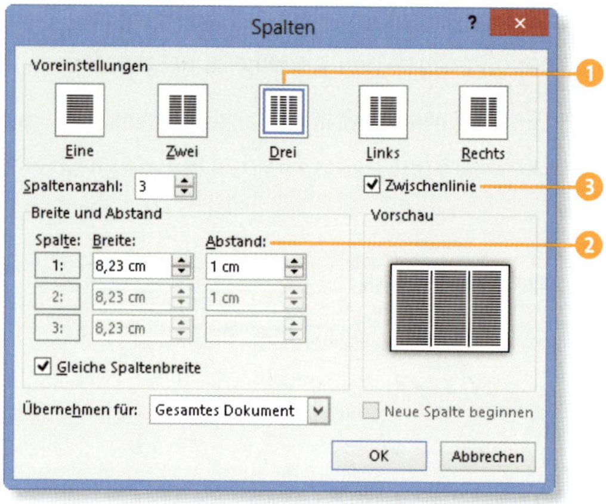

Abbildung 16.52
Die Spalteneinstellung für den Flyer

Text eingeben und die Seite gestalten

Geben Sie nun den Text für Ihren Flyer ein. Kümmern Sie sich zunächst nicht um die Formatierung; es ist einfacher, die Gestaltung im zweiten Schritt vorzunehmen. Der Text sollte natürlich nicht zu lang sein und in eine Spalte passen. In unserem Beispielflyer geht es um das Angebot einer Sprachschule.

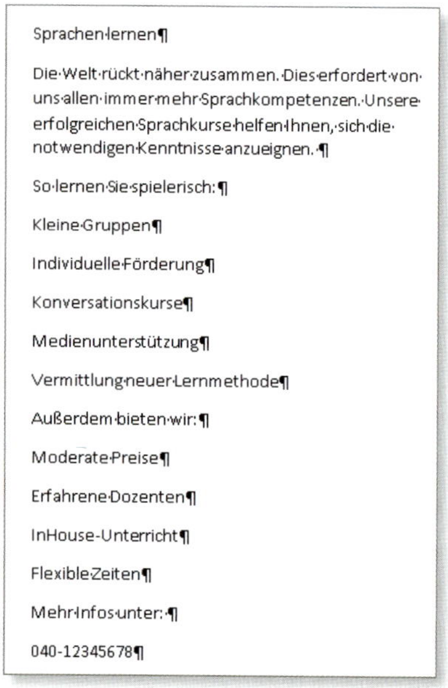
Sprachen·lernen¶

Die·Welt·rückt·näher·zusammen.·Dies·erfordert·von·uns·allen·immer·mehr·Sprachkompetenzen.·Unsere·erfolgreichen·Sprachkurse·helfen·Ihnen,·sich·die·notwendigen·Kenntnisse·anzueignen.·¶

So·lernen·Sie·spielerisch:¶

Kleine·Gruppen¶

Individuelle·Förderung¶

Konversationskurse¶

Medienunterstützung¶

Vermittlung·neuer·Lernmethode¶

Außerdem·bieten·wir:¶

Moderate·Preise¶

Erfahrene·Dozenten¶

InHouse-Unterricht¶

Flexible·Zeiten¶

Mehr·Infos·unter:¶

040-12345678¶

Abbildung 16.53
Der Text für den Flyer – zunächst ohne Formatierung

Nun gestalten Sie den Text für den Flyer nach Ihren Wünschen. Für unser Beispiel haben wir die im Folgenden beschriebene Gestaltung gewählt.

1 Die erste Zeile soll auffallen, daher bekommt sie entsprechende Attribute: einen Schriftgrad von **18 Pt.**, die Schriftfarbe **Blau, Akzent 1** und den Texteffekt **Farbverlauf – Blau, Akzent 1**.

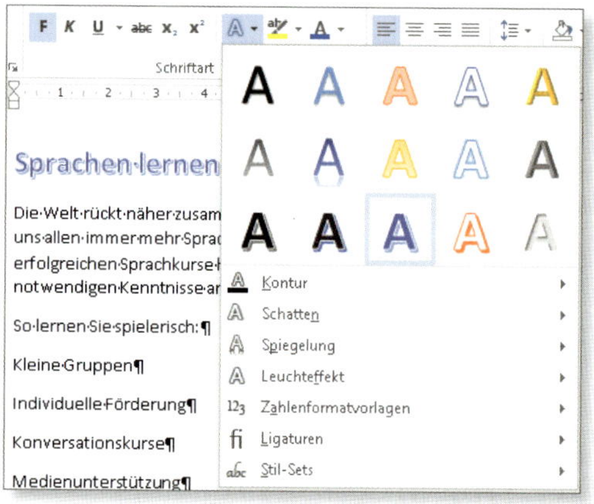

Abbildung 16.54
Die Überschrift formatieren

2 Die Aufzählung erhält Aufzählungszeichen. Dazu markieren Sie einfach die Zeilen, und danach reicht ein Klick auf die Schaltfläche **Aufzählungszeichen** auf der Registerkarte **Start**.

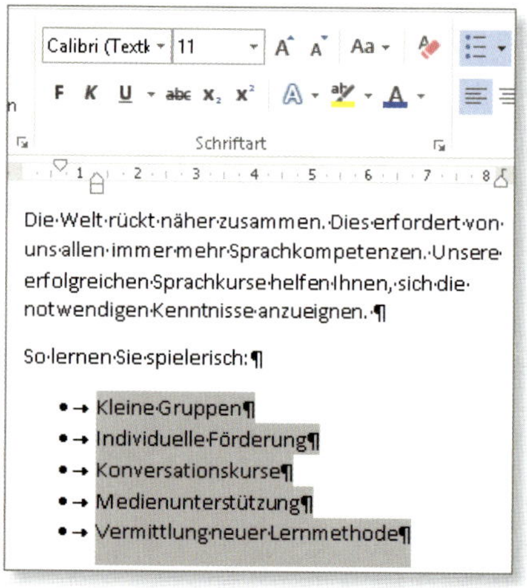

Abbildung 16.55
Die Aufzählung mit Aufzählungszeichen versehen

3 Der zweite Aufzählungsblock erhält ebenfalls Aufzählungszeichen. Die Überschriften der beiden Blöcke werden fett und in Großbuchstaben formatiert.

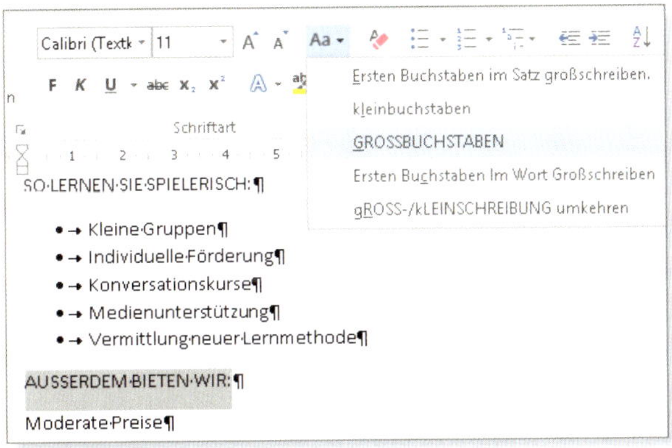

Abbildung 16.56
Großbuchstaben für die Zeilen wählen

4 Die Adressangaben unter der Überschrift »Mehr Infos unter« soll gut zu erkennen sein, daher verwenden wir dafür die Schriftgröße **14 Pt.** und ebenfalls das Attribut **Fett**. Die Abstände zwischen den Absätzen ändern Sie gegebenenfalls im Dialog **Absatz** im Feld **Abstand** > **Nach**.

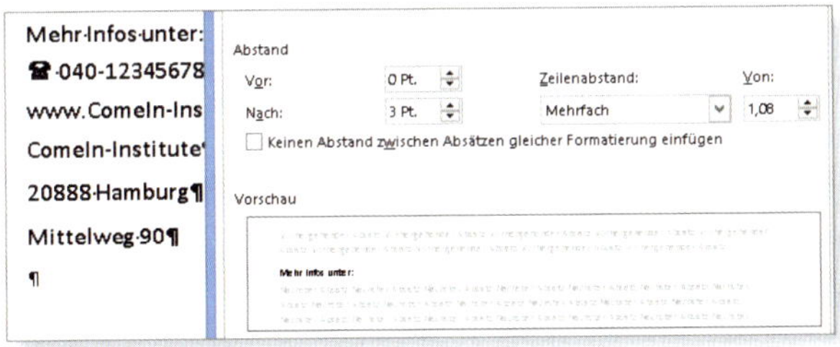

Abbildung 16.57
Die Adressangaben

5 Vor der Telefonnummer steht ein kleines Telefonsymbol. Dieses ist auf der Registerkarte **Einfügen** über **Symbol** > **Weitere Symbole** zu finden. Im Dialog **Symbol** stellen Sie als Schriftart **Wingdings** ein; gleich in der ersten Zeile der Auswahlpalette wird nun ein Telefonbildchen angeboten. Ein Klick auf die Schaltfläche **Einfügen** fügt das Symbol an der Stelle im Dokument ein, an der der Cursor steht. (Sie können es daraufhin genauso kopieren und ausschneiden wie ein »normales« Zeichen.)

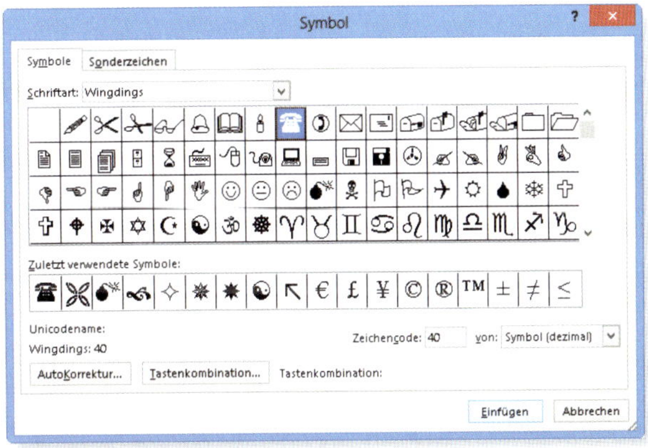

Abbildung 16.58
Ein Telefonsymbol für die Telefonnummer einfügen

6 Der Name »ComeIn-Institute« im Adressblock soll genauso aussehen wie die Überschrift des gesamten Flyers. Dazu nutzen wir den Pinsel, also die Funktion **Format übertragen**. Setzen Sie den Cursor in die Flyer-Überschrift und klicken Sie die Schaltfläche **Format übertragen** in der Symbolleiste für den Schnellzugriff doppelt an (wenn Sie diese Schaltfläche nicht auf die Schnellzugriff-Symbolleiste gelegt haben, finden Sie sie auf der Registerkarte **Start** in der Gruppe **Zwischenablage**).

Abbildung 16.59
Die Funktion »Format übertragen« aktivieren

7 Ziehen Sie nun den Mauszeiger, der den Pinsel »im Gepäck« hat, über die Namenszeile, um die Formatierung zu übertragen.

Abbildung 16.60
Das Format übertragen

Ein Wasserzeichen einfügen

Zu guter Letzt soll der Flyer ein Wasserzeichen bekommen, damit er grafisch etwas mehr »hermacht«. Hoffentlich haben Sie irgendwo ein passendes Bild bzw. eine Grafik gespeichert! Ansonsten suchen Sie auf *Office.com* nach einem Bild oder einer Grafik, die Sie verwenden möchten.

1 Im Dialog **Gedrucktes Wasserzeichen** (den Sie auf der Registerkarte **Entwurf** in der Gruppe **Seitenhintergrund** über **Wasserzeichen** > **Benutzerdefiniertes Wasserzeichen** öffnen) wählen Sie eine Onlinegrafik oder eine Grafik auf Ihrem Computer aus und fügen sie mit der Option **Auswaschen** ein (ausführlich beschrieben in diesem Kapitel im Abschnitt »Ein Bildwasserzeichen einfügen« ab Seite 330), wodurch sie blass hinter dem Text in Ihrem Dokument eingefügt wird.

2 Die Grafik erscheint auf dem Blatt, jedoch passt die Größe ganz und gar nicht. Daher rufen Sie auf der Registerkarte **Einfügen** in der Gruppe **Kopf- und Fußzeile** über **Kopfzeile** > **Kopfzeile bearbeiten** den Kopfzeilenbereich auf.

3 Nun können Sie die Grafik markieren, indem Sie sie anklicken. Je nach Geschmack können Sie sie dann mit dem Mauszeiger (dem Vierfachkreuz) an die richtige Stelle verschieben und sie über die Ziehpunkte (am besten an den Ecken) mit gedrückter Maustaste verkleinern.

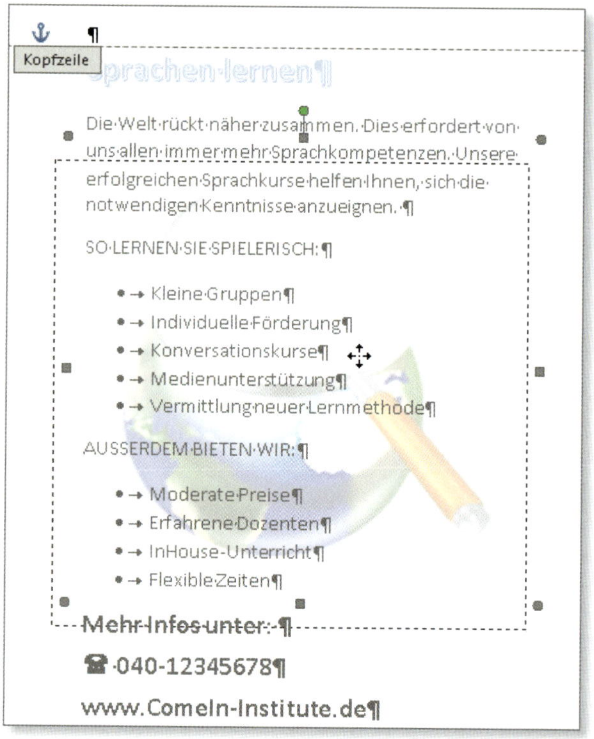

Abbildung 16.61
Die Größe und/oder Position des Wasserzeichens verändern

4 Mit einem Doppelklick irgendwo auf den Text oder per Klick auf die Schaltfläche **Kopf- und Fußzeile schließen** verlassen Sie den Kopfzeilenbereich wieder und kehren zum eigentlichen Text zurück.

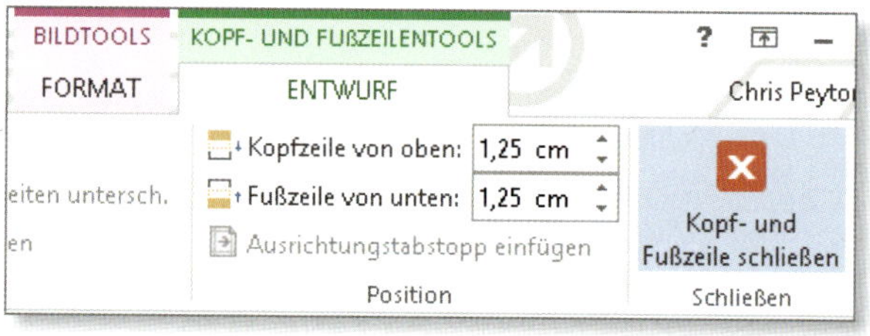

Abbildung 16.62
Den Kopfzeilenbereich verlassen

Nun ist es an der Zeit, dass Sie sich einen Gesamteindruck verschaffen. Wie Sie wissen, wirft man dazu am besten einen Blick auf die Druckvorschau des Dokuments (über **Datei** > **Drucken**). Das Ergebnis sehen Sie in Abbildung 16.63.

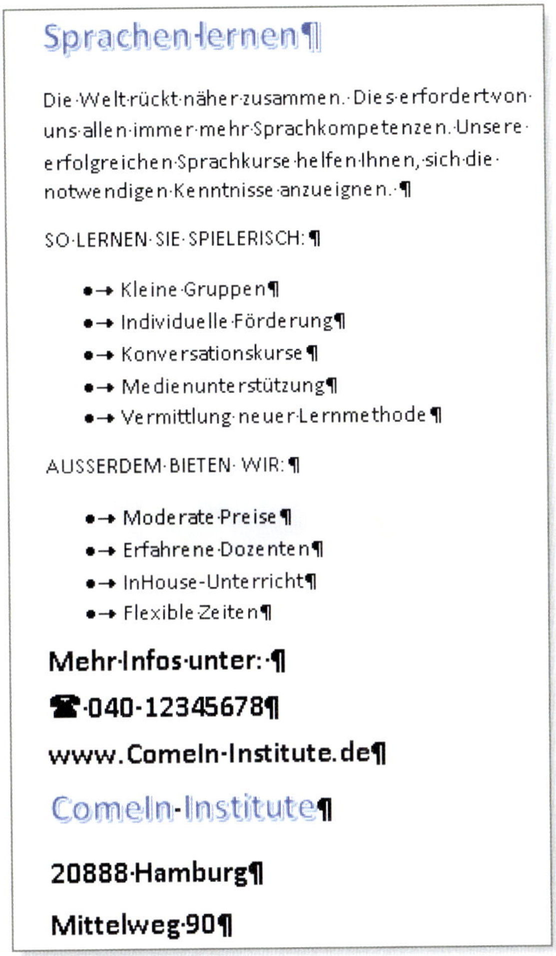
Sprachen lernen¶

Die Welt rückt näher zusammen. Dies erfordert von uns allen immer mehr Sprachkompetenzen. Unsere erfolgreichen Sprachkurse helfen Ihnen, sich die notwendigen Kenntnisse anzueignen. ¶

SO LERNEN SIE SPIELERISCH:¶

- Kleine Gruppen¶
- Individuelle Förderung¶
- Konversationskurse¶
- Medienunterstützung¶
- Vermittlung neuer Lernmethode¶

AUSSERDEM BIETEN WIR:¶

- Moderate Preise¶
- Erfahrene Dozenten¶
- InHouse-Unterricht¶
- Flexible Zeiten¶

Mehr Infos unter: ¶

☎ 040-12345678¶

www.ComeIn-Institute.de¶

ComeIn-Institute¶

20888 Hamburg¶

Mittelweg 90¶

Abbildung 16.63
Der (fast) fertige Flyer

Da im Layout noch ein wenig Platz vorhanden ist, können Sie je nach Wunsch den einen oder anderen Schriftzug noch fett formatieren oder durch eine andere Schriftgröße mehr hervorheben.

Den Text kopieren und vervielfältigen

Anschließend sollten Sie den Text der ersten Spalte komplett kopieren, um ihn auch auf die beiden anderen Spalten übertragen zu können.

1 Dazu markieren Sie den gesamten Text und klicken dann mit der rechten Maustaste darauf.

2 Aus dem Kontextmenü wählen Sie den Eintrag **Kopieren**.

3 Dann setzen Sie den Cursor an den Anfang der nächsten Spalte und klicken auf die Schaltfläche **Einfügen** in der Gruppe **Zwischenablage** auf der Registerkarte **Start**. (Da die Einfügeoption **Ursprüngliche Formatierung beibehalten** standardmäßig eingestellt ist, reicht der Klick auf **Einfügen**; ansonsten müssten Sie das Menü der Schaltfläche aufklappen und die entsprechende Option wählen.)

4 Wiederholen Sie diesen Vorgang für die dritte Spalte (Sie müssen den Text allerdings nicht noch einmal kopieren, sondern können ihn sofort noch einmal einfügen). Abbildung 16.64 zeigt das Ergebnis in der Druckvorschau.

Weil das Wasserzeichen ein Teil der Kopfzeile ist, wurde es nicht mit markiert und damit auch nicht kopiert. Die Wasserzeichen müssen Sie also noch einzeln von Hand, d. h. Spalte für Spalte einfügen. Dazu aktivieren Sie den Kopfzeilenbereich, kopieren das Wasserzeichen, setzen den Cursor in die nächste Spalte, fügen das kopierte Wasserzeichen ein und positionieren es richtig. Das ist zugegebenermaßen etwas lästig (aber auch kein allzu großes Unglück). Man kann diese Vorgehensweise allerdings umgehen, indem man (statt eines Wasserzeichens) die Grafik ganz normal als Bild einfügt und in den Hintergrund legt. Da wir den Umgang mit Grafiken aber erst in Kapitel 25, »Grafiken, Fotos und Videos«, näher besprechen werden, haben wir uns bei diesem Beispiel für die Arbeit mit Wasserzeichen entschieden, die ja auch ein wesentliches Thema dieses Kapitels waren.

TIPP

Wenn sich die Grafik nicht verschieben lässt

Wenn Sie bemerken, dass Sie die Grafik nicht mit der Maus ziehen können, müssen Sie das Layout für das Bild ändern. Markieren Sie dazu die Grafik und klicken Sie auf der Registerkarte **Bildtools/Format** auf die Schaltfläche **Zeilenumbruch**. Im Menü wählen Sie **Hinter den Text**.

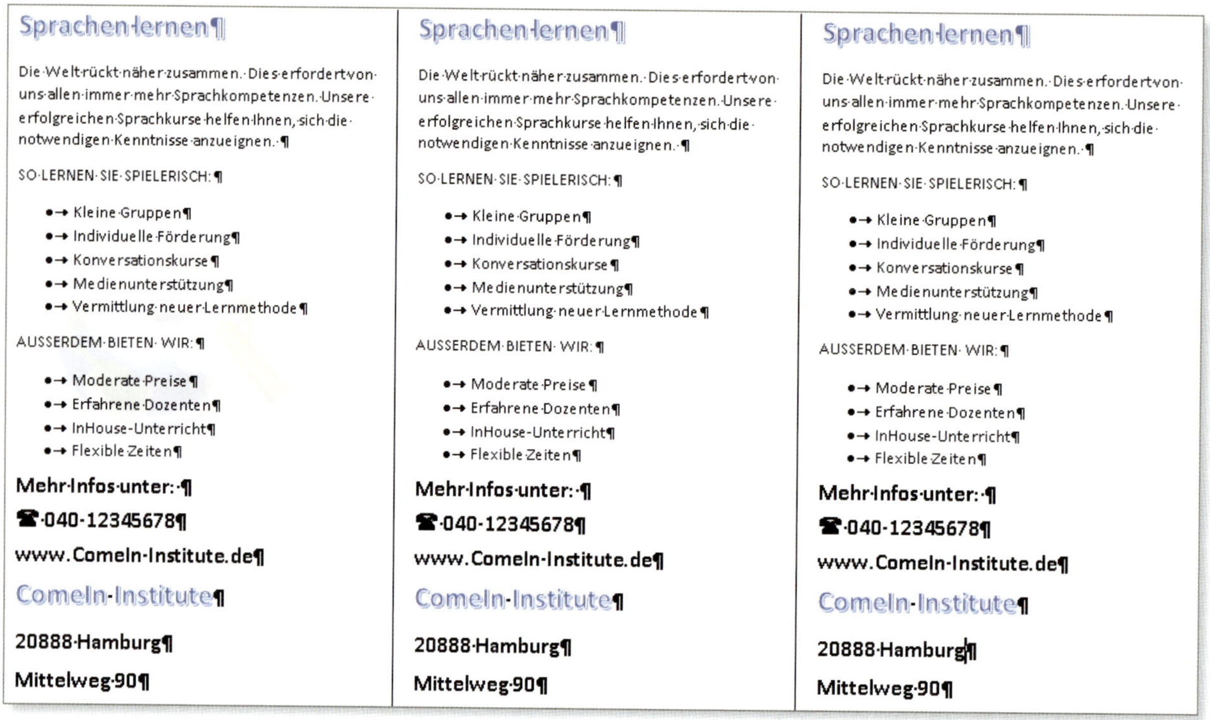

^ *Abbildung 16.64*
Der fertige Flyer dreimal »nebeneinander« in der Druckvorschau

Kapitel 17
Einzelne Rahmenlinien und ganze Rahmen

Mit Linien bzw. Rahmen lässt sich die Aufmerksamkeit des Lesers sehr schön auf wichtige Textpassagen lenken. In diesem Kapitel erfahren Sie, wie Sie Absätze, markierte Bereiche und ganze Seiten einrahmen und wie Sie Rahmen weiter bearbeiten können.

Einzelne Linien und komplette Rahmen (Konturen) gehören zur Absatzformatierung, daher findet man die Funktion bzw. die entsprechende Schaltfläche ❶ auch in der Gruppe **Absatz** auf der Registerkarte **Start**. Wenn Sie mit dem Mauszeiger auf diese Schaltfläche zeigen, erscheint eine kleine Infobox mit der Bezeichnung der Schaltfläche. Diese Bezeichnung ist allerdings nicht immer gleich, sondern entspricht der jeweils zuletzt gewählten Einstellung. Sie werden in der Infobox also das eine Mal **Rahmenlinien unten**, ein anderes Mal wiederum **Alle Rahmenlinien** o. Ä. lesen. Der Einfachheit halber wollen wir diese Schaltfläche von nun an aber nur mit »Rahmen« benennen.

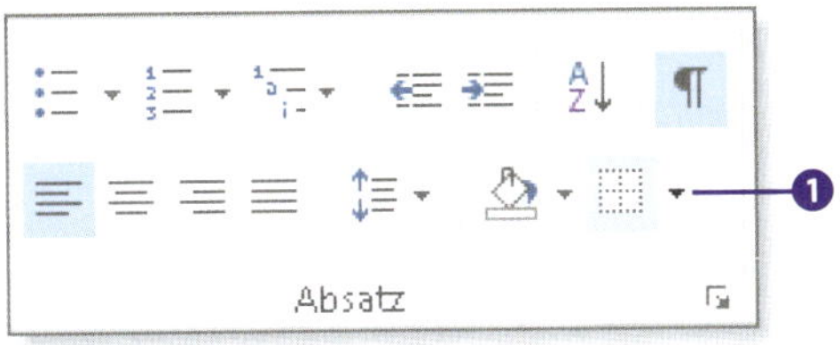

Abbildung 17.1
Die Schaltfläche »Rahmen«.

Im Menü dieser Schaltfläche sehen Sie viele verschiedene Möglichkeiten der Formatierung mit Rahmen und Rahmenlinien. Einige dieser Optionen, etwa **Alle Rahmenlinien** oder **Innere horizontale Rahmenlinie**, spielen in diesem Kapitel jedoch keine Rolle, sondern werden erst im Zusammenhang mit Tabellen relevant (siehe Kapitel 24, »Tabellen«).

17.1 Rahmen für einzelne Elemente

Wenn Sie einen kompletten Absatz umranden möchten, reicht es wie bei allen anderen Absatzformatierungen, den Cursor in diesen Absatz zu setzen. Klicken Sie dann einfach auf der Registerkarte **Start** in der Gruppe **Absatz** auf die Schaltfläche **Rahmen** und wählen Sie eine passende Option aus dem Menü.

Ausgewählte Textteile einrahmen

Anders verhält es sich, wenn Sie vorhaben, nur bestimmte Textteile zu umranden. Der Text muss hier zunächst markiert werden, bevor Sie eine Rahmenform auswählen.

1. Markieren Sie ein Wort. Wenn das Wort, das Sie einrahmen möchten, am Ende eines Absatzes steht, achten Sie darauf, dass Sie die Absatzmarke nicht mit markieren (sonst wird doch der ganze Absatz eingerahmt).
2. Klicken Sie auf der Registerkarte **Start** in der Gruppe **Absatz** auf die Schaltfläche **Rahmen**.

3 Wenn Sie das markierte Wort komplett umranden möchten, wählen Sie im Menü den Eintrag **Rahmenlinien außen**.

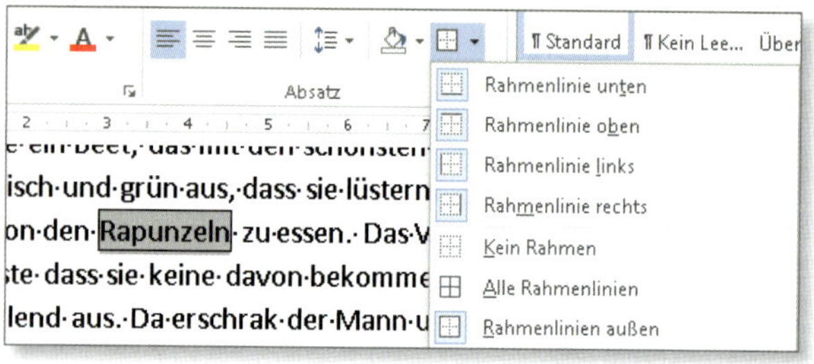

^ Abbildung 17.2
Einen Rahmen um ein Wort legen

4 Falls Ihnen der Rahmen doch nicht gefällt und Sie ihn wieder entfernen möchten, markieren Sie das Wort erneut und wählen im Menü der Schaltfläche **Rahmen** die Option **Kein Rahmen**.

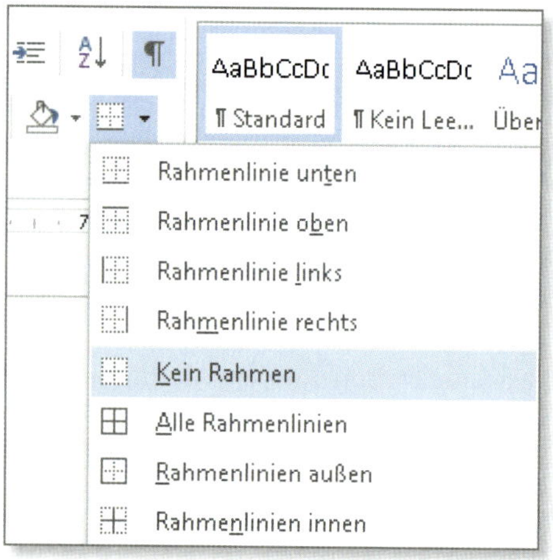

^ Abbildung 17.3
Den Rahmen wieder entfernen

Sie können z. B. statt nur eines Wortes auch direkt mehrere Zeilen markieren und mit einem Rahmen versehen (ebenfalls über den Befehl **Rahmenlinien außen**). Allerdings legt sich dieser dann nicht passend um den gesamten markierten Bereich, sondern Word rahmt jede Zeile einzeln ein, sofern Sie wirklich nur einzelne Zeilen markiert haben und nicht den ganzen Absatz inklusive Absatzmarke.

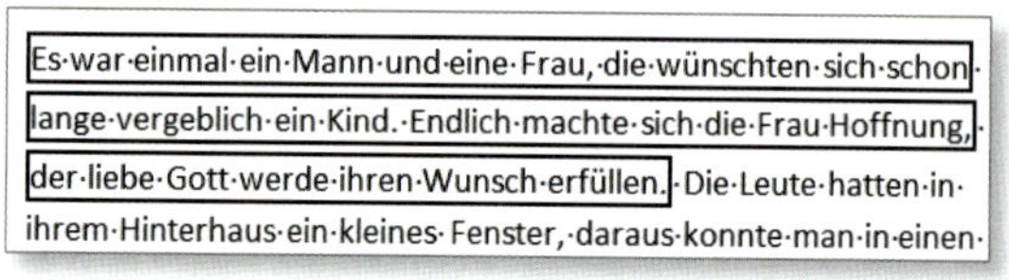

^ Abbildung 17.4
Jede Zeile erhält einen Rahmen.

Einen Rahmen über »Format übertragen« zuweisen

Wenn mehrere, nicht zusammenhängende Textstellen einen Rahmen erhalten sollen, können Sie auch die Funktion **Format übertragen** nutzen. Auf diese Weise lassen sich Textbereiche besonders schnell und komfortabel einrahmen. Dazu setzen Sie den Cursor in ein Wort mit Rahmen und klicken doppelt auf die Schaltfläche **Format übertragen** (zur Erinnerung: Sie finden sie auf der Registerkarte **Start** in der Gruppe **Zwischenablage**). Danach klicken Sie einfach nacheinander in die Wörter, die ebenfalls umrandet werden sollen.

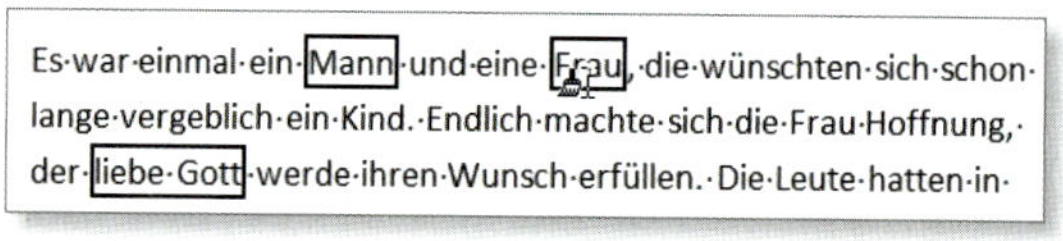

^ Abbildung 17.5
Unzusammenhängende Textbereiche mit der Funktion »Format übertragen« einrahmen

TIPP

Den Pinsel deaktivieren

Denken Sie nach der Benutzung der Funktion **Format übertragen** immer daran, die Esc-Taste zu drücken, damit Sie die Funktion deaktivieren. Ansonsten übertragen Sie das Format munter weiter, sobald Sie irgendwo klicken.

Rahmen für ganze Absätze einstellen

Einen Rahmen direkt für einen ganzen Absatz zu erstellen ist schnell erledigt (siehe Abbildung 17.6).

1 Setzen Sie den Cursor irgendwo in den Absatz, der einen Rahmen erhalten soll.

2 Klappen Sie das Menü der Schaltfläche **Rahmen** auf und wählen Sie hier **Rahmenlinien außen**.

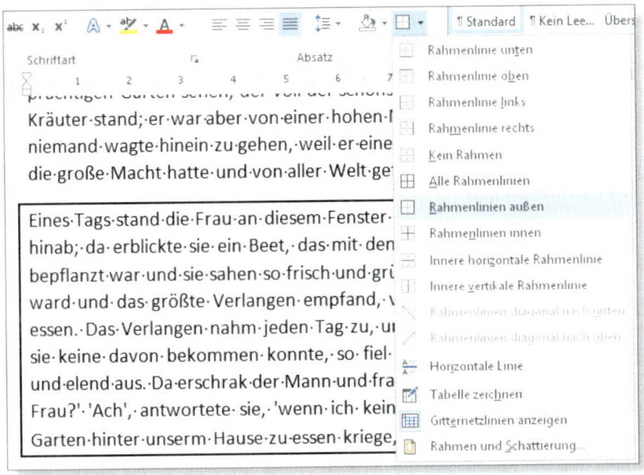

Abbildung 17.6
Ein Rahmen für einen Absatz

3 Ein solcher Rahmen kann auch im Nu wieder entfernt werden. Achten Sie darauf, dass der Cursor im richtigen Absatz steht, und klicken Sie im Menü auf **Kein Rahmen**.

Wenn Sie am Ende des eingerahmten Absatzes die [↵]-Taste drücken, um in der nächsten Zeile weiterzuschreiben, wird der Rahmen auch für den neuen Absatz übernommen. Dieses Verhalten ist natürlich dann ein Problem, wenn Sie die Formatierung mit einem Rahmen beenden möchten. Es gibt allerdings einen Trick: Zeigen Sie mit dem Mauszeiger auf eine Stelle unterhalb des Rahmens und klicken Sie doppelt. Daraufhin wird eine »frische« Absatzmarke eingefügt, sodass Sie hier nun ohne Rahmen weiterschreiben können.

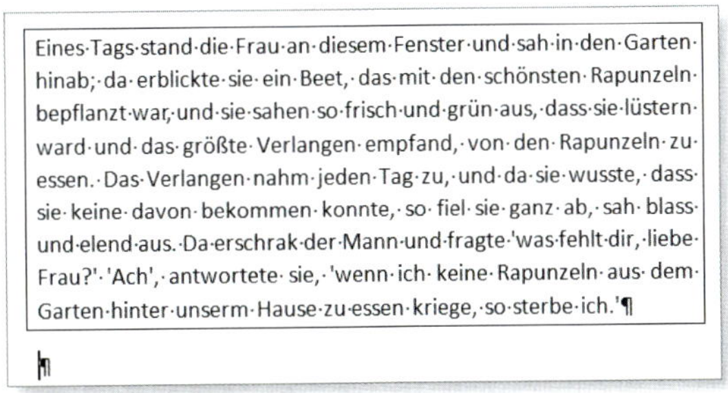

Abbildung 17.7
Beenden Sie die Umrandung mit einem Doppelklick.

Wenn Sie nachträglich mehrere Absätze umranden möchten, müssen Sie diese Absätze zuvor markieren (inklusive der zugehörigen Absatzmarken). Der Rahmen legt sich dann um den gesamten markierten Bereich.

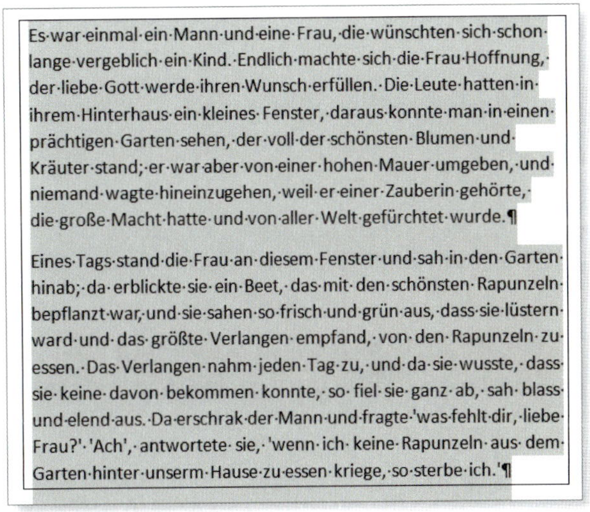

Abbildung 17.8
Zwei Absätze wurden umrandet.

Innerhalb eines Rahmens können Sie Absätze wie gewohnt ausrichten, also entweder zentrieren, rechtsbündig setzen oder den Blocksatz einstellen. Setzen Sie den Cursor in den Rahmen bzw. in den Absatz und klicken Sie auf die gewünschte Option, z. B. auf **Zentriert**.

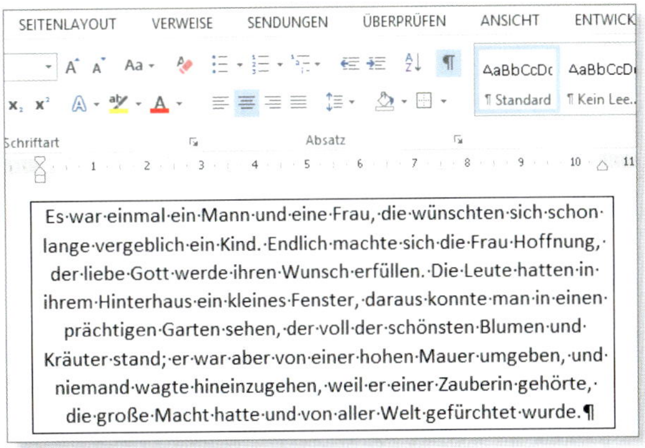

Abbildung 17.9
Der Absatz im Rahmen wurde zentriert.

Den Rahmen an die Seitenränder anpassen

Der Rahmen wird immer entsprechend dem eingestellten Seitenrand um den kompletten Absatz bzw. den markierten Text gezogen. Die Breite des Rahmens passt sich also auch an eine Veränderung der Seitenränder an.

1 Öffnen Sie auf der Registerkarte Seitenlayout über **Seitenränder** > **Benutzerdefinierte Seitenränder** den Dialog **Seite einrichten**.

2 Geben Sie in die Felder **Links** und **Rechts** z. B. größere Werte ein, um breitere Ränder auf der linken und rechten Seite einzustellen.

Auch nach dieser Aktion liegt der Rahmen nach wie vor um den Absatz bzw. den Textbereich und hat trotzdem noch ein bisschen »Luft«.

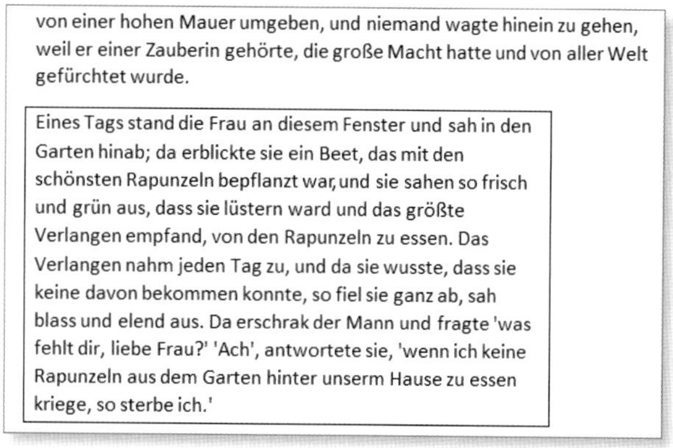

von einer hohen Mauer umgeben, und niemand wagte hinein zu gehen, weil er einer Zauberin gehörte, die große Macht hatte und von aller Welt gefürchtet wurde.

Eines Tags stand die Frau an diesem Fenster und sah in den Garten hinab; da erblickte sie ein Beet, das mit den schönsten Rapunzeln bepflanzt war, und sie sahen so frisch und grün aus, dass sie lüstern ward und das größte Verlangen empfand, von den Rapunzeln zu essen. Das Verlangen nahm jeden Tag zu, und da sie wusste, dass sie keine davon bekommen konnte, so fiel sie ganz ab, sah blass und elend aus. Da erschrak der Mann und fragte 'was fehlt dir, liebe Frau?' 'Ach', antwortete sie, 'wenn ich keine Rapunzeln aus dem Garten hinter unserm Hause zu essen kriege, so sterbe ich.'

^ ***Abbildung 17.10***
Anpassung des Rahmens an veränderte Seitenränder

Rahmen für Überschriften anlegen

Wie erwähnt, gehören Rahmenlinien zur Absatzformatierung. Daher müssen Sie besonders gut aufpassen, wenn Sie ein Wort umranden möchten, auf das unmittelbar eine Absatzmarke folgt, wie es beispielsweise bei einer Überschrift oder generell beim letzten Wort eines Absatzes der Fall ist. Hier darf die Absatzmarke nicht mit markiert werden, weil sonst die ganze Zeile einen Rahmen erhält. Das ist ein weiteres Beispiel dafür, wie praktisch es ist, sich die Formatierungszeichen anzeigen zu lassen. Auf diese Weise können Sie sehr viel genauer arbeiten.

Wenn Sie die Absatzmarke beim Markieren auslassen, legt sich der Rahmen nur um den Text. Das Ergebnis sieht dann aus wie in Abbildung 17.11.

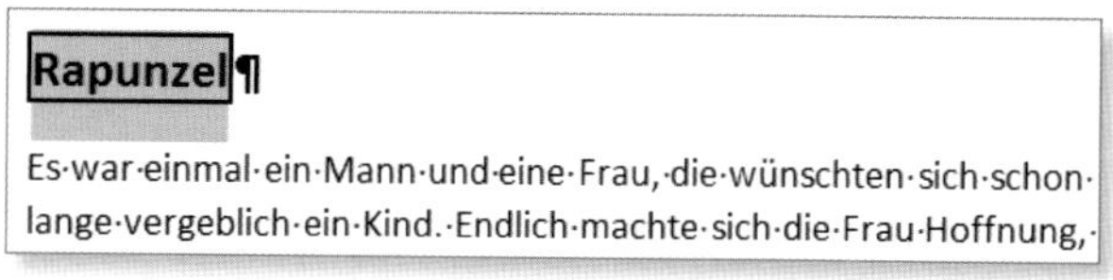

Rapunzel¶

Es·war·einmal·ein·Mann·und·eine·Frau,·die·wünschten·sich·schon·lange·vergeblich·ein·Kind.·Endlich·machte·sich·die·Frau·Hoffnung,·

^ ***Abbildung 17.11***
Nur die Überschrift wurde umrandet.

Wenn Sie hingegen den Text und die Absatzmarke markieren, wird die ganze Zeile markiert, und es entsteht eine große Lücke, wie es in Abbildung 17.12 zu sehen ist. Den gleichen Effekt erzielen Sie natürlich, wenn Sie den Cursor einfach in die Zeile setzen und nichts markieren.

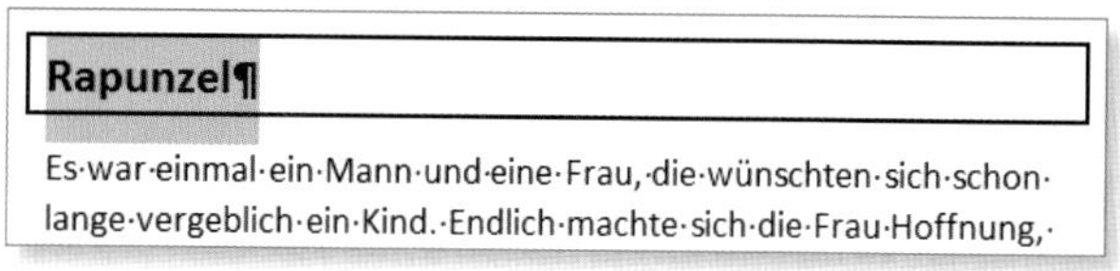

Rapunzel¶

Es·war·einmal·ein·Mann·und·eine·Frau,·die·wünschten·sich·schon·lange·vergeblich·ein·Kind.·Endlich·machte·sich·die·Frau·Hoffnung,·

^ ***Abbildung 17.12***
Ein Rahmen für die Zeile bzw. den Absatz

Die Rahmengröße verändern

Wie Sie gesehen haben, wird ein Absatz mit dem Befehl **Rahmenlinien außen** über die gesamte Breite der Zeile eingerahmt. Das ist allerdings z. B. in einer Überschrift, die nur aus zwei oder drei Wörtern besteht, nicht erwünscht. Dieses Problem lässt sich aber recht einfach lösen, und zwar mithilfe eines Einzugs von rechts.

1 Setzen Sie den Cursor in den Absatz, dessen Rahmen Sie verändern wollen.

2 Um den Rahmen schmaler zu machen, führen Sie den Mauszeiger an das Symbol für den rechten Einzug im Lineal und ziehen es mit gedrückter Maustaste etwas nach links. Schon währenddessen sehen Sie anhand der gestrichelten Linie, die daraufhin eingeblendet wird, wie viel schmaler der Rahmen ausfallen wird.

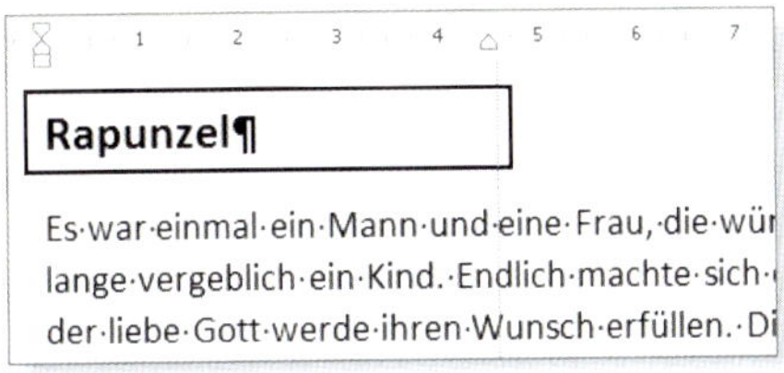

Abbildung 17.13
Einen zu breiten Rahmen verkleinern

3 Lassen Sie die Maustaste wieder los, wenn die vertikale Linie an der gewünschten Stelle zu sehen ist.

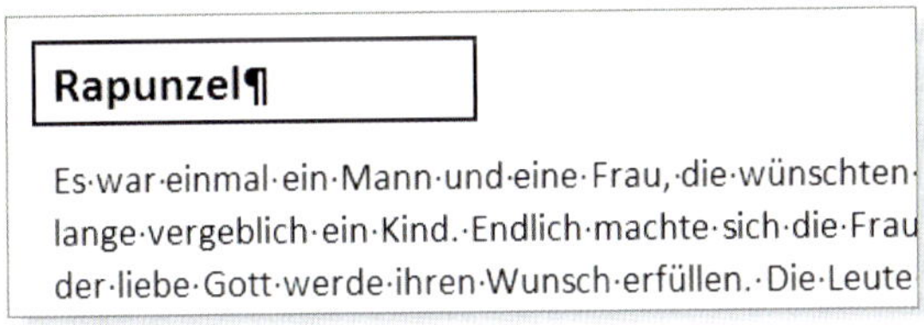

Abbildung 17.14
Die Überschrift plus Rahmen mit einem Einzug von rechts

Den Rahmen um eine zentrierte Überschrift passend verkleinern

Wir wollen nun auch an einem Beispiel demonstrieren, wie Sie vorgehen, wenn die Überschrift zentriert ist. Wenn der Rahmen um eine zentrierte Überschrift etwas weniger breit angelegt sein soll, muss er von links und von rechts eingerückt werden. Hier ist es jedoch günstiger, dafür nicht die Symbole im Lineal zu verwenden, sondern stattdessen die entsprechenden Funktionen im Dialog **Absatz**, denn auf diese Weise können Sie die Maße für die beiden Einzüge (die ja identisch sein sollten) in die entsprechenden Felder exakt eingeben.

1 Achten Sie darauf, dass der Cursor in dem Absatz mit dem Rahmen steht.

2 Aktivieren Sie die Registerkarte **Start** und klicken Sie hier auf den kleinen Pfeil an der Gruppe **Absatz**, um den Dialog **Absatz** zu öffnen. (Alternativ können Sie den Dialog im Kontextmenü über den Befehl **Absatz** öffnen).

3 Geben Sie in die Felder **Links** und **Rechts** die Maße ein, um die Sie den Rahmen auf beiden Seiten verkleinern möchten. Weil der Rahmen auf beiden Seiten des Textes gleich groß sein soll, geben Sie hier natürlich die gleichen Werte ein.

4 Bestätigen Sie diese Einstellungen mit **OK**.

Es kann passieren, dass die Maße, die Sie eingegeben haben, nicht auf Anhieb passen. Probieren Sie es in diesem Fall einfach mit anderen Werten. Wenn der Rahmen wieder seine ursprüngliche Breite annehmen soll, geben Sie in beide Felder (**Links** und **Rechts**) einfach »0« ein.

Abbildung 17.15
Den Rahmen mithilfe von Einzügen verkleinern

Sie denken nun vielleicht, dass es doch einfacher wäre, die Überschrift einfach zu markieren und sie ohne die Absatzmarke mit einem Rahmen zu versehen. Dies ist zwar durchaus auch eine Möglichkeit, aber das Ergebnis ist nicht optimal, weil sich der Rahmen dann sehr eng um den Text legt. Wenn Sie dennoch so vorgehen möchten, dürfen Sie – wie zuvor bereits erwähnt – die Absatzmarke nicht mit markieren, ansonsten umranden Sie wieder den gesamten Absatz.

Abbildung 17.16
Einen schmalen Rahmen um die Überschrift legen

17.2 Feinheiten für den Rahmen

Mit den bisher beschriebenen Schritten haben Sie Text bzw. Absätzen einen Standardrahmen zugewiesen, also eine einfache Kontur in einer bestimmten Stärke. Sie ahnen, dass die Möglichkeiten damit noch lange nicht erschöpft sind. Sie können auch einen Rahmen zuweisen, der spezielle Attribute hat: Sowohl die Linienart und ihre Farbe als auch die Breite der Rahmenlinie lassen sich verändern, außerdem gibt es Rahmen mit Schatten oder mit 3D-Effekt. Für all diese Einstellungen verwenden Sie den Dialog **Rahmen und Schattierung**.

Eine breite, farbige Kontur einstellen

Um einen Absatz mit einer breiten, farbigen Kontur unter Verwendung einer anderen Linienart zu umranden, setzen Sie zuerst den Cursor in den Absatz, der einen Rahmen erhalten soll.

1. Klicken Sie im Menü der Schaltfläche **Rahmen** auf die Option **Rahmen und Schattierung**. Es ist die letzte Option in dem Menü.
2. Daraufhin öffnet sich der dazugehörige Dialog **Rahmen und Schattierung** (Abbildung 17.17). Auf der Registerkarte **Rahmen** ❶ nehmen Sie die gewünschten Einstellungen vor. Klicken Sie zunächst auf das Symbol **Kontur** ❷. Der Rahmen taucht nun im Vorschaubereich auf.

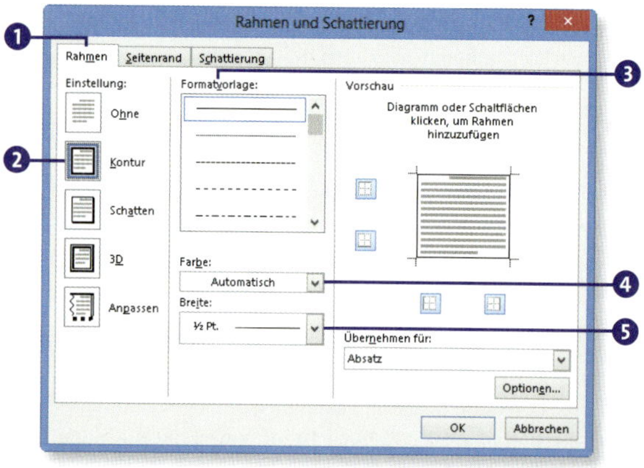

Abbildung 17.17
Der Dialog »Rahmen und Schattierung«

3. Im Bereich **Formatvorlage** ❸ wählen Sie die gewünschte Linienart aus. Scrollen Sie ein wenig nach unten, um die komplette Auswahl zu erhalten, z. B. eine doppelte Rahmenlinie.
4. Klappen Sie über den Pfeil am Feld **Farbe** ❹ die kleine Farbpalette auf und wählen Sie eine Farbe. Beachten Sie hierbei Folgendes: Wenn Sie sich für eine der Designfarben entscheiden, ändert sich die Rahmenfarbe automatisch, sobald Sie ein anderes Design auswählen.
5. Öffnen Sie das Menü des Feldes **Breite** ❺. Legen Sie hier per Mausklick die gewünschte Breite des Rahmens fest, z. B. »¾ Pt.«. In der Vorschau können Sie den Effekt nachvollziehen.
6. Bestätigen Sie Ihre Auswahl mit **OK**.

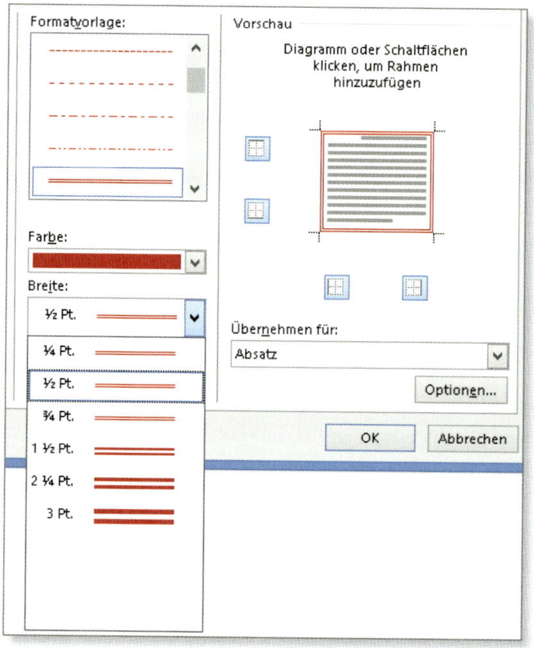

Abbildung 17.18
Einen farbigen Rahmen mit doppelten Linien festlegen

Achten Sie vor dem Klick auf die Schaltfläche **OK** immer darauf, dass die gewählten Einstellungen in der Vorschau angezeigt werden. Wenn dies nicht der Fall sein sollte, würde auch der Rahmen im Text nicht so aussehen, wie er es eigentlich soll.

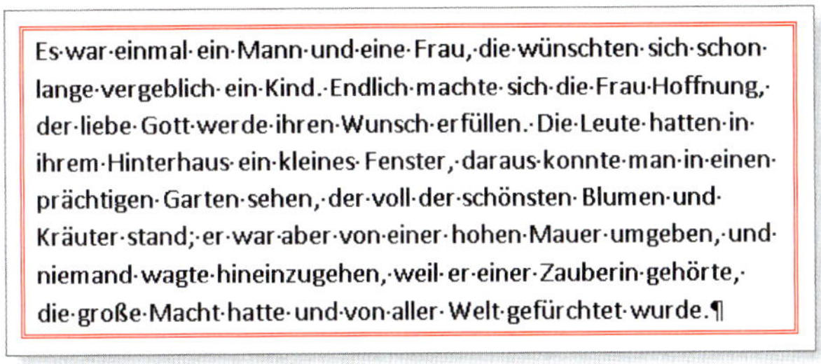

Abbildung 17.19
Der Absatz wird von einer doppelten, farbigen Linie umrandet.

Ein Rahmen mit Schatten

Um einem Rahmen einen Schatteneffekt zuzuweisen, verfahren Sie wie bisher, nur dass Sie im Dialog **Rahmen und Schattierung** im linken Bereich auf das Symbol **Schatten** klicken. Stellen Sie bei dieser Rahmenart eine Breite von mindestens »1 ½ Pt.« für die Rahmenlinie ein, denn ansonsten wird kaum zu erkennen sein, dass die Linie einen Schatten wirft.

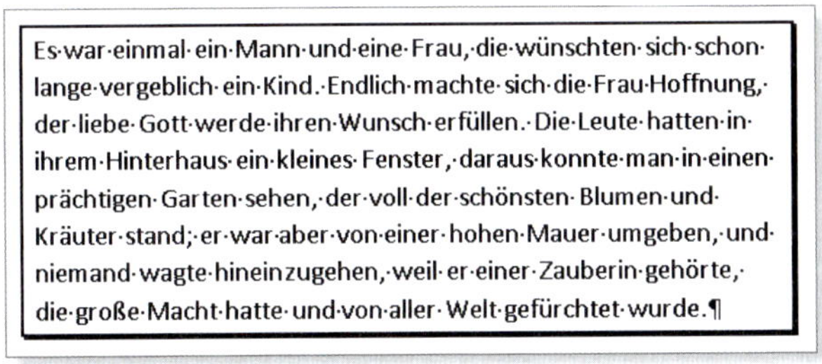

Abbildung 17.20
Ein Rahmen mit Schatteneffekt

Wenn Sie für einen Rahmen mit Schatten eine Farbe wählen, nimmt übrigens nur die Rahmenlinie diese Farbe an, der Schatten selbst bleibt schwarz.

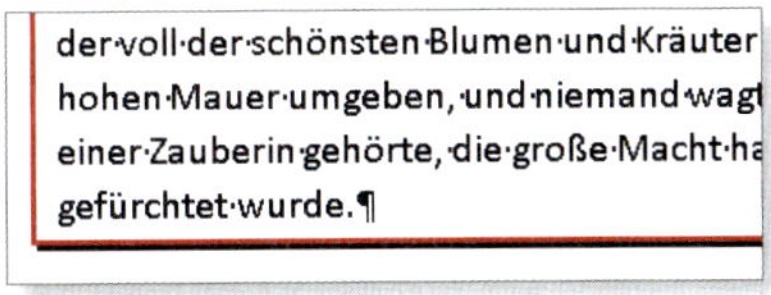

Abbildung 17.21
Ein Rahmen mit einer farbigen Linie und einem Schatteneffekt

> **HINWEIS**
>
> **Einzelne Rahmenlinien bearbeiten**
>
> Wie Sie die einzelnen Linien eines Rahmens bearbeiten, beschreiben wir im Abschnitt »Rahmenlinien bearbeiten« ab Seite 355 in diesem Kapitel.

Im Dialog **Rahmen und Schattierung** gibt es außerdem das Feld **Übernehmen für**. Hier stellen Sie ein, um welchen Bereich der Rahmen gezogen wird. Wenn Sie nur den Cursor in einen Absatz gesetzt und keine Textpassage markiert haben, wird im Menü dieses Feldes lediglich die Option **Absatz** angeboten. Wenn Sie hingegen ein Wort oder eine Passage markiert haben, finden Sie hier die Optionen **Text** und **Absatz**. Mit der Option **Absatz** wird die Markierung des Textbereiches quasi ignoriert und der gesamte Absatz eingerahmt, mit der Option **Text** bekommt entsprechend nur der markierte Text einen Rahmen.

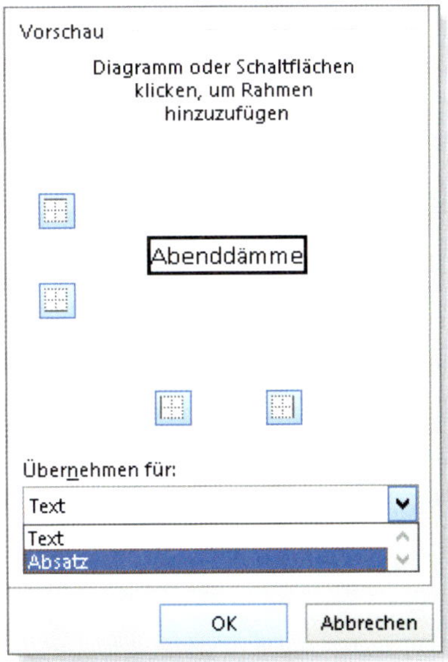

Abbildung 17.22
Wo wird der Rahmen gezogen?

Der Abstand zwischen Text und Rahmenlinien

Sie können festlegen, wie groß der Abstand zwischen dem Text und den ihn umgebenden Rahmenlinien ist.

Klicken Sie im Dialog **Rahmen und Schattierung** auf die Schaltfläche **Optionen** (Sie finden sie unter dem Vorschaubereich). Im zugehörigen Dialog **Rahmen- und Schattierungsoptionen** finden Sie jeweils Felder für den Abstand der Rahmenlinien vom Text nach oben, nach unten, nach links und nach rechts. In der Standardeinstellung ist **1 Pt.** für den Abstand nach oben und nach unten sowie **4 Pt.** für den Abstand nach links und nach rechts eingestellt.

Abbildung 17.23
Der Standardabstand zwischen Text und Rahmenlinien

Geben Sie hier die gewünschten Maße ein. Abbildung 17.24 zeigt einen Abstand von 15 Pt. in allen Feldern.

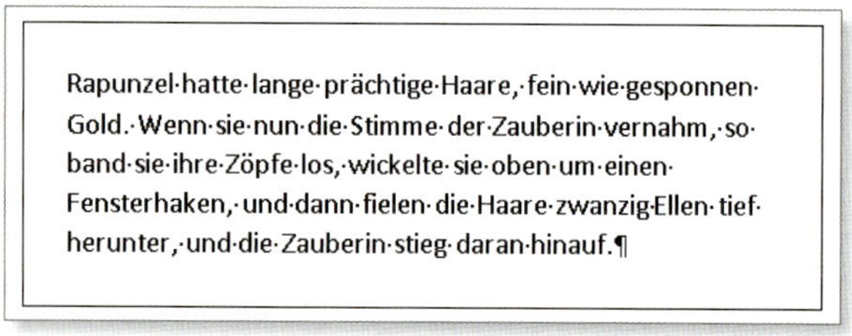
Rapunzel·hatte·lange·prächtige·Haare,·fein·wie·gesponnen·Gold.·Wenn·sie·nun·die·Stimme·der·Zauberin·vernahm,·so·band·sie·ihre·Zöpfe·los,·wickelte·sie·oben·um·einen·Fensterhaken,·und·dann·fielen·die·Haare·zwanzig·Ellen·tief·herunter,·und·die·Zauberin·stieg·daran·hinauf.¶

Abbildung 17.24
Ein größerer Abstand zwischen Text und Rahmenlinien

17.3 Einzelne Linien statt eines Rahmens

Bisher haben wir beschrieben, wie Sie einen Rahmen um eine Textpassage oder um einen Absatz »ziehen«. Es gibt aber noch eine ganze Menge weiterer Möglichkeiten – Sie haben sie im Menü der Schaltfläche **Rahmen** ja bereits gesehen. Der Rahmen muss z. B. nicht durchgängig sein; Sie können Rahmenlinien auch nur oben, unten, links oder rechts vom Text einfügen.

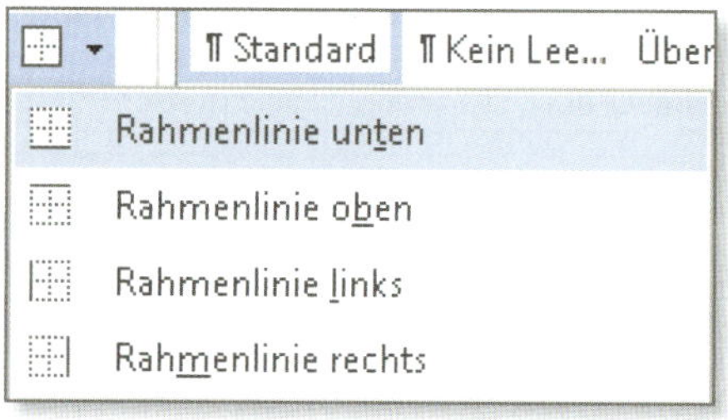

Abbildung 17.25
Die Optionen der Rahmenlinien

Diese Befehle wirken sich jeweils auf den Absatz aus, in dem der Cursor steht. Sie funktionieren aber nicht für einzelne Wörter bzw. markierte Textbereiche.

Einzelne Rahmenlinien einfügen

Um den Effekt zu erreichen, der in Abbildung 17.26 dargestellt ist, sind die im Folgenden beschriebenen Schritte nötig.

1. Setzen Sie den Cursor in die Zeile mit der Überschrift.
2. Klicken Sie auf die Schaltfläche **Rahmen** und wählen Sie im Menü die Option **Rahmenlinie unten**. Damit legen Sie fest, dass unterhalb des Absatzes eine Linie erscheinen soll.

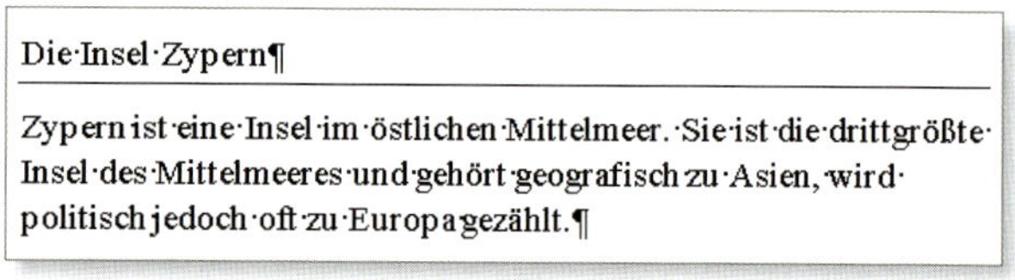
Die·Insel·Zypern¶

Zypern·ist·eine·Insel·im·östlichen·Mittelmeer.·Sie·ist·die·drittgrößte·Insel·des·Mittelmeeres·und·gehört·geografisch·zu·Asien,·wird·politisch·jedoch·oft·zu·Europa·gezählt.¶

Abbildung 17.26
Eine Linie unterhalb einer Überschrift

Genauso funktionieren die übrigen Befehle des Menüs. Mit der Option **Rahmenlinie links** wird z. B. eine vertikale Linie links des Absatzes gezogen, in dem der Cursor bei der Zuweisung des Befehls steht.

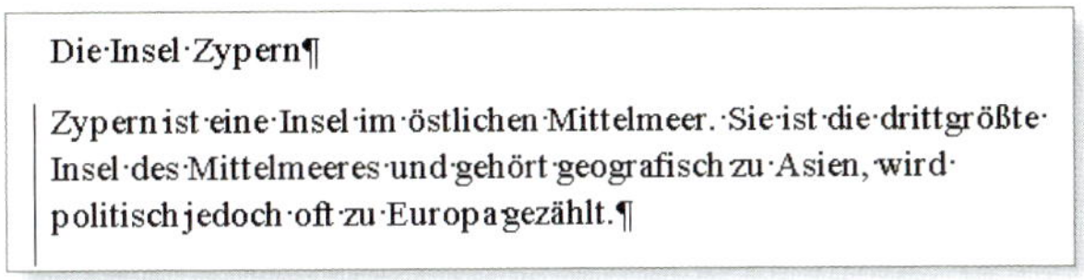
Die·Insel·Zypern¶

Zypern·ist·eine·Insel·im·östlichen·Mittelmeer.·Sie·ist·die·drittgrößte·Insel·des·Mittelmeeres·und·gehört·geografisch·zu·Asien,·wird·politisch·jedoch·oft·zu·Europa·gezählt.¶

Abbildung 17.27
Eine vertikale Rahmenlinie links des Absatzes

Sie müssen sich übrigens nicht für einen dieser Befehle entscheiden, sondern können jedem Absatz auch unterschiedliche Rahmenlinien zuweisen. Wenn ein Absatz mit einer darunter befindlichen Linie auch eine darüber verlaufende Linie erhalten soll, ist das kein Problem: Setzen Sie den Cursor in den Absatz und klicken Sie im Menü der Schaltfläche **Rahmen** einfach erst auf die Option **Rahmenlinie unten** und dann auf **Rahmenlinie oben**.

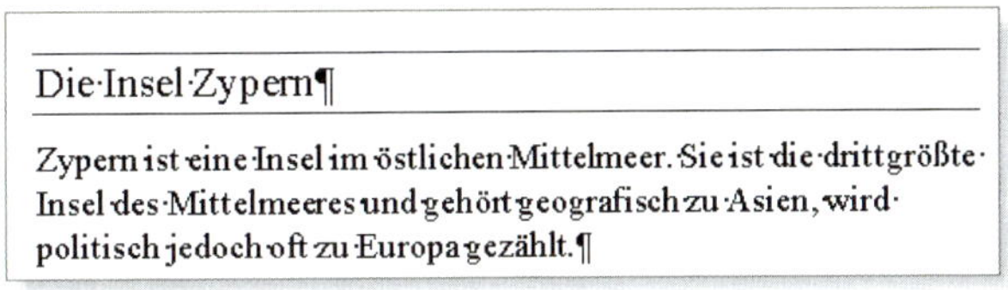
Die·Insel·Zypern¶

Zypern·ist·eine·Insel·im·östlichen·Mittelmeer.·Sie·ist·die·drittgrößte·Insel·des·Mittelmeeres·und·gehört·geografisch·zu·Asien,·wird·politisch·jedoch·oft·zu·Europa·gezählt.¶

Abbildung 17.28
Die Überschrift mit einer Linie darüber und einer Linie darunter

Rahmenlinien im Dialog »Rahmen und Schattierung« variieren

Genau wie bei kompletten Umrandungen nutzen Sie den Dialog **Rahmen und Schattierung** auch dazu, einzelne Rahmenlinien optisch zu variieren. Über diesen Dialog können Sie auch direkt die passende Linie zuweisen. Wenn Ihnen also eine spezielle Formatierung vorschwebt, bietet es sich an, diese Einstellungen von vornherein im Dialog **Rahmen und Schattierung** vorzunehmen.

1. Setzen Sie den Cursor in den Absatz, den Sie mit einer einzelnen Rahmenlinie versehen möchten.
2. Klicken Sie im Menü der Schaltfläche **Rahmen** auf **Rahmen und Schattierung**, um den zugehörigen Dialog zu öffnen.
3. Der Vorschaubereich in diesem Dialog bietet die Möglichkeit, einzelne Rahmenlinien zu setzen. Die kleinen Schaltflächen symbolisieren die Lage der Linie bezogen auf den Absatz. Für eine Linie unterhalb des Absatzes klicken Sie auf das Symbol, das die Linie unten zeigt ❶.

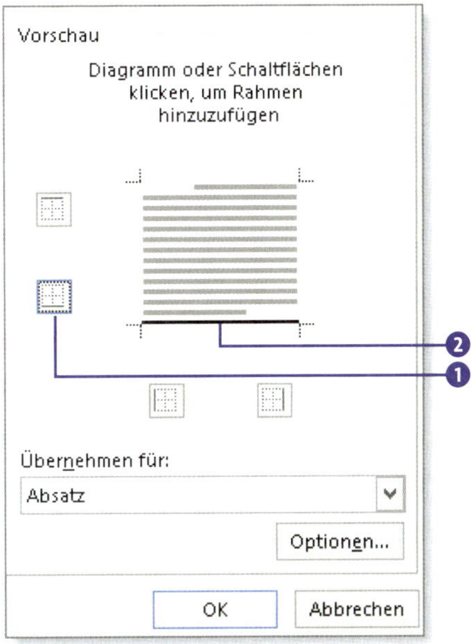

Abbildung 17.29
Verschiedene Rahmenlinien im Vorschaubereich

Daraufhin wird diese Linie unterhalb des Rechtecks, das den Absatz darstellt (das *Diagramm*, wie es im Vorschaubereich heißt), angezeigt ❷. Sie können übrigens auch direkt auf die Ränder dieses Rechtecks klicken, um die Position einer Rahmenlinie festzulegen.

Rahmenlinien bearbeiten

Wenn Sie die Rahmenlinie verändern möchten, die Sie gerade gesetzt haben, nutzen Sie die entsprechenden Felder, z. B. für **Farbe** oder **Breite**. Sie werden aber enttäuscht feststellen, dass in der Vorschau keine Veränderung angezeigt wird. Hier müssen Sie ein wenig nachhelfen: Klicken Sie auf die entsprechende Linie im Vorschaubereich, um die neue Formatierung auf diese Rahmenlinie zu übertragen.

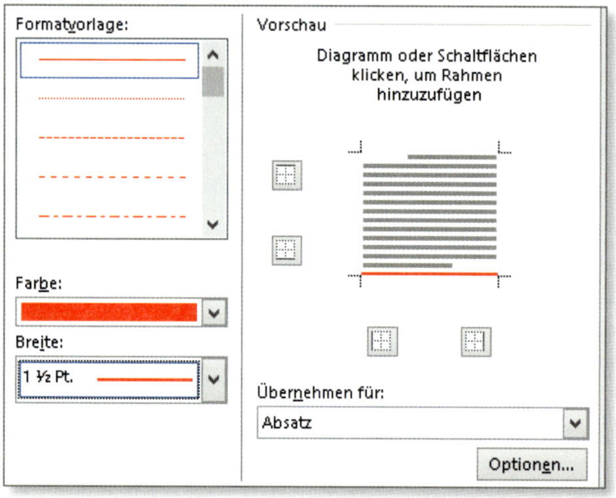

^ Abbildung 17.30
So übertragen Sie die Farbe auf die Rahmenlinie.

Sie können natürlich auch anders vorgehen: Wählen Sie zuerst die Linienart im Menü **Formatvorlage** aus, stellen Sie die **Farbe** und die **Breite** der Rahmenlinie ein und klicken Sie dann auf eines der Liniensymbole im Bereich **Vorschau**.

Rahmenlinien einzeln verändern

Wenn Sie einzelne Rahmenlinien setzen, ist es problemlos möglich, unterschiedliche Einstellungen für jede Linie zu verwenden. Sie können die einzelnen Rahmenlinien auch z. B. in unterschiedlichen Farben gestalten, wenn es zu Ihrem Text passt. Dazu wählen Sie einfach für jede Linie eine andere Farbe im Menü aus.

^ Abbildung 17.31
Unterschiedliche Farben für einzelne Rahmenlinien

Wenn Sie mit dem Befehl **Rahmenlinien außen** oder im Dialog **Rahmen und Schattierung** über die Schaltfläche **Kontur** einen Rahmen um den ganzen Absatz gezogen haben, überträgt sich eine neue Einstellung (in Bezug auf die Linienart, ihre Farbe und/oder ihre Breite) standardmäßig auf den gesamten Rahmen. Nur einer Seite eines Rahmens eine andere Linienformatierung zuzuweisen funktioniert am einfachsten mit der Schaltfläche **Anpassen**.

1 Klicken Sie also auf der Registerkarte **Rahmen** links im Bereich **Einstellung** auf die Schaltfläche **Anpassen**.

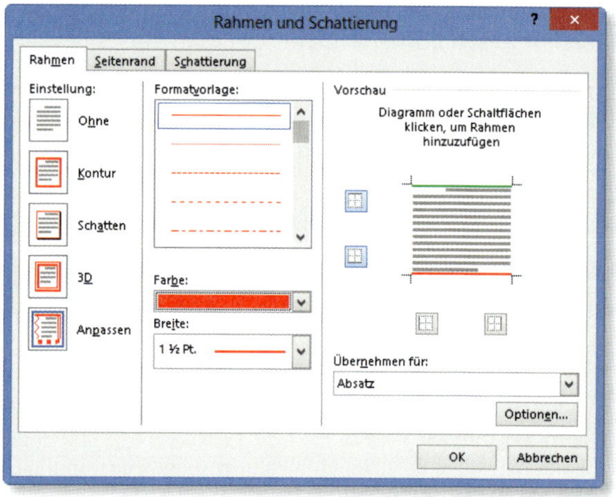

^ Abbildung 17.32
Einzelnen Linien eines Rahmens eine andere Farbe zuweisen

2 Über die Auswahllisten der Felder **Formatvorlage** und **Farbe** stellen Sie dann die Linienart und eine passende Farbe ein.

3 Klicken Sie im Vorschaubereich auf die Rahmenlinie, der Sie diese Formatierung zuweisen möchten.

4 Bestätigen Sie die neue Einstellung mit **OK**.

Auf diese Weise können Sie jede Linie Ihres Rahmens einzeln gestalten, wenn Sie möchten.

Rahmenlinien wieder entfernen

Wie gewohnt, gibt es verschiedene Alternativen, um einzelne Rahmenlinien wieder zu entfernen:

1. Klicken Sie auf die entsprechende Schaltfläche im Vorschaubereich. Sie funktioniert wie ein Schalter: Entweder ist die Rahmenlinie »angeschaltet« oder »ausgeschaltet«.

2. Klicken Sie auf die Linie im Diagramm des Vorschaubereiches. Auch das funktioniert nach dem Schalterprinzip.
3. Wenn Sie eine Rahmenlinie vergeben haben, ist der entsprechende Eintrag im Menü der Schaltfläche **Rahmen** auf der Registerkarte **Start** markiert. Auch diese Optionen funktionieren wie Schalter; Sie deaktivieren sie per Mausklick.
4. Um mehrere Rahmenlinien auf einen Schlag zu entfernen, klicken Sie im Menü der Schaltfläche **Rahmen** auf der Registerkarte **Start** einfach auf **Kein Rahmen**.

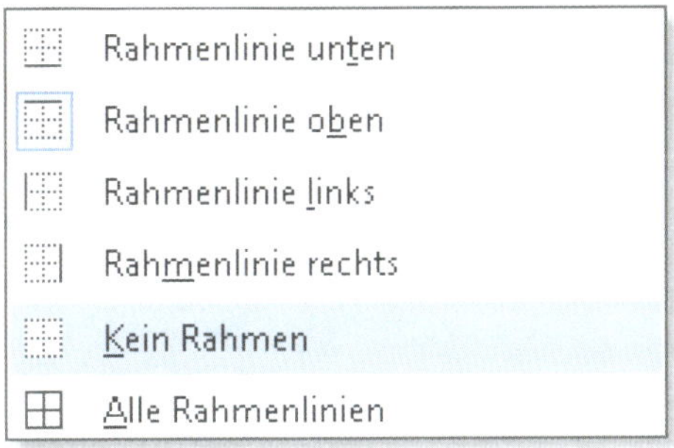

Abbildung 17.33
Alle Rahmenlinien über das Menü der Schaltfläche »Rahmen« entfernen

5. Im Dialog **Rahmen und Schattierung** können Sie ebenfalls mehrere Rahmenlinien auf einmal löschen, wenn Sie auf die Schaltfläche **Ohne** im linken Bereich des Dialogs klicken.

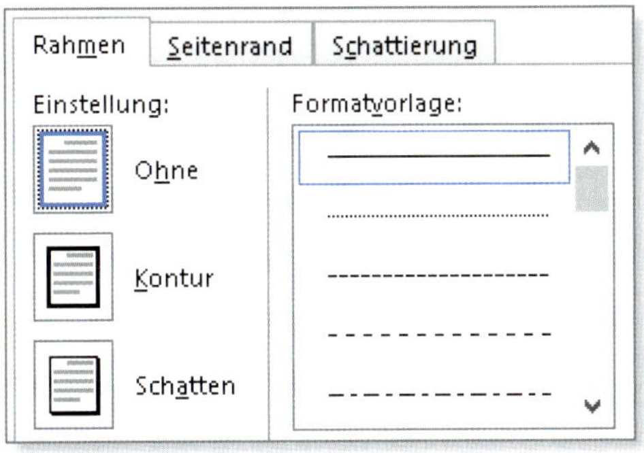

Abbildung 17.34
Rahmenlinien über den Dialog »Rahmen und Schattierung« entfernen

Horizontale Linien

Im Menü der Schaltfläche **Rahmen** entdecken Sie auch den Eintrag **Horizontale Linie**. Wenn Sie darauf klicken, wird an der Cursorposition – wie die Bezeichnung verspricht – eine horizontale Linie eingefügt.

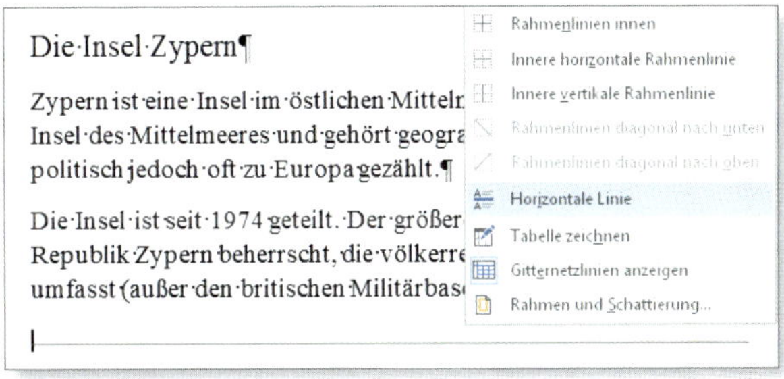

Abbildung 17.35
Eine horizontale Linie einfügen

Wenn sich der Cursor mitten in einem Absatz befindet und Sie dann eine horizontale Linie einfügen, wird die Zeile umbrochen und die Linie erscheint direkt darunter (und nicht erst am Ende des Absatzes).

Diese Linie unterscheidet sich von den bisher vorgestellten Rahmenlinien dahingehend, dass es sich bei ihr um eine Grafik handelt. Wenn Sie die Linie anklicken, werden die für eine Grafik typischen Ziehpunkte eingeblendet. Mithilfe der Ziehpunkte lässt sich die Grafik in ihrer Höhe und Breite verändern. Dazu führen Sie den Mauszeiger an einen Ziehpunkt und ziehen die Linie mit gedrückter Maustaste auf die gewünschte Breite und/oder Höhe. Um die Linie beispielsweise zu kürzen, zeigen Sie auf den mittleren Ziehpunkt am rechten Rand der Grafik und ziehen ihn mit gedrückter Maustaste etwas nach links.

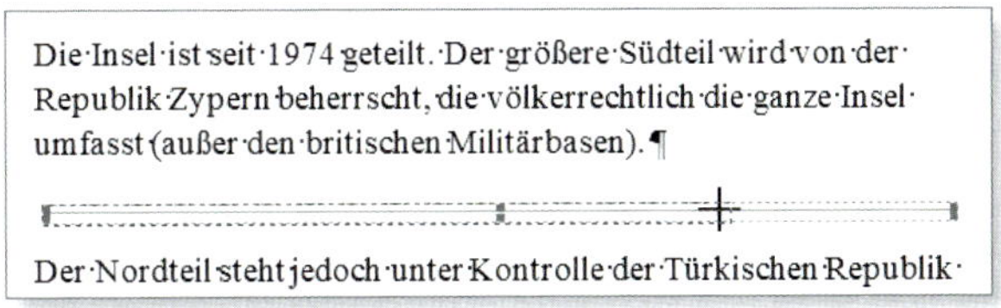

Abbildung 17.36
Eine horizontale Linie per Maus kürzen

Zum Bearbeiten der Linie können Sie sie auch mit der rechten Maustaste anklicken und im Kontextmenü **Horizontale Linie formatieren** wählen. Der nachfolgende Dialog bietet diverse Einstellungsmöglichkeiten; Sie können hier z. B. die Farbe ändern, die Breite und Höhe anpassen sowie die Position (**Links**, **Zentriert**, **Rechts**) bestimmen.

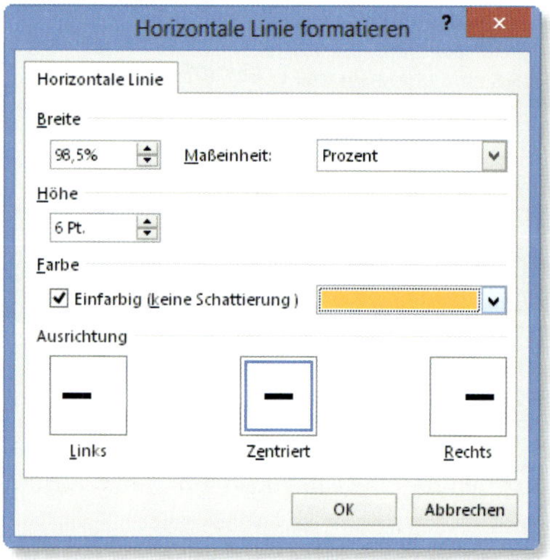

Abbildung 17.37
Die horizontale Linie im Dialog formatieren

Weil es sich bei dieser Linie nicht um eine »normale« Linie, sondern eben um eine Grafik handelt, entfernt man sie auch wie eine Grafik (und nicht über den Befehl **Kein Rahmen**): Markieren Sie sie, indem Sie die Linie einfach anklicken, und drücken Sie dann die Entf-Taste.

17.4 Schattierungen und Muster

Möchten Sie mehr Farbe ins Spiel, sprich in Ihr Dokument bringen? Das ist ziemlich einfach. Wie Sie die Schrift oder markierte Textstellen einfärben, wissen Sie ja bereits (siehe Kapitel 14, »Zeichenformatierung«), aber Sie können z. B. einem Absatz (mit oder ohne Rahmen) oder einem markierten Bereich auch einen komplett farbigen Hintergrund (eine Schattierung bzw. Füllung) gönnen.

Den Hintergrund eines Absatzes einfärben

Um einen ganzen Absatz farbig zu gestalten, gehen Sie wie im Folgenden beschrieben vor.

1. Setzen Sie den Cursor in den Absatz.
2. Klicken Sie auf den Auswahlpfeil an der Schaltfläche **Schattierung** ❶ und wählen Sie im Menü eine Farbe aus oder rufen Sie über das Menü **Rahmen** ❷ den Dialog **Rahmen und Schattierung** auf.

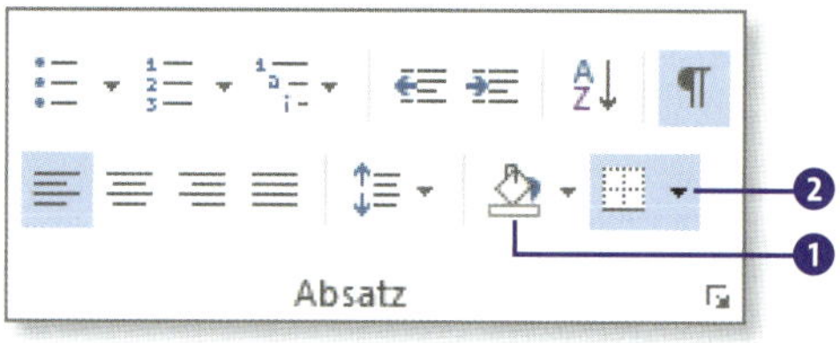

Abbildung 17.38
Den Dialog »Rahmen und Schattierung« aufrufen

3. Wenn Sie eine Schattierung ohne Kontur (also ohne Rahmen) zuweisen möchten, wechseln Sie im Dialog **Rahmen und Schattierung** direkt auf die Registerkarte **Schattierung**.
4. Klicken Sie auf den Pfeil am Feld **Füllung** und wählen Sie eine Farbe aus der Palette, mit der der Text noch lesbar bleibt.
5. Bestätigen Sie Ihre Auswahl mit **OK**.

Abbildung 17.39
Eine Farbe für den Hintergrund wählen

Wie Sie in Abbildung 17.40 sehen, hat der Absatz nun einen farbigen Hintergrund bekommen. Genauso gut und auf dem gleichen Weg können Sie einen Rahmen ausfüllen. Setzen Sie einfach den Cursor in den eingerahmten Text und gehen Sie dann wie gerade beschrieben vor.

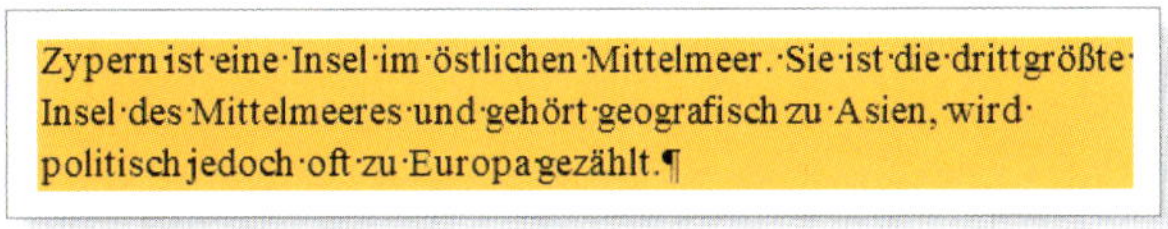
Zypern·ist·eine·Insel·im·östlichen·Mittelmeer.·Sie·ist·die·drittgrößte·Insel·des·Mittelmeeres·und·gehört·geografisch·zu·Asien,·wird·politisch·jedoch·oft·zu·Europa·gezählt.¶

Abbildung 17.40
Ein Absatz mit farbigem Hintergrund

TIPP

Schattierungen zuweisen

Eine Schattierung ohne Kontur können Sie problemlos im Menü der Schaltfläche **Schattierung** festlegen. Für differenziertere Einstellungen brauchen Sie die Registerkarte **Schattierung** im Dialog **Rahmen und Schattierung**.

Textbereiche mit Schattierungen versehen

Um einzelne Textbereiche zu schattieren, gehen Sie erst einmal genauso vor wie beim Einrahmen von Textbereichen. Zunächst markieren Sie das Wort bzw. den Textbereich, dann weisen Sie, wie eben beschrieben, über das Menü der Schaltfläche **Schattierung** oder über den Dialog **Rahmen und Schattierung** die Hintergrundfarbe zu.

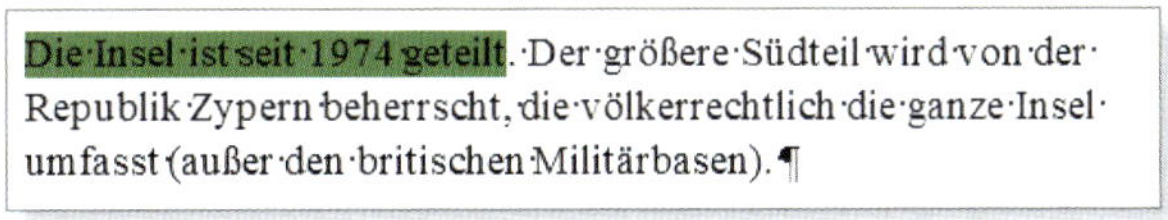
Die·Insel·ist·seit·1974·geteilt.·Der·größere·Südteil·wird·von·der·Republik·Zypern·beherrscht,·die·völkerrechtlich·die·ganze·Insel·umfasst·(außer·den·britischen·Militärbasen).¶

Abbildung 17.41
Ein markierter Textbereich wurde schattiert.

Auch hier sind Kombinationen möglich. Besonders pfiffig wirkt die Verbindung einer einzelnen Rahmenlinie mit einer Schattierung z. B. für eine Überschrift.

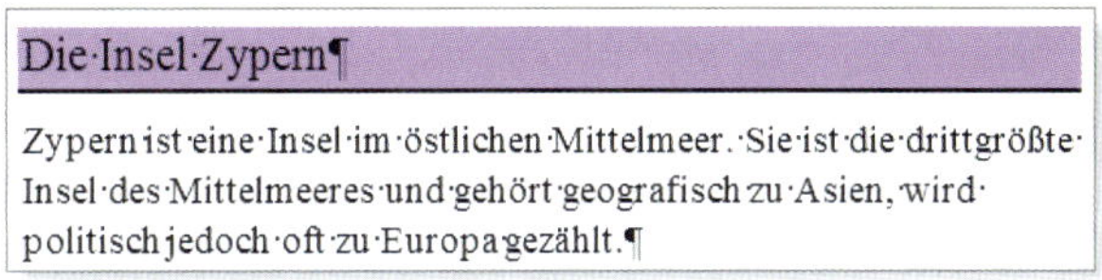
Die·Insel·Zypern¶
Zypern·ist·eine·Insel·im·östlichen·Mittelmeer.·Sie·ist·die·drittgrößte·Insel·des·Mittelmeeres·und·gehört·geografisch·zu·Asien,·wird·politisch·jedoch·oft·zu·Europa·gezählt.¶

Abbildung 17.42
Eine Kombination aus Rahmenlinie und Schattierung

1. Setzen Sie den Cursor in die Überschrift.
2. Öffnen Sie den Dialog **Rahmen und Schattierung**.
3. Stellen Sie eine Formatierung für die Rahmenlinie ein und klicken Sie im Vorschaubereich auf das Symbol **Rahmenlinie unten**.
4. Wechseln Sie auf die Registerkarte **Schattierung** und klappen Sie über den Pfeil am Feld **Füllung** die Farbpalette auf. Entscheiden Sie sich für eine Farbe.
5. Um die Schattierung und die Rahmenlinie etwas zu verkürzen, können Sie das Symbol für einen rechten Einzug im Lineal nutzen. Setzen Sie den Mauszeiger auf dieses Symbol und ziehen Sie es mit gedrückter Maustaste ein wenig nach links.

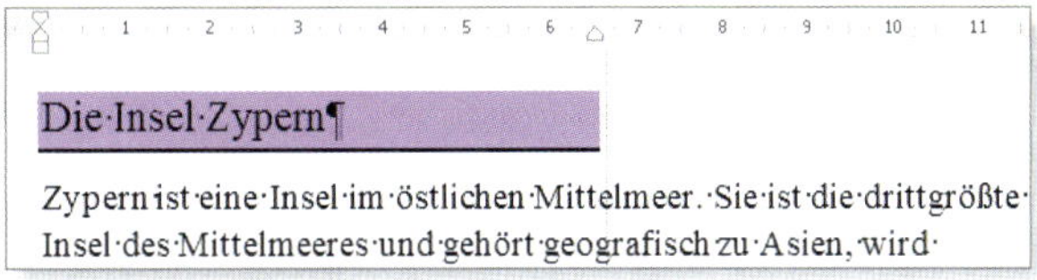
Die·Insel·Zypern¶
Zypern·ist·eine·Insel·im·östlichen·Mittelmeer.·Sie·ist·die·drittgrößte·Insel·des·Mittelmeeres·und·gehört·geografisch·zu·Asien,·wird·

Abbildung 17.43
Die Schattierung mit einem Einzug von rechts verkürzen

Füllungen bearbeiten

Sie können die Hintergrundgestaltung noch variieren, indem Sie die Deckkraft der Farbe ändern oder ein Muster hinzufügen (beides auf der Registerkarte **Schattierung** im Bereich **Muster**). Die Deckkraft stellen Sie über das Feld **Linienart** ein – eine Bezeichnung, die nicht glücklich gewählt ist, denn es geht hier ja nicht um Linien, sondern um Farbflächen. Standardmäßig ist hier **Transparent** eingestellt.

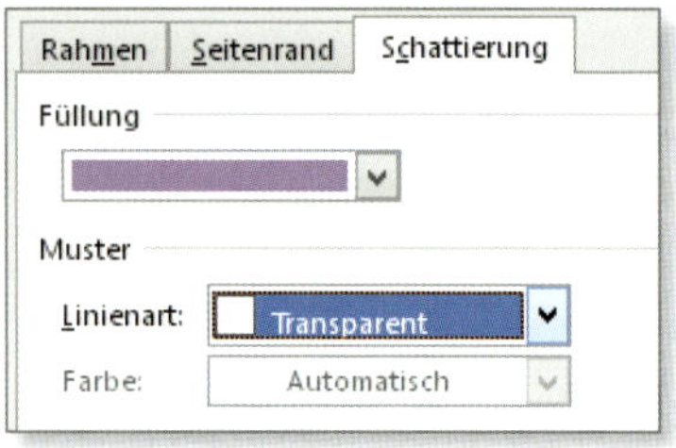

^ Abbildung 17.44
»Transparent« als Standardeinstellung für die Farbflächen

Das bedeutet, dass die Farbe die Fläche komplett ausfüllt. Im Menü lassen sich verschiedene Prozentsätze auswählen; gleichzeitig ist standardmäßig im Feld **Farbe** der Eintrag **Automatisch** ausgewählt (also Schwarz). Je nach Prozentsatz wird die Hintergrundfarbe dementsprechend mit Schwarz durchsetzt, sodass sie immer dunkler wird. Bei einer Einstellung von »50%« mischen sich die gewählte Farbe und Schwarz zu gleichen Teilen. Probieren Sie es am besten selbst einmal an Ihrem Bildschirm aus.

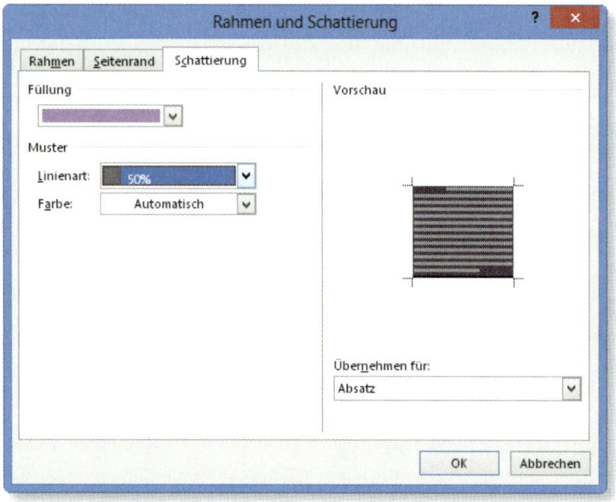

^ Abbildung 17.45
Für einen dunklen Hintergrund wurde im Feld »Linienart« die Einstellung »50%« gewählt.

Je nach Farbe dominieren ab einem bestimmten Prozentsatz die schwarzen Farbpunkte, sodass die Fläche eher schwarz als farbig wirkt. Stellen Sie am besten eine sehr große Zoomstufe ein, auf diese Weise lässt sich die Veränderung besonders gut erkennen.

^ Abbildung 17.46
Bei 70% wirkt die Füllung (ein helles Lila) eher schwarz als farbig – hier im großen Zoom zu sehen.

Da Word zugunsten der Lesbarkeit immer den größtmöglichen Kontrast anstrebt, wird die Schriftfarbe automatisch auf Weiß umgestellt, sobald der Hintergrund zu dunkel wird. (Diese Umstellung erfolgt natürlich nur, wenn Sie als Schriftfarbe **Automatisch** eingestellt haben; sollten Sie diese Standardeinstellung geändert und eine konkrete Schriftfarbe ausgewählt haben, bleibt es unabhängig vom Hintergrund bei dieser Einstellung).

Solange Sie es im Feld **Farbe** bei der Einstellung **Automatisch** belassen, mischt sich die unter **Füllung** eingestellte Farbe, wie gesagt, mit schwarzen Farbpunkten. Sie können aber auch im Feld **Farbe** eine Farbe auswählen, die sich dann statt Schwarz mit der eigentlichen Hintergrundfarbe mischt. Beachten Sie dabei, dass das Feld **Farbe** nur aktiv ist, wenn Sie im Feld **Linienart** einen Prozentwert eingestellt haben.

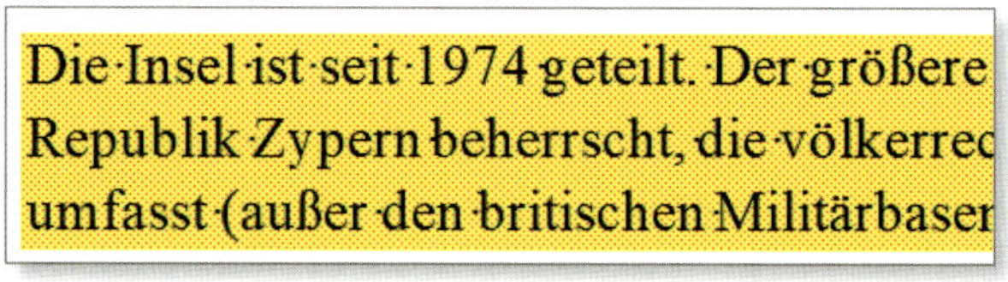

^ Abbildung 17.47
Eine gelbe Füllung mit roten Punkten bei 20%

HINWEIS

Grauschattierungen

Wenn Sie im Feld **Füllung** keine Farbe auswählen und im Feld **Linienart** einen Prozentsatz einstellen, werden unterschiedliche Grauwerte als Füllung verwendet. Je höher der Prozentsatz, desto dunkler wird das Grau.

Ein Muster als Hintergrund

Wenn Sie im Menü des Feldes **Linienart** weit genug nach unten scrollen, entdecken Sie auch regelrechte Muster, die als Füllung verwendet werden können.

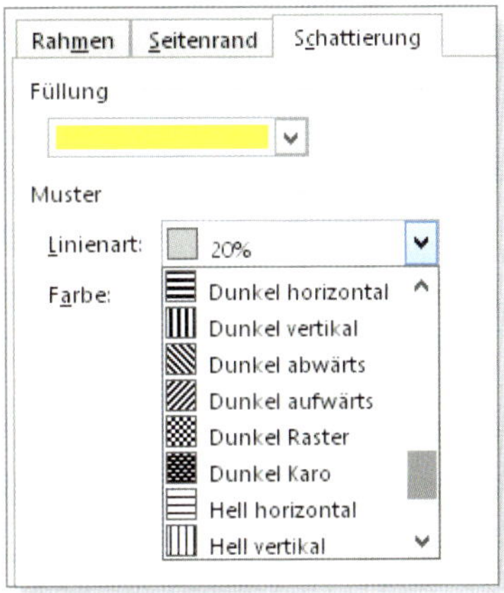

Abbildung 17.48
Die Auswahl an Mustern für den Hintergrund

Es gibt vier Varianten bzw. Kombinationen, wie Sie diese Muster nutzen können.

1. Sie stellen keine Farbe im Feld **Füllung** ein und belassen es im Feld **Farbe** bei der Einstellung **Automatisch**. Das im Feld **Linienart** ausgewählte Muster wird dann schwarz-weiß dargestellt.
2. Sie stellen eine Farbe im Feld **Füllung** ein und belassen es im Feld **Farbe** bei der Einstellung **Automatisch**. Das Muster aus dem Feld **Linienart** erscheint daraufhin schwarz auf dem farbigen Hintergrund.
3. Sie stellen keine Farbe im Feld **Füllung** ein und wählen im Feld **Farbe** eine Farbe für das Muster aus. Der Hintergrund bleibt standardmäßig weiß, und das Muster wird in der ausgewählten Farbe dargestellt.
4. Sie stellen eine Farbe im Feld **Füllung** ein und wählen außerdem eine Farbe für das Muster im Feld **Farbe**.

Als Hintergrund für einen Text sind Muster im Prinzip nicht sehr geeignet, das erkennen Sie selbst. Der Text wird unleserlich, und das Ganze wirkt eher unruhig als optisch ansprechend!

Spanien·(amtlich·Königreich·Spanien,·spanisch·Reino·de·España·ist·ein·Staat·mit·einer·parlamentarischen·Erbmonarchie,·der·größtenteils·auf·der·im·Südwesten·Europas·gelegenen·Iberischen·Halbinsel·liegt.·Die·Hauptstadt·ist·Madrid.·¶

Abbildung 17.49
Eine gelbe Hintergrundfüllung mit einem Muster (»Hell vertikal«) in Rot

Der Einsatz einer solchen Formatierung wäre unter Umständen denkbar für die Gestaltung eines Leerabsatzes in einem Text, der bunt und auffällig sein darf. Im Großen und Ganzen kann man das aber eher in der Kategorie Spielerei verbuchen und sollte in den meisten Dokumenten vermieden werden.

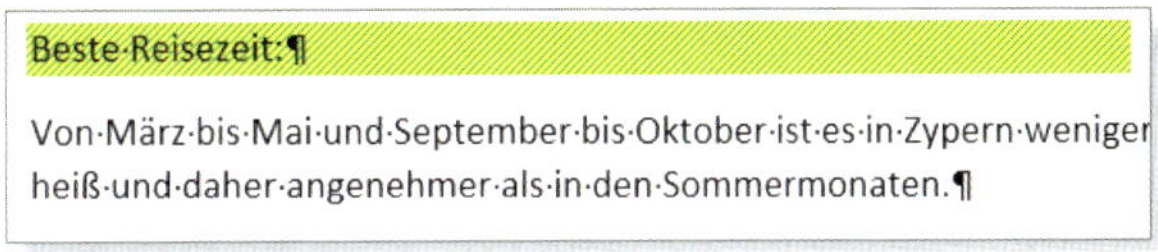
Beste·Reisezeit:¶

Von·März·bis·Mai·und·September·bis·Oktober·ist·es·in·Zypern·weniger·heiß·und·daher·angenehmer·als·in·den·Sommermonaten.¶

Abbildung 17.50
Ein farbiges Streifenmuster (»Hell horizontal«) als Hintergrund

Eine Schattierung entfernen

Um eine Schattierung wieder loszuwerden, klicken Sie im Menü der Schaltfläche **Schattierung** auf **Keine Farbe** oder Sie öffnen auf der Registerkarte **Schattierung** des Dialogs **Rahmen und Schattierung** das Menü des Feldes **Füllung** und klicken hier auf den Menüeintrag **Keine Farbe**. Wenn Sie zudem im Feld **Linienart** einen Prozentsatz oder ein Muster eingestellt hatten, wählen Sie hier wieder die Option **Transparent**. Ansonsten bleibt auch ohne Füllfarbe eine Grauschattierung oder ein Muster in Schwarz-Weiß in Ihrem Text bestehen.

Wenn die Schattierung hartnäckig bestehen bleibt, liegt das daran, dass Sie den Text vor der Zuweisung der Farbe markiert hatten. In diesem Fall müssen Sie das schattierte Wort oder die schattierten Textzeilen erneut markieren und dann **Keine Farbe** (bzw. die Option **Transparent**) wählen.

^ Abbildung 17.51
Die Füllfarbe entfernen

17.5 Einen Rahmen für die Seite festlegen

Auch die Seitenränder (im Sinne eines Rahmens, der um die Seite gezogen wird), die zur klassischen Formatierung eines Dokuments gehören, finden Sie im Dialog **Rahmen und Schattierung** (siehe Abbildung 17.52). Um Seitenränder einzustellen, wechseln Sie in diesem Dialog zur Registerkarte **Seitenrand**. Die Einstellungen auf dieser Registerkarte sind fast identisch mit denen der Registerkarte **Rahmen**. Lediglich das Feld **Effekte** wird hier zusätzlich angeboten, und die Optionen im Feld **Übernehmen für** sind logischerweise andere als auf der Registerkarte **Rahmen**.

> **HINWEIS**
>
> **Seitenränder vs. Seitenrahmen**
>
> Die Seitenränder, von denen hier die Rede ist, sind natürlich nicht die nicht bedruckten Bereiche am Rand des Dokuments; die Bezeichnung »Seitenrand« für die Registerkarte ist daher nicht besonders geschickt gewählt, schöner wäre »Seitenrahmen«.

Um die Seite(n) in Ihrem Dokument mit einem Seitenrahmen zu schmücken, stellen Sie im Bereich **Formatvorlage** ❶ die Linienart ein, wählen gegebenenfalls eine **Farbe** ❷ und eine andere **Breite** ❸ und klicken dann auf das Symbol **Kontur** ❹ (bzw. auf **Schatten** oder auf **3D**) im linken Bereich. Wenn Sie jede Seite umranden möchten, spielt es keine Rolle, wo der Cursor zu diesem Zeitpunkt steht.

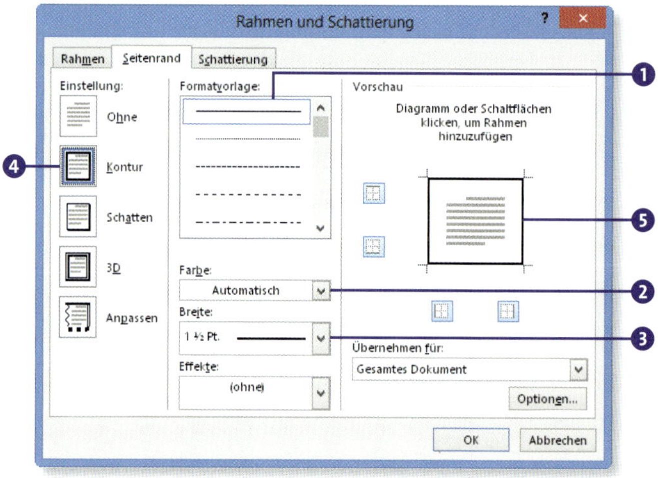

^ Abbildung 17.52
Die Registerkarte »Seitenrand« im Dialogfenster »Rahmen und Schattierung«

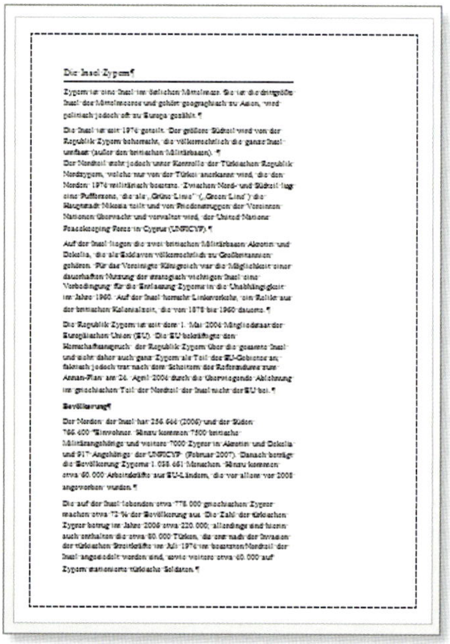

^ Abbildung 17.53
Eine Seite mit Seitenrahmen

TIPP

Trauerrand

Seien Sie vorsichtig mit einem breiten Rand in Schwarz. Das kann leicht nach einem Trauerfall aussehen, und in den meisten Fällen wäre das wohl eher unpassend.

Im Bereich **Vorschau** ❺ wird der Seitenrand angezeigt, wie Sie ihn gerade eingestellt haben. Nach der Bestätigung mit **OK** haben alle Seiten im Dokument einen Rahmen bekommen.

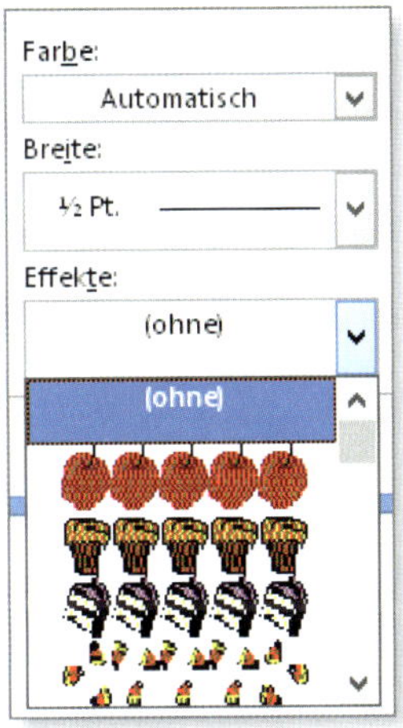

Abbildung 17.54
Die Auswahl der Piktogramme für den Seitenrahmen

Einen Seitenrand aus Piktogrammen anlegen

Eine Besonderheit verbirgt sich hinter dem Feld **Effekte**. Wenn Sie auf den Pfeil klicken, um die Auswahlliste aufzuklappen, sehen Sie lauter kleine Piktogramme. Scrollen Sie nach unten, um die ganze Auswahl zu sehen. Wenn Sie hier eine der Optionen anklicken, sehen Sie im Vorschaubereich, was daraufhin passiert: Der Seitenrahmen wird aus diesen Piktogrammen gebildet.

Es liegt auf der Hand, dass eine derartige Spielerei für Einladungen zu Kindergeburtstagen etc. in Ordnung ist, jedoch in offiziellen Dokumenten oder Geschäftsbriefen nichts zu suchen hat! Weiter unten im Menü gibt es aber auch dekorative Muster, die sich für einen Schmuckrahmen recht gut eignen. Wenn Sie also eine der Optionen wählen und dann auf **OK** klicken, er-

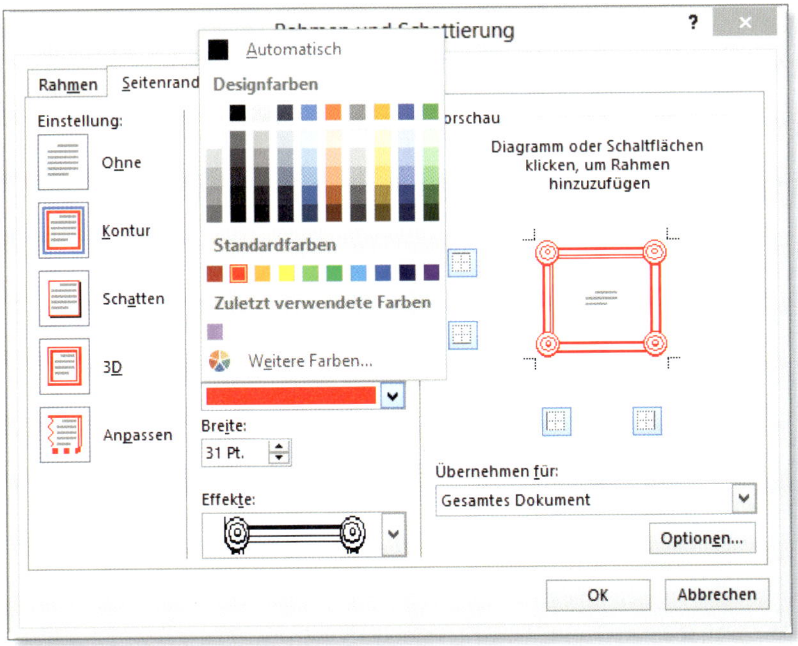

Abbildung 17.55
Ein schwarz-weißes Piktogramm lässt sich einfärben.

hält Ihr Dokument einen hübschen Rahmen. Auf diese Weise können Sie Ihre Seiten beispielsweise mit schönen orangefarbenen Kürbisköpfen o. Ä. verzieren.

Falls Ihnen die Bildchen ein wenig zu groß für den Seitenrahmen sind, können Sie sie natürlich noch verkleinern. Reduzieren Sie dazu auf der Registerkarte **Seitenrand** den Wert im Feld **Breite**. Auch andere Veränderungen sind möglich: Wenn Sie im Menü des Feldes **Effekte** weit genug nach unten scrollen, tauchen Bildchen und Muster in Schwarz-Weiß auf. Bei diesen Effekten lässt sich eine Wunschfarbe einstellen, was Sie daran erkennen, dass das Feld **Farbe** aktiv ist.

Verschiedene Seitenränder mit Abschnitten

Besonders wichtig im Dialogfenster **Rahmen und Schattierung** ist das Feld **Übernehmen für**, denn hier stellen Sie ein, wo der Seitenrand genau erscheinen soll. Es gibt vier verschiedene Optionen:

1. **Gesamtes Dokument**
2. **Diesen Abschnitt**
3. **Diesen Abschnitt – Nur erste Seite**
4. **Diesen Abschnitt – Alle außer 1. Seite**

Generell müssen Sie sich klarmachen, dass Seitenränder abschnittsweise zugewiesen und gespeichert werden. Sie können deshalb pro Abschnitt unterschiedliche Seitenrahmen zuweisen bzw. Abschnitte mit oder ohne Seitenrahmen erstellen. Setzen Sie dazu den Cursor in den betreffenden Abschnitt und wählen Sie einen Rahmen aus. Im Feld **Übernehmen für** wählen Sie dann entsprechend die Option **Diesen Abschnitt**.

INFO

Einen Abschnittswechsel einfügen

Um einen Abschnittswechsel einzufügen, klicken Sie in der Gruppe **Seite einrichten** der Registerkarte **Seitenlayout** auf die Schaltfläche **Umbrüche** und wählen im Menü im Bereich **Abschnittsumbrüche** die Option **Nächste Seite**.

Die Optionen im Feld **Übernehmen für** erleichtern generell den Umgang mit unterschiedlichen Seitenrahmen, falls Sie beispielsweise die erste Seite anders formatieren möchten als die nachfolgenden Seiten. Wer schon einmal versucht hat, ein »Titelblatt« speziell zu gestalten, weiß, was für eine Erleichterung die hier beschriebenen Funktionen sind. Mithilfe der Optionen **Diesen Abschnitt – Nur erste Seite** oder **Diesen Abschnitt – Alle außer 1. Seite** sparen Sie sich sogar das Einfügen von Abschnittswechseln. Wenn also nur die erste Seite des Dokuments einen Rahmen bekommen soll (und Sie keine Abschnittswechsel eingefügt haben), wählen Sie im Feld **Übernehmen für** einfach die Option **Diesen Abschnitt – Nur erste Seite**. Es spielt dabei keine Rolle, wo der Cursor vor dieser Aktion steht; die erste Seite erhält einen Rahmen, alle übrigen Seiten nicht. Das ist z. B. dann sinnvoll, wenn die erste Seite ein Deckblatt ist und dementsprechend besonders gestaltet werden soll.

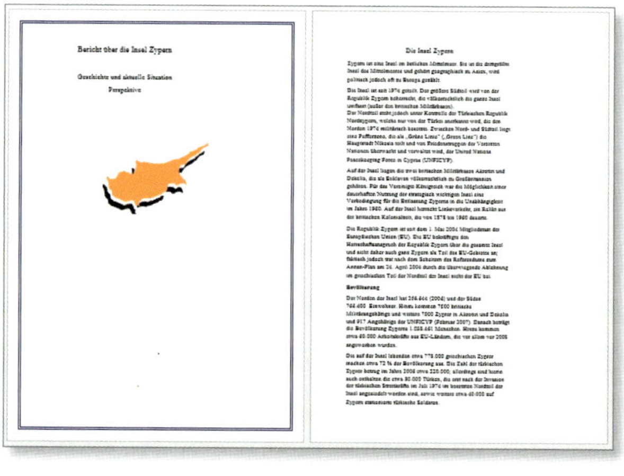

˄ *Abbildung 17.56*
Ein Rahmen für die erste Seite bzw. den ersten Abschnitt

Das Gegenteil passiert, wenn Sie im Feld **Übernehmen für** die Option **Diesen Abschnitt – Alle außer 1. Seite** wählen. Auf der ersten Seite taucht demzufolge kein Seitenrahmen auf, aber dafür auf allen weiteren Folgeseiten Ihres Dokuments – jedenfalls solange Sie keinen Abschnittswechsel einfügen und für den neuen Abschnitt andere Einstellungen vornehmen.

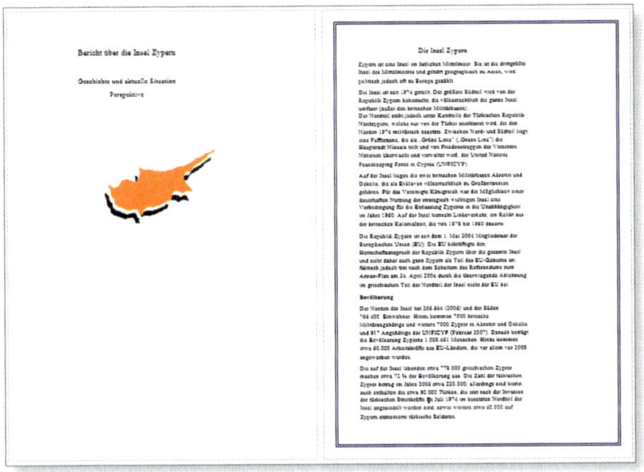

Abbildung 17.57
Die Einstellung »Diesen Abschnitt – Alle außer 1. Seite«

TIPP

Seitenrahmen nur auf erster Seite?

Um zu überprüfen, ob die Einstellung **Diesen Abschnitt – Nur erste Seite** funktioniert hat, fügen Sie einfach einmal einen Seitenumbruch auf der ersten Seite ein (mithilfe der Tastenkombination [Strg] + [↵]). So erzeugen Sie auf die Schnelle eine neue Seite, auf der nun kein Rahmen auftauchen dürfte.

Den Abstand einstellen

Zu guter Letzt gibt es auch auf dieser Registerkarte die Schaltfläche **Optionen**. Wenn Sie diese Schaltfläche anklicken, rufen Sie das Dialogfenster **Rahmen- und Schattierungsoptionen** auf, mit dessen Hilfe Sie den Abstand der Seitenrahmenlinien zur Blattkante oder zum Text beeinflussen können.

Über die Werte in den Feldern **Oben**, **Unten**, **Links** und **Rechts** stellen Sie standardmäßig ein, wie weit die Seitenrahmenlinien vom Blattrand entfernt sein sollen. Im Feld **Gemessen von** steht zwar **Seitenrand**, dies ist jedoch eine irreführende Bezeichnung, denn der Abstand, den Sie in die jeweiligen Felder eingeben, bezieht sich hier auf die Blattkante. Wenn Sie kleinere Werte in die Felder eingeben, rückt der Seitenrahmen also weiter an die Blattkante heran. Ein zu kleiner Abstand zum Blattrand kann allerdings beim Drucken zu Problemen führen.

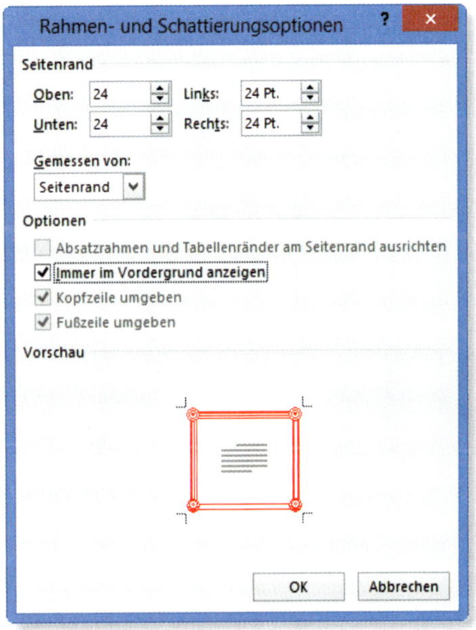

Abbildung 17.58
Die Abstände zum Seitenrand einstellen

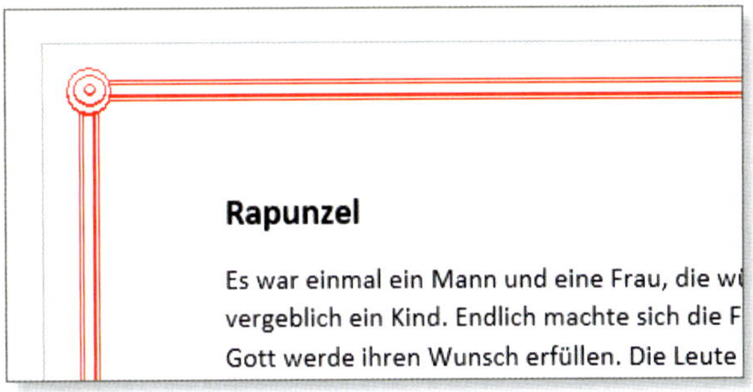

Abbildung 17.59
Ein Abstand von 10 Pt. oben und links

Abstand zwischen Seitenrahmen und Text

Neben dem Abstand zur Blattkante können Sie auch den Abstand zwischen den Seitenrahmenlinien und dem Text beeinflussen. Dazu wählen Sie im Feld **Gemessen von** die Option **Text**.

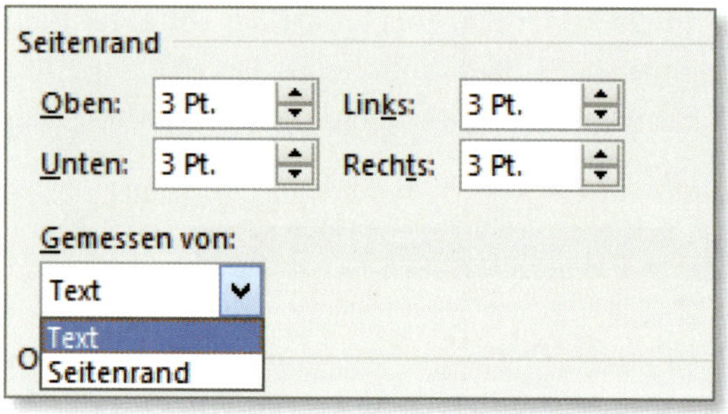

Abbildung 17.60
Abstand des Seitenrahmens zum Text

Je niedriger die Werte sind, die Sie hier eingeben, desto geringer wird der Abstand zwischen Seitenrahmen und Text. Wenn Sie z. B. »3« eingeben, werden die Linien sehr eng an den Text gesetzt.

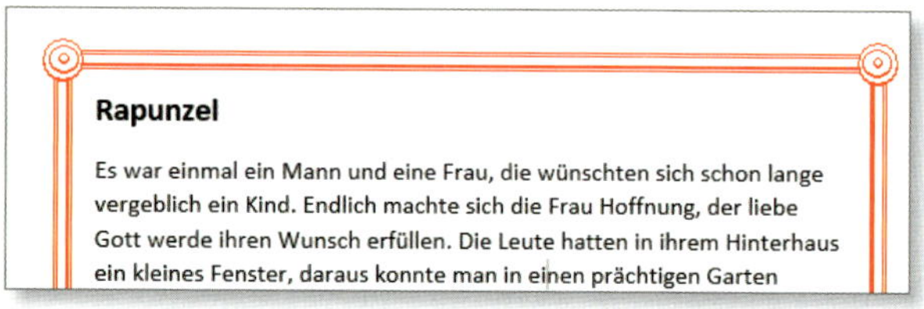

Abbildung 17.61
Der Seitenrand mit einem Abstand von 3 Pt. zum Text

Doch »Grau, teurer Freund, ist alle Theorie«, wie es bei Goethe heißt: Während kleinere Werte in den Feldern **Oben**, **Links** und **Rechts** den Abstand zwischen Rahmenlinien und Text tatsächlich verringern (und größere Werte ihn erweitern), werden Eingaben in das Feld **Unten** von Word schlichtweg ignoriert, und dieser Abstand bleibt, wie er vorher war.

Kapitel 18
Nummerierungen, Aufzählungszeichen und Listen

Listen mit fortlaufenden Nummerierungen oder symbolhaften Aufzählungszeichen sind eine feine Sache, wenn es um die übersichtliche Gestaltung bestimmter Texte geht. Welche Möglichkeiten Word 2013 hierfür bietet, zeigen wir Ihnen in diesem Kapitel.

Eine Liste zu schreiben, deren Einträge durchnummeriert sind, ist eine Aufgabe, die Sie vermutlich recht häufig erledigen möchten. Word unterstützt Sie dabei, wobei das Schöne ist, dass die Nummerierungswerte automatisch angepasst werden, wenn Einträge hinzukommen oder wegfallen. Das ist enorm hilfreich, wenn man bedenkt, wie oft es vorkommt, dass man bei einer Aufzählung etwas vergisst. Durch die Nummerierungsfunktion bekommt jeder neue Eintrag direkt den richtigen Wert.

Neben nummerierten Absätzen gibt es Listen, deren Einträgen anstelle einer Zahl ein sogenanntes *Aufzählungszeichen* vorangestellt wird. Es handelt sich bei diesen Zeichen um Symbole/Sonderzeichen, die den einzelnen Absätzen zugewiesen werden und diese voneinander abgrenzen.

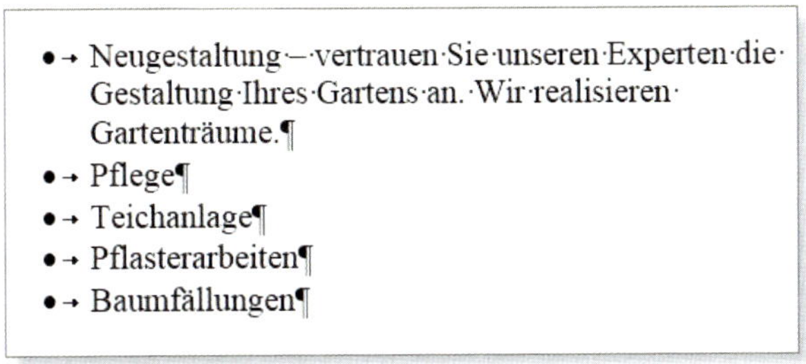

Abbildung 18.1
Eine Liste mit Aufzählungszeichen

Für wissenschaftliche Arbeiten benötigt man oft Gliederungen, in denen die einzelnen Überschriften hierarchisch mit einer entsprechenden Nummerierung strukturiert werden. Für diese Zwecke bietet Word 2013 Listen mit mehreren Ebenen, die wir in den letzten Abschnitten dieses Kapitels beschreiben werden.

18.1 Absätze nummerieren

Wenn Sie sich mit allen Standardeinstellungen zufriedengeben, ist es sehr einfach, Absätze zu nummerieren – es geschieht faktisch von selbst (allerdings nur, wenn die automatische Nummerierung eingeschaltet ist, was aber standardmäßig der Fall ist).

Eine einfache Aufzählung anlegen

Probieren Sie es also einfach einmal selbst aus und legen Sie eine einfache Aufzählung an.

1. Schreiben Sie »1.« (eine 1 und einen Punkt) und geben Sie nach einer Leerstelle etwas Text ein. Der Text wird automatisch eingerückt.
2. Drücken Sie die [↵]-Taste. Da eine Nummerierung ein Absatzmerkmal und somit mit der Absatzmarke verbunden ist, wird die Nummerierung automatisch

mit **2.** fortgesetzt. Word erstellt einen neuen Absatz, der die gleiche Formatierung bekommt wie der vorangegangene Absatz.

3 Um die Nummerierung nicht zu verlieren, müssen Sie auch hier Text eingeben. Würden Sie direkt nach der Zahl die [↵]-Taste drücken, würden Sie die Formatierung mit Nummerierung beenden (siehe hierzu auch den Abschnitt »Nummerierung beim Schreiben weglassen« auf Seite 370).

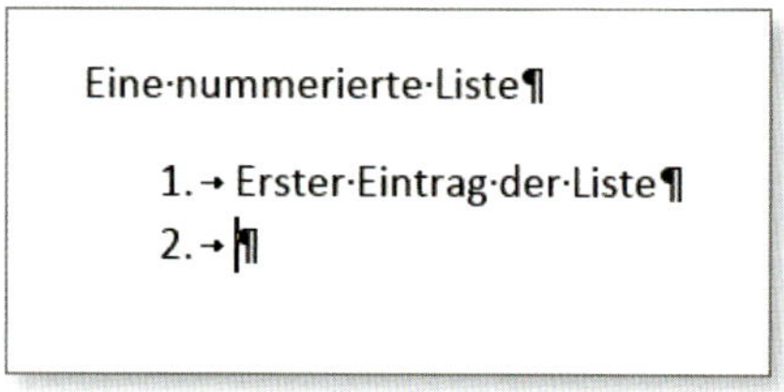

Abbildung 18.2
Die Nummerierung wird fortgesetzt.

HINWEIS

Nummerierungen mit Tücken

Wir möchten Ihnen an dieser Stelle bereits verraten, dass der Umgang mit der Nummerierungsfunktion zwar einerseits – wie Sie ja eben schon gesehen haben – einfach ist, es aber andererseits auch diverse Steine gibt, über die Sie stolpern können. Manchmal wird die Nummerierung entgegen Ihrer Erwartung nicht fortgeführt, manchmal bleibt eine Liste gegen Ihren Willen hartnäckig bestehen, und in wieder anderen Fällen ist die Formatierung nicht nach Ihrem Wunsch. Word selbst verhält sich nicht immer konsistent, was die ganze Sache nicht gerade erleichtert! Die folgenden Abschnitte sollen Sie nicht nur mit der Nummerierung vertraut machen, sondern Sie auch auf einige Tücken vorbereiten und Ihnen helfen, sie zu meistern.

Das Gleiche würde mit anderen Zahlenformaten passieren. Word erkennt z. B. auch bei den folgenden Eingaben bzw. Formaten, dass Sie eine Nummerierung starten möchten:

- arabische Ziffern in Klammern: (1)
- arabische Ziffern mit Punkt und Klammer: 1.)
- arabische Ziffern mit Klammer: 1)
- römische Ziffern mit Punkt: I.
- Großbuchstaben und Kleinbuchstaben mit Punkt und/oder Klammer: a., A., a), A), a.), A.), (a), (A)

Statt die Nummerierung auf die eben beschriebene Art und Weise zu beginnen, können Sie auf der Registerkarte **Start** in der Gruppe **Absatz** auch einfach auf die Schaltfläche **Nummerierung** klicken. (Das Menü der Schaltfläche, das über den Pfeil aufzuklappen ist, werden wir noch im Abschnitt »Absätze nachträglich nummerieren« auf Seite 370 besprechen.)

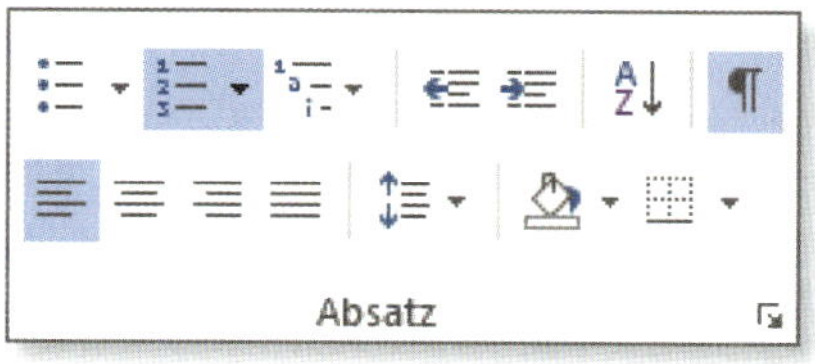

Abbildung 18.3
Die Schaltfläche »Nummerierung« auf der Registerkarte »Start« in der Gruppe »Absatz«

Der Text, den Sie nach dem Nummerierungswert eingeben, kann ohne Probleme mehrere Zeilen umfassen. Da dieser Text bzw. der Absatz automatisch mit einem hängenden Einzug formatiert wird, stehen die Zeilen jeweils sauber untereinander.

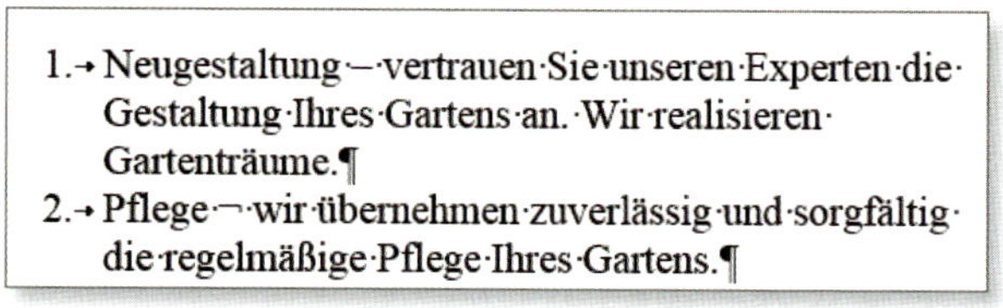

Abbildung 18.4
Die Absätze sind mit einem hängenden Einzug formatiert.

Nummerierung mit Einzügen oder ohne Einzüge

Die Einzüge, die Word automatisch zuweist, können Sie überprüfen und nach Wunsch auch ändern. Öffnen

Sie dazu den Dialog **Absatz** (indem Sie auf den kleinen Pfeil an der Gruppe **Absatz** klicken). In diesem Dialog werden Sie feststellen, dass im Feld **Links** ein Einzug eingetragen ist (in der Standardeinstellung **0,63 cm**) und ebenso ein hängender Einzug (ebenfalls **0,63 cm**).

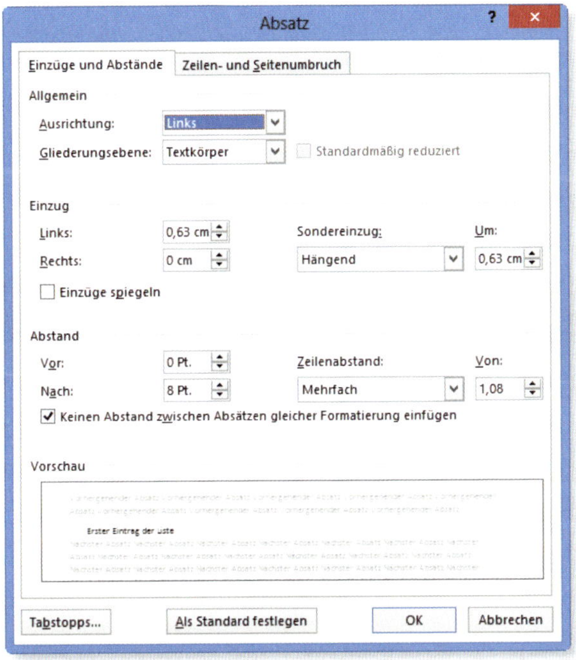

Abbildung 18.5
Eine Nummerierung erhält einen Einzug von links und einen hängenden Einzug.

Wenn die Nummerierung direkt am linken Seitenrand beginnen, also gar nicht eingezogen werden soll, entfernen Sie den Wert im Feld **Links** und geben hier einfach »0 cm« ein.

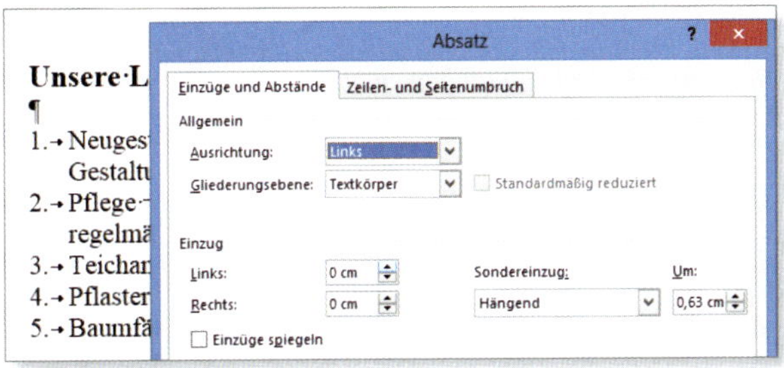

Abbildung 18.6
Eine Nummerierung ohne Einzug von links

> **INFO**
>
> **Krumme Zahlen?**
>
> Wenn Sie sich wundern, warum ausgerechnet Einzüge von 0,63 cm eingestellt werden, dann folgt hier die Erklärung: Es liegt an der Umrechnung von Zoll (die in der amerikanischen Word-Version genutzt wird) in Zentimeter. Aus 0,25 Zoll werden 0,63 cm.

Absatz ohne Nummerierung einfügen

Wenn Sie innerhalb einer bereits vorhandenen Reihe nummerierter Absätze nach einem Absatz die [↵]-Taste drücken, wird, wie Sie gesehen haben, ein neuer Absatz mit vorangestellter Zahl eingefügt und die Nummerierung automatisch fortgeführt.

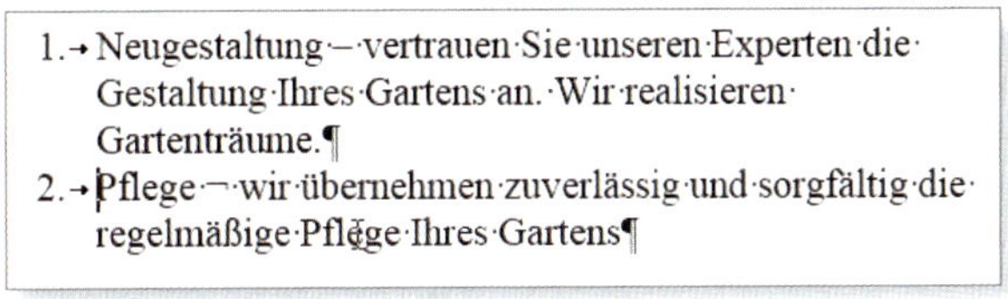

Abbildung 18.7
Die Nummerierung mit der [←]-Taste entfernen

Wenn dies ein nicht nummerierter Absatz sein soll, können Sie die Zahl einfach löschen. Setzen Sie den Cursor vor den Text und drücken Sie die [←]-Taste. Beachten Sie dabei allerdings, dass der Einzug der vorherigen Nummerierung bestehen bleibt und Sie ihn gegebenenfalls manuell löschen müssen.

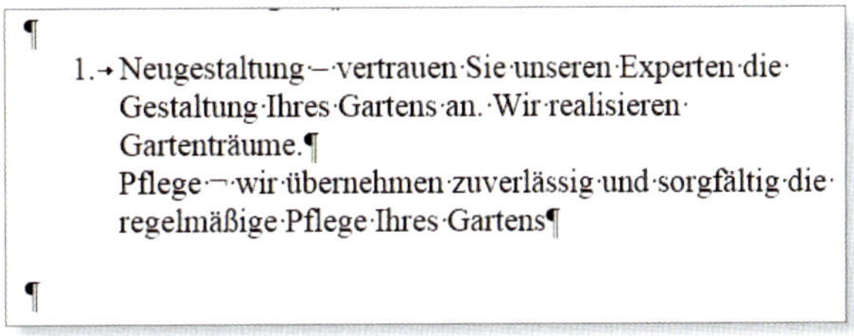

Abbildung 18.8
Der zweite Absatz hat jetzt keine Nummerierung mehr (aber immer noch einen Einzug).

Nummerierung beim Schreiben weglassen

Diesen Effekt können Sie auch direkt beim Schreiben erreichen, dazu müssen Sie aber einen kleinen Trick anwenden. Geben Sie, wie eingangs beschrieben, den Text mit Nummerierung ein und drücken Sie die ↵-Taste. Nun erscheint der nächste Absatz mit dem Wert der zweiten Nummerierung.

Wenn Sie die Zahl jetzt gleich löschen würden, würden Sie die Nummerierung insgesamt verlieren (d. h., sie würde auch nicht mehr auf die nächsten Absätze übertragen). Ist dies nicht gewollt, geben Sie ein paar Zeichen in diese Zeile ein (es reicht auch ein einziges Zeichen) und drücken Sie die ↵-Taste.

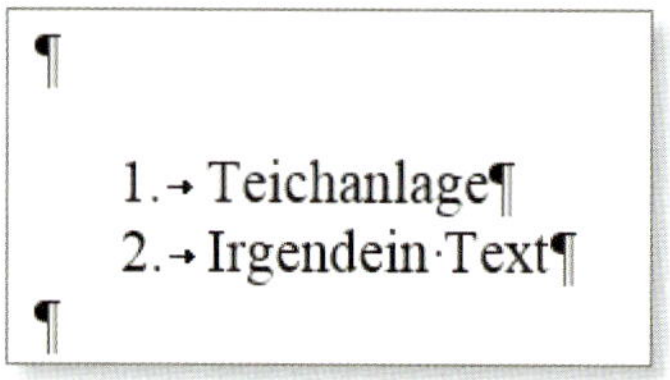

Abbildung 18.9
Der Text im zweiten Absatz soll wieder gelöscht werden.

Nun können Sie die Zeichen, die Sie in den zweiten Absatz eingegeben haben, zusammen mit der Zahl für die Nummerierung löschen, am besten mit der ←-Taste. Übrig bleibt ein nicht nummerierter, aber dennoch links eingezogener Absatz. (Word ist hier ganz clever eingestellt: Der Einzug von links, der hier automatisch eingestellt ist, passt genau zum hängenden Einzug für die Nummerierung.) Der ursprüngliche Punkt **3.** wird automatisch zu Punkt **2.** usw.

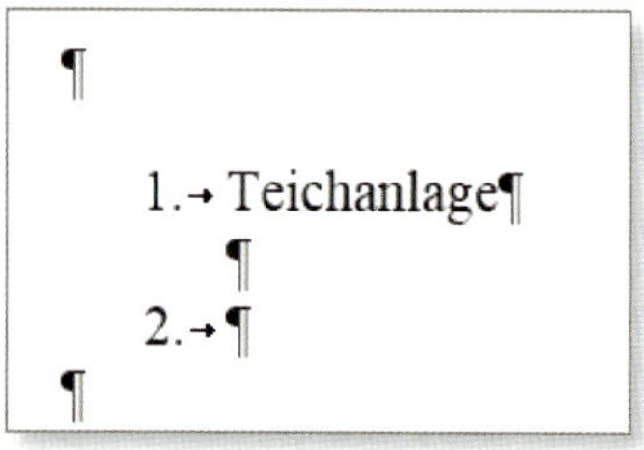

Abbildung 18.10
Die Nummerierung für den zweiten Absatz wurde gelöscht.

Absätze nachträglich nummerieren

Natürlich können Sie einen Text schreiben und erst nachträglich entscheiden, dass dessen Absätze nummeriert werden sollen. Auf die Schnelle geht das wie im Folgenden beschrieben.

1. Schreiben Sie den Text untereinander in Absätzen.
2. Markieren Sie den gesamten Text.
3. Klicken Sie auf der Registerkarte **Start** in der Gruppe **Absatz** auf die Schaltfläche **Nummerierung**.

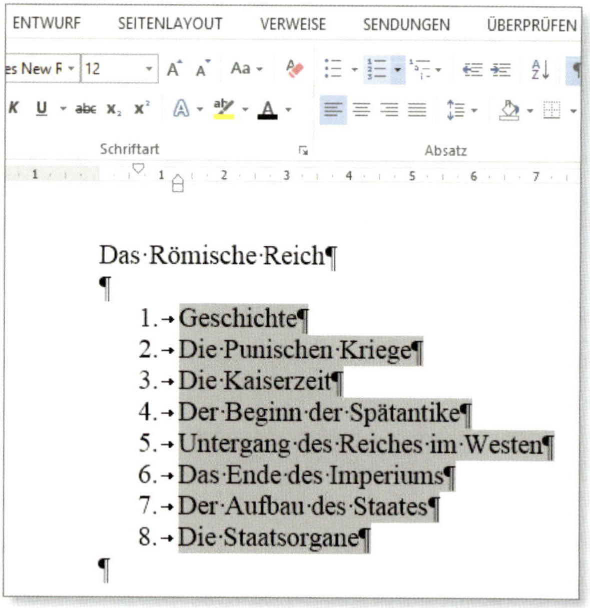

Abbildung 18.11
Die Nummerierung über die Schaltfläche »Nummerierung« zuweisen

Auf diese Weise wird jeder Absatz nummeriert. Dabei wird als Nummerierungsformat zunächst das Standardformat **1.** verwendet.

Wenn Sie Reihen mit Absätzen, wie eben beschrieben, nachträglich nummerieren, werden leere Absätze aus der Nummerierung ausgespart. Sie können also auch ohne Bedenken einen Text nummerieren, in dem die Absätze jeweils durch eine Leerzeile voneinander getrennt sind.

Abbildung 18.12
Die Leerzeilen werden nicht nummeriert.

Nummerierungsformate auswählen

Um den markierten Absätzen ein anderes Nummerierungsformat zuzuweisen, nutzen Sie das Menü der Schaltfläche **Nummerierung**. Wenn Sie dieses Menü per Klick auf den Pfeil an der Schaltfläche aufklappen, sehen Sie im Bereich **Nummerierungsbibliothek** Symbole für andere vordefinierte Formate; klicken Sie auf eines dieser Symbole, um es als Format zu verwenden.

Abbildung 18.13
Nummerierungsformate im Menü der Schaltfläche »Nummerierung«

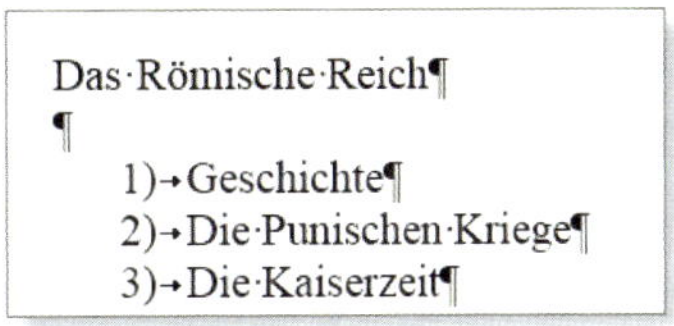

Abbildung 18.14
Ein neues Nummerierungsformat

Wenn Sie vorher bereits eine Nummerierung zugewiesen hatten, überschreibt das neu gewählte Format das ursprüngliche.

INFO

Die Gruppen des Menüs »Nummerierung«

Das Menü **Nummerierung** ist potenziell in drei Gruppen unterteilt. In der ersten Gruppe **Zuletzt verwendete Zahlenformate** sind die zuletzt verwendeten Formate gesammelt. Die Gruppe **Nummerierungsbibliothek** enthält die vordefinierten Standardformate von Word, aber auch hier werden selbst erstellte Formate angezeigt. In der Gruppe **Dokumentzahlenformate** tauchen Zahlenformate auf, die in geöffneten Dokumenten bereits vorhanden sind. Wenn Sie eine Word-Session mit einem neuen Dokument beginnen, gibt es zunächst nur die Gruppe **Nummerierungsbibliothek**.

Wenn Sie in dem gleichen Dokument erneut eine Nummerierung zuweisen und dazu einfach auf die Schaltfläche **Nummerierung** klicken, wird automatisch das zuletzt verwendete Format eingesetzt, allerdings nur so lange, wie Sie das Dokument nicht geschlossen und neu geöffnet haben. Danach benutzt Word wieder das Standard-Nummerierungsformat (**1.**).

HINWEIS

Nummerierungsformat im neuen Dokument

Auch wenn Sie in einem Dokument ein bestimmtes Format für die Nummerierung gewählt haben, z. B. **a)**, und dann ein neues Dokument öffnen, springt Word bei der Zuweisung einer Nummerierung auf den Standard zurück und verwendet nicht **a)**, sondern **1.** als Nummerierungsformat.

Die Nummerierung aus einer Liste entfernen

Wir hatten bereits beschrieben, dass Sie eine Nummerierung für einen Absatz entfernen können, indem Sie die Zahl mit der [←]-Taste löschen. Sie schalten die Nummerierung auch aus, wenn Sie innerhalb einer nummerierten Reihe auf die Schaltfläche **Nummerierung** klicken und sie so deaktivieren. Sie können auch das Menü der Schaltfläche über den Pfeil aufklappen und hier auf den Eintrag **Ohne** klicken. Denken Sie daran, vorher den Cursor in den entsprechenden Absatz zu setzen (hier: »Die Punischen Kriege«).

Abbildung 18.15
Die Nummerierung für einen Absatz innerhalb der Liste ausschalten

Damit wird für den entsprechenden Absatz die mit der Nummerierung verbundene Formatierung aufgehoben. Der Absatz rutscht ohne Einzüge an den linken Rand. Wenn Sie in diesem Absatz nun die [↵]-Taste drücken, um beispielsweise weiteren Text einzugeben, wird auch der neue Absatz logischerweise nicht nummeriert. Wenn er jedoch wieder zur Liste gehören soll, müssen Sie die Nummerierung erneut über die Schaltfläche anstoßen.

Die Nummerierung für Absätze fortsetzen

Falls Word nicht von sich aus erkennt, dass dieser neue Absatz ein Teil der nummerierten Reihe ist (bzw. sein soll), und die Nummerierung wieder mit **1.** beginnt, müssen Sie ein wenig nachhelfen. Praktisch ist dafür das Kontextmenü des nummerierten Absatzes.

1 Klicken Sie den (neuen) Absatz, der den falschen Nummerierungswert erhalten hat ❶, mit der rechten Maustaste an.

2 Wählen Sie im Kontextmenü die Option **Nummerierung fortsetzen**, um die nächstgrößere Zahl nach dem letzten nummerierten Absatz zuzuweisen.

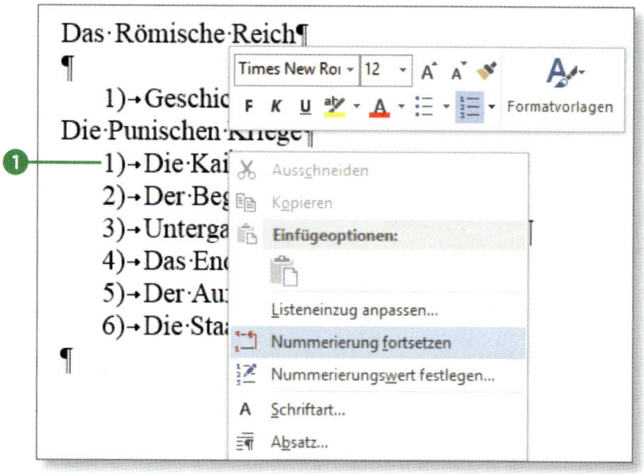

Abbildung 18.16
Der Befehl »Nummerierung fortsetzen« im Kontextmenü eines nummerierten Absatzes

Abbildung 18.17 zeigt, dass der Befehl funktioniert hat. Die Nummerierung des ursprünglich mit **1.** formatierten Absatzes ❷ wurde angepasst.

Abbildung 18.17
Die Nummerierung des Absatzes wurde angepasst.

Schnelle Formatierung mit den AutoKorrektur-Optionen

Es gibt eine zweite schnelle Möglichkeit, eine Nummerierung zu korrigieren. Wenn Sie einem eingefügten oder hinzugefügten Absatz eine Nummerierung zuweisen, erscheint die kleine Symbolleiste mit den **AutoKorrektur-Optionen**. Wenn Sie auf den Pfeil rechts an dieser Symbolleiste klicken, wird die Option **Nummerierung fortsetzen** angeboten.

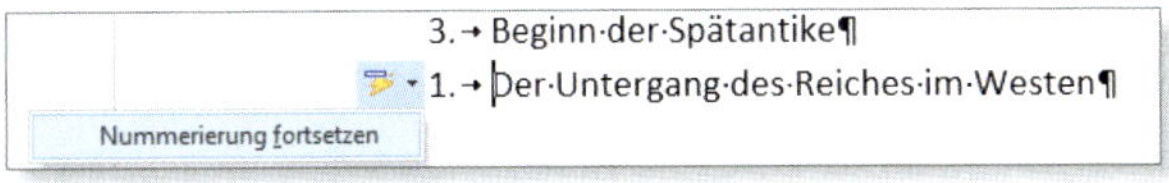

Abbildung 18.18
Die Nummerierung mithilfe der kleinen Schaltfläche »AutoKorrektur-Optionen« fortsetzen

Umgekehrt finden Sie in diesem kleinen Menü die Option **Nummerierung neu beginnen**, wenn die Nummerierung einer Reihe fortgesetzt wurde.

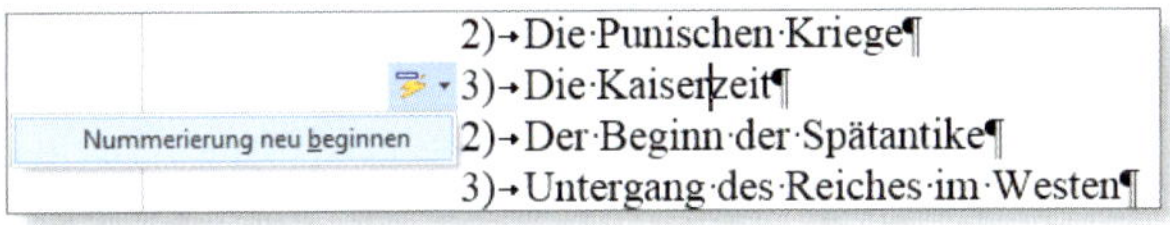

Abbildung 18.19
Die Nummerierung mithilfe der kleinen Schaltfläche »AutoKorrektur-Optionen« neu beginnen

Die Nummerierung beenden, fortsetzen oder neu beginnen

Wenn Sie Absätze mit einer Nummerierung formatiert haben, wird die Nummerierung durch Drücken der ↵-Taste so lange fortgesetzt, bis Sie sie explizit beenden. Um wieder »normal« zu schreiben, können Sie unterschiedliche Methoden nutzen:

- Sie drücken im letzten Absatz mit einem Nummerierungswert die ↵-Taste. Daraufhin wird die Nummerierung gelöscht. Sollte der Einzug von links erhalten bleiben, löschen Sie ihn in einem zweiten Schritt über das Lineal oder den Dialog **Absatz**, den Sie über den kleinen Pfeil der gleichnamigen Gruppe öffnen.
- Sie klicken auf die Schaltfläche **Nummerierung** oder im Menü der Schaltfläche **Nummerierung** auf den Eintrag **Ohne**. Dies entfernt die Nummerierung und in der Regel auch den Einzug.

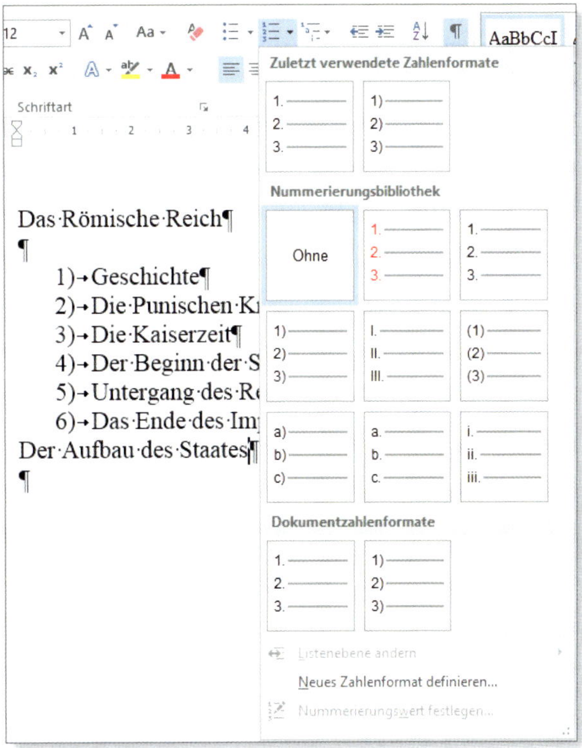

Abbildung 18.20
Eine Nummerierung beenden

Mit der Fortsetzung oder Deaktivierung der Nummerierung verhält es sich dann so:

- Wenn Sie eine Nummerierung auf dem einen oder anderen Weg beenden, ohne vorher Text einzugeben (also direkt nach der Zahl die ↵-Taste drücken oder auf die Schaltfläche **Nummerierung** klicken), wird die Nummerierung nach Leerabsätzen mit dem nächsten Wert fortgesetzt, falls Sie erneut eine Nummerierung zuweisen.
- Wenn Sie in einem nummerierten Absatz mit Text auf die Schaltfläche **Nummerierung** (oder im Menü im Bereich **Nummerierungsbibliothek** auf das Symbol **Ohne**) klicken, um die Nummerierung zu deaktivieren, wird die Nummerierung regelrecht ausgeschaltet. Wenn Sie daraufhin einem Absatz erneut eine Nummerierung zuweisen, beginnt diese Nummerierung also bei **1.** von vorne.

Wie Sie in Abbildung 18.21 erkennen, wurde die Nummerierung beendet (der Einzug von links blieb erhalten und wurde nachträglich entfernt), und der neue nummerierte Absatz beginnt mit **1.** von Neuem.

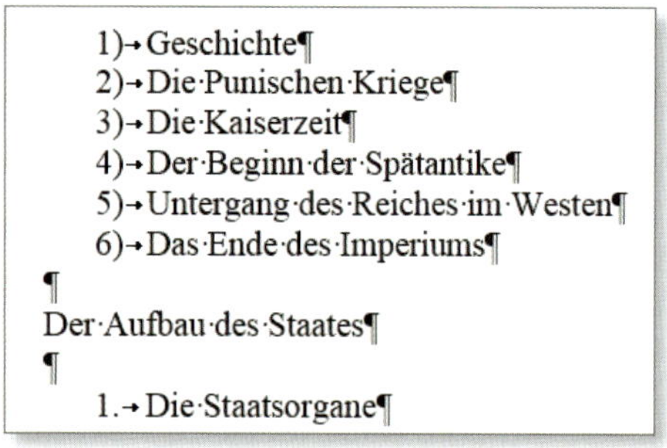

Abbildung 18.21
Hier beginnt eine neue Reihe mit »1.«.

Wenn die Nummerierung der ersten Reihe fortgesetzt werden soll, wählen Sie, wie bereits beschrieben, im Kontextmenü des nummerierten Absatzes die Option **Nummerierung fortsetzen**.

Sollte es genau gegenteilig sein – die Nummerierung erhält den Folgewert der Reihen, aber Sie möchten die Nummerierung neu beginnen –, bietet das Kontextmenü ebenfalls die Lösung dafür. Klicken Sie den Absatz an und wählen Sie im Kontextmenü **Neu beginnen mit 1**.

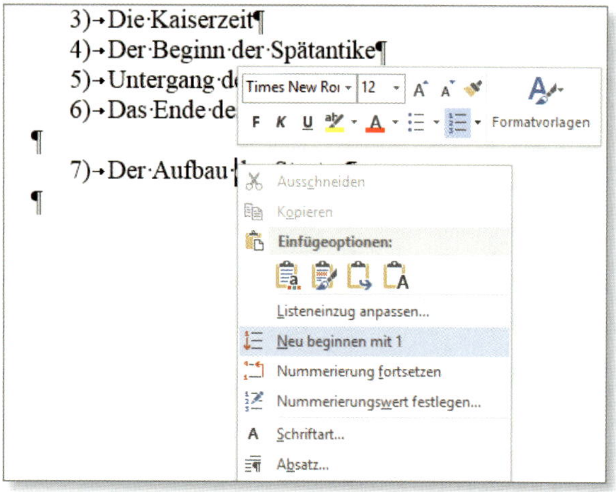

Abbildung 18.22
Die Nummerierung mit »1.« neu beginnen

TIPP

Nummerierungen korrigieren

Erfahrungsgemäß ist die zuvor beschriebene Systematik nicht hundertprozentig konsistent – und damit eigentlich keine Systematik! Bleiben Sie gelassen, wenn Word nicht automatisch das macht, was Sie erwarten! Mithilfe der Befehle **Nummerierung fortsetzen** und **Neu beginnen mit 1** können Sie vieles in den Griff bekommen. Und für die jeweilige Formatierung mit Einzügen oder ohne Einzüge stehen notfalls der Dialog **Absatz** oder die entsprechenden Symbole im Lineal bereit.

Den Nummerierungswert festlegen

Unabhängig von der automatischen Nummerierung können Sie auch selbst festlegen, mit welchem Wert eine Nummerierung beginnen oder fortgesetzt werden soll. Voraussetzung für die Festlegung eines neuen Wertes ist, dass der Absatz bereits eine Nummerierung hat.

1 Um einen anderen Wert zuzuweisen, setzen Sie den Cursor in den entsprechenden Absatz.

2 Öffnen Sie dann das Menü der Schaltfläche **Nummerierung**.

3 Klicken Sie in diesem Menü auf die letzte Option: **Nummerierungswert festlegen**. Dies öffnet den zugehörigen Dialog gleichen Namens, in dem Sie die Absatznummerierung anpassen können.

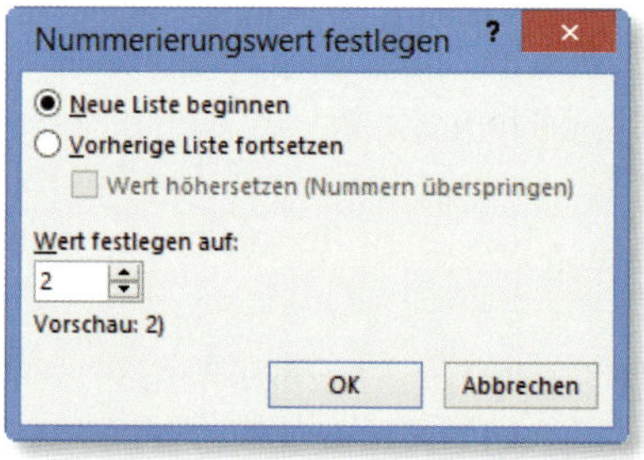

Abbildung 18.23
Hier legen Sie einen neuen Nummerierungswert fest.

Dieser Dialog bietet Ihnen mehrere Möglichkeiten zur Formatierung Ihrer nummerierten Liste an. Standardmäßig ist die Option **Neue Liste beginnen** aktiviert. Dies entspricht der bereits gezeigten Option **Neu beginnen mit 1** im Kontextmenü der Liste. Sie fangen damit also eine neue Nummerierung an, wobei Sie hier den Anfangswert selbst bestimmen können. Den gewünschten Wert tragen Sie in das Feld **Wert festlegen auf** ein oder wählen ihn über die Auswahlpfeile. Nach dem Drücken der [↵]-Taste wird für den dadurch entstandenen Absatz, der gleichzeitig der nächste Punkt Ihrer Liste ist, die nächstgrößere Zahl eingesetzt, um die Nummerierung festzusetzen.

Mit der Option **Vorherige Liste fortsetzen** wird, wie zu vermuten, die Nummerierung fortgeführt, auch wenn die ursprüngliche Liste durch »normalen« Text oder leere Absätze unterbrochen wurde. Das Feld **Wert festlegen auf** ist zunächst nicht aktiv. Erst wenn Sie die Option **Wert höhersetzen** aktivieren, können Sie einen Wert eingeben. Sie können damit beispielsweise erreichen, dass der aktuelle Absatz Nummern in der Reihenfolge überspringt.

Werfen Sie nun einmal einen Blick auf Abbildung 18.24. Für den Absatz mit der Nummer 4 wird der Wert auf »6« festgelegt.

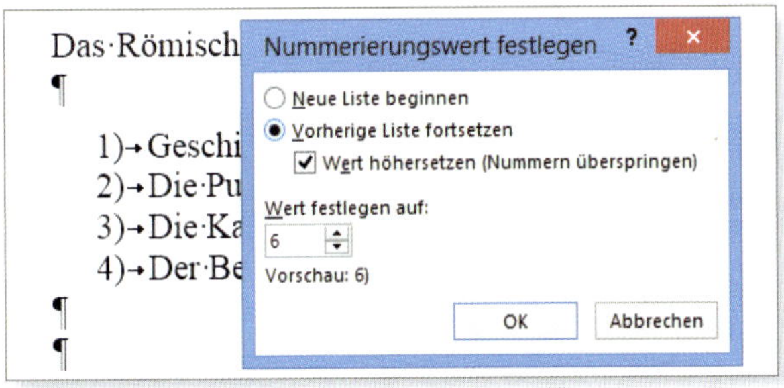

Abbildung 18.24
Den Wert für den aktuellen Absatz höhersetzen

Dadurch werden zwei Nummern übersprungen. Die Liste wird zwar mit **5.** fortgesetzt, aber der Absatz »Der Beginn der Spätantike« erhält den Nummerierungswert **6**.

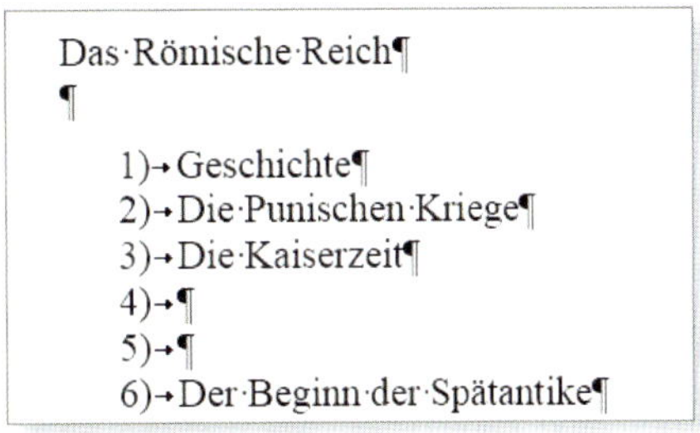

Abbildung 18.25
Zwei Nummerierungen wurden übersprungen.

Eine Liste durch eine neue Liste unterbrechen

Stellen Sie sich vor, Sie schreiben eine Liste (z. B. **1.** bis **4.**), beginnen mittendrin eine neue Liste (wieder mit **1.**) und möchten danach die erste Liste mit dem nächstgrößeren Wert, nämlich **5.**, fortsetzen. (Vielleicht kommt Ihnen dieser Gedankengang etwas weit hergeholt vor, und Sie selbst haben keinerlei Absicht, eine derart verschachtelte Liste zu schreiben; aber Sie wissen ja: Das Leben ist vielfältig, und manch einer möchte, wie wir aus Erfahrung wissen, genau solch eine Liste erstellen!) Wir bedienen uns hier des Beispiels einer Einkaufsliste, in der auch die zuständigen Personen auftauchen. Ein solches Vorhaben ist weniger knifflig, als Sie zunächst annehmen mögen. Es funktioniert mithilfe der Funktion **Format übertragen**.

1. Schreiben Sie beispielsweise eine Reihe von nummerierten Absätzen, wie Sie sie in Abbildung 18.26 sehen.

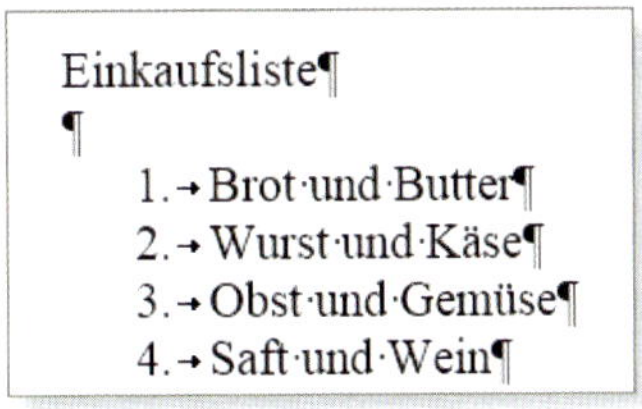

Abbildung 18.26
Die erste nummerierte Liste

2. Danach beginnen Sie eine neue Liste, die wieder mit **1.** anfängt (zu sehen in Abbildung 18.27), und danach

möchten Sie (im Beispiel) die Einkaufsliste mit der ursprünglichen Nummerierung weiterführen.

3 Um dies zu erreichen, setzen Sie den Cursor in den letzten Absatz (im Beispiel »4. Saft und Wein«) und klicken auf die Schaltfläche **Format übertragen** in der Gruppe **Zwischenablage** der Registerkarte **Start**.

4 Dann übertragen Sie das Format per Mausklick auf den Absatz unterhalb der zweiten Liste. Voilà, die untere Reihe wird mit **5.** fortgesetzt.

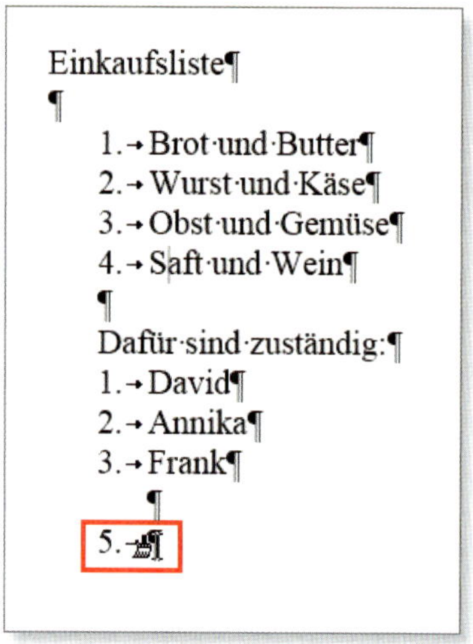

Abbildung 18.27
Die Nummerierung der ersten Liste wird übertragen.

Ein eigenes Zahlenformat definieren

Wenn Sie für ein Dokument ein besonderes Nummerierungsformat verwenden möchten, das Sie nicht unter den vordefinierten Formaten finden, können Sie ein eigenes Zahlenformat erstellen. Dazu sind einige Schritte erforderlich, aber wenn Sie »dranbleiben«, wird die Aktion von Erfolg gekrönt sein!

1 Markieren Sie die Absätze, die formatiert werden sollen.

2 Klicken Sie auf die Schaltfläche **Nummerierung** und wählen Sie hier die Option **Neues Zahlenformat definieren**.

3 Im zugehörigen Dialogfenster gleichen Namens öffnen Sie die Auswahlliste des Feldes **Zahlenformatvorlage**.

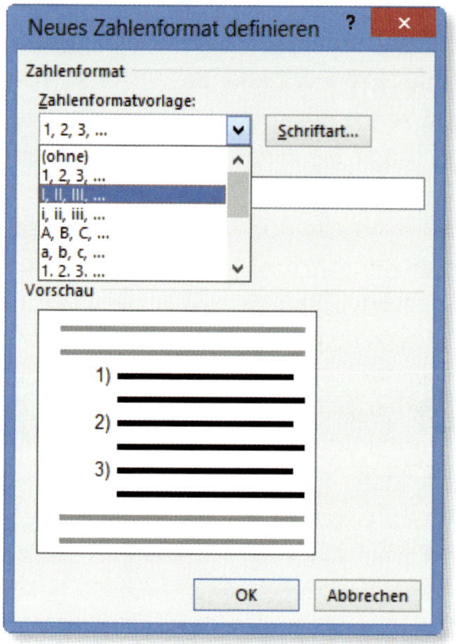

Abbildung 18.28
Eine Zahlenformatvorlage auswählen

4 In diesem Menü wählen Sie die Formatvorlage aus, auf der das neue Format basieren soll. Daraufhin wird im Feld **Zahlenformat** die Zahl bzw. das Zeichen, das ausgegeben werden soll, grau hinterlegt angezeigt.

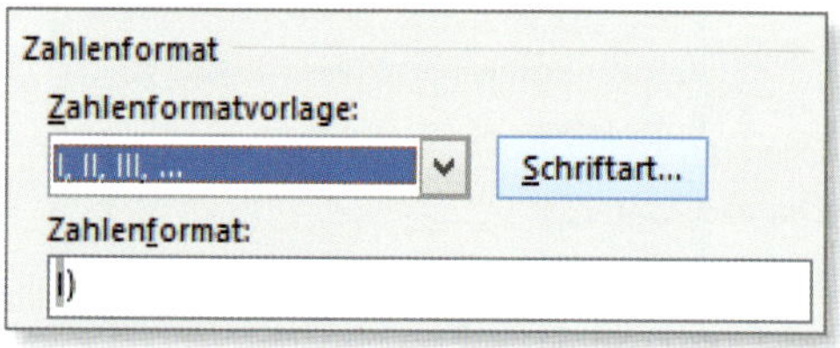

Abbildung 18.29
Das ausgewählte Zahlenformat

5 Sie können dieses Zeichen nun um weitere Zeichen oder um Text vor und/oder nach dem grau unterlegten Zeichen ergänzen. Geben Sie beispielsweise vor der **1** den Text »Kapitel« ein.

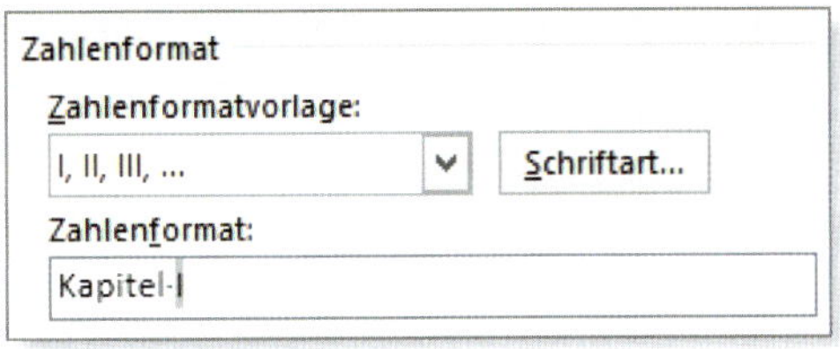

Abbildung 18.30
Das Zahlenformat um Text ergänzen

6 Wenn Sie für das neue Aufzählungsformat eine andere Schriftgröße oder eine andere Farbe einstellen möchten, klicken Sie auf die Schaltfläche **Schriftart**. Im Dialog **Schriftart** stellen Sie ein, welche Zeichenformatierungen Sie sich für das neue Nummerierungsformat vorstellen, z. B. eine andere Farbe.

7 Im Feld **Ausrichtung** ist standardmäßig die Option **Links** eingestellt, außerdem werden **Zentriert** und **Rechts** angeboten. Mit den letzten beiden Einstellungen erhalten die nummerierten Absätze einen kleineren Einzug von links als mit der Option **Links**.

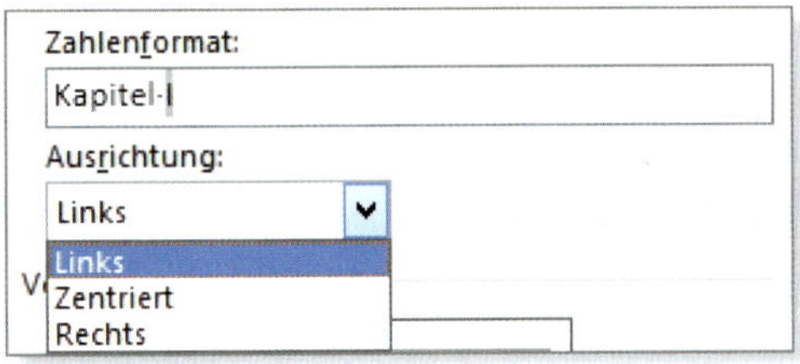

Abbildung 18.31
Die Ausrichtung festlegen

8 Nachdem Sie alle Einstellungen vorgenommen haben, klicken Sie auf **OK**. Dadurch wird den markierten Absätzen das neu definierte Format zugewiesen.

Abbildung 18.32
Das neue Nummerierungsformat

Nach der Erstellung des neuen Nummerierungsformats finden Sie es im Menü der Schaltfläche **Nummerierung**. Sie können es also erneut einer Reihe von Absätzen zuweisen.

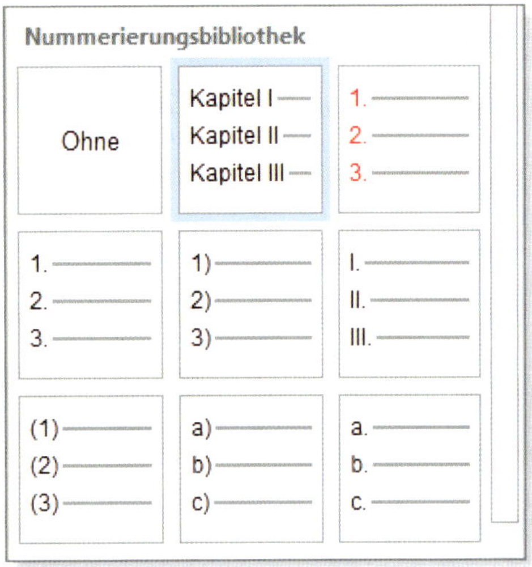

Abbildung 18.33
Das neue Format im Menü der Schaltfläche »Nummerierung«

Falls Sie das Format nur ein einziges Mal brauchen sollten, können Sie es auch wieder aus der Bibliothek entfernen. Dazu klicken Sie den Eintrag mit der rechten Maustaste an und wählen im Kontextmenü **Entfernen**.

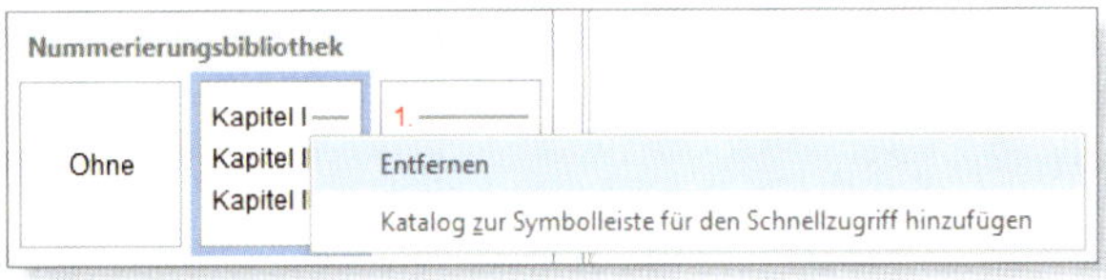

Abbildung 18.34
Das spezielle Format wieder löschen

Die AutoNummerierung ausschalten

Zu guter Letzt möchten wir Ihnen zeigen, wie Sie die automatische Nummerierung, die ja nicht immer gewünscht ist und Word-User mitunter regelrecht an den Rand der Verzweiflung treibt, generell für Ihre Dokumente ausschalten.

1 Öffnen Sie über **Datei** > **Optionen** das Dialogfenster **Word-Optionen**.

2 Aktivieren Sie hier die Kategorie **Dokumentprüfung** und klicken Sie auf die Schaltfläche **AutoKorrektur**.

3 Im gleichnamigen Dialogfenster (siehe Abbildung 18.35) deaktivieren Sie auf der Registerkarte **AutoFormat während der Eingabe** im Bereich **Während der Eingabe übernehmen** die Option **Automatische Nummerierung** mit einem Klick.

4 Bestätigen Sie die neue Einstellung mit **OK**.

Wenn Sie die Probe aufs Exempel machen möchten, geben Sie nun »1.« ein. Die Eingabe bleibt normaler Standardtext. Um sie als Nummerierung zu formatieren, klicken Sie einfach auf die Schaltfläche **Nummerierung**.

Wenn Sie sich also oft darüber ärgern sollten, dass eine Nummerierung erscheint, sobald Sie ein entsprechendes Zahlenformat eingeben, dann deaktivieren Sie mit den eben beschriebenen Schritten einfach diesen Automatismus – schließlich ist es kein Problem, einmal auf die Schaltfläche **Nummerierung** zu klicken, um eine Nummerierung bewusst zu starten.

18.2 Absätze mit Aufzählungszeichen

Der Umgang mit Aufzählungszeichen ähnelt der Zuweisung von Nummerierungen. Sie können ein Standardaufzählungszeichen verwenden oder den Absätzen besondere Symbole voranstellen, die Sie auch noch weiter bearbeiten können. Selbst eigene Bilder oder Grafiken lassen sich als Aufzählungszeichen einsetzen.

Ein Aufzählungszeichen auswählen

Wie bei den Nummerierungen können Sie Aufzählungszeichen entweder zuweisen, bevor Sie überhaupt zu schreiben beginnen, oder Absätze erst nachträglich mit Aufzählungszeichen formatieren.

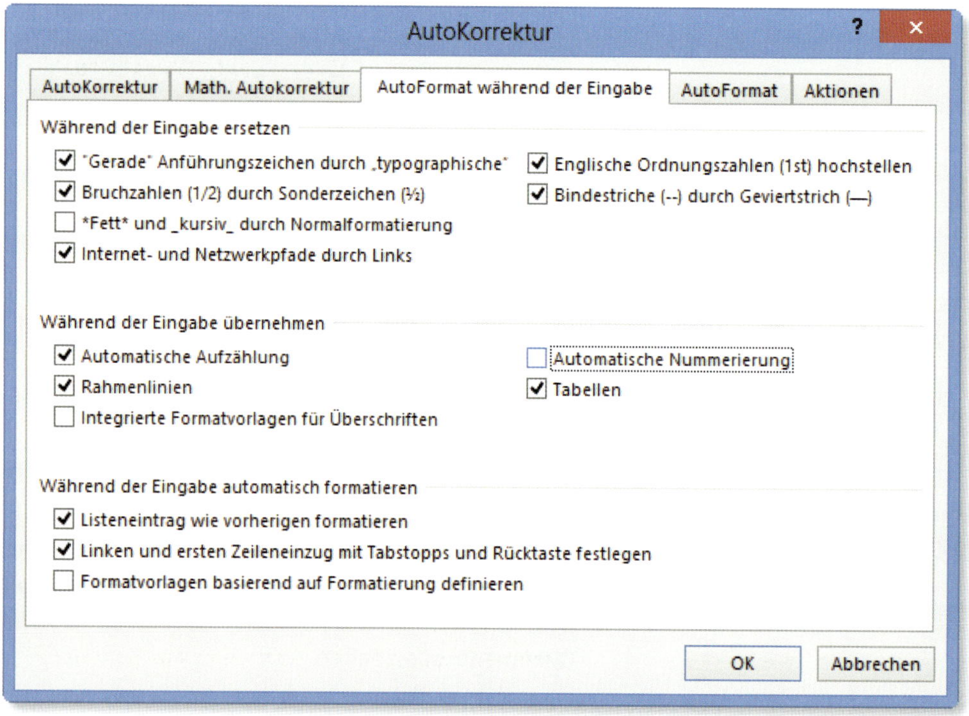

*< **Abbildung 18.35** Die automatische Nummerierung ausschalten*

1 Um gleich mit einem Aufzählungszeichen loszulegen, klicken Sie auf der Registerkarte **Start** in der Gruppe **Absatz** auf die Schaltfläche **Aufzählungszeichen**.

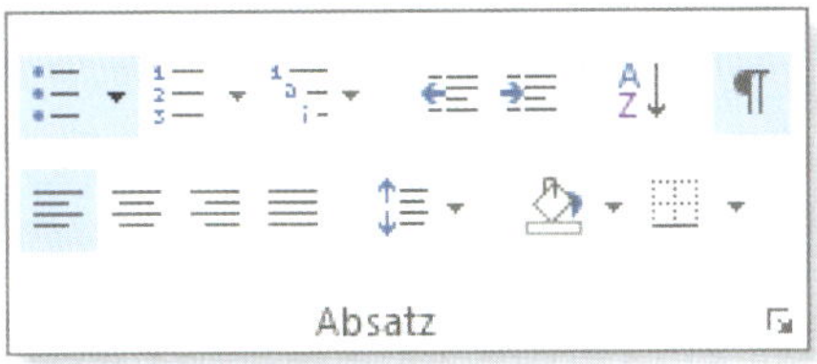

Abbildung 18.36
Die Schaltfläche »Aufzählungszeichen« in der Gruppe »Absatz«

2 Daraufhin wird das Standardaufzählungszeichen in Ihr Dokument eingefügt (in der Regel ein kleiner schwarzer Punkt). Sobald Sie die [↵]-Taste drücken, wird auch der nächste Absatz mit diesem Aufzählungszeichen versehen.

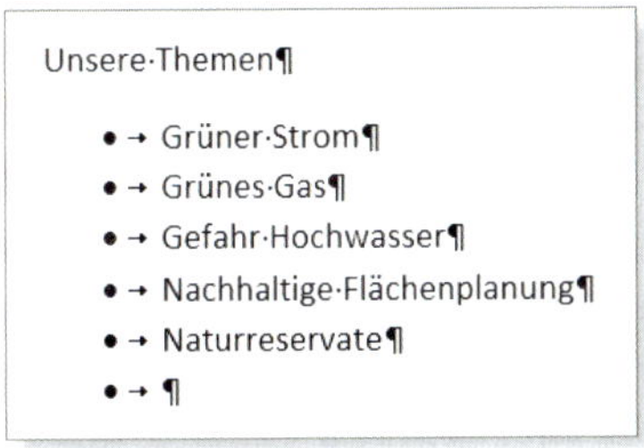

Abbildung 18.37
Absätze mit Aufzählungszeichen

Die Formatierung des Absatzes entspricht der Formatierung bei Nummerierungen: Es wird ein Einzug von 0,63 cm von links eingefügt und außerdem ein hängender Einzug von ebenfalls 0,63 cm, den Sie aber erst bemerken, wenn der Text eines Absatzes mehr als eine Zeile umfasst.

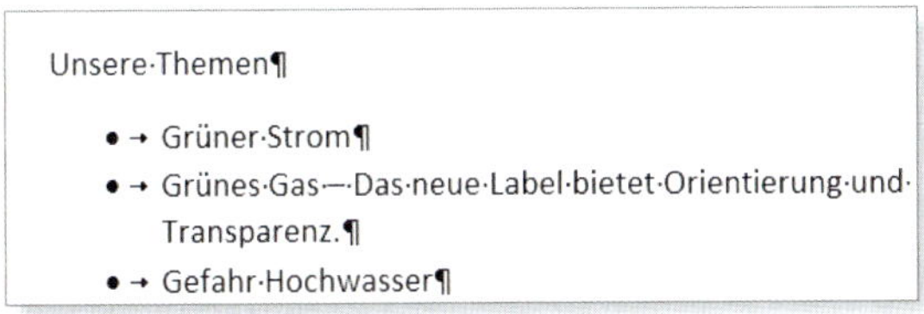

Abbildung 18.38
Die Aufzählung mit einem hängenden Einzug

Im Abschnitt »Nummerierung mit Einzügen oder ohne Einzüge« auf Seite 368 können Sie nachlesen, wie Sie die Einzüge ändern.

Nachträglich ein Aufzählungszeichen wählen

Wenn Absätze nachträglich ein Aufzählungszeichen bekommen sollen, gehen Sie so vor, wie wir es im Folgenden beschreiben.

1 Markieren Sie zunächst alle Absätze, die Sie mit Aufzählungszeichen versehen möchten.

2 Klicken Sie auf der Registerkarte **Start** in der Gruppe **Absatz** entweder direkt auf die Schaltfläche **Aufzählungszeichen** oder auf den Pfeil ❶ an dieser Schaltfläche, um das Menü zu öffnen und eine Auswahl zu erhalten.

3 Im Menü, das wie das Menü **Nummerierung** in drei Gruppen unterteilt sein kann (siehe dazu auch den Infokasten »Die Gruppen im Menü der Schaltfläche ›Aufzählungszeichen‹«), klicken Sie auf das gewünschte Zeichen ❷, wobei es egal ist, in welcher Gruppe es angeboten wird. Als Entscheidungshilfe gibt es einmal mehr die Livevorschau ❸, in der Sie sehen können, wie das Zeichen in Ihrem Dokument aussieht, sobald Sie mit dem Mauszeiger auf dieses Zeichen zeigen. Haben Sie sich entschieden, klicken Sie das gewünschte Aufzählungszeichen an. Daraufhin wird es jeweils zu Beginn eines markierten Absatzes eingefügt.

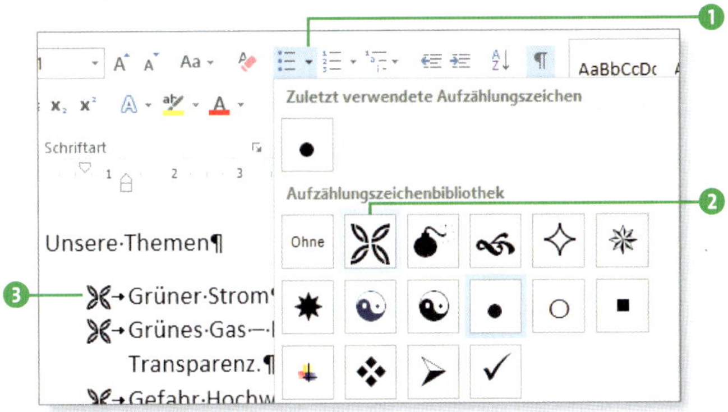

Abbildung 18.39
Über das Menü der Schaltfläche »Aufzählungszeichen« ein Symbol zuweisen

INFO

Die Gruppen im Menü der Schaltfläche »Aufzählungszeichen«

In einem jungfräulichen Dokument ist zunächst nur die Gruppe **Aufzählungsbibliothek** vorhanden. Sobald Sie in einem der geöffneten Dokumente ein Aufzählungszeichen verwendet haben, gibt es zusätzlich die Gruppe **Zuletzt verwendete Aufzählungszeichen**, in der unterschiedliche Zeichen (eben die zuletzt verwendeten!) angezeigt werden. Aber nicht nur in der Gruppe **Zuletzt verwendete Aufzählungszeichen**, auch in der **Aufzählungszeichenbibliothek** tauchen neben einigen Standardzeichen die verwendeten Zeichen auf, sodass diese Gruppe ziemlich umfangreich wird, wenn Sie viel mit den Aufzählungszeichen spielen. Sie können die Zeichen aber auch wieder aus der Bibliothek verbannen. Klicken Sie dazu ein Zeichen mit der rechten Maustaste an und wählen Sie **Entfernen** aus dem Kontextmenü.

Weitere Aufzählungszeichen einsetzen

Es gibt eine Menge Symbole, die Sie als Aufzählungszeichen für Ihr Dokument verwenden können. Um aus dem ganzen Angebot auswählen zu können, nutzen Sie den Dialog **Symbol**. Gehen Sie dabei wie im Folgenden beschrieben vor.

1 Markieren Sie die Absätze, denen Sie ein Aufzählungszeichen zuweisen möchten.

2 Klicken Sie im Menü der Schaltfläche **Aufzählungszeichen** auf die Option **Neues Aufzählungszeichen definieren**.

3 Dieser Schritt öffnet den Dialog gleichen Namens. Hier klicken Sie auf die Schaltfläche **Symbol**.

4 Daraufhin wird der Dialog **Symbol** angezeigt. Im Feld **Schriftart** ❶ ist standardmäßig **Symbol** eingestellt. Wenn Sie in dieser Palette das Symbol entdecken, das Sie verwenden möchten, markieren Sie es einfach ❷ und klicken auf **OK** ❸. Daraufhin wird das entsprechende Symbol in Ihr Dokument eingefügt, sobald Sie den Dialog **Neues Aufzählungszeichen definieren** mit **OK** bestätigt haben.

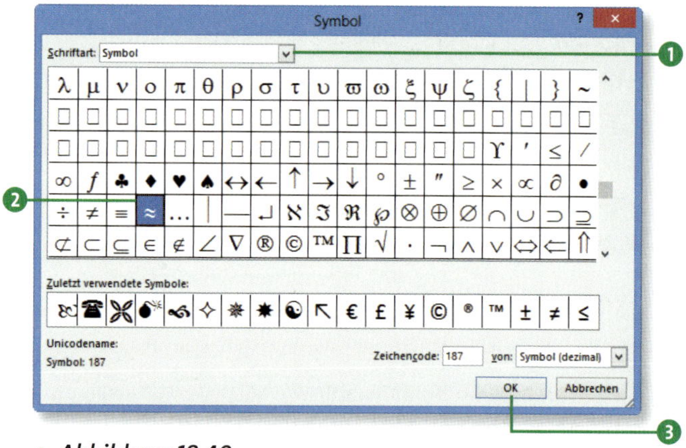

Abbildung 18.40
Der Dialog »Symbol« mit der gleichnamigen Schriftart

5 Um nach anderen Symbolen/Formaten zu suchen, stellen Sie im Feld **Schriftart** eine andere Schriftart ein, z. B. **Wingdings**, mit der Sie eine Zeichenpalette mit vielen netten und/oder dekorativen Zeichen aufklappen (den Umgang mit diesem Dialog haben wir bereits in Abschnitt 5.8, »Symbole und Sonderzeichen«, beschrieben).

6 Bestätigen Sie nach Ihrer Auswahl alle Dialogfenster mit **OK**.

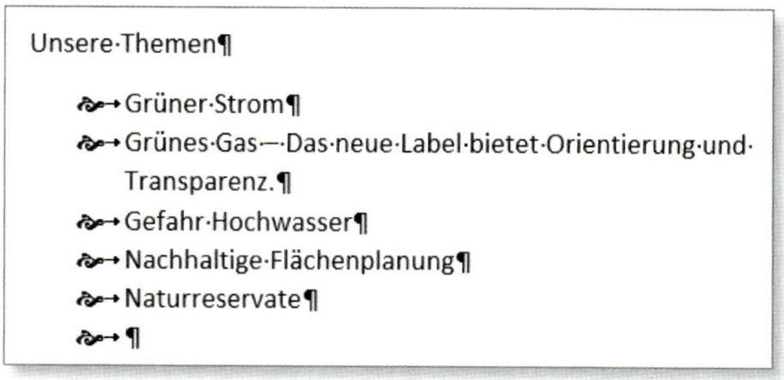

Abbildung 18.41
Aufzählungszeichen aus der Schriftart Wingdings

Um die Aufzählungszeichen wieder zu entfernen, gehen Sie vor wie üblich: Markieren Sie die Absätze und deaktivieren Sie per Mausklick die Schaltfläche **Aufzählungszeichen**.

TIPP

Welches Zeichen erscheint?

Wenn Sie in dem gleichen Dokument erneut Aufzählungszeichen zuweisen und dazu einfach auf die Schaltfläche **Aufzählungszeichen** klicken, erscheint das zuletzt verwendete Zeichen. In einem neuen Dokument erhält der Absatz wieder das Standardaufzählungszeichen.

Symbole bearbeiten

Sie können die Symbole, die Sie als Aufzählungszeichen nutzen, auch bearbeiten. Dazu öffnen Sie über das Menü der Schaltfläche **Aufzählungszeichen** den Dialog **Neues Aufzählungszeichen definieren** und klicken hier auf die Schaltfläche **Schriftart**. Im Dialog **Schriftart** können Sie die üblichen Zeichenformatierungen einstellen, z. B. eine andere Farbe für das Symbol wählen.

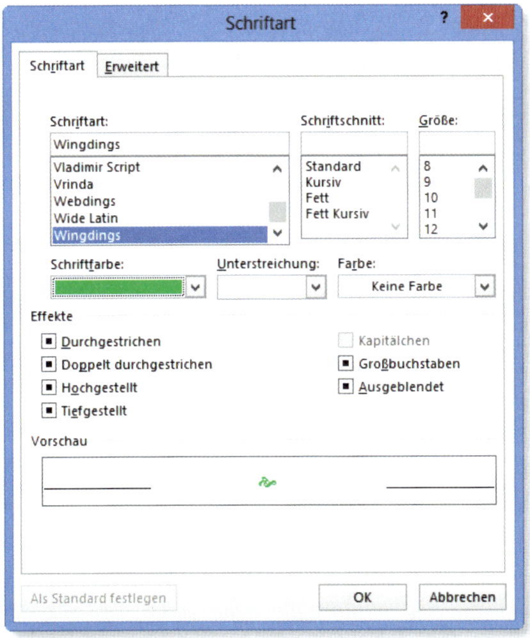

Abbildung 18.42
Eine andere Farbe für das Symbol einstellen

Eigene Bilder als Aufzählungszeichen verwenden

Im Dialogfenster **Neues Aufzählungszeichen definieren** gibt es auch die Schaltfläche **Bild**. Wenn Sie darauf klicken, wird das Dialogfenster **Bilder einfügen** geöffnet. Wenn Sie ein Bild verwenden möchten, das lokal auf einem Datenträger (z. B. auf Ihrer Festplatte oder auf einem USB-Stick) gespeichert ist, klicken Sie im Bereich **Aus einer Datei** auf **Durchsuchen**. Im Dialog **Grafik einfügen** suchen Sie sich dann das Bild heraus, das Sie einfügen möchten. Markieren Sie es und klicken Sie auf **Einfügen** oder bestätigen Sie Ihre Wahl mit einem Doppelklick auf die Datei. Daraufhin wird das Bild der Liste als Aufzählungszeichen vorangestellt und automatisch in Ihre Auflistung übernommen.

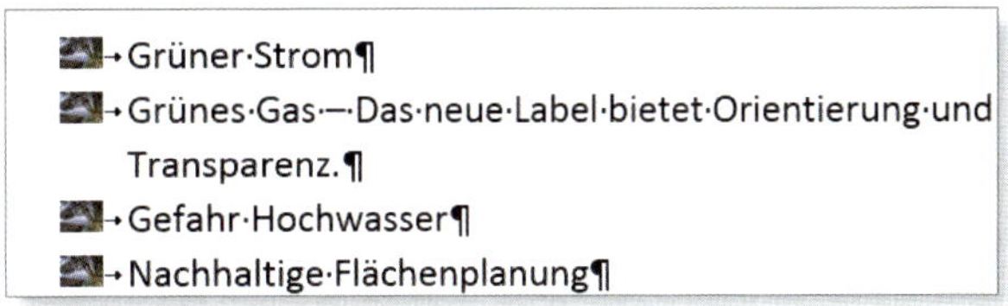

Abbildung 18.43
Bilder als Aufzählungszeichen

Das Bild wird der Aufzählungszeichenbibliothek hinzugefügt, sodass Sie es bequem wieder verwenden können.

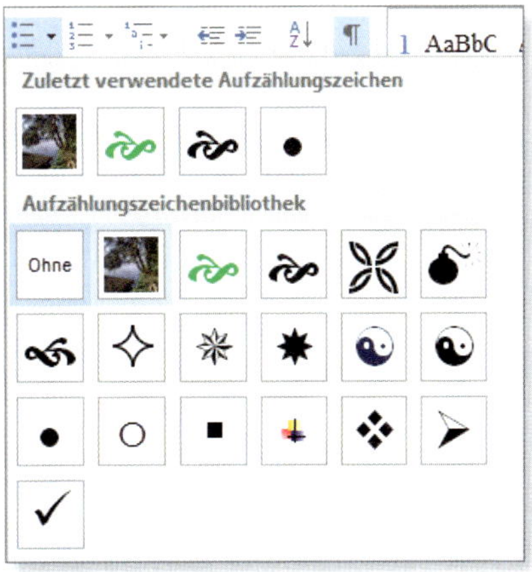

Abbildung 18.44
Das Bild in der Aufzählungszeichenbibliothek

Wie Sie sich schon gedacht haben, sind »normale« Bilder nicht besonders gut als Aufzählungszeichen geeignet, weil sie so klein dargestellt werden, dass sie oft gar nicht mehr zu erkennen sind. Denkbar sind jedoch klar aufgeteilte Bilder bzw. Grafiken, die speziell für diesen Einsatz erstellt wurden.

18.3 Eine Liste mit mehreren Ebenen

Die Nummerierungsfunktion, die Sie bisher kennengelernt haben, ist für dezimale Gliederungen, wie sie in wissenschaftlichen Arbeiten üblich und erforderlich sind, nicht ausreichend. In solchen Arbeiten brauchen Sie zur Strukturierung des Textes eine Gliederung mit Überschriften verschiedener Ebenen, oft nach dem Muster 1., 1.1, 1.2, 2., 2.1, 2.2 etc. Word unterstützt Sie mit einer speziellen Listenfunktion bei dieser Aufgabe.

TIPP

Das Menü reduzieren/erweitern

Mit dem kleinen nach unten weisenden Pfeil in der Titelleiste können Sie das Menü reduzieren und sich statt **Alle** (wie in Abbildung 18.46 zu sehen) beispielsweise nur die **Listenbibliothek** oder **Listen im aktuellen Dokument** anzeigen lassen.

Ein Listenformat auswählen

Lassen Sie uns hier Schritt für Schritt eine dezimale Gliederung erstellen.

1. Klicken Sie auf der Registerkarte **Start** in der Gruppe **Absatz** auf die Schaltfläche **Liste mit mehreren Ebenen**.

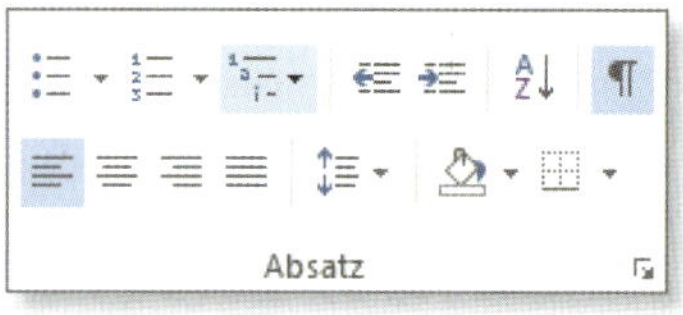

Abbildung 18.45
Die Schaltfläche »Liste mit mehreren Ebenen«

2. Daraufhin wird das Menü der Schaltfläche aufgeklappt. Klicken Sie hier auf eine der Optionen. »Klassisch« ist das Format, das Sie über das Symbol einfügen, das Sie in Abbildung 18.46 in der Gruppe **Listenbibliothek** markiert sehen.

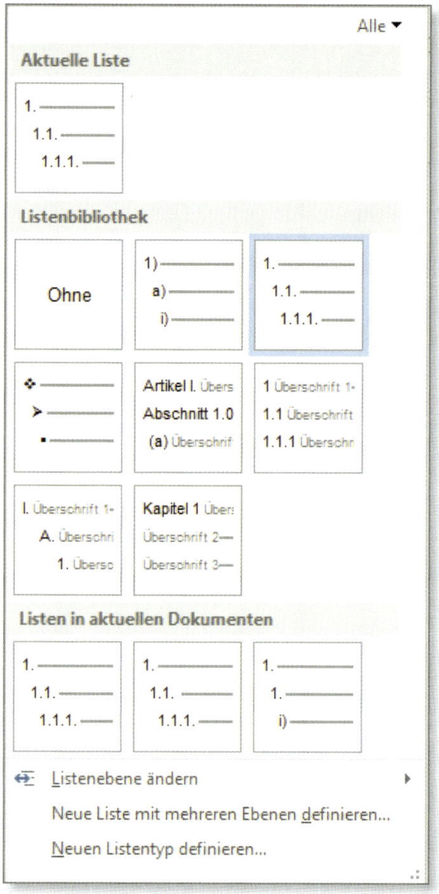

Abbildung 18.46
Ein Listenformat wählen

3. Schreiben Sie nun absatzweise alle Überschriften, die in dem Dokument vorkommen sollen. Lassen Sie sich nicht davon irritieren, dass zunächst alle Überschriften wie bei einer normalen Nummerierung auf einer Ebene untereinanderstehen. (Allerdings sind die Absätze nicht automatisch eingerückt, wie Sie in Abbildung 18.47 erkennen; dies liegt daran, dass als Zahlenposition für die erste Ebene kein Einzug vorgesehen ist.)

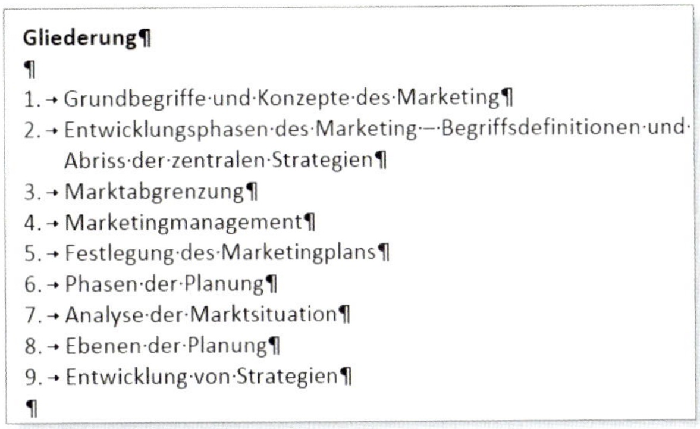
Gliederung¶
¶
1. → Grundbegriffe·und·Konzepte·des·Marketing¶
2. → Entwicklungsphasen·des·Marketing·—·Begriffsdefinitionen·und·Abriss·der·zentralen·Strategien¶
3. → Marktabgrenzung¶
4. → Marketingmanagement¶
5. → Festlegung·des·Marketingplans¶
6. → Phasen·der·Planung¶
7. → Analyse·der·Marktsituation¶
8. → Ebenen·der·Planung¶
9. → Entwicklung·von·Strategien¶
¶

Abbildung 18.47
Die Liste ohne Einstufung der Überschriften

4 Nachdem Sie alle Überschriften geschrieben haben, gliedern Sie sie hierarchisch, weisen ihnen also die passende Ebene zu. Setzen Sie den Cursor z. B. in die Zeile mit der zweiten Überschrift und öffnen Sie erneut das Menü der Schaltfläche **Liste mit mehreren Ebenen**.

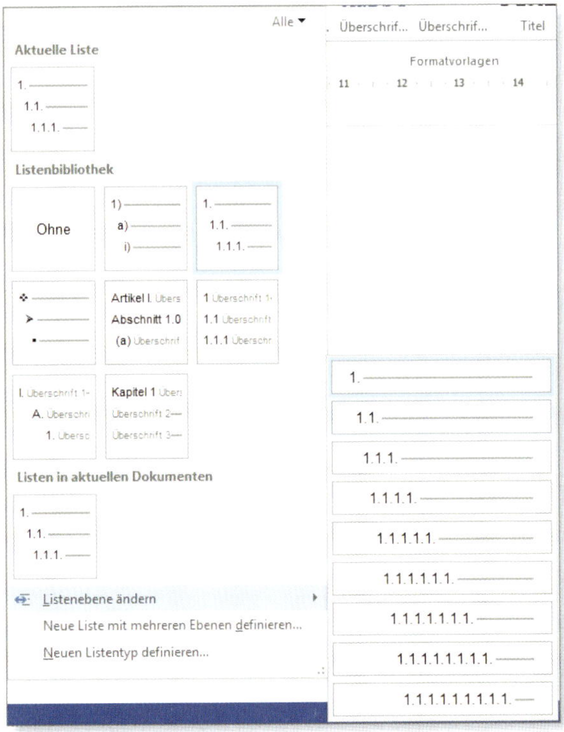

Abbildung 18.48
Die Überschriften einstufen

5 Führen Sie den Mauszeiger auf den Menüeintrag **Listenebene ändern** und wählen Sie im zugehörigen Untermenü die Ebene **1.1.**, um die Überschrift eine Ebene herunterzustufen. Falls die nächste Überschrift (wie im Beispiel) eine Überschrift der gleichen Hierarchie ist, wiederholen Sie diesen Schritt. Die Überschrift wird daraufhin mit der Nummer **1.2.** versehen.

6 Auf diese Weise strukturieren Sie die gesamte Gliederung hierarchisch. Um einer Überschrift beispielsweise die Ebene 3 zuzuweisen, klicken Sie auf die Schaltfläche **1.1.1.**.

Das Ergebnis zeigt Abbildung 18.49. Falls Sie mit der gewählten Hierarchie nicht zufrieden sind, können Sie alles auf einen Schlag rückgängig machen und mit der Einstufung neu beginnen. Dazu markieren Sie den gesamten Text und wählen im Menü **Listenebene ändern** den Eintrag **1.**. Dies setzt alle Überschriften wieder auf die erste Ebene zurück und Sie können Ihre Bearbeitung wieder bei Null beginnen.

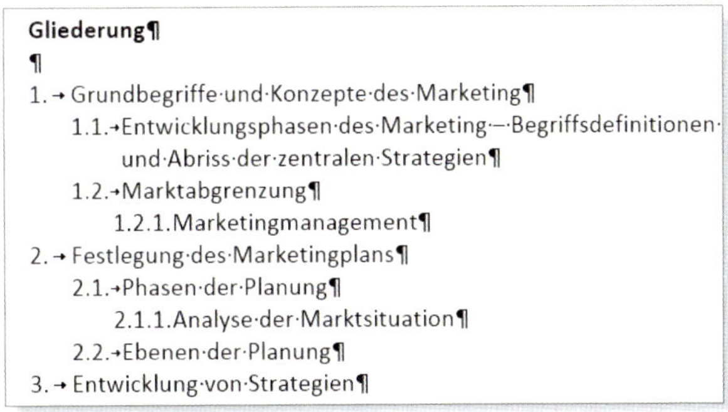
Gliederung¶
¶
1. → Grundbegriffe·und·Konzepte·des·Marketing¶
1.1. → Entwicklungsphasen·des·Marketing·—·Begriffsdefinitionen·und·Abriss·der·zentralen·Strategien¶
1.2. → Marktabgrenzung¶
1.2.1. Marketingmanagement¶
2. → Festlegung·des·Marketingplans¶
2.1. → Phasen·der·Planung¶
2.1.1. Analyse·der·Marktsituation¶
2.2. → Ebenen·der·Planung¶
3. → Entwicklung·von·Strategien¶

Abbildung 18.49
Die hierarchische Gliederung

Wenn Sie einmal einen Blick auf das Menüband werfen, sehen Sie übrigens, dass die Schaltfläche **Nummerierung** und nicht die Schaltfläche **Liste mit mehreren Ebenen** markiert ist. Wenn Sie die Nummerierung wieder entfernen möchten, deaktivieren Sie also die Schaltfläche **Nummerierung**. Die Einrückungen bzw. die Listenebenen bleiben natürlich dennoch bestehen. Wenn Sie auch diese nicht mehr benötigen, müssen Sie sie manuell löschen.

TIPP

Hierarchie über Einzüge oder Format übertragen

Sie können die jeweilige Hierarchie der Überschriften auch mithilfe der Symbole **Einzug verkleinern** und **Einzug vergrößern** auf der Registerkarte **Start** verändern. Besonders bequem steuern Sie die Einstufung über die Funktion **Format übertragen**, nachdem Sie die benötigten Ebenen einmal auf dem beschriebenen Weg zugewiesen haben.

Listenformate bearbeiten

Wie bei den Nummerierungen gibt es auch für die Listenformate die Möglichkeit, sie zu editieren. Sie können sowohl die Position der einzelnen Absätze als auch deren Aussehen verändern und die Beschriftung ergänzen. Der Dialog **Neue Liste mit mehreren Ebenen definieren** bietet Ihnen diese Möglichkeiten.

Um die Formatierung einzelner Ebenen zu bearbeiten, setzen Sie den Cursor in die betreffende Zeile der Gliederung und wählen im Menü **Liste mit mehreren Ebenen** den Eintrag **Neue Liste mit mehreren Ebenen definieren**.

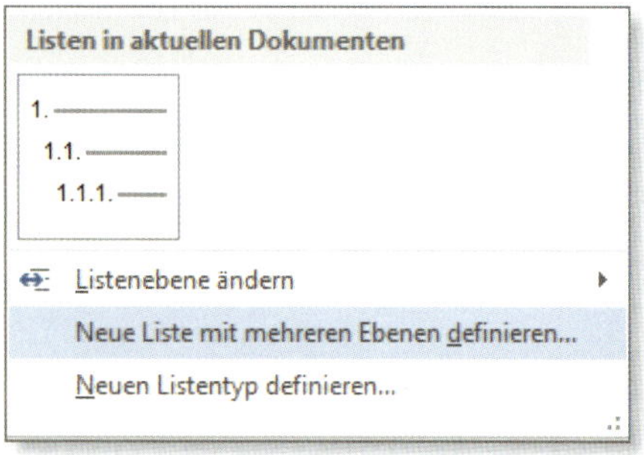

Abbildung 18.50
Den Dialog zum Bearbeiten des Listenformats aufrufen

Sie öffnen damit den gleichnamigen Dialog. In diesem Dialog ist links oben in der Zahlenliste die Ebene markiert, die Sie bearbeiten (bzw. die Ebene, in der der Cursor steht). Sie können hier auch eine andere Ebene markieren. Seien Sie sich aber darüber im Klaren, dass eventuelle Änderungen an der Formatierung alle Absätze dieser Ebene beeinflussen, nicht nur die Überschrift, in der aktuell der Cursor steht.

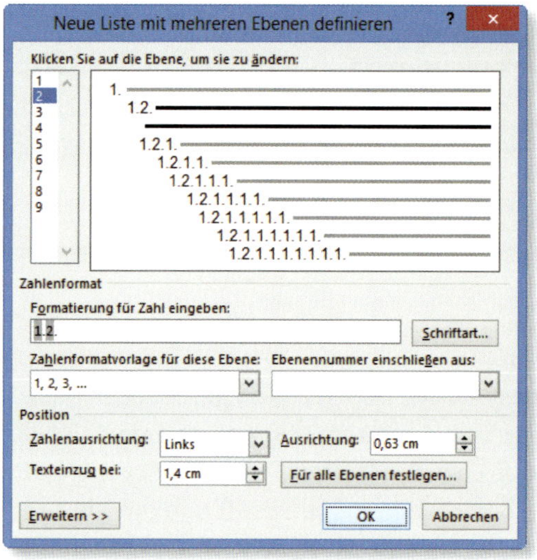

Abbildung 18.51
Der Dialog zum Bearbeiten des Listenformats

Um die Formatierung der Zahlen der eingestellten Ebene zu bearbeiten, klicken Sie auf die Schaltfläche **Schriftart**, wodurch Sie den bekannten Dialog gleichen Namens öffnen und beispielsweise die Schrift, ihre Größe oder ihre Farbe ändern können.

Im Feld **Formatierung für Zahl eingeben** wird die Beschriftung der gewählten Ebene grau unterlegt angezeigt. Sie können hier vor und/oder nach den Zahlen (im Beispiel **1.2.**) Text und Zeichen eingeben, um die Bezeichnung zu ändern. Eine solche Veränderung hat natürlich Folgen für die Ausrichtung und den Texteinzug der Ebene (und weiterer Ebenen). Die Standardwerte, die hier eingestellt sind, passen dann nicht mehr.

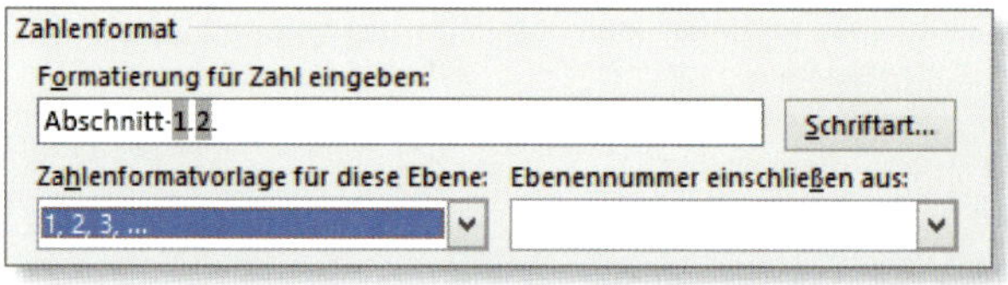

Abbildung 18.52
Das Zahlenformat verändern oder ergänzen

Im Menü des Feldes **Zahlenformat für diese Ebene** können Sie für die Gliederungsebene ein anderes Format einstellen. Wie sich ein anderes Format auswirkt, erkennen Sie unmittelbar im Feld **Formatierung für Zahl eingeben**. Sie finden in der Auswahlliste u. a. Buchstaben, römische Ziffern und verschiedene Aufzählungszeichen.

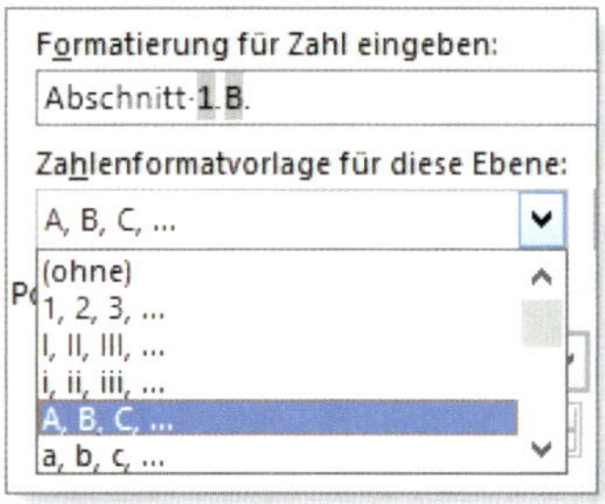

Abbildung 18.53
Zahlenformatvorlagen für die Ebene

Ganz unten in der Liste findet sich übrigens die Option **Anderes Zeichen**. Mit dieser Option rufen Sie den Dialog **Symbol** auf, den wir im Abschnitt »Nachträglich ein Aufzählungszeichen wählen« auf Seite 379 kurz beschrieben haben.

In den Feldern im Bereich **Position** ändern Sie die Einzüge der Listenebene. An welcher Stelle die Nummerierung gemessen vom Seitenrand aus beginnt, wird im Feld **Ausrichtung** angezeigt. Standardmäßig ist hier für die Ebene **1.1.** (bzw. die zweite Ebene) ein linker Einzug von **0,63 cm** eingestellt.

Der Wert im Feld **Texteinzug bei** legt fest, wo der nachfolgende Text des Absatzes beginnt, ebenfalls vom Seitenrand aus gemessen. Der eingestellte Wert von **1,4 cm** passt zum linken Einzug der Ebene.

Gliederung¶
¶
1.→Grundbegriffe·und·Konzepte·des·Marketing¶
1.1.→Entwicklungsphasen·des·Marketing·—·Begriffsdefinitionen·und·Abriss·der·zentralen·Strategien¶
1.2.→Marktabgrenzung¶
1.2.1.Marketingmanagement¶

Abbildung 18.54
Die Zeilen der Überschrift stehen sauber untereinander.

Wenn Sie die Schriftgröße allerdings vergrößern, müssen Sie hier einen höheren Wert eingeben, da die Zeilen bei der Einstellung **1,4 cm** in diesem Fall nicht mehr sauber untereinanderstehen würden (zu sehen in Abbildung 18.55).

Gliederung¶
¶
1.→Grundbegriffe·und·Konzepte·des·Marketing¶
1.1. → Entwicklungsphasen·des·Marketing·—·Begriffsdefinitionen·und·Abriss·der·zentralen·Strategien¶
1.2. → Marktabgrenzung¶
1.2.1. → Marketingmanagement¶

Abbildung 18.55
Der Texteinzug passt bei einer größeren Schriftart nicht.

Mit der Schaltfläche **Für alle Ebenen festlegen** öffnen Sie den gleichnamigen Dialog. Dieser kleine Dialog bietet z. B. die Möglichkeit, einen Einzug für die erste Ebene festzulegen. Lassen Sie lieber die Finger davon, denn es passiert leicht, dass dadurch das ganze Layout der Gliederung durcheinandergerät.

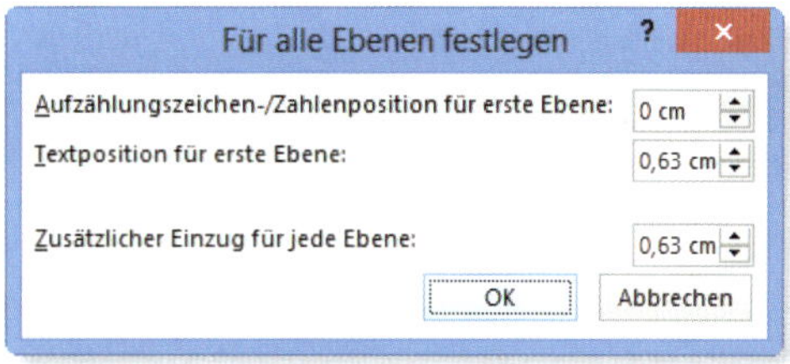

Abbildung 18.56
Die Einzüge verändern

INFO

Die erweiterten Funktionen

Im Dialog **Neue Liste mit mehreren Ebenen definieren** gibt es links unten die Schaltfläche **Erweitern**. Wenn Sie auf diese Schaltfläche klicken, werden am rechten Rand des Dialogs weitere Funktionen aufgeklappt. Diese Funktionen besprechen und verwenden wir im Zusammenhang mit Formatvorlagen (siehe Kapitel 19, »Formatvorlagen«).

Die Gliederung im Text verwenden

Der Dialog **Für alle Ebenen festlegen** ist auf jeden Fall dann nützlich, wenn Sie die Überschriften der Gliederung auch im Text Ihres Dokuments als Überschriften verwenden möchten. Diese Überschriften sollen, wie Sie das nicht anders kennen, in der Regel ohne Einzug linksbündig am Seitenrand beginnen. Das können Sie erreichen, indem Sie im Dialogfenster **Für alle Ebenen festlegen** alle Werte auf »0 cm« setzen, also in das Feld **Textposition für erste Ebene** »0 cm« eingeben und ebenfalls in das Feld **Zusätzlicher Einzug für jede Ebene**. Das Ergebnis sehen Sie in Abbildung 18.57: Die Überschriften Ihrer Gliederung sind trotz ihrer unterschiedlichen hierarchischen Positionen nun nicht mehr eingerückt.

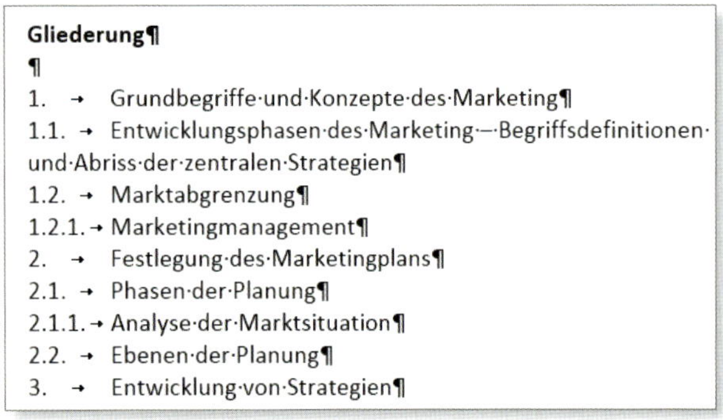
Gliederung¶
¶
1. → Grundbegriffe·und·Konzepte·des·Marketing¶
1.1. → Entwicklungsphasen·des·Marketing·—·Begriffsdefinitionen·und·Abriss·der·zentralen·Strategien¶
1.2. → Marktabgrenzung¶
1.2.1.→ Marketingmanagement¶
2. → Festlegung·des·Marketingplans¶
2.1. → Phasen·der·Planung¶
2.1.1.→ Analyse·der·Marktsituation¶
2.2. → Ebenen·der·Planung¶
3. → Entwicklung·von·Strategien¶

∧ *Abbildung 18.57*
Die Gliederung ohne Einzüge

Wenn Sie hier nach einem Absatz die [↵]-Taste drücken, wird zunächst logischerweise ein neuer Absatz mit der nächstgrößeren Nummerierung der Ebene eingefügt, aber diese Zahl können Sie einfach mit der [←]-Taste oder per Mausklick auf die Schaltfläche **Nummerierung** löschen. Dann schreiben Sie Ihren Text.

TIPP

Einzüge im Dialog »Absatz« einstellen

Die jeweiligen Einzüge und Einrückungen der Ebenen können Sie im Prinzip auch im Dialog **Absatz** einstellen, falls Ihnen der Umgang mit diesem Dialog vertrauter ist; allerdings müssten Sie hier jeden Absatz der Gliederung einzeln bearbeiten; so gesehen ist die Arbeit im Dialog **Neue Liste mit mehreren Ebenen definieren** praktischer.

Ein Listenformat verändern

Sie können den Dialog **Neue Liste mit mehreren Ebenen definieren** auch aufrufen, wenn Sie noch keine Gliederung erstellt haben, denn der Dialog ist nicht nur dazu da, nachträglich bestimmte Überschriftenebenen zu bearbeiten, sondern Sie können vorhandene Formate bzw. Vorlagen auch grundsätzlich variieren. Wählen Sie im Feld **Zahlenformat für diese Ebene** die Zahlenformatvorlage und nehmen Sie alle Veränderungen so vor wie eben im Abschnitt »Listenformate bearbeiten« ab Seite 384 beschrieben.

INFO

Einen neuen Listentyp definieren

Im Menü der Schaltfläche **Liste mit mehreren Ebenen** wird als letzter Eintrag der Befehl **Neuen Listentyp definieren** angeboten. Ein Klick darauf öffnet den Dialog **Neue Listenformatvorlage definieren**. Da es hier um eine Formatvorlage geht, beschreiben wir den Umgang mit diesem Dialog in Kapitel 19, »Formatvorlagen«.

Kapitel 19
Formatvorlagen

Formatvorlagen sind ein großes und wichtiges Thema in Word. Einen kurzen Text, ein kleines Anschreiben u. Ä. kann man zwar problemlos ohne Formatvorlagen schreiben, aber das Erstellen einer umfangreichen oder gar wissenschaftlichen Arbeit ist ohne Formatvorlagen eigentlich undenkbar.

Erfahrungsgemäß kommt es gar nicht so selten vor, dass Formatvorlagen nicht einmal für lange Texte eingesetzt werden. Viele Anwender schreiben lieber einfach drauflos, formatieren alles manuell und sind dann erstaunt, wie viel Arbeit das bei einem langen Text macht, wenn er optisch konsistent sein soll. Wer einen Bogen um Formatvorlagen macht, weiß vermutlich nicht, worauf er verzichtet. Aus diesem Grund wollen wir zunächst kurz klären, was eine Formatvorlage überhaupt ist, bevor wir ihre wichtigsten Vorteile anführen.

Wie ihr Name schon vermuten lässt, bündeln Formatvorlagen diverse Formatierungsmerkmale in einer einzigen Vorlage. Diese Merkmale können alles Mögliche umfassen: Zeichenformatierungen wie die Fett- oder Kursivsetzung oder eine Schriftfarbe, Absatzformatierungen wie Abstände, die Ausrichtung des Textes oder Nummerierungen, Tabstopps und Rahmenlinien.

Wenn das für Sie nun nach ziemlich viel Arbeit klingen sollte, können wir Sie beruhigen. Zum Lieferumfang von Word gehören zahlreiche Vorlagen, die fertig zur Verfügung stehen. Sie können jedoch auch eigene Formatvorlagen erstellen und sie ganz nach Ihren Wünschen und Vorstellungen gestalten. Schließlich gibt es noch den goldenen Mittelweg: Sie nehmen eine fertige Formatvorlage als Basis und passen diese nach Ihren Vorstellungen an.

19.1 Das Konzept der Formatvorlagen

Schon der Name *Vorlage* lässt einen ihrer Vorteile erahnen: Die Formatierungen, die darin stecken, lassen sich beliebig oft mit nur einem Mausklick auf den aktuellen Absatz übertragen. Ein klassisches Beispiel sind Überschriften. Wenn Sie einen Text schreiben, in dem die Überschriften alle das gleiche Aussehen haben sollen, weisen Sie diesen Absätzen einfach die Formatvorlage zu, die die gewünschten Merkmale vereinigt. Statt also x-mal klicken zu müssen, um alle Formatierungen immer wieder passend einzustellen, klicken Sie nur jeweils einmal in den Absatz mit den Überschriften.

Mit dieser Technik verbinden sich gleich zwei Vorteile: Erstens arbeiten Sie viel schneller und effizienter, zweitens sorgen Sie (um im Beispiel zu bleiben) im Handumdrehen dafür, dass die Überschriften tatsächlich identisch formatiert sind. Oder anders ausgedrückt: Über die Verwendung einer Formatvorlage erreichen Sie ohne viel Mühe eine optische Konsistenz. Würden Sie manuell formatieren, müssten Sie vermutlich oft im Dokument hin- und herwandern und nachschauen, ob Sie nun z. B. Schriftgrad 14 oder 16 verwendet haben.

INFO

Das Manuskript dieses Buches und seine vielen Formatvorlagen

Selbstverständlich haben wir bei der Erstellung des Manuskripts für dieses Buch ebenfalls permanent mit Formatvorlagen gearbeitet: für die Überschriften, Schrittanleitungen, Aufzählungen etc. Stellen Sie sich die Arbeit vor, die das Layout ohne den Einsatz von Formatvorlagen gemacht hätte. Sie würden das Buch dann vermutlich noch nicht in den Händen halten!

Damit ist aber noch nicht alles gesagt. Abgesehen von dem bisher genannten Vorteil eröffnet die Verwendung von Formatvorlagen noch Möglichkeiten, die weit über die optische Gestaltung hinausgehen. Dieser Gewinn tritt vor allem bei Arbeiten zutage, für die Sie eine Gliederung und/oder ein Inhaltsverzeichnis erstellen (müssen). Wenn Sie für die Überschriften Ihres Dokuments entsprechende Formatvorlagen verwendet haben, kann Word dann aus diesen Überschriften ein Inhaltsverzeichnis erstellen (wie das geht, beschreiben wir ausführlich in Kapitel 30, »Verzeichnisse und Querverweise«).

Formatvorlagen und Designs

Wir wollen uns noch ein wenig länger mit der Theorie aufhalten. Wenn Sie lieber direkt mit der Arbeit mit Formatvorlagen beginnen möchten, können Sie die folgenden Ausführungen überspringen und einfach beim Abschnitt »Eine Formatvorlage zuweisen« auf Seite 390 weiterlesen. Es ist aber prinzipiell immer sinnvoll, auch die Zusammenhänge zu verstehen – umso seltener werden Sie es erleben, dass Dinge passieren, die Sie nicht steuern können.

Auch wenn das Konzept der Designs in Kapitel 20, »Dokumentdesigns und Dokumentvorlagen«, noch ausführlich erklärt wird, streifen wir auch hier das Thema Designs kurz. Ohne die Verwendung von Formatvorlagen wären die Designs nicht sinnvoll, und andersherum können die Designs bei der Verwendung von Formatvorlagen eine wichtige Rolle spielen.

Designs sind eine Sammlung von Schriftarten, Farben und Effekten, die Sie für Ihre Dokumente generell anwenden können, damit diese wie aus einem Guss erscheinen. Über die Formatvorlagen legen Sie fest, ob und welche Formatierungseinstellung der Designs tatsächlich im Text angewendet wird. Es verhält sich also folgendermaßen:

- Wenn Sie keine Formatvorlagen verwenden, haben Änderungen am Design auch keine Auswirkungen auf Ihr Dokument.
- Wenn Sie beim Erstellen und Ändern von Formatvorlagen nicht die Formateinstellung des Designs auswählen, sondern explizit Werte und Attribute festlegen, sind Änderungen am Design ebenfalls folgenlos.

Wenn Sie also das Aussehen Ihres Dokuments schnell mithilfe von Designs verändern möchten, müssen die Formatvorlagen die Formatierungseinstellungen des gewählten Designs enthalten. Im Umkehrschluss gilt: Wenn Sie nicht mit Designs arbeiten möchten, brauchen Sie deren Einstellungen bei den Formatvorlagen nicht zu berücksichtigen.

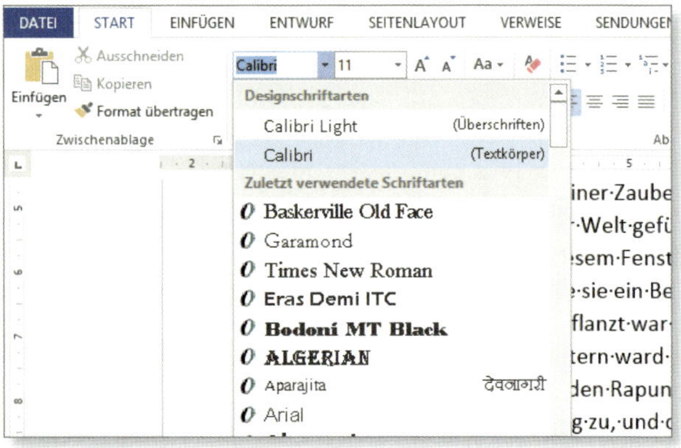

^ Abbildung 19.1
Der Text ist mit einer Designschriftart formatiert.

Um diese Zusammenhänge zu verdeutlichen, betrachten Sie das folgende Beispiel: Für einen normalen

Fließtext verwenden Sie das Design **Larissa**. Über das Feld **Schriftart** können Sie erkennen, dass für den Text die Schrift **Calibri (Textkörper)** eingestellt ist. Da diese Schrift im Bereich **Designschriftarten** des Menüs angezeigt wird, wissen Sie, dass **Calibri** die Schriftart ist, die durch das Design für allgemeinen Text (*Textkörper*) festgelegt ist.

Wenn Sie nun das Design ändern und z. B. **Facette** wählen, wird die Schriftart **Trebuchet MS (Textkörper)** verwendet. Die Schriftart hat sich also mit dem Design verändert. Dieses Verhalten hat seine Ursache darin, dass in der Formatvorlage **Standard** festgelegt ist, dass die Schriftart für den Textkörper aus dem Design genommen wird.

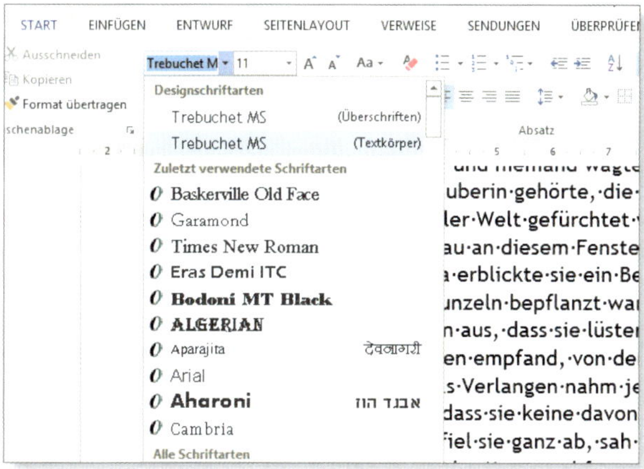

^ Abbildung 19.2
Bei einem Designwechsel ändert sich die Schriftart.

INFO

Die Formatvorlage »Standard«

Wenn Sie ein neues Dokument beginnen, wird Ihrem Text automatisch die Formatvorlage **Standard** zugewiesen.

Wenn Sie hingegen einem Absatz ausdrücklich eine Schriftart zuweisen, z. B. **Arial**, und dann das Design wechseln, wird die Schriftart für diesen Absatz nicht entsprechend geändert. Hierbei macht es keinen Unterschied, ob Sie dem Absatz die Schriftart ganz klassisch zuweisen (z. B. über die Registerkarte **Start**) oder ob Sie sie über eine Formatvorlage festlegen. In beiden Fällen wird immer die manuell eingestellte Schriftart verwendet, egal, was das Design vorschreibt. Ihre explizite Vorgabe steht also über den automatischen Einstellungen.

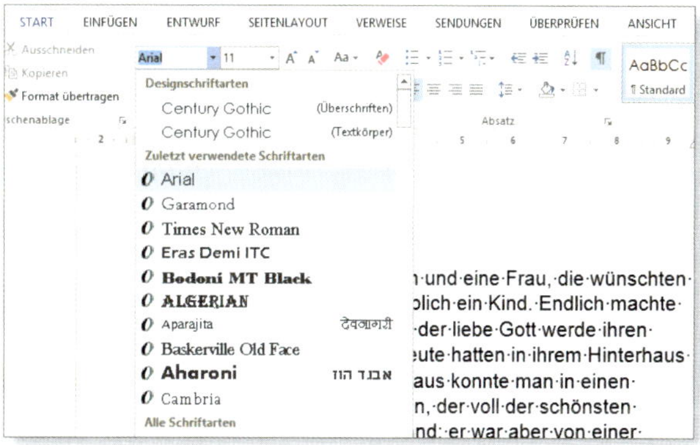

^ Abbildung 19.3
Die manuell eingestellte Schriftart ändert sich auch bei einem Designwechsel nicht.

Das Fazit lautet also wie folgt: Wenn Sie mit Designs arbeiten wollen, müssen Sie Formatierungsänderungen direkt am Design vornehmen, sodass diese Änderungen über die Formatvorlagen dargestellt werden können (siehe Kapitel 20, »Dokumentdesigns und Dokumentvorlagen«).

Der Formatvorlagentyp: Formatvorlagen für Absätze und Zeichen

In Word werden Formatvorlagen unterschiedlich klassifiziert. Es gibt Formatvorlagen speziell für Absätze, Zeichen, Tabellen und Listen. Diese Klassifizierung bemerken Sie vor allem, wenn Sie eigene Formatvorlagen definieren; je nach Typ unterscheidet sich der Umfang der Formatierungen, den Sie einstellen können. So ist es z. B. nicht sinnvoll, für eine Zeichenformatvorlage den Absatzabstand festzulegen. In Abschnitt 19.4, »Eigene Formatvorlagen erstellen«, werden wir auf diesen Punkt zurückkommen, wenn wir erklären, wie Sie eigene Formatvorlagen erstellen.

Format- und Dokumentvorlagen

Die Begriffe *Formatvorlage* und *Dokumentvorlage* werden im Alltag nicht immer sauber auseinandergehalten, obwohl es sich um zwei verschiedene Dinge handelt.

Formatvorlagen sind einfach ein Bündel von Formatierungseinstellungen, die einem Textstück zugewiesen werden können. Dokumentvorlagen sind wesentlich umfangreicher. Neue Dokumente erstellen Sie immer auf Basis einer Dokumentvorlage. Im Standard ist dies die Datei *Normal.dotm*. In der Dokumentvorlage werden Formatierungen gespeichert (und eben auch Formatvorlagen), Texte, die bei jedem neuen Dokument bereits vorhanden sein sollen, Bausteine jeglicher Art etc. Sie können z. B. eine Dokumentvorlage für Teamsitzungen erstellen, in der bereits alle Teilnehmer eingetragen sind, Geschäftsbriefe mit einer vollständigen Kopfzeile, eine Vorlage für Urkunden oder für Rechnungslegungen, kurz: Vorlagen für alle Schriftstücke, die Sie in Ihrem geschäftlichen und/oder privaten Alltag immer wieder brauchen und die Ihnen eine ganze Menge Zeit und Arbeit ersparen.

Wie Sie solche Dokumentvorlagen nutzen, verändern und ganz neu anlegen können, erklären wir Ihnen ausführlich in Kapitel 20, »Dokumentdesigns und Dokumentvorlagen«.

19.2 Formatvorlagen aus dem Katalog übernehmen

Vielleicht lag es an der Erkenntnis, dass Formatvorlagen für die Anwender nicht die Rolle spielen, die ihnen gebührt, dass ein Teil der fertigen Formatvorlagen mit der Umgestaltung der Word-Benutzeroberfläche direkt auf der Registerkarte **Start** gelandet sind, wo sie nicht zu übersehen sind – und sogar einen prominenten Platz einnehmen. Einige der Vorschaubilder für Formatvorlagen werden direkt in der Gruppe **Formatvorlagen** angezeigt.

Abbildung 19.4
Die Gruppe »Formatvorlagen« auf der Registerkarte »Start«

Um den Katalog der hier angebotenen Formatvorlagen aufzuklappen, klicken Sie auf den Pfeil an dem kleinen Auswahlbalken der Gruppe.

Abbildung 19.5
Der Katalog der Schnellformatvorlagen

Die in dem aufgeklappten Menü versammelten Formatvorlagen werden als *Schnellformatvorlagen* bezeichnet. Wenn Sie einen Blick auf den unteren Teil des Katalogs werfen, sehen Sie, dass der Begriff hier ebenfalls auftaucht (in der Option **Auswahl als neue Schnellformatvorlage speichern**).

Hinter diesem Begriff verbirgt sich eigentlich auch nichts anderes als eine normale Formatvorlage, nur dass ihr noch der Zusatz »Schnell« gegönnt wird, weil sie direkt im Menü auftaucht, man also in der Tat schnell auf sie zugreifen kann. Im Umkehrschluss vermuten Sie zu Recht, dass es noch weitere Formatvorlagen gibt – und so ist es auch (schnell einsetzbar sind diese anderen im Übrigen auch). Wir wollen aber damit beginnen, eine der Vorlagen zu verwenden, die Sie hier sehen.

Eine Formatvorlage zuweisen

Es ist denkbar einfach, eine Formatvorlage aus diesem Katalog für einen Absatz zu benutzen.

1 Positionieren Sie den Cursor in dem Absatz, den Sie mit einer Formatvorlage formatieren möchten, z. B. in einer Überschrift.

2 Wechseln Sie gegebenenfalls auf die Registerkarte **Start** und klappen Sie wie eben beschrieben das Menü mit den Formatvorlagen auf.

3 Fahren Sie mit dem Mauszeiger über das Angebot. Sie sehen, dass die Formatvorlagen Namen haben und dass es Vorlagen mit der Bezeichnung **Überschrift 1**, **Überschrift 2**, **Titel** etc. gibt. Dank der Livevorschau wird im Dokument angezeigt, wie sich die Vorlage auf den Text auswirkt.

4 Wenn Sie eine passende Vorlage entdeckt haben, klicken Sie das Vorschaubildchen in der Menüauswahl an. Der aktuelle Absatz wird dann entsprechend formatiert.

INFO

Die Formatvorlage »Standard« im Katalog

Zum Katalog der Schnellformatvorlagen gehört natürlich die Formatvorlage **Standard**, die – sofern Sie keine anderen Formatvorlagen zugewiesen haben – bei allen Dokumenten automatisch verwendet wird.

Formatvorlagen über den Bereich »Formatvorlagen« zuweisen

Wie schon erwähnt, ist die Auswahl im Katalog der Schnellformatvorlagen tatsächlich nur eine Auswahl, die gängige Formatierungswünsche abdecken soll. Wenn Sie noch mehr Vorlagen sehen möchten, klicken Sie auf den kleinen Pfeil an der Gruppe **Formatvorlagen** ❶.

Abbildung 19.6
Über den Pfeil unten rechts an der Gruppe rufen Sie den Katalog der Schnellformatvorlagen auf.

Daraufhin öffnet sich am rechten Rand des Bildschirms der Bereich **Formatvorlagen** (Word selbst spricht hier eher von *Formatvorlagenbereich*; in älteren Word-Versionen hieß der Bereich am rechten Bildschirmrand immer *Aufgabenbereich*). Hier werden allerdings nur Formatvorlagen für Zeichen und Absätze angezeigt. Listen- und Tabellenformatvorlagen finden Sie in den entsprechenden Menüs (die Tabellenformatvorlagen z. B. auf der Registerkarte **Tabellentools/Entwurf**).

Um aus diesem Bereich eine Formatvorlage zuzuweisen, verfahren Sie im Prinzip genauso wie eben mit den Schnellformatvorlagen gezeigt. Setzen Sie den Cursor in den Absatz (oder markieren Sie den Text, sofern es sich nicht um einen Absatz handelt) und klicken Sie einfach auf den Namen der Formatvorlage im Bereich **Formatvorlagen**.

Abbildung 19.7
Der Formatvorlagenbereich

Wenn Sie im Bereich **Formatvorlagen** bereits einen optischen Eindruck von den Formatierungen erhalten möchten, die sich hinter den Formatvorlagen verbergen, aktivieren Sie die Option **Vorschau anzeigen** ❷. Da es sehr viele Formatvorlagen gibt, kann diese Liste unter Umständen extrem lang sein, zumal hier ja auch die Formatvorlagen angezeigt werden, die Sie selbst erstellt haben.

Daher lässt sich der Umfang der angezeigten Formatvorlagen eingrenzen. Klicken Sie dazu auf **Optionen** ❸ unten rechts im Formatvorlagenbereich.

Im Dialog **Optionen für Formatvorlagenbereich** bestimmen Sie im Feld **Anzuzeigende Formatvorlagen auswählen**, welche Formatvorlagen im Bereich **Formatvorlagen** aufgelistet werden sollen. Dies sind die Optionen:

- **Empfohlen**: Mit dieser Option werden alle Formatvorlagen angezeigt, für die diese Einstellung vorher festgelegt wurde. Welche Formatvorlagen dazugehören dürfen, legen Sie im Dialog **Formatvorlagen verwalten** fest (siehe Abschnitt 19.6, »Formatvorlagen verwalten«).
- **Alle Formatvorlagen**: Wenn Sie diese Option einstellen, werden alle verfügbaren Formatvorlagen im Bereich **Formatvorlagen** aufgelistet.
- Die Namen der anderen beiden Optionen, **Verwendet** und **Im aktuellen Dokument**, täuschen ein wenig, denn es scheint so zu sein, dass sie nicht nur die Formatvorlagen anzeigen, die wirklich vorkommen (wie in früheren Word-Versionen), sondern die Auswahl wird offenbar auch dadurch beeinflusst, was Sie für die empfohlenen Formatvorlagen eingestellt haben.

  Ob dies ein Programmfehler (*Bug*) ist oder ob hier ein neues Feature verwendet wird, das noch nicht dokumentiert wurde, hat sich uns leider auch nach einigen Tests nicht erschlossen.

Im Dialog **Optionen für Formatvorlagenbereich** verdient auch die Option **Bei Verwendung der vorherigen Ebene nächste Überschrift anzeigen** ❶ Ihr Interesse.

Falls diese Option aktiviert ist, wird bei einem leeren Dokument zunächst nur die Formatvorlage **Überschrift 1** im Formatvorlagenbereich angezeigt, und erst wenn Sie die **Überschrift 1** verwendet haben, sie also einem Absatz zugewiesen haben, taucht die Formatvorlage für die nächste Überschriftenebene in der Liste (übrigens auch bei den Schnellformatvorlagen) auf. So verhält es sich auch bei den folgenden Überschriftenebenen.

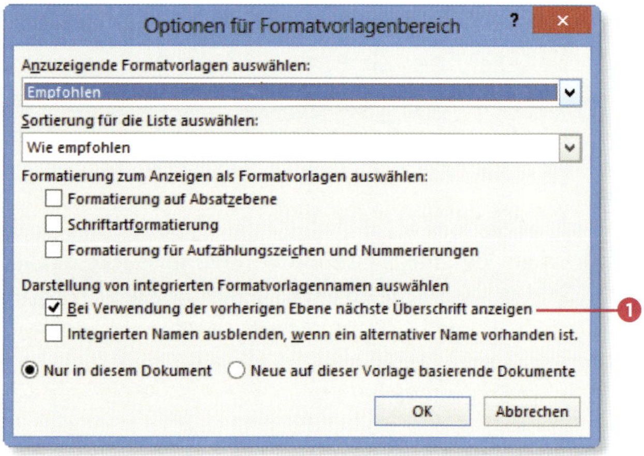

Abbildung 19.8
Der Dialog zum Einstellen der Optionen für den Formatvorlagenbereich

Die Sortierreihenfolge

Im Dialog **Optionen für Formatvorlagenbereich** können Sie auch festlegen, wie die Formatvorlagen aufgelistet werden. Standardmäßig ist die Reihenfolge **Wie empfohlen** eingestellt, die in den meisten Fällen vermutlich in Ordnung ist. Es gibt aber auch andere Möglichkeiten, die zu sehen sind, wenn Sie die Auswahlliste des Feldes **Sortierung für die Liste auswählen** aufklappen.

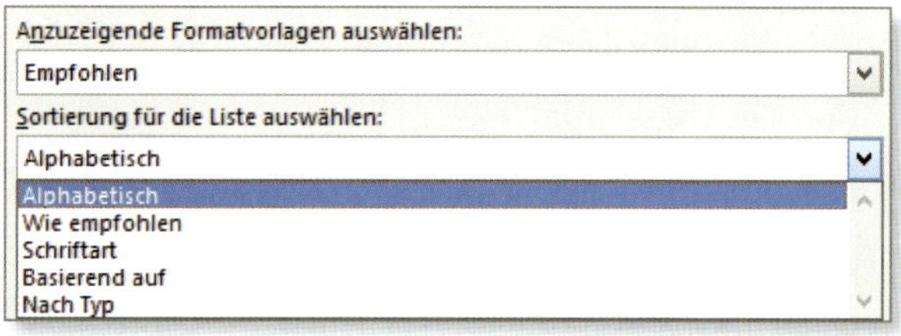

Abbildung 19.9
Die Sortierung ändern

- **Alphabetisch:** Hier erwartet Sie keine Überraschung – die Formatvorlagen werden in alphabetischer Reihenfolge sortiert.
- **Wie empfohlen:** Die Reihenfolge ist so, wie sie im Dialog **Formatvorlagen verwalten** auf der Registerkarte **Empfehlen** festgelegt wurde (mehr dazu finden Sie in Abschnitt 19.6, »Formatvorlagen verwalten«).
- **Schriftart:** Es gibt eigentlich keinen triftigen Grund, diese Sortierreihenfolge einzustellen, aber der Vollständigkeit halber sei sie hier ebenfalls erwähnt. Zunächst erscheinen alle Formatvorlagen, bei denen die Schriftart nicht explizit festgelegt wurde (die Schriftart stammt aus der zugrunde liegenden Formatvorlage oder aus dem Design), dann folgen die Formatvorlagen mit festgelegter Schriftart in alphabetischer Reihenfolge.
- **Basierend auf:** Bei dieser Sortierung werden Formatvorlagen nach den Vorlagen sortiert, auf denen sie basieren.
- **Nach Typ:** Mit dieser Einstellung werden Formatvorlagen kategorisiert dargestellt. Zunächst erscheinen die Formatvorlagen des Typs **Zeichen**, dann die verknüpften Formatvorlagen und schließlich die Absatzformatvorlagen. Innerhalb der Kategorien werden die Formatvorlagen alphabetisch sortiert aufgelistet.

HINWEIS

Sichern Sie Ihre Einstellungen!

Wenn Sie im Dialog **Optionen für Formatvorlagenbereich** alle Optionen eingestellt haben, können Sie diese Einstellungen sichern, indem Sie die Option **Neue auf dieser Vorlage basierende Dokumente** aktivieren. Auf diese Weise müssen Sie bei neuen Dokumenten nicht jedes Mal von Neuem die Optionen festlegen, sondern finden alles so vor, wie Sie es sich wünschen und können unmittelbar mit Ihrer eigentlichen Aufgabe beginnen.

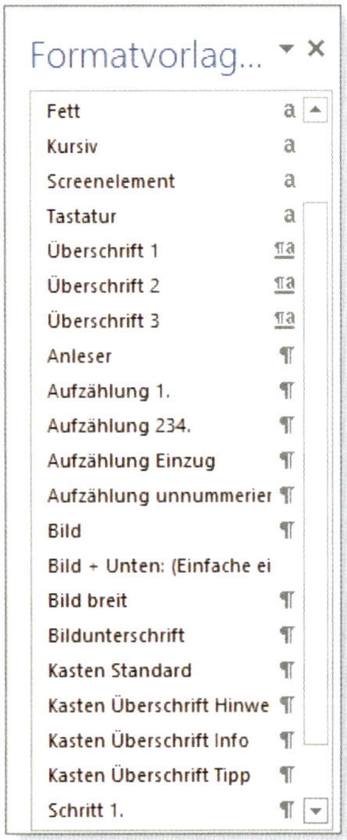

Abbildung 19.10
Hier sind die Formatvorlagen nach Typ sortiert.

Formatvorlagen übernehmen

Aller guten Dinge sind bekanntlich drei, daher gibt es noch eine dritte Möglichkeit, Formatvorlagen zuzuweisen. Der Weg führt über einen kleinen, aber feinen Dialog, den Sie im Menü des Katalogs **Schnellformatvorlagen** aufrufen.

1 Klicken Sie in diesem Menü auf den Eintrag **Formatvorlagen übernehmen**.

Abbildung 19.11
Den Dialog »Formatvorlagen übernehmen« aufrufen

2 Daraufhin wird der gleichnamige Dialog angezeigt, in dem Sie die Formatvorlage im Feld **Formatvorlagenname** in der Auswahlliste aussuchen können.

Selbstverständlich können Sie den Namen der Formatvorlage auch in das Feld tippen. Wenn die Option **AutoVervollständigen für Formatvorlagennamen** aktiviert ist, reicht es, die ersten Buchstaben des Namens zu schreiben. Er wird automatisch vervollständigt.

3 Klicken Sie dann auf die Schaltfläche **Übernehmen**, um die Formatvorlage für den Absatz/den markierten Bereich anzuwenden.

Abbildung 19.12
Eine Formatvorlage aus der Liste übernehmen

19.3 Formatvorlagen ändern

Obwohl die Liste der von Word angebotenen Formatvorlagen ziemlich lang ist, ist doch nicht immer punktgenau das Passende dabei. Anstatt in einem solchen Fall gleich eine komplett neue Formatvorlage zu basteln, können Sie an einer der vorhandenen Vorlagen Änderungen und Anpassungen vornehmen und sie an ihren Verwendungszweck anpassen.

Greifen wir als Beispiel die Formatvorlage **Intensiver Verweis** heraus. (Diese Namensgebung ist vermutlich mal wieder einem der vielen schwachen Momente der Übersetzer dieser Word-Version geschuldet ...) Der in Abbildung 19.13 gezeigte Text hat diese Formatvorlage.

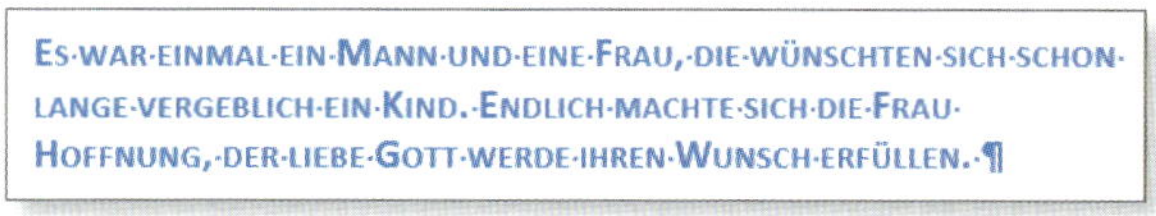

Abbildung 19.13
Ein Text mit der Formatvorlage »Intensiver Verweis«

Eine Formatvorlage gestalterisch anpassen

Die Formatvorlage entspricht nicht ganz unseren Vorstellungen. Daher möchten wir sie etwas abändern.

1 Zeigen Sie mit der Maus im Formatvorlagenbereich auf die Formatvorlage **Intensiver Verweis** und klicken Sie auf den Pfeil am rechten Rand des Feldes, um das Menü dieser Formatvorlage aufzuklappen.

2 Im Menü klicken Sie auf den Eintrag **Ändern**.

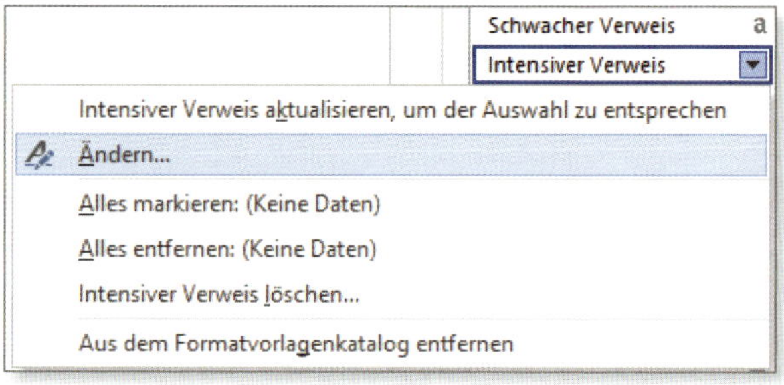

Abbildung 19.14
Das Menü der Formatvorlage

3 Daraufhin wird der Dialog **Formatvorlage ändern** angezeigt (siehe Abbildung 19.15). In diesem Dialog werden alle Eigenschaften der Formatvorlage unterhalb des Vorschaubereiches aufgelistet, und es gibt alle möglichen Felder und Schaltflächen, über die Sie noch weitere Einstellungen festlegen können.

Der Bereich **Eigenschaften** mit den entsprechenden Feldern wird dann relevant, wenn Sie eine eigene Formatvorlage definieren (in einem Dialog, der diesem stark ähnelt). Daher erklären wir hier nur das Feld **Formatvorlage basiert auf**. In diesem Feld können Sie eine Formatvorlage auswählen, sodass die Formatierungseinstellungen dieser Formatvorlage auch für die Formatvorlage gelten, die Sie gerade »am Wickel haben«. Zusätzlich zu diesen »geerbten« Formatierungen können Sie dann weitere Formatierungen festlegen.

Damit deutlich wird, woran Sie erkennen, welche Formatierung übernommen und welche explizit festgelegt wird, werfen Sie einen Blick auf Abbildung 19.15. Im Bereich **Formatierung** sehen Sie das Feld mit der Schrift-

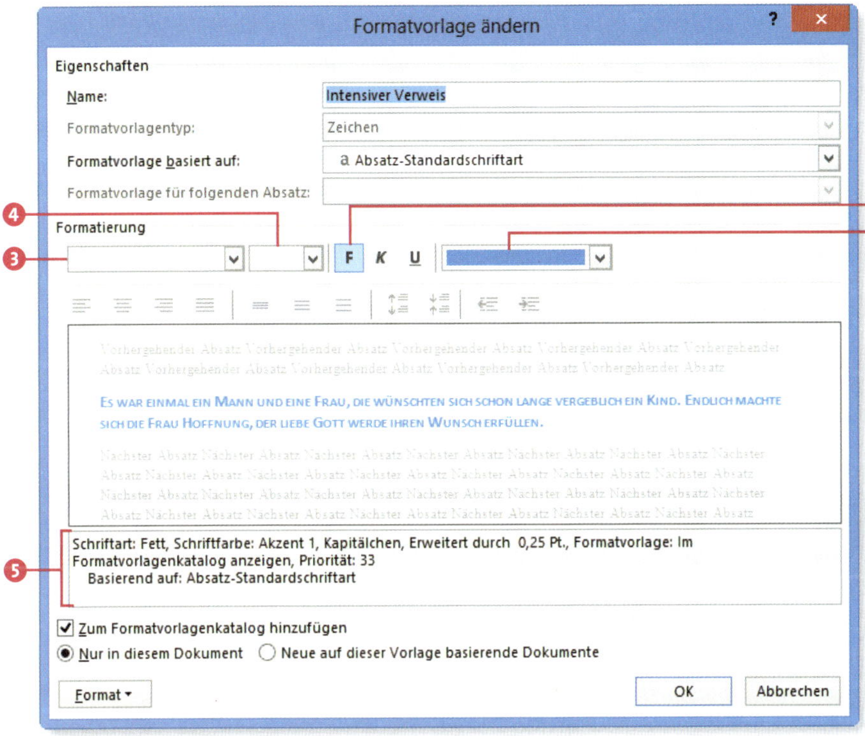

Abbildung 19.15
Der Dialog, in dem Sie eine Formatvorlage ändern können

farbe ❶ (hier: **Blau Akzent 1**) und links daneben den aktivierten Schalter für **Fett** ❷. Dies sind zwei Einstellungen, die zusammen mit der Formatvorlage **Intensiver Verweis** festgelegt sind. Die **Schriftart** ❸ und der **Schriftgrad** ❹ werden hingegen aus der zugrunde liegenden Formatvorlage genommen. Dies sehen Sie daran, dass in den zugehörigen entsprechenden Feldern im Bereich **Formatierung** keine Einträge enthalten sind. Unterhalb des Vorschaubereiches ❺ lesen Sie **Fett**, **Schriftartfarbe: Akzent 1** sowie **Kapitälchen** und **Erweitert durch 0,25 Pt.**, weil dies die Formatierungen sind, die in dieser Formatvorlage explizit eingestellt wurden.

Formatierungseinstellungen ändern

Im Bereich **Formatierung** können Sie neue Formatierungsmerkmale bestimmen, z. B. das Attribut **Fett** deaktivieren. Wenn Sie eine andere Schriftart einstellen möchten, klicken Sie auf den ersten Auswahlpfeil. Hier ist nun zu bedenken, was wir bereits eingangs gesagt haben: Falls Sie hier eine »normale« Schrift einstellen, bleibt diese auch bei einem Designwechsel erhalten. Wenn Sie Designs verwenden (möchten) und sicherstellen wollen, dass alle Formatierungen wie aus einem Guss wirken, sollten Sie die Schriftart also lieber nicht ändern, weil für den Textkörper eine Designschriftart eingestellt ist und diese sonst nicht passend zu jedem Design angeglichen werden kann.

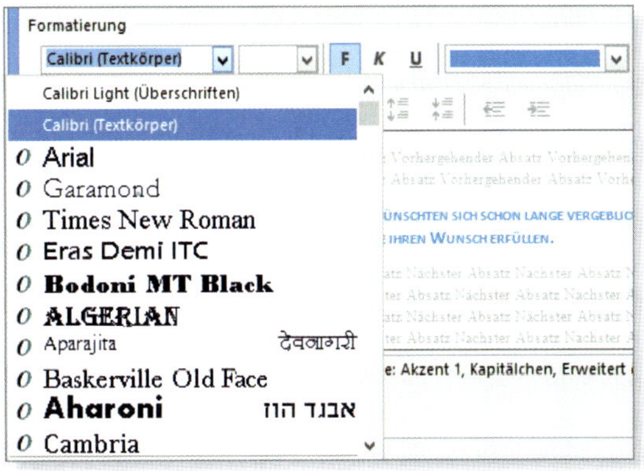

Abbildung 19.16
Die Schriftart einstellen

Ähnlich verhält es sich mit der Schriftfarbe, die Sie im gleichnamigen Feld ändern können. Wählen Sie hier eine Farbe aus der Palette der **Designfarben**, wenn sich die Farbe anpassen soll, falls Sie dem Dokument ein neues Design zuweisen.

Abbildung 19.17
Eine andere Schriftfarbe wählen

Wie Sie sehen, sind die Schaltflächen zur Einstellung von Absatzformatierungen hier nicht aktiv, werden also blass dargestellt, was daran liegt, dass die Formatvorlage in die Kategorie **Zeichen** gehört (es geht hier also nur um die Zeichenformatierung).

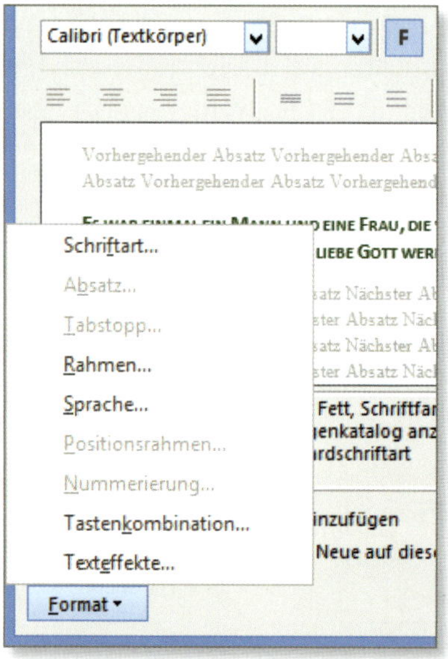

Abbildung 19.18
Im Menü können Sie die entsprechenden Dialogfenster für weitere Formatierungseinstellungen aufrufen.

Für weitere Einstellungen bzw. Einstellungsänderungen klicken Sie auf die Schaltfläche **Format**. Im zugehörigen Auswahlmenü sind die Einträge aktiv, die zu den üblichen Dialogen führen (**Schriftart**, **Rahmen und Schattierung** etc.), in denen Sie die Zeichenformatierung der Formatvorlage weiter beeinflussen können.

Die Formatvorlage per Tastenkombination festlegen

Im Menü **Format** des Dialogs **Formatvorlage ändern** sehen Sie auch den Eintrag **Tastenkombination**, mit dem Sie den Dialog **Tastatur anpassen** aufrufen. Hier legen Sie eine Tastenkombination fest (bereits vorhandene Tastenkombinationen werden hier ebenfalls angezeigt), mit deren Hilfe Sie dann die Formatvorlage zuweisen können.

1. Setzen Sie den Cursor in das Feld **Neue Tastenkombination**.
2. Drücken Sie dann die Tastenkombination, die Ihnen für die Zuweisung der Formatvorlage vorschwebt. Achten Sie auf den Text unter dem Feld **Aktuelle Tasten**. Falls Sie eine bereits verwendete Tastenkombination angeben, die bereits einen anderen Befehl ausführt, wird dieser Befehl hier angezeigt. Wählen Sie also eine Tastenkombination, bei der der Hinweis **[nicht zugewiesen]** erscheint.

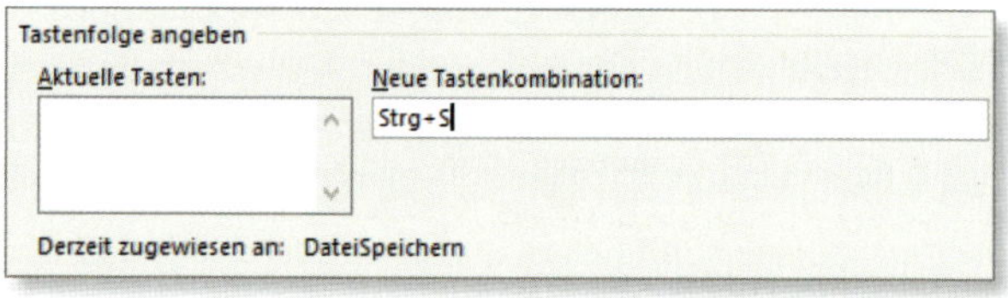

Abbildung 19.19
Schon vergeben

3. Dann legen Sie im Feld **Speichern in** fest, ob diese Tastenkombination nur für das aktuelle Dokument oder für alle Dokumente gelten soll, die auf der verwendeten Dokumentvorlage basieren.
4. Klicken Sie dann auf die Schaltfläche **Zuordnen**, um die Tastenkombination für die Formatvorlage zu speichern.

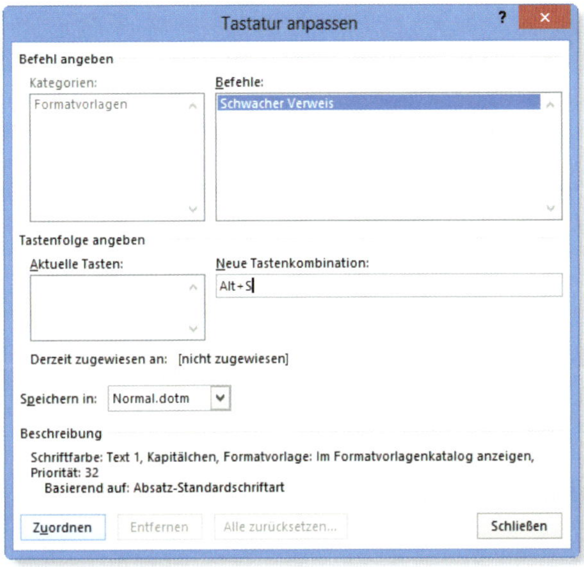

Abbildung 19.20
Eine Tastenkombination für die Formatvorlage definieren

Um eine Tastenkombination wieder zu entfernen, markieren Sie diese im Feld **Aktuelle Tasten** und klicken dann auf die Schaltfläche **Entfernen**.

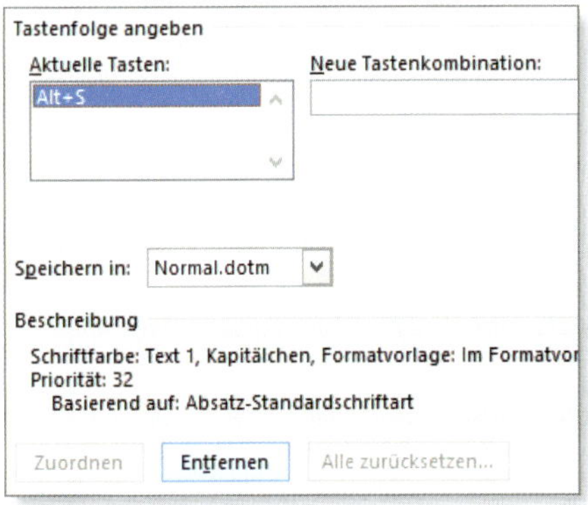

Abbildung 19.21
Eine Tastenkombination wieder entfernen

Wo werden die Änderungen gespeichert?

Nachdem Sie diese Tastenkombination (und gegebenenfalls sonstige Formatierungen) festgelegt haben, gelangen Sie zurück in den Dialog **Formatvorlage ändern**.

Beachten Sie auch die Optionen im unteren Bereich (oberhalb der Schaltfläche **Format**):

- **Zum Formatvorlagenkatalog hinzufügen**: Wenn die bearbeitete Formatvorlage nicht zu den Schnellformatvorlagen gehört und Sie erreichen möchten, dass sie in diesem Katalog angezeigt wird, aktivieren Sie diese Option.
- **Nur in diesem Dokument**: Wenn diese Option eingeschaltet ist, gelten die an der Formatvorlage vorgenommenen Veränderungen nur im aktuellen Dokument.
- **Neue auf dieser Vorlage basierende Dokumente**: Wenn Sie diese Option aktivieren, werden die Änderungen an der Formatvorlage in allen Dokumenten wirksam, die auf der hier verwendeten Dokumentvorlage basieren.

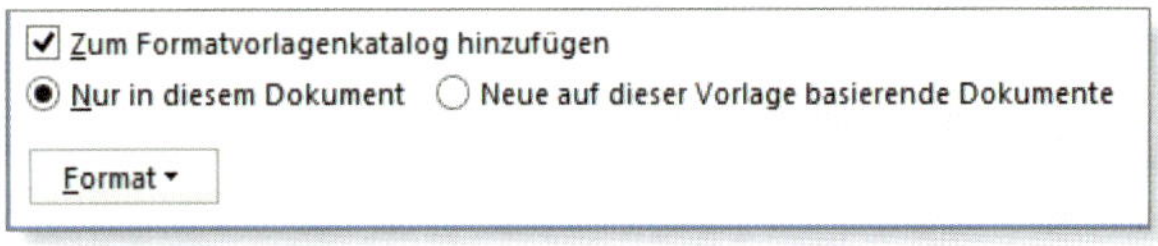

Abbildung 19.22
Optionen für das Speichern der Änderungen

Nachdem Sie Ihre Einstellungen mit **OK** bestätigt haben (und wenn Sie sich die Vorschau anzeigen lassen, das entsprechende Kästchen finden Sie im unteren Bereich des Menüs), erscheint die Formatvorlage mit den neuen Attributen im Aufgabenbereich **Formatvorlagen**.

Abbildung 19.23
Die Formatvorlage wird nun mit den neuen Einstellungen angezeigt.

Änderungen an Formatvorlagen zurücknehmen

Wie Sie gesehen haben, sind Änderungen an Formatvorlagen recht unkompliziert zu erledigen. Allerdings gibt es ein paar Fallstricke, wenn Sie die zugrunde liegende unveränderte Formatvorlage wieder nutzen möchten. In einigen Fällen ist dies sogar unmöglich.

Rufen Sie dazu am besten einmal den Dialog **Schriftart** auf (**Formatvorlage ändern** > **Format** > **Schriftart**). Wie Sie sehen, ist als Schriftart **Arial** ❶ eingestellt. Wenn Sie hier wieder die Schriftart der zugrunde liegenden Formatvorlage anwenden möchten (also die, die im Feld **Formatvorlage basiert auf** des Dialogs **Formatvorlage ändern** eingestellt ist), werden Sie in der Auswahlliste keinen passenden Eintrag finden. Sie müssen den Cursor in das Feld setzen und den Namen der Schriftart löschen (`Entf`-Taste). Ähnlich verfahren Sie in den Feldern **Schriftschnitt** ❷ und **Größe** ❸.

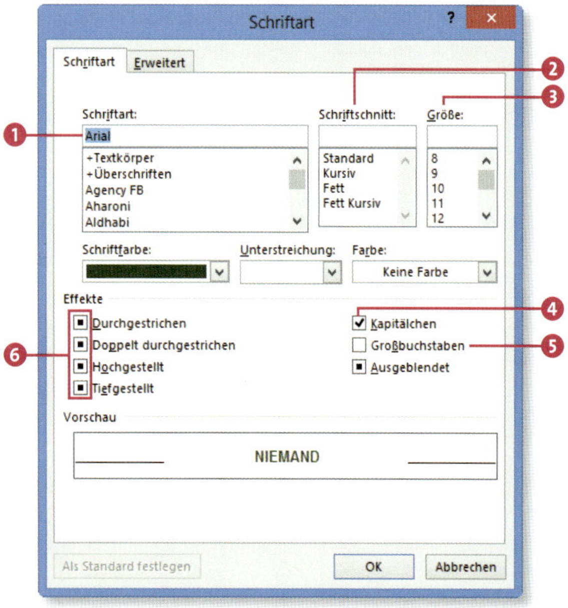

Abbildung 19.24
Die Kontrollkästchen der Effekte sind unterschiedlich gekennzeichnet.

Wenn Sie sich den Bereich **Effekte** anschauen, sehen Sie hier unterschiedliche Kennzeichnungen der Kontrollkästchen:

- Das Häkchen im Feld **Kapitälchen** ❹ besagt, dass immer Kapitälchen verwendet werden.
- Die Option **Großbuchstaben** ❺ ist deaktiviert. Damit ist festgelegt, dass der Text auf keinen Fall in Großbuchstaben dargestellt wird.
- Die rechteckigen Markierungen ❻ bedeuten, dass das vorhandene Format bzw. das Format der zugrunde liegenden Formatvorlage angewendet werden soll.

Sie wechseln zwischen den verschiedenen Markierungen durch wiederholtes Anklicken mit der Maus. Leider werden Sie dabei feststellen, dass Sie Markierungen nicht immer mit Erfolg wiederherstellen können, sodass gewisse Formatierungen nicht wieder zurückgenommen werden können. (Warum Microsoft dieses Verhalten seit Jahren so hinnimmt oder eventuell sogar als richtig empfindet, ist uns ein Rätsel.) Ähnliche Probleme gibt es bei der Schriftfarbe und bei Unterstreichungen.

19.4 Eigene Formatvorlagen erstellen

Um nun von Grund auf eine neue Formatvorlage zu erstellen, können Sie zwei Wege gehen.

1. Sie formatieren einen Text nach Wunsch mit den üblichen Mitteln und kopieren diese Formatierung in eine Formatvorlage.
2. Sie definieren eine neue Formatvorlage in einem Dialog, der große Ähnlichkeit mit dem eben beschriebenen Dialog **Formatvorlage ändern** hat.

Beginnen wir mit dem ersten Weg. Wir zeigen Ihnen die dafür erforderlichen Schritte im folgenden Abschnitt.

Eine Schnellformatvorlage speichern

Als Erstes formatieren Sie den Text oder Absatz mit allen Attributen, die die zu erstellende Formatvorlage aufweisen soll. Dazu nutzen Sie die üblichen Schaltflächen auf der Registerkarte **Start** bzw. die zugehörigen Dialoge. Denken Sie daran, eine Designschriftart zu verwenden, wenn Sie möchten, dass sich die Schriftart je nach Design anpasst.

1 Nach der Formatierung markieren Sie den entsprechenden Text oder Absatz und klicken die Markierung mit der rechten Maustaste an.

2 In der Minisymbolleiste, die dann erscheint, klicken Sie auf **Formatvorlagen** (siehe Abbildung 19.25). Im folgenden Menü wählen Sie die Option **Formatvorlage erstellen**.

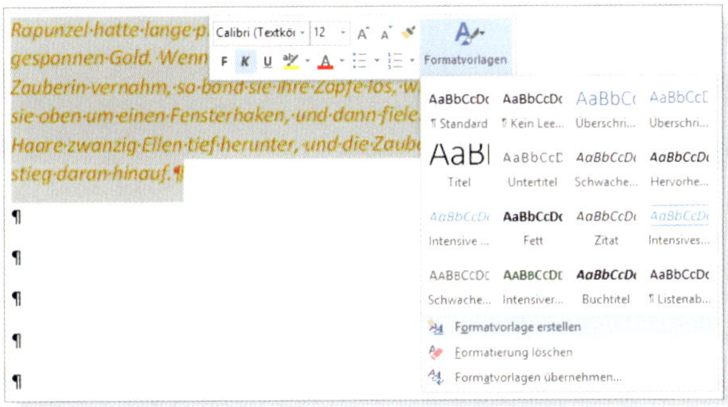

Abbildung 19.25
Einen formatierten Absatz als Schnellformatvorlage speichern

3 Daraufhin erscheint der Dialog **Neue Formatvorlage erstellen**. Geben Sie der Formatvorlage hier einen Namen und klicken Sie auf **OK**.

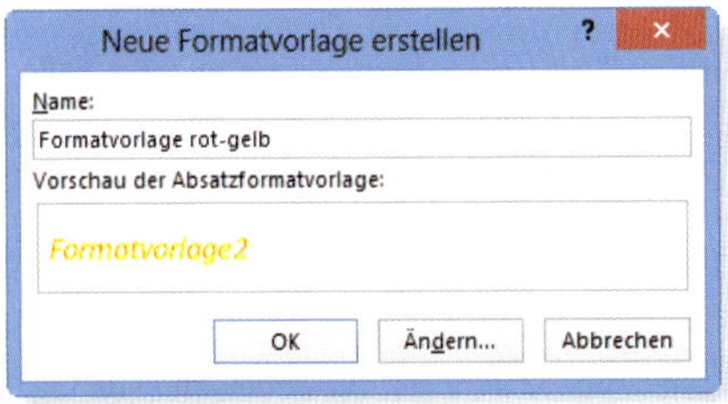

Abbildung 19.26
Die neue Formatvorlage bekommt einen Namen.

Wenn Sie nun den Katalog der Schnellformatvorlagen aufklappen, werden Sie feststellen, dass die neue Formatvorlage hier angezeigt wird. Diese Aktion ist also gelungen.

Diese Formatvorlage steht nun im aktuellen Dokument zur Verfügung, wird aber nicht in der Dokumentvorlage gespeichert. Auch im Bereich **Formatvorlagen** taucht diese neue Formatvorlage auf (sie steht hier sogar an erster Stelle), unabhängig davon, welche Liste Sie sich anzeigen lassen (**Empfohlen**, **Verwendet** etc.) Eine neu erstellte Formatvorlage wird automatisch in den Kreis der empfohlenen Formatvorlagen aufgenommen.

Abbildung 19.27
Die neue Formatvorlage befindet sich im Katalog der Schnellformatvorlagen.

Eine neue Formatvorlage definieren

Sie müssen zugeben, dass dies ein ziemlich unkompliziertes Verfahren war. Allerdings bietet dieser Weg nicht alle Möglichkeiten, die Sie sich vielleicht wünschen, z. B. können Sie nicht bestimmen, dass die neue Formatvorlage in allen Dokumenten mit der gleichen Dokumentvorlage zur Verfügung stehen soll. Daher zeigen wir Ihnen nun, wie Sie eine Formatvorlage definieren, ohne vorher einen Text oder Absatz entsprechend formatiert zu haben.

1 Rufen Sie den Aufgabenbereich **Formatvorlagen** auf.

2 Klicken Sie auf die Schaltfläche **Neue Formatvorlage**, die Sie ganz unten in diesem Bereich finden.

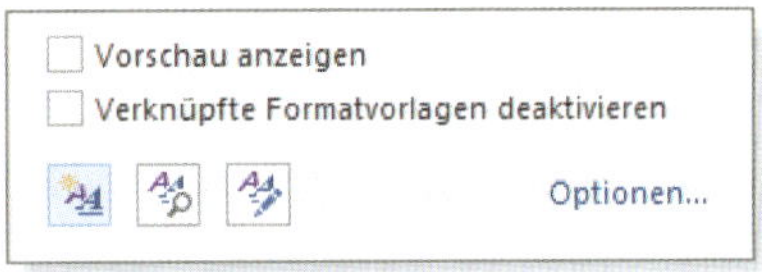

Abbildung 19.28
Klicken Sie auf die Schaltfläche »Neue Formatvorlage«, um eine neue Formatvorlage zu definieren.

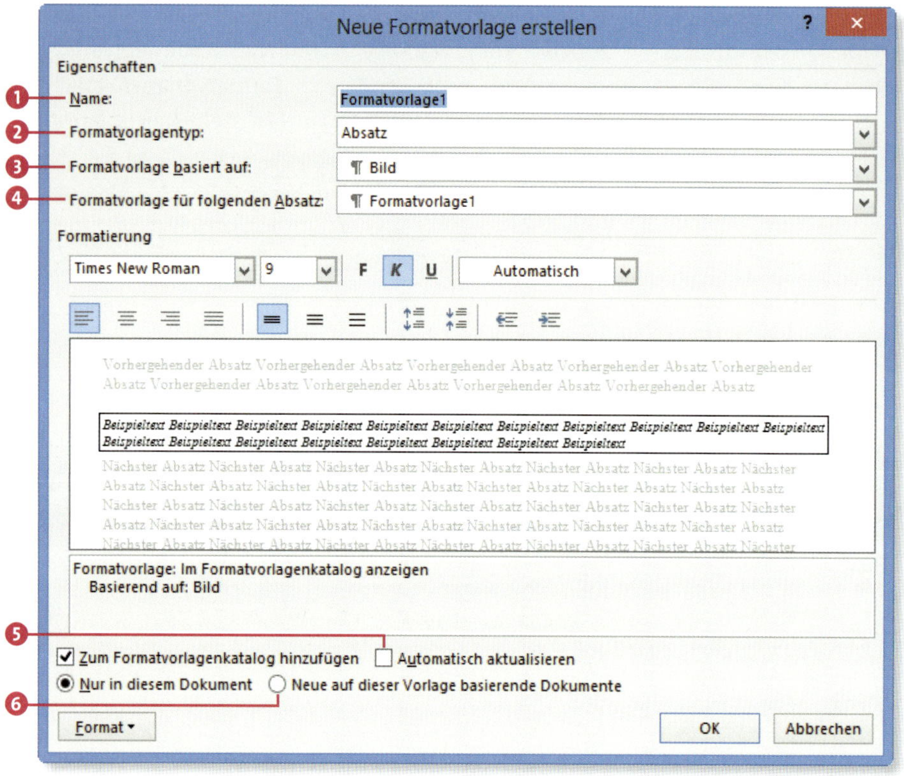

Abbildung 19.29
Der Dialog, in dem Sie eine neue Formatvorlage definieren können

3 Klicken Sie auf die Schaltfläche **Neue Formatvorlage**, die Sie ganz unten in diesem Bereich finden.

4 Daraufhin wird das Dialogfenster **Neue Formatvorlage erstellen** angezeigt (siehe Abbildung 19.29), das Ihnen bekannt vorkommen dürfte, wenn Sie bereits einmal eine vorhandene Formatvorlage bearbeitet haben. In diesem Dialogfenster legen Sie alle gewünschten Merkmale und Formatierungsattribute der neuen Formatvorlage fest.

Nun wollen wir auch die Optionen des Dialogs **Neue Formatvorlage erstellen** besprechen, die wir bisher (also bei der Beschreibung, wie Sie eine Formatvorlage ändern) außer Acht gelassen hatten:

- **Name** ❶: Hier tragen Sie den Namen der neuen Formatvorlage ein.
- **Formatvorlagentyp** ❷: Hier wählen Sie den Typ der Formatvorlage, die Sie dabei sind zu erstellen. Zur Auswahl stehen **Absatz**, **Zeichen**, **Verknüpft (Absatz und Zeichen)**, **Tabelle** und **Liste** (Näheres zu den Typen finden Sie im Abschnitt »Die unterschiedlichen Formatvorlagentypen« auf Seite 402). Je nach Typ stehen Ihnen im Dialog unterschiedliche Formatierungsmöglichkeiten zur Verfügung. Dies erkennen Sie direkt an den Schaltflächen im Bereich **Formatierung** und wenn Sie auf die Schaltfläche **Format** klicken.
- **Formatvorlage basiert auf** ❸: Die grundlegende Formatvorlage für alle Dokumente ist die Formatvorlage **Standard**, d. h., alle Attribute, die in dieser Formatvorlage gespeichert sind, bilden auch die Basis neuer Formatvorlagen. Sie können hier aber auch eine andere Formatvorlage auswählen, z. B. eine, die der Formatvorlage, die Sie erstellen möchten, gestaltungstechnisch schon sehr nahekommt (dann haben Sie nämlich nicht mehr so viel Arbeit).

- **Formatvorlage für folgenden Absatz** ❹: Dieses Feld ist sehr wichtig für alle Formatvorlagen des Typs **Absatz**. Sie regeln hier, was passieren soll, wenn Sie nach der Zuweisung der Formatvorlage die ↵-Taste drücken, um einen neuen Absatz zu beginnen. Es ist sehr lästig, für jeden Absatz erneut die gewünschte Formatvorlage vergeben zu müssen. Stellen Sie sich vor, Sie weisen einer Überschrift eine Formatvorlage zu und drücken die ↵-Taste. Vermutlich soll es dann nicht mit dem Format der Überschrift weitergehen, sondern im Standard oder mit einer anderen Formatvorlage für den Text. Stellen Sie also in diesem Feld einfach die Formatvorlage ein, die für den ersten Absatz nach Überschriften gelten soll.

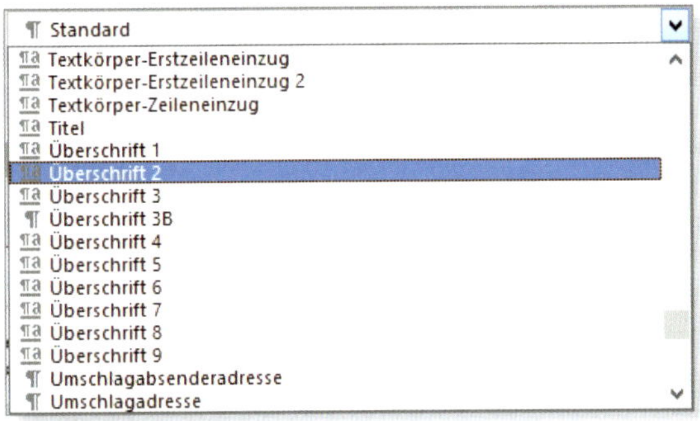

Abbildung 19.30
Legen Sie fest, auf welcher Formatvorlage die neue Formatvorlage basieren soll.

- Im unteren Bereich gibt es beim Definieren einer neuen Formatvorlage eine zusätzliche Option: **Automatisch aktualisieren** ❺. Wenn Sie diese Option einschalten, passiert Folgendes: Wenn Sie eine Formatvorlage in Ihrem Dokument verwendet haben und an einer Stelle aus irgendeinem Grund die Formatierung nachträglich verändern, wird diese Änderung automatisch auf die Formatvorlage übertragen, d. h., alle anderen Stellen verändern sich dementsprechend. Es kann sein, dass dieses Verhalten gewünscht ist, es kann aber auch sein, dass Sie damit gar nicht einverstanden sind, weil das ganze Dokument dadurch unter Umständen – je nach Änderung – aus den Fugen gerät. Kurzum: Überlegen Sie sich gut, ob Sie diese Option aktivieren.
- Wenn Sie möchten, dass die neue Vorlage für alle Dokumente zur Verfügung steht, die auf der aktuell verwendeten Dokumentvorlage basieren, aktivieren Sie die Option **Neue auf dieser Vorlage basierende Dokumente** ❻.

Alle Einstellungen, die Sie hier vorgenommen haben, bestätigen Sie wie üblich mit einem Klick auf **OK**. Danach steht Ihnen die neu angelegte Formatvorlage direkt zur Verfügung.

Formatvorlagen löschen

Formatvorlagen müssen natürlich nicht für alle Ewigkeit gespeichert bleiben. Wenn Sie bestimmte Formatvorlagen nicht mehr brauchen, können Sie die Liste schnell bereinigen.

1 Blenden Sie den Aufgabenbereich **Formatvorlagen** ein (klicken Sie z. B. in der Gruppe **Formatvorlagen** auf den kleinen Pfeil) und klicken Sie auf den Pfeil an der Formatvorlage, die Sie löschen möchten.

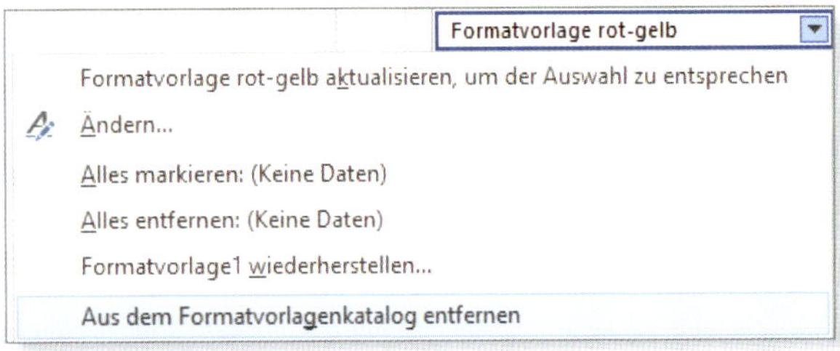

Abbildung 19.31
Eine Formatvorlage entfernen

2 Im Menü, das daraufhin erscheint, klicken Sie auf **Aus dem Formatvorlagenkatalog entfernen**. Genauso gut können Sie das Symbol für eine Formatvorlage im Formatvorlagenkatalog auf der Registerkarte **Start** mit rechts anklicken und im Kontextmenü diesen Befehl wählen.

3 Anschließend öffnet sich ein kleiner Dialog, in dem nochmals nachgefragt wird, ob Sie die Formatvorlage wirklich löschen möchten. Wenn Sie diese Nachfrage mit **OK** bestätigen, wird die Formatvorlage entfernt.

Wenn die Formatvorlage im aktuellen Dokument noch angewendet wird, verlieren die entsprechenden Textstellen ihre Formatierung. Word weist ihnen dann die Formatvorlage **Standard** zu.

Die unterschiedlichen Formatvorlagentypen

Wir gehen in diesem Abschnitt kurz auf die verschiedenen Typen ein, in die Word die Formatvorlagen einteilt:

- **Zeichen:** Dieser Typ wird für einzelne Zeichen oder Wörter verwendet. Es stehen alle Formatierungen der Dialoge **Schriftart**, **Rahmen und Schattierung**, **Sprache** und **Texteffekte** zur Verfügung. Alle explizit festgelegten Zeichenformatierungen werden auf die markierten Zeichen übertragen.
- **Absatz:** Dieser Typ ist für absatztypische Formatierungen gedacht, also für alle Einstellungen, die Sie in den Dialogen **Absatz**, **Tabstopps**, **Rahmen und Schattierung**, **Positionsrahmen** und **Nummerierung und Aufzählungszeichen** finden. Weiterhin können Sie auch Zeichenformatierungen festlegen.

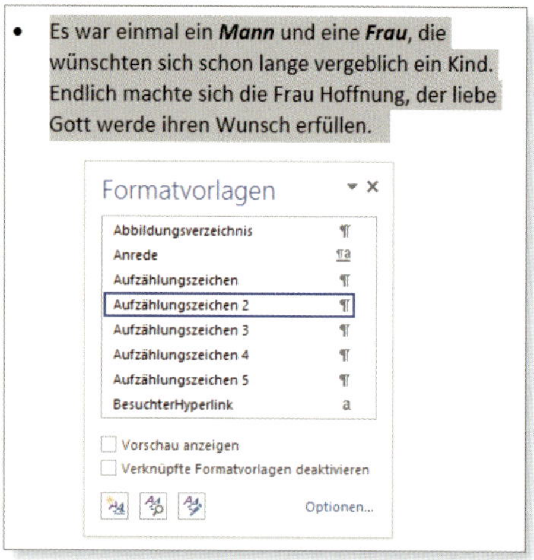

*^ **Abbildung 19.32***
Dem Absatz wurde eine Formatvorlage des Typs »Absatz« zugewiesen.

Wenn Sie einem Absatz eine Absatzformatvorlage zuweisen, werden die festgelegten Zeichenformatierungen angewendet und die vorhandenen Formatierungen überschrieben, allerdings bleiben eventuell zuvor zugewiesene Zeichenformatvorlagen weiterhin wirksam.

- **Verknüpft (Absatz und Zeichen):** Dieser Typ bietet alle Formatierungsmöglichkeiten der Zeichen- und Absatzformatierung. Er verhält sich wie eine Zeichenformatvorlage, wenn Sie einzelne Zeichen und Wörter markiert haben, und wie eine Absatzformatvorlage, wenn Sie einen gesamten Absatz inklusive der Absatzmarke markieren.

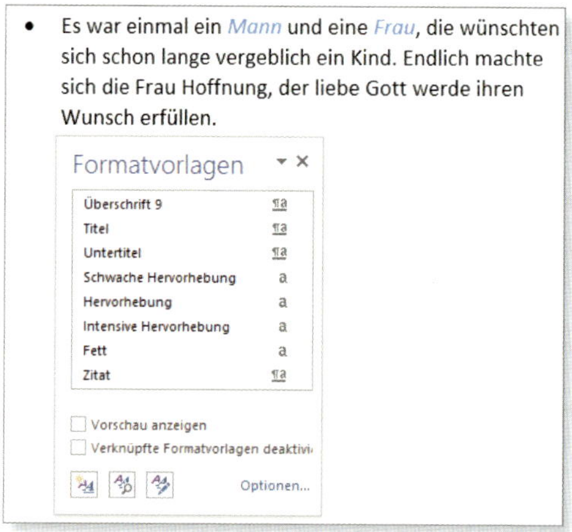

*^ **Abbildung 19.33***
Die Zeichenformatvorlage »Intensive Hervorhebung« bleibt partiell erhalten.

- Mit Formatvorlagen des Typs **Tabellen** können Sie Tabellen auf einen Schlag formatieren. Sie können für bestimmte Bereiche der Tabelle unterschiedliche Formatierungen festlegen (z. B. **Erste Zeile** oder **Ungerade Spalten**). Die von Ihnen erstellten Tabellenformatvorlagen finden Sie auf der Registerkarte **Tabellentools/Entwurf** im Bereich **Tabellenformatvorlagen**.
- Mit Formatvorlagen des Typs **Liste** können Sie für jede Ebene einer Liste gesonderte Formatierungen definieren. Neben den üblichen Zeichenformatierungen lassen sich z. B. auch Symbole und Bilder als Aufzählungszeichen festlegen. Die Listenformatvorlagen tauchen im Menü der Schaltfläche **Liste mit mehreren Ebenen** auf.

Die Unterscheidung der Typen **Absatz** und **Zeichenformat** ist relevant, um die Auswirkung der Formatvorlagen zu verstehen. Wenn Sie z. B. für die Hervorhebung einzelner Wörter eine Formatvorlage verwenden wollen, nehmen Sie den Typ **Zeichen**. Wenn Sie eine Formatvorlage für Absätze, z. B. Überschriften, einsetzen möchten, nutzen Sie besser den Typ **Absatz** oder **Verknüpft (Absatz und Zeichen)**.

19.5 Die Eigenschaften der Formatvorlage

Um zu überprüfen, welche Eigenschaften in einer Formatvorlage stecken, steht der *Formatinspektor* bereit, der, wie der Name bereits sagt, Formatvorlagen inspiziert. Sie rufen ihn auf, indem Sie im Bereich **Formatvorlagen** auf die Schaltfläche **Formatinspektor** klicken, schön zu erkennen an der kleinen Lupe.

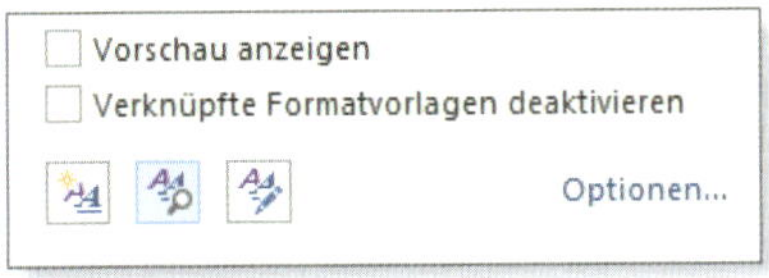

Abbildung 19.34
Den Formatinspektor aufrufen

Daraufhin wird ein kleiner Dialog angezeigt, der Informationen zu der Formatvorlage liefert, in der der Cursor stand, als Sie den Dialog aufgerufen haben.

Abbildung 19.35
Der Formatinspektor liefert Informationen zur aktuellen Formatvorlage.

Sie sehen in den beiden Feldern die verwendete Formatvorlage auf Absatz- und Zeichenebene. In den Feldern, in denen **Plus** steht, werden die Formatierungen vermerkt, die Sie für den Text bzw. Absatz nach der Zuweisung der Formatvorlage noch zusätzlich eingestellt haben. Diese Anzeige funktioniert aber (aus nicht ganz nachvollziehbaren Gründen) nur, wenn Sie im Dialog **Optionen für Formatvorlagenbereich** die Optionen im Bereich **Formatierung zum Anzeigen als Formatvorlagen auswählen** aktiviert haben.

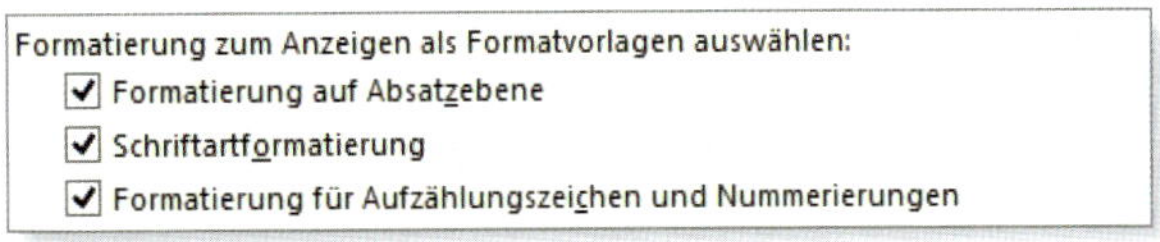

Abbildung 19.36
Diese Optionen müssen aktiviert sein, wenn der Formatinspektor die zusätzlich eingestellten Formatierungen mit anzeigen soll.

Leider hat die Aktivierung dieser Optionen auch den Nachteil, dass für jede zusätzliche Formatierung eines Textstückes mit Formatvorlage im Bereich **Formatvorlagen** ein zusätzlicher Eintrag auftaucht.

Abbildung 19.37
Zusätzliche Einträge im Formatvorlagenbereich (mit Erweiterungen, die durch das Pluszeichen angezeigt werden).

Dieses Verhalten ist in der Regel nicht gewünscht, weil die Liste der Formatvorlagen auf diese Weise schier unendlich lang werden kann und dadurch sehr unübersichtlich. Eine vernünftige Lösung gibt es jedoch nicht: Entweder aktivieren Sie die genannten Optionen oder Sie aktivieren sie nicht und verzichten im Dialog **Formatinspektor** auf die Möglichkeit, sich zusätzliche Formatierungen anzeigen zu lassen (wie Sie im nächsten Abschnitt erfahren, können Sie sie aber dennoch im Formatinspektor löschen).

Formatierungen entfernen

Mit dem Dialogfenster **Formatinspektor** können Sie sich aber nicht nur Informationen zur Formatierung des markierten Texts anzeigen lassen, sondern es bietet Ihnen auch die Möglichkeit, Formatierungsmerkmale (und zwar Absatz- und Zeichenformatierungen) aus der Formatvorlage zu entfernen. Dazu nutzen Sie die Schaltflächen mit den »Radiergummis« auf der rechten Seite des Dialogs.

Wenn Sie hier z. B. auf die oberste Schaltfläche klicken, werden alle Absatzformatierungen aus dem aktuellen Absatz entfernt, und der Absatz wird entsprechend der Standardformatvorlage für Absätze formatiert. Mit der Schaltfläche **Zeichenformatvorlage löschen** rechts neben dem Feld **Formatierung auf Textebene** entfernen Sie die zugewiesene Zeichenformatvorlage. Mit der Schaltfläche darunter (**Zeichenformatierung löschen**) entfernen Sie nur die nachträglichen Formatierungen (im Beispiel aus Abbildung 19.34 würde also das Rot der Schrift entfernt).

Formatierungen anzeigen lassen

Die Schaltfläche mit der Lupe ganz unten links im Dialogfenster **Formatinspektor** öffnet den Aufgabenbereich **Formatierung anzeigen**.

Dieser Bereich gibt detailliert Auskunft über alle Formatierungen der Textstelle, in der der Cursor aktuell steht. Überdies handelt es sich bei den Überschriften für einzelne Formatierungen um Hyperlinks. Wenn Sie also den Mauszeiger auf eine der Überschriften führen, sehen Sie das für Hyperlinks typische »Händchen«. Mit einem Mausklick landen Sie dann direkt in dem Dialog, der für die jeweilige Einstellung zuständig ist.

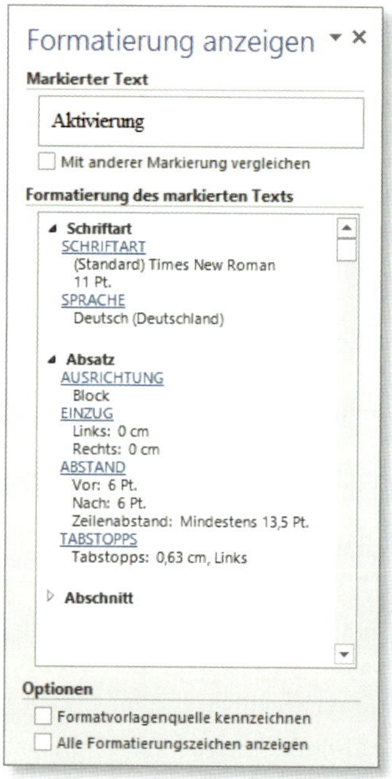

Abbildung 19.38
Details zur Formatierung

19.6 Formatvorlagen verwalten

Wir haben im Abschnitt »Formatvorlagen über den Bereich ›Formatvorlagen‹ zuweisen« auf Seite 391 bereits erwähnt, dass Sie festlegen können, welche Formatvorlagen im Aufgabenbereich angezeigt werden sollen, und dass Ihnen dazu u. a. die Kategorie **Empfohlen** zur Verfügung steht. Welche Formatvorlagen in diese Kategorie gehören, legen Sie im Dialog **Formatvorlagen verwalten** fest, ebenso wie weitere Aspekte, z. B. den Export von Formatvorlagen. Sie rufen diesen Dialog auf, indem Sie auf die entsprechende Schaltfläche **1** unten im Aufgabenbereich **Formatvorlagen** klicken.

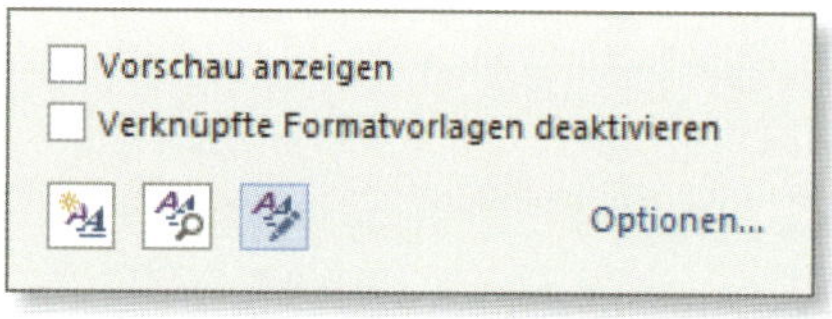

Abbildung 19.39
Den Dialog »Formatvorlagen verwalten« aufrufen

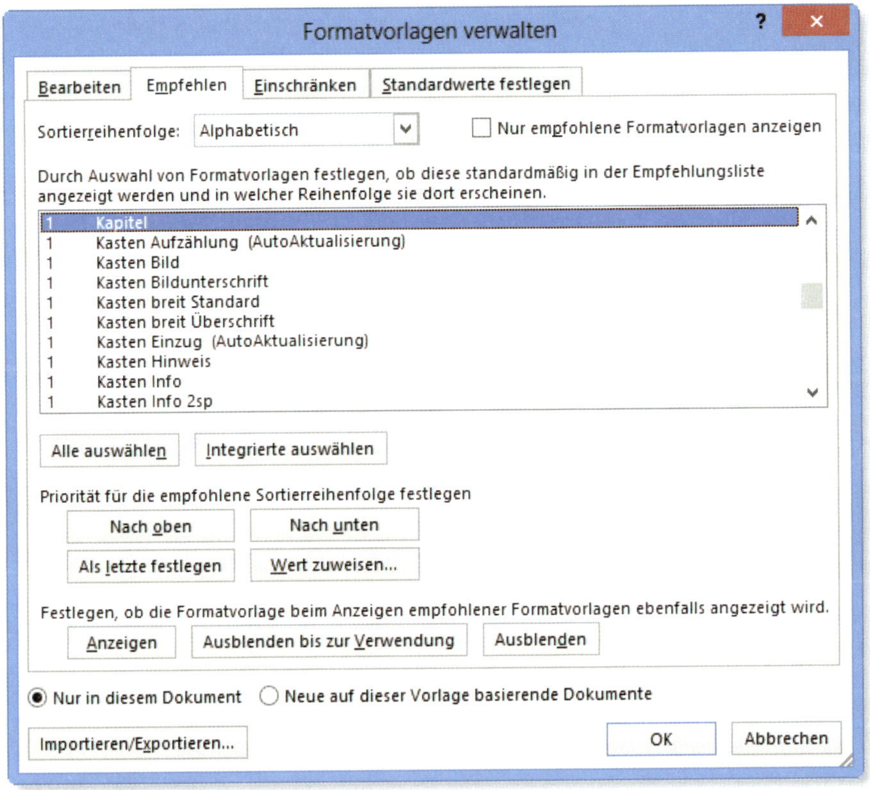

Abbildung 19.40
Der Dialog »Formatvorlagen verwalten«

Daraufhin wird ein Dialog angezeigt, der auf drei verschiedenen Registerkarten diverse Optionen für den Umgang mit Formatvorlagen parat hält (siehe Abbildung 19.40). Die vierte Registerkarte, **Standardwerte festlegen**, bietet Ihnen die Möglichkeit, Standardwerte für die Zeichen- und Absatzformatierung zu bestimmen (dies entspricht im Prinzip der Schaltfläche **Als Standard festlegen** in den Dialogfenstern **Schriftart** bzw. **Absatz**).

Die Registerkarte **Bearbeiten** fasst einige Möglichkeiten zusammen, die Sie auch auf anderen Wegen erreichen. Sie können hier eine Formatvorlage löschen, den Dialog zum Ändern einer Formatvorlage aufrufen, die Sortierreihenfolge bestimmen und auch von hier aus die Definition einer neuen Formatvorlage starten.

Die Registerkarte **Empfehlen** heißt nicht umsonst so, denn Sie können hier steuern, welche Formatvorlagen mit der Einstellung **Empfohlen** im Aufgabenbereich **Formatvorlagen** aufgelistet werden. (Zur Erinnerung: Die Empfehlung stellen Sie im Dialog **Optionen für Formatvorlagenbereich** ein.) Wenn Sie sich die Mühe machen möchten, können Sie dabei recht differenziert vorgehen und sogar die Reihenfolge beeinflussen, in der die Formatvorlagen in der Liste auftauchen. Zusätzlich können Sie noch festlegen, ob und wann Formatvorlagen überhaupt angezeigt werden sollen (wir beschreiben die dafür erforderlichen Schritte im nächsten Abschnitt »Eine Empfehlung für eine Formatvorlage anlegen«).

Die Optionen auf der Registerkarte **Einschränken** schließlich sind vor allem interessant, wenn Sie Dokumente an Dritte weitergeben und verhindern möchten, dass sie von demjenigen umformatiert werden. Sie können hier für jede Formatvorlage festlegen, ob sie verwendet werden darf oder nicht.

Eine Empfehlung für eine Formatvorlage anlegen

Wie gesagt, Sie können individuell bestimmen, welche Formatvorlagen in den Kreis der empfohlenen Formatvorlagen aufgenommen werden sollen.

1. Markieren Sie zuerst die Formatvorlage, die Sie in die Auswahl der empfohlenen Formatvorlagen aufnehmen möchten.
2. Mit den vier Schaltflächen im Bereich **Priorität für die empfohlene Sortierreihenfolge festlegen** regeln Sie, an welcher Stelle der Liste eine Formatvorlage erscheint. Dazu werden Nummern vergeben. Je größer die Nummer, desto weiter unten in der Liste steht die Formatvorlage. Bei gleichen Nummern entscheidet die alphabetische Reihenfolge.
3. Über die Schaltfläche **Wert zuweisen** rufen Sie einen kleinen Dialog auf, in dem Sie einen Wert festlegen können.
4. Ob bzw. unter welchen Bedingungen Formatvorlagen in der Liste im Aufgabenbereich angezeigt werden, regeln Sie mit den Schaltflächen **Anzeigen**, **Ausblenden bis zur Verwendung** und **Ausblenden**.

Diese Schaltflächen, die die Sichtbarkeit der Formatvorlagen regeln (siehe Schritt 4), sollten in ihrer Wirksamkeit eigentlich eindeutig sein, aber leider tun sie nicht hundertprozentig das, was ihre Bezeichnungen ankündigen. So werden die Einstellungen nicht nur auf die Liste der empfohlenen Formatvorlagen angewendet, sondern auf alle Formatvorlagen (**Verwendet**, **Im aktuellen Dokument** etc.).

Formatvorlagen im- und exportieren

Die Import- bzw. Exportfunktion ist praktisch, wenn Sie beim Erstellen von Formatvorlagen auf bereits vorhandene Formatvorlagen zurückgreifen möchten.

1. Rufen Sie das Dokument auf, in das Sie eine vorhandene Formatvorlage integrieren möchten.
2. Öffnen Sie den Dialog **Formatvorlagen verwalten** über die Schaltfläche ganz unten im Aufgabenbereich **Formatvorlagen**.
3. Klicken Sie in diesem Dialog auf die Schaltfläche **Importieren/Exportieren** (es gibt sie auf allen Registerkarten).
4. Der Dialog **Organisieren**, der daraufhin angezeigt wird, zeigt auf der linken Seite ❶ die Formatvorlagen, die sich im aktuellen Dokument befinden (siehe Abbildung 19.41). Auf der rechten Seite erscheinen die Formatvorlagen ❷ der Dokumentvorlage, auf der das aktuelle Dokument basiert. Klicken Sie als Erstes auf die Schaltfläche **Datei schließen** ❸ im rechten Bereich des Dialogs. Die Bezeichnung der Schaltfläche verändert sich in **Datei öffnen**.

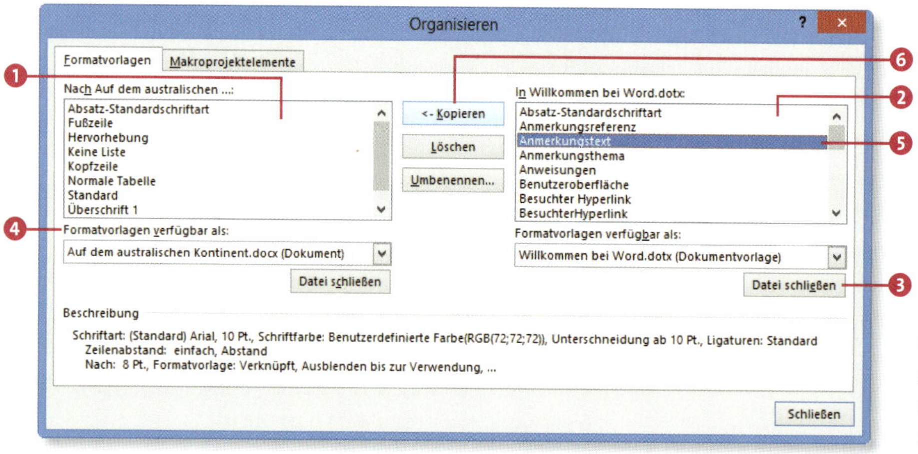

Abbildung 19.41
Der Dialog »Organisieren« zum Importieren bzw. Exportieren von Formatvorlagen

5 Klicken Sie nun auf diese Schaltfläche, die jetzt die Bezeichnung **Datei öffnen** trägt, und wählen Sie im Dialog **Öffnen** die Datei aus, die die zu kopierende Formatvorlage enthält. Word zeigt automatisch den Ordner an, in dem Vorlagen gespeichert werden. Sie können aber auch genauso gut eine normale Datei öffnen.

6 Im linken Feld **Formatvorlagen verfügbar als** ❹ stellen Sie die Datei ein, in die die Formatvorlage gespeichert werden soll. Wählen Sie hier das aktuell geöffnete Dokument, wenn Sie vorhaben, die Formatvorlage nur in diesem Dokument zu speichern.

7 Markieren Sie im rechten Bereich in der Auflistung der Formatvorlagen die Formatvorlage, die Sie kopieren möchten ❺, und klicken Sie dann einfach auf die Schaltfläche **Kopieren** ❻.

Falls der Formatvorlagenname im Zieldokument bereits vorhanden ist, erscheint ein Dialog mit einem Warnhinweis, den Sie bestätigen können (wenn nichts dagegenspricht, die Formatvorlage zu überschreiben).

19.7 Formatvorlagensätze

Die Stil-Sets früherer Word-Versionen wurden in Word 2013 umgetauft; sie heißen jetzt *Formatvorlagensätze* und sind ein weiteres ziemlich unkompliziertes Mittel, um das Aussehen eines Dokuments auf die Schnelle grundlegend zu verändern. Mit einem Wechsel des Formatvorlagensatzes werden die Formatierungseinstellungen der Schnellformatvorlagen ausgetauscht, sodass Sie das Aussehen des Dokuments mit allen Möglichkeiten verändern können, die Formatvorlagen bieten. Vereinfacht kann man sich das so vorstellen: Mit der Zuweisung eines neuen Formatvorlagensatzes werden die vorhandenen Schnellformatvorlagen durch die gleichnamigen Formatvorlagen des Formatvorlagensatzes ersetzt. Sie wenden sozusagen einen anderen gespeicherten Satz von Formatvorlagen an (daher passt die neue Bezeichnung recht gut, auch wenn der englische Begriff *Style Set* wesentlich gefälliger – und dabei noch einfacher zu schreiben ist!).

Die Verwendung von Formatvorlagensätzen schließt das Ändern des Layouts mithilfe von Designs nicht aus, denn auch bei den Formatvorlagen der Formatvorlagensätze können Sie, wie bei jeder Formatvorlage, auf die Formatierungseinstellungen des Designs zugreifen, also die Designfarben oder -schriftarten verwenden. Formatvorlagensätze bieten sogar weiter reichende Formatierungsmöglichkeiten als Designs, weil Sie hierüber z. B. zusätzlich auch die Ausrichtung des Textes, die Absatzabstände und/oder die Anwendung von Text-Hintergrundfarben festlegen können.

Einen vorhandenen Formatvorlagensatz anwenden

Von Haus aus bringt Word diverse Formatvorlagensätze mit, die Sie einfach verwenden können. Wie zuvor bereits geschrieben, müssen Sie in Ihrem Dokument die üblichen Schnellformatvorlagen (**Überschrift 1** etc.) verwenden, damit sich die geänderten Formatierungen auf Ihren Text auswirken.

1 Wechseln Sie zunächst auf die Registerkarte **Entwurf**. In der Gruppe **Dokumentformatierung** sehen Sie hier Vorschauen auf die Formatvorlagensätze. Die gesamte Auswahl klappen Sie per Klick auf den Pfeil auf.

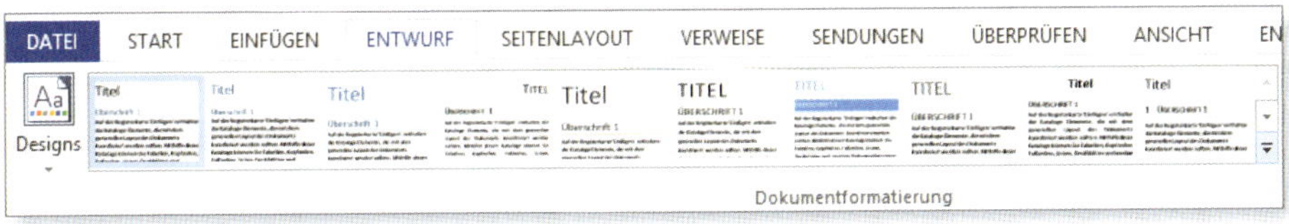

Abbildung 19.42
Die Formatvorlagensätze anzeigen lassen

2 Wenn Sie den Mauszeiger auf eines der Symbole bewegen, wird dank der Livevorschau die geänderte Formatierung unmittelbar im Text angezeigt.

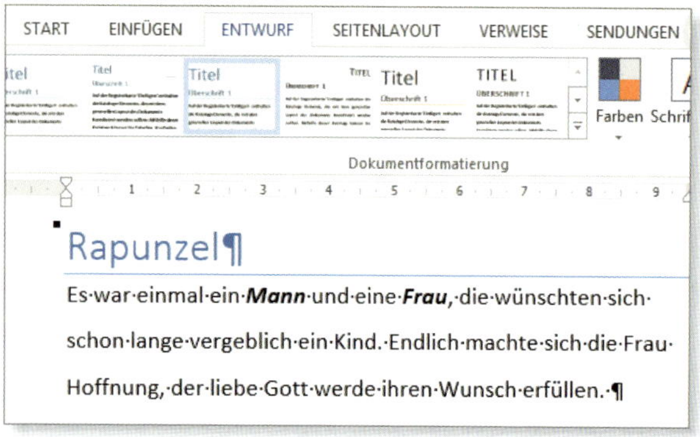

Abbildung 19.43
Der Text mit dem Formatvorlagensatz »Linien (einfach)« in der Livevorschau

3 Um einen Formatvorlagensatz auf Ihr Dokument zu übertragen, klicken Sie ihn einfach an.

Die Änderung des Formatvorlagensatzes wirkt sich daraufhin auf das gesamte Dokument aus.

Die ursprüngliche Formatierung wiederherstellen

Wenn Ihnen ein zugewiesener Formatvorlagensatz nicht mehr gefällt, können Sie auf die ursprüngliche Formatierung Ihres Dokuments zurückgreifen.

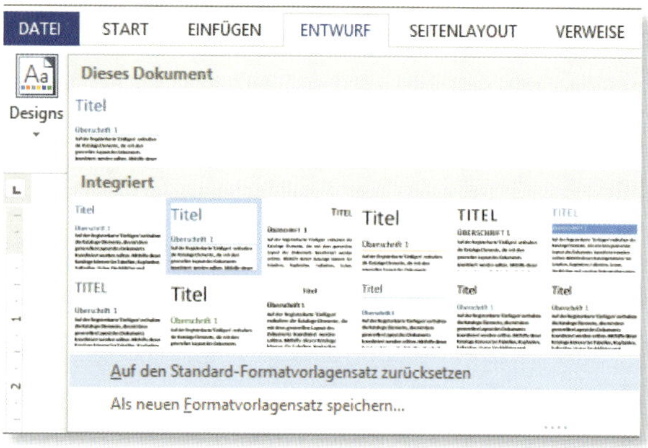

Abbildung 19.44
Mit dieser Option setzen Sie den Formatvorlagensatz zurück.

1 Klicken Sie auf der Registerkarte **Entwurf** auf den Pfeil an der Auswahl der Formatvorlagensätze.

2 Im Menü wählen Sie die Option **Auf den Standard-Formatvorlagensatz zurücksetzen**.

Änderungen an Formatvorlagen bei zugewiesenen Formatvorlagensätzen vornehmen

Wenn Sie Ihrem Dokument einen Formatvorlagensatz zugewiesen haben, müssen Sie bei Änderungen an den Formatvorlagen Folgendes bedenken: Die Optionen **Nur in diesem Dokument** und **Neue auf dieser Vorlage basierende Dokumente** zum Speichern der Änderungen im Dialog **Formatvorlagen ändern** (siehe Abbildung 19.45) bewirken weiterhin genau das, was sie versprechen.

Konkret bedeutet dies, dass Sie Änderungen an einer Formatvorlage mit der Option **Nur in diesem Dokument** nicht im Formatvorlagensatz speichern, sondern die gespeicherte Formatvorlage des Dokuments überschreiben. Word sorgt allerdings dafür, dass die Option **Auf die Schnellformatvorlage des Dokuments zurücksetzen** so funktioniert, wie man sich das vorstellt: Die Formatierungseinstellungen vor dem Zuweisen eines Formatvorlagensatzes werden wiederhergestellt. Diese Option können Sie also verwenden, um temporäre Änderungen an Formatvorlagen eines Formatvorlagensatzes nur für dieses Dokument durchzuführen, ohne dass Sie das ursprüngliche Layout des Dokuments gefährden.

Mit Vorsicht zu genießen ist die Option **Neue auf dieser Vorlage basierende Dokumente**, weil hierdurch die geänderte Formatvorlage in der Dokumentvorlage abgelegt wird (und zwar so, wie sie durch den Formatvorlagensatz und die Änderungen aussieht) und damit nur noch in dieser Form für zukünftige Dokumente zur Verfügung steht. Auch die Option **Auf die Schnellformatvorlage aus der Vorlage zurücksetzen** zum Zurücksetzen der Auswahl von Formatvorlagensätzen greift auf diese neu gespeicherte Formatvorlage zurück, sodass Sie das Aussehen des Dokuments nicht mehr auf

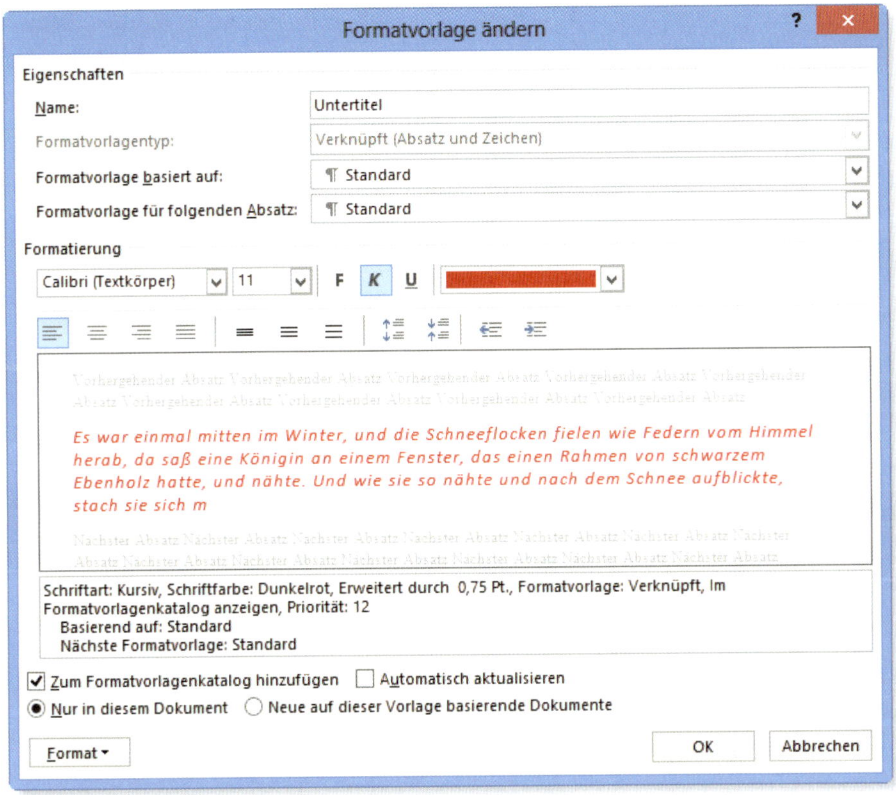

Abbildung 19.45
Eine Formatvorlage bei zugewiesenem Stil-Set ändern

den Zeitpunkt vor der Zuweisung eines Formatvorlagensatzes zurücksetzen können. Auf diese Weise kann es Ihnen beim Zurücksetzen auf die Vorlage (mit der Option **Auf die Schnellformatvorlage aus der Vorlage zurücksetzen**) bzw. bei neuen Dokumenten passieren, dass z. B. alle Formatvorlagen für Überschriften eine blaue Textfarbe haben, nur die **Überschrift 3** sticht mit rotem Text hervor, weil Sie die entsprechende Änderung an dieser Formatvorlage bei aktiviertem Formatvorlagensatz gespeichert haben.

Eigene Formatvorlagensätze anlegen

Wenn Sie selbst einen schönen Formatvorlagensatz anlegen möchten, ist dies im Handumdrehen erledigt.

1. Öffnen Sie ein leeres Word-Dokument und ändern Sie die vorhandenen Schnellformatvorlagen nach Ihren Wünschen.

2. Öffnen Sie auf der Registerkarte **Entwurf** über den Pfeil in der Gruppe **Dokumentformatierung** das Auswahlmenü der Formatvorlagensätze und wählen Sie im Menü die Option **Als neuen Formatvorlagensatz speichern**.

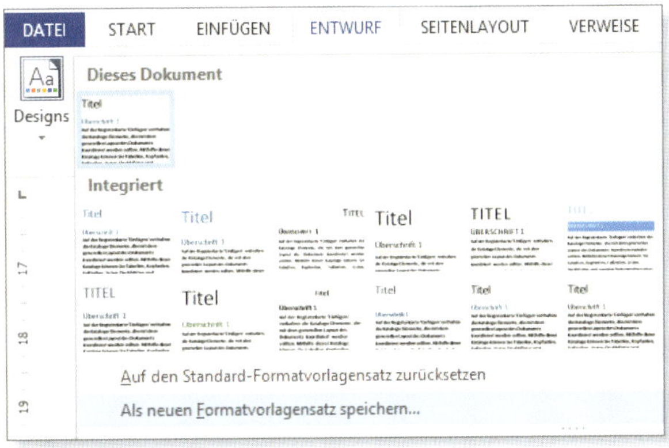

Abbildung 19.46
Schnellformatvorlagen als Stil-Set speichern

3 Im gleichnamigen Dialogfenster, das sich daraufhin öffnet, geben Sie einen passenden Dateinamen ein. Dieser Dateiname wird dann als Name des Formatvorlagensatzes in der Auflistung angezeigt.

Und schon sind Sie fertig und können auf Ihren eignen Formatvorlagensatz zugreifen.

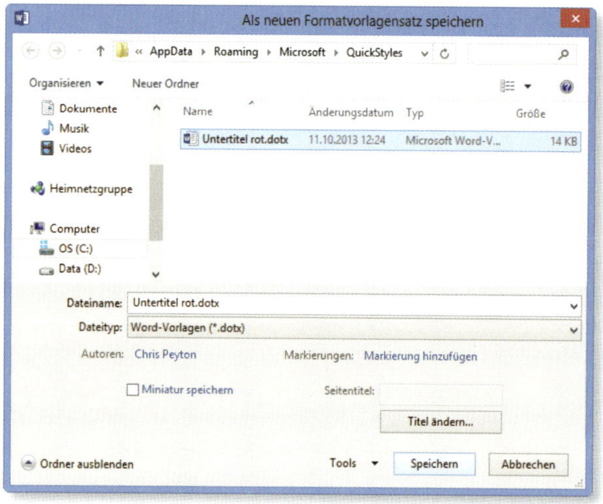

Abbildung 19.47
Eigene Formatvorlagensätze werden als Word-Vorlagen gespeichert.

Wie Sie dem Dialog **Als neuen Formatvorlagensatz speichern** entnehmen können, werden die Formatvorlagensätze in Word-Vorlagendateien mit der Endung *.dotx* im Ordner *QuickStyles* gespeichert. Sie können auch vorhandene Vorlagendateien in den Ordner legen, um auf die Formatierungen dieser Vorlagendateien zugreifen zu können. Word beachtet bei diesen Vorlagen (weil sie im Ordner *QuickStyles* liegen) nur die Formatierungen der Schnellformatvorlagen für die Formatvorlagensätze. Den Ordner *QuickStyles* finden Sie normalerweise über folgenden Pfad: *C:\\Benutzer\[Benutzername]\AppData\Roaming\Microsoft*. Bedenken Sie, dass einige dieser Ordner in der Standardeinstellung ausgeblendet sind.

Einen vorhandenen Formatvorlagensatz ändern

Wenn Sie einen Formatvorlagensatz ändern möchten, müssen Sie die entsprechende Vorlagendatei bearbeiten.

1 Öffnen Sie die Vorlagendatei im Ordner *QuickStyles*.

2 Nehmen Sie die Änderungen an den Formatvorlagen vor.

3 Speichern Sie die Änderungen in der Vorlagendatei.

Automatisch ein Inhaltsverzeichnis anlegen

Automatisch generierte Inhaltsverzeichnisse werden in der Standardeinstellung anhand der Formatvorlagen **Überschrift 1**, **Überschrift 2** etc. generiert. Für jeden Absatz, den Sie mit einer dieser Formatvorlagen formatiert haben, wird ein Eintrag im Inhaltsverzeichnis erstellt (siehe hierzu auch Abschnitt 30.1, »Ein Inhaltsverzeichnis erstellen«). Wenn Sie diese Einstellung ändern und auch Absätze in das Inhaltsverzeichnis aufnehmen möchten, denen andere Formatvorlagen zugewiesen sind, verfahren Sie wie im Folgenden beschrieben.

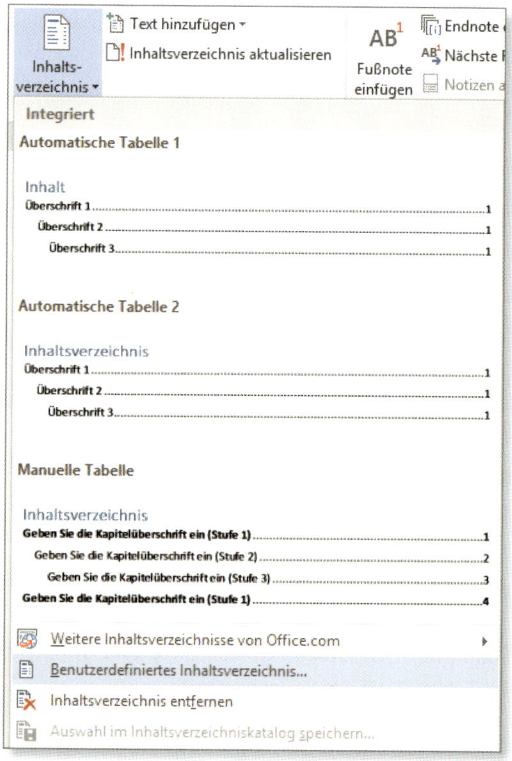

Abbildung 19.48
Das Inhaltsverzeichnis in das Dokument einfügen

1 Wenn noch kein Inhaltsverzeichnis im Dokument vorhanden ist, setzen Sie den Cursor an die Stelle, an der das Inhaltsverzeichnis eingefügt werden soll (vermutlich also vor den Text).

2 Wenn schon eines vorhanden ist, setzen Sie den Cursor in das Inhaltsverzeichnis und rufen auf der Registerkarte **Verweise** über **Inhaltsverzeichnis** > **Benutzerdefiniertes Inhaltsverzeichnis** den Dialog zum Konfigurieren auf.

3 Im Dialog **Inhaltsverzeichnis** (siehe Abbildung 19.49) konfigurieren Sie das Inhaltsverzeichnis (siehe Abschnitt 30.2, »Das Aussehen des Inhaltsverzeichnisses anpassen«). Achten Sie hier insbesondere auf das Feld **Ebenen anzeigen** ❶, in dem Sie festlegen, wie viele Ebenen Ihr Inhaltsverzeichnis umfassen soll.

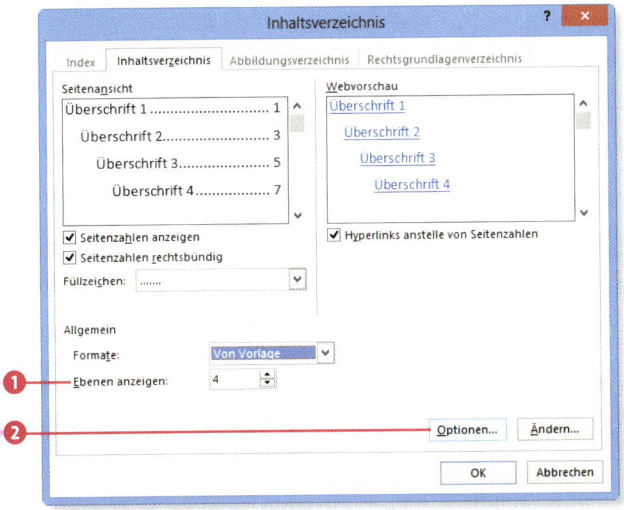

Abbildung 19.49
Das Inhaltsverzeichnis konfigurieren und die Ebenen festlegen

4 Klicken Sie dann auf die Schaltfläche **Optionen** ❷.

5 Im Dialogfenster **Optionen für Inhaltsverzeichnis** legen Sie im Bereich **Formatvorlagen** fest, welche Formatvorlage welcher Ebene zugeordnet wird. Tragen Sie dazu die Zahl der entsprechenden Ebene in Höhe des Namens der Formatvorlage in das Feld **Inhaltsverzeichnisebene** ein. In der Liste **Verfügbare Formatvorlagen** werden alle Formatvorlagen der Überschriften und alle im Dokument verwendeten Formatvorlagen angezeigt.

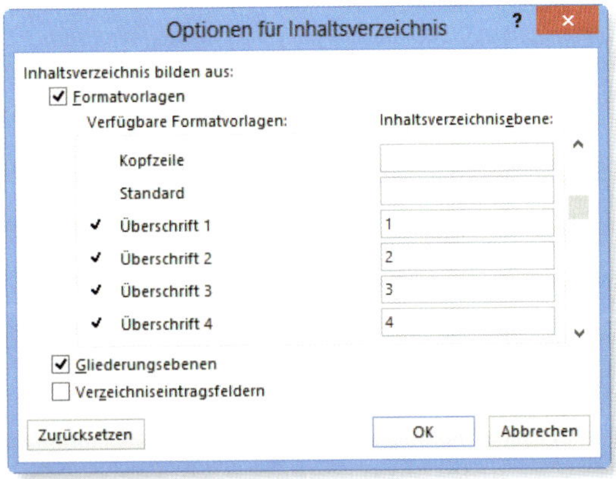

Abbildung 19.50
Die Formatvorlagen bestimmten Ebenen zuordnen

6 Sie können einer Ebene mehrere Formatvorlagen zuordnen. Vergeben Sie dazu einfach die entsprechende Ziffer an mehrere Formatvorlagen.

7 Verlassen Sie den Dialog mit der Schaltfläche **OK**, um die Änderungen zu übernehmen. Mit der Schaltfläche **Zurücksetzen** können Sie die Standardeinstellung von Word wiederherstellen.

8 Schließen Sie anschließend auch das Dialogfenster **Inhaltsverzeichnis** mit **OK**.

9 Erstellen Sie zum Schluss das Inhaltsverzeichnis neu, indem Sie den Word-Hinweis mit **OK** bestätigen.

Wenn Sie mehrere Inhaltsverzeichnisse eingefügt haben, können Sie die hier gezeigten Optionen und Einstellungen für jedes Inhaltsverzeichnis in Ihrem Dokument gesondert festlegen.

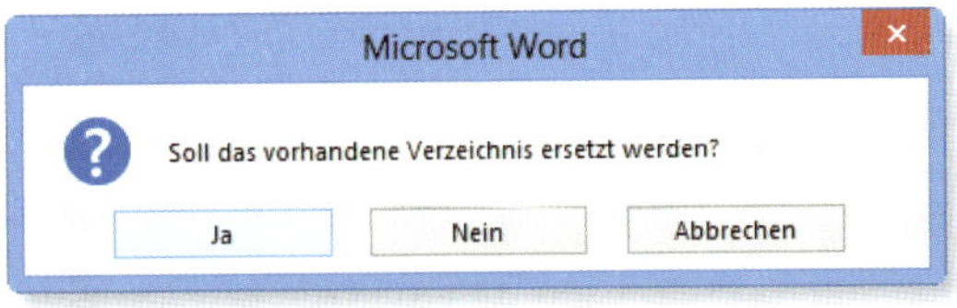

Abbildung 19.51
Bestätigen Sie hier, dass das vorherige Inhaltsverzeichnis ersetzt werden soll.

Die eingefügten Inhaltsverzeichnisse werden mithilfe der Formatvorlagen **Verzeichnis 1**, **Verzeichnis 2** etc. formatiert. Wenn Sie das Aussehen des Inhaltsverzeichnisses anpassen möchten, müssen Sie diese Formatvorlagen bearbeiten, wie wir es Ihnen in diesem Abschnitt gezeigt haben.

INFO

Absätzen Gliederungsebenen zuweisen

Wenn Sie, wie in Kapitel 30, »Verzeichnisse und Querverweise«, beschrieben, im Dialogfenster **Absatz** einem Absatz explizit eine Gliederungsebene zugewiesen haben, damit dieser Absatz im Inhaltsverzeichnis erscheint, müssen Sie auch im Dialogfenster **Optionen für Inhaltsverzeichnis** die Option **Gliederungsebenen** aktivieren. Mit der Option **Verzeichniseintragsfeldern** steuern Sie, ob Felder des Typs **TC** (für *Table of Contents*) im Inhaltsverzeichnis angezeigt werden oder nicht. Ein solches Feld sieht z. B. so aus: **{ TC "Ein weiterer Texteintrag für das Inhaltsverzeichnis" \l 1}**, wobei der in Anführungszeichen stehende Text im Inhaltsverzeichnis erscheint und **\l 1** die Inhaltsverzeichnisebene festlegt, in diesem Fall also Ebene 1.

19.8 Gliederungen und Formatvorlagen

Wenn Sie Ihr Dokument mithilfe von Formatvorlagen formatiert und dabei die Überschriften mit den dafür vorgesehenen Vorlagen versehen haben, können Sie sie automatisch nummerieren lassen. Dabei können Sie auch mehrere Ebenen berücksichtigen, sodass Nummerierungen wie 1.1, 1.2 oder 3.2.3 etc. möglich sind. Im Word-Jargon spricht man hier von »Listen«.

Überschriften automatisch nummerieren lassen

Wir zeigen den Vorgang der automatischen Nummerierung im Folgenden sehr kleinschrittig, weil viele Anwender erfahrungsgemäß zwar diese Art von Gliederung erstellen möchten, dabei aber oft auf Probleme stoßen, denn der Teufel liegt hier sozusagen im Detail: Man muss auf eine Menge Kleinigkeiten achten, damit es klappt.

1. Klicken Sie auf der Registerkarte **Start** im Menü der Schaltfläche **Liste mit mehreren Ebenen** auf den Eintrag **Neue Liste mit mehreren Ebenen definieren**.
2. Im Dialogfenster **Neue Liste mit mehreren Ebenen definieren** können Sie für jede Ebene, die Sie im linken oberen Bereich durch Anklicken auswählen, gesonderte Formatierungen einstellen. Wählen Sie hier die erste Ebene ❶ aus. Anschließend legen Sie im Feld **Zahlenformatvorlage für diese Ebene** ❷ die Form der Nummerierung fest. Über die Schaltfläche **Schriftart** ❸ rufen Sie den Dialog auf, um die Schrift der gewählten Nummerierung zu formatieren.

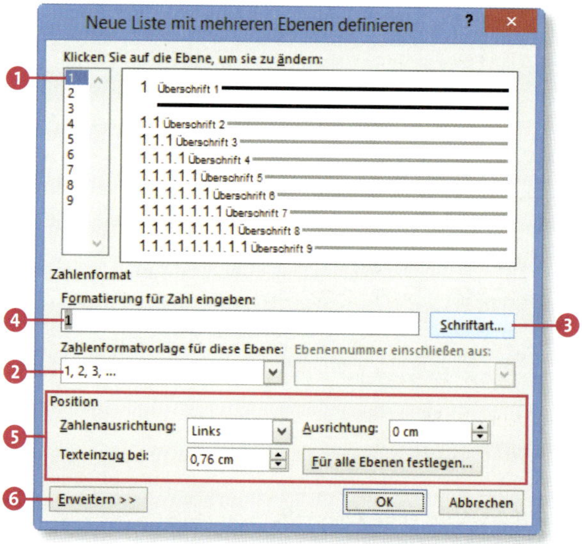

Abbildung 19.52
Die Formatierung für die erste Ebene festlegen

3. Im Feld **Formatierung für Zahl eingeben** ❹ sehen Sie, grau unterlegt, das Feld, das die Nummerierung ausgibt. Wenn Sie statt der einfachen Zahl z. B. lieber eine Zahl mit Punkt hätten, können Sie ihn hier einfach eingeben. Löschen Sie bei Ihrer Eingabe aber nicht das graue Feld für die Nummerierung! (Falls es Ihnen dennoch einmal passiert, wählen Sie im Feld **Zahlenformatvorlage für diese Ebene** einfach erneut die gewünschte Form aus.)

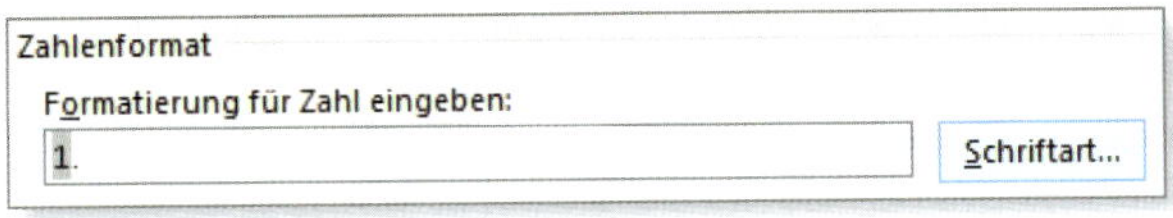

Abbildung 19.53
Die Art der Nummerierung festlegen

4 Im Bereich **Position** ❺ können Sie die Position der Nummerierung und einen Einzug für diesen Absatz festlegen.

5 Klicken Sie dann auf die Schaltfläche **Erweitern** ❻. Der Dialog wird vergrößert und zeigt nun einige zusätzliche Einstellungsmöglichkeiten an.

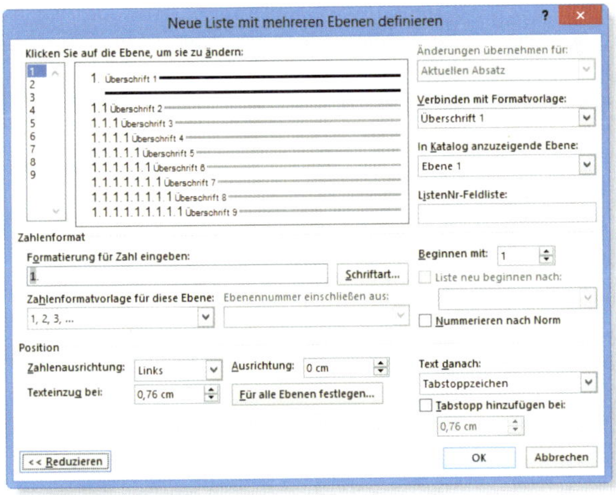

Abbildung 19.54
Der erweiterte Dialog

6 Wählen Sie im Feld **Verbinden mit Formatvorlage** ❼ eine Formatvorlage aus, die automatisch mit dieser Nummerierung versehen wird. Für die erste Ebene wählen wir hier die Formatvorlage **Überschrift 1**.

7 Nun ist die zweite Ebene der Liste an der Reihe, klicken Sie also im linken oberen Bereich auf die 2 ❽.

8 Verbinden Sie die zweite Ebene auch mit einer Formatvorlage, im Beispiel **Überschrift 2** ❾, damit auch diese Absätze automatisch nummeriert werden.

9 Legen Sie nun das gewünschte Format für die Nummerierung und die Position für die zweite Ebene fest. Wenn Sie eine Nummerierung in der Form 1.1, 1.2 etc. erhalten möchten, müssen Sie das entsprechende Zahlenformat im Feld **Zahlenformatvorlage** ❿ wählen und im Feld **Ebenennummer einschließen aus** ⓫ die erste Ebene auswählen. Dadurch wird ein weiteres Feld, das die Nummer der ersten Ebene ausgibt, in das Feld **Formatierung für Zahl eingeben** ⓬ eingefügt. Falls die Felder direkt hintereinanderstehen, können Sie diese z. B. mit einem Punkt voneinander trennen.

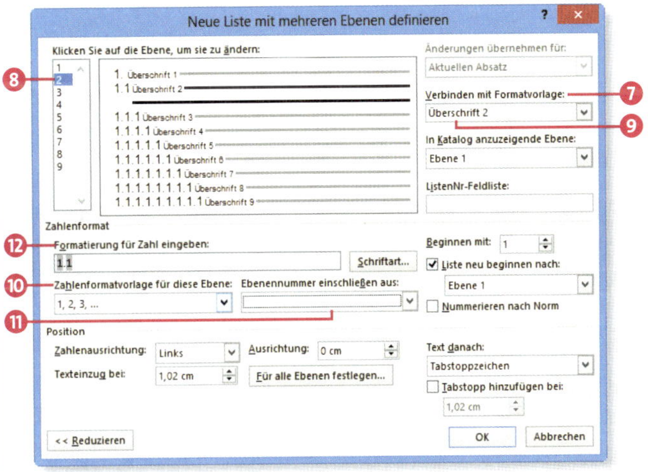

Abbildung 19.55
Die zweite Ebene mit einer Formatvorlage verbinden

10 Wenn Sie, wie hier beschrieben, das gleiche Zahlenformat für alle Ebenen verwenden, ist es schwer, zu unterscheiden, welches Nummerierungsfeld im Feld **Formatierung für Zahl eingeben** zu welcher Ebene gehört. Hier hilft es, wenn Sie für die aktuelle Ebene vorübergehend ein anderes Zahlenformat einstellen, um die Felder auseinanderhalten zu können.

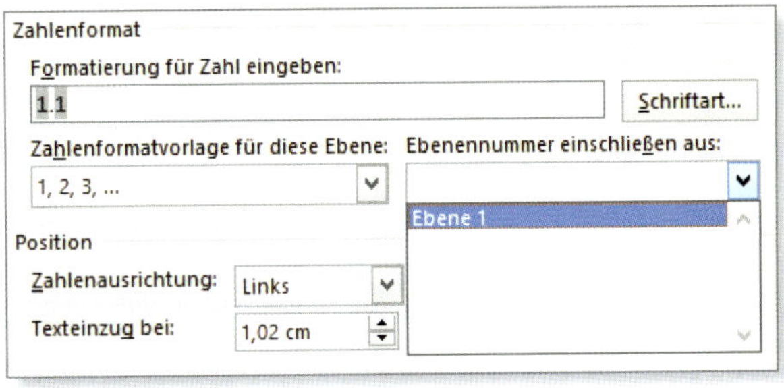

Abbildung 19.56
Die erste Ebene mit einschließen

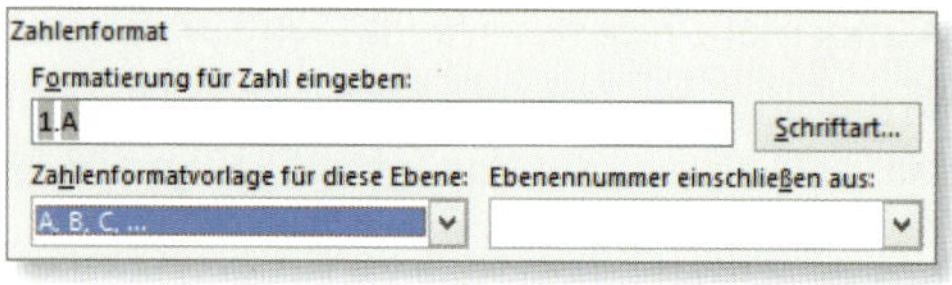

Abbildung 19.57
Stellen Sie vorübergehend ein anderes Zahlenformat für die aktuelle Ebene ein, um sie von den anderen unterscheiden zu können.

11 Nach Ebene 2 folgt naturgemäß Ebene 3. Markieren Sie dazu die **3** im linken oberen Bereich des Dialogs.

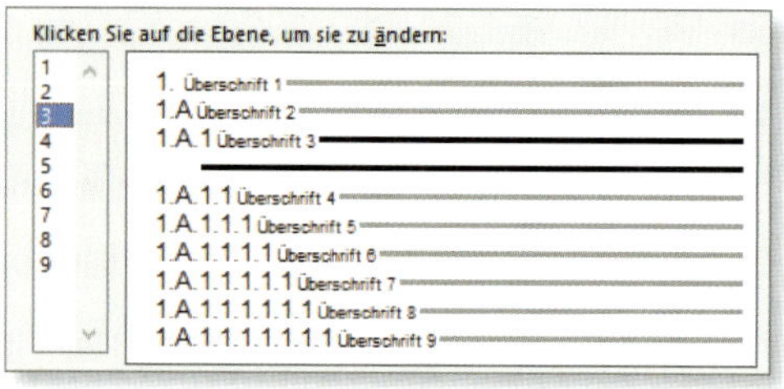

Abbildung 19.58
Die dritte Ebene markieren

12 Verbinden Sie diese Ebene mit der Formatvorlage **Überschrift 3** und nehmen Sie die gewünschten Formatierungen vor. In Abbildung 19.59 sehen Sie, dass auch die dritte Ebene die Nummerierung der vorangegangenen Ebenen aufnimmt.

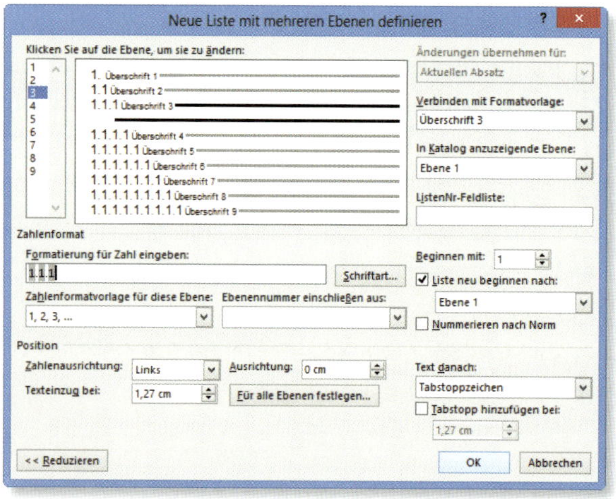

Abbildung 19.59
Die Nummerierung für die dritte Ebene

13 Damit die Nummerierungen der vorangegangenen Ebenen richtig aufgenommen werden, müssen Sie sie nacheinander mithilfe des Feldes **Ebenennummer einschließen aus** einfügen.

14 Sollte dies einmal schiefgehen, können Sie die Nummerierung nachträglich korrigieren. Löschen Sie alle Einträge im Feld **Formatierung für Zahl eingeben**. Fügen Sie dann die Nummerierung der Ebene 1 und das gewünschte Trennzeichen ein, z. B. einen Punkt. Dann folgt die Nummerierung der nächsten Ebene, wiederum gefolgt von einem Trennzeichen. Abschließend legen Sie dann im Feld **Zahlenformatvorlage für diese Ebene** die Nummerierung der aktuellen Ebene fest, wodurch das letzte fehlende Nummerierungsfeld eingefügt wird.

15 Nach diesem Muster können Sie die weiteren Ebenen formatieren.

16 Anschließend verlassen Sie den Dialog mit der Schaltfläche **OK**.

In Ihrem Dokument sind jetzt alle Absätze mit den gewählten Formatvorlagen mit einer Nummerierung versehen.

TIPP

Verschiedene Listenformate in einem Dokument

Sie können z. B. auch nur bestimmte Bereiche Ihres Dokuments mit einer Nummerierung versehen, indem Sie für diese Bereiche andere Formatvorlagen verwenden und für diese Formatvorlagen dann eine neue Nummerierung einstellen. Alternativ können Sie pro Abschnitt Ihres Dokuments ein anderes Listenformat festlegen. Setzen Sie dazu den Cursor in den betreffenden Abschnitt und wählen Sie im Feld **Änderung übernehmen für** den Eintrag **Abschnitt**.

Die Position der Nummerierung festlegen

Die Position der Nummerierung führt mitunter zu Problemen. In der Standardeinstellung wird jede Ebene

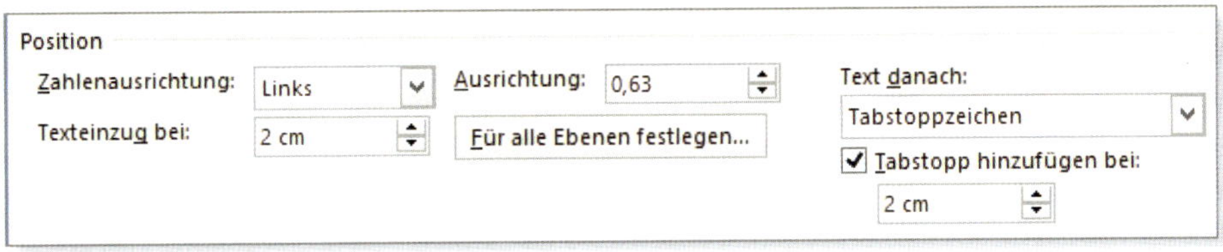

Abbildung 19.60
Die Einstellungen für die Ebene 2

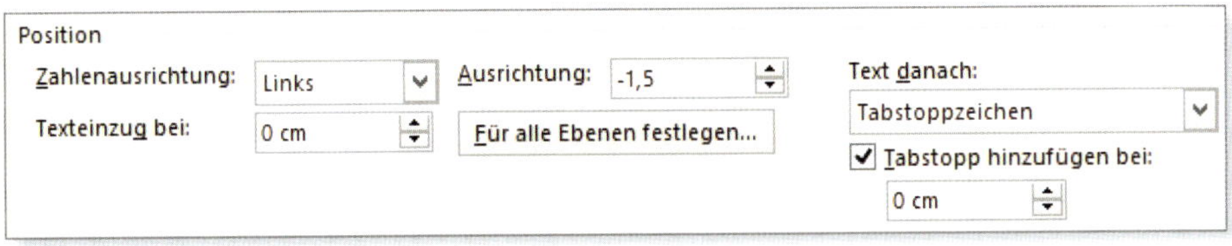

Abbildung 19.61
Die Einstellungen für die Nummerierung im linken Seitenrand

ein kleines Stück weiter weg vom linken Rand eingerückt, und die erste Zeile des Absatzes wird mit einem Tabstopp von der Nummerierung getrennt. Die folgenden Zeilen des Absatzes werden dann über einen hängenden Einzug eingezogen. Diese Standardeinstellung hat aber bei mehrstelligen Nummerierungen ab der zweiten Ebene leider nicht mehr den gewünschten Effekt, nämlich dass der gesamte Text des Absatzes eingerückt wird und die Nummerierung solo am linken Rand steht. Eine Lösung für dieses Problem möchten wir Ihnen im Folgenden anbieten.

Damit Sie den Absatz komplett und auch auf den tieferen Ebenen einrücken können, müssen Sie für jede Ebene der Liste den Bereich **Position** des Dialogs **Neue Liste mit mehreren Ebenen definieren** bearbeiten. Wählen Sie im Feld **Texteinzug bei** einen Wert, der ein wenig größer ist als die Position der Nummerierung (im Feld **Ausrichtung**). Der Abstand sollte so groß sein, dass die Ziffern der Nummerierung genügend Platz finden. Anschließend fügen Sie an der gleichen Position einen Tabstopp ein. In Abbildung 19.60 sehen Sie eine beispielhafte Ausrichtung für die **Ebene 2**.

Wenn Sie die Nummerierung der Absätze auf den linken Seitenrand setzen möchten, geht auch das mit einem kleinen Trick (denken Sie daran, den Seitenrand vorher entsprechend breit einzustellen). Im Bereich **Position** des Dialogfensters **Neue Liste mit mehreren Ebenen definieren** wählen Sie eine negative Ausrichtung. Diese negative Ausrichtung können Sie nicht über die Pfeile des Feldes einstellen, sondern Sie müssen das Minuszeichen und den gewünschten Wert von Hand in das Feld eintippen. Den Texteinzug setzen Sie auf »0 cm« und auch für den Tabstopp geben Sie »0 cm« ein (siehe Abbildung 19.61).

Diese Einstellung müssen Sie nun nicht für alle Ebenen durchführen, sondern können sie mithilfe der Schaltfläche **Für alle Ebenen festlegen** für alle Ebenen übernehmen. Nachdem Sie auf diese Schaltfläche geklickt haben, setzen Sie im zugehörigen Dialogfenster den Wert im Feld **Zusätzlicher Einzug für jede Ebene** auf »0 cm«.

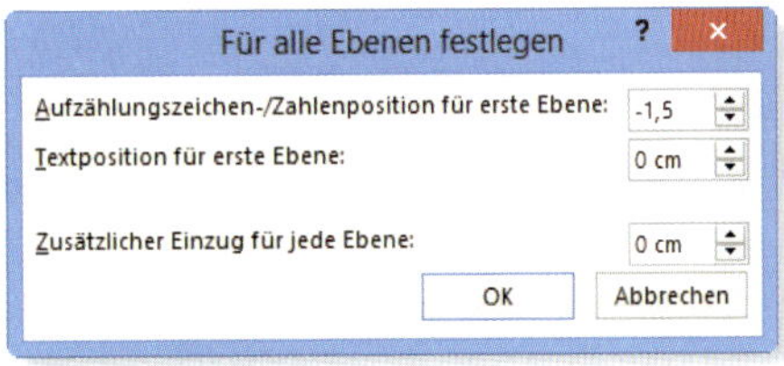

Abbildung 19.62
In diesem Dialog setzen Sie den Wert für den zusätzlichen Einzug auf »0 cm«.

Kapitel 20
Dokumentdesigns und Dokumentvorlagen

Dokumentvorlagen sind das beste Mittel, um ruck, zuck ein neues Dokument zu erstellen, das bestimmte Layoutvorgaben erfüllt. Und mit den Designs, die die Stilrichtung eines Dokuments vorgeben und auch in anderen Office-Programmen zur Verfügung stehen, können Sie problemlos den Effekt einer »Corporate Identity« (CI) erzeugen.

Was wir am Anfang des Kapitels 19, »Formatvorlagen«, gesagt haben, gilt noch mehr für Dokumentvorlagen: Sie sind für viele Arbeiten unerlässlich, wenn Sie nicht immer wieder »bei null« beginnen und alle möglichen Elemente und Einstellungen für das Dokument stets neu festlegen möchten. Doch sosehr Dokumentvorlagen auch die Arbeit mit Word rationalisieren und Ihnen jede Menge Arbeit ersparen, erleben wir es dennoch sehr oft, dass viele Anwender es vermeiden, sich mit diesem Thema auseinanderzusetzen und folglich auch keine eigenen Dokumentvorlagen verwenden.

Das böse Erwachen kommt dann oft, wenn man plötzlich vor der Aufgabe steht, eine umfangreiche (wissenschaftliche) Arbeit erstellen zu müssen. Dann stellt sich die Frage, wie man dafür sorgt, dass die einzelnen Kapitel identisch aussehen, dass die gleichen Formatvorlagen oder bestimmte Bausteine zur Verfügung stehen, gewisse Elemente wie etwa eine Kopf- oder Fußzeile oder auch gewisse Texteinträge bereits in den Dokumenten enthalten sind etc. Die Lösung liegt in der Dokumentvorlage, die Sie so gestalten können, dass sie alle Elemente enthält, die Sie für die auf dieser Vorlage basierenden Dokumente benötigen.

Unverzichtbar sind Dokumentvorlagen vor allem auch, wenn anderen Personen bestimmte Layoutvorgaben zur Verfügung gestellt werden sollen, damit die Dokumente immer so aussehen wie geplant. Um für diese Situation ein Beispiel anzufügen, müssen wir nicht lange überlegen: Damit die diesem Buch zugrunde liegenden Word-Dokumente das vom Verlag gewünschte Layout haben, bestand der erste Schritt für jedes Einzeldokument darin, die vom Verlag zur Verfügung gestellte Dokumentvorlage aufzurufen und alle Dokumente auf Basis eben dieser Dokumentvorlage zu erstellen.

Natürlich ist es nicht ganz richtig, zu behaupten, dass man jedes Mal »bei null« anfängt, wie wir es eingangs genannt haben. Jedes neue Dokument, das Sie in Word anlegen, basiert ohnehin auf einer Dokumentvorlage. Wenn Sie zu Beginn Ihrer Arbeit keine spezielle Dokumentvorlage festlegen, verwenden also alle neuen Dokumente automatisch die Dokumentvorlage *Normal.dotm*, die als globale Dokumentvorlage immer mitgeladen wird, und übernehmen deren Einstellungen. Diese Dokumentvorlage enthält z. B. Informationen über Seitenränder, die Schriftart und Schriftgröße, aber natürlich keine spezifischen Einstellungen oder Inhalte. Aufgrund ihrer allgemeinen Eigenschaften ist sie für »normale Dokumente« geeignet; für alle spezifischen Dokumente, die andere Grundeinstellungen bieten sollen als den Standard, sind eigene Dokumentvorlagen die richtige Wahl.

Wir werden Sie in diesem Kapitel mit Dokumentvorlagen vertraut machen, Ihnen zeigen, wie Sie eigene Dokumentvorlagen erstellen und bearbeiten und wie Sie Vorlagen nutzen, die Ihnen zur Verfügung gestellt werden. Nicht umsonst beschreiben wir in diesem Kapitel neben den Dokumentvorlagen auch die Designs, denn diese stehen in Wechselwirkung mit Formatvorlagen, und Formatvorlagen wiederum sind Bestandteil von Dokumentvorlagen.

20.1 Die Designs in Word 2013

Seit Office 2007 werden *Designs* ausgeliefert, mit denen den Anwendern das Instrumentarium in die Hand gegeben wird, um professionell gestaltete Dokumente zu erstellen, ohne beispielsweise wissen zu müssen, welche Schriftart für ein Dokument passt oder welche Farben damit harmonieren (was ernsthaft wohl auf die allermeisten Anwender zutrifft). Statt Ihres »Bauchgefühls« können oder sollen Sie diese Designs zum Einsatz bringen, die typografische und gestalterische Gesichtspunkte berücksichtigen und in sich vereinigen.

Bei einem Design handelt es sich um ein Set aus Stilen, das Sie auf jedes Dokument anwenden können. Insgesamt werden in der Standardauslieferung 28 verschiedene Designs angeboten, mit denen Sie die Stilrichtung Ihrer Dokumente festlegen. Dabei beinhalten die Designs insgesamt vier Formatierungsattribute.

1. Designfarben
2. Designschriftarten
3. Designeffekte
4. Absatz- und Zeilenabstand

Das wirkt auf den ersten Blick etwas mager, wenn man bedenkt, wie viele unterschiedliche Elemente ein Word-Dokument enthalten kann und wie unendlich viele Formatierungsmöglichkeiten jeweils zur Verfügung stehen. Das hat aber seine Begründung darin, dass die Designs programmübergreifend (also auch für PowerPoint, Excel und Outlook) eingesetzt werden können. Wenn Sie beispielsweise ein spezielles Design in Word benutzen, können Sie es auch Ihren Excel-Mappen und/oder Ihren PowerPoint-Folien zuweisen, sodass alle Office-Dokumente als optische Einheit auftreten. Die *Corporate Identity* (CI), auf die in jeder Unternehmensphilosophie Wert gelegt wird, ist mit dem Konzept der Designs also sehr leicht umzusetzen.

Abbildung 20.1 zeigt eine PowerPoint-Folie, der das Design **Fetzen** zugewiesen wurde, das Sie ebenfalls in Abbildung 20.2 und Abbildung 20.3 sehen. Bei PowerPoint finden Sie die Designs übrigens auf der Registerkarte **Entwurf**.

Abbildung 20.1
Eine PowerPoint-Folie mit dem Design »Fetzen«

Die Eigenschaften der Designs

Die Designs integrieren verschiedene Farben, Schriftarten (je eine für **Textkörper** und **Überschrift**), den Absatz- und Zeilenabstand sowie Effekte, die die Linienart, Linienfarbe, Füllfarbe und räumliche Tiefe von Formen, SmartArts und Diagrammen beeinflussen. Die **Designfarben** umfassen 23 Farbsätze (eine Gruppe von aufeinander abgestimmten Farben), die jeweils acht verschiedene Farben miteinander kombinieren. Wenn Sie ein Design zuweisen, wird der gesamte Farbsatz verwendet (aber Sie werden sehen, dass Sie auf die einzelnen Farben zugreifen und sie somit auch einzeln ändern können).

HINWEIS

Sinn und Zweck von Designs

Wir möchten hier dann doch noch kritisch anmerken, dass das Konzept der Designs in unseren Augen nicht wirklich überzeugt. Es mag der programmübergreifenden Gestaltung von Office-Dokumenten entgegenkommen und dem Anwender einiges abnehmen, wenn es um grafische Gestaltung bzw. Farbgebung geht, aber es bleibt offen, wann und warum man in der Praxis ständig neue Designs einsetzen sollte. Die Krux bei den Designs ist, wie bei allen anderen vorgefertigten Mustern und Elementen übrigens auch, dass das Maß der Wiedererkennung wächst, je länger sie »auf dem Markt« sind. Bis zu dem Punkt, an dem Ihre Gestaltung als »von der Stange« belächelt wird, ist es dann nicht mehr weit.

Auswirkung der Designs

Der Clou bei der Anwendung ist, dass Sie die Eigenschaften des Designs, für das Sie sich entscheiden, mit einem Klick auf Ihr Dokument übertragen können. Genauso schnell können Sie dem Dokument auch wieder ein anderes Design zuweisen und so unter Umständen die ganze Stilrichtung verändern, z. B. ein Dokument mit verhaltenen Grautönen aktuell in kräftigen Farben glänzen lassen.

Damit Sie verstehen, auf welche Teile des Dokuments sich die Einstellungen des Designs auswirken, hierzu noch ein paar Ausführungen, um das Konzept zu verdeutlichen:

- Das Design beeinflusst die Schriftart, d. h., es ändert die Schrift entsprechend seiner Vorgaben für den Textkörper/die Überschriften.
- Das Design beeinflusst das Aussehen von Text bzw. Absätzen, denen eine Formatvorlage zugewiesen wurde. Dabei wird die Designfarbe des gewählten Designs z. B. für Rahmenlinien oder die Schrift verwendet. Andere Merkmale der Formatvorlage, z. B. Schriftgröße und Unterstreichungen, bleiben vom Design unberührt.
- Das Design beeinflusst grafische Elemente im Text, und zwar Formen, Textfelder mit Design, SmartArts und Diagramme. Dabei kommen Designfarben und Designeffekte zur Geltung.

Abbildung 20.2
Ein Design (»Fetzen«) beeinflusst die Überschrift, den Text und die Form.

- Das Design beeinflusst Kopf- und Fußzeilen, sofern diese besonders gestaltet sind. Auch hier kommen nämlich Designfarben und Designeffekte zur Geltung und für den Text natürlich auch die vorgeschriebene Schriftart des Designs.

Abbildung 20.3
Die Kopfzeile mit Design

Designs und manuelle Formatierung

Damit Ihnen die Auswirkung von Designs nicht beständig Rätsel aufgibt, müssen Sie sich Folgendes klarmachen. Designs entfalten ihre Wirkung nur, wenn Sie bei der Formatierung mit den gegebenen Formatierungsmerkmalen dieser Designs arbeiten. Konkret bedeutet das:

- Sie müssen eine der Schriftarten aus der Gruppe **Designschriften** einstellen. Andere Schriftarten werden bei einem Wechsel der Designs nicht angepasst, sondern bleiben erhalten.

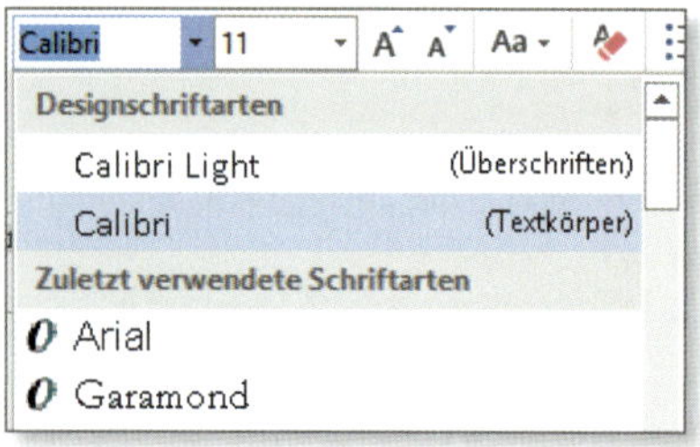

Abbildung 20.4
Die Designschriftarten werden in der gleichnamigen Gruppe aufgelistet.

- Dies gilt ebenso für die Schriftfarbe. Wenn Sie einer Schrift eine Farbe zuweisen, die nicht aus der Palette **Designfarben** stammt, ändert sich an der Schriftfarbe auch mit einem anderen Design nichts.

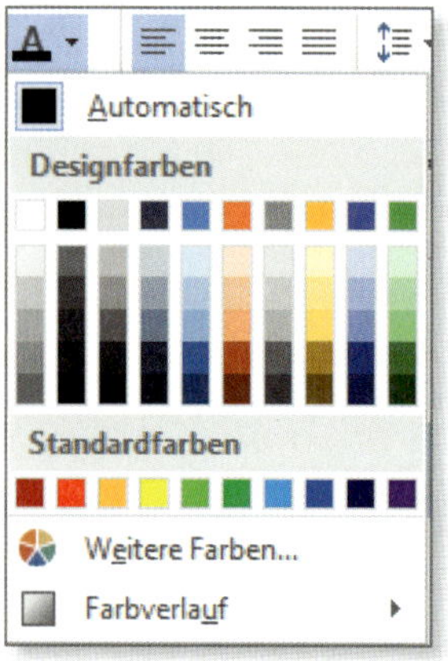

Abbildung 20.5
Die Designfarben im Menü der Schaltfläche »Schriftfarbe«

- Zur Formatierung von Überschriften etc. müssen Sie Formatvorlagen verwenden bzw. Designschriften und Designschriftfarben. Wenn Sie eine Überschrift mit den Merkmalen **Arial**, **Schriftgrad 14**, **Fett** und mit der Standardschriftfarbe **Rot** einstellen, bleibt die Formatierung bestehen, egal, welches Design Sie auswählen.
- Auch für alle anderen Elemente, bei denen Farben eine Rolle spielen, müssen Sie jeweils eine Designfarbe wählen. Die Standardfarben sind fest verankert und lassen sich nicht mithilfe eines Designs austauschen.

Natürlich ist es kein Muss, mit den entsprechenden Eigenschaften der Designs zu arbeiten. Es gibt sicherlich viele Fälle, in denen Sie Merkmale, Farben etc. selbst definieren möchten, die keinesfalls angepasst werden sollen. Was hätte es für einen Sinn, wenn in einer Kopfzeile mit einem Firmennamen und einem Logo ständig die Farben changierten? Unserer Meinung nach liegt der Vorteil der Designs vor allem darin, dass Sie recht mühelos dafür sorgen können, dass alle Dokumente, die Sie in Office erstellen, wie aus einem Guss erscheinen. Dies könnten Sie zwar auch mit Dokumentvorlagen (und in PowerPoint mithilfe der Masterfolien) erreichen, aber der Aufwand wäre wesentlich größer.

INFO

Designs sind im Dokument gespeichert

Die Formatierungseinstellungen des jeweiligen Designs werden direkt im Dokument gespeichert und können auf diese Weise auch bei der Weitergabe des Dokuments erhalten bleiben, selbst wenn Word (beim Empfänger) nicht auf das Design zugreifen kann, weil es, wie z. B. ein benutzerdefiniertes Design, nicht vorhanden ist (siehe Abschnitt 20.3, »Dokumentdesigns verwalten«). Im Klartext heißt das: Das verwendete Design taucht im Menü der Designs nicht auf, das entsprechend formatierte Dokument wird aber dennoch perfekt dargestellt.

Dokumentdesigns übernehmen

Jedem Dokument, das Sie in Word 2013 öffnen, liegt ein Design zugrunde. Um zu überprüfen, welches Design Ihrem Dokument zugewiesen wurde, und um gegebenenfalls ein anderes zu wählen, wechseln Sie zunächst auf die Registerkarte **Entwurf**.

1. Hier klicken Sie auf die Schaltfläche **Designs** ganz links im Menüband.
2. Daraufhin wird das Menü mit den Designs aufgeklappt. Wenn Sie den Mauszeiger über die Vorschaubildchen bewegen, können Sie beobachten,

dass sich der Text und andere Elemente des Dokuments je nach Design verändern.

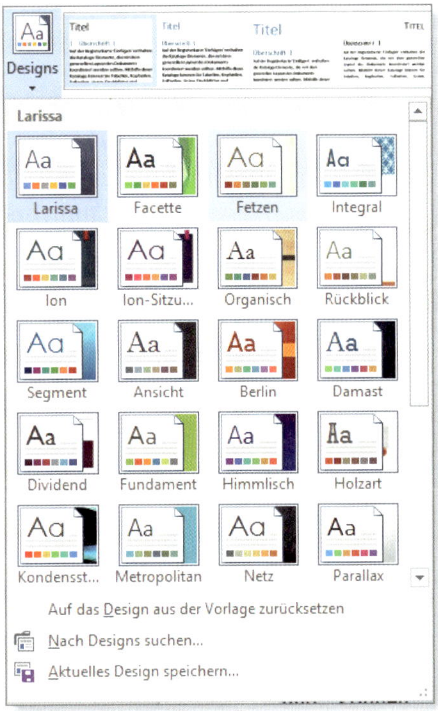

∧ Abbildung 20.6
Die Auswahl der Designs im Menü der gleichnamigen Schaltfläche

3 Um ein neues Design zu übernehmen, klicken Sie einfach auf das entsprechende Symbol.

Ihr Dokument hat nun das Aussehen, das das gewählte Design vorgibt. Damit alle Vorgaben zugewiesen werden und die Auswirkungen des Designs wirklich zu sehen sind, muss Ihr Dokument allerdings die Bedingungen erfüllen, die wir im vorangegangenen Abschnitt »Designs und manuelle Formatierung« auf Seite 419 genannt haben. Die Designeffekte können Sie naturgemäß nur erkennen, wenn das Dokument irgendein grafisches Element enthält.

Eine andere Farbkombination zuweisen

Wenn Ihnen das zugewiesene Design nur teilweise gefällt, weil Ihnen z. B. die Farben zu blass oder im Gegenteil zu kräftig erscheinen, können Sie einen anderen Farbsatz verwenden.

1 Klicken Sie auf der Registerkarte **Entwurf** auf die Schaltfläche **Farben**.

2 Daraufhin wird die Liste mit den Designfarben aufgeklappt. Wenn Sie mit dem Mauszeiger auf die einzelnen Einträge zeigen, bietet Ihnen die Livevorschau einen Eindruck der Farben im Text.

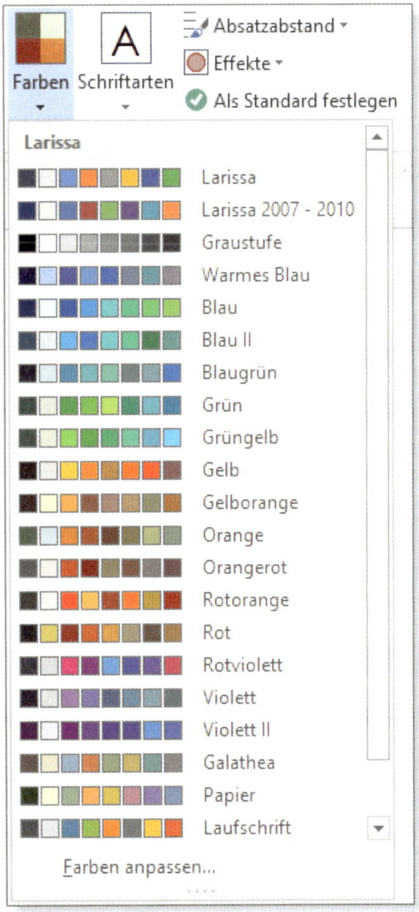

∧ Abbildung 20.7
Die Designfarben der Designs

3 Klicken Sie hier das gewünschte Farbset an.

Sie werden nun sehen, dass sich die Farben im Dokument zwar geändert haben, alle anderen Einstellungen jedoch erhalten geblieben sind.

Andere Designeffekte nutzen

Ähnlich wie soeben für die Farbkombination beschrieben, können Sie auch einen anderen Designeffekt anwenden als den, der mit dem Design standardmäßig zugewiesen wird. Dazu klicken Sie auf die Schaltfläche **Effekte**, woraufhin das Menü mit der Auswahl der Designeffekte angezeigt wird. Fahren Sie mit der Maus über die verschiedenen Effekte sehen Sie ihre Wirkung per Livevorschau im Dokument.

Abbildung 20.8
Die Effekte der Designs

Per Mausklick können Sie hier einen anderen Designeffekt zuweisen, der sich dann auf die grafischen Elemente in Ihrem Text auswirken wird. Die Unterschiede zwischen den einzelnen Effekten sind jedoch relativ gering.

Eine andere Designschriftart verwenden

Zu guter Letzt können Sie sich selbstverständlich auch für eine andere Schriftartenkombination (jeweils für die Überschriften und den Textkörper) entscheiden. Um die Schriftarten eines Designs zu ändern, klicken Sie in der Gruppe **Dokumentformatierung** auf die Schaltfläche **Schriftarten** und wählen im Menü ein Schriftartendesign mit einer anderen Zusammenstellung aus. Achten Sie bei Ihrer Auswahl auf die Livevorschau.

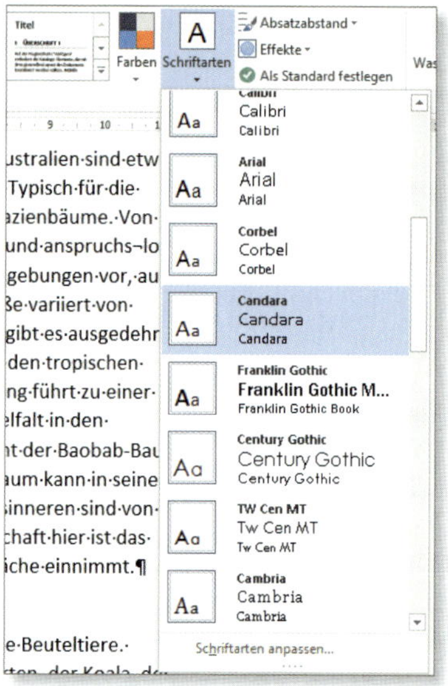

Abbildung 20.9
Die Schriftarten im Menü »Designschriftarten«

Den Absatzabstand anpassen

Zu guter Letzt werfen wir auch einen Blick auf die Möglichkeit, den vorgegebenen Absatz- und Zeilenabstand zu verändern. Klicken Sie dazu auf die Schaltfläche **Absatzabstand**. Im Menü wählen Sie dann den gewünschten Abstand. Dank der Livevorschau sehen Sie die Veränderungen direkt im Text, sobald Sie mit der Maus auf die verschiedenen Optionen zeigen.

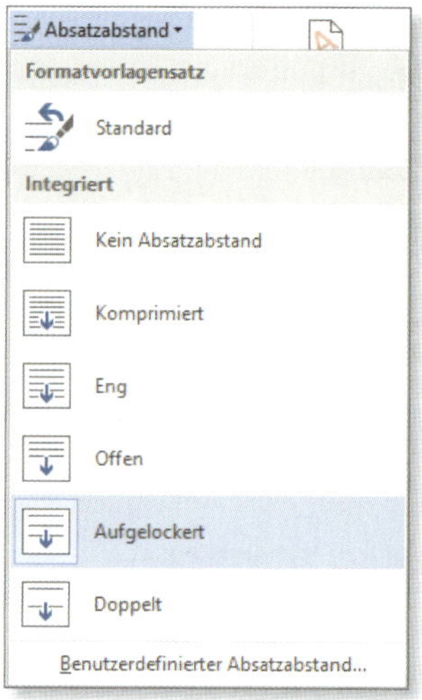

Abbildung 20.10
Den Absatzabstand des Designs verändern

20.2 Vorhandene Dokumentdesigns anpassen

Sie müssen die fertigen Designs bzw. Designelemente (die wir im vorangegangenen Abschnitt nur anders zusammengestellt, aber nicht bearbeitet haben) nicht so hinnehmen, wie sie angeboten werden. Sowohl die Farben als auch die Schriftarten der Designs lassen sich individuell anpassen, wobei Sie dann jeweils eine benutzerdefinierte Designfarbe bzw. -schriftart erstellen. Die Designeffekte wiederum lassen sich leider nicht bearbeiten. Hier können Sie nur mit dem vorliebnehmen, was angeboten wird.

Die Designfarben anpassen

Wenn Sie unter den Designs keine Farbkombination entdecken, die Ihnen gefällt oder die hundertprozentig zu den sonstigen verwendeten Farben passt, können Sie eine eigene Designfarbe definieren.

1. Klicken Sie in der Gruppe **Dokumentformatierung** auf die Schaltfläche **Farben**.
2. Daraufhin werden die Farbkombinationen der Designs in einem Menü aufgelistet. Wählen Sie den Befehl **Farben anpassen** ganz unten im Menü.

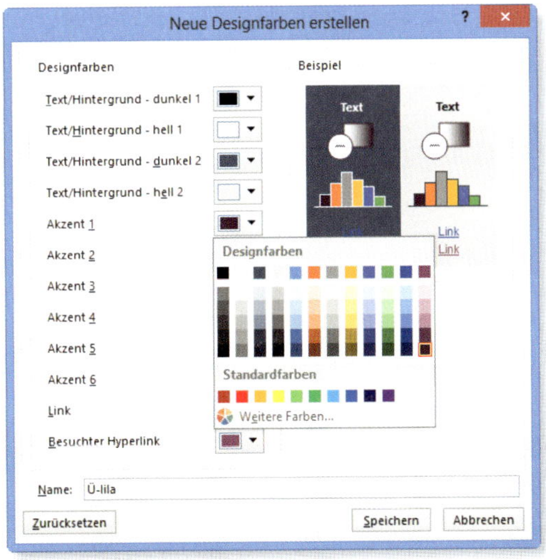

Abbildung 20.11
Neue Farbdesigns erstellen

3. Im Dialog **Neue Designfarben erstellen**, der sich daraufhin öffnet, sehen Sie die Farben, aus denen der angewandte Farbsatz besteht. Sie können hier nun jede einzelne Farbe verändern, indem Sie in den Farbpaletten, die Sie über die Pfeile aufklappen, eine andere Farbe einstellen.
4. Achten Sie dabei auf die Musterabbildung mit der neuen Farbzusammenstellung im Bereich **Beispiel**. Anhand dieser Abbildung können Sie erahnen, welche Farbe für welche Elemente gilt.
5. Im Feld **Name** geben Sie dem geänderten Farbdesign einen Namen und klicken dann auf **Speichern**.

Wie Sie sehen, wird die soeben erstellte Farbkombination nun im Menü der Schaltfläche **Designfarben** in der Gruppe **Benutzerdefiniert** aufgelistet.

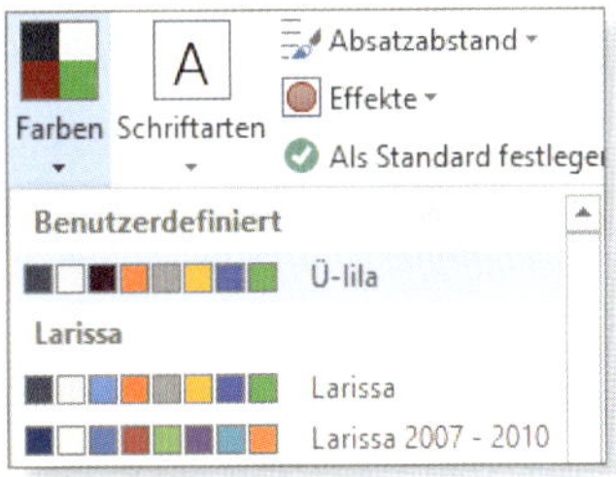

Abbildung 20.12
Die neue benutzerdefinierte Designfarbe im Menü

Diese selbst erstellten Farbkombinationen können Sie auch weiter bearbeiten. Dazu klicken Sie die Bezeichnung in der Liste mit der rechten Maustaste an und wählen im Kontextmenü den Befehl **Bearbeiten**. Dies öffnet den Dialog **Designfarben bearbeiten**, der identisch mit dem Dialog **Neue Designfarben erstellen** ist.

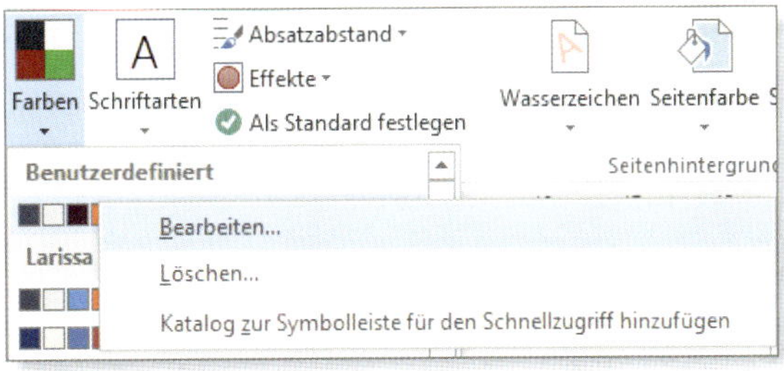

Abbildung 20.13
Eine benutzerdefinierte Designfarbe bearbeiten

Die Bearbeitung von Designfarben funktioniert übrigens nur bei benutzerdefinierten Designfarben, die integrierten Designfarben lassen sich nicht bearbeiten.

Lassen Sie uns die Farbpaletten mit den Designfarben etwas genauer betrachten, damit Sie beim Ändern auch die richtigen Farben erwischen. Prinzipiell enthält die Farbpalette sechs Grundfarben, dazu zwei Farbfelder für die Textfarben (dunkel und hell), zwei Felder für die Hintergrundfarben (hell und dunkel) sowie zwei Farben für den Hyperlink und den besuchten Hyperlink (diese beschreiben wir in Abschnitt 30.7, »Hyperlinks zum Navigieren«).

Die ersten vier Farben in der Palette bestimmen die Textfarben für einen dunklen oder hellen Hintergrund (dies hängt damit zusammen, dass PowerPoint-Folien oft einen dunklen Hintergrund haben und daher eine helle Textfarbe gewählt werden muss, damit die Schrift lesbar ist). Dann kommen sechs Akzentfarben. Die Akzentfarben bestimmen die Farben der Überschriften, der integrierten Formatvorlagen und die Farben der Diagrammbalken, der SmartArt-Grafiken, der Formen und der WordArt-Schrifteffekte. Die beiden Farben ganz rechts sind für Hyperlinks reserviert.

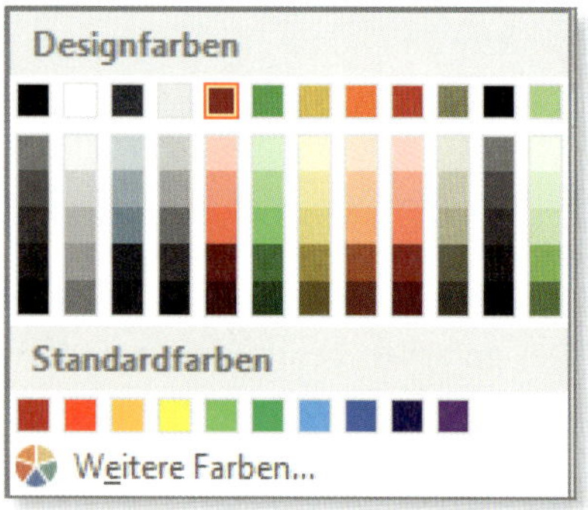

Abbildung 20.14
Die Palette mit den Designfarben

Für alle Akzentfarben gibt es Abstufungen. Diese Abstufungen werden durch die Kästchen unterhalb der oberen Reihe symbolisiert. Sie bieten hellere und dunklere Varianten der Grundfarbe, die in Prozenten ausgedrückt werden, z. B. **Lila, Akzent 1, heller 60%**.

Die Designschriftart anpassen

Ähnlich wie eine benutzerdefinierte Farbkombination können Sie auch eine neue Designschriftart definieren.

1. Klicken Sie auf der Registerkarte **Entwurf** in der Gruppe **Dokumentformatierung** auf die Schaltfläche **Schriftarten**.
2. In der Auswahlliste klicken Sie ganz unten auf den Eintrag **Schriftarten anpassen**.

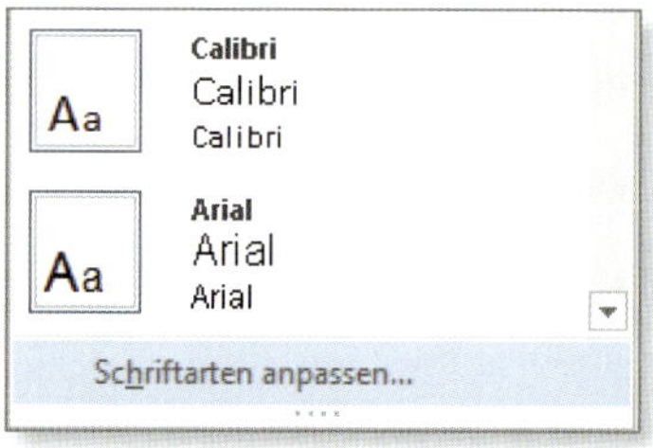

Abbildung 20.15
Eine Designschriftart definieren

3. Im Dialog **Neue Designschriftarten erstellen** wählen Sie über die Auswahllisten der entsprechenden Felder die Schriftart für die Überschriften und den Textkörper aus.

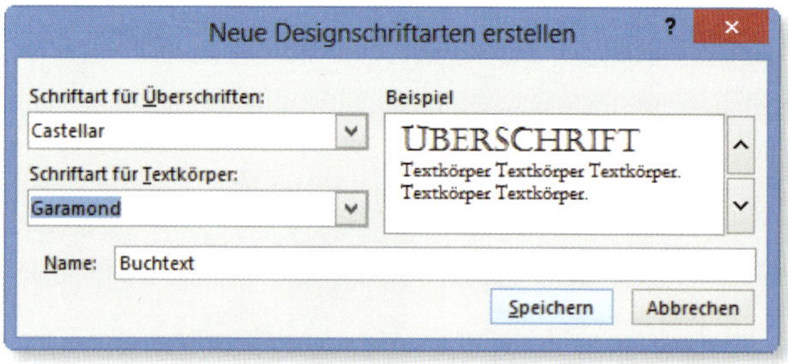

Abbildung 20.16
Hier wählen Sie die Schriftart aus und geben ihr einen Namen.

4. Im Feld **Name** geben Sie der neuen Designschrift einen passenden Namen und klicken dann auf **Speichern**.

Sie werden die neue Designschrift nun in der Auswahlliste der **Schriftarten (Designschriften)** unter der Überschrift **Benutzerdefiniert** wiederfinden.

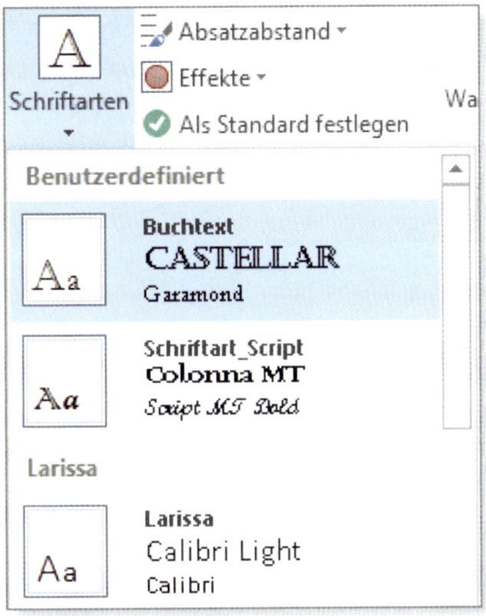

Abbildung 20.17
Die benutzerdefinierte Designschriftart im Menü der Schaltfläche »Designschriftarten«

20.3 Dokumentdesigns verwalten

Wie Sie gesehen haben, stehen Ihnen nun die neu erstellten Farbdesigns und Schriftartendesigns in den Menüs der Schaltflächen **Farben** und **Schriftarten** jeweils in der Gruppe **Benutzerdefiniert** zur Verfügung. Sie können sie also auch auf neue Dokumente anwenden.

Designs speichern

Um diese benutzerdefinierten Designelemente (oder eine neue Zusammenstellung vorhandener Designelemente) als komplett neues Design in einer entsprechenden Datei zu speichern, die Sie z. B. weitergeben und/oder auf anderen Computern verwenden können, gehen Sie wie im Folgenden beschrieben vor.

1 Wählen Sie eine Designfarbe, eine Designschriftart und einen Designeffekt aus den jeweiligen Menüs aus. Diese können jeweils aus der Gruppe **Benutzerdefiniert** oder **Integriert** stammen, ganz wie Sie möchten.

2 Um diese Zusammenstellung zu speichern, klicken Sie auf die Schaltfläche **Design** und wählen im Auswahlmenü den Eintrag **Aktuelles Design speichern**.

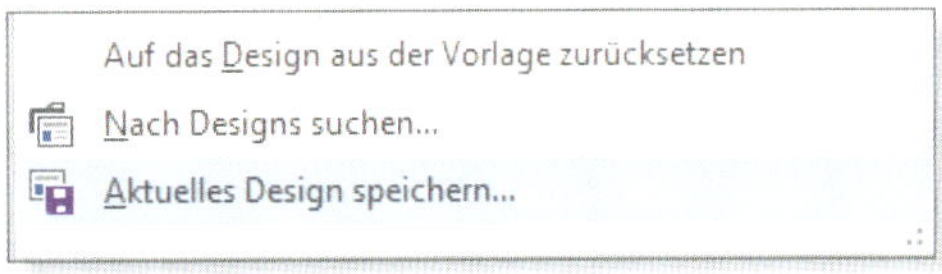

Abbildung 20.18
Ein neues Design speichern

3 Daraufhin zeigt Word den Dialog **Aktuelles Design speichern** an. Der Ordner, der für benutzerdefinierte Designs gedacht ist (**Document Themes**), ist bereits geöffnet. Geben Sie dem Design hier einen passenden Namen und klicken Sie auf die Schaltfläche **Speichern**.

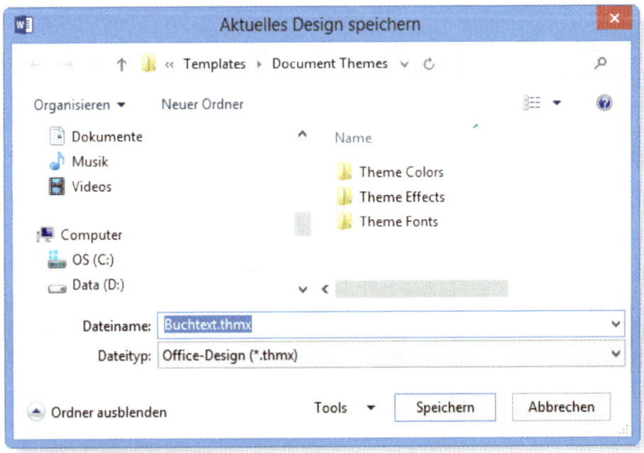

Abbildung 20.19
Der Ordner für die benutzerdefinierten Designs

Nach dieser Aktion ist das Design als Datei mit dem Dateityp *.thmx* abgelegt. Wenn Sie eine *.thmx*-Datei (per Doppelklick im Explorer) öffnen, wird sie übrigens als PowerPoint-Folie angezeigt.

Sie sehen, dass sich im Ordner *Document Themes* drei weitere Unterordner befinden: *Theme Colors*, *Theme Effects* und *Theme Fonts*. Im Ordner *Theme Colors* befinden sich die selbst erstellten Designfarben und im Ordner *Theme Fonts* die Designschriften als *.xml*-Dateien.

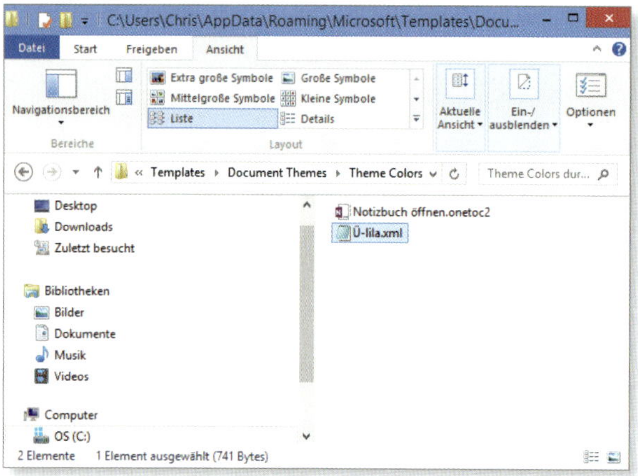

Abbildung 20.20
Im Ordner »Theme Colors« sind die benutzerdefinierten Designfarben gespeichert.

Per Doppelklick werden die Dateien in dem Programm angezeigt, das Sie als Standardprogramm für *.xml*-Dateien festgelegt haben. Ansonsten öffnet sich ein Menü, in dem Sie auswählen, mit welchem Programm die *.xml*-Datei geöffnet werden soll, z. B. WordPad.

Abbildung 20.21
Das Programm für die Anzeige der .xml-Datei auswählen

> **INFO**
>
> **.thmx-Dateien**
>
> Designs, die als Dateien gespeichert werden, erhalten die Dateierweiterung *.thmx* (weil Designs als *Themes* bezeichnet werden). Sie werden in dem Ordner *Document Themes* abgelegt, der ein Unterordner des Ordners *Templates* ist, in dem Dokumentvorlagen gesammelt werden. Sie finden ihn (bei Windows 7 und 8) unter *C:\Benutzer\[Benutzername]\AppData\Roaming\Microsoft\Templates*.

Ein Klick auf **Weitere Optionen** zeigt – erwartungsgemäß – weitere Programme an, unter anderem den Internet Explorer. In der im Internet Explorer geöffneten Datei können Sie den zugrunde liegenden Code sehen.

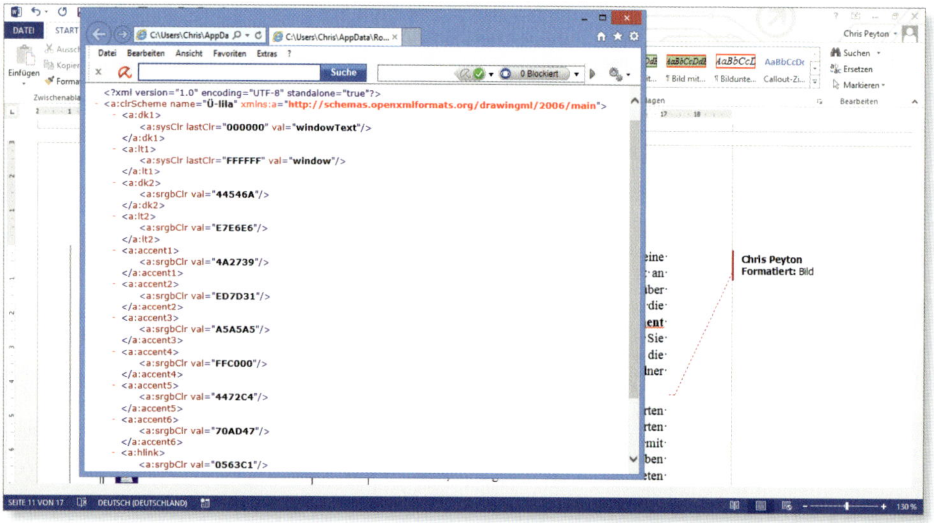

Abbildung 20.22
Die Designfarbe als .xml-Datei im Browser (Internet Explorer)

Designs löschen

Die benutzerdefinierten Designschriften und -farben lassen sich natürlich ebenso entfernen wie die benutzerdefinierten Designs. Dazu klicken Sie das entsprechende Design bzw. Designelement mit der rechten Maustaste an und klicken im Kontextmenü auf **Löschen**.

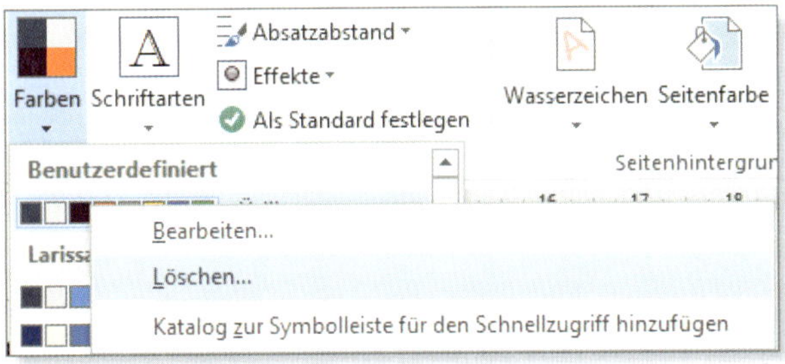

Abbildung 20.23
So löschen Sie eine benutzerdefinierte Designfarbe.

Sie können natürlich auch die entsprechenden Dateien in den Ordnern *Theme Colors* und *Theme fonts* löschen, woraufhin sie auch in Word gelöscht werden.

Designs weitergeben

Wenn Sie ein Design, eine Farbzusammenstellung oder eine Designschrift an Dritte weitergeben möchten, funktioniert dies über die entsprechenden *.thmx*-Dateien. Kopieren Sie die entsprechenden Dateien aus dem Ordner *Document Themes* bzw. den Unterordnern und schicken Sie sie an den Empfänger. Der Empfänger muss die Datei(en) dann bei sich in genau diese Ordner wieder einfügen.

Wenn Sie ein Design mit benutzerdefinierten Designfarben bzw. Designschriftarten weitergeben, kann der Empfänger dieses Design mit den entsprechenden Formatierungsangaben zuweisen, allerdings befinden sich die verwendeten benutzerdefinierten Designfarben und -schriften nicht in den Auswahlmenüs (siehe den Infokasten »Designs sind im Dokument gespeichert« auf Seite 420).

20.4 Die Arbeit mit Dokumentvorlagen

Wie wichtig passende Dokumentvorlagen für effizientes Arbeiten sind, haben wir zu Beginn dieses Kapitels bereits deutlich gemacht. Sie bilden quasi das Fundament aller Dokumente. Dabei umfassen sie sowohl die Layoutmerkmale als auch die Funktionen zum Ausführen von bestimmten Befehlen und können – je nach Vorlage – auch schon konkreten Inhalt enthalten, also beispielsweise Text, Grafiken sowie Kopf- und Fußzeilen.

Wenn Sie ein neues Dokument wie üblich öffnen, wird als Dokumentvorlage *Normal.dotm* verwendet, die die meisten Eigenschaften hat, die universell zum Erstellen von Dokumenten taugen, jedoch keine konkreten Bedürfnisse berücksichtigt.

Im Folgenden werden wir bei unserer Beschreibung nicht zwischen den beiden Dokumentvorlagentypen *.dotx* (Dokumentvorlagen ohne Makros) und *.dotm* (Dokumentvorlagen mit Makros) unterscheiden. Verwenden Sie den jeweils passenden Typ, je nachdem, ob Sie Makros in Ihre Vorlage einbinden möchten oder nicht (lesen Sie zur Verwendung von Makros Kapitel 38 »Eigene Makros erstellen«).

Eine Dokumentvorlage erstellen und bearbeiten

Lassen Sie uns nun in medias res gehen und eine Dokumentvorlage erstellen. Im Unterschied zu den vorherigen Word-Versionen öffnen Sie zur Erstellung einer Dokumentvorlage das Dokument nicht mehr von vornherein als Vorlage, sondern Sie beginnen mit einem ganz normalen Dokument.

Klicken Sie also auf **Datei** > **Neu** und wählen Sie **Leeres Dokument**.

Dieses Dokument gestalten Sie nun so, wie Sie sich Ihre Vorlage als Gerüst für spätere Dokumente vorstellen. Dazu gehört – vielleicht sogar als erster Schritt – die Festlegung des Seitenlayouts (Seitenränder, Spalten etc.). Dann fügen Sie die Elemente ein, die die

Vorlage beinhalten soll (Grafiken, Kopf- und Fußzeilen u. Ä.), und schreiben den Text hinein (natürlich nur solchen, der für alle Dokumente passt, die auf dieser Vorlage basieren werden). Für die Formatierung nutzen Sie die üblichen Formatierungswerkzeuge, Formatvorlagen und/oder Designs.

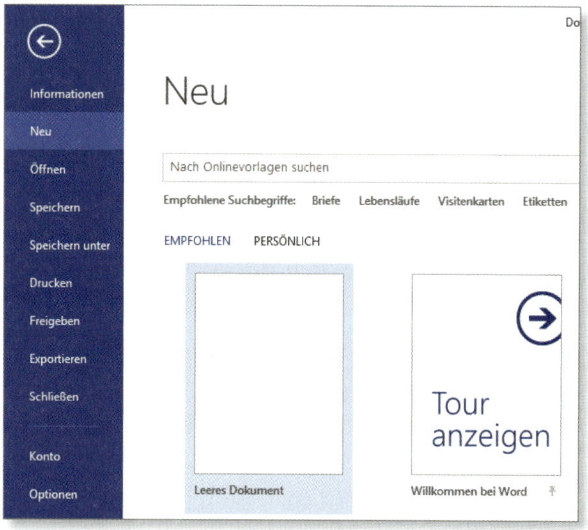

Abbildung 20.24
Öffnen Sie ein neues leeres Dokument.

Wenn Sie eigene Formatvorlagen erstellen möchten, wie in Kapitel 19, »Formatvorlagen«, gezeigt, können Sie dafür sorgen, dass diese Formatvorlagen nur in den Dokumenten genutzt werden können, die auf der Vorlage beruhen, die Sie gerade erstellen. Dies regeln Sie im Dialog **Neue Formatvorlage erstellen** mit der Option **Neue auf dieser Vorlage basierende Dokumente**.

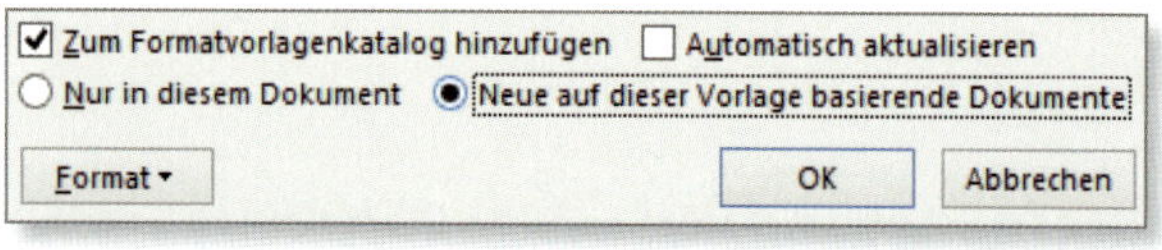

Abbildung 20.25
So legen Sie fest, dass Formatvorlagen für die Dokumente bereitstehen, die auf der aktuellen Vorlage beruhen.

Mit diesen »Äußerlichkeiten« ist es aber noch nicht getan. Sie können auch Schnellbausteine und AutoTexte anlegen, auf die Sie in den entsprechenden Dokumenten zugreifen können. Dabei achten Sie darauf, dass Sie die Schnellbausteine über das Feld **Speichern in** im Dialog **Neuen Baustein erstellen** in der neuen Vorlage ablegen (den Umgang mit Bausteinen beschreiben wir ausführlich in Kapitel 8, »Bausteine zur Wiederverwendung«).

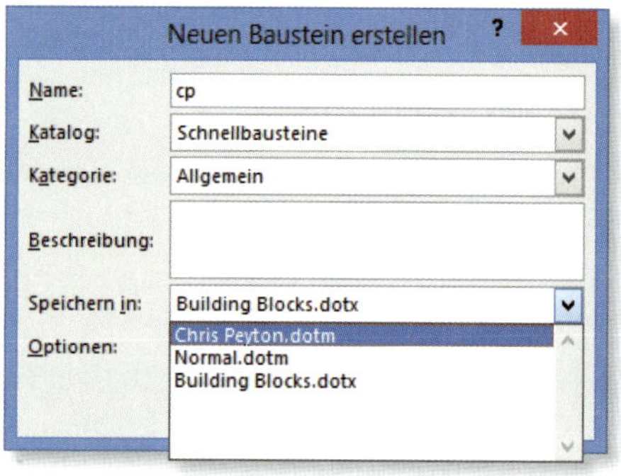

Abbildung 20.26
Einen Baustein in der Vorlage speichern

HINWEIS

Vorlagen verwenden

Sie können natürlich auch eine der angebotenen Vorlagen wählen, wenn sie Ihrem Zweck nahekommt; oft macht die individuelle Anpassung solcher Vorlagen dann aber mehr Arbeit, als eine eigene Dokumentvorlage von Grund auf neu zu erstellen.

Die Symbolleiste für den Schnellzugriff für die Vorlage anpassen

Spannend ist vor allem auch die Möglichkeit, die Symbolleiste für den Schnellzugriff für diese Vorlage bzw. die auf der Vorlage beruhenden Dokumente anzupassen. Damit ist gemeint, dass Sie der Symbolleiste spezielle Befehle hinzufügen, die Sie vor allem bei der Arbeit mit diesen Dokumenten benötigen. Die Befehle werden also nur dann auf der Schnellsymbolleiste parat stehen, wenn Sie auf Basis einer entsprechenden Vorlage arbeiten.

1. Rufen Sie über **Datei** > **Optionen** das Dialogfenster **Word-Optionen** auf (siehe Abbildung 20.27) und öffnen Sie darin die Kategorie **Symbolleiste für den Schnellzugriff** ①. Sehr bequem rufen Sie den entsprechenden Dialog auch auf, indem Sie das Menüband mit der rechten Maustaste anklicken und im Menü die Option **Passen Sie die Symbolleiste für den Schnellzugriff an** wählen.

2. Im Dialog **Symbolleiste für den Schnellzugriff anpassen** klicken Sie oben rechts auf den Pfeil ② am Feld **Symbolleiste für den Schnellzugriff anpassen** und anschließend auf den Eintrag **Für Dokument** (bzw. den Namen der aktuellen Vorlagendatei) aus der Liste.

3. Dann wählen Sie im linken Bereich den gewünschten Befehl ③ und klicken auf **Hinzufügen** ④. Denken Sie daran, dass Sie über das Feld **Befehle auswählen** ⑤ eine andere Auflistung von Befehlen erhalten können, z. B. auch **Alle Befehle** (die Liste ist dann endlos!).

4. Verlassen Sie den Dialog mit **OK**, um die Einstellungen zu übernehmen.

Daraufhin wird die Änderung in der Vorlagendatei abgelegt. Auf diese Weise können Sie sich also eine »passgenaue« Symbolleiste für den Schnellzugriff zusammenstellen, die immer dann bereitsteht, wenn Sie neue Dokumente erstellen, die auf dieser Dokumentvorlage basieren.

Das Dokument als Vorlage speichern

Wenn Sie Ihre Vorlage so weit bearbeitet haben, dass sie alles enthält, was Ihnen vorschwebt, müssen Sie sie nur noch speichern.

1. Klicken Sie auf **Datei** > **Speichern unter**. Im nächsten Fenster markieren Sie **Computer** und klicken auf **Durchsuchen**.

2. Im Dialogfenster **Speichern unter** klicken Sie auf den Pfeil am Feld **Dateityp** und wählen im Menü **Word-Vorlage (*.dotx)** oder **Word Vorlage mit Makros (*.dotm)**. Dadurch wird automatisch der Ordner **Benutzerdefinierte Office-Vorlagen** geöffnet. Geben Sie der Vorlage im Feld **Dateiname** einen passenden Namen.

3. Klicken Sie abschließend auf **Speichern**.

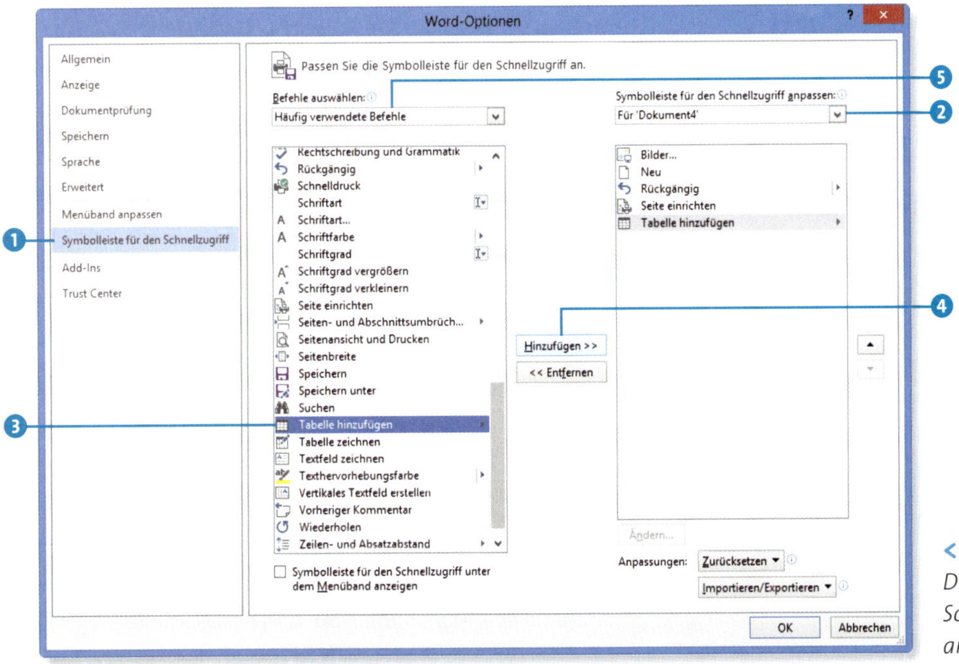

< *Abbildung 20.27*
Die Symbolleiste für den Schnellzugriff für die Vorlage anpassen

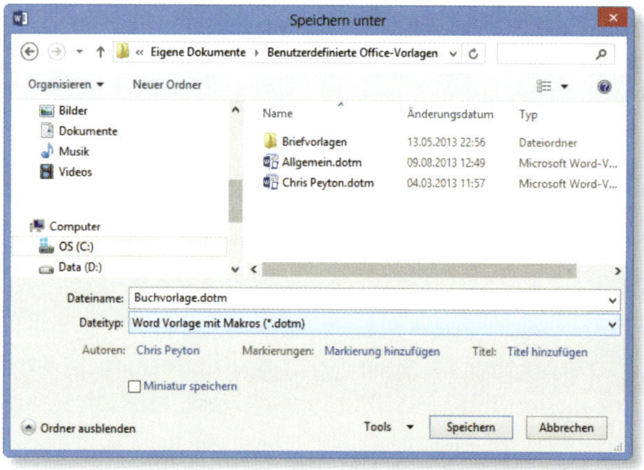

Abbildung 20.28
Die Dokumentvorlage im Ordner »Benutzerdefinierte Office-Vorlagen« speichern

TIPP

Einen neuen Unterordner anlegen

Sie können in diesem Dialog auch einen eigenen Unterordner (**Neuer Ordner**) für besondere Vorlagen anlegen. Belassen Sie den Hauptordner aber bei **Benutzerdefinierte Office-Vorlagen** und wandern Sie nicht zu einem anderen Speicherort bzw. höchstens in den neuen Unterordner, damit es auch in Zukunft keine Probleme bei der Verwendung von Dokumentvorlagen gibt.

Vorhandene Dokumentvorlagen nutzen

Um nun Dokumente zu erstellen, die auf der neu angelegten Vorlage beruhen, wählen Sie **Datei** > **Neu** und klicken auf den Link **Persönlich**. Hier werden die von Ihnen erstellten Vorlagen aufgeführt. Falls Sie, wie im Infokasten »Einen neuen Unterordner anlegen« beschrieben, beim Speichern der Vorlage Unterordner angelegt haben, tauchen diese Ordner ebenfalls in diesem Menü auf.

Nach einem Klick auf die bzw. eine der Vorlagen (wenn die Vorlage in einem Ordner liegt, öffnen Sie zunächst per Klick den Ordner) taucht ein neues Dokument auf, das auf der Dokumentvorlage basiert, und Sie können damit arbeiten. Dieses Dokument speichern Sie dann ganz einfach unter einem neuen Namen und natürlich im normalen Word-Format.

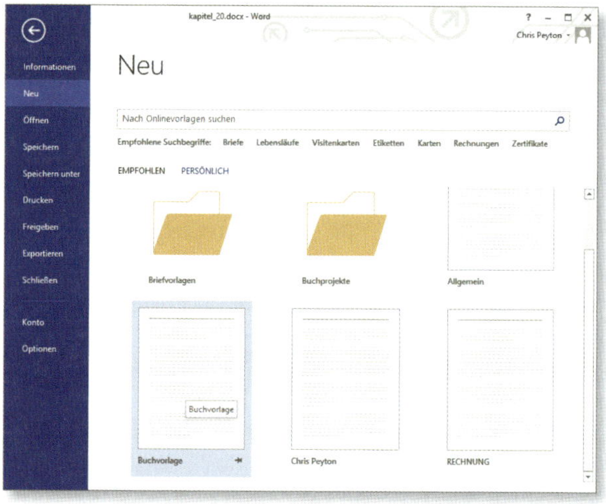

Abbildung 20.29
Die Vorlage für ein neues Dokument verwenden

Wenn Sie Ihre Dokumentvorlage bearbeiten möchten, öffnen Sie sie wieder. Wählen Sie also **Datei** > **Öffnen** > **Computer** > **Durchsuchen** und wechseln Sie in den Ordner, in dem die Vorlagen abgelegt werden. Sie finden ihn in der Regel unter **Bibliotheken** > **Dokumente**.

Gesetzt den Fall, Sie erhalten eine Dokumentvorlage (z. B. per E-Mail oder auf einem USB-Stick), die Sie für bestimmte zukünftige Dokumente nutzen wollen oder sollen, müssen Sie diese Dokumentvorlage ebenfalls in den Ordner **Benutzerdefinierte Office-Vorlagen** (oder in einen Unterordner dieses Ordners) speichern. Anschließend können Sie wie zuvor beschrieben neue Dokumente auf Basis dieser »fremden« Vorlage anlegen.

Eine Vorlage an ein Dokument anfügen

Falls das Dokument, für das Sie die Vorlage nutzen möchten, bereits existiert und mit einer anderen Dokumentvorlage verbunden ist, sind einige zusätzliche Schritte erforderlich. Zunächst müssen Sie dieses Dokument mit der neuen Vorlage verbinden.

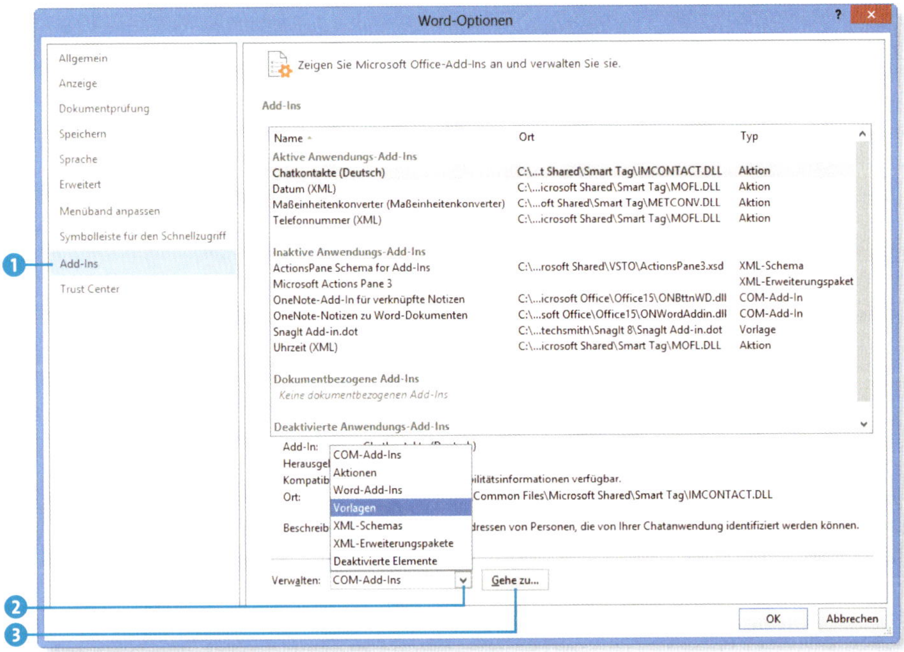

Abbildung 20.30
Den Dialog zum Hinzufügen von Dokumentvorlagen aufrufen

1. Rufen Sie über **Datei** > **Optionen** das Dialogfenster **Word-Optionen** auf und wechseln Sie hier zur Kategorie **Add-Ins** ❶.
2. Im Bereich **Microsoft Office Add-Ins anzeigen und verwalten** klicken Sie ganz unten auf den Pfeil am Feld **Verwalten** ❷ und wählen den Eintrag **Vorlagen** aus der Liste.
3. Klicken Sie dann auf **Gehe zu** ❸.
4. Daraufhin wird der Dialog **Dokumentvorlagen und Add-Ins** präsentiert. Hier klicken Sie auf die Schaltfläche **Anfügen** ❹.
5. Das wiederum öffnet den Dialog **Vorlage verbinden** (der im Prinzip dem Dialog **Öffnen** entspricht), in dem der Ordner **Templates** automatisch geöffnet ist. Hier wählen Sie das Standardverzeichnis für eigene Vorlagen aus, also das Verzeichnis **Benutzerdefinierte Office-Vorlagen** (**Bibliotheken** > **Dokumente** > **Benutzerdefinierte Office-Vorlagen**), und klicken die gewünschte Vorlage an. Achten Sie auch auf die Auswahlliste für den Dateityp, in der Sie die Anzeige der Vorlagen auf *.dotm*-Dateien begrenzen können. Klicken Sie dann auf **Öffnen**.

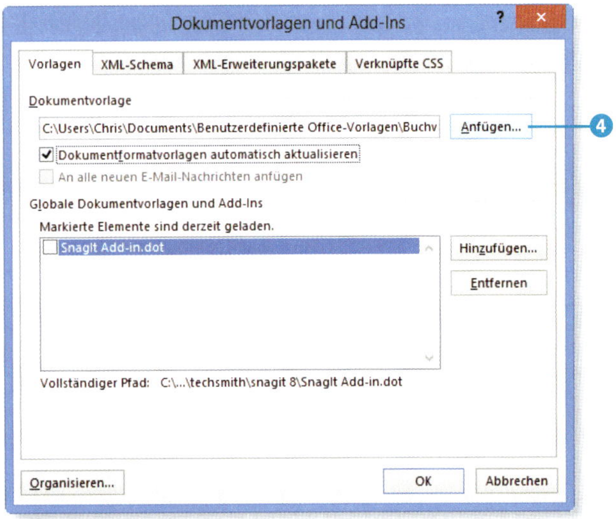

Abbildung 20.31
Die Dokumentvorlage anfügen

6. Zurück im Dialog **Dokumentvorlagen und Add-Ins** sehen Sie jetzt den Pfad zur neuen Dokumentvorlage im Feld **Dokumentvorlage**. Damit auch die Formatvorlagen der neuen Dokumentvorlage zur Verfügung stehen, aktivieren Sie die Option **Dokumentformatvorlagen automatisch aktualisieren**.

7 Klicken Sie zum Abschluss des gesamten Vorgangs auf **OK**.

HINWEIS

Automatisches Aktualisieren der Formatvorlagen

Auch wenn wir gerade geschrieben haben, dass Sie die Option **Dokumentformatvorlagen automatisch aktualisieren** aktivieren sollten, ist diese Option mit Bedacht zu nutzen. Mit ihr werden bei jedem Öffnen eines Dokuments alle Formatvorlagen aus der Vorlage in das Dokument kopiert. Wenn Sie einzelne Formatvorlagen im Dokument bearbeitet haben, werden diese beim nächsten Öffnen des Dokuments automatisch wieder auf den Stand der Dokumentvorlage gesetzt, was nicht immer gewollt ist bzw. zu Problemen führen kann. Im Normalfall ist das Aktualisieren der Formatvorlagen aber beim ersten Verbinden erforderlich, damit sie überhaupt zur Verfügung stehen. Daher also unser Tipp: Aktivieren Sie diese Option beim ersten Verbinden einer Dokumentvorlage und rufen Sie den Dialog anschließend erneut auf, um die Option wieder zu deaktivieren.

Die Schaltfläche **Organisieren** im Dialogfenster **Dokumentvorlagen und Add-Ins** führt übrigens zum Dialog **Organisieren**, den Sie bereits in Abschnitt 19.6, »Formatvorlagen verwalten«, kennengelernt haben. Er dient dazu, bereits vorhandene Formatvorlagen (und eventuell auch Makros) auf andere oder ganz neue Dokumentvorlagen zu übertragen. Lesen Sie dazu auch den Abschnitt »Formatvorlagen im- und exportieren« auf Seite 406 in Kapitel 19, in dem wir diesen Vorgang Schritt für Schritt beschreiben.

Dokumentvorlagen mit Design

Wenn Sie eine Dokumentvorlage erhalten haben, in der ein Design verwendet wurde, das nicht auf Ihrem Rechner vorhanden ist, also ein benutzerdefiniertes Design, wird das Dokument, das Sie auf Basis dieser Dokumentvorlage erstellen, trotzdem so dargestellt, als wäre das Design bei Ihnen vorhanden. Im Menü des Symbols **Designs** werden Sie dieses jedoch nicht finden. Sie können dennoch ohne Bedenken Änderungen daran vornehmen, weil Sie das Originaldesign der Vorlage problemlos wiederherstellen können. Klicken Sie dazu im Menü der Schaltfläche **Designs** auf den Eintrag **Auf das Design aus der Vorlage [Vorlagenname] zurücksetzen**.

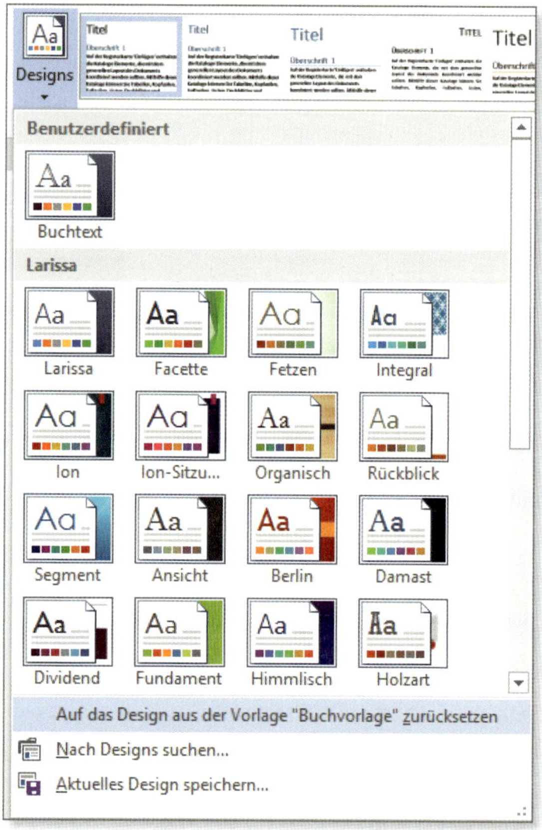

Abbildung 20.32
Das Design der Dokumentvorlage wiederherstellen

Lokale und globale Dokumentvorlagen verwenden

Word unterscheidet zwei Arten von Dokumentvorlagen: *globale* und *lokale Vorlagen*. Ohne einen wissenschaftlichen Diskurs darüber beginnen zu wollen, ist diese Unterscheidung sinnvoll und in der alltäglichen Arbeit oft hilfreich. Folgendes sollten wir vorwegschicken:

- Beide Arten der Dokumentvorlagen werden als *.dotx*-Dateien (bzw. *.dotm*-Dateien) gespeichert, Sie müssen sich also keine neue Dateierweiterung merken oder beim Erstellen einer Vorlage auf diese Unterscheidung Rücksicht nehmen.
- Alle Word-Vorlagen können sowohl lokal als auch global eingesetzt werden.

Jetzt zu den Unterschieden: Als *lokale Vorlagen* werden die Dokumentvorlagen bezeichnet, die die Basis für ein neues Dokument bilden oder, wie zuvor beschrieben, im Dialog **Dokumentvorlagen und Add-Ins** mit einem Dokument verbunden wurden. Aus dieser lokalen Dokumentvorlage werden Text, Formatvorlagen sowie Schnellbausteine, Tastaturkürzel, Makros etc. für das Dokument bereitgestellt.

Zusätzlich zu dieser lokalen Dokumentvorlage können Sie weitere Vorlagen öffnen, die als *globale Vorlagen* bezeichnet werden. Damit stehen dann auch die Schnellbausteine, Tastaturkürzel, Makros etc. dieser weiteren Dokumentvorlagen im Dokument zur Verfügung. Eventuell vorhandene Texte und die Formatvorlagen, die in diesen globalen Dokumentvorlagen enthalten sind, werden allerdings (bzw. praktischerweise) nicht »vererbt«. Wenn Sie in diesen Dokumentvorlagen z. B. mehrfach ein Kürzel für einen Schnellbaustein verwendet haben, verfährt Word folgendermaßen: Zunächst wird die lokale Dokumentvorlage geprüft. Ist das Kürzel hier definiert, wird der zugehörige Text ausgegeben und die Suche beendet. Wenn die Suche in der lokalen Vorlage erfolglos blieb, wird anschließend in den globalen Dokumentvorlagen in einer nach der anderen nachgesehen, wobei hier für die Reihenfolge der Überprüfung wiederum die Reihenfolge im Dialog **Dokumentvorlagen und Add-Ins** entscheidend ist. Diese Reihenfolge ergibt sich aus der alphabetischen Sortierung der Dateinamen und nicht, wie man auch vermuten könnte, aus der Reihenfolge ihrer Hinzufügung.

Wir wollen nun die Vorteile von globalen Dokumentvorlagen an einem konkreten Beispiel verdeutlichen. Angenommen, Sie haben auf Ihrem Computer im Büro eine wunderbare Sammlung an Schnellbausteinen, die Sie auch gern am heimischen Computer nutzen möchten. Zu Hause haben Sie für einen speziellen Zweck eine Dokumentvorlage mit Ihren häufig verwendeten Formatierungen erstellt. Um nun Zugriff auf die Schnellbausteine zu haben, ohne dabei auf Ihre häufig benötigten Formatierungen verzichten zu müssen, kopieren Sie die Dokumentvorlage, in der Sie Ihre Schnellbausteine abgelegt haben (in der Standardeinstellung also eine der beiden Dateien *Normal.dotm* oder *Built-In Building Blocks.dotx*). Diese Datei kopieren Sie dann auf Ihren heimischen Rechner und fügen sie Ihrem Dokument bei Bedarf als globale Dokumentvorlage hinzu.

1. Rufen Sie über **Datei** > **Optionen** das Dialogfenster **Word-Optionen** auf und wechseln Sie hier zur Kategorie **Add-Ins**.
2. Klicken Sie im Fenster **Microsoft Office Add-Ins anzeigen und verwalten** ganz unten auf den Pfeil am Feld **Verwalten** und wählen Sie **Vorlagen** aus der Liste.
3. Klicken Sie dann auf **Gehe zu**.
4. Daraufhin öffnet sich der Dialog **Dokumentvorlagen und Add-Ins**. Hier klicken Sie auf die Schaltfläche **Hinzufügen**.

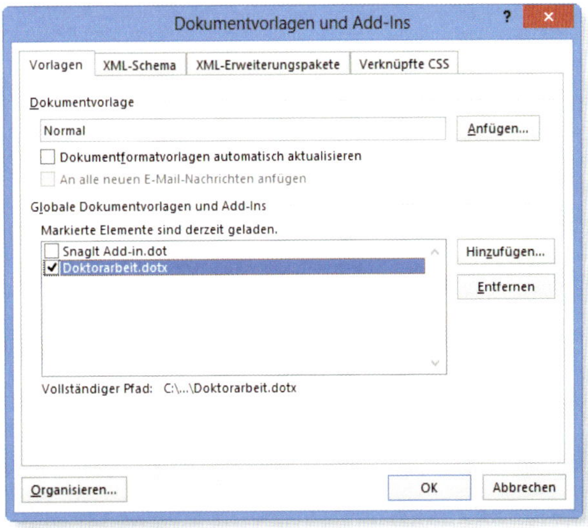

Abbildung 20.33
Zwei globale Dateien wurden hinzugefügt.

5 Im folgenden Dialog wählen Sie die kopierte Datei **[Dateiname].dotx** aus.

6 Anschließend wird diese Datei in der Liste **Globale Vorlagen und Add-Ins** aufgelistet.

Zurück im Dokument können Sie nun auf die Schnellbausteine zugreifen. Wie Sie Abbildung 20.33 entnehmen können, ist es auch durchaus möglich, mehrere globale Dokumentvorlagen zu laden.

Eine globale Vorlage dauerhaft hinzufügen

Die auf dem beschriebenen Weg geladenen globalen Dokumentvorlagen stehen auf diese Weise allerdings nur für die aktuelle Arbeitssitzung mit Word parat. Sie müssen sie also gegebenenfalls jedes Mal neu hinzufügen.

Wenn globale Dokumentvorlagen einen dauerhaften Platz einnehmen sollen, müssen Sie sie in einem speziellen Ordner ablegen, und zwar hier: *[Benutzername]\AppData\Roaming\Microsoft\Word\STARTUP*. Alle Vorlagendateien, die in diesem Ordner liegen, werden bei jedem Start von Word mitgeladen. Wenn Sie aus Performancegründen (damit Ihr Computer nicht zu langsam wird) oder wegen doppelt belegter Tastaturkürzel vorübergehend auf eine dauerhaft geladene globale Dokumentvorlage verzichten möchten, deaktivieren Sie einfach das Häkchen vor der entsprechenden Vorlagendatei im Dialog **Dokumentvorlagen und Add-Ins**.

Wenn Sie gleich mehrere Dokumentvorlagen geladen haben, können Sie bei jeder Aktion entscheiden, in welcher Vorlage Sie die Änderungen speichern möchten. Beim Speichern von Bausteinen im Dialog **Neuen Baustein erstellen** können Sie die gewünschte Vorlage z. B. im Feld **Speichern in** angeben.

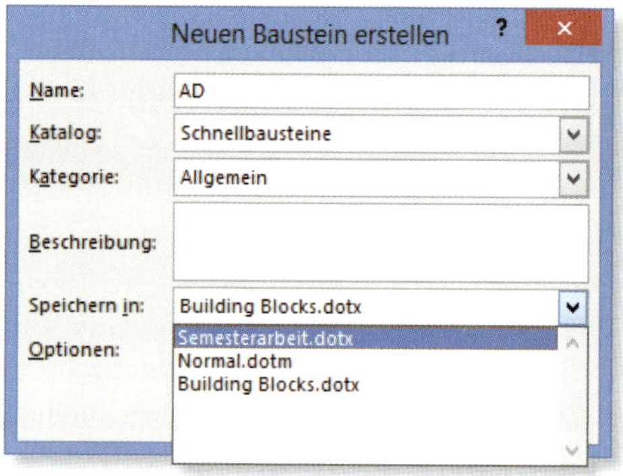

^ ***Abbildung 20.34***
Mehrere geladene Dokumentvorlagen stehen zum Speichern bereit.

Kapitel 21
Fußnoten

In wissenschaftlichen Arbeiten gibt es in der Regel Anmerkungen, Literaturhinweise und Quellenangaben. Damit solche zusätzlichen Texte den Textfluss nicht stören, werden sie üblicherweise in Fußnoten (oder Endnoten) verbannt, die durchnummeriert werden. Mit Word lässt sich das sehr gut bewerkstelligen.

Word bietet eine spezielle Funktion für Fuß- und Endnoten. Wenn Sie einmal an einem längeren Text sitzen, der Fußnoten enthalten soll, werden Sie diese Funktion sehr zu schätzen lernen, denn sie erleichtert die Arbeit immens (insbesondere im Vergleich zur guten alten Schreibmaschine, bei der man mühevoll den Platz für die Fußnote austarieren musste und viele Seiten im Papierkorb gelandet sind, weil Fußnoten nachträglich hinzugefügt werden mussten).

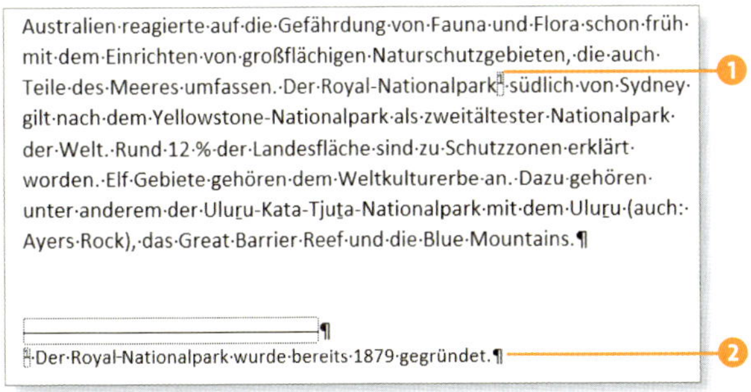

Abbildung 21.1
Ein Text mit Fußnote

Eine Fußnote setzt sich aus einem Fußnotenzeichen im Text ❶ (meist eine kleine hochgestellte Zahl) und dem eigentlichen Text am Fuß der Seite ❷ zusammen, dem das Fußnotenzeichen noch einmal vorangestellt ist, damit man den Inhalt zuordnen kann. Das Gleiche gilt für die sogenannten *Endnoten*, nur dass deren Inhalte nicht mit der entsprechenden Nummer am Fuß jeder Seite stehen, sondern am Ende des Dokuments gesammelt werden.

21.1 Mit Fußnoten arbeiten

Die Funktion **Fußnote einfügen** finden Sie hinter einer Schaltfläche verborgen auf der Registerkarte **Verweise** in der Befehlsgruppe **Fußnoten**.

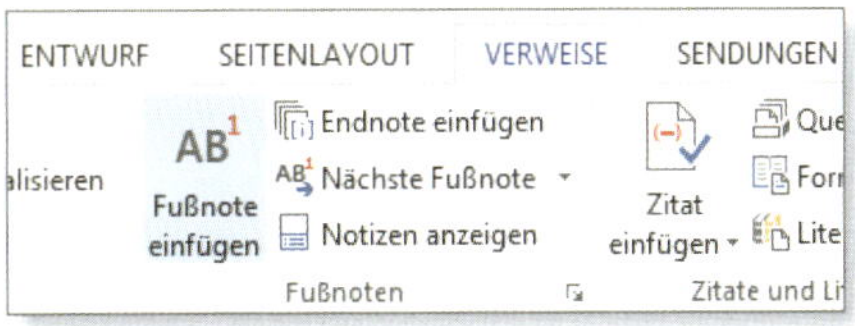

Abbildung 21.2
Die Schaltfläche zum Umgang mit Fußnoten auf der Registerkarte »Verweise«

Fußnoten setzen

Um eine Fußnote einzufügen, gehen Sie vor wie im Folgenden beschrieben.

1 Zuerst setzen Sie den Cursor genau an die Stelle, an der das Fußnotenzeichen im Text erscheinen soll. Der Cursor sollte ohne Leerstelle direkt hinter dem

Zeichen stehen, weil es üblich ist, das Fußnotenzeichen ganz nah an den Text zu rücken.

2. Aktivieren Sie die Registerkarte **Verweise**.
3. Wenn Sie keine speziellen Ansprüche an das Aussehen oder die Nummerierung der Fußnote haben, klicken Sie direkt auf die Schaltfläche **Fußnote einfügen**.
4. Dadurch springt der Cursor in den Fußnotenbereich, der automatisch durch eine kurze Linie vom Rest des Textes abgegrenzt wird. Am Anfang der Zeile steht eine kleine hochgestellte **1**. Schreiben Sie hier nun den Text der Fußnote.
5. Wenn der Text länger als eine Zeile ist, wirkt es optisch vorteilhaft, wenn Sie einen hängenden Einzug einstellen. Am einfachsten geht das, wenn Sie mit gedrückter Maustaste das entsprechende Symbol im Lineal verschieben (oder Sie öffnen den Dialog **Absatz**, in dem Sie im Feld **Sondereinzug** einen hängenden Einzug festlegen).

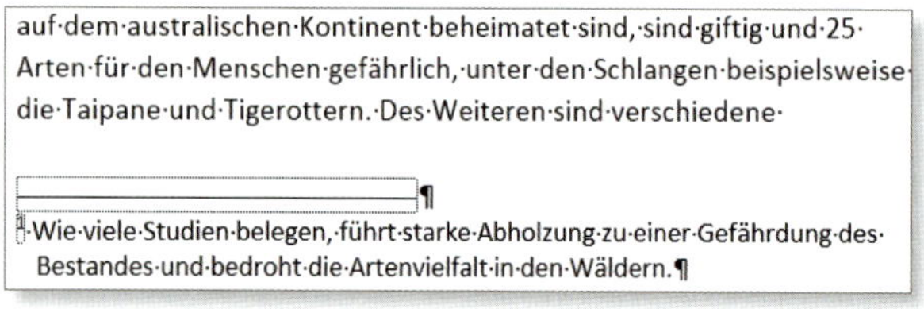
auf·dem·australischen·Kontinent·beheimatet·sind,·sind·giftig·und·25·Arten·für·den·Menschen·gefährlich,·unter·den·Schlangen·beispielsweise·die·Taipane·und·Tigerottern.·Des·Weiteren·sind·verschiedene·

¶

1·Wie·viele·Studien·belegen,·führt·starke·Abholzung·zu·einer·Gefährdung·des·Bestandes·und·bedroht·die·Artenvielfalt·in·den·Wäldern.¶

Abbildung 21.3
Die Fußnote mit hängendem Einzug

Sie können problemlos weitere Fußnoten auf der Seite einfügen; der Fußnotenbereich am Fuß der Seite wird automatisch erweitert, sodass nie die Situation entsteht, dass kein Platz mehr für Fußnoten vorhanden ist.

Die Schriftart der Fußnote ist übrigens nicht automatisch die für das Dokument eingestellte Schriftart, sondern hängt von der Formatvorlage für Fußnoten ab. Sie können den Fußnotentext aber ganz normal formatieren und ihm mit den üblichen Mitteln eine zum Rest Ihres Textes passende Schriftart (oder jede andere Zeichenformatierung) zuweisen.

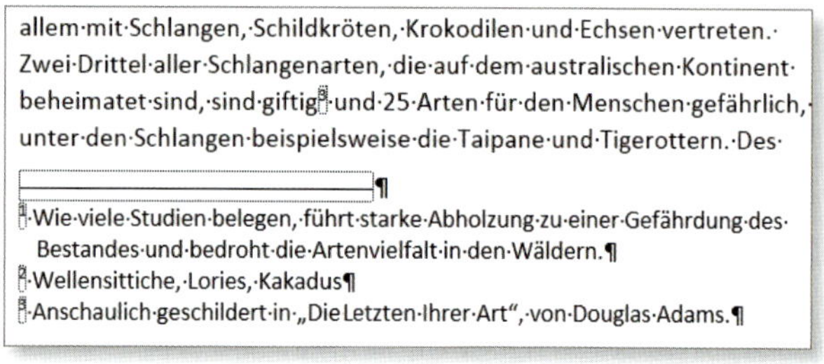
allem·mit·Schlangen,·Schildkröten,·Krokodilen·und·Echsen·vertreten.·Zwei·Drittel·aller·Schlangenarten,·die·auf·dem·australischen·Kontinent·beheimatet·sind,·sind·giftig3·und·25·Arten·für·den·Menschen·gefährlich,·unter·den·Schlangen·beispielsweise·die·Taipane·und·Tigerottern.·Des·

¶

1·Wie·viele·Studien·belegen,·führt·starke·Abholzung·zu·einer·Gefährdung·des·Bestandes·und·bedroht·die·Artenvielfalt·in·den·Wäldern.¶

2·Wellensittiche,·Lories,·Kakadus¶

3·Anschaulich·geschildert·in·„Die Letzten·Ihrer·Art“,·von·Douglas·Adams.¶

Abbildung 21.4
Auch weitere Fußnoten finden auf der Seite problemlos Platz.

Der große Vorteil der in diesem Kapitel vorgestellten Fußnotenfunktion ist, dass die Nummerierung der Fußnoten bei allen Veränderungen immer automatisch angepasst wird. Wenn Sie z. B. vor der ersten Fußnote nachträglich eine weitere Fußnote einfügen, erhält die ursprünglich erste Fußnote automatisch die Nummer 2 und die neue Fußnote wird zur Nummer 1. Sie können Fußnoten also nach Belieben hinzufügen oder löschen, ohne dass Sie sich um die Nummerierung kümmern müssen.

Fußnoten löschen

Einmal gesetzte Fußnoten können Sie natürlich auch wieder loswerden. Am einfachsten löschen Sie Fußnoten, indem Sie das Fußnotenzeichen markieren und dann die Entf-Taste drücken. Damit verschwindet sowohl das Fußnotenzeichen im Text als auch der Text der Fußnote. Die Nummerierung der übrigen Fußnoten wird automatisch korrigiert.

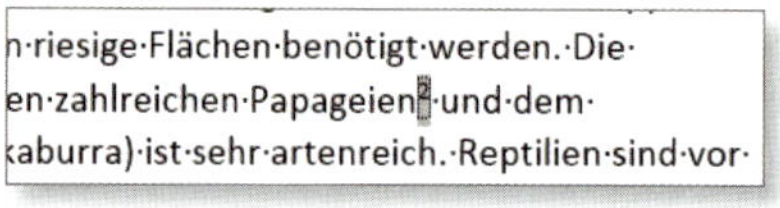
n·riesige·Flächen·benötigt·werden.·Die·
en·zahlreichen·Papageien2·und·dem·
kaburra)·ist·sehr·artenreich.·Reptilien·sind·vor·

Abbildung 21.5
Entfernen Sie eine Fußnote, indem Sie das Fußnotenzeichen markieren und mithilfe der Entf-Taste löschen.

21.2 Die Eigenschaften der Fußnoten festlegen

Es spricht wenig gegen die »klassische« Fußnotennummerierung nach dem Muster 1, 2, 3 etc. Dennoch besteht die Möglichkeit, das Zahlenformat zu ändern; außerdem lässt sich einstellen, mit welchem Wert die Nummerierung beginnen soll und ob die Fußnoten im gesamten Dokument fortlaufend durchgezählt oder doch lieber seiten- bzw. abschnittsweise nummeriert werden sollen.

Für alle diese Einstellungen klicken Sie auf der Registerkarte **Verweise** auf den kleinen Pfeil rechts unten an der Gruppe **Fußnoten**, um das Dialogfenster **Fuß- und Endnote** zu öffnen.

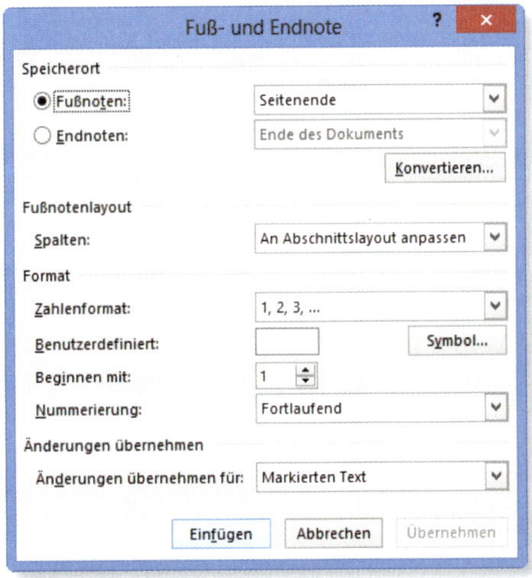

Abbildung 21.6
Der Dialog zum Einstellen der Eigenschaften der Fußnote

Dieser Dialog erfüllt eine doppelte Funktion: Sie können hier bereits eingefügte Fußnoten bearbeiten oder neue Fußnoten einfügen. Im ersten Fall übertragen Sie die neuen Einstellungen mit der Schaltfläche **Übernehmen** auf die vorhandenen Fußnoten. Im zweiten Fall klicken Sie auf die Schaltfläche **Einfügen**, wobei Sie natürlich daran denken müssen, den Cursor vorher richtig zu platzieren.

Die in diesem Dialog gewählten Formate und Einstellungen gelten für das aktuelle Dokument – es sei denn, Sie schränken den Geltungsbereich im Feld **Änderungen übernehmen für** ein. Wenn Sie ein neues Dokument öffnen, wird wieder die Standardeinstellung verwendet.

Es gibt unterschiedliche Einstellungsmöglichkeiten, die wir Ihnen hier kurz vorstellen möchten. Standardmäßig ist für Fußnoten die Option **Seitenende** eingestellt. Im Menü dieses Feldes wird außerdem die Option **Unterhalb des Textes** angeboten. Mit dieser Einstellung werden die Fußnoten nicht am unteren Seitenrand eingefügt, sondern – ebenfalls mit einer horizontalen Linie versehen – unterhalb der letzten Textzeile der Seite.

Abbildung 21.7
Die Position der Fußnoten bestimmen

Diese Einstellung kann unter Umständen sinnvoll sein, wenn viele Seiten im Dokument nur wenig Text enthalten, generell ist sie aber eher unüblich.

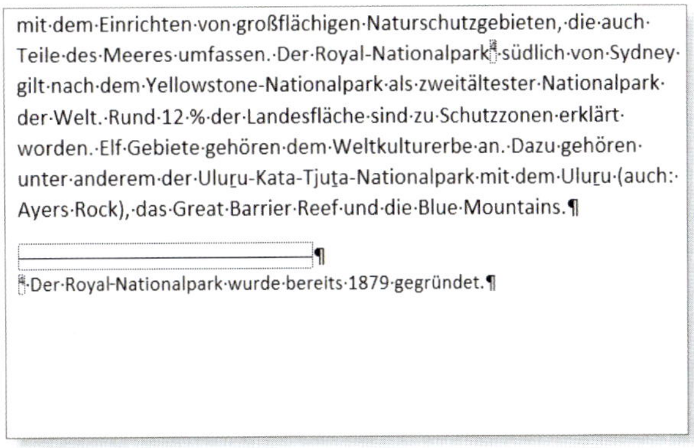

Abbildung 21.8
Die Fußnote mit der Einstellung »Unterhalb des Textes«

Bereits vorhandene Fußnoten lassen sich auch nachträglich in Endnoten umwandeln. Endnoten werden gesammelt am Ende eines Dokuments aufgeführt. Man entscheidet sich für Endnoten z. B. dann, wenn das Dokument sehr viele lange Fußnoten beinhaltet, sodass sie die Seiten quasi dominieren und den eigentlichen Text in den Hintergrund drängen. In einem solchen Fall ist es mitunter geschickter, die Fußnoten an das Ende des Dokuments zu verbannen.

Um alle Fußnoten in Endnoten zu verwandeln, klicken Sie auf die Schaltfläche **Konvertieren**. Im Dialog **Fuß-/Endnoten umwandeln** bestätigen Sie die Umwandlung mit **OK**.

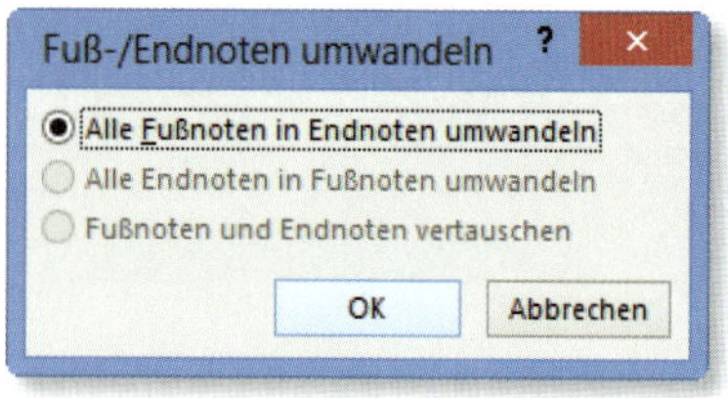

Abbildung 21.9
Der Dialog zum Umwandeln von Fußnoten in Endnoten – oder umgekehrt

Abbildung 21.10 zeigt die Endnoten am Ende des Dokuments. Wie Sie sehen, beginnt die Auflistung direkt nach der letzten Zeile.

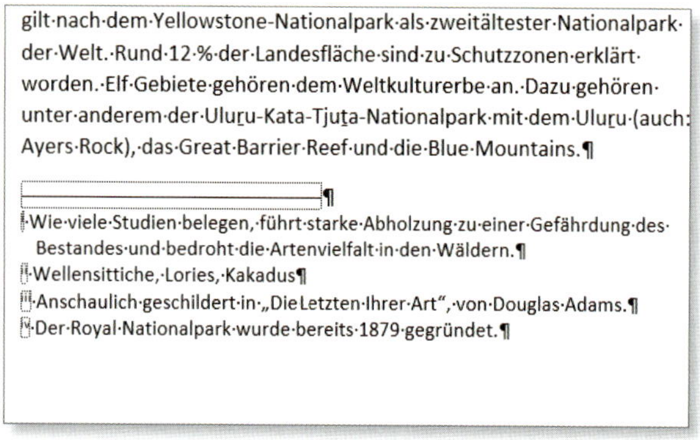

Abbildung 21.10
Endnoten als Liste am Ende des Dokuments

Umgekehrt funktioniert die Konvertierung übrigens auch. Wenn es im Dokument eine Liste mit Endnoten gibt, wird im Dialog **Fuß-/Endnoten umwandeln** entsprechend die Option **Alle Endnoten in Fußnoten umwandeln** angeboten.

Ein anderes Format für die Fuß- und Endnoten stellen Sie im Feld **Zahlenformat** ein. Klicken Sie auf den Pfeil an diesem Feld, um eine Auswahl zu erhalten.

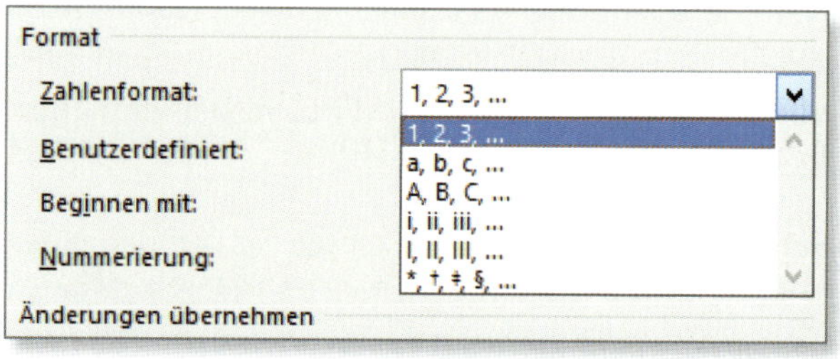

Abbildung 21.11
Ein anderes Format einstellen

Sie können auch ein Symbol als Fußnotenzeichen einfügen; dazu klicken Sie auf die Schaltfläche **Symbol**, womit Sie den gleichnamigen Dialog aufrufen. Wenn Sie hier ein Symbol auswählen, wird es im Feld **Benutzerdefiniert** angezeigt. Sie können dieses Zeichen außerdem um Text oder Ziffern ergänzen.

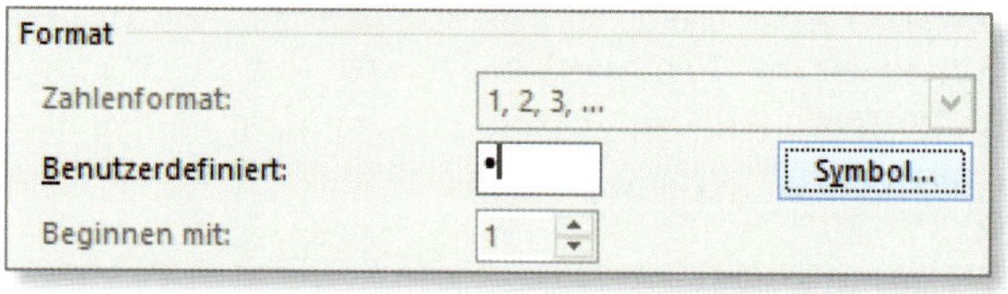

Abbildung 21.12
Ein Symbol als benutzerdefiniertes Fußnotenzeichen

Auch ein Symbol erscheint als hochgestelltes Fußnotenzeichen im Text und wird im Fußnotenbereich angezeigt. Aber solche Zeichen können logischerweise nicht durchnummeriert werden, was bei Fußnoten eigentlich das A und O ist. Ein benutzerdefiniertes Zeichen funktioniert daher bestenfalls für eine einzelne Fußnote, aber im Prinzip sollte man die Finger von solchen Spielereien lassen. Die Schaltfläche **Übernehmen** zum Übertragen der Änderung auf vorhandene Fußnoten im Dokument ist bei der Auswahl eines Symbols gar nicht erst aktiv.

Mit welchem Wert die Nummerierung der Fuß- bzw. Endnoten beginnen soll, legen Sie im Feld **Beginnen mit** fest. In der Regel belassen Sie es hier bei **1**.

Standardmäßig werden Fuß- und Endnoten für das ganze Dokument fortlaufend durchnummeriert. Sie können aber auch festlegen, dass die Nummerierung auf jeder Seite oder mit jedem Abschnitt neu beginnt – sofern Sie in Ihrem Dokument Abschnitte verwenden. Klicken Sie auf den Pfeil am Feld **Nummerierung**, um im Menü die gewünschte Einstellung zu wählen.

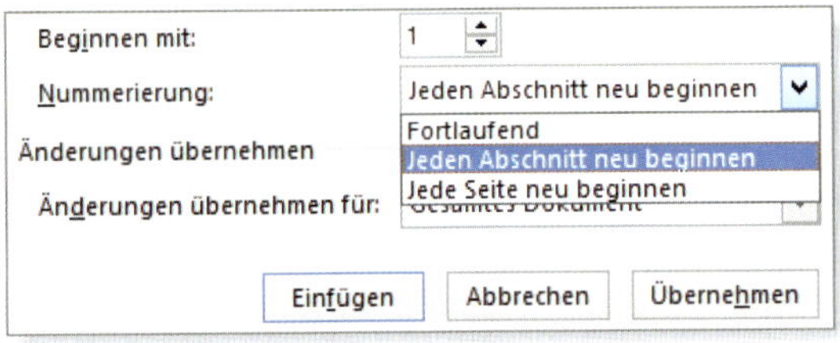

Abbildung 21.13
Die Art der Nummerierung bestimmen

Zu guter Letzt lässt sich über das Menü des Feldes **Änderungen übernehmen für** festlegen, ob die vorgenommenen Einstellungen für das gesamte Dokument gelten sollen oder nur für den aktuellen Abschnitt. Wenn es im Dokument keine Abschnitte gibt, wird in diesem Menü ohnehin nur die Standardoption **Gesamtes Dokument** angezeigt.

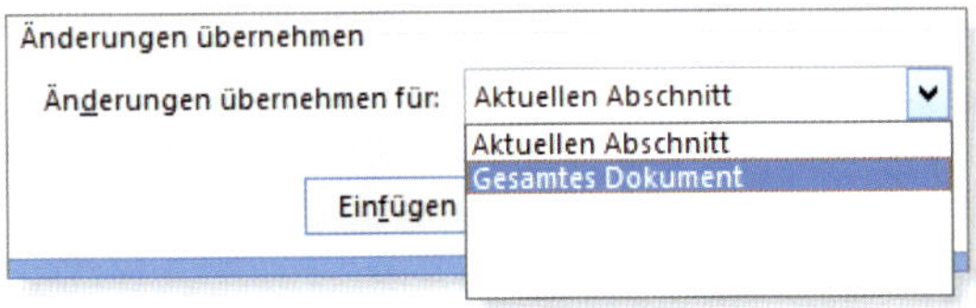

Abbildung 21.14
Den Bereich festlegen, für den die Einstellungen gelten sollen

21.3 In Fußnoten navigieren

Um die Fußnoten in einem umfangreichen Dokument zu überprüfen, ist es praktisch, dass man von Fußnote zu Fußnote springen kann. Setzen Sie den Cursor an den Anfang des Dokuments und klicken Sie in der Gruppe **Fußnoten** auf die Schaltfläche **Nächste Fußnote**.

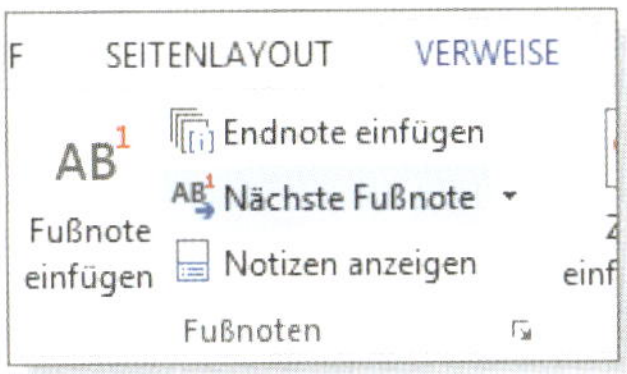

Abbildung 21.15
Zur jeweils nächsten Fußnote springen

Der Cursor springt zum ersten Fußnotenzeichen im Text: Um zurückzuspringen, klicken Sie auf den Pfeil an der Schaltfläche **Nächste Fußnote**. Im zugehörigen Menü wird die Option **Vorherige Fußnote** angeboten. Sie sehen, dass es die gleiche Möglichkeit der Navigation auch für Endnoten gibt.

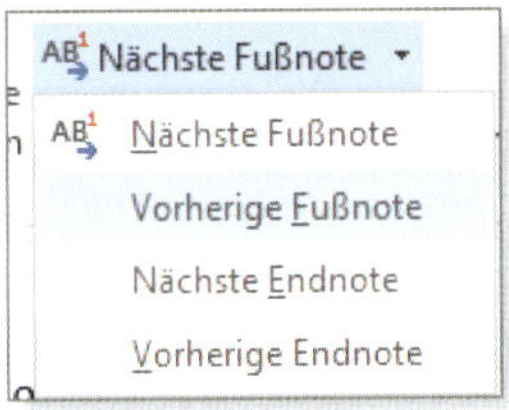

Abbildung 21.16
Zur vorherigen Fußnote springen

Mit der Schaltfläche **Notizen anzeigen**, die Sie ebenfalls in der Gruppe **Fußnoten** finden, wird das Dokument so verschoben, dass der Fußnotenbereich zu sehen ist, und der Cursor wird automatisch in den Fußnotenbereich gesetzt. Bei mehreren Fußnoten auf der Seite springt der Cursor je nach seiner aktuellen Position im Text vor das Fußnotenzeichen der jeweils nächsten Fußnote.

Vom Fußnotentext zum Fußnotenzeichen springen

Sie können auch umgekehrt von einem Fußnotentext zum zugehörigen Fußnotenzeichen im Text springen – eine Funktion, die bei vielen Fußnoten auf eng beschriebenen Seiten recht hilfreich sein kann. Dazu klicken Sie eine Fußnote mit der rechten Maustaste an und wählen den Eintrag **Gehe zu Fußnote** im Kontextmenü. Der Cursor blinkt danach direkt an dem Fußnotenzeichen im Text.

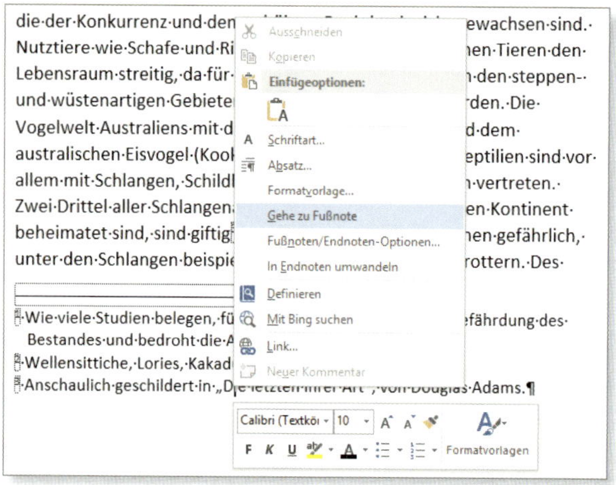

Abbildung 21.17
Vom Fußnotentext zum Fußnotenzeichen im Text springen

Gezielt navigieren mit der Funktion »Gehe zu«

In Kapitel 6, »In Texten navigieren«, sprachen wir über die verschiedenen Möglichkeiten, in Dokumenten zu navigieren, u. a. über die Funktion **Gehe zu**. Wir möchten im Zusammenhang mit Fußnoten erneut auf diese Funktion hinweisen, denn Sie können darüber ganz gezielt zu einer Fußnote springen.

1. Öffnen Sie den Dialog auf der Registerkarte **Start** über **Suchen** > **Gehe zu**.
2. In der Liste **Gehe zu Element** markieren Sie **Fußnote**.
3. Geben Sie dann die Fußnotennummer ein und klicken Sie auf die Schaltfläche **Gehe zu**. Damit springt der Cursor direkt vor das gesuchte Fußnotenzeichen im Text.

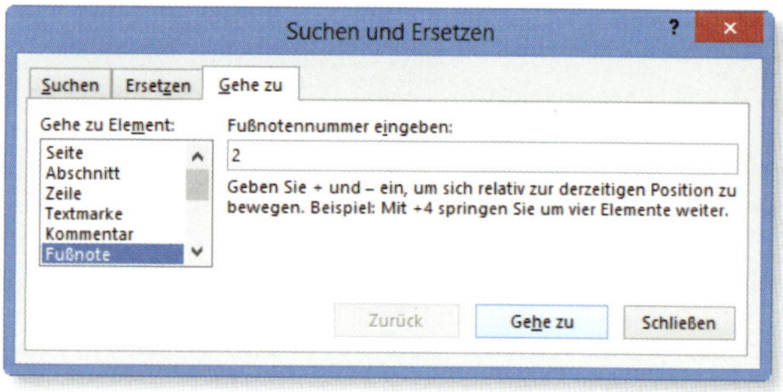

Abbildung 21.18
Über die Funktion »Gehe zu« zu einer bestimmten Fußnote springen

Kapitel 22
Kopf- und Fußzeilen

Wenn bestimmte Informationen auf jeder Seite auftauchen sollen, sind Kopf- und Fußzeilen dafür das Mittel der Wahl, da die Inhalte dieser Bereiche automatisch auf jeder Seite wiederholt werden. In diesem Kapitel beschreiben wir, wie Sie einfache Kopf- und Fußzeilen für Seitenzahlen und andere Inhalte einfügen und welche weiteren Möglichkeiten Ihnen die Arbeit mit diesen Elementen bietet.

Kopf- und Fußzeilen sind besondere Bereiche in Dokumenten, die Sie speziell einfügen und bearbeiten müssen. Die Informationen, die Sie in diese Bereiche eintragen, werden automatisch auf jeder neuen Seite angezeigt. Von daher sind Kopf- und Fußzeilen das richtige Instrument, wenn z. B. der Firmenname, die Adresse oder der Titel eines Dokuments auf jeder Seite auftauchen sollen. In Briefen werden Fußzeilen z. B. auch gerne für bestimmte Geschäftsdaten wie Bankverbindung oder Steuernummer verwendet.

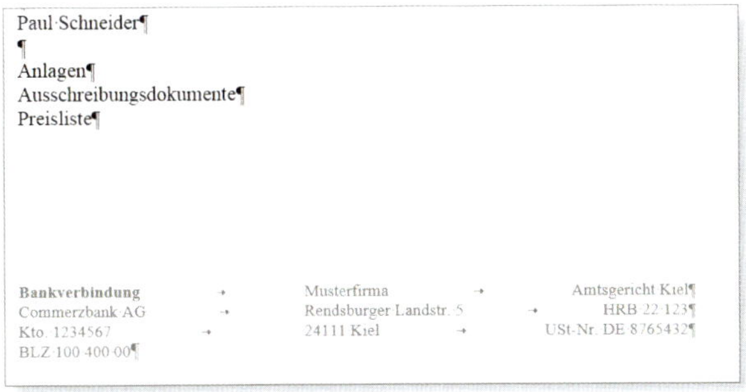

Abbildung 22.1
Die Geschäftsdaten in der Fußzeile

Dabei sind Kopf- und Fußzeilen gar nicht so unflexibel, wie es zunächst klingen mag. Beispielsweise lassen sich unterschiedliche Kopfzeilen für gerade und ungerade Seiten festlegen, oder Sie können die Kopf- und Fußzeile auf der ersten Seite (z. B. dem Deckblatt) weglassen und sie dennoch auf den übrigen Seiten einfügen. Wenn Ihnen das noch nicht an Abwechslung reicht, können Sie mithilfe der Unterteilung des Dokuments in Abschnitte so viele unterschiedliche Kopf- und Fußzeilen einfügen, wie Sie möchten (siehe dazu den Abschnitt »Unterschiedliche Kopfzeilen in Abschnitten anlegen« ab Seite 456 in diesem Kapitel). Auch der Text der Kopf- und Fußzeilen auf den einzelnen Seiten des Dokuments kann individuell angepasst werden. Mithilfe von Feldfunktionen können Sie bewirken, dass z. B. immer die Überschrift des aktuellen Kapitels oder Abschnitts angezeigt wird.

Dabei gehören Kopf- und Fußzeilen keineswegs zu den neuen Funktionen von Word 2013. Allerdings wurde gegenüber älteren Word-Versionen einiges verändert. So lassen sich jetzt beispielsweise Kopf- und Fußzeilen mit einem vorgefertigten Design einfügen, und es gibt viele verschiedene Möglichkeiten, die Inhalte der Kopf- oder Fußzeile mit speziellen Tools zu bearbeiten. Die Arbeit mit Abschnitten für verschiedene Kopf- und Fußzeilen, die früher immer ein bisschen knifflig war, ist komfortabler geworden und funktioniert nun reibungslos.

Für das Hinzufügen und die Bearbeitung von Kopf- und Fußzeilen ist grundsätzlich die Gruppe **Kopf- und Fußzeile** auf der Registerkarte **Einfügen** mit ihren drei Schaltflächen **Kopfzeile**, **Fußzeile** und **Seitenzahl** zuständig.

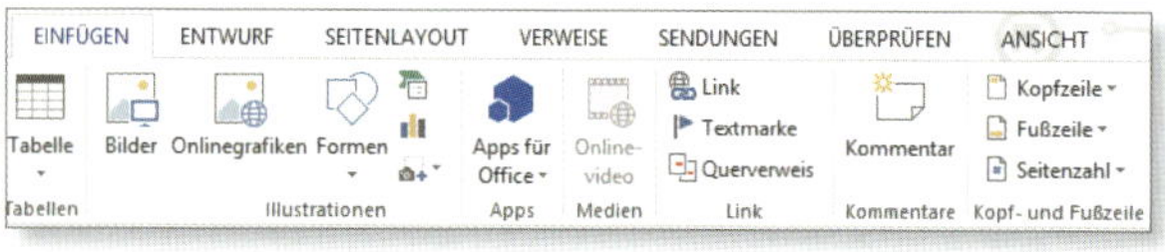

Abbildung 22.2
Die Registerkarte »Einfügen« mit der Gruppe »Kopf- und Fußzeile«

22.1 Seitenzahlen im Dokument

Kopf- bzw. Fußzeilen werden in der Regel für Seitenzahlen benutzt, weil man auf diese Weise erreichen kann, dass die Seitenzahlen fortlaufend auf jeder Seite ausgegeben werden. Die Entwickler von Microsoft haben sich in dieser Hinsicht einiges einfallen lassen. So bietet Word 2013, wie auch schon Word 2010, nicht nur die Möglichkeit, einfache Seitenzahlen einzufügen, sondern es bringt auch eine ganze Reihe von grafisch gestalteten Seitenzahlen mit.

HINWEIS

Seitenzahlen und Design

Die Schriftarten der Seitenzahlen sind übrigens an die vorhandenen Designs gekoppelt, was zur Folge hat, dass sich die Schriftart ändert, wenn Sie ein anderes Design zuweisen. Zum Teil gilt dies auch für die grafischen Elemente der gestalteten Seitenzahlen. (Mehr zum Thema Designs lesen Sie in Kapitel 20, »Dokumentdesigns und Dokumentvorlagen«.)

Um Seitenzahlen festzulegen, brauchen Sie nicht erst einen Kopf- bzw. Fußzeilenbereich einzufügen. Word bietet einen direkten Weg.

Wenn Sie auf der Registerkarte **Einfügen** auf die Schaltfläche **Seitenzahl** klicken, klappt ein Auswahlmenü auf, in dem vier mögliche Positionen für die Seitenzahl angeboten werden:

1. **Seitenanfang**: Die Seitenzahl erscheint oben auf der Seite.
2. **Seitenende**: Die Seitenzahl erscheint am Fuß der Seite.
3. **Seitenränder**: Die Seitenzahlen werden je nach Auswahl im Kontextmenü an den linken oder rechten Rand gesetzt.
4. **Seitenzahlen**: Die Seitenzahl erscheint an der aktuellen Cursorposition.

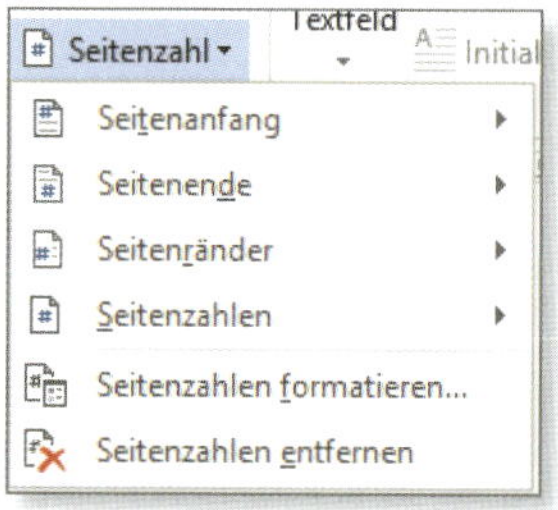

Abbildung 22.3
Die möglichen Positionen von Seitenzahlen

Für die ersten drei Varianten wird ein Kopf- bzw. Fußzeilenbereich eingefügt, und die Seitenzahl wird auf jeder Seite automatisch angepasst.

Mit der letzten Option **Seitenzahlen** fügen Sie die aktuelle Seitenzahl als Feld in das Dokument ein. Abbildung 22.4 zeigt eine solche Seitenzahl im Dokument. Die graue Unterlegung signalisiert, dass es sich um ein Feld handelt; die Zahl lässt sich also mit der Taste F9 aktualisieren (siehe Kapitel 10, »Feldfunktionen«).

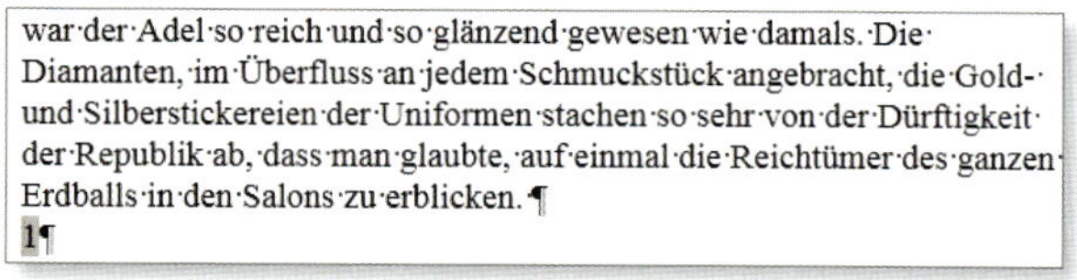
war·der·Adel·so·reich·und·so·glänzend·gewesen·wie·damals.·Die·Diamanten,·im·Überfluss·an·jedem·Schmuckstück·angebracht,·die·Gold-·und·Silberstickereien·der·Uniformen·stachen·so·sehr·von·der·Dürftigkeit·der·Republik·ab,·dass·man·glaubte,·auf·einmal·die·Reichtümer·des·ganzen·Erdballs·in·den·Salons·zu·erblicken.¶
1¶

Abbildung 22.4
Die Seitenzahl als Feld im Text – ohne Kopf- oder Fußzeile

Seitenzahlen einfügen

Wenn Sie Seitenzahlen in Ihr Dokument einfügen möchten – was bei einer Länge von mehr als einer Seite immer zu empfehlen ist –, gehen Sie wie im Folgenden beschrieben vor.

1 Klicken Sie auf der Registerkarte **Einfügen** auf die Schaltfläche **Seitenzahl**. Dabei spielt es zunächst keine Rolle, auf welcher Seite oder wo genau im Text der Cursor steht. Die Einstellung gilt automatisch für alle Seiten im Dokument.

2 Führen Sie den Mauszeiger auf eine der Optionen, z. B. auf **Seitenende** (was ja der klassische Platz für die Seitenzahl ist).

3 Im zugehörigen Untermenü werden verschiedene Designs für die Seitenzahl angeboten. Für eine schlicht gestaltete, zentrierte Seitenzahl klicken Sie beispielsweise auf die Option **Einfache Zahl 2**.

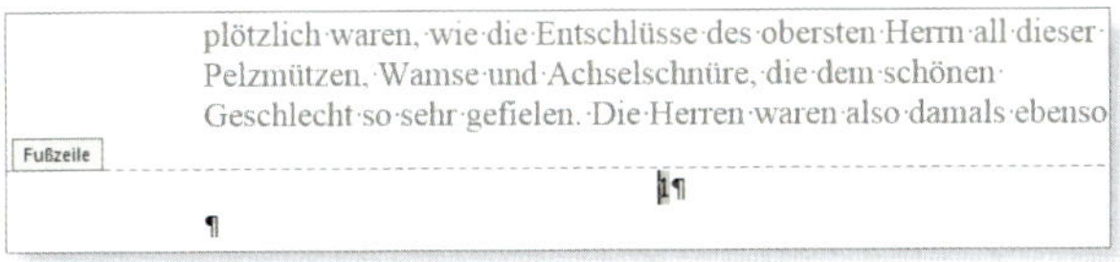

Abbildung 22.5
Eine Fußzeile mit Seitenzahl einfügen

4 Daraufhin wird der Fußzeilenbereich mit der ersten Seitenzahl angezeigt (siehe Abbildung 22.6). Außerdem wird die neue Registerkarte **Kopf- und Fußzeilentools/Entwurf** eingeblendet. (Diese Registerkarte ist nur zu sehen, wenn sich der Cursor im Bereich der Kopf- oder Fußzeile befindet. Die Funktionen auf dieser Registerkarte beschreiben wir in Abschnitt 22.3, »Kopf- und Fußzeilen bearbeiten«.)

5 Um diesen Bereich zu verlassen, klicken Sie irgendwo doppelt in den »normalen« Text.

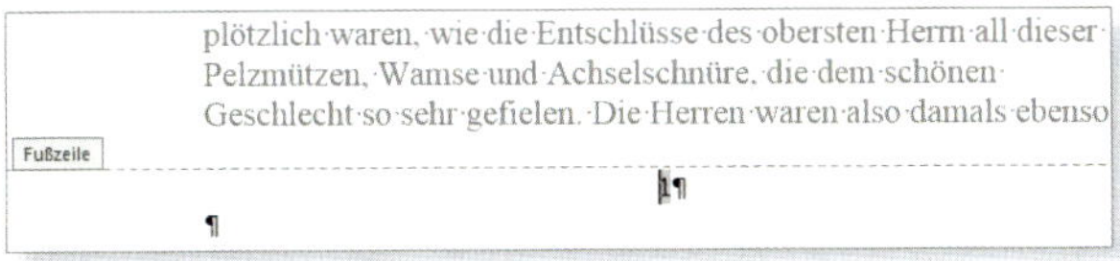

Abbildung 22.6
Der Fußzeilenbereich mit der Seitenzahl

6 Alternativ können Sie auf die Schaltfläche **Kopf- und Fußzeile schließen** auf der Registerkarte **Kopf- und Fußzeilentools/Entwurf** klicken. Sie finden diese Schaltfläche ganz rechts auf dieser Registerkarte.

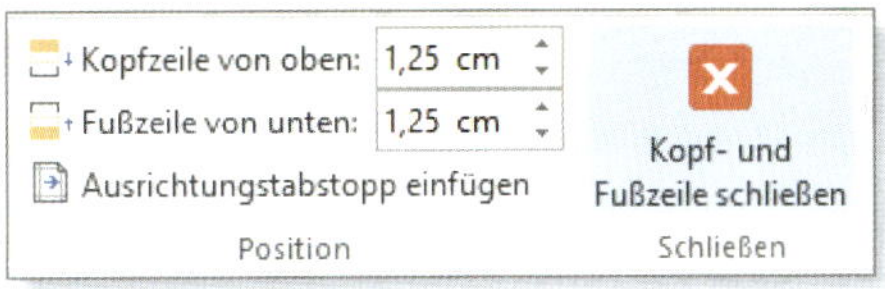

Abbildung 22.7
Die Schaltfläche zum Verlassen des Kopf- und Fußzeilenbereiches

Wie Sie sehen, ist der Fußnotenbereich ein separater Bereich, der durch eine gestrichelte Linie vom Dokument abgetrennt ist. Solange dieser Bereich aktiv ist, wird die Schrift des Hauptdokuments blass dargestellt. Sobald Sie zum normalen Text zurückgekehrt sind, ist es umgekehrt: Der Inhalt der Fußzeile erscheint blass, und Sie können ihn nur bearbeiten, wenn Sie vorher doppelt in diesen Bereich klicken und ihn damit aktivieren.

HINWEIS

Kopf- und Fußzeilen werden entfernt

Seien Sie vorsichtig: Wenn das Dokument bereits Kopf- bzw. Fußzeilen enthält, werden die Inhalte dieser Kopf- und Fußzeilen entfernt, sobald Sie eine Seitenzahl einfügen!

Einen anderen Seitenzahlentyp wählen

Sie können nachträglich auch einen anderen Seitenzahlentyp zuweisen, z. B. eine Seitenzahl mit Design. Dazu öffnen Sie erneut das Untermenü der Option **Seitenende** (über **Einfügen** > **Seitenzahl**) und scrollen nach unten durch das Menü, um die gesamte Auswahl an Seitenzahlentypen zu sehen. Per Mausklick wählen Sie eine Variante mit Design aus. (Wenn der Kopf- und Fußzeilenbereich aktiv ist, der Cursor also darin steht, finden Sie die Schaltfläche **Seitenzahl** übrigens auch links auf der Registerkarte **Kopf- und Fußzeilentools/Entwurf**).

Dadurch wird die ursprünglich eingefügte Seitenzahl ersetzt. Anders ist es, wenn Sie im Menü der Schaltfläche **Seitenzahl** eine neue Position für die Seitenangabe wählen, also beispielsweise **Seitenränder** > **Groß, links**.

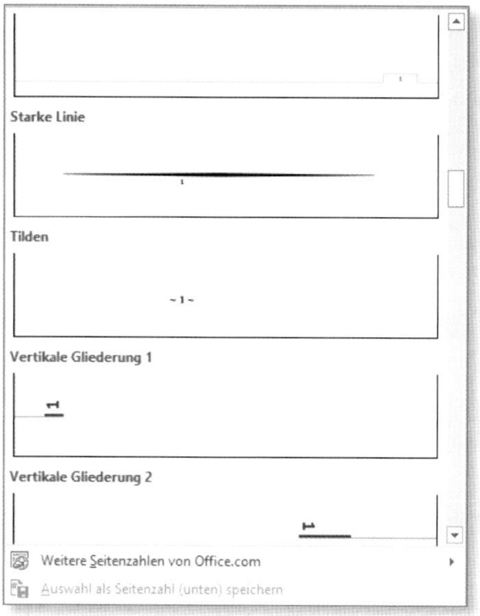

∧ *Abbildung 22.8*
Die Auswahl der Seitenzahlen mit verschiedenen Designs

Das Dokument erhält dann zusätzlich zu den bereits eingefügten Seitenzahlen am Ende der Seite auch noch große Seitenzahlen am linken Rand. In dem Fall müssten Sie – wenn Sie keine doppelten Seitenzahlen haben möchten – die Seitenzahlen am Seitenende manuell entfernen (oder über **Kopf- und Fußzeilentools/Entwurf** > **Seitenzahl** > **Seitenzahl entfernen**).

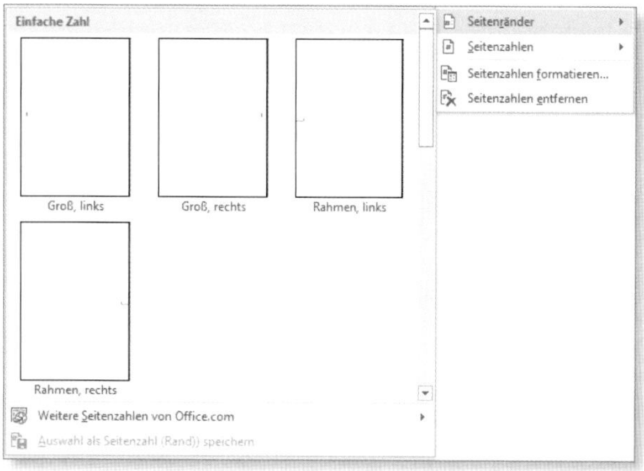

∧ *Abbildung 22.9*
Die Varianten der Seitenzahlen am Seitenrand

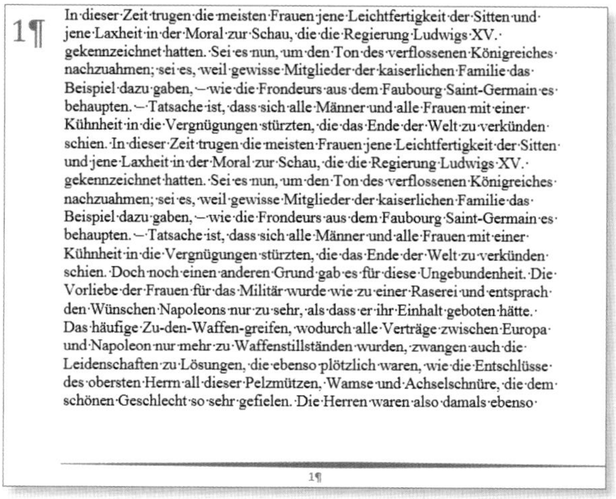

1¶

In·dieser·Zeit·trugen·die·meisten·Frauen·jene·Leichtfertigkeit·der·Sitten·und·jene·Laxheit·in·der·Moral·zur·Schau,·die·die·Regierung·Ludwigs·XV.·gekennzeichnet·hatten.·Sei·es·nun,·um·den·Ton·des·verflossenen·Königreiches·nachzuahmen;·sei·es,·weil·gewisse·Mitglieder·der·kaiserlichen·Familie·das·Beispiel·dazu·gaben,·–·wie·die·Frondeurs·aus·dem·Faubourg·Saint-Germain·es·behaupten.·–·Tatsache·ist,·dass·sich·alle·Männer·und·alle·Frauen·mit·einer·Kühnheit·in·die·Vergnügungen·stürzten,·die·das·Ende·der·Welt·zu·verkünden·schien.·In·dieser·Zeit·trugen·die·meisten·Frauen·jene·Leichtfertigkeit·der·Sitten·und·jene·Laxheit·in·der·Moral·zur·Schau,·die·die·Regierung·Ludwigs·XV.·gekennzeichnet·hatten.·Sei·es·nun,·um·den·Ton·des·verflossenen·Königreiches·nachzuahmen;·sei·es,·weil·gewisse·Mitglieder·der·kaiserlichen·Familie·das·Beispiel·dazu·gaben,·–·wie·die·Frondeurs·aus·dem·Faubourg·Saint-Germain·es·behaupten.·–·Tatsache·ist,·dass·sich·alle·Männer·und·alle·Frauen·mit·einer·Kühnheit·in·die·Vergnügungen·stürzten,·die·das·Ende·der·Welt·zu·verkünden·schien.·Doch·noch·einen·anderen·Grund·gab·es·für·diese·Ungebundenheit.·Die·Vorliebe·der·Frauen·für·das·Militär·wurde·wie·zu·einer·Raserei·und·entsprach·den·Wünschen·Napoleons·nur·zu·sehr,·als·dass·er·ihr·Einhalt·geboten·hätte.·Das·häufige·Zu-den-Waffen-greifen,·wodurch·alle·Verträge·zwischen·Europa·und·Napoleon·nur·mehr·zu·Waffenstillständen·wurden,·zwangen·auch·die·Leidenschaften·zu·Lösungen,·die·ebenso·plötzlich·waren,·wie·die·Entschlüsse·des·obersten·Herrn·all·dieser·Pelzmützen,·Wamse·und·Achselschnüre,·die·dem·schönen·Geschlecht·so·sehr·gefielen.·Die·Herren·waren·also·damals·ebenso·

1¶

∧ *Abbildung 22.10*
Eine Seite mit Seitenzahlen unten und links am Rand

In den Untermenüs der Seitenzahlpositionen **Seitenanfang**, **Seitenende** und **Seitenränder** werden Sie, wenn Sie weit genug nach unten scrollen, auch Layouts nach dem Muster **Seite X von Y** entdecken. Wenn Sie sich für eine dieser Varianten entscheiden, werden die aktuelle Seitenzahl und die Gesamtseitenzahl des Dokuments angezeigt.

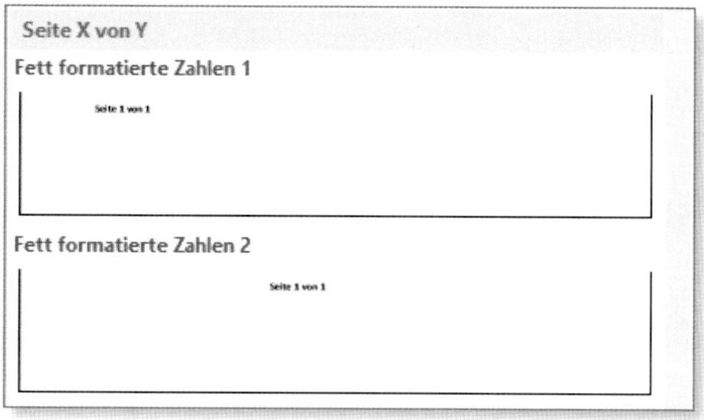

∧ *Abbildung 22.11*
Seitenzahlen nach dem Muster »Seite X von Y« einstellen

Das Ergebnis dieser Formateinstellung sehen Sie in Abbildung 22.12. (So etwas ist vor allem bei langen Dokumenten nicht schlecht, damit der Leser erfährt, wie viel er noch zu lesen hat.)

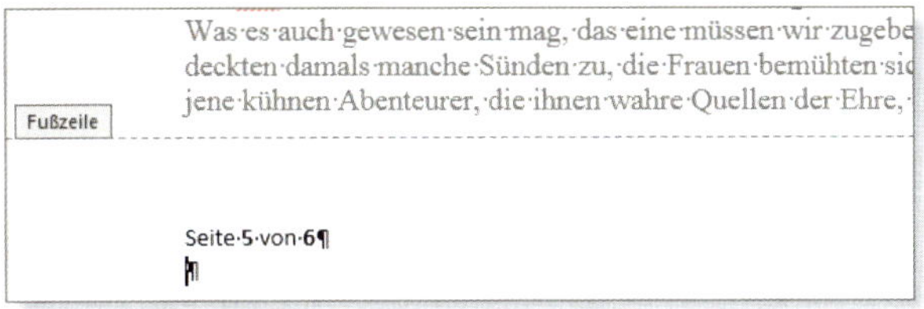

Abbildung 22.12
Seitenzahlen im Format »X von Y«

Seitenzahlen formatieren

Um auf diese Weise eingefügte Seitenzahlen zu bearbeiten, müssen Sie erneut den Kopf- oder Fußzeilenbereich aktivieren. Das geht am schnellsten, indem Sie doppelt auf diesen Bereich klicken oder die Zahl mit der rechten Maustaste anklicken und dann auf **Fußzeile bearbeiten** klicken. Im Kopf- und Fußzeilenmodus (wenn also der entsprechende Bereich aktiv ist) wird die Registerkarte **Kopf- und Fußzeilentools/Entwurf** angezeigt, die wiederum zahlreiche Funktionen zum Umgang mit Kopf- und Fußzeilen beherbergt.

Abgesehen von den Funktionen auf dieser Registerkarte stehen Ihnen zur Formatierung der Seitenzahlen die üblichen Formatierungsmethoden und -attribute zur Verfügung. So können Sie eine andere Schriftart wählen, die Zahlen fett und/oder farbig formatieren oder beispielsweise eine Unterstreichung hinzufügen. Diese Befehle weisen Sie genauso zu wie in »normalen« Dokumenttexten. Um also z. B. eine Linie als Unterstreichung einzufügen, setzen Sie den Cursor in den Absatz mit der Seitenzahl und klicken auf der Registerkarte **Start** auf den Pfeil an der Schaltfläche **Rahmen**. Im Menü wählen Sie die Option **Rahmenlinie unten**.

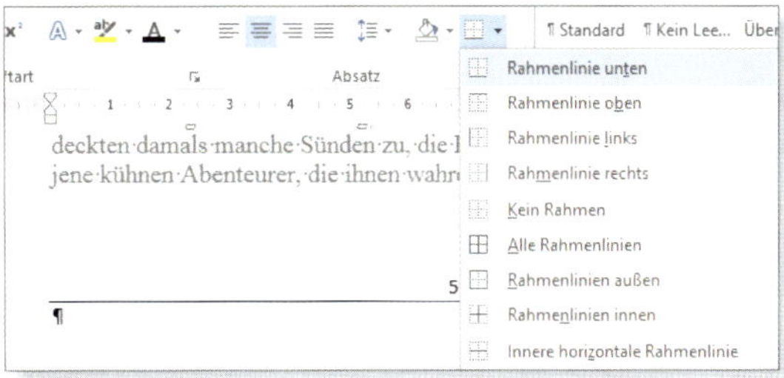

Abbildung 22.14
Eine Rahmenlinie unter die Seitenzahl setzen

Seitenzahlen mit Grafiken

Bei den Seitenzahlvarianten, die etwas mehr Design bieten, handelt es sich um kleine Grafiken, die sich selbstverständlich mit den Mitteln der Zeichentools bearbeiten lassen. Da sich in Kapitel 25, »Grafiken, Fotos und Videos«, alles um Grafiken dreht, verzichten wir hier auf eine nähere Beschreibung der einzelnen Bearbeitungsmöglichkeiten (zumal man bei Seitenzahlen auch »die Kirche im Dorf lassen« und sich ihrer Bearbeitung nicht mit zu viel Ehrgeiz widmen sollte – schließlich erfüllen Seitenzahlen in erster Linie einen funktionalen Zweck!). Wie bereits erwähnt, sind die Seitenzahlen mit den von Word angebotenen Designs verknüpft; wenn Sie Ihrem Dokument also ein anderes Design zuweisen, werden auch die Seitenzahlen entsprechend verändert.

Abbildung 22.15
Eine Seitenzahl mit Design

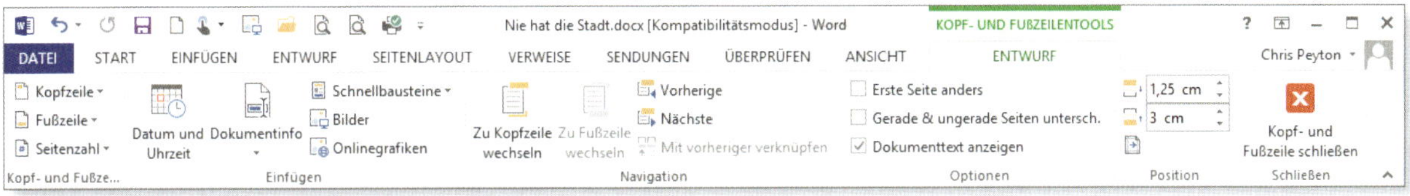

Abbildung 22.13
Die Registerkarte »Kopf- und Fußzeilentools/Entwurf«

Das Seitenzahlenformat ändern

Naturgemäß beginnt Word die Zählung der Seiten mit 1. Sie können den Startwert der Zählung aber auch selbst bestimmen, was notwendig ist, wenn beispielsweise ein umfangreicher Text aus mehreren Dokumenten besteht, aber die Seiten fortlaufend gezählt werden sollen. (Falls auf der ersten Seite keine Seitenzahl erscheinen soll, weil es sich z. B. um ein Inhaltsverzeichnis handelt, müssen Sie etwas anders vorgehen; dies wird in den Abschnitten »Eine andere Kopf-/Fußzeile für die erste Seite« und »Seitenzahlen: bei der zweiten Seite mit 1 beginnen« ab Seite 454 beschrieben.) Um die Seitennummerierung speziell festzulegen, müssen Sie sich zunächst den Dialog **Seitenzahlenformat** aufrufen.

1. Aktivieren Sie die Registerkarte **Einfügen** und klicken Sie dort in der Gruppe **Kopf- und Fußzeile** auf die Schaltfläche **Seitenzahl**.
2. Im Menü wählen Sie den Befehl **Seitenzahlen formatieren**. Daraufhin wird der Dialog **Seitenzahlenformat** angezeigt.
3. Im Feld **Beginnen bei** ❶ geben Sie den gewünschten Startwert ein.

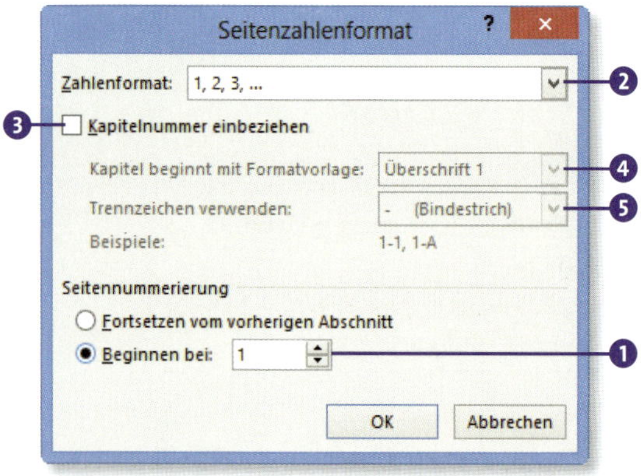

Abbildung 22.16
Der Dialog zur Formatierung der Seitenzahlen

Wie Sie sehen, bietet der Dialog weitere Einstellungsmöglichkeiten:

- Über die Auswahlliste des Feldes **Zahlenformat** ❷ lassen sich verschiedene Formate für die Seitenzahlen bestimmen. Sie können zwischen einfachen arabischen Ziffern, arabischen Ziffern mit Spiegelstrichen, Klein- und Großbuchstaben sowie römischen Ziffern in Klein- oder Großbuchstaben wählen.

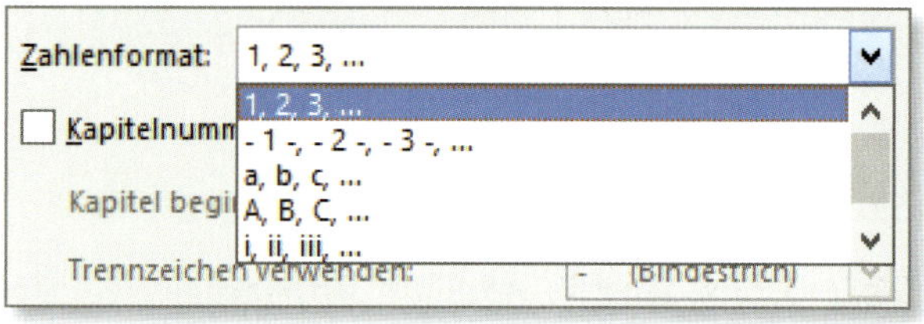

Abbildung 22.17
Unterschiedliche Zahlenformate

- Die Option **Kapitelnummer einbeziehen** ❸ setzt voraus, dass es im Dokument Überschriften gibt, denen Formatvorlagen und zusätzlich Gliederungsnummerierungen zugewiesen wurden (siehe Abschnitt 19.8, »Gliederungen und Formatvorlagen«). Wenn dies der Fall ist, bewirken Sie mit der Option **Kapitelnummer einbeziehen**, dass zusätzlich zur Seitenzahl die jeweils zugehörige Kapitelnummer in der Kopf- oder Fußzeile angezeigt wird. Im Feld **Kapitel beginnt mit Formatvorlage** ❹ wählen Sie dann die passende Formatvorlage (also die Formatvorlage, die für die Überschrift des Kapitels verwendet wurde, für das Sie die Seitenzahlen zuweisen). Das Feld **Trennzeichen verwenden** ❺ bietet schließlich diverse Zeichen, um die Kapitelnummer und die Seitenzahl zu trennen.

Abbildung 22.18
Bei dieser Anzeige in der Fußzeile handelt es sich um die Seite 3 von Kapitel 1.

Die Kapitelnummer wird mit jedem neuen Kapitel im Dokument angepasst, die Seitenzahlen werden natürlich fortlaufend gezählt. Beginnt ein neues Kapitel z. B. auf der Seite 12, heißt es in der Fußzeile *2-12*.

TIPP

Seitenzahlen entfernen

Um Seitenzahlen wieder aus einem Dokument zu entfernen, klicken Sie auf der Registerkarte **Kopf- und Fußzeilentools/Entwurf** im Menü der Schaltfläche **Seitenzahl** auf den Befehl **Seitenzahlen entfernen**.

22.2 Kopf- und Fußzeilen anlegen

Nachdem sich die bisherigen Abschnitte nur um Seitenzahlen gedreht haben, geht es in diesem und den nächsten Abschnitten um andere Inhalte, die Sie in Kopf- und Fußzeilen einfügen können. Word bietet hier einige Möglichkeiten, um diese Bereiche Ihres Dokuments zu gestalten und Informationen einzufügen.

Abgesehen von einem ganz normalen leeren Kopfzeilenbereich bietet Word 2013 eine Reihe von Kopfzeilen mit diversen grafischen und/oder variablen Elementen an, z. B. mit dem Titel des Dokuments oder mit einer Datumsanzeige. Sie haben also die Wahl zwischen einer einfachen Kopfzeile (die Sie dann natürlich selbst gestalten können) und Kopfzeilenbereichen mit einem Design »von der Stange«.

HINWEIS

Kopfzeile gleich Fußzeile

Wir beschreiben die Erstellung und Bearbeitung von Kopf- und Fußzeilen im Folgenden am Beispiel von Kopfzeilen, um nicht immer wieder »Kopf- bzw. Fußzeile« o. Ä. schreiben zu müssen und Ihnen diese leserunfreundlichen Wiederholungen zu ersparen – grundsätzlich gibt es keinen Unterschied im Umgang mit Kopf- und Fußzeilen; wenn wir also von »Kopfzeile« sprechen, ist damit auch immer »Fußzeile« gemeint und umgekehrt.

Das Steuerelement »Titel« und Dokumenteigenschaften

Bei den Kopfzeilen mit Design wird meistens das Steuerelement **Titel** angezeigt (ein Steuerelement ist hier ein Textfeld, in das Sie etwas eingeben können; siehe dazu Kapitel 34, »Formulare«, oder auch den Abschnitt 11.2, »Dokumenteigenschaften und versteckte Informationen«). Das ist sehr praktisch, denn der Text, den Sie in dieses Feld eingeben, wird mit den Dokumenteigenschaften verknüpft. Er wird automatisch der Eigenschaftskategorie »Titel« zugeordnet und bleibt folglich als Text erhalten, wenn Sie eine Kopfzeile mit einem anderen fertigen Design wählen. Das bedeutet, dass Sie das Design verändern können, ohne jedes Mal den Text neu eintippen zu müssen.

Umgekehrt besteht diese Kopplung natürlich genauso: Wenn Sie bei den Dokumenteigenschaften (**Datei** > **Informationen**) bereits einen Titel für das Dokument eingetragen haben, erscheint der hier eingegebene Text automatisch in einer Kopfzeile mit dem Steuerelement **Titel**.

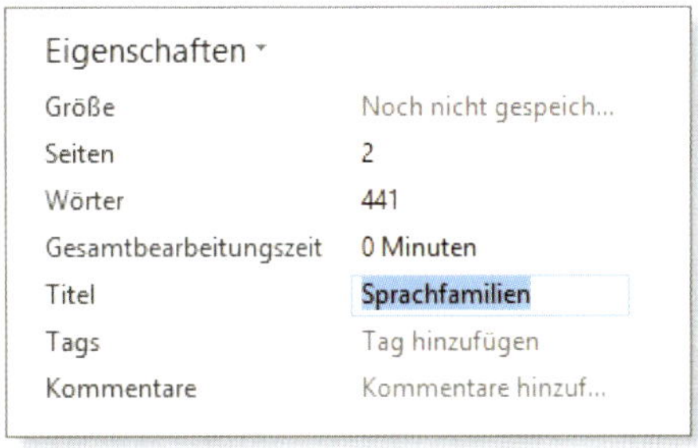

Abbildung 22.19
Text für den Titel in den Dokumenteigenschaften

Abbildung 22.20
Der Text des Titels taucht automatisch in der Kopfzeile auf.

Eine Kopf- oder Fußzeile einfügen

Sie können eine Kopf- oder Fußzeile ganz einfach mit wenigen Mausklicks einfügen. Für unser Beispiel entscheiden wir uns zunächst für einen leeren Kopfzeilenbereich, um eine Kopfzeile ohne Grafiken zu erstellen.

1 Aktivieren Sie die Registerkarte **Einfügen** und klicken Sie in der Gruppe **Kopf- und Fußzeile** auf die Schaltfläche **Kopfzeile**.

2 Daraufhin erscheint das zugehörige Menü mit einem reichhaltigen Angebot an Kopfzeilentypen. Wählen Sie aus der Auswahlliste per Mausklick die Kopfzeile **Leer** aus.

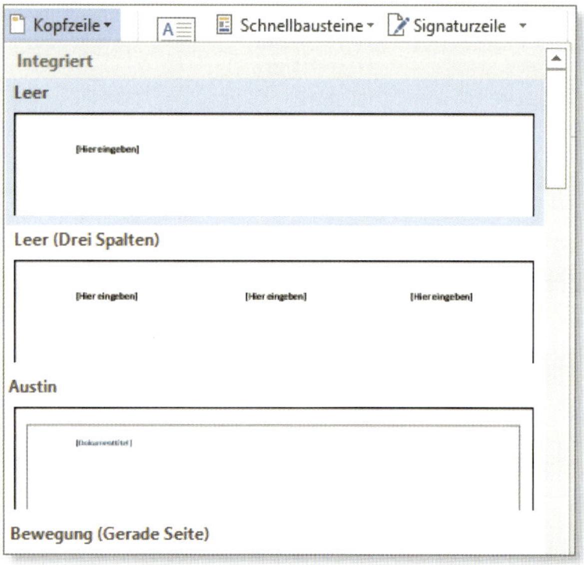

∧ ***Abbildung 22.21***
Das Menü der Schaltfläche »Kopfzeile«

3 Daraufhin wird der Kopfzeilenbereich am oberen Seitenrand eingefügt. Im Platzhalter des Steuerelements lesen Sie **[Hier eingeben]**. Folgen Sie dieser Aufforderung und tragen Sie den Text für die Kopfzeile ein (siehe Abbildung 22.22).

Wenn Sie nichts weiter mit der Kopfzeile machen möchten, können Sie den Kopfzeilenbereich schließen und zum Text zurückkehren. Klicken Sie dazu entweder doppelt in den Dokumenttext oder auf die Schaltfläche **Kopf- und Fußzeile schließen** ganz rechts auf der Registerkarte **Kopf- und Fußzeilentools/Entwurf**.

∧ ***Abbildung 22.22***
Den Text für die Kopfzeile eingeben

INFO

Kopf- und Fußzeilen mit Design

Alle integrierten Kopfzeilen außer den ersten beiden, **Leer** und **Leer (Drei Spalten)**, umfassen Designeigenschaften, was zur Folge hat, dass sich auch das Aussehen der Kopfzeile verändert, wenn Sie ein anderes Design für Ihr Dokument wählen. Diese Veränderungen betreffen Farbgebung, Schriftart und Formeffekte. (Näheres zu den von Word angebotenen Designs lesen Sie in Kapitel 20, »Dokumentdesigns und Dokumentvorlagen«.)

Den Kopf- und Fußzeilenmodus aktivieren

Wenn Sie die eingefügte Kopfzeile bearbeiten möchten, müssen Sie in den Kopfzeilenbereich zurückkehren. Das ist schnell getan. Führen Sie den Mauszeiger in den Kopfzeilenbereich und klicken Sie doppelt. Alternativ klicken Sie auf der Registerkarte **Einfügen** in der Gruppe **Kopf- und Fußzeile** auf **Kopfzeile** > **Kopfzeile bearbeiten**.

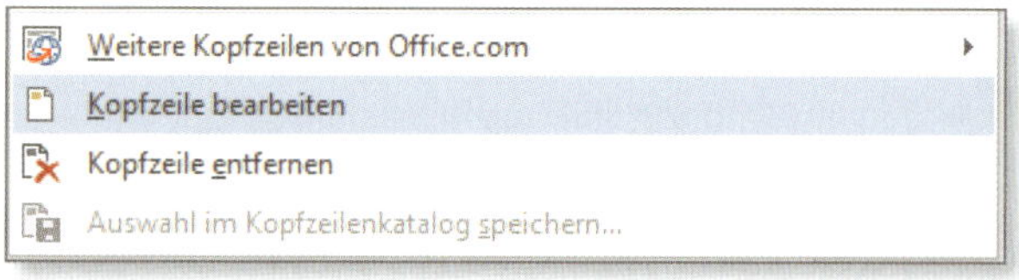

∧ ***Abbildung 22.23***
In den Kopfzeilenbereich zurückkehren

Um dem Dokument eine andere Kopfzeile zuzuweisen, klicken Sie einfach direkt (also ohne vorher den Kopfzeilenbereich aufzurufen) auf die Schaltfläche **Kopfzeile** und wählen Sie im Menü die Art der Kopfzeile aus, die Sie einfügen möchten. Daraufhin wird die ursprünglich verwendete Kopfzeile ersetzt. Wenn sich das Dokument im Kopfzeilenmodus befindet, klicken Sie auf der Registerkarte **Kopf- und Fußzeilentools/Entwurf** auf die Schaltfläche **Kopfzeile** in der Gruppe **Kopf- und Fußzeile** (ganz links auf der Registerkarte).

Fußzeilen mit integrierter Seitenzahl

Vor allem bei der Auswahl an Fußzeilen gibt es viele Designs, in die bereits eine Seitenzahl integriert ist. Falls Ihre Fußzeile sowohl Text als auch Seitenzahlen enthalten soll, müssen Sie eine der Fußzeilenvorlagen verwenden, in der auch eine Seitenzahl vorgesehen ist.

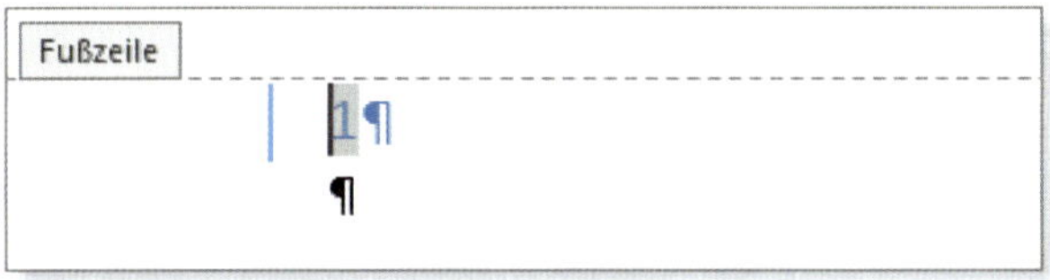

Abbildung 22.24
Eine Fußzeile für Text und Seitenzahl

Wenn Sie Seitenzahlen eingefügt haben, wie es im vorherigen Abschnitt beschrieben wurde, und dann eine Fußzeilenvorlage wählen, die keinen Platzhalter für die Seitenzahl hat, passiert Folgendes: Die vorher eingefügten Seitenzahlen verschwinden, und nur die neue Fußzeile wird angezeigt. Dies ist vermutlich nicht das Ergebnis, das Sie sich vorstellten (wozu dann vorher Seitenzahlen einfügen?); Sie müssen also darauf achten, eine passende Fußzeile auszuwählen.

Wenn Sie mit den grafischen Elementen nicht glücklich sind, die das jeweilige Design enthält, können Sie sie bearbeiten (siehe Kapitel 20, »Dokumentdesigns und Dokumentvorlagen«) und/oder ganz einfach entfernen. Dazu klicken Sie das Element an und drücken die [Entf]-Taste.

Beachten Sie auch, dass Kopf- und Fußzeilen speziell für gerade bzw. ungerade Seitenzahlen angeboten werden; ihr Design ist vor allem für Dokumente wie Bücher gedacht, die doppelseitig gestaltet sind. Natürlich können Sie auch in solchen Dokumenten Kopfzeilen auf dem »normalen« Weg einfügen, aber hier kommen sie erst richtig zur Geltung, wenn Sie die Option **Untersch. gerade [und] ungerade Seiten** aktivieren und dann eine Kopfzeile für eine ungerade Seite und eine andere Kopfzeile für die gerade Seite einfügen. Dies beschreiben wir jedoch genauer im Abschnitt »Unterschiedliche Kopfzeilen für gerade und ungerade Seiten einstellen« ab Seite 455 in diesem Kapitel.

In Kopf- und Fußzeilen navigieren

Schließlich finden Sie auf der Registerkarte **Kopf- und Fußzeilentools/Entwurf** auch die Befehle zum Navigieren zwischen den Kopf- und Fußzeilen. Mit einem Mausklick auf die Schaltfläche **Zu Fußzeile wechseln** ❶ springt der Cursor von der Kopfzeile in die Fußzeile (wenn sich der Cursor in der Fußzeile befindet, ist stattdessen die Schaltfläche **Zu Kopfzeile wechseln** aktiv ❷).

Mit den Schaltflächen **Vorherige** ❸ und **Nächste** ❹ wandern Sie, wie zu vermuten ist, von Kopfzeile zu Kopfzeile (bzw. von Fußzeile zu Fußzeile) – entweder vorwärts oder eben rückwärts.

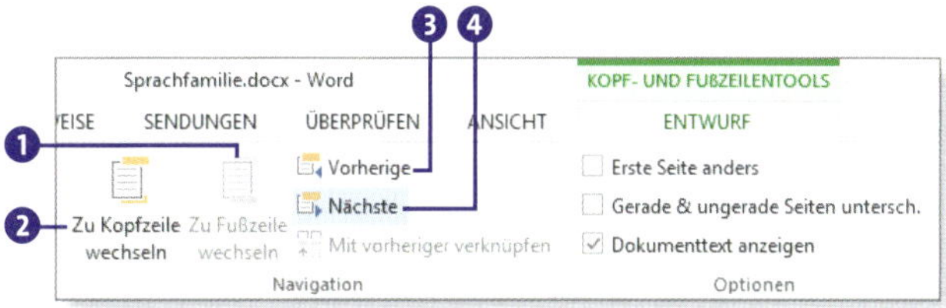

Abbildung 22.25
Zur nächsten Kopf- bzw. Fußzeile springen

22.3 Kopf- und Fußzeilen bearbeiten

Wie Sie schon gesehen haben, wird im Kopf- und Fußzeilenmodus die Registerkarte **Kopf- und Fußzeilentools/Entwurf** eingeblendet. Diese Registerkarte bietet alle wichtigen Funktionen für den Umgang mit Kopf- und Fußzeilen. Außerdem ist in diesem Modus der normale Dokumenttext »abgeblendet«, sodass der Fokus auf diesen beiden Dokumentbereichen liegt; der Text wird blass dargestellt und lässt sich währenddessen nicht bearbeiten. Sie können ihn sogar vollständig ausblenden, wenn Sie auf der Registerkarte **Kopf- und Fußzeilentools/Entwurf** in der Gruppe **Optionen** die Option **Dokumenttext anzeigen** deaktivieren.

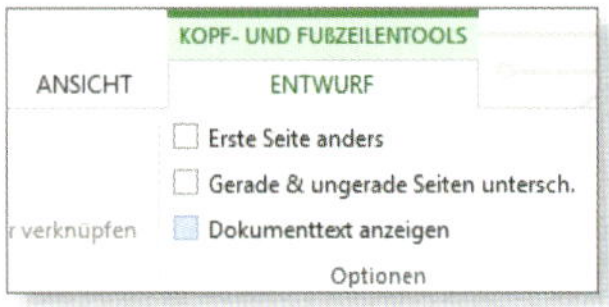

Abbildung 22.26
Den Dokumenttext ausblenden

Lassen Sie uns zunächst betrachten, was Sie alles in eine Kopfzeile einfügen können (wobei wir bei den weiteren Beschreibungen vorerst von einer einfachen Kopfzeile ohne Design ausgehen). Denken Sie vor dem Einfügen bestimmter Elemente in die Kopfzeile wie immer an die richtige Positionierung des Cursors.

HINWEIS

Grafiken und Fotos einfügen

Grafiken und Fotos, die Sie ebenfalls in Kopfzeilen einfügen können, werden ausführlich in Kapitel 25, »Grafiken, Fotos und Videos«, beschrieben, daher behandeln wir diese Elemente an dieser Stelle nicht gesondert.

Datum und Uhrzeit einfügen

Word bietet eine ganze Reihe von Kopfzeilen mit grafischen Elementen, Platzhaltern und einem Steuerelement zur Eingabe des Datums an.

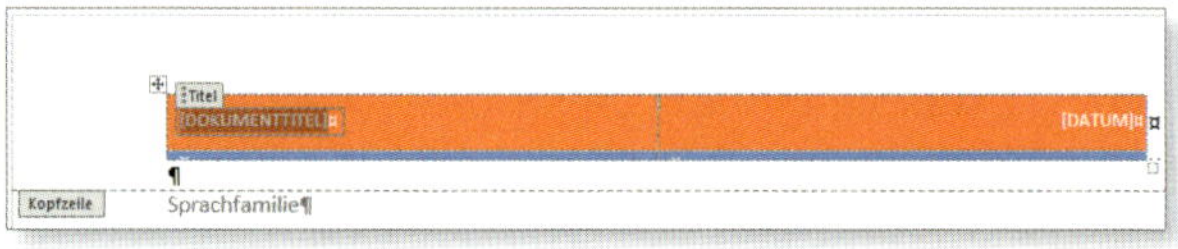

Abbildung 22.27
Eine Kopfzeile mit Design

Wenn Sie eine solche Kopfzeile verwenden, klicken Sie auf den Platzhalter, in dem **[Datum]** steht. Daraufhin erscheint ein kleiner Pfeil; ein Klick auf diesen Pfeil klappt einen Kalender auf, aus dem Sie das Datum für die Kopfzeile auswählen können. Bei diesem Datum handelt es sich jedoch nicht um ein Feld, das automatisch aktualisiert wird! Es ist einfach nur ein bequemerer Weg, um das Datum einzufügen.

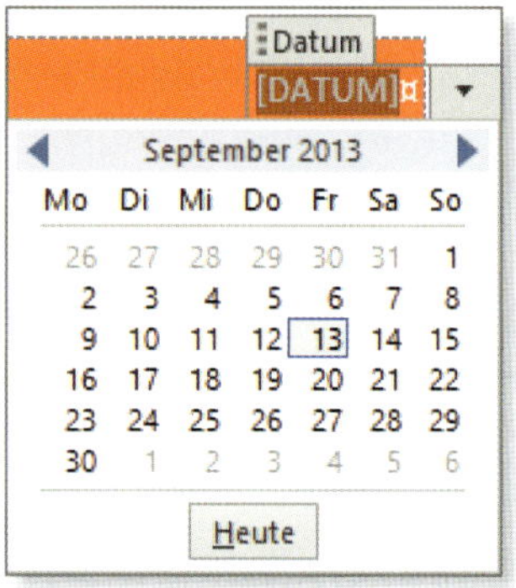

Abbildung 22.28
Ein Datum im Kalender auswählen

Auf der Registerkarte **Kopf- und Fußzeilentools/Entwurf** gibt es in der Gruppe **Einfügen** außerdem die Schaltfläche **Datum und Uhrzeit**. Mit einem Klick auf diese Schaltfläche wird der Dialog **Datum und Uhrzeit** geöffnet. Hier können Sie auswählen, in welchem Format Sie ein Datum, die Uhrzeit oder beides in die Kopfzeile einfügen möchten.

Wichtig ist vor allem das Optionskästchen unten rechts: **Automatisch aktualisieren**. Wenn diese Option aktiviert ist, wird das Datum als Feld eingefügt, sodass es automatisch aktualisiert wird, wenn Sie das Dokument wieder öffnen (zum Thema Felder siehe Kapitel 10, »Feldfunktionen«). Treffen Sie hier eine wohlüberlegte Entscheidung, denn in vielen Fällen soll das Datum eines Dokuments unveränderlich sein, um den genauen Zeitpunkt der Erstellung wiederzugeben.

Abbildung 22.29
Das Datum einfügen

HINWEIS

Das Steuerelement »Dokumenttitel«

Das Steuerelement **Dokumenttitel** wird automatisch mit dem Text gefüllt, der bei den Dokumenteigenschaften (**Datei** > **Informationen**) als **Titel** eingegeben wird bzw. wurde. Sie können aber auch einfach in das Element hineinklicken und manuell Text eingeben. Der manuell eingegebene Text erscheint dann auch als Titel in den Dokumenteigenschaften der Registerkarte **Datei**.

Bausteine und Dokumenteigenschaften einfügen

Mit einem Klick auf die Schaltfläche **Schnellbausteine**, ebenfalls in der Gruppe **Einfügen**, wird ein Menü geöffnet, das die von Ihnen angelegten Schnellbausteine und AutoTexte (im Untermenü des Eintrags **AutoText**) enthält, die sich – wie Sie sich vermutlich denken können – ganz einfach per Mausklick in die Kopfzeile einfügen lassen. Das Menü der Schaltfläche **Schnellbausteine** bietet aber noch mehr. Wenn Sie den Mauszeiger beispielsweise auf den Eintrag **Dokumenteigenschaft** führen, werden im zugehörigen Untermenü die Dokumenteigenschaften aufgelistet (diese wurden ausführlich in Kapitel 11, »Dokumente drucken und veröffentlichen«, besprochen). Über dieses Menü lassen sich also die den Dokumenteigenschaften zugeordneten Einträge in die Kopfzeile einfügen. Falls Sie sich nicht sicher sind, welche Dokumenteigenschaften das Dokument hat bzw. welche Einträge dazugehören, schauen Sie auf die Schnelle über **Datei** > **Informationen** nach.

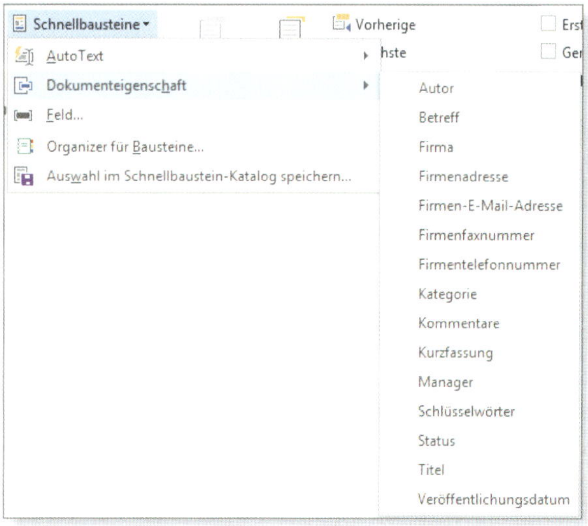

Abbildung 22.30
Dokumenteigenschaften in die Kopfzeile einfügen

Felder einfügen

Auch der Eintrag **Feld**, den Sie ebenfalls im Menü der Schaltfläche **Schnellbausteine** finden, ist sehr interessant. Ein Klick auf diesen Eintrag öffnet das Dialogfenster **Feld**. Vor allem zwei Felder in diesem Dialog werden oft für Kopfzeilen verwendet: zum einen der Dateiname und zum anderen die Überschriften der Kapitel und Abschnitte im Dokument (siehe dazu auch den Abschnitt »Unterschiedliche Überschriften in der Kopfzeile verwenden« auf Seite 452 in diesem Kapitel). Letzteres funktioniert aber nur, wenn den Überschriften bereits Formatvorlagen zugewiesen wurden, also z. B. die Formatvorlage **Überschrift 1**. Felder und ihre Bedeutung werden ausführlich in Kapitel 10, »Feldfunktionen«, behandelt.

Den Dateinamen einfügen

Um den Dateinamen in die Kopfzeile einzufügen, verfahren Sie wie im Folgenden beschrieben.

1 Setzen Sie den Cursor an die Stelle in der Kopfzeile, an der der Dateiname angezeigt werden soll.

2 Wählen Sie im Menü der Schaltfläche **Schnellbausteine** den Eintrag **Feld**.

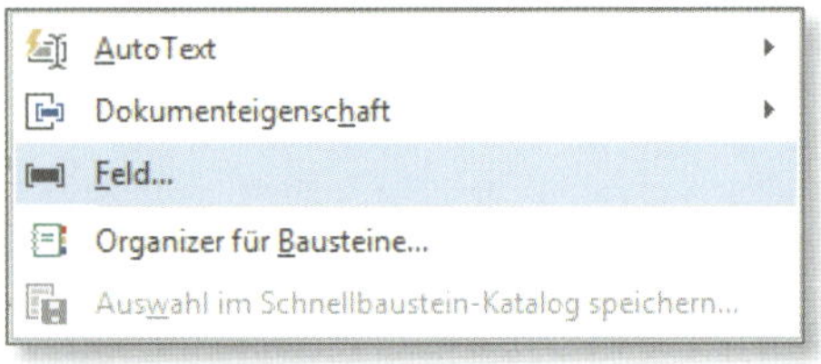

Abbildung 22.31
Ein Feld in die Kopfzeile einfügen

3 Daraufhin wird der Dialog **Feld** angezeigt. Hier markieren Sie im Bereich **Feldnamen** ❶ den Eintrag **FileName** (das ist die englische Bezeichnung für »Dateiname«). Falls auch der Speicherort der Datei angezeigt werden soll, haken Sie im Bereich **Feldoptionen** das Kontrollkästchen **Pfad zum Dateinamen hinzufügen** ❷ an.

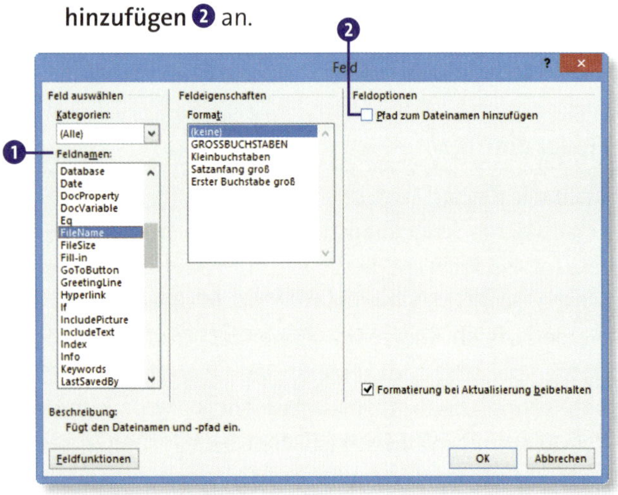

Abbildung 22.32
Der Dialog »Feld«

4 Bestätigen Sie Ihre Einstellungen mit einem Klick auf die Schaltfläche **OK**.

Abbildung 22.33 zeigt die Kopfzeile mit dem eingefügten Dateinamen (rechts), jedoch ohne den Pfad zur Datei. Allerdings geschieht die Anpassung des Dateinamens nicht automatisch. Wenn Sie die Datei aus irgendwelchen Gründen umbenennen oder sie nach einer Bearbeitung unter einem anderen Namen neu speichern, wird in der Kopfzeile weiterhin der ursprüngliche Dateiname angezeigt. Sie müssen der Anpassung auf die Sprünge helfen, indem Sie den Cursor in den Dateinamen in der Kopfzeile setzen und die Taste F9 drücken und auf diese Weise das Feld aktualisieren.

Abbildung 22.33
Kopfzeile mit Abschnittsüberschrift, Datum und Dateiname

Unterschiedliche Überschriften in der Kopfzeile verwenden

In langen Dokumenten gibt es meistens mehrere Überschriften – für Kapitel, Abschnitte o. Ä. Wenn diese Überschriften jeweils auch in der Kopfzeile der entsprechenden Seite(n) angezeigt werden sollen, sind Felder dafür das richtige Mittel. Alle Überschriften, die in die Kopfzeile aufgenommen werden sollen, müssen allerdings – wie im Abschnitt »Felder einfügen« auf Seite 451 bereits kurz erwähnt – mit einer Überschriftenformatvorlage der gleichen Ebene formatiert sein (siehe dazu auch Kapitel 19, »Formatvorlagen«). Sie können die Informationen in den Kopf- und Fußzeilen deshalb leider nicht mischen, also nicht in der einen Kopfzeile eine Überschrift 2 einfügen und in der anderen Kopfzeile eine Überschrift 3. Außerdem müssen die Kapitel bzw. Abschnitte logischerweise jeweils auf einer neuen Seite beginnen. Um Kopfzeilen anzulegen, in denen die im Dokument vorhandenen Überschriften aufgegriffen werden, verfahren Sie wie im Folgenden beschrieben.

1 Setzen Sie den Cursor an die Stelle in der Kopfzeile, an der die Überschrift erscheinen soll.

2 Öffnen Sie wie eben beschrieben den Dialog **Feld**.

3 In der Liste **Feldnamen** ❸ scrollen Sie nach unten, bis Sie den Eintrag **StyleRef** entdecken. Markieren Sie diesen Eintrag.

4 Im mittleren Bereich des Dialogfensters taucht dann die Liste **Formatvorlagenname** ❹ auf. Hier markieren Sie die Formatvorlage, die für die Überschriften gilt, die in die Kopfzeile aufgenommen werden sollen (im Beispiel ist das **Überschrift 1**).

5 Bestätigen Sie Ihre Einstellungen mit **OK**.

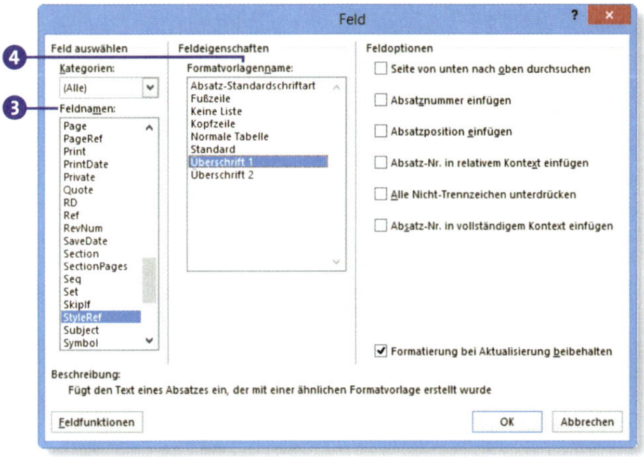

Abbildung 22.34
Kapitelüberschriften als Feld einfügen

Daraufhin wird in der Kopfzeile die Überschrift des Kapitels angezeigt.

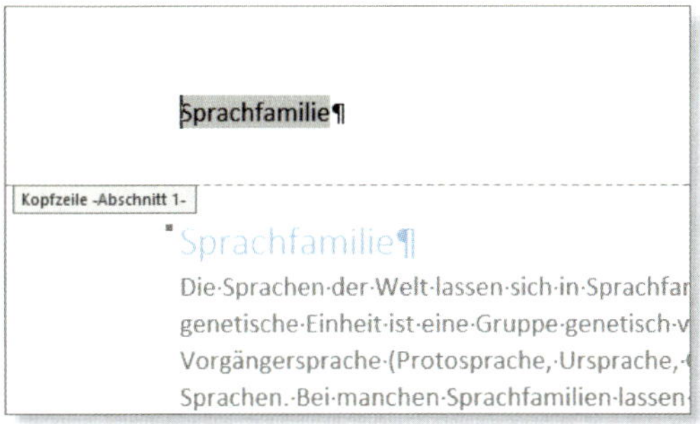

Abbildung 22.35
Die Überschrift in der Kopfzeile

Und auf der Seite, auf der ein neues Kapitel mit einer anderen Überschrift beginnt (die natürlich ebenfalls mit der Formatvorlage **Überschrift 1** versehen sein muss), taucht automatisch diese andere Überschrift in der Kopfzeile auf. Eine feine Sache, oder?

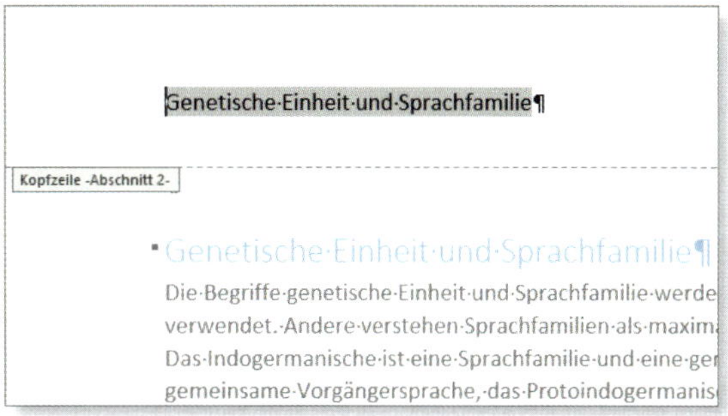

Abbildung 22.36
Die nächste Überschrift in der Kopfzeile

Eine andere Kopf-/Fußzeile für die erste Seite

Häufig sollen Dokumente so gestaltet werden, dass die Inhalte der Kopf- oder Fußzeile noch nicht auf der ersten Seite eines Dokuments auftauchen (weil es sich um eine Art Deckblatt, eine Einleitung o. Ä. handelt, wo die Kopfzeile eher stören würde). Ein anderes typisches Beispiel für einen solchen Fall wäre, dass Seitenzahlen erst ab der zweiten Seite angezeigt werden sollen, wenn auf der ersten Seite ein Inhaltsverzeichnis steht, das nicht in die Seitennummerierung aufgenommen werden soll.

Die Lösung dieses Problems ist recht einfach, denn dafür gibt es die Funktion **Erste Seite anders**. Das heißt konkret: Um zu erreichen, dass eine bereits eingefügte Kopfzeile nicht auf der ersten Seite erscheint, setzen Sie auf der Registerkarte **Kopf- und Fußzeilentools/Entwurf** in der Gruppe **Optionen** ein Häkchen in das Kontrollkästchen **Erste Seite anders**.

Wenn Sie nun Ihr Dokument anschauen, werden Sie sehen, dass der Inhalt der Kopfzeile auf der ersten Seite nicht angezeigt wird. Ganz nach Wunsch können Sie diesen Bereich nun leer lassen oder einen speziellen Text für die Kopfzeile auf der ersten Seite eingeben.

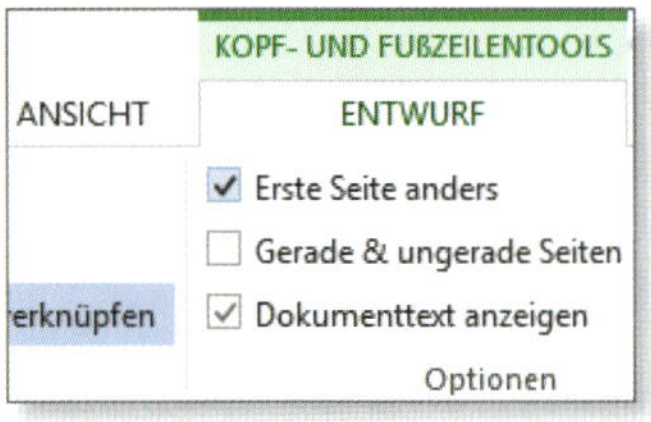

Abbildung 22.37
Die erste Seite erhält eine andere Kopfzeile.

Seitenzahlen: bei der zweiten Seite mit 1 beginnen

Genauso verhält es sich mit Seitenzahlen. Wenn Sie z. B. eine Seitenzahl in die Kopf- oder Fußzeile eingefügt haben und dann die Option **Erste Seite anders** aktivieren, taucht auf der ersten Seite wie gewünscht keine Seitenzahl auf.

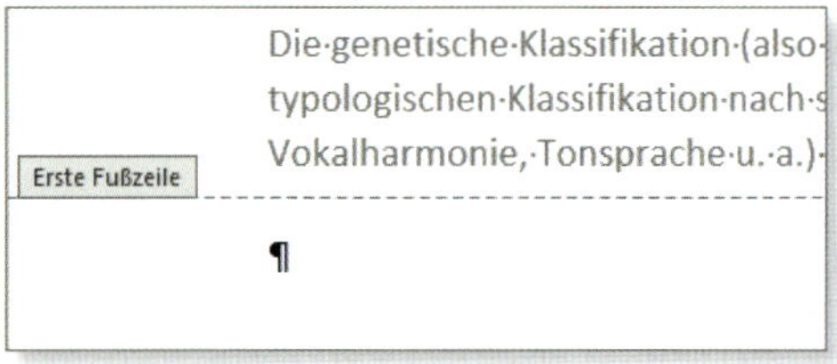

Abbildung 22.38
Keine Seitenzahl in der ersten Fußzeile

Das Resultat ist aber oft trotzdem nicht das, was Sie sich vorgestellt haben, denn in der Fußzeile der zweiten Seite steht nun nicht etwa eine *1*, sondern eine *2* – der Inhalt der Fußzeile für die erste Seite ist nämlich eigentlich nur ausgeblendet.

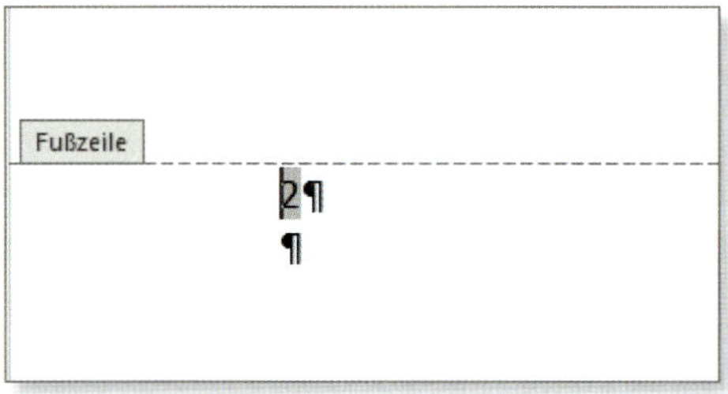

Abbildung 22.39
Die Seitennummerierung beginnt auf der zweiten Seite mit »2«.

Um die Seitennummerierung tatsächlich erst ab der zweiten Seite beginnen zu lassen, müssen Sie noch eine weitere Einstellung vornehmen.

1 Klicken Sie auf der Registerkarte **Kopf- und Fußzeilentools/Entwurf** in der Gruppe **Kopf- und Fußzeile** auf die Schaltfläche **Seitenzahl** und wählen Sie im Menü **Seitenzahlen formatieren**.

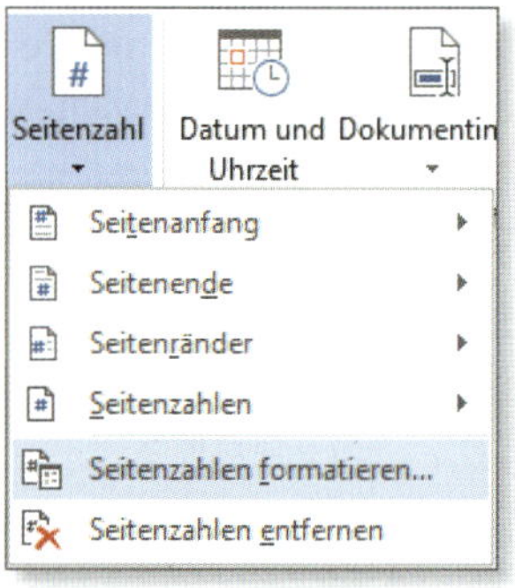

Abbildung 22.40
Den Dialog »Seitenzahlenformat« aufrufen

2 Im Dialog **Seitenzahlenformat**, der sich daraufhin öffnet, geben Sie in das Feld **Beginnen bei** den Wert »0« ein (und nicht etwa »1«, wie man annehmen würde).

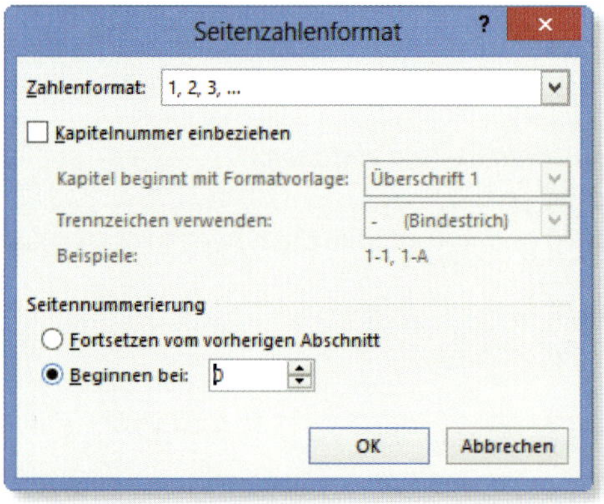

Abbildung 22.41
Der Wert »0« im Feld »Beginnen bei«

Mit dieser Einstellung im Dialog **Seitenzahlenformat** erreichen Sie den gewünschten Effekt: Die Nummerierung des Dokuments beginnt nun auf der zweiten Seite des Dokuments mit *1*.

Unterschiedliche Kopfzeilen für gerade und ungerade Seiten einstellen

Neben der Möglichkeit, eine besondere Regelung für die erste Seite zu treffen, stellt Word außerdem die Funktion bereit, für gerade und ungerade Seiten unterschiedliche Kopf- und/oder Fußzeilen zu definieren. Wir beschreiben das Vorgehen zunächst wieder am Beispiel einer leeren Kopfzeile ohne Design.

1. Aktivieren Sie die Registerkarte **Einfügen** und fügen Sie über die Schaltfläche **Kopfzeile** die Kopfzeile **Leer** ein.
2. Schreiben Sie den Text für die Kopfzeilen der ungeraden Seiten in den Platzhalter, z. B. die Überschrift des Kapitels, die dann immer auf der linken Seite stehen würde.
3. Aktivieren Sie auf der Registerkarte **Kopf- und Fußzeilentools/Entwurf** in der Gruppe **Optionen** das Kontrollkästchen **Gerade & ungerade Seiten untersch.**. Daraufhin wird unterhalb der Trennlinie zwischen Kopfzeile und Dokumenttext die Information **Ungerade Kopfzeile** angezeigt.

Abbildung 22.42
Die Kopfzeile für die ungeraden Seiten

4. Wandern Sie in Ihrem Dokument nun auf die zweite Seite. Hier wird jetzt das Steuerelement **Gerade Kopfzeile** angezeigt; die Kopfzeile selbst ist leer. Tragen Sie hier den Text ein, der in den Kopfzeilen auf allen geraden Seiten erscheinen soll. Dies könnte beispielsweise die Überschrift des Abschnitts sein, die dann »gegenüber« von der Kapitelüberschrift auf allen rechten Seiten auftauchen würde.

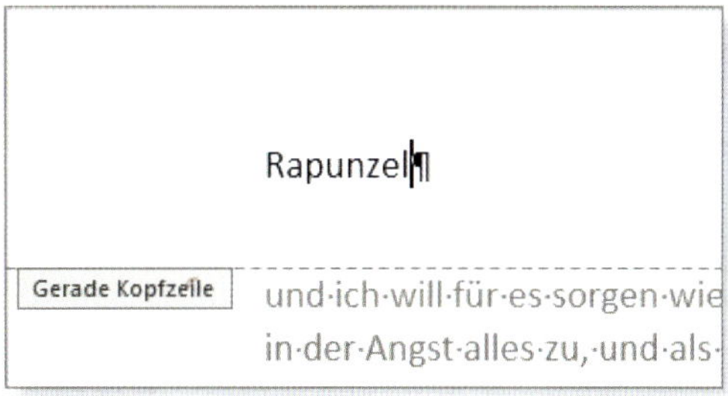

Abbildung 22.43
Die Kopfzeile für die geraden Seiten

Wenn Sie sich jetzt das Dokument anschauen, werden Sie erkennen, dass der erste Eintrag (im Beispiel »Märchen«) auf den ungeraden Seiten angezeigt wird und der zweite Eintrag (»Rapunzel«) auf allen geraden Seiten.

Unter den Kopfzeilen mit Design werden ebenfalls Kopfzeilen angeboten, die entweder für eine gerade oder für eine ungerade Seite gedacht sind.

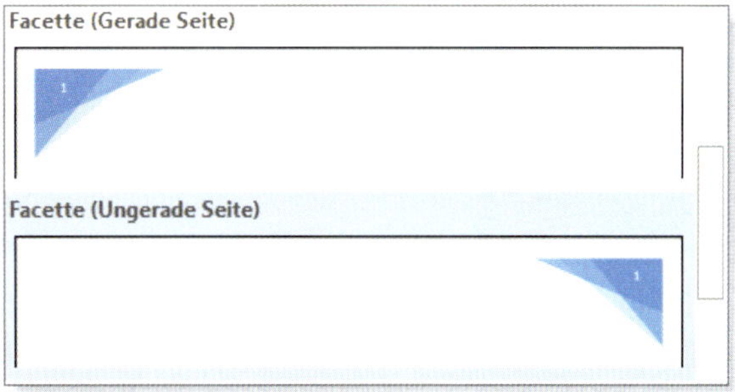

Abbildung 22.44
Eine Kopfzeile für eine ungerade Seite auswählen

Um diese Kopfzeilen zu verwenden, gehen Sie genauso vor wie eben beschrieben. Sie fügen auf der ersten Seite eine Kopfzeile ein und wählen aus dem Angebot ein Design, das den Zusatz **Ungerade Seite** trägt. Dann schalten Sie die Option **Gerade & ungerade Seiten untersch.** ein, wandern zur nächsten Seite und fügen dort die entsprechende Kopfzeile mit dem Vermerk **Gerade Seite** ein. Das Resultat ist ähnlich wie eben: Alle ungerade Seiten haben die eine Gestaltung, alle geraden Seiten die andere (siehe Abbildung 22.45).

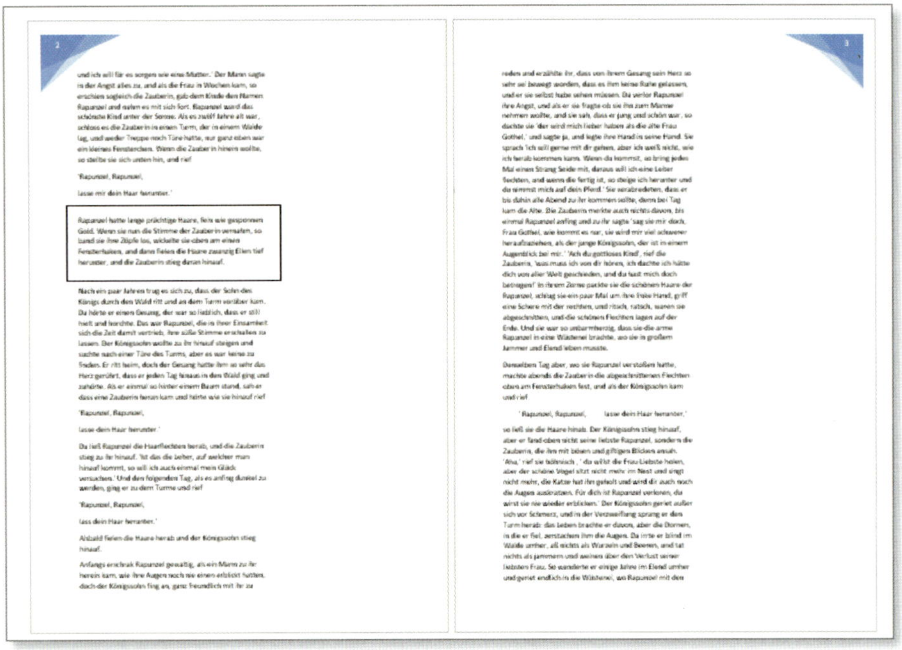

< Abbildung 22.45
Unterschiedliche Kopfzeilen mit Design auf geraden und ungeraden Seiten

Unterschiedliche Kopfzeilen in Abschnitten anlegen

Wenn Sie nicht nur für die erste Seite oder für gerade und ungerade Seiten unterschiedliche Kopfzeilen festlegen, sondern befreit von diesem Schema verschiedene Kopfzeilen für bestimmte einzelne Seiten erstellen möchten, liegt die Lösung in der Arbeit mit Abschnitten. Der erste Schritt besteht also darin, Abschnittswechsel in Ihr Dokument einzufügen. Wechseln Sie dazu auf die Registerkarte **Seitenlayout** und fügen Sie über das Menü der Schaltfläche **Umbrüche** mit der Option **Nächste Seite** die erforderlichen Abschnitte ein (also jeweils dort, wo eine neue Kopfzeile erstellt werden soll). Nachdem Sie Ihr Dokument so vorbereitet haben, gehen Sie wie im Folgenden beschrieben vor.

1 Wechseln Sie zur Registerkarte **Einfügen** und wählen Sie im Menü der Schaltfläche **Kopfzeile** die gewünschte Kopfzeile aus. Diese Kopfzeile wird zunächst für das gesamte Dokument angezeigt, weil die Kopfzeilen der Abschnitte standardmäßig miteinander verknüpft sind und den Inhalt der Kopfzeile des vorherigen Abschnitts übernehmen.

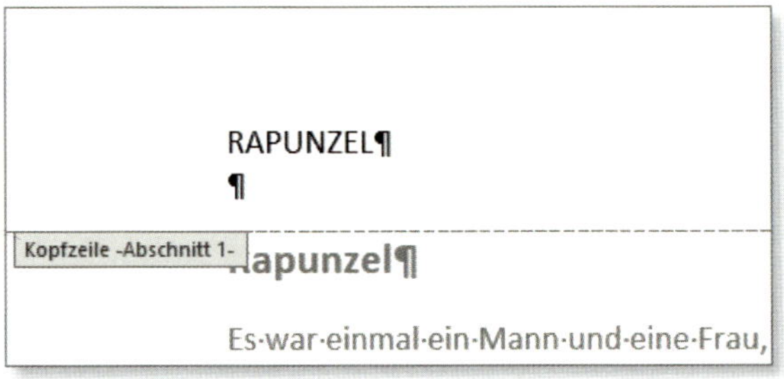

∧ Abbildung 22.46
Die Kopfzeile für den ersten Abschnitt

2 Wandern Sie mit der Schaltfläche **Nächste** ❶ in der Gruppe **Navigation** auf der Registerkarte **Kopf- und Fußzeilentools/Entwurf** zu der Kopfzeile des nächsten Abschnitts ❷ (**Kopfzeile Abschnitt 2**). Sie erkennen an der aktivierten Schaltfläche **Mit vorheriger verknüpfen** ❸ und an dem Vermerk **Wie vorherige** ❹ an der Kopfzeile, dass die Kopfzeile den Inhalt der Kopfzeile von **Abschnitt 1** übernimmt (siehe Abbildung 22.47).

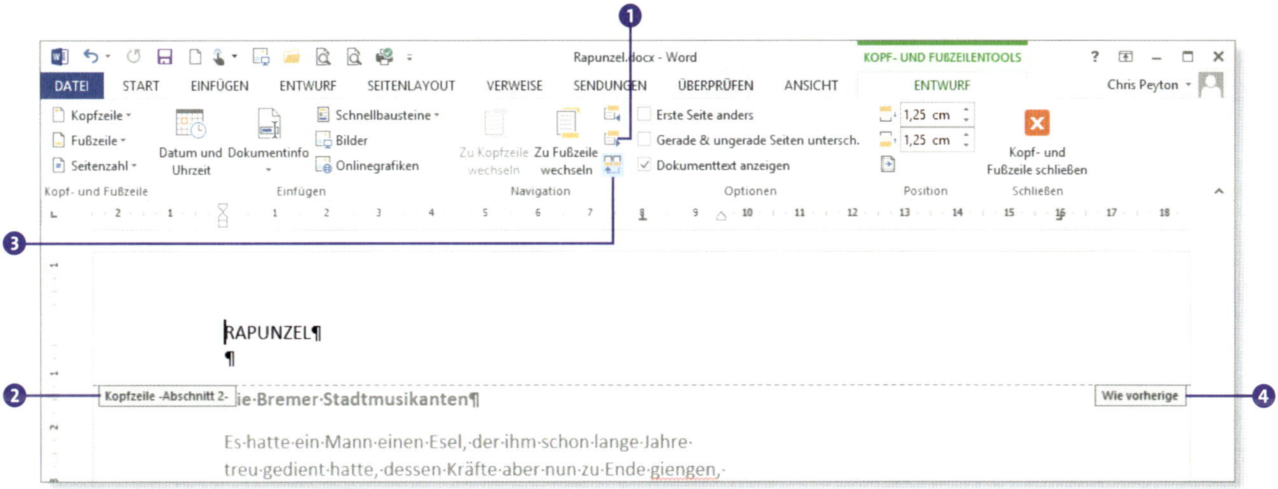

Abbildung 22.47
Die Kopfzeile übernimmt den Inhalt der Kopfzeile im ersten Abschnitt.

3 Um einen anderen Text für den aktuellen Abschnitt einzugeben, klicken Sie in der Gruppe **Navigation** auf die Schaltfläche **Mit vorheriger verknüpfen** ❺, um sie zu deaktivieren.

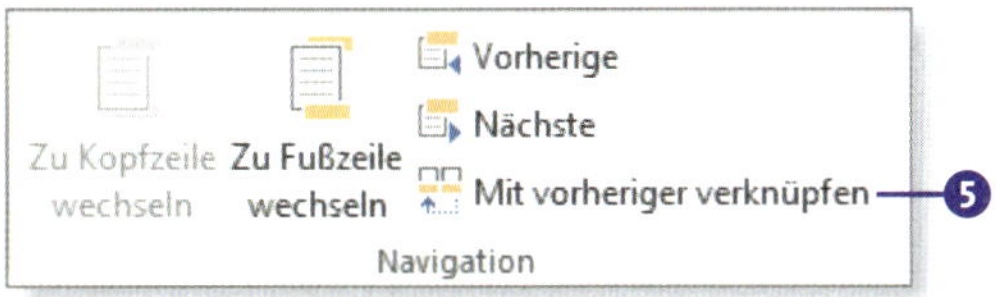

Abbildung 22.48
Die Verknüpfung der Abschnitte aufheben

4 Der Vermerk **Wie vorherige** an der Kopfzeile verschwindet. Geben Sie nun den Text für die Kopfzeile dieses Abschnitts ein.

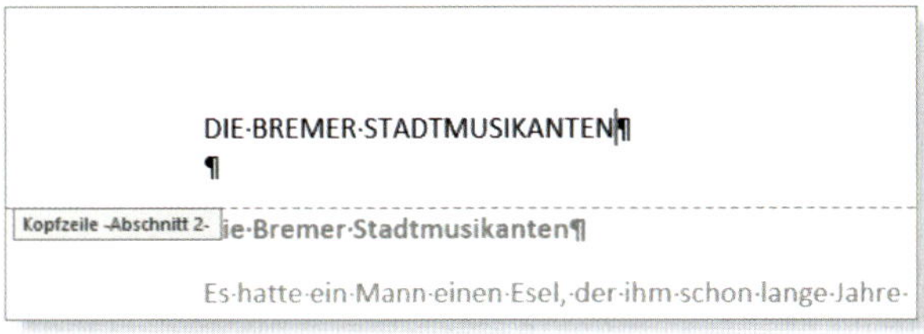

Abbildung 22.49
Die Kopfzeile für den Abschnitt 2

5 Auf diese Weise gehen Sie dann Abschnitt für Abschnitt durch Ihr Dokument.

Sie können unterschiedliche Kopfzeilen dieser Art natürlich später auch wieder in Einklang bringen. Dazu klicken Sie in dem Kopfzeilenbereich des Abschnitts, dessen Kopfzeile gelöscht und der den Inhalt der vorherigen Kopfzeile übernehmen soll, auf die Schaltfläche **Mit vorheriger verknüpfen**, um diese Option wieder zu aktivieren. Daraufhin wird ein Dialog präsentiert, in dem Sie gefragt werden, ob die Kopf- bzw. Fußzeile gelöscht und mit der vorherigen verknüpft werden soll. Diesen Dialog bestätigen Sie mit **Ja**. Nun steht in der aktuellen Kopfzeile (wieder) der Inhalt der vorherigen Kopfzeile.

Abbildung 22.50
Die Kopfzeile des vorherigen Abschnitts wird wieder angezeigt.

Die Höhe der Kopf- und Fußzeilen verändern

In der Standardeinstellung befinden sich Kopf- und Fußzeilen 1,25 cm von der Blattkante entfernt in dem Bereich, der eigentlich der Seitenrand ist. Diese Position lässt sich variieren. Dazu nutzen Sie die Felder **Kopfzeile von oben** bzw. **Fußzeile von unten** in der Gruppe **Position** auf der Registerkarte **Kopf- und Fußzeilentools/Entwurf**. Geben Sie hier das gewünschte Maß ein (oder nutzen Sie die Pfeilschaltflächen) und bestätigen Sie den neuen Wert durch Drücken der [↵]-Taste.

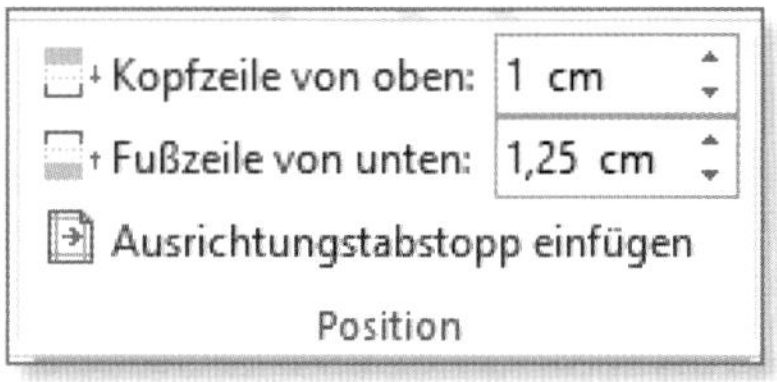

∧ ***Abbildung 22.51***
Die Höhe der Kopf- und Fußzeilen verändern

Um die Breite der Kopf- und Fußzeilen zu bestimmen, können Sie auch das vertikale Lineal verwenden. Darin wird der Kopf- oder Fußzeilenbereich weiß dargestellt. Wenn Sie mit dem Mauszeiger auf die obere Markierung dieses weißen Bereiches zeigen, ohne zu klicken, wird er zu einem Doppelpfeil, und Sie können den Bereich dann mit gedrückter Maustaste breiter oder schmaler ziehen. Wenn Sie beim Ziehen die [Alt]-Taste gedrückt halten, werden die jeweiligen Maße im Lineal angezeigt.

Den Inhalt der Kopf- und Fußzeilen ausrichten

Um den Inhalt einer Kopf- oder Fußzeile zu positionieren, helfen in der Regel die Tabstopps im horizontalen Lineal. Im Zusammenhang mit Kopf- und Fußzeilen sind hier allerdings ein paar Dinge zu beachten. Wenn Sie eine leere Kopfzeile eingefügt haben, sind bereits zwei Tabstopps gesetzt: ein zentrierter Tabstopp mittig auf der Seite und ein rechtsbündiger Tabstopp am rechten Rand (unabhängig von dem Seitenrand, der für das Dokument eingestellt ist). Diese Einteilung ist auch bei der Kopfzeilenvariante **Leer (Drei Spalten)** vorhanden, hier wird der rechte Tabstopp allerdings nicht genutzt, wenn er außerhalb des Seitenrands liegt.

Wenn Sie also nach der Eingabe eines Textes die [⇆]-Taste drücken (um beispielsweise weiteren Text für die Kopfzeile einzugeben), springt der Cursor automatisch zum zentrierten Tabstopp (und danach dann zum letzten rechtsbündigen Tabstopp). Die Position dieser Tabstopps lässt sich selbstverständlich verschieben, indem Sie die Markierungen im Lineal mit gedrückter Maustaste an die gewünschte Position ziehen.

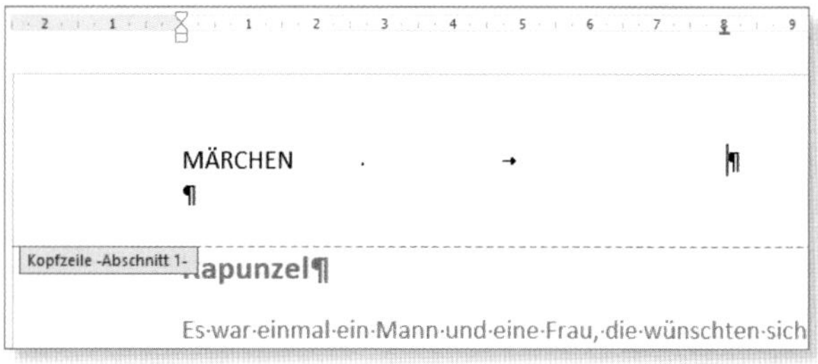

∧ ***Abbildung 22.52***
Der Cursor steht am zentrierten Tabstopp.

Es gibt darüber hinaus die Möglichkeit, sogenannte *Ausrichtungstabstopps* einzufügen, mit deren Hilfe sich Elemente der Kopf- oder Fußzeile positionieren lassen.

1 Setzen Sie den Cursor links neben den Text, der verschoben werden soll (oder einfach ganz links in die Kopf- oder Fußzeile, wenn Sie neuen Text eingeben möchten).

2 Klicken Sie auf der Registerkarte **Kopf- und Fußzeilentools/Entwurf** in der Gruppe **Position** auf die Schaltfläche **Ausrichtungstabstopp einfügen**.

3 Im zugehörigen Dialog **Ausrichtungstabstopp** legen Sie im Bereich **Ausrichtung** ❶ fest, ob das Element zentriert oder rechtsbündig in der Kopfzeile stehen soll. Für unser Beispiel klicken Sie hier die Option **Zentriert** an.

4 Im Feld **Ausrichten relativ zu** ❷ bestimmen Sie mithilfe der Dropdown-Liste, ob sich die Ausrichtung des Tabstopps auf den Seitenrand oder den Einzug des Absatzes bezieht, in dem sich das Element befindet.

5 Im Bereich **Füllzeichen** ❸ des Dialogs können Sie festlegen, ob der Raum zwischen zwei Elementen mit Füllzeichen gefüllt werden soll und, wenn ja, welche das sein sollen.

6 Bestätigen Sie die Einstellungen mit **OK**.

Abbildung 22.53
Die Ausrichtung des Elements festlegen

Wenn Sie nun auf die Kopfzeile schauen, können Sie erkennen, dass der Cursor (bezogen auf die Seitenränder) mittig auf der Seite steht (und nicht am standardmäßig vorhandenen zentrierten Tabstopp). Um ein weiteres Element rechtsbündig zu platzieren, wiederholen Sie die beschriebenen Schritte, mit dem Unterschied, dass Sie dann im Dialog **Ausrichtungstabstopp** die Option **Rechts** aktivieren.

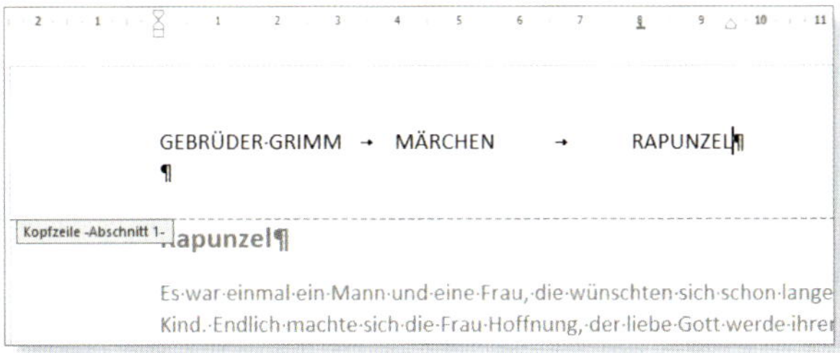

Abbildung 22.54
Die neu ausgerichteten Textelemente in der Kopfzeile

Kopf- und Fußzeilen entfernen

Um die Inhalte einer Kopfzeile wieder zu löschen, klicken Sie auf der Registerkarte **Kopf- und Fußzeilentools/Entwurf** in der Gruppe **Kopf- und Fußzeile** auf die Schaltfläche **Kopfzeile** (bzw. **Fußzeile**).

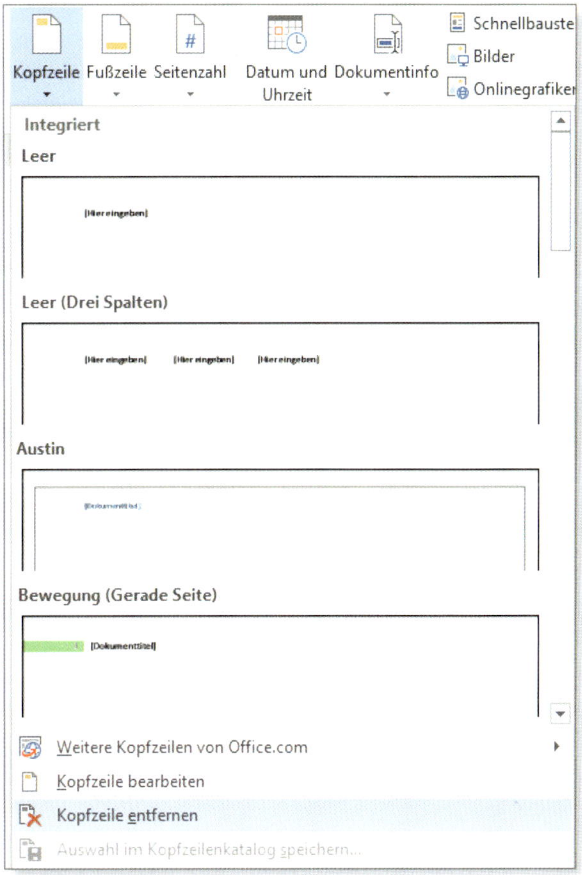

Abbildung 22.55
Kopf- oder Fußzeilen über das Menü der entsprechenden Schaltfläche wieder aus dem Dokument entfernen

Wenn Sie unterschiedliche Kopf- oder Fußzeilen für gerade und ungerade Seiten festgelegt haben, wirkt sich der Löschvorgang allerdings nur auf eine der beiden Varianten aus – je nachdem, in welcher Kopf- oder Fußzeile der Cursor steht, wenn Sie den Befehl zum Entfernen anklicken. Sie müssen die Aktion dann also für den zweiten Kopf- oder Fußzeilentyp wiederholen. Das Gleiche gilt für Kopf- oder Fußzeilen, die Sie abschnittsweise eingefügt haben.

Teil IV

Tabellen, Grafiken und Diagramme

Kapitel 23
Tabstopps

Mit Tabstopps lassen sich relativ schnell und komfortabel Tabellen schreiben, deren Texteinträge pro Spalte jeweils nur aus einer Zeile bestehen. Eine Auflistung, eine nicht allzu komplexe Rechnung oder eine Bestellliste sind beispielsweise typische Einsatzgebiete für Tabstopps.

Mit Tabulatoren zu arbeiten ist einer der klassischen Wege, wenn Texteingaben Zeile für Zeile sauber untereinanderstehen, also bündig ausgerichtet sein sollen. Schon die Schreibmaschine bot diese Möglichkeit, d. h., das Rad wurde nicht neu erfunden, aber Word bietet mehr Komfort. Mit den Tabstopps ersparen Sie sich die mühselige Arbeit des Ausrichtens. Neben den Standardtabstopps lassen sich z. B. auch individuelle Tabstopps festlegen, die genau zu der Tabelle passen, die Sie schreiben möchten.

Ein Dokument umfasst von Haus aus Standardtabstopps, die Sie mit der [⇆]-Taste nutzen. Wenn Sie diese Taste drücken, springt der Cursor entsprechend dem festgelegten Standardtabstopp um 1,25 cm weiter nach rechts. Wenn Sie sich wie empfohlen die Formatierungszeichen anzeigen lassen, erscheint ein kleiner, nach rechts weisender Pfeil für jeden Tabstopp.

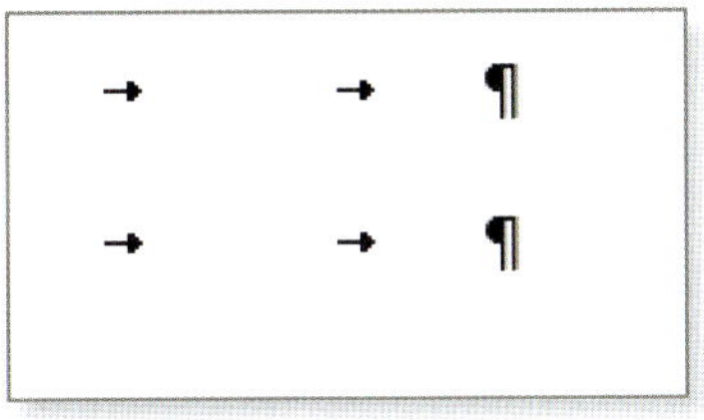

Abbildung 23.1
Formatierungszeichen, die durch das Drücken der [⇆]-Taste erscheinen

Wie Sie die Anordnung von Standardtabstopps mit einem Abstand von 1,25 cm verändern können, beschreiben wir am Ende dieses Kapitels im Infokasten »Standardtabstopps ändern« auf Seite 471.

23.1 Die Arbeit mit Tabstopps

Der Umgang mit Standardtabstopps ist denkbar einfach. Sie schreiben Ihren Text, drücken die [⇆]-Taste (gegebenenfalls auch mehrfach), geben den Text der zweiten Spalte ein, drücken erneut die [⇆]-Taste etc., bis Ihre Tabelle oder Auflistung komplett ist. Die Zeilen enden jeweils mit dem Drücken der [↵]-Taste.

Abbildung 23.2
Eine einfache Tabelle mit Standardtabstopps

Die Arbeit mit den Standardtabstopps funktioniert prima, solange die Einträge mit dem vorgegebenen Abstand von 1,25 cm auskommen. Wenn das nicht der Fall ist, entstehen Probleme, wie Sie in Abbildung 23.3

sehen. Der Name »Hans-Dieter« ist zu lang für den ersten Tabstopp. Eine Lösung wäre es, hinter »Name« zweimal die ⭾-Taste zu drücken, um den Abstand zwischen den Spalteneinträgen zu vergrößern, aber das ist nicht sehr genau, und dadurch entstehen oft große Lücken in einer Tabelle.

Abbildung 23.3
Mit Standardtabstopps stehen die Einträge nicht untereinander.

Um solche Probleme zu umgehen und die jeweiligen Texteinträge ordentlich untereinander zu positionieren, ist der Einsatz individueller Tabstopps erforderlich.

Tabstopps im Lineal anlegen

Individuelle Tabstopps im Lineal anzulegen ist ganz leicht, die einzige Voraussetzung ist, dass Sie sich das Lineal anzeigen lassen. Aktivieren Sie also gegebenenfalls das Kontrollkästchen **Lineal** in der Gruppe **Anzeigen** der Registerkarte **Ansicht**. Sie müssen außerdem eine ungefähre Vorstellung davon haben, wo Sie Tabstopps benötigen, also wie breit Ihre Spalten werden sollen.

1. Setzen Sie den Cursor in den Absatz im Dokument, für den Sie Tabstopps anlegen möchten.
2. Führen Sie den Mauszeiger an das Lineal und klicken Sie an der Stelle darauf, an der Sie einen Tabstopp setzen möchten.
3. Daraufhin taucht im Lineal eine Art **L** (ein Winkel) ❶ auf, das ist das Symbol für einen linksbündigen Tabstopp. Stellen Sie sich vor, eine senkrechte Linie würde von diesem Punkt aus über die Seite gezogen. Wenn Sie die ⭾-Taste drücken, um einen Tabstopp einzufügen, springt der Text bis zu dieser imaginären Linie.
4. Auf dem gleichen Weg können Sie nun weitere Tabstopps im Lineal setzen.

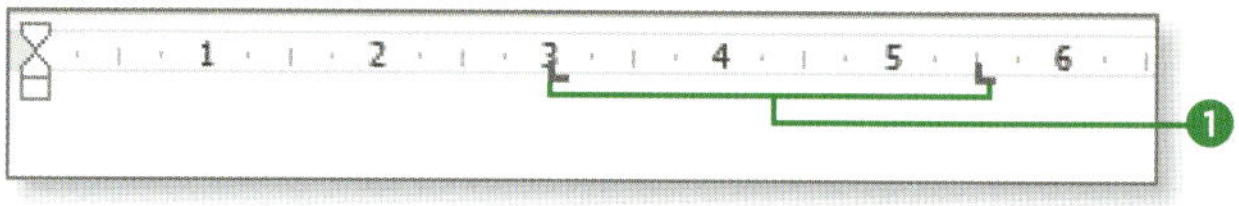

Abbildung 23.4
Die Symbole für einen linksbündigen Tabstopp im Lineal

Wichtig ist, dass Sie am Ende der Zeile die ↵-Taste drücken, um die individuell eingestellten Tabstopps in die nächste Zeile bzw. den nächsten Absatz zu übernehmen (denn Tabstopps sind ein Absatzattribut und stecken wie die anderen Absatzformate auch sozusagen in der Absatzmarke). Wenn es bereits weitere Absätze im Dokument gibt und Sie den Cursor einfach in einen dieser Absätze setzen, verlieren Sie die Tabstopps – was Sie auch daran erkennen, dass im Lineal keine Tabstoppsymbole mehr angezeigt werden.

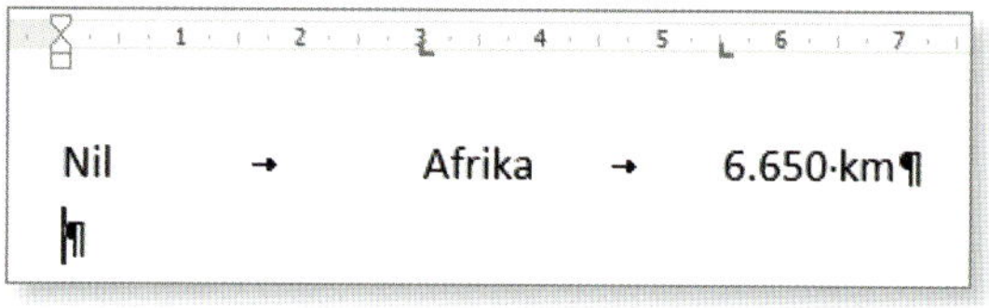

Abbildung 23.5
Durch Drücken der ↵-Taste werden die Tabstopps auf den nächsten Absatz übertragen.

HINWEIS

Standardtabstopps und manuelle Tabstopps

Sobald Sie irgendwo im Lineal einen manuellen Tabstopp gesetzt haben, sind die Standardtabstopps außer Kraft gesetzt. Der Cursor springt dann zur manuell festgelegten Tabstoppposition.

Tabstopps im Lineal verschieben

Wenn Sie feststellen, dass die Position der Tabstopps, die Sie eingestellt haben, doch nicht passend ist, können Sie sie direkt im Lineal verschieben. Dazu führen Sie den Mauszeiger an das Symbol **L** im Lineal und ziehen es mit gedrückter Maustaste nach links oder rechts.

Abbildung 23.6
Tabstopps im Lineal verschieben

Vermutlich stellen Sie nun enttäuscht fest, dass nur der Tabstopp für den aktuellen Absatz verschoben wurde. Wie schon erwähnt, gehören Tabstopps zur Absatzformatierung. Falls Sie also bereits eine Tabelle angelegt haben und die neue Tabstoppposition für die gesamte Tabelle gelten soll, müssen Sie alle betreffenden Absätze vorher markieren. Wenn Sie dann das Tabstoppsymbol im Lineal verschieben, werden automatisch alle Einträge an die neue Position gerückt.

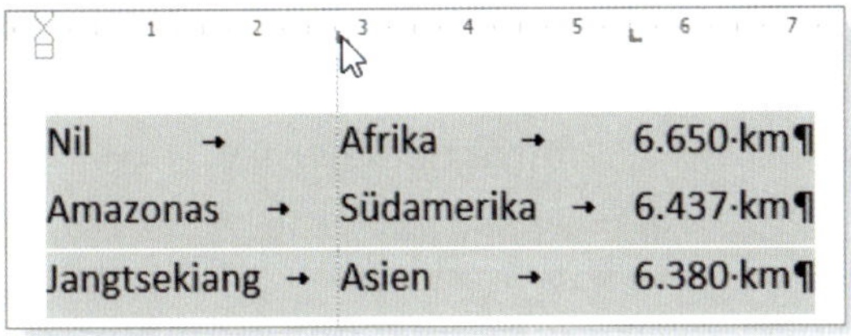

Abbildung 23.7
Die Tabelle vor dem Verschieben markieren

Tabstopps löschen

Tabstopps lassen sich leicht entfernen. Dabei gehen Sie zunächst genauso vor wie beim Verschieben.

1 Wenn ein Tabstopp für die gesamte Tabelle, also für alle Absätze, entfernt werden soll, müssen Sie diese Absätze zuerst markieren. Wenn es nur um einen bestimmten Absatz geht, reicht es, den Cursor in diesen Absatz zu setzen.

2 Zeigen Sie mit dem Mauszeiger auf das Tabstoppsymbol im Lineal und ziehen Sie es mit gedrückter Maustaste aus dem Lineal heraus in den Leerraum zwischen Lineal und Blatt.

Abbildung 23.8 stellt diesen Vorgang dar, doch Sie müssen ganz genau hinschauen: Das Tabstoppsymbol **2** wird blass, sobald Sie es aus dem Lineal ziehen, und ist daher nur ganz schwach zu sehen.

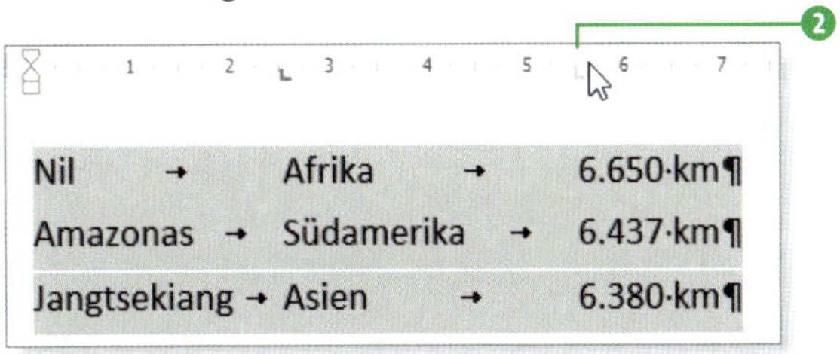

Abbildung 23.8
Einen Tabstopp aus dem Lineal ziehen, um ihn zu entfernen

Wenn Sie einen individuell eingestellten Tabstopp entfernt haben, bleiben, sofern die gesamte Tabelle markiert war, Standardtabstopps an der nächstmöglichen Position übrig (siehe Abbildung 23.9).

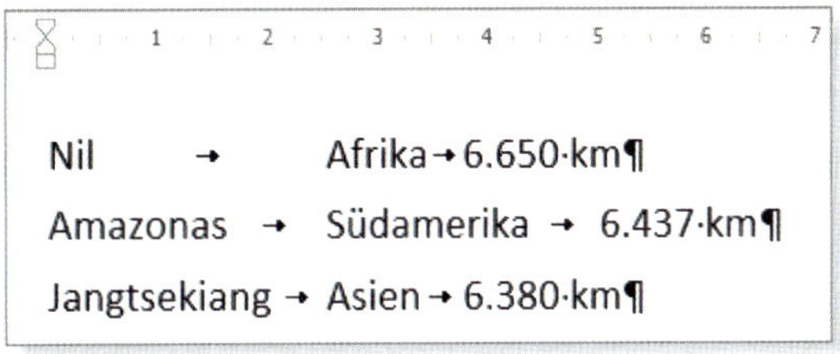

Abbildung 23.9
Nach dem Löschen individueller Tabstopps werden wieder die Standardtabstopps verwendet.

> **TIPP**
>
> **Stören die Tabstopps?**
>
> Wenn Sie nach einer auf diese Weise angelegten Tabelle wieder Fließtext schreiben, können Sie die Tabstopps auch im Lineal belassen und sie einfach ignorieren. Solange Sie die [Tab]-Taste nicht benutzen, spielen die Markierungen im Lineal keine Rolle, sie stören also auch nicht beim »normalen« Schreiben. Bei der nächsten Anwendung der [Tab]-Taste werden jedoch zunächst die individuellen Tabstopps verwendet. Erst wenn Sie diese aus dem Lineal gelöscht haben, erscheinen erneut Standardtabstopps bei Verwendung der [Tab]-Taste.

Tabstopps nachträglich setzen

In den bisherigen Beispielen sind wir davon ausgegangen, dass Sie zuerst Tabstopps setzen und dann Text eingeben. Das Ganze geht natürlich auch umgekehrt: Sie haben bereits Text eingegeben und möchten dann Tabstopps festlegen, um die Texteinträge auszurichten. Auch für diesen Fall gilt: Bei einer einzelnen Zeile reicht es, den Cursor in dem entsprechenden Absatz zu platzieren; sollen die Tabstopps für mehrere Absätze wirksam werden, müssen diese Absätze vorher alle markiert werden.

1. Markieren Sie also für unser Beispiel die Absätze bzw. alle Zeilen der Tabelle, die Sie bündig ausrichten wollen.
2. Dann setzen Sie die nötigen Tabstopps, indem Sie mit der Maus auf die Zentimetermarke im Lineal klicken.

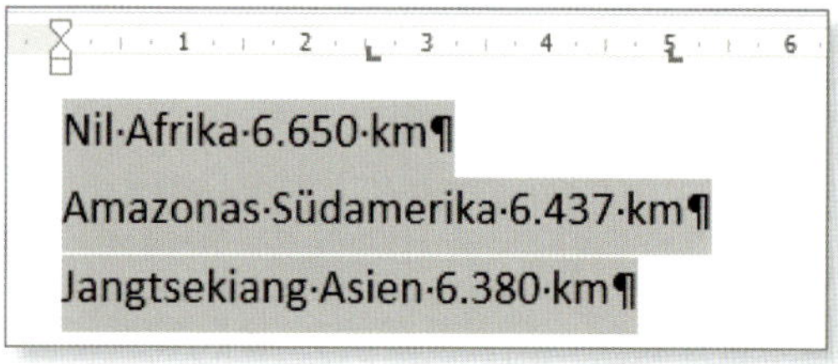

Abbildung 23.10
Die Absätze markieren

3. Nun müssen Sie die Einträge nur noch mit der ⭾-Taste zu den Tabstopppositionen befördern. Setzen Sie (in diesem Beispiel) den Cursor vor das »A« von »Afrika« und drücken Sie dann die ⭾-Taste.

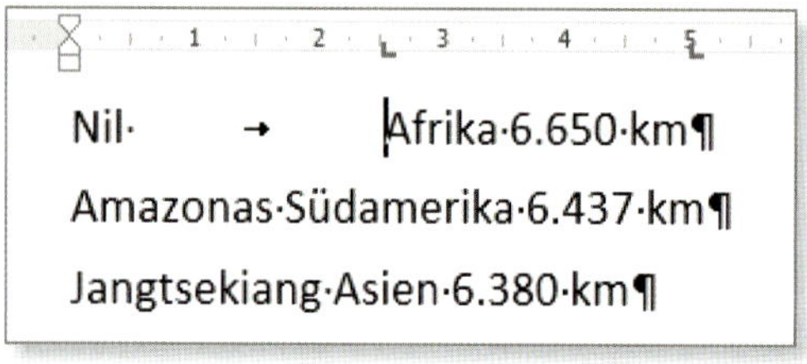

Abbildung 23.11
Der Text ist zur Tabstoppposition gesprungen.

Diesen Vorgang führen Sie nun für alle weiteren Einträge durch, bis Sie am Ende eine ordentliche Liste haben. Obwohl der angelegte Tabstopp für alle markierten Absätze gilt, müssen Sie jeden Eintrag in jeder Zeile einzeln ausrichten. Das erscheint Ihnen zu Recht etwas umständlich, und dieser Weg ist für lange Tabellen auch nicht zu empfehlen. Bei einzelnen Zeilen können Sie es aber durchaus so machen.

Wichtig ist, dass Sie den Cursor vor dem Drücken der ⭾-Taste richtig platzieren, da sonst beispielsweise auch die Leerstelle verschoben wird. Werfen Sie zur Verdeutlichung einmal einen Blick auf Abbildung 23.12. Der Cursor muss genau stehen, hier im Beispiel vor der **6** ❶, damit die Zahl mithilfe der ⭾-Taste zum Tabstopp bei der **5** ❷ springt. Denken Sie dabei auch daran, die überflüssigen Leerstellenzeichen manuell zu löschen.

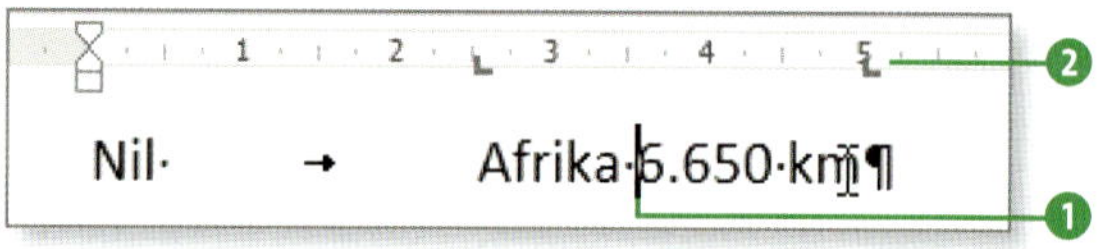

Abbildung 23.12
Den Cursor richtig platzieren

Links- oder rechtsbündig: die Ausrichtung der Tabstopps

In den bisher gezeigten Beispielen sind nur linksbündige Tabstopps zum Einsatz gekommen (zu erkennen an dem L-förmigen Symbol im Lineal). Die Tabstoppfunktion bietet aber noch weitere Möglichkeiten, u. a. können Sie auch Tabstopps mit unterschiedlichen Ausrichtungen setzen:

- Mit einem linksbündigen Tabstopp, wie Sie ihn bisher kennengelernt haben, wird der linke Rand des Textes am Tabstopp ausgerichtet.
- Mit einem rechtsbündigen Tabstopp wird der rechte Rand des Spaltentextes am Tabstopp ausgerichtet.
- Wenn Sie einen zentrierten Tabstopp setzen, wird der Spaltentext mittig am Tabstopp ausgerichtet.
- Ein dezimaler Tabstopp richtet das Dezimaltrennzeichen am Tabstopp aus.

Abbildung 23.13
Die unterschiedlichen Möglichkeiten der Tabstoppausrichtung

- Mit einem vertikalen Tabstopp wird Zeile für Zeile an der Position des Tabstopps eine vertikale Linie eingefügt (dieser Tabstopp trägt offiziell die Bezeichnung **Leiste-Tabstopp**).

Abbildung 23.13 stellt die verschiedenen Tabstopps und ihre Ausrichtung dar. Welche Ausrichtung jeweils die passende ist, hängt von den Einträgen in den Spalten ab. Für reinen Text sind linksbündige Tabstopps in der Regel die beste Wahl. Für längere Texteinträge kann ein zentrierter Tabstopp mitunter gefälliger wirken, weil der Text besser in der Lücke zwischen zwei Tabstopps verteilt wird.

Rechtsbündige Tabstopps können Sie beispielsweise gut für Tabellen mit Zahlenkolonnen oder Mengenangaben verwenden, weil die Zahlen auf diese Weise so ausgerichtet werden, wie Sie sie auch auf ein Blatt Papier schreiben würden: Die letzten Ziffern stehen rechts untereinander. Auch um beispielsweise eine Datumsangabe an den rechten Rand der Seite zu setzen, bietet sich ein rechtsbündiger Tabstopp an, denn auf diese Weise haben Sie immer genug Raum für das Datum, z. B. wenn Sie das Datumsformat nachträglich ändern und die Eingabe dadurch länger wird.

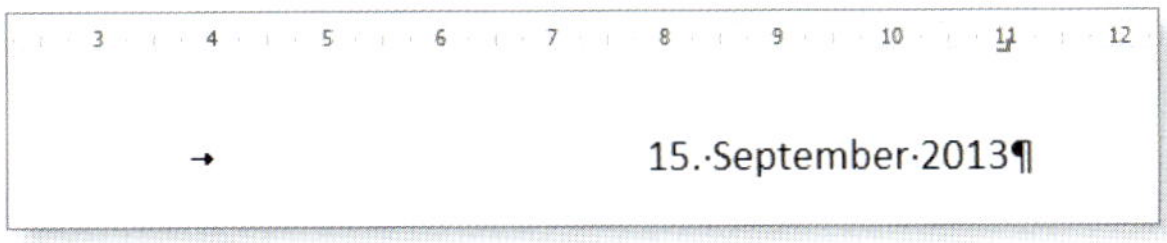

Abbildung 23.14
Ein rechtsbündiger Tabstopp für das Datum

Die Ausrichtung von Tabstopps lässt sich recht einfach einstellen. Ganz oben links auf Ihrer Word-Seite, etwa auf der gleichen Höhe wie das horizontale Lineal, entdecken Sie ein kleines Quadrat ❸, das in der Standardeinstellung ein **L** (als Symbol für den linksbündigen Tabstopp) bzw. das Symbol für die zuletzt verwendete Ausrichtung zeigt. Diese Schaltfläche können Sie dazu verwenden, um die jeweilige Ausrichtung des Tabstopps festzulegen.

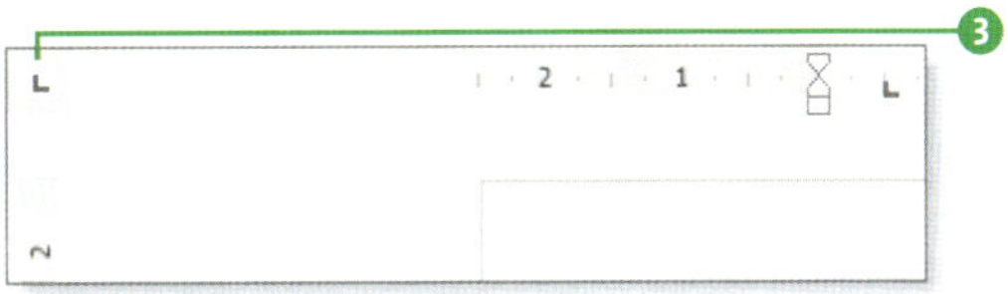

Abbildung 23.15
Die Schaltfläche zum Einstellen der Ausrichtung

Um die Ausrichtung zu verändern, klicken Sie diese Schaltfläche mit der Maus an, bevor Sie den Tabstopp setzen. Wenn zuvor das **L** zu sehen war, erscheint nach einem Mausklick das Symbol für die Ausrichtung **Zentriert** (ein auf dem Kopf stehendes T). Wenn dies die gewünschte Ausrichtung ist, setzen Sie nun den Tabstopp. Ansonsten wandern Sie jeweils mit einem Mausklick durch die Optionen, bis Sie das Symbol für die gesuchte Ausrichtung sehen.

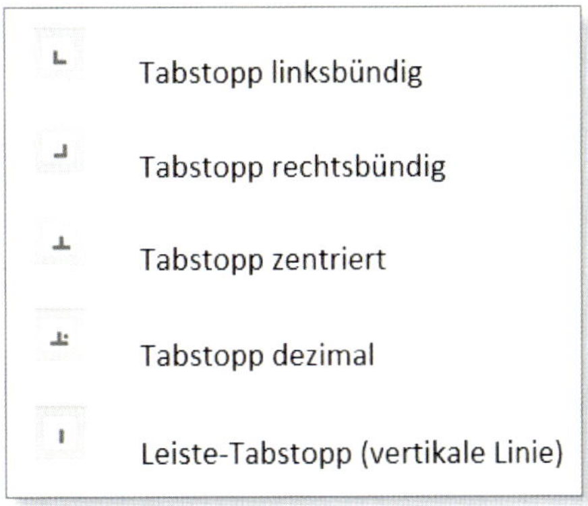

Abbildung 23.16
Die Symbole für die Ausrichtung der Tabstopps

Natürlich können Sie für einen Absatz auch Tabstopps mit unterschiedlichen Ausrichtungen einfügen. Sie müssen dann nur immer daran denken, die Ausrichtung jeweils umzustellen.

Wenn Sie einen rechtsbündigen Tabstopp setzen, müssen Sie darüber hinaus berücksichtigen, dass Sie an der Tabstoppposition quasi nach links schreiben. Sie brauchen für den Text also genügend Platz zwischen dem rechtsbündigen Tabstopp und dem davorliegenden. Dies gilt auch für zentrierte Tabstopps, mit dem Unterschied, dass eben nur die Hälfte des Textes beim Schreiben nach links verschoben wird.

In Abbildung 23.17 sehen Sie, wie es nicht sein sollte: Der rechtsbündige Tabstopp liegt zu nahe am linksbündigen Tabstopp, sodass die Orts- und Datumsangabe direkt an den zum ersten Tabstopp gehörigen Text heranrutscht. Um dieses Problem zu beheben, müssen Sie den rechtsbündigen Tabstopp weiter nach rechts verschieben.

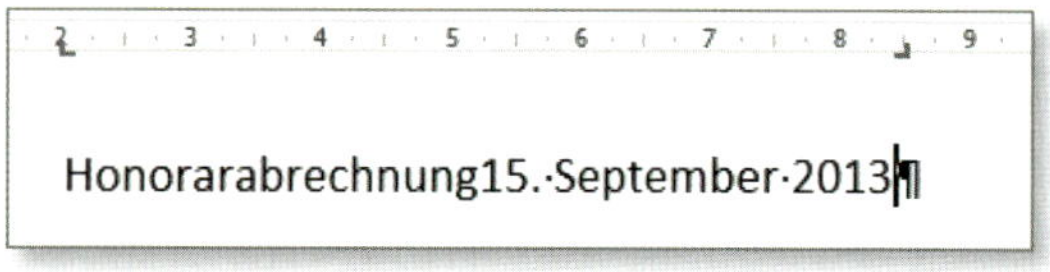

Abbildung 23.17
Der rechtsbündige Tabstopp ist zu nahe am linksbündigen Tabstopp – der Text rutscht an den Text heran, und zwar so weit wie möglich.

Der Dezimaltabstopp

Dezimale Tabstopps sind ein hervorragendes Instrument, um z. B. Geldbeträge bündig untereinanderzuschreiben, und zwar mit einer Ausrichtung am Dezimaltrennzeichen, also am Komma. Es spielt dabei keine Rolle, ob sich vor dem Dezimaltrennzeichen zwei, drei, vier oder mehr Stellen befinden – es stehen immer die Kommata untereinander.

Auch beim Setzen von Dezimaltabstopps müssen Sie genügend Platz einplanen: Alle Zeichen vor dem Dezimaltrennzeichen wandern nach links.

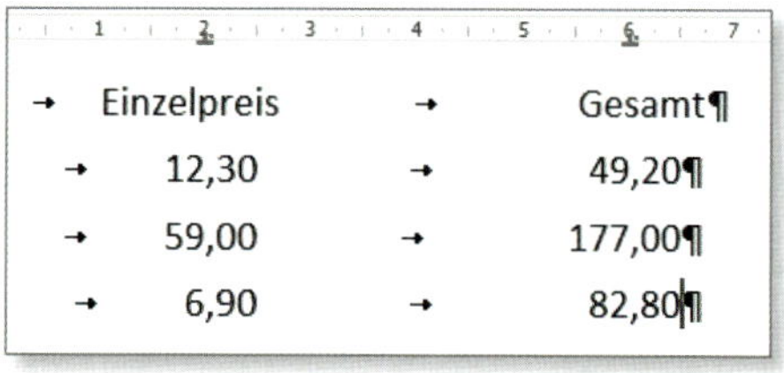

Einzelpreis	Gesamt¶
12,30	49,20¶
59,00	177,00¶
6,90	82,80¶

Abbildung 23.18
Eine Tabelle mithilfe von Dezimaltabstopps erstellen

Um eine saubere Auflistung zu erhalten, müssen Sie in der Standardeinstellung der deutschen Word-Version ein Komma als Dezimaltrennzeichen verwenden. Ein Punkt würde wegen der länderspezifischen Windows-Einstellung nicht funktionieren. Wenn Sie also gerade schimpfen wollten, weil Ihr Test nicht geklappt hat: Das liegt mit hoher Wahrscheinlichkeit daran, dass Sie einen Punkt als Trennzeichen verwendet haben.

Beispiel: eine Tabelle mithilfe von Tabstopps anlegen

Um die bisherigen Erklärungen zur Verwendung von Tabstopps noch besser zu verdeutlichen, möchten wir nun gemeinsam mit Ihnen Schritt für Schritt eine Tabelle erstellen, in der Tabstopps mit verschiedenen Ausrichtungen vorkommen. Diese Tabelle soll am Ende in etwa so aussehen, wie Sie es in Abbildung 23.19 sehen können.

1 Setzen Sie zuerst die Tabstopps für die Überschrift. Bis auf den Tabstopp für die vertikale Linie reicht es

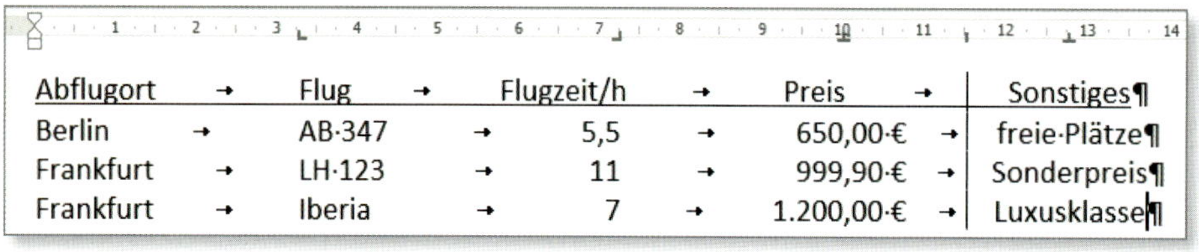

Abflugort	Flug	Flugzeit/h	Preis	Sonstiges¶
Berlin	AB·347	5,5	650,00·€	freie·Plätze¶
Frankfurt	LH·123	11	999,90·€	Sonderpreis¶
Frankfurt	Iberia	7	1.200,00·€	Luxusklasse¶

Abbildung 23.19
Eine Tabelle mit diversen Tabstopps

hier, wenn Sie nur linksbündige Tabstopps verwenden, weil in der Überschrift nur Texteingaben gemacht werden. Die Tabstopps liegen im Lineal in etwa bei 3 cm, 5,75 cm, 9,25 cm, 11,5 cm und 12 cm.

2 Geben Sie nun die Überschriften ein und drücken Sie nach jeder Texteingabe die [Tab]-Taste, um zum nächsten Tabstopp zu springen. Nach dem letzten Texteintrag drücken Sie die [↵]-Taste.

3 Klicken Sie so oft auf die Schaltfläche für die Tabstoppausrichtung, bis Sie das Symbol für eine vertikale Linie (**Leiste-Tabstopp**) sehen. Platzieren Sie diesen Tabstopp genau zwischen den beiden letzten Tabstopps (also bei 11,5 cm).

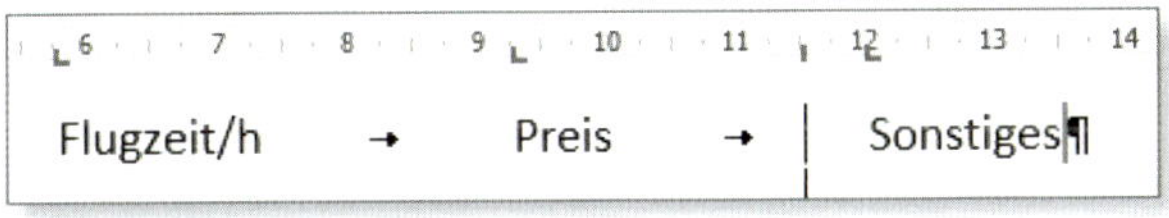

Abbildung 23.20
Die Überschriften der Tabelle

4 Markieren Sie die erste Zeile mit den Überschriften und klicken Sie auf der Registerkarte **Start** auf die Schaltfläche **Unterstreichen**.

5 Setzen Sie den Cursor in den zweiten Absatz und entfernen Sie die zuvor gesetzten Tabstopps (bis auf den für die vertikale Linie), indem Sie sie aus dem Lineal ziehen.

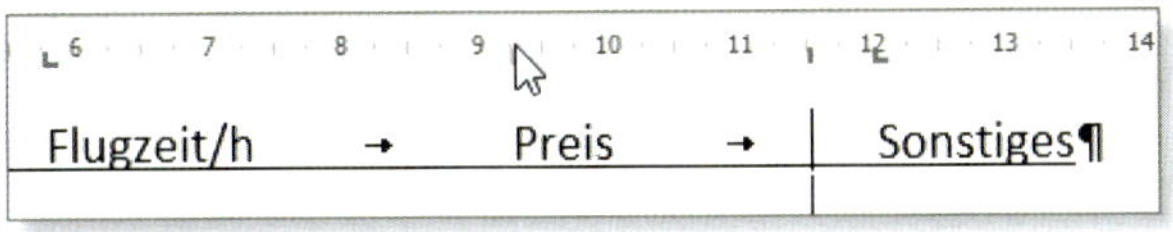

Abbildung 23.21
Die Tabstopps der Überschrift wieder entfernen

6 Geben Sie dann die Tabstopps für den Rest der Tabelle ein. Für die Spalte »Abflugort« brauchen wir keinen Tabstopp, der Text beginnt hier einfach am Anfang der Zeile. Der erste Tabstopp für die Spalte »Flug« ist linksbündig; stellen Sie diese Ausrichtung also über die Schaltfläche ein und klicken Sie an der entsprechenden Position (bei 3 cm) in das Lineal.

7 Klicken Sie daraufhin auf die Schaltfläche für die Ausrichtung der Tabstopps, um für den nächsten Tabstopp eine rechtsbündige Ausrichtung festzulegen. Setzen Sie den Tabstopp dann bei 7,25 cm im Lineal.

8 Für den dritten Tabstopp (die Spalte »Preis«) brauchen Sie eine dezimale Ausrichtung. Klicken Sie also erneut auf das Quadrat für die Ausrichtung, um die Option **Tabstopp dezimal** einzustellen. Setzen Sie den Tabstopp bei 10 cm im Lineal.

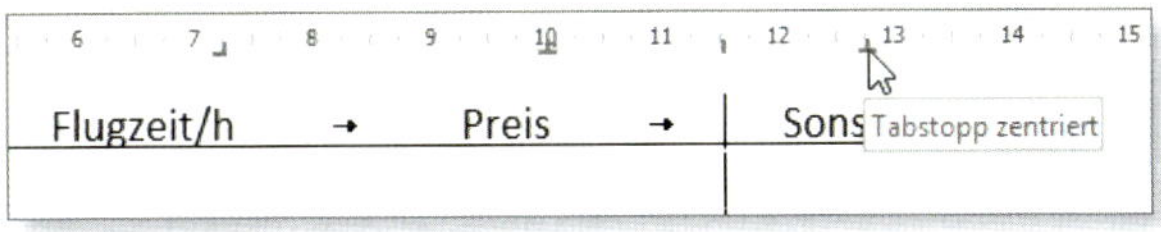

Abbildung 23.22
Die Tabstopps für den Tabellentext setzen

9 Stellen Sie über die Schaltfläche für die Ausrichtung danach das Symbol **Tabstopp zentriert** ein und setzen Sie den letzten Tabstopp bei 12,75 cm.

Damit sind alle Tabstopps gesetzt, und Sie können die Tabelle mit Text füllen. Am Ende einer Zeile drücken Sie jeweils die [↵]-Taste, um die Tabstopps nicht zu verlieren. Denken Sie daran, die Absätze vorher zu markieren, falls Sie den Tabstopp für eine Spalte verschieben möchten.

23.2 Das Dialogfenster »Tabstopps« nutzen

Es ist sehr komfortabel, Tabstopps einfach mit der Maus im Lineal zu setzen. Der Nachteil dieser Methode ist, dass die Position der Tabstopps relativ ungenau ist. Das Lineal ist in Zentimeter unterteilt und jeder Zentimeter in drei Skalenstriche. Sie können hier also beispielsweise bei 3,25 cm klicken, bei 3,5 cm oder bei 3,75 cm. Präzisere Werte, die dazwischenliegen, können Sie per Mausklick nicht erwischen. Wenn für Ihr Vorhaben also millimetergenaue Werte erforderlich sind, müssen Sie Tabstopps in einem Dialog festlegen.

Der Dialog zum Festlegen von Tabstopps ist in Word 2013 ziemlich versteckt. Sie müssen zunächst den Dialog **Absatz** aufrufen (über den kleinen Pfeil rechts unten in der Gruppe **Absatz** auf der Registerkarte **Start**), um ihn zu finden.

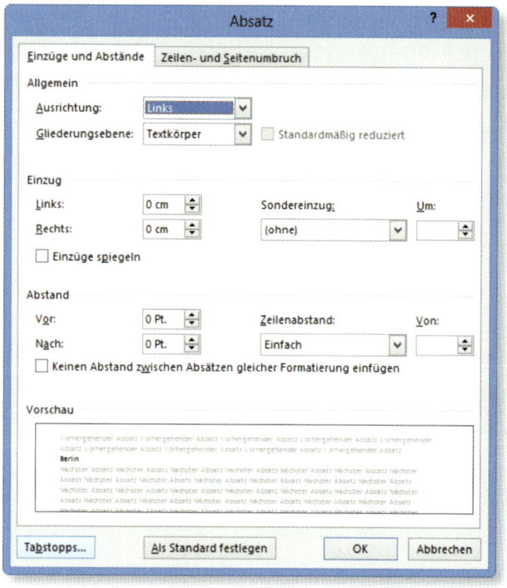

Abbildung 23.23
Links unten im Dialog »Absatz« finden Sie die Schaltfläche »Tabstopps«.

Unten links in diesem Dialog befindet sich die Schaltfläche **Tabstopps**. Klicken Sie darauf, um den zugehörigen Dialog aufzurufen.

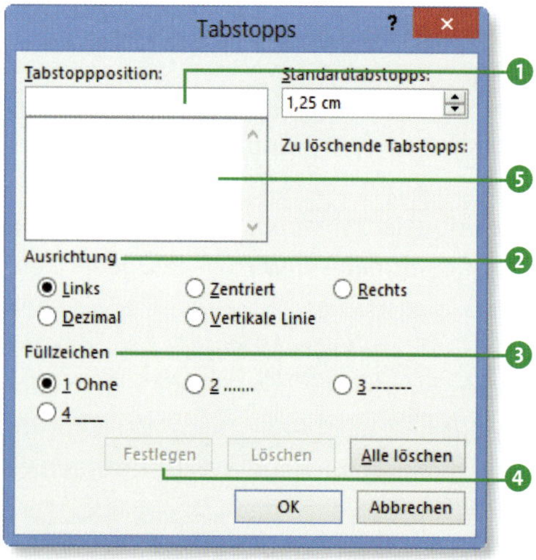

Abbildung 23.24
Der Dialog »Tabstopps«

Wenn Sie im aktuellen Dokument bisher noch keine Tabstopps angelegt haben, ist dieser Dialog »jungfräulich« leer; falls es bereits Tabstopps gibt, werden sie hier angezeigt.

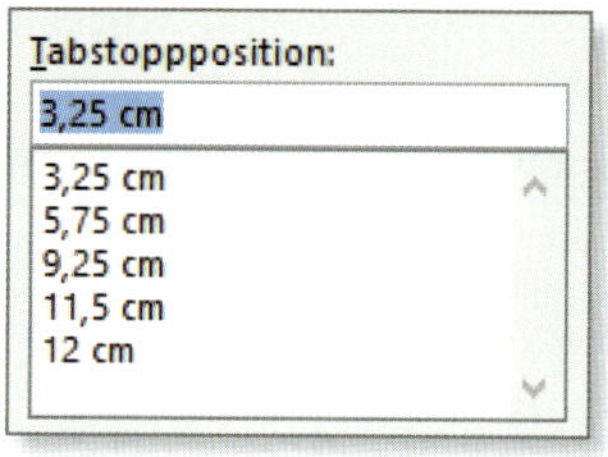

Abbildung 23.25
Die Tabstopps und ihre Positionen im Dialog »Tabstopps«

Tabstopps mit Füllzeichen versehen

Sie können in diesem Dialog Tabstopps anlegen und alle gewünschten Optionen vorgeben. Der Dialog bietet außerdem die Möglichkeit, den Raum zwischen zwei Tabstopps mit Füllzeichen zu füllen. Diese Möglichkeit haben Sie nicht, wenn Sie Ihre Tabstopps einfach mithilfe des Lineals setzen.

Abbildung 23.26
Tabstopps mit Füllzeichen

1. Geben Sie in das obere Feld **Tabstoppposition** ❶ die gewünschte Position des Tabstopps ein (siehe Abbildung 23.24). Hier können Sie genaue Werte eingeben, z. B. »2,32 cm«.
2. Mit den Optionen im Bereich **Ausrichtung** ❷ können Sie die Ausrichtung des Tabstopps bestimmen. Klicken Sie einfach das entsprechende Optionskästchen an.
3. Im Bereich **Füllzeichen** ❸ können Sie für den Raum zwischen zwei Tabstopps bestimmte Zeichen festlegen. Wie Sie sehen, werden Punkte, kleine Striche und ein durchgezogener Strich angeboten. Um ein Füllzeichen für den Tabstopp zu bestimmen, aktivieren Sie die gewünschte Option.

4 Nach der Einstellung aller Merkmale für den Tabstopp klicken Sie auf die dann aktive Schaltfläche **Festlegen** ❹. Daraufhin wird der neu angelegte Tabstopp im bisher leeren Feld **Tabstoppposition** ❺ angezeigt, und Sie können einen weiteren Tabstopp einrichten.

5 Erst nach der Festlegung aller Tabstopps klicken Sie auf **OK**.

Wenn Sie nur einen Tabstopp anlegen möchten, können Sie nach der Eingabe der Position direkt auf **OK** klicken und damit den Dialog schließen.

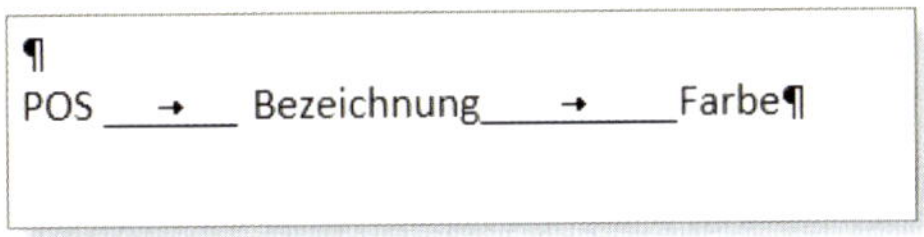

Abbildung 23.27
Tabstopps mit einer durchgezogenen Linie als Füllzeichen

Danach werden die Tabstoppsymbole im Lineal angezeigt. Wenn Sie genau hinschauen, können Sie erkennen, dass die Symbole jetzt exakt an der festgelegten Position liegen, also nötigenfalls auch zwischen den Skalenstrichen des Lineals.

HINWEIS

Füllzeichen

Füllzeichen dienen nicht nur der optischen Gestaltung, sondern verhindern auch, dass Einträge (z. B. Zahlen/Beträge) in Tabellen nachträglich (und unerlaubt) verändert werden können. Im digitalen Zeitalter ist dies am Bildschirm allerdings natürlich trotzdem ohne Weiteres möglich, sodass der Einsatz von Füllzeichen hierfür nicht mehr sinnvoll ist.

Merkmale von Tabstopps nachträglich ändern

Um die Merkmale eines Tabstopps (z. B. seine Ausrichtung und/oder die Füllzeichen) nachträglich zu ändern, rufen Sie erneut den Dialog **Tabstopps** auf. In der Auflistung der Tabstopps markieren Sie den Tabstopp, den Sie bearbeiten möchten, und aktivieren die neuen Einstellungen. Wie beim Anlegen von Tabstopps klicken Sie auf **Festlegen**, falls Sie weitere Tabstopps verändern möchten. Anderenfalls klicken Sie direkt auf **OK**.

TIPP

Standardtabstopps ändern

Im Dialog **Tabstopps** werden Sie auch das Feld **Standardtabstopps** entdecken. Als Wert ist hier **1,25 cm** eingetragen. Diesen Wert könn(t)en Sie natürlich ebenfalls verändern, aber normalerweise ist es besser, den Standard beizubehalten und bei Bedarf lieber individuelle Tabstopps zu setzen.

Der Dialog **Tabstopps** bietet Ihnen die Möglichkeit, alle Tabstopps auf einen Schlag loszuwerden. Dazu klicken Sie einfach auf die Schaltfläche **Alle löschen** ❻ und dann auf **OK**. Um einzelne Tabstopps zu entfernen, markieren Sie den Tabstopp in der Liste ❼ und klicken dann auf die Schaltfläche **Löschen** ❽. Da der Dialog geöffnet bleibt, können Sie auf gleichem Weg weitere Tabstopps löschen. Zu guter Letzt klicken Sie auf **OK**.

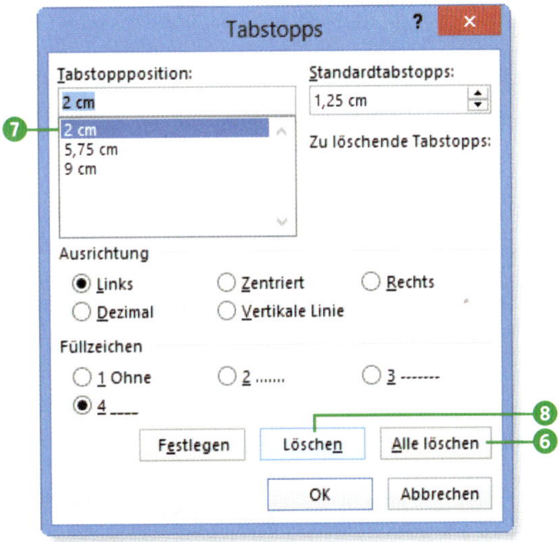

Abbildung 23.28
Einen Tabstopp im Dialog löschen

Da sich einzelne Tabstopps ja, wie beschrieben, auch ganz einfach mit der Maus entfernen lassen, indem Sie sie aus dem Lineal ziehen, ist vor allem die Funktion **Alle löschen** im Dialog **Tabstopps** praktisch, wenn Sie wirklich alle Tabstopps in einem Rutsch entfernen möchten. Es gibt einen schnellen Weg, einen Tabstopp zu setzen und gleichzeitig den Dialog **Tabstopps** aufzurufen: Klicken Sie doppelt auf den unteren Rand des Lineals. Dadurch setzen Sie an dieser Stelle einen Tabstopp und öffnen gleichzeitig den Dialog. Sie müssen den Rand allerdings ziemlich genau erwischen; wenn Sie einfach doppelt auf das Lineal klicken, rufen Sie nämlich den Dialog **Seite einrichten** auf. Wenn es bereits Tabstoppsymbole im Lineal gibt, können Sie auch einen dieser Tabstopps doppelt anklicken, um den Dialog **Tabstopps** aufzurufen. Der angeklickte Tabstopp ist dann auch gleich im Dialog markiert.

Kapitel 24
Tabellen

Wenn Texteinträge Zeile für Zeile sauber untereinanderstehen sollen, kann man auf die Schnelle mit Tabstopps arbeiten, wie wir es in Kapitel 23, »Tabstopps«, bereits beschrieben haben. Für komplexere Zeilen- und Spalteneinträge sind Tabellen die richtige Wahl. Sie lassen sich schnell einfügen, sind relativ leicht zu handhaben und können in vielerlei Hinsicht optisch gestaltet werden – mit oder ohne Formatvorlagen.

Wir gestehen Ihnen gern, dass wir ausgesprochene Fans der Word-Tabellen sind und sie in vielen Situationen nutzen. Sie bieten sehr gute Möglichkeiten, Text- und Zahleneingaben auszurichten, ohne dass bei Änderungen und Ergänzungen etwas »verrutscht«, sie lassen sich leicht überarbeiten, können spalten-, zeilen- oder zellenweise mit Hintergrundfarbe formatiert oder mit den speziellen Tabellenformatvorlagen schnell optisch aufpoliert werden, und selbst einfache Berechnungen sind in Tabellen möglich.

POS	Produktbeschreibung	Preis	Menge	Gesamtpreis
001	Fenstersauger 75 Plus	45,00	5	225,00
002	Wasserkocher mit LED-Anzeige	89,00	8	880,00
003	Tefal Dampfbügeleisen	33,60	12	403,20
004	Bosch Handmixer	69,50	3	208,50
			Summe	**1.716,70**
		MWST	19%	326,17

Abbildung 24.1
Eine Tabelle mit Berechnung

24.1 Mit Tabellen arbeiten

Weil man die Linien der eingefügten Tabelle auch komplett ausblenden kann, eignen sich Tabellen bestens dazu, Text zu schreiben, der auf eine bestimmte Weise angeordnet werden soll, bei dem man aber nicht erkennen soll, dass es sich um eine Tabelle handelt. Denken Sie beispielsweise an einen tabellarischen Lebenslauf (siehe Abbildung 24.2). Wenn Sie dafür eine Tabelle nutzen, wird es viel einfacher, die jeweiligen Angaben ordentlich untereinanderstehen zu lassen, als es z. B. mit Tabstopps der Fall wäre (die insbesondere bei nachträglichen Veränderungen oft Ärger machen). Die Rahmenlinien der Spalten und Zeilen sind aufgrund der Formatierung nicht sichtbar.

Persönliche Daten

Name	Daniel Mustermann
Adresse	Baumannstr. 6 21614 Buxtehude
Telefon	(04161) 12345
E-Mail	Daniel1@Mustermann.de
Familienstand	verheiratet

Berufliche Erfahrung

Jan 1999 – Sept 2005	Sachbearbeiter bei der Kienzle AG, PR-Abteilung, verantwortlich für: - Aufbereitung von Statistiken

Abbildung 24.2
Eine Tabelle für einen Lebenslauf

Ein weiteres Beispiel dafür, wie praktisch Tabellen sein können, sehen Sie in Abbildung 24.3. Auch für diesen Briefkopf wurde eine Tabelle genutzt, weil sie die komfortabelste Möglichkeit bietet, einen ganzen Textblock sauber nach rechts zu setzen (aber ohne gleichzeitige rechtsbündige Ausrichtung). Dass hier eigentlich eine Tabelle dahintersteckt, erkennen Sie in Abbildung 24.4.

Gartenideen

Gartengestaltung Lohse
24123 Kiel
Landstr. 12
Tel.: 0431-87653

^ ***Abbildung 24.3***
Ein Briefkopf, angelegt als Tabelle

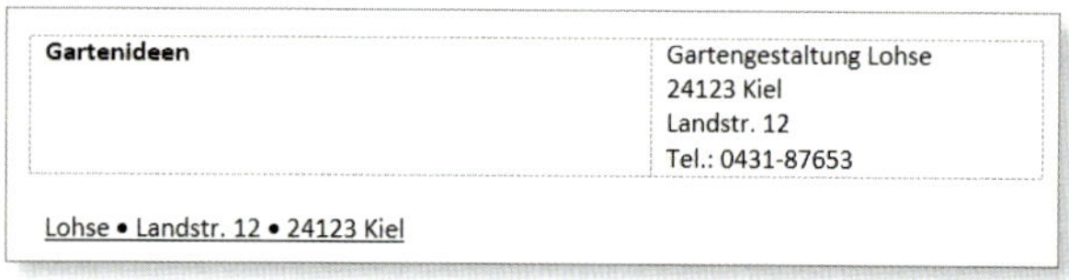
Gartenideen

Gartengestaltung Lohse
24123 Kiel
Landstr. 12
Tel.: 0431-87653

Lohse • Landstr. 12 • 24123 Kiel

^ ***Abbildung 24.4***
Eine Tabelle für den Briefkopf

Sie sehen, dass Tabellen für viele Zwecke eingesetzt werden können. Es muss nicht immer um die klassische Tabelle gehen, sondern einfach um Texteingaben, die mithilfe der Tabellengestaltung das gewünschte Layout annehmen.

Eine Tabelle einfügen

Die Schaltfläche zum Erstellen von Tabellen finden Sie auf der Registerkarte **Einfügen** in der Befehlsgruppe **Tabellen**.

1 Um eine Tabelle einzufügen, klicken Sie auf die Schaltfläche **Tabellen**.

2 In dem Menü, das sich daraufhin öffnet, werden die Zeilen und Spalten als Kästchen symbolisiert. Fahren Sie mit dem Mauszeiger über die Anzahl der Zeilen und Spalten, die die Tabelle haben soll.

3 Die Livevorschau tut ihren Dienst und zeigt im Dokument die Tabelle, die Sie im Begriff sind einzufügen. Im oberen Bereich des Menüs wird die aktuelle Zeilen- und Spaltenzahl angezeigt. Klicken Sie im Menü auf das passende Kästchen, um die Tabelle Ihren Wünschen gemäß einzufügen.

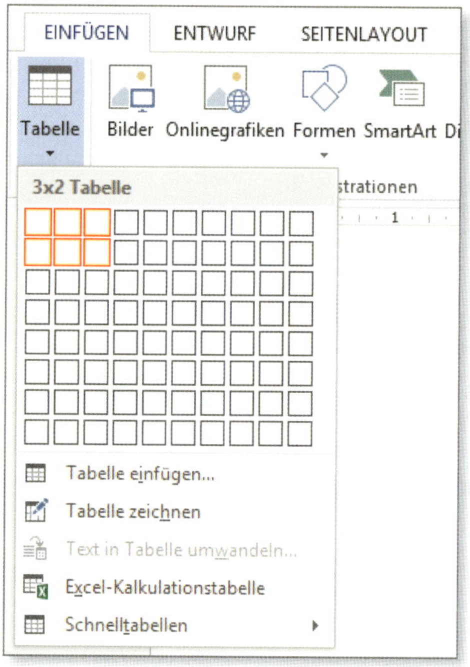

^ ***Abbildung 24.5***
Eine Tabelle einfügen

Daraufhin sehen Sie die eingefügte Tabelle im Dokument. Die Breite der Spalten ist abhängig von ihrer Anzahl. Je mehr Spalten Sie einfügen, desto schmaler werden logischerweise die einzelnen Spalten, denn der Platz auf der Seite ist nun einmal begrenzt. In der Standardeinstellung werden einfache Rahmenlinien für alle Zeilen und Spalten angezeigt.

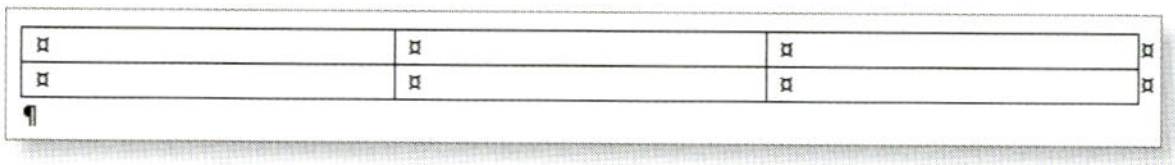

^ ***Abbildung 24.6***
Eine dreispaltige Tabelle mit zwei Zeilen

Solange der Cursor in der Tabelle steht, werdem im Menüband die Registerkarten **Tabellentools/Entwurf** und **Tabellentools/Layout** eingeblendet. Hinter den Schaltflächen dieser Registerkarten verbergen sich fast alle Funktionen, die Sie benötigen, um Tabellen zu bearbeiten.

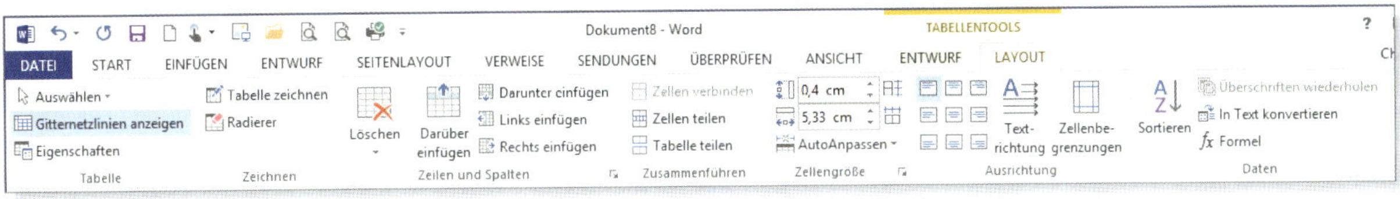

Abbildung 24.7
Die Registerkarten »Tabellentools/Entwurf« und »Tabellentools/Layout«

Die Felder, die sich durch die Zeilen- und Spaltenrahmen ergeben, werden als *Zellen* bezeichnet. Sie haben jeweils ein Zellenendzeichen, das angezeigt wird, wenn die Formatierungszeichen eingeschaltet sind, und zwar entweder alle oder zumindest die Absatzmarken. In diese Zellen tragen Sie Text und/oder Zahlen ein. Um den Cursor in die nächste Zelle zu setzen, können Sie natürlich einfach mit der Maustaste in diese Zelle klicken, aber wenn Sie die Hände ohnehin auf der Tastatur haben, ist es komfortabler, die [Tab]-Taste zu drücken. Um den Cursor zurück in die vorangegangene Zelle zu bewegen, benutzen Sie die Tastenkombination [⇧] + [Tab]. Wenn Sie einen längeren Text in eine Zelle eingeben, der nicht in deren erste Zeile passt, wird der Text normalerweise umbrochen; der Text rutscht also automatisch in die nächste Zeile.

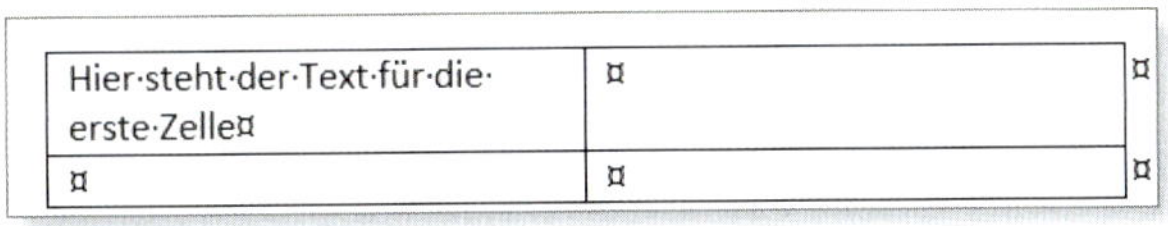

Abbildung 24.8
Der Text wird umbrochen.

Dieses Verhalten hängt damit zusammen, dass für Tabellen in der Standardeinstellung die Option **Feste Spaltenbreite** eingestellt ist. Sie sorgt dafür, dass sich die Spaltenbreite nicht verändert, egal, wie lang der Text ist, den Sie eingeben.

Eine flexible Spaltenbreite einstellen

Es gibt aber auch die Möglichkeit, eine flexible Spaltenbreite festzulegen, die sich nach der Länge des Textes richtet, den Sie in eine Zelle eingeben. Damit Tabellen bzw. Zellen sich so verhalten, müssen Sie Tabellen die Eigenschaft **Inhalt automatisch anpassen** zuweisen. Achten Sie darauf, dass der Cursor in der bereits eingefügten Tabelle steht, und klicken Sie auf der Registerkarte **Tabellentools/Layout** auf die Schaltfläche **AutoAnpassen**. Im zugehörigen Menü wählen Sie **Inhalt automatisch anpassen**.

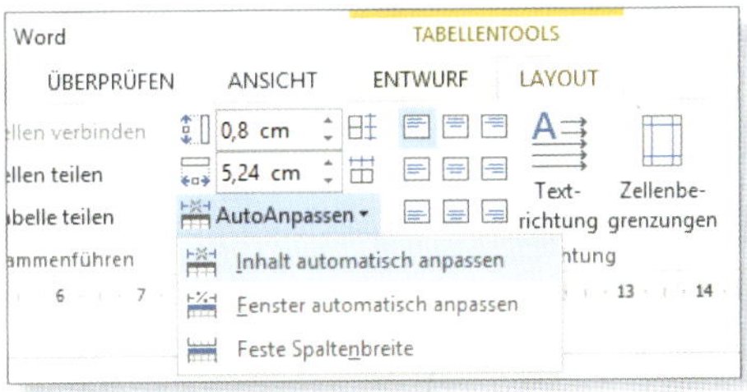

Abbildung 24.9
Mit der Option »Inhalt automatisch anpassen« passt sich die Spaltenbreite der Länge des Textes an.

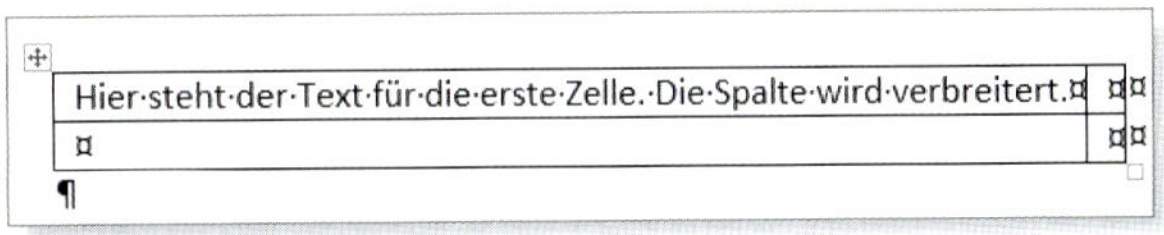

Abbildung 24.10
Die Spaltenbreite »wächst« mit.

Wenn Sie jetzt einen längeren Text eingeben, werden Sie bemerken, dass sich die Breite der Spalte entsprechend verändert.

Tabstopps in Tabellen

Sie können in Tabellen auch zusätzliche Tabstopps setzen, um die Eingabe in den Zellen an Tabstopps auszurichten.

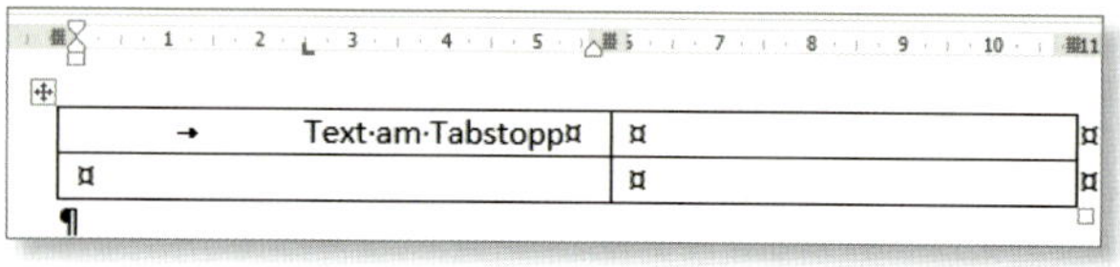

^ Abbildung 24.11
Ein Tabstopp innerhalb einer Tabellenzelle

Diese Tabstopps legen Sie fest wie in normalen Texten (siehe dazu Kapitel 23, »Tabstopps«), allerdings müssen Sie eine Besonderheit beachten, wenn Sie den Cursor mit der ⭾-Taste bewegen. Durch Drücken der ⭾-Taste würde der Cursor normalerweise in die nächste Zelle springen. Damit der Cursor stattdessen zum Tabstopp springt, drücken Sie zusammen mit der ⭾-Taste die Strg-Taste.

Zeilen und Spalten hinzufügen

Beim Einfügen einer Tabelle ist nicht immer gleich klar, wie viele Zeilen und Spalten am Ende wirklich benötigt werden. Dies stellt aber kein Problem dar, da man sowohl Zeilen als auch Spalten hinzufügen kann. Besonders einfach ist es, die Tabelle nach unten zu erweitern, also eine Zeile an das Ende der Tabelle zu »hängen«.

1. Setzen Sie den Cursor in die letzte Zelle der letzten Tabellenzeile.
2. Drücken Sie die ⭾-Taste. Wie Sie sehen, wird sofort eine neue Zeile angefügt.

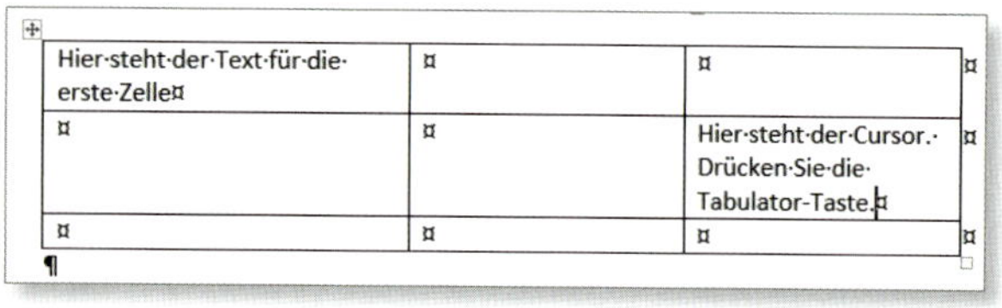

^ Abbildung 24.12
Eine Zeile wurde mithilfe der ⭾-Taste angefügt.

Wenn Sie eine Zeile irgendwo in der Mitte der Tabelle einfügen möchten, kommen Sie fast genauso schnell zum Ziel. Zeigen Sie mit der Maus auf den linken Rand der Tabelle, und zwar an der Trennlinie zweier Zeilen, unterhalb der Sie eine Zeile einfügen möchten. Sie sehen, dass ein Pluszeichen mit einer doppelten blauen Linie erscheint. Klicken Sie einfach auf das Pluszeichen, um eine Zeile unterhalb der Linie einzufügen.

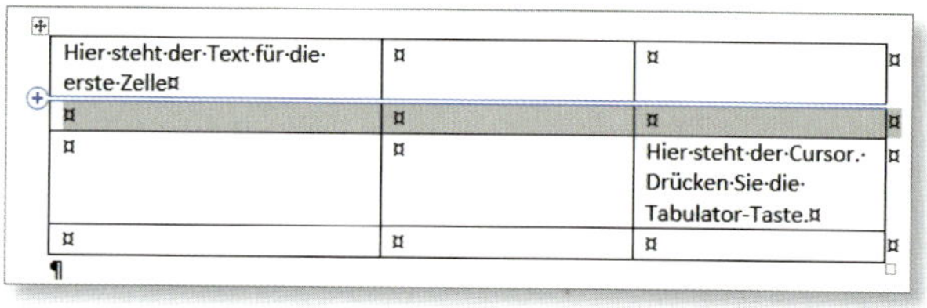

^ Abbildung 24.13
Mit dem Pluszeichen fügen Sie eine Zeile ein (hier bereits eingefügt und grau unterlegt).

Sie können aber auch mit Befehlen arbeiten, um Zeilen innerhalb einer Tabelle einzufügen.

1. Setzen Sie den Cursor in die Zeile, über oder unter der Sie eine neue Zeile einfügen möchten.
2. Aktivieren Sie die Registerkarte **Tabellentools/Layout**.
3. Klicken Sie in der Gruppe **Zeilen und Spalten** auf **Darüber einfügen** oder auf **Darunter einfügen**.

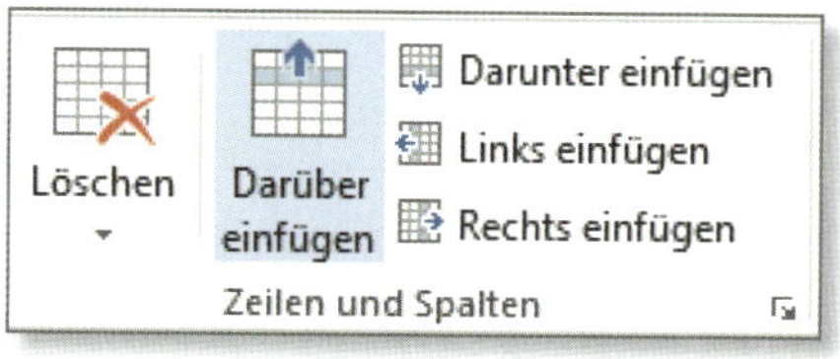

^ Abbildung 24.14
Eine Zeile hinzufügen

Ganz ähnlich verfahren Sie, wenn Sie die Tabelle um eine weitere Spalte ergänzen möchten. Auch hier können Sie mit dem Pluszeichen arbeiten. Zeigen Sie mit der Maus am oberen Rand auf die Trennlinie zweier Spalten, neben der Sie eine weitere Spalte einfügen möchten, und klicken Sie auf das Pluszeichen. Die Spalte wird daraufhin rechts der doppelten Linie eingefügt.

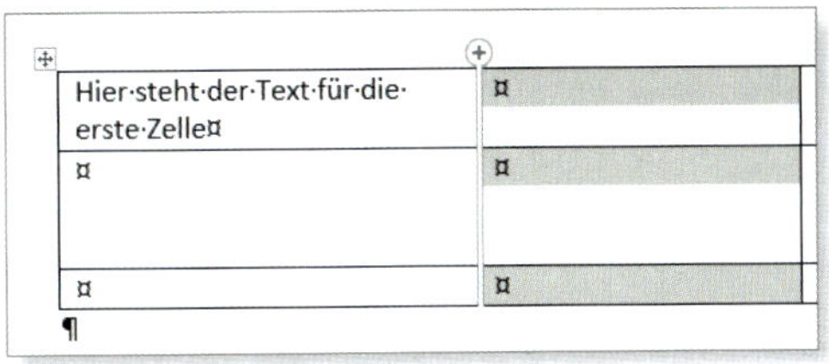

Abbildung 24.15
Fügen Sie mit dem Pluszeichen eine Spalte ein (hier bereits eingefügt und grau unterlegt).

Per Befehl geht das so: Platzieren Sie zunächst den Cursor in der Spalte, neben der Sie eine neue Spalte einfügen möchten, und klicken Sie dann auf der Registerkarte **Tabellentools/Layout** in der Gruppe **Zeilen und Spalten** auf die Schaltfläche **Links einfügen** bzw. **Rechts einfügen**.

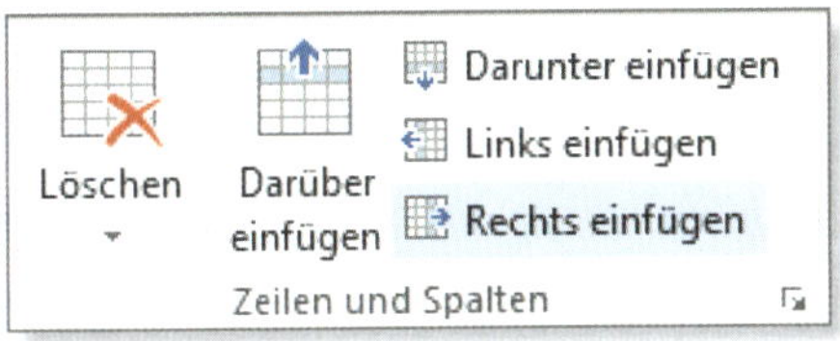

Abbildung 24.16
Eine Spalte rechts neben der aktuellen Spalte einfügen

Ganz fix geht das Einfügen von Zeilen und Spalten auch mithilfe des Kontextmenüs einer Zeile bzw. Spalte. Dazu setzen Sie den Cursor in die entsprechende Zelle und rufen per Rechtsklick das Kontextmenü auf. Im Untermenü des Eintrags **Einfügen** finden Sie die Befehle zum Einfügen von Spalten und Zeilen.

HINWEIS

Nicht die [↵]-Taste drücken

Unterdrücken Sie unbedingt den Impuls, einfach die [↵]-Taste zu drücken, um eine Zeile einzufügen; damit fügen Sie lediglich einen neuen Absatz in der Zelle ein.

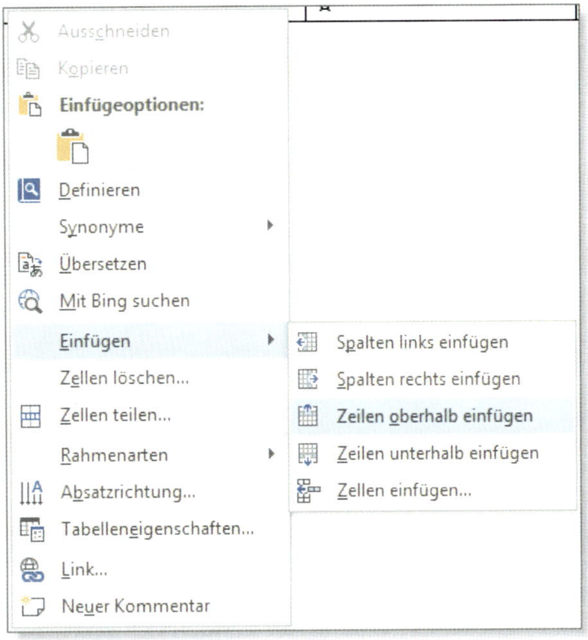

Abbildung 24.17
Kontextmenübefehle zum Einfügen von Spalten und Zeilen

Text in Tabellen markieren

Natürlich können Sie den Text in Tabellen bzw. in deren Zellen ganz »normal« markieren (z. B. einfach mit der Maus), aber es gibt auch eine ganze Reihe von speziellen Tricks, die wir Ihnen im Folgenden vorstellen möchten:

- Um eine ganze Tabelle zu markieren, klicken Sie auf den *Tabellenmarkierer* oder *Tabellenanfasser* oben links an der Tabelle (das kleine Quadrat mit dem Vierfachpfeil).
- Um eine ganze Spalte zu markieren, setzen Sie den Cursor über die oberste Linie einer Spalte, sodass der Mauszeiger zu einem nach unten weisenden schwarzen Pfeil wird. Mit einem Mausklick wird nun die ganze Spalte markiert.

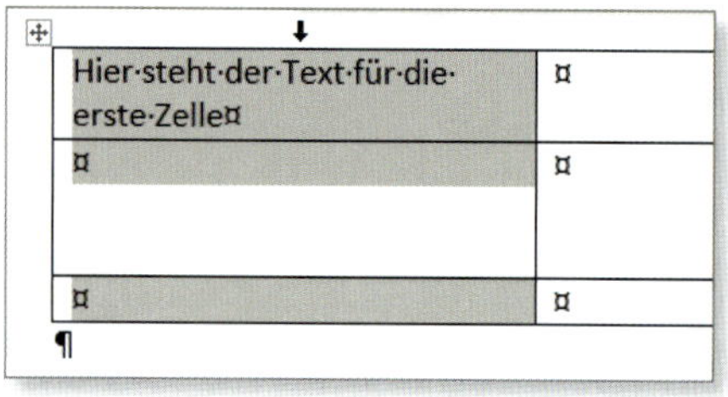

Abbildung 24.18
Eine Spalte markieren

- Um eine ganze Zeile zu markieren, setzen Sie den Cursor in die *Markierungsleiste*, also in den Bereich links neben der Zeile; der Mauszeiger nimmt dann die Form eines schräg nach oben weisenden weißen Pfeils an. Wenn Sie jetzt klicken, wird die ganze Zeile markiert.
- Eine Zelle markieren Sie ganz einfach, indem Sie den Cursor an den Anfang dieser Zelle setzen; der Mauszeiger wird dann zu einem schräg nach oben weisenden schwarzen Pfeil. Wenn Sie jetzt klicken, werden alle Zellenfelder der Tabellenzeile markiert.

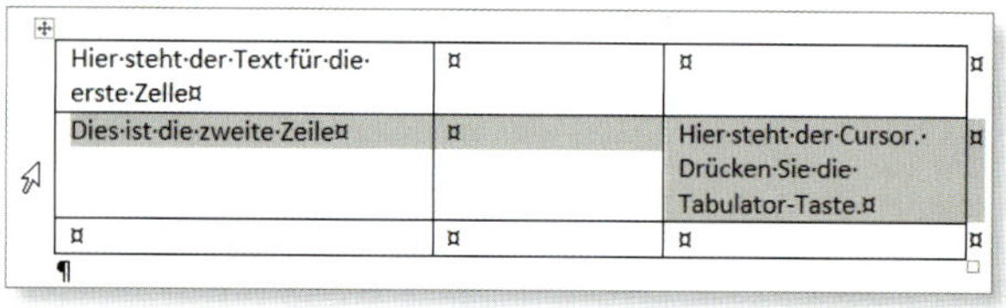

Abbildung 24.19
Eine ganze Zeile markieren

- Und zu guter Letzt: Wenn Sie mehrere Zellen markieren wollen, halten Sie, wie bei der Mehrfachmarkierung üblich, die `Strg`-Taste gedrückt, während Sie die betreffenden Zellen nacheinander mit der Maus anklicken.

Alle Elemente der Tabelle sowie die Tabelle selbst lassen sich auch mit speziellen Befehlen markieren. Diese Befehle finden Sie auf der Registerkarte **Tabellentools/Layout**. Ganz links befindet sich die Gruppe **Tabelle**. Im Menü der Schaltfläche **Auswählen** finden Sie die Befehle zum Markieren.

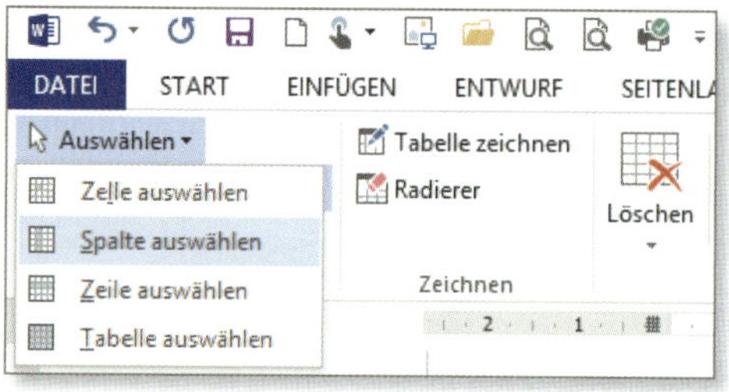

Abbildung 24.20
Befehle zum Markieren auf der Registerkarte »Tabellentools/Layout«

Abgesehen von den bisher genannten Methoden lassen sich Spalten und Zeilen auch sehr bequem mit den Pfeiltasten zusammen mit der ⇧-Taste markieren. Zum Markieren der ersten Spalte setzen Sie den Cursor beispielsweise in die erste Zelle der ersten Zeile. Halten Sie dann die ⇧-Taste gedrückt und wandern Sie mit der Taste ↓ durch die Spalte. Wenn Sie im Eifer des Gefechts versehentlich zu weit springen, nehmen Sie die Markierung wieder zurück, indem Sie ↑ drücken.

TIPP

⇧-Taste und Pfeiltasten

Diese Möglichkeit des Markierens mithilfe der Pfeiltasten, die ja auch in »normalen« Texten gut funktioniert, wird von vielen Anwendern gern übersehen. Mit gedrückter Maustaste über den Text zu fahren ist immer noch die populärste Methode, obwohl sie gerade bei Anfängern oft schiefgeht und Textstücke ungewollt verschoben statt markiert werden. Unser Tipp lautet daher ganz eindeutig: Lassen Sie ruhig hin und wieder die Finger von der Maus – es geht auch ohne!

Tabellenelemente entfernen

Wenn Sie feststellen, dass einige Spalten und/oder Zeilen überflüssig sind, können Sie sie ohne großen Aufwand wieder entfernen. Die Befehle zum Löschen finden Sie auf der Registerkarte **Tabellentools/Layout** in der Gruppe **Zeilen und Spalten**.

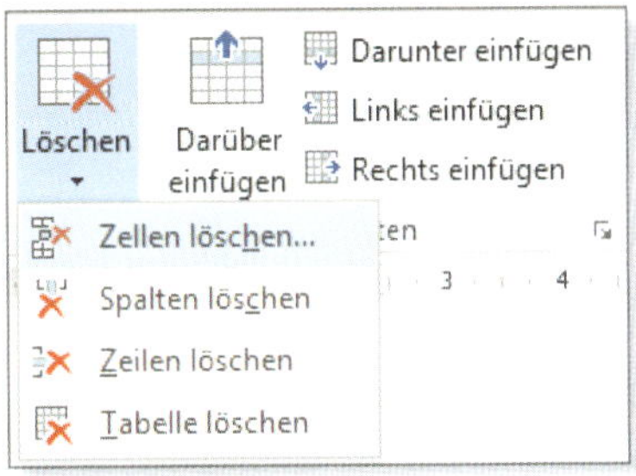

Abbildung 24.21
Befehle zum Löschen von Tabellenelementen

- Um eine ganze Zeile zu löschen, markieren Sie die Zeile und klicken im Menü der Schaltfläche **Löschen** auf den Befehl **Zeilen löschen**.
- Um eine ganze Spalte zu löschen, markieren Sie die Zeile und klicken im Menü der Schaltfläche **Löschen** auf den Befehl **Spalten löschen**.
- Mit dem Befehl **Tabelle löschen** wird die ganze Tabelle entfernt. Sie müssen die Tabelle vorher nicht einmal markieren.

Wenn Sie auf den Befehl **Zellen löschen** klicken, wird der kleine Dialog **Zellen löschen** aufgerufen.

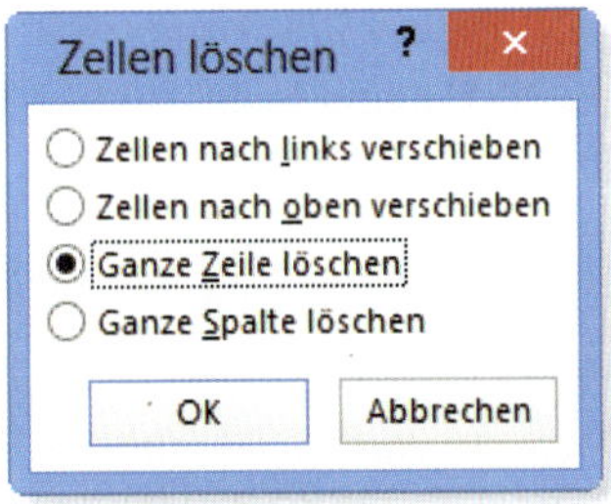

Abbildung 24.22
Der Dialog »Zellen löschen«

Dieser Dialog bietet zusätzlich zum Löschen die Befehle **Zellen nach links verschieben** und **Zellen nach oben verschieben**. Mit ihnen löschen Sie nur die markierten Zellen, wobei die entstehende Lücke durch die nachfolgenden Zellen aufgefüllt wird. Je nach gewählter Option rutschen dann die nebenstehenden Zellen nach links bzw. nach oben, sodass am rechten Rand bzw. am Ende der Tabelle entsprechend Zellen fehlen.

TIPP

Löschen über das Kontextmenü

Je nach Markierung finden Sie die Befehle zum Löschen von Zeilen, Spalten und der ganzen Tabelle auch im Kontextmenü des markierten Elements.

Wenn Sie die Einträge in Zeilen oder Spalten (oder auch die ganze Tabelle) markieren und dann die `Entf`-Taste drücken, werden lediglich diese Einträge gelöscht, aber nicht die Zeilen und Spalten selbst. Um »manuell« eine ganze Tabelle wieder loszuwerden (also ohne den Befehl zum Löschen anzuwenden, sondern einfach indem Sie `Entf` drücken), müssen Sie, wie in Abbildung 24.23 zu sehen, nicht nur die Tabelle markieren, sondern auch mindestens einen Absatz außerhalb der Tabelle.

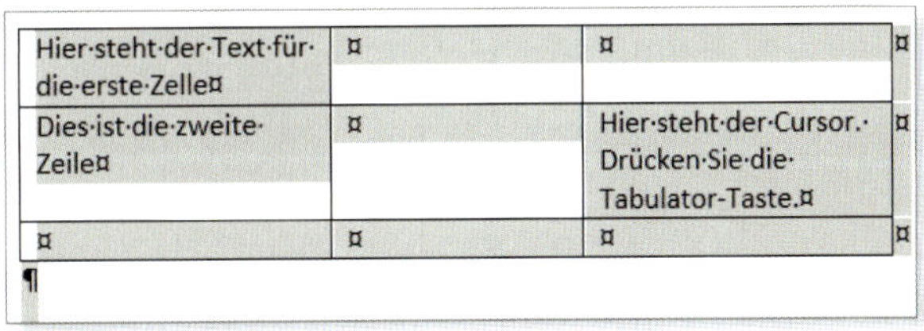

Abbildung 24.23
Dank dieser Markierung können Sie die Tabelle mit der `Entf`*-Taste löschen.*

Die Spaltenbreite verändern

Wie Sie sich denken können, lassen sich die Spaltenbreite und die Zeilenhöhe, mit denen eine Tabelle zunächst eingefügt wird, nachträglich verändern. Am einfachsten geht das mit der Maus.

1. Um die Breite einer Spalte zu ändern, führen Sie den Mauszeiger direkt an die horizontale Rahmenlinie der Spalte, die Sie verbreitern oder verkürzen möchten. Der Mauszeiger wird zu einem Doppelpfeil.
2. Halten Sie die Maustaste gedrückt und ziehen Sie die gestrichelte Linie, die daraufhin erscheint, nach links oder rechts.

3 Wenn die Maße der Spalte im Lineal angezeigt werden sollen, halten Sie bei dieser Aktion die [Alt]-Taste gedrückt.

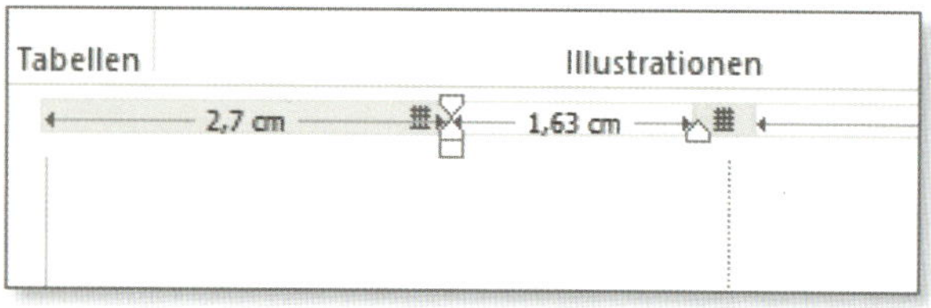

Abbildung 24.24
Die Spaltenmaße anzeigen lassen

4 Wenn die Spalte die gewünschte Größe erreicht hat, lassen Sie die Maustaste wieder los.

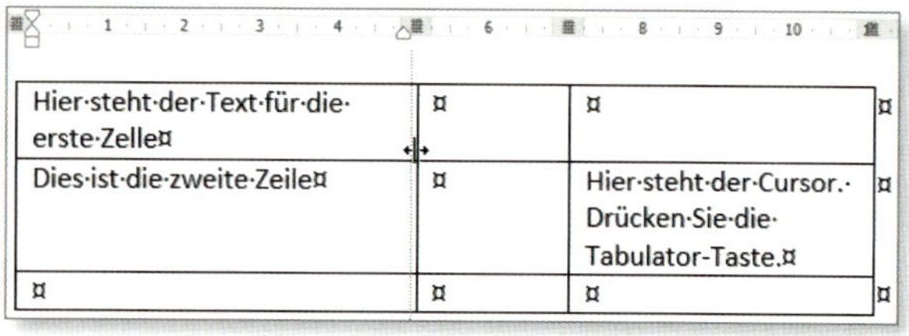

Abbildung 24.25
Die Spaltenbreite mit der Maus verändern

Beim Ziehen an einer Trennlinie wird die Breite der ganzen Spalte verändert. Wenn Sie nur eine Zelle verbreitern möchten, müssen Sie diese Zelle markieren und genau an der Rahmenlinie der markierten Zelle ziehen. Auf diese Weise verbreitert oder verkürzt sich (je nachdem, in welche Richtung Sie ziehen) nur die markierte Zelle. Das funktioniert natürlich auch für mehrere markierte Zellen gleichzeitig.

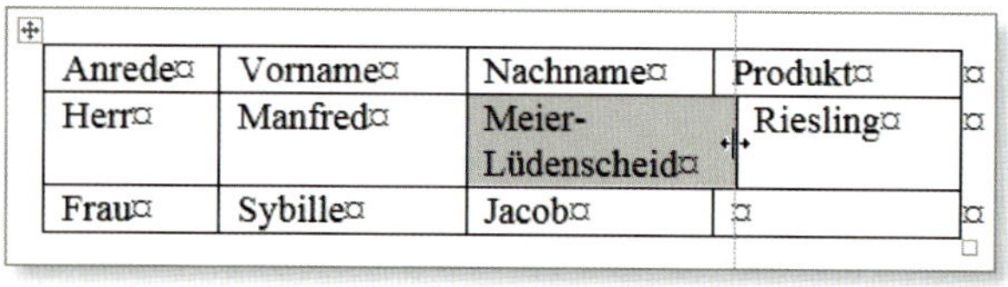

Abbildung 24.26
Die Breite einer Zelle verändern

Wenn Sie auf die beschriebene Art und Weise die Breite einer Spalte verändern, hat das natürlich Folgen für die Spalte daneben: Sie wird schmaler bzw. breiter. Es gibt einen Trick, um dies zu verhindern. Halten Sie die [⇧]-Taste gedrückt, während Sie an der Rahmenlinie ziehen. Dadurch bleibt die Breite der übrigen Spalten erhalten, weil sich die Breite der ganzen Tabelle verändert (sogar unabhängig von den Einstellungen des rechten Seitenrands, der bei dieser Vorgehensweise nicht beachtet wird).

Die Zeilenhöhe verändern

Um die Zeilenhöhe zu verändern, verfahren Sie genauso wie bei der Veränderung der Spaltenbreite, nur dass Sie den Mauszeiger auf die horizontale Trennlinie der Zeile setzen, deren Höhe Sie verändern möchten.

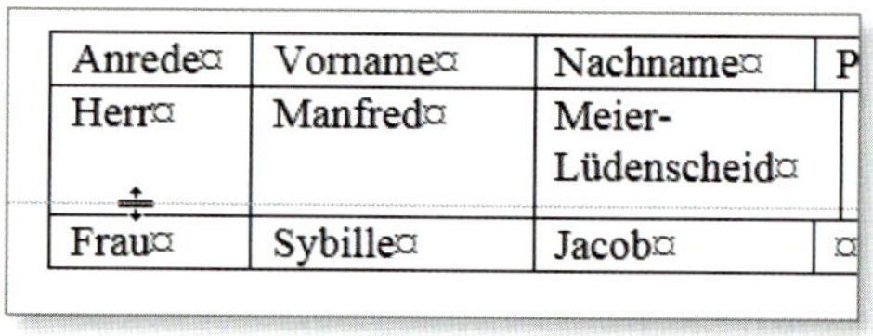

Abbildung 24.27
Die Zeilenhöhe mit der Maustaste ändern

TIPP

Das Lineal einblenden

Beim Ziehen an den Trennlinien erscheint automatisch das Lineal, auch wenn es vorher nicht eingeblendet war. Um es dauerhaft einzublenden, aktivieren Sie das Kontrollkästchen **Lineal** auf der Registerkarte **Ansicht**.

Spezielle Maße für Breite und Höhe eingeben

Sie können Spaltenbreite und Zeilenhöhe aber auch ohne Maus festlegen, indem Sie die gewünschten Maße in die passenden Felder eingeben. Auf der Registerkarte **Tabellentools/Layout** gibt es in der Gruppe **Zellengröße** die Felder **Tabellenzeilenhöhe** und **Tabellenspaltenbreite**. In diese Felder können Sie die Maße für Zeilenhöhe und Spaltenbreite eintragen bzw. mit den Pfeiltasten [↓] [↑] [→] [←] auswählen.

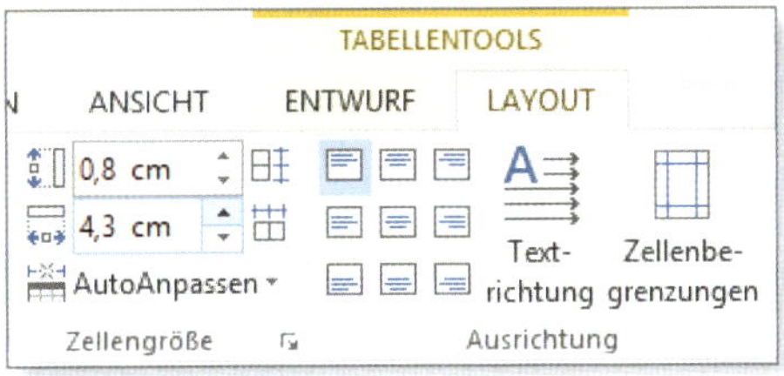

Abbildung 24.28
Maße für Zeilen und Spalten festlegen

Spaltenbreite und Zeilenhöhe im Dialog festlegen

In einer Tabelle mit vielen Spalten und Zeilen, die alle eine bestimmte Breite bzw. Höhe haben sollen, ist es praktisch, wenn man diese in einem Rutsch einstellen kann. Nutzen Sie dafür den Dialog **Tabelleneigenschaften**. Zunächst zeigen wir Ihnen, wie Sie die Spaltenbreite verändern.

1 Setzen Sie den Cursor in die erste Spalte der Tabelle, die Sie anpassen möchten.

2 Aktivieren Sie die Registerkarte **Tabellentools/Layout**.

3 Klicken Sie auf den kleinen Pfeil an der Gruppe **Zellengröße** ❶. Dadurch wird der Dialog **Tabelleneigenschaften** geöffnet.

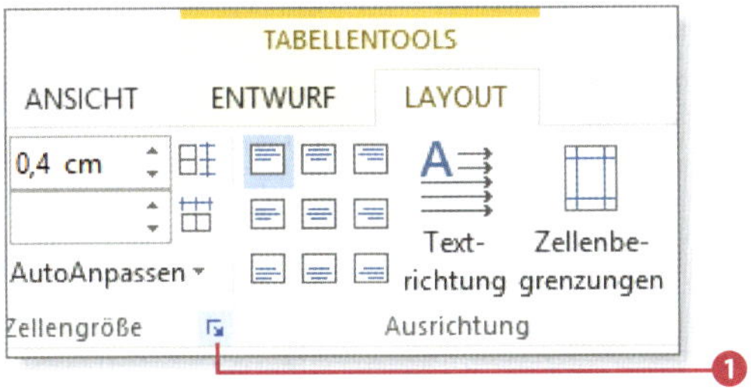

Abbildung 24.29
Den Dialog »Tabelleneigenschaften« öffnen

4 Im Dialogfenster öffnen Sie die Registerkarte **Spalte** und aktivieren dort das Kontrollkästchen **Bevorzugte Breite**. Geben Sie die gewünschte Breite für die Spalte in das Feld ein oder wählen Sie sie über die Auswahlpfeile am Feld aus.

Abbildung 24.30
Die Spaltenbreite im Dialog festlegen

5 Um die Breite der nächsten Spalte festzulegen, klicken Sie auf die Schaltfläche **Nächste Spalte** und geben hier die Maße für diese Spalte ein.

Auf diese Weise können Sie die Breite für alle Spalten der Tabelle eingeben.

TIPP

Den Dialog »Tabelleneigenschaften« aufrufen

Den Dialog **Tabelleneigenschaften** können Sie auch aufrufen, indem Sie auf der Registerkarte **Tabellentools/Layout** auf die Schaltfläche **Eigenschaften** in der Gruppe **Tabelle** (ganz links auf der Registerkarte) klicken. Außerdem finden Sie im Kontextmenü der Tabelle den Befehl **Tabelleneigenschaften**.

Ähnlich verfahren Sie, wenn Sie eine bestimmte Höhe für alle Zeilen festlegen möchten. Im Dialog **Tabelleneigenschaften** öffnen Sie die Registerkarte **Zeile** ❶, aktivieren die Option **Höhe definieren** ❷ (falls sie deaktiviert ist) und geben dann die gewünschte Höhe für die Zeile im nebenstehenden Feld ❹ ein.

Belassen Sie es im Feld **Zeilenhöhe** ❸ am besten bei der Einstellung **Mindestens**. Wenn Sie hier die Option **Genau** wählen und dann ein zu kleines Maß für die Zeilenhöhe eingeben, kann der Text unter Umständen nicht mehr vollständig angezeigt werden (siehe Abbildung 24.32).

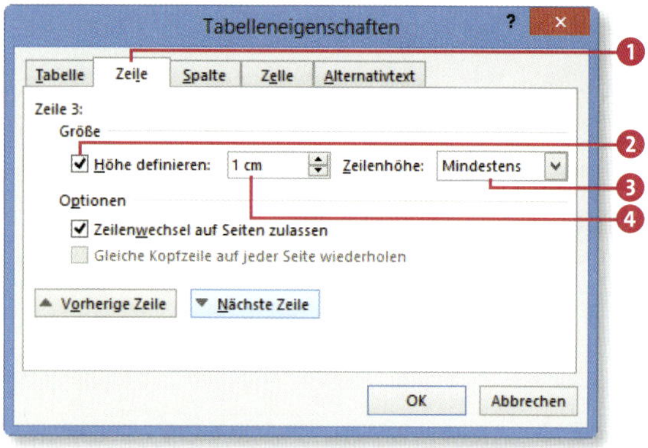

Abbildung 24.31
Die Zeilenhöhe im Dialog festlegen

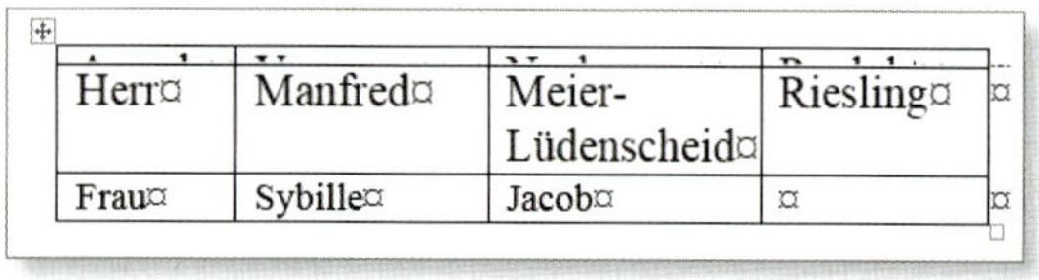

Abbildung 24.32
Die Zeile ist nicht hoch genug angelegt, um den ganzen Text anzuzeigen.

Um zur Standardeinstellung für die Zeilenhöhe zurückzukehren, deaktivieren Sie einfach wieder die Option **Höhe definieren**.

TIPP

Zelleinträge ausrichten

Mit vergrößerten Zeilenabständen lohnt sich ein Blick auf die Gruppe **Ausrichtung** auf der Registerkarte **Tabellentools/Layout**. Hier werden neun verschiedene Schaltflächen zur horizontalen Ausrichtung der Zelleinträge angeboten. Mit ihnen können Sie einen Text und/oder Zahlen z. B. auch unten rechts in der Tabellenzelle ausrichten.

Den Abstand zwischen Tabellenzellen verändern

In der Standardeinstellung gibt es keinen Abstand zwischen den Zellen, nur die Trennlinien. Es lässt sich aber auch ein Abstand einstellen, sodass eine Tabelle aussehen kann, wie es Abbildung 24.33 zeigt.

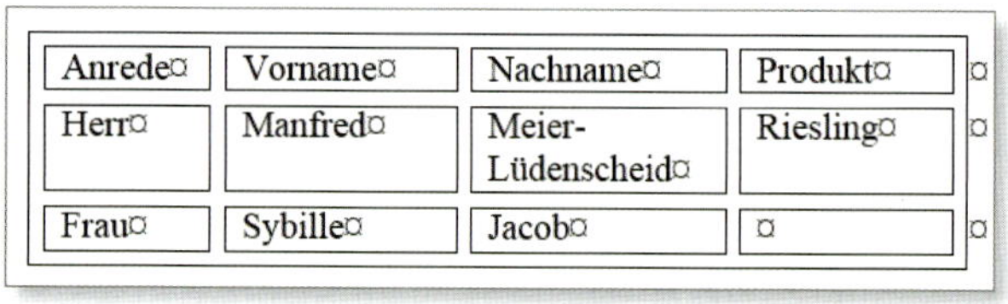

Abbildung 24.33
Eine Tabelle mit Abständen zwischen den Zellen

1 Um diesen Effekt zu erreichen, setzen Sie den Cursor in die Tabelle und klicken auf die Schaltfläche **Zellenbegrenzungen** auf der Registerkarte **Tabellentools/Layout**.

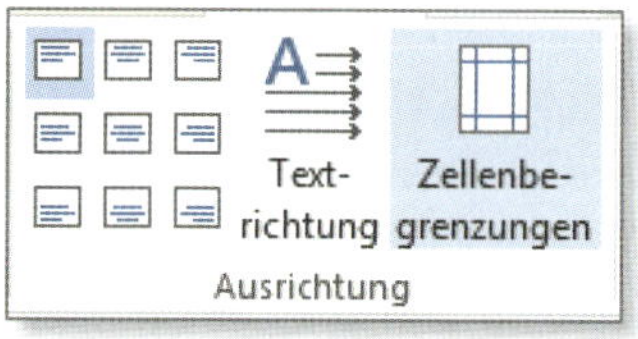

Abbildung 24.34
Mit der Schaltfläche »Zellenbegrenzungen« rufen Sie den Dialog »Tabellenoptionen« auf.

2 Im Dialog **Tabellenoptionen** aktivieren Sie das Kontrollkästchen **Abstand zwischen Zellen zulassen**.

3 In das Feld daneben tragen Sie das Maß für den Abstand ein, z. B. »0,15 cm«.

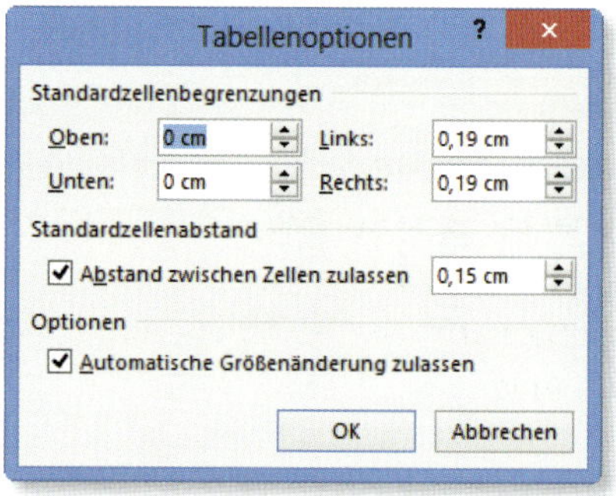

Abbildung 24.35
Einen Abstand zwischen den Zellen einstellen

4 Wenn Sie diese Formatierung der Tabelle wieder rückgängig machen möchten, deaktivieren Sie einfach die Option **Abstand zwischen Zellen zulassen**. Die Tabelle wird dann wieder ohne Zellenabstand dargestellt.

TIPP

Tabellenoptionen aufrufen

Den Dialog **Tabellenoptionen** können Sie auch auf der Registerkarte **Tabellentools/Layout** über **Eigenschaften > Tabelle > Optionen** aufrufen.

Zellen verbinden

Wenn Sie die Befehle zum Ausrichten der Text- bzw. Zahleneinträge in einer Tabelle nutzen (siehe den Infokasten »Zelleinträge ausrichten« auf Seite 482), wirkt sich die gewählte Ausrichtung auf den Eintrag in der Zelle aus, in der der Cursor steht (oder auf den markierten Tabellenbereich). Abbildung 24.36 zeigt diesen Effekt. Die Eingaben in der letzten Spalte wurden zentriert.

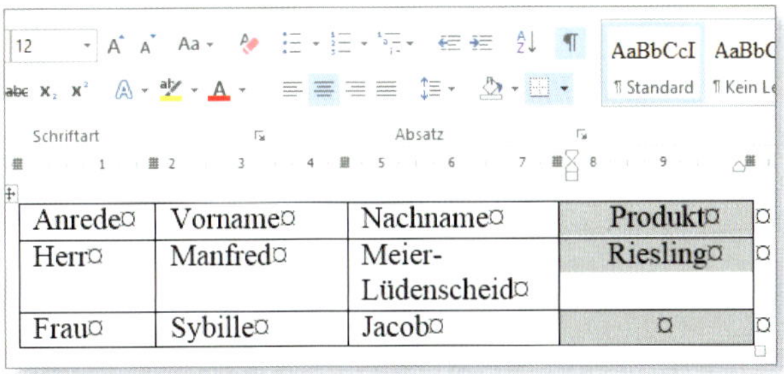

Anrede	Vorname	Nachname	Produkt
Herr	Manfred	Meier-Lüdenscheid	Riesling
Frau	Sybille	Jacob	

Abbildung 24.36
Zentrierter Text in einer Zelle

Wenn Sie erreichen möchten, dass sich ein bestimmter Text zentriert über mehrere Spalten erstreckt – vorstellbar wäre das z. B. für eine Überschrift –, besteht die einfachste Lösung darin, die betreffenden Zellen miteinander zu verbinden.

1. Markieren Sie zuerst die Zellen, die Sie miteinander verbinden möchten. Für eine Überschrift wären dies also alle Zellen der ersten Zeile. (Notfalls fügen Sie über das Symbol **Darüber einfügen** eine neue Zeile oberhalb der vorhandenen Zeilen ein.)
2. Klicken Sie dann auf der Registerkarte **Tabellentools/Layout** auf die Schaltfläche **Zellen verbinden**.

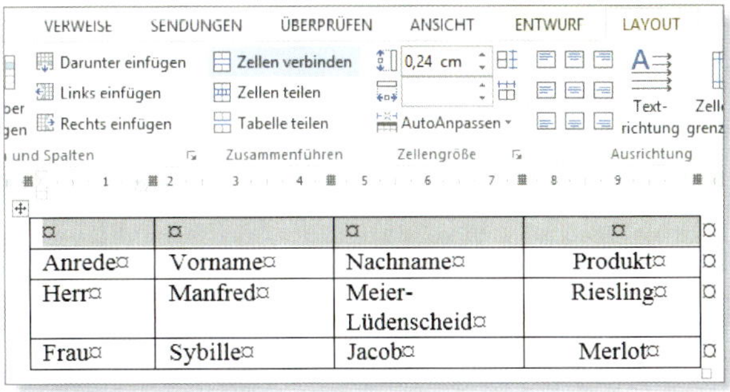

Anrede	Vorname	Nachname	Produkt
Herr	Manfred	Meier-Lüdenscheid	Riesling
Frau	Sybille	Jacob	Merlot

Abbildung 24.37
Zellen verbinden

Daraufhin wird aus den vier Zellen des Beispiels eine lange, ungeteilte Zelle. Hier können Sie nun den Text für die Überschrift eingeben und ihn zentrieren, z. B. mithilfe der Schaltfläche **Oben zentriert ausrichten** in der Gruppe **Ausrichtung** auf der Registerkarte **Tabellentools/Layout** (ansonsten auch mit der bekannten Schaltfläche **Zentriert** auf der Registerkarte **Start**).

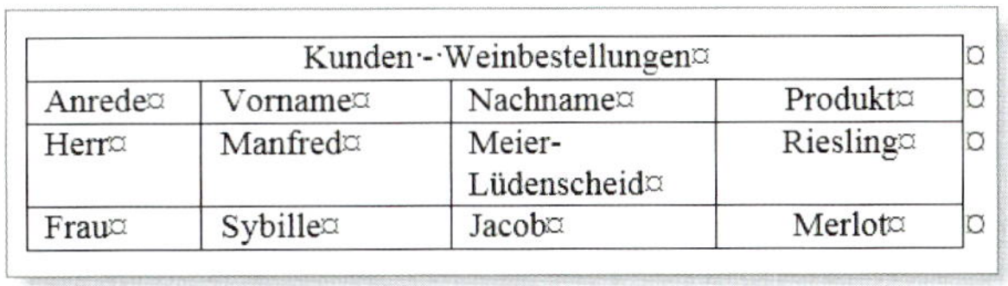

Kunden-Weinbestellungen			
Anrede	Vorname	Nachname	Produkt
Herr	Manfred	Meier-Lüdenscheid	Riesling
Frau	Sybille	Jacob	Merlot

Abbildung 24.38
Die erste Zeile ist verbunden und enthält eine zentrierte Überschrift.

Zellen teilen

Umgekehrt funktioniert das Ganze natürlich auch: Sie können aus einer Zelle ohne Weiteres mehrere Zellen machen. Dazu setzen Sie den Cursor in die Zelle, die geteilt werden soll, und klicken auf der Registerkarte **Tabellentools/Layout** in der Gruppe **Zusammenführen** auf die Schaltfläche **Zellen teilen**.

Im zugehörigen Dialog legen Sie fest, in wie viele Spalten die Zelle aufgeteilt werden soll, und bestätigen Ihre Einstellung mit **OK**. In Abbildung 24.40 sehen Sie, dass die zweite Zelle in Zeile 2 geteilt wurde.

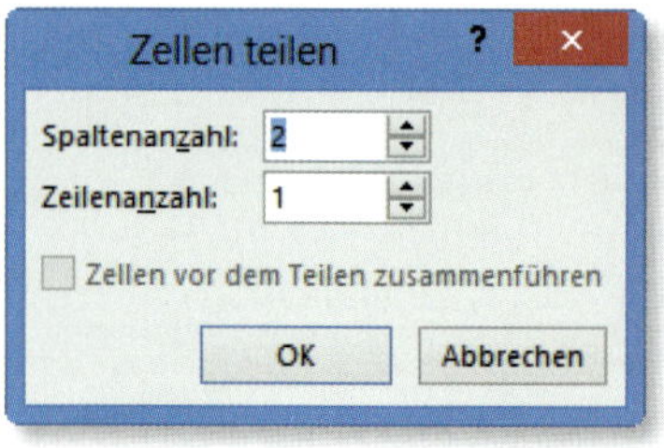

Abbildung 24.39
Zellen teilen

Nachname¤	Produkt¤	
Meier-Lüdenscheid¤	Riesling¤	¤
Jacob¤	Merlot¤	

Abbildung 24.40
Eine Zelle wurde geteilt.

Wie Sie im Dialog **Zellen teilen** sehen, können Sie die Zelle nicht nur in Spalten aufteilen, sondern auch in weitere Zeilen bzw. sowohl in Spalten als auch in Zeilen. Wenn Sie in das Feld **Spaltenanzahl** den Wert »2« eingeben und in das Feld **Zeilenanzahl** ebenfalls »2«, erhalten Sie den Effekt, der in Abbildung 24.41 dargestellt ist. Es gibt in dieser Zelle nun zwei Spalten und zwei Zeilen.

Nachname¤	Produkt¤	
Meier-Lüdenscheid¤	Riesling¤	¤
	¤	¤
Jacob¤	Merlot¤	

Abbildung 24.41
Eine Zelle wurde in zwei Spalten und zwei Zeilen aufgeteilt.

Um eine in Spalten aufgeteilte Zelle wieder in ihren Ursprungszustand zu versetzen, markieren Sie die Spalten der Zelle und öffnen erneut den Dialog **Zellen teilen**. Hier geben Sie in das Feld **Spaltenanzahl** den Wert »1« ein. Alternativ markieren Sie die Spalten der geteilten Zelle und klicken auf die Schaltfläche **Zellen verbinden**.

Eine in mehrere Zeilen aufgeteilte Zelle hingegen wird nicht ganz so fix wieder einzeilig. Sie können zwar auch die betreffenden Zellen markieren und dann auf die Schaltfläche **Zellen verbinden** klicken, allerdings müssen Sie eventuell anschließend die Höhe der Zeile erneut anpassen, wie es im Abschnitt »Die Zeilenhöhe verändern« auf Seite 480 beschrieben wird.

Den Text vertikal in der Zelle ausrichten

Tabellen bieten eine Art der Textausrichtung, die ansonsten nicht zur Verfügung steht: Text kann innerhalb einer Zelle auf unterschiedliche Weise von oben nach unten laufen.

1. Geben Sie zunächst den Text, den Sie individuell ausrichten möchten, in die Zelle ein.
2. Klicken Sie auf der Registerkarte **Tabellentools/Layout** in der Gruppe **Ausrichtung** auf die Schaltfläche **Textrichtung**.

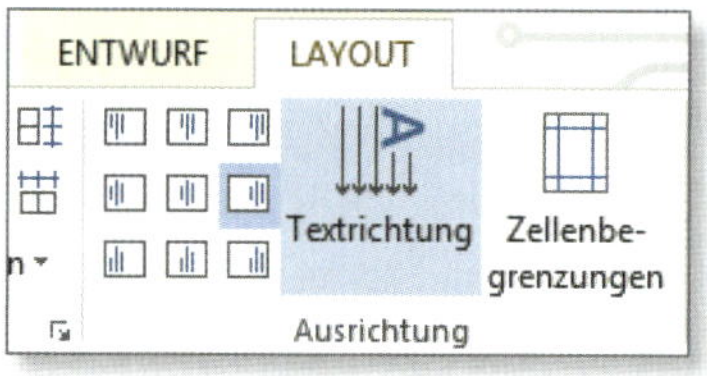

Abbildung 24.42
Schaltfläche zum Ändern der Textrichtung

3. Daraufhin wird der Text der aktiven Zelle vertikal dargestellt. Links neben der Schaltfläche **Textrichtung** befinden sich neun Symbole mit unterschiedlichen vertikalen Ausrichtungen. Mit einem Klick auf eines dieser Symbole bestimmen Sie, wie der Text in der Zelle angeordnet wird.

Ausrichtung oben rechts¤	Ausrichtung Mitte rechts¤	Ausrichtung unten rechts¤
Ausrichtung oben zentriert¤	Ausrichtung Mitte¤	Ausrichtung Mitte unten¤
Ausrichtung oben links¤	Ausrichtung Mitte links¤	Ausrichtung unten links¤

Abbildung 24.43
Unterschiedliche vertikale Ausrichtungen

Um den Text umzudrehen, sodass er von unten nach oben gelesen werden kann, setzen Sie den Cursor in die entsprechende Zelle (im Beispiel in die erste Zelle der ersten Zeile; natürlich können Sie auch Bereiche bzw. die ganze Tabelle markieren) und klicken erneut auf die Schaltfläche **Textrichtung**. Die Zelle mit der Ausrichtung **oben links** erhält dann automatisch die Ausrichtung **unten rechts** (siehe Abbildung 24.44). Auf diese Weise ist der Zellinhalt leichter lesbar.

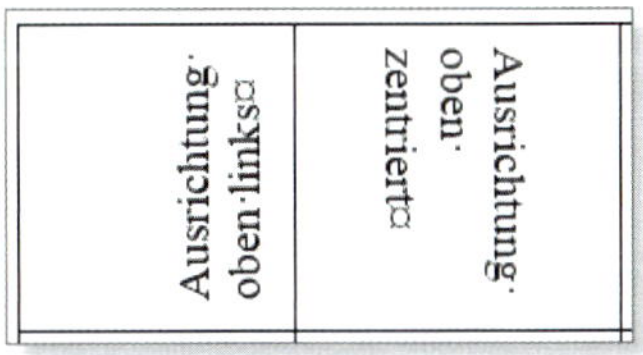

Abbildung 24.44
Die Textrichtung in der ersten Zelle wurde geändert.

Um die Zelleinträge wieder »normal« darzustellen, markieren Sie alle Zellen und klicken so oft auf die Schaltfläche **Textrichtung**, bis der Text wieder horizontal angezeigt wird.

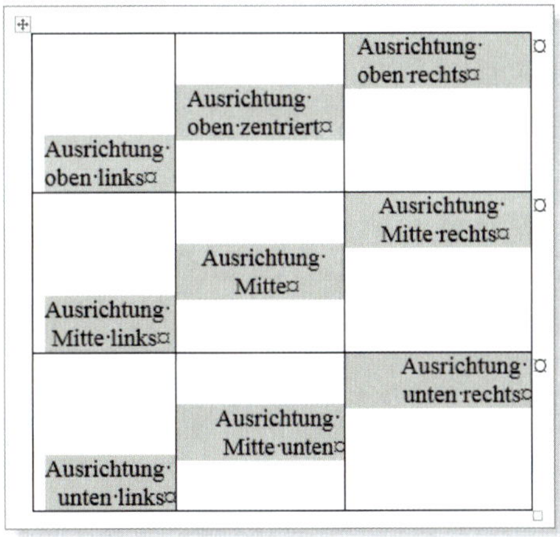

Abbildung 24.45
Der Text ist wieder horizontal ausgerichtet.

Allerdings haben die Zellen nach dieser Umstellung nach wie vor die durch die vertikale Ausrichtung entstandene Höhe. Diese Höhe müssen Sie dann gegebenenfalls wieder anpassen, z. B. über das Feld **Tabellenzeilenhöhe**.

TIPP

Text vorher eingeben

Wenn Sie vorhaben, eine vertikale Ausrichtung für Ihre Zellentexte einzustellen, tun Sie sich einen Gefallen, wenn Sie erst den Text eingeben und formatieren. Erst danach sollten Sie Ihren Text ausrichten, da die Arbeit mit vertikalem Text ungewohnt ist!

Überschriften für mehrseitige Tabellen anlegen

Es kommt hin und wieder vor, dass Tabellen sehr lang sind und sich über mehrere Seiten erstrecken. Die Überschriften der Tabelle bzw. der Spalten werden dann natürlich nicht automatisch auf den Folgeseiten wiederholt, was die weitere Texteingabe erschwert (da man nicht auf den ersten Blick erkennt, welche Angaben in welche Spalte gehören). In einem solchen Fall ist es günstig, die Überschriftenzeile explizit mit einem Überschriftenformat zu versehen. Mit diesem Merkmal wird die erste Zeile dann automatisch auf jeder neuen Seite angezeigt.

1. Markieren Sie die erste Zeile einer Tabelle.
2. Aktivieren Sie die Registerkarte **Tabellentools/Layout**.
3. Klicken Sie hier auf die Schaltfläche **Überschriften wiederholen** in der Gruppe **Daten** (ganz rechts auf der Registerkarte).

Abbildung 24.46
Die erste Zeile als Überschrift formatieren

Die Auswirkung dieses Befehls bemerken Sie logischerweise erst, wenn Sie eine Tabelle erstellen, die länger als eine Seite ist.

24.2 Tabellen optisch bearbeiten

Bisher haben wir beschrieben, wie Sie mit den Elementen der Tabelle umgehen, haben uns aber noch nicht bzw. nur am Rande mit dem Aussehen der Tabelle befasst. Dabei bieten gerade Tabellen fast unendliche Möglichkeiten der Formatierung.

Die Linien in Tabellen anpassen

Betrachten wir zunächst die Rahmenlinien. Wie wir eingangs bereits erwähnt haben, ist eine Tabelle auch bestens dazu geeignet, einfach nur als »Arbeitstabelle« genutzt zu werden, die zwar im Hintergrund die Struktur vorgibt, aber eigentlich nicht sichtbar ist. In solchen Fällen sind die Trennlinien zwischen den Spalten und Zeilen überflüssig.

1 Um alle Linien einer Tabelle unsichtbar zu machen, markieren Sie die gesamte Tabelle.

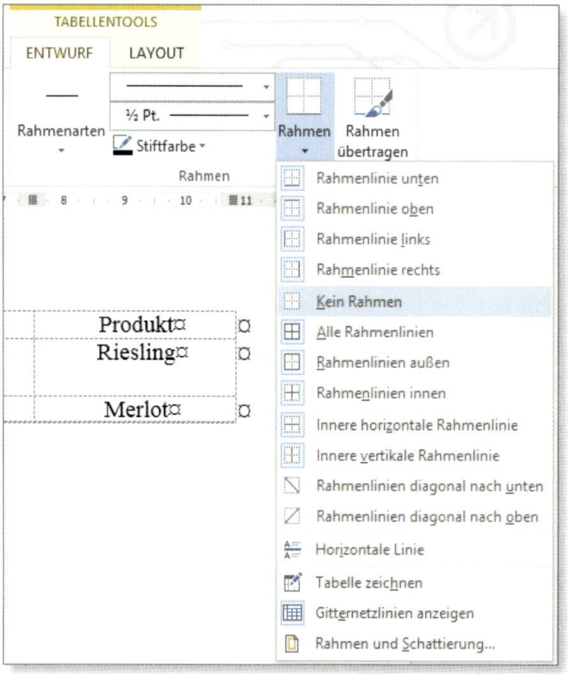

Abbildung 24.47
Über die Schaltfläche »Rahmen« Rahmenlinien Ihrer Tabelle entfernen

2 Aktivieren Sie die Registerkarte **Tabellentools/Entwurf**.

3 Hier finden Sie im Bereich **Tabellenformatvorlagen** die Schaltfläche **Rahmen**. Klicken Sie auf den Pfeil an dieser Schaltfläche.

4 Im zugehörigen Menü wählen Sie **Kein Rahmen**.

Wenn Sie nicht genau hinschauen, sind Sie nach dieser Aktion vermutlich enttäuscht, weil nach wie vor Linien zu sehen sind. Bei diesen zarteren Linien handelt es sich jedoch um *Gitternetzlinien*, die lediglich am Bildschirm angezeigt werden.

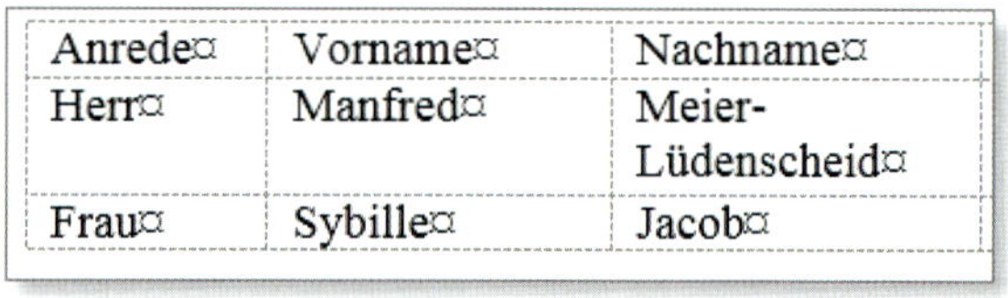

Anrede¤	Vorname¤	Nachname¤
Herr¤	Manfred¤	Meier-Lüdenscheid¤
Frau¤	Sybille¤	Jacob¤

Abbildung 24.48
Eine Tabelle mit zarten Rasterlinien, die nicht mit ausgedruckt werden

Machen Sie die Probe aufs Exempel und rufen Sie die Tabelle in der Druckvorschau auf (über **Datei** > **Drucken**): Die Linien der Tabelle sind hier nicht mehr zu sehen, wären also auch in einem Ausdruck nicht vorhanden.

Wenn diese Rasterlinien bei Ihnen am Bildschirm nicht zu sehen sind, ist die Schaltfläche **Gitternetzlinien anzeigen** nicht aktiviert. Diese Schaltfläche finden Sie auf der Registerkarte **Tabellentools/Layout** in der Gruppe **Tabelle** (ganz links auf der Registerkarte).

Abbildung 24.49
Die Schaltfläche »Gitternetzlinien anzeigen« (hier aktiv)

INFO

Befehle im Kontextmenü

Zahlreiche Befehle zum Umgang mit Tabellen finden Sie auch im Kontextmenü der Tabelle. Um z. B. die Linien auszublenden, können Sie auch im Kontextmenü den Befehl **Rahmen und Schattierung** verwenden und damit den zugehörigen (und gleichnamigen) Dialog aufrufen. In diesem Dialog klicken Sie dann links auf das Symbol **Ohne** (siehe dazu auch Kapitel 17, »Einzelne Rahmenlinien und ganze Rahmen«). In vielen Fällen lohnt sich also ein Blick in das Kontextmenü.

Einzelne Linien aus- oder einblenden

Es ist sehr komfortabel und nahezu »idiotensicher«, in Tabellen differenziert einzustellen, welche Trennlinien sichtbar sein sollen und welche nicht. Das Geheimnis liegt in der richtigen Markierung im Zusammenspiel mit den Befehlen für Rahmenlinien (**Rahmenlinie unten**, **Rahmenlinie oben** etc.). Wenn Sie nur einzelne Linien stehen lassen möchten, ist es sinnvoll, zunächst, wie eben beschrieben, alle Linien auszublenden. Dann markieren Sie die Zeile oder Spalte, die eine Linie erhalten soll, und wählen im Menü der Schaltfläche **Rahmen** den passenden Befehl (die Befehle beziehen sich immer auf den markierten Bereich).

Wir demonstrieren dies an einem Beispiel und nehmen eine Tabelle als Grundlage, die aussieht, wie in Abbildung 24.50 zu sehen ist. Nun möchten wir aber erreichen, dass nur unter der Zeile mit der Überschrift eine Linie zu sehen ist.

Lieferant¤	Produkt¤	Bemerkung¤
Landfrauen·GmbH¤	Gemüse¤	Sehr·frisch¤
Bioland¤	Obst,·Gemüse¤	Alles·Bio¤
Gut·&·Günstig¤	Fleisch¤	Kurze·Lieferzeiten¤
Unser·Norden¤	Fisch·und·Meeresfrüchte¤	Große·Auswahl¤

Abbildung 24.50
Eine klassische Tabelle

1 Markieren Sie die Tabelle und wählen Sie in der Auswahlliste der Schaltfläche **Rahmen** (auf der Registerkarte **Tabellentools/Entwurf**) die Option **Kein Rahmen**.

2 Markieren Sie die erste Zeile der Tabelle, die nun keine Rahmenlinien mehr hat.

Lieferant¤	Produkt¤	Bemerkung¤
Landfrauen·GmbH¤	Gemüse¤	Sehr·frisch¤
Bioland¤	Obst,·Gemüse¤	Alles·Bio¤
Gut·&·Günstig¤	Fleisch¤	Kurze·Lieferzeiten¤
Unser·Norden¤	Fisch·und·Meeresfrüchte¤	Große·Auswahl¤

¶

Abbildung 24.51
Eine Tabelle mit Gitternetzlinien, die nur auf dem Bildschirm zu sehen sind.

3 Wählen Sie in der Auswahlliste der Schaltfläche **Rahmen** die Option **Rahmenlinie unten**.

Daraufhin wird die Linie unterhalb der markierten Zeile wieder eingeblendet. Abbildung 24.52 zeigt das Ergebnis in der Druckvorschau (also auch ohne Rasterlinien). Wie Sie sehen, erhalten Sie so ganz einfach eine ordentliche Aufstellung.

Lieferant	Produkt	Bemerkung
Landfrauen GmbH	Gemüse	Sehr frisch
Bioland	Obst, Gemüse	Alles Bio
Gut & Günstig	Fleisch	Kurze Lieferzeiten
Unser Norden	Fisch und Meeresfrüchte	Große Auswahl

Abbildung 24.52
Die Tabelle in der Druckvorschau (ohne Gitternetzlinien)

Linien im Dialog »Rahmen und Schattierung« bearbeiten

Praktisch ist auch die Arbeit im Dialog **Rahmen und Schattierung** (aufzurufen über das Kontextmenü der Tabelle oder über **Rahmen** > **Rahmen und Schattierung**). Wenn Sie beispielsweise in einem Rutsch alle horizontalen Linien innerhalb einer Tabelle entfernen möchten, markieren Sie die ganze Tabelle und klicken in diesem

Dialog im Bereich **Vorschau** auf die Schaltfläche ❶ mit der Linie in der Mitte (siehe Abbildung 24.53).

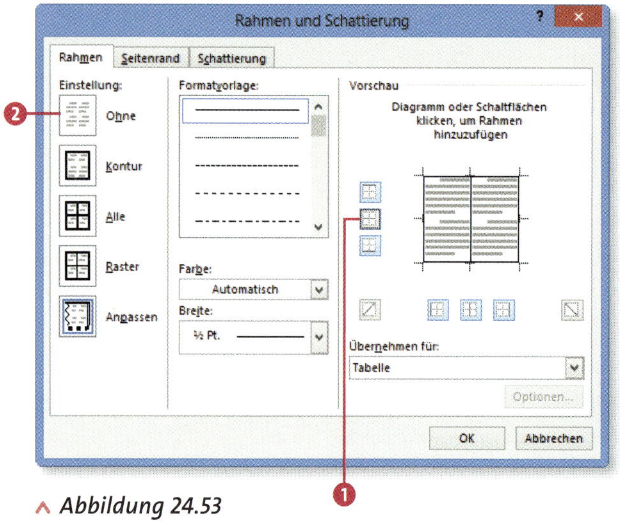

Abbildung 24.53
Rahmenlinien über den Dialog »Rahmen und Schattierung« ein- oder ausblenden

Um alle Linien auszublenden, verwenden Sie im gleichen Dialog die Schaltfläche **Ohne** ❷ im Bereich **Einstellung**. Mithilfe der Schaltflächen im Bereich **Vorschau** »ziehen« Sie dann die Linien nach Wunsch.

INFO

Linien bearbeiten

Wie Sie bereits in Kapitel 17, »Einzelne Rahmenlinien und ganze Rahmen«, erfahren haben, können Sie in diesem Dialog auch die Linienart (über die Auswahl **Formatvorlagen**), die Farbe der Linien und ihre Breite verändern.

Wichtig ist dabei, dass Sie vor dem Aufrufen des Dialogs immer das richtige Element der Tabelle (oder eben die ganze Tabelle) markieren.

Den Hintergrund der Tabellenzellen verändern

Sehr effektvoll kann es sein, einzelnen Zellen, Spalten oder Zeilen eine Hintergrundfarbe zuzuweisen, und es ist zudem schnell getan.

1. Markieren Sie das Element, das einen farbigen Hintergrund bekommen soll. Um nur einer Zelle eine Farbe zuzuweisen, reicht es, den Cursor in diese Zelle zu setzen.

2. Klicken Sie auf der Registerkarte **Tabellentools/Entwurf** auf den Pfeil an der Schaltfläche **Schattierung** (siehe Abbildung 24.54) und wählen Sie in dem Menü eine Farbe aus. In der Livevorschau wird das Ergebnis bereits angedeutet. Abbildung 24.55 zeigt das Resultat in der Tabelle.

Abbildung 24.54
Zellen eine Hintergrundfarbe zuweisen

Lieferant¤	**Produkt¤**	**Bemerkung¤**	¤
Landfrauen·GmbH¤	Gemüse¤	Sehr·frisch¤	¤
Bioland¤	Obst,·Gemüse¤	Alles·Bio¤	¤
Gut·&·Günstig¤	Fleisch¤	Kurze·Lieferzeiten¤	¤
Unser·Norden¤	Fisch·und·Meeresfrüchte¤	Große·Auswahl¤	¤

Abbildung 24.55
Eine farbig hinterlegte erste Zeile

INFO

Designfarben

Wie Sie wissen, werden die Farben aus der Palette der Designfarben angepasst, wenn Sie ein anderes Design für Ihr Dokument wählen (siehe dazu auch Kapitel 20, »Dokumentdesigns und Dokumentvorlagen«).

Auf die Schnelle: Tabellenformatvorlagen einsetzen

In unserer von Hektik geprägten Zeit muss alles möglichst schnell gehen. Wenn alle Welt also schon auf Ihre Tabelle wartet und Sie nicht die Zeit haben, sich im Einzelnen mit Linien, Hintergrundfarben etc. zu befassen, greifen Sie am besten zu den vorgefertigten Formatvorlagen. Mit ihrer Hilfe kreieren Sie im Nu eine schicke Tabelle, deren gutes Aussehen Ihnen kaum Mühe bereiten wird.

1 Setzen Sie den Cursor in die Tabelle.

2 Aktivieren Sie die Registerkarte **Tabellentools/Entwurf** und fahren Sie mit dem Mauszeiger über das Angebot im Bereich **Tabellenformatvorlagen**. Die Livevorschau zeigt die Auswirkung auf Ihre Tabelle.

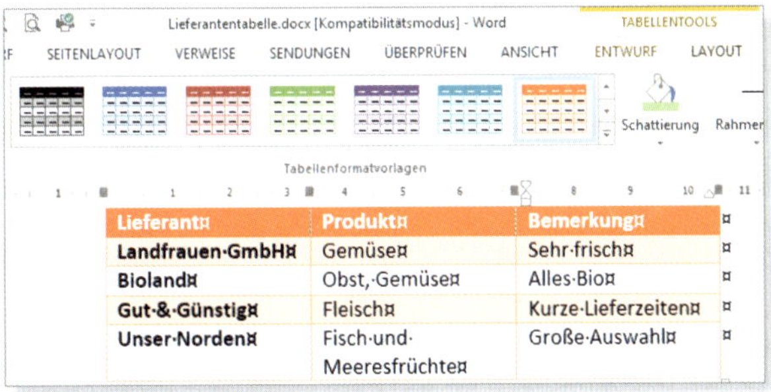

Abbildung 24.56
Tabellenformatvorlagen auf Tabellen anwenden

3 Um die ganze Auswahl zu erhalten, klicken Sie auf den nach unten weisenden Pfeil im Scrollbalken der Gruppe **Tabellenformatvorlagen** (in der Gruppe werden die jeweils zuletzt verwendeten Vorlagen angezeigt).

4 Achten Sie auch auf die Gruppe **Optionen für Tabellenformat** auf der Registerkarte **Entwurf**. Mit den Kontrollkästchen in dieser Gruppe können Sie festlegen, auf welche Elemente der Tabelle sich die Formatierung auswirkt bzw. ob bestimmte Elemente besonders formatiert werden sollen. Wenn Sie hier beispielsweise zusätzlich die Option **Verbundene Spalten** einschalten, nimmt jede zweite Spalte die Grundfarbe der Vorlage an, sodass sich die Spalten gut voneinander abheben.

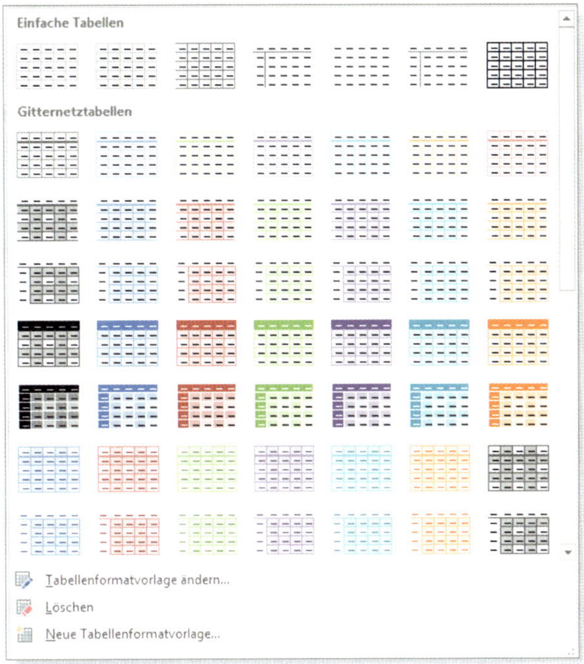

Abbildung 24.57
Die Auswahl der Tabellenformatvorlagen

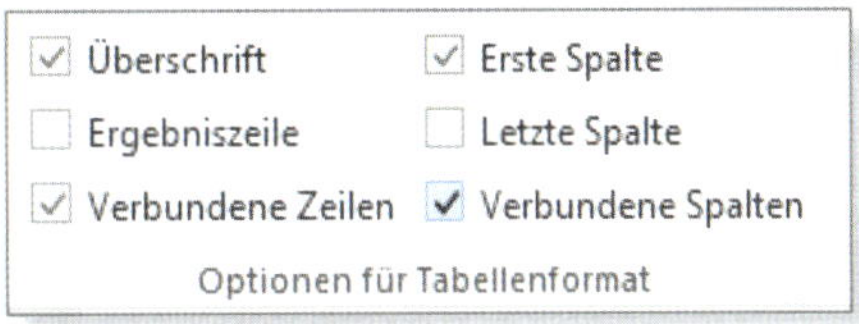

Abbildung 24.58
Optionen für das Tabellenformat

5 Per Mausklick auf die gewünschte Vorlage weisen Sie der Tabelle das passende Tabellenformat zu.

Lieferant	Produkt	Bemerkung
Landfrauen GmbH	Gemüse	Sehr frisch
Bioland	Obst, Gemüse	Alles Bio
Gut & Günstig	Fleisch	Kurze Lieferzeiten
Unser Norden	Fisch und Meeresfrüchte	Große Auswahl

Abbildung 24.59
Die formatierte Tabelle

> **INFO**
>
> **Tabellenformatvorlagen und Design**
>
> Auch bei den Tabellenformatvorlagen handelt es sich um Vorlagen, die mit den von Word angebotenen Designs verknüpft sind. Wenn Sie ein anderes Design wählen, ändert sich auch die Farbgebung der Tabellenformatvorlagen.

Tabellenformatvorlagen bearbeiten

Das Resultat kann sich zwar sehen lassen, aber Word hat natürlich noch mehr in petto: Sie können diese Vorlagen bearbeiten und ganz Ihren Wünschen anpassen. Den Dialog, in dem Sie diese Bearbeitung vornehmen, rufen Sie im Menü der **Tabellenformatvorlagen** über den Eintrag **Tabellenformatvorlage ändern** auf.

Im Dialog **Formatvorlage ändern** (den Sie bereits in Kapitel 19, »Formatvorlagen«, kennengelernt haben) können Sie diverse Änderungen an der Vorlage vornehmen. Sie können beispielsweise eine andere Schriftart ❶ und Schriftgröße ❷ einstellen und die Formatierungen **Fett**, **Kursiv** und **Unterstrichen** aktivieren (siehe Abbildung 24.61). Diese Änderungen wirken sich auf alle Texteingaben der Tabelle aus.

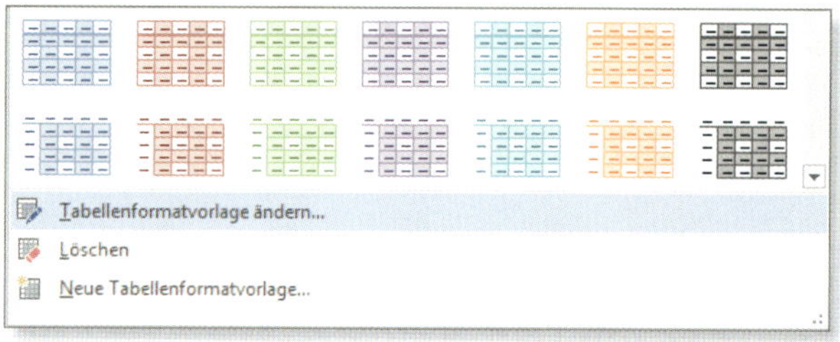

Abbildung 24.60
Passen Sie die vorhandenen Formatvorlagen für Tabellen einfach Ihren Vorstellungen an.

Andere Anpassungen beeinflussen lediglich Teile der Vorlage, z. B. die Änderung der Linienart ❸, der Stärke ❹ oder der Farbe ❺ der Linie. Wenn Sie eine Füllfarbe

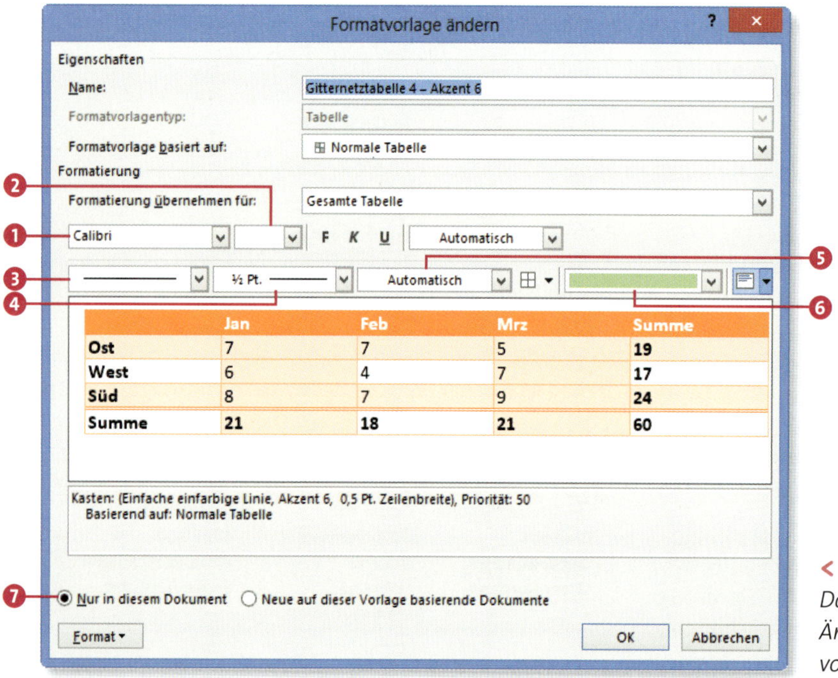

Abbildung 24.61
Das Dialogfenster zum Ändern von Tabellenformatvorlagen

❻ auswählen, z. B. Gelb, wird der bisher nicht farbig gestaltete Bereich mit dieser Farbe versehen. Diese Veränderung sehen Sie in Abbildung 24.62. Wenn die Änderungen, die Sie vornehmen, nur für die aktuelle Tabelle gelten sollen (die Vorlage also nicht grundsätzlich angepasst werden soll), belassen Sie es im unteren Bereich des Dialogs bei der eingeschalteten Option **Nur in diesem Dokument** ❼.

Lieferant¤	Produkt¤	Bemerkung¤	¤
Landfrauen·GmbH¤	Gemüse¤	Sehr·frisch¤	¤
Bioland¤	Obst,·Gemüse¤	Alles·Bio¤	¤
Gut·&·Günstig¤	Fleisch¤	Kurze·Lieferzeiten¤	¤
Unser·Norden¤	Fisch·und·Meeresfrüchte¤	Große·Auswahl¤	¤

^ ***Abbildung 24.62***
Die Tabellenformatvorlage mit einer anderen Füllfarbe

Eine fertige Tabelle als Schnelltabelle speichern

Sie wissen ja, dass das Rad nicht immer neu erfunden werden muss. Wenn Sie eine Tabelle erstellt und recht aufwendig gestaltet haben und bereits ahnen, dass Sie eine ähnliche Tabelle bald wieder brauchen werden, können Sie die gerade angelegte fertige Tabelle als *Schnelltabelle* speichern. Auf diese Weise können Sie sie in jedem anderen Dokument wiederverwenden. Das ist praktisch und erspart unter Umständen viel Zeit und Nerven – abgesehen davon, dass Sie die Kollegen damit beeindrucken, wie schnell Sie eine schicke Tabelle erstellen!

1 Markieren Sie die Tabelle, die Sie als Schnelltabelle speichern möchten.

2 Aktivieren Sie die Registerkarte **Einfügen** und klicken Sie in der gleichnamigen Gruppe auf die Schaltfläche **Tabelle**.

3 Führen Sie den Mauszeiger im Menü der Schaltfläche **Tabelle** auf den Eintrag **Schnelltabellen**. Daraufhin wird ein Untermenü geöffnet.

4 Im Untermenü klicken Sie auf den Befehl **Auswahl im Schnelltabellenkatalog speichern**.

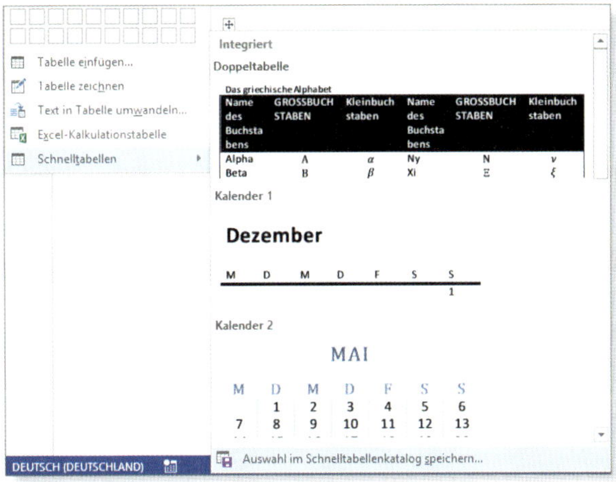

^ ***Abbildung 24.63***
Eine Tabelle als Schnelltabelle speichern

5 Daraufhin wird der Dialog **Neuen Baustein erstellen** angezeigt. Sie können hier noch einige Änderungen vornehmen, z. B. einen anderen Namen für die Schnelltabelle eingeben (standardmäßig wird im Feld **Name** der Eintrag der ersten Zelle angezeigt). Im Feld **Speichern in** ist als Speicherort **Building Blocks.dotx** eingestellt; belassen Sie es am besten bei dieser Einstellung, da die Schnelltabelle dann in allen neuen Dokumenten zur Verfügung steht.

6 Bestätigen Sie Ihre Einstellungen im Dialog **Neuen Baustein erstellen** mit **OK**.

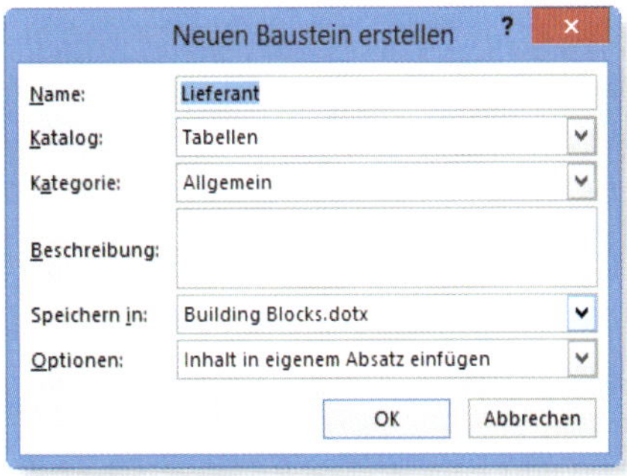

^ ***Abbildung 24.64***
Die Schnelltabelle anlegen

Um zu testen, ob sich all diese Schritte gelohnt haben, klicken Sie auf der Registerkarte **Einfügen** auf Ta-

belle und wählen im Menü den Punkt **Schnelltabellen**. Im Untermenü müsste nun die neu angelegte Tabelle erscheinen. Per Mausklick können Sie sie daraufhin in ein Dokument einfügen.

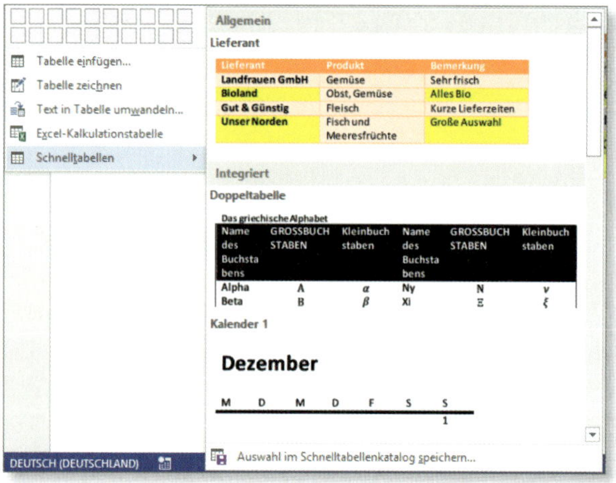

∧ ***Abbildung 24.65***
Die neue Schnelltabelle in der Auswahl des Untermenüs

24.3 Von Anton bis Zeppelin: Sortieren in Tabellen

In vielen Fällen sollen die Einträge in einer Tabelle sortiert sein – entweder alphabetisch oder numerisch. Es ist sehr einfach, diese Aufgabe an Word zu delegieren, was vor allem dann eine tolle Sache ist, wenn Sie die Tabelle noch nachträglich ergänzen. Mit der Funktion **Sortieren** können Sie dafür sorgen, dass die Einträge immer in der gewünschten Reihenfolge in der Tabelle stehen, egal, wie wirr Sie sie eingegeben haben sollten.

Tabelleneinträge alphabetisch sortieren

Eine einfache alphabetische Sortierung bestimmter Texteinträge stellen Sie wie im Folgenden beschrieben ein.

1 Markieren Sie die Spalte, in der die Einträge stehen, nach denen sortiert werden soll (in einer Tabelle mit Namen und Adressen z. B. die Spalte mit den Nachnamen).

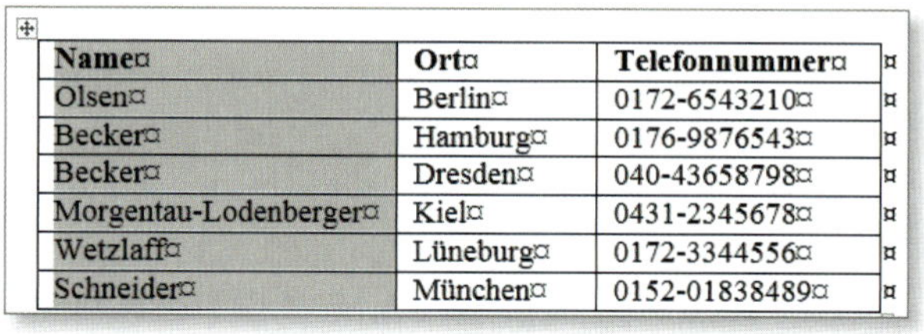

Name	Ort	Telefonnummer
Olsen	Berlin	0172-6543210
Becker	Hamburg	0176-9876543
Becker	Dresden	040-43658798
Morgentau-Lodenberger	Kiel	0431-2345678
Wetzlaff	Lüneburg	0172-3344556
Schneider	München	0152-01838489

∧ ***Abbildung 24.66***
Die markierte Namensspalte zum Sortieren nach Namen

2 Klicken Sie auf der Registerkarte **Tabellentools/Layout** auf die Schaltfläche **Sortieren**.

∧ ***Abbildung 24.67***
So rufen Sie den Dialog »Sortieren« auf.

3 Daraufhin wird der Dialog **Sortieren** angezeigt. Wenn Sie keine weiteren Einstellungen für die Sortierung vornehmen möchten, können Sie hier direkt auf **OK** klicken (mit der Option **Aufsteigend** wird von A nach Z sortiert). Achten Sie jedoch auf die Option **Überschrift** im Bereich **Meine Liste enthält**. Wenn diese Option aktiviert ist, wird der Eintrag in der ersten Zeile als Überschrift erkannt und automatisch ignoriert, also nicht in die Sortierung mit aufgenommen.

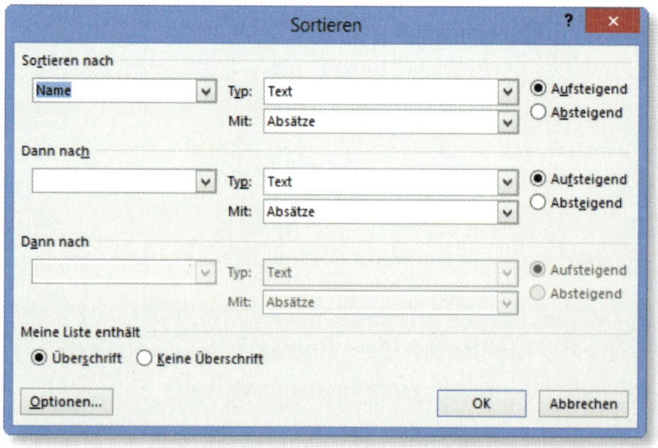

∧ ***Abbildung 24.68***
Der Dialog »Sortieren«

Nun werden die Einträge alphabetisch sortiert angezeigt. Wenn Sie die Tabelle danach ergänzen und – wie im Beispiel – weitere Namen eingeben, müssen Sie diesen Vorgang wiederholen.

In der Praxis gibt es viele Fälle, in denen die erste Sortierreihenfolge nicht ausreicht, z. B. wenn es mehrfach den gleichen Namen gibt. Man muss für die Sortierung dann die Einträge der nächsten Spalte hinzuziehen, also beispielsweise den Vornamen oder – wie im Beispiel – die Einträge in der Spalte »Ort«. Um eine solche Sortierung zu erreichen, markieren Sie die beiden Spalten. Im Dialog **Sortieren** wählen Sie in der Auswahl des Feldes **Dann nach** die Überschrift der zweiten Spalte.

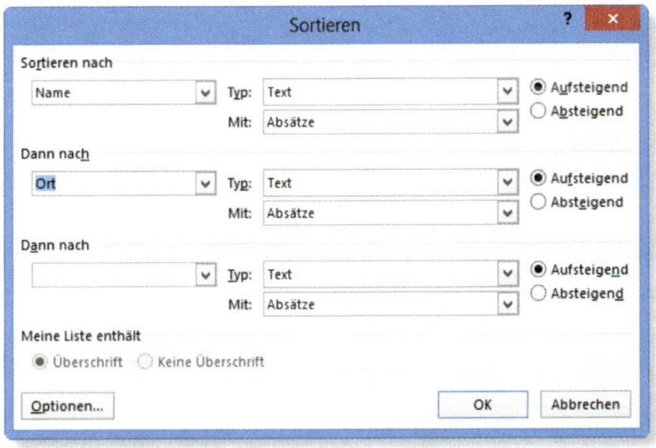

Abbildung 24.69
Ein zweites Sortierkriterium einstellen

Wenn Sie diese Einstellung bestätigen, werden die Einträge der Spalte »Ort« als zweites Kriterium berücksichtigt. Gibt es einen Namen also zweimal (oder mehrfach) in der Liste, wird für die Sortierung auch die neue Spalte herangezogen. Auf diese Weise steht, wie in Abbildung 24.70 zu erkennen, Becker aus Dresden alphabetisch korrekt vor Becker aus Hamburg.

Name¤	**Ort¤**	**Telefonnummer¤**
Becker¤	Dresden¤	040-43658798¤
Becker¤	Hamburg¤	0176-9876543¤
Morgentau-Lodenberger¤	Kiel¤	0431-2345678¤
Olsen¤	Berlin¤	0172-6543210¤
Schneider¤	München¤	0152-01838489¤
Wetzlaff¤	Lüneburg¤	0172-3344556¤

Abbildung 24.70
Eine nach Name und Ort sortierte Tabelle

Weitere Sortierkriterien angeben

Auch für den Fall weiterer Dopplungen ist in Word vorgesorgt: Wie Sie sehen, gibt es im Dialog **Sortieren** ein Feld für ein drittes Sortierkriterium. Wenn Ihre Tabelle viele ähnliche Einträge enthält und die Spalten, nach denen Sie sortieren möchten, nicht nebeneinanderstehen, gehen Sie am besten wie im Folgenden beschrieben vor.

1. Markieren Sie die gesamte Tabelle.
2. Rufen Sie den Dialog **Sortieren** auf, indem Sie auf der Registerkarte **Tabellentools/Layout** auf die Schaltfläche **Sortieren** klicken. Klappen Sie nun die Auswahllisten der Felder **Sortieren nach** und **Dann nach** auf. In diesen Auswahllisten, in denen die Überschriften der Spalten angezeigt werden, legen Sie fest, nach welcher Reihenfolge sortiert werden soll.

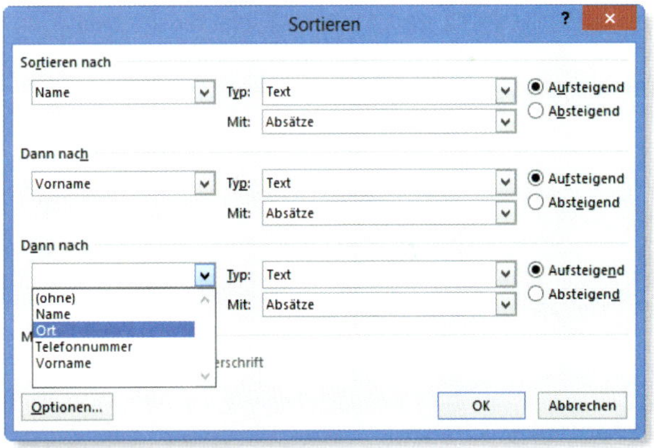

Abbildung 24.71
Die Sortierreihenfolge festlegen

Text in Tabellen umwandeln

Text lässt sich auch nachträglich in eine Tabelle umwandeln. Diese Umwandlung funktioniert recht unproblematisch, wenn Sie ein paar Regeln beachten. Damit Word erkennt, wie viele Spalten für den bereits vorhandenen Text erforderlich sind, muss dieser Text mit bestimmten Trennzeichen geschrieben werden, z. B. mit Tabstopps. Dann gehen Sie wie hier beschrieben vor.

1 Markieren Sie den mit Tabstopps geschriebenen Text (im Beispiel sind Nachname und Vorname nur durch Komma getrennt, da diese Angaben in einer Spalte stehen sollen).

```
Rechnung  →  Kundenname → Reisedatum  →  Betrag¶
B021880   →  Müller,·Georg→25.12.·2013  →  622,00¶
B021881   →  Meier,·Silvia → 25.12.2013  →  3702,00¶
B021883   →  Lohmer,·Kevin→03.04.2014  →  200,00¶
```

Abbildung 24.72
Ein mit Tabstopps geschriebener Text, der in eine Tabelle umgewandelt werden soll

2 Klicken Sie auf der Registerkarte **Einfügen** auf die Schaltfläche **Tabelle** und im Menü auf den Eintrag **Text in Tabelle umwandeln**.

3 Im zugehörigen Dialogfenster sollte die passende Spalten- und Zeilenanzahl ❶ bereits eingetragen sein, da Word diese anhand der Trennzeichen automatisch erkennt. Als Trennzeichen ist ebenfalls automatisch die Option **Tabstopps** ❷ aktiviert. Sie müssen hier also keine weiteren Einstellungen vornehmen.

4 Bestätigen Sie den Dialog mit **OK**. Danach steht Ihr Text ordentlich in einer (im Beispiel) vierspaltigen Tabelle.

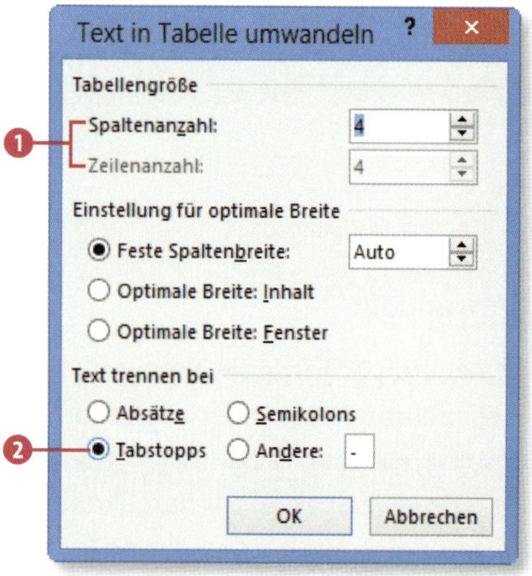

Abbildung 24.73
Der Dialog zum Festlegen der Optionen beim Umwandeln von Text in Tabellen

Rechnung¤	Kundenname¤	Reisedatum¤	Betrag¤	¤
B021880¤	Müller,·Georg¤	25.12.·2013¤	622,00¤	¤
B021881¤	Meier,·Silvia¤	25.12.2013¤	3702,00¤	¤
B021883¤	Lohmer,·Kevin¤	03.04.2014¤	200,00¤	¤

Abbildung 24.74
Der Text steht nach der Umwandlung ordentlich in einer Tabelle.

Auch bei der Verwendung von Semikolons als Trennzeichen klappt die Umwandlung. Word erkennt, wie viele Spalten und Zeilen für die Tabelle erforderlich sind.

Wenn Sie Angaben, die Absatz für Absatz geschrieben sind, in eine Tabelle aufnehmen wollen, müssen Sie ein wenig nachhelfen. Wie in Abbildung 24.75 zu sehen, schlägt Word zunächst nur eine Spalte vor, was nicht zu dem gewünschten Ergebnis führen würde.

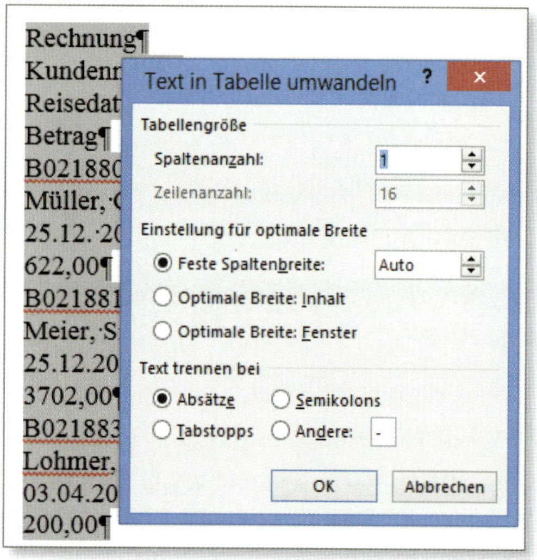

Abbildung 24.75
Bei Text mit Absätzen muss die erforderliche Spaltenanzahl eingetragen werden.

In das Feld **Spaltenanzahl** tragen Sie also die benötigte Anzahl der Spalten ein (im Beispiel »4«). Nach dieser kleinen Korrektur funktioniert die Übertragung des Textes in die Tabelle reibungslos.

Im Bereich **Text trennen bei** wird darüber hinaus auch die Option **Andere** angeboten. Sie ist für solche Fälle gedacht, die nicht durch die vorgegebenen Trennzeichen abgedeckt werden, z. B. wenn Sie die einzelnen Texteingaben durch Kommata getrennt haben. Damit die Umwandlung Ihres Textes in eine Tabelle trotzdem klappt, aktivieren Sie die Option **Andere** und geben im Feld daneben ein Komma ein.

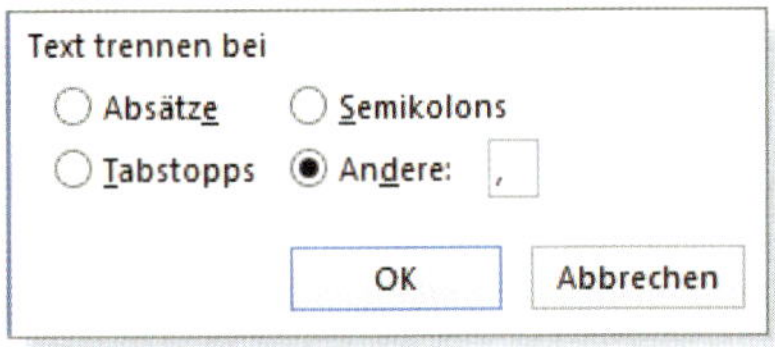

Abbildung 24.76
Kommata als Trennzeichen verwenden

Wenn Sie ein Trennzeichen wählen, müssen Sie allerdings darauf achten, dass dieses Zeichen ausschließlich die Spalten markiert und nicht noch zusätzlich Einträge trennt, die zusammen in eine Spalte gehören. Bei Kommata ist z. B. Vorsicht geboten, weil sie auch in Zahlen mit Nachkommastellen oder als normales Satzzeichen verwendet werden.

Tabellen in Text umwandeln

Umgekehrt lässt sich auch ein als Tabelle angelegter Text wieder als »normaler« Text darstellen.

1 Setzen Sie den Cursor in die Tabelle, die Sie in Text umwandeln möchten.

2 Aktivieren Sie die Registerkarte **Tabellentools/Layout** und klicken Sie auf die Schaltfläche **In Text konvertieren**.

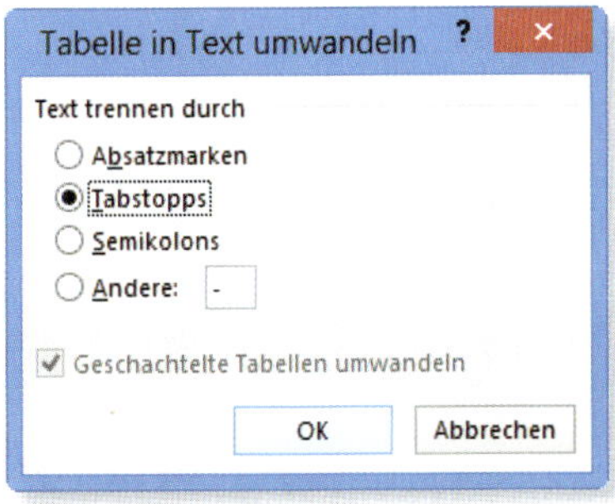

Abbildung 24.77
Tabellen in Text umwandeln

3 Im nächsten Dialogfenster wählen Sie ein Trennzeichen aus, das eingesetzt wird, um die Einträge voneinander abzugrenzen. Word schlägt **Tabstopps** vor.

4 Bestätigen Sie den Dialog mit **OK**.

Die gesamte Tabelle ausrichten

Auch die gesamte Tabelle können Sie – ähnlich wie einen Absatz – besonders ausrichten und z. B. horizontal positionieren.

1 Klicken Sie dazu auf der Registerkarte **Tabellentools/Layout** im Bereich **Tabelle** auf **Eigenschaften**.

2 Im Dialog **Tabelleneigenschaften** wählen Sie auf der Registerkarte **Tabelle** im Bereich **Ausrichtung** die gewünschte horizontale Ausrichtung.

3 Wenn Sie eine linksbündige Ausrichtung eingestellt haben (was der Standard ist), können Sie im Feld **Einzug von links** zusätzlich noch einen Einzug definieren, um die Tabelle vom Seitenrand abzurücken.

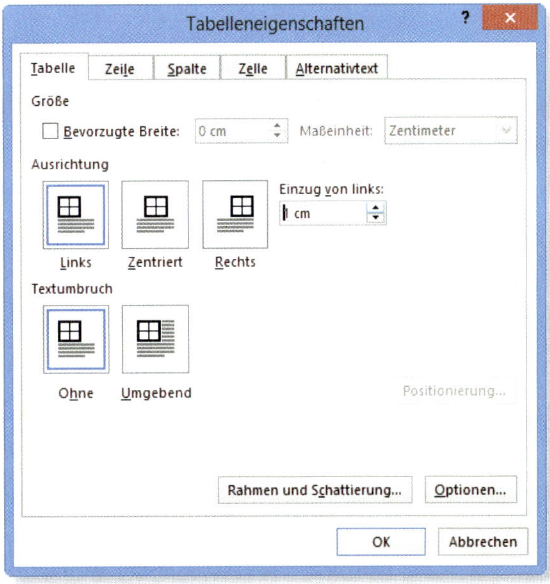

Abbildung 24.78
Die Ausrichtung der Tabelle festlegen

Auf der Registerkarte **Tabelle** des Dialogs **Tabelleneigenschaften** können Sie außerdem den Textumbruch bestimmen. So legen Sie z. B. fest, ob die Tabelle von Text umflossen werden soll oder nicht. Dieses *Umfließen* ist natürlich nur dann sinnvoll, wenn die Tabelle nicht die gesamte Seitenbreite einnimmt. Je nachdem, ob Sie zuvor eine linksbündige, zentrierte oder rechtsbündige Ausrichtung der Tabelle eingestellt haben, fließt der Text dann entsprechend um sie herum. Die Symbole auf der Registerkarte **Tabelle** im Bereich **Textumbruch** sehen je nach Ausrichtung anders aus.

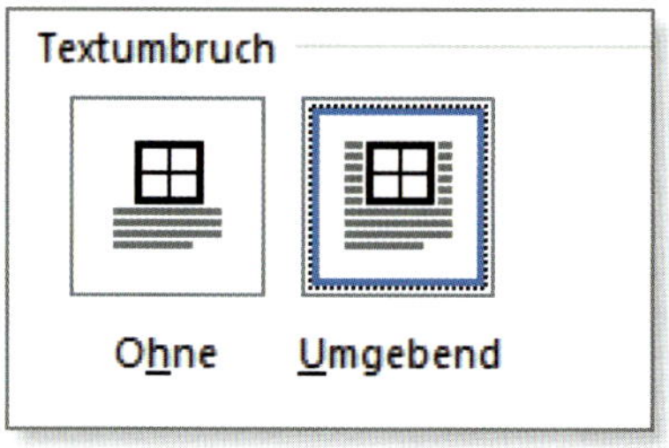

Abbildung 24.79
Die Symbole des Textumbruchs bei zentrierter Ausrichtung

TIPP

Eine Tabelle zentriert ausdrucken

Eine Tabelle, die allein auf einer Seite steht, druckt man am besten mittig aus, also sowohl horizontal als auch vertikal zentriert. Um dies zu erreichen, legen Sie, wie bereits beschrieben, zunächst eine zentrierte Ausrichtung für die Tabelle fest und dann zusätzlich eine vertikale Ausrichtung. Für die vertikale Ausrichtung rufen Sie den Dialog **Seite einrichten** auf, indem Sie auf der Registerkarte **Seitenlayout** auf den kleinen Pfeil an der Gruppe **Seite einrichten** klicken. Im Dialog **Seite einrichten** stellen Sie auf der Registerkarte **Layout** unter **Seite** im Feld **Vertikale Ausrichtung** die Option **Zentriert** ein. Wenn Ihr Dokument nicht nur diese eine Tabelle enthält, können Sie die Seitenausrichtung mithilfe von Abschnitten auf die Tabelle beschränken (siehe Abschnitt 16.3, »Verschiedene Seitenformatierungen innerhalb eines Dokuments«).

24.4 Rechnen in Tabellen

Da es als Rechenkünstler unter den Office-Programmen bekannt ist, nutzen die meisten Anwender lieber Excel als Word, wenn in einer Tabelle gerechnet werden soll. Dagegen ist nichts einzuwenden, aber wir möchten Ihnen in diesem Abschnitt dennoch demonstrieren, dass auch Word ziemlich gut mit Zahlen umgehen kann. Wenn Sie z. B. eine Rechnung schreiben möchten, in der relativ viele komplexe Texteinträge vorkommen, in der nebenbei aber auch gerechnet werden soll, kann es komfortabler sein, diese Aufgabe einfach mit einer Word-Tabelle zu erledigen, als eine zusätzliche Excel-Datei anzulegen.

Rechnen mit Zelladressen

Grundsätzlich funktioniert das Rechnen in Word-Tabellen mithilfe von Zelladressen, der Feldart **Formeln** und vordefinierten Ausdrücken. Lassen Sie uns die Technik zunächst an einem ganz einfachen Beispiel vorführen: Sie haben eine kleine Tabelle mit Preisen geschrieben und wollen sich nun die Rechenarbeit ersparen. In der letzten Zeile soll also die Summe dieser Preise errechnet werden.

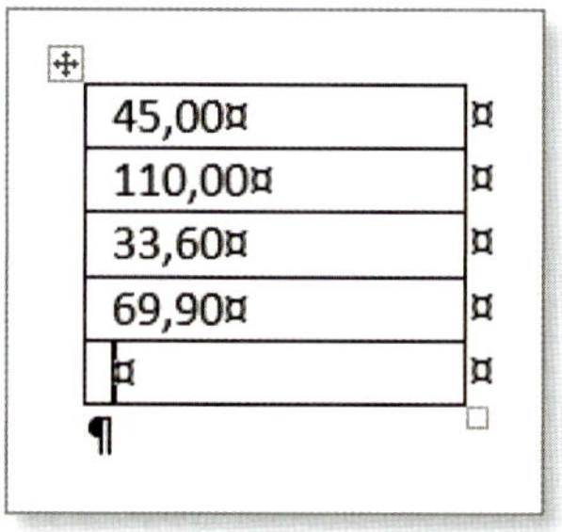

Abbildung 24.80
In der Tabelle soll die Summe errechnet werden.

Um die Preise zu summieren (in unserem Beispiel handelt es sich um vier einzelne Preise), gehen Sie vor, wie wir es im Folgenden beschreiben.

1 Setzen Sie den Cursor in die Zelle, in der das Ergebnis erscheinen soll.

2 Klicken Sie dann auf der Registerkarte **Tabellentools/Layout** auf die Schaltfläche **Formel** (ganz rechts auf der Registerkarte).

3 Daraufhin wird das Dialogfenster **Formel** angezeigt. In diesem Dialog macht Word einen Vorschlag für die Berechnung (allerdings auf Englisch). Der Ausdruck **=SUM(ABOVE)** wird angezeigt. Zur Begriffsklärung: Bei **SUM** handelt es sich um eine *Funktion*, innerhalb der Klammer steht das *Argument*. Hier soll also eine Summe (**SUM**) errechnet werden, und zwar die Summe der Zelleinträge, die oberhalb (**ABOVE**) der Cursorposition stehen. Der Vorschlag ist in diesem Fall also brauchbar, sodass Sie keine andere Funktion auswählen bzw. von Hand eingeben müssen.

Abbildung 24.81
Den Dialog »Formel« aufrufen

HINWEIS

Englisch oder Deutsch?

Nach unserer Erfahrung »versteht« Word bei den Formeln sowohl Englisch als auch Deutsch. Ab und zu – wobei unklar ist, woran es in diesen Fällen dann genau liegt – besteht Word aber auf eine der beiden Sprachen.

4 Sie müssen in diesem Dialog lediglich ein Zahlenformat einstellen, also die Darstellungsweise der Zahlen einrichten. Dazu klicken Sie auf den Pfeil am Feld **Zahlenformat** und markieren in der Liste das gewünschte Format.

5 Klicken Sie zu guter Letzt auf **OK**, um die Formel berechnen zu lassen.

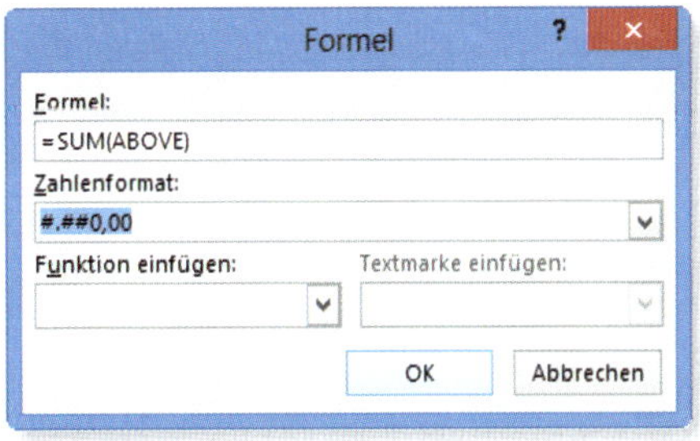

Abbildung 24.82
Die Formel und das Format eingeben

Daraufhin fügt Word die Formel in die Tabellenzelle ein, und das Ergebnis wird präsentiert. Das war einfach, oder?

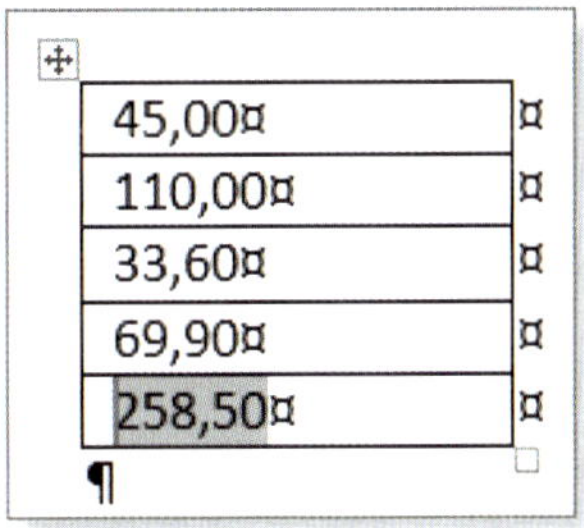

Abbildung 24.83
Das errechnete Ergebnis

TIPP

Komma unter Komma setzen

Um die Einträge der Zeilen an der Kommastelle auszurichten, verwenden Sie einfach eine rechtsbündige Ausrichtung für die Spalte oder Sie setzen einen dezimalen Tabstopp (siehe Kapitel 23, »Tabstopps«).

Mit Word multiplizieren

Nicht immer ist es ganz so bequem, z. B. dann nicht, wenn Sie eine andere Funktion als **SUM** benötigen. In der Tabelle in Abbildung 24.84 sehen Sie verschiedene Preise und Stückzahlen. In der dritten Spalte soll der jeweilige Gesamtpreis ermittelt werden.

Preis¤	Menge¤	Gesamtpreis¤
45,00¤	5¤	¤
110,00¤	8¤	¤
33,60¤	12¤	¤
69,90¤	3¤	¤
258,50¤	¤	¤

Abbildung 24.84
Die Gesamtpreise sollen errechnet werden.

Wenn Sie den Cursor in die erste Zelle unter **Gesamtpreis** setzen und über **Tabellentools/Layout** > **Formel** den Dialog **Formel** aufrufen, schlägt Word stur wieder **SUM** vor, genau genommen **=SUM(LEFT)**. Würden Sie diese Formel übernehmen, wäre das Ergebnis »50« – was allenfalls bei dem Kunden, der zu zahlen hat, Freude auslösen würde. De facto brauchen Sie hier aber eine andere Funktion, da der Preis »45,00« ja mit »5« multipliziert und nicht addiert werden soll.

1 Rufen Sie also erneut den Dialog **Formel** auf, um die Funktion anzupassen.

2 Löschen Sie den vorgeschlagenen Ausdruck bis auf das Gleichheitszeichen.

3 Öffnen Sie mit einem Klick auf den kleinen Pfeil das Auswahlmenü des Feldes **Funktion einfügen** und markieren Sie hier den Eintrag **PRODUCT**.

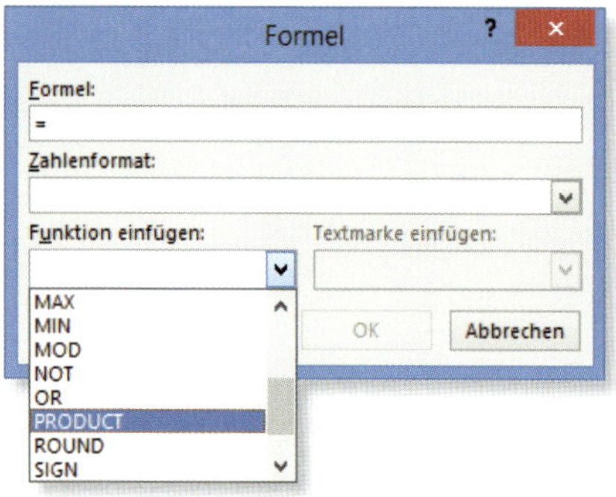

Abbildung 24.85
Eine neue Funktion einfügen

4 Weil die Zahlen, mit denen gerechnet werden soll, links neben der Cursorposition stehen, schreiben Sie in die Klammer, die automatisch für das Argument erscheint, »links« (wie gesagt, Word versteht meistens auch Deutsch!) oder »left«.

Abbildung 24.86
Das Argument eintragen

5 Weisen Sie ein Zahlenformat zu und klicken Sie auf **OK**. Voilà, das Ergebnis wird angezeigt.

Diese Berechnung müssen Sie nun Zeile für Zeile wiederholen. Und falls Sie ein gewiefter Excel-Anwender sind: Nein, Sie können die Formel nicht einfach vervielfältigen, indem Sie sie mit gedrückter Maustaste nach unten ziehen! Das **AutoAusfüllen** funktioniert hier leider nicht. Dennoch bietet diese Art der Berechnung den Vorteil, dass Ergebnisse sich anpassen lassen, da es sich ja um Felder handelt.

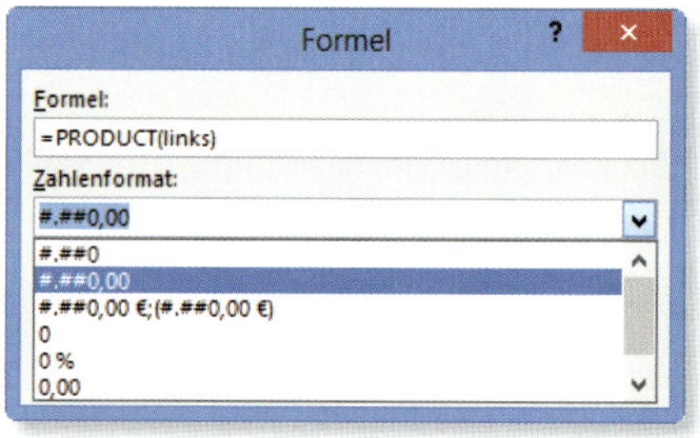

Abbildung 24.87
Zum Schluss noch ein Zahlenformat zuweisen

HINWEIS

Gleichheitszeichen

Damit eine Formel funktioniert, müssen Sie ihr in Word genau wie in Excel ein Gleichheitszeichen voranstellen. Nur so »weiß« das Programm, dass es hier ums Rechnen geht.

Formeln mit Zelladressen eingeben

Etwas kniffliger sind Berechnungen in Word-Tabellen, wenn die Zellbezüge nicht einfach mit den Angaben **links**, **rechts**, **über** und **unter** (oder eben **left**, **right**,

above und **below**) bezeichnet werden können. In solchen Fällen müssen Sie die *Zelladressen* verwenden, die die Zellen intern haben.

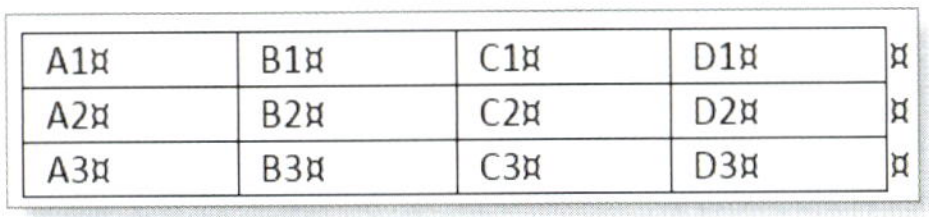

A1	B1	C1	D1
A2	B2	C2	D2
A3	B3	C3	D3

Abbildung 24.88
Die Zelladressen

Diese Zelladressen ergeben sich nach folgendem Muster: Die Spalten werden mit Buchstaben bezeichnet (angefangen bei A), und die Zeilen werden ab 1 durchgezählt. Die erste Zelle einer Tabelle hat also die Adresse »A1« (Excel-Anwender kennen diese Zelladressen, nur dass sie sich auf einem Excel-Blatt anhand der Zeilen- und Spaltenüberschriften eindeutig ablesen lassen).

Wenn Sie sich diese Adressierung vor Augen führen, können Sie in Word-Tabellen viele Berechnungen sehr leicht durchführen. Als Operatoren verwenden Sie die folgenden Zeichen:

- + zum Addieren
- – zum Subtrahieren
- * zum Multiplizieren
- / zum Dividieren
- % für Prozentrechnung
- ^ für die Potenz/Wurzel

TIPP

Klein- oder Großbuchstaben?

Es spielt bei der Angabe der Zelladressen keine Rolle, ob Sie die Buchstaben groß- oder kleinschreiben: »a1« ist genauso gut wie »A1«.

Werfen Sie einmal einen Blick auf Abbildung 24.89. Um die beiden rot formatierten Zahlen zu summieren, geben Sie im Dialog **Formel** in das Feld **Formel** nach dem Gleichheitszeichen die Zelladresse »a1« ein, dann das Pluszeichen und dann die Zelladresse »b3«.

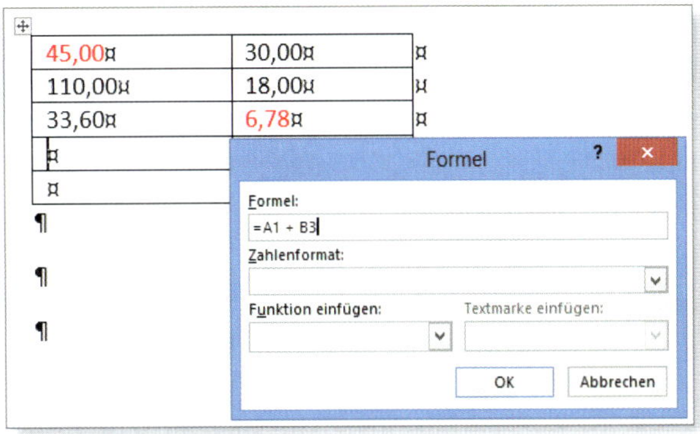

Abbildung 24.89
Formeleingabe mithilfe der Zelladressen

Wenn Sie ein paar mathematische Grundregeln beachten, können Sie mithilfe der Zelladressen z. B. auch den Betrag in der folgenden kleinen Tabelle (siehe Abbildung 24.90) berechnen: Sie addieren die Stunden mithilfe der Eingabe »(a2+a3)« und multiplizieren diese Klammer dann mit »b2«.

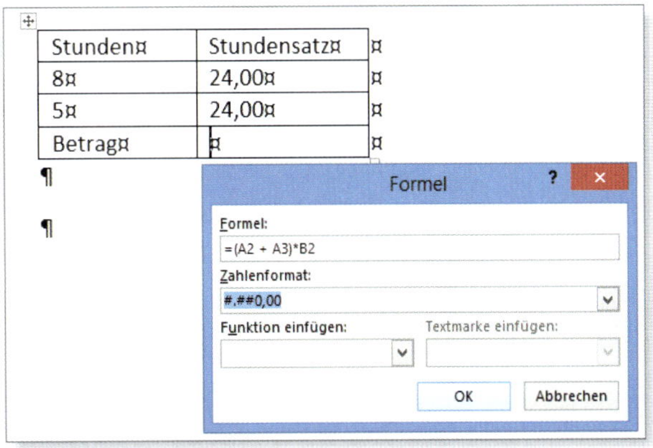

Abbildung 24.90
Eine Formel mit Zelladressen und Klammer

INFO

Formeleingabe wie in Excel

Versierte Excel-Anwender sind bei Berechnungen in Word-Tabellen klar im Vorteil, denn die Eingabe von Formeln funktioniert nach dem gleichen Prinzip. Allerdings kennt Word keine relativen Bezüge, wie Excel sie anbietet.

Im letzten Beispiel wollen wir die Mehrwertsteuer von 19 % für einen bestimmten Betrag errechnen.

Preis		Gesamtpreis
45,00	5	225,00
110,00	8	880,00
33,60	12	403,20
69,50	3	208,50
	Summe	1.716,70
MWST	19%	

Abbildung 24.91
In der Tabelle sollen 19 % der Summe errechnet werden.

1. Setzen Sie den Cursor in die Zelle, in der die Mehrwertsteuer angezeigt werden soll.
2. Klicken Sie auf der Registerkarte **Tabellentools/Layout** auf die Schaltfläche **Formel**.
3. Im zugehörigen Dialogfenster geben Sie in das Feld **Formel** zuerst die Zelladresse der Zelle ein, in der die Summe steht (hier: »c6«).
4. Für das Malzeichen drücken Sie das Sternchen auf der Tastatur.
5. Geben Sie in das Feld **Formel** dann die Zelladresse ein, in der »19 %« steht (hier: »b7«).
6. Weisen Sie über das Menü des Feldes **Zahlenformat** ein Zahlenformat zu.
7. Bestätigen Sie diese Eingaben mit **OK**.

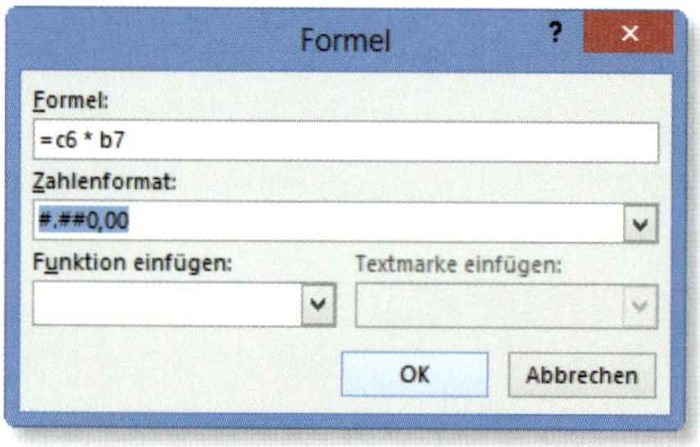

Abbildung 24.92
Die Formel für die Berechnung

Daraufhin wird die Formel in die Zelle übernommen und das Ergebnis der Berechnung angezeigt (in der Abbildung bereits rechtsbündig gesetzt, damit die Kommata untereinanderstehen). Dass die Formel in der eingegebenen Form den richtigen Wert ergeben hat, liegt am Prozentzeichen in der Zelle mit der Mehrwertsteuer. Wegen dieses Prozentzeichens wurde der Wert der Multiplikation automatisch durch 100 geteilt.

Preis		Gesamtpreis
45,00	5	225,00
110,00	8	880,00
33,60	12	403,20
69,50	3	208,50
	Summe	1.716,70
MWST	19%	326,17

Abbildung 24.93
Die Mehrwertsteuer wurde berechnet.

Sie hätten auch in die Formel »19 %« eingeben können, statt auf die Zelle zu verweisen, aber damit hätten Sie sich um den Vorteil gebracht, die Berechnung anpassen zu können (falls Sie beispielsweise diese Tabelle in den nächsten Jahren erneut nutzen möchten, aber der Mehrwertsteuersatz wieder einmal gestiegen ist). Die Möglichkeit der Aktualisierung beschreiben wir im folgenden Abschnitt »Berechnungen anpassen«.

Berechnungen anpassen

Die Benutzung von Formeln hat nicht nur den Vorteil, dass Sie relativ schnell eine Berechnung ausführen können – zumal dieser Vorteil bei einfachen Zahlen eher überflüssig erscheint. Warum sollten Sie also den Weg über die Formeleingabe gehen? Die Antwort liegt in der einfachen Aktualisierung: Bei der normalen manuellen Eingabe könnten Sie die Berechnungen nicht anpassen lassen, wenn sich der Wert einer in der Formel verwendeten Tabellenzelle ändert, sondern Sie müssten die neuen Werte immer von Hand eingeben. Bei einem errechneten Ergebnis mit Zellbezügen geht die Aktualisierung problemlos.

Probieren Sie es einfach einmal aus: Ändern Sie beispielsweise einen Wert in der letzten Beispieltabelle

(z. B. einen Preis, eine Menge oder den Prozentsatz der Mehrwertsteuer). Erfahrene Excel-Anwender blicken nach dieser Änderung enttäuscht auf das Ergebnis: Es hat sich nicht ad hoc geändert.

¤	Summe¤	1.716,70¤
MWST¤	21%¤	326,17¤

Abbildung 24.94
Das Ergebnis ist unverändert.

In Word-Tabellen müssen Sie die Aktualisierung »anstoßen«. Dazu nutzen Sie wie üblich die Taste F9. Wenn Sie mehrere Zahlen bzw. Zellwerte geändert haben, ist es sinnvoll, die ganze Tabelle zu markieren und Word dann mit F9 anzuweisen, die Formeln neu zu berechnen.

Formeln anzeigen lassen

Statt des Ergebnisses können Sie sich auch die Formel in der Zelle anzeigen lassen.

1. Setzen Sie den Cursor in die Zelle mit dem Ergebnis und klicken Sie mit der rechten Maustaste darauf, um das Kontextmenü aufzurufen.
2. Im Kontextmenü klicken Sie auf den Befehl **Feldfunktionen ein/aus**.

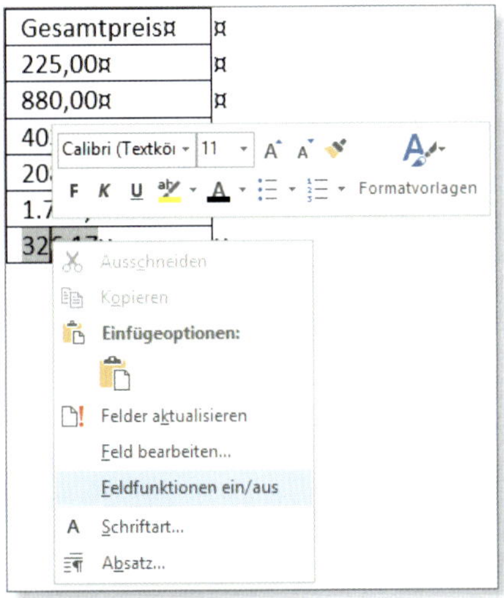

Abbildung 24.95
Die Feldfunktionen ein- und ausschalten

Zum Umschalten in die Ansicht **Feldfunktionen** können Sie auch die Tastenkombination ⇧ + F9 benutzen; wenn alle Formeln in der Tabelle angezeigt werden sollen (und nicht nur die Formel für die Zelle, in der der Cursor steht), drücken Sie die Tasten Alt + F9. Die Anzeige der Formeln als Feldfunktionen können Sie natürlich auch dazu nutzen, Formeln zu korrigieren oder zu ändern; die entsprechenden Änderungen geben Sie in der geschweiften Klammer ein.

Eine einfache Berechnung ohne den Dialog »Formel« ausführen

Für eine einfache Berechnung brauchen Sie übrigens nicht unbedingt den Dialog **Formel**. Sie können auch einfach mit einem leeren Feld arbeiten und die Formel dort dann direkt eintragen (zur Arbeit mit Feldern siehe auch Kapitel 10, »Feldfunktionen«).

1. Setzen Sie den Cursor in die Ergebniszelle.
2. Drücken Sie die Tastenkombination Strg + F9, um ein leeres Feld einzufügen.
3. Geben Sie die Formel in die geschweifte Klammer ein (auch hier müssen Sie sie natürlich mit einem Gleichheitszeichen beginnen!).
4. Drücken Sie F9, um das Feld zu aktualisieren. Daraufhin wird die Berechnung in der Zelle angezeigt.

Stunden¤	Stundensatz¤	¤
8¤	24,00¤	¤
Betrag¤	{·=a2·*·b2·}¤	¤
¤	¤	¤

Abbildung 24.96
Die Formel in ein Feld eingeben

Kapitel 25
Grafiken, Fotos und Videos

In vielen Dokumenten spielen grafische Elemente eine wichtige Rolle. Sie können Dokumente nicht nur verschönern und beleben, sondern auch Aussagen untermauern. Wie heißt es so schön: Ein Bild sagt mehr als 1000 Worte!

Word ist im Laufe der Zeit immer mehr auch zu einem Programm avanciert, das nicht nur für die Bearbeitung und den Umgang mit Texten zuständig ist, sondern mit dem man auch Grafiken bearbeiten kann. Natürlich ist es in Bezug auf die Details der Bearbeitung und deren Qualität nicht mit professionellen Bildbearbeitungsprogrammen zu vergleichen, aber für den »Hausgebrauch« reicht es allemal. Word 2013 hat in dieser Hinsicht noch mehr Funktionen an Bord als die älteren Versionen. Für viele grafische Aufgaben, z. B. die Gestaltung eines einfachen Logos (wobei es natürlich auf Ihren Anspruch ankommt, was »einfach« bedeutet), brauchen Sie nicht unbedingt zu einem Grafikprogramm zu greifen – mit Word sind Sie dafür gut gerüstet.

Zunächst geht es in diesem Kapitel um Grafiken. Von den ClipArts, diesen kleinen Zeichnungen, die viele Jahre lang zum Lieferumfang von Word bzw. Office gehörten, hat sich Microsoft mit der Version Office 2013 verabschiedet. Nunmehr werden die ClipArts und andere Grafiken von Microsoft nur noch online angeboten. Sie erfahren, wie man nach diesen Grafiken sucht, wie man sie einfügt und wie man sie weiter bearbeiten kann. Neben den Onlinegrafiken können Sie auch Fotos (oder andere Bilder) in Ihr Dokument einfügen, die als Datei vorliegen und auf die Sie Zugriff haben. Auch für die Bearbeitung von Fotos stellt Ihnen Word 2013 interessante und vielfältige Möglichkeiten zur Verfügung.

25.1 Grafiken/ClipArts

Wenn Sie nach einer Onlinegrafik suchen, werden in der Bildergalerie auf *Office.com* meistens sowohl Fotos als auch Zeichnungen, also ClipArts, angeboten. Ein entscheidender Vorteil von ClipArts ist, dass es sich dabei um Vektorgrafiken handelt, deren Besonderheit es ist, dass sie sich verlustfrei skalieren lassen. Dies bedeutet, dass Sie das Bild beliebig vergrößern können, ohne dass sich die Qualität verschlechtert. Der Speicherplatzbedarf von Vektorobjekten ist zudem relativ gering, was natürlich ein weiterer Vorteil ist.

Da sich in diesem Kapitel alles um Grafiken dreht, möchten wir die Gelegenheit nutzen, die beiden wichtigsten Varianten, in denen Grafiken vorliegen können, kurz zu beschreiben. Grundsätzlich lassen sich Computergrafiken in zwei Kategorien einteilen: *Raster-* bzw. *Pixelbilder* (auch *Bitmaps* genannt) und *Vektorgrafiken*.

Rasterbilder

Rasterbilder sind das gängige elektronische Medium für Halbtonbilder wie z. B. Fotos oder digitale Zeichnungen, weil sie Schattierungen und Farben in feinen Abstufungen wiedergeben können. Für die Darstellung wird ein aus Bildpunkten (*Pixeln*) bestehendes Raster verwendet. Jedem Pixel werden eine bestimmte Position und ein Farbwert zugewiesen. Der Nachteil ist dieser: Rasterbilder sind auflösungsabhängig, d. h., sie erhalten eine feste Zahl an Pixeln. Dies hat zur Folge, dass unter Umständen der sogenannte *Treppeneffekt* eintritt, wenn Sie die Grafik so weit vergrößern, dass die einzelnen Pixel zu sehen sind und der Übergang zwischen den Farbtönen nicht mehr fließend wirkt.

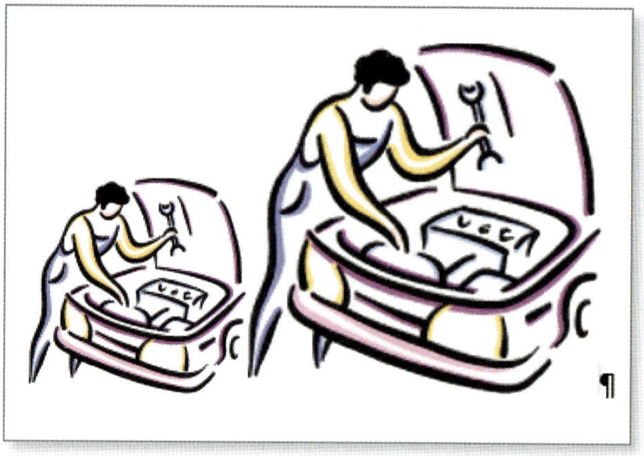

Abbildung 25.1
Die Größe der Vektorgrafiken spielt für die Bildqualität keine Rolle.

Vektorgrafiken

Bei Vektorgrafiken handelt es sich um aus mathematisch definierten Linien und Kurven (*Vektoren*) aufgebaute Grafiken. Die Bilder werden anhand ihrer geometrischen Eigenschaften beschrieben, d. h. aufgrund ihrer Position in einem Koordinatenkreuz, ihres Radius etc. Der Rechner bzw. das Grafikprogramm muss diese Informationen interpretieren und ausführen. Wenn man eine Vektorgrafik in einen Befehl übersetzte, würde der in etwa so lauten: »Zeichne einen Kreis mit folgenden Koordinaten: Mittelpunkt x = 30 mm, y = 50 mm, Füllfarbe Pantone 72 mit 100 %; Linienstärke 0,75 Pt.« Durch diese Art der Beschreibung ist die Angabe größenunabhängig und kann für jede Bildgröße und -auflösung neu berechnet werden, ohne dass dadurch die Qualität beeinflusst würde. Die Detailtreue und die Bildschärfe bleiben auch beim Skalieren und Drucken mit anderen Auflösungen erhalten.

ClipArts sind Vektorgrafiken, weil diese sich am besten zur Darstellung von Objekten mit einfachen, klaren Formen eignen. Außerdem sind Vektorgrafiken die richtige Wahl für Zeichnungen, in denen die Einzellinien auch bei unterschiedlichen Größen gestochen scharf sein müssen, wie dies z. B. bei technischen Zeichnungen zwingend erforderlich ist.

Eine Onlinegrafik einfügen

Die Schaltfläche zum Einfügen von Onlinegrafiken finden Sie auf der Registerkarte **Einfügen** in der Gruppe **Illustrationen**.

1. Um nach einer passenden Grafik zu suchen und sie in Ihr Dokument einzufügen, setzen Sie den Cursor an die Stelle im Dokument, an der die Grafik/ClipArt stehen soll.
2. Wechseln Sie auf die Registerkarte **Einfügen** und klicken Sie in der Gruppe **Illustrationen** auf die Schaltfläche **Onlinegrafiken**.

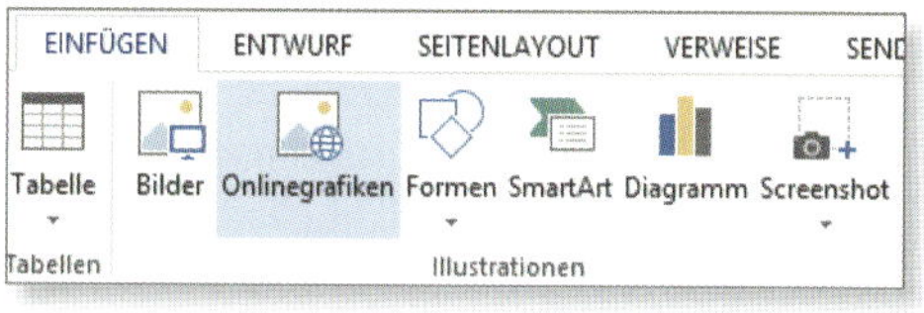

Abbildung 25.2
Die Schaltfläche »Onlinegrafiken«

3. Daraufhin wird der Dialog **Bilder einfügen** angezeigt. Im Feld neben **ClipArt von Office.com** geben Sie einen passenden Suchbegriff ein (hier: »Autos«) und klicken dann auf die Lupe (**Suchen**), um Ihre Suche zu beginnen.

Abbildung 25.3
Der Dialog »Bilder einfügen«

4 Daraufhin werden die Ergebnisse präsentiert. Je nach Suchbegriff kann die Liste ziemlich lang sein. Scrollen Sie durch die Auswahl.

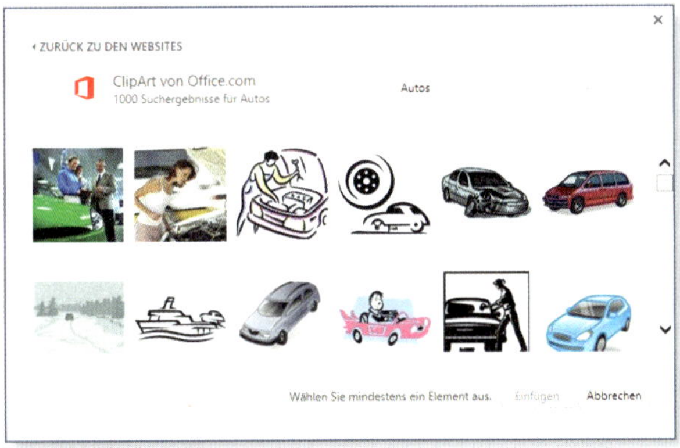

Abbildung 25.4
Die Ergebnisse werden präsentiert.

5 Um eine Grafik genauer zu betrachten, markieren Sie sie und klicken auf die Lupe rechts unten am Bild.

Abbildung 25.5
So vergrößern Sie die Grafik.

6 Wenn Ihnen die Grafik gefällt, können Sie sie direkt aus der vergrößerten Ansicht heraus einfügen. Dazu klicken Sie auf **Einfügen**. Wenn Sie weitersuchen möchten, klicken Sie auf das Schließkreuz rechts oben am Bild.

Abbildung 25.6
Fügen Sie das Bild ein oder kehren Sie zur Auswahl zurück.

7 In der Ergebnisliste markieren Sie die gewünschte Grafik und klicken auf **Einfügen** (oder doppelt auf die Grafik). Daraufhin landet die Grafik in Ihrem Dokument.

Abbildung 25.7
Fügen Sie die Grafik in das Dokument ein.

25.2 Grafiken bearbeiten

Nach dem Einfügen einer Grafik stehen in der Regel weitere Arbeitsschritte an. Der erste Schritt besteht

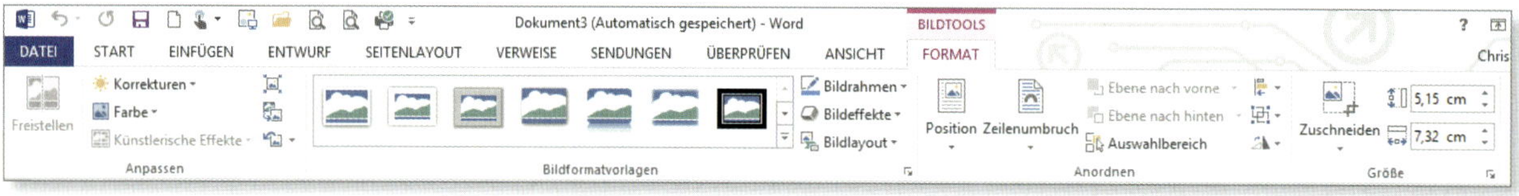

Abbildung 25.8
Die Registerkarte »Bildtools/Format«

meistens darin, die Größe der Grafik zu verändern. Auch die Position passt selten auf Anhieb, sodass Sie die Grafik auf dem Blatt an die gewünschte Stelle verschieben müssen. Da Grafiken meistens einen Text illustrieren oder auflockern sollen und demnach selten allein auf einer Seite stehen, ist auch zu entscheiden, ob und wie der Text um die Grafik fließen soll. Dies steuern Sie mit der Funktion **Zeilenumbruch**, die eine ganze Reihe von Möglichkeiten parat hält.

Zusätzlich können Sie mit vielen Varianten der Bildbearbeitung spielen, fertige Bildformate und/oder Bildeffekte anwenden, die Grafik zuschneiden, Elemente entfernen, die Farben ändern, kurz: eine Grafik so weit verfremden, dass sie fast nicht mehr wiederzuerkennen ist. Die meisten Funktionen zur Bearbeitung sind auf der Registerkarte **Bildtools/Format** gesammelt (siehe Abbildung 25.8). Beachten Sie, dass die Registerkarte **Bildtools/Format** erst dann auftaucht, wenn Sie eine Grafik oder ein Bild im Dokument anklicken.

INFO

Grafiken, ClipArts und Co.

Wir sprechen hier und in den nächsten Abschnitten in der Regel von *Grafik* als Oberbegriff für alle Grafikobjekte, die Sie in ein Dokument einfügen können. Es kann sich dabei um Zeichnungen (ClipArts), Fotos und andere Illustrationen handeln. Die allermeisten Befehle (vor allem zur Größenänderung, Positionierung, Verankerung, aber auch die Bildeffekte etc.) zur Bearbeitung all dieser Objekte sind nahezu identisch.

Die Größe verändern

Wenn Sie eine Grafik anklicken, ist sie markiert. Dies erkennen Sie an dem Rahmen mit acht Ziehpunkten (»Anfassern«), der daraufhin erscheint. Mit dem Kreissymbol am oberen Rand des Rahmens können Sie die Grafik drehen (mehr dazu im Abschnitt »Grafiken drehen« auf Seite 518).

Abbildung 25.9
Die Grafik ist markiert, was Sie an dem Rahmen mit seinen acht Ziehpunkten erkennen.

TIPP

Deaktivierte Funktionen

Keine Panik: Wenn eine Grafik markiert ist, sind viele Funktionen auf den übrigen Registerkarten im Menüband ausgeschaltet, weil sie eben nicht für Bilder genutzt werden können. Sobald Sie die Markierung aufheben, indem Sie in den Text oder an den Rand klicken, ist wieder alles beim Alten!

Um die Größe der Grafik zu ändern, gibt es mehrere Möglichkeiten. Wenn es reicht, die Größe Pi mal Daumen festzulegen, können Sie einfach die Ziehpunkte verwenden, das geht am schnellsten. Dazu führen Sie den Mauszeiger an den Ziehpunkt an einer der Ecken (er wird dann zu einem Doppelpfeil) und ziehen den Punkt mit gedrückter Maustaste nach innen (zum Verkleinern) oder nach außen (zum Vergrößern). Sie können auch die Ziehpunkte an den Seiten »greifen«, aber wenn Sie daran ziehen, wird das Bild verzerrt, d. h., das Höhen- und Breitenverhältnis bleibt nicht erhalten.

Abbildung 25.10
So wird das Bild verkleinert.

Besonders geschickt gehen Sie vor, wenn Sie beim Bewegen des Mauszeigers die [Strg]-Taste gedrückt halten. Damit erreichen Sie, dass die Veränderung der Größe vom Mittelpunkt der Grafik ausgeht, sodass dieser nicht verschoben wird und Sie die Grafik nachher nicht neu positionieren müssen. Dieser Effekt lässt sich besonders gut bei rundlichen Objekten beobachten.

Die Größe einer Grafik lässt sich aber auch ganz exakt angeben. Gehen Sie dazu wie folgt vor.

1. Markieren Sie die Grafik.
2. Auf der Registerkarte **Bildtools/Format** sehen Sie ganz rechts in der Gruppe **Größe** die Felder für die Größenangabe. Tragen Sie in das Feld **Formenhöhe** die gewünschte Höhe ein (oder benutzen Sie einen der Pfeile am Feld, um den Wert anzupassen).

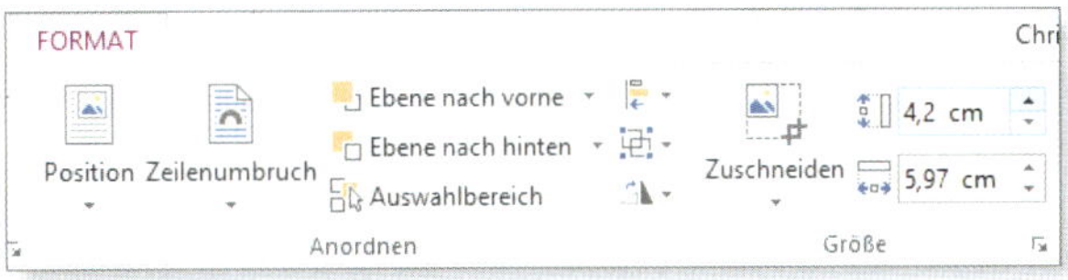

Abbildung 25.11
Die Höhe der Grafik genau angeben

Der Wert im Feld **Formenbreite** verändert sich ohne Ihr Zutun ebenfalls. Dies liegt daran, dass standardmäßig eine Option eingestellt ist, die dafür sorgt, dass das vorgegebene Seitenverhältnis zwischen Höhe und Breite auch bei einer Veränderung der Größe beibehalten wird.

Diese Option können Sie überprüfen bzw. ändern, indem Sie auf den Pfeil an der Gruppe **Größe** klicken. Damit rufen Sie das Dialogfenster **Layout** mit der Registerkarte **Größe** auf.

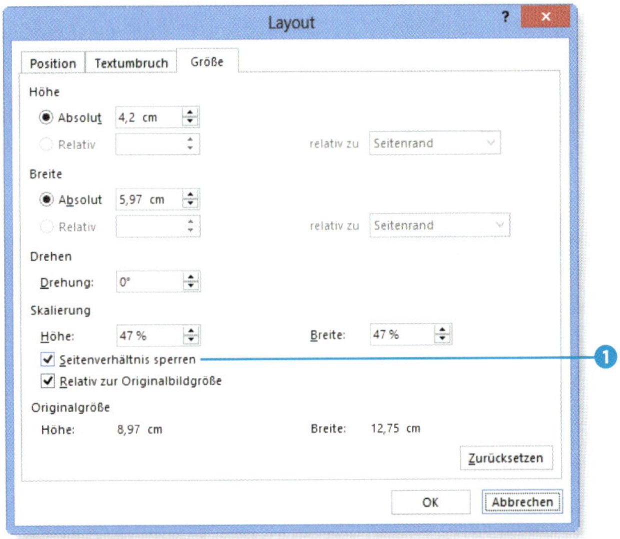

Abbildung 25.12
Die Bildgröße im Dialogfenster »Layout« einstellen

Werfen Sie hier einmal einen Blick auf den Bereich **Skalierung**. Die Option **Seitenverhältnis sperren** ist aktiviert (1). Wenn Sie dieses Kontrollkästchen mit einem

Klick deaktivieren (siehe Abbildung 25.13), werden die Werte in den Feldern **Formenhöhe** und **Formenbreite** nicht mehr automatisch aneinander angepasst und die Größe der Grafik kann frei gewählt werden.

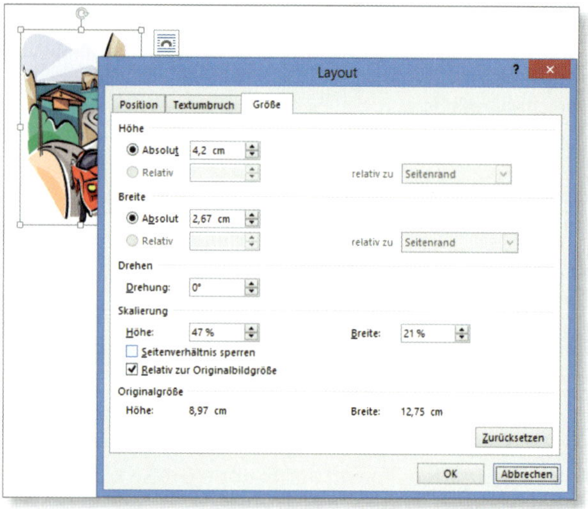

Abbildung 25.13
Die Sperrung des Seitenverhältnisses aufheben

Die Position der Grafik festlegen

Wenn Sie den Mauszeiger direkt auf die Grafik führen, verwandelt er sich in einen Vierfachpfeil. Eigentlich sollten Sie die Grafik nun mit gedrückter Maustaste an die gewünschte Position ziehen können, aber Sie werden bemerken, dass dies nicht funktioniert: Die Grafik lässt sich nicht frei auf der Seite bewegen, sondern nur innerhalb vorhandener Absätze. Das ist zwar etwas ärgerlich, aber kein Beinbruch: Es liegt schlicht und einfach an der Einstellung des Zeilenumbruchs.

Standardmäßig ist für den Zeilenumbruch die Option **Mit Text in Zeile** eingestellt. Diese Zeilenumbruchart verhindert das freie Verschieben der Grafik mit der Maus. Stattdessen stehen die üblichen Funktionen zur Ausrichtung bereit, Sie können die Zeichnung also zentrieren oder links- bzw. rechtsbündig ausrichten (mit den entsprechenden Schaltflächen auf der Registerkarte **Start**).

Abbildung 25.14
Eine zentrierte Grafik auf der Seite

Um die Grafik frei auf der Seite bewegen zu können, muss, wie gesagt, eine andere Zeilenumbruchart eingestellt werden. Dies erledigen Sie im Menü der Schaltfläche **Layoutoptionen**, die Sie rechts oben neben dem Bild finden, sobald das Bild markiert wurde.

Abbildung 25.15
Das Menü der Schaltfläche »Zeilenumbruch«

Nachdem Sie hier einen anderen Zeilenumbruch gewählt haben, beispielsweise **Quadrat**, können Sie die Grafik mit gedrückter Maustaste bewegen und an die passende Stelle verschieben (die verschiedenen Umbrucharten erklären wir im Abschnitt »Bilder und Text: den Textumbruch bestimmen« auf Seite 515 noch genauer). Um die Grafik auch in den Bereich des oberen oder unteren Seitenrandes setzen zu können, müssen Sie auch darauf achten, dass die Option **Position auf der Seite fixieren** im Menü **Layoutoptionen** aktiviert ist.

Abbildung 25.16
Die Grafik mit der Maus verschieben

Die Position der Grafik lässt sich auch ganz exakt angeben, allerdings auch nur dann, wenn Sie statt der Umbruchart **Mit Text in Zeile** einen anderen Zeilenumbruch wählen. Die entsprechenden Angaben legen Sie im Dialogfenster **Layout** fest.

HINWEIS

Den Dialog im Kontextmenü aufrufen

Sie können die Grafik auch mit der rechten Maustaste anklicken und im Kontextmenü den Eintrag **Größe und Position** wählen. Im Dialog **Layout** wechseln Sie dann auf die Registerkarte **Position**.

Um den Dialog **Layout** aufzurufen, klicken Sie im Menü der Schaltfläche **Layoutoptionen** auf die Option **Weitere anzeigen**. Alternativ klicken Sie auf der Registerkarte **Bildtools/Format** in der Gruppe **Anordnen** auf die Schaltfläche **Position** und wählen hier im Menü **Weitere Layoutoptionen**, um den Dialog **Layout** aufzurufen.

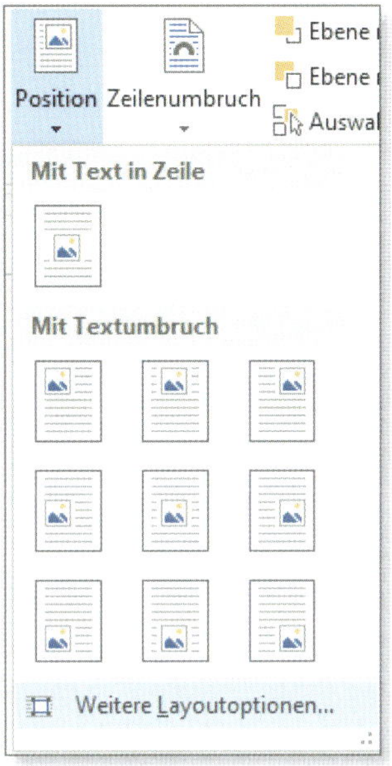

Abbildung 25.17
Die Layoutoptionen über die Registerkarte »Bildtools/Format« aufrufen

Wechseln Sie gegebenenfalls auf die Registerkarte **Position**. Sie zeigt direkt nach dem Aufruf die aktuelle Position der Grafik an und bietet eine Reihe von Einstellungsmöglichkeiten. Im Bereich **Horizontal** können Sie auf unterschiedliche Weise festlegen, an welcher Stelle die Grafik, horizontal gesehen, positioniert werden soll.

In den Feldern auf der linken Seite stellen Sie die Art der Ausrichtung bzw. einen Wert (**Absolute Position**) oder einen Prozentsatz (**Relative Position**) ein und in den Menüs der Felder auf der rechten Seite wählen Sie den Bezugspunkt (an dem die Grafik dann ausgerichtet wird). Weil die Beschreibung jeder möglichen Kombination zu weit führen würde, stellen wir Ihnen hier nur eine Auswahl vor. Am besten probieren Sie es selbst einmal aus!

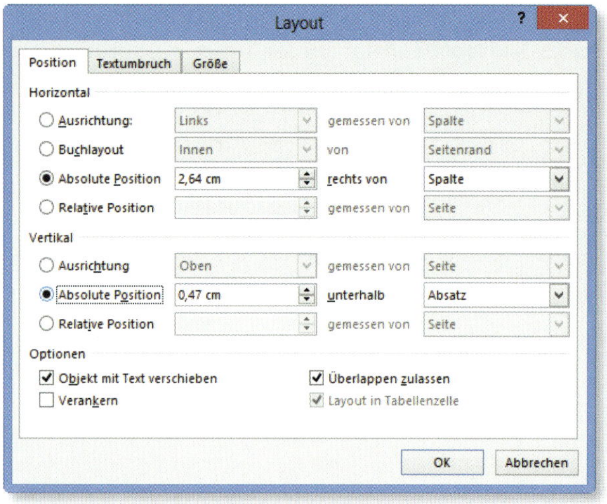

Abbildung 25.18
Die Position der Grafik bestimmen

Bei der Option **Ausrichtung** stehen zur Auswahl: **Links**, **Zentriert** oder **Rechts**. Die zugehörigen Optionen im Feld **gemessen von**, mit deren Hilfe Sie die gewünschte Ausrichtung noch genauer bestimmen können, zeigt Abbildung 25.19. Allerdings ist nicht in allen Fällen nachvollziehbar, wohin die Grafik bei welcher Einstellung im Feld **gemessen von** verschoben wird, d. h., hier scheint keine echte Systematik zu herrschen.

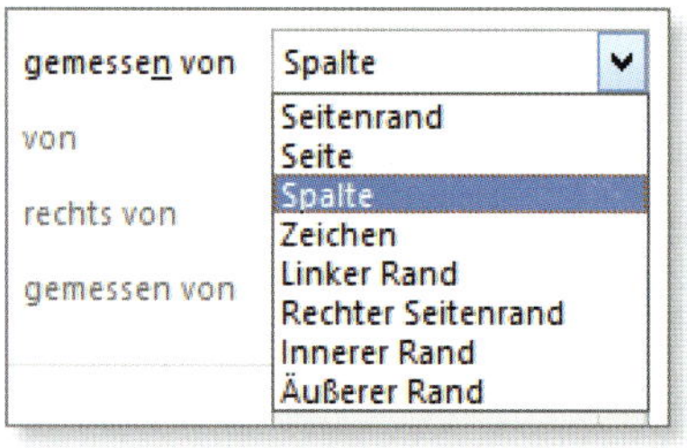

Abbildung 25.19
Bezugspunkte der Ausrichtung

Die Einstellung **Seitenrand** bewirkt, dass die Grafik auf die linke Seite des Textes geschoben wird (wenn Sie im Feld **Ausrichtung** die Angabe **Links** gemacht haben). Entsprechend wird sie bei der Ausrichtung **Zentriert** in die Mitte des Textes und bei der Ausrichtung **Rechts** an den rechten Rand des Textes gesetzt. Die Kante der Grafik steht bei dieser Option also rechts oder links auf der gleichen Höhe wie der Text.

Abbildung 25.20
Ein am rechten Seitenrand ausgerichtetes Bild

Mit der Einstellung **Seite** wird die Grafik an die Kante auf der linken Seite des Blattes, in die Mitte des Blattes oder auf der rechten Seite an die Blattkante geschoben.

Mit der Einstellung **Linker Rand** im Feld **gemessen von** wird die Grafik an den linken Seitenrand gesetzt, je nach Ausrichtung ganz links, mittig oder rechts (das aber eben innerhalb des linken Seitenrandes, der daher breit genug sein muss, um die Grafik anzuzeigen). Analog wird die Grafik mit der Einstellung **Rechter Rand** innerhalb des rechten Seitenrandes positioniert.

Abbildung 25.21
Das Bild mit der Ausrichtung »Links«, gemessen von der Blattkante (»Seite«)

Abbildung 25.22
Ein am linken Seitenrand positioniertes Bild

Unter dem Feld **Ausrichtung** finden Sie das Feld **Buchlayout**: Hier können Sie angeben, ob die Grafik **Innen** oder **Außen** auf der Seite stehen soll. Im Feld **von** bestimmen Sie dann noch, ob sich die Position nach dem **Seitenrand** oder der **Seite** (Blattkante) richtet.

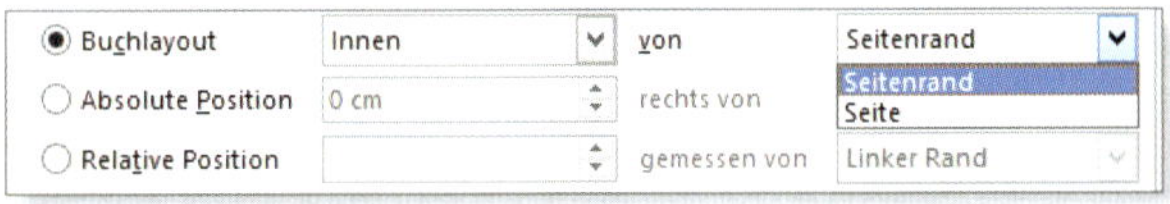

Abbildung 25.23
Die Grafik ausrichten, als ginge es um eine Buchseite

Im Feld **Absolute Position** wiederum geben Sie in Zentimetern an, wo die Grafik horizontal positioniert werden soll; im Menü des Feldes **rechts von** werden daraufhin die gleichen Bezugspunkte angeboten wie bei der Option **Ausrichtung**.

Abbildung 25.24
Die horizontale Position des Bildes in Zentimetern

Mit der Option **Relative Position** legen Sie den Abstand der Grafik zu den Bezugspunkten mithilfe eines Prozentsatzes fest. Hier gibt es dann zusätzlich die gleichen Einstellungsmöglichkeiten im Feld **gemessen von** wie zuvor für die Ausrichtung.

Mit dieser Option bleiben Grafiken relativ zum Vergleichspunkt an der gleichen Stelle. Wenn Sie z. B. »30%« **gemessen von Seite** einstellen, behält die Grafik ihre relative Position auch bei einer Änderung der Seitengröße bei. Die Position in Prozent anzugeben ist eine gängige Praxis für HTML-Webseiten.

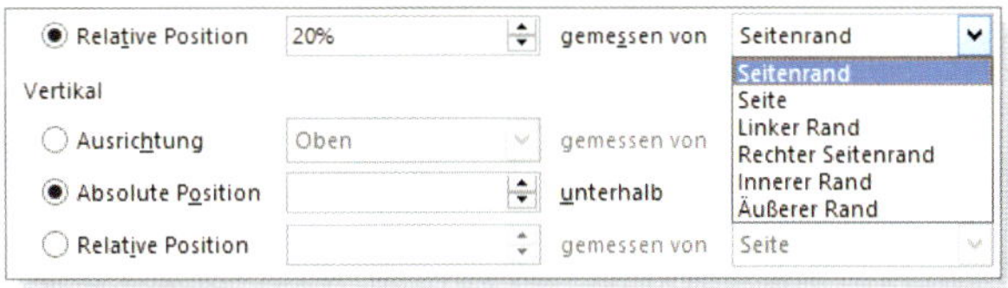

Abbildung 25.25
Die relative Position der Grafik auf der Seite festlegen

Das war der Bereich **Horizontal** des Dialogfensters **Layout**. Es gibt aber auch noch den Bereich **Vertikal**, in dem Sie festlegen können, wo die Grafik, vertikal gesehen, auf der Seite positioniert wird.

Dabei bietet das Feld **Ausrichtung** die Optionen **Oben**, **Zentriert**, **Unten**, **Innen** und **Außen** zur Auswahl. Wenn Sie hier die Ausrichtung **Oben** mit der Einstellung **gemessen von Seitenrand** einstellen, sitzt die Grafik beispielsweise mit der oberen Kante direkt am Seitenrand; mit der Einstellung **Oben** und **gemessen von Seite** rutscht das Bild an die obere Blattkante unmittelbar über den Text.

Abbildung 25.26
Das Bild sitzt an der oberen Blattkante (Ausrichtung »Oben«, »gemessen von Seite«).

TIPP

Grafik mitten auf die Seite setzen

Wenn die Grafik mitten auf der Seite des Blattes stehen soll (unabhängig vom Seitenrand), müssen Sie als vertikale Ausrichtung **Zentriert** und im Feld **gemessen von** die Option **Seite** angeben und genau diese Einstellungen auch für die horizontale Ausrichtung wählen.

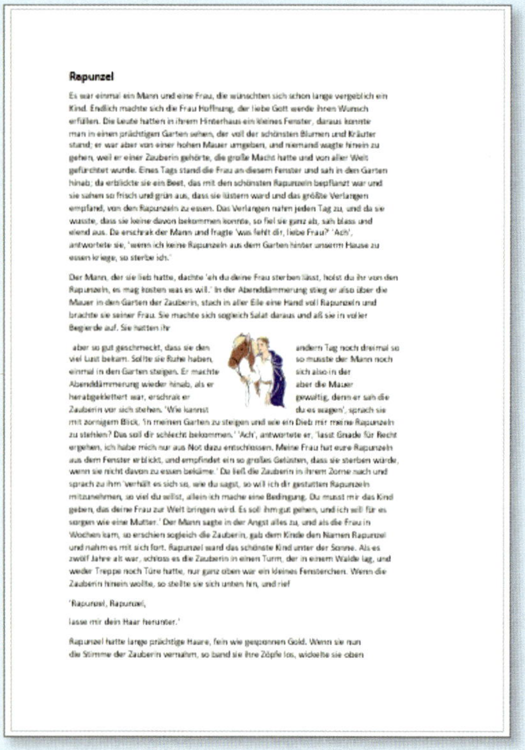

Rapunzel

Es war einmal ein Mann und eine Frau, die wünschten sich schon lange vergeblich ein Kind. Endlich machte sich die Frau Hoffnung, der liebe Gott werde ihren Wunsch erfüllen. Die Leute hatten in ihrem Hinterhaus ein kleines Fenster, daraus konnte man in einen prächtigen Garten sehen, der voll der schönsten Blumen und Kräuter stand; er war aber von einer hohen Mauer umgeben, und niemand wagte hinein zu gehen, weil er einer Zauberin gehörte, die große Macht hatte und von aller Welt gefürchtet wurde. Eines Tags stand die Frau an diesem Fenster und sah in den Garten hinab; da erblickte sie ein Beet, das mit den schönsten Rapunzeln bepflanzt war und sie sahen so frisch und grün aus, dass sie lüstern ward und das größte Verlangen empfand, von den Rapunzeln zu essen. Das Verlangen nahm jeden Tag zu, und da sie wusste, dass sie keine davon bekommen konnte, so fiel sie ganz ab, sah blass und elend aus. Da erschrak der Mann und fragte 'was fehlt dir, liebe Frau?' 'Ach', antwortete sie, 'wenn ich keine Rapunzeln aus dem Garten hinter unserm Hause zu essen kriege, so sterbe ich.'

Der Mann, der sie lieb hatte, dachte 'eh du deine Frau sterben lässt, holst du ihr von den Rapunzeln, es mag kosten was es will.' In der Abenddämmerung stieg er also über die Mauer in den Garten der Zauberin, stach in aller Eile eine Hand voll Rapunzeln und brachte sie seiner Frau. Sie machte sich sogleich Salat daraus und aß sie in voller Begierde auf. Sie hatten ihr

aber so gut geschmeckt, dass sie den andern Tag noch dreimal so viel Lust bekam. Sollte sie Ruhe haben, so musste der Mann noch einmal in den Garten steigen. Er machte sich also in der Abenddämmerung wieder hinab, als er aber die Mauer herabgeklettert war, erschrak er gewaltig, denn er sah die Zauberin vor sich stehen. 'Wie kannst du es wagen', sprach sie mit zornigem Blick, 'in meinen Garten zu steigen und wie ein Dieb mir meine Rapunzeln zu stehlen? Das soll dir schlecht bekommen.' 'Ach', antwortete er, 'lasst Gnade für Recht ergehen, ich habe mich nur aus Not dazu entschlossen. Meine Frau hat eure Rapunzeln aus dem Fenster erblickt, und empfindet ein so großes Gelüsten, dass sie sterben würde, wenn sie nicht davon zu essen bekäme.' Da ließ die Zauberin in ihrem Zorne nach und sprach zu ihm 'verhält es sich so, wie du sagst, so will ich dir gestatten Rapunzeln mitzunehmen, so viel du willst, allein ich mache eine Bedingung. Du musst mir das Kind geben, das deine Frau zur Welt bringen wird. Es soll ihm gut gehen, und ich will für es sorgen wie eine Mutter.' Der Mann sagte in der Angst alles zu, und als die Frau in Wochen kam, so erschien sogleich die Zauberin, gab dem Kinde den Namen Rapunzel und nahm es mit sich fort. Rapunzel ward das schönste Kind unter der Sonne. Als es zwölf Jahre alt war, schloss es die Zauberin in einen Turm, der in einem Walde lag, und weder Treppe noch Türe hatte, nur ganz oben war ein kleines Fensterchen. Wenn die Zauberin hinein wollte, so stellte sie sich unten hin, und rief

'Rapunzel, Rapunzel,

lasse mir dein Haar herunter.'

Rapunzel hatte lange prächtige Haare, fein wie gesponnen Gold. Wenn sie nun die Stimme der Zauberin vernahm, so band sie ihre Zöpfe los, wickelte sie oben

∧ *Abbildung 25.27*
Die Grafik steht unabhängig vom Seitenrand mitten auf der Seite.

Objekte mit Text verschieben

Es kommt in der Praxis häufiger vor, dass man sich mit der Positionierung einer Grafik viel Mühe macht und dann feststellt, dass sie bei einer Veränderung am Text doch wild hin- und herspringt und verrutscht. Damit die ganze Mühe des Ausrichtens nicht umsonst war, können Sie einen Trick anwenden und das Bild fest mit dem Text verankern.

Zunächst müssen Sie für sich folgende Frage klären: Wie soll sich das Bild bei Veränderungen im Text verhalten?

- Soll es sich mit dem Text eines Absatzes verschieben? Diese Einstellung verwendet man z. B. für Grafiken, die inhaltlich zum Text eines bestimmten Absatzes gehören.
- Soll die Position an einer Stelle auf einer Seite fest sein, egal, ob ein Absatz aufgrund von Veränderungen am Text weiter nach oben oder unten rutscht? Diese Variante bietet sich für schmückende Grafiken (und andere Bildelemente) an, die unabhängig vom Text sind und ihre optisch passende Position auf der Seite beibehalten sollen.
- Soll die Grafik sich wie ein »ganz normales« Textzeichen verhalten? Diese Möglichkeit kann man z. B. nutzen, um kleine Grafiken direkt in den Textfluss zu integrieren oder um größere Grafiken ohne umgebenden Text zentriert bzw. rechts- oder linksbündig auszurichten.

Wenn sich also die Grafik mit dem Text eines Absatzes verschieben soll, wie es im ersten Punkt beschrieben wird, empfiehlt sich das im Folgenden beschriebene Vorgehen.

1. Markieren Sie die Grafik und öffnen Sie das Menü der Schaltfläche **Layoutoptionen**. Markieren Sie hier die Option **Mit Text verschieben**.
2. Diese Option können Sie auch im Dialog **Layout** (aufzurufen über **Weitere anzeigen** im Menü der Schaltfläche **Layoutoptionen**) einstellen. Öffnen Sie hierzu die Registerkarte **Position**.
3. Aktivieren Sie im unteren Bereich der Registerkarte die Option **Objekt mit Text verschieben** (1) und bestätigen Sie die Einstellung mit **OK**.

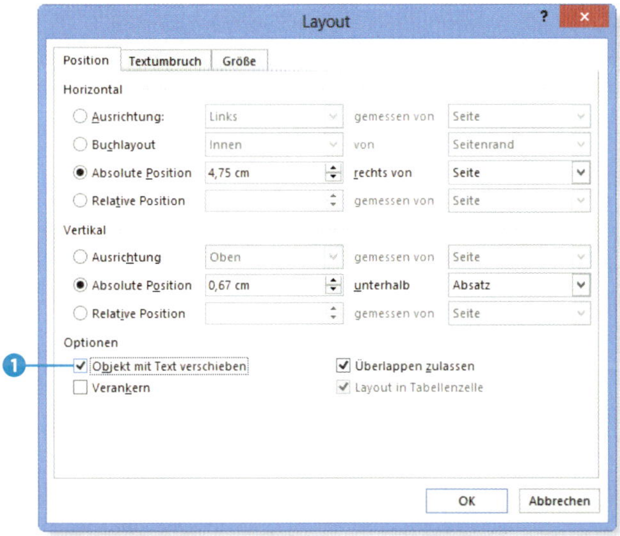

Abbildung 25.28
So wird die Grafik mit dem Absatz verschoben.

Wenn die Grafik markiert ist und Sie die Formatierungszeichen eingeblendet haben, wird mithilfe eines kleinen Ankersymbols am linken Rand des Absatzes angezeigt, dass die Grafik mit diesem verschoben wird.

Abbildung 25.29
Das Ankersymbol am linken Seitenrand

Probieren Sie es aus, indem Sie durch Drücken der ↵-Taste einige Leerzeilen einfügen. Sie werden sehen, dass die Grafik mit »ihrem« Absatz nach unten springt.

Abbildung 25.30
Die Grafik wurde mit dem Absatz verschoben.

Wenn Sie später feststellen, dass die Grafik inhaltlich doch besser zu einem anderen Absatz passt, können Sie die Verankerung ganz einfach mit der Maus zu einem anderen Absatz schieben. Dazu führen Sie den Mauszeiger auf das Ankersymbol (die Grafik muss markiert sein) und ziehen es zu der Absatzmarke, mit der die Grafik von nun an verankert sein soll.

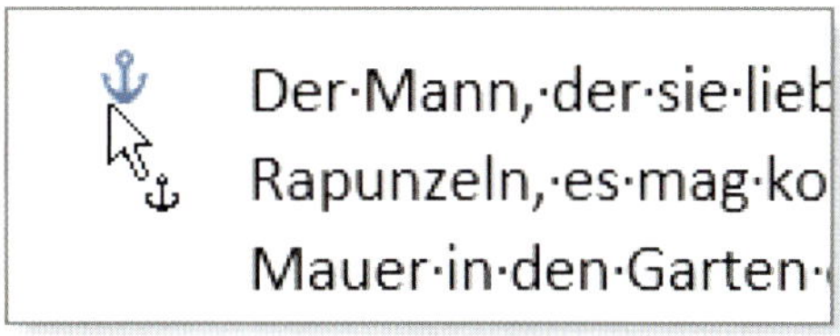

Abbildung 25.31
Die Grafik mit einem anderen Absatz verankern

Ausrichtungslinien zum Positionieren benutzen

Word 2013 wartet mit einer Neuerung auf, die das Positionieren von Grafiken erleichtert. Dies sind die *Ausrichtungslinien*. Sie haben diese vertikalen und/oder horizontalen Linien vielleicht schon bemerkt, wenn Sie eine Grafik mit der Maus oder auch, bei Verwendung an einem Touchscreen, mit dem Finger über den Bildschirm gezogen haben. Sie tauchen auf, wenn die Grafik an einer bestimmten Position »sitzt«.

Abbildung 25.32
Grüne Ausrichtungslinien markieren die Position der Grafik.

Mithilfe dieser Linien können Sie eine Grafik ziemlich bequem vertikal am linken oder rechten Seitenrand, links oder rechts neben der Blattkante oder mittig im Text ausrichten. An diesen Stellen werden Ausrichtungslinien eingeblendet, sobald Sie die Grafik positioniert haben und die linke Maustaste gedrückt halten.

Abbildung 25.33
So sitzt die Grafik am rechten Seitenrand

Horizontal funktioniert das ähnlich. Um eine Grafik z. B. zu Beginn eines Absatzes zu positionieren, achten Sie darauf, dass die grüne Ausrichtungslinie erscheint. Dann wissen Sie, dass Sie die Grafik an die richtige Stelle gezogen haben. Wenn Sie beim Positionieren bemerken, dass sich das Bild nicht über den oberen (oder unteren) Seitenrand verschieben lässt, liegt das an der Einstellung **Mit Text verschieben**. Aktivieren Sie dann stattdessen im Menü **Layoutoptionen** die Option **Position auf der Seite fixieren**.

Abbildung 25.34
Die Grafik mithilfe vertikaler Ausrichtungslinien positionieren

Diese Ausrichtungslinien tauchen – wie schon erwähnt – nur auf, wenn Sie die Maustaste gedrückt halten und unterstützen so beim Bewegen von Grafiken. Sie sind also keineswegs vergleichbar mit den Führungslinien, die Sie vielleicht von PowerPoint kennen und dazu da sind, Objekte anzuordnen.

Objekte fest verankern

Um die Grafik an einer bestimmten Stelle auf der Seite zu fixieren, müssen Sie dafür sorgen, dass der Anker einer bestimmten Absatzmarke nicht mehr von der Seite weicht.

1. Markieren Sie zunächst die Grafik.
2. Rufen Sie dann erneut das Dialogfenster **Layout** mit der Registerkarte **Position** auf.
3. Im Bereich **Optionen** aktivieren Sie nun die Option **Verankern**.
4. Deaktivieren Sie außerdem die Option **Mit Text verschieben**. Die Verankerung hat jedoch auch ihre Grenzen: Wenn der Absatz auf die nächste Seite rutscht, folgt die Grafik diesem Absatz.

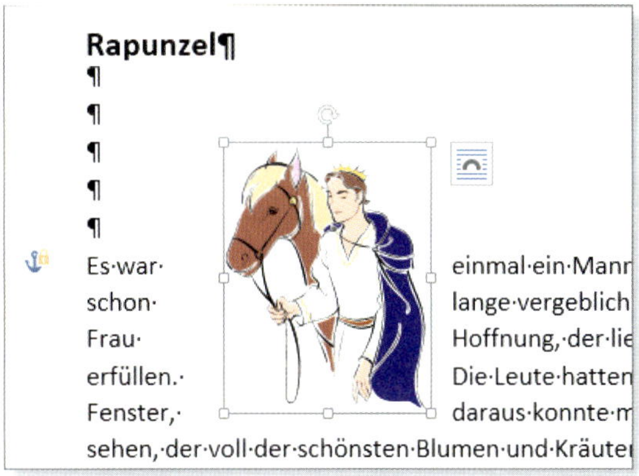

Abbildung 25.35
Die Grafik bleibt an Ort und Stelle.

Wie Sie in Abbildung 25.35 sehen, wurde das Ankersymbol um ein kleines Schloss ergänzt.

Mit der »Verankerung des Ankers« bleibt die Grafik an Ort und Stelle stehen. Sie können also den Absatz verschieben, Leerzeilen einfügen oder ganz nach Belieben Text ergänzen und löschen – das Bild wird nicht verrutschen. Auch den Anker können Sie nicht mehr an eine andere Position setzen. Überprüfen Sie die Wirksamkeit des verankerten Ankers auf der Registerkarte **Position**. Im Feld **Absolute Position** wird auch nach Veränderung der Absätze immer der gleiche Wert stehen.

HINWEIS

Nicht die letzte Absatzmarke löschen!

Wenn Sie Grafiken an der letzten Absatzmarke verankert haben, dürfen Sie diese Absatzmarke nicht löschen, da sonst auch die Grafik aus dem Dokument entfernt wird.

Bilder und Text: den Textumbruch bestimmen

Wann immer Sie Grafik in einen Text einfügen, stellt sich die Frage, wie das Zusammenspiel zwischen Text und Bild gestaltet werden soll. In dieser Hinsicht gibt es eine ganze Reihe von Möglichkeiten, wobei sich grundsätzlich zwei Varianten unterscheiden lassen:

1. Die Grafik verhält sich wie ein »normales« Zeichen. Dies ist der Fall bei der bereits erwähnten Umbruchart **Mit Text in Zeile**. Die Ausrichtungsoptionen **Linksbündig**, **Zentriert** und **Rechtsbündig** stehen wie üblich zur Verfügung.
2. Es wird eine spezielle Umbruchart eingestellt, d. h., der Text umfließt die Grafik je nach dem eingestellten Zeilenumbruch (wobei zum Zeilenumbruch auch die Optionen **Hinter den Text** und **Vor den Text** gehören, bei denen eigentlich nichts »fließt«).

Die Auswirkung der Umbruchart **Mit Text in Zeile** haben wir bereits im Abschnitt »Die Position der Grafik festlegen« auf Seite 508 demonstriert, daher kommen wir hier direkt zu den anderen Varianten.

1 Um einen bestimmten Zeilenumbruch für die Grafik einzustellen, markieren Sie sie und klicken auf die Schaltfläche **Layoutoptionen**. Im Menü werden die diversen Varianten des Zeilenumbruchs angeboten.

2 Auch über die Registerkarte **Bildtools/Format** können Sie den Zeilenumbruch einstellen. Hier klicken Sie in der Gruppe **Anordnen** auf die Schaltfläche **Zeilenumbruch**, um das zugehörige Menü aufzuklappen.

Abbildung 25.36
Die Varianten des Zeilenumbruchs über das Menü der Layoutoptionen aufrufen

3 Es gibt eine weitere Möglichkeit: Klicken Sie die Grafik mit der rechten Maustaste an und wählen Sie im Kontextmenü den Befehl **Zeilenumbruch**. Im Untermenü werden Ihnen daraufhin die einzelnen Varianten angeboten.

TIPP

Zeilenumbruch im Dialog einstellen

Der Vollständigkeit halber sei noch erwähnt, dass Sie die Varianten des Zeilenumbruchs auch auf der Registerkarte **Textumbruch** des Dialogs **Layout** finden.

Dank der Livevorschau wird die Auswirkung des jeweiligen Zeilenumbruchs unmittelbar im Dokument angezeigt, wenn Sie mit der Maustaste über die verschiedenen Varianten fahren; auf diese Weise bekommen Sie bereits einen guten Eindruck, wie der Text sich zur Grafik verhält. Die folgenden Abbildungen zeigen nacheinander die verschiedenen Zeilenumbrucharten.

Den Zeilenumbruch bearbeiten

Sie können den Textfluss nun noch weiter bearbeiten und z. B. einstellen, wie viel Raum zwischen der Grafik und dem Text gelassen wird. Für diese und weitere Einstellungen öffnen Sie über das Menü der Schaltfläche **Layoutoptionen** > **Weitere anzeigen** (oder über **Zeilenumbruch** > **Weitere Layoutoptionen**) den Dialog **Layout** mit der Registerkarte **Textumbruch**.

Wie Sie sehen, werden auch hier die Zeilenumbrucharten angeboten (das Symbol **Rechteck** entspricht dem Umbruchtyp **Quadrat**, was eigentlich passender ist, da tatsächlich ein Quadrat eingefügt wird).

Abbildung 25.37
Grafik und Text mit dem Zeilenumbruch »Quadrat«

Abbildung 25.38
Grafik und Text mit dem Zeilenumbruch »Passend«

Abbildung 25.39
Grafik und Text mit dem Zeilenumbruch »Transparent«

Abbildung 25.40
Grafik und Text mit dem Zeilenumbruch »Oben und unten«

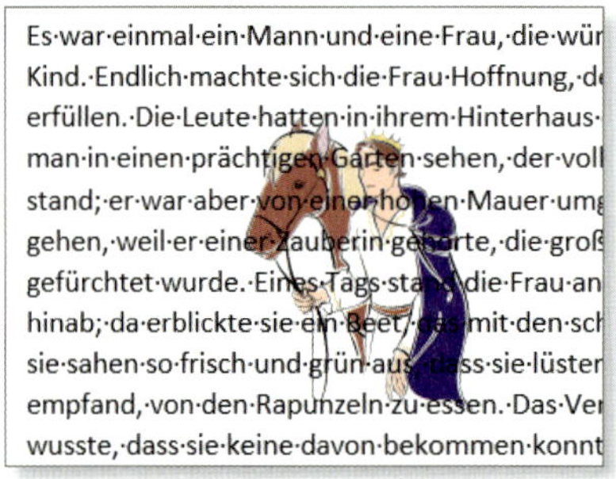

Abbildung 25.41
Grafik und Text mit dem Zeilenumbruch »Hinter den Text«

Abbildung 25.42
Grafik und Text mit dem Zeilenumbruch »Vor den Text«

INFO

Begriffswirrwarr!

Im Dialog **Layout** heißt die Registerkarte »Textumbruch«, ansonsten wird in dieser Word-Version meistens die Bezeichnung »Zeilenumbruch« verwendet. Gemeint ist jedoch in beiden Fällen das Gleiche!

Im Bereich **Textfluss** auf der Registerkarte **Textumbruch** können Sie festlegen, dass der Text nur auf einer bestimmten Seite der Grafik vorbeifließt. Auf der jeweils anderen Seite bleibt der Raum zwischen Seitenrand und Grafik dann frei. Die Optionen im Bereich **Textfluss** stehen logischerweise nicht für alle Umbrucharten zur Verfügung.

Vielleicht sind Sie nicht immer einverstanden mit dem vorgegebenen Abstand zwischen der Grafik und dem Text. In den Feldern im Bereich **Abstand vom Text** können Sie diesen Abstand beeinflussen.

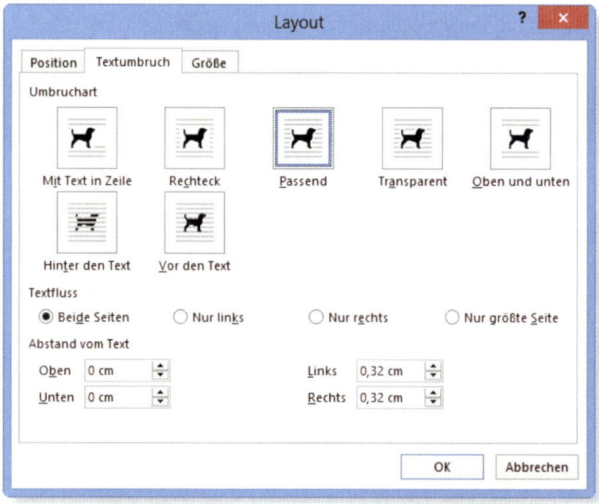

Abbildung 25.43
Die Registerkarte »Textumbruch« des Dialogfensters »Layout«

Abbildung 25.44
Die Grafik mit der Umbruchart »Passend« und der Einstellung »Nur rechts«

HINWEIS

Grafiken hinter dem Text

Seien Sie vorsichtig mit der Umbruchart **Hinter den Text**! Wenn Sie diese Einstellung erst einmal zugewiesen haben, ist es gar nicht mehr so leicht, wieder an das Bild »heranzukommen«, da es ja nun im Hintergrund liegt. Es gibt aber auch hier eine recht einfache Lösung: Aktivieren Sie die Registerkarte **Start** und wählen Sie in der Auswahlliste der Schaltfläche **Markieren** (ganz rechts auf der Registerkarte in der Gruppe **Bearbeiten**) den Befehl **Objekte markieren**. Sie können daraufhin mit gedrückter Maustaste Objekte in Ihrem Dokument markieren. Danach lässt sich dann die Grafik wie gewohnt anklicken.

Den Textfluss mit Rahmenpunkten verfeinern

Es gibt noch eine Möglichkeit, den Zeilenumbruch zu optimieren, und zwar auf besonders raffinierte Art und Weise. Markieren Sie die Grafik und wählen Sie im Menü der Schaltfläche **Zeilenumbruch** auf der Registerkarte **Bildtools/Format** den Befehl **Rahmenpunkte bearbeiten**.

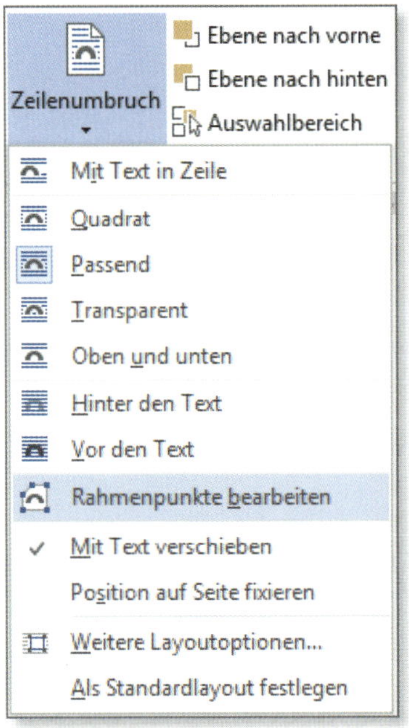

Abbildung 25.45
Rahmenpunkte einblenden

Daraufhin werden Linien mit Ziehpunkten eingeblendet. Sie können nun den Mauszeiger an diese Punkte führen und sie mit gedrückter Maustaste weiter in den Text oder in Richtung Grafik ziehen. Mit dieser Methode lässt sich der Raum zwischen Bild und Text fast beliebig und sehr präzise steuern.

Abbildung 25.46
Den Textfluss mithilfe der Rahmenpunkte bearbeiten

Wenn Sie die Option **Rahmenpunkte bearbeiten** nach der Anpassung des Abstands deaktivieren, werden die Linien wieder ausgeblendet. Ein Mausklick in den Text reicht hierfür allerdings auch.

Grafiken drehen

Nach dem Einfügen steht eine Grafik gerade bzw. waagerecht im Dokument. Auch dies muss nicht so bleiben. Sie können sie problemlos in eine »Schieflage« versetzen. Dazu nutzen Sie den Drehpunkt am oberen Bildrand, der erscheint, sobald das Bild markiert ist. Führen Sie den Mauszeiger auf diesen Punkt. Sie sehen, dass ein kleiner Halbkreis mit einem Pfeil eingeblendet wird. Ziehen Sie nun mit gedrückter Maustaste nach links oder rechts (der Mauszeiger hat daraufhin vier Pfeile). Mithilfe des Drehpunktes können Sie die Grafik komplett einmal um sich selbst drehen, wenn Sie möchten.

Abbildung 25.47
Eine Grafik mit der Maus frei drehen

Anstatt das Bild frei zu drehen, können Sie auch Befehle nutzen, um es in eine bestimmte Position zu kippen. Dazu klicken Sie auf der Registerkarte **Bildtools/Format** in der Gruppe **Anordnen** auf die Schaltfläche **Drehen**. Im Menü werden vier Optionen zum Drehen angeboten.

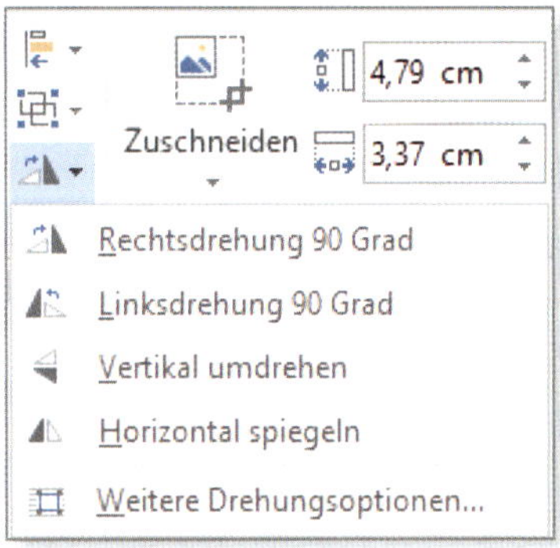

Abbildung 25.48
Befehle zum Drehen und Kippen

Um den Ruderer kentern zu lassen, müssten Sie in diesem Menü also auf den Befehl **Vertikal umdrehen** klicken.

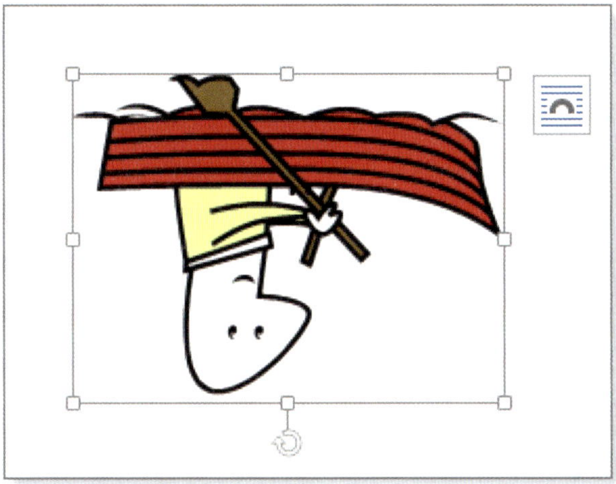

Abbildung 25.49
Eine vertikal umgedrehte Grafik

TIPP

Exaktes Drehen

Neben den bisher genannten Methoden können Sie auch eine genaue Gradzahl für eine Drehung festlegen. Das entsprechende Feld finden Sie auf der Registerkarte **Größe** des Dialogs **Layout**, den Sie u. a. über **Drehen** > **Weitere Drehungsoptionen** öffnen.

Grafiken zuschneiden

Um nur einen bestimmten Bereich einer Grafik anzuzeigen, können Sie den überflüssigen bzw. nicht erwünschten Teil abschneiden. Dies lässt sich sehr komfortabel mit der Maus ausführen.

1. Markieren Sie die Grafik und klicken Sie auf der Registerkarte **Bildtools/Format** auf die Schaltfläche **Zuschneiden**. Sie sehen daraufhin acht Schnittmarken an der Grafik.

Abbildung 25.50
Die Grafik mit Schnittmarken

2. Führen Sie den Mauszeiger an eine der Schnittmarken (welche Sie benutzen, hängt davon ab, wo Sie das Bild beschneiden möchten) und ziehen Sie mit gedrückter Maustaste nach innen, sodass der gewünschte Ausschnitt entsteht.

Abbildung 25.51
Eine Grafik zuschneiden

3 Um den **Zuschneiden**-Modus zu beenden, klicken Sie einfach irgendwo außerhalb der Grafik oder deaktivieren Sie die Schaltfläche **Zuschneiden** per Mausklick.

Um nach dem Zuschneiden den Originalausschnitt wiederherzustellen, klicken Sie erneut auf **Zuschneiden**. Die Schnittmarken und die Ziehpunkte des ursprünglichen Bildes werden wieder angezeigt, und Sie können die Schnittmarken an die Ursprungsposition verschieben.

Auch auf den Millimeter genau können Sie den Ausschnitt festlegen. Dazu klicken Sie die Grafik mit der rechten Maustaste an und wählen im Kontextmenü **Grafik formatieren**. Dies öffnet am rechten Rand des Bildschirms den Aufgabenbereich **Grafik formatieren**. Klicken Sie hier auf das Symbol **Bild** 1.

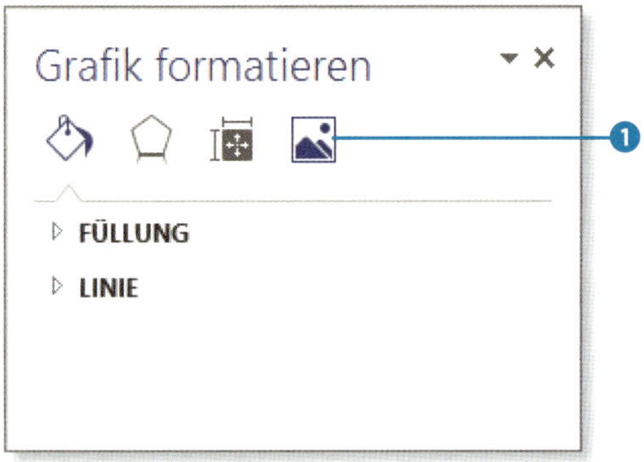

Abbildung 25.52
Der Aufgabenbereich »Grafik formatieren«

Daraufhin werden die Symbole für die Kategorien **Bildkorrekturen**, **Bildfarbe** und **Zuschneiden** angezeigt. Öffnen Sie per Mausklick die Kategorie **Zuschneiden** und klicken Sie erneut auf **Zuschneiden**. In den Feldern **Breite** und **Höhe** im Bereich **Zuschneideposition** legen Sie die Größe des anzuzeigenden Bereiches fest. Mit den Feldern **X-Offset** und **Y-Offset** verschieben Sie das Bild, sodass Sie den Bildbereich bestimmen können, der im Ausschnitt gezeigt wird. Dank der Livevorschau können Sie gut erkennen, was im Ausschnitt zu sehen sein wird.

Abbildung 25.53
Eine Grafik im Aufgabenbereich »Grafik formatieren« mit genauen Maßen zuschneiden

Grafiken auf Formen zuschneiden

Beim »normalen« Zuschneiden, das wir zuvor beschrieben haben, wird ein rechteckiger Ausschnitt geschaffen. Sie können allerdings auch eine der Formen verwenden, die Word anbietet, und die Grafik so zuschneiden, dass sie diese ausgewählte Form annimmt. Diese Art des Zuschneidens ist natürlich mit Vorsicht zu genießen; den meisten Bildern tut es nicht gut, wenn sie in eine Form gequetscht werden. Dennoch: Probieren Sie es ruhig einmal aus, der Effekt kann unter Umständen auch ganz nett sein.

Klicken Sie dazu im Auswahlmenü der Schaltfläche **Zuschneiden** auf den Eintrag **Auf Form zuschneiden**. Im Untermenü wählen Sie dann die gewünschte Form, z. B. **Pfeil nach oben**.

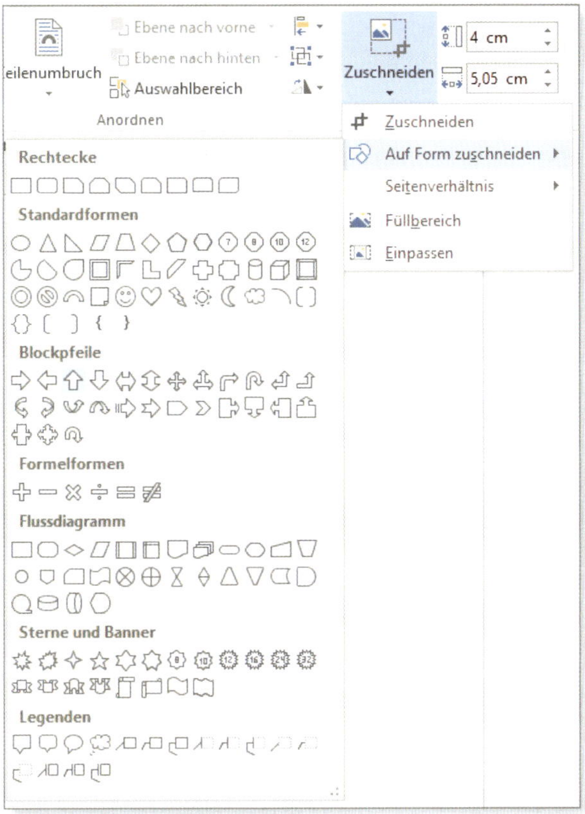

Abbildung 25.54
Die Grafik auf eine bestimmte Form zuschneiden

Das Bild wird in die Pfeilform gebracht. Um die Position des Bildes innerhalb der Form zu bestimmen, d. h. festzulegen, welcher Bildbereich zu sehen ist, klicken Sie im Menü der Schaltfläche **Zuschneiden** auf **Einpassen**. Daraufhin werden wieder die Schnittmarken eingeblendet. Wenn Sie jetzt mit der Maus auf das Bild zeigen, wird der Mauszeiger zum Vierfachpfeil, und Sie können das Bild mit gedrückter Maustaste nach Wunsch in der Form positionieren.

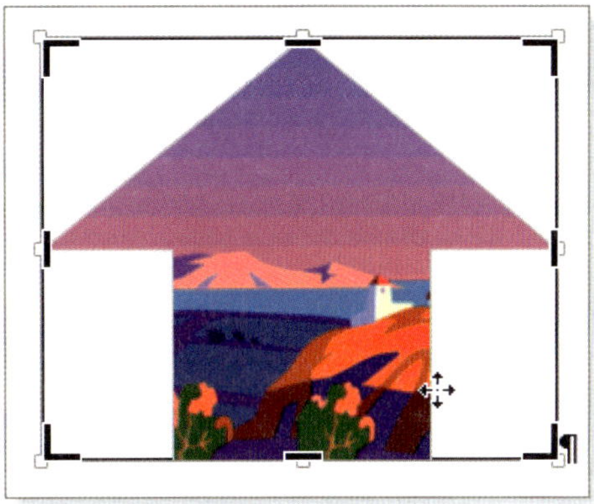

Abbildung 25.55
Das Bild innerhalb der Form positionieren

25.3 Grafiken manipulieren

In den folgenden Abschnitten zeigen wir Ihnen, wie Sie die Grafik selbst bearbeiten können. Sie werden staunen, wie viele Möglichkeiten Ihnen auch in dieser Hinsicht geboten werden!

Recht einfach gestaltet sich die Bearbeitung von Grafiken mit den diversen Befehlen zur Bildbearbeitung, die Sie auf der Registerkarte **Bildtools/Format** finden (siehe Abbildung 25.56).

Bildformatvorlagen

Am bequemsten und schnellsten bearbeiten Sie eine Grafik mit den von Word bereitgestellten **Bildformatvorlagen**, die Sie auf der Registerkarte **Bildtools/Format** (in der gleichnamigen Gruppe) finden. (Man kann eigentlich kaum von »Bearbeiten« sprechen, denn es steht ja alles Nötige bereit.)

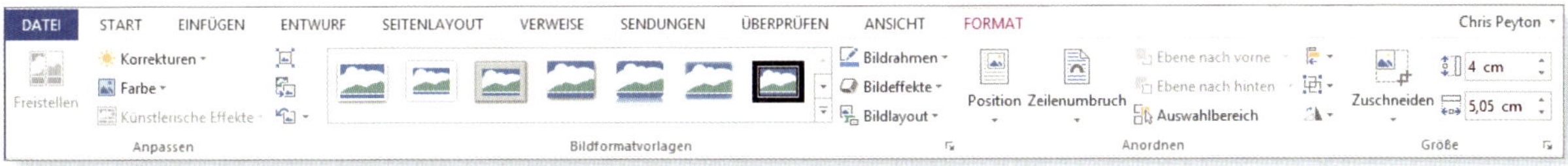

Abbildung 25.56
Funktionen zum Bearbeiten von Bildern auf der Registerkarte »Bildtools/Format«

Die Bildformatvorlagen beinhalten kombinierte Bild- und Grafikeffekte, z. B. verschiedene Rahmen oder Schatteneffekte, die Sie direkt auf eine Grafik übertragen können. Fahren Sie mit dem Mauszeiger über die verschiedenen Varianten; die Livevorschau zeigt die jeweilige Auswirkung auf Ihr Bild direkt im Dokument. Sie springen also nicht ins kalte Wasser, sondern können zuvor die Veränderungen betrachten und sich dann per Mausklick für eine Vorlage entscheiden. Denken Sie daran, per Mausklick auf den Pfeil am Scrollbalken der Gruppe die ganze Auswahl aufzuklappen.

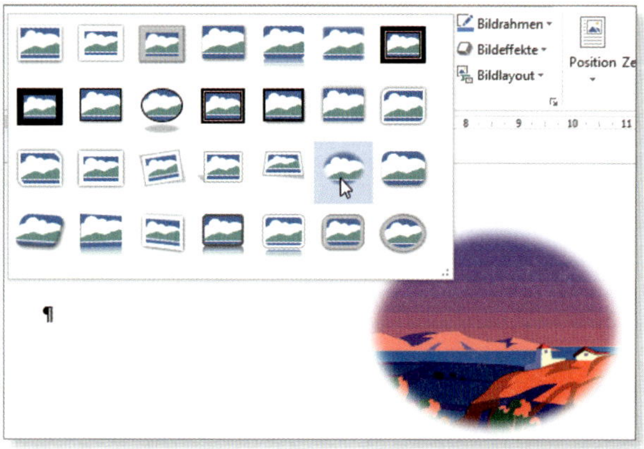

Abbildung 25.57
Die Auswahl der Bildformatvorlagen

Abgesehen von der Livevorschau können Sie die Vorlagen aber auch ruhig probeweise zuweisen, denn eine Grafik lässt sich mit der Funktion **Bild zurücksetzen** sehr einfach wieder in den Originalzustand versetzen. Sie finden die entsprechende Schaltfläche auf der Registerkarte **Bildtools/Format** in der Gruppe **Anpassen** ganz links im Menüband.

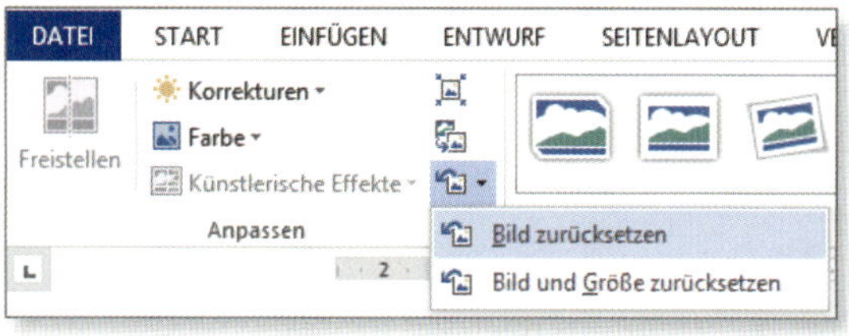

Abbildung 25.58
Die Schaltfläche zum Zurücksetzen des Bildes in den Originalzustand

Wenn Sie das kleine Menü dieser Schaltfläche aufklappen, wird auch der Befehl **Bild und Größe zurücksetzen** angeboten. Erwartungsgemäß werden mit diesem Befehl nicht nur alle Effekte etc. entfernt, sondern das Bild wird auch auf seine Originalgröße zurückgesetzt.

Rahmen und Bildeffekte

Wenn Sie sich mit einer Bearbeitung »von der Stange« nicht zufriedengeben und die Grafik ein wenig individueller gestalten möchten, greifen Sie zu den anderen Effekten, die die Registerkarte **Bildtools/Format** bereithält. Es würde zu weit führen, hier alle Grafikeffekte, die auf ein Bild anwendbar sind, im Einzelnen zu beschreiben und vorzuführen, daher geben wir Ihnen im Folgenden nur einen Überblick. Sie können dann einfach selbst ein bisschen herumprobieren und sehen, was Ihnen gefällt.

Abbildung 25.59
Einer Grafik Rahmen und Bildeffekte zuweisen

Über die Schaltfläche **Bildrahmen** versehen Sie das Bild mit einem Rahmen. Im Menü können Sie die Farbe dieses Rahmens (**Linienfarbe**), seine **Stärke** und die **Strichart** festlegen (z. B. gestrichelt oder aus Punkten bestehend).

Im Menü der Schaltfläche **Bildeffekte** werden diverse Effekte angeboten, die das Bild auf unterschiedliche Weise verändern:

- **Schatten:** Mit den Varianten dieses Untermenüs weisen Sie dem Bild unterschiedliche Schatteneffekte zu, die nach **Außen**, **Innen** oder **Perspektivisch** fallen können. Hier lässt sich auch die Farbe des Schattens festlegen.

- **Spiegelung:** Mit den diversen Spiegelungsvarianten wird das Bild (bzw. ein Teil des Bildes) am unteren Rand als Spiegelung wiederholt, sodass der Eindruck eines reflektierenden Untergrunds entsteht.

Abbildung 25.60
Eine Grafik mit Spiegelung

- Mithilfe der Option **Leuchten** wird das Bild mit einer Art Leuchtrahmen umgeben, für den sich neben den im Untermenü angebotenen Varianten weitere Farben einstellen lassen.

Abbildung 25.61
Die Grafik mit einem Leuchteffekt

- Mit den Varianten des Effekts **Weiche Kanten** werden die Konturen der Grafik aufgehellt, sodass ihr Umriss unscharf wird. Je höher der Wert ist, den Sie hier einstellen, desto verschwommener und weicher wird der Übergang zwischen der Kante des Bildes und seiner Umgebung.

Abbildung 25.62 zeigt das Menü der Schaltfläche **Bildeffekte**. Sie können die Auswirkung dieser Effekte munter ausprobieren, weil sie problemlos wieder rückgängig zu machen sind. In den Untermenüs der einzelnen Effekte werden Befehle zur Rücknahme des Effekts angeboten (**Kein Schatten**, **Keine Spiegelung** etc.).

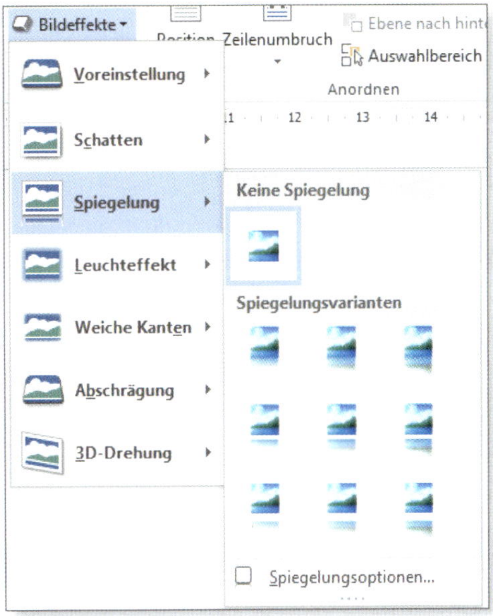

Abbildung 25.62
Die Bildeffekte

Die Effekte **Abschrägung** und **3D-Drehung** sind für Grafiken nicht geeignet. Sie sind vor allem bei der Bearbeitung gezeichneter Formen interessant (siehe Abschnitt 26.2, »Formen bearbeiten«).

Die Bildeffekte verfeinern

Mit den Varianten in den Untermenüs der im vorangegangenen Abschnitt beschriebenen Effekte übernehmen Sie mehr oder weniger vordefinierte Bildeffekte.

Sie dürfen aber noch weiter an dem gewählten Effekt herumbasteln. Diese Möglichkeiten bietet der Aufgabenbereich **Grafik formatieren** (den wir schon kurz im Zusammenhang mit den Zuschneideoptionen besprochen hatten). Den Aufgabenbereich können Sie in den jeweiligen Untermenüs der Effekte aufrufen; der entsprechende Befehl befindet sich ganz unten in den Menüs (z. B. **Weitere Schatten** oder **Leuchtfarbenoptionen**). Ein Klick auf einen dieser Einträge öffnet den Aufgabenbereich dann direkt mit der passenden Kategorie.

Abbildung 25.63
Der Befehl »Weitere Schatten« ruft den Aufgabenbereich »Grafik formatieren« auf.

Alternativ rufen Sie den Aufgabenbereich mit dem Pfeil an der Gruppe **Bildformatvorlagen** auf, und im Kontextmenü eines Bildes wird der Befehl **Grafik formatieren** angeboten, mit dem Sie auch den Aufgabenbereich öffnen können.

Abbildung 25.64
Auch mit dem kleinen Pfeil an der Gruppe »Bildformatvorlagen« lässt sich der Aufgabenbereich »Grafik formatieren« aufrufen.

Im Aufgabenbereich **Grafik formatieren** sind viele der Bildbearbeitungsmöglichkeiten zusammengefasst, und zwar aufgeteilt in Kategorien. Sie können also von vornherein alle Einstellungen in diesem Dialog vornehmen oder bereits zugewiesene Effekte nach Wunsch optimieren.

Abbildung 25.65
Der Aufgabenbereich »Grafik formatieren«

Es ist kaum möglich, die Fülle an Einstellungen im Detail zu beschreiben, die für jeden Effekt und jede Bearbeitungsfunktion zur Auswahl stehen. Daher beschreiben wir hier nur die Optionen der Effekte, die wir zuvor angeführt und teils anhand von Abbildungen deutlich gemacht haben.

Schatten

Der Grafik aus Abbildung 25.66 wurde ein Schatteneffekt zugewiesen, der nun die Grundlage für weitere Bearbeitungen ist.

Abbildung 25.66
Eine Grafik mit Schatteneffekt

Mit den Einstellungsmöglichkeiten der Kategorie **Schatten** im Aufgabenbereich **Grafik formatieren** können Sie den Schatten also nun weiter manipulieren:

- **Farbe:** Mit dem Pfeil am Feld **Farbe** öffnen Sie die bekannte Farbpalette, in der Sie eine andere Farbe aussuchen können.
- **Transparenz:** Je kleiner der Wert in diesem Feld ist, desto dunkler wird der Schatten.
- **Größe:** Je höher Sie den Prozentwert setzen, desto größer wird der Schatten.
- **Weichzeichnen:** Mit einer höheren Punktzahl (Pt.) wird der Umriss des Schattens immer verschwommener und weicher.
- **Winkel:** Mit einer Gradangabe in diesem Feld bestimmen Sie, in welche Richtung der Schatten fallen soll, wo also die Sonne scheint. Bei »0°« fällt der Schatten nach rechts und wandert dann mit Erhöhung der Gradzahl im Uhrzeigersinn um die Grafik.
- **Abstand:** Mit einem höheren Wert in diesem Feld rücken Sie den Schatten weiter vom Objekt weg. Mit einem deutlich höheren Wert als vorgegeben rückt der Schatten komplett aus der Grafik heraus (siehe Abbildung 25.67).

Abbildung 25.67
Der Schatten fällt (zu) weit weg von der Quelle.

Spiegelung

Ähnlich wie der Schatten lässt sich auch die Spiegelung weiter verfeinern:

- **Transparenz:** Mit dieser Angabe bestimmen Sie, wie deutlich die Spiegelung zu sehen ist. Je höher der Wert, desto blasser wird die Spiegelung.
- **Größe:** Je höher dieser Wert ist, desto größer wird der Bildausschnitt, der reflektiert wird. Mit »100%« wird die Grafik nochmals komplett angezeigt.
- **Abstand:** Hiermit bestimmen Sie den Abstand zwischen Grafik und Spiegelung.
- **Weichzeichnen:** Je höher der Wert (Pt.), desto unschärfer wird die Spiegelung. Mit »100 Pt.« sieht man nur noch einen diffusen Farbklecks.

Probieren Sie diese Effekte am besten selbst aus; erst dadurch sehen Sie, wie sie wirken und ob sie ein Gewinn für die Darstellung der Grafik sind.

INFO

Weitere Bildtools

Die Registerkarte **Bildtools/Format** bietet noch eine ganze Menge mehr Möglichkeiten der Bearbeitung und Manipulation eines Bildes, z. B. Helligkeits- und Kontrastkorrekturen, Voreinstellungen zum Einfärben sowie weitere Bildfarboptionen. Diese Befehle sind im Zusammenhang mit der Bearbeitung von Fotos weit relevanter als bei Grafiken, sodass wir sie auch entsprechend in Abschnitt 25.4, »Fotos und Bilddateien«, beschreiben. Andere wichtige Funktionen, die wir in den Abschnitten über Grafiken/ClipArts nicht gezeigt haben, betreffen die Reihenfolge und die Gruppierung von Objekten. Diese Möglichkeiten besprechen und demonstrieren wir in Abschnitt 26.2, »Formen bearbeiten«.

Leuchten und weiche Kanten

Auch für die leuchtenden Ränder und die weichen Kanten einer Grafik stehen weitere Optionen zur Verfügung (sie wurden in einer Kategorie zusammengefasst):

- **Farbe:** Hier wählen Sie eine passende Farbe für den leuchtenden Rand aus.
- **Größe:** Der Wert in diesem Feld verändert die Breite des Randes.
- **Transparenz:** Hiermit bestimmen Sie die Leuchtkraft des Effekts. Je höher der Prozentsatz, desto mehr scheint der Hintergrund durch und umso schwächer wird dadurch der Leuchteffekt.
- Über das Feld **Größe** im Bereich **Weiche Kanten** bestimmen Sie, wie breit der Bereich ist, der »ausgewaschen« wirkt.

Abbildung 25.68
Eine in ihre Einzelteile aufgelöste Grafik

Grafiken auflösen

Es ist eine spannende Sache und eröffnet viele weitere Bearbeitungsmöglichkeiten, wenn Sie sich anschauen, aus welchen Elementen eine Grafik eigentlich besteht. Dazu markieren Sie die Grafik und klicken sie mit der rechten Maustaste an. Im Kontextmenü wählen Sie den Befehl **Bild bearbeiten**.

Daraufhin wird die Grafik in ein Zeichnungsobjekt umgewandelt und in ihre einzelnen Elemente aufgelöst; es handelt sich bei der Grafik also nun nicht mehr um eine Gruppe, sondern um mehrere Einzelteile (die Anzahl hängt von der gewählten Grafik ab). Klicken Sie einfach einmal an mehreren Stellen in die Grafik. Sie werden sehen, dass die einzelnen Formen, aus denen das Bild besteht, angezeigt und markiert werden.

Diese Einzelgrafiken lassen sich nun mit allen Mitteln der Zeichentools bearbeiten und verändern. Die einzelnen Elemente können nicht nur gelöscht oder verschoben, sondern farblich anders gestaltet werden, Sie können ihnen andere Konturen geben, andere Linienarten einstellen etc. Da wir die vielen Möglichkeiten der Bearbeitung und Gestaltung von Zeichnungsobjekten und Formen in Abschnitt 26.2, »Formen bearbeiten«, ausführlich beschreiben, möchten wir es an dieser Stelle bei diesen kurzen Hinweisen belassen.

25.4 Fotos und Bilddateien

Nachdem wir uns in den ersten Abschnitten dieses Kapitels mit fertigen Grafiken beschäftigt haben, möchten wir Ihnen in den folgenden Abschnitten zeigen, wie Sie geschickt mit Fotos (oder auch anderen Bildern, die als Datei vorliegen) umgehen. Viele Handgriffe und Funktionen sind identisch mit denen, die wir bereits im Zusammenhang mit Grafiken beschrieben haben. Egal, ob es um die Veränderung der Größe, die Positionierung oder den Zeilenumbruch bzw. Textfluss geht – die Methoden sind stets die gleichen.

Die Mittel der Bildbearbeitung, also alle Funktionen auf der Registerkarte **Bildtools/Format**, stehen auch für Fotos zur Verfügung. Soweit wir diese Funktionen hier bereits in den Abschnitten über Grafiken behandelt haben, werden wir sie jetzt nicht noch einmal aufgreifen. In den folgenden Abschnitten werden wir uns stattdessen auf einige Besonderheiten bei der Arbeit mit Fotos konzentrieren und die Funktionen näher beschreiben, die wir für die Grafiken außer Acht gelassen haben (obgleich sie bis auf **Künstlerische Effekte** auch für Grafiken zur Verfügung stehen): Bildkorrektur, Farbanpassungen, die Funktion **Freistellen** und eben die Kategorie **Künstlerische Effekte**. Wenn Sie in den folgenden Abschnitten also etwas vermissen sollten, blättern Sie am besten ein wenig zurück zum Thema Grafiken, dort sollten Sie dann fündig werden.

Bilddateien einfügen

Sie können natürlich nur ein Foto in Ihr Dokument einfügen, auf das Sie auch Zugriff haben. Es muss also z. B. auf Ihrem Rechner oder auf einem USB-Stick gespeichert sein oder im heimischen Netzwerk liegen.

1 Klicken Sie auf der Registerkarte **Einfügen** auf die Schaltfläche **Bilder**.

Abbildung 25.69
Den Dialog »Grafik einfügen« aufrufen

2 Im Dialog **Grafik einfügen** wählen Sie den Ordner, in dem das Bild liegt, das Sie einfügen wollen.

3 Markieren Sie die Datei und klicken Sie auf die Schaltfläche **Einfügen**.

Daraufhin landet das ausgewählte Foto im Dokument.

Abbildung 25.70
Ein Foto im Dokument

Achten Sie beim Einfügen darauf, welche Dateiformate aufgelistet werden. Sie sehen sie im Feld rechts neben dem Dateinamen. Wenn Sie sich nicht sicher sind, in welchem Format die Bilddatei vorliegt, die Sie suchen, ist es am besten, wenn Sie hier **Alle Grafiken** einstellen. So können Sie sicher sein, dass alle Bilddateitypen angezeigt werden, mit denen Word umgehen kann.

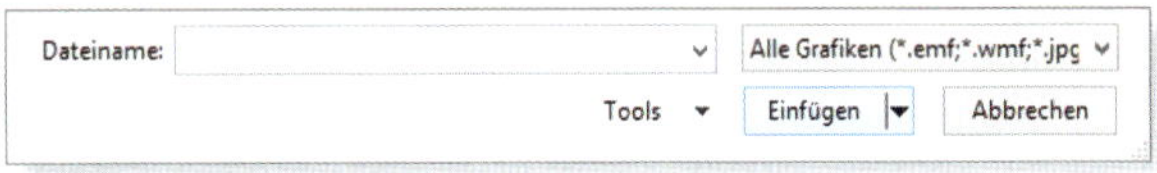

Abbildung 25.71
Alle Dateitypen für Grafiken anzeigen lassen

Bilder verknüpfen

Nun haben Sie das Foto in Ihr Dokument eingefügt, genauer gesagt »eingebettet«: Dies bewirkt, dass das Foto nun ein Teil des Dokuments ist, wodurch jedoch die Größe der Datei empfindlich anwachsen kann.

Um ein unnötiges Aufblähen der Datei zu verhindern, ist es oftmals geschickter, ein Bild als Verknüpfung einzufügen. Auf diese Art und Weise wird nicht das Bild selbst in der Datei gespeichert, sondern lediglich ein Verweis auf die Bilddatei. Damit halten Sie die Dateigröße klein, müssen aber gleichzeitig dafür sorgen, dass das Bild immer zur Verfügung steht, wenn die Word -Datei geöffnet wird. Ein als Verknüpfung eingefügtes Bild hat darüber hinaus den Vorteil, dass es bei Veränderungen ganz leicht aktualisiert werden kann.

HINWEIS

Aufgeblähte Dateigröße

Da eingefügte Fotos inzwischen automatisch von Word komprimiert gespeichert werden, ist das alte Problem, dass Dateien durch eingefügte Bilder sehr groß werden, weit weniger relevant als früher. Dennoch bieten Verknüpfungen viele Vorteile und halten die Dateigröße etwas kleiner.

Um ein Foto mit dem Dokument zu verknüpfen, müssen Sie einfach beim Einfügen den entsprechenden Befehl wählen. Klicken Sie also im Dialog **Grafik einfügen** auf den Pfeil an der Schaltfläche **Einfügen** und wählen Sie hier den Eintrag **Mit Datei verknüpfen** (siehe Abbildung 25.72).

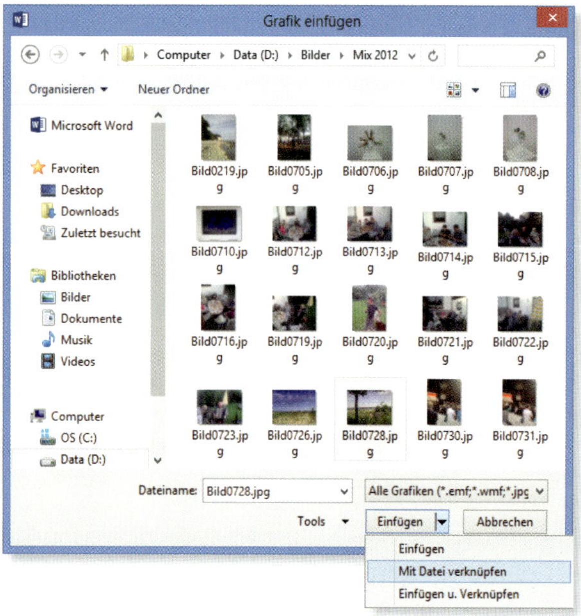

Abbildung 25.72
Ein Bild als Verknüpfung einfügen

Der Nachteil von verknüpften Bilddateien ist, dass man hier darauf achten muss, dass der Pfad zur Datei immer funktioniert (siehe dazu auch den Abschnitt »Pfad anpassen für verknüpfte Grafiken« ab Seite 839 in Kapitel 41, »Tipps, Tricks und Troubleshooting«). Solange Sie die Word-Datei mit der verknüpften Grafik nicht schließen oder aktualisieren, wird die Grafik weiterhin am Bildschirm angezeigt, selbst wenn Sie sie während der Sitzung umbenennen oder in einen anderen Ordner legen. Schließen Sie jedoch die Word-Datei oder markieren die Grafik und drücken F9, kann Word das Bild nicht mehr anzeigen, weil der Pfad nicht mehr stimmt (und Word es deshalb nicht »findet«). Sie erhalten dann einen entsprechenden Hinweis und einen Platzhalter für das Bild.

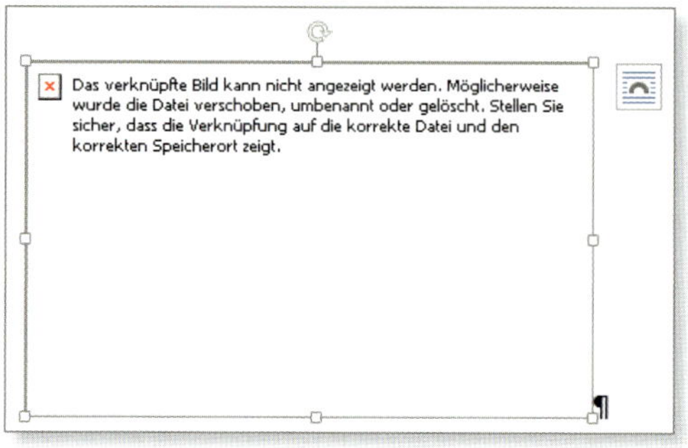

Abbildung 25.73
Das Bild kann nicht mehr angezeigt werden.

Doch auch für diesen Fall gibt es eine Lösung: Sie müssen den Verknüpfungspfad anpassen. Der Dialog, in dem Sie Verknüpfungen bearbeiten, ist in Word 2013 (wie auch schon in Word 2010) aus unerfindlichen Gründen ziemlich versteckt. Sie öffnen ihn, indem Sie **Datei** > **Informationen** aufrufen und ganz unten im Bereich der Eigenschaften auf den Link **Verknüpfungen mit Dateien bearbeiten** klicken.

Abbildung 25.74
Den Dialog zum Bearbeiten von Verknüpfungen aufrufen

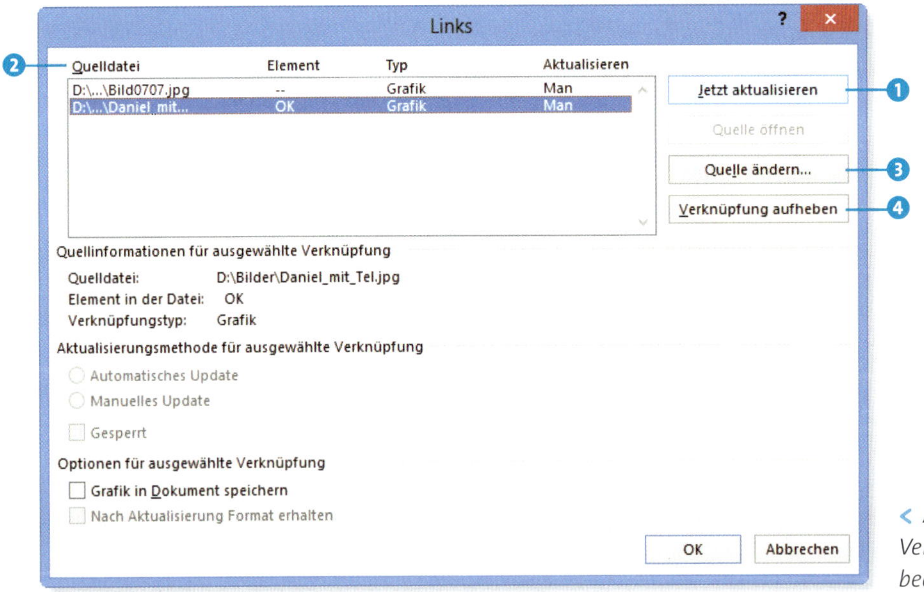

Abbildung 25.75
Verknüpfungen bearbeiten

Das Dialogfenster **Links** bietet Möglichkeiten, das Bild zu aktualisieren, den Pfad anzupassen oder die Verknüpfung komplett zu löschen (siehe Abbildung 25.75). Klicken Sie auf die Schaltfläche **Jetzt aktualisieren** ❶, wenn Sie das Bild nachträglich verändert haben (z. B. mit einem Bildbearbeitungsprogramm) und es nun anpassen möchten.

Wenn Sie die Bilddatei an einen anderen Ort gelegt haben, markieren Sie das entsprechende Bild im Bereich **Quelldatei** ❷ und klicken auf die Schaltfläche **Quelle ändern** ❸. Die Schaltfläche ruft das Dialogfenster **Quelle ändern** auf, in dem Sie den neuen Ordner festlegen.

Und zu guter Letzt: Wenn Sie auf die Schaltfläche **Verknüpfung aufheben** ❹ klicken, wird die Verknüpfung für das ausgewählte Bild entfernt. Danach ist es »normal« eingefügt.

Bilder komprimieren

Beim Einfügen eines Bildes spielt dessen Dateigröße eine nicht unerhebliche Rolle. Sicher haben Sie es schon einmal erlebt und sich darüber mehr oder weniger geärgert, dass Dokumente sich nur langsam öffnen oder nicht per E-Mail verschickt werden können. Der Grund dafür ist oft, dass (zu) große Bilder eingefügt wurden.

Beim Einfügen von Bilddateien stellt Word 2013 in der Standardeinstellung zur Komprimierung automatisch die Auflösung **220 ppi** (*Pixel per Inch*) ein. Sie können diesen Komprimierungsgrad verändern; auf die Schnelle geht das auf der Registerkarte **Bildtools/Format** in der Gruppe **Anpassen** mithilfe der Schaltfläche **Bilder komprimieren** ❺.

Abbildung 25.76
Die Schaltfläche »Bilder komprimieren«

Im zugehörigen Dialogfenster **Bilder komprimieren** werden neben der aktuellen Komprimierung die Optionen **150 ppi** sowie **96 ppi** angeboten; zusätzlich erhalten Sie eine Erklärung, für welche Zwecke sich die jeweilige Option am besten eignet.

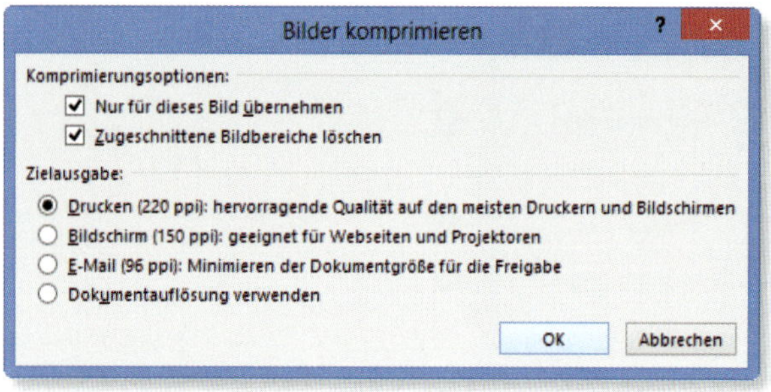

Abbildung 25.77
Das Dialogfenster »Bilder komprimieren«

Auch über die Word-Optionen können Sie die Komprimierungseinstellung ändern.

1. Klicken Sie auf **Datei** > **Optionen** und aktivieren Sie im Dialogfenster **Word-Optionen** die Kategorie **Erweitert**.
2. Scrollen Sie dann nach unten bis zum Bereich **Bildgröße und -qualität**. Dort legen Sie zunächst im ersten Feld ❶ fest, ob die Einstellung nur für das aktuelle Dokument oder für alle neuen Dokumente gelten soll.
3. Im Feld **Standardzielausgabe festlegen auf** wählen Sie dann schließlich die passende Komprimierung.

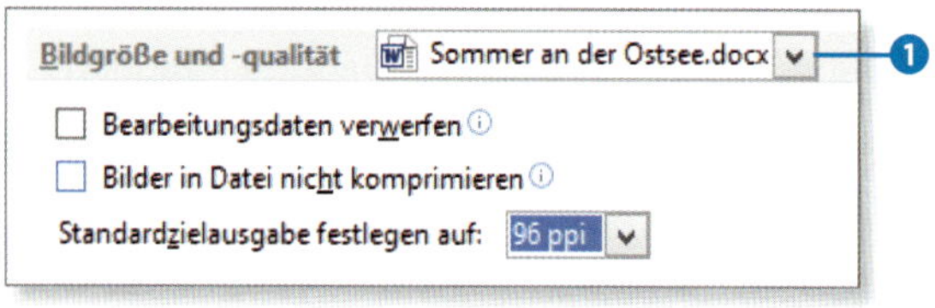

Abbildung 25.78
Die Komprimierung in den Word-Optionen einstellen

Wenn die Bildqualität besonders wichtig ist, können Sie die Komprimierung auch komplett verhindern. Setzen Sie dazu ein Häkchen vor die Option **Bilder in Datei nicht komprimieren**.

25.5 Fotos bearbeiten

Sobald Sie ein Foto markieren, wird – genau wie bei den Grafiken – die Registerkarte **Bildtools/Format** eingeblendet, auf der die Befehle zur Grafikbearbeitung gesammelt sind. Einige Funktionen sind insbesondere für die Fotobearbeitung ein Segen, denn im Zeitalter der Digitalfotografie werden Fotos oft spontan und ohne große Vorüberlegung geknipst. Die Ergebnisse sind dann entsprechend unbefriedigend, zumindest unter ästhetischen Gesichtspunkten (dass sie dennoch ihre Erinnerungsfunktion erfüllen, soll damit gar nicht in Abrede gestellt werden!).

Nun gibt es, wie Sie sicher wissen, zig Bildbearbeitungsprogramme, mit denen man Fotos sehr aufwendig nachbearbeiten kann. Auch wenn Word als Textverarbeitungsprogramm längst nicht an die teils spektakulären Möglichkeiten dieser speziellen Grafikprogramme heranreicht, stellt es diverse Mittel bereit, um ein missglücktes Foto brauchbar zu machen. Für den »Hausgebrauch« reichen diese Mittel allemal.

Bildkorrektur mit Helligkeit und Kontrast

Die wichtigste Schaltfläche für die Bildkorrektur ist die Schaltfläche **Korrekturen** auf der Registerkarte **Bildtools/Format**.

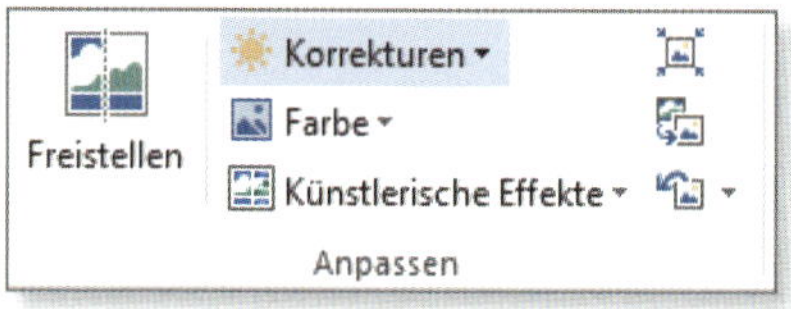

Abbildung 25.79
Die Korrekturoptionen aufrufen

Im Menü dieser Schaltfläche werden fertige Voreinstellungen angeboten, die die Helligkeit und den Kontrast des Bildes verändern. Die Livevorschau zeigt unmittelbar, wie sich die jeweilige Einstellung auf das Bild auswirkt. Mit ein bisschen weniger Helligkeit und ein bisschen mehr Kontrast kann z. B. aus einem faden Bild ein passables Werk werden.

Sie sind nicht auf die Vorgaben des Menüs beschränkt, die bestimmte Kombinationen aus mehr oder weniger Helligkeit und mehr oder weniger Kontrast beinhalten. Um ein Bild individueller zu bearbeiten, klicken Sie ganz unten im Menü auf den Eintrag **Optionen für Bildkorrekturen**. Dies öffnet den bereits bekannten Aufgabenbereich **Grafik formatieren** direkt mit der geöffneten Kategorie **Bildkorrekturen**.

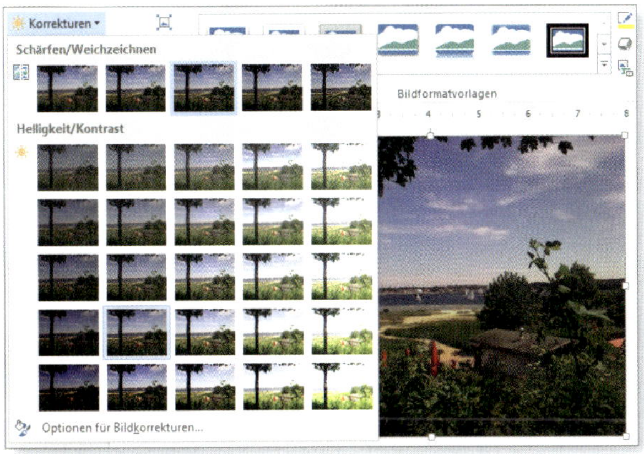

Abbildung 25.80
Ein Foto mithilfe der Voreinstellungen korrigieren

Wie Sie sehen, können Sie das Bild hier mithilfe von unterschiedlichen Einstellungen für die Schärfe, die Helligkeit und den Kontrast verbessern. Das kann in Grenzen gelingen, aber fehlende Bildpixel z. B. sind nachträglich nicht mehr herbeizuzaubern.

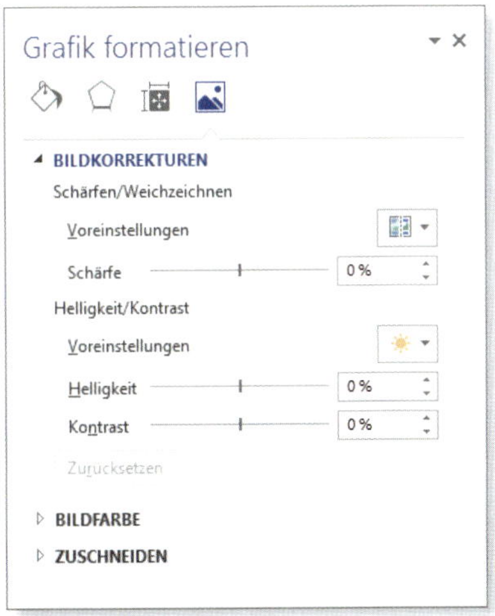

Abbildung 25.81
Bildkorrekturen im Aufgabenbereich »Grafik formatieren« vornehmen

HINWEIS

Geduld bei großen Bilddateien

Wenn die eingefügten Bilddateien sehr groß sind, kann die Bearbeitung bzw. Korrektur eines Bildes Word ziemlich ins Schwitzen bringen. Bringen Sie also die dafür erforderliche Geduld mit und warten Sie ab, bis Word die Bearbeitung abgeschlossen hat.

Ein Bild neu einfärben

Die Bildtools bieten viele Möglichkeiten, um die Farben eines Bildes zu manipulieren. Sie können die Farbe aus einem farbigen Bild komplett herausnehmen, ein Bild neu einfärben, mit der Farbsättigung spielen und einiges mehr. Die entsprechenden Einstellungen finden Sie auf der Registerkarte **Bildtools/Format** im Menü der Schaltfläche **Farbe**.

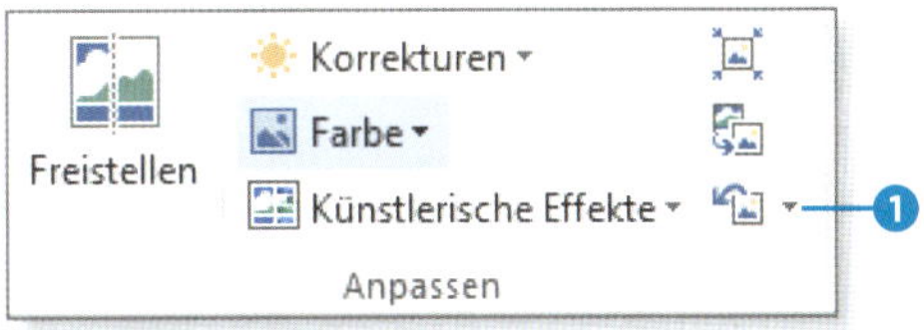

Abbildung 25.82
Das Menü für die Farbeinstellungen aufrufen

Wenn Sie das Menü der Schaltfläche aufklappen, werden diverse Voreinstellungen in den Kategorien **Farbsättigung**, **Farbton** und **Neu einfärben** angeboten. Mit der ersten Option **0% Sättigung** im Bereich **Farbsättigung** machen Sie aus einem Farbfoto ein Foto mit Grauschattierungen. (Sie können ruhig ausprobieren, wie Ihr Foto ohne Farben aussehen würde; die Farben erscheinen wieder, wenn Sie auf die Schaltfläche **Bild zurücksetzen** (1) klicken.)

Mit dem Befehl **Weitere Varianten** klappen Sie ein zusätzliches Untermenü auf, das die üblichen Designfarben und Standardfarben enthält. Wenn Sie hier eine andere Farbe bestimmen, wird das Bild in dieser Farbe eingefärbt.

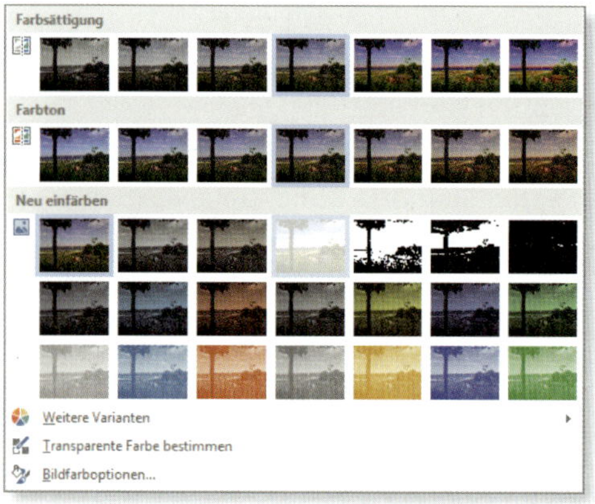

Abbildung 25.83
Das Menü der Schaltfläche »Farbe«

Wenn Sie den Befehl **Transparente Farbe bestimmen** wählen, können Sie Farben im Bild transparent machen, um den Hintergrund durchscheinen zu lassen. Der Mauszeiger wird zu einer Art Pipette, und die Bereiche werden transparent, die dieselbe Farbe haben wie der Punkt, auf den Sie mit der Pipette klicken. In Abbildung 25.84 ist beispielhaft zu sehen, wie mit der Pipette auf einen Blauton geklickt wurde. Infolgedessen wird der Bereich des Bildes transparent, dessen Pixel dieselbe Farbe haben.

Abbildung 25.84
Ein transparenter Bereich im Bild (hier Bereiche des Meeres)

Wenn Sie sich fragen, was Sie mit solchen transparenten Bereichen anfangen könnten, dann sehen Sie in Abbildung 25.84 ein mögliches »Einsatzgebiet«: Teile des Meeres sind transparent, sodass der Text, über den das Bild gezogen wurde, durchscheint. Das ist doch ein recht netter Effekt, oder? Auch zum Aufhellen taugt die Funktion mitunter. Aus grauem Sand kann z. B. sehr weiß wirkender Sand werden, oder er kann wie mit Schnee bedeckt aussehen. Probieren Sie es aus, wenn Sie ein passendes Foto zur Hand haben.

Abbildung 25.85
Liegt dort Schnee?

Mit dem letzten Befehl **Bildfarboptionen** im Menü der Schaltfläche **Farbe** rufen Sie wie üblich den Aufgabenbereich **Grafik formatieren** auf, diesmal mit der Kategorie **Bildfarbe**. Der Wert im Feld **Temperatur** im Bereich **Farbton** gibt die »Wärme« bzw. Intensität der Farbe an; wenn Sie den Wert herabsetzen, wirken die Farben des Bildes insgesamt kälter (und umgekehrt natürlich wärmer). Der Wert wird übrigens in der Einheit *Kelvin* (K) angegeben.

Abbildung 25.86
Die Farboptionen im Aufgabenbereich »Grafik formatieren«

Künstlerische Effekte

Wenn es nicht darum geht, ein Foto zu korrigieren, sondern darum, besondere Effekte anzuwenden oder das Bild ein wenig zu verfremden, bieten die künstlerischen Effekte in Word 2013 überraschende Möglichkeiten. Ihr Foto kann z. B. aussehen wie mit einem Schwamm gemalt, wie eine Bleistiftskizze oder als ob es unter Glas läge (beachten Sie jedoch, dass diese Funktion für Grafiken nicht zur Verfügung steht). Klicken Sie auf der Registerkarte **Format** auf die Schaltfläche **Künstlerische Effekte**. Wenn Sie mit der Maus über die Vorlagen fahren, können Sie sehen, wie sich Ihr Foto auf erstaunliche Art und Weise verwandelt.

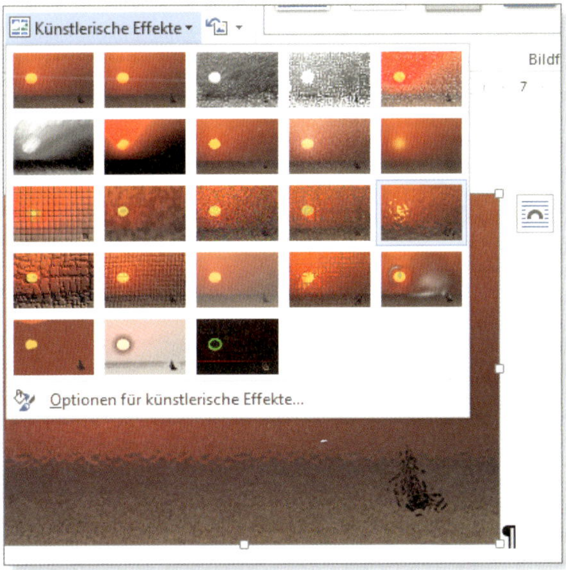

Abbildung 25.87
Künstlerische Effekte

Bilder freistellen

Zum Schluss möchten wir Ihnen kurz vorstellen, wie man ein Bild freistellt. Dabei geht es darum, die einzelnen Elemente eines Bildes von ihrem Hintergrund zu »befreien«. Diese Möglichkeit war bisher Grafikprogrammen vorbehalten, aber auch Word bietet jetzt eine entsprechende Funktion, die – verglichen mit den diversen Freistellungstools in Bildbearbeitungsprogrammen – allerdings recht rudimentär ist. Je nachdem, welche Objekte auf dem Bild zu sehen sind, kann es ein recht mühseliges Unterfangen sein, ein Bild mit Word halbwegs sauber freizustellen. Am besten klappt es bei Fotos, auf denen glatte Kanten sowie deutliche Konturen und Kontraste zu sehen sind.

TIPP

Im großen Zoom arbeiten

Stellen Sie beim Freistellen am besten eine große Zoomstufe ein, sodass Sie beim Nacharbeiten gut erkennen können, wo Sie klicken müssen, um Bereiche hinzuzufügen bzw. zu entfernen.

Wir demonstrieren diese Technik einfach einmal an einem Beispiel. Dazu verwenden wir ein Foto mit Tulpen.

Abbildung 25.88
Die Tulpen sollen freigestellt werden.

1. Markieren Sie das eingefügte Bild und klicken Sie auf die Schaltfläche **Freistellen** ganz links auf der Registerkarte **Bildtools/Format**.

Abbildung 25.89
Die Schaltfläche »Freistellen«

2 Word sucht automatisch nach freizustellenden Objekten und schlägt einen Bereich vor, der entfernt werden kann (er wird violett markiert). Ziehen Sie den Bereich an den Ziehpunkten etwas größer, wenn Teile eingefärbt wurden, die gar nicht entfernt werden sollen.

Abbildung 25.90
Das Bild im Freistellungsmodus

3 Im Beispielbild sieht man z. B., dass auch einige Blätter und Blumenstängel eingefärbt wurden, die natürlich nicht entfernt werden sollen. Um dies zu korrigieren, nutzen Sie die Funktionen auf der neu eingeblendeten Registerkarte **Freistellen**. Klicken Sie auf die Schaltfläche **Zu behaltende Bereiche markieren**.

Abbildung 25.91
Die Registerkarte »Freistellen«

4 Der Mauszeiger hat nun die Form eines Stiftes angenommen. Klicken Sie damit nacheinander die Bereiche im Bild an, die Sie behalten wollen, also z. B. die Stängel. Word erkennt die Pixelfarbe und erweitert den Bereich automatisch.

5 Analog verfahren Sie mit Bereichen, die nicht violett gekennzeichnet wurden, aber entfernt werden sollen. In diesem Fall klicken Sie auf die Schaltfläche **Zu entfernende Bereiche markieren** und klicken dann – im Beispiel – auf die blauen Bereiche zwischen den Blüten und Stielen (damit auch diese transparent werden).

Abbildung 25.92
Mithilfe der Pluszeichen markieren Sie Bereiche, die Sie behalten wollen.

Abbildung 25.93
Mit den Minuszeichen werden Bereiche entfernt.

6 Wenn Sie meinen, den freizustellenden Bereich ausreichend eingegrenzt zu haben, klicken Sie auf der Registerkarte **Freistellen** auf die Schaltfläche **Änderungen beibehalten**.

Daraufhin wird Ihnen das Ergebnis präsentiert. In den seltensten Fällen werden Sie auf Anhieb zufrieden sein. Sie können dann erneut auf die Schaltfläche **Freistellen** klicken und weiterbasteln.

Abbildung 25.94
Nach der Freistellung

Keine Sorge: Die bisher gesetzten Markierungen bleiben weiterhin bestehen, sodass Sie nicht jedes Mal von vorn beginnen müssen. Abbildung 25.94 zeigt das halbwegs geglückte Ergebnis.

TIPP

Freistellen mit gedrückter Maustaste

Wenn Word die Bereiche partout nicht erkennen will, die Sie ein- oder ausblenden möchten, können Sie auch die Plus- bzw. Minusschaltfläche anklicken und mit gedrückter Maustaste an den Konturen entlangfahren. An Kurven und Ecken, also wenn sich die Richtung ändert, müssen Sie dann jeweils einmal klicken, um eine Art »Haltepunkt« zu setzen.

25.6 Onlinevideos einfügen

Anstelle eines Links zu einem Video im Internet können Sie in Word 2013 sogar ein Onlinevideo mit einer Vorschau in Ihr Dokument einfügen, sodass Sie das Video direkt im Dokument wiedergeben können.

Suche Sie zunächst nach einem Video, das Sie einbinden möchten. Klicken Sie dazu auf der Registerkarte **Einfügen** auf die Schaltfläche **Onlinevideo** in der Gruppe **Medien**.

Abbildung 25.95
Die Schaltfläche zum Einfügen eines Onlinevideos

Daraufhin wird das Fenster **Video einfügen** geöffnet. Hier können Sie mit der Suchmaschine *Bing* nach einem Video suchen. Geben Sie einen Suchbegriff in das Suchfeld ein und klicken Sie anschließend auf das Symbol mit der Lupe (**Suchen**).

Abbildung 25.96
Suchen Sie mit einem Suchbegriff nach einem Video

Sie erhalten eine – je nach Suchbegriff – unterschiedlich lange Liste gefundener Videos. Wenn Sie mit der Maus auf ein Bild zeigen, wird in der rechten unteren Ecke des Vorschaubildes eine Lupe ❶ eingeblendet.

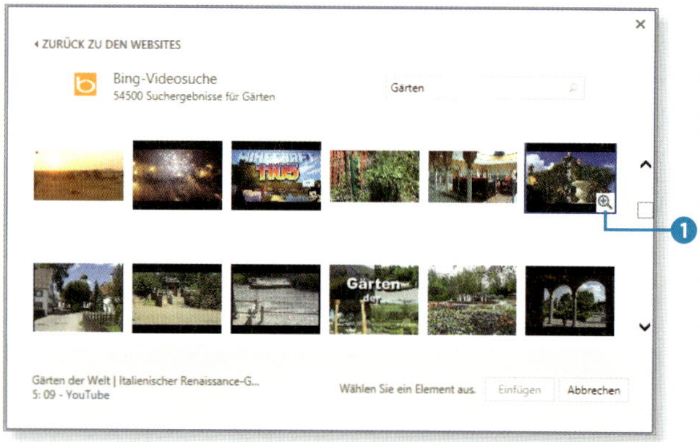

Abbildung 25.97
Die Auswahl der Videos

Klicken Sie auf das Lupensymbol, um eine Vorschau des Videos in einem größeren Fenster zu erhalten. Die Wiedergabe der Vorschau starten Sie, indem Sie auf die **Start**-Schaltfläche ❷ klicken. Sie können das Video bereits aus der Vorschau einfügen, indem Sie auf die Schaltfläche **Einfügen** klicken ❸, oder die Vorschau über das Schließkreuz ❹ schließen, zur Auswahl zurückkehren und nach einem anderen Video suchen.

Abbildung 25.98
Das Video im Vorschaufenster

Zum Einfügen aus der Übersicht der Suchergebnisse markieren Sie das von Ihnen ausgesuchte Video und klicken dann auf die Schaltfläche **Einfügen**. Ein Doppelklick auf das Video bindet dieses ebenfalls in Ihr Word-Dokument ein.

Abbildung 25.99
So fügen Sie das Video ein.

Schon ist das Video in Ihrem Word-Dokument eingebunden. Über die **Start**-Schaltfläche in der Mitte des Vorschaubildes spielen Sie das Video in Ihrem Dokument ab.

Abbildung 25.100
Die Vorschau auf das Video, von hier aus starten Sie den Film.

Daraufhin öffnet sich das Abspielprogramm und legt sich über Ihr Word-Dokument. Dies dürfte in den meisten Fällen der Flash Player sein, da viele Videos im Internet in diesem Format vorliegen. Mit einem Klick auf das **Play**-Symbol starten Sie das Video. Beachten Sie, dass Sie zum Abspielen eine bestehende Internetverbindung benötigen, denn das Video wird nicht im Dokument gespeichert; gespeichert werden lediglich das Vorschaubild und ein Verweis. Drücken Sie die Esc-Taste, um den Film zu beenden und den Player zu schließen.

Abbildung 25.101
Das Video wird im Player abgespielt.

Übrigens: Wenn Sie mit der Maus auf dem Video verharren, wird die URL (die Internetadresse) des eingebetteten Videos eingeblendet.

Sie können auch noch auf einem anderen Weg ein Video in Ihr Dokument einfügen: Wenn Sie beispielsweise auf der Internetseite von YouTube ein Video gefunden haben, das Sie in ein Word-Dokument einbetten möchten, klicken Sie mit der rechten Maustaste auf das Video und im Kontextmenü auf **Einbettungscode kopieren**.

Wechseln Sie dann wieder in Ihr Word-Dokument. Klicken Sie auf der Registerkarte **Einfügen** auf die Schaltfläche **Onlinevideo** und fügen Sie den soeben kopierten Code mit Strg + V in das Eingabefeld **Aus einem Videoeinbettungscode** ein.

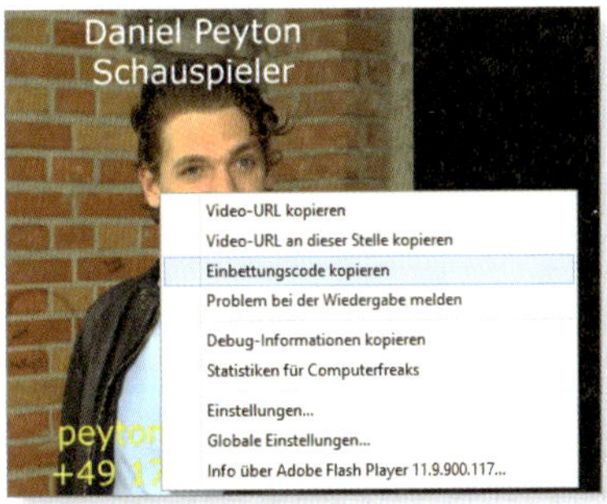

Abbildung 25.102
Den Einbettungscode kopieren

Damit das Video in Ihrem Dokument landet, klicken Sie auf die kleine Schaltfläche (den Pfeil) **Einfügen** rechts neben dem Feld, in das Sie den Einbettungscode eingefügt haben.

Nach dieser Aktion befindet sich das Video in Ihrem Word-Dokument, und Sie können es, wie zuvor beschrieben, starten.

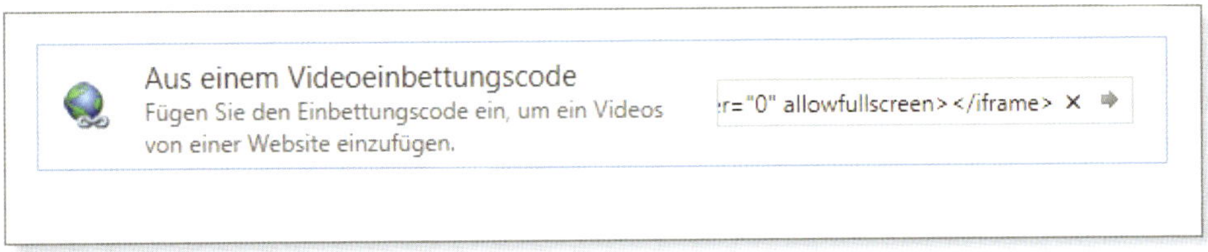

Abbildung 25.103
Der Einbettungscode wurde eingefügt.

Kapitel 26
Formen, Textfelder und WordArt

Auch in diesem Kapitel dreht sich alles um grafische Elemente, vor allem um die Formen, die Word mitbringt und mit deren Hilfe Sie Figuren in allen möglichen Variationen erstellen können. Nachdem wir im vorangegangenen Kapitel die vielen Möglichkeiten im Umgang mit Grafiken und Fotos beschrieben haben, dürfen Sie Ihre kreative Ader jetzt mit den Formen ausleben.

Word bietet eine Fülle an vorgefertigten Formen, die Sie so übernehmen oder aber als Grundlage für Ihre eigenen Zeichnungen verwenden können. Wenn Sie eine sichere Hand haben, können Sie den Mauszeiger sogar als Zeichenstift benutzen und Freihandzeichnungen erstellen.

INFO

Grundlegende Techniken

Beachten Sie bitte, dass wir viele Handgriffe und Einstellungen, die bei der Arbeit mit grafischen Elementen wie ClipArts, Fotos oder anderen Grafikobjekten wichtig sind, bereits im vorangegangenen Kapitel 25, »Grafiken, Fotos und Videos«, beschrieben haben. Dies betrifft vor allem solch grundlegende Dinge wie die Positionierung, Größenveränderungen und die Einstellung des Zeilenumbruchs. Da Sie diese Techniken also dort nachlesen können, gehen wir in diesem Kapitel nicht noch einmal darauf ein.

Im zweiten Teil des Kapitels zeigen wir Ihnen dann den Umgang mit Textfeldern. Textfelder sind praktische Elemente, die es Ihnen ermöglichen, Text an jeder beliebigen Stelle im Dokument zu platzieren. Word 2013 bietet dazu auch fertig gestaltete Textfelder, mit denen Sie Ihr Seitenlayout im Nu »aufpeppen« können. In den letzten Abschnitten dieses Kapitels gehen wir schließlich auf die Funktion **WordArt** ein, mit der sich Schriftzüge in nahezu jede erdenkliche Form bringen lassen, selbst kreisförmig angeordnete Texte und andere Spielereien sind damit möglich.

26.1 Formen einfügen

Genau wie die Onlinegrafiken finden Sie auch die Formen auf der Registerkarte **Einfügen** in der Gruppe **Illustrationen**. Klicken Sie auf die Schaltfläche **Formen**, um das Menü mit der Auswahl der Formen aufzuklappen.

Um eine dieser Formen in Ihr Dokument einzufügen, klicken Sie sie an und führen den Mauszeiger (der jetzt die Form eines Fadenkreuzes angenommen hat) an die passende Stelle auf dem Blatt. Nun drücken Sie die Maustaste und ziehen die Form auf die gewünschte Größe auf – wobei es nicht darauf ankommt, dass die Form auf Anhieb die richtige Größe hat, da sie sich natürlich auch noch nachträglich verändern lässt.

Wenn Sie die Form nicht aufziehen, sondern einfach auf das Blatt klicken, nachdem Sie eine Form ausgewählt haben, wird sie in einer Standardgröße eingefügt. Die Form, die Sie auf diese Art und Weise einfügen, ist automatisch farbig gefüllt, wobei die Farbe vom verwendeten Design abhängt.

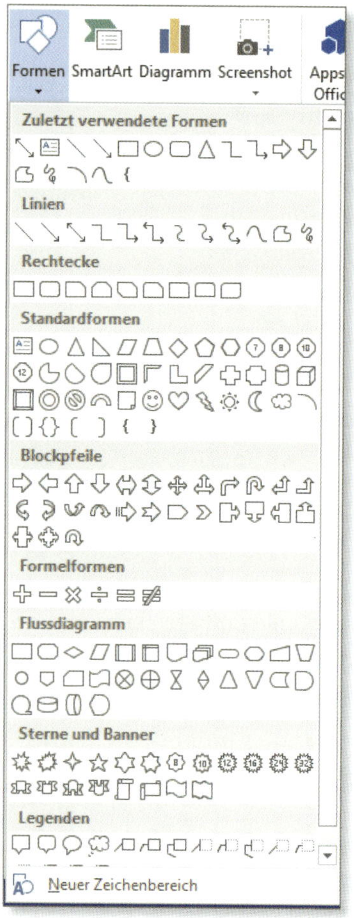

Abbildung 26.1
Das Angebot an fertigen Formen

Größe und Position der Form ändern

Nach allem, was wir bisher gezeigt und beschrieben haben, ist es eine kinderleichte Übung, die Größe und Position der Form zu verändern. Klicken Sie die Form an, um sie zu markieren. Sie sehen nun die Ziehpunkte (»Anfasser«) an den Seiten und den Ecken. Führen Sie den Mauszeiger an einen dieser Anfasser und ziehen Sie sie mit gedrückter Maustaste nach innen oder außen, um die Form zu vergrößern oder zu verkleinern.

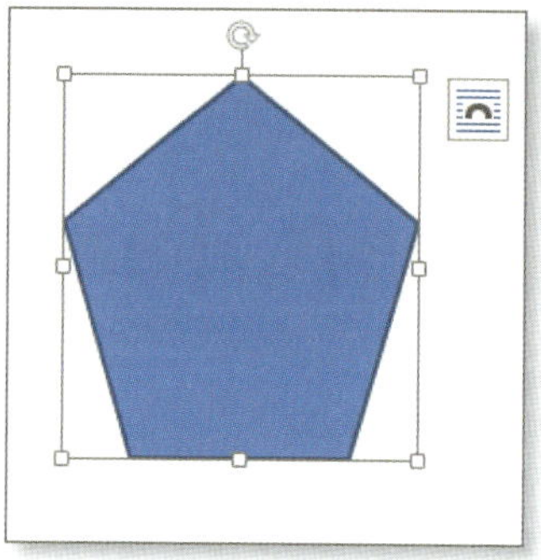

Abbildung 26.2
Eine aufgezogene Form

Um die Form zu verschieben, zeigen Sie einfach mit dem Mauszeiger darauf. Sobald er die Form eines Vierfachpfeils angenommen hat, können Sie die Form mit gedrückter Maustaste bewegen und an eine andere Position im Dokument verschieben.

Die Form verändern

Abgesehen davon, dass die Formen mit vielen Möglichkeiten der Zeichentools, die wir im Anschluss beschreiben werden, bearbeitet werden können, lassen sich auch die Proportionen vieler Formen modifizieren. Dies bewirken Sie mit dem kleinen gelben Viereck, das zusätzlich zu den üblichen Ziehpunkten auftaucht, sobald Sie eine dieser derart veränderbaren Formen per Mausklick markieren. Setzen Sie den Mauszeiger auf dieses Viereck und ziehen Sie mit gedrückter Maustaste nach innen oder außen. Eine Linie zeigt an, wie sich die Form durch Ihr Ziehen verändert.

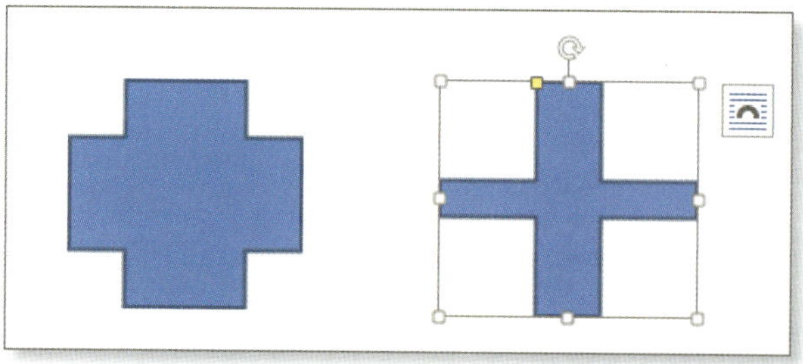

Abbildung 26.3
Die Kontur einer Form ändern

Manche Formen haben auch mehr als ein Viereck zum Verändern der Form, wie Sie in Abbildung 26.4 sehen können.

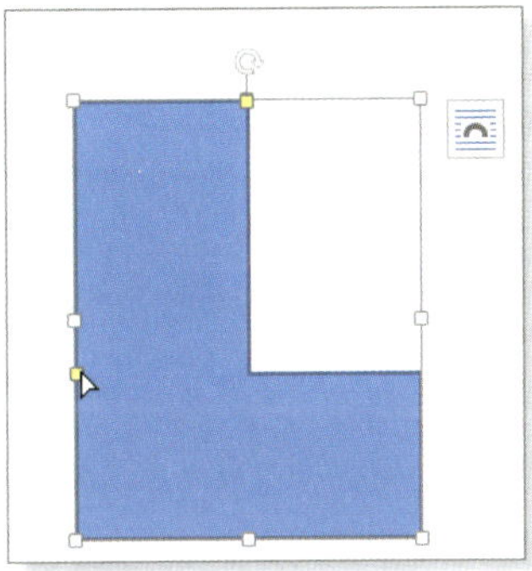

Abbildung 26.4
Die Kontur einer Form mithilfe zweier gelber Vierecke ändern

TIPP

Konturen verändern

Es gibt eine weitere Möglichkeit, die Konturen von Formen zu verändern, und dies sogar auf eine sehr flexible Art und Weise. Wir beschreiben diese Technik im Abschnitt »Freihandzeichnungen« auf Seite 550.

26.2 Formen bearbeiten

Wenn eine Form markiert ist, wird die Registerkarte **Zeichentools/Format** eingeblendet (siehe Abbildung 26.5). Um das Aussehen der Form zu verändern, stehen hier vor allem die Funktionen in der Gruppe **Formenarten** zur Verfügung.

Ähnlich wie für die Bearbeitung von Grafiken und Fotos werden auch für die Formen Vorlagen angeboten (sie werden hier als *Grafikformate* bezeichnet), mit denen eine Form blitzschnell umgestaltet werden kann.

Abbildung 26.6
Formen bearbeiten – auf die Schnelle mit Grafikformaten

Klicken Sie auf den Pfeil rechts neben den Vorlagensymbolen, um die Auswahl der Vorlagen angezeigt zu bekommen. Wenn Sie mit der Maus über die Vorlagen fahren, sehen Sie die Veränderungen der Form direkt im Dokument. Klicken Sie auf eine der Vorlagen, um sie auf die markierte Form zu übertragen.

Wenn Sie eine Form lieber nach individuellen Vorstellungen bearbeiten möchten, probieren Sie einfach einmal aus, was die Menüs der Schaltflächen **Fülleffekt**, **Formkontur** und **Formeffekte** diesbezüglich zu bieten haben.

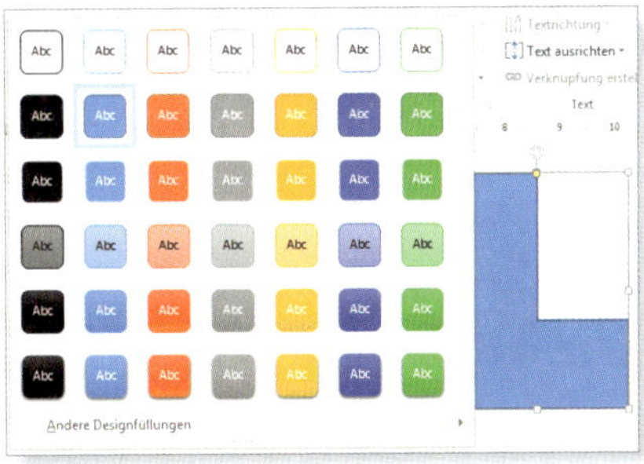

Abbildung 26.7
Die Auswahl der Grafikformate

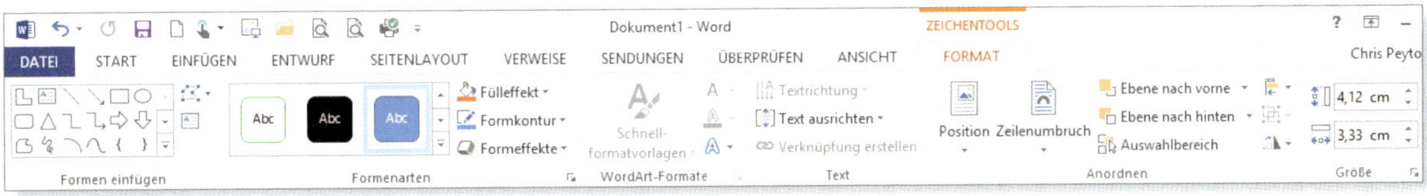

Abbildung 26.5
Die Registerkarte »Zeichentools/Format«

Fülleffekte

Mit den diversen Angeboten und Varianten der Funktion **Fülleffekt** können Sie einer Form Farben, Farbverläufe und Strukturen, Texturen und Muster zuweisen oder sie mit einer Grafik füllen. In den folgenden Abschnitten stellen wir Ihnen die einzelnen Effekte anhand einiger Beispiele vor.

Die Farbe bestimmen

Öffnen Sie das Menü der Schaltfläche **Fülleffekt**. Hier werden als Erstes die üblichen Designfarben und Standardfarben angeboten. Mit der Option **Keine Füllung** bleibt lediglich der Rahmen der Form bestehen, die Füllfarbe wird entfernt.

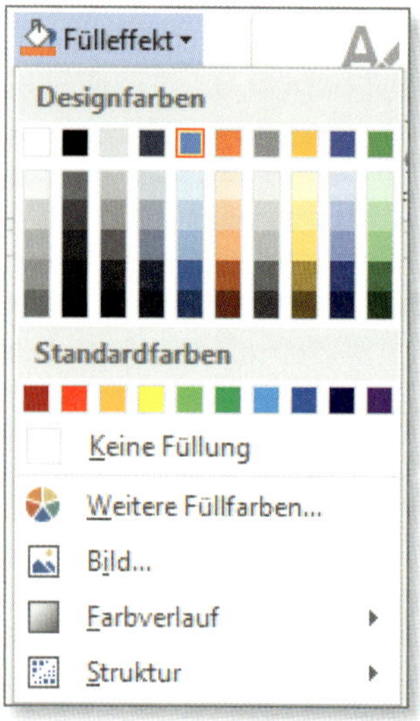

Abbildung 26.8
Das Menü der Schaltfläche »Fülleffekt«

Mit der Option **Weitere Füllfarben** wird der Dialog **Farben** geöffnet, der eine größere Auswahl an Farben bietet. Während Sie auf der Registerkarte **Standard** Farben aus einer Farbpalette auswählen können, regeln Sie auf der Registerkarte **Benutzerdefiniert** die Farbe über einen Farbbalken. Damit ist es möglich, alle Intensitätsstufen einer Farbe einzustellen. Die jeweiligen Farbwerte werden in die Felder **Rot**, **Grün** und **Blau** übertragen.

INFO

RGB-Farbmodell und HSB-Farbmodell

RGB ist das Standardfarbmodell für die Darstellung von Farben auf dem Bildschirm. Die Farbtöne ergeben sich aus dem Mischungsverhältnis der drei Grundfarben Rot, Grün und Blau. Jede Farbe ist in 256 Intensitätsstufen (Sättigungsgrade) unterteilt: von 0 bis hin zur vollen Intensität (= 255). Zu gleichen Teilen gemischt ergeben Rot, Grün und Blau je nach Intensität Weiß (mit dem Wert 255 in allen Feldern) oder Schwarz (mit dem Wert 0 in allen Feldern). Das RGB-Farbmodell wird klassisch mit drei Farbkreisen dargestellt; die jeweiligen Überlappungen der Kreise ergeben die Sekundärfarben Cyan, Magenta und Gelb.

Das HSB-Modell gehört zu den Farbmodellen, die mehr auf die Wahrnehmung des Menschen ausgerichtet sind und mit den Parametern Farbton, Sättigung und Helligkeit arbeiten. Dieser Farbraum wird anhand einer sechseckigen Pyramide beschrieben.

Sie können Farbwerte natürlich auch direkt in diese Felder eingeben. Im Feld **Farbmodell** wird neben dem standardmäßig eingestellten RGB-Modell das HSB-Modell angeboten.

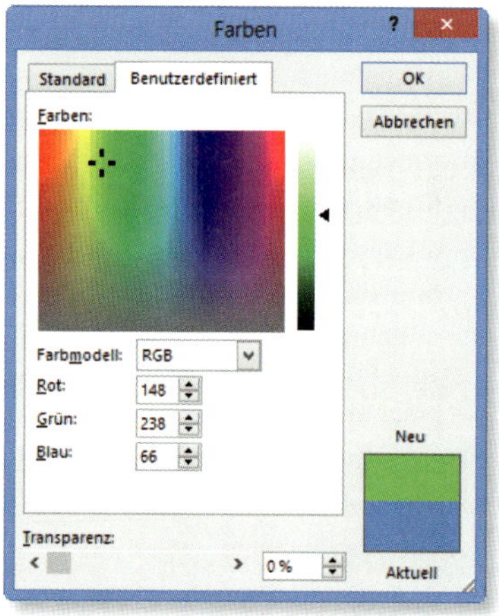

Abbildung 26.9
Die Farbe exakt festlegen

Ganz unten auf der Registerkarte **Benutzerdefiniert** des Dialogfensters **Farben** sehen Sie das Feld **Transparenz** sowie den dazugehörigen Schieberegler. Hiermit können Sie den eingestellten Farbton durchsichtig machen; je höher Sie den Wert setzen, desto transparenter wird die Farbe. Diesen Effekt erkennen Sie am deutlichsten, wenn Sie zwei oder mehrere Formen übereinanderlegen und die oberste transparent machen. Sie sehen dann, wie die Farbe der unten liegenden Form durch die obere hindurchscheint.

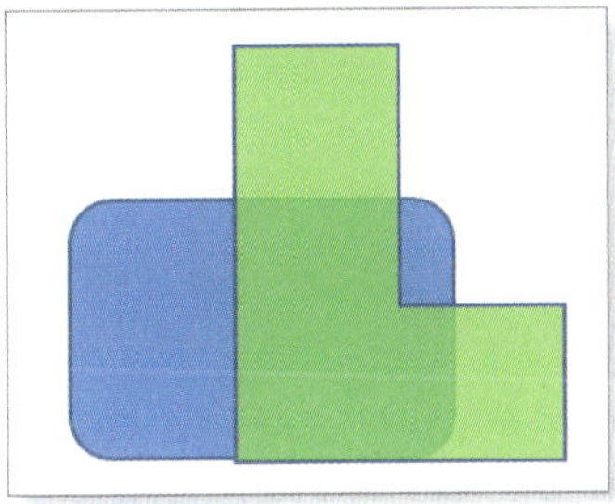

Abbildung 26.10
Die Farbe der oben liegenden Form ist transparent.

Ein Hintergrundbild für die Form wählen

In Abschnitt 25.2, »Grafiken bearbeiten«, haben wir u. a. beschrieben, wie Sie Grafiken auf eine Form zuschneiden können. Mit der Option **Bild** im Menü der Schaltfläche **Fülleffekt** erzielen Sie einen ähnlichen Effekt, nur dass Sie andersherum beginnen: Sie fügen erst die Form ein und wählen dann die Grafikdatei, mit der die Form gefüllt werden soll. Das kann eine recht nette Gestaltungsvariante sein, die Sie wie im Folgenden beschrieben erzeugen.

1. Fügen Sie die gewünschte Form ein, wobei Sie berücksichtigen sollten, dass sich viele Formen nicht zum Füllen mit einem Bild eignen. Wählen Sie am besten eine schlichte Form.
2. Klicken Sie auf der Registerkarte **Zeichentools/Format** auf die Schaltfläche **Fülleffekt** und wählen Sie die Option **Bild**.
3. Im Dialog **Bilder einfügen** klicken Sie auf die Schaltfläche **Durchsuchen** (sofern Sie ein Bild verwenden möchten, das auf Ihrem Rechner gespeichert ist). Im Dialog **Grafik einfügen** navigieren Sie dann auf dem üblichen Weg zu dem Ordner bzw. Ort, in dem das Bild gespeichert ist, das Sie suchen, markieren es und klicken auf **Einfügen** (siehe Abbildung 26.11).

Daraufhin – und das kann durchaus ein paar Sekunden dauern – landet das Bild in der Form, wobei es an die Form angepasst wird, also unter Umständen auch verzerrt wirken kann. Sie können dann versuchen, die Form »in Form zu bringen« (durch Veränderung der Größe und z. B. mit der Möglichkeit des Zuschneidens), sodass sie zu dem Bild passt.

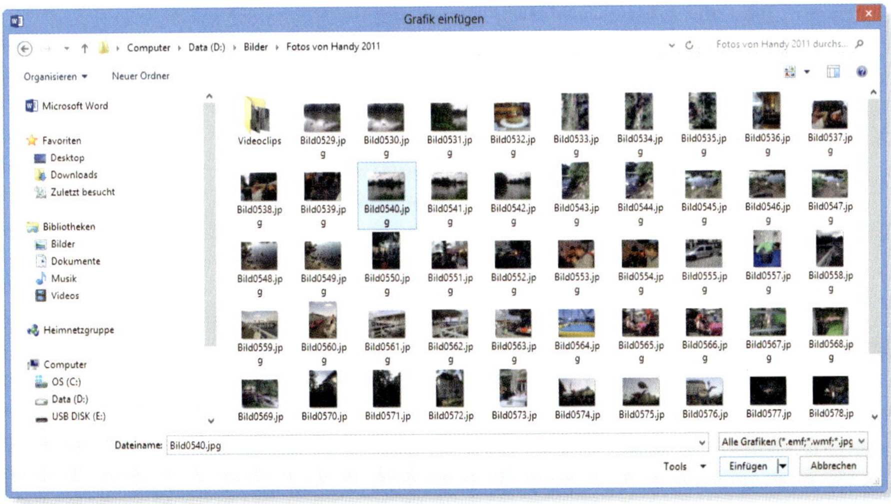

Abbildung 26.11
Das Bild auswählen

Abbildung 26.12
Ein Foto in einer Form

Wie Sie sehen, wird nach dem Einfügen eines Bildes neben der Registerkarte **Zeichentools/Format** auch die Registerkarte **Bildtools/Format** eingeblendet. Die Funktionen auf der Registerkarte **Bildtools/Format** beziehen sich teils auf die Form, teils auf das eingefügte Bild. Die Befehle unter **Bildeffekte** wirken sich auch auf die Form aus, wie Sie in Abbildung 26.13 sehen.

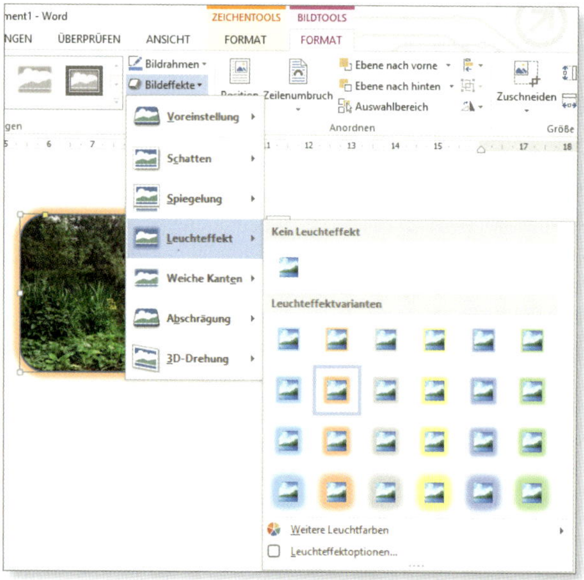

Abbildung 26.13
Die Bildeffekte beeinflussen die Form – hier wurde ein Leuchteffekt zugewiesen.

Die Optionen in der Gruppe **Anpassen** (**Korrekturen**, **Farbe**, **Künstlerische Effekte**) verändern das Bild (wie in Abschnitt 25.5, »Fotos bearbeiten«, beschrieben).

HINWEIS

Auf die Dateigröße achten!

Bedenken Sie, dass Sie das Bild beim Füllen der Form regelrecht einfügen, es also nicht nur mit der Datei verknüpfen. Der Speicherplatzbedarf Ihres Dokuments wächst also unter Umständen beträchtlich. Wenn Sie den umgekehrten Weg gehen, also Bilder auf eine Form zuschneiden, können Sie dieses Problem umgehen, indem Sie das Foto als Verknüpfung einfügen und es dann zuschneiden (siehe Abschnitt 25.4, »Fotos und Bilddateien«).

Farbverläufe

Wenn es um die Farbgebung für Formen geht, sind Farbverläufe immer wieder ein eindrucksvolles Mittel der Gestaltung.

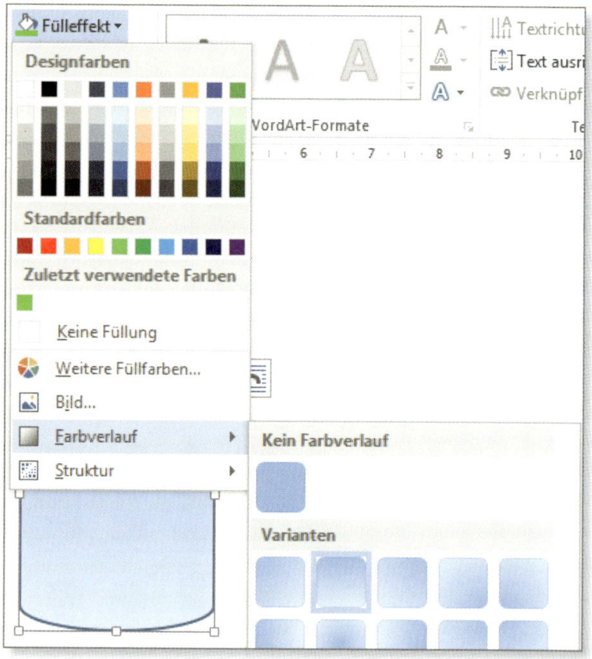

Abbildung 26.14
Voreinstellungen für Farbverläufe

Mit Verlauf ist gemeint, dass zwei oder mehr Farben auf eine bestimmte Art und Weise ineinanderlaufen.

Um einen Farbverlauf für die eingefügte Form festzulegen, zeigen Sie im Menü der Schaltfläche **Fülleffekt** (**Zeichentools/Format** > **Formenarten**) auf **Farbverlauf**. Im Untermenü werden einige Voreinstellungen angeboten.

INFO

Den Aufgabenbereich »Form formatieren« aufrufen

Sie können diesen Aufgabenbereich auch aufrufen, indem Sie auf den kleinen Pfeil an der Gruppe **Formenarten** klicken. Auch über das Kontextmenü einer Form lässt sich der Aufgabenbereich aufrufen; der entsprechende Befehl lautet hier **Form formatieren**. Die Bezeichnung des Aufgabenbereiches verändert sich je nach Arbeitsschritt. Wenn die Form mit einer Grafik gefüllt wurde, heißt er **Grafik formatieren**.

Noch interessanter wird es, wenn Sie zwei oder mehr Farben für den Verlauf aussuchen. Dazu klicken Sie im Untermenü auf den Befehl **Weitere Farbverläufe**. Dies öffnet den Aufgabenbereich **Form formatieren** mit der Kategorie **Füllung**.

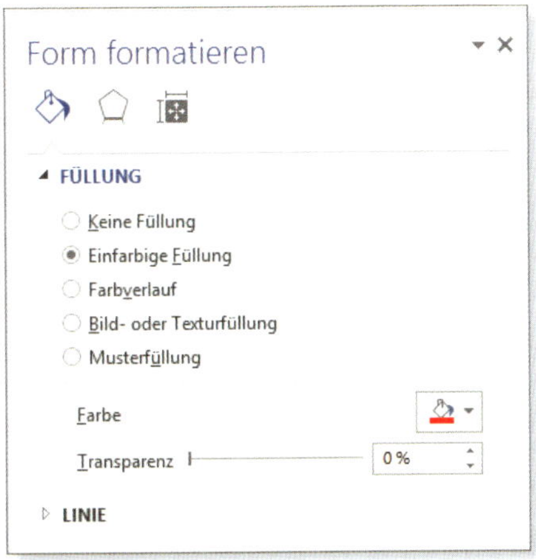

Abbildung 26.15
Die Kategorie »Füllung« des Aufgabenbereiches »Form formatieren«

Einen Farbverlauf einstellen

Da es ein bisschen knifflig ist, einen Farbverlauf für mehrere Farben einzustellen, beschreiben wir die Schritte konkret an einem Beispiel. Die Fahne (wie wir die geschwungene Form der Einfachheit halber einmal nennen) soll in den Farben wehen, die Sie in Abbildung 26.16 sehen. Die Grundfarbe der Form ist zunächst Rot.

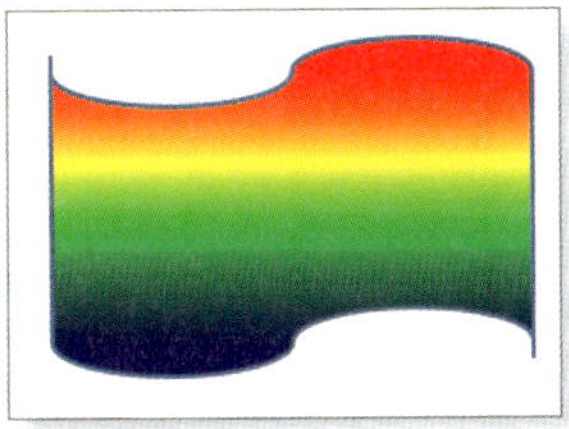

Abbildung 26.16
Das »Fähnchen« mit Farbverlauf

1 Im Aufgabenbereich **Form formatieren** (siehe Abbildung 26.17) klicken Sie als Erstes auf die Option **Farbverlauf** ①. Daraufhin wird weiter unten der Bereich **Farbverlaufstopps** eingeblendet.

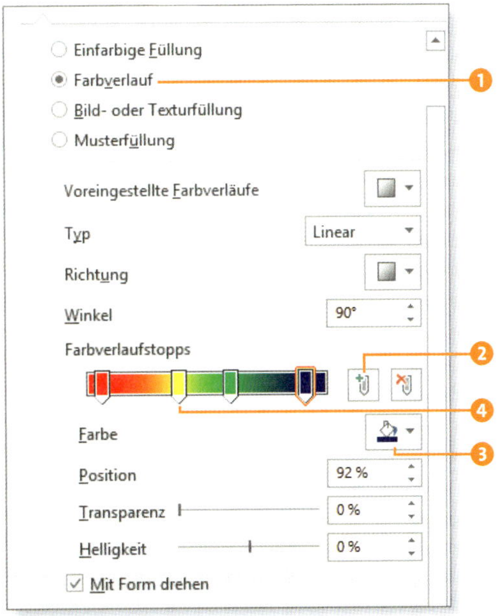

Abbildung 26.17
Einstellungen für den Farbverlauf

2 Klicken Sie auf die Schaltfläche mit dem Pluszeichen ❷ (**Farbverlaufstopp hinzufügen**) und danach auf den Pfeil ❸ am Feld **Farbe**. In der Farbpalette wählen Sie **Gelb** und ziehen den Regler für den Farbverlaufstopp ❹ ein wenig nach links.

3 Daraufhin klicken Sie erneut auf die Schaltfläche **Farbverlaufstopp hinzufügen** und wählen auf dem gleichen Weg wie eben die Farbe **Grün**. Auch diesen neuen Regler ziehen Sie etwas nach links.

4 Zu guter Letzt klicken Sie ein drittes Mal auf die Schaltfläche **Farbverlaufstopp hinzufügen** und stellen **Blau** im Feld **Farbe** ein.

5 Damit haben Sie es geschafft; bestätigen Sie nun nur noch Ihre Einstellungen mit einem Klick auf **Schließen**.

Der Aufgabenbereich **Form formatieren** bietet noch einige weitere Einstellungen, mit denen man Farbverläufe auf verschiedenste Art und Weise modifizieren kann. Im Feld **Typ** legen Sie fest, wie der Farbverlauf verläuft. In Abbildung 26.16 war ein linearer Verlauf zu sehen. Wenn Sie nun z. B. die Einstellung **Pfad** wählen, nimmt der Farbverlauf die Form an, die in Abbildung 26.18 dargestellt ist.

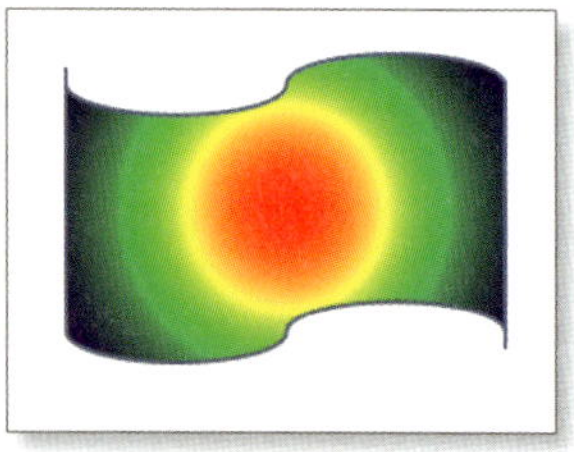

Abbildung 26.18
Ein Farbverlauf mit dem Typ »Pfad«

Das Feld **Richtung** bietet weitere Varianten für den eingestellten Verlaufstyp. Sie können hier also angeben, wo der Verlauf starten soll: an der linken oberen Ecke, unten, rechts etc.

Im Feld **Winkel** können Sie schließlich die Richtung des Verlaufs mittels einer Gradangabe bestimmen. Diese Option steht nur zur Verfügung, wenn Sie als Typ **Linear** eingestellt haben. Sie können damit sehr genau festlegen, in welchem Winkel der Verlauf das Bild füllt.

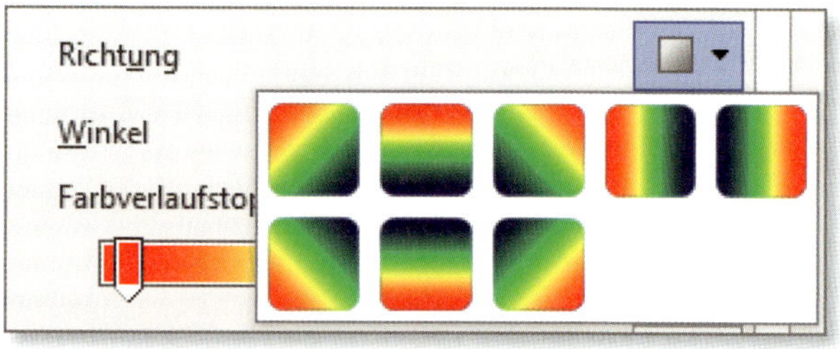

Abbildung 26.19
Die Varianten im Feld »Richtung« zum Verlaufstyp »Linear«

Schon an diesen wenigen Beispielen erkennen Sie die Fülle von Möglichkeiten, um Farbverläufe zu gestalten. Es lohnt sich durchaus, ein wenig zu experimentieren!

TIPP

Fertige Farbverläufe

Wenn Sie auf den Pfeil am Feld **Voreingestellte Farben** klicken, werden einige fertige Farbverläufe angeboten. Im Vergleich zu früheren Word-Versionen ist ihr Umfang jedoch eher bescheiden.

Textur- und Musterfüllungen

Der Aufgabenbereich **Form formatieren** mit der Kategorie **Füllung** bietet auch die Möglichkeit, spezielle Hintergründe für die Form festzulegen. Dazu aktivieren Sie entweder die Option **Bild- oder Texturfüllung** oder die Option **Musterfüllung**.

Mit **Bild- oder Texturfüllung** ❶ werden die Schaltflächen **Datei** ❷ und **Online** ❸ eingeblendet. Über die Schaltfläche **Datei** fügen Sie eine Bilddatei als Hintergrund für die Form ein – so wie wir es bereits im Abschnitt »Ein Hintergrundbild für die Form wählen« auf Seite 543 beschrieben haben. Ein Klick auf die Schaltfläche **Online** öffnet den Dialog zum Suchen und Auswählen einer ClipArt/Grafik auf *Office.com*.

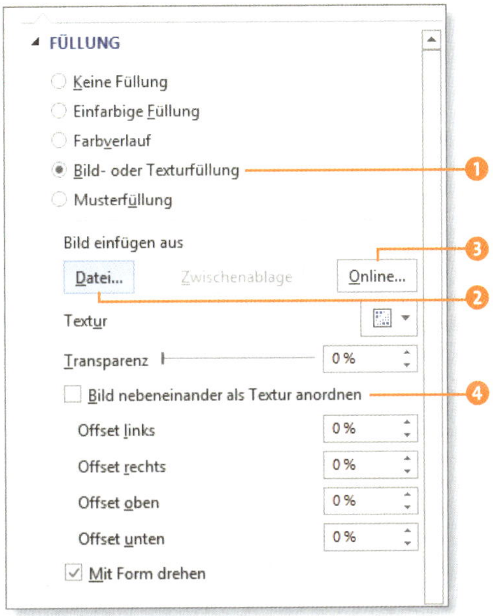

Abbildung 26.20
Die Kategorie »Füllung« mit der Option »Bild- oder Texturfüllung«

Interessant ist auch die Option **Bild nebeneinander als Textur anordnen** 4. Wenn Sie mit einem Klick ein Häkchen in dieses Kontrollkästchen setzen, erreichen Sie damit, dass sich Grafiken wie Kacheln aneinanderlegen und daher wie eine Textur wirken, die die Form ausfüllt. Auch wenn Sie diese Option aktivieren, werden weitere Einstellungsmöglichkeiten zum Ausrichten des Bildes in der Form angeboten. Vermutlich werden Sie z. B. in den Feldern **X-Skalierung** und **Y-Skalierung** die Größe der Grafik anpassen müssen, sodass die Bildchen tatsächlich mehrfach in die Form hineinpassen. Dank der Livevorschau können Sie gut erkennen, was mit Ihrer Form passiert.

Abbildung 26.21
Eine Form mit einer ClipArt als Textur

Wenn Sie anstelle von **Bild- oder Texturfüllung** die Option **Musterfüllung** 5 anklicken, wird eine Auswahl an Mustern angezeigt. Für diese Muster können Sie darüber hinaus eine Vordergrundfarbe 6 und eine Hintergrundfarbe 7 einstellen.

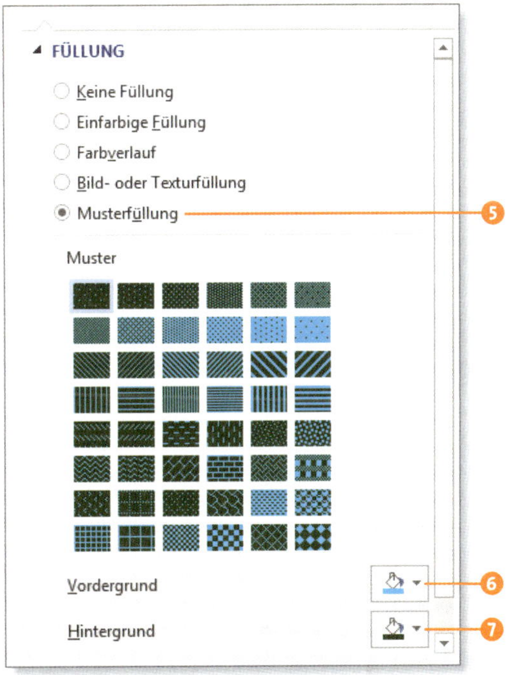

Abbildung 26.22
Ein Muster zuweisen

Abbildung 26.23 zeigt eine mit einem Muster gefüllte Form. Sie sehen, dass diese Art der Füllung sehr schnell und mit wenig Aufwand zugewiesen werden kann, aber verglichen mit den ausgefeilten Möglichkeiten und Varianten beim Festlegen eines Farbverlaufs eben auch weniger Optionen bietet.

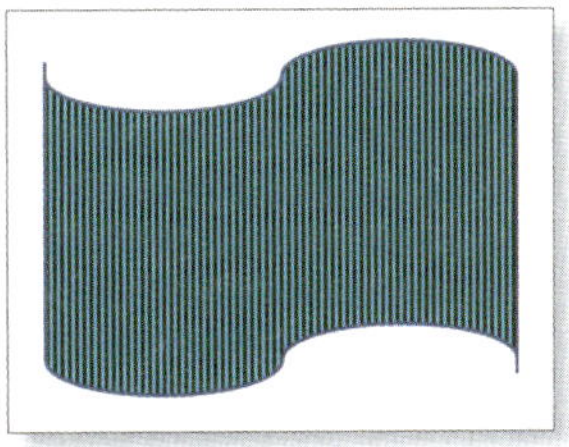

Abbildung 26.23
Eine Form mit Muster

Formen mit Struktur

Zu guter Letzt bietet das Menü der Schaltfläche **Fülleffekte** den Befehl **Struktur**. Wenn Sie auf diesen Menüeintrag klicken, wird eine Auswahl an unterschiedlichen Strukturen aufgeklappt (die jedoch im Vergleich zum Angebot in früheren Word-Versionen recht bescheiden ist). Der Eintrag **Weitere Texturen** im Untermenü ruft wieder den Aufgabenbereich **Form formatieren** mit der Option **Musterfüllung** auf.

Abbildung 26.24
Das Angebot an Strukturen

Konturen und Linien festlegen

Den Rahmen um eine Form oder auch die Art der Linie bei offenen Figuren bestimmen Sie über die Schaltfläche **Formkontur**. Wenn Sie darauf klicken, wird das Ihnen bereits bekannte Menü mit den Optionen **Linienfarbe**, **Stärke** und **Strichart** aufgeklappt. Falls Sie Pfeile aus der Kategorie **Linien** »gezeichnet« haben, werden außerdem auch noch spezielle Optionen für die Feineinstellung der Pfeile angezeigt (dieser Eintrag ist bei anderen Formen nicht aktiv).

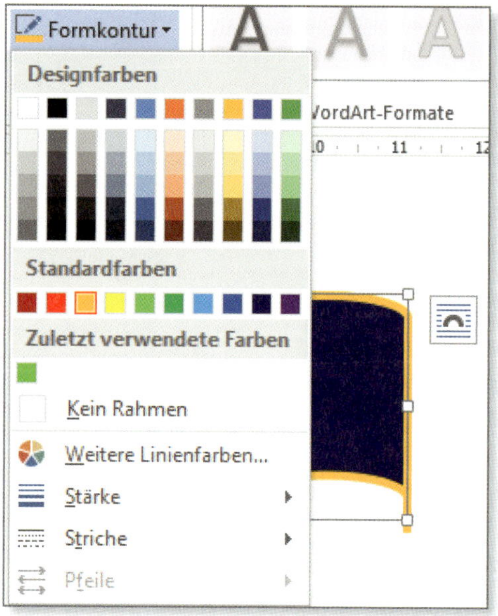

Abbildung 26.25
Das Menü der Schaltfläche »Formkontur«

Mit dem Befehl **Weitere Linien** in den jeweiligen Untermenüs der Schaltfläche **Formkontur** wird der Aufgabenbereich **Form formatieren** mit der Kategorie **Linienart** geöffnet, in dem Sie noch ein paar Feinheiten einstellen können, vor allem für Pfeile. Sie können hier sogar unterschiedliche Typen und Stärken für die Spitze am Anfang und (sofern es um einen Doppelpfeil geht) am Ende des Pfeils festlegen.

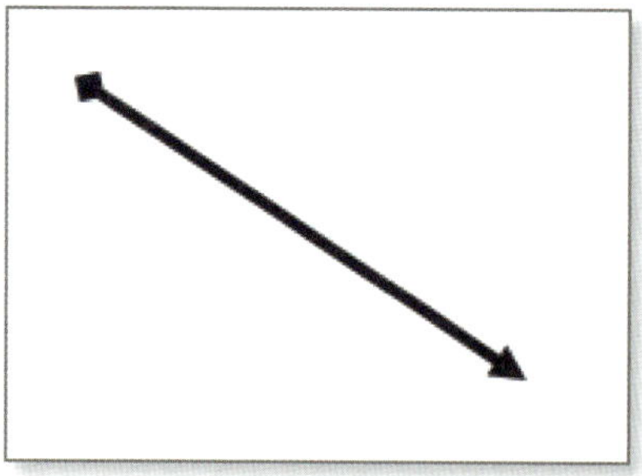

Abbildung 26.26
Pfeil mit zwei unterschiedlichen Spitzen

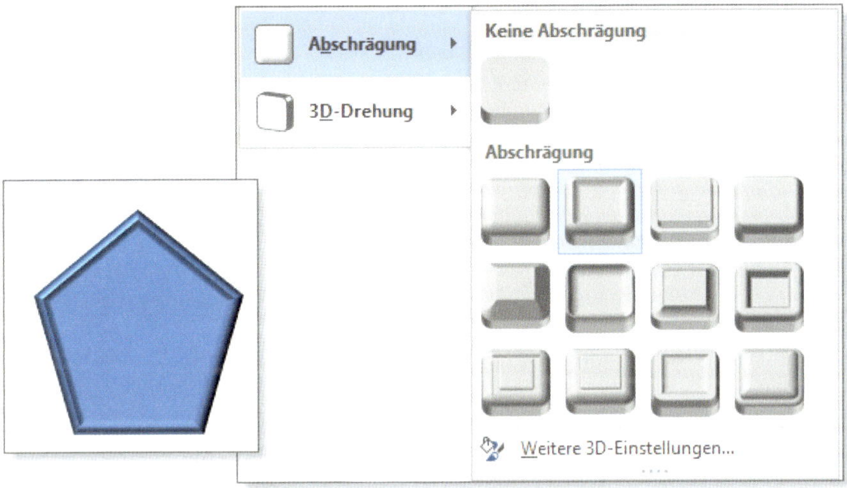

Abbildung 26.28
Die Form mit einem plastisch wirkenden Rand

Formeffekte

Im Menü der Schaltfläche **Formeffekte** finden Sie die gleichen Effekte, wie sie die Registerkarte **Bildtools/Format** unter der Bezeichnung **Bildeffekte** anbietet. Wir haben sie bereits in Abschnitt 25.3, »Grafiken manipulieren«, beschrieben.

Abbildung 26.27
Die diversen Untermenüs der Schaltfläche »Formeffekte«

Lediglich die Optionen **Abschrägung** und **3D-Drehung** hatten wir dort ausgelassen, weil diese Effekte für Formen wesentlich deutlicher zu erkennen sind als für Grafiken/ClipArts und zudem eine interessantere Wirkung erzielen. Aus diesem Grund stellen wir sie Ihnen jetzt vor:

- **Abschrägung**: Dieser Effekt bewirkt, dass der Rand einer Form in unterschiedlichen Varianten plastisch wirkt.
- **3D-Drehung**: Mit diesem Effekt werden Formen bzw. Objekte so gekippt und gedreht, dass man den Eindruck hat, sie aus unterschiedlichen Perspektiven zu betrachten.

Abbildung 26.28 zeigt, wie die ursprünglich einfache Form über eine der Voreinstellungen im Untermenü der Option **Abschrägung** einen eingeprägten Rand erhält.

Mit den im Untermenü des Eintrags **3D-Drehung** angebotenen Voreinstellungen können Sie die Form so drehen, dass Sie die Perspektive beeinflussen, aus der man auf die Form schaut. Abbildung 26.29 zeigt die Form, die wir eben »abgeschrägt« haben, mit dem Effekt **Perspektive oberhalb (Stufe 3)** aus dem Untermenü der Funktion **3D-Drehung**.

Abbildung 26.29
Die gedrehte Form in geänderter Perspektive

Abschrägungen und Drehungen bearbeiten

Sie sehen, dass allein mit den Voreinstellungen schon viele Variationen möglich sind. Doch das Kontingent ist damit noch lange nicht erschöpft. Wenn Sie genaue Vorstellungen davon haben, wie die Form gedreht bzw. gekippt werden soll, um einen spezifischen Effekt zu erzielen (und Sie über genügend Geduld verfügen, um mit weiteren Einstellungsmöglichkeiten zu experimentieren), rufen Sie den Aufgabenbereich **Form formatieren** mit der Kategorie **3D-Drehung** auf (siehe Abbildung 26.30), indem Sie auf den Befehl **Weitere 3D-Einstellungen** im Untermenü des Eintrags **Abschrägung** oder **3D-Drehung** klicken. In den Feldern **X-**, **Y-** und **Z-Drehung** ❶ können Sie differenziert eingeben (oder mithilfe der rechts daneben liegenden Schaltflächen auswählen), wie weit und in welche Richtung die Form gekippt werden soll.

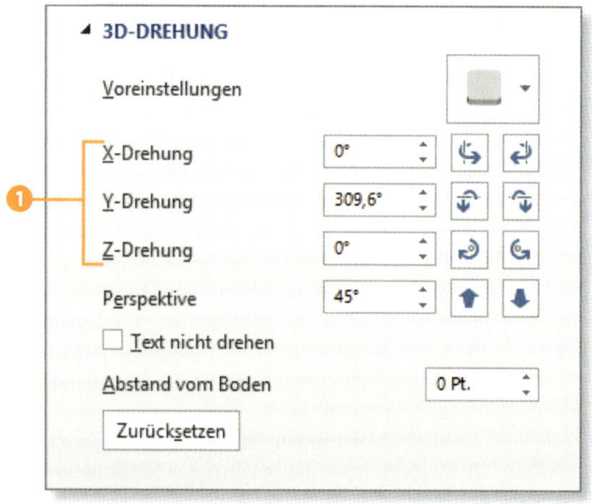

Abbildung 26.30
Einstellungsmöglichkeiten in der Kategorie »3D-Drehung«

Sie können den Effekt noch weiter verfeinern. Dazu öffnen Sie die Kategorie **3D-Format** (per Klick auf den entsprechenden Pfeil) und legen dort z. B. die Art der Beleuchtung fest und/oder erzeugen eine spezielle Wirkung der Oberflächenbeschaffenheit. Sie können in dieser Kategorie ein wenig experimentieren und sehen, welcher Effekt am besten passt.

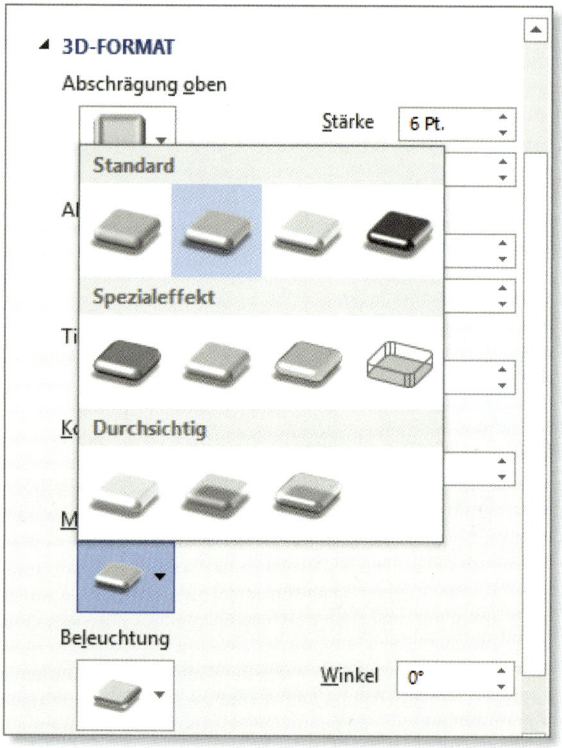

Abbildung 26.31
Besondere Einstellungen für 3D-Effekte finden Sie in der Kategorie »3D-Format«.

Freihandzeichnungen

Sie sind natürlich nicht darauf beschränkt, nur mit fertigen Formen zu arbeiten. Mit ruhiger Hand und ein wenig Zeichentalent können Sie auch probieren, eigene Konturen zu erstellen. Klicken Sie dazu im Menü der Schaltfläche **Formen** in der Gruppe **Linien** auf das Symbol **Skizze** oder **Freihandform** (mit der Sie noch exakter zeichnen können). Dann führen Sie den Mauszeiger auf das Blatt und drücken die Maustaste an der Stelle, an der Sie Ihre Zeichnung beginnen möchten. Der Mauszeiger verwandelt sich nun in einen Stift (wenn Sie auf **Skizze** geklickt haben). Zeichnen Sie jetzt einfach mit gedrückter Maustaste die Kontur. Vermutlich werden Sie feststellen, dass die Maus nicht besonders gehorsam ist! Es braucht ein bisschen Übung, um auf diese Weise eine halbwegs passable Zeichnung zu erstellen.

Wenn Sie eine geschlossene Form zeichnen möchten (die sich füllen lässt bzw. automatisch gefüllt wird), müssen Sie zum Ausgangspunkt der Zeichnung zurückkehren, die Form also schließen. Mit einem Doppelklick beenden Sie die Eingabe.

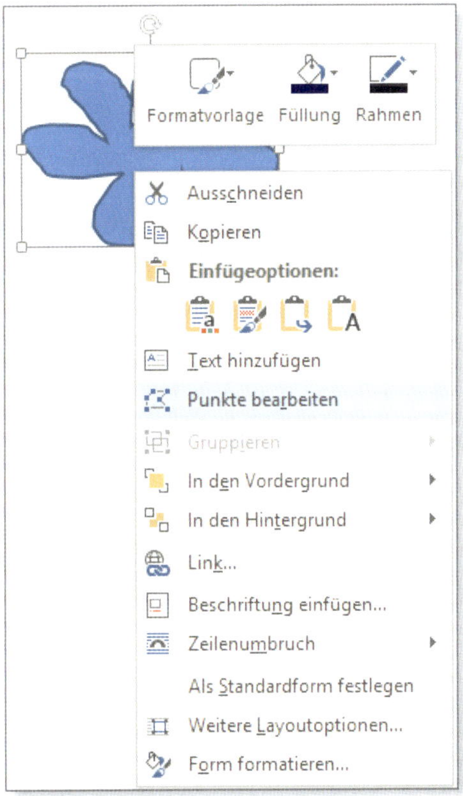

Abbildung 26.32
In den Bearbeitungsmodus der Form wechseln

In den meisten Fällen gelingt eine Freihandform nicht auf Anhieb. Dann können Sie versuchen, sie nachträglich zu verbessern; dazu rufen Sie über den Befehl **Punkte bearbeiten** im Kontextmenü der Form den Bearbeitungsmodus auf, in dem Sie dann jeden Punkt der Form einzeln greifen und bewegen können.

INFO

Punkte bearbeiten

Der Bearbeitungsmodus zum Verschieben der Punkte steht natürlich nicht nur für Freihandformen, sondern für jede beliebige Form zur Verfügung. Durch die Arbeit mit Punkten und Tangenten, die sich bewegen, verlängern und verkürzen lassen, können Sie fast jede beliebige Form oder Figur in Ihr Dokument zaubern. Da diese Bearbeitungsmöglichkeiten zu den grafischen Techniken gehören, die in »echten« Zeichen- und Grafikprogrammen angewendet und in entsprechenden Fachpublikationen ausgiebig behandelt werden, würde es zu weit führen, in diesem Buch näher darauf einzugehen.

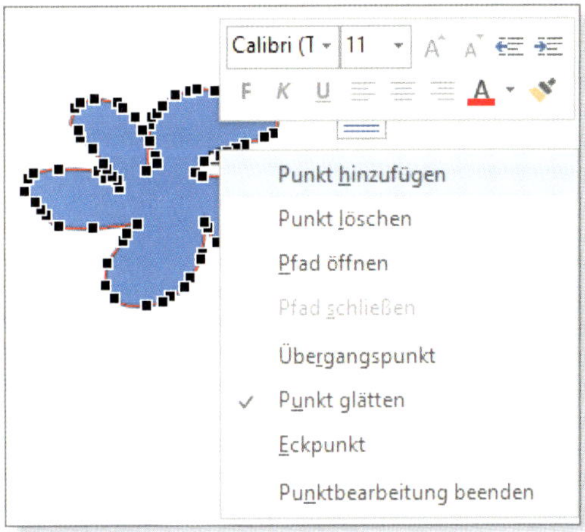

Abbildung 26.33
Das Kontextmenü einer Form im Bearbeitungsmodus

Im Kontextmenü der Form im Bearbeitungsmodus werden Befehle angeboten, mit denen Sie bei Bedarf Punkte hinzufügen (z. B. um Rundungen gefälliger zu gestalten) oder auch löschen können. Um den Bearbeitungsmodus wieder zu verlassen, klicken Sie irgendwo außerhalb der Form auf die Seite oder wählen Sie den Menüpunkt **Punktbearbeitung beenden**.

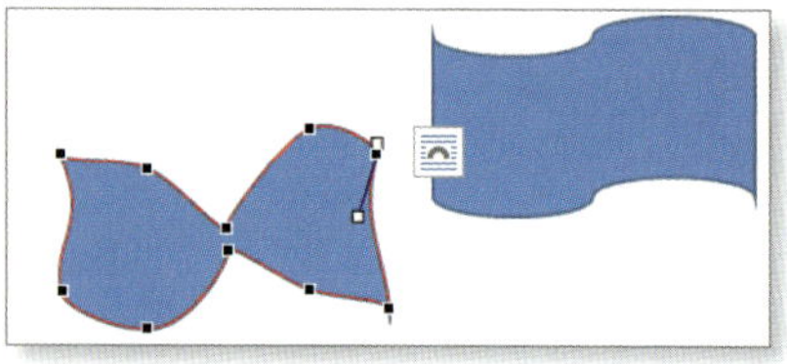

Abbildung 26.34
Vorher und nachher – so kann die Form nach der Bearbeitung mithilfe der Punkte auch aussehen.

INFO

Die Schaltfläche »Form bearbeiten«

Sie finden den Befehl **Punkte bearbeiten** auch im Menü der Schaltfläche **Form bearbeiten** in der Gruppe **Form einfügen** links auf der Registerkarte **Zeichentools/Format**.

Einer Form Text hinzufügen

Es ist sehr einfach, Formen um Text zu ergänzen. Klicken Sie eine eingefügte Form mit der rechten Maustaste an und wählen Sie im Kontextmenü den Befehl **Text hinzufügen**. Daraufhin blinkt der Cursor in der Form, und Sie können direkt drauflosschreiben. Noch einfacher geht es, wenn Sie mit der linken Maustaste in die Form klicken. Auch dann können Sie problemlos Text eingeben.

Abbildung 26.35
Den Text in einer Form ausrichten

Den Text einer Form können Sie mit den üblichen Mitteln formatieren. Außerdem steht auf der Registerkarte **Zeichentools/Format** die Funktion **Textrichtung** parat (die Schaltfläche ist nur aktiv, wenn Text hinzugefügt wurde). Mit dem zugehörigen Menü können Sie den Text z. B. auch vertikal in der Form ausrichten.

Die Reihenfolge mehrerer Formen festlegen

Wenn Sie mehrere Formen eingefügt haben (oder Formen in Kombination mit anderen Grafiken, ClipArts oder Fotos) und sich diese Objekte überlappen, sollten Sie festlegen, welche Objekte vorn und welche hinten liegen. Dafür nutzen Sie die Schaltflächen **Ebene nach vorne** und **Ebene nach hinten** bzw. die Befehle der zugehörigen Menüs (in der Gruppe **Anordnen** der Registerkarte **Zeichentools/Format**).

HINWEIS

Auf die Umbruchart achten!

Beachten Sie, dass den Formen und Objekten zum Anordnen nicht die Umbruchart **Mit Text in Zeile** zugewiesen werden darf.

Um die Wirkungsweise der Befehle zu demonstrieren, haben wir drei Objekte (zwei Formen und eine ClipArt) nacheinander eingefügt. Zunächst liegen diese Objekte in der Reihenfolge des Einfügens aufeinander.

Abbildung 26.36
Drei Objekte, die sich überlappen

Um die Sonne hinter die Wolke zu setzen, markieren Sie sie und klicken auf der Registerkarte **Zeichentools/Format** auf die Schaltfläche **Ebene nach hinten**.

Der Befehl **In den Hintergrund** im Menü dieser Schaltfläche würde in dem Fall genauso gut funktionieren (da die Sonne durch das Verschieben um eine Ebene nach hinten hinter alle Objekte gesetzt würde).

Abbildung 26.37
Die Sonne ist im Hintergrund.

Um die Sonne dann doch wieder scheinen zu lassen, klicken Sie auf die Schaltfläche **Ebene nach vorne**, woraufhin sie wieder zwischen der Wolke und der Tanne positioniert wird.

Wenn die Sonne alles überstrahlen, also ganz nach vorn rücken soll, wählen Sie im Menü der Schaltfläche **Ebene nach vorne** den Befehl **In den Vordergrund**. Die Sonne landet dann, wie es der Befehl verspricht, ganz vorn, also noch vor der Tanne.

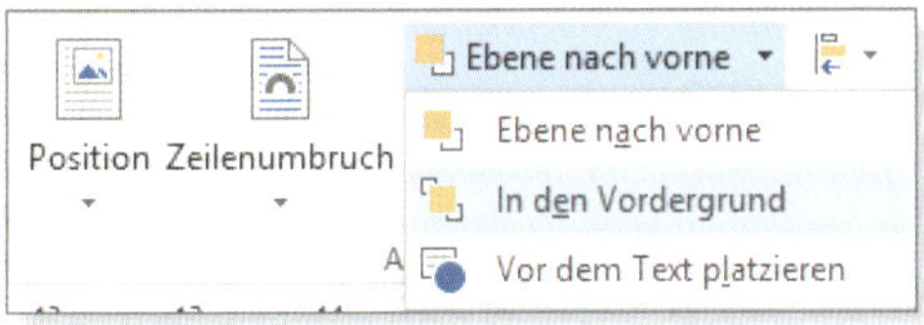

Abbildung 26.38
Ein Objekt in den Vordergrund holen

Um die Tanne zu verschieben, verfahren Sie ähnlich (und im Grunde können Sie auf diese Weise jedes markierte Objekt genau auf der Ebene positionieren, auf der Sie es haben wollen).

1. Markieren Sie das Bild mit der Tanne, indem Sie es anklicken.
2. Um die Tanne zwischen die Sonne und die Wolke zu bringen, klicken Sie auf die Schaltfläche **Ebene nach hinten** (da es sich hier um eine ClipArt handelt, ist die Registerkarte **Bildtools/Format** eingeblendet, die sich hinsichtlich der Befehle zum Anordnen nicht von der Registerkarte **Zeichentools/Format** unterscheidet).
3. Um die Tanne (fast) hinter der Wolke und der Sonne verschwinden zu lassen, klicken Sie im Menü der Schaltfläche **Ebene nach hinten** auf den Befehl **In den Hintergrund**.

Abbildung 26.39
Die Tanne ist in den Hintergrund gerutscht.

Übrigens behalten Objekte ihre Einstufung hinsichtlich der Reihenfolge, auch wenn Sie sie verschieben und/oder mit anderen Formen und Objekten arrangieren. Sie verhalten sich immer entsprechend dem zugewiesenen Merkmal und legen sich also jeweils vor oder hinter ein anderes Objekt.

INFO

Fotos anordnen

Das Ganze funktioniert auch mit Fotos, aber in diesem Fall ist es etwas kniffliger. Wenn Sie das kleine Ensemble aus Sonne, Wolke und Tanne um ein Foto erweitern (wobei Sie daran denken müssen, als Erstes die Umbruchart **Mit Text in Zeile** zu ändern) und dieses Foto anordnen möchten, funktionieren die bisher genutzten Befehle zum Anordnen nach unserer Erfahrung manchmal nicht so gut. Probieren Sie es in diesem Fall besser mit den Befehlen **Vor dem Text platzieren** bzw. **Hinter den Text bringen** in den Menüs **Ebene nach vorne** und **Ebene nach hinten**.

Der Auswahlbereich

Bei einer komplexen Kombination aus vielen Formen und anderen Grafiken ist es manchmal gar nicht so leicht, bei der Bearbeitung – egal, ob es um Anordnen oder Formatieren geht – das richtige Element zu markieren. Eine tolle Sache ist in solchen Fällen der sogenannte *Auswahlbereich*, über den Sie gezielt auf jedes Element zugreifen können. Sie blenden ihn über die Schaltfläche **Auswahlbereich** auf der Registerkarte **Zeichentools/Format** ein.

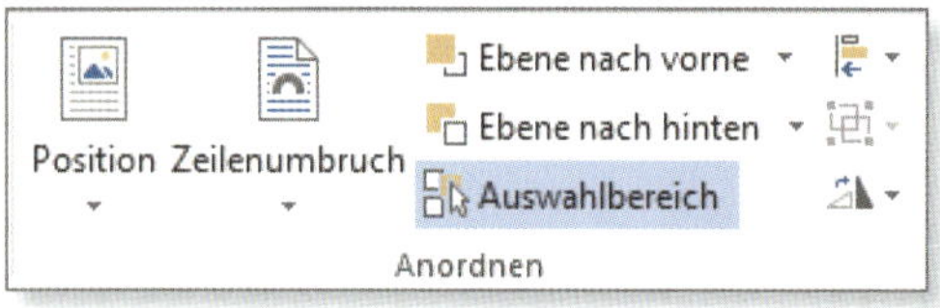

Abbildung 26.40
Den Auswahlbereich aufrufen

Der Bereich erscheint am rechten Rand des Bildschirms und listet alle Objekte auf, die sich auf der aktuellen Seite befinden. Nun haben Sie drei Möglichkeiten, wie Sie im Folgenden sehen.

1. Sie können in diesem Bereich Objekte ausblenden, indem Sie sie markieren und auf die Schaltfläche mit dem Auge klicken.
2. Wenn Sie ein Objekt in der Liste anklicken, wird es in der Zeichnung markiert.
3. Sie können mithilfe des Auswahlbereiches sogar Objekte anordnen, also ihre Reihenfolge bestimmen. Dazu markieren Sie ein Objekt in der Liste und klicken unten im Bereich **Neu anordnen** auf den passenden Pfeil.

Abbildung 26.41
Der Auswahlbereich

Mehrere Formen als Gruppe zusammenfassen

Bei einer Zeichnung, die aus mehreren Formen bzw. Objekten besteht, bietet es sich zu guter Letzt immer an, diese Einzelteile zu einer Gruppe zusammenzufassen. Eine solche Gruppe verhält sich dann wie ein einziges Objekt, das en bloc bearbeitet, z. B. verschoben, oder in der Größe geändert werden kann. Ohne diese Möglichkeit müssten Sie all diese Veränderungen einzeln vornehmen und Ihre Bildkompositionen danach immer wieder neu zusammenstellen.

1. Fügen Sie mehrere Formen bzw. Objekte in Ihr Dokument ein und bearbeiten Sie die einzelnen Elemente. Ordnen Sie sie nach Wunsch an.
2. Markieren Sie dann alle Formen bzw. Objekte mithilfe der Mehrfachmarkierung: Halten Sie beim Anklicken der einzelnen Elemente also die `Strg`-Taste gedrückt.

Abbildung 26.42
Alle Elemente sind markiert.

3. Klicken Sie auf der Registerkarte **Zeichentools/Format** in der Gruppe **Anordnen** auf die Schaltfläche **Gruppieren** und im zugehörigen Menü auf den Befehl **Gruppieren**. Auch im Kontextmenü der markierten Objekte finden Sie den Befehl zum Gruppieren. Klicken Sie hier auf **Gruppieren** > **Gruppieren**.

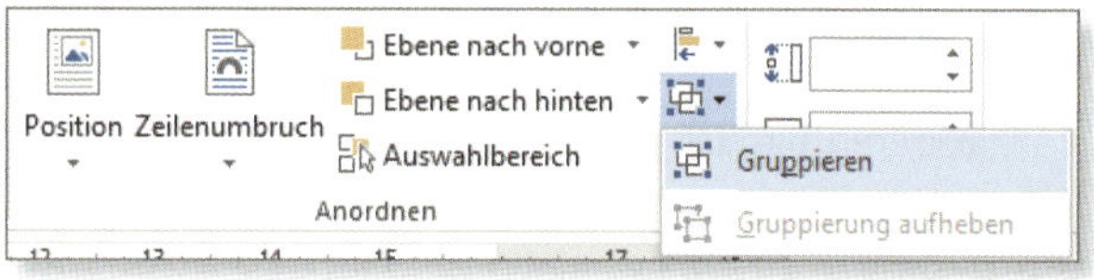

Abbildung 26.43
Den Befehl »Gruppieren« auswählen

Nach dieser Aktion sehen Sie sofort die Veränderung: Nur noch ein Rahmen umgibt die Formen.

Abbildung 26.44
Die Formen wurden gruppiert.

Sie können diese zusammengefasste Form nun greifen und sie beispielsweise als Ganzes verschieben oder vergrößern/verkleinern.

Die Gruppierung ist aber nicht so absolut, wie man meinen könnte. Sie können auch nach einer Gruppierung noch einzelne Elemente anklicken und individuell formatieren. Um eine Gruppierung wieder aufzuheben, wählen Sie im Menü der Schaltfläche **Gruppieren** den Befehl **Gruppierung aufheben** (oder im Kontextmenü **Gruppieren** > **Gruppierung aufheben**).

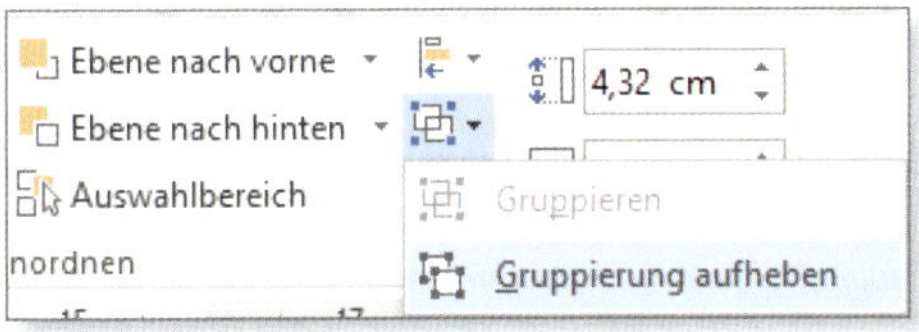

Abbildung 26.45
Die Gruppierung des Bildes wieder aufheben

26.3 Text frei auf der Seite positionieren: Textfelder

Mithilfe von Textfeldern sind Sie, wie es die Überschrift bereits suggeriert, bei der Texteingabe sehr frei, d. h., Sie können Ihren Text an beliebiger Stelle auf der Seite positionieren. Dieses Merkmal von Textfeldern macht sie zu leistungsstarken Instrumenten bei der Gestaltung eines Dokuments.

Es kommt nicht von ungefähr, dass wir den Umgang mit Textfeldern in diesem Kapitel beschreiben, denn im Prinzip handelt es sich auch bei den Textfeldern um Formen, nur sind sie eben »von Haus aus« dafür vorgesehen, Text aufzunehmen. Für die Bearbeitung und Gestaltung von Textfeldern stehen alle Funktionen bereit, die Sie im Zusammenhang mit Formen bereits kennengelernt haben; dieses Wissen können Sie also problemlos auch auf die Arbeit mit Textfeldern übertragen. Darüber hinaus bieten sie einige Besonderheiten, auf die wir nun unser Augenmerk legen werden.

Es gibt in Word 2013 zwei Kategorien von Textfeldern:

- einfache rechteckige Textfelder
- fertige Textfelder mit Design, die Word in seinem Bausteinkatalog parat hält

Lassen Sie uns die Beschreibung mit einem einfachen rechteckigen Textfeld beginnen.

Textfelder einfügen

Es gibt zwei Wege, ein Textfeld einzufügen. Wenn sich bereits eine Form in Ihrem Dokument befindet und Sie deshalb die Registerkarte **Zeichentools/Format** aktivieren können, sehen Sie die Schaltfläche zum Einfügen eines Textfeldes ganz links auf der Registerkarte **Zeichentools/Format** in der Gruppe **Formen einfügen**.

In einem jungfräulichen Dokument ohne Formen aktivieren Sie die Registerkarte **Einfügen** und klicken hier auf die Schaltfläche **Textfeld** (in der Gruppe **Text**). Im zugehörigen Menü wählen Sie für ein einfaches Textfeld den Befehl **Textfeld erstellen**. Der Mauszeiger wird daraufhin zu einem Fadenkreuz. Ziehen Sie mit gedrückter Maustaste einen Rahmen in der gewünschten Größe auf.

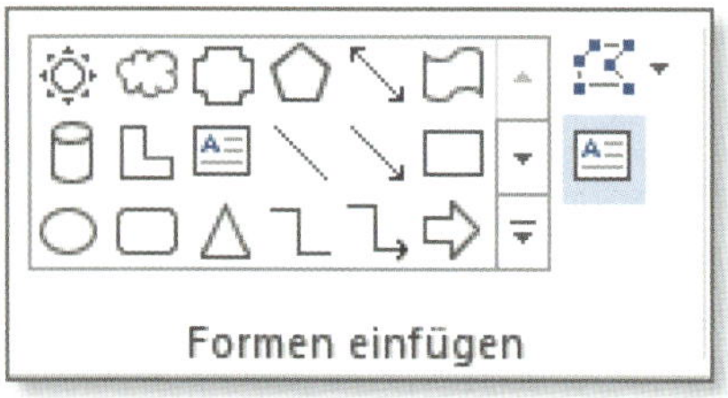

Abbildung 26.46
Ein Textfeld über die Registerkarte »Zeichentools/Format« einfügen

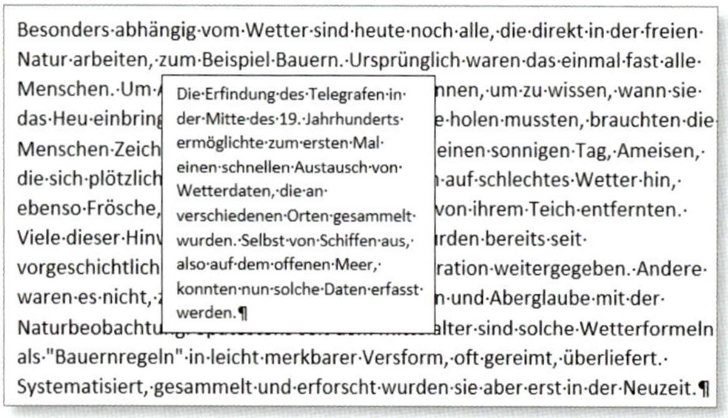

Abbildung 26.47
Ein Textfeld auf der Seite

Sie können nun Ihren Text in das Textfeld eingeben. Der Zeilenumbruch erfolgt automatisch. Allerdings verschwindet Text, der nicht mehr in das Textfeld passt; er läuft quasi aus dem Feld hinaus. Er ist natürlich nicht verloren, sondern Sie müssen lediglich das Textfeld vergrößern.

INFO

Verankerung

Das kleine Ankersymbol zeigt an, mit welchem Absatz Ihr Textfeld verankert ist (mehr zum Thema Verankerung finden Sie in Abschnitt 25.2, »Grafiken bearbeiten«)!

Wie Sie sich vermutlich denken können, lassen sich die üblichen Textformatierungsbefehle natürlich auf Text in einem Textfeld anwenden. Dabei gehen Sie vor wie sonst auch: Sie markieren den Text und weisen ihm den passenden Befehl zu.

Den Zeilenumbruch festlegen

Wie Ihnen sicherlich aufgefallen ist, hat die Seite mit dem Textfeld bisher einen gravierenden Schönheitsfehler: Der ursprüngliche Text wird von dem Textfeld verdeckt. Das liegt daran, dass Textfelder standardmäßig mit der Textumbruchart **Vor den Text** eingefügt werden. Um die Umbruchart zu ändern, klicken Sie auf die Schaltfläche **Layoutoptionen** (die kleine Schaltfläche, die rechts neben dem Textfeld erscheint) und stellen im Menü dieser Schaltfläche einen anderen Textfluss ein (siehe hierzu auch Abschnitt 25.2, »Grafiken bearbeiten«).

Text in Textfeldern vertikal ausrichten

Eine weitere Besonderheit von Textfeldern ist, dass Sie Text darin auch vertikal ausrichten können. So etwas ist z. B. bei der Gestaltung von Einladungen oder Flyern interessant.

1. Markieren Sie das Textfeld und klicken Sie auf der Registerkarte **Zeichentools/Format** auf die Schaltfläche **Textrichtung**.

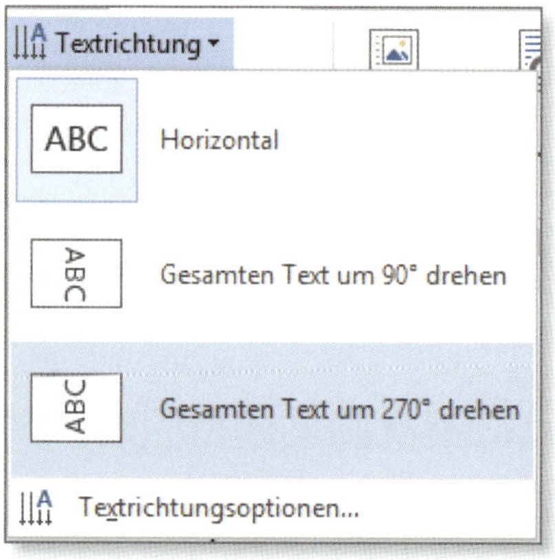

Abbildung 26.48
Den Text vertikal ausrichten

2 Im zugehörigen Menü wählen Sie z. B. die Option **Gesamten Text um 270° drehen**.

3 Zusätzlich können Sie bestimmen, ob der vertikale Text links, rechts oder mittig im Textfeld positioniert sein soll. Klicken Sie dazu auf die Schaltfläche **Text ausrichten** und wählen Sie eine Option.

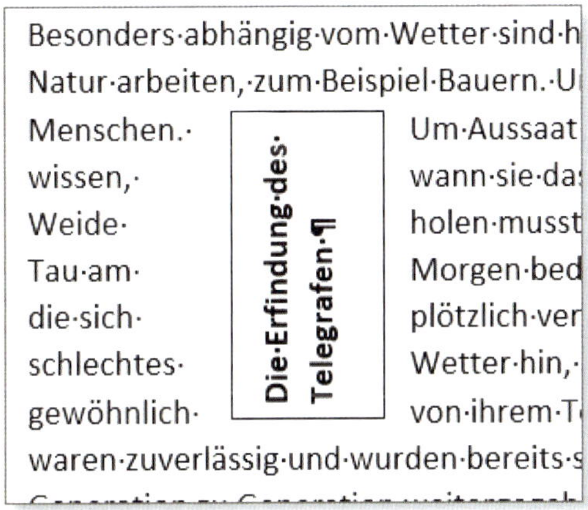

Abbildung 26.49
Vertikaler, linksbündig ausgerichteter Text im Textfeld

TIPP

Die Größe der Textfelder anpassen lassen

Wir möchten nicht versäumen, Sie auf die Kategorie **Textfeld** im Aufgabenbereich **Form formatieren** aufmerksam zu machen. (Klicken Sie hier auf das Symbol **&Layout und Eigenschaften** und öffnen Sie die Kategorie **Textfeld**.) Hier finden Sie eine praktische Option, die es Ihnen erspart, Textfelder von Hand zu vergrößern, falls der Text zu lang ist. Wenn Sie das Kontrollkästchen **Größe der Form dem Text anpassen** aktivieren, geschieht die Anpassung automatisch.

Textfelder mit Design verwenden

Neben den schlichten Textfeldern, die Sie selbst mit den Mitteln der Registerkarte **Zeichentools/Format** formatieren können, wenn Sie möchten, enthält Word auch fertige Textfelder inklusive Design. Damit wird es Ihnen sehr leicht gemacht, ein raffiniert gestaltetes Textfeld in Ihrem Dokument zu verwenden.

1 Wechseln Sie auf die Registerkarte **Einfügen**.

2 Klicken Sie auf die Schaltfläche **Textfeld**, um das Auswahlmenü aufzuklappen.

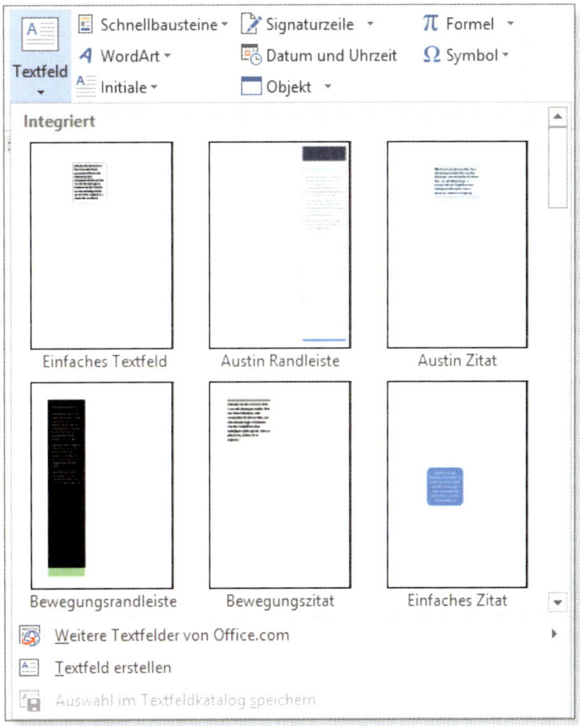

Abbildung 26.50
Die Auswahl fertiger Textfelder

3 Im Menü werden die fertigen Textfelder aufgelistet. Scrollen Sie durch die Auswahl und klicken Sie auf die gewünschte Vorlage. Für unser Beispiel in Abbildung 26.51 haben wir die Vorlage **Austin Zitat** verwendet.

Das Textfeld wird mit einem Mustertext eingefügt. Um es nun mit eigenem Text zu füllen, markieren Sie es einfach, indem Sie es anklicken; dann beginnen Sie zu schreiben. Das Feld wird verkleinert und wächst mit der Eingabe des Textes.

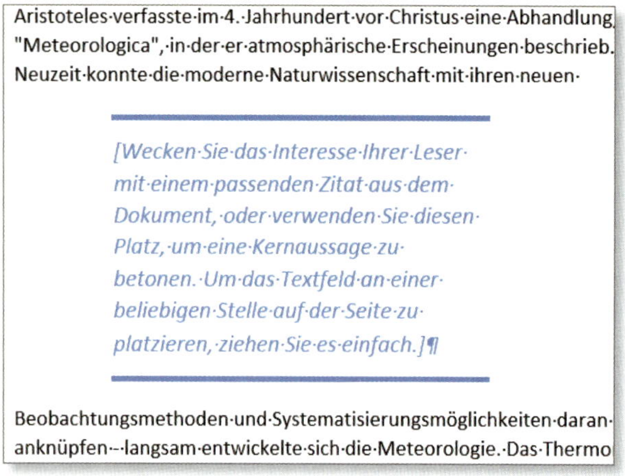

Abbildung 26.51
Ein Textfeld mit Design

Auch vorgefertigte Textfelder lassen sich mit den Befehlen der Registerkarte **Zeichentools/Format** verändern und bearbeiten. Fülleffekte wie Farben, Farbverläufe und Strukturen stehen ebenso bereit wie Rahmen (**Formkontur**) und (partiell) die **Formeffekte**. Allerdings wirken sich die Formeffekte teils auf den Text, teils auf den Rahmen des Textfeldes bzw. manchmal auch auf beide Elemente aus. Probieren Sie am besten selbst einige Effekte aus – aufgrund der Livevorschau können Sie vorab schon gut erkennen, was mit Ihrem Textfeld passiert.

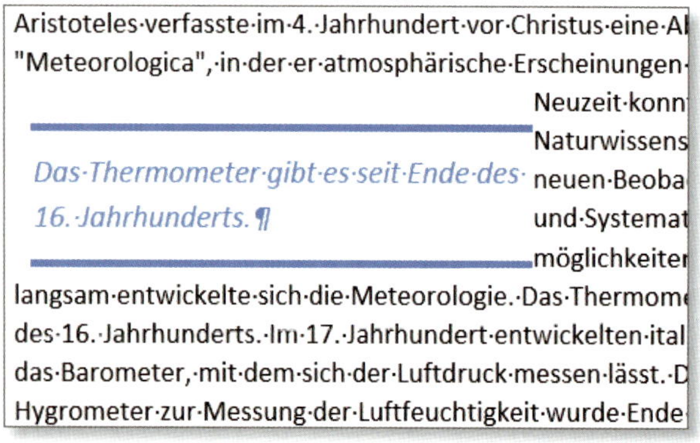

Abbildung 26.52
Text in ein vorgefertigtes Textfeld eingeben und den Platzhaltertext überschreiben

TIPP

Legenden

Übrigens gibt es auch in der Auswahlliste der Schaltfläche **Formen** eine Art Textfeld. Wenn Sie hier eine Form aus der Kategorie **Legenden** wählen und sie aufziehen, blinkt der Cursor bereits eingabebereit in der Form.

Textfelder verknüpfen

Eines der interessantesten Merkmale von Textfeldern ist, dass sie sich verknüpfen lassen. So kann man z. B. dafür sorgen, dass Text, der nicht vollständig in ein erstes Textfeld passt (das man aber nicht vergrößern möchte), in ein zweites Textfeld »hineinläuft« – egal, auf welcher Seite des Dokuments sich dieses Textfeld befindet. Diese Verkettung funktioniert nicht nur bei zwei Textfeldern, sondern sie ist mit beliebig vielen Textfeldern machbar.

Vorausgesetzt, Sie möchten mehrere Textfelder in Ihrem Dokument verknüpfen, gehen Sie wie im Folgenden beschrieben vor.

1. Erstellen Sie mehrere Textfelder in der gewünschten Größe und geben Sie den gesamten Text in das erste Textfeld ein.
2. Klicken Sie dann auf der Registerkarte **Zeichentools/Format** in der Gruppe **Text** auf die Schaltfläche **Verknüpfung erstellen**.

Abbildung 26.53
Eine Verknüpfung für Textfelder erstellen

3. Sobald Sie den Mauszeiger auf das Dokument bewegen, sehen Sie, dass er sich in einen kleinen Krug

verwandelt. Klicken Sie nun in das Textfeld, in das Sie den Text »hineingießen« möchten.

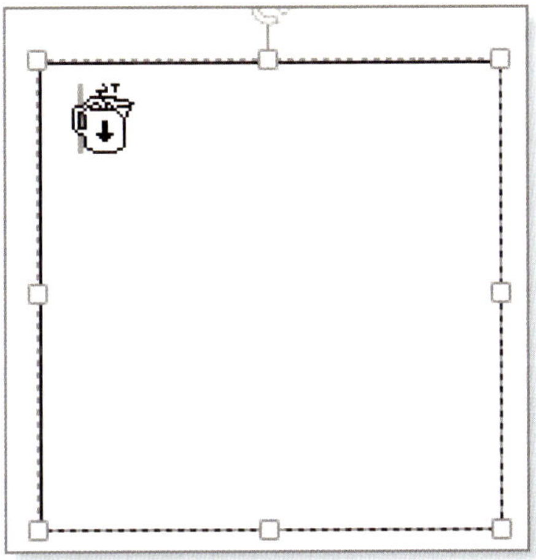

Abbildung 26.54
Den Text in das nächste Textfeld »hineingießen«

Auf diese Weise verfahren Sie mit allen Textfeldern, in die der Text hineinlaufen soll, wenn in der vorherigen Form kein Platz mehr für ihn ist. Denken Sie daran, die Umbruchart der nächsten Textfelder umzustellen.

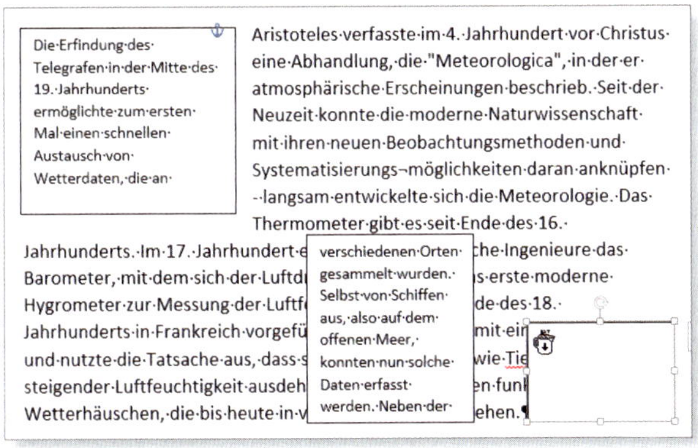

Abbildung 26.55
Verkettete Textfelder (hier noch mit der Umbruchart »Mit Text in Zeile«)

Wenn Sie eine Verknüpfung wieder aufheben möchten, z. B. um einen Text doch komplett in einem Textfeld unterzubringen, markieren Sie das Textfeld, das sie herauslösen möchten, und klicken auf die Schaltfläche **Verknüpfung aufheben**.

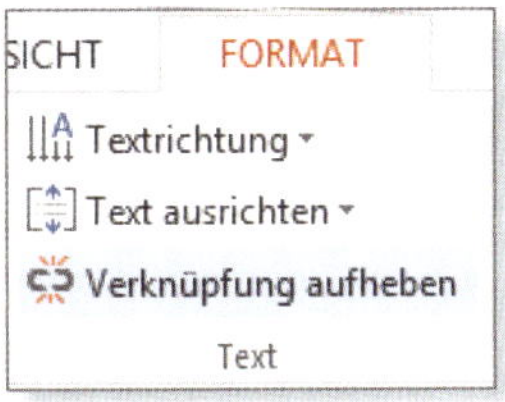

Abbildung 26.56
Die Verknüpfung wieder aufheben

26.4 Dekorativer Text mit WordArt

Die letzten Abschnitte dieses Kapitels widmen wir der Funktion **WordArt**. Durch den Einsatz von WordArt lassen sich Schriftzüge in nahezu jede erdenkliche Form bringen, ob rund, gewellt oder gebogen. Die Schrift wird so biegsam und flexibel wie eine Kunstturnerin!

Der Haken an der Sache ist, dass man solchen WordArt-Schriftzügen auf Schritt und Tritt begegnet (auf Flyern, Einladungen zum Straßenfest, bei Hinweisen auf Sonderangebote etc.). Sie werden in der Praxis tatsächlich sehr oft angewendet, vermutlich weil der Umgang mit ihnen so leicht ist – zumindest wenn man sich mit den mehr oder weniger fertigen Varianten begnügt.

Abbildung 26.57
Eine WordArt – hier in der Form »Zylinder nach unten«

Nun sollen Word-Funktionen ja auch angewendet werden (was sollte das Ganze sonst?), aber gerade die WordArt-Angebote leiden ein wenig unter ihrer Erkennbarkeit bzw. ihrem Bekanntheitsgrad. Mancher Betrachter der nett gemeinten Einladung reagiert vielleicht etwas abfällig, wenn er den zentralen Schriftzug auf den ersten Blick als WordArt erkennt.

Sie können diesen Menschen ein Schnippchen schlagen, wenn Sie WordArts nicht einfach »von der Stange« nutzen, sondern den als WordArt eingefügten Text weiterbearbeiten und formatieren. Da es sich bei WordArts auch um Zeichenobjekte handelt, stellt Word zur Bearbeitung und Modifizierung alle Befehle der Registerkarte **Zeichentools/Format** und darüber hinaus spezifische Funktionen für WordArts zur Verfügung. Jede Wette: Nach einer individuellen Bearbeitung ist von der ursprünglich eingefügten WordArt nicht mehr viel zu erkennen!

WordArt-Elemente einfügen

Sie beginnen damit, Ihren Text als WordArt einzufügen. Dazu gehen Sie folgendermaßen vor:

1 Wechseln Sie auf die Registerkarte **Einfügen** und klicken Sie in der Gruppe **Text** auf die Schaltfläche **WordArt**.

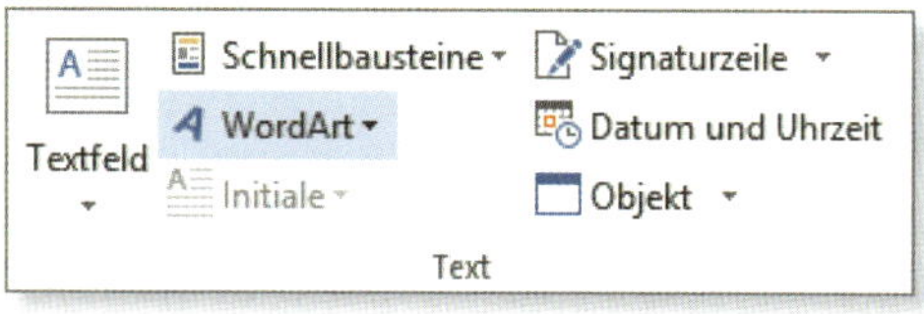

Abbildung 26.58
Die Funktion »WordArt« aufrufen

2 Im Aufklappmenü klicken Sie auf die gewünschte Vorlage.

Abbildung 26.59
Die Auswahl der WordArt-Vorlagen

3 Daraufhin wird auf der Seite ein Bereich eingeblendet, in den Sie Ihren Text eingeben. Den Platzhaltertext löschen Sie dabei einfach.

Abbildung 26.60
Hier geben Sie Ihren Text ein.

WordArt bearbeiten

Sobald Sie den Bereich mit der WordArt markieren, wird die bereits bestens bekannte Registerkarte **Zeichentools/Format** eingeblendet. Darauf sind nun zusätzlich auch die Befehle in der Gruppe **WordArt-Formate** aktiv. Grundsätzlich können Sie zwei Elemente der WordArt bearbeiten:

1. den Bereich, der die WordArt umgibt,
2. die WordArt selbst, also den Text.

Um den Bereich zu formatieren, verwenden Sie die Befehle der Gruppe **Formenarten**. Was die Menüs dieser Schaltflächen zu bieten haben, haben wir in den ersten Abschnitten dieses Kapitels über Formen bereits ausführlich gezeigt.

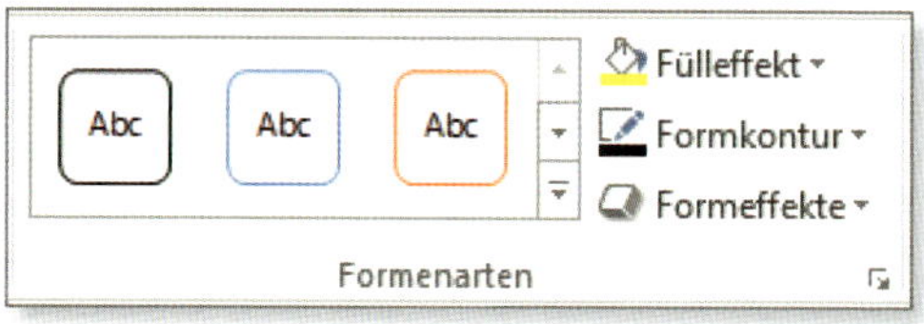

Abbildung 26.61
Die Schaltflächen der Gruppe »Formenarten« zum Bearbeiten des WordArt-Bereiches

Sie sollten hierbei lediglich beachten, dass WordArts – anders als Formen – von Haus aus keine Formkontur (also keinen Rahmen) haben. Eine solche **Formkontur** müssen Sie explizit zuweisen, wenn der Bereich eingerahmt werden soll. Das Menü der Schaltfläche **Form-**

effekte bietet interessante – Ihnen bereits bekannte – Effekte wie **Schatten**, **Spiegelung** oder **Leuchteffekt**. Diese Effekte beziehen sich im Wesentlichen auf die Kontur der WordArt, sind also nur sinnvoll, wenn Sie auch eine Formkontur anwenden (sie lassen sich aber auch ohne sichtbare Kontur zuweisen). Der Formeffekt **Schatten** legt sich aber auch um die einzelnen Buchstaben des Schriftzugs.

Die WordArt in Abbildung 26.62 beispielsweise hat eine Kontur, und die Kontur wiederum hat einen Schatteneffekt (der über **Formeffekte** > **Schatten** zugewiesen wurde).

Abbildung 26.62
Eine WordArt mit Formkontur

Den Text der WordArt formatieren

Um den Text selbst zu gestalten, richten Sie Ihre Aufmerksamkeit auf die Gruppe **WordArt-Formate** mit den WordArt-Vorlagen und den Schaltflächen **Textfüllung** 1, **Textkontur** 2 und **Texteffekte** 3.

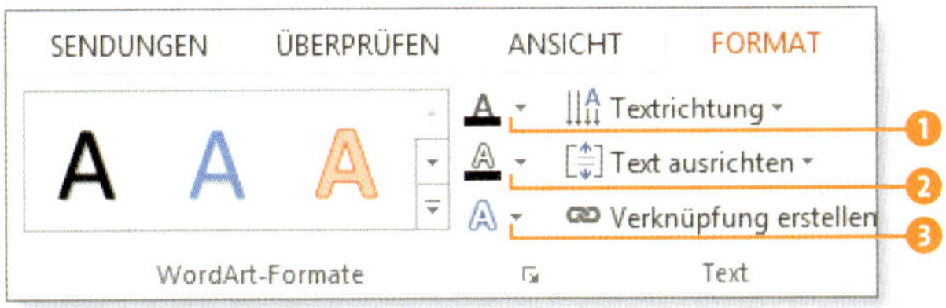

Abbildung 26.63
Die Schaltflächen in der Gruppe »WordArt-Formate«

Wie üblich, ist es am einfachsten, der WordArt eine Vorlage zuzuweisen, um sie anders zu gestalten. Hinter der Auswahl der Vorlagen in der Gruppe **WordArt-Formate** verbergen sich allerdings nur die Vorlagen, die auch schon beim Einfügen zur Verfügung standen (die Menüs sind identisch). Sie können sich hier also lediglich für eine andere Vorlage entscheiden (und auf diese Weise den Text und gegebenenfalls die Bearbeitung des WordArt-Bereiches retten, anstatt komplett von vorn zu beginnen).

Die interessantesten Möglichkeiten bieten die drei Schaltflächen, die neben dieser Auswahl an Vorlagen zu sehen sind. Beachten Sie, dass Sie bei der Arbeit – oder dem Herumspielen – mit diesen Funktionen den gesamten Text zunächst markieren müssen. Ansonsten wirkt sich der Effekt nur auf das Wort aus, in dem der Cursor steht.

Mit den Einstellungen im Menü der Schaltfläche **Textfüllung** können Sie, nicht sehr überraschend, den Text füllen.

Abbildung 26.64
Das Menü der Schaltfläche »Textkontur«

Hier werden nicht nur Farben, sondern auch Farbverläufe angeboten. Mit den Einstellungen des Menüs **Textkontur** beeinflussen Sie die Kontur des Textes. Sie können eine andere Farbe wählen, den Rahmen dünner oder dicker machen und eine andere Strichart festlegen.

Im Menü der Schaltfläche **Texteffekte** finden sich schließlich die gleichen Effekte, die auch für Bilder (**Bildeffekte**) und Formen (**Formeffekte**) angeboten werden, also **Schatten**, **Spiegelung**, **Leuchten** etc., nur dass sie sich hier auf den Text selbst auswirken. Lediglich die Varianten des Eintrags **3D-Drehung** verändern den gesamten Bereich.

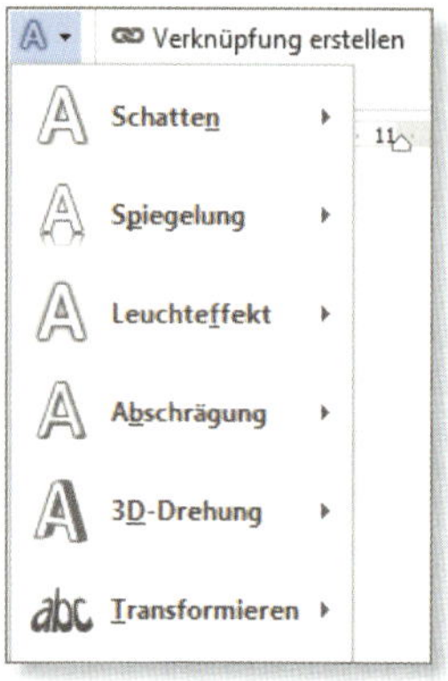

Abbildung 26.65
Das Menü der Schaltfläche »Texteffekte«

Abbildung 26.66 zeigt einen Schriftzug, dem eine andere Farbe (mit Farbverlauf) für die Textfüllung, eine dünnere und andersfarbige Kontur und eine leichte Abschrägung zugewiesen wurde. Außerdem haben wir eine andere Schriftart (**Baskerville**) eingestellt.

Abbildung 26.66
Eine individuell bearbeitete WordArt – geändert wurden Füllung, Kontur und Schriftart.

Zu guter Letzt bietet das Menü der Schaltfläche **Texteffekte** auch die Option **Transformieren**. Klappen Sie das zugehörige Untermenü auf: Es bietet zahlreiche Muster zum Verzerren des Textes (die für WordArts so typischen und bereits angesprochenen Bogen, Wellen, Schrägen etc. finden Sie hier, wenn auch etwas versteckt).

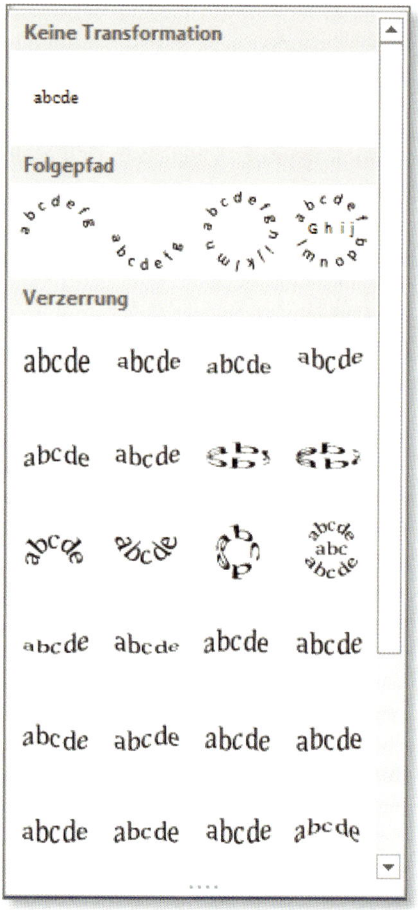

Abbildung 26.67
WordArt-Texte transformieren

INFO

Der Aufgabenbereich »Form formatieren«

Über den Pfeil an der Gruppe **WordArt-Formate** rufen Sie den Aufgabenbereich **Form formatieren** mit den beiden Kategorien **Formoptionen** und **Textoptionen** auf. Sie finden hier alle Möglichkeiten, um Einstellungen und Effekte noch weiter zu verfeinern oder ganz präzise einzustellen. Öffnen Sie die jeweiligen Menüs per Klick auf die entsprechenden Symbole. Die einzelnen Optionen klappen Sie mit den kleinen Pfeilen neben den Einträgen auf.

Kapitel 27
Organigramme und SmartArts

Zwar werden SmartArts am häufigsten in PowerPoint-Folien eingebunden, weil Informationen vor allem in Präsentationen visuell vermittelt werden sollen, doch auch in vielen Textdokumenten wirken Erklärungen oder Beschreibungen mithilfe eines Schaubildes oftmals anschaulicher.

Mit *SmartArts* (»klugen Kunstwerken«) können Sie Sachverhalte auf effektive Art visuell darstellen. Solche SmartArts geben bestehende Strukturen oder Hierarchien wieder und zeigen Abläufe, Prozesse oder ein Geflecht von Beziehungen an. Word (bzw. Office) 2013 bietet eine ganze Reihe von Vorlagen für die verschiedensten Einsatzmöglichkeiten, die Sie dann jeweils anpassen und mit eigenen Beschriftungen füllen können.

Auch SmartArts gibt es schon ein ganzes Weilchen (früher firmierten sie jedoch unter der Bezeichnung *Organigramme* und waren hauptsächlich auf die Darstellung von Hierarchien und Organisationsstrukturen ausgerichtet), seit Office 2010 wurde das Angebot nochmals deutlich gegenüber den Vorgängerversionen aufgestockt.

Leider sind den Anpassungsmöglichkeiten teils relativ enge Grenzen gesetzt, vor allem was das grundsätzliche Layout der SmartArts betrifft. Daher sei bereits an dieser Stelle gesagt, dass Sie sich viel Arbeit ersparen und das beste Ergebnis erzielen, wenn Sie beim Einfügen der Muster-SmartArt gleich ein Layout wählen, das der von Ihnen beabsichtigten Darstellung möglichst nahekommt.

27.1 SmartArts anlegen

Auch die SmartArts finden Sie auf der Registerkarte **Einfügen** in der Gruppe **Illustrationen**. Klicken Sie auf die Schaltfläche **SmartArt**. Daraufhin öffnet sich das Dialogfenster **SmartArt-Grafik auswählen** mit einer Auswahl der SmartArt-Layouts in verschiedenen Kategorien (siehe Abbildung 27.1). Entscheiden Sie sich für einen Typ, der zu Ihrem Vorhaben passt. Wenn Sie ein Layout anklicken, sehen Sie rechts im Dialogfenster eine Vorschau sowie Hinweise zu den Elementen des Layouts und zum sinnvollen Einsatz des ausgewählten Typs.

INFO

SmartArts bearbeiten

Die Symbole für die SmartArts geben schon recht gut wieder, was die einzelnen Varianten leisten können. Die Rohfassungen lassen sich zwar um weitere Elemente ergänzen, aber nur begrenzt und nicht immer in alle Richtungen (wie wir leider feststellen mussten). Relativ schwach sind die Bearbeitungsmöglichkeiten z. B. für die SmartArts, die Hierarchien und Organisationsstrukturen darstellen sollen. Eine komplexe Struktur wäre nur mit viel Aufwand zu basteln.

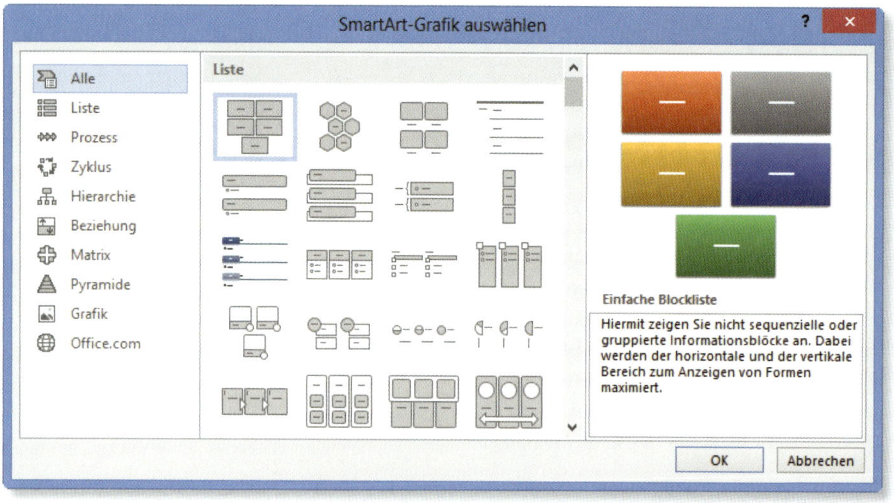

Abbildung 27.1
Die Auswahl an SmartArts in Word 2013

Wir wählen hier zunächst eine Pyramide, um die grundlegenden Techniken an einem schlichten Beispiel vorzuführen. Mit einem Mausklick in der Kategorie **Alle** auf die Schaltfläche **Einfache Pyramide** im gleichnamigen Bereich wird also das Layout in einem *Zeichnungsbereich* (das ist der gesamte Bereich innerhalb des grauen Rahmens) in das Dokument eingefügt. Außerdem wird die Registerkarte **SmartArt-Tools** mit den untergeordneten Registern **Format** und **Entwurf** eingeblendet.

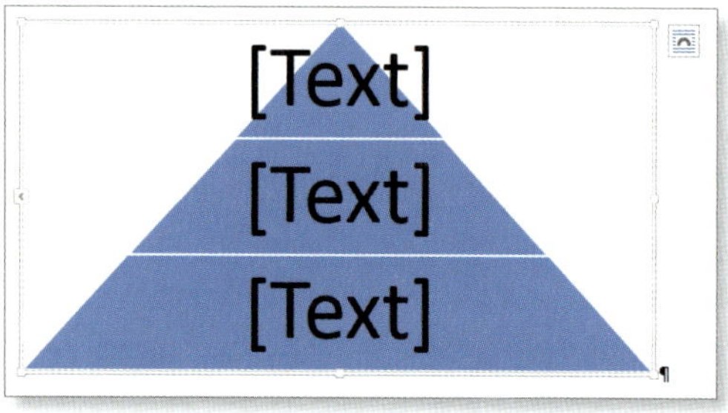

Abbildung 27.2
Die Rohfassung der Pyramide auf dem Blatt

So vorbereitet, können Sie damit beginnen, die Grafik anzupassen. Zunächst beschriften Sie die Elemente und passen den Zeichnungsbereich an. Anschließend widmen Sie sich der optischen Gestaltung sowohl der ganzen SmartArt als auch der einzelnen Elemente. Wie Sie das tun, erfahren Sie in den nächsten Abschnitten.

INFO

Der Zeichnungsbereich

Mit dem Zeichnungsbereich, der sich automatisch um die SmartArt legt, lässt sich die SmartArt insgesamt bewegen, vergrößern/verkleinern oder auch wieder löschen. Als Ziehpunkte bzw. Anfasser fungieren die kleinen Punkte an den Seiten und Ecken des Zeichnungsbereiches. Um die SmartArt zu bewegen, führen Sie den Mauszeiger an den Rahmen, sodass er zu einem Vierfachpfeil wird. Sie werden allerdings feststellen, dass sich die SmartArt nicht ad hoc bewegen lässt. Dies liegt an der Umbruchart **Mit Text in Zeile**, mit der SmartArts standardmäßig eingefügt werden. Um einen anderen Umbruch festzulegen, markieren Sie die SmartArt, klicken auf die Schaltfläche **Layoutoptionen** und wählen im Menü eine andere Umbruchart. Sie können den Rahmen auch mit der rechten Maustaste anklicken und über den Kontextmenüeintrag **Zeilenumbruch** einen anderen Umbruchtyp einstellen.

27.2 SmartArts bearbeiten

Bisher haben Sie lediglich eine Rohfassung der SmartArt auf dem Blatt. Damit sie ihren Sinn erfüllt, muss die SmartArt mit Leben gefüllt werden. Nach unserer Erfahrung ist es vorteilhaft, mit der Beschriftung zu beginnen, da man so am besten feststellen kann, ob und wo noch Elemente fehlen.

Die Elemente beschriften

Um die Textplatzhalter in der SmartArt durch eigenen Text zu ersetzen, stehen Ihnen zwei Möglichkeiten zur Verfügung.

1. Sie geben den Text direkt ein, indem Sie einfach in den Platzhalter klicken.
2. Sie öffnen einen speziellen Bereich für die Texteingabe. Dieser Bereich bietet eine recht komfortable Methode der Beschriftung.

Um den in Punkt 2 genannten Bereich zu öffnen, klicken Sie auf den kleinen »Griff« ❶ (das *Steuerelement*) an der linken Seite der SmartArt bzw. des Zeichnungsbereiches.

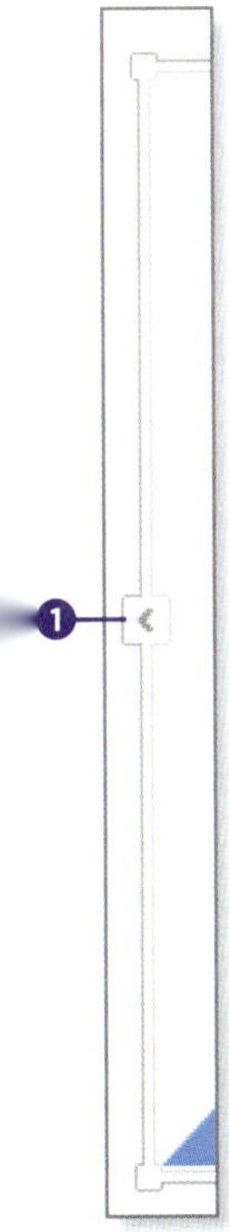

Daraufhin wird der Textbereich eingeblendet (siehe Abbildung 27.4). Klicken Sie hier das Element an, für das Sie den Text eingeben möchten. Bereits während Sie noch schreiben, wird der Text direkt in das Element übertragen. Wie Sie sehen, passt sich die Schriftgröße automatisch an die Länge des eingegebenen Textes an (die Schriftgröße können und sollten Sie darüber hinaus aber noch manuell anpassen).

Auf diese Weise geben Sie für alle Elemente den passenden Text ein. Mit dem Schließkreuz am Textbereich können Sie dieses Texteingabefenster wieder einklappen.

Abbildung 27.3
Der »Griff«, mit dem Sie den Textbereich aufklappen

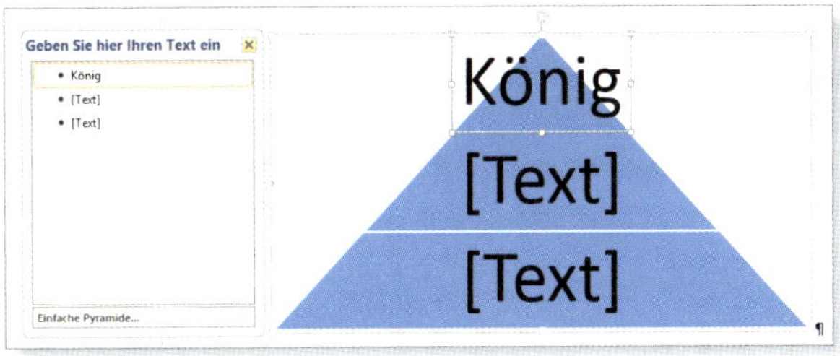

Abbildung 27.4
Die Elemente mithilfe des Textbereiches beschriften

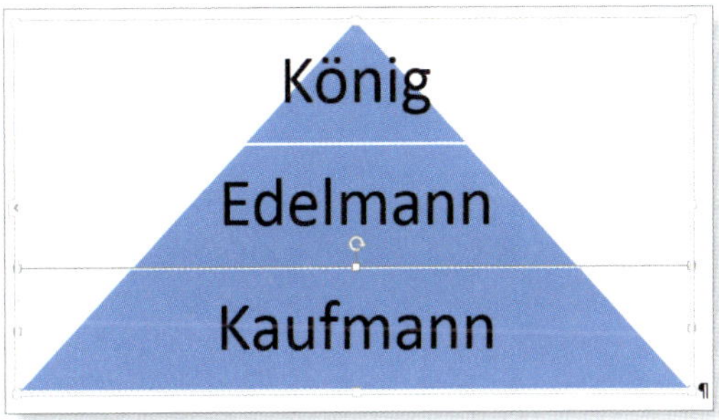

Abbildung 27.5
Die Pyramide mit beschrifteten Elementen

Elemente hinzufügen und in die Hierarchie eingliedern

Das eingefügte Layout der SmartArt ist lediglich eine Grundstruktur, die in den meisten Fällen angepasst werden muss, vor allem durch Ergänzung weiterer Elemente. Hier kommt die Registerkarte **SmartArt-Tools/Entwurf** ins Spiel. Ganz links auf dieser Registerkarte in der Gruppe **Grafik erstellen** sehen Sie die Schaltfläche **Form hinzufügen**.

Im Menü dieser Schaltfläche können Sie entscheiden, wo das neue Element eingefügt werden soll. Vorher müssen Sie das Element der SmartArt markieren, das der Bezugspunkt für das neue Element ist. Um beispielsweise unterhalb des unteren Blocks (»Kaufmann«) ein weiteres Element einzufügen, klicken Sie im Menü der Schaltfläche **Form hinzufügen** auf die Option **Form danach hinzufügen**.

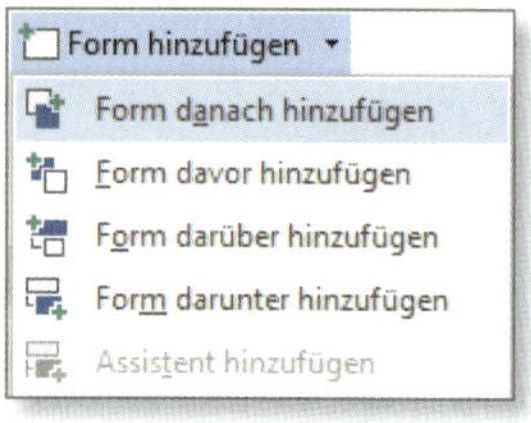

Abbildung 27.6
Eine Form hinzufügen

Die Bezeichnungen sind hier manchmal etwas irreführend; der Eintrag **Form darunter hinzufügen** würde z. B. ein Element rechts neben der Ebene einfügen – Sie müssen es also einfach selbst ausprobieren.

Wenn Sie bei der Bearbeitung der SmartArt feststellen, dass die Hierarchie, d. h. die Reihenfolge der Elemente, geändert werden soll, bietet die Registerkarte **SmartArt-Tools/Entwurf** dafür ebenfalls die Lösung. Markieren Sie den Block, den Sie neu einstufen möchten, und klicken Sie auf die Schaltflächen **Höher stufen** oder **Tiefer stufen**. Dadurch wird das Element entsprechend in der SmartArt-Hierarchie verschoben.

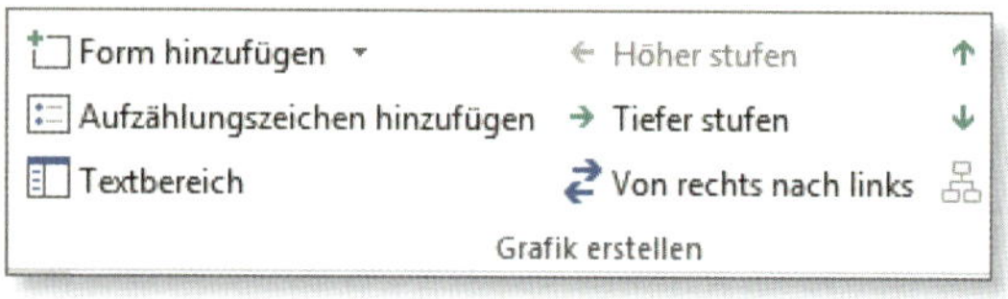

Abbildung 27.7
Elemente höher oder tiefer stufen

Vorlagen für SmartArts nutzen

Um das Layout einer SmartArt ohne großen Aufwand optisch »aufzupeppen«, z. B. mit einem 3D-Effekt, nutzen Sie die Gruppe **SmartArt-Formatvorlagen** auf der Registerkarte **SmartArt-Tools/Entwurf**. Wählen Sie hier ein passendes Element aus.

Um die komplette Auswahl aller Layouts und Formatvorlagen für SmartArts zu erhalten, klicken Sie auf einen der nach unten gerichteten Pfeile am Scrollbalken der Gruppe. Abbildung 27.9 zeigt das Auswahlmenü **SmartArt-Formatvorlagen** für den Organigramm-Typ **Einfache Pyramide** (er ist dort unter der für unseren Geschmack etwas unpassenden Überschrift **Beste Suchergebnisse für Dokument** zu finden).

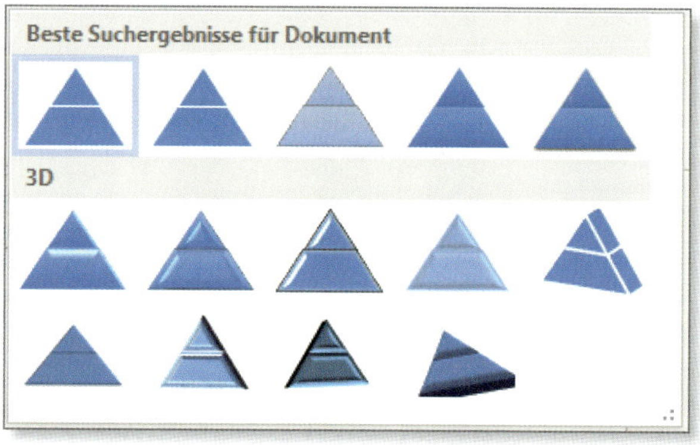

Abbildung 27.9
SmartArt-Formatvorlagen für den Typ »Einfache Pyramide«

SmartArts formatieren

Bei den einzelnen Elementen einer SmartArt handelt es sich um Formen. Daher ist es nicht verwunderlich, dass hier die gleichen Bearbeitungsfunktionen wie für Formen parat stehen. Sie finden sie auf der Registerkarte **SmartArt-Tools/Format** in der Gruppe **Formenarten**.

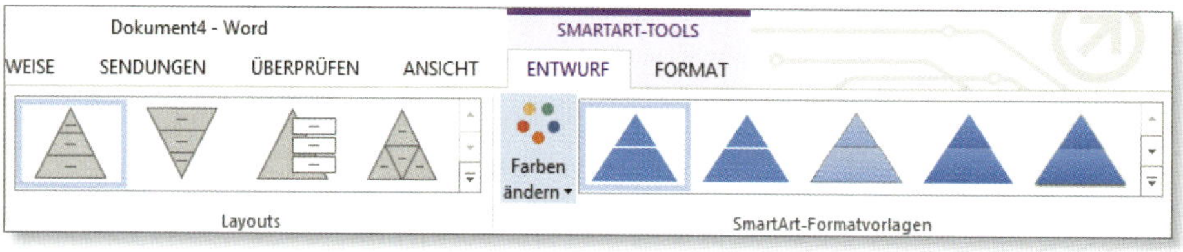

Abbildung 27.8
SmartArt-Formatvorlagen

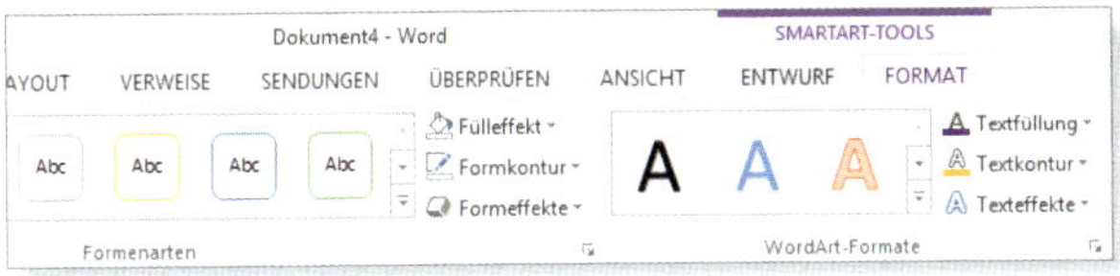

^ Abbildung 27.10
Die Registerkarte »SmartArt-Tools/Format« (Ausschnitt)

Die einzelnen Funktionen (die Vorlagen selbst sowie die Schaltflächen **Fülleffekt**, **Formkontur** und **Formeffekte** mit ihren Optionen) beeinflussen unterschiedliche Elemente einer SmartArt:

- ein einzelnes Element, wenn nur dieses markiert ist
- mehrere Elemente, wenn diese alle markiert sind (dazu halten Sie beim Anklicken die [Strg]-Taste gedrückt)
- den Zeichnungsbereich, wenn kein Element markiert ist, sondern lediglich der Zeichnungsbereich

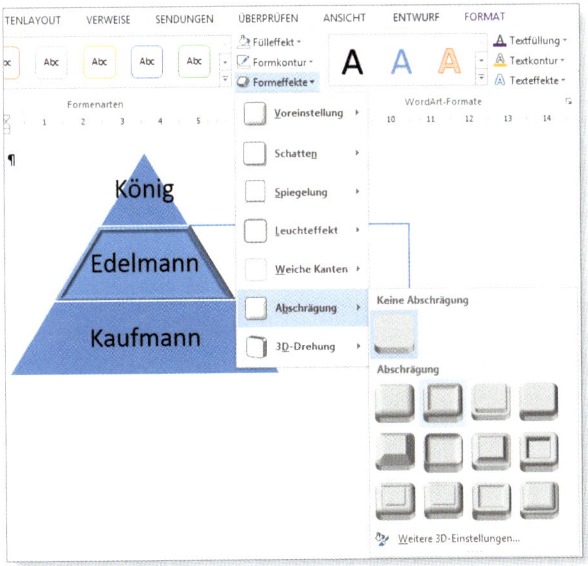

^ Abbildung 27.11
Den Elementen einen Abschrägungseffekt zuweisen

Sie markieren den Zeichnungsbereich (ähnlich wie bei Diagrammen), indem Sie in die Nähe der SmartArt, aber nicht auf eine Form klicken, damit der graue Rahmen sichtbar wird. Nur wenn der Zeichnungsbereich markiert ist, kann die SmartArt verschoben, gelöscht oder in ihrer Größe verändert werden.

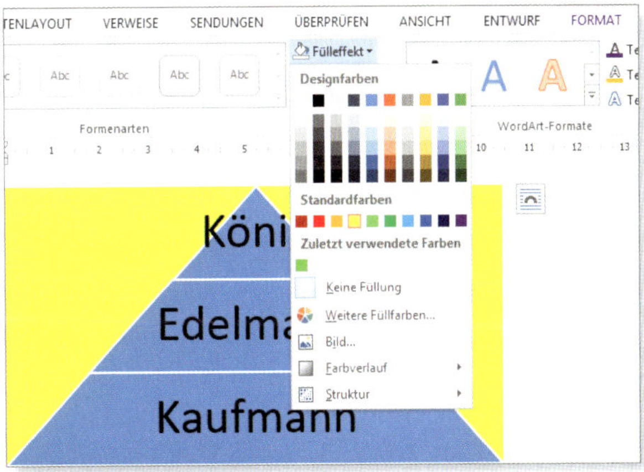

^ Abbildung 27.12
Den Zeichnungsbereich mit einer Farbe füllen

TIPP

Den SmartArt-Typ wechseln

Wenn Sie eine SmartArt bereits bearbeitet haben und nach einer Weile zu dem Schluss kommen, dass ein anderer Typ sinnvoller wäre, können Sie den Typ über die Layouts auf der Registerkarte **SmartArt-Tools/Entwurf** ändern (hier werden die gleichen Layouts angeboten wie im Auswahlmenü der Schaltfläche **SmartArt**). Klicken Sie im Menü der Layoutauswahl auf **Weitere Layouts**, um das komplette Angebot zu sehen. Soweit möglich, werden bereits zugewiesene Formatierungen sowie der eingegebene Text übertragen, sodass Sie nicht wieder ganz von vorn beginnen müssen. Sie sollten bei einer Änderung des Typs allerdings stets mit Bedacht vorgehen; die einzelnen Typen sind für bestimmte Einsatzgebiete vorgesehen und lassen sich in der Regel nicht beliebig austauschen.

Den Text formatieren

Auch die diversen Funktionen zum Formatieren der Beschriftungen (in der Gruppe **WordArt-Formate**) lassen sich auf SmartArts anwenden. Wenn es schnell gehen soll, markieren Sie einfach die SmartArt und nutzen die vorgegebenen WordArt-Formate in der gleichnamigen Gruppe; zur individuellen Bearbeitung stehen Ihnen darüber hinaus die Optionen der Schaltflächen **Textfüllung**, **Textkontur** und **Texteffekte** zur Verfügung (wir haben sie bereits ausführlich in Abschnitt 26.4, »Dekorativer Text mit WordArt«, beschrieben).

Natürlich können Sie den Text der SmartArt auch wie üblich mithilfe der Formatierungsbefehle auf der Registerkarte **Start** formatieren. Dazu markieren Sie den Text in einer SmartArt-Form und weisen ihm den passenden Befehl zu, z. B. **Fett** oder **Kursiv**, oder stellen einen anderen Schriftgrad ein. Für eine solche »klassische« Formatierung können Sie auch den eingangs gezeigten Textbereich benutzen. Dazu setzen Sie den Cursor einfach in die Textzeile, die Sie formatieren möchten, markieren den Text und klicken dann auf die jeweiligen Befehle auf der Registerkarte **Start**.

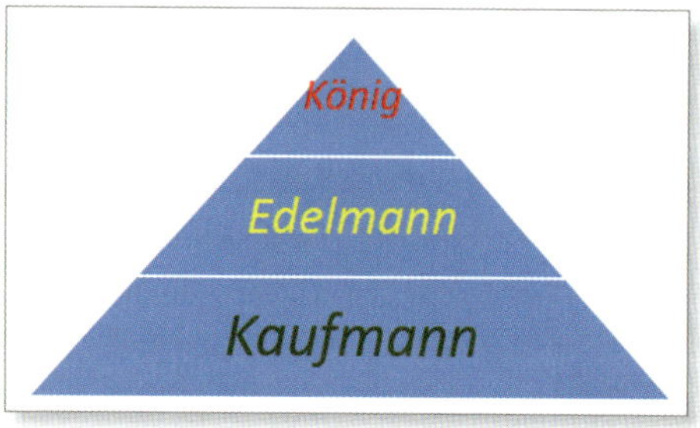

Abbildung 27.13
Eine »auf klassischem Wege« formatierte SmartArt

> **INFO**
>
> **Vertikale Textausrichtung**
>
> Texteinträge in SmartArt-Feldern sind automatisch nicht nur horizontal, sondern auch vertikal zentriert. Um die vertikale Ausrichtung zu verändern, öffnen Sie über den Pfeil an der Gruppe **WordArt-Formate** auf der Registerkarte **SmartArt-Tools/Format** den Aufgabenbereich **Form formatieren** mit der Kategorie **Textfeld**. Im Feld **Vertikale Ausrichtung** legen Sie die Ausrichtung nach Wunsch fest (**Oben**, **Mitte** oder **Unten**).

SmartArts richtig positionieren

SmartArts verhalten sich beim Positionieren etwas eigenwillig, vor allem wenn sie in einen Text integriert werden sollen. Am einfachsten ist es, die gewünschte Position über das Menü der Schaltfläche **Position** festzulegen (siehe Abbildung 27.14).

1. Markieren Sie die SmartArt-Grafik und wechseln Sie auf die Registerkarte **SmartArt-Tools/Format** ❶.
2. Klicken Sie auf die Schaltfläche **Anordnen** ❷ rechts auf der Registerkarte.
3. Im Menü, das daraufhin aufgeklappt wird, klicken Sie auf die Schaltfläche **Position** ❸.
4. Wählen Sie im Menü der Schaltfläche **Position** die gewünschte Lage der SmartArt-Grafik aus, z. B. **Mitte-Zentriert-Position mit quadratischem Text-**

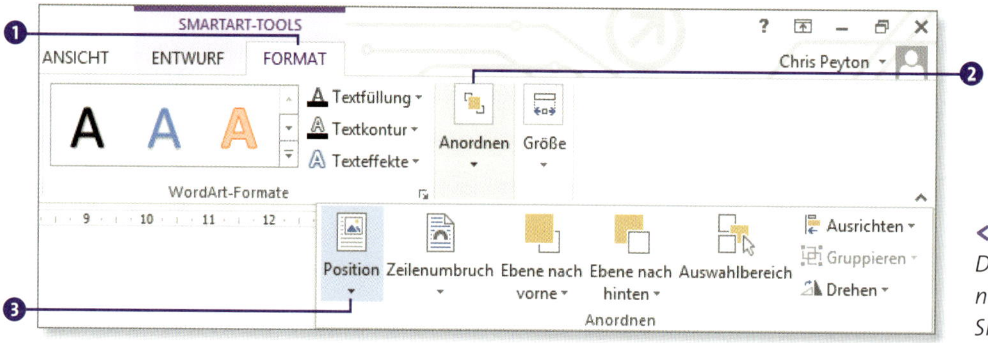

Abbildung 27.14
Das Menü zum Positionieren und Anordnen der SmartArt öffnen

fluss (die Schaltfläche für diese Position ist in Abbildung 27.15 markiert).

Abbildung 27.15
Das Menü der Schaltfläche »Position«

Mit dieser Einstellung rutscht die Grafik mittig auf die Seite, und zwar bezogen auf die eingestellten Seitenränder.

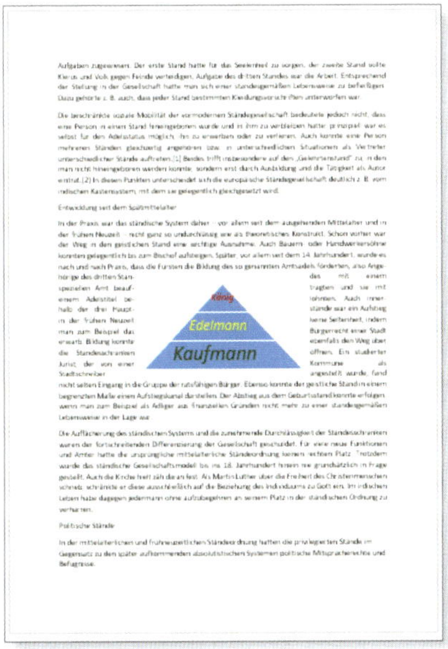

Abbildung 27.16
Die SmartArt steht nun mittig auf der Seite.

HINWEIS

Quadratischer Textfluss

Alle Optionen im Menü der Schaltfläche **Position** legen automatisch einen quadratischen Textfluss fest.

Damit die SmartArt auch tatsächlich in einem Quadrat steht, das links nicht »ausgefranst« ist, haben wir, wie in Abbildung 27.16 zu sehen, für den Text **Blocksatz** eingestellt.

Natürlich lässt sich die SmartArt-Grafik auch von Hand verschieben und positionieren. Stellen Sie dazu über das Menü der Schaltfläche **Zeilenumbruch** eine passende Umbruchart ein, z. B. **Passend**, und bewegen Sie die SmartArt durch Ziehen mit gedrückter Maustaste (oder bei einem Touchscreen auch mit dem Finger) an die gewünschte Position auf der Seite. (Zum Zeilenumbruch bei Grafiken siehe auch Abschnitt 25.2, »Grafiken bearbeiten«. Auch die Ausrichtungslinien, die wir ebenfalls in diesem Abschnitt besprochen haben, helfen bei der Positionierung.)

SmartArts mit Grafiken füllen

In manche SmartArt-Layouts sind Schaltflächen zum Einfügen von Bilddateien integriert (siehe dazu Abschnitt 27.4 »Bild-SmartArts«). In die anderen SmartArts können Sie selbst Grafiken einfügen, wenn Sie möchten. Dazu gehen Sie vor wie üblich: Klicken Sie auf der Registerkarte **Einfügen** auf eine der Schaltflächen (**Bilder** oder **Onlinegrafiken**) und wählen Sie die gewünschte Grafik aus (ein ausführlicheres Beispiel dazu finden Sie im Abschnitt »Bilder hinzufügen« auf Seite 572 in diesem Kapitel).

Damit Sie die Grafik so positionieren können, dass sie auf der SmartArt landet, müssen Sie ihr zunächst die Umbruchart **Vor den Text** zuweisen. Dies können Sie ganz einfach über die Schaltfläche **Layoutoptionen** erledigen oder z. B. über den Eintrag **Zeilenumbruch** im Kontextmenü der SmartArt.

Abbildung 27.17
Der Grafik wird die Zeilenumbruchart »Vor den Text« zugewiesen.

27.3 SmartArts für hierarchische Darstellungen

Nachdem das Beispiel der Pyramide aus den vorangegangenen Abschnitten eine sehr einfache Hierarchie darstellte, die im modernen gesellschaftlichen Leben vermutlich nur noch selten zu finden sein dürfte, werden wir jetzt schrittweise ein komplexeres Organigramm erstellen, das die Organisationsstruktur eines Unternehmens wiederzugeben in der Lage ist.

Die Grundstruktur anlegen und sie nach Belieben erweitern

Zunächst einmal fügen wir eine SmartArt als Grundstruktur ein, die schon einige hierarchisch angeordnete Felder enthält. Diese Grundstruktur lässt sich dann nach Bedarf erweitern und zudem anders gliedern.

1. Klicken Sie auf der Registerkarte **Einfügen** in der Gruppe **Illustrationen** auf die Schaltfläche **SmartArt**.
2. Im Dialogfenster wählen Sie in der Kategorie **Hierarchie** das Layout **Organigramm** (das zwar ergänzt werden muss, aber zumindest grundsätzlich passt).

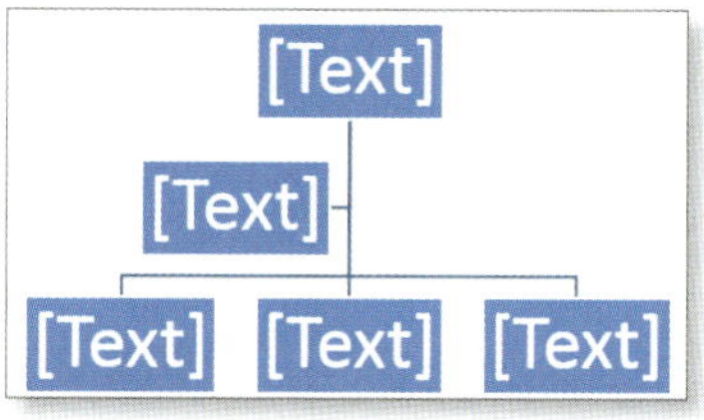

Abbildung 27.18
Die Rohfassung der SmartArt »Organigramm«

3. Nun beginnen Sie damit, die Rohfassung um weitere erforderliche Formen zu ergänzen. Unterhalb der obersten Ebene soll es zwei gleich geordnete Abteilungen geben. Markieren Sie also die erste Form der zweiten Ebene und klicken Sie im Menü der Schaltfläche **Form hinzufügen** auf die Option **Form danach hinzufügen**. Die entsprechende Schaltfläche finden Sie auf der Registerkarte **SmartArt-Tools/Entwurf** in der Gruppe **Grafik erstellen**.
4. Die drei untersten Ebenen der Rohfassung erhalten jeweils untergeordnete Bereiche. Dazu markieren Sie die erste Form der dritten Reihe und klicken im Menü der Schaltfläche **Form hinzufügen** auf den Eintrag **Assistent hinzufügen**.

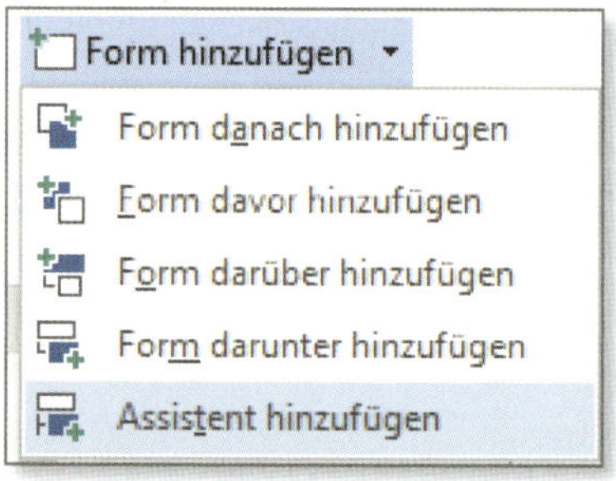

Abbildung 27.19
Die SmartArt mit Elementen des Typs »Assistent« ergänzen

5 Diesen Vorgang wiederholen Sie nun für die beiden anderen Formen der Ebene 3.

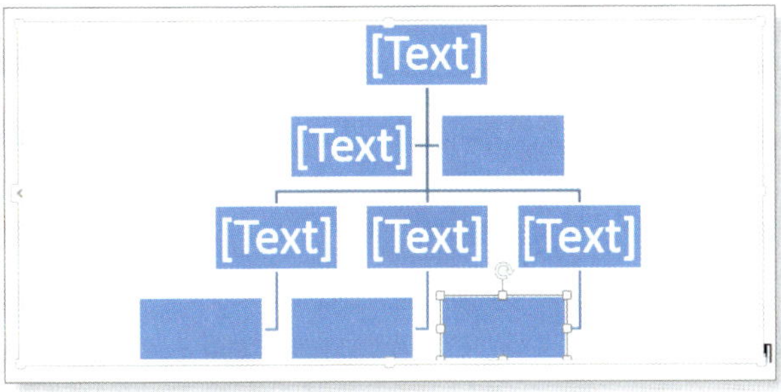

Abbildung 27.20
Die SmartArt wurde um drei Blöcke für Assistenten ergänzt.

6 Füllen Sie die Formen nun mit Text, entweder indem Sie die Platzhalter überschreiben oder indem Sie über den »Griff« an der linken Kante des Zeichnungsbereiches den Textbereich aufklappen und Ihre Beschriftungen hier eingeben. Kümmern Sie sich dabei nicht um die Länge des Textes, seine Schriftgröße wird in jedem Fall so angepasst, dass er in die Form passt.

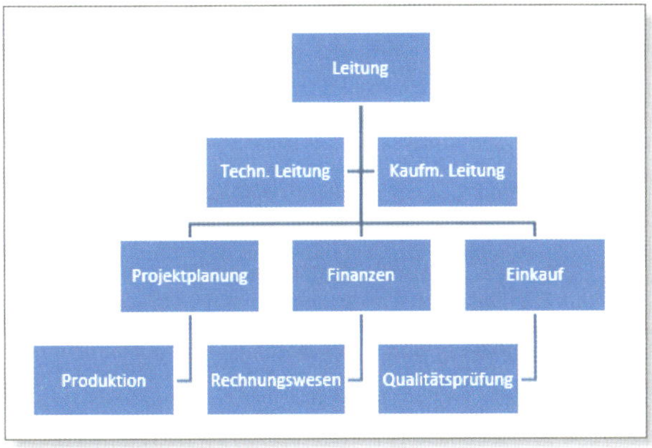

Abbildung 27.21
Die SmartArt beschriften

7 Um den Formen jetzt eine andere Farbe zu geben, markieren Sie alle Formen gleichzeitig (also anklicken und dabei die `Strg`-Taste drücken) und wählen im Menü der Schaltfläche **Fülleffekt** auf der Registerkarte **SmartArt-Tools/Format** Ihre Wunschfarbe. Alternativ können Sie auch die gesamte Grafik markieren und auf der Registerkarte **SmartArt-Tools/Entwurf** auf die Schaltfläche **Farbe ändern** klicken. Im Menü wählen Sie dann eine Farbvariation.

8 Wenn Sie möchten, formatieren Sie im Anschluss die Schrift der Texteingaben mithilfe der **WordArt-Formatvorlagen** auf der Registerkarte **SmartArt-Tools/Format**.

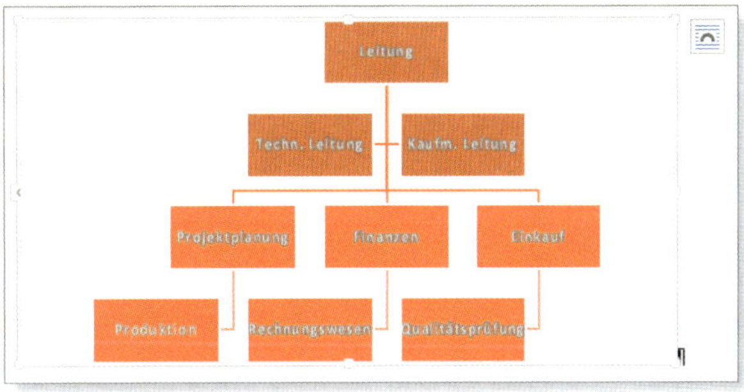

Abbildung 27.22
Die Schrift formatieren

9 Sie können das Aussehen der gesamten SmartArt auch mithilfe der Vorlagen verändern, die auf der Registerkarte **SmartArt-Tools/Entwurf** in der Gruppe **SmartArt-Formatvorlagen** angeboten werden. Diese Vorlagen überlagern jedoch die zuvor von Hand eingestellten Attribute.

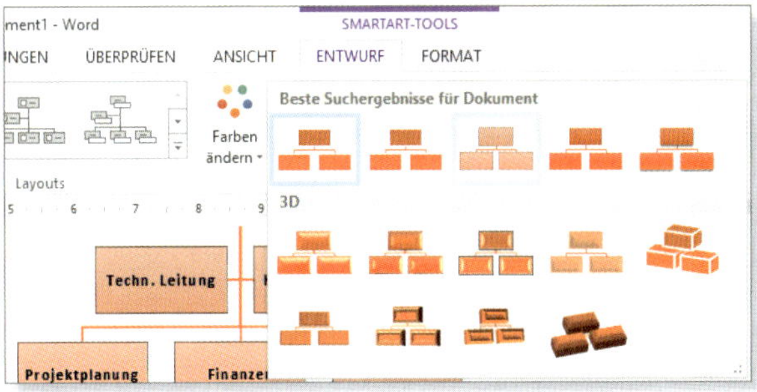

Abbildung 27.23
Die SmartArt mithilfe der SmartArt-Formatvorlagen gestalten

10 Wenn Sie weitere Mühe auf die SmartArt verwenden möchten, können Sie auch jedes einzelne Element formatieren, wie es bereits im Abschnitt

»SmartArts formatieren« auf Seite 566 beschrieben wurde. Es geht sogar noch mehr: Auch die Form der SmartArt-Felder lässt sich verändern. Dazu klicken Sie das entsprechende Feld mit der rechten Maustaste an, zeigen im Kontextmenü auf den Eintrag **Form ändern** und wählen im Untermenü die gewünschte Form.

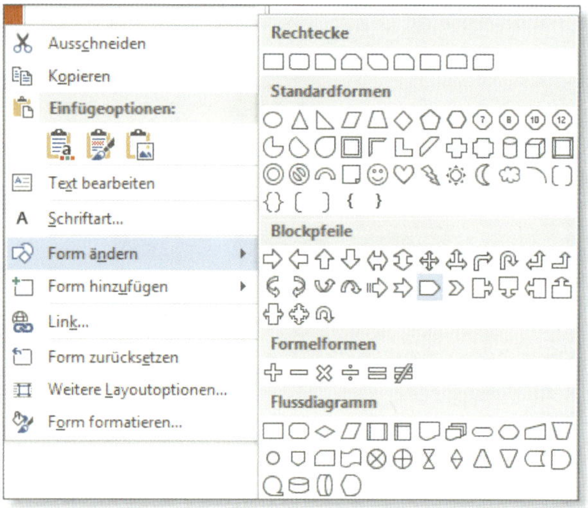

Abbildung 27.24
Die Auswahl der Formen im Untermenü

Abbildung 27.25
Die SmartArt-Form, die vorher rechteckig war, wird nun als Richtungspfeil dargestellt.

11 Auch die Linien zwischen den Elementen lassen sich individuell bearbeiten. Dazu markieren Sie sie (einzeln oder alle Linien) mithilfe der Strg-Taste und verändern sie über das Menü der Schaltfläche **Formkontur**.

12 Um der gesamten SmartArt eine Hintergrundfarbe zuzuweisen, aktivieren Sie den Zeichnungsbereich, indem Sie irgendwo in der Nähe der SmartArt-Formen klicken, und wählen dann im Menü der Schaltfläche **Fülleffekt** eine Farbe.

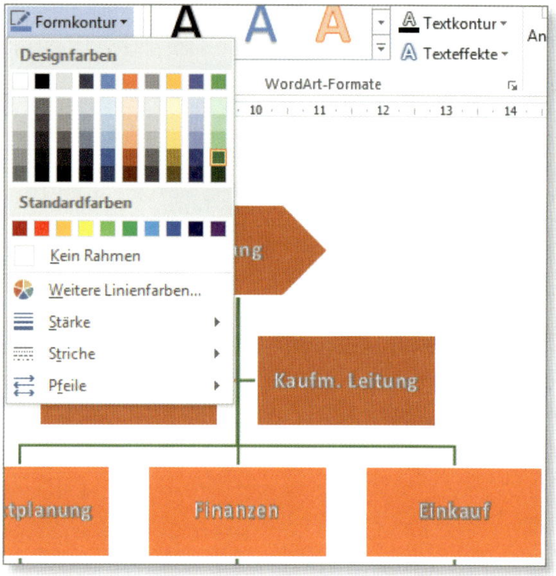

Abbildung 27.26
Die Linien in einer SmartArt anders gestalten

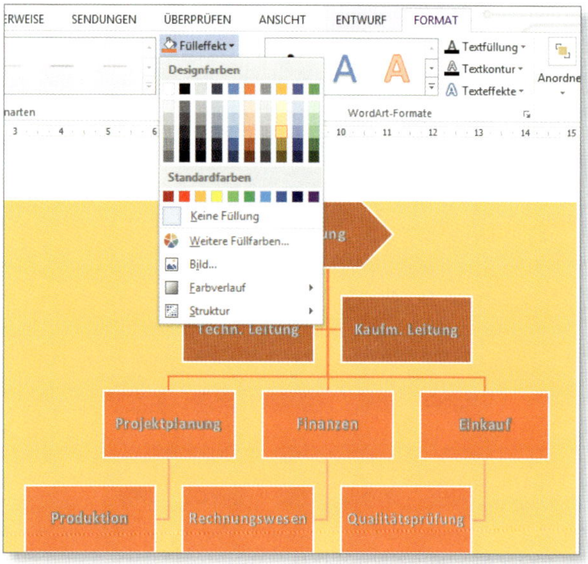

Abbildung 27.27
Eine Farbe für den Zeichnungsbereich festlegen

Bilder hinzufügen

Zu guter Letzt möchten wir Ihnen auch noch vorstellen, wie Sie diese (oder eine neue) SmartArt mit mehr

Text und jeweils einem Bild füllen. Einen Ausschnitt aus einem solchen Organigramm sehen Sie in Abbildung 27.28.

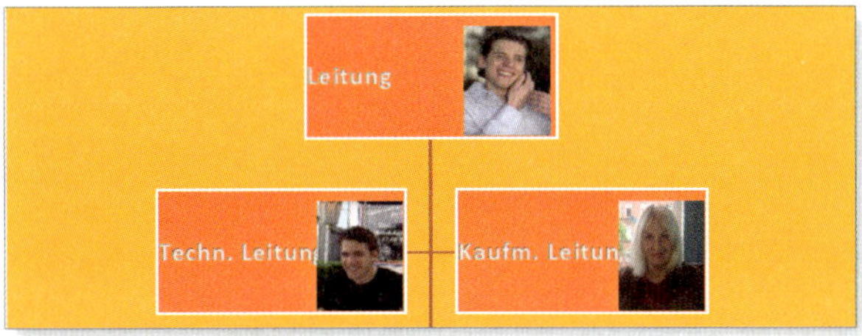

Abbildung 27.28
SmartArt-Formen mit Bildern

Da nur die SmartArt-Layouts der Kategorie **Grafik** integrierte Platzhalter zum Einfügen von Grafikdateien vorsehen (siehe Abschnitt 27.4, »Bild-SmartArts«), diese sich aber wiederum nicht zur Darstellung interner Strukturen eignen, ist die Vorgehensweise in diesem Fall etwas mühseliger. Zunächst ist es sinnvoll, die Größe der Standardformen zu verändern, damit sie mehr Text und zusätzlich noch ein Foto aufnehmen können. Dazu markieren Sie am besten alle Elemente. Dann ziehen Sie einfach mit gedrückter Maustaste an einem der Ziehpunkte. Für exakte Maße klicken Sie diese Auswahl mit der rechten Maustaste an und wählen im Kontextmenü den Eintrag **Weitere Layoutoptionen**. Im Dialogfenster **Layout** geben Sie auf der Registerkarte **Größe** in die Felder **Höhe** und **Breite** die gewünschten Maße ein. Deaktivieren Sie außerdem die Option **Seitenverhältnis sperren**, damit sich Breite und Höhe des Bildes getrennt voneinander bestimmen lassen.

INFO

Weitere Layoutoptionen

Das Dialogfenster **Layout** können Sie auch über die Registerkarte **SmartArt-Tools/Format** aufrufen. Hier klicken Sie in der Gruppe **Anordnen** auf **Position > Weitere Layoutoptionen**.

Um die Schriftgröße und andere Attribute der Schrift zu ändern, markieren Sie die SmartArt-Grafik und nehmen die gewünschten Einstellungen vor. Im Beispiel stellen wir z. B. einen Schriftgrad von »11 Pt.« ein. Um rechts für die Fotos Platz zu machen, setzen Sie den gesamten Text über das entsprechende Symbol auf der Registerkarte **Start** linksbündig.

Abbildung 27.29
Die Größe der Formen festlegen

Die Fotos, die Sie verwenden möchten, fügen Sie dann über die Schaltfläche **Bilder** in der Gruppe **Illustrationen** auf der Registerkarte **Einfügen** ein. Zunächst werden diese Bilder neben die SmartArt gesetzt. Um sie in die Formen schieben zu können, stellen Sie im Menü der Schaltfläche **Layoutoptionen** die Umbruchart **Vor den Text** ein. Fügen Sie so zunächst ein Bild nach dem anderen ein, passen Sie deren Größe grob an und schneiden Sie sie unter Umständen mithilfe der Schaltfläche **Zuschneiden** zu.

Damit alle Fotos die gleiche Größe haben, markieren Sie sie, klicken mit der rechten Maustaste auf die Markierung und wählen im Kontextmenü **Weitere Layoutoptionen**. Auf der Registerkarte **Größe** des Dialogfensters **Layout** legen Sie die Größe in den Feldern **Höhe** und **Breite** für alle Bilder fest.

Richten Sie die Fotos dann mit der Maus in den Formen aus. Leider gibt es keinen Befehl zum genauen Positionieren, Sie müssen daher die Bilder mit gedrückter Maustaste oder mithilfe der Pfeiltasten verschieben. Lediglich eine große Zoomstufe könnte Ihnen dabei eine Hilfe sein.

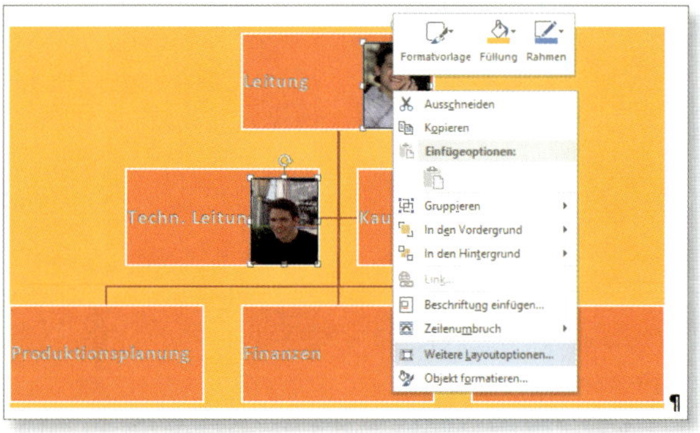

∧ *Abbildung 27.30*
Das Dialogfenster »Layout« über das Kontextmenü aufrufen

Einen Kreislauf darstellen

Die bisher in diesem Kapitel vorgestellten SmartArts stammen allesamt aus den Kategorien **Pyramide** bzw. **Hierarchie** des Dialogfensters **SmartArt-Grafik auswählen**. Um aber beispielsweise einen Kreislauf oder eine Art Ablauf darzustellen, eignet sich eine Vorlage aus der Kategorie **Zyklus** am besten (siehe Abbildung 27.31). Wählen Sie hier z. B. die SmartArt **Blockkreis** mit einem Klick aus.

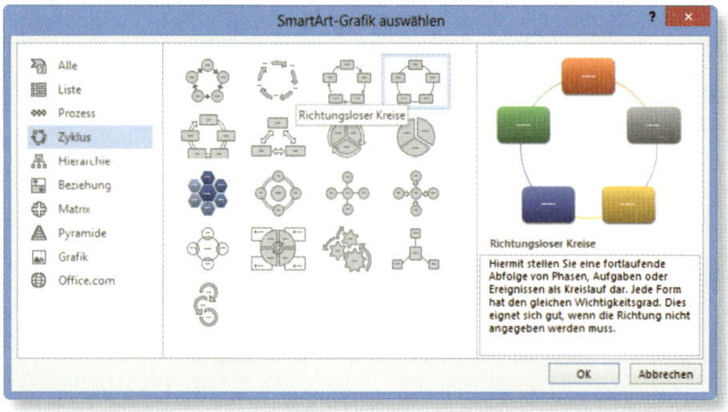

∧ *Abbildung 27.31*
Die SmartArt »Blockkreis« zur Darstellung eines Kreislaufs einfügen

Sofort wird diese SmartArt auf Ihrem Blatt eingefügt. In Abbildung 27.32 sehen Sie den Blockkreislauf, aus dem wir bereits zwei Formen entfernt und den wir schon beschriftet haben. Um eine Form zu löschen, markieren Sie sie und drücken dann einfach die [Entf]-Taste.

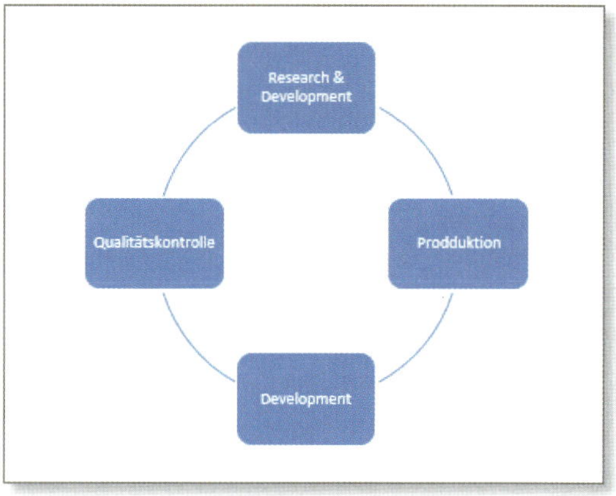

∧ *Abbildung 27.32*
Die SmartArt stellt einen Kreislauf dar.

Unterpunkte in Elementen ergänzen

Wir möchten den Text in den vier Elementen nur um einige Unterpunkte ergänzen. So etwas lässt sich sehr einfach bewerkstelligen.

1 Markieren Sie das erste Element und öffnen Sie die Registerkarte **SmartArt-Tools/Entwurf**.

2 Klicken Sie in der Gruppe **Grafik erstellen** auf die Option **Aufzählungszeichen hinzufügen**.

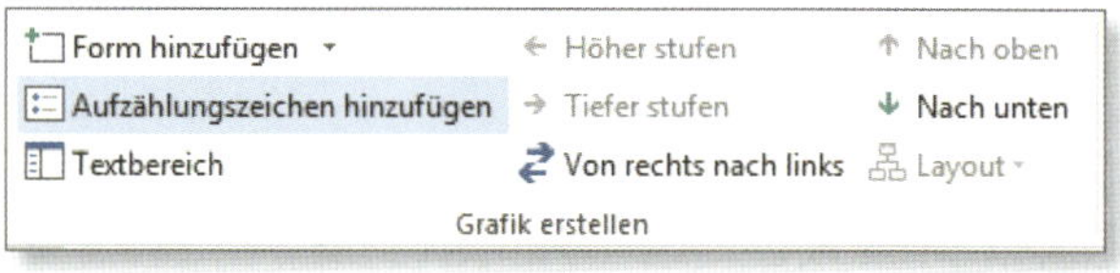

∧ *Abbildung 27.33*
Aufzählungszeichen hinzufügen

3 Daraufhin taucht ein Aufzählungspunkt auf. Geben Sie hier Ihren Text ein. Wenn Sie die [↵]-Taste drücken, wird ein neuer Absatz mit einem weiteren Aufzählungszeichen eingefügt.

Abbildung 27.34
Die Form um eine Aufzählung erweitern

Zu guter Letzt können Sie die einzelnen Blöcke auf die Schnelle auch verschiedenfarbig gestalten. Dazu nutzen Sie die Angebote im Menü der Schaltfläche **Farben ändern**. Weisen Sie Ihrer SmartArt-Grafik einfach eine passende Vorlage mit einer hübschen Farbkombination zu.

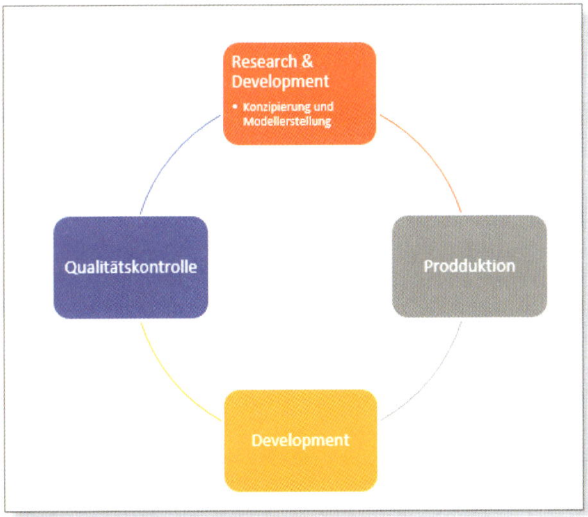

Abbildung 27.35
SmartArt-Elemente in unterschiedlichen Farben

Nun müssen Sie gegebenenfalls noch die Farbe der Schrift an die neuen Formenfarben anpassen, damit der Text weiterhin gut lesbar bleibt. Wenn Sie ein WordArt-Format für die Beschriftung genutzt haben, kann es leider recht mühselig sein, es wieder loszuwerden (um z. B. normale Zeichenformatierungen für die Schrift anzuwenden).

Unter Umständen müssen Sie die Einstellungen, die in dem WordArt-Format kombiniert sind, über die Menüs der Schaltflächen **Textfüllung**, **Textkontur** und **Texteffekte** auf der Registerkarte **SmartArt-Tools/Format** einzeln rückgängig machen.

27.4 Bild-SmartArts

Wenn Sie ein SmartArt-Layout einfügen, das Formen und Schaltflächen zum Einfügen von Bilddateien umfasst, ist die Sache wesentlich einfacher und das Einfügen gelingt schneller. Sie finden sie im Auswahlmenü der SmartsArts in der Kategorie **Grafik**, wählen Sie dort z. B. das Layout **Titelbildanordnung**.

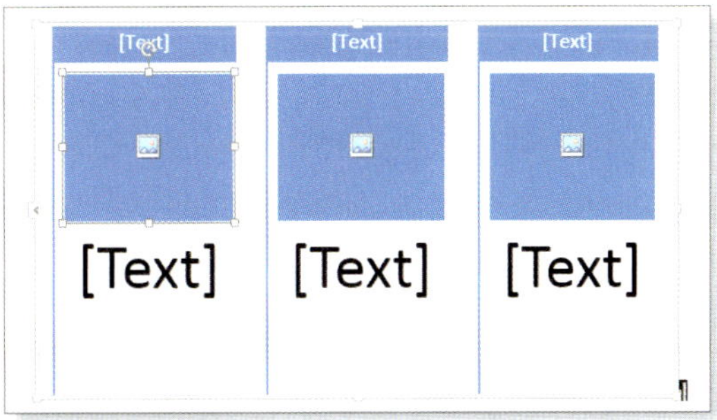

Abbildung 27.36
Ein SmartArt-Layout mit Formen, die für Bilder reserviert sind

Wenn Sie auf die kleine Schaltfläche in der Mitte der Bildform klicken, wird das Dialogfenster **Grafik einfügen** aufgerufen. Das Bild, das Sie in diesem Dialog auswählen, landet direkt in der richtigen Größe in der für die Grafik vorgesehenen SmartArt-Form, sodass jegliche vorbereitenden Arbeiten entfallen. Ein großer Vorteil (vor allem im Vergleich zur im vorangegangenen Abschnitt beschriebenen manuellen Variante) ist hier außerdem, dass die eingefügten Bilder zu einem integralen Bestandteil der Form werden. So entstehen keine Probleme beim Verschieben oder Vergrößern der SmartArt. Abbildung 27.37 zeigt eine mit Bildern gefüllte SmartArt.

^ ***Abbildung 27.37***
Eine SmartArt mit speziellen Formen für Bilder

Einen besonders interessanten Effekt erzielen Sie, wenn Sie die SmartArt-Formen für die Überschriften und die Bilder farblich aufeinander abstimmen. Auf der Registerkarte **SmartArt-Tools/Entwurf** gibt es dafür die Schaltfläche **Farben ändern**. Wenn Sie das zugehörige Menü aufklappen, wird eine Auswahl an Farbkombinationen und -variationen angeboten. Per Mausklick weisen Sie der SmartArt eine der Farbvorlagen zu.

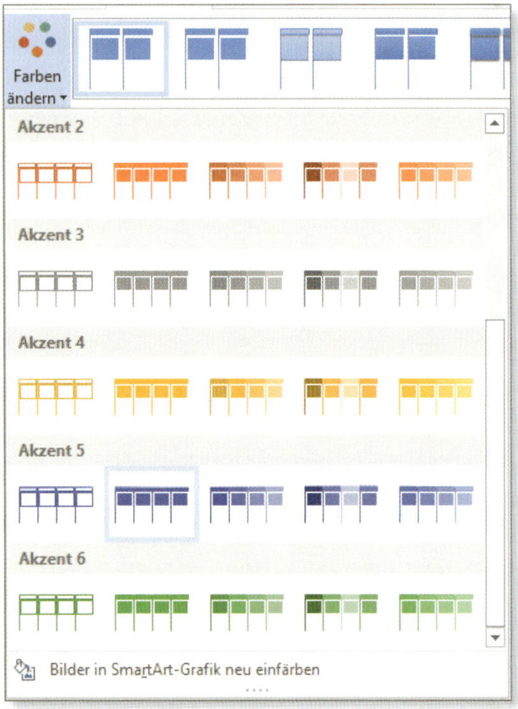

^ ***Abbildung 27.38***
SmartArt-Grafiken einfärben

Es gibt nun zusätzlich die Möglichkeit, die eingefügten Bilder an die Farben der gewählten Vorlage anzupassen. Dazu klicken Sie einfach im Menü **Farben ändern** auf die Option **Bilder in SmartArt-Grafik neu einfärben**. Daraufhin wird das Bild umgefärbt und auf diese Weise an die Farbe der SmartArt-Form angepasst.

^ ***Abbildung 27.39***
Die Bilder mit dem Farbton der zugehörigen Formen versehen

Kapitel 28
Diagramme

Diagramme erstellen Sie in der Regel auf Basis von Tabellen in Excel. Durch das enge Zusammenspiel von Word und Excel lassen sich Diagramme aber auch direkt in Word anfertigen, wobei bei der Gestaltung dieselbe Funktionalität zur Verfügung steht wie in Excel, sodass es kaum einen Unterschied macht, ob Sie Ihr Diagramm in Word oder Excel bearbeiten.

In vielen Berichten und wissenschaftlichen Arbeiten sollen Diagramme Aussagen und Fakten belegen und anschaulich machen. In einem Diagramm erkennt man auf den ersten Blick eine bestimmte Situation, egal, ob es z. B. um die aktuellen Umsatzzahlen im Vergleich zu anderen Zeiträumen geht, um Entwicklungen in einem Zeitablauf oder um Anteile an einem Ganzen. Komplexe Daten lassen sich übersichtlich darstellen, und wenn Sie Diagramme in Präsentationen verwenden, werden Ihre Ergebnisse sehr viel leichter verstanden.

Das klassische Programm, um Diagramme zu erstellen, ist – sofern Sie mit Office arbeiten – Excel. Auf Basis von Tabellen lassen sich viele Arten von Diagrammen erzeugen, die mit den Diagrammtools bearbeitet werden können. Solche Diagramme können in Word-Dokumente eingefügt werden, was nicht weiter verwunderlich ist, denn Word und Excel harmonieren sehr gut miteinander (lesen Sie dazu auch Kapitel 35, »Das Zusammenspiel mit anderen Programmen«). Bevor wir also beschreiben, wie Sie auch direkt in Word Diagramme erstellen und bearbeiten, lassen Sie uns erst einmal einen Blick auf die Möglichkeiten werfen, Excel-Diagramme in einem Word-Dokument zu verwenden.

28.1 Vorhandene Excel-Diagramme einfügen

Wir wollen nicht näher auf die Erstellung von Diagrammen in Excel eingehen, da eine solche Beschreibung in ein Excel-Buch gehört. Wir fassen uns hier daher ganz kurz. Sie markieren in Excel die für das Diagramm relevanten Tabellenzellen (gegebenenfalls auch die gesamte Tabelle) und wählen auf der Registerkarte **Einfügen** den passenden Diagrammtyp (Säule, Linie, Kreis etc.). In den entsprechenden Auswahlmenüs entscheiden Sie sich dann für eine Variante des Typs. Daraufhin wird das Diagramm erstellt und auf dem Blatt angezeigt.

TIPP

Den richtigen Diagrammtyp wählen

Entscheiden Sie sich nicht wahllos für irgendeinen Diagrammtyp. Säulen- und Balkendiagramme eignen sich gut für die Darstellung absoluter Werte, Kreisdiagramme machen Anteile an einem Ganzen anschaulich, und Liniendiagramme beispielsweise zeigen am besten Trends und Entwicklungen im Zeitverlauf.

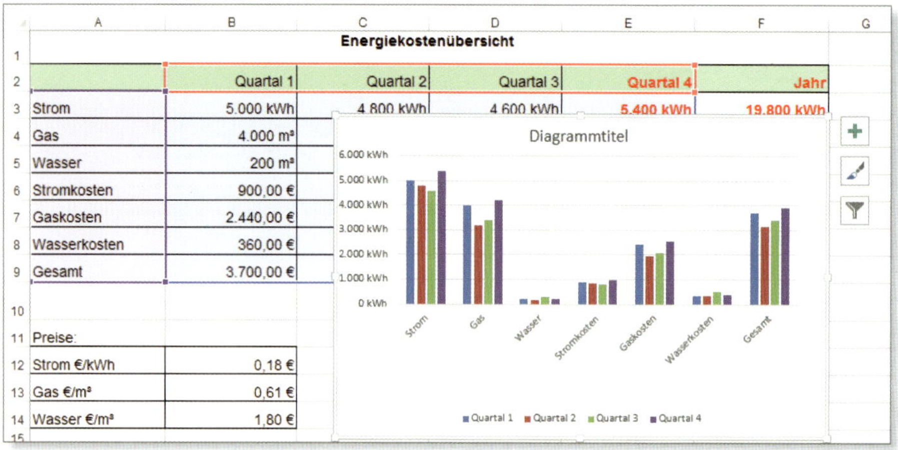

Abbildung 28.1
Das Diagramm auf dem Excel-Blatt

Sobald Sie das Diagramm anklicken, wird es markiert, und die Registerkarte **Diagrammtools** mit den zwei untergeordneten Registern **Entwurf** und **Format** werden im Excel-Menüband eingeblendet. Diese Registerkarten bieten viele Möglichkeiten zur Bearbeitung des Diagramms:

- Auf der Registerkarte **Diagrammtools/Entwurf** werden Diagrammlayouts und Diagrammformatvorlagen angeboten, mit denen das Aussehen des Diagramms insgesamt beeinflusst werden kann. Außerdem finden Sie hier auch die Möglichkeit, das Diagramm auf ein separates Tabellenblatt zu verschieben. Dazu klicken Sie ganz rechts auf der Registerkarte in der Gruppe **Ort** auf die Schaltfläche **Diagramm verschieben** und aktivieren im gleichnamigen Dialogfenster die Option **Neues Blatt**.

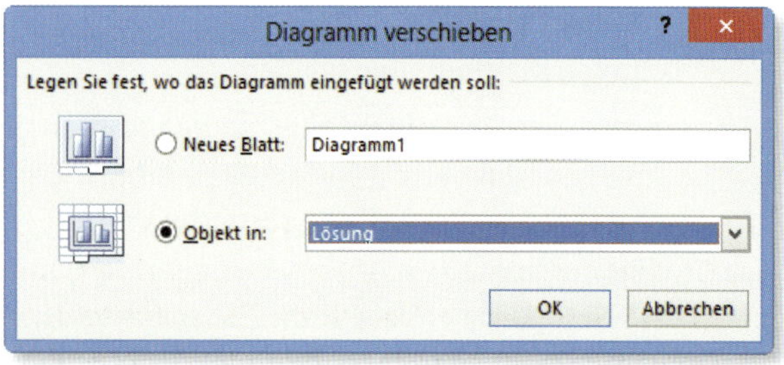

Abbildung 28.2
In diesem Dialog können Sie das Diagramm auf ein separates Tabellenblatt verschieben.

- Die Registerkarte **Diagrammtools/Format** ähnelt der Registerkarte **Zeichentools/Format**, die Sie von Word her kennen. Es gibt hier beispielsweise Formenarten (Formkonturen), Fülleffekte und Formeffekte. Außerdem stellen Sie hier im Bereich **Größe** die Höhe und Breite des Diagramms ein.

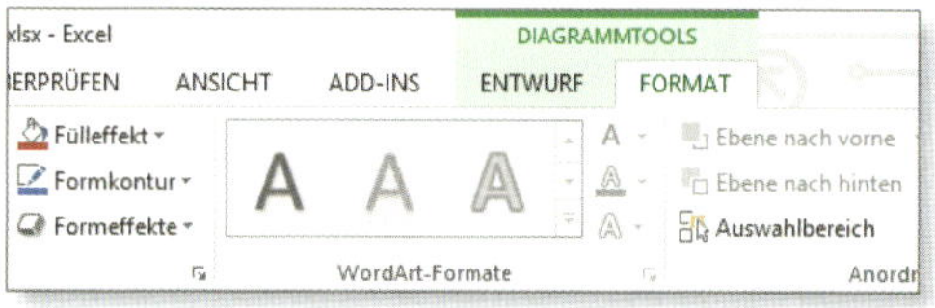

Abbildung 28.3
Die Registerkarte »Diagrammtools/Format« (Ausschnitt)

Rechts neben dem markierten Diagramm finden Sie drei Schaltflächen. Per Klick auf die oberste Schaltfläche **Diagrammelemente** öffnen Sie ein Menü, das eine Reihe von Optionen anbietet, mit denen Sie das Diagramm weiter bearbeiten können (**Achsentitel**, **Datenbeschriftungen**, **Gitternetzlinien** etc.).

Ein Diagramm mit Design

Wenn Sie dem Word-Dokument, in das Sie das Diagramm einfügen möchten, ein besonderes Design zugewiesen haben, können Sie das Diagramm angleichen, sodass es optisch zur Gestaltung des Word-Dokuments passt.

Mehr zur Gestaltung von Word-Dokumenten lesen Sie in Kapitel 20, »Dokumentdesigns und Dokumentvorlagen«.

Die Designs in Excel finden Sie auf der Registerkarte **Seitenlayout**. Öffnen Sie hier über die Schaltfläche **Designs** das Menü und weisen Sie dem Diagramm das Design zu, das Sie auch für das Word-Dokument verwenden.

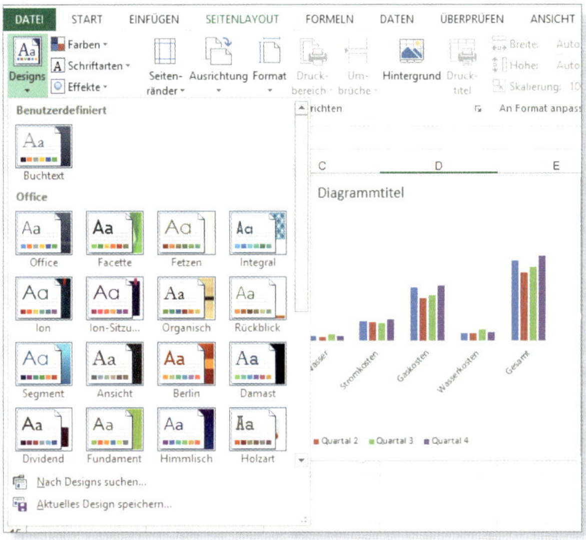

Abbildung 28.4
Dem Diagramm ein Design zuweisen

Ein Excel-Diagramm in Word verwenden

Sie können ein Diagramm mit wenigen Handgriffen in ein Word-Dokument einfügen.

1. Markieren Sie das Diagramm per Mausklick und kopieren Sie es per Klick auf die Schaltfläche **Kopieren** in der Gruppe **Zwischenablage** der Registerkarte **Start**.
2. Wechseln Sie in das Word-Dokument und setzen Sie den Cursor an die Stelle, an der Sie das Diagramm einfügen möchten.
3. Klicken Sie auf der Registerkarte **Start** auf den Pfeil an der Schaltfläche **Einfügen**, um die diversen Einfügeoptionen zu sehen. Im Wesentlichen können Sie hier entscheiden, ob Sie das Diagramm mit dem Zieldesign oder der ursprünglichen Formatierung einfügen möchten, ob es eingebettet oder verknüpft oder aber als Bild dargestellt werden soll.

Abbildung 28.5
Die Einfügeoptionen

INFO

Die Einfügeoptionen

Wir gehen an dieser Stelle nicht im Detail auf die Einfügeoptionen ein, da wir sie sowohl in Kapitel 7, »Textabschnitte markieren und neu ordnen«, als auch vor allem in Kapitel 35, »Das Zusammenspiel mit anderen Programmen«, ausführlich beschreiben.

Wenn Sie das Diagramm nicht als Bild einfügen, sondern mit einer der anderen Einfügeoptionen, stehen Ihnen nach dem Einfügen die Registerkarten **Diagrammtools/Entwurf** und **Diagrammtools/Format** zur Verfügung, die fast identische Funktionen wie in Excel bieten.

Gleichwohl können Sie für das Diagramm auch »bildtypische« Einstellungen vornehmen, z. B. den Zeilenumbruch bzw. Textumbruch ändern. Im Zusammenhang mit Grafiken wurde dies ausführlich besprochen. Nur zur Erinnerung: Klicken Sie auf die Schaltfläche **Layoutoptionen**, die rechts oben neben dem Diagramm eingeblendet wird, sobald Sie es markiert haben. Im Menü können Sie den Textumbruch bestimmen. Auch im Kontextmenü des Diagramms finden Sie den Befehl **Zeilenumbruch** und im Untermenü die dazugehörigen Einstellungen. Außer mit dem Zeilenumbruch **Mit Text in Zeile** können Sie mit jeder anderen Zeilenumbruchart das Diagramm mit der Maus frei auf dem Blatt bewegen.

Entscheiden Sie sich für die Einfügeoption **Bild**, wird die Registerkarte **Bildtools/Format** eingeblendet, sobald Sie das Diagramm bzw. Bild anklicken. Sie können dann das Aussehen des Diagramms beeinflussen, aber nicht das Diagramm selbst bearbeiten.

INFO

Die Größe des Diagramms

Das Diagramm wird in seiner Originalgröße in das Dokument eingefügt. Diese Größe bleibt erhalten, auch wenn Sie die Seitenränder im Word-Dokument ändern.

Einfügen über den Dialog »Inhalte einfügen«

Im Menü der Schaltfläche **Einfügen** finden Sie den Eintrag **Inhalte einfügen**. Wenn Sie diesen Befehl aufrufen, öffnet sich der gleichnamige Dialog, in dem weitere differenzierte Möglichkeiten zum Einfügen des Diagramms angeboten werden (die vor allem den Bildtyp betreffen). Sie können hier unter der Option **Einfügen** z. B. auswählen, in welchem Bildformat Sie das Diagramm einfügen möchten. Beachten Sie dabei, dass eine Bitmap (Dateiendung *.bmp*) deutlich mehr Speicherplatz in Anspruch nimmt als die anderen (komprimierten) Dateitypen.

Wenn Sie das Diagramm mit dem Dokument verknüpfen möchten, sodass lediglich die Adresse zu der Excel-Datei gespeichert wird, aktivieren Sie in dem Dialog die Option **Verknüpfung einfügen**. Die Auswahl reduziert sich dann im Feld **Als** auf:

- **Microsoft Excel-Diagramm-Objekt**
- **Grafik (Windows-Metadatei)**

Die anderen beiden Optionen (**Bitmap** und **Microsoft Office-Grafikobjekt**) werden – obwohl angezeigt – für die Verknüpfung nicht unterstützt.

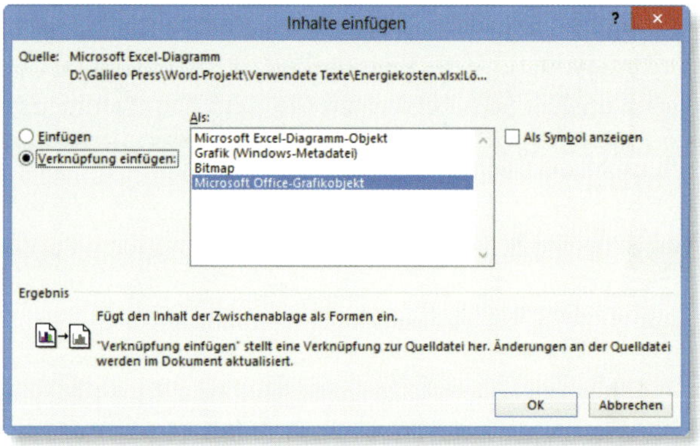

Abbildung 28.6
Das Diagramm als »Microsoft Office-Grafikobjekt« verknüpfen

Wenn Sie den Typ **Grafik (Windows-Metadatei)** wählen, wird das Diagramm als Grafik eingefügt (bzw. verknüpft), deren Qualität allerdings zu wünschen übrig lässt; über das Kontextmenü des Diagramms rufen Sie mit dem Befehl **Objekt formatieren** den gleichnamigen Dialog zum Bearbeiten von Zeichenobjekten bzw. Grafiken auf, den Sie vielleicht noch aus früheren Zeiten kennen.

Das Microsoft Excel-Diagramm-Objekt

Wenn Sie das Diagramm aus Word heraus direkt mit Excel bearbeiten möchten, wählen Sie im Feld **Als** den Typ **Microsoft Excel-Diagramm-Objekt**. Mit einem Doppelklick auf das Diagramm wird es in einem Excel-Fenster angezeigt, in dem Sie es mit allen Excel-Funktionen bearbeiten können.

Ein einfacher Mausklick außerhalb des Fensters, das das Diagramm zeigt, stellt es wieder in Word dar. Auf diese Weise können Sie bequem mit beiden Microsoft-Programmen arbeiten. Lesen Sie zur Interaktion von Programmen auch Kapitel 35, »Das Zusammenspiel mit anderen Programmen«, ab Seite 723.

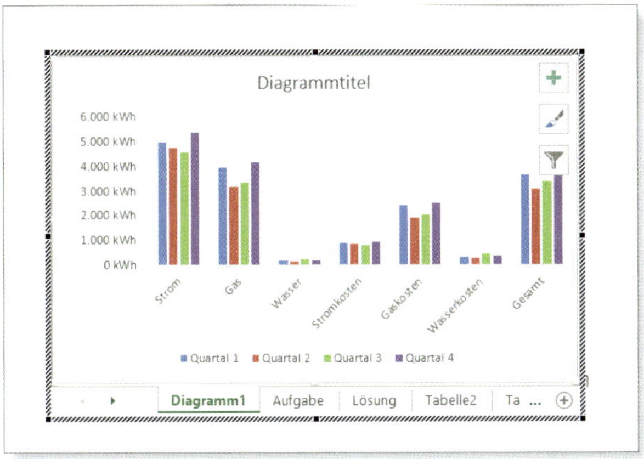

Abbildung 28.7
Das Diagramm als »Microsoft Excel-Diagramm-Objekt« in einem Excel-Fenster

28.2 Diagramme direkt in Word erstellen

In der Praxis wird es meistens so sein, dass das Diagramm, das Sie in einem Word-Dokument abbilden möchten, bereits in Excel erstellt wurde. Wenn dies nicht der Fall sein sollte und Sie während der Arbeit an Ihrem Word-Dokument ein neues Diagramm (bzw. die zugehörige Tabelle) von Grund auf neu erstellen möchten, brauchen Sie dafür nicht extra Excel zu bemühen, sondern können diese Aufgabe direkt aus Word heraus starten.

Ein neues Diagramm einfügen

Um direkt in Word ein Diagramm anzulegen, ohne es zuvor in Excel erstellt zu haben, gehen Sie so vor:

1 Wechseln Sie auf die Registerkarte **Einfügen** und klicken Sie hier in der Gruppe **Illustrationen** auf die Schaltfläche **Diagramm**.

2 Im Dialogfenster **Diagramm einfügen**, das sich dann öffnet, wählen Sie in der Auswahlliste auf der linken Seite den passenden Diagrammtyp. Im rechten Bereich werden die jeweiligen Varianten präsentiert (siehe Abbildung 28.8).

3 Markieren Sie den gewünschten Typ und klicken Sie auf **OK**.

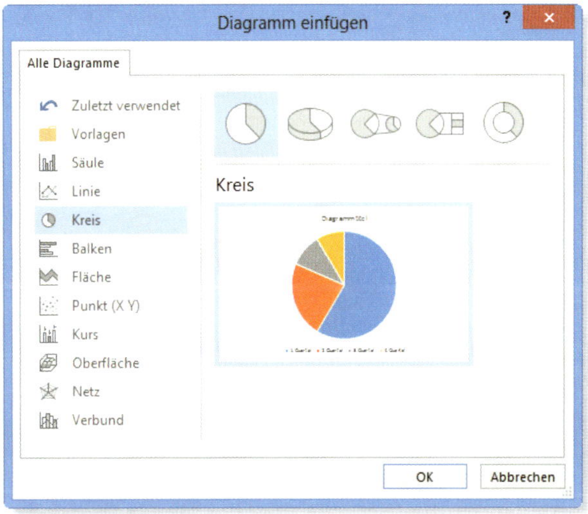

Abbildung 28.8
Den Diagrammtyp auswählen

Daraufhin wird ein neues Fenster mit dem Titel **Diagramm in Microsoft Word** und einer Mustertabelle angezeigt (siehe Abbildung 28.9); im Word-Dokument sehen Sie außerdem bereits die Vorschau auf das Diagramm, das Sie im Begriff sind zu erstellen und das abhängig von den Daten ist, mit denen Sie die Tabelle füllen. Die Tabelle können Sie mit gedrückter Maustaste oder (bei einem Touchdisplay) auch mit dem Finger auf dem Bildschirm verschieben.

Die Basisdaten ändern

Beginnen Sie damit, die Tabelle in dem – sehr abgespeckten – Excel-Fenster mit Ihren Daten zu füllen, die die Grundlage für das Diagramm bilden sollen. Sie können die vorhandenen Werte und Texte einfach überschreiben und neue Daten hinzuschreiben. Die linke Spalte bildet in diesem Fall die Legende, die erste Zeile die Überschrift des Diagramms. Mustereinträge in Spalten und Zeilen, die Sie nicht benötigen, löschen Sie einfach. Dazu markieren Sie die entsprechende Zeile/Spalte und drücken `Entf`. Sie können die Zelleninhalte, nachdem Sie sie markiert haben, auch einfach überschreiben.

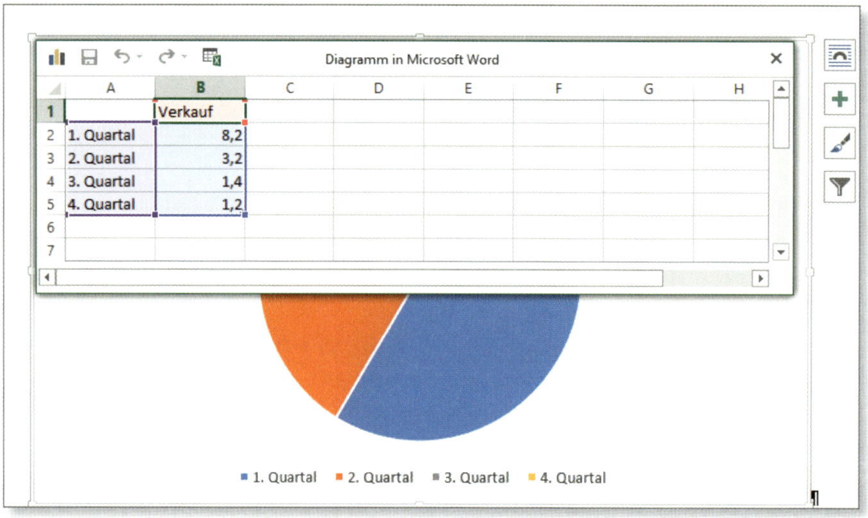

*< **Abbildung 28.9***
Das »Excel-Fenster« mit der Tabelle und die Vorschau auf das Diagramm

Die Veränderungen an der Tabelle übertragen sich automatisch auf das Diagramm im Word-Dokument. Nachdem Sie die Daten in das Tabellenfenster eingegeben haben, können Sie das Excel-Fenster schließen und sich der Bearbeitung des Diagramms widmen.

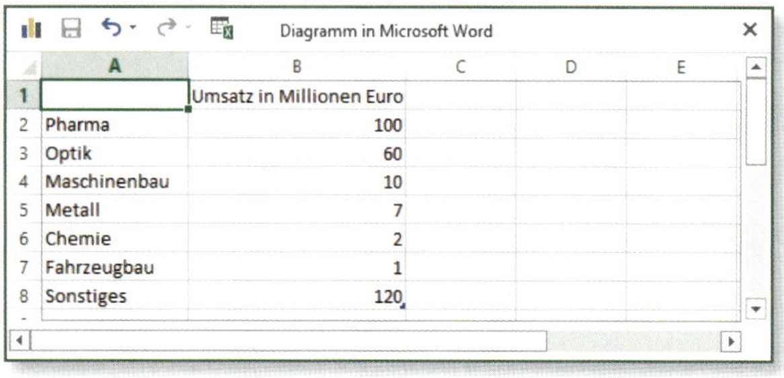

*^ **Abbildung 28.10***
Die Tabelle mit den eigenen Daten anpassen

Zur Bearbeitung stehen die bereits erwähnten Optionen der Registerkarten **Diagrammtools/Entwurf** und **Diagrammtools/Format** parat.

Das Aussehen des Diagramms insgesamt können Sie sehr einfach mit den Möglichkeiten auf der Registerkarte **Diagrammtools/Entwurf** beeinflussen. Die Varianten in der Gruppe **Diagrammformatvorlagen** weisen dem Diagramm auf einen Schlag andere Farbkombinationen oder Formattribute zu.

TIPP

Berechnungen anstellen

Sofern Sie vor dem Erstellen des Diagramms noch Berechnungen ausführen möchten, können Sie direkt aus Word zu Excel wechseln. Klicken Sie dazu im Tabellenfenster auf die Schaltfläche mit dem Excel-Symbol (**Bearbeiten Sie Daten in Microsoft Excel**). Einfache Berechnungen können Sie allerdings auch direkt in Word erledigen. Beginnen Sie die Formel zunächst wie üblich mit dem Gleichheitszeichen.

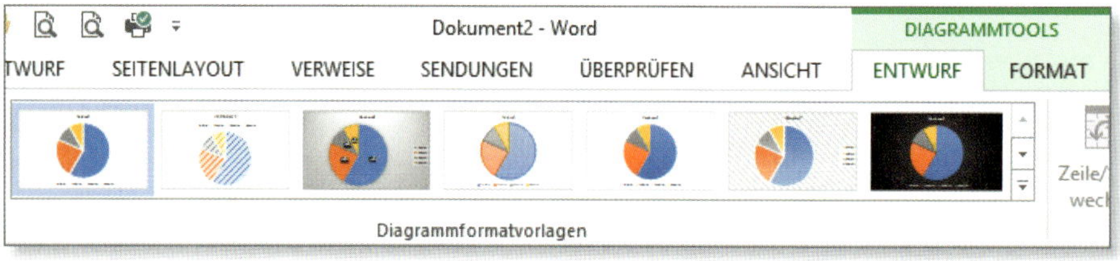

*< **Abbildung 28.11***
Die Diagrammformatvorlagen auf der Registerkarte »Diagrammtools/Entwurf«

Um die gesamte Auswahl der Vorlagen zu erhalten, klicken Sie auf den Pfeil an der Gruppe **Diagrammformatvorlagen**. Sie finden in diesem Menü auch Vorlagen, mit denen Sie Ihrem Diagramm eine Art 3D-Effekt zuweisen können.

Diagrammlayouts

Das Layout des Diagramms lässt sich mit den vordefinierten Diagrammlayouts, mitunter auch als *Schnelllayouts* bezeichnet, beeinflussen. Mit diesen Layouts, die Sie auf der Registerkarte **Diagrammtools/Entwurf** in der Gruppe **Diagrammlayouts** finden, können Sie ruck, zuck bestimmte Elemente des Diagramms (Legende, Beschriftungen, Titel etc.) ein- oder ausblenden und ihre Position im Diagramm bestimmen. Im zugehörigen Menü, das Sie mit dem Auswahlpfeil an der Gruppe aufklappen, werden u. a. Layouts angeboten, die die Werte für ein Datenelement in Prozenten anzeigen, z. B. **Layout 2** (dies zeigt Abbildung 28.12), oder die die Werte zusammen mit den Bezeichnungen einfügen (z. B. **Layout 4**). Klicken Sie einfach auf eines der Symbole, um dem Diagramm das entsprechende Layout zuzuweisen. Wie immer erhalten Sie eine direkte Vorschau im Dokument, sobald Sie mit der Maus über die Layouts fahren.

Abbildung 28.12
Das Diagramm mit Anzeige der Werte in Prozent (»Layout 2«)

Den Diagrammtyp ändern

Sie finden auf der Registerkarte **Diagrammtools/Entwurf** auch die Möglichkeit, den Diagrammtyp selbst zu ändern. Klicken Sie dazu auf die Schaltfläche **Diagrammtyp ändern** in der Gruppe **Typ** ganz rechts auf der Registerkarte. Dies öffnet den gleichnamigen Dialog, der dem Dialog **Diagramm erstellen** entspricht. Hier wählen Sie einfach den gewünschten neuen Diagrammtyp, der dann das ursprüngliche Diagramm ersetzt (für die folgenden Beispiele und Abbildungen wandeln wir das ursprünglich gewählte Kreisdiagramm in ein Säulendiagramm um).

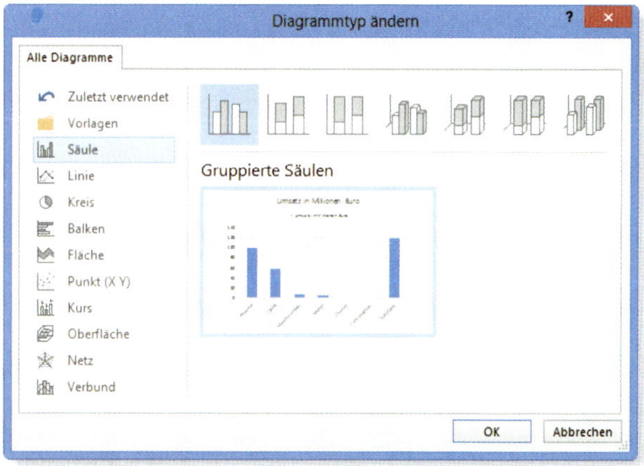

Abbildung 28.13
Der Dialog »Diagrammtyp ändern«

Das Diagramm individuell bearbeiten

Es stehen Ihnen schier unendlich viele Möglichkeiten zur Verfügung, die Struktur des Diagramms individuell zusammenzustellen und die einzelnen Elemente zu bearbeiten.

Zu vielen Einstellungen gelangen Sie über die Schaltflächen rechts neben dem Diagramm. Um beispielsweise Diagrammelemente wie Titel, Legende, Gitternetzlinien oder Datenbeschriftungen hinzuzufügen und sie zu bearbeiten, klicken Sie auf die Schaltfläche mit dem Pluszeichen und wählen die entsprechenden Elemente über das vorangestellte Kontrollkästchen aus. Für differenzierte Einstellungen klicken Sie auf den Pfeil am Eintrag **Datenbeschriftungen** und im Untermenü auf **Weitere Optionen**. (Beachten Sie, dass die Einträge im Menü **Diagrammelemente** je nach Diagrammtyp unterschiedlich sind. In Abbildung 28.14 gehört das Menü zu einem Säulendiagramm.)

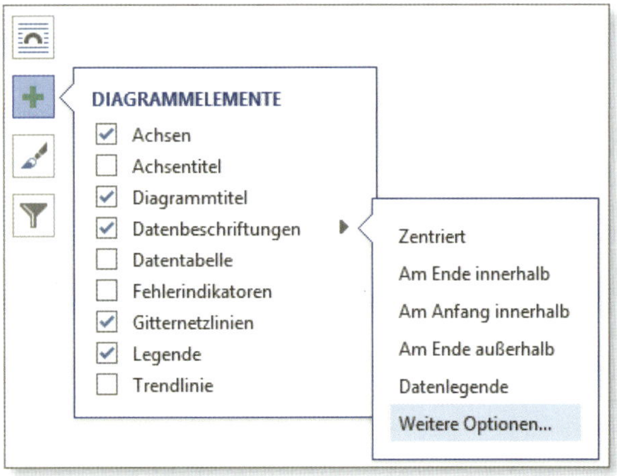

Abbildung 28.14
Die Optionen für die Datenbeschriftungen aufrufen

INFO

Elemente eines Diagramms

Jedes Diagramm besteht aus diversen Elementen, wobei sich diese Elemente je nach Diagrammtyp unterscheiden. Unabhängig vom Diagrammtyp gibt es immer eine Diagrammfläche, die das gesamte Diagramm umfasst, und eine Zeichnungsfläche, die die eigentlichen Elemente (Säulen, Balken, Kreis etc.) enthält. Nachdem Sie die Grundstruktur des Diagramms festgelegt haben, also einen Diagrammtyp ausgewählt haben, können Sie jedes einzelne Element separat markieren, bearbeiten und formatieren.

Dies öffnet den Aufgabenbereich **Datenbeschriftungen formatieren** mit der Kategorie **Beschriftungsoptionen**. Hier können Sie die Datenbeschriftung des Diagramms steuern, z. B. festlegen, ob die Werte innerhalb des Diagramms angezeigt werden oder nicht. Bei einem Kreisdiagramm würde hier zusätzlich die Option »Prozent« auftauchen.

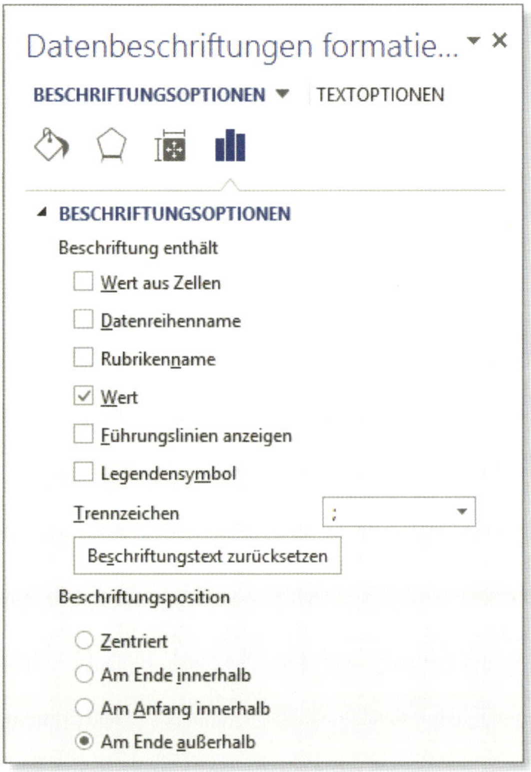

Abbildung 28.15
Optionen für die Datenbeschriftung

Sobald Sie im Diagramm ein anderes Element markieren, z. B. die horizontale Achse (die es in einem Kreisdiagramm naturgemäß nicht gibt), erscheint auch ein anderer Aufgabenbereich (in diesem Fall der Bereich **Achse formatieren**), über den Sie weitere individuelle Einstellungen vornehmen können. Statt die Elemente, die Sie bearbeiten möchten, im Diagramm zu markieren, können Sie im Aufgabenbereich auch auf den Auswahlpfeil an der jeweils geöffneten Kategorie klicken und in der Auswahlliste das zu bearbeitende Diagrammelement auswählen.

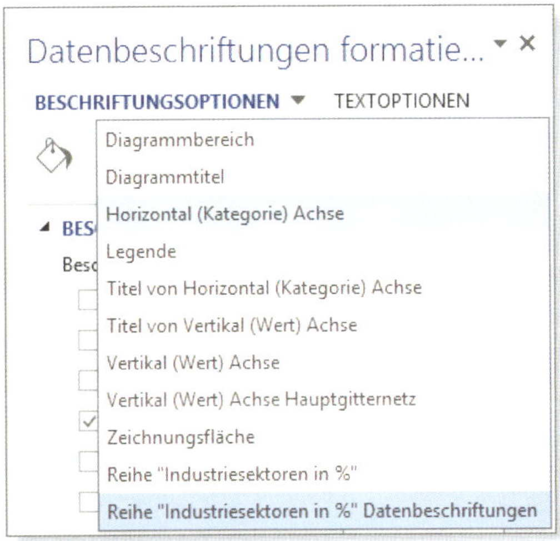

Abbildung 28.16
Das Diagrammelement zur weiteren Bearbeitung auswählen

In Abbildung 28.17 ist die Kategorie **Achsenoptionen** geöffnet (das Symbol ganz rechts), die Symbole links daneben (**&Layout und Eigenschaften**, **Effekte**, **Füllung und Linie**) blenden weitere Formatierungsoptionen ein (die Sie im Wesentlichen schon im Zusammenhang mit der Bearbeitung von Grafiken kennengelernt haben).

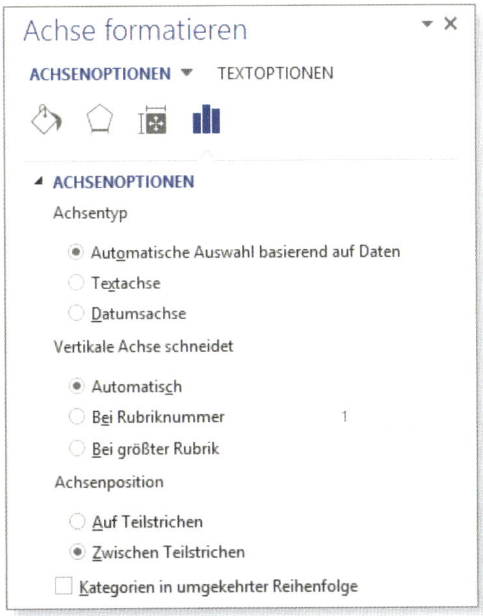

Abbildung 28.17
Die Optionen zur Bearbeitung der horizontalen Achse

Um die Achsen eines Diagramms zu beschriften, klicken Sie im Menü der **Diagrammoptionen** auf den Pfeil am Menüpunkt **Achsentitel**. Im Untermenü setzen Sie ein Häkchen vor **Primär horizontal** und **Primär vertikal**.

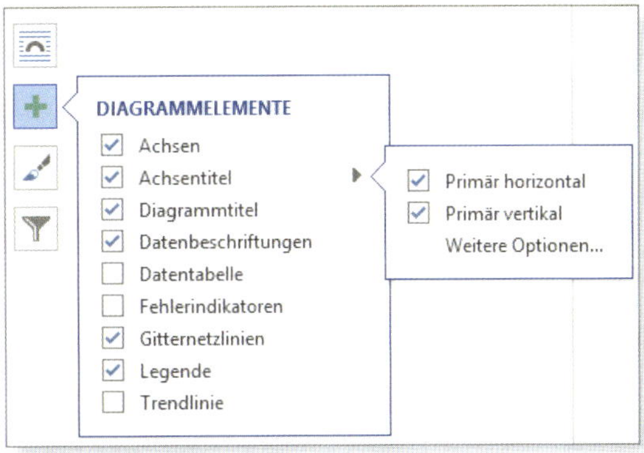

Abbildung 28.18
Die Achsen beschriften

Daraufhin sehen Sie im Diagramm kleine Textfelder mit der Beschriftung **Achsentitel**. Setzen Sie den Cursor einfach in diese Felder und schreiben Sie den gewünschten Text hinein.

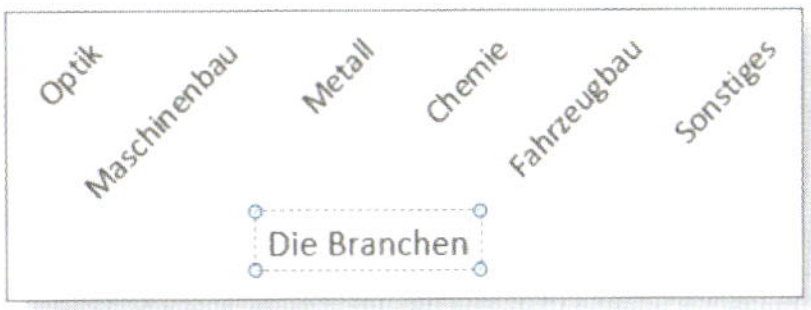

Abbildung 28.19
Eine Beschriftung für die horizontale Achse hinzufügen

Wie zuvor öffnet der Menüeintrag **Weitere Optionen** den passenden Aufgabenbereich, in diesem Fall den Bereich **Achsentitel formatieren**, der zahlreiche Optionen bietet, um das Aussehen des Achsentitels anzupassen.

Zur Unterscheidung und Abgrenzung der einzelnen Datenreihen bzw. Datenpunkte (im Beispiel also der Säulen) bieten sich in der Regel unterschiedliche Farben an. Um eine Säule farblich hervorzuheben, markieren Sie sie zunächst. Sollten daraufhin alle Datenreihen markiert sein, klicken Sie die zu bearbeitende Säule erneut an, damit nur diese ausgewählt ist. Sofern der Aufgabenbereich nicht geöffnet ist, können

Sie die Säule mit der rechten Maustaste anklicken. Im Kontextmenü, das sich daraufhin öffnet, wählen Sie **Datenpunkt formatieren**, um den Aufgabenbereich mit den entsprechenden Optionen zu öffnen.

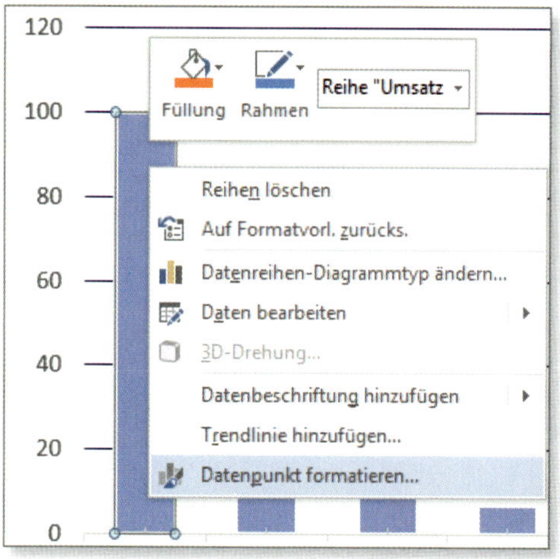

Abbildung 28.20
Nur die Reihe »Pharma« der vertikalen Achse »Umsatz« ist markiert.

Sofern der Aufgabenbereich ohnehin geöffnet ist, können Sie auch einfach über den Auswahlpfeil an der aktuellen Kategorie die Liste mit den Elementen öffnen und hier auf **Reihe [Bezeichnung]** klicken. Dadurch werden alle Säulen markiert. Klicken Sie dann die Säule an, die Sie formatieren möchten.

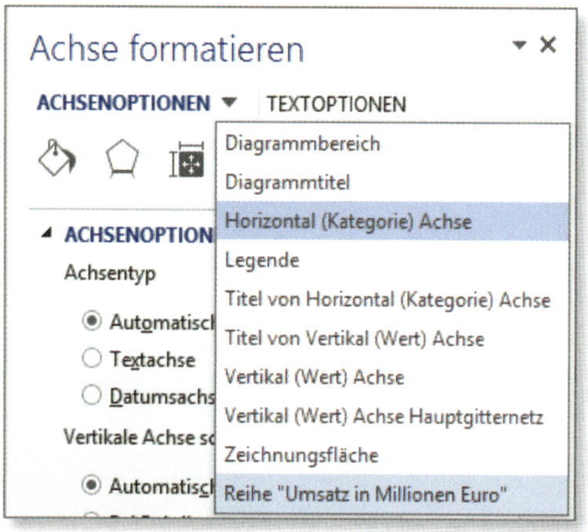

Abbildung 28.21
Die Datenreihe auswählen

Im Aufgabenbereich **Datenpunkt formatieren** klicken Sie auf das Symbol **Füllung und Linie** und aktivieren die Option **Einfarbige Füllung**. Über das Symbol **Füllfarbe** wählen Sie dann eine Farbe.

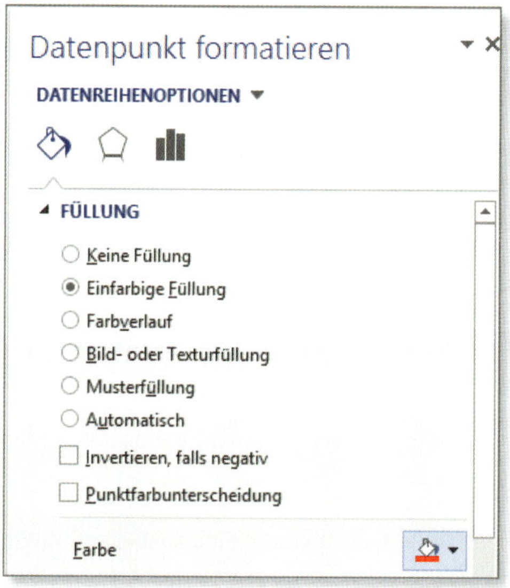

Abbildung 28.22
Der ausgewählten Säule eine Farbe zuweisen

Auf diese Weise können Sie jedem Datenpunkt eine andere Farbe zuweisen. Statt einer einfarbigen Füllung können Sie sich natürlich auch für einen Farbverlauf oder z. B. für eine Musterfüllung entscheiden.

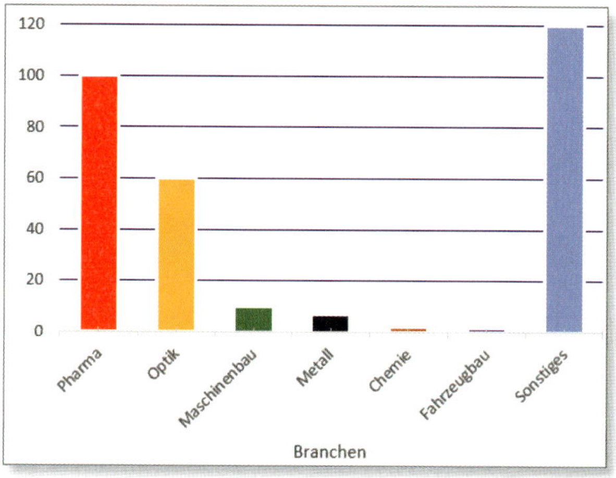

Abbildung 28.23
Die Säulen wurden farbig gestaltet.

Die Darstellung der Achsen vorgeben

Entscheidend für die Lesbarkeit eines Diagramms ist häufig die Genauigkeit, mit der die Werte angezeigt werden. Auch diese Einstellungen nehmen Sie im Aufgabenbereich **Achse formatieren** vor. Um die entsprechenden Einstellungen aufzurufen, markieren Sie die Achse mit den Werten (in einem Säulendiagramm – wie im Beispiel in der Regel die vertikale Achse).

Dann öffnen Sie über das Pluszeichen das Menü **Diagrammelemente**, klicken auf den Pfeil am Eintrag **Achsen** und wählen **Weitere Optionen**.

Im Aufgabenbereich **Achse formatieren**, der daraufhin geöffnet wird, werden die entsprechenden Achsenoptionen (z. B. Felder für die Intervalleingabe) angezeigt (sollte dies nicht der Fall sein, klicken Sie auf den Pfeil neben **Achsenoptionen** und wählen Sie hier erneut **Vertikal (Wert) Achse**).

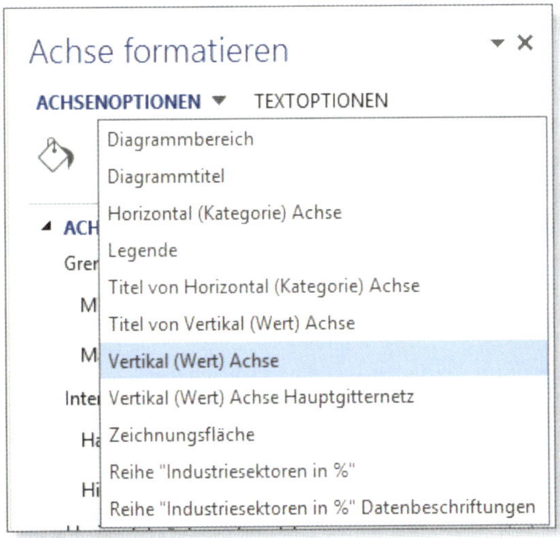

Abbildung 28.24
Die vertikale Achse auswählen

Unter den Optionen der **Achsenoptionen** gibt es u. a. das Feld **Hauptintervall**. Hier tragen Sie ein, in welchen Abständen die Werte auf der vertikalen Achse dargestellt werden sollen.

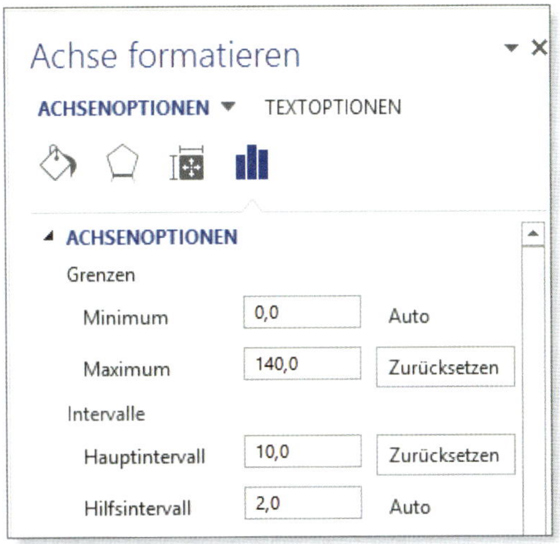

Abbildung 28.25
Das Intervall für die Anzeige der Werte auf der vertikalen Achse ändern

Ob die angezeigten Werte zu Einheiten zusammengefasst werden sollen, regeln Sie im Feld **Anzeigeeinheiten**. Soll die Einheit neben der Achse angezeigt werden, aktivieren Sie auch die Option **Beschriftung der Anzeigeeinheiten im Diagramm anzeigen**.

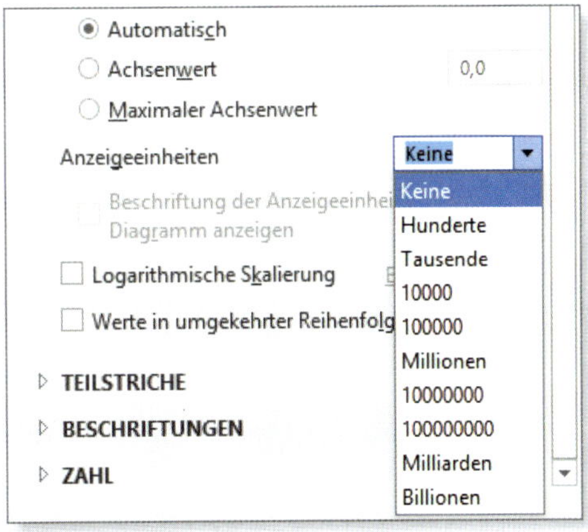

Abbildung 28.26
Die Werte zu Einheiten zusammenfassen

Wir belassen es im Beispiel bei der Einstellung **Keine**, da die Werte ohnehin zusammengefasst sind.

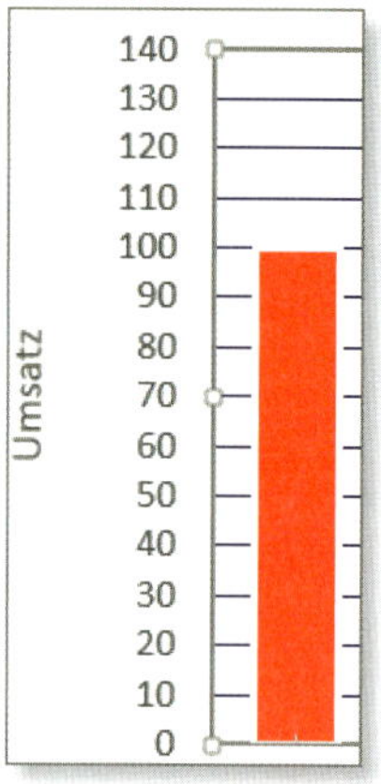

Abbildung 28.27
Die Werte der vertikalen Achse

Auch die Darstellung des Gitternetzes können Sie verändern. Öffnen Sie dazu das Menü mit den **Diagrammelementen** auf der Registerkarte **Diagrammtools/Format** und wählen Sie hier **Vertikal (Wert) Achse Hauptgitternetz**. Der Aufgabenbereich **Hauptgitternetz formatieren**, der sich daraufhin öffnet, bietet zahlreiche Optionen zum »Verschönern« des Gitternetzes.

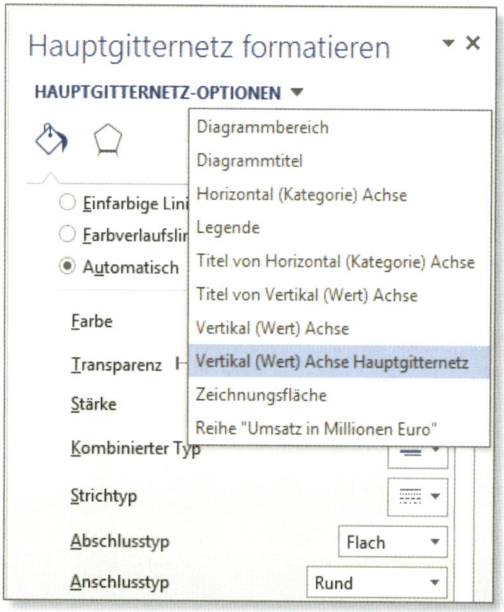

Abbildung 28.28
Das Menü zur Veränderung der Gitternetzlinien

TIPP

Diagrammelemente markieren

Zum Markieren von Diagrammelementen an dieser Stelle noch ein Tipp: Da es in aufwendigen Diagrammen mitunter gar nicht so leicht ist, das richtige Element per Mausklick zu markieren, finden Sie auch im Menü der Schaltfläche **Diagrammelemente** alle Elemente aufgelistet und können hier dann das gewünschte Element markieren. Diese Schaltfläche befindet sich ganz links auf der Registerkarte **Diagrammtools/Format**. Wenn Sie kein spezielles Element markiert haben, sehen Sie hier den Eintrag **Diagrammbereich**. Um beispielsweise die vertikale Achse (eines Säulendiagramms) zu markieren, wählen Sie in der Auswahlliste **Vertikal (Wert) Achse**.

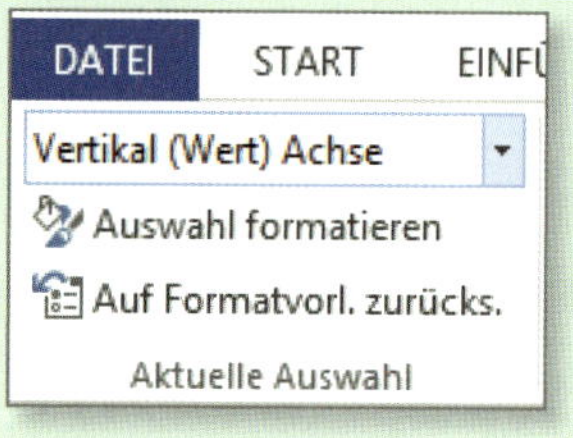

Abbildung 28.29
Ein Diagrammelement über das Menü der Schaltfläche »Diagrammelemente« markieren

Ein Hintergrundbild für das Diagramm aussuchen

Recht häufig sehen Sie in Fachzeitschriften oder anderen Publikationen Diagramme, die auf einem Hintergrundbild angezeigt werden. Auch eine solche Formatierung können Sie für Ihr Diagramm einstellen, wobei es sinnvoll ist, vor diesen Schritten zu prüfen, welche Grafik sich für das Diagramm eignet. Sie sollten dabei wie im Folgenden beschrieben vorgehen.

1 Klicken Sie zunächst die Zeichnungsfläche (also den Bereich mit den Daten, aber kein einzelnes Element) per rechten Mausklick an und wählen Sie im Kontextmenü den Punkt **Zeichnungsfläche formatieren**.

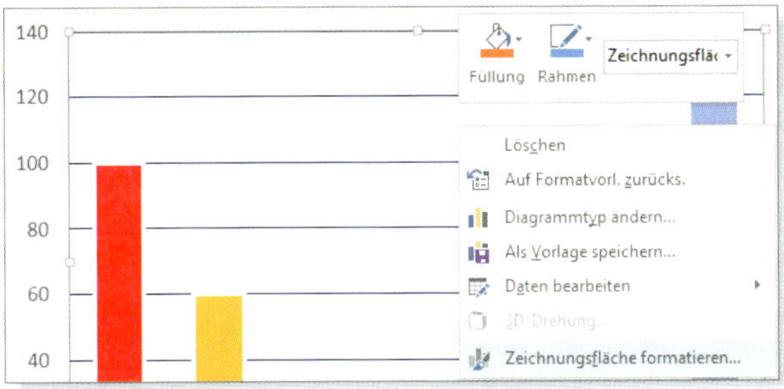

Abbildung 28.30
Den Dialog »Zeichnungsfläche formatieren« aufrufen

2 Im Aufgabenbereich **Zeichnungsfläche formatieren** > **Füllung und Linie** aktivieren Sie zunächst die Option **Bild- oder Texturfüllung** ①. Dann klicken Sie auf die Schaltfläche **Datei** ②.

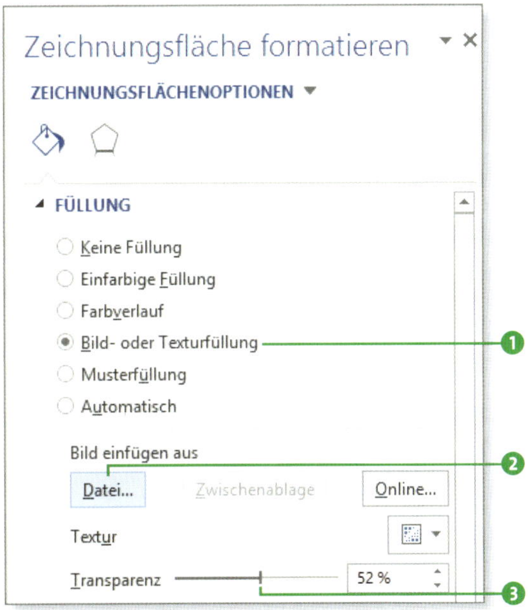

Abbildung 28.31
Aktivieren Sie die Option »Bild- oder Texturfüllung«.

3 Im nachfolgenden Dialog wählen Sie die gewünschte Grafik aus und klicken dann auf **Einfügen**.

Daraufhin füllt das Bild die Zeichnungsfläche des Diagramms aus. Oft wirkt es besser, wenn das Bild lediglich als schwacher Hintergrund zu sehen ist. Dazu schieben Sie den Regler **Transparenz** ③ ein wenig nach rechts.

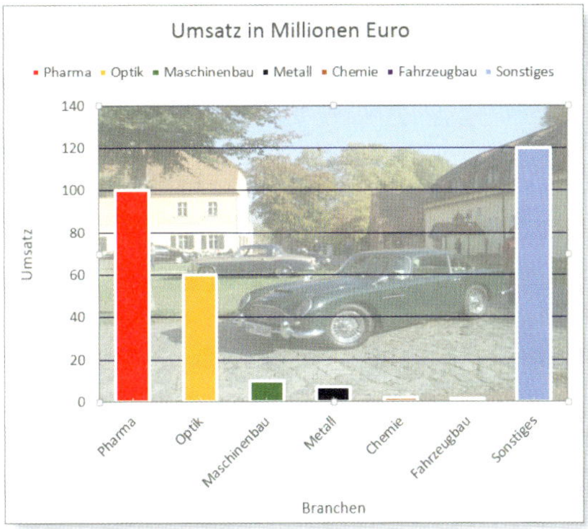

Abbildung 28.32
Das Diagramm mit einem Hintergrundbild

Falls Sie mit dem Hintergrundbild doch nicht glücklich sind, können Sie es auch wieder loswerden. Markieren Sie dazu im Aufgabenbereich einfach die Option **Keine Füllung**.

Abbildung 28.33
Ein Hintergrundbild wieder entfernen

Formenarten, Zeilenumbruch, Position etc.

Auch die Registerkarte **Diagrammtools/Format** bietet zahllose Optionen, das Diagramm zu gestalten.

Außerdem finden Sie hier die Befehle, die Sie auch von anderen Objekten bzw. Grafiken her kennen, z. B. die

Festlegung des Zeilenumbruchs und der Position des Diagramms auf dem Blatt. Über die Formenarten, die hier angeboten werden, verändern Sie das Aussehen der Elemente bzw. des ausgewählten Elements in einem Rutsch.

Auf der Registerkarte **Diagrammtools/Format** gibt es auch – wie schon erwähnt – die Schaltfläche zum Markieren einzelner Elemente. Wenn Sie in diesem Menü z. B. **Zeichnungsfläche** wählen und dann eine der angebotenen Vorlagen für Formen im Bereich **Formenarten** auswählen, wird die entsprechende Gestaltung auf die Zeichnungsfläche übertragen.

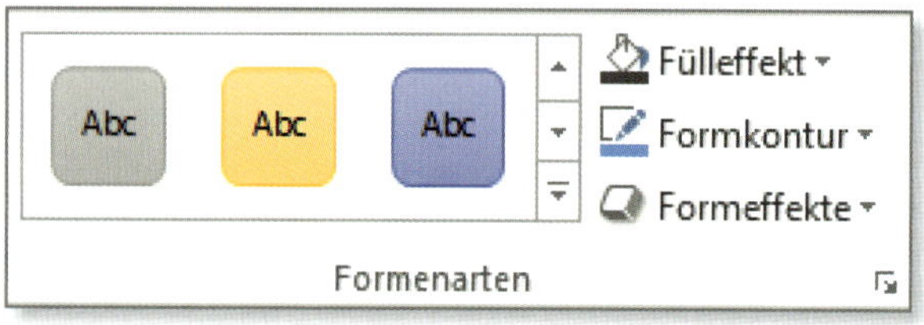

Abbildung 28.34
Formenarten für Diagrammelemente anwenden

Ebenso verhält es sich mit den Optionen **Fülleffekt**, **Formkontur** und **Formeffekte** in der Gruppe **Formenarten**. Die entsprechenden Einstellungen wirken sich auf das Element aus, das Sie zuvor manuell mit der Maus oder mithilfe des Menüs **Diagrammelemente** markiert haben.

Abbildung 28.35
Die Zeichnungsfläche wurde mit einer Formenart gestaltet.

TIPP

Die Registerkarte »Diagrammtools/Format« nutzen

Nach den vielen – teils auch unübersichtlichen – Wegen und Methoden, das Diagramm mithilfe der unterschiedlichen Optionen im Aufgabenbereich zu bearbeiten, wirkt die Registerkarte **Diagrammtools/Format** sehr übersichtlich und einfach zu handhaben. So gesehen, können Sie vieles auch einfach über die Schaltflächen der Registerkarte **Diagrammtools/Format** erledigen und den Aufgabenbereich mit seinen Optionen und Kategorien nicht in allen Fällen, aber weitestgehend links liegen lassen!

Den Datenbereich ändern

Falls Sie nachträglich weitere Daten bzw. Werte aus der grundlegenden Tabelle in das Diagramm aufnehmen oder auch daraus entfernen möchten, können Sie das jederzeit mithilfe des Dialogs **Datenquelle auswählen** vornehmen. Diesen Dialog rufen Sie auf der Registerkarte **Diagrammtools/Entwurf** in der Gruppe **Daten** über die Schaltfläche **Daten auswählen** auf.

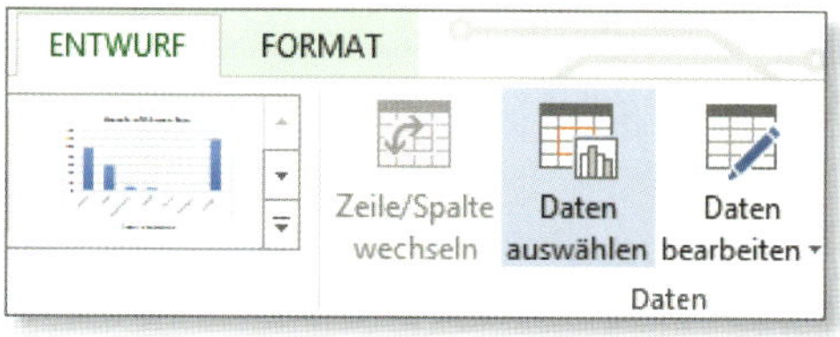

Abbildung 28.36
Den Dialog »Datenquelle auswählen« aufrufen

Der Dialog **Datenquelle auswählen** (siehe Abbildung 28.38) öffnet sich zusammen mit dem Excel-Fenster, das die Ursprungstabelle anzeigt. Über die Schaltflächen **Hinzufügen**, **Bearbeiten** und **Entfernen** öffnen Sie kleine Dialoge, über die Sie neue Reihen und Reihenwerte hinzufügen bzw. vorhandene bearbeiten oder löschen können.

Um beispielsweise eine weitere Reihe in das Diagramm aufzunehmen, klicken Sie im linken Bereich des Dialogfensters auf die Schaltfläche **Hinzufügen**. Im sich öffnenden Dialogfenster **Datenreihe bearbeiten** setzen Sie den Cursor zuerst in das Feld **Reihenname** und markieren dann in der Tabelle die Überschrift der Reihe (die Sie hinzufügen möchten). Daraufhin wird der entsprechende Zellbereich in dem Feld angezeigt.

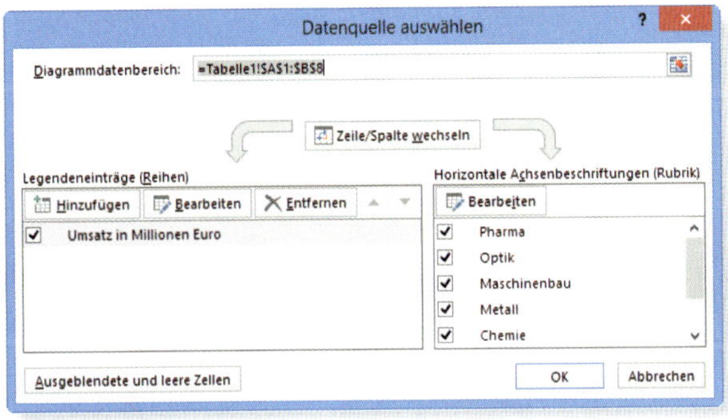

Abbildung 28.37
Der Dialog »Datenquelle auswählen«

Genauso verfahren Sie, um die Werte der Reihe zu übernehmen. Sie setzen den Cursor in das Feld **Reihenwerte** und markieren in der Tabelle den Zellbereich mit den Werten; löschen Sie vorher die Klammer mit der 1 **{1}**, sodass die Werte nach dem Gleichheitszeichen eingetragen werden. Bestätigen Sie dann beide Dialoge mit **OK**.

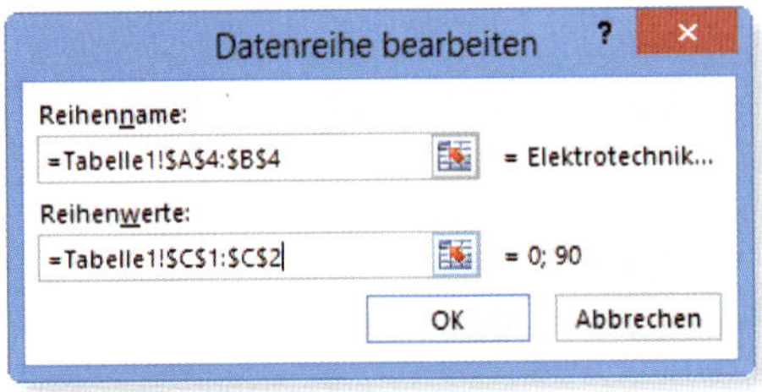

Abbildung 28.38
Dem Diagramm weitere Werte hinzufügen

Möchten Sie bestehende Reihen bzw. Reihenwerte bearbeiten oder entfernen wählen Sie sie zunächst aus und klicken dann auf die entsprechende Schaltfläche.

28.3 Ein Diagramm als Vorlage speichern

Wenn Sie ein Diagramm aufwendig bearbeitet haben und andere Diagramme in Zukunft ähnlich gestalten möchten, können Sie ein Diagramm auch als Vorlage speichern. Den Befehl dazu finden Sie im Kontextmenü eines Diagramms. Klicken Sie das Diagramm mit der rechten Maustaste an und wählen Sie im Kontextmenü **Als Vorlage speichern**. Daraufhin öffnet sich der Dialog **Diagrammvorlage speichern**, der den Ordner *Charts* (der ein Unterordner des Ordners *Templates* ist) anzeigt. Geben Sie der Diagrammvorlage hier einen Namen und klicken Sie dann auf **Speichern**. Sie finden diese Diagrammvorlage zukünftig im Menü der Schaltfläche **Diagramm einfügen**. Wenn Sie hier im linken Bereich den Eintrag **Vorlagen** markieren, werden Ihre als Vorlagen gespeicherten Diagramme aufgelistet.

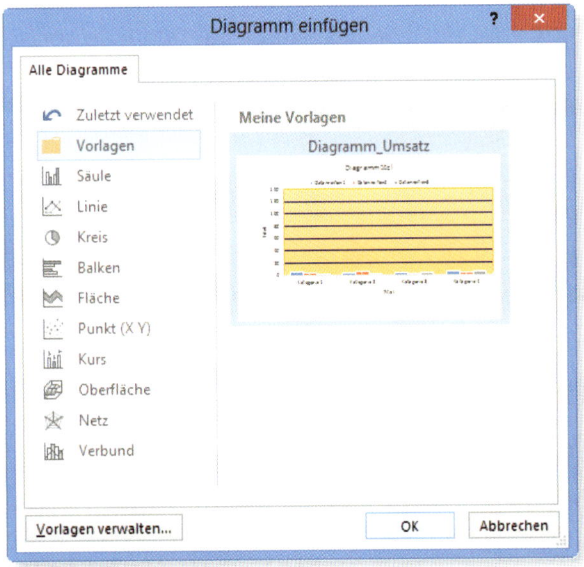

Abbildung 28.39
Eine Vorlage für ein neues Diagramm auswählen

Mit der Auswahl einer Vorlage wird dann das gestaltete Diagramm in der Vorschau angezeigt, allerdings ohne die Werte und/oder die konkreten Texteinträge des Ursprungsdiagramms; außerdem erscheint wie üblich das Excel-Fenster mit der Mustertabelle.

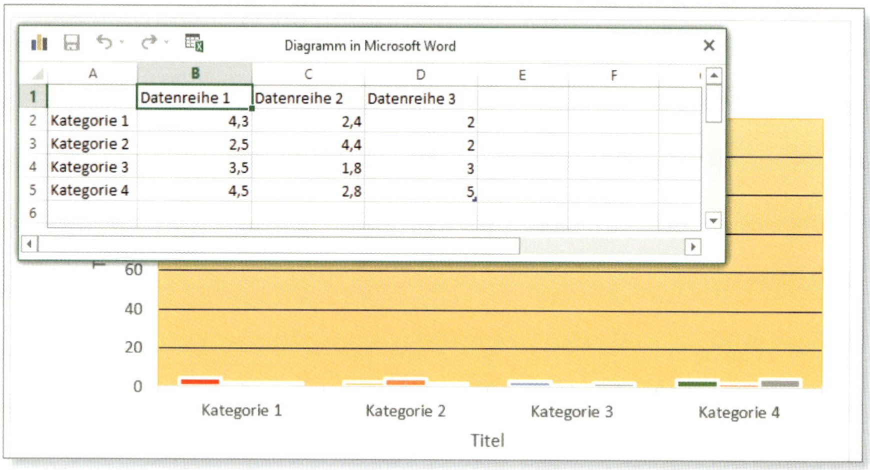

	A	B	C	D	E	F
1		Datenreihe 1	Datenreihe 2	Datenreihe 3		
2	Kategorie 1	4,3	2,4	2		
3	Kategorie 2	2,5	4,4	2		
4	Kategorie 3	3,5	1,8	3		
5	Kategorie 4	4,5	2,8	5		
6						

< Abbildung 28.40
Die Diagrammvorlage in der Vorschau vor dem Ausfüllen der Mustertabelle

28.4 Beispiel: Diagramm zur Darstellung von Inflationsraten

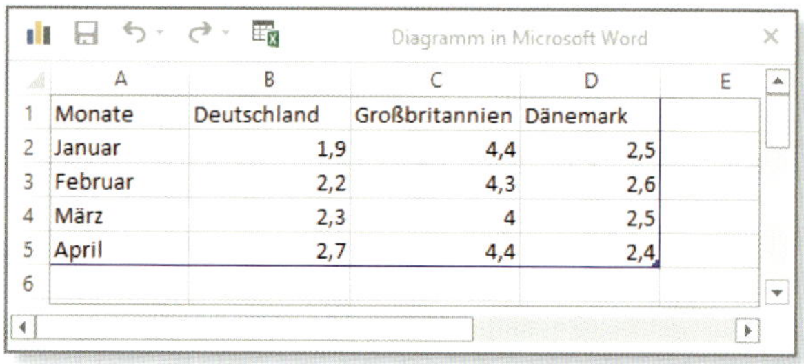

	A	B	C	D	E
1	Monate	Deutschland	Großbritannien	Dänemark	
2	Januar	1,9	4,4	2,5	
3	Februar	2,2	4,3	2,6	
4	März	2,3	4	2,5	
5	April	2,7	4,4	2,4	
6					

∧ Abbildung 28.41
Die Tabelle mit den Werten für das Diagramm

In diesem Abschnitt möchten wir Schritt für Schritt ein Beispieldiagramm erstellen. Es zeigt die Inflationsraten in drei ausgewählten Ländern: Deutschland, Großbritannien und Dänemark. Da es bei den Daten, die wir darstellen wollen, auch um eine zeitliche Entwicklung geht, ist ein Liniendiagramm für diesen Zweck am besten geeignet.

1. Klicken Sie auf der Registerkarte **Einfügen** in der Gruppe **Illustrationen** auf die Schaltfläche **Diagramm** und entscheiden Sie sich im Dialogfenster für ein einfaches Liniendiagramm.
2. Das Excel-Fenster mit der Mustertabelle und das Vorschaudiagramm werden angezeigt. Geben Sie die Länder in die Zellen der oberen Zeile ein – sie bilden in diesem Diagramm die Legende. In die linke Spalte tragen Sie die Monate ein, die auf der horizontalen Achse erscheinen werden.
3. Nach dem Ausfüllen der Tabelle mit den entsprechenden Werten (im Beispiel also mit den Inflationsraten in den Ländern) minimieren (oder schließen) Sie das Excel-Fenster und bearbeiten anschließend das Diagramm.
4. Um zunächst die Hintergrundfarbe für das Diagramm festzulegen, wechseln Sie auf die Registerkarte **Diagrammtools/Format**. Markieren Sie per Mausklick das ganze Diagramm, klappen Sie die Auswahl der **Formenarten** auf und wählen Sie eine Farbe für die Füllung.
5. Auch die Linien werden mithilfe der Formenarten formatiert. Markieren Sie jeweils eine Reihe (nutzen Sie dazu gegebenenfalls die Auswahlliste **Diagrammelemente** ganz links auf der Registerkarte **Diagrammtools/Format** und markieren Sie hier **Reihe »Deutschland«** usw.) und wählen Sie in der Auswahl der **Formenarten** die gewünschte Kontur aus.
6. Ergänzen Sie das Diagramm um einen Diagrammtitel. Öffnen Sie das Menü **Diagrammelemente**,

indem Sie auf das Pluszeichen rechts neben dem Diagramm klicken. Setzen Sie ein Häkchen vor **Diagrammtitel**. In das Textfeld, das daraufhin erscheint, geben Sie den Text für die Überschrift ein. Klicken Sie dann einfach auf **Format** > **Fülleffekt**, um dem Textfeld eine Farbe zuzuweisen.

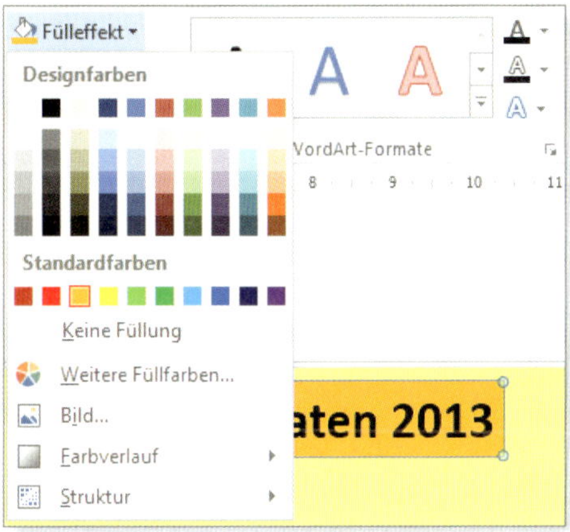

Abbildung 28.42
Das Textfeld des Titels formatieren

7 Klicken Sie im Menü **Diagrammelemente** auf den Pfeil neben **Achsentitel** und aktivieren Sie **Primär vertikal**. Tragen Sie den Text für die vertikale Achsenbeschriftung in das Feld ein (im Beispiel »Prozent«).

8 Um die Werte der vertikalen Achse in kleineren Intervallen anzuzeigen, markieren Sie die vertikale Achse, klicken im Menü **Diagrammelemente** auf den Pfeil neben **Achsen** und wählen **Weitere Optionen**. Achten Sie im Aufgabenbereich **Achsen formatieren** darauf, dass die **Achsenoptionen** angezeigt werden (über das Symbol mit dem kleinen Diagramm).

9 Geben Sie in das Feld **Hauptintervall** »0,3« ein (sofern Sie unser Beispiel mitspielen).

10 Um die Werte der Linien übersichtlich in Segmente aufzuteilen, klicken Sie auf die Schaltfläche **Diagrammelemente** (das Pluszeichen) und dann auf den Pfeil neben **Gitternetzlinien**. Aktivieren Sie im Untermenü **Primäres Hauptgitter horizontal**, **Primäres Hauptgitter vertikal** und **Primäres Hilfsgitter vertikal**.

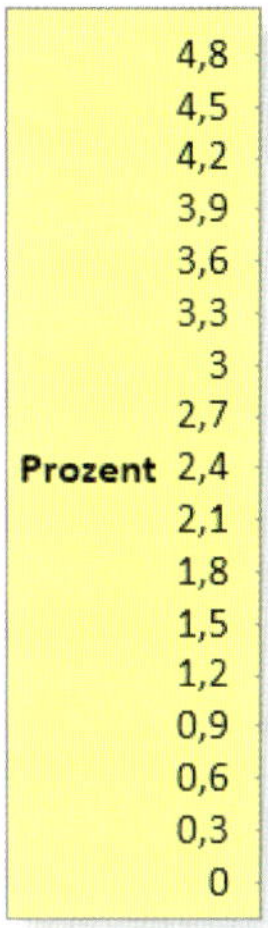

Abbildung 28.43
Die Werte in kleinen Intervallen auf der vertikalen Achse

11 Zur Verdeutlichung der Werte werden die Linien außerdem beschriftet. Aktivieren Sie dazu im Menü **Diagrammelemente** die Option **Datenbeschriftung**. Im Untermenü wählen Sie **Rechts**.

12 Aktivieren Sie im Menü **Diagrammelemente** die Option **Legende**.

Wenn Sie wie in unserem Beispiel die Flaggen der Länder in das Diagramm einfügen möchten, platzieren Sie zu guter Letzt entsprechende Grafikdateien im Diagramm, passen Sie deren Größe an und positionieren Sie sie. Als Zeilenumbruchart wählen Sie am besten **Vor den Text**.

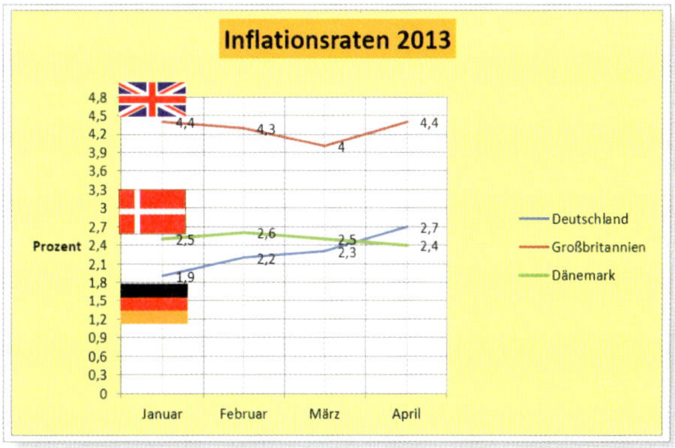

Abbildung 28.44
Das fertige Diagramm

Teil V
Umfangreiche Dokumente

Kapitel 29
Text in der Gliederungsansicht strukturieren

Bei umfangreichen Texten oder gar wissenschaftlichen Abhandlungen brauchen Sie zusätzlich zur Grundstruktur (Einleitung, Hauptteil, Schluss) viele Gliederungsebenen und Unterpunkte mit unterschiedlichen Hierarchien.

Wenn Sie einen umfangreichen Text zu einem bestimmten Thema schreiben, ist eine klare, logische Struktur unerlässlich, nicht nur, um den Text lesbar und lesenswert zu machen, sondern auch, um die eigenen Gedanken zu ordnen. Mit einer wohlüberlegten Gliederung gelingt es sehr viel besser, ein Thema »in den Griff« zu bekommen, als wenn man einfach drauflosschreibt. Es ist aber oft gar nicht so einfach, die Struktur eines Textes durchzuplanen, weil oftmals während der Arbeit neue Aspekte aufkommen, die Sie ursprünglich nicht mit einbezogen hatten. Häufig stellt man auch fest, dass Überschriften bzw. die entsprechenden Abschnitte nicht gut platziert sind, sodass sie verschoben werden müssen.

Die Gliederungsfunktion in Word 2013 unterstützt Sie effektiv bei der Erstellung und/oder Modifikation einer Gliederung. Sie ist einerseits flexibel genug, um allen Ergänzungen und Veränderungen Rechnung zu tragen, und aktualisiert andererseits die Gliederung problemlos. Von daher sind Sie gut beraten, wenn Sie die Gliederungsfunktion bei der Arbeit an langen Dokumenten nicht links liegen lassen. Sie ist zwar etwas gewöhnungsbedürftig (und fristet oft auch eher ein Schattendasein, weil viele Anwender sie schlichtweg übersehen), aber wenn Sie sich erst einmal mit ihr angefreundet haben, werden Sie ihre Vorteile nicht mehr missen wollen.

Die Gliederungsansicht ist eine der Ansichten, die Word anbietet. Sobald Sie in diese Ansicht wechseln (über **Ansicht** > **Ansichten** > **Gliederung**), wird zusätzlich die Registerkarte **Gliederung** eingeblendet, die alle Funktionen für die Arbeiten in der Gliederungsansicht parat hält. Im Prinzip könnten Sie auch Ihren kompletten Text in der Gliederungsansicht eingeben, aber wegen ihrer speziellen Funktionen ist die Ansicht insbesondere hierfür geeignet:

- Überschriften eingeben und die Ebenen höher oder tiefer stufen
- Gliederungspunkte in der Reihenfolge verschieben
- die angezeigten Ebenen reduzieren, um eine bessere Übersicht zu erhalten

Abbildung 29.1 zeigt ein Dokument in der Gliederungsansicht. Wie Sie sehen, erscheinen in dieser Ansicht vor jedem Absatz (jeder Überschrift, d. h. jeder Hierarchieebene) Symbole, die für die Einstufung des betreffenden Absatzes stehen:

- Ein Pluszeichen bedeutet, dass es sich um eine Überschrift handelt, zu der weitere untergeordnete Gliederungspunkte (oder normaler Text) gehören.
- Ein Minuszeichen zeigt an, dass die Überschrift keine weiteren Gliederungsebenen umfasst.

- Punkte stehen für »normalen« Text, also für jeden einzelnen Absatz.

Wenn Sie diese Ansicht samt ihrer Funktionen nutzen, werden Sie feststellen, dass sie ein wirklich gutes Instrument ist, um lange Texte zu organisieren.

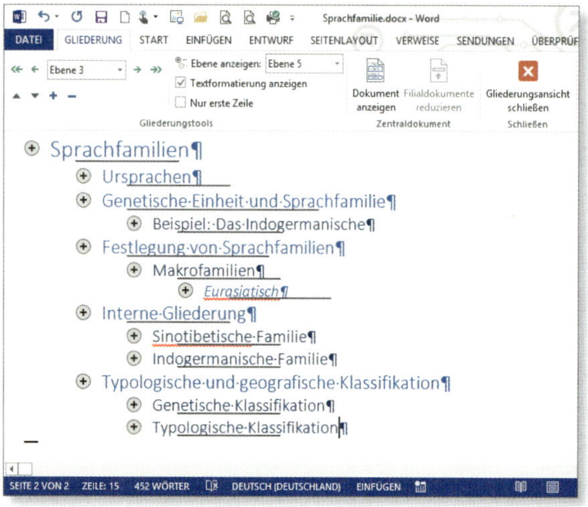

Abbildung 29.1
Die Gliederungsansicht

29.1 Arbeiten in der Gliederungsansicht

Die Arbeit in der Gliederungsansicht ist zunächst etwas ungewohnt. Sie müssen sich klarmachen, dass es sich tatsächlich »nur« um eine andere Ansicht des Dokuments handelt, in der die Elemente wie zuvor beschrieben mit Symbolen gekennzeichnet werden.

Eine Gliederung direkt in der Gliederungsansicht festlegen

Wenn Sie systematisch vorgehen und vor dem Verfassen eines umfangreicheren Textes zunächst die Gliederung erstellen, können Sie diese Gliederung direkt in der Gliederungsansicht festlegen.

1 Wechseln Sie auf die Registerkarte **Ansicht** und klicken Sie hier in der Gruppe **Ansichten** auf die Schaltfläche **Gliederung**.

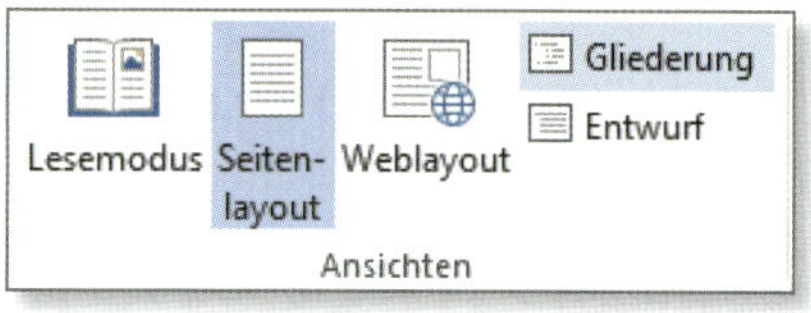

Abbildung 29.2
Die Gliederungsansicht aufrufen

2 Vor dem ersten Absatz wird automatisch ein Minuszeichen angezeigt, weil er ja noch keine Unterpunkte hat. Geben Sie also nacheinander die einzelnen Punkte Ihrer Gliederung ein. Nach jeder Überschrift drücken Sie die [↵]-Taste.

Abbildung 29.3
Eine einfache Gliederung (vor der hierarchischen Einstufung der einzelnen Überschriften)

Allen Überschriften, die Sie auf diese Weise in der Gliederungsansicht eingeben, wird automatisch die Formatvorlage **Überschrift 1** zugewiesen (zum Thema Formatvorlagen für Überschriften siehe Abschnitt 19.1, »Das Konzept der Formatvorlagen«).

Die Hierarchie der Überschriften verändern

Im zweiten Schritt stufen Sie die Überschriften entsprechend ihrer Hierarchie in der Gliederung ein. Dazu setzen Sie den Cursor in den jeweiligen Absatz und nutzen die Pfeilschaltflächen **Höher stufen** bzw. **Tiefer stufen** in der Gruppe **Gliederungstools** auf der Registerkarte **Gliederung**. Für diese Aktion ist es natürlich vorteilhaft, wenn Ihnen bereits klar ist, welche Überschriften auf welcher Ebene der Hierarchie liegen sollen.

Sobald Sie einen Absatz herabstufen, wird er eingerückt, und die erste Überschrift erhält ein Pluszeichen als Symbol. Die Formatvorlagen für die einzelnen Überschriften werden ohne Ihr Zutun entsprechend aktualisiert, die Überschrift auf der zweiten Ebene (hier: »Geschichte«) bekommt also automatisch die Formatvorlage **Überschrift 2**.

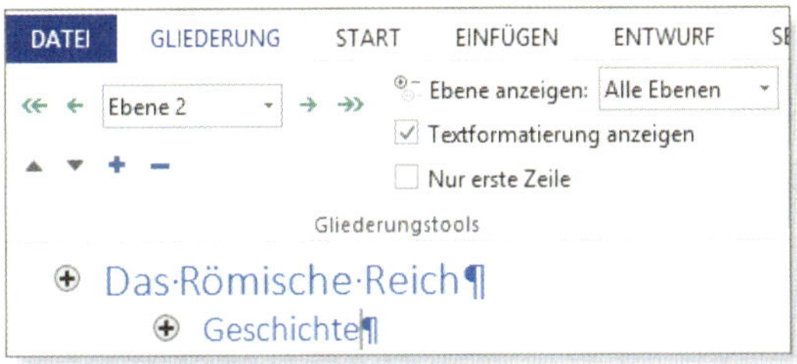

Abbildung 29.4
Die Gliederungsebenen einstufen

Je häufiger Sie für den gleichen Absatz auf das Symbol **Tiefer stufen** klicken, desto weiter wird das Element nach rechts gerückt. Auf diese Weise strukturieren Sie die Gliederung.

Wenn Sie den Cursor hinter eine bereits eingestufte Überschrift setzen und dann die ↵-Taste drücken, wird ein neuer Absatz eingefügt, der sich auf der gleichen Ebene befindet wie der vorherige.

Abbildung 29.5
Die Gliederung mit eingestuften Überschriften

Gliederungselemente verschieben

Überaus praktisch ist die Funktion, die die Registerkarte **Gliederung** zum Verschieben von Elementen anbietet. Wenn Sie im Nachhinein feststellen, dass eine Überschrift an einer anderen Stelle der Gliederung besser aufgehoben wäre, brauchen Sie lediglich den Cursor in diesen Absatz zu setzen und so oft auf die Pfeilschaltfläche **Nach oben** (bzw. **Nach unten**) zu klicken, bis die richtige Position für die Überschrift erreicht ist.

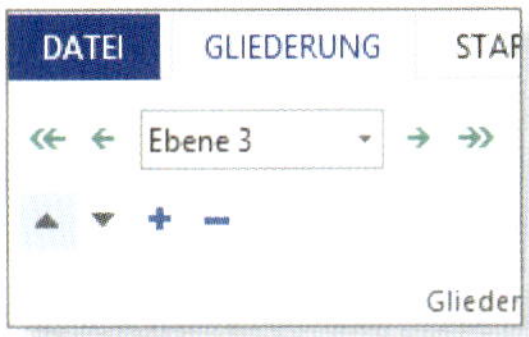

Abbildung 29.6
Mit den Pfeilschaltflächen können Sie Überschriften und Absätze nachträglich verschieben.

Gliederungsebenen anzeigen

In aufwendig verschachtelten Gliederungen verliert man leicht den Überblick. Um hier Abhilfe zu schaffen und die Informationsflut wenigstens zeitweise einzudämmen, lassen sich in der Gliederungsansicht Ebenen ausblenden. Es gibt dafür zwei Methoden mit unterschiedlicher Wirkung: Sie können bestimmen, wie viele Ebenen überhaupt angezeigt werden. Diese Anzeige regeln Sie über das Feld **Ebene anzeigen** in der Gruppe **Gliederungstools** auf der Registerkarte **Gliederung**. In Abbildung 29.7 sind beispielsweise drei unterschiedliche Ebenen zu sehen.

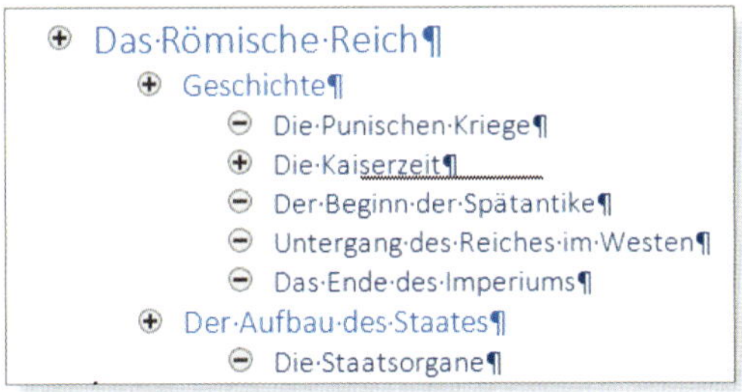

Abbildung 29.7
Die Gliederung mit drei Ebenen

Um die Anzeige nun beispielsweise auf nur zwei Ebenen zu beschränken, wählen Sie aus der Liste des Feldes **Ebene anzeigen** den Eintrag **Ebene 2**. Mit einem

Klick auf den Eintrag **Alle Ebenen** in der Auswahlliste tauchen dann alle ausgeblendeten Gliederungsebenen wieder auf.

Sie können die Ebenen aber auch selbst reduzieren, sodass nur noch bestimmte oder gar keine Gliederungsebenen mehr zu sehen sind. Dazu verwenden Sie das blaue Plus- oder Minuszeichen in der Gruppe **Gliederungstools**.

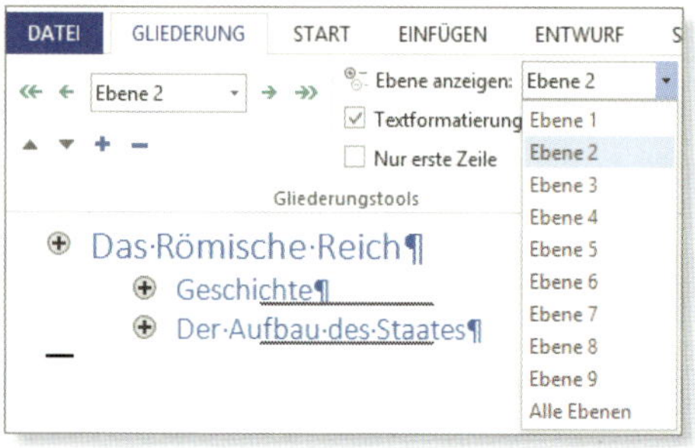

Abbildung 29.8
Die Ebenen bestimmen, die angezeigt werden sollen

Zur Verdeutlichung auch hierzu ein Beispiel: Wenn Sie in der Beispielgliederung den Cursor in die Überschrift »Geschichte« setzen und auf das Minuszeichen klicken, werden zunächst die Überschriften der Ebene 4 ausgeblendet (»Die frühe Kaiserzeit« und »Die hohe Kaiserzeit«), denn das sind die zur Überschrift »Geschichte« gehörenden Unterüberschriften, die zuunterst in der Hierarchie stehen.

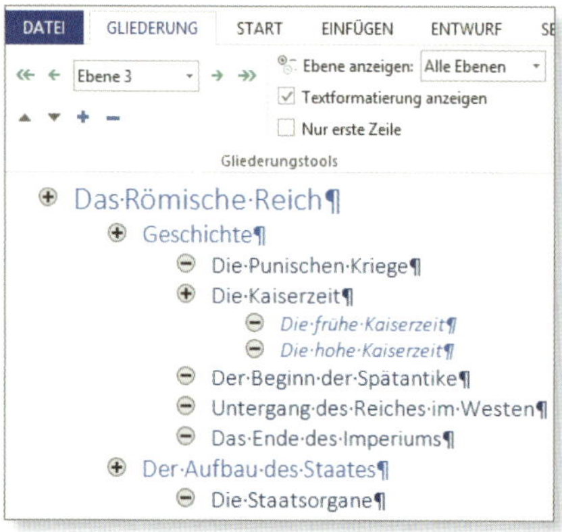

Abbildung 29.9
Die Gliederung mit allen Ebenen

Mit einem erneuten Klick auf das Minuszeichen verschwinden dann alle übrigen Unterpunkte der Überschrift »Geschichte«, also die komplette Ebene 3. Zu erkennen ist das in Abbildung 29.10. Mithilfe der Plusschaltfläche in der Gruppe **Gliederungstools** können Sie alle Ebenen natürlich auch wieder einblenden.

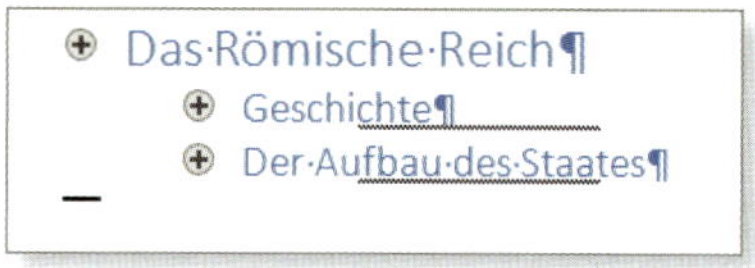

Abbildung 29.10
Die reduzierte Gliederung

Texteingabe in der Gliederungsansicht

Mit einer schicken Gliederung allein ist es aber leider nicht getan – das Dokument und Ihre Leser warten vor allem auf die Texteingabe. Wenn Sie sich gerne weiterhin in der Gliederungsansicht bewegen möchten, können Sie auch direkt hier Ihren Text verfassen (denn es handelt sich – wie eingangs erwähnt – ja nur um eine andere Ansicht des Dokuments).

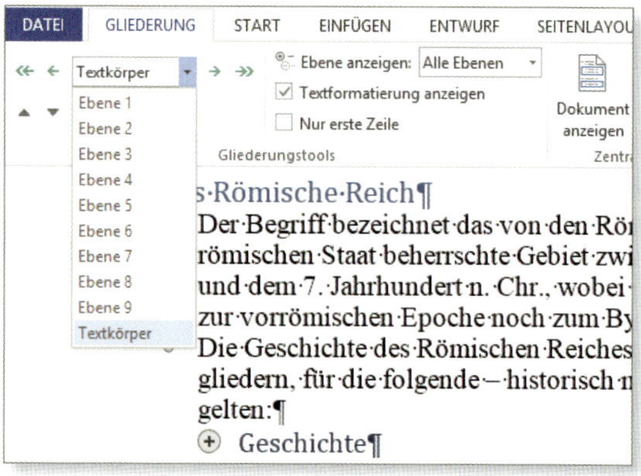

Abbildung 29.11
Die Liste mit Ebenenformaten

Wie Sie wissen, wird die Formatierung einer Überschrift auf den nächsten Absatz übertragen, wenn Sie die [↵]-Taste drücken. Wenn Sie normalen Fließtext eingeben möchten, ist das natürlich nicht sehr sinnvoll. Aus diesem Grund müssen Sie die Ebene für den

Textabsatz verändern. Dafür steht in der Liste des Feldes in der Gruppe **Gliederungstools**, in der die Ebenen angezeigt werden, an letzter Stelle die Option **Textkörper** bereit.

Wenn Sie diese Option auswählen, wird der Fließtext, den Sie hier neu eingeben, als normaler Textkörper formatiert und mit einem grauen Punkt gekennzeichnet.

Sie sehen also, dass Sie auch in der **Gliederungsansicht** Texte schreiben können. Angenehmer, weil übersichtlicher, ist es allerdings in der Regel mit der normalen Ansicht **Seitenlayout**.

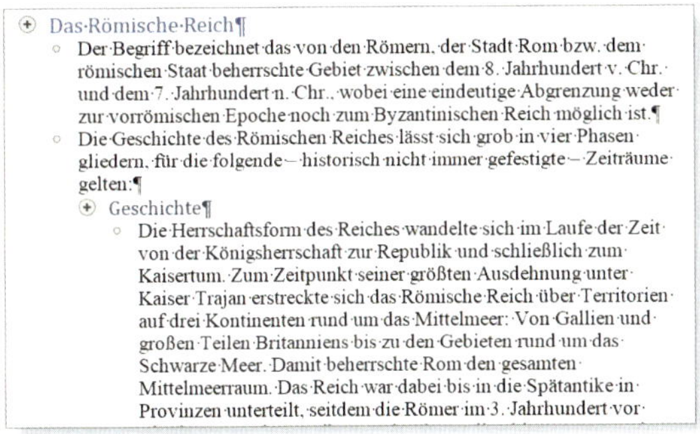
Das Römische Reich¶
Der Begriff bezeichnet das von den Römern, der Stadt Rom bzw. dem römischen Staat beherrschte Gebiet zwischen dem 8. Jahrhundert v. Chr. und dem 7. Jahrhundert n. Chr., wobei eine eindeutige Abgrenzung weder zur vorrömischen Epoche noch zum Byzantinischen Reich möglich ist.¶
Die Geschichte des Römischen Reiches lässt sich grob in vier Phasen gliedern, für die folgende – historisch nicht immer gefestigte – Zeiträume gelten:¶
Geschichte¶
Die Herrschaftsform des Reiches wandelte sich im Laufe der Zeit von der Königsherrschaft zur Republik und schließlich zum Kaisertum. Zum Zeitpunkt seiner größten Ausdehnung unter Kaiser Trajan erstreckte sich das Römische Reich über Territorien auf drei Kontinenten rund um das Mittelmeer: Von Gallien und großen Teilen Britanniens bis zu den Gebieten rund um das Schwarze Meer. Damit beherrschte Rom den gesamten Mittelmeerraum. Das Reich war dabei bis in die Spätantike in Provinzen unterteilt, seitdem die Römer im 3. Jahrhundert vor

Abbildung 29.12
Überschriften und Fließtext in der Gliederungsansicht

Absätze verschieben

Zum Umstrukturieren eines Textes kann die Gliederungsansicht, wie gesagt, eine tolle Sache sein, denn das Verschieben von Textpassagen bzw. Absätzen ist hier bestechend einfach. Sie müssen dafür weder den Text vorher markieren noch den Befehl **Ausschneiden** nutzen noch eine Tastenkombination im Kopf haben.

Um z. B. den in Abbildung 29.12 gezeigten Absatz unter der Überschrift »Geschichte« an eine andere Stelle im Dokument zu verschieben, setzen Sie lediglich den Cursor in diesen Absatz und klicken auf die Schaltfläche **Nach oben** oder **Nach unten**. Schon rutscht der gesamte Absatz einen Absatz weiter in die gewünschte Richtung.

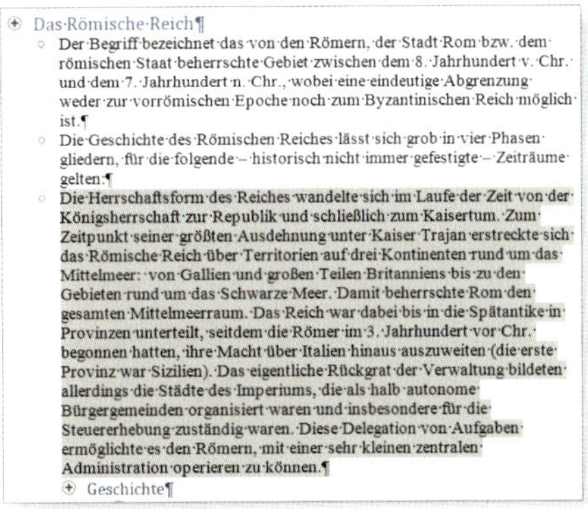
Das Römische Reich¶
Der Begriff bezeichnet das von den Römern, der Stadt Rom bzw. dem römischen Staat beherrschte Gebiet zwischen dem 8. Jahrhundert v. Chr. und dem 7. Jahrhundert n. Chr., wobei eine eindeutige Abgrenzung weder zur vorrömischen Epoche noch zum Byzantinischen Reich möglich ist.¶
Die Geschichte des Römischen Reiches lässt sich grob in vier Phasen gliedern, für die folgende – historisch nicht immer gefestigte – Zeiträume gelten:¶
Die Herrschaftsform des Reiches wandelte sich im Laufe der Zeit von der Königsherrschaft zur Republik und schließlich zum Kaisertum. Zum Zeitpunkt seiner größten Ausdehnung unter Kaiser Trajan erstreckte sich das Römische Reich über Territorien auf drei Kontinenten rund um das Mittelmeer: von Gallien und großen Teilen Britanniens bis zu den Gebieten rund um das Schwarze Meer. Damit beherrschte Rom den gesamten Mittelmeerraum. Das Reich war dabei bis in die Spätantike in Provinzen unterteilt, seitdem die Römer im 3. Jahrhundert vor Chr. begonnen hatten, ihre Macht über Italien hinaus auszuweiten (die erste Provinz war Sizilien). Das eigentliche Rückgrat der Verwaltung bildeten allerdings die Städte des Imperiums, die als halb autonome Bürgergemeinden organisiert waren und insbesondere für die Steuererhebung zuständig waren. Diese Delegation von Aufgaben ermöglichte es den Römern, mit einer sehr kleinen zentralen Administration operieren zu können.¶
Geschichte¶

Abbildung 29.13
Der ganze Absatz wurde nach oben verschoben.

Formatvorlagen anzeigen lassen

Ganz interessant ist es, sich im Überblick einmal genauer anzeigen zu lassen, welche Formatvorlagen den Absätzen aufgrund Ihrer Einstufung jeweils zugewiesen wurden. Dazu öffnen Sie über **Datei** > **Optionen** die **Word-Optionen** mit der Kategorie **Erweitert** und scrollen im Dialogfenster nach unten bis zum Bereich **Anzeigen**. Hier sehen Sie den Eintrag **Breite des Formatvorlagenbereichs in Entwurfs- und Gliederungsansichten**. In das Feld daneben geben Sie einen Wert für die Breite ein, z. B. »2 cm«. Daraufhin wird der Formatvorlagenbereich links am Bildschirm eingeblendet.

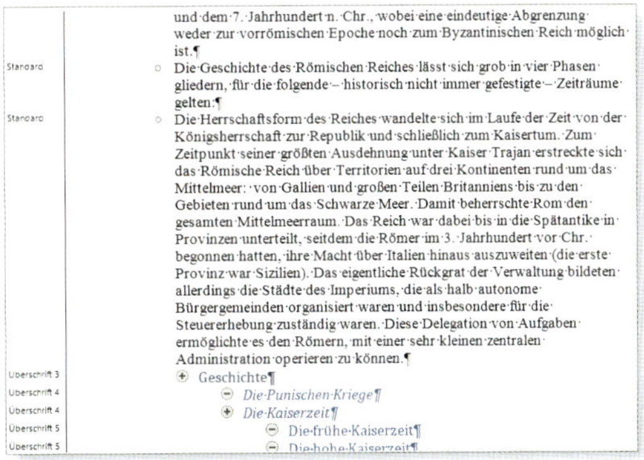
und dem 7. Jahrhundert n. Chr., wobei eine eindeutige Abgrenzung weder zur vorrömischen Epoche noch zum Byzantinischen Reich möglich ist.¶
Standard | Die Geschichte des Römischen Reiches lässt sich grob in vier Phasen gliedern, für die folgende – historisch nicht immer gefestigte – Zeiträume gelten:¶
Standard | Die Herrschaftsform des Reiches wandelte sich im Laufe der Zeit von der Königsherrschaft zur Republik und schließlich zum Kaisertum. Zum Zeitpunkt seiner größten Ausdehnung unter Kaiser Trajan erstreckte sich das Römische Reich über Territorien auf drei Kontinenten rund um das Mittelmeer: von Gallien und großen Teilen Britanniens bis zu den Gebieten rund um das Schwarze Meer. Damit beherrschte Rom den gesamten Mittelmeerraum. Das Reich war dabei bis in die Spätantike in Provinzen unterteilt, seitdem die Römer im 3. Jahrhundert vor Chr. begonnen hatten, ihre Macht über Italien hinaus auszuweiten (die erste Provinz war Sizilien). Das eigentliche Rückgrat der Verwaltung bildeten allerdings die Städte des Imperiums, die als halb autonome Bürgergemeinden organisiert waren und insbesondere für die Steuererhebung zuständig waren. Diese Delegation von Aufgaben ermöglichte es den Römern, mit einer sehr kleinen zentralen Administration operieren zu können.¶
Überschrift 3 | Geschichte¶
Überschrift 4 | Die Punischen Kriege¶
Überschrift 4 | Die Kaiserzeit¶
Überschrift 5 | Die frühe Kaiserzeit¶
Überschrift 5 | Die hohe Kaiserzeit¶

Abbildung 29.14
Links werden die Formatvorlagen angezeigt, die den einzelnen Absätzen zugewiesen wurden.

Die Gliederungsansicht schließen

Im Normalfall werden Sie, wenn Sie die Arbeit zum Erstellen der Gliederung in der Gliederungsansicht begonnen haben, für die Texteingabe in die Ansicht **Seitenlayout** wechseln. Dazu klicken Sie auf die Schaltfläche **Gliederungsansicht schließen** auf der Registerkarte **Gliederung** oder alternativ auf die kleine Schaltfläche **Seitenlayout** rechts unten in der Statusleiste (neben dem Zoomregler).

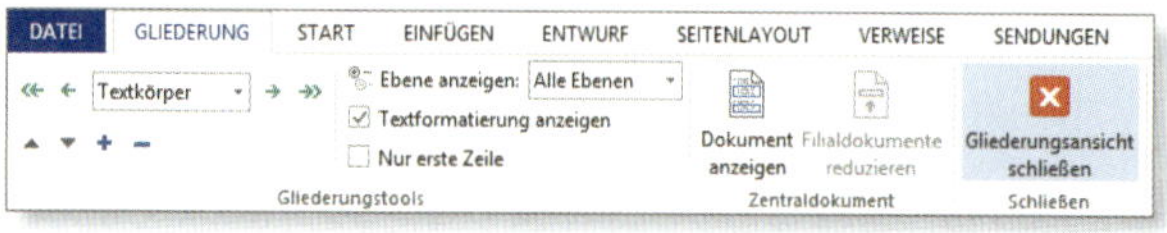

Abbildung 29.15
Die Gliederungsansicht schließen

Das Dokument wird danach »normal« angezeigt (mit den bisher eingefügten Überschriften und den entsprechenden Formatvorlagen). Sie können nun also mit Ihrer Texteingabe fortfahren.

Bestehende Dokumente in der Gliederungsansicht darstellen

Wenn Sie Ihr Dokument bereits geschrieben und mit Überschriften versehen haben und es nun so in der Gliederungsansicht darstellen möchten wie beschrieben (also mit eingerückten und gekennzeichneten Unterüberschriften), müssen Sie die Überschriften in Ihrem Dokument mit den passenden Formatvorlagen formatiert haben (**Überschrift 1**, **Überschrift 2** etc.), ansonsten funktioniert das Ganze nicht, weil Word ohne die entsprechenden Überschriftenformatierungen nicht erkennen kann, welcher Ebene die jeweilige Überschrift zugeordnet werden soll. Formatieren Sie also gegebenenfalls zunächst Ihre Überschriften, damit Sie die richtige Darstellung in der Gliederungsansicht erhalten. Reiner Text ohne Formatvorlagen für Überschriften wird in der Gliederungsansicht als Textkörper (symbolisiert durch einen grauen Punkt) dargestellt. Wie Sie Formatvorlagen benutzen und zuweisen können, lesen Sie in Kapitel 19, »Formatvorlagen«.

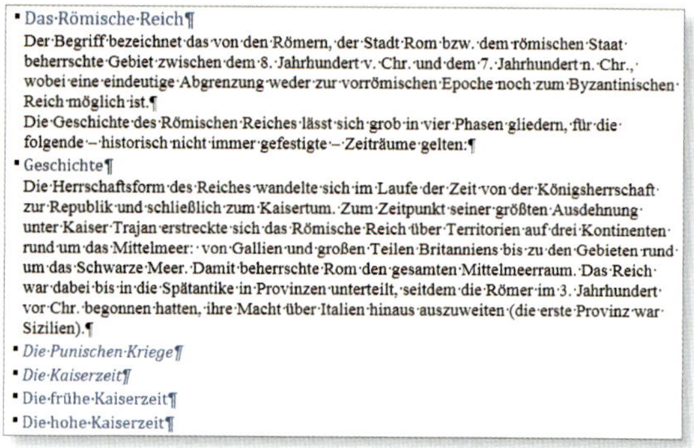

Abbildung 29.16
Den Überschriften des Dokuments wurden Formatvorlagen zugewiesen.

Absätzen eine Gliederungsebene zuweisen

Auch einzelnen Absätzen des Dokuments (bzw. den entsprechenden Formatvorlagen) können Sie eine Gliederungsebene zuweisen, sodass diese Absätze in der Gliederungsansicht genauso eingezogen werden wie die zugehörigen Überschriften.

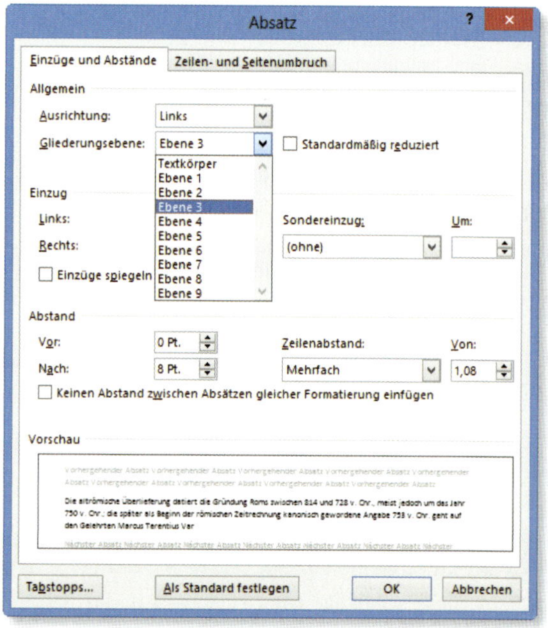

Abbildung 29.17
Die Gliederungsebene eines einzelnen Absatzes im Dialogfenster »Absatz« ändern

Um einem einzelnen Absatz eine Gliederungsebene zuzuweisen, setzen Sie den Cursor hinein, klicken mit der rechten Maustaste darauf und wählen die Option **Absatz** im Kontextmenü. Auf der Registerkarte **Einzüge und Abstände** des Dialogfensters **Absatz** legen Sie im Feld **Gliederungsebene** die Ebene für den aktuellen Absatz fest.

Daraufhin wird der Absatz der gewählten Ebene entsprechend eingerückt, behält ansonsten aber seine Formatierung.

Abbildung 29.18
Der Absatz unter der Überschrift »Die Geschichte« steht in der Gliederungsansicht nun auf der Ebene 3.

Beachten Sie bei diesem Vorgang jedoch folgendes Verhalten: Wenn Sie, wie eben beschrieben, einen einzelnen Absatz auf eine Gliederungsebene geschickt haben und anschließend die Ebene dieses Absatzes in der Gliederungsansicht verändern (ihn z. B. auf Ebene 3 verschieben), wird ihm die Formatvorlage der neuen Gliederungsebene nicht automatisch zugewiesen, sondern es wird nur der Einzug angepasst. Sie müssen die Änderung der Formatvorlage manuell vornehmen.

Abbildung 29.19
Dieser Absatz behält auch nach der Höherstufung seine ursprüngliche Formatvorlage.

TIPP

Formatvorlagen in der Gliederungsansicht

Um alle Absätze, die die gleiche Formatvorlage benutzen, in eine Gliederungsebene aufzunehmen, können Sie diese Formatvorlage entsprechend anpassen. Weiterführende Informationen dazu finden Sie in Kapitel 19, »Formatvorlagen«.

Gliederungsebenen und Inhaltsverzeichnis

Die Gliederungsebenen spiegeln sich auch in dem Inhaltsverzeichnis wider, das Sie von Word erstellen lassen können. (Wie Sie ein solches Inhaltsverzeichnis anlegen, beschreiben wir in Abschnitt 30.1, »Ein Inhaltsverzeichnis erstellen«). Absätze und Formatvorlagen, denen Sie im Dialogfenster **Absatz** von Hand eine Ebene zugewiesen haben, wirken sich dabei unterschiedlich auf das Inhaltsverzeichnis aus.

Einzelne Absätze werden im Inhaltsverzeichnis so angezeigt, wie Sie sie in der Gliederungsansicht eingestuft haben. Absätze mit Formatvorlagen hingegen, denen Sie in der Gliederungsansicht eine Ebene zugewiesen haben, werden im Inhaltsverzeichnis immer an der von der Formatvorlage vorgegebenen Position angezeigt, unabhängig davon, auf welche Ebene Sie sie in der Gliederungsansicht geschoben haben.

29.2 Zentraldokument und Filialdokumente

Die Gliederungsansicht bietet nicht nur die Funktionen zum Strukturieren und Modifizieren einer Gliederung, sondern auch einen weiteren Bereich, den wir bisher ausgelassen haben, nämlich die Gruppe **Zentraldokument**. Der Umgang mit den zugehörigen Funktionen lässt sich nicht ohne einen etwas intensiveren Einstieg in die Theorie erklären, denn dahinter verbirgt sich ein ausgeklügeltes Konzept. Im Mittelpunkt dieses Konzepts stehen zwei Begriffe:

- Zentraldokument
- Filialdokumente

Ausgangspunkt dieses Konzepts ist die Idee, dass die Arbeit an einem umfangreichen Dokument handlicher wird (angefangen bei der Dateigröße bis hin zu der Möglichkeit, das Dokument z. B. in einer Arbeitsgruppe zu bearbeiten), wenn man es auf mehrere kleinere Dokumente aufteilt. Das funktioniert hier aber nicht so, dass man mit mehreren separaten Dateien hantiert (was die entsprechenden Probleme der Vereinheitlichung mit sich bringen würde), sondern stattdessen ein Zentraldokument und zusätzlich viele Filialdokumente erzeugt, die dem Zentraldokument untergeordnet sind und einen Großteil seiner Eigenschaften und Elemente übernehmen (dies sind vor allem dokumentübergreifende Elemente wie Kopfzeilen, Verzeichnisse, Querverweise u. Ä.). Die Organisation und Verwaltung des ganzen Projekts übernimmt das Zentraldokument. Bildlich gesprochen, ist ein Zentraldokument also eine Art Behälter, der Unterdokumente beinhaltet. Das Zentraldokument enthält Verknüpfungen zu den Filialdokumenten, mit deren Hilfe Sie die einzelnen Dokumente zum Bearbeiten aufrufen können.

INFO

Das Zentraldokument und seine Filialdokumente

Die Bereitstellung eines Zentraldokuments mit den zugehörigen Filialdokumenten ist nicht neu. Auch frühere Word-Versionen haben die Möglichkeit geboten, eine umfangreiche Arbeit mithilfe eines Masterdokuments (wie die Zentraldokumente früher hießen) und Filialdokumenten zu steuern, aber das klappte nicht immer reibungslos. Auch heute – mit einer Word-Version, in der die Funktion **Zentraldokument** stabiler geworden ist – ist es zwingend erforderlich, planvoll und sorgfältig zu arbeiten. Nur mit guten Word-Kenntnissen über Funktionen, die in der Regel in umfangreichen Dokumenten angebracht sind (Inhaltsverzeichnisse, Querverweise, Indizes, Abbildungs- und Literaturverzeichnisse etc.), kommt der Vorteil der Arbeit mit Zentraldokumenten und Filialdokumenten wirklich zum Tragen.

Ein Zentraldokument und seine Filialdokumente erstellen

In diesem Abschnitt wird die Technik dank eines Beispiels hoffentlich klarer, denn bevor man das Ganze nicht selbst einmal durchgespielt hat, bleibt das Konzept etwas nebulös. Um den Umgang mit einem Zentraldokument und Filialdokumenten vorzuführen, nehmen wir als Ausgangspunkt die Situation, dass es noch gar kein Zentraldokument gibt, Sie also ganz von vorn beginnen. Nicht von ungefähr beschreiben wir die Arbeit mit Zentraldokument und Filialdokumenten in diesem Kapitel, denn Sie gelangen über die **Gliederungsansicht** zu den entsprechenden Funktionen.

1 Erstellen Sie in der Gliederungsansicht eine Gliederung wie in den ersten Abschnitten dieses Kapitels beschrieben.

2 Dann markieren Sie in der Gliederungsansicht die Überschriften, deren Abschnitte Sie als Filialdokumente verwenden möchten (weisen Sie den Absätzen eines Gliederungspunktes wieder die Einstellung **Textkörper** zu, sofern Sie das Beispiel aus dem Abschnitt »Absätzen eine Gliederungsebene zuweisen« mitgespielt hatten). Word richtet sich nach der ersten markierten Gliederungsebene und erstellt für jede Überschrift dieser Ebene eine eigene Datei (im Beispiel ist dies die Ebene 2 mit der Überschrift »Geschichte«).

Abbildung 29.20
Die markierten Überschriften/Ebenen zum Erstellen der Filialdokumente

3 Klicken Sie in der Gruppe **Zentraldokument** auf die Schaltfläche **Dokument anzeigen**.

4 Daraufhin werden weitere Befehle eingeblendet. Klicken Sie auf die Schaltfläche **Erstellen**.

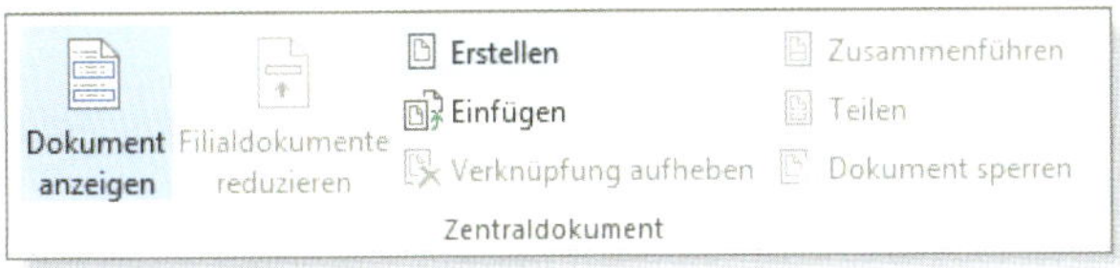

Abbildung 29.21
Die Filialdokumente erstellen

5 Daraufhin sehen Sie auf dem Bildschirm die verschiedenen Abschnitte, in die Word das Dokument bzw. die Überschriften aufgesplittert hat.

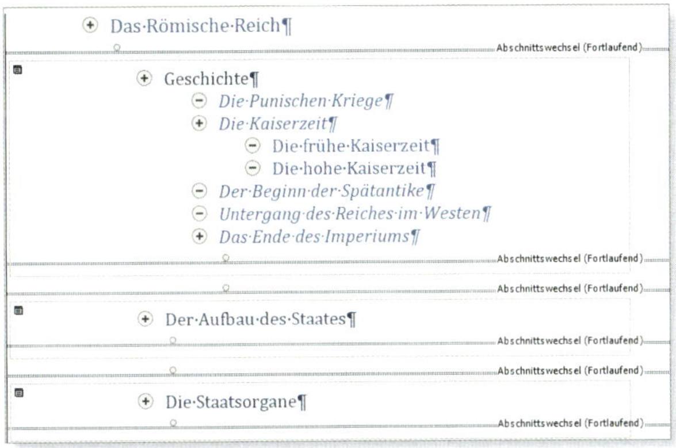

Abbildung 29.22
Die Filialdokumente im Zentraldokument

Wie Sie sehen, wurde pro Überschrift der Ebene 2 ein Abschnitt erstellt. Dünne Rahmen deuten die einzelnen Filialdateien an. Sie müssen nun das Zentraldokument speichern. Legen Sie dazu am besten einen neuen Ordner mit einem Namen an, der zu erkennen gibt, dass es sich um ein Zentraldokument handelt. Öffnen Sie also den Dialog zum Speichern (**Datei > Speichern unter**), legen Sie hier einen Ordner an und speichern Sie das neu erstellte Dokument.

Sobald Sie das Zentraldokument gespeichert haben, werden auch die zugehörigen Filialdokumente als eigenständige Dateien gespeichert. Sie werden sich nun zu Recht fragen, welche Dateinamen für die Filialdokumente verwendet werden. Word regelt das folgendermaßen: Die Dateien werden automatisch unter den jeweiligen Namen der Überschriften abgespeichert (belassen Sie es in jedem Fall bei diesen Namen, um keine Probleme zu verursachen). Sie können dies erkennen, wenn Sie den Ordner, in dem Sie das Zentraldokument gespeichert haben, beispielsweise im Explorer öffnen. Nachträgliche Änderungen an den Überschriften ändern die Dateinamen übrigens nicht.

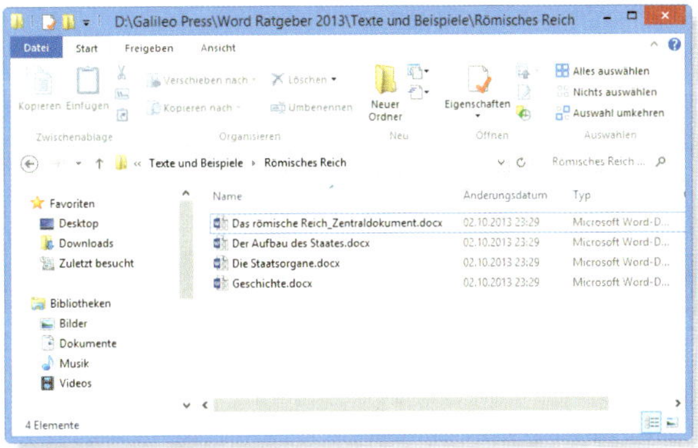

Abbildung 29.23
Die Filialdokumente im Explorer

Filialdokumente öffnen und bearbeiten

Nun wollen wir Sie von den eigentlichen Vorteilen überzeugen, die die Verwendung eines Zentraldokuments und der zugehörigen Filialdokumente bietet. Wie schon gesagt (und wie Sie anhand der Dateien auch sehen können), sind die ursprünglichen Abschnitte nun eigenständige Dokumente, die Sie separat bearbeiten können.

Abbildung 29.24
Das Zentraldokument mit Verknüpfungen zu den Filialdokumenten

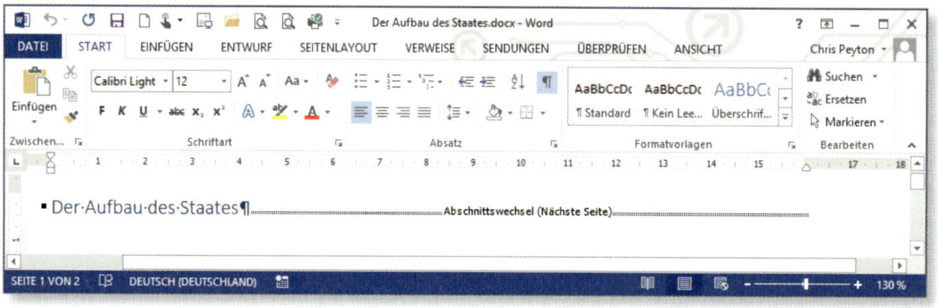

< ***Abbildung 29.25***
Ein geöffnetes Filialdokument in der Ansicht »Seitenlayout«

Zum Öffnen dieser Dateien können Sie den ganz normalen Weg gehen und sie einfach über das Dialogfenster **Öffnen** aufrufen. Erfahrungsgemäß ist es jedoch ratsamer, ein Filialdokument über das Zentraldokument zu öffnen. Konkret heißt das: Sie rufen zuerst das Zentraldokument auf und verzweigen dann in das Filialdokument, das Sie bearbeiten möchten. Da die Filialdokumente als Verknüpfung (mit Pfadangabe) im Zentraldokument angezeigt werden, ist dies ein recht einfacher Vorgang: Entweder klicken Sie doppelt auf das rechteckige Symbol ❶ links neben der Verknüpfung oder Sie klicken einfach auf den Link ❷ selbst.

Das Dokument wird dann in einem neuen Fenster aufgerufen (siehe Abbildung 29.25). Hier können Sie es nach Belieben bearbeiten, wobei Sie sich bewusst machen sollten, dass die einzelnen Filialdokumente vor allem dazu da sind, den Inhalt aufzunehmen. Übergreifende Elemente wie Inhaltsverzeichnis, Kopfzeile, Seitenzahlen, Querverweise oder Index fügen Sie besser im Zentraldokument ein. Auf diese Weise arbeiten Sie beim Schreiben und Editieren mit relativ kleinen Dateien, was in vieler Hinsicht viel bequemer ist, als ein unhandliches Dokument von hundert oder mehr Seiten auf dem Bildschirm zu haben. In den Filialdokumenten kümmern Sie sich nicht um die eben genannten dokumentübergreifenden Elemente; dafür sorgen Sie allein im Zentraldokument.

Sie können die eingebundenen Filialdokumente allerdings auch direkt im Zentraldokument bearbeiten. Dazu müssen sie im Zentraldokument geöffnet sein. Dies regeln Sie auf der Registerkarte **Gliederung** in der Gruppe **Zentraldokument** mit der Schaltfläche **Filialdokumente erweitern** (eine nicht ganz glückliche Bezeichnung, denn de facto öffnen Sie damit die Filialdokumente im Zentraldokument, erweitern die Filialdokumente also nicht!).

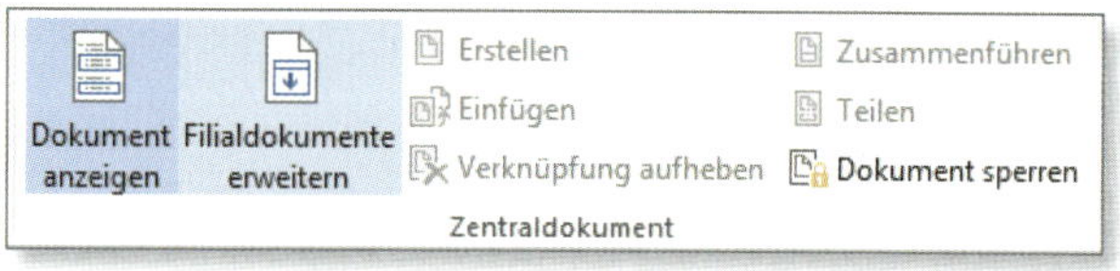

^ ***Abbildung 29.26***
Die Schaltfläche »Filialdokumente erweitern« zum Öffnen der Filialdokumente

Jetzt sehen Sie in der Gliederungsansicht annähernd die ursprüngliche Darstellung des Zentraldokuments mit den Abschnittswechseln. Die Inhalte der Filialdokumente werden eingeblendet. Sie können Ihre Arbeit also auch hier im Zentraldokument fortsetzen; dazu bleiben Sie in der Gliederungsansicht (siehe Abbildung 29.27) oder wechseln in die Ansicht **Seitenlayout**, in der Sie das Dokument wie gewohnt bearbeiten können. Alle Änderungen, die Sie im Zentraldokument vornehmen, werden natürlich auch in den einzelnen Filialdokumenten gespeichert.

Dass Sie mit dem Befehl **Filialdokumente erweitern** alle Filialdokumente geöffnet haben, erkennen Sie z. B. auch, wenn Sie den entsprechenden Ordner im Explorer aufrufen. Die Tilden markieren bekanntlich geöffnete Dateien; diese Darstellung erhalten Sie allerdings nur, wenn Sie sich versteckte Dateien anzeigen lassen. Dazu öffnen Sie den Explorer und aktivieren die Registerkarte **Ansicht**. Hier setzen Sie ein Häkchen vor der Option **Ausgeblendete Elemente**.

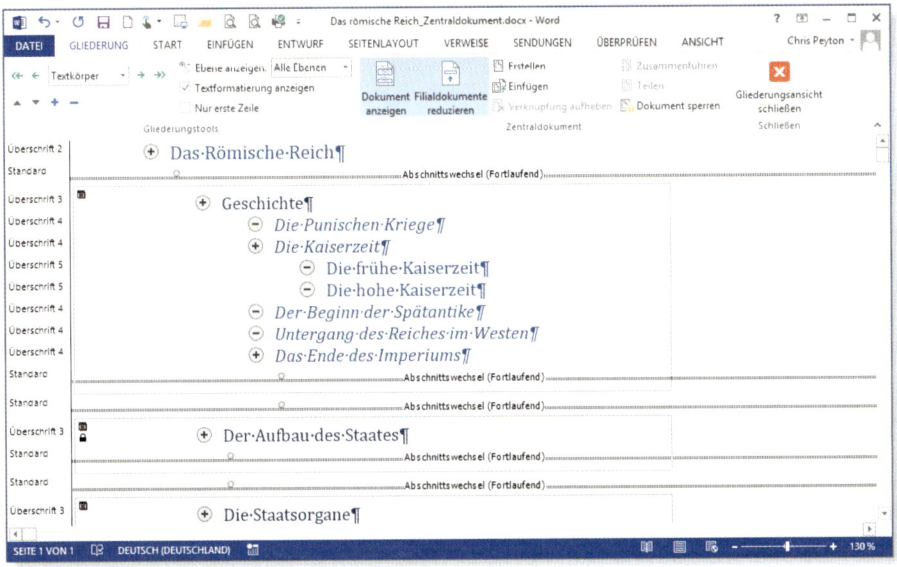

Abbildung 29.27
Das Zentraldokument im erweiterten Modus

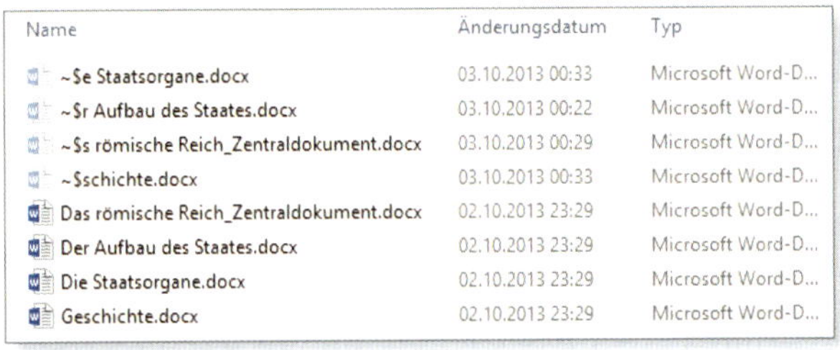

Abbildung 29.28
Die geöffneten Filialdokumente erkennen Sie jeweils an der Tilde am Anfang des Namens.

Ein übergreifendes Inhaltsverzeichnis anlegen

Ein riesiger Vorteil bei der Arbeit mit einem Zentraldokument und entsprechenden Filialdokumenten besteht darin, dass Sie ein Inhaltsverzeichnis über alle Dokumente hinweg erstellen lassen können. Wir beschreiben diesen Vorgang hier allerdings nur in Kürze, da dem Thema Inhaltsverzeichnisse mehrere Abschnitte in Kapitel 30, »Verzeichnisse und Querverweise«, gewidmet sind.

1 Öffnen Sie das Zentraldokument in der Gliederungsansicht und klicken Sie zum Öffnen der Filialdokumente auf die Schaltfläche **Filialdokumente erweitern**.

2 Wechseln Sie gegebenenfalls in die Ansicht **Seitenlayout** und setzen Sie den Cursor vor die erste Überschrift des Zentraldokuments.

3 Wechseln Sie auf die Registerkarte **Verweise**, klicken Sie dort in der gleichnamigen Gruppe auf die Schaltfläche **Inhaltsverzeichnis** (ganz links in der gleichnamigen Gruppe) und wählen Sie gleich eine der ersten Vorlagen. Wenn Sie die Filialdokumente im Zentraldokument geöffnet haben (wie in Schritt 1 beschrieben), erhalten Sie daraufhin ein vollständiges Inhaltsverzeichnis.

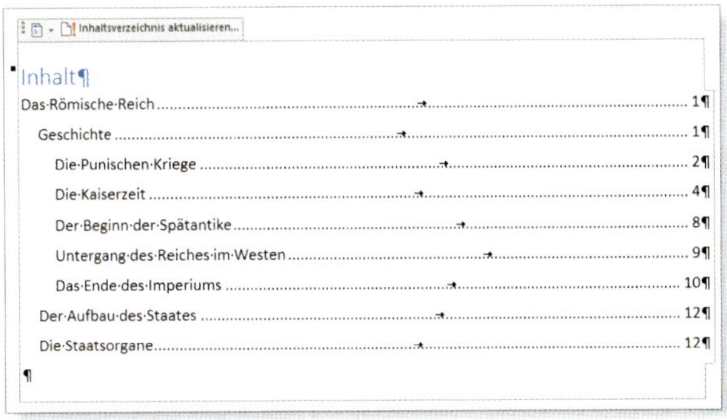

Abbildung 29.29
Das komplette Inhaltsverzeichnis mit allen Überschriften aus den Filialdokumenten

4 Wechseln Sie in die Gliederungsansicht und schließen Sie die Filialdokumente mit einem Klick auf die Schaltfläche **Filialdokumente reduzieren**.

5 Wenn Sie jetzt das Inhaltsverzeichnis aktualisieren lassen (mit [F9]), enthält es nur noch die Überschriften des Zentraldokuments, weil die Filialdokumente nun ja geschlossen sind.

Abbildung 29.30
Das Inhaltsverzeichnis ohne Zugriff auf die Filialdokumente

Dokumentübergreifende Elemente im Zentraldokument

Das Beispiel des Inhaltsverzeichnisses zeigt recht deutlich, wie praktisch die Verwendung eines Zentraldokuments und der zugehörigen Filialdokumente sein kann: Obwohl Sie den Vorteil genießen, mit handlichen Texthäppchen hantieren zu können, gibt es keine Nachteile hinsichtlich wichtiger gemeinsamer Elemente wie dem Inhaltsverzeichnis. Dies würde genauso mit anderen Verzeichnissen wie Index, Literaturverzeichnis oder Abbildungsverzeichnis funktionieren. Ebenso wenig Probleme macht die fortlaufende Seitennummerierung: Sie wird automatisch mit der Nummer fortgesetzt, die auf die auf der letzten Seite des vorherigen Filialdokuments stehenden Nummer folgt. Wichtig ist bei allen diesen Dingen nur, dass Sie sie im Zentraldokument bei geöffneten Filialdokumenten festlegen.

Wenn Sie im Zentraldokument eine Kopfzeile einfügen, wird auch diese in den eingebundenen Filialdokumenten angezeigt. Beachten Sie dabei jedoch, dass die Kopfzeile nicht in den Filialdokumenten selbst gespeichert wird, d. h., sie taucht nicht auf, wenn Sie ein Filialdokument in einem eigenen Fenster öffnen. Abbildung 29.31 zeigt das Zentraldokument mit Kopfzeile und geöffneten Filialdokumenten.

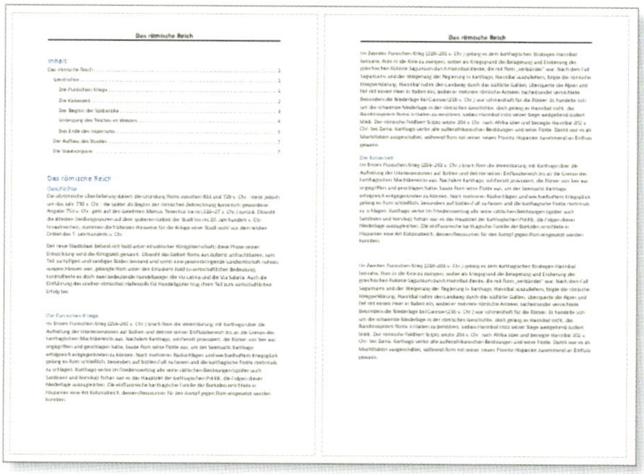

Abbildung 29.31
Das Zentraldokument mit Kopfzeile (hier in der Seitenansicht)

Filialdokumente verbinden und teilen

Es kommt vor, dass einem Zentraldokument zu viele Filialdokumente zugeordnet sind, sodass sich die Absicht, durch die Aufteilung Übersicht zu gewinnen, ins Gegenteil verkehrt. In solchen Fällen lassen sich einzelne Filialdokumente auch zusammenfassen.

1 Öffnen Sie das Zentraldokument und lassen Sie sich per Klick auf die Schaltfläche **Filialdokumente erweitern** den erweiterten Modus anzeigen.

2 Markieren Sie zwei (oder mehrere) Filialdokumente. Zum Markieren können Sie zwar wie gewohnt einfach die Maus nutzen, aber auf der sicheren Seite sind Sie, wenn Sie mit gedrückter [⇧]-Taste jeweils auf das kleine Symbol (1) links neben der Überschrift des Filialdokuments klicken. Dies wird angezeigt, sobald Sie auf die Schaltfläche **Dokument anzeigen** klicken.

3 Klicken Sie auf der Registerkarte **Gliederung** in der Gruppe **Zentraldokument** schließlich auf die Schaltfläche **Zusammenführen**.

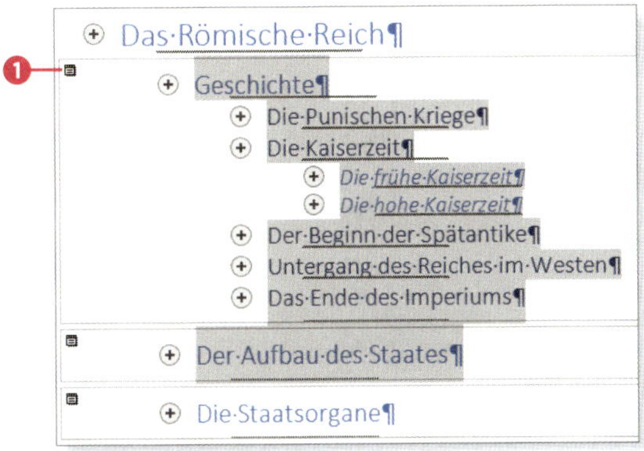

Abbildung 29.32
Zwei markierte Filialdokumente

Umgekehrt funktioniert das natürlich auch. Wenn ein Filialdokument zu umfangreich und damit zu unhandlich geworden ist, können Sie es in mehrere kleinere Filialdokumente unterteilen. Dazu markieren Sie im Zentraldokument die Überschrift des Filialdokuments, das geteilt werden soll (die Teilung wird dann direkt vor der markierten Überschrift vorgenommen), und klicken dann in der Gruppe **Zentraldokument** auf die Schaltfläche **Teilen**.

Filialdokumente sperren

Ein wichtiger Aspekt beim Arbeiten mit einem Zentraldokument bzw. mit Filialdokumenten ist die Möglichkeit, einzelne Filialdokumente für die Bearbeitung zu sperren. Dies ist z. B. dann notwendig, wenn Sie ein Filialdokument zur Bearbeitung an einen Mitarbeiter oder Kollegen weitergereicht haben und es nicht zur gleichen Zeit von einer anderen Person überarbeitet werden soll.

Um die Sperrung auf ein Filialdokument anzuwenden, setzen Sie den Cursor im erweiterten Zentraldokument (also mit geöffneten Filialdokumenten) in die Überschrift des entsprechenden Filialdokuments und klicken anschließend auf der Registerkarte **Gliederung** in der Gruppe **Zentraldokument** auf die Schaltfläche **Dokument sperren**.

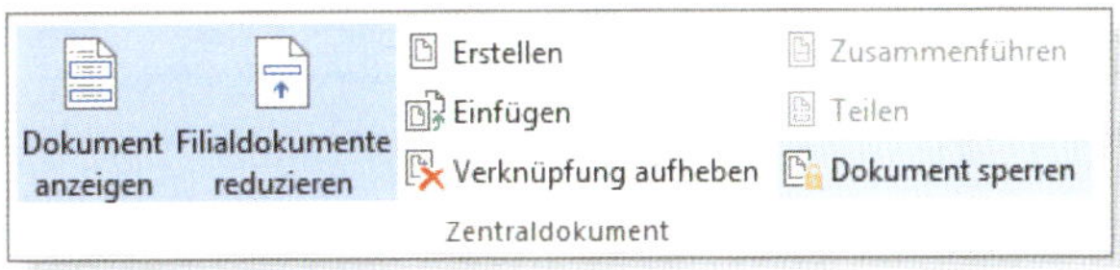

Abbildung 29.33
Die Schaltfläche zum Sperren von Filialdokumenten

Daraufhin erscheint ein kleines Schloss **2** links neben der Überschrift, und das Dokument lässt sich nicht mehr bearbeiten. Probieren Sie es einfach einmal selbst aus: Sogar die Betätigung der [↵]-Taste bewirkt nun rein gar nichts mehr. Zum Entsperren klicken Sie einfach erneut auf die Schaltfläche **Dokument sperren**.

Abbildung 29.34
Das Filialdokument ist gesperrt.

Filialdokumente löschen

Filialdokumente müssen nicht für die Ewigkeit angelegt sein; Sie können sie auch wieder löschen, ohne dabei den zugehörigen Text zu verlieren. Dazu rufen Sie das Zentraldokument in der Gliederungsansicht auf und öffnen (mit der Schaltfläche **Filialdokumente erweitern**) die Filialdokumente. Dann setzen Sie den Cursor in den Bereich des Filialdokuments, das Sie löschen möchten, und klicken in der Gruppe **Zentraldokument** auf die Schaltfläche **Verknüpfung aufheben**.

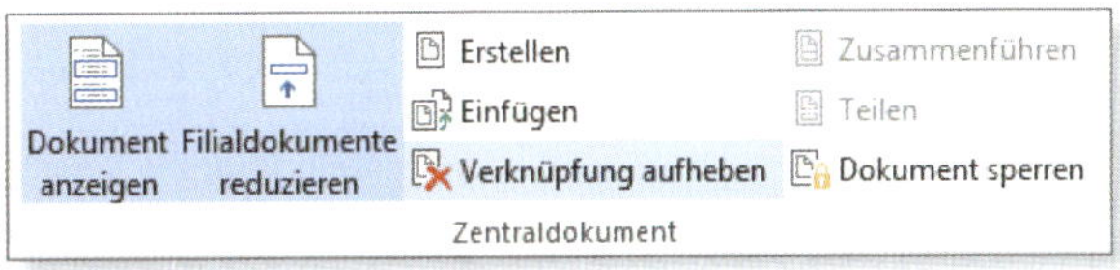

Abbildung 29.35
Eine Verknüpfung aufheben, um ein Filialdokument zu löschen

Dadurch wird der Inhalt des Filialdokuments in das Zentraldokument eingefügt, und die Filialdokumentdatei wird gelöscht. In Abbildung 29.36 ist das gut zu sehen: Ursprünglich war der Abschnitt mit der Überschrift »Überblick« ein eigenes Filialdokument; nach der Aufhebung der Verknüpfung ist es Teil des Zentraldokuments.

∧ *Abbildung 29.36*
Das Filialdokument wurde gelöscht – der Text nicht.

INFO

Vorhandene Dateien einfügen

Im Prinzip können Sie sogar bestehende Word-Dokumente als Filialdokumente in ein Zentraldokument einfügen. Auch diese Arbeit erledigen Sie in der Gliederungsansicht im Zentraldokument mit geöffneten Filialdokumenten. Setzen Sie den Cursor in das Filialdokument, vor dem Sie die neue Datei einfügen möchten, und klicken Sie dann in der Gruppe **Zentraldokument** auf die Schaltfläche **Einfügen**. Im Dialogfenster **Filialdokument einfügen** wählen Sie die gewünschte Datei aus und klicken auf **Öffnen**. Daraufhin wird die Datei im Zentraldokument als Filialdokument angezeigt. Wir haben bei diesem Vorgang keine Probleme festgestellt, dennoch wird häufig vor diesem Verfahren gewarnt, weil dadurch Dateien verloren gehen können.

Kapitel 30
Verzeichnisse und Querverweise

In diesem Kapitel dreht sich alles um Funktionen, deren Einsatz in umfangreichen Arbeiten äußerst empfehlenswert ist. Es geht um Inhaltsverzeichnisse, Querverweise, den Index und einiges mehr. Bei den meisten dieser Elemente handelt es sich um Feldfunktionen, sodass auch die Aktualisierung leicht von der Hand geht.

Ein Inhaltsverzeichnis ist ein wichtiger Bestandteil jeder umfangreichen Arbeit – damit erzählen wir Ihnen sicherlich erst einmal nichts Neues. Auf den ersten Blick kann man hier den Aufbau der Arbeit und den Inhalt der einzelnen Kapitel erkennen. Durch die Angabe der Seitenzahlen lassen sich die Kapitel außerdem schnell auffinden.

Für viele wissenschaftliche Arbeiten, z. B. solche, die im Studium geschrieben werden, sind Inhaltsverzeichnisse regelrecht Pflicht. Aber auch anderen langen Texten (Abhandlungen, Berichten, Manuskripten etc.) ist normalerweise ein Inhaltsverzeichnis vorangestellt. Wichtig ist dabei, dass die Kapitelüberschriften im Inhaltsverzeichnis unbedingt mit den Überschriften im eigentlichen Text übereinstimmen. Dies war früher, als noch keine Computer und keine Textverarbeitung zur Verfügung standen, ein mühsames Unterfangen und wurde in der Praxis oft so gelöst, dass das Inhaltsverzeichnis einfach ganz zum Schluss geschrieben wurde – was nicht im Sinne des Erfinders ist, denn das Inhaltsverzeichnis soll ja auch als Orientierung beim Verfassen des Textes dienen! Heutzutage sind solche Probleme Geschichte. Wenn Sie Ihre Arbeit und das entsprechende Inhaltsverzeichnis mit Word erstellen, können Sie mit der entsprechenden Funktion dafür sorgen, dass das Inhaltsverzeichnis immer zu den Überschriften der Kapitel passt, egal, wie oft Sie diese modifizieren.

In den ersten Abschnitten dieses Kapitels zeigen wir Ihnen, wie Sie alle Aufgaben, die mit dem Inhaltsverzeichnis zusammenhängen, an Word delegieren und mit Word regeln. Auch den Umgang mit anderen Elementen, die in einer umfangreichen Arbeit nicht fehlen sollten, beschreiben wir in diesem Kapitel. Dazu zählen Querverweise, der Index, Literaturverzeichnisse und Beschriftungen. Für alle diese Elemente bietet Word geeignete Instrumente und Funktionen, mit denen Ihre Arbeit ein ansprechendes Werk wird, an dem es nichts auszusetzen gibt – es sei denn, der Inhalt wird am Ende der perfekten Hülle nicht gerecht.

INFO

Verzeichnisse und Feldfunktionen

Wie gesagt, handelt es sich bei den im Folgenden beschriebenen Elementen fast durchgängig um Feldfunktionen. Da wir die Feldfunktionen von Word bereits ausgiebig in Kapitel 10, »Feldfunktionen«, beschrieben haben, begnügen wir uns hier mit einzelnen Hinweisen.

30.1 Ein Inhaltsverzeichnis erstellen

Ein Inhaltsverzeichnis lässt sich in Word erstellen, ohne dass Sie dafür ein einziges Zeichen neu tippen müssen. Die Voraussetzung ist, dass die Überschriften, die in das Inhaltsverzeichnis aufgenommen werden sollen, mit den Formatvorlagen für Überschriften formatiert sind.

Ein Verzeichnis mithilfe von Formatvorlagen generieren

Wenn diese Voraussetzung erfüllt ist, generiert Word aus den Überschriften blitzschnell ein Inhaltsverzeichnis.

1. Setzen Sie den Cursor an den Anfang des Dokuments (denn dort soll in der Regel das Inhaltsverzeichnis eingefügt werden). Fügen Sie gegebenenfalls einen Seitenumbruch ein, um das Inhaltsverzeichnis auf einer separaten Seite zu platzieren.
2. Öffnen Sie die Registerkarte **Verweise**.
3. Klicken Sie hier auf die Schaltfläche **Inhaltsverzeichnis** in der gleichnamigen Gruppe.
4. Wählen Sie aus dem Auswahlmenü der Schaltfläche die erste oder zweite Vorlage für das Inhaltsverzeichnis.

INFO

Abschnitte einfügen

Um für die Seite, auf der das Inhaltsverzeichnis steht, andere Seitenränder einstellen zu können als für den Rest des Dokuments, müssen Sie mit Abschnitten arbeiten. Abschnittswechsel fügen Sie auf der Registerkarte **Seitenlayout** über das Menü der Schaltfläche **Umbrüche** ein (siehe dazu auch Abschnitt 16.3, »Verschiedene Seitenformatierungen innerhalb eines Dokuments«).

Daraufhin wird an der Cursorposition ein Inhaltsverzeichnis eingefügt, das automatisch eine Überschrift und mit einem rechtsbündigen Tabstopp ausgerichtete Seitenzahlen umfasst, übrigens auch dann, wenn Sie noch gar keine Seitenzahlen in das Dokument eingefügt haben. Standardmäßig besteht das Inhaltsverzeichnis aus drei Überschriftenebenen; die Überschriften sind mit den speziellen Formatvorlagen für Inhaltsverzeichnisse formatiert.

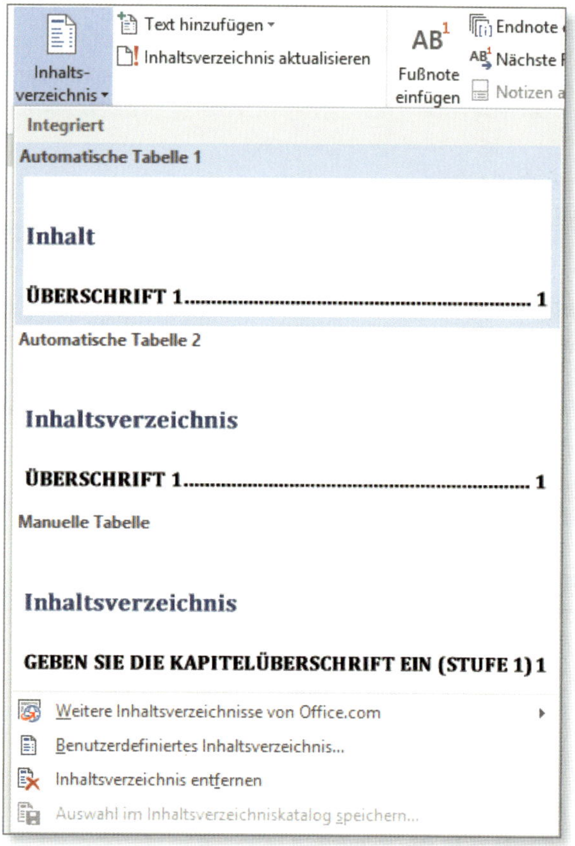

Abbildung 30.1
Das Inhaltsverzeichnis auswählen

Standardmäßig bildet Word das Inhaltsverzeichnis aus den Überschriften, denen die Formatvorlagen **Überschrift 1** bis **Überschrift 3** zugewiesen wurden. Diese Ebenentiefe lässt sich ändern (wie Sie im Abschnitt »Den Standard verändern« auf Seite 617 noch sehen werden), wobei anzumerken ist, dass üblicherweise höchstens vier Ebenen in ein Inhaltsverzeichnis aufgenommen werden.

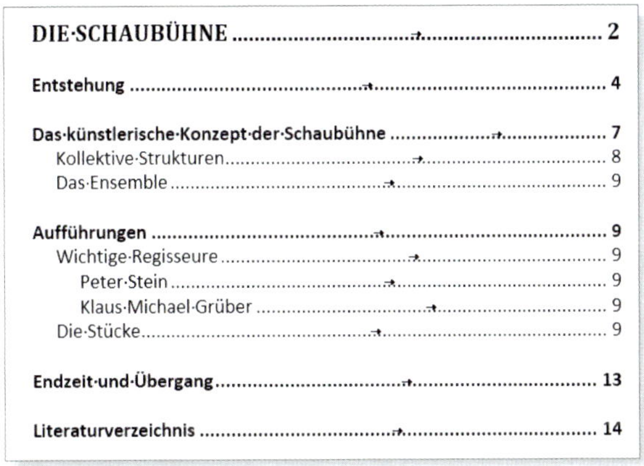
DIE·SCHAUBÜHNE 2
Entstehung 4
Das·künstlerische·Konzept·der·Schaubühne 7
Kollektive·Strukturen 8
Das·Ensemble 9
Aufführungen 9
Wichtige·Regisseure 9
Peter·Stein 9
Klaus·Michael·Grüber 9
Die·Stücke 9
Endzeit·und·Übergang 13
Literaturverzeichnis 14

Abbildung 30.2
Ein von Word generiertes Inhaltsverzeichnis

Bei den ersten beiden Optionen im Menü der Schaltfläche **Inhaltsverzeichnis** (**Automatische Tabelle 1** und **Automatische Tabelle 2**) handelt es sich im Prinzip um Bausteine des Bausteinkatalogs, der zum Lieferumfang von Word 2013 gehört (siehe Kapitel 8, »Bausteine zur Wiederverwendung«). Sie können das überprüfen, wenn Sie einmal den Organizer für Bausteine aufrufen (über die Schaltfläche **Schnellbausteine** > **Organizer für Bausteine** auf der Registerkarte **Einfügen**). Die Inhaltsverzeichnisse sind dort in der Liste aufgeführt.

Falls Sie noch weiter hinter die Kulissen eines Inhaltsverzeichnisses blicken möchten, hier ein bisschen mehr Theorie: Inhaltsverzeichnisse sind in die sogenannten *Inhaltssteuerelemente* eingebettet, also in eine Art »Behälter«, der verschiedene Elemente aufnehmen kann (von einfachem Text über Grafiken und eine Datumsauswahl bis hin zu Bausteinen). Dass es sich bei den Inhaltsverzeichnissen um ein solches Inhaltssteuerelement handelt, erkennen Sie, wenn Sie in einen Absatz des Verzeichnisses klicken oder auch direkt in die Überschrift »Inhaltsverzeichnis«. Die Elemente werden daraufhin grau hinterlegt und mit einem Rahmen versehen, und zusätzlich wird die Schaltfläche **Tabelle aktualisieren** angezeigt (dazu mehr im Abschnitt »Das Inhaltsverzeichnis aktualisieren« auf Seite 615).

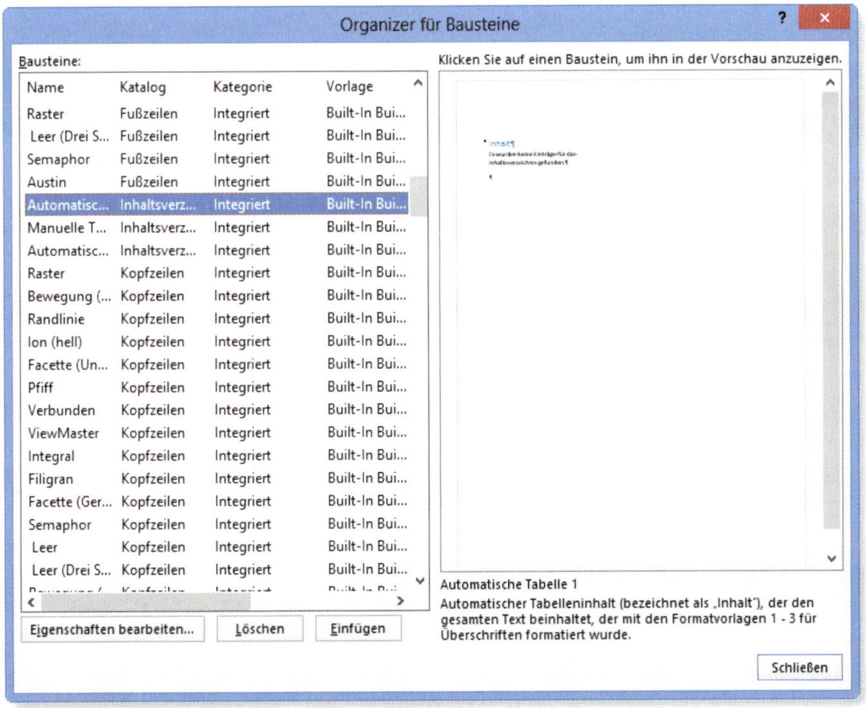

Abbildung 30.3
Der Dialog »Organizer für Bausteine«

Eigenschaften des Inhaltsverzeichnisses: Hyperlinks

Wenn Sie mit dem Mauszeiger über das Inhaltsverzeichnis fahren, ohne irgendwo zu klicken, fällt Ihnen sofort ein besonderes Merkmal des Verzeichnisses auf: Der Mauszeiger wird zu einem »Händchen« – ein Symbol, das Ihnen vom Surfen im Internet vertraut sein dürfte. Hier hat es die gleiche Bedeutung wie im World Wide Web: Die Elemente bzw. Schriftzüge, über denen dieses »Händchen« auftaucht, sind *Hyperlinks* (»Sprungadressen«), die auf eine andere Stelle im Dokument verweisen, d. h., der Cursor springt zum Zielpunkt des Hyperlinks, wenn Sie darauf klicken. Im Fall des Inhaltsverzeichnisses sind dies die Überschriften im Dokument, aus denen Word das Inhaltsverzeichnis gebildet hat.

So gesehen, ist ein Word-Inhaltsverzeichnis nicht nur ein Inhaltsverzeichnis im klassischen Sinn, sondern auch ein Instrument zum Navigieren. Bei einem Text von zehn Seiten wird Sie dieses Verhalten nicht weiter beeindrucken, aber stellen Sie sich eine sehr umfangreiche Datei vor (die Sie nicht in kleinere Dokumente unterteilt haben, wie es in Abschnitt 29.2, »Zentraldokument und Filialdokumente«, beschrieben wird): Hier ist es ein großer Vorteil, wenn Sie so wunderbar leicht direkt zum Anfang eines Kapitels oder eines Abschnitts springen können. Es gibt dafür zwar auch noch andere Instrumente, z. B. Textmarken und die Funktion **Gehe zu** (siehe Kapitel 6, »In Texten navigieren«), aber die Hyperlinks sind besonders bequem, weil Sie dafür nichts weiter tun müssen.

30.2 Das Aussehen des Inhaltsverzeichnisses anpassen

Das Inhaltsverzeichnis, das Word generiert und eingefügt hat, lässt sich in vieler Hinsicht bearbeiten und anpassen. Sie können es formatieren und aktualisieren (was u. a. die wichtigste Eigenschaft ist) sowie die Anzeige der Gliederungsebenen steuern. Wenn Sie mit dem Standardinhaltsverzeichnis nicht glücklich sind und andere Vorstellungen davon haben, wie ein Inhaltsverzeichnis aussehen sollte, gehen Sie beim Einfügen des Verzeichnisses von vornherein einen anderen Weg. Diesen stellen wir Ihnen im Abschnitt »Den Standard verändern« auf Seite 617 vor.

Das Inhaltsverzeichnis formatieren

Wenn Sie möchten, können Sie den Text des Inhaltsverzeichnisses »ganz normal« formatieren, indem Sie beispielsweise die Schriftart, die Schriftgröße etc. verändern. (Beachten Sie dabei aber, dass manuelle Formatierungen beim Aktualisieren, d. h. beim Neuerstellen des Inhaltsverzeichnisses, durch die Standardformatvorlagen für Inhaltsverzeichnisse ersetzt werden.) Allerdings ist es gar nicht so einfach, einzelne Elemente zu markieren, weil sie, wie bereits beschrieben, als Hyperlinks formatiert sind. Sie müssen zum Markieren also eine Stelle erwischen, an der der Cursor blinkt und an der nicht stattdessen das »Händchen« auftaucht. Das funktioniert am besten am Anfang oder Ende eines Absatzes (die graue Unterlegung der Elemente und Absätze ist keine Markierung, sondern eine Feldschattierung, wie Sie in Kapitel 10, »Feldfunktionen«, gelernt haben). Wie Sie auch Inhaltsverzeichnisse einfügen, für die Sie diese an sich praktischen Hyperlinks nicht verwenden, erfahren Sie im Abschnitt »Den Standard verändern« auf Seite 617.

Besser als die manuelle Formatierung (die man, wenn überhaupt, nur kurz vor dem Ausdrucken des Dokuments einsetzen sollte) ist es, Formatierungsänderungen direkt an den Formatvorlagen vorzunehmen. Blenden Sie dazu den Aufgabenbereich **Formatvorlagen** ein (dazu klicken Sie auf der Registerkarte **Start** auf den kleinen Pfeil an der Gruppe **Formatvorlagen**) und rufen Sie über die Option **Ändern** im Menü der jeweiligen Formatvorlage den Dialog **Formatvorlage ändern** auf, in dem Sie alle gewünschten Einstellungen vornehmen können. (Den Umgang mit Formatvorlagen beschreiben wir ausführlich in Kapitel 19, »Formatvorlagen«.)

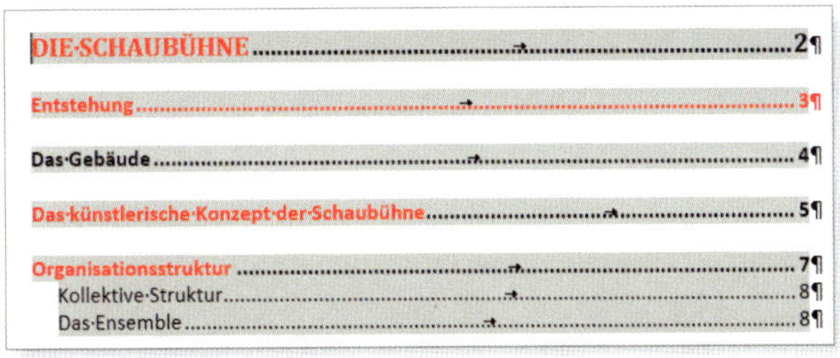

Abbildung 30.4
Formatierte Überschriften im Inhaltsverzeichnis

Ein bisschen verwirrend ist die Bezeichnung der Formatvorlagen zugegebenermaßen schon. Je nach Ebene werden sie mit **Verzeichnis 1**, **Verzeichnis 2** etc. bezeichnet. Wenn Sie also z. B. den Einzug entfernen möchten, mit dem die Überschriften der **Ebene 3** eingerückt werden, müssen Sie den Dialog **Formatvorlage ändern** für die Formatvorlage **Verzeichnis 3** öffnen und dort über **Format > Absatz** den Einzug im Feld **Links** auf »0« setzen.

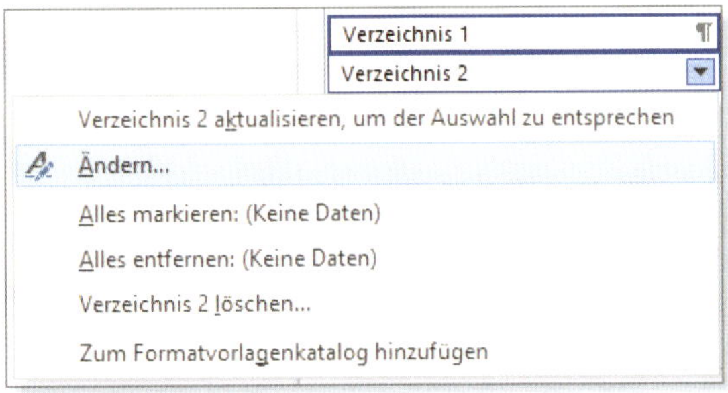

Abbildung 30.5
Die Formatvorlage für eine Überschrift bzw. ein Verzeichnis ändern

Das Inhaltsverzeichnis aktualisieren

Das A und O eines Inhaltsverzeichnisses ist es, dass seine Überschriften mit den Überschriften im Dokument identisch sind. Bei der Bearbeitung eines Dokuments kommt es häufig vor, dass Sie noch bis zuletzt an den Überschriften feilen und sie verändern. Dann muss das Inhaltsverzeichnis angepasst werden, was zwar nicht automatisch geschieht, aber Gott sei Dank ganz leicht und schnell zu erledigen ist. Das ist ein immenser Vorteil, wenn man bedenkt, dass viele Arbeiten oft erst kurz vor dem Abgabetermin den letzten Schliff bekommen!

1 Klicken Sie in das Inhaltsverzeichnis und drücken Sie die rechte Maustaste, um das Kontextmenü aufzurufen. Klicken Sie hier auf **Felder aktualisieren**.

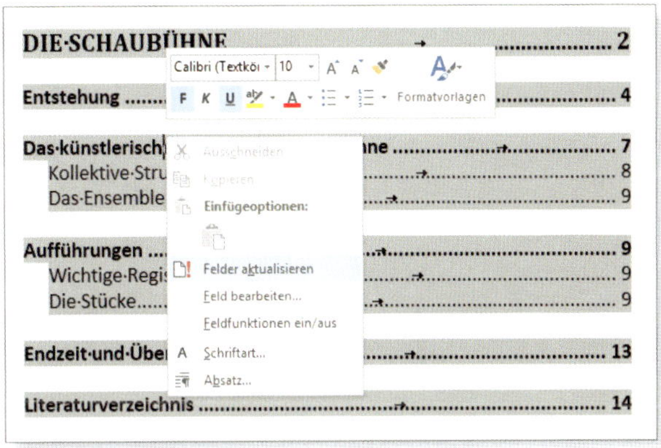

Abbildung 30.6
Das Inhaltsverzeichnis aktualisieren

2 Daraufhin wird ein kleiner Dialog eingeblendet, in dem Sie gefragt werden, ob nur die Seitenzahlen oder das gesamte Verzeichnis aktualisiert werden soll. Wenn Sie Überschriften geändert haben, entscheiden Sie sich hier für die zweite Option (auch in dem Fall, wenn Sie sich nicht sicher sind, ob Sie an irgendeiner Überschrift doch noch gefeilt haben).

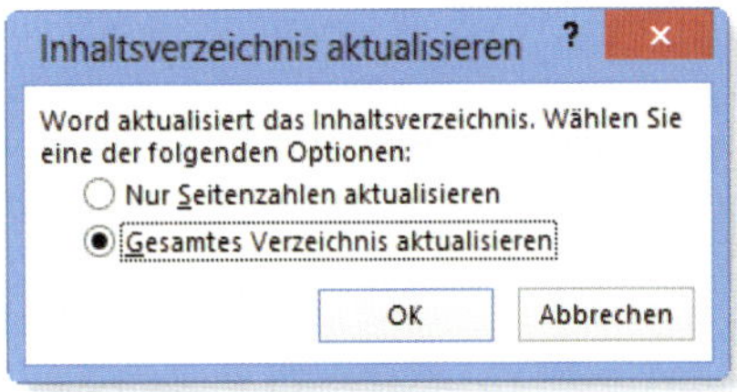

Abbildung 30.7
Das Inhaltsverzeichnis aktualisieren lassen

Es kommt leider manchmal vor, dass die Seitenzahlen im Inhaltsverzeichnis nach der Aktualisierung verrutscht und einzelne Einträge merkwürdig eingerückt sind. Das ist ärgerlich, lässt sich aber manuell beheben, z. B. indem Sie das Inhaltsverzeichnis markieren und den rechtsbündigen Tabstopp für die Seitenzahlposition verschieben. Mit einem speziellen Format für das Inhaltsverzeichnis lässt sich dieses Problem oft vermeiden (wie Sie ein solches Format zuweisen, erfahren Sie im Abschnitt »Den Standard verändern« auf Seite 617).

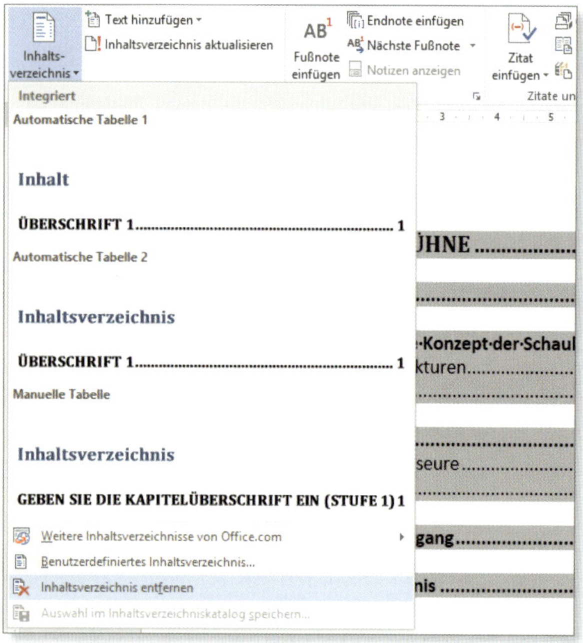

Abbildung 30.8
Den Tabstopp für die Seitenzahlen verschieben

TIPP

Aktualisieren im Kontextmenü

Sie können zum Aktualisieren auch die Taste F9 oder den Befehl **Felder aktualisieren** im Kontextmenü des Inhaltsverzeichnisses verwenden (die Feldschattierung muss zu sehen sein, wenn Sie mit der rechten Maustaste darauf klicken).

Das Inhaltsverzeichnis entfernen

Um ein Inhaltsverzeichnis wieder aus dem Dokument zu löschen, öffnen Sie das Menü der Schaltfläche **Inhaltsverzeichnis** auf der Registerkarte **Verweise**. In diesem Menü klicken Sie auf den Befehl **Inhaltsverzeichnis entfernen**.

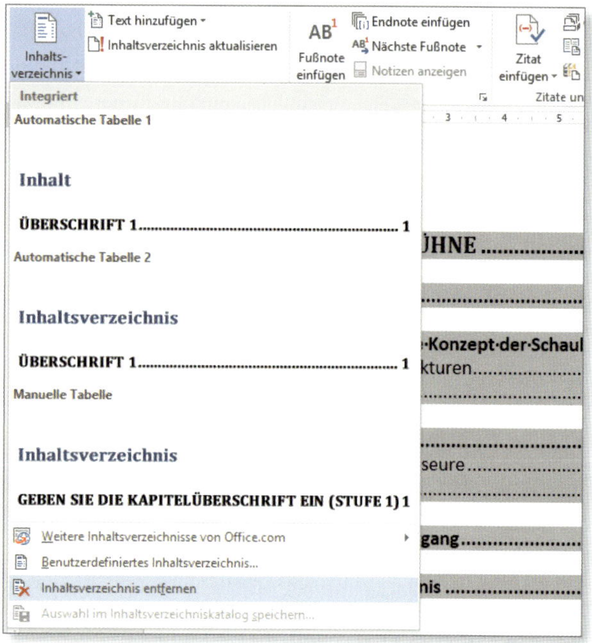

Abbildung 30.9
Der Befehl »Inhaltsverzeichnis entfernen« im Menü der Schaltfläche »Inhaltsverzeichnis«

Absätze ins Inhaltsverzeichnis aufnehmen

Zu guter Letzt möchten wir Ihnen zeigen, dass Sie auch den Text eines beliebigen Absatzes in das Inhaltsverzeichnis einfügen können. Dies basiert auf dem Konzept der Gliederungsebenen als Formatierungsmerkmal von Absätzen. Grundsätzlich gibt es die Ebenen **1** bis **9** sowie die Ebene **Textkörper** (die logischerweise für jeden »normalen«, nicht eingestuften Text gilt). Sie überprüfen oder bestimmen die Ebene im Dialog **Absatz** (klicken Sie mit einem Rechtsklick in einen Absatz und wählen Sie im Kontextmenü den Befehl **Absatz** aus, um den gleichnamigen Dialog zu öffnen) im Feld **Gliederungsebene** (die Gliederungsebenen haben wir ausführlich in Kapitel 29, »Den Text in der Gliederungsansicht strukturieren«, ab Seite 597 beschrieben). Auf diese Weise können Sie auch im Nachhinein Absätze in das Inhaltsverzeichnis integrieren, die nicht mit den Überschriften der Formatvorlagen formatiert sind.

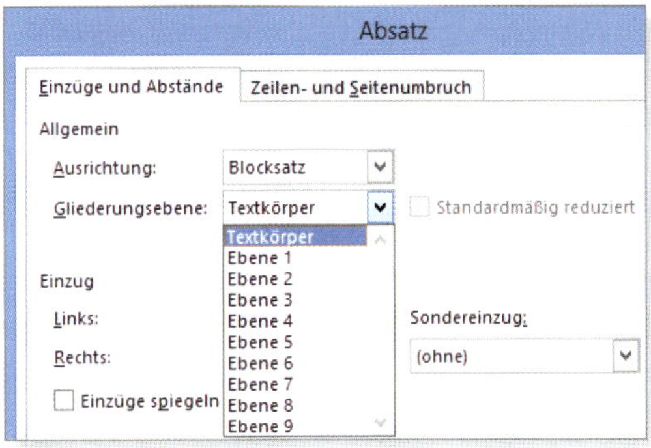

∧ *Abbildung 30.10*
Die Gliederungsebene eines Absatzes im Dialogfenster »Absatz« bestimmen

Um einen Absatz in das Inhaltsverzeichnis mit aufzunehmen, der die Formatvorlage einer Überschriftenebene erhalten wird, steht auf der Registerkarte **Verweise** (in der Gruppe **Inhaltsverzeichnis**) die Schaltfläche **Text hinzufügen** zur Verfügung. Standardmäßig finden Sie hier die Einträge **Ebene 1** bis **Ebene 3**, also die Überschriftenebenen, aus denen das Inhaltsverzeichnis normalerweise gebildet wird. Wenn Sie das Inhaltsverzeichnis so eingerichtet haben, dass es weitere Ebenen, z. B. **Ebene 4** und **Ebene 5**, anzeigt, werden diese Ebenen auch hier im Menü angeboten.

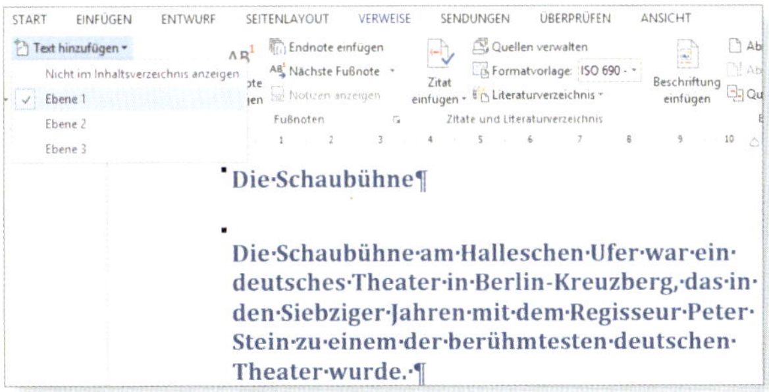

∧ *Abbildung 30.11*
Dem Inhaltsverzeichnis einen Absatz mit der Formatvorlage für Verzeichnisse hinzufügen

Wenn Sie einem Absatz des Dokuments z. B. die **Ebene 1** zuweisen, wird auch der gesamte Absatz im Inhaltsverzeichnis angezeigt (natürlich erst nach der Aktualisierung des Verzeichnisses). Für mehrzeilige Absätze ist dies wohl ein Effekt, der eher selten gewünscht ist.

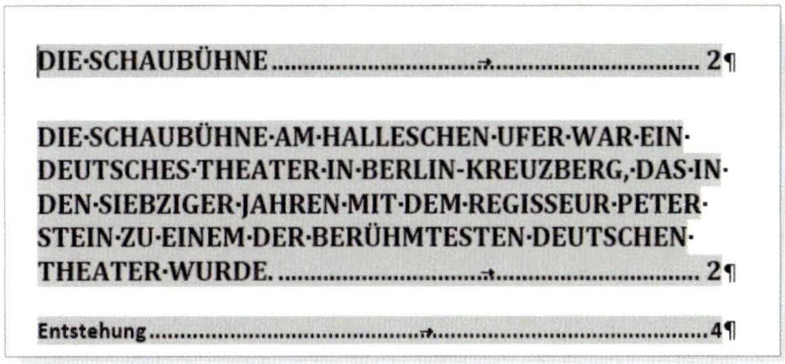

∧ *Abbildung 30.12*
Der Text eines Absatzes im Inhaltsverzeichnis

Den Standard verändern

Abgesehen von dem Standardinhaltsverzeichnis, das wir bislang beschrieben haben, bietet Word auch die Möglichkeit, sofort beim Einfügen bestimmte Optionen für das Inhaltsverzeichnis einzustellen und ein Format zu wählen. Dazu öffnen Sie die Registerkarte **Verweise** und wählen im Menü der Schaltfläche **Inhaltsverzeichnis** den Eintrag **Inhaltsverzeichnis einfügen**. Daraufhin wird der Dialog **Inhaltsverzeichnis** geöffnet, der, wie Sie sehen, mehrere Registerkarten umfasst, die gerade jedoch nicht aktiv sind. Mithilfe dieses Dialogfensters stehen Ihnen eine Vielzahl an Formatierungsmöglichkeiten zur Verfügung.

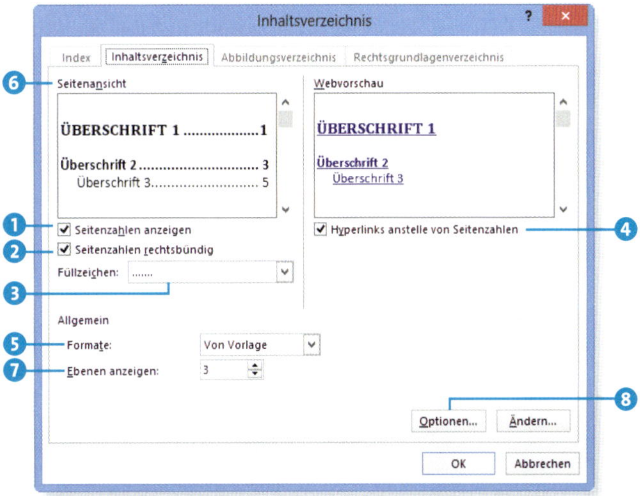

∧ *Abbildung 30.13*
Der Dialog »Inhaltsverzeichnis« zum Anpassen eines Inhaltsverzeichnisses

Sie können hier festlegen, ob ❶ und wie ❷ die Seitenzahlen angezeigt werden sollen (mit oder ohne Füllzeichen ❸). Außerdem können Sie hier auch die Option **Hyperlinks anstelle von Seitenzahlen** ❹ deaktivieren, wodurch die Hyperlinks allerdings nicht komplett ausgeschaltet werden, sondern nur für die Überschriften, also den Text. In der Auswahlliste des Feldes **Formate** ❺ bestimmen Sie ein spezielles Format für das Inhaltsverzeichnis. Das kleine Vorschaufenster im Bereich **Seitenansicht** ❻ hilft Ihnen bei der Auswahl.

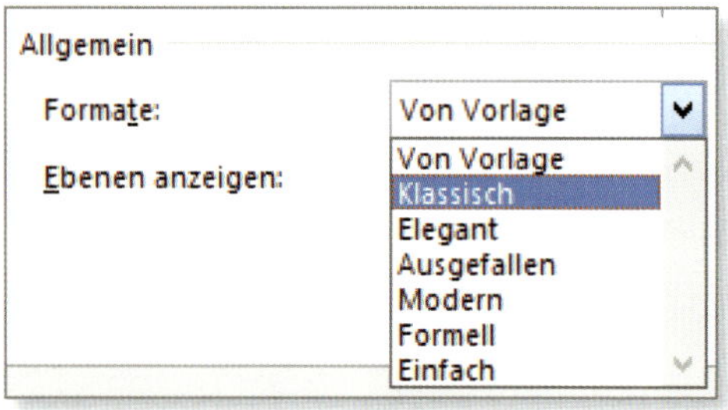

^ Abbildung 30.14
Ein Format für das Inhaltsverzeichnis auswählen

Beachten Sie in diesem Dialog aber vor allem auch das Feld **Ebenen anzeigen** ❼. Wie schon erwähnt, werden standardmäßig nur drei Ebenen angezeigt. In der Liste dieses Feldes können Sie bestimmen, wie viele Überschriftenebenen in das Inhaltsverzeichnis aufgenommen werden. Abbildung 30.15 zeigt ein Inhaltsverzeichnis mit vier Ebenen.

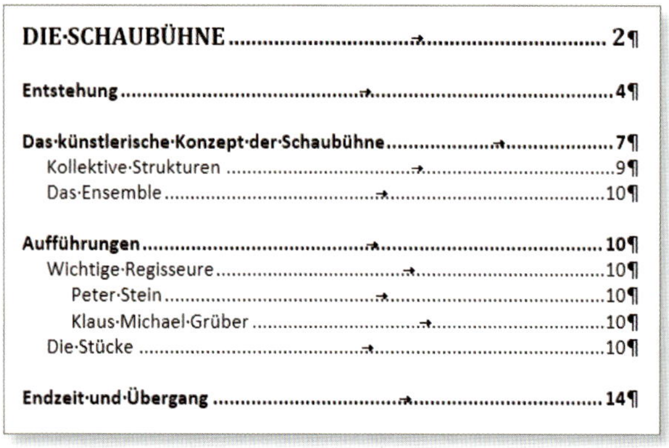
DIE·SCHAUBÜHNE .... 2¶
Entstehung .... 4¶
Das·künstlerische·Konzept·der·Schaubühne .... 7¶
Kollektive·Strukturen .... 9¶
Das·Ensemble .... 10¶
Aufführungen .... 10¶
Wichtige·Regisseure .... 10¶
Peter·Stein .... 10¶
Klaus·Michael·Grüber .... 10¶
Die·Stücke .... 10¶
Endzeit·und·Übergang .... 14¶

^ Abbildung 30.15
Ein Inhaltsverzeichnis mit vier Ebenen

Wenn Sie, wie eben beschrieben, das Inhaltsverzeichnis über den Dialog einfügen, taucht der Rahmen mit dem Symbol **Tabelle aktualisieren** übrigens nicht auf. Zum Aktualisieren nutzen Sie dann den Befehl **Felder aktualisieren** im Kontextmenü des Inhaltsverzeichnisses oder die Taste F9.

HINWEIS

Bei Problemen neues Format wählen

Es kann durchaus vorkommen, dass das Inhaltsverzeichnis nach dem Einfügen bzw. Aktualisieren seine Form verliert, vor allem mit dem Format **Von Vorlage**. Probieren Sie es in diesem Fall mit einem anderen Format aus der Auswahl des Feldes **Formate**, dies kann Abhilfe schaffen.

Optionen für das Inhaltsverzeichnis zusammenstellen

Im Dialog **Inhaltsverzeichnis** gibt es außerdem die Schaltfläche **Optionen** ❽. Ein Klick auf diese Schaltfläche ruft den Dialog **Optionen für Inhaltsverzeichnis** auf (siehe Abbildung 30.16). Anhand dieses Dialogs kann man schön erkennen, aus welchen Textelementen bzw. Formatierungen (Formatvorlagen) Word das Inhaltsverzeichnis zusammensetzen kann, und Sie können hier natürlich auch regeln, auf welche Textteile oder Kombination von Textteilen Word zugreifen soll, um das Inhaltsverzeichnis zu erstellen.

Standardmäßig sind die Optionen **Formatvorlagen** ❶ und **Gliederungsebenen** ❷ angehakt (daher kann Word zum einen aus den Überschriften das Inhaltsverzeichnis generieren und zum anderen können Absätze mit einer Gliederungsebene in das Verzeichnis aufgenommen werden). Als dritte Option gibt es das Kontrollkästchen **Verzeichniseintragsfelder** ❸. Wenn es aktiviert ist, können über die Feldfunktion **TOC** festgelegte Einträge in das Inhaltsverzeichnis aufgenommen werden (siehe dazu den nächsten Abschnitt »Das Inhaltsverzeichnis als Feldfunktion«).

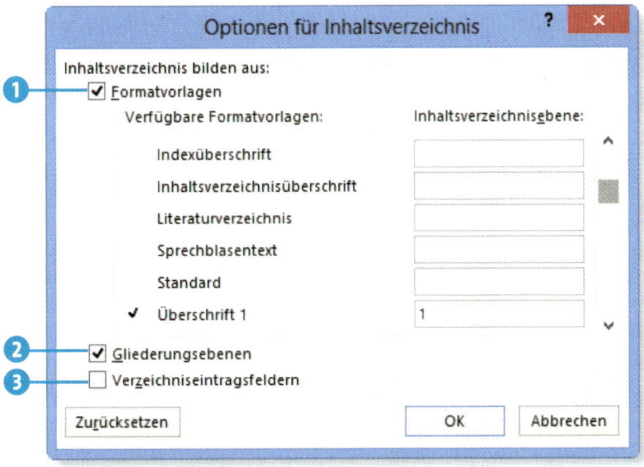

Abbildung 30.16
Optionen für Inhaltsverzeichnisse

TIPP

Formatvorlagen ändern

Über die Schaltfläche **Ändern** im Dialog **Inhaltsverzeichnis** (diese Schaltfläche ist nur mit dem Format **Von Vorlage** aktiv) rufen Sie den Dialog **Formatvorlage** auf, in dem die Merkmale der Formatvorlagen für die Überschriften (**Verzeichnis 1** etc.) angezeigt werden. Diese Merkmale können Sie modifizieren, indem Sie auf die Schaltfläche **Ändern** klicken. Damit rufen Sie den Dialog **Formatvorlage ändern** auf (den wir in Abschnitt 19.3, »Formatvorlagen ändern«, ausgiebig beschrieben haben).

Das Inhaltsverzeichnis als Feldfunktion

Wenn Sie ein Inhaltsverzeichnis basteln möchten, das ganz nach Ihren Vorstellungen aufgebaut ist, müssen Sie sich mit der zugrunde liegenden Feldfunktion **TOC** (für *Table of Contents*) vertraut machen. Damit nehmen Sie das Zepter sozusagen in die Hand und können eine sehr spezielle Gestaltung realisieren.

Wenn Sie sich an dieses Vorgehen herantrauen, setzen Sie den Cursor an den Anfang des Inhaltsverzeichnisses und drücken die Tastenkombination [⇧] + [F9]. Sie sehen daraufhin die Feldfunktion (siehe Abbildung 30.17). Wie Sie wissen, lässt sich das Feldergebnis (also der normalerweise auf dem Bildschirm angezeigte Inhalt des Feldes) über die Schalter einer Feldfunktion genau steuern (siehe dazu Abschnitt 10.3, »Der Aufbau von Feldfunktionen«).

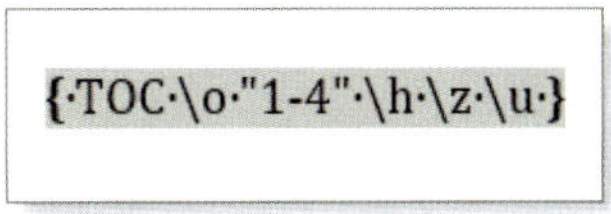

Abbildung 30.17
Die Feldfunktion TOC mit Schaltern

Da den Feldfunktionen von Word, wie gesagt, ein ganzes Kapitel gewidmet ist, hier nur ein paar Hinweise zu ihren Bestandteilen, wie sie in Abbildung 30.17 zu sehen sind:

- **TOC** ist die Feldbezeichnung.
- **\o "1-4"** bestimmt die Anzeige der Gliederungsebenen (hier also die Ebenen 1 bis 4).
- **\h** legt fest, dass die Seitenzahlen als Hyperlinks formatiert sind.
- **\z** unterdrückt die Seitenzahlen, falls das Inhaltsverzeichnis als Teil einer Webseite im Internet dargestellt wird.
- **\u** erstellt ein Inhaltsverzeichnis aufgrund der zugewiesenen Absatzgliederungsebene.

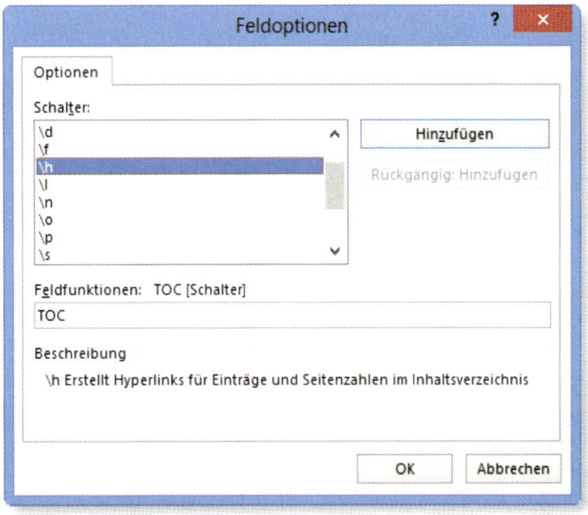

Abbildung 30.18
Schalter für die Feldfunktion TOC

Um weitere Schalter nachzuschlagen, die Sie für die Feldfunktion **TOC** verwenden können, rufen Sie am besten über **Schnellbausteine** > **Feld** (auf der Registerkarte **Einfügen**) den Dialog **Feld** auf. Hier markieren Sie in der Liste die Feldbezeichnung **TOC**, klicken auf die Schaltfläche **Feldfunktionen** und dann auf **Optionen**. Im Dialogfenster **Feldoptionen**, das sich daraufhin öffnet, werden die Schalter aufgelistet; eine Beschreibung der Auswirkung erhalten Sie im unteren Bereich des Dialogs.

30.3 Querverweise nutzen

In den meisten wissenschaftlichen Arbeiten und in längeren Abhandlungen gibt es Verweise auf andere Stellen im Text, z. B. Abbildungen oder Kapitel- und Abschnittsüberschriften (auch in diesem Buch ist das z. B. der Fall). Diese *Querverweise* ganz klassisch in den Text zu schreiben wäre ein mühseliges Unterfangen, das ein ständiges Hin- und Herblättern erfordern würde. Bei jeder Änderung müssten die Verweise (Seitenzahlen, Titel, Nummern etc.) manuell korrigiert werden, was ein hohes Fehlerpotenzial bärge.

Einen Querverweis einfügen

Word sei Dank gibt es eine besondere Funktion, mit der es recht leicht ist, Querverweise einzufügen, die dann natürlich den großen Vorteil haben, jederzeit und ohne Aufwand aktualisiert werden zu können. Fügen Sie einen Querverweis folgendermaßen ein.

1. In der Regel stehen Verweise in Klammern. Geben Sie also an der entsprechenden Stelle in Ihrem Dokument eine Klammer und einen Verweistext ein, z. B. »(siehe dazu auch)«. Lassen Sie den Cursor hinter dem »auch« stehen, denn wo der Cursor blinkt, wird der Verweis eingefügt.
2. Wechseln Sie auf die Registerkarte **Verweise** und klicken Sie in der Gruppe **Beschriftungen** auf die Schaltfläche **Querverweis**.

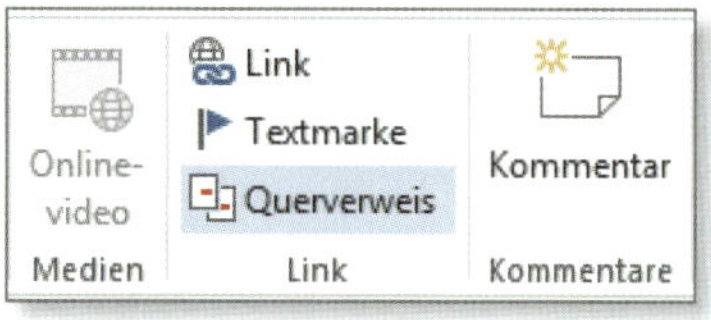

Abbildung 30.19
Das Dialogfenster »Querverweis« aufrufen

3. Daraufhin wird das Dialogfenster **Querverweis** angezeigt. Hier wählen Sie in der Auswahlliste des Feldes **Verweistyp** ❶ das Element, auf das Sie verweisen möchten. Klappen Sie die Liste per Mausklick auf den Pfeil auf und treffen Sie Ihre Wahl.

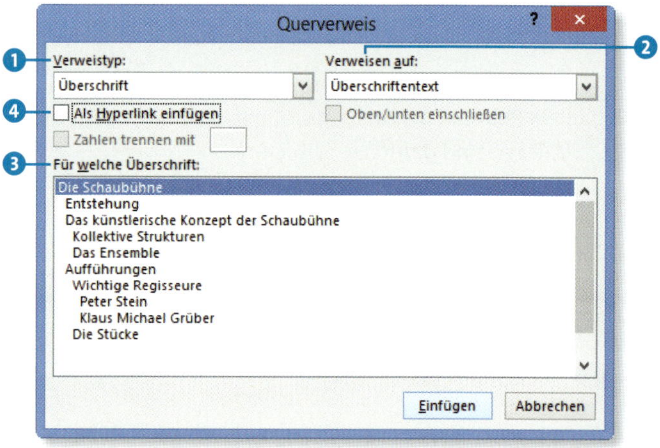

Abbildung 30.20
Wählen Sie einen Verweistyp aus und bestimmen Sie seine Eigenschaften.

4. In der Auswahlliste des Feldes **Verweisen auf** ❷ bestimmen Sie genauer, wie der Verweis dargestellt werden soll (also nur die Nummer, nur der zugehörige Text etc.). Je nach eingestelltem Verweistyp werden hier unterschiedliche Optionen angeboten.

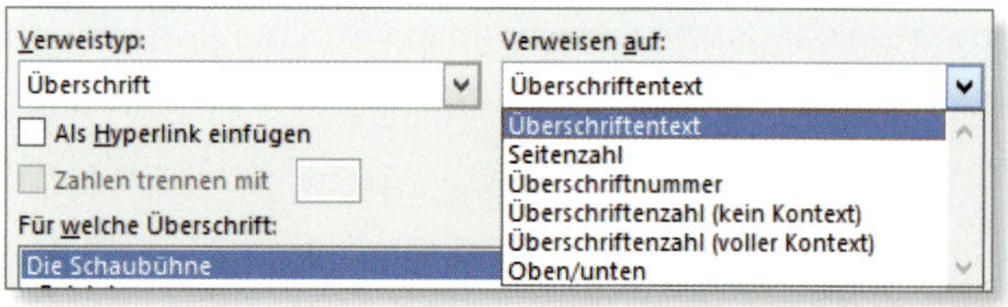

Abbildung 30.21
Bestimmen Sie, wie der Verweis dargestellt werden soll.

5. Im Bereich **Für welche Überschrift** ❸ (bzw. je nach Verweistyp **Für welche Beschriftung** o. Ä.) wählen Sie das betreffende Element aus, indem Sie es markieren.
6. Beachten Sie vor allem die Option **Als Hyperlink einfügen** ❹. Wenn Sie diese Option aktivieren (bzw. aktiviert lassen), wird dem Verweistext ein Hyperlink zugewiesen, sodass Sie per Mausklick zu der Stelle springen können, auf die der Querverweis »zeigt«. Dies kann praktisch sein, ist aber mitunter auch lästig, weil man manchmal unabsichtlich durch den Text springt, obwohl man vielleicht nur Anführungszeichen setzen wollte – ja, wir sprechen da aus Erfahrung!
7. Nachdem Sie alle Angaben gemacht und die Einstellungen vorgenommen haben, klicken Sie unten auf **Einfügen** und dann auf **Schließen**.

Sie sehen den Querverweis nun in Ihrem Dokument. Falls Sie die Option **Als Hyperlink einfügen** aktiviert hatten, taucht das »Händchen« auf, sobald Sie mit dem Mauszeiger über den Verweis fahren. Wenn Sie nun auf den Verweis klickten, würden Sie zu der festgelegten Überschrift springen.

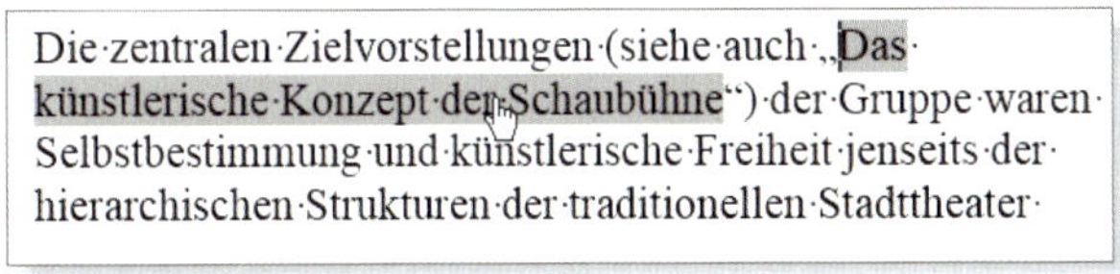
Die·zentralen·Zielvorstellungen·(siehe·auch·„Das·künstlerische·Konzept·der·Schaubühne“)·der·Gruppe·waren·Selbstbestimmung·und·künstlerische·Freiheit·jenseits·der·hierarchischen·Strukturen·der·traditionellen·Stadttheater·

Abbildung 30.22
Der Querverweis auf eine Überschrift ist als Hyperlink angelegt.

Querverweise aktualisieren

Bei Querverweisen handelt es sich um Felder vom Typ REF (für *Reference*). Dies können Sie leicht überprüfen, wenn Sie sich die Feldfunktionen anzeigen lassen. Dazu setzen Sie den Cursor in den Verweis, rufen mit der rechten Maustaste das Kontextmenü auf und wählen hier den Befehl **Feldfunktionen ein/aus**. Alternativ markieren Sie den Verweis und drücken [⇧] + [F9].

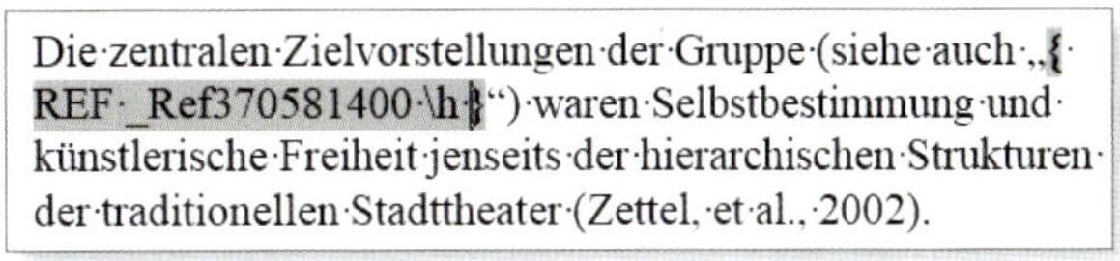
Die·zentralen·Zielvorstellungen·der·Gruppe·(siehe·auch·„{·REF·_Ref370581400·\h·}“)·waren·Selbstbestimmung·und·künstlerische·Freiheit·jenseits·der·hierarchischen·Strukturen·der·traditionellen·Stadttheater·(Zettel,·et·al.,·2002).

Abbildung 30.23
Der Querverweis als Feldfunktion

Aufgrund ihrer Eigenschaft als Feldfunktion lassen sich Querverweise ganz leicht aktualisieren. Dazu setzen Sie den Cursor in das Feld, sodass die Feldschattierung sichtbar wird (Vorsicht jedoch bei Hyperlinks, sonst springen Sie versehentlich an die Stelle, auf die der Verweis »zeigt«!). Dann drücken Sie [F9] oder wählen im Kontextmenü den Befehl **Felder aktualisieren**.

Auch nach dem Schließen und erneuten Öffnen eines Dokuments werden die darin enthaltenen Feldfunktionen automatisch aktualisiert. So gesehen, kann wenig schiefgehen, sobald Sie das Dokument einmal gespeichert und geschlossen haben. Aber auch für den Fall, dass Sie ein Dokument direkt an den Drucker schicken (ohne es vorher einmal geschlossen zu haben), können Sie mit einer bestimmten Einstellung in den Word-Optionen dafür sorgen, dass die Verweise stimmen. Sie finden sie in den Word-Optionen (**Datei** > **Optionen**) in der Kategorie **Erweitert**. Scrollen Sie hier bis zum Bereich **Drucken** und aktivieren Sie dort die Option **Aktualisierung von Feldern mit Überarbeitungen vor dem Drucken zulassen** ❺.

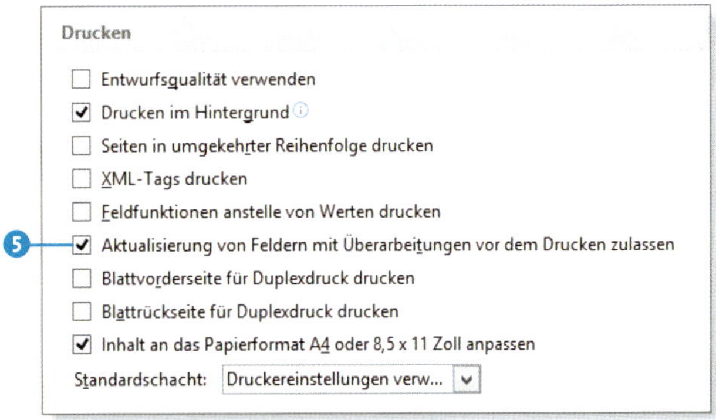

Abbildung 30.24
Felder vor dem Ausdruck aktualisieren lassen

TIPP

Verweise löschen

Um einen Verweis wieder loszuwerden, markieren Sie ihn und drücken die [Entf]-Taste.

30.4 Ein Stichwortverzeichnis erstellen

Wenn Sie die letzten Seiten dieses Buches aufschlagen, sehen Sie dort den *Index* bzw. das *Stichwortverzeichnis*. Auch wenn wir sehr fleißig an diesem Buch gearbeitet haben, wäre es zu viel des Guten, diesen Index manuell zu erstellen. Bei einem solch umfangreichen Werk wie diesem wäre das nicht nur äußerst mühselig gewesen, sondern auch sehr fehleranfällig, weil man z. B. bei jeder Veränderung am Text die Seitenzahlen im Index von Hand hätte anpassen müssen.

Dank einer speziellen Funktion zum Sammeln von Indexeinträgen kann ein Index, wie er für umfangreiche Fachtexte üblich ist, recht einfach erstellt werden. Dabei arbeiten Sie in zwei Schritten: Zuerst legen Sie mithilfe von Word die Indexeinträge fest, dann erstellen Sie aus den gesammelten Einträgen den Index.

Indexeinträge festlegen

Sehr flott bestimmen Sie Indexeinträge, indem Sie die entsprechenden Begriffe direkt im Text markieren.

1 Markieren Sie den Begriff, den Sie als Indexeintrag festlegen möchten.

2 Wechseln Sie auf die Registerkarte **Verweise** und klicken Sie in der Gruppe **Index** auf die Schaltfläche **Eintrag festlegen**.

Abbildung 30.25
Die Schaltfläche zum Einfügen eines Indexeintrags

3 Daraufhin wird das Dialogfenster **Indexeintrag festlegen** angezeigt. Wie Sie sehen, ist der markierte Begriff automatisch im Feld **Haupteintrag** ❶ eingetragen. Im Feld **Untereintrag** ❷ können Sie nun einen Untereintrag eintippen, wenn Sie möchten, dass Ihr Index eine zweite Ebene hat.

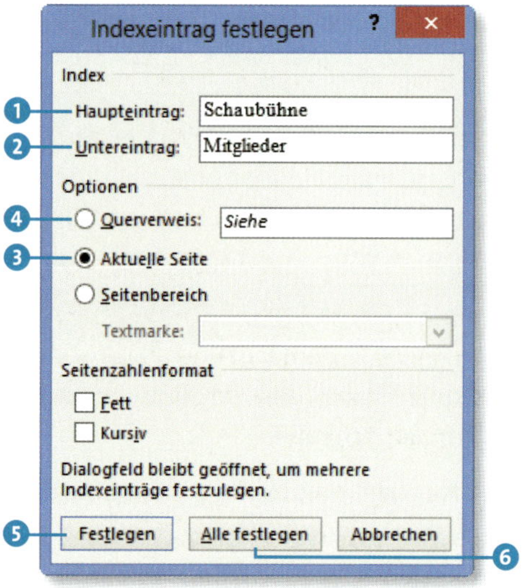

Abbildung 30.26
Der Dialog zum Festlegen des Indexeintrags

4 Im Bereich **Optionen** ist standardmäßig **Aktuelle Seite** ❸ aktiviert, was bedeutet, dass der Eintrag nachher im Index mit der Angabe der Seitenzahl angezeigt wird.

5 Wenn Sie einen Begriff als Indexeintrag festlegen, dessen Erklärung über einen anderen Indexeintrag erfolgt, aktivieren Sie im Bereich **Optionen** die Option **Querverweis** ❹ und geben hier den Text für den Verweis ein, z. B. »siehe Theater«. Im Index würde dann »Schaubühne, siehe Theater« stehen. So lassen sich bequem verschiedene Begriffe unter einem Haupteintrag zuweisen.

6 Zu guter Letzt klicken Sie auf die Schaltfläche **Festlegen** ❺ und dann auf die Schaltfläche **Schließen**. Wenn Sie den Dialog nicht schließen, könnten Sie direkt weitere Einträge festlegen, die Sie dann einfach von Hand in das Feld **Haupteintrag** eintragen müssen.

HINWEIS

Die Option »Alle festlegen«

Wenn Sie auf die Schaltfläche **Alle festlegen** ❻ klicken, wird für jedes Vorkommen des Wortes, das im Feld **Haupteintrag** steht, ein Indexeintrag angelegt. In der Regel ist diese Methode nicht zu empfehlen, weil damit viel zu viele Einträge für einen Begriff festgelegt würden und das Auffinden der relevanten Information, um das es bei einem Index ja nun einmal geht, dadurch deutlich erschwert würde.

Daraufhin wird der eben festgelegte Indexeintrag im Text angezeigt – weil es sich um eine Feldfunktion handelt, steht er in geschweiften Klammern und hat die Bezeichnung **XE** (für *Index Entry*). Der Untereintrag folgt nach einem Doppelpunkt.

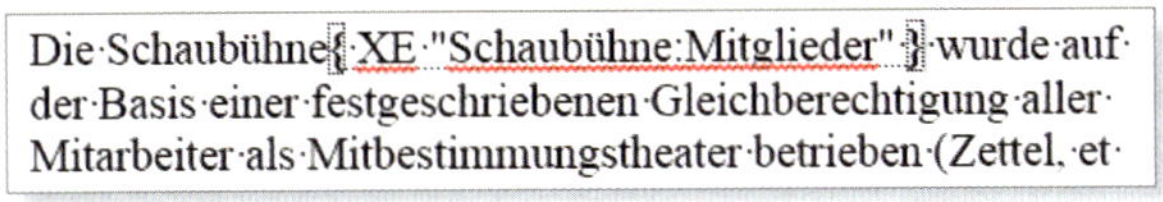
Die·Schaubühne{·XE·"Schaubühne:Mitglieder"·}·wurde·auf·der·Basis·einer·festgeschriebenen·Gleichberechtigung·aller·Mitarbeiter·als·Mitbestimmungstheater·betrieben·(Zettel,·et·

Abbildung 30.27
Der Indexeintrag im Text

Auf diese Weise setzen Sie alle weiteren Indexeinträge. Wenn Sie einen Begriff aufnehmen möchten, der nicht im Text auftaucht, rufen Sie den Dialog **Indexeintrag festlegen** auf, ohne vorher einen Begriff markiert zu haben, und tragen den Haupteintrag (und gegebenenfalls einen Untereintrag) einfach von Hand in das jeweilige Feld ein (ein Verhalten, das eher irritiert, als dass es nachvollziehbar ist).

Prinzipiell können Sie Indexeinträge bzw. Untereinträge mit bis zu neun Ebenen verwenden, obwohl der Dialog nur zwei Ebenen anbietet. Wenn Sie für einen Haupteintrag mehr als einen Untereintrag festlegen möchten, müssen Sie dies direkt im Indexeintrag tun. Das heißt, Sie arbeiten direkt in der Syntax der Feldfunktion im Text und trennen die Einträge jeweils durch einen Doppelpunkt. Nach dem letzten Eintrag setzen Sie ein Anführungszeichen, um den Indexeintrag wieder zu »schließen«.

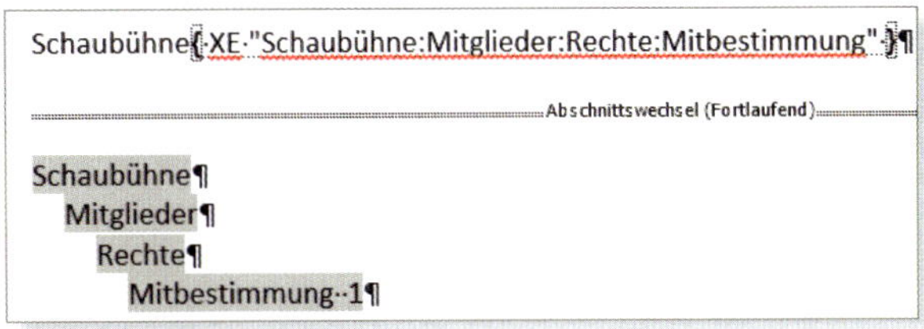
Schaubühne{·XE·"Schaubühne:Mitglieder:Rechte:Mitbestimmung"·}¶
Abschnittswechsel (Fortlaufend)
Schaubühne¶
Mitglieder¶
Rechte¶
Mitbestimmung··1¶

Abbildung 30.28
Ein Indexeintrag mit Untereinträgen (oben die Syntax und unten das Ergebnis des Auslesens, also die Anzeige im Index)

HINWEIS

Doppelpunkt als normaler Text

Weil der Doppelpunkt die Teile eines Indexeintrags voneinander trennt, müssen Sie Word, wenn Sie einmal einen »echten« Doppelpunkt verwenden wollen, signalisieren, dass es sich bei diesem Doppelpunkt um ein »normales Zeichen« handelt. Geben Sie im Dialogfeld vor dem Doppelpunkt demzufolge einen nach links geneigten Schrägstrich (*Backslash*) ein, also beispielsweise »Autor\:Mustermann«.

Indexeinträge anzeigen lassen

Selbst wenn Sie nur bestimmte Formatierungszeichen eingeblendet haben (z. B. Leerstellen und Absatzmarken) oder sich gar keine anzeigen lassen, werden Indexeinträge in einem Dokument angezeigt, sobald Sie einen neuen Eintrag festsetzen. Word ignoriert dann die Einstellung, die Sie in den Word-Optionen (in der Kategorie **Anzeige**) festgelegt haben, und aktiviert dort automatisch die Option **Alle Formatierungszeichen** (ein Verhalten, das eher irritiert, als dass es nachvollziehbar ist).

Beim Lesen oder Überarbeiten eines Textes stören die Indexeinträge jedoch manchmal. Um sie auszublenden, deaktivieren Sie die Option **Alle Formatierungszeichen** einfach wieder und stellen die Formatierungszeichen differenziert ein, achten Sie dabei aber darauf, dass die Option **Ausgeblendeter Text** deaktiviert bleibt.

Wenn Sie die Indexeinträge sehen möchten, aber dennoch nicht wollen, dass sich alle Formatierungszeichen auf dem Bildschirm tummeln, aktivieren Sie die Option **Ausgeblendeten Text**.

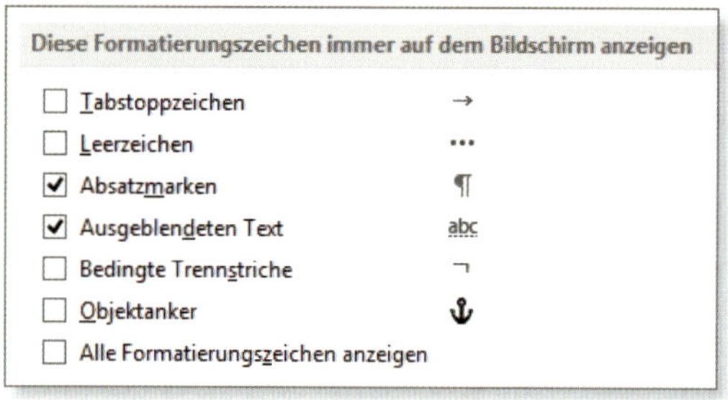

Abbildung 30.29
Mit der Option »Ausgeblendeten Text« werden Indexeinträge angezeigt.

Den Index auslesen

Nachdem Sie alle Indexeinträge in das Dokument eingefügt haben, sollten sie natürlich noch zu einem Index zusammengefasst werden. Dazu setzen Sie den Cursor an das Ende des Dokuments (weil dies der Ort ist, an dem der Index in der Regel steht). Dann rufen Sie über die Schaltfläche **Index einfügen** (auf der Registerkarte **Verweise**) das Dialogfenster **Index** auf.

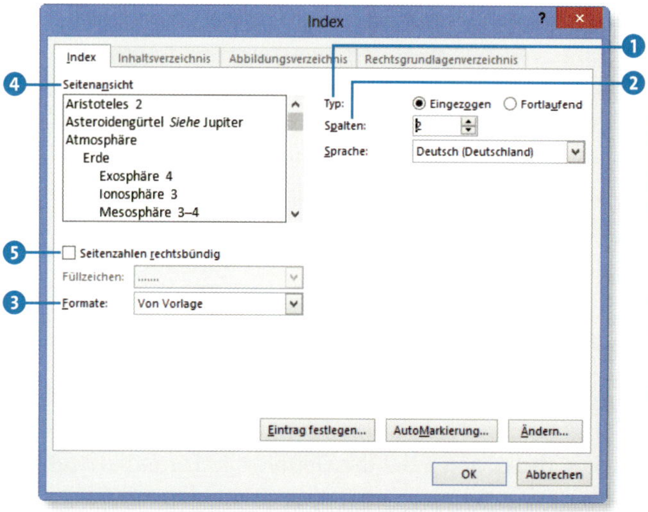

Abbildung 30.30
In diesem Dialog legen Sie das Aussehen des Index fest.

In diesem Dialog können Sie (auf der Registerkarte **Index**) einige Einstellungen festlegen, die das Aussehen des Index beeinflussen.

> **INFO**
>
> **Die Namen des Dialogfensters »Index«**
>
> Das Dialogfenster **Index** haben Sie bereits im Zusammenhang mit dem Inhaltsverzeichnis kennengelernt, dort aber eben mit der Registerkarte **Inhaltsverzeichnis** (die jetzt nicht aktiv ist). Die Bezeichnungen des Dialogs funktionieren nach dem »Bäumchen-wechsel-dich-Prinzip«: Je nachdem, welche Registerkarte aktiv ist, bekommt der Dialog den entsprechenden Namen.

Zu den Einstellungen, die Sie hier vornehmen können, um den Aufbau und das Aussehen des Stichwortverzeichnisses zu beeinflussen, gehören die folgenden:

- **Typ** ❶: Mit der Option **Eingezogen** werden die Untereinträge, zur besseren Übersicht, eingerückt unterhalb des Haupteintrags angezeigt, mit **Fortlaufend** stehen die Untereinträge in der gleichen Zeile wie die Haupteinträge.
- **Spalten** ❷: Hier legen Sie fest, in wie vielen Spalten die Indexeinträge dargestellt werden. Werte von 1 bis 4 sind möglich.

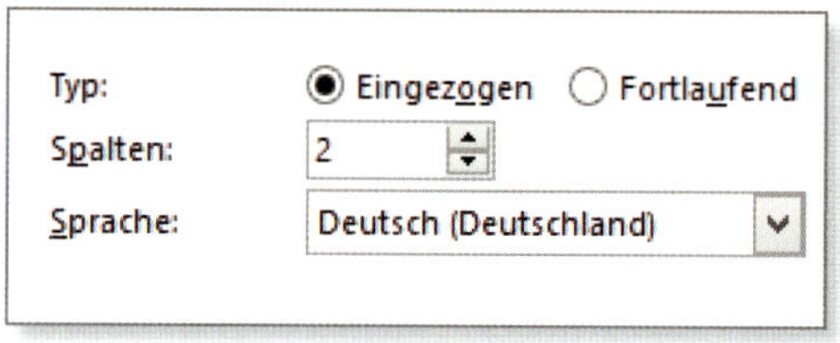

Abbildung 30.31
Die Anzahl der Spalten für den Index bestimmen

- **Formate** ❸: In dieser Auswahlliste können Sie Formate für den Index einstellen. Wenn Sie den Mauszeiger auf eine der Optionen führen, zeigt der Bereich **Seitenansicht** ❹ eine Vorschau, sodass Sie sich schon vor der Zuweisung einen Eindruck vom Ergebnis machen können.

- **Seitenzahlen rechtsbündig** ❺: Mit dieser Einstellung passiert genau das, was die Option verspricht. Die Seitenzahlen werden nicht direkt nach den Einträgen angeführt, sondern am rechten Rand der Spalte(n).

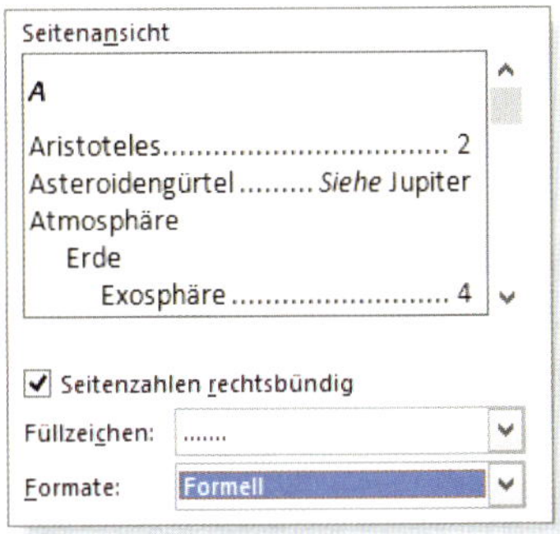

Abbildung 30.32
Ein Format für den Index auswählen

Nachdem Sie alle Einstellungen vorgenommen haben, klicken Sie auf die Schaltfläche **OK**. Daraufhin wird der Index erstellt. Abbildung 30.33 zeigt einen Index mit dem Format **Formell**, mit dem alle Indexeinträge gleichzeitig alphabetisch sortiert werden.

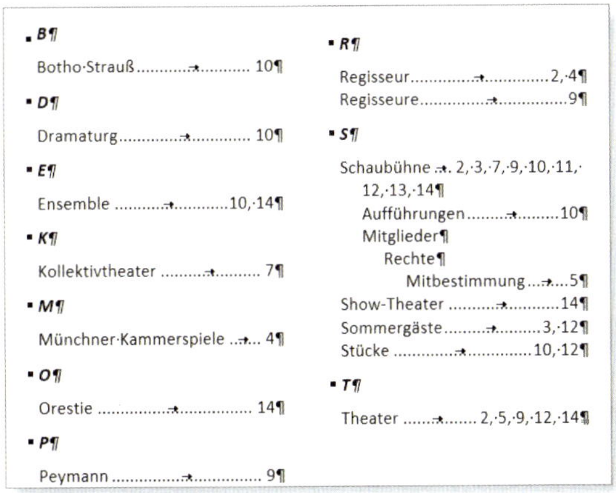

Abbildung 30.33
Ein Index mit dem Format »Formell«

Den Index aktualisieren

Wenn Sie nachträglich weitere Indexeinträge festlegen (oder Einträge im Text löschen), muss der Index aktualisiert werden. Dazu klicken Sie den Index mit der rechten Maustaste an, sodass die Feldschattierung zu sehen ist, und wählen im Kontextmenü den Befehl **Felder aktualisieren** (siehe Abbildung 30.34).

Alternativ markieren Sie den Index und klicken auf der Registerkarte **Verweise** auf die Schaltfläche **Index aktualisieren**. Und wie üblich steht Ihnen als dritte Möglichkeit zur Aktualisierung auch hier die Taste F9 zur Verfügung.

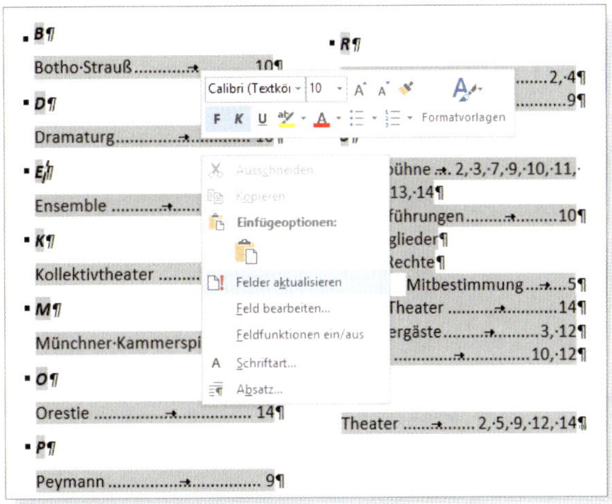

Abbildung 30.34
Den Index über das Kontextmenü aktualisieren

Indexeinträge über eine separate Tabelle erstellen

Es gibt noch einen ganz anderen Weg, Indexeinträge in einem Dokument festzulegen. Er wird Ihnen gefallen, wenn Sie gern geplant vorgehen, aber keine Lust haben, ein langes Dokument Seite für Seite nach potenziellen Indexeinträgen zu durchforsten. Dieser Weg führt über eine separate Datei, in der Sie in einer zweispaltigen Tabelle auf der einen Seite die Begriffe im Dokument und auf der andere Seite die Indexeinträge eintragen, die Sie dafür jeweils anlegen wollen.

1. Fügen Sie in einem separaten Dokument eine Tabelle mit zwei Spalten ein.
2. In der linken Spalte geben Sie die Begriffe ein, nach denen Word das Textdokument durchsuchen soll,

und in der rechten Spalte tragen Sie die passenden Indexeinträge ein.

3 Anschließend speichern Sie diese Tabelle.

4 Um sie dann zum Festlegen von Indexeinträgen zu verwenden, öffnen Sie das Dokument, das Sie indexieren möchten.

5 Aktivieren Sie die Registerkarte **Verweise** und klicken Sie auf die Schaltfläche **Index einfügen**.

6 Im Dialogfenster **Index** klicken Sie auf die Schaltfläche **AutoMarkierung**.

7 Daraufhin wird der Dialog mit dem schönen Namen **Index-AutoFestlegungsdatei öffnen** angezeigt. Hier wählen Sie die Datei mit der Tabelle aus und klicken auf **Öffnen**.

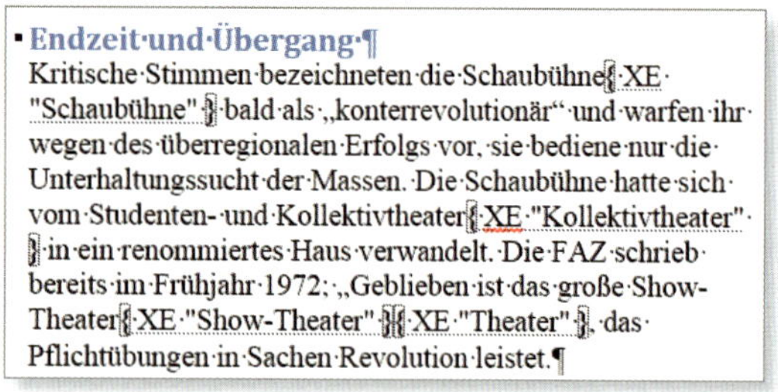
Endzeit·und·Übergang·¶
Kritische·Stimmen·bezeichneten·die·Schaubühne{·XE·"Schaubühne"·}·bald·als·„konterrevolutionär“·und·warfen·ihr·wegen·des·überregionalen·Erfolgs·vor,·sie·bediene·nur·die·Unterhaltungssucht·der·Massen.·Die·Schaubühne·hatte·sich·vom·Studenten-·und·Kollektivtheater{·XE·"Kollektivtheater"·}·in·ein·renommiertes·Haus·verwandelt.·Die·FAZ·schrieb·bereits·im·Frühjahr·1972:·„Geblieben·ist·das·große·Show-Theater{·XE·"Show-Theater"·}{·XE·"Theater"·},·das·Pflichtübungen·in·Sachen·Revolution·leistet.¶

Abbildung 30.35
Die Indexeinträge wurden mit der Funktion »AutoMarkierung« eingefügt.

Gleich darauf wird das Dokument mit den Indexeinträgen präsentiert. Word ist übrigens bei dieser Methode clever genug, einen Indexeintrag nur einmal pro Absatz einzufügen, auch wenn der Begriff, nach dem (über die linke Spalte der Tabelle) gesucht werden sollte, in einem Absatz häufiger vorkommt.

30.5 Zitate einfügen und ein Literaturverzeichnis anlegen

Über die Notwendigkeit, in wissenschaftlichen Arbeiten Quellen zu zitieren und ein Literaturverzeichnis anzulegen, müssen wir sicher keine großen Worte verlieren. Die gute Nachricht ist, dass Word Sie auch hierbei tatkräftig unterstützen kann. Diese Hilfe besteht vor allem darin, dass Ihnen ein Formular zur Verfügung gestellt wird, in das Sie je nach Quelle sehr bequem unterschiedliche Informationen eintragen können. Es hängt dann von der verwendeten Formatvorlage ab (es gibt für diesen Fall spezielle *Zitatvorlagen*), wie die hier eingetragenen Angaben dann im Dokument angeführt werden. Wenn Sie Quellen erfasst haben, kann Word daraus dann auch ein Literaturverzeichnis erstellen.

Ein nicht zu unterschätzender Vorteil ist, dass die Angaben zu bestimmten Quellen nicht nur im aktuellen Dokument zur Verfügung stehen, sondern dass es möglich ist, immer wieder und von verschiedenen Dokumenten aus auf diese Angaben zuzugreifen. Diese Aufgabe erledigt der **Quellen-Manager**, in dem die einmal erfassten Quellen in einer *Masterliste* verwaltet werden. Um das Ganze zu konkretisieren, wollen wir nun zunächst eine Quellenangabe für ein Dokument erstellen.

Die Quellen erfassen

Beginnen Sie damit, das Format für die Zitierweise festzulegen. Die Auswahl treffen Sie über die Auswahlliste des Feldes **Formatvorlage** auf der Registerkarte **Verweise** in der Gruppe **Zitate und Literaturverzeichnis**. Wählen Sie in dieser Liste z. B. **ISO 690 – Erstes Element und Datum**.

INFO

Zitierformate und -vorschriften

In dieser Liste des Feldes **Formatvorlage** wird eine Reihe unterschiedlicher Formate angeboten, die, abhängig vom Sprachraum, alle mehr oder weniger üblich sind und in wissenschaftlichen Arbeiten zum Tragen kommen. Falls für Ihre Arbeit keine bestimmte Zitierweise vorgeschrieben ist, sind Sie im deutschsprachigen Sprachraum mit dem Format **ISO 690** in der Regel gut beraten (die Abkürzung steht für *International Organization for Standardization*). Mit dem Format **ISO 690** wird übrigens im Falle mehrerer Autorennamen automatisch der Zusatz »et al.« (für »und andere«) angegeben.

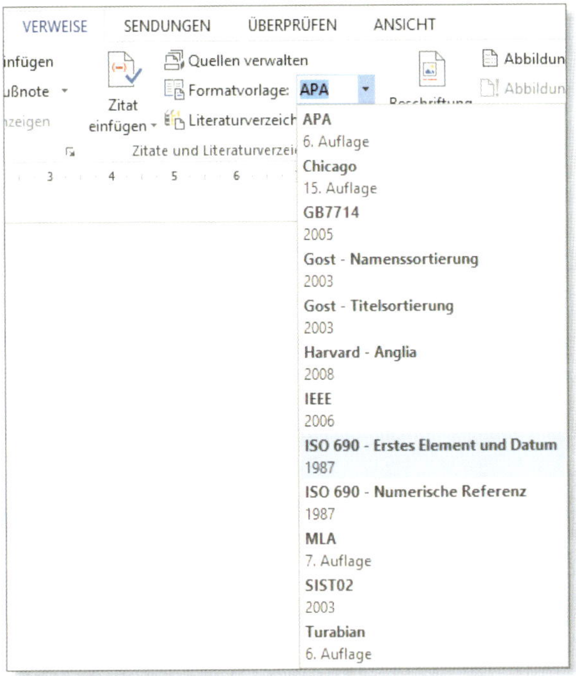

Abbildung 30.36
Ein Format für die Quellenangabe festlegen

1 Setzen Sie den Cursor an die Stelle im Dokument, an der Sie die Quellenangabe einfügen möchten.

2 Klicken Sie auf der Registerkarte **Verweise** in der Gruppe **Zitat und Literaturverzeichnis** nun auf die Schaltfläche Zitat **einfügen** und wählen Sie im Auswahlmenü den Eintrag **Neue Quelle hinzufügen**.

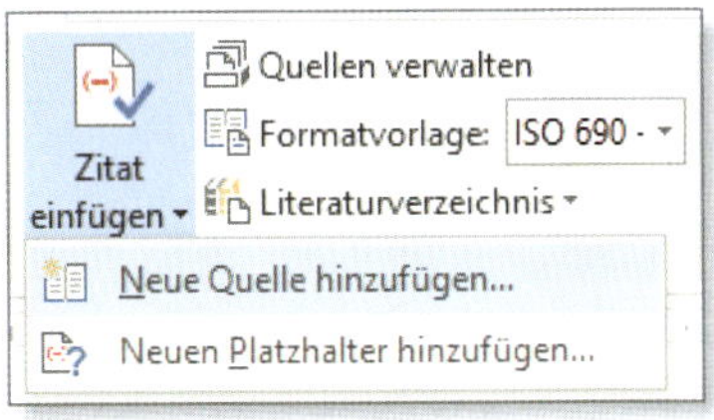

Abbildung 30.37
Das Formular zum Eingeben der Informationen aufrufen

3 Daraufhin wird mit dem Dialogfenster **Quelle erstellen** ein Formular eingeblendet (siehe Abbildung 30.38). Hier legen Sie als Erstes den Quellentyp fest.

Diese Auswahl treffen Sie in der Auswahlliste des gleichnamigen Feldes **1** (je nach Quelle, aus der Sie zitieren möchten, werden unterschiedliche Felder angezeigt).

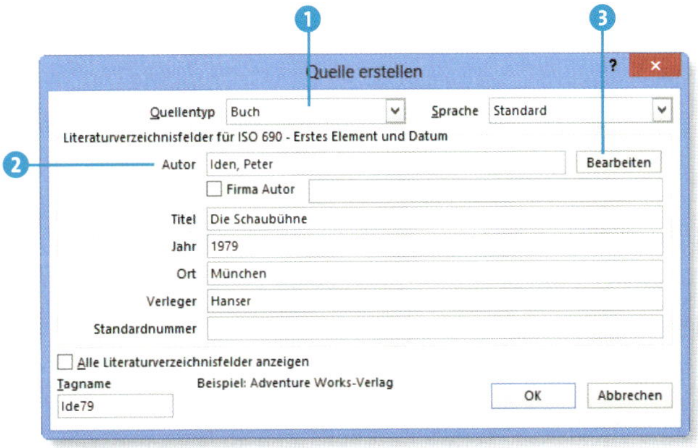

Abbildung 30.38
Das Formular zum Eingeben der Informationen für die Quelle

4 Füllen Sie das Formular nun weiter aus. In der Zeile **Autor** **2** geben Sie den Namen des Autors ein, und zwar nach dem Muster »Zettel, Willi« oder »Willi Zettel«. Natürlich können Sie auch mehrere Namen eingeben. Trennen Sie sie dann durch ein Semikolon.

5 Klicken Sie nach abgeschlossener Eingabe der Informationen auf **OK**.

Word fügt den Zitierhinweis in Ihr Dokument ein (es handelt sich übrigens wieder um ein Inhaltssteuerelement, diesmal mit dem Feldtyp **CITATION**). Wie die Quellenangabe dargestellt wird, hängt vom verwendeten Zitierformat ab.

INFO

Autorennamen sortieren

Über die Schaltfläche **Bearbeiten** **3** rufen Sie den Dialog **Name bearbeiten** auf, in dem Sie (bei mehreren Autoren) die Sortierung der Autorennamen beeinflussen können. Nutzen Sie dazu die Schaltflächen **Nach oben** und **Nach unten**.

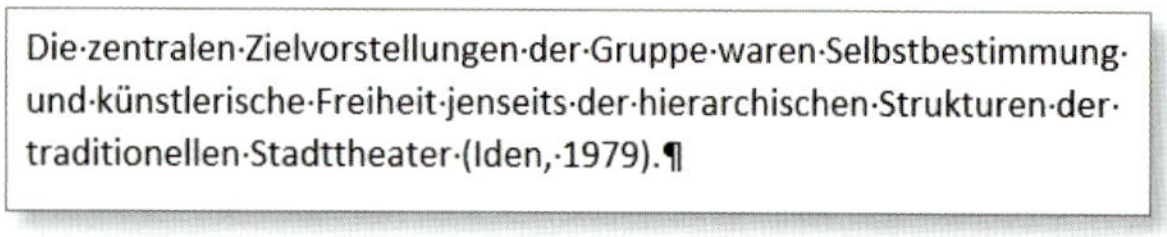

Abbildung 30.39
Die Quellenangabe im Text

Lassen Sie uns erneut einen Blick auf das Dialogfenster **Quelle erstellen** werfen. Es gibt hier die Möglichkeit, noch mehr Felder für weitere Informationen einzublenden. Dazu aktivieren Sie in diesem Dialog die Option **Alle Literaturverzeichnisfelder anzeigen** ❶. Der Dialog wird daraufhin um etliche Felder bzw. Zeilen erweitert. Wenn Sie es beim Quellentyp **Buch** belassen, werden z. B. Zeilen für den Herausgeber, den Band oder den Übersetzer angeboten. Falls es also beispielsweise nicht nur Autoren, sondern auch einen Herausgeber gibt, der mit angegeben werden muss, bräuchten Sie diese Ansicht. Für andere Quellentypen wie beispielsweise **Zeitungsartikel** erhalten Sie zusätzliche Zeilen, um den Monat und den Tag der Erscheinung sowie die Seiten mit anzugeben.

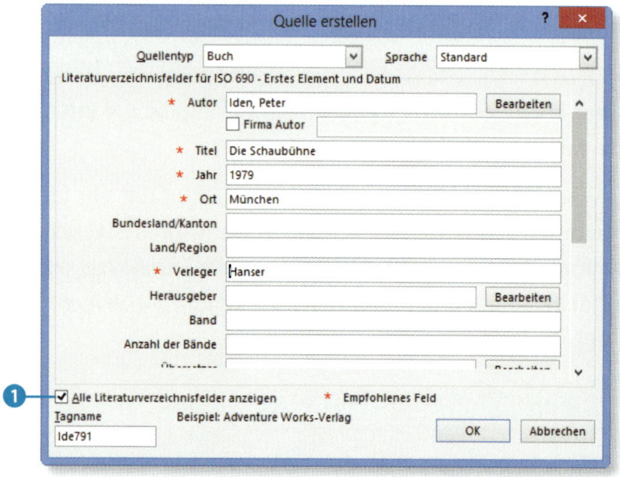

Abbildung 30.40
Das Formular mit der Option »Alle Literaturverzeichnisfelder anzeigen«

Nachdem Sie die Quelle erfasst haben, wird sie im Auswahlmenü der Schaltfläche **Zitat einfügen** (im aktuellen Dokument) aufgelistet. Es ist also technisch ganz leicht, die gleiche Quelle erneut an anderer Stelle anzugeben. Sie brauchen lediglich den Cursor an der passenden Stelle zu platzieren und im Menü die Quelle auszuwählen, die Sie angeben möchten.

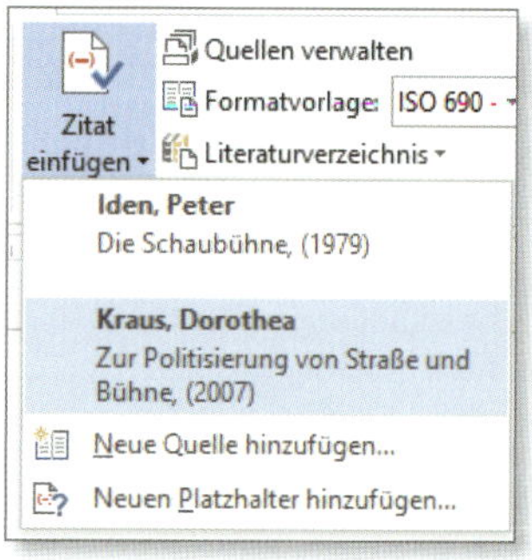

Abbildung 30.41
Die Quellenangabe im Menü der Schaltfläche »Zitat einfügen«

Quellenangaben anpassen

Die Quellenangabe wird, wie gesagt, in ein Inhaltssteuerelement eingefügt, mit dem die Bearbeitung bzw. Anpassung der einzelnen Angabe sehr leicht von der Hand geht. Sobald Sie den eingefügten Zitierhinweis anklicken, tauchen sowohl eine Feldschattierung als auch ein Rahmen mit einem Pfeil ❷ zum Öffnen der Zitatoptionen auf. Per Mausklick auf den Pfeil wird das Menü aufgeklappt.

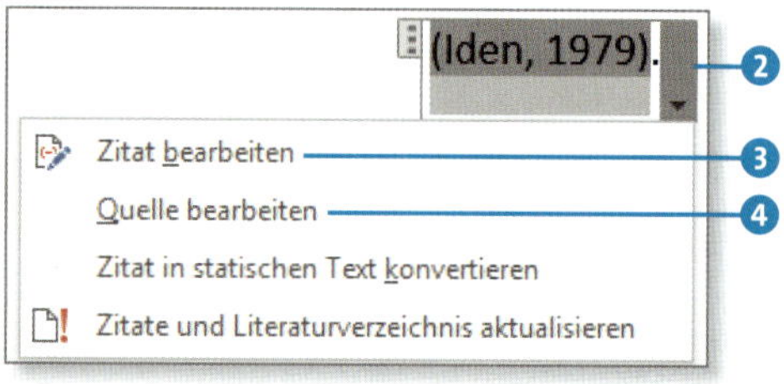

Abbildung 30.42
Die Zitatoptionen öffnen

Mit dem Befehl **Zitat bearbeiten** ❸ können Sie im gleichnamigen Dialogfenster die Darstellung einzelner Zitierhinweise anpassen, z. B. Seitenzahlen hinzufügen oder Informationen unterdrücken. Verstehen

Sie Letzteres nicht falsch: Damit wird nicht vorgeschlagen, wichtige Quellenangaben unter den Tisch fallen zu lassen! Es geht hier lediglich um die Art und Weise, wie die Quelle direkt im Text zitiert wird.

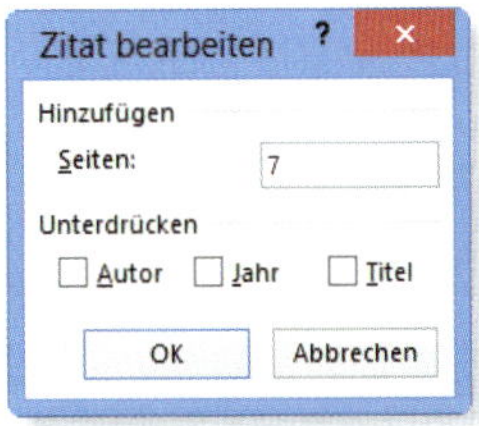

Abbildung 30.43
Die Darstellung der Quellenangabe im Text beeinflussen

Mit dem Befehl **Quelle bearbeiten** ④ lassen sich die Angaben zu einer Quelle korrigieren oder nachträglich ergänzen. Sie rufen mit dem Befehl den gleichnamigen Dialog auf. Er entspricht im Prinzip dem Dialog zum Eingeben der Quellenangaben, nur dass die Felder bereits die entsprechenden Informationen enthalten.

Wenn Sie hier nach einer Änderung auf **OK** klicken, um sie zu bestätigen, erhalten Sie eine Meldung, in der Sie gefragt werden, ob Sie die Quelle in der Masterliste und im aktuellen Dokument aktualisieren möchten. Klicken Sie hier auf **Ja**.

Der Befehl **Zitat in statischen Text konvertieren** macht aus dem eingefügten Zitat normalen Text. Damit können Sie das Zitat am einfachsten auch wieder aus dem Text löschen.

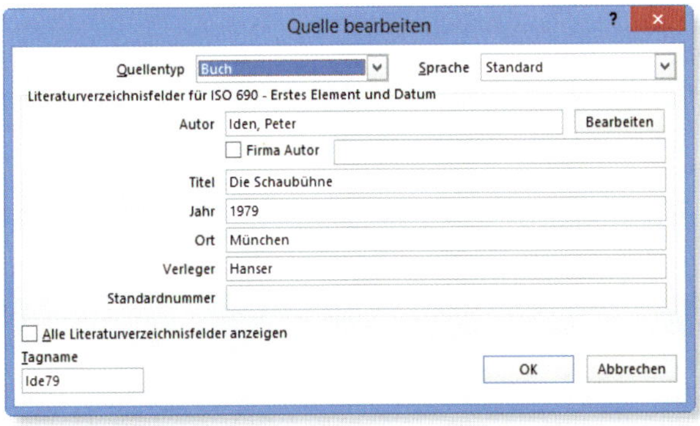

Abbildung 30.44
Der Dialog »Quelle bearbeiten«

Die Masterliste zum Verwalten der Quellen

Abgesehen davon, dass die erfassten Quellen natürlich im aktuellen Dokument gesammelt und in der *Quellenliste* (oder *Aktuellen Liste*) abgelegt werden, werden sie auch in die sogenannte *Masterliste* aufgenommen, die alle Quellen enthält, die auf dem Computer über den Dialog **Quelle erstellen** oder über den **Quellen-Manager** (den wir im nächsten Abschnitt »Auf Quellen zugreifen und sie für Quellenangaben nutzen« beschreiben) eingegeben werden (pro Benutzerkonto wird eine separate Masterliste erstellt). Diese Masterliste, die im Dateiformat *.xml* vorliegt, können Sie ebenfalls einsehen. Unter Windows 7 und Windows 8 führt der Weg zu ihr standardmäßig über *C:\Benutzer\[Benutzername]\AppData\Roaming\Microsoft\Bibliography*. In diesem Ordner finden Sie dann auch die Datei *Sources.xml*.

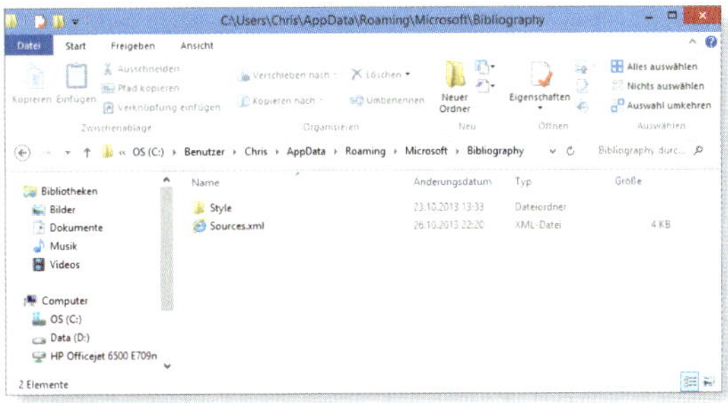

Abbildung 30.45
Der Ordner mit der Datei »Sources.xml«, die die Masterliste enthält

Wenn Sie diese Datei per Doppelklick aufrufen, wird sie in Ihrem Browser angezeigt (siehe Abbildung 30.46).

TIPP

Zitate mit mehreren Quellenangaben

Wenn es erforderlich ist, können Sie in ein Inhaltssteuerelement mit einem Zitierhinweis auch mehrere Quellen einfügen. Dazu setzen Sie den Cursor in die Klammer der Quellenangabe, öffnen das Menü der Schaltfläche **Zitat einfügen** und wählen aus der Liste die gewünschte Quellenangabe. Daraufhin taucht auch diese Angabe nach einem Semikolon in der Klammer auf.

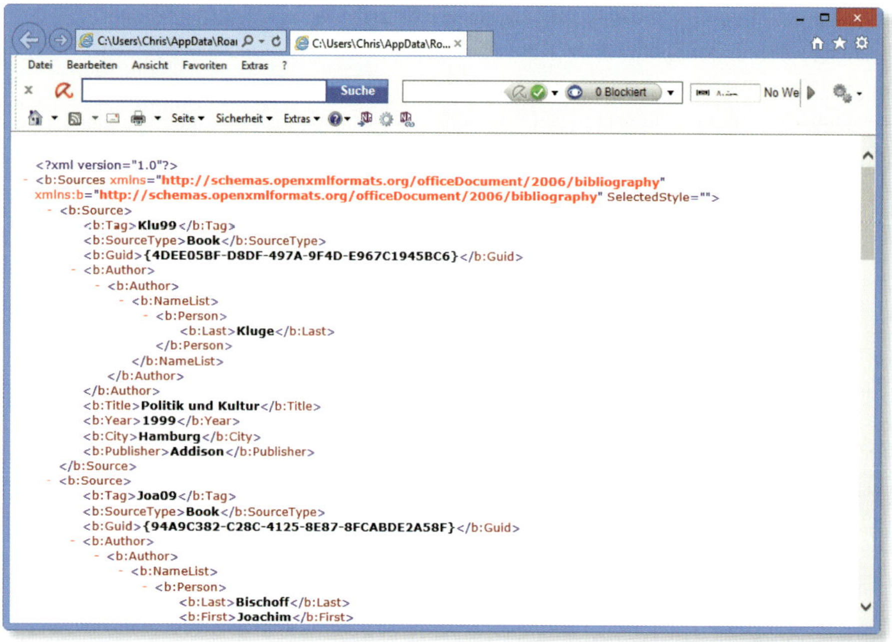

< ***Abbildung 30.46***
Die Datei »Sources.xml« im Browser

Auf Quellen zugreifen und sie für Quellenangaben nutzen

Mithilfe der Masterliste können Sie jederzeit auf alle erfassten Quellen zugreifen und sie in neuen Dokumenten verwenden. Wenn Sie ein fleißiger Publizist wissenschaftlicher Arbeiten sind (und gewissenhaft Quellenangaben einfügen!), werden Sie diese Möglichkeit zu schätzen wissen.

1 Öffnen Sie die Registerkarte **Verweise** und klicken Sie hier in der Gruppe **Zitate und Literaturverzeichnis** auf die Schaltfläche **Quellen verwalten**.

2 Daraufhin wird der Dialog **Quellen-Manager** angezeigt (siehe Abbildung 30.47). In diesem Dialog sehen Sie auf der linken Seite den Bereich **Masterliste** ❶ mit allen erfassten Quellen und auf der rechten Seite den Bereich **Aktuelle Liste** ❷. (Diese Liste ist

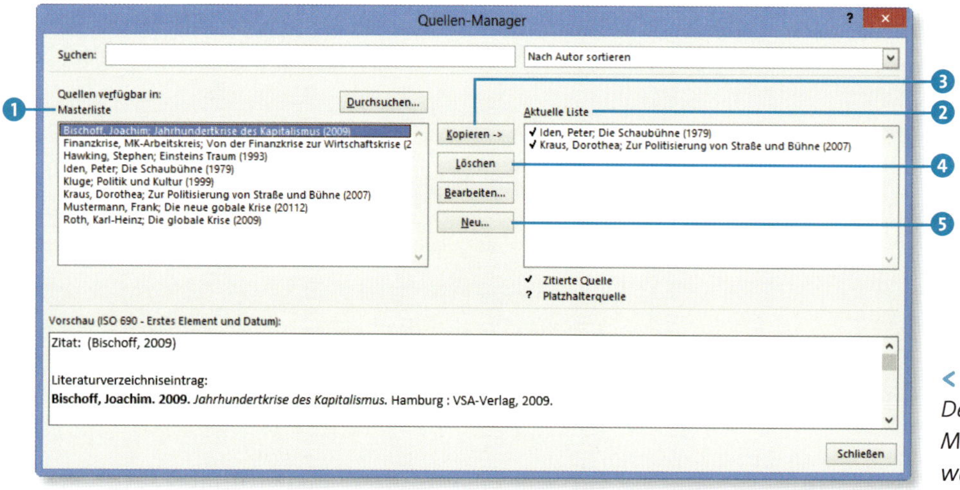

< ***Abbildung 30.47***
Der Dialog »Quellen-Manager« zum Verwalten der Quellen

leer, wenn Sie ein Dokument geöffnet haben, das noch keine Quellenangaben enthält.) Die bereits in das Dokument eingefügten Quellen werden in der **Aktuellen Liste** mit einem Häkchen versehen. Um eine Quelle aus der **Masterliste** in die **Aktuelle Liste** einzufügen, markieren Sie sie und klicken auf **Kopieren** ❸.

3 Nun erscheint die Quellenangabe auch in der **Aktuellen Liste**, allerdings ohne Häkchen, weil sie (noch) nicht im Dokument verwendet wird. Solange die Quelle nicht eingefügt ist, können Sie sie auch wieder aus der **Aktuellen Liste** entfernen. Dazu markieren Sie den Eintrag und klicken auf die Schaltfläche **Löschen** ❹. (Diese Schaltfläche ist nicht aktiv, wenn Sie eine Quelle mit Häkchen markieren.)

Sobald Sie der **Aktuellen Liste** die neue Quelle hinzugefügt haben, ist es ganz leicht, sie als Zitierhinweis in ein Dokument einzufügen. Setzen Sie den Cursor einfach an die entsprechende Stelle im Dokument und klicken Sie dann auf der Registerkarte **Verweise** auf die Schaltfläche **Zitat einfügen**. Die neue Quellenangabe taucht nun im Menü auf, und Sie können sie einfügen.

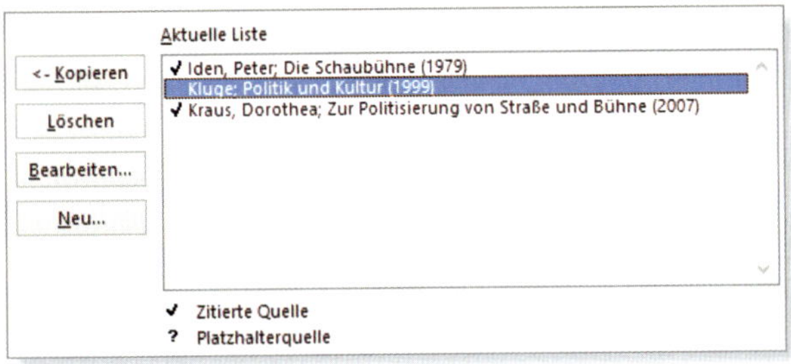

Abbildung 30.48
Eine Quellenangabe wurde aus der »Masterliste« in die »Aktuelle Liste« kopiert.

Neue Quellen zur Masterliste hinzufügen

Den Dialog **Quellen-Manager** können Sie auch dazu verwenden, neue Quellen anzulegen und sie in die **Masterliste** aufzunehmen. Wenn Sie hier auf die Schaltfläche **Neu** ❺ klicken, wird das Formular zur Eingabe der Quelleninformationen angezeigt, und Sie verfahren wie gehabt (siehe den Abschnitt »Die Quellen erfassen« auf Seite 626 in diesem Kapitel).

TIPP

Andere Masterlisten öffnen

Wenn Sie auf Quellen in einer anderen Liste als der Standardmasterliste zugreifen möchten, klicken Sie im Dialog **Quellen-Manager** auf die Schaltfläche **Durchsuchen**. Daraufhin wird der Dialog **Quellliste öffnen** angezeigt (in dem Sie ebenfalls sehen, wo die Datei *Sources.xml* liegt). Wandern Sie zu dem Ordner, in dem die gewünschte Masterliste liegt, markieren Sie sie und klicken Sie dann auf **Öffnen**.

Platzhalter für Quellenangaben einfügen

Zu guter Letzt noch der Hinweis, dass Sie statt einer Quellenangabe zunächst auch einen Zitatplatzhalter einfügen können. Eine sehr hilfreiche Funktion, wie wir aus eigener Erfahrung wissen, die Ihnen vielleicht entgegenkommt, wenn Sie Ihren Schreibfluss nicht durch das Anlegen bibliografischer Angaben unterbrechen, aber dennoch sicherstellen möchten, dass Sie die Angabe nicht vergessen.

1 Klicken Sie im Menü der Schaltfläche **Zitat einfügen** auf den unteren Befehl **Neuen Platzhalter hinzufügen**.

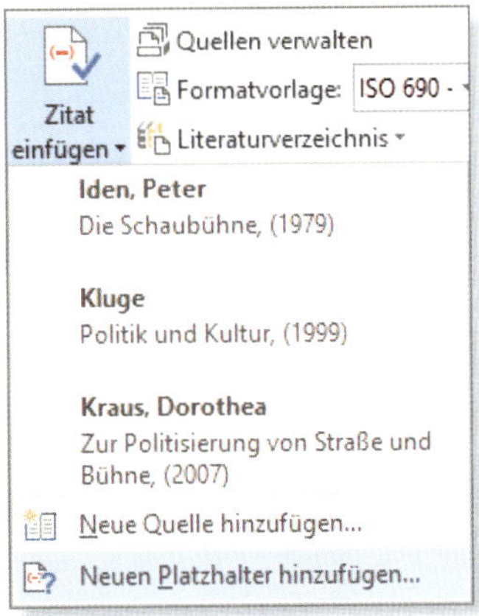

Abbildung 30.49
Einen Platzhalter für das Zitat einfügen

2 Daraufhin erscheint der kleine Dialog **Platzhaltername**, in dem Sie dem Platzhalter für die Quelle als kleine Gedächtnisstütze einen Namen geben. Nach einem Klick auf **OK** landet der Platzhalter im Dokument.

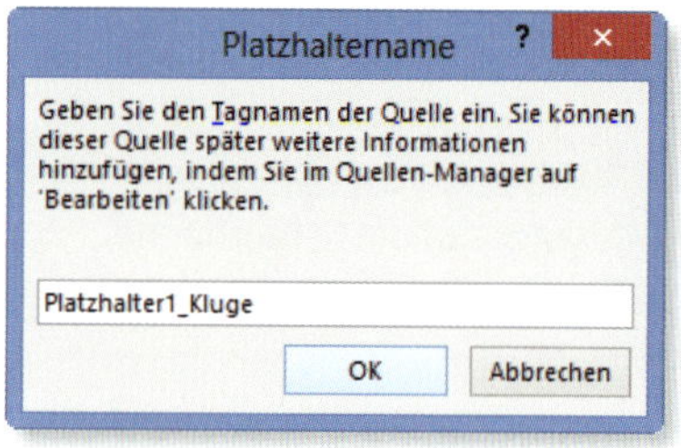

Abbildung 30.50
Hier können Sie dem Platzhalter einen Namen geben.

3 Um den Platzhalter dann später mit reellen Angaben zu füllen, klicken Sie ihn an, um den Rahmen des Inhaltssteuerelements mit dem Pfeil anzuzeigen.

4 Im Menü, das sich nach einem Klick auf den Pfeil öffnet, wählen Sie **Quelle bearbeiten**, um das gleichnamige Formular aufzurufen, in das Sie die Informationen eintragen können.

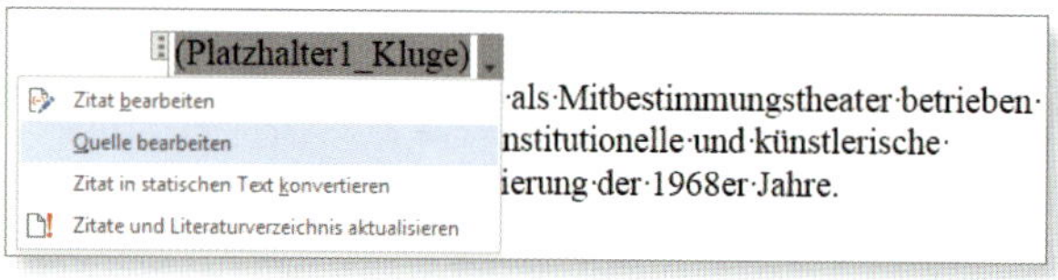

Abbildung 30.51
Das Formular zur Bearbeitung des Platzhalters aufrufen

5 Sobald Sie Ihre Eingaben gemacht und das Dialogfenster **Quelle bearbeiten** bestätigt haben, wird der Platzhalter durch die konkreten Quellenangaben ersetzt.

INFO

Platzhalter im Quellen-Manager

Im Dialogfenster **Quellen-Manager** werden die Zitatplatzhalter im Bereich **Aktuelle Liste** durch ein Fragezeichen gekennzeichnet. Über die Schaltfläche **Bearbeiten** gelangen Sie auch von hier aus zum Dialogfenster **Quelle bearbeiten**.

Das Literaturverzeichnis erstellen

Sobald Sie alle Quellen erfasst haben, können Sie auch ein komplettes Literaturverzeichnis erstellen. Das geht dann ganz flott, weil die erforderlichen Angaben und Informationen bereits erfasst und katalogisiert sind. Sie müssen quasi nur ausgelesen werden.

1 Platzieren Sie den Cursor an dem Ende Ihres Dokuments, denn dies ist in der Regel der Ort, an den das Literaturverzeichnis gehört.

2 Klicken Sie auf der Registerkarte **Verweise** in der Gruppe **Zitate und Literaturverzeichnis** auf die Schaltfläche **Literaturverzeichnis**.

Abbildung 30.52
Das Menü zur Auswahl der Literaturverzeichnisse aufrufen

3 Im Menü dieser Schaltfläche wählen Sie eines der vordefinierten Formate aus und klicken es an.

Abbildung 30.53
Die Auswahl an Formaten für ein Literaturverzeichnis

Wenn Sie eines der angebotenen Formate gewählt haben, wird das Literaturverzeichnis (als Inhaltssteuerelement mit dem Feldtyp **BIBLIOGRAPHY**) mit der entsprechenden Gestaltung in das Dokument eingefügt.

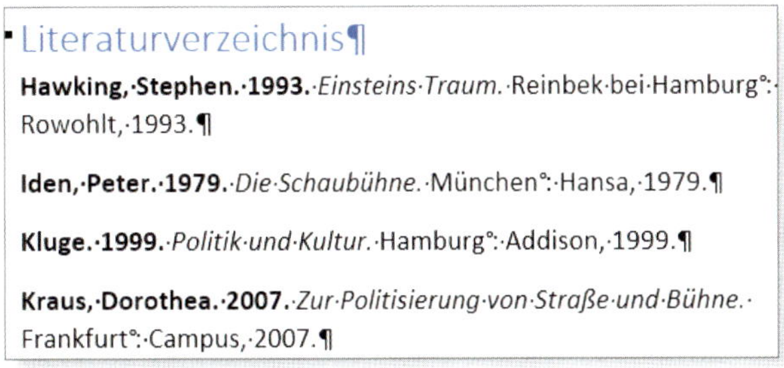
Literaturverzeichnis¶

Hawking,·Stephen.·1993.·*Einsteins·Traum.*·Reinbek·bei·Hamburg°:·Rowohlt,·1993.¶

Iden,·Peter.·1979.·*Die·Schaubühne.*·München°:·Hansa,·1979.¶

Kluge.·1999.·*Politik·und·Kultur.*·Hamburg°:·Addison,·1999.¶

Kraus,·Dorothea.·2007.·*Zur·Politisierung·von·Straße·und·Bühne.*·Frankfurt°:·Campus,·2007.¶

Abbildung 30.54
Das Literaturverzeichnis im Dokument

Sobald Sie das Verzeichnis anklicken, tauchen der Rahmen um das Inhaltssteuerelement sowie die Leiste mit der Schaltfläche **Zitate und Literaturverzeichnis aktualisieren** auf. Wie Sie sehen, können Sie ein Literaturverzeichnis also bequem anpassen, falls Sie neue Quellen hinzufügen oder Quellen bearbeiten (im **Quellen-Manager** über die Schaltfläche **Bearbeiten**).

Mit der Option **Literaturverzeichnis einfügen** ganz unten im Menü der Schaltfläche **Literaturverzeichnis** fügen Sie das Literaturverzeichnis zwar ebenfalls direkt in das Dokument ein, allerdings ohne Überschrift und ohne den Rahmen für das Inhaltssteuerelement. Die Aktualisierung nehmen Sie dann über F9 oder den Befehl **Felder aktualisieren** im Kontextmenü des Literaturverzeichnisses vor.

Sie können das Literaturverzeichnis natürlich auch manuell bearbeiten, z. B. bestimmte Einträge oder einzelne Informationen löschen oder Leerabsätze zwischen den Einträgen einfügen.

30.6 Beschriftungen und Verzeichnisse

Es kann sein, dass Sie eine eher »textlastige« Arbeit verfassen, die gar keine Abbildungen, Tabellen oder Diagramme enthält. Falls Sie aber solche Elemente in Ihrem Dokument verwenden, sollten diese in der Regel fortlaufend nummeriert sein. Auch hierbei hilft Word mit entsprechenden Funktionen, wobei der Vorteil vor allem wieder darin liegt, dass bei Änderungen am Text alle Nummerierungen problemlos angepasst werden können. Außerdem kann Word ein Verzeichnis generieren, indem es die eingefügten Beschriftungen »anzapft«. Das alles geht recht einfach. Probieren Sie es aus.

Beschriftungen einfügen

Bei den folgenden Beschreibungen gehen wir davon aus, dass Sie bereits Abbildungen oder Tabellen bzw. andere Elemente in Ihr Dokument eingefügt haben (siehe dazu Teil IV dieses Buches, »Tabellen, Grafiken und Diagramme«, ab Seite 461). Wir gehen die Vorgehensweise anhand von Abbildungen durch (bei der Nummerierung anderer Elemente gehen Sie im Prinzip genauso vor).

1. Um für eine passende Beschriftung einer Abbildung inklusive Nummerierung zu sorgen, markieren Sie diese Abbildung. Alternativ setzen Sie den Cursor in die Zeile, in der die Beschriftung erscheinen soll.
2. Öffnen Sie die Registerkarte **Verweise** und klicken Sie in der Gruppe **Beschriftungen** auf die Schaltfläche **Beschriftung einfügen**. Daraufhin wird der Dialog **Beschriftung** angezeigt. In diesem Dialog können Sie einige Einstellungen vornehmen, die die Darstellung der Beschriftung beeinflussen.

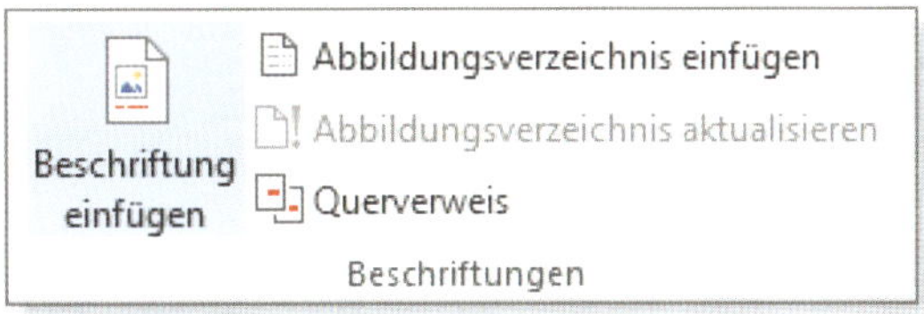

Abbildung 30.55
Das Dialogfenster »Beschriftung« öffnen

3. Im Feld **Beschriftung** ❶ steht automatisch »Abbildung 1«, und im Feld **Bezeichnung** ❷ ist als Kategorie **Abbildung** ausgewählt. Wenn dieser Text (also das Wort »Abbildung«) nicht im Dokument auftau-

chen soll, aktivieren Sie die Option **Bezeichnung nicht in der Beschriftung verwenden** ❸.

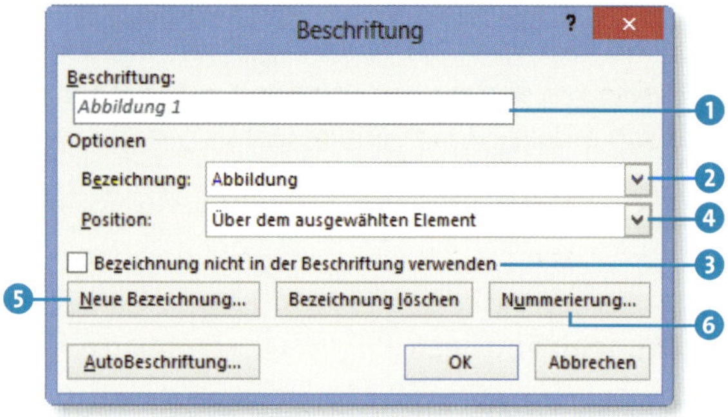

Abbildung 30.56
Einstellungen für die Abbildungsunterschrift können Sie im Dialog »Beschriftung« vornehmen.

4 Im Feld **Position** ❹ bestimmen Sie, wo die Beschriftung erscheinen soll. Dieses Feld ist nur aktiv, wenn Sie das Bild vor der Beschriftung markiert haben; wenn Sie den Cursor einfach in eine Zeile ober- oder unterhalb des Bildes gesetzt haben, bleibt das Feld deaktiviert, und die Beschriftung erscheint an der Cursorposition.

5 Per Klick auf die Schaltfläche **Neue Bezeichnung** ❺ wird ein kleiner Dialog aufgerufen, in dem Sie eine andere Bezeichnung eingeben können, die dann anstelle von »Abbildung« verwendet wird. Diese Bezeichnung wird gleichzeitig als neue Kategorie angelegt, die im Listenfeld **Bezeichnung** aufgelistet wird und die Sie dann auch für weitere Beschriftungen nutzen können.

Abbildung 30.57
Eine neue Kategorie im Listenfeld »Bezeichnung«

6 Mit der Schaltfläche **Nummerierung** ❻ wird der Dialog **Nummerierung der Beschriftung** angezeigt, in dem Sie die Art der Nummerierung ändern können (siehe Abbildung 30.58). Hier können Sie dafür sorgen, dass die Kapitelnummern in die Beschriftung mit einbezogen werden (wobei Sie mit der Auswahl im Feld **Kapitel beginnt mit Formatvorlage** regeln, welche Kapitelnummer jeweils verwendet wird, und im Feld darunter das Trennzeichen bestimmen, also beispielsweise »1-1«). Beachten Sie, dass die Einbeziehung von Kapitelnummern nur funktioniert, wenn Sie dem Dokument nummerierte, mit entsprechenden Formatvorlagen versehene Überschriften zugewiesen haben. Nach einem Klick auf **OK** kehren Sie zum Dialog **Beschriftung** zurück.

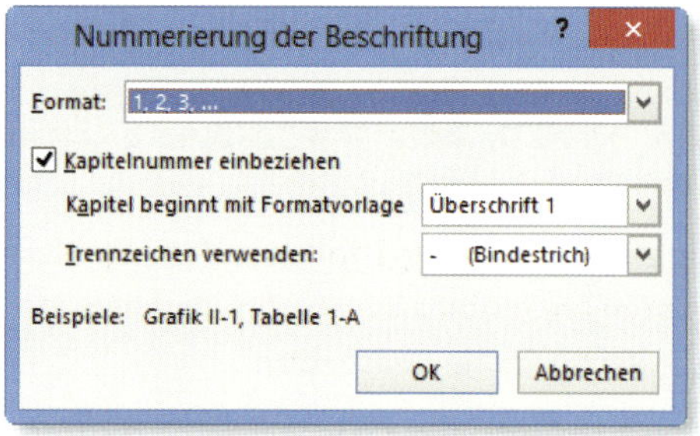

Abbildung 30.58
Die Nummerierung für die Beschriftung anpassen

7 Im Dialog **Beschriftung** klicken Sie dann schließlich auf **OK**, und je nach der gewählten Position (sofern Sie die Option **Position** aktiviert haben) wird die Beschriftung daraufhin unter oder über der Abbildung eingefügt.

Abbildung 30.59
Eine Abbildung mit nummerierter Beschriftung

Beschriftungen formatieren

Die eingefügten Beschriftungen sind automatisch mit der Formatvorlage **Beschriftung** formatiert. Wenn Sie das Aussehen der Beschriftungen modifizieren möchten, verändern Sie am besten diese Formatvorlage (siehe dazu Abschnitt 19.3, »Formatvorlagen ändern«). Davon abgesehen können Sie einzelne Beschriftungen aber auch »normal« formatieren, also z. B. mit den Mitteln der Zeichenformatierung auf der Registerkarte **Start**.

Wenn für die eingefügte Abbildung der Zeilenumbruch **Mit Text in Zeile** eingestellt ist, können Sie den Abstand zwischen Bild und Beschriftung im Dialog **Absatz** bestimmen.

1. Markieren Sie das Bild.
2. Öffnen Sie den Dialog **Absatz** (über den Pfeil an der Gruppe **Absatz** auf der Registerkarte **Start**).
3. Stellen Sie hier auf der Registerkarte **Einzüge und Abstände** im Bereich **Abstand** im Feld **Nach** den gewünschten Wert ein, z. B. »3 Pt«.

Abbildung 30.60
Die Bildunterschrift als Textfeld

Wenn den eingefügten Bildern ein anderer Zeilenumbruch als **Mit Text in Zeile** zugewiesen ist, z. B. **Passend**, und Sie ein Bild mittig im Text platziert haben, ist es notwendig, das Bild vor der Zuweisung der Beschriftung zu markieren. Die Bildbeschriftungen werden dann als kleine Textfelder eingefügt, die sich mit den entsprechenden Mitteln der Registerkarte **Zeichentools/Format** positionieren lassen (mit der Schaltfläche **Position** > **Weitere Layoutoptionen** > **Position**) oder gegebenenfalls einfach mit der Maus.

Der Haken an der Sache ist, dass das Textfeld nicht mitwandert, wenn Sie das Bild an eine andere Stelle verschieben. Um beides zusammenzuhalten, müssen Sie die Grafik und die Bildunterschrift gruppieren. Dazu markieren Sie beide Objekte und wählen im Kontextmenü **Gruppieren** > **Gruppieren**.

Beschriftungen aktualisieren

Die Nummerierung der Abbildungen (oder anderer Elemente) wird automatisch angepasst, sobald Sie ein Bild hinzufügen oder löschen. Aus der Abbildungsnummer »1.1« wird also automatisch »1.2«, wenn Sie vor dieser Abbildung ein weiteres Bild einfügen und dieses beschriften.

Wenn die Aktualisierung nicht reibungslos klappt, helfen Sie nach, indem Sie die Nummer in einer Beschriftung markieren, sie mit der rechten Maustaste anklicken und dann im Kontextmenü auf **Felder aktualisieren** klicken. Alternativ drücken Sie die Taste F9.

Ein Verzeichnis für Abbildungen o. Ä. erstellen

Aus den in einem Dokument vorhandenen Beschriftungen kann Word natürlich auch ein ganzes (Abbildungs-)Verzeichnis erstellen.

1. Öffnen Sie das Dokument mit den Abbildungen und ihren entsprechenden Beschriftungen.
2. Setzen Sie den Cursor an die Stelle, an der das Verzeichnis eingefügt werden soll.
3. Klicken Sie auf der Registerkarte **Verweise** in der Gruppe **Beschriftungen** auf die Schaltfläche **Abbildungsverzeichnis einfügen**.

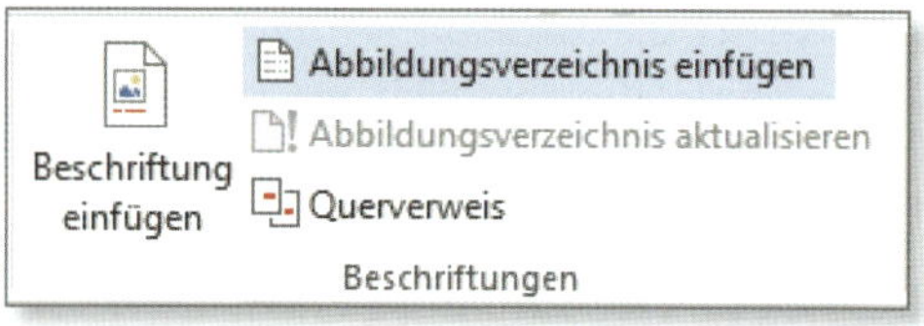

Abbildung 30.61
Den Dialog »Abbildungsverzeichnis« aufrufen

4 Daraufhin wird das Dialogfenster **Abbildungsverzeichnis** geöffnet. Hier legen Sie u. a. fest, für welchen Beschriftungstyp das Verzeichnis erstellt werden soll. Klicken Sie dazu auf den Pfeil ❶ am Feld **Beschriftungskategorie** und wählen Sie eine Kategorie aus der Liste.

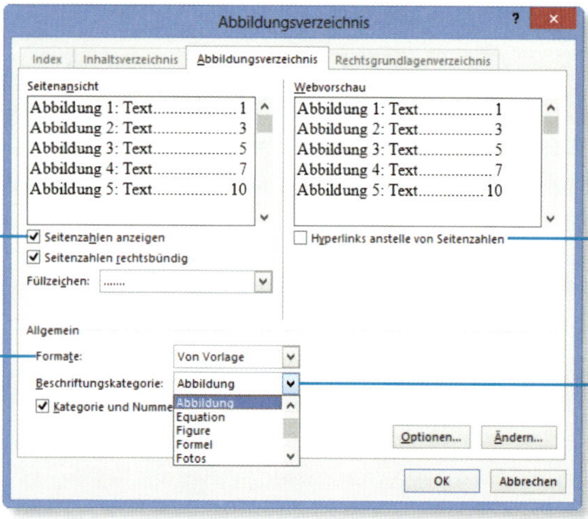

Abbildung 30.62
Legen Sie im Dialog »Abbildungsverzeichnis« die Kategorie der Elemente fest, für die Sie ein Verzeichnis erstellen möchten.

5 Achten Sie auch auf die Option **Hyperlinks anstelle von Seitenzahlen** ❷. Meistens ist es besser, diese Option zu deaktivieren, da sie ansonsten leicht ungewollt zu einem Bild springen, sobald Sie sich das Abbildungsverzeichnis anschauen. Nachdem Sie alle Einstellungen vorgenommen haben, klicken Sie auf **OK**. Daraufhin wird das Verzeichnis erstellt und erscheint an der Cursorposition in Ihrem Dokument.

Wie Sie sehen, können Sie noch einige weitere Einstellungen vornehmen, z. B. Seitenzahlen anzeigen lassen ❸ und ein Format auswählen ❹ (da diese aber den Optionen auf den bereits beschriebenen Registerkarten **Index** und **Inhaltsverzeichnis** ähneln, um die es in den Abschnitten 30.1, »Ein Inhaltsverzeichnis erstellen«, bis 30.4, »Ein Stichwortverzeichnis erstellen«, geht, belassen wir es hier bei diesen kurzen Hinweisen).

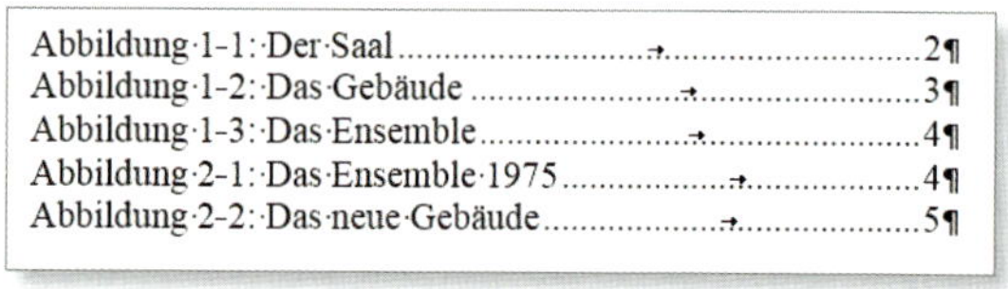
Abbildung·1-1:·Der·Saal .... 2¶
Abbildung·1-2:·Das·Gebäude .... 3¶
Abbildung·1-3:·Das·Ensemble .... 4¶
Abbildung·2-1:·Das·Ensemble·1975 .... 4¶
Abbildung·2-2:·Das·neue·Gebäude .... 5¶

Abbildung 30.63
Das Abbildungsverzeichnis wird an der Stelle in das Dokument eingefügt, an der der Cursor steht.

Wenn Sie nachträglich neue Abbildungen (bzw. andere Elemente, für die Sie ein Verzeichnis erstellt haben) einfügen und/oder bereits vorhandene Abbildungen wieder entfernen, sollte das Verzeichnis aktualisiert werden. Da es sich auch bei diesen Abbildungsverzeichnissen um Felder handelt, ist das sehr einfach. Klicken Sie in das entsprechende Feld und drücken Sie wie üblich die Taste F9 oder nutzen Sie den Befehl **Felder aktualisieren** im Kontextmenü des Verzeichnisses. Auch auf der Registerkarte **Verweise** in der Gruppe **Beschriftungen** finden Sie den Befehl **Abbildungsverzeichnis aktualisieren**.

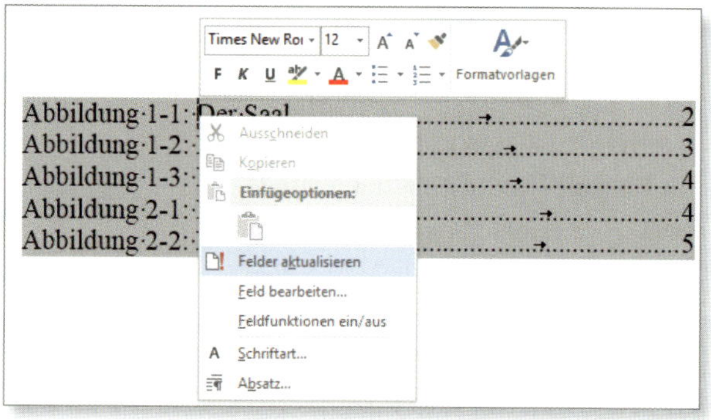

Abbildung 30.64
Das Abbildungsverzeichnis aktualisieren

TIPP

Ein (Abbildungs-)Verzeichnis löschen

Um das Verzeichnis wieder aus dem Dokument zu entfernen, markieren Sie es und drücken die [Entf]-Taste. Denken Sie daran, dass die Feldschattierung nicht bedeutet, dass das Verzeichnis markiert ist.

Daraufhin werden Sie in einem kleinen Dialogfenster gefragt, ob Sie nur die Seitenzahlen oder aber das gesamte Verzeichnis aktualisieren lassen möchten. Wählen Sie hier die gewünschte Option; auf der sicheren Seite sind Sie mit der Option **Gesamtes Verzeichnis aktualisieren** (so werden auch ggf. veränderte Bildunterschriften aktualisiert). Klicken Sie zur Bestätigung auf **OK**.

INFO

Hyperlinks im Verzeichnis

Standardmäßig fügen Sie die Bildunterschriften als Hyperlinks ein (es sei denn, Sie haben diese Option im Dialog **Abbildungsverzeichnis** deaktiviert). Wenn Sie mit dem Mauszeiger über die Einträge fahren, wird er zu einem »Händchen«. Per Klick hüpft der Cursor dann direkt zu der entsprechenden Abbildung (bzw. einer Tabelle, einem Diagramm etc.).

30.7 Hyperlinks zum Navigieren

In diesem Abschnitt geht es zu guter Letzt nicht um das Einfügen wichtiger Elemente, sondern darum, in umfangreichen Dokumenten geschickt zu navigieren. Einige Methoden haben Sie bereits in Kapitel 6, »In Texten navigieren«, kennengelernt (z. B. Textmarken oder die Funktion **Gehe zu**). Unabhängig von diesen Instrumenten können Sie sehr geschickt zwischen Dokumenten hin- und herwandern, indem Sie Hyperlinks nutzen. Hyperlinks kennen Sie vom Surfen im Internet (dort führen sie meistens zu einer anderen, eben der »verlinkten« Seite), und sie sind Ihnen ebenfalls bereits in den vorangegangenen Abschnitten dieses Kapitels begegnet (bei den Inhaltsverzeichnissen sowie den Verzeichnissen für beschriftete Elemente).

Vielleicht werden Sie überrascht sein zu erfahren, dass Sie solche Hyperlinks auch selbst in ein Dokument einbauen können, um mit ihrer Hilfe direkt zu einem Ziel (z. B. einem Dokument oder einer Webseite) springen zu können. Dies ist beispielsweise praktisch, wenn Sie beim Schreiben eines Textes häufig etwas in einer anderen Datei nachsehen müssen; dann klicken Sie einfach auf den Hyperlink, und diese Datei wird geöffnet.

Einen Hyperlink einfügen

Um einen Hyperlink in Ihr Dokument einzufügen, gehen Sie wie im Folgenden beschrieben vor.

1. Markieren Sie den Begriff in Ihrem Dokument, den Sie als Hyperlink definieren möchten.
2. Öffnen Sie die Registerkarte **Einfügen** und klicken Sie in der Gruppe **Link** auf die Schaltfläche **Link**.

Abbildung 30.65
Die Schaltfläche »Link« auf der Registerkarte »Einfügen«

3. Der Dialog **Link einfügen** wird angezeigt. Soll der Hyperlink zu einer bestimmten Datei führen, legen Sie den Ordner fest, in dem die Datei gespeichert ist. Klicken Sie dazu auf den Pfeil am Feld **Suchen in**.
4. In der zugehörigen Liste wählen Sie den Ordner. Nachdem Sie ihn markiert haben, wird der Inhalt des Ordners in der Liste angezeigt.
5. Markieren Sie in dieser neuen Liste die gewünschte Zieldatei und klicken Sie auf **OK**.

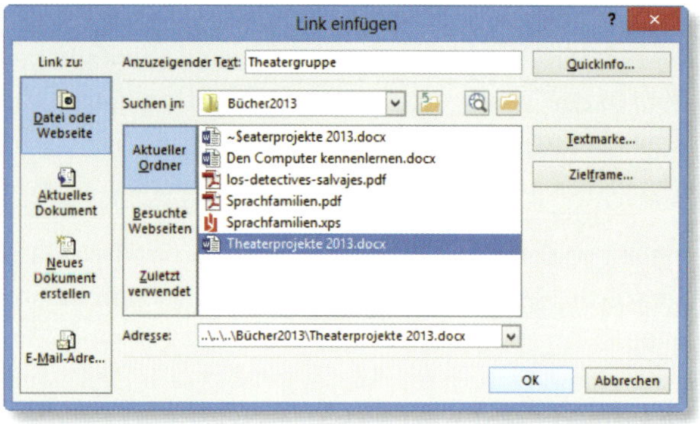

Abbildung 30.66
Das Dialogfenster »Link einfügen« zum Festlegen des Ziels

Daraufhin wird das Wort, das Sie markiert hatten, zu einem Link bzw. Hyperlink. Auf den ersten Blick erkennen Sie dies an der speziellen blauen, unterstrichenen Formatierung, für die die Formatvorlage **Hyperlink** verantwortlich zeichnet. Dass es sich bei dem Wort nun um einen Hyperlink handelt, wird ganz deutlich, wenn Sie mit dem Mauszeiger darauf zeigen: Der Mauszeiger wird zu einem »Händchen«, wie Sie es auch aus dem Internet kennen.

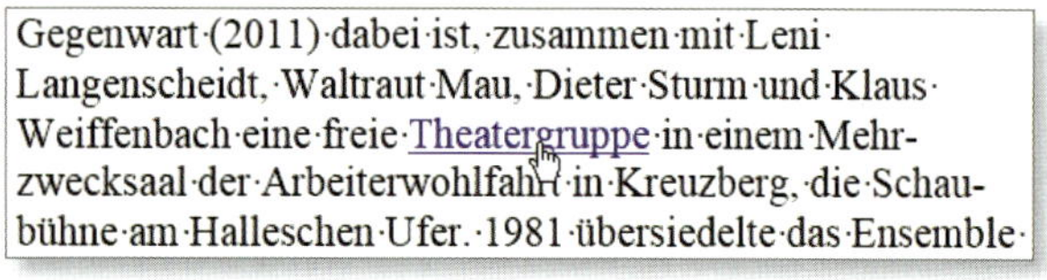
Gegenwart·(2011)·dabei·ist,·zusammen·mit·Leni·Langenscheidt,·Waltraut·Mau,·Dieter·Sturm·und·Klaus·Weiffenbach·eine·freie·Theatergruppe·in·einem·Mehrzwecksaal·der·Arbeiterwohlfahrt·in·Kreuzberg,·die·Schaubühne·am·Halleschen·Ufer.·1981·übersiedelte·das·Ensemble·

Abbildung 30.67
Ein Link (Hyperlink) im Text

HINWEIS

Die [Strg]-Taste hinzuziehen

Es kann sein, dass ein einfacher Klick nicht reicht und Sie beim Klicken auf den Hyperlink auch die [Strg]-Taste gedrückt halten müssen. Dies hängt von der entsprechenden Einstellung im Dialogfenster **Word-Optionen** ab: **STRG + Klicken zum Verfolgen eines Hyperlinks verwenden**. (Sie finden diese Option in der Kategorie **Erweitert** im Bereich **Bearbeitungsoptionen**.)

Wenn Sie nun mit dem »Händchen« auf den Link klicken, wird die Zieldatei geöffnet, und der Cursor springt zum Anfang dieses Zieldokuments.

Wenn Sie die Formatierung eines Hyperlinks ändern möchten, z. B. in der Art, dass er sich nicht mehr vom restlichen Text abhebt, ändern Sie am besten die entsprechende Formatvorlage. Rufen Sie dazu über das Kontextmenü der Formatvorlage **Hyperlink** den Dialog **Formatvorlage ändern** auf und wählen Sie hier den Eintrag **Ändern**. Nehmen Sie dann die gewünschten Veränderungen vor.

INFO

Wenn der Hyperlink besucht wurde

Nachdem Sie den Hyperlink einmal verwendet haben, wird seine Formatierung automatisch geändert: Ihm wird dann die Formatvorlage **Besuchter Hyperlink** zugewiesen (zu erkennen an der violetten Farbe). Auch sie lässt sich über ihr Kontextmenü und den Befehl **Ändern** anpassen.

Eine Textmarke als Ziel festlegen

Um mit dem Link nicht nur zum Anfang, sondern zu einer bestimmten Stelle im Dokument zu springen, können Sie als Ziel des Hyperlinks auch eine Textmarke festlegen (dazu müssen im Zieldokument natürlich Textmarken vorhanden sein).

1. Im Dialog **Link einfügen** wählen Sie, wie eben beschrieben, das Zieldokument aus und klicken auf die Schaltfläche **Textmarke** (1) rechts im Dialog.
2. Daraufhin wird das Dialogfenster **Stelle im Dokument auswählen** angezeigt, in dem alle im Zieldokument vorhandenen Textmarken aufgeführt sind. Hier markieren Sie die Textmarke, die das Ziel des Hyperlinks sein soll, und klicken auf **OK**, um den Dialog zu schließen.
3. Dies bringt Sie zurück in den Dialog **Link einfügen**, den Sie per Klick auf **OK** bestätigen.

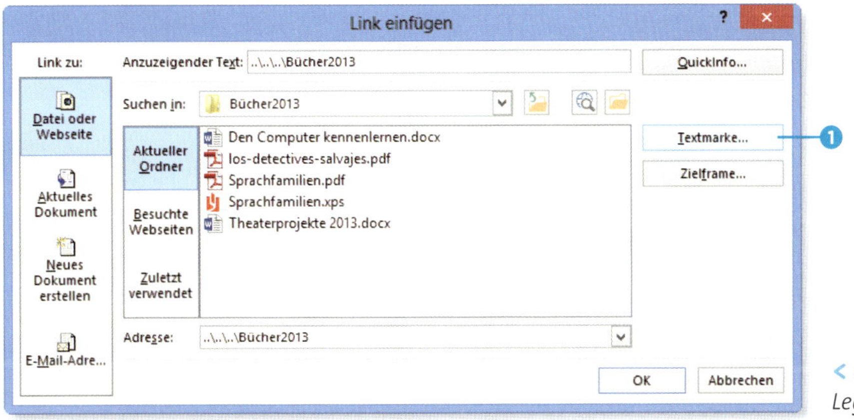

Abbildung 30.68
Legen Sie eine Textmarke als Ziel fest.

Wenn Sie diesen Hyperlink nun benutzen, werden Sie feststellen, dass das Zieldokument geöffnet wird und der Begriff markiert ist, den Sie als Textmarke definiert haben. Sie sind also »im Direktflug« zur Textmarke gelangt.

Andere Ziele für Hyperlinks festlegen

Im Dialog **Link einfügen** können Sie auch eine Webseite als Ziel definieren. Dieser Hyperlink funktioniert natürlich nur mit einer bestehenden Internetverbindung. Geben Sie die Adresse der Webseite einfach in das Feld **Adresse** ein.

Ebenso einfach ist es, einen Hyperlink festzulegen, mit dem, wenn auf ihn geklickt wird, das Standard-E-Mail-Programm aufgerufen wird (meistens Outlook). Falls Sie nicht genau wissen, was gemeint ist: Am häufigsten kommt so etwas auf Webseiten vor, auf denen es eine Kontakt-E-Mail-Adresse z. B. für Kundenanfragen gibt. Wenn Sie auf diese Adresse klicken, die ein solcher Hyperlink ist, wird sie direkt in das Adressfeld des E-Mail-Eingabefensters eingetragen (und manchmal sogar auch direkt ein Betreff wie »Kundenanfrage« o. Ä. hinzugefügt). Das Gleiche können Sie also auch in einem Word-Dokument machen, beispielsweise wenn Sie Ihre Kontaktdaten angeben möchten.

Um einen Hyperlink für eine E-Mail zu definieren, klicken Sie im Dialog **Link einfügen** auf die Schaltfläche **E-Mail-Adresse** ❷ (siehe Abbildung 30.69). Daraufhin werden die Felder zur Eingabe der E-Mail-Adresse ❸ und des Betreffs ❹ angezeigt, die Sie dann ausfüllen können.

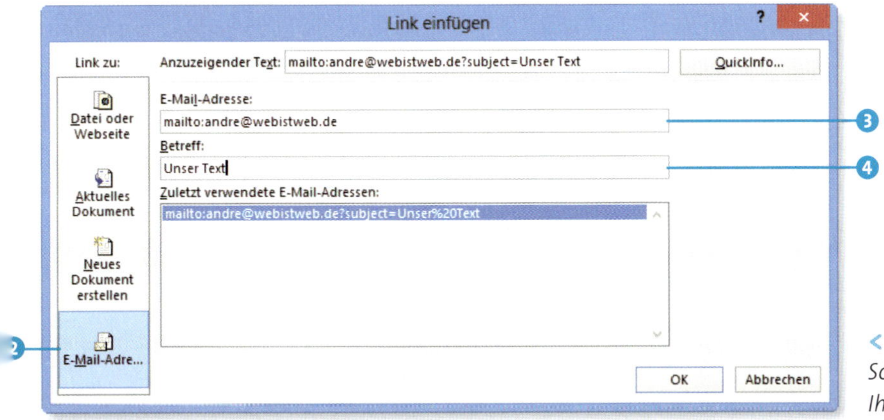

Abbildung 30.69
So legen Sie einen Hyperlink fest, der Ihr E-Mail-Programm aufruft.

TIPP

Den Navigationsbereich nutzen

Zu guter Letzt möchten wir Sie daran erinnern, dass auch der *Navigationsbereich* (früher hieß er noch *Dokumentstruktur*) eine tolle Möglichkeit ist, innerhalb von langen Dokumenten direkt zu einer bestimmten Überschrift oder Unterüberschrift zu springen. Um diesen Bereich einzublenden, öffnen Sie die Registerkarte **Ansicht** und aktivieren hier in der Gruppe **Anzeigen** das Kontrollkästchen **Navigationsbereich**. Daraufhin wird der Navigationsbereich auf der linken Seite des Bildschirms eingeblendet. Er listet alle Überschriften mit Formatvorlagen entsprechend eingerückt auf, wodurch Sie nebenbei eine gute Übersicht über die Ebenen Ihrer Überschriften erhalten. Und auch wenn Sie hier kein »Händchen« sehen, können Sie den Cursor dennoch per Mausklick auf eine der Überschriften direkt zum Ziel springen lassen.

Teil VI
Business-Dokumente

Kapitel 31
Geschäftsbriefe nach DIN

Geschäftsbriefe gelten gemeinhin als das Aushängeschild einer Firma. Der erste Eindruck, den ein Brief beim Empfänger weckt, kann sogar über den Erfolg des Anliegens entscheiden. Wirkt ein Schreiben optisch unsauber und nachlässig gestaltet, landet es sicherlich schneller im Papierkorb als ein schöner Brief mit einem harmonischen Textfluss.

Im modernen Berufs- und Geschäftsleben spielt die schriftliche Kommunikation in Form von Geschäftsbriefen, E-Mails oder Faxen nach wie vor eine zentrale Rolle. Trotz aller neuen Technologien und Möglichkeiten, Menschen zu kontaktieren, werden Sie ein geschäftliches Angebot, ein Mahnschreiben, eine Kreditanfrage oder dergleichen wohl kaum per SMS versenden oder gar »twittern«, sondern in einem klassischen Geschäftsbrief verpacken.

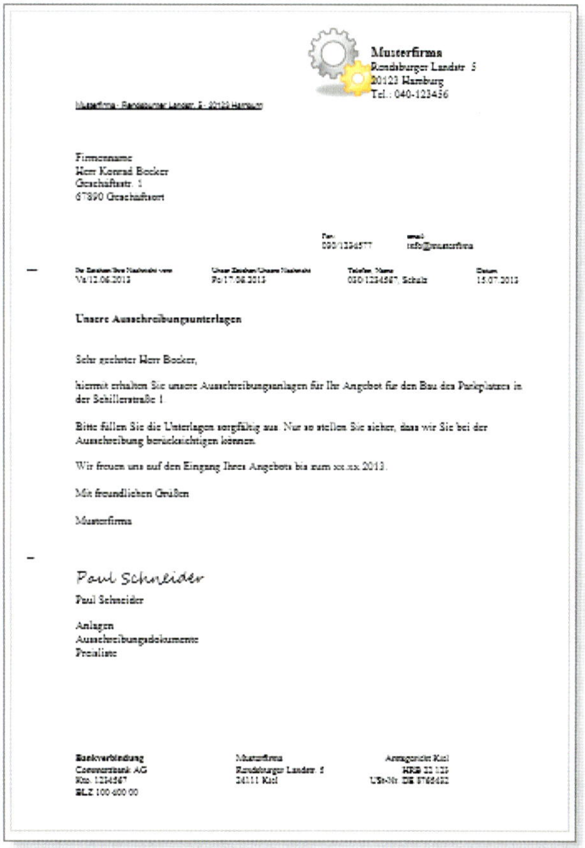
Musterfirma
Rendsburger Landstr. 5
20123 Hamburg
Tel.: 040-123456

Firmenname
Herr Konrad Becker
Geschäftsstr. 1
67890 Geschäftsort

Fax: 090/1234577 email: info@musterfirma

Va/12.06.2013 Pe/17.06.2013 090/1234567, Schulz 15.07.2013

Unsere Ausschreibungsunterlagen

Sehr geehrter Herr Becker,

hiermit erhalten Sie unsere Ausschreibungsanlagen für Ihr Angebot für den Bau des Parkplatzes in der Schillerstraße 1.

Bitte füllen Sie die Unterlagen sorgfältig aus. Nur so stellen Sie sicher, dass wir Sie bei der Ausschreibung berücksichtigen können.

Wir freuen uns auf den Eingang Ihres Angebots bis zum xx.xx.2013.

Mit freundlichen Grüßen

Musterfirma

Paul Schneider

Paul Schneider

Anlagen
Ausschreibungsdokumente
Preisliste

Bankverbindung
Commerzbank AG
Kto. 1234567
BLZ 100 400 00

Musterfirma
Rendsburger Landstr. 5
24111 Kiel

Amtsgericht Kiel
HRB 22 123

Abbildung 31.1
Das Layout eines Geschäftsbriefes

Für solche Geschäftsbriefe gibt es strenge Richtlinien, die vor allem das Layout (die Verteilung des Textes auf der Seite) festlegen, aber auch die einzelnen Bestandteile eines Briefes und die Schreibweise bestimmter Eingaben regulieren. Diese Regeln sind zwar kein Gesetz, aber sie stellen einen gewissen Standard dar, der in der Geschäftswelt weitgehend akzeptiert und daher auch erwartet wird. Sie machen nichts falsch, wenn Sie diese Vorschriften bei geschäftlicher Korrespondenz (und bis zu einem gewissen Grad auch bei privaten Schreiben) beachten.

Abgesehen von den Regeln bzw. Empfehlungen für die Gestaltung von Geschäftsbriefen gibt es auch gesetzliche Vorschriften für den Schriftverkehr solcher Unternehmen, die im Handelsregister eingetragen sind. Die entsprechenden Paragrafen des Handelsgesetzbuches, des GmbH-Gesetzes und des Aktiengesetzes schreiben vor, dass ein formeller Geschäftsbrief (auch E-Mails oder Faxe, die den Geschäftsbrief ersetzen) bestimmte Informationen enthalten muss (Pflichtangaben):

- den Namen der Firma mit Rechtsform
- den Sitz der juristischen Person
- die Angabe zum Registergericht
- die Nummer des Handelsregistereintrags

Solche Angaben werden üblicherweise in der Fußzeile eines Dokuments festgehalten, können aber auch an jeder anderen Stelle im Dokument stehen, da es hierfür keine konkreten Vorgaben gibt. Obligatorisch ist nur, dass sie überhaupt auftauchen. Für Rechnungen gelten wiederum andere bzw. erweiterte Vorschriften.

31.1 Allgemeines zur Geschäftskorrespondenz

Das Deutsche Institut für Normung (DIN), das in Deutschland für unendlich viele Bereiche bestimmte Normen und Standards erarbeitet und festlegt, schreibt auch den formalen Aufbau eines Geschäftsbriefes vor (eine, so scheint es, weltweit ziemlich einzigartige Regulierung!). Die Regeln, die in diesem Zusammenhang eine Rolle spielen, betreffen die Bestandteile eines Geschäftsbriefes sowie deren Anordnung auf der Seite (normalerweise bezogen auf eine DIN-A4-Seite) und umfassen Hinweise zu bestimmten Schreibweisen (z. B. für Abkürzungen oder Zahlen und Telefonnummern). Wenn Sie sich beim Schreiben eines Geschäftsbriefes an diese Empfehlungen halten möchten, setzen Sie den Brief nicht einfach intuitiv auf, sondern beachten Sie die entsprechenden Vorgaben.

Jenseits der DIN-Regeln verwenden Unternehmen in der Praxis sehr oft eigene Vorlagen/Druckvorlagen für Briefe. Diese Vorlagen können, müssen aber nicht an der DIN-Norm orientiert sein; oft entsprechen sie zumindest teilweise auch bestimmten unternehmensinternen Vorschriften. Da es sich bei den DIN-Gestaltungsregeln nicht um Gesetze, sondern um Richtlinien handelt, die als Empfehlung zu verstehen sind, sind im Prinzip auch »Eigenkreationen« erlaubt.

Für die mehr oder weniger strikte Einhaltung der DIN-Vorschriften spricht, dass bei solchen Briefen ein einheitliches Erscheinungsbild gewahrt wird (sodass das Auge gleich weiß, wohin es schauen soll!), verbunden mit den praktischen Aspekten, dass eine Anschrift in das Fenster eines Briefumschlags passt und problemlos von der Post eingelesen werden kann. Entscheidend sind aber letztlich (abgesehen von verbindlichen Angaben zum Anschriftenfeld) die internen Gepflogenheiten, die Anpassung an das sonstige Auftreten und Image der Firma sowie die Zweckmäßigkeit der Gestaltung. Auf jeden Fall ist es ein Vorteil – sofern Sie mit geschäftlicher Korrespondenz zu tun haben –, wenn Sie in der Lage sind, einen formvollendeten Brief nach DIN zu verfassen.

INFO

DIN-Vorschriften

Die DIN-Vorschriften werden regelmäßig überarbeitet und modifiziert, oft steht dahinter das Bestreben nach mehr und besserer internationaler Vereinheitlichung. Sie sind also gut beraten, sich hin und wieder zu informieren und sich auf den neuesten Stand zu bringen. Ziehen Sie dazu spezielle Fachbücher oder das Internet zurate.

31.2 Briefe nach DIN-Vorschriften

Die DIN-Norm 5008 legt die Regeln für die Gestaltung eines Geschäftsbriefes fest. Die zusätzliche Norm 676, die die Schriftsatzregeln für das Layout festlegte, wurde bei der letzten Überarbeitung im April 2011 in die DIN 5008 integriert. Es reicht also, wenn Sie sich mit den Schreib- und Gestaltungsregeln dieser aktuellen DIN-Norm befassen.

Ein Geschäftsbrief besteht aus mehreren Teilen. Grob lässt sich eine dreiteilige Gliederung vornehmen:

1. Briefkopf
2. Briefkörper
3. Brieffußbereich

In den folgenden Abschnitten geben wir zunächst nur ein paar Hinweise zu den Inhalten dieser Bestandteile eines Geschäftsschreibens. Die genaue Positionierung mit den jeweiligen Abständen und Maßen beschreiben wir in Abschnitt 31.3, »Einen Geschäftsbrief erstellen«, in dem wir schrittweise einen Brief erstellen, der dem vorgeschriebenen Layout entspricht.

Der Briefkopf

Der Briefkopf nimmt die Firmenbezeichnung und in der Regel die Adresse des Absenders auf; in vielen Briefen bzw. Vorlagen steht die Anschrift aber auch an einer anderen Stelle, z. B. im Fußbereich oder rechts auf dem Blatt, etwa in Höhe des Anschriftenfeldes. Eine individuelle Gestaltung des Briefkopfes ist nicht nur zulässig, sondern auch gängige Praxis. Der Briefkopf enthält oft eine Grafik (z. B. das Logo der Firma) und/oder einen kurzen Werbetext.

Abbildung 31.2
Ein Briefkopf kann unterschiedlich gestaltet sein und enthält oft eine Grafik.

Der Briefkörper

Der Briefkörper enthält als Erstes das *Anschriftenfeld* (den Bereich für das Briefumschlagfenster). Dieses Feld beginnt oft mit der Wiederholung des Absenders in kleiner Schrift, notfalls auch gekürzt bzw. vereinfacht. Das Anschriftenfeld ist ganz auf die Maschinenlesbarkeit für die automatische Sortierung ausgerichtet, daher gibt es hier verbindliche Angaben für die Positionierung sowohl des ganzen Fensters als auch der einzelnen Elemente in diesem Feld. Grundsätzlich wird ein Bereich mit neun Zeilen für das Anschriftenfeld reserviert, unabhängig davon, ob Sie neun Zeilen oder weniger für die konkrete Anschrift benötigen.

Nach dem Anschriftenfeld folgt bei einem klassischen Geschäftsbrieflayout die *Bezugszeile* (oder auch *Bezugszeichenzeile*), die über die bisherige Korrespondenz Auskunft gibt und den Namen des Sachbearbeiters/der Sachbearbeiterin sowie das Datum enthält. Da heutzutage meistens mehrere Telefonnummern und zusätzlich auch noch Faxnummern, E-Mail-Adressen etc. zu notieren sind, gibt es häufig ergänzend zur oder anstelle der klassischen Bezugszeile einen sogenannten *Informationsblock*, in den diese Angaben eingefügt werden.

Dieser Block lässt mehr Eingaben zu, da die Einträge untereinanderstehen. Der Bereich befindet sich laut DIN 5008 in Höhe des Anschriftenfeldes auf der rechten Seite (12,5 cm vom linken Blattrand entfernt). In der Praxis gibt es natürlich viele Varianten und Abweichungen.

Ihr·Zeichen:·se¶
Ihre·Nachricht·vom:·2013-07-15¶
Unser·Zeichen:·c/PE¶
Unsere·Nachricht:¶
¶
Name:·Peter·Sedelky¶
Telefon:·040·12345678¶
Fax:·040·123456999¶
E-Mail:·info@musterfirma.de¶
¶
Datum:·2013-07-21¶

Abbildung 31.3
Ein Informationsblock rechts auf der Seite

In der Betreffzeile steht eine kurze, stichwortartige Inhaltsangabe des Schreibens. Das Wort *Betreff* selbst wird nicht geschrieben.

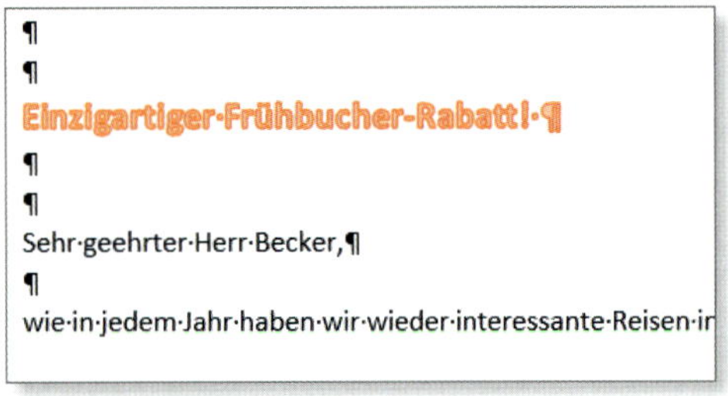

Abbildung 31.4
Eine Betreffzeile mit Werbebotschaft

Es ist auch nicht empfehlenswert, die Betreffzeile zu unterstreichen oder sie zu Werbezwecken zu missbrauchen – die Praxis sieht allerdings oft anders aus.

Der eigentliche Brieftext beginnt mit der *Anrede* zwei Zeilen unterhalb der Betreffzeile. Die Anrede sollte möglichst personenbezogen sein; wenn es einen Ansprechpartner gibt, ist es also besser, »Sehr geehrter Herr Mustermann« zu schreiben als einfach »Sehr geehrte Damen und Herren«. Am Ende der Grußzeile steht ein Komma, sodass der Brieftext dann gegebenenfalls auch mit einem Kleinbuchstaben beginnt.

INFO

Sachlicher Stil und korrekte Grammatik

Für den Textstil gilt generell, dass er klar, sachlich und unverschnörkelt sein sollte. Altmodische Wendungen gehören im wahrsten Sinne des Wortes der Vergangenheit an. Auch Briefanfänge à la »Bezug nehmend auf Ihr Schreiben« sind nicht mehr zeitgemäß. Eine korrekte Grammatik und Rechtschreibung sind eine Selbstverständlichkeit, hier sollten keine Abstriche gemacht werden, auch wenn es je nach Geschäftspartner und/oder Branche auch einmal eine lockere Formulierung sein darf. Generell wirkt ein Text frischer und liest sich netter, wenn Sie aktive Sätze verwenden (»Wir tun« statt »Es wird getan«) und auf unnötige Substantivierungen verzichten (»Wir erledigen« statt »die Erledigung«). Achten Sie auch darauf, dass die Aufteilung des Textes durch Absätze übersichtlich und gleichzeitig harmonisch wirkt.

Der Text endet mit der *Grußformel*, die mit einer Leerzeile vom Text abgesetzt wird. Es ist nicht mehr üblich, den letzten Satz mit der Grußformel zu verbinden, etwa nach dem Muster »In der Hoffnung auf gute Zusammenarbeit verbleiben wir mit besten Grüßen« (o. Ä.) und sollte daher besser vermieden werden. Stattdessen beenden Sie den Brief und schreiben dann »Mit freundlichen Grüßen«, »Mit bestem Gruß« oder eine ähnliche Formulierung.

Der Brieffuß

Der Fußbereich des Briefes nimmt in der Regel all die Geschäftsangaben auf, die der Brief zwingend enthalten muss (Rechtsform, Registergericht, Steuernummer etc.), außerdem finden Sie hier meistens auch die Informationen zur Bankverbindung des Unternehmens. In der Praxis enthält dieser Bereich darüber hinaus oft auch die Firmenbezeichnung, die Anschrift sowie die Kontaktdaten.

31.3 Einen Geschäftsbrief erstellen

Die Maße und Abstände, die für einen Geschäftsbrief angegeben werden, beziehen sich entweder auf die Form A mit einem schmalen Briefkopf oder auf die Form B mit einem breiten Briefkopf. In diesem Abschnitt erstellen wir ein Schreiben, das im Wesentlichen den Angaben für die Form A folgt (mit kurzen Hinweisen zur Form B).

TIPP

Briefe als Dokumentvorlagen

Wir zeigen den Vorgang hier an einem Einzelbeispiel. Es ist sinnvoll, die nicht variablen Elemente (also beispielsweise die Informationen des Briefkopfs und -fuß) eines Briefes als Dokumentvorlage zu speichern, sodass diese Vorlage dann für alle zukünftigen Briefe zur Verfügung steht und Sie die Aufteilung nicht jedes Mal erneut vornehmen müssen.

Öffnen Sie ein leeres Dokument und stellen Sie über **Seitenlayout** > **Seite einrichten** als Erstes die Seitenränder ein. Für beide Varianten wird ein linker Seitenrand von 2,41 cm empfohlen. Dieser Rand gilt dann als sogenannte *Fluchtlinie* für den kompletten Brief. Für den schmalen Briefkopf geben Sie als oberen Rand »2,7 cm« ein (»4,5 cm« für einen breiten Briefkopf). Für den unteren und rechten Rand gibt es keine verbindlichen Richtlinien; der rechte Rand sollte nicht weniger als 0,81 cm betragen (allerdings ist dieser Minimalabstand optisch nicht besonders ansprechend und sollte daher etwas größer gewählt werden).

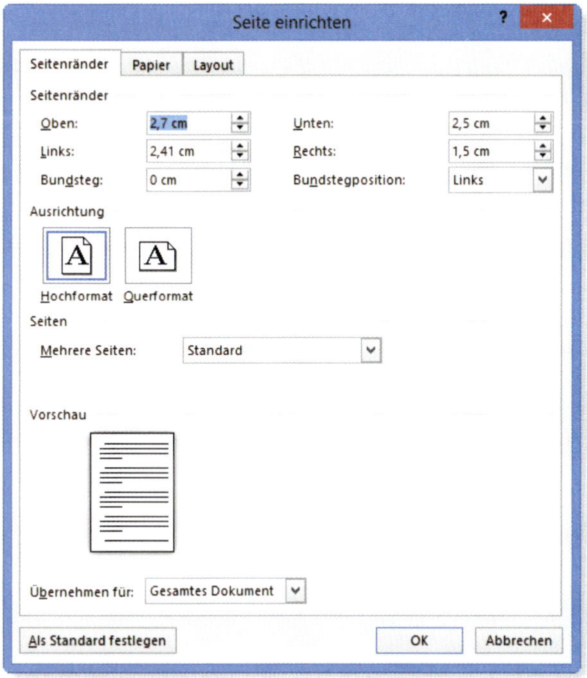

Abbildung 31.5
Die Seitenränder festlegen

Falzmarken machen es leichter, die Briefe so zu falten, dass sie ohne verräterische Spuren von missglückten Knickversuchen in den Umschlag passen. Diese Falzmarken sollten diskret am äußersten linken Blattrand zu sehen sein. Dazu nutzen Sie eine kleine Linie, die Sie im Menü **Formen** (auf der Registerkarte **Einfügen**) aktivieren und aufziehen.

Abbildung 31.6
Eine Linie für die Falzmarken aktivieren

Öffnen Sie nun zunächst das Dialogfenster **Layout**, indem Sie auf die kleine Schaltfläche **Layoutoptionen** an der aufgezogenen Linie klicken. Wählen Sie im Kontextmenü ganz unten **Weitere anzeigen**. Die Position der Falzmarke bestimmen Sie auf der Registerkarte **Position** des Dialogfensters **Layout**. Abbildung 31.7 zeigt den Dialog und die Maße für die Position (für die Form B, also einen Geschäftsbrief mit breitem Briefkopf, verwenden Sie »10,5 cm« statt »8,7 cm«).

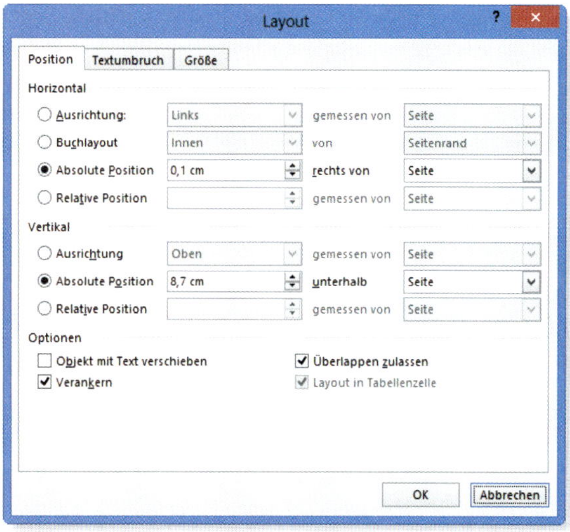

Abbildung 31.7
Die Falzmarken positionieren

Kopieren Sie die Linie und geben Sie für die zweite Linie im Bereich **Vertikal** die Position »19,2 cm« ein (für die Form B tragen Sie »21,0 cm« ein).

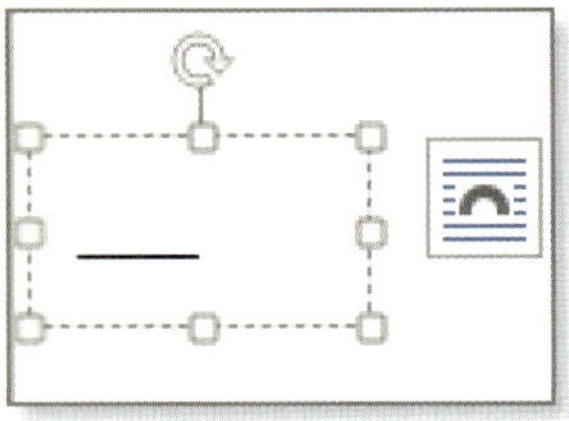

Abbildung 31.8
Eine Linie als Falzmarke

Für den *Briefkopf* nutzen Sie eine Kopfzeile (**Einfügen** > **Kopfzeile** > **Leer**). In diese Kopfzeile schreiben Sie den Firmennamen und alle weiteren Angaben, die dort stehen sollen. Zum Formatieren nutzen Sie die üblichen Schaltflächen und Funktionen, z. B. auf der Registerkarte **Start**. Achten Sie auf den Zeilenabstand und den Absatzabstand. Word 2013 gibt standardmäßig einen Abstand von **8 Pt**. nach einem Absatz vor. Ändern Sie daher am besten den Abstand manuell und stellen Sie beispielsweise einen Abstand von »0« ein (im Dialog **Absatz**, den Sie über den kleinen Pfeil an der Gruppe **Absatz** auf der Registerkarte **Start** öffnen). Um die Firmenangaben nicht rechtsbündig auszurichten (was einen »Flattersatz«, also einen etwas »ausgefransten« Textrand auf der linken Seite erzeugen würde), sondern um sie nach rechts zu schieben, setzen Sie im Lineal einen linksbündigen Tabstopp.

Der Briefkopf ist auch der Ort für das Unternehmenslogo. Fügen Sie über **Einfügen** > **Bild** die entsprechende Bilddatei ein, passen Sie ihre Größe an und positionieren Sie sie nach Wunsch (siehe hierzu auch Kapitel 25, »Grafiken, Fotos und Videos«).

Abbildung 31.9
Die Grafik in der Kopfzeile

Schließen Sie die Kopfzeile und schreiben Sie direkt danach die Zeile mit der Wiederholung der Absenderadresse. Damit der Text nicht zu lang wird (also noch in das Fenster des Umschlags passt), stellen Sie für diese Zeile am besten eine kleine Schriftgröße ein. Wählen Sie also im Feld **Schriftgrad** auf der Registerkarte **Start** beispielsweise die Größe »9 Pt.«. Um die Angaben, die in der Kopfzeile ja nebeneinanderstehen, besser zu trennen, können Sie kleine Symbole dazwischen setzen (**Einfügen** > **Symbol** > **Weitere Symbole**).

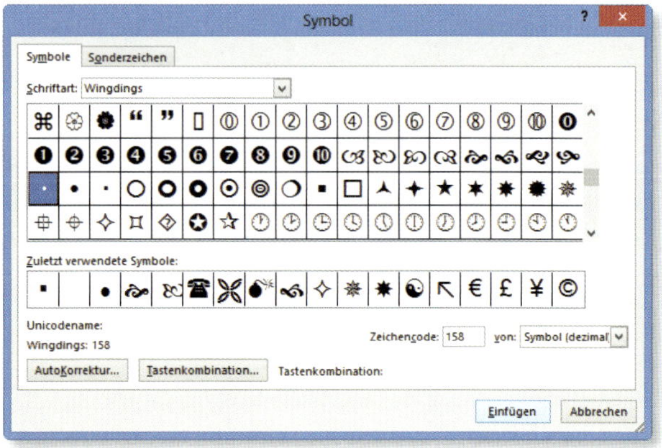

Abbildung 31.10
Ein Symbol als Trennzeichen auswählen

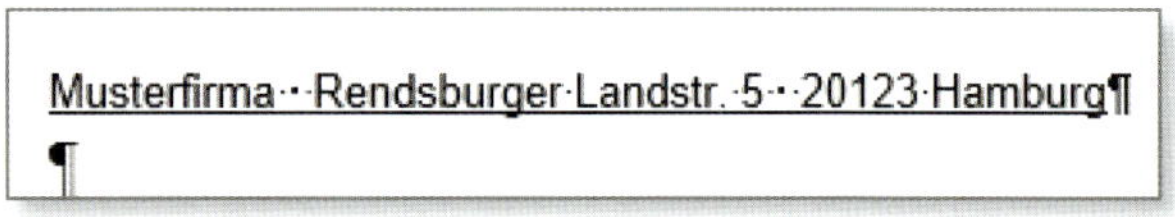

Abbildung 31.11
Die Absenderzeile mit Trennzeichen

Für das Anschriftenfeld sind unabhängig von den tatsächlichen Eingaben grundsätzlich neun Zeilen vorgesehen. Die ersten drei Zeilen stehen für besondere Vermerke zur Verfügung, die z. B. den Postversand betreffen. Tragen Sie hier also »Einschreiben«, »Nicht nachsenden« oder ähnliche Notizen ein. Wenn nichts Derartiges eingegeben werden soll, bleiben die Zeilen einfach frei. Ab der vierten Zeile tragen Sie die Anschrift ohne Leerzeilen untereinander ein.

Falls Sie für die eigentlichen Anschriftenangaben mehr als die veranschlagten sechs Zeilen benötigen, können Sie gegebenenfalls natürlich auch auf die vorherigen Leerzeilen ausweichen.

HINWEIS

Leerzeile zwischen Straße und Ort

Diese Vorgabe hat sich geändert! Während es früher optional war, zwischen Straße und Ort eine Leerzeile zu setzen, fällt diese Leerzeile entsprechend den internationalen Gepflogenheiten jetzt ganz weg.

Musterfirma·-·Rendsburger·Landstr.·5·-·20123·Hamburg¶
¶
¶
¶
Firmenname¶
Herr·Konrad·Becker¶
Geschäftsstr.·1¶
67890·Geschäftsort¶
¶
¶

Abbildung 31.12
Das Anschriftenfeld

Geht der Brief ins Ausland, wird empfohlen, den Ort und das Land in Großbuchstaben zu schreiben. Dabei sollte der Ort möglichst in der Landessprache geschrieben sein und das Land mit seiner deutschen Bezeichnung direkt unterhalb des Ortes stehen (die englische oder französische Form zu nutzen ist ebenfalls in Ordnung). Die Gewohnheit, die postalischen Länderkennzeichen mit einem Bindestrich an die Ortsangabe zu koppeln, hält sich hartnäckig, ist aber falsch. Wenn Sie es richtig machen möchten, schreiben Sie also nicht »I-20157 Mailand«, sondern »20157 MILANO«.

Falls Sie eine Bezugszeile verwenden möchten, fügen Sie nach dem Anschriftenfeld zwei Leerzeilen ein und schreiben die Leitwörter (»Ihr Zeichen«, »Unser Zeichen« etc.) dann in diese Zeile (siehe Abbildung 31.14). Um die Leitwörter auszurichten, nutzen Sie am besten Tabstopps (oder eine Tabelle, die Sie so formatieren, dass ihre Linien bzw. ihr Rahmen nicht zu sehen ist). Auch für die Leitwörter ist ein kleiner Schriftgrad zu empfehlen. Die passenden Angaben für die Leitwörter schreiben Sie dann ohne weitere Leerzeile direkt darunter. Denken Sie daran, dass Sie das Datum auch über **Einfügen** > **Datum und Uhrzeit** einfügen können.

¶
Chateau·Monfort¶
Corso·Concordia,·1·¶
Angolo·Viale·Piave¶
20129·MILANO¶
ITALIEN¶

Abbildung 31.13
Eine Adresse in Mailand

HINWEIS

Namen mit Titel

Titel gehören übrigens zum Namen dazu! Wenn Sie z. B. eine Person mit Doktortitel anschreiben, schreiben Sie »Dr.« direkt vor den Namen und die Anrede »Herr« oder »Frau« in die Zeile darüber.

Nach den Angaben für die Leitwörter der Bezugszeile erzeugen Sie erneut zwei Leerzeilen, um dann den Text für die Betreffzeile einzugeben. Wie und ob Sie diesen Text formatieren bzw. gestalten, bleibt Ihnen überlassen. Sie können ihn mit bestimmten Merkmalen hervorheben, aber bedenken Sie dabei, dass ein normaler Geschäftsbrief kein Werbebrief ist, der mit plakativen Botschaften Interesse wecken soll.

¶
¶
Ihr·Zeichen/Ihre·Nachricht·vom → Unser·Zeichen/Unsere·Nachricht → Telefon,·Name → Datum¶
Vs/12.06.2013 → Pe/17.06.2013 → 030/1234567,·Schulz → 15.07.2013¶

Abbildung 31.14
Die Bezugszeile

INFO

Datumsangabe und Telefonnummern

Wenn Sie bezüglich der Form der Datumsangabe keinen Fehler machen möchten, sind Sie mit der klassischen Variante (»18. Juli 2013« bzw. »18.07.2013«) auf der sicheren Seite. Allerdings ist die angloamerikanische Schreibweise auf dem Vormarsch und wurde durch die neueste DIN-Richtlinie gestärkt: »2013-07-18«. Wofür Sie sich auch entscheiden, die Jahreszahl sollte jedenfalls vierstellig geschrieben werden. Telefonnummern werden übrigens nicht mehr, wie Sie es vielleicht noch gewohnt sind, zweigliedrig von hinten angeordnet, sondern heutzutage (nach aktueller DIN-Norm) ohne Leerstellen geschrieben. Vorwahl und Telefonnummer werden lediglich durch eine Leerstelle getrennt (ohne die Vorwahl in Klammern zu setzen). Bei internationalen Kontakten setzen Sie »+49« (für die deutsche Ländervorwahl) vor die Ortsvorwahl, die Null der Vorwahl fällt dann weg (die Telefonnummer lautet also demzufolge »+49 431 123456«).

Nach der Betreffzeile folgen wieder zwei Leerzeilen. Dann geben Sie die *Anrede* ein, die Sie mit einem Komma abschließen: »Sehr geehrter Herr Becker,«. Zwischen die Anredezeile und die erste Zeile des Brieftextes setzen Sie erneut eine Leerzeile; drücken Sie also zweimal die [↵]-Taste und schreiben Sie dann Ihren Brief. Achten Sie wieder, sofern Sie ihn noch nicht generell umgestellt haben, auf den Absatzabstand.

Unsere·Ausschreibungsunterlagen¶
¶
¶
Sehr·geehrter·Herr·Becker,¶
¶
hiermit·erhalten·Sie·unsere·Ausschreibungsunterlagen·für·Ihr·Angebot·für·den·Bau·des·Parkplatzes·in·der·Schillerstraße·1.¶

Abbildung 31.15
Betreffzeile und Anrede eines Geschäftsbriefes

Nach dem Text folgt die *Grußformel*, die Sie durch eine Leerzeile vom Brieftext trennen. Auch die Grußzeile steht an der Fluchtlinie, wird also nicht eingerückt. Wenn nach der Grußformel zunächst der Firmenname wiederholt werden soll, lassen Sie zwischen der Grußzeile und dem Namen eine Zeile frei.

Wir·freuen·uns·auf·den·Eingang·Ihres·Angebots·bis·zum·15.08.2013.¶
¶
Mit·freundlichen·Grüßen¶
¶
Musterfirma¶

Abbildung 31.16
Die Grußformel

Für die Unterschrift und gegebenenfalls den Firmenstempel lassen Sie in der Regel drei Zeilen frei; falls sich dieser Bereich als zu klein erweist, können Sie ihm ohne schlechtes Gewissen auch mehr Platz einräumen. Es ist keine Vorschrift, aber ein »netter Zug«, den Namen des Unterzeichnenden auch noch einmal mit der Maschine geschrieben (bzw. genauer mit dem PC getippt) unterhalb der Unterschrift zu wiederholen, damit er auch wirklich lesbar ist (eventuell sogar mit einem Zusatz, der die Position des Unterzeichnenden nennt).

TIPP

Schriftgröße

Um dem Empfänger des Briefes keine zu kleine Schrift zuzumuten, sollten Sie entsprechend der DIN-Empfehlung einen Schriftgrad zwischen 10 und 12 Pt. für den Brieftext einstellen.

Wenn das Schreiben Anlagen enthält, sollten Sie diese unten auf der Seite vermerken (damit der Empfänger sicher sein kann, dass er alles erhalten hat). Geben Sie eine Leerzeile nach dem getippten Namen ein und schreiben Sie das Wort *Anlagen* (unformatiert, also auch ohne Doppelpunkt und Unterstreichung). Darunter führen Sie dann die Anlagen genau an, z. B. *Ausschreibungsdokumente* und in der nächsten Zeile *Preisliste*. Sie können stattdessen aber z. B. auch einfach nur *2 Anlagen* schreiben, wenn beide Anlagen bereits »namentlich« im Brieftext erwähnt wurden. (All dies sollte nicht kursiv gesetzt sein, wir haben dies hier im Text nur der Übersicht halber getan.)

Mit·freundlichen·Grüßen¶
¶
Musterfirma¶
¶
¶
¶
Paul Schneider¶
Paul·Schneider¶
¶
Anlagen¶
Ausschreibungsdokumente¶
Preisliste¶

Abbildung 31.17
Grußformel, Unterschrift und die Angaben zu den Anlagen

Es kommt in einem längeren Brief immer wieder einmal vor, dass der Platz nicht mehr für die Anlagenvermerke reicht. In diesem Fall können Sie den Anlagenvermerk in die gleiche Zeile wie die Grußformel setzen, mit einem Abstand zum linken Blattrand von 12,5 cm. Verwenden Sie für die Positionierung Tabstopps (lesen Sie dazu den Abschnitt 23.1, »Die Arbeit mit Tabstopps«).

Wir·freuen·uns·auf·den·Eingang·Ihres·Angebots·bis·zum·15.08.2013.¶
¶
Mit·freundlichen·Grüßen → Anlage¶
→ Ausschreibungsdokumente¶
Musterfirma → Preisliste¶

Abbildung 31.18
Aus Platzgründen steht der Anlagenvermerk in der gleichen Zeile wie die Grußformel.

Bankverbindung →	Musterfirma →	Amtsgericht·Hamburg¶
Commerzbank·AG →	Rendsburger·Landstr.·5 →	HRB·22·123¶
Kto.·12345678 →	20123·Hamburg →	USt-Nr.·DE·8765432¶
BLZ·100·400·00¶		

Abbildung 31.19
Die Fußzeile des Briefes mit weiteren Angaben

Fügen Sie dann über **Einfügen** > **Fußzeile** eine Fußzeile ein. Dabei können Sie einfach eine leere Fußzeile wählen oder z. B. einen Typ, der für drei Spalten vorgesehen ist. Dies wäre z. B. nützlich für einen Block mit der Bankverbindung, einen Block mit der Anschrift und einen Block mit den Pflichtangaben (siehe Abbildung 31.19). Abbildung 31.20 stellt den fertigen letzten Teil des Briefes noch einmal dar.

Wir·freuen·uns·auf·den·Eingang·Ihres·Angebots·bis·zum·15.08.2013.¶
¶
Mit·freundlichen·Grüßen¶
¶
Musterfirma¶
¶
¶
¶
Paul Schneider¶
Paul·Schneider¶
¶
Anlagen¶
Ausschreibungsdokumente¶
Preisliste¶

Bankverbindung →	Musterfirma →	Amtsgericht·Hamburg¶
Commerzbank·AG →	Rendsburger·Landstr.·5 →	HRB·22·123¶
Kto.·12345678 →	20123·Hamburg →	USt-Nr.·DE·8765432¶
BLZ·100·400·00¶		

Abbildung 31.20
Der letzte Teil des Briefes mit Grußformel, Anlagevermerk und Fußzeile

31.4 Briefe mit Vorlagen

Wenn Sie über **Datei** > **Neu** das Fenster **Neu** mit den verfügbaren Vorlagen aufrufen und dort unter dem Suchfeld auf den Link **Briefe** (1) klicken, wird eine Reihe von Vorlagen für unterschiedliche Einsatzgebiete angeboten (Briefe, Berichte, Faxe etc.).

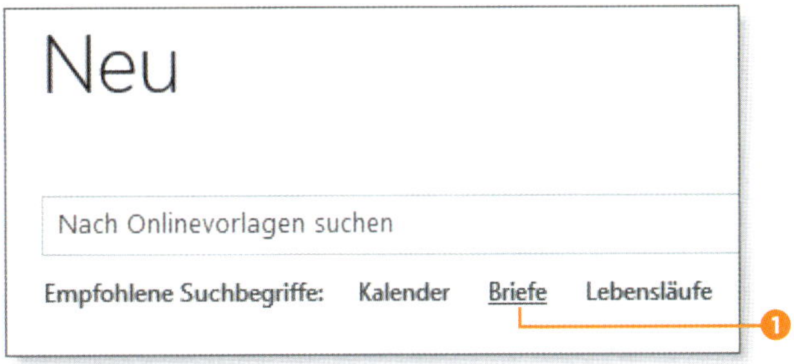

Abbildung 31.21
Die Vorlagen für Briefe aufrufen

Diese Vorlagen sind zu Gruppen zusammengefasst, die sich durch eine einheitliche Gestaltung auszeichnen und mit den Designs in Office verknüpft sind, sodass sie im Nu ein anderes Aussehen (Farbgestaltung, Schriftart) annehmen, wenn Sie ein anderes Design wählen (siehe dazu auch Kapitel 20, »Dokumentdesigns und Dokumentvorlagen«).

Chris Peyton
[Geben Sie den Firmennamen des Absenders ein]
[Geben Sie die Firmenadresse des Absenders ein]

[Geben Sie die Adresse des Empfängers ein]
[Geben Sie den Namen des Empfängers ein]

[Wählen Sie das Datum aus]

[Geben Sie die Anrede ein]

Auf der Registerkarte 'Einfügen' enthalten die Kataloge Elemente, die auf die Gesamtdarstellung Ihres Dokuments abgestimmt werden. Mithilfe dieser Kataloge können Sie Tabellen, Kopfzeilen, Fußzeilen, Listen, Deckblätter und sonstige Dokumentbausteine einfügen. Wenn Sie Bilder, Diagramme oder Tabellen erstellen, werden diese auch auf die aktuelle Darstellung des Dokuments abgestimmt.

Formatierungen von markiertem Text im Dokument können durch Auswahl eines Formats auf der Registerkarte "Start", Katalog "Schnellformatvorlagen" einfach geändert werden. Text kann direkt mit den anderen Steuerelementen auf der Registerkarte "Start" formatiert werden. In den meisten Steuerelementen kann das aktuelle Designformat bzw. ein direkt angegebenes Format gewählt werden.

Um die allgemeine Darstellung des Dokuments zu ändern, wählen Sie auf der Registerkarte 'Seitenlayout' neue Designelemente aus. Verwenden Sie den Befehl zum Ändern des aktuellen Schnellformatvorlagen-Satzes, um die verfügbaren Formate im Katalog 'Schnellformatvorlagen' zu ändern. Die Kataloge 'Designs' und 'Schnellformatvorlagen' stellen Befehle zum Zurücksetzen bereit, damit Sie immer die ursprüngliche Darstellung des Dokuments in der aktuellen Vorlage wiederherstellen können.

[Geben Sie die Grußformel ein]

Chris Peyton
[Geben Sie den Firmennamen des Absenders ein]

Abbildung 31.23
Eine Briefvorlage mit Design

Briefvorlagen verwenden

Um eine Briefvorlage aus diesem Angebot zu verwenden, klicken Sie sie an. Im Vorschaufenster, das sich daraufhin öffnet, klicken Sie auf die Schaltfläche **Erstellen**.

Daraufhin wird Ihnen ein Dokument präsentiert, das Platzhalter für die individuelle Texteingabe enthält (genau genommen Inhaltssteuerelemente mit Platzhaltern).

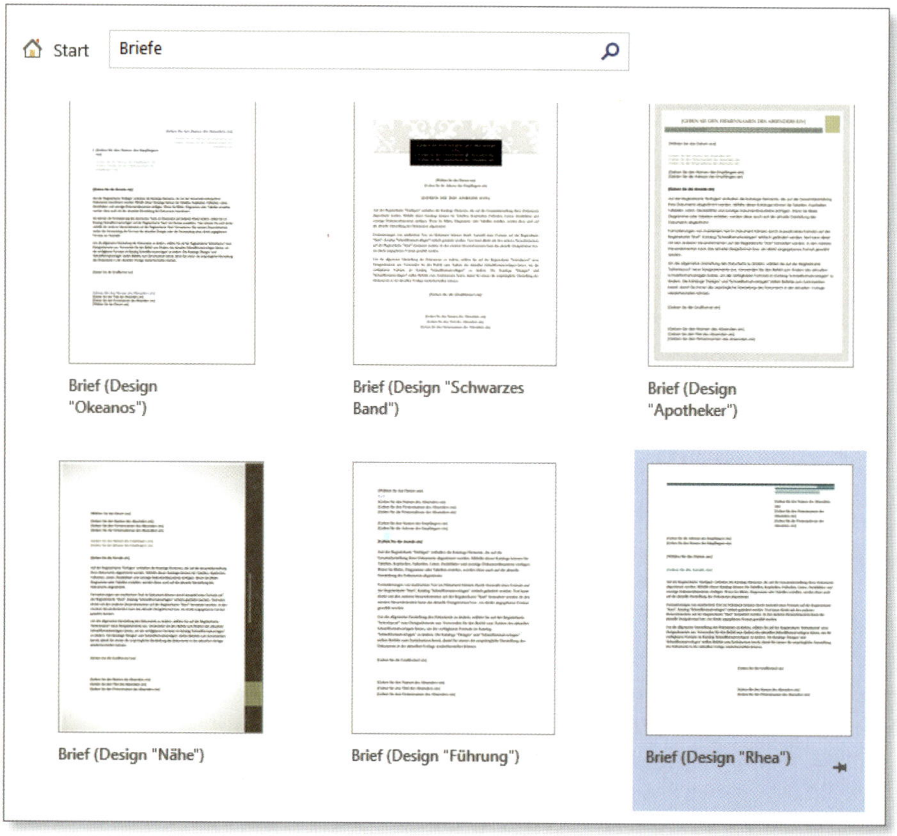

Abbildung 31.22
Die Auswahl an Vorlagen

Klicken Sie einfach in den jeweiligen mit eckigen Klammern eingefassten Bereich und geben Sie Ihren Text ein; für die Datumseingabe steht Ihnen wieder ein kleiner Kalender zur Verfügung. Sie sind ihm schon einige Male begegnet, z. B. im Zusammenhang mit Deckblättern (siehe Kapitel 8, »Bausteine zur Wiederverwendung«) und bei Kopfzeilen mit Design (siehe Kapitel 22, »Kopf- und Fußzeilen«). Klappen Sie ihn mit einem Klick auf den Pfeil am rechten Rand des Inhaltssteuerelements auf.

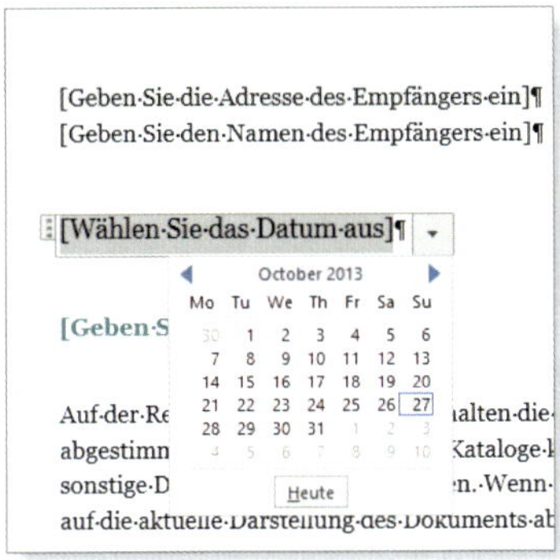

Abbildung 31.24
Der Kalender des Inhaltssteuerelements für die Datumseingabe

Vorlagen bearbeiten

Diese Vorlagen lassen sich wie jedes andere Dokument natürlich weiter bearbeiten (wie es der Mustertext ja auch erklärt). Sie können den Text also formatieren, ausrichten, andere Elemente einfügen etc. Wenn Ihnen das grundsätzliche Design gefällt, sind diese Vorlagen natürlich praktisch, weil Sie wenig Zeit mit der optischen Gestaltung »verplempern« müssen. Auch eine andere Farbgebung können Sie ganz schnell erreichen, indem Sie einfach ein anderes Design zuweisen (**Entwurf** > **Design**).

Allerdings haben Sie vermutlich bereits auf den ersten Blick gesehen, dass der Aufbau der Briefvorlage nicht den üblichen DIN-Empfehlungen entspricht. Um aus einer solchen Vorlage einen Brief zu machen, der an diesen Regeln orientiert ist, müssten Sie eine ganze Reihe von Anpassungen vornehmen. Damit stellt sich dann aber wiederum die Frage, ob es sich dann überhaupt lohnt, zu den Mustervorlagen zu greifen. Wir sind, ehrlich gesagt, nicht davon überzeugt, zumal die Krux dabei immer ist, dass Vorlagen nach einer gewissen Zeit auch als Vorlagen »von der Stange« erkannt werden.

Der Vorteil der Designs für Sie ist zweifellos, dass sich mit ihrer Hilfe sehr leicht eine einheitliche, stimmige Optik herstellen lässt. Dies gilt sowohl für den Fall, dass Sie andere Schriftstücke aus dieser »Designfamilie« verwenden, als auch für den Fall, dass Sie gegebenenfalls Elemente in eines der Dokumente einfügen, die ebenfalls dieses Design haben können. Wenn Sie beispielsweise eine Tabelle in eine Briefvorlage einfügen, werden auf der Registerkarte **Tabellentools/Entwurf** automatisch zuerst die Formatvorlagen zum Formatieren der Tabelle angeboten, die im Ton in etwa zu der jeweiligen Designfarbe passen (siehe Abbildung 31.25).

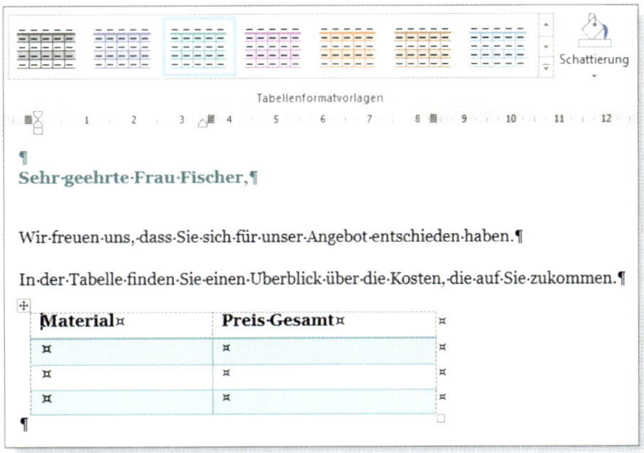

Abbildung 31.25
Eine eingefügte Tabelle, formatiert mit passenden Farben

31.5 Eine eigene Briefvorlage erstellen

Wenn Sie viele Geschäftsbriefe schreiben müssen, es aber keinen Firmenvordruck gibt, den Sie verwenden können, erleichtern Sie sich die Arbeit am besten mit einer Dokumentvorlage. In diese Vorlage nehmen Sie alle Elemente auf, die nicht variabel sind, z. B.:

- Falzmarken
- die Kopfzeile mit dem Firmennamen und/oder weiteren Angaben sowie gegebenenfalls einer Grafik/einem Logo
- die Absenderzeile über dem Anschriftenfeld
- die Leitwörter für die Bezugszeile
- die Fußzeile mit den obligatorischen Informationen und anderen Angaben

Bestimmte Textelemente kann die Vorlage ebenfalls bereits enthalten. Denken Sie auch daran, die richtigen Seitenränder einzustellen.

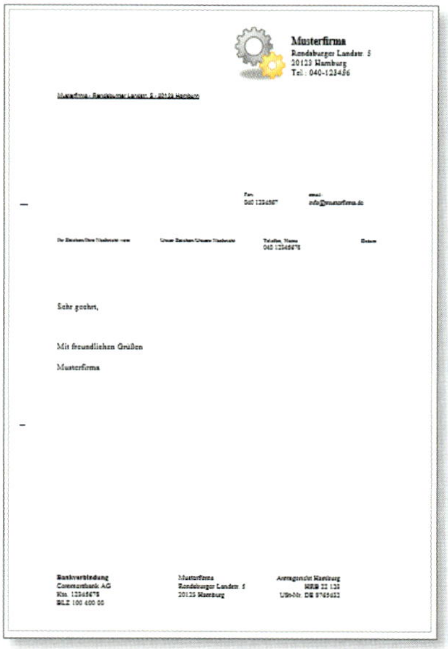

Abbildung 31.26
Eine eigene Briefvorlage gestalten, um sich zukünftig die Arbeit zu erleichtern

Füllen Sie also einen (Geschäfts-)Brief mit allen Angaben, die Sie grundsätzlich benötigen, und legen Sie z. B. auch Textbausteine an. Um das Dokument dann als Vorlage zu speichern (siehe Abbildung 31.27), wählen Sie im Dialog **Speichern unter** als Dateityp **Word-Vorlage (*.dotx)**. Durch diese Einstellung wird automatisch der Ordner geöffnet, in dem benutzerdefinierte Vorlagen gespeichert werden (**Benutzerdefinierte Office-Vorlagen**). Geben Sie dem Dokument einen Namen und klicken Sie auf **Speichern**. (Ausführlichere Informationen zu diesem Thema finden Sie in Kapitel 20, »Dokumentdesigns und Dokumentvorlagen«.)

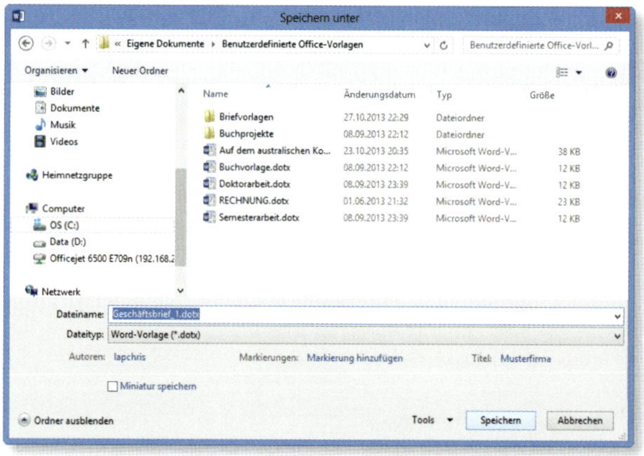

Abbildung 31.27
Die Vorlage als Dokumentvorlage speichern

Danach können Sie diese Vorlage für jeden neuen Brief benutzen. Rufen Sie über **Datei** > **Neu** das Fenster **Neu** auf und klicken Sie hier auf den Link **Persönlich**. Im nächsten Fenster wird nun die soeben angelegte Vorlage angezeigt.

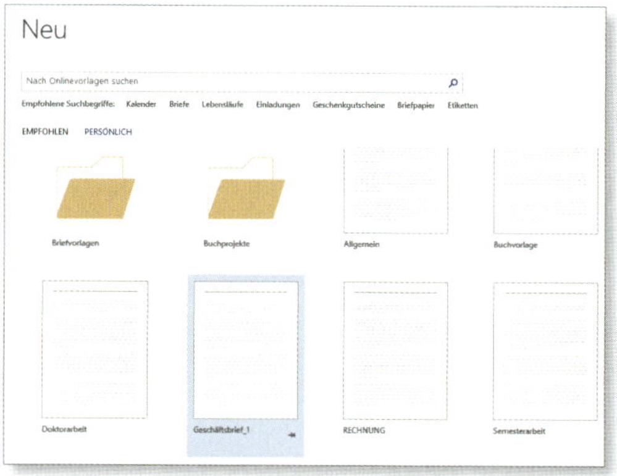

Abbildung 31.28
So rufen Sie Ihre eigens angelegte Dokumentvorlage auf.

Vergessen Sie nicht, das aktuelle Dokument auch bei der Arbeit mit einer Dokumentvorlage separat zu speichern! Wenn Sie einfach nur auf die Schaltfläche **Speichern** klicken, überspeichern Sie damit nämlich Ihre schöne Vorlage und haben sie demnach umsonst angelegt.

Kapitel 32
Serienbriefe

Vielleicht haben Sie selbst noch keinen Serienbrief erstellt, aber bestimmt schon oft einen erhalten. Die Werbebriefe, von denen unsere Briefkästen nahezu überquellen, die Begleitschreiben der Versandhäuser oder die netten Mitteilungen über neue Anlagemöglichkeiten – all das sind Serienbriefe: Sie werden in großen Mengen verschickt, und nur die Adresse und die Anrede werden individuell gesetzt.

Serienbriefe waren schon immer ein spannendes Thema in Word, umrankt vom Mythos, eine komplizierte und aufwendige Angelegenheit zu sein, an die man sich nur mit sehr guten Word-Kenntnissen heranwagen sollte. Während diese Annahme für frühe Word-Versionen, in denen man Serienbriefe mühsam über Befehlszeilen erstellen musste, mehr oder minder zutrifft, lassen sich Serienbriefe heutzutage recht leicht anfertigen. Die speziellen Seriendruckfunktionen, die Word bereithält, sind dabei eine wunderbare Hilfestellung. Wenn man sie gekonnt und in der richtigen Reihenfolge anwendet, kann eigentlich wenig schiefgehen. Binnen Kurzem haben Sie so die Voraussetzungen für einen Serienbrief geschaffen.

Serienbriefe sind thematisch ein weites Feld (nicht umsonst widmen wir ihnen ein ziemlich langes Kapitel). Dies hängt vor allem mit den vielen Möglichkeiten zusammen, wie man Serienbriefe selektieren und filtern, mit Bedingungen arbeiten und unterschiedliche Datenquellen nutzen kann.

Wenn Sie, wie wir es zunächst beschreiben, als Erstes eine Datenquelle erstellen müssen, können wir Ihnen natürlich nicht versprechen, dass Sie in Windeseile fertig gedruckte Serienbriefe in der Hand halten werden. Eine Datenquelle für einen Serienbrief besteht in der Regel aus vielen Datensätzen (sonst lohnt sich die ganze Geschichte im Prinzip gar nicht), die es zunächst einzugeben gilt. Und Tipparbeit bleibt Tipparbeit! Allerdings können Sie sich damit trösten, dass diese Adressen – oder zumindest ein Teil der Adressen – für das nächste Vorhaben erneut verwendet werden können.

TIPP

Seriendruck nicht nur für Briefe

Sie können die Seriendruckfunktion für Briefe und andere Dokumente einsetzen, z. B. für Zeugnisse oder Urkunden – kurz: für alle Schriftstücke, die auf der einen Seite allgemeinen und auf der anderen Seite veränderlichen Text enthalten, der jeweils angepasst werden muss.

Zunächst legen wir in diesem Kapitel einen einfachen Serienbrief mit unkomplizierten Anschriften an, und wenn das reibungslos geklappt hat, wovon wir ausgehen, zeigen wir Ihnen, wie Sie auch kompliziertere Aufgaben bewältigen, also die Selektion nach Kriterien und die Erstellung von Briefen mit diversen Bedingungsfeldern. Damit Sie nicht immer wieder von vorn anfangen und Hunderte von Adressen eingeben müssen, beschreiben wir zusätzlich, wie Sie auf bereits vorhandene Datenquellen zugreifen können (z. B. Ihre Outlook-Kontakte oder andere Datenbanken).

32.1 Ein bisschen Theorie

Wenn wir Sie nun erst einmal mit ein wenig Theorie »belästigen«, hängt das vor allem damit zusammen, dass Serienbriefe leichter zu erstellen sind, wenn man weiß, wie sie funktionieren. Hat man den logischen Aufbau erst einmal verstanden, ist es sehr viel einfacher, flexibel und eigenständig Briefe mit den verschiedensten Variablen anzulegen und Pannen zu vermeiden. Das Wichtigste ist, sich klarzumachen, dass zu einem Serienbrief grundsätzlich zwei unterschiedliche Dokumente gehören:

1. Das *Hauptdokument* nimmt den eigentlichen Brieftext auf. Hier stehen die Informationen, die nicht variabel sind und die in jedem der Briefe stehen sollen.
2. In der *Datenquelle* werden alle variablen Informationen in Datensätzen (Informationen, die zusammengehören und in einer Zeile stehen, also beispielsweise alle Angaben zu einem Empfänger) gesammelt und gespeichert, seien es Namen, Adressen oder andere Daten, z. B. Geburtsorte oder Geburtsdaten, Zeugnisnoten oder Produktbezeichnungen. Die Informationen hängen natürlich davon ab, für welche Arten von Dokumenten die jeweilige Datenquelle eingesetzt wird. Wir haben, wie Sie sehen werden, eine Datenquelle vorbereitet, die in Form einer Tabelle Felder für Anschrifteninformationen enthält, doch Sie können problemlos auch weitere Felder für andere Daten anlegen.

Diese beiden Dokumente bilden die Voraussetzung für einen Seriendruckbrief. Damit Word weiß, wo die veränderlichen Daten stehen sollen, werden *Seriendruckfelder* in das Hauptdokument eingefügt. Man kann sie sich als Platzhalter vorstellen, die den Raum für variable Daten (also die Einträge in der Datenquelle) reservieren.

Abschließend werden beide Dokumente zusammengeführt. Bei dieser Zusammenführung entsteht automatisch eine dritte Datei, die auf den Pool der Datenquelle zugreift und Brief für Brief die variablen Informationen aus den Datensätzen holt. Das Seriendruckfeld <**Vorname**> wird also im ersten Brief durch den Namen »Daniel« ersetzt, wenn dieser Name im ersten Datensatz in das Feld **Vorname** eingetragen wurde.

^ ***Abbildung 32.1***
Seriendruckfelder im Dokument

INFO

Felder und Feldnamen

Kurz zum Verständnis: In Zusammenhang mit der Datenquelle spricht man von *Feldern* und *Feldnamen* anstatt, wie bei einer normalen Tabelle, von *Spalten* und *Spaltenüberschriften*. Die Felder, die Sie als Platzhalter ins Hauptdokument einfügen, werden dann als *Seriendruckfelder* bezeichnet.

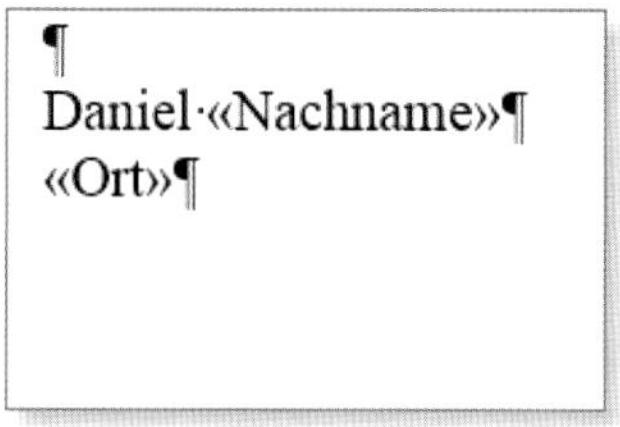

^ ***Abbildung 32.2***
Hier wurde das Seriendruckfeld <Vorname> durch den konkreten Namen im Datensatz ersetzt.

32.2 Die Seriendruckfunktion nutzen

Wir beginnen damit, einen Serienbrief mit einfachen Anschriften anzulegen, für den es noch keine Datenquelle gibt. Sie erstellen also zwei Dokumente: das

Hauptdokument und die Datenquelle. Zu guter Letzt werden beide Dokumente zusammengeführt, und das Resultat sind Ihre Serienbriefe.

Den Seriendruck starten

Alle Funktionen und Befehle, die Sie benötigen, sind auf der Registerkarte **Sendungen** versammelt.

1 Öffnen Sie ein neues Dokument und wechseln Sie auf die Registerkarte **Sendungen**. Klicken Sie hier auf die Schaltfläche **Seriendruck starten**. Im zugehörigen Menü wählen Sie **Briefe**.

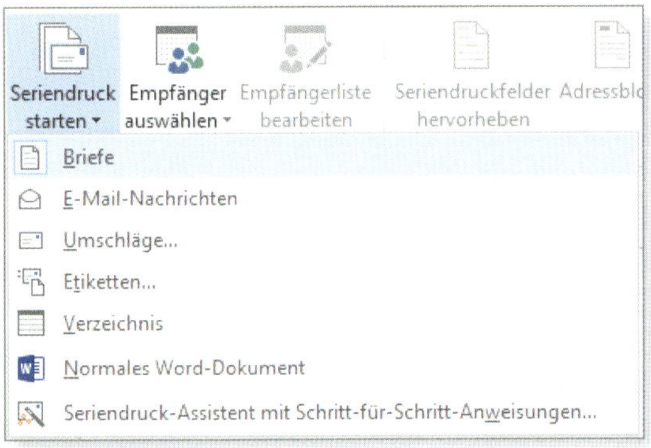

*∧ **Abbildung 32.3***
Den Seriendruck starten

2 In das leere Dokument schreiben Sie nun den Text für den Serienbrief, allerdings nur den Text, der für alle Empfänger gilt, also keine variablen Elemente wie Namen und Adresse. Diese Daten legen Sie im weiteren Verlauf in der Datenquelle an und sie werden automatisch in Ihr Dokument eingefügt. Der Einfachheit halber nutzen wir im ersten Anlauf eine generelle Anredeform.

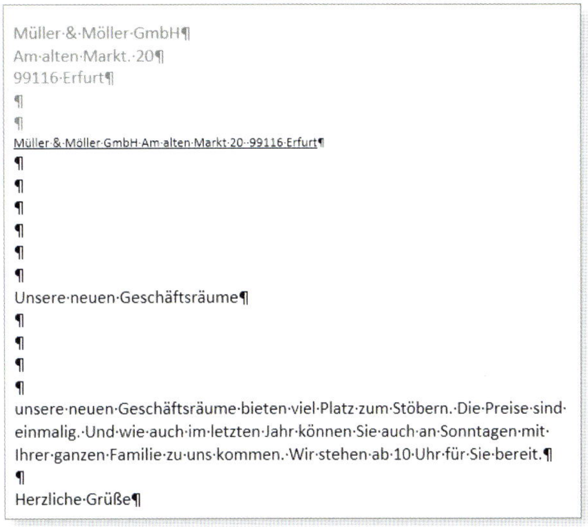
Müller & Möller GmbH
Am alten Markt. 20
99116 Erfurt

Müller & Möller GmbH Am alten Markt 20 99116 Erfurt

Unsere neuen Geschäftsräume

unsere neuen Geschäftsräume bieten viel Platz zum Stöbern. Die Preise sind einmalig. Und wie auch im letzten Jahr können Sie auch an Sonntagen mit Ihrer ganzen Familie zu uns kommen. Wir stehen ab 10 Uhr für Sie bereit.

Herzliche Grüße

*∧ **Abbildung 32.5***
Das Hauptdokument – noch ohne Seriendruckfelder

3 Speichern Sie das Dokument danach unter einem aussagekräftigen Namen.

4 Danach klicken Sie in der Gruppe **Seriendruck starten** auf die Schaltfläche **Empfänger auswählen**. Im Menü wählen Sie **Neue Liste eingeben**, da Sie noch nicht auf eine vorhandene Datenquelle zurückgreifen können.

> **TIPP**
>
> **Wann schreiben Sie den Brieftext?**
>
> Im Prinzip spielt es keine Rolle, wann Sie den Brieftext eingeben. Sie könnten dies genauso gut erledigen, nachdem Sie die Platzhalter für die Anschrift eingefügt haben (also nach Schritt 5 der Anleitung »Den Seriendruck starten«).

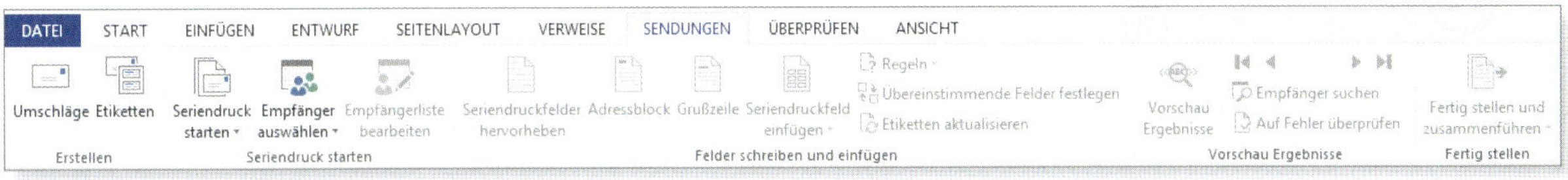

*∧ **Abbildung 32.4***
Die Registerkarte »Sendungen«

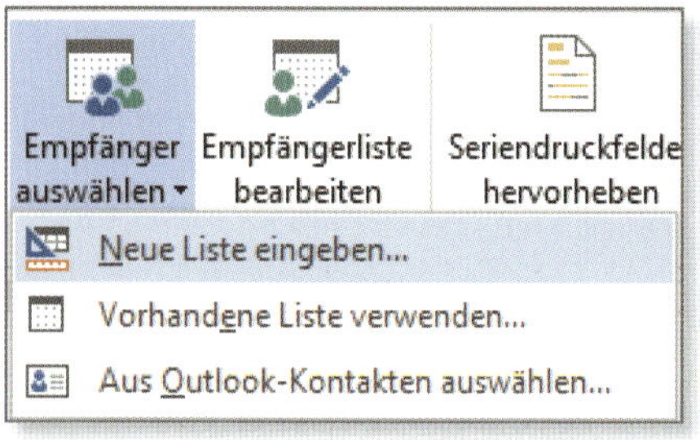

^ *Abbildung 32.6*
Eine neue Datenquelle anlegen

5 Im Dialogfenster **Neue Adressliste** gibt es diverse Standardfelder zur Eingabe der konkreten Daten. Tragen Sie hier die Angaben des ersten Datensatzes ein (also die Informationen zum ersten Empfänger des Briefes). Am einfachsten ist es, wenn Sie mit der [⇆]-Taste von Feld zu Feld springen (bzw. mit [⇧] + [⇆] zurück).

6 Das Feld **Titel** können Sie für die Anrede »Herr« oder »Frau« nutzen. Den Straßennamen tragen Sie am besten im Feld **Adresszeile 1** ein, denn es gibt kein Feld **Straße**. Den Ort und die Postleitzahl geben Sie in die dafür vorgesehenen Felder ein – wegen der späteren Selektionsmöglichkeiten unbedingt getrennt (schreiben Sie also auf keinen Fall »10123 Berlin« in ein Feld!). Es ist natürlich nicht notwendig, alle Felder zu füllen, die der Dialog anbietet.

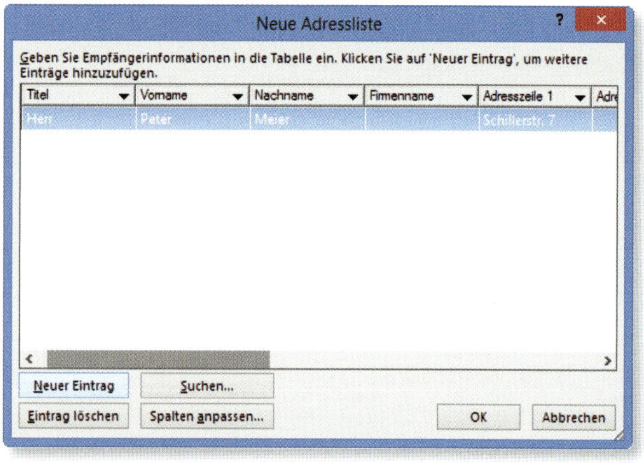

^ *Abbildung 32.7*
Informationen zu den Empfängern in die Adressliste eingeben

7 Um den nächsten Datensatz einzugeben, klicken Sie auf **Neuer Eintrag**. Sie erhalten neue leere Felder. Achten Sie darauf, dass Sie konsistent arbeiten und die gleichen Felder nutzen, also den Straßennamen wieder in das Feld **Adresszeile 1** eingeben etc.

INFO

Der Aufgabenbereich »Seriendruck«

Wir erklären im Folgenden die Erstellung eines Serienbriefs und auch alle weiteren Möglichkeiten der Bearbeitung mit den Funktionen auf der Registerkarte **Sendungen**, weil diese Registerkarte alle Befehle beherbergt, die für den Umgang mit dem Seriendruck erforderlich sind. Es gibt allerdings auch nach wie vor den Aufgabenbereich **Seriendruck**, den Sie vielleicht aus älteren Word-Versionen kennen. Er verbirgt sich hinter der Option **Seriendruck-Assistent mit Schritt-für-Schritt-Anweisungen**, die Sie im Menü der Schaltfläche **Seriendruck starten** finden. Die Arbeit mit und in diesem Aufgabenbereich lassen wir in unserer Beschreibung links liegen, weil es zum einen den Umfang dieses Kapitels sprengen würde, zusätzlich diesen Weg zu demonstrieren, und weil wir zum anderen davon überzeugt sind, dass die Funktionalität der Registerkarte **Sendungen** die des »alten« Aufgabenbereiches übertrifft. Die Schritt-für-Schritt-Methode hat zwar ihre Vorteile, ist teilweise aber auch sehr umständlich, weil man stets darauf achten muss, an welcher Stelle der Serienbriefproduktion man sich aktuell befindet, und man bei nachträglichen Änderungen gezwungen ist, zwischen den Schritten hin- und herzuspringen.

8 Erst wenn Sie alle Datensätze eingegeben haben, klicken Sie auf **OK**.

TIPP

Das Feld »Anrede« einrichten

In Word 2013 ist standardmäßig das Feld **Titel** im Dialogfenster **Neue Adressliste** eingerichtet. Wenn Sie dieses Feld regelmäßig für die Anrede benutzen und Sie die Bezeichnung stört, können Sie es auch ganz leicht umbenennen oder ein separates Feld für die Anrede der Adressliste hinzufügen. Lesen Sie dazu den Abschnitt »Eigene Felder erstellen« auf Seite 664 in diesem Kapitel.

9 Anschließend wird der Dialog **Adressliste speichern** geöffnet, und zwar automatisch im Ordner **Meine Datenquellen**. Als Dateityp ist das Format **.mdb** eingestellt, woran Sie erkennen, dass Word die Datenquelle als Datenbank ablegt, und zwar als Access-Datenbank. Geben Sie der Adressliste nun einen passenden Namen und klicken Sie dann auf **Speichern**.

TIPP

Wo soll die Datenquelle gespeichert werden?

Selbstverständlich ist es keine Pflicht, den Ordner *Meine Datenquellen* zu verwenden; Sie können genauso gut einen anderen Ordner bestimmen – wichtig ist nur, dass Sie die Datenquelle wiederfinden.

Das Hauptdokument vorbereiten

Nun sind Sie so weit, das Dokument um die Felder der Datenquelle zu ergänzen. Bei diesen Feldern handelt es sich um Platzhalter, die nach der Verbindung des Dokuments mit der Empfängerliste durch die entsprechenden konkreten Daten ersetzt werden.

1 Platzieren Sie den Cursor in der Zeile des Dokuments, an der die Anschrift beginnen soll; wenn es sich um einen normgerechten Brief handelt, setzen Sie ihn also in das Adressfeld. Klicken Sie dann in der Gruppe **Felder schreiben und einfügen** auf den Pfeil an der Schaltfläche **Seriendruckfeld einfügen**.

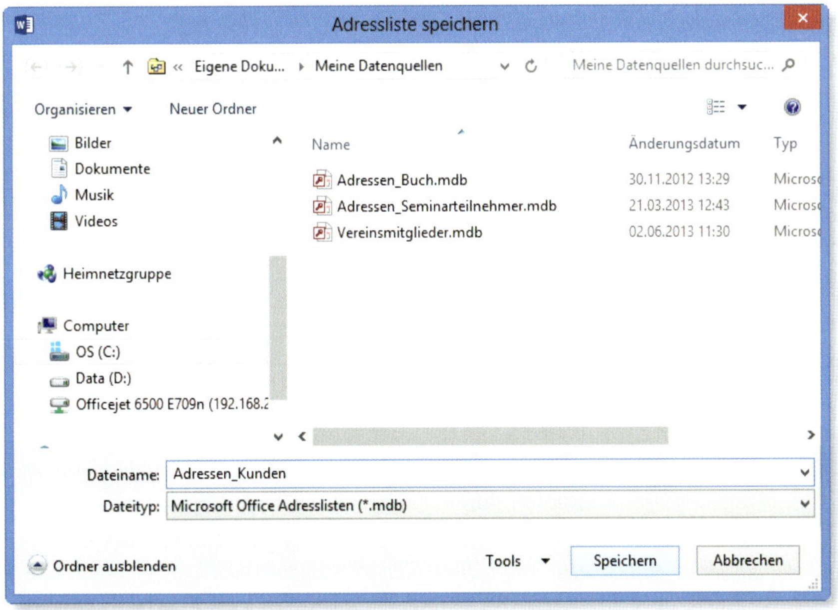

Abbildung 32.8
Die neue Datenquelle speichern

2 Die Liste mit den Feldern, die Sie eben beim Erstellen der Empfängerliste ausgefüllt haben, wird aufgeklappt. Klicken Sie auf **Titel**, um das Feld für die Anrede im Adressfeld einzufügen. Im Text erscheint nun das Seriendruckfeld **<Titel>**, eingeschlossen in kleine dreieckige Zeichen, die *Steuerzeichen*.

3 Bauen Sie auf diese Art und Weise nach und nach das Adressfeld auf. Sie sollten dabei nur die Felder einfügen, die Sie zur Vervollständigung der Anschrift benötigen und in die Sie beim Erstellen der Empfängerliste Daten eingegeben haben, also **Titel**, **Vorname**, **Nachname**, **Adresszeile 1** (für die Straße) etc. Sie können erst alle Felder hintereinander einfügen und sie dann durch Leerzeichen trennen bzw. indem Sie die [↵]-Taste drücken. Oder Sie machen es einzeln, indem Sie nach dem Einfügen eines Feldes jeweils die [↵]-Taste drücken, erneut auf **Seriendruckfeld einfügen** klicken und das nächste Feld wählen.

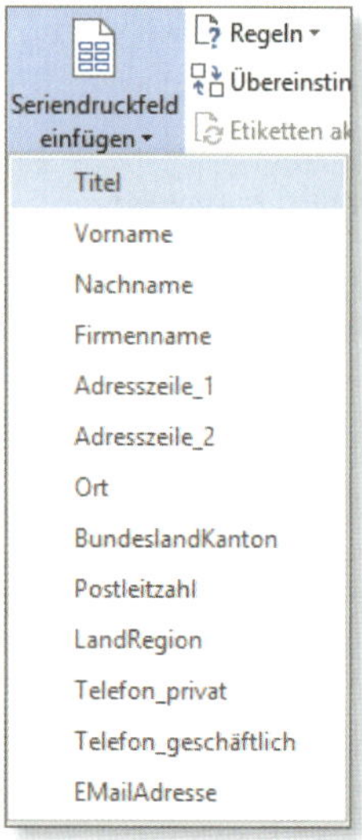

∧ *Abbildung 32.9*
Liste der Seriendruckfelder

4 Wenn Sie nicht auf den Pfeil, sondern direkt auf die Schaltfläche **Seriendruckfeld einfügen** klicken, wird der gleichnamige Dialog angezeigt. Hier können Sie mit der Schaltfläche **Einfügen** alle Felder nacheinander einfügen (und sie danach über die [↵]-Taste passend platzieren).

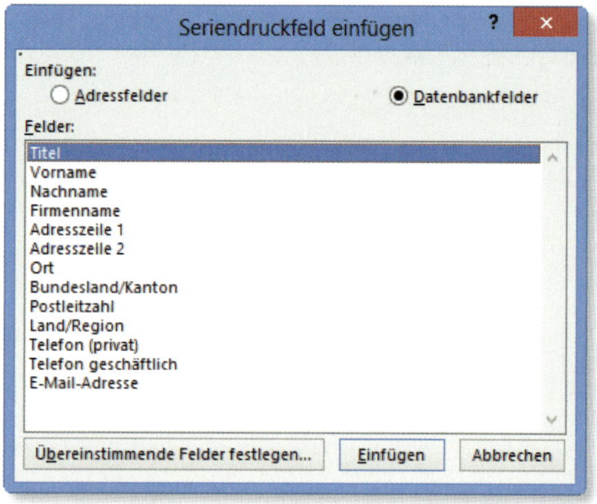

∧ *Abbildung 32.10*
Die Seriendruckfelder im Dialog

Nachdem Sie auf dem einen oder anderen Weg die erforderlichen Seriendruckfelder eingefügt haben, sieht das Adressfeld Ihres Dokuments nun aus wie in Abbildung 32.11.

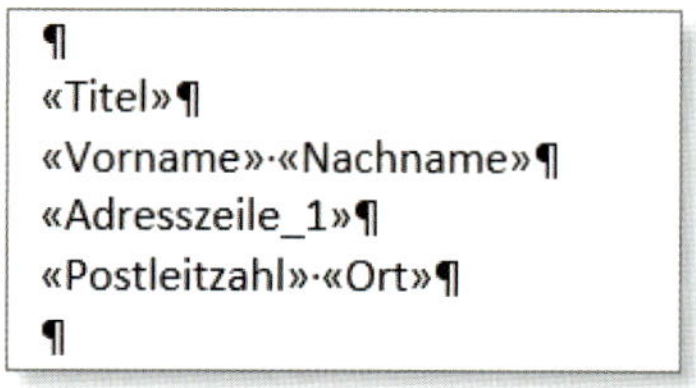

∧ *Abbildung 32.11*
Die eingefügten Seriendruckfelder

TIPP

Leere Felder werden unterdrückt

Die Seriendruckfunktion ist so weit ausgereift, dass Sie auch ein Feld einfügen können, für das es in der Datenquelle nur teilweise Einträge gibt, ohne dass Sie deshalb auf Probleme stoßen. Wenn Sie in des Feld **Firmenname** beispielsweise manchmal Daten eingetragen haben und manchmal nicht und Sie fügen dieses Seriendruckfeld unterhalb der Zeile mit <**Vorname**> und <**Nachname**> ein, wird die Zeile **<Firmenname>** in Anschriften ohne Eintrag automatisch unterdrückt.

Wenn Sie sich beim Einfügen der Seriendruckfelder vertun, können Sie sie einfach wieder löschen. Markieren Sie dazu das entsprechende Feld und drücken Sie die Entf-Taste. Sobald Sie den Cursor in ein Feld setzen, erscheint wie gewohnt die Feldschattierung; verwechseln Sie sie nicht mit einer Markierung. Vergessen Sie nicht, das Dokument nach dem Einfügen oder Entfernen von Seriendruckfeldern erneut zu speichern.

TIPP

Seriendruckfelder beliebig oft nutzen

Ein Seriendruckfeld lässt sich nicht nur einmal in das Dokument einfügen, sondern beliebig oft. Wenn also im Text selbst z. B. erneut der Wohnort des Empfängers auftauchen soll, fügen Sie genau an dieser Stelle das Seriendruckfeld **<Ort>** einfach noch einmal ein.

Bevor wir beschreiben, wie Sie weiter vorgehen, um auch eine individuelle Anrede wie z. B. »Sehr geehrter Herr Feldmann« (statt der generellen Anrede »Sehr geehrte Damen und Herren«) im Serienbrief zu verwenden, soll zunächst der erste Seriendruck abgeschlossen werden.

Vorschau auf das Ergebnis

Sie haben das Adressfeld für den Seriendruck vorbereitet und sich nun einen Vorgeschmack auf das Ergebnis verdient. Um einen ersten Eindruck zu bekommen, können Sie die Adressdaten anstelle der Seriendruckfelder einblenden lassen. Auf diese Weise prüfen Sie vor der eigentlichen Erstellung des Serienbriefes, ob das Adressfeld funktioniert und richtig aufgebaut ist.

In die Vorschau gelangen Sie, indem Sie auf die Schaltfläche **Vorschau Ergebnisse** in der gleichnamigen Gruppe klicken.

Sie sehen nun in Ihrem Dokument nicht mehr die Seriendruckfelder, sondern den Namen und die Anschrift des ersten Datensatzes. Neben der Schaltfläche **Vorschau Ergebnisse** gibt es Schaltflächen (Pfeile), mit denen Sie durch die einzelnen Datensätze wandern können.

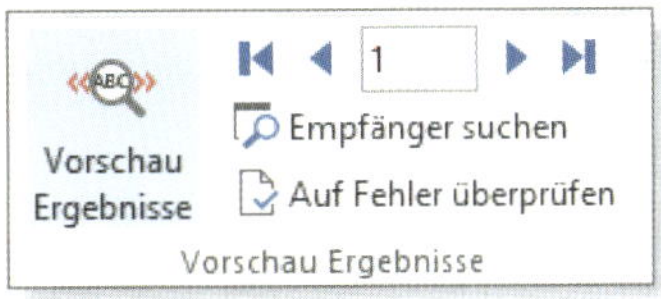

Abbildung 32.12
Die Vorschau auf Ihren Serienbrief aktivieren

Um die Vorschau wieder auszuschalten und zurück zur Ansicht mit den Seriendruckfeldern zu gelangen, klicken Sie erneut auf die Schaltfläche **Vorschau Ergebnisse**. Wenn Sie in der Vorschau einen Fehler entdeckt haben, z. B. eine fehlende Leerstelle, korrigieren Sie ihn hier im Hauptdokument und speichern dann das Dokument erneut.

32.3 Den Seriendruck ausführen

Auch wenn die Vorschau »fertige« Serienbriefe anzeigt, ist es eben doch nur eine Vorschau. Damit der Brief in Serie geht, muss die Seriendruckfunktion ausgeführt und die Verbindung des Hauptdokuments mit der Datenquelle hergestellt werden. Diese Verbindung schaffen Sie, indem Sie in der Gruppe **Fertigstellen** auf die Schaltfläche **Fertig stellen und zusammenführen** klicken.

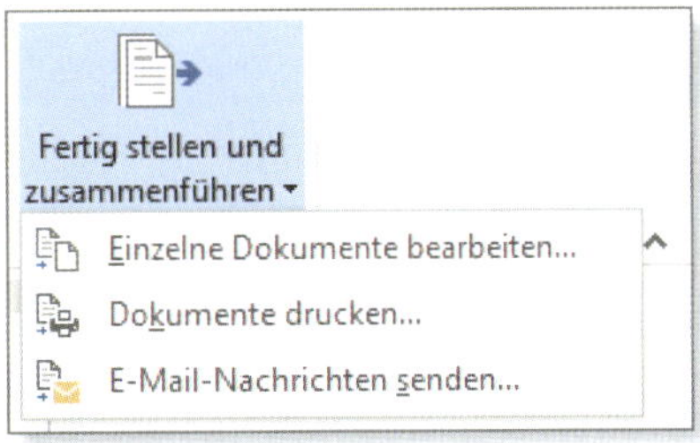

Abbildung 32.13
Den Seriendruck ausführen

Das Menü der Schaltfläche bietet drei Optionen an:

1. **Einzelne Dokumente bearbeiten:** Mit dieser Option wird jeder Brief durch Abschnitte getrennt am Bild-

schirm präsentiert. Zuvor erscheint ein kleiner Dialog, in dem Sie entscheiden können, ob Sie sich alle Briefe oder nur Briefe ab bzw. bis zu einer bestimmten Nummer anzeigen lassen möchten (die Datensätze werden intern durchgezählt).

2. **Dokumente drucken:** Wenn Sie diese Option anklicken, schicken Sie die fertigen Briefe direkt an den Drucker, wobei Sie wiederum wählen können, ob Sie alle Serienbriefe oder nur einen Teil drucken möchten.
3. **E-Mail-Nachrichten senden:** Bei dieser Option öffnet sich als Erstes ein kleiner Dialog (**Seriendruck in E-Mail**). Sie können hier einen Betreff eingeben und festlegen, ob alle oder nur bestimmte Briefe per Mail verschickt werden sollen (Letzteres legen Sie mit dem Wert im Feld **Von** und **An** fest).

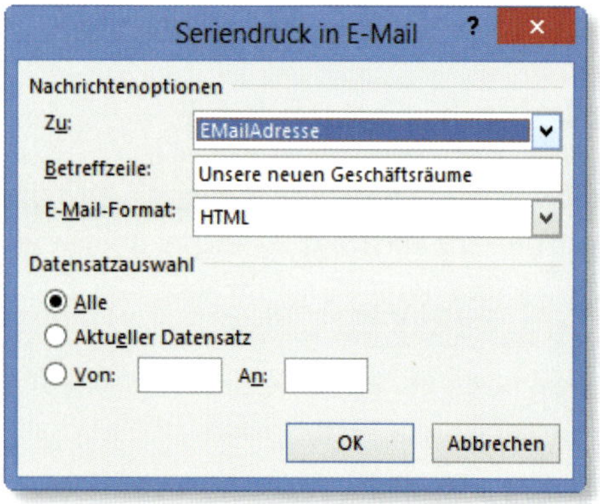

^ *Abbildung 32.14*
Die Serienbriefe als E-Mail verschicken

HINWEIS

Die fertigen Briefe nicht speichern

In der Regel sollten Sie die Datei *Serienbrief.docx* nicht speichern, denn es gibt dafür einfach keinen Grund. Da Sie das Hauptdokument und die Datenquelle gesichert haben, können Sie die Datei über das Zusammenführen jederzeit wiederherstellen. So belasten Sie Ihre Festplatte nicht mit einer riesigen Datei mit Unmengen von Datensätzen.

Logischerweise setzt der Versand als E-Mail voraus, dass E-Mail-Adressen in die Datensätze eingetragen wurden. Wenn Sie den Dialog **Seriendruck in E-Mail** mit **OK** bestätigen, werden die Briefe direkt ohne weitere Nachfrage an die Empfänger verschickt.

HINWEIS

Fehler im Hauptdokument korrigieren

Es ist natürlich nicht im Sinne des Erfinders, in den fertigen Briefen Fehler zu korrigieren, die aus dem Hauptdokument stammen (Tippfehler, Formulierungen etc.). So etwas sollten Sie ausschließlich im Hauptdokument beheben; schließlich wollen Sie nicht tausend Mal den gleichen Fehler verbessern, oder?

Einzelne Briefe korrigieren

Mit dem Befehl **Dokumente drucken** werden alle Briefe ausgedruckt (sofern Sie keine Einschränkung vorgenommen haben), ohne dass Sie vorher die Möglichkeit haben, einzelne Briefe zu korrigieren. Das wiederum geht nur, wenn Sie sich die Briefe einzeln auf dem Bildschirm anzeigen lassen (wir wählen diese Option auch, um Ihnen noch weitere Schritte zeigen zu können, sonst wären wir ja jetzt fertig).

1. Klicken Sie auf die Schaltfläche **Fertig stellen und zusammenführen**.
2. Im Menü wählen Sie den Befehl **Einzelne Dokumente bearbeiten**.
3. Im zugehörigen Dialog wählen Sie **Alle** und klicken dann auf **OK**.

Daraufhin wird automatisch eine neue Datei mit dem Namen *Serienbrief.docx* erzeugt (was Sie auch in der Titelleiste sehen können), die alle Briefe enthält. Hier können Sie Abschnitt für Abschnitt durchgehen und gegebenenfalls Angaben korrigieren. Danach können Sie die Datei wie gewohnt über **Datei** > **Drucken** ausdrucken und eintüten.

Korrekturen in der Datenquelle

Nun ist die Datei mit den fertigen Briefen eigentlich nicht der Ort für Korrekturen, da Sie auf diese Weise nur die Angaben in einem einzelnen Brief verändern und der Fehler in der Datenquelle (die Sie für andere Briefe ja erneut verwenden können bzw. möchten) bestehen bleibt. Wenn Sie beim Durchsehen einen Fehler entdecken, ist es daher viel besser, erneut die Tabelle mit den Daten zu öffnen und die Änderung oder Ergänzung hier vorzunehmen. Zur Bearbeitung der Datenquelle schließen Sie die Datei mit den Briefen, um zum Hauptdokument zurückzukehren (und beantworten Sie die Frage, ob Sie speichern wollen, mit **Nein**). Klicken Sie in der Gruppe **Seriendruck starten** auf die Schaltfläche **Empfängerliste bearbeiten**, um die Adressliste zu korrigieren.

∧ *Abbildung 32.15*
Die Datenquelle für die Bearbeitung aufrufen

Daraufhin wird der Dialog **Seriendruckempfänger** angezeigt (siehe Abbildung 32.16).

In diesem Dialog markieren Sie im Bereich **Datenquelle** unten links die mit dem Hauptdokument verknüpfte Datenquelle ❶. Dann klicken Sie auf die Schaltfläche **Bearbeiten** ❷. Dies öffnet den Dialog **Datenquelle bearbeiten**, in dem Sie nun problemlos alle Korrekturen vornehmen können. Setzen Sie den Cursor einfach in den entsprechenden Eintrag ❸. Über die Schaltfläche **Neuer Eintrag** ❹ können Sie die Datenquelle um weitere Datensätze ergänzen.

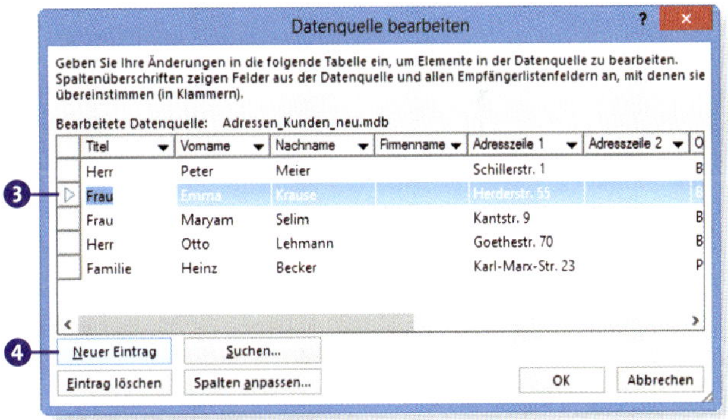

∧ *Abbildung 32.17*
Hier können Sie die Daten korrigieren.

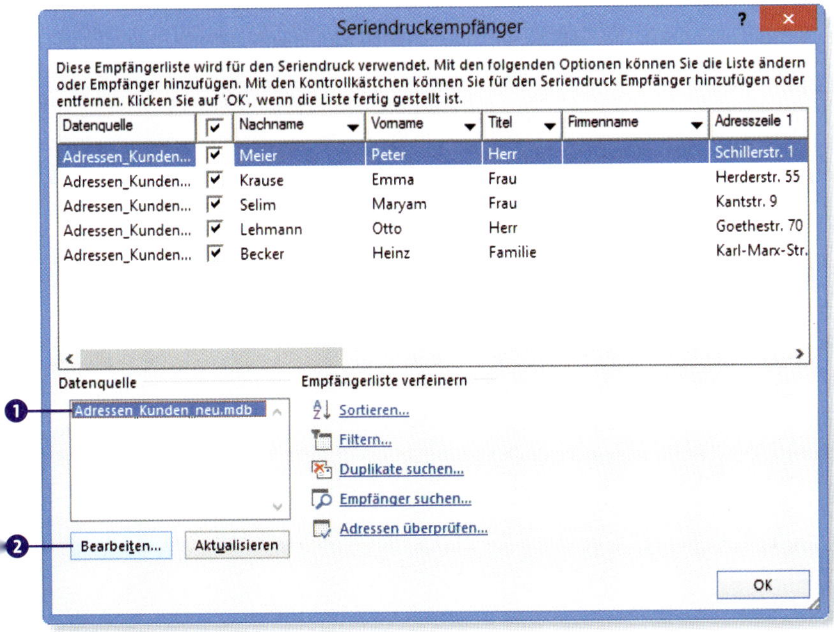

< *Abbildung 32.16*
Die Daten im Dialog »Seriendruckempfänger«

Wenn Sie zum Schluss auf **OK** klicken, werden Sie gefragt, ob Sie die Änderungen speichern möchten. (Die Bezeichnungen für die Datenquelle sind leider sehr verwirrend: Hier heißt es wieder *Empfängerliste*.) Klicken Sie auf **Ja** und bestätigen Sie dann den Dialog **Seriendruckempfänger** mit **OK**.

Diese Korrekturen und Ergänzungen werden jedoch nicht automatisch wirksam. Damit das geschieht, müssen Sie die Verbindung von Hauptdokument und Datenquelle mit einem Klick auf das Symbol **Fertig stellen und zusammenführen** noch einmal durchführen lassen.

Eigene Felder erstellen

Anstatt für die Eingabe der Daten einfach die Standardfelder in der Adressliste zu nutzen, können Sie auch eigene Felder mit passenden Namen erstellen und/oder Feldnamen aus der Liste löschen, sodass nur die Felder im Menü auftauchen, die Sie wirklich brauchen. Dieses Vorgehen empfiehlt sich vor allem, wenn auch Dritte mit Ihrer Datenquelle arbeiten. Aussagekräftige Feldnamen machen es dann leichter, die richtigen Seriendruckfelder einzufügen.

1 Wechseln Sie auf die Registerkarte **Sendungen** und klicken Sie in der Gruppe **Seriendruck starten** auf **Empfängerliste wählen > Neue Liste eingeben**.

2 Im Dialog **Neue Adressliste** klicken Sie auf die Schaltfläche **Spalten anpassen**.

3 Daraufhin wird das Dialogfenster **Adressliste anpassen** angezeigt, das die Standardfelder auflistet. Klicken Sie hier auf **Hinzufügen**.

4 In dem kleinen Dialog **Feld hinzufügen**, der sich dann öffnet, geben Sie dem Feld, das Sie neu anlegen möchten, einen Namen. Im Beispiel tragen wir hier »Anrede« ein, damit es ein Feld gibt, dessen Bezeichnung passender für die Anrede »Herr« oder »Frau« ist als **Titel** (das Feld **Titel** können Sie dann tatsächlich für eventuell vorhandene Titel wie »Dr.«, »Prof.« etc. nutzen).

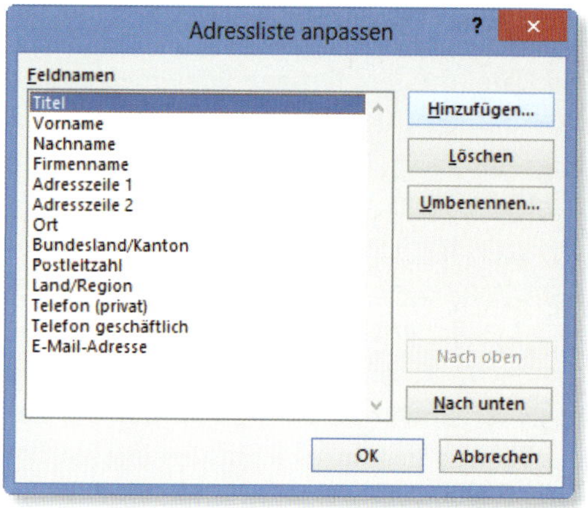

Abbildung 32.18
Hier können Sie Felder hinzufügen oder löschen.

5 Nach einem Klick auf **OK** gelangen Sie zurück in den Dialog **Adressliste anpassen**.

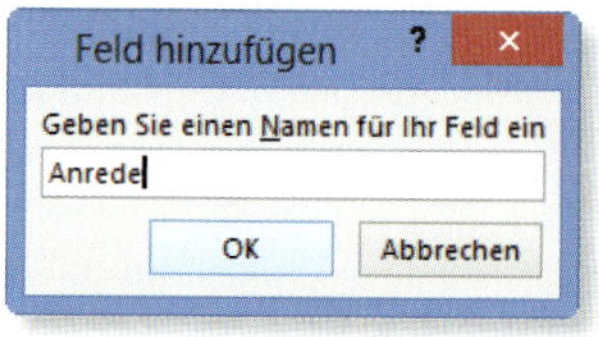

Abbildung 32.19
Das neue Feld benennen

TIPP

Feldnamen

Nutzen Sie für Feldnamen am besten einfache Bezeichnungen ohne Sonderzeichen (Zahlen sind schon erlaubt, allerdings nicht als erstes Zeichen). Sie werden an dieser Stelle zwar akzeptiert (ebenso wie Leerstellen), würden aber beim Einfügen ohnehin weggelassen (bis auf den Unterstrich).

6 Achten Sie auch auf die anderen Schaltflächen dieses Dialogfensters **Adressliste anpassen**. Mit der Schaltfläche **Löschen** können Sie vorhandene Felder aus der Liste entfernen (was den Umgang mit dem Dialog **Neue Adressliste** deutlich komfortabler macht); mit der Schaltfläche **Umbenennen** ändern Sie Feldnamen. Außerdem gibt es Schaltflächen

(**Nach oben** und **Nach unten**), um die Reihenfolge der Felder zu verschieben.

7 Bestätigen Sie alle Änderungen und Ergänzungen mit **OK**.

8 Im Dialogfenster **Neue Adressliste** sehen Sie nun das oder die neu angelegten Felder. Füllen Sie sie wie zuvor beschrieben aus und klicken Sie abschließend auf **OK**.

HINWEIS

Leerstellen vermeiden

Wenn Sie das Feld **Titel** für offizielle Titel nutzen und das Feld **Anrede** für »Frau« bzw. »Herr«, kann es passieren, dass Sie bei einem nicht ausgefüllten Feld **Titel** eine unschöne Leerstelle in der Adresszeile erhalten. Im Abschnitt »Eine Grußzeile mit Titel einfügen« auf Seite 673 erfahren Sie, wie Sie dieses Problem umgehen können.

Felder in der Datenquelle

Auch wenn wir für das bisherige Beispiel lediglich Felder für die Anschrift gebraucht haben, sollten Sie sich klarmachen, dass die Datenquelle der Ort ist, an dem Sie alle möglichen variablen Daten aufnehmen können, auch solche, die Sie nicht für die Anschrift benötigen. Sie könnten beispielsweise ein Feld **Geb-Dat** hinzufügen, in das Sie das Geburtsdatum des Empfängers eintragen, oder zusätzlich ein Feld **Beruf**, in das Sie die Position/den Beruf Ihres Kontakts eingeben. Falls Sie sich fragen, warum Sie sich diese Mühe machen sollten: wegen der Selektionsmöglichkeiten, die Ihnen die Seriendruckfunktion bietet. Je mehr Angaben ein Datensatz enthält, desto differenzierter können Sie Briefe filtern (z. B. nach dem Alter der Empfänger) und, wie Sie noch sehen werden, mit zusätzlichen Bedingungen verknüpfen.

Die Aufsplittung der Informationen in viele Felder hat einen weiteren Grund. Stellen Sie sich vor, Sie benutzen das Feld **Ort** nicht nur in der Anschrift, sondern auch irgendwo im Brieftext: Dort soll dann beispielsweise stehen: »... für Sie in **<Ort>** haben wir ...«, aber nicht »... für Sie in **<PLZ Ort>** haben wir ...«.

INFO

Seitenzahlen im Serienbrief

Ein Serienbrief mit mehreren Seiten und Seitenzahlen ist in der jetzigen Word-Version kein Problem mehr. Jeder neue Brief fängt automatisch wieder mit Seite 1 an.

Das Hauptdokument speichern und öffnen

Sie speichern und schließen ein Hauptdokument wie andere Dateien auch. Wenn Sie es wieder öffnen möchten, um auf seiner Basis einen neuen Serienbrief zu erstellen, klicken Sie wie üblich auf **Öffnen** und wählen die entsprechende Datei im Ordner aus. Sobald Sie im Dialogfenster auf **Öffnen** geklickt haben, erscheint ein weiterer Dialog, in dem Sie gefragt werden, ob der Befehl **SELECT * FROM "Name der verbundenen Datenquelle"** ausgeführt werden soll. Wenn Sie hier auf **Ja** klicken, wird das Hauptdokument mit der zugehörigen Datenquelle geöffnet (sodass Sie die Daten aus der Datenquelle nicht neu importieren müssen). Ein Klick auf **Nein** bewirkt, dass das Dokument als »normale« Datei angezeigt wird, also ohne verknüpfte Datenquelle (aber mit den eingefügten Seriendruckfeldern).

Dass das Hauptdokument dann nicht mit der Datenquelle verbunden ist, erkennen Sie auf den ersten Blick daran, dass die meisten Befehle auf der Registerkarte **Sendungen** blass dargestellt werden, also nicht aktiv sind und daher nicht angeklickt werden können. Damit Sie das Dokument für einen Serienbrief einsetzen können, muss es mit einer Datenquelle verbunden werden (wie Sie auf vorhandene Datenquellen zugreifen, beschreiben wir in Abschnitt 32.6, »Vorhandene Datenquellen nutzen«).

Auch das Menü der Schaltfläche **Seriendruck starten** lässt erkennen, ob es sich bei einem Dokument um ein

Hauptdokument mit verbundener Datenquelle oder um ein »normales« Dokument handelt. Bei einem nicht verbundenen Dokument ist die Option **Normales Word-Dokument** markiert.

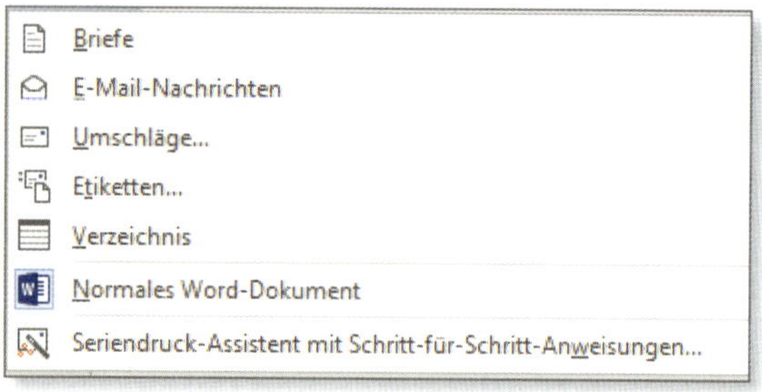

Abbildung 32.20
Im Menü sehen Sie, dass es sich um ein nicht verbundenes Hauptdokument handelt.

Diese Option nutzen Sie auch, wenn Sie ein geöffnetes Hauptdokument von der verbundenen Datenquelle lösen möchten. Wenn Sie auf diesen Eintrag klicken, wird aus einem Hauptdokument wieder ein ganz normales »allein stehendes« Dokument.

32.4 Daten des Serienbriefs filtern und sortieren

Es kommt in der Praxis häufig vor, dass ein Serienbrief, der mit einer bestimmten Datenquelle verbunden ist, nicht an alle darin enthaltenen Empfänger verschickt werden soll. Beispielsweise ist die Ankündigung einer neuen Filiale in einer bestimmten Stadt nur für die Kunden interessant, die in dieser Stadt wohnen, folglich soll das Schreiben auch nur an diese Empfänger verschickt werden. Mit einem entsprechenden Filter lässt sich eine solche Auswahl sehr leicht regeln.

Für dieses Szenario müssen Sie sich klarmachen, dass Datenquellen in der Regel nicht nur für einen einzigen Brief erstellt werden, sondern dass sie als Datenbank (mit allen Kundennamen und -adressen etc.) zur Verfügung stehen, die für alle möglichen Schreiben verwendet wird.

Einfache Selektion nach Name oder Ort

Es gibt einen sehr einfachen Weg, um bestimmte Datensätze beim Zusammenführen nicht zu berücksichtigen (und sie folglich auch nicht auszudrucken). Dazu öffnen Sie mit einem Klick auf die Schaltfläche **Empfängerliste bearbeiten** den Dialog **Seriendruckempfänger**, den Sie ja bereits aus dem Abschnitt »Korrekturen in der Datenquelle« auf Seite 663 kennen. Links neben dem Feld **Nachname** sehen Sie kleine Kontrollkästchen. Wenn Sie eines dieser Kästchen deaktivieren, wird der entsprechende Datensatz ausgeblendet und taucht in den fertigen Briefen nicht auf.

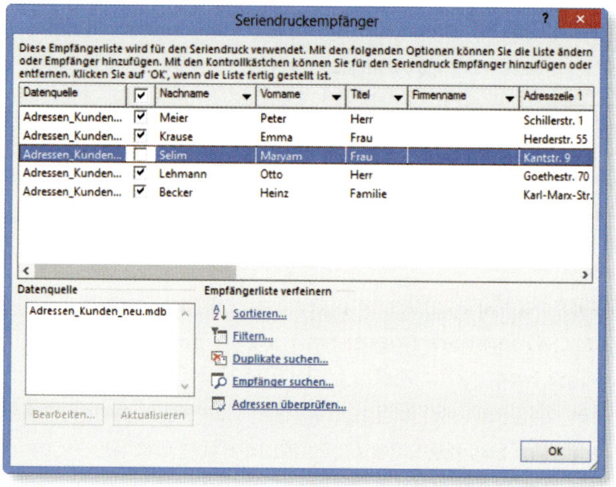

Abbildung 32.21
Datensätze mit einem Klick ausblenden und auf diese Weise selektieren

Diese Art der Selektion ist wunderbar einfach, aber im Ernstfall realitätsfern (es sei denn, Sie möchten die Briefe tatsächlich Datensatz für Datensatz prüfen und filtern). Zum Glück ist es fast genauso unkompliziert, nur Empfänger anzuschreiben, die an einem bestimmten Ort wohnen. Rechts neben den Feldnamen sehen Sie Pfeile. Wenn Sie auf einen der Pfeile klicken, z. B. am Feld **Ort**, taucht eine Liste mit allen Werten auf, die das Feld **Ort** in Ihrer Datenquelle hat.

Um die Briefe nur an einen bestimmten Ort zu versenden, markieren Sie in der Liste des Feldes **Ort** den entsprechenden Eintrag, z. B. **Frankfurt**. Unmittelbar danach werden im Dialog nur noch die Datensätze mit dem ausgewählten Ort angezeigt. Mit einem Klick auf **OK** bestätigen Sie die Einstellung.

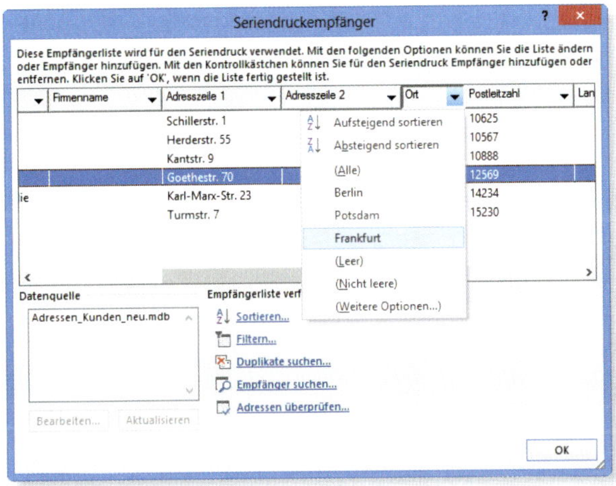

Abbildung 32.22
Die Datensätze nach dem Ort »Frankfurt« filtern

Dass nun alle anderen Datensätze ausgeblendet werden, können Sie überprüfen, wenn Sie sich gleich im Anschluss die Vorschau auf die Briefe anzeigen lassen. Wie Sie sehen, tauchen hier nur noch Anschriften mit dem ausgewählten Ort auf. Um wieder alle Datensätze einzublenden, klicken Sie auf die Schaltfläche **Empfängerliste bearbeiten** und öffnen so erneut den Dialog **Seriendruckempfänger**. Klicken Sie in der Liste des Feldes **Ort** auf den Eintrag **(Alle)**.

Datensätze nach mehreren Kriterien filtern

Wie Sie eben gesehen haben, ist es schnell gemacht, die Datensätze für den Seriendruck einzuschränken. Allerdings bleibt die Auswahl mit den bisher beschriebenen Methoden ziemlich eindimensional, weil Sie keine Filterkriterien kombinieren können.

Sehr viel differenziertere Möglichkeiten bietet da der Dialog **Filtern und sortieren**. Um ihn zu öffnen, rufen Sie das Dialogfenster **Seriendruckempfänger** auf und klicken hier auf **Filtern**. Im Dialog **Filtern und sortieren** lassen sich nun mehrere Kriterien gleichzeitig einstellen und unterschiedliche Vergleichsoperatoren festlegen.

Um den Umgang mit diesem Dialog vorzuführen, filtern wir die Datensätze nach einem Ort, allerdings in Verbindung mit einem zweiten Kriterium: Nur die weiblichen Empfänger sollen den Serienbrief erhalten (siehe Abbildung 32.23).

1. Klicken Sie auf den Pfeil am Feld **Feld** ❶ und wählen Sie hier den Feldnamen **Ort**.
2. Klicken Sie auf den Pfeil am Feld **Vergleich** ❷ und stellen Sie hier als Vergleichsoperator **Gleich** ein, um die Bedingung festzulegen.

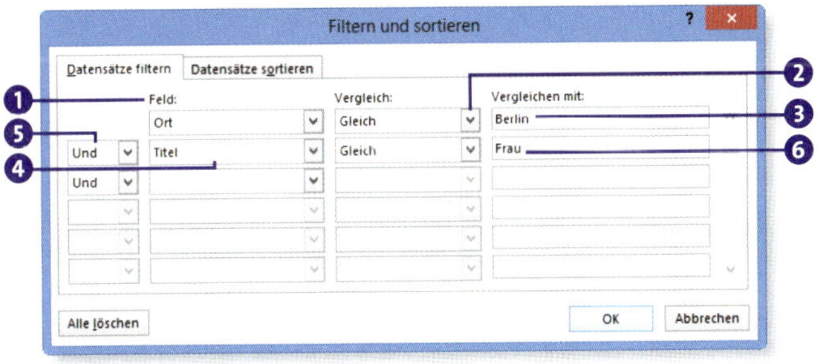

Abbildung 32.23
Die Einstellung, um nach Ort und Anrede zu filtern

3. Im Feld **Vergleichen mit** ❸ tragen Sie den Ort ein, der als Filter dienen soll.
4. Klappen Sie dann die Liste des Feldes in der zweiten Zeile auf und markieren Sie hier **Anrede** ❹ (bzw. das Feld, das die Anrede »Herr« oder »Frau« aufgenommen hat; in unserem ursprünglichen Beispiel war dies **Titel**).
5. In der ersten Spalte ganz links im Dialog ❺ stellen Sie als Bedingung **Und** ein. Damit sorgen Sie dafür, dass als erstes Kriterium der Ort und zusätzlich die Anrede berücksichtigt werden.
6. Im Feld **Vergleichen mit** geben Sie für die zweite Zeile **Frau** ❻ an. Dieser Filter wird sich so auswirken, dass der Serienbrief (im Beispiel) an alle weiblichen Empfänger in Hamburg adressiert wird.

7 Bestätigen Sie die Einstellungen mit **OK** und testen Sie die Filtereinstellung in der Vorschau. Sie sollten jetzt nur noch die Briefe sehen, die an eine Frau gerichtet sind, die in Hamburg wohnt.

> **HINWEIS**
>
> **Die Bedingungen »Und« oder »Oder«**
>
> Wenn Sie als zweite Bedingung **Oder** wählen, tauchen alle Anschriften mit dem Ort »Hamburg« und – unabhängig davon – auch alle Anschriften mit der Anrede »Frau« in den Serienbriefen auf.

Um diese Einschränkung wieder aufzuheben, rufen Sie den eben verwendeten Dialog **Filtern und sortieren** erneut auf und klicken auf die Schaltfläche **Alle löschen**. Vergessen Sie diese Aktion nicht – es kann sehr ärgerlich sein, wenn Sie eigentlich alle Serienbriefe ausdrucken möchten und dann verwundert feststellen, dass Sie nur einen Teil in den Händen halten. (Noch schlimmer wäre, wenn Sie es bei riesigen Datenbanken nicht einmal merken würden.) Unter Umständen folgt dann eine langwierige Fehlersuche, weil Sie nicht an den Filter denken.

Weitere Filterbeispiele

Ohne die Schritte im Einzelnen zu nennen, stellen wir ein paar weitere nützliche Filtereinstellungen vor. Die jeweiligen Einstellungen entnehmen Sie dann bitte den entsprechenden Abbildungen.

Stellen Sie sich vor, Sie möchten nur Briefe für eine bestimmte Region in Deutschland verschicken, z. B. nach Norddeutschland oder in den Berliner Raum. Dies lässt sich am besten mithilfe der Postleitzahlen realisieren, deren Ziffern die Region kennzeichnen (die erste Ziffer steht für die sogenannte *Postleitzone*, die zweite für die *Leitzone* etc.).

Die Postleitzahlen des norddeutschen Raums liegen beispielsweise zwischen 20000 und 30000. Um die Anschriften entsprechend zu filtern, nutzen Sie die Vergleiche **Größer oder gleich** und **Kleiner oder gleich**. Im Feld **Vergleichen mit** geben Sie dann neben dem Vergleich **Größer oder gleich** den Wert »20000« ein und neben dem Vergleich **Kleiner oder gleich** den Wert »30000« (siehe Abbildung 32.24).

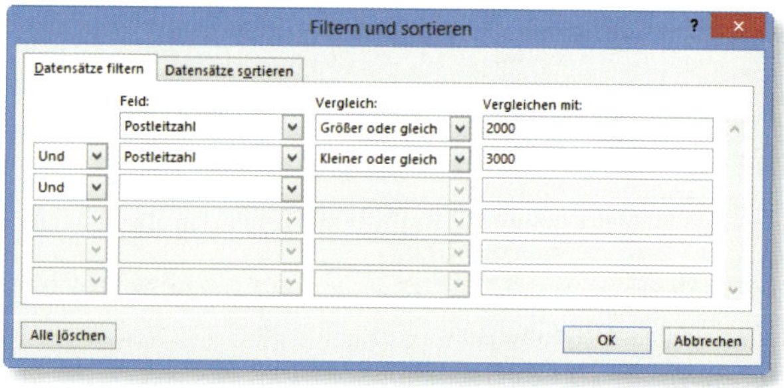

^ ***Abbildung 32.24***
Datensätze nach einem Postleitzahlenbereich filtern

Um die Serienbriefe nach zwei Orten zu filtern, verknüpfen Sie die Auswahl mit **Oder**. Damit legen Sie fest, dass sowohl der in der ersten Zeile angegebene Ort als auch der Ort der zweiten Zeile den Filter passiert (siehe dazu Abbildung 32.25).

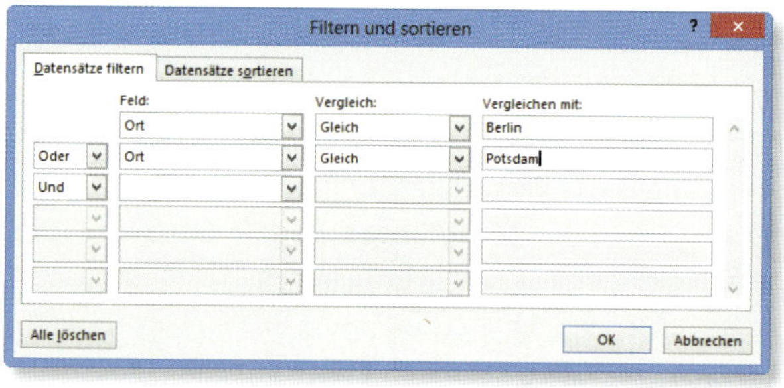

^ ***Abbildung 32.25***
Die Datensätze nach zwei Orten filtern

Um auf die Schnelle zu überprüfen, ob in einem Datensatz ein Eintrag fehlt, z. B. der Vorname, ist der Vergleich **Ist leer** ein gutes Instrument. Dazu wählen Sie im Feld **Feld** die Option **Vorname** aus und im Feld **Vergleich** den Eintrag **Ist leer**.

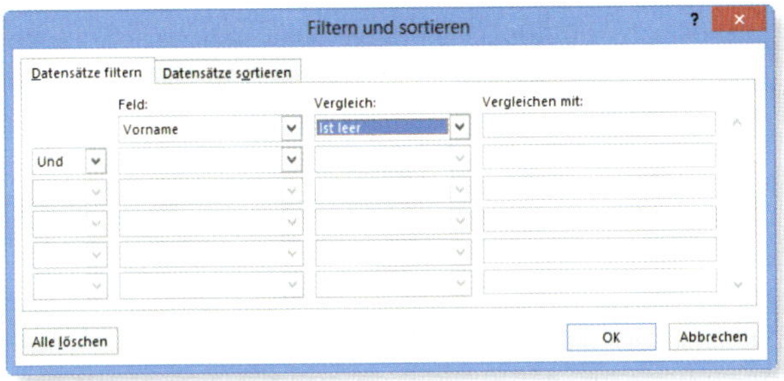

Abbildung 32.26
So können Sie überprüfen, ob es Datensätze ohne Vornamen gibt.

Mit dieser Einstellung werden (wie im Dialogfenster **Seriendruckempfänger** zu sehen) alle Datensätze ausgeblendet, auf die die Bedingung, dass das Feld **Vorname** leer ist, nicht zutrifft; übrig bleiben also die Datensätze, in denen der Vorname fehlt.

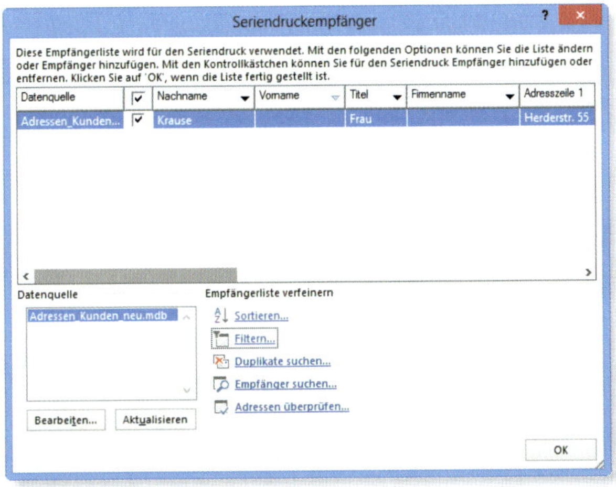

Abbildung 32.27
Das Ergebnis der Filtereinstellung

Briefe sortieren

Um die Datensätze zu sortieren, wechseln Sie im Dialog **Filtern und sortieren** auf die Registerkarte **Datensätze sortieren**. Hier stehen drei Sortierfelder zur Verfügung, für die Sie jeweils eine auf- oder absteigende Sortierung einstellen können. Sie können die Registerkarte **Datensätze sortieren** auch direkt aufrufen, indem Sie im Dialogfenster **Seriendruckempfänger** auf **Sortieren** klicken.

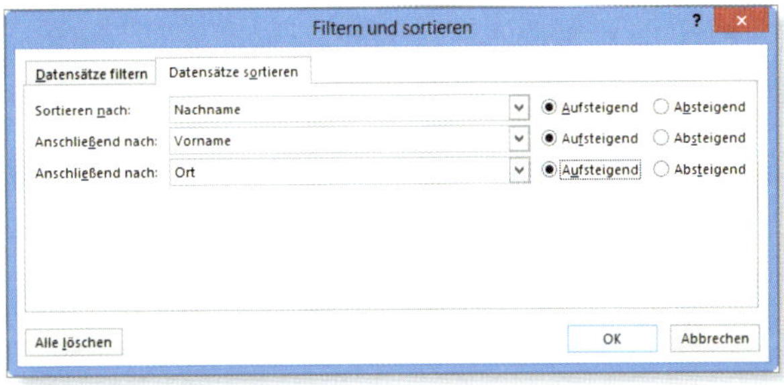

Abbildung 32.28
Datensätze sortieren

Eine Sortierung kann nützlich sein, wenn Sie beispielsweise Urkunden oder ähnliche Zertifikate ausdrucken möchten, denn dann kommen sie z. B. nach Nachnamen geordnet aus dem Drucker.

32.5 Felder für ausgefeilte Serienbriefe

Der Serienbrief, den wir in Abschnitt 32.2, »Die Seriendruckfunktion nutzen«, schrittweise erstellt haben, war ein einfacher Fall mit Standardadressen und vor allem ohne individuelle Anrede. Aber Sie wissen, dass eine individuelle Anrede jeden Brief sehr viel persönlicher macht. Daher sollte man auch in einem Serienbrief nicht darauf verzichten.

Eine Grußzeile einfügen

Wenn Sie einige Einschränkungen in Kauf nehmen, können Sie mit einer sehr einfachen Methode eine individuelle Anrede in Ihren Brief integrieren.

1. Setzen Sie den Cursor im Hauptdokument an die Stelle, an der die Anrede erscheinen soll, und klicken Sie auf der Registerkarte **Sendungen** in der Gruppe **Felder schreiben und einfügen** auf die Schaltfläche **Grußzeile**.

2 Im Dialog **Grußzeile einfügen**, der daraufhin angezeigt wird, stellen Sie im Bereich **Format für Grußzeile** den Text für die Grußzeile zusammen, klassisch also **Sehr geehrte(r)** ❶, den Nachnamen mit Anrede ❷ (**Herr Fürbas**) und ein Komma, wie es die Standardeinträge in den Feldern vorschlagen. (Die Klammer um das »r« taucht in der Anrede in den Briefen übrigens nicht auf, was Sie prüfen können, wenn Sie mithilfe der Pfeile ❸ durch die Vorschau wandern.)

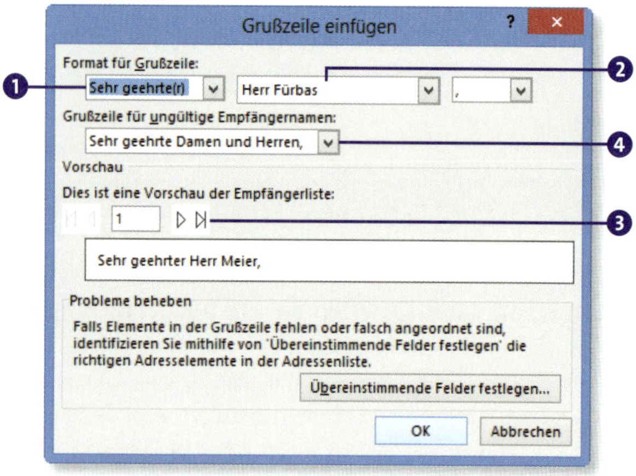

Abbildung 32.29
Der Dialog zum Zusammenstellen einer Grußzeile

3 Sollten in einem Datensatz keine Einträge für die Namen identifiziert werden können, kann eine allgemeine Anrede eingefügt werden. Belassen Sie es dafür im Feld **Grußzeile für ungültige Empfängernamen** ❹ bei dem vorgeschlagenen Text.

4 Bestätigen Sie die Einstellungen im Dialog mit **OK**.

Im Brief sehen Sie jetzt das Seriendruckfeld **<Anrede>**. In der Vorschau werden die konkreten Anredetexte eingeblendet.

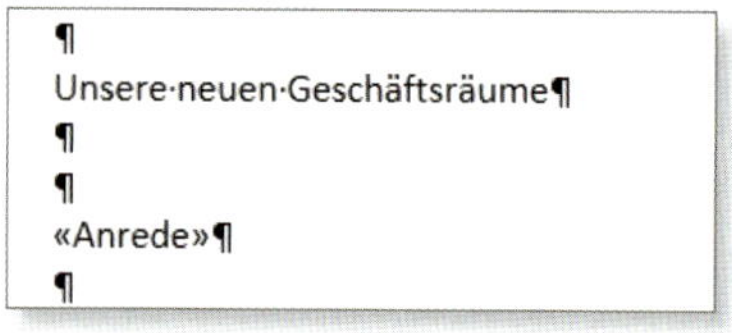

Abbildung 32.30
Das Seriendruckfeld <Anrede> für eine individuelle Grußzeile im Dokument

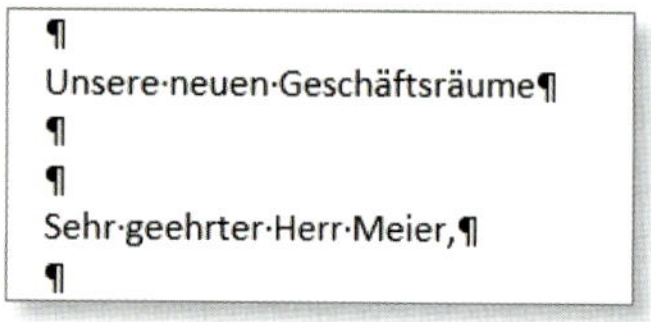

Abbildung 32.31
Das Feldergebnis

Die Felder für die Grußzeile anpassen

Word erkennt die zu verwendende Anrede anhand von Feldinhalten. Damit korrekt zwischen »Männlein« und »Weiblein« unterschieden werden kann, müssen Sie Word mitteilen, anhand welches Feldes das Geschlecht des Empfängers auszumachen ist. Im vorigen Beispiel funktioniert die Grußzeile, weil die Information »Herr« oder »Frau« im Feld **Titel** enthalten ist. Wenn Sie das Feld **Titel** hingegen für Titelangaben wie »Dr.« oder »Prof.« nutzen, müssen Sie die nachfolgend beschriebene Anpassung vornehmen.

1 Klicken Sie im Dialog **Grußzeile einfügen** auf die Schaltfläche **Übereinstimmende Felder festlegen**.

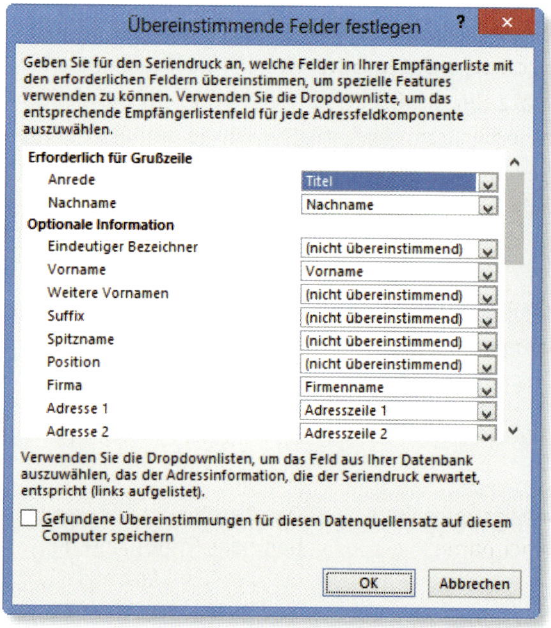

Abbildung 32.32
Hier können Sie Felder zuordnen.

2 Im Dialogfenster **Übereinstimmende Felder festlegen**, das sich daraufhin öffnet, wählen Sie in der Zeile **Anrede** das Feld aus, in dem Sie »Herr« oder »Frau« eingegeben haben. (Im Beispiel stimmt das Feld **Titel**, da wir kein gesondertes Feld für die Anrede angelegt, sondern einfach das vorhandene Feld **Titel** verwendet haben. Wie Sie ein eigenes Feld **Anrede** erstellen können, erfahren Sie im Abschnitt »Eigene Felder erstellen« auf Seite 664.) In der Zeile **Nachname** bestimmen Sie logischerweise das Feld, in dem der Nachname steht.

Die Felder, die im Bereich **Erforderlich für Grußzeile** aufgelistet werden, variieren je nachdem, welches Format (**Format für Grußzeile**) Sie für die Grußzeile ausgewählt haben.

Ausgaben der Grußzeile

Die vorgefertigte Grußzeile bietet zwar nur einen Standardtext, ist aber ansonsten erstaunlich leistungsfähig im Umgang mit den vorhandenen Daten der Datenquelle. Um diese Leistungsfähigkeit zu demonstrieren, haben wir in Tabelle 32.1 beispielhaft einige Ausgaben/Ergebnisse der Grußzeile in Abhängigkeit von den Daten aufgeführt. Eine Tabelle, die alle Formate der Grußzeile und alle möglichen Datenvorkommen vollständig auflistet, würde den Platz dieses Buches überstrapazieren. Betrachten Sie die folgende Tabelle daher lediglich als Hinweis auf die Funktionsweise der Grußzeile.

Ausgegebener Text	Bedingung/Wann
Sehr geehrter Herr [Nachname]	Das Geschlecht wird anhand des Feldes **Anrede** als männlich identifiziert, und das Feld **Nachname** ist ausgefüllt.
Sehr geehrte Frau [Nachname]	Das Geschlecht wird anhand des Feldes **Anrede** als weiblich identifiziert, und das Feld **Nachname** ist ausgefüllt.
Sehr geehrte(r) [Vorname Nachname]	Das Geschlecht kann anhand des Feldes **Anrede** nicht identifiziert werden, die Felder **Vorname** und **Nachname** sind aber ausgefüllt.
Sehr geehrte Damen und Herren	Das Geschlecht kann nicht identifiziert werden, und die Namensfelder wurden nicht ausgefüllt oder zugeordnet.

^ *Tabelle 32.1*
Beispiele für die Ausgabe der Grußzeile in Abhängigkeit von den vorhandenen Daten und Einstellungen

Bedingungsfelder: das »Wenn-Dann-Sonst«-Feld nutzen

Nach dieser schnellen Methode möchten wir Sie mit Feldern bekannt machen, über die Sie u. a. andere Anredetexte festlegen können. Dazu kommen sogenannte *Bedingungsfelder* ins Spiel, im konkreten Fall das Bedingungsfeld »Wenn-Dann-Sonst«.

INFO

Bedingungsfelder

Ganz allgemein gesagt, können Sie mit Bedingungsfeldern festlegen, dass bestimmte Dinge geschehen, wenn eine formulierte Bedingung erfüllt wird. Dabei kann es sich beispielsweise darum handeln, dass in bestimmten Briefen zusätzlicher Text aufgenommen wird, oder darum, Änderungen zu automatisieren. Wir werden nach diesem Abschnitt an einigen Beispielen demonstrieren, für welche Zwecke man Bedingungsfelder einsetzen kann. Sie werden sehen, dass sie ein tolles Instrument sind, Serienbriefe so aufzubauen, dass sie für weit mehr als das klassische Anschreiben mit Adresse und Anrede zu gebrauchen sind.

Um keine Missverständnisse aufkommen zu lassen: Die von Word angebotene Grußzeile ist sehr nützlich und leistungsstark. Sie müssten sehr viele Bedingungsfelder formulieren, um die volle Funktionalität der fertigen Grußzeile nachzuahmen, die, wie in der Tabelle kurz gezeigt, mit vielen wahrscheinlichen Fällen ganz passabel umgehen kann. Daher können wir Ihnen guten Gewissens empfehlen, im Regelfall auf die Grußzeile zu vertrauen. Es gibt allerdings zwei Schwachpunkte: Sie müssen mit dem vorgegebenen Text (»Sehr geehrte(r) ...«) zufrieden sein, und die Grußzeile bietet keine vernünftige Regelung für den Fall eines Titels vor dem Nachnamen.

Daher zeigen wir Ihnen in diesem Abschnitt, wie Sie mithilfe des Bedingungsfeldes **WENN** eine eigene, individuelle Grußzeile zusammenstellen. Am besten klappt dieses Vorhaben, wenn Sie Ihre Adressdaten gut gepflegt haben und die Felder für die Anrede, den Nachnamen und den Titel überall sorgfältig ausgefüllt sind.

Um den Dialog aufzurufen, klicken Sie auf der Registerkarte **Sendungen** in der Gruppe **Felder schreiben und einfügen** auf die Schaltfläche **Regeln**. Wählen Sie die Option **Wenn... Dann... Sonst...** im Auswahlmenü.

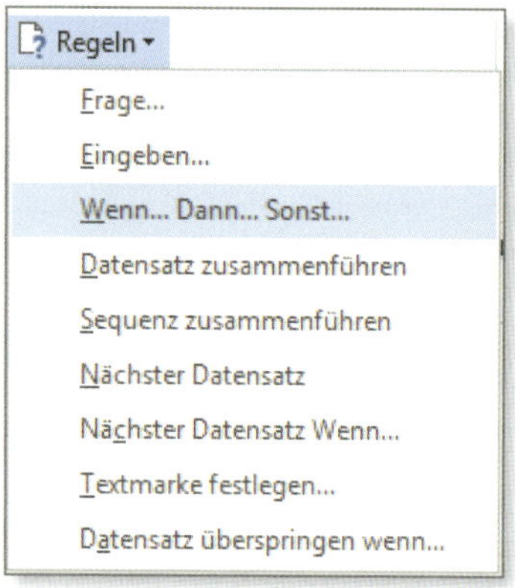

Abbildung 32.33
Den Dialog zum Eingeben einer »Wenn-Dann-Sonst«-Bedingung aufrufen

1 Daraufhin wird der Dialog **Bedingungsfeld einfügen: WENN** angezeigt, der im oberen Bereich identisch mit dem Dialog **Filtern und sortieren** ist. Geben Sie in die passenden Felder die Bedingung **Titel – Gleich – Frau** ein (sollten Sie die Anrede in ein anders benanntes Feld eingegeben haben, verwenden Sie natürlich dieses Feld und nicht **Titel**).

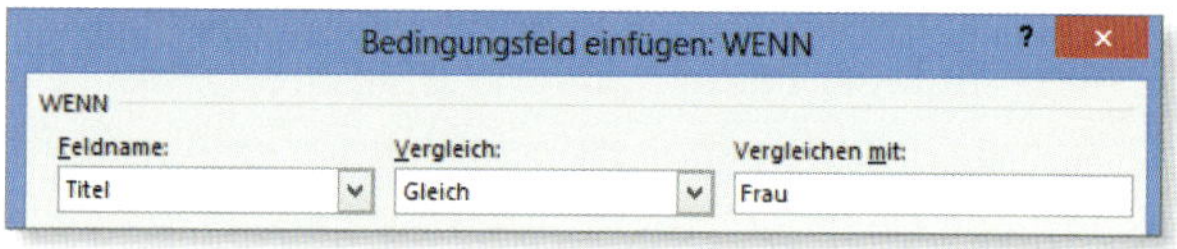

Abbildung 32.34
Die Bedingung »Anrede gleich Frau«

2 Im Bereich **Dann diesen Text einfügen** tragen Sie den Text ein, der als Anrede erscheinen soll, wenn die zuvor formulierte Bedingung in den Datensätzen erfüllt wird, also z. B. »Liebe Frau«.

3 Im unteren Bereich geben Sie den Text ein, der erscheinen soll, wenn die Bedingung nicht erfüllt wird, also etwa »Lieber Herr«.

4 Nach der Bestätigung des Dialogs mit **OK** wird der Text für die festgelegte Bedingung im Brief angezeigt.

5 Wenn Sie über die Schaltfläche **Vorschau Ergebnisse** die Vorschau einblenden und durch die Datensätze wandern, werden Sie sehen, dass sich der Text ändert.

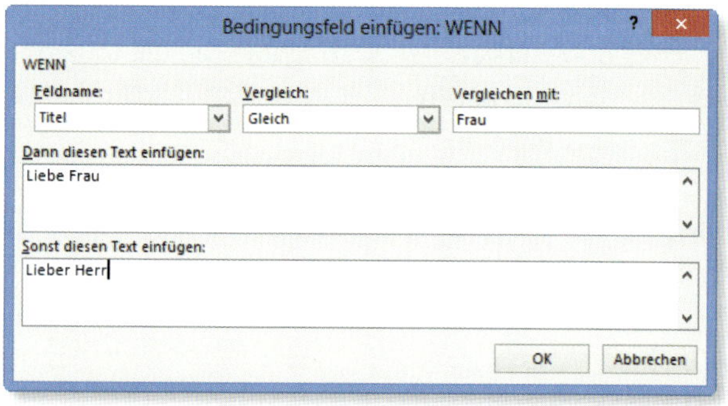

Abbildung 32.35
Die Einstellung für individuelle Anreden nach Geschlecht

6 Die Zeile ist ohne den Namen des Briefempfängers natürlich noch nicht fertig, aber sie lässt sich leicht ergänzen. Fügen Sie einfach das Seriendruckfeld **Nachname** aus der Liste der Schaltfläche **Serien-**

druckfeld in die Zeile ein und setzen Sie nach diesem Feld ein Komma.

7 Testen Sie das Ergebnis danach erneut in der Vorschau.

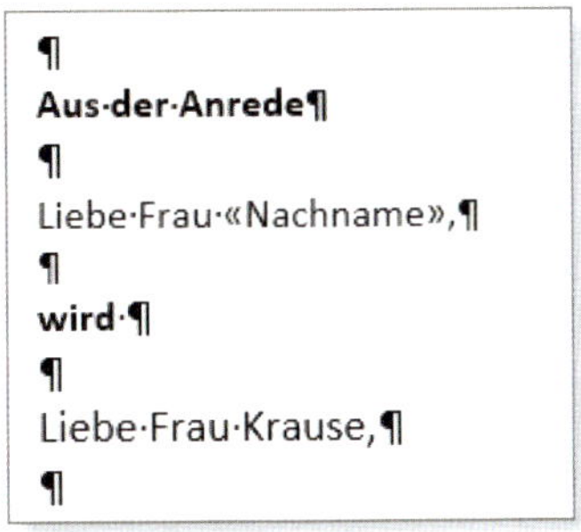

Abbildung 32.36
Die individuelle Anrede im Brief

Eine Grußzeile mit Titel einfügen

Um Briefe mit formvollendeten Anreden zu beginnen, sollte nicht nur der Name erscheinen, sondern gegebenenfalls auch der dazugehörige Titel (z. B. »Dr.«).

Diese »echten« Titel sollten in der Datenquelle in ein separates Feld eingegeben werden. Da wir das Feld **Titel** bisher für die Anrede genutzt haben, passen wir das Beispiel zunächst ein wenig an und erstellen ein neues Feld. Wenn Sie diese Anpassung mitspielen möchten, machen Sie Folgendes: Klicken Sie auf der Registerkarte **Sendungen** in der Gruppe **Seriendruck starten** auf die Schaltfläche **Empfängerliste bearbeiten**, markieren Sie die Datenquelle und klicken Sie auf **Bearbeiten**. Im Dialog **Datenquelle bearbeiten** klicken Sie auf **Spalten anpassen** ❶. Den Dialog, in dem Sie gefragt werden, ob Sie die Änderungen an der Datenquelle speichern möchten, bestätigen sie mit **Ja**. Im nächsten Dialog (**Adressliste anpassen**) fügen Sie, wie bereits beschrieben, ein Feld hinzu. Dieses Feld, im Beispiel nennen wir es **Titel1**, taucht dann im Dialog **Datenquelle bearbeiten** auf ❷, und Sie können hier die notwendigen Einträge eingeben, also bestimmte Namen z. B. um den Titel »Dr.« ❸ ergänzen.

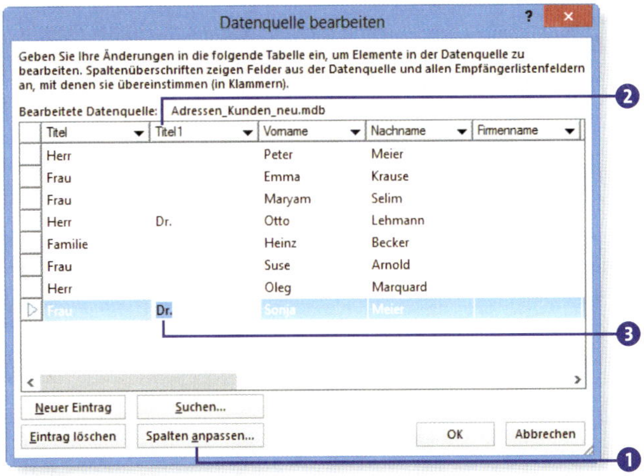

Abbildung 32.37
Hier füllen Sie das neue Feld mit Einträgen.

Nach dieser Anpassung fügen Sie vor das Seriendruckfeld **Nachname** das Feld **Titel1** ein.

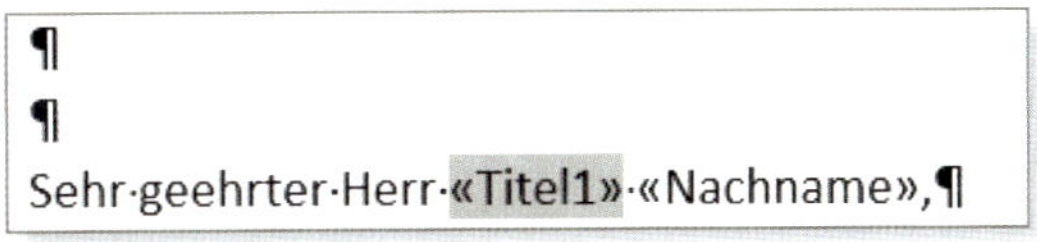

Abbildung 32.38
Die Grußzeile mit dem Seriendruckfeld <Titel1>

Der Titel »Dr.« erscheint dann in Ihrem Serienbrief korrekt vor dem Namen.

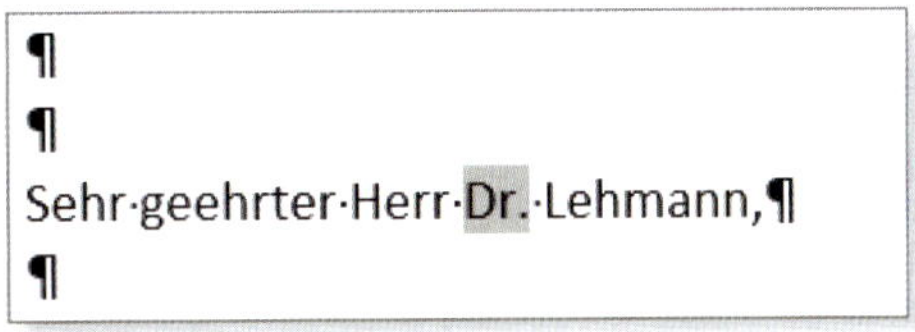

Abbildung 32.39
Das Feldergebnis

Die Sache hat allerdings einen Haken: Wenn das Feld **Titel1** in den Datensätzen leer ist, bleibt in der Anrede eine unschöne Lücke ❹ (in Abbildung 32.40) stehen (zwei Leerzeichen, weil dazwischen nichts eingefügt wurde).

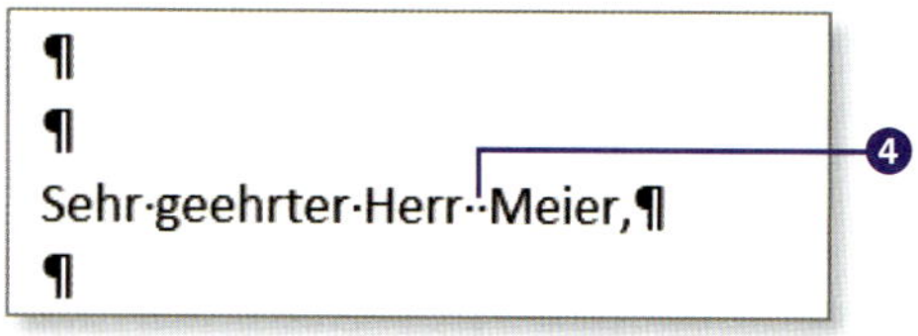

∧ *Abbildung 32.40*
Herr Meier mit zwei Leerstellen

Sie könnten diesen kleinen Schönheitsfehler einfach ignorieren, aber eleganter ist es natürlich, die Leerstellen über eine Bedingung zu unterdrücken.

1. Löschen Sie dazu die Leerstelle hinter dem Feld **Titel1** und lassen Sie den Cursor zwischen den Feldern **Titel1** und **Nachname** stehen.

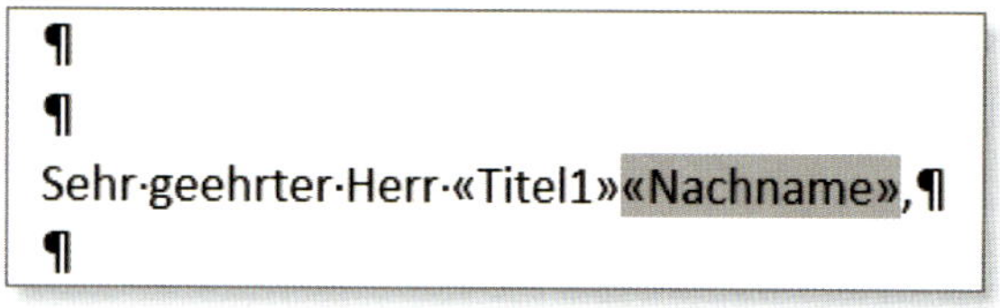

∧ *Abbildung 32.41*
Löschen Sie die Leerstelle zwischen den beiden Feldern.

2. Öffnen Sie über **Regeln** > **Wenn… Dann… Sonst…** den Dialog **Bedingungsfeld einfügen: WENN**.
3. Als Feld wählen Sie **Titel1**, als Vergleich entscheiden Sie sich für **ist nicht leer**, das Feld **Vergleichen mit** lassen Sie frei. Im Bereich **Dann diesen Text einfügen** geben Sie lediglich eine Leerstelle ein.

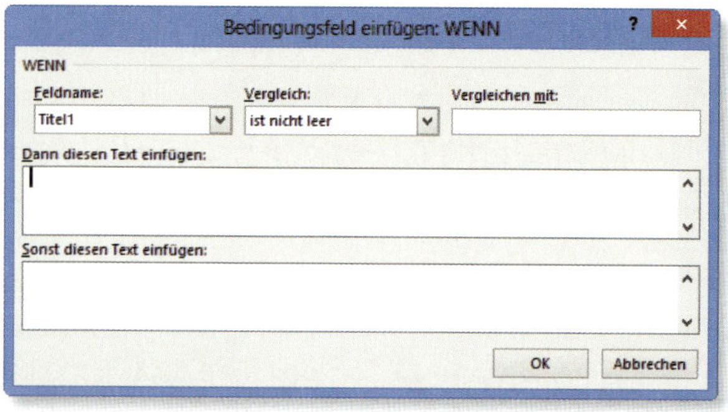

∧ *Abbildung 32.42*
Die Leerstelle unterdrücken

4. Verlassen Sie den Dialog mit einem Klick auf **OK** und kontrollieren Sie die Auswirkung in der Vorschau.

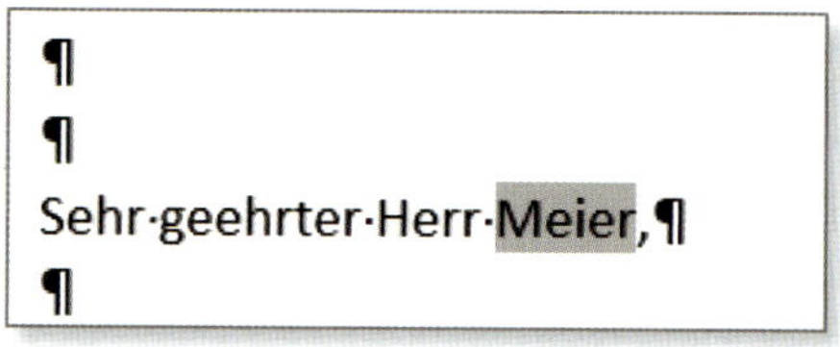

∧ *Abbildung 32.43*
Die Anrede ohne Titel, aber mit nur einer Leerstelle

Sie sehen, dass das doppelte Leerzeichen nun verschwunden ist, da eine Leerstelle nur gesetzt wird, wenn das Feld **Titel** Einträge enthält.

TIPP

Leerstellen unterdrücken

Auf diese Weise können Sie auch andere Leerstellen unterdrücken, die aufgrund von leeren Feldern entstehen, z. B. wenn es im Datensatz keinen Eintrag für den Vornamen gibt, Sie das entsprechende Seriendruckfeld aber vor dem Nachnamen eingefügt haben. Denken Sie beispielsweise an die Anschrift, für die man normalerweise die Felder **Vorname** und **Nachname** verwendet. Wenn kein Vorname eingetragen wurde, gibt es gleich am Anfang der Zeile eine Leerstelle. Um sie loszuwerden, verfahren Sie wie eben beschrieben.

Beispiele für andere Bedingungen

Natürlich lässt sich die »Wenn-Dann-Sonst«-Bedingung nicht nur für die Anpassung der Anrede verwenden. Die Einsatzmöglichkeiten sind vielfältig, wobei sie im Wesentlichen von den Feldern abhängen, die Sie in die Datenquelle aufgenommen haben. Je mehr Felder Sie mit bestimmten Angaben gefüllt haben, desto ausgefeilter können Sie Serienbriefe »feintunen« und mit Bedingungen verknüpfen. Wir wollen Ihnen nun beispielhaft ein paar weitere Anregungen geben:

- Für einen bestimmten Ort wird ein anderer Text eingefügt: Wenn im Feld <**Ort**> der Eintrag »Hamburg« steht, erscheint an einer bestimmten Stelle im Text (dort, wo Sie die Bedingung einfügen) ein zusätzlicher Satz (z. B. »Für unsere Kunden in Hamburg haben wir ein besonderes Angebot«, den Sie zuvor in den Bereich **Dann diesen Text einfügen** geschrieben haben).
- Unterschiedliche Texte für Männer und Frauen: Wenn im Feld **Anrede** der Eintrag »Frau« steht, erscheint ein besonderer Text in all den Briefen, deren Empfänger Frauen sind.

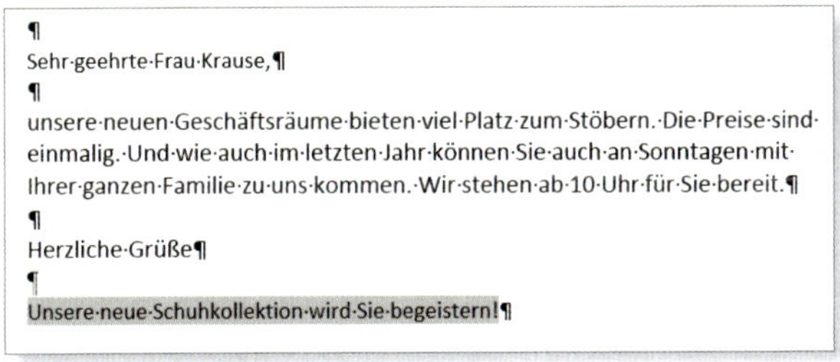
¶
Sehr·geehrte·Frau·Krause,¶
¶
unsere·neuen·Geschäftsräume·bieten·viel·Platz·zum·Stöbern.·Die·Preise·sind·einmalig.·Und·wie·auch·im·letzten·Jahr·können·Sie·auch·an·Sonntagen·mit·Ihrer·ganzen·Familie·zu·uns·kommen.·Wir·stehen·ab·10·Uhr·für·Sie·bereit.¶
¶
Herzliche·Grüße¶
¶
Unsere·neue·Schuhkollektion·wird·Sie·begeistern!¶

Abbildung 32.44
Ein zusätzlicher Text für weibliche Briefempfänger im Dokument

Mit weiteren Feldern in der Datenquelle ergeben sich andere Bedingungen, die von den Feldinhalten abhängig sind. Denkbar wären beispielsweise unterschiedliche Texte für zwei Altersgruppen (was jedoch ein Feld für die Eingaben der Geburtsdaten und entsprechende Einträge voraussetzt. Lesen Sie hierzu auch den Abschnitt »Felder in der Datenquelle« auf Seite 665). Wenn z. B. der Wert im Feld **Geb-Dat** kleiner als »1.1.1970« ist, dann erscheint ein Text, der speziell an ältere Gruppen gerichtet ist. Achten Sie hierbei aber darauf, die Datumsangabe in demselben Format einzugeben wie in der Datenquelle. Nicht immer sind die Unterscheidungskriterien so einfach wie in den zuvor gezeigten Beispielen. Für komplizierte Fallunterscheidungen ist es möglich und notwendig, »Wenn-Dann-Sonst«-Felder zu verschachteln, also ein weiteres Feld (bzw. weitere Felder) einzufügen.

Verschachtelte »Wenn-Dann-Sonst«-Felder einsetzen

Nehmen wir an, Sie verschicken einen Brief an verschiedene Kunden, und in zwei Orten haben sich die Öffnungszeiten der Filialen geändert. In Ihrem Brief wollen Sie den Kunden in diesen beiden Orten die Änderung mitteilen; Kunden, die nicht in diesen Orten wohnen, sollen diese Information aber natürlich nicht erhalten, da diese Information für sie nicht relevant ist, sondern stattdessen einen Hinweis auf die bestehenden Öffnungszeiten.

1. Öffnen Sie das Hauptdokument, in dem die Bedingung eingebaut werden soll, und setzen Sie den Cursor an die Stelle, an der die entsprechende Information zu den neuen Öffnungszeiten auftauchen soll.
2. Klicken Sie in der Gruppe **Felder schreiben und einfügen** auf **Regeln** und wählen Sie **Wenn... Dann... Sonst...** im Auswahlmenü.
3. Verfahren Sie dann wie zuvor beschrieben und erstellen Sie im Dialogfenster **Bedingungsfeld einfügen: WENN** ein einfaches »Wenn-Dann-Sonst«-Feld. Den entsprechenden Text geben Sie in den Bereich **Dann diesen Text einfügen** ein. Die zweite Fallunterscheidung (**Sonst diesen Text einfügen**) ignorieren Sie vorerst. Es empfiehlt sich allerdings, hier als Gedächtnisstütze einen kurzen Hinweis einzugeben, der daran erinnert, dass noch eine Bedingung geprüft werden muss.
4. Verlassen Sie das Dialogfeld mit **OK**.

   Je nach Datensatz sehen Sie jetzt die Einträge des »Wenn-Dann-Sonst«-Feldes im Hauptdokument, also entweder den Text zur neuen Öffnungszeit oder den Hinweis, den Sie im **Sonst**-Bereich eingegeben haben. Damit Sie nun die zweite Bedingung einbauen können, müssen Sie zur Feldfunktion des »Wenn-Dann-Sonst«-Feldes greifen und teilweise manuell weiterarbeiten.

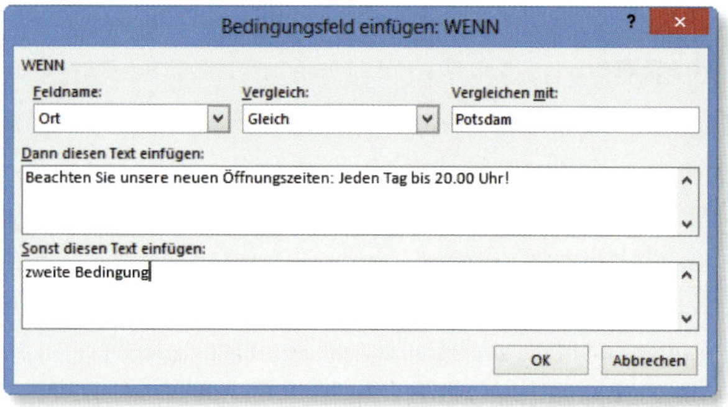

Abbildung 32.45
Die Einstellung für die erste Bedingung

5 Setzen Sie daher zunächst den Cursor in das Feld (Sie sehen die Feldschattierung) und drücken Sie die Tastenkombination ⇧ + F9. Alternativ rufen Sie das Kontextmenü des Feldes auf und wählen hier den Menüpunkt **Feldfunktionen ein/aus**. Nun sehen Sie nicht das Feldergebnis, sondern die Feldfunktion. Bei der **WENN**-Bedingung handelt es sich um ein **IF**-Feld.

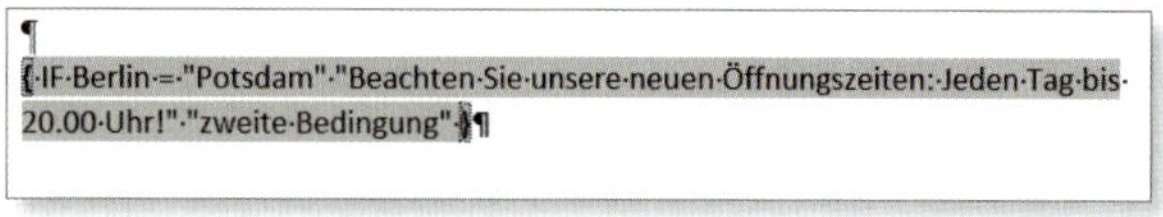

Abbildung 32.46
Die Feldfunktion des WENN-Feldes

6 Setzen Sie den Cursor an die Stelle in der Feldfunktion, an der Ihr Erinnerungstext steht, und löschen Sie den Text. Achten Sie aber darauf, dass die Anführungszeichen stehen bleiben und dass Sie den Cursor genau zwischen diesen Anführungszeichen platzieren.

7 Rufen Sie den Dialog **Bedingungsfeld einfügen: WENN** erneut auf und geben Sie die nächste Bedingung ein; im Feld **Vergleichen mit** tragen Sie also den zweiten Ort ein.

8 Bestätigen Sie den Dialog mit **OK**.

9 Deaktivieren Sie die Feldfunktion wieder (über die Tastenkombination ⇧ + F9), damit die Seriendruckvorschau funktioniert.

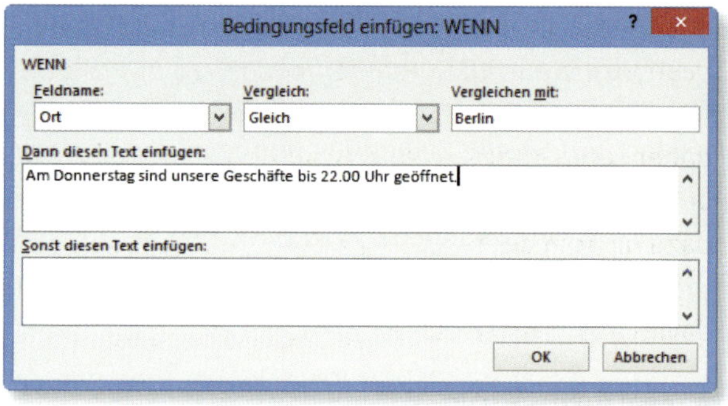

Abbildung 32.47
Die zweite Bedingung eingeben; der Platzhalter wurde in der Feldfunktion gelöscht.

Wenn es geklappt hat, taucht der spezielle Text mit den neuen Öffnungszeiten jetzt in allen Briefen auf, bei denen als Zielort »Potsdam« oder »Berlin« eingegeben wurde. In allen anderen Briefen erscheint der Text ohne Hinweis.

Abbildung 32.48
Die Ergebnisse der geschachtelten Bedingung für Berlin

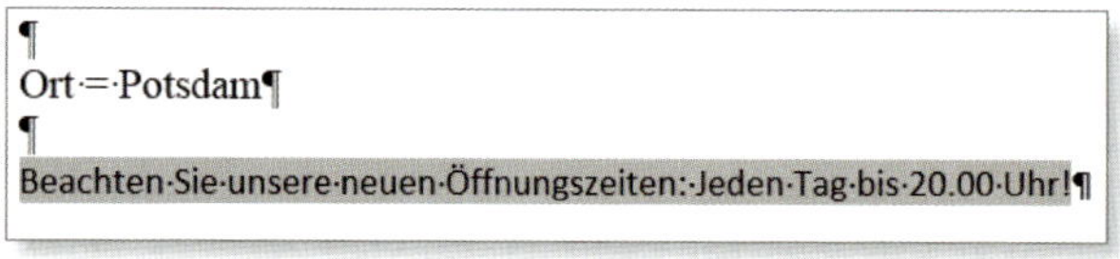

Abbildung 32.49
Das Ergebnis der geschachtelten Bedingung für Potsdam

Auf die gleiche Weise könnten Sie theoretisch weitere Verschachtelungen einbauen.

Ein verschachteltes Feld für »Sehr geehrte Damen und Herren« benutzen

Wenn Sie die von Word gelieferte Grußzeile nicht mögen bzw. sie nicht nutzen möchten, weil dort z. B. der Titel unterschlagen wird, können Sie mit dem Wissen über geschachtelte **WENN**-Felder selbst eine Grußzeile basteln, die auch den Fall berücksichtigt, dass im Feld für die Anrede weder »Herr« noch »Frau« steht, und daher einen Alternativtext ausgibt. Die vorher mithilfe des »Wenn-Dann-Sonst«-Feldes erstellte Grußzeile ist dazu nicht in der Lage. Sie prüft nur, ob im Feld **Anrede** »Frau« zu finden ist, und geht in allen anderen Fällen davon aus, dass »Herr« eingesetzt werden soll.

1 Beginnen Sie also wie zuvor mit einem **WENN**-Feld. Legen Sie hier fest, dass der Text »Sehr geehrte Frau« ausgegeben wird, wenn der Eintrag im Feld für die Anrede (im Beispiel **Titel**) »Frau« lautet. Als **Sonst**-Text geben Sie wieder einen Platzhalter ein.

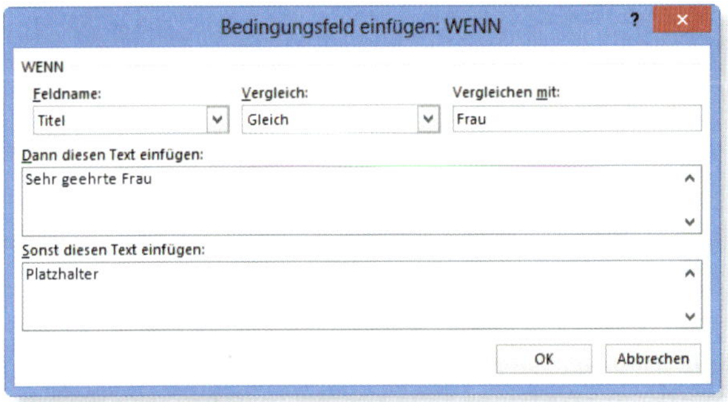

Abbildung 32.50
Die Einstellung für die erste Bedingung

2 Aktivieren Sie jetzt die Anzeige der Feldfunktion und löschen Sie dann den Platzhaltertext. Lassen Sie den Cursor zwischen den beiden Anführungszeichen stehen.

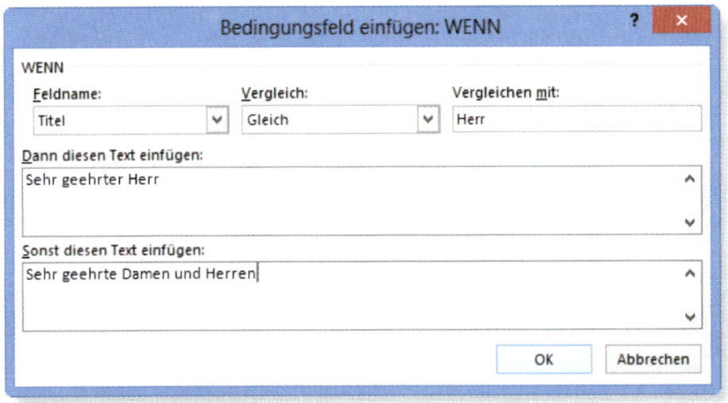

Abbildung 32.51
Die Einstellung für die zweite und dritte Bedingung

3 Im Dialog **Bedingungsfeld einfügen: WENN** vergleichen Sie die Anrede dann mit »Herr«, geben als Text »Sehr geehrter Herr« ein und schreiben als **Sonst**-Text »Sehr geehrte Damen und Herren«.

4 Testen Sie nun die Ausgabe des Feldes in der Vorschau auf die Briefe. Wäre in der Datenquelle bei einem Datensatz das Feld **Titel** nicht mit Herr oder Frau gefüllt, würde der Text aus dem **Sonst**-Feld eingefügt werden.

5 Fügen Sie danach das Seriendruckfeld für den »echten« Titel (im Beispiel also »Titel1« für Dr.) und den Nachnamen ein. Wenn Sie möchten, können Sie die Leerstelle zwischen Titel und Nachname wie im Abschnitt »Eine Grußzeile mit Titel einfügen« auf Seite 673 beschrieben ausblenden.

6 Schauen Sie erneut in die Vorschau. Abbildung 32.52 zeigt den Ausschnitt aus einem Brief an eine Frau, entsprechend steht in anderen Briefen »Sehr geehrter Herr«.

Abbildung 32.52
Die Ausgabe des verschachtelten Feldes im Dokument

Das Ergebnis ist dennoch etwas enttäuschend. Sie werden feststellen, dass die Bedingung eigentlich ganz gut klappt, dass aber auch bei der Anrede »Sehr geehrte Damen und Herren« ein Nachname auftaucht. Um diesen Fehler zu beheben, müssen Sie die Felder für den Titel, die Leerstelle und den Nachnamen in die geschachtelten »Wenn-Dann-**Sonst**«-Felder einfügen. Am einfachsten ist es, wenn Sie sich die Feldfunktionen komplett anzeigen lassen und dann direkt in den Feldfunktionen arbeiten.

7 Aktivieren Sie die Feldfunktion über **Datei** > **Optionen** > **Erweitert** und setzen Sie ein Häkchen vor **Feldfunktionen anstelle von Werten anzeigen** (im Bereich **Dokumentinhalt anzeigen**).

INFO

Aufbau der Seriendruck- und »Wenn-Dann-Sonst«-Felder

Wenn Sie direkt in den Feldfunktionen arbeiten möchten, ist es hilfreich, sich etwas näher mit dem grundlegenden Aufbau der Felder auseinanderzusetzen. Wir beschreiben sie ausführlich in Kapitel 10, »Feldfunktionen«. Hier einige Infos auf die Schnelle: Die geschweiften Klammern umschließen das Feld. Das Wort **MERGEFIELD** zeigt an, dass es sich um ein Seriendruckfeld handelt; nach **MERGEFIELD** folgt der Name des Seriendruckfeldes: **{ MERGEFIELD Titel}**. »Wenn-Dann-Sonst«-Felder beginnen mit **IF** (**{ IF**), gefolgt von der zu prüfenden Bedingung **{ MERGEFIELD Titel } = "Frau"**. Nach einer Leerstelle folgt in Anführungszeichen, was ausgegeben werden soll, wenn die Bedingung erfüllt wird: **"Sehr geehrte Frau"**. Nach einer weiteren Leerstelle steht, was ausgegeben werden soll, wenn die Bedingung nicht erfüllt wird: **"Sehr geehrter Herr"**. Das ganze »Wenn-Dann-Sonst«-Feld sieht dann wie folgt aus: **{ IF { MERGEFIELD Titel } = "Frau" "Sehr geehrte Frau" "Sehr geehrter Herr" }**.

8 Sie sehen alle bisher eingefügten Felder. Markieren Sie das Feld für den Nachnamen, also **MERGEFIELD Nachname** mit den geschweiften Klammern.

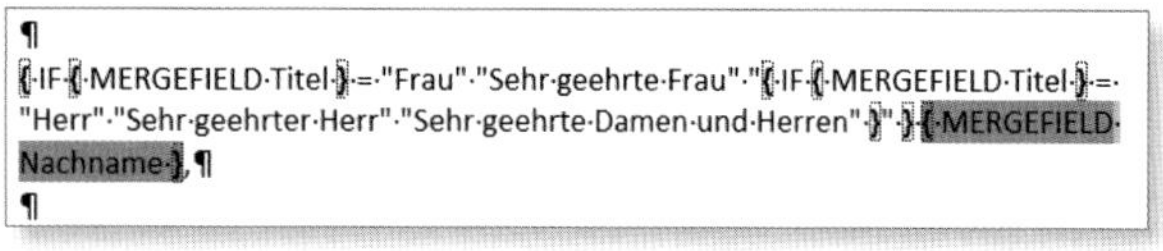

Abbildung 32.53
Feldfunktionen anzeigen lassen und teilweise markieren

9 Schneiden Sie die Markierung aus, z. B. mit Strg + X, und setzen Sie den Cursor nach einer Leerstelle hinter »Sehr geehrte Frau« und vor die Anführungszeichen. Fügen Sie das eben ausgeschnittene Feld an der Cursorposition ein (z. B. mit Strg + V).

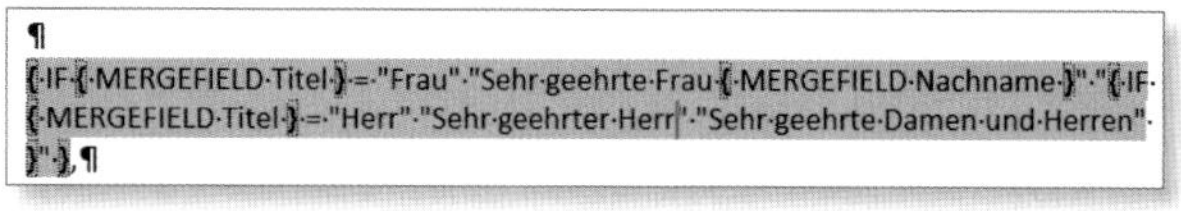

Abbildung 32.54
»MERGEFIELD Nachname« wurde ausgeschnitten und eingefügt.

10 Wiederholen Sie diesen Schritt noch einmal: Fügen Sie das Feld **MERGEFIELD Nachname** mit einer Leerstelle in diesem Fall aber hinter »Sehr geehrter Herr« und vor die Anführungszeichen ein, um die zweite Bedingung einzufügen.

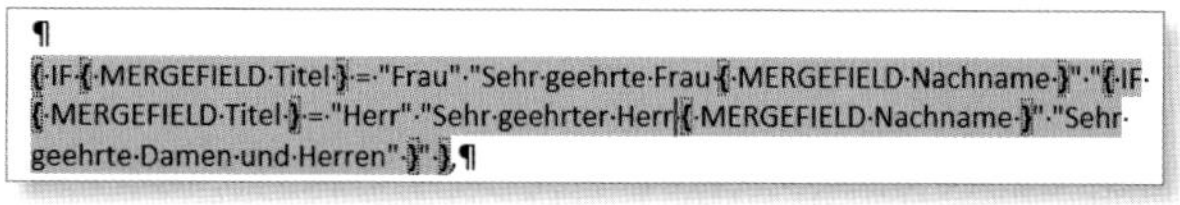

Abbildung 32.55
Die Felder wurden erneut eingefügt.

Mit diesem geschachtelten **WENN**-Feld – das zugegeben etwas Mühe macht und genaues Hinschauen erfordert – werden der Titel und der Nachname nur noch angezeigt, wenn die Anrede »Frau« oder »Herr« ausgegeben wird, jedoch nicht mehr bei unbekannter Anrede. In einem solchen Fall erscheint nur die allgemeine Anrede »Sehr geehrte Damen und Herren«, wenn Sie das möchten. Schauen Sie sich dieses schöne Ergebnis wieder in der Vorschau an (schalten Sie dazu die Feldfunktion aus).

INFO

Feldfunktionen anstelle von Werten anzeigen

Der Vorteil dieses umständlich wirkenden Weges über die Word-Optionen ist, dass Sie bei geschachtelten Feldern alle Feldfunktionen auf einmal sehen und Sie so einen besseren Überblick behalten. Wenn Sie stattdessen die Tastenkombination ⇧ + F9 nutzen, sehen Sie immer nur die Feldfunktion eines einzelnen Feldes.

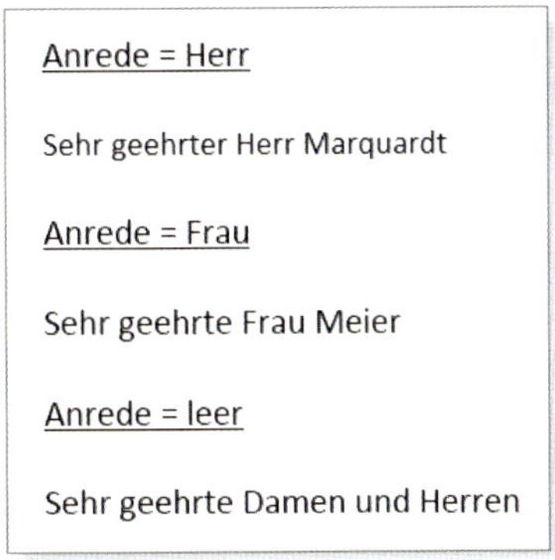

Abbildung 32.56
Die Feldergebnisse im Dokument

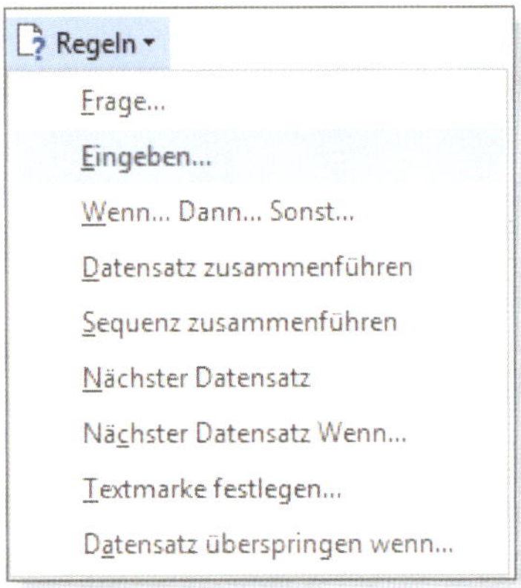

Abbildung 32.57
Den Dialog für das Bedingungsfeld »Eingeben« aufrufen

Das Bedingungsfeld »Eingeben« verwenden

Das »Wenn-Dann-Sonst«-Feld gehört vermutlich zu den bekannteren Bedingungsfeldern, die ja auch in Excel dazu verwendet werden, um bestimmte Ergebnisse in Abhängigkeit von einer Bedingung zu erzielen. Wie wir schon angekündigt haben, möchten wir aber auch einige weitere Bedingungsfelder vorführen, deren Einsatz in der Praxis ganz nützlich sein kann.

Das Bedingungsfeld **Eingeben** können Sie dazu verwenden, den Brieftext mit wechselnden Texten zu ergänzen. Der Trick besteht darin, dass Sie vor jeder Verbindung aufgefordert werden, den gewünschten Text einzugeben. Um ein solches Feld zu definieren, sind die im Folgenden beschriebenen Schritte erforderlich.

1. Setzen Sie den Cursor im Hauptdokument an die Stelle, an der der Text, den Sie später eingeben, erscheinen soll.
2. Klicken Sie auf die Schaltfläche **Regeln** und wählen Sie hier den Eintrag **Eingeben**.
3. Im Dialog **Bedingungsfeld einfügen: Eingeben** tippen Sie im oberen Bereich den Text ein, der in dem Dialog angezeigt werden soll, der zur Texteingabe auffordert. Im unteren Bereich können Sie einen Standardtext eingeben, der an der Cursorposition erscheinen wird, sofern Sie im Eingabedialog keine Änderung vornehmen.
4. Aktivieren Sie die Option **Einmal fragen**, wenn Sie den Text nicht für jeden Brief erneut eingeben möchten (was die Serienbrieffunktion ja auch ad absurdum führen würde, da Sie ja diese Arbeitsschritte einsparen möchten), sondern nur einmal für alle Serienbriefe, und bestätigen Sie danach den Dialog mit **OK**.

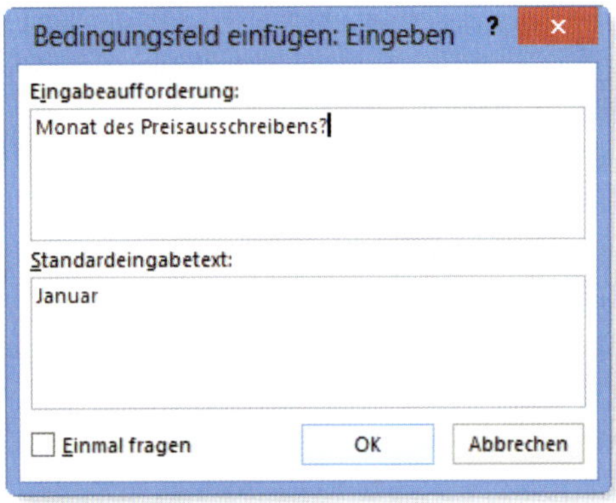

Abbildung 32.58
Hier geben Sie einen Text für die Eingabeaufforderung und einen Standardtext ein.

5. Anschließend erscheint der Eingabedialog. Im oberen Bereich steht als Gedächtnisstütze der Text, den Sie als Eingabeaufforderung eingegeben haben. Hier können Sie nun den Standardtext (in Abbildung 32.58 »Januar«) übernehmen oder einen neuen Text eingeben (siehe Abbildung 32.59).

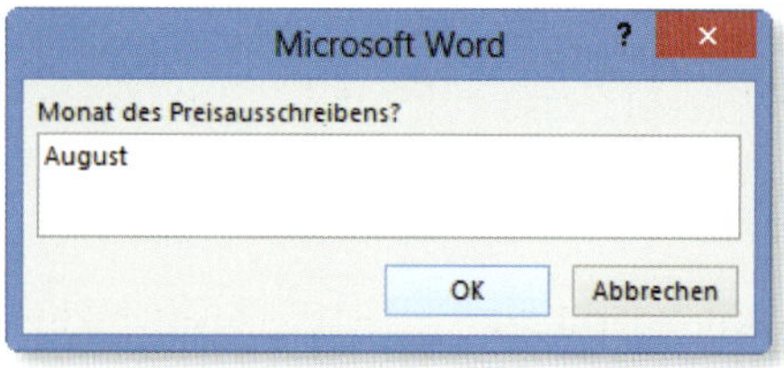

Abbildung 32.59
Die Eingabeaufforderung

In den Briefen heißt es nun (im Beispiel): »Unser Preisausschreiben im August«.

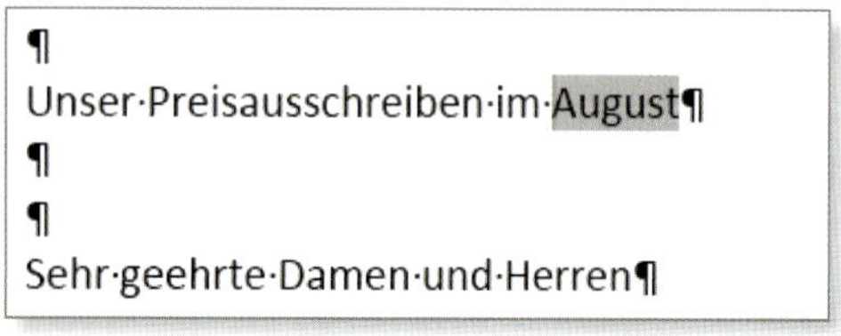

Abbildung 32.60
Das Ergebnis des Feldes »Einfügen«

Der Eingabedialog wird nun jedes Mal angezeigt, wenn Sie das Hauptdokument erneut verwenden und zum Ausführen des Seriendrucks auf der Registerkarte **Sendungen** auf die Schaltfläche **Fertig stellen und zusammenführen** klicken.

Das Bedingungsfeld »Frage« einsetzen

Ähnlich wie bei dem Bedingungsfeld **Eingeben** können Sie auch mit dem Feld **Frage** beim Verbinden einen Text eingeben, der dann jeweils eingesetzt wird. Der Unterschied zum Feld **Eingeben** ist, dass der Text nicht dort angezeigt wird, wo Sie das Feld einfügen, sondern dass Sie den Text mehrmals im Text verwenden können, denn es wird eine Textmarke mit dem eingegebenen Text gefüllt. Dann müssen Sie einfach nur an jeder Stelle, an der der Text erscheinen soll, einen Querverweis auf diese Textmarke einfügen.

1. Setzen Sie den Cursor möglichst an den Anfang des Dokuments, damit alle Verweise auf den aktuellen Wert der Textmarke zugreifen.
2. Klicken Sie dann im Hauptdokument im Auswahlmenü der Schaltfläche **Regeln** auf den Befehl **Frage**.
3. Daraufhin wird der Dialog **Bedingungsfeld einfügen: Frage** angezeigt. Im Feld **Textmarke** geben Sie hier einen Namen für die Textmarke ein (wählen Sie einen Namen, der noch nicht als Textmarkenname verwendet wird).

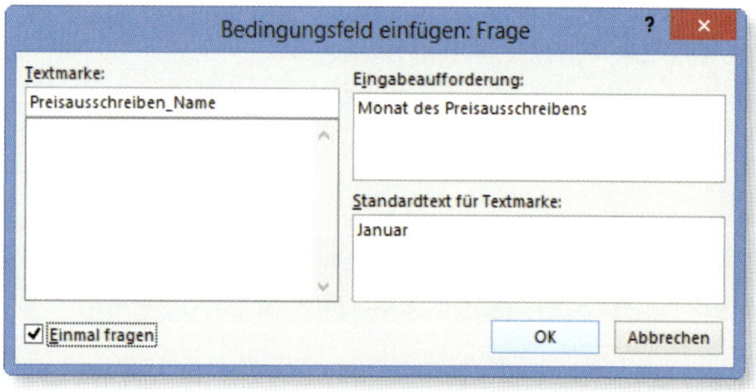

Abbildung 32.61
Die Einstellungen für das Bedingungsfeld »Frage«

4. Geben Sie dann in den Bereich **Eingabeaufforderung** den Text ein, der im Eingabedialog stehen soll. In den unteren Bereich schreiben Sie wieder einen Standardtext. Aktivieren Sie auch hier wieder die Option **Einmal fragen** und verlassen Sie den Dialog mit **OK**.
5. Automatisch wird der Eingabedialog angezeigt. Geben Sie hier einen eigenen Text ein oder übernehmen Sie den Standardtext. Nach einem Klick auf **OK** wird dieser Text für die Textmarke gesetzt.

Um nun das Bedingungsfeld **Frage** wirklich zu nutzen, müssen Sie an den Stellen im Text, an denen der jeweilige Text erscheinen soll, einen Querverweis einfügen.

6. Setzen Sie den Cursor an die erste Stelle und klicken Sie auf der Registerkarte **Verweise** in der Gruppe **Beschriftungen** auf **Querverweis**.
7. Im Dialog **Querverweis** wählen Sie den Verweistyp **Textmarke** und im Feld **Verweisen auf** wählen Sie **Textmarkeninhalt**. Im unteren Bereich markieren

Sie die gewünschte Textmarke. Deaktivieren Sie gegebenenfalls die Option **Als Hyperlink einfügen**.

8 Klicken Sie dann auf **Einfügen**, um den Querverweis auf die Textmarke in Ihr Dokument einzufügen.

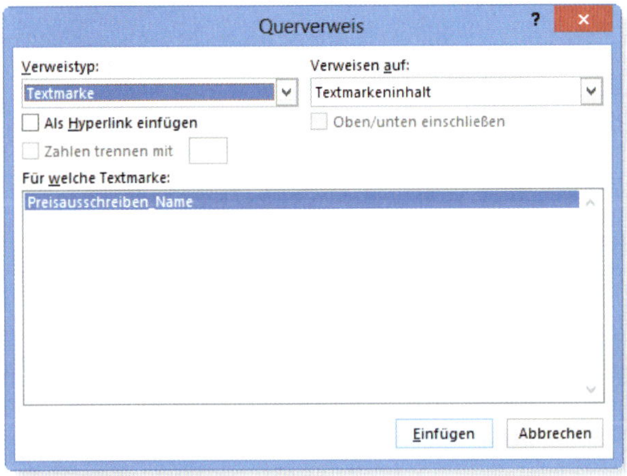

Abbildung 32.62
Einen Querverweis auf die Textmarke einfügen

Wenn Sie das Hauptdokument verbinden, erscheint der Eingabedialog, in dem Sie den Standardtext für die Textmarke übernehmen oder ändern können.

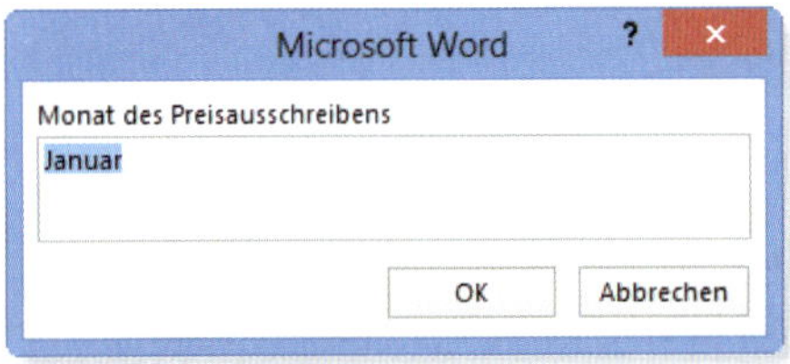

Abbildung 32.63
Die Eingabeaufforderung

Anschließend erscheint der Text überall dort, wo Sie den Querverweis auf die Textmarke eingefügt haben.

Das Bedingungsfeld »Datensatz zusammenführen« einfügen

Mit dem Bedingungsfeld **Datensatz zusammenführen** können Sie sich die Reihenfolge der Datensätze anzeigen lassen. Wenn Sie dieses Feld einfügen, erscheint im Dokument (in der Vorschau oder nach dem Ausführen) die Nummer des Datensatzes (entsprechend seiner Position in der Datenquelle), wobei herausgefilterte Datensätze mitgezählt werden.

Dieses Feld ist spannender, als es jetzt vielleicht klingen mag, denn Sie können es beispielsweise auch dazu verwenden, die Serienbrieffunktion für Rechnungen einzusetzen, in denen die Rechnungsnummern, die ja jede Rechnung benötigt, automatisch hochgezählt werden. Gehen Sie wie im Folgenden beschrieben vor, wenn Sie die Rechnungsnummer aus dem aktuellen Datum und der Nummer des Datensatzes generieren lassen möchten.

1 Setzen Sie den Cursor an die Position im Hauptdokument, an der die Rechnungsnummer im Text eingefügt werden soll.

2 Wählen Sie im Menü der Schaltfläche **Regeln** den Befehl **Datensatz zusammenführen**. Im Dokument ist daraufhin das Seriendruckfeld **<Datensatz zusammenführen>** zu sehen.

3 Um diese Funktion dazu zu nutzen, Rechnungsnummern zu erzeugen, kombinieren Sie das Feld mit einem Datumsfeld, das Sie ein wenig anpassen. Dazu fügen Sie das Feld **Datum** vor das Bedingungsfeld ein, am einfachsten über den Dialog **Datum und Uhrzeit** (**Einfügen** > **Datum und Uhrzeit**).

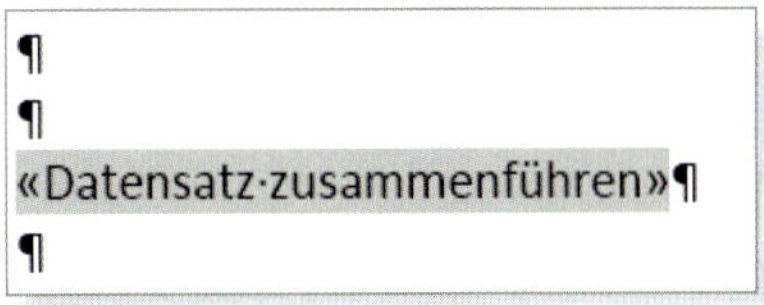

Abbildung 32.64
Das Seriendruckfeld <Datensatz zusammenführen> im Dokument

4 Wählen Sie ein Format mit einer zweistelligen Tages- und Monatsangabe und einer vierstelligen Jahresangabe. Achten Sie darauf, dass die Option **Automatisch aktualisieren** mit einem Häkchen versehen ist.

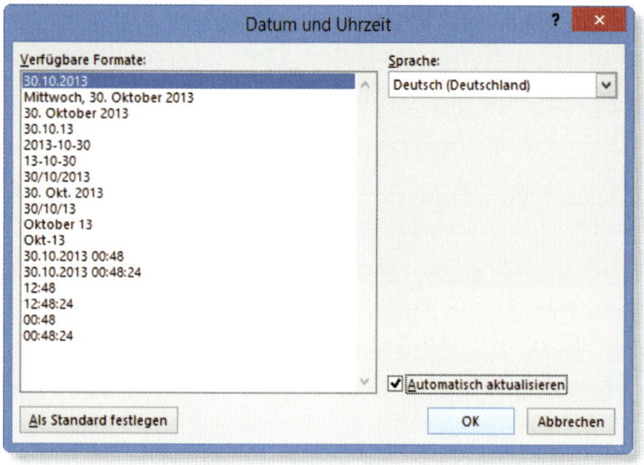

Abbildung 32.65
Ein Datumsfeld einfügen

5 Zum Anpassen des Datumsformats lassen Sie sich das Datum als Feldfunktion anzeigen. Dazu setzen Sie den Cursor in das Datum und drücken die Tastenkombination ⇧ + F9.

Abbildung 32.66
Beide Felder im Dokument – das Datumsfeld in der Feldfunktion

TIPP

Sequenz zusammenführen

Im Beispiel wurde mit **Datensatz zusammenführen** jeder Datensatz der Datenquelle gezählt (auch gefilterte). Je nach Aufbau der Datenquelle kann es für die Rechnungsnummer sinnvoll sein, nur die Datensätze zu zählen, die auch ihren Weg in den Serienbrief finden. Für diese Aufgabe steht das Bedingungsfeld **Sequenz zusammenführen** bereit.

Je nachdem, wie die Rechnungsnummer aussehen soll, ändern Sie das Format des Datums, z. B. können Sie die Punkte löschen oder Leerstellen einfügen. Nachdem Sie den Seriendruck ausgeführt haben (**Fertig stellen und zusammenführen**), sieht das Ergebnis aus wie in Abbildung 32.67.

Abbildung 32.67
Das Ergebnis der Felder (hier mit dem ersten Datensatz, also der Nummer 1)

32.6 Vorhandene Datenquellen nutzen

Bisher sind wir mehr oder minder davon ausgegangen, dass Sie die Datenquelle für jeden Serienbrief neu erstellen. Das muss nicht sein und ist in der Praxis meistens auch nicht der Fall. Einmal für einen Serienbrief eingegebene Daten können Sie als Datenquelle selbstverständlich erneut verwenden. Dabei beschränkt sich diese Wiederverwendung nicht nur auf in Word erstellte Datenquellen. Sie können auch vorhandene Word-Tabellen, die nicht gezielt als Datenquelle angelegt wurden, Outlook-Adressbücher, Excel-Tabellen sowie Datenbanken als Datenquellen nutzen.

Den Serienbrief mit einer Datenquelle verbinden

Die Anforderung, Ihren Serienbrief mit einer Datenquelle zu verbinden, stellt sich vor allem in zwei Situationen: Sie haben schon einmal eine Datenquelle für einen Serienbrief erstellt und möchten diese Daten nun für einen neuen Serienbrief verwenden oder Sie wollen einen vorhandenen Serienbrief mit einer anderen Datenquelle als der verbinden, mit der er aktuell verknüpft ist.

1 Um eine vorhandene Datenquelle zu nutzen, die Sie in Word erstellt haben, beginnen Sie wie üblich damit, dass Sie auf der Registerkarte **Sendungen** im Menü der Schaltfläche **Seriendruck starten** auf **Briefe** klicken.

2 Dann klicken Sie auf die Schaltfläche **Empfänger auswählen** und wählen im Menü den Eintrag **Vorhandene Liste verwenden**.

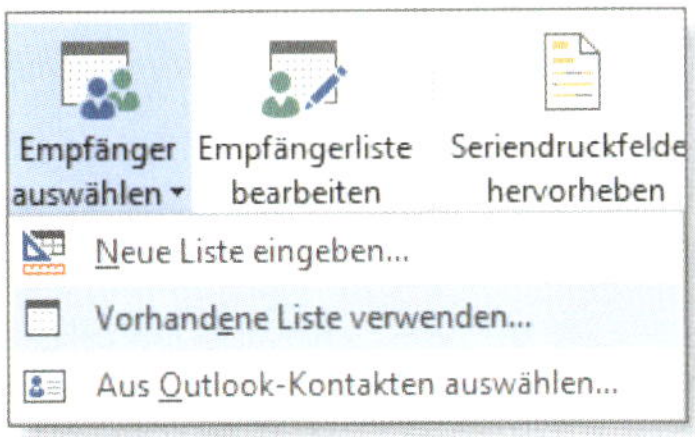

Abbildung 32.68
Den Dialog »Datenquelle auswählen« aufrufen

3 Daraufhin wird der Dialog **Datenquelle auswählen** angezeigt. In diesem Dialog müssen Sie eventuell zu dem Ordner wandern, in dem Sie die Datenquelle gespeichert haben. Dann markieren Sie die Datei und klicken auf **Öffnen**.

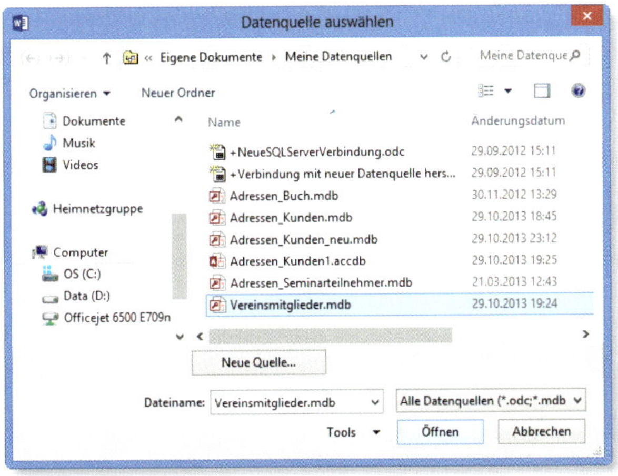

Abbildung 32.69
Wählen Sie hier die gewünschte Datenquelle aus.

Damit ist der Vorgang auch schon abgeschlossen. Sie können das Hauptdokument jetzt wie üblich bearbeiten. Über das Menü der Schaltfläche **Seriendruckfeld einfügen** fügen Sie die benötigten Felder ein. Zum Ausführen des Seriendrucks klicken Sie dann nur noch auf die Schaltfläche **Fertig stellen und zusammenführen**.

Die Datenquelle wechseln

Im Prinzip verfahren Sie genauso, wenn Sie einen Serienbrief geöffnet haben und ihn mit einer anderen Datenquelle als der aktuellen verbinden möchten, z. B. um den Brief auch an Personen zu verschicken, deren Adressen in dieser anderen Datenquelle stehen. Probleme treten hierbei nur auf, wenn die Seriendruckfelder in beiden Dokumenten nicht die gleichen Namen haben. Word erkennt diese Unstimmigkeit allerdings und weist Sie darauf hin: Sobald Sie den Seriendruck mit der neuen Datenquelle ausführen lassen möchten (oder die Vorschau mit einem Klick auf **Vorschau Ergebnisse** aufrufen), öffnet sich im Falle nicht übereinstimmender Felder ein Dialog mit dem Hinweis auf ein ungültiges Seriendruckfeld (der Name wird oben rechts angezeigt). Gleichzeitig wird aber auch schon eine Lösung angeboten. Sie können das Feld entfernen und durch ein anderes ersetzen. Dazu wählen Sie in der Liste **Felder in Datenquelle** das passende Feld der neuen Datenquelle.

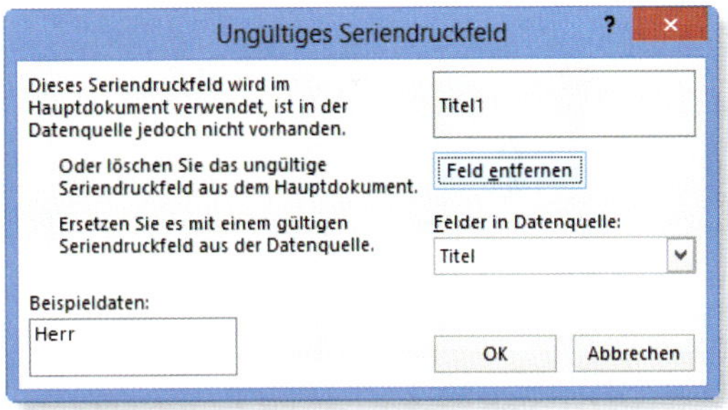

Abbildung 32.70
Ungültige Seriendruckfelder ersetzen

Die Namen der Seriendruckfelder im Dokument werden durch die neuen Namen ersetzt. Zum Entfernen und Ersetzen klicken Sie einfach auf **OK**.

Falls das Dokument mehrere Felder enthält, für die es in der Datenquelle keine Entsprechung gibt, bleibt der Dialog geöffnet, und das nächste Problemfeld wird angezeigt. Wenn kein vernünftiges Ersatzfeld vorhanden ist, sollten Sie das Feld am besten ganz entfernen.

Ansonsten wird die Fehlermeldung in den einzelnen Serienbriefen eingetragen. Wenn Sie die Briefe bereits an den Drucker geschickt haben, müssen Sie sie nun entsorgen. Daher empfiehlt sich insbesondere beim Wechsel der Datenquelle ein kontrollierender Blick in die Vorschau bzw. in die fertigen Briefe auf dem Bildschirm.

∧ *Abbildung 32.71*
Hier wird ein Fehler ausgegeben.

Wenn es in dem Hauptdokument »Wenn-Dann-Sonst«-Felder gibt, die Felder verwenden, die in der neuen Datenquelle nicht vorhanden sind, erkennt Word dieses Problem direkt und öffnet den Dialog **Ungültiges Seriendruckfeld** sofort, wenn Sie die neue Datenquelle öffnen.

Auf diese Weise angepasst, kann das Hauptdokument mit der neuen Datenquelle wie gewohnt verwendet werden.

HINWEIS

Keine Filtereinstellungen mehr

Beim Wechseln der Datenquelle gehen alle Einstellungen zum Filtern und Sortieren verloren. Sie müssen sie also, soweit sie überhaupt noch sinnvoll sind, wieder neu eingeben.

Ein Serienbrief mit Outlook-Kontakten: in Outlook beginnen

Da es eine weitverbreitete Praxis ist, Adressen in Outlook als *Kontakte* zu verwalten, gibt es die Möglichkeit, diese Kontakte auch für Serienbriefe zu verwenden. Prinzipiell ist das auf den folgenden zwei Wegen möglich:

1. Sie beginnen in Word und importieren die Kontaktdaten aus Outlook in Ihre Serienbriefe.
2. Sie beginnen den Prozess in Outlook und exportieren die Kontakte von dort aus nach Word.

Da es für beide Methoden sinnvoll ist, zunächst einen Blick in die Kontaktdaten zu werfen und hier notfalls Änderungen und/oder Ergänzungen vorzunehmen, beginnen wir mit der Beschreibung des zweiten Weges, dem Start in Outlook. (Weil alles andere zu weit führen würde, gehen wir dabei davon aus, dass Ihnen der Umgang mit Outlook mehr oder minder bekannt ist.)

Als Erstes rufen Sie Outlook auf und aktivieren dort die Kategorie **Kontakte**. Weil die Kontakte für Anschriftenfelder genutzt werden sollen, müssen die Kontaktangaben logischerweise nicht nur Namen enthalten, sondern vor allem Anschriften. Es ist also auf jeden Fall zu empfehlen, zunächst die Daten zu überprüfen und sie notfalls zu ergänzen.

Fehlende Adressen schreiben Sie in das Kontaktfenster ganz unten im Bereich **Adressen**, wo als Standardeinstellung **Geschäftlich** eingestellt ist. Um die Zuordnung der eingegebenen Adressdaten zu den internen Outlook-Feldern zu kontrollieren, klicken Sie auf die Schaltfläche **Geschäftlich** ❶ bzw. **Privat** im Bereich **Adressen**. Wenn Sie für einen Kontakt mehrere Adressen eingegeben haben, entscheiden Sie mit der Option **Dies ist die Postanschrift** ❷, welche Adresse für Ihren Serienbrief verwendet werden soll.

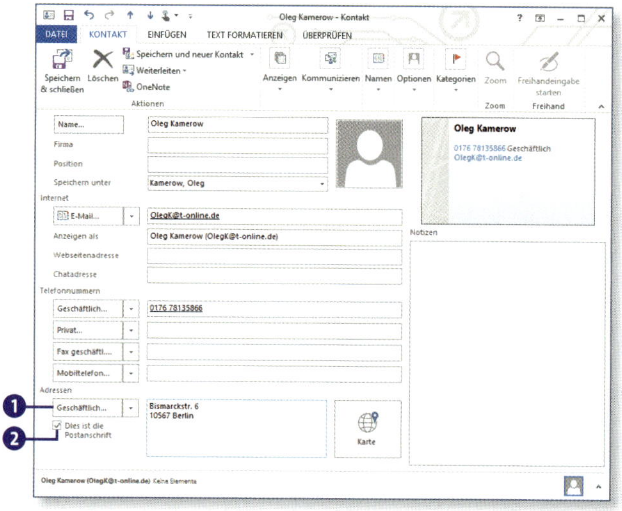

∧ *Abbildung 32.72*
Das Kontaktfenster in Outlook

Dann klicken Sie auf der Registerkarte **Start** im Bereich **Aktionen** auf die Schaltfläche **Serien-E-Mails**.

∧ ***Abbildung 32.73***
Den Seriendruck in Outlook starten

Daraufhin wird der Dialog **Kontakte zusammenführen** eingeblendet (siehe Abbildung 32.74). In diesem Dialog können Sie verschiedene Einstellungen vornehmen:

- Im Bereich **Kontakte** ❸ legen Sie fest, welche Kontakte und Kontaktfelder verwendet werden sollen. Falls Sie nur bestimmte Kontakte aufnehmen möchten, aktivieren Sie die Option **Nur ausgewählte Kontakte** (in diesem Fall müssten Sie also noch einmal einen Schritt zurückgehen und die Kontakteinträge per Mausklick und mit gedrückter Strg-Taste markieren).

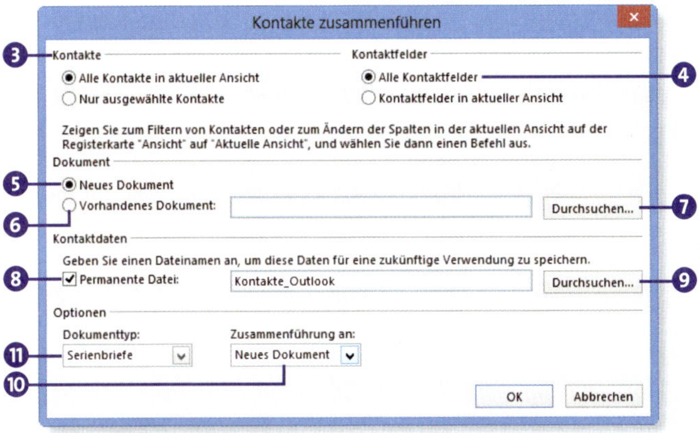

∧ ***Abbildung 32.74***
Einstellungen für den Serienbrief festlegen

- Sie benötigen längst nicht alle Felder des Kontaktformulars für eine Anschrift. Daher wäre die Ansicht **Karte** (die Sie links hinter dem Dialogfenster bzw. in Abbildung 32.73 sehen) passend für den Serienbrief. Sie zeigt die Namen und Adressen, allerdings fehlt dann das Seriendruckfeld **<Vorname>**, das Sie in der Regel für eine Anschrift benötigen. Belassen Sie es also bei der Option **Alle Kontaktfelder** ❹.
- Im Bereich **Dokument** geben Sie an, ob Sie ein leeres Dokument starten ❺ oder ob Sie die Kontakte für ein bereits vorhandenes Dokument verwenden möchten. In letzterem Fall aktivieren Sie die Option **Vorhandenes Dokument** ❻ und klicken auf **Durchsuchen** ❼, um die gewünschte Datei im Dialog **Öffnen** auszuwählen.
- Im Bereich **Kontaktdaten** können Sie festlegen, dass die Daten, die Sie jetzt verwenden, als Datei gespeichert werden. Wenn Sie das möchten, aktivieren Sie die Option **Permanente Datei** ❽ und geben einen Namen in das Feld daneben ein (siehe Abbildung 32.75). Diese Datei wird dann automatisch in Ihrem Standardordner abgelegt (im *.doc*-Format). Über die Schaltfläche **Durchsuchen** ❾ können Sie den Speicherort selbst festlegen.
- Um prüfen zu können, ob der Export funktionieren wird, sollten Sie im Feld **Zusammenführung an** die Einstellung **Neues Dokument** ❿ wählen, sodass Sie die Briefe am Bildschirm begutachten können. Mit dieser Einstellung wird immer das ausgewählte oder ein neues Hauptdokument geöffnet. Wenn Sie ein neues Hauptdokument erstellen, ist dieses Feld ohne Belang, da Sie das Dokument ja noch für den Seriendruck vorbereiten müssen.
- Im Feld **Dokumenttyp** wählen Sie **Serienbriefe** ⓫, wenn Sie einen klassischen Serienbrief erstellen möchten (oder eine der anderen Optionen, je nachdem, für welches Dokument die Kontaktdaten gelten sollen). Dieses Feld ist nur relevant, wenn Sie ein neues Dokument erstellen wollen; wenn Sie ein vorhandenes Dokument ausgewählt haben, bleibt der Dokumenttyp des ausgewählten Hauptdokuments erhalten.

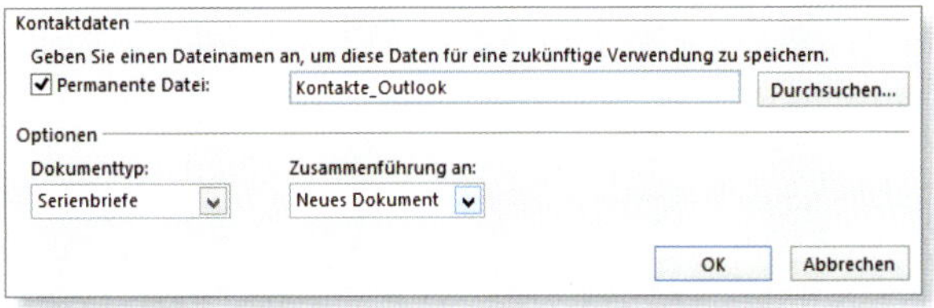

∧ ***Abbildung 32.75***
So werden die Daten in einer Datei gespeichert.

Nachdem Sie den Dialog mit **OK** geschlossen haben, taucht ein leeres Word-Dokument bzw. das von Ihnen festgelegte Hauptdokument auf. Die Befehle für den Seriendruck sind automatisch aktiv. In dieses Dokument fügen Sie nun wie üblich die Seriendruckfelder ein. Sie werden überrascht sein, wenn Sie auf die Schaltfläche **Seriendruckfeld einfügen** klicken: Es wird eine sehr lange Liste aufgeklappt.

Abbildung 32.76
Die Liste mit den Seriendruckfeldern aus Outlook

Aus dieser Liste wählen Sie die erforderlichen Felder. Wandern Sie nach unten, um z. B. die Felder **Nachname** und **Vorname** zu finden, und fügen Sie sie beide in das Dokument ein.

INFO

Datei im CSV-Aufbau

In unserer Word-Version überraschte die von Outlook erstellte »Permanente (Word-)Datei« dadurch, dass sie im Aufbau einer CSV-Datei glich. Als wir die Datei als Datenquelle verwenden wollten, wurden wir durch einen Dialog dazu aufgefordert, die Codierung zu bestimmen. Wir haben die voreingestellte Zeichencodierung **Unicode** übernommen, und alles hat reibungslos geklappt. Zum weiteren Verständnis: CSV steht für *Comma-Separated Values* (»durch Kommata getrennte Werte«), und dieses Format legt fest, dass die einzelnen Einträge in der Datei durch Kommata getrennt werden und in jeder Zeile genau ein Datensatz steht.

Für die Adresse stehen diverse Felder zur Verfügung. Es gibt ein Feld mit der Bezeichnung **Adresse_geschäftlich**, das funktioniert, wenn Sie die Adressen der Kontakte mit der Einstellung **Geschäftlich** in das Feld **Adressen** eingegeben haben sollten (siehe dazu Abbildung 32.72), aber es ist ein einzelnes Feld, das Postleitzahl, Ort und Straße zusammenfasst.

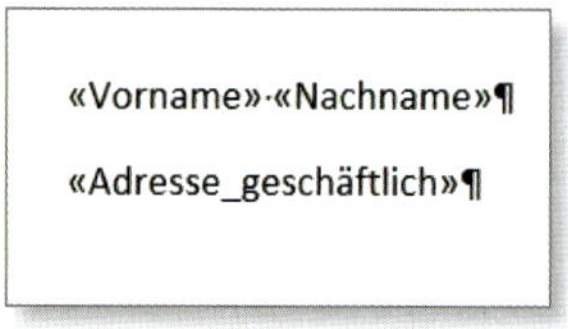

Abbildung 32.77
Die Adresse als einzelnes Feld

Um sich die Möglichkeit offenzuhalten, die Briefe später z. B. nach Ort oder PLZ zu selektieren, ist es geschickter, hierfür jeweils eigene Felder einzufügen, die Adressangaben also zu trennen. Auch hierfür hält die Liste selbstverständlich die passenden Felder bereit.

Testen Sie nach dem Einfügen der Seriendruckfelder das Ergebnis in der Vorschau. Das Ergebnis hängt logischerweise im Wesentlichen davon ab, wie sorgfältig und konsistent die Daten in Outlook eingegeben wurden.

«Vorname»·«Nachname»¶

«Adresse_geschäftlich_Straße»¶

«Adresse_geschäftlich_PLZ»·«Adresse_geschäftlich_Ort»¶

Abbildung 32.78
Getrennte Felder für die Anschrift

Dass die Einträge, die Sie im Kontaktfeld von Outlook als Einheit (also nicht in getrennten Feldern) eingetragen haben, dennoch eigene Seriendruckfelder füllen können, liegt an der besonderen Fähigkeit von Outlook, Einträge zu identifizieren. Wenn Sie sich das anschauen möchten, klicken Sie einmal im Kontaktfenster von Outlook auf das Feld **Name**.

Abbildung 32.79
Vorname und Nachname im Outlook-Kontaktformular – mit der Schaltfläche »Name« überprüfen Sie den Namen.

Auch wenn Sie einen Namen schlicht nach dem Muster »Vorname Nachname« eingegeben haben, können Sie im Feld **Namen überprüfen** erkennen, dass Outlook zwischen Vorname und Nachname differenziert und sie in die richtigen Felder einordnet.

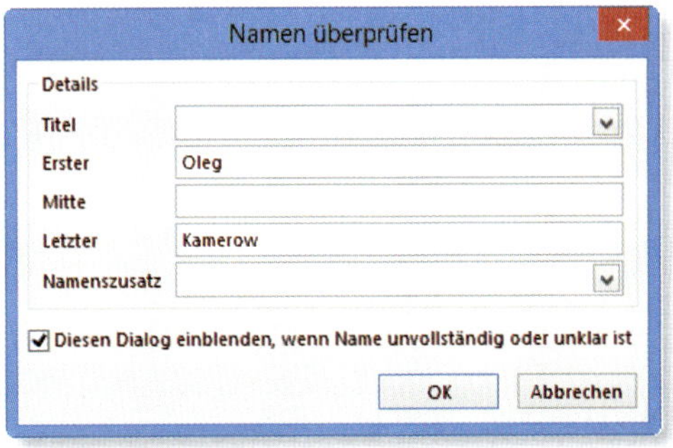

Abbildung 32.80
Die Namen wurden richtig zugeordnet.

HINWEIS

Welche Adressen werden verwendet?

Das eben gezeigte Vorgehen, die Geschäftsadressen als Anschrift zu verwenden, funktioniert nur dann, wenn Sie die Geschäftsadressen für alle Kontakte angegeben haben. Wenn Sie mal die Privat- und mal die Geschäftsadresse oder manchmal auch beide eingetragen haben, nutzen Sie am besten das Feld **Postanschrift** (vergleichbar mit **Adresse_geschäftlich**) oder aber die Einzelfelder **Straße**, **PLZ** und **Ort**, die ebenfalls angeboten werden. Diese Felder werden mit den Adressinformationen gefüllt, die Sie zuvor in Outlook mit der Option **Dies ist die Postanschrift** als Postanschrift bestimmt haben.

Das Gleiche gilt für Adressen. Outlook kann eine »am Stück« eingegebene Adresse in die Bestandteile »Straße«, »Ort« und »PLZ« unterteilen. Dies können Sie im Dialog **Adresse überprüfen** testen, den Sie per Klick auf die Schaltfläche **Geschäftlich** bzw. **Privat** aufrufen (siehe Abbildung 32.81).

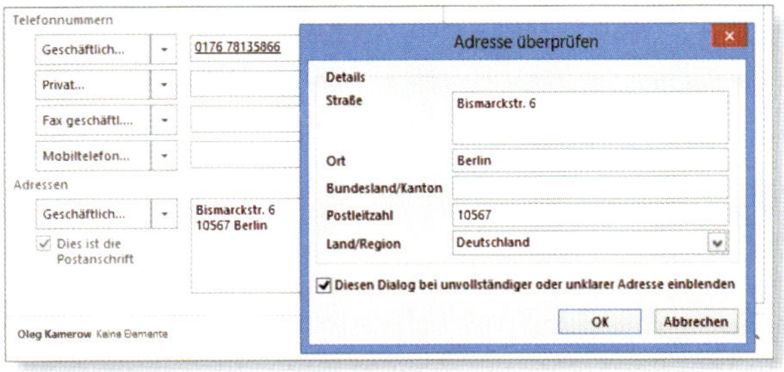

Abbildung 32.81
Outlook kann auch die Bestandteile der Anschrift richtig zuordnen.

Ein Serienbrief mit Outlook-Kontakten: in Word beginnen

In diesem Abschnitt zeigen wir den umgekehrten Weg: Sie starten den Serienbrief in Word und importieren die Outlook-Kontakte erst nachträglich.

TIPP

Ordner in Outlook

Wenn Sie nur bestimmte Outlook-Kontakte für den Serienbrief verwenden möchten, regeln Sie dies am besten mithilfe eines Ordners, in den Sie diese Kontakte verschieben bzw. kopieren. Sie finden den Befehl **Neuer Ordner** im Kontextmenü des Ordners **Kontakte**. Im Kontextmenü eines Kontakts gibt es den Befehl **Verschieben**; das Untermenü listet die Ordner auf, in denen Sie den Kontakt/die Kontakte ablegen können.

1 Beginnen Sie wie üblich damit, dass Sie in einem Dokument auf der Registerkarte **Sendungen** auf **Seriendruck starten** und im Menü auf **Briefe** klicken.

2 Im Menü der Schaltfläche **Empfänger auswählen** klicken Sie auf den Befehl **Aus Outlook-Kontakten auswählen**.

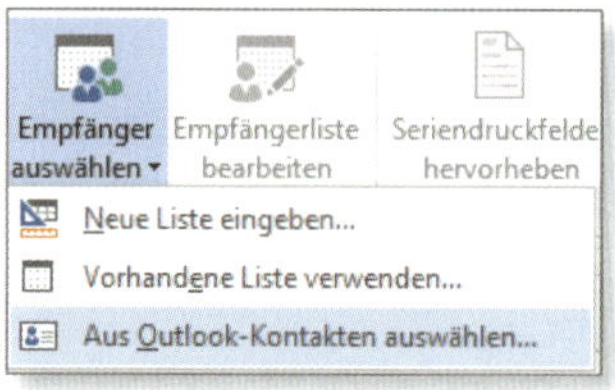

Abbildung 32.82
Den Dialog zum Auswählen der Kontakte aufrufen

3 Daraufhin wird der Dialog **Kontakte auswählen** angezeigt, der den bzw. die Kontaktordner auflistet. Hier markieren Sie den Ordner, der die Kontakte enthält, die Sie für den Serienbrief verwenden möchten.

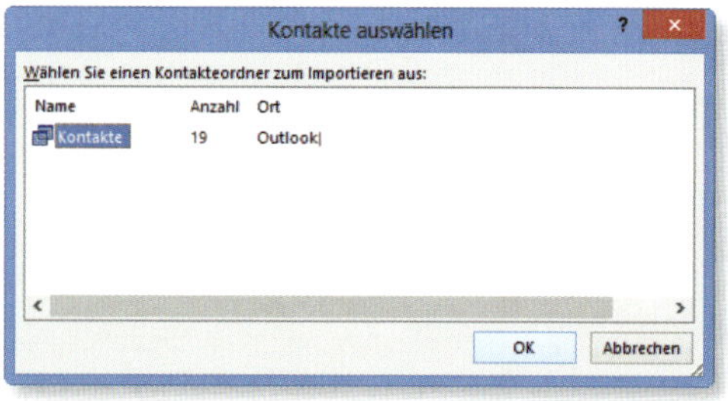

Abbildung 32.83
Den Ordner für die Serienbriefe auswählen

4 Nachdem Sie auf **OK** geklickt haben, wird der Dialog **Seriendruckempfänger** mit den Daten angezeigt. Bestätigen Sie den Dialog mit **OK**.

Danach können Sie das Dokument wie üblich bearbeiten und für den Seriendruck vorbereiten. Falls Sie einen Kontaktordner in der Auflistung des Dialogs **Kontakte auswählen** vermissen oder aber einen vorhandenen Ordner ausblenden möchten, hilft eine Einstellung in Outlook: Klicken Sie den betreffenden Ordner im linken Navigationsbereich von Outlook mit der rechten Maustaste an und wählen Sie im Kontextmenü den Eintrag **Eigenschaften**. Im zugehörigen Dialog wechseln Sie auf die Registerkarte **Outlook-Adressbuch**. Deaktivieren bzw. aktivieren Sie hier die Option **Diesen Ordner als E-Mail-Adressbuch anzeigen**.

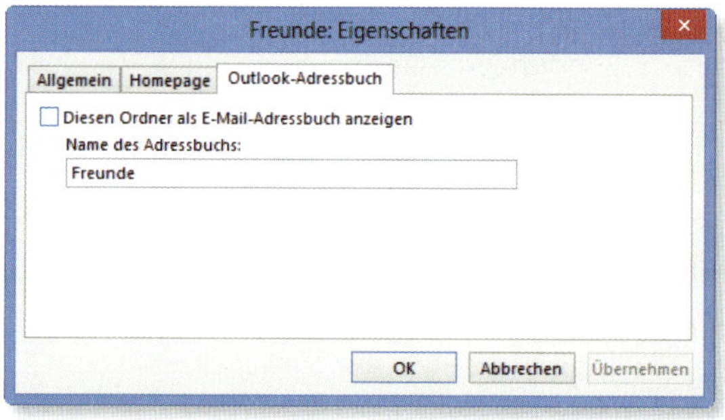

Abbildung 32.84
Option zum Ein- oder Ausblenden eines Kontaktordners

Serienbriefe mit Daten aus Excel anlegen

Wenn bestimmte Daten in einer Excel-Tabelle vorliegen, können Sie auch diese Daten für einen Serienbrief nutzen. Dafür müssen jedoch ein paar Voraussetzungen erfüllt sein:

- Oberhalb der Tabelle sollte kein Text stehen.
- In der ersten Zeile der Tabelle sollten Überschriften (Feldnamen) stehen, die Sie dann als Seriendruckfelder verwenden.
- Die Tabelle mit den Daten muss im ersten Tabellenblatt enthalten sein, weil Word sie ansonsten nicht findet.

Nachdem Sie die Excel-Tabelle gegebenenfalls angepasst haben, sodass sie die genannten Voraussetzungen erfüllt, ist der Import an sich sehr fix erledigt.

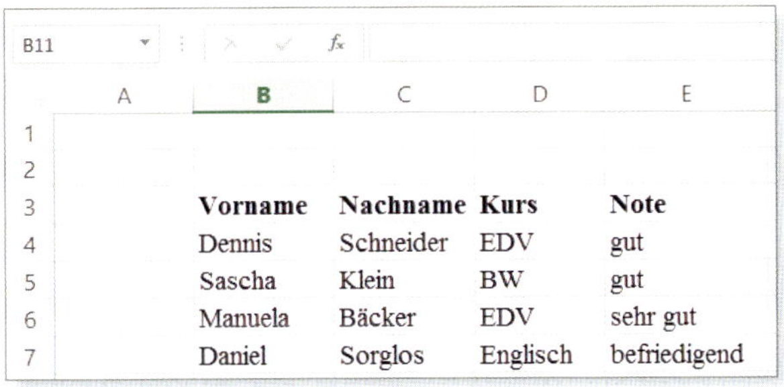

Abbildung 32.85
Eine Excel-Tabelle, die für den Seriendruck verwendet werden soll

1 Starten Sie zunächst den Seriendruck auf der Registerkarte **Sendungen**. Klicken Sie dazu im Menü der Schaltfläche **Empfänger auswählen** auf den Eintrag **Vorhandene Liste verwenden**.

2 Im Dialog **Datenquelle auswählen** suchen Sie die Excel-Datei aus, die Sie als Datenquelle importieren möchten (siehe Abbildung 32.86).

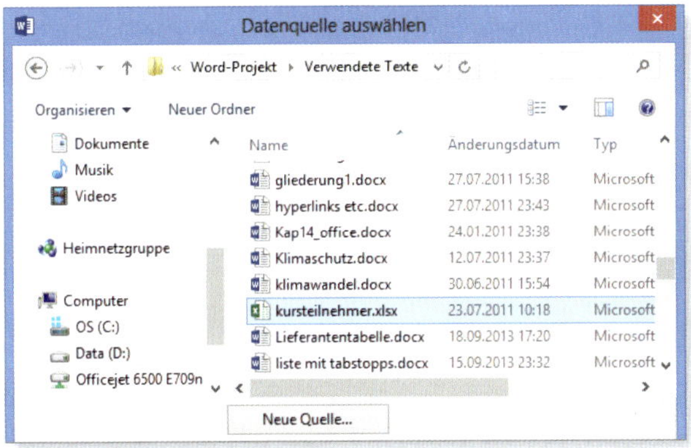

Abbildung 32.86
Die Excel-Datei auswählen

3 Daraufhin wird der Dialog **Tabelle auswählen** (siehe Abbildung 32.87) angezeigt. Achten Sie in diesem Dialog auf die Option **Erste Datenreihe enthält Spaltenüberschriften**: Lassen Sie sie aktiviert, wenn in der ersten Zeile der Tabelle Überschriften stehen.

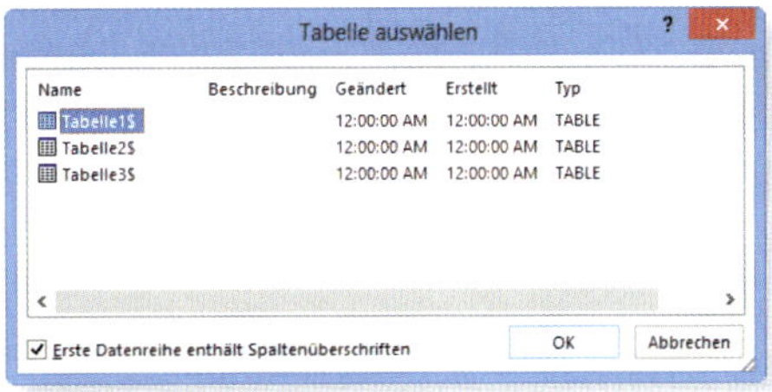

Abbildung 32.87
Die Tabelle bestätigen

4 Nach der Bestätigung des Dialogs mit **OK** können Sie im Word-Dokument die Seriendruckfelder an den gewünschten Stellen einfügen. In der Liste des Menüs der Schaltfläche **Seriendruckfeld einfügen** tauchen die Felder auf, die in der Excel-Tabelle die Spaltenüberschriften bilden.

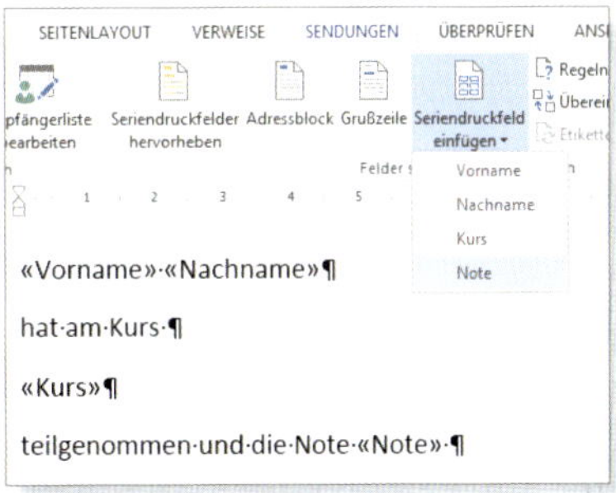

Abbildung 32.88
Die Seriendruckfelder aus der Excel-Tabelle

Testen Sie den Serienbrief in der Vorschau. Wenn alles wunschgemäß ist, lassen Sie den Seriendruck über **Fertig stellen und zusammenführen** ausführen.

Abbildung 32.89
Die fertigen Serienbriefe bzw. Zertifikate

Verbindung zu einer Datenbank: eine Access-Tabelle nutzen

Ein bekanntermaßen üblicher Ort zur Aufbewahrung von Daten sind Datenbanken. Es verwundert also nicht, dass Word sehr gut mit den Dateiformaten der Microsoft-eigenen Datenbank *Access* umgehen kann. Wie Sie gesehen haben, werden neue Datenquellen automatisch im Access-Format (*.mdb*) für Datenbanken abgespeichert. Bei dieser Zusammenarbeit müssen Sie im Prinzip keine Beschränkungen hinnehmen und können auf die Daten aller einzelnen Tabellen und auch Abfragen Ihrer Access-Datenbank zugreifen.

Beginnen Sie, indem Sie im Menü der Schaltfläche **Empfängerliste auswählen** auf den Befehl **Vorhandene Liste verwenden** klicken und danach im Dialog **Datenquelle auswählen** nach der gewünschten Access-Datenbank suchen. Nachdem Sie sie ausgewählt und geöffnet haben, wird der Dialog **Tabelle auswählen** präsentiert, der alle Datenbankobjekte auflistet (siehe Abbildung 32.90). Hier wählen Sie die Tabelle/Abfrage, die Sie als Datenquelle für den neuen Serienbrief verwenden möchten. Daraufhin stehen die Felder der Access-Tabelle bereit, damit Sie sie als Seriendruckfelder in das Dokument einfügen können.

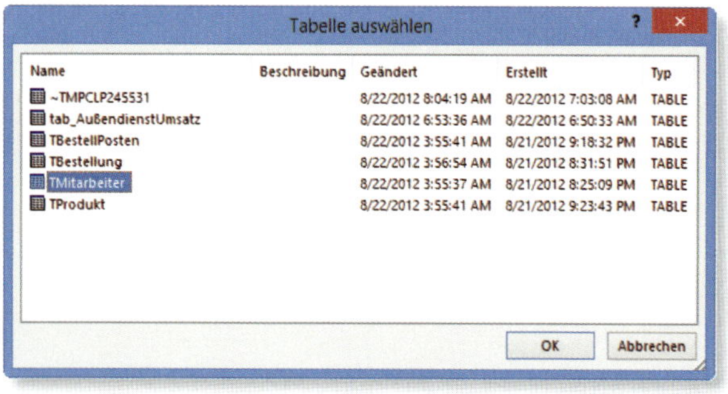

Abbildung 32.90
Die Tabelle oder Abfrage auswählen

Word-Tabellen als Datenquelle verwenden

Wenn Sie eine Adressliste bereits als Word-Tabelle erstellt haben, können Sie auch diese Tabelle als Datenquelle für den Seriendruck nutzen. Es gibt allerdings ein paar Anforderungen an das Layout der Tabelle, wobei es natürlich deutlich bequemer ist, eine bestehende Tabelle anzupassen, als unzählige Adressen komplett neu einzugeben. Beachten Sie dabei die im Folgenden beschriebenen Punkte:

- Die Tabelle muss Spaltenüberschriften haben, ansonsten verwendet Word den ersten Datensatz (also die Einträge in der ersten Zeile) als Namen für die Seriendruckfelder (was nicht sehr sinnvoll ist, zumal der erste Empfänger dann auch keinen Brief erhält).
- Die Tabelle muss allein in einem Dokument gespeichert sein. Ein paar Textzeilen unterhalb der Tabelle stören allerdings nicht.
- Oberhalb der Tabelle sollte es weder Leerabsätze noch Text geben.

Wenn die Tabelle in dieser Form vorliegt, können Sie das entsprechende Word-Dokument (über **Empfänger auswählen** > **Vorhandene Liste verwenden)** im Dialog **Datenquelle auswählen** festlegen und dann die Seriendruckfelder wie üblich in das Hauptdokument einfügen.

TIPP

Ein gutes Team

Die Zusammenarbeit von Word und Access bei der Erstellung von Serienbriefen kann außerordentlich fruchtbar sein. Denken Sie nur an die ausgefeilten Abfragen, die sich in Access erstellen lassen, wobei nicht nur differenzierte Selektions- und Filtermöglichkeiten zum Einsatz kommen, sondern aufgrund der Relationen zwischen den Tabellen auch neue Informationen in einer Abfrage zusammenfließen können. Auf diesem Weg können Sie genau die Daten für einen Serienbrief zusammenstellen, die Sie benötigen. Das Ganze setzt natürlich voraus, dass Sie Ihr Datenmaterial mit Access verwalten (und dass Sie wissen, wie man Abfragen in Access erstellt).

TXT-Dateien für die Seriendruckfunktion verwenden

Wenn große Datenmengen in einem Programm gesammelt wurden, das die Daten nicht anstandslos an die Seriendruckfunktion von Word weiterreicht, kann man diese Daten über den Umweg einer TXT-Datei dennoch nutzen. Dies funktioniert, weil die meisten Programme, mit denen sich Daten verwalten lassen, über eine Exportfunktion in der Lage sind, Daten in TXT-Dateien auszugeben.

Besonders wichtig ist es bei diesem Vorgehen, dass die Daten mit den richtigen Trennzeichen gegliedert werden, sodass Word die Felder bzw. deren Gliederung interpretieren kann (siehe Abbildung 32.91). Die im Folgenden beschriebenen Regeln sollten Sie daher unbedingt beachten.

INFO

TXT-Datei bei Versionskonflikten

Bei TXT-Dateien handelt es sich um das »Urformat« von Textdateien, die unformatierten Text enthalten. Manchmal kann die Nutzung von TXT-Dateien auch hilfreich sein, um Versionskonflikte innerhalb der Office-Welt zu umgehen, z. B. wenn sich in einer älteren Word-Version die neueste Access-Datenbank partout nicht öffnen lassen will.

- Datensätze müssen durch Absatzmarken voneinander getrennt werden, und ganz am Ende der Datei muss ebenfalls eine Absatzmarke stehen.
- Die Feldnamen in der ersten Zeile und die Feldinhalte müssen eindeutig voneinander getrennt werden, damit sie eindeutig zugeordnet werden können; hierfür kann man Tabstopps oder Kommata verwenden. Tabstopps sind besser, weil die Feldinhalte selbst schon Kommata enthalten können.
- Wenn ein Datensatz keine Daten für ein bestimmtes Feld enthält, müssen zwei Tabstoppzeichen (oder zwei Kommata) eingefügt werden, um das Feld als leer zu kennzeichnen. Andernfalls verrutschen möglicherweise Daten zwischen Feldern.
- Die einzelnen Informationen müssen in Anführungszeichen eingeschlossen werden, wenn sie eines der folgenden Zeichen enthalten: einen Tabstopp, ein Komma, einen Zeilenwechsel oder eine Absatzmarke. Auf diese Weise werden sie von Word nicht als Trennzeichen interpretiert. Um ganz sicherzugehen, können Sie die Informationen auch grundsätzlich in Anführungszeichen setzen.

Wenn Sie die Datei auf diese Weise vorbereitet bzw. angepasst haben, können Sie sie als Datenquelle verwenden. Wählen Sie über **Empfänger auswählen** > **Vorhandene Liste verwenden** im Dialog **Datenquelle auswählen** die entsprechende TXT-Datei aus. Daraufhin wird der Dialog **Dateikonvertierung** angezeigt. Hier legen Sie die Zeichencodierung fest. Im Allgemeinen können Sie es bei der Voreinstellung belassen; nur wenn Sie bereits in der Vorschau Probleme mit den Umlauten erkennen, probieren Sie es mit einer anderen Codierung.

Name →	Ort →	Telefonnummer →	Vorname¶
Becker →	Dresden →	0172-6543210 →	Hans¶
Becker →	Hamburg →	0176-9876543 →	Peter¶
Becker →	Hamburg →	040-43658798 →	Anton¶
Morgentau →	Kiel →	0431-2345678 →	Suse¶
Olsen →	Berlin →	0172-3344556 →	Willi¶
Schneider →	Rostock →	0152-01838489 →	Sönke¶
Schneider →	München →	080-34435665 →	Jan¶
Wetzlaff →	Lüneburg →	0152-0998877 →	Hans¶
¶			

< Abbildung 32.91
So kann die Tabelle aussehen (hier mit Tabstopps gegliedert).

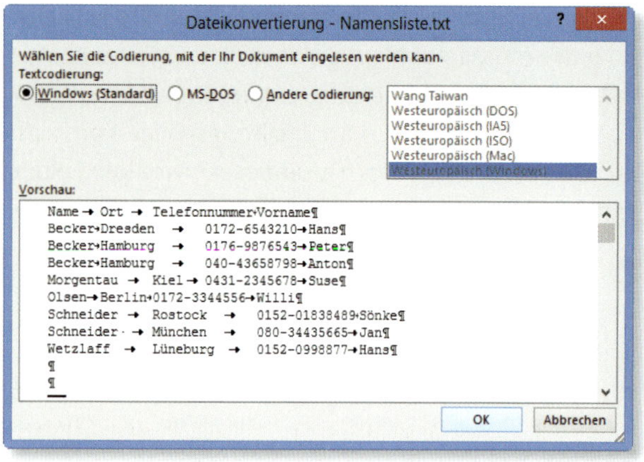

Abbildung 32.92
Legen Sie die Zeichencodierung im Dialogfenster »Dateikonvertierung« fest.

Wenn Word die Trennzeichen nicht automatisch erkennt, erscheint der Dialog **Trennzeichen im Steuersatz**. Hier bestimmen Sie in den Feldern **Feldtrennzeichen** und **Datensatz-Trennzeichen**, in welcher Struktur die Daten vorliegen. Wählen Sie also **(Tab)** bzw. **Komma** und **(Eingabe)**.

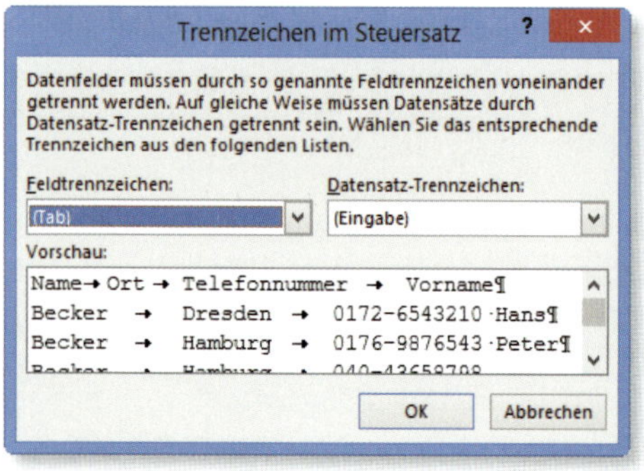

Abbildung 32.93
Hier geben Sie die Feldtrennzeichen an.

Ab jetzt arbeiten Sie wie gewohnt weiter, fügen also die Seriendruckfelder ein etc.

Vorhandene Serienbriefe »recyceln«

Wenn Sie ein vorhandenes Hauptdokument öffnen, werden Sie zunächst gefragt, ob die Datenquelle erneut abgefragt werden soll. Wenn Sie sich hier für **Ja** entscheiden, aber die Datenquelle aus verschiedenen Gründen nicht gefunden werden kann (weil sie nicht mehr existiert oder der Pfad nicht mehr stimmt), präsentiert Word einen weiteren Dialog, der Sie darauf hinweist, dass die Datenquelle nicht gefunden werden kann (möglicherweise erhalten Sie zuvor eine andere Fehlermeldung, die Sie mit **OK** bestätigen und die dann zu einem Dialog führt, in dem Sie den Pfad zur Datenbank eintragen könn(t)en. Wenn Sie hier einfach auf **OK** klicken, erscheint der eben erwähnte Dialog mit der Schaltfläche zum Suchen nach der Datenquelle).

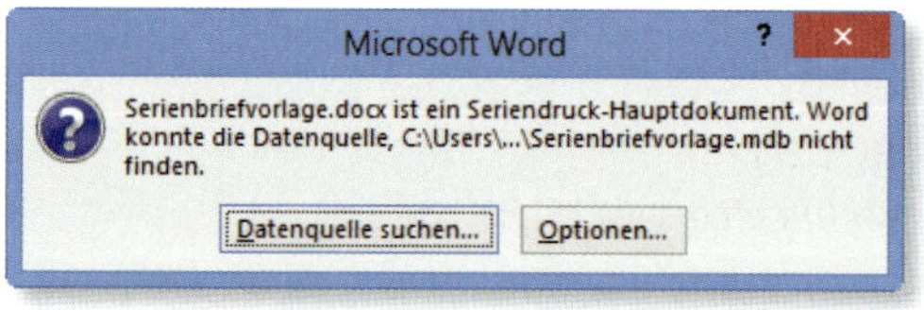

Abbildung 32.94
Word weist Sie darauf hin, dass die Datenquelle nicht gefunden werden kann.

Es gibt nun mehrere Möglichkeiten, wie Sie darauf reagieren können:

1. Wenn die Datenquelle nur verschoben oder umbenannt wurde, können Sie ihren neuen Speicherort angeben.
2. Wenn Sie die Datenquelle nicht finden oder wenn kein Zugriff auf das Netzwerk oder den Wechseldatenträger besteht, können Sie das Hauptdokument ohne Datenquelle öffnen. Sie haben dann die Möglichkeit, die Datenquelle zu importieren, sobald sie wieder verfügbar ist. In diesem Fall machen Sie das Hauptdokument ganz leicht wieder funktionstüchtig, weil alle Seriendruckinformationen im Hauptdokument erhalten bleiben.
3. Die dritte Möglichkeit ist, dass Sie alle Informationen zum Seriendruck aus dem Hauptdokument entfernen, das Hauptdokument also in eine normale Datei ohne Seriendruckfelder verwandeln.

Wenn Sie der Ansicht sind, dass die Datenquelle nur verschoben oder umbenannt wurde, klicken Sie auf die Schaltfläche **Datenquelle suchen**. Anschließend machen Sie sich im Dialog **Datenquelle auswählen** auf die Suche nach der Datei.

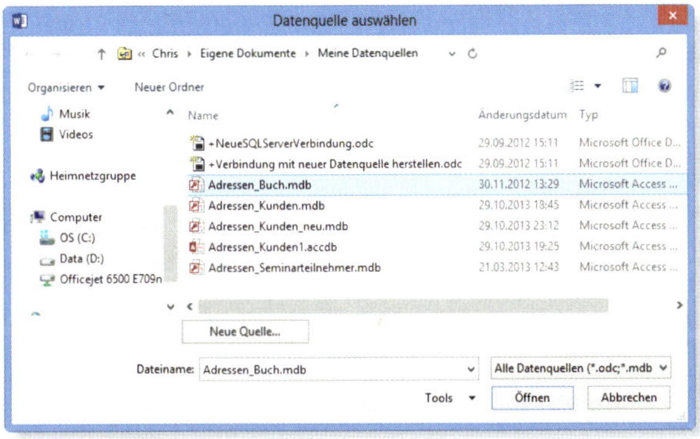

Abbildung 32.95
Suchen Sie hier nach der Datei.

Wenn die Datenquelle nur vorübergehend nicht verfügbar ist, verfahren Sie wie im Folgenden beschrieben.

1. Klicken Sie in dem Dialog, der Sie darauf hinweist, dass die Datenquelle nicht gefunden werden kann, auf die Schaltfläche **Optionen** (siehe Abbildung 32.94).
2. Im nachfolgenden Dialog klicken Sie auf **Daten/Steuersatzquelle entfernen**.
3. Anschließend wird das Hauptdokument geöffnet, und Sie können darin wie gewohnt arbeiten; allerdings werden die Seriendruckfelder und die Möglichkeit, den Seriendruck auszuführen, erst wieder zur Verfügung stehen, nachdem Sie die Datenquelle eingebunden haben (über **Empfänger auswählen** > **Vorhandene Liste verwenden**).

Wenn Sie dieses Hauptdokument speichern, ohne die Datenquelle einzubinden, werden Sie beim nächsten Öffnen wieder gefragt, ob die Daten aktualisiert werden sollen. Falls die Datenquelle nach wie vor nicht auffindbar ist, beginnt das eben beschriebene Spiel von Neuem.

Wenn Sie im Dialogfenster aus Abbildung 32.96 auf **Alle Seriendruck-Informationen entfernen** klicken, wird die Verbindung zur Datenquelle aufgehoben und Sie erhalten ein normales Word-Dokument. Die bereits im Dokument eingefügten Seriendruckfelder bleiben dennoch im Dokument enthalten. Wenn Sie dieses Dokument nun speichern und wieder öffnen, werden Sie nicht mehr gefragt, ob die Daten aktualisiert werden sollen, da es sich um ein ganz normales Dokument handelt.

Um dieses Dokument wieder als Serienbrief zu verwenden, müssen Sie es neu mit einer Datenquelle verbinden.

TIPP

Wenn die Serienbrieffunktion nicht weg ist

In unserer Word-Version gab es keinen Unterschied zwischen den Schaltflächen **Daten/Steuersatzquelle entfernen** und **Alle Seriendruck-Informationen entfernen**. Auch mit letzterem Befehl wurden die Serienbrieffunktionen nicht entfernt (was sein Name ja eigentlich ankündigt). Falls Sie Ähnliches erleben, können Sie aber nachhelfen und diesen Effekt über **Seriendruck starten** > **Normales Word-Dokument** erreichen.

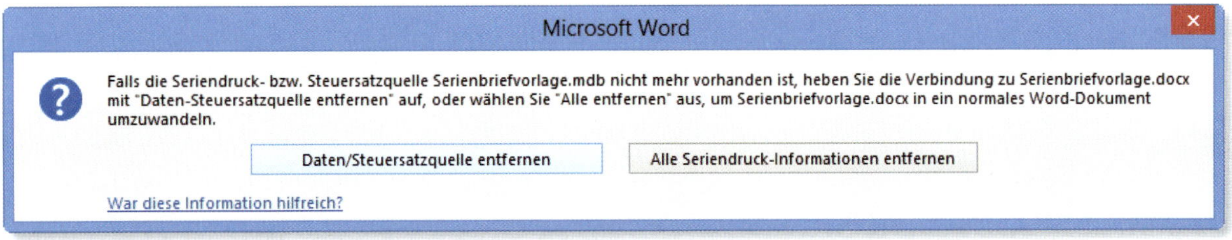

Abbildung 32.96
Das Hauptdokument ohne Verbindung zur Datenquelle öffnen

Kapitel 33
Etiketten, Umschläge und Verzeichnisse

Obwohl im Büroalltag in erster Linie Briefumschläge mit Fenster verwendet werden, gibt es auch viele Fälle, in denen man freiwillig darauf verzichtet oder sie nicht benutzen kann (z. B. wenn Dokumente kein klassisches Anschriftenfeld haben).

Die Seriendruckfunktion, die wir in Kapitel 32, »Serienbriefe«, ausführlich erklärt haben, ist vor allem auch ein tolles Instrument, um Etiketten oder Umschläge zu beschriften. Wenn es bereits eine Datenquelle mit Anschriften gibt (oder die Adressen in Outlook oder einer Datenbank erfasst wurden), lassen sich sehr viele Adressen sehr schnell ausdrucken. Im letzten Teil dieses Kapitels, genauer gesagt, in Abschnitt 33.3, »Verzeichnisse für Adressen anlegen«, beschreiben wir, wie Sie über den Seriendruck auch ein Verzeichnis all Ihrer Datensätze erstellen können.

33.1 Etiketten herstellen

Die gute Nachricht ist, dass sich die Benutzung der Seriendruckfunktion für Etiketten und Umschläge in keiner Weise von der Vorgehensweise unterscheidet, einen Serienbrief zu erstellen. Da sich, wie gesagt, bereits in Kapitel 32, »Serienbriefe«, alles um Serienbriefe gedreht hat, gehen wir hier nicht erneut auf die grundsätzlichen Techniken des Seriendrucks ein. Auch die Schritte, die erforderlich sind, um eine Datenquelle zu erstellen oder zu verwenden, beschreiben wir an dieser Stelle nur kurz und knapp. Mit anderen Worten: Wenn Sie in diesem Kapitel Erklärungen vermissen, schauen Sie bitte in das Kapitel 32, in dem Sie alle Informationen finden, die im Zusammenhang mit Seriendruckbriefen relevant sind.

Das Etikett vorbereiten

Die kniffligste Arbeit besteht darin, das Etikett mit den richtigen Maßen einzurichten. Wenn dies einmal erledigt ist, geht der Rest ziemlich fix.

1 Öffnen Sie ein neues Dokument und klicken Sie auf der Registerkarte **Sendungen** auf **Seriendruck starten**. Im Menü wählen Sie **Etiketten**.

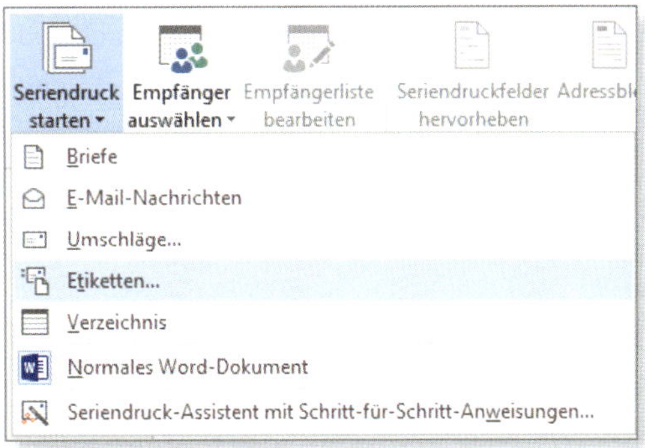

Abbildung 33.1
Den Seriendruck für Etiketten starten

2 Daraufhin wird der Dialog **Etiketten einrichten** angezeigt (siehe Abbildung 33.2). Im Feld **Etiketten-**

lieferanten ❶ werden gängige Etikettentypen aufgelistet und im Feld **Etikettennummer** ❷ die zugehörigen Nummern. Werfen Sie also einen Blick auf die Etiketten, die Sie benutzen möchten. (Sie können natürlich auch umgekehrt vorgehen und Etiketten erwerben, die hier unterstützt und angeboten werden.)

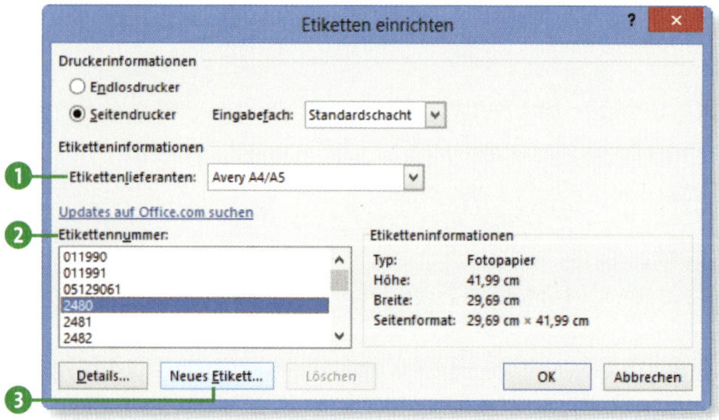

^ Abbildung 33.2
Der Dialog zum Festlegen des Etiketts

3 Damit wir beschreiben können, wie Sie eigene Maße für ein Etikett eingeben, ignorieren wir hier die Angebote und klicken stattdessen auf **Neues Etikett** ❸.

4 Daraufhin wird das Dialogfenster **Etikettendetails** angezeigt, in dem Sie individuelle Maße angeben können (siehe Abbildung 33.3). Geben Sie dem Etikett außerdem unter **Etikettenname** ❹ einen Namen (damit Sie es später wiederfinden) und tragen Sie dann seine Maße in die dafür vorgesehenen Felder **Etikettenhöhe** ❺ und **Etikettenbreite** ❻ ein. Die Angaben in Abbildung 33.3 entsprechen den Abmessungen, die ein Briefumschlagfenster hat.

5 Die Felder auf der linken Seite (**Oberer Rand**, **Seitenrand**, **Vertikalabstand** und **Horizontalabstand**) beschreiben den Abstand des Etiketts zu den Blatträndern. Die Vorschau ❼ des Dialogs hilft, hier die richtigen Maße einzugeben. Vergessen Sie nicht, im Feld **Seitenformat** ❽ die Option **A4 (210 x 297 mm)** einzustellen. Mit den hier genannten Maßen passen, bezogen auf ein DIN-A4-Blatt, dann zwei Etiketten in die Zeile und fünf Etiketten in die Spalte.

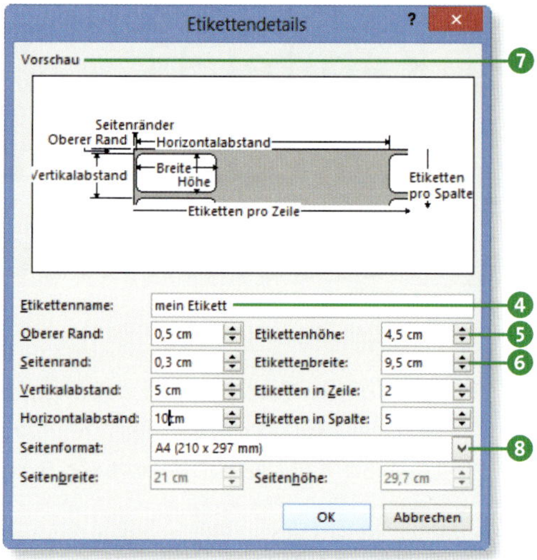

^ Abbildung 33.3
Die Maße für ein benutzerdefiniertes Etikett eingeben

6 Nachdem Sie alle Eingaben gemacht haben, bestätigen Sie das Dialogfenster mit **OK**. Damit kehren Sie in den Dialog **Etiketten einrichten** zurück, der die eben eingetragenen Maße nochmals anzeigt ❾.

7 Bestätigen Sie auch diesen Dialog mit **OK**.

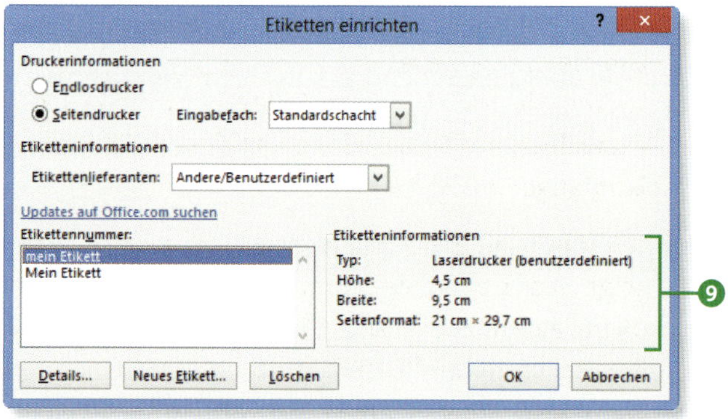

^ Abbildung 33.4
Die Etikettenmaße

Mit den im Beispiel verwendeten Maßen erhalten Sie, zehn leere Etiketten auf einem DIN-A4-Blatt, und zwar in Form einer Word-Tabelle. Eigentlich müssten die Rasterlinien automatisch angezeigt werden; falls nicht, klicken Sie auf der Registerkarte **Tabellentools/Layout** auf die Option **Rasterlinien anzeigen**.

Abbildung 33.5
Die Etiketten als Word-Tabelle

Die Empfängerliste erstellen

Die Etiketten sollen nun jedoch nicht einzeln beschriftet, sondern mit den Informationen aus einer Datenquelle gefüllt werden. Damit Sie den Vorgang von Grund auf kennenlernen, gehen wir zunächst davon aus, dass Sie eine neue Datenquelle für die Anschriften erstellen müssen (wir beschreiben dies hier allerdings nur sehr komprimiert, da wir in Kapitel 32, »Serienbriefe«, bereits ausführlich auf den Umgang mit Datenquellen und Adresslisten eingegangen sind).

1. Um die Datenquelle für die Anschriften zu erstellen, klicken Sie im Menü der Schaltfläche **Empfänger auswählen** auf **Neue Liste eingeben** (**Sendungen** > **Empfänger auswählen**).
2. Daraufhin wird der Dialog **Neue Adressliste** angezeigt. Hier tragen Sie nun die Empfängerinformationen Feld für Feld in die Tabelle ein. Nutzen Sie das Feld **Adresszeile 1** für die Straße, da es kein Feld mit der Bezeichnung »Straße« gibt.
3. Um den nächsten Datensatz einzugeben, klicken Sie jeweils auf die Schaltfläche **Neuer Eintrag**.
4. Erst wenn Sie alle Informationen eingetragen haben, klicken Sie auf **OK**.
5. Anschließend wird der Dialog **Adressliste speichern** geöffnet, und zwar mit dem Ordner **Meine Datenquellen**. Hier ist automatisch das Access-Format für Datenbanken **(*.mdb)** voreingestellt. Geben Sie Ihrer Adressliste einen sinnvollen Namen und klicken Sie dann auf **Speichern**.

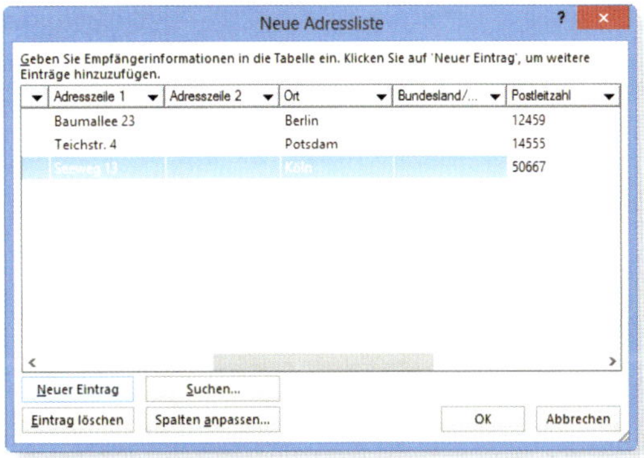

Abbildung 33.6
Die Informationen in die Adressliste eingeben

Der Dialog wird geschlossen, und in den Tabellenzellen (den Etiketten) steht nun außer in der ersten Zelle überall **<Nächster Datensatz>**. Sollte dies nicht der Fall sein, müssen Sie die Datenquelle erneut anfügen. Klicken Sie dazu auf **Empfängerliste auswählen** > **Vorhandene Liste verwenden** und wählen Sie im nächsten Dialog die eben erstellte Datei aus.

Abbildung 33.7
Die Etiketten mit Platzhaltern für die Datensätze

TIPP

Eine Etikettenseite je Datensatz

Wenn Sie eine ganze Seite mit Etiketten für nur einen Datensatz erstellen möchten, um sich einen Vorrat anzulegen, können Sie die Platzhalter **<Nächster Datensatz>** einfach löschen.

Die Seriendruckfelder einfügen

Nun können Sie die Seriendruckfelder einfügen, die später (nach dem Ausführen der Seriendruckfunktion) durch die konkreten Angaben aus der Datenquelle ersetzt werden. Auch diesen Vorgang beschreiben wir in Kapitel 32, »Serienbriefe«, im Detail und machen es hier daher ganz kurz.

1 Setzen Sie den Cursor in die Zeile der ersten leeren Zelle, in der die Empfängeranrede stehen soll, und klicken Sie dann auf der Registerkarte **Sendungen** in der Gruppe **Felder schreiben und einfügen** auf die Schaltfläche **Seriendruckfeld einfügen** (wenn Sie an der Schaltfläche rechts unten auf den Pfeil klicken, wird eine Auswahlliste mit den Seriendruckfeldern aufgeklappt).

2 Daraufhin wird der Dialog **Seriendruckfeld einfügen** angezeigt. In diesem Dialog markieren Sie – sofern Sie die Standardfelder verwendet haben – den Eintrag **Titel** (für die Standardanrede »Herr« oder »Frau«) und klicken auf **Einfügen**. Sobald Sie das erste Seriendruckfeld eingetragen haben, ändert sich das Dialogfenster, und Sie sehen anstatt der Schaltfläche **Abbrechen** die Schaltfläche **Schließen**.

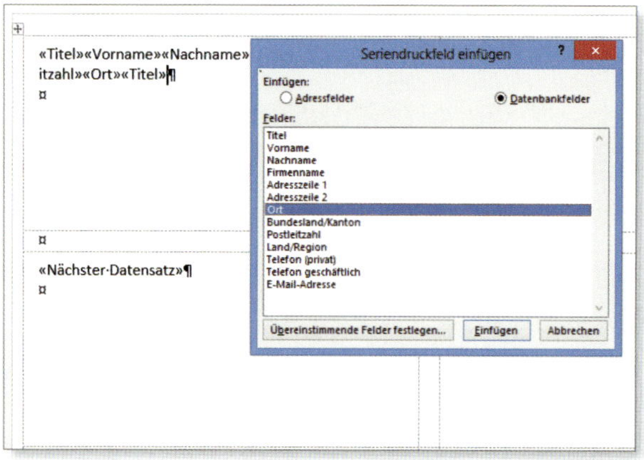

Abbildung 33.8
Die Seriendruckfelder in das erste Etikett einfügen

3 Fügen Sie auf dem gleichen Weg die übrigen erforderlichen Felder ein, also **Vorname**, **Nachname**, **Adresszeile 1**, **Postleitzahl** und **Ort**.

4 Klicken Sie abschließend auf **Schließen**.

5 Positionieren Sie die Felder nun mithilfe der [↵]-Taste so, dass sie wie eine Anschrift angeordnet sind.

INFO

Weitere Anschriftenfelder verwenden

Für alle Besonderheiten, z. B. die Verwendung spezieller Anschriftenfelder für die Angabe eines Titels, eines Firmennamens etc., verweisen wir Sie auf die entsprechenden Erläuterungen in Kapitel 31, »Serienbriefe«, in dem wir uns u. a. ausgiebig mit dem Erstellen einer Anschrift für den Seriendruck befassen.

Den Seriendruck für die Etiketten ausführen

Nachdem Sie die Seriendruckfelder eingefügt haben, ist Ihre Arbeit schon fast erledigt. Das Seriendruckfeld **Nächster Datensatz** steuert, dass bei jedem Feld eine neue Adresse aus der Datenbank geholt wird. Um diesen Vorgang »anzustoßen«, klicken Sie auf der Registerkarte **Sendung** in der Gruppe **Felder schreiben und einfügen** auf die Schaltfläche **Etiketten aktualisieren**.

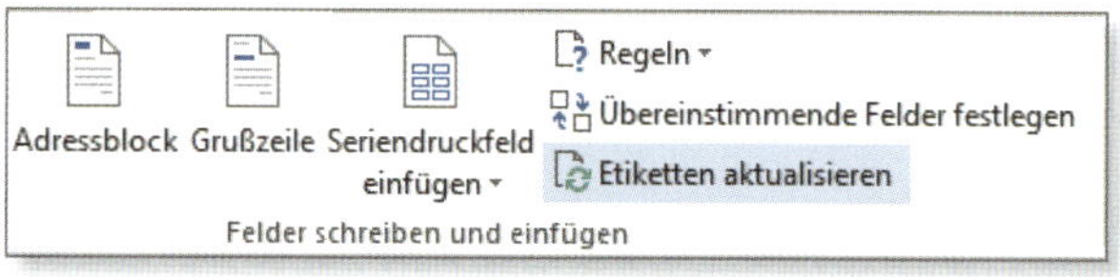

Abbildung 33.9
Die Datensätze aktualisieren lassen

Danach werden die verschiedenen Adressen in den Seriendruckfeldern auf allen Etiketten angezeigt (siehe Abbildung 33.10).

Bevor Sie den Seriendruck ausführen, sollten Sie prüfen, ob die Etiketten in Ordnung sind, ob also die Adressen korrekt aufgeteilt sind und richtig angezeigt werden. Die Vorschau auf die Ergebnisse blenden Sie ein, indem Sie auf der Registerkarte **Sendungen** auf die Schaltfläche **Vorschau Ergebnisse** in der gleichna-

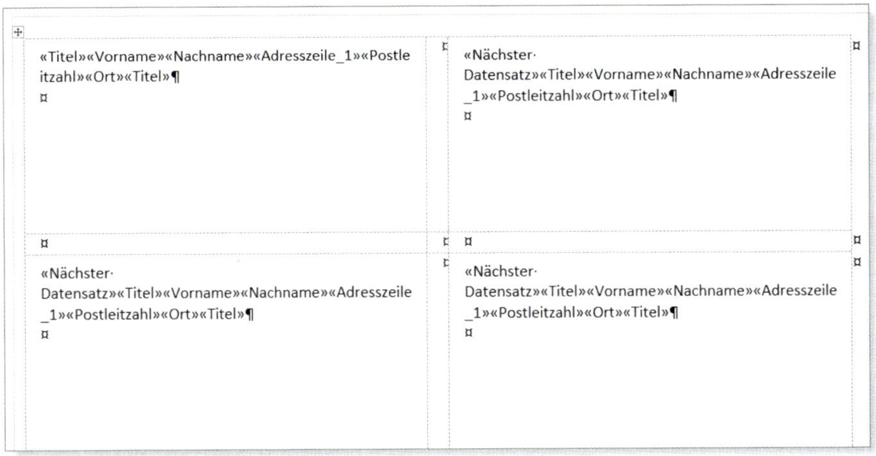

< *Abbildung 33.10*
Die Seriendruckfelder in allen Etiketten

migen Gruppe klicken (auf dem gleichen Weg schalten Sie die Vorschau dann auch wieder aus). Falls Sie einen Fehler entdecken (z. B. die falsche Position eines Feldes), korrigieren Sie ihn am besten direkt im Dokument mit den Seriendruckfeldern (damit Sie ihn nur einmal korrigieren müssen).

Wenn allerdings eine Anschrift einen Fehler enthält, müssen Sie die Datenquelle selbst bearbeiten. Dazu klicken Sie auf der Registerkarte **Sendungen** in der Gruppe **Seriendruck starten** auf die Schaltfläche **Empfängerliste bearbeiten**. Im Dialog **Seriendruckempfänger**, der sich daraufhin öffnet, markieren Sie im Feld **Datenquelle** die verwendete Quelle und klicken dann auf **Bearbeiten**.

^ *Abbildung 33.11*
Die Datenquelle zum Bearbeiten aufrufen

Im nächsten Dialogfenster **Datenquelle bearbeiten** können Sie dann eventuelle Fehler in den Datensätzen beheben.

Wenn Sie alle Fehler korrigiert haben und sicher sind, dass die Etiketten so richtig sind, klicken Sie auf der Registerkarte **Sendungen** auf **Fertig stellen und zusammenführen**. Um die Etiketten direkt zu drucken, wählen Sie im Menü der Schaltfläche den Eintrag **Dokumente drucken**. Um die mit Informationen gefüllten Etiketten zunächst nacheinander am Bildschirm zu sehen und sie dann erst zu drucken, klicken Sie hier auf den Eintrag **Einzelne Dokumente bearbeiten**. Daraufhin wird automatisch eine neue Datei mit dem Namen *Adressetiketten.docx* erstellt, in der Sie sich die fertigen Etiketten anschauen können. Falls Sie auch hier noch einen Fehler in bestimmten Anschriften entdecken, schließen Sie diese Datei, ohne sie zu speichern, und korrigieren den Fehler im Hauptdokument (mit den Seriendruckfeldern) bzw. wie beschrieben in der Datenquelle.

Vorhandene Adressen nutzen

Deutlich schneller erstellen Sie Etiketten, wenn Sie bereits über eine Datei mit Empfängeradressen verfügen.

1. Wählen Sie im Menü **Seriendruck starten** den Eintrag **Etiketten**.
2. Wenn Sie das Etikett verwenden möchten, das wir soeben erstellt haben, wählen Sie im Dialog **Etiketten einrichten** im Feld **Etikettenlieferanten** ❶ die Option **Andere/Benutzerdefiniert**.

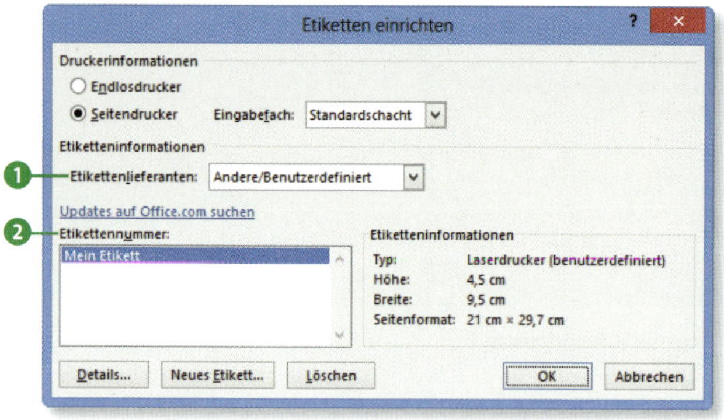

^ *Abbildung 33.12*
Das bereits eingerichtete Etikett wiederverwenden

3 Daraufhin taucht das Etikett im Bereich **Etikettennummer** ❷ auf (im Beispiel »Mein Etikett«), wo Sie es markieren.

4 Bestätigen Sie Ihre Auswahl mit **OK**.

5 Um nun die vorhandene Datenquelle zu nutzen, entscheiden Sie sich im Menü der Schaltfläche **Empfänger auswählen** für die Option **Vorhandene Liste verwenden**.

6 Daraufhin wird der Dialog **Datenquelle auswählen** angezeigt, in dem Sie die Datei auswählen, die die Daten enthält. Wenn Sie nicht sicher sind, in welchem Format diese Datei vorliegt, stellen Sie am besten in dem Feld rechts neben dem Dateinamen als Dateityp **Alle Dateien (*.*)** ein.

7 Markieren Sie dann die Datei und klicken Sie auf **Öffnen**.

8 Danach verfahren Sie wieder, wie es bereits im Abschnitt »Den Seriendruck für die Etiketten ausführen« auf Seite 698 beschrieben wurde.

TIPP

Outlook-Kontakte verwenden

In Abschnitt 32.6, »Vorhandene Datenquellen nutzen«, finden Sie Informationen dazu, wie Sie Ihre Outlook-Kontakte für Etiketten (oder Umschläge) nutzen können.

33.2 Umschläge beschriften

Auch Umschläge lassen sich mithilfe der Seriendruckfunktion beschriften – was allerdings voraussetzt, dass Ihr Drucker beim Bedrucken von Umschlägen nicht streikt. Sehr gute Drucker können besser mit Umschlägen umgehen als relativ einfache Drucker, teilweise verfügen sie sogar über ein Extrafach für Briefumschläge. Davon abgesehen ist das Vorgehen ähnlich wie bei der Erstellung von Etiketten.

1. Zunächst wählen Sie das Briefformat, das Sie verwenden möchten. Da Umschläge weitestgehend standardisiert sind, können Sie in der Regel eines der unterstützten Briefformate benutzen und sich die Mühe ersparen, ein eigenes Format einzurichten.

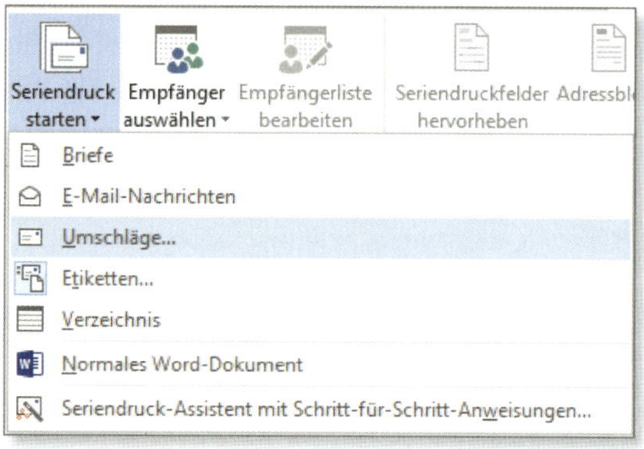

^ *Abbildung 33.13*
Den Seriendruck für Umschläge starten

2. Dann erstellen oder öffnen Sie eine Datenquelle und fügen die erforderlichen Seriendruckfelder ein.
3. Zum Schluss werden Datenquelle und Umschläge für den Ausdruck zusammengeführt.

Sie beginnen also damit, dass Sie auf der Registerkarte **Sendungen** auf die Schaltfläche **Seriendruck starten** klicken und im Menü den Eintrag **Umschläge** wählen.

Daraufhin wird der Dialog **Umschlagoptionen** angezeigt, in dem Sie als Erstes das Format festlegen, das Sie verwenden wollen. Klicken Sie dazu auf den Pfeil am Feld **Umschlagformat** ❸ und wählen Sie das entsprechende Briefformat aus der Liste aus. Gängig für Geschäftspost ist die Form »DIN lang« mit den Maßen 110 mm × 220 mm (hier in der Liste ist es unter **DL** zu finden). Falls Ihre Umschläge völlig aus dem Rahmen fallen, wählen Sie die Option **Benutzerdefiniertes Format** aus dieser Liste und geben die Höhe und Breite des Umschlags im zugehörigen Dialogfenster ein.

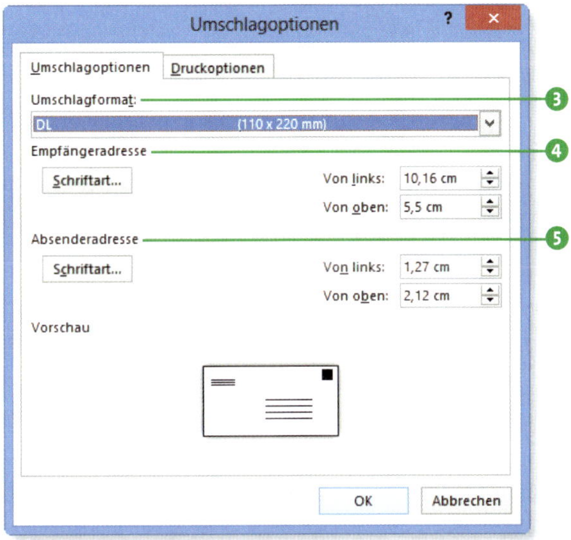

Abbildung 33.14
Das Umschlagformat festlegen

Über die beiden Schaltflächen **Schriftart** in den Bereichen **Empfängeradresse** ❹ und **Absenderadresse** ❺ können Sie, wie der Name verspricht, die Schriftart für die Adressfelder ändern. Standardmäßig ist hier jeweils die Designschriftart für Überschriften eingestellt; mit einem anderen Design würde also auch diese Schrift automatisch angepasst werden. Die anderen vier Felder (jeweils mit **Von links** und **Von oben** bezeichnet) legen die Position der beiden Adresstextfelder fest, die eingefügt werden.

Nachdem Sie auf **OK** geklickt haben, erscheint ein querformatiges Blatt mit zwei Textfeldern auf dem Bildschirm: oben links das Feld für den Absender und mittig das Feld für die Empfängeranschrift. Der Rahmen taucht auf, sobald Sie den Cursor auf die Absatzmarke setzen (siehe Abbildung 33.15).

Abbildung 33.15
Der Umschlag auf der Seite

Um den Umschlag zu beschriften (das Feld für den Absender lassen wir hier frei), verfahren Sie wie üblich: Sie erstellen die Datenquelle neu oder Sie verbinden das Dokument mit einer vorhandenen Datenquelle und fügen die benötigten Seriendruckfelder in das Adressfeld ein (siehe dazu Abschnitt 33.1, »Etiketten herstellen«).

Abbildung 33.16
Das Adressfeld des Umschlags mit Seriendruckfeldern

Überprüfen Sie das Ergebnis in der Vorschau. Mit den Pfeiltasten können Sie nun durch die einzelnen Umschläge wandern. Zu guter Letzt klicken Sie auf die Schaltfläche **Fertig stellen und zusammenführen** auf der Registerkarte **Sendungen** und im zugehörigen Menü auf **Dokumente drucken**. Wir drücken die Daumen, dass Ihr Drucker die Umschläge sauber einzieht!

33.3 Verzeichnisse für Adressen anlegen

Mit der Verzeichnisfunktion von Word können Sie aus Datenquellen tabellenförmige Listen erstellen, die sich z. B. auch für Serienbriefe verwenden lassen. Praktische Anwendungssituationen wären Adress- oder Telefonübersichten sowie Kontrolllisten für die Adressen Ihrer Serienbriefe.

Die Verzeichnisfunktion unterscheidet sich kaum vom »normalen« Serienbrief, und in der Handhabung sind beide sogar identisch. In beiden Fällen arbeiten Sie mit Seriendruck- und Bedingungsfeldern und benötigen eine Datenquelle. Auch beim Verzeichnis müssen Sie das Hauptdokument abschließend mit der Datenquelle zusammenführen, um das Endergebnis zu erhalten.

Der Unterschied zwischen Serienbriefen und Verzeichnissen liegt darin, dass bei Serienbriefen für jeden Datensatz ein Abschnitt gefüllt wird, während die Datensätze bei Verzeichnissen direkt hintereinander eingesetzt werden, sodass mehrere Datensätze auf einer Seite erscheinen. Hierdurch können Sie eine tabellarische Anordnung der Daten erreichen. Durch eine geschickte Sortierung der Daten in Kombination mit etwas »Wenn-Dann-Sonst«-Logik können Sie die Daten sogar nach Kategorien gegliedert ausgeben lassen.

Ein einfaches Verzeichnis anlegen

Zunächst beginnen wir mit einem einfachen Verzeichnis, das die Adressen einer Datenquelle zeilenweise auflisten wird. Diese Schritt-für-Schritt-Anleitung wird recht knapp ausfallen, weil die meisten Schritte, wie gesagt, identisch mit dem Erstellen von Serienbriefen sind und wir das bereits an anderer Stelle ausführlich erklärt haben (siehe Kapitel 32, »Serienbriefe«).

1 Um ein neues Verzeichnis anzulegen, beginnen Sie wie beim Serienbrief mit einem neuen Dokument, das das Hauptdokument werden wird. Klicken Sie also in einem neuen Dokument auf der Registerkarte **Sendungen** im Menü des Symbols **Seriendruck starten** auf **Verzeichnis**.

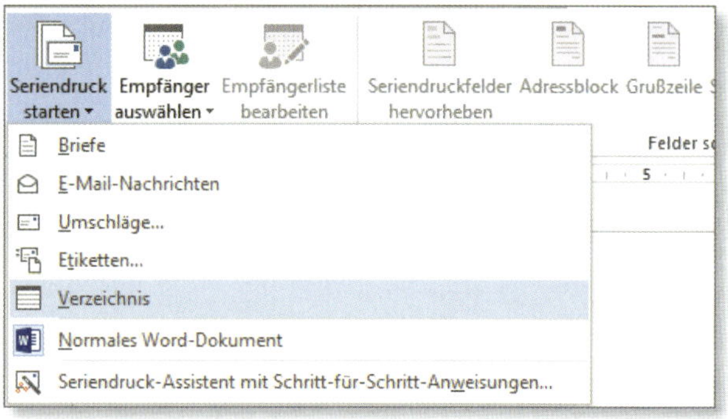

∧ ***Abbildung 33.17***
Die Verzeichnisfunktion starten

2 Es liegt in der Natur der Sache, dass Sie auch hier eine Datenquelle benötigen. Wir gehen für dieses Beispiel davon aus, dass bereits eine Datei mit Daten vorliegt, die Sie als Datenquelle verwenden können. Um die Datenquelle einzubinden, klicken Sie auf der Registerkarte **Sendungen** auf **Empfänger auswählen** und im zugehörigen Menü auf **Vorhandene Liste verwenden**.

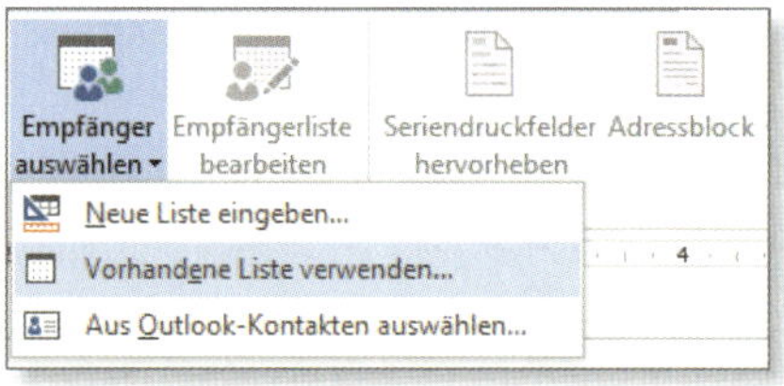

∧ ***Abbildung 33.18***
Eine vorhandene Datenquelle für das Verzeichnis verwenden

3 Im nachfolgenden Dialogfenster **Datenquelle auswählen** gehen Sie gleichermaßen vor: Wählen Sie die Datei aus, die die Daten enthält und folglich als Datenquelle für Ihr Verzeichnis dienen soll.

4 Jetzt können Sie auf die Seriendruckfelder zugreifen und diese wie gewünscht im Dokument platzieren. Wir beginnen mit einer einfachen Anordnung, mit der jeder Datensatz in einer Zeile erscheinen wird. Klicken Sie dazu auf der Registerkarte **Sendungen** auf den Auswahlpfeil des Symbols **Seriendruckfeld einfügen** und wählen Sie dann das gewünschte Feld aus.

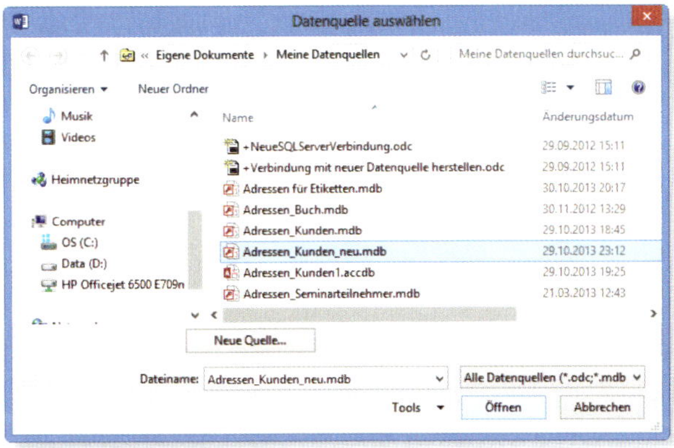

Abbildung 33.19
Die Datenquelle für das Verzeichnis auswählen

5 Wiederholen Sie diesen Schritt für alle Felder, die Sie in die Auflistung aufnehmen wollen. Im Beispiel setzen wir alle Felder in eine Zeile. Der Zeilenumbruch hinter diesen Seriendruckfeldern ist wichtig, damit jeder Datensatz in einer eigenen Zeile steht und die Datensätze dementsprechend im Verzeichnis untereinander aufgelistet und nicht direkt hintereinander erscheinen. Betätigen Sie also nach dem Einfügen des letzten Feldes die ↵-Taste.

6 Zwischen die Felder haben wir im Beispiel zur Abgrenzung senkreche Striche gesetzt (dieses Zeichen erzeugen Sie durch Drücken der Tastenkombination AltGr + <).

«Titel»·|·«Vorname»·|·«Nachname»·|·«Adresszeile_1»·|·«Postleitzahl»·|·«Ort»¶

¶

Abbildung 33.20
Die Seriendruckfelder für das Verzeichnis im Dokument

7 Auch bei Verzeichnissen können Sie sich mit der Schaltfläche **Vorschau Ergebnisse** auf der Registerkarte **Sendungen** bereits die Einträge der Datenquelle anstelle der Feldnamen anzeigen lassen. Hierbei wird aber immer nur ein Datensatz angezeigt, auch wenn später (nach dem Zusammenführen) mehrere Datensätze auf einer Seite stehen werden.

Familie·|·Heinz·|·Becker·|·Karl-Marx-Str.·23·|·14234·|·Potsdam¶

¶

Abbildung 33.21
Die Felder in der Vorschau

TIPP

Abstand zwischen Datensätzen

Wenn Ihnen der Abstand zwischen den einzelnen Datensätzen in der fertigen Auflistung zu groß erscheint, können Sie ihn im Hauptdokument einfach mit den üblichen Mitteln der Absatzformatierung verkleinern (im Dialog **Absatz**, den Sie über den kleinen Pfeil an der Gruppe **Absatz** aufrufen, mit den Feldern **Vor** und **Nach** bzw. über eine Veränderung des Zeilenabstands, siehe Abschnitt 15.3, »Zeilen- und Absatzabstände«).

Das Verzeichnis in einem neuen Dokument erstellen

Auch das eigentliche Anlegen des Verzeichnisses ist schnell gemacht. Wir erstellen hier das Verzeichnis vorab in einem neuen Dokument, damit wir Ihnen das Ergebnis mit seinen Korrekturmöglichkeiten zeigen können. Wenn Sie das Verzeichnis bereits kontrolliert haben, können Sie es auch direkt zum Drucker schicken.

1 Klicken Sie auf der Registerkarte **Sendungen** auf die Schaltfläche **Fertig stellen und zusammenführen**. Im Menü wählen Sie den Eintrag **Einzelne Dokumente bearbeiten**.

2 Im zugehörigen Dialogfenster bestimmen Sie die Anzahl der gewünschten Datensätze. Für eine vollständige Liste belassen Sie es bei der standardmäßig gewählten Option **Alle**.

3 Nach einem Klick auf **OK** wird das fertige Verzeichnis in einem neuen Dokument angezeigt.

Herr·|·Peter·|·Meier·|·Schillerstr.·1·|·10625·|·Berlin¶

Frau·|·Emma·|·Krause·|·Herderstr.·55·|·10567·|·Berlin¶

Frau·|·Maryam·|·Selim·|·Kantstr.·9·|·10888·|·Berlin¶

Herr·|·Otto·|·Lehmann·|·Goethestr.·70·|·12569·|·Berlin¶

Familie·|·Heinz·|·Becker·|·Karl-Marx-Str.·23·|·14234·|·Potsdam¶

Frau·|·Suse·|·Arnold·|·Turmstr.·7·|·15230·|·Frankfurt¶

Herr·|·Oleg·|·Marquard·|·Alsterallee·34·|·20404·|·Hamburg¶

Frau·|·Sonja·|·Meier·|·Marienstr.·7·|·89800·|·München¶

Abbildung 33.22
Das fertige Verzeichnis

Das Verzeichnis gliedern und sortieren

Um die Daten im Verzeichnis tabellarisch anzuordnen, bietet sich die Verwendung von Tabstopps an. Markieren Sie dazu den betreffenden Absatz im Hauptdokument und setzen Sie die Tabstopps im Lineal an die gewünschte Position (die vertikalen Striche und Leerstellen werden für diese Anordnung gelöscht). Verschieben Sie die Seriendruckfelder nun mithilfe der [⇆]-Taste zu den Tabstopps.

«Titel» → «Vorname» → «Nachname»· → «Adresszeile_1» → «Postleitzahl» → «Ort»¶
¶

Abbildung 33.23
Die Einträge durch Tabstopps trennen

Das Ergebnis nach dem Zusammenführen sehen Sie in Abbildung 33.24.

Um etwas Ordnung in die langen Listen zu bringen, die durch die Verzeichnisfunktion entstehen können, lassen sich die Daten in Kategorien gegliedert ausgeben. Für eine Adressliste bietet sich beispielsweise eine Gliederung nach Orten an. Damit dies gelingt, müssen Sie die Daten zunächst entsprechend sortieren. Anschließend können Sie das Hauptdokument noch so anpassen, dass für jede neue Kategorie (also im Beispiel für jeden Ort) eine Überschrift erscheint.

Herr	Peter	Meier·	Schillerstr.·1	10625	Berlin¶
Frau	Emma	Krause·	Herderstr.·55	10567	Berlin¶
Frau	Maryam	Selim·	Kantstr.·9	10888	Berlin¶
Herr	Otto	Lehmann·	Goethestr.·70	12569	Berlin¶
Familie	Heinz	Becker·	Karl-Marx-Str.·23	14234	Potsdam¶
Frau	Suse	Arnold·	Turmstr.·7	15230	Frankfurt¶
Herr	Oleg	Marquard·	Alsterallee·34	20404	Hamburg¶
Frau	Sonja	Meier·	Marienstr.·7	89800	München¶

Abbildung 33.24
Tabellarisch angeordnete Verzeichniseinträge

Um die Daten in einer Reihenfolge zu sortieren, dass Datensätze mit gleichen Einträgen hintereinander in dem für die Kategorisierung vorgesehenen Feld ausgegeben werden, sind die im Folgenden beschriebenen Schritte nötig.

1 Klicken Sie im Hauptdokument auf der Registerkarte **Sendungen** auf die Schaltfläche **Empfängerliste bearbeiten**.

2 Im zugehörigen Dialog **Seriendruckempfänger** klicken Sie auf **Sortieren**.

3 Auf der Registerkarte **Datensätze sortieren** des Dialogfensters **Filtern und sortieren** wählen Sie im Feld **Sortieren nach** das Feld, nach dem Sie die Liste gliedern möchten (im Beispiel **Ort**).

4 Bestimmen Sie dann eine Reihenfolge, im Normalfall wählen Sie hier **Aufsteigend**. Wenn Sie wollen, können Sie die Adressen anschließend auch gleich noch nach dem Nachnamen und Vornamen sortieren lassen.

Abbildung 33.25
Die Sortierung einstellen

5 Nachdem Sie den Dialog bestätigt haben, können Sie im Dialog **Seriendruckempfänger** die geänderte Reihenfolge der Datensätze begutachten.

Wenn Sie jetzt das Verzeichnis erstellen lassen, erhalten Sie die Datensätze in der angegebenen Reihenfolge. Was nun noch fehlt, ist eine Abgrenzung der Kategorie (hier also des Ortes) durch eine Überschrift, die wir im nächsten Abschnitt integrieren.

Frau →	Emma →	Krause· →	Herderstr.·55 →	10567 →	Berlin¶
Herr →	Otto →	Lehmann· →	Goethestr.·70 →	12569 →	Berlin¶
Herr →	Peter →	Meier· →	Schillerstr.·1 →	10625 →	Berlin¶
Frau →	Maryam →	Selim· →	Kantstr.·9 →	10888 →	Berlin¶
Frau →	Suse →	Arnold· →	Turmstr.·7 →	15230 →	Frankfurt¶
Herr →	Oleg →	Marquard· →	Alsterallee·34 →	20404 →	Hamburg¶
Frau →	Sonja →	Meier· →	Marienstr.·7 →	89800 →	München¶
Familie→	Heinz →	Becker· →	Karl-Marx-Str.·23 →	14234 →	Potsdam¶

Abbildung 33.26
Die sortierten Einträge im Verzeichnis

Die Kategorie als Überschrift nutzen

Durch die Sortierung stehen alle Datensätze mit dem gleichen Ort hintereinander. Wenn im aktuellen Datensatz im Feld **Ort** ein anderer Ort steht als im vorhergehenden Datensatz, beginnt eine neue Kategorie, die daher auch als Überschrift ausgegeben werden kann.

Ort:·Berlin¶					
Frau →	Emma →	Krause· →	Herderstr.·55 →	10567 →	Berlin¶
Herr →	Otto →	Lehmann· →	Goethestr.·70 →	12569 →	Berlin¶
Herr →	Peter →	Meier· →	Schillerstr.·1 →	10625 →	Berlin¶
Frau →	Maryam →	Selim· →	Kantstr.·9 →	10888 →	Berlin¶
Ort:·Frankfurt¶					
Frau →	Suse →	Arnold· →	Turmstr.·7 →	15230 →	Frankfurt¶

Abbildung 33.27
Ein Verzeichnis mit Überschriften

Um eine solche Anordnung zu erreichen, müssen Sie sich erneut mit den Feldfunktionen eines »Wenn-Dann-Sonst«-Feldes befassen. Wir beschreiben den Aufbau des Feldes zunächst theoretisch, und danach erfahren Sie Schritt für Schritt, wie Sie das Feld einfügen. Damit Sie die folgenden Erklärungen nachvollziehen können, möchten wir Ihnen vorweg zwei Hinweise geben.

1. Um den Eintrag im Feld **Ort** des aktuellen Datensatzes mit dem des vorhergehenden Datensatzes vergleichen zu können, muss der Wert des vorhergehenden Datensatzes zwischengespeichert werden. Da wir hier nicht programmieren wollen, verwenden wir dazu eine Textmarke, der der Ort zugewiesen wird. Auf diese Weise kann das zwischengespeicherte Ergebnis in einem »Wenn-Dann-Sonst«-Feld mit dem Wert des aktuellen Datensatzes verglichen werden.
2. Beim Erstellen des Verzeichnisses werden die Datensätze entsprechend der Sortierung sequenziell abgearbeitet. Auch die Felder im Hauptdokument werden in der Reihenfolge ihres Vorkommens geprüft.

TIPP

Andere Kategorien

Wenn Sie eine andere Kategorisierung wünschen, müssen Sie bei der Sortierung und im »Wenn-Dann-Sonst«-Feld das entsprechende Feld verwenden. In der Beschreibung gehen wir der Einfachheit halber beispielhaft vom Feld **Ort** aus.

Das folgende »Wenn-Dann-Sonst«-Feld erledigt die Prüfung und Zuweisung:

```
{ If { MERGEFIELD Ort } <> { ORTALT }
.Ort: { MERGEFIELD Ort }
{ SET ORTALT { MERGEFIELD Ort }}. ..}
```

Dieses »Wenn-Dann-Sonst«-Feld hat mehrere Bestandteile, die wir zu Ihrem Verständnis im Folgenden kurz erläutern wollen:

```
If { MERGEFIELD Ort } <> { ORTALT }
```

ist die Bedingung, die geprüft wird. Mit `{ ORTALT }` wird auf den Inhalt der Textmarke mit dem Namen **ORTALT** zugegriffen. In dieser Textmarke ist der Ort des vorheri-

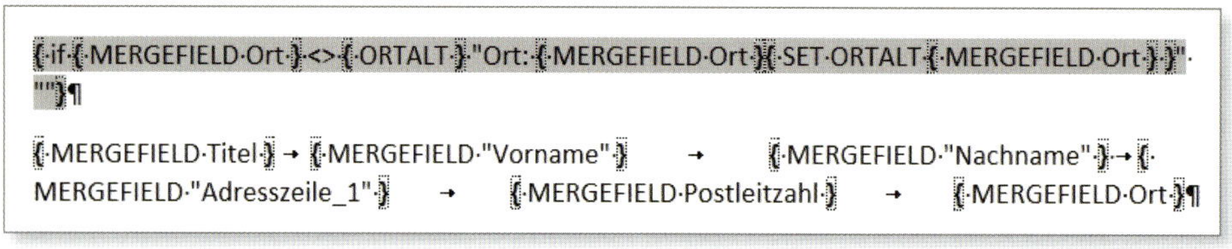

Abbildung 33.28
Das »Wenn-Dann-Sonst«-Feld

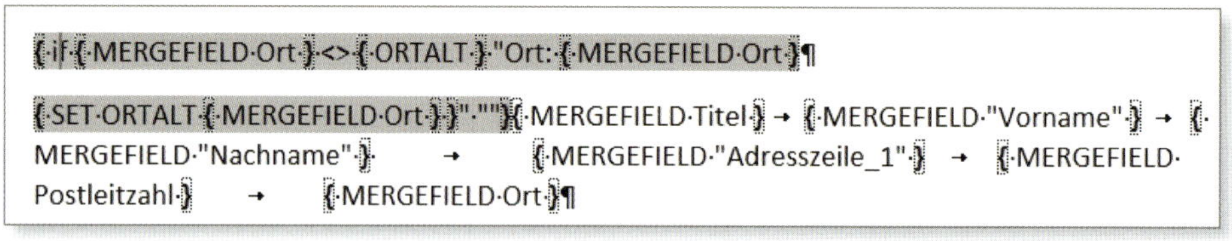

Abbildung 33.29
Die Absatzmarke im »Dann«-Teil des Feldes

gen Datensatzes gespeichert. Dieser Wert wird mithilfe des Symbols <> (»ungleich«) mit dem Inhalt des Feldes **Ort** (`{ MERGEFIELD Ort }`) des aktuellen Datensatzes verglichen. Falls diese Bedingung erfüllt wird, sich der aktuelle und vorhergehende Ortsname also unterscheiden, wird das ausgegeben und ausgeführt, was in den darauffolgenden Anführungszeichen steht:

```
.Ort: { MERGEFIELD Ort }
{ SET ORTALT { MERGEFIELD Ort }}.
```

Mit `.Ort: { MERGEFIELD Ort }` wird also die Überschrift für die neue Kategorie (der neue Ortsname) ausgegeben. `{ SET ORTALT { MERGEFIELD Ort }}` setzt den Wert der Textmarke **ORTALT** auf den aktuellen Ortsnamen, der über das Seriendruckfeld `{ MERGEFIELD Ort }` abgerufen wird. Dieser Wert wird für den Vergleich beim nächsten Datensatz benötigt. Die letzten Anführungszeichen `..` enthalten keinen Inhalt, da nur beim Wechsel der Ortsnamen die Kategorie als Überschrift ausgegeben werden soll; auch der Wert der Textmarke muss nicht geändert werden.

Die Funktionsweise des »Wenn-Dann-Sonst«-Feldes

Nach dieser etwas technischeren Erklärung möchten wir mit folgendem Beispiel die Funktionsweise des »Wenn-Dann-Sonst«-Feldes darstellen. Nehmen wir an, die Datenquelle enthält drei Datensätze, wie es Tabelle 33.1 zeigt.

Datensatz	Ort
1	Berlin
2	Berlin
3	Hamburg

Tabelle 33.1
Datensätze im Beispiel

Wenn die Daten dieser Datenquelle beim Zusammenführen verwendet werden, geschieht Folgendes: Beim ersten Datensatz ist die Bedingung erfüllt, da in der Textmarke **ORTALT** noch kein Wert steht und in `{ MERGEFIELD Ort }` »Berlin«. Es wird also der Text **Ort: Berlin** ausgegeben, und der Wert »Berlin« wird anschließend der Textmarke **ORTALT** zugewiesen (siehe dazu auch den Infokasten »Die erste Kategorie erhält keine Überschrift« auf Seite 708).

Beim zweiten Datensatz ist die Bedingung nicht erfüllt, weil in der Textmarke **ORTALT** jetzt »Berlin« steht und `{ MERGEFIELD Ort }` auch »Berlin« ausgibt. Der Ortsname (»Berlin«) wird nicht ausgegeben. Der Textmarke **ORTALT** muss hier kein neuer Wert zugewiesen werden, denn dieser hat sich nicht geändert.

Beim dritten Datensatz ist die Bedingung erfüllt, da in der Textmarke **ORTALT** jetzt immer noch »Berlin« steht, in { MERGEFIELD Ort } aber »Hamburg«. Also wird der neue Ortsname (»Hamburg«) ausgegeben und der Textmarke **ORTALT** zugewiesen.

Das »Wenn-Dann-Sonst«-Feld einfügen

Um das »Wenn-Dann-Sonst«-Feld in Ihr Hauptdokument einzufügen, empfiehlt es sich, es per Hand einzutippen, weil Sie die sehr verschachtelten Felder schneller eintippen können, als sie nach und nach zusammenzuklicken (siehe Abbildung 33.28).

1 Lassen Sie sich über **Datei** > **Optionen** > **Erweitert** die Feldfunktionen dauerhaft anzeigen.

2 Geben Sie den im vorherigen Abschnitt besprochenen Text des »Wenn-Dann-Sonst«-Feldes an erster Stelle in Ihrem Dokument ein. Denken Sie daran, dass die geschweiften Klammern { } für Felder stehen und Sie diese Felder bzw. die Klammern nicht über [AltGr] + [7] bzw. [AltGr] + [0] eingeben, sondern mit [Strg] + [F9] als Feld erzeugen müssen.

3 Fügen Sie hinter .Ort: { MERGEFIELD Ort } noch eine Absatzmarke ein (siehe Abbildung 33.29). Im »echten« Dokument steht dann hinter der Überschrift der Kategorie ein Absatz mit einem entsprechenden Zeilenabstand. Dass sich das »Wenn-Dann-Sonst«-Feld daraufhin über mehrere Zeilen erstreckt, ist kein Problem, weil die Absatzmarke ja auch innerhalb der Anführungszeichen (..) des »Dann«-Teils des Feldes steht und deshalb zum Feld gehört.

4 Führen Sie die Datenquelle und das Hauptdokument zusammen, um die fertige Liste zu erhalten. Dazu klicken Sie auf der Registerkarte **Sendungen** auf die Schaltfläche **Fertig stellen und zusammenführen**.

In der Vorschau auf die Ergebnisse werden Sie die Überschriften der Kategorien zunächst nicht bewundern können. Der Grund hierfür ist folgender: Weil immer nur ein Datensatz angezeigt wird, wird hier der Wert für die Textmarke eigentlich nicht gesetzt.

Ort:·Berlin¶

Frau →	Emma →	Krause· →	Herderstr.·55 →	10567 →	Berlin¶
Herr →	Otto →	Lehmann· →	Goethestr.·70 →	12569 →	Berlin¶
Herr →	Peter →	Meier· →	Schillerstr.·1 →	10625 →	Berlin¶
Frau →	Maryam →	Selim· →	Kantstr.·9 →	10888 →	Berlin¶

Ort:·Frankfurt¶

Frau →	Suse →	Arnold· →	Turmstr.·7 →	15230 →	Frankfurt¶

Ort:·Hamburg¶

Herr →	Oleg →	Marquard· →	Alsterallee·34 →	20404 →	Hamburg¶

Ort:·München¶

Frau →	Sonja →	Meier· →	Marienstr.·7 →	89800 →	München¶

Ort:·Potsdam¶

Familie →	Heinz →	Becker· →	Karl-Marx-Str.·23 →	14234 →	Potsdam¶

< ***Abbildung 33.30***
Die fertige Liste mit Überschriften

HINWEIS

Die erste Kategorie erhält keine Überschrift?

Das Phänomen, dass die erste Kategorie keine Überschrift hat, taucht auf, wenn Sie in der Ergebnisvorschau einen Datensatz ausgewählt hatten, der den gleichen Ortsnamen hat wie der erste Datensatz. In diesem Fall hat die Textmarke **ORTALT** den Wert durch die Vorschau bereits erhalten und geht beim Zusammenführen nicht – wie zuvor beschrieben – leer ins Rennen. Abhilfe schafft hier ein »Wenn«-Feld ganz am Anfang Ihres Hauptdokuments, das die Textmarke beim ersten Datensatz leert: `{ IF { MERGESEQ } = .1. . { SET ORTALT . . } . }` Weil das Beispiel aus dem Abschnitt »Die Funktionsweise des ›Wenn-Dann-Sonst‹-Feldes« ansonsten noch komplizierter und unübersichtlicher geworden wäre (und uns das Verhalten von Word an dieser Stelle auch nicht ganz stringent erscheint), steht diese kleine Korrektur hier abseits vom Beispiel in einem Infokasten.

Jede Kategorie mit einer neuen Seite beginnen

Wenn Sie jede Kategorie auf einer neuen Seite beginnen lassen möchten, müssen Sie zusätzlich zu der Absatzmarke, die im »Wenn-Dann-Sonst«-Feld hinter `Ort: { MERGEFIELD Ort }` steht, einen Seitenumbruch einfügen. Dies ist bei eingeschalteter Feldfunktion möglich, wenn Sie den Cursor an die entsprechende Stelle setzen und dann die Tastenkombination `Strg` + `↵` drücken. Damit die Überschrift der Kategorie und ihre Datensätze auf der gleichen Seite auftauchen, setzen Sie den Cursor direkt hinter die Anführungszeichen, aber vor `Ort: { MERGEFIELD Ort }`, und drücken dann `Strg` + `↵`.

Auf diese Weise erhalten Sie zwar am Anfang des Dokuments eine leere Seite, aber da man diese Ausdrucksseite ja auch einfach wegwerfen kann, ersparen wir Ihnen nun komplizierte Erklärungen und noch verschachteltere Bedingungsfelder (denn im Prinzip ließe sich auch dies über entsprechende »Wenn-Dann-Sonst«-Felder lösen).

```
{·if·{·MERGEFIELD·Ort·}·<>·{·ORTALT·}·"¶

......Seitenumbruch......¶

Ort:·{·MERGEFIELD·Ort·}¶

{·SET·ORTALT·{·MERGEFIELD·Ort·}·}"·""}{·MERGEFIELD·Titel·} → {·MERGEFIELD·"Vorname"·} → {·
MERGEFIELD·"Nachname"·} → {·MERGEFIELD·"Adresszeile_1"·} → {·MERGEFIELD·
Postleitzahl·} → {·MERGEFIELD·Ort·}¶
```

Abbildung 33.31
Das Feld mit Seitenumbruch

Kapitel 34
Formulare

Beim Thema Formulare denkt man oft an Steuererklärungen oder ähnlich unerfreuliche Dinge, die man wochenlang vor sich herschiebt. Die Formulare, die Sie in Word erstellen können, sind eine vergleichsweise praktische Angelegenheit, über die sich Daten wohlgeordnet erfassen lassen.

Sie können mit Word eigene Formulare erstellen, die Sie beispielsweise anderen Personen schicken, die darin dann die jeweils dafür vorgesehenen Felder ausfüllen. Auf diese Weise können nur solche Bereiche verändert werden, die explizit für Eingaben gedacht sind. Darüber hinaus können Sie auf diese Weise genau vorgeben, in welcher Form die Informationen geliefert werden, beispielsweise einfach in Ankreuzfeldern. Das erleichtert u. a. die Kategorisierung der Ergebnisse. Diese Word-Formulare haben also höchstens optisch und ansonsten nur wenig mit »normalen«, formularartig aufgebauten Vorlagen zu tun. Sie sind für die Interaktion zwischen Ihnen und Ihren Kunden, Kollegen etc. ausgelegt.

Wenn Sie jetzt leicht kopfschüttelnd rätseln sollten, wie ein solches Formular aussehen dürfte und wie es wohl funktioniert, wundert uns das nicht, denn solche Formulare tanzen tatsächlich aus der Reihe der üblichen Word-Dokumente. Falls Word-Formulare ein völlig neues Thema für Sie sein sollten, werden Sie überrascht sein, wie viele Werkzeuge Word Ihnen an die Hand gibt, um mit deren Hilfe ein »richtiges« Formular zu basteln. Den dafür notwendigen Funktionen sind Sie bei Ihrer Entdeckungsreise durch Word vermutlich noch nicht begegnet, denn sie befinden sich auf einer Registerkarte, die extra eingeblendet werden muss, die Registerkarte **Entwicklertools**.

34.1 Formulare anlegen

Um Sie nicht weiter mit abstrakten Beschreibungen auf die Folter zu spannen, möchten wir uns jetzt direkt der Aufgabe widmen, ein Formular zu erstellen. Durch diese konkreten Schritte werden Sie rasch dahinterkommen, was es mit einem Word-Formular genau auf sich hat.

Wir nehmen beispielhaft folgende Ausgangssituation an: Hin und wieder beschweren sich Kunden über Ihre Produkte. Im Sinne eines guten Qualitätsmanagements sollen diese Beschwerden erfasst und gesammelt werden. Und genau für eine solche Aufgabe nutzen Sie die Formularfunktion von Word. Kurz gesagt, beinhaltet dieses Vorgehen die im Folgenden beschriebenen Aufgaben:

1. Erstellen eines Word-Formulars mit dem gewünschten Layout
2. Versand des Formulars an den Kunden, z. B. per E-Mail
3. Speicherung der Kundeneingaben zum Sammeln von Informationen

Etwas genauer ausgeführt bedeutet dies: Sie erstellen zunächst das Formular mit dem gewünschten Layout in einer Dokumentvorlage. Anschließend bestücken Sie es mit den passenden Formularfeldern; dann schützen Sie es, sodass nur noch die Bereiche ausfüllbar sind, in denen der Kunde auch Einträge vornehmen darf (was ja die Formularfelder als solche auszeichnet). Dem Kunden schicken Sie schließlich ein neues Dokument, das auf dieser Formularvorlage basiert. Der Kunde kann das Formular daraufhin ausfüllen und schickt es an Sie zurück.

HINWEIS

Inhaltssteuerelemente vs. Legacy-Formularfelder

Prinzipiell sind Formulardaten häufig auch dazu gedacht, in einer TXT-Datei ausgelesen und in einem anderen Programm, z. B. Access, ausgewertet zu werden. Diese Methode funktioniert mit den neuen Inhaltssteuerelementen, die Sie für die Formularfelder einfügen, leider nicht mehr. Wenn Ihr Ziel eine solche Auswertung ist, müssen Sie die alten Formularfelder (*Legacy-Formularfelder*) verwenden. Dazu geben wir Ihnen noch einen Hinweis, wenn Sie so weit sind, Ihr Formular soweit vorzubereiten (im Infokasten »Formulare aus Vorversionen verwenden« auf Seite 712 in diesem Abschnitt).

Eine Dokumentvorlage erstellen

Um das Beispiel mit den Kundenbeschwerden fortzuführen, erstellen wir eine passende Vorlage, die alle Angaben enthält, die der Kunde nicht verändern können soll. Rufen Sie also ein neues Dokument auf, gestalten Sie das Layout und geben Sie den unveränderlichen Text ein (Angaben zur Person, zum Produkt etc.). Für die Anordnung bietet sich eine zweispaltige Tabelle an.

Das Formular könnte in etwa so aussehen, wie es Abbildung 34.1 zeigt. Dieses Formular speichern Sie als Dokumentvorlage. Dazu rufen Sie zunächst den Dialog **Speichern unter** auf und wählen als Dateityp **Word-Vorlage (*.dotx)**.

Angaben·zu·Ihrer·Person¤	¤	¤
Nachname¤	¤	¤
Vorname¤	¤	¤
Firma¤	¤	¤
Anschrift¤	¤	¤
Telefon¤	¤	¤
Angaben·zum·Produkt¤	¤	¤
Produktbezeichnung¤	¤	¤
Seriennummer¤	¤	¤
Kaufdatum¤	¤	¤
Nutzen·Sie·noch·andere·Produkte· unserer·Firma?¤	¤	¤

^ ***Abbildung 34.1***
Das Formular ohne Formularfelder

Achten Sie dabei darauf, dass Sie den richtigen Ordner für Vorlagen auswählen (siehe dazu auch Kapitel 20, »Dokumentdesigns und Dokumentvorlagen«).

Formularfelder einfügen

Der eigentliche Trick besteht nun darin, Formularfelder bzw. Inhaltssteuerelemente in das Formular einzufügen, die für die Eingaben der Kunden wichtig sind. Dazu müssen Sie wissen, dass es verschiedene Formularfelder gibt. (Wir werden weiterhin von »Formularfeldern« sprechen, obwohl es sich streng genommen um *Inhaltssteuerelemente* handelt. Die Bezeichnung »Formularfeld« ist jedoch einfach sinnvoller.) Für viele Formulare sind vor allem die folgenden Felder interessant:

- **Textfelder:** Sie erlauben die freie Eingabe von Text, wobei zwei Arten von Textfeldern zur Verfügung stehen: *Rich-Text-Felder* und *Nur-Text-Felder*.

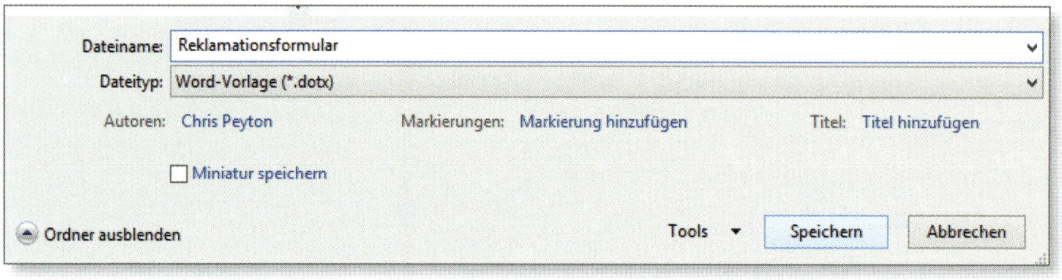

< ***Abbildung 34.2***
Das Formular als Vorlage speichern

- **Dropdownlisten:** Diese Listen bieten die Möglichkeit, einen Eintrag aus einer Liste auszuwählen.
- **Kombinationsfelder:** Diese Felder bieten wie Dropdownlisten die Möglichkeit, einen Eintrag aus einer Liste auszuwählen. Der Unterschied ist, dass diese Felder zusätzlich auch die Eingabe von Text erlauben.
- **Kontrollkästchen:** Damit werden Kästchen eingefügt, die aktiviert bzw. deaktiviert werden können.
- **Datumsauswahlfeld:** Ein Feld wird eingefügt, in das Sie ein Datum eingeben oder in dem Sie es aus einem kleinen Kalender auswählen können.
- Außerdem gibt es **Bausteinkatalog-Elemente** (für den Zugriff auf Schnellbausteine) und **Bildinhaltssteuerelemente** (zum Einfügen von Grafiken).

Beim Einfügen der Felder müssen Sie sich überlegen, welcher Typ jeweils passend ist. Für alle Felder steht der Dialog **Eigenschaften** zur Verfügung, in dem Sie den Inhaltssteuerelementen bestimmte Merkmale zuweisen können und vor allem auch die Listen für die Dropdownlisten und Kombinationsfelder erstellen.

Die Registerkarte »Entwicklertools« einblenden

Um Zugriff auf die Formularfelder (Inhaltssteuerelemente) und andere Formularfunktionen zu haben, müssen Sie als Erstes die Registerkarte **Entwicklertools** aufrufen, die standardmäßig nicht im Menüband angezeigt wird.

1. Klicken Sie die Menüleiste mit rechts an und wählen Sie im Kontextmenü **Menüband anpassen** (die Kategorie finden Sie auch in den Word-Optionen; siehe Abbildung 34.3).
2. Aktivieren Sie in der Liste **Hauptregisterkarten** auf der rechten Seite die Registerkarte **Entwicklertools** mit einem Mausklick.
3. Klicken Sie abschließend auf **OK**.

Falls Sie die Registerkarte nicht in der rechten Liste finden, müssen Sie sie in der Liste links markieren und auf **Hinzufügen** klicken.

Wenn Sie nun einen Blick auf das Menüband werfen, werden Sie die zusätzliche Registerkarte **Entwicklertools** sehen.

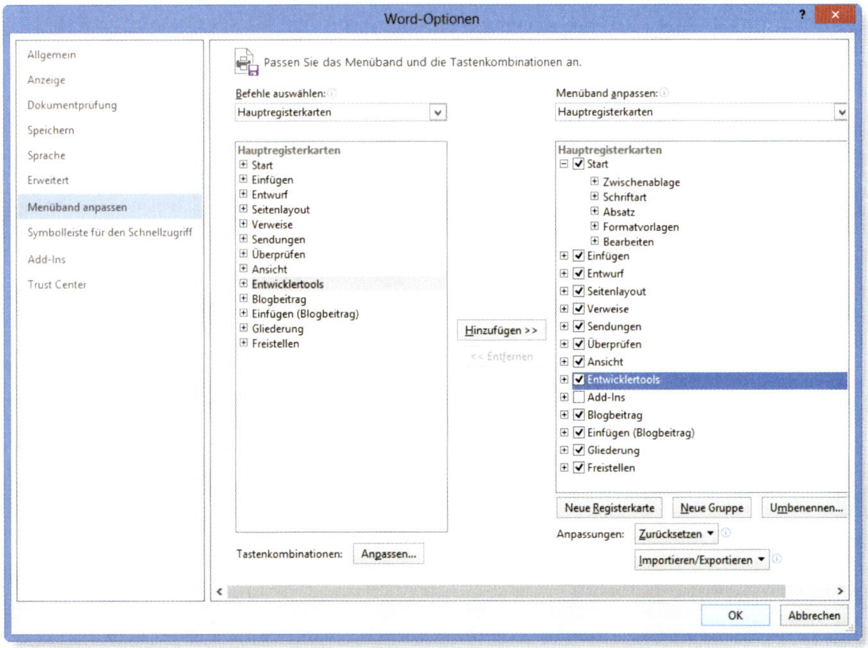

Abbildung 34.3
Die Registerkarte »Entwicklertools« zum Menüband hinzufügen

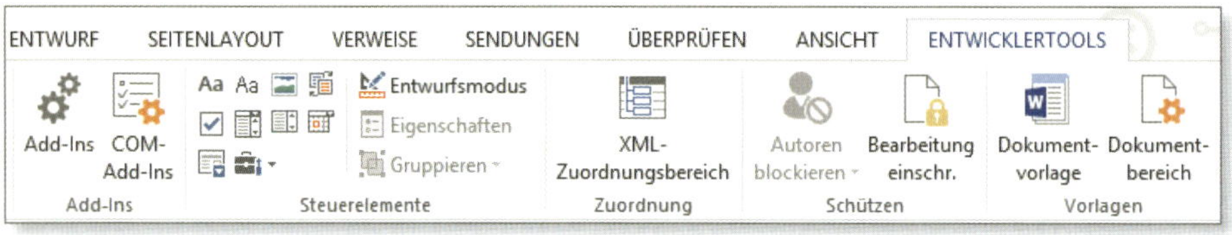

Abbildung 34.4
Die Registerkarte »Entwicklertools« (Ausschnitt)

Die passenden Inhaltssteuerelemente einfügen

Zum Einfügen der Formularfelder ist vor allen Dingen die Gruppe **Steuerelemente** relevant. Sie sehen hier die Schaltflächen für die verschiedenen Formularfeldtypen bzw. Inhaltssteuerelemente. Wenn Sie den Mauszeiger daraufhalten, ohne zu klicken, werden die jeweiligen Namen eingeblendet.

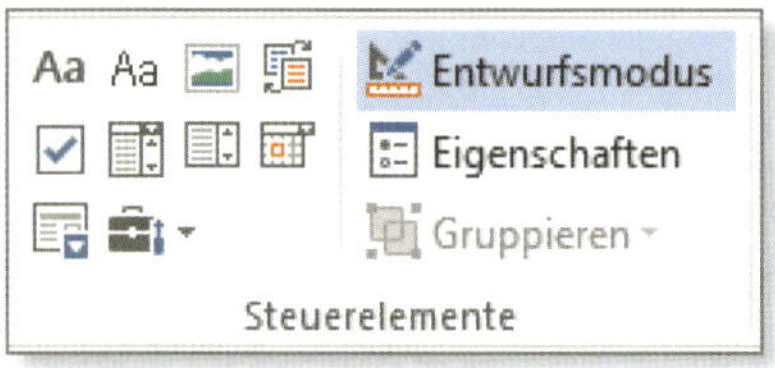

Abbildung 34.5
Die verschiedenen Inhaltssteuerelemente

Je nachdem, was der Kunde in dem Formular genau vornehmen soll (Text eingeben, einen Eintrag aus einer Liste wählen etc.), fügen Sie an den entsprechenden Stellen im Formular mithilfe dieser Schaltflächen das passende Formularfeld ein. Achten Sie dabei darauf, dass in der Gruppe **Steuerelemente** die Schaltfläche **Entwurfsmodus** aktiviert ist.

Wir beginnen nun erst einmal mit einfachen Textfeldern. Setzen Sie den Cursor in die zweite Spalte der zweiten Zeile (also in die leere Zelle rechts neben »Nachname«) und klicken Sie auf die Schaltfläche **Rich-Text-Inhaltssteuerelement** (ganz oben links in der Gruppe **Steuerelemente)**. Daraufhin wird das Inhaltssteuerelement mit der Standard-Eingabeaufforderung **Klicken Sie hier, um Text einzugeben** in die Zelle eingefügt. Das Element ist in zwei Symbole eingeschlossen und hat den für Inhaltssteuerelemente typischen kleinen »Griff« zum Markieren des Elements.

HINWEIS

Formulare aus Vorversionen verwenden

Wie im Infokasten »Inhaltssteuerelemente vs. Legacy-Formularfelder« auf Seite 710 bereits beschrieben, taugen die Inhaltssteuerelemente, die wir im Folgenden verwenden, nicht dazu, die Daten in eine TXT-Datei einzulesen. Wenn Sie die gesammelten Daten zur Auswertung weiterverwenden möchten, dürfen Sie dafür also nicht diese Inhaltssteuerelemente der Gruppe **Steuerelemente** einfügen, sondern müssen mit den Symbolen vorliebnehmen, die im Menü der Schaltfläche **Vorversionstools** (ebenfalls in der Gruppe **Steuerelemente** zu finden) in der untersten Reihe unter der Überschrift **Formulare aus Vorversionen** angeboten werden. Diese Formularfelder handhaben Sie im Prinzip wie die Inhaltssteuerelemente, nur dass die Auswahl ein wenig kleiner ist und die Felder anders aussehen.

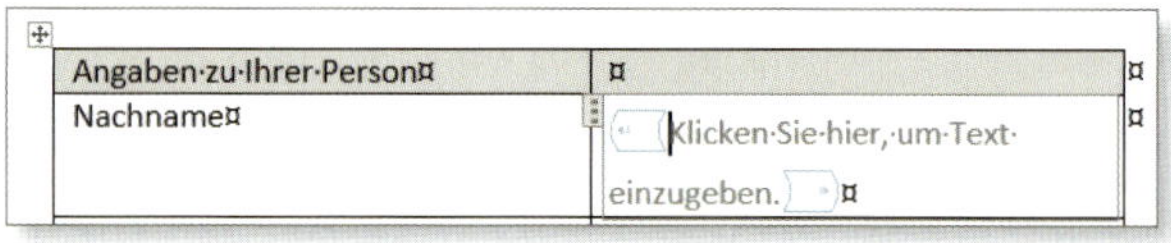

Abbildung 34.6
Ein Rich-Text-Inhaltssteuerelement

Diesen Vorgang wiederholen Sie in allen Zellen, in denen die Kunden ebenfalls freien Text ohne Vorgabe eingeben sollen (also alle »Angaben zu Ihrer Person«).

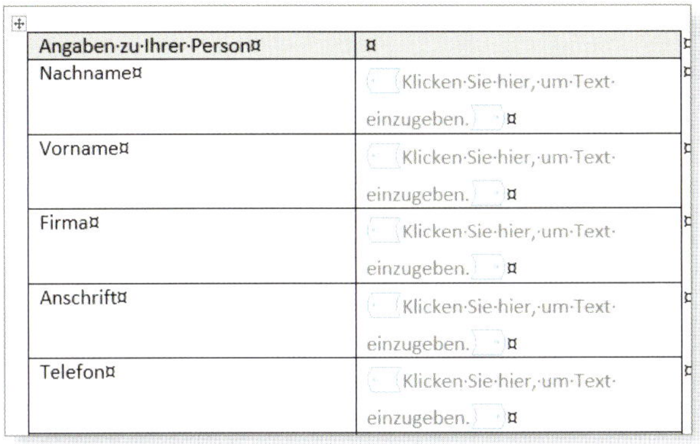

Abbildung 34.7
Das Formular mit allen Feldern zur Texteingabe

INFO

Inhaltssteuerelemente löschen

Um ein eingefügtes Inhaltssteuerelement wieder zu löschen, markieren Sie es – am einfachsten geht das mit dem kleinen Griff, der auftaucht, wenn Sie den Cursor in das Inhaltssteuerelement setzen. Dann drücken Sie die `Entf`-Taste. Es gibt aber auch im Kontextmenü des Elements den Befehl **Inhaltssteuerelement entfernen**.

Der Eintrag »Produktbezeichnung« ist ein anderer Fall. Hier sollen die Kunden nichts eintippen, sondern das Produkt aus einer Liste auswählen können. (Diese Liste macht vorher natürlich etwas Mühe, weil Sie sie extra dafür anlegen müssen.) Das passende Feld dafür ist eine Dropdownliste. Platzieren Sie den Cursor also in der Zelle und klicken Sie auf die Schaltfläche **Dropdownlisten-Inhaltssteuerelement** ❶.

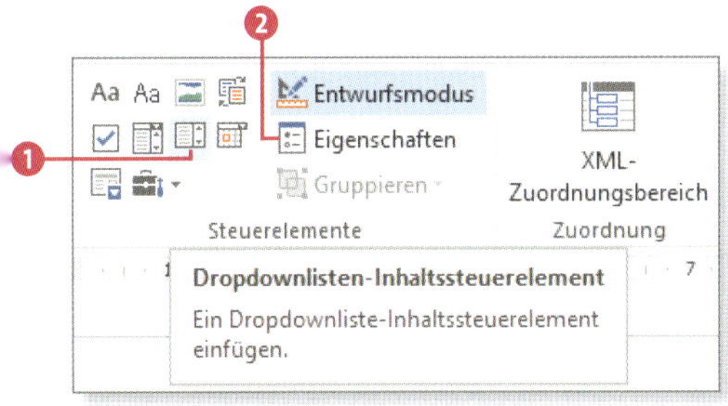

Abbildung 34.8
Das Dropdownlisten-Inhaltssteuerelement auswählen

Nachdem Sie das Element eingefügt haben, sehen Sie in der Zelle den Text **Wählen Sie ein Element aus**. Nun ist das Erstellen der Liste an der Reihe. Dazu klicken Sie im Bereich **Steuerelement** auf die Schaltfläche **Eigenschaften** ❷. Alternativ können Sie das Feld auch mit der rechten Maustaste anklicken und im Kontextmenü den Befehl **Eigenschaften** wählen. Daraufhin wird der Dialog **Eigenschaften von Inhaltssteuerelementen** präsentiert, in dem Sie verschiedene Eigenschaften festlegen können und die Inhaltssteuerelemente formatieren können.

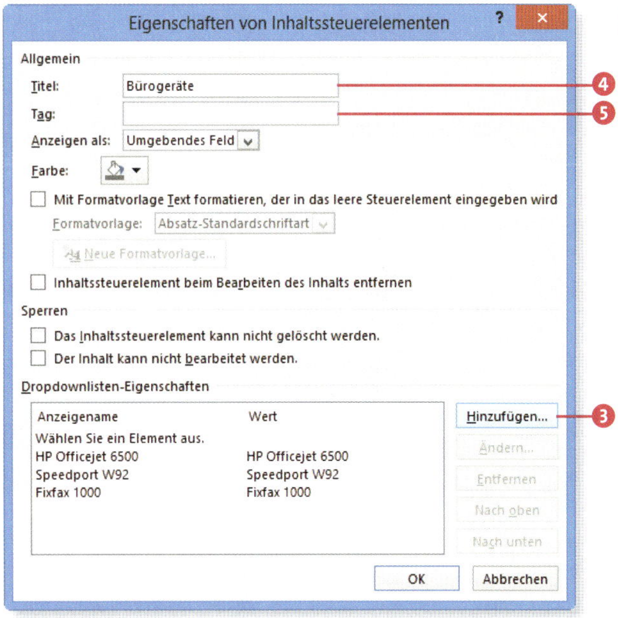

Abbildung 34.9
Die Eigenschaften des Dropdownlisten-Inhaltssteuerelements

In diesem Dialog klicken Sie auf die Schaltfläche **Hinzufügen** ❸. Daraufhin wird der kleine Dialog **Auswahl hinzufügen** zum Eingeben des ersten Produkts angezeigt.

Geben Sie also die Bezeichnung für das Produkt ein und klicken Sie dann auf **OK**, damit der Eintrag in die Liste der **Dropdownlisten-Eigenschaften** aufgenommen wird. So fahren Sie fort, um beispielsweise alle Produkte aufzunehmen.

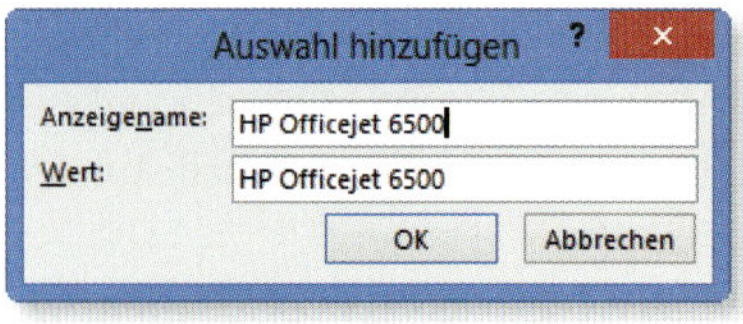

Abbildung 34.10
Einen Eintrag für die Liste erstellen

Im oberen Bereich des Dialogs **Eigenschaften von Inhaltssteuerelementen** können Sie im Feld **Titel** ❹ (siehe Abbildung 34.9) eine Bezeichnung eingeben, die oberhalb der Eingabeaufforderung erscheinen wird. Wenn Sie in das Feld **Tag** ❺ ebenfalls einen Text eintragen, wird dieser in den kleinen Symbolen angezeigt, in die das Inhaltssteuerelement eingeschlossen ist, also nur im **Entwurfsmodus** des Formulars; wenn Sie das Feld frei lassen, werden die Symbole mit dem Text im Feld **Titel** gefüllt.

Nachdem Sie den Dialog mit **OK** bestätigt haben, sehen Sie im Formular das Inhaltssteuerelement mit dem Standardtext und dem Titel. Sofern Sie Tags im Dialog **Eigenschaften von Inhaltssteuerelementen** eingegeben haben, werden diese auch im Inhaltssteuerelement angezeigt.

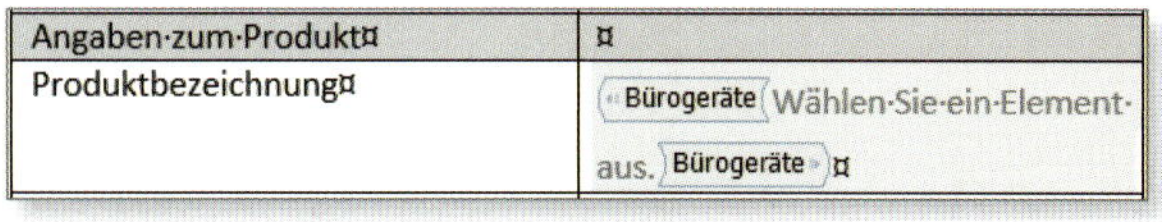

Abbildung 34.11
Das eingefügte Dropdownlisten-Inhaltssteuerelement (mit Titel)

Für die nächste Zeile (**Seriennummer**) verwenden Sie wieder ein Textfeld, sodass die jeweiligen Seriennummern eingetragen werden können. Fügen Sie also hier ein **Rich-Text-Inhaltssteuerelement** ein.

In der Zeile für das Kaufdatum (**Kaufdatum**) soll ein Datum eingetragen werden. Auch hierfür steht ein spezielles Formularfeld parat. Platzieren Sie den Cursor also in diesem Feld und klicken Sie auf die Schaltfläche **Datumsauswahl-Inhaltssteuerelement** ❶.

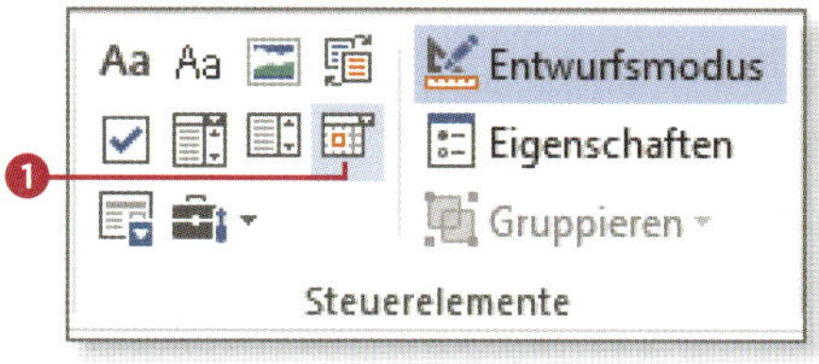

Abbildung 34.12
Das Inhaltssteuerelement für die Datumsauswahl auswählen

Dadurch wird das Inhaltssteuerelement mit dem Standardtext für die Datumsauswahl (**Klicken Sie hier, um ein Datum einzugeben**) in die Zelle eingefügt. Um auch für dieses Element einen Titel einzugeben und eventuell die Anzeige des Datumsformats zu ändern, rufen Sie erneut den Dialog **Eigenschaften von Inhaltssteuerelementen** auf.

Abbildung 34.13
Die Eigenschaften des Datumsauswahl-Inhaltssteuerelements

TIPP

Titel als Hilfstext

Das Feld **Titel** können Sie auch für einen kurzen Hilfstext verwenden, wenn nicht ganz eindeutig ist, was genau in dem Feld passieren soll.

Zu guter Letzt wird in dem Formular gefragt, ob noch andere Produkte der Firma genutzt werden. Hier soll ein Ja/Nein-Feld eingefügt werden, also ein Kontrollkästchen, das sich mit einem Häkchen versehen lässt (was dann logischerweise für »Ja« steht). Klicken Sie auf die Schaltfläche **Kontrollkästchensteuerelement** ❷.

Abbildung 34.14
Das Kontrollkästchensteuerelement auswählen

Damit vor dem Nachnamen auch eine Anrede angegeben werden kann, ergänzen wir das Formular und fügen oberhalb der Zeile mit dem Nachnamen eine Zeile ein und beschriften sie mit »Anrede«. Auch hier soll es möglich sein, aus einer Liste auszuwählen. Fügen Sie für diesen Fall ein **Kombinationsfeld-Inhaltssteuerelement** ❸ ein.

Abbildung 34.15
Das Kombinationsfeld-Inhaltssteuerelement einfügen

Um die Einträge für die Dropdownliste einzugeben, aus der ausgewählt werden kann, rufen Sie über das Kontextmenü des Kombinationsfeldes den Dialog **Eigenschaften von Inhaltssteuerelementen** auf und geben, wie zuvor bereits beschrieben, über die Schaltfläche **Hinzufügen** die passenden Texteinträge ein (also eigentlich nur »Herr« und »Frau«, es sei denn, Sie arbeiten international und möchten auch andere Anreden in die Auswahlliste aufnehmen).

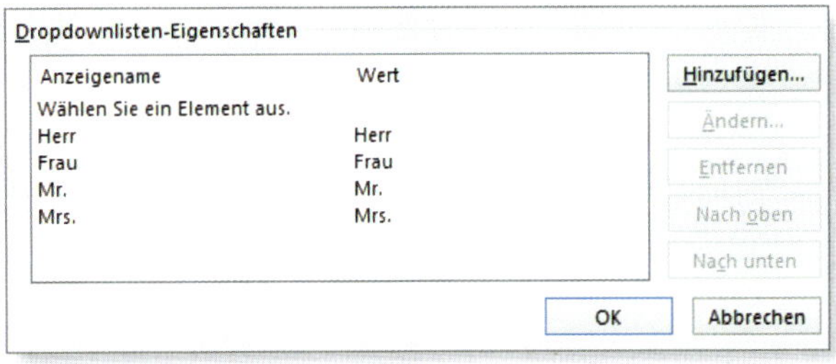

Abbildung 34.16
Die Einträge für die Anrede

Formulare testen

Nachdem Sie nun das Formular erstellt haben, sollten Sie es testen, um zu prüfen, ob es auch wie vorgesehen funktioniert. Dazu müssen Sie den Entwurfsmodus, in dem Sie bisher gearbeitet haben, deaktivieren. Das ist fix getan. Klicken Sie dazu im Bereich **Steuerelement** einfach erneut auf die Schaltfläche **Entwurfsmodus**.

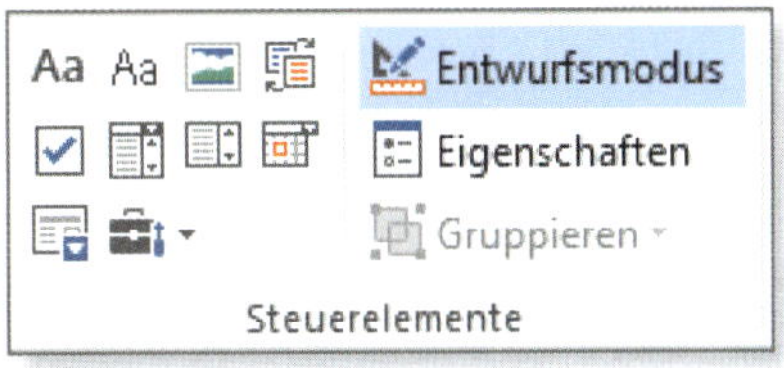

Abbildung 34.17
Den Entwurfsmodus (de-)aktivieren

Daraufhin wird das Formular so angezeigt, wie es der Kunde sehen wird. Bei den Elementen, für die Sie eine Dropdownliste bzw. ein Kombinationsfeld eingegeben haben, erscheint ein Auswahlpfeil, sobald Sie den Cursor in dieses Element setzen. Klicken Sie darauf, werden Ihnen die verschiedenen Auswahlmöglichkeiten angezeigt.

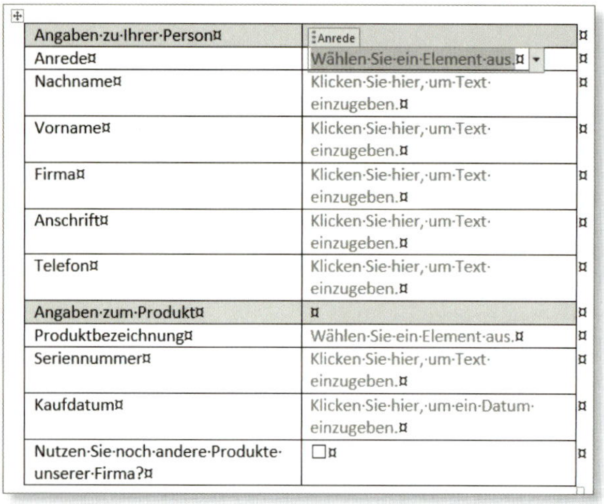

Abbildung 34.18
Das fertige Formular mit deaktiviertem Entwurfsmodus

Per Klick auf diese Pfeile wird die Dropdownliste mit den Einträgen aufgeklappt. In das Kombinationsfeld (das hier für die Anrede genutzt wird) können Sie darüber hinaus auch Text eingeben.

Abbildung 34.19
Die Einträge in der Dropdownliste

Zusammen mit dem Inhaltssteuerelement **Datumsauswahl** wurde auch ein kleiner Kalender eingefügt, über den sich das gewünschte Datum auswählen lässt. Er erscheint, sobald Sie auf den Pfeil an dem Element klicken.

Wenn das Formular noch nicht ganz so aussieht, wie Sie es sich vorstellen, aktivieren Sie über die gleichnamige Schaltfläche erneut den **Entwurfsmodus** und nehmen in diesem Modus weitere Änderungen, wie bereits beschrieben, vor.

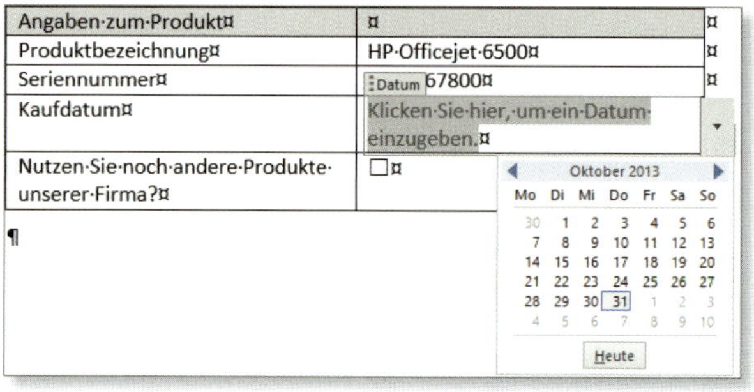

Abbildung 34.20
Das Datumsauswahlfeld bietet einen kleinen Kalender für eine leichtere Auswahl.

TIPP

Die Vorlage speichern

Speichern Sie die Formularvorlage vor dem Test erneut, sodass Sie sie danach ohne zu speichern schließen können. Wenn Sie während des Tests mit den Feldern »herumspielen« und z. B. einen Eintrag aus einer Liste wählen, wird dieser Eintrag, wenn Sie die Vorlage nicht vor dem Test gespeichert haben sollten, übernommen und landet demnach in der Vorlage, was ja nicht gewollt ist. Wenn Sie die Vorlage bisher also noch gar nicht gespeichert haben sollten, holen Sie das jetzt schnell nach! Mehr Informationen dazu finden Sie in Abschnitt 34.1, »Formulare anlegen«).

34.2 Das Formular verwenden

Für die tatsächliche Verwendung als Formular für Kunden ist das Dokument jetzt allerdings noch nicht geeignet, weil es noch nicht vor möglichen Veränderungen geschützt wurde. Ein solcher Schutz ist natürlich sehr wichtig, denn Kunden sollen ja nur die für sie gedachten Felder ausfüllen können. Am Formular selbst, beispielsweise an den Texteinträgen in der ersten Spalte der Tabelle, sollen dann keine Änderungen mehr möglich sein.

Das Dokument schützen

Um den Dokumentenschutz einzustellen, sind also noch einige Schritte nötig.

1 Klicken Sie auf der Registerkarte **Entwicklertools** in der Gruppe **Schützen** auf die Schaltfläche **Bearbeitung einschr.**, woraufhin rechts am Bildschirm der Aufgabenbereich **Bearbeitung einschränken** eingeblendet wird.

Abbildung 34.21
Den Aufgabenbereich »Bearbeitung einschränken« aufrufen

2 Im Bereich **Bearbeitungseinschränkungen** stellen Sie ein, welche Bearbeitungen erlaubt sein sollen. Aktivieren Sie zunächst die Option **Nur diese Bearbeitungen im Dokument zulassen** ❶ und wählen Sie dann im Menü des Feldes den Eintrag **Ausfüllen von Formularen** ❷.

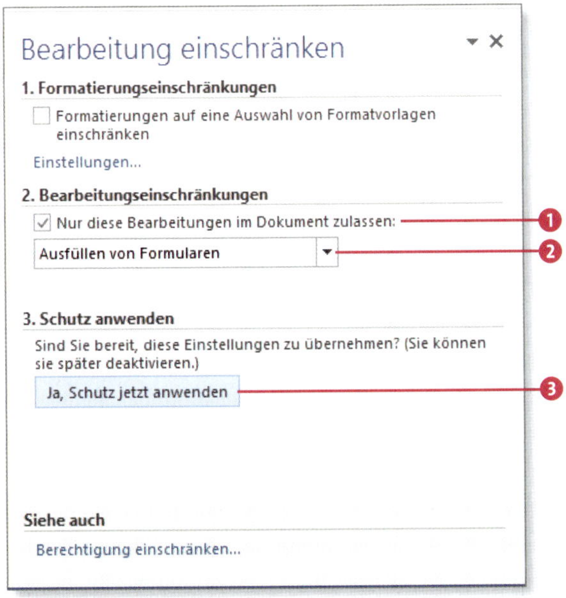

Abbildung 34.22
Die Einstellungen für den Schutz des Formulars

3 Um diese Einstellung zu übernehmen und wirksam werden zu lassen, klicken Sie auf die Schaltfläche **Ja, Schutz jetzt anwenden** ❸.

4 Daraufhin erscheint der Dialog **Dokumentenschutz anwenden**, in dem Sie aufgefordert werden, ein Kennwort für das Formular einzugeben.

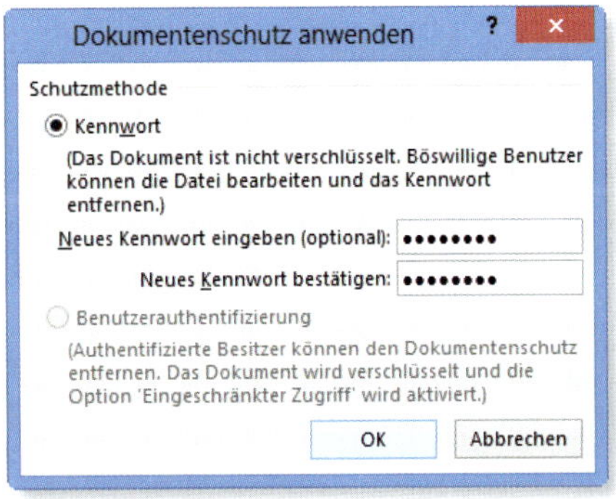

Abbildung 34.23
Ein Kennwort für den Dokumentenschutz angeben

Wenn Sie diesen Schutz bestätigen, erscheint im Aufgabenbereich der Hinweis, dass das Dokument geschützt ist und nur das Ausfüllen von Formularen erlaubt ist. Ganz unten wird die Schaltfläche **Schutz aufheben** eingeblendet. Um den Schutz aufzuheben, müssen Sie in einem kleinen Dialog erneut das Kennwort eingeben.

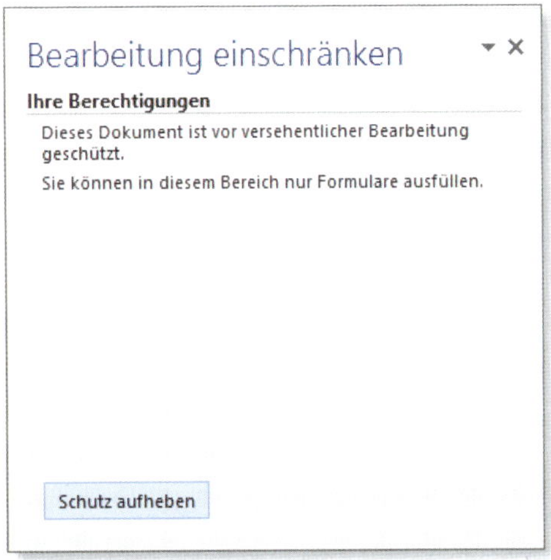

Abbildung 34.24
Mit der entsprechenden Schaltfläche können Sie den Schutz wieder aufheben.

Testen Sie das Formular mit dem neu eingestellten Schutz erneut. Sie werden bemerken, dass Sie wie beabsichtigt die Formularfelder ausfüllen bzw. Einträge auswählen können, aber dass es nicht möglich ist, etwas an den anderen Texten der Tabelle zu ändern. Speichern Sie auch nach dieser Aktion die Dokumentvorlage erneut.

Das geschützte Formular weitergeben

Wenn Sie dieses Formular nun verwenden möchten, um es an einen Kunden zu verschicken, öffnen Sie die Dokumentvorlage (über **Datei** > **Neu** > **Persönlich**).

Dieses Dokument speichern Sie nun wie ein normales Dokument unter einem neuen Namen. Anschließend verschicken Sie es (um im Beispiel zu bleiben) an Ihren Kunden. Sie bekommen es dann vielleicht zurück, wie in Abbildung 34.26 zu sehen ist.

Angaben zu Ihrer Person	
Anrede	Herr
Nachname	Schwarz
Vorname	Wolfgang
Firma	Klicken Sie hier, um Text einzugeben.
Anschrift	Landstr. 7
Telefon	0431 9876543
Angaben zum Produkt	
Produktbezeichnung	Speedport W92
Seriennummer	22334567
Kaufdatum	10.10.2013
Nutzen Sie noch andere Produkte unserer Firma?	☐

Abbildung 34.26
Ein von einem Kunden ausgefülltes Formular

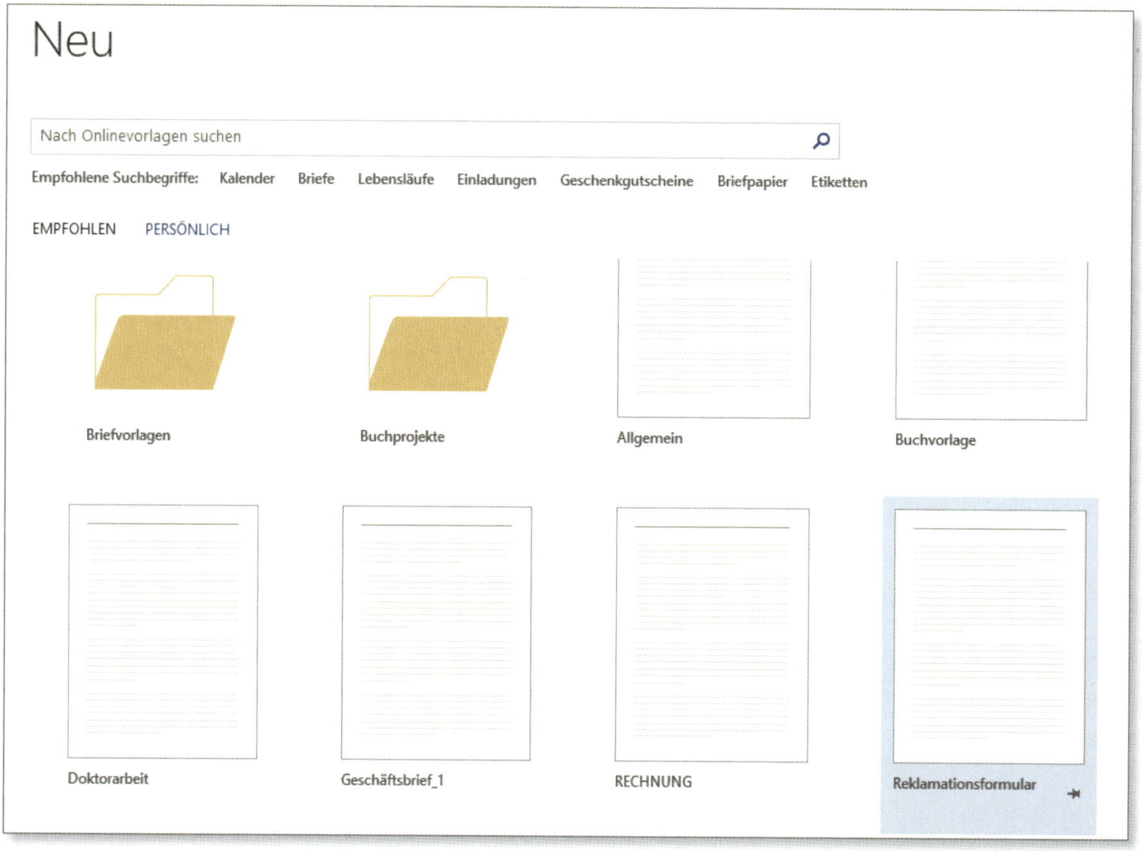

Abbildung 34.25
Die Formularvorlage aufrufen

34.3 Textdateien zum Auswerten einlesen

Wir beschreiben in diesem Abschnitt kurz, wie Sie die Daten in einer TXT-Datei speichern, sodass sie in ein Datenverarbeitungsprogramm importiert werden können. Wie wir eingangs schon erklärt haben, funktioniert diese Technik nur mit den »alten« Legacy-Formularfeldern, die Sie in der Word-Version 2013 über das Menü der Schaltfläche **Vorversionstools** ❶ einfügen können. Wenn Sie unsere Beschreibung »brav« nachvollzogen und bereits Inhaltssteuerelemente eingefügt haben, funktioniert die folgende Beschreibung leider nicht.

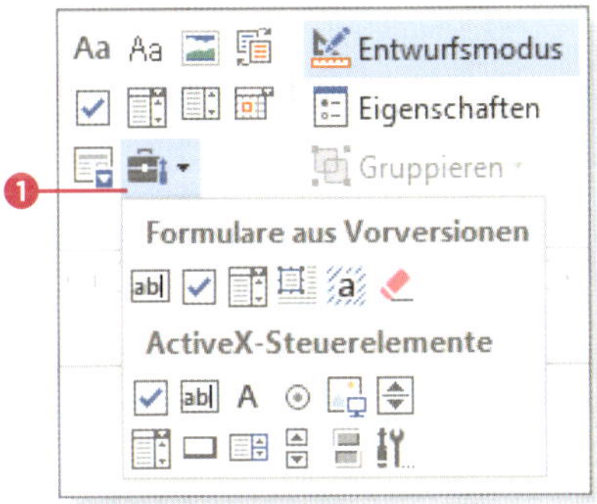

Abbildung 34.27
In diesem Menü finden Sie die Legacy-Formularfelder (in der ersten Reihe).

Also gehen wir daher im Folgenden davon aus, dass Sie die klassischen Formularfelder genutzt haben (also die Felder, auf die Sie über das Menü der **Versionstools** zugreifen). Um nun mithilfe des Formulars Daten zu sammeln und sie dann auszuwerten (ansonsten ergäbe das Sammeln auch nicht viel Sinn), müssen die Daten an ein Datenverarbeitungsprogramm weitergereicht werden. Für eine Auswertung mit vielen differenzierten Möglichkeiten bietet sich z. B. ein Programm wie Access an.

Bei diesem Vorgang müssen Sie bedenken, dass nur die von den Kunden eingegebenen Daten relevant sind, also die Einträge in den Formularfeldern. Um dafür zu sorgen, dass beim Speichern des Rücklaufformulars nur diese Daten gespeichert werden, ist zunächst eine Einstellung erforderlich, die Sie im Dialogfenster **Word-Optionen** (**Datei** > **Optionen**) finden, in der Kategorie **Erweitert** (siehe Abbildung 34.28). Scrollen Sie hier nach unten bis zum Bereich **Genauigkeit beim Freigeben dieses Dokuments beibehalten** und setzen Sie ein Häkchen vor die Option **Formulardaten als durch Trennzeichen getrennte Textdatei speichern**.

Damit die Daten ausgelesen werden können, speichern Sie die Datei mit den Kundendaten als TXT-Datei, d. h., Sie stellen im Dialog **Speichern unter** als Dateityp **Nur Text (*.txt)** ein. (Dieses Format ist in der Regel automatisch eingestellt, wenn Sie die eben beschriebene Einstellung aktiviert haben.) Nachdem Sie auf **Speichern** geklickt haben, wird der Dialog **Dateikonvertierung** geöffnet. Hier können Sie die Voreinstellung noch einmal kontrollieren. Im Ergebnis sind die Daten der Formularfelder in der TXT-Datei abgelegt und durch Trennzeichen voneinander abgegrenzt. Diese Daten können Sie jetzt zum Auswerten in das Datenverarbeitungsprogramm importieren.

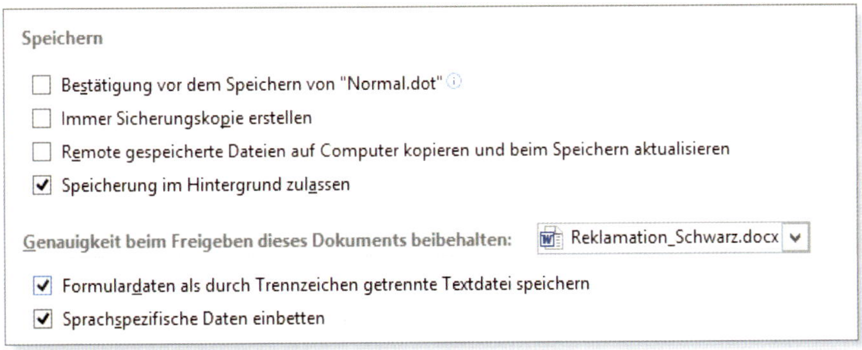

Abbildung 34.28
Die Option so einstellen, dass nur die Formularwerte gespeichert werden

Teil VII
Teamwork

Kapitel 35
Das Zusammenspiel mit anderen Programmen

Teamwork wird überall großgeschrieben, und Microsoft Office, das es als Paket seit Anfang der 90er-Jahre des letzten Jahrhunderts gibt, lag schon früh im Trend. Ist man mit den Einzelprogrammen ohnehin schon für sehr viele Aufgaben gerüstet, kann man durch ihr gutes Zusammenspiel noch mehr erreichen und bewältigen.

Wie Sie wissen, ist Word 2013 Teil des Microsoft Office-Pakets, das diverse Einzelprogramme für den Büroalltag, den Privatgebrauch, den Wissenschaftsbetrieb oder andere Bereiche bündelt. Für unterschiedliche Einsatzgebiete werden auch unterschiedliche Zusammenstellungen (*Suiten*) angeboten, die sich vor allem in den Komponenten (und natürlich auch im Preis) unterscheiden.

Ein kleines Paket ist z. B. *Home Office und Student 2013 für Windows* mit Word, Excel, PowerPoint und OneNote. Das Paket *Office Professional 2013 – PC* enthält zusätzlich Publisher, Access, Outlook und InfoPath. Dann gibt es noch *Office 365 Small Business Premium – Mac & PC* als Abonnement, das alle zuvor genannten Programme und darüber hinaus *Lync Webkonferenz* umfasst. Schauen Sie sich auf der Webseite von Microsoft um, es werden Ihnen noch weitere Zusammenstellungen angeboten.

Auf jeden Fall sind Sie mit der Version Office Professional 2013 im Besitz eines Pakets, das neben den klassischen Anwendungen noch einiges mehr anbietet, u. a. das praktische OneNote:

- *OneNote* ist eine Art digitales Notizbuch, in dem Sie alle Arten von Informationen und Daten sammeln, ordnen und organisieren können, und zwar nicht nur in Textform, sondern sogar in Form von Audio- und Videoaufzeichnungen. Es liegt in der Natur der Sache, dass OneNote besonders eng mit Outlook zusammenarbeitet.

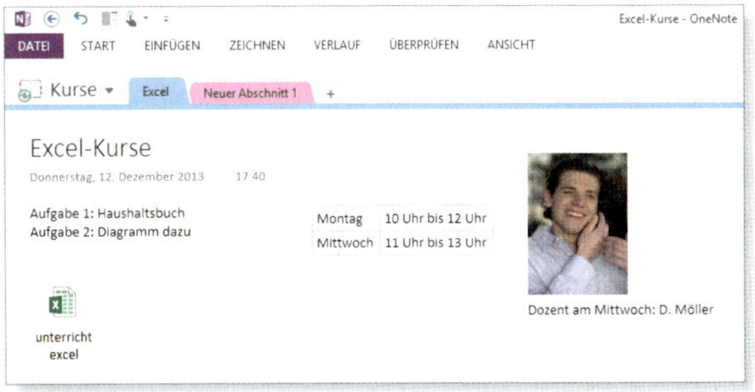

Abbildung 35.1
Ein digitales Notizbuch in OneNote

- *InfoPath* (dieses Modul wird auf der Microsoft-Seite in der Auflistung der Bestandteile des Pakets zwar nicht erwähnt, ist aber dennoch darin enthalten) ist ein Formularerstellungs- und Datenerfassungstool, das den Anwender bei der Entwicklung formularbasierter Lösungen unterstützt (ohne dass er Programmcode schreiben muss).

Die einzelnen Programme des Office-Pakets zeichnen sich generell dadurch aus, dass sie eine relativ hohe Konsistenz in der Benutzeroberfläche aufweisen und dass die Interaktion zwischen den Programmen besonders gut funktioniert. In der Regel übertrifft sie die von Windows ohnehin vorgesehenen Datenaustauschmöglichkeiten noch bei Weitem.

In den folgenden Abschnitten werden wir beispielhaft das Zusammenspiel von Word mit Excel und PowerPoint betrachten. Access-Dateien hingegen spielen für Word vor allem als Datenquelle im Zusammenhang mit Serienbriefen und/oder Etiketten eine Rolle; das Gleiche gilt für Outlook. Die entsprechenden Schritte haben wir bereits in Abschnitt 32.6, »Vorhandene Datenquellen nutzen«, beschrieben.

35.1 Elemente aus anderen Office-Programmen einfügen

Da es in diesem Buch in erster Linie um Word geht, betrachten wir im Folgenden vor allem, wie Word mit den anderen Office-Programmen (bzw. Elementen dieser Programme) harmoniert. Wir beginnen mit Excel, denn häufig soll ein Word-Dokument um Excel-Tabellen oder -Diagramme ergänzt werden. Bei PowerPoint verhält es sich eher umgekehrt: Vorhandene Word-Texte und Gliederungen lassen sich ausgezeichnet für Präsentationen bzw. Folien verwenden. Leider gibt es in dieser Hinsicht einen unerfreulichen Stolperstein, für den wir allerdings eine Lösung präsentieren werden (siehe Abschnitt 35.4, »Word und PowerPoint im Zusammenspiel«).

Excel-Tabellen in Word-Dokumenten verwenden

Word und Excel sind seit langer Zeit ein gutes Team, wobei Sie sicherlich wesentlich häufiger Excel-Tabellen (bzw. bestimmte Teile einer Tabelle) in ein Word-Dokument einfügen als Textpassagen in ein Excel-Tabellenblatt (was theoretisch aber auch geht). Denken Sie beispielsweise an einen Bericht, den Sie zwar in Word ausformulieren, der aber dennoch Zahlen oder Berechnungen als Belege enthalten soll, die im Original in Excel vorliegen. Grundsätzlich gehen Sie folgendermaßen vor, wenn Sie Daten einer Excel-Datei in einem Word-Dokument verwenden möchten.

1. Markieren Sie die Tabelle oder die relevanten Zellbereiche der Tabelle auf dem Excel-Tabellenblatt.
2. Klicken Sie auf der Registerkarte **Start** auf **Kopieren**. Daraufhin erscheint eine Art Laufrahmen um den kopierten Bereich, der anzeigt, dass dieser Bereich in die Zwischenablage gelegt wird.

INFO

Die Zwischenablage

Kopierte (oder ausgeschnittene) Auswahlen werden in der Zwischenablage gesammelt. Sie können den Inhalt der Zwischenablage einsehen, wenn Sie auf den Pfeil an der Gruppe **Zwischenablage** klicken. Weitere Informationen zum Umgang mit der Zwischenablage finden Sie in Kapitel 7, »Textabschnitte markieren und neu ordnen«.

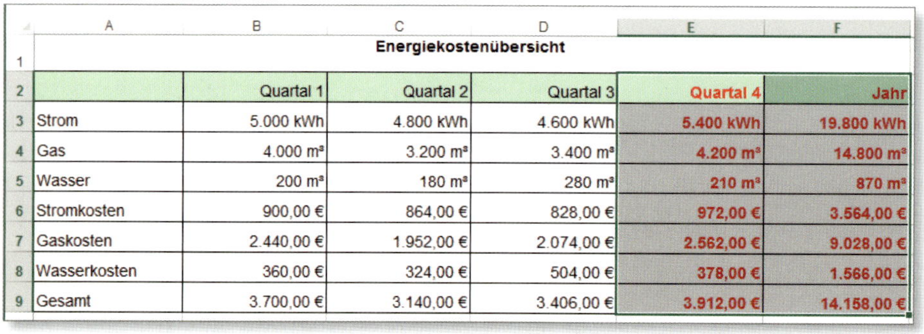

	A	B	C	D	E	F
1	Energiekostenübersicht					
2		Quartal 1	Quartal 2	Quartal 3	Quartal 4	Jahr
3	Strom	5.000 kWh	4.800 kWh	4.600 kWh	5.400 kWh	19.800 kWh
4	Gas	4.000 m³	3.200 m³	3.400 m³	4.200 m³	14.800 m³
5	Wasser	200 m³	180 m³	280 m³	210 m³	870 m³
6	Stromkosten	900,00 €	864,00 €	828,00 €	972,00 €	3.564,00 €
7	Gaskosten	2.440,00 €	1.952,00 €	2.074,00 €	2.562,00 €	9.028,00 €
8	Wasserkosten	360,00 €	324,00 €	504,00 €	378,00 €	1.566,00 €
9	Gesamt	3.700,00 €	3.140,00 €	3.406,00 €	3.912,00 €	14.158,00 €

< Abbildung 35.2
Den Bereich markieren, den Sie kopieren wollen

3 Öffnen Sie dann das Word-Fenster mit dem entsprechenden Dokument. Platzieren Sie den Cursor an der Stelle, an der Sie den Inhalt der Tabelle einfügen möchten.

4 Zum Einfügen der Excel-Tabelle oder des ausgewählten Bereiches der Tabelle klicken Sie auf der Registerkarte **Start** auf den Pfeil am Symbol **Einfügen**. Daraufhin wird ein kleines Menü mit diversen Einfügeoptionen aufgeklappt, die wir im Folgenden kurz erklären (von links nach rechts).

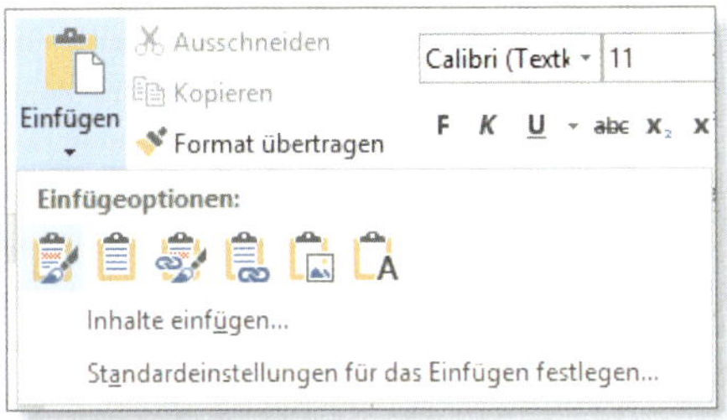

Abbildung 35.3
Die Einfügeoptionen

Die Option **Ursprüngliche Formatierung beibehalten** bewirkt, dass der Bereich als Word-Tabelle eingefügt wird; die Formatierung aus Excel wird dabei übernommen. Zur Weiterbearbeitung stehen die Registerkarten **Tabellentools/Entwurf** und **Tabellentools/Layout** in Word zur Verfügung.

Die folgende Tabelle verdeutlicht den Verbrauch:¶

Quartal 4	Jahr
5.400 kWh	19.800 kWh
4.200 m³	14.800 m³
210 m³	870 m³
972,00 €	3.564,00 €
2.562,00 €	9.028,00 €
378,00 €	1.566,00 €
3.912,00 €	14.158,00 €

¶

Abbildung 35.4
So ist die Tabelle auch in Excel formatiert.

TIPP

Zwischen Programmen wechseln

Wenn Sie mehrere Programme geöffnet haben, wechseln Sie am schnellsten mit der Tastenkombination `Alt` + `⇆` zwischen den Programmfenstern hin und her.

Mit der Option **Zielformatvorlage verwenden** wird die Formatierung des Word-Absatzes, in den Sie die Auswahl einfügen, mehr oder weniger auch für die eingefügte Tabelle übernommen. Allerdings bleibt eine »Restformatierung« aus Excel übrig (die Formatierung **Fett**).

Die folgende Tabelle verdeutlicht den Verbrauch:¶

Quartal 4	Jahr
5.400 kWh	19.800 kWh
4.200 m³	14.800 m³
210 m³	870 m³
972,00 €	3.564,00 €
2.562,00 €	9.028,00 €
378,00 €	1.566,00 €
3.912,00 €	14.158,00 €

¶

Abbildung 35.5
Nur die Fettung der Schrift wurde von Excel übernommen.

Die Option **Verknüpfen und ursprüngliche Formatierung beibehalten** bewirkt das Gleiche wie die Option **Ursprüngliche Formatierung beibehalten**, fügt den Zellbereich allerdings als Verknüpfung ein (mehr zu Verknüpfungen finden Sie in Abschnitt 35.2, »Einbetten oder verknüpfen?«).

Mit der Option **Verknüpfen und Zielformatvorlage verwenden** erreichen Sie das Gleiche wie mit der zweiten Option **Zielformatvorlage verwenden**, sie fügt den Zellbereich allerdings als Verknüpfung ein.

Mit **Grafik** fügen Sie den kopierten Bereich als genaues Abbild der Excel-Tabelle in Form einer Grafik ein (im Format *.png*, das auch webtauglich ist). Sie erhalten also die üblichen Ziehpunkte und zur Bearbeitung können Sie nur die Registerkarte **Bildtools/Format** hinzuziehen. Es ist dann logischerweise auch nicht mehr möglich, den Cursor in eine Zelle zu setzen und Zahlen zu verändern.

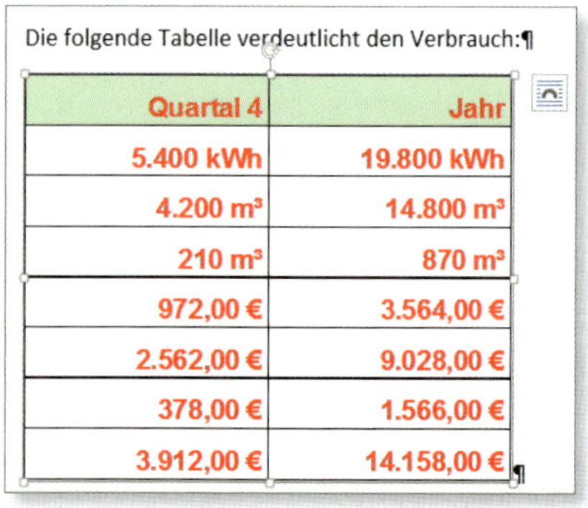

Abbildung 35.6
Die Tabelle wurde als Grafik eingefügt.

Mit der Option **Nur den Text übernehmen** fügen Sie zu guter Letzt den kopierten Bereich als schlichten Text ohne Formatierung ein (bzw. mit der Standardformatierung der Dokumentvorlage). Die Einträge werden automatisch durch Standardtabstopps getrennt.

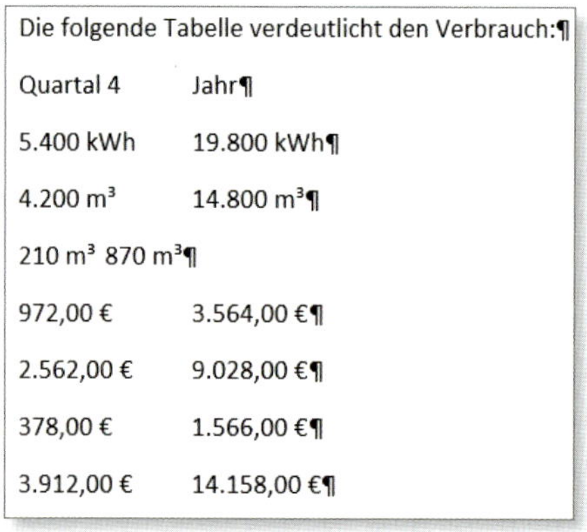

Abbildung 35.7
Die Tabelle wurde mit der Option »Nur den Text übernehmen« eingefügt.

Welche dieser Optionen Sie zum Einfügen verwenden, hängt davon ab, zu welchem Zweck Sie die Tabelle oder den Tabellenausschnitt in das Word-Dokument einfügen wollen, und natürlich auch davon, wie die Tabelle optisch wirken soll. Selbstverständlich können Sie eine eingefügte Excel-Tabelle auch komplett neu formatieren und an ihren Verwendungszweck anpassen.

Wenn Sie die Zahlen weiter bearbeiten wollen, verbietet sich allerdings, wie gesagt, die Einfügeoption **Grafik**. Der Vorteil dieser Option ist wiederum, dass Sie die Grafik verschieben und nach Wunsch platzieren können (sofern Sie es nicht bei der Textumbruchart **Mit Text in Zeile** belassen).

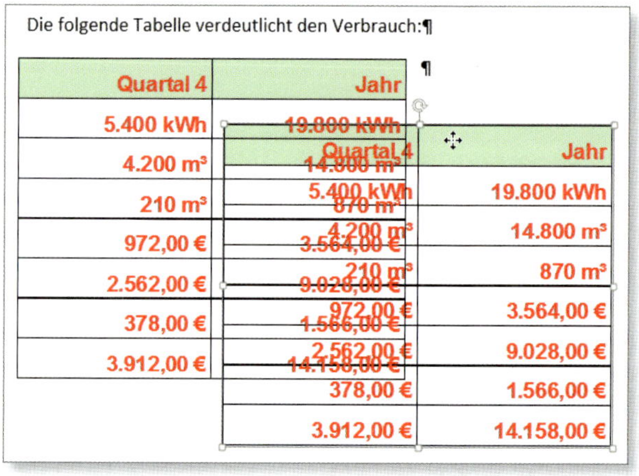

Abbildung 35.8
Als Grafik lässt sich die Tabelle sehr leicht komplett verschieben.

Um einzustellen bzw. zu prüfen, wie die Inhalte der Zwischenablage standardmäßig eingefügt werden, also immer dann, wenn Sie auf das Symbol **Einfügen** klicken, öffnen Sie das Menü der Schaltfläche **Einfügen** und wählen dort den Eintrag **Standardeinstellungen für das Einfügen festlegen**.

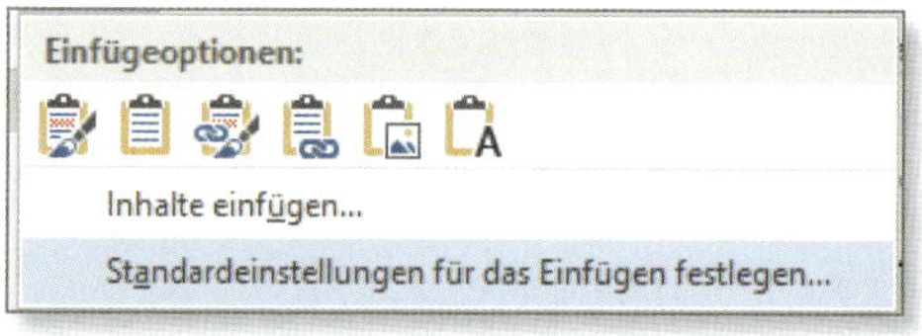

Abbildung 35.9
Die Word-Optionen zum Festlegen der Standardeinfügeoption aufrufen

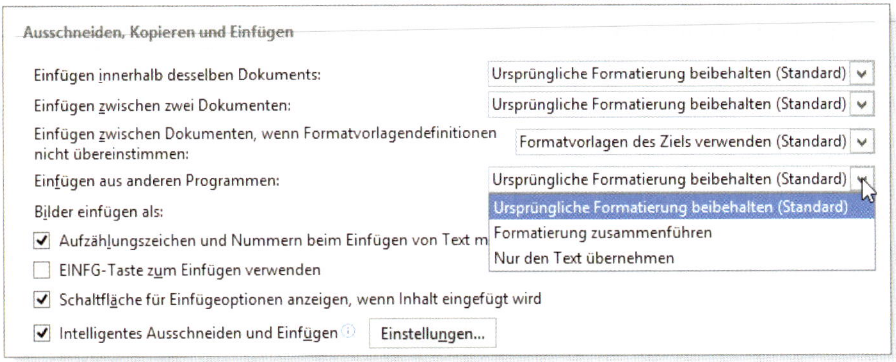

Abbildung 35.10
In den Word-Optionen bestimmen Sie, wie Inhalte der Zwischenablage eingefügt werden.

Damit wird das Dialogfenster **Word-Optionen** mit der Kategorie **Erweitert** aufgerufen (siehe Abbildung 35.10). Im Bereich **Ausschneiden, Kopieren und Einfügen** können Sie das Standardverhalten dann ändern.

Der Dialog »Inhalte einfügen«

Über die Symbole der Schaltfläche **Einfügen** erreichen Sie nicht alle Einfügemöglichkeiten. Um die Tabelle beispielsweise direkt als Excel-Arbeitsmappe-Objekt in das Dokument aufzunehmen, benötigen Sie den Dialog **Inhalte einfügen**. Diesen Dialog rufen Sie auf, indem Sie im Menü der Schaltfläche **Einfügen** die Option **Inhalte einfügen** wählen.

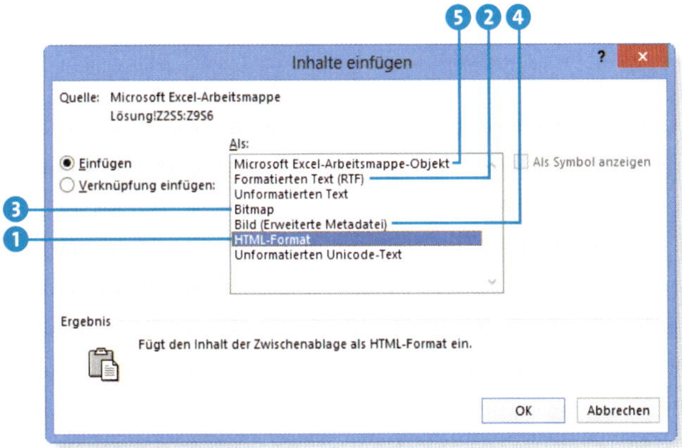

Abbildung 35.11
Der Dialog »Inhalte einfügen«

Standardmäßig ist in diesem Dialog das **HTML-Format** ❶ zum Einfügen eingestellt. Mit diesem Format übernehmen Sie die Tabelle mit der ursprünglichen Formatierung, ebenso mit der im Bereich **Als** angebotenen Option **Formatierten Text (RTF)** ❷. (RTF ist das Dateiformat der »seit Urzeiten« in Windows integrierten Textverarbeitung *Word Pad*.) Mit **Bitmap** ❸ wird die Tabelle als Grafik im BMP-Format eingefügt, während die Option **Bild (Erweiterte Metadatei)** ❹ die Grafik im PNG-Format ablegt (also identisch mit der Einfügeoption **Grafik** ist).

Im oberen Bereich des Dialogs wird die Quelle des Tabellenbereiches angezeigt, den Sie im Begriff sind einzufügen (mit der Bezeichnung des Tabellenblattes und den Zelladressen).

INFO

Bitmaps

Bitmaps speichern ein einzelnes Rasterbild mit einer Farbtiefe zwischen 1 und 24 Bit. Das Format ist mit vielen Programmen kompatibel, unterstützt aber keine Komprimierung. Das kleine Windows-Grafikprogramm *Paint* verwendet z. B. das Dateiformat BMP.

Ein Arbeitsmappen-Objekt einfügen

Besonders spannend ist die Option **Microsoft Excel-Arbeitsmappe-Objekt** ❺. Wenn Sie die Tabelle als ein solches Objekt einfügen, stellen Sie eine dynamische Verbindung zu Excel her, sodass Sie direkt aus dieser eingefügten Tabelle heraus wieder zu Excel springen können, um die komplette Tabelle mit den gewohnten Excel-Funktionen zu bearbeiten (unabhängig davon, ob Sie zuvor einen Bereich markiert hatten). Beachten Sie bei dieser Methode jedoch, dass sich die Tabelle auch nur als Excel-Objekt bearbeiten lässt, nicht als Word Tabelle.

1 Kopieren Sie die gewünschte Excel-Tabelle und wechseln Sie in das Word-Dokument.

2 Platzieren Sie den Cursor an der Stelle, an der die Tabelle eingefügt werden soll, und klicken Sie im Menü der Schaltfläche **Einfügen** auf **Inhalte einfügen**.

3 Markieren Sie in diesem Dialog die Option **Microsoft Excel-Arbeitsmappe-Objekt** und klicken Sie auf **OK**.

Daraufhin wird die Tabelle zunächst in einer Art Positionsrahmen mit der Excel-Formatierung angezeigt. Sobald Sie doppelt auf diese Tabelle klicken, wird Excel ausgeführt. Der Inhalt des Tabellenblattes erscheint in einem Excel-Fenster, und wenn Sie auf das Menüband blicken, sehen Sie auch hier die für Excel typischen Registerkarten und Funktionen.

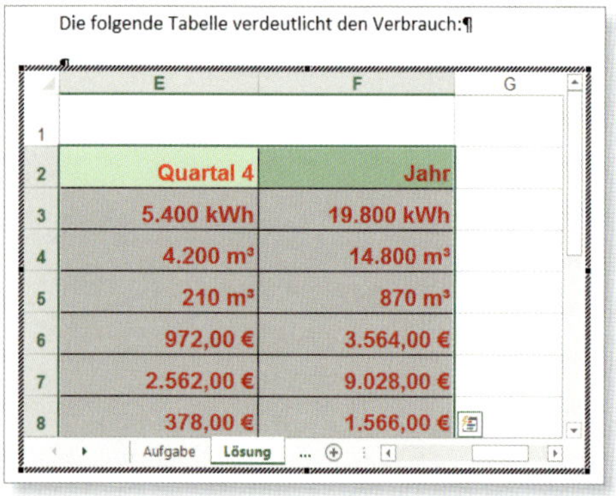

^ Abbildung 35.12
Die Tabelle als »Arbeitsmappe-Objekt« in einem Excel-Fenster

Im Prinzip können Sie in dieser Tabelle nun arbeiten wie sonst in Excel. Sie können sogar die anderen Tabellenblätter aktivieren (mithilfe der Reiter am unteren Rand der Tabelle). Mit den Pfeilschaltflächen im unteren Bereich wandern Sie in der Tabelle von links nach rechts und zurück.

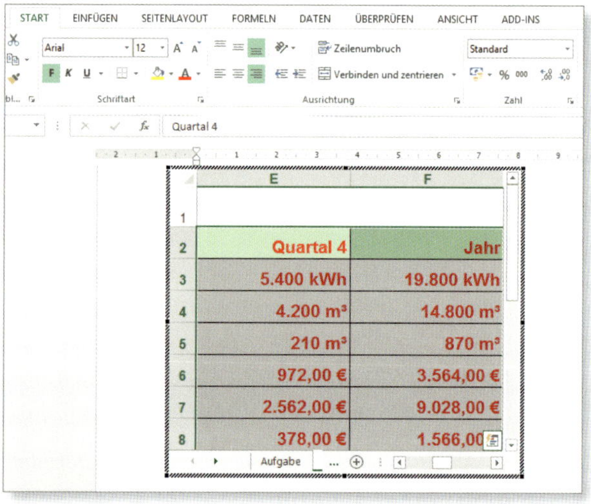

^ Abbildung 35.13
Die Tabelle als Excel-Fenster im Word-Dokument

Über die Ziehpunkte am Rahmen lässt sich das Fenster vergrößern, sodass Sie sich auch die komplette Tabelle vor Augen führen können. Der erweiterte Bereich, den Sie sich hier anzeigen lassen, wird auch im Word-Dokument erscheinen.

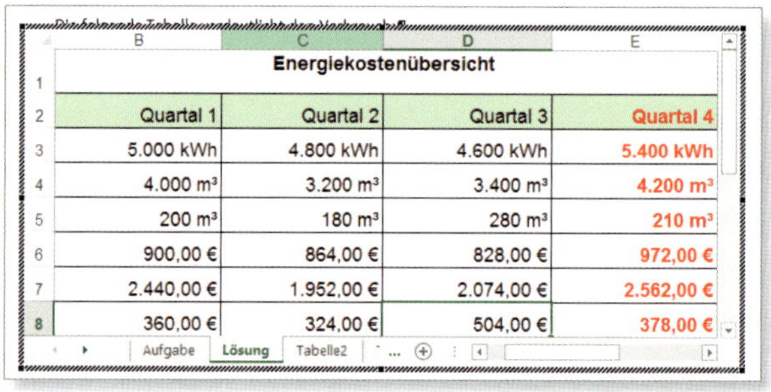

^ Abbildung 35.14
Das vergrößerte Excel-Fenster

Um zum Word-Dokument zurückzukehren, klicken Sie außerhalb des Excel-Fensters aufs Blatt. Wie Sie sehen, wird der vorher im Excel-Fenster sichtbar gemachte Bereich auch im Word-Dokument angezeigt.

Die·folgende·Tabelle·verdeutlicht·den·Verbrauch:¶

Energiekostenübersicht

Quartal 1	Quartal 2	Quartal 3	Quartal 4
5.000 kWh	4.800 kWh	4.600 kWh	5.400 kWh
4.000 m³	3.200 m³	3.400 m³	4.200 m³
200 m³	180 m³	280 m³	210 m³
900,00 €	864,00 €	828,00 €	972,00 €
2.440,00 €	1.952,00 €	2.074,00 €	2.562,00 €
360,00 €	324,00 €	504,00 €	378,00 €

Abbildung 35.15
Der angezeigte Tabellenbereich entspricht der Anzeige im Excel-Fenster.

35.2 Einbetten oder verknüpfen?

In Abschnitt 7.2, »Textteile und Absätze verschieben«, sind wir bereits auf den Unterschied zwischen *Einbetten* (*Einfügen*) und *Verknüpfen* eingegangen. Weil diese Unterscheidung für die Zusammenarbeit mit Excel und anderen Programmen sehr wichtig ist, greifen wir das Thema an dieser Stelle erneut kurz auf.

Sie haben gesehen, dass es beim Einfügen eines Zellbereiches auch die Möglichkeit gibt, die Auswahl als Verknüpfung einzufügen (mit den Optionen **Verknüpfen und ursprüngliche Formatierung beibehalten** oder **Verknüpfen und Zielformatvorlage verwenden**). Wenn Sie sich für eine dieser Optionen entscheiden, fügen Sie den Zellbereich so ein, dass nur der Speicherort der Quelldatei im Dokument gespeichert und ein direkter Verbindungskanal zur Quelle gelegt wird. Alle Änderungen, die Sie nach dem Einfügen an der Ursprungsdatei (in diesem Fall an der Excel-Tabelle) vornehmen, werden an die damit verknüpfte Tabelle in der Word-Datei weitergegeben.

Um eine Aktualisierung von Hand anzustoßen, rufen Sie das Kontextmenü der Tabelle mit der rechten Maustaste auf und klicken hier auf **Verknüpfungen aktualisieren**. Natürlich steht auch die Taste F9 für die Aktualisierung der Daten zur Verfügung. Wenn Sie das Dokument mit der verknüpften Tabelle schließen und dann erneut öffnen, werden die Werte automatisch aktualisiert.

INFO

Aktualisierung bei geöffnetem Word-Dokument

Wenn Sie an der Excel-Tabelle arbeiten, während das Word-Dokument mit der Verknüpfung geöffnet ist, werden die Änderungen ohne Ihr Zutun in die Word-Tabelle übertragen. Das ist praktisch, weil es Ihnen das manuelle Aktualisieren erspart. Sie müssen dann aber eben auch die Word-Datei speichern, wenn Sie fertig sind.

Eine Verknüpfung im Dialogfenster »Inhalte einfügen« anlegen

Auch über das Dialogfenster **Inhalte einfügen** können Sie festlegen, dass der Inhalt der Zwischenablage als Verknüpfung eingefügt wird. Dazu aktivieren Sie die Option **Verknüpfung einfügen** neben dem Bereich **Als** links im Dialog.

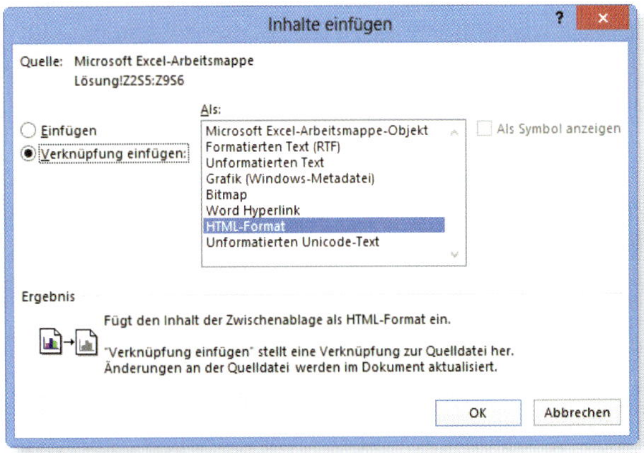

Abbildung 35.16
Die Option »Verknüpfung einfügen« aktivieren

Diese Option lässt sich im Dialog für alle Einfügeoptionen bestimmen, selbst für Grafiken, also für **Bitmap** und **Bild (Erweiterte Metadatei)**. Zur Aktualisierung markieren Sie die Grafik und drücken dann die Taste F9.

INFO

Excel-Arbeitsmappe als Verknüpfung

Wenn Sie die Option **Verknüpfung einfügen** aktivieren und im Bereich **Als** die Option **Microsoft Excel-Arbeitsmappe-Objekt** wählen, wird die Tabelle als Verknüpfung eingefügt. Mit einem Doppelklick auf die Verknüpfung wird dann nicht nur ein Excel-Fenster mit der Tabelle aufgerufen, sondern Excel als Programm.

Ob Sie eine Tabelle einfach einfügen (man spricht auch von *einbetten*) oder sie als Verknüpfung verlinken, müssen Sie je nach Dokument und Situation entscheiden. Wenn Sie noch an der Excel-Tabelle arbeiten wollen (der eingefügte Inhalt also noch nicht der letzte Stand ist), bietet sich eine Verknüpfung an, damit die Änderungen schnell an das Word-Dokument weitergegeben werden können. Sie dürfen bei Verknüpfungen allerdings nie vergessen, dass sie nur funktionieren, wenn Word die Quelldatei findet (lesen Sie hierzu auch den nächsten Abschnitt »Mit Verknüpfungen arbeiten«). Wenn der einmal eingefügte Inhalt in Zukunft unverändert bleibt, betten Sie die Tabelle ohne Verknüpfung ein.

In diesem Zusammenhang ist auch immer die Größe der Datei relevant, die Sie in das Word-Dokument einfügen wollen. Eingebettete (einfach eingefügte) Dateien, vor allem Grafiken bzw. Bilder, können das Dokument erheblich vergrößern. Word 2013 komprimiert Bilder allerdings automatisch, daher ist die Dateigröße hier nicht mehr so problematisch.

Mit Verknüpfungen arbeiten

Es gibt den Dialog **Links**, der alle im aktuellen Dokument eingefügten Verknüpfungen auflistet. Wenn bereits ein verknüpftes Excel-Arbeitsmappe-Objekt im Dokument vorhanden ist, können Sie den Dialog ganz einfach über das Kontextmenü dieses Objekts (**Verknüpftes Arbeitsblatt-Objekt** > **Verknüpfungen**) aufrufen.

Daraufhin wird der Dialog **Links** angezeigt. Im Bereich **Quelldatei** sehen Sie den Speicherort, den Dateinamen und, im Falle einer verknüpften Excel-Datei, auch den Namen des Tabellenblattes sowie den Zellbereich der verknüpften Tabelle.

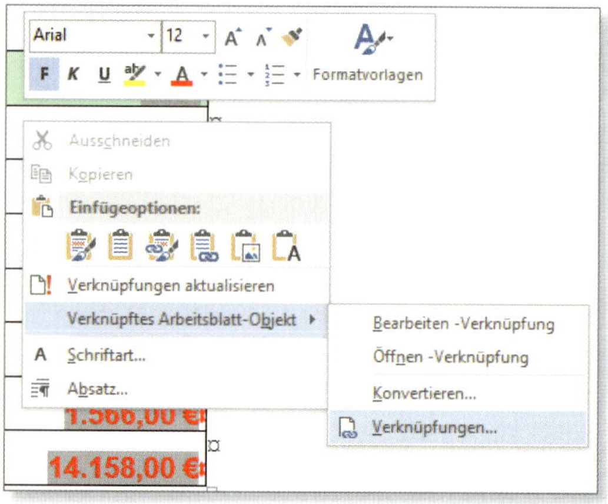

Abbildung 35.17
Das Dialogfenster »Verknüpfungen« aufrufen

INFO

Der Dialog »Links«

Dieser Dialog ist selbstverständlich generell für den Umgang mit verknüpften Objekten zuständig. Wenn wir hier also nur von Tabellen oder Excel-Arbeitsmappe-Objekten sprechen, dann deswegen, weil es in diesem Abschnitt speziell um Excel-Tabellen in Word-Dokumenten geht (auch in Kapitel 25.4, »Fotos und Bilddateien«, erklären wir den Umgang mit Verknüpfungen).

Der Dialog bietet nicht nur eine Übersicht über die im aktuellen Dokument vorhandenen Verknüpfungen, sondern vor allem auch die Möglichkeit, den Speicherort einer Quelldatei neu zu bestimmen, wenn diese verschoben wurde, oder gleich eine neue Quelldatei auszuwählen.

1. Um den Dialog **Quelle ändern** aufzurufen und dort einen neuen Speicherort für die Quelldatei festzulegen, klicken Sie im Dialogfenster **Links** auf die Schalt-

fläche **Quelle ändern** ❶ (markieren Sie zuvor im Bereich **Datenquelle** die Verknüpfung, um die es geht ❷).

2 Im Dialogfenster **Quelle ändern** bestimmen Sie den neuen Speicherort der aktuellen Quelle oder auch eine ganz neue Quelldatei. Danach klicken Sie auf die Schaltfläche **Jetzt aktualisieren**.

3 Mit der Schaltfläche **Quelle öffnen** ❸ im Dialogfenster **Links** wird die Tabelle ganz normal in Excel aufgerufen (allgemeiner gesagt, das Programm, aus dem die Verknüpfung stammt, wird jetzt geöffnet).

4 Um die Verbindung zwischen einem verknüpften Objekt und der Excel-Quelldatei dauerhaft zu trennen, markieren Sie die Verknüpfung, um die es geht, und klicken auf **Verknüpfung aufheben** ❹.

5 Sie werden gefragt, ob Sie die Verbindung aufheben möchten. Wenn Sie mit **Ja** bestätigen, wird der Tabelleninhalt als normale Word-Tabelle dargestellt, die nun in das Dokument eingebettet ist.

Beachten Sie im Dialog **Links** auch den Bereich **Aktualisierungsmethode für ausgewählte Verknüpfung** ❺. Hier ist standardmäßig die Option **Automatisches Update** aktiviert. Diese Einstellung sorgt dafür, dass die im oberen Bereich markierte Verknüpfung beim Öffnen des Dokuments aktualisiert wird, was ebenfalls geschieht, wenn Sie die Excel-Tabelle bei geöffnetem Word-Dokument bearbeiten. Sie können diesen Automatismus verhindern, indem Sie ein Häkchen vor die Option **Manuelles Update** setzen. Die Verknüpfung lässt sich dann – wie die Option sagt – nur manuell anstoßen. Mit der Option **Gesperrt** kann die ausgewählte Verknüpfung überhaupt nicht aktualisiert werden.

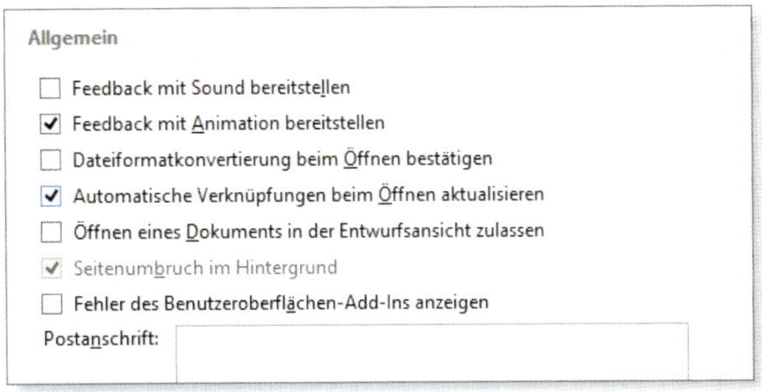

Abbildung 35.19
Verknüpfungen werden automatisch aktualisiert.

Die Einstellung, die bewirkt, dass Verknüpfungen beim Öffnen generell aktualisiert werden, finden Sie im Dialogfenster **Word-Optionen** in der Kategorie **Erweitert** im Bereich **Allgemein**. Allerdings werden Sie beim Öffnen eines Dokuments mit verknüpften Objekten auf diese Verknüpfungen hingewiesen und stets gefragt, ob Sie die Daten aktualisieren möchten (siehe Abbildung 35.20).

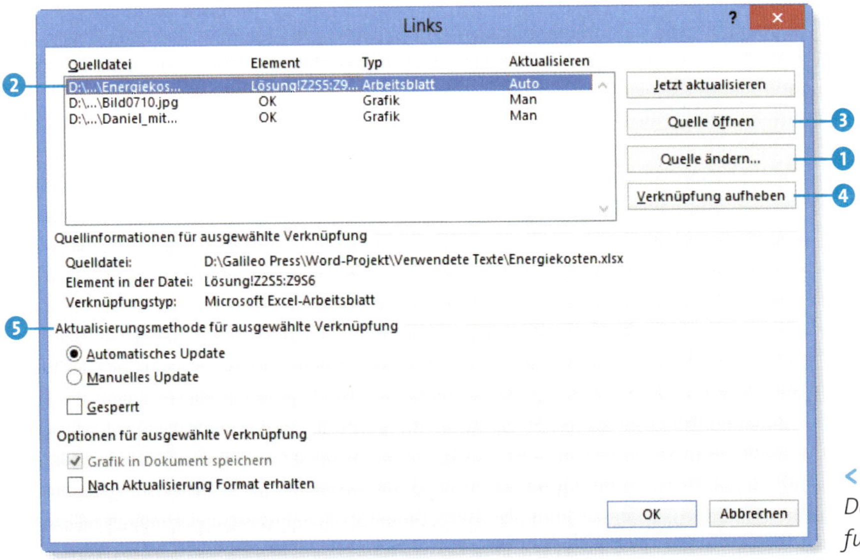

Abbildung 35.18
Der Dialog »Links« listet alle Verknüpfungen im aktuellen Dokument auf.

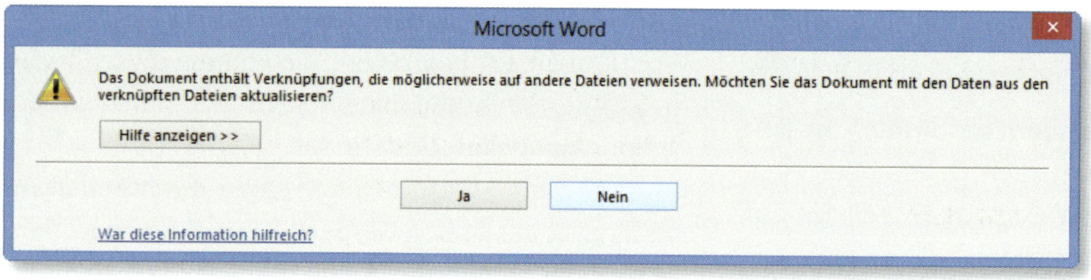

< ***Abbildung 35.20***
Sollen die Verknüpfungen aktualisiert werden oder nicht?

Falls Sie mit den Verknüpfungen vorsichtig umgehen möchten – vor allem wenn Dritte an den Quelldateien arbeiten –, klicken Sie hier zunächst auf **Nein**.

Verknüpfungen als Symbol einfügen

Es gibt auch die Möglichkeit, eine Verknüpfung zu einer Excel-Quelldatei so einzufügen, dass sie nur als Symbol im Dokument auftaucht. Im Dialog **Inhalte einfügen** markieren Sie im Feld **Als** das Format **Microsoft Excel-Arbeitsmappe-Objekt** und dann aktivieren Sie die Option **Als Symbol anzeigen** ①.

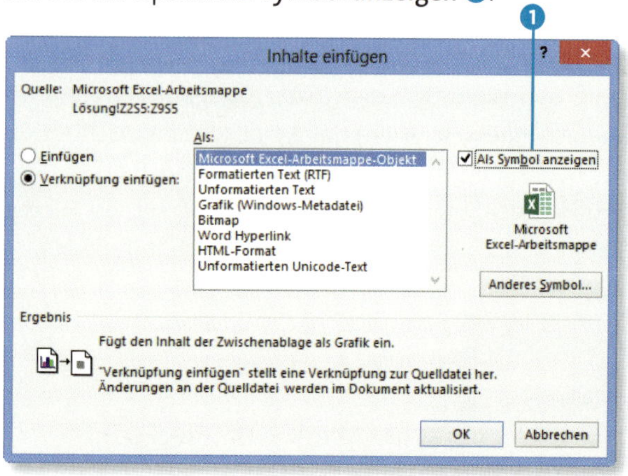

^ ***Abbildung 35.21***
Eine Verknüpfung als Symbol einfügen

Daraufhin erscheint ein kleines Symbol im Dokument. Wenn Sie doppelt auf dieses Symbol klicken, wird das entsprechende Arbeitsblatt ganz normal in Excel aufgerufen.

Diese Option bietet sich vor allem dann an, wenn Sie bei der Arbeit am Word-Dokument einen Blick in die entsprechende Arbeitsmappe werfen und/oder dort auf die Schnelle eine Berechnung durchführen möchten.

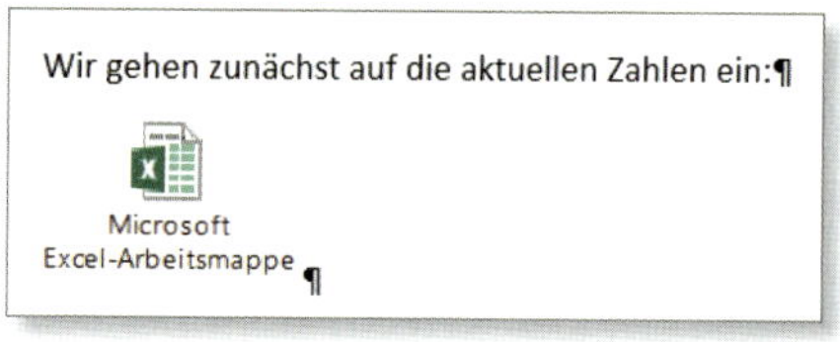

^ ***Abbildung 35.22***
Das Excel-Arbeitsblatt als Symbol im Word-Dokument

Verknüpfung als Hyperlink

Einen ähnlichen Effekt erreichen Sie, wenn Sie in der Liste **Als** die Option **Word Hyperlink** wählen (achten Sie darauf, dass die Option **Verknüpfung einfügen** aktiviert ist, nur dann wird dieses Format überhaupt angeboten), allerdings wird hierbei kein Symbol, sondern der kopierte Zellbereich eingefügt. Mit dieser Option wird der Tabellenbereich im Word-Dokument als Hyperlink dargestellt (in Abschnitt 30.7, »Hyperlinks zum Navigieren«, gehen wir auf dieses Thema näher ein).

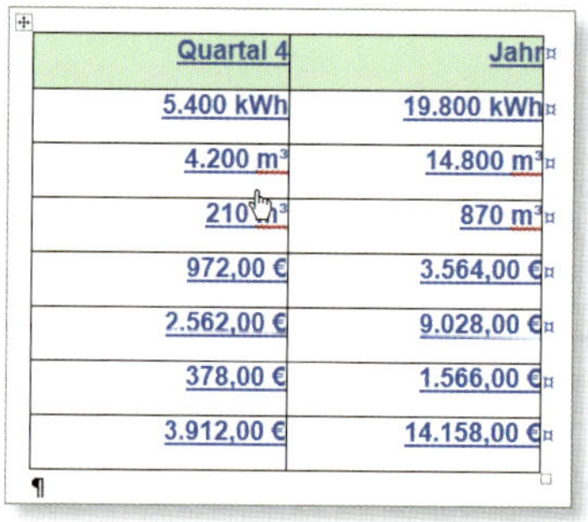

Quartal 4	Jahr
5.400 kWh	19.800 kWh
4.200 m^3	14.800 m^3
210 m^3	870 m^3
972,00 €	3.564,00 €
2.562,00 €	9.028,00 €
378,00 €	1.566,00 €
3.912,00 €	14.158,00 €

^ ***Abbildung 35.23***
Die Tabelle als Hyperlink im Dokument

Wenn Sie mit dem Mauszeiger über die Tabelle fahren, verändert er sich in das typische »Händchen«, das Ihnen beispielsweise auch in Ihrem Internetbrowser begegnet, sobald Sie einen Link anwählen. Per Mausklick (oder je nach Einstellung zusätzlich mit gedrückter Strg-Taste) wird die Tabelle in einem normalen Excel-Arbeitsblatt aufgerufen.

Ein leeres Excel-Arbeitsblatt einfügen

Wenn Sie während der Arbeit an einem Word-Dokument eine Excel-Tabelle erstellen möchten, die dann im Dokument angezeigt werden soll, können Sie – anstatt den »Umweg« über **Kopieren** und **Einfügen/Verknüpfen** zu gehen – ein leeres Excel-Fenster einfügen.

1 Wechseln Sie auf die Registerkarte **Einfügen** und klicken Sie hier in der Gruppe **Text** auf die Schaltfläche **Objekt**.

Abbildung 35.24
Das Dialogfenster »Objekt« über die Registerkarte »Einfügen« öffnen

2 Daraufhin öffnet sich der Dialog **Objekt**. In diesem Dialog markieren Sie in der Liste **Objekttyp** den Eintrag **Microsoft Excel-Arbeitsblatt** und klicken auf **OK**.

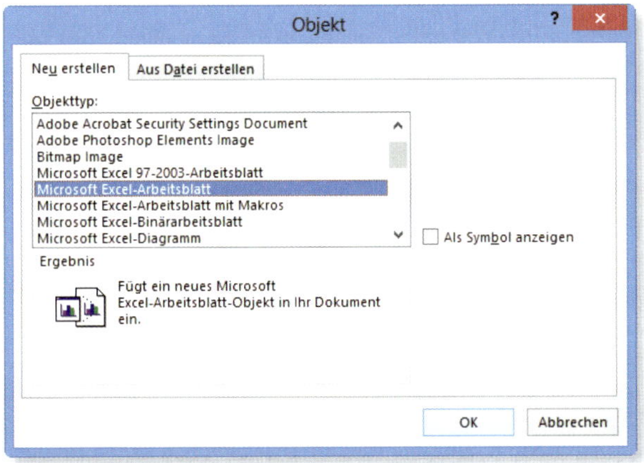

Abbildung 35.25
Ein Excel-Arbeitsblatt-Objekt einfügen

3 Im Dokument wird daraufhin ein Excel-Fenster mit einem leeren Tabellenblatt angezeigt. Hier können Sie nun Werte eingeben und Berechnungen anstellen wie in Excel sonst auch.

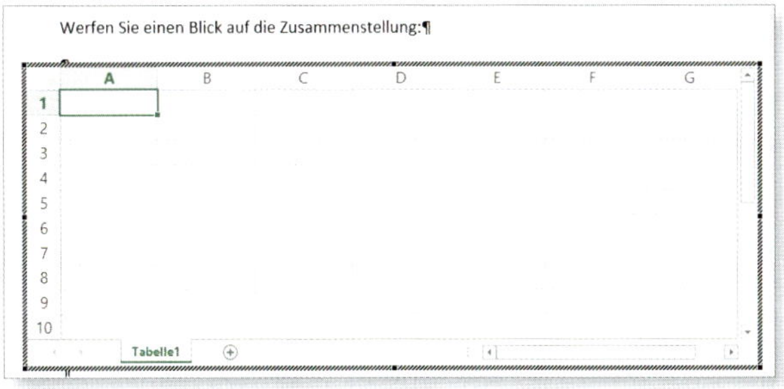

Abbildung 35.26
Eine leere Arbeitsmappe in einem Excel-Fenster

4 Verkleinern Sie den Bereich mithilfe der Ziehpunkte am besten so, dass nur der ausgefüllte Zellbereich vom Rahmen umschlossen wird. Andernfalls werden auch überflüssige Leerzeilen bzw. Leerspalten in das Dokument eingefügt.

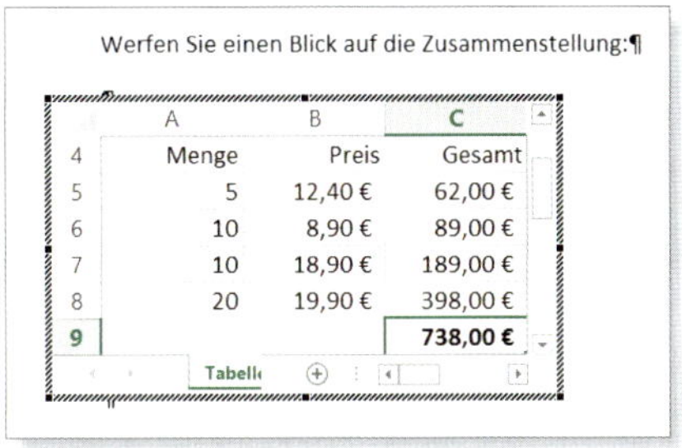

Abbildung 35.27
Den Tabellenbereich im Excel-Fenster verkleinern

5 Mit einem Klick außerhalb des Fensters landet die Tabelle als Objekt im Word-Dokument.

Abbildung 35.28
Die neue Tabelle steht als Objekt im Word-Dokument.

Bei dem eingefügten Objekt handelt es sich um eine Art Grafik, es werden aber nicht die typischen Bearbeitungsmöglichkeiten eingeblendet, die Word normalerweise für Grafiken anbietet. Im Kontextmenü dieses Objekts finden Sie jedoch den Befehl **Grafik formatieren**, der den Dialog **Objekt formatieren** aufruft. Hier können Sie das Objekt weiter bearbeiten, z. B. auf der Registerkarte **Farben und Linien** eine Hintergrundfarbe zuweisen.

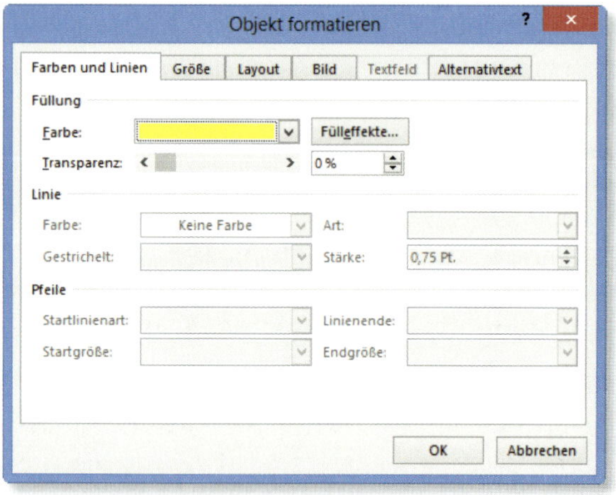

Abbildung 35.29
Hier können Sie das Objekt anpassen.

35.3 Excel-Diagramme in Word-Dokumenten verwenden

Diagramme, die Sie in Excel angelegt haben, lassen sich ebenfalls sehr gut in ein Word-Dokument einfügen. Auch hier haben Sie wiederum die Wahl, ob Sie das Diagramm einbetten oder aber mit dem Dokument verknüpfen möchten.

Diagramme gelten von Haus aus als Grafiken. Um ein Diagramm in Excel zu kopieren, klicken Sie es an und wählen im Kontextmenü den Eintrag **Kopieren**. Dann wechseln Sie zu Word. Im Menü der Schaltfläche **Einfügen** werden ähnliche Einfügeoptionen angeboten wie beim Einfügen von Tabellen bzw. Zellbereichen. Das Diagramm wird je nach gewählter Option als verknüpfte oder eingebettete Arbeitsmappe eingefügt. Danach stehen Ihnen in Word wie üblich die Registerkarten **Diagrammtools/Entwurf** und **Diagrammtools/Format** zur Verfügung (siehe dazu auch Kapitel 28, »Diagramme«).

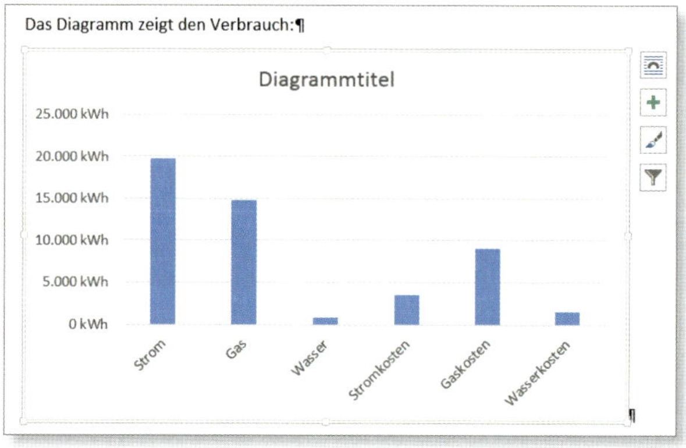

Abbildung 35.30
Das Diagramm wurde ins Word-Dokument eingefügt.

Nur wenn Sie im Menü der Schaltfläche **Einfügen** die Option **Grafik** wählen, wird das Diagramm direkt als Grafik (mit dem Dateiformat PNG) eingefügt, sodass dann zum Bearbeiten die Registerkarte **Bildtools/Format** und die dort versammelten Möglichkeiten der Grafikformatierung bereitstehen, beispielsweise die **Bildformatvorlagen**. Damit Sie das Diagramm sauber in einem Dokument positionieren können, kann die Einfügeoption **Grafik** also von Vorteil sein, weil Sie das Diagramm dann fest mit einem Absatz verankern können (siehe dazu auch Kapitel 25, »Grafiken, Fotos und Videos«). Allerdings können Sie die einzelnen Diagrammelemente – auch die Diagrammfläche – nach dem Einfügen als Grafik nicht weiter bearbeiten, da das Ganze ja ein Bild ist. Sie müssen also daran denken, Diagrammtitel u. Ä. bereits vorab im Excel-Diagramm einzugeben.

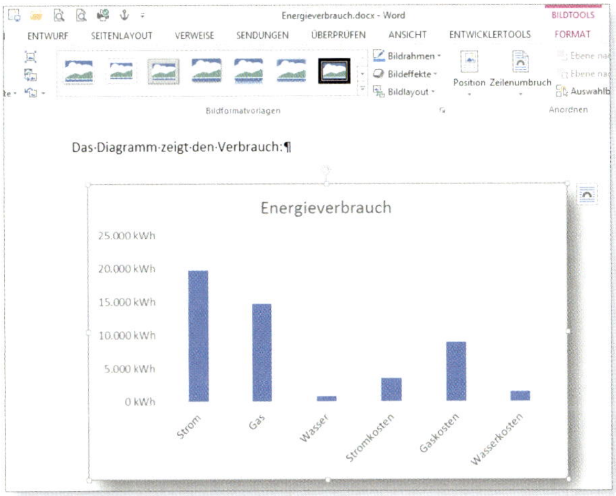

Abbildung 35.31
Das Diagramm formatieren, das zuvor als Grafik eingefügt wurde

Der Dialog **Inhalte einfügen**, den Sie über das Menü der Schaltfläche **Einfügen** aufrufen, bietet weitere Grafikformate an (siehe Abbildung 35.32). Außerdem können Sie auch bei Diagrammen eine dynamische Verbindung zu Excel herstellen (mit der Option **Microsoft Excel-Diagramm-Objekt**). Per Doppelklick auf das auf diese Weise eingefügte Diagramm wird es automatisch in einem Excel-Fenster aufgerufen, wo Sie es mit den üblichen Excel-Werkzeugen bearbeiten können.

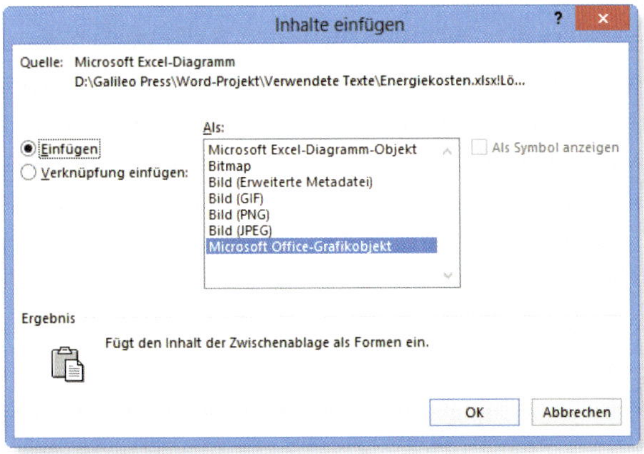

Abbildung 35.32
Die verschiedenen Dateiformatoptionen im Dialog »Inhalte einfügen« (mit der Option »Einfügen«)

35.4 Word und PowerPoint im Zusammenspiel

Wenn Sie eine PowerPoint-Präsentation erstellen möchten bzw. müssen, können Sie dafür sicher den einen oder anderen Text gebrauchen, den Sie zuvor in Word schon einmal geschrieben haben.

Word-Text in PowerPoint übernehmen

Um doppelte Tipparbeit zu vermeiden, können Sie natürlich auf diese Texte zugreifen und sie für Ihre Präsentation verwenden (und nebenbei damit andere beeindrucken, wie zügig Sie die Präsentation fertiggestellt haben).

1. Öffnen Sie das Word-Dokument, das den betreffenden Text enthält, und kopieren Sie die Passage, die Sie für Ihre PowerPoint-Präsentation brauchen.
2. Rufen Sie PowerPoint auf und wählen Sie gegebenenfalls ein anderes Folienlayout (denn nach dem Aufruf des Programms erscheint zuerst eine Titelfolie mit zwei Textfeldern für den Titel und einen Untertitel). Für reinen Text ist eine leere Folie unter Umständen passender; Sie finden sie im Menü der Schaltfläche **Layout**.
3. Klicken Sie die leere Folie mit der rechten Maustaste an und wählen Sie eine der Optionen zum Einfügen aus dem Kontextmenü. Daraufhin landet der Text in einem Textfeld auf der Folie.

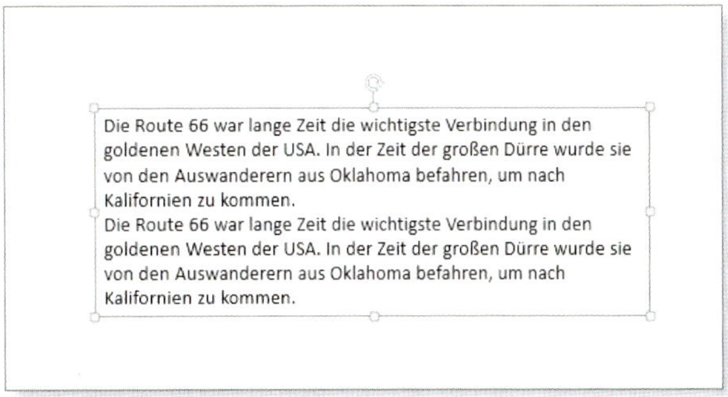

Abbildung 35.33
Eine Textpassage aus Word in eine PowerPoint-Folie einfügen

Um den Text als Verknüpfung einzufügen, klicken Sie im Menü der Schaltfläche **Einfügen** (in PowerPoint ebenfalls auf der Registerkarte **Start** zu finden) auf den Eintrag **Inhalte einfügen**. Dies öffnet – genau wie in Word – das Dialogfenster **Inhalte einfügen**. Aktivieren Sie hier also wie gehabt die Option **Verknüpfung einfügen**.

Eine Word-Gliederung für die PowerPoint-Präsentation verwenden

Das Einfügen von Textpassagen in eine Folie ist, wie Sie gesehen haben, ein sehr einfacher Vorgang. Umso spannender ist die Möglichkeit, eine in Word bereits vorhandene Gliederung auch für die Gliederung bzw. schon zum Erstellen der Folien zu nutzen. Dazu müssen die Überschriften der Word-Gliederung mit Formatvorlagen für Überschriften versehen sein. Überprüfen Sie im ersten Schritt also Ihre Word-Gliederung und bearbeiten Sie sie notfalls nach. Damit Sie hier keinen Fehler machen, müssen Sie wissen, dass (nur) Überschriften mit der Formatvorlage **Überschrift 1** als Folie eingefügt werden.

∧ ***Abbildung 35.34***
Das Menü der Schaltfläche »Neue Folie«

1 Wechseln Sie zu PowerPoint und klicken Sie auf die Schaltfläche **Neue Folie** auf der Registerkarte **Start**. Im Menü dieser Schaltfläche wählen Sie die Option **Folien aus Gliederung**.

2 Daraufhin wird der Dialog **Gliederung einfügen** geöffnet (siehe Abbildung 35.35). Als Dateityp ist im Dialogfenster unten rechts **Alle Gliederungen** ❶ ausgewählt (in der Klammer werden die Dateiendungen der Formate aufgelistet, in denen die Gliederung vorliegen kann, damit PowerPoint sie als solche erkennt). Wählen Sie die gewünschte Datei ❷ aus und klicken Sie dann auf **Einfügen** ❸.

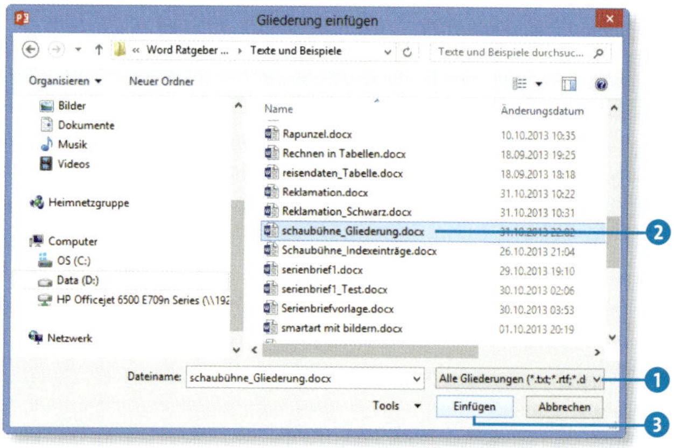

∧ ***Abbildung 35.35***
Hier wählen Sie die Datei mit der Gliederung aus.

PowerPoint erstellt nun aus der Gliederung die Folien, wobei alle Überschriften der Ebene 1 die Überschriften für jeweils neue Folien bilden; die anderen Überschriften der Gliederung werden entsprechend ihrer Ebene als Aufzählungspunkte auf den Folien verwendet.

∧ ***Abbildung 35.36***
Die Folien aus der Gliederung

Die Gliederung im TXT-Format speichern und nutzen

So viel zur Theorie. Leider gibt es bei der Sache auch einen Haken: Wenn nicht alle Konvertierungsfilter installiert sind, kann PowerPoint die Gliederung nicht öffnen und verweigert das Erstellen der Folien hartnäckig mit einer Fehlermeldung.

Anstatt nun hektisch nach den passenden Konvertierungsfiltern zu suchen, können Sie PowerPoint überlisten und zum guten alten TXT-Format greifen. Wenn Sie Ihre Word-Gliederung als TXT-Datei speichern, wird PowerPoint die Mitarbeit nicht verweigern und die Folien anstandslos aus der Gliederung erstellen. Wählen Sie im Dialog **Speichern unter** einfach den Dateityp **Nur Text (*.txt)**.

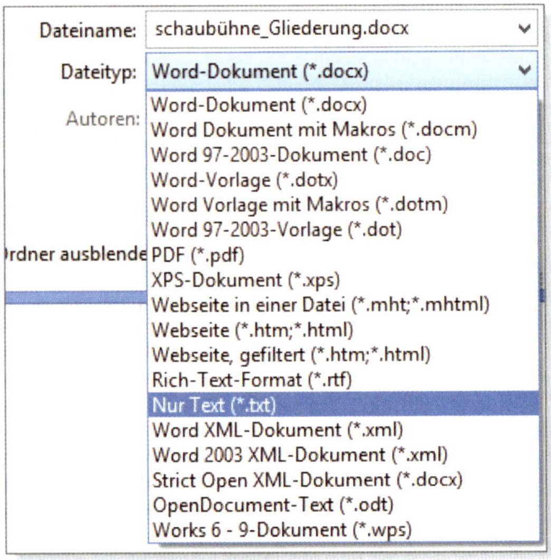

Abbildung 35.37
Die Word-Gliederung im TXT-Format speichern

Diese Datei muss dann nur noch etwas nachbearbeitet werden, damit Sie sie als Basis für Ihre PowerPoint-Folien nutzen können. Dazu öffnen Sie sie beispielsweise im Windows Editor. (Klicken Sie die Datei mit der rechten Maustaste an und zeigen Sie im Kontextmenü auf **Öffnen mit**. Im Untermenü wählen Sie **Editor**; ansonsten finden Sie den Editor auch über den Startbildschirm unter **Alle Apps** > **Windows Zubehör**.)

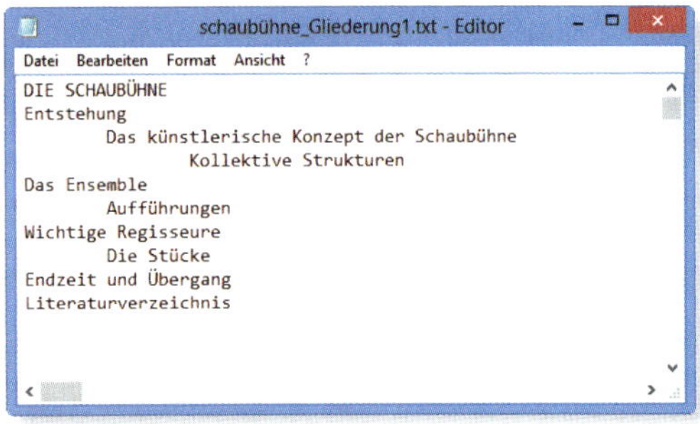


```
DIE SCHAUBÜHNE
Entstehung
	Das künstlerische Konzept der Schaubühne
		Kollektive Strukturen
Das Ensemble
	Aufführungen
Wichtige Regisseure
	Die Stücke
Endzeit und Übergang
Literaturverzeichnis
```

Abbildung 35.38
Eine reine Textdatei im Editor, die Überschriften wurden mit Tabstopps eingerückt.

Da es im TXT-Format keine Formatvorlagen gibt, die die Gliederungshierarchien anzeigen, müssen Sie hier mit Tabstopps nachhelfen: Überschriften der Ebene 1 werden nicht eingerückt, alle weiteren Ebenen rücken Sie mithilfe von Standardtabstopps ein. Je weiter unten die Ebene liegt, desto häufiger drücken Sie die [Tab]-Taste. Vergessen Sie nicht, die Änderungen zu speichern (**Datei** > **Speichern**).

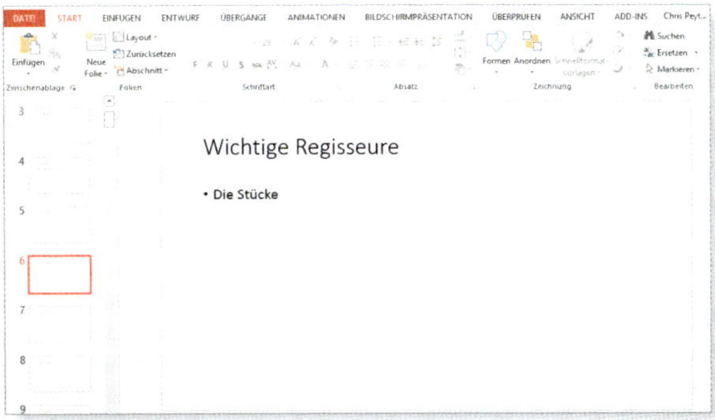

Abbildung 35.39
PowerPoint hat aus der Gliederung im TXT-Format passende Folien erstellt.

Wenn Sie diese Datei nun in PowerPoint als Gliederung benutzen, wie es im Abschnitt »Eine Word-Gliederung für die PowerPoint-Präsentation verwenden« ab Seite 736 beschrieben wird, werden die Folien entsprechend der Hierarchie der Gliederung neu erstellt. Für jede Überschrift der Ebene 1, hier also für nicht eingerückte Überschriften, gibt es eine neue Folie, die übrigen Überschriften bilden deren Aufzählungspunkte.

Kapitel 36
Überarbeitungen und Kommentare

Es gibt kaum einen Bereich, in dem Teamwork nicht großgeschrieben wird. Auch Word unterstützt Sie bei der Arbeit im Team. Je nach der Rolle, die Sie einnehmen, können Sie Dokumente so bearbeiten oder bearbeiten lassen, dass alle Änderungen deutlich im Dokument zu erkennen sind.

Längere Texte wie Berichte, Diplomarbeiten oder Manuskripte sind so gut wie nie auf Anhieb schön und druckreif. Sie gehen oft durch diverse Hände, werden gelesen, korrigiert, lektoriert und wieder gelesen. Wenn nicht zu erkennen ist, was die Korrektoren mit einem Text anstellen, braucht es viel Vertrauen in die Arbeit des Korrektors. Es sind oft hilfsbereite Freunde, die einen prüfenden Blick auf Ihr Werk werfen – aber wer garantiert, dass sie den Text wirklich verbessern bzw. Ihre Aussagen richtig verstehen? Fehlende Kenntnisse in Bezug auf das Thema des Textes können leicht dazu führen, dass bei allem guten Willen leider eher falsch korrigiert wird.

Es ist daher eine sehr praktische Sache, dass Word die Möglichkeit bietet, Änderungen nicht direkt in den Text zu schreiben, sondern sie so kenntlich zu machen, dass der Autor (oder wer auch immer das letzte Wort hat) am Ende entscheiden kann, welche Version stehen bleiben soll.

Ähnlich praktisch und sinnvoll für Dokumente, die von anderen gelesen und geprüft werden, sind Kommentare, die zu bestimmten Textstellen eingefügt werden können und dann in einer »Sprechblase« am Rand des Dokuments erscheinen. Auf diese Weise wird der Ursprungstext gar nicht verändert. Diese Kommentare

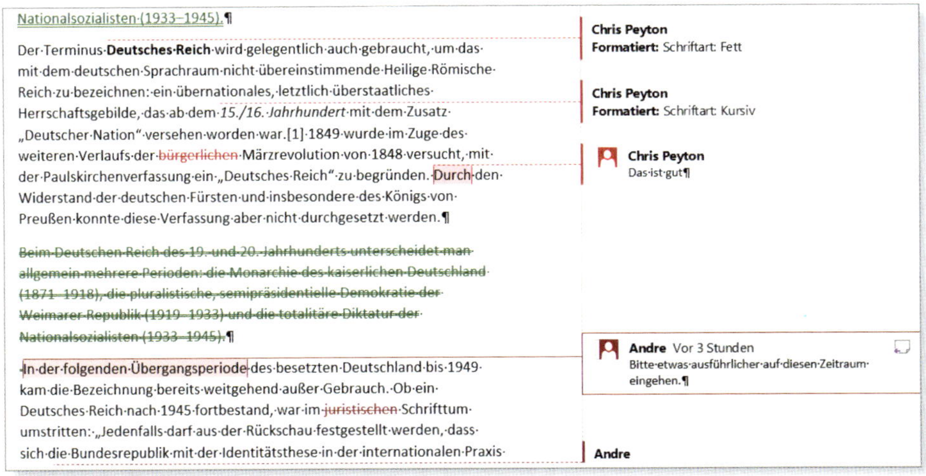

Abbildung 36.1
Ein Dokument mit Überarbeitungen und Kommentaren

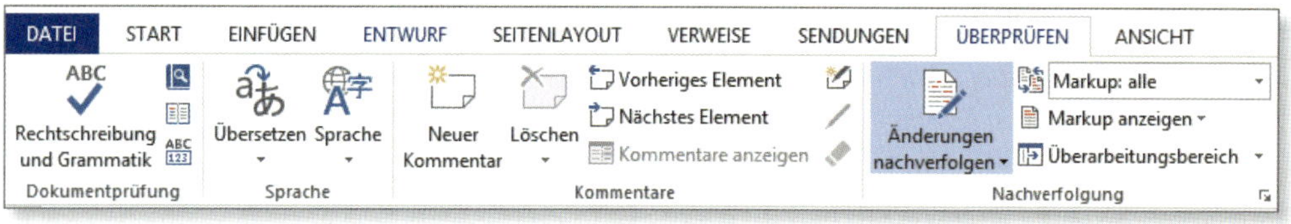

Abbildung 36.2
Die Registerkarte »Überprüfen« (Ausschnitt)

können im Ausdruck sichtbar gemacht oder unterdrückt werden, ganz wie Sie möchten. Ein Kommentar kann bearbeitet und gelöscht werden; wenn sich mehrere Korrektoren mit dem Text beschäftigen, wird mithilfe des Benutzernamens angezeigt, wer den Kommentar verfasst hat (siehe Abbildung 36.1).

Natürlich können Sie beide Funktionen, die sichtbare Überarbeitung und die Kommentare, auch einsetzen, wenn Sie Ihr Dokument selbst im stillen Kämmerlein überarbeiten. Gedankengänge, die noch nicht ausgereift sind, schreiben Sie einfach in einen Kommentar, alternative Begriffe und Formulierungen können Sie im Überarbeitungsmodus festhalten, um später zu entscheiden, welche Formulierung die passendere ist.

36.1 Die Arbeit mit Kommentaren

Wir beginnen zunächst mit der Beschreibung der Kommentare. Alle Funktionen, die Sie zum Überarbeiten von Dokumenten benötigen, sind auf der Registerkarte **Überprüfen** versammelt. Auch die Schaltfläche **Neuer Kommentar** finden Sie hier.

Einen Kommentar einfügen

Ändern Sie am besten als Erstes die neue Standardeinstellung für Überarbeitungen, die sich **Einfaches Markup** nennt. Wenn Sie es bei dieser Einstellung belassen, werden Kommentare im Text nur hervorgehoben, wenn Sie am rechten Rand mit der Maus über die Sprechblase mit dem Kommentar fahren. Die alte Standardansicht **Markup: alle** lässt Ihr Dokument u. U. zwar etwas unübersichtlich wirken, aber Sie erkennen alle Kommentare auf den ersten Blick. Zum Umstellen klicken Sie auf der Registerkarte **Überprüfen** in der Gruppe **Nachverfolgung** auf den Pfeil rechts neben **Einfaches Markup** und wählen in dem folgenden Menü **Markup: alle**.

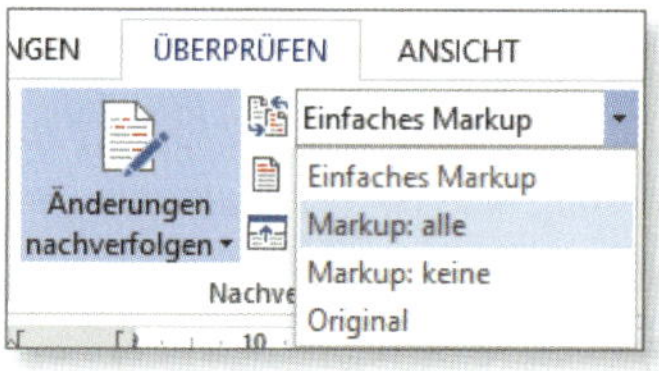

Abbildung 36.3
Die Ansicht »Markup: alle« einstellen

Um nun eine Textpassage in einem Dokument mit einem Kommentar zu versehen, gehen Sie so vor:

1. Platzieren Sie den Cursor an der entsprechenden Stelle oder markieren Sie ein Textstück (das ist sinnvoll, wenn sich der Kommentar z. B. auf einen ganzen Satz bezieht) und klicken Sie auf die Schaltfläche **Neuer Kommentar**.
2. Am rechten Rand des Dokuments erscheint nun eine »Sprechblase« (siehe Abbildung 36.4). Eine zuvor markierte Passage wird nun von den Klammern des Kommentars umschlossen; wenn Sie nur den Cursor in den Text gesetzt hatten, wird der Begriff links neben der Cursorposition eingeklammert. Setzen Sie den Cursor in diese Sprechblase und schreiben Sie Ihren Kommentar.

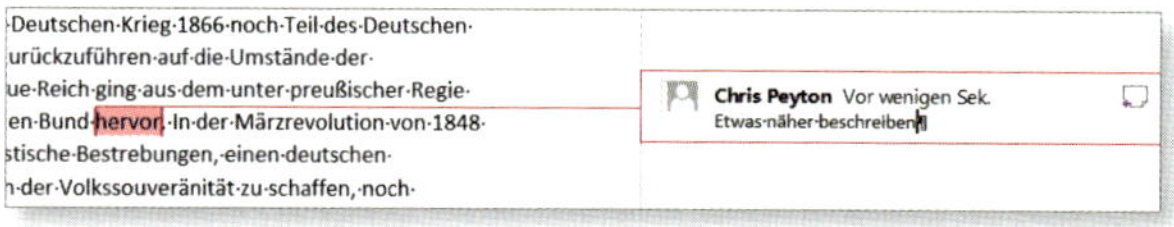

Abbildung 36.4
Ein Kommentar am rechten Rand des Dokuments

3. Auf diese Weise können Sie nun bei Bedarf weitere Kommentare in Ihr Dokument einfügen.

Der Name, der in der Sprechblase angezeigt wird, ist Ihr Benutzername. Sie können diese Angabe ohne Weiteres ändern: Rufen Sie das Dialogfenster **Word-Optionen** auf; gleich in der obersten Kategorie **Allgemein** finden Sie die Felder, in denen Ihr Benutzername und die Initialen eingetragen sind. Allerdings beeinflusst eine nachträgliche Änderung nicht die Anzeige in bereits eingefügten Kommentaren, sondern gilt fortan nur für neue Kommentare.

TIPP

Kommentare handschriftlich eingeben

Übrigens gibt es in Word 2013 auch die Möglichkeit, einen Freihandkommentar einzugeben. Voraussetzung ist natürlich, dass Sie an einem Touchscreen arbeiten. Wenn Sie auf der Registerkarte **Überprüfen** auf die Schaltfläche **Freihandkommentar** klicken (oder sie berühren), öffnet sich ein Bereich zum Schreiben. Unterhalb des Symbols **Freihandkommentar** gibt es die Symbole **Stift** und – man hätte kein schöneres Wortungetüm finden können – **Freihandkommentarradierer**. Beachten Sie, dass Sie diese Schaltfläche nur sehen, wenn Sie an einem Touchscreen arbeiten.

Mit der Farbe des Rahmens verhält es sich folgendermaßen: Word stellt für jeden Benutzer (bzw. Benutzernamen) automatisch eine andere Farbe ein. Um dies zu testen, können Sie zwischendurch einmal Ihren Benutzernamen ändern; Sie werden feststellen, dass die neuen Kommentarblasen im Dokument eine andere Farbe bekommen als die bereits eingefügten. Dieses Farbspiel ist natürlich nicht dafür gedacht, Ihr Dokument schön bunt aussehen zu lassen, sondern dient der Unterscheidung verschiedener Bearbeiter, die sich eventuell mit Ihrem Text befassen.

Den Text in einem Kommentarfeld formatieren

Den Text eines Kommentarfeldes können Sie ganz normal bearbeiten. Setzen Sie einfach den Cursor in die entsprechende Sprechblase, markieren Sie den Text und benutzen Sie dann die für die Formatierung verfügbaren Schaltflächen auf der Registerkarte **Start** bzw. die Befehle im Dialogfenster **Schriftart**. Wenn Sie den Cursor nur in den Kommentar setzen, ist automatisch die Sprechblase des Kommentars markiert (aber nicht der Text).

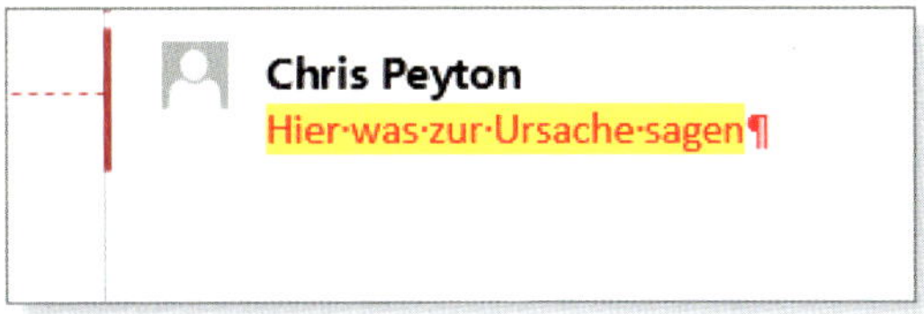

Abbildung 36.6
Der Text des Kommentars wurde formatiert und hervorgehoben.

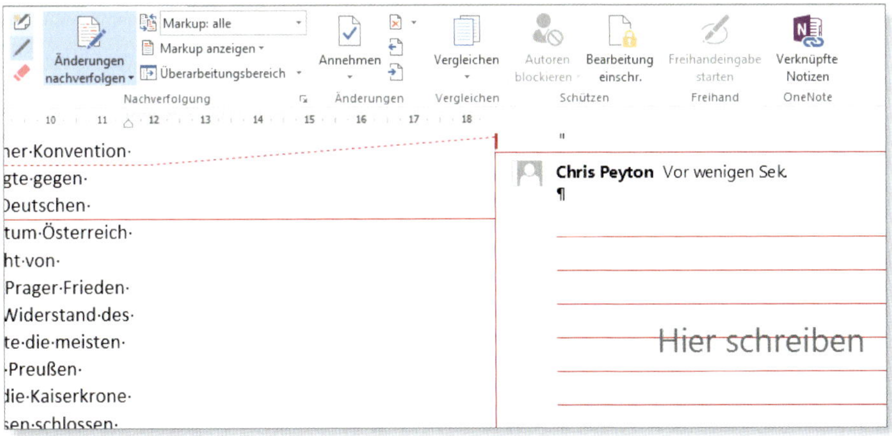

Abbildung 36.5
Einen Freihandkommentar einfügen

Die Schriftgröße des Textes in der Sprechblase bleibt allerdings hartnäckig bestehen. Wenn Sie einen größeren (oder kleineren Schriftgrad) zuweisen, beeinflusst diese Änderung nur die Darstellung der Kommentare im Überarbeitungsbereich, den wir im nächsten Abschnitt »In Kommentaren navigieren« beschreiben. Wie Sie eine andere Farbe für den Hintergrund einstellen und die Größe der Sprechblase verändern, erfahren Sie im Abschnitt »Optionen für die Sprechblasen wählen« auf Seite 747.

Wenn Sie einen Kommentar für eine Abbildung einfügen (markieren Sie dazu das Bild), weist die Verbindungslinie zum Absatz, mit dem die Abbildung verbunden ist. Nur mit der Zeilenumbruchart **Mit Text in Zeile** erscheint eine Linie, die direkt zum Bild führt (siehe Abbildung 36.7).

Abbildung 36.7
Ein Kommentar zu einem Bild

In Kommentaren navigieren

Um in einem Dokument von Kommentar zu Kommentar zu springen, nutzen Sie die Schaltflächen **Vorheriges Element** und **Nächstes Element** in der Gruppe **Kommentare**.

Abbildung 36.8
Mit diesen Schaltflächen können Sie von Kommentar zu Kommentar springen.

Daraufhin springt der Cursor in die jeweils nächste (bzw. vorangegangene) Sprechblase, die damit auch automatisch markiert ist und bearbeitet werden kann.

Kommentare im Überarbeitungsbereich

Um sich alle Kommentare auf einen Blick anzeigen zu lassen, blenden Sie sie im Überarbeitungsbereich ein. Dieser Bereich kann links am Bildschirm (vertikal) angezeigt werden oder am unteren Rand (horizontal). Klicken Sie in der Gruppe **Nachverfolgung** auf den Pfeil an der Schaltfläche **Überarbeitungsbereich** und im Menü auf eine der Optionen.

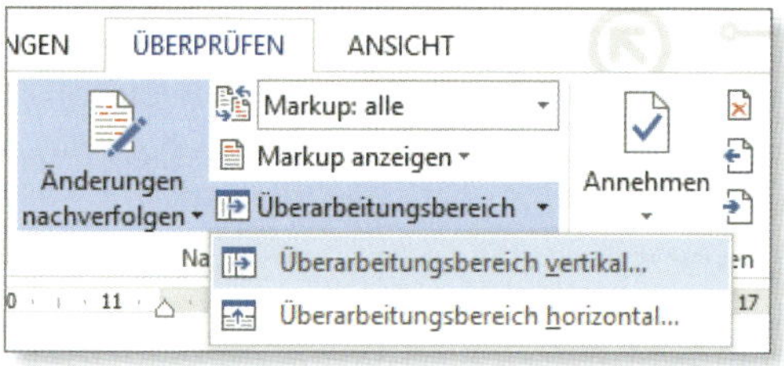

Abbildung 36.9
Den Überarbeitungsbereich einblenden

Daraufhin sehen Sie alle Kommentare gesammelt entweder links am Bildschirm oder unterhalb des Dokuments im Aufgabenbereich **Überarbeitungen**. Der horizontale Überarbeitungsbereich zeigt sogar zusätzlich noch das Datum und die Uhrzeit der Kommentareingabe an.

Ganz oben in diesem Bereich wird angezeigt, wie viele Kommentare (und weitere Bearbeitungen) sich insgesamt im Dokument befinden. Sie können Kommentare auch in diesem Bereich bearbeiten, also ihren Text ändern oder ergänzen, sie formatieren oder löschen. Bis auf die Schriftgröße übertragen sich die hier vorgenommenen Einstellungen auch auf den Text in der Sprechblase. Wenn Sie in einen Kommentareintrag klicken, wird die entsprechende Sprechblase im Dokument angezeigt. So gesehen, ist dieser Bereich also auch gut dafür geeignet, um direkt zu einem bestimmten Kommentar zu springen. Um den Bereich wieder zu schließen, klicken Sie einfach auf das Schließkreuz oder deaktivieren die Schaltfläche **Überarbeitungsbereich** auf der Registerkarte **Überprüfen**.

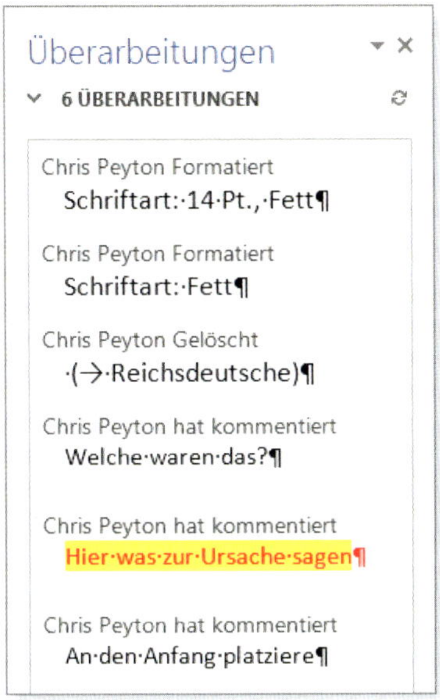

Abbildung 36.10
Die Kommentare (und Überarbeitungen) im vertikalen Aufgabenbereich »Überarbeitungen«

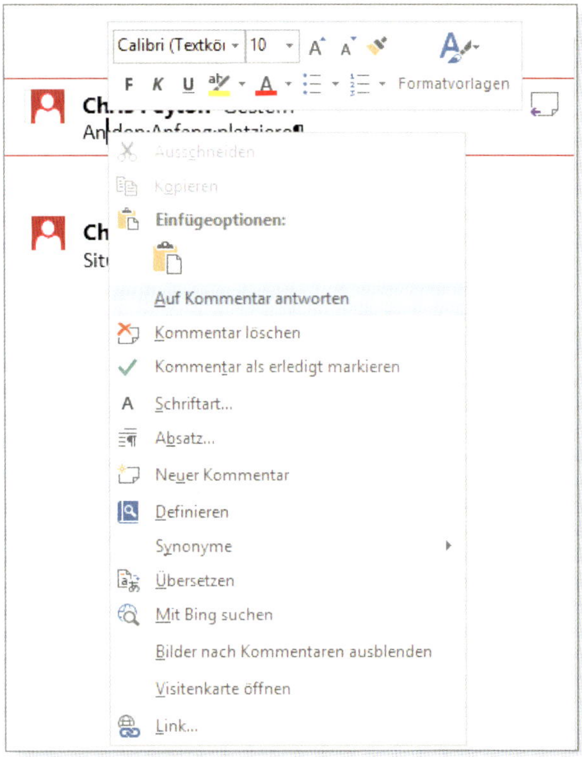

Abbildung 36.11
Auf einen Kommentar antworten

Kommentare kommentieren

Für Kommentare gibt es den Befehl **Auf Kommentar antworten**. Sie können Kommentare direkt neben der entsprechenden Textstelle diskutieren und mühelos nachverfolgen. Und wenn ein Kommentar bereits berücksichtigt wurde, können Sie ihn als erledigt markieren. Der Kommentar wird dann abgeblendet dargestellt, um Sie nicht weiter zu stören. Die Unterhaltung wird jedoch nicht gelöscht, damit Sie bei Bedarf zu einem späteren Zeitpunkt darauf zurückgreifen können.

Sie finden diesen Befehl jeweils im Kontextmenü eines Kommentars. Klicken Sie mit einem rechten Mausklick auf den Kommentar und wählen Sie im Kontextmenü des Kommentars den Punkt **Auf Kommentar antworten**.

Daraufhin erscheint eine eingerückte Absatzmarke im Kommentar, und Sie können hier Ihren Text schreiben. Übrigens können Sie auch einfach auf das kleine Symbol rechts in der Sprechblase (das angedeutete Blatt) klicken, um zu antworten.

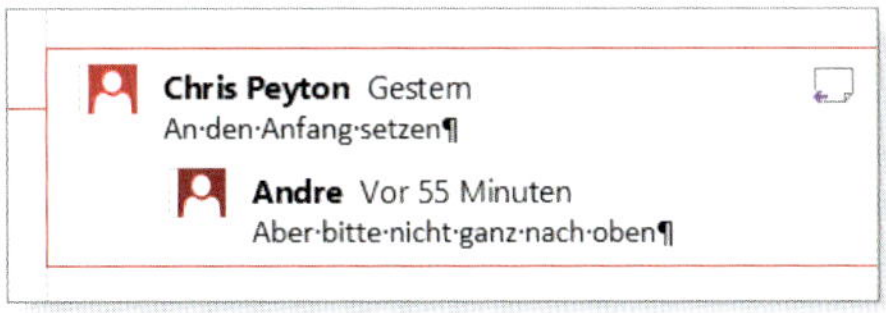

Abbildung 36.12
Eine Antwort auf einen Kommentar

Einen Kommentar, auf den Sie geantwortet haben, können Sie als »erledigt« markieren. Dazu rufen Sie erneut das Kontextmenü des ursprünglichen Kommentars auf und klicken auf **Kommentar als erledigt markieren**.

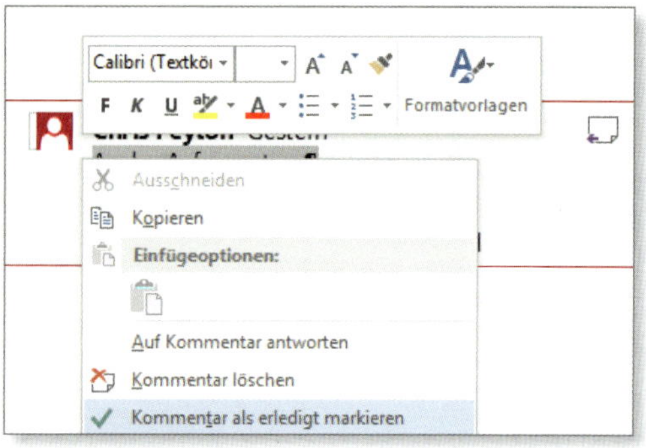

Abbildung 36.13
Dieser Kommentar soll als »erledigt« markiert werden.

Daraufhin wird die »Sprechblase« bzw. der Inhalt blass dargestellt, ist aber noch sichtbar.

Abbildung 36.14
Ein erledigter Kommentar

Kommentare ausblenden

Falls Sie einen Text mit Kommentaren überprüfen und die Kommentare Sie beim Lesen stören, können Sie sie auch einfach ausblenden. Dazu klicken Sie in der Gruppe **Nachverfolgung** auf den Pfeil am Feld **Für Überarbeitung anzeigen**. Im Menü wählen Sie **Markup: keine**, alle Überarbeitungen und Kommentare werden daraufhin ausgeblendet. Mit der Option **Markup: alle** blenden Sie die Kommentare in den Sprechblasen wieder ein.

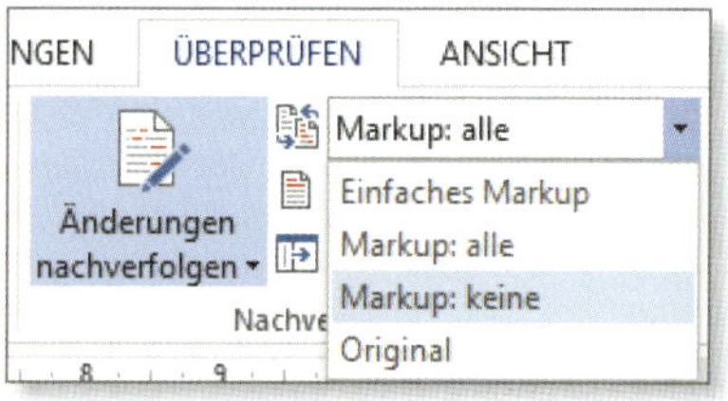

Abbildung 36.15
So können Sie Kommentare ausblenden.

INFO

Markups

Der Begriff *Markups*, der hier verwendet wird, stammt, historisch gesehen, aus dem alten Satzhandwerk: Es handelte sich um Anweisungen an den Setzer. In der Textverarbeitung bezeichnet der Begriff einfach alle zusätzlichen Textauszeichnungen. Die Informatik spricht im Zusammenhang mit Formatierungs- und Handhabungsinformationen, die z. B. Kommandos für das Layout eines Textes enthalten, allgemein von Markups.

Dass als Standard die Ansicht **Einfaches Markup** (in der die Kommentare ja auch angezeigt werden) eingestellt ist, ist eine Art Vorsorge, die Word hier anbietet. Dadurch wird verhindert, dass Sie Dokumente weiterreichen, die noch Kommentare enthalten, die eigentlich nicht für Dritte gedacht waren (und die Sie wiederum nicht bemerken, weil Sie sie nicht anzeigen lassen).

Auch im Menü der Schaltfläche **Markup anzeigen**, in dem Sie generell bestimmen, welche Überarbeitungen im Dokument sichtbar sein sollen, können Sie Kommentare ausblenden. Deaktivieren Sie hier einfach den Eintrag **Kommentare** ❶.

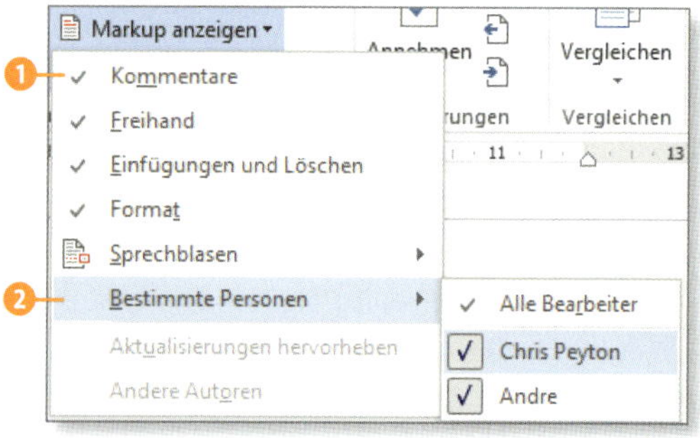

Abbildung 36.16
Die Kommentare einzelner Bearbeiter ausblenden

Wenn sich Kommentare von mehreren Bearbeitern in einem Dokument befinden und Sie bestimmte Kommentare ignorieren möchten, geht auch das, wie Sie im Folgenden sehen.

1 Klicken Sie auf die Schaltfläche **Markup anzeigen** und zeigen Sie auf den Menüeintrag **Bestimmte Person** ❷.

2 Im Untermenü, in dem alle Bearbeiter des aktuellen Dokuments gelistet werden, die Kommentare eingefügt haben, entfernen Sie das Häkchen bei dem Bearbeiter, dessen Kommentare Sie gerade nicht brauchen.

Sie sehen unter Umständen nun deutlich weniger Kommentare in Ihrem Dokument. Vergessen Sie nicht, das Häkchen wieder zu setzen, wenn Sie die Kommentare des Bearbeiters nur zeitweilig ausblenden wollten.

Kommentare löschen

Natürlich können Sie Kommentare auch einfach aus einem Dokument entfernen. Dazu haben Sie mehrere Möglichkeiten.

1. Klicken Sie den Kommentar, den Sie löschen möchten, mit der rechten Maustaste an und wählen Sie im Kontextmenü den Eintrag **Kommentar löschen**.
2. Oder: Markieren Sie den betreffenden Kommentar (dazu setzen Sie den Cursor einfach in die Sprechblase) und klicken Sie auf der Registerkarte **Überprüfen** in der Gruppe **Kommentare** auf die Schaltfläche **Löschen**.

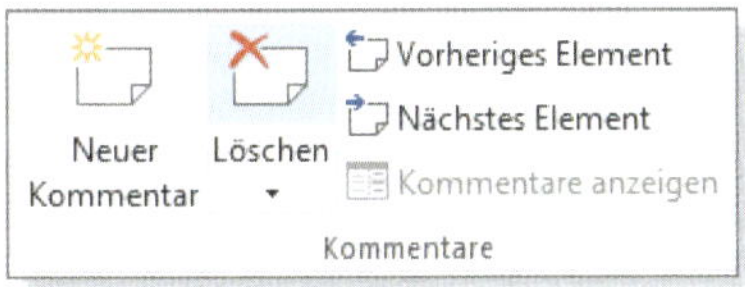

Abbildung 36.17
Einen Kommentar löschen

3. Um alle Kommentare auf einen Schlag zu löschen, setzen Sie den Cursor in einen beliebigen Kommentar und klicken auf den Pfeil an der Schaltfläche **Löschen**. Im Menü wählen Sie die Option **Alle Kommentare im Dokument löschen**.
4. Zusätzlich haben Sie die Möglichkeit, nur die Kommentare eines bestimmten Bearbeiters zu löschen. Dazu blenden Sie nur dessen Kommentare ein bzw. alle anderen aus und wählen im Menü **Alle angezeigten Kommentare löschen**.

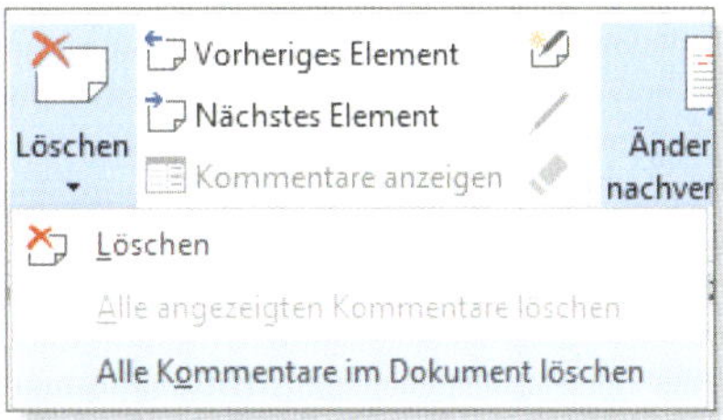

Abbildung 36.18
Alle Kommentare im Dokument löschen

Beachten Sie, dass Sie Kommentare nur auf den eben beschriebenen Wegen wirklich aus dem Dokument entfernen. Wenn Sie sie nur ausblenden, gehören sie weiterhin zum Dokument und können auch wieder angezeigt werden. Das könnte also »ins Auge gehen«, wenn Sie Dokumente verschicken, deren Kommentare an sich nur für Sie selbst gedacht waren.

Kommentare drucken

Wenn Sie ein Dokument mit Kommentaren versehen haben und es ausdrucken möchten, haben Sie drei Möglichkeiten:

1. Sie können das Dokument ohne Kommentare ausdrucken.
2. Sie können das Dokument zusammen mit den Kommentaren ausdrucken.
3. Sie können nur die Kommentare ausdrucken.

Alle drei Optionen stehen unter **Datei** > **Drucken** bereit.

Wenn Sie ein Dokument mit Kommentaren in der Druckvorschau öffnen (siehe Abbildung 36.19), sehen Sie, dass in der Standardeinstellung auch die Kommentare mit ausgedruckt werden würden. Abbildung

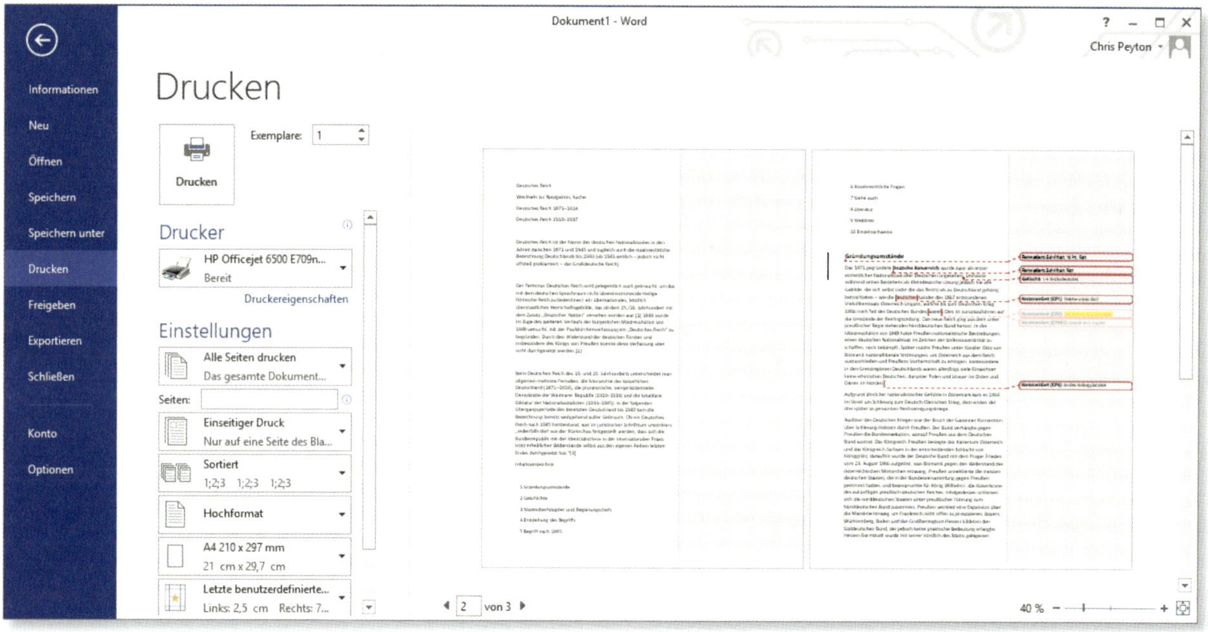

Abbildung 36.19
Ein Dokument mit Kommentaren im Druckfenster

36.20 zeigt ein Dokument mit Sprechblasen im Ausdruck (hier als PDF-Dokument).

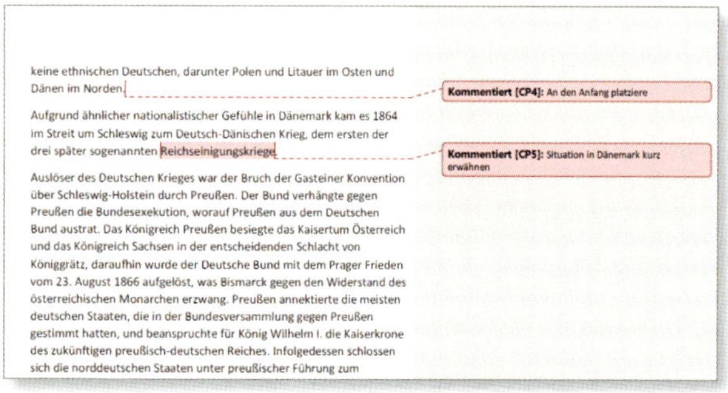

Abbildung 36.20
Das Dokument mit Kommentaren im Ausdruck

Um das Dokument ohne Kommentare auszudrucken, klicken Sie in der Druckvorschau auf den Pfeil am ersten Feld im Bereich **Einstellungen** und deaktivieren dort die Option **Markup drucken**. Das Dokument wird daraufhin ohne Überarbeitungen und ohne Kommentare ausgedruckt.

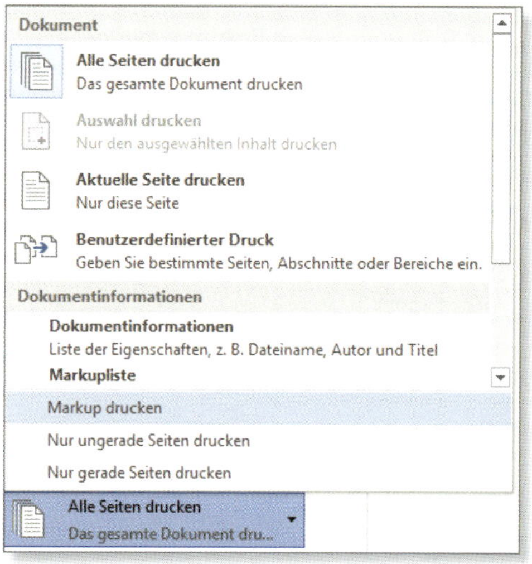

Abbildung 36.21
Das Dokument ohne Markups (Kommentare) drucken

Wenn Sie nur die Kommentare ausdrucken möchten (und andere Überarbeitungen, die im Dokument enthalten sind; wir beschreiben sie im Abschnitt »Änderungen nachverfolgen«), entscheiden Sie sich in der gleichen Menüliste für die Option **Markupliste**.

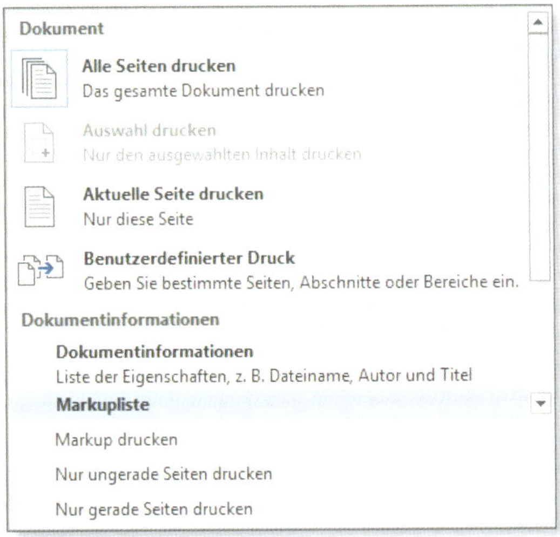

Abbildung 36.22
Die Kommentare ausdrucken

Sie erhalten dann eine Liste, in der Kommentare und Überarbeitungen untereinander stehen.

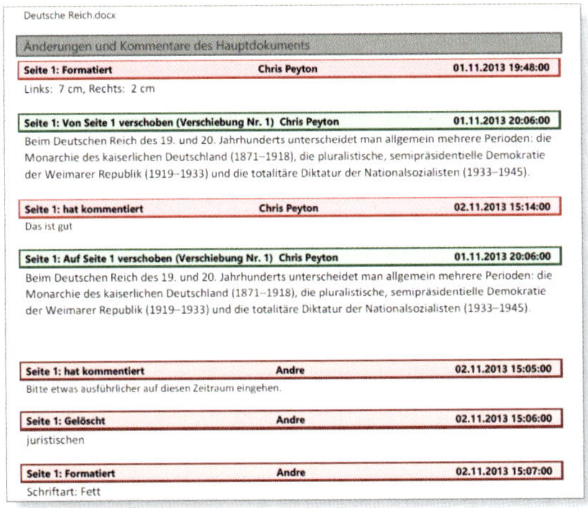

Deutsche Reich.docx

Änderungen und Kommentare des Hauptdokuments

Seite 1: Formatiert **Chris Peyton** **01.11.2013 19:48:00**
Links: 7 cm, Rechts: 2 cm

Seite 1: Von Seite 1 verschoben (Verschiebung Nr. 1) Chris Peyton **01.11.2013 20:06:00**
Beim Deutschen Reich des 19. und 20. Jahrhunderts unterscheidet man allgemein mehrere Perioden: die Monarchie des kaiserlichen Deutschland (1871–1918), die pluralistische, semipräsidentielle Demokratie der Weimarer Republik (1919–1933) und die totalitäre Diktatur der Nationalsozialisten (1933–1945).

Seite 1: hat kommentiert **Chris Peyton** **02.11.2013 15:14:00**
Das ist gut

Seite 1: Auf Seite 1 verschoben (Verschiebung Nr. 1) Chris Peyton **01.11.2013 20:06:00**
Beim Deutschen Reich des 19. und 20. Jahrhunderts unterscheidet man allgemein mehrere Perioden: die Monarchie des kaiserlichen Deutschland (1871–1918), die pluralistische, semipräsidentielle Demokratie der Weimarer Republik (1919–1933) und die totalitäre Diktatur der Nationalsozialisten (1933–1945).

Seite 1: hat kommentiert **Andre** **02.11.2013 15:05:00**
Bitte etwas ausführlicher auf diesen Zeitraum eingehen.

Seite 1: Gelöscht **Andre** **02.11.2013 15:06:00**
juristischen

Seite 1: Formatiert **Andre** **02.11.2013 15:07:00**
Schriftart: Fett

Abbildung 36.23
Ausgedruckte Kommentare und Überarbeitungen

Optionen für die Sprechblasen wählen

Zu guter Letzt noch ein Wort zur Formatierung der Sprechblasen für Kommentare. Wie Sie gesehen haben, werden die Sprechblasen mit einem farbigen Rahmen dargestellt. In der Standardeinstellung bekommt jeder Bearbeiter (jeder Benutzername) eine andere Farbe. Um die Farbe grundsätzlich zu ändern, gehen Sie wie im Folgenden beschrieben vor.

1. Klicken Sie auf der Registerkarte **Überprüfen** auf den kleinen Pfeil an der Gruppe **Nachverfolgung**. Dies öffnet den Dialog **Optionen zum Nachverfolgen von Änderungen**.
2. Klicken Sie in diesem Dialog auf die Schaltfläche **Erweiterte Optionen**.

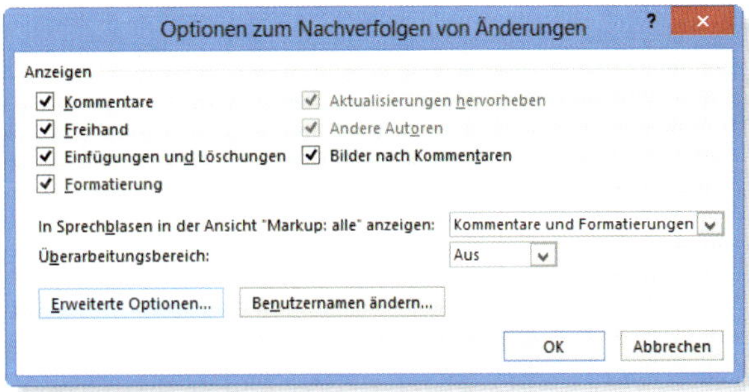

Abbildung 36.24
Hier rufen Sie die erweiterten Optionen auf.

3. Daraufhin wird der Dialog **Erweiterte Optionen zum Nachverfolgen von Änderungen** angezeigt. Hier klicken Sie auf den Pfeil am Feld **Kommentare** und stellen eine passende Farbe ein. Diese Farbe gilt dann allerdings generell, es wird also nicht mehr nach Bearbeitern unterschieden (wie es bei der Standardeinstellung **Nach Autor** der Fall war).
4. Im unteren Bereich des Dialogs können Sie im Feld **Bevorzugte Breite** die Breite der Sprechblasen ändern. Klicken Sie dazu auf die Pfeile oder geben Sie einfach einen neuen Wert von Hand ein.

Unabhängig von der hier eingestellten Größe füllen Sprechblasen aber immer mehr oder weniger den ganzen Seitenrand aus (selbst wenn Sie hier einen sehr kleinen Wert eingeben). Wenn Sie sehr breite Sprechblasen einstellen, verbreitert sich der Bereich entsprechend (auch über den Seitenrand hinaus).

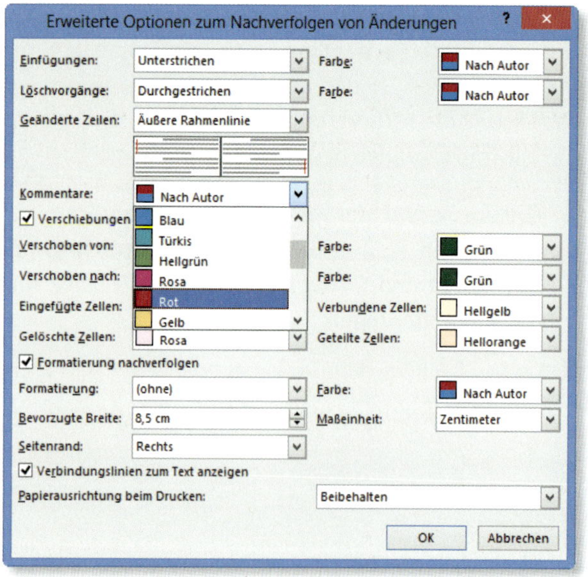

Abbildung 36.25
Die Farbe der Sprechblasen ändern

Die Protokollierung der Änderungen wird von der Überarbeitungsfunktion von Word übernommen. Vier Bearbeitungsmöglichkeiten können hier angezeigt werden:

1. Einfügungen
2. Streichungen
3. Formatierungen
4. Verschiebungen

Dies gilt für normalen Text. Falls das Dokument Tabellen enthält und Zellen, Zeilen oder Spalten eingefügt bzw. gelöscht werden, werden auch diese Veränderungen farblich gekennzeichnet. Zusätzlich werden – für den Fall, dass das Dokument durch mehrere Hände geht – noch der Name des Benutzers und das Datum sowie der Zeitpunkt der einzelnen Änderung gespeichert. Diese Angaben sind nützlich, um den Verlauf einer Überarbeitung jederzeit nachvollziehen zu können.

36.2 Änderungen nachverfolgen

Im bisherigen Verlauf dieses Kapitels ging es um Kommentare zu bestimmten Textpassagen. Lassen Sie uns nun in die Rolle eines Korrektors schlüpfen, der ein Dokument überarbeitet. Diese Überarbeitungen sollen im Text dokumentiert, also vom normalen Text abgehoben werden, sodass der Autor die vorgenommenen Änderungen später begutachten und entweder annehmen oder gnadenlos verwerfen kann (falls sie/er das letzte Wort hat …).

INFO

Optionen zum Nachverfolgen von Änderungen

Im Zusammenhang mit den weiteren Überarbeitungsmöglichkeiten kommen wir im Abschnitt »Optionen zur Darstellung von Überarbeitungen«, ab Seite 752 auf den Dialog **Erweiterte Optionen zum Nachverfolgen von Änderungen** zurück.

Den Überarbeitungsmodus aktivieren

Es gibt drei verschiedene Wege, um den Überarbeitungsmodus einzuschalten:

1. Klicken Sie auf der Registerkarte **Überprüfen** in der Gruppe **Nachverfolgung** auf die Schaltfläche **Änderungen nachverfolgen**.
2. Klicken Sie die Statusleiste mit der rechten Maustaste an und wählen Sie im sich daraufhin öffnenden Menü die Option **Änderungen nachverfolgen**. Danach wird zunächst nur die Schaltfläche **Änderungen nachverfolgen: Aus** in der Statusleiste eingeblendet. Zum Aktivieren des Überarbeitungsmodus klicken Sie nun einfach einmal auf diese Schaltfläche. Dadurch wird auch die Schaltfläche **Änderungen nachverfolgen** im Menüband hervorgehoben.

Abbildung 36.26
Die Schaltfläche zum Ein- oder Ausschalten des Überarbeitungsmodus in der Statusleiste

3. Verwenden Sie die Tastenkombination ⇧ + Strg + E zum Hin- und Herschalten zwischen beiden Modi.

Wenn Sie die Schaltfläche **Änderungen nachverfolgen: Aus** bzw. **Änderungen nachverfolgen: Ein** nicht mehr in der Statusleiste haben möchten, entfernen Sie einfach das Häkchen im Menü der Statusleiste wieder.

Ein Dokument überarbeiten

Probieren Sie nun einmal den Überarbeitungsmodus aus. Das Dokument lässt sich ganz normal bearbeiten, aber Word speichert alle Änderungen und kennzeichnet sie auf eine bestimmte Weise.

Wenn Sie Text löschen, wird er z. B. in der Schriftfarbe des Bearbeiters eingefärbt und tatsächlich durchgestrichen. Am linken Rand erscheint zusätzlich eine vertikale Linie.

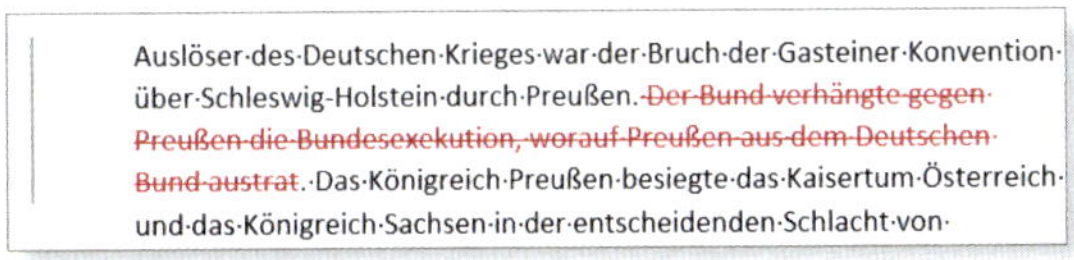

Abbildung 36.27
Gelöschter Text im Überarbeitungsmodus

Sofern Sie feststellen, dass Ihr Text nicht so aussieht wie in der Abbildung und der gelöschte Text stattdessen in einer Sprechblase erscheint, nehmen Sie zunächst eine Einstellungsänderung vor.

Öffnen Sie das Menü des Feldes **Markup anzeigen** und zeigen Sie im Menü auf **Sprechblasen**. Im Untermenü wählen Sie die Einstellung **Nur Kommentare und Formatierungen in Sprechblasen anzeigen**.

Wenn Sie Text einfügen, wird er in der vom Bearbeiter verwendeten Schriftfarbe dargestellt und unterstrichen. Diesen Text können Sie normal editieren, also ohne dass er daraufhin erneut hervorgehoben wird. Auch wenn Sie einen neuen Absatz erzeugen, wird die Absatzmarke farbig gekennzeichnet.

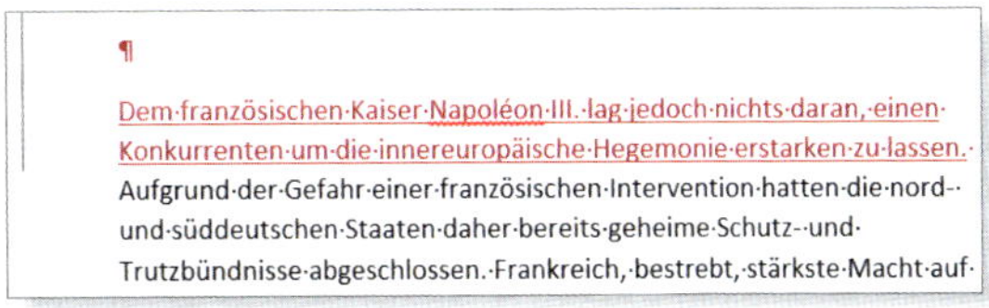

Abbildung 36.29
Eingefügter Text im Überarbeitungsmodus

Wenn Sie Text formatieren, wird die neue Formatierung wie bei den Kommentaren in einer Sprechblase rechts am Rand angezeigt. Dies betrifft auch Formatierungen, die Sie in neu eingefügtem Text vornehmen. Falls Sie diesem Textstückchen später ein weiteres Formatierungsattribut zuweisen, wird dies in der Blase zusätzlich vermerkt.

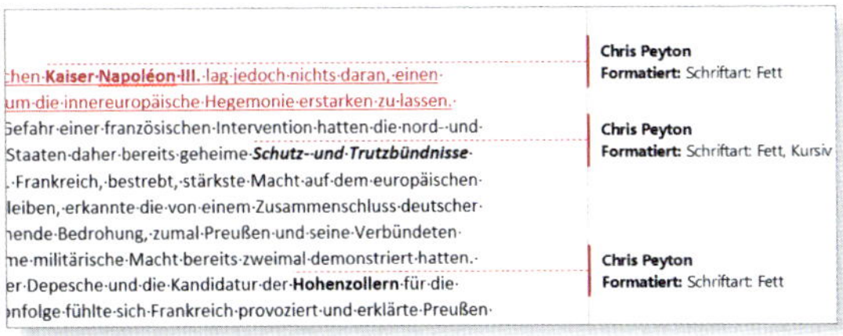

Abbildung 36.30
Formatierter Text im Überarbeitungsmodus

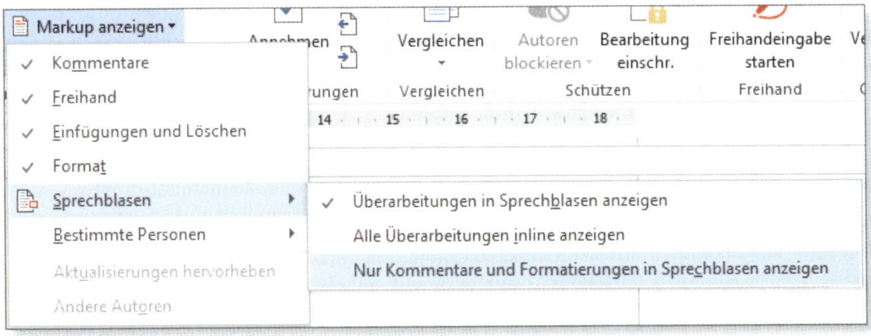

Abbildung 36.28
Kommentare und Formatierungen in Sprechblasen anzeigen lassen

Wenn Sie eine Textpassage ausschneiden (der Text muss mindestens einen Absatz umfassen) und an anderer Stelle einfügen, wird der ausgeschnittene Text in grüner Farbe dargestellt und doppelt durchgestrichen (nach dem Einfügen). Der eingefügte Text wird dann wiederum doppelt unterstrichen und ebenfalls in Grün dargestellt.

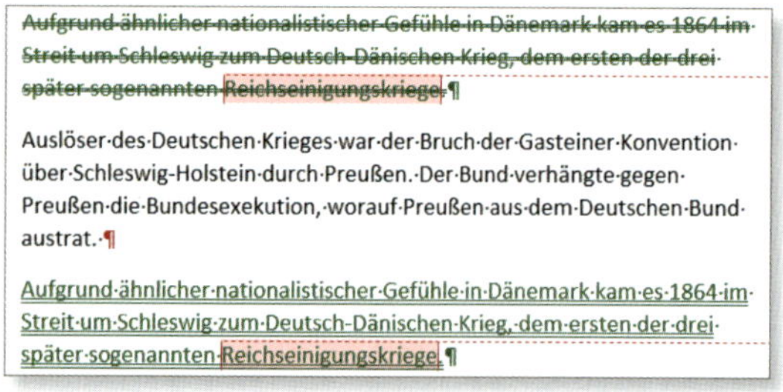

Abbildung 36.31
Ausgeschnittener Text im Überarbeitungsmodus

Wenn Sie Textstückchen (keine vollständigen Absätze) verschieben, werden diese wie gelöschter und wieder eingefügter Text markiert, d. h., sie werden rot durchgestrichen und erscheinen an der neuen Stelle in roter Schrift.

Bei allen Änderungen erscheint links am Dokument ein senkrechter Strich als Markierung. Den Benutzernamen des Bearbeiters, das Datum und die Uhrzeit der Bearbeitung können Sie erst sehen, wenn Sie mit dem Mauszeiger ganz kurz auf der Stelle mit der Überarbeitung verharren. Die entsprechenden Angaben tauchen dann in einer QuickInfo auf.

Abbildung 36.32
Die Informationen der Überarbeitung in einer QuickInfo

Wenn Sie diese Box vermissen, aktivieren Sie im Dialogfenster **Word-Optionen** in der Kategorie **Anzeige** die Option **Dokument-QuickInfos beim Daraufzeigen anzeigen**.

Änderungen im Überarbeitungsbereich

Auch für die Überarbeitungen steht natürlich der Aufgabenbereich **Überarbeitungen** bereit, den wir Ihnen bereits im Zusammenhang mit den Kommentaren gezeigt haben.

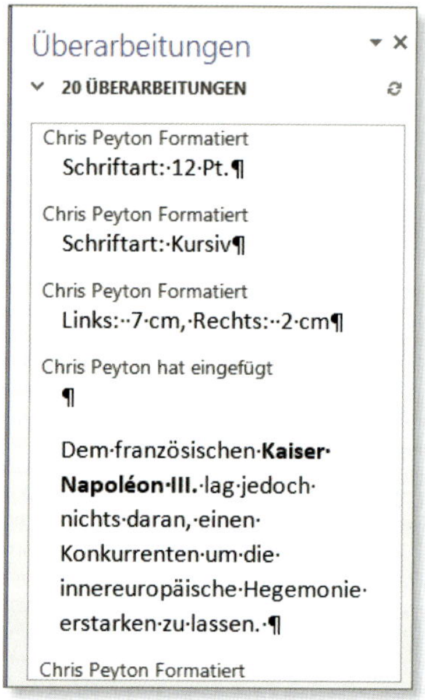

Abbildung 36.33
Der Aufgabenbereich »Überarbeitungen« mit den Änderungen

Er listet alle im Überarbeitungsmodus getätigten Veränderungen auf, jeweils mit einer Überschrift, die auf die Aktion hinweist, sowie der Angabe zum Bearbeiter. Wenn Sie einen horizontalen Überarbeitungsbereich wählen, erscheint zusätzlich noch das Datum der Überarbeitung.

Sie können die Größe dieses Bereiches weiter anpassen. Dazu setzen Sie den Mauszeiger an die vertikale Trennlinie und ziehen mit gedrückter Maustaste nach links oder rechts.

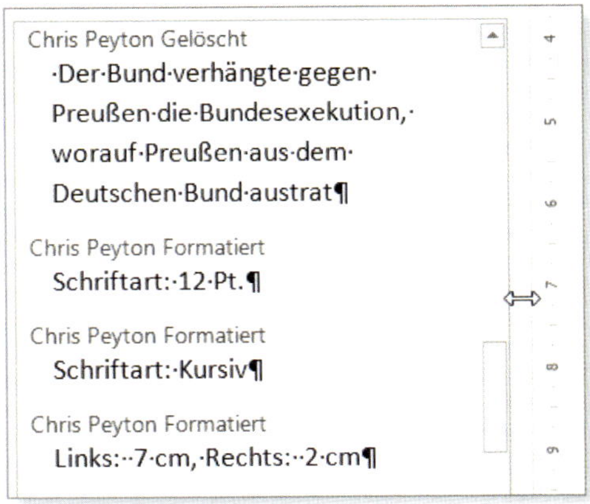

Abbildung 36.34
Die Breite des Aufgabenbereiches verändern Sie einfach durch Ziehen mit der Maus.

Überarbeitungen ausblenden

Wenn ein Text gründlich korrigiert wurde und alle Änderungen im Dokument sichtbar sind, kann er ziemlich unübersichtlich werden (wie Texte, die von Hand korrigiert wurden und von oben bis unten vollgekritzelt waren). Während man sich früher durch solche Texte »hindurchkämpfen« musste, können Sie diesem Problem mit Word Gott sei Dank begegnen, indem Sie einen Teil der Markierungen einfach (temporär) ausblenden. Klappen Sie dazu in der Gruppe **Nachverfolgung** das Menü der Schaltfläche **Markup anzeigen** auf und schalten Sie hier die gewünschte(n) Option(en) aus (bzw. wieder ein):

- Wenn Sie den Eintrag **Kommentare** deaktivieren, werden keine Kommentare angezeigt.
- Wenn Sie **Einfügungen und Löschen** deaktivieren, werden weder Streichungen noch ausgeschnittene und wieder eingefügte Texte gekennzeichnet. Stattdessen wird der durchgestrichene Text aus dem Text entfernt und eingefügter Text normal eingefügt – aber natürlich nur, solange Sie die Option **Einfügungen und Löschen** deaktiviert haben. (Vergessen Sie nicht, dass es sich bei diesen Optionen nur um die aktuelle Anzeige handelt!)
- Wenn Sie **Format** deaktivieren, werden die Sprechblasen mit den Hinweisen auf geänderte Formatierungen nicht mehr angezeigt.
- Schließlich gibt es noch die Option **Freihand**. Dieser Befehl zeigt die Freihandkommentare an, die z. B. an einem Tablet-PC mit dem Stift über den Befehl **Freihandkommentar** eingefügt wurden. Diese Funktion ist bei Word-Installationen auf gewöhnlichen Computern nicht verfügbar.

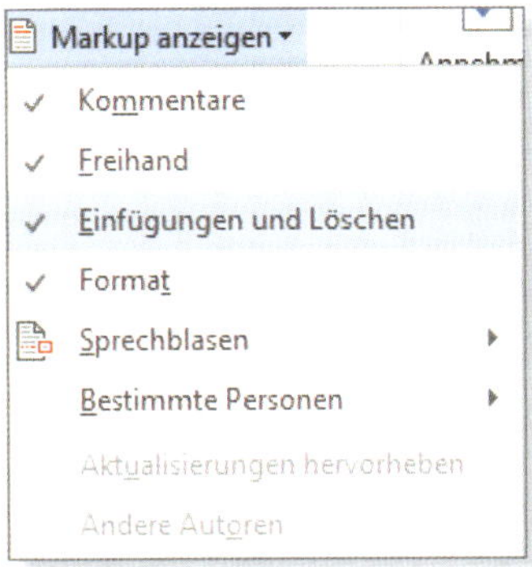

Abbildung 36.35
Bestimmte Überarbeitungen und Darstellungen können Sie ausblenden.

Wenn Sie mit einem Schlag alle gekennzeichneten Überarbeitungen ausblenden möchten, stellen Sie – wie im Zusammenhang mit den Kommentaren bereits gezeigt – im Bereich **Nachverfolgung** als Ansicht **Markup: keine** ein. Damit haben Sie quasi eine Vorschau auf das fertige Dokument (jedenfalls dann, wenn Sie alle Änderungen annehmen). Per Klick auf die Option **Markup: alle** tauchen alle gekennzeichneten Stellen und Sprechblasen wieder auf.

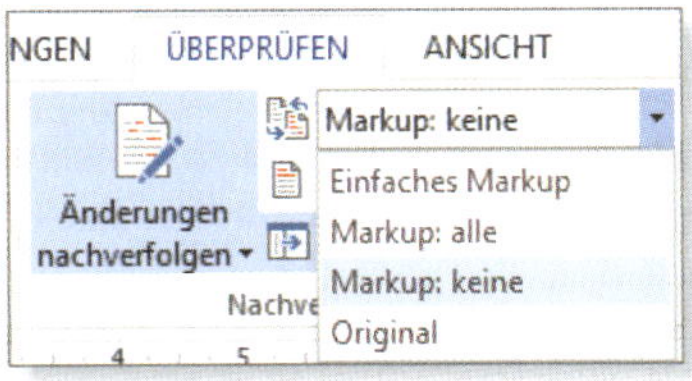

Abbildung 36.36
Mit dieser Option werden alle Änderungen bzw. Änderungsvorschläge ausgeblendet.

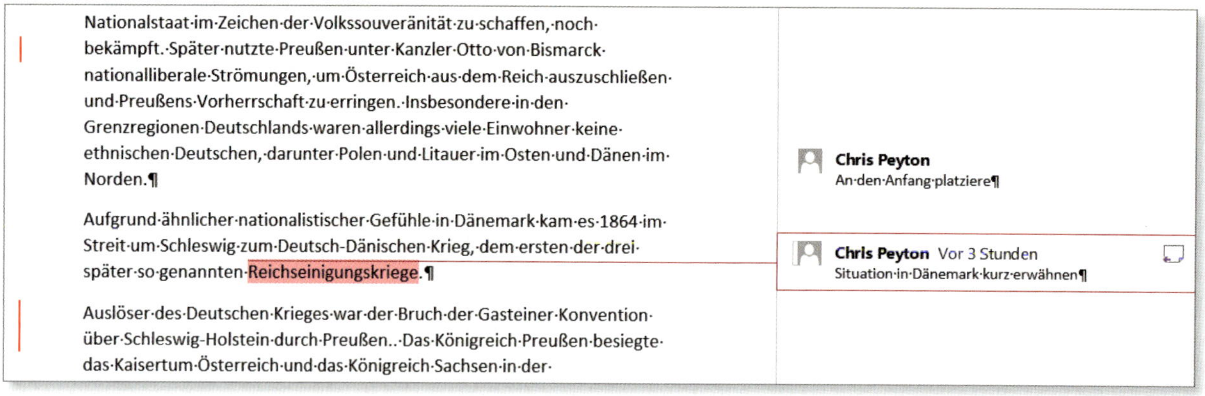

Abbildung 36.37
Die Ansicht »Einfaches Markup«

Die neue Bearbeitungsansicht **Einfaches Markup** finden Sie ebenfalls im Menü dieses Feldes. In dieser Ansicht werden Kommentare angezeigt, jedoch nicht die Details zu anderen Überarbeitungen, keine durchgestrichenen Textpassagen u. Ä. Allerdings bleiben die vertikalen Striche am linken Rand erhalten, die auf die Stellen hinweisen, an denen Überarbeitungen vorgenommen wurden. Die Ansicht macht Dokumente mit vielen Überarbeitungen übersichtlicher, aber Sie sehen auch nicht auf den ersten Blick, was geändert wurde.

Optionen zur Darstellung von Überarbeitungen

Sie können auch steuern, welche Überarbeitungen in Sprechblasen und welche innerhalb des Textes dargestellt werden. Im Prinzip ist die bisher beschriebene Darstellung (auf die wir zu Anfang dieses Abschnitts bereits hingewiesen haben) ganz sinnvoll, aber vielleicht möchten Sie es dennoch anders haben. Dazu klicken Sie im Menü der Schaltfläche **Markup anzeigen** auf den Eintrag **Sprechblasen**. Im Untermenü sehen Sie die Optionen.

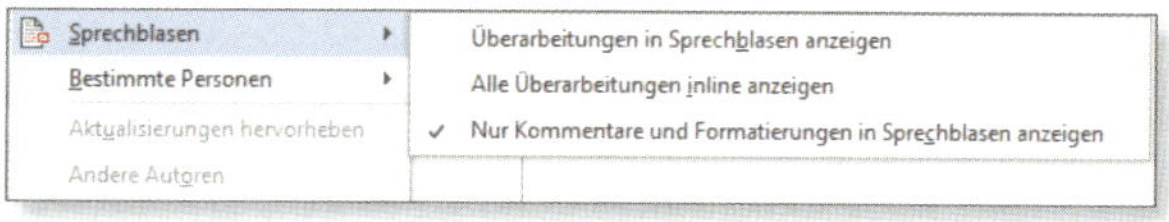

Abbildung 36.38
Optionen zur Darstellung der Überarbeitung

Die Einstellung **Überarbeitungen in Sprechblasen anzeigen** bewirkt, dass alle Überarbeitungen und Änderungen – wie die Option verspricht – aus dem Text in

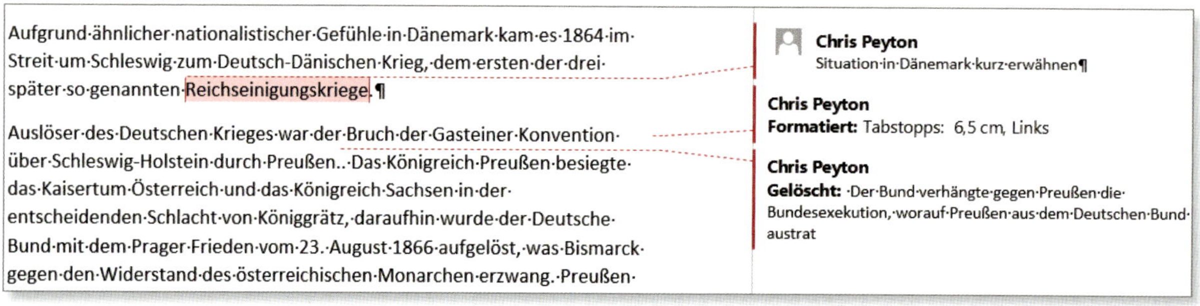

Abbildung 36.39
Das Dokument mit der Einstellung »Überarbeitungen in Sprechblasen anzeigen«

die Sprechblasen verschoben werden. Sie haben im Text also keine rot durchgestrichenen Textpassagen oder unterstrichenen Zeilen, die eingefügt wurden. Nachteilig ist aber, dass es trotz der dünnen Linien recht schwer ist, die Überarbeitungen zuzuordnen, und dass sich unter Umständen viele, viele Sprechblasen am rechten Rand tummeln.

Wenn Sie sich hier für die Option **Alle Überarbeitungen inline anzeigen** entscheiden, hat das folgenden Effekt: Der Hinweis auf geänderte Formatierungen wird gar nicht mehr angezeigt (nur der senkrechte Strich bleibt im Text), und Kommentare werden nur noch durch die Klammern im Text sowie eine rötliche Schattierung gekennzeichnet.

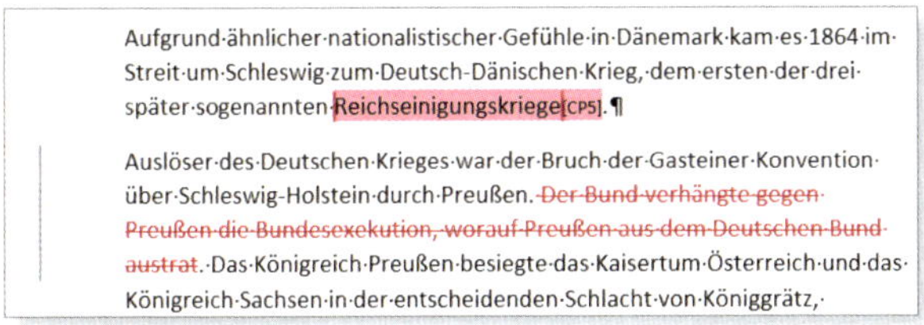

Abbildung 36.40
Überarbeitungen mit der Inline-Variante der Darstellung

Selbstverständlich sind die Kommentare nicht verschwunden; wenn Sie mit dem Mauszeiger auf dem kommentierten Text (im Dokument) verharren, wird die QuickInfo mit dem entsprechenden Kommentar angezeigt.

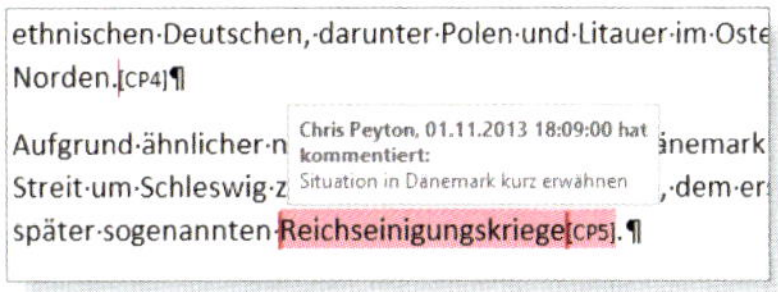

Abbildung 36.41
Der Kommentartext erscheint in einer QuickInfo.

Die dritte Option im Menü des Eintrags **Sprechblasen** (sie heißt **Nur Kommentare und Formatierungen in Sprechblasen anzeigen**) bewirkt ebenfalls, was sie ankündigt: Kommentare und Formatierungen werden in Sprechblasen am rechten Rand angezeigt, gelöschte und eingefügte Texte im Text. Diese Einstellung haben wir für die Beispiele/Abbildungen der letzten Abschnitte verwendet.

TIPP

Die QuickInfo erscheint nicht?

Die QuickInfo erscheint nur, wenn Sie im Dialogfenster **Word-Optionen** in der Kategorie **Anzeige** die Option **Dokument-QuickInfos beim Daraufzeigen anzeigen** aktiviert haben.

In den bisherigen Beispielen bzw. Abbildungen wurde die Standardeinstellung für die Darstellung von Überarbeitungen übernommen. Sie können diese Darstellung aber auch recht differenziert selbst konfigurieren. Dazu öffnen Sie erneut den Dialog **Erweiterte Optio-**

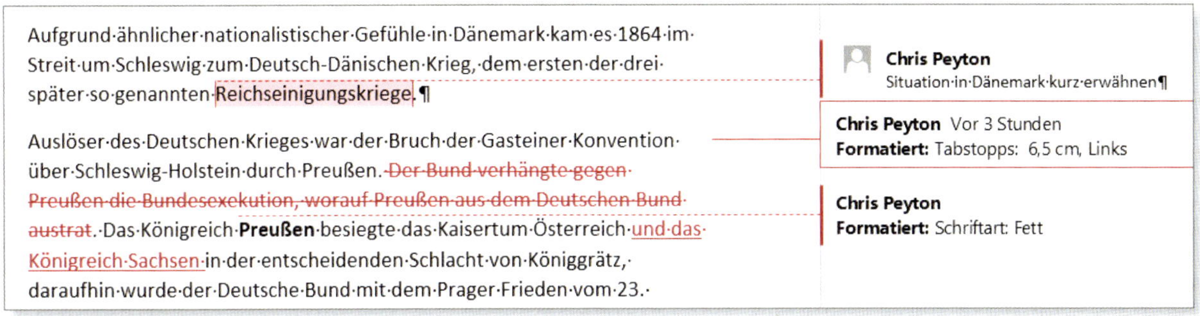

Abbildung 36.42
Kommentare und Formatierungen werden in Sprechblasen angezeigt.

nen zum Nachverfolgen von Änderungen (per Klick auf den Pfeil an der Gruppe **Nachverfolgen**).

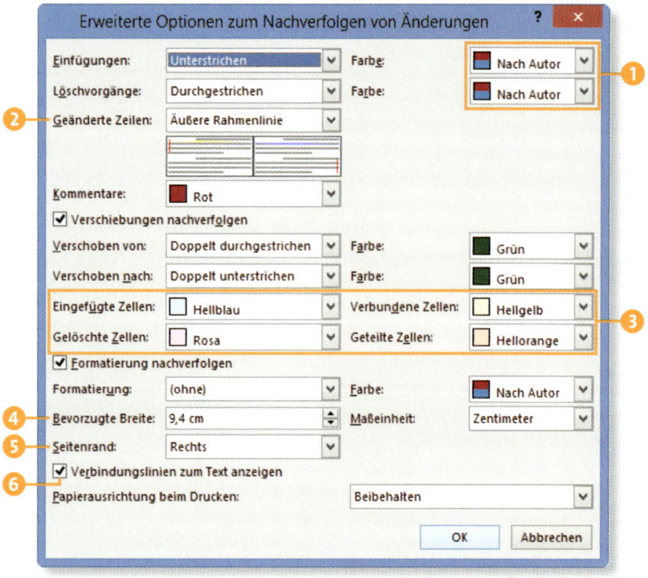

Abbildung 36.43
Die Optionen für die Darstellung der Überarbeitungen

Wie Sie sehen, können Sie hier für alle Überarbeitungsmöglichkeiten andere Kennzeichen einstellen, vor allem Linienarten und Farben. Änderungen, die Sie hier vornehmen, wirken sich übrigens auch nachträglich auf die bereits eingefügten Überarbeitungen aus.

- Wenn Sie hier anstelle der Standardoption **Nach Autor** ① jeweils eine Farbe wählen, gilt diese Farbe generell, also für alle Bearbeiter, die den Text korrigieren. (Mit der Standardoption hingegen weist Word jedem Bearbeiter eine eigene Farbe zu.)
- Die Einstellung im Feld **Geänderte Zeilen** ② beeinflusst die vertikalen Striche, die in den Zeilen mit Veränderungen auftauchen. Wenn Sie auf diese Striche verzichten möchten, stellen Sie hier **(ohne)** ein.
- Auch die Bearbeitung von Tabellenzellen wird im Überarbeitungsmodus angezeigt; die entsprechenden Farben legen Sie in den Feldern **Eingefügte Zellen**, **Gelöschte Zellen**, **Verbundene Zellen** und **Geteilte Zellen** fest ③. Aber auch hier können Sie die Option **Nach Autor** einstellen.
- Im Feld **Bevorzugte Breite** ④ lässt sich die Breite der Sprechblasen verändern.
- Ganz unten im Dialog können Sie (im Feld **Seitenrand** ⑤) festlegen, dass Sprechblasen nicht am rechten Rand angezeigt werden sollen, sondern am linken Rand.
- Die Option **Verbindungslinien zum Text anzeigen** ⑥ sorgt für die Linien, die Sie bisher auch in den Abbildungen gesehen haben und die ziemlich hilfreich sind, da sie auf den ersten Blick erkennen lassen, zu welcher Textstelle eine Sprechblase gehört.

Vergessen Sie nicht, alle Einstellungen, die Sie eventuell vorgenommen haben, mit **OK** zu bestätigen. Die Änderungen gelten übrigens nicht nur für das aktuelle Dokument, sondern generell für alle Word-Dokumente.

36.3 Die Überarbeitungen überprüfen

Lassen Sie uns nun die Rollen tauschen. Sie sind nun nicht mehr derjenige, der ein Dokument prüft und korrigiert, sondern haben Ihren schönen Text mit all den Veränderungen und Kommentaren vor sich. Sie müssen nun entscheiden, welche Änderungen Sie übernehmen und welche Sie ignorieren möchten. Im Fall von Kommentaren entscheiden Sie, ob Sie sie lesen, gegebenenfalls eine Anregung aufnehmen und dann löschen oder ob Sie den Kommentar selbst noch einmal kommentieren.

Das Dokument vorbereiten

Bevor Sie die Änderungsvorschläge durchsehen, sollten Sie prüfen, ob das Dokument entsprechend vorbereitet ist.

1 Achten Sie darauf, dass Sie nicht im Überarbeitungsmodus arbeiten. Deaktivieren Sie also auf der

Registerkarte **Überarbeiten** die Schaltfläche **Änderungen nachverfolgen** (die, wenn Sie das Dokument per E-Mail oder auf einem USB-Stick erhalten haben, vermutlich noch eingeschaltet ist, da die Überarbeitungsfunktion ein Merkmal des Dokuments ist und daher mitgespeichert wird).

2 Vergewissern Sie sich, dass auf der Registerkarte **Überprüfen** in der Gruppe **Nachverfolgung** für die Darstellung die Option **Markup: alle** eingestellt ist. Mit der Option **Markup: keine** werden die Änderungsvorschläge nämlich nicht angezeigt (falls Sie sich schon gefreut haben sollten, dass Ihr Dokument so ordentlich und fehlerfrei aussieht).

3 Schauen Sie nach, ob alle eingefügten bzw. vorgenommenen Änderungen des Bearbeiters (oder der Bearbeiter) angezeigt werden. Dazu klappen Sie das Menü der Schaltfläche **Markups anzeigen** auf und prüfen, ob alle Häkchen aktiviert sind.

4 Falls sich mehrere Personen mit Ihrem Text befasst haben und Sie alle Korrekturvorschläge und Anmerkungen auf einmal sehen möchten, aktivieren Sie über **Markups anzeigen** > **Bearbeiter** die Option **Alle Bearbeiter**.

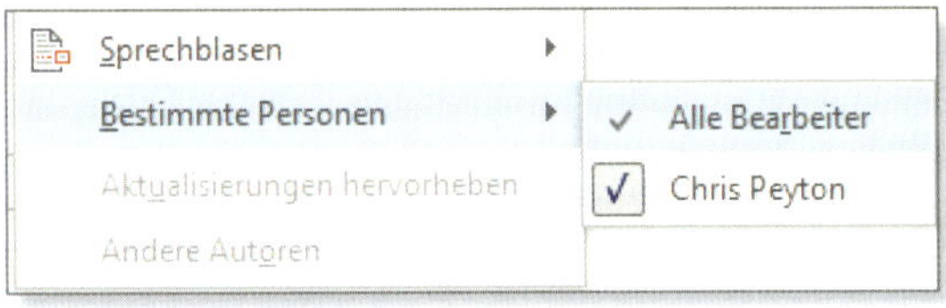

Abbildung 36.44
Die Markups aller Bearbeiter anzeigen lassen

Änderungen annehmen oder ablehnen

Nun legen Sie los und gehen die Änderungsvorschläge nach und nach durch.

1 Setzen Sie den Cursor in die erste angezeigte Änderung (im Text oder in einer Sprechblase). Das können Sie manuell machen oder Sie klicken auf der Registerkarte **Überprüfen** in der Gruppe **Änderungen** auf die Schaltfläche **Weiter**.

2 Wenn Sie die Änderung akzeptieren, klicken Sie auf den Pfeil an der Schaltfläche **Annehmen**. Um von dort gleich zur nächsten Änderung zu springen, wählen Sie im Menü die Option **Annehmen und weiter**. Um nur die Änderung anzunehmen, in der der Cursor steht, klicken Sie auf **Diese Änderung annehmen**. Alternativ können Sie auch direkt auf die Schaltfläche **Annehmen** klicken (ohne erst das Menü zu öffnen), auch dadurch wird automatisch die nächste Änderung markiert.

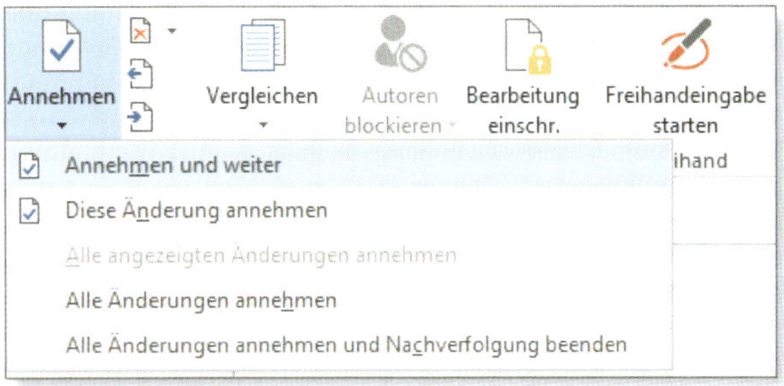

Abbildung 36.45
Änderungsvorschläge annehmen

3 Wenn Sie einen Änderungsvorschlag verwerfen möchten, verfahren Sie genauso, nur dass Sie dann auf die Schaltfläche **Ablehnen** bzw. auf den Pfeil an der Schaltfläche klicken.

4 Auf diese Weise prüfen Sie das komplette Dokument. Übrigens funktioniert auch hier die Funktion **Rückgängig**, sodass Sie versehentlich angenommene oder abgelehnte Änderungen auch wieder zurücknehmen können.

TIPP

Annehmen oder Ablehnen im Kontextmenü

Die Befehle zum Annehmen oder Ablehnen von Änderungsvorschlägen finden Sie auch im Kontextmenü der jeweiligen Vorschläge.

Wenn Sie großes Vertrauen in die Person (oder die Personen) haben, die die Änderungsvorschläge gemacht hat, dann können Sie auch mit einem Rutsch alle Änderungen annehmen. Diesen Befehl finden Sie auch im Menü der Schaltfläche **Annehmen** (**Alle Änderungen annehmen**). Übrig bleiben dann gegebenenfalls nur Kommentare.

Umgekehrt können Sie auch alle Änderungsvorschläge ignorieren; dazu wählen Sie im Menü der Schaltfläche **Ablehnen** den Eintrag **Alle Änderungen ablehnen**. Damit nimmt Ihr Dokument wieder den Ursprungszustand an (und die Arbeit der Bearbeiter war umsonst!).

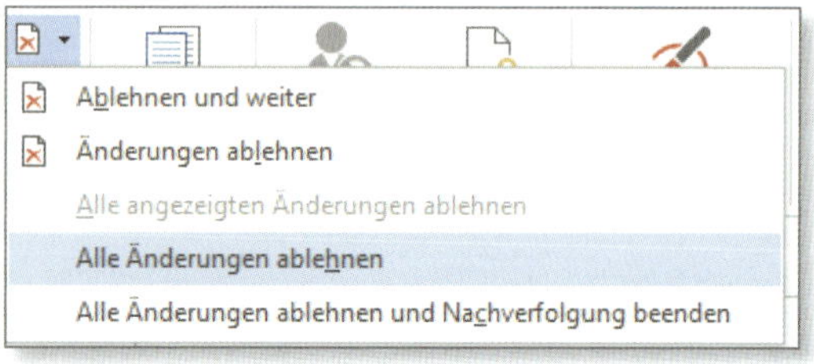

Abbildung 36.46
Alle Änderungsvorschläge ablehnen

Wie bei den Kommentaren können Sie auch beim Annehmen bzw. Ablehnen zwischen Bearbeitern differenzieren. Sind Ihnen die Änderungsvorschläge Ihrer Freundin wichtiger als die Ihres Professors (oder seines Assistenten), lassen Sie sich nur ihre Änderungen anzeigen (über **Markup anzeigen** > **Bearbeiter**) und wählen im Menü der Schaltfläche **Annehmen** die Option **Alle angezeigten Änderungen annehmen**. Mit dieser Vorgehensweise können Sie natürlich auch alle angezeigten Änderungen ablehnen – aber Vorsicht: Manchmal sind sicher auch sinnvolle bzw. bedenkenswerte Vorschläge dabei!

36.4 Mehrere Autoren, ein Dokument

Bisher sind wir von der Situation ausgegangen, dass – auch wenn es mehrere Bearbeiter gibt – alle an dem Originaldokument arbeiten, also alle Änderungsvorschläge in ein und demselben Dokument gemacht werden.

Was aber passiert, wenn Sie Ihr Dokument sowohl an Ihren Freund A als auch an Ihren Freund B schicken, beide Freunde fleißig und ganz korrekt im Überarbeitungsmodus ihre Änderungen vornehmen und die Dokumente – jeweils unter neuen Namen gespeichert – per E-Mail an Sie zurückschicken? Im Normalfall müssten Sie sich dann eines der Dokumente schnappen, die Änderungen, wie beschrieben, annehmen oder ablehnen und die Vorschläge aus dem Dokument Ihres zweiten Freundes manuell einbauen (falls Sie das möchten).

Word bietet einen weitaus komfortableren Weg: Sie können beide Dokumente inklusive der Überarbeitungen zu einem neuen Dokument zusammenführen und dann in diesem Dokument weiterarbeiten. Diese Möglichkeit – die zwar nicht neu ist, aber früher oft nicht sauber klappte – verbirgt sich hinter der Funktion **Kombinieren**.

Überarbeitungen zusammenfassen

Wenn Sie diese Möglichkeit probieren möchten, gehen Sie wie im Folgenden beschrieben vor.

1. Klicken Sie auf der Registerkarte **Überprüfen** auf die Schaltfläche **Vergleichen** und wählen Sie im Menü die Option **Kombinieren**.

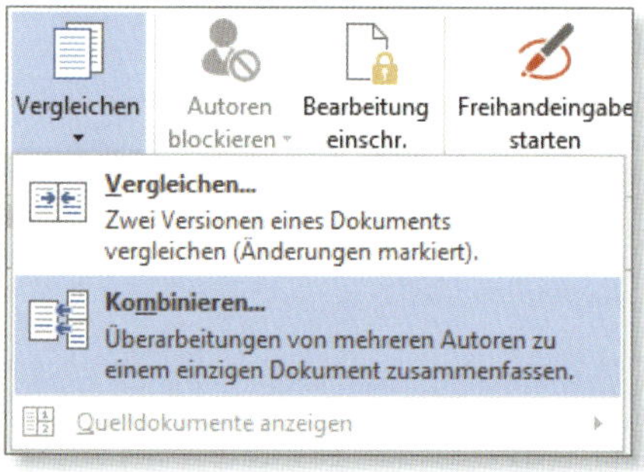

Abbildung 36.47
Mit einem Klick auf die Option »Kombinieren« rufen Sie den Dialog »Dokumente zusammenfassen« auf.

2. Daraufhin wird der Dialog **Dokumente zusammenfassen** angezeigt (siehe Abbildung 36.48). In diesem Dialog wählen Sie in den Auswahllisten der beiden Felder **Originaldokument** ① und **Überarbeitetes Do-**

kument ② die Dokumente, die Sie zusammenfassen möchten (hier werden die zuletzt geöffneten Dokumente angezeigt). Klicken Sie gegebenenfalls auf die Schaltfläche **Durchsuchen** ③ neben den Feldern, um die Dokumente zu finden und auszuwählen.

3 Klicken Sie auf die Schaltfläche **Erweitern** (die danach dann **Reduzieren** ④ heißt), um die Optionen für die Konfiguration des zu erstellenden neuen Dokuments zu erhalten. Im mittleren Bereich (**Vergleichseinstellungen**) können Sie einstellen, welche Änderungsvorschläge nicht berücksichtigt werden sollen. Deaktivieren Sie z. B. das Feld **Fuß- und Endnoten** ⑤, wenn Sie Änderungen in diesen Textbereichen ignorieren möchten.

4 Im Bereich **Änderungen anzeigen** belassen Sie es am besten bei der eingestellten Option **Wortebene** ⑥ (sodass bei Änderungen immer ganze Wörter gekennzeichnet werden, auch wenn z. B. nur ein Zeichen geändert wurde). Auf diese Weise werden weniger Änderungen übersehen.

5 Im Bereich **Änderungen anzeigen in** können Sie festlegen, dass alle gefundenen Änderungen in einem neuen Dokument ⑦ zusammengefasst werden sollen – unserer Meinung nach eine empfehlenswerte Option, weil Sie so nicht mit »Altlasten« hantieren, sondern ein neues Dokument vor Augen haben, das Sie dann speichern und bearbeiten können.

INFO

Änderungen in verschiedenen Dokumentbereichen

Sie haben im Überarbeitungsbereich gesehen, dass Word Änderungen in verschiedenen Dokumentbereichen separat auflistet. Aufgrund dieser Unterscheidung können Sie hier nun auch Bereiche ausklammern.

Das Zusammenfassungsergebnis

Nachdem Sie Ihre Einstellungen mit **OK** bestätigt und die Zusammenführung damit gestartet haben, erhalten Sie eine dreigeteilte Bildschirmanzeige mit dem zusammengefassten Dokument (so heißt es auch in der Titelleiste, zu sehen in Abbildung 36.49). Sollten Sie diesen dreigeteilten Bildschirm nicht sehen, zeigen Sie im Menü der Schaltfläche **Vergleichen** auf **Quelldokumente anzeigen** und wählen Sie im Untermenü **Beide anzeigen**.

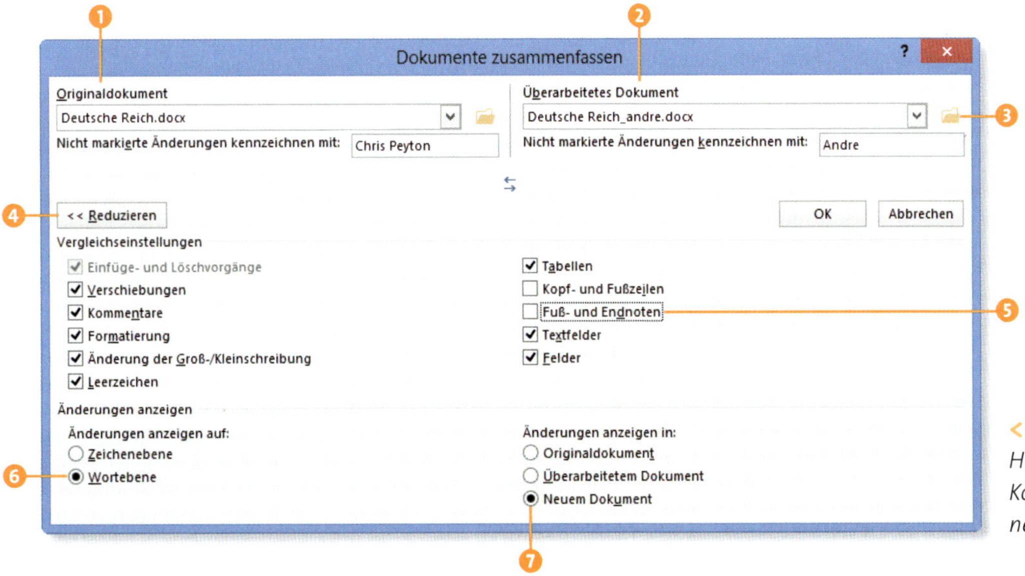

Abbildung 36.48
Hier nehmen Sie die Konfiguration für das neue Dokument vor.

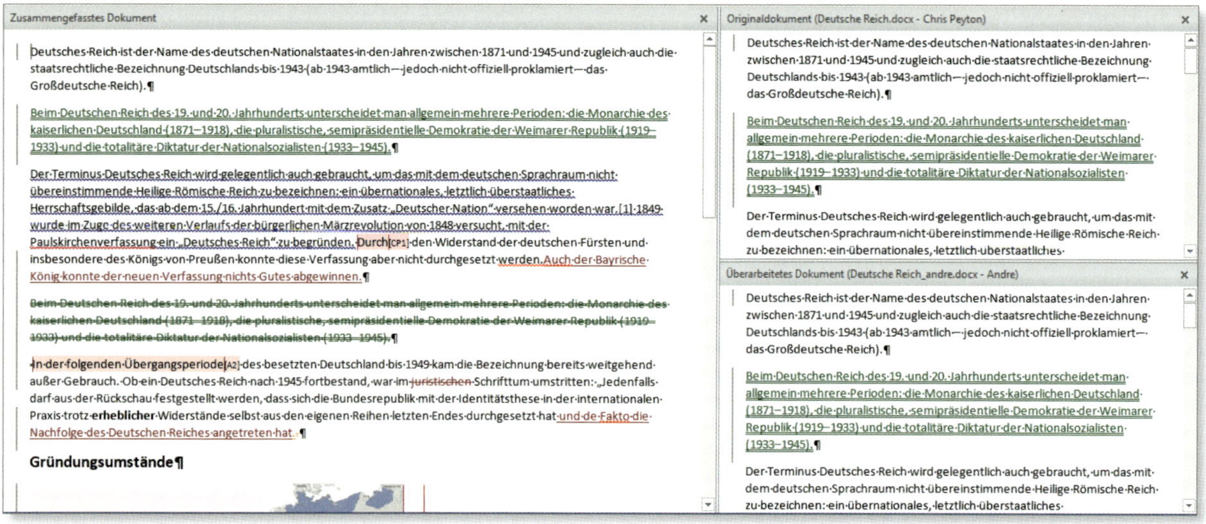

Abbildung 36.49
Die Dokumente nach dem Zusammenführen

Im rechten Bereich des Bildschirms werden in zwei separaten Fenstern die Dokumente angezeigt, die Sie zum Zusammenführen geöffnet haben, im linken (größeren) Bereich sehen Sie das (neue) zusammengeführte Dokument. Es zeigt alle Änderungen in den beiden Dokumenten inklusive der Bearbeitungsinformationen (Benutzername des Bearbeiters etc.) an.

Um dieses neue Dokument zu speichern, klicken Sie wie üblich auf **Datei** > **Speichern unter**. Diese Datei können Sie nun dazu benutzen, um an Ihrem Dokument weiterzuarbeiten.

Falls nun noch eine dritte Person Ihr ursprüngliches Dokument in die Hände bekommen und es mit Änderungsvorschlägen versehen sollte, können Sie den eben beschriebenen Weg erneut gehen und das aktuelle (zusammengeführte) Dokument mit der Datei des dritten Freundes kombinieren. Theoretisch ließe sich diese Methode viele Male anwenden, aber irgendwann werden Sie einen Punkt erreichen, an dem Sie die ganze Sache aus gutem Grund beenden möchten – denn Sie wissen ja: Zu viele Köche verderben den Brei!

INFO

Verschiedene Fassungen vergleichen

Im Menü der Schaltfläche **Vergleichen** gibt es auch den Befehl **Vergleichen**. Wenn Sie diese Funktion verwenden (anstelle von **Kombinieren**), erhalten Sie ebenfalls ein zusammengeführtes Dokument (das Vorgehen und die Konfiguration sind nahezu identisch mit dem bereits für das Kombinieren beschriebenen Weg). Der Unterschied liegt lediglich im Detail: Beim Vergleichen werden beim Öffnen der beiden Dokumente automatisch alle Änderungen angenommen. Das Ergebnis des Vergleichs zeigt also nur den letzten Stand und nicht die Historie der Veränderungen.

Die Bearbeitung einschränken

Wenn Sie ein Dokument an Dritte weitergeben, damit sie es überarbeiten, können Sie dafür sorgen, dass diese Überarbeitung auf jeden Fall im Überarbeitungsmodus geschieht. So können Sie verhindern, dass ohne Ihr Wissen Änderungen eingebaut werden, die Sie nicht – oder zumindest nicht auf den ersten Blick – erkennen. Dazu schützen Sie das Dokument bzw. schränken die Bearbeitungsmöglichkeiten ein.

1 Klicken Sie auf der Registerkarte **Überprüfen** in der Gruppe **Schützen** auf die Schaltfläche **Bearbeitung einschr.**, um den Aufgabenbereich **Bearbeitung einschränken** einzublenden.

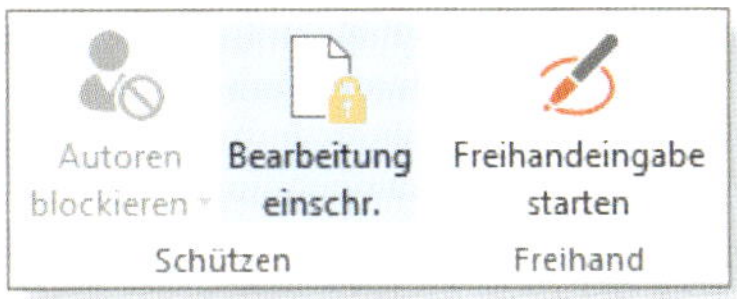

Abbildung 36.50
Den Aufgabenbereich zum Einstellen von Bearbeitungseinschränkungen aufrufen

2 Hier können Sie festlegen, welche Bearbeitungen zulässig sind. Setzen Sie ein Häkchen vor die Option **Nur diese Bearbeitungen im Dokument zulassen**. Im Auswahlmenü des Feldes stellen Sie die Option **Überarbeitungen** ein.

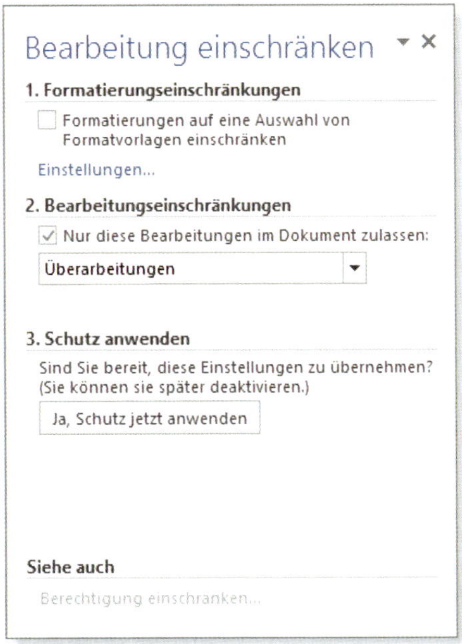

Abbildung 36.51
So stellen Sie sicher, dass ein Dokument nur im Überarbeitungsmodus bearbeitet wird.

3 Damit die Beschränkung wirksam wird, klicken Sie auf die Schaltfläche **Ja, Schutz jetzt anwenden**.

4 Wenn Sie möchten, können Sie im nächsten Dialog noch ein Kennwort eingeben, sodass sich der Schutz auch nur mit diesem Kennwort wieder aufheben lässt.

Nach dieser Einstellung werden alle Änderungen im Dokument automatisch als Überarbeitungen gekennzeichnet, eine normale Korrektur ist nicht mehr möglich. Die Schaltfläche **Änderungen nachverfolgen** ist nicht aktiv, daher lässt sich diese Funktion also auch nicht ausschalten.

Um die Bearbeitungsmöglichkeit noch weiter einzuschränken und beispielsweise nur Kommentare zu erlauben, können Sie im Bereich **Bearbeitungseinschränkungen** statt **Überarbeitungen** auch die Option **Kommentare** einstellen. So können Dritte mit Ihrem Dokument nichts weiter anfangen, als dort Kommentare einzufügen.

Teil VIII
Word anpassen – Word-Optionen, Makros, VBA, RibbonX

Kapitel 37
Word an eigene Bedürfnisse anpassen

In diesem Kapitel widmen wir uns nochmals systematisch den unzähligen Einstellungsmöglichkeiten in Word. Sie werden überrascht sein, wie flexibel Word sich verhalten kann, wenn Sie die Standardeinstellung ändern.

Sie werden während Ihrer Arbeit mit Word immer wieder einmal nicht glücklich mit dem Verhalten bestimmter Funktionen oder der Darstellung von Symbolleisten, Dialogen oder Feldern sein. Meistens bietet Word zwar zu jeder Aktion genügend Auswahl- und Einstellungsmöglichkeiten, aber mitunter müssen Sie erst dieses oder jenes probieren, bis alles wunschgemäß ist. Damit Sie sich auf das Wesentliche konzentrieren können, ist es sinnvoll, Word so einzurichten, dass das Programm von vornherein Ihren Bedürfnissen entspricht. Dies reicht von der Anpassung der Benutzeroberfläche und des Menübands über die Einstellung von Maßeinheiten bis hin zum Umgang mit unsicheren Dokumenten.

Die allermeisten Einstellungs- und Anpassungsmöglichkeiten sind in den Word-Optionen versammelt, die wir auch in den bisherigen Kapiteln bereits unzählige Male aufgerufen (und auch beschrieben) haben. Die folgenden Abschnitte sind also hauptsächlich dazu gedacht, nochmals systematisch und der Reihe nach auf wichtige und/oder praktisch erscheinende Einstellungsmöglichkeiten hinzuweisen (oder auch auf solche, von denen Sie besser die Finger lassen sollten). Erwarten Sie aber bitte keine vollständige Beschreibung aller Word-Optionen; nicht nur, dass dies fast noch ein neues Buch füllen würde, viele Optionen sind auch banal und können getrost links liegen gelassen werden.

37.1 Die Kategorien des Dialogfensters »Word-Optionen«

Das Dialogfenster **Word-Optionen** ist thematisch nach Kategorien geordnet (siehe Abbildung 37.1). In diesen verschiedenen Kategorien finden Sie so gut wie alle Grundeinstellungen, die das Verhalten von Word steuern. Oft finden Sie hier eine einfache Lösung für Probleme, an denen Sie schon lange herumgedoktert haben.

Die Kategorie »Allgemein«

Die Kategorie **Allgemein** bietet einige Optionen, mit denen Sie die Darstellung der Benutzeroberfläche beeinflussen. Außerdem legen Sie hier Ihren Benutzernamen fest.

Mit der Option **Minisymbolleiste für die Auswahl anzeigen** können Sie die Minisymbolleiste ausschalten, die jedes Mal auftaucht, wenn Sie einen Text markieren. Sie soll einen schnellen Zugriff auf gängige Befehle bieten, ist oft aber eher störend als hilfreich.

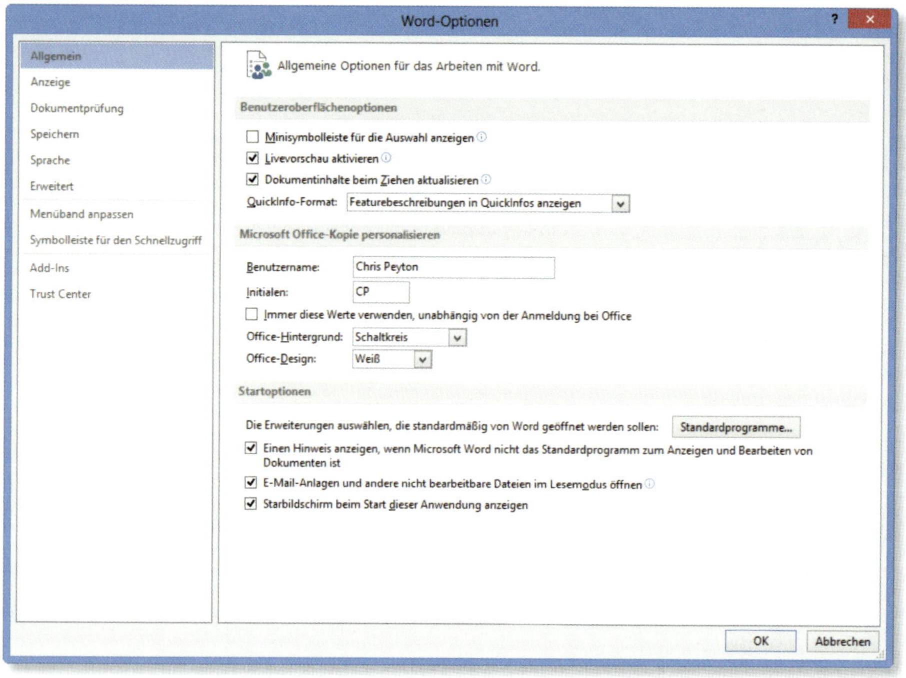

< Abbildung 37.1
Das Dialogfenster »Word-Optionen«

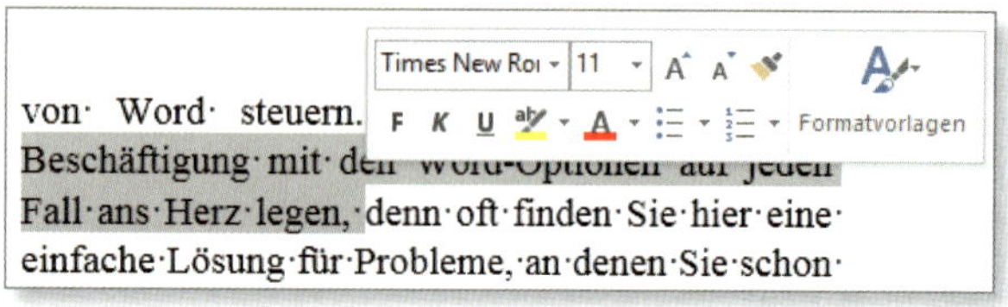

∧ Abbildung 37.2
Die Minisymbolleiste

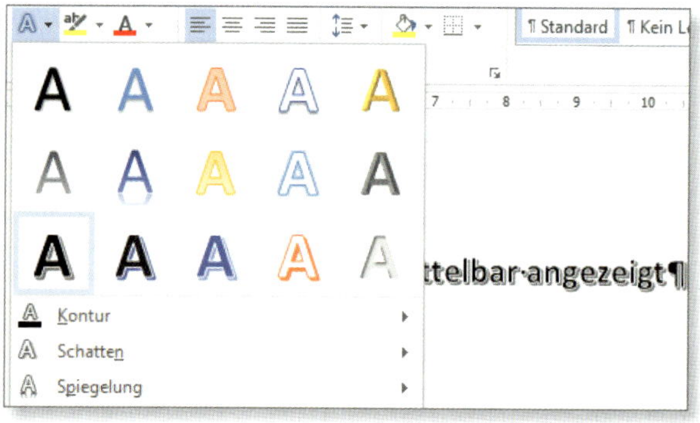

∧ Abbildung 37.3
Aufgrund der Livevorschau wird die Auswirkung des Effekts bereits im Text angezeigt.

Mit der Option **Livevorschau aktivieren** wird bei der Auswahl von Optionen/Einstellungen die Auswirkung bereits im Text eingeblendet, bevor Sie den Befehl wirklich zuweisen. Meistens ist diese Option recht praktisch, weil Sie so direkt erkennen, wie eine Einstellung im Text aussehen wird, und nicht ins kalte Wasser springen müssen.

Mit dem Menü des Feldes **QuickInfo-Format** regeln Sie, ob und wie QuickInfos angezeigt werden, wenn Sie mit dem Mauszeiger auf ein Symbol oder eine bestimmte Textstelle zeigen.

Mit der Option **Featurebeschreibungen in QuickInfos anzeigen** erhalten Sie eine ausführliche Erklärung zur Funktionsweise der Schaltfläche, während die zweite Option ausschließlich den Namen der Schaltfläche anzeigt. Die dritte Option schaltet die QuickInfos komplett aus.

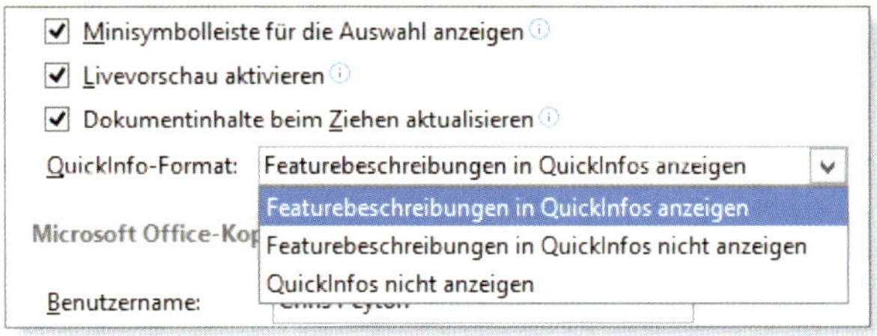

Abbildung 37.4
Optionen für QuickInfos

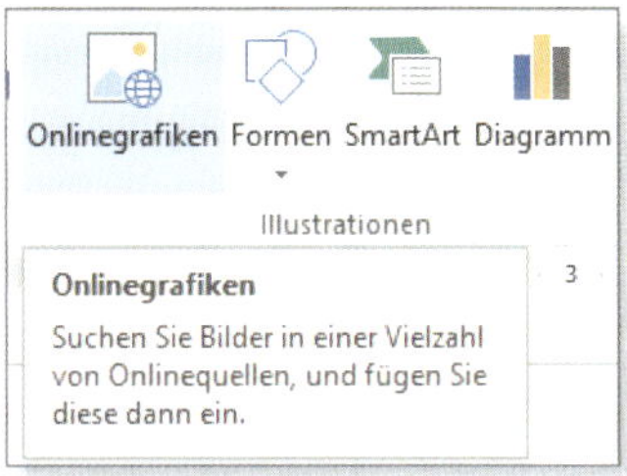

Abbildung 37.5
Eine QuickInfo-Box mit der Einstellung »Featurebeschreibungen in QuickInfos anzeigen«

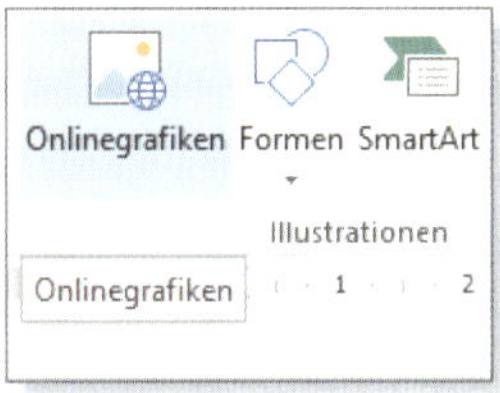

Abbildung 37.6
Eine QuickInfo-Box mit der Einstellung »Featurebeschreibungen in QuickInfos nicht anzeigen«

In den Feldern **Benutzername** und **Initialen** legen Sie Ihren Benutzernamen und eine entsprechende Initiale fest; beides kann dann bei verschiedenen Aktionen angegeben werden, z. B. beim Einfügen von Kommentaren.

Wenn Sie alle Überarbeitungen »inline« anzeigen lassen, erscheint im Text nur das Initial.

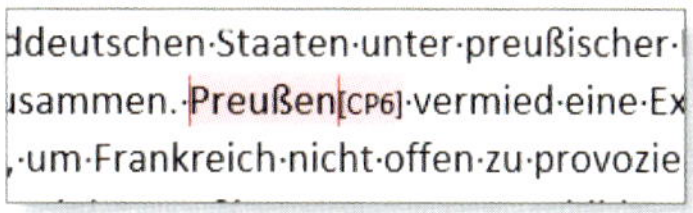

Abbildung 37.8
Im Text erscheint mit der Ansicht »Inline« das Initial.

Im Feld **Office-Design** können Sie die Farbe bestimmter Hintergrundbereiche von **Weiß** zu **Hellgrau** oder **Dunkelgrau** verändern. Eine solche Umstellung ist etwas gewöhnungsbedürftig, aber Sie können es sich ja einmal anschauen.

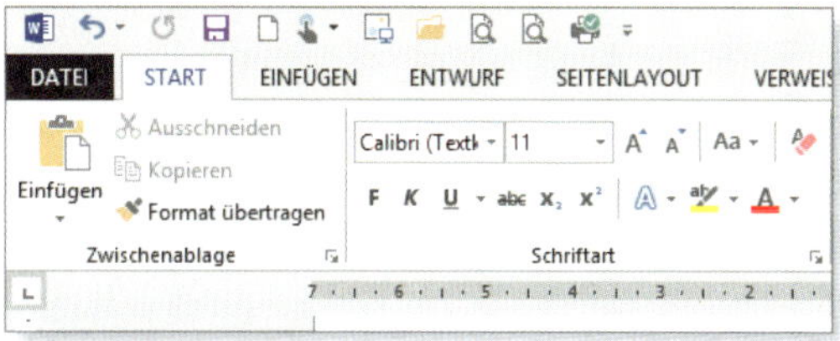

Abbildung 37.9
Die Registerkarte »Start« mit dem Office-Design »Dunkelgrau«

Die Kategorie »Anzeige«

Die Kategorie **Anzeige** der Word-Optionen spielt eine wichtige Rolle, denn hier legen Sie u. a. fest, welche Formatierungszeichen auf dem Bildschirm angezeigt werden (siehe Abbildung 37.10).

Wenn Sie die Option **Leerraum zwischen Seiten in der Drucklayoutansicht anzeigen** deaktivieren, werden Seitenumbrüche im **Seitenlayout** nur durch horizontale Linien angezeigt, aber nicht mehr durch die Andeu-

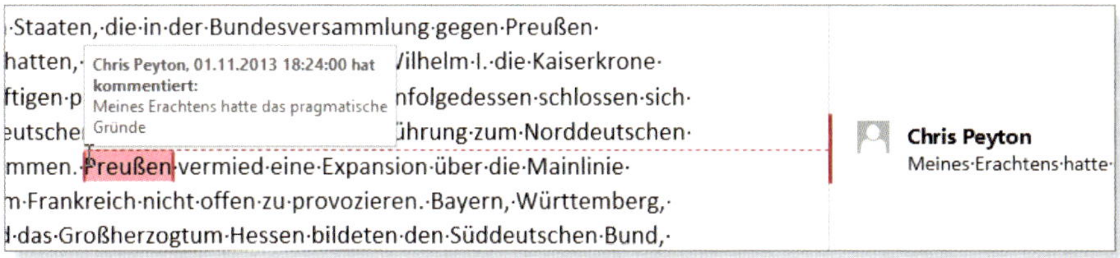

Abbildung 37.7
In der QuickInfo-Box und im Kommentar wird der Benutzername angezeigt.

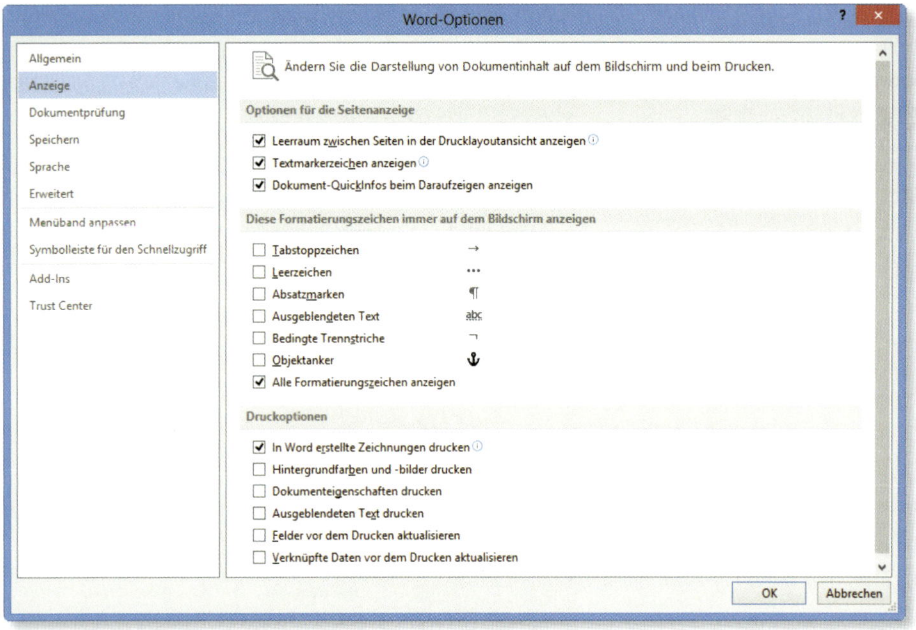

< *Abbildung 37.10*
Die Kategorie »Anzeige« der Word-Optionen

tung der Seitenränder. (Es gehört zu den begrifflichen Inkonsistenzen, denen man in Word 2013 häufiger begegnet, dass hier von **Drucklayoutansicht** statt von **Seitenlayout** die Rede ist.) Beim Überarbeiten langer Dokumente kann diese Einstellung ganz angenehm sein.

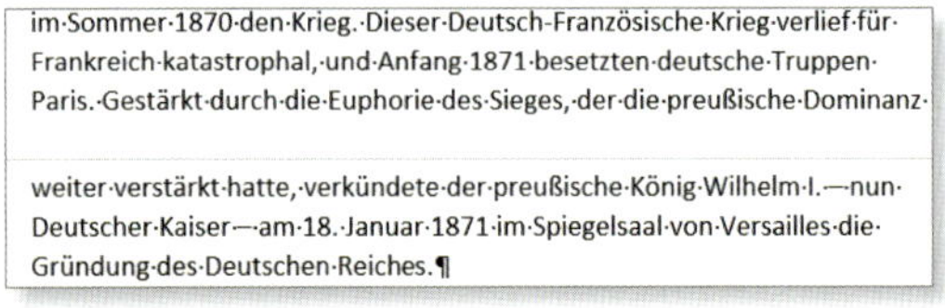

^ *Abbildung 37.11*
Seitenumbrüche ohne Anzeige des Leerraums

Mit den Optionen im Bereich **Diese Formatierungszeichen immer auf dem Bildschirm anzeigen** steuern Sie differenziert – und weitestgehend unabhängig von der Schaltfläche **Alle Anzeigen** auf der Registerkarte **Start** –, welche Formatierungszeichen auf dem Bildschirm angezeigt werden sollen. Markieren Sie hier mit einem Häkchen diejenigen Formatierungszeichen, die eingeblendet werden sollen. Logischerweise erscheinen mit der Option **Alle Formatierungszeichen anzeigen** alle hier aufgeführten Formatierungszeichen auf dem Bildschirm. Denken Sie daran, dass die Anzeige zumindest bestimmter Formatierungszeichen, etwa Absatzmarken und Leerzeichen, sehr wichtig für viele Arbeitsschritte ist.

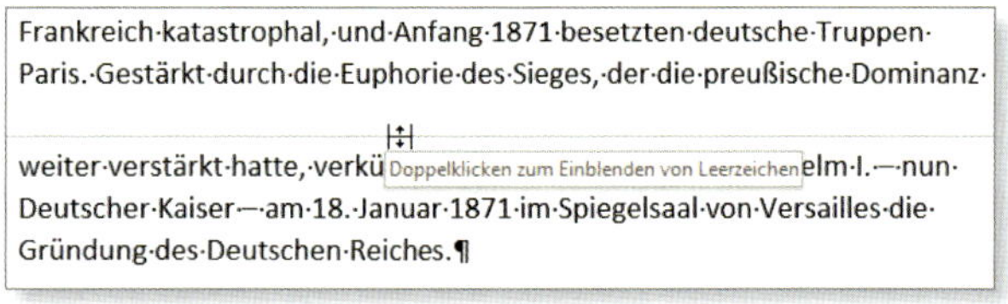

^ *Abbildung 37.12*
Sie können mit einem Doppelklick den Leerraum ein- oder ausblenden.

Die Optionen des Bereiches **Druckoptionen** regeln einige Einstellungen für den Ausdruck. Standardmäßig ist hier die Option **In Word erstellte Zeichnungen drucken** aktiviert, die dafür sorgt, dass im Dokument erstellte Zeichnungen mit ausgedruckt werden. Wenn es darum geht, einen schnellen Ausdruck eines Dokuments zu erhalten, in dem Grafiken keine Rolle spielen, bietet es sich an, diese Option zu deaktivieren.

Wenn Sie die Option **Ausgeblendeten Text drucken** einschalten, werden z. B. Indexeinträge (die Word als ausgeblendeten Text definiert) genau so mit ausgedruckt, wie sie im Dokument erscheinen.

TIPP

Die Darstellung des Seitenumbruchs ändern

Sie können übrigens auch, unabhängig von der Einstellung in den Word-Optionen, doppelt auf den Bereich des Seitenumbruchs bzw. die horizontale Linie klicken, um so zwischen den beiden Darstellungsarten hin- und herzuschalten.

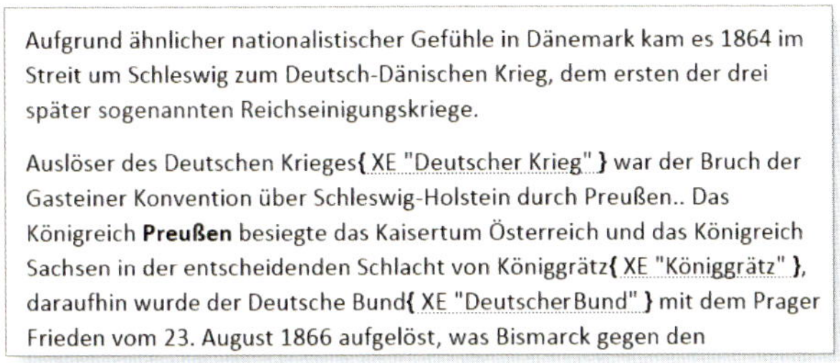
Aufgrund ähnlicher nationalistischer Gefühle in Dänemark kam es 1864 im Streit um Schleswig zum Deutsch-Dänischen Krieg, dem ersten der drei später sogenannten Reichseinigungskriege.

Auslöser des Deutschen Krieges{ XE "Deutscher Krieg" } war der Bruch der Gasteiner Konvention über Schleswig-Holstein durch Preußen.. Das Königreich **Preußen** besiegte das Kaisertum Österreich und das Königreich Sachsen in der entscheidenden Schlacht von Königgrätz{ XE "Königgrätz" }, daraufhin wurde der Deutsche Bund{ XE "Deutscher Bund" } mit dem Prager Frieden vom 23. August 1866 aufgelöst, was Bismarck gegen den

Abbildung 37.13
Indexeinträge erscheinen auch im Ausdruck.

Die beiden letzten Optionen (**Felder vor dem Drucken aktualisieren** und **Verknüpfte Dateien vor dem Drucken aktualisieren**) bewirken das, was sie ankündigen, nämlich die Aktualisierung von Feldern und Verknüpfungen, sobald ein Druckauftrag gestartet wurde. Sie können sinnvoll sein, wenn Sie sicherstellen möchten, dass auf jeden Fall der letzte Stand des Dokuments mit allen Aktualisierungen ausgedruckt wird (falls Sie das Aktualisieren einmal vergessen haben sollten).

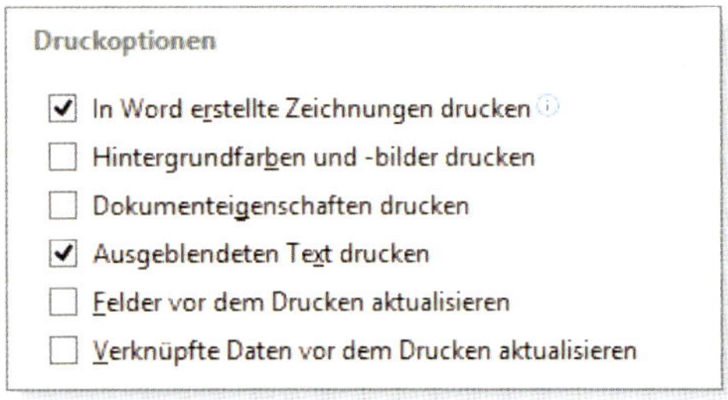

Abbildung 37.14
Einige Druckoptionen

Die Kategorie »Dokumentprüfung«

Die Kategorie **Dokumentprüfung** versammelt vor allem Optionen rund um die Rechtschreib- und Grammatikkorrektur; sie führt außerdem zu den **Auto-Korrektur-Optionen** und zu den Einstellungen der Benutzerwörterbücher.

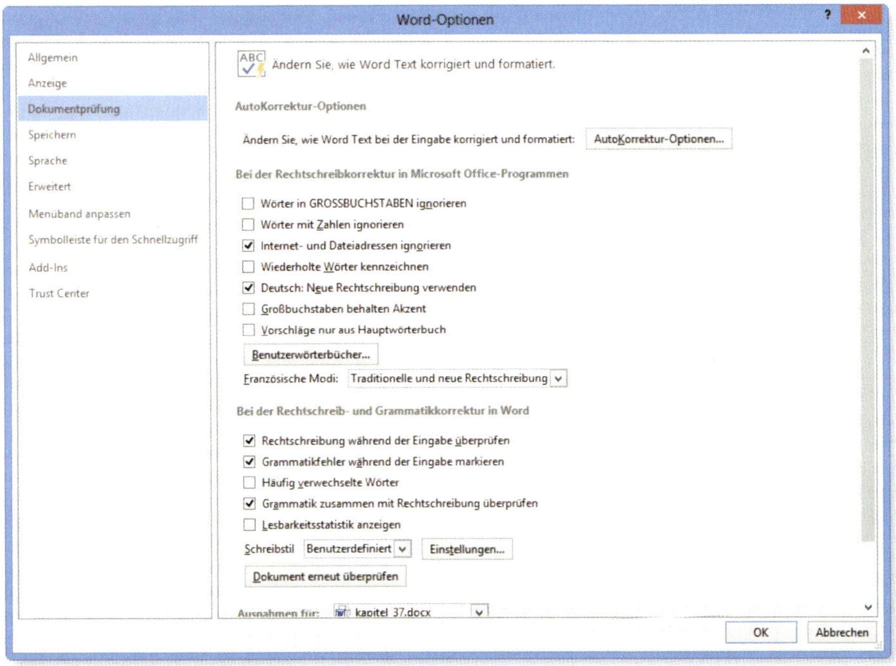

Abbildung 37.15
Die Kategorie »Dokumentprüfung«

Die **AutoKorrektur-Optionen** (siehe Abbildung 37.16) sollten Sie auf jeden Fall beachten, weil sie die Lösung zu manchen Problemen oder Fragen bieten (Sie entdecken hier z. B., warum jeder Satz automatisch mit einem Großbuchstaben beginnt).

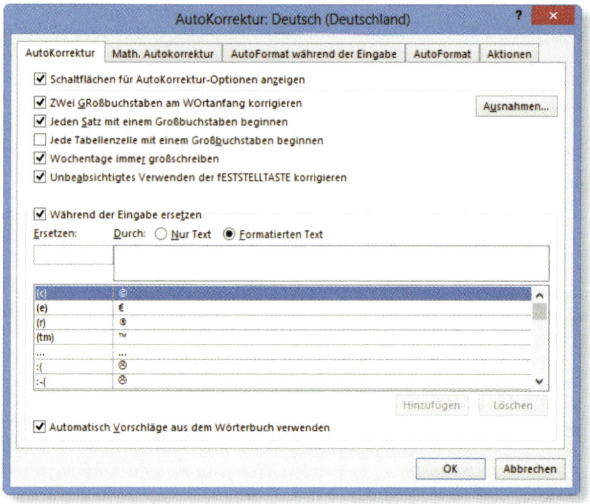

^ Abbildung 37.16
Der Dialog »AutoKorrektur«

Darüber hinaus gibt es hier aber auch die Möglichkeit, die Darstellung vieler Zeichen zu beeinflussen (hauptsächlich auf der Registerkarte **AutoFormat während der Eingabe**). Außerdem können Sie die Liste der AutoKorrektur-Einträge erweitern, also der Zeichen und Begriffe, die bei der Eingabe automatisch durch andere Zeichen und Begriffe ersetzt werden.

Dazu verwenden Sie die Felder **Ersetzen** und **Durch** im Bereich **Während der Eingabe ersetzen**. Stellen Sie auf der Registerkarte **AutoFormat während der Eingabe** z. B. ein, dass Bruchzahlen durch Sonderzeichen ersetzt werden.

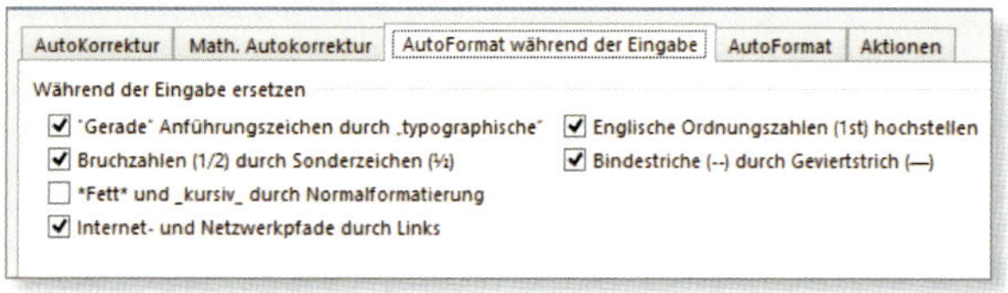

^ Abbildung 37.17
Hier können Sie die Darstellung diverser Zeichen einstellen.

Vielleicht waren Sie auch schon häufiger auf der Suche nach der Einstellung, die aus Internetadressen automatisch Hyperlinks macht (die aufgrund ihrer Formatvorlage in blauer Farbe erscheinen). Auch diese Einstellung finden Sie hier auf der Registerkarte. Wenn Sie das Häkchen vor der Option **Internet- und Netzwerkpfade durch Links** entfernen, erscheinen Internet- und Webadressen als normaler Text. In Abbildung 37.18 sehen Sie beide Varianten.

^ Abbildung 37.18
Die E-Mail-Adresse einmal als Hyperlink und einmal als normaler Text

Die Kategorie »Speichern«

Auch in der Kategorie **Speichern** finden Sie einige wichtige Optionen und Einstellungsmöglichkeiten. Sie können hier beispielsweise festlegen, dass Dokumente grundsätzlich im *.doc*-Format der älteren Word-Versionen gespeichert werden sollen. Diese Umstellung kann sinnvoll sein, wenn Sie viele Dateien mit Personen austauschen, die noch mit älteren Word-Versionen arbeiten und die Kompatibilität gewährleistet sein muss. Im Prinzip ist es aber besser, Dateien im Einzelfall über den Dialog **Speichern unter** im *.doc*-Format zu speichern und dies nicht grundsätzlich zu tun.

Um das Dateiformat zu bestimmen, klappen Sie die Auswahlliste des Feldes **Dateien in diesem Format speichern** auf und wählen hier – für das alte Word-Format – **Word 97-2003-Dokumente (*.doc)**.

Über die Schaltfläche **Durchsuchen** können Sie im Feld **Standardspeicherort** den Speicherort festlegen, der automatisch angezeigt wird, wenn Sie den Dialog **Speichern unter** aufrufen.

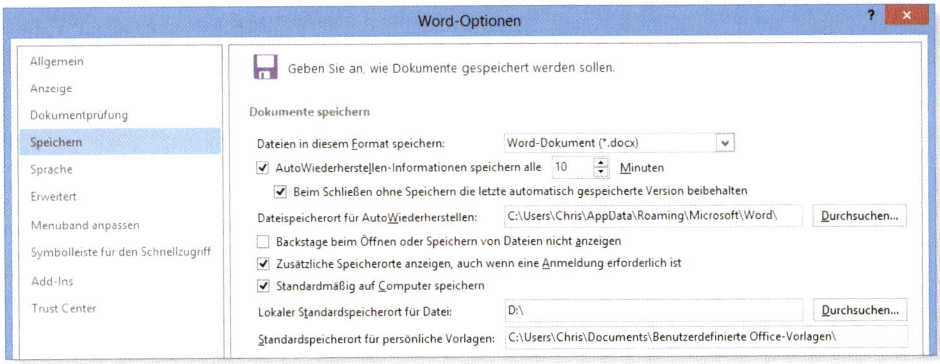

Abbildung 37.19
Die Kategorie »Speichern«

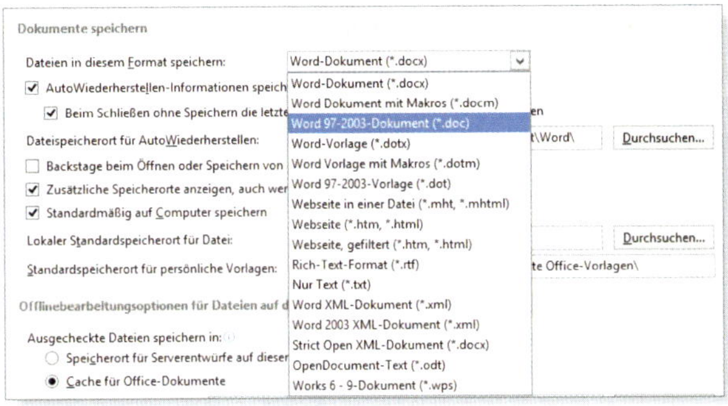

Abbildung 37.20
Hier können Sie das Dateiformat für das Speichern von Dateien festlegen.

Falls Sie Dokumente häufig weiterreichen, kann eventuell die Option **Schriftarten in der Datei einbetten** für Sie von Belang sein. Wenn Sie diese Option einschalten, speichert Word die vom Dokument benötigten Schriftarten mit dem Dokument ab. Auf diese Weise kann das verschickte Dokument beim Empfänger dann so aussehen wie auf dem Originalcomputer, selbst wenn die verwendete Schriftart nicht auf dem Computer des Empfängers installiert ist. Sie werden in diesem Fall mit ins Dokument eingebettet. Da sich durch dieses Einbetten die Größe der Datei jedoch beträchtlich erhöhen kann, sollten Sie zusätzlich die Option **Nur im Dokument verwendete Zeichen einbetten** aktivieren, um nicht unnötig viel, bzw. alle Schriftzeichen der Schriftart, speichern zu müssen und somit Speicherplatz zu sparen.

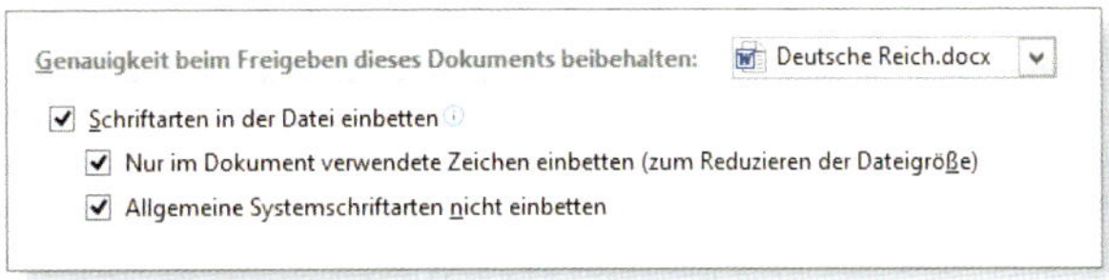

Abbildung 37.21
Schriftarten in ein Dokument einbetten

Mit der Option **Allgemeine Systemschriftarten nicht einbetten** sorgen Sie im Übrigen dafür, dass Schriftarten, die in der Regel auf allen Computern zu finden sind, nicht eingebettet werden.

Die Kategorie »Sprache«

In der Kategorie **Sprache** finden Sie Einstellungen, die in Bezug auf die für die Dokumentprüfung und Korrekturhilfe verwendeten Sprachen (bzw. die Sprachen, die verwendet werden können) eine Rolle spielen (siehe Abbildung 37.22).

Wir möchten hier besonders auf eine Option hinweisen, die Ihnen gefallen wird, wenn Sie entweder Ihre Kenntnisse der englischen Sprache bei der Arbeit mit Word auffrischen oder die englischen Fachbegriffe kennenlernen möchten. Sie können sich die QuickInfos in Englisch (und in Französisch) anzeigen lassen.

Diese Option verbirgt sich hinter dem Feld **Legen Sie Ihre QuickInfo-Sprache fest**.

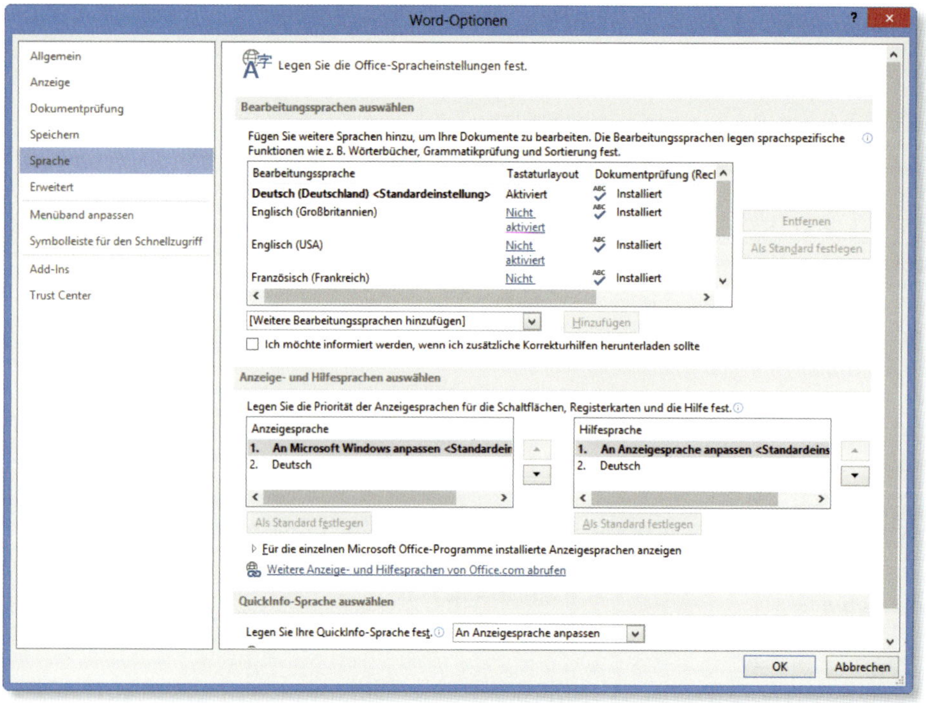

< Abbildung 37.22
Die Kategorie »Sprache«

∧ Abbildung 37.23
Eine andere Sprache für die QuickInfos festlegen

Dass die Texte der QuickInfos nun in englischer Sprache erscheinen, setzt natürlich voraus, dass Sie sich diese erklärenden kurzen Texte überhaupt anzeigen lassen.

∧ Abbildung 37.24
Der Text einer QuickInfo-Box auf Englisch

Zwar würde es, wenn wir chronologisch nach Kategorien vorgehen, nun mit der Kategorie **Erweitert** weitergehen, aber da diese so umfangreich ist, haben wir ihr einen eigenen Abschnitt gewidmet (siehe Abschnitt 37.2, »Die größte Palette: die Kategorie ›Erweitert‹«) und setzen unsere Beschreibung nun erst einmal mit der Kategorie **Menüband anpassen** fort.

Die Kategorien »Menüband anpassen« und »Symbolleiste für den Schnellzugriff«

Wenn Sie eine der beiden Kategorien **Menüband anpassen** oder **Symbolleiste für den Schnellzugriff** wählen, wird das Fenster **Menüband und Tastenkombinationen anpassen** bzw. das Fenster **Symbolleiste für den Schnellzugriff anpassen** aufgerufen (siehe Abbildung 37.25).

Sie können in diesem Dialogfenster Registerkarten, Gruppen und Befehle auswählen, die dem Menüband hinzugefügt werden sollen. Über das Feld **Befehle auswählen** ❶ legen Sie fest, welche Befehle oder Registerkarten in der Liste darunter zur Auswahl angeboten werden sollen. Sie finden in dieser Auswahl z. B. **Alle Befehle**, **Hauptregisterkarten** oder **Registerkarten für Tools**. Wenn Sie hier beispielsweise eine Registerkarte markieren und auf **Hinzufügen** ❷ klicken, wandert sie in den rechten Bereich und damit in das Menüband, in dem sie dann dauerhaft angezeigt wird. Sie werden sie wieder los, indem Sie sie auf der rechten Seite im Dialog **Menüband und Tastenkombinationen anpassen** markieren und anschließend auf die Schaltfläche **Entfernen** ❸ klicken.

Um Befehle hinzuzufügen, müssen Sie zunächst eine benutzerdefinierte Gruppe definieren (über die Schaltfläche **Neue Gruppe** ❹), in der Sie dann die gewünschten Befehle ablegen. Oder Sie legen eine ganz neue Registerkarte mit Gruppen an und sammeln hier Befehle, auf die Sie häufig zugreifen möchten.

Das Fenster **Symbolleiste für den Schnellzugriff anpassen** ist identisch mit dem Fenster **Menüband und Tastenkombinationen anpassen**, nur dass hier hinzugefügte Befehle eben auf die Symbolleiste für den Schnellzugriff geschickt werden und nicht auf dem Menüband eingefügt werden. Sie können hier allerdings zusätzlich die »Reichweite« der Anpassung festlegen. Dazu öffnen Sie das Auswahlfeld **Symbolleiste für den Schnellzugriff anpassen** oben rechts im Fenster und wählen die gewünschte Option.

Bereits im Menüband angezeigte Befehle können Sie der Symbolleiste für den Schnellzugriff natürlich auch ganz leicht über das Kontextmenü eines Befehls hinzufügen. Dazu klicken Sie den Befehl einfach mit der rechten Maustaste an und wählen die Option **Zu Symbolleiste für den Schnellzugriff hinzufügen** aus dem Kontextmenü.

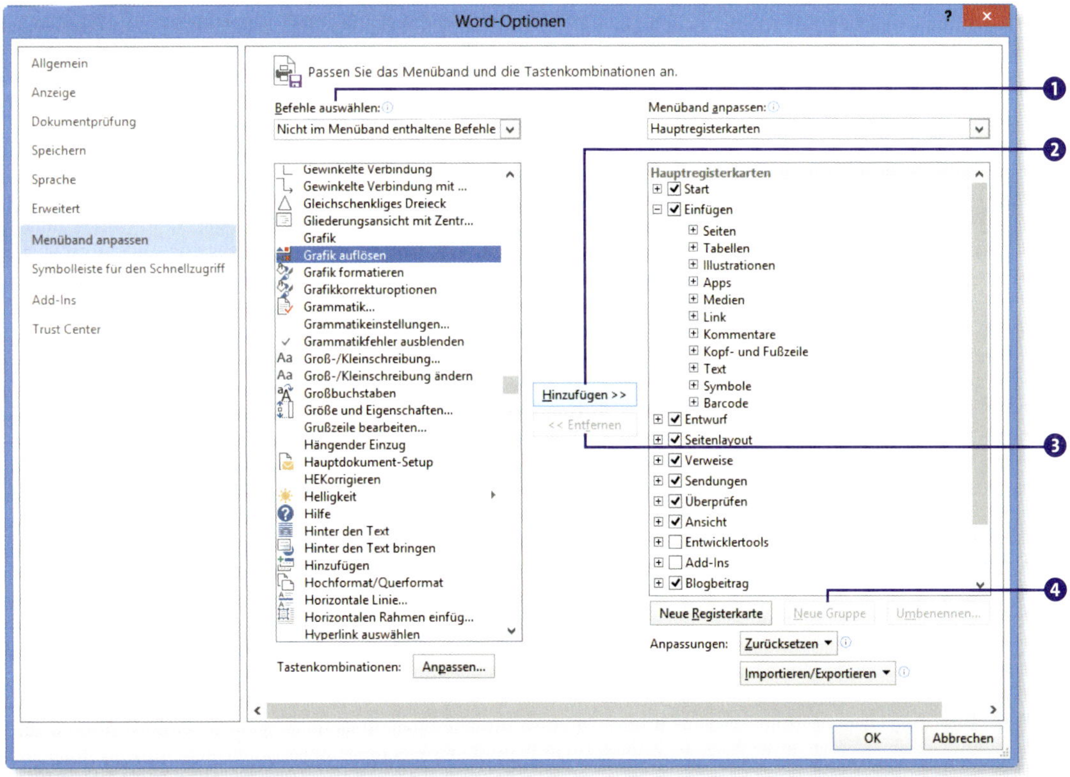

Abbildung 37.25
Registerkarten bzw. Befehle zum Menüband hinzufügen

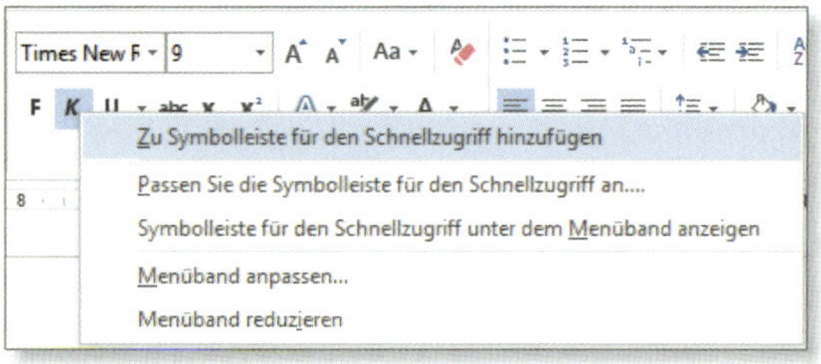

^ Abbildung 37.26
Der Symbolleiste für den Schnellzugriff einen Befehl über das Kontextmenü hinzufügen

Die Kategorie »Add-Ins«

Die Kategorie **Add-Ins** ist zuständig für die Verwaltung von Add-Ins (eine Art kleiner »Zusatzprogramme«), durch die die Funktionalität von Word erweitert wird. Auf dieses Thema gehen wir in diesem Buch nicht näher ein, da solche Add-Ins mit den eigentlichen Funktionen von Word nichts zu tun haben.

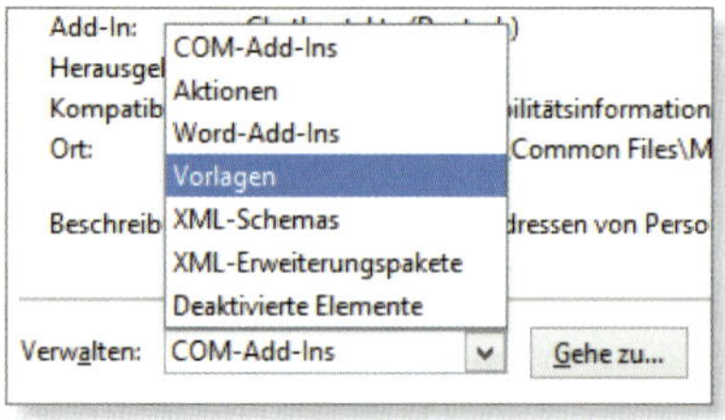

^ Abbildung 37.27
So gelangen Sie zur Verwaltung von Dokumentvorlagen.

Davon abgesehen, gelangen Sie über die Kategorie **Add-Ins** u. a. auch zur Verwaltung von Dokumentvorlagen, die wir in Kapitel 20, »Dokumentdesigns und Dokumentvorlagen«, ausführlich beschreiben.

Die Kategorie »Trust Center«

Computer können gefährdet sein, wenn Programmcode, der z. B. in Makros enthalten ist, beim Öffnen der entsprechenden Dokumente automatisch ausgeführt wird. Inzwischen bietet Word einige Schutzmechanismen an, die dafür sorgen sollen, dass sich Programmcode nicht unbemerkt einschleicht.

Diese Sicherheitsmechanismen zeigen sich beim Öffnen von Dokumenten. Bevor problematische Dokumente angezeigt werden, erscheint ein gelber Balken oberhalb des Dokuments, der auf das Risiko hinweist und (meistens) eine Schaltfläche anbietet, mit der Sie das Dokument dennoch öffnen können (**Bearbeitung aktivieren**), wenn Sie möchten (siehe Abbildung 37.28).

Es geht bei diesen Schutzmechanismen also im Wesentlichen darum, dass Sie auf Risiken aufmerksam gemacht werden.

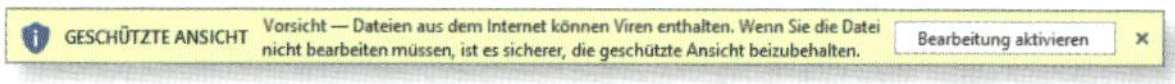

^ Abbildung 37.28
Eine Sicherheitswarnung

< Abbildung 37.29
Das Trust Center

Über die Kategorie **Trust Center** gelangen Sie zu den Einstellungen für Sicherheit und Datenschutz.

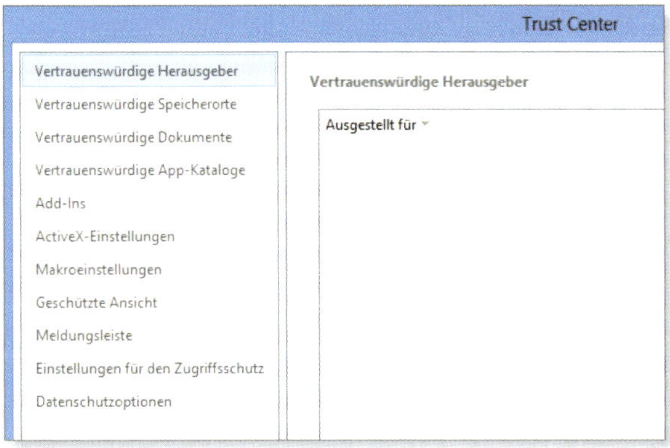

Abbildung 37.30
Sie können bestimmte Einstellungen bezüglich der Sicherheit verändern.

Wenn Sie die Einstellung überprüfen und gegebenenfalls ändern oder außer Kraft setzen möchten, klicken Sie auf die Schaltfläche **Einstellungen für das Trust Center**. Im zugehörigen Dialogfenster **Trust Center** können Sie links verschiedene Kategorien aktivieren, für die Sie dann die jeweiligen Einstellungen oder auch Eingaben vornehmen:

- **Vertrauenswürdige Herausgeber:** Bestimmte Herausgeber lassen sich als vertrauenswürdig einstufen. Hierfür benötigen Sie ein vom Herausgeber signiertes Dokument.
- **Vertrauenswürdige Speicherorte:** Alle hier angegebenen Ordner werden als vertrauenswürdig behandelt. Dokumente, die in einem solchen Ordner gespeichert sind, werden also ohne weitere Nachfrage oder Benachrichtigung geöffnet.
- **Einstellungen für Makros:** In dieser Kategorie können Sie bestimmen, wie Word bei Dokumenten mit Makros verfährt. In der Standardeinstellung werden Makros mit einem Hinweis deaktiviert; der Schutz ist also relativ hoch eingestellt. In der Praxis führt diese Einstellung leider manchmal dazu, dass Sie Schwierigkeiten haben, ein eigentlich vertrauenswürdiges Dokument zu öffnen. Hier hilft es dann, die Sicherheitsstufe zumindest temporär herabzusetzen.

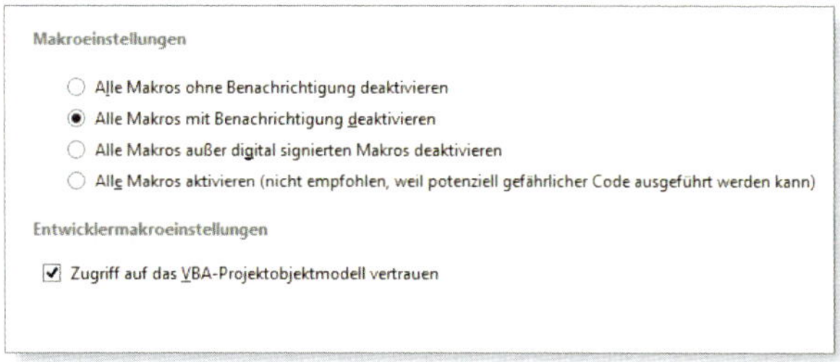

Abbildung 37.31
Sicherheitsstufen für Dokumente mit Makros

- **Geschützte Ansicht:** Die hier standardmäßig eingestellten Mechanismen gehen Hand in Hand mit den anderen Schutzmechanismen.

Belassen Sie es am besten bei den vorgegebenen Einstellungen. Über die zuvor erwähnte Schaltfläche **Bearbeitung aktivieren** können Sie dann von Fall zu Fall entscheiden, wie Sie (beim Öffnen eines Dokuments) verfahren möchten.

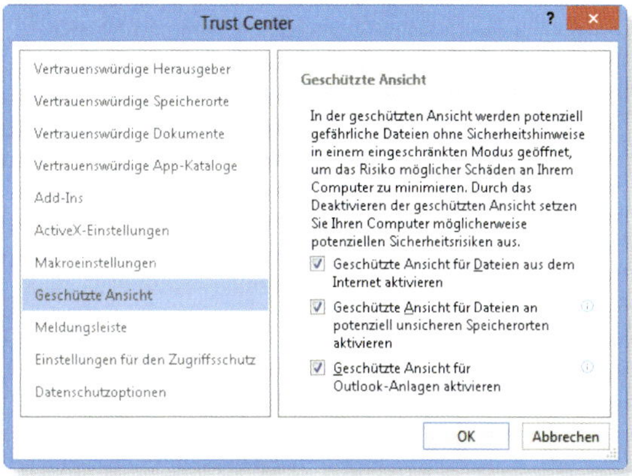

Abbildung 37.32
Einstellungen in der Kategorie »Geschützte Ansicht«

37.2 Die größte Palette: die Kategorie »Erweitert«

Die Kategorie **Erweitert** versammelt die größte Palette von Optionen und Einstellungsmöglichkeiten (siehe Abbildung 37.33). Wann immer Sie auf der Suche nach einer Einstellung sind, die Sie verändern oder überprüfen möchten, die Sie allerdings in den anderen Kategorien nicht finden können, hilft ein Blick in die erweiterten Optionen. Wenn Sie sich hier einmal genau umsehen, werden Sie von den vielfältigen Einstellungsmöglichkeiten überrascht sein. Vieles, was Sie vielleicht schon als Standardverhalten hingenommen haben, lässt sich hier verändern und anpassen.

Wir werden in diesem Abschnitt kurz auf die Optionen eingehen, die für die Praxis tatsächlich relevant sind bzw. sein können, und lassen uns dabei natürlich auch von eigenen Erfahrungen und Bedürfnissen leiten. Es geht hier ja um die individuelle Anpassung Ihres Word-Programms, womit schon gesagt ist, dass es keine oder nur wenige allgemeingültige Einstellungen gibt. Letztlich entscheiden Sie – wir können nur auf die Möglichkeiten hinweisen und einige Empfehlungen aussprechen.

Der Bereich »Bearbeitungsoptionen«

Wenn die Option **Eingabe ersetzt markierten Text** eingeschaltet ist, wird markierter Text von beliebiger Länge durch die Eingabe eines Zeichens überschrieben. Wenn Sie das nicht möchten, weil Sie darüber schon oft erschrocken sind, deaktivieren Sie diese Option.

Wenn die Option **Automatisch ganze Wörter markieren** ❶ aktiviert ist, können Sie Markierungen wortweise aufziehen. Wenn Sie oft eher zeichenweise markieren möchten oder müssen, z. B. für ganz spezielle Formatierungen, sollte diese Option also deaktiviert sein.

Mit der aktivierten Option **Drag & Drop für Text zulassen** ❷ lassen sich markierte Textstückchen mit der Maus verschieben. Diese an sich sehr praktische Möglichkeit bewirkt leider bei vielen Word-Benutzern (vor allem bei echten Anfängern), dass Text oft versehentlich verschoben wird. (Brechen Sie in diesem Fall die

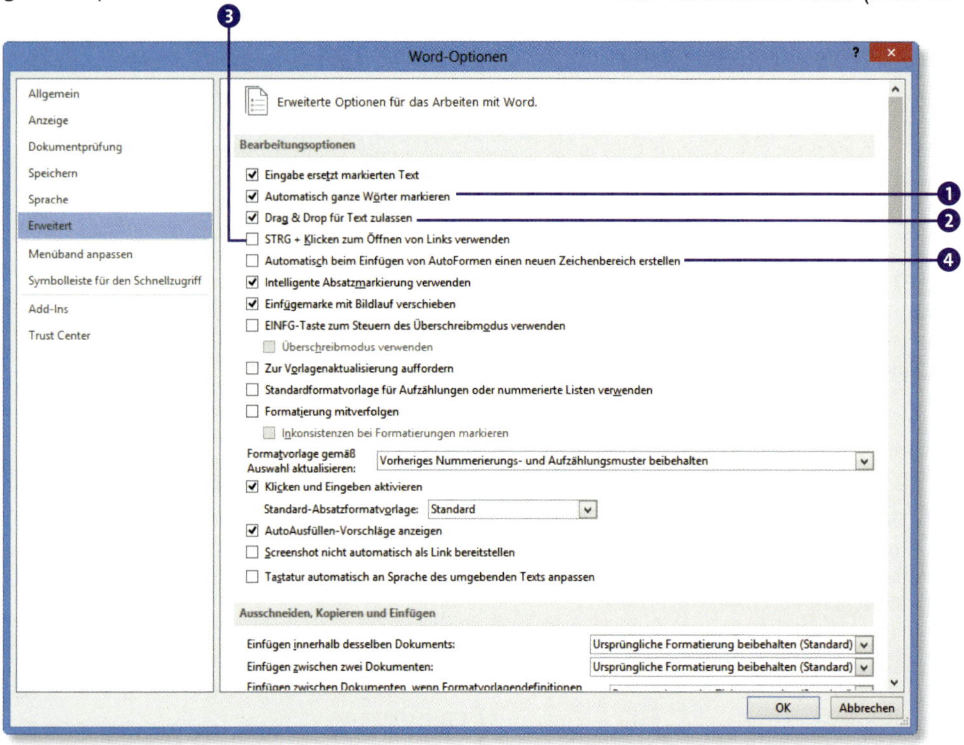

Abbildung 37.33
Die Kategorie »Erweitert«

Aktion einfach mit der [Esc]-Taste ab.) Falls Ihnen das häufiger passiert, ist es vermutlich günstiger, die Option auszuschalten.

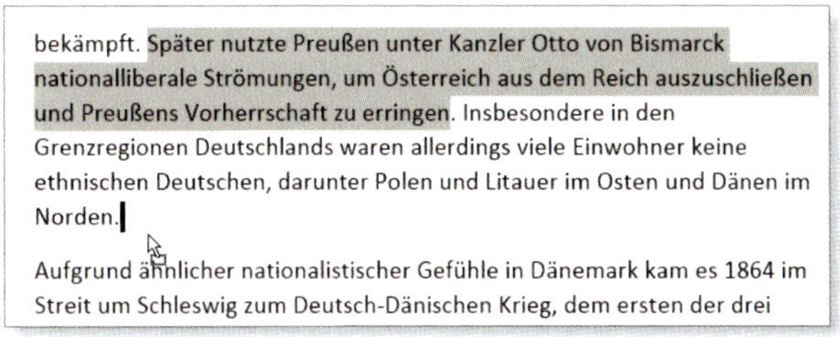
bekämpft. Später nutzte Preußen unter Kanzler Otto von Bismarck nationalliberale Strömungen, um Österreich aus dem Reich auszuschließen und Preußens Vorherrschaft zu erringen. Insbesondere in den Grenzregionen Deutschlands waren allerdings viele Einwohner keine ethnischen Deutschen, darunter Polen und Litauer im Osten und Dänen im Norden.

Aufgrund ähnlicher nationalistischer Gefühle in Dänemark kam es 1864 im Streit um Schleswig zum Deutsch-Dänischen Krieg, dem ersten der drei

Abbildung 37.34
Der markierte Text wird per Drag & Drop verschoben.

Mit der Option **STRG + Klicken zum Öffnen von Links verwenden** ❸ müssen Sie beim Klicken auf einen Link (Hyperlink) – also wenn Sie das »Händchen« sehen – zusätzlich die [Strg]-Taste gedrückt halten. Dies ist sehr praktisch, wenn man nicht ständig unbeabsichtigt zum Ziel des Hyperlinks springen will, nur weil man aus Versehen auf einen solchen Link geklickt hat.

Unserer Meinung nach irritiert der Zeichenbereich eher, als dass er hilfreich ist. Wir empfehlen daher, die Option **Automatisch beim Einfügen von AutoFormen einen neuen Zeichenbereich erstellen** ❹ nicht zu aktivieren.

Die Funktion **Intelligente Absatzmarkierung verwenden** ist überaus praktisch und ein echter Segen beim Formatieren langer Texte. Sie bewirkt, dass Sie einem Wort eine Zeichenformatierung zuweisen können, ohne dass dieses Wort markiert werden muss. Es reicht dann, den Cursor in das Wort zu setzen.

In früheren Versionen war **EINFG-Taste zum Steuern des Überschreibmodus verwenden** die Standardeinstellung: Sobald man die [Einfg]-Taste gedrückt hatte, gelangte man in den Überschreibmodus. Wenn Sie dieses Feature vermissen, aktivieren Sie diese Option, ansonsten lassen Sie sie ausgeschaltet (weil sie natürlich auch oft zu Irritationen führt, vor allem wenn man nicht weiß, warum Text plötzlich überschrieben wird). Auf andere Weise können Sie den Überschreibmodus aktivieren, indem Sie die Schaltfläche **Einfügen/Überschreiben** auf die Statusleiste legen. Aktivieren Sie dazu den Eintrag **Überschreiben** im Kontextmenü der Statusleiste. Nun können Sie per Mausklick hin- und herschalten (hier steht also entweder **Einfügen** oder **Überschreiben**).

Die Option **Tastatur automatisch an Sprache des umgebenden Texts anpassen** ist sehr praktisch beim Schreiben z. B. englischer Texte, denn sie bewirkt tatsächlich, was sie verspricht: Die Belegung der Zeichen auf der Tastatur wird umgestellt.

INFO

Sprachen für das Tastaturlayout hinzufügen

Diese Option taucht erst auf, wenn Sie mehrere Sprachen in Windows 8 eingerichtet haben: Klicken Sie in der **Systemsteuerung** auf **Sprache** und fügen Sie dann eine Sprache hinzu. Klicken Sie also auf **Sprache hinzufügen** und wählen Sie die gewünschte Sprache im nachfolgenden Dialog aus. Mit dieser zweiten Sprache erhalten Sie in der Taskleiste neben der Uhrzeit ein weiteres Symbol zum Umschalten der Tastatursprache (**DEU**).

Wenn Sie beispielsweise schon einmal auf einer englischen Tastatur getippt haben, wissen Sie, dass die Tasten [Z] und [Y] vertauscht sind (was unausweichlich reihenweise Tippfehler zur Folge hat). Wenn Sie aber einen englischen Text mit einer deutschen Tastatur schreiben, wünschen Sie sich diese Anordnung vielleicht, weil sich die Taste [Z] mit dem rechten Zeigefinger viel besser erreichen lässt als die Taste [Y] mit dem oft nicht mitspielenden kleinen Finger! Aktivieren Sie also die Option und schreiben Sie einmal ein paar englische Sätze. Diese Umstellung bewirkt übrigens auch eine andere Belegung für die Tasten mit Umlauten. Weil es diese im Englischen bzw. in vielen anderen Sprachen nicht gibt, erscheinen stattdessen verschiedene Sonderzeichen auf dem Bildschirm. Die Einstellung zur Anpassung der Tastatur ist mitunter etwas hartnäckig. Es kann passieren, dass Sie auch nach der

Deaktivierung dieser Option nicht sofort wieder »normal« schreiben. Achten Sie dann auf das Symbol in der Taskleiste (siehe Infokasten) und stellen Sie hierüber die Tastatur wieder von **ENG** auf **DEU**. Wenn alles nichts hilft, schließen Sie Word und rufen Sie es erneut auf (oder Sie stellen die Sprache in der Windows-Systemsteuerung um).

INFO

Tastatur über die Taskleiste einstellen

Achten Sie auch auf das (Windows-)Symbol **DEU** in der Taskleiste. Mit einem Mausklick darauf öffnen Sie ein Menü, in dem Sie die Tastatur ebenfalls umstellen können.

Abbildung 37.35
Sie können hier die Belegung der Tastatur anpassen.

Der Bereich »Ausschneiden, Kopieren und Einfügen«

Die ersten Optionen des Bereiches **Ausschneiden, Kopieren und Einfügen** steuern, wie ausgeschnittener oder kopierter Text standardmäßig eingefügt wird, also immer dann, wenn Sie einfach auf die Schaltfläche **Einfügen** klicken oder die Tastenkombination [Strg] + [V] verwenden.

- Im Bereich **Bilder einfügen als** ändern Sie die Standardeinstellung für den Zeilenumbruch (**Mit Text in Zeile**) für das Einfügen von Grafiken. Da Sie den Zeilenumbruch ja sehr oft ändern müssen, z. B. wenn Sie Grafiken frei verschieben möchten, ist es unter Umständen sinnvoll, hier gleich eine andere Option zu wählen, z. B. **Passend**, und dann nur im Einzelfall den Zeilenbruch **Mit Text in Zeile** einzustellen.

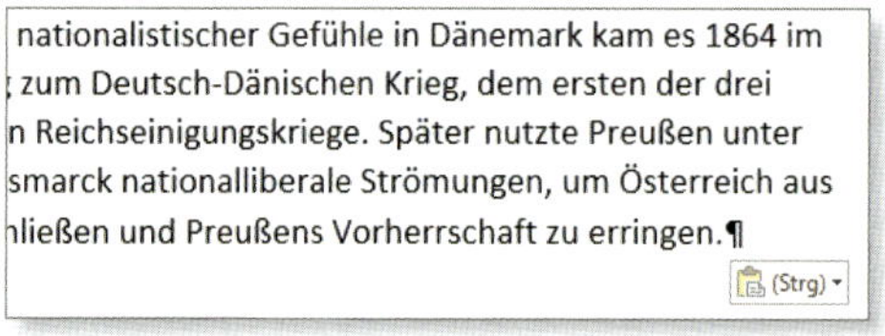

Abbildung 37.37
Die Symbolleiste mit den Einfügeoptionen erscheint nach dem Einfügen.

- Mit aktivierter Option **Schaltfläche für Einfügeoptionen anzeigen, wenn Inhalt eingefügt wird** erhalten Sie unmittelbar nach dem Einfügen eines Textes oder Objekts die kleine Symbolleiste **Einfügeoptionen**.
- Klicken Sie neben der Option **Intelligentes Ausschneiden und Einfügen** auf die Schaltfläche **Einstellungen**. Mit den Optionen im gleichnamigen Dialog können Sie differenziert festlegen, wie Word

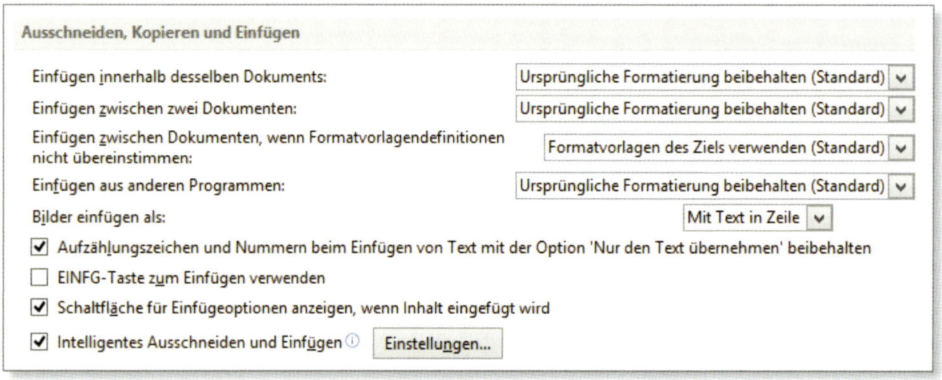

Abbildung 37.36
Optionen zum Standardverhalten beim Einfügen von Texten

sich beim Einfügen verschiedener Inhalte verhalten soll. Die Voreinstellungen sind so weit in Ordnung. Besonders vorteilhaft ist die Einstellung **Satz- und Wortabstand automatisch anpassen**. Damit fügt Word automatisch die richtigen Leerzeichen ein, selbst wenn Sie sie beim Ausschneiden oder Kopieren nicht »mitgenommen« haben.

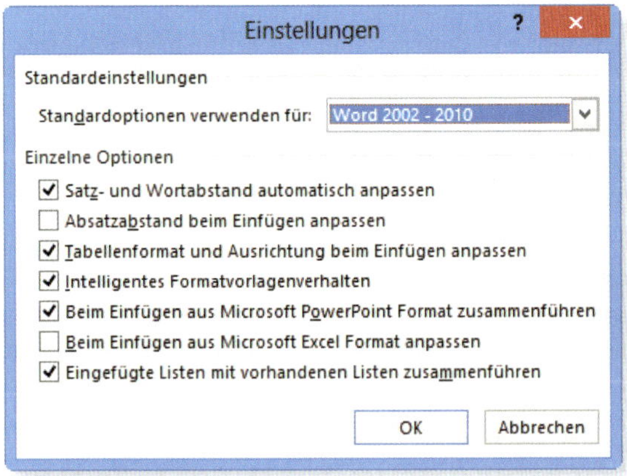

Abbildung 37.38
Die Feineinstellungen für das Verhalten beim Einfügen

Der Bereich »Bildgröße und -qualität«

Die Einstellungen im Bereich **Bildgröße und -qualität** können relevant sein, wenn Sie häufig mit Grafiken hantieren. Die Aktivierung der Option **Bilder in Datei nicht komprimieren** sorgt für eine maximale Bildqualität, kann aber die Dateigröße erheblich anwachsen lassen, insbesondere wenn Dokumente nicht nur ein, sondern viele Bilder enthalten. Besser ist es daher, im Einzelfall die Komprimierung anzupassen und diese Option nicht einzuschalten.

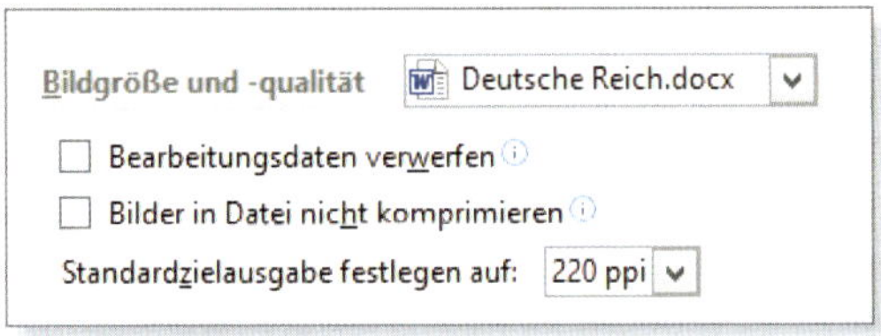

Abbildung 37.39
Der Bereich »Bildgröße und -qualität« in der Kategorie »Erweitert«

Die Standardeinstellung von »220 ppi« im Feld **Standardzielausgabe festlegen auf** garantiert eine sehr gute Qualität im Ausdruck und auf Bildschirmen; für Webseiten würden beispielsweise auch 150 ppi (oder noch weniger) ausreichen.

Der Bereich »Dokumentinhalt anzeigen«

In diesem Bereich können Sie, wie es die Überschrift schon sagt, bestimmen, welche Inhalte angezeigt werden sollen und welche nicht.

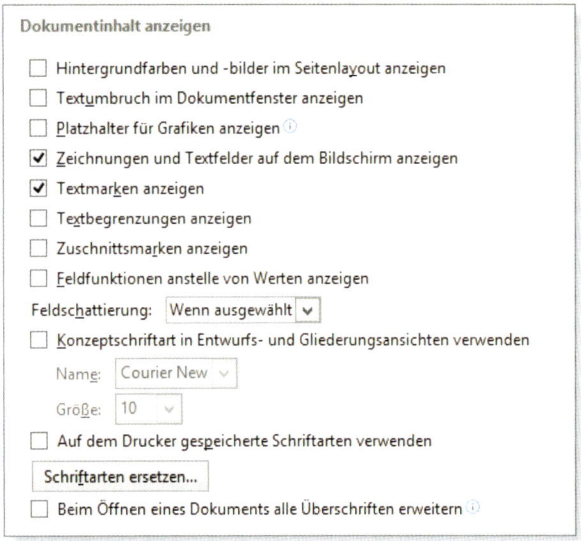

Abbildung 37.40
Welche Dokumentinhalte sollen angezeigt werden?

Wenn Sie es lieben, auf farbigen Seiten zu arbeiten, dann schalten Sie die Option **Hintergrundfarben und -bilder im Seitenlayout anzeigen** ein. Die Seitenfarbe, die Sie auf der Registerkarte **Entwurf** eingestellt haben, wird daraufhin angezeigt. Diese Seitenfarbe ist nur auf dem Bildschirm zu sehen (die Funktion **Seitenfarbe** wird ja hauptsächlich eingesetzt, wenn Sie aus einem Word-Dokument eine Webseite machen) und ist nicht für den Ausdruck gedacht (denn das würde eine Menge Tinte kosten!).

Mit eingeschalteter Option **Platzhalter für Grafiken anzeigen** zeigt Word anstelle einer Grafik einen leeren Bereich mit Rahmen (deren Größe und Position sich aber auch bearbeiten lassen). Sie können sich denken, dass diese Einstellung sinnvoll ist, wenn Sie Ihr Dokument nur einmal schnell ausdrucken möchten und es nicht auf die Grafiken ankommt. Das spart Zeit und Tinte.

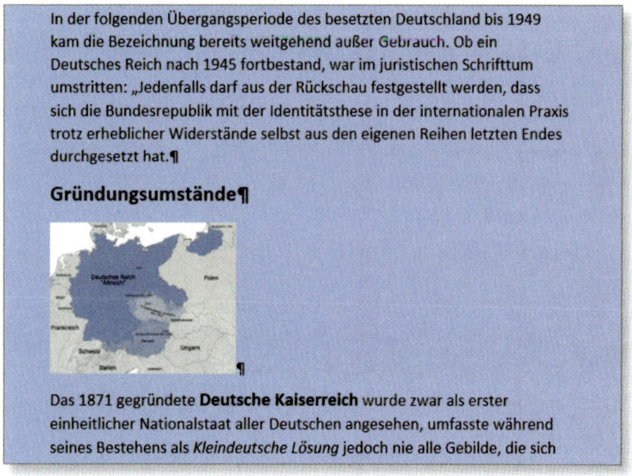
In der folgenden Übergangsperiode des besetzten Deutschland bis 1949 kam die Bezeichnung bereits weitgehend außer Gebrauch. Ob ein Deutsches Reich nach 1945 fortbestand, war im juristischen Schrifttum umstritten: „Jedenfalls darf aus der Rückschau festgestellt werden, dass sich die Bundesrepublik mit der Identitätsthese in der internationalen Praxis trotz erheblicher Widerstände selbst aus den eigenen Reihen letzten Endes durchgesetzt hat.¶

Gründungsumstände¶

¶

Das 1871 gegründete **Deutsche Kaiserreich** wurde zwar als erster einheitlicher Nationalstaat aller Deutschen angesehen, umfasste während seines Bestehens als *Kleindeutsche Lösung* jedoch nie alle Gebilde, die sich

∧ ***Abbildung 37.41***
Ein Dokument mit Seitenfarbe

Wenn Sie die Option **Textmarken anzeigen** aktivieren, werden Textmarken im Dokument mit grauen rechteckigen Markierungen versehen. Im Ausdruck sind diese Markierungen nicht zu sehen.

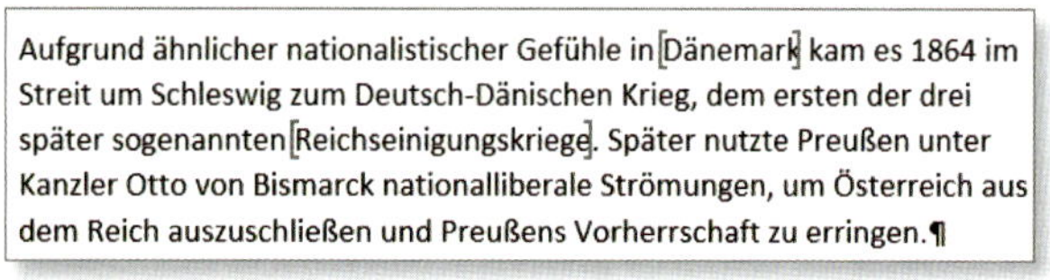
Aufgrund ähnlicher nationalistischer Gefühle in [Dänemark] kam es 1864 im Streit um Schleswig zum Deutsch-Dänischen Krieg, dem ersten der drei später sogenannten [Reichseinigungskriege]. Später nutzte Preußen unter Kanzler Otto von Bismarck nationalliberale Strömungen, um Österreich aus dem Reich auszuschließen und Preußens Vorherrschaft zu erringen.¶

∧ ***Abbildung 37.42***
Eine sichtbare Textmarke im Text

Mit der Option **Feldfunktionen anstelle von Werten anzeigen** werden statt der Feldergebnisse die Feldfunktionen angezeigt. Sie können die Feldfunktionen normalerweise ja auch mit der ⇧ + F9 einblenden lassen, aber bei langen und/oder verschachtelten Feldern müssten Sie diese Tasten dann x-mal drücken. Wenn Sie die hier beschriebene Option einschalten, sehen Sie alle Feldfunktionen auf einen Schlag.

Auslöser·des·Deutschen·Krieges{·HYPERLINK··\l·"Reichseinigungskriege"·}·war·der·Bruch·der·Gasteiner·Konvention·über·Schleswig-Holstein·durch·Preußen.¶

∧ ***Abbildung 37.43***
Die Feldfunktion für den Hyperlink zur Textmarke

Der Bereich »Anzeigen«

Dieser Bereich bietet einige Einstellungen, die die Bildschirmkonfiguration beeinflussen. Wichtig ist hier vor allem auch die Möglichkeit, die Maßangaben festzulegen bzw. zu ändern.

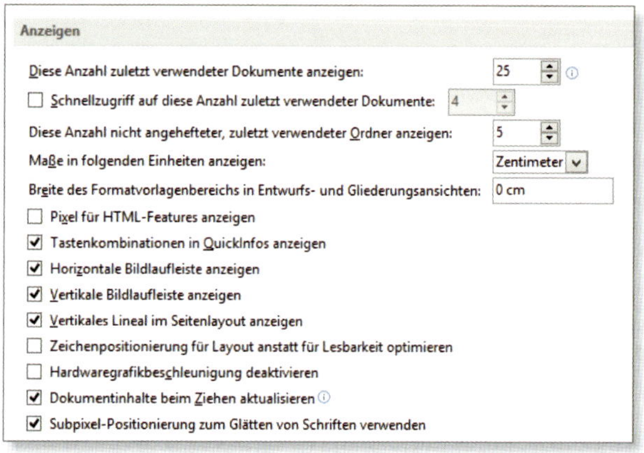

∧ ***Abbildung 37.44***
Der Bereich »Anzeigen« in der Kategorie »Erweitert«

Wie Sie wissen, wird über **Datei > Öffnen > Zuletzt verwendete Dokumente** eine Liste der zuletzt geöffneten Dateien angezeigt. Wie viele Dateien das sind, können Sie im Feld **Diese Anzahl zuletzt verwendeter Dokumente anzeigen** einstellen. Wenn auch andere Personen an Ihrem Computer arbeiten und Sie sich nicht in die Karten schauen lassen möchten, können Sie hier auch den Wert »0« festlegen.

Die Maßeinheit, die Sie im Auswahlmenü **Maße in folgenden Einheiten anzeigen** einstellen, wird bis auf wenige Ausnahmen für die meisten Dialogfenster und ebenso im horizontalen und vertikalen Lineal an den Dokumenträndern verwendet.

Der Bereich »Drucken«

Die Einstellungen im Bereich **Drucken** regeln in bestimmten Punkten das Druckerverhalten.

Wenn Sie Ihre Dokumente häufig nur »für den Hausgebrauch« ausdrucken, können Sie die Option **Entwurfsqualität verwenden** einschalten. Eingefügte Grafiken werden bei dieser Einstellung nicht mit ausgedruckt, was natürlich eine Menge Tinte spart. Große Qualitätsunterschiede zu einem normalen Ausdruck sind ansonsten nicht zu erkennen.

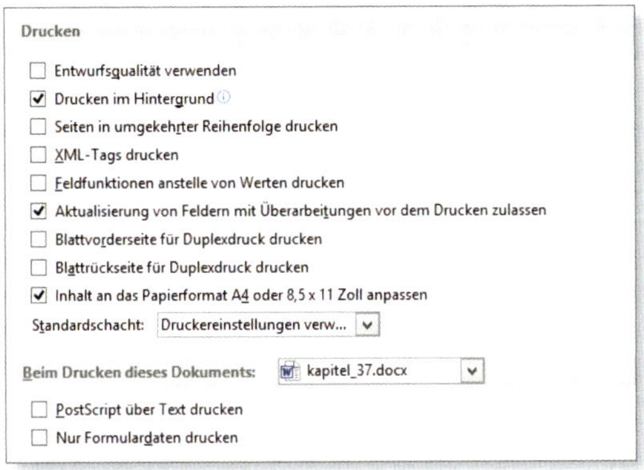

^ *Abbildung 37.45*
Der Bereich »Drucken« in der Kategorie »Erweitert«

Die Option **Drucken im Hintergrund** sollte aktiviert bleiben. Sie sorgt dafür, dass der Drucker seinen Dienst tut, während Sie am Computer weiterarbeiten können. Mit **Aktualisierung von Feldern mit Überarbeitungen vor dem Drucken zulassen** werden alle Felder, die das Dokument enthält, vor dem Ausdruck aktualisiert.

Die Option **Nur Formulardaten drucken** führt dazu, dass nur die in ein Formular eingegebenen Daten ausgedruckt werden und nicht die Formularfelder selbst und sonstiger Text, den das Dokument enthält.

Der Bereich »Speichern«

In der Kategorie **Speichern** finden Sie einige Einstellungen, die das Verhalten des Programms beim Speichern beeinflussen.

Wenn Sie dafür sorgen möchten, dass beim Speichern eine zusätzliche Sicherheitskopie erstellt wird, aktivieren Sie die Option **Immer Sicherungskopie erstellen**. Diese Kopien werden im *.wbk*-Format abgespeichert und können auf dem üblichen Weg geöffnet werden.

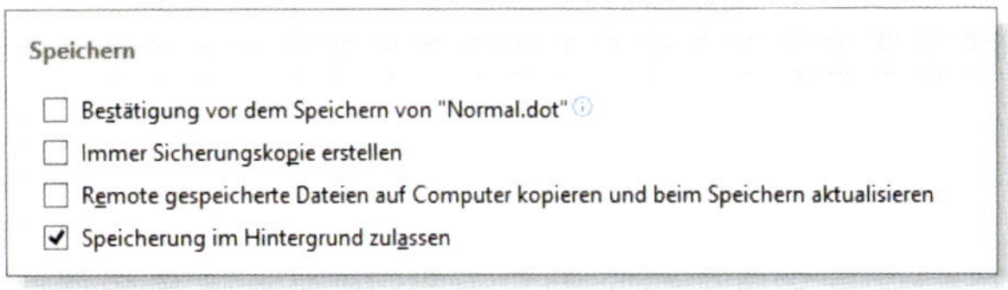

^ *Abbildung 37.46*
Einige Einstellungen zum Speicherverhalten

Der Bereich »Allgemein«

Dieser Bereich enthält eine Reihe von Optionen, die sich nicht recht zusammenfassen lassen, die aber teils wirklich wichtig sind.

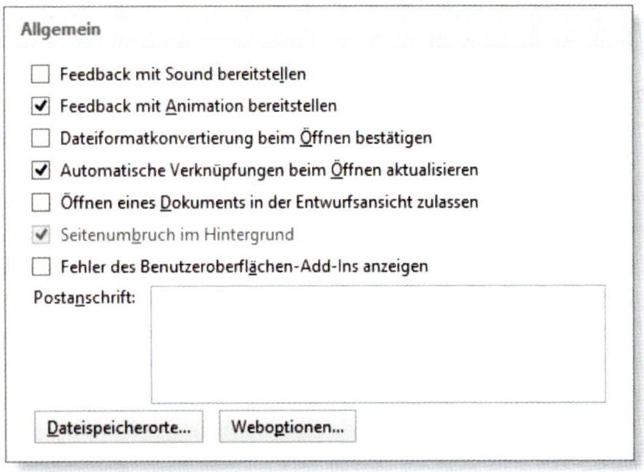

^ *Abbildung 37.47*
Der Bereich »Allgemein« in der Kategorie »Erweitert«

Wenn Sie bei der Eingabe eines ungültigen Befehls (oder einer anderen ungültigen Aktion) mit einem Sound gewarnt werden möchten, aktivieren Sie die Option **Feedback mit Sound bereitstellen**. Ich persönlich kann diesem Verhalten nicht viel abgewinnen, da mich diese Signale meistens nur erschreckt zusammenzucken lassen.

Wenn Sie häufig Dokumente erhalten, die in einem anderen Programm als Word erstellt wurden, kann die

Option **Dateiformatkonvertierung beim Öffnen bestätigen** nützlich sein. Beim Öffnen eines Fremdformats versucht Word, das Format zu erkennen, und zeigt die Datei nach Möglichkeit an. Dies geschieht ohne weitere Rückfrage, wenn diese Option ausgeschaltet ist. Um bei der Konvertierung eventuell eingreifen zu können, schalten Sie die Option ein.

Wenn Ihr Dokument Verknüpfungen enthält, also beispielsweise Verweise, verknüpfte Abbildungen oder andere Objekte, aktualisiert Word diese Verknüpfungen beim Öffnen automatisch, wenn die Option **Automatische Verknüpfungen beim Öffnen aktualisieren** aktiviert ist. Ist diese Option ausgeschaltet, müssen Sie alle Verknüpfungen manuell aktualisieren. Im Prinzip ist die automatische Aktualisierung vorteilhaft (abgesehen davon, dass das Öffnen länger dauert), sichert sie doch, dass das Dokument auf dem neuesten Stand ist. Anders sieht es aus, wenn beispielsweise auch andere Personen an Ihrem Dokument arbeiten und Sie vor der Aktualisierung einen kontrollierenden Blick darauf werfen möchten. In solchen Fällen sollte die Option deaktiviert bleiben.

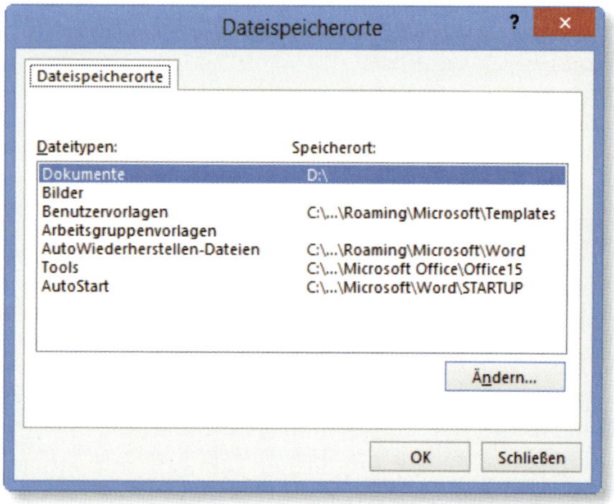

Abbildung 37.48
Die Speicherorte für Dokumente und Dokumentelemente

Zu guter Letzt finden Sie hier auch die Schaltfläche **Dateispeicherorte**, über die Sie die Standardordner, in denen bestimmte Dateien abgelegt werden, neu festlegen können, z. B. Ihre Arbeitsgruppenvorlagen. Auch der Speicherort für Benutzervorlagen (standardmäßig der Ordner **Templates**) ist hier festgelegt, und Sie können ihn theoretisch ändern. Die Erfahrung zeigt aber, dass eine solche Änderung nicht unbedingt zu empfehlen ist, weil sie den Zugriff auf Ihre Vorlagen gefährden kann. Die Benutzervorlagen (das sind die Vorlagen, die Sie über **Datei** > **Neu** downloaden) sind nicht zu verwechseln mit den persönlichen Vorlagen, also mit solchen, die Sie selbst anlegen und über den Dateityp als Vorlage deklarieren. Diese werden im Ordner **Benutzerdefinierte Office-Vorlagen** abgelegt.

Der Bereich »Layoutoptionen«

In diesem Bereich sind hauptsächlich zwei Einstellungen interessant und u. U. ganz nützlich.

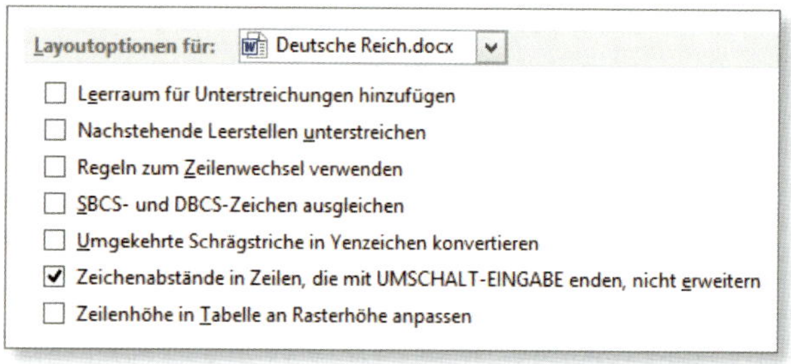

Abbildung 37.49
Die Layoutoptionen

Aktivieren Sie die Option **Nachstehende Leerstellen unterstreichen**, führt das dazu, dass Leerstellen vor einem Absatzzeichen und einem manuellen Zeilenumbruch (weicher Umbruch) mit unterstrichen werden, sofern Sie den Text unterstreichen lassen.

In der Standardeinstellung ist die Option **Zeichenabstände in Zeilen, die mit UMSCHALT-EINGABE enden, nicht erweitern** nicht aktiviert. Dadurch wird, wenn Sie einen Absatz z. B. als Blocksatz formatieren und es einen manuellen Zeilenumbruch in dem Absatz gibt, auch diese Zeile im Blocksatz gesetzt. Die Abstände zwischen den Wörtern werden dadurch mitunter extrem weit. Wenn Sie diese Option aktivieren, werden diese Zeilen nicht im Blocksatz gesetzt, sodass Sie zu große Abstände vermeiden.

Kapitel 38
Eigene Makros erstellen

Makros automatisieren immer wiederkehrende Arbeitsabläufe und sind Ihre Helfer im Kampf gegen stupide Klickfolgen. Mithilfe eines Makros können Sie also mit einem Klick das erledigen, wofür Sie ansonsten unter Umständen viele Einzelschritte benötigen würden. Klingt doch verlockend, oder?

In diesem Kapitel beschäftigen wir uns mit Makros. Die Platzierung des Kapitels (fast) am Ende dieses Buches reflektiert das Image, das Makros umgibt: Sie gelten oft als das komplizierteste Thema beim Umgang mit Word. Lassen Sie sich jedoch gesagt sein, dass dies nur sehr bedingt zutrifft. Ein Makro ist recht leicht erstellt, und wenn Sie sich bereits mit anderen Funktionen wie etwa den Feldfunktionen, den geschachtelten Wenn-Feldern beim Serienbrief oder den Formatvorlagen für nummerierte Gliederungspunkte beschäftigt haben, haben Sie schon ganz andere Hürden gemeistert. Dass Makros weniger kompliziert sind als ihr Ruf, liegt vor allem darin, dass sie sich erstellen lassen, ohne dass Sie die Programmierumgebung von Word bemühen müssten. Zwar handelt es sich bei Makros um kleine Programme, die die normale Funktionalität von Word erweitern, aber Sie müssen diese Programme nicht in Form eines Programmcodes schreiben, sondern können sie tatsächlich mithilfe weniger Mausklicks erzeugen.

Falls Ihnen das Konzept der Makros überhaupt noch nicht vertraut ist, wollen wir zunächst kurz erklären, was sich dahinter verbirgt. Makros fassen bestimmte Befehlssequenzen zusammen, mit deren Hilfe automatisch verschiedene Routinen durchlaufen werden, für die Sie ansonsten etliche Word-Befehle einzeln ausführen müssten (beispielsweise mehrere Dialoge hintereinander aufrufen und darin bestimmte Einstellungen vornehmen). Wenn Sie ein Makro »schreiben« und es ausführen lassen, geschehen diese Einzelschritte ohne Ihr Zutun, also quasi »auf Knopfdruck«. Der Zweck der Makros ist es also, Ihnen routinemäßige Handgriffe zu ersparen. Es geht also letztlich um Arbeits- und Zeitersparnis – und wer würde das nicht gutheißen?!

Dass diese Ersparnis tatsächlich ein Segen ist, merken Sie erst richtig, wenn Sie bestimmte Dinge sehr häufig tun müssen. Natürlich ist es ein verhältnismäßig geringer Aufwand, einmal eine Tabelle einzufügen und gewisse Einstellungen dafür vorzunehmen, aber es ist eine andere Sache, wenn Sie diese Schritte sehr, sehr oft und vielleicht sogar unter Zeitdruck tun, weil Sie diese Tabelle z. B. viele Male für wiederkehrende Statistiken einfügen. Ein Makro wirkt dann Wunder!

Allerdings muss man ehrlicherweise sagen, dass vernünftige Einsatzmöglichkeiten für Makros seit der Umgestaltung der Word-Benutzeroberfläche gar nicht mehr so leicht zu finden sind. Viele Funktionen, die früher etliche Mausklicks erforderten, weil sie über diverse Menüs und Dialogfenster aufgerufen werden mussten, liegen nun direkt auf einer der Registerkarten und sind ohnehin mit einem Mausklick aufrufbar. Nichtsdestotrotz: Wir zeigen Ihnen in diesem Kapitel anhand einiger Beispiele, wie Sie Makros aufzeichnen, anpassen und verwalten, und gehen zu guter Letzt selbstverständlich auch auf Sicherheitsfragen im Zusammenhang mit Makros ein, denn sie gelten nach wie vor als Einfallstore für Schadcode (*Malware*), und Sie sollten daher stets auf der Hut sein, wenn Sie Word-Dokumente mit Makros erhalten.

38.1 Makros aufzeichnen

Wie wir eingangs bereits erwähnt haben, gibt es einen sehr einfachen Weg, um ein Makro zu erstellen. Er besteht darin, dass Sie die entsprechenden Befehle ganz normal ausführen und sie dabei aufzeichnen lassen. Diese Aufzeichnung erledigt der Makrorekorder, der funktioniert wie andere Rekorder auch (sofern die Technik des Aufnehmens im Zeitalter der Downloads und des Brennens überhaupt noch bekannt ist): Man schaltet ihn ein, damit er etwas aufnimmt – in unserem Fall jedoch Befehlsfolgen und nicht Musik oder Filme –, und wenn die »Sendung«, also die Befehlsfolge, vorbei ist, schaltet man ihn wieder aus. Die Befehlsfolge wurde dann »mitgeschnitten«, und man kann sie beliebig oft wieder »abspielen«. Wir wollen nun probehalber anhand eines konkreten Beispiels ein Makro erstellen. Dafür ist aber eine kleine Vorbereitung notwendig. Sie müssen die Registerkarte **Entwicklertools** auf dem Menüband einblenden.

Die Registerkarte »Entwicklertools« anzeigen lassen

Öffnen Sie über **Datei** > **Optionen** das Dialogfenster **Word-Optionen** und dort die Kategorie **Menüband anpassen** (siehe Abbildung 38.1). Oben rechts im Feld **Menüband anpassen** wählen Sie den Eintrag **Hauptregisterkarten** und aktivieren dann mit einem Klick auf das Kästchen die Registerkarte **Entwicklertools** in der Liste. Verlassen Sie den Dialog, indem Sie auf **OK** klicken.

Schneller kommen Sie zu dem Fenster **Menüband und Tastenkombinationen anpassen** übrigens, wenn Sie das Menüband mit der rechten Maustaste anklicken und im Menü den Befehl **Menüband anpassen** wählen.

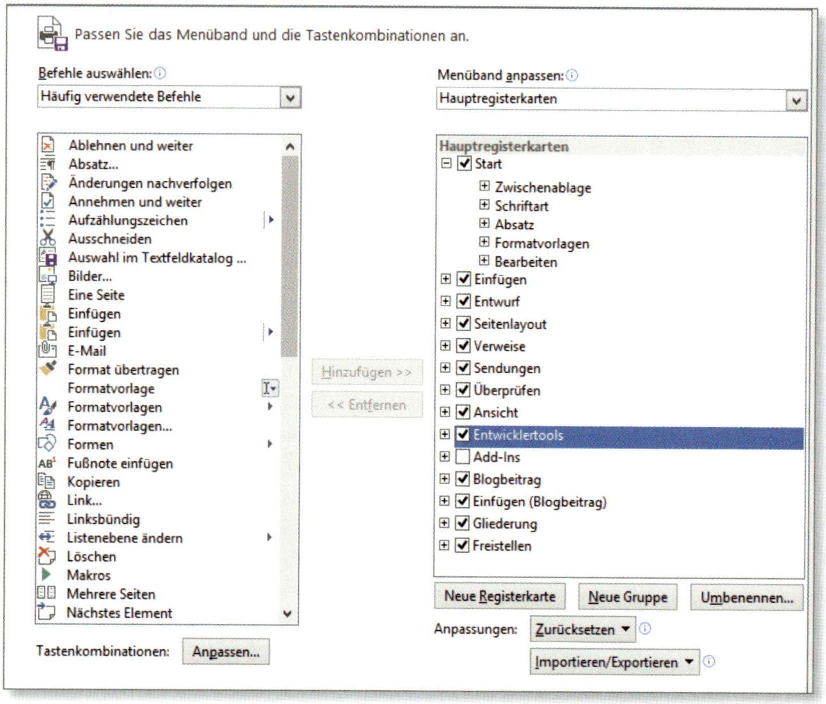

Abbildung 38.1
Die Registerkarte »Entwicklertools« anzeigen lassen

Ein Beispielmakro aufzeichnen

Das erste einfache Makro soll einen Weg vereinfachen, der ziemlich lästig ist, wenn Sie ihn per Mausklick gehen müssen. Es geht darum, eine globale Dokumentvorlage, die bereits geladen, aber deaktiviert ist, wieder zu aktivieren. Normalerweise müssten Sie dafür viele Male klicken: die Word-Optionen aufrufen, die Kategorie **Add-Ins** aktivieren, dort im Feld **Verwalten** die Option **Vorlagen** wählen und zu guter Letzt auf **Gehe zu** klicken, bis Sie überhaupt einmal am Ziel sind. Dann setzen Sie dort noch ein Häkchen und klicken abschließend auf **OK**. Für diese vielen Schritte, die Sie vielleicht häufiger brauchen, als Sie denken, lohnt es sich, ein Makro zu erstellen, das Ihnen diese Einstellungen abnimmt. (Zugegeben, wir agieren hier auch aus eigenem Bedürfnis, weil wir selbst oft mit globalen Dokumentvorlagen hantieren; wenn ein solches Makro für Sie uninteressant ist, sehen Sie es als Beispiel, das Ihnen zeigt, wie Sie prinzipiell vorgehen müssten, wenn es doch einmal interessant für Sie sein sollte.)

TIPP

Erst ausprobieren!

Bevor es ernst wird und damit Sie dann nicht »planlos« herumklicken, sollten Sie die einzelnen Arbeitsschritte vorher wenigstens einmal durchspielen, damit Sie alles richtig machen, wenn Sie tatsächlich ein Makro aufzeichnen.

1 Wechseln Sie auf die Registerkarte **Entwicklertools** und klicken Sie dort in der Gruppe **Code** auf die Schaltfläche **Makro aufzeichnen** ganz links.

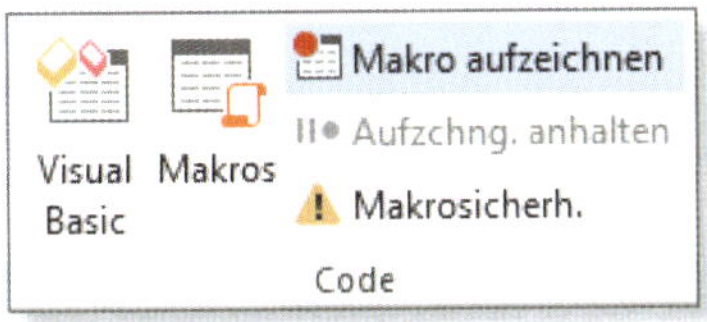

Abbildung 38.2
Die Makroaufzeichnung starten

2 Daraufhin wird der Dialog **Makro aufzeichnen** angezeigt, in dem Sie Ihrem Makro einen Namen geben.

3 Sie bestimmen in diesem Dialogfenster im Feld **Makro speichern in** auch, für welche Dokumente das Makro zur Verfügung stehen soll: für alle Dokumente, die auf der Standarddokumentvorlage *Normal.dotm* beruhen, für Dokumente auf Basis einer anderen Dokumentvorlage oder für das aktuelle Dokument.

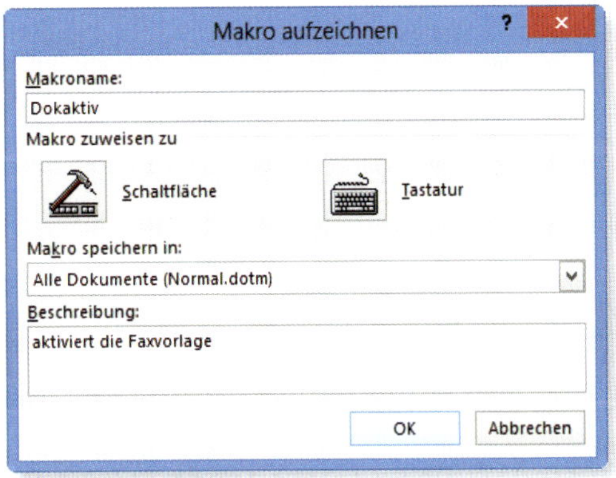

Abbildung 38.3
Einstellungen für das Makro

4 In das Feld **Beschreibung** sollten Sie einen kurzen erklärenden Text eingeben, der auf die Funktion des Makros hinweist.

5 Klicken Sie dann auf **OK**.

INFO

Makros per Schaltfläche und Tastatur erreichen

Wir ignorieren hier zunächst die beiden Schaltflächen **Schaltfläche** und **Tastatur** im Dialogfenster **Makro aufzeichnen**, weil beide einen weiteren Dialog aufrufen, was die Beschreibung des Aufzeichnens nur unnötig unterbricht. Zunächst möchten wir das Beispielmakro ohnehin klassisch über den Dialog aufrufen, damit Sie ihn kennenlernen. Außerdem ist es nicht sinnvoll, Tastaturkürzel oder Schaltflächen zu definieren, bevor Sie überhaupt wissen, ob das Makro funktionieren wird. In Abschnitt 38.3, »Makros per Tastatur oder Schaltfläche aufrufen«, werden wir die beiden Optionen noch näher erläutern.

Die Aufzeichnung des Makros wird nun gestartet (die Maus hat nun einen kleinen Rekorder im Gepäck). Wenn Sie in die Statusleiste unten am Bildschirm schauen, sehen Sie hier jetzt ein kleines rechteckiges Symbol, das die Aufzeichnung anzeigt und sie beendet, wenn Sie darauf klicken. Falls Sie dieses Symbol nicht sehen, klicken Sie mit der rechten Maustaste auf die Statusleiste und aktivieren im Kontextmenü den Eintrag **Makroaufzeichnung**.

Abbildung 38.4
Die Aufzeichnung läuft – zu sehen ist das am kleinen Rechteck in der Statusleiste.

Die Schaltfläche **Makro aufzeichnen** hat ihren Namen und ihr Symbol geändert, sie heißt jetzt **Aufzeichnung beenden**. Von nun an wird Word also alle Klicks und Aktionen aufzeichnen, die Sie vornehmen.

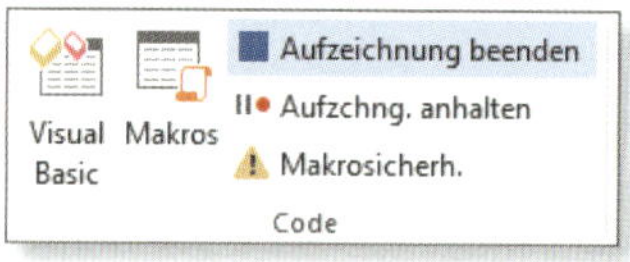

Abbildung 38.5
Die Aufzeichnung beenden

HINWEIS

Die Dokumentvorlage muss vorhanden sein

Das hier gezeigte Makro funktioniert nur, wenn die Dokumentvorlage in der Liste **Globale Dokumentvorlagen und Add-Ins** vorhanden ist, also bereits einmal hinzugefügt wurde. Sie können das Hinzufügen auch in das Makro mit aufnehmen, das stört die weitere Verwendung nicht.

Für unser Beispiel klicken Sie also auf **Datei** > **Optionen** > **Add-Ins**. Im Feld **Verwalten** unten im Dialogfenster markieren Sie den Eintrag **Vorlagen** und klicken dann auf **Gehe zu**. Dann setzen Sie im Dialog **Dokumentvorlagen und Add-Ins** im Bereich **Markierte Elemente sind derzeit geladen** mit der Maus ein Häkchen vor die Vorlage, die per Makro aktiviert werden soll. Zu guter Letzt klicken Sie auf **OK**.

Nun kommt ein Schritt, den Sie nicht vergessen dürfen (!): Beenden Sie die Makroaufzeichnung. Dazu klicken Sie entweder auf das rechteckige Symbol in der Statusleiste oder auf die Schaltfläche **Aufzeichnung beenden** auf der Registerkarte **Entwicklertools**.

Das Makro testen

Nun kommt der spannende Moment: Sie testen, ob Ihr Makro funktioniert. Um im Beispiel zu bleiben, müssen Sie dazu die globale Vorlage zunächst noch einmal deaktivieren, also das Häkchen über den klassischen Weg entfernen. Dann kann der Test beginnen.

1. Klicken Sie auf der Registerkarte **Entwicklertools** in der Gruppe **Code** auf die Schaltfläche **Makros**.

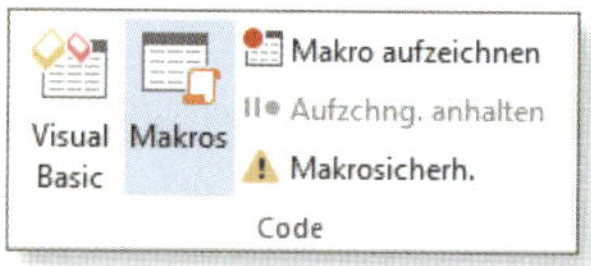

Abbildung 38.6
Das Dialogfenster »Makros« aufrufen, um das Makro zu starten

2. Im Dialogfenster **Makros** markieren Sie das Makro, das Sie ausführen möchten, und klicken dann auf die Schaltfläche **Ausführen**. Das Makro beginnt im Hintergrund seine Arbeit, auf dem Bildschirm passiert vorerst nichts.

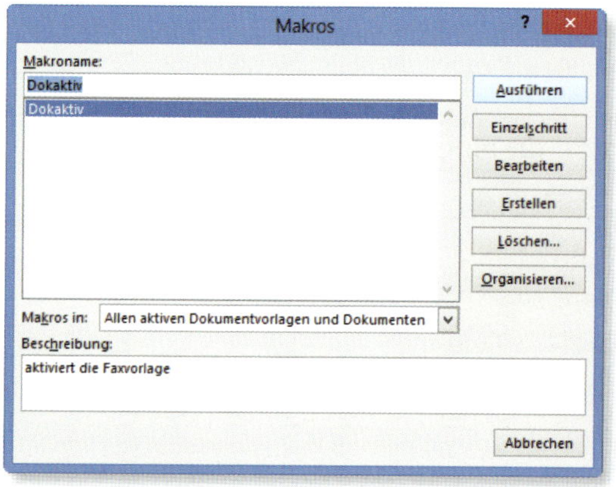

Abbildung 38.7
Das Makro ausführen lassen

3 Um zu sehen, ob es geklappt hat, müssen Sie den Dialog **Dokumentvorlagen und Add-Ins** erneut von Hand aufrufen. Und siehe da: Im Kontrollkästchen vor der Vorlage wurde, ganz wie gewünscht, ein Häkchen gesetzt.

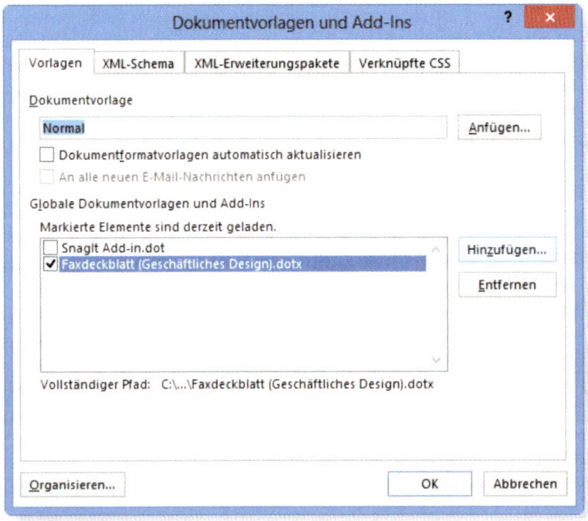

Abbildung 38.8
Vor die Dokumentvorlage für Faxe wurde per Makro das Häkchen gesetzt.

TIPP

Ein Makro zum Deaktivieren der Option

In der Praxis sollten Sie nun am besten auch noch ein Makro erstellen, das diese Vorlage wieder deaktiviert, das Häkchen also aus dem Kontrollkästchen entfernt.

Ein Makro für eine Tabelle anlegen

Bevor wir beschreiben, wie Sie ein Makro bearbeiten können, wenn es nicht genau das tut, was es soll, wollen wir ein weiteres Makro erstellen, dessen Ausführung auf dem Bildschirm sichtbar ist. Nehmen wir an, Sie benötigen sehr häufig eine Tabelle mit einer bestimmten Formatierung und immer der gleichen Anzahl an Spalten und Zeilen. Eine solche Aufgabe würde diverse Arbeitsschritte erfordern, vor allem wenn Sie nicht mit den fertigen Tabellenformatvorlagen arbeiten möchten. Ein passendes Makro zaubert eine solche Tabelle im Handumdrehen auf den Bildschirm.

Die Tabelle soll folgende Eigenschaften haben: 3 Spalten und 3 Zeilen, eine Gesamtbreite von 9 cm, für die Kontur und die vertikalen Linien normale schwarze Linien und für die horizontalen Linien kleine enge Striche und zusätzlich eine Schattierung.

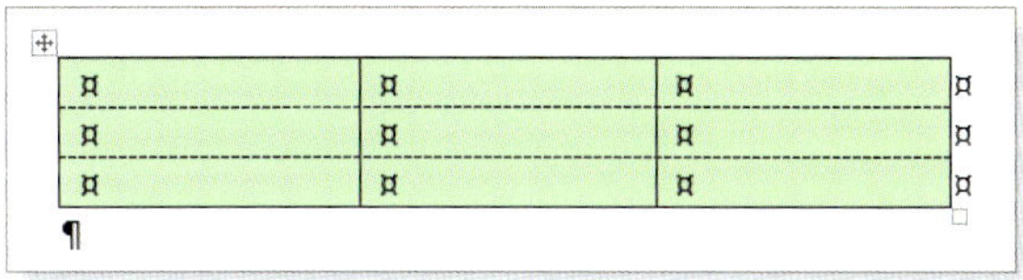

Abbildung 38.9
So soll die Tabelle aussehen.

Wie bereits erwähnt, kann es nicht schaden, sich vor der Aufzeichnung nochmals die dafür nötigen Schritte bewusst zu machen. Die Breite der Tabelle werden wir im Dialog einstellen, weil die Veränderung der Spaltenbreite und/oder Zeilenhöhe in den Feldern auf der Registerkarte **Tabellentools/Layout** nach unserer Erfahrung beim Aufzeichnen eines Makros nicht funktioniert.

1 Klicken Sie auf der Registerkarte **Entwicklertools** auf die Schaltfläche **Makro aufzeichnen**.

2 Im Dialogfenster **Makro aufzeichnen** geben Sie dem Makro einen Namen, z. B. »Tabelle3«. Tragen Sie auch eine Beschreibung ein, die darauf hinweist, was das Makro macht. (Wenn Sie intensiv mit Makros arbeiten, brauchen Sie solche Beschreibungen dringend, damit Sie jeweils das richtige Makro ausführen lassen.)

3 Klicken Sie dann auf **OK**, damit die Makroaufzeichnung beginnt.

4 Wechseln Sie auf die Registerkarte **Einfügen** und klicken Sie dort auf die Schaltfläche **Tabelle**. Bestimmen Sie im Menü die Anzahl der Spalten und Zeilen.

5 Wechseln Sie auf die Registerkarte **Tabellentools/ Layout** und klicken Sie ganz links auf die Schaltfläche **Auswählen**. Im Menü wählen Sie **Tabelle auswählen**.

HINWEIS

Namen für Makros

Die Namen für Makros unterliegen bestimmten Konventionen (z. B. sind Leerstellen nicht erlaubt), und manche Namen sind reserviert, weil sie bereits in der Word-Programmierung benutzt werden, z. B. `tab`. Wenn Sie einen ungültigen Namen eingeben, erhalten Sie einen Hinweis (**Ungültiger Prozedurname**). Bestätigen Sie diesen Hinweis und tragen Sie einfach einen anderen Namen ein.

6 Klicken Sie auf den Pfeil rechts unten an der Gruppe **Zellengröße** und aktivieren Sie im Dialogfenster **Tabelleneigenschaften** auf der ersten Registerkarte **Tabelle** die Option **Bevorzugte Breite**. Stellen Sie im Feld daneben die Größe ein (dazu können Sie die Pfeiltasten benutzen oder den Wert gleich von Hand eintragen).

7 Klicken Sie dann auf **OK**.

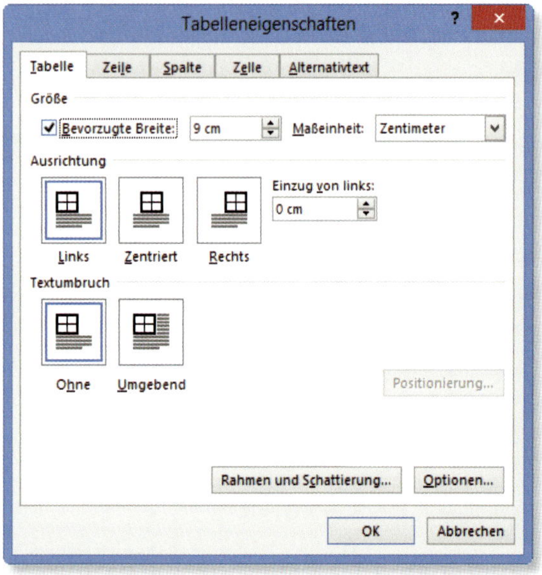

^ Abbildung 38.10
Die Größe der Tabelle einstellen

8 Wechseln Sie auf die Registerkarte **Entwurf** und klicken Sie hier auf die Schaltfläche **Rahmen**. Im Menü wählen Sie den Eintrag **Rahmen und Schattierung**.

9 Im zugehörigen Dialogfenster klicken Sie zunächst auf die Schaltfläche **Alle** ❶. Danach klicken Sie auf die Schaltfläche **Anpassen** ❷, markieren im Bereich **Formatvorlage** die gestrichelte Linie ❸ und klicken dann im Vorschaubereich auf das Symbol für die horizontalen Linien innerhalb der Tabelle ❹. (Vermutlich müssen Sie zweimal klicken; die Linie muss jedenfalls in der Vorschau zu sehen sein.)

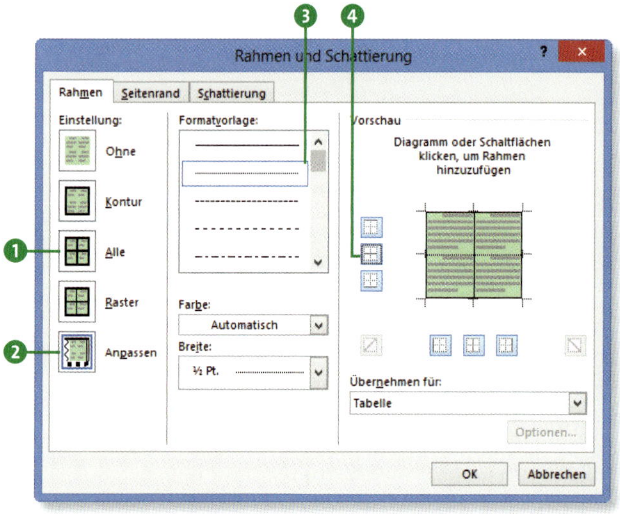

^ Abbildung 38.11
Die Rahmenlinien für die Tabelle

10 Wechseln Sie nun im Dialogfenster **Rahmen und Schattierung** auf die Registerkarte **Schattierung** und stellen Sie im Feld **Füllung** eine passende Farbe ein (für das Beispiel nehmen wir **Grün, Akzent 5, heller 60%**). Klicken Sie auf **OK**.

11 Klicken Sie auf der Registerkarte **Entwicklertools** auf die Schaltfläche **Aufzeichnung beenden**.

Testen Sie nun das Makro, indem Sie über die Schaltfläche **Makros** das gleichnamige Dialogfenster öffnen. Markieren Sie hier den Namen des **Makros** (im unteren Bereich des Dialogfensters finden Sie übrigens die Beschreibung wieder, die Sie beim Erstellen eingegeben haben) und klicken Sie auf **Ausführen**. Sofort müsste die kleine Tabelle an der Cursorposition auf dem Bildschirm erscheinen, Sie dürfen sich also zur gelungenen Makroaufzeichnung gratulieren.

38.2 Makros anpassen und verwalten

Nachdem Sie nun zwei Makros erstellt und das Prinzip des Aufzeichnens kennengelernt haben, ist es wirklich einmal an der Zeit, dass wir uns anschauen, wie – und vor allem warum – Makros funktionieren. Ohne diesen Punkt vertiefen zu wollen, ist es doch ganz interessant, einmal einen Blick hinter die Kulissen zu werfen, zumal Sie erst so lernen, wie Sie Makros nötigenfalls nachbearbeiten können.

Den VBA-Editor aufrufen

Erschrecken Sie nicht, wenn Sie gleich viele Programmiercodezeilen vor Augen haben, mit ein bisschen Konzentration werden Sie zumindest teilweise erkennen können, was im Einzelnen passiert. Da den Word-Makros die Programmiersprache *Visual Basic for Applications* (kurz: VBA) zugrunde liegt, die übrigens auch für Access und Excel verwendet wird, müssen Sie den *Visual Basic Editor* aufrufen, der zum Prüfen und Bearbeiten von Makros zur Verfügung steht.

INFO

VBA

Die zu den Microsoft Office-Programmen gehörende Skriptsprache *Visual Basic for Applications* (kurz: VBA) steuert Abläufe innerhalb der Office-Programme.

1. Öffnen Sie zuerst mit einem Klick auf die Schaltfläche **Makros** das gleichnamige Dialogfenster **Makros**.
2. Im Dialog klicken Sie nun auf **Bearbeiten**. Sie müssen vorher kein Makro markieren, da der Editor alle Makros auflistet; nur wenn Sie bereits viele Makros in der Liste haben, ist es sinnvoll, das Makro zu markieren, das Sie bearbeiten möchten, weil dann gleich der richtige Bereich im Editor angezeigt wird.
3. Daraufhin wird der Editor geöffnet (Abbildung 38.12). Wenn Sie unsere Beispiele mitgespielt haben, zeigt er den Code für die beiden erstellten Makros an.

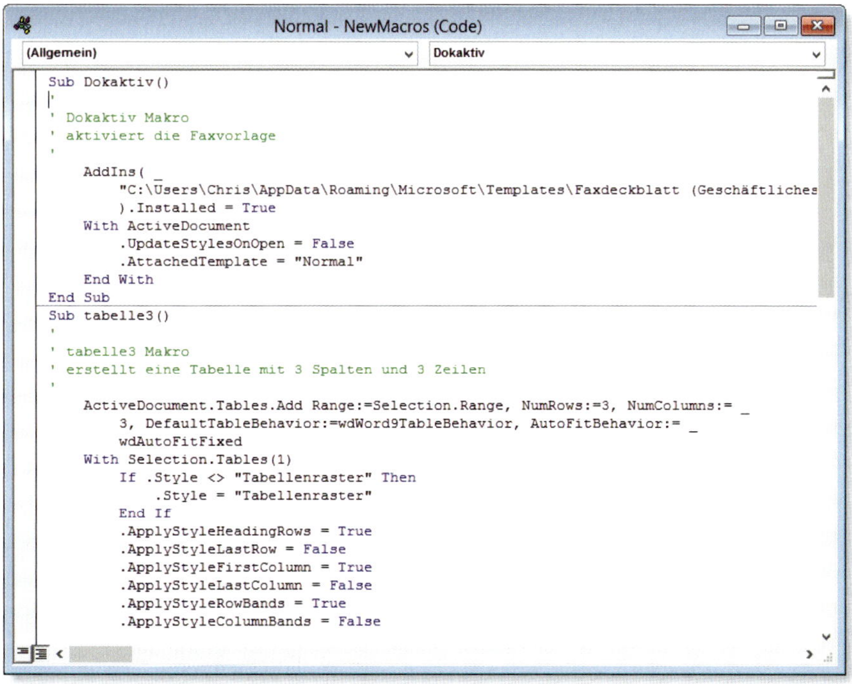

Abbildung 38.12
Die Codes der Makros hintereinander im Editor

Im Editor werden alle Makros in der Reihenfolge ihrer Erstellung aufgelistet. Die Zeilen für das erste Makro stehen also ganz oben.

Der Programmcode für die Makros

Um etwas Licht ins Dunkel zu bringen, schauen wir uns vor allem die Codezeilen bzw. -blöcke des ersten Makros einmal etwas genauer an, weil wir hier eine kleine Anpassung vornehmen möchten. Mit dem ersten Makro wird eine geladene Dokumentvorlage aktiviert (das Makro heißt bei uns `Dokaktiv`).

Für dieses Makro gibt es relativ wenige Codezeilen, aber, wie Sie selbst sehen werden, trotzdem noch zu viele. Gleich die erste Zeile ist entscheidend. Hier wird der Pfad zu der Vorlage genannt, und darunter steht: `Installed = True`. Mit `True` wird wie gewünscht das Häkchen im Dialogfenster **Dokumentvorlagen und Add-Ins** gesetzt. Im Prinzip ist das alles, was das Makro ausführen soll. Dass es weitere Zeilen gibt, erklärt sich daraus, dass beim Aufzeichnen alle Einstellungen des Dialogs berücksichtigt werden. Zur Erinnerung schauen wir uns das noch einmal genauer an.

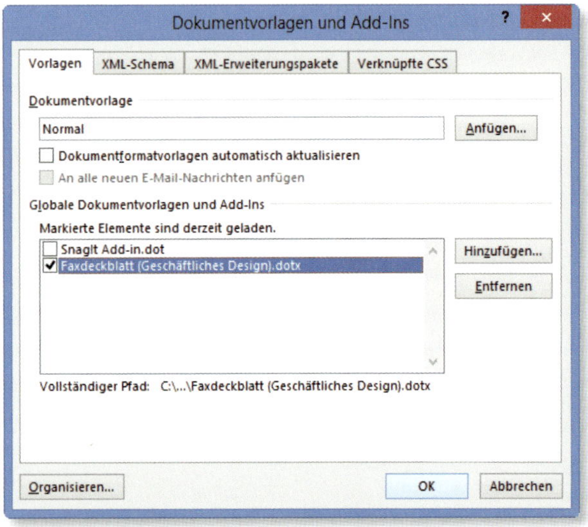

Abbildung 38.13
Das Makro aktiviert die Dokumentvorlage für das Fax; die Option »Dokumentformatvorlagen automatisch aktualisieren« ist deaktiviert.

Als wir das Makro aufgezeichnet haben, war die Option **Dokumentformatvorlagen automatisch aktualisieren** nicht mit einem Häkchen versehen. Genau diesen Zustand des Dialogs stellt das Makro wieder her, und zwar mit dem folgenden Block, den Sie in Abbildung 38.14 sehen:

```
With ActiveDocument
.UpdateStylesOnOpen = False
.AttachedTemplate = .Normal.
```

Wenn Sie diese Option also bewusst aktivieren und dann das Makro ausführen lassen, wird durch das Makro das Häkchen an der Option wieder entfernt werden. Da dieses Verhalten aber gar nicht gewünscht ist, löschen Sie einfach den ganzen Codeblock, der für die übrigen Einstellungen des Dialogs zuständig ist. Er beginnt mit `With` und endet mit `End With` (siehe Abbildung 38.14). Markieren Sie ihn und drücken Sie dann die Entf-Taste.

```
Sub Dokaktiv()
'
' Dokaktiv Makro
' aktiviert die Faxvorlage
'
    AddIns( _
        "C:\Users\Chris\AppData\Roaming\Microsoft\
        ).Installed = True
    With ActiveDocument
        .UpdateStylesOnOpen = False
        .AttachedTemplate = "Normal"
    End With
End Sub
```

Abbildung 38.14
Diesen Block können Sie löschen.

Das Makro besteht dann nur noch aus einer Zeile. Danach speichern Sie die Änderung, indem Sie in der Symbolleiste des Editors auf die Schaltfläche **Normal Speichern** klicken. (Falls diese Symbolleiste nicht angezeigt werden sollte, klicken Sie im Editor auf **Ansicht** > **Symbolleisten** > **Voreinstellung**.)

Der Code des Makros für die Tabelle

Das Makro für die Tabelle funktioniert prima, sodass wir es nicht bearbeiten müssen, aber falls Sie neugierig sind, auch hierzu ein paar Hinweise.

Zunächst wird der Makroname angezeigt und dann der Text der Beschreibung. Darunter stehen u. a. die Zeilen für die Festlegung der Anzahl an Tabellenzeilen und -spalten: `NumRows:=3, NumColumns:= 3`. Die Tabelle wird standardmäßig eingefügt: `DefaultTableBehavior`. Dann folgen alle möglichen Angaben, die den Standard beim Einfügen einer Tabelle beschreiben. `Selection.Tables(1).PreferredWidth =CentimetersToPoints(9)` legt die Größe für die markierte Tabelle fest, »übersetzt« lautet die Anweisung also etwa so: bevorzugte Größe = 9 cm.

Der Block `With.Shading` liegt in einem Block `With Selection.Tables (1)`, sodass er sich auf die ausgewählte Tabelle bezieht. Er bestimmt die Hintergrundschattierung. Danach folgen die Angaben zu den Rahmenlinien; Sie erkennen hier u. a. die Festlegung für die horizontalen Linien, für die wir ein gestricheltes Format gewählt hatten: `.LineStyle = wdLineStyleDashSmallGap`. Beenden Sie den Editor mit einem Klick auf das Schließkreuz oben rechts.

INFO

With-Blöcke bearbeiten

Ein *With-Block* weist dem Objekt, das in der ersten Zeile genannt ist (hier `ActiveDocument`, also das aktive Dokument), die Einstellungen zu, die im Codeblock folgen. Dementsprechend können Sie entweder einzelne Zeilen aus einem With-Block entfernen oder den gesamten Block von `With` bis einschließlich `End With` löschen; Sie können aber nicht wahllos irgendwelche Zeilen entfernen.

Ein neues Makro im Editor erstellen

Nachdem Sie das erste Makro zum Aktivieren einer Dokumentvorlage erstellt haben, folgt jetzt das Makro zum Deaktivieren (Entladen) dieser Dokumentvorlage. Dazu kopieren wir das vorhandene Makro und passen es schnell an.

1 Markieren Sie den gesamten Bereich des Makros `dokaktiv()` von `Sub` bis einschließlich `End Sub`.

2 Klicken Sie dann auf die Schaltfläche **Kopieren** in der Menüleiste des Editors.

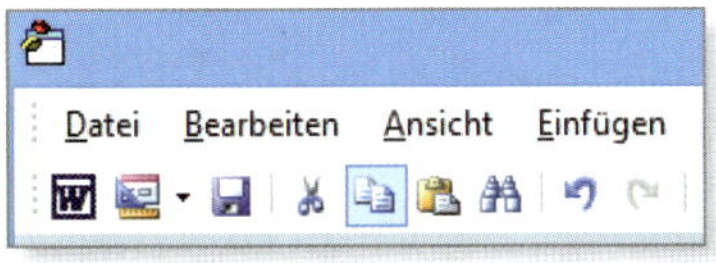

Abbildung 38.15
Die Schaltfläche »Kopieren« im VBA-Editor

3 Setzen Sie den Cursor hinter `End Sub` und drücken Sie mehrfach die [↵]-Taste, um einige leere Zeilen zu erzeugen.

4 Setzen Sie den Cursor in diesen freien Bereich und klicken Sie auf die Schaltfläche **Einfügen**. Jetzt haben Sie das Makro kopiert. In diesem Zustand wird Ihnen Word jedoch Fehlermeldungen anzeigen, weil der Makroname doppelt verwendet wird.

5 Passen Sie also zunächst den Makronamen an. Ändern Sie die Bezeichnung `dokaktiv()` in `dokpassiv()`, lassen Sie die Klammern aber stehen. Ändern Sie auch den Kommentartext.

6 Jetzt muss noch die Funktionalität des Makros angepasst werden. Ändern Sie also die Zeile `Installed = True` in `Installed = False`.

7 Speichern Sie Ihre Änderungen. Und schon haben Sie ein neues Makro erstellt (siehe Abbildung 38.16).

```
Sub Dokaktiv()
'
' Dokaktiv Makro
' aktiviert die Faxvorlage
'
    AddIns( _
        "C:\Users\Chris\AppData\Roaming\Microsoft\Templates\Faxdeckblatt (Geschäftliche
        ).Installed = True

End Sub

Sub Dokpassiv()
'
' Dokpassiv Makro
' deaktiviert die Faxvorlage
'
    AddIns( _
        "C:\Users\Chris\AppData\Roaming\Microsoft\Templates\Faxdeckblatt (Geschäftliche
        ).Installed = False

End Sub
```

Abbildung 38.16
Das neue Makro wurde im Editor erstellt.

Auch dieses neue Makro finden Sie im Dialogfenster **Makros** wieder. Testen Sie es, indem Sie auf die Schaltfläche **Ausführen** klicken.

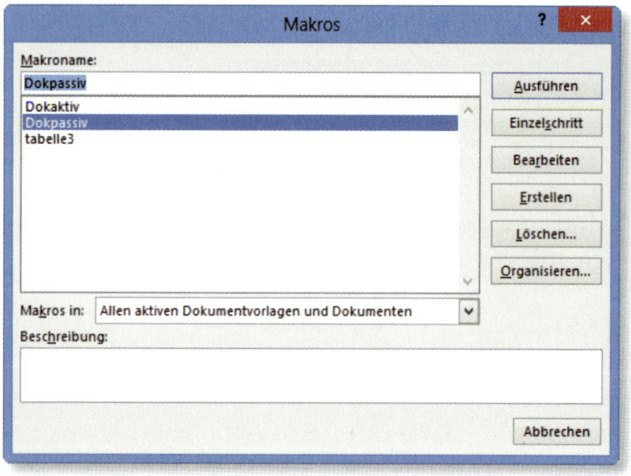

∧ ***Abbildung 38.17***
Das neue Makro im Dialogfenster »Makros«

Makros in Einzelschritten ausführen

Ganz nett ist auch die Möglichkeit, ein Makro so zu starten, dass die Ausführung in »Häppchen« erfolgt. Auf diese Weise lässt sich schön beobachten, was welche Zeilen bewirken. Dafür müssen Sie zunächst die Stellen kennzeichnen, an denen die Ausführung gestoppt werden soll.

1 Dazu öffnen Sie das Dialogfenster **Makros**, markieren das Makro, für das Sie Haltepunkte setzen möchten, und klicken dann auf **Bearbeiten**.

2 Im Editor klicken Sie das Skript an der ersten Stelle, an der Sie einen Haltepunkt setzen möchten, mit der rechten Maustaste an.

3 Im Kontextmenü zeigen Sie auf **Umschalten** und wählen im Untermenü den Eintrag **Haltepunkt**.

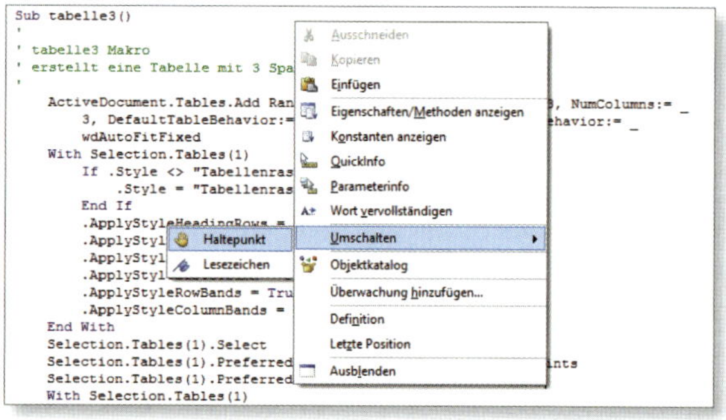

∧ ***Abbildung 38.18***
So setzen Sie Haltepunkte im Skript.

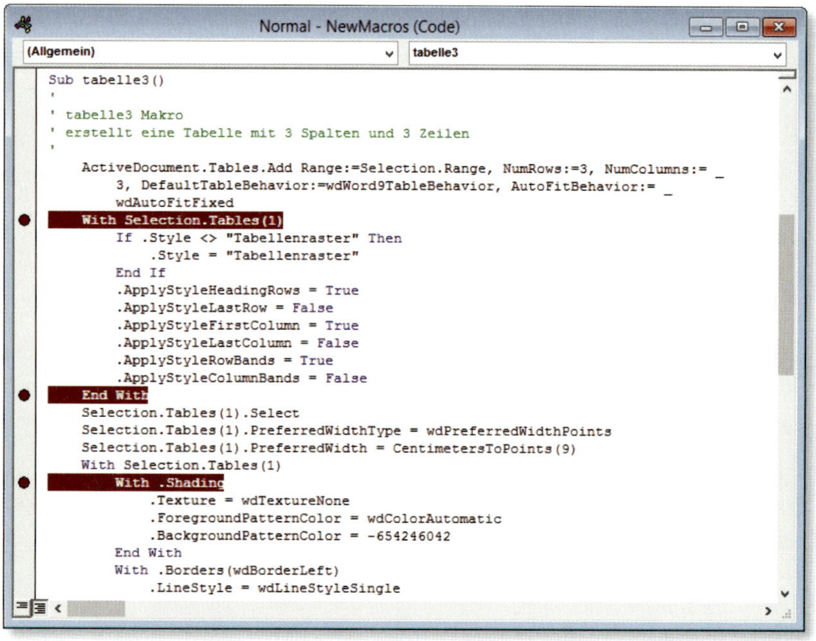

< ***Abbildung 38.19***
Das Skript mit Haltepunkten

4 Die Zeile wird rot markiert, und am linken Rand taucht ein roter Punkt auf. Nachdem Sie nun wissen, wo diese roten Punkte stehen, können Sie die Haltepunkte auch schneller setzen als über das Kontextmenü. Klicken Sie einfach mit der linken Maustaste in Höhe der Zeile auf den linken Rand.

5 Diesen Vorgang wiederholen Sie an allen Stellen, an denen die Ausführung des Makros vorübergehend angehalten werden soll. Wenn Sie einen Haltepunkt löschen möchten, klicken Sie einfach wieder auf den Punkt am linken Rand. Vergessen Sie nicht, vor dem Schließen des Editors auf die Schaltfläche **Normal Speichern** in der Symbolleiste zu klicken.

6 Nach dieser vorbereitenden Aktion starten Sie das Makro, indem Sie im Dialogfenster **Makros** auf **Einzelschritte** klicken.

7 Nun wird der Editor wieder aufgerufen und stoppt die Ausführung des Makros am ersten Haltepunkt. Die aktuelle Position erkennen Sie an der gelben Hinterlegung der Programmzeile. Wechseln Sie nun in Ihr Dokument und prüfen Sie, wie weit das Makro gekommen ist. Wechseln Sie dann wieder in den Editor.

8 Klicken Sie auf die Schaltfläche **Fortsetzen** (den grünen Pfeil, zu sehen in Abbildung 38.20), um das Makro bis zum nächsten Haltepunkt weiterarbeiten zu lassen.

*^ **Abbildung 38.20***
Mit der Schaltfläche »Fortsetzen« wird die Ausführung des Makros fortgesetzt.

Auf diese Weise können Sie Schritt für Schritt schauen, mit welchen Codezeilen bzw. -blöcken welche Aktionen ausgeführt werden. Im Prinzip ist dieser Weg natürlich nicht dazu gedacht, Ihre Neugierde zu befriedigen, sondern dient dazu, Fehler zu finden, wenn das Makro nicht nach Wunsch ausgeführt wird. Löschen Sie nach dieser Aktion die Haltepunkte und klicken Sie erneut auf **Normal Speichern**, damit Ihr Makro wieder »normal« durchläuft, ohne an den Haltepunkten zu stoppen.

Makros in anderen Vorlagen verwenden

Wenn Sie die Makros, die in der Vorlage *Normal.dotm* oder in einem Dokument gespeichert sind, auf andere Vorlagen und/oder Dokumente übertragen möchten, öffnen Sie den Dialog **Makros** und klicken dort auf die Schaltfläche **Organisieren**.

Dies öffnet den Dialog **Organisieren**, dem Sie bereits beim Übertragen von Formatvorlagen begegnet sind (siehe hierzu auch Abschnitt 19.6, »Formatvorlagen verwalten«). Die Registerkarte **Makroprojektelemente** ist automatisch aktiviert.

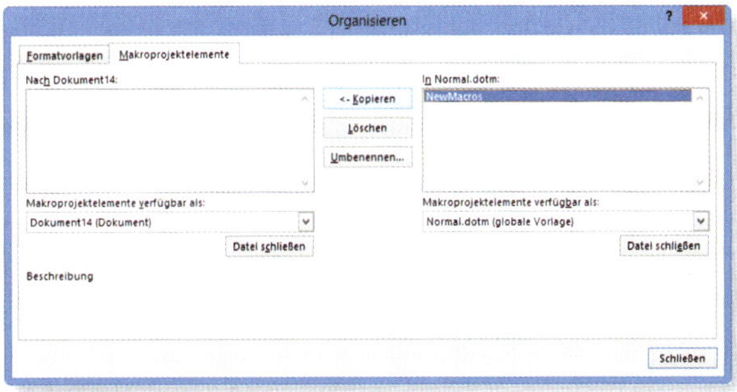

*^ **Abbildung 38.21***
Das Dialogfenster »Organisieren«; hier können Sie Makros an andere Dateien weitergeben.

Da Sie den Umgang mit diesem Dialog, wie gesagt, schon in Kapitel 19, »Formatvorlagen«, ausführlich kennengelernt haben, wiederholen wir diese Schritte hier nur in aller Kürze.

1 Klicken Sie auf **Datei schließen** und dann – die Bezeichnung der Schaltfläche ändert sich entsprechend – auf **Datei öffnen**.

2 Im zugehörigen Dialogfenster **Öffnen**, in dem automatisch der Ordner **Templates** angezeigt wird, wählen Sie die Vorlage bzw. Datei aus, die die Makros enthält, die Sie weitergeben möchten.

3 Im linken Bereich des Dialogfensters im Feld **Projektelemente verfügbar als** stellen Sie die Zieldatei ein; wenn es sich dabei um das aktuelle Dokument handelt, ist der Dateiname sowieso bereits eingetragen. Im Auswahlfeld können Sie die Vorlage *Normal.dotm* oder eine andere geladene Vorlage auswählen. Ansonsten klicken Sie auch hier auf **Datei schließen** und dann wieder auf **Datei öffnen**.

4 Markieren Sie im rechten Bereich den Eintrag **Macros** oder **NewMacros** (oder wie immer das entsprechende Modul heißt) und klicken Sie dann auf die Schaltfläche **Kopieren** in der Mitte.

Makros löschen

Das Thema Löschen ist schnell abgehandelt. Aktivieren Sie dazu die Registerkarte **Entwicklertools** und klicken Sie in der Gruppe **Code** auf die Schaltfläche **Makros**, um den gleichnamigen Dialog zu öffnen. Hier markieren Sie das Makro, das Sie entfernen möchten, und klicken anschließend auf die Schaltfläche **Löschen**.

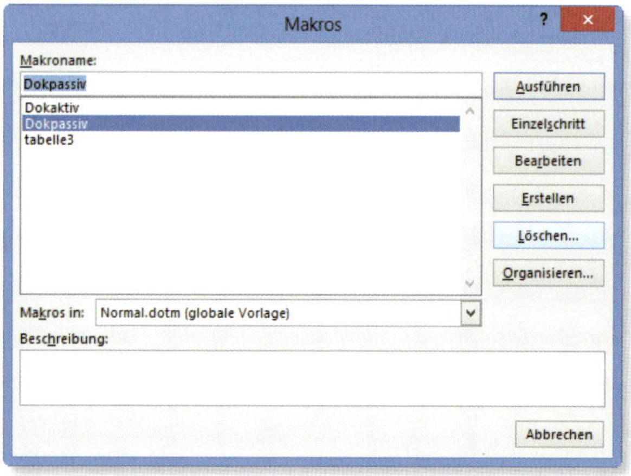

Abbildung 38.22
Makros löschen Sie, nicht ganz überraschend, im Dialog »Makros« mithilfe der Schaltfläche »Löschen«.

Sie werden dann sicherheitshalber noch einmal gefragt, ob Sie das Makro wirklich löschen möchten. Bestätigen Sie diesen kleinen Dialog.

INFO

Module

Makros werden in sogenannten *Modulen* zusammengefasst. Diese Module können Sie, wie beschrieben, von einer Datei in eine andere verschieben. Auf einzelne Makros können Sie nicht zugreifen.

38.3 Makros per Tastatur oder Schaltfläche aufrufen

Angenommen, Sie setzen ein bestimmtes Makro sehr häufig ein. Sie möchten es möglichst unkompliziert aufrufen, am besten mit einer Tastenkombination, also ohne dass Sie jedes Mal die Registerkarte **Entwicklertools** aktivieren und dann auf die Schaltfläche **Makros** klicken müssen.

TIPP

Tastaturbefehle statt Mausklicks nutzen

Auch wenn Sie in der täglichen Arbeit gern mit der Maus klicken, sollten Sie wann immer möglich beim Aufzeichnen von Makros die entsprechenden Tastaturbefehle nutzen. Ein Beispiel: Wenn Sie das erste Wort des Absatzes mithilfe eines Makros markieren möchten und dieses Wort beim Aufzeichnen des Makros mit der Maus kennzeichnen, weiß das Makro nicht, dass es immer das erste Wort des Absatzes sein soll, sondern für das Makro ist es irgendein Wort. Wenn Sie hingegen mit dem entsprechenden Tastaturbefehl arbeiten (Strg + ↑), teilen Sie dem Makro unmissverständlich mit, dass Sie zum Anfang des aktuellen Absatzes springen möchten. Um das Wort dann auch noch zu markieren, drücken Sie Strg + ⇧ + →. Auf diese Weise markiert das Makro immer das erste Wort des Absatzes, in dem der Cursor stand, bevor Sie das Makro aufgerufen haben.

Einen Shortcut für ein Makro einrichten

Um eine Tastenkombination (*Shortcut*) für ein bestimmtes Makro festzulegen, gehen Sie wie im Folgenden beschrieben vor.

1. Öffnen Sie im Dialogfenster **Word-Optionen** die Kategorie **Menüband anpassen**.
2. Im Bereich **Menüband und Tastenkombinationen anpassen** klicken Sie auf die Schaltfläche **Anpassen** ❶ rechts neben dem Eintrag **Tastenkombinationen**.
3. Daraufhin wird der Dialog **Tastatur anpassen** angezeigt. Markieren Sie im Listenfeld **Kategorien** den Eintrag **Makros** ❷.
4. Rechts werden die vorhandenen Makros nun in einer Liste angezeigt. Markieren Sie hier das Makro, für das Sie eine Tastenkombination festlegen möchten, z .B. **tabelle3** ❸.
5. Bestimmen Sie im Feld **Speichern in** ❹, ob das Tastenkürzel nur im aktuellen Dokument oder wie hier in der Dokumentvorlage *Normal.dotm* (bzw. in allen Dokumenten, die auf dieser Vorlage beruhen) zur Verfügung stehen soll.

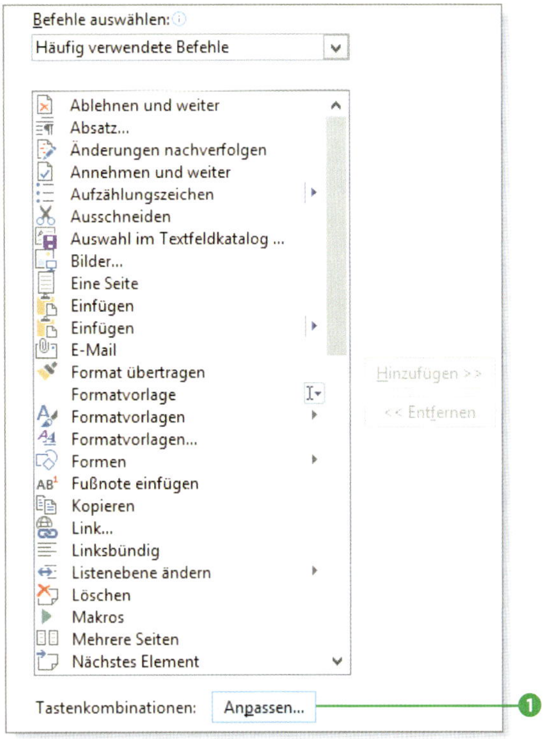

Abbildung 38.23
Hier klicken Sie auf die Schaltfläche »Anpassen«.

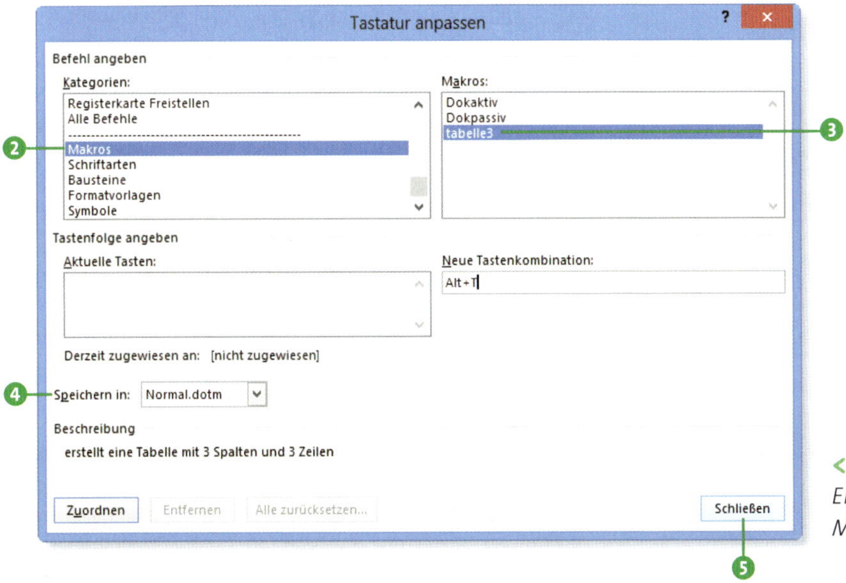

Abbildung 38.24
Eine Tastenkombination für ein Makro festlegen

6 Tippen Sie in das Feld **Neue Tastenkombination** den gewünschten Shortcut ein. Wenn Sie eine Tastenkombination eintragen, die bereits einen anderen Befehl auslöst, erscheint neben dem Text **Derzeit zugewiesen an** die Bezeichnung der jeweiligen Funktion. Probieren Sie es dann einfach mit einer anderen Kombination.

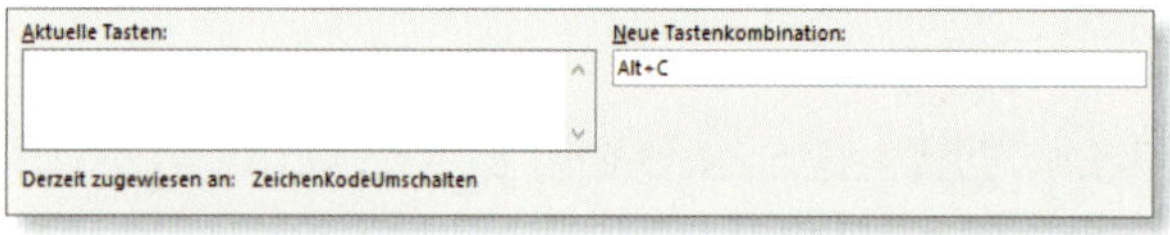

Abbildung 38.25
Die gewählte Tastenkombination ist schon vergeben.

7 Wenn Sie eine Tastenkombination gefunden haben, die noch nicht zugewiesen ist, erscheint der Hinweis **Nicht zugewiesen**. Klicken Sie dann auf die Schaltfläche **Zuordnen** (nicht vergessen!) und zu guter Letzt auf **Schließen** 5 (siehe Abbildung 38.24).

Probieren Sie nach dieser Festlegung den Shortcut aus. Wenn Sie unserem Beispiel gefolgt sind, also ein Makro für eine Tabelle erstellt und dann auch noch ein Tastenkürzel definiert haben, sollten Sie nun wirklich blitzschnell eine fertig gestaltete Tabelle einfügen können.

Eine Tastenkombination schon beim Anlegen des Makros erstellen

Gerade haben wir beschrieben, wie man eine Tastenkombination für ein bereits existierendes Makro erstellt. Wenn Sie sich schon beim Anlegen eines Makros darüber im Klaren sind, dass es funktionieren wird und dass Sie es sehr oft verwenden werden, können Sie von vornherein eine Tastenkombination dafür definieren. Klicken Sie dazu im Dialog **Makro aufzeichnen** auf die Schaltfläche **Tastatur**.

Damit rufen Sie den Dialog **Tastatur anpassen** auf, in dem Sie genauso verfahren, wie es im Abschnitt »Einen Shortcut für ein Makro einrichten« auf Seite 793 beschrieben wird – abgesehen davon, dass Sie die Kategorie **Makros** nicht extra einstellen müssen, weil ohnehin nur diese Kategorie angezeigt wird.

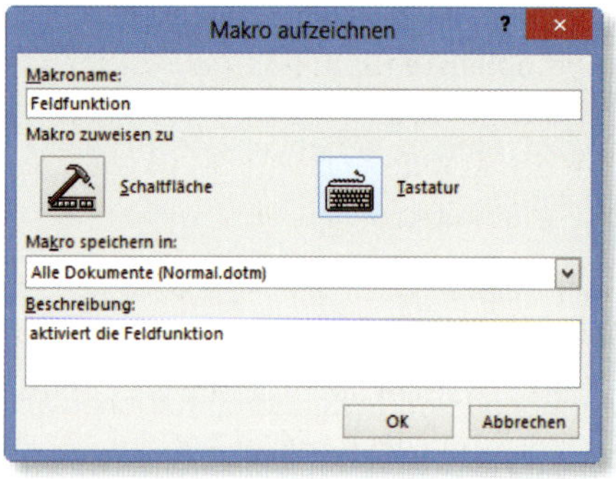

Abbildung 38.26
Klicken Sie auf »Tastatur«, um eine Tastenkombination für das Makro festzulegen.

Ein Symbol für das Makro auf die Symbolleiste für den Schnellzugriff legen

Zusätzlich zur oder anstelle der Tastenkombination können Sie direkt beim Anlegen des Makros auch eine passende Schaltfläche anlegen, die das entsprechende Makro ausführt und in der Symbolleiste für den Schnellzugriff erscheinen wird.

1 Klicken Sie im Dialogfenster **Makro aufzeichnen** auf **Schaltfläche**.

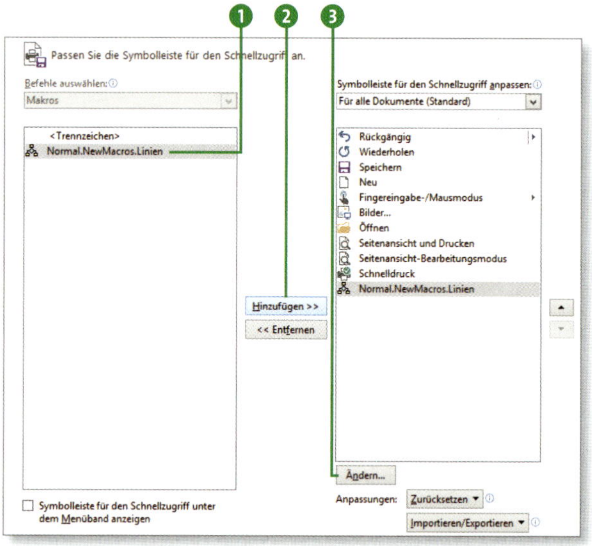

Abbildung 38.27
Ein Symbol für das Makro der Symbolleiste für den Schnellzugriff hinzufügen

2 Daraufhin wird das Fenster **Word-Optionen** mit dem Bereich **Symbolleiste für den Schnellzugriff anpassen** aufgerufen. Im linken Feld wird das Makro ❶ aufgelistet, das Sie gerade erstellen. Markieren Sie es und klicken Sie auf **Hinzufügen** ❷.

3 Um es nun nicht einfach bei dem Standardsymbol und dem vorgegebenen Makronamen zu belassen, klicken Sie auf die Schaltfläche **Ändern** ❸. Damit rufen Sie den Dialog **Schaltfläche** »**Ändern**« auf.

4 Wählen Sie ein Symbol aus, das noch keine (wichtige) Funktion symbolisiert. Im Feld **Anzeigename** tragen Sie eine Bezeichnung für das Makro ein (hier also z. B. »Linien«), die später in der QuickInfo erscheinen wird, wenn Sie mit dem Mauszeiger auf die Schaltfläche zeigen.

Abbildung 38.28
Hier ändern Sie das Symbol und den Namen der neuen Schaltfläche.

5 Bestätigen Sie Ihre Einstellung mit **OK** und schließen Sie das Fenster **Symbolleiste für den Schnellzugriff anpassen** ebenfalls mit einem Klick auf **OK**.

Werfen Sie nun einen Blick auf die Symbolleiste für den Schnellzugriff: Sie sehen dort jetzt das Symbol für das Makro. Halten Sie den Mauszeiger darauf, erscheint die QuickInfo mit dem Namen. Mit einem Mausklick können Sie das Makro nun ganz einfach ausführen.

Abbildung 38.29
Die Schaltfläche für das Makro in der Symbolleiste für den Schnellzugriff

38.4 Das Microsoft-Sicherheitskonzept für Makros

Wohl jeder hat schon einmal davon gehört, dass Makros nicht unproblematisch sind, weil sie ein Sicherheitsrisiko darstellen können. Wenn Sie von einer dritten Person ein Dokument erhalten, das Makros enthält, können in diesen Makros im Prinzip alle möglichen Anweisungen stecken, die auf Ihrem Rechner Schaden anrichten. Die bekannten Makroviren würden zwar vermutlich von Ihrem Virenscanner abgefangen werden, aber dies ist nicht garantiert. Aus diesem Grund liefert Microsoft ein Sicherheitssystem mit aus, das auf Gefahren hinweist und im striktesten Fall alle Makros per se deaktiviert.

Sicherheitseinstellungen für Makros

Sie können über die Registerkarte **Entwicklertools** direkt zu den Sicherheitseinstellungen für Makros gelangen, indem Sie dort in der Gruppe **Code** auf die Schaltfläche **Makrosicherh.** klicken. (Ansonsten können Sie auch den Weg über **Datei** > **Optionen** > **Trust Center** gehen.)

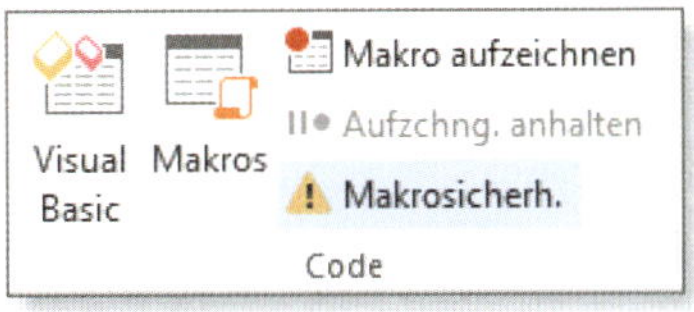

Abbildung 38.30
Die Sicherheitsstufen aufrufen

Dies ruft das Dialogfenster **Trust Center** mit dem Bereich **Makroeinstellungen** auf. Wie Sie sehen, können Sie hier vier verschiedene Sicherheitsstufen einstellen.

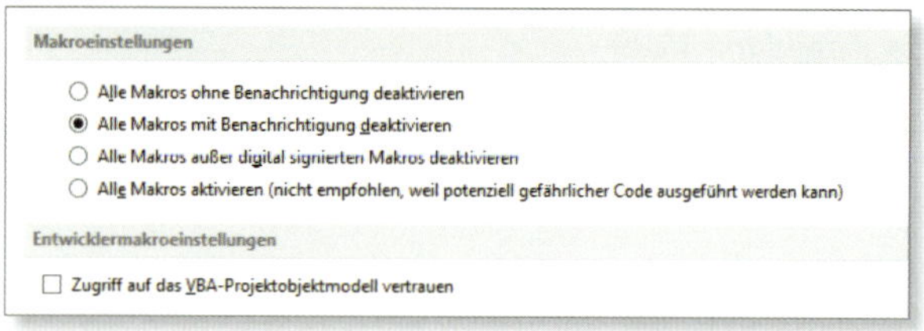

Abbildung 38.31
Die Sicherheitsstufen für Makros

Es hängt natürlich von Ihrem persönlichen Sicherheitsbedürfnis ab, welche Einstellung Sie hier wählen, aber auch davon, ob Sie häufig »Fremddateien« öffnen müssen. Wenn Sie alle Makros deaktivieren lassen, verlieren die entsprechenden Dokumente vermutlich einen Großteil ihrer Funktionalität, was meistens nicht gewünscht ist.

Wenn man überhaupt eine Empfehlung aussprechen kann, dann eigentlich nur die, einen goldenen Mittelweg zu gehen und auch von Fall zu Fall zu entscheiden, wie locker oder strikt Sie mit »fremden« Dateien umgehen möchten. Die hier festgelegten Einstellungen müssen ja nicht für alle Ewigkeit gelten. Wenn Sie z. B. ein Dokument erhalten haben, dessen Herkunft Sie kennen und dessen Absender Sie vertrauen, das aber wegen der strikten Sicherheitseinstellungen beim Öffnen Schwierigkeiten macht, stellen Sie hier eben kurzfristig **Alle Makros aktivieren** ein.

Um nicht immer von einer Sicherheitseinstellung zur anderen wechseln zu müssen, können Sie die Sicherheitseinstellung z. B. auch generell sehr restriktiv wählen und nur bestimmte Vorlagen und Dateien von diesen strengen Regeln ausnehmen. Der Trick besteht darin, solche Dateien in sogenannte *vertrauenswürdige Speicherorte* zu legen.

Als sicher eingestufte Speicherorte angeben

Über das Dialogfenster **Trust Center** gelangen Sie auch zur Kategorie **Vertrauenswürdige Speicherorte**. Hier werden Speicherorte aufgelistet, die als sicher gelten (siehe Abbildung 38.32).

Dateierweiterung	Dateityp	Beschreibung
.docx	Word-Dokument	normale Word-Dokumente *ohne* Makros ab Word 2007
.docm	Word-Dokument mit Makros	normale Word-Dokumente *mit* Makros ab Word 2007
.dotx	Word-Vorlage	Word-Dokumentvorlage *ohne* Makros ab Word 2007
.dotm	Word-Vorlage mit Makros	Word-Dokumentvorlage *mit* Makros ab Word 2007

Tabelle 38.1
Die Dateierweiterungen und ihre Bedeutung für Makros

Die Dateien, die an diesen Orten abgelegt werden, können ohne weitere Überprüfung durch das Microsoft-Sicherheitskonzept und ohne Warnung mit allen Makros geöffnet werden. Sie können sich diese Ordner (lokal oder im Netzwerk) also zunutze machen, um Dateien zu öffnen, denen Sie vertrauen, die von Word aber als unsicher eingestuft werden könnten. Einige dieser vertrauenswürdigen Speicherorte werden automatisch bei der Installation von Office 2013 erstellt, und zwar der Ordner **Templates** (der für Dokumentvorlagen vorgesehen ist) und der Ordner **Startup** (der für Vorlagendateien gedacht ist, die beim Start von Word automatisch mitgeladen werden sollen).

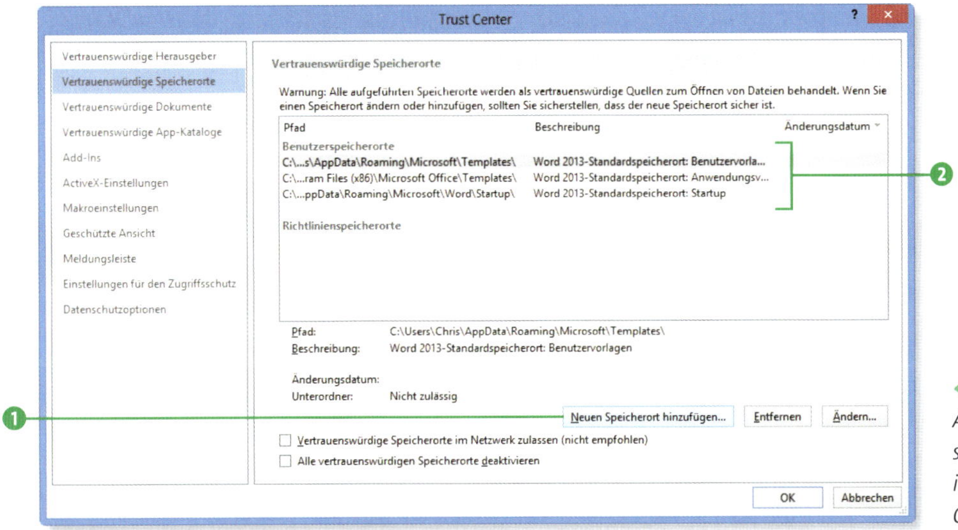

Abbildung 38.32
Als vertrauenswürdig eingestufte Speicherorte werden im Dialogfenster »Trust Center« aufgelistet.

1 Um eigene Ordner als sichere Speicherorte zu deklarieren, klicken Sie im Dialogfenster **Trust Center** im Bereich **Vertrauenswürdige Speicherorte** auf die Schaltfläche **Neuen Speicherort hinzufügen** ❶.

2 Im nächsten Dialogfenster **Vertrauenswürdiger Microsoft Office-Speicherort** klicken Sie auf die Schaltfläche **Durchsuchen**.

TIPP

Vertrauenswürdige Speicherorte im Firmennetzwerk

Wenn Sie in einem Firmennetzwerk arbeiten, wird der Betreuer des Netzwerks vermutlich vertrauenswürdige Speicherorte zur Verfügung stellen und Ihnen diese mitteilen.

3 Daraufhin öffnet sich der gleichnamige Dialog, in dem Sie den Ordner festlegen, den Sie zukünftig für vertrauenswürdige Dateien verwenden möchten. Der Ordner **Templates** ist hier automatisch geöffnet, muss jedoch nicht hinzugefügt werden, weil er bereits als sicher eingestuft ist. Legen Sie gegebenenfalls einen neuen Ordner an.

4 Nachdem Sie auf **OK** geklickt haben, befinden Sie sich wieder im Dialogfenster **Vertrauenswürdiger Microsoft Office-Speicherort**. Hier können Sie die Option **Unterordner dieses Speicherorts sind ebenfalls vertrauenswürdig** aktivieren, was in der Regel sinnvoll ist.

Nach der Festlegung des neuen sicheren Speicherorts taucht er im Trust Center in der Liste der **Vertrauenswürdige(n) Speicherorte** ❷ auf.

Kennzeichnung von Dateien mit und ohne Makros

Um den Anwender vor bösen Überraschungen zu bewahren und es ihm leichter zu machen, zu erkennen, welche Dateien Makros enthalten und welche nicht, werden seit Word 2007 Dateien und Vorlagen ohne Makros mit einer anderen Dateierweiterung versehen als Dateien und Vorlagen mit Makros. Tabelle 38.1 fasst die Unterscheidungen kurz zusammen.

Kapitel 39
Ein individuelles RibbonX anlegen

In diesem Kapitel zeigen wir Ihnen, wie Sie dem Menüband mithilfe von XML eigene Registerkarten hinzufügen und diese in einer Vorlagendatei speichern. Anwender älterer Word-Versionen, die diese Möglichkeit, die früher sogar ohne XML zur Verfügung stand, vielleicht vermisst haben, werden sich freuen.

Die Anpassungsmöglichkeiten der Benutzeroberfläche von Word haben sich in den letzten Versionen verändert. Vor Word 2007 konnten Sie in Dokumentvorlagen-Dateien Symbolleisten speichern. Besonders praktisch war es, dass Sie mit diesen benutzerdefinierten Symbolleisten Formatvorlagen zuweisen konnten. Dafür brauchten Sie keine einzige Zeile zu programmieren. Für ausgefallene Anpassungen kamen Sie aber an recht aufwendigem Programmcode nicht vorbei. Mit Word 2007 wurde die Menüstruktur komplett überarbeitet, und das sogenannte *Menüband* (*Ribbon*) hielt Einzug in die Benutzeroberfläche. Die Anpassung dieses Menübands ist seit 2007 nicht mehr über Dialoge durchführbar.

Ab Word 2010 können Sie das Menüband über **Datei** > **Optionen** > **Menüband anpassen** in einem mehr oder minder verständlichen Dialog bearbeiten. Diese Änderungen und Anpassungen werden jedoch nicht wie früher in der Dokumentvorlagen-Datei gespeichert und durch Weitergabe dieser Datei auf andere Rechner übertragen, sondern gelten nur für die lokale Installation von Word 2010.

Um Anpassungen am Menüband in der Dokumentvorlagen-Datei zu speichern und somit wieder übertragbar zu machen, müssen Sie sich wie bei Word 2007 mit *RibbonX* (*RibbonX* steht für »Ribbon Extensibility«) auseinandersetzen. Sie können hierbei die Anpassungen in verschiedenen Programmiersprachen, z. B. *C++* oder *.NET*, umsetzen oder eine XML-Datei erstellen, in der Sie die Änderungen festlegen. Wir werden hier den letztgenannten Weg zeigen, da umfangreiche Programmierbeispiele die meisten Leser von Word-Büchern eher abschrecken.

INFO

XML vs. C++ oder .NET

Wenn Sie sich das erste Mal mit XML-Dateien beschäftigen, wird Ihnen dies sicherlich ähnlich abschreckend und unübersichtlich vorkommen wie der Einstieg in eine Programmiersprache. XML ist jedoch eine Vereinbarung, wie Beschreibungen formatiert werden. Vergleichbar mit HTML, werden hier *Tags* eingesetzt, die mit Attributen versehen werden. Daher ist der Einstieg in XML mit deutlich weniger Aufwand verbunden als der Einstieg in eine Programmiersprache, insbesondere wenn Sie das XML-Konzept zielgerichtet für das Erstellen und Anpassen von Registerkarten nutzen.

Ziel dieses Kapitels ist es, dass Sie am Ende eine Dokumentvorlagen-Datei besitzen, mit der Sie dem Menüband eine Registerkarte hinzufügen können. Auf dieser Registerkarte werden wir vorhandene Word-

Symbole, die Sie bereits von anderen Registerkarten her kennen, anordnen und mithilfe eines kleinen Makros Formatvorlagen zuweisen, die in der Dokumentvorlagen-Datei abgelegt sind.

Die Grundidee dieses Beispiels ist, die Funktionalität, die vor Word 2007 durch das Erstellen einer neuen Symbolleiste und das Speichern dieser Symbolleiste in der Dokumentvorlagen-Datei erreicht wurde, auch in Word 2013 verfügbar zu haben. Die Idee, diese Funktionalität nachzubilden, hängt damit zusammen, dass viele Forenbeiträge im Internet darauf schließen lassen, dass dieses Problem bzw. dieser Wunsch weit verbreitet ist.

Wir werden versuchen, in diesem Kapitel mit möglichst wenig Theorie auszukommen und Erklärungen nicht in einen komplizierten, langatmigen Einleitungstext zu legen, sondern notwendige Erklärungen direkt an Ort und Stelle im Beispiel einzuflechten. Aus diesem Grund werden wir die Anpassung des Menübands mithilfe einer freien Software durchführen, sodass wir uns über das Dateiformat (von Word 2007 sowie Word 2010/2013), also darüber, wie Word Änderungen der Menüstruktur in der Dokumentvorlagen-Datei speichert, und über ein notwendiges Grundgerüst keine Gedanken machen müssen. Dies erledigt für uns die freie Software (den Download und die Installation dieser Software beschreiben wir im nächsten Abschnitt).

Dennoch liegt es in der Natur der Sache, dass ein wenig Programmiercode auf Sie zukommt und dass Begriffe auftauchen, die nicht unmittelbar verständlich sind, wenn Sie sich zuvor noch nie mit derartigen Dingen beschäftigt haben. Wir werden die Codes so ausführlich wie möglich beschreiben, aber es ist natürlich nicht möglich, Sie hier umfassend in das XML-Konzept und in die VBA-Programmierung einzuführen.

Um die Symbole und Elemente der vorhandenen Registerkarten auch für unsere neue Registerkarte einsetzen zu können, benötigen wir deren IDs, also die Word-internen Namen dieser Elemente. Zum Teil können Sie diese IDs mit einem kleinen Trick von Word erfahren, aber einfacher ist es, eine mehr oder minder vollständige Liste durchsuchen zu können. Eine solche Liste bietet Microsoft im Excel-Format an. Wie und wo Sie diese Liste herunterladen können, zeigen wir ebenfalls im nächsten Abschnitt.

39.1 Die Arbeitsutensilien sammeln

Wie bereits angekündigt, wollen wir ein kleines Programm verwenden, das uns beim Erstellen der XML-Datei behilflich ist, die die Anpassungen am Menüband beschreibt. Wir verwenden hier die Software *Office Ribbon Editor 4.5.0*. Es gibt auch andere Programme, aber unsere Wahl ist auf dieses Programm gefallen, weil es uns recht einfach zu handhaben schien.

1. Um die Software aus dem Netz herunterzuladen, geben Sie in die Suchmaschine Ihrer Wahl als Suchbegriff den Namen der Software ein, also »Office Ribbon Editor 4.5.0«. Um eine deutsche Download-Seite zu erhalten, haben wir die Suche auf diese Sprache begrenzt.
2. Der Download-Link führt normalerweise direkt zur Detailseite mit einer Beschreibung der Software. Klicken Sie hier auf den Button **Download** und folgen Sie den Anweisungen auf der Seite. Nachdem Sie die Datei *OfficeRibbonEditor450.exe* auf Ihrem Rechner gespeichert haben, führen Sie sie für die Installation aus. Klicken Sie dazu im Explorer die Datei einfach doppelt an.
3. Bestätigen Sie etwaige Sicherheitsnachfragen von Windows und folgen Sie den Installationsanweisungen des Programms. Anschließend sollten Sie das Kachelsymbol für das Programm auf dem Startbildschirm finden.

Die Liste der IDs der vorhandenen Symbole und Elemente auf den Registerkarten finden Sie am schnellsten durch Eingabe des Suchbegriffs »OfficeControlIDs« in einer Suchmaschine Ihrer Wahl. Wenn Sie die Suche diesmal nicht auf deutschsprachige Webseiten beschränken, liefert Ihnen die Suche einen Link zum

Microsoft Download Center. Auf der entsprechenden Webseite können Sie die Liste der IDs für Office 2010 im Excel-Format als gepackte *.zip*-Datei herunterladen. Die *.zip*-Datei wird als selbstentpackende *.exe*-Datei angeboten.

INFO

Office Ribbon und NetFrameWork

Sofern auf Ihrem Rechner das NetFrameWork von Microsoft noch nicht installiert ist, wird dies beim ersten Start des Ribbon Editor festgestellt, und es wird automatisch versucht, das FrameWork zu installieren. Auf einem Rechner bei uns konnte unter Windows 8, 64 Bit, das Programm nicht sauber ausgeführt werden, da die Zugriffsrechte für den Programmordner nicht richtig gesetzt waren. Hier hilft es, die Zugriffsrechte des Ordners *Office Ribbon Editor* manuell auf **Vollzugriff** umzustellen.

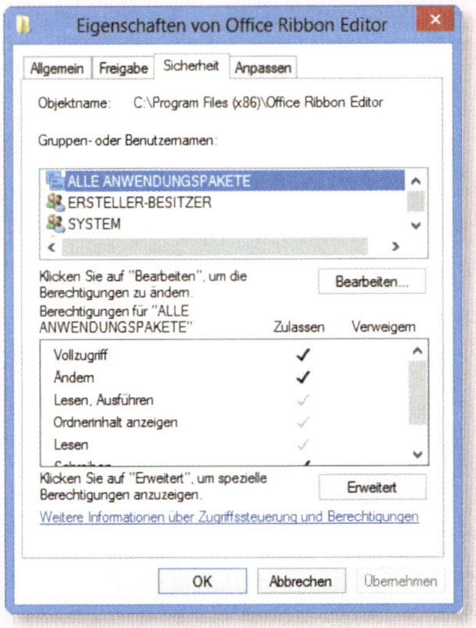

Abbildung 39.1
Die Zugriffsrechte des Ordners anpassen

Nachdem Sie die Datei auf Ihrer Festplatte gespeichert haben, müssen Sie die *.exe*-Datei aufrufen, damit das Archiv entpackt wird. Bestätigen Sie die Lizenzbedingungen und legen Sie im folgenden Dialog den Ordner fest, in den die Dateien entpackt werden sollen.

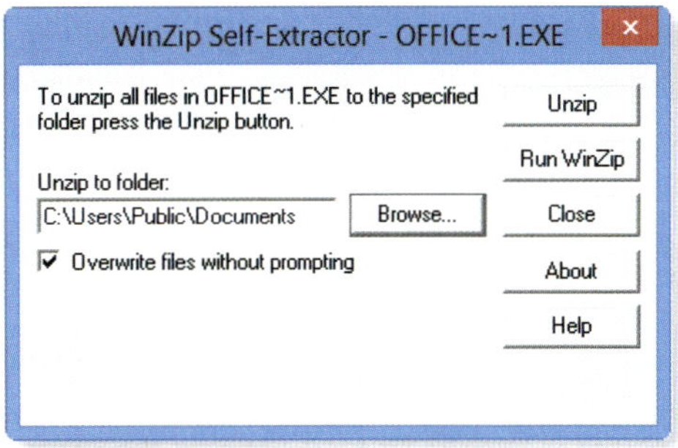

Abbildung 39.2
Bestimmen Sie den Ordner zum Entpacken der Dateien.

Klicken Sie dazu auf die Schaltfläche **Browse** und bestimmen Sie im folgenden Dialog den passenden Ordner.

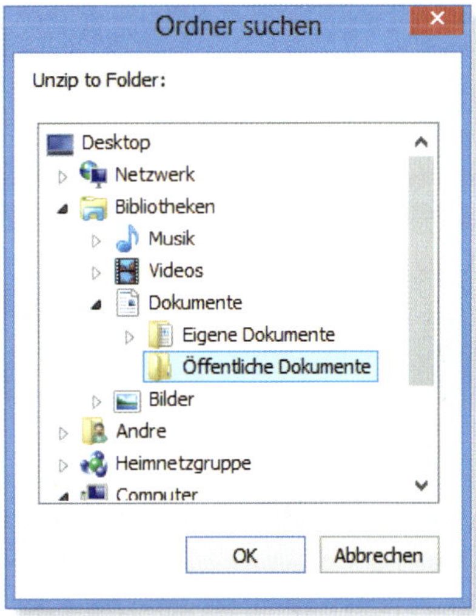

Abbildung 39.3
Den Ordner suchen, in dem die Dateien entpackt werden sollen

Anschließend finden Sie in dem ausgewählten Ordner eine ganze Reihe von Excel-Dateien. Öffnen Sie die Datei *WordControls.xlsx*. Daraufhin wird eine schier endlos lange Liste mit den Namen der Steuerelemente angezeigt (siehe Abbildung 39.4). Welche Informationen für das Erstellen von eigenen Registerkarten relevant sind, zeigen wir Ihnen dann jeweils an Ort und Stelle.

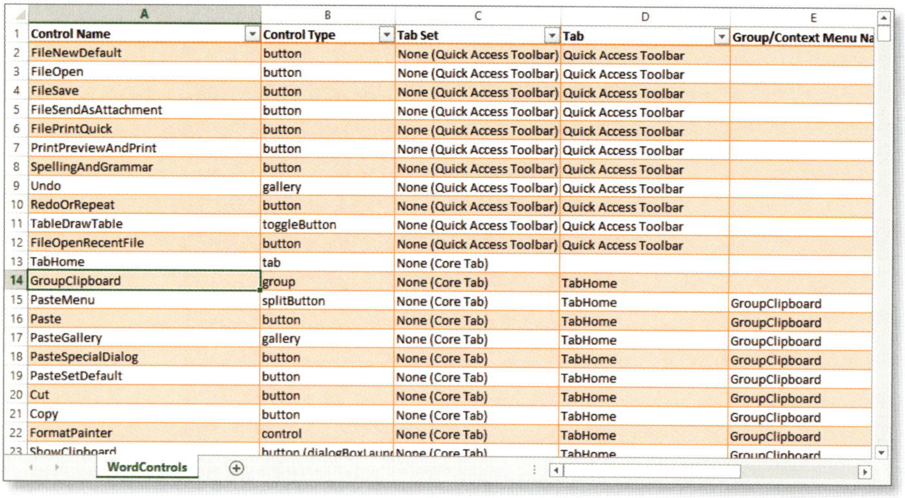

	A	B	C	D	E
1	Control Name	Control Type	Tab Set	Tab	Group/Context Menu Na
2	FileNewDefault	button	None (Quick Access Toolbar)	Quick Access Toolbar	
3	FileOpen	button	None (Quick Access Toolbar)	Quick Access Toolbar	
4	FileSave	button	None (Quick Access Toolbar)	Quick Access Toolbar	
5	FileSendAsAttachment	button	None (Quick Access Toolbar)	Quick Access Toolbar	
6	FilePrintQuick	button	None (Quick Access Toolbar)	Quick Access Toolbar	
7	PrintPreviewAndPrint	button	None (Quick Access Toolbar)	Quick Access Toolbar	
8	SpellingAndGrammar	button	None (Quick Access Toolbar)	Quick Access Toolbar	
9	Undo	gallery	None (Quick Access Toolbar)	Quick Access Toolbar	
10	RedoOrRepeat	button	None (Quick Access Toolbar)	Quick Access Toolbar	
11	TableDrawTable	toggleButton	None (Quick Access Toolbar)	Quick Access Toolbar	
12	FileOpenRecentFile	button	None (Quick Access Toolbar)	Quick Access Toolbar	
13	TabHome	tab	None (Core Tab)		
14	GroupClipboard	group	None (Core Tab)	TabHome	
15	PasteMenu	splitButton	None (Core Tab)	TabHome	GroupClipboard
16	Paste	button	None (Core Tab)	TabHome	GroupClipboard
17	PasteGallery	gallery	None (Core Tab)	TabHome	GroupClipboard
18	PasteSpecialDialog	button	None (Core Tab)	TabHome	GroupClipboard
19	PasteSetDefault	button	None (Core Tab)	TabHome	GroupClipboard
20	Cut	button	None (Core Tab)	TabHome	GroupClipboard
21	Copy	button	None (Core Tab)	TabHome	GroupClipboard
22	FormatPainter	control	None (Core Tab)	TabHome	GroupClipboard
23	ShowClipboard	button (dialogBoxLaun	None (Core Tab)	TabHome	GroupClipboard

Abbildung 39.4
Die Liste der Namen der vorhandenen Elemente für die Registerkarten

39.2 Eine Dokumentvorlagen-Datei erstellen

Nachdem Sie diese beiden Hilfsmittel (also die Software Office Ribbon Editor 4.5.0 und die Datei *WordControls.xlsx*) parat haben, können Sie mit der eigentlichen Arbeit beginnen. Um, wie zuvor bereits geschrieben, das Ziel zu erreichen, dass die neue Registerkarte des Menübands in einer Dokumentvorlagen-Datei gespeichert wird, benötigen Sie zunächst eine solche Datei. In welchem Umfang Sie diese Datei mit Formatvorlagen, Schnellbausteinen, Makros oder sonstigen Elementen füllen, hängt davon ab, wie Sie sie später einsetzen möchten. Geht es Ihnen nur darum, die neue Registerkarte darin abzulegen und eventuell ein Makro zu speichern, reicht eine mehr oder minder »jungfräuliche« *.dotm*-Datei. Wie Sie eine solche Vorlage erstellen, beschreiben wir ausführlich in Kapitel 20, »Dokumentdesigns und Dokumentvorlagen«.

Eine .dotm-Datei anlegen

Im Folgenden sehen Sie die dafür erforderlichen Schritte kurz zusammengefasst.

1. Öffnen Sie ein leeres Dokument.
2. Klicken Sie auf **Datei** > **Speichern unter** > **Computer** > **Durchsuchen**.
3. Wählen Sie im Dialog **Speichern unter** im Feld **Dateityp** den Eintrag **Word-Vorlage mit Makros (*.dotm)**.
4. Der Ordner für persönliche Vorlagen (**Benutzerdefinierte Office-Vorlagen**) wird dann automatisch geöffnet. Speichern Sie die Datei. Im Beispiel wählen wir den Dateinamen *meinRibbonX.dotm*.

Wir verwenden hier eine Vorlage, die auch Makros aufnehmen kann (also die Dateiendung *.dotm* trägt), da wir im weiteren Verlauf des Kapitels zeigen möchten, wie Sie auch eigene Makros über die Registerkarte aufrufen können.

Global vs. lokal

Auf welche Art und Weise Sie die hier erstellte Vorlagendatei später einsetzen können, hängt davon ab, für welche Zwecke Sie die Datei vorbereitet haben. Möchten Sie nur die erstellte Registerkarte nutzen, reicht es, die Vorlagendatei als globale Dokumentvorlage zu laden. Wenn Sie hingegen auch auf Formatvorlagen dieser Dokumentvorlage zugreifen möchten, müssen Sie sie als lokale Dokumentvorlage verwenden. Sie müssen also Dokumente erstellen, die auf dieser Dokumentvorlage basieren (siehe dazu den Abschnitt »Lokale und globale Dokumentvorlagen verwenden« ab Seite 432 in Kapitel 20, »Dokumentdesigns und Dokumentvorlagen«).

39.3 Erstellen der ersten eigenen Registerkarte

Nach diesen Vorbereitungen können Sie mit der konkreten Arbeit beginnen. Schließen Sie die soeben erstellte Dokumentvorlagen-Datei, damit Sie sie im Editor öffnen können.

Den Editor zum Erstellen der XML-Struktur nutzen

Anschließend starten Sie das Programm Office Ribbon Editor. Der Editor präsentiert sich mit einer sehr übersichtlichen Benutzeroberfläche.

Abbildung 39.5
Der Office Ribbon Editor

1 Um die soeben erstellte Vorlagendatei zu bearbeiten, müssen Sie sie öffnen. Klicken Sie dazu auf die Schaltfläche **Open File** ❶.

2 Im zugehörigen Dialog wählen Sie die Dokumentvorlagen-Datei aus. In unserem Beispiel heißt diese Datei *meinRibbonX.dotm*. Anschließend zeigt Ihnen der Editor eine Registerkarte mit dem Namen der soeben geöffneten Datei. Im rechten Bereich des Fensters sehen Sie den **Document Explorer**. Hier werden die für die Erstellung von Registerkarten relevanten Elemente, die in der Vorlagendatei gespeichert werden, aufgelistet.

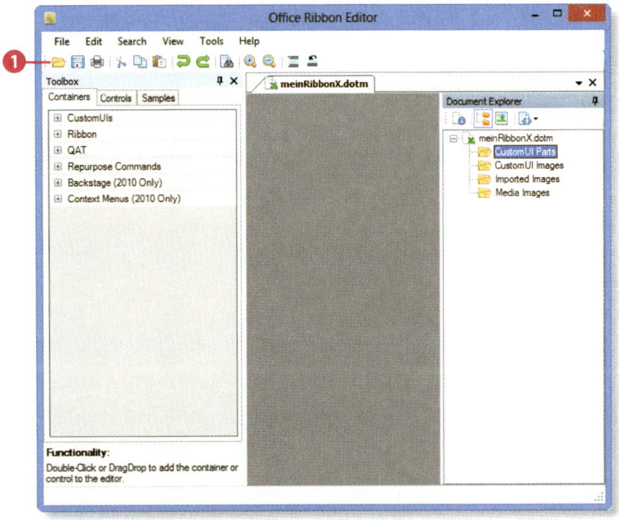

Abbildung 39.6
Der Document Explorer

3 Der Ordner *CustomUI Parts* ist zunächst leer. Um eine XML-Datei mit einem Grundgerüst einzufügen, klicken Sie im Auswahlmenü der Schaltfläche **AddCustomUI** auf den Eintrag **Add 2010 CustomUI**. Wie Sie sehen, unterscheiden sich die XML-Grundgerüste der beiden Word-Versionen 2007 und 2010. Lesen Sie dazu auch den Infokasten »Unterschiede in den Word-Versionen« auf Seite 804.

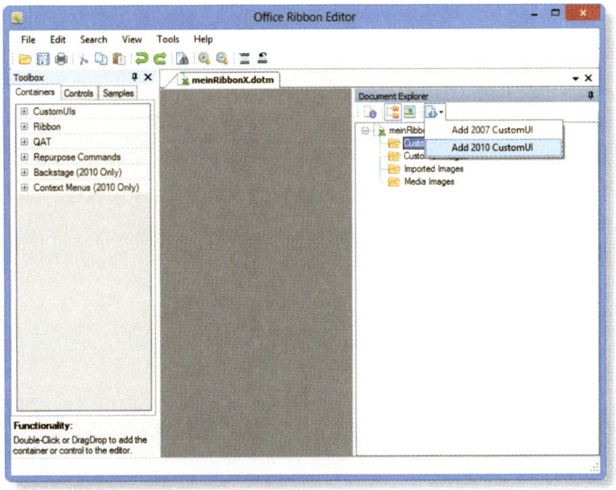

Abbildung 39.7
Eine XML-Datei mit Grundgerüst einfügen

INFO

Die angezeigte Ordnerstruktur

Im Ordner *CustomUI Parts* wird die XML-Datei abgelegt, in der die Änderungen am Menüband gespeichert werden. Die anderen Ordner nehmen Grafiken und Medienelemente auf, die Sie u. a. im Menüband verwenden können. Diese Ordner benötigen wir zunächst nicht.

4 Jetzt befindet sich eine erste Datei im Ordner *CustomUI Parts* mit dem Namen *RibbonX14.dotm*, deren Inhalt Sie sich per Doppelklick anzeigen lassen.

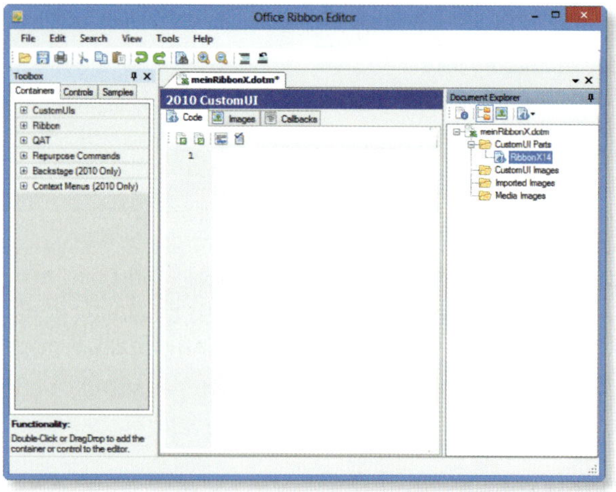

Abbildung 39.8
Die leere XML-Datei wartet auf das XML-Gerüst.

5 Das sieht bisher noch sehr nüchtern und leer aus, also fügen Sie gleich schonmal das Grundgerüst ein. Aktivieren Sie dazu in der Toolbox die Registerkarte **Samples**.

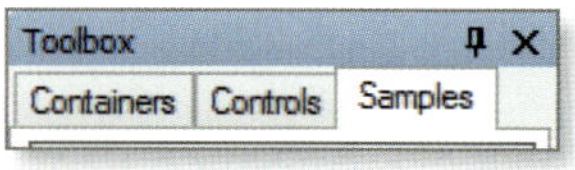

Abbildung 39.9
Die Registerkarte »Samples« in der Toolbox

6 Öffnen Sie den Bereich **Office 2010**. Hier finden Sie genau, was Sie brauchen, nämlich ein Beispiel mit dem Namen **Custom Ribbon**.

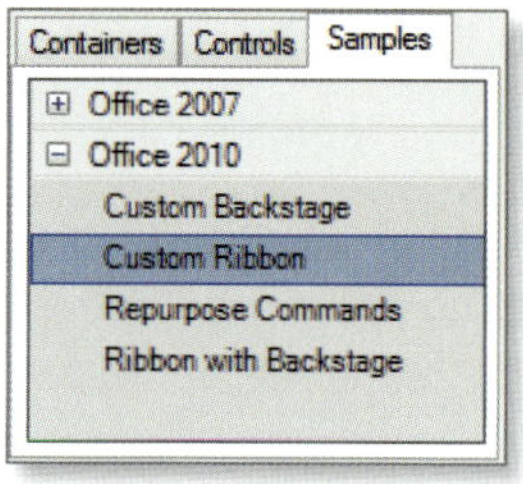

Abbildung 39.10
Hier wählen Sie »Custom Ribbon«.

7 Per Doppelklick auf diesen Eintrag fügen Sie das XML-Gerüst in die Datei ein (siehe Abbildung 39.11).

8 Klicken Sie im Editor auf das Symbol zum Speichern, damit diese Änderungen in der Datei *meinRibbonX.dotm* abgelegt werden.

HINWEIS

Unterschiede in den Word-Versionen

Beim Anpassen des Menübands unterscheiden sich die notwendigen Schritte zwischen Word 2007 und Word 2010/2013 nicht wesentlich. Die XML-Datei weist aber kleine Unterschiede auf. Wenn Sie eine Anpassung erstellen möchten, die für Word 2007 und für Word 2010/13 funktioniert, empfehlen wir Ihnen, die Anpassung für Word 2007 durchzuführen. Nach unserer Erfahrung kann Word 2010/13 mit den Dokumentvorlagen für Word 2007 problemlos umgehen.

Nach der im nächsten Abschnitt folgenden Erklärung des Grundgerüstes werden wir die Dokumentvorlagen-Datei in Word laden und die entsprechenden Veränderungen prüfen.

Erklärung des Grundgerüstes der XML-Datei

Um das Grundgerüst des XML-Textes zu verstehen, wollen wir es nun Block für Block aus der Nähe betrachten.

```
<customUI xmlns="http://schemas.microsoft.
com/office/2009/07/customUI">
```

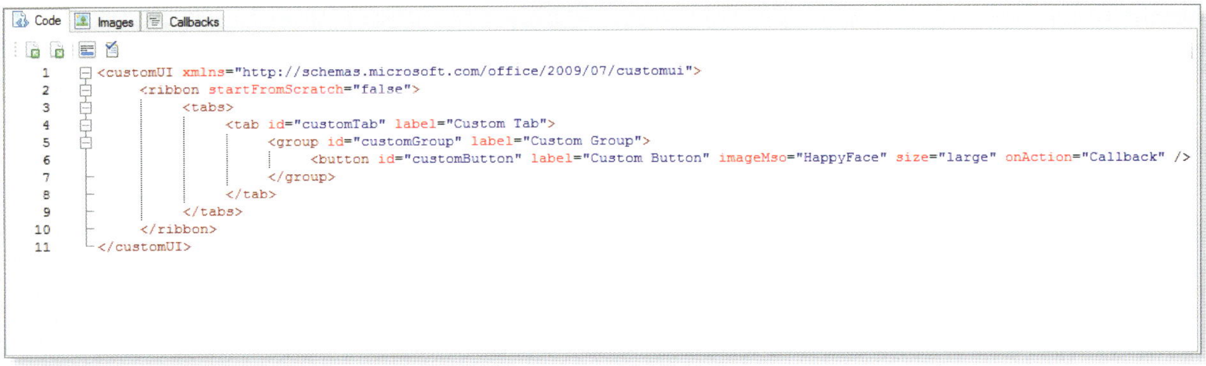

Abbildung 39.11
Das eingefügte XML-Grundgerüst

Das erste Tag, <customUI>, besagt, dass wir ein User-Interface definieren möchten. Die URL (also die Internetadresse) des Attributs xmlns verweist auf ein Schema, in dem u. a. die erlaubten Tags definiert werden. Dieses Tag wird ganz am Ende mit </customUI> beendet. In diesem Tag müssen wir keine Änderungen vornehmen. Sie sehen hier bereits, dass in XML zu jedem öffnenden Tag ein schließendes gehört.

```
<ribbon startFromScratch="false">
```

Mit dem Tag in der nächsten Zeile wird angezeigt, dass wir am Ribbon (Menüband) Änderungen vornehmen möchten. Da das Attribut startFromScratch (»Beginne bei null«) auf false (»falsch«) gesetzt ist, wird das Standardmenüband von Word geladen, und es werden nur die im nachfolgenden beschriebenen Änderungen eingefügt. Auch das Tag <ribbon> wird natürlich weiter unten im XML-Text mit </ribbon> geschlossen.

```
<tabs><tab id="customTab" label="Custom
Tab">Hier Definition der
Elemente</tab></tabs>
```

Im darauffolgenden Tag <tabs> werden die hinzuzufügenden Registerkarten definiert. Je Registerkarte folgt ein Tag <tab> mit abschließendem </tab>, wobei dazwischen die Elemente definiert werden, die auf der Registerkarte enthalten sein sollen (diese Elemente schauen wir uns gleich noch an). Am Ende folgt dann das schließende Tag </tabs>.

Das Tag <tab> hat zwei Attribute (id und label). Mit dem Attribut id wird ein eindeutiger Name für die Registerkarte gesetzt. Das Attribut label sorgt für die Beschriftung auf dem Reiter der Registerkarte.

Und nun zu den Elementen, die auf der Registerkarte vorhanden sein sollten und deshalb zwischen das öffnende (<tab>) und das schließende Tag (</tab>) geschrieben werden.

```
<group id="customGroup" label="Custom
Group"><button id="customButton"
label="Custom Button" imageMso="HappyFace"
size="large" onAction="Callback" /></group>
```

Die Befehle auf der Registerkarte werden in Gruppen zusammengefasst. Deswegen beginnt der Inhalt der Registerkarte mit dem Tag <group>, das eine neue Gruppe einleitet. Diese Gruppe wird am Ende mit dem Tag </group> geschlossen (Sie können auf einer Registerkarte mehrere Gruppen definieren, dafür würden Sie einfach weitere <group>-Tags anfügen). Zwischen dem öffnenden und dem schließenden Tag für die Gruppe (<group> </group>) befinden sich die Tags für die Schaltflächen, die in dieser Gruppe erscheinen sollen. Auch das Tag <group> hat zwei Attribute (id und label). Das Attribut id legt wieder einen eindeutigen Namen für die Gruppe fest, und das Attribut `label` setzt die Beschriftung im unteren Bereich der Gruppe.

In dieser Gruppe ist nur eine Schaltfläche definiert; und zwar geschieht dies über das Tag `<button>`. Dieses Tag kann keine weiteren Elemente aufnehmen und benötigt deswegen kein schließendes Tag. Da das schließende Tag fehlt, wird `<button/>` mit einem Schrägstrich (/) vor der schließenden Klammer beendet.

Betrachten wir nun die Attribute dieses Tags. Auch hier gibt es wieder einen eindeutigen Namen (das Attribut `id`) und eine Beschriftung (das Attribut `label`). Mit dem Attribut `imageMso` wird eine interne Word-Grafik mit dem Namen »HappyFace« auf der Schaltfläche angezeigt. Die Größe der Schaltfläche legen Sie über das Attribut `size` fest (`large` für »groß«). Das letzte Attribut, `onAction`, bestimmt, welche Aktionen ausgeführt werden sollen, wenn die Schaltfläche angeklickt wird. Hier folgt normalerweise ein Makroname.

Die Registerkarte im Einsatz

Bisher haben wir an dieser neuen Registerkarte noch keine Änderungen vorgenommen. Dennoch lohnt es sich, zu prüfen, was das beschriebene Grundgerüst bewirkt, sodass deutlicher wird, welche Änderungen welche Auswirkungen nach sich ziehen.

Damit Sie die Änderungen, die jetzt in der Dokumentvorlagen-Datei gespeichert sind, in Word betrachten können, müssen Sie die Vorlagendatei laden. Rufen Sie dazu den Dialog **Dokumentvorlagen und Add-Ins** auf (am schnellsten geht das über die Schaltfläche **Dokumentvorlage** auf der Registerkarte **Entwicklertools**, sofern Sie diese eingeblendet haben).

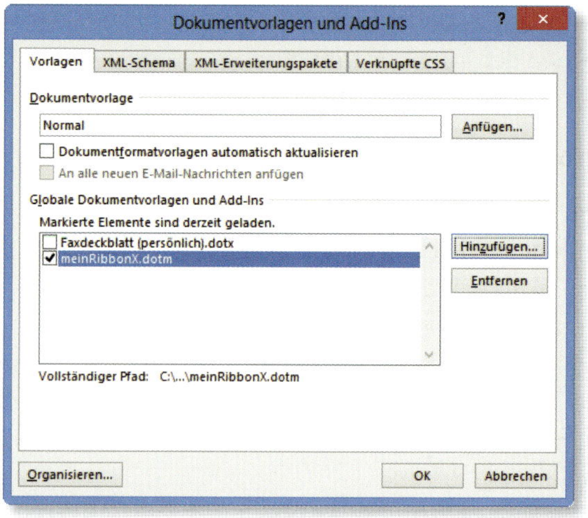

Abbildung 39.12
Klicken Sie hier auf »Hinzufügen«.

Um die Dokumentvorlagen-Datei als globale Dokumentvorlage zu laden, klicken Sie auf die Schaltfläche **Hinzufügen**. Wählen Sie im zugehörigen Dialog (**Vorlage hinzufügen**) die bearbeitete Dokumentvorlagen-Datei (*meinRibbonX.dotm*) aus (zu finden über **Dokumente** > **Benutzerdefinierte Office-Vorlagen**). Anschließend wird diese Datei im Bereich **Globale Dokumentvorlagen und Add-Ins** angezeigt. Achten Sie darauf, dass vor dem Dateinamen ein Häkchen gesetzt ist, sodass die Datei beim Verlassen des Dialogs mit der Schaltfläche **OK** geladen wird.

Nachdem Sie den Dialog geschlossen haben, sehen Sie die neue Registerkarte im Menüband. Sobald Sie die Registerkarte aktivieren, taucht die definierte Gruppe auf, die eine Schaltfläche mit einem kleinen Smiley enthält (siehe Abbildung 39.13).

Auf dem Reiter der Registerkarte finden Sie den Text wieder, der im Attribut `label` des Tags `<tab>` festgelegt wurde (**Custom Tab**). Auch die Beschriftung der

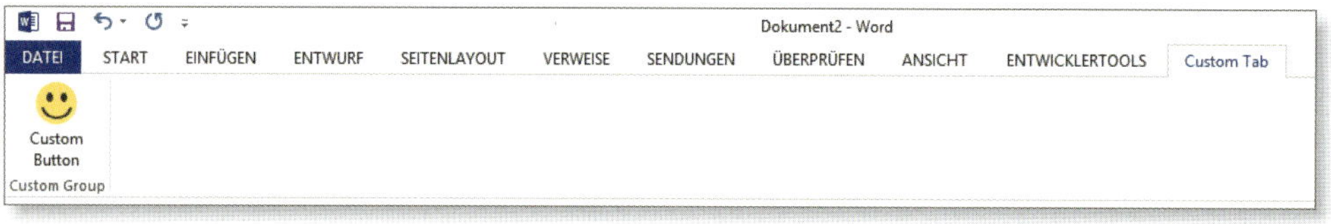

Abbildung 39.13
Die Registerkarte mit der Gruppe, die ein Smiley-Symbol enthält

Schaltfläche und der Gruppe auf der Registerkarte entsprechen den `label`-Attributen dieses Tags.

Bearbeiten und Testen der .dotm-Datei

Wenn Sie, wie wir es eben gemacht haben, Änderungen an der Dokumentvorlagen-Datei testen und diese Datei somit in Word laden, können Sie im Editor keine Änderungen an der Vorlagendatei speichern. Sie müssen die Vorlagendatei zunächst entladen, sodass Word diese Datei schließt. Entfernen Sie dazu im Dialog **Dokumentvorlagen und Add-Ins** das Häkchen vor dem Namen der Vorlagendatei.

Die ersten Änderungen an der Registerkarte

Die folgenden Bearbeitungen sind nun für die Registerkarte geplant:

1. Zunächst möchten wir die Beschriftung der Registerkarte ändern und ihre Position im Menüband vor die Registerkarte **Start** verschieben.
2. In einem weiteren Schritt soll die Gruppe **Zwischenablage**, die Sie normalerweise auf der Registerkarte **Start** finden, der neuen Registerkarte hinzugefügt werden.
3. Dann werden wir der Registerkarte eine weitere Gruppe hinzufügen, die einige Schaltflächen zum Zuweisen von Formatvorlagen (**Überschrift 1** bis **Überschrift 3**) enthält. Diese Gruppe wird im nachfolgenden Abschnitt um Schaltflächen erweitert, die mithilfe eines Makros beliebige Formatvorlagen zuweisen können.

Die erforderlichen Schritte beschreiben wir in den nächsten Abschnitten im Detail, sodass Sie alles gut nachvollziehen können.

Die Beschriftung ändern

Wechseln Sie wieder in den Editor, öffnen Sie gegebenenfalls die Vorlagendatei erneut und lassen Sie sich das XML-Gerüst der Vorlage anzeigen (siehe Abbildung 39.14).

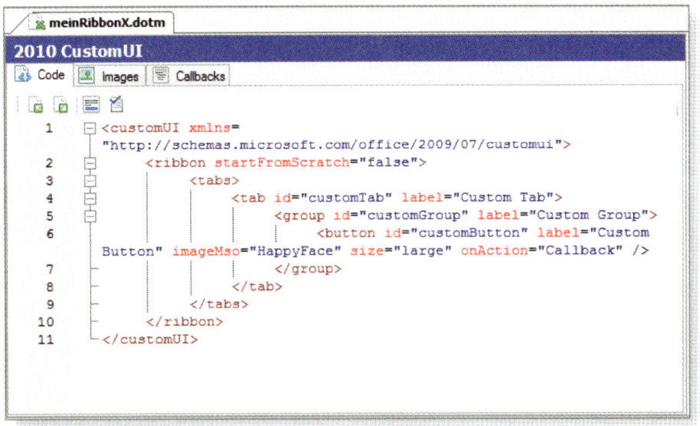

Abbildung 39.14
Das XML-Gerüst im Editor

Die Beschriftung des Registerkartenreiters ändern Sie einfach, indem Sie den Text des Attributs `label` des Tags `<tab>` ändern. Schreiben Sie z. B. »Meine Registerkarte«.

```
<tabs>
    <tab id="customTab" label="Meine Registerkarte">
        <group id="customGroup" label="Custom Group">
```

Abbildung 39.15
So beschriften Sie die Registerkarte.

Um die Position der Registerkarte zu ändern, fügen Sie dem Tag ein neues Attribut hinzu (siehe Abbildung 39.16). Dieses lautet `insertBeforeMso="TabHome"`, woraufhin die Registerkarte vor der eingebauten Registerkarte **Start** (interner Microsoft-Name: `TabHome`) eingefügt wird. Wichtig ist, dass Sie die Werte der Attribute in Anführungszeichen setzen.

```
<tabs>
    <tab id="customTab" label="Meine Registerkarte" insertBeforeMso="TabHome">
        <group id="customGroup" label="Custom Group">
```

Abbildung 39.16
So verschieben Sie die Registerkarte.

So weit sind die ersten Änderungen fertig. Abbildung 39.17 zeigt den Erfolg in Word.

Abbildung 39.17
Die erste Anpassung der Registerkarte

TIPP

Die neue Registerkarte hinter der Registerkarte »Start« anzeigen

Wenn Sie die neue Registerkarte nicht vor, sondern nach der Registerkarte **Start** anzeigen lassen möchten, verwenden Sie das Attribut `insertAfterMso="TabHome"`.

Die Gruppe »Zwischenablage« auf die Registerkarte schieben

Im nächsten Schritt geht es darum, die Gruppe **Zwischenablage** auf die neue Registerkarte zu zaubern. Um die ID dieser Gruppe zu ermitteln, setzen Sie die zuvor heruntergeladene Excel-Datei ein. Da diese Gruppe auf der Registerkarte **Start** zu finden ist, scrollen Sie in der Excel-Datei so weit nach unten, bis in der Spalte **Tab** (mit den Namen der Registerkarten, auf denen die Elemente normalerweise angezeigt werden) der Eintrag **TabHome** auftaucht (siehe Abbildung 39.18). In der Spalte **Control Name** gibt es den Eintrag **GroupClipboard**; dies ist die englische Bezeichnung für die **Zwischenablage**. Jetzt ist auch noch die zweite Spalte (**Control Type**) relevant. In dieser Spalte können Sie sehen, um welche Art von Element es sich handelt; in diesem Fall ist es eine Gruppe (**group**). Merken Sie sich also den Namen und den Typ des Elements.

	Control Name	Control Type	Tab Set	Tab
10	RedoOrRepeat	button	None (Quick Access Toolbar)	Quick Access Toolbar
11	TableDrawTable	toggleButton	None (Quick Access Toolbar)	Quick Access Toolbar
12	FileOpenRecentFile	button	None (Quick Access Toolbar)	Quick Access Toolbar
13	TabHome	tab	None (Core Tab)	
14	GroupClipboard	group	None (Core Tab)	TabHome
15	PasteMenu	splitButton	None (Core Tab)	TabHome
16	Paste	button	None (Core Tab)	TabHome

Abbildung 39.18
Die Liste mit den internen Namen der Elemente des Menübands

INFO

Name und Typ der Elemente

Den Namen des Elements benötigen Sie für das Attribut `id`, damit Word weiß, welches Element angezeigt werden soll. Der Typ ist wichtig, da Sie die `id` eines vorhandenen Elements nur einsetzen können, wenn dies in einem XML-Tag des gleichen Typs geschieht.

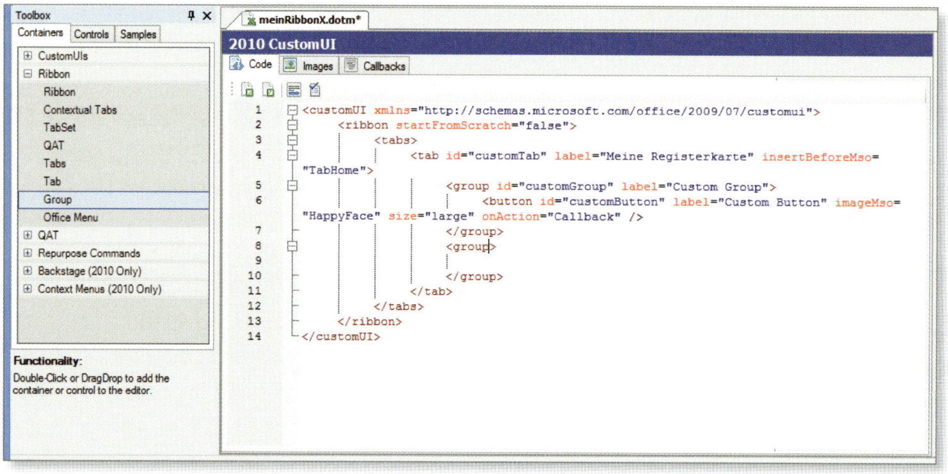

Abbildung 39.19
Die neue Gruppe definieren

Mit diesem Wissen gerüstet, wechseln Sie in den Editor (siehe Abbildung 39.19). Setzen Sie den Cursor hinter das schließende Tag der ersten Gruppe (`</group>`) und erzeugen Sie mithilfe der [↵]-Taste eine Leerzeile. Tippen Sie jetzt die Start- und Endtags für eine neue Gruppe ein (`<group></group>`). Alternativ können Sie in der Toolbox auf der Registerkarte **Containers** im Bereich **Ribbon** auf **Group** doppelklicken.

Jetzt müssen Sie nur noch das Attribut `id` in dieser neuen Gruppe setzen, sodass das vorhandene Element angezeigt wird. Als internes Microsoft-Element heißt dieses Attribut `idMso`. Schreiben Sie also in das Tag `<group>` das Attribut `idMso="GroupClipboard"`.

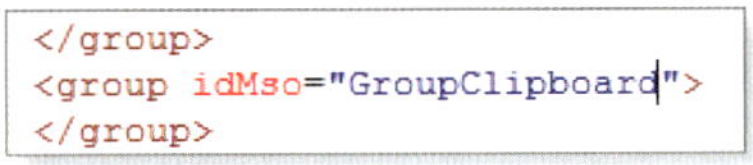

Abbildung 39.20
Das Element anzeigen lassen

Wenn Sie diesen Stand speichern und sich das Ergebnis in Word anschauen, erhalten Sie in etwa ein Menüband, wie es in Abbildung 39.21 gezeigt wird.

Abbildung 39.21
Die neue Registerkarte mit der Gruppe »Zwischenablage«

Eine Gruppe mit einem Auswahlmenü

Die nächste Gruppe wird ein Auswahlmenü erhalten, in das wir drei Schaltflächen setzen, mit denen Sie die Formatvorlagen **Überschrift 1**, **Überschrift 2** und **Überschrift 3** zuweisen können.

Im Editor müssen Sie dafür die folgenden Zeilen hinter dem schließenden Tag `</group>` der Zwischenablage und vor dem schließenden Tag `</tab>` der Registerkarte einfügen.

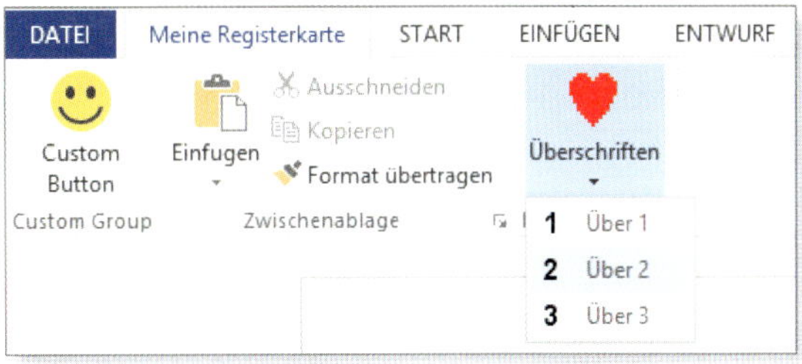

Abbildung 39.22
Das Auswahlmenü zum Zuweisen der Formatvorlagen auf der neuen Registerkarte

```
<group id="customGroup2"
label="Formatvorlagen"><menu
id="customMenu1" label="Überschriften"
size="large" screentip="Überschriften"
supertip="Die Formatvorlagen für
Überschriften" imageMso="Heart">   <button
idMso="Heading1Apply" label="Über 1"
imageMso="_1" />
   <button idMso="Heading2Apply"
label="Über 2" imageMso="_2" />
   <button idMso="Heading3Apply"
label="Über 3" imageMso="_3" />
</menu></group>
```

Listing 39.1
Die Definition des Auswahlmenüs

Betrachten wir dieses XML-Fragment im Folgenden einmal Stück für Stück. Zunächst wird eine neue Gruppe begonnen (`<group>`), der eine frei wählbare, aber eindeutige `id` gegeben wird (`id="customGroup2"`). Mit dem Attribut `label="Formatvorlagen"` wird die Beschriftung der Gruppe festgelegt. Am Ende folgt `</group>`, um anzuzeigen, dass die Definition der Gruppe beendet ist und keine weiteren Elemente für diese Gruppe folgen.

Zwischen `<group>` und `</group>` werden die Elemente der Gruppe aufgelistet. In diesem Fall ist es nur ein Element, nämlich ein Auswahlmenü (`<menu></menu>`), das seinerseits mehrere Elemente aufnimmt. Hier sind es drei Schaltflächen (`<button />`), die an-

Attribut	Wert	Beschreibung
`id`	`="customMenu1"`	eindeutige, frei wählbare `id` des Elements
`label`	`="Überschriften"`	Beschriftung des Menüs, wird auf der Registerkarte angezeigt
`size`	`="large"`	Größe des Menüs auf der Registerkarte (hier: `large` = groß)
`screentip`	`="Überschriften"`	Setzt die Überschrift der QuickInfo-Box, die erscheint, wenn Sie mit dem Mauszeiger auf dem Menü ausharren.
`supertip`	`="Die Formatvorlagen für Überschriften"`	Setzt den Text der QuickInfo-Box.
`imageMso`	`="Heart"`	Legt fest, dass eine Word-interne Grafik angezeigt werden soll.

Tabelle 39.1
Die Attribute eines Auswahlmenüs (<menu></menu>)

gezeigt werden, wenn das Menü per Mausklick aufgeklappt wird. Die weiteren Erklärungen für die Attribute des Menüs sehen Sie in Tabelle 39.1.

Abbildung 39.23
Die QuickInfo-Box mit den über die Attribute festgelegten Texten

Die Schaltflächen des Auswahlmenüs sind alle drei ähnlich aufgebaut. Sie werden mithilfe des Tags `<button>` definiert. Wir verwenden hier vorhandene Word-Schaltflächen, die über das Attribut `idMso` (`="Heading1Apply"`) festgelegt werden. Diese Schaltflächen weisen die entsprechenden Formatvorlagen der Überschriften zu. Sie werden auf den vorhandenen Registerkarten nicht verwendet, deswegen werden sie in der Excel-Liste ziemlich weit unten aufgeführt, und zwar dort, wo in der Spalte **Tab** der Eintrag **None** (»Not in the Ribbon«) zu finden ist. Über die Attribute `label` (`label="Über 1"`) passen wir die Beschriftungen an und mit dem Attribut `imageMso` bestimmen wir für die Anzeige eine interne Word-Grafik.

HINWEIS

Überprüfen der XML-Struktur

Wenn Sie umfangreiche Änderungen an der XML-Struktur vornehmen, schleichen sich mitunter kleine Tippfehler und Ungereimtheiten ein, die dazu führen können, dass der XML-Text nicht mehr interpretiert werden kann. Word ist relativ tolerant, d. h., bei Fehlern in der XML-Struktur wird die Registerkarte so weit wie möglich angezeigt, und nur Elemente, die Fehler enthalten, werden weggelassen. Beim Speichern sucht der Ribbon Editor automatisch nach Fehlern in der XML-Struktur und zeigt diese, wenn es welche gibt, unterhalb des XML-Skripts an.

Leider werden Sie in der Liste der vorhandenen und einsetzbaren Elemente nicht für alle Formatvorlagen Schaltflächen finden. Wenn Sie auch andere Formatvorlagen über Schaltflächen Ihrer Registerkarte zuweisen möchten, müssen Sie sich hierzu eines Makros bedienen. Wie dies funktioniert, zeigen wir in Abschnitt 39.4, »Eigene Makros per Schaltfläche aufrufen«, in diesem Kapitel.

Vergessen Sie nicht das Speichern der XML-Datei, nachdem Sie alle Änderungen eingefügt haben.

```
<customUI xmlns="http://schemas.microsoft.
com/office/2009/07/customui"><ribbon
startFromScratch="false">   <tabs>   <tab
id="customTab1" label="Meine Registerkarte"
insertBeforeMso="TabHome">
      <group id="customGroup1"
label="Custom Group">
         <button id="customButton"
label="Custom Button" imageMso="HappyFace"
size="large" onAction="Callback" />
      </group>      <group
idMso="GroupClipboard">      </
group>      <group id="customGroup2"
label="Formatvorlagen">
         <menu id="customMenu1"
label="Überschriften" size="large"
screentip="Überschriften" supertip="Die
Formatvorlagen für Überschriften"
imageMso="Heart">
            <button idMso="Heading1Apply"
label="Über 1" imageMso="_1" />
            <button idMso="Heading2Apply"
label="Über 2" imageMso="_2" />
            <button idMso="Heading3Apply"
label="Über 3" imageMso="_3" />
         </menu>      </group>   </
tab>   </tabs></ribbon></customUI>
```

Listing 39.2
Das vollständige Listing der XML-Datei

Die Namen der internen Grafiken

Um die Namen der verwendbaren Grafiken nachzuschauen, bietet Microsoft eine Excel-Datei an, in der alle eingebauten Grafiken verwendet werden. Laden Sie im Download Center von Microsoft die Datei *Office2007IconsGallery.xlsm* herunter (eine IconsGallery wird auch als Word-Dokument angeboten; wir nutzen die Excel-Datei, weil uns die Zusammenstellung übersichtlicher erscheint). In dieser Datei finden Sie auf der Registerkarte **Entwicklertools** den Bereich **Office-Icons**. Durchforsten Sie dann ein Auswahlmenü nach dem anderen (**Gallery 1** bis **Gallery 9**), bis Sie die gewünschte Grafik entdecken. Machen Sie sich also auf etwas gefasst – es sind wirklich sehr viele Bilder, die Ihnen hier angezeigt werden. Wenn Sie den Mauszeiger auf eine der Grafiken richten, wird in einer QuickInfo-Box der Name angezeigt.

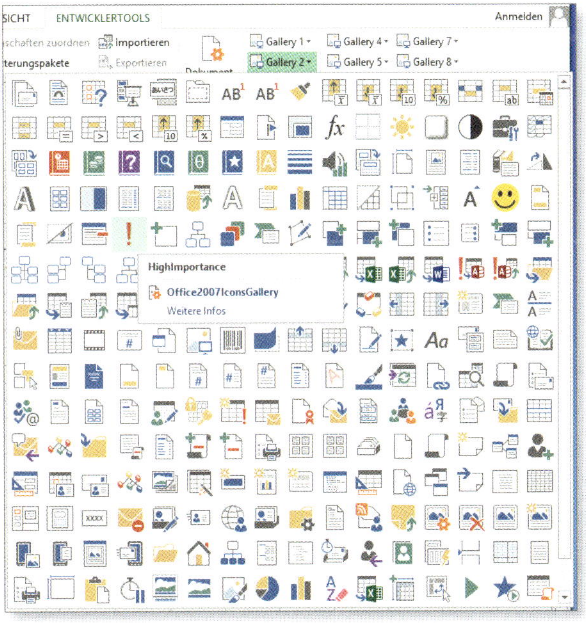

Abbildung 39.24
Das Menü »Gallery 2« (Ausschnitt)

39.4 Eigene Makros per Schaltfläche aufrufen

Bisher haben Sie gesehen, wie Sie eine eigene Registerkarte im Menüband erstellen und dieser Registerkarte Gruppen und Schaltflächen hinzufügen. Dabei kamen immer Schaltflächen zum Einsatz, die Word von Haus aus mitliefert. Jetzt soll eine Schaltfläche erstellt werden, die ein Makro aufruft, über das Sie Ihre Registerkarte um neue Funktionalitäten erweitern können. In diesem Beispiel werden wir ein Makro verwenden, das so angepasst wird, dass es dem markierten Text/Absatz beliebige Formatvorlagen zuweisen kann.

Diese zusätzliche Funktionalität ist sinnvoll, da Word selbst, wie Sie wissen, nur Schaltflächen anbietet, die die Formatvorlagen **Überschrift 1**, **Überschrift 2** und **Überschrift 3** zuweisen können.

Die Schaltfläche zum Aufrufen des Makros

Als Erstes soll eine Schaltfläche erzeugt werden, die die Formatvorlage **Überschrift 4** zuweisen kann. Diese Schaltfläche werden wir in das vorhandene Auswahlmenü integrieren. Der XML-Text des Auswahlmenüs sieht wie im Folgenden gezeigt aus.

```
<menu id="customMenu1"
label="Überschriften" size="large"
screentip="Überschriften" supertip="Die
Formatvorlagen für Überschriften"
imageMso="Heart">   <button
idMso="Heading1Apply" label="Über 1"
imageMso="_1" />
   <button idMso="Heading2Apply"
label="Über 2" imageMso="_2" />
   <button idMso="Heading3Apply"
label="Über 3" imageMso="_3" />
   <button id="MeinFormat4" label="Über
4" imageMso="_4" onAction="Format2"
tag="Überschrift 4" />
</menu>
```

Listing 39.3
Das Listing für das Auswahlmenü mit der neuen Schaltfläche

Wie Sie sehen, ist eine neue Schaltfläche mit der `id "meinFormat4"` hinzugekommen. Auch für diese Schaltfläche vergeben wir eine Beschriftung (`label="Über 4"`) und verwenden eine interne Grafik (`imageMso="_4"`) für die Anzeige. Neu sind die beiden Attribute `onAction` und `tag`. Mit dem Attribut `onAction` legen Sie fest, welches Makro beim Anklicken der Schaltfläche ausgeführt werden soll. In diesem Fall ist es das Makro `"Format2"`, das wir im Anschluss erstellen werden. Das Attribut `tag` kann beliebigen Text aufnehmen. Wir legen in diesem Attribut den Namen der Formatvorlage fest (`tag="Überschrift 4"`), die mithilfe des Makros zugewiesen werden soll. Im Makro werden wir später auf dieses Attribut zugreifen, um die entsprechende Formatvorlage auswählen zu können. Nehmen Sie diese Änderungen jetzt im Editor vor und vergessen Sie anschließend das Speichern nicht.

Das Makro anpassen

Beim Aufruf von Makros über eine Schaltfläche der Registerkarte wird dem Makro das Registerkartenelement, also die Schaltfläche, mit übergeben. Daher müssen Makros, die Sie aufgezeichnet haben, angepasst werden (wie Sie Makros aufzeichnen, beschreiben wir in Kapitel 38, im Abschnitt »Eigene Makros erstellen«). Wenn Sie diese Aussage nicht verstehen, seien Sie unbesorgt; es reicht, wenn Sie sich vorerst merken, dass Makros für den Aufruf per Schaltfläche angepasst werden müssen. Eine ausführlichere Beschreibung würde zu tief in die Materie der VBA-Programmierung vorstoßen, deswegen verzichten wir hier darauf.

Die notwendige Anpassung können Sie sich vom Editor generieren lassen. Klicken Sie dazu auf der Registerkarte **Code** auf die kleine Schaltfläche **Generate VBA Callbacks**.

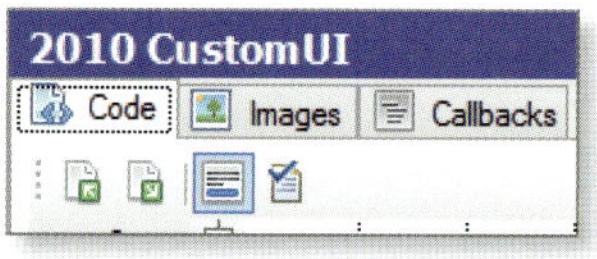

Abbildung 39.25
Callbacks generieren lassen

Anschließend wird automatisch die Registerkarte **Callbacks** angezeigt. Hier sehen Sie, wie Sie den Beginn der Makros anpassen müssen. Diesen Text werden Sie später noch brauchen (im Abschnitt »Das aufgezeichnete Makro editieren« auf Seite 813).

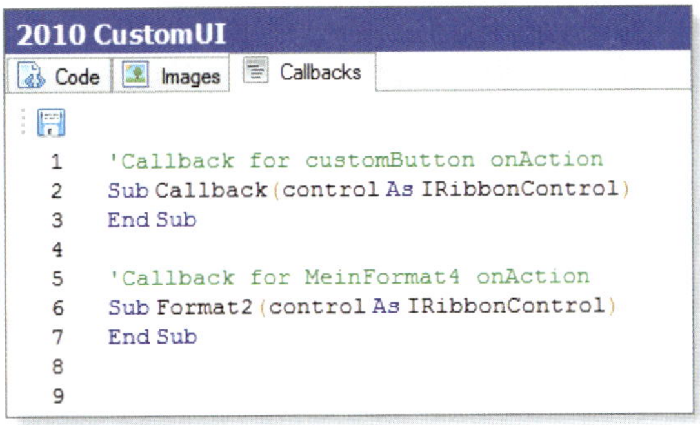

Abbildung 39.26
Die vorgeschlagenen Änderungen für den Aufruf von Makros

Das Makro aufzeichnen

Jetzt geht es darum, das Makro zu erstellen. Wir verwenden ein aufgezeichnetes Makro, das wir anschließend anpassen.

1 Öffnen Sie zum Aufnehmen des Makros die Dokumentvorlagen-Datei (*meinRibbonX.dotm*).

2 Setzen Sie den Cursor in einen beliebigen Absatz.

3 Starten Sie über die Schaltfläche **Makro aufzeichnen** auf der Registerkarte **Entwicklertools** die Aufnahme des Makros.

Abbildung 39.27
Ein Makro aufzeichnen

4 Geben Sie dem Makro den Namen »Format2«. Achten Sie darauf, dass Sie das Makro im Feld **Makro speichern in** auch in der entsprechenden Dokumentvorlagen-Datei speichern, also im Beispiel *meinRibbonX*.

5 Starten Sie die Aufnahme des Makros und weisen Sie jetzt dem Absatz über den Bereich **Formatvorlagen** rechts am Bildschirm irgendeine Formatvorlage zu. Im Beispiel verwenden wir die Vorlage **Untertitel**.

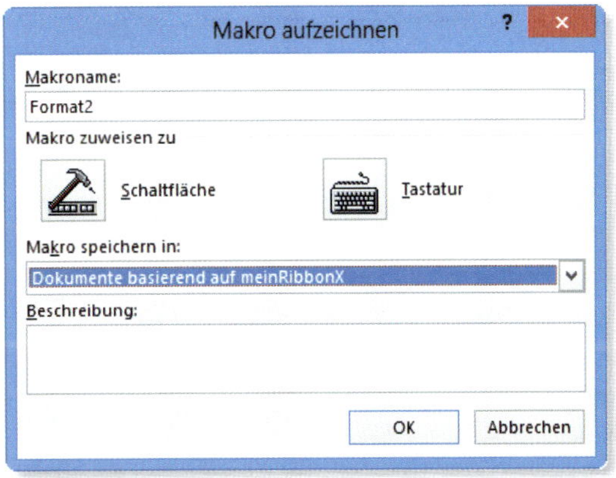

Abbildung 39.28
Das Makro in der entsprechenden Dokumentvorlagen-Datei speichern

6 Mehr soll das Makro nicht können, sodass Sie die Aufnahme mit der Schaltfläche **Aufzeichnung beenden** stoppen können.

Abbildung 39.29
Die Aufzeichnung stoppen

Diese kurze Aktion reicht zunächst als Basis. Die weitere Anpassung des Makros erfolgt daraufhin im VBA-Editor.

Das aufgezeichnete Makro editieren

Nachdem Sie das Makro aufgezeichnet haben, werden wir jetzt die notwendigen Änderungen im VBA-Editor vornehmen.

1 Klicken Sie auf der Registerkarte **Entwicklertools** auf die Schaltfläche **Visual Basic**, um den entsprechenden Editor aufzurufen.

Abbildung 39.30
Den VBA-Editor aufrufen

2 Öffnen Sie gegebenenfalls im Bereich **Module** die Datei **NewMacros** der verwendeten Dokumentvorlagen-Datei (*meinRibbonX*). Normalerweise befindet sich das Projektfenster auf der linken Seite unter der Menüleiste.

Hier finden Sie das soeben aufgezeichnete Makro wieder. Wie Sie sehen, besteht es eigentlich nur aus einer einzigen Zeile, in der dem markierten Bereich das Format (`Selection.Style`) der Formatvorlage mit dem Namen `Untertitel` des aktiven Dokuments zugewiesen wird (`ActiveDocument.Styles("Untertitel")`).

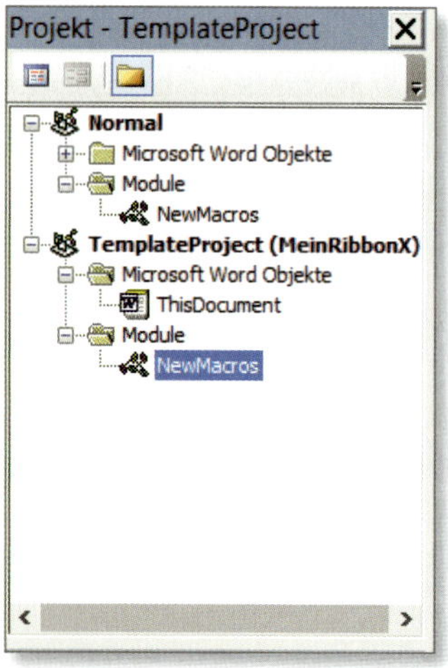

Abbildung 39.31
Das Projektfenster des Editors

3 Dieses Makro passen Sie jetzt im Editor an (siehe Listing 39.4). Nach dem Listing werden wir die Erklärung liefern.

Vergessen Sie nach der Änderung des Makros nicht das Speichern.

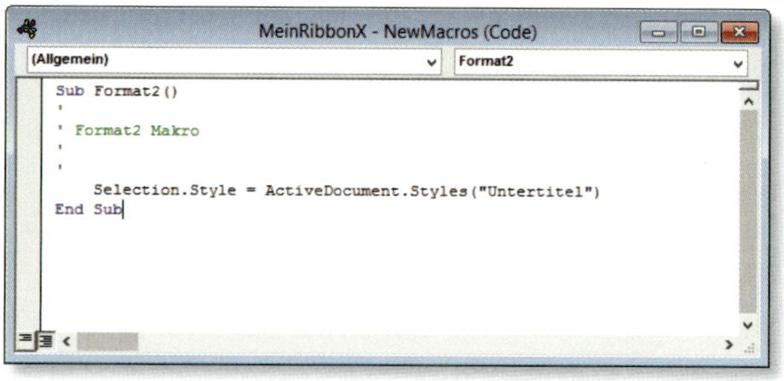

Abbildung 39.32
Das Makro im VBA-Editor

```
Sub Format2(control As IRibbonControl)'
Formatvorlagen zuweisen   On Error
GoTo FormatFehler   Selection.Style =
ActiveDocument.Styles(control.Tag)   Exit
SubFormatFehler:   MsgBox ("Formatvorlage "
+ control.Tag + " nicht gefunden!")End Sub
```

Listing 39.4
Das fertige Makro zum Zuweisen von Formatvorlagen

Sie sehen, dass bereits die erste Zeile geändert ist. Diese Änderung entspricht der Vorgabe, die der XML-Editor auf der Registerkarte **Callbacks** ausgegeben hat. In der Klammer wird das übergebene Element der Registerkarte (die Schaltfläche, die angeklickt wurde) der Variablen `control` zugewiesen, sodass im Makro auf Informationen der Schaltfläche zugegriffen werden kann.

Mit der Zeile `On Error GoTo FormatFehler` wird festgelegt, an welcher Position das Makro fortgeführt werden soll, falls ein Fehler auftritt. Dazu kommen wir gleich.

Die Zuweisung der Formatvorlage wurde nur geringfügig geändert: Es wird nicht mehr die Formatvorlage `"Untertitel"` zugewiesen, sondern die Formatvorlage, deren Name im Attribut `tag` der aufrufenden Schaltfläche festgelegt ist (`Selection.Style = ActiveDocument.Styles(control.Tag)`). Hier erkennen Sie, warum im XML-Gerüst das Attribut `tag` der Schaltfläche mit dem Namen der gewünschten Formatvorlage belegt wurde. Auf diese Weise können Sie das Makro mehrfach verwenden. Sie müssen in den entsprechenden Schaltflächen nur andere Formatvorlagen im Attribut `tag` festlegen.

Mit der Zeile `Exit Sub` wird das Makro beendet, sofern keine Fehler aufgetreten sind. In den folgenden Zeilen nach `FormatFehler:` wird festgelegt, welcher Programmcode ausgeführt werden soll, falls ein Fehler auftritt. Schauen Sie ein paar Zeilen weiter nach oben; dort wurde mit `On Error GoTo FormatFehler` bestimmt, dass bei Fehlern an diese Stelle gesprungen werden soll.

Im Falle eines Fehlers wird nur eine Zeile ausgeführt, die einen kleinen Dialog ausgibt, in dem der Name der Formatvorlage, die nicht gefunden wurde, angezeigt wird: `MsgBox ("Formatvorlage " + control.Tag + " nicht gefunden!")`.

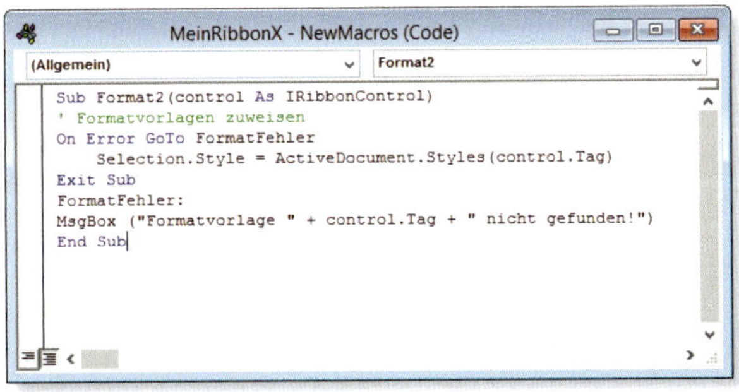

Abbildung 39.33
Die Zeilen des Makros

Nach dieser Anpassung werden Sie das Makro nicht mehr im Dialog **Makros** vorfinden. Dies liegt daran, dass nun aufgrund der Änderungen beim Aufruf des Makros ein Wert (`control As IRibbonControl`) mit übergeben werden muss. Da dies bei normalen Makros, die Sie sonst aufzeichnen, nicht vorgesehen ist und es deshalb keine Möglichkeit gibt, diesen Wert zu übergeben, zeigt Word das Makro im Dialog nicht mehr an.

Das Makro testen

Nach diesem Bündel an Verbesserungen ist es an der Zeit, die Funktion des Makros einmal zu testen. Speichern Sie die Änderungen und testen Sie das Makro direkt in der Dokumentvorlage oder öffnen Sie ein weiteres Dokument und laden Sie, wie zuvor beschrieben, die Dokumentvorlage. Kurz zur Erinnerung: Klicken Sie dazu auf der Registerkarte **Entwicklertools** in der Gruppe **Vorlagen** auf die Schaltfläche **Dokumentvorlage**. Aktivieren Sie im Dialog **Dokumentvorlagen und Add-Ins** das Häkchen vor der betreffenden Dokumentvorlage.

Anschließend erhalten Sie wieder die neue Registerkarte auf dem Menüband. Hier sollten Sie das Auswahlmenü jetzt mit vier Einträgen vorfinden. Klicken Sie den untersten Eintrag an, um das Makro aufzurufen, sodass die Formatvorlage **Über 4** dem zuvor markierten Bereich zugewiesen wird.

Abbildung 39.34
Über die Schaltfläche können Sie nun die Formatvorlage »Über 4« zuweisen.

Wenn die Formatvorlage, die Sie im Attribut `tag` der Schaltfläche festgelegt haben, nicht vorhanden sein sollte, weist Sie das Makro mit einem kleinen Hinweis darauf hin. Sie sehen den kleinen Dialog in Abbildung 39.35. Ein Tippfehler beim Namen der Formatvorlage im Attribut `tag` führte dazu, dass die Formatvorlage nicht zugewiesen werden konnte.

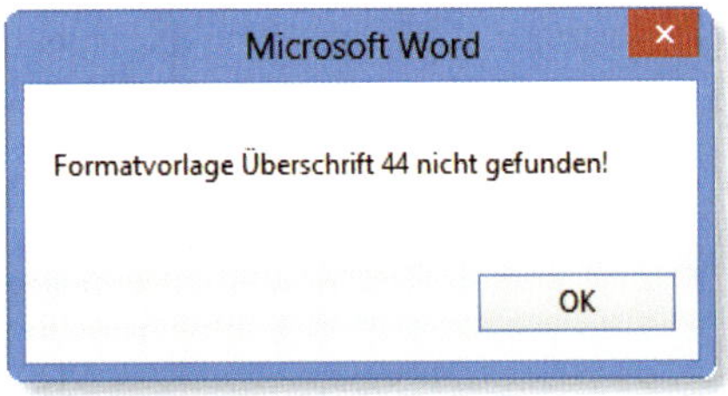

Abbildung 39.35
Die Fehlermeldung des Makros

Das Makro mehrfach nutzen

Wie Sie bereits in der Erklärung der Makroanpassungen gesehen haben, können Sie dieses Makro dazu nutzen, beliebige Formatvorlagen zuzuweisen. Sie müssen nur im Attribut `tag` der Schaltfläche auf der Registerkarte den Namen der gewünschten Formatvorlage eingeben. Lassen Sie uns dies einmal ausprobieren und eine neue Schaltfläche für die Formatvorlage **Makrotext** erstellen.

1 Öffnen Sie dazu den XML-Editor und laden Sie die betreffende Dokumentvorlagen-Datei.

2 Fügen Sie dann an der gewünschten Position, z. B. hinter dem Auswahlmenü, eine neue Schaltfläche hinzu, vergeben Sie wieder eine eindeutige `id` und legen Sie im Attribut `tag` den Namen der Formatvorlage, also `Makrotext`, fest. Wenn Sie möchten, können Sie auch noch einen Text für die QuickInfo-Box eingeben.

```
<button id="MeinFormatMT" label="Makrotext"
onAction="Format2" tag="Makrotext"
screentip="Makrotext" supertip="Die
Formatvorlage Makrotext zuweisen" />
```

Listing 39.5
Der XML-Text der neuen Schaltfläche

3 Speichern Sie die Änderungen und schon sind Sie fertig.

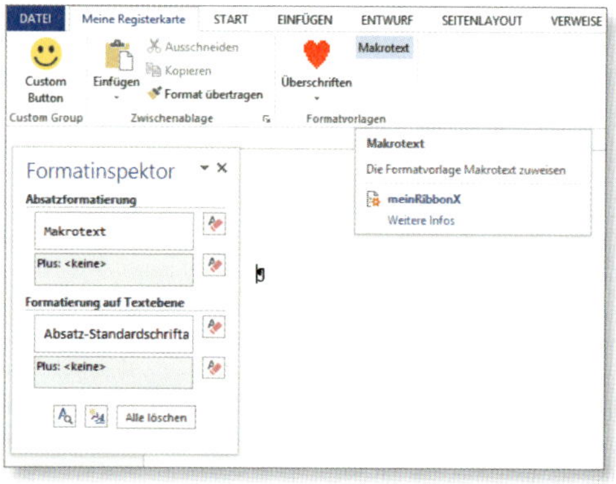

Abbildung 39.36
Die neue Schaltfläche auf der eigenen Registerkarte im Bereich »Formatvorlagen«

Zu guter Letzt zeigen wir Ihnen der Übersicht halber nochmals den kompletten XML-Code für die Registerkarte.

```
<customUI xmlns="http://schemas.microsoft.
com/office/2009/07/customui"><ribbon
startFromScratch="false">  <tabs>  <tab
id="customTab1" label="Meine Registerkarte"
insertBeforeMso="TabHome">
      <group id="customGroup1"
label="Custom Group">
         <button id="customButton"
label="Custom Button" imageMso="HappyFace"
size="large" onAction="Callback" />
      </group>      <group
idMso="GroupClipboard">      </
group>      <group id="customGroup2"
label="Formatvorlagen">
         <menu id="customMenu1"
label="Überschriften" size="large"
screentip="Überschriften" supertip="Die
Formatvorlagen für Überschriften"
imageMso="Heart">
            <button idMso="Heading1Apply"
label="Über 1" imageMso="_1" />
            <button idMso="Heading2Apply"
label="Über 2" imageMso="_2" />
            <button idMso="Heading3Apply"
label="Über 3" imageMso="_3" />
            <button id="MeinFormat4"
label="Über 4" imageMso="_4"
onAction="Format2" tag="Überschrift 4" />
         </menu>         <button
id="MeinFormatMT" label="Makrotext"
onAction="Format2" tag="Makrotext"
screentip="Makrotext" supertip="Die
Formatvorlage Makrotext zuweisen" />
      </group>   </tab>   </tabs></
ribbon></customUI>
```

Listing 39.6
Der komplette XML-Text der Registerkarte

Teil IX

Probleme beheben

Kapitel 40
Dokumente wiederherstellen

Grundsätzlich gilt beim Umgang mit Dokumenten, dass Sie sie direkt zu Anfang und dann immer wieder regelmäßig speichern sollten. Wenn Sie diesem Motto einmal nicht gefolgt sind, ist dennoch nicht gleich alles zu spät – manchmal können Sie mit der Wiederherstellen-Funktion nicht gespeicherte Dokumente oder nicht gespeicherte Änderungen an Dokumenten wieder »herbeizaubern«.

Auch wenn Sie noch so sorgfältig arbeiten, sind Sie in der Regel nicht vor Problemen gefeit. Es kann vorkommen, dass ein Dokument beschädigt ist, was Sie daran merken, dass es sich ungewöhnlich verhält, z. B. stimmt plötzlich die Formatierung nicht mehr, es gibt nicht lesbare Zeichen auf dem Bildschirm oder Fehlermeldungen während der Verarbeitung. Möglicherweise reagiert Word plötzlich gar nicht mehr, und das System stürzt ab, was bedeutet, dass Sie Ihr Dokument nicht mehr speichern können. Die Gründe für ein solches Fehlverhalten können sehr unterschiedlich sein, und wir wollen sie hier nicht näher erläutern. Abgesehen vom unvorhersehbaren Verhalten des Systems spielt »der Faktor Mensch« natürlich auch immer eine Rolle; wir alle machen Fehler, und im Eifer des Gefechts kann es trotz aller Nachfragen, ob Sie die Änderungen speichern möchten, dennoch passieren, dass Sie ein Dokument schließen, ohne es nochmals gespeichert zu haben.

In einem solchen Fall ist noch nicht unbedingt alles verloren; denn die Wiederherstellen-Funktion von Word bietet hier einige Möglichkeiten. Sie können temporär auf nicht gespeicherte Dokumente zugreifen und unter Umständen auch Dokumente mit Änderungen wieder öffnen, die Sie nicht gespeichert hatten. Außerdem speichert Word automatisch jeweils Versionen Ihres Dokuments, die Sie einsehen und gegebenenfalls speichern können. Wir beginnen unsere Beschreibung mit dieser Möglichkeit.

40.1 Automatisch gespeicherte Versionen des Dokuments

Aktuelle Dokumente werden in bestimmten Intervallen, die Sie angeben können, automatisch gespeichert. Damit diese Funktion zur Verfügung steht, müssen allerdings zwei Optionen aktiviert sein:

- **AutoWiederherstellen-Informationen speichern alle xx Minuten**
- **Beim Schließen ohne Speichern die letzte automatisch gespeicherte Version beibehalten**

Beide Optionen sind standardmäßig in der Kategorie **Speichern** des Dialogfensters **Word-Optionen** aktiviert (siehe Abbildung 40.1). Den Intervall des Speicherns können Sie herauf- oder herabsetzen, aber in der Regel ist die Standardeinstellung von **10 Minuten** in Ordnung. Wie Sie sehen, können Sie hier auch den Standard-Dateispeicherort für automatisch gespeicherte Dateien ändern (**Dateispeicherort für AutoWiederherstellen**), aber um Probleme zu vermeiden, sollten Sie auf diese Möglichkeit eher verzichten.

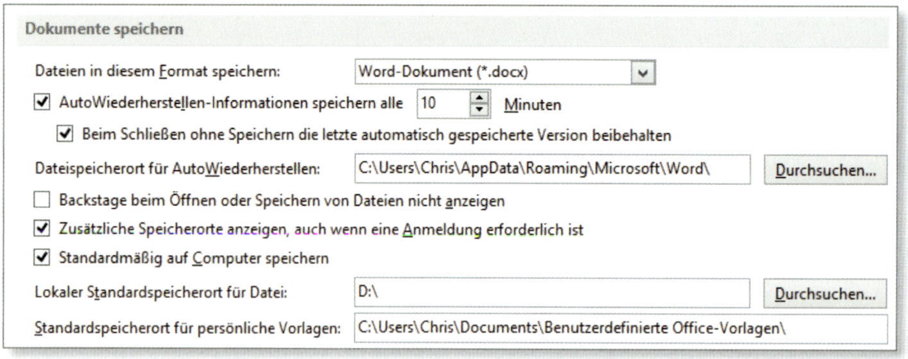

Abbildung 40.1
Die Optionen, mit denen Word automatisch Versionen speichert

Ältere Versionen einsehen

Aufgrund dieser Features werden während der Arbeit an einem Dokument automatisch Versionen angelegt. Diese Versionen werden angezeigt, wenn Sie im Menü **Datei** die Kategorie **Informationen** aktivieren.

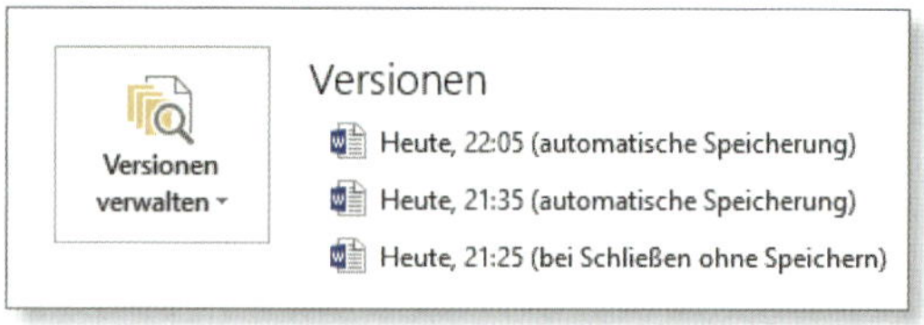

Abbildung 40.2
Die angezeigten Versionen im Bereich »Informationen« im Register »Datei« – hier auch mit einer nicht gespeicherten Version

Sie können eine der älteren, automatisch gespeicherten Versionen für zwei unterschiedliche Zwecke einsetzen:

1. Sie können die aktuelle Version damit überschreiben.
2. Sie können die ältere Version mit der neueren vergleichen, dann auswählen, welche Änderungen übernommen werden sollen, und ein neues Dokument erzeugen.

Wenn Sie eine dieser älteren Versionen einsehen möchten, klicken Sie auf die entsprechende Dateiversion in der Liste, um sie zu öffnen. Daraufhin wird die automatisch gespeicherte Version der Datei angezeigt, und zwar mit der Dateierweiterung *.asd* (die Abkürzung steht für *AutoSave-Datei*), gefolgt vom Datum und von der Uhrzeit der Speicherung.

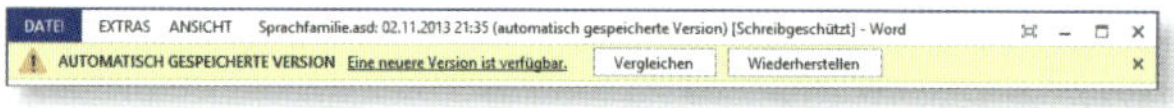

Abbildung 40.3
Diese Leiste erscheint, wenn Sie eine ältere Version des Dokuments öffnen.

Am oberen Rand des Bildschirms erscheint eine Leiste mit drei Optionen (siehe Abbildung 40.3). Wenn Sie auf den Link **Eine neuere Version ist verfügbar** klicken, erhalten Sie im Informationsfenster lediglich die Meldung, dass es sich nicht um die neueste Version des Dokuments handelt, was wiederum nichts Neues für Sie sein dürfte.

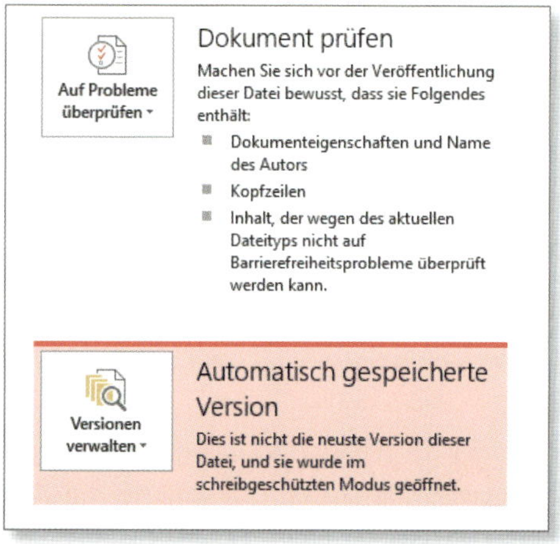

Abbildung 40.4
Im Bereich »Information« wird gemeldet, dass die Dateiversion nicht aktuell ist.

Mit der Schaltfläche **Wiederherstellen** rufen Sie einen Dialog auf, der Sie fragt, ob Sie die aktuelle Version mit der ausgewählten Version überschreiben möchten. Wenn Sie hier auf **OK** klicken, wird die aktuelle Version des Dokuments durch die ältere, automatisch gespeicherte Version ersetzt.

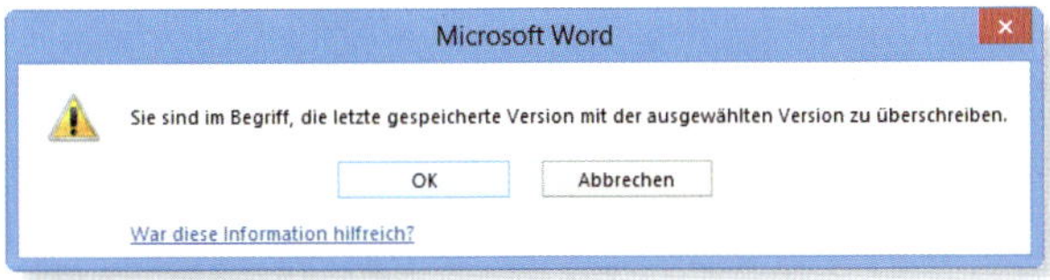

Abbildung 40.5
Die aktuelle Version wird durch die ältere ersetzt.

Versionen vergleichen

Wenn Sie auf **Vergleichen** klicken, wird daraufhin ein dreigeteiltes Fenster eingeblendet. Es zeigt die ältere aufgerufene Version mit der Bezeichnung **Überarbeitetes Dokument** und die aktuelle Version mit der Bezeichnung **Originaldokument** an. Im dritten großen Fenster (**Verglichenes Dokument**) wird eine kombinierte Version angezeigt, in der die späteren Änderungen als Überarbeitungen gekennzeichnet sind (siehe Abbildung 40.6). Die Größe der Fenster können Sie mit der Maus nach Ihren Bedürfnissen verändern, zum Scrollen gibt es in jedem Fenster eine Bildlaufleiste, sodass Sie verschiedene Textstellen der Dokumente vergleichen können.

Im Vergleichsfenster können Sie die gekennzeichneten Änderungen annehmen oder ablehnen. Nutzen Sie dazu die Schaltflächen **Annehmen** bzw. **Ablehnen** auf der Registerkarte **Überprüfen**, die automatisch aktiv ist. (Den Umgang mit solchen Überarbeitungen beschreiben wir in Abschnitt 36.3, »Die Überarbeitungen überprüfen«, und auch das Vergleichsfenster wurde bereits in Abschnitt 36.4, »Mehrere Autoren, ein Dokument«, besprochen. Um es zu öffnen, können Sie ansonsten auch auf die Schaltfläche **Vergleichen** auf der Registerkarte **Überprüfen** klicken.) Wenn Sie das Vergleichsergebnis speichern möchten, klicken Sie wie üblich auf **Datei** > **Speichern unter** und geben der Datei im Dialog **Speichern unter** einen neuen Namen.

Die Anzeige des Vergleichsfensters veranlassen

Falls Sie diese dreiteilige Anzeige nicht automatisch auf Ihrem Bildschirm erhalten, sondern als Vergleichsergebnis lediglich ein neues Dokument (mit der Bezeichnung **Vergleichsergebnis**) mit einer Kennzeichnung der Änderungen geöffnet wird, müssen Sie eine Einstellung ändern.

1. Wechseln Sie auf die Registerkarte **Überprüfen**.
2. Klicken Sie auf die Schaltfläche **Vergleichen** und zeigen Sie auf **Quelldokumente anzeigen**.
3. Wählen Sie im Untermenü **Beide anzeigen** (oder wahlweise **Original anzeigen**, woraufhin Sie dann

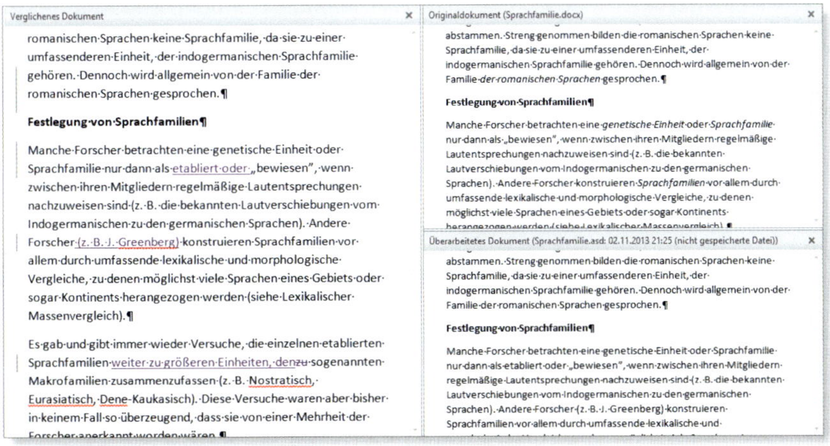

Abbildung 40.6
Das Vergleichsfenster mit dem Originaldokument, der gespeicherten Version und dem Vergleichstext

nur die aktuelle Version und das Vergleichsergebnis auf dem Bildschirm sehen).

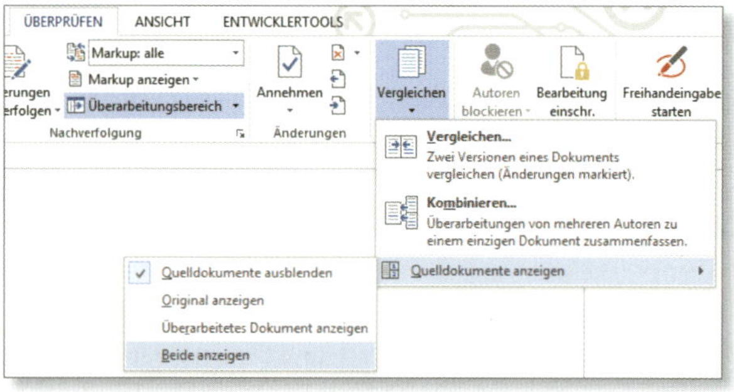

^ Abbildung 40.7
Das Vergleichsergebnis anzeigen lassen

Nicht gespeicherte Änderungen wiederherstellen

Wenn Sie eine Datei schließen und die letzten Änderungen versehentlich nicht speichern, können Sie die Datei noch einmal mit diesen Änderungen oder wenigstens mit einem Teil davon wieder öffnen. Die allerletzten Änderungen vor dem Schließen können nur mit viel Glück gerettet werden, weil Word das Dokument zumindest einmal automatisch gespeichert haben muss.

1. Klicken Sie auf die Registerkarte **Datei** > **Öffnen** und dort auf die Kategorie **Zuletzt verwendet**.
2. Klicken Sie die aus Versehen nicht gespeicherte Datei an, um sie erneut zu öffnen.
3. Dann lassen Sie sich über **Datei** > **Informationen** die Versionen dieser Datei anzeigen und öffnen die Version, die den Zusatz **bei Schließen ohne Speichern** trägt, indem Sie mit der rechten Maustaste darauf klicken und im Kontextmenü den Befehl **Version öffnen** wählen.

^ Abbildung 40.8
Es gibt eine Version, die ohne Speichern geschlossen wurde.

4. Sie erhalten dann eine Datei mit der Erweiterung *.asd* und Informationen dazu, wann die Datei zuletzt gesichert wurde, sowie dem Zusatz **(nicht gespeicherte Datei)**.

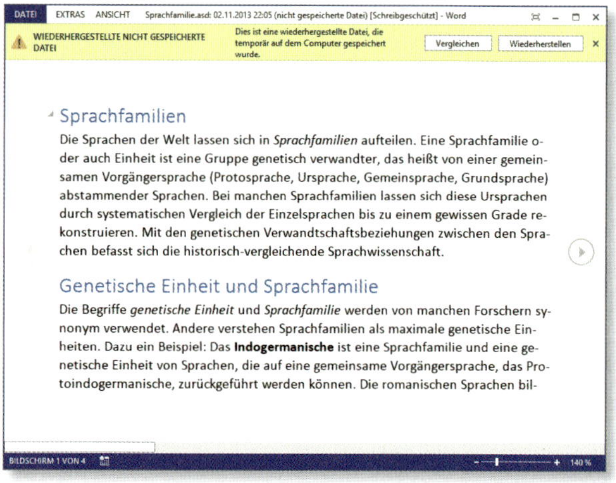

^ Abbildung 40.9
Die temporär gespeicherte Datei wird angezeigt.

In dem gelben Balken, der außerdem eingeblendet wird, werden Sie darauf hingewiesen, dass es sich bei dem Dokument um eine wiederhergestellte Datei handelt, die temporär auf dem Computer gespeichert wurde.

Die Datei wird – wie Sie sehen – im Lesemodus angezeigt, also nur mit drei Registern und den Pfeilen zum »Blättern«. Um in das normale Seitenlayout zu wechseln, drücken Sie einfach die Esc-Taste. Sollten Sie bei der Durchsicht feststellen, dass diese Datei mehr Informationen enthält als die versehentlich nicht gespeicherte, und möchten Sie vorsichtshalber eine neue Datei erzeugen, weil Sie nicht wissen, um welche Art von Veränderungen es sich handelt, speichern Sie diese Datei auf dem üblichen Weg als neue Datei mit dem Dateiformat *.docx*.

Wenn Sie – wie wir zuvor schon beschrieben haben – die Versionen zunächst überprüfen möchten, um zu sehen, welche Änderungen durch die Wiederherstellung entstanden sind, klicken Sie in der gelben Leiste auf die Schaltfläche **Vergleichen**.

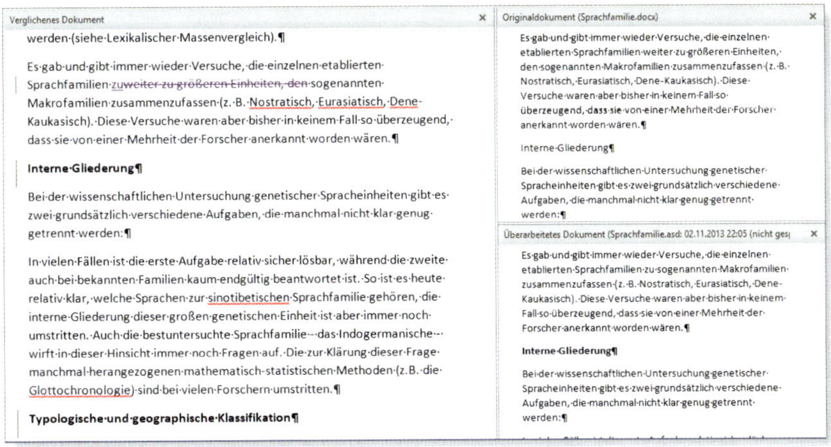

Abbildung 40.10
Das Vergleichsfenster mit der aktuellen Version, der gespeicherten Version und dem Vergleichstext

Mit der Einstellung **Beide anzeigen** (**Überprüfen** > **Vergleichen** > **Quelldokumente anzeigen** > **Beide anzeigen**) sehen Sie wieder das Vergleichsfenster mit den drei Bereichen (siehe Abbildung 40.10). Rechts oben in dieser dreigeteilten Bildschirmdarstellung erscheint das Originaldokument (also die Datei ohne die letzten Änderungen), das Fenster unten rechts stellt die temporär gespeicherte Version dar, und im Vergleichsfenster links ist das Dokument mit den Änderungen zu sehen – in unserem Fall also der Text, der nicht gespeichert wurde und gegebenenfalls einige Änderungen enthält.

Sie können hier nun die Änderungen annehmen oder sie doch noch ablehnen (da Sie das Ganze ja nur machen, weil Sie zu speichern vergessen haben, werden Sie die Änderungen hier wohl eher annehmen als ablehnen wollen). Dann speichern Sie das Dokument neu als *.docx*-Datei.

Zu Ihrem Dokument, das auch die nicht gespeicherten Änderungen enthält, gelangen Sie allerdings am einfachsten, indem Sie in der gelben Hinweisleiste, die Sie oberhalb der dreigeteilten Bildschirmdarstellung sehen, auf die Schaltfläche **Wiederherstellen** klicken. Dank dieser Funktion überschreiben Sie das aktuelle Dokument mit der automatisch gespeicherten Version, was in unserem Beispiel ja gewünscht ist.

40.2 Nicht gespeicherte Dokumente öffnen

Wenn Sie ein neues Dokument angelegt und dieses Dokument versehentlich geschlossen haben, ohne es vorher zu speichern, muss nicht gleich alles verloren sein. Versuchen Sie Folgendes: Klicken Sie auf **Datei** > **Öffnen** > **Zuletzt verwendete Dokumente**. Am unteren Rand des Bildschirms sehen Sie im rechten Bereich die Option **Nicht gespeicherte Dokumente wiederherstellen**.

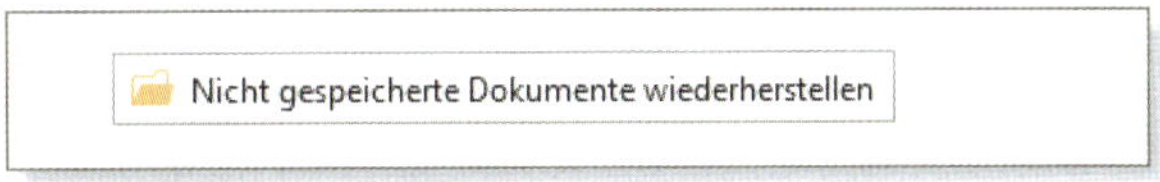

Abbildung 40.11
Die Schaltfläche, um sich nicht gespeicherte Dokumente anzeigen zu lassen, im Fenster »Zuletzt verwendet«

Wenn Sie auf diese Schaltfläche klicken, wird der Ordner *UnsavedFiles* angezeigt (siehe Abbildung 40.12), in dem von Word automatisch bislang nicht gespeicherte Dokumente abgelegt und eine Zeit lang aufbewahrt werden, genau genommen vier Tage ab ihrem Erstellungsdatum. Der Pfad zu diesem Ordner lautet: *C:\[Benutzername]\AppData\Local\Microsoft\Office\UnsavedFiles*.

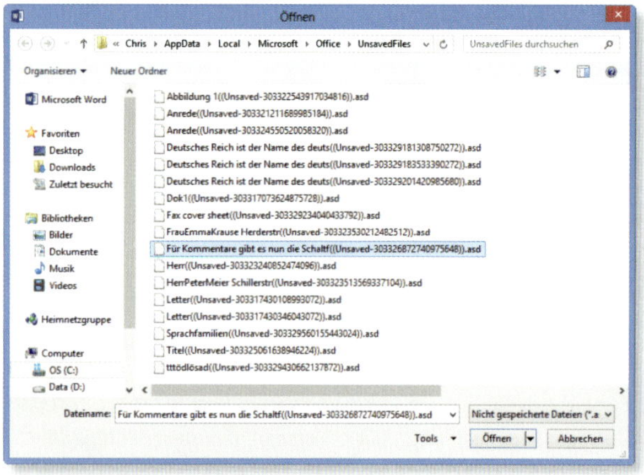

^ ***Abbildung 40.12***
Der Ordner »UnsavedFiles«, in dem nicht gespeicherte Dokumente abgelegt werden

Zum Öffnen eines dieser Dokumente mit teils kryptischen Bezeichnungen (der Name wird jeweils der ersten Zeile des Dokuments entnommen) klicken Sie es doppelt an. Es wird dann mit dem Hinweis angezeigt, dass es sich um eine temporär gespeicherte Datei handelt. Der bekannte gelbe Balken bietet außerdem die Schaltfläche **Speichern unter**, mit deren Hilfe Sie den üblichen Speicherdialog aufrufen.

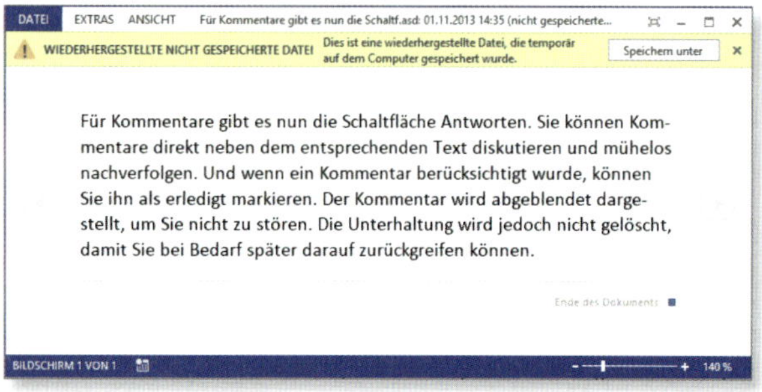

^ ***Abbildung 40.13***
Ein geöffnetes Dokument, das nicht gespeichert wurde

Zum Ordner *UnsavedFiles* gelangen Sie auch, wenn Sie im Bereich **Informationen** auf der Registerkarte **Datei** auf die Schaltfläche **Versionen verwalten** klicken und im zugehörigen Menü den Eintrag **Nicht gespeicherte Dokumente wiederherstellen** wählen.

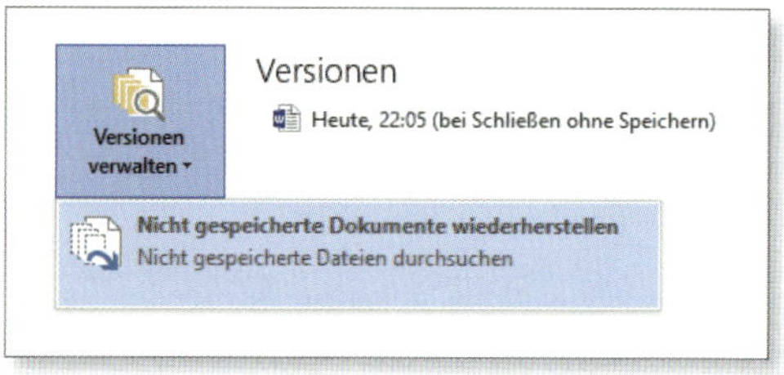

^ ***Abbildung 40.14***
Nicht gespeicherte Versionen über die Schaltfläche »Versionen verwalten« aufrufen

TIPP

Die .asd-Datei öffnen

Wenn Sie eine *.asd*-Datei doppelt anklicken, wird sie wahrscheinlich im Textverarbeitungsprogramm *WordPad* geöffnet. Sie erhalten hier dann zahlreiche interne Steuerzeichen und mittendrin irgendwo den Text. Sie können diesen Text z. B. kopieren und in ein Word-Dokument einfügen oder Sie speichern das Dokument in WordPad und wählen hier als Dateiformat *.rtf*. Notfalls können Sie das Dokument im Ordner *UnsavedFiles* auch mit der rechten Maustaste anklicken und über den Kontextmenüeintrag **Öffnen mit** bestimmen, in welchem Programm es geöffnet werden soll.

Den Ordner »UnsavedFiles« im Dialog »Öffnen« aufrufen

Auch über das Dialogfenster **Öffnen** können Sie den Ordner *UnsavedFiles* ganz einfach öffnen.

1. Folgen Sie dazu im Adressfeld des Dialogs **Öffnen** dem bereits genannten Pfad (*C:\[Benutzername]\AppData\Local\Microsoft\Office\UnsavedFiles*) ❶.
2. Um besser zu erkennen, welches Dokument Sie suchen, können Sie sich mehr Informationen anzeigen lassen. Dazu klicken Sie auf die Schaltfläche **Ansicht ändern** ❷ und wählen in der Auswahlliste z. B. **Details** oder **Inhalt**.

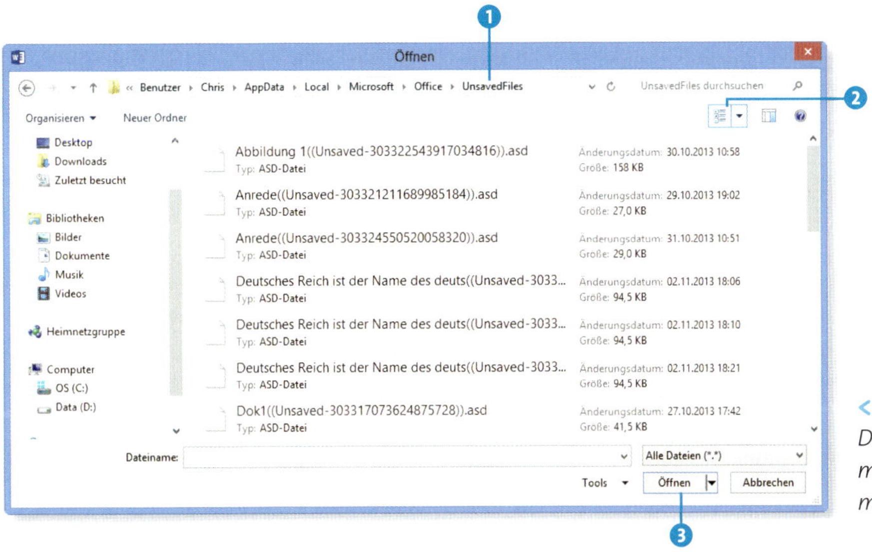

Abbildung 40.15
Die nicht gespeicherten Dokumente im Dialog »Öffnen« (hier mit der Ansicht »Inhalt«)

3 Dann markieren Sie die Datei, die Sie brauchen, und klicken auf **Öffnen** **3**.

Eventuell können Sie ein nicht gespeichertes Dokument also im Ordner *UnsavedFiles* wiederfinden, allerdings nur, wenn Sie die Option **Beim Schließen ohne Speichern die letzte automatisch gespeicherte Version beibehalten** aktiviert haben (über **Datei** > **Optionen** im Bereich **Speichern**). Anderenfalls werden alle automatisch gespeicherten Dateien gelöscht, wenn Sie das Programm schließen.

Wiederherstellen im Aufgabenbereich

Vermutlich haben Sie es auch schon einmal erlebt, dass das Programm Word aufgrund irgendwelcher Probleme geschlossen wird, ohne dass Sie Gelegenheit hatten, Ihre letzten Änderungen am Dokument noch zu speichern. Dank des Features *Dokumentwiederherstellung* wird dann versucht, so viele Daten wie möglich seit der letzten Speicherung zu retten. Falls dem Programm genügend Informationen zur Verfügung stehen, um das Dokument wiederherstellen zu können, wird es »heil« wieder angezeigt, wenn Sie das Programm erneut aufrufen. Ansonsten werden die letzten drei Versionen der Datei zusammen mit Informationen zum Zeitpunkt des Speicherns im Aufgabenbereich **Dokumentwiederherstellung** auf der linken Seite des Bildschirms eingeblendet. Klicken Sie im Bereich **Verfügbare Dateien** die Datei an, die Sie wieder verwenden möchten. (In der Regel ist dies die Version mit dem jüngsten Speicherzeitpunkt, im Beispiel der Abbildung sicherlich nicht die Datei aus dem Jahr 1601! Hier ist Word offensichtlich richtig verwirrt gewesen, das kann passieren.)

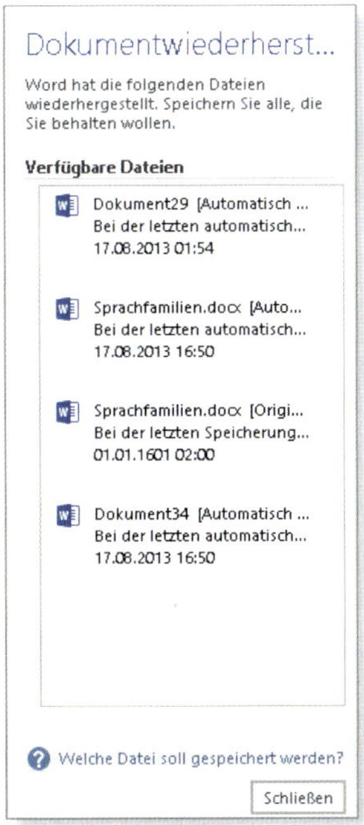

Abbildung 40.16
Der Aufgabenbereich »Dokumentwiederherstellung« wird eingeblendet.

In dem kleinen Menü, das daraufhin geöffnet wird, klicken Sie auf **Speichern unter**, um diese Dateiversion neu zu speichern. Wenn Sie eine der wiederhergestellten Versionen der Datei auf ihre Vollständigkeit hin überprüfen möchten, klicken Sie auf **Öffnen**.

40.3 Probleme vermeiden durch Sicherheitseinstellungen

Damit Sie sich möglichst effizient vor Verlusten und Problemen schützen können, bevor das Kind in den Brunnen gefallen ist, möchten wir zum Abschluss dieses Kapitels auf ein paar Einstellungen hinweisen, die das System stabiler machen und damit einem Programmabsturz tendenziell entgegenwirken.

Ganz entscheidend dabei sind die Einstellungen im **Trust Center**, das Sie bereits im Zusammenhang mit Makros kennengelernt haben (siehe Kapitel 38, »Eigene Makros erstellen«). Die Einstellungen für Makros und die vertrauenswürdigen Speicherorte haben wir dort bereits besprochen.

1 Wählen Sie **Datei** > **Optionen** > **Trust Center**. Im Dialogfenster **Word-Optionen** klicken Sie daraufhin auf die Schaltfläche **Einstellungen für das Trust Center**.

2 Das Dialogfenster **Trust Center** öffnet sich. Wechseln Sie zur Kategorie **Vertrauenswürdige Dokumente** ①. Überprüfen Sie hier die beiden Optionen **Vertrauenswürdigkeit von Dokumenten in einem Netzwerk zulassen** ② und **Vertrauenswürdige Dokumente deaktivieren** ③. Falls Sie in einem Firmen- oder Heimnetzwerk arbeiten, muss die erste Option aktiv sein, wenn Sie nicht ständig auf Hindernisse stoßen möchten. Die zweite Option sollte deaktiviert sein, da ansonsten alle möglichen Dateien, die ein eventuelles Risiko darstellen, ohne weitere Warnung geöffnet werden.

3 Wechseln Sie in die Kategorie **Geschützte Ansicht** ④. Microsoft empfiehlt, hier alle Optionen aktiviert zu lassen, weil auf diese Weise potenziell gefährliche Dateien zunächst im geschützten Modus geöffnet werden (und Sie dann entscheiden können, was Sie machen möchten).

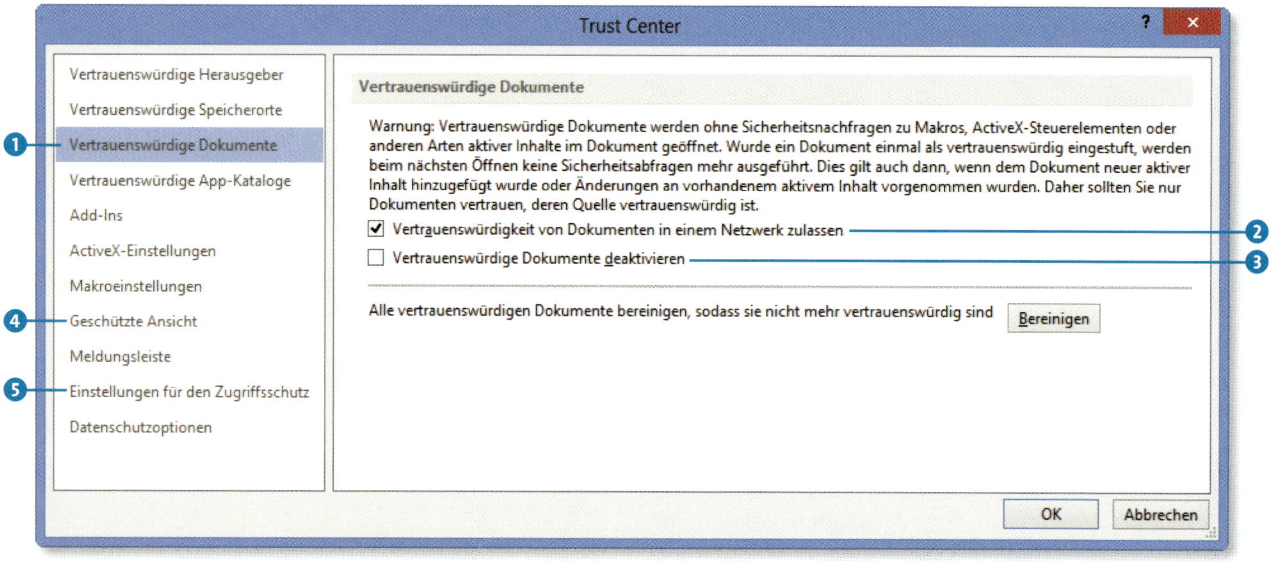

Abbildung 40.17
Einstellungen für vertrauenswürdige Dokumente

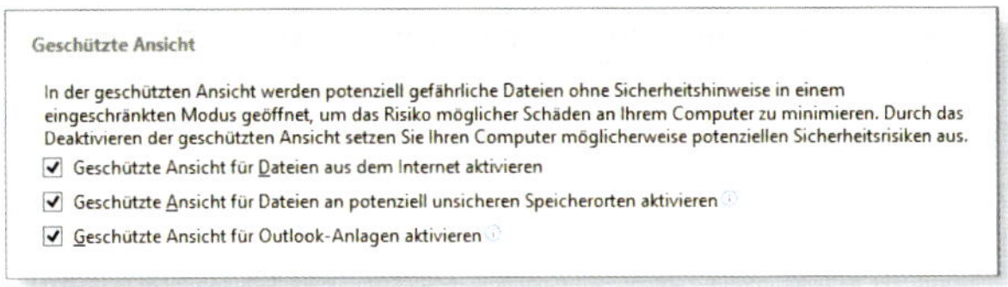

Abbildung 40.18
Einstellungen für die geschützte Ansicht

4 Werfen Sie im Dialogfenster **Trust Center** außerdem einen Blick in die Kategorie **Einstellungen für den Zugriffsschutz** 5, in der Sie differenziert einstellen können, welche Dateiformate in Word geöffnet und gespeichert werden dürfen. Für Dokumente, die aus noch älteren Word-Versionen als Word 97 stammen, ist der Zugriffsschutz hier standardmäßig gesetzt. Möchten Sie ein solches Dokument bearbeiten, müssen Sie hier zunächst den Zugriffsschutz deaktivieren.

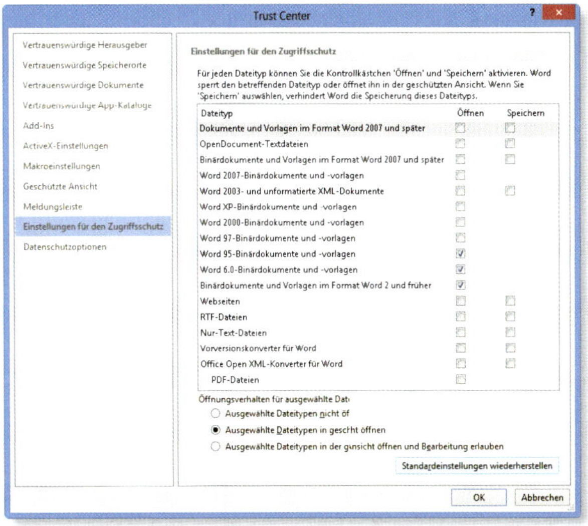

Abbildung 40.19
Den Zugriffsschutz für Dateiformate einstelle

Kapitel 41
Tipps, Tricks und Troubleshooting

In diesem Kapitel gehen wir auf mögliche Probleme ein und präsentieren entsprechende Lösungen. Der Begriff »Problem« ist natürlich weit gefasst: Es geht daher auch um Aufgaben, deren Bewältigung ein wenig knifflig ist, und um ein paar weitere Aspekte, die sich mit einigen Tricks ganz leicht umsetzen lassen.

Wir können nicht garantieren, dass wir genau Ihr Problem ansprechen. Die Auswahl der Themen basiert teils auf eigenen Erfahrungen, teils auf Berichten und Fragen von Anwendern, die z. B. in Internetforen auftauchen. Wann immer Sie mit einem Vorhaben Probleme haben, sollten Sie als Erstes gründlich die Word-Optionen (über **Datei** > **Optionen**) durchforsten und prüfen, ob hier eine bestimmte Einstellung das verhindert, was Sie machen möchten, oder für Auswirkungen sorgt, die Sie sich anders vorgestellt haben. Es sind zwar eine Menge Optionen, aber es lohnt sich: Die Chancen, dass Sie hier die Ursache des Übels entdecken, sind ziemlich groß.

41.1 Störende Automatismen

Auch wenn sie oft hilfreich sind und uns meist viel Mühe ersparen, sind die in Word vorgesehenen Automatismen, z. B. das AutoAusfüllen, manchmal doch eher störend, weil nicht gewollt.

Die automatische Nummerierung ausschalten

Sie kennen die Funktion, dass Word automatisch eine Nummerierung beginnt, wenn Sie eine »1« oder ein »a« mit einem Punkt (»1.« bzw. »a.«) am Anfang eines Textes schreiben. Nachdem Sie die ↵-Taste gedrückt haben, erscheint das nächste Zeichen der Reihe. Wenn Sie das nicht möchten, müssen Sie die entsprechende Option deaktivieren.

Rufen Sie im Dialogfenster **Word-Optionen** die Kategorie **Dokumentprüfung** auf und klicken Sie auf die Schaltfläche **AutoKorrektur-Optionen**. Im zugehörigen Dialog aktivieren Sie die Registerkarte **Autoformat während der Eingabe** und deaktivieren hier die Option **Automatische Nummerierung**.

AutoAusfüllen vermeiden

Wenn es Sie stört, dass Sie beim Schreiben von drei oder vier Buchstaben, die gleichzeitig auch die Anfangsbuchstaben eines Monats oder eines Wochentages sind, immer einen kleinen Vorschlag zur Vervollständigung des Wortes erhalten, müssen Sie die AutoAusfüllen-Option deaktivieren.

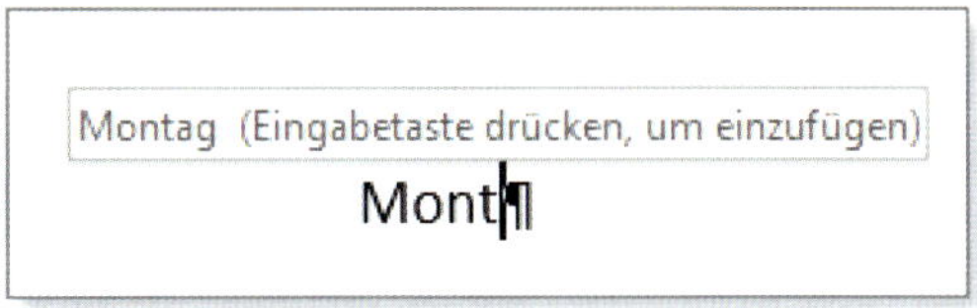

Abbildung 41.1
Automatische Vorschläge

Bei Word 2013 deaktivieren Sie die Option im Dialogfenster **Word-Optionen** unter **Erweitert** im Bereich **Bearbeitungsoptionen**. Hier entfernen Sie einfach das Häkchen vor **AutoAusfüllen-Vorschläge anzeigen**.

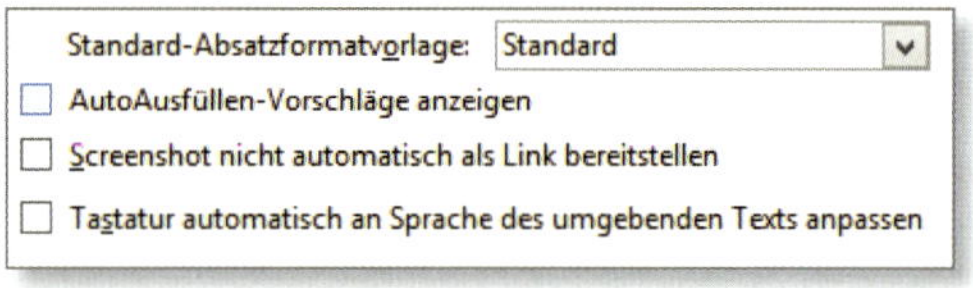

Abbildung 41.2
Deaktivieren Sie die Option »AutoAusfüllen-Vorschläge anzeigen«, sodass Sie keine automatischen Vorschläge mehr erhalten.

Automatische Linien

Ist es schon vorgekommen, dass Sie, sobald Sie drei Bindestriche schreiben und dann die ↵-Taste drücken, eine durchgezogene Linie erhalten, die Sie gar nicht haben wollten? Abhilfe schafft hier eine Einstellung der AutoKorrektur: Öffnen Sie über **Datei** > **Optionen** > **Dokumentprüfung** > **AutoKorrektur-Optionen** die Registerkarte **Autoformat während der Eingabe**. Deaktivieren Sie hier im Bereich **Während der Eingabe übernehmen** die Option **Rahmenlinien**.

Abbildung 41.3
Die Option »Rahmenlinien« deaktivieren

Probleme mit der Korrektursprache

Wenn Sie feststellen, dass bei der Überprüfung der Rechtschreibung und Grammatik die Korrektursprache immer wieder auf eine bestimmte Sprache zurückspringt, können Sie das Problem in der Regel damit lösen, dass Sie die automatische Spracherkennung ausschalten. Dazu wechseln Sie auf die Registerkarte **Überprüfen** und klicken hier auf die Schaltfläche **Sprache**. Im zugehörigen Menü wählen Sie **Sprache für die Korrekturhilfen festlegen**. Im Dialog **Sprache** deaktivieren Sie die Option **Sprache automatisch erkennen**.

Abbildung 41.4
Die automatische Spracherkennung deaktivieren

41.2 Absätze

Mit Absätzen strukturieren Sie lange Texte. Zu viele davon sind aber eher kontraproduktiv.

Viele Absätze im Text

Wenn Sie plötzlich unterhalb Ihres Textes viele Leerabsätze sehen, haben Sie vermutlich irgendwo im Dokument aus Versehen doppelt auf das Blatt geklickt. Damit werden ab Ende des Textes bis zu der Stelle, an der Sie geklickt haben, Absätze eingefügt. Wenn Sie mittig auf das Blatt doppelgeklickt haben, wird zusätzlich ein Tabstopp erzeugt.

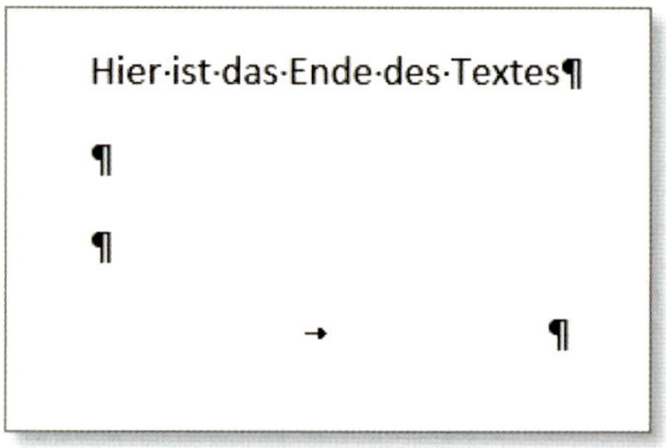

Abbildung 41.5
Den Cursor per Doppelklick an eine beliebige Stelle setzen

Diese Methode können Sie natürlich auch bewusst einsetzen, um an einer ganz anderen Stelle im Dokument weiterzuschreiben.

Absatzmarken entfernen

Mitunter kopiert man Text einer Webseite in ein Word-Dokument. Da die Webseite, bedingt durch die begrenzte Breite, Zeilenumbrüche enthält, bleibt Word gar nichts anderes übrig, als diese zu kopieren und auch mit einzufügen, sodass Ihr Dokument dann lauter Absatzmarken enthält, die Sie vermutlich nicht haben möchten. Statt sie einzeln manuell zu entfernen, können Sie das in einem Rutsch erledigen.

1. Setzen Sie den Cursor an den Anfang des Dokuments.
2. Rufen Sie auf der Registerkarte **Start** über die Schaltfläche **Ersetzen** den Dialog **Suchen und Ersetzen** auf. Die Registerkarte **Ersetzen** ist automatisch aktiv.
3. Setzen Sie den Cursor in das Feld **Suchen nach**.
4. Klicken Sie auf die Schaltfläche **Erweitern** und dann auf die Schaltfläche **Sonderformat**. Markieren Sie in der Auswahlliste den ersten Eintrag: **Absatzmarke**.

   Daraufhin erscheint im Feld **Suchen nach** ein *Caret-Zeichen*, gefolgt von einem **p** (was für Paragraf, zu gut Deutsch »Absatz«, steht).
5. Klicken Sie nun auf **Ersetzen**, um die Fundstellen, also alle Absatzmarken, einzeln zu begutachten und gegebenenfalls zu entfernen (per Klick auf **Ersetzen**), oder klicken Sie auf **Alle ersetzen**, um sämtliche Absatzmarken mit einem Schlag aus dem Dokument zu entfernen.

Wenn diese Aktion nur für einen Teil Ihres Dokuments durchgeführt werden soll, markieren Sie zunächst die entsprechende Textpassage. Wenn Sie dann auf **Alle ersetzen** klicken, stoppt Word seine Arbeit automatisch am Ende des markierten Bereiches und fragt, ob die Ersetzung auch für den Rest des Dokuments fortgesetzt werden soll.

Wenn Sie mit derselben Methode auch alle »weichen« Zeilenumbrüche aus einem Text entfernen möchten, stellen Sie im Feld **Suchen nach** das Zeichen für einen manuellen Zeilenumbruch ein; Sie wählen in der Liste **Sonderformat** also diesen Eintrag (im Feld **Suchen nach** erscheint dann lediglich ein Caret-Zeichen ohne Zusatz).

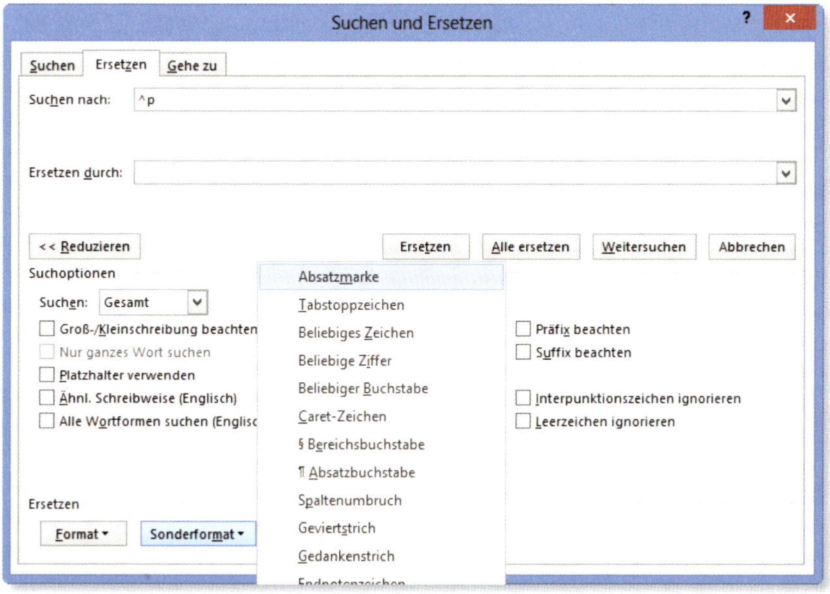

Abbildung 41.6
Nach Absatzmarken suchen lassen und sie entfernen

41.3 Formatierung und Formatvorlagen

Der Einsatz von Formatvorlagen ist sehr nützlich, wenn man nicht immer wieder bei verschiedenen Dokumenten von Neuem die gleichen Gestaltungsschritte vornehmen möchte. Manchmal kosten diese Vorlagen den Word-Nutzer aber auch einige Nerven, beispielsweise dann, wenn sie sich nicht ohne Weiteres verändern lassen.

In diesem Abschnitt geben wir Ihnen daher einige Hilfestellungen und Tipps, die die Arbeit mit den Formatierungen und Formatvorlagen erleichtern.

Einfügeoption »Nur Text« ohne Nummerierung

Unter den Einfügeoptionen findet sich auch die Option **Nur den Text übernehmen**, um kopierten Text ohne weitere Formatierungen etc. einzufügen. Trotzdem werden Nummerierungen, die in dem kopierten Text stecken, den Sie einfügen, mit dieser Option standardmäßig übertragen. Wenn Sie beim Einfügen auch solche Nummerierungen loswerden möchten, müssen Sie die entsprechende Option deaktivieren. Rufen Sie die Kategorie **Erweitert** des Dialogfensters **Word-Optionen** auf und scrollen Sie zum Bereich **Ausschneiden, Kopieren und Einfügen**. Deaktivieren Sie hier die Option **Aufzählungszeichen und Nummern beim Einfügen von Text mit der Option 'Nur den Text übernehmen' beibehalten**.

Formatierungen anzeigen lassen und gezielt entfernen

Wenn ein Wort oder eine Textpassage aufwendig mit Effekten etc. formatiert ist und Sie nur einen Teil dieser Formatierung wieder entfernen möchten (also nicht auf der Registerkarte **Start** auf die Schaltfläche **Alle Formatierungen löschen** klicken wollen), hilft es, zu prüfen, welche Formatierungen überhaupt eingestellt sind. Betätigen Sie dazu die Tastenkombination [⇧] + [F1]. Daraufhin wird der Bereich **Formatierung anzeigen** am rechten Rand des Bildschirms eingeblendet.

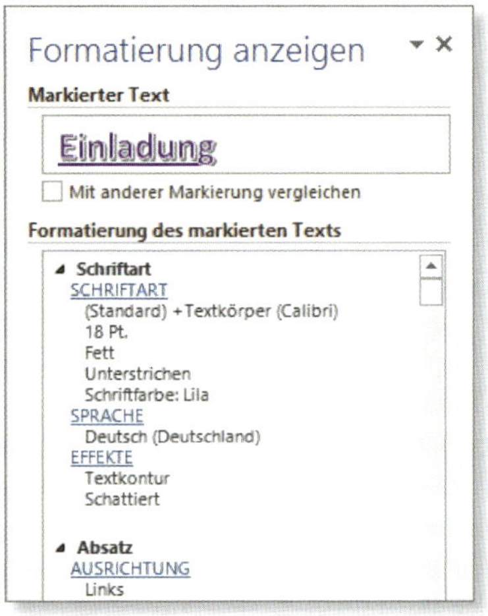

Abbildung 41.7
Der Bereich »Formatierung anzeigen« rechts am Bildschirm

Hier können Sie nun alle Formatierungseinstellungen einsehen. Sie sehen unter der Überschrift **Effekte** z. B. die vergebenen Formate **Textkontur** und **Schattiert** und können gezielt über das Menü der Schaltfläche **Texteffekte** einzelne Effekte entfernen, etwa die Schattierung über **Texteffekte** > **Schatten** > **Kein Schatten**.

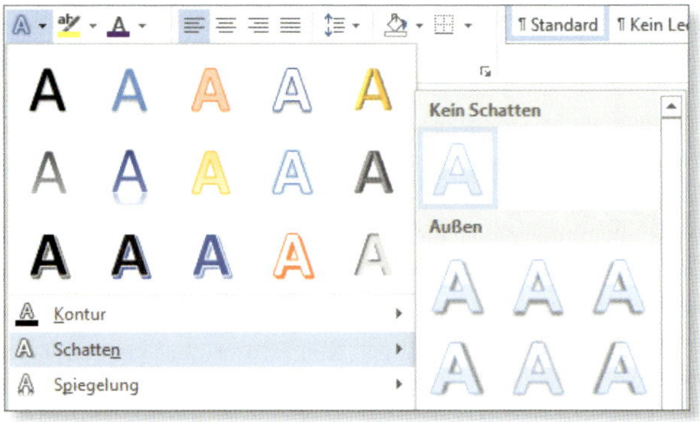

Abbildung 41.8
Einen Texteffekt, z. B. »Schatten«, gezielt wieder entfernen

Passende Seitenzahlen

Wenn ein Dokument Seitenzahlen hat und nur auf der ersten Seite keine Seitenzahl erscheinen soll, aktivieren Sie in der Fuß- oder Kopfzeile die Option **Erste Seite an-**

ders. Diese Option sorgt dafür, dass die Nummerierung der Seitenzahlen erst auf der zweiten Seite beginnt (bzw. auf der ersten Seite nicht sichtbar ist), allerdings mit dem Schönheitsfehler, dass die Nummerierung bei 2 anfängt. Auch dieses Problem lässt sich jedoch leicht lösen, indem Sie auf der Registerkarte **Kopf- und Fußzeilentools/Entwurf** über **Seitenzahl** > **Seitenzahlen formatieren** den Dialog **Seitenzahlenformat** aufrufen und hier in das Feld **Beginnen bei** den Wert »0« eingeben.

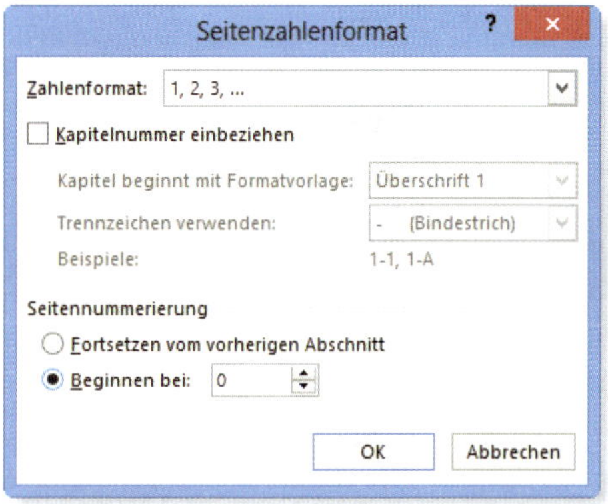

Abbildung 41.9
Die Seitenzahlen beginnen dank dieser Einstellung mit einer 1 auf der zweiten Seite.

Formatvorlage für Positionsrahmen

Textfelder sind (mittlerweile) leistungsstarke Objekte, die alle möglichen Elemente aufnehmen können. Der Positionsrahmen, den manche Anwender vielleicht vermissen, ist mittlerweile ziemlich versteckt und eigentlich durch die Textfelder überflüssig geworden. Dennoch möchten wir Ihnen nicht vorenthalten, wie Sie einen Positionsrahmen in Ihr Dokument einfügen können, und zwar erstellen Sie sich dazu eine neue Formatvorlage für einen Positionsrahmen.

1. Blenden Sie den Bereich **Formatvorlagen** am rechten Rand des Bildschirms ein (klicken Sie dazu auf der Registerkarte **Start** auf den Pfeil an der Gruppe **Formatvorlagen**).
2. Klicken Sie unten in diesem Bereich auf das Symbol **Neue Formatvorlage**.
3. Im Dialog **Neue Formatvorlage erstellen** klicken Sie auf die Schaltfläche **Format**. Im zugehörigen Menü finden Sie den Eintrag **Positionsrahmen**.

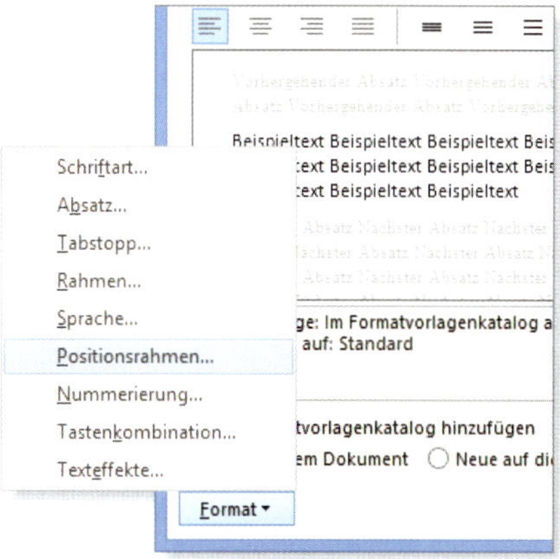

Abbildung 41.10
Der Eintrag »Positionsrahmen« im Menü »Format« des Dialogs »Neue Formatvorlage erstellen«

4. Klicken Sie darauf. Im zugeordneten Dialog können Sie den Positionsrahmen dann konfigurieren. Bestätigen Sie Ihre Einstellungen mit **OK**.

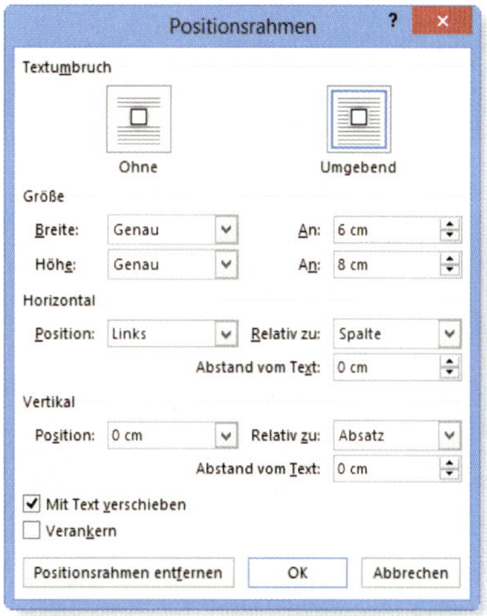

Abbildung 41.11
Die Einstellungen für den Positionsrahmen festlegen

5. Zurück im Dialog **Neue Formatvorlage erstellen** nehmen Sie die übrigen Einstellungen vor und klicken dann auf **OK**.

Abbildung 41.12
Die Einstellungen für die Formatvorlage

Über die Formatvorlage können Sie nun einen Positionsrahmen in Ihr Dokument einfügen. Weisen Sie einem Absatz einfach diese Formatvorlage zu, sodass der Positionsrahmen erscheint.

Abbildung 41.13
Ein Positionsrahmen im Text

41.4 Drucken

Bei bestimmten Word-Elementen gibt es immer wieder Probleme mit dem Ausdruck. Oft lassen sich diese Schwierigkeiten aber recht leicht lösen.

Zeichnungen werden nicht gedruckt

Wenn Sie eine in Word angefertigte Zeichnung bzw. Form nicht ausdrucken können, liegt dies an einer Einstellung in der Kategorie **Anzeige** des Dialogfensters **Word-Optionen**. Sie müssen dort im Bereich **Druckoptionen** ein Häkchen vor die Option **In Word erstellte Zeichnungen drucken** setzen.

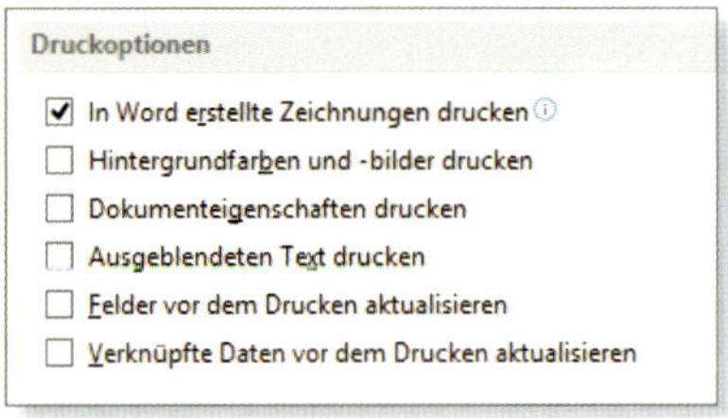

Abbildung 41.14
So sorgen Sie dafür, dass Word-Zeichnungen ausgedruckt werden.

Überarbeitungen und Kommentare ausdrucken

Wenn Sie feststellen, dass sichtbare Überarbeitungen und/oder Kommentare im Dokument nicht mit ausgedruckt werden, Sie das aber wünschen, überprüfen Sie die Druckeinstellungen. Klappen Sie im Fenster **Drucken** (**Datei** > **Drucken**) die erste Auswahlliste unter der Überschrift **Einstellungen** auf. Im Bereich **Dokumenteigenschaften** entdecken Sie hier die Option **Markup drucken**. Aktivieren Sie diese Option (bzw. deaktivieren Sie sie, wenn Sie keine Markups ausdrucken möchten). Sie sehen dann schon in der Druckvorschau, dass das Dokument gedruckt wird, wie Sie es bestimmt haben.

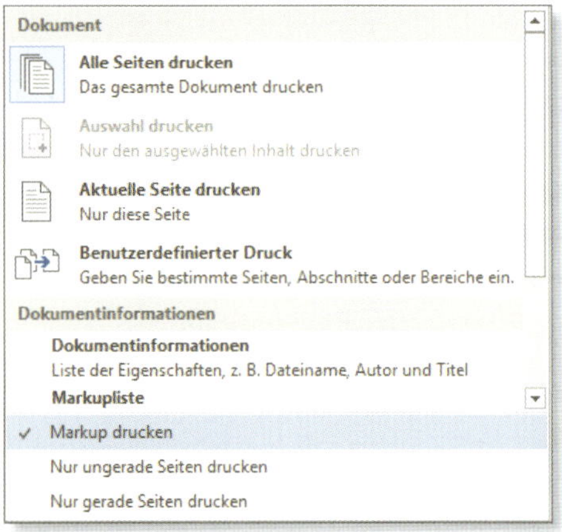

Abbildung 41.15
Mit der Option »Markup drucken« werden Überarbeitungen und Kommentare mit ausgedruckt.

41.5 Grafiken, Bilder und Formen

Grafiken, Bilder und Formen können einen trockenen Text durchaus sehr viel interessanter machen. Aber man sieht sich bei ihrem Einsatz manchmal auch mit einigen Schwierigkeiten konfrontiert.

Platzhalter statt Grafik

Wenn Sie eine Grafik einfügen und stellen dabei fest, dass lediglich ein Rahmen erscheint, aber nicht das Bild, ist dafür vermutlich die Option **Platzhalter für Grafiken anzeigen** verantwortlich. Öffnen Sie also über **Datei** > **Optionen** das Dialogfenster **Word-Optionen** mit der Kategorie **Erweitert** und wandern Sie bis zum Bereich **Dokumentinhalt anzeigen**. Deaktivieren Sie hier die Option **Platzhalter für Grafiken anzeigen**.

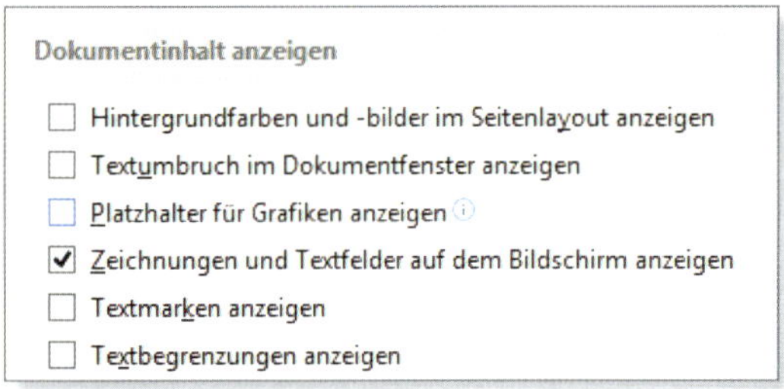

Abbildung 41.16
Deaktivieren Sie die Option »Platzhalter für Grafiken anzeigen«.

Zusätzlich müssen Sie darauf achten, dass Sie für den Ausdruck nicht die Entwurfsqualität eingestellt haben. Die entsprechende Einstellung finden Sie im Dialog **Word-Optionen** ebenfalls in der Kategorie **Erweitert** im Bereich **Drucken** (die Option heißt **Entwurfsqualität verwenden**).

Grafiken lassen sich nicht mit der Maus verschieben

Grafiken werden in der Standardeinstellung mit der Zeilenumbruchart **Mit Text in Zeile** eingefügt. Mit dieser Einstellung lassen sich Grafiken behandeln und formatieren wie normaler Text, aber nicht frei an jede Stelle auf der Seite mit der Maus (oder mit dem Finger) verschieben.

Abbildung 41.17
Einen Zeilenumbruch für eine Grafik einstellen

Wenn Sie das möchten, müssen Sie im Menü der Schaltfläche **Layoutoptionen**, die gleich neben dem markierten Bild auftaucht, eine andere Zeilenumbruchart wählen. Auch im Kontextmenü der Grafik (oder über die Schaltfläche **Zeilenumbruch** auf der Registerkarte **Bildtools/Format**) finden Sie die Einstellungen für den Zeilenumbruch.

Mit jeder anderen Zeilenumbruchart – abgesehen von **Mit Text in Zeile** – lässt sich die Grafik frei auf dem Blatt bewegen.

Falsches Bild eingefügt

Wenn Sie beim Einfügen einer Grafik die falsche Datei erwischt haben, ist es ganz einfach, die richtige einzufügen. Anstatt das Bild zu löschen, markieren Sie es einfach und wählen im Kontextmenü des Bildes den Eintrag **Bild ändern**.

Dies öffnet den Dialog **Grafik einfügen**, in dem Sie einfach die gewünschte Grafik auswählen. Nach einem Klick auf **OK** wird das alte Bild durch das neue ersetzt.

Abbildung 41.18
Das eingefügte Bild austauschen

Transparenter Hintergrund für Grafiken

Stört Sie bei einer Grafik der farbige Hintergrund? Dann können Sie diesen Hintergrund ausblenden, indem Sie eine transparente Farbe bestimmen. Dazu markieren Sie die Grafik und klicken auf der Registerkarte **Bildtools/Format** auf die Schaltfläche **Farbe**. Im Menü wählen Sie den Befehl **Transparente Farbe bestimmen**.

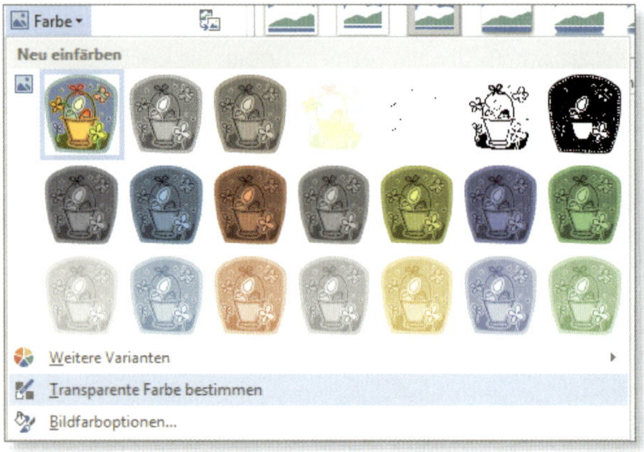

Abbildung 41.19
Eine transparente Farbe bestimmen

Dann klicken Sie mit dem Mauszeiger (der dabei die Form einer Pipette annimmt) auf den farbigen Hintergrund. In Abbildung 41.20 sehen Sie den Effekt.

Allerdings sollten Sie nicht zu viel von dieser Funktion erwarten. Bereiche, die scheinbar in einer einzigen Farbe vorliegen, bestehen meistens aus vielen feinen Farbvariationen, sodass Sie oft nicht den gewünschten Effekt erzielen, weil nur Teile des Hintergrunds transparent werden. Wenn Sie dann erneut eine Stelle mit dem Werkzeug anklicken, wird die Transparenz von der ersten Farbe entfernt, sodass Sie auch durch »Fleiß« nicht mehr erreichen.

Am besten funktioniert die Transparenzfunktion bei Grafiken mit einem echt monochromen Hintergrund.

Abbildung 41.20
Die Abbildung rechts hat nun keinen farbigen Hintergrund mehr.

Wenn Sie viel probiert haben und nichts mehr so recht stimmt, klicken Sie auf die Schaltfläche **Bild zurücksetzen**, ebenfalls zu finden in der Gruppe **Anpassen** der Registerkarte **Bildtools/Format**.

Eingefügte Bilder als Grafik speichern

Auch Word bietet jetzt die Möglichkeit, Grafiken und Bilder, die in ein Word-Dokument eingefügt (und nicht verknüpft) wurden, einzeln als Grafikdateien zu speichern, was z. B. sehr komfortabel ist, wenn das Bild in einem Bildbearbeitungsprogramm weiterbearbeitet werden soll. Klicken Sie das Bild einfach mit der rechten Maustaste an. Im Kontextmenü finden Sie die Option **Als Grafik speichern**. Diese öffnet den Dialog **Datei speichern**, in dem Sie nur noch den Speicherort für die Grafikdatei festlegen müssen.

Ausgefranste Ränder beim Zeilenumbruch »Quadrat«

Sie können für eingefügte Bilder, wie Sie bereits wissen, die Zeilenumbruchart **Quadrat** einstellen. Auch bei dieser Variante sind jedoch die Ränder der Zeilen auf der linken Seite des Bildes »ausgefranst«, sodass der Leerraum um das Bild nicht wirklich wie ein Quadrat aussieht. Dies zeigt anschaulich Abbildung 41.21.

Australien·reagierte·auf·die·Gefährdung·von·Fauna·und·Flora·schon·früh·mit·dem· Einrichten·von· großflächigen· Naturschutzgebieten,· die·auch·Teile· des·Meeres·umfassen.· Der·Royal- Nationalpark·südlich· von·Sydney·gilt· nach·dem· Yellowstone- Nationalpark·als· zweitältester· Nationalpark·der· Welt.·Rund·12·%· der·Landesfläche·sind· zu·Schutzzonen· erklärt·worden.·Elf· Gebiete·gehören·dem·Weltkulturerbe·an.·Dazu·gehören·unter·anderem·der· Uluru-Kata-Tjuta-Nationalpark·mit·dem·Uluru·(auch:·Ayers·Rock),·das·Great· Barrier·Reef·und·die·Blue·Mountains.¶

Abbildung 41.21
Der Raum um das Bild wirkt nicht quadratisch.

Um ein echtes Quadrat zu erhalten, hilft es, für den Text **Blocksatz** einzustellen (über **Start** > **Absatz** > **Blocksatz**). Um große Lücken zwischen den Wörtern zu vermeiden, nutzen Sie dann noch am besten die Silbentrennung (**Seitenlayout** > **Silbentrennung** > **Manuell**). Die manuelle Vorgehensweise ist immer empfehlenswerter, da Sie selbst bestimmen können, wo potenzielle Trennstriche gesetzt werden sollen.

Australien·reagierte·auf·die·Gefährdung·von·Fauna·und·Flora·schon·früh· mit·dem·Einrichten· von· großflächigen· Naturschutzgebieten,· die·auch·Teile·des· Meeres·umfassen.· Der·Royal·National- park·südlich·von·Syd- ney·gilt·nach·dem· Yellowstone·Park·als· der· zweitälteste· Nationalpark· der· Welt.·Rund·12·%·der· Landesfläche·sind·zu· Schutzzonen· erklärt· worden.·Elf·Gebiete·gehören·dem·Weltkulturerbe·an.·Dazu·gehören·unter· anderem·der·Uluru-Kata-Tjuta-National¬park·mit·dem·Uluru·(auch:·Ayers· Rock),·das·Great·Barrier·Reef·und·die·Blue·Mountains.¶

Abbildung 41.22
Mit Blocksatz sind die Zeilen auch links weniger »ausgefranst«.

Bilder verrutschen

Ein weitverbreitetes Problem ist die Positionierung von Grafiken im Text. Viele Anwender haben das Gefühl, Bilder verrutschen wahllos und beliebig mit jeder Textänderung. Nur mit dem Zeilenumbruch **Mit Text in Zeile** entsteht dieser Eindruck nicht.

Sie können recht schnell eine Grafik fest auf der Seite positionieren, indem Sie im Menü der Schaltfläche **Layoutoptionen** die Option **Position auf der Seite fixieren** aktivieren.

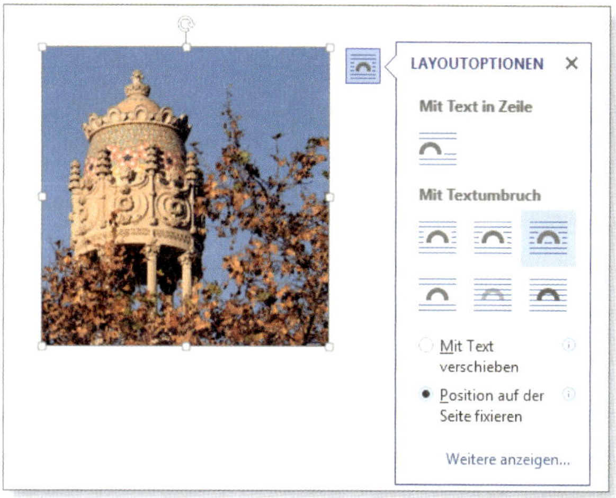

Abbildung 41.23
Das Bild fest auf der Seite positionieren

Zum regelrechten Verankern eines Bildes mit dem Text öffnen Sie den Dialog **Layout** (z. B. über **Weitere anzeigen** im Menü der Schaltfläche **Layoutoptionen**). Mit der Option **Verankern** legen Sie fest, dass der Anker, der den Absatz bestimmt, zu dem das Bild gehört, nicht mit der Maus verschoben werden kann. Aber auch wenn die Option **Objekt mit Text verschieben**, bei der das Bild fest auf der Seite stehen bleibt, deaktiviert ist, sind Anker und Absatz von Bedeutung. Wenn der betreffende Absatz durch eine Veränderung am Text auf eine andere Seite rutscht, »folgt« das Bild ihm auf diese Seite.

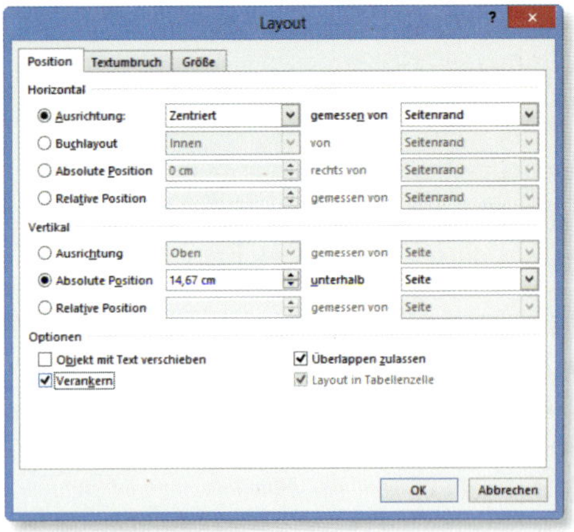

Abbildung 41.24
Die Option »Objekt mit Text verschieben« deaktivieren, damit Bilder nicht verrutschen

Abbildungsunterschrift ohne Kapitelnummer

Wenn Sie über **Verweise** > **Beschriftung einfügen** ein eingefügtes Bild beschriften wollen und, wie in Abbildung 41.25 zu sehen, die Meldung erhalten, dass kein Text mit angegebener Formatvorlage im Dokument vorhanden ist (weil im Dokument keine Formatvorlagen für Überschriften mit entsprechenden Nummerierungen verwendet wurden), müssen Sie nicht auf die Beschriftung verzichten.

Eine Lösung des Problems ist, die Kapitelnummern nicht in die Beschriftung mit einzubeziehen. Die Einstellung, die dafür sorgt, dass Kapitelnummern mit einbezogen werden, ist standardmäßig aktiviert und somit schuld an der Fehlermeldung.

Abbildung 41.25
Eine Fehlermeldung in der Bildunterschrift

Um die Kapitelnummern aus der Beschriftung auszuschließen, klicken Sie im Dialog **Beschriftung** auf die Schaltfläche **Nummerierung** und deaktivieren im darauffolgenden Dialog die Option **Kapitelnummer einbeziehen**.

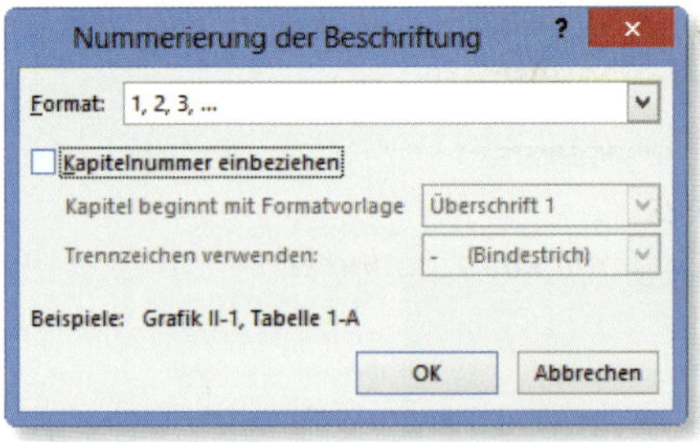

Abbildung 41.26
Kapitelnummern nicht in die Bildbeschriftung mit einbeziehen

Sie erhalten dann in Ihrem Dokument einfach eine durchnummerierte Bildunterschrift, die beim Einfügen neuer Bilder fortgesetzt wird.

Abbildung 41.27
Bildbeschriftung ohne Kapitelnummer

Eine andere Lösung besteht natürlich darin, für die Kapitelüberschriften im Dokument Formatvorlagen zu vergeben. Dann können Sie die Kapitelnummerierung im Dialog **Nummerierung der Beschriftung** aktiviert lassen. Aber auch mit dieser Anpassung erhalten Sie zunächst »unschöne« Beschriftungen, nämlich »Abbildung 0-1« etc. Für »formvollendete« Bildunterschriften müssen Sie auch eine Nummerierung (**Start** > **Liste mit mehreren Ebenen**) vergeben. Die Bildunterschriften, die Sie vor dieser Aktion eingefügt hatten, lassen sich dann mit F9 aktualisieren.

Abbildung 41.28
Eine Bildunterschrift mit Kapitelnummer

Position der Bildbeschriftung

Wenn Sie ein Bild eingefügt und als Zeilenumbruchart z. B. **Passend** eingestellt haben, sodass Text um das Bild herumfließt, ist die Positionierung der Beschriftung mitunter etwas knifflig. Sie brauchen entweder einen Leerabsatz, in dem Sie daraufhin die Beschriftung einfügen, oder Sie markieren die Grafik, klicken sie mit der rechten Maustaste an und wählen dann den Befehl **Beschriftung einfügen** im Kontextmenü. (Oder Sie klicken auf die Schaltfläche **Beschriftung einfügen** auf der Registerkarte **Verweise**.) Die Beschriftung wird daraufhin als Textfeld unterhalb (oder je nach Einstellung im Dialog **Beschriftung** auch oberhalb) des Bildes eingefügt.

Abbildung 41.29
Die Beschriftung als Textfeld

Diese beiden Objekte, also das Bild und seine Beschriftung, sollten Sie nun unbedingt gruppieren, weil Sie sie ansonsten separat verschieben. Markieren Sie also beide Elemente und wählen Sie im Kontextmenü der Auswahl **Gruppieren** > **Gruppieren**.

Pfad anpassen für verknüpfte Grafiken

Grafiken lassen sich nicht nur in ein Dokument einbetten, sondern auch verknüpfen, sodass nur der Pfad zur Bilddatei im Dokument gespeichert wird. Dies ist ein recht einfacher Vorgang: Sie wählen die Bilddatei im Dialog **Grafik einfügen** aus und klicken auf den Pfeil an der Schaltfläche **Einfügen**. Hier wählen Sie den Befehl **Mit Datei verknüpfen**.

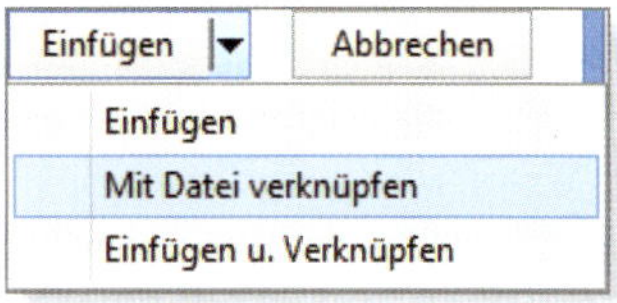

Abbildung 41.30
Eine Grafik als Verknüpfung einfügen

Verknüpfungen lassen sich nachträglich bearbeiten, z. B. um eine neue Quelle festzulegen, falls die Bilddatei in einen anderen Ordner verschoben wurde. Dazu rufen Sie über **Datei** > **Informationen** > **Verknüpfungen mit Dateien bearbeiten** (ganz unten im Fenster **Informationen** im Bereich **Eigenschaften**) den Dialog **Links** auf. (Sie finden diesen Befehl dort nur, wenn das Dokument Verknüpfungen enthält und gespeichert wurde).

Die Krux liegt darin, dass es sich bei diesen Verknüpfungen nicht um relative Verweise auf den Pfad, sondern um absolute Verweise handelt. Das hat zur Folge, dass die Bilder nicht mehr angezeigt werden können, wenn Sie z. B. einen ganzen Ordner mit verknüpften Bildern verschieben (anstelle des Bildes erscheint dann lediglich ein Rahmen mit einem Hinweis, dass die Datei nicht angezeigt werden kann). Sie müssten in einem solchen Fall also den oben genannten Weg gehen und die Verknüpfung nachträglich bearbeiten, d. h., für jedes Bild die neue Quelle festlegen, was bei einer großen Anzahl an Bildern natürlich ein mühseliges Unterfangen ist.

Das Feld INCLUDEPICTURE verwenden

In älteren Word-Versionen konnte man zur Bearbeitung von Verknüpfungen den Pfad der verknüpften Datei einfach bei eingeblendeten Feldfunktionen ändern. Dann war es möglich, auch relative Pfade anzugeben oder die Pfadangaben aller verknüpften Grafiken mithilfe der Funktion **Suchen und Ersetzen** zu bearbeiten.

Abbildung 41.31
Die Feldfunktion INCLUDEPICTURE mit einem relativen Pfad

Mit gewissen Einschränkungen können Sie dieses Verhalten auch in Word 2013 erreichen. Sie dürfen dazu aber nicht den gewohnten Weg über die Schaltfläche **Bilder** auf der Registerkarte **Einfügen** gehen, sondern müssen die Grafiken von vornherein mit der Feldfunktion INCLUDEPICTURE einfügen (siehe Abbildung 41.32). Wenn das Bild im gleichen Ordner liegt wie das Dokument, geben Sie im Feld **Dateiname oder URL** des Dialogfensters **Feld** nur den Dateinamen an (keinen Pfad).

Dieser Weg, der an sich schon ziemlich umständlich ist, ist allerdings mit einem Problem verbunden: Die Feldfunktionen werden nur angezeigt, wenn für die Grafik die Umbruchart **Mit Text in Zeile** verwendet wird. Falls Sie die Umbruchart im weiteren Verlauf Ihrer Arbeit ändern, können die Pfade nicht mehr angepasst werden und werden daraufhin automatisch in absolute Pfade konvertiert.

Abbildung 41.33
Der durch das Konvertieren entstandene absolute Pfad eines mithilfe von INCLUDEPICTURE eingefügten Bildes

Ein Makro für die Anpassung des Pfades

Um es kurz zu machen: Es gibt keine einfache Lösung. Wenn Sie die Feldfunktion INCLUDEPICTURE benutzen, müssen Sie es entweder beim Umbruch **Mit Text in Zeile** belassen oder eben wohl oder übel alle Dateien von Hand neu verknüpfen.

Einen Ausweg aus diesem Dilemma möchten wir Ihnen hier dennoch nicht vorenthalten. Er führt über ein Makro, das die Pfade aller verknüpften Grafiken so ändert, dass sie auf das gleiche Verzeichnis zeigen, in dem auch das Dokument liegt. (Die Umbruchart spielt dabei keine Rolle.)

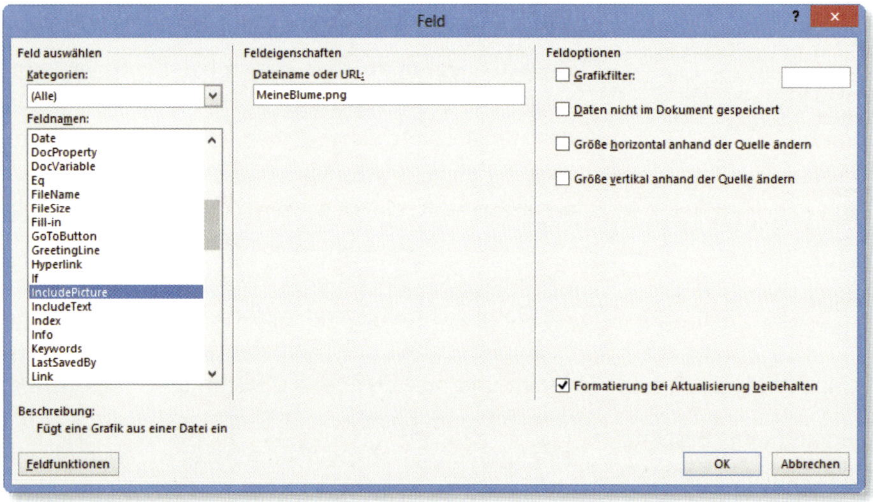

Abbildung 41.32
Im Dialog »Feld« ein Bild per Feldfunktion einfügen

INFO

Bilder verknüpfen oder einbetten?

In älteren Word-Versionen ist es mehr oder minder zwingend erforderlich, Grafiken und Bilder mit dem Dokument zu verknüpfen, weil ansonsten die Dateigröße ausufert. In Word 2013 werden die Word-Dokumente und auch die darin enthaltenen Grafiken komprimiert gespeichert, sodass der Aspekt der Dateigröße nicht mehr ganz so relevant ist. Es gibt dennoch viele gute Gründe, Grafiken mit einem Dokument zu verknüpfen. Wenn Sie beispielsweise eine Grafik nachträglich noch verbessern oder verändern möchten, reicht es im Falle einer Verknüpfung aus, einfach die Quelldatei zu bearbeiten und dann nur die Verknüpfung zu aktualisieren.

Sie können das Makro, das wir in diesem Abschnitt beschreiben, verwenden, wenn das Dokument und alle verknüpften Grafiken im selben Ordner liegen. Wenn Sie diesen Ordner dann einmal verschieben oder auf einem anderen Rechner speichern, rufen Sie einfach das Makro auf, das dann dafür sorgt, dass die Quelle im verschobenen bzw. umgespeicherten Ordner gesucht und angepasst wird.

Listing 41.1 stellt das Makro in der Minimalfassung dar. Da der Makrorekorder bei dieser Aufgabe versagt, kommen Sie nicht umhin, den Code im VBA-Editor einzugeben, wie in Abbildung 41.34 zu sehen ist. (Mehr zur Bearbeitung und dem Umgang mit Makros lesen Sie in Kapitel 38, »Eigene Makros erstellen«).

```
Sub AktualisiereVerknuepfteBilder()On
Error GoTo MeinFehlerDim oShp As ShapeDim
oILShp As InlineShapeFor Each oShp In
ActiveDocument.Shapes  If (oShp.Type =
11) Then    oShp.LinkFormat.SourceFullName
= ActiveDocument.Path & .\. & oShp.
LinkFormat.SourceName
    oShp.LinkFormat.Update  End IfNextFor
Each oILShp In ActiveDocument.InlineShapes
If (oILShp.Type = 4) Then    oILShp.
LinkFormat.SourceFullName = ActiveDocument.
Path & .\. & oILShp.LinkFormat.SourceName
    oILShp.LinkFormat.Update  End
IfNextExit SubMeinFehler:  MsgBox
(.Fehler.)End Sub
```

Listing 41.1
Das Makro zum Aktualisieren der Pfadangaben bei verknüpften Bildern

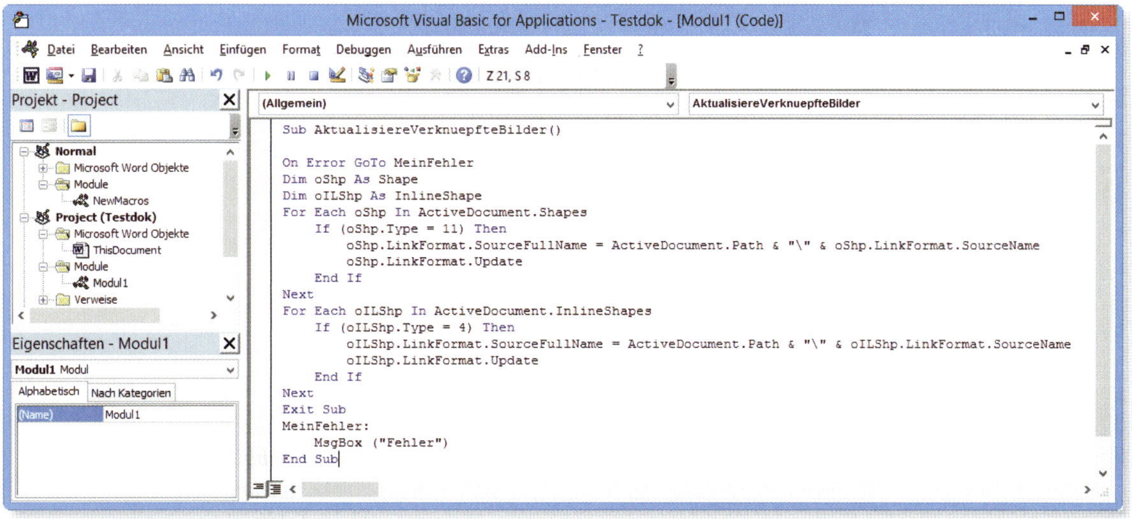

Abbildung 41.34
Der VBA-Editor zum Anlegen und Bearbeiten von Makros

Es ist ratsam, das Makro in der Dokumentvorlage *Normal.dotm* zu speichern, weil es dann für alle Dokumente zur Verfügung steht.

INFO

Unterschiedliche Typen für Grafiken

Word kennt verschiedene Typen von Formen, z. B. ClipArts oder Grafiken. Alle im Dokument verwendeten Formen werden – vereinfacht gesagt – in der Liste `ActiveDocument.Shapes` gespeichert. Diese unterschiedlichen Typen werden über einen numerischen Eintrag der Eigenschaft `Type` des Objekts `Shape` identifiziert. Verknüpfte Grafiken haben den Wert `11`. Da das Makro nur den Pfad zu den verknüpften Grafiken anpassen soll, dürfen also nicht alle Elemente aus dieser Liste bearbeitet werden, sondern nur die des Typs `11`. Aus diesem Grund ist die `IF`-Bedingung wichtig.

Und nun wollen wir kurz erläutern, was das Makro im Einzelnen bewirkt. In der zweiten Zeile (`On Error GoTo MeinFehler`) wird festgelegt, dass bei einem Fehler zu `MeinFehler:` gesprungen wird. Etwas weiter unten im Makrotext sehen Sie, dass nur ein kleiner Dialog aufgerufen wird, der Text ausgibt: `MsgBox (.Fehler.)`. Anschließend werden die verwendeten Variablen deklariert:

```
Dim oShp As ShapeDim oILShp As InlineShape
```

Es ist wichtig zu wissen, dass Word zwischen zwei verschiedenen Objekttypen unterscheidet, je nachdem, ob sich die Grafik im Text (Umbruchart **Mit Text in Zeile**) befindet oder nicht. Im ersten Fall handelt es sich um Objekte des Typs `InlineShape`, im zweiten Fall um `Shape`.

Und nun zur ersten Schleife: Für jedes Element, das es in `ActiveDocument.Shapes` gibt, wird die Schleife durchlaufen. Bei `ActiveDocument.Shapes` handelt es sich um eine Liste aller im Dokument vorhandenen Formen, also auch Grafiken. Das aktuelle Element der Liste wird der Variablen `oShp` zugewiesen:

```
For Each oShp In ActiveDocument.Shapes
```

In der Schleife wird mit der ersten `If`-Bedingung geprüft, ob es sich um eine verknüpfte Grafik handelt. Diese werden durch den Typ Nummer `11` identifiziert.

```
If (oShp.Type = 11) Then
```

Wenn `Type = 11`, wird der Pfad zur Grafik neu gesetzt und in `oShp.LinkFormat.SourceFullName` gespeichert. Der neue Pfad wird aus dem Pfad zum aktuellen Dokument (`ActiveDocument.Path`) und dem Namen der verknüpften Datei (`oShp.LinkFormat.SourceName`) zusammengebaut. Damit die Pfadangabe korrekt ist, wird noch der Backslash (\) dazwischengesetzt: (`& .\. &`).

```
oShp.LinkFormat.SourceFullName =
ActiveDocument.Path & .\. & oShp.
LinkFormat.SourceName
```

Anschließend wird das verknüpfte Bild mit der Quelldatei aktualisiert. Dies ist notwendig, damit bei geänderter Quelle die Anzeige im Dokument angepasst wird:

```
oShp.LinkFormat.Update
```

INFO

Grafiken in Kopf- oder Fußzeilen

Mit dem hier gezeigten Makro werden verknüpfte Grafiken in Kopf- oder Fußzeilen nicht bearbeitet; die entsprechenden Pfadangaben bleiben also unberührt. Dieses Verhalten liegt daran, dass Word Grafiken in Kopf- und Fußzeilen nicht in den Listen `ActiveDocument.InlineShapes` und `ActiveDocument.Shapes` führt.

Jetzt wird nur noch die `IF`-Bedingung beendet und dann mit `Next` zum nächsten Element für den nächsten Durchlauf der Schleife gesprungen.

```
End IfNext
```

Die zweite Schleife des kleinen Makros macht eigentlich nichts anderes als die erste Schleife. Sie ist aber notwendig, weil Grafiken, die mit der Umbruchart **Mit Text in Zeile** formatiert sind, nicht in der Liste `ActiveDocument.Shapes` zu finden sind, sondern in der Liste `ActiveDocument.InlineShapes`. Ein weiterer Unterschied besteht darin, dass solche Objekte die Typnummer 4 haben. Die Zuweisung des neuen Pfades funktioniert genauso wie in der vorherigen Schleife.

Das Makro anwenden

Und nun wollen wir dieses Makro einmal beispielhaft in Aktion setzen. Nehmen wir an, in einem Dokument gibt es drei verknüpfte Grafiken. Diese werden im Dialogfenster **Links** aufgelistet. Im Beispiel sind zunächst alle drei Verknüpfungen in Ordnung, wie Sie der Spalte **Element** 1 entnehmen können (siehe Abbildung 41.35). Der aktuelle Pfad zum Dokument und den verknüpften Grafiken lautet *C:\Verknuepftes* 2.

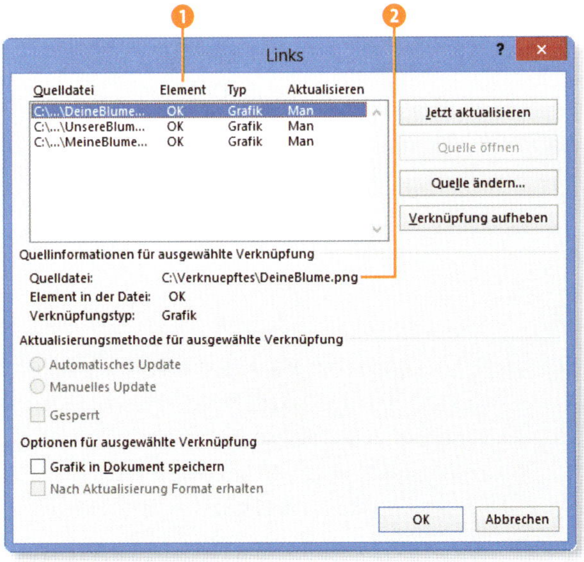

Abbildung 41.35
Drei Verknüpfungen im Dokument, deren Pfade in Ordnung sind

Jetzt werden das Dokument und die Grafiken verschoben, was dazu führt, dass sich der Pfad verändert, hier also z. B. in *C:\Neuer_Ordner_fuer_Verknuepftes*.

Wenn Sie nun erneut das Dokument und das Dialogfenster **Links** öffnen, können Sie an der Kennzeichnung der Spalte **Element** 3 sehen, dass die Verknüpfungen nicht mehr stimmen.

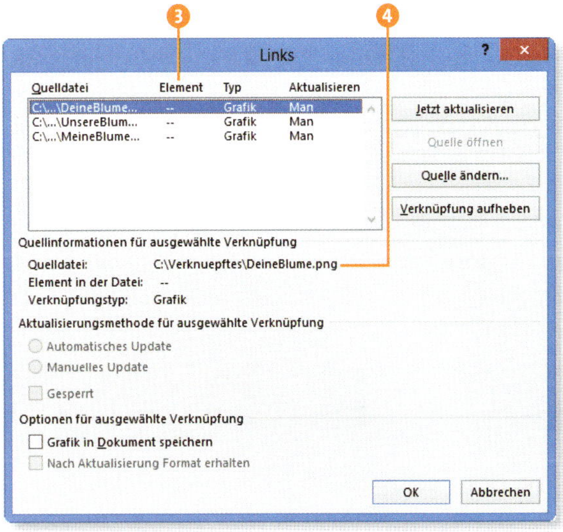

Abbildung 41.36
Drei Verknüpfungen, deren Pfade jetzt nicht mehr in Ordnung sind

Wenn Sie eine der verknüpften Grafiken mit einem Klick markieren, erkennen Sie im Feld **Quelldatei** 4, dass der Pfad dieser Grafik noch auf den ursprünglichen Ordner verweist.

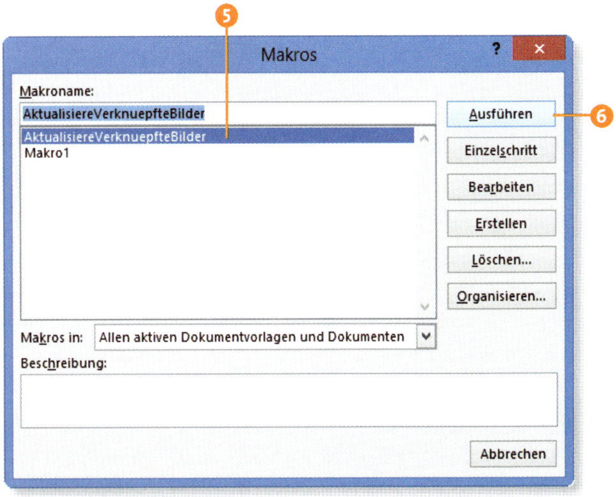

Abbildung 41.37
Das Makro zum Verknüpfen ausführen

Mit dem eben erstellten Makro lässt sich dieses Problem aber nun leicht lösen. Öffnen Sie über die Schaltfläche **Makros** in der Gruppe **Code** auf der Registerkarte **Entwicklertools** das Dialogfenster **Makro**. Wählen Sie dort das eben angelegte Makro aus 5 und lassen Sie es mit einem Klick auf die gleichlautende Schaltfläche 6 ausführen, sodass die Pfadangaben angepasst werden.

Kontrollieren Sie dann den Erfolg der Makroausführung im Dialogfenster **Links**. Wenn alle verknüpften Grafiken im neuen Ordner liegen, steht in der Spalte **Element** 7 neben jeder Grafik der Eintrag **OK**. Auch der Pfad der Quelldatei 8 wird mit *C:\Neuer_Ordner_fuer_Verknuepftes* richtig angegeben.

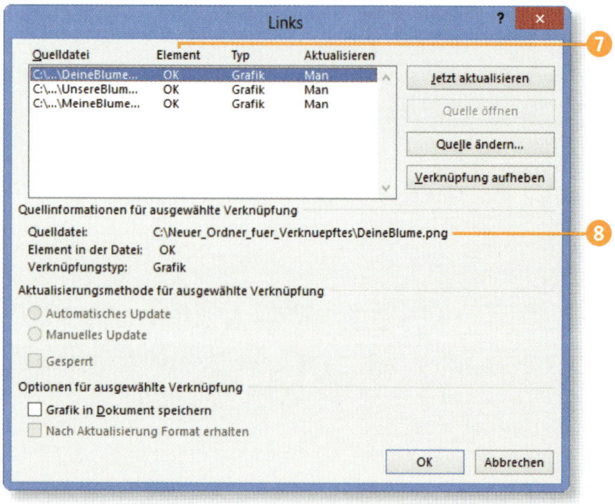

Abbildung 41.38
Nachdem das Makro ausgeführt wurde, stimmen die Pfadangaben wieder.

INFO

Grafik wird angezeigt, aber Pfad stimmt nicht

Es kann passieren, dass die Grafik im Dokument korrekt angezeigt wird, obwohl die Verknüpfung, also der Pfad zur Grafik, nicht stimmt. Das liegt daran, dass Word eine interne Vorschaugrafik speichert. Erst nachdem Word diese Vorschaugrafik aktualisiert hat, wird auch im Dokument deutlich, dass die Verknüpfung nicht (mehr) funktioniert.

Bilder in Tabellenzellen

Tabellen bieten eine gute Möglichkeit, Bilder in der gewünschten Größe einzufügen und sie zu positionieren. Zunächst zur Vorbereitung: Stellen Sie für die Zelle die Größe (Zeilenhöhe und Spaltenbreite) ein, die das eingefügte Bild aufweisen soll. Dann wählen Sie auf der Registerkarte **Tabellentools/Layout** im Menü der Schaltfläche **AutoAnpassen** die Option **Feste Spaltenbreite**.

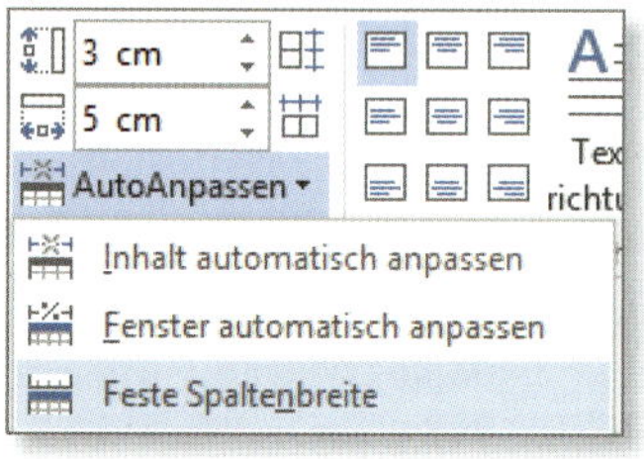

Abbildung 41.39
Eine feste Spaltenbreite für Tabellen einstellen

Fügen Sie nun das Bild zunächst irgendwo auf der Seite ein und kopieren Sie es. Dann setzen Sie den Cursor in die Tabellenzelle und öffnen das kleine Menü der Schaltfläche **Einfügen**. Hier klicken Sie auf **Inhalte einfügen**. Im gleichnamigen Dialog wählen Sie als Format **Bild (Erweiterte Metadatei)**.

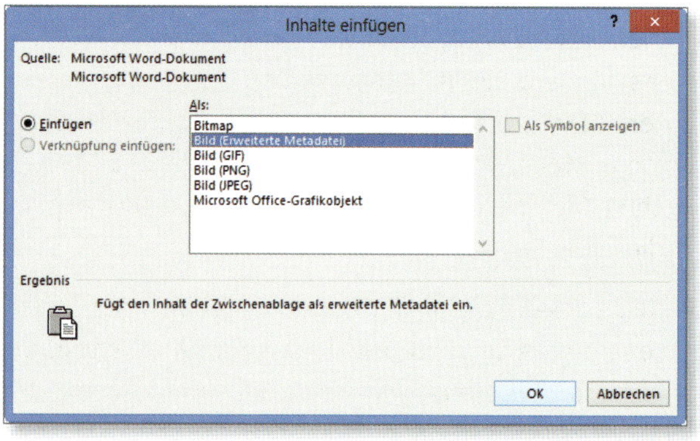

Abbildung 41.40
Stellen Sie hier »Bild (Erweiterte Metadatei)« ein.

Nachdem Sie auf **OK** geklickt haben, landet das Bild direkt mit angepasster Größe in der Zelle.

Abbildung 41.41
Ein Bild in einer Tabellenzelle

Dabei können Sie das Bild einfach einbetten, es aber natürlich auch verknüpfen, wenn Sie im Dialog **Inhalte einfügen** die Option **Verknüpfung einfügen** aktivieren.

Formen mit Bildern füllen

Bei der im vorangegangenen Abschnitt genannten Methode werden Bilder »abgeschnitten« oder es entstehen Ränder, wenn Sie die Zellgröße nachträglich verändern. Das Bild bleibt hingegen erhalten, wenn Sie eine Form mit einem Bild füllen. Das Bild (bzw. der Ausschnitt, der die Form füllt) wird dann Teil der Form, sodass es immer in die Form passt.

1 Wechseln Sie auf die Registerkarte **Einfügen** und wählen Sie im Menü der Schaltfläche **Formen** unter **Rechtecke** z. B. **Abgerundetes Rechteck**.

2 Ziehen Sie das Rechteck auf und legen Sie die Größe fest (indem Sie im Kontextmenü den Eintrag **Weitere Layoutoptionen** wählen). Im zugehörigen Dialogfenster **Layout** auf der Registerkarte **Größe** machen Sie entsprechende Angaben und bestätigen diese mit **OK**.

3 Klicken Sie danach die Form erneut mit der rechten Maustaste an und wählen Sie im Kontextmenü **Form formatieren**.

4 Im Aufgabenbereich **Form formatieren** aktivieren Sie die Kategorie **Füllung und Linie** und danach die Option **Bild- oder Texturfüllung** (1) (daraufhin wird der Aufgabenbereich in **Grafik formatieren** umbenannt) und klicken dann auf die Schaltfläche **Datei** (2).

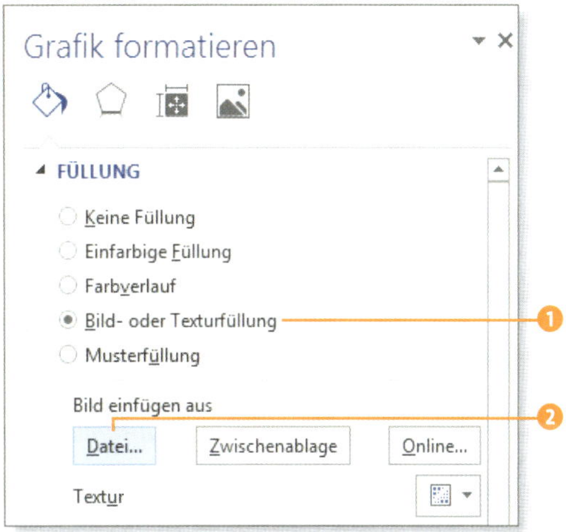

Abbildung 41.42
Eine Form mit einem Bild füllen

5 Daraufhin wird der Dialog **Grafik einfügen** angezeigt, in dem Sie die gewünschte Bilddatei festlegen und dann auf **Einfügen** klicken. Schließen Sie nun den Aufgabenbereich **Grafik formatieren**.

Nun wird das Bild in der Form angezeigt, oder – richtiger formuliert – die Form wird mit dem Bild gefüllt. Nachteilig bei dieser Methode ist, dass die Bilder eingebettet und nicht verknüpft werden, und auch die Qualität entspricht nicht der des Originalbildes.

Abbildung 41.43
Eine Form wurde mit einem Bild gefüllt.

Bilder in Textfelder einfügen

Auf dem gleichen Weg, wie Sie Formen mit Bildern füllen, können auch Textfelder Bilder aufnehmen. Textfelder (ohne Design) fügen Sie über **Einfügen** > **Textfeld** > **Textfeld erstellen** ein. Die nächsten Schritte entsprechen den Schritten beim Ausfüllen einer Form mit Bildern. Allerdings heißt der Aufgabenbereich **Grafik formatieren**; hier müssen Sie darauf achten, dass Sie den Bereich **Formoptionen** aktivieren und dann auf **Füllung und Linie** klicken.

Abbildung 41.44
Ein Textfeld mit einem Bild füllen

Auch bei dieser Methode werden die Bilder einfach eingefügt (eingebettet), auch wenn Sie im Menü der Schaltfläche **Einfügen** die Option **Mit Datei verknüpfen** wählen.

Formen mit Text füllen

Es ist ganz einfach, jeder beliebigen Form, die Sie »gezeichnet« haben, Text hinzuzufügen. Klicken Sie einfach auf die Form und beginnen Sie zu schreiben.

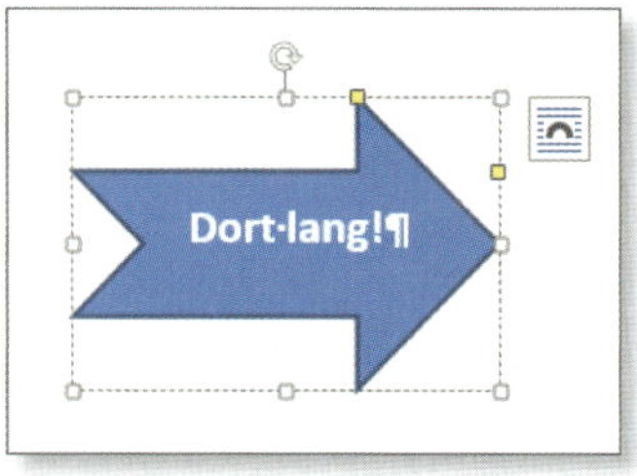

Abbildung 41.45
Eine Form mit Text versehen

Diesen Text können Sie auf dem üblichen Weg formatieren: Sie markieren ihn also und nutzen die entsprechenden Befehle auf der Registerkarte **Start**.

Bilder im Hintergrund markieren

Vielleicht haben Sie schon einmal vergeblich versucht, ein Bild zu markieren, das Sie über den Zeilenumbruch in den Hintergrund gelegt haben – ein frustrierendes Unterfangen, denn Sie klicken und klicken, und nichts passiert. Aber es gibt auch hierfür eine Lösung. Klicken Sie auf der Registerkarte **Start** auf die Schaltfläche **Markieren** und im Menü auf **Objekte markieren**.

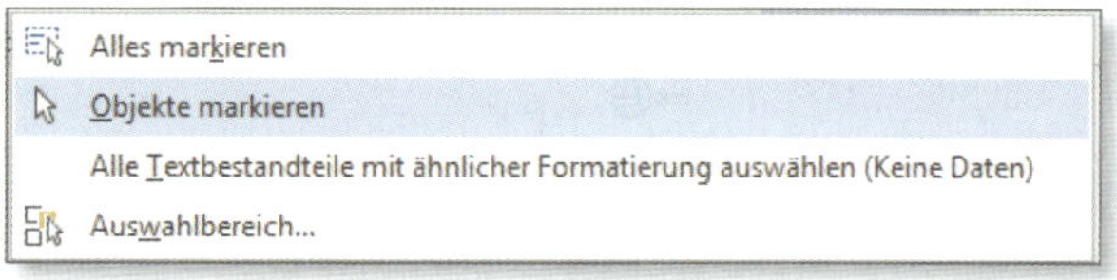

Abbildung 41.46
Mit dieser Option lassen sich Bilder im Hintergrund markieren.

Wenn Sie jetzt auf das Bild klicken, wird es markiert, und Sie erhalten die üblichen Ziehpunkte.

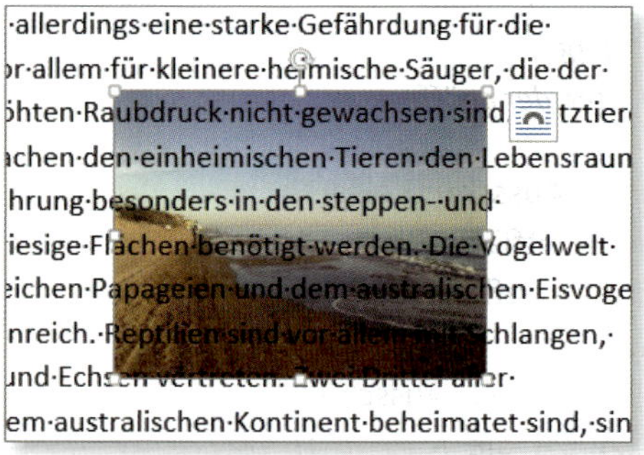

Abbildung 41.47
Das Bild im Hintergrund wurde markiert.

Screenshots einfügen

Möchten Sie auf die Schnelle ein geöffnetes Programmfenster in Ihrem Dokument abbilden? Dann ist ein *Screenshot* (von denen Sie Hunderte in diesem Buch sehen) das richtige Mittel. Sie können diese

Screenshots mit speziellen Programmen aufnehmen und bearbeiten, sie aber auch sehr komfortabel mit Word erzeugen und direkt ins Dokument einfügen.

1 Klicken Sie auf der Registerkarte **Einfügen** auf die Schaltfläche **Screenshot**.

2 Im zugehörigen Menü werden alle geöffneten (und nicht minimierten) Programmfenster angezeigt (allerdings nicht das aktuelle). Um einen Screenshot des gesamten Bildschirms in Ihr Dokument einzufügen, klicken Sie einfach auf die entsprechende Miniaturansicht. Daraufhin wird die Abbildung (als Bilddatei im *.png*-Format) direkt an der Cursorposition eingefügt.

Abbildung 41.48
Miniaturansichten der geöffneten Programmfenster

3 Um nur einen Ausschnitt abzubilden, klicken Sie im Menü der Schaltfläche **Screenshot** auf **Bildschirmausschnitt**. Daraufhin wird das Dokument abgeblendet, und es erscheint ein Fadenkreuz, mit dem Sie einen passenden Ausschnitt »aufziehen« können. Sobald Sie die Maustaste wieder loslassen, wird nur der gewählte Ausschnitt in Ihr Dokument eingefügt.

Mit dem beschriebenen Verfahren lassen sich Screenshots tatsächlich sehr schnell und einfach einfügen, aber spezielle Programme bieten natürlich weit mehr Möglichkeiten und Werkzeuge, die Screenshots nachträglich oder schon während der »Aufnahme« zu bearbeiten.

41.6 SmartArt

Wenn Sie bestimmte Informationen, z. B. Organigramme, grafisch darstellen wollen, bietet sich die Verwendung der von Word bereitgestellten SmartArt-Grafiken an. Doch auch hier gibt es ein paar Dinge zu beachten.

SmartArts mit Design

SmartArt-Formen werden an das Design angepasst, das Sie verwenden. Wenn Sie Ihrem Dokument ein anderes Design zuweisen, ändert sich also auch die SmartArt-Gestaltung. Falls das nicht geschieht, sind die SmartArt-Formen individuell mithilfe von Fülleffekten und Formkonturen formatiert worden, die nicht aus der Palette der Designfarben stammen. Wenn Sie dafür sorgen möchten, dass die SmartArt bzw. einzelne Formen der SmartArt wieder dem Design folgen, müssen Sie die Standardfarben durch Designfarben (1) ersetzen.

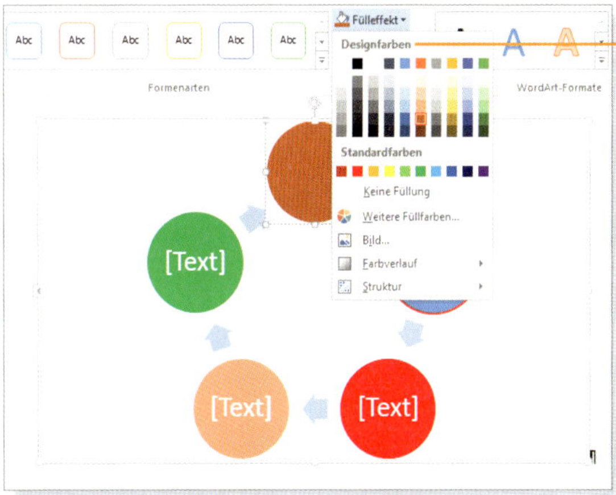

Abbildung 41.49
Eine Designfarbe für das SmartArt-Element auswählen

SmartArts für Bilder

Wenn Sie SmartArts um Fotos ergänzen oder – andersherum – Fotos in SmartsArts präsentieren möchten, können Sie der Einfachheit halber spezielle SmartArts für Grafiken verwenden. Öffnen Sie über **Einfügen** > **SmartArt** das Dialogfenster **SmartArt-Grafik auswäh-**

len. Hier können Sie in der Kategorie **Grafik** eine passende Layoutvariante auswählen.

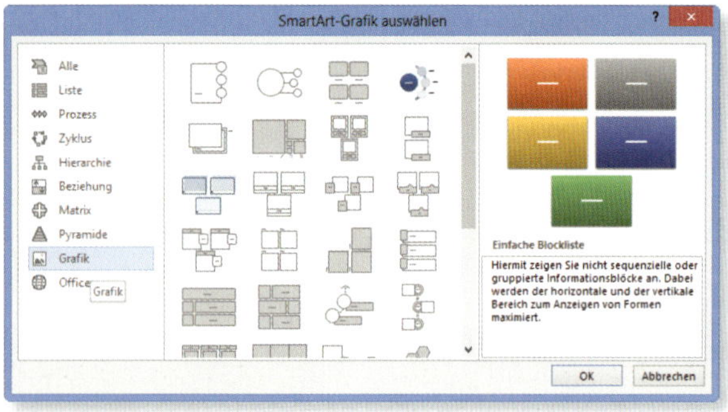

Abbildung 41.50
SmartArts der Kategorie »Grafik«

Die SmartArt-Formen dieser Kategorie verfügen über Schaltflächen zum Einfügen von Grafiken. Wenn Sie darauf klicken, wird der Dialog **Grafik einfügen** geöffnet, in dem Sie dann das gewünschte Bild auswählen können.

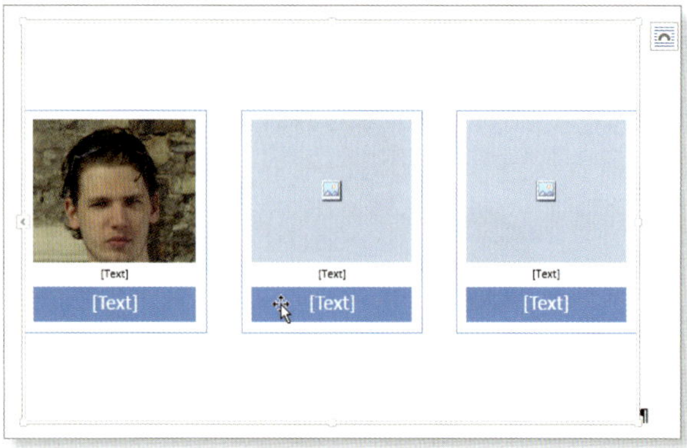

Abbildung 41.51
Ein SmartArt-Layout mit Schaltflächen zum Einfügen von Bildern

Wenn das Bild im ersten Anlauf nicht gut in die Form passt und teilweise abgeschnitten wird, können Sie den Ausschnitt neu festlegen.

1. Markieren Sie das Foto und klicken Sie auf der Registerkarte **Bildtools/Format** auf die Schaltfläche **Zuschneiden**.
2. Im zugehörigen Menü wählen Sie **Füllbereich**.
3. Daraufhin erscheint das gesamte Foto dunkel unterlegt in der Form, und Sie können nun den gewünschten Ausschnitt mit gedrückter Maustaste in den angezeigten Bereich ziehen.

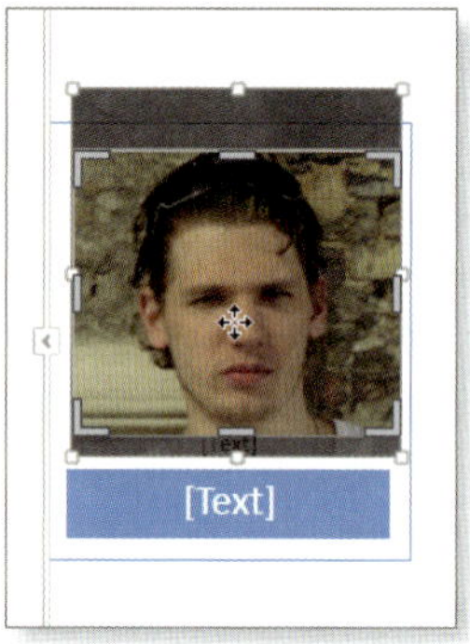

Abbildung 41.52
Ziehen Sie den gewünschten Bildausschnitt in die SmartArt-Form.

4. Per Mausklick bestätigen Sie die neue Position.

Um alternativ das komplette Bild in der Form anzuzeigen, ohne dass dessen Größenverhältnis verändert wird, klicken Sie im Menü der Schaltfläche **Zuschneiden** auf **Einpassen**.

Abbildung 41.53
Dieses Foto wurde eingepasst.

41.7 Inhaltsverzeichnis und Fußnoten

Sowohl das Inhaltsverzeichnis als auch Fußnoten sind sehr wichtige Elemente, vor allem in wissenschaftlichen Arbeiten und allgemein in längeren Texten. Doch ihre Verwendung kann knifflig sein. Damit Sie nicht daran verzweifeln, hier ein paar Tipps.

Inhaltsverzeichnis mit Text

Wenn Sie ein Inhaltsverzeichnis mit der entsprechenden Word-Funktion erstellen lassen, werden die Elemente des Inhaltsverzeichnisses aus den mit Formatvorlagen versehenen Überschriften zusammengestellt. Wenn Sie nun (versehentlich) einem Absatz eine Gliederungsebene zugewiesen haben, erscheint auch dieser Fließtext im Inhaltsverzeichnis, was in der Regel nicht sein sollte. Abbildung 41.54 zeigt ein Stück Text unterhalb der letzten Überschrift, das fälschlicherweise ins Inhaltsverzeichnis aufgenommen wurde.

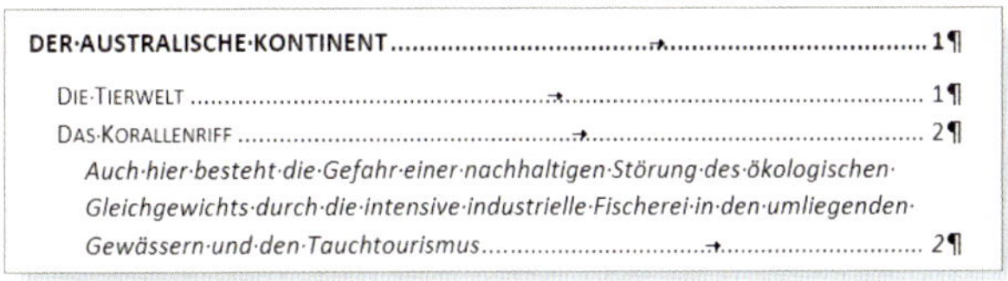

Abbildung 41.54
Ein Inhaltsverzeichnis mit normalem Text unterhalb einer Überschrift

Um dieses Problem zu beheben, stufen Sie den entsprechenden Absatz als Textkörper ein.

1. Setzen Sie den Cursor in den entsprechenden Absatz und klicken Sie auf der Registerkarte **Start** auf den Pfeil an der Gruppe **Absatz**.
2. Im Dialog **Absatz** klicken Sie auf den Pfeil am Feld **Gliederungsebene** und wählen in der Auswahlliste den Eintrag **Textkörper**.

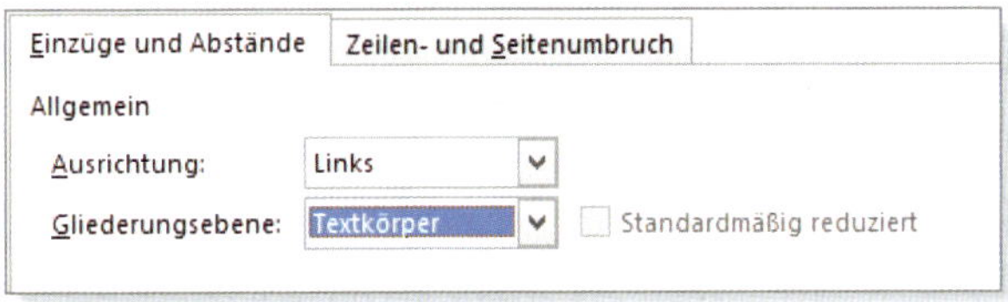

Abbildung 41.55
Einem Absatz die Gliederungsebene »Textkörper« zuweisen

3. Aktualisieren Sie danach Ihr Inhaltsverzeichnis, indem Sie die Taste F9 drücken.

Achten Sie darauf, dass Sie im darauffolgenden kleinen Dialog die Option **Gesamtes Verzeichnis aktualisieren** aktivieren.

Ebenen nachträglich ins Inhaltsverzeichnis aufnehmen

Nehmen wir an, Sie ändern in einem Dokument die Ebene einer Überschrift, z. B. von Ebene 3 auf Ebene 4, aber bisher sind nur drei Überschriftenebenen im Inhaltsverzeichnis vorgesehen. Sie müssen dann dafür sorgen, dass auch die Ebene 4 im Inhaltsverzeichnis angezeigt wird. Dazu klicken Sie auf der Registerkarte **Verweise** auf die Schaltfläche **Inhaltsverzeichnis** und wählen im Menü den Befehl **Benutzerdefiniertes Inhaltsverzeichnis**. Im Dialogfenster **Inhaltsverzeichnis** setzen Sie auf der gleichnamigen Registerkarte im Bereich **Allgemein** den Wert im Feld **Ebenen anzeigen** eine Stufe höher, also auf »4«.

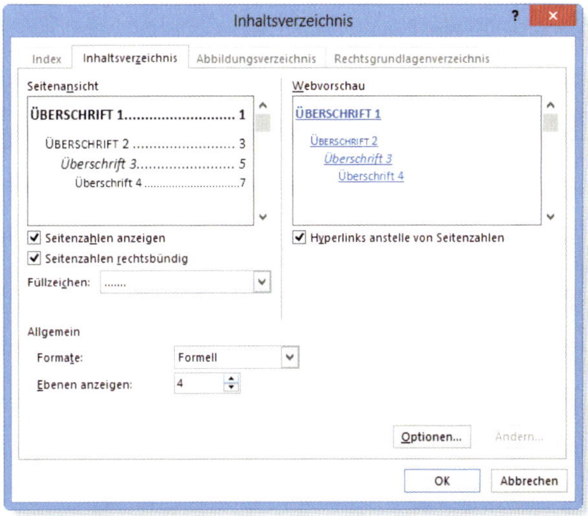

Abbildung 41.56
Mehr Gliederungsebenen anzeigen lassen

Den folgenden Dialog, in dem Sie gefragt werden, ob das bisherige Inhaltsverzeichnis ersetzt werden soll, bestätigen Sie mit **OK**.

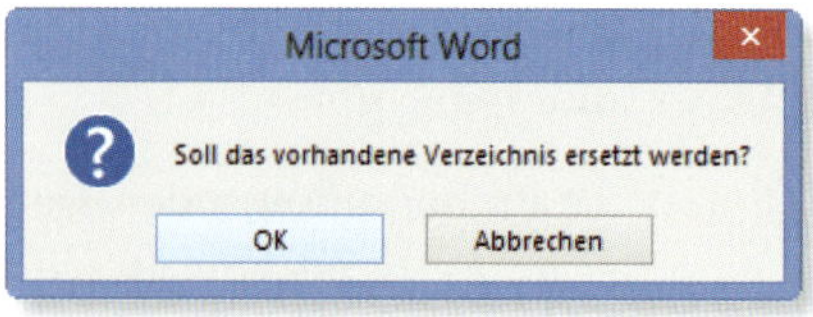

Abbildung 41.57
Das Inhaltsverzeichnis nach der Änderung ersetzen

Die Anordnung der Elemente im Inhaltsverzeichnis

Die Breite des Inhaltsverzeichnisses passt sich den im Dokument angelegten Seitenrändern an. Bei nachträglichen Änderungen an den Rändern kann es mitunter Probleme geben, sodass die Seitenzahlen womöglich nicht mehr untereinanderstehen. Meistens hilft es dann, das Inhaltsverzeichnis mit der Taste F9 zu aktualisieren. Auch ein anderes Format für das Inhaltsverzeichnis (über **Inhaltsverzeichnis > Benutzerdefiniertes Inhaltsverzeichnis** auf der Registerkarte **Inhaltsverzeichnis** im Feld **Formate**) kann das Problem beheben.

Notfalls können Sie die Anordnung der Seitenzahlen auch manuell per Tabstopp korrigieren. Markieren Sie dazu das Inhaltsverzeichnis und richten Sie den rechtsbündigen Tabstopp, der die Position der Seitenzahlen festlegt, neu aus.

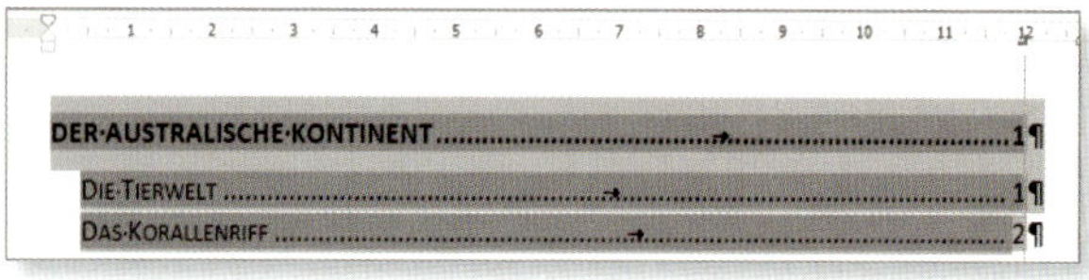

Abbildung 41.58
Seitenzahlen im Inhaltsverzeichnis per Tabstopp neu ausrichten

Mehrzeilige Fußnoten

Wenn Sie häufig mehrzeilige Fußnoten verwenden und es Sie dabei (zu Recht) stört, dass der Text ab der zweiten Zeile unterhalb des Fußnotenzeichens steht (zu sehen in Abbildung 41.59) und nicht unter dem ersten Zeichen, lösen Sie dieses Formatierungsproblem mit einem hängenden Einzug.

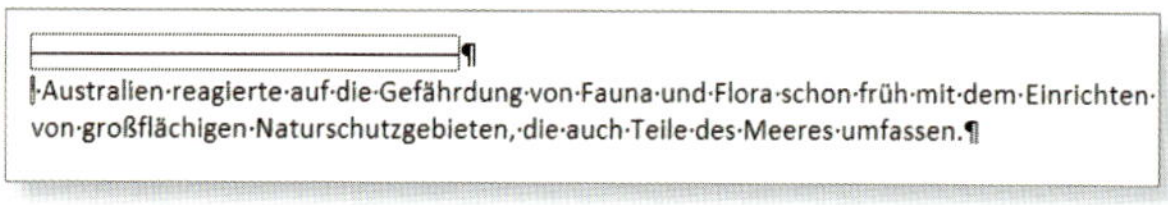

Abbildung 41.59
Eine Fußnote ohne hängenden Einzug

Damit diese Einstellung für alle Fußnoten gilt, bietet es sich an, sie in der Formatvorlage für Fußnoten festzulegen.

1. Lassen Sie sich dazu im Aufgabenbereich **Formatvorlagen** alle Formatvorlagen anzeigen und klicken Sie hier auf den Eintrag **Fußnotentext**.
2. Im Menü klicken Sie auf den Befehl **Ändern**, um den Dialog **Formatvorlage ändern** aufzurufen.

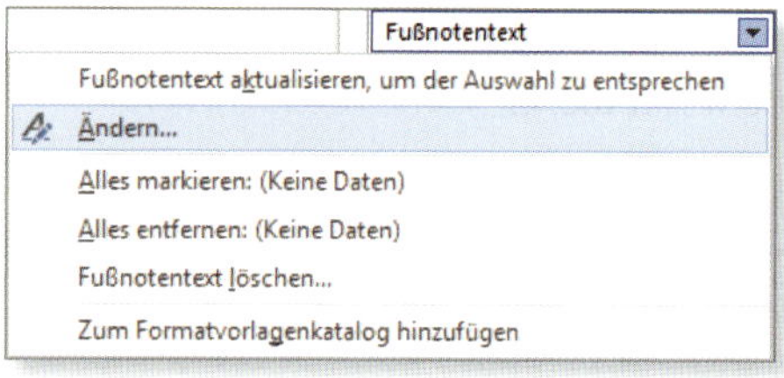

Abbildung 41.60
Die Formatvorlage für Fußnotentext ändern

3. In diesem Dialogfenster wählen Sie unten **Format > Absatz** und stellen im nächsten Dialog **Absatz** im Feld **Sondereinzug** die Option **Hängend** ein. Im Feld **Um** geben Sie das Maß für den kleinen Einzug an.

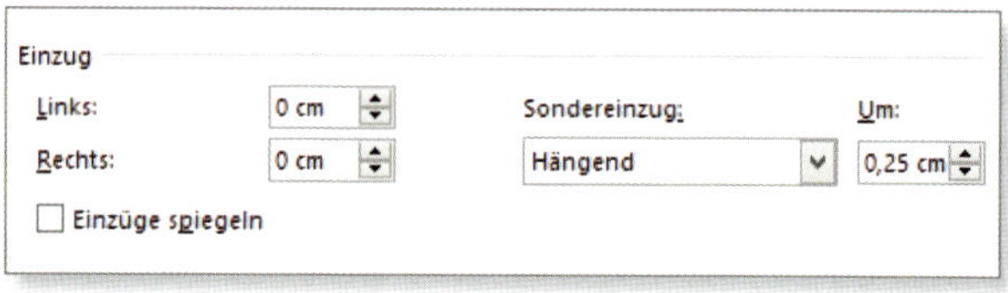

Abbildung 41.61
Einen hängenden Einzug für Fußnoten einstellen

4. Nach Bestätigung dieses Dialogs befinden Sie sich wieder im Dialog **Formatvorlage ändern**, in dem Sie die Option **Neue auf dieser Vorlage basierende**

Dokumente aktivieren, sodass die Einstellung für alle zukünftigen Dokumente gilt, die auf der Vorlage beruhen, die Sie aktuell benutzen (also auf *Normal.dotx* bzw. *Normal.dotm*, wenn Sie dem Dokument keine besondere Vorlage zugewiesen haben).

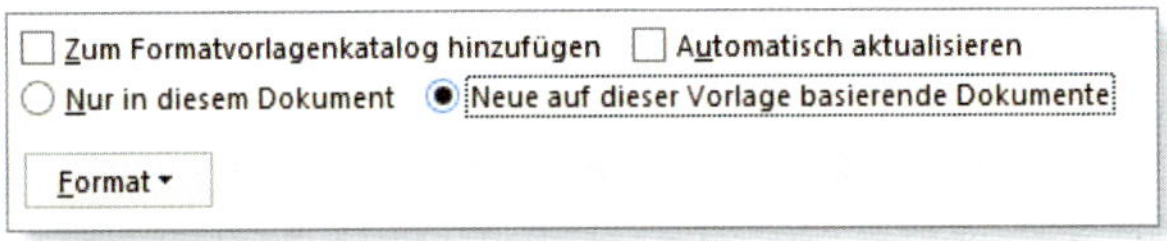

Abbildung 41.62
Die Änderung der Formatvorlage in der aktuellen Vorlage speichern

41.8 Tabellen

Nicht nur in Excel können Sie Tabellen nutzen, auch Word hat in puncto Tabellen sehr viel zu bieten. Wenn man außerdem noch ein paar Tricks kennt, lässt sich sogar noch mehr mit diesen Word-Tabellen anfangen.

Nummerierungen in Spalten anpassen

Es kommt vor, dass Sie an einer Tabelle arbeiten und in deren erster Spalte eine Nummerierung verwenden. Wenn diese Nummerierung in der zweiten oder dritten Spalte fortgesetzt werden soll, geht das leider nicht einfach so, sondern Sie müssen den Wert selbst an den vorherigen anpassen.

1. Stellen Sie die Nummerierung für die erste Spalte ein.
2. Setzen Sie den Cursor in die Spalte, in der die Nummerierung fortgesetzt werden soll (also z. B. die zweite oder dritte Spalte), und klicken Sie auf der Registerkarte **Start** auf die Schaltfläche **Nummerierung**.
3. Dann markieren Sie die Nummerierung dieser Spalte und wählen im Menü der Schaltfläche **Nummerierung** den Eintrag **Nummerierungswert festlegen**.
4. Im gleichnamigen Dialog legen Sie einfach den Wert fest, mit dem die Nummerierung fortgesetzt werden soll. Belassen Sie es im oberen Bereich des Dialogs bei der Option **Neue Liste beginnen**.
5. Bestätigen Sie den Dialog mit **OK**, dann wird die Liste in der nächsten Spalte fortgeführt.

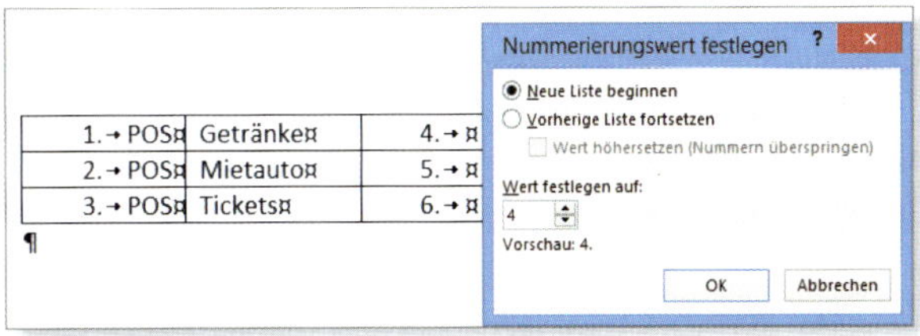

Abbildung 41.63
Den Nummerierungswert festlegen

Tabellen fest auf der Seite positionieren

Normalerweise werden Tabellen mit dem Text verschoben. Wenn Sie also eine Tabelle eingefügt haben und dann oberhalb der Tabelle Text ergänzen, rutscht die Tabelle nach unten. Wenn Sie dieses Verhalten nicht wünschen und die Tabelle an Ort und Stelle stehen bleiben soll, können Sie auch das regeln.

1. Öffnen Sie dazu das Kontextmenü der Tabelle und wählen Sie den Befehl **Tabelleneigenschaften**. Alternativ klicken Sie links auf der Registerkarte **Tabellentools/Layout** in der Gruppe **Tabelle** auf die Schaltfläche **Eigenschaften**.

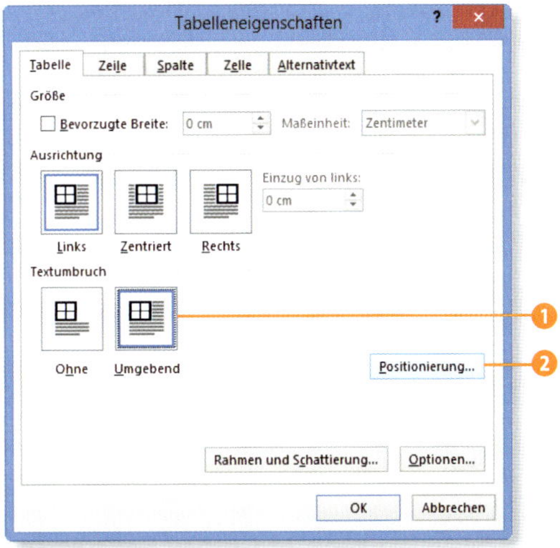

Abbildung 41.64
Aktivieren Sie im Dialog »Tabelleneigenschaften« die Option »Umgebend«.

2 Im Dialogfenster **Tabelleneigenschaften** aktivieren Sie auf der Registerkarte **Tabelle** im Bereich **Textumbruch** die Option **Umgebend** ① und klicken dann auf die Schaltfläche **Positionierung** ②.

3 Im nächsten Dialogfenster **Tabellenposition** deaktivieren Sie ganz unten im Bereich **Optionen** die Option **Mit Text verschieben** ③. Daraufhin ist die Tabelle fixiert und wird nicht mehr bei Texteingabe verschoben.

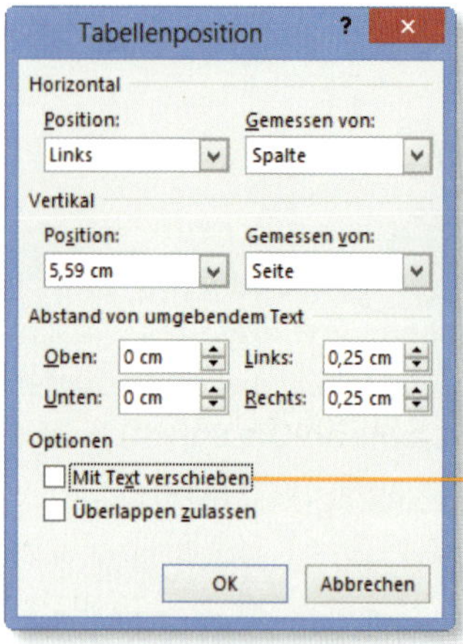

Abbildung 41.65
Tabellen nicht mehr verschieben

Tabellenzellen mit Abstand

Manchmal ist es hübscher, wenn Tabellenzellen wie Felder wirken. Damit Sie nachvollziehen können, was wir damit meinen, schauen Sie sich Abbildung 41.66 an. Sie sehen hier, dass es einen Abstand zwischen den Zellen gibt.

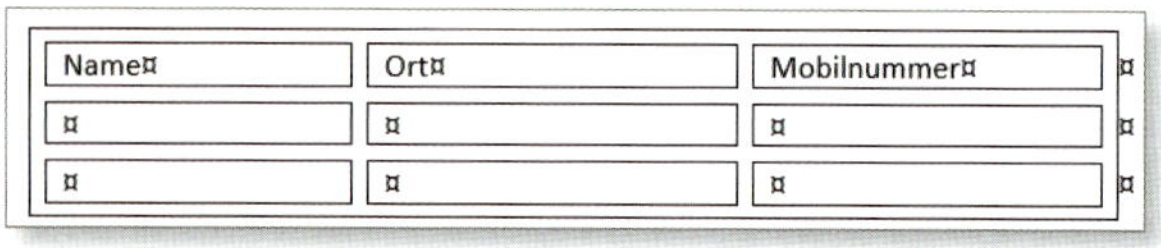

Abbildung 41.66
Zwischen den Tabellenzellen gibt es einen kleinen Abstand.

Ein solches Layout gelingt nicht mit der Standardeinstellung, sondern über den folgenden Weg.

1 Klicken Sie auf der Registerkarte **Tabellentools/Layout** auf das Symbol **Zellenbegrenzung**.

2 Im Dialog **Tabellenoptionen** aktivieren Sie zunächst die Option **Abstand zwischen Zellen zulassen** und geben in das Feld daneben den gewünschten Wert ein, der die Breite des Abstands bestimmt.

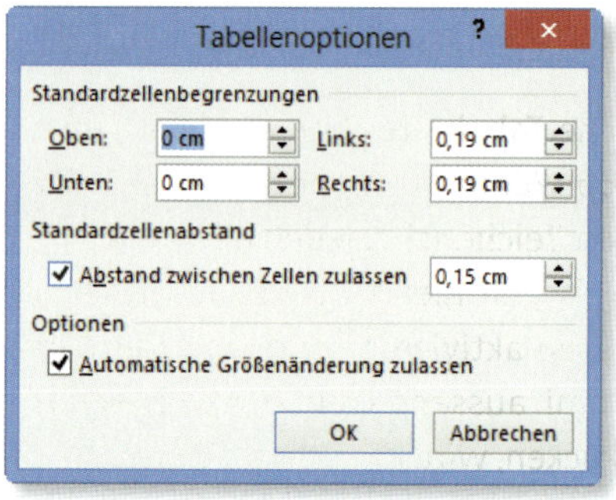

Abbildung 41.67
Einen Abstand für die Zellen der Tabelle festlegen

Tabellen zeichnen

Wenn Sie mit dem üblichen Aufbau von Tabellen mit neben- bzw. untereinanderstehenden Spalten und Zeilen nicht zufrieden sind, sondern sich eine Tabelle vorstellen, deren Zellen ganz individuell angeordnet sind, können Sie eine Tabelle einfach zeichnen – frei von allen Vorgaben.

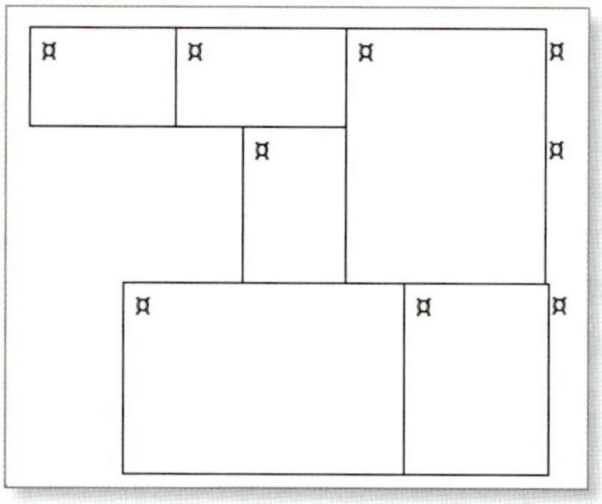

Abbildung 41.68
Eine frei gezeichnete Tabelle

Dazu klicken Sie auf **Einfügen** > **Tabelle** und wählen im Menü **Tabelle zeichnen**. Mit dem Mauszeiger, der nun aussieht wie ein Zeichenstift, zeichnen Sie die Zellen der Tabelle. Nach jeder fertigen Zelle lassen Sie die Maustaste los und setzen neu an. Sie können die jeweils nächste Zelle an jeder beliebigen Stelle aufziehen, wobei ihre Höhe an die bereits vorhandenen Zellen angepasst wird (es sei denn, Sie zeichnen eine »frei schwebende« Zelle). Um den Zeichenmodus zu beenden, drücken Sie die [Esc]-Taste.

Über die Schaltfläche **Tabelle zeichnen** auf der Registerkarte **Tabellentools/Entwurf** (in der Gruppe **Zeichnen**) können Sie den Zeichenstift jederzeit wieder zur Hand nehmen. Sie finden hier auch die Schaltfläche **Radierer**. Wenn Sie sie aktivieren und dann mit dem wie ein Radiergummi aussehenden Mauszeiger auf eine Rahmenlinie klicken, wird diese Linie gelöscht.

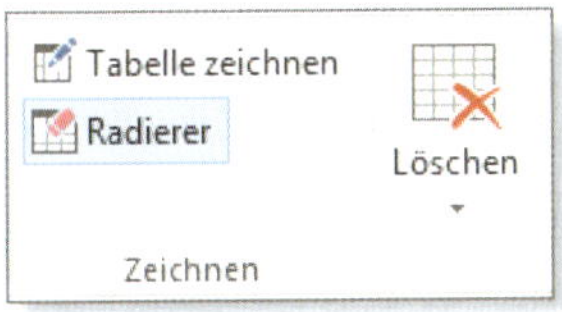

Abbildung 41.69
Den Radierer zum Entfernen von Rahmenlinien aktivieren

Tabellen teilen

Wenn Sie bereits mit einer Tabelle arbeiten und dann feststellen, dass Sie statt einer einzigen großen Tabelle mit vielen Zeilen eher zwei kleinere Tabellen verwenden möchten, können Sie das nachträglich regeln und die große Tabelle aufteilen. Setzen Sie dazu den Cursor in die Zeile, über der die Tabelle geteilt werden soll, und klicken Sie auf die Schaltfläche **Tabelle teilen** in der Gruppe **Zusammenführen** auf der Registerkarte **Tabellentools/Layout**.

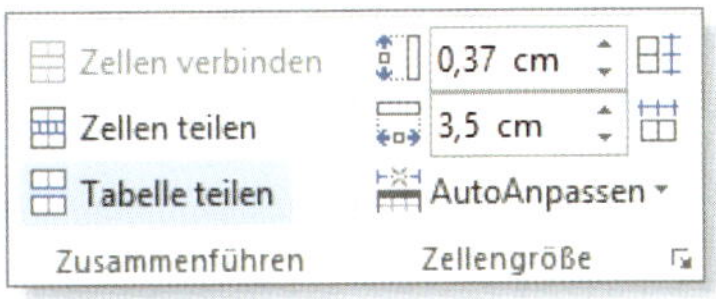

Abbildung 41.70
Eine Tabelle in zwei Teile splitten

Daraufhin wird die Tabelle geteilt, und zwischen den beiden Teilen wird eine Leerzeile eingefügt. Sollte das nicht der Fall sein, müssen Sie ein wenig nacharbeiten und die untere Tabelle nach unten ziehen (mithilfe des kleinen Symbols ❶ an der Tabelle, das auch die Tabelle markiert).

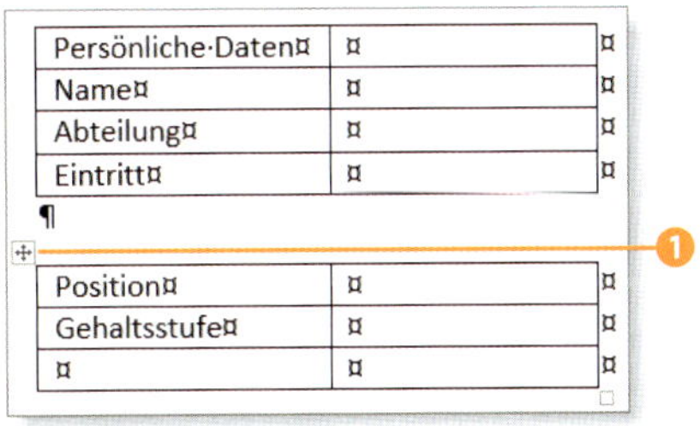

Abbildung 41.71
Die neuen Tabellenteile

Zwei Tabellen nebeneinander platzieren

Vielleicht haben Sie bereits erfolglos versucht, zwei Tabellen nebeneinander zu platzieren? So hilfreich und flexibel Tabellen sonst sind, normalerweise werden sie (wenig Platz sparend) in Word untereinander eingefügt. Es gibt aber einen Trick, wie ein solches Vorhaben dennoch gelingen kann. Folgen Sie dazu den hier beschriebenen Schritten.

1. Wechseln Sie zunächst auf die Registerkarte **Einfügen** und fügen Sie über das Menü der Schaltfläche **Tabelle** eine Tabelle mit zwei Spalten und einer Zeile ein.
2. Setzen Sie den Cursor in die erste Zelle dieser Tabelle und fügen Sie nun an dieser Stelle eine neue Tabelle ein, d. h. die Tabelle, die später links auf der Word-Seite steht.
3. Dann setzen Sie den Cursor in die zweite Zelle der ursprünglichen Tabelle und wiederholen Schritt 2 (so legen Sie die Tabelle an, die später rechts auf der Word-Seite steht).

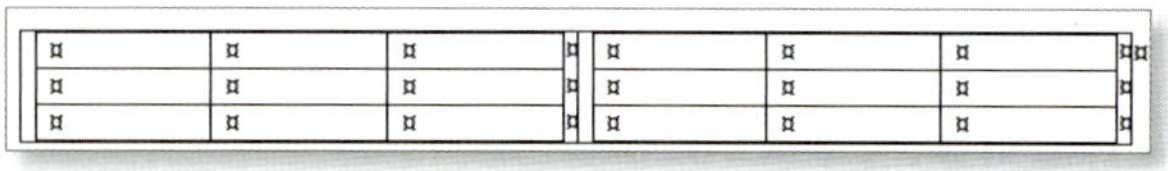

Abbildung 41.72
In der ursprünglichen Tabelle stehen nun zwei weitere Tabellen.

4 Nun müssen Sie die Rahmenlinien der ersten Tabelle entfernen. Dazu markieren Sie die ganze Tabelle und klicken auf der Registerkarte **Start** auf die Schaltfläche **Rahmen**. Im Menü wählen Sie die Option **Kein Rahmen**. Arbeiten Sie notfalls auch im Dialog **Rahmen und Schattierung**, um die Linien differenziert einzustellen.

TIPP

Rahmenlinien entfernen

Es macht ein wenig Mühe, die ursprüngliche Tabelle zu markieren, weil die anderen beiden Tabellen im Weg sind. Sie können die Rahmenlinien auch einfach schon entfernen, bevor Sie die anderen Tabellen einfügen.

Wenn Sie sich das Dokument in der Druckvorschau anzeigen lassen (**Datei** > **Drucken**), sehen Sie, dass auf dem Blatt nun zwei Tabellen nebeneinanderstehen (bzw. dass es optisch so wirkt).

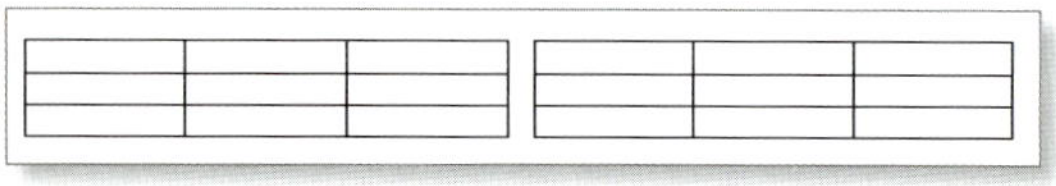

Abbildung 41.73
Zwei Tabellen nebeneinander

41.9 Ansichten, Fenster und Fensterbereiche

Nicht jedem gefällt die Standardaufteilung des Programmfensters, und nicht alle Nutzer können damit gleich gut arbeiten. Es gibt aber ein paar Möglichkeiten, die Aufteilung des Fensters bzw. die Ansicht des Dokuments anzupassen.

Die Symbolleiste für den Schnellzugriff positionieren

Wenn Sie die Symbolleiste für den Schnellzugriff angepasst und dort viele Befehle abgelegt haben, nutzen Sie sie vermutlich recht häufig. Um sie noch leichter erreichbar zu machen, können Sie die Symbolleiste näher an Ihr Dokument heranbringen, indem Sie sie unterhalb der Registerkarten positionieren. Klicken Sie dazu auf den Auswahlpfeil rechts an der Symbolleiste und wählen Sie den Befehl **Unter dem Menüband anzeigen**.

Die »alte« Seitenansicht wieder einstellen

Diejenigen unter Ihnen, die schon vor Word 2007 mit Word gearbeitet haben, vermissen eventuell die gute alte Seitenansicht, die nicht vergleichbar ist mit der Druckansicht, die Sie über die Schaltfläche **Seitenansicht und Drucken** aufrufen. Sie können diese Seitenansicht über die Anpassung der Schnellsymbolleiste wieder herbeizaubern.

1 Klicken Sie im Menü der Symbolleiste für den Schnellzugriff auf den Eintrag **Weitere Befehle**.

2 Im folgenden Dialogfenster **Word-Optionen** (siehe Abbildung 41.74) wählen Sie im Feld **Befehle auswählen** ❶ die Option **Alle Befehle** und wandern in der Liste nach unten bis zum Eintrag **Seitenansicht-Bearbeitungsmodus** ❷.

3 Markieren Sie diesen Eintrag und klicken Sie dann auf **Hinzufügen** ❸.

4 Bestätigen Sie den Dialog mit **OK**.

Danach finden Sie die entsprechende Schaltfläche in der Symbolleiste für den Schnellzugriff. Sie ist optisch leider identisch mit der Schaltfläche **Seitenansicht und Drucken**. (Im Zweifel halten Sie kurz den Mauszeiger auf die Schaltfläche, dann wird ihre Bezeichnung angezeigt – jedenfalls sofern Sie sich die QuickInfos anzeigen lassen.)

Den Unterschied zur Druckansicht (also der Ansicht, die Sie über das Symbol **Seitenansicht und Drucken**

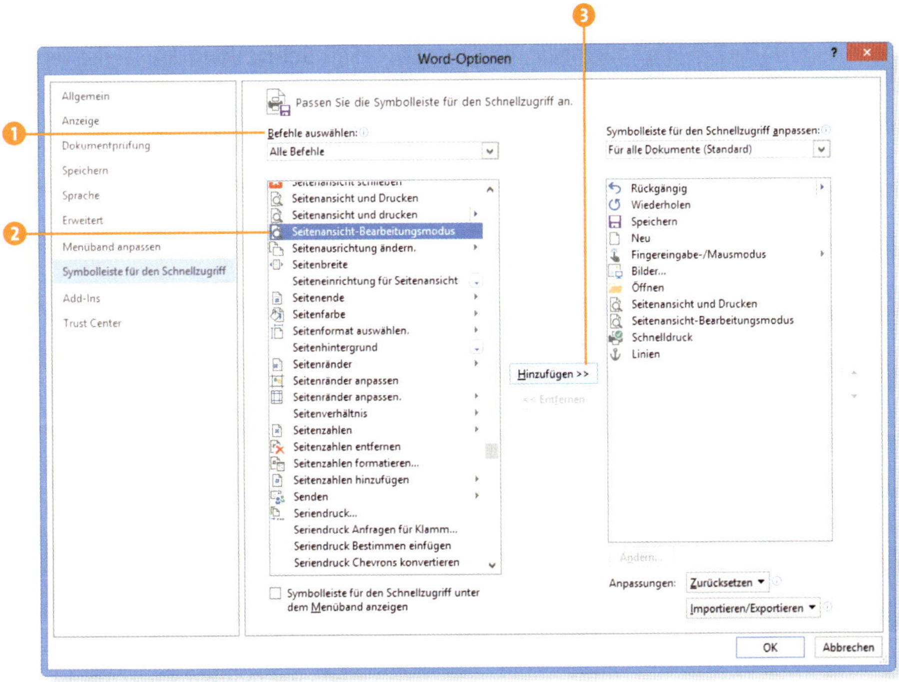

Abbildung 41.74
Markieren Sie den Eintrag »Seitenansicht-Bearbeitungsmodus«.

aufrufen) erkennen Sie, wenn Sie per Klick auf das Symbol diese Seitenansicht aufrufen (siehe Abbildung 41.75). Hier stehen Ihnen Befehle zur Navigation zur Verfügung, und vor allem können Sie die Lupe deaktivieren (entfernen Sie dazu das Häkchen im Feld **Lupe** 4), was den Effekt hat, dass Sie den Cursor in das Dokument setzen und es direkt hier in der Seitenansicht bearbeiten können.

Text anordnen mithilfe des Navigationsbereiches

Wenn Sie die Überschriften in Ihrem Dokument mit den speziellen Formatvorlagen für Überschriften versehen haben, werden diese Textpassagen im Navigationsbereich links angezeigt, und Sie können sie ganz einfach verschieben und Ihr Dokument neu gliedern. Dazu zeigen Sie mit der Maus einfach auf die jeweilige Überschrift im Navigationsbereich und ziehen sie

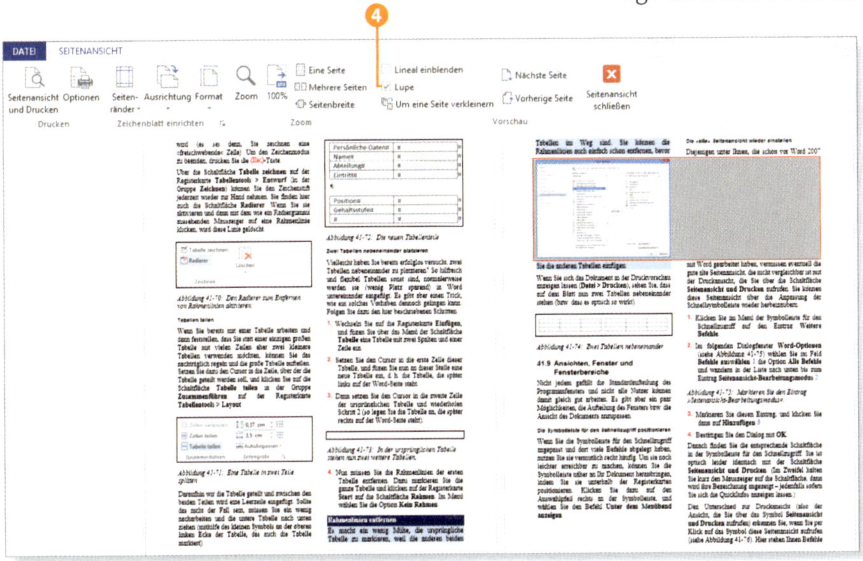

Abbildung 41.75
Ein Dokument in der Seitenansicht

mit gedrückter Maustaste an ihren neuen Platz, also vor oder hinter eine andere Überschrift. Der zugehörige Fließtext wird natürlich mit verschoben.

Sie können übrigens auch den Navigationsbereich selbst an eine andere Stelle ziehen. Dazu zeigen Sie mit dem Mauszeiger auf den grauen Titelbereich und ziehen das Fenster mit gedrückter Maustaste an den gewünschten Ort am Bildschirm. Um den Bereich wieder auf der linken Bildschirmseite »anzudocken«, ziehen Sie ihn einfach wieder ganz nach links.

Abbildung 41.76
Überschriften und die zugehörigen Abschnitte ganz einfach im Navigationsbereich verschieben

Fenster teilen

Wenn Sie bei der Arbeit an einem längeren Dokument oft zu einer bestimmten Stelle scrollen müssen, um z. B. etwas nachzuschlagen, kann es hilfreich sein, das Dokument in zwei separat zu bedienenden Fenstern anzuzeigen. Auf diese Weise können Sie in dem einen Fenster ganz normal am Text arbeiten und in dem anderen Fenster z. B. zur relevanten Textpassage scrollen. Klicken Sie dazu auf **Ansicht** > **Teilen**. Daraufhin erscheint eine waagerechte graue Linie bzw. eine Linie mit Lineal (abhängig davon, ob das Lineal angezeigt wird oder nicht), die Sie mit gedrückter Maustaste dorthin ziehen, wo Sie das Programmfenster teilen möchten. Dann klicken Sie in das Fenster mit dem Dokumentausschnitt, den Sie aktuell bearbeiten möchten. Per Mausklick können Sie nun zwischen den Fenstern hin- und herwechseln.

Mit einem Klick auf die Schaltfläche **Teilung aufheben** auf der Registerkarte **Ansicht** wird die Teilung wieder zurückgenommen.

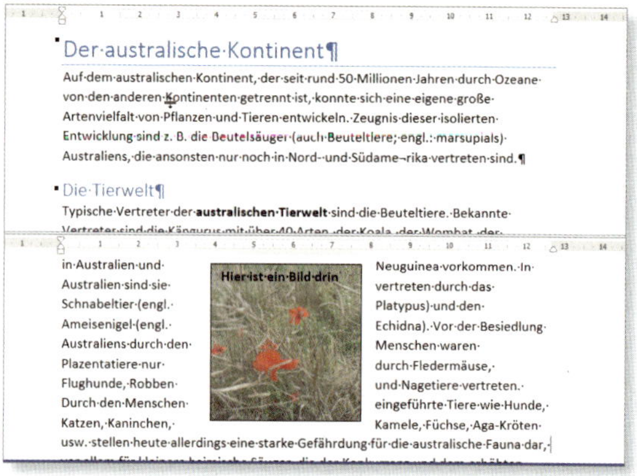

Abbildung 41.77
Ein geteiltes Fenster

41.10 Dateien öffnen, weiterverwenden, verknüpfen und speichern

Es gibt immer wieder Probleme im Umgang mit Dateien, manchmal beim Öffnen, manchmal bei der Weitergabe oder bei der Nutzung alter Dateien bzw. Dateiformate. In diesem Abschnitt geben wir Ihnen einige Hinweise, wie Sie mit solchen Problemfällen verfahren können und mit Word 2013 erfolgreich arbeiten.

Probleme beim Öffnen einer Word-Datei

Es kommt vor, dass sich eine Datei nicht öffnen lassen will und/oder Word generell Schwierigkeiten beim Öffnen von Dateien macht. Einem solchen Verhalten können so viele unterschiedliche Ursachen zugrunde liegen, dass es unmöglich ist, verbindliche Hinweise zur Lösung der jeweiligen Probleme zu geben. Daher listen wir hier nur einige mögliche Ursachen auf; sobald Sie dem Problem auf der Spur sind, können Sie dann selbst versuchen, einen entsprechenden Lösungsweg zu finden. Folgende Ursachen sind denkbar:

- Eine Datei kann schlicht und einfach beschädigt sein.

- Die globale Vorlagendatei *Normal.dotm* mit gespeicherten Formatvorlagen, AutoTexten, Makros etc. verursacht Probleme.
- Ein Add-In, das automatisch aus dem Ordner *STARTUP* geladen wird, verursacht einen Konflikt mit Word.
- Andere Programme oder Reste einer alten Installation, die im Ordner *STARTUP* liegen, stören einen reibungslosen Betrieb.
- Die im Registrierungsschlüssel *Data* gespeicherten Word-Optionen führen zu Problemen.
- Wenn Sie eine Datei erhalten haben, können Ihre individuellen Sicherheitseinstellungen Probleme beim Öffnen dieser Datei verursachen.

Ihre Sicherheitseinstellungen können Sie leicht überprüfen und ändern. Rufen Sie das Dialogfenster **Word-Optionen** auf, klicken Sie hier auf **Trust Center** und im nachfolgenden Fenster wiederum auf **Einstellungen für das Trust Center**. Im linken Bereich werden die verschiedenen Kategorien der Sicherheitseinstellungen aufgelistet. Bei Problemen können Sie hier z. B. kurzfristig bestimmte Sicherheitseinstellungen herabsetzen.

Ein als abgeschlossen gekennzeichnetes Dokument bearbeiten

Dokumente lassen sich als »abgeschlossen« kennzeichnen, wodurch eine weitere Bearbeitung durch Dritte verhindert werden soll. Wenn Sie ein Dokument auf diese Weise kennzeichnen möchten, öffnen Sie über **Datei** > **Informationen** das Menü der Schaltfläche **Dokument schützen** und klicken auf **Als abgeschlossen kennzeichnen**.

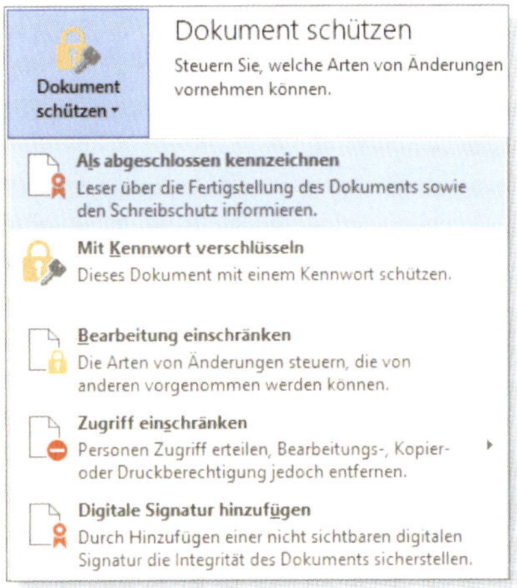

Abbildung 41.78
Ein Dokument als abgeschlossen kennzeichnen, damit es schreibgeschützt ist

Sie erhalten dann einen Hinweis, dass das Dokument gespeichert wird und danach vor weiteren Bearbeitungen geschützt ist. Sobald Sie hier auf **OK** klicken, ist das Dokument schreibgeschützt.

Dieser Status wird ebenfalls in den Eigenschaften des Dokuments (zu finden unter **Datei** > **Informationen**) angezeigt, hier lesen Sie im Feld **Status** dann den Eintrag **Endgültig** ❶ (Sie müssen auf **Alle Eigenschaften anzeigen** klicken, um dies zu sehen).

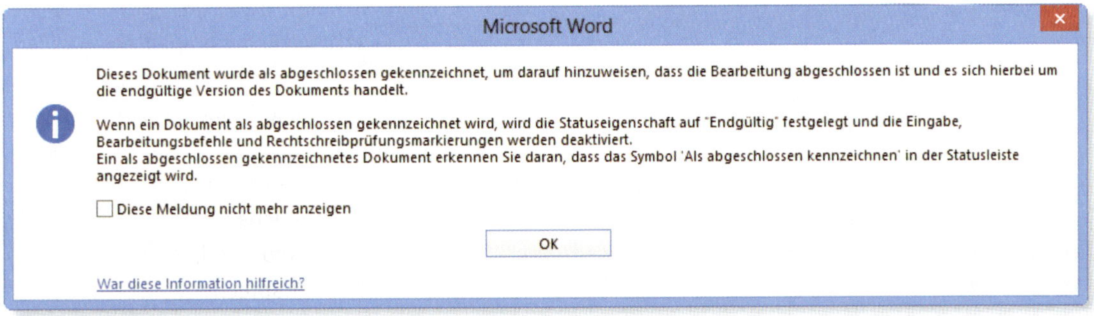

Abbildung 41.79
Der Hinweis, dass das Dokument als »abgeschlossen« gekennzeichnet wird

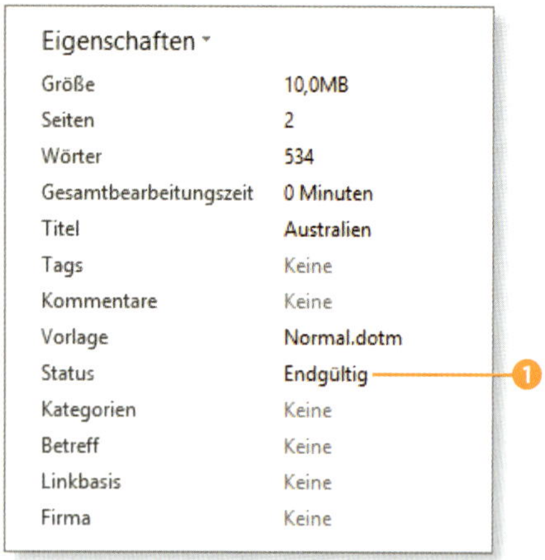

Abbildung 41.80
Der Status »Endgültig« wird in den Eigenschaften des Dokuments angezeigt.

Sie können ein solches Dokument (das zunächst im Lesemodus geöffnet wird) aber dennoch weiter bearbeiten. Achten Sie beim Öffnen auf die gelbe Leiste unterhalb der Registerkarten (siehe Abbildung 41.81). Wenn Sie hier auf die Schaltfläche **Trotzdem bearbeiten** 2 klicken, steht das Dokument ganz normal wieder zur Verfügung.

Dokumente als Verknüpfung einfügen

Es gibt ein Dokument, dessen Text/Inhalt Sie als Verknüpfung in ein anderes Dokument einfügen möchten, sodass Änderungen (an dem eingefügten Dokument) übernommen werden? Mit der Funktion **Objekt** können Sie das problemlos bewerkstelligen.

1. Öffnen Sie die Registerkarte **Einfügen**.
2. Klicken Sie hier in der Gruppe **Text** auf den Pfeil an der Schaltfläche **Objekt** und wählen Sie den Befehl **Text aus Datei**.

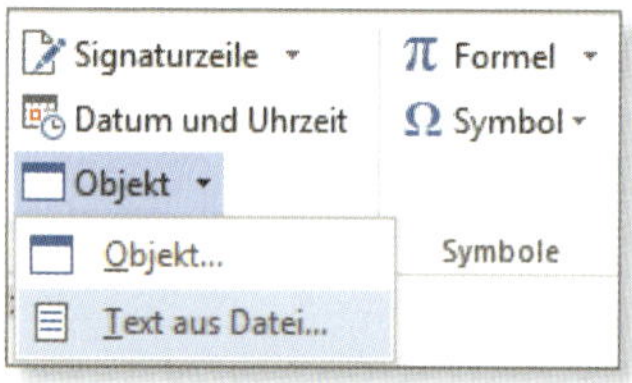

Abbildung 41.82
Den Dialog »Datei einfügen« aufrufen, um ein Dokument als Verknüpfung einzufügen

3. Daraufhin wird der Dialog **Datei einfügen** angezeigt. Hier bestimmen Sie die Datei und klicken dann auf den Pfeil an der Schaltfläche **Einfügen**. Wählen Sie hier den Befehl **Als Verknüpfung einfügen**.

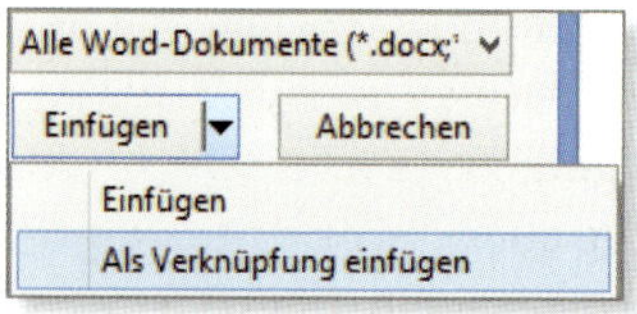

Abbildung 41.83
Ein Dokument als Verknüpfung einfügen

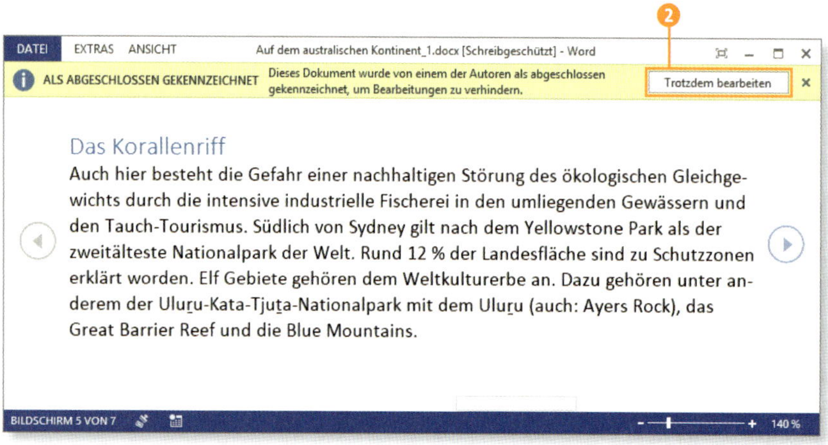

Abbildung 41.81
Ein abgeschlossenes Dokument bearbeiten – es geht mit der Schaltfläche »Trotzdem bearbeiten«.

Daraufhin wird der Inhalt des Dokuments im »Zieldokument« angezeigt. Wenn Sie diesen Text anklicken, können Sie auch an der grauen Feldschattierung (die standardmäßig eingeschaltet ist) erkennen, dass es sich um eine Feldfunktion handelt, und zwar um ein **INCLUDETEXT**-Feld, wie Sie wiederum sehen können, wenn Sie sich über [⇧] + [F9] die Feldfunktion anzeigen lassen.

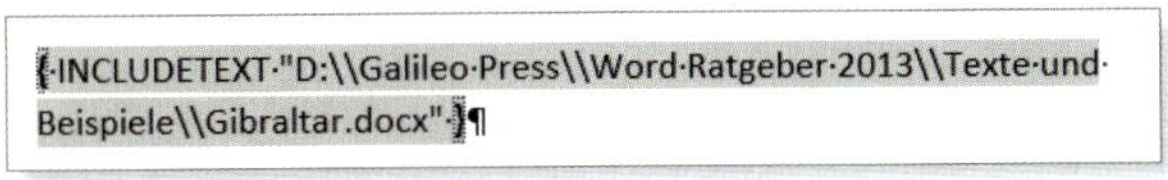

Abbildung 41.84
Die Feldfunktion »INCLUDETEXT«

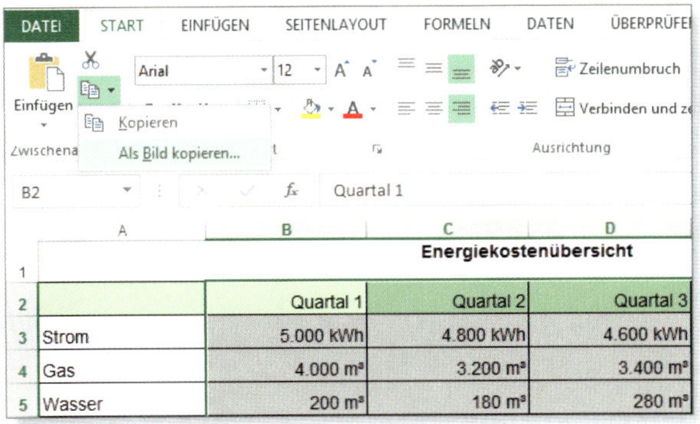

Abbildung 41.85
Eine Excel-Tabelle als Bild kopieren

Excel-Tabelle als Bild kopieren und einfügen

Es gibt beim Einfügen von Objekten etliche Möglichkeiten, zu entscheiden, wie das Objekt eingefügt werden soll. Sie alle sind im Menü der Schaltfläche **Einfügen** bzw. im Dialog **Inhalte einfügen** zu finden: mit ursprünglicher Formatierung, unter Verwendung des Zielformats, als Bild etc. Wenn Sie Excel-Tabellen in ein Word-Dokument einfügen möchten, stehen diese Einfügeoptionen ebenfalls zur Verfügung. In der Regel funktioniert es recht gut, die Tabelle als Bild einzufügen (vor allem in Bezug auf ihre Positionierung im Text), wobei Ihnen dann natürlich die Bearbeitungsmöglichkeiten auf der Registerkarte **Tabellentools** nicht mehr zur Verfügung stehen.

Sie können, sofern die Option **Bild** die gewünschte Einfügeoption ist, auch gleich beim Kopieren der Tabellen bzw. des Tabellenausschnitts in Excel dafür sorgen, dass eine Abbildung erzeugt und anschließend eingefügt wird. Dazu markieren Sie die Zeilen/Spalten und klicken auf den Pfeil an der Schaltfläche **Kopieren**. Im Menü wählen Sie **Als Bild kopieren**. In einem kleinen Dialog können Sie im Bereich **Format** noch entscheiden, ob die Abbildung als **Bitmap** (*.bmp*) oder als **Bild** (*.png*) eingefügt werden soll.

Wenn Sie nun wieder zu Word wechseln und auf die Schaltfläche **Einfügen** klicken, wird der Tabellenbereich direkt an der Cursorposition als Bild eingefügt.

Alte Benutzerwörterbücher verwenden

Wenn Sie in einer früheren Word-Version (vor Word 2007) das Benutzerwörterbuch um viele spezielle Begriffe erweitert haben (sodass sie von der Rechtschreibprüfung erkannt werden) und Sie auch Word 2013 davon überzeugen möchten, diese Wörter nicht anzukreiden, geht das nur mit einer Umwandlung des Formats des Wörterbuches.

Das Problem entsteht dadurch, dass seit 2007 die Benutzerwörterbücher im Format *Unicode* gespeichert werden (und nicht mehr in *ANSI*); daher reicht es nicht, einfach das alte Benutzerwörterbuch hinzuzufügen. Sie müssen es zunächst konvertieren, sodass Word 2013 damit umgehen kann.

1. Um sich das »alte« Benutzerwörterbuch anzeigen zu lassen, rufen Sie zunächst über den Startbildschirm (und dann über **Alle Apps**) den Editor *WordPad* auf.
2. In diesem Programm öffnen Sie das Wörterbuch. Dazu klicken Sie auf **Datei** > **Öffnen** und gehen zu dem Pfad, in dem das Wörterbuch abgelegt ist: *C:\Benutzer\[Benutzername]\AppData\Roaming\Microsoft\Proof*. Wählen Sie hier das passende Wörterbuch aus und klicken Sie auf **Öffnen**.
3. Klicken Sie dann auf **Datei** > **Speichern unter**. Achten Sie hierbei unbedingt auf den richtigen Pfad. Die

Wörterbücher liegen nicht mehr im Ordner *Proof*, sondern im Ordner *UProof*, den Sie aber im selben übergeordneten Ordner (*Microsoft*) finden.

4 Im Feld **Dateityp** klappen Sie die Liste auf und wählen hier **Unicode-Textdokument (*.txt)**. Klicken Sie dann auf **Speichern**.

Öffnen Sie nun den Ordner *UProof* und überschreiben Sie hier die Dateiendung *.txt* mit *.dic*. Jetzt können Sie Ihr altes Wörterbuch in den Word-Optionen (**Datei** > **Optionen** > **Dokumentprüfung** > **Benutzerwörterbücher**) hinzufügen.

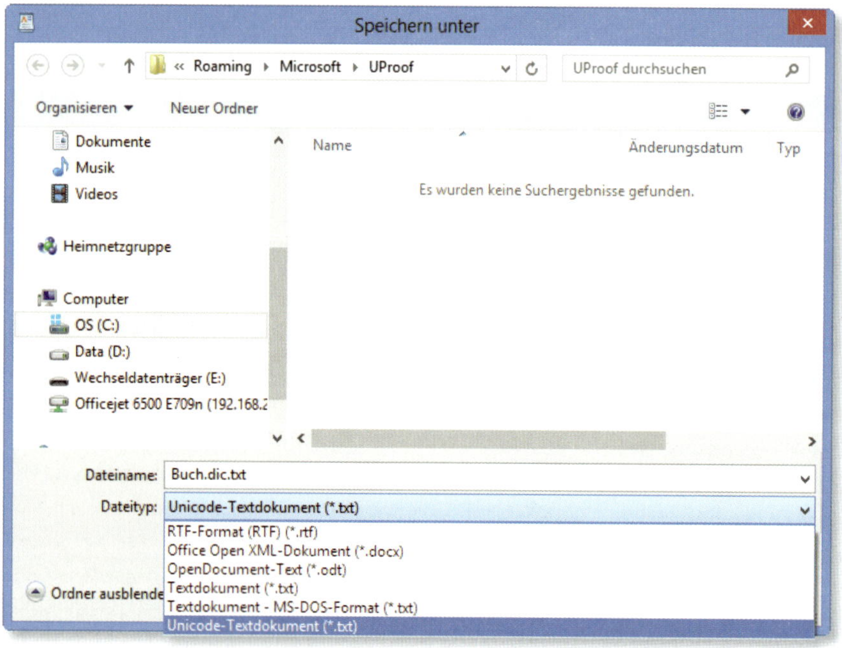

Abbildung 41.86
Das Wörterbuch im »Unicode«-Format speichern

Anhang A
Tastenkürzel

Seit Anfang/Mitte der 90er-Jahre des letzten Jahrhunderts die Computermaus Einzug in Büro und Arbeitszimmer gehalten hat, hat sie sich von einem praktischen Zusatzgerät sehr rasch zum unverzichtbaren und wichtigsten Eingabe- und Zeigeinstrument entwickelt. Der Griff zur Maus wurde über kurz oder lang zur typischen Handbewegung bei der Arbeit am Computer. Aber auch schon vor der Erfindung der Maus wurde mit Computern gearbeitet, und zwar wurde damals eben für alles die Tastatur benutzt. Jüngere Anwender werden diese Technik gar nicht mehr kennengelernt haben, für sie ist es »das Normalste von der Welt«, die Maus (oder das Mauspad als Pendant zur klassischen Maus auf Laptops) zu benutzen, egal, ob es darum geht, z. B. einen Befehl auszulösen und zu bestätigen, einen Vorgang abzubrechen, ein Dialogfenster zu schließen oder Elemente zu markieren.

Mit vielen Tasten und vor allem mit Tastenkombinationen lassen sich Befehle auch heute oft schneller ausführen als mit dem »Extra-Griff« zur Maus, weil man beim Schreiben die Finger ohnehin auf der Tastatur hat. Um ein ganz einfaches Beispiel zu geben: Ein Dialog, in den Sie sich verirrt haben, lässt sich ruck, zuck mit der [Esc]-Taste wieder schließen; um den Befehl **Abbrechen** zu verwenden, sind der Griff zur Maus und ein Klick auf die entsprechende Schaltfläche erforderlich. Genauso einfach ist es, Einstellungen in einem Dialog mit der [↵]-Taste zu bestätigen, anstatt mit der Maus auf die Schaltfläche **OK** zu klicken.

Während der Einsatz dieser Tasten eindeutig ist und keine weitere Gedächtnisleistung erfordert (bestenfalls ein Umgewöhnen bzw. das Abgewöhnen des automatischen Griffs zur Maus), ist die Nutzung von Tastenkombinationen logischerweise etwas komplizierter. Sie setzt voraus, dass Sie sich diese Kombinationen merken können, was wiederum umso besser klappt, je häufiger Sie sie verwenden. Allerdings ist es angesichts der schier unendlich langen Liste an Tastenkombinationen unrealistisch, all diese sogenannten *Shortcuts* im Kopf zu haben.

Wenn Sie Lust haben, häufiger als bisher gewohnt Tastenkombinationen einzusetzen, ist es am einfachsten, zunächst Funktionen, die Sie alltäglich brauchen, mit entsprechenden Tastenkombinationen auszuführen (etwa **Kopieren**, **Ausschneiden**, **Einfügen**, **Alles markieren**, **Rückgängig**, **Speichern** etc.). Und wenn Sie sich zusätzlich noch an ein paar andere Tastenkombinationen gewöhnen können, arbeiten Sie in Zukunft vielleicht noch effizienter, als Sie das ohnehin schon tun.

Die folgenden Tabellen listen zahlreiche Tastenkombinationen (und teils auch nur Tasten) auf; für eine bessere Übersicht haben wir sie thematisch nach Einsatzmöglichkeiten zusammengefasst, wobei die

Zuordnung nicht immer eindeutig ist. Es gibt auch Wiederholungen, weil für manche Befehle mehrere Tastenkombinationen funktionieren.

Allgemeingültige Tasten und Tastenkombinationen

Zu den generellen Tasten und Tastenkombinationen zählen solche, die in vielen Situationen, Programmen und Oberflächen eingesetzt werden können; sie beziehen sich also auch auf Word, aber nicht speziell oder nur auf Word.

TIPP

Vorhandene Tastenkombinationen
Überprüfen Sie die Tastenkombinationen auch im Dialog **Tastatur anpassen**. Am schnellsten rufen Sie ihn auf, indem Sie im Kontextmenü des Menübands den Befehl **Menüband anpassen** wählen und im nächsten Fenster auf die Schaltfläche **Anpassen** klicken. Wenn Sie hier in der Liste **Befehle** einen Befehl markieren, wird im Feld **Aktuelle Tasten** die zugeordnete Tastenkombination angezeigt.

Taste/Tastenkombination	Auswirkung/Einsatz
F10	Aktiviert die Menüleiste in einem Programm, in Word das Menüband.
Alt + unterstrichener Buchstabe	Führt über die unterstrichenen Buchstaben in Dialogen den gewünschten Menübefehl aus oder aktiviert Felder. (Sie haben vielleicht noch nicht darauf geachtet: Schauen Sie einmal in einem beliebigen Dialog nach; Sie werden hier unterstrichene Buchstaben entdecken.)
Strg + F4	Schließt das Fenster bzw. den aktuell geöffneten Tab (in Browsern).
Alt + F4	Schließt das aktuelle Fenster oder beendet ein Programm; wenn ein Dokument geöffnet ist, wird vorher gefragt, ob Änderungen gespeichert werden sollen.
Strg + X	Schneidet eine Auswahl aus.
Strg + C	Kopiert eine Auswahl.
Strg + V	Fügt die ausgeschnittene/kopierte Auswahl ein.
Strg + A	Markiert alles (je nach Programm); in einem Dokument z. B. den gesamten Text, im Explorer alle Dateien eines Ordners.
Strg + Z	Macht die letzte Aktion rückgängig.
F1	Ruft die zur Verfügung stehende Hilfe auf.
Alt	Aktiviert wie F10 die Menüleiste/das Menüband.
Strg + Esc	Ruft den Startbildschirm auf.
⭾ + Alt	Schaltet zwischen den geöffneten Anwendungen hin und her.
F5	Aktualisiert Seiten und Eingaben (in Word wird hingegen der Dialog **Suchen und Ersetzen** mit der Registerkarte **Gehe zu** aufgerufen).
Strg + Pos1	Setzt (in Word) den Cursor an den Anfang eines Dokuments, in Excel beispielsweise wird die erste Zelle markiert.
Strg + Ende	Setzt (in Word) den Cursor an das Ende eines Dokuments, in Excel beispielsweise wird die letzte Zelle markiert.
Strg + F	Ruft einen Suchbereich (in Word den Navigationsbereich), einen Dialog oder ein Feld zum Suchen auf.

Tastenkombinationen in Microsoft Word

Wie eingangs schon gesagt: Es muss nicht immer die Maus sein! Viele Aktionen lassen sich mit einem Tastenkürzel ebenso flott bzw. noch flotter erledigen.

Die folgende Tabelle enthält allgemein einzusetzende Shortcuts; sie gelten teils nicht nur für Word, sondern auch für andere Microsoft-Programme.

Taste/Tastenkombination	Einsatz/Auswirkung
Alt	Aktiviert das Menüband; es erscheinen Schalter zum Ansteuern der Registerkarten.
Strg + N	Erstellt ein neues Dokument, eine neue Arbeitsmappe etc.
Strg + O	Ruft den Dialog **Öffnen** auf.
Strg + W	Schließt ein Dokument ohne Nachfrage.
Alt + Strg + S	Teilt das Dokumentfenster horizontal.
Alt + ⇧ + C	Hebt die Teilung des Dokumentfensters auf.
Strg + S	Ruft den Dialog **Speichern unter** auf.
Strg + F	Ruft den Navigationsbereich zum Suchen nach Text, Formatierung und Sonderzeichen auf.
Alt + Strg + Y	Wiederholt den letzten Suchvorgang.
Strg + H	Ruft den Dialog **Suchen und Ersetzen** mit der Registerkarte **Ersetzen** auf.
Strg + G	Ruft den Dialog **Suchen und Ersetzen** mit der Registerkarte **Gehe zu** auf.
Alt + Strg + Pos1	Ruft unten am Bildschirm das Menü mit den Schaltflächen zum Durchsuchen eines Dokuments auf.
Alt + Strg + L	Aktiviert die Ansicht **Seitenlayout**, sofern Sie sich in einer anderen Ansicht befinden.
Alt + Strg + G	Wechselt in die Gliederungsansicht.
Alt + ⇧ + ←	Stuft einen Absatz in der Gliederungsansicht höher.
Alt + ⇧ + →	Stuft einen Absatz in der Gliederungsansicht tiefer.
Alt + ⇧ + ↑	Verschiebt markierte Absätze nach oben (Gliederungsansicht und Seitenlayout).
Alt + ⇧ + ↓	Verschiebt markierte Absätze nach unten (Gliederungsansicht und Seitenlayout).
Alt + ⇧ + L	Zeigt in der Gliederungsansicht die erste Zeile des Textkörpers oder den gesamten Textkörper an.
Alt + ⇧ + 1	Zeigt in der Gliederungsansicht alle Überschriften mit der Formatvorlage **Überschrift 1** an.
Alt + ⇧ + N	Zeigt in der Gliederungsansicht alle Überschriften bis zu Überschrift n an.
Alt + Strg + F	Öffnet den Fußnotenbereich zum Schreiben einer Fußnote.
Alt + Strg + D	Öffnet den Endnotenbereich zum Schreiben einer Endnote.
Strg + K	Ruft den Dialog **Link einfügen** zum Einfügen eines Hyperlinks auf.
Strg + ⇆	Bewegt den Cursor zum nächsten Tabstopp innerhalb einer Tabellenzelle oder setzt einen Standardtabstopp in einer Zelle.

Tastenkombinationen für die Druckvorschau bzw. die Seitenansicht

Die folgende Tabelle enthält nützliche Tastenkombinationen zum Drucken und zum Umgang mit der Seitenansicht.

Taste/Tastenkombination	Einsatz/Auswirkung
[Strg] + [P]	Ruft das Fenster zum Drucken und die Druckvorschau auf.
[Alt] + [Strg] + [I]	Ruft (ebenfalls) das Fenster zum Drucken und die Druckvorschau auf.
[Bild ↑] oder [Bild ↓]	Wechselt zur vorherigen oder nächsten Seite in der Seitenansicht (Seitenansicht-Bearbeitungsmodus).
[Strg] + [Pos1]	Wechselt zur ersten Seite in der Seitenansicht (Seitenansicht-Bearbeitungsmodus).
[Strg] + [Ende]	Wechselt zur letzten Seite in der Seitenansicht (Seitenansicht-Bearbeitungsmodus).

Überarbeitung und Kommentare

Die Tastenkombinationen in der folgenden Tabelle können Sie vor allem im Zusammenhang mit der Überarbeitung eines Dokuments einsetzen.

Tastenkombination	Einsatz/Auswirkung
[Strg] + [⇧] + [E]	Aktiviert oder deaktiviert den Überarbeitungsmodus.
[Alt] + [⇧] + [C]	Schließt den Überarbeitungsbereich, falls er geöffnet ist.
[Alt] + [P] + [Q]	Fügt einen neuen Kommentar ein.
[Alt] + [⇧] + [O]	Öffnet den Dialog **Eintrag für Inhaltsverzeichnis festlegen**, in dem Sie ein TC-Feld für bestimmte Verzeichnisse festlegen.
[Alt] + [⇧] + [I]	Markiert einen Eintrag im Rechtsgrundlagenverzeichnis.
[Alt] + [⇧] + [X]	Ruft den Dialog **Indexeintrag festlegen** auf.

Tasten/Tastenkombinationen zum Navigieren und Formatieren

Die Tasten und Tastenkombinationen in der folgenden Tabelle unterstützen Sie beim Navigieren in längeren Dokumenten und weisen auf die Schnelle bestimmte Formatierungen zu.

Taste/Tastenkombination	Einsatz/Auswirkung
[Pos1]	Setzt den Cursor an den Anfang einer Zeile.
[Ende]	Setzt den Cursor an das Ende einer Zeile.

Taste/Tastenkombination	Einsatz/Auswirkung
Strg + ⇧ + Z	Entfernt die Formatierung aus dem markierten Text.
Strg + ←	Löscht das Wort links neben der Einfügemarke.
Strg + Entf	Löscht das Wort rechts neben der Einfügemarke.
Strg + F3	Schneidet nacheinander markierte Textteile aus und sammelt sie.
Strg + 2-mal C	Blendet die Zwischenablage ein, unter der Voraussetzung, dass die entsprechende Option der Zwischenablage aktiviert ist.
Strg + ⇧ + F3	Fügt den mit Strg + F3 ausgeschnittenen Inhalt ein.
⇧ + ↵	Fügt einen Zeilenumbruch ein.
Strg + ↵	Fügt einen Seitenumbruch ein.
Strg + -	Fügt einen bedingten Bindestrich ein.
Strg + ⇧ + -	Fügt einen geschützten Trennstrich ein.
Strg + ⇧ + Leertaste	Fügt ein geschütztes Leerzeichen ein.
Alt + Strg + C	Erzeugt ein Copyright-Symbol.
Alt + Strg + R	Erzeugt ein Symbol für eine eingetragene Marke.
Alt + Strg + T	Erzeugt ein Markensymbol.
Strg + ⇧ + C	Kopiert die Formatierung eines Textes.
Strg + ⇧ + V	Überträgt die kopierte Formatierung auf andere Textteile.
Strg + D	Ruft den Dialog **Schriftart** auf.
Strg + ⇧ + A	Ruft auch den Dialog **Schriftart** auf.
Strg + ⇧ + P	Ruft ebenfalls den Dialog **Schriftart** auf.
Strg + ⇧ + >	Vergrößert den Schriftgrad auf die nächstgrößere Stufe.
Strg + ⇧ + <	Verkleinert den Schriftgrad auf die nächstkleinere Stufe.
Strg + 9	Vergrößert den Schriftgrad um einen Punkt.
Strg + 8	Verkleinert den Schriftgrad um einen Punkt.
⇧ + F3	Schaltet zwischen großgeschriebenem und kleingeschriebenem Text hin und her.
Strg + ⇧ + G	Formatiert Buchstaben als Großbuchstaben.
Strg + ⇧ + F	Weist die Formatierung **Fett** zu.
Strg + ⇧ + U	Unterstreicht Text.
Strg + ⇧ + W	Unterstreicht nur einzelne Wörter (keine Leerzeichen).
Strg + ⇧ + D	Unterstreicht Text doppelt.
Strg + ⇧ + H	Weist die Formatierung **Ausgeblendet** zu.
Strg + ⇧ + K	Weist die Formatierung **Kursiv** zu.
Strg + #	Weist die Formatierung **Tiefgestellt** (automatischer Abstand) zu.
Strg + +	Weist die Formatierung **Hochgestellt** (automatischer Abstand) zu.

Taste/Tastenkombination	Einsatz/Auswirkung
Strg + Leertaste	Entfernt Zeichenformate.
Strg + ⇧ + *	Aktiviert die Anzeige der Formatierungszeichen.
⇧ + F1	Blendet den Aufgabenbereich **Formatierung anzeigen** ein.
Strg + 1	Stellt den einfachen Zeilenabstand ein.
Strg + 2	Stellt den doppelten Zeilenabstand ein.
Strg + 5	Stellt einen 1,5-fachen Zeilenabstand ein.
Strg + 0	Fügt eine Zeile vor einem Absatz ein oder entfernt eine Zeile.
Strg + E	Zentriert einen Absatz.
Strg + B	Stellt den Blocksatz für einen Absatz ein.
Strg + L	Richtet einen Absatz linksbündig aus.
Strg + R	Richtet einen Absatz rechtsbündig aus.
Strg + M	Stellt einen Standardeinzug von links ein.
Strg + ⇧ + M	Entfernt einen Standardeinzug von links.
Strg + T	Erstellt einen hängenden Einzug mit 1,25 cm.
Strg + ⇧ + T	Verkleinert einen hängenden Einzug.
Strg + Q	Entfernt Absatzformatierungen.
Strg + ⇧ + S	Öffnet einen kleinen Dialog zum Zuweisen einer Formatvorlage.
Strg + J	Startet die automatische Formatierung (entspricht den Einstellungen für das AutoFormat im Dialog **AutoKorrektur**).
Alt + 1	Weist einem Absatz die Formatvorlage **Überschrift 1** zu.
Alt + 2	Weist einem Absatz die Formatvorlage **Überschrift 2** zu.
Alt + 3	Weist einem Absatz die Formatvorlage **Überschrift 3** zu.
Strg + ⇧ + L	Weist einem Absatz ein Aufzählungszeichen zu (Formatvorlage **Liste**).

Tasten/Tastenkombinationen zum Markieren

Neben dem Markieren mit der Maus gibt es viele praktische Tasten und Tastenkombinationen, mit denen bestimmte Bereiche bzw. Elemente eines Dokuments markiert werden können. Das geht oft schneller, als extra zur Maus zu greifen.

Taste/Tastenkombination	Einsatz/Auswirkung
F8	Aktiviert den Erweiterungsmodus zum Markieren mit den Pfeiltasten.
←	Markiert im Erweiterungsmodus (F8) das Zeichen links neben der Cursorposition.
←	Markiert im Erweiterungsmodus (F8) das Zeichen rechts neben der Cursorposition.

Taste/Tastenkombination	Einsatz/Auswirkung
Esc	Deaktiviert den Erweiterungsmodus.
⇧ + →	Markiert ein Zeichen rechts des Cursors.
⇧ + ←	Markiert ein Zeichen links des Cursors.
Strg + ⇧ + →	Markiert das ganze Wort rechts neben der Cursorposition.
Strg + ⇧ + ←	Markiert bis zum Wortanfang links neben der Cursorposition.
⇧ + Ende	Markiert die aktuelle Zeile bis zum Zeilenende.
⇧ + Pos1	Markiert die aktuelle Zeile bis zum Zeilenanfang.
⇧ + ↓	Markiert eine Zeile nach unten.
⇧ + ↓	Markiert eine Zeile nach oben.
Strg + ⇧ + ↓	Markiert ab der Cursorposition alles bis zum Ende des Absatzes.
Strg + ⇧ + ↑	Markiert ab der Cursorposition alles bis zum Anfang des Absatzes.
⇧ + Bild↓	Markiert eine Bildschirmseite nach unten.
⇧ + Bild↑	Markiert eine Bildschirmseite nach oben.
Strg + ⇧ + Pos1	Markiert ab der Cursorposition alles bis zum Anfang des Dokuments.
Strg + ⇧ + Ende	Markiert ab der Cursorposition alles bis zum Ende des Dokuments.
Strg + A	Markiert das gesamte Dokument.

Weitere Tasten/Tastenkombinationen

In dieser Tabelle finden Sie Tasten und Tastenkombinationen, die Aktionen auslösen, die sich nicht eindeutig zuordnen lassen, die aber sehr praktisch und teils auch außerordentlich wichtig sind, wie z. B. die Taste F9 zum Aktualisieren von Feldern.

Taste/Tastenkombination	Einsatz/Auswirkung
F1	Ruft das Fenster für die Word-Hilfe auf.
F2	Verschiebt markierten Text mit der Tastatur (Pfeiltasten).
F3	Fügt einen Schnellbaustein/AutoText-Eintrag ein (zusammen mit dem Namen des Bausteins).
F4	Wiederholt den vorangegangenen Vorgang.
F5	Ruft den Dialog **Suchen und Ersetzen** mit der Registerkarte **Gehe zu** auf.
F6 (2-mal)	Aktiviert das Menüband.
F7	Ruft den Aufgabenbereich **Rechtschreibung** auf.
F9	Aktualisiert Feldfunktionen.
F10	Aktiviert das Menüband.

Taste/Tastenkombination	Einsatz/Auswirkung
F11	Springt zum nächsten Feld.
F12	Ruft den Dialog **Speichern unter** auf.
⇧ + F3	Ändert die Groß-/Kleinschreibung des aktuellen Wortes.
⇧ + F4	Wiederholt den letzten Befehl **Suchen nach** oder **Gehe zu**.
⇧ + F5	Setzt den Cursor an die letzte Stelle der letzten Bearbeitung.
⇧ + F6	Aktiviert das Menüband.
⇧ + F7	Ruft den Aufgabenbereich **Thesaurus** auf.
⇧ + F9	Wechselt zwischen der Feldfunktion und dem Feldergebnis hin und her.
⇧ + F10	Zeigt das Kontextmenü an.
⇧ + F11	Markiert das vorherige Feld.
⇧ + F12	Ruft in noch nicht gespeicherten Dokumenten den Dialog **Speichern unter** auf.
Strg + F2	Ruft den Bereich **Drucken** mit der Druckvorschau auf (**Datei > Drucken**).
Strg + F4	Schließt das aktuelle Fenster, ruft aber vorher den Dialog auf, in dem gefragt wird, ob Änderungen gespeichert werden sollen.
Strg + F6	Zeigt das nächste geöffnete Fenster an.
Strg + F9	Fügt ein leeres Feld ein.
Strg + F10	Maximiert das Dokumentfenster.
Strg + F11	Sperrt ein Feld gegen die Aktualisierung.
Strg + F12	Ruft den Dialog **Öffnen** auf.
Strg + ⇧ + F5	Ruft den Dialog **Textmarke** zum Definieren einer Textmarke auf.
Strg + ⇧ + F6	Zeigt das vorherige Fenster an.
Strg + ⇧ + F8	Erweitert die Markierung eines Blocks (drücken Sie dann eine der Pfeiltasten).
Strg + ⇧ + F9	Hebt Feldverknüpfungen auf.
Strg + ⇧ + F11	Gibt ein Feld für die Aktualisierung frei.
Strg + ⇧ + F12	Ruft das Druckfenster auf.
Alt + F1	Markiert das nächste Feld.
Alt + F3	Ruft den Dialog zum Festlegen eines Bausteins auf.
Alt + F4	Beendet Microsoft Word mit der Nachfrage, ob das Dokument gespeichert werden soll.
Alt + F5	Stellt die Größe des Programmfensters wieder her.
Alt + F7	Sucht den nächsten Rechtschreib- oder Grammatikfehler und zeigt das Kontextmenü zum Korrigieren an.
Alt + F8	Führt ein Makro aus.
Alt + F9	Wechselt zwischen allen Feldfunktionen und den Ergebnissen.

Taste/Tastenkombination	Einsatz/Auswirkung
Alt + F10	Öffnet den Aufgabenbereich **Auswahl** zum Markieren von Objekten und der Steuerung ihrer Sichtbarkeit.
Alt + F11	Zeigt Visual-Basic-Code im VBA-Editor an.
Alt + ⇧ + F1	Springt zum vorherigen Feld.
Alt + ⇧ + F2	Ruft den Bereich **Speichern** auf.

Anhang B
Feldfunktionen

Felder werden in Microsoft Word als Platzhalter für sich ändernde Daten verwendet. Word fügt die meisten Felder automatisch ein. Sie können Felder aber auch manuell einfügen, was in Microsoft Word 2013 aber selten erforderlich ist, denn integrierte Befehle und Inhaltssteuerelemente stellen die meisten Funktionen bereit. Allerdings ist es gut, sich ein wenig mit Feldfunktionen auszukennen, z. B. um ein besonderes Verhalten zu erzwingen oder um die Auswirkung eines Feldes zu überprüfen. Im Folgenden listen wir die Feldfunktionen, die jeweilige Syntax und eine Kurzbeschreibung auf.

Feld	Syntax	Beschreibung
AddressBlock	`{ ADDRESSBLOCK [Schalter] }`	Fügt einen Adressblock für den Seriendruck ein.
ADVANCE	`{ ADVANCE [Schalter] }`	Richtet den Ausgangspunkt von Text, der auf das ADVANCE-Feld folgt, nach rechts oder links, oben oder unten oder an einer bestimmten horizontalen oder vertikalen Position aus.
ASK	`{ ASK Textmarke "Eingabeaufforderung" [Optionale Schalter] }`	Im ASK-Feld werden Sie zur Eingabe von Informationen aufgefordert.
AUTHOR	`{ AUTHOR [ "NeuerName" ] }`	Fügt den Autorennamen aus der Registerkarte **Zusammenfassung** des Dialogfelds **Eigenschaften** ein.
AutoNum	`{ AUTONUM [Schalter] }`	Nummeriert Absätze fortlaufend.
AutoNumLgl	`{ AUTONUMLGL [Schalter] }`	Nummeriert Absätze automatisch für juristische oder technische Publikationen.
AutoNumOut	`{ AUTONUMOUT }`	Nummeriert Absätze automatisch im Gliederungsformat.

Feld	Syntax	Beschreibung
AutoText	{ AUTOTEXT AutoText-Eintrag }	Fügt den angegebenen Baustein/AutoText-Eintrag ein.
AutoTextList	{ AUTOTEXTLIST "Literaler Text" \s ["Formatvorlagenname"] \t ["QuickInfo-Text"] }	Erstellt ein Kontextmenü basierend auf AutoText-Einträgen in der aktiven Vorlage.
BIBLIO-GRAPHY	{ BIBLIOGRAPHY [Optionale Schalter] }	Im Feld BIBLIOGRAPHY wird eine alphabetisch sortierte Liste der einem Dokument zugeordneten Quellen angezeigt.
CITATION	{ CITATION Tag [Optionale Schalter] }	Im CITATION-Feld werden Informationen zu einer bestimmten Quelle gemäß dem ausgewählten Zitatformat angezeigt.
COMMENTS	{ COMMENTS ["NeueKommentare"] }	Fügt den Inhalt des Felds **Kommentare** aus der Registerkarte **Zusammenfassung** des Dialogfelds **Eigenschaften** für das aktive Dokument oder die aktive Vorlage ein.
COMPARE	{ COMPARE Ausdruck1 Operator Ausdruck2 }	Vergleicht zwei Werte und zeigt das Ergebnis "1" an, wenn der Vergleich wahr ist, oder "0" (Null), wenn der Vergleich falsch ist.
CreateDate	{ CREATEDATE [\@ "Datum-/Uhrzeit-Abbildung"] [Schalter]}	Fügt das Datum und die Uhrzeit der ersten Speicherung eines Dokuments unter seinem aktuellen Namen ein.
DATABASE	{ DATABASE [Schalter] }	Fügt die Ergebnisse einer Datenbankabfrage in eine Word-Tabelle ein.
DATE	{ DATE [\@ "Datum-/Uhrzeit-Abbildung"] [Schalter] }	Fügt das aktuelle Datum ein.
DocProperty	{ DOCPROPERTY "Name" }	Fügt die angegebenen Dokumentinformationen aus dem Dialogfeld **Eigenschaften** ein.
DocVariable	{ DOCVARIABLE "Name" }	Fügt die Zeichenfolge ein, die einer Dokumentvariablen zugewiesen ist.
FileName	{ FILENAME [Schalter] }	Fügt den Dateinamen des Dokuments ein.
FileSize	{ FILESIZE [Schalter] }	Fügt die Größe des Dokuments (in Byte) ein.
FILLIN	{ FILLIN ["Eingabeaufforderung "] [Optionale Schalter] }	Im FILLIN-Feld werden Sie zur Eingabe von Text aufgefordert.
=(FORMULA)	{ = Formula [Textmarke] [\# Numerische Abbildung] }	Berechnet eine Zahl unter Verwendung einer mathematischen Formel.
GoToButton	{ GOTOBUTTON Ziel AnzeigeText }	Fügt einen Sprungbefehl ein, der die Anzeige langer Online-Dokumente unterstützt.
HYPERLINK	{ HYPERLINK "Dateiname" [Schalter] }	Ermöglicht das Navigieren zu einem anderen Speicherort.

Feld	Syntax	Beschreibung
IF	{ IF Ausdruck1 Operator Ausdruck2 Wenn-WahrText Wenn-FalschText }	Vergleicht zwei Werte und fügt dann je nach Ergebnis des Vergleichs den entsprechenden Text ein.
Include-Picture	{ INCLUDEPICTURE "Dateiname" [Schalter] }	Fügt die angegebene Grafik ein.
IncludeText	{ INCLUDETEXT "Dateiname" [Textmarke] [Schalter] }	Fügt den Text und die Grafiken ein, die im angegebenen Dokument enthalten sind.
INDEX	{ INDEX [Schalter] }	Erstellt einen Index und fügt diesen ein (*Index* bedeutet: eine Liste der wichtigen Wörter und Ausdrücke in einem gedruckten Dokument mit Angabe der jeweiligen Seitenzahl).
INFO	{ [INFO] Infotyp ["NeuerWert"] }	Fügt Informationen zum aktiven Dokument ein, die im Fenster **Eigenschaften** erfasst werden.
KEYWORDS	{ KEYWORDS ["NeueStichwörter"] }	Fügt den Inhalt des Felds **Stichwörter** aus der Registerkarte **Zusammenfassung** des Dialogfelds **Eigenschaften** für das aktive Dokument oder die aktive Vorlage ein.
LastSavedBy	{ LASTSAVEDBY }	Fügt den Namen der letzten Person, die das Dokument geändert und gespeichert hat, aus der Registerkarte **Statistik** im Dialogfeld **Eigenschaften** ein.
Link	{ LINK Objektname "Dateiname" [Positionsangabe] [Schalter] }	Verknüpft Daten, die Sie aus einer anderen Anwendung kopiert haben, mithilfe von OLE mit der ursprünglichen Quelldatei (*OLE* bedeutet: eine Programmintegrationstechnologie, die Sie zur gemeinsamen Nutzung von Informationen zwischen Programmen verwenden können).
ListNum	{ LISTNUM ["Name"] [Schalter] }	Fügt an einer beliebigen Stelle in einem Absatz eine Gruppe von Zahlen ein.
MacroButton	{ MACROBUTTON Makroname Anzeigetext }	Fügt einen Makrobefehl ein, den Sie durch Doppelklicken auf das Ergebnis des MacroButton-Feldes ausführen lassen können.
MERGEREC	{ MERGEREC }	In einem Seriendruckdokument zeigt das MERGEREC-Feld die ursprüngliche Position des aktuellen Datensatzes an.
MERGESEQ	{ MERGESEQ }	Nummeriert die einzelnen Datensätze für den Seriendruck.

Feld	Syntax	Beschreibung
NEXT	{ NEXT }	Weist Word an, beim Seriendruck den nächsten Datensatz nicht mit einem neuen, sondern mit dem aktuellen Seriendruckdokument zu verbinden.
NEXTIF	{ NEXTIF Ausdruck1 Operator Ausdruck2 }	Vergleicht zwei Ausdrücke. Wenn der Vergleich das Ergebnis "wahr" liefert, wird der nächste Datensatz von Word mit dem aktuellen Seriendruckdokument verbunden. Wenn der Vergleich das Ergebnis "falsch" liefert, wird der nächste Datensatz mit einem neuen Seriendruckdokument verbunden.
NoteRef	{ NOTEREF Textmarke [Schalter] }	Fügt ein Fuß- oder Endnotenzeichen ein, das mit einer Textmarke gekennzeichnet ist.
NumChars	{ NUMCHARS }	Fügt die Anzahl der Zeichen in das Dokument ein.
NumPages	{ NUMPAGES }	Fügt die Gesamtanzahl der Seiten in das Dokument ein.
NumWords	{ NUMWORDS }	Fügt die Gesamtanzahl der Wörter in das Dokument ein.
PAGE	{ PAGE [* Formatschalter] }	Fügt die Zahl der Seite ein, auf der sich das PAGE-Feld befindet.
PageRef	{ PAGEREF Textmarke [* Formatschalter] }	Fügt die Seitenzahl einer Textmarke für einen Querverweis ein.
PRINT	{ PRINT "Druckeranweisungen" }	Sendet Druckersteuerungs-Codezeichen an den ausgewählten Drucker.
PrintDate	{ PRINTDATE [\@ "Datum-/Uhrzeit-Abbildung"] [Schalter]}	Fügt das Datum und die Uhrzeit des letzten Ausdrucks eines Dokuments ein.
PRIVATE	{ PRIVATE }	Speichert Daten für Dokumente, die aus anderen Dateiformaten umgewandelt wurden.
QUOTE	{ QUOTE "WörtlicherText" }	Fügt den angegebenen Text in ein Dokument ein.
REF	{ [REF] Textmarke [Schalter] }	Fügt den Text oder die Grafik ein, der bzw. die durch die angegebene Textmarke definiert wird.
RevNum	{ REVNUM }	Fügt die Anzahl der Dokumentrevisionen ein. Dabei werden Informationen aus der Registerkarte **Statistik** im Dialogfeld **Eigenschaften** verwendet.
SaveDate	{ SAVEDATE [\@ "Datum-/Uhrzeit-Abbildung"] [Schalter]}	Fügt das Datum und die Uhrzeit der letzten Speicherung eines Dokuments ein.

Feld	Syntax	Beschreibung
SECTION	{ SECTION }	Fügt die Nummer des aktuellen Abschnitts ein.
SectionPages	{ SECTIONPAGES }	Fügt die Gesamtzahl der Seiten eines Abschnitts ein.
SEQ (Sequenz)	{ SEQ Erkennungszeichen [Textmarke] [Schalter] }	Nummeriert Kapitel, Tabellen, Abbildungen und andere Elemente eines Dokuments fortlaufend.
SET	{ SET Textmarke "Text" }	Weist Informationen einer benannten Variable zu, die als Textmarke bezeichnet wird.
SKIPIF	{ SKIPIF Ausdruck1 Operator Ausdruck2 }	Vergleicht zwei Ausdrücke. Wenn der Vergleich wahr ist, überspringt das SKIPIF-Feld das aktuelle Seriendruckdokument, wechselt zum nächsten Datensatz und beginnt ein neues Seriendokument. Wenn der Vergleich falsch ist, wird das Erstellen des aktuellen Seriendruckdokuments fortgesetzt.
StyleRef	{ STYLEREF Erkennungszeichen [Schalter] }	Fügt Text ein, der mit der angegebenen Formatvorlage formatiert ist.
SUBJECT	{ SUBJECT ["NeuesThema"] }	Fügt den Inhalt des Felds **Thema** aus der Registerkarte **Zusammenfassung** im Dialogfeld **Eigenschaften** ein.
SYMBOL	{ SYMBOLZeichen [Schalter] }	Fügt ein einzelnes Zeichen oder eine Zeichenfolge aus dem ANSI-Zeichensatz ein.
TA (Table of Authorities Entry-Field)	{ TA [Schalter] }	Definiert den Text und die Seitenzahl für den TA-Eintrag (Rechtsgrundlagenverzeichnis).
TC (Table of Contents, Inhaltsverzeichniseintrag)	{ TC "Text" [Schalter] }	Definiert den Text und die Seitenzahlen für Einträge in einem Inhaltsverzeichnis sowie in Listen von Tabellen, Abbildungen und ähnlichen Inhalten.
TEMPLATE	{ TEMPLATE [Schalter] }	Fügt den Dateinamen der Vorlage des Dokuments mithilfe von Informationen aus der Registerkarte **Zusammenfassung** im Dialogfeld **Eigenschaften** ein.
TIME	{ TIME [\@ "Datum-/Uhrzeit-Abbildung"] }	Fügt die aktuelle Uhrzeit ein.
TITLE	{ TITLE ["NeuerTitel"] }	Fügt den Inhalt des Feldes **Titel** aus der Registerkarte **Zusammenfassung** im Dialogfeld **Eigenschaften** ein.

Feld	Syntax	Beschreibung
TOA (Table of Authorities, Rechtsgrundlagenverzeichnis)	`{ TOA [Schalter] }`	Erstellt ein Rechtsgrundlagenverzeichnis und fügt dieses ein. Das TOA-Feld sammelt Einträge, die durch TA-Felder (Rechtsgrundlagenverzeichniseinträge) gekennzeichnet sind.
TOC (Table of Contents, Inhaltsverzeichnis)	`{ TOC [Schalter] }`	Erstellt ein Inhaltsverzeichnis. Das TOC-Feld ermittelt Einträge für ein Inhaltsverzeichnis anhand von Überschriftenebenen, angegebenen Formatvorlagen oder Einträgen, die durch TC-Felder (Inhaltsverzeichniseinträge) festgelegt werden.
UserAddress	`{ USERADDRESS ["NeuePostanschrift"] }`	Fügt die Adresse aus dem Feld **Postanschrift** ein.
UserInitials	`{ USERINITIALS ["NeueInitialen"] }`	Fügt die Initialen des Benutzers aus dem Feld **Initialen** im Dialogfeld **Allgemein** der Word-Optionen ein.
UserName	`{ USERNAME ["NeuerName"] }`	Fügt die den Benutzernamen aus dem Feld **Benutzername** im Dialogfeld **Allgemein** der Word-Optionen ein.
XE (Indexeintrag)	`{ XE "Text" [Schalter] }`	Legt den Text und die Seitenzahl für einen Indexeintrag fest.

Stichwortverzeichnis

B

C

D

E

F

H

I

K

L

M

Q

R

S

T

W

X

Z

Windows verständlich erklärt

Jörg Hähnle

Windows 8.1

Schritt für Schritt erklärt

Kurze, verständliche Anleitungen, farbige Abbildungen, zahlreiche Tipps und ein ausführliches Stichwortverzeichnis machen dieses Buch zu einer praktischen Bedienungsanleitung für Einsteiger und Fortgeschrittene.

353 Seiten, 9,90 €
ISBN 978-3-8421-0082-4

Rainer Hattenhauer

Samsung Galaxy S4

Die verständliche Anleitung

Holen Sie das Beste aus Ihrem S4 heraus! Rainer Hattenhauer zeigt Ihnen Schritt für Schritt, wie Sie Ihr Smartphone bedienen: Telefonieren, Apps, E-Mails, Fotos, Filme, Musik u. v. m

400 Seiten, 19,90 €
ISBN 978-3-8421-0110-4

Hans-Peter Kusserow

iPhone 5s und 5c

Die verständliche Anleitung

Kennen Sie alle Funktionen Ihres iPhones? Hans-Peter Kusserow zeigt Ihnen verständlich und leicht nachvollziehbar, wie Sie das Beste aus Ihrem Smartphone herausholen. Anschaulich und Schritt für Schritt. Es gibt keine bessere Anleitung zum iPhone.

404 Seiten, 19,90 €
ISBN 978-3-8421-0099-2

Vierfarben

Vierfarben

Computer & Fotografie

- Computer, Internet, Windows und Office
- Fotoschulen, Kamerahandbücher und Bildbearbeitung
- Mac, iPad, iPhone & Co.

Vierfarben

Liebe Leserin,
lieber Leser,

in der Welt der Technik geht immer alles schnell. Immer neue Geräte und ständig neue Versionen, wer soll da noch den Überblick behalten? Keine Sorge, das tun wir für Sie! Unsere Bücher bieten Ihnen verständliche Erklärungen und nützliche Hilfestellungen, damit Sie Ihre Kamera, Ihren PC, Ihr iPad oder die Office-Programme schnell und sicher beherrschen. Immer pünktlich zur gerade aktuellen Version, damit Sie direkt loslegen können.

Jan Watermann

Jan Watermann
Programmleiter

Inhalt

Unser Team

Tomas Wehren
Verlagsleitung

tomas.wehren@vierfarben.de
+49.228.42150.0

Sabine Burstedde
Kundenservice

service@vierfarben.de
+49.228.42150.0

Meike Hasenkam
Kundenservice

service@vierfarben.de
+49.228.42150.0

Jan Watermann
Programmleitung

jan.watermann@vierfarben.de
+49.228.42150.15

Alexandra Bachran
Lektorat

alexandra.bachran@vierfarben.de
+49.228.42150.16

Maike Lübbers
Lektorat

maike.luebbers@vierfarben.de
+49.228.42150.17

Thomas Losch
Kommunikation

thomas.losch@vierfarben.de
+49.228.42150.36

Katharina Linder
Lektorat

katharina.linder@vierfarben.de
+49.228.42150.13

Václav Demling
Lektorat

vaclav.demling@vierfarben.de
+49.228.42150.18

Kompetent, praxisnah und vollständig!

René Gäbler

Windows 8

Der umfassende Ratgeber

So haben Sie Windows 8 schnell im Griff. René Gäbler zeigt und erklärt Ihnen das System mit all seinen Möglichkeiten: von der Installation und dem Umgang mit Dateien und Ordnern über die Einrichtung von Hard- und Software bis hin zum eigenen Heimnetzwerk. In Farbe, mit vielen Bildern und anhand zahlreicher Schritt-für-Schritt-Anleitungen.

778 Seiten, 2013, mit DVD, **29,90 €**
ISBN 978-3-8421-0058-9

Entdecken Sie Windows 8 für sich!

Mareile Heiting

Windows 8

Der verständliche Einstieg

Mit diesem Buch lernen Sie Windows 8 von Grund auf kennen! Dank der leicht verständlichen Anleitungen und der zahlreichen farbigen Abbildungen finden Sie sich schnell an Ihrem Computer zurecht. Alle wichtigen Themen werden anschaulich und unterhaltsam erklärt.

420 Seiten, 2013, **19,90 €**
ISBN 978-3-8421-0068-8

nur 9,90 €

Jörg Hähnle

Windows 8.1

Schritt für Schritt erklärt

Im Querformat: Kurze, verständliche Anleitungen, farbige Abbildungen, zahlreiche Tipps und ein ausführliches Stichwortverzeichnis machen dieses Buch zu einer praktischen Bedienungsanleitung für Einsteiger und Fortgeschrittene.

360 Seiten, **9,90 €**
ISBN 978-3-8421-0082-4, Dezember 2013

Windows verständlich erklärt

Alle Funktionen und Neuerungen ausführlich erklärt

Walter Saumweber

Windows 8

Das Handbuch zur Software

Der Windows-Kenner Walter Saumweber zeigt Ihnen praxisnah und auf den Punkt sämtliche Neuheiten und alle Funktionen von Windows 8. Außerdem verrät er Ihnen zahlreiche Tipps, mit denen Sie noch schneller zum Ziel gelangen.

970 Seiten, 2013, **19,90 €**
ISBN 978-3-8421-0042-8

Windows-Tablets Schritt für Schritt entdecken

Patrick Hollecker

Windows 8 Tablet

Die verständliche Anleitung

Lernen Sie, wie Sie mit Ihrem Windows-Tablet im Internet surfen, E-Mails schreiben, Videos ansehen, Ihre Kontakte pflegen oder Büroarbeit erledigen. Dieses Buch ist der perfekte Begleiter.

320 Seiten, 2013, **19,90 €**
ISBN 978-3-8421-0071-8

Excel Schritt für Schritt erklärt

Petra Bilke, Ulrike Sprung

Excel 2013

Die Anleitung in Bildern

Sie möchten Excel im Büro oder privat nutzen, wissen aber nicht, wie? Mit diesem Buch lernen Sie, wie Sie Daten in Excel eingeben, Formeln und Funktionen nutzen, Diagramme gestalten oder Tabellenblätter ausdrucken. Jeder Schritt wird an einem Bild verdeutlicht, sodass Sie Excel auch ohne Vorkenntnisse sicher nutzen können.

358 Seiten, 2013, **9,90 €**
ISBN 978-3-8421-0074-9

Auf www.vierfarben.de finden Sie auch Bücher zu Excel 2010.

Helmut Vonhoegen

Excel 2013. Formeln und Funktionen

In diesem umfassenden Handbuch finden Sie alle Formeln und Funktionen von Excel 2013 übersichtlich zusammengefasst und anschaulich erklärt.

992 Seiten, mit DVD, **19,90 €**
ISBN 978-3-8421-0114-2

Das vollständige Excel-Wissen

Helmut Vonhoegen

Excel 2013

Das Handbuch zur Software

Umfassendes Excel-Wissen für den beruflichen und den privaten Einsatz! Dieses Buch leitet Sie Schritt für Schritt an, dient Ihnen als Einführung, unterstützt Sie beim Umstieg von einer älteren Version und eignet sich bestens als Nachschlagwerk.

1.145 Seiten, 2013, mit DVD, **24,90 €**
ISBN 978-3-8421-0073-2

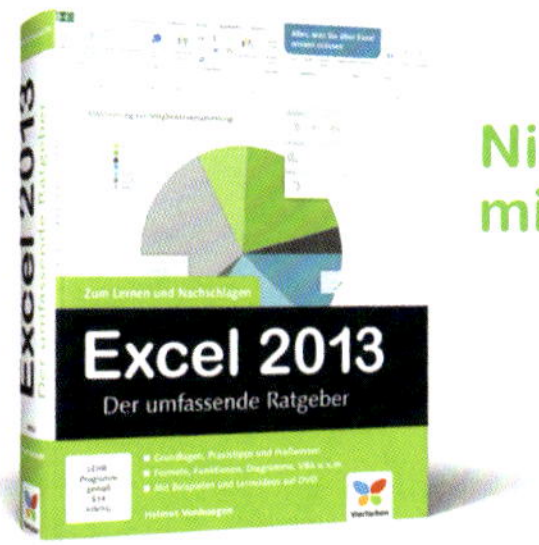

Nie mehr ratlos mit Excel!

Helmut Vonhoegen

Excel 2013

Der umfassende Ratgeber

Was immer Sie mit Excel tun wollen, in diesem Ratgeber erhalten Sie jederzeit Auskunft. Sie erfahren, wie Sie alle Ihre Aufgaben mit Excel schneller und einfacher erledigen. Vollständig, kompetent und verständlich.

918 Seiten, 2013, mit DVD, **39,90 €**
ISBN 978-3-8421-0075-6

Stephan Nelles

Excel 2013 im Controlling

Das Excel-Handbuch für Controller! Unser Experte Stephan Nelles erklärt an zahlreichen Beispielen aus der Praxis den intelligenten Einsatz von Excel – vom Datenimport bis zu komplexer Business Intelligence. So gelingen Ihre eigenen Projekte sicher!

960 Seiten, **39,90 €**
ISBN 978-3-8421-0112-8, März 2014

Die Ideenschmiede für Ihre Präsentation!

Matthias Garten

PowerPoint

Der Ratgeber für bessere Präsentationen

Matthias Garten zeigt Ihnen, wie Sie mit PowerPoint zu kreativen Ergebnissen kommen und Präsentationen halten, die überzeugen. Die zahlreichen Workshops liefern leicht verständliche Anleitungen und Vorlagen für Ihre eigenen Präsentationen.

393 Seiten, 2013, mit CD, **19,90 €**
ISBN 978-3-8421-0072-5

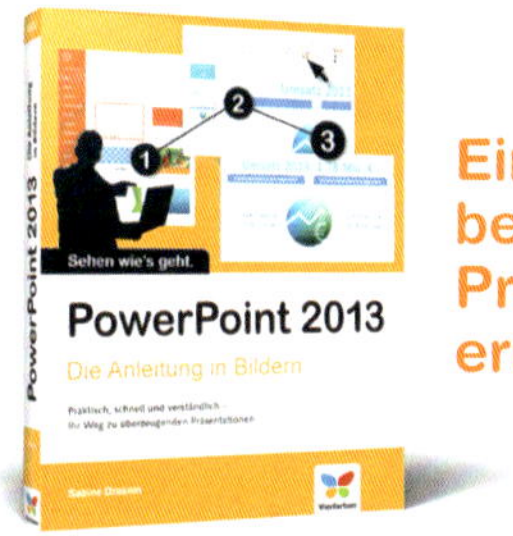

Einfach beeindruckende Präsentationen erstellen!

Sabine Drasnin

PowerPoint 2013

Die Anleitung in Bildern

Schritt für Schritt zeigt Ihnen Sabine Drasnin, wie Sie PowerPoint 2013 richtig einsetzen und verständliche und vorzeigbare Folien anfertigen, Texte sinnvoll gestalten, Ergebnisse anschaulich präsentieren oder Musik und Videos einbinden.

323 Seiten, 2013, **9,90 €**
ISBN 978-3-8421-0087-9

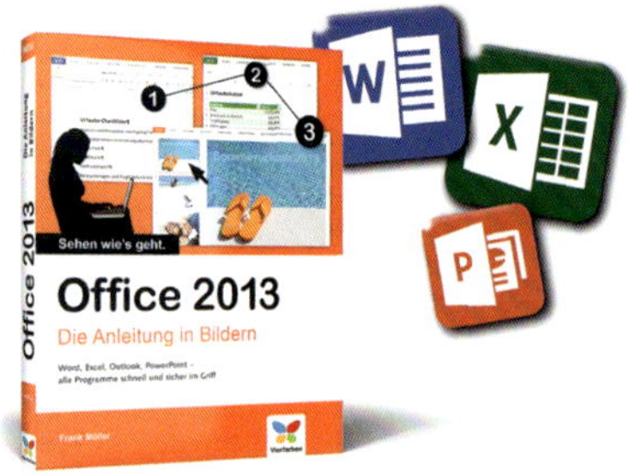

Frank Möller

Office 2013

Die Anleitung in Bildern

Mit Word Briefe schreiben, mit Excel rechnen, E-Mails mit Outlook verwalten oder gelungene Präsentationen mit PowerPoint erstellen – mit diesem Buch lernen Sie Schritt für Schritt, wie Sie Office 2013 gekonnt für sich nutzen. All das lernen Sie mithilfe konkreter Anleitungen und anschaulicher Abbildungen.

350 Seiten, 2013, **14,90 €**
ISBN 978-3-8421-0076-3

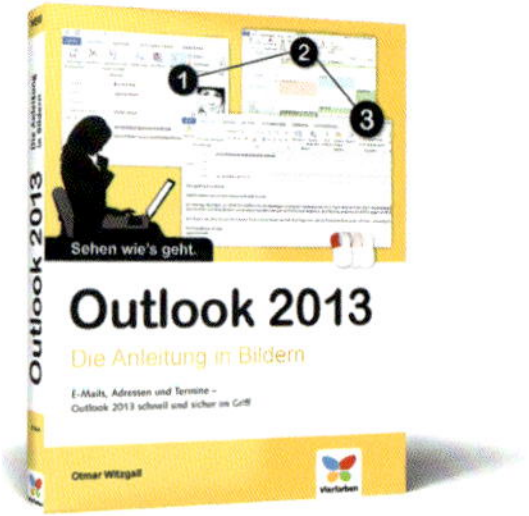

Frank Möller

Office 2013

Die Anleitung in Bildern

Mit dieser anschaulichen Anleitung haben Sie Outlook 2013 schnell im Griff. Sie lernen, wie Sie E-Mails schreiben, Termine und Besprechungen organisieren, Aufgaben anlegen und Outlook als Adressbuch nutzen. Otmar Witzgall zeigt Ihnen Schritt für Schritt, wie Sie Outlook in Ihren Büroalltag integrieren können.

300 Seiten, **12,90 €**
ISBN 978-3-8421-0076-3, Januar 2014

Microsoft Office gekonnt einsetzen

Robert Klaßen

Office 2013

Der umfassende Ratgeber

Dieser umfassende Ratgeber beantwortet alle Fragen zu Microsoft Office. Auf über 1.000 Seiten steht Ihnen der erfahrene Fachbuchautor Robert Klaßen mit Rat und Tat zur Seite. Einsteiger und Fortgeschrittene profitieren von anschaulichen Beispielen, verständlichen Schritt-für-Schritt-Anleitungen sowie nützlichen Tipps.

1.008 Seiten, mit CD und Referenzkarte, **39,90 €**
ISBN 978-3-8421-0090-9, Februar 2014

Frank Treichler

Photoshop Elements 12

Der umfassende Ratgeber

Dieses umfassende Handbuch ist Ihr Schlüssel zu Erfolg mit Photoshop Elements! Verwalten Sie Ihre Bildersammlung, optimieren Sie Ihre Fotos, und präsentieren Sie beeindruckende Ergebnisse. Frank Treichler zeigt Ihnen, was mit Elements alles möglich ist!

920 Seiten, mit DVD, **39,90 €**
ISBN 978-3-8421-0091-6, Januar 2014

Auf www.vierfarben.de finden Sie auch Bücher zu Photoshop Elements 11.

Fotos gekonnt verbessern

Schnell und einfach zu perfekten Bildern!

Joachim Brückmann

Photoshop Elements 12

Die Anleitung in Bildern

Legen Sie einen Schnellstart mit Elements hin! Joachim Brückmann zeigt Ihnen, wie Sie Ihre vielen Bilder sortieren und im Handumdrehen das Beste aus jedem Foto herausholen. Mit dieser Anleitung in Bildern kommen Sie schnell und einfach ans Ziel.

320 Seiten, **19,90 €**
ISBN 978-3-8421-0123-4, November 2013

Bettina Lechner

GIMP 2.8

Die Anleitung in Bildern

Holen Sie mit GIMP 2.8 das Beste aus Ihren Digitalfotos heraus! Schritt für Schritt lernen Sie, wie Sie die Belichtung korrigieren, Porträts retuschieren oder mit Filtern interessante Effekte erzielen.

320 Seiten, **19,90 €**
ISBN 978-3-8421-0051-0, November 2013

Die »Bibel« für Ihren Foto-Workflow!

Scott Kelby

Lightroom 5 für digitale Fotografie

Sie werden kein anderes Buch finden, das Ihnen Lightroom auf so einfache, klar verständliche und unterhaltsame Weise nahebringt. Scott Kelby – der ungekrönte »Lightroom-Papst« – teilt nicht nur seine »Killertipps« mit Ihnen, er sagt Ihnen auch ganz genau, welche Methoden Sie auf jeden Fall brauchen und um welche Sie besser einen großen Bogen machen sollten.

540 Seiten, **39,90 €**
ISBN 978-3-8421-0108-1

»Das kleine Standardwerk!«
Badische Zeitung

Jacqueline Esen

Digitale Fotografie

Grundlagen und Fotopraxis

Ihr kompetenter Begleiter beim Einstieg in die digitale Fotografie: Verständlich und kompakt finden Sie hier alles, was Sie wissen müssen, um die digitale Fotografie zu meistern – inkl. Profitipps für bessere Fotos!

304 Seiten, 2011, **16,90 €**
ISBN 978-3-8421-0018-3

Ingo Seehafer

Naturfotografie

Der große Fotokurs

327 Seiten, 2013, **39,90 €**
ISBN 978-3-8421-0022-0

Marion Hogl

Porträtfotografie

Der große Fotokurs

359 Seiten, 2012, **39,90 €**
ISBN 978-3-8421-0029-9

Günter Hauschild

Der Fotokurs für junge Fotografen

Auch die beste Kamera macht nicht alles richtig, und für tolle Fotos musst Du ihr manchmal unter die Arme greifen. Wie das geht, zeigt dieser Fotokurs in kurzen und verständlichen Lektionen. Ein Buch zum Lesen, Lernen, Ausprobieren – auch für »große Kinder« geeignet!

199 Seiten, 2013, **24,90 €**
ISBN 978-3-8421-0080-0

Richtig fotografieren von Anfang an!

Wolfgang Fries, Pieter Dhaeze

Digital fotografieren

Der große Fotokurs

Diese umfassende Fotoschule macht Sie zum Könner in Sachen digitale Fotografie. Auf Ihrem Weg zu besseren Fotos lernen Sie die Fototechnik gründlich kennen. Praxisnahe Beispiele zeigen Ihnen, wie Sie die trockene Theorie in gute Bilder verwandeln.

427 Seiten, 2012, **29,90 €**
ISBN 978-3-8421-0048-0

Für mehr Spaß am Fotografieren!

Jacqueline Esen

Fotografieren!

Die Fotoschule zum Mitmachen

Dieses Buch bietet Ihnen haufenweise Fotoideen und Anregungen! Ob Sie wenig Zeit haben oder viel, ob Sie gerne drinnen oder lieber draußen fotografieren: Jacqueline Esen weist Ihnen auf dem großen Spielplatz der Fotografie den Weg.

379 Seiten, 2012, **29,90 €**
ISBN 978-3-8421-0034-3

Dietmar Spehr

Canon EOS 100D

Das Handbuch zur Kamera

Das Buch für den leichten Einstieg in die digitale Spiegelreflexfotografie! Fotografieren Sie schnell und gekonnt mit den Automatiken und den Kreativprogrammen. So gelingen Ihnen im Handumdrehen tolle Fotos! Und mit den Motivtipps aus diesem Buch haben Sie noch mehr Spaß am Fotografieren.

380 Seiten, 2013, mit Referenzkarte, **39,90 €**
ISBN 978-3-8421-0106-7

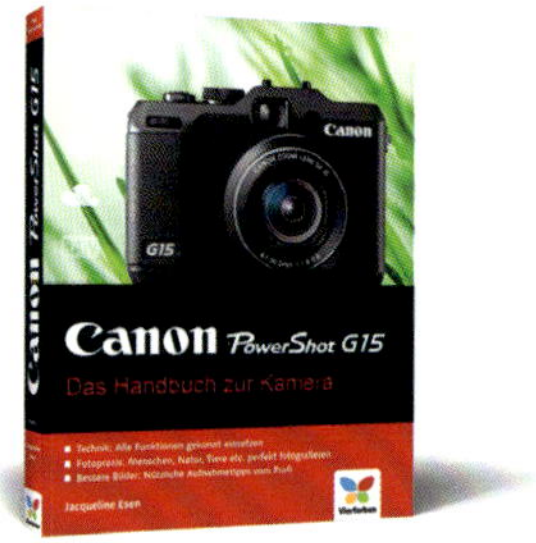

Jacqueline Esen

Canon PowerShot G15

Das Handbuch zur Kamera

Die Canon-Expertin Jacqueline Esen hat die G15 für Sie genau durchleuchtet und nimmt Sie mit auf eine Fototour. Unterwegs werden Sie nicht nur bessere Fotos aufnehmen können, sondern Sie werden auch Ihr fototechnisches Wissen erweitern.

345 Seiten, 2013, mit Referenzkarte, **29,90 €**
ISBN 978-3-8421-0060-2

978-3-8421-0066-4

978-3-8421-0039-8

Alles zu Ihrer Kamera!

Hier lernen Sie die Tricks und Kniffe kennen, um bessere Bilder zu machen – egal ob Sie gerne Menschen fotografieren oder sich etwa der Naturfotografie verschrieben haben. Leicht nachvollziehbare Schritt-für-Schritt-Anleitungen und zahlreiche Bildbeispiele veranschaulichen Ihnen alle Kamerafunktionen.

Außerdem bekommen Sie nützliche Tipps zur Erweiterung Ihres Kamerasystems um neue Objektive und anderes Zubehör.

www.vierfarben.de

Markus Botzek

Nikon D7100

Das Handbuch zur Kamera

Lernen Sie, Ihre Nikon D7100 zu beherrschen wie ein Profi! Finden Sie heraus, wie Sie optimal belichten, gezielt scharfstellen und aus allen Motiven immer das Beste herausholen. Die vielen Bildbeispiele und Schritt-für-Schritt-Anleitungen machen es Ihnen leicht. Und mit den Motivtipps wird Ihre nächste Fototour ein voller Erfolg!

416 Seiten, 2013, mit Referenzkarte, **39,90 €**
ISBN 978-3-8421-0092-3

978-3-8421-0086-2

978-3-8421-0061-9

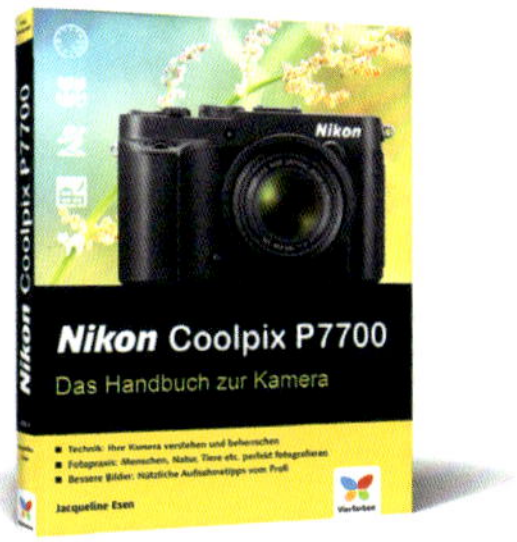

Jacqueline Esen

Nikon Coolpix P7700

Das Handbuch zur Kamera

Für mehr Leichtigkeit beim Fotografieren! Jacqueline Esen zeigt Ihnen Schritt für Schritt, wie Sie Ihre P7700 richtig einstellen. Ob Natur-, Porträt- oder Streetfotografie – hier sehen Sie, wie's geht!

319 Seiten, 2013, mit Referenzkarte, **29,90 €**
ISBN 978-3-8421-0062-6

Mit Kamerabüchern von Vierfarben haben Sie Ihre Kamera im Griff!

»Alles, was man über den Mac wissen möchte.« Mac

Jörg Rieger, Markus Menschhorn

Das große Mac-Buch für Einsteiger und Umsteiger

Aktuell zu OS X Mavericks

Lernen Sie Ihren Mac kennen! Im Internet surfen, E-Mails schreiben, Bilder mit iPhoto bearbeiten, Musik mit iTunes genießen oder Dateien in iCloud speichern – alle wichtigen Themen werden anschaulich, leicht verständlich und auf spannende, unterhaltsame Art und Weise erklärt.

440 Seiten, **24,90 €**

ISBN 978-3-8421-0093-0, Januar 2014

Auf www.vierfarben.de finden Sie auch Bücher zu Mountain Lion!

Der Mac verständlich erklärt

Robert Jacobi

Mein erster Mac

Der leichte Einstieg

Mit diesem Buch gelingt Ihnen der Start mit dem Mac ganz leicht. Robert Jacobi zeigt Ihnen Schritt für Schritt, wie Sie mit Dateien und Ordnern umgehen, im Internet surfen, E-Mails schreiben, Musik hören und Bilder bearbeiten.

380 Seiten, **19,90 €**

ISBN 978-3-8421-0095-4, Januar 2014

Florian Gründel

OS X Mavericks

Der umfassende Ratgeber

Hier finden Sie kompetente Auskunft zu allen Fragen rund um Ihren Mac. Der Apple-Experte Florian Gründel zeigt Ihnen in diesem umfassenden Ratgeber Schritt für Schritt, wie der Mac »tickt« und wie Sie mit ihm arbeiten.

880 Seiten, **39,90 €**

ISBN 978-3-8421-0115-9, Februar 2014

Hans-Peter Kusserow

iPhone 5s

Die verständliche Anleitung

Kennen Sie alle Funktionen Ihres iPhones? Hans-Peter Kusserow zeigt Ihnen verständlich und leicht nachvollziehbar, wie Sie das Beste aus Ihrem Telefon herausholen. Anschaulich und Schritt für Schritt. Es gibt keine bessere Anleitung zum iPhone.

380 Seiten, **19,90 €**
ISBN 978-3-8421-0099-2, Dezember 2013

René Gäbler

iTunes

Die verständliche Anleitung

Mit dieser Anleitung haben Sie iTunes endlich im Griff! Verwalten Sie Ihre Musik, Filme und Apps und übertragen Sie Ihre Sammlungen auf iPhone, iPad oder iPod. Keine Vorkenntnisse erforderlich, alles wird Schritt für Schritt erklärt.

300 Seiten, **19,90 €**
ISBN 978-3-8421-0122-7, April 2014

»Ein MUSS für jeden iPad-Neuling«
Peter Ernszt, IT-Dozent

Herbert Thoma, Marc Oliver Thoma

iPad

Die verständliche Anleitung

Nutzen Sie Ihr iPad richtig! Dieses Buch macht Ihnen nicht nur den Einstieg leicht. Es erklärt Ihnen Ihr iPad im Detail und zeigt Ihnen Schritt für Schritt alle wichtigen Funktionen.

300 Seiten, **19,90 €**
ISBN 978-3-8421-0078-7, Januar 2014

Mareile Heiting

MAGIX Video deluxe 2014

Schritt für Schritt zum perfekten Video

Eigene Filme schneiden, den perfekten Sound dazumischen und obendrein Effekte à la Hollywood erzielen – hier sehen Sie, wie es geht! Vom ersten bis zum letzten Schritt nimmt Mareile Heiting Sie an die Hand und zeigt Ihnen, wie Sie mit MAGIX Video deluxe das Beste aus Ihren Videos herausholen. Für Filme, die beeindrucken!

416 Seiten, mit DVD, **29,90 €**
ISBN 978-3-8421-0118-0, November 2013

Einfach online telefonieren

Patrick Hollecker

Skype

Die Anleitung in Bildern

Schritt für Schritt erklärt Ihnen Patrick Hollecker, wie Sie Skype installieren, Webcam und Mikrofon anschließen, Ihr Profil einrichten, jemanden anrufen oder ein Video-Telefonat führen. Einfacher geht's nicht!

264 Seiten, 2012, **14,90 €**
ISBN 978-3-8421-0045-9

Rainer Hattenhauer

Samsung Galaxy S4

Die verständliche Anleitung

Endlich gibt es eine verständliche Anleitung zum Samsung Galaxy S4! Sie sehen Schritt für Schritt, wie Sie Ihr Smartphone bedienen. Das Buch steckt voller wertvoller Tipps für Einsteiger und erfahrene Nutzer.

390 Seiten, **19,90 €**
ISBN 978-3-8421-0110-4